中国文学年鉴

1997-1998

中国社会科学院文学研究所
《中国文学年鉴》编辑委员会

作家出版社

《中国文学年鉴》编辑部工作人员

《中国文学年鉴》编辑部

通讯地址：北京建国门内大街 5 号

电话号码：（010）65137744—5432

邮政编码：100732

前　言

张　炯

由于经费不足等方面的原因，《文学年鉴》不得已将1996年和1997年合并出版，且出版时间一再受到延宕，这是首先要向读者致歉的。但值得庆幸的是，经过编辑部和众多作者的共同努力，内容方面并没有削减，原有的栏目都基本保存，还添加了有代表性的论文、著作和新创作的文学作品的选载；文学新作篇目辑览分为诗歌、散文、报告文学、戏曲影视、小说和作品集，文学研究新书目录分为文学理论、古代文学、近代文学、现代文学、当代文学、民间文学和文学史、文学思想史，文学研究论文索引也做了不同的分类，并尽可能收录广泛。从而使得全书仍保有很高的史料价值，读者从中可以相当详尽地了解到这两年间我国文学创作和有关文学的各方面研究成果与学术动态。

从1996年到1997年，这是我国社会变化的重要年代，也是我国文学发展的重要年代。由于社会主义市场经济体制逐步确立，文学艺术产品被推向市场，成为商品，已成定局。文化产业包括文学出版业面临新的机遇和挑战。党的十四届六中全会通过了《关于加强社会主义精神文明建设若干重要问题的决议》，对新形势下促进社会主义精神文明的建设起了重大的作用。而1996年12月召开的全国文学艺术工作者第六届代表大会和中国作家协会第五届代表大会上江泽民同志的重要讲话，更为文学艺术的新的发展指明了广阔的道路。这两年间无论文学创作还是文学研究都继续获得很大的成绩。在文学创作领域，长篇小说仍然十分繁荣。从1991年到1995年的五年间，我国新创作的长篇小说共2500部，而1996年到1997年的两年间即近1500部（包括台港澳作家和海外华人作家在大陆出版的作品）。其中还包含像《新战争与和平》这样长达八部计580万字的超长篇。百万字以上的长篇更不少见。反映现实的小说中就有周梅森的《人间正道》和《天下财富》、张平的《抉择》、陆天明的《木凸》、毕淑敏的《红处方》等名篇。历史小说中更有二月河的清代帝王系列和凌力的力作《倾城倾国》以及《晨钟暮鼓》、霍达的《补天裂》和刘斯奋的《白门柳》系列等诸多作品。女性主义小说的兴起也是这两年的突出现象。陈染的《私人生活》、林白的《说吧，房间》、海男的《坦言》堪称这方面的代表。而写女性方面，铁凝的《玫瑰门》和张抗抗的《情爱画廊》的影响更为广泛。在军事文学中，邓一光的《我是太阳》和黄国荣的《兵谣》均特色突出。艺术上有探索的小说则有韩少功的《马桥词典》和史铁生的《务虚笔记》。而王小波的《黄金时代》、《白银时代》和《青铜时代》三部曲的推向文坛也在这期间。可惜，这位思想不羁而有才华的作者却猝死在写作的案头！总之，长篇小说的成就是一个国家文学发展水平的重要标志。这方面有影响的作品还不少，但平淡乃至平庸之作却更多。不过，没有数量就难以出质量。有很多作家从事长篇小说创作总是件好事。中短篇小说在这两年也有不少好作品，只是它们的影响被长篇小说的巨大声浪所掩盖了。从1996年到1977年，散文的繁荣也是一个突出的文学现象。散文集很好销。各报刊需要刊登的散文量也很大，这都促进了散文的发展。从大散文到小散文，从文化散文到各种题材的散文都纷纷涌现。写作者也从散文家扩大到小说家、诗人、学者、评论家和电视台节目主持人等等。诗歌创作也并不落后。所谓“知识分子写作”和“民间写作”都已有自己颇多的作品。传统的现实主义诗人们更有许多自己的新作。传统诗词形式的创作拥有更多的作者，其成绩也不可低估。

这期间文学研究和评论领域也相当热闹。学术思想的活跃和争鸣空气的浓厚，在双百方针的继续贯彻下，自然很有利于这两年文学学术的发展。人文主义的讨论尚未冷却，走向更加深入；重写文学史和文学史学的讨论、现实主义问题的再探讨、建立中国化理论话语和休闲文学等的讨论就在文学理论界登场。文学各学科领域，从古代文学到当代文学，到比较文学和民间文学、中国儿童文学、海外华文文学等，也都有自己热门争论的话题。大体上80年代一味引进西方学术思潮的热潮已经消退。文学学术界已广泛回归到重视传统的新构。两年间各种专著和文艺学、文学史的出版涌现了一个高潮。通史、断代史、地区史、分文体史和文学思潮史、理论批评史等在这两年都有分量较重的著作出版。第一次尝试将古今、各民族和两岸三地的文学都贯通于一书的《中华文学通史》十卷，经过中国社会科学院文学研究所和少数民族文学研究所以及兄弟单位百余学者的努力，也于1997年9月出版。尽管尚未完善，毕竟实现了我国学者从20世纪50年代以来所一直怀抱的夙愿，也为今后更完善的著作奠定了前进的基础。

祖国统一的大业因1997年香港的回归和1999年澳门的回归，更使整个中华民族盼望台海两岸的团圆。我们的《文学年鉴》收有台湾、香港和澳门作家和学者的著作，使读者能够纵眼观览全中国各地区的文学成就，既为促进两岸的文化交流，也希望有助于未来祖国的完全统一。

作家出版社为这卷《文学年鉴》的出版做了很多努力。这里，我们对该社领导和有关责任编辑表示衷心的感谢！

2002年12月于首都北京

1997—1998年中国文学年鉴目录

特　载

1996—1997年文艺理论研究

研究概况

学术会议

论文选摘

新书评介

1996—1997年当代文学创作与研究

创作与研究概况

学术会议

作品选摘

论文选摘

新书评介

1996—1997 年现代文学研究

研究概况

学术会议

论文选摘

新书评介

1996—1997年近代文学研究

研究概况

学术会议

论文选摘

新书评介

1996—1997 年古代文学研究

研究概况

学术会议

论文选摘

新书评介

1996—1997 年比较文学与国外汉学研究

研究概况

学术会议

论文选摘

1996—1997年民间文学与少数民族文学研究

研究概况

论文选摘

新书评介

纪　事

文学纪事

资　料

特　　载

在中国文联第六次全国代表大会
中国作协第五次全国代表大会上的讲话

（1996年12月16日）

江泽民

中国文学艺术界联合会第六次全国代表大会、中国作家协会第五次全国代表大会，是我国文艺界的一次盛会。我代表中共中央、国务院，为大会的召开，并向各位代表，表示热烈的祝贺！

党的十一届三中全会以后不久，召开了对我国社会主义文艺事业有重要意义的中国文学艺术工作者第四次代表大会。十几年来，我们的老一代文艺家精神焕发，中青年文艺工作者人才辈出，文艺队伍不断发展壮大；文学、戏剧、电影、电视、音乐、舞蹈、美术、摄影、书法、曲艺、杂技和民间文艺等各个门类，作品数量之多，形式、风格、流派之多样，体裁、题材、主题之丰富，都是前所未有的；作为农村文化、企业文化、军营文化组成部分的群众性文艺活动，其广度也是前所未有的。这是党和国家工作中心转移，贯彻落实党的基本理论和基本路线，全面展开社会主义现代化建设的结果，也是坚持文艺为人民服务、为社会主义服务方向和百花齐放、百家争鸣方针的结果。我们的广大文艺工作者，在新的历史时期，为提高全民族的思想、道德、文化素质，鼓舞人民同心同德地建设有中国特色社会主义，为加强社会主义精神文明建设和满足人民群众的精神需求，付出了艰辛的劳动，发挥了重要的作用。从总体看，我们这支数以百万计的文艺大军是好的，是值得党和人民信赖的。

我们党不久前召开的十四届六中全会，通过了《关于加强社会主义精神文明建设若干重要问题的决议》。文艺界的这次盛会，可以看做是这个决议在一个重要方面的贯彻落实。在精神文明建设中，社会主义文艺是一条重要的战线，承担着培养有理想、有道德、有文化、有纪律的“四有”新人，激励人民团结奋进的庄严职责。以自己的艺术实践投身建设有中国特色社会主义的宏伟事业，和时代迈着共同的脚步，和祖国一道前进，努力成为名副其实的人类灵魂工程师，这是文艺工作者的光荣，也是人民群众关怀和支持文艺事业、敬重文艺工作者的根本原因。党和人民深深的相信，在改革开放和现代化建设的发展中，在两个文明的发展中，在中华民族的全面振兴中，我们的广大文艺工作者一定能够发挥更大的作用，作出更大的贡献。

社会主义精神文明建设包括文艺工作，都要坚持以马克思列宁主义、毛泽东思想和邓小平建设有中国特色社会主义理论为指导。毛泽东思想是马列主义基本原理同中国具体实际相结合的产物，是马列主义在中国的运用和发展。邓小平建设有中国特色社会主义理论，是毛泽东思想在新的历史条件下的继承和发展，是当代中国发展了的马克思主义，是我们党在新时期各项工作的根本指针和中华民族振兴的强大精神支柱。马克思列宁主义、毛泽东思想和邓小平建设有中国特色社会主义理论，一脉相承，是统一的科学体系。对马克思主义的信仰，永远是我们事业发展和文艺繁荣的精神动力。

马克思主义的文艺思想，是马克思主义的重要内容。坚持马克思主义，包括坚持马克思主义文艺思想的基本理论。文艺界的同志要认真地学习马克思、恩格斯、列宁的文艺论著，特别要认真地学习毛泽东同志的《在延安文艺座谈会上的讲话》和邓小平同志《在中国文学艺术工作者第四次代表大会上的祝词》。这两篇讲话，集中体现着我们党的文艺思想、文艺路线、文艺方针，是我们党对马克思主义文艺理论的独特贡献，将长期对我们的文艺事业发挥指导作用。

为人民服务、为社会主义服务，决定着我国文艺的性质和方向，为我国文艺的发展和繁荣开辟了无比广阔的前景，在社会主义现代化建设的整个过程中，始终是我们必须坚持的根本原则。

中国社会主义文艺发展和繁荣的最深刻根源，在中国人民的历史创造活动之中。五千多年来，各族人民在改造自然、改造社会的过程中，在共同抵御外侮的斗争中，相互帮助，增进友情，融汇为统一的、团结的中华民族，创造灿烂的中华文明；经济、政治、思想文化，无数人物和事件，波澜起伏，可歌可泣，每一块砖瓦、每一捧泥土，都记载着祖先们的勤劳、智慧和创造。所有这些，催促着我们在这块大地上继续奋斗，都应该在我们的文艺中占有自己的地位。特别是我们党成立以来，把马克思列宁主义基本原理同中国具体实际相结合，中国人民由精神上的被动转入主动，经过艰苦卓绝的斗争，建立了中华人民共和国，开创了社会主义的新时代。我们正在进行的社会主义现代化是前无古人的伟大创举。按照党“一个中心、两个基本点”的基本路线的要求，深化改革，扩大开放，建立社会主义市场经济体制，发展社会主义民主，发展社会主义精神文明，是在我国进一步解放和发展生产力、消灭剥削、消除两极分化、最终达到共同富裕的必由之路，是促进全面进步的必由之路。它推动着我国社会主义文艺的发展和繁荣，也为文艺家施展才华，提供了广大的舞台和很好的条件。

我们希望文艺工作者进一步深入生活、深入群众，向生活学习、向群众学习，认识社会发展的客观进程，认识人民群众的利益所在，认识人民群众的历史创造性和精神生活的进步。社会主义现代化建设事业本身，就是亿万群众演出的艰苦创业、威武雄壮的历史活剧。生活如大浪淘沙，在涌动的前行中总会有污浊和逆流。文艺要讴歌英雄的时代，反映波澜壮阔的现实，深刻地生动地表现人民群众改造自然、改造社会的伟大实践和丰富的精神世界。文艺工作者要努力在自己的作品和表演中，贯注爱国主义、集体主义、社会主义的崇高精神，鞭挞拜金主义、享乐主义、个人主义和一切消极腐败现象。在人民的历史创造中进行艺术的创造，在人民的进步中造就艺术的进步，给人民以信心和向上的力量，才能实现以优秀作品鼓舞人的任务，使人民群众不断提高的精神需求得到满足，使弘扬主旋律与提倡多样化完满地统一起来。

中国社会主义文艺，是在扩大开放的环境中发展和繁荣的文艺，坚定不移地实行对外开放的国策，与世界各国进行广泛的经济、贸易、科学、技术、教育、文化交流，对我们的社会主义现代化建设具有重大的意义，同时也有益于文艺工作者开阔眼界、增长知识，学习和借鉴世界各国的文明成果。当然，学习和借鉴，要采取分析的态度，区分先进和落后、科学和腐朽、有益和有害，积极吸收先进、科学、有益的东西，坚决抵制落后、腐朽、有害的东西。学习和借鉴的目的在于博采众长，丰富自己的民族文化。如果丧失自己的创造能力，盲目崇拜，照搬西方资本主义的价值观念，结果只能是亦步亦趋，变成人家的附庸。历史和现实都告诉我们，国家要独立，不仅政治上、经济上要独立，思想文化上也要独立。植根中国社会主义现代化建设的实践，反映中国人民创造自己新生活的进程和中华民族自强不息的精神，是中国社会主义文艺的立身之本。只有首先赢得中国人民的喜爱，具有中国风格、中国气派，才能堂堂正正地走向世界和屹立于世界文化之林。大家知道，毛泽东同志对于鲁迅，有一段著名的评论。他说："鲁迅的骨头是最硬的，他没有丝毫的奴颜和媚骨，这是殖民地半殖民地人民最可宝贵的性格。"我们的文艺在保持自己的社会主义性质和民族特色，在提高民族自尊心、自信心和抵制殖民文化侵蚀方面，在以自己的优秀成果丰富人类文明方面，应该作出更大的成绩。

百花齐放、百家争鸣，是符合社会主义文艺规律、促进社会主义文艺繁荣的方针。文艺是一个需要极大地发挥个人创造性的领域。实行"双百"方针，要求充分发扬艺术民主和学术民主，鼓励文艺工作者进行不倦的探索和创造。无论是提高艺术表现力，还是判断艺术的优劣高下和学术上的是非，都不能靠行政命令，而要靠艰苦的艺术实践，靠平等的争鸣。要在努力探求客观规律和维护人民群众利益的基础上进行同志式的讨论，支持学术上、艺术上不同形式、不同风格的自由发展和竞赛，使不同学术观点、不同艺术观点之间，能够相互了解、相互切磋、取长补短、共同进步。文艺评论是文艺发展的重要推动力，要在探索文艺规律和促进文艺繁荣、推荐优秀作品、批评错误的文艺倾向方面，在帮助人们区分真、善、美和假、恶、丑方面，发挥积极的作用。优秀的文艺创作和科学的文艺评论，杰出的作家艺术家和杰出的文艺评论家，仿佛孪生兄弟。正确地实行"双百"方针，就能有效地加强理论与创作的引导力度，推进文艺的发展和繁荣。

十一届三中全会以后，我们党已经不再使用文艺从属于政治的口号。18年的实践证明，这是正确的。18年的实践同样证明，正像邓小平同志1980年在《目前的形势和任务》中指出的："这当然不是说文艺可以脱离政治。文艺是不可能脱离政治的。"政治具体地存在于我们的社会生活中，存在于文艺工作者的思想感情中。特别是在面临西方国家经济、科技占优势的压力和西方意识形态渗透的情况下。所谓不问政治、远离政治，是不可能的。在文艺工作中坚持党的基本理论、基本路线和方针政策，坚持正确的创作思想、多出精品、把美好的精神食粮贡献给人民，郑重地考虑作品的社会效果，旗帜鲜明地反对资本主义和一切剥削阶级腐朽思想文化的侵蚀、反对"一切向钱看"，旗帜鲜明地鼓舞人们为壮丽的社会主义现代化建设事业而奋发进取，这就是马克思主义政治对文艺工作者的基本要求。

各级党委要把加强和改善对文艺工作的领导，作为精神文明建设的一项重要工作抓紧抓好。要帮助广大文艺工作者认真学习马克思列宁主义、毛泽东思想和邓小平建设有中国特色社会主义理论，为他们深入生活、深入群众，不断提高思想业务素质，充分增长和发挥艺术创造力。提供良好的条件。要努力培养越来越多的紧跟时代步伐、热爱祖国和人民、艺术精湛的作家艺术家。要加强思想政治工作，加强对共产党员文艺工作者的教育、管理和监督。从事文艺工作和文艺部门工作的共产党员，要在思想上政治上作风上，在深入生活、深入群众上，发挥表率作用。文艺部门的领导干部，首先要向文艺家们学习，努力成为行家里手，用符合文艺规律的办法来领导文艺。同时，要维护文艺家的合法权益，积极帮助他们解决生活、工作、学习上遇到的困难。

各位代表，各位同志！

一个伟大民族的过去、现在和未来，都会有文艺的发展和繁荣相伴随。文艺是民族精神的火炬，是人民奋进的号角。中华民族，是以诗经、楚辞、唐诗、宋词、元曲和明清小说为人类文明画廊增加辉煌的民族，是产生了屈原、李白、杜甫、关汉卿、曹雪芹这些世界文化名人的民族，是产生了伟大的文学家、思想家、革命家鲁迅，产生了郭沫若、茅盾、聂耳、冼星海、梅兰芳、齐白石、徐悲鸿等现代大文学家、大艺术家的民族。无比丰厚的精神遗产，与先驱们的英名连在一起的民族文化的优秀传统特别是革命文艺传统，是中国社会主义文艺的巨大宝藏。

邓小平同志说："我们的社会主义文艺，要通过有血有肉、生动感人的艺术形象，真实地反映丰富的社会生活，反映人们在各种社会关系中的本质，表现时代前进的要求和历史发展的趋势，并且努力用社会主义思想教育人民，给他们以积极进取、奋发图强的精神。"邓小平同志的话，集中表达了党和人民对于文艺工作者的厚望。

21世纪就在眼前。可以预料，这将是建设有中国特色社会主义事业取得新的辉煌胜利的世纪，也将是中国社会主义文艺更加群星灿烂、百花争艳的世纪。

预祝大会圆满成功！

1996—1997年
文艺理论研究

研 究 概 况

文艺理论研究综述

陈定家

对于1996—1997年的中国文艺理论来说，80年代的“光荣与梦想”已经成了遥远的记忆。即使1993年以来激烈而频繁出现于文艺界的形形色色的“喧哗与骚动”也没有给中国文论带来重现昔日辉煌的机会。但是，“逼近世纪末”的中国文艺理论自有其历尽绚烂和繁华后的冷静与凝重。在这个“多元并存”和“杂语共生”的时代，中国文论和批评不懈地追求着文学意义的澄明与敞亮，在不断走向成熟的艰难历程中留下了深刻的沧桑印记和沉重的“阐释焦虑”。要研究中国文论这一时期的发展状况，大约离不开这样一些“关键词”：“现实主义冲击波”、“文艺理论的现代性问题”、“20世纪的回顾与展望”、“后现代”、“后殖民”、“新写实”、“新状态”、“新生态写作”、“关于古代文论的现代转换”、“失语症”与“重建中国文论话语”、“文化消闲”与“消闲文学”、“人文精神讨论的新进展”、“重写文学史”和“文学史观与文学史理论”、“关于知识分子写作的探讨与争鸣”……这些词语，或许就是1996—1997中国文论面貌的一个最简便的描述。

关于“重写文学史”与“文学史观念”的争鸣

“重写文学史”在80年代末就是一个引人注目且众说纷纭的话题，直到90年代中后期，有关这一问题的讨论始终保持着强劲的势头，相关文章的学理化色彩和反思性意味也越来越浓厚。从作家作品的选择与评价到文学发展规律的探索与总结，从文学嬗变轨迹的描述到文学史观念的哲理性思考，“重写文学史”这一概念的内涵已变得越来越丰富，在一定意义上说，“重写文学史”在20世纪末甚至算得上是一个跨文学、美学、历史学及哲学等多种学科的文化焦点及热门话题。

早在80年代末，文学史研究就表现出了从逻辑或形而上学向文学的历史本体的回归倾向。大多数学者关注的研究对象开始从作家、作品转向思潮、流派，在对文学历程的演进线索和文学史观念的嬗变脉络进行重新清理的过程中，一些学者确立了“事实认识的重要性高于价值判断”的理念，“不再专注于作家的取舍（精华、糟粕之分）、等级、品第高下，而是首先着力于清理事实；不是醉心于给作家贴标签，打分数，论成就得失，而是关注文学史现象，努力发掘历史的遗迹，恢复文学史的原生态。港台地区也几乎与大陆同时提出了‘重写文学史’的口号。”[1]

所谓“重写文学史”，据张颐武在《“重写文学史”：个人主体的焦虑》中的说法，

80年代以后，“特指对于中国现当代文学的历史的‘重写’。”[2]然而，随着时间的推移，“重写文学史”这一概念遵循自身的逻辑不断地“重写”着其内涵和外延，“特指”的意义很快被各种因素消解了。

早在80年代末陶东风即着手写了一部《文学史哲学》。作者坦言其写作动机是不满于80年代对于文学史的“重写”过于拘泥个别作家作品的重新评价，“而没有把问题推进到对于整个文学史思维与文学史写作的构架、范型、预设等基本前提的批判性反思。”[3]

在一种对传统文学史体系和治史方法极为不满的文化背景下，“重写文学史”的讨论进入了一个理论探索的新阶段。“在引入多种思维与参照体系的背景上，从哲学、美学、文化学、价值论、系统论等多样的角度观照文学史现象，使得对作为一个由多层面组合而成的复杂而独特的系统的文学史本质属性的重新认识与深入发掘不断获得新的进展。在这样的研究格局中，文学史价值内涵得到多层次的充分展现，研究主体的学术个性也获得了广阔的驰骋空间。”[4]于是，随着文学史观探讨的不断深入，形形色色的文学史著作纷纷问世，用“雨后春笋”来形容这种局面似乎并不夸张。

张晶、白振奎在1996年发表的文章中说“近10年来已出版的文学史著作数量达100余部”。[5]如王钟陵的《中国中古诗歌史》、葛晓音的《八代诗史》、许总的《唐诗史》、《宋诗史》、张晶的《辽金诗史》、杨海明的《唐宋词史》、严迪昌的《清词史》、程千帆、吴新雷的《两宋文学史》、罗宗强的《隋唐五代文学思想史》等。据中国社会科学院文学所所长杨义称，“20世纪中国出版的文学史著作超过了1000部。这其中包括上海社会科学院文学研究所编印的《中国文学史旧版书目提要》著录1949年以前各类文学史著作320余种；辽宁大学出版社出版的《中国文学史版本概览》著录1949—1991年间的同类史著578种。加上近年出版的数字，20世纪出版的文学史著作当在1000种以上。”[6]文学史著作上千种，有关文学史的论文更可以说是一个天文数字。因此，有关文学史的理论研究这样一种专门的学科——文学史学受到人们的关注，就成了一种顺理成章的事情。就往圣时贤们对文学史学的讨论情况看，文学史学作为文学史学科的理论体系，至少包括如下几个方面的内容：一、文学史哲学，即关于文学史本体论、认识论、方法论；二、文学史一般理论问题，如文学史存在方式、演变方式；三、文学史操作理论问题，如怎样研究文学史、编写文学史等等。然而，不管它包含着什么样的内容，历史上的作家、作品、思潮、流派等等使文学之所以成为文学的那些最基本的东西，理所当然应该是文学史学关注的主要对象。

从理论上讲虽然是文学史的存在决定着文学史的观念，但让人迷惑的是，就现实形成的文本化的文学史而言，其情况却似乎正好相反，即有什么样的文学史理论就有什么样的文学史著述。在这个意义上说，竟然是文学史观念决定着文学史的走向。像陶东风一样，不少学者在90年代开始对文学史理论研究中的二元对立的反映论哲学基础进行过深刻的反思和检讨，并对文学史“重写”和“再重写”的观念和方法等问题作出了卓有成效的探索。例如，林继中在《唯物史观与文学史编写》中认为在建构文学史的过程中，不能自以为坚持了唯物史观，而用主观预想的“先验图式”来套这历史黑马。不能为了自己的理论体系而随意剪裁史实。[7]

历史不是“冥想空间”中的虚构之物，无论它是作为遗存实体存在还是作为观念形态存在，历史研究都必须以史实或史料为前提和基础。《大英百科全书》指出：“历史一词在使用中有两种完全不同的含义：第一，指构成人类往事和行动；第二，指对此种往事的记述及其研究模式。前者是实际发生的事情，后者是对发生的事件进行的研究和描述”。[8]但是，不管是“实际发生的事情”，还是“对发生的事件进行的研究和描述”，构成历史的最基本的因素都只能是“事件”，而不可能是纯粹的“观念”或“冥想之物”。虽然“事件”不等于史学，但作为史料的“事件”理所当然应该是史家学者关注的核心，因为离开了“事件”，史学就必然失去了存在的基础。科学家巴甫洛夫有句名言：“事实对于学者来说就是空气”。对于文学史学者来说，文学史史料所表现的事实就是“空气”。

但是，今天某些才华横溢的学者在“学者作家化”口号的鼓惑下，针对文学史研究，提出了许多富有“思辨魅力”和“艺术化意味”的观点。例如，有学者明确指出：“文学史空间的复现，与其说是遗留态文学史空间的功能，不如说是在遗留态文学史空间之上主体冥想的成果，是一种文学史冥想空间。”[9]因此，人们不可能，也没有必要寻找一个实际上已不再存在的所谓的“原生态的文学史空间”。不仅如此，有的学者甚至以阐释学为哲学基础，将历史的意义归结为主体的阐释。提出文学史不是描述的，而是反思的。“不是为了确认历史的实用意义，而是为了使文学审美的历史意义得以确立或当代化。”在他们看来，所谓历史只不过是意识活动设想的对象。[10]对此，持反对意见的学者认为，如果以主体的强涉入而牺牲客观性，那么我们离主观主义的泥潭就不远了。

有学者认为，80年代内地出现的数以百计的文学史其实就是“治史模式的更替”的结果[11]：它们是国别与地域史模式（如《中国解放区文学史》、《国统区文学史稿》、《毛南族文学史》）、体裁史模式（如《中国现代小说史》、《中国幽默文学史话》、《中国戏剧发展纲要》、《中国寓言文学史》、《中国现代杂文史》、《中国现代散文史稿》）、断代与编年模式（如《中国五四文学史》、《建安文学编年史》、《两宋文学史》）、思潮史模式（如《中国现代文学思潮史》、《隋唐五代文学思想史》、《中国当代文学思潮史》）、题材史模式（如《道教文学史》、《中国女性文学史》、《中国当代公安文学史稿》、《中国梦文学史》、《中国政论文学史稿》）、比较史模式（如《比较文学史》、《中国现代文学与外国文学》）、心灵史模式（如《大历文风与文人心态》、《无法直面的人生——鲁迅传》）、总体动态史模式（如《中国现代文学流派发展史》）等等一系列不同治史模式的结果。应该说这是一个很新颖的发现。但是，作者的结论却值得推敲：“如果一定要说文学史研究存在一个‘发展’的话，那么这个‘发展’其实就是不同模式的不断更替与交织。所以，一个真正的文学史家他所第一着意的事情必然是对治史模式的更新。”[12]在“治史模式”中，即使史料的发现和开掘这样对文学史研究具有决定意义的因素与治史模式的更新相比竟然变得无足轻重了。

但是，历史毕竟不是每个人都可以随意加以打扮的小姑娘。文学史作为一种客观的存在，至少，历史遗存着作为人类文明重要组成部分的巨量文献或文本，是可以作为文学史研究之客观依据的。“历史科学的任务就在于要从大量的、甚至彼此矛盾的叙述中去清理真正存在过的历史事实，分析彼此间复杂的种种因果关系与规律，给予各种历史现象和历史运动以符合自身历史作用的评价。文学史的任务就在于客观地叙述文学发展的历史过程，恰当地评价作家作品和文学运动、文学现象，并尽可能研究与揭示文学发展的历史特征与规律。”[13]

有些学者注意到，对于文学史的“形态与语式”是近年来讨论尤为关注的问题。例如，徐公持在《评文学史形态理论倾向及其意义》[14]一文中，归纳了近年来文学史形态和语式设计的三种理论倾向。一、认为“文学史”就是“文学的历史”。这一观点“力求还历史以本来面目，”[15]尽可能无限逼近历史真实。“如实地展示有史以来作品的存在和发展的全貌和原貌。”二、“使文学史理论形态化。”[16]因为，“还原历史不过是一种幻想，既无可能也无必要，而历史研究的实在意义则在于重构历史，反映研究者自身对历史的理解与判断。”[17]“我们可以在观念中重构历史上辉煌灿烂的琼楼玉宇，但我们却绝对不能说这就是历史本身。”[18]三、逻辑与历史的辩证统一。“文学史的编纂不能不注重其内在的逻辑，注意文学现象之间的因果关系，但不能搞‘唯逻辑论’，要充分认识文学史上大量的随机的、偶发的现象，注意到某些‘突变’的因素，反映出文学史的复杂、丰富与多姿多彩。而这些随机的、偶发的现象背后，也有深刻的原因，这又是应该揭示的”。[19]

值得注意的是，这三种倾向，都有自己的局限。正如张晶所说的，重历史学派往往“只见树木不见森林”；重逻辑的形态论有时难免削足适履地“改造”史实；统一论的形态论在实际操作上常常困难重重。就“文学史”学科建构的具体操作意向而言，学术界更是智者见智、仁者见仁：有提出“民族文化审美心理建构”的（王钟陵）；有要求“把文学史作为‘心灵史’来研究”的（宁宗一）；有趋向以“文化建构文学史”的（林继中）；有设想“建立文学史研究的‘文化史派’”的（蒋述卓）；有试图“在文化背景上研究文学史、从美学角度来建构文学史”的（傅璇琮、赵昌平）；有强调“文学史要与美学联姻”的（吴调公）；有呼吁“充分注意作品的社会效果以及社会审美心理”的（朱立元、杨明）；有主张以“哲学观点建构文学史”的（张晶）；有力图把“审美、历史、逻辑”统一起来的（钱志熙）……可是，概括起来，文学史研究者们共同的目标似乎只有一个，那就是建构一个适合中国文学历史实际情况且有利于文学发展的文学史学科体系。

总之，文学史研究领域中发生的种种变化虽然多有令人忧虑的地方，但一个“百花齐放、百家争鸣”的局面业已形成，这本身是一个使人欣慰的事实。陈思和在《关于编写中国20世纪文学史的几个问题》中说，“我希望有各种各样的对中国20世纪文学史的解释，唯其如此才有可能繁荣学术，活跃思想，使当代思想文化获得一点实在的进步。”[20]自喊出“重写文学史”的口号，到写出成百上千的著述，短短十来年，文学史的确可以说经历了一场“革命”。这一“革命”的成果，理所当然地受到了学人的关注。鲁迅说“篇章既富，评骘遂生”，这一论断对文学史的著述同样适用。目前，文艺理论界对文学史著作的评价文章也相应地多了起来，如，陈辽的《“20世纪中国文学”的出现》[21]一文，对栾梅健的《20世纪中国文学发生论》、包忠文的《现代文学观念发展史》、胡星亮的《20世纪中国戏剧思潮》等几部专著的评析就是一例。此外，还有人试图从西方学者的研究成果中寻找理论武器，以期为中国文学史研究者开辟一条新的路子。如王建从盖尔维努斯的文学史观中受到启发，对文学史观念作了令人耳目一新的阐释。[22]毫无疑问，形形色色的文学史理论，对中国文学史及其理论建设都会有一定的借鉴意义。

“现实主义话题再热评论界”

在中国文坛上，也许没有什么“主义”能够像“现实主义”这样与文学的进程始终“纠缠不清”和“纠缠不休”。当20世纪即将结束的时候，现实主义问题再度引起了人们的关注。有论者把所谓的“现实主义冲击波”说成是1996和1997年中国文坛最热门的话题。首先是何申、谈歌、关仁山“三驾马车”一系列中篇小说有如集束手榴弹般地抛出，一下子就吸引了读者和论家的目光。引起评论界强烈关注的这批现实主义作品主要是：《分享艰难》（刘醒龙）、《大厂》（谈歌）、《黄坡秋景》（张继）、《年前年后》（何申）、《大雪无乡》、《九月还乡》（关仁山）、《学习微笑》（李佩甫）、《天缺一角》（李贯通）和长篇小说《人间正道》（周梅森）、《麻尼石》（井石）等等。它们的主要特点是：有着鲜活的生活画面、浓厚的时代风味、强烈的现实气息，真实而客观地呈现出当下中国社会基层所面临的各种问题。对在当时的社会环境下，集中出现的带有这些共同特点的创作现象，评论家们有的称之为："现实主义复归"，有的叫它“现实主义新浪潮”，有的又以“现实主义的重构”给它命名，张颐武叫它“社群文学”，雷达则认为用“现实主义冲击波”更为恰当。[23]对这一复杂的创作现象，文艺理论界的讨论大体是从以下三个方面展开的：一、如何认识现实主义；二、当前“现实主义”的文学的基本特征；三、“现实主义”文学的发展前景。[24]

一，如何认识“现实主义”。什么是“现实主义”呢？不同的时代有不同的答案。过去认为现实主义只是一种文学创作的倾向、流派或者说方法。如今，人们更倾向于把现实主义看做一种发展、开放、多元的文学精神。秦晋认为，现实主义在我国作为一种主流艺术，它应该是发展的、开放的、多元的。它应该具有极大包容性，允许有不同的派，在对主观与客观、表现与反映、理性与直觉的理解、认识上，可以有各自的侧重，从而形成彼此竞争，多元共生的局面。[25]朱盛昌也认为现实主义不是僵化凝固的概念，应该是流动的、开放的，它在同其他流派平等发展、互相竞争中不断吸收它们的积极成果为丰富发展自己。何启治说，必须提倡跟着社会而发展的现实主义，坚守原则而不封闭，关心他人而不排斥自我。胡德培说，秦兆阳当年提倡现实主义的广阔道路的内在精神，其实就是开放的精神。[26]王彬彬认为，在重提现实主义时，应该避免简单地以是否关注了现实为标准来衡量作品，还应该进一步说，现实主义作品关注的是现实中的人，是人的处境，人的灵魂。[27]

还有的论者认为发展现实主义不能够排斥个人写作。何西来把新写实主义称为“生存现实主义”，他认为，真实地表现个人情感的所谓个人主义，不应当被排斥在“现实主义”之外。韩东说，现实主义的敌人不是现代主义，而是对现实主义的封闭理解。过去只讲外在现实，社会现实和群体现实，忽略了内在心理现实和个体现实，甚至不认为是现实。[28]但是，也有论者对现实主义“开放精神”的泛化倾向表示忧虑。如汪兆骞认为，“新时期文学最大的成就之一在于多元化，在于打破现实主义的大一统。如果通过所谓包容再打破多元化恢复大一统，是倒退不是进步。”[29]

此外，不少文章对“现实主义回归”发表了不同意见。如文理的《不敢苟同“回潮”论》[30]、刘润为的《我不用“现实主义回潮”的命题》[31]和罗岗的《书写“当下”：从经验到文本——“现实主义冲击波”之检讨》[32]等。何西来既不赞成“现实主义回归”的提法，也不主张提“现实主义冲击波”，他认为这些提法使人觉得现实主义好像是突然从地下冒出来的什么新鲜玩意。[33]丁帆甚至说他从来不认为20世纪的中国文学真正有过现实主义，尤其是批判现实主义。五四时期刚刚生根，就被引入歧途，更不要说以后在各式各样的政治文化的文艺运动中，它每露端倪就被扼杀。因此，现实主义，尤其是批判现实主义在中国似乎永远是短命的，它根本就无家园，又何谈“回归”呢？[34]邵建指出，几篇小说力图反映工厂的改革生活，这是现实，但未必构成什么主义。“现实主义回归”是一些编辑和评论的炒作。“撇开批判意识和精神却侈谈什么现实主义，打死我也不信。”[35]陈建功指出，用现实主义手法创作的作品，无论是从质量上还是数量上，从来都不比“前卫”、“先锋”作家少。所谓的“现实主义复归”，不过是这一话题重新引起人们的兴趣罢了。[36]

那么，“现实主义”这一话题为什么会重新引起人们的兴趣呢？不少论者认为，人们对现实主义文学比较普遍的关注和赞扬，可以说是对当前文学创作状况的不满和反动。张学正在《90年代中国大陆文学思潮扫描》中认为，现实主义文学在70年代末、80年代初得到恢复和发展。在80年代，现实主义面对现代主义的挑战，从题材选择、艺术视角、人物塑造、表现手法等各方面，发生了嬗变，成为一种开放的、吸收并融合了许多新质的现实主义—新现实主义。[37]为什么90年代，现实主义能以新的姿态重又占据着文学的主流地位呢？张德祥认为这是因为“先锋”文学经过短暂的兴奋之后，沿着叙述操作的实验而进入了叙述游戏与语言游戏的自怡自娱自赏，这种形式主义的“纯文学”的实验与探索如同无根的“豆芽菜”，因为无法从现实土壤中吸取营养而枯萎。于是，便有了80年代后期悄然生发的“新写实”文学。“新写实”实际上是现实主义在新的历史情境中、在吸收和融化了新的艺术因素之后适应现实的一种表现形态。[38]

有学者把现实主义兴起看做是对近年来作品不关心现实偏向的一种校正。例如，王彬彬认为不少所谓“个人化”、“边缘化”的作品是蘸着唾液和精液写成的，因此显得贫血而又龌龊。社会生活中到处存在着十分严峻的问题，人们在生存中感受着各种各样的艰难；文学却日益轻飘、肤浅、佻薄。而现实主义的提出，意在为文学创作开一张药方。[39]谢冕也认为，当前“现实主义”创作的兴起，是对前几年新潮小说玄虚、飘浮和“古老”偏向的一种校正；“遁入空门”——完全地逃到“个人”和“历史”中去、从而断绝了人间的喧嚣和烦杂，是当今文学的失误。“文学不能沉溺于游戏和谈玄，文学应当保持和人们生存实际的联系。文学应当让人看到人们身边的烦恼和纠缠、欢喜和忧虑，它应当有泥土味和烟火气。”[40]

二，当前现实主义文学的基本特征。大多数论者认为，关注现实、体察民情，是这类小说的基本特色。陆建华最看重的，是它们关注现实的热情和努力丰富与发展现实主义的探索精神。在这些作品中，洋溢着现实主义的芳香表现了作者直面现实，正视现实和敢于将现实矛盾记录下来的勇气。[41]朱向前说，他们共同表现出来的强烈关注现实的品格，而且目光和笔触直接切近了当下改革的正面战场：大中型企业和基层农村。这一点从某种程度上说具有填补空白和断层的意义。肖复兴也指出，他们能深入地体现民情，就普通百姓所关注所焦虑作出文学的反映。[42]关仁山说，有的作品是居高临下看老百姓的生活，我们至少是平视或从底下往上，反映现实生活。刘醒龙认为，1995、1996年出现的一些作品，最大的特点是公民意识的出现。肖克凡指出，目前出现的这些作品，尽管不尽如人意，但它是作家丧失责任感造成相对麻木后出现的现实主义作品，闪烁着一种精神。[43]

有论者认为，当前现实主义文学鲜明的特征是：一、对历史进步和道德进步的统一的追求。二、对当前文学创作中的非理性化倾向的批判和超越。[44]楚昆也认为“新现实主义”小说有两个十分重要的特征：它不是以人的观念把握生活，而是从人的现实关系来反映社会冲突；它不是关怀叱咤风云的大人物，而是关怀最底层的小人物。[45]徐兆淮认为这些小说体现了一种可贵的社会关怀精神和公民意识。[46]刘润为说，这些作家将自己定位在人民群众一边，以他们的利益得失作为评判是非的标准，以他们的喜怒哀乐作为情感取舍的不二圭臬。由于与人民群众心心相印，他们也就不可能抛开人民群众的现实需要而去凌空蹈虚，顾盼左右而言它。[47]熊元义认为，当前现实主义文学不但相当深刻地反映了特定历史时期的特殊的历史风貌，而且相当真实地表现了这个特定历史时期的人们的追求、希望、痛苦、困惑、挣扎和反抗。这是当前现实主义文学与以往的现实主义文学的最大区别。[48]

值得注意的是，也有一些论者认为，这类作品存在着严重的不足，不能评价过高。王彬彬指出，不少作品都对道德批判、道义立场采取回避的态度。对作品中的人物玩弄权术、跑官要官、贪污受贿等行为，作者并不表示出愤怒和谴责，倒是无奈、宽容和认可。在这些作品里，伦理已彻底被历史击溃，已不再与历史有对垒之力。一种肤浅的进步论在消融着作家的道德情怀、道义立场。这些作品，在写现实时，仍有很大的顾忌。对现实中的丑恶污秽，揭示得有节制有分寸，另一方面，还要有意无意给现实涂抹上一层亮色。有的作品，则表现出一种廉价的乐观。这样，便仍难逃“瞒和骗”之嫌。因此，这类作品充其量只能是肤浅的现实主义。[49]

陶东风指出，这些小说中有一些十分值得警惕的价值取向，其中最有代表性的是一种道德理想主义。这种取向的主要特点是把一个社会、时代或个人的道德水准当成是评价该时代、社会和个人的最主要乃至惟一的道德水准，而忽视了其他标准的存在或意义。他以谈歌的《天下荒年》为例，指出作品对当今道德状况的批判是非理性的、偏颇的，对 50 年代道德水准的赞美是虚妄的。[50]朱向前对这些作品作出了“四多四少”的评价，即多深刻的调侃而少崇高的呼唤；多冷静的描写而少激情的投入；多世俗的生活而少理想的光照，多生动的人物而少典型的塑造。[51]丁帆认为，当前现实主义最致命的缺点就在于这批作家的主题意识中缺乏批判现实主义精神，悲剧意识。[52]

谢冕也提醒说，在一片赞扬声中倒是要保持一份冷静和清醒。首先是，即使再好的东西，也不能是一律的提倡，要是出现“千篇一律的现实主义”，那就是文学的后退。另一点，既然是服膺于写实原则的作品，那就应当刻画出人物的鲜明性格。可是，现在似乎不讲究这些了。[53]还有论者指出，艺术上的模式化倾向这一问题突出地表现在谈歌、何申、关仁山等人的作品中。当谈歌以《大厂》闻名于文坛的时候，马上又写了《小厂》，接着又有了《九月还乡》……题材的重复当然无可非议，但值得提出的是在重复中作家的情感、小说的境界、思想观念也呈现似曾相识的一致，这就会影响到一个作家的创作质量。另外有关艺术结构、人物塑造、语言运用等方面所存在的问题也是值得重视的。[54]

三，现实主义文学的发展前景。周介人认为建国后的现实主义已经历了四个阶段，现在是第五个阶段，其特点是作家很注意把社会话题转化为自己的话题，不是用很简单的一种合理性和荒谬性的冲突公式来解释生活，而是一个层次的合理性与另一个层次的合理性的冲突，保持了生活本身的丰富性，更是深刻与悲壮。[55]王干则分析了现实主义的过去和现在，指出现实主义变化很大程度体现在作家角色的变化。他依照作家角色的不同，把现实主义分为大我、小我和无我三种。大我的现实主义特点是作家代表人民，意识形态色彩很重，社会责任感很强。小我的现实主义关心自己的内心。无我的现实主义从新写实开始已经发展得相当成熟。[56]大多数论者认为，坚持“现实主义”的创作方向，代表了今后文学发展的潮流。

朱向前判断，经过 90 年代商业大潮的洗礼和转轨的动荡后，作家已重新获得了一种平静的明澈，找到了回应现实的勇气和逼近世纪末的紧迫感，渐渐凝聚起一股精气神，准备发起新的冲刺。这可能是结束多年文学徘徊与低迷的契机，而现实主义是文学突围的生路。[57]肖复兴等预测了现实主义创作可能出现的几种动向，被称为“三驾马车”的谈歌，何申、关仁山将会继续走俏，但由他们独领风骚的局面将被打破；一些坚持“个人化”写作的作家将可能转向，也来关注一下现实题材。将会有大量的文学新人涌现，许多已经成名的中老年作家也会参与进来。[58]

现实主义之所以重新引起人们的审视和思考，最直接的原因当然是创作上的收获。然而这收获，不是旧有的现实主义文学的重复和回归，而是现实主义经历了“主义”林立的洗礼后，对自身模式既有继承，又有突破的结果。现实主义话题的升温，非但不应该也不可能否定各种各样的文学探索和形形色色的文学流派。相反，坚持现实主义创作原则的作家、评论家们，对待不同的文学流派应该采取格外谨慎的“兼容并包”的态度，珍惜“百花齐放、百家争鸣”氛围，以熔铸百家，发展自己，不断开创现实主义文学的广阔道路。[59]

对于现实主义是否应该弘扬，也有两种相反的意见。王干认为，表面看来现实主义不如后现代主义热闹，其实她不需要热闹。因为她是食物中的主食，已经成了人们的生存支柱，无需特殊关注，也不会昙花一现。所以，现实主义无需弘扬，只需要梳理。文乐然则认为，现实主义尽管强大，也需要弘扬，而且要大力弘扬，这对基层业余作者的影响很大。这些年在批评界，别的主义热热闹闹，现实主义冷冷静静，很多人都盲目转向，走了很多弯路。所以现实主义也要张扬，要让人们明白，现实主义也是时尚，而且是永久的时尚。[60]任玖珊认为，“这场关于现实主义的讨论并不限于这一创作方法本身；从某种角度上说，它因袭的是前些年风起的人文精神论题，是关于人文精神的争论借现实主义话题的继续。”[61]

人文精神讨论的新进展

肇始于90年代中期的“人文精神”讨论，在思想文化界产生了长时期的有相当深度的震动。有关这次论争的一些代表性言论至今仍然对中国文学和文艺理论存在着深刻的影响。如王蒙的《躲避崇高》[62]、王晓明等的《旷野上的废墟——文学和人文精神的危机》[63]、陈晓明、张颐武等的《精神颓败者的狂舞》[64]、张承志的《清洁的精神》[65]、陈思和等的《人文精神寻思录》[66]、白烨、王朔等的《选择的自由与文化态势》[67]、王蒙的《人文精神问题偶感》[68]、王蒙、陈建功、李辉的《精神家园何妨共建》[69]等，是1996、1997年的文艺理论与批评文章中引用率最高的篇章之一。“人文精神”以及与之相关的“人文关怀”“人文传统”，也从相当专业化的思想术语，开始向大众话语转化。关于“人文精神”的讨论作为富有生命力的理论命题一直在不断地拓展着新的文化话语空间。

武建忠在《人文精神是全民族精神生活的大问题》[70]中宣称：“研究中国文化，必然要关注人文精神，发端于90年代中期的一场人文精神大讨论，延续至今，成为贯穿整个社会道德与人文科学领域的中心话题，构成90年代文化论争的焦点，一个无所不在的语词。”今天，围绕“人文精神”讨论的文章还在大量出现，这场生机勃勃的讨论使一度沉默的知识界又活跃起来了。[71]虽然作为“热门话题”的“人文精神”论争很快会偃旗息鼓，但作为一个学术命题的探究，则有可能在较小范围内，以较冷静认真的态度持续下去。[72]用张韧在《人文精神讨论余墨》中的话说是“富有激情的批判转化成了清醒的建设”。[73]

一般认为，“人文精神”的提出和讨论确实反映了现在社会上一部分人中存在的精神危机，文明道德的某些弊端，人与人之间的关系淡漠、见利忘义等现象，反映了一种普遍的忧虑。但是讨论仅局限在作家和知识分子圈子，很大程度上带有一种情绪色彩，缺少理性的思考，社会影响甚为微弱。因此有人提出，应把“人文精神”讨论引导到、归结到、集中到社会主义精神文明建设上来。讨论不应仅限于文学界，应扩至哲学界、史学界乃至法学界、经济学界，以把握和克服前一时期讨论中的一些缺憾，使“人文精神”讨论进入到一个更高的层次，得以更深入地开展。[74]

孟繁华认为，这场讨论虽然以“人文精神”、“价值重建”、“理想精神”、“新理想主义”等作为主能指，但它的所指是复杂而多样的：从思想来源上看，它是本土的“忧患意识”与“乐感心态”的冲突；从角色定位看，则是“文化英雄”与“文化白领”的冲突；从价值目标看，它是着眼于理想的乌托邦与认同现实的“辩护士”的冲突；从“知识—权力”的理论模型上考察，它又是一场关于“支配”的冲突；从姿态上看，它隐含的则是社会人格假想与“愉快意识”设定的较量等等。[75]张志忠也认为，“知识分子的分化与选择，使这场疏远了政治话语，避开了权力中心，而在知识分子群体自身产生的激烈论战，具有相当的规模，相当的声势，也成为每一个关心中国现状和中国知识分子现状的人的无可回避的斯芬克思之谜。”[76]谢冕对这场论争的感慨是：“文学从来也没有像今天这样只听命于自己而不必听命于他人。”

谢冕说，围绕着文学的人文精神、道德、理想的一系列讨论，其中包括了被称为“二王之争”即涉及以王彬彬和王蒙为中心议题的思想文化论争，吸引了很多人的关注，已成为进入“90年代以来中国文学最值得纪念的一个事件”。旷新年则把“二王之战”，说成是对“身体”的“袭击”，认为它失去了学术决斗的庄严，而且还殃及早已作古的鲁迅、高长虹等人的安息。因此，他说这场“道德圣战”实际上变成了一场并不道德的“肉博”和“鞭尸”。[77]

应该说这场论争确有很多令人无法满意的地方。毛时安认为：“原意匡正时弊的思想文化命题演变成旷日持久的意气用事、随意发挥、乱投添加剂的捣糨糊式的诡辩，最后陷入近乎无聊的泥淖。在这场讨论中大量的非理性的盲点，令人哑然失笑。“有人为了捍卫自己的原则，提出了似是而非的极端化口号。如躲避崇高、拒绝宽容等，至于好事者们创意“抵抗投降书系”之类的做法，把敌我矛盾用语借代到人民内部矛盾的学术之争上来，则更是令人费解了。这场人文精神的大讨论越到后来越混乱。因此，必须首先建立一种严肃的心平气和讨论问题的背景。否则，只会让人看到一锅搅糊的稀粥而已。[78]因此，人文精神讨论一度“遭冷眼与批评，甚至相当尖刻的否定”。如认为人文精神讨论不过是某些“好事者”的一个“最大的神话”；是人文知识分子“边缘焦虑”心理的“炒做”；讨论存在“四大误区”，泛滥“道德浪漫主义”，笼罩“精英气息”和“贵族倾向”及“文化冒险主义”等等。[79]

还有一种意见认为当前倡导“重建”或“高扬”“人文精神”的学者们其实对“何谓人文精神”都没有吃透，对此概念的理解都很混乱，就匆匆忙忙“奢谈”“高扬”之类，实属“戏谈”，毫无意义。这实际上根本否定了“人文精神”的提出和讨论。[80]钱中文说，有人认为人文精神是欧洲的，还有人批人文精神是形式主义、精英主义……可见对人文精神看法是混乱的。[81]李书磊也指出，对“人文精神”这个概念的理解和运用是五花八门的，甚至使人难免有“越说越糊涂”之感。陈思和用“人文精神”意指知识分子的“道统”即“稳定悠久的精神传统”，张汝伦和袁进却将其理解成对人的生存意义及人类命运的“终极关怀”，李天纲把“人文精神”说成是信仰主义的宗教精神，肖夏林和王彬彬则把这个概念演绎为“道德理想主义”，如此等等，不一而足，人文精神似乎是一个随水转风移而飘忽无定的怪物。因此，王蒙不无嘲讽地质问：“现在说的人文精神究竟是指什么呢？指人道主义？文艺复兴式的从‘神权’中把人特别是把个人解放出来？指东方道德的八纳四维？指‘四个第一’，‘三八作风’？还是干脆指有理想有道德有文化守纪律的‘四有’新人的培养？”[82]“争论双方的许多文章，对人文精神的真正涵义不甚了了，这是讨论缺乏学理深度的一个重要原因。”[83]

那么，到底应该如何理解人文精神呢？有学者认为，当代“人文精神”的具体内涵，要从它与三个“主义”的对立关系中去把握其真义。首先，人文精神与商业主义相对抗。其次，人文精神与物质主义相对抗。再次，人文精神也与科技主义相对抗。由上面三种对立关系的考察，我们可以知道，“人文精神”的内涵不是单一的，而是相当复杂的；它同西方人文主义传统不能说没有关系，但亦有明显的区别。[84]有论者认为，当代中国思想文化界的一大奇观是：科学精神与人文精神的二元对立。官方的学者强调的是发展科学技术，普及科学知识，发扬科学精神；而民间的学者强调的则是重视人文学科，提高人文素质，弘扬人文精神。一、科学技术对社会发展意义重大，但其观念的泛化却会堵塞人们通达人文社会科学真谛的道路。二、人文精神存在不同的类型，从形态学的角度视之，现、当代中国的人文精神更接近于近代西方的人文精神。三、不应单独地提升科学精神或人文精神，而须使二者的现代化的价值导向的基础上协调发展。[85]有的则强调，文艺中的人文精神和历史精神都不可偏废。[86]陶东风在《90年代文化论争的回顾与反思》一文中指出，中国人文精神的出场与西方人文主义的出场有完全相反的语境；西方人文主义是针对神权社会而提出的，是打碎神权的禁锢走向人性的解放，世俗化的欲望正是其最为核心的诉求；而中国90年代以来的人文精神话题针对的正是世俗化，也即人的欲望高涨而提出的，如所谓物欲横流、躲避崇高等。其核心是从人间回到天国，而以终极关怀，宗教精神拒斥世俗追求。冯天瑜的《略论中西人文精神》[87]一文则认为，具体研究现代化进程中的人文状态及引发的问题，并厘清人文精神的学术发展史，由此才能对中西人文精神作出创造性诠释，为解决现实问题提供真切可靠的思想资源。

朱立元在《人文精神：当代美学建设之魂》中呼吁“把重建人文精神作为灵魂与核心”。[88]张同吾在《诗的人文精神与文化内蕴》中则认为能否创作出“苍雄辽阔、器宇轩昂、力透纸背、气贯长虹”的诗篇，这与诗人是否关注人文精神有密切的联系。[89]雷达在《论当今小说的精神走向》中认为，当今小说创作最值得注意的变化对精神价值，对思想含量，对现实的超越性的追求在逐渐增强。原先的薄弱已引起了许多作家的焦灼和深思，走向现实、关怀当代人的灵魂，正在日益成为他们思考的焦点。[90]

在《“人文精神”讨论的新进展》[91]中，张骏严梳理各种用法的人文精神概念后归纳出了五层含义：一、科学层面的含义，即对知识、科学、真理的重视与求索；二、道德层面的含义，即对道德行为、道德修养、道德信念和道德人格的看重与追寻；三、价值原则层面的含义，即对自由、平等、正义等重大价值的渴望与呼唤；四、人本主义层面的含义，即对人的关注、尊重和对人的主体性的祈盼与高扬；五、终极关怀层面的含义，即对生死、信仰、幸福、生存意义和社会终极价值取向等问题的反思。总的说来，“人文精神”讨论正从表面的争吵深入到深层，从“发宣言”“喊口号”到心平气和、冷静的思考、严肃的学术研究中去了。喧哗浮躁的争吵正在被细心平和的讨论所代替。

关于“文学艺术消闲功能”的讨论

改革开放以来，随着计划经济向市场经济的转变，文艺最显著的变化之一，就是文艺的消闲娱乐功能越来越突出了。新时期文学艺术的变化大都与其娱乐功能的增强相联系，例如，从文学本身看，许多文学小品、散文空前繁荣；在电视作品方面，电视小品深受欢迎，体育节目从没有像现在有这么多观众；报刊的副刊近几年来发展得特“火”，说明它适应了群众的欣赏需要。电台和电视台的栏目繁多，许多节目备受青睐。总之，文艺的娱乐性问题几乎涉及到了所有的艺术门类、涉及到了大众传媒的所有方面。它既表现在适应公众多方面欣赏需要的积极作用，也出现了某些不能不加以重视的问题。所以娱乐功能看似小事，实则是涉及千家万户、三教九流、男女老少，涉及到移风易俗、道德教化问题，甚至是涉及到社会安定的大问题。

如何看待消闲娱乐功能？它和精神文明建设有什么样的关系？在市场经济条件下，文艺的诸功能，特别是“教”与“乐”之相互关系有什么新变化和新特点？人们对文艺的需求有什么新趋向？文艺有无把玩性？如何看待玩文学？如何提高消闲娱乐的文化含量？如何提高消闲娱乐功能的文化品味问题？等等。针对这些问题，1995 年 12 月，中国社会科学院文学所理论室发起并组织了“精神文明与文艺的消闲性”专题座谈会。来自北京和外地的文艺界、文艺理论和批评界、新闻界的 50 多人参加了座谈会。会后，专家学者们发表了一系列有关“文艺与消闲文化”的文章，例如，杜书瀛、童庆炳、贺兴安、许明等人的《“文学艺术消闲功能”笔谈》[92]、杜书瀛的《消闲与文化和审美》、陶东风的《世俗化时代文艺的消遣娱乐性》、何西来的《文艺的消闲娱乐功能及其格调》、罗筠筠的《休闲娱乐与审美文化》[93]等，这些文章在学术界引起了一定反响。

特别是文艺界和文艺理论界的一些知名人士，纷纷对“文艺与消闲”问题发表了自己的意见，使文艺的消闲娱乐性的讨论成了 1996 年文艺理论界的一个较有影响的热门话题。童庆炳认为，文学本身就有消闲功能。文学史上有很多现在看是经典性的作品，而在当时却是一种消闲解闷的作品。最典型的是宋词。他引用恩格斯的话说：文艺作品能使人“得到快乐、振奋和慰藉，使他忘却自己的劳累。”[94]他还说毛泽东也谈到文艺的“消愁破闷”，在毛岸英牺牲后，毛泽东在给失去丈夫的儿媳刘松林的信中，劝她读点古典文学，说它有“消愁破闷的作用”。因此，无论从历史角度，从理论角度都应充分认识文艺的消闲娱乐作用。[95]王蒙认为，文艺的消闲娱乐功能与文艺的认识、教育、审美功能不是互相排斥，而是互相流动、渗透、转化的。在古代，甚至许多重大的学术活动，如哲学、数学也与娱乐活动有关。因此，蔑视与排斥这种功能是未必可取的，一味地去迎合、俯就（所谓“媚俗”）也不是办法。他还说，苦难的现代中国，时时处于生死存亡的关头，现在总算可以正视一下文艺的娱乐功能了，怎能不令人感慨和深思呢？[96]姜昆结合侯宝林、马季、牛群、冯巩等人的相声艺术的成败得失，强调了文艺消闲娱乐功能在曲艺中的重要意义。他说，粉碎“四人帮”后，人们认识到过去相声中“遵命文学”的东西太多了。相声的“时代性”强的像《美蒋劳军记》、《英雄小八路》等作品已经随时代过去了；但人们今天依然记得艺术性、娱乐性较强的《夜行记》等一类的作品。可见，对文艺的消闲娱乐功能进行研究是很有现实意义的。[97]许明说，“日常生活”等问题长久以来不被重视，不知道这个概念，只知道“政治生活”、“文化生活”。现实要求使文艺的一部分功能要与“日常生活”需要相匹配，因此，“日常生活”的概念提到了日程上来。这就纠正了对文艺的单一的政治教化功能的认识，使文艺增加了娱乐性、消闲性。[98]

肯定文艺的消闲娱乐功能，相对于以往只讲文艺的政治道德的教化功能，是一个进步。但是，不少学者对过分强调消闲功能而忽视人文精神和审美意义的文化粗俗化时尚表现出了深切的忧虑。如钱中文说，文艺的审美特征派生出三个作用：娱乐、教育、认识。过去压制了娱乐作用，走上了极端。现在用世俗文学来消解它，用娱乐来消解它，又是走上了另一个极端。我们应该把它原有的作用慢慢地扶正，而不能从一个极端走上另一个极端。比如有人提出玩文学，文学可以玩，但不要把这个当成普遍规律去宣传。再比如调侃，应调侃那些伪崇高，但不能调侃真正的崇高。现在到了“玩物丧志”的地步，到了连鲁迅先生也调侃的地步，就不对了。朱寨更是明确地指出今天面临的问题不是消闲受到了阻力，不是教化对它冲击得很厉害，而是消闲娱乐的滑坡，走入了一种误区。如，称为“痞子文人”的王朔们的大红大紫以及各种大众文化的兴起。陶东风认为这实际上是引发人文精神讨论的一个最直接、最重要的原因。因此，张炯说，我们不是要大力呼唤休闲娱乐，而应是检讨存在的问题，去解决问题。孟繁华也指出，在改革开放后，文艺的娱性功能被强调和突出到了一种神话的地步，而背后隐含着的危害性是不能被忽视的。大众文化巨大的吞噬力几乎已经无处不在了。大众传媒作品的发展成为消闲性向大众文化市场的不断妥协、不断迎合，造成了诸多的大众奇观的神话。种种东方奇观以严肃面目出现得到充分的表达。以闲适作为代表，投放市场，经过世俗化的过程，把文化人原先想表达的东西完全磨平了、忽略了。

于是，消闲的文化品位成了学者们关注的中心问题之一。隆荫培认为，古今中外有艺术魅力的东西是离不开审美娱乐功能的，因为它不单纯是娱乐，它也表现了一种向上的精神。现在诸如什么脱衣舞，黄色的、充满性诱惑的舞蹈等低级的、庸俗的东西，是要引起我们警惕的。因此，目前的关键问题是如何提高文艺的品味，在娱乐中给人以向上的力量，给人以美的东西，让文艺在建设社会主义精神文明中起更大的作用。郭铁成认为，文艺的消闲娱乐功能，并不单纯是理论问题，主要是实践问题。在实践上，特别是在市场经济条件下，出现了一些新的情况，使人感到忧虑。现在大量作品审美性丧失了，认为让人哈哈大笑就是娱乐，而其中的审美内涵却被抽去了。这种对文艺的娱乐性的理解是狭隘的、简单化的理解，这个问题应当引起批评界的重视。罗筠筠认为，消闲有两个层次，一个是精神的层次，一个是物质的层次。在今天物质生活不断发展的时候，要处理好物质和精神两者之间的关系，警惕在工业社会里出现的“单面人”现象：仅仅沉沦于感性世界，一味追求和贪图感性享乐，失去了对艺术，对人生的理性思考和深刻把握。钱竞认为，有一个东西是要警惕的，那就是商品社会制造出来的“消费者是上帝”的神话。这纯粹是欺骗性的东西，完全是一种神话！第一，中国至少有八千万人根本没有这个选票，一亿多文盲也没有多少选票可言。第二，对持有选票的人也应分析，不能无条件地尊重、无条件地崇拜、迎合。他相信人的感性欲望不都是天然合理的，一味地支持和满足是一种偏颇，这些都需要去指导、去调节。党圣元认为，由于受工业文化、商业文化的影响，文学精神逐步丧失，过去被人们看好的一些消闲娱乐作品，在某种意义上已成为了反文学的狂欢。那么，它还谈得上什么消闲娱乐作用呢？他认为，目前的世俗文化、大众文化就是东方商业文化、后现代工业文化。要想增加文学的品位，就必须重构文学精神，从人文理性中寻找价值资源。

关于“重建中国文论话语”的探索

20世纪中后期，不少学者呼吁重建中国文论话语，话语转换问题一时成为人们关注的焦点。在某些学者看来，中国文论最迫切需要解决的问题似乎就是所谓的“文论失语症”。因此，我们根本没有一套自己的文论话语，没有自己特有的表达、沟通、解读的学术规则。“我们一旦离开了西方文论话语，就几乎没办法说话”，主要原因是20世纪初我们自己切断了数千年生生不息的“传统文化的血脉”。钱中文回顾与反思20世纪文学理论发展历程时发现，欧美文学理论具有不间断的连续传统性和较多的自主性，而五四以后的中国文论几度中断了与传统的联系，基本上是借用外来的理论术语。他认为没有对古代文学理论的认真继承与融合，中国当代文论很难获得比较完整的理论形态。[99]因此，建设有中国特色的现代文论必须沟通古今，融汇中西，并在这种沟通融汇中真正体现出古代文论的独特价值。

在《再论重建中国文论话语》[100]一文中，曹顺庆、李思屈指出，“中国当代在文艺理论方面噤若寒蝉，在流派林立的世界文艺理论舞台上，完全没有我们自己的声音，这种局面与未来世界文化大交融、大对话的多元并存格局极不相称，与一个具有五千年文化史、占世界人口四分之一的大民族极不相称。具有本土文化的深厚根基和鲜明的民族特色的中国古代文论传统难以融入现当代社会文化之中，未能成为现当代活的文学理论的有机组成部分。”“中国文论话语的重建”成了我们无法回避的问题。于是，有学者提出了“返回语言之家和返回精神家园”的“策略”。希望通过对传统话语的清理和中西对话研究而激活中国固有的文论精神和话语能力，在“杂语共生”的局面中广取博收，逐步建立起既扎根于本民族深厚的文化土壤，又适合于当代文学实践的中国文论新话语。于是，古代文论如何“古为今用”就成了一个值得深入研究的重要问题。

在《论当代文论与中国古代文论的融合》[101]中，蒋述卓指出，讨论中国古代文论遗产如何“古为今用”实际上在50年代末60年代初就已开始，新时期以来，古文论研究在广度与深度方面都有了长足进步。但是，回过头来巡视古文论研究所走过的历程，我们觉得在如何做到“古为今用”且与当代文论有机融合上存在相当大的距离。原因何在？他认为关键还在于没有真正做到“今用”。

站在什么样的基点、寻找什么样的途径、采取什么样的继承方式来“用”古代文论，在“用”中使之与当代文论达到有机融合呢？蒋述卓的答案是：一、立足于当代的人文导向与人文关怀，面向当代人文现实，开展现实与历史的对话，吸收古代文论的理论精华。二、立足于民族精神与民族性格的继承与发扬，寻找古代文论的现实生长点，探索其在理论意义上和语言上的现代转换。三、从继承思维方式和批评形式入手，将古代文论特有的思维方式以及独有的批评方式与技法融入到当代文学批评与文论中去，创造具有鲜明民族特色的当代文论。

与这个命题直接相通的是关于“中国古代文论的现代转换”的研究。1996年中国中外文艺理论学会等单位联合召开“中国古代文论的现代转换”学术研讨会，集中展示了专家学者们的有关研究成果，1997年钱中文、杜书瀛、畅广元主编的《中国古代文论的现代转换》文集（陕西师大出版社）出版，在学界产生了较大影响。此后，文艺理论界对这一命题的研究始终保持着高度的热情，并不断有令人瞩目的学术成果问世。

在大多数学者看来，所谓古代文论的现代转换其实就是“古为今用”，就是当代文论的“风土化、民族化”，就是将“古代文论精神融入现代文艺学中”，“把古代文论翻译成当代学术思想文化话语”，就是推陈出新，“建立文艺新思维”。要转换就要开发、利用，就要使古今视界融合，就是使古代文论活化，就是要“参古定法，望今制奇”，“把古代文论的优秀传统作为当代资源进行开发”，使丰富的古代文论遗产尽可能充分地为建设有中国特色的“现代”文艺学服务。所谓“现代转换”就意味着改造、翻新，意味着今人对历史的各种研究和诠释，都会渗入现代人的思维方式和语言习惯，这就必然少不了改造的成分。当然改造并非臆造，也不同于另起炉灶，所以事物固有的材质、性能自还有留存的余地。如何在“似与不似之间”掌握一个合适的度，或许就是古文论现代转换能否成功的关键。[102]蔡钟翔《古代文论与当代文艺学建设》[103]一文认为，“转换”的关键是在继承传统的基础上创新。我们的策略应该是先易后难，选择便捷的切入口，从局部的转换做起，逐步积累，达到全局的改观。

---

〔1〕蒋寅《世纪之交的文学史展望》，《中国社会科学》1996年第2期。

〔2〕《天津社会科学》1996年第4期。

〔3〕《中外文化与文论》2000年第7期。

〔4〕许总《文学史观的反思与重构》，《文学评论》，1995年第2期。

〔5〕张晶、白振奎《近年来文学史观与文学史理论讨论述评》，《社会科学战线》1996年第1期。

〔6〕人大书报资料中心《文艺理论》2000年第8期，第157页。

〔7〕张晶、白振奎《近年来文学史观与文学史理论讨论述评》，《社会科学战线》1996年第1期。

〔8〕《大英百科全书》1980年版第8卷第461页。

〔9〕葛红兵《论文学史空间结构》，《江苏社会科学》1996年第4期。

〔10〕〔11〕葛红兵《文学史本体论反思》，《江海学刊》1995年第2期。

〔12〕葛红兵《重塑文学史：宏观性研究与批判性思考》，《求中学刊》1996年第3期。

〔13〕张炯《走向完整的中国文学史研究——〈中华文学通史〉导言》，《文学评论》1996年第4期。

〔14〕《江海学刊》1994年第5期。

〔15〕董乃斌《文学史家的定位》，《江海学刊》1994年第6期。

〔16〕王钟陵《文学史的理论形态》，《社会科学辑刊》，1991年第3期。

〔17〕陈伯海《文学史观念谈》，《江海学刊》1994年第6期。

〔18〕《江海学刊》1995年第2期。

〔19〕张晶《逻辑与历史的辩证统一》，《社会科学辑刊》1991年第3期。

〔20〕《天津社会科学》1996年第1期。

〔21〕1996年3月21日《社会科学报》。

〔22〕王建《论文学史作为历史》，《国外文学》1995年第4期。

〔23〕秦晋、杨颖《不倦的探索与创造》，1997年5月13日《光明日报》。

〔24〕李子木《关于“现实主义小说”的讨论》，《作品与争鸣》1997年第10期。

〔25〕《文学评论》1997年第2期。

〔26、27〕《当代》1997年第1期。

〔28〕《文学评论》1997年第2期。

〔29〕《当代》1997年第1期。

〔30〕1997年4月1日《文艺报》。

〔31〕1997年8月14日《文艺报》。

〔32〕《上海文学》1997年第5期。

〔33〕《文学评论》1997年第2期。

〔34〕〔35〕《钟山》1997年第1期。

〔36〕《文学评论》1997年第2期。

〔37〕《南开学报》1996年第3期。

〔38〕张德祥《90年代：社会转型与现实主义衍变》，《文艺评论》1997年第1期。

〔39〕《文艺争鸣》1996年第6期。

〔40〕谢冕《一个提醒与一份清醒》，1997年2月5日《当代文坛报》。

〔41〕《钟山》1997年第1期。

〔42〕《长城》1997年第2期。

〔43〕《新华文摘》1997年第3期。

〔44〕熊元义、董杰英《论当前现实主义文学》，《当代文

坛》1997年第6期。
〔45〕《山西文学》1997年第4期。
〔46〕《钟山》1997年第1期。
〔47〕1997年7月26日《文艺报》。
〔48〕熊元义《当前现实主义文学的新特征》，1997年6月24日《文艺报》。
〔49〕《钟山》1997年第1期。
〔50〕《文学自由谈》1997年第2期。
〔51〕《长城》1997年第2期。
〔52〕《钟山》1997年第1期。
〔53〕谢冕《一个提醒与一份清醒》，1997年2月5日《当代文坛报》。
〔54〕魏愚《对“现实主义冲击波”的想法》，1997年8月26日《文艺报》。
〔55〕《新华文摘》1997年第3期。
〔56〕《当代》1997年第1期。
〔57〕〔58〕《长城》1997年第2期。
〔59〕陈建功、何西来、秦晋《“现实主义”问题三人谈》，《文学评论》1997年第2期。
〔60〕《当代》1997年第1期。
〔61〕任玖珊《现实主义话题再热评论界》，1997年10月14日《文艺报》。
〔62〕《读书》1993年第1期。
〔63〕《上海文学》1993年第6期。
〔64〕《钟山》1993年第6期。
〔65〕《十月》1994年第1期。
〔66〕《读书》1994年第3—7期。
〔67〕《上海文学》1994年第4期。
〔68〕《东方》1994年第5期。
〔69〕《读书》1995年第6—8期。
〔70〕1997年6月20日《山西发展导报》。
〔71〕张英《世纪末之争　知识分子与人文精神大讨论》，《今日名流》1995年第12期。
〔72〕陈冲《“人文精神”插话》，1996年4月15日《文论报》。
〔73〕1996年4月25日《光明日报》。
〔74〕《文学评论》1996年第5期。
〔75〕孟繁华、谢冕、洪子诚等《文化论争的检讨与回应笔谈》，《文艺争鸣》1995年第6期。
〔76〕张志忠《当代知识分子的宿命与选择——从人文精神说开去》，《北京文学》1996年第8期。
〔77〕孟繁华、谢冕、洪子诚等《文化论争的检讨与回应笔谈》，《文艺争鸣》1995年第6期。
〔78〕余韶文《中国文坛：世纪末的争论》，《海上文坛》1995年第12期。
〔79〕张韧《人文精神、新启蒙与文学》，《钟山》1996年第2期。
〔80〕朱立元《试论当代“人文精神”之内涵》，《学习与探索》1996年第2期。
〔81〕《淄博师专学报》1996年第2期。
〔82〕孟繁华、谢冕、洪子诚等《文化论争的检讨与回应笔谈》，《文艺争鸣》1995年第6期。
〔83〕陶东风、金元浦《人文精神与世俗化》，《社会科学战线》1996年第2期。
〔84〕朱立元《试论当代“人文精神”之内涵》，《学习与探索》1996年第2期。
〔85〕俞吾金《科学精神与人文精神必须协调发展》，《探索与争鸣》1996年第1期。
〔86〕陆贵山《文艺中的人文精神和历史精神》，《文艺研究》1996年第1期。
〔87〕《中国社会科学》1997年第1期。
〔88〕《华中师范大学学报》1996年第1期。
〔89〕《文艺评论》1996年第2期。
〔90〕《中华文学选刊》1996年第2期。
〔91〕1997年10月11日《人民日报》。
〔92〕《文艺争鸣》1996年第2期。
〔93〕《文艺争鸣》1996年第3期。
〔94〕《马克思恩格斯论艺术》(四)，人民文学出版社1966年版第401页。
〔95〕《淄博师专学报》1996年第2期。
〔96〕1996年1月20日《作家报》。
〔97〕〔98〕《淄博师专学报》1996年第2期。
〔99〕《文学评论》1996年第1期。
〔100〕《文学评论》1997年第4期。
〔101〕《文学评论》1997年第5期。
〔102〕《文学遗产》1998年第3期。
〔103〕《文学评论》1997年第5期。

学术会议

第8届世界华文文学国际研讨会

在新世纪的曙光喷薄欲出的时刻，对本世纪的历史进程和功过得失进行清理检阅，以便承先启后，继往开来，大约是各门学科所盖不能免的了。而对于世界华文文学这门新兴的学科而言，世纪之交面临的任务，不仅在于上述种种，而且还有着梳理廓清与这门学科建设许多基本概念范畴规律关系紧密相联的问题的工作。因而“世纪之交的世界华文文学”这一本次研讨会中心议题的提出，也就显出格外的重要与迫切了，而它之能引起海内外作家学者的广泛兴趣，也就是顺理成章的了，这从来自新加坡、马来西亚、泰国、印尼、日本、韩国、美国以及台湾、香港、澳门等国家和地区的42名代表和来自中国大陆四面八方的123名代表的踊跃与会，以及他们提交给会议的120多篇论文，得到了充分的验证。

本次研讨会会期尽管只有4月23日—25日短短三天，但会上的交流交锋和会下的切磋探讨都很热烈，不仅实现了“推动世界华文文学的繁荣和发展，增强海内外华文文学作家、诗人和学者的团结和友谊，弘扬中华文化，促进祖国和平统一”的会议宗旨，而且在学术交流探讨方面，也具有相当水准。

张炯、杨匡汉、陈辽、饶芃子、费勇、黎湘萍、许翼心、陈实、周文彬、陈贤茂、曹惠民、赖伯疆、潘亚暾、胡凌芝、萧村、杜丽秋、陈贤茂、香港作家东瑞、夏马、施建伟、钟晓毅、古远清、寇立光、香港作家犁青、香港作家夏马所、澳门学者郑炜明、台湾作家罗兰、韩国学者许世旭、美国学者杜国清等先后在大会上作了发言。

本次研讨会的学术交流，以其重点突出而又范围广泛、深入细致而又丰富多彩给我们留下了深刻印象。可以毫不夸张地说，代表们通过实实在在的努力，相当圆满地演绎了本次会议的主题，为世界华文文学在新世纪的健康成长，打下了坚实的基础。同时，本次研讨会所具备的一些新的特点和动向，也将对这门学科今后的发展，显示出意味深长的影响。第一，诗人和作家们以更加积极的姿态介入学术研究。第二，尽管这门学科历史短暂，但老中青三结合的研究队伍的格局，已基本形成。第三，研究观念、研究方法的更新超越已迫在眉睫，这是本次研讨会上一个强烈的呼声。总之，本次研讨会通过对世界华文文学本世纪的发展历程、辉煌成就和今后的前进道路的总结、检阅和规划，充分展示了她的宏伟架构和在新世纪的迷人前景，并将鼓舞着人们为她添砖加瓦、为实现她美丽的蓝图而更加勤奋地工作。

（《台港与海外华文文学评论和研究》1996年第2期）

“消闲娱乐与精神文明建设”研讨会

由中国社会科学院文学所理论室发起并组织的“精神文明与文艺的消闲性”专题座谈会于12月7日在中国社会科学院文学所举行。会议由杜书瀛主持。朱寨、钱中文、童庆炳、何西来、姜昆等来自北京和外地的文艺界、文艺理论和批评界、新闻界的五十多人参加了座谈会。著名作家、评论家王蒙写信对会议表示支持和祝贺。

研讨会事先拟定了一些讨论参考题，如：如何看待消闲娱乐功能？它和精神文明建设有什么样的关系？在市场经济条件下，文艺的诸功能，特别是“教”与“乐”之相互关系有什么新变化和新特点？人们对文艺的需求有什么新趋向？文艺有无把玩性？如何看待玩文学？如何提高消闲娱乐的文化含量？如何提高消闲娱乐功能的文化品味问题？等等。

王蒙在给大会的贺信中说：“文艺的消闲娱乐功能本身是不争的事实。这种功能与文艺的认识、教育、审美功能不是互相排斥，而是互相流动、渗透、转化的。消闲并不注定了要庸俗低下，问题是怎样的娱乐，怎样的品味的消闲。在古代，甚至许多重大的学术活动，如哲学、数学也与娱乐活动有关。因此，蔑视与排斥这种功能是未必可取的，一味地去迎合、俯就（所谓“媚俗”）也不是办法。苦难的现代中国，时时处于生死存亡的关头，现在总算可以正视一下文艺的娱乐功能了，怎能不令人感慨和深思呢?”

童庆炳在发言中指出，文学的消闲解闷功能可以说是文学理论的一个定律，是不可轻视的。当然，消闲娱乐的作品也要有深度、有个性，这样，才会有艺术性。姜昆认为，过去相声中“遵命文学”的东西太多了。陶东风认为，在肯定文艺的消闲娱乐功能中，也不能一味地肯定。对大众文化消闲娱乐的核心，应当是批判它前现代的陋习，警惕它后现代的误区，强化它的现代性。朱寨认为，今天面临的问题不是消闲受到了阻力，不是教化对它冲击得很厉害，而是消闲娱乐的滑坡，走入了一种误区。理论界、舆论界对此应引起关注。孟繁华担忧，文化的消闲功能可能会变成新的神话。钱中文也认为，过去压制了娱乐作用，走上了极端。现在用世俗文学来消解它，用娱乐来消解它，又是走上了另一个极端。

此外，许明、贺兴安、毛崇杰、王学太、贾德臣、隆荫培、栾勋、郭铁成、罗筠筠、钱竞、林薇、雪汉青、牛宏宝、汤学智、党圣元、黎湘萍、张炯、董乃斌、包明德、何西来等先后在研讨会上作了发言。

（原载1996年1月20日《作家报》、《淄博师专学报》1996年第2期）

文艺评论座谈会

为贯彻以江泽民同志为核心的党中央最近关于加强文艺评论工作的指示精神，《文艺报》和《人民日报》文艺部、《光明日报》文艺部、《求是》杂志文教部3月30日联合在京举行文艺评论座谈会。

与会者认为，新时期以来，我国的文艺评论出现了活跃、繁荣的局面，取得了很大的成绩，这是首先应当肯定的。但是也存在着一些突出的问题，不仅妨碍着文艺批评自身的正常开展，也影响着整个文艺事业的繁荣昌盛。《求是》杂志总编辑邢贲思说，中央领导对文艺评论工作很重视。文艺评论是起导向作用的，是很重要的工作。中宣部文艺局局长李准对目前历史题材的作品明显存在的几个问题进行了分析和批评。有的与会者说，目前电视文化客观上已把书籍文化挤到边缘位置，全国有三千多家电视台，两亿多台电视机。很多人特别是青少年，大量的时间是在电视机前度过的。每天都有数以亿计的观念接受电视文化。现在的青少年了解历史主要不是通过书籍而是通过电视剧，他们以为电视剧表现的就是真实的历史。如果评论工作跟不上，将是后患无穷。与会者强调，文艺评论工作要坚持马列主义、毛泽东思想，坚持邓小平建设有中国特色社会主义理论，贯彻落实江泽民总书记对文艺工作的指示精神，实事求是，从实际出发，发出时代的呼声、人民的呼声。

出席座谈会的还有马莹伯、李景瑞、丁振海、郑伯农、刘玉山、康式昭、石英、蔡毅、秦晋、严昭柱、雷达、丁国成、雷抒雁、孙武臣、李下、刘润为、仲呈祥、程代熙、陆贵山、田本相、方顺景、杨志今、王恩宇等。

(原载1996年4月5日《文艺报》)

90年代文化与新状态恳谈会

12月3日《钟山》编辑部、北京大学文学研究所和江苏省物产文化传播中心联合在北京举办“90年代文化与新状态”恳谈会，谢冕、刘心武、洪子诚、雷达、张韧、白烨、王干、陈晓明、张颐武、朱晕、应红、昭明波等十多位评论家、作家出席，对90年代文化的各种现象进行梳理、回顾、反思，对新状态等问题作了深入，详尽的描述和富有启发意义的探讨。

主持人谢冕说，90年代大家关注的命题很多，如人文精神、文学的理想、文学热与弘扬民族文化、国学重建、重写文学史、“后现代”、“后新时期”、新写实、新状态等。文学界流传一句话：“新南京、后北京、重上海”，表明每个地域里，大家关心的问题是很不一样的。另外随着“世妇会”在北京召开，女性文学的书出了很多，如“红罂粟”、“红辣椒”、“紫丁香”、“她们”等丛书，女性主义批评也在兴起，也很引人注目。这些问题都需要反思、回顾、梳理。90年代已经过去了六年，时间过半了，需要梳理、检讨我们所做的工作。今天把各位请来，就是想就以上问题展开讨论。

张韧说，90年代出现了许多带“新”字的小说：新写实、新状态、新体验、新思维、新乡土、新都市等等。有人认为这些小说已经烟消云散，是过去时了。我觉得90年代出现“新状态”等“新”字号的小说，这是一种历史现象，五年、十年以后回顾这段文学史，可能不会忘记它们。因为它们的出现不仅仅是商业包装，而是文学处在一种低状态下的一种“突围”，想冲出来。虽然存在误区，但应当肯定这种“突围”。陈晓明说，80年代后期，文学在“制造”潮流，而不是像过去那样，文学自身产生潮流。到了90年代，中国出现了一个特定的状况，意识形态不可避免地被“消解”了，经济实力主义势头强劲。这是一个用行动代替思想的时代，这使文学面临困难。谢冕说，当前商潮滚滚，人欲横流的情况下，中国应该有一部分人，总得思考一些问题。这么大的一个国家，这么悠久的一个民族，应该有一批作家，立志于创造出人类最好的东西来。

刘心武说他承认这是一个理想破灭的时代，但他不焦虑。他认为，政治社会理想不能要求文学家来提供。文学家虽然不去表现社会政治理想，但他的理想肯定包含社会政治理想的取向。他认为，现在有些作家发表的作品没有人生理想。比如王朔的作品，可以用八个字概括其描绘的生活场景：此时此地，此生此意。不追求不朽，也不追求永恒。贾平凹的《废都》也没有理想，诗酒消磨。在性和梦中消耗残生。新状态的一些作品主观上也不想提供任何人生理想，但有认知价值。如《废都》提供了非常真实的理想破灭之后的中国知识分子的生存状态，多年后可能有史料价值。

（原载《钟山》1996年第2期）

“批评理论：中国与西方”国际学术研讨会

1997年6月24日—28日，来自美国、英国、加拿大、澳大利亚、中国及香港特别行政区等国家和地区的45名学者聚集在岳麓山下的湖南师大，参加了由中国社科院外国文学研究所和湖南师大外语学院联合在此举办的“批评理论：中国与西方国际研讨会。”

美国杜克大学詹姆逊（Fredric Jameson）教授在开幕式的致词中指出召开本次国际学术研讨会的宗旨。他说：“我们都处在一个从未有过的商品化时期，在这个时期里，文学和艺术大大地贬值了。文化在日常生活中的重要功用被腐化了、被异化了、被转向了。至于说到理论的否定特性和批评特性，则在任何地方都不受欢迎，西方的大商业公司正在竭力使他们变得无声无息。因此，我们今天聚在这里考察文学与文化的现状，考察知识分子（也就是我们）的现状，考察我们各自国家的理论发展的现状，是极有必要的。”赵一凡进一步强调：“批评理论并非仅仅局限于西方人和西方文化，它也是一个波及东西方关系的复杂问题。是一个需要双方开展对话与交流的课题。”

研讨会主要围绕后现代主义和晚期资本主义的文化逻辑、“全球化”与民族性、詹姆逊专题研究三个方面进行了探讨。詹姆逊作了《文化与金融资本》的发言。乔纳·阿拉克、三好将夫教授（Masao Miyoshi）、理查德·特迪曼（Richard Terdiman）、布鲁斯·罗宾斯（Bruce Robbins）、赵一凡、周小仪、童庆生、王逢振、宁一中、蒋洪新、陆扬、林小平、谢少波、帕米拉·麦克勒姆（Pamela McCallum）、彼特·费丁（Peter Fitting）、伊恩·布坎南（Ian Buchanan）、陈民熙、黄振定、钟良明和罗选民等先后在研讨会上作了专题发言。

（原载1997年9月23日《文艺报》）

20世纪中国文学与理论批评国际学术研讨会

由华中师范大学主办的“20世纪中国文学与理论批评国际学术研讨会”，于1997年4月23日至26日在华中师大科学会堂召开。来自中国社会科学院、北京大学、武汉大学、华中师范大学、香港中文大学、日本国早稻田大学、日本国中央大学等国内外40多所大学和科研院所的专家学者60余人，出席了这次研讨会。邓宗琦在大会开幕式上致欢迎词；黄曼君致开幕词。湖北省和武汉市的有关领导同志出席了开幕式，曾卓在开幕式上做了即席发言。会议共收到论文50余篇，与会学者围绕20世纪中国文学与理论批评的百年历史进程和未来的发展格局这一主题，展开了广泛的讨论与交流。

会议还重点研讨了以下三个方面的内容：一、回顾与前瞻。面对近百年来的中国文学史和文学理论批评历程，如何认识和评价它的性质、特征和地位，这是与会代表共同关注和讨论的一个中心问题。二、影响与启示。在研讨会上，有不少中外学者对中国现代文学史上一些者名作家、诗人、批评家的创作和批评实践，对我国和海外20世纪文学与批评所产生的长远影响作了探讨和梳理。三、关于“现代性”的争论。20世纪中国文学具有“现代性”吗？还是只具备“近代性”？与会学者对此展开了热烈的讨论与争鸣。

研讨会上，学术气氛热烈，大家在友好的交流氛围中展开学术对话和思想交锋，旨在扩大研究视野，深化理论层次。与会学者的共同目标是为中国文学与理论批评在新的世纪里，寻找到新的理论起点，以使她走向更大的繁荣与发展。

（原载《华中师范大学学报》1997年第4期、《文艺研究》1997年第5期）

论文选摘

世纪之交：中国现代文艺心理学发展的重新审视

童庆炳

世纪初——非自觉的起步期。现代意义的文艺心理学与现代文学理论的产生是同步的，它们都产生于本世纪初，其代表人物就是王国维。王国维于1904年发表了《“红楼梦”评论》，这是一篇以德国生命哲学家叔本华的观点来观照中国文学的批评兼理论的著作。这篇论文的中心论点，是把人的生活的本质看成是欲望的追求与满足，认为人生就像一个钟摆那样，在痛苦与厌倦中摆动。文学与艺术则为人生的痛苦与厌倦找到了一条“解脱”之道。“解脱”说，虽以西方的生命哲学为立足点，但其具体解释却完全依靠现代审美心理距离说。这不能不说是中国自己的现代的文艺心理学的原创之论。1910年王国维发表了其文学理论的代表作《人间词话》，把他的“解脱”说变化为带有中国色彩的“境界”说，但其具体解释中，仍然处处使用文艺心理学的理论。

二、三十年代——自觉的起步期。郭沫若在20年代所写的《“西厢记”艺术上的批判与其作者的性格》和《批评与梦》两篇文章，把文本与创作心理联系起来分析，给人以新鲜活泼的感觉。这两篇论文可以说是20世纪中国现代文艺心理学最早的又具有学术“自觉”的论文。

鲁迅除了那些广为人知的“天才”、“灵感”、“想象”等观点外，还就诗的情感的特质提出了独到的看法。关于鉴赏心理，鲁迅也有很多很精彩的论述。鲁迅翻译的《苦闷的象征》揭示了文艺创作的心理特点。鲁迅还于1925年译书出版前后，将它作为讲义在北京大学和北京女子师范大学开课，这可以说是中国最早在高校开设的文艺心理学课程。

中国的现代的文艺心理学经郭沫若、鲁迅20年代的努力，应该说已经自觉地起步了。到了30年代的朱光潜那里，则发展到第一期的高潮。朱光潜的《悲剧心理学》(英文)、《变态心理学》和《文艺心理学》的出版，标志着中国现代形态的文艺心理学正式成熟。

如果说30年代的“京派”朱光潜是在书斋里完成他的文艺心理学的建设的，那么30年代的“海派”胡风则是在革命的文艺实践中创立了他的独特的文艺创作心理学。朱光潜和胡风可以说是中国现代文艺心理学自觉期的双峰。他们从不同的道路走来为中国的文论建设作出了自己的贡献。

八、九十年代——大发展时期。在朱光潜和胡风之后，中国现代文艺心理学沉寂了差不多半个世纪。在新时期复兴文艺心理学的最初几个学者是金开诚、滕守尧和鲁枢元。从80年代到90年代，文艺心理学的研究活跃，取得了丰硕成果。仅文艺心理学方面的丛书就有三套，这就是鲁枢元主编的《文艺心理学著译丛书》，童庆炳主编、程正民副主编的《心理美学丛书》，陆一帆主编的《文艺心理学丛书》。

概论性质的著作主要有：钱谷融、鲁枢元主编的《文艺心理学教程》，陆一帆的《文艺心理学》，王先霈的《文学心理学概论》等。审美经验的研究专著主要有：彭立勋的《美感心理研究》，许明的《美的认识结构》，王一川的《审美体验论》等。文艺创作心理学的研究专著主要有：余秋雨的《艺术创造工程》，杜书瀛的《文艺创作美学纲要》和《文学原理——创作论》等。文学文本心理、文本符号心理的研究专著主要有：顾祖钊的《艺术至境论》，黄卓越的《艺术心理范式》，鲁枢元的《超越语言》等。文艺欣赏接受心理学的研究专著主要有：丁宁的《接受之维》，胡山林的《文艺欣赏心理学》等。艺术类型心理学的研究专著主要有：王振民的《摄像艺术心理学》，余秋雨的《戏剧审美心理学》，丁宁的《美术心理学》等。

文艺是作为活动而存在的，文艺家、文艺创作、文艺作品、文艺接受作为活动的链条，都是充满心理"事件"的，心理"风暴"在每一个链条上回旋，文艺心理学作为文学理论中的一个学科，不是人为外力的，因此它在八、九十年代的发展，有其必然性。当前，文艺心理学的研究的确还存在着若干问题。如学科名称问题、方法问题、文艺心理学的研究成果如何自然地融入到整个文艺学或美学中去的问题、如何与变化了的时代和变化了的文艺创作及接受的实际相结合的问题等。

（原载《光明日报》1997年10月28日（上）、11月11日（下），全文约8000字，丁甲摘）

消闲与文化和审美

杜书瀛

在今天市场经济条件下，如何消闲的问题变得越来越突出。市场经济的确立和发展，使得民间世界空前拓展，普通老百姓在空间上自由度空前加大；而在时间上，据统计材料说10年间老百姓的有效闲暇增加了一倍多，而五天工作制又使这个时间大幅度加长，这样，时间自由度也空前加大。可以说，现在人们更"忙"了的同时，也更"闲"了。不仅如此，现在老百姓的主体意识、自主意识也空前提高，他们干什么、不干什么，自有主张。

在这样的形势下，要特别注意提高消闲的文化含量。一方面，政府部门会想方设法繁荣文艺创作，尽量创造出多样化、高质量的文学和艺术作品，满足老百姓的需要；尽量快和多地建设和发展多样化、群众喜闻乐见的文化事业，使老百姓得到健康娱乐和文化享受。——这是政府部门、文化部门需要考虑和实践的事情。另方面，作为我们老百姓自己，要考虑如何提高自己消闲活动的质量。

要把闲暇真正变成你的生命时间，变成你生命的血肉组成部分，就必须尽量提高和增加你消闲的文化含量，并把消闲提升到审美层次。要想提高消闲的质量，关键在于提高消闲的审美含量、深化消闲的审美意蕴。从学理上说，消闲与审美在通常情况下应该有着某种天然的联系，前提是：那消闲必须是真正意义上的人的消闲，而不是兽的消闲。

但是，人类进化到今天，事实上还存在着非人和反人的消闲。因为人是从兽进化而来的，虽然至今已有数百万年的历史，但仍有返祖现象发生——兽性发作。极端的例子就是我们曾提到过的法西斯分子以杀人、以奸淫来消闲取乐；此外，还有吸毒、赌博、黄色消闲等也带有非人和反人的性质。这种兽性的、即非人的和反人的消闲，就是非文化、非审美和反文化、反审美的消闲。

马克思说"在共产主义社会里，任何人

都没有特定的活动范围，每个人都可以在任何部门内发展，社会调节着整个生产，因而使我有可能随我自己的心愿今天干这事，明天干那事，上午打猎，下午捕鱼，傍晚从事畜牧，晚饭后从事批判，但并不因此就使我成为一个猎人、渔夫、牧人或批判者。”(《全集》第3卷第36页）现在的人类，为了糊口、迫于谋生，还必须被强制性地固定在某种岗位上，去做他自己不一定喜欢、不一定愿意的工作，甚至要做他讨厌的工作，“也就是说，只要分工还不是出于自愿，而是自发的，那么人本身的活动对人说来就成为一种异己的、与他对立的力量，这种力量驱使着人，而不是人驾驭着这种力量”（同上)。这就是劳动的异化，而这种异化至今仍然存在。就是说：劳动不是对人的自由自觉的有意识有意志的本性的肯定，而是一种否定。“结果，人（工人）只有在运用自己的动物机能——吃、喝、性行为，至多还有居住、修饰等等的时候，才觉得自己是自由活动，而在运用人的机能时，却觉得自己不过是动物。动物的东西成为人的东西，而人的东西成为动物的东西。”这是多么残酷的现实！马克思说的是一、二百年以前的现实，今天当然有所改变；但改变到什么程度？根本改变了吗？

人类历史发展到目前的现实就是如此。劳动仅仅是谋生的手段，还没有成为乐生的需要。在劳动中没有自由，在劳动之外反而感到有自由。这样，在一定意义上说，在目前的历史水平，人们是把审美活动驱赶到劳动之外去了。劳动，是正经事儿，是繁忙的时间；休息，是所谓非正经事儿，是悠闲的时间。这样，在一定意义上也可以说，人们在进行劳动的繁忙时间没有审美活动，而在休息的悠闲时间才可以进行审美活动。

在近、现代社会的人类发展水平上，审美不是同劳动而是同消闲更多地联系在一起，或者说，真正人的消闲中天然含有审美的成分。席勒当年就把审美和游戏联系起来，称审美冲动为游戏冲动，因为人只有在游戏时才最自由自在，人在自由自在状态下才能进行审美，就是说，只有在消闲时才能处于游戏和自由状态，因而也才便于进入审美状态。没有自由，就没有审美。要珍惜消闲时间，提高消闲质量，使消闲成为审美的消闲。

（原载《文艺争鸣》1996年第3期，全文约10000字，丁甲摘）

从百年文论史得到的启示

——关于文学价值取向与观念嬗变的审思

陈传才

我国近代的美学和文学理论，并不是从古代诗论、文论传统上自发地延展，而是在西方近现代美学和文学思潮直接影响下文艺变革的产物。它所具有的反封建传统的革新性与理论、观念的不成熟性，是同我国半封建半殖民地的社会性质及资产阶级改良运动与革命运动构成的历史文化背景，紧密地联系在一起的。

当年，作为资产阶级改良派代表人物之一的梁启超，就是从改良主义的政治要求出发，倡导“小说界革命”的。如果说，当年“小说界革命”的倡导者梁启超出自宣传资产阶级改良主义的政治立场，导致他从传统杂文学观念向现代纯文学观念的变革中，执著选择文学多维价值构成中的政治价值，以致对文学的社会价值作出狭隘和急功近利的理解的话；那么，稍后出现的著名学者王国维的文艺、美学思想的革新，则是沿着学术探索的独特路径，侧重从“文学即人学”以及艺术自身的特点与规律，去看取文艺的性质与功能，并在深化文艺的审美价值的研究中，为现代纯文学观念的建立作出了重要贡献，虽然其唯美主义、形式主义的倾向有着叔本华等西方主观唯心主义美学的深深印痕，但其复杂的文艺价值观念同样值得深入探究。

“五四”前后，中国近现代的社会变革的基本走向，经历了一个对政治的关注转为注重于文化到回归政治的过程。在此种时代精神、倾向的影响下，中国现代的文艺理论嬗变，也大体由专注于新观念、新价值、新思潮的提倡，转向文化批判和革命文学与革命文艺理论的建设。鲁迅以历史唯物主义关于经济基础与上层建筑的关系为基石，从文艺与社会生活的宏观把握中，首先认识到无产阶级领导的人民革命是当时社会前进的动力，故“无产文学，是无产阶级解放斗争的一翼”；其次，他结合普列汉诺夫的美学论述，认同人类审美活动的历史过程是从“功利”到审美的演进，富有创造性地阐释了文艺的“不用之用”的命题；再次，鲁迅以文艺的审美特质为核心，按照文艺实践中“真”、“善”、“美”的内在关系，揭示了文艺的审美、认识、教育等多层次价值构成一个有机的价值系统。

那么，从梁启超、王国维到鲁迅的理论探索中，我们所获得的重要启示是什么呢？我以为以下两点最值得珍视。其一，不同的文艺价值观念，反映了人们对文艺性质、功能认识的不同哲学、美学基础，以及不同社会实践和文艺经验必然提出的价值标准。因此，每当社会历史处于重大转折时期，文艺价值问题的论争就愈加突出。这时，最能科学、深刻揭示文艺的特质和价值、功能系统构成的，就是建立在辩证唯物主义的历史唯物主义世界观、方法论基础上的马克思主义文艺理论。

其二，马克思主义的理论不是教条，而是引导实践的正确指针。随着文艺实践的不断发展，新的价值论争也随之产生，这就要求我们在应用马克思主义观点去分析新的文艺现象中，丰富和发展科学的文艺价值观，使新的文艺在理论的作用下得以繁荣、发展。例如近年来围绕通俗文艺与市场经济关系所讨论的文艺价值与商品价值问题，就是值得探究的新课题。

总之，贯穿于百年文论史的重要问题之一，即不同的文学价值观念，成为区分不同文学理论学派的显著标志。有的肯定和强调文学的社会价值，有的淡化或否定文学的社会价值；无论前者或后者，情况都颇复杂，甚至经历一个否定之否定的变化过程。从梁启超、王国维到鲁迅的理论探索，“历史的启示”深刻指明：以辩证唯物主义世界观作指导，总结既往与当今文学价值嬗变的丰富经验，全面、系统地认识文学的价值，艺术地实现文学的社会作用，这是新时代对文学的迫切要求。

（原载《文艺研究》1997 年第 2 期，全文约 15000 字，丁甲摘）

对于推进马克思主义文艺学在当代发展的思考

王元骧

当前，马克思主义文艺学正面临着来自西方各种文艺思潮严峻的挑战，它们的批评主要集中于人在马克思主义文艺学中的地位问题上。我认为这确实是文艺学所应该研究和回答的重要课题，也是传统马克思主义文艺学研究中的薄弱环节之所在。所以，要回答这些挑战，就应该在马克思主义思想指导下从人的问题研究入手。

长期以来，以前苏联为代表，并在我国广为传播的传统的马克思主义文艺学就是在继承知识论哲学思想的基础上，并吸取了19世纪俄国革命民主主义批评家别林斯基等人的某些观点发展和建立起来的。按照它们的理解，人在文艺活动中实际上只成为一种纯粹的认识主体和思维主体，文艺作品所承担的任务也只不过是向人们传授知识（所谓认识社会生活的本质和规律），服务于人们的认识。这种观点虽然有一定的合理性，但并不完全符合客观实际，更有悖于当今现实对文艺所提出来的要求。因为就像人们通常谈到文学时所说的“文学是人学”这一口号所表明的那样，文艺是表现人的。作为“人学”的文学以及整个文艺在确立人的生存的意义和价值方面的作用，理所当然的也应该成为文艺家所思考和探寻的中心问题。

长期以来各派理论对文艺问题的不同解释，直至当今西方人本主义与马克思主义在文艺问题上所开展的论战，其分歧的根源，无不都汇集在人的问题上。因此，对人的问题的科学回答，也就成了不仅是在哲学领域，而且也是在文艺理论研究领域内迎接西方人本主义思潮的挑战，维护和发展马克思主义，使马克思主义文艺学走向当代的一个关键问题。

我赞同这样的一种观点：即他是马克思主义哲学的核心问题而不是基本问题。因为人不是孤立存在的，他生活在一定的社会关系之中。这种社会关系是人通过自身的活动所形成的，它既是人的活动的具体形式，反过来又制约着人自身的活动，决定着人的本质。所以，要正确理解人是什么，我认为第一步就必须联系人的活动来进行具体考察。

从马克思主义“人学”的观点来看，不论是在认识关系还是在实践关系中，人作为主体，既不是抽象的普遍存在，也不是感性的个别存在，而总是“处在一定社会历史关系中”的个别与一般统一的现实的人。对于人的问题科学的解释和全面理解，无疑必将为马克思主义文艺学的研究提供正确的思想基础和科学的逻辑前提。

我们提倡从马克思主义“人学”的观点切入马克思主义理论的研究，就是要求我们把文艺活动当作一个系统，以唯物辩证的观点，正确地对待和处理上述四个维度之间的关系，并在分析研究的基础上进一步把它们综合起来。马克思主义文艺学要走向当代，我认为最根本的应该在这里进行突破。

以马克思主义“人学”理论为逻辑起点的当代马克思主义文艺学，就应该从人文的和科学的、历史的与逻辑的和理解的与解释的两种方法的统一中，来探寻自己独特的研究方法。这是以往马克思主义文艺学研究所忽视了的，因而这种方法的更新也就成了马克思主义文艺学走向当代的一条重要的途径。

马克思主义文艺学与整个马克思主义一样都不是教条而是行动的指南，这决定了它必然是开放的，是随着社会历史的发展而不断前进的。这就要求我们研究马克思主义文艺学时必须从实际出发，按照马克思主义的立场、观点和方法，通过对现实向文艺提出来的问题的回答，来不断地丰富和充实它的内容，以改变过去研究中那种仅仅以演绎马克思主义著作中的个别字句和结论来建构马克思主义文艺理论的教条化的倾向。只要我们按照这一目标去进行努力，我相信我们一定能在迎接当今西方各种文艺思潮的挑战中把马克思主义文艺理论的研究推向一个新的水平、开创出一个新的局面。历史必定会向我们证明：马克思主义文艺学将生命永驻、青春长存！

（原载《社会科学战线》1997年第5期，全文约20000字，丁甲摘）

何谓20世纪中国文学的现代性

刘锋杰

对话是由杨春时、宋剑华的《论20世纪中国文学的近代性》（载《学术月刊》1996年第12期）所引发的。杨、宋之文从20世纪中国文学的发展与西方文学的发展时差入手，判定它的近代性质，这就彻底粉碎了从“五四”以来人们早就渴望建立的“现代”文学之梦。他们作了这样的论证：西方的文学分为近代（文艺复兴至19世纪）——现代（20世纪）两个时期。“五四”以后，中国文学的主要取范对象是西方近代时期的文学，故其也就只有近代性质。并证之以20世纪中国社会乃为近代性质的社会，所以，这一立论也就从取范对象、社会基础两方面得到了佐证。从形式逻辑角度分析，几乎可懈可击。但深思以后，我又不能全部接受这种观点。

我认为，杨、宋二位对20世纪中国文学性质的界定有两个不足：其一，游移性的特点。因为随着时间的不断推移，对某种性质的说明，都是一种不稳定的说明，因而也就很难说是对文学规律的某种程度的揭示。如杨、宋所说的现代性，是以西方社会的现代主义文学为标准所下的定义，就是在目前看来，它已显得不够完满，因为，现代主义正被后现代所取代，杨、宋所说的“现代性”，实际上正在被消解。现代主义已被宣布为一种“传统”而遭到反对。如杨、宋肯定现代主义“关注个体精神世界，突破理性与规范，带有鲜明的非理性倾向”，但在一些后现代主义者的视野中，现代主义却有“官方文化”的嫌疑，它为“文化纯洁”所作的努力，使其代表的正是启蒙的理性精神。因此，用现代主义界定现代性，假若以时间作标准，这种界定显然滞后而显得不太确切。所以，界定现代性而求助于时间，既有有利的一面，似乎顺理成章，但也有危险的一面，这种界定又会很快被时间淘汰而显得陈旧。其二是进化论的特点。从杨、宋文章看，他们划分古代文学、近代文学、现代文学三大概念，不仅表示了时间感，实际上更表示了一种价值判断。这会产生一种消极的结果，即文学的成就与时间相关，越是新的文学，越是有价值的文学。这种文学进化的观点，虽然不是全无合理之处，却是文学史观的线性思维的体现，不利于认识文学的复杂性。因为，我感到在杨、宋的文章中，不仅对古代文学而且也对近代文学采取了较为严厉的态度。如对古典主义的评价，就有失公正与全面。

那么，何谓20世纪中国文学的现代性呢？我把它理解为中国文学参与世界范围内的文学对话。这是直到19世纪的中国文学所缺乏的。

最后，我想再次申明，用“现代性”来谈20世纪中国文学的性质，是我的权宜之计。人们永远只会承认“同时代”的物质与精神活动具有现代性，在他们看来“以前”就是传统，分得再细一些，这传统也就有了近代与古代之分。从这一点看杨、宋之文所要的现代性，又不无必然性，此所谓充分体现了当代意识。不过，不论怎么看，“五四”开始的20世纪中国文学，开创了一个与前代文学传统截然不同的文学新景观，那是无法否认的。当然，20世纪中国文学的现代性还不强，或者说这种现代性还处于初级阶段。因为它与世界文学的对话，虽然已经开始，但毕竟为时不久，且继继续续，故其必然期望着更加深入下去。

（原载《学术月刊》1997年第9期，全文约9000字，东民摘）

试论20世纪中国文学的前现代性

杨春时

按照现行的中国文学史分期，1840年鸦片战争为中国近代文学史开端，而1919年五四运动则为中国现代文学史开端。这种文学史分期是与中国历史的近现代分期相一致的。这种文学史分期预设了这样一个前提，即五四以后的中国文学已经获得了现代性。因此，这不仅仅是一个文学史分期问题，而且也是对于20世纪中国文学基本性质的一种判断。对于这个问题，我与宋剑华先生曾经著文《论20世纪中国文学的近代性》加以探讨，并由此引发了一场争论。由于这个问题涉及到许多基本理论问题，前文未及充分展开；尤其是袭用了传统的近代与现代概念，得出了20世纪中国文学是近代文学的结论，而实质上这是一个前现代性问题，因此，有必要对这个问题作进一步展开，以期深化这场讨论。

近代与现代中国文学史的划分不仅没有科学依据，也没有实际意义，它只是迎合苏联历史观的产物。可以说苏联的历史观歪曲了中国文学史，也造成了中国文学长期封闭落后状态。文学史分期的意识形态屏障使中国文学孤立于世界文学体系之外，与世界文学脱节，并且远远落后于世界文学的发展。这种历史教训我们必须深深记取。现在，我们必须抛弃文学史分期的意识形态标准，科学地确定20世纪中国文学的性质，为中国文学走向世界，实现现代化扫清障碍。

如果具体地考察20世纪中国文学史，就会发现，此起彼伏的文学主潮都是近代文学思潮而非现代文学思潮。五四文学革命被革命文学取代，文学思潮发生剧变，苏联文学思潮取代西方文学思潮，社会主义现实主义取代19世纪欧洲现实主义成为主潮。苏联文学思潮属于什么性质呢？虽然它仍源于俄国19世纪现实主义，但已经向新古典主义蜕化。它对意识形态性的强调以及“典型化”规范的建立，表明其新古典主义性质。

国外史学界把文艺复兴以来的历史称作现代，而现代概念的核心是现代化和现代性问题。那么，文学的现代性（这是判明现代文学的标志）是什么？社会进入现代史，并不意味着文学获得了现代性，进入了现代史。这有两个原因，一是社会发展与文学发展不平衡、不同步，因而文学现代性的获得要落后于社会的现代化；二是文学的现代性与社会的现代性具有完全不同的涵义，二者性质不同，不可同日而语。按照传统的文学观，文学是社会现实的反映，是社会意识形态的一种，那么，就会得出结论，社会现代化就会使文学获得现代性，现代性作为一种理性精神也成为文学现代性的内容。这样，无论是欧洲文艺复兴至19世纪末的文学，还是20世纪中国文学，都可以称作现代文学，因为它们都拥有了理性，从而也获得了现代性。但事实并非如此。因为文学并不是社会现实的反映，不是现实的某种再现，而是对现实的超越，它包含着对现实及现实观念（意识形态）的审美批判。因此，现代文学或文学的现代性不是对现代理性精神的肯定和表现，而是对理性的批判、否定。现代化和现代性固然带来了社会的进步，同时也意味着一种异化，技术对人的统治，理性对自由的束缚，越来越难以忍受。如果说在现代化初期理性的负面影响还不明显，因而尚未成为文学批判的对象的话，那么，随着现代化的完成，理性则成为人类自由的桎梏，而文学也把抗议理性的压迫作为自己的主题。这就是说，由于对理性（现代性）的抗议，文学才获得了现代性，才有了现代文学。

（原载《文艺理论研究》1997年第4期，全文约8000字，东民摘）

中国文学：由古典走向现代

朱德发

内容提要：本文认为，晚明时期中国古典文学开始向现代转变，当时的人文思潮与创作倾向与欧洲文艺复兴有诸多相似之处。鸦片战争后，中外文化直接冲撞，晚清成了中国文学由古典向现代转换的又一阶段。到

"五四"时期，新文化运动体现了真正的现代型的人的文学观念，中国文学步入现代化的凯歌终于奏响。

人类历史的演进既有惊人的差异又有惊人的相似，我国文学由古典向现代转变吹响的第一部曲即呈现出的第一个历史阶段的晚明时期，正值西欧15、16世纪的文艺复兴运动蓬勃展开之际，位于世界东方的中国与西方处于相对隔绝的封闭状态，但几乎也同时掀起一场具有现代意蕴的人文主义思想解放狂飙，标志着中国人的初步觉醒和文的初步觉醒，昭示出中国文学系统由古典向现代演进的新趋向，表明中国文学结构内部的自组织功能与调节机制对于社会结构、经济形态和文化系统的新动向尚有一定的敏感力与适应力，致使黑暗封建王国、蒙昧思想阵地、沉寂文学领域的上空闪烁出新的曙光。西方文艺复兴与晚明启蒙思潮都是从肯定人的自然属性出发揭开了思想革命的序幕，由神学蒙昧或恢恢天理网络中走上人性意识的苏醒。究其晚明这种带有现代色彩的人学思潮产生的社会根源与思想根源：一是处于萌芽状态的资本主义工商业的繁荣及其随之崛起的市民阶层，无疑引起了社会结构与价值系统的变化，直接或间接地诱发人们以超越传统的眼光来看待和估价社会各阶层的地位，尤其商人在经济活动中所扮演的重要角色，既促发了他们的独立意识、竞争意识、自由意识和平等意识，也激发了他们提高自身社会政治地位的冲动和重新调整其社会权利的呼声，这是人学思想兴起的社会基础。二是宋代以后的新儒学中的王阳明心学将程朱理学的以"理"为本体变换为以"心"为本体，把"天理"、"人欲"外在的冲突归于一元，以内在心灵净化与超越的方式来缓和二者之间的高度紧张，于是"人心"就被描绘成无所不包、主宰一切的精神实体；王阳明身后出现的泰州学派李贽等，将"心即理"之说推上极端，成为晚明人文主义思潮的始作俑者和中坚力量，而其学术思想中则蕴含着与新市民阶层的思想倾向价值观念相吻合、与正统社会规范伦理道德相抵牾的人学观念，展示出一种崭新的理想人格和人生境界，这是人学思潮崛起的思想基础。

总之，晚明的人文主义精神所形成的人学思想、人的文学观念和市民文学文本，为中国文学的流变开辟了一个令人神往的时代。尽管晚明文学结构依凭自身功能的调整，出现了新的转机，使小说、戏曲及部分诗文具有朦胧含浑的现代性色彩；但是晚明并没有像西方文艺复兴那样完成了中世纪文学向现代文学的转换，为西方文学沿着现代化方向迈进奠定坚实基础，而是随着明朝灭亡改变了人文主义思潮孕育出的新型文学的流向，又返回古典主义。

1840年鸦片战争爆发，西方列强的大炮轰开清朝封闭日久的大门，中国被迫怀着屈辱感和忧愤感进入早已开放的国际环境，在反差巨大的中外物质文明与精神文化的撞击交汇中，中国有识之士再一次从儒家文化的迷梦中和复古主义氛围中惊醒起来，救亡图存的紧急任务促使他们在反省民族文化、认同域外文化的同时不断调整自己的文化心态和价值取向，通过中外文化对话选择了中国文学现代化的路向，即从欧风美雨的洗礼中寻找文学结构变革的参照系，又从民族本源文化中探求文学转换的思想原型与精神渊薮，这就引发了晚清的文学改良运动，奏响了中国文学由古典走向现代的第二部曲，即呈现出的第二个逻辑层次和历史阶段。

晚清一代文化先驱的心中，始终有个解不开的保国保种保孔的情结，通过中外文化的相互冲撞对话，明明晓得"新民"的出路在于提倡自由，然而为了清朝统治的国家、民族和传统孔教又煞费苦心地扭曲它、篡改它，最终不只是丧失了真正自由且陷入深刻的悖论中。这就是晚清人学思想不同于晚明人学思想的基本点。

晚清文学改革浪潮持续时间虽短，但却竖建起通过中外文化对话以推进我国文学向现代化转变的界碑；晚清文学观念更新虽是中国文学向现代转换的桥梁式存在的标志，但它却是一座从古典文学大陆通向现代文学新大陆的必经的重要桥梁。

历史推进到五四时期，中外物质文明与精神文化的对抗和交汇比晚清更加激烈与汹涌，帝国主义列强忙于世界大战难以东顾以及封建帝制的被推翻，为中国新经济、新政治乃至新文化、新文学的发展提供了大好机遇，于是一批文化先驱怀着比晚清文化先驱更强烈更深沉的救亡图存、救国救民的忧患意识和更加开放更加激进的变革意识，掀动一场规模空前的新文化运动和文学革命，卓有成效地完成了中国文学由古典走向现代的历史使命，为中国文学的现代的历史使命，为中国文学的现代化奠定了坚实的基础，开辟了广阔道路，奏响了中国文学向现代化转换的第三部曲，即第三个文化逻辑层次和崭新的历史阶段。

（原载《文学评论》1997年第5期，全文约9000字，罗文摘）

文学的内向性

——我对“新时期文学‘向内转’讨论”的反省

鲁枢元

《文艺报》1986年10月18日发表了我的《论新时期文学的“向内转”》一文，在沉寂了一段时间后，到了1987年夏天，以《文艺报》为主要阵地对这篇文章展开了热烈的讨论，讨论持续了一年多时间，到了1988年下半年，渐渐平息下来。停顿两年之后，1991年春，《人民日报》《文艺报》等报刊又接连发表署名文章批评“向内转”，至此这场关于新时期文学“向内转”问题的讨论已拖延了将近五年的时间。一些综述文章称这是一场“旷日持久、规模可观、持论截然对立、反响相当强烈”的文坛论争。中国当代文坛上不少声名显赫的人士都介入了这场论争。

这场争论是周崇坡发表在1987年6月20日《文艺报》上的一篇文章揭开序幕的。周文认为，从整体上看，“向内转”文学以及“向内转”的论调对于社会主义文学都是有害的，“有可能使时代的主旋律在文学中减弱甚至消失的危险”。张炯则希望从“艺术规律”的领域对“向内转”的文学现象做出客观公正的评价，他语气温和地强调，要“清醒地看到文学的‘向内转’与‘向外转’各有长短，在鼓励多流向的艺术创造时，既不忽视艺术创造的普遍规律，又对现实生活作为创作源泉的重要性给予应有的强调”。

据我见到的，在关于新时期文学“向内转”问题的讨论中曾经发表过意见的，有曾镇南、洁泯、徐俊西、童庆炳、王蒙、吴元迈、吴秉杰、阮竞生、曾奕禅、朱向前、江岳、董大中、杨朴、潘凯雄、贺绍俊、金健人、惠尚学、李锡龙、陈福民、李幼苏、解中平、李方平、伍林伟、王仲、王元骧、张玉能、孟繁华、谭湘、周可、杨颉诸位。

据现在可以查阅到的文字资料，我第一次谈到中国新时期文学“向内转”，是在1984年12月由《上海文学》编辑部、杭州市文联、浙江文艺出版社在杭州陆军疗养院联合举办的青年作家与评论家的对话会议上。会议的组织者是茹志鹃、李子云、周介人，参加的人数约20余人，都是在当时文坛上非常活跃的青年作家、评论家，如阿城、韩少功、陈建功、李陀、吴亮、南帆、李杭育、李庆西、黄子平、陈思和、季红真、郑万隆等。会议的主要内容涉及“生存方式、思维方式、写作方式”的转换，“突破旧的限制，建立新的限制”，“批判理性主义，调动人的全部本质力量”，“作家要敢于创造自己独立的艺术世界”，“把文学的突破与发展，置于对人的深度理解的基础上”。1985年中国文坛上的新气象表明，1984年底的这次杭州会议是富有成果的，许多作家在1985年之后转变了自己的文学观念及话语方式，展现出与这之前截然不同的艺术风格。1985年，在中国当代文学史上当是一个值得重重书写一笔的年份。

在当时的众多批评意见中较有代表性的有：(一)“向内转”有害于社会主义文学的健康发展。(二)“向内转”反对现实主义，崇尚西方现代派。(三)“向内转”反对深入生活。(四)“向内转”是一种片面之见。(五)“向内转”的命题与概念不清等。

今天看来，“向内转”，是对中国当代“新时期”文学整体动势的一种描述，指文学创作的审美视角由外部客观世界向着创作主体内心世界的位移。具体表现为题材的心灵化、语言的情绪化、情绪的个体化、描述的意象化、结构的散文化、主题的繁复化。“向内转”是对多年来极“左”文艺路线的一次反拨，从而使文学更贴近现代人的精神生存状态，为中国当代文学的发展开创出一个新的局面。中国当代文学的“向内转”显示出与西方19世纪以来现代派文学运动流向的一致性，为从心理学角度探讨文学艺术的奥秘提供了必要性与可行性。

(原载《中州学刊》1997年第5期，全文约12000字，罗文摘)

论当代文论与中国古代文论的融合

蒋述卓

讨论中国古代文论遗产如何“古为今用”实际上在50年代末60年代初就已开始，十一届三中全会之后，古文论研究在广度与深度方面都有了长足进步。但是，回过头来巡视古文论研究所走过的历程，我们觉得在如何做到“古为今用”且与当代文论有机融合上存在相当大的距离。原因何在？我以为关键还在于没有真正做到“今用”。

可以这么说，古代文论研究没有真正做到“今用”，有中国民族特色的当代文学理论没有得到很好的建立，古今文论研究工作者、批评家都有责任。谈古代文论的现代转换，谈古代文论与当代文论的有机融合，没有古今文坛研究者、批评家的双方配合、携手共进是做不到的。如果没有一定的运用，双方就很难相互促进和共同提高，更谈不上融合。古代文论价值的转换，古代文论理论观点与思维方法的发扬，以及古代文论话语的转型，只有在参与现实之中，才可真正发挥出民族精神与特色的魅力，也才可进入到当今文艺理论的主潮之中，也才有古代文论在真正意义上的实现“今用”，亦即所谓“意义的现实生成”。正是由于“用”的意义越来越凸现出来，在某种程度来说，当代文学批评家、理论家就应该更多进行“古为今用”的实践。这不是我们要走向传统，而是现实的需要与召唤，使得传统在朝我们走来。我们要实现中西对话，首先得先做好古今对话；我们要从“失语”走向“得语”，就应该立足于本民族的立场，建立自己的理论话语体系，而传统理论话语就是我们当代理论话语体系大厦的基石。

于是，站在什么样的基点、寻找什么样的途径、采取什么样的继承方式来“用”古代文论，在“用”中使之与当代文论达到有机融合就成为我们当下应该认真思考的问题：

一、立足于当代的人文导向与人文关怀，面向当代人文现实，开展现实与历史的对话，吸收古代文论的理论精华。二、立足于民族精神与民族性格的继承与发扬，寻找古代文论的现实生长点，探索其在理论意义上的语言上的现代转换。三、从继承思维方式和批评形式入手，将古代文论特有的思维方式以及独有的批评方式与技法融入到当代文学批评与文论中去，创造具有鲜明民族特色的当代文论。

我突出强调“用”，这决非是提倡实用主义，而是本着理论必须联系实际与实事求是的原则，对古今文论的研究与建设提出一点建议。没有“用”的实践，就还可能流于空谈。没有“用”的探索，就不知道古今转型的艰难。没有“用”的过程，就很难达到有机的融合。这个过程肯定是很艰苦的，很痛苦的，可能会有相当长一段时间。试想，从王国维起就已开始了现代文论的转型至现在已快一个世纪了，我们的工作做得并不令人满意。古代文论的研究者、批评家都有责任来推进古代文论融合的过程，更有责任尽快地创建中国当代文艺理论话语和理论体系。时不我待，“用”字当先。“用”是动力，是机会，是实验，也是成功的希望。

(原载《文学评论》1997年第5期，全文约12000字，丁甲摘)

谈谈后现代及其与中国文化的关联

张　法

怎样使后现代的含义清晰。在哈佛大学图书馆的电脑目录里，且不算论文，仅书名含有“后现代”字样的专著就有610部。庞大的资料构成了一座言说后现代的迷宫。谈论后现代的著作，其首先谈论的，就是“后现代”、“后现代主义”、“后现代性”这些词在各色使用者中的意义含混。多翻几本概论性著作，会发现连何为后现代大牌代表，也众说不同。不妨这样来梳理后现代：

一、作为词汇的后现代史。“后现代”一词最早出现于1870年代，“后现代主义”最早出现在1926年的一本书名上。自1950年代奥逊用这个词来指称一种反现代主义的诗歌后，后现代一词的亮相逐渐增多，到1980年代，它已成为一个时髦词汇了。作为词汇的后现代史，是一条进入后现代的最初路径，也是感受后现代的最初方式。

二、各学科的后现代史。众所公认，后现代思潮兴起于50年代末60年代初。与诗歌于50年代末使用“后现代”几乎仅限于本领域不同，建筑于60年代竖起“后现代”大旗之后，影响扩大到建筑之外，其最著名的人物詹克斯成为跨学科熟知的后现代大师。随后，各门艺术——绘画、小说、舞蹈、电影、摄影，纷纷进入“后现代”。80年代中期，各类非艺术学科的后现代也先后纷纷登场：后现代法学、后现代社会学、后现代伦理学、后现代政治学……一片“后”旗飘扬。

三、作为整个文化概念的后现代。不管各学科的后现代多么不同，大家都纷纷打出后旗，里面已意味着一种共同的东西。于是，在后学不断出场的过程中，对后现代的总结工作也在进行。通过哈桑、利奥塔、杰姆逊等一大批理论家的描述概括，后现代不仅是风格、流派、主义，而且是整个自1950年代以来变化了的社会的文化特征。它贯串于社会的一切方面，从经济结构、消费方式、空间组织、视觉形象、文学的叙述方式、电影的剪辑手法到哲学思考方式。这样一来，后现代就成了一个大概念，各个社会人文学科的众多流派，都可视为它的表现。

四、大后现代和小后现代。小后现代，只是就那些使用“后现代”词汇来言说后现代的人而言，在这一限定中，只有利奥塔和杰姆逊才能算作后现代大师，同样，在这一限定中，后现代与后结构、后殖民等等可以并列。大后现代，则用于所有对后现代文化进行了深刻分析和描述的思想家、批评家和思想文艺流派。在这一意义上，后结构主义、后殖民主义、后期维特根斯坦，以及以阿多诺为代表的法兰克福学派、伽达默尔的解释学，等等，都可称为后现代。这样，我们就可以理解，为什么被不同的著作分别列为后现代大思想家的有福柯、德里达、罗蒂、哈贝马斯、德鲁兹、鲍西亚、利奥塔、杰姆逊……

作为文化整体的后现代，包含了从经济结构、政治模式、大众文化、建筑形式、文学艺术、思维方式一切领域。正因为关涉甚多，因此对后现代的言说特别麻烦，也特别容易自相矛盾，前后互讽，误读误听误解的可能性也特别大。中国究竟有无后现代？如果从历史线型发展的阶段论着眼，前现代的中国还未达到现代，遑论后现代；如果从全球化的共时性立论，向世界开放的中国已经满布着后现代景观。其实这两者并不矛盾，前者论的是社会的整体性质，后者谈的是社会的具体现象。但这争论确实呈出了两大重要问题的联结：历时维度上的中国现代性逻辑和共时维度上的中国与世界主流文化的关系。

总之，西方后现代可以被梳理为作为词汇的后现代史、各学科的后现代史、作为整个文化概念的后现代、大后现代和小后现代。后现代思维的特点集中体现在深度/平面、整体/碎片、中心/边缘、时间/空间四组概念中，它们的意义具体而不抽象，可变而非凝固，相对而非绝对，多样而不唯一。划分、抹去，再划分，再抹去……才是后现代方法论之魂。中国从历史线型发展看未达现代遑论后现代，但从全球化共时性立论却已布满后现代景观。真正重要的是从转型期中国国情出发，在中国古代和现代思维传统基础上吸收后现代思维之精华。

（原载《文艺研究》1997年第5期，全文约9000字，丁甲摘）

文化的分析与“去分化”

——现代主义与后现代主义的一种文化分析

周 宪

现代主义：文化的分化。文化的发展，从古典形态向现代形态的转变，我以为有两个基本的标志值得注意：第一，文化的分化导致了古典文化的瓦解，进入现代文化的基本特征就是文化更加剧烈和深入的分化，换言之，分化是文化现代性的主要特征。第二，在分化的基础上，文化出现了更加明显的冲突和矛盾。倘使说古典文化的基本特征体现为和谐的话，现代文化的基本特征则是对立冲突。在古典文化中，精神与物质、个体与社会、感性与理性尚处于相对的和谐状态之中，然而，现代文化的形成，打破了这种和谐，进而构成了尖锐的对立冲突。

后现代主义：“去分化”现象。自本世纪50年代末以来，西方社会和文化的新变化，进入了一个被称之为“后现代”的阶段。所谓“后现代”，实际上是指“现代主义之后”的文化。关于这种文化到底具有什么特征，西方学术界争论颇为激烈。顺着以上我们讨论现代主义文化的思路，即原始文化是一种未分化的整合文化，古典文化是分化基础上的和谐文化，而现代主义文化则是一种分化的冲突文化，那么，后现代文化的特征究竟是什么呢？

不同理论对这个根本问题的解答也是完全不一样的。在利奥塔这个后现代的预言家看来，科学知识的发展，在后现代已经导致了完全不同于现代的景观，那就是在现代文化中那种作为一切知识根据的“元叙事”已经消解了。解放的叙事和启蒙的叙事不再是知识的合法化根据。科学知识的细分和专业化，形成了一个分化越来越细致和专门的局面。于是，有两种新的境况必须加以注意：第一，各个知识领域之间，越来越缺乏彼此可以沟通的可通约性，每门学科都创造出复杂的只有该学科的专家才能理解的术语和词汇，以及相应的表述方式。这样一来，彼此间的交流和理解开始成问题了。第二，由于曾经作为一切知识合法根据的“元叙事”的消解，各门具体科学不再寻求“元叙事”的证明，转而寻求某个学科内部科学家共同体的承认和默契。这个现象的直接后果是一种利奥塔所说的“局部决定论”。这和现代主义文化时期有很大的不同。如果说在现代主义文化中尚存在着共识的话，那么，在后现代文化中，非中心的、不确定的和局部论决定的特征，就使得知识与共识无关，与日常经验和常识无关。这可以看做是科学知识自律性发展到极端的一种表征。虽然利奥塔没有明说，但是很显然，他的后现代理论实际上是主张一种分化的自律的文化。

同样的现象可以从不同的角度加以理解，正像不同的视角可以透视到不同的景观一样。另一些西方学者对后现代文化的基本特征做出了相反的结论。在这方面，英国社会学家拉什的看法值得注意。在拉什看来，现代主义文化或现代化是一个分化的过程，而后现代文化或“后现代化”，则是一个相反的过程，即后现代文化是一个“去分化”的过程。

总之，现代主义是分化基础上形成的文化，向后现代主义则体现出明显的“去分化”。因此，从现代主义向后现代主义的文化转变，其内在逻辑是由分化转向“去分化”。

（原载《文艺研究》1997年第5期，全文约11000字，丁甲摘）

论文学的主体间性

金元浦

主体间性是20世纪西方哲学中凸现的一个范畴，依其上下文关系可译为或理解为主体之间性、主观际性、主体（观）通性、共（多）主体性、主体间本位等。它的主要内容是研究或规范一个主体怎样与完整的作为主体运作的另一个主体互相作用的。

主体间性是建构文学交流理论的核心范畴，它是与主体性相对应的重要概念。以语言的存在方式进入交流而建构起来的主体间性代表着共主体性与互主体性，它展示的是一种“主体—主体”结构。交流，其实就是互为主体的主体之间所进行的相互作用、相互对话、相互沟通和相互理解，这是人的基本存在方式。它清楚地昭示了人根本区别于动物的社会性。

当代诸多哲学流派及哲学家之所以一致关注语言、对话、交流、人的活动，并由此导致他们在理性观、真理观等方面的共同探求，是因为当代社会生活向哲学提出了这一系列亟待解决的紧迫问题，而主体间性的出场则是哲学对现实的挑战的回应。它反映了当代哲学发展的一般倾向——回到生活，回到实践，回到人的生存本身。这并非某个哲学家的个人的主观愿望，而是社会生活的逻辑，哲学自身发展的逻辑使然。

那么，在文学研究中，主体间性究竟具有何种涵义及本质规定性呢？我认为这主要包括：(1) 主体间性在社会生活和文学实践中所表现的主体间的相互交流、相互作用、相互协同，即社会性的交互主体性的涵义；(2) 主体间本位在交流实践及其验证中达到的客观性、协同性，解释的普遍有效性和理解的合理性；(3) 主体间性在语言和传统中运作的历史性内涵。

总之，主体之间性在语言中运作的历史性在于文学活动中的任何交流实践都必然发生于历史地承传的、文化的、传统的、经验的运作之链中，它必然负载着人类以往的文化艺术实践的全部成果，又不断批评、否定、创新、改造，与当下碰撞、对话、融合，以形成新的历史。

（原载《天津社会科学》1997年第5期，原文约9000字，丁甲摘）

再论重建中国文论话语

曹顺庆　李思屈

一、话语与非话语——是“重新建构”还是“依旧搬来”？通过前一段的讨论，目前学术界至少在两个事实的认定上达成了共识。第一，中国当代在文艺理论方面噤若寒蝉，在流派林立的世界文艺理论舞台上，完全没有我们自己的声音，这种局面与未来世界文化大交融、大对话的多元并存格局极不相称，与一个具有五千年文化史、占世界人口四分之一的大民族极不相称。第二，具有本土文化的深厚根基和鲜明的民族特色的中国古代文论传统难以融入现当代社会文化之中，未能成为现当代活的文学理论的有机组成部分。

我们说中国当代文论患了“失语症”，但并不会因此而否认我们的古人曾经满怀珠玑，我们要思考的是，为什么一个有着“江山代有才人出”的伟大文明古国，面对当今各种主义此起彼伏的世界文论，竟然不能发出自己的声音？

二、重建之路：返回自己的家园。当我们沿着这个思路思考问题的时候，我们发现，中国的文论话语已经不是一个“要不要重建”的抽象理论问题，而是“怎样重建”的迫切现实问题。所谓重建，就不是简单地回到新文化运动以前的传统话语体系中去，也不是简单地套用西方现有理论来解释中国的文学现象，而是要立足于中国人当代的现实生存样态，潜沉于中国五千年生生不息的文化内蕴，复兴中华民族精神，在坚实的民族文化地基上，吸纳古今中外人类文明的成果，融汇中西，而自铸伟辞，从而建立起真正能够成为当代中国人生存状态和文学艺术现象的学术表达并能对其产生影响的、能有效运作的文学理论话语体系。

三、“杂语共生”的必然性与必要性。回归是为了超越。返回语言之家和返回精神家园作为重建中国文论话语的一种策略，并不是要想在语言上或精神上回到《文心雕龙》时代、《诗大序》时代、或其它什么时代，而是在继承传统文学艺术精神的基础上建立起一套与当代中国人的生活与艺术、与21世纪中国人的生活与艺术息息相关的话语系统。因此，在重建中国文论话语的工作中，我们给自己提出了一个明确的努力目标，就是“融汇中西，自铸伟辞”，希望通过对传统话语的清理、中西对话研究而激活中国固有的文论精神和话语能力，在“杂语共生”的局面中广取博收，逐步建立起既扎根于本民族深厚的文化土壤，又适合于当代文学实践的中国文论新话语。

四、重建的重要步骤——运用。既然话语只有在言说中才成其为真正的话语，那么中国文论话语的重建就决不只是一个纯粹的理论建构、逻辑演绎。理论的建构只能提供一种话语的可能性，而现实的批评实践，才能使一种话语按照自己的方式活起来。所以，话语的运用，是我们重建中国文论话语的一个必不可少的重要步骤。

其知也难，其行尤难。对中国文论话语的这种运用，目前还处于初步尝试阶段。成败得失，尚难评说。但有一点是可以肯定的，就是把传统世界的文论话语从故纸堆中解放出来，并运用到现实的文学批评之中，将是中国文论走向生活，走向世界的必由之路，是一个古老的文化传统发扬光大、不断创生的必由之路。我们愿为这一事业贡献自己的绵薄之力。

（原载《文学评论》1997年第4期，全文约12000字，张明摘）

文学史：文学经典化的历史

张荣翼

经典化，即转化为经典的过程。这有两层含义。其一，经典必须是经受了时间考验，在问世后引起了强烈反响的作品，而这在作品问世之初是不可能具备实现条件的。其二，经典化也具有“标准”的意义，在文学史上，当初文学本文的面貌被后代重塑了。

文学史作为经典化了的文学的历史，它的经典化在形式上是对文学本文的经典化，而在它的实质蕴含上还包含着对某种观念、某种思想的经典化，而这一内容是需要我们加以剖析才能明了的。文学史对于某种观念的经典化在东西方的论著中都可以找到有说服力的事例，虽然它们所经典化了的对象并不总是一致的，但有一个共同点是，经典化了的观念总是同社会对文学的要求相关联的。它体现了社会对文学的要求，或反过来说是文学对社会的适应。

文学史的经典化还提出了一些重要的理论问题。这些问题表明，文学史通过对过去文学本文的经典化，就在接受过去文学影响的现实性的一面外，还展示了它自觉筛选、接受这些影响的可能性的一面。就前者来说，文学史上前代文学影响后代文学，这是一个毋需证明的事实，但是反过来说后代的文学也不是无能为力的，它可以通过自身的业绩来重新编排过去文学的文学史地位，这却是一个有待彰明，但同样也是一个确凿的事实。

文学史对于传统本文的经典化，这有着哲学上的意义。这种哲学意义的首要之点，就是它对于人们所经历的文学史事件和进程可以有一个整合的基本框架。文学史，是对于过去文学的历史地记叙。直观地看，似乎文学的历史是“发声”的一方，而作为对其记叙的文学史只有起到一种“录音”的作用。如果仅从主客观的关系来看，这不能说不是一个事实。但问题在于，真实发生过的那段文学的历史是一去不复返的，我们今天来重新审视它时，其实只能是它所留下的部分的踪影，真实事件的大量丰富的、活生生的信息早已流逝了；反过来，在后人记叙那段活生生的曾有的历史时，只能依据历史过程中留下的残片，再在这些残片的基础上来重新构建出它们本来的可能形貌，这又必然会重新加入一些新的内容、新的解释。在这样的状况下，过去的事件一旦进入到了文学史的视野中时，就只能是以后人可以理解、愿意这般理解的方式呈现了。对过去的文学本文的经典化，正是后人这一工作的具体体现。

文学史，作为文学经典化的历史，其间体现了人们认识文学、评价文学的能力，体现了人们将过去的文学适应于当今文化的需要，也体现了其中一些有待于研究和解决的问题，这些，都是需要文艺理论家、文学史家去加以思考的。

（原载《河北学刊》1997年第4期，全文约9000字，刘敏摘）

影响未来的历史性变革
——新时期文学深层透视

汤学智

新时期文学（创作与研究）已经走过20个年头。这是翻天覆地、继往开来、前所未有的20年。这期间，尽管也有泥沙败革，也有回旋起伏，但的确取得了许多足以影响未来的历史性变革。清醒地认识这一点，对于进一步树立民族新文学建设的自信心，很有必要。这里，笔者不揣浅陋，试举六端，略作论析，以期抛砖引玉。

一、文艺与政治关系的调整：文学生命的呐喊；从窒息转向自由；揭开历史新篇章。回眸新时期文学，绝对无法回避“文艺与政治关系”问题。可以说，新时期文学正是从关于这一问题的大论战起步的。这场论战，始于1979年，1980年达到高潮。其目标在于解除以“三论”（“工具论”、“从属论、“服务论”）为核心的“左”的思想理论对文艺生命的窒息。结果是：邓小平在全国文艺工作者第四次代表大会的“祝词”中，不再重提上述传统命题，并稍后在《目前的形势和任务》中说明，“不继续提文艺从属于政治这样的口号，是因为这个口号容易成为对文艺横加干涉的理论根据，长期的实践证明它对文艺的发展利少害多。但是，这当然不是说文艺可以脱离政治。文艺是不可能脱离政治的。”接着，1980年7月26日，《人民日报》发表社论，传达并阐述了党中央重新修订的文艺工作的总口号：“文艺为人民服务，为社会主义服务。”此后，党内主管意识形态的领导人周扬、胡乔木，先后发表文章，对这种调整作了理论的阐述。这标志着，党对“左”的文艺指导思想的政策的调整已告完成。

二、“文学是人学”的确立：虽然并未完成对文学本质的认识，但它确实将人们引到了文学殿堂真正的人口。在寻找“自我”的道路上，文学闯的第一道关口，就是“人性、人道主义”关，在这里开展了另一场影响重大的论辩。这场论辩，虽然在后期发生了某种程度的转折，但就主要倾向来看，还是取得了明显的成果，即：肯定了人性的客观存在；承认了人性的共同性即共同人性；确认了人道主义的积极价值，并提出了马克思主义人道主义或社会主义人道主义的命题；探讨了文学与人性人道主义的内在联系；评价了人性人道主义思潮对新时期文学的积极影响。其结果：灵魂归位，“文学是人学”的命题被普遍接受，成为人们的一种共识。“文学是人学”的命题，不仅否定了文学的“神化”，也排斥文学的“兽化”。它如同一盏明亮的航标灯，为文学的航船指示着健康的航向。这里要特别指出，“人学”的“人”应该是“大写”的。这一点如果不弄清楚，也会坠入魔道。

三、雅文学的开放性发展：现实主义新生，“先锋”文学立足，形成多元共生之势。文学生命的构成与形态，原本是丰富多样的，但在“左”的思想路线束缚下，只剩下“雅文学”一族；在这一族中又仅仅允许现实主义存在，并把它死死限制在歌颂“光明”，反映“本质”、塑造“英雄”的狭径。这就从文学内部扼杀着自身。当着文学恢复了“人学”本性之后，便向这种“狭径展开冲击：一面寻求现实主义的新生，一面进行新的创作方法的探索。”寻找现实主义新生的努力，从理论方面看始于1980年前后那场关于现实主义问题的大讨论。这场讨论，在认识上达成三项突破。①突破“唯歌颂论”，恢复批判功能。②突破“写本质论”，肯定“真实是艺术的生命”，提出论证了许多有价值的见解。③传统的“典型”理论也有新的突破。

四、俗文学、民间文学的恢复：雅、俗、民三元互补，文学有了健全的生命链。新时期文学的发展是全方位的。在雅文学长足进步的同时，曾一度被打入“另册”受到排拒的民间文学俗文学也迅速得到恢复，雅、俗、民三位一体的总体格局，使文学本体形成一个富有内在活力的生命系统。三种文学在艺术上虽有文野之分，粗细之别，但共同根源于“民族”的母体，其深层都通连着民族的魂魄，因而也就共同担负着民族精神的传承、发扬、提升的使命，正是这一点把它们聚合在一起。

五、方法论的变革：文学研究走出自我封闭的狭谷，走向自觉，走向成熟。进入80年代中期，文学研究在基本完成了对传统理论的恢复与深化之后，开始寻求“超越传统”的探索，其目标在于推进文学观念的革新以及新理论体系的构造。在探索过程中，人们日益感觉到任何理论体系的背后都隐藏着一个方法论根源，正如普列汉诺夫所说，“方法是一个理论体系的灵魂。”于是这一问题倍受关注，1985年形成全国性“方法热”。方法论的探讨，有力地唤起人们对研究方法的自觉意识。他们一方面对长期以来影响创造性研究的主要障碍（传统思维习惯的惰力，“左”的批判性思维的破坏力和封闭式思维的窒息力）进行理论清理，同时积极放眼世界，开展对各种富有生机的新理论新方法的译介和研讨，努力采“他山之石”，以充实改造自身。方法论的探讨和思维变革的提出，引发了研究主体的深刻变化。那些希望自己有所作为的研究者，纷纷根据新的认识，调整知识结构，确定研究视角，转换研究方式，有的着重于传统理论的推陈出新，有的致力于新学科新领域的开发建设，有的专注于新问题的探讨，很快在中国文坛形成热潮，推出一批令人耳目一新的论著。由此，新中国文学研究终于逐步走出自我封闭的峡谷，走向自觉，走向成熟。当然，走向成熟还不等于成熟，还需要付出艰苦的努力。不过道路既已接通，希望还会遥远吗？

六、新学科建设：填补空白，实现文学理论生态平衡，开启通向未来之门。回顾新时期文学研究，绝不可忽视新学科建设的功绩。这功能最重要的价值，在于它填补了文学研究的空白，实现了文学理论的生态平衡，为“可持续发展”提供了可能，这就开启了通向未来之门。

通观新时期文学，我以为，文艺与政治关系的调整、“文学是人学”的确立、雅文学的开放性发展、文学生命链的恢复、方法论的变革以及新学科建设六项，构成了它的深层次的也是根本的“结构性”变革。这种变革，在政治、文学、思维三个向度上体现着历史的和时代的进步，使今日中国文学不仅摆脱了自身传统的局限，重现生机，也奠定了与世界接轨昂首走向未来的坚实基础，因而是不可逆转的。依靠这样的基础，文学将以自身强健的应变力迎接“转型期”的严峻挑战，在不太远的将来，再造辉煌，为中华民族的复兴谱写新篇章。

（原载《文艺评论》1997年第4期，全文约18000字，丁甲摘）

新书评介

《20世纪西方文论研究》

郭宏安　章国锋　王逢振　著

《20世纪西方文论研究》概述了20世纪英、美、德、法一些重要的文艺理论思潮与流派，并对这些理论思潮与流派作了系统的评介和深入的研究。全书分为三卷。上卷即“法国部分”，共六节，分别对朗松、蒂博代、莫隆、戈德曼、萨特和斯塔罗宾斯基等人的文学思想和理论展开了大写意式的述要和评析。

作者认为，“朗松在文学史的理论和实践方面有着广泛而深远的影响，至今尚无出其右者。”朗松在清理和批判前人的批评观念的基础上，提出了一套实践的、开放的、完整的文学史理论，对19世纪的文学批评进行了总结，也为20世纪的文学批评确立了“永远的参照”；作者以“同情·品鉴·建设·创造”为题介绍了博代这位被誉为“当代法国文学的良心”的学者，认为他以其批评的观念和实践代表了一个批评的时代，20世纪第一个30年在他身上发现了一位集学问与灵气、建造与创造、实证与印象、博大与精深于一身的批评家。“追寻‘个人神话’”的夏尔·莫隆是法国第一位在文学批评中运用弗洛伊德的精神分析学的基本原则在精神分析学和文学批评的相互关系中考察文学作品的批评家。在“戈德曼：文化创造与超个人主体”、“萨特：自由与介入”、“斯塔罗宾斯基：超越‘日内瓦学派’”等章节中，作者钩玄提要，以点带面，深入浅出地勾勒出了20世纪法国文论的理论内容和精神风貌。

“现象学美学与文艺理论”、“海德格尔的存在论诗学”、“‘法兰克福学派’的美学与文艺理论”、“阐释学”以及“接受美学”等论题，基本概括了20世纪德国文论的最主要的研究成果。在“现象学美学”一节里，作者对“现象学美学”的“哲学基础”、文学作品的存在方式与层次结构以及英伽登的文学价值观等，作了富有创建性的解读、分析和评介。在“对‘此在’的存在论分析”之后，作者钩深致远，阐发了海德格尔的“存在论阐释学”以及“诗对存在的吟唱”等充满玄机的思辩诗学思想。

在下卷中，本书着重讨论了“英美新批评”、“结构主义”、“后结构主义”、“美国的解构主义”、“读者反应批评”、“女权主义批评”以及“西方马克思主义批评理论”等文艺理论思潮或流派。在“话语·知识·权力”一节中，作者还简要地探讨了福柯、赛义德等人的文学思想。

章国锋在《20世纪西方文论的“范式转换”》（代序）中指出：20世纪是一个文学理论空前活跃和繁荣的时代，新的文论思潮和流派层出不穷，呈现了纷繁复杂、丰富多彩的局面。仅就德国而言，自本世纪初以来便相继产生了现象学美学、存在论诗学、否定的美学、阐释学美学、接受美学等文论思潮。它们可以说是当代哲学观念与现代派以来的文学“联姻”的产物。

一方面，它们都与相应的哲学体系紧密联系在一起，构成该学派在文学领域内的延伸与体现；另一方面，它们对现代派以来的文学经验进行了理论的总结与升华，使其成为一种与传统文艺理论截然不同的、全新的“艺术哲学”。它们不仅抛弃了传统文论坚持的“文学本位”立场，不再把文学看做一个独立的、封闭的领域，而且体现了向当代精神科学的其他学科逐渐开放和靠拢、与之相融合的趋势。总的说来，它们的研究对象已经超越文学本身，所探讨的问题不再局限于单纯的文学问题，而与当代哲学、社会学、心理学、语言学集中思考的问题彼此呼应，相互重合。这无疑带来了文艺理论领域内一次重大的“范式转换”。

（《20世纪西方文论研究》中国社会科学出版社，1997年版，丁甲评）

《文艺与意识形态》

谭好哲　著

《文艺与意识形态》一书以辩证唯物主义和历史唯物主义为哲学基础和指导思想，对马克思主义的意识形态理论和文艺与意识形态的辩证关系作了多层面、多角度的探讨，既有纵的梳理，又有横的展开。

在我看来，此书的意义主要有三个方面：一、通过对马克思主义意识形态观和文艺与意识形态关系的科学阐明，对有关文艺本性问题的探讨和马克思主义文艺学体系的建构可能起到有益的理论推动作用。二、阐明意识形态论在马克思主义文艺学系统中的核心地位及其对文艺学学科建设的指导地位，划清马克思主义文艺学与非马克思主义或反马克思主义文艺学的原则性界限，使文艺学的建设始终循着正确的轨道发展。三、用科学的马克思主义意识形态理论，指导文艺创作与文艺批评的健康发展，以繁荣社会主义文艺园地。

该书除绪论对本世纪马克思主义文艺学的历史和未来的发展作了反思性的总结和前瞻性的展望外，分11章对文艺与意识形态的关系作了全方位、立体性的研讨。主要内容可分为四大部分：首先，是对意识形态概念的历史演变及其内涵的考辨。其次，是对文艺的意识形态性与其他特性相互关系的分析和研讨。作者关于文艺是审美的意识形态的论述，关于文艺的意识形态本质与文艺存在本体的关系的辩证阐明，都显示出独到的理论识见，颇具理论深度。第三，是对文艺的意识形态性与认识性关系的辨析和阐明。第四，是对文艺学的意识形态性与其学科特性以及文艺研究的意识形态视角与其他视角辩证关系的研究。

除上述主要内容外，该书还对“西方马克思主义”美学不同流派代表人物的有关文艺思想做了引介和评述，其中专设一章论述了法兰克福学派的两大代表人物马尔库塞和阿多尔诺的文艺思想，这二人的美学、文艺学观点在总体上是建立在审美与意识形态的对立基础上的，基中有合理的、有价值的成分，也有错误的、曲解马克思主义与文艺现实的成分。对此，书中作了实事求是的具体分析，此外，书中还有三章对马克思主义意识形态文艺观在中国的传播与发展作了考证和研究，有很大的参考价值。

该书是国内关于文艺的意识形态关系问题的第一部学术专著，在不少问题的研究上都有开拓和创新，具有相当高的理论水准和学术价值，可作高等院校马克思主义文艺学教材，也可供文艺学、美学、哲学的教学、研究工作者和文化艺术工作者参考使用。书中的部分内容曾以论文形式公开发表，并被《新华文摘》、中国人民大学复印报刊资料《文艺理论》卷、《学术月刊》等转载、复印和摘要多篇，在学术界引起较大反响，相信该书正式出版后，将会对马克思主义文艺理论研究和文艺创作与文艺批评实践产生有益的推进作用。

（《文艺与意识形态》山东大学出版社 1997 年版，陆梅林评）

《文学解释学》

金元浦　著

金元浦是较早把接受美学理论引进我国的学者之一。他的《文学解释学》、《接受反应文论》、《大美无言》等理论专著和《接受美学与接受理论》、《阅读活动——审美反应理论》等译著在其研究领域具有相当重要的意义。

《文学解释学》首先从总体上为我们勾勒了 20 世纪中西语言论转向的整体语境，为建构当代中国的文学解释学奠定了理论基础。20 世纪西方哲学的研究对象由数学、逻辑和自然科学知识转向人文科学或精神科学的研究，大大动摇了传统认识的本体地位，打破了西方长期形成的科学主义逻辑理性的霸权，并以语言为突破口，以意义的解释与理解展开现象学，解释学的本体论探讨。当代文学解释学就是在这一基础上应运而生的。

在总体把握之后，《文学解释学》从四个方面——文学对话论、文学阅读论、文学意义论和文学空白论，对论题进行了深入阐述。各部分既有相当的独立性，又相互联系，相互交错，相互包容。作者把西方当代解释学思想与我国传统的理论资源及诠释实践结合起来，发掘中国古典解释学的众多遗产，予以改造和创新。在此过程中，作者打通哲学、美学、文艺理论、文艺批评和文艺鉴赏诸学科的界限，以解释学这样一种超越诸学科的大文化观来重新审视作为当代文化的文学美学，融合了相关学科的研究成果，从不同侧面对文学解释学进行了深入细致的探讨。

值得注意的是，作者提出了一系列富于创见的开拓性新命题，如文学的问题意识与文学范式观；文学作为一种对话和交流的本质观；文学的主体间性；阅读进入文学本体；原我与异己之我的分离与融洽；文学阅读中的接受度与张力结构；意义走向意味的象征。隐喻结构；文学的空白与未定性的二重蕴涵；无象之象的探寻；意义在语言之海中的漂移与传释等等。这些新命题打破了传统文学理论的固有框架，深入到文学发生的全过程，发前人之所未发。应当说，这些论题的提出与论证是作者对当代文艺理论的突出贡献。

（东北师范大学出版社 1997 年版，定佳评）

《新潮学案》

夏中义　著

新时期文论无疑是 20 世纪中国学术思想史的厚重的一页，《新潮学案》则是作者作为亲历者和见证人对新时期新潮文论进行批判性反思的结晶。作者在前言中指出，写本书意图之一是“想探寻某一新的学术式样，即通过‘学者批评’这类个案研究，为后人治思想史提供一份殷实的学术资源。所评述的诸位学人，如李泽厚、刘再复、刘晓波、刘小枫、鲁枢元等大多是学界公认的新潮文论作者，既然他们曾或深或浅地影响了新时期思潮，其人其说也就不再是纯个体存在，而已转化为不乏思想史意味的学案，或他们已进入历史或凝为历史本身。

《新潮学案》是夏中义继《艺术链》和《世纪初的苦魂》之后完成的又一本专著。这三本书分别代表了夏中义文论探索的三个指向：文论新体系的构建，20 世纪中西美学关系研究和“新时期文论重估”。作者认为，刘再复的文学主体论是以李泽厚的“主体性”哲学为支撑的。在李泽厚那里主体是对人类本体存在的历史规定的哲学概括，在刘再复那里则是对人的价值理念的诗意形态的纯情弘扬。在作者看来文论新潮中最富文化意味和戏剧性的事件，是李泽厚、刘晓波、刘小枫之间的对话。李泽厚以历史理性主义哲学为基础，提出了旨在揭示“人性的历史生成”之奥秘的“积淀说”，刘晓波提出“感性个体本位”和“冲突为美”同李泽厚的“理性社会本位”及“和谐为美”抗衡，其矛头直指传统文化。刘小枫并未直接公开介入刘晓波与李泽厚的对话，但其《拯救与逍遥》认为“积淀说”对传统的无条件确信和“突破说”对传统的无条件拒斥均有局限，故夏中义说：‘既有对李泽厚的响鼓重槌，又有对刘晓波的旁敲侧击。”刘小枫实已作为“第三者”介入了刘晓波与李泽厚的对话。

作者认为，李泽厚、刘晓波、刘小枫像三个设计师，在新时期为中国文化重建安置了三块异质基石：李泽厚是社会本位，让人从骨子里诚服既定秩序及其规范；刘晓波是个体本位，让人珍重自身生命冲动及个性舒展；刘小枫是神性本位，让人执着于灵魂至善，且将其尊为神圣，将个体灵魂至善提高到神性高度来关怀。当夏中义对三人对话作出自己的逻辑评判和价值评判时，他已从“旁观者”变成了“参予者”，而且是直接公开介入了这场对话之中，所以读者在本书中看到的，已不是“三人对话”而是“四方会谈。”

（上海三联书店 1996 年 11 月版，全书 18 万字，飞扬评）

《文化话语与意义踪迹》

王岳川　著

《文化话语与意义的踪迹》这部文集可以视为王岳川教授十多年写作生涯（1986－1996）的一个“自我反省的记录”（序言）。除自序、附录（包括跋和学术论著简表）以外，该书共分为三编。第一编“体验与意义”是作者 80 年代“读与写的基本主题”；第二编“主义与问题”是 90 年代初几年的所思所写，第三编“东方与西方”则主要收 1994－96 年近三年的作品。

作者把自我生命与学术历程的变迁视为一种“踪迹”，但这种“踪迹”不是德里达的“曾经出场而后被擦去的痕迹，一种在场中的不在场”，而是海德格尔的通过踪迹去“追寻那曾被遮蔽的存在及其意义”（序言）。因此，反思并呈现作者个人生活经历与学术历程“非此不可”的内在关系，总结百年中国的文化精神与一代学人的为学之道便成了核心题旨。

第一编“体验与意义”由七篇讨论文艺学美学的文章所构成，带有 80 年代那段历史阶段特有的学术思想印痕——诗意的表述、人的解放的核心即审美的人的生成。不过，与一般的体验性表述不同的是，作者在介入这一学术领域时，已明确地意识到，就文艺学的三个维度而言，“文艺理论长期停留在认识论水平，文学批评则僵化在作家作品上，文学史基本上是对某一社会生活的反映史，理论思维滞后使文艺学话语陈旧”（第 496 页），这使作者的研究迅速从审美心理学的领域突进到“艺术本体论”的领域，通过对中西艺术体的历史嬗变、艺术的体验本体、作品本体、解释本体、文艺学美学方法论的清理与建构，从而重审并成功地改写了文艺学话语。可以说，生命投入、灵思顿悟、重新命名是这辑论文的独特品质。

艺术本体论的建构，西方思想是一个最重要的话语资源。自 80 年代以来西学东移的实情是，中国学界要在最短的时间内尽可能多地吸纳一个世纪以来西方盛行过的各种文艺思想。在这种吸纳中，中国学界一方面感受到了理论思维被全方位刷新的“震惊与快感”，另一方面又强烈地感受到理论杂食的“消化不良”。于是，正本清源地梳理百年西方文论的演变踪迹和知识谱系，透过各种主义而把握住人类艺术精神发展在现代后现代所面临的危机和难题，便是进入当代文艺学研究前沿的基本路迹之一。第一编“主义与问题”便是对这一问题的展示。该编收专题文章六篇，分别讨论了现象学作品本体论与审美价值论、现代解释学之维、解构主义的挑战以及后现代主义文化美学的逻辑、新历史主义文化诗学和后殖民主义话语等。秉着“对生命的体验和对历史的思考”，作者力图在各种泥沙俱下的潮流中，“重新寻找哲人诗人失去的位置，寻找世界的本质意义”(第497页)。

进入1993年，在世俗化大潮的冲击下，作者开始研究文化研究方面的问题，同时关注东西文化语境中的百年中国文化命运及其千年文脉的接续问题，进而实现了从文艺理论家到文化思想批评家的自我身份改写。第三编“东方与西方”所收九篇论文就属此类。

(四川人民出版社1997年11月版，全书39万字，戴登云评)

《超越文学——文学的文化哲学思考》

周　宪　著

《超越文学——文学的文化哲学思考》一书，22万字。除“导论”和“结语”外，共四章。四章的题目分别是：“文学的心理哲学”、“文学的语言哲学”、“文学的历史哲学”和“文学的哲学”。作者认为，西方学者所描述的“知识的分化导致了知识分子的社会角色的巨大变化”在我国也有突出的表现，传统的“普遍性”的知识分子已经消失，剩下的只是那些死守在具体领域里的“专门性”的知识分子。传统的“元叙述”丧失了合法性，统一的知识兑变为烦琐的破碎空间。当代学人正处在一种尴尬的两难困境之中：一方面，“不得不在前人和他同时代的学者已经界划的范围和‘合法化’了的理论范式中工作；另一方面，细密烦琐的分化与狭小的思维空间往往又令人窒息，使他逐渐蜕变成一个纯粹的‘技术专家’”(《自序》)。作者正是有感于现代知识彻底的专业化和细密化所造成的知识“总体性”危机，才呼吁“超越文学”。可以说，本书从多学科的视野来透视文学，其主要目的之一，就是开辟一种整合的多维的文学研究之路。

作者将文学看做一种极为复杂的文化复合体，它与众多其他领域的接壤或重叠，为从不同学科考察文学提供了可能。例如，在对文学本体论的讨论中，心理学、社会学、语言学、政治学、人类学、民俗学等等，都产生过不可小视的影响，这种影响似乎正越来越明显。在第一章里，作者探讨了作为“文化批判和重建”的创作主体的内在心理特征，并围绕“认同性自我批判”、“内心困惑”“焦虑性体念”和“超越感与挫折感”等命题深入研究了作家的心理特征何以体现为这种文化批判与重建。第二章“从广泛的语言哲学视角来透视文学的文化本性”。作者认为，语言之于文学，有两层意义：第一，它是文学赖以构成的不可缺或的要素；第二，语言是文学这一文学现象的基础。从语言角度研讨文学，不仅探讨了文学本身，也是对人性或人的文化的分析。第三章重点讨论了四个命题：文学是一种特殊的“史学”，文学的时间性是一种历史意识的表征，文学有自己的历史——文化形态，以及文学史是一种历史思维。最后一章的研究集中在这样的三个命题上：作为意识形态的文学，作为伦理学的文学，以及作为形而上学的文学。

从某种意义上说，力图寻找一条整合的多维的文学研究之路，是这部著作的一个最关键的命题。与本书同年出版的周宪的另两部极有分量的著作（《20世纪西方美学》和《当代审美文化研究》），似乎都可以看做作者在文学跨学科研究方面所取得的重要成果。

（上海三联书店1997年版，丁甲评）

《艺术掌握论》

邢煦寰　著

本世纪初，马克思的《〈政治经济学批判〉导言》首次披露于世，它对人类掌握世界的四种方式（即理论的、宗教的、艺术的和实践—精神的方式）的划分，引起人们的关注。许多人指出，这种划分和提示为人们深入全面地理解马克思主义提供了一种新的视野和一个新的角度，为人们解开美学和人类艺术之谜提供了一把钥匙。近年来，国内美学界对“艺术掌握概念的讨论和探讨较为频繁和深入，在讨论中涌现出许多有理论价值的观点和论述，邢煦寰先生的论述算得上其中佼佼者。经过多年的思考和研究，他终于以这部40多万字的美学新著，对“艺术掌握”的奥秘作出了清晰而又系统的回答。纵观这部著作，我们发现它有如下三个特点：

一、适时。在现代化进程中，我国人民的物质生活和精神生活均发生了急剧的变化，其主流是健康的，但其中免不了有许多不健康因素。在笔者看来近年来流行的“以技术代替艺术”的思潮，就是其中之一。《艺术掌握论》在此时出版，是及时的和有益的，因为此书的主调是从正面阐述“艺术化生存”的意义。它以大量有力的事实和论证说明，“技术掌握世界的方式”与“艺术掌握世界的方式”是根本不同的，虽然对人类来说，“技术掌握”是必要的，但它毕竟是一种单一的和冷冰冰的方式。“艺术掌握”则不然，它是一种全面的和整体的方式，不仅需要知识和技术，还需要人类的情感，因此是一种更理想、更全面的掌握方式。

二、新颖。邢煦寰的这部大著虽洋洋几十万言，读起来却毫不枯燥。其中最主要的原因，就是其新颖性。翻开这部书，它的每一章节，都不乏具有深刻哲理的新的见解，其中最引人注目者，是它关于“艺术掌握”的解释。作者认为，“艺术掌握”实则处于精神与物质、认识与实践、再现与表现、再造与创造、理智与情感等诸对二元之间的边缘地带，它兼具上述诸二元的特性又具有独立的品格，显示出其特有的整体性、系统性、多元性和边缘性等特质。

三、丰富。真正的学术著作，尤其是美学著作，必须同艺术一样，表现出深刻的思想和高贵的伦理价值，必须对人及人与世界的多样性关系有独到的洞察和揭示。它们有时像一面镜子，反射、透视和照耀着现实；有时像神奇的眼睛，发现一般人不能发现的经验和生活方式；有时像一把无情的锤子，有力地震撼着世界；有时像美的甘泉，给人注入新鲜的活力。它们可以提出人们不熟悉的概念，但这些概念必须与已有文化的各个领域保持千丝万缕的联系。《艺术掌握论》正是这样一部具有艺术特色的著作，其最鲜明的特质是，每当提出一个新的概念或命题时，总伴有具体的论证和生动的事例；每当它带领人们走入枯燥的理论的丛林时，总忘不了提出种种充满激情的诗意的遐想。

（中国青年出版社1996年版，滕守尧评）

《扩张与危机：当代审美文化理论及其批评话题》

王德胜　著

“当代审美文化”，这一提法本身就隐含

了研究对象的当下性，而90年代作为一种“当下性”的文化存在，其独特的文化遭际和文化现实，决定了对它所采取的任何理论表述，都将面临着被“时间性”吞食和消弭的危险。所以，如何在切入当下文化现实的同时又超越当下性的陷阱，已成为当代审美文化研究与批评获得合法性和有效性的关键。王德胜先生的新著《扩张与危机——当代审美文化理论及其批评话题》，就是立足于美学话语的转型和审美文化批评两个方面来展开的。

运用批评的话语来实现对当下文化现实的关怀和具体介入，这是《扩张与危机》一书最为用力的方面。在书中，作者针对90年代审美文化的现实存在，用理性而又雄辩的笔调对其进行了反思和批判。作者认为，当代中国审美文化的基本症状，就是退守与分化。退守主要表现在对80年代人文知识分子“政治/道德”热情所塑造的“英雄”神话的批判与嘲讽，对于“对抗性”文化实践的批判与嘲讽，对于“崇高性”叙事的批判与嘲讽等等文化经验的转换上。与这种退守相对应，则是意识形态层面上“三权分立”的新的文化语境的形成——主流文化话语，知识分子的边缘性话语和大众文化话语的相对分化、相对独立，而不同层面的文化话语又均根据各自的文化要求和利益原则，在不同范围、不同立场上，分别标榜了各自的言说方式。由于大众文化话语在90年代的迅速扩张，使得这一时期意识形态结构出现了文化价值的平面化和历史精神的当下化，其中对主流的批判、对精英的批判、对经典的批判、对一切崇高叙事的嘲讽、对所有理想的消解等等，都是这种文化症状的表征，而在这一切的背后，又都有经济/商业利益作为支撑。于是，在90年代，物质享受/消费的平凡欲望开始凌驾于理想性人文追求的崇高利益之上，当下感性的满足凌驾于永恒价值理性之上，休闲文化开始浮出海面，用给人以“轻松适意”的承诺来实现和经济利益的联合。还有，“现实感性”也扩张到了前所未有的程度，感性主义一方面无限制地强化和刺激人在当下生活中的物欲动机，另一方面又巧妙地为这种物欲掩上一层“诗意”的审美包装，使得物欲的生物性利益在幻觉性的审美满足中取得了自身独立性，成为个体实践的堂皇理由。正是大众文化的这种感性主义的扩张，使得人在获得当下生活的物质享受的无限愉悦的同时，也失去了对未来和生命的想象性能力，并进而完成了“现实感性”对于人的生存本体的消解：幸福作为一种文化价值/理想，已失去了它的内在性，失去了它与生命在本体意义上的原初关联，人们从此可以在不表达责任/义务的愉悦中嬉戏地生活。

应当说，作者对当代文化现实的这一充满忧患意识的描述是准确的。通过这一描述，我们也当能体会到作者把文化批评实践确立为当代美学的主导型话语的初衷。但是，正如前面所说，由于作者没有先在地对其批评话语本身作出反思，使得他对作为自己文化立场的“现代性”理念在当下文化现实中的合法性和有效性，表现得信心不足，欲言又止。还有，对于“三权分立”这一当下文化景观的形成，从一种历史的/文化的角度来看，它究竟意味着什么？着眼于未来中国的文化发展来看，它又意味着什么？作者对此并没有作出明确的回答。这个意味深长的沉默——我们不妨说——恰恰是当代知识分子人文话语的边缘处境的又一表征。

(中国社会科学出版社1996年12月版，吴琼评)

《心理诗学》

吴思敬　著

吴思敬的《心理诗学》，无论就它本身

独到的理论体系来讲，还是就它与以前的同类著作比较而论，都可以认为它是中国诗歌史上用心理学方式追寻诗歌精灵的重要突破。

对诗歌心理学学科体系的完整建构　诗歌心理学，作为文艺心理学的一个分支，长期以来多有零星的探讨，而少有完整的著述，谈不上已经建立起其学科体系。吴思敬以“内驱力”、“心理场”、“信息的内化”、“信息的再生”、“信息的外化”、“诗人的创作心态”、“诗人的个性气质”等七章共二十二节，细致地论述了从诗歌的生成、诗歌的内部生态到诗歌的外部物质形态等的诗歌创作的全过程，并着重论述了诗人的创作心态与诗人的个性气质。每一门学科有其独特的研究对象与研究方法，作者在此确定了诗歌心理学的研究对象，即诗歌作为一种特别的文艺体式，它的产生动力与内部生态、形成方式与读者的接受模式、诗人与其他作家不同的创作心态与个性气质。其独特的研究方法，是心理学的科学分析与量化测试。

心理学与诗学的融合与创新　国内现代心理学研究与诗学研究都比较弱，如果基础不牢或者研究不深，所谓的“心理诗学”很可以流于心理学与诗学的生拉硬扯。吴思敬恰到好处地把握了诗的创作过程，认为其从本质上来讲是一种信息的内化与外化的过程。将这“内化”与“外化”的心理过程具体地把握准了，也就是将诗人创作心理的动态过程把握准了。为了防止发生这样那样的偏差，作者还特立了“诗人的创作心态”与“诗人的个性气质”两章，更深一层地论述了诗歌创作主体的物质。如果说前五章是一种动态研究，那么后两章则是一种静态研究，具有立体感和层次感。作者认为，人的创作心态是联接创作心理过程与诗人个性特质的中介，于是对诗人创作心理中常有的“虚静心态”、“迷狂心态”、“焦虑心态”、“快乐心态”作了具体而独到的分析。他认为诗是诗人个性的反光镜，并从“动力”、“能力”、“气质”三方面分析了诗人的个性气质。当然，心理诗学也是要包括诗歌鉴赏心理的，因为作者已经先期出版了《诗歌的鉴赏心理》，所以就不包括在《心理诗学》中了。尽管如此，这本书作为“心理诗学”来说，也可以被视为相当完整的。这是一本真正的心理诗学，作者显然是研究过相当丰富的中外心理学材料，掌握了相当全面的心理学研究方法，并且对这些东西已经有了良好的消化与吸收，将其用于对诗人的创作心理过程与读者的阅读心理过程的研究。本来心理学与诗学是不同的学科体系，其研究对象与研究方法都是不同的，但也许正因为这些不同点，两者相与比照，才突现出原来单纯用文学方式研究诗不可能认识到的一些问题。在吴思敬所建立的这门边缘学科里，我认为他真正认识到了诗歌创作心理中的带有普遍性的规律。

（首都师范大学出版社 1996 年版，邹建军评）

《中古文学理论范畴》

詹福瑞　著

詹福瑞的《中古文学理论范畴》实际上就是一部中古文论范畴发展史。他在梳理上古时期已经提出的重要概念、范畴的基础上，对中古时期适应文学的发展而提出的一系列新的概念、范畴，诸如“神思”、“体性”、“文气”、“风骨”、“隐秀”、“通变”等等，作出了扎实的考辨、系统的阐释，叙述了演变的轨迹。

本书令人信服地证明：文学理论概念、范畴在中古时期大量产生，正是因为文学的内部规律和外部规律在这一时期得到了全面的总结和深入的阐释。品读詹福瑞的这部新著，可以清晰地看到，中古文学理论范畴的发展，适应着文学的发展以及作家、批评家对文学性质的认识的提高，大致可以分为三个阶段：两汉是文学初步自觉阶段。魏晋是文学自觉的阶段。齐梁是第三个阶段，是文学自觉后的收获期。作者在纵向勾勒文学理论范畴发展脉络的同时，还从横向的联系中发掘出文学理论范畴的萌生与形成，除了时代政治、士人生活这些现实条件和社会基础外，其它如哲学社会学、文学创作、审美观念——特别是哲学和文学创作，也会对其产生程度不同的影响。

詹福瑞以其对中古文学理论范畴的深入研究，不仅揭示了中国文学理论范畴的奥秘，更为重建中国文论话语做了奠基铺路工程。因为重建中国文论话语，首先要进行传统话语的发掘整理，使传统话语的言说方式和文化精神得以彰明。在这样一个坚实的基础上，才能够在广取博收中实现中国文论话语的重建。为此，他在中古文学理论范畴的研究中不以用现存概念对它们进行“现代解释”为目的，而要努力寻找其固有的言说方式；不以表层语言现象为指归，而以蕴含其中的意义生成为宗旨。只有这样，才能使传统文论范畴和言说方式的内在文化意蕴得以深入挖掘，从而使之回归民族母语的精神家园，进而在坚实的基础上实现现代转型。

（河北大学出版社 1997 年版，韩进廉评）

1996—1997年当代文学创作与研究

创作与研究概况

长篇小说创作综述

郑崇选

96、97年度的长篇小说除了在数量上超过以往的年份外，还有不同于以前的新特点，其中最明显的一点是艺术形态的多元化。作家的创作主体性突出，几乎每一个人都有自己的切入视点，几乎每一个人都在寻找适合自己，而自己也的确是有所体悟、有所发现的表现对象。长篇小说的文体开始出现一种求新同时又是彼此不同的探索与实验，在形式方面有力地冲击了传统长篇小说的观念。另外，长篇小说题材空前的丰富，社会各个层面的经验都得到了书写和表达。尽管不乏急就的不成熟之作，但却在内容方面丰富了人们的阅读视野，让人们以最快的速度感觉到了时代的变化。

为了便于叙述与了解，本文将试用分类的方法去描述和评点。

长篇小说形式感的加强是90年代长篇小说的一个明显的特点。这一特点在96、97年两年表现得尤为突出，涌现出了一批非常优秀也非常独特的长篇小说，诸如史铁生的《务虚笔记》、韩少功的《马桥词典》、陈染的《私人生活》、刘恪的《蓝色雨季》、东西的《耳光响亮》、林白的《说吧，房间》、海男的《坦言》、蒋韵的《栎树的囚徒》、王小波的《时代三部曲》……它们代表了96、97两年长篇小说的艺术层面所达到的新的高度。

《务虚笔记》和《马桥词典》的出现，无疑让96、97年的文坛增色不少，引起了评论界极大的兴奋和批评的欲望。特别是《马桥词典》事件所引发的抄袭与否的大争论，卷入人物之多，诉讼时间之长，更是轰动一时。以词典的形式写小说，韩少功并非第一人，但也不应因此抹煞《马桥词典》的独特价值。时至今日，当我们再以新的视角重新审视这部文本时，可以看到《马桥词典》在对民间世界的创造性的营造和小说形式的试验开拓两方面都具有鲜明的个人特色。《马桥词典》是为一个叫马桥的湘北村寨编辑的“词典”，“马桥”不一定实有其地，但肯定是作者早年插队时非常熟悉的地方。作品通过对词条的诠释，讲述一个关于马桥和马桥人的故事。沿着书中的词条，我们不仅可以进入这个村落，而且可以进入马桥的历史和文化。《务虚笔记》是史铁生的第一部长篇小说，小说从作者在一个古园遇见两个不谙世事的男女孩子开始展开联想，并叙述了一系列的“爱情故事”。而作者只是借助这些故事去“务虚”，即探寻人生的各种命题：关于人的存在（或处境）、人的欲望，关于人生、历史和命运的偶然与必然、生与死、被忘却与被记忆等等。《务虚笔记》和《马桥词典》为我们提出了长篇小说文体方面的新概念。首先自然是关于“故事”的理解。就传统习惯而言，我们所理解的小说很难离开相对完整的故事，尤其是长篇小说。小说作者某种意义上似乎变成了讲故事者的代名词，而韩少功与史铁生即使说不上是对故事产生了怀疑，也是厌倦了故事的讲述，担心经过精心编制的故事不仅容易破坏生活与人生本身的韵味，而且难以表达、传导自己对于社会、历史与人生的思考和认识。这样，他们不约而同撇开了故事，直接表现生活和人，但又各具特色。史铁生在《务虚笔记》中比较偏重于表现具有抽象意韵的命题。而韩少功在《马桥词典》中则是通过最为实在的“事实”——人们的言语，包括发音和不同于其他地方的习惯用词，去表现一定自然环境与人文环境中人之生存形态、思维特点和价值观念。与故事相联系的是他们对人物的理解与处理。两部小说都没有一般小说所常有的中心人物，这可能源于他们对两三位中心人物就可以承受丰富的社会、人生、哲理等内容的怀疑。《务虚笔记》中出现的人物基本上只是起到了指示性的作用，他们甚至都没有完整的名字，而都用字母指代。而在《马桥词典》中，人物相对就要复杂得多。既有叙述学所说的指示人物——知青、我，又有像希大杆子和马疤子这样的带某种意象性的指物人物（历史人物），更多的则是在不同的场景，不同的故事片段中反复出现的重复人物，如村支书马本义、老村长罗伯、会计马复查、善盘歌的万玉等。《马桥词典》中的许多人物，不仅比一般长篇小说中的人物更为生动成熟，而且承载的容量和包含的内蕴都比一般长篇小说的人物沉实和丰富得多。而块状的似乎是零散的描述实际上又凝成了内在的完整，从中不难看出，韩少功之所以选择如此的结构形式和表达方式，是经过认真的思考和比较的。

《私人生活》和《说吧，房间》以及海男《坦言》的出版，则标志着中国女性写作已达到了相当的深度。陈染的《私人生活》为女性“私人写作”进行了命名式的界定。三位作家表达的都是个体经验，与社会的公共空间的普遍伦理具有相当的差异。处于相当隐蔽的私人经验和空间，导致她们的写作大都采取一种“新历史”的个体传记的幽闭形式，或自己下意识、无意识的琐碎回忆和凌乱的整理，从而将隐蔽的私人经验和流动的生活以不加整理、不加规约、不成为公共话语的“背叛式”方式写出来，与传统的庞大主题的叙事有很大的距离。陈染的《私人生活》把全部笔墨都用于描写女性的个体生存世界，强烈表现出个体与环境的对峙。主人公倪拗拗是一个孤僻、敏感、执拗的年轻女子，她完全沉醉于内心生活中，对任何公共意识都持有憎恶和彻底拒绝的态度，最终变成了一个无法适应社会交流的幽闭症患者。作品对于主人公的精神世界及性欲望的渲染，尤其是对她的非理论化的同性爱的描写，在很大意义上都可算是一种离经叛道、惊世骇俗的叙事，并相应的带来某种新颖的审美风格：大量的独白自赏对躯体及器官的感受，纯粹精神上的白日幻想等，显露出了女性生命体验中极为偏执的迷狂色彩。从某种意义上说，自新时期始，女人与“个人”的合谋便成为女性有意为之的策略之一。而在《私人生活》中，不仅陈染作品一以贯之的个人作为叙述主体再度浮现，而且一反80年代女性写作辗转于社会认同与女性体验间的困境，索性将社会、历史与暴力书写为打断“私人生活”的“偶然一弹”。小说结尾处的信件，则以盈溢的反讽语调，调侃着主流社会的公共生活以及关于“健康”、“正常”的标准。与陈染相比，林白的女性叙事则充满了丰富的诗一般的独特的感性体验。《说吧，房间》是林白继1994年《一个人的战争》之后创作的又一部长篇小说。房间能诉说一些什么呢？莫非依旧是对性隐私（梦想、情欲等等）的喃喃私语吗？但这一回，房间的大门敞开了，不再仅仅是一个梦幻的空间，一个幽闭幽暗的房间。现实生活已经无情地击碎了那扇玫瑰色的房门，将房间的主人抛向门外。小说的主人公，一位女性主义幻想家，不得不站到了千千万万的下岗女工的行列之中。《说吧，房间》为女性写作从狭隘的私人化的空间通向更加广阔的现实生存的空间提供了某种可能性。海男的《坦言》则称得上是一个“女性主义”写作理论的范本，它简直就是为某种理论提供论证材料的。“女性主义”写作理论想要得到的东西，在《坦言》中应有尽有：频频出现的镜子意象，女人对形体和服饰的敏感，无可名状的欲望，突如其来的恋情和死亡……从结构上看，作者倒是煞费苦心，安排了四个不同的视角和叙事方式所形成的四个片断来描述同一个主人公的形象，其中有不少戏剧化的场面和抒情性的段落，这使得作品看上去显得错综复杂。但是女性写作最重要的问题是女性经验如何能够得到完美的表达，这并非一个理论问题，而是一个写作实践的问题。流行的一些“女性主义”理论有时反而限制和妨害了这种表达。《坦言》就有这种弊端。人物像动画片中的角色，在“女性叙事意识”的驱使下疲于奔命。过于戏剧化的场面和过多的抒情性段落，也影响了叙事的紧凑和流畅，从而显得有些拥挤不堪。

除以上的小说外，另外还出现了其它一批形式多样的先锋小说。特别值得一提的是王小波的《时代三部曲》，叙述风格和叙事格调陌生异样的魅力及突出的美学意义使《时代三部曲》成为当代长篇小说中真正成熟的反讽体小说。王小波之于90年代文坛的重大意义是在他去世后才得以彰显的。中国有原创性的作家命运大抵如此。这多少让我们感到了中国文坛的某种悲哀。王小波以他的反神话写作构造了一个新的神话：一个孤独而自由的个人的神话。在权威话语及其颠覆、市场供需与文化消费之外，顽强地昭示了写作的新的可能性。《时代三部曲》包括《黄金时代》、《白银时代》、《青铜时代》三部长篇小说。“王二”是《三部曲》叙述的主体，但“王二是什么人”却是三部曲从始至终的悬念，“王二”不承认一切被意识形态理性身份所规范的行为，“王二”也没有政治身份和社会等级，在以往的小说谱系中，没有“王二”的历史，但正因为如此，《时代三部曲》才属于真正的艺术创造。在当代中国文学中还绝少有人如王小波般的以着魔、透彻、迷人的方式书写历史与权力的游戏；它所指涉的固然是具体的中国历史，但远不仅于此，它同时是亘古岿然的权力之轮，是暴力与抗暴，是施虐与受虐，是历史之首、权力之轮下的书写与反书写，是记忆与遗忘。王小波对历史中暴力与暴力历史的书写，与其说呈现了一幅黑白分明、善恶对立的图景，不如说构造了一幕幕狂欢的场面；或许正是在古老西方狂欢精神的意义上，王小波的狂欢场景酷烈、残忍而且酣畅淋漓，这间或实践着另一处颠覆文化秩序的狂欢。在其小说不断的颠覆、亵渎、戏仿与反讽中，类似正剧与悲剧的图景化为纷纷扬扬的碎片，在碎片飘落处，显现出的是被重重叠叠的“合法”文字所遮没的边缘与语词之外的生存。当然，王小波《三部曲》中写到最多的便是“性”的问题，某种意义上，王小波重构历史的努力正是通过重构“性”的表达式来完成的。在《三部曲》中，性是政治问题，性的对象是有思维能力的个体、亲缘关系和社会关系。《三部曲》打破了传统的性主题和文学世界，把性的作用从社会的深层结构里显露出来，说明性的压抑并不是简单的戒律，而是对肉体和思维的控制。在性的领域里对肉体和思维实行控制，是政治行为和政治关系，为人对人施以权力暴力提供了快感。如果一定要说“压抑”，也只能是权力对肉体对性灵的暴力。艺术的本质便在于“陌生化”，而“陌生”的艺术之于社会同时意味着危险与颠覆，王小波以他的戏仿和炉火纯青的叙事形式，同时触及并消解着艺术的本质。王小波的作品或许由此而成了90年代文化纵横交错的岔路口的一处标识。刘恪的《蓝色雨季》故意打乱事件的逻辑性，弱化久远年代事件的清晰度和明确性。由田总拐子的儿子探寻田总拐子的失踪之谜，进行断断续续的片断拼凑，打碎情节的完整性与连续性，在扑朔迷离的叙事中，既致力于表现湘鄂交界处地域文化所内含的神秘感，又反映出事实与传说往往很难达到一致的认识特点。吕新的《梅雨》、东西的《耳光响亮》的主题结构似乎依然徘徊流连于诸如性爱、苦难、虚无、死亡、荒诞、绝望话语之间，充满了对生存形而上意味的追寻和对苦难命运的体恤，文本自恋情结与叙述试验的热情一如既往。

由于受到1996年现实主义回流的影响，96、97年文坛上最受普通大众关注的依然是那些写实主义风格的长篇小说，以市场经济及其状态下的人生和社会变化为主要的描写对象，因其对现实快速的回应能力而成为长篇小说的所谓主流。除少量优秀之作外，大多因视域和艺术能力的限制而流传不久。这里我们应该提到的有这样一批小说：周梅森的《人间正道》和《天下财富》、陆天明的《木凸》、张宏森的《车间主任》、刘醒龙的《生命是劳动和仁慈》和《寂寞歌唱》、毕淑敏的《红处方》、王蒙的《踌躇的季节》、柯云路的《东方的故事》等。周梅森和陆天明是96、97年文坛比较活跃的现实主义小说家。他们都对现实社会中出现的重大问题保持了浓厚的兴趣和书写的热情。《人间正道》是周梅森在徐州市挂职深入生活两年之后的呕心沥血之作。他以平州市90年代所创出的人间奇迹为宏阔背景，谱写了一曲当代中国艰难起飞的悲壮凯歌。周梅森以他一贯的磅礴大气和充沛激情，有力地打消了由部分作家所带来的对于现实主义道路广阔性的种种疑虑，接续上了80年代《沉重的翅膀》、《新星》等作品形成的新社会历史学长篇小说的优良传统，将90年代的改革文学推进到了一个新境地。陆天明的《苍天在上》改编的同名电视剧曾经成为轰动一时的热点，1996年他又推出了《木凸》。《木凸》和陆天明之前的作品相比，有较大改变，明显可以看出作者有意淡化历史主义的色彩，而比较着重于揭示人的性格、精神和心态对自己与周围人们生活的影响，努力在故事的框架中融入寓言的内涵。表面上看《木凸》并没有多少寓言意味，但认真分析又会发现作者绝不只是着力讲述上海巨商世家谭家的男人总是或不过52岁之类的神秘故事。对谭宗三这个人物心理与精神的变异，以及他成为谭家掌门人后的行为的描写，明显表现了作者于故事中融入寓意的意象和追求，显示出了写实主义作家们不断的艺术追求，刘醒龙的《生命是劳动和仁慈》虽然表现了地方国有企业和个体企业及乡镇企业的矛盾，写到了城乡差别，但作者尽量写得轻松，也让读者觉得轻松。其中有阴谋与攻讦，也有温情和仗义，有私欲也有公理，有鄙俗也有崇高。对刘醒龙这种创作上的变化，或许人们会有不同的评价，但他在努力寻找把握和表现生活的新方式，却是不争的事实。在现实主义描写中融入其它艺术形式的表现方法已成为很多此类作家的明智之举。张宏森的《车间主任》用一种朴素的笔触和平民化的艺术视角写了车间、家庭、个人遭遇及生活中的方方面面，将普通人的生活情绪表现得生动感人。在写法上，吸取了“新写实”描写生活“原生态”的写法，但避免了“新写实”的“零度叙述”，体现出一种温柔的人道主义精神。毕淑敏的《红处方》，柯云路的《东方的故事》以及王蒙《踌躇的季节》，则采取了对社会生活痛苦而执著的艺术表达，极力寻找到国家、社会和个人之间的协调。把对人的热情关怀与悲悯同冷静客观的叙述笔调结合起来，小说内在的潜意韵远远超过一般的社会问题小说，具有较大的涵盖面和抽象性。

随着市场经济体制在中国的逐步确立和经济实力的不断提高，城市化的步伐也随之变得越来越快。新的生活催生了崭新的题材，所以以城市化为背景，反映新生的市民阶层和中产阶级生活的长篇小说成为96、97年文坛特有的现象。

城市小说的兴趣极为重要的一个方面就是带来一种全新的社会描述——物化主题及其现实表现。生产力的飞跃同时带来巨大的物质增长，于是对物的占有欲和追逐以及这种欲望和追逐本身所固有的对人自身完整性的挑战、破坏及考验，变成了相当部分城市长篇小说的叙事动力。96、97年出现的有关作品，如邱华栋的《城市战车》，王刚的《在男人的背上舞蹈》，林哲的《晚安，北京》，何顿的《喜马拉雅山》，文夕的《罂粟花》，矫健的《红印花》都是比较优秀的作品。邱华栋的《城市战车》是他的第一部长篇小说。《城市战车》在喧嚣、沸腾的欲望之都的背景下，为我们描绘了一批世纪末时代感极强的人物形象，他们大多是精神文化富有而物质相对匮乏的拉斯蒂涅一样“用青春赌明天”的青年。然而，他们很快发现，既创建了辉煌的文明又培植了丑恶和腐朽的现代大都市对他们要么是熟视无睹、不屑一顾，要么是表现出一种虚伪的矫情。他们根本不可能真正的进入城市生活，但他们又不甘心命运的任意捉弄，于是就有了《城市战车》中主人公们对欲望化都市的迷乱性的反抗。何顿的《喜马拉雅山》在他之前的疯狂的欲望叙事之后突然固执的强化主人公罗定对精神的迷恋，似乎是在暗示某种精神深度的存在。小说中有一个相当精彩的细节，罗定在一次醉酒之后终于和丑元元发生了肉体的结合。在高亢热烈的欢乐场景中，罗定突然被一种精神的力量唤醒，“我看到我在这个空气污浊的平庸得不能再平庸的时代里，变成一个没有信仰和不知道自己要干什么的人”。这一种自省的力量迫使他必须与做爱的对方达到共同的精神高度，直到双方都认同这样一种境界——到世界的屋脊喜马拉雅山去看一看——通过喜马拉雅山来象征人性的终极向往，他们才在精神和肉体两方面进入了高潮。这实在是一个绝妙的构想，喜马拉雅山蕴含的精神魅力是那么令人神往，罗定葬身于喜马拉雅山雪崩，这与其说是罗定现实的悲剧，不如说是罗定精神的超升。罗定终于抵达了他灵魂的归宿，他与他心向往之的精神境界合二为一，他以肉体的消失赢得了诗意的栖居。何顿的幻想是美好的，然而在他的小说无处不在的欲望化叙事的背景上，喜马拉雅山的出现无论如何让人怀疑，罗定注定是虚构中的人物。现实中的人们早已丢失回到灵魂的道路，甚至仰望的资格，这一点何顿也应该清楚。也许《喜马拉雅山》只是他精神发展过程中和创作道路上的一个自我安慰。而稍有不同的是王刚笔下的贝宁，《晚安，北京》中的百灵，《罂粟花》中的霜儿则是凭借女性的独特优势——“在男人背上舞蹈”来谋求生存和予以无可奈何的抗争，最终在不知所终的欲望的舞蹈中，连她们自己也不清楚是得到的多还是失去的多。其实何止是外省人，即便是《拒绝浪漫》（杨东明）和《找不着北》（赵强、郭桐文）中土生土长的城里人，在世纪末极端物欲化的都市文明的挣扎中，也付出了“异化”的沉重代价。《拒绝浪漫》中的儒商楚枫，《找不着北》中的两位昔日京城名记者，因此也沦变为由现代都市文明所培育出的“恶之花”。要言之，此类题材的长篇小说已不是一般意义上的对都市文明的愤激和否定，而是在社会转型、时代转变、经济转轨、文化转折的大背景、大思路下去凝视并剖析“都市”，进而表现作者们的一种精神追问和文化省视的态度。但大多因为创作者生活积累的苍白和精神资源的匮乏，往往使主体性的光照无法穿越事件和物象联手垒筑的高墙，文本简单的成为表象的堆积和欲望的舞蹈，而心灵就只能被放逐到作品的边界之外，或不幸被作品所埋葬了。此类小说虽然有广阔的书写背景，但要达到成熟可能还要假以时日。

在96、97两年还有比较让人感到温暖的描写城市生活的长篇小说，他们看重的是城市中市井市民的世态生活。主人公虽陷于物质和文化素养的双重贫困，但却基本上都是安守本份、知足常乐、不以物喜、不以己悲，在描红般的对日常生活的描绘中让人们似乎在静静地感受着清新的“城市民谣”，少却了很多迷乱的欲望横流，虽不真实却充满诗意。此类代表作品有范小青《城市民谣》、刘庆《风过白榆》、苏童《菩萨蛮》、鲁彦周《双凤楼》等。比如《城市民谣》描述的是一个具有古典情韵的江南小城，小说的主人公钱梅子也是一个随处可见的“小市民”妇女。作品一开头便写到她的“下岗”待业，而她在“下岗”后没有大悲，只是惘然若失，直到最后在初恋的情人支撑下办起钱氏饭店后已无大喜，仿佛本来就是如此。小说涉及到当今社会的下岗、炒股、经商等热门现象，然而作者在娓娓的叙说中有意无意地将读者带回到悠悠“历史”。于是一切都稀释化解在对“历史”的话语讲述中，“历史”在小说文本中营构出一种文化氛围，一种人文情调。下岗待业也好，经商炒股也罢，都在这种氛围和情调中失去了可感性，而变得无所谓。唯独那负载着“历史”含义的古老长街、向家府宅、默默流淌的悠悠小河作为有灵性的诗意存在，给这首“城市民谣”增添了韵致和风味。从审美感情上，这些城市小说更能给人以亲切和温馨感。但因为创作源远流长，因此人们见惯不惊。

历史母题在长篇小说中的屡次出现也是90年代文坛比较突出的现象。96、97年以历史为题材的长篇小说也为数不少，二月河的《乾隆皇帝》、霍达的《补天裂》、刘斯奋的《鸡鸣风雨》等长篇小说都曾引起较大反响。另外，叶文玲的《秋瑾》、唐敏的《红瘦》等也是比较优秀的历史小说。小说家们似乎已经习惯借历史发言，在历史的深沉反思中达到对当下的一种参照。霍达的《补天裂》通过京师爱国举人易君恕在戊戌变法失败后亡命香港的坎坷人生经历，正面展现了“香港租界”那一页惨痛历史的前前后后，真实地描绘了1898至1900年风云变幻的动荡社会以及新安县爱国志士联合十万民众奋起抗英保土斗争而惨遭血腥镇压的悲壮义举，谱写了一曲中华民族抵御外强，宁死不屈的慷慨悲歌，读后使人不禁气血翻涌。二月河的《乾隆皇帝》则继承此前的《康熙大帝》、《雍正皇帝》的路数，艺术手法更显老道与成熟，把真实的历史人物和事件与对人物的艺术点化，对情节的合理结构，对故事的精心编织穿插融合，使之浑然一体。二月河极其善于发挥小说的叙事功能，讲究对情节、场面、画面及至细节的精雕细刻，注重对人物神韵的传达。它的历史小说真正达到了赏心悦目的境界，趋合了大众的审美趣味，在与历史人物共呼吸中达到一种想象性的满足，这也是二月河的绝大部分历史小说都搬上荧屏并深受欢迎的原因所在。

“新历史主义小说”在96、97年也出现了长篇小说的尝试，叶兆言《1937年的爱情》和李冯《孔子》即是比较有代表性的例子。这些作品似乎不再对历史保持谦卑，作家轻而易举地进入历史，从容展开想象，“历史”充当的不过是一种缺乏“所指”意义的书写格式，表意工具和策略格式，他们不过是划着“历史”这根火柴去点燃自己的烟卷，即从“现实”逃向“历史”，以精致的故事和大胆的想象去表达一个人生命题或文化哲学思考。叶兆言在写作《1937年的爱情》之前，原想把它写成一部古都南京的1937年的编年史，然而全书结束时却变得面目全非。历史一点点被消解，最终写成了一个感伤的爱情故事，虽然历史的印痕依稀可辨，亦即那时期南京的情状描写。丁问渔、任雨缓、余克润这些卷在感情漩涡中的角色却处在历史漩涡的边缘，“历史”始终处于他们的意识之外，读者绝无可能从中找到历史的关照点。这部小说中的历史叙述与个人叙述的本身在各自的背景下也正执行着消解的职能，前者在消解“正史”的神话，后者则消解着“爱情”的神话。叶兆言对“历史的规律”，“历史的逻辑”这一类的概念压根儿就表示怀疑，于是，在他试图完成一部编年史的过程中，一种艺术的直觉，把它对历史的感应、理解、困惑以某种他始料未及的方式渗透到他的写作中，并且在他的“言情”之际也顽强地体现出来。这也许代表了当代很多小说家对历史的态度。李冯的历史小说坚持着既有现实主义方向又有后现代主义的意味。这些历史故事文本和人物主要依靠对原有故事文本和人物的反悖而生成。反悖是违反现实逻辑和故事文本自身逻辑的叙述手法。由于李冯小说反悖形式的故事结局彻底的出乎人们的阅读预料，他们在探求现实方向时就有一种令人惊异的效果。长篇小说《孔子》事实上是中国古代最为权威的经典文本《论语》的重写，提示了一种对中国古代文化资源的创造性“发现”及对汉语文学的思考与另辟蹊径。《孔子》的被述对象是孔子率众弟子周游列国的段落，在李冯笔下，这场著名的旅行，在中途便失落了其寻找乐士、以实践“仁政”的政治理想的目的，沦落为一次狼狈不堪的流浪，一场遥无归期的流亡。文本始终弥散的是无处不在的痛切感与迷惘，是一份现代人——“先验的无家可归者”的艰难的身份体认，而原初的历史意味在李冯机智、调侃的语言中早已灰飞烟灭。

在军旅小说的创作方面，1996 年邓一光的《我的太阳》是近年来少有的一个突破，与以往军事题材不同的是，《我的太阳》是从“人”的视角去描写和表现战争和人，更侧重于情感和人性的表现，撇开战争本身的详细描写而去刻画战争中的人。《我的太阳》以师长关山林和乌云的爱情婚姻作为全书的描写引线，浓墨重彩地述说了一个职业军人从一个叱咤风云的战神到和平年代英雄本色经受种种悲剧性折磨的全部经历。战争时期的关山林是一个顶天立地的硬汉英雄，然而到了和平时期，他愈来愈感到一种沉重的悲壮，他想拒绝悲剧，然而他的命运始终摆脱不了悲剧的命运。“我的太阳”最终也只能是显出残阳如血般的苍凉，让我们看到了英雄末路时的悲怆与无奈。然而末路仍然不失英雄的本色，所以作品营造出一种醇厚的美学氛围。在这个缺乏英雄、丧失诗意的年代，《我的太阳》是人们心灵上的一次震撼和诗意的净化，所以受到评论界的一致好评。《我的太阳》的出现引起了评论界及读者对军事文学的重视，96、97 年的军旅长篇小说的创作也达到了一个阶段性的高峰。由解放军文艺出版社出版的六部军旅小说《兵谣》、《兵家常事》、《美丽人生》、《等待》、《沙盘》、《西北望》，描写的主要是和平年代的军营故事，作家们似乎都十分看中可读性与思想性的相辅相成，使其作品不仅好看而且耐读。而《遍地葵花》、《风卷旗》、《准备离机》、《无帆的海船》则展示了陆、海、空三军多姿多彩的军队生活及金戈铁马的军旅生活画卷，以新视角、多方位、多侧面提示出世纪之交当代年轻的职业军人丰富的内心追求与人生渴望，刻画他们青春的骚动与困惑，昂扬奋进的姿态和风采。

中国的文学历来都有表现家族主题的传统，这也许根源于中国社会的性质和特点，说到底是一个家族社会。96、97 年的家族小说主要是通过某一家族史的展示表现历史的变迁与人世的沧桑，其中赵德发《缱绻与决绝》，周大新《消失的场景》，刘醒龙《爱到永远》，革非《清水幻象》都是值得一读的作品。被评论界普遍看好的是赵德发的

《缱绻与决绝》。这部小说从20年代沂蒙山区的天牛庙首富宁学祥的长女绣绣在出嫁时遭土匪绑票索要赎金写起，一直写到当今的改革开放年代。小说以宁、封两家三代人求生存、谋发展的艰难历程为线索，以土地的变迁为历史文化背景，写出了由"家族"生发出的乡野男女的爱与愁，从土地引发的山村民众的情与恨，描述了世代农民在社会变革中所经历的种种磨难与欢欣。而家族命运作为民族命运的投影，涉及并辐射到中国社会的婚姻形式、夫妻关系、父权观念、家族势力、血缘意识、祖先崇拜、家族谋仇、政治问题等方方面面。《缱绻与决绝》因为叙事的宏阔与壮大而显得沉实和厚重。蒋韵的长篇小说《栎树的囚徒》则是"家族小说"序列中独特的尝试。它用一种诗情的史诗性的方式解构史诗，而解构的对象则是意念上的玄思，让人在一种恍兮惚兮的情绪中感受到历史的存在。文本的探索性和艺术性是其它写实成分较重的家族小说所不及的。和通常设想的宗族、谱系小说的写作不同，从苏童"我的枫杨树故乡"、王安忆《纪实与虚构》到蒋韵的《栎树的囚徒》，其书写方式与其说是追溯、记述，不如说更像是一种虚构、一次钩玄，某种试图在变形的记忆、流言、传说、历史的断篇残简中缝合、连缀起关于家族、血缘的记忆与神话的绝望努力。在《栎树的囚徒》中，家族、血缘是一种悲剧式的宿命，是恩怨情仇的舞台与女人的囚牢；她同时是被血肉迷糊的撕裂开来的母体，是孤独飘零的个人在人世间唯一的确认；是来处与归所、是根和源。如果它曾是个人的囚牢，那么它同样是庇护的天顶，尤其是在历史的暴力曾改写并抹平一切之后，尤其是在孤独无助的个人独自面对着现代世界斑斓而扁平的风景之时。因此这个散失的家族记忆与神话的搜寻者天菊，只能认可了历史和命运的宣判，为自己选择了"天边和流放"。和类似的作品不同，蒋韵的小说是一个浮现在女性视野中的家族故事，而且是一个陡兴骤落的家族中的女人的故事。尽管这些女人是如此的眩目和迥异，但她们同样无法左右和书写属于自己的历史。他们更像是男性历史中的插曲和纹饰。一个没有"历史"的女性的历史故事，或许便是《栎树的囚徒》的另一处张力所在。另外，蒋韵的语言华美而凝重，富有空灵、疏朗、含蓄、纤丽的韵致，有着某种几经漂洗后的纯净，在一贯的巴洛克式的语言中又融入了中国古典小说叙述语言的审美质地，成为蒋韵这部小说的恰当的物质承载体。

大众化的通俗长篇小说在96、97年的出版数量是相当可观的，甚至占整个长篇小说创作数量四成以上。然而，能给人留下深刻影响的却少之又少，大都成为速成的快食面，吃完便扔，所以更谈不上精品的诞生。分析通俗小说的主要缺点，大致表现在以下几个方面：制作观念强而创作观念差，写作的时尚性目的强而创作的永恒性价值差，功利化谋求强而审美化追求差，读本意识强而文本意识差，悦目性强而赏心性差等等。不过，在众多泡沫般消失的通俗长篇小说之中，还是有若干亮色让我们看到了大众通俗小说发展以至成熟的一丝希望。其中"布老虎"便是一个不错的品牌，'96、'97两年"布老虎"丛书又推出了芳青的《东方迪姆虎》、《猎鲨2号》，张抗抗的《情爱画廊》等，特别是张抗抗的《情爱画廊》引起了广泛的注意。田雁宁和谭力创作的一系列通俗长篇也成为普通市民的阅读热点，例如田雁宁的《情真如切》、《情空灿烂》、《女人是水做的》、《公馆私情》，谭力的《情断枫桥》等。张抗抗的《情爱画廊》是其创作中一次比较大的转向。在这之前，她一直进行的都是纯文学的创作，并且进行了各方面的尝试，艺术手法也日渐成熟。《情爱画廊》则明显地融入了很多商业性的因素，基本具备了畅销书的条件，人物无一不为爱情发烧发疯，个个都以不达目的不罢休的方式为爱情奋斗，从而演绎出一幕幕惊心动魄而又不失艺术真实的传奇。《情爱画廊》的努力显然是可贵的，虽然书中不乏败笔以及结构本身的不严谨。而曾以“雪米莉”为笔名创作了风行一时的以描写黑社会为主的畅销书的作家田雁宁近年又转换了创作招式，源源不断地推出俗雅兼顾的言情小说。田的小说大多具有通俗小说的底色和模式化的构思立意，几乎都是一个现代言情故事安置在某个名门望族中展开叙述。但倘若将其小说做个案分析，仍可发现许多可圈可点之处，比如作品中的人物的刻画具有一定的深度感而非平面化的处理，对情爱的描写也摒弃通俗小说谋求奇趣异态追求雅趣境界。而令人感觉最深的是，田氏的言情小说往往会在故事的关节点和转折处营造出浓郁的富于古典情韵的氛围，使人刮目相看。因此，从文学创作的生态平衡学的意义上来观察，通俗小说只要尊重艺术与市场双重调节的规律法则，在向高雅文学的借鉴中寻求自己的最佳表现方式，使它走向良性发展与高雅文学平分秋色，共同丰富人们的精神生活，也不是没有可能的。

当我们对96、97年长篇小说有一个大致的印象后，用繁荣、丰富这样的字眼去形容，我想是不为过的，虽然数量上的巨大突破并不能真正说明长篇小说的成熟，但其中有相当部分的优秀之作也是不容置疑的事实。

然而，在我们保持谨慎的乐观的同时，仍然有许多的问题需要正视和予以解决。从长篇小说的创作本身来说，其中最大的问题是平庸之作泛滥成灾，扛鼎之作少之又少。即便96、97年的长篇小说创作虽然较之以前有了空前的数量上的繁荣并在艺术层面达到了一个新的高度，然而距离具有永久流传价值这个目标还有相当长的一段路程，这不仅是人民群众精神生活的需要，同时也是时代、民族的需要。让我们拭目以待。

中篇小说创作概述

牛玉秋

1996年创作情况

1996年的中篇小说是90年代小说流向的延续和发展，可喜的是，它不仅继承了其健康向上的因素，而且对以往小说流向中的不良因素进行了有意识的反拨，从而显示出现实主义加强和文化品格深化的两大流向。

现实主义的加强

1996年文坛引人注意的一道风景，是一些作家关注为改革作出牺牲并承担着艰难的底层人民的生存状态的作品引起轰动。其中具有代表性的作家有何申、谈歌、关仁山。谈歌的《大厂》[1]触及了国有企业在改革中的艰难处境。这个厂的困难也很简单，就是缺钱。投产新项目没钱，治病没钱，救命没钱，连工资也快发不出来了。由于机制、政策上存在的问题，想干事的人处处被掣肘，干坏事的却畅行无阻。关仁山的《九月还乡》[2]则把目光投向改革后的农村，即如实地反映了当今农村青年摆脱贫穷的迫切愿望，同时不无忧虑地写出了他们素质上的欠缺在他们致富路上造成的曲折、带来的失误。如果对这批作品的艺术性不做过分挑剔的话，可以说它们的出现对纠正小说创作中脱离现实的倾向、个人化倾向、非道德主义倾向具有极深远的意义。

在近几年关于人文主义精神的讨论的基础上，小说创作的现实主义冲击波进一步唤醒了作家的良知。正如一位评论家所言：“世界变化得很快，但是对于文学来说，有些主题却是难以根本改变的，那就是对现实社会的关怀，对底层人民命运的关怀，对正义和良知的呼喊，对丑恶与腐败的切齿痛恨。”毫不夸张地说，正是在这样一种文学创作氛围的影响下，一些作家因其深厚的文学功力和认识水平写出了具有相当深度的作品。他们在描写现实社会中人的生存状态与精神追求时，把那种几近形而上的理性追问化为一种形而下的具像描写，从而散发出强烈的人文精神，使传统的现实主义在深度上得到了加强。李佩甫的《学习微笑》[3]讲述了一个普通女工在改革中的艰难处境。资不抵债的食品厂图谋与港商合资，为接待港商，女工刘小水等被选中学习礼仪。学习微笑的过程逐步展现了其困窘的家境与礼仪要求之间的强烈反差，小水及其父母、公公等普通工人自尊、自强、自立的品质也益发令人起敬。刘醒龙的《挑担茶叶上北京》[4]体现了作家对农民的贴心关怀。一把冬茶一把雪。然而为了拉关系巴结上级领导，县、镇领导却严令要求各村采集冬茶。谢志斌的《扶贫》[5]通过中央机关单位派人到贫困地区定点挂靠，以外来人的眼光，发现了扶贫中的问题：用乡村的贫穷争取来的救济款成了发展县、乡畸形繁荣的资金；三个扶贫人员虽有为人民服务的满腔热情，却无法触动盘根错节的关系网及其根深蒂固的运行规律。张继的《黄坡秋景》[6]中的黄坡镇党委书记黄大发的经历同样发人深思。他谋求一己私利时唯领导之命是听，个人愿望破灭时却能一心为群众办事；真抓实干换来的是电视曝光，胡吹瞎侃却引来了现场会。基层干部的品性、作为与其社会评价之间的悖论关系，揭示了体制中存在的某些痼疾。

观察表现现实生活的可能性空前丰富，使现实主义在广度上也有了进一步的加强。这一点在都市小说中表现得最为明显。都市集中了多种多样差异极大的生存空间、生活环境和生存方式，而作家们关注的目光几乎遍及社会生活的每一个角落。小说的表现领域由此得到了极大的拓展。柳建伟的《都市里的生产队》[7]在被包围在都市中间的五亩多耕地上，展示了一种极为独特的生存方式，塑造了张东升这个极为独特的人物形象。他当过警察，坐过冤狱，又凭借都市里的生产队的队长的身份当上了市政协委员。然而，身份的改变并不能同时改变他的农民意识，他最后终因报复私仇、私设公堂而二次入狱。孙春平的《放飞的希望》[8]从办校经费短缺，校方用校庆聚集昔日学生以图收敛资金的线索入手，把职业不同、身价相异、穷达不等的数千毕业生联系在一起，也把社会转型期关于思想的、道德的以及价值观、人生观等方面的复杂冲突，聚焦到生活的前台来。一边是开怀畅饮，一边是卖唱助兴。小说把那些平民身份的校友与显赫的“贵族”校友之间的隔膜揭示得惊心动魄。

文化品格的深化

小说的文化品格的深化主要表现在三个方面。其一是文化反思，即对曾经以社会政治观点审视过的生活，重新以文化的观点再审视一遍。陈世旭的《镇长之死》[9]可作为代表。当陈世旭以社会政治观点审视生活时，镇长只是其成名作《小镇上的将军》中的一个凭借政治风浪为虎作伥的“小爬虫”；而当他以文化观点审视生活时，这一人物的全部复杂性就展现在人们的文学视野之中了。除了他的可卑、可恨与可笑，他也还存在着善良和智慧。

文化视角的切入是小说文化品格深化的又一表现。作家对过去习惯以社会历史观点思考的生活改为用文化观点来思考。如邓一光的《大妈》[10]写一位老红军妻子一生的命运。她结婚三天丈夫出征，此后她独力支撑家庭，在反革命的血雨腥风中照顾、保护公婆。支撑她的精神的主要是传统文化的浸润。作家在这方面进行了深入的挖掘，从而表现出中国女性命运中丰富的社会历史和文化内涵及其深邃的悲剧意义。尤凤伟的《生存》[11]也有异曲同工之妙。这个抗战时期的传奇故事，把两个俘虏的生死命运放到十分极端的物质条件下和极其深厚的文化心理背景中加以表现。一个鬼子、一个汉奸，被寄存在右沟村。村中缺粮，老人孩子相继饿死。此时却要拿出粮食保证俘虏活命。当可以处决他们时，却又因文化心理禁忌无人肯承担执行枪手的任务。传奇故事背后处处是对人性、生命、良知等一系列新命题的形而上思考，文化意蕴厚实自然。阙迪伟的《第一案》[12]写的是一场民事纠纷。代课教师为保自己的教职与校长纠缠不清，直至举刀恫吓，因而受到处罚。由此引发状告乡政府并胜诉的一案。小说并不从社会政治角度去判断谁是谁非，而是用主要笔墨渲染参与纠纷的各种人的行为逻辑和心理依据，从而揭示出在缺乏法制观念的文化土壤上，法律的实施也常常会引出闹剧。

小说中的文化关怀是对人生、人情、人性的关怀，是一种精神的关怀、文化的关怀，也是小说创作的文化品格深化的又一表现。李贯通的《天缺一角》[13]从保护文物看各种人的心态，描述的是一尊汉画像石在“金钱至上”的观念的侵袭下沉浮不定的命运，追问的却是心缺一角如何补缀的问题。刘恒的《天知地知》[14]叙述了一个具有顽强生命力的农民传奇性的一生。李来昆从一出生就屡遭磨难，然而他却凭着自己的天分和毅力为改变自己的命运顽强的抗争了一生。与刘恒以往作品不同的是，他对人物的关注并未止于物质和本能的需求上，而是直指人物的精神需求。同样，毕淑敏的《源头朗》[15]叙述的也不仅仅是希望工程中一个贫困的山区男孩得到了一个城市女孩和她的家庭赞助的动人故事，而是进一步思考了这对他今后的精神生活和心理成长会产生什么样的影响。迟子建的一系列作品都表现了对人生状态的关怀，其中《日落碗窑》[16]表现贫穷生活中的温情很见功力。脾气执拗的孩子关小明一心要他的大狗冰溜儿学会杂技，孤独的爷爷坚信自己能为孙子烧出一窑金灿灿的泥碗，爱看小人书的父亲和虽有腿疾、但心地善良的母亲，照顾着失意穷苦的乡村教师及其弱智的妻子。生活中虽有许多残缺和不尽人意，却又洋溢着无处不在的温情。

1997年创作情况

一般说来，任何冲击所引起的轰动之后都会有一个相对平静、沉闷的时期随之而来。现实主义冲击波之后的1997年中篇小说创作就处于这样一个时期。对于小说创作来说，冲击产生激情，平静则促进思考。激情充盈之时，注意力往往投向社会热点问题；平静思考之际，关注点则常常转向生命价值的探求。因此，生活态度与人生境界之间的复杂关系，就成为1997年中篇小说关注的焦点。

人生境界的多样化历来是文学关注的对象。诸如多种多样的人生境界的现象本身，不同人生境界形成的根源，不同人生境界之间的冲突等等，都是文学、特别是小说感兴趣的话题。如果说文化规定着同一文化范畴内的人群大致相同的价值取向的话，那么，同一文化范畴内，不同的人生境界首先是生存物质条件不同的产物，而在相同或相近的物质条件下，不同的生活态度决定了人对生存方式、生活目标、生命价值的选择，从而也造成了人生境界多彩多姿的奇妙景观。

当我们横向观察人生境界时，它们彼此间的巨大差异不能不令人惊叹。

有的人放弃了一己私利，把为社会、民族甚至全人类的生存和发展作为自己的生活目标，他的人生境界自然而然地便具有了高尚、圣洁的光彩。阎连科的《年月日》[17]中，一个耄耋老人，带着一条瞎狗，在岁月被烤成灰烬、日子被烧成火炭的千古干旱之年，历尽艰险磨难护卫一株玉蜀黍，就是死也要葬在玉蜀黍旁边，为其增添最后的肥料，让玉蜀黍活下去，给人们留下生活和生存的种子。其情其景不能不令人由感动而生敬仰。与这个古老的、寓言式的故事相对照，李国文在《垃圾的故事》[18]里为我们讲述了一个充满现实感的现代故事。丁丁这个智商很高、能力很强、在当前社会生活中能够左右逢源的青年人，为了研究、解决垃圾这一当代社会公害问题，放弃了待遇优厚的工作和素质优秀的女友。他那并非迂腐的执著，同样让人佩服。与以上两篇小说在社会物质生活领域展开人生境界不同，麦加的《陈华南笔记本》[19]纯粹在精神领域展示了一种奇特的人生境界。破译事业是一位天才努力揣摩另一位天才的“心”的事业，而破译天才陈华南在孤独与勤奋中所创造的辉煌，陈华南笔记本所显示的精神世界的深邃与神秘，足以引发人深深的敬畏，以至主人公悲剧性的命运都显得无足轻重了。

不过，我们不能要求（实际上也不可能）所有的人都满足于为了他人的幸福或某种精神目标永远地、彻底地放弃个人的利益和世俗的享受。正如池莉在《霍乱之乱》[20]结尾处通过“我”所说：“我实在是没有勇气为了消灭什么而遭遇什么，为了不可知的结果而长久地等待，为了保存内心而放弃外壳。”当人们积极努力地为实现某种生活目标而奋斗时，即使他的目标是十分物质化或个人化的，但是由于他和社会生活的客观关系，他的奋斗也常常能够不仅为他自己，同时也为社会带来生气和益处。池莉的《来来往往》[21]中的康伟业先后同四个不同类型的女人交往的过程；张欣的《你没有理由不疯》[22]中的谷兰在疯狂的物质诱惑面前由散淡而投入，最后回归到为良知而战的过程，都把不同人生境界的斑斓色彩展示得淋漓尽致。而刘恒的《贫嘴张大民的幸福生活》[23]则以喜剧手法表现张大民在极端困窘的条件下，为解决自己的住房问题所做的种种努力。他积极乐观的生活态度，的确在贫瘠的物质条件下，创造出了属于他自己的人生境界。

然而，积极进取的生活态度如果不能与社会需求相适应，也会造成对自己和他人的伤害。梁晓声在《又是中秋》[24]中把基本一致的生活态度在不同的社会历史条件下所形成的不同人生境界对比得十分鲜明。无论是在极左路线横行的过去，还是市场经济繁荣的今天，老隋都不能甘于平庸，甚至不能甘于平凡。然而，昔日他可以培养并保护一批文学新人，如今却连给同自己分享艰难的女友提供一个安身之所也做不到，最后竟沦落到施行诈骗，触犯刑律，身陷囹圄。他的命运轨迹启发人们认识到，在外界社会条件不断变化的情况下，人也必须不断地调整自己的生活态度，以适应变化了的情况。

当然，在更多情况下，完全为一己私利的积极进取常会造成生存环境的污染。在叶广芩的《雨也潇潇》[25]中，这种污染表现在金舜琪这个人物身上。在物质的诱惑面前，他清醒而又自觉地抛弃了传统文化的清高与崇高，不择手段为钱而谋，结果他在获得物质财富的同时，还尝到了“吃自己心”的巨痛。在祁智的《亮相》[26]中，这种污染表现在县级党政机关中层干部一层人身上。这一层人为了讨好新来的县委书记，绞尽脑汁、勾心斗角，欲借县委书记亮相的机会来表现自己、突出自己。得逞者兴高采烈，失算者惶恐不安。在徐坤的《谁给你传球》[27]中这种污染表现在一个球队身上。在这个球队里，比赛输赢才是目的，体育道德、体育精神置之不顾，能力和技术都围绕一个“钱”字发挥，把一个只懂踢球的外援修理得手足无措。上述种种现象说明，人生境界说到底还是一个精神领域的问题。如果在生活追求中，完全彻底地排除了精神的地位，把金钱和物质捧到至高无上的地位，人生境界就会变得污浊不堪，充满矛盾和痛苦。

有时候，消极退让的生活态度所营造的人生境界也会产生某种魅力。在唐颖的《随波逐流》[28]中秦公子的身上就表现出了这种魅力。在社会生活高度政治化的条件下，以他的家庭出身，能求得平安已属万幸，所以他只能以消极被动的态度去面对生活，终其一生也没有争取过什么、创造过什么。然而，他对女人的体味和欣赏，他个人生活的考究，包括衣着、举止、饮食和情调，却以其风雅、悠闲、暧昧的气息，吸引着好学上进的邻居少女阿兔。而阿兔由于社会潮流的影响，在理智上反感他的同时，却不能不在下意识中被他吸引。在抗拒与吸引的推拉过程中，小说细腻地通过成长中的少女矛盾而微妙的心理表现了那种精致的人生境界的特殊魅力。不仅如此，在有些情况下，消极被动的生活态度甚至会表现为一种力量，战胜积极进取的生活态度，就像俗话所说的"柔能克刚"。阿宁的《坚硬的柔软》[29]叙述的就是这样的一个故事。许宾在事业上没有建树，在家庭夫妻感情生活中经受着妻子的冷漠。这样的境遇很容易令人灰心丧气。然而许宾却在这种尴尬的状态中，不仅战胜了业务尖子孙瑞群的竞争，当上了系副主任，而且战胜了大款情敌的竞争，赢得了妻子由衷的喜爱和敬佩。他所凭借的就是竹子的柔软哲学，也就是"主动地减少或放弃与外界的对抗"。营造这种人生境界确实需要人生智慧和人生艺术，当然也需要能够忍受屈辱。如果仔细区分一下，上述两种人生境界虽然外部表现形式相近，但其本质却迥然有异。秦公子的人生境界之所以对阿兔具有吸引力，就在于这种人生境界虽然不适应外部的社会环境，但却符合某些内在的人性需求；而许宾所奉行的人生哲学尽管有很多压抑人性的因素，但由于他是以适应外部环境为前提的，所以他获得了成功。

作家们在小说中对各种各样的人生境界的描绘，不仅展示了人生境界无穷无尽的多样性，更揭示了在物质条件确定以后，人生境界主要是人自己的精神选择的结果。至于人为什么生存在此种而不是彼种人生境界之中，则是由其生活态度所制约的，充满了必然性和偶然性纵横交错的奥妙无穷的精神现象。上述小说所展示的只是其中极少的一部分。

当我们纵向观察人生境界时，便会发现人生境界也是一个发展变化的过程。

叶弥的《成长如蜕》[30]、鬼子的《被雨淋湿的河》[31]和傅太平的《端阳时节》[32]讲述的都是有关成长的故事。叶弥笔下的弟弟从一个把商界看做丑恶、看做与美好概念相对立的人，最后变成了一个在商界努力耕耘的人。他经历了从"让天下的人都幸福"的人生境界到勇敢地去把不得不做的事做得很好的人生境界的变化，这其间充满了有如蜕皮一样的痛苦。弟弟之所以能够在无奈中接受了他所否定的人生境界，是因为父亲毕竟以成功证明了他的人生境界的现实性。而鬼子笔下的陈晓雷则没有这种幸运。他父亲陈村苦涩黯淡的现实状况使得他在否定了父亲的人生境界之后无法开始新的否定之否定的过程。他只能进行另外的选择。而在他创建自己的人生境界的过程中，父亲的价值准则却不能像蜕皮一样从他身上脱落。这就使得他的痛苦比弟弟更为深刻。在物质和精神的双重压力下，断裂的悲剧是不可避免的，无论悲剧以何种形式出现。与晓雷命运的沉重相比，傅太平笔下的小红要轻松得多。他所着力渲染的是一个年轻的农村女子对自己并不熟悉的一种人生境界的好奇和向往。那县城里赛龙舟的场面，看台上大鼻子蓝眼睛的投资者，街头墙壁上贴着的招工告示，彩云身上穿的牛仔裤，小伙子们骑着疯跑的摩托车，都在向小红透露着那种人生境界的诱人信息。而那个世界里的沉重与折磨，暂时还没有进入小红的视野。这就使得这篇小说温馨有余，而略欠深度。

这样看来，人成长的过程其实就是不断地由一种人生境界向另一种人生境界的转移。人就在这不断的转移的过程中逐渐成熟起来。王蒙的《春堤六桥》[33]就把人成长过程中不同阶段的不同境界巧妙地概括到了一部小说之中。六桥六景：春水、揽月、听荷、错玉、知鱼与望梅，又何尝不是六种人生境界的诗意写照。作家自己在关于“王蒙老矣”的解释中这样说：“什么是老呢？是心地的渐转平和，却也是许多遗憾和不平衡；是许多沧桑却也是依然未悔的鲁莽和天真；是许多对于记忆的咀嚼、回味、光明的反照与对于当下现实的津津得趣却又自知‘怅望春风今又是，换了人间’的隔膜，是许多的珍重、强烈的汲取却也是渐渐拉开距离的静观与或多或少的逃避；是宽容却又是耿耿于怀的执著；是抚摸往事的温馨却又是一种成熟的小心与谨慎，是生的经验与滋味却也无法回避的大限与永恒的阴影”，如此丰富复杂的人生滋味都被包容在两个老人短短的游历之中。这确实是一篇老了以后才能写得出来和品味得了的小说。

人生境界的纵向展示使得这物质与精神、必然与偶然的互相纠缠更为明显。读这一类的小说将使我们对人生价值、人生目标、人生滋味的思索更加隽永深长。

---

〔1〕《人民文学》1996年第1期。
〔2〕《十月》1996年第3期。
〔3〕《青年文学》1996年第6期。
〔4〕《青年文学》1996年第3期。
〔5〕《清明》1996年第1期。
〔6〕《时代文学》1996年第1期。
〔7〕《当代》1996年第1期。
〔8〕《上海文学》1996年第5期。
〔9〕《人民文学》1996年第2期。
〔10〕《人民文学》1996年第11期。
〔11〕《当代》1996年第1期。
〔12〕《黄河》1996年第6期。
〔13〕《大家》1996年第1期。
〔14〕《北京文学》1996年第9期。
〔15〕《小说界》1996年第3期。
〔16〕《中国作家》1996年第4期。
〔17〕《收获》1997年第1期。
〔18〕《上海文学》1997年第7期。
〔19〕《青年文学》1997年第9期。
〔20〕《大家》1997年第6期。
〔21〕《十月》1997年第4期。
〔22〕《上海文学》1997年第6期。
〔23〕《北京文学》1997年第10期。
〔24〕《十月》1997年第1期。
〔25〕《湖南文学》1997年第10期。
〔26〕《青年文学》1997年第1期。
〔27〕《北京文学》1997年第4期。
〔28〕《收获》1997年第2期。
〔29〕《十月》1997年第1期。
〔30〕《钟山》1997年第4期。
〔31〕《人民文学》1997年第5期。
〔32〕《百花洲》1997年第2期。
〔33〕《小说界》1997年第5期。

短篇小说创作要览

胡　平

1996年创作情况

小说如人，也有它的性格和情绪。短篇小说在小说家族中性情最为敏感、多变，它往往是作者现实感受的迅速表达者，也就能够较及时地体现社会文化心理的变迁。

短篇小说的景观常常是一年一个样。

进入90年代后，短篇小说的变化加快了，1992年应该被看做是一个关节点。这一年，社会主义市场经济体制的提出和商品经济的发展，震动了中国的经济和文化领域，对文艺原有的生存状态、组织方式以及供需格局形成了很大的冲击波。作为反应，小说中的情节和情境因素得到加强，这是伴随竞争加剧、生活戏剧化、社会矛盾及人物关系的复杂化而来的变化，毕淑敏的《女人之约》、薛冰的《花落谁家》、孙颙的《摊牌》等是典型的作品。1993年，社会题材创作内容继续深化，陈世旭的《北京面的1818》、王矩的《你死我活》、陶然的《10000元》等揭示了在市场竞争的规则尚未完善、“厚黑”之风兴起的一部分社会现状。到1994年，文学体制自身的“生活”已受到压力，于是，“文学革新”的号角吹响，以短篇创作为基地，“新体验”、“新感觉”、“新状态”、“文化关怀”等旗号纷纷树起，创作方法上也转向彻底的写实。数年里表现知识分子和文化“边缘化”、力求“精神持守”的作品不绝如缕，刘心武的《画墨与我》、刘震云的《冰凉的包子》、刘嘉陵的《焚书》、残雪《夹公文包的人》、徐坤的《鸟粪》等一脉相承。到1995年，都市小说兴盛，更年轻的一代作者登场，开始对市场经济中的弄潮儿正面铺写，展现了新的生活局面，同时也意味着作家群对现实的合理性的认可。

这样看下来，1996年的“现实主义冲击波”已有了新的特点。在短篇小说领域，回归的现实主义主要不再是社会的现实主义，而是人生的现实主义；主要不再是批判的现实主义，而是认同的现实主义；主要不再是激烈的现实主义，而是温和的、宽容的现实主义。

1996年，国内社会形势较为稳定，社会矛盾有所缓解，市场经济体制基本形成，对于小说的情绪显然不无影响。

更重要的是，进入90年代以来，一种保守的、改良的、渐进的社会文化思潮已逐渐占据上风，人们不再以历史形成的理想主义和过激主义态度看待现实，只是把现实视为历史必然进程的一部分，于是，在文学的市场上，社会性的矛盾消解为人生的矛盾，小说的焦点也由现实关系转归人的本体。

表现“人间情怀”或人生哲理

何申的《乡间往事六题》[1]为佼佼者，六题分别为“喝粥”、“勒狗”、“吃羊”、“杀鸡”、“斗猫”、“打拼”，叙述知青下乡年代一组生活画面，颇具情趣。那时的农民固穷，穷的活法既窘迫又技巧。小说中描绘队上的人分粥时勺子下沉漂起的动作，集体吃羊时群情振奋的场面，知青与狗、与鸡、与猫为生存展开的一次次格斗和周旋，生动地再现了人处在那般境况下生长的各种生活能力，实则人也像动物一样在四处觅食。事过境迁，作者写这些往事已没有多少批判极左路线的意思，主要写人在环境中的生存，因而可能获得长久的魅力。

史铁生回顾病退回城后在街道生产组的一段经历时也有相似的旨趣。小说题目叫《老屋小记》[2]，老屋就是生产组所在地。作品中最鲜明的人物有两个，一个是青年D，善于学唱当时放映的几部外国影片的插曲，引用其中的台词，以独特的方式排遣与生命俱来的压抑。另一个是中年妇女U，外表一副劳动人民打扮，偶尔问起却会外语，记得很熟练。去过她家的人惊讶于她家里的旗袍、字画和瓷器。D和U等人出身、年龄、经历不同，却都被送到不该呆的地方。时过境迁，作者同样无意于批判历史，而是通过人物的行为验证人的生命底蕴。史铁生已45岁，对23岁时的经历投去的眼光更复杂和富于哲理色彩。他说，对年龄可以用乘法，你走过的每一年都存在于你此后所有的日子里，在那儿不断地被重新发现、重新理解，不断地改变模样，比如23岁，你对它有多少次新的发现和理解你就有多少个23岁。这番话对创意作了最好的诠释。

两篇小说都近似随笔，事先没有特别的构思，只是随感所至，信笔写来，是真正的写实。

林斤澜先生的《门》[3]颇有意境，全篇分“命门”、“敲门”、“幽门”、“锁门”四部分，都与神秘的“门”有关，门在此处暗指某种人生的奥秘，所以仍是哲理小说，主人公设定为一位“退休诗人”，由他去体会各种生命的关节，进退取舍，耐人寻味，作品字里行间潜藏着幽默和调侃，仿佛能听见作者躲在背后嘿嘿地笑，读过令人叫绝。这种小说多少有些玄机，但与冒充“现代派”和“后现代”的某些故弄玄虚之作不同，前者有真意，后者只是矫情。

与林斤澜相呼应，汪曾祺近年来专门致力于描写人间性态的短篇创作，1996 年又有《小孃孃》[4]发表。小说写大户谢家少爷谢普天与姑姑谢淑媛的恋情，谢淑媛小他 3 岁，是嫡亲，但两人从小相处，不禁冒犯天伦，汪曾祺的文学总像陈年老酒一样散发醇香，且味道纯正，部分原因也是由于他专注于人的情感，而不搀杂其它社会性的情绪，这种方式正被越来越多的创作仿效。

刘庆邦的《心事》[5]、毕飞宇的《哺乳期的女人》[6]、李宁武的《车伙》[7]、王洪江的《吉祥》[8]等也可视为同类创作。

宽容的、温和的现实主义创作

在重新审视生活的基础上，对世事和各色人等有了一些新的认识，这就形成了重写旧人物的潮流。

陈世旭的《镇长之死》[9]为这方面的代表作之一。小说中的镇长曾是《小镇上的将军》中恶势力的代表，但在新作中，作者开始为他说话，认为：倘若不是因为镇长当时的处境，小说作者肯定不会把反面人物安排成“镇长”，就是说，作者认为当时镇长扮演了一个不光彩的角色，而社会角色不等于人物，作为人物的镇长存在更复杂的性格特征。于是，在《镇长之死》中，作者着力挖掘了他在文革中暗中保护女知青等一些鲜为人知的善行，从而揭示了人与环境之间互相制约的对应关系，恢复了人的本来概念。这篇小说既是为镇长做些翻案工作，又表明了作者创作态度的变化。

小说中，“无商不奸，无官不贪”常是惯用的公式，如今商和官的形象也开始各个赋予区别，商的形象在都市小说中有的极富有情味，而官的形象也逐渐变得切实，有了不同的秉性。魏润身的《风骨》[10]中，刻画了一个三星上将的心理世界：此人住胡同里的小红门，门旁有车库，坐三排座黑奔驰。平素勤务兵伺候，有一天，忽然退休，独自从红门里走出来，到居委会要求工作。此后组织街道上的人开展各种活动，获得一致好评，临终时，他拒绝了所有的荣誉，坦言说自己无非是指挥惯了，想继续指挥，如此而已。他的直率反而赢得人们的敬意。

谈歌的《城市票友》[11]的主人公是一位市委副书记，过去好唱京剧。一天因车抛锚，走进公园，在票友们自拉自唱的地方过了会儿瘾，从此下班不坐车而成为公园里的常客。此举惊动了市里和家庭，导致公园的票友被驱散，京剧团的琴师被请到家里来为他伴奏，鼓掌叫好的是妻子和司机。他自觉无趣，把献媚者都赶走，保持了无奈的孤寂。

两篇作品都把官作为现实人来剖析，而不仅仅把他们视为社会学的对象，也体现了新现实主义的态度。

力求在冲突中展现人的精神状态

1996 年里社会小说数量减少，一方面是社会相对稳定的反映，另一方面大概也是作者们觉得这种小说写多了没意思所致。新的揭示社会矛盾的作品大都不局限于社会问题本身。

尤凤伟的《幸存者》[12]故事发生在一处山区，山里鸡吃虫子，肉质好，炭火炖出鸡来更香，常惹得上面人为吃这一口下来视察工作。于是村长要求各户轮流摊鸡，村民无话可说，但有一天出了个古老汉，不舍得把他叫做“拾米”的鸡送出去，拒绝了村长，还说要给拾米养老送终，就此展开一场旷日持久的抗争。实际上村长对他并无动作，他自己则做好应付各种不测的精神准备，直到将拾米托孤。小说的重点不在设置双方你来我往的交锋，而是着力考验那个敢于说“不”的古老汉的承受能力，定位准且深刻。

陈应松的《乌鸦》[13]写村里叫罗志七的富裕户，这些年来他常把自己和解放初被镇压的地主肖老六暗中相比。他承包果园发了财，精神上却一刻不得安宁，想尽办法笼络乡亲们，出钱请大家看戏，扶老携幼请人入座，临了还是被人在电线上做手脚出了事故。他认为“穷的穷、富的富，总有一天要出事”，其想法折射出某种社会气氛。

关仁山的《民间新戏》[14]写镇上文化站辛辛苦苦筹措资金排练新戏，结果被镇长利用来为家里办丧事唱堂会，反映部分地区精神文明建设为财势、权势所左右的状况。聂鑫森的《工友二题》[16]反映了工人中的一部分在现实压力下陷入的生存危机。其中宋劳模偷偷拾破烂，不愿给工人阶级抹黑，反又被农民雇去打短工，其命运引人同情。林深的《老本》[17]写北海舰队某司令员的警卫员退伍后立刻被任用为副经理，不知不觉间牵连到司令员本人都被商家利用来套取物资，揭示了商品大潮中无孔不入的利益关系。王莞的《姜片》[17]通过初涉商海的女孩子的经历探索了女人在商业活动中的位置，石钟山的《守夜人》[18]通过下岗的一个工人和他的领导被老板雇佣后的不同表现，剖析了不同人格在社会变动中的适应性。这些作品更多地揭示了错综复杂的现实关系，具有一定的社会认识价值。

总的看来，1996年的短篇创作透示出小说家们新的现实主义写作态度，他们笔下的人物大都为现实的生存者，虽然显得少了些理想的光辉，只是从作者到人物都承认现实，承认个人和历史的局限，更善于从人生的恒久的矛盾冲突上看待眼前的世界，因而也就更容易唤起普遍的共鸣。

1997年创作情况

1997年的短篇小说创作，总体上仍然是进步的，不像有些论家认为的那样悲观。一年里，短篇创作上流行的风尚是丰富、细腻、含蓄、精巧，在表现人的主观情感方面尤为着力。

相对于前些年短篇小说重在反映外部现实的变化，这一年的短篇作品中许多是以反映人的情感现实的变化取胜，从中折射外部世界的发展，短篇小说家致力于发掘和体验骚动不安的内心中某种独特的、未曾被人觉察过的，甚至是十分微妙的感情或感触。加以比较细腻的刻画，展示其复杂的、丰富的，甚至是朦胧的内涵，尽量赋予精致的形式，从而在一个短篇的容积里实现一个集中而完整的主题。应该说这一方式有利于发挥短篇小说的优势。

情感的现实

1997年里短篇创作中收获最大的当数徐坤。她1995年的《遭遇爱情》和1996年的《狗日的足球》都令人印象深刻，前者深刻的是情节，后者深刻的是思想。1997年她的《厨房》[19]和《小青是一条鱼》[20]则深刻到情感，且深刻得细腻，所以更文学化，文学价值更纯粹。

厨房是一个女人的出发点和停泊地，对于一个女强人来说也是如此。《厨房》的故事发生在一个女强人想真正做一个女人，回到厨房里为她的情人过生日的那一天。这一天里，我们看到男女双方都在意志上承受着巨大的压力，发生在他们之间的是一场惊心动魄的战争。男方是女方豢养的艺术家，他必须向她示爱；女方必须表现出是在接受这种爱，而不是强迫得到它。叙述视角主要在女强人一边，她渴望变换角色极表温柔、缠绵之态和一次次预感幸福来临的心理被描写得淋漓尽致。然而还是失败了。当男人终于起身，当他最后一次怜悯地给她以温存时，读者能想见她因绝望而黑暗的心境。作者似乎想告诉人们：即使是女强人，在男权社会中也不能避免被支配的地位，但读者也可以从另一方面理解：离开了女性的女强人或许不算是强人。小说结束时，枝子恍恍惚惚地打扫卫生，提着垃圾袋出房门，跟着松泽上车、下车、道别，后来发现垃圾袋还提在手中，则是很精妙的一笔。

《小青是一条鱼》出色地描绘了当下二十岁左右的一帮白领小秘的生活观念和生活方式，她们及时行乐、尽情发泄，在迪厅里疯狂摆动，高喊“美金！美金！美金！”“日元！日元！日元！”“FUCK YOU!”“FUCK YOU!”其做派令“刚过三十岁就奔六十岁”、过了四十就奔七十的人们瞠目结舌。作品的情绪分两段，以迪厅为界，前一段表达了人们对青年一代不理解的情绪，后一段则表达了人们情绪上的缓解、体谅和认同。读过作品，使人产生一种“徐坤老了”和一种“徐坤还算年轻”的感慨。

关于青年人，张欣的《非常夏天》[21]有另一种写照。张欣绝不能算“过四十就奔七十”的人，住在广州那个地方，她显然比同龄人心态年轻得多，而且笔下尽是青年人。《非常夏天》中晓禾这样的都市女子形象不算少见，她像所有女孩子一样，有着玫瑰色的梦想，讨厌“平平淡淡才是真”的说法，害怕寂寞乏味的日子。为了引起大家的注意，她冒充有门路低价买车，拆东墙补西墙挪用大笔车款，结果只能卷财出逃。小说的精彩之处是女主人公在路上遇见一位青年司机，他主动帮助她修好车，却不想认识，扬手走掉，这使她不禁觉得人家才活得潇洒、真实，对自己的生活道路产生怀疑。张欣在这篇小说中表达的情绪比较独特，带点超越意识，发人深省。

何玉茹的《田园恋情》[22]情绪表达上的成功也是显著的。作品极令人信服地塑造了一位农村母亲形象，她永远是那样安详、平静、少有主见。从不干涉女儿的选择，自己的选择还常常要女儿拿主意，干起活来又出奇地灵巧、洒脱，是近年来小说创作里罕见的一个真正生动、鲜活的人物形象。由于有了她的存在，田园里的生活充满一种莫名的诗意情调，女儿的婚姻大事也奇怪地融合进这种情调自然而然地得到解决，这是一篇完全由朦胧的、无法分析的情绪构成的作品，品味甚高，当今恐怕也只有女作家能够写出如此感觉上到位的小说（异曲同工的另一篇作品是迟子建1996年的《雾月牛栏》）。

还有一位女作家叫裘山山，比较喜欢处理恋情题材，多少带点浪漫情调，1997年里《白罂粟》[23]值得称赞，故事仍由男女主人公组成，女方本是男方暗恋的对象，她浑然不觉。若干年后，她已离婚，男方依然无婚史，双方条件优劣倒挂，此时男方决定放弃年轻的女孩子去得到她，没想到对方对他的感情依然浑然不觉，小说中“白罂粟”细节的插入恰似《厨房》中垃圾袋细节的设计，发生了绝妙的效果，看来裘山山没有白在这类题材上下功夫，开始“独具慧眼”，技巧也日益成熟。

孙惠芬《台阶》[24]的细腻之处在于对犯罪心理的剖析。刑警志钟破案的线索正是循着罪犯心理的痕迹进展的。他在保护被强奸的女孩子的过程中，逐渐被女孩子上下台阶时青春的姿态所吸引，逐渐自觉到产生于自己潜意识中的类似的犯罪冲动，从而在抓捕罪犯中也揭露了自己，自然他的“自我”要比罪犯强大得多。当前法制文学顺应社会的变化兴盛起来，《台阶》在法制文学中又属新鲜、上乘之作，与方方的《埋伏》地位相当。

1997年里，不少男作家的感觉也变得细腻起来。代表性创作有刘庆邦的《鞋》[25]、储福金的《缝补》[26]等。《鞋》附有一段后记。作者自叙在农村老家时曾处过个对象，人家精心为他做了双鞋，他进城后把鞋退还给人家，当时姑娘眼里泪水汪汪，此事使作者总感到伤害对方太深，于是写了《鞋》，通篇写一农村女子为未婚夫做鞋的经历，缠绵缱绻之情跃然纸上。加上“后记”的效果，颇能拨动读者心弦。《缝补》取材角度独特，写一位少女由于看到住邻居的鳏夫吃力地为三个孩子缝补衣服而忽然早熟，悄悄进入那个家庭承担针线活计，刻画母性的觉醒。笔调与《鞋》相近，也都是从男性的角度细微体验女性情感。

阿成的《滋味三咂》[27]每一咂都咂出了微妙的感受。《教堂的钟声》写“我”旅居新西伯利亚，模仿当地男士买一枝鲜花带进舞厅，无人可送，又带了出来，最后送给卖花的老太婆，使她得到意外的惊喜。细琢磨，其中人间冷暖之情竟也一语难以道尽。阿成小说的含蓄、隽永与机智相随，形成作者自己的风格。姜贻斌的《半个猎人》[28]全部机巧多在于含蓄。被称为“半个猎人”的志烨大智若愚，时时表现出某些地方的无能，巧妙地置对手于死地不露痕迹，展示了生存竞争的残酷。

由于这些创作意欲完成的只是一种别有滋味的情绪的表现（其中可能不乏复杂的意味），因而使短篇的题材更显完整、纯粹。无论如何，这类小说比哲理化的或社会化的小说更地道。

群体情绪·自然·精神探索

情绪、情感是人的本体的体验，由情绪、情感出发，着重探索人的本体的品质，也使1997年的短篇小说在处理一些具社会性意义的题材时更侧重人的灵魂的解剖，既解剖个体的灵魂，也解剖群体的灵魂。

梁晓声发表了一篇很精致的作品：《一只风筝的一生》[29]，嘲讽社会上的炒作新闻、操纵舆论、小题大作、追名逐利的浮躁风气，小说结构巧妙，由一支竹子被砍下去扎风筝开始，到风筝挂在电线上，引出散文家的文思，到摄影家追踪拍摄、获奖到散文家的起诉，报界的参与，批评家的出动，一场轩然大波全由无聊小事引起。其中一环套一环，结局又回到一只新的风筝的诞生，形式上可说完美。这种小说突出地显示了短篇的特长和优越之处，值得反复把玩，可惜精于此道的作者还不太多。

《再见千岛湖》[30]结构上也具有循环的美感，单位组织千岛湖游览，归途中学生味十足的魏青发觉路线不对头，再三提醒，一车同事只知维护领导和司机的面子，一味嘲讽他，终于，大家发现又回到了千岛湖。《庄这个人》[31]在塑造人物形象和描画群体心理方面均见功力。庄的开朗、欢乐、友善和朴素，对女人同样的追求和同样的善待，本来可以使随便一个接受他的女人终身幸福，但她们全都因为不懂得生活而错过了机会，直到羡慕他成立的家庭。小说在新的社会形态下重提“人品”的重要性，主题因根植于人性中基本的要素而获得稳定的意义。《选个姓金的进村委》[32]讲述了一个动人心魄的农村故事。荆家沟九户金姓人家为了不受大姓的欺负，拼死拼活要选最有出息的金路进村委。金路在外打工，为赶回村子扒飞机摔死在路上。故事的结局出人意料：金姓人悲憾之中，仍要求保留金路作候选人。他们感动了大姓村民，死者被选进村委。以后，在村委会上，金路的位置虽空着，金姓人的利益却受到尊重。此作在同类题材作品中该为精品，对宗法矛盾的揭示和化解的手法非同一般。

此外，阎连科的《小村与乌鸦》[33]、彭见明的《鸟唱鱼跃是风景》[34]也对群体意识和群体情绪有独到的表现，所有这些作品的立意都不是针对某种社会现象或社会问题，而是追究个体或集体的历史存在，探讨个体或集体的历史责任，小说的价值取向较为明确。

1997年的短篇创作以表现人的精神世界为重点，许多作品以各自反映的现实人的不同的感情特色展示了人们精神领域丰富的侧面，其中表现人与自然的关系以及直接表现自然的生命力也成为一类必不可少的主题，这方面的代表作有张炜的《唯一红军》[35]、红柯的《小说二题》[36]、邓一光的《狼行成双》[37]、中杰英的《猎杀天鹅》[38]等。

多年来张炜始终探索人与自然间神圣的对应关系，使人无法怀疑他的真诚。这次张炜动用了"老红军"的高大形象强烈抨击毁灭自然的行径。老红军本意是开辟一条通往海边的大路，改变地方封闭状态，这条路开通后却带来生态的失衡，使老红军含恨逝去。这里老红军不过是前辈和传统的象征，由于具有权威性增加了作品的分量。中杰英《猎杀天鹅》的故事有些残忍，因为发生在三年困难时期，作者无法过于指责因养家活口而射杀珍禽的那个人物。小说题材特殊，带有明显的纪实色彩，读者也很容易被作者传达的深沉的感情所打动。

红柯最近的一些作品令人瞩目，大约新疆的生活经历对他的艺术眼光产生影响，他创作中原始思维的痕迹依稀可辨，这位青年作者感受力强，小说中充满鲜明的音乐性意象，且乐于从自然界和万物生灵中汲取灵感。《小说二题》中《屠夫》被选载时更名为《美丽奴羊》，改得好，文中美丽奴羊的形象更比屠夫形象使人震惊和敬畏，近乎大自然神性的精灵。红柯另一篇作品《树桩》[39]打通自然界和人类的界限，想象亦很奇特。《狼行成双》在邓一光作品里是不多见的一篇写兽类生活的小说，篇幅较长，写得很辉煌。公狼的雄风，母狼的钟情，凸现出甚至使文明人类脸红的精神气质，也许由于见惯了现代人的薄情，读者很容易为野性生灵尚保存有的生命本色所感慨。概言之，这些作品反映小说家眼界的开阔，也使小说题材别开生面。

还有两篇作品值得一提，一篇是王安忆的《从黑夜出发》[40]，一篇是王建平的《猫的眼睛》[41]，两篇小说的近似之处，是都由一系列琐碎的感觉、幻觉、联想及其他种种意识活动的描写组成。前者主要是空间的推移，场景由街道、楼房、城市到乡村、农田、树木、海面、沙滩、漂流瓶……主人公的思想化为梦魇，在夜空中穿行游荡，世事万物在梦魇的眼里发生变形而被赋予新的含义，展现出更清醒的现实。王安忆的思想在此刻的确是完全放松和自由的，展示了她精神探索达到的新的境界。作品中大量的象征、明喻和暗喻奇特、诡秘、大胆和熨帖，表现出卓尔不群的才思。后者主要是时间的推移，这种推移异常缓慢，几乎是一分一秒的移动。老人喝汤的动作，阳光在屋内的变化，苍蝇撞进这个空间后孤独地飞闯，都莫名其妙地使人产生巨大的空旷感，于是凝神注视光阴在缝隙中清楚地消逝。迟暮老人的心境以及人们对生命的依恋心情被生动地烘托出来。两篇作品文笔和思路的流转颇为顺畅。表达的仍然是一种复杂和朦胧的情绪。因有了这情绪的感染，读者不觉得文字有什么晦涩。

外部的现实

写实的或着重反映外部现实的创作在1997年里不占主流，大既是写来写去该写的写得差不多了的缘故。任何一种社会现实，久而久之都会使人习惯，也会逐渐消磨作家的激情。但一年里这方面的佳作仍然有一些。

何申的《老汉与叫驴》[42]是读到的人比较多的一篇，其中一个情节广为传说，即农民老梁头的驴在路上吃人家地里的庄稼，拽它不动。老梁头骂道："你以为你是乡长村长啊，走到哪儿就吃到哪儿呀！"这话真被乡长村长听到了，于是惹起一系列麻烦。人们传说这一节，是因为生活中乡长村长类的人物太多，可见小说的概括性。“三驾马车”中，何申生活积累较厚实，农民语言掌握熟练，作品可读性强，至今仍是重要的短篇小说作者。

陶纯的《乡语》[43]好在抓住一个场景，揭示出农村生活的一个侧面。这场景便是从农户的屋顶上俯视全村的情况。农民志福贵和村长龙根都有上屋顶乘凉的偏好，在龙根眼里，底下一片屋顶是他统治和施展淫威的地盘，在志福贵眼里，龙根在村里的所作所为都看得一清二楚。两人在屋顶的对峙，代表了农村中两个阶层的对峙，形象而生动。

邵振国的《在 312 国道旁》[44]基本上是出闹剧，写六盘山下穷苦农民在国道上“开发项目”的场面。一方面，他们故意在路面上挖坑，趁雪天敲诈过往车辆；一方面，又是穷得实在无法可想，叫人难于作出道德评价。他们只认钱，不管遇到难处的是什么人，哪怕“你是当年的毛爷爷，在这六盘山脚下继续长征吧，我们也不管你那事了！给钱儿，我们就干活”。揭示出人心的险恶。

阙迪伟这两年创作比较活跃，1997 年的《村长有事》[45]叙事上完全口语化，节奏不紧不慢，可读性增强。由村长出事到村长被放出，村里人心情上的反复变化，反映了封建势力在村里的统治之不可动摇，但目前的农村题材小说中，村长形象已基本成为恶霸形象，见得多了，难免有脸谱化的感觉。如何使这类人物更各具个性，是个需要解决的问题。

张旻的《夜行》[46]叙述不太见世面的小苏跟着王科长等逛夜总会的经历。他对其中的奥妙始终懵懵懂懂，小说也始终在半明半暗的氛围中发展。同在夜总会，杨总、王科、康科等干了些什么小苏竟然不知道，故事就结束了。看来张旻的叙事技巧还是高明的，通篇使用流行的对话不加引号的写法，力求零度的平淡，但多少有些过分，就是说，露出了用力的痕迹。

《接待》[47]是范小青近年来多个短篇中较好的一篇。范小青的弱点是语言缺少特色，不大善编故事，而此篇的构思很好，看得出写得很顺手，语言无形中有了不少韵味。小说也是写一个“见世面”的故事，大学教书的王老师为了调查一些民俗，找到当年的学生、现在的挂职县委副书记。副书记满口答应。于是开展一系列的接待活动。王老师走到哪儿吃到哪儿，处处有要人陪同。正事反而一点没干成。故事的巧妙在于，各方面接待的实际是副书记，却由王老师这样一个穷酸教员出面，形成类似《钦差大臣》的情境。

陈冲许多年没有好短篇出手了，1997 年的《循环场不对号》[48]再次显示实力。“循环场”指电影。主人公，一位工厂下岗青年干部和他的女友去看电影，中途出来，又回去继续看，整篇结构也具有一种循环美感。精彩之处是他参加“再就业知识讲座”一节，授课教师严厉批评他不专心听讲，逼他回答问题。他怒而起身在黑板上写下一道半吊子老师看不懂的公式，扬长而去——原来他是数学系本科毕业。那种再就业的尴尬、在女朋友面前的掩饰构成作品内容的主要轮廓，而女朋友对他的百般顺从、迁就又给作品基调增添一些暖色，使小说滋润起来。

铁凝的《秀色》[49]是 1997 年里塑造了正面人物形象，艺术质量又较高的一篇作品，叫秀色的地方缺水，农户平时把水锁在橱子里。为了笼络打井队的人，秀色的男人被迫允许妻子们用身体款待队员。直到最后一批打井队把水打出来。最后一批打井队的领头人李技术拒绝了女人的好意，发了疯似地工作，牺牲在山上，成为一个英雄人物。作品没有人为地设计英雄人物的精神境界，以常情和良知动人，达到了效果。

迟子建的《驼梁》[50]、谈歌的《短篇二题》[51]也是有特色的作品。《短篇二题》与谈歌过去的作品相比，写得更含蓄，很自觉的含蓄，表现了作者的新追求。

历史题材·军事题材

历史题材和军事题材创作，历年都是短篇创作的重要方面，总有值得一提的作品。

徐小斌的《若木》[52]当属历史题材创作中的翘楚者，若木是传统礼教的牺牲品，由于母亲的干涉，断送了爱情。她活下来以后，心灰意冷，又去以传统礼教的精神压迫人，残酷对待他人的爱情。作品揭露了封建秩序对健康人性的摧残和扭曲，又从人性的深度揭示出封建秩序得以延续的一种原因。徐小斌和其他一些女作家感觉敏锐，语感丰富，常能将普通的题材处理得有声有色。

林希的《小哥儿》[53]是他一系列津味小说的继续，仍以俗得不能再俗的语言讲述旧码头上的旧事。如今六十岁以上的作者写四五十年前的社会，完全是一种文化积累，功德无量。老人们看着熟悉，思绪万千；年轻人看着新鲜，顿开眼界，分别是情感和知识上的收获。小说中侯宝成那样趋炎附势，自以为挤入贵族阶层到头来被人耍了一场的人物至今还有，更使人觉得世事流转，不离其宗，增添几分对“过来人”的敬意。

《一头六四年的猪》[54]题目就很好，有幽默感，通篇也有幽默感，至终读者猜不透“六四年”那头八百斤的猪是如何饲养出来的。养猪的精瘦老太太一本正经地介绍经验，看不出什么破绽，倒是采访人刘复员牛皮哄哄满口大好形势的做派令人难忘。这种喧宾夺主的写法以前没见过，很是巧妙。

贾平凹的《梅花》[55]取材于画家石鲁生前的事迹，刻画他刚直不阿，不肯献媚于权贵的性格。石鲁梅花画得好，他的知音却是秦岭深处的卖炭翁。“文化大革命”中画家们纷纷画梅。邀他凑趣，他扭身便走，以后疯掉。贾平凹简古的文体，正适合主人公的名士风度。

李国文的《见鬼》[56]是经历了几十年风风雨雨的人才能写出来的趣作。“我”到医院中看老友，老友和整过他的“某老”恰好都住在癌病房里进行着最后一轮“加时赛”。这一个挨另一个整，几十年抬不起头；另一个整了一辈人，“好像也未见如何发达”。作者认为两人是“中国政治生物链中相生相克的环节”。“见鬼”的是，“某老”等死之际还在评价“我”的老友“一辈子不吸取教训”，小说不掩饰那种见了“鬼”的嫌恶情绪，其中有许多对中国政治性人物的分析相当中肯。

《遥远的麦田》[57]、《闻香下马》[58]亦是两篇较好的历史题材创作。前一篇以抗战时期为背景。但取材与一般作品相比甚为新鲜。日本人进驻了一个叫黑山阳的村庄，村上人集体躲到野外。此时地里麦子逐渐熟透，黑山阳人心急如焚，决定打出收麦旗号回村，看日本人怎么办，结果遭到日军大规模屠杀。估计此事有史实依据。由于情境特殊，作品颇富悬念，对日本人的不通人性作了深刻揭露。后一篇也以中日矛盾为背景。写日商在汉口开饭店冒充“仰笋楼”，几乎将老字号仰笋楼挤垮，仰笋楼东家的儿媳摒弃前嫌，回到饭庄使之重振声威，作品主要靠对精美工艺的出色描写取胜，有传奇色彩。

军事题材创作近年来有缓慢的，也是比较坚实的进展，主要不是体现在主题的开掘上，而是体现在艺术水平的提高上。类似题材和主题的作品，往往构造得更为精致。

毕淑敏的西藏题材作品无穷无尽，1997年又有《金珠玛米女曼巴》[59]，由平铺直叙中体现纪实风格。写一帮女卫生兵初上高原时的种种新奇见闻，以借口“天葬”之机解剖死者一段最为抓人。她的小说不讲求性别色彩，不讲求语言特色，始终以温和的中性语调进展，但不论写出什么都赢得大量读者，说明在精神内质上自有独到之处，也是一绝。

海军作家陆颖墨是专攻短篇的，写得越来越好。《海韵》[60]为一组表现海军官兵生活的作品。每一篇选取一个点，选得都很有“韵”味。《通道》写一个潜艇兵在需要通过鱼雷发射管脱险时胆怯。情势危急，他当年的潜水教员主动承担责任，冒着更大的危险进入潜艇，重新下令操练，使当年的学生恢复自信。《升腾》写一名导弹兵与两枚价值数百万的导弹相处多年，当盼望已久的实弹发射下达时又突然升起的依依不舍的感情。从这两篇东西即可辨认，作者体验水兵生活之深入，以及眼光之敏锐，军事题材创作很受限制，在限制之下写出这样精短的作品十分难得。

《重返阿兰岛》[61]将大胆的想象和幻觉与写实结合起来，以神秘的气氛表达无以名状的感情。曾于60年代在阿兰岛上修建大规模战备隧道、以身殉职的官兵写信给如今的将军，要求重返该岛。那工事虽早被证明毫无意义，他们却是把生命和一生的事业都献给了它。将军理解了亡灵的心愿，指挥军舰将他们从家乡送了回去。作品构思奇特，浪漫情调恰到好处，也尖锐地批判了左倾政治对人的忽视和不负责任。

新生代作家对军事题材的处理往往另有风格，钟晶晶的《战争童谣》[62]可以体现这一点。年轻士兵不肯死亡，“一颗无血的心，倔强地跳动在空洞冰冷的胸腔里”。他坚持着在幻觉中第二次来到战场，追回了发起进攻时失去的一百米距离，从而以荣誉的牺牲代替了耻辱的死亡。作者抓住士兵临终前的最后思维，用夸张的手法放大了他生命中的十二秒钟，树立起年轻战士的英雄形象，小说文体中也反映出作者感觉触角的灵敏和铺排文字烘托效果的能力。

总的来看，1997年的短篇小说创作在整体水平上要高于以往的创作，表现在优秀作品数量的增多。但弱点表现在还缺少一两篇、三四篇扛鼎力作。这说明，一方面，短篇小说作者的功力不断加深，另方面，小说作者对短篇创作投入的热情有所降低。这种情况可望在恢复评奖后得到改善。就目前而言，新生代作家在短篇小说上的优势并不明显，他们或者正向中、长篇发展，或者还在重复既定的模式而没有打开新的局面，也是需要引起注意的。

---

〔1〕《当代人》1996年第10期。
〔2〕《东海》1996年第8期。
〔3〕《北京文学》1996年第11期。
〔4〕《收获》1996年第4期。
〔5〕《中国煤矿文艺》1996年第1期。
〔6〕《作家》1996年第8期。
〔7〕《太阳河》1996年第5期。
〔8〕《天津文学》1996年第2期。
〔9〕《人民文学》1996年第2期。
〔10〕《当代》1996年第3期。
〔11〕《当代人》1996年第11期。
〔12〕《文学世界》1996年第1期。
〔13〕《小说二题》，《小说》1996年第6期。
〔14〕《山西文学》1996年第10期。
〔15〕《山西文学》1996年第5期。
〔16〕《北京文学》1996年第8期。
〔17〕《北京文学》1996年第2期。
〔18〕《小说》1996年第5期。
〔19〕《作家》1997年第8期。
〔20〕《文学世界》1997年第1期。
〔21〕1997年9月19日《羊城晚报》。
〔22〕《长城》1997年第3期。
〔23〕《延河》1997年第8期。
〔24〕《海燕》1997年第11期。
〔25〕《北京文学》1997年第1期。
〔26〕《北京文学》1997年第9期。
〔27〕《长江文艺》1997年第9期。
〔28〕《大家》1997年第2期。
〔29〕1997年6月5日《文学报》。
〔30〕陆涛声，《北京文学》1997年第3期。
〔31〕星竹，《飞天》1997年第5期。
〔32〕赵德发，《当代小说》1997年第4期。
〔33〕《长江文艺》1997年第11期。

〔34〕《当代》1997年第1期。
〔35〕《莽原》1997年第3期。
〔36〕《人民文学》1997年第4期。
〔37〕《钟山》1997年第5期。
〔38〕《十月》1997年第2期。
〔39〕《延河》1997年第9期。
〔40〕《北京文学》1997年第9期。
〔41〕《延河》1997年第2期。
〔42〕《北京文学》1997年第10期。
〔43〕《文学世界》1997年第2期。
〔44〕《青年文艺》1997年第8期。
〔45〕《羊城晚报》1997年第11第7。
〔46〕《时代文学》1997年第4期。
〔47〕《太湖》1997年第1期。
〔48〕《当代人》1997年第12期。
〔49〕《人民文学》1997年第1期。
〔50〕《北京文学》1997年第5期。
〔51〕《芙蓉》1997年第3期。
〔52〕《人民文学》1997年第3期。
〔53〕《芳草》1997年第5期。
〔54〕刘玉堂，《人民文学》1997年第7期。
〔55〕《上海文学》1997年第5期。
〔56〕《山花》1997年第11期。
〔57〕韩向阳，《当阳人》1997年第11期。
〔58〕余启新，《芳草》1997年第3期。
〔59〕《漓江》1997年第6期。
〔60〕《解放军文艺》1997年第8期。
〔61〕赵琪，《西南军事文艺》1997年第4期。
〔62〕《解放军文艺》1997年第2期。

诗歌创作与研究概述

徐伟锋

关于诗歌现状和未来的大讨论

随着我们的社会和生活越来越技术化、商品化，诗歌一方面呈现出孤独无援的状态，另一方面又呈现出拒绝生存的态度。在过去的两年中，来自内部和外部的怀疑和质问纷纷扑向诗歌，只有极少数人还沉湎于自我以幻想构筑的象牙塔里，还认为诗歌是文学乃至文化诸成分中最耀眼的明珠，如陈所巨说："诗是一部分人或者可以说是极少数一部分人的特异功能艺术和崇高的享受方式。诗是人类最崇高的艺术。"〔1〕其实在今天，能够坦然承认诗歌是文学大家庭中具有平等权利和地位的一员，也需要十分的勇气，因为在许多人的心目中，诗歌已成为各类文体中最不受欢迎的一类，已有被驱逐出艺术殿堂的危险，诗歌面临着空前的生存危机。段钢在《诗歌神话的终结》一文中描述道："如果你介绍某人是个诗人，那感觉就好像是在嘲笑他"，"在今天这个'诗人不自杀还有什么用'的时代，越来越多的人在辩白自己不是诗人。"〔2〕读着这两年的诗歌，我们总感觉诗歌好像被抽空了底气和锐气，断失了进取的精神和创新的勇气，只是拖着绵软的双腿，絮絮叨叨地在为自己寻找生存的依据。基于此，诗歌的生存状况问题日益成为96—97两年中人们议论的焦点之一。

这方面的议论可以分成三种：一是悲观的，二是乐观的，三是客观的。

有人以为，中国过去是、现在是、将来还会是泱泱诗国。他们有数据为证，今天国内官方和民间的诗歌刊物约有170种，全国发行的比较有影响的刊物计有18家。其中《诗刊》发行四万份左右，《星星》三万份左右，又纯又专的文学刊物能卖这么好，是比较罕见的。并不十分起眼的《诗林》杂志每年发现写诗的新人达200之多。全国每年出版的诗集约有500部，各类刊物上发表的诗作约有一百万首。还有大量在其他渠道发表的以及未发表的。所以有人估算，全国写诗者近千万〔3〕，这可能是高估，但说每年有一千万首诗的产量，恐怕是个保守数字。

对诗歌说好话的，大多是圈内人，而且多是些有所成就的诗人、诗评家和编辑。他们辛辛苦苦工作了几年、几十年，肯定乃至赞美诗歌，都是可以理解的，其中也不乏自我安慰、互相鼓劲的成分。如李景冰在某次"诗歌现状及创作问题研讨会"的综述中说，由于“某些貌似先锋的诗败坏了某些读者的胃口”，还由于现代诗“在某种程度上，丧失了原有的政治功能，同时又不能像卡拉OK或通俗小说那样进入商品流通领域，因此，就从一般的世俗社会退出，像哲学或其他具有形而上学意味的精神产品一样，成为少数人探求和享有的产物”，所以，“诗的读者面在缩小”。但他转而又宣称：“诗从某种意义上说处于黄金的发展期，中国新诗在经历了80年代的裂变之后，渐趋成熟，如果说前几代很少产生有世界影响的大诗人，那么这一代和下一代在今天已形成的诗歌语言基础上，必将结出硕果”，还说“百花齐放，百家争鸣，正是当下诗坛的写照”。[4] 1997年在葫芦岛由中国诗歌学会和《诗潮》社联合举办的全国诗刊诗报协议会，与会者一致批驳新诗灭亡论，说新时期以来，新诗有长足的进步，从艺术质量到反映生活的广度、深度，都是以前所不能比拟的，这就是所谓空前繁荣论。[5]不过，他们的乐观似乎更寄希望于未来，反正未来什么都可能，而且没有时间限定，对未来的虚设永远不会授人以把柄，可以信口开河。如吴开晋说，到了21世纪，“大诗人和优秀作品必将大量涌现”。[6]再如老杰宣称：“跨世纪的伟大合唱”正“与日俱来”。[7]还有如张同吾说：“中华民族诗的太阳将会光华灿烂的。”[8]也许最乐观的要数西部狂人——获奖诗集《狂雪》的作者王久辛，他说：“我相信，下个世纪的诗歌的地平线上，将升起诗的人格的太阳！”并且高喊：“看啊！太阳升起来了！”[9]

持悲观论者多为圈外人，他们只是偶尔光顾一下罢了，对诗歌、尤其对诗歌的迅速变化缺乏了解的能力和耐心，所以他们的攻击总是围绕着“看不懂”。他们认为，当代新诗的繁荣是表面的繁荣，或者说是繁荣中的萧条。他们的理由也很充分。从量上来说，13亿人人均占诗数并不多，而且，在这个充斥着伪劣产品的时代里，我们多的是伪诗和劣诗，大多数作品要么平庸，要么奇怪，将会被时间淘汰，一千三百年后，恐怕只有一小部分能被后人所阅读。圈内人如果承认诗歌不景气，他会将责任推给社会、时代，与之相反，圈外人喜欢将诗歌不景气的原因归罪于诗人。如钱玉林说，当代诗之所以让人们“从热烈爱好到怀疑失望，再到疏离反感”，是因为“诗，如今是散文写不顺畅的人们最体面的一种玩具”。“诗人，也常是不学无术，会写几句昏话，而又死缠着文学不放的一种人的代称。”他还骂当代诗是皇帝的新衣，连遮丑的作用都没有了，还列举了先锋诗患有韵律全无、感情冷漠、哲理成灾等十大病症。[10]最悲观的论者认为，诗歌将会而且正在消亡，必然会被小说等其他文学体裁、电影等其他艺术类型所替代。

如果持悲观论者只是圈外人士，问题也许并不致命，可怕的是圈内人也对新诗现状表现出了失望、忧虑乃至愤怒。80年代初，曾为“让人看不懂”的朦胧诗大声辩护的谢冕和孙绍振等人也在说当代诗让人看不懂，“正在离我们远去”。[11]林染认为，目前诗歌正处于社会转型猛然加速而导致错位的生活板块的夹缝中，“诗歌对读者乃至诗人自身的吸引力一直处在不断减弱的境遇中”。[12]

越来越多的诗人、诗评家趋于忧喜交加，他们一方面坚信当代新诗中不乏佳作，而且明天会更好；另一方面也有忧患意识，他们承认读者冷淡、市场疲软，也承认诗歌发生了危机，染上了重毒。如西川富于分析性地认为，就市场而言，中国诗歌在走下坡路；但就质量而言，中国当代诗歌已经取得的成就要远远高于“五四”以来任何一个时期所取得的成就。[13]有人开始热衷于为诗界开列方子，出谋划策。如郑敏几乎在所有的文章中都要求诗人们补文化课，遍读经典；王家新要求“使我们的写作成为一种与时代的巨大要求相称的承担”。[14]袁忠岳主张要同时抓两手，即坚守与顺应。要在坚守中顺应，否则会滑向庸俗；亦要在顺应中坚守，以免流于顽固。[15]

关于诗歌理论和评论

一、关于诗歌理论

这两年的理论研究主要还是集中在语言美学上。归纳而言，主要有三个方面，即诗歌语言本体，诗歌修辞以及诗歌体式。

1. 关于诗歌语言本体的研究

陈旭光在《走向语言本体的诗歌美学——当前诗歌语言美学研究的反思和构想》一文中指出：“当前诗歌美学理论的研究，相当明显地体现出向语言本体回归和深化的趋向。表现为一种语言意识前所未有的觉醒和强化。”他说，“诗歌语言的本体意义”就在于“语言是我们生存的世界。”“由于现实生活的结构就是一个语言的结构，人也无处不在一种语言（指日常语言）的束缚和樊笼之中，诗人极力以诗的语言来对抗普通日常语言。”“然而，由于诗的语言与日常语言的千丝万缕的联系，他们之间语言及语汇本义上的完全重合，使得诗人所进行的劳作注定是艰苦卓绝的。”文章重点论述的是文本结构的生成原则和形式特征，即心灵境界借助于语言文字，外化为诗歌的意象。他还论述了诗歌语言和读者接受的关系，说“读者的阅读接受是诗歌文本结构的最后完成。”[16]张福贵和白玮合写的《破坏和发现：现代汉语诗歌语言意识的觉醒及其实验》将作为本体的诗歌语言的特点归纳为四个方面。（1）超验与幻像：访问幻景；（2）口语化：回到原生态语言；（3）语言的狂欢：能指游戏与拆解实验；（4）抒情的纯粹：密码语言。[17]阿羊的《寂静之途》独辟蹊径，探讨了言说的对立面，即寂静及其在诗歌创作中的特殊作用，同时探讨了寂静和言说的关系。他认为寂静是一种特殊的语言，“一种与日常语言无关的东西”，“是日常的语言系统之下的原始的召唤”。“这是一种无限涌动的状态”，而暗示正是“寂静涌动的一种方式”，“预示着寂静要将我们淹没的企图”，“所有的纯诗都是在努力接近这伟大的寂静”，所以他“认为纯诗一定是不可以朗诵的”。他进而发挥说，朦胧其实“是寂静的一种外部特征”，“它使我们希望在寂静之途长久地漫游的愿望成为可能。”最后，他得出与众不同的推论——寂静与语言的关系“是一种既敌又友的关系。”此外的语言主要指的是日常语言。[18]于坚写于1996年11月—1997年3月的《诗歌之舌的硬和软：关于当代诗歌的两种语言向度》是一篇富于历史感和挑战性的文章。他把普通话和方言对立起来，说“普通话把汉语的某一部分变硬了，而汉语的柔软的一面却通过口语得以保持”，进而认为50年代以后的诗歌在语言上有“两个清晰的向度：普通话写作的向度和受到方言影响的口语写作的向度”。硬诗呈现出以下七个特点：“对诗言志和诗无邪的继承。把诗歌看成升华世界的工具、载体。”“诗歌抒情主体由某个抽象的、广场式的集体的‘我们’代替。”“抒情喻体脱离常识的升华，朝所指方向膨胀、非理性扩张。虚构、幻觉、依靠想象力是这类诗歌的普遍的特定的抒情方式。”“英雄人格的自我戏剧化塑造，问苍茫大地谁主沉浮式的、从某种形而上的高度拯救众生的抒情。”“诗歌时空的‘高大’化、阔化（五洲四海）。语言高度抽象概括化。非具体的、大词癖。”“远方或生活在别处，对某个乌托邦式的某种‘更’的所在的向往。”“由于具体生活时空的模糊、形而上化，导致许多诗人的诗歌意象、象征体系和抒情结构的以时代为变数的雷同和相似性。”他随后指出，“外省的诗人可能通过书面语受到普通话的影响，但在外省，支配着私人的、世俗的日常生活的口语同时也不同程度地消解和削弱了这种影响。”而80年代从诗歌中开始的口语写作，其实是“对汉语日益变硬的舌头的另一部分（也许是更辽阔和更具有文学品质的部分）的恢复。”软诗的特征也有七点：“对诗的常识性理解。”“具体的、在场的。写作的自传化，私人化趋向。”“诗不仅仅是抒情或载道的工具，也可以是纯粹的语言的游戏。”“诗歌修辞方式回到常识的努力。对已经被虚幻的升华变成空洞的公共隐喻的解构。”“诗歌只能中性地阅读，韵律的非朗诵性。”“在这些诗歌中，一个活生生的、有着自己的与古老传统相联系的中国社会的日常人生和心灵世界被呈现出来”。由于“不同的方言对诗人的影响，他们呈现的特点在不同点上更多”。最后，他把自己的选择放在软诗上，因为“普通话把我的舌头变硬了”。〔19〕这也许是对西川的故意反对，后者曾说：“从1986年下半年开始，我对用市井口语描写平民生活产生了深深的厌倦……”“自发地选择了”“书面口语，它与文明和事物的普遍性有关。”〔20〕

邱正伦《语言：指向纯粹》则指出了语言本体论的另一个角度，即不是语言造就了诗，而是诗造就了语言。他说：“一首诗，呈现的总是一种语言事实。……但是，诗歌绝不停留在语言事实之中，它是语言的本质。只有诗，才能拨亮语言黑暗中的灯盏，把语言忠实地引向纯粹，回归其神性的品格。”他认为纯粹是诗人的生命吁求，是诗人对终极的逼问，而写作是语言的纯粹化过程。最后他强调：“诗人的自由绝不停留在写作本身的自由上，而更应该在一种有责任要求而进行的创作行为中享有自由。这种自由才是绝对的和超验的自由，才是被默许的被语言所敞亮的存在意义上的自由。”他把这种写作称为“红色写作”。〔21〕刘翔的《诗歌与语言》一文也认为：“语言不可能是诗人的所有目的，诗人的力量在于其思想深度、体验深度，寻求理解和自我理解才是他写诗的目的，而理解毕竟不仅仅是对语言的理解，而是通过语言对存在所进行的理解。”他要求诗语达到八个方面的统一，即：诗的语言的多义性、能指的快速滑动性与一定的主题统摄力的统一；语言的抽象性与以韵律、意象恢复词语的原始生动性（词与流水、鸟儿、天空和土地的关系）的统一；语言的约定俗成性、规范性（提供交往之可能）与语言之失序、语言魔力展现的统一；语言本身的俗念与语言的伦理、认识欲念的统一；俗语、俚语、口语的运用与语言的诗性本质的统一；民族的语言与世界性、现代语境的统一；赞美的、神圣的言辞与诅咒的语言、黑色预言的统一。他反对当代诗歌语言中的两个倾向，即“反对离开生动的经验存在的‘语言游戏’，反对仇视思想深度的‘口语化’。”〔22〕胡彦的《当代人本诗歌的语言特征》的研究向度是对时兴的语言本体论的偏离，同时他又企图在语言的工具性和本体性之间找到某种共性。他首先指出：“人本诗歌以人的主体性存在、人的主体性思想意识、情感心理的表现作为自己根本的艺术目的。……语言从根本上来说是附属于人并为人所任意支配和使用的符号。”然后，他指出，“在人本诗歌中，语言主体对语言的使用具有如下本质特征”：语言的独白化、语言的修辞化、语言的能指化和语言的本质化。他富于启示地说：“人本诗歌所表达的真理是一种认识论意义上的真理。认识论意义上的真理取决于语言主体的意识方式、意识观念，它是主观的、相对的、有限的。而本体论意义上的真理是存在之真，它蕴含语言本体与语言对象于自身，呈现的是一种悠远玄妙、意蕴丰厚的审美之境。”〔23〕这几句话实际上道出了诗语工具论和诗语本体论的根本区别。

汉字是中国诗歌最重要的语言事实。1996年第2期《诗探索》转载了旅澳门画家石虎发表在《文论报》上的短文《论字思维》，该文罗列了以下一些命题：汉字是汉语诗歌诗意的本源，“亚文字图式”的构成法则，中国人的字信仰，汉字有道，汉字的两象思维等。石虎后来又写了《字象篇》(1996年2月1日)[24]和《神觉篇》(1997年7月1日)[25]。前者探讨字与象的关系，后者探讨意与象的关系。一石激起千层浪，“字思维”引发了许多人的思考讨论。但所发表的大多数文章都有思考不周，表达不清之嫌，暴露了仓促上阵的弊病。不过，也不乏比较有分量的。如郑敏的《语言观念必须变革》一文重新认识了汉语的审美与诗意价值，即：文化意蕴、充满动感和感性魅力等。她着重从诗歌的三个本质特征（朦胧、暗喻和意象）入手，阐明了汉语之优越于西方拼音文字。[26]洪迪的《汉字与诗》一文则“就造字、组词和练字等方面，探讨汉字思维如何运作于现代诗美创造”。[27]邹建军的《意象与汉语的诗性特质》首先对石虎的主要论点进行了展开和进一步的论证，他还认为汉语的诗性特质主要体现在：“第一，汉字所具有的字象。”“第二，汉字构成的形声指事会意之法，是一种富有诗意的法则，本身也是含蓄的。”“第三，每一个汉字本身所拥有的文化与精神内涵，每一个汉字所带有的一个惊心动魄的人生故事，也是富有诗意的。”最后，他提出，在申述字思维理论的同时，也应注意三个问题。“一是字的构成法则是不是可以称作一种‘思维’方式?”“二是‘字思维’要与整个中国古典与现代诗学结合起来，才具有生命活力和远大前景。”“三是在比较中华汉字思维与西方拼音文字思维的时候，在讨论汉字的诗性特质与西方拼音文字纯表意符号特质的时候，不要将两者加以对立，要有一个客观公正的健康心态。”[28]1996年11月8日，在北京还专门召开了“字思维”与中国现代诗学研讨会，与会者就“字思维”概念本身及其与中国传统文化、与汉语诗歌语言特质、与中国现代诗学的关系等问题展开激烈而深入的讨论。[29]

2. 关于诗歌修辞的研究

前几年，张目致力于设计并考察现代主义诗歌本文模式的“语言——意象——象征”三维架构。最近，他又以隐喻“连接言意象，贯通三维架构，使之成为有机整体，从而滋生出无限意蕴的功能系统”。因为，在他看来，“隐喻是一种功能，而且这种功能具有诗性的特点。”他认为，隐喻的诗性功能的关键和作用“是对等原则从选择过程带入组合过程”，“也就是依从对等原则，把隐喻带入转喻”。他把隐喻分成三类，分别进行了探究，即：标志式隐喻、置换式隐喻和象征式隐喻。最后，他将对隐喻的分析同诗歌现象结合起来，“在写实的诗歌中，转喻起着主导作用，它强调的是叙述；具有现代主义倾向的诗歌中，隐喻起着主导作用，它强调的是暗示；而介乎隐喻和转喻之间的，是浪漫的诗歌，它多用明喻，强调的是抒发……”。正如他自己坦承的，这种分析有点“简单又武断”。[30]针对于坚等人提出的“拒绝隐喻”的反叛性口号，姜耕玉写了《当代诗的隐喻结构》一文，予以反正。他直截了当地说：“没有隐喻就没有好诗。”因为，“隐喻结构，作为一般认知模式，是一种古老的经验和智慧”。而其功能，“发自隐喻式的感觉方式”。他看出隐喻结构的艺术规则有三条：“首先，尽量造成比喻双方的‘远距’，开拓隐喻结构的意义空间”；“再则，通过比喻双方的相互作用、相互渗透，引出新的关系意义”；第三，隐喻……“诱发人们进行联想和想象，去发掘新的更多的意义”。他又认为，在当代诗歌中，隐喻的意象大致可分为四类：装饰型、精致型、深沉型和客观型。而象征的隐喻与一般隐喻相比，有以下特点：主体的抽象性、喻体的自主性和喻指的超越性，其主要功能有三个方面：有形中寓无形，有限中见无限，瞬间现永恒。[31]

3. 关于诗歌体式的研究

80年代以来，一直有让诗歌回到诗歌本体的呼声。但是对诗歌本体却很少有人作出有效的界定，所以大家对本体的认识有一个过程，即1989年以前的着重点还基本停留在诗歌的本质或文本的意义等属于内容范畴的概念和问题上；1990年以来，尤其是在过去的两年里，诗歌的形式尤其是格律日益为人们所关注。

刁永泉的长文《21世纪——走向汉诗的格律时代》说："诗在寻找语言。新诗史将揭开新的一页，交由格律诗来完成，建设格律的时代开始了。"他认为："现代精神不是通俗白话，也不是自由诗的专利。正如西方一样，它也以格律诗为载体。"[32]杨匡汉的《说诗调》一文则提出了五条建设性的具体规则：节制的原则、齐整和变化的复比率、内在律动与外化旋律的调适、宜松不宜紧的节奏音韵、语言整饬与生命情调相对应。他这里所说的"诗调"与传统所理解的格律和声调有所不同，它包括两个层面："一是指诗的格调"，"二是指诗的协调。"[33]

诗歌创作状况

这两年里，有些老诗人宝刀未老，依然写出了可堪赏析的佳作。最值得研读的是著名讽刺诗人刘征发表于1996年2月号《星星》的《画虎居寓言诗》（五首）；其一《聊斋新编》戏拟狐狸的口气，嘲笑了官商勾结的丑恶现象，于嬉笑中饱含着怒骂，"异史氏曰：莫以为法律一钱不值/每个字价值五斤权势加五斤钞票"。其二《发财本〈红楼梦〉》戏仿无聊无能的堕落文人的腔调，劝曹雪芹将红楼梦改成武侠加色情加鬼怪小说，厚颜无耻地称之为发财捷径，从而鞭挞了当代文坛的某些不良现象。其三《断臂的维纳斯》借用寓言小说的笔法，叙述维纳斯下凡，在酒店里因为没钱付帐，而被老板砍下了一条胳膊，说明在这个俗世上，美只有被利用或戕害的命运。其四《肥牛颂》是对颂诗的戏仿，表面上是在歌颂因吃喝玩乐而肥胖的官老爷，实际上是无情地讽刺了那些高高在上而且鱼肉人民的贪官污吏。其五《佛和佛的影子》写佛的影子依仗佛的权势，无恶不作。"佛爷呢，总是笑眯眯乐呵呵/依然无愧于清如水明如镜的圣者。"事实上是在包庇。而"王母"等大小官僚都慑于佛爷的威势，"都睁一眼闭一眼"，事实上是在助纣为虐。最后以反语手法质问读众："好在人世间找不到这样的影子/天上的事儿，又何必管这许多?"这些诗看似轻松，实质沉重，在传统的形式里、素朴的语言里，包孕着针砭时弊的锋芒。七月派诗人冀访的《我对芒刺说》赞美了芒刺，也赞美了武器，因为它们是捍卫自身的本能性力量。《我对蛆虫说》诅咒了上帝先造蛆虫，再造人的神学谬论，也诅咒了上帝本身，说上帝是蛆虫的另一种形象，表现了彻底的无神论的战斗精神。《我对宇宙说》则展现了老年人对宇宙中的短暂而不定的人生的疑惑和喟叹，不过，并不怎么悲观绝望。李瑛的《我的另一个祖国——为2000年在中国消除贫困而作》表现了思索社会，忧虑祖国的激越情怀。他惯于描摹细节，以重构丰厚的生活体验。雁翼的《商人悟语》没有像许多其他同题材的诗作一样，情绪化地咒骂商品经济，显示了老诗人可贵的理性思考。

1997年3月，中国人民大学现代诗学研究中心和改革出版社联合推出"中国当代诗人精品大系"丛书第一辑，集中出版了欧阳江河、翟永明、西川、陈东东、肖开愚和孙文波等六人的个人诗集，他们都是在80年代中期和90年代以来，有广泛代表性的实验先锋诗人。欧阳江河的《透过词语的玻璃》"以他准确的措辞和深刻有力的思想，表现出对时代以及人在这个时代的处境的洞察，更确切地说，生活因为他的写作而产生了异乎寻常的寓言的意义。""他的笔像一把简洁有力，但颇有分寸的刻刀，在语言的胶泥上，可以随心所欲地刻画出所希望的效果来。""更重要的是，他善于在词与词之间制造戏剧性的冲突，利用可能有的间隙突然改变词语的意指方向——不是使词变得意义含糊，而是使词在悖论的关系中变得更加紧张和富有多解的表现力。”“雪助人忘却，但被推迟到老年。”（《雪》）这样的句子表现了“他内心深处不能自已、同时也上下不得的无休止的隐痛。”[34]翟永明的《黑夜里的素歌》“把握着个人的生存经验，反省历史和时尚，保持了一个现代诗人必要的警觉”。“由内心的剖述，转而为一种外部事件性的描述。”“抓住一种近似于哲学的本质性，对事物的基本原子进行陈述。”集子中最出色的是压轴的《十四首素歌——致母亲》，那是她和母亲的对话，快乐和忧伤、生和死之间的界限是模糊的。[35]西川《隐秘的汇合》是一次“朝圣，是向着基地（源泉、不灭的空间）所发出的长吁和祈祷”。“也有另外一种声音，……那就是对结局的不可知论。”“哪怕是光明的前途也不能保证人们不是继续生活在黑暗之中，哪怕是正确的高度和步伐也不能保证人们不是依然生活在错误之中。”不过，“当他在黑暗中歌唱，在‘给魔鬼壮胆’的同时，也在给所有处在黑暗孤独当中的人们送去安慰，送去勇气，其中包括那些已经在路上随风飘散的亡灵，也包括我们这些竭尽全力奔赴终点的未亡的亡灵，让死亡及其所带来的损失对所有的人来说变得容易接受些。”“他眺望那空想的雪山/他把自己变成一团火焰。”（《空想的雪山》）[36]陈东东的《海神的一夜》“不光为读者提供了一种个人的内心经验”，“既有特定的地域性，而同时，也是无地域性的”，“对词语冒险的兴趣，显然大于对观念本身的兴趣。”“更多的是让读者去阅读——看，或观察，而不是去冥思苦想。”因为他的写作“靠的是能够还原为物质的，一种几近于透明的‘物象’。”这些诗都是“本地的抽象”，围绕南方和都市展开，具有典型的南方气质：湿润，秀雅，细腻，敏感，多疑而不失飘逸。他的短诗“多半是给都市生活场景一种抽象。”他既是江南一路诗人的代表，也是“都市形式主义诗人”的代表。[37]肖开愚的《动物园的狂喜》“是对一种较为理想但并不明晰的道德观的追求。”“体现出对诗歌当代性的关注。”随着“经验性的不断增强，诗歌在语言上和风格上也变得强悍有力，大量的细节和世俗生活场景也开始进入到他的诗中，通过这些有力地展示出我们这个时代的某些本质特征。”“在诗中使用口语和俗语，并把叙事性引入诗中。”“在他最好的作品中，我们会感到一种眩目的色彩和令人震惊的强度。”[38]孙文波的《地图上的旅行》表现的是当下的、日常的、每天都要碰到的生活。然而，也“让人们看到了日常生活的‘反面’，以及人在反面中可怕羞辱的存在。”孙文波“想教会读者叙述的技巧，并通过这技巧，重新去编排诗歌作品中的语言秩序。”“在语句的调度安排上，他从容，耐心，态度极其谦恭，但写出的诗句有时却极其‘恶毒’。”“他又是那种沉痛和严肃均不流露笔端的诗人，虽然他从不掩饰自己的滑稽，以及这种滑稽随时可能带来的喜剧效果。”[39]

1997年12月，中国作家协会评出了鲁迅文学奖全国优秀诗歌单项奖。获奖作品有李瑛的《生命是一片叶子》、匡满的《今天没有空难》、韩作荣的《韩作荣自选诗》、沈苇的《在瞬间停留》、张新泉的《鸟落民间》、王久辛的《狂雪》、辛茹的《寻觅光荣》和李松涛的《拒绝末日》。谢冕说：“李瑛诗中有沉厚的历史文化的积淀。这位来自高等学府又有长期军人生涯经历的诗人，他的‘书卷气’中流动着一股豪放的激情。这些因素的综合，造就了一位风格独特的诗人。”林莽说：“匡满面对生活，面对内心，以一种沉静的音调歌唱。他的诗深入、细微、语言洗练，溢满灵动，处处体现了对生活与生命的体验与领悟。在最富创作实力的中年诗人群体中，匡满是一位不断进取的诗人。”叶延滨说：“对韩作荣的作品，我不可能百分之百完全认同，但这些诗篇让我感到，诗歌会让人到达一种境界——只要你真心向往，诗将会将你提升。”吴思敬说：“沈苇生长在江南水乡，工作在大西北，二者地域风貌与人文景观的巨大反差，给他以透视西部生活的新视角。雄浑的境界与灵动的诗魂、粗砺的意象与细腻的情愫、富有弹性的语言与深邃的思考，有机地交织在一起，构成了沈苇诗歌的独特景观。”杨子敏说：“张新泉的诗朴实、家常，有内蕴，有味道，有内在的魅力。他没有写什么惊天动地的大事件、大场面，写的几乎都是眼前的、身边的日常生活琐事，笔下的人物也是些无名之辈，或终日奔走在谋生路上的小老百姓。读起来却不觉得琐碎、细小，反而觉得开眼界，好像透过一只短短的、细细的单筒望远镜，看到眼前那些一向都很熟悉、很不起眼的东西，突然变成了庞然大物。”高洪波说：“军旅诗人王久辛……努力通过诗歌来探求并寻找‘人格精神’，对理想、奋斗等均有角度新颖的理解和诗意的阐述，虽然部分短诗略显单薄，但综观全书，可以感受出诗人对历史和责任的郑重思考，对军旅生涯刻骨铭心的体验和表达，对民族和人类的精神命运也有独特的理解。”浪波说：“辛茹十七岁便进入军营，成为一名女兵，这是她‘走向生活’的起点，也是她诗的起点。作为军旅诗人中的女性，她的诗——多为爱情诗——在当代军旅诗中开辟了一角新的风景，以其独特的风采引起读者的注目。”张同吾说：“李松涛……以诗人的良知和锐敏的思想洞察力，正视我国生态环境的现状，从而进一步探究人与自然的有机联系和内在规律，表现了对人类命运的深沉思考。”[40]

这两年中，还有一些别的优秀诗作，如韩东的《雾》、《苏州——大厂》、《致丁当》、《木工》、《打鸟的人》、《纪念》和《河的两岸》等，巴音博罗的《云朵》、《鸡冠花》、《马蹄》、《钟表店》、《遗像》和《渡口》等，南野的《带着问题居住》、《钢铁木马》等，简宁的组诗《献给巴哈欧拉的十四行诗》（包括《祈祷》、《露水》、《约伯》、《安慰》、《看见》、《现在》、《慢调》、《屋宇》、《工地》、《翠鸟》、《饕餮》、《黄昏》、《夜晚》、《观察》等），汗漫的组诗《变奏：为中国名曲而作》（包括《梁祝》、《平沙落雁》、《阳春白雪》、《空山鸟语》等），柳云的组诗《石头及其它》（包括《听钟》、《元月的雪花》、《一种过程》、《石头》等），王家新的《帕斯捷尔纳克》。

也许是由于女权主义的方兴未艾，也许是由于和平时代的文明日益女性化。这两年里，女诗人的不断涌现，女性诗歌倍受关注，不仅有许多男批评家甘于为女性诗歌摇旗呐喊，擂鼓助威，女诗人们也主动走到了前台，为自己的话语权利进行辩护，为自己的话语方式进行解释。除翟永明和辛茹外，还有几位也为诗坛奉献了不可多得的佳作。钟鸣曾比较翟永明和舒婷，说后者的写作“几乎是青春期写作。它依赖诗歌生存的氛围，个人激情和前期无名者的状态。所以，难以终生维持。最多，维持一种身份。”从舒婷这两年的创作来看，她在努力调整自己的运思方式和话语策略，如长诗《最后的挽歌》摆脱了她早期的单一化抒情风格，而具备了真正的现代诗的复杂。另一首大型组诗《都市变奏》显示了舒婷对秩序的渴望和努力，全诗以农历的二十四节气来布局，简洁地描述了每一个节气中具有代表性的事物现象和感受，有点像是在记日记，比较散文化。海男这两年的代表作是长诗《狮子和六月》，在形式上似乎显出规范和整饬，如四行一节，行与行之间的顿数差异也不大。但整体上还是像前期的《女人》等作品一样，一任想象之马张开翅膀，无拘无束地遨游于天地之间，一会儿是现实经验世界，一会儿是幻象臆想境界。海男是一个完全受控于想象力的诗人，她曾说过，如果有一天她的想象力丧失了，写作便得画上句号。[40]不过在这首长诗中，她加入了许多体验和经验。海男的诗歌也许称得上是中国目前仅有的后现代写作的典范。小叶秀子这两年也是硕果累累，主要有组诗《错爱一生》、《无影之唇》、《面影》和《无端》，还有《桃花劫》、《境遇》、《火之缘》、《伊甸园的审判》、《回望北方》和《半醉，孤独的阳光》等。这些作品正如谢冕所说，“达到了新的境界。她不仅仅拥有，她同时也失落，诗人的心不仅仅拥有生机勃发的空明澄澈”，而且有“悲怆的美感”，如“对生命的感悟”和“对死亡的思忖”。[41]或者如张海鸥所说，这些诗由早年的对爱的痴迷，走进了更深广的人生领域，而且诗作的语体代表着一种时代风格——装饰，而隐喻是装饰话语的重要手段，所以她用了大量的隐喻性意象。[42]

这两年比较好的女诗人和作品还有宋德丽的组诗《语言和空间》、海莲的组诗《起风的时候》、郑敏的组诗《母亲没有说出的话》、雨馨的组诗《纸器》、慧玮的《晒云的母亲》、罗莲《水中的陶瓷》、李智红的《萧声渐远》、岑琦的《蓝月亮》等。

〔1〕《绿风诗刊》1996年第4期。
〔2〕《诗探索》1997年第1期。
〔3〕叶延滨语，见《诗刊》1996年第3期。
〔4〕《文学评论》1997年第1期。
〔5〕思文《第十一届全国诗刊诗报协议会召开》，《诗潮》1998年1—2月号。
〔6〕《新时期诗歌的骤变和再生》，《诗刊》1996年第2期。
〔7〕《反思与拯救：90年代新诗写作》，《诗探索》1997年第2期。
〔8〕《端正诗风，繁荣创作》，1998年1月25日《文艺报》。
〔9〕〔12〕《绿风诗刊》1996年第3期。
〔10〕《当代先锋诗十病》，1997年10月4日《文汇读书周报》。
〔11〕谢冕《有些诗正离我们远去》，1996年7月28日《中国文化报》。
〔13〕《诗神》1996年第1期。
〔14〕《阐释之外——当代诗学的一种话语分析》，《文学评论》1997年第2期。
〔15〕朱先树《坚守顺应继往开来——全国诗歌理论青州研讨会侧记》，《诗刊》1996年第6期。
〔16〕《诗学：理论与批评》，百花文艺出版社，1996年。
〔17〕《文艺争鸣》1997年第2期。
〔18〕《诗探索》1997年第3期。
〔19〕〔25〕〔42〕《诗探索》1998年第1期。
〔20〕《让蒙面人说话》，东方出版中心，1997年。
〔21〕《诗探索》1997年第2期。
〔22〕《诗神》1996年第7期。
〔23〕《作家》1996年第5期。
〔24〕《诗探索》1996年第3期。
〔26〕《文学评论》，1997年第2期。
〔27〕〔28〕《诗探索》1996年第4期。
〔29〕会议情况可见《诗探索》1997年第1期。
〔30〕《隐喻：现代主义诗歌的诗性功能》，《文艺争鸣》1997年第2期。
〔31〕《诗探索》1996年第2期。
〔32〕《衮雪》1996年第1期。
〔33〕《诗神》1996年第9期。
〔34〕程光炜《写作的寓言（代序）》。
〔35〕钟鸣《快乐和忧伤的秘密（代序）》。
〔36〕崔卫平《超度亡灵（代序）》。
〔37〕钟鸣《护散的经验（代序）》。
〔38〕张曙光《狂喜或悲愤（代序）》。
〔39〕程光炜《叙事及其它（代序）》。
〔40〕鸿男《是什么在背后》，春风文艺出版社，1996年。
〔41〕谢冕《〈纤纤的叶〉序》，华艺出版社，1994年。

散文创作与研究概观

于 祎 杜 蘋

1996、1997年散文创作情况

’96、’97散文界的情形大致延续着90年代以来散文的热风景。其弊端来自热闹喧哗背后隐含的浮躁、随意的炒作气息：副刊散文困扰于文化快餐品味；数量膨胀的期刊

散文质量萎缩，精品意识淡漠。不过，在散文虚热的内里，新时期以来所形成的几大创作群体版块均保持了较为稳定的存在状况。

女性散文进一步成熟，老中青三代的集合占据着散文界半数的天空。女性意识的表达与女性书写的风范在这两年里得到进一步展现。最为值得推重的是部分本着女性主义思想进行的创作。部分女作家在指诉长期以来男权压迫的同时，有意识地返回自身生命体验，在极具其强势力量的男性话语潮中探寻女性的声音，在自我反省、自我否定、自我调整的过程中，艰难展现女性意识觉醒的复杂的精神历程，截然不同于温煦甜糜、顾影自怜的“小女人散文”。筱敏《血脉的回想》[1]在不无辛酸的回朔中，超越于对外祖母、母亲两代人命运的描摹，将锐利的目光锲入她们的精神事实：外祖母的“空无一物”，母亲被伉俪情深遮蔽的生命。指出“我”的不同是审视自我，以独立的姿态面对捕获、抵抗剥夺。作者对女性问题的思考带有历史的纵深感与现实的厚重感。叶广芩《母亲的辉煌》[2]、木子《度过昨日》[3]也是审视女性命运的作品。华姿《寻找一个兄弟》[4]表达了渴望与男性建立灵魂平等关系的理想，寻求“兄弟般的情谊”；而杜丽《美好的敌人》[5]却恰是从经验出发，以丰满的感受抒写了谋求异性情谊时的困顿与理想的破灭。作者清醒地意识到追求兄弟情谊时面临着肉体与精神的双重阻隔。

部分女性散文直抵生命本真，以不凡的睿智洞察人格、世象，亦或质疑、瓦解了许多空洞的能指，如：亲情、故乡、理想。周晓枫《抱菊而眠》[6]诠释了“B”的人格气质秉性，对善良的负面寄寓了深深的怜惜。张爱华《亲情解析》[7]淡去了曾经安抚过无数灵魂的缠裹在亲情之上的理想主义光环，还原给我们冷酷的真实。华姿《生活在别处》[8]以开阔的空间感解构了“渴望远方”与“回望故乡”的憧憬，显露出激情背后的虚妄。对于女性哲理的诗情体悟，在迟子建《滴水可以活多久》[9]、《木器时代》[10]中有所展示。作品以水以木提供了生命本质状态的隐喻，提供给人们超拔的生存观。

横向铺陈各种感觉，直至细到神经末梢的触动在钟怡雯《垂钓睡眠》[11]、阿呜《破碎》[12]、北北《划过夏季的玻璃》[13]、唐韵《生命从指间消失》[14]中体现得极为鲜明。女性把握瞬间感受、体验微末的能力在女性散文中得到淋漓尽致的挥洒。

青春、爱情、主妇生涯、亲子之情、童心童趣历来是女作家热衷表现的领域。庞天舒的《主妇生涯》[15]、程黛眉《那时我们正年轻》[16]、周晓枫《驴和骡子》[17]、《懒洋洋的天》[18]、元元的《一地月光》[19]、唐敏《可爱的小老鼠》[20]、《小别赠言》[21]虽然不无单薄稚弱、模式化夸张与自我欣赏的形象营造等弱点，然而，其气度迥异于“小女人散文”的小情调，内中包含有较多的优游于烦恼人生的豁达从容。

这两年，女性散文的优秀作品体现的走势为：走向开阔的思维、诗情与哲理的体悟、成熟的阴性表达。由此可见，女性散文在新时期的崛起并非偶然，它的丰盈、壮大证明散文这种心灵性、情感性较强的文体会在女作家手中继续繁荣。

中年实力派作家葆有以往的实力。他们的创作延续了以往的超拔的精神、激越的情感、男性的理性与大气。周涛《塔里木河》[22]从民族、文化、历史的角度解读了维吾尔民族性格的本质：忧伤。《梦廖廓》[23]给予北疆军旅生活深切的体验。周涛善于从异族、自然等异己力量中汲取智慧启迪、精神力量。由英雄情结引发的雄浑豪迈和探究人类文化学带来的终极关怀色彩，已成为他作品的主要特点。以宗教理想为标尺的张承志1996年在《花城》的《鞍与笔》专栏发表了6篇长及万言的散文，以精神独白的方式展现自己的人生理想。《冰山之父》[24]在对三大山的造访中，自我心史与诸民族心史并进，在对山河的崇拜中追求生命观念的神圣与崇高。哲合忍耶精神与诗质的激情再度结合而有《把黑夜点燃》[25]与《沙漠中的唯美》，[26]抵抗的绝决与不被理解的苦涩使这两部作品充满了悲剧感。史铁生《聆听与跟随》[27]具有史铁生式的超越生存困境、执著追求精神家园的严肃、认真、通脱。

继 90 年代中国社会的技术理性化转向之后，小说的客观化、诗歌的文体束缚使散文因其主体性、自由性特征成为张承志、张炜、史铁生等精神求道者的栖居地。渴望理想、崇高的人文精神与诗性的激情结合产生了一批富于精神含金量的散文。此类散文出自中青年作家之手，这两年除前述张承志的创作，还有瘦谷《海底的火焰》[28]、林贤治《一个人的爱与死》[29]、摩罗《巨人何以成为巨人》。[30]它们对世俗世界采取了较极端的疏离态度，以其强烈的思想、精神内质与世纪末思想贫血的颓势形成对照，但也因此显露出其直露的意识形态情结。

一批涉足散文的中年小说家也常有佳作。较好的作品有：刘心武《小颗颗》[31]在一个浅显的“人生必得做减法”的哲理中融入了真性情。王蒙《冬季》[32]铺陈展示了追寻精神故乡、追寻理想的艰辛；游历剑桥结晶的《晚钟剑桥》[33]温馨细致。冯骥才《冬日絮语》[34]象喻新颖。小说家散文往往在不期然间过度发挥叙事才能，对实生活层的过多描摹令情感性、生命体验性受挫。

概言之，中年实力派作家延续了他们以往的风格与写法。

《大家》推出了“新散文”；五六十年代出生的作家最为活跃。这两年突出的新现象是 1997 年由《大家》杂志推出了 60 年代出生的庞培、张锐锋的散文新作。《大家》将其命名为“新散文”。庞、张“新散文”的代表作品有庞培的散文长卷《五种回忆》[35]、《乡村肖像》[36]，张锐锋的长篇散文《倒影》。[37]这些作品对童年记忆作共时性展露，而不是将事件依时间顺序连属；写作起始于心灵在记忆中的漫游，着眼于细处的铺陈。其零星组合式的文本、间杂的形而上阐示提供了一种新的写作模式。他们的思考致力于普通人的存在，这使他们在个人化记忆与历史、时代、人类的普泛性之间寻找到了沟通的可能。在挖掘记忆的同时，他们对童年不是加以简单的描摹和再现，而是进行某种超越材料本身的深度凝炼。庞、张“新散文”表现出一定的虚构倾向，只是，其目的旨在从被时间“磨损了现场提取往事的指纹，”“重现业已消逝了的东西，并使其恢复完整性。”（两段引文均见《大家》98〈1〉张锐锋《让隐匿的事物发亮——我的新散文写作及其它》）想象形成了“新散文”“过去进行式”的叙述。

“新散文”较多长篇制作与手记体，以手记出现的作品中，海男《生发者手记》[38]、于坚《棕皮手记在西藏》[39]较为能够摆脱手记的纪实性、艺术粗糙等缺憾。

“新散文”涉及的作家还有王小妮、钟鸣等人，他们之间缺乏一致的美学主张，存在种种分野，诸如：繁复铺陈与各种手记的粗糙报告倾向；面向心灵的倡导与为写作而写作的倾向。过分沉溺于写作技巧是一部分“新散文”产生危机的隐患。“新散文”多有长篇巨制，存在书写失控的问题；庞大的信息量有时令其由零散而琐碎，销蚀着读者的耐力；知识性、理念化与虚构如果不得限制，也会伤害散文文体。作为新现象，它的特点还有待于进一步辨析。

50 年代中后期及 60 年代出生的作家是这两年散文界最具活力的群体——庞培、张锐锋、钟怡雯、周晓枫、苇岸、瘦谷、包尔吉·原野、筱敏、华姿、刘亮程、王俊义、王开林、韩春旭、丹娅、程黧眉、唐韵、海男、张立勤、于坚等等。他们兼有较好的文化与人生积累，或多或少地亲历了 20 年来中国社会的巨大变革，受东西方文化再次碰撞的变革时代的影响，他们更注重从个性心灵出发而不失厚重。他们同时赶上了文艺美学的语言学转向，驾御语言的热情与潜力有胜于他们的前辈之处。他们变革散文的多种尝试，一时难以看清，但探索的努力终究是应予肯定的。

散文的艺术探索尚显拘谨局促，“无技巧”的自然本色写作仍然是创作的主流；散文体式向长篇发展。散文艺术历来存在两个向度。一部分作品试图突破传统的散文创作模式，扩大散文的表现方式，这种努力仍然局限于少量篇目，如：《“潜在自杀者”叙事》[40]（魏黎）的荒诞手法，《月亮领着灵魂走》[41]（王俊义）的蒙太奇结构；《一个人的爱与死》[42]（林贤治）的词条的形式；《尸体》[43]（林耀德）感性体验与理性叙述的间陈。艺术框架下的文本实验应该是散文变革的重要内容。这两年，优秀的作品更多地集中于“无技巧”的自然本色写作内。季羡林、张中行等老一代作家素来朴素写作，一向精巧独到的余光中也有了质朴之至的写父女亲情、从师经历的《日不落家》[44]、《自豪与自幸》。[45]徐晓悼亡之作《永远的五月》[46]用如泣如诉的生活语言大规模、不隐讳的追叙丈夫的血肉之躯。人格的魅力与性格的缺憾、善良的天性与不幸的命运、刻骨铭心的爱情共同赋予作品丰厚的内涵。菡子的《重逢日记》[47]在祥和安谧的气氛中，将“我”与“LM”两位古稀老人在短暂的重逢中重返十八岁纯洁真挚的初恋情怀传递给读者。以日记的断片记录的这一段初恋的复活富于即时性的真切。孙少山的《父亲》[48]是罕见的以犀利笔锋“审父”的作品，诚如作者所言：“一个人不能审问父亲就像不能审问自己一样”，在逼视我们自身难以启齿的问题上显示了勇气。黄永玉《此序与画无关》[49]引用了赫伯特·里德“我深信美学上的价值也正是道德上的价值，”深刻地肯定了生命的价值与意义。李蔚红《苦难麦茬地》[50]在素朴的叙述中饱含了对苦难的朴素的悲悯。该类写作从本质上实现的是生命与语言的同构，体现了用生命去写作的立场。“无技巧”的自然本色写作必得有深厚的生命内容作支撑，由于散文对现实人生的切近，就使这种写作能够在散文文体内长盛不衰，不断产生佳作。

就体式而言，这两年的散文有明显的长篇制作倾向，1997 年尤其明显。期刊散文动辄达到五千字以上，万言以上的散文屡屡可见。散文长卷从根本上说是散文寻求变革的方面，是信息扩充的要求。不过，目前散文的长篇发展又往往存在着失去控制、不加剪裁、过多枝蔓等问题，很大程度上由散文界浮躁、随意之风所引发，正因为如此，它已经在向读者的阅读承受极限挑战。

从题材取向考察，生灵、生态题材和都市题材的散文篇目日渐扩大；文化散文（准确地说是文化随笔）依然在各类期刊中占据庞大篇幅。与环境意义的提升同步，散文里的自然——家园意识逐渐增强，生灵、生态题材的散文已经构成显明的一族。对自然生灵世界的关注体现出两种意向：其一是生态意旨，其二是生命平等意识。这两年的期刊中不仅出现了“环保散文专辑”，还出现了一些佳作，如：《美生灵》[51]（张炜）、《泪的重量》[52]（林希）、《羽毛的浮力》[53]（周涛）、《鹿的眼睛》[54]（许淇）、《大地上的事情》[55]（苇岸）、《敏感的河流在我心中颤栗》[56]（刘元举）《象脚花瓶》[57]（喻丽清）、《蝙蝠悲歌》[58]（戴小华），等等。这些作品在生态意识之上体现了自然、生灵与人类生命灵魂的相系相依，在独立自足的生态生灵世界内寄寓了包含人类在内的生物界至高至美的理想，生物的灵性被纳入到与人性平等甚至高于人性的地位加以言说。主体的投映赋予自然生灵世界人格化的表达使这部分作品脱离了“问题文学”的机械。

都市题材的散文伴随着近十年中国城市

的都市化进程而来，这两年渐渐清晰。《城市宿营地》[59]（王开林）、《上海人的“面子”与“夹里”》[60]（陈丹燕）、《小洋房里的主妇》[61]（潘向黎）、《生活在城市之中》[62]（丹娅）集中反映都市人心轨迹与价值方程。作家主体对都市文化的剪裁集中于：都市人的生存情状，受物欲挤压的价值观，都市边缘人传奇，失去故园的流浪心迹。流浪与孤独、欲海中人的异化与自守是常见的主题。由于乡土与都市两种文化的异质性，就使都市题材的散文呈现出较多艺术上的新追求，《城市寓言》[63]（瘦谷）、《隐形的城市》[64]（吕约）、《月亮领着灵魂走》[65]（王俊文）对象征、隐喻、蒙太奇手法有充分的运用，现代艺术手法的介入给这类散文带来了丰富的表现力。都市题材散文的深化发展将会成为散文多元景观的重要一元。

自80年代末由余秋雨开创的文化散文延续及今已成为当代散文的题材传统。其内部演化出的两种积弊可以归纳为：一、主体为历史材料的抑制，有学术笔记的学理化倾向。二、沿袭余秋雨散文模式作比附式的文化感喟，超越于主体个性。这两方面是影响1996、1997年文化散文文学价值提高的主要问题。何向阳《澡雪春秋》[66]、韩春旭《新人类》[67]、肖复兴《寻找勃拉姆斯》[68]、肖克凡《激情行动》[69]、韩静霆《梵高与青藤》[70]，分别抒写的是孔子、尼采、勃拉姆斯、海明威、梵高与徐渭，以人物为核心而打破了传记式的史实演义，代之以对文化人物的透视，摄取极富有精神价值的历史人物所辐射到今世的灵魂之光。在将自我的理想人格价值投映到历史人物的真实言行上，重组形象的不朽时，这些作品都燃烧着主体强烈的生命意识或动人的人格精神。

在蔡翔的《底层》[71]、《北方传奇》[72]、王俊义的《抚摸汉朝》[73]中，文化已非典籍记载，而是活在民间的血液中的活文化。蔡翔既是底层文化、北方民间文化的歌者，也是其寻梦者。

近两年，散文界存在着较浓厚的理性化氛围，究其原因应该是社会转型深化引发的情的消退以及要求散文承担文化史、时代史书写责任的呼声。其表现首先是随笔篇幅占据着宽泛的散文概念内的相对优势，文化散文的学术理性趋向是其中的一部分。文化散文目前最大的危险是陷入文化解释、陷入主体空洞的史的消费不能自拔；能否打破既成的模式是对文化散文的考验。

死亡的主题下容纳了一些佳作；回忆与悼亡是散文的重要主题之一；联系国内值得纪念的大事，产生了一大批相关的散文。死亡是生命的悲剧，历炼着人世的创痛，但接近死亡，本质上是向往、热爱生命的极端。这两年离世的散文作家有汪曾祺、戴厚英、李佩英、林耀德。步履仓促的戴厚英、林耀德分别留下了令人悚目惊心的《说梦》[74]、《尸体》。[75]两篇遗作关于“托梦”的神话与围绕尸体的纵横捭阖，行文怪诞，感受独特。李佩芝缠绵病榻多日，留下了血泪交融的《守望灵魂》[76]，殷切传送了“敬重生命、善待生命”的嘱托。

张立勤在《追不上生命》[77]中抒写了深味生命脆弱后，顿悟与死亡之抗争价值的心理过程；王晓华《关于死亡》[78]论叙了由恐惧到超脱死亡的心路；老高《然后》[79]是对死亡的最原始的“记录”。人们以各种形式与心态探问死亡，对死亡的探讨意味了散文生命体验性的深入。

回忆与悼亡散文目前存在的问题是由于对人物缺乏足够的了解与理解，或者情感份量不足，因而止于满足于二、三事的连缀，再揉合上表面化的抒情。纵观这两年的散文，悼亡之作当推：《永远的五月》[80]（徐晓）、《遥想艾青》[81]（徐刚）、《痛悼戴厚英》[82]（杜渐坤）、《永别亡约》[83]（艾晓明）、《伴灵絮语》[84]（绿原）、《春蚕到死丝已尽》[85]（舒婷）。回忆散文当推：《周扬的目光》[86]（王蒙）、《冰心与木香花》[87]（张昆华）、《黑娘》[88]（牛汉）、《梦与泪》[89]（舒乙）、《一杆红木秤》[90]（鲁光）、《汪曾祺在大连》[91]（徐城北）、《真亦可畏》[92]（周汝昌）、《从往事门前走过》[93]（裘山山）、《我擦洗我爸爸的脸》[94]（王小妮）、《艾草清凉》[95]（颜颜）。人物的立体化与情感的慑服力历来是回忆与悼亡散文取胜的重要砝码。

近两年，各杂志纷纷就"'97 香港回归"推出纪念征文或专辑栏目，但鲜有佳作。圣光《香港感觉》、[96]陶然《"1997"之夜》[97]可作代表。朱建信《从瑞金出发》，[98]主题是纪念长征胜利 60 周年。纪念文革三十周年，反思当年的疯狂、野蛮和荒诞，控诉它所造成的心灵伤害的散文有：孙绍振《满脸苍蝇》、[99]李平《祖父》、[100]张天佑《庞然的阴影》、[101]程乃珊《冬》。[102]高红十《黄土如诗》、[103]梁南《我那间泥屋》[104]系知青题材的散文。应时代而作的作品往往由于心灵积淀不足易于失败。

1996、1997 年散文研究情况

伴随 90 年代的散文创作热，散文研究渐次升温，它直接表现为研究文章篇目数量的显著增长与研究群体的崛起，此种情形持续到 1996 年，在 1997 年有所回落，但并无颓势。'96、'97 散文研究有步入"状态"的趋向，研究的综合化、探讨的纵深化、论文的专业化发展是近年、也是这两年散文研究的总体方向。

理论倡导"三家鼎立"，带动着散文文体研究。散文研究存在至今的难题是无论国内还是国外都难以借鉴到一套既成的、富于建设性的系统理论作参照，由此引起了散文理论、评论、创作三体彼此脱节、互动失效、难以共同步入良性循环。在国内散文理论建设的工程中，争论开始于最基本的问题，即："什么是散文?""我们需要什么样的散文?"由这一问题决定的散文理论研究目前形成了两种分歧、三方倡导。

"净化文体"论倡导者刘锡庆在《弃"类"成"体"是散文发展的当务之急》[105]一文中，鉴于作为"文类"的传统散文观念的滞后性、庞杂性，力主散文实现文体的自觉。文章规划了"净化文体"的具体目标，继续将弃"类"成"体"，解决散文向文学的提升视为当代散文的历史重任。在长篇论文《世纪末：对散文发展的回顾与思考》[106]中，刘锡庆回顾了现当代散文创作与理论的阶段性演进历程，阐释了当代散文文体观念的进化过程，总结了几点建设性意见。"1. 汉语散文必须走自己的路；2. 高扬'文学'的大旗是'规范'散文的标尺；3. 旧有'散文'范畴的'文体净化'是当务之急；4. 散文由生活而艺术的'转化'、'升腾'是产生'精品'、'大作'的关键。"这两篇文章继续张扬"艺术散文"的主张，重新规范了艺术散文的"范畴论"、"审美特征论"，描述了人性表现的五个层面，"范畴论"和"审美特征论"的明确化将有利于"艺术散文"的深入研究与理论成熟。

近年来，"艺术散文"的主张不断地受到理论界的重视、呼应与补充。施战军[107]W·"菱形秩序"描绘了艺术散文的内部运动机制，张国俊、常效东[108]则从当代社会文化语境的变迁指出，艺术散文的表现性、精粹性和无规矩性，在构成散文美的同时也使其自身具有某些局限性。

与刘锡庆主张不同，早在西安《美文》创刊[109]之时，就将多种实用文体划入散文，倡导'大散文'。1996 年，贾平凹指出："大散文"的提出是为了造就散文大家的气氛和土壤。[110]代迅在《散文：告别与复归》[111]中认为：当代散文路径狭小，只有"回归古代的大散文概念"才能拓展路

径。但是作者又承认："其实贾平凹曾经简略地谈到过向古代的大散文复归，但应者寥寥。"大散文的倡导者始终没有给出全面而清晰的论证阐述，这使倡导缺乏理论支持。

在"大散文"的争论之外，楼肇明创立了"复调散文"的概念。他与老愚合作的论文《散文：从单调走向复调》[112]，出于解决当前散文危机的目的，认为散文需要质变，"复调散文"可以打破封闭的写作者中心，产生"一种平等的文体"，实现质变可能。他论述了复调散文的四个方面："一是维度的改变，不再是一件事、一种情感、一个道理；二是一个主题包括二个母题，一个意象包括二个缩影，在两个层次、两个侧面上展开；三是宏观时空和微观时空碰撞、两个叙事人、双重视角；四是七嘴八舌、叙事人非常隐蔽。"楼肇明将提倡思想者、学者和诗人的三位一体，提倡复调散文，视为打破散文在封闭中恶性循环的方法。

散文的论争与理论倡导不断地启发文体研究。邱景华[113]历史地追寻散文的发展轨迹，用"母体"与"子体"之说界说"大散文"与"艺术散文"，试图阐释散文内部的裂变衍生过程。陈平原[114]依据古典小说与散文的姻亲关系，肯定了文类边界的跨越。张思齐[115]以西学和日本学中的相关观念为参照，重新界说了骈文、散文、美文等概念。刘卫英[116]多方面辨析了记人散文与短篇小说在体裁上的差异。文体研究的深化势必为散文理论的建立创造机缘。

关于"散文热"的研究热：贬多褒少。90年代的散文热是研究界的热门话题，其背景、成因、问题、态势备受关注。王岳川《90年代文学和批评的"冷风景"》[117]将散文走红归因于"世俗化的策略使然"、俯就大众期待视野的结果。他呼唤："重建散文的体裁，重建散文的深度，重建散文的个体经验与母语经验。同时开拓散文全新的文化语境和更有创意的审美境界。"楼肇明、老愚《矫情泛滥　大众得到了什么》[118]措辞激烈，抨击文坛负面种种，力主实行"三个否弃"："文化快餐"、"文以载道"、"文化霸权"。实现与"五四"和世界人文精神的接轨。谭桂林《90年代散文热的文化透视》[119]在社会转型的大背景下，将散文热视为国人规避政治话语、淡化意识形态性、寻觅生命温馨的"集体尝试"，也是生活节奏调整使然。作者认为散文热呈现衰相的根本原因在于"散文评论创作本身的软性化与私语化倾向走到了极端"，造成散文"严重的思想贫血"与"天地的日益狭窄"。丁帆、山谷、费振钟合作的《散文：多了些什么？少了些什么？》[120]批评了散文创作的四个误区：矫情（伪深沉、伪机智）、骄情（以老男人散文居多）、娇情（多见于小女人散文）以及故作亵渎意识，消解人的存在价值。王兆胜《走出当前散文创作的误区》[121]归纳创作弊端为"知识爆炸与精神萎缩"、"滥情矫情与生命衰弱"、"中西失调与心理偏狭"。作者指出：散文"'繁荣景象'本质是泡沫式的，具有内质的虚假性"。总体上说，关于90年代散文发展态势的研究中批评多于褒扬，批评的焦点多集中于商品经济背景下散文主体精神与情感世界的平庸与畸形。

当然，中性与褒扬的声音也不乏存在。杨经建《论90年代的散文复兴运动》[122]将散文热称为"散文复兴运动"，其特征是"呈现出由艺术消费调节出版，出版又调动创作的逆向运作方式"，有双重原因促使散文复兴：创作队伍空前的扩大和作家结构的多元化；创作观念的开放和艺术思维的拓展。傅瑛《走向世俗：跨世纪中国散文的发展态势》[123]认为目前兴盛的两类散文：生活散文与文化散文，均致力于对世俗人生认同的探索。作者将散文走出"纯散文"象牙塔接受大众散文滋润视为值得迎接的"民众庆典日"。傅德岷《世纪之交：中国散文的风景》[124]将女性散文、学者散文、雅俗散文称道为世纪之交的几条“蔚为壮观的风景线。”

以史的观念纵论当代散文的论文尚不足。陆明《谈当代大陆散文的演变轨迹》[125]、梁向阳《当代散文创作个性精神的式微与复归》[126]立足不同基点梳理了当代散文的脉络。

部分理论文章就具体问题深入论述，研究多维度展开。李晓虹《当代散文的读者召唤与审美期待》[127]从接受美学入手，既将散文热归于当前社会审美趣味、文化规范与创作的遇合，又从阅读的审美性、本文与读者的相互作用出发，呼吁创作力避粗制滥造。孙绍振《论台湾和大陆散文中之软幽默和硬幽默》[128]以“幽默”的美学范畴分析台港与大陆幽默散文，认为台港散文较多调侃性、戏谑性的软幽默，戏谑性与抒情性结合是大陆幽默散文的主流。薛奇一、晏美华《论散文叙述》[129]以小说叙述为参照剖析散文叙述，综论散文叙述的特征、地位与作用。李正西《散文情感论》[130]以心灵外化、人的生命本质力量的体现论证散文情感。此类论文大多是调动现代美学、文学理论开展研究的结果，有利于散文思维的转变，必将促进散文理论建设的立体化。目前，这种研究还没有充分展开。

有关台港散文存在状态的综合研究渐渐深入。长期以来对台港散文的研究较多停留在史的片断与具体作家的评论上，这两年对台港八九十年代的散文整体现状有深化的描述与研讨。楼肇明、蒋晖的《散文传统的地域推移和文化变异——关于香港散文》[131]采用“散文文体在文化、文学系统中的功能性结构分析方法”，将香港散文划分为传播完成期和发展成熟期两个阶段，从五个侧面评述了香港散文的总体风貌，肯定了曹聚仁、叶灵凤、徐讦、董桥、梁锡华、刘以鬯、梁秉钧、钟晓阳等一批作家的创作。文章认为：香港散文“既是我们民族文化的一种变异，又仍然是20世纪中国散文总体格局中的一部分。”楼肇明、江遗芳《台湾散文和阅读市场》[132]分析台湾散文在大陆市场的存在情况，讨论了多位台湾散文家的创作，得出了“在眼下市场经济的条件下，填平雅俗文化之间的鸿沟，俗中见雅，外俗内雅，可能会赢得最大的读者市场。”台港散文作为现代散文传统的继承者与变异者对大陆散文有显明的启示性，研究台港散文的创作与理论状况应当是大陆研究界不可忽略的部分。1997年，林幸谦在大陆发表了重要论文《90年代台湾散文现象与理论走向》[133]，论文着眼于台湾90年代散文在危机中的自我转化，探讨了“后散文”的“主体性变奏”：“一为叙述观点的转变，作者不再占据主体位置；一为散文体式的转变与扩大，不再固守旧有窠臼。”从理论上总结了散文创作对于书写模式的重新定义。预期了散文发展的新路：“由个人命运介入整体社会——历史或民族——文化层次，把公众领域纳入私人领域，同时亦把作者的私人性格纳入公众（他人）性格中。”论文涉及的散文小说化、诗化、虚构、想象等问题是多年来大陆散文理论界敏感的问题，它必然会引起大陆理论界的争鸣，进而促进散文理论建设。

有规模地对新时期以来作为“代”与“类”出现的作家群体的综合研究有建树。新时期以来，散文的世代性与类别性日益彰显，构成了散文创作中的集团特色，针对日渐成熟的各类群体进行研究极为必要。楼肇明、止庵的《瀚海冰川话沧桑》[134]将新时期20年近乎奇异的文化现象：“老生代”散文作为整体施以研究，认为“老生代散文温故而知新的意义是大于创新的意义的。”文章总结了老生代作家的突出特点和对于当代文学史的意义，指出：“坚持文化品味和人文精神，反庸俗，反小市民气，反商业习气，反卑劣人格是老生代作家的共同特征。”

作者对老生代的肯定最终回归到作者一贯的主张，即强调散文的文化本位。楼肇明、止庵《关于新生代散文的对谈》[135]对新生代在文坛的崛起进行了追本溯源，从理论上认识了新生代的成绩、问题、风格特点。在将新生代视为“正在觉醒的团体”（文体的觉醒、观念的觉醒）时，正视他们身上文化虚无、理想主义、鄙俗化等倾向。在作者的视野中，由于新生代对文体的重视，使他们得以告别“文以载道”的散文模式，而努力为散文文体重新定位。“小女人散文”系近年广为争议的论题，甚至殃及“女性散文”。王干《话说“小女人散文”》[136]为“小女人”散文做了清晰的界说，讨论了“小女人散文”存在的可能及其局限性，将它定性为“小康型”散文。文章将沪粤优越的经济环境、中国家庭文化的待发展、文学发展的多样性视为“小女人散文”存在的依据。这是第一篇综合讨论并同情“小女人散文”的文章，在对“小女人散文”的一片声讨声中发出了不谐调音。冯军胜《新时期女性散文的“权力话语”》[137]、何京敏《新时期女性散文的主体意识》[138]殊途同归地论述了女性散文在当代追问社会历史文化、张扬和重建女性主体精神、建构女性审美标准的努力。再次确立了女性散文的价值。

作家作品评论基本停留在感受式批评上，力作较少；1996年，余秋雨研究再掀高潮。散文评论历来停滞于感受式、零星化的批评阶段，改变这种状况有赖于批评者素质的提高与散文理论建设的推进。这两年，优秀的评论可作如下概括：刘锡庆《品评叶梦》[139]较为全面地把握了新时期以来叶梦的散文创作历程，将艺术散文的理想应用于批评，肯定了叶梦开掘自我“性灵”、抒写“生命体验”的创作道路。批评容纳了叶梦迄今为止全部的创作实践。孙绍振《超越审美　超越抒情：楼肇明散文对当代散文的意义》[140]，中肯地为楼肇明别树一帜的散文艺术人格定位，显示了笃定自信的评论风范。文章指称楼肇明散文“力图在诗情与智性，形而下的写实和形而上的超越，传统价值观念和现代西方价值观念之间，在叙述、描写、抒情的连续和纷繁的以隐喻为特色智性思绪板块组合之间寻求某种综合平衡。”黄书泉《意义的诱惑与形而上的陷阱——我看王英琦散文近作》[141]、范川凤《阳光缝隙中的生命抗争——评张立勤散文集《阳光是我的岁月》[142]、余亚梅《对自然的歌唱与冥想——论张炜散文》[143]、王尧《生命由梦想展开：论史铁生散文》[144]都从生命体验的深度看待散文，正如范川凤所说：“散文是一种表达生命体验的文体。”王干《冰消：透明的流动和凝化：评迟子建的散文集〈伤怀之美〉》[145]提出了“寒冷美学”，归结迟子建散文的审美内核为由冰的精神升华而来的“追求冰洁的美学品格和人格力量”。张鹄《一个云霞霓变的无穷天空：〈洞箫说剑〉的语言“陌生化”现象透视》[146]以语言“陌生化”为突破口，对李元洛散文集《洞箫说剑》的语言艺术进行审美观照。郑振伟《黄国彬旅游散文的崇高感：评〈华山夏水〉和〈三峡蜀道峨嵋〉》[147]，运用朗吉驽斯以来的“崇高”美学理论为理论依据。散文评论的实践表明，评论者自身文学与美学理论素养有待提高。

在余秋雨宣布“封笔”以后，有关他的研究反倒火爆起来。从核心理论期刊到各级各类学报，刊登的余秋雨研究层出不穷，从不同的角度开展的研究走向深入。例如：王强《文化的悲哀：余秋雨的学问及文章》[148]、汤溢泽《〈文化苦旅〉：文化散文衰败的标本》[149]、东方生《严肃与荒诞的巨大成功：余秋雨文化散文质疑》[150]、胡晓明《读〈文化苦旅〉偶记》[151]、仟从巨《余秋雨散文得失评说》、[152]唐韧《论余秋雨散文的文体创建》[153]、马元龙《重返大家气象：秋雨散文的超越》、[154]董伟建《余秋雨散文的艺术创新》[155]、武淑莲《余秋雨散文的文化悲悯》。[156]对余秋雨散文的评论集中于文化与文学两方面。批评者指责他："组装了历史与文学"，[157]无艺术创见，而他的中国文化阐释更是纰漏百出。称道者则肯定他"为历史造象"、[158]艺术上推陈出新、重建民族人格的执著等等。余秋雨散文是当代散文创作实践争议最大的分歧点，有关的研究还会继续，将散文定位于文化，是耶？非耶？还有待于在散文本质的进一步呈现中给以评说。

---

〔1〕《中国作家》1996年第6期。
〔2〕《美文》1996年第3期。
〔3〕《人民文学》1996年第2期。
〔4〕《当代》1996年第2期。
〔5〕《美文》1996年第10期。
〔6〕《作家》1997年第3期。
〔7〕《北方文学》1996年第4期。
〔8〕《作品》1996年第9期。
〔9〕《美文》1996年第9期。
〔10〕《美文》1997年第1期。
〔11〕1997年10月7、8日台湾《中国时报》。
〔12〕《山西文学》1996年第6期。
〔13〕《散文天地》1996年第6期。
〔14〕《美文》1997年第3期。
〔15〕《天津散文》1996年第3期。
〔16〕《中华散文》1996年第3期。
〔17〕《中国作家》1997年第6期。
〔18〕《山花》1996年第11期。
〔19〕《青年文学》1996年第1期。
〔20〕《大家》1996年第4期。
〔21〕《福建文学》1996年第7期。
〔22〕《随笔》1996年第1期。
〔23〕《人民文学》1997年第2期。
〔24〕《花城》1996年第1期。
〔25〕《花城》1996年第4期。
〔26〕《花城》1997年第4期。
〔27〕《当代散文》1996年第4期。
〔28〕《作品》1997年第3期。
〔29〕〔42〕《花城》1997年第2期。
〔30〕《山东文学》1997年第9期。
〔31〕《福建文学》1996年第8期。
〔32〕《上海文学》1996年第4期。
〔33〕《上海文学》1997年第4期。
〔34〕《中华散文》1996年第2期。
〔35〕《大家》1997年第6期。
〔36〕《大家》1997年第4期。
〔37〕《大家》1997年第5期。
〔38〕《十月》1997年第2期。
〔39〕《西藏文学》1997年第2期。
〔40〕《当代作家》1997年第6期。
〔41〕《北方文学》1997年第7期。
〔43〕〔75〕《台港文学选刊》1996年第1期。
〔44〕《广州文艺》1997年第8期。
〔45〕《散文·海外版》1996年第4期。
〔46〕〔80〕《天涯》1997年第1期。
〔47〕《当代》1997年第1期。
〔48〕《湖南文学》1997年第5期。
〔49〕《芙蓉》1997年第5期。
〔50〕《中国作家》1997年第6期。
〔51〕《莽原》1997年第3期。
〔52〕《美文》1996年第4期。
〔53〕《西北军事文学》1996年第2期。
〔54〕《当代》1997年第1期。
〔55〕《散文天地》1996年第6期。
〔56〕《钟山》1997年第5期。
〔57〕《散文·海外版》1997年第3期。
〔58〕《散文》1997年第9期。
〔59〕《十月》1997年第4期。
〔60〕《上海文学》1997年第3期。
〔61〕《青年文学》1997年第6期。
〔62〕《青年文学》1997年第11期。
〔63〕《山东文学》1997年第11期。
〔64〕《作品》1997年第11期。
〔65〕《北方文学》1997年第7期。
〔66〕《莽原》1997年第4、5期。
〔67〕《青年文学》1997年第4期。
〔68〕《散文·海外版》1997年第1期。
〔69〕《青年文学》1997年第3期。
〔70〕《人民文学》1996年第9期。
〔71〕《钟山》1996年第5期。
〔72〕《花城》1997年第5期。
〔73〕《作品》1997年第7期。
〔74〕《随笔》1996年第5期。
〔76〕《散文》1996年第3期。
〔77〕《长城》1996年第4期。
〔78〕《钟山》1996年第6期。
〔79〕《鸭绿江》1997年第12期。

〔81〕《人民文学》1996年第8期。
〔82〕《随笔》1996年第4期。
〔83〕《花城》1997年第5期。
〔84〕《红岩》1996年第1期。
〔85〕《人民文学》1996年第1期。
〔86〕《读书》1996年第4期。
〔87〕《台南四川同乡会年刊》1997年。
〔88〕《黄河文学》1996年第1期。
〔89〕《中国作家》1996年第2期。
〔90〕《中国作家》1997年第3期。
〔91〕《芙容》1997年第5期。
〔92〕《美文》1996年第10期。
〔93〕《四川文学》1996年第12期。
〔94〕《芙蓉》1996年第5期。
〔95〕《美文》1996年第10期。
〔96〕《中华散文》1996年第6期。
〔97〕《中华散文》1997年第6期。
〔98〕《山花文学》1996年第12期。
〔99〕《作品》1996年第1期。
〔100〕《香港作家报》1996年第11期。
〔101〕《阳关》1996年第2期。
〔102〕《香港作家报》1996年第12期。
〔103〕《美文》1996年第1期。
〔104〕《中国作家》1996年第4期。
〔105〕《文学世界》1996年第4期。
〔106〕《文学评论》1997年第2期。
〔107〕《90年代中国艺术散文观察》，见《山东文学》1997年第10期。
〔108〕《艺术散文自身的局限性》，见《陕西师范大学学报》（社科版）1996年第1期。
〔109〕《美文》创刊号1992年第4期。
〔110〕《美文三年》，见《美文》1996年第1期。
〔111〕《文艺评论》1997年第4期。
〔112〕《北京文学》1996年第6期。
〔113〕《论散文的“母体”与“子体”》，见《当代文坛》1996年第2期。
〔114〕《中国散文与中国小说》，见《当代作家评论》1996年第3期。
〔115〕《散文·骈文·美文：比较观照中的文体辨析》，见《西南民族学院学报》社科版1996年第1期。
〔116〕《现当代记人散文与短篇小说体裁辨》，见《东疆学刊》1997年第4期。
〔117〕《文学自由谈》1997年第3期。
〔118〕《工人日报》1996年4月13日。
〔119〕《理论与创作》1997年第1期。
〔120〕见《雨花》1997年第5期。
〔121〕《山东文学》1997年第11期。
〔122〕《中国文学研究》1996年第4期。
〔123〕《当代文坛》1996年第4期。
〔124〕《当代文坛》1997年第4期。
〔125〕《绥化师专学报》社科版1996年第2期。
〔126〕《延安大学学报》社科版1996年第3期。
〔127〕《当代作家》1996年第4期。
〔128〕《文艺理论研究》1996年第6期。
〔129〕《安徽教育学院学报》1996年第3期。
〔130〕《安徽教育学院学报》1997年第3期。
〔131〕《文学评论》1997年第5期。
〔132〕《台港文学选刊》1997年第8期。
〔133〕《文艺理论研究》1997年第5期。
〔134〕《南方文坛》1997年第5期。
〔135〕1996年12月20日《文艺报》。
〔136〕1997年1月7日《光明日报》。
〔137〕《内蒙古社会科学》1997年第2期。
〔138〕《当代作家》1997年第5期。
〔139〕《南方文坛》1997年第4期。
〔140〕《当代作家评论》1997年第6期。
〔141〕《当代文坛》1997年第2期。
〔142〕《长城》1997年第3期。
〔143〕《当代文坛》1997年第1期。
〔144〕《当代文坛》1996年第2期。
〔145〕《当代作家评论》1996年第6期。
〔146〕《中国文学研究》1996年第4期。
〔147〕《北京大学学报》社科版1996年第2期。
〔148〕《文学自由谈》1996年第1期。
〔149〕〔157〕《文学自由谈》1996年第2期。
〔150〕《佛山大学学报》社科版1996年第5期。
〔151〕《文艺理论研究》1996年第1期。
〔152〕《山东师大学报》社科版1996年第6期。
〔153〕《辽宁大学学报》社科版1996年第4期。
〔154〕《华中师大学报》社科版1996年第1期。
〔155〕〔154〕《中南民族学院学报》社科版1996年第6期。
〔156〕《固原师专学报》1996年第5期。

报告文学创作概述

李炳银

1996年创作情况

1996年的报告文学创作，真正迷人的地方似乎不多。在这些新景致中，热情讴歌社会生活中的新人和一些重大的生活事件的作品还是不少的。像江宛柳的《没有掌声的征途》[1]，报告解放军某坦克旅旅长邬援军，在和平的岁月里自觉以战争环境的要求来训练和约束自己，使自己能够成为既符合和平时期的军人也适应未来战争生活的军人，在“没有掌声的旅途”上义无返顾的追求的情形。像白描在《一个人与一座城市》[2]里报告的大连市市长薄熙来，在大连的城市开发和建设中的许多构想和实践过程，使大连的城市面貌有了巨大变化的内容。像李钧报告解放军某给水团团长李国安无私奉献，不惧艰难地长期带病生活战斗在找水打井工地模范事迹的《生命甘泉的追寻者》[3]。像胡平报告江西江铃汽车有限公司总经理孙敏开拓进取事迹的《江铃风景线》[4]。像绍六描写武汉市武昌区信访办主任吴天祥为民解忧，为民解难，全力做好信访工作，为人民办好事事迹的《心之桥》[5]、田天的《你是一座桥》[6]。像张敬群报告长庆石油管理局筑路公司职工不畏艰难，经过几年的苦战，终于在塔克拉玛干大沙漠修通等级公路，结束了这里为“死亡之海”的传说，为该地的石油开发和运输提供极大方便的《世界沙漠第一路》[7]。像文乐然报告一批石油地质工作者在西藏的“无人区”冒死找油的《走向圣殿》[8]。像蓝夫报告河北宾馆在经理倪德奎的带领下，大胆改革，加强管理，参与竞争，使宾馆的面貌和效益迅速改变的《五星之梦》[9]。像王宗仁、周建报告北京西客站建设过程中许多故事和感人事迹的《建设者的丰碑》[10]。像焦祖尧报告山西万家寨引黄入晋水利工程的《黄河落天走山西》[11]、周洪成、周绍义报告胜利油田钻井职工和科研人员在开发寻找石油的过程中感人事迹的《横空出世》[12]、《问天》[13]。莫申的《大京九纪实》[14]，是在全景角度上报告京九铁路决策、设计和施工建设的长篇报告文学作品。作品信息量大，有许多感动人的事件和人物故事。可以说，这部作品，是京九铁路建设者的丰碑，它为所有的有贡献的人们作了文学式的记录，等等。这些作品大都是紧贴着现实生活的发展来表现生活的，它有很强的现实生活气息，也有较多的社会生活信息。在写作的过程中，因为大都是作家从生活的第一线采访来的素材，而作家们也都褒有较多的热情，所以，它们对于人们了解现实生活中的许多人和事都是有不少帮助的，同时，也还因为生活事件和人物对象本身的生动性，使得这里的一些作品就有了不小动人的力量。但是，也许是过于靠近社会生活的现实，作家们在接触生活对象的时候，还未能充分的调动起理性的精神。所以，有时还来不及对生活、人物或事件进行更多的分析研究。因此，有的作品明显的缺少对生活事件的深入开掘工夫，作品明显的还处在生活的表层状态，未能达到更加深刻和激动人心的层面。尽管如此，对于这些作品，我们是不能有所忽视的。因为有它们的存在，密切了报告文学和社会生活的联系，使得文学在反映和表现社会生活方面有了新的收获与新的进展。而这种不断的与社会生活的联系状态，正是我们现实的文学创作所欠缺的、所不足的地方之一。

在1996年的报告文学创作中，王家达的《敦煌之恋》[15]、陈桂棣的《淮河的警告》[16]和张建伟、邓琮琮的《中国院士》[17]、程童一等人的《开埠—中国南京路150年》[18]等作品是最为引人关注的了。这些作品在选择题材对象时作者就是有着某种思考和追求的。作家们在自己的作品中不光是要表现生活的对象，还自觉的要在这报告的同时，实现自己对生活事件和人物的某些认识和理解。因此，报告在这里已经不仅仅是一种宣传和张扬，还是一次深入的思考和能动的批判或崇尚。而这一点，恰恰是一些表现表层社会生活的作品所欠缺的。

王家达的《敦煌之恋》，是一篇十分动

人的历史和现实报告。作家把历史和现实，把事件和人物很好的结合在一起，艺术地报告了敦煌艺术对人们的巨大诱惑和人们对敦煌艺术的疯狂般的迷恋情形。在作家的笔下，常书鸿、段文杰和席臻贯等人在对敦煌艺术的认识研究和开发过程中所表现出的无私牺牲精神和所取得的重大成果，深深地感动和激励着人们的心。为了保护敦煌艺术遗产不再继续遭受破坏，常书鸿携妻离开了巴黎的舒适生活，奔向荒凉的戈壁大漠。在那个战乱的年月，他们在敦煌经历了人们难以想象的艰难。最后，妻子实在不堪忍受这里的荒凉和孤寂也离开了他。面对如此严峻的生活现实，面对这感情的痛苦和家庭的离散，在忍受了巨大的悲痛之后，常书鸿依然不改初衷，毫不动摇地坚持在保护祖国珍贵文化艺术遗产的敦煌。常书鸿的精神，深深地感动了段文杰等人。后来段文杰也告别家乡，投奔敦煌，从此和敦煌及敦煌艺术的研究结下了不解之缘。在经过几十年的精心研究后，他和他的伙伴们终以丰硕的成果，使“敦煌学”的研究和开发回到了祖国。从而结束了敦煌在中国，而“敦煌学”研究却在国外的让人痛心的历史。“敦煌学”的回归，是中国历史文化史上的一件大事。这是常书鸿、段文杰等人对国家民族的重要贡献。如今，“敦煌学”已经是一门既蕴涵丰富，又有其独特个性的文化艺术科学门类了。席臻贯的情况和常书鸿与段文杰有些不同，他是一位音乐工作者，单位不在敦煌。可是，他却迷恋上了敦煌的古乐谱，决心要把只有一些怪异的音符，如同天书一般的谜解开。让这些多少年来藏在深山人未识的古代艺术重现出来。对这些古乐谱，此前，也曾经有人进行过一些研究，但是，都未有大的突破和成果。席臻贯知难而进，他在人们难以想象的困难条件下走进了这个神秘的领域。锲而不舍，终成正果。他科学的破译了这部“天书”，并和别的艺术家们一起，将其成功地搬上舞台。于是，一台题为《敦煌古乐》的大型音乐舞剧和人们见面了。这台音乐舞剧一出现，立即获得一致好评，轰动海内外。可是，不幸的是，就在人们还沉浸在喜悦之中的时候，席臻贯本人却因积劳成疾，延误治疗，在他成功的时候永远地倒下了。《敦煌之恋》是一篇深情动人的历史和现实人物报告，是一首充溢着丰富文化内容的诗篇。作者把自己对于人物的敬佩和感受化入到对人物事迹的描写叙述之中，生动艺术，确为一篇不易多得的优秀作品。

《淮河的警告》，是近些年来报告文学中勇于大胆接触尖锐社会生活矛盾的极少数作品之一。淮河是淮河沿岸人民的生命河。千百年来，它以自己的乳汁无私的滋养着两岸的人民。可是，随着时间的发展和两岸社会生产方法方式的不断变化，大量的小工业项目无组织、无统一管理的盲目上马，结果对淮河的水质造成严重的污染。作者陈桂棣用大量触目惊心的污染状况的描写，让人们充分的感受到了污染的严重和治理污染的迫切性。他大声地疾呼，他以淮河的名义向人们发出大声的警告。在作品中，作者对于那些只顾自己本地区、本部门的一己私利而置淮河的污染而不顾的人和事进行了严厉的揭露和批判。作者痛惜的感情和愤怒的情绪溢于言表。淮河的污染，直接危害着淮河沿岸人民的生命健康和农业生产的正常发展。作者是怀着极大的社会责任心和使命感来写自己的报告的。所以，在这部作品中，我们是可以更多的感受到报告文学对社会生活现实的积极参与精神和不惧矛盾的勇气的。我们的社会生活中存在的各种矛盾很多，但并不是所有的人都有勇气去涉及，去表现的。这些年来，文学明显的疏远了社会生活的现实，对于现实的生活表现不力。这常使人们感到不足。所以，《淮河的警告》可以给我们启发的决不仅是它本身。它对于我们的文学创作，特别是报告文学创作是应当有直接的启示作用的。

在1996年的报告文学创作中，张建伟和邓琮琮的《中国院士》占有十分重要的位置。《中国院士》是一部在全景视角和十分开阔的空间里对中国的“院士”的产生、沿革及许多“院士”的人生经历和科学精神进行报告的大作品。《中国院士》题材重大，内容丰富，形象生动，品位高雅。两位作家在大量的深入采访和资料收集的基础上，有繁有简的对许多“院士”的生活行为和科学成果的取得过程作了生动的报告。所以，这部书具有中国院士的群像素描和院士文学史编的特点。但是，这部作品的突出特点，还是对于“院士”们动人的科学精神的着力描写表现。作者以院士们的出色劳动和取得的成果使我们清楚的认识和感受到，中国的院士们是中国的脊梁，是中国经济建设和科学发展的最重要的力量。而这些丰富内容的存在，对于人们具体的认识和理解邓小平关于“科学技术是第一生产力”的著名论断是极有帮助的。作家十分重视科学家们在复杂的社会环境中表现出的种种不同的爱国主义精神和科学的人格。在先后五代“院士”中，许多人都有着十分曲折和坎坷的经历。可是，从作家为我们所作的描述中，我们看到，许多人在遇到人生的曲折和坎坷的时候，他们都是自觉的把国家民族的利益放在了第一位，而把自己的私利毫不痛惜的放弃了。例如，著名的核物理学家邓稼先，为了国家的国防事业，隐姓埋名几十年的从事核武器的研究；王淦昌索性就改了名，在艰苦的条件下默默的工作了许多年。科学家们的这种无私奉献的精神和行为，是足以感动读者的心的，它使人们在崇尚科学家的同时，也更加崇尚他们的伟大人格。当然，作品也没有完全回避在非正常的年月和错误的思想统治时期，科学家们所遭受的不少打击和苦难。即使这些令人心酸的现象的存在，也是能够给人以不少思索和启发的。它使人们意识到，科学就是科学，我们必须以科学的态度对待科学家和他们的科学活动，才能更加有利于科学的发展和经济的发展。《中国院士》把对人和事的描写巧妙地结合在一起，在事中写人，以人带事，虚实有度，张弛有致，在其表现的方法上也是有一些值得我们重视的地方的。

《开埠——中国南京路150年)，是一本有趣并有意思的书。这本书也许可以划入我分类的那种“史志性报告文学”中去。它以上海南京路150年的历史变迁为认识报告对象，有很明显的历史性和艺术性特点。围绕着南京路的发展变化，对上海开埠过程中的许多复杂的社会现象和历史人物进行了历史的和现实的分析认识，其中所表述的不少见解是耐人寻味的。我们有理由认定，这部书认识和表现上海南京路的历史的过程，是和今天上海的改革开放现实有着不少的联系的。在认识历史的过程中，人们一定是可以发现和找到上海进一步开放、开发的一些有益的东西的。这部书也许还不是太标准的报告文学，但是，它是有着分明的辨析报告的特点的，是一本有着丰富内容的好书。

解思忠的《国民素质忧思录》[19]，是一本在大量的真实生活现象的基础上对国民素质提出的认真思考。作者认为，国民的素质，是现代化建设的基石。我们在社会主义的现代化建设过程中不能不认真的对待我们国民的素质问题。作品从人格、精神、道德、文化、科学、健康、职业、审美和教育等方面进行考察之后，提出了我们的国民素质的忧虑问题。作者把严峻的现实状况和理性的分析研究结合在一起，既表现了在某些方面国民素质不高的实际现象，又较为具体地说明了这些现象之所以出现和存在的原因以及改变的途径。这是一本醒世之作。它表现了作家的忧患意识和对现实社会生活和现实的人的负责精神。作品通俗易懂，深入浅出，可以作为一本很好的素质教育的书来读。

另外，钱宁的《留学美国——一个时代的故事》[20]，也是值得注意的书。在许多反映报告留学生活的书出版之后，钱宁集中对近百年来几代中国人留学美国的历史和现实作了有益的考察。作者简洁的勾勒了留学历史现象的轮廓，还真实的记录下了一个个中国留学生在美国的思想生活感受。因为作者自己就有不短的留学美国的生活经历，所以，不少的思索和观察是有一定的深刻性和启发作用的。云南作家汤世杰的《殉情之都》[21]，是一本奇特而又是重要的文化报告。作者在拥有大量的资料和实地采访的基础上，细致而充分的对云南丽江地区传统的“情死”现象作了分析和报告。它为人们打开了一个有趣的地域之门，为人们认识和理解一种特殊的，但又是让人有点惊心动魄的民族传统文化习俗提供了丰富的内容。黄传会的《忧患八千万》[22]选择的是一个大题材。全国现今仍然存在的八千万贫困人口使得黄传会不能安定。他在连续的报告了“希望工程”和山村教师的状况之后，又多次的告别都市的舒适生活，深入到边远的山乡农村去采访，然后把山乡人们的贫困状态和他们为改变这种状态所作的努力真实的报告给读者，以期引起有关方面的高度重视和广大群众的理解和支持。作者的真诚和作品的具体形象力使得作家的呼喊和忧患有了更加沉重的分量，也有了新的希望。鲁丹的《70个日日夜夜——大学生眼睛里的1957之春》[23]也是一本十分引人注意的作品。这是一部历史的写实作品。作品通过大学生的眼睛真实的描绘了1957年春天的那场从“整风”演变为“反右”的严峻政治运动的过程。作者真实具体的记述了几个人民大学的学生在这场运动中从热情参加其中到茫然不解，从一个个幼稚的学子到“右派分子”的演变过程。作品对于人们真实的了解和认识那场历史的政治运动有着很强的参考作用。才铁军、雷风行的《神州大动脉——中国铁路建设一百二十年纪实》[24]，是一本在历史与现实的纵横全景关照下，报告我国铁路建设的历史与现状的书。作品有丰富的信息和一定的思考，有充沛的激情。在对重大事件和重要人物的交叉报告中，有不少的篇章是十分动人的。作品写出了中国人对铁路的认识过程和认识之后的积极追求行为，报告了许多人在铁路建设中的奉献牺牲精神，是在表现物质文明建设时弘扬精神文明建设的好作品。

报告文学的现实性和当代性要求作家，必须要有现实的目光和现实的思索。而现实的目光中，就包含着对那些对社会生活产生了影响的事件人物的及时报告。报告文学应当把自己对读者的关怀反映在一个十分宽广的层面上。所以，所有那些可能给人们的生命安全，生活平静，精神健康等造成危害的现象，都应该是报告文学作家们要注意的对象。在1996年的报告文学创作中，有几篇题材个性都比较明显的作品我以为是应当提及的。刘伟的《乘愿再来》[25]，是报告十世班禅圆寂和他转世灵童认定坐床过程的作品。这篇作品，因为它题材的特殊，一般的人读起来是有些吃力的。可是，你若沉下心来认真地读完它，你就会增加许多的佛教知识，就会对西藏的历史有更多的了解。作家用报告文学的形式，为一个历史的大事件留下了真实的记录，是并不易得的奇特之作。杜卫东的《世纪之泣》[26]，这也许是我们的报告文学作家一次认真的面对艾滋病这个对人类发生着巨大威胁现象的反映。作品简略的追述了艾滋病发生的历史和其在国际上其它国家的表现及危害情况之后，又把艾滋病在我国发展蔓延的严峻状况以确切的数字告诉了读者，让人感到了问题的严重性。作者在提示人们警觉的同时，也对那些染上了艾滋病的患者表示了痛惜和温情，使人在冷酷中有了不少的思索。国际题材的作品这些年来一直很少。在刘亚洲之后，似乎还没有哪一位作家去认真的在这方面下些功夫。马平的《带鹰爪的鸽子——拉宾之死》[27]是引起我兴趣的一篇国际题材的报告文学。以色列前总理拉宾是推动中东和平的重要人物。可是，也许并不是所有的人都知道，拉宾曾经是一位坚定的以色列犹太复国主义者。这位在以色列军队里从士兵一直干到以军总参谋长的人，他一生历经多次战斗，可谓战功卓著。然而，正是这样一位有着坚定信念和果敢精神的以色列英雄，为了犹太民族和阿拉伯民族的和解与地区的和平，勇敢地迈出了和平的脚步。最后，因为他的和平行为，而被犹太极端主义分子刺杀于一次和平的集会上。马平的作品对于我们了解拉宾的经历和事业是大有帮助的，也可增加人们对中东历史和纠葛的理解。以上这些作品，题材各异，但是都从不同的方面给人一些历史的、知识的收获，也许是不应忽视的。

在历述了1996年的报告文学创作状况之后，我们尽管会有一种不小的收获的喜悦，但终究还是不太满意的。这是因为，真正的优秀作品还是太少。尽管有许多的作品都具有各自的特点，可在综合的方面，大部分作品还是未能达到较高的层面，实现成功的报告。最使我感到遗憾的是，报告文学在报告现实社会生活时的表层和轻淡。现实在社会生活中有许多作家应当关注和报告的矛盾和热点问题，可是，我们的作家却很少去涉及，有些即使涉及了，而力度显然也是很不够的。和社会生活之间存在的明显间隔，是我们的报告文学不能像早些年那样在群众中产生较大影响的主要原因。在题材内容方面的平俗，作品在读者中的反映轻淡，有形无意间淡化了作家们在艺术表现方面的追求和努力。报告文学的表现手法缺少革新变更，是和这种创作的表现沉寂局面有不小关系的。我们的报告文学，在80年代已经有过它可以说是辉煌的岁月。它也已经是一个比较成熟或者说接近成熟的文学形式了，所以，我们完全有理由给它提出更高的要求，对它有更大的期望。

1997年创作情况

回顾1997年的报告文学创作，尽管人们还可以列出一些读者反映不错的作品来，但是，从报告文学创作的总体上分析，把这一年创作的成果和往年进行一下比较，就不能不承认，这是一个薄收的年份。最近，不断听到和看到人们对短篇小说、对诗歌创作不满足的意见，再联系到报告文学创作的这个现状，不知这相互之间可有什么内在的联系？

报告文学创作的颓势在一两年前就已经表现出来了。但是，前两年，还总会有一些在读者中叫得响的优秀作品出现。这样，主打作品的存在就影响和确定了人们对报告文学创作的整体评价，误以为创作十分繁荣。其实，这种繁荣是比较单一和有限的，它比起报告文学真正繁荣的80年代中后期的那种全面的繁荣来，实在是显得微薄一些了。不能否认报告文学在90年代以来发展和革新的许多成果。90年代以来的优秀作家作品，我可以列一个长长的名单。这个名单中的作家和作品，有些是完全可能在中国报告文学创作的历史上占有一定位置的。可是，尽管这样，也不能不看到报告文学创作在90年代以来因为参与现实生活的不力，因为在许多现实社会生活矛盾面前表现得无所作为，而大大地减弱了在社会生活和读者中的影响作用的事实。报告文学是一种现实性很强的文学创作活动。现实社会生活既是它赖以生长的基础，也是它可以充分展示自己性格和作用的舞台。优秀的报告文学作家、作品，一定是对于社会的现实生活有着非常直接的感受和理解，有代表前沿智慧的关照。这样的作家作品，不光是为人们认识和了解现实社会生活状况提供了可能，而且会为人们理智地观察和把握现实社会生活提供有益的帮助。然而，令人遗憾的是，近些年来，这样的作品是愈来愈少了。在小说创作中，还有“现实主义冲击波”的现象，可是，在报告文学创作中我们却只能谈论“史志性报告文学”的收获。“史志性报告文学”的突出表现，虽然说是报告文学创作的重要变化和成果，它对于现实社会生活也有着不可忽视的启示影响作用。但是，缺乏对现实社会生活矛盾作直接的应对毕竟是报告文学创作的严重缺陷。

也许，有人会对以上的看法不予苟同，认为报告文学创作的情况不完全是这个状况，不是出现过许多描写先进人物和重大工程事件的报告文学作品吗？难道这不是对于现实社会生活的积极反映！我不否认这样的事实。近些年间确实出现过一大批描写不同战线上先进模范人物的报告文学作品，也有过一些以某一项重大建设工程为题材对象的报告文学作品。这些作品中许多人的先进事迹和自觉的牺牲精神确实是十分感人的。报告文学表现他们本身也是对社会生活的一种热情的回应。但是，我认为，这些作品大多是在新闻媒体对某一个对象进行了充分而又是全面广泛的报道之后，才由报告文学作家去进行文学报告的。所以，它在一开始时就已经表现滞后。更何况在现代化的新闻媒体的追踪覆盖下，报道的对象是否还有值得报告文学作家再度开发的内容，即报道的对象还有新闻没有关注到的地方，那么，报告文学作家是否就能够关注到、并报告给读者呢？不能比新闻报道为读者提供更新更多的内容，就难以因为改变了报道的方式而赢得读者的欢迎。许多这种以先进模范人物和某一项工程事件为题材的报告文学作品之所以显得一般化，未能在读者中造成大影响的原因就在这里。报告文学与新闻报道是有某些内在联系的。但是，报告文学创作不是新闻报道。它是一种作家在社会生活中自主选择和独立表现的一种文学创造活动。报告文学作家应当非常关注现实社会生活的动态发展，可是，他不能丧失自己的独立感受和自主表现。报告文学作家如果把自己的创作活动完全的等同于新闻报道，或是机械地追逐新闻的脚步，那就是等于放弃了自己的独立性，而使自己变成新闻的附庸了。严重的新闻表现正在有力地约束影响着报告文学创作的能动性表现。这也是报告文学创作走向平实，缺乏个性，少有创造的因素之一。

报告文学创作缺乏生机的原因还在于作家思维和行动存在着一定的单一和局限性。近几年来，报告文学的题材并不单一，甚至可以说是丰富多样的。可是，因为作家们都在用力地在自己熟悉的题材领域活动，思维和写作较少与社会生活的热点话题相沟通，作品的内容也与现实的生活矛盾有间距，在某些老的题材上由于缺乏更新的开掘，所以，创作既缺少对于现实社会生活的冲击力，也显示不出某种集团的优势来。例如，张建伟和李鸣生是近些年在报告文学创作中表现最为出色的两位作家。张建伟在历史题材的现实报告中很有特性和成绩，已经发表的《大清王朝的最后变革》和《温故戊戌年》，受到人们很好的评价；李鸣生创作的“航天四部曲”（《走出地球村》、《飞向太空港》、《澳星风险发射》和《远征三万六》），也是获得人们好评的作品。张建伟、李鸣生在他们自己选择的题材领域都有出色的表现，这是一个不能人为忽略的事实。然而，他们二人的作品在题材上都与现实社会生活有一定的间隔，尽管在较深的层面上对于现实有着用心的关照，但在一般的读者看来，他们作品所反映的内容，似乎属于历史和已经过去好久时间的事情了。他们二人在创作上似乎也没有多少相互的联系和呼应，自成格局，各自为战。还有，像徐刚。徐刚是比较早地参与生态平衡和环境保护题材创作的报告文学作家，他的《伐木者，醒来!》当初发表出来时，曾经使许多人感到震动。这几年，徐刚没有放弃这方面的写作，先后又发表了《最后的疆界》[28]和《水啊，水》[29]等相近题材的作品。作家为写这些作品所花费的工夫，作家对于生态问题的关注和生态问题的严重性，使每一个读过他作品的人都会感到震惊。可是，这些作品，似乎已经没有了《伐木者，醒来!》发表时那样的震动了。也许，是因为人们对这样的问题已经熟视无睹，或许是作者的这些作品除在呼吁的内容上有所区别外表现出了认识和手法的单一所致。这样的现象还存在于黄传会、何建明、卢跃刚、邢军纪等人的创作活动之中。总之，报告文学作家们的创作单打一，缺少对某一个共同目标的追求，缺乏相互有力的创作竞争局面，也是报告文学创作成绩得不到整体显示，造成强烈影响的一个原因。

回顾1997年的报告文学创作，首先要提到陈祖芬的《世界上什么事情最开心》[30]。这是作家在偶然情况下选择的创作题材。然而因为题材和人物对象的生动性和诱惑力，作家的写作就显得十分的投入。陈祖芬在作品中把自己对大连城市面貌的巨大变化和薄熙来作为大连市市长所具有的人格魅力的发现，在一种似乎不经意的描写中进行了真实生动的报告，使人们对于大连的认识，对于薄熙来的认识一下子从传说转变为现实的感受，从感觉上升为理性的理解。报告一座城市的巨大变化和描写一个市长的政绩与性格，这并不是一件容易的事。可是，陈祖芬因为有了多年写作经验，有了她锐敏的感觉和观察，所以，她的作品虽然描写的是薄熙来在大连市工作的一些片段，几个镜头，但却把大连的变化，把大连的面貌和状态，把薄熙来思维新奇，行动果敢，富于想象，勇于开拓，极具现实和浪漫的性格和做派表现得非常真实与充分。薄熙来说，多为老百姓做好事最开心。我们在陈祖芬的作品中看到了薄熙来不断做好事和不断开心的许许多多。尽管，他的每一次开心也许都伴随着艰难或苦涩，可现实就是这样个多矛盾的世界，谁又能够躲避得了呢！类似的作品，还有文乐然报告大庆新“铁人”王启民以科学的杠杆掀动大庆航船继续前进事迹的《宁静地带——走近王启民》[31]；秋叶报告长沙市市长袁汉坤事迹的《市民与公仆》；何建明报告常熟市蒋巷村党支部书记常德胜带领群众艰苦致富的《共产党员》[32]；罗盘报告河南卫辉市唐庄乡乡党委书记多年为农民干实事，解决实际困难事迹的《太行公仆吴金印》[33]；余炳年、陈淑敏报告河北井陉县人民为摆脱贫困所进行的艰苦努力和市县两级不少有关扶贫干部无私牺牲事迹的《让历史原谅我们》[34]等作品，都是各有动人之处和自己特色的作品。

咏慷的《执著人生》[35]描写许多部队各级审计干部的不平凡经历；王琰在《绿部落》[36]里对活动和奉献于川藏高原上的油料战线官兵行为与精神的描绘；徐剑在《鸟瞰地球》[37]中对多年来一直在偏僻山区为构筑导弹阵地而艰苦鏖战，奉献出许多血和汗的牺牲的军队建设者的报告；任真在《边关》[38]中对驻守在风雪边疆的解放军生活和工作状况的报告等，织成了现实军队生活的一幅严峻的图画，使人们对于我们的军队，我们的军队官兵产生更多的理解和崇敬。

何建明的《商市在常熟——中国农民第一集市启示录》[39]、任斌武的《中国有个雅戈尔》[40]及其续篇，是描写一个农民集市的兴起发展和一个农民企业家事业发展的作品。从这样的作品中，人们可以具体的看到，市场经济是怎样像一个有力的杠杆推动和改变着现实社会生活和人的思想形象。常熟的商市，从一个小小的服装市场发展到今天这样一个由二十余座商业大厦构成的巨大商业市场，日流量十几万人，年成交额过百亿元人民币，利润过亿元的大市；雅戈尔服装集团在集团总裁李如成的领导下，由一个街道办的小缝纫厂发展成今天这样在全国有自己的名牌衬衣，有亚洲最大的西服生产线，拥有数亿资产，年利润超亿的现代化服装企业集团的事实，让人们清楚地看到了市场经济的活力及在这种经济环境下人的巨大潜力和能量。这些作品，是人们了解现实中国经济状况的很好的参照。

关注现实社会生活问题的作品很少，所以，郭传火的《中国保姆的婚恋梦》[41]是引人注意的。随着生活的发展和人们观念的变化，有许多年轻的农村女青年来到城市从事保姆工作。这些人出生在农村，进了城市之后，因为对农村和城市感受理解的差别，使得她们对城市生活有非常强烈的依恋。在她们无法通过别的渠道真正进入城市的时候，不少人就有了通过和城市人联姻走进城市的念头。然而，因为有些城市人的各种善意的、无耻卑鄙的、虚伪的心理和行为，使不少的保姆在追求城市生活的婚恋梦中感受到了复杂的人生况味。许多人在经历了严重的挫折和屈辱之后，才理解了自己和城市的距离，感受到了现实生活因为复杂的原因而给人们带来的不公平。作者在描述了不少保姆的婚恋状况之后，深入地表现了她们的无奈和失落心情，是会让人产生许多感触的。刘庆邦的《生命悲悯》[42]，对因煤矿瓦斯爆炸而死亡的矿工家属悲痛情形的描述，感受和表现了人在生命突然非正常死亡之后所有的悲痛状况，在一种极其哀伤的环境气氛中对失去的生命表示出了充分的悲悯。作品以死亡给人带来的痛苦表现珍惜生命的必要，以活人对亡者的悲悼表现了生命对于自己和亲人的重要性。用仔细的观察和准确的白描表现痛苦，审视生命，在平常人们认识和总结突发事故时忽略人的生命价值仅从经济损失方面看问题的作法之外，又找到了一个新的视角。这个视角是以尊重和爱惜人的生命为其目的的，所以，它更加应当得到人们的重视。

在对于人和人的生命的关切方面，胡平的《美丽与悲怆——浦熙修与她的年代》[43]是一篇十分重要的作品。浦熙修在四五十年代，曾经是我国新闻战线上一位杰出的女性人物。她在当时的新闻战线上左奔右突，纵横驰骋，为中国共产党和新中国的建立做了许多出色的工作。因为她的出色工作，她曾经为新闻战线的许多人们所钦佩，并为毛泽东、周恩来等国家领导人所看重。可是，在50年代中后期的反右派斗争运动中，因为许多复杂的原因，她被那个时代的浪潮湮没了。她曾经是那样的美丽。然而，或许因为她的这种美丽，她后来的悲怆也就显得更加的深刻。这是一篇关于一个杰出女性的美丽与悲怆的深情叙说，这是一曲令人伤感和痛心的历史哀诗，这也是历史留下的一个丑陋的疤痕。在一个历史的时代中看取和追踪人物的命运，在人物的经历命运中认识和表现历史，是这篇作品的显著特点。作者在对事实的文学报告和理性的关照两方面都有着成功的表现。这是1997年中最为值得注意的作品，它富有内容，更富有表现和理性的才华。丰收的《西上天山的女人》[44]，是对一批女性人物历史命运的描写报告，其内容和表现也是值得称道的。在建国之初的50年代，一支英雄的部队开进了新疆的广大地区。他们的任务，就是囤垦戍边。可是，因为部队人员中男女比例的严重失调，影响着干部战士的思想稳定和情绪稳定，也很不利于他们长期戍边决心的树立。为了解决这个紧迫而又棘手的问题，经中央军委批准，新疆军区先后从湖南、上海、山东和江苏等地招收了一大批未婚女青年补充到部队中来。这些女青年来到这里的任务，就是嫁人为妻，扎根边疆。从此，这些女青年就开始了她们多少年的滑稽曲折的，幸与不幸的婚姻命运，开始了她们作为女性在戈壁荒野艰苦劳动，不断奉献，有所作为的新奇悲壮的人生。作者通过对自己母亲和一些熟悉的叔叔阿姨的真实经历的纪实描写，为这些曾经在新疆的稳定和建设中作出了特殊贡献的女性们竖起了一块动人的丰碑。作品感情真挚，描写细腻，不易多得。

在对重要事件的报告方面，邓琮琮、张建伟的《中国院士诞生记》〔45〕和张波的《驻军香港》〔46〕是引人注意的作品。《中国院士诞生记》为读者报告了中国院士制的由来和发展状况，很富有历史信息和知识性。作品结合院士制的沿革对许多院士人物的科学成果和科学人生状态进行了真实生动的描绘，这就使得一个可能被写得枯燥的对象有了人的情感精神及事业内容，成为一篇史迹翔实，人物形象鲜活生动的报告文学作品了。《驻军香港》较为充分地报告了香港驻军所承担的重要历史任务及组建过程中的有关内容，为我国收回香港主权这个重大的历史事件留下了一篇文学的记录。

方军的《我认识的鬼子兵》〔47〕，是一本奇特而又是十分重要的作品。作者是一个"八路"的后代。他利用在日本留学的空间，利用送外卖的机会，接触了一些当年的侵华日军，记录了他们对当时生活的经历和记忆，描述了这些人今天对那种历史行为的思想认识动态，并有许多新的资料和图片的收获。这些活的资料和历史实物见证，真实地记录了日本军国主义当年在中国犯下的滔天罪行，也透露出军国主义思潮在日本并未绝迹的信息。作品在一个极具个性化的创作方式下，为读者，为历史提供了有价值的史迹记录，确实难能可贵，值得珍视。

回顾过去，有时候是愉快，有时候是惆怅的。在回顾 1997 年报告文学创作的时候，惆怅的心情似乎更多一些。这是一种不满足的表现，是一种遗憾的表现。但是，它不是失望，不是遗弃，而是包含了更多期待的一种心情。现实的社会生活正在经历着一次真正历史性的变革过程中，这个过程可能会经历如同分娩一般的巨大痛苦。可是，正如同经历分娩的痛苦是为了新生命的诞生一样，这痛苦中是有着深情的期望的。这种从痛苦到新生的嬗变过程，是报告文学作家大有作为的极好机会。现在看来，报告文学创作的实际和社会现实生活所提供的可能之间，还存在着不小的距离。希望报告文学作家朋友们能够看到这些距离，很快地调整思维和行为方式，使自己真正参与到生活的变革洪流中去，在作品中用自己的观察和理性促进生活的进步，表现出自己的存在和价值。

---

〔1〕江宛柳《没有掌声的征途》，《昆仑》1996 年第 1 期。

〔2〕白描《一个人与一座城市》，《国际人才交流》1996 年第 10、11 期。

〔3〕李钧《生命甘泉的追寻者》，解放军文艺出版社 1996 年 6 月出版。

〔4〕胡平《江铃风景线》，《当代》1996 年第 1 期。

〔5〕绍六《心之桥》，《十月》1996 年第 1 期。

〔6〕田天《你是一座桥》，长江文艺出版社 1996 年 12 月出版。

〔7〕张敬群《世界沙漠第一路》，石油工业出版社 12 月出版。

〔8〕文乐然《走向圣殿》，《当代》1996 年第 1 期。

〔9〕蓝夫《五星之梦》，《长城》1996 年第 3 期。

〔10〕王宗仁等《建设者的丰碑》，《当代》1996 年第 1 期。

〔11〕焦祖尧《黄河落天走山西》，《人民文学》1996 年第 12 期。

〔12〕周洪成《横空出世》，《脊梁》石油工业出版社 1996 年 8 月出版。

〔13〕周绍义《问天》，《脊梁》石油工业出版社 1996 年 8 月出版。

〔14〕莫申《大京九纪实》，太白文艺出版社 1996 年 12 月出版。

〔15〕王家达《敦煌之恋》，《当代》1996 年第 4 期。

〔16〕陈桂棣《淮河的警告》，《当代》1996 年第 4 期。

〔17〕张建伟等《中国院士》，浙江文艺出版社 1996 年 12 月出版。

〔18〕程童一等《开埠——中国南京路 150 年》，昆仑出版社 1996 年 8 月出版。

〔19〕解思忠《国民素质忧思录》，作家出版社 1996 年 12 月出版。

〔20〕钱宁《留学美国——一个时代的故事》，江苏文艺出

版社 1996 年 8 月出版。
〔21〕汤世杰《殉情之都》，《百花洲》1996 年第 5 期。
〔22〕黄传会《忧患八千万——大学生眼睛里的 1957 年之春》，《当代》1996 年第 5 期。
〔23〕鲁丹《70 个日日夜夜》，光明日报出版社 1996 年 12 月出版。
〔24〕才铁军等《神州大动脉——中国铁路一百二十年纪实》，福建人民出版社 1996 年 12 月出版。
〔25〕刘伟，《乘愿再来》，《小说》1996 年第 6 期。
〔26〕杜卫东《世纪之泣》，《人民文学》第 7 期。
〔27〕马平《带鹰爪的鸽子》，《百花洲》第 3 期。
〔28〕徐刚《最后的疆界》，《小说》1997 年第 1 期。
〔29〕徐刚《水啊，水》，《人民文学》1997 年第 6 期。
〔30〕陈祖芬《世界上什么事最开心》，《中国作家》1997 年第 1 期；社会科学出版社 1997 年 2 月出版。
〔31〕文乐然《宁静地带——走近王启民》，《当代》1997 年第 5 期。
〔32〕何建明《共产党员》，《中国作家》1997 年第 3 期。
〔33〕罗盘《太行公仆吴金印》，《中国作家》1997 年第 3 期。
〔34〕余炳年、陈淑敏《让历史原谅我们》，《长城》1997 年第 4 期。
〔35〕咏慷《执著人生》，《解放军文艺》1997 年第 2 期。
〔36〕王琰《绿部落》，解放军文艺出版社 1997 年 6 月出版。
〔37〕徐剑《鸟瞰地球》，作家出版社 1997 年 10 月出版。
〔38〕任真《边关》，《解放军文艺》1997 年第 6 期。
〔39〕何建明《商市在常熟》，《中国作家》1997 年第 1 期。
〔40〕何斌武《中国有个雅戈尔》，《人民文学》1997 年第 3 期。
〔41〕郭传火《中国保姆的婚恋梦》，《人民文学》1997 年第 5 期。
〔42〕刘庆邦《生命悲悯》，《中国煤炭文艺》1997 年第 1 期。
〔43〕胡平《美丽与悲怆》，《百花洲》1997 年第 4 期。
〔44〕丰收《西上天山的女人》，《小说》1997 年第 5 期。
〔45〕邓琮琮、张建伟《中国院士诞生记》，《文艺报》1997 年 1—3 月。
〔46〕张波《驻军香港》，《昆仑》1997 年第 4 期。
〔47〕方军《我认识的鬼子兵》，中国对外翻译出版公司 1997 年 12 月出版。

儿童文学创作与研究概述

雪　孩

1996 年和 1997 年对于中国儿童文学来说是不平凡的年份：香港回归、党的 15 大召开、中国足球作着世纪末最后的冲刺……这些社会大背景下的各种因素，都在对中国的儿童文学产生着影响。从总体上看，它与 90 年代以来儿童文学创作的基本倾向变化不大，仍以平静、淡泊的现实主义创作为基本宗旨，不张扬，不火爆，但在一些局部上，却在酝酿着可能改变整个中国儿童文学面貌的变化。如《花季·雨季》的畅销预示了儿童文学彻底商品化的时代即将到来，又如科幻文学在沉寂十几年后开始复苏，再如一直不太为人所知的“大幻想文学”在一些作家和评论家大力鼓吹下在中国萌芽并逐渐形成一个渐来渐高的声音，等等。下面，让我们一起来对这两年的儿童文学进行一次浮光掠影的巡礼。

儿童文学理论研究

同成人文学相比，儿童文学的理论研究仍然非常薄弱，全国专门发表儿童文学评论的刊物仅有上海少年儿童出版社的《儿童文学研究》一家，真正从事儿童文学评论的评论者加起来不超过 30 人。理论文章发表之后仅在圈子内有些反响。可以说中国的儿童文学评论处在一个非常尴尬的境地。但是，经过为数不多的儿童文学评论家们颇带悲壮色彩的努力，这两年的儿童文学理论确实取得了一些引人注目的成绩。

首先，对于近年来的儿童文学研究的评估，有研究者认为：“与当代儿童文学研究原有的基础相比，今天儿童文学研究的学术根基已经在很大程度上得到了加强。”“我们的理论话题正在摆脱贫乏单一的状态，而变得有点丰富、有点新鲜、有点趣味。审美、视角、空间、神秘、母题、叙事式、游戏性……这些至少是被熔铸了新的思考的理论概念开始频繁地出现于我们的理性思维中。中国当代儿童文学研究因此而显示出某种深层思维品质的转换和整体思维空间的拓展。”

“在国外儿童文学理论界的直接对话和交流还相对缺乏的今天，上述理论走势却与当代国外儿童文学研究趋向形成某种暗合和呼应关系。”[1]对于当前儿童文学评论的“广告”倾向，有论者认为：“提起儿童文学评论，常可听到一些微词。比如，人们把某些作品评论戏称为‘广告’，这话中所含的轻蔑嘲讽之意是不言而喻的。”“广告不能一概而论，它作为一种宣传手段，不仅经济市场需要，文化市场也同样需要。给优秀的儿童文学作品做做‘广告’有何不可？尤其是在声光影视媒体的勃兴使得儿童书籍失去往日独步文化市场的优势的今天，及时迅速地向人们介绍、评论儿童文学作品，实在是非常必要的。”[2]新潮理论被引入儿童文学给中国的儿童文学带来了一股清新的风，开拓了儿童文学评论家们的视野，但与此同时，也有一些评论者文风不正，将堆砌词语与新潮理论相等同，正如袁丽娟所说：“某些新潮理论未曾让人喝彩首先是文风上的失误造成的。这些理论总以一种貌似横空出世、大气磅礴的语言态势冲击论坛。它带给读者的常常是一种奇幻、神秘的感觉。”“深深沉醉孤立于大众之外的语码体系，爱做生涩语句的堆砌和文学游戏，是某些新潮理论文风不健全的又一表现。”“无节制地模仿和引用西方理论，借西洋概念来提升学术地位似乎成了一种时尚。”“某些新潮理论不时地制造各种文艺热点，把儿童文学本来并不复杂而且远远不可能复杂的创作规律变得过分复杂起来。”“对新时期儿童文学缺少整体把握，批评视角过偏过狭，导致了新潮儿童文学理论严重的战略失误。”[3]关于女性在儿童文学研究中的作用，一些论者也提出了自己的看法，如曹文轩在汤锐的《现代儿童文学本体论》一书的书评中写道：“一位女性只要她愿意去构建一种体系，且又得到了良好的知识武装，那么她在理性上所显示出的力量，足以使那些在逻辑中进行智力游戏，在构建大规模体系之中获得理智快感的男性感到震惊并觉得望尘莫及。”[4]

这两年发表的儿童文学理论研究的重要论文还有：孙建江探析“文革”前中国儿童文学游戏品格的论文《时代的应允与制约》[5]、肖显志对经济转型期儿童文学创作思考的论文《冲撞、挣扎与作家理想化的努力》[6]、彭懿的研究幻想文学的一系列论文《幻想时间》[7]、《儿童文学中的鬼魂》[8]、刘绪源的《明天的研究向哪里深化》[9]等等。

一系列儿童文学理论专著的出版，是这两年儿童文学理论研究的又一道风景。

班马的《前艺术思想——中国当代少年文学艺术论》[10]全书55万字，是他做了五年的一件工程。该书承载丰厚，纵深涉及，力陈新论，构成系统框架，是90年代以来班马儿童文学艺术思考和理论思想的一次全面表达，也是观测和探究文革后新生代少儿文学的探索行为、思维面、精神力、新构建度的一次全面接触。班马在该著中呈现了一套初步的少儿文学艺术自身美学系统。

汤锐的《现代儿童文学本体论》[11]是一部有关现代儿童文学之本质、功能、美学特征、创作机制等基本问题的理论专著。作者突破了以往仅以儿童（读者）为单一逻辑支点的封闭式的儿童文学理论框架，而努力以“成人—儿童”双逻辑支点为基础，建构全新的、开放式的现代儿童文学理论体系；尤其本书着重探索了成人与儿童两种不同的审美意识相互协调、双向交流的机制和途径，在很大程度上有助于解决我国儿童文学界一系列长期争论未决的理论难题，具有一定的学术价值，对儿童文学创作实践也有一定的指导意义。

彭懿的《西方现代幻想文学论》[12]是国内第一部幻想文学理论研究专著，该书以生动优美的诗化语言对欧美等国的现代幻想文学进行了一次全景式的扫描，并对经典作家作品进行了介绍和评述。这本理论专著的意义是深远的，它预示了下个世纪文学的新空间，为拥有想像才华的中国作家提供了一条崭新的思路和可供参照的文本。更为可贵的是作者的努力并没有仅止于理论研究层面，还将它与出版社的出版行为相结合，在他的大力倡导下，江西21世纪出版社正式将“大幻想文学”作为一个品牌树立起来，并开始策划与出版中国作家创作的幻想文学丛书。

这两年出版的儿童文学理论研究著作还有方卫平的《儿童文学理论批评史》[13]、吴其南的《转型期儿童文学思潮史》[14]、刘绪源的《儿童文学三大母题》[15]、朱自强的《儿童文学的本质》[16]、竺洪波的《智慧的觉醒》[17]、黄云生的《人之初文学解析》[18]等等。

儿童小说的创作与研究

16岁女中学生写的长篇小说《花季·雨季》[19]在当前儿童小说发行量大都只有几千册的萧条背景下，却爆出了发行达数十万册的冷门。这是近年儿童文学领域里出现的一个非常引人深思的现象。评论家们认为，“无论从小说创作的技巧，还是从语言艺术的角度来衡量，《花季·雨季》都还算不上十分成熟的作品，它难免留有一个中学生初创时期的稚嫩和缺陷。”[20]但是，它却取得了成功，虽然它的成功是多方面的因素造成的，但是，这一现象也暴露出了当前的儿童文学界评论与创作脱节，评论家评论观念陈旧，作家创作跟不上变化多端的时代等诸多问题。

秦文君的《男生贾里》、《女生贾梅》[21]在1995年大红大紫之后，仍然余热不减，是这两年儿童小说评论中颇受关注的热点。这两部书分别以贾里和贾梅这两个90年代的少年为主人公，叙写他们和他们身边的伙伴们的生活故事。这些故事生动、有趣，让我们看到了当代少年丰富多彩的生活画面，看到了今天孩子们有滋有味的成长历程，具有较强的时代感和艺术魅力。研究者们认为：“这两部作品的最成功之处，在于最恰到好处地均衡了‘现实’与‘可能’之间的摇摆度。”[22]

动物小说是儿童小说中非常重要的组成部分。对动物小说进行研究的论文也有不少。其中曹文轩的《动物小说：人间的延伸》高屋建瓴地对动物小说进行了阐述。他指出：“通过实践，小说家们发现，许多人间主题倘若还放在人间那种司空见惯的情景中表现时，却出人意料且又不可思议地得到了淋漓尽致、入木三分的揭示。”“动物小说的创造必将是无休止的。”[23]在动物小说的创作方面，沈石溪的动物小说在这两年再次掀起了一个高潮：1997年，江苏少年儿童出版社一次性买断他未来十年动物小说的独家出版权，这在当今作家中实属罕见。对沈石溪动物小说的研究自然是评论界的一个热点，并引起了争议。王泉根认为“沈石溪的动物小说能够经得起文学史的检验，我把它视为独特而自足的文本。”“沈石溪的动物小说大面积地切入生命，生命文化意识是其作品的主旋律。”与之唱反调的是吴其南，王泉根在文中提到“在吴其南看来，沈石溪的动物小说不值一提，其一是沈氏作品的主题意蕴‘总体上只能在通俗文学的话语系统内操作’，跳不出‘写义仆、写贤君，写有野心的奋斗者，写不被理解的英雄’；其二是艺术上的不足，‘其中最主要的，最缺乏感性的深度’，因而‘不耐读’。”[24]

以写“赤色小子”系列闻名的张品成1997年奉献给读者的是一部更为精彩的长篇小说《北斗当空》[25]，它再现了60多年前红军少谍队小战士那段悲壮而又艰难困苦的历史往事，让人们再度领略了往昔的峥嵘与跋涉，作品也更显成熟。

新生代作家儿童小说的崛起是这两年儿童文学创作中引人注目的风景。其中上海的青年作者与辽宁作家的作品吸引了人们的注意。上海的作者是清一色的女性：萧萍、张洁、谢倩霓、殷健灵、王蔚等等。辽宁的作家是清一色的男性：董恒波、车培晶、肖显志、薛涛、老臣等等，以至于有人认为在我国的儿童文学创作中存在着“男性的北方”和“女性的南方”的地域倾向。

一些过去鲜有人尝试的少年武侠小说这两年开始频频出现。比如葛冰的少年武侠小说（如《吃爷》[26]充溢着浓郁的民族气派。刀光剑影，铁骨柔肠，行侠仗义，除暴安良，且构思精巧，是近年来不可多得的儿童文学精品。

童话的创作与研究

这两年的童话创作与研究不温不火。周锐、冰波、张秋生、北董、李满园、庄大伟等80年代就已开始创作的童话作家们仍在坚持不懈地进行着童话写作。一些更为年轻的作家也叩开了童话世界的大门，活跃在儿童文学文坛上，他们是：黎去秀、杨鹏、葛竞、张弘、李志伟、安武林等等。

在童话学的研究方面，有研究者就童话峰岭结构的规律指出：“希腊神话、《一千零一夜》与安徒生童话在世界童话史上，都是具有划时代意义的峰岭，从结构学上看，它们形成了古代西方——中世纪东方——现代西方的童话峰岭曲线结构格局，这条规律起伏的曲线就是世界童话发展的内在机制，剖析这条曲线的成因，就会预知世界童话发展的未来。”“已成的世界童话峰岭波状结构表明，童话峰岭出现的机遇不独属西方，也独属东方，幸运之神总是有规律地在东西方之间交叉穿梭，现在，她已将曲线未来的运动趋势指向东方。”[27]也有研究者从意象的角度对童话进行研究。杨佃青认为：“童话意象作为童话的基本附件，作为童话的‘词语’，它的生成与个性有可能对童话整体的形态与特性有重大影响，那么以童话意象为切入点对童话进行研究，就有可能对童话的文体特征有新的发现。”[28]

在作家作品研究方面，陈模就童话界的“郑渊洁现象”进行了阐述。他指出“郑渊洁是我国青年童话作家一个出色的代表。有人说他是童话创作热闹派的首领，其中不无贬义，”“更多的人则认为，郑渊洁的童话异军突起，别具一格，从题材内容到写作方法，都是非常新颖的，其特色是幻想相当丰富。”[29]

彭懿创作的长篇童话《疯狂绿刺猬》[30]和短篇童话《红雨伞·红木屐》引起了关注。方卫平认为“这一长一短两篇童话作品，与作者前期童话创作相比发生了重要的变化，它们透露了彭懿童话的新的艺术走向。两部作品一方面保留强化了作品基本叙事构成的真实感和现场感，如《疯狂绿刺猬》描述“校园暴力”现象时的那种残酷的真实，《红雨伞·红木屐》所渲染的异国他乡雨日黄昏里的都市场景和氛围，令人产生一种紧张好奇欲罢不能的阅读心理体验。此外，作品的主题力度以及凄艳、凝重的叙述语言系统等，都比作者前期童话作品所设定的叙述基准有了明显的变换和推进。”[31]

黎云秀创作的长篇童话《赤兔王子》[32]、《蛙国历险记》[33]是近年出现的优秀作品，均获福建省“少儿文学”一等奖，《蛙国历险记》（上下集）[34]被录制成录音带，现已发行30多万册，受到少儿读者的喜爱。

杨鹏的童话集《装在口袋里的爸爸》[35]共收作者近年来创作的中短篇童话20余篇，计25万字，有评论者认为该书“是他近年童话创作与探索的一次总结，这些童话，既有强烈的故事性，又有极大的现实意义，或教育，或启迪，或警示，或激励……它们还体现了作者的创作个性，反传统，强调童话的现代意识和游戏精神。”[36]

这两年出现的较好的童话还有：葛竞的《鱼缸里的生物课》[37]、杨鹏的《外星幽灵挑起的战争》和《魔力古棒》[38]、张弘的《五个巧克力鹰蛋》[39]、李志伟的《吹牛大王新冒险》[40]、安武林的《米粒上的花朵》[41]等等，它们都引起了人们的关注并受到好评。

儿童诗歌、散文、报告文学的创作与研究

和小说、童话相比，儿童诗的创作显得很不景气，但在质量上却并没有降低。有论者认为"儿童诗到了本世纪末，虽然不能与小说童话并驾齐驱，成为儿童文学的'三套马车'，但也摆脱了彷徨无依的状态。它在静静地、自主地成长，出色的作品时不时珠现般但不很醒目地闪光，于不被关注的困境中，不断有微妙的突破。"[42]如金波的《风景家园》——浓郁的抒情性与生命感，有田园的音响与芬芳。风景家园里自然的风景、心灵的风景、人生的风景融为一体。风景家园对诗人而言，有着心灵与精神的意义。徐鲁的《世界很小又很大》中，纯真的年代、光滑如水的幻想，语词清新而抚慰人，在回眸的一瞬唤起梦一般的憧憬之情。可贵的是徐鲁在思想的激情之余，仍保持着哲学的意味与对理性的探索。关登瀛的《林中》似水墨画般清远简练，诗情画意之中流露出一丝丝、一缕缕的深思与体验。邱易东的儿童诗集《中国的少男少女》出版也得到了同行们的称赞：金波认为这部诗集不仅"诗情充沛、想象丰富、汪洋恣肆、放得很开"，而且具有"思考的哲理性、深刻性和思辨性的特点。"徐鲁则认为这是"90 年代儿童文学不可多得的收获。"[43]儿童诗在儿童文学中的地位，仍是小而轻灵的东西多。评论家们呼吁："诗歌地位的提升，需要更多优秀的、有灵感、心存热爱的写作者忘我投入，需要评论专家与诗歌的创作一呼一应。"[44]

这两年的少儿散文创作仍以叙事散文唱主角，而且质量也强于单纯绘景抒情的抒情散文。其中圣野的《外婆的红山楂》、郭风的《龙眼园里》、任大星的《寻找布谷鸟》、屠再华的《嘟嘟糖和小雪灯》、徐鲁的《童年的小路》等散文集[45]及王蔚的《梦中同学》[46]、殷健灵的《乘着梦想的翅膀》[47]等等都引人瞩目。

这两年的报告文学都是以写个体为主，这与前些年少年报告文学大都以采写众多的人物来反映某种倾向性的潮流的写作方式大不相同。如刘邦琨、吴永琦的《圣火点燃希望》[48]、王卫国的《叩开天才之门》[49]、魏生革的《父亲，我是你的脊梁》[50]、陈国忠的《向命运宣战的少年》[51]等无一不是叙写某一个具有一定典型意义的当代少年人。这些人物的采访与叙写固然精彩，也颇具感染力。然而，从报告文学的总体来看，仍显单薄，缺乏具有大气魄和强烈震撼力的大制作。这不能说不是当前少儿报告文学创作的一个缺憾。

幻想文学的创作与研究

科幻小说，这个科学和幻想联姻产生的文学宁馨儿，在 80 年代初盛极而衰之后，这两年又出现了复苏的迹象。全国各出版社竞相推出自己的科幻新作丛书，如：安徽少年儿童出版社的"科幻新作系列"、江苏少年儿童出版社出版的"中华当代科幻小说丛书"、四川少年儿童出版社出版的"中国少年科幻小说系列"、中国少年儿童出版社出版的"天狼星科幻小说丛书"、福建少年儿童出版社出版的"科幻列车丛书"……国外科幻小说的译介和出版，在出版界和图书界都掀起一股热潮。1997 年夏天在北京召开的科幻大会，受到了传媒的关注与报道。

据《文艺报》介绍："这两年科幻文坛上出现了不少新人，势头相当劲猛，成为当前科幻创作的主力军。这批新人，有的年纪很轻，如刚刚走出大学校门的杨鹏，已出版长篇科幻、科幻作品集、卡通丛书二十多种，数次获中国科幻界最高奖'银河奖'、

国家‘五个一工程奖’等大奖；有的以写作为生，如北京合同制作家星河，在90年代初即开始创作，已有作品100万字，曾获‘冰心奖’、‘银河奖’等多项文学大奖；有的进入不惑之年开始从事科幻创作，如《学与玩》杂志的副主编许延风，发表和出版中短篇科幻小说多部；有的是辞职归乡的农民，积极投身科幻创作，如湖南平江的牧铃；有的本身是工程师，加入科幻创作队伍，如河南南阳的王晋康……不同职业，不同知识结构的作者加入科幻创作队伍，构成了中国科幻作家多元化，有利于形成百花齐放的局面。"[52]

这两年涌现出的较优秀的长篇科幻小说和科幻作品集有：吴岩的《生死第六天》[53]、《心灵历险的故事》[54]，星河的《海底记忆》[55]、《网络游戏联军》[56]、《残缺的磁痕》[57]，杨鹏的《蝙蝠少年》[58]、《来自未来的小幽灵》[59]、《银河铁道之夜》[60]，许延风的《飞碟纵队》[61]、《摧毁海底魔窟》[62]，刘苗虎的《魔光疑影》[63]等等。无论在科幻构思还是语言上，作家们的作品都比过去显得成熟、老练、文学性强。

“大幻想文学”的被倡导和出现是90年代儿童文学界的一件大事。1997年10月，21世纪出版社在江西三清山举办了“跨世纪中国少年小说创作研讨会”。来自北京、上海、广东、海南、黑龙江、辽宁和江西等地的二十多位儿童文学作家和评论家参加了会议。这次会议站在世纪之交，回视与探求中国少年小说的历史走向、当代现状和未来空间，寻找新的艺术变革的突破点，成为与会者共同关注的问题。与会作家经过充分研讨，提出了有助于发扬少儿文学本体性的“幻想文学”精神，并且形成共识，携手来参与“大幻想文学”的艺术新探索，寻求和传播将“现实”与“幻想”、“小说”与“童话”交融互通的艺术新代质。幻想文学成为这两年儿童文学界的一个现象受到了评论界、出版界和创作界的关注。彭懿的幻想文学理论专著《西方幻想文学论》对中国幻想文学之车的启动起到了推波助澜的作用。不少作家开始以极大的热情投入了“幻想文学”的写作中。

对港台儿童文学的介绍与研究

随着香港回归祖国，海峡两岸的交流和合作日益深入，香港和台湾的儿童文学正成为研究领域里的一片新生的处女地。

有人认为“香港的儿童文学步入90年代后，似乎一直裹足不前，临近90年代末期更呈弱势。”其发展存在着许多困境，迫切需要开拓其生存空间。[64]“台湾的儿童小说创作虽然起步较晚，直到60年代才陆续有作品出现，但它发展迅速，作者队伍亦不断壮大。究其原因，既有作者自觉的创作意识抬头，又有读者的欢迎和当局及民间组织积极的奖励，连带作品发表的机会的增多，都是台湾儿童小说自60年代至90年代持续蓬勃的主要因素。从老作家林海音、华霞菱到60年代台湾本土出生的新锐作家管家琪、王淑芬，台湾儿童小说也在不停的摸索和实践中形成了一支颇有生气的创作群体。"[65]对港台作家儿童文学作品的个案研究的论文有不少，如金波《一颗灵敏的爱心》[66]对台湾作家林焕彰的儿童诗作进行了整体的关照，唐兵《我们看海去》对台湾作家林海音、管家琪、王淑芬等的儿童小说进行了介绍与评论，等等。

1996年和1997年的中国儿童文学虽然还存在着这样或那样的不足，但其成绩和进步还是显而易见的，作家们的辛勤与努力也是显而易见的。我们期盼着儿童文学攀登上更高的山峰！相信走向新世纪的儿童文学将更显辉煌！

---

〔1〕方卫平《近年儿童文学研究观感》，《儿童文学天空》

1997年第2期。
〔2〕平静《“广告’也要做得好》，《儿童文学研究》1996年第1期。
〔3〕袁丽娟《我看某些新潮理论》，《儿童文学研究》1997年第1期。
〔4〕曹文轩《女性与理性》，《儿童文学研究》1997年第3期。
〔5〕孙建江《时代的应允与制约》，《儿童文学研究》1997年第2期。
〔6〕肖显志《冲撞、挣扎与作家理想化的努力》，《儿童文学研究》1997年第2期。
〔7〕彭懿《幻想的时间》，《儿童文学研究》1997年第1期。
〔8〕彭懿《儿童文学中的鬼魂》，《儿童文学研究》1997年第3期。
〔9〕刘绪源《明天的研究向哪里深化》、《儿童文学研究》1997年第3期。
〔10〕班马《前艺术思想——中国当代少年文学艺术论》，福建少儿出版社1996年10月出版。
〔11〕汤锐《现代儿童文学本体论》，江苏少儿出版社1996年1月出版。
〔12〕彭懿《西方现代幻想文学论》，少年儿童出版社1997年11月出版。
〔13〕方卫平《儿童文学理论批评史》，少年儿童出版社1997年11月出版。
〔14〕吴其南《转型期儿童文学思潮史》，少年儿童出版社1997年11月出版。
〔15〕刘绪源《儿童文学三大母题》，少年儿童出版社1997年11月出版。
〔16〕朱自强《儿童文学的本质》，少年儿童出版社1997年11月出版。
〔17〕竺洪波《智慧的觉醒》，少年儿童出版社1997年11月出版。
〔18〕黄云生《人之初文学解析》，少年儿童出版社1997年11月出版。
〔19〕郁秀《花季·雨季》，海天出版社1996年1月出版。
〔20〕周晓波《’97中国儿童文学巡礼》，《儿童文学研究》1998年第1期。
〔21〕秦文君《秦文君小说系列》（上、下），作家出版社1997年11月出版。
〔22〕秦文君、谢倩霓《特性与共性互撑下的少儿阅读》，《儿童文学研究》1997年第3期。
〔23〕曹文轩《动物小说：人间的延伸》，《儿童文学研究》1997年第1期。
〔24〕王泉根《生命的拷问》，《儿童文学研究》1997年第4期。
〔25〕张品成《北斗当空》，少年儿童出版社1997年11月出版。
〔26〕葛冰《吃爷》，台湾民生报1996年出版。
〔27〕马力《关于东西方童话峰岭结构的思考》，《儿童文学研究》1997年第4期。
〔28〕杨佃青《意象：童话艺术体系的第一块基石》，《儿童文学研究》1996年第1期。
〔29〕陈模《论郑渊洁现象》，《儿童文学选刊》1997年第4期。
〔30〕彭懿《疯狂绿刺猬》，江苏少年儿童出版社1996年1月出版。
〔31〕方卫平《论彭懿童话》，《儿童文学选刊》1997年第4期。
〔32〕黎云秀《赤兔王子》，福建少儿出版社1997年1月出版。
〔33〕黎云秀《蛙国历险记》，福建少儿出版社1997年5月出版。
〔34〕黎云秀《蛙国历险记》（上下集），福建音像出版社1996年1月出版。
〔35〕杨鹏《装在口袋里的爸爸》，四川少年儿童出版社1996年9月出版。
〔36〕冯莹《童话的现代精神》，《中华工商时报》1997年7月16日。
〔37〕葛竞《鱼缸里的生物课》，《童话世界》1996年第1期。
〔38〕杨鹏《外星幽灵挑起的战争》、《魔力古棒》，《童话世界》1997年第1至第12期。
〔39〕张弘《五个巧克力鹰蛋》，《巨人》1997年第1期。
〔40〕李志伟《吹牛大王新冒险》，《巨人》1997年第4期。
〔41〕安武林《米粒上的花朵》，《儿童文学》1997年第11期。
〔42〕〔44〕郁雨君《诗歌的注视》，《儿童文学研究》1997年第4期。
〔43〕孙自筠、徐助敏《拒绝浅薄走向深远》，《儿童文学研究》1997年第4期。
〔45〕圣野的《外婆的红山楂》、郭风的《龙眼园里》、任大星的《寻找布谷鸟》、屠再华的《嘟嘟糖和小雪灯》、徐鲁的《童年的小路》等散文集均由上海教育出版社1996年出版。
〔46〕王蔚《梦中同学》，《巨人》1994年第4期。
〔47〕殷健灵《乘着梦想的翅膀》，《巨人》1997年第3期。
〔48〕刘邦琨、吴永琦《圣火点燃希望》，《儿童文学》1997年第5期。
〔49〕王卫国《叩开天才之门》，《少年文艺》1997年第6期。
〔50〕魏生革《父亲，我是你的脊梁》，《少男少女》1997

年第6期。
〔51〕陈国忠《向命运宣战的少年》，江苏《少年文艺》1997年第4期。
〔52〕雪孩《走出“低谷”的科幻文学》，《文艺报》1997年10月28日。
〔53〕吴岩《生死第六天》，江苏少儿出版社1996年6月出版。
〔54〕吴岩《心灵历险的故事》，中国少儿出版社1996年12月出版。
〔55〕星河《海底记忆》，中国少儿出版社1996年12月出版。
〔56〕星河《网络游戏联军》，江苏少儿出版社1996年6月出版。
〔57〕星河《残缺的磁痕》，江苏少儿出版社1996年6月出版。
〔58〕杨鹏《蝙蝠少年》，安徽少儿出版社1996年12月出版。
〔59〕杨鹏《来自未来的小幽灵》，四川少儿出版社1996年1月出版。
〔60〕杨鹏《银河铁道之夜》，四川少儿出版社1997年12月出版。
〔61〕许延风《飞碟纵队》，明天出版社1997年1月出版。
〔62〕许延风《摧毁海底魔窟》，北岳文艺出版社1997年5月出版。
〔63〕刘苗虎《魔光疑影》，安徽少儿出版社1996年12月出版。
〔64〕潘金英《谈香港儿童文学的困境与生存空间》，《儿童文学研究》1997年第4期。
〔65〕唐兵《我们看海去》，《儿童文学研究》1997年第4期。
〔66〕金波《一颗灵敏的爱心》，《儿童文学研究》1996年第1期。

电影文学创作与评论综述

李文斌

重大题材唱主角

1996—1997年我国电影创作生产情况良好，据统计，1996年完成故事片110部，1997年完成故事片88部。

尽管这两年故事片产量略低于前几年，但就其思想艺术质量来看，整体水平高于往年。思想平庸、格调低下、粗制滥造的影片，得到了有效的遏制，出现了一批思想艺术质量较高、观赏性较强、在社会上能产生比较强烈反响的影片。两年间，由党中央、国务院有关部门向社会广泛推荐的《大转折》、《红河谷》、《离开雷锋的日子》、《鸦片战争》、《大进军·席卷大西南》、《花季·雨季》、《非常爱情》、《灯塔世家》、《燃烧的港湾》、《惹是生非》、《挺立潮头》、《快乐天使》等影片公映后，取得了很好的社会效益和经济效益，大大提高了国产优秀影片的声誉和市场占有率。

高扬时代主旋律，讴歌人间真情。在1996、1997年的电影创作中，时代主旋律相当突出，创造宏伟业绩的人民群众也逐步成为银幕的主角，真正实现了江泽民同志所期望的在电影作品中“贯注爱国主义、集体主义、社会主义的崇高精神，鞭挞拜金主义、享乐主义、个人主义和一切消极腐败现象”。

两年间完成的198部国产故事片中，重大革命历史题材和重大历史题材影片以其恢宏的气势，深刻的思想内涵和巨大的银幕冲击力构成了我国影坛的一道独特的风景线。无论是反映一代名将刘伯承、邓小平鏖战鲁西南、挺进大别山的《大转折》，和他们在新中国建立后指挥的我国大陆最后一场大战的《大进军·席卷大西南》，还是描写百年前藏汉民族联手抗击英国侵略者的《红河谷》，以及表现发生在150多年前的鸦片战争的来龙去脉的《鸦片战争》，都在同类题材电影创作中取得了突破性的进展。这些堪称史诗性巨片的电影作品，一改过去重史轻人、重场面的渲染而忽略人物性格刻画的套套，而把主要笔墨用在人物，特别是重要历史人物的塑造上。即使对一些普通人或配角的处理，也力求写出他们的性格特点和心路历程。即使像娱乐性比较强的历史题材影片《燃烧的港湾》，创作上也有新的追求。它选取了香港人民抗击日本侵略者这一全新视角，把所有人物置身于“死亡湾”的特定环境中，在生死搏杀中展现人物的性格魅力，同样让人看后受到教育和感染。

反映当代人民生活题材的电影创作在这两年中也相当突出。不仅数量超过了全年故事片产量的60%，而且佳作迭出，特别是反映凡人小事和普通人生活的影片格外引人注目。1996年农村题材电影创作是一个丰收年，全年拍出了10多部农村题材故事片，质量大多上乘。其中，《喜莲》、《夫唱妻和》、《男婚女嫁》、《军嫂》都以贴近生活、贴近群众、贴近时代而获得各方面的好评，并获得了仅有10个奖额的1996年度中国电影华表奖优秀故事片奖，这在往年是不曾有过的。1997年生产的故事片更加广阔地反映正在变革的社会生活，具有更加浓郁的地方特色和时代特色。除了农村题材电影创作保持良好的发展势头，拍出了《惹是生非》、《四喜临门》等优秀影片外，一向被认为是薄弱环节的反映工人、工厂生活题材的电影创作在1997年有所起色，而且推出了《灯塔世家》和《挺立潮头》两部优秀故事片。描写女青年舒心以至爱至诚的呵护救治赴野外作业坠崖而成为植物人的未婚夫田力的故事片《非常爱情》，从褒扬爱情的忠贞升华到挽救生命和创造生命的境界，成为1997年现实题材电影创作中的佼佼者。

儿童电影创作令人耳目一新

1996—1997儿童电影创作给人以耳目一新的感受。很长时间以来，党和国家关怀儿童电影创作，社会各方面和电影界也有一批热心扶持、参与儿童电影创作的有识之士，但始终未能改变儿童电影创作被动落后和停滞不前的局面。从1996年开始，儿童电影创作出现了转机。这一年不仅完成了国家下达的年产12部儿童片任务，而且出现了《男孩女孩》、《我也有爸爸》、《红发卡》等佳作。1997年儿童电影创作比起前一年又上了一个台阶，尽管数量不及1996年，但荣获1997年度中国电影华表奖优秀儿童片奖的《花季·雨季》、《开心哆来咪》、《快乐天使》都分别在表现中学生、小学生、学龄前儿童三个年龄段少年儿童生活的电影创作中取得了开拓性的成就。其中，《花季·雨季》和《快乐天使》的社会反响尤为强烈。取材于同名小说的《花季·雨季》在表现转型期中学生生活时没有回避现代生活和商品大潮带给他们的压力和冲击力，而是倾全力写他们所经历的生活磨难和成长、成熟的历史：一方面适应社会主义市场经济的建立，树立勇于竞争的观念和勇气；另一方面又承袭民族文化中关爱他人牺牲自我的传统美德，把机会让给别人。在中学生成长中表现出现代文化与传统文化的互补和融合。影片的基调、节奏明快、明朗，洋溢着我们这个时代所特有的青春气息。写五、六岁幼儿园孩子的故事片《快乐天使》，通过天真烂漫的低幼儿童生活的展示，让人们（包括成年人）领略到一个充满童真、童趣的梦幻世界，从而受到启迪和感染。

喜剧、悲剧及其他电影创作

1996、1997年的国产电影创作不仅在题材的开掘和开拓上迈出了新步，而且在风格、样式多样化上探寻了一条新路。以喜剧片创作为例，1996年的《夫唱妻和》、《喜莲》、《男婚女嫁》公映以后，观众，特别是农民观众是很喜欢的，给了很多鼓励和赞扬，肯定了这些影片的成功之处，也指出某些不足。这些影片无疑为以后的喜剧电影片创作起到了示范、导向作用。1997年完成的《惹是生非》、《爱情麻辣烫》、《甲方乙方》、《四喜临门》等一批优秀喜剧片，正是得益于前一年喜剧电影创作经验和启示。如果说，《夫唱妻和》在喜剧手法的运用上还存在一些概念化和硬噱头的问题的话，同样为农村题材喜剧片的《惹是生非》则在喜剧手法的运用和喜剧样式的把握上更为自如和准确。

在这两年的国产故事片中，悲剧样式（或具有悲剧色彩）的影片也出现了一些好作品。《红河谷》写一百多年前藏汉人民联手抗击英国侵略者的故事，悲剧气氛的营造、悲而且壮的人物命运的展示都给人以强烈的感染；《鸦片战争》作为一部悲剧影片，写了香港的沦陷，鸦片战争的失败，但通过刻画林则徐、关天培等民族英雄形象，同样收到了激人奋进、促人深省的作用。

动作片、惊险片也是我国观众特别喜欢的样式，但在1996、1997年中，成功的作品不多。惟有《一代天骄成吉思汗》值得一提，这部出色的马戏动作片，通过精彩、多变的马戏动作，着力于表达人的精神和情感，谱写出一曲中华民族的英雄史诗。它的成功为动作片创作积累了新的经验。有人认为这部具有浓烈蒙古民族风格和精品品格的史诗性影片可与世界影坛同类题材、风格、样式的影片一比高低。

电影剧本创作成果检阅

"剧本、剧本，一剧之本。"我国电影主管部门和电影工作者都深切地认识到，要实施电影精品工程必须首先抓好这"一剧之本"。为此，经中共中央宣传部批准，由广播电影电视部主办的一年一度夏衍电影文学奖征集评选工作从1996年拉开帷幕。1996、1997两年已经成功地举办了两届，共收到来自全国各地的应征剧本1168部。经过认真评选，一共有35部剧本荣获夏衍电影文学奖。其中，第一届夏衍电影文学奖获奖剧本20部，现已有8部剧本拍成影片，它们是：一等奖获得者陆柱国的《西南凯歌》（由八一电影制片厂摄制出品，片名改为《大进军·席卷大西南》，荣获1997年度中国电影华表奖优秀故事片奖）、二等奖获得者王兴东的《离开雷锋的日子》（由北京紫禁城影业公司摄制出品，荣获1996年度中国电影华表奖优秀故事片奖）、二等奖获得者马卫军的《四季》（由珠江电影制片公司摄制出品，片名改为《安居》，荣获1997年度中国电影华表奖优秀故事片奖）、三等奖获得者张子良的《一棵树》（由西安电影制片厂摄制出品，荣获1996年度中国电影华表奖优秀故事片奖）、三等奖获得者张丽萍、张俊萍、张良的《陶陶和他的小小同学》（由中国儿童电影制片厂摄制出品，片名改为《快乐天使》，荣获1997年度中国电影华表奖优秀儿童片奖）、三等奖获得者冯小宁的《红河谷》（由上海电影制片厂摄制出品，荣获1997年度中国电影华表奖优秀故事片奖）、三等奖获得者张笑天的《白山黑水》（由长春电影制片厂摄制出品，荣获1997年度中国电影华表奖提名）、鼓励奖获得者王冀邢的《超导》（峨眉电影制片厂、北京电影制片厂摄制出品，荣获1997年度中国电影华表奖提名）。第二届夏衍文学奖获奖剧本15部，现已有8部在制作或待拍，它们是：一等奖获得者彭继超、陈怀国的《马兰草》、二等奖获得者张卫明的《英雄圈》、二等奖获得者李冬冬的《金婚》、二等奖获得者杨争光的《兵哥》、三等奖获得者郑沂的《山不转水转》、三等奖获得者杜丽鹃的《天月》、三等奖获得者马卫军的《两生花》。

以我国杰出的电影艺术家夏衍的名字命名的夏衍电影文学奖的创意和成功举办，是实施电影精品战略的重要措施之一，也是对近年来乃至新时期以来我国电影剧本创作成果的一次检阅，不仅表彰奖励了35部获奖剧本和作者，最重要的是充分调动了全国广大专业和业余电影文学剧本创作者的创作积极性，提高了电影文学在整个电影创作中的地位，扩大了夏衍电影文学奖的影响。

从两届夏衍电影文学奖获奖剧本情况看，总的说来题材广泛，内容丰富，样式齐全，风格多样。这是创作者长期深入生活、深入实践、认真思考、潜心创作的结果。应征剧本中，反映当今人民生活的剧本占较大比例。

有相当数量的剧本开始重新探索电影的本体特性，借鉴技术进步和其他艺术门类变化发展的成果，充分开掘电影表现形式的新方法和新途径。

多数剧本尽量站在审美的立场上，以普通人的视点关注历史，关注时代，关注人的感情和命运，弘扬鲜明的时代精神，塑造感人至深的人物形象。

特别应该提到的是大多数剧本开始注意思想性、艺术性、观赏性的统一，注意电影的思想艺术价值的体现与经济价值的体现是相辅相成、密不可分的。这也是这两年电影文学工作的一个新走向。

在两届夏衍电影文学奖应征剧本和近年来电影文学创作以至于整个电影创作中所出现的问题也值得引起重视，着重抓电影文学创作、重奖优秀电影剧本和优秀影片是当务之急。电影剧本创作中存在的缺乏生活气息和底蕴、满足于书斋内的自我欣赏以及文笔华丽、内容空洞、玩弄形式等问题必须加以克服；有的剧本和影片观念陈旧，技巧贫乏，采用电视剧处理故事和人物的方法，对电影的特性认识利用不够，也是电影文学创作和整个电影创作亟待解决的问题。

对10部优秀影片的评价

1996、1997年生产的198部故事片，好的或比较好的影片占到总数的三分之一左右，其中思想艺术质量均较高并在社会上产生了强烈反响的大约20部左右。下面列出10部优秀影片作简要评价，供研究者参考。

《大转折》，是八一电影制片厂继《大决战》之后拍摄的五部十集革命历史战争巨片《大转折》、《大进军》系列影片中首先完成的一部。由姚远、王玉彬、王苏红、韦廉、李宝林编剧，韦廉导演的这部革命历史战争巨片，表现了刘邓大军在解放战争初期转战鲁西南和大别山，使战争发生重大转折的光辉业绩，既有气势恢宏、广阔壮丽的大线条的战争场面，又有准确、细腻的对刘邓等领袖人物的精心刻画，对战争和人物两者的处理颇为新颖独特，比以往同类题材影片更具感染力。

《红河谷》，是上海电影制片厂的一部力作。由冯小宁编剧兼导演的这部史诗性影片，讲述了一百多年前发生在西藏的一段具有传奇色彩的抗英故事，是一曲爱国主义、英雄主义的赞歌。酣畅淋漓的电影语言、粗犷精美的摄影艺术和真实浪漫的大写意风格，使它不仅具有较深的思想内涵，也具有很强的银幕冲击力和观赏性。

《离开雷锋的日子》，是北京紫禁城影业公司的开山之作。由王兴东编剧，雷献禾、康宁导演的这部影片是为纪念毛泽东主席“向雷锋同志学习”题词34周年和纪念雷锋同志逝世35周年而拍摄的。影片视角独特新颖，通过雷锋战友乔安山误伤雷锋后三十多年的内疚心情的揭示和他默默弘扬雷锋精神的不平常遭遇，呼唤雷锋精神。影片上映后，社会各阶层反响强烈，也深得影评界、理论界的好评。

《喜莲》，是长春电影制片厂摄制出品的一部农村题材喜剧片。由郭中束、郝国忱编剧。是孙沙导演继《九香》、《红月亮》后“农村女人三部曲”的第三部力作。影片具有浓郁的生活气息和鲜明的关东农村地方特色。女主角喜莲由青年演员于慧扮演，颇具功力，因此她荣获了1996年度中国电影华表奖优秀女演员奖和中国电影金鸡奖的最佳女主角奖。

《鸦片战争》，是由峨眉电影制片厂摄制出品的一部历史巨片，是为庆贺香港回归祖国而拍摄的。编剧朱苏红、倪震、宗福先、麦天枢，导演谢晋。影片站在一个新的历史角度，高屋建瓴地表现了发生在150多年前的鸦片战争这个重大历史事件，客观、公正、艺术地再现英帝国主义侵略中国、强占中国领土香港的那一段血泪史、屈辱史，形象而又深刻地展示了“封闭必然落后”、“落后就要挨打”这样一个道理。这部影片在国内外广泛映出后反响强烈，评价颇高，仅国内票房就超过了7500万元。

《安居》，是珠江电影制片公司摄制出品的一部艺术片。编剧马卫军，导演胡柄榴。这是拍过《乡情》、《乡音》、《乡民》的胡柄榴息影八年后的一部重头作品。影片通过独居老人阿喜婆的生活遭遇，反映了我国当前转型期社会人与人之间关系的变化所带来的情感失衡和重新找到平衡的过程，深刻地揭示了在商品大潮冲击下人与人之间难能可贵的人间真情。影片风格清新、淡雅、朴实，演员表演细腻、真挚、准确。此片除在国内评奖中获得了多项大奖外，还在第三届上海国际电影节上夺得评委会特别奖，女主角阿喜婆的扮演者潘予荣获了最佳女演员奖。

《大进军·席卷大西南》，是八一电影制片厂摄制的又一部革命战争巨片。编剧陆柱国，导演杨光远。杨光远是一位擅长拍战争片的导演，曾执导过《血战台儿庄》、《大决战·辽沈战役》等影片。影片展现的是新中国建国之后的西南战场最高指挥者刘伯承、邓小平率领人民解放军所进行的一往无前、势如破竹的战斗。一方面通过打重庆、克成都等重大战役的再现突出刘伯承的大智大勇，另一方面通过处理“逃兵事件”和与铁路专家的邂逅交往等情节的展开，写出邓小平的深谋远虑。

《花季·雨季》，是深圳影业公司约请青年剧作家从容根据同名获奖小说改编摄制的。由曾经执导过《新闻启示录》、《高楼边》的戚健导演的这部青春片，展现了特区中学生斑斓多彩的生活和他们对社会生活多视角的思索。它反映的不只是一群中学生的花季、雨季，而是透过他们的生活反映出一座改革开放前沿城市甚至是我们这个国家、这个时代的花季、雨季。这部看起来“不起眼”的作品却奏响了时代主旋律，具有不可低估的艺术感染力量。

《黑眼睛》，由天津电影制片厂和北京电影制片厂联合摄制出品。编剧万方，导演陈国星。这是一部以一位盲人女青年为视角的艺术片。导演在处理这部作品时追求写人、写意的境界，风格朴素、自然，如行云流水，给人以“细雨润心田”的艺术感受。

《一代天骄成吉思汗》，是内蒙古电影制片厂献给内蒙古自治区成立五十周年的一份礼物。影片以公元12世纪中叶蒙古民族统一北方各部落的历史进程为背景，以蒙古民族伟大母性的杰出代表诃额伦养育、熏陶、辅佐蒙古民族先祖成吉思汗的故事为主线，歌颂了蒙古民族的坚韧不拔、争取统一的伟大精神。苍莽的草原，恢宏的场面，马战的惨烈，带有传奇色彩的故事，给人以撼人心魄之感。本片编剧为冉平。

戏剧文学创作与研究综述

刘　平

与前几年相比，1996年和1997的北京戏剧舞台显得异常热闹红火。1996年，在北京举办了两次大型的戏剧演出活动，即8月举行的《'96中国戏剧交流暨学术研讨会》和10月举行的《第三届BESE，TO（北京·汉城·东京）戏剧节》。1997年，在北京举办了“中国话剧90年纪念会”和“中国话剧发展战略研讨会”，同时进行“新剧目交流演出”。就演出市场而言，最突出的特点是：“三套马车并驾齐驱”。所谓“三套马车”，即国家剧团、民间剧团和艺术院校。而形成这种局面的重要原因是：艺术院团改革后，竞争意识和市场意识的激发。

市场意识激活了话剧舞台

近几年来，随着经济改革的深入开展，艺术院团的改革也不断深入。其中，最引人注意的是民间剧团和独立制作人出现，如牟森的“戏剧工作车间”，孟京辉的“穿帮剧社”，林兆华的“戏剧工作室”，郑铮的“火狐狸剧社”，苏雷的“星期六戏剧工作室”，杨青的“亚麻布剧社”，还有“八爪鱼戏剧工作室”、“彼岸工作室”和一些文化公司投资、临时组建的演出团体。这些民间剧团敢于挣脱旧体制的束缚，克服非艺术性因素的制约，充分发挥自身机动灵活的特点，直接面对市场寻求公平竞争的机会，对于激活演出市场、促进话剧创作繁荣起到了一定的作用。尽管有的团体热闹一阵儿就消沉了，但不管怎么说，这些同仁戏剧团体的诞生本身，就表现了话剧艺术家们不甘心在“危机”中沉落而积极寻找、探索的进取精神。如果说这些自由组合的团体的创作演出还处于小范围的实验阶段的话，那么，谭璐璐作为独立制作人演出的话剧《离婚了，就别再来找我》和由北京红海广告公司提供资金、中国青年艺术剧院和中央实验话剧院提供演出许可证和场地演出的《灵魂出窍》和《疯狂过年车》等，则是把话剧的创作与演出推向市场的一种试验。民间剧团的艺术实践，也大大促进了国家剧团的改革。

现实题材创作的新成就

在1996、1997年的戏剧创作中，写现实题材的戏虽然多数作品仍质量平平，但却出现了几部令人惊喜的作品，如《地质师》、(杨利民作)、《绿色的阳台》(廖维康作)。此外还有《人生一台戏》(李冰作)、《鱼人》(过士行作)、《一人头上一方天》(张明媛作)、《俺爹我爸》(申捷作)、《新居》(陈初华等作)等。

《地质师》是一部风格凝重、品位很高的现实主义作品。该剧描写一代知识分子献身于我国石油事业的崇高精神和悲壮的命运历程。洛明、卢敬、罗大生、刘仁、曲丹……，这些毕业于60年代的大学生们，胸怀建设祖国的大志，踏着《勘探队员之歌》的旋律，奔赴最艰苦的松辽平原，用青春和生命谱写了一曲“我为祖国献石油”的赞歌。作家正是以他们的动人事迹为素材，塑造了一个个鲜明生动的人物形象，并在展示他们的奉献精神的过程中，使这部话剧具有了动人心魄的艺术魅力。被称为“一首含蓄、细腻、深刻、意味隽永的人生美的赞歌”,[1]“唱出了石油战线新一代知识分子的坚定信念和不懈的人生追求”。[2]

《绿色的阳台》通过对几个普通人生活的描写，展示了人物的心灵美。文化馆干部戴国浩，退休后不去挣大钱，无私地去帮助有困难的人，义务办少年儿童音乐培训班。他的行动不仅感动了乡下打工妹谷子，鼓起了下岗女工夏援朝的生活勇气，也教育了“钻钱眼”的书商麦大志。剧中以戴国浩家“阳台”上的“绿色”赞美着生活，追寻着生命意义，给人以深刻的启示。

写爱情的戏不少，但写得好的不多，而《一人头上一方天》却有其独特之处。剧中的柳青青心爱着处处体贴她的宋小河，但贫穷的现实却让她与没有感情基础的德子结了婚。后来，她靠着勤劳发家致富，成了事业上的女强人。然而她并没有任自己的感情“天马行空”，去与宋小河结合，仍然独自支撑着这个家。观众从男女主人公表面的平静中感受到人物内心情感的波澜——那种有泪流不出，有话难启齿的尴尬与无奈，使人充分感受到现实生活的艰难与苦涩。在白桦林分手的那场戏中，柳青青有生以来第一次亲吻了宋小河的额头。这举动没有丝毫的庸俗与低级，只让人感到一种纯洁与高尚。有人说这是“一部耐人寻味的脱俗之作”。[3]

《俺爹我爸》通过农村与城市两个贫富

不同的家庭，写出了父子亲情的不同与差异，从而引发人们对社会、人生更深层次的思考。该剧结尾，本已非常贫困的“俺爹”登上茅屋的房顶，对着远去上大学的儿子高喊“该吃你就吃，你爹有钱，有——钱!”这情景不仅使剧中的儿子泪流满面，也紧紧地揪住了观众的心。

《鱼人》在描写人与自然的矛盾中，表达着一种哲理寓意。《人生一台戏》探讨了“人要怎样活着才算有质量”的问题:《关东大集》和《新居》以农村的改革和经济发展的事实，探讨了金钱与社会道德、婚姻家庭的问题，展示了由于经济的发展给人们精神上带来的变化。

此外，写英雄模范的戏也不少，但多数在写好人好事，类同于报告文学。比较有特色的是《厂长马恩华》和《城市女儿》。当改革家马恩华因把分给自己的、准备给儿子结婚的房子让给了快要临产的困难女工而遭到全家人责难、处于万分尴尬之时，当《城市女儿》中那些“城市的美容师”（清洁工）担心自己的职业会连累女儿找不到对象而在大庭广众中东躲西藏之时，观众的心确实受到了震动。就全剧而言，《厂长马恩华》和《城市女儿》也存在着不足之外，但舞台上的朴实表演不仅使观众看到了生活的真实，而且透过人物的内心情感看到了一种崇高。

这些剧作都是作家对时代发展和现实生活进行观察与思考的艺术结晶。

历史题材创作的突破

在历史题材的戏剧创作方面，成绩比较突出的是《商鞅》（姚远作）、《沧海争流》（周长斌作）、《蛐蛐四爷》（许瑞生作）和《古玩》（郑天玮作）等。

《商鞅》是一部具有艺术震撼力的作品。作者把历史真实与今天的时代精神相契合，“既反映了那个时期的历史的本质真实，又拨动了我们时代的神经。”[4]整个演出凝重、悲壮、豪迈、大气，作者以古朴、浑厚的笔触塑造了商鞅刚直、自信、激越而内心又极其丰满的艺术形象。作品选取商鞅一生中闪光的事件，既写出了他的人生理想，也展示了他的政治抱负。他变法强秦，却落得被车裂的下场。这虽然是一出悲剧，却让人们感受到了一种崇高和庄严。《沧海争流》是一出深层次的心理剧，既表现了社会历史的真实，更揭示了人的灵魂深处的真实；既表现了人的本质力量与社会关系的冲突，更揭示了人自身两重性格的内在矛盾。作品写的是郑成功与施琅的故事。作者以现实主义“人学”的原则，从一个独特的视角，写郑成功和施琅从鱼水之情的臣主到交恶成仇的过程，然而，当施琅带着复仇意识攻上台湾之后，却没有屠杀郑成功的家人，而是亲自到郑成功的神庙拜祭。作品不仅写出了“人”的复杂，而且展现了两人关系中所蕴含着的丰富的历史和文化内容。该剧与《商鞅》一样，受到评论界和观众的好评。

《蛐蛐四爷》和《古玩》具有浓郁、鲜明的地域特色。《蛐》剧写天津余家四少爷“斗蛐蛐”的人生经历和与其家族的矛盾斗争，揭示了封建社会的丑恶和人性的复杂。故事曲折动人，语言幽默诙谐，加之浓烈的天津民俗民风，构成了一部雅俗共赏、引人入胜的精彩戏剧。《古》剧则写出了人们在玩“古”过程中的复杂心态，具有浓郁的北京地域特色，使人感到赏心悦目。

军旅戏剧的突围

军旅戏剧的突围主要表现在创作观念的变化上，其突出的表现就是以平常心态去写“兵”的生活。如《虎踞钟山》（邵均林、嵇道青作）、《炮震》（庞泽云、王承友作）、《兵妹子》（吕绍堂、王元平作）、《老兵》（殷习华作）、《男人兵阵》（燕燕作）等就体现了这一特点。

《虎踞钟山》以全国解放后刘伯承不当

总参谋长而到南京办军事院校为线索展开情节，塑造了刘伯承等一批鲜活的人物形象。与过去在舞台上出现的领袖人物不同的是，作者并没有把刘伯承放在重大的历史转折关头或者敌我双方激烈斗争中来展现他高瞻远瞩、叱咤风云的领袖风采，而是他在办学中的许多平凡小事，用朴实的语言，表现出他率真的个性、对事业的信念、广博的学识和人格力量。如他在办学中大胆地起用一批有知识、有文化的国民党战俘做教员，及时提出军队面对新的时代，要永远打胜仗必须走正规化、现代化的道路等问题，还有他对居功自傲的崔保山违反校规的处理，对“老黄牛式”的战友甘有复员问题的态度，都体现了他的独特性格和高尚的人格。

《炮震》写某炮团新装备了现代化的火炮，一些过去曾屡次获奖的《神炮手”由于文化水平低不能掌握新的技术，部队只得忍痛让他们离开部队，而让那些名不见经传的、文化水平高的战士担起重任。此剧突破了以往写兵多写牺牲、写奉献的局限，敏锐地提出了军队中的新问题，即军队要实现现代化与士兵和指战员的低素质之间的矛盾，具有一定的胆识和勇气。

《男人兵阵》重点写了军人的“军队情结”，战龙与张扬原是一对夫妻，因为都痴迷于军事生活，以至影响到家庭、婚姻生活而发生矛盾，暂时离异。在考察选拔军事训练参赛连队时，张扬作为上级派驻的女参谋又恰好来到战龙担任连长的连队，由此引发了战龙与张扬之间一系列的戏剧冲突和这对有情人之间复杂的感情波澜。从而让人们看到了军人的生活态度和人生追求。

《老兵》写了一群在平凡的工作岗位上默默奉献了几十年的老兵们。《兵妹子》是以陕北革命老区发生的一个真实的事件为基础写成。16岁的彩彩的家，在二哥当兵之后不久便发生了父亲去世、母亲瘫痪在床等变故。为不影响二哥在部队的训练，彩彩在一年多的时间里给二哥写了68封平安信，编织了一个美丽的谎言，而她自己却承担着沉重的家务。这是在新的形势下产生的拥军故事，具有浓厚的时代气息，美丽动人。

探索戏剧的收获

艺术贵在创新，然而没有探索就没有创新。这种探索与创新，首先应是艺术形式的创新。80年代兴起的“探索戏剧”，就是以新颖的艺术形式突破了社会问题剧的模式化而受到了观众的青睐。可是，这股“探索热”很快就降温了。其原因主要是没有处理好形式与内容的关系。形式与内容的关系，应是毛与皮的关系，二者不可分割。假如形式脱离了内容，形式也就成了无源之水、无本之木。探索戏剧的落潮就是因为过分夸大形式的作用、忽略内容的重要，以至走到玩形式、玩技巧的地步。

1996、1997年上演的探索性剧目有：《棋人》、《苦山行》、《厄勒克特拉》、《领带与高跟鞋》、《倾述》、《四季爱情》、《绿房子》、《断腕》等。其中在内容与形式上结合得比较好的有《领带与高跟鞋》、《厄勒克特拉》、《断腕》。《厄勒克特拉》是根据古希腊同名悲剧改编的。导演改编此剧的目的是追求欧洲的剧本与亚洲的表现手法的结合。他从世界是一个大病院的视点重新解释这一作品，所有的人都坐着轮椅生活在病院里。全剧以倒叙的手法开始，注重人物内心情感的揭示和性格塑造，而不注重情节的叙述与描写。歌队也被赋予了新的含义，他们直接与角色交流、对话，表达角色的内心情感。剧中用鼓声渲染气氛、调整节奏，充分体现了日本“铃木派”戏剧的美学追求。《苦山行》是以形体、动作、舞蹈等语汇和虚、实结合的艺术手法表达主题，把香港青年为捐助“希望工程”进行徒步宣传、以苦为乐的感人情景展示给观众。《绿房子》中的人物塑造和对社会人生的思考，也给人留下了较深的印象。

给人启发较大的是《领带与高跟鞋》和《断腕》。《领》剧描写台湾某广告公司一群上班族工作中的苦恼和生活中的无奈，其中也穿插一些爱情故事。但舞台艺术形式很新颖，表现手法很丰富。它把歌、舞穿插于对话之中，既水乳交融又相得益彰。然而它既不是传统意义上的话剧，也不是现代意义上的歌舞剧。这种“随意赋形”、灵活多样的艺术表现形式，对刻画人物、表达内容起到了很好的作用。观众可以在轻松、欢快的气氛中获得艺术审美享受。《断腕》的特点就是通过写意性手法所创造出来的诗情画意。该剧讲述的是回鹘女子述律平与契丹英雄阿保机传奇的爱情故事。舞台上没有呈现蓝天白云、草原羊群的自然面貌，而只有墨色的天空、淡白的云和一些灰色的蓑草。导演借鉴传统戏曲的创作手法，在近乎戏曲的光光的舞台上，运用简朴的舞美、灯光和音响手段，创造出真实的情境。为此，他们在创作中放弃了对生活细节的描摹堆砌，用简洁凝练的语言和大幅度的形体动作、造型，辅以马头琴的悠扬旋律和草原歌谣的浓郁情调，展示马背民族“逐水草畜牧”的原始情态和爱情与权力、权力与人性的矛盾冲突，使整个演出既体现出“虚实相生，无画处皆成妙境”（清代画家笪重光《画筌》）的诗意美，同时也表达出深刻的哲理内涵，既让观众获得了审美愉悦，也给观众留下了思考的空间。这是近年来探索话剧所取得的又一硕果。《领》剧和《断腕》的成功，对于话剧艺术突破传统意识的束缚、探索新的表现形式提供了一种新的思路。

此外，值得关注的是围绕着《棋人》的演出所发生的一场争论。一方认为该剧是“中国戏剧中最为出色的作品之一”，而另一方则感到“无法接受”。从事戏剧探索实践的绝大多数人认为，“该剧整体构想出色、手法新奇，它为话剧创作实践辟出了另一方天空，并改变着观众看戏的审美模式。”而持传统戏剧观的专家们却说，“眼花缭乱的导演语汇，过多的理念，使观众感到费解难懂，在戏剧观众本来就在流失的情况下，这无疑是雪上加霜。”导演林兆华说，“《棋人》在他的所有作品中仅属于中档水准”。多数人认为《棋人》的演出给探索戏剧增添了一粒不轻的砝码。[5]

民间剧团的创作与演出

近年来，民间剧团很活跃，演出的剧目也不少。有：金鹰国际广告公司与北京市文化艺术音像出版社联合组团演出的《冰糖葫芦》，北京克莱特文企联谊发展中心、北京市演出公司和北京金舞台文化发展公司联合组团演出的《别为你的相貌发愁》，“火狐狸剧社”演出的《楼顶》，阿西担任独立制作人组团演出的《谁都不赖》、《找不着北》，林兆华“戏剧工作室”演出的《三个女人》，《人民日报》诺贝广告公司和北京市演出公司联合演出的《女人漂亮》，南京市话剧团和中国文化艺术总公司联合演出的《和单身女人共度除夕》，长安娱乐城长安小剧场制作演出的《倾述》，“彼岸工作室”制作演出的《四季爱情》等等。它们的出现，活跃了演出市场，为话剧创作增添了活力。尤其是《冰糖葫芦》的演出产生了很大影响，对话剧界产生了一定的震动。此外演出影响较大的是《楼顶》、《别为你的相貌发愁》和《找不着北》。然而，人们也从这种“轰动效应”中看到了一种苍白，那就是剧本创作方面的不足。有评论说，“《谁都不赖》提出的问题远远落后于时代心理，《冰糖葫芦》的故事缺乏生活依据，《别为你的相貌发愁》也只是成功地移植一个噱头。话剧直面现实的本质正在降解。”[6]

校园戏剧的开展

校园戏剧的活跃，主要是戏剧专业学生

的参与。主要演出剧目有：中央戏剧学院演出的《青春的觉醒》、《三姊妹》和音乐剧《想变成人的猫》，中央戏剧学院表演系九四班演出的《玫瑰歌声》、《日子》、《圣水》（爱尔兰）、《密特朗巴什事件》（前苏联）、《天长地久》（法国）、《到我死的那一天》和《一级谋杀》（美国）等等。比较突出的是《玫瑰歌声》。该剧表现了两种人的生活，歌手袁小丽与歌厅老板范勇相爱着，可是金钱、名誉、地位和家庭阻挠了他们；盲女冬儿以卖为生，被摄影师曲飞深爱着，冬儿也爱曲飞，但她不愿拖累曲飞，不愿别人怜悯自己。她强忍着痛苦离开了曲飞，与弟弟傻哥顽强地生活下去。该剧的格调轻松、表演朴实无华、人物形象活泼可爱，显示出校园戏剧的质朴。《青春的觉醒》也充满着青春的萌动和对人生、理想的探求，给人一种清纯之感。

几点思考

与前几年相比，1996、1997年在话剧创造方面所取得的成绩确实令人惊喜。但在创作上也存在不足，有些问题很值得思考：

一、话剧仍未满足观众的要求。

有观众说："快要进入20世纪了，戏剧家们还不善于寻找我们心中的敏感点。""希望戏剧能启发我们的好奇心"。有人说，"花钱看了戏，我得问个值不值，戏不能使我感悟人生，不能使我得到艺术的享受，我就觉得不值。"[7]评论家认为，话剧创作缺乏具有深刻现实意义的戏，"反映出话剧创作队伍不敢直面现实的现状，提不出现实中人们关心的问题，出来的戏远离生活，虚浮、花哨，再加上那些应景的东西，观众怎能不流失？"[8]

二、创作上的误区。

一是思想认识上的误区。1996年话剧舞台的热闹红火，尤其是民间剧团策划演出的几台戏取得了比较好的效果。如《冰糖葫芦》、《别为你的相貌发愁》等，有人就以为有了钱就能搞戏，靠"炒作"就能使戏剧演出产生轰动效应，这实际上是一个误区。因此有人认为，"我们可寄希望于这一新的事物（指独立制作人）为话剧市场带来活力，但决不能以为面向市场就能解决所有的问题。"[9]一些人的急功近利，对话剧的发展是没有好处的。

戏剧是一门综合艺术，从剧本创作到导演、表演和舞台美术，哪一个环节都不能马虎，尤其是剧本创作，更是重中之重，不是靠"炒作"就能吸引观众。1996、1997年有几台由民间剧团演出的话剧没有产生什么影响，问题大约就在于此，如《三个女人》、《和单身女人共度除夕》、《女人漂亮》等戏。尽管制作人为使自己的戏能获得观众而采取了种种手段，如聘请名演员加盟演出，通过各种媒体进行"炒作"。但是，剧本创作没有新意，说来说去还是观众已经感到乏味的老故事，演员的本事再高，又怎么能吸引观众呢？比如，剧作家费明曾因创作《初恋时，我们不懂爱情》和《离婚了，就别再来找我》两出戏而名声大噪。但1997年的《和单身女人共度除夕》却没有引起什么反响。为什么？原因就是《和》剧的创作完全重复着前两个戏的思路，内容上除讲述几个"单身女人"的恋爱故事，让你感到庸俗外，没有创造出新的东西。尽管他们选在春节"除夕"前后演出，但并没有招徕更多的观众。吴霜创作的《女人漂亮》也赶不上1996年的《别为你的相貌发愁》的水平。作者说："这是一个幽默轻松又令人可歌可泣的故事。"可观众所看到的却是一个"空洞得毫无实用价值"的故事。在《找不着北》一剧中，演出者说："该剧的剧中人周顺德、周顺怀、凌刚、周牧相互的尖锐矛盾，情感纠葛，使得情节曲折跌宕……揭示了在纷繁复杂的现实生活中，人们在金钱和情感的冲击下所表现出来的种种冲突，以及对生活方式的不同态度。”而舞台上所表现的除了剧中人“对生活方式的不同态度”外，却看不到那“种种冲突”，代表两种不同人生态度的两个主人公在台上各演各的戏，根本没有交流（即“冲突”）。如果说该剧还有些影响的话，那完全靠着几位老演员在剧中的精彩表演。

为评奖而创作，是误区之二。这一点在一些国家剧院中比较突出。有些剧院领导者不是从艺术方面着眼，而是为了向上级领导表现自己的政绩或为评奖而创作。在他们看来，抓到一个好题目，就有可能获奖。这样，一些表现英雄模范人物的纪实性戏剧便应运而生。然而，问题的关键并不在于此。戏剧表现英雄模范人物，这无可厚非，重要的是如何表现。有些创作者在创作前对英模人物并没有太多的了解，只通过几次采访或调查便动手创作。加之时间紧，任务重，只得“急就章”。展现在舞台上的英模人物，思想境界很高，艺术感染力却不强。这样的戏，多数靠行政手段推销戏票。评奖一过，很少再演出。

排戏投入大，追求舞台豪华，是误区之三。不知从什么时候起，戏剧界刮起了一股舞台制作豪华风。以前几万元可以排一个戏，现在却要几十万元，上百万元的戏也不在少数。这除了物价上涨的因素外，恐怕与一些人的思想认识有关。在他们看来，只有舍得花钱，才能搞出艺术精品来。因此，有些人不是注重剧本创作，而是拼命加大舞台演出的投入。久而久之便形成了一种攀比风，使得本来资金就不足的剧团更是雪上加霜，而有的戏演不了几场就草草收场，根本不能收回成本。[10]

误区之四，有些实验戏剧严重脱离大众，使得这种“实验与探索”失去了原本的意义与价值。小剧场戏剧《倾述》似乎就走入了这样的误区。剧中的男、女两个演员在挂满了电灯泡的“房间”里认真地“倾述”着他们各自的生活经历、恋爱故事和人生体验，是那么动情、那么真挚。但在观众听来，就像鲁迅在《祝福》中写到的人们听祥林嫂讲述她的儿子被狼吃掉这件事时的那样乏味。

关键在于怎么写

很显然，一些纪实性戏剧出现的问题并不是写什么的问题，而是怎么写的问题。40年代，田汉创作的21场话剧《丽人行》，就取材于上海工人阶级的优秀人物茅丽英的英雄事迹，还有北平发生的“沈崇案”和上海发生的“摊贩案”等几件事，经过艺术加工创作而成的，在当时产生了很大反响。陈白尘的《升官图》等作品在当时受到欢迎，也是作者在作品中揭示了一些社会本质的东西。像这样的例子还有很多，如《红色风暴》、《白毛女》、《董存瑞》、《焦裕禄》等作品也产生过很大影响。杨利民创作的《地质师》，剧中的主人公就是以大庆油田开发研究院高级地质师王启民为模特创作的，也是一出写英雄模范的戏。但是，作者并不是为宣传英雄模范而写这个戏，他写这戏时，王启民还没有被树为典型呢！《地质师》写完一年之后，王启民才被大庆油田树为典型并受到中央领导同志的接见，赞誉他是“第二代铁人”，在全国掀起学习王启民的热潮。更主要的是，作者虽然被王启民的模范事迹感动得落泪，但是他在创作过程中并不是照搬生活，罗列英雄模范的事迹，而是融入了自己对英雄模范人物的理解和对人生的经验，塑造出了个性鲜明的人物形象。作者说，他一想到王启民的事迹，“眼泪就要流下来，对比起这些人，我是何等的渺小。”因此，他在创作之前“总是想到骆驼，总是有一匹络驼在我的脑海里迎着风在沙漠里行走。”于是，他就想写“一种骆驼精神”[11]。实际上，剧中不只是写了王启民，而是写了以王启民为代表的一代石油战线上的知识分子。他要写的“骆驼精神”，也就是铁人精神、大庆精神。该剧的现实意义也是通过人物形象和这种精神体现出来的。

话剧《地质师》的成功，很值得人们深思。同样是写英雄模范人物，为什么有的戏不成功呢？这说明并不是写什么的问题，而是怎么写的问题。有的人把创作当成政治任务来完成，把写戏等同于写报告文学，一两个月或两三个月就写出一部戏。而杨利民创作《地质师》却是十几年的生活积累，从开始创作到舞台演出，历时近两年的时间，前后修改了9稿。有人说，历史对每一个人都是公平的，你不付出艰辛的劳动，怎么能创作出有价值的作品来呢！《地质师》获奖后，作者曾说过这样一段话：“这不是我们写剧本的有什么远见，而是高尚的人，总会得到党和人民的爱戴。这件事也引起我的一些思考，作为一个作家，我们在生活中能不能更早地发现一些有价值的人，别等到他死了，或是热起来再挤着去采访。假如不是十几年前我就与王启民交了朋友，现在现炒现卖，那他决不会跟我谈那么多他命运和情感的经历，甚至是一些隐私。因为他现在已经被记者包围，而且这是一个拒绝采访和不愿意谈他个人的人。”[12]这些话对于那些急于求成的创作者们来说，应该是一个警示。

〔1〕邵宏大、新妤《一曲“心灵的颤音”——评话剧〈地质师〉》，《中国戏剧》1997年第2期。

〔2〕刘平《用青春与生命谱写的赞歌——看话剧〈地质师〉有感》，载1997年2月18日《人民日报》海外版。

〔3〕赵文翰《北方女人黑土地——看话剧〈一人头上一方天〉》，《中国戏剧》1997年第2期。

〔4〕见《'96话剧精彩的句号——〈商鞅〉》，《中国戏剧》1997年第3期。

〔5〕杭天勇《话剧〈棋人〉引发争议》，载1996年3月27日《光明日报》。

〔6〕见《独立制作人为话剧带来了什么》，载1996年7月23日《北京青年报》。

〔7〕严正《青年话语谈话剧》，《中国戏剧》1996年第5期。

〔8〕见《给话剧当头棒喝》，载1996年3月22日《戏剧电影报》。

〔9〕见《独立制作人为话剧带来了什么》，载1996年7月23日《北京青年报》。

〔10〕参见云翔《当前戏剧市场化进程中的几大误区》，《中国戏剧》1997年第9期。

〔11〕杨利民《话剧〈地质师〉创作的前前后后》，《中国戏剧》1997年第8期。

〔12〕杨利民《话剧〈地质师〉创作的前前后后》，《中国戏剧》1997年第8期。

女性写作走笔

徐　坤

如果说，90年代以来的大陆女性写作，尤其是1995年以降的女性写作泛化热潮中，多少还存在着因大众传媒的炒作而一哄而起，在书写女性个人化生存的母题下隐含着题材上的投机与风格上的彼此模仿的内在因素的话，那么，1996—1997年的大陆女性写作，则完全是以女性成熟的个性化姿态出现并展示魅力的。纷争多义的“个性化写作”命题藉此女性写作得到良好的诠释。无论是池莉、铁凝作品中基于女性获救之路描画的性/政治文本的双重策略，还是张洁、徐小斌、须兰、斯妤等人的女性迷宫/镜像式写作，抑或是张欣、迟子建等的“现实一种”的书写，以及何玉茹、叶弥、周洁茹的关于“成长”的小说，女作家们都将笔触进一步逼向人性的本质，在实施尖利的质问和无望的叩询中，执意寻找一丝审慎的爱意和自我获救的温暖。其间不乏惨淡，不乏壮烈，而更多的则是悲悯和忧怀。在重重“现实主义冲击波”以及“晚生代”创作的雾瘴喧嚣声中，女作家们的创作独立于各种公众传媒和理论评说之外，沿着一条边缘的路径潜心行走，并进而向文化的中心地带曲迂徐缓渗透，执拗揭密解说着一部人性的或说是女性的心灵史。

时空隧道中的穿行

对历史与现实关系的探索仍旧成为这一时期新老女作家共同感兴趣的主题。张洁在去国经年后，奉献给读者一篇文本奇异的中篇《梦当好处成乌有》[1]。这是女作家在时光隧道里的一次穿行，似梦非梦，天上人间，古今中外，变幻奇诡。寻找的结果还是其次，游历的过程本身才是真。看似轻巧散漫的叙事，实则蕴满匠心，充斥着陈陈相因历史的压抑和厚重。破译一部游走迷梦密码的钥匙也许就是女主人公手腕上的那一只玉镯。那是一面世事之镜，全部荒诞不经的历史和现实都浓缩在其中。历经挫折和巨变，那位有着东方神秘背景的女性身心俱疲，然而不能改变的是她对自己血脉的珍存和热爱，在充分探索了历史的不可知与不可确定性并屡遭唐突与折损之后，女主人公仍然抱定她自己的信念，所谓“宁为玉碎，不为瓦全”是也。张洁作为自新时期以来中国女性写作的一面辉煌的旗帜，她总是不断地将她孜孜不倦探索的成果化成一种惊奇飨与热爱她的读者。

在对历史和现实关系的执意倾诉中，有一位在山与水之间孤独行吟者让人无法忽略和忘怀，那就是迟子建。年轻的，有如旭日东升般的、在历经了两个年代交叉考验之后，迅速成熟尔后带着一股喷薄而出的力量跳跃着升起的迟子建，一名饱含着激情的、然而又是平和宁静的青春歌者。她以她悄声的歌吟为力量，带给我们对于人类性本善的坚定信念。她的《雾月牛栏》[2]、《日落碗窑》[3]、《逆行精灵》[4]都是她歌颂人性美好与善良的力作。弱智儿宝坠的继父将他在牛栏上撞成脑震荡后，虽使他身体致残，在精神上却反使他在摇晃朦胧看待打量这个世界时，顿觉世间充满诗意，自己恍若天仙(《雾月牛栏》)；男孩子关小明和小狗冰溜儿关系亲密，住在碗窑周围的人们彼此相恤相亲，傻女子受不明不白的强奸后却喜获新生，在多年烧不出碗的窑边上产下一个新生命，自己也变得“醒事儿”了（《日落碗窑》）……这一切的构思都令人惊奇。《逆行精灵》是她的一篇比较有代表性的作品，小说褪去了 80 年代的单纯稚气的童话色彩，一跃而幻化为 90 年代空茫缥缈的精灵的歌声。一辆载满人的客车因修路而在山林中搁浅，车中的一行人：豁唇小孩和他的母亲，小木匠，鹅颈女人，黑脸人，孕妇，短发大嫂，卖山货男人，哑巴，抱手风琴的音乐教师……在暂短的一天一夜的集体休憩安歇中，上演了一出人间活报剧。雨中的诗意，都市的醉人，雾中一个穿白衣服女人的飘飞，孕妇美好的神态，小木匠与鹅颈女人一次林中的偷欢，琴声悠扬中的翩翩起舞，乘客们的互相帮助以及善对恶的感化……一切都如此美妙动人，让人感到人间善与美与真的力量。

迟子建最擅长撷取那些纯自然的意象来构筑她眼里的人类世界，普通的植物动物和自然物体，一旦到了她的笔下，立即熠熠生光，都像人一样活起来，又都像神一样蕴涵着某种昭示。她的那些人物形迹出没在这样的氛围里，被自然山水净化，洗涤，一个个亮心透肺，有如神明。那真是别一方超越于我们这个饱受工业文明污染之外的水土、乐土造就出的别一样的人，别一样的童话与精灵般的人生。通读她的作品，会发现迟子建所孜孜以求的是人性的完美和本真的纯洁。他们当中没有谁是坏人，没有谁是恶的，偶有想复仇杀人的那个黑脸人在集体同行的路上却被一个孕妇的形象、被生命的即将诞生的纯美而感化得放下屠刀；小木匠和鹅颈女人的偷情做爱也只源于身体的需要，做爱是使人神清气爽的洗浴剂，丝毫无道德惩戒或其他的说词可言。迟子建提供给我们难以得见的人间温暖和爱意，那些人性的善良给我们今天日益污浊的工业文明提供了鲜明的反向参照。

成长的主题

关于女性自身成长与心灵秘史的揭示，是这一时期女作家们着力书写的又一个主题。何玉茹的中篇小说《四孩儿和大琴》[5]是难得一见的韵味深长的纯粹意义上的女性小说。两个农村女孩子四孩儿和大琴，都在为挣脱生存的现状而努力着。四孩儿家境优越，有文化，讲卫生，文化层次高。四孩儿自己刚刚高考落榜，很有些抑郁且孤芳自赏，她向往外面的世界，但总是沉溺于书本中，长于思想而惰于行动。大琴家父母没文化，弟妹多，经济困难。大琴泼辣，凌厉，向往高尚的生活，勇于行动，敢想敢做，能够用最朴实无华的心理和人生态度，抓住命运的一次次转机，一步步向上攀升。她借助于跟四孩儿的友谊，通过到四孩儿家里帮佣，结识四孩儿城里来的表哥，而后再到表哥家里当保姆、与表哥发生关系、怀孕，直到最后嫁给表哥成为女主人——一个名副其实的城里人，大琴终于达到了改善自身地位的目的。而此时四孩儿还在端着书本沉溺于对未来的冥想。何玉茹撷取最平常的生活细节，把两个农村少女的心态刻画得栩栩如生。正是这种不温不火的叙事，使人物性格有了光彩，也把一种向上的欲望，转化成为一种真实的女性内在求生的动力。

女作家徐小斌最擅长的是将人间遭际与宗教情怀的交融处理，同时，对女性心理的把握也是她写作之所长。中篇小说《若木》[6]、《吉耶美和埃耶美》[7]是她继《双鱼星座》之后，描写女性成长历程的很有力度的作品。小说《若木》背景的展开，是在30—40年代，以主人公若木小姐19—29岁的一段青春记录为依据。40年代的女大学生若木，家境殷实，养尊处优，然而由于父母感情不和，无亲情关爱，造成她畸形冰冷的心态，青春少女的眼中一派世态炎凉。19岁时的初恋偷情被母亲惩戒，愈发使得她性情阴鸷残酷。她将充满生机的使唤丫头梅花逼嫁给46岁的光棍男仆，又在29岁的大学生涯中与母亲合谋，用种种软硬兼施手段拆散女友与其未婚夫，将之撬为自己的丈夫。此后她的生命随之塑型，婚后连生三个女儿后，岁月就在她80多年的悠然掏耳屎动作中平静流逝。《若木》的叙事风格承衔了30年代海派写作的遗韵。对历史的书写，对人物尤其是女性心理的把握细致而深刻。作者在冷静客观的叙事中并非要得出历史的结论，而是在从容描述一种过程，女人成长过程中必经的某种本质的裂变和阵痛。

周茹娟的《熄灯做伴》[8]，叶弥的《成长如蜕》[9]、唐颖的《随波逐流》[10]则表述了另一种成长。70年代出生的女作家周洁茹的《熄灯作伴》展现了又一代女性并不轻松的长大成人过程。作为"新新人类一族"的年轻女作家，本文中隐约透露出的青春气息，熠熠闪亮的艺术潜质，以及她对生活的一份精细的感觉，还有一份纯情的优雅，都令疲惫的读者耳目一新。在《熄灯作伴》里，城市给一个作为"独生子女"一代人的女孩子成长烙上了沉痛的忧伤。这一代独生子女缺少兄弟姊妹，是政策造就出的先天的一份或说是一代人的普遍孤独。在城市生活的"茧居时代"里，她们期望破蛹而出的自立，同时亦担着一份失去亲人庇护的恐惧。女友之间的姐妹情谊，是彼此填充寂寞孤独、缓释浑身疮口的一剂良药。而"女人何苦为难女人"这种老掉牙的、女性在既定男权规范轨迹中对男权争斗模式的模仿和串演，如今也毫不留情的重落在新一代女性身上。她们不断而又无奈地被上了年纪的女性领导利用和迫害，期间不断地逃脱，又不断地重新落网与罹难。种种女性自立的观念因此遭受挫败和波折，女孩子们满眼都是年轻的创伤和疲惫。对爱情的既期盼又恐惧，使她们在还没谈过恋爱时，就“时刻标榜自己要过单身生活。”与其说带有青春期女孩子的涉世未深的矫情，不如说是对后天目睹父母之间假面生活的厌倦。一个年轻女子对于“单身生活”的向往，未尝不是少年强说愁式的欲说还休。“性别”也许正是其语言的自然生长点和叙事逻辑域，城市生活是一份加在她们身上的沉重负荷和包装，此间能够看到的，正是拨去重重非勒斯历史的雾瘴之后，经由新一代书写者身上所体现出的现代与传统的相避或相合，以及纯粹女性写作范式的建立和自然生成的希望。

叶弥的《成长如蜕》则通过亲眼目睹“弟弟”的成长变化，深刻而又不无伤心地揭示了商业社会对人的心灵和性情的戕害。这个商业社会将一个充满反叛精神的少年，无情打磨改造成了随波逐流、情感淡漠的功利主义的商人。在传统社会向现代化商业文明迈进期间，每个人都要重新经受一份灵与肉的撕裂和阵痛，我们头脑中所固有的那些传统的经验和观念同时也正在经受严酷的考验和猛烈的摧毁。唐颖的《随波逐流》则是一份“与往事干杯”式的女性个人童年或少女记忆书写。作者以追忆的方式，书写上海往事，记叙了一个少女在文化大革命期间在上海里弄里的成长。它避开了我们所熟知的那些宏大的背景和母题，而是刻意揭示被公共话语所遮蔽的那一份个体生命记忆，书写在艰难时事中青春、性别和女性个人的成长史。

商业繁荣中新型人际关系的书写

在对90年代新型商业关系的书写中，池莉的《来来往往》[11]则以轻松语调书写了一部商业社会的大众传奇，表现了这个时代普遍的疯狂与倦怠。跟《双鱼星座》所讲的“一个女人与三个男人之间的古老故事”正好相反，《来来往往》写的是“一个男人和三个女人之间的古老故事”，它经由一个叫做“康伟业”的男人在三个不同身份的女人身上的艰难成长，在有限的时空和情节中，几乎浓缩和涵盖了中国改革开放近二十年来的沧桑巨变的历史流程。小说开宗明义，“好多男人的实际人生是从有女人开始的，康伟业就是这种男人。”它要简明告诉我们的是，又有身心发育不健全的男人要到女人的身上、到女性的“躯体”内部来上课，来在一个遍布“阉割恐惧”的社会中完成一个男性人生心智的恢复和生命膂力的训练了，一如《绿化树》、《男人的一半是女人》之中性/政治背景下男性生命力的阉割阳痿症，要靠在自然中旺长着的、健康女性的疏导和柔韧的肉体扶助才得以治愈和恢复。男人/女人，阉割/复苏……这是同一个母题的书写延续和视点置换。不难看到，置于男性作者笔下的为男人出过大力的那些女人，在过了男人遭难落魄时对她们的痛哭流涕的真诚感恩的劲儿后，最后却普遍受到“阳物复苏”、“阳具挺举”的男性们的万般不屑和文化鄙夷。而在《来来往往》之中，男女主人公被动的角色却相互置换了，男性是被动的对象，被启蒙、被放逐、被遗弃……而启蒙或放逐遗弃他的，都是自信自主的女性。有着知青成长背景的贫民出身的男人康伟业，在其从70年代的冷库扛活的穷工人，成长晋升到90年代合资公司的阔老板过程中，遭逢了三个造就他的致命的女人：结发妻子段莉娜、外资企业的女秘书林珠，20岁的“愤青”小女孩时雨蓬。三个女性，在康伟业的人生中平行推进，互不相交，构成生命和历史的纵向时间流程。它既演绎了一部“模式”或“类型”化的女性史，同时也是解说了一部男性的身心成长史。

长于书写南国商情故事的张欣，则总能于流血的商战残酷中，挖掘出一丝丝女性固有的温情。张欣小说中总是有一些固定的符码：先天缺少父亲在场的母女相依为命的“姐妈”关系（有时它变化做姑姑与侄女），情深意笃又是伪善多变的男性“白马王子”的频频再现，女性朋友或情敌之间的“同情妹”关系……它们作为小说的基本元素反复在篇中出现。《今生有约》[12]中“命定前缘”式的人间情谊书写，一条血脉的锁链将陌生的兄妹联系起来，在共同为营救下一代生命、捐献骨髓的过程里，尝尽生活屈辱的异母私生妹妹，却终于能够不记前嫌，为哥哥一家作了无私的奉献。其间男主角蔚文浩与女同事马营营之间牵涉到的爱情观也颇为有趣，“在公司，有马营营这样的女孩暗恋着，挺好。文浩这个人，四平八稳惯了，工作方面，他肯在本世纪拼力苦干，就是为了下个世纪，心安理得地坐进经理办公室不出来；至于男欢女爱，他觉得有个把女孩子肯留在暗恋的位置上，彼此都不越位，对他来说是最佳调剂。他不喜欢要死要活的爱情激战，时代不同了，既然是花同等的精力体力，你是愿意像李嘉诚那样变成大款，还是像梁山伯那样变成蝴蝶，答案不言自明。”这样的议论引人发噱，同时也引人深深打量都市的有情与无情。

铁凝的短篇小说《安德烈的晚上》[13]更具时代色彩和荒诞意味。它的发表时间已是90年代后期、在商业经济大潮冲击下企业工人“下岗”成为一个时代的共同语之后。罐头厂的老工人安德烈，在下岗离厂之前想要了结平生一个夙愿：跟厂里也要下岗的十分默契要好的女工姚秀芬有一次幽会。这是他平生第一次跟除了妻子以外的第二个女人幽会，并且这也将是对他们20年来同厂共栖情谊的一次有意义和有意味的告别。他鼓足勇气说出心愿，赢得姚秀芬的同意和赞许，又费尽心机从朋友处借来幽会房间的钥匙。他和她谁都知道到了那里将会发生什么，激动不已气喘吁吁之时一次生命力的燃烧和爆发已经迫在眼前。但是，由于心情过分紧张，也由于那一排50年代的苏式住宅区建筑格式一模一样，致使老工人安德烈牵着他的情人姚秀芬的手在楼区里转悠，却无论如何找不到朋友家的那个房门口。急迫之中他们还用钥匙去捅错过别人家的门，差点被当成不轨之徒给吼出来。在盲目寻找中，借房子用的三个小时已到，结果这第一次也是最后一次幽会终于没有幽成。在铁凝轻松俏皮的语句描述中，生存的荒诞无奈和底层小人物的被挤压，十分令人心痛和怅然。贫窘困顿的生存与城邦格局的过分模式化，间或成为另一种对人的个性自由和生命力的阉割，它不但使激情难生，也使爱情无归和难再。赵凝的《发烧，发烧》[14]则是描述高科技社会对人的心灵的戕害和异化，在梦境与游戏之间，人类无情地落入人造智能物的罗网。张人捷、姝娟的城市生活描述，则是新新人类一族“游走”、“飘着”状态的率意写真。

颠覆作为一种文本策略

此外，对于男权话语的颠覆，也成为这一时期女性写作的一个普遍趋势。池莉的《云破处》[15]以及铁凝的《午后悬崖》[16]在这方面无疑是贡献了极有意义的女性主义文本。

《云破处》与《午后悬崖》谱写的都是一部恶之声圆舞曲。它们不约而同地选择了女性杀人作为构建故事的主体框架，戳穿了一部以嫉妒为本源的“人之初性本恶”男权历史的伪善，它们无疑都宣告了女性的或说是人性的悲剧以及灵魂拯救的破产。一个不约而同的故事结果是，在对恶的惩戒实施过程里，作为言说主体的女性，她的肉身和灵魂都不是得到圆满的飞升而是进一步的陷落。在90年代中后期的池莉和铁凝这里，女性对恶的书写和揭破，已经变得更加洞幽烛微，不动声色。她们那种穿透式的历史书写，以拒绝庇护的反叛姿态和无妄的冷静决绝面孔出现，已经无忧无悲，只有在穿透过后于风过耳的冷峭战栗之中令人感到一丝丝凄寒。当此际，她们所遭逢的因果循环睚眦必报的一部性/政治历史之中的恶，更硕大无边也更壁垒森严。她们必须攒够足以跟其抗衡的内心力量，才能以无畏的挑战和戳破姿态于文本中登场。在虚茫而又强悍的性政治之恶中，那个在场言说着的女性的灵魂和肉体都摔崩了，几乎是四分五裂，找不到一块剩余的可以整合之处。在这里，“颠覆”都成为一种文本策略。

《云破处》是一个现代社会的杀夫故事。性政治、复仇和宿命构成它的中心母题。不同于多年前台湾女权主义作家李昂在其代表作《杀夫》里所写到的，穷女子杀夫的原因仅仅是出于不堪丈夫在生活中的频频施虐，《云破处》正相反，其中的一对小夫妻金祥和曾善美夫妇在日常中彼此敬爱互相尊重，看上去无比和谐与美满。凶险和杀机不是潜藏在他们的个人生活里，而是潜伏在一部性政治历史的深处。

女主人公曾善美杀夫的原因，是因为得知了丈夫金祥是早年杀害她父母的元凶。丈夫逃脱了法律的制裁。多年以后，当她得知真相时，决定主持正义，为父母报仇。《云破处》上演的是两个人的战争。在一个狭小的凝滞空间里，时间流程却显得无限，空间也在向无限的横向和纵向深度延展。历史被横向和纵向的最大限度的压缩于一个精心布置的暗室之中，所有的枝蔓瓜葛都隐藏在暗室背后，于某个偶然的事件中显露端倪并进而迸发出激烈的矛盾指向，从而将历史本身还原。对比李昂的《杀夫》故事，池莉的《云破处》中的“杀夫”因其带上了强烈的时代背景和政治因素，其所指更加惊心动魄，其能指也无限膨胀，直至延展漫伸至我们现世痛苦荒诞生存的每一处边边沿沿角落。池莉设置的有关宿命、伦理、历史、现实、道义、性别……等等的论题，几乎就是织出了一道因果轮回网，同时亦自行封闭成某种现世窠臼，没有什么事件不落入俗套，没有什么凡人休想逃离得脱。她将整个人类的生存罩在一片虚无之网下，经由白天/黑夜，外表/内心，善良/丑恶，制造/真实……等等多重的二元对立转换，刻苦进行着人生以及历史的深层意义的求解，而最终在人类救赎之路的尽头，她却苍凉而又无奈地指现出一片广漠的虚无。一如小说结尾时的反诘：“是不是因为这个世界上有太多的人生来就模模糊糊，到处留下的都是语焉不详的人生片段，把他周围的人和事，把生活与历史都搅得似是而非了呢?”

如果说《云破处》中的曾善美仅仅还是个历史的受害者，她的杀夫还能够独自成据，本质上是由于受迫害之后的仿男性权力的施暴串演的话，《午后悬崖》中的杀人女主角韩桂心则既是这种权力支配的加害者又是被害者。强烈的嫉妒心（贫富悬殊的嫉妒，家庭出身背景不同的自卑的嫉妒）是促使其五岁时将同一幼儿园的小男孩推下滑梯摔死的外在心理动因。而其杀人的更深一层心理渊源则是来自于普遍的憎恶男性，是自打其出生那天起就从母亲张美方的奶水里吸吮而出的对于男人刻骨铭心的仇恨。那是更深一层的对于夫权父权施虐逼迫所产生的恨，从其单身母亲的遗传基因中一点一滴流入韩桂心的血脉中。无论是女主角韩桂心那个心理畸形的单身张美方妈妈，还是作者自己那个作官守寡权利无边的“市长奶奶”，她们实际上都在串演着缺席在场的“父亲”和男性主宰者的角色。《午后悬崖》之中占有历史支配权的男性角色基本缺席，而在那些在场在位的女人当中，却充满了女性对支配权力角色的热情洋溢的反串。在本文中作者设置了重重对立：烈士陵园庄严肃穆气氛的渲染；圣洁之地妓女和嫖客的仓皇媾和；一个老乞丐的蹲在墓碑旁拉屎的皱巴巴的屁股；一段对过去阴谋的复述在陵园深处展开……铁凝有意在圣洁与丑陋的对立气氛之中寻找出路，以完成她对于性政治支配的毫不留情的解构。这些都足以令菲勒斯审美机制的权威话语感到惊愕并发出喟叹。

女性张扬出的如此之恶声，并非简单的伤害/复仇式的阴骛的个人恩怨直陈，也与书写者个人的现实处境与当下直白的生命形态无关，而是更廓大久远，其能指的涨溢之处，直戳一种以性别支配为基点的文化权力的弊端，触逼到广泛的人类形而上的思维形态。从这一点上说，其所指也已经跟性别脱离了干系，跟一个作家是男是女也已经没有了干系，而只跟写作者的知识和胸襟有关，跟作家对人类所赖以共同生存的这个世界的关怀程度有关。因而，我们在触目惊心掩卷之余，才会深深地陷入思索，细心察考女性发出诸种恶声的文化动因和心理渊源。

同样，从性/政治的角度入手解读铁凝的《秀色》[17]其本文更呈现出无限开放性，并同时指涉出多重关于性别的和政治的涵义。这亦是一出得救的故事，它源自于阳物主导作用的张扬。故事很简单：一个贫瘠、干旱的叫做“秀色”的小山村，水的缺乏已经严重危及到村民的生存。围绕着打井取水，便展开了一代又一代生生不息的奋斗故事。其间让人惊心动魄的，是秀色村女人们的以身体为代价，为打井而屈身向打井的男人们奉献的情节。这样一种献身，既非简单的古战场“慰安妇”的模式，又非历史上循环往复发生的“化干戈为玉帛”、“和亲”等诸种以女人身体为筹码换取经济或政治利益的形态，而是现时之意识形态模式与男权文化历史之“舍身取义”崇高意向相结合在一起的某种新的范式。

“打井”在本文中作为一个中心意向，覆涵出多重隐喻。“井”既是实际之枯竭之井的称谓，又是秀色村的女人干渴锈旱之身体的代称。传说中，由于秀色人祖上对于水龙王的某种忤逆，生命之泉眼就被阻塞枯竭了。村人的生存遭到威胁，女人们的脸孔身体也一律因着无水洗涤而永久肮脏而模糊。她们实际上已经因此而失去了性别。“井中之水”就成为世世代代的一种生存期盼以及秀色女人生命活力的一种象征。生存的意义及性别的指向这时也全系附于一泓井水之上。

此时便需要有人来将其“打”通。不仅是疏通生命之脉，也是疏通秀色村女人们的性别。秀色村的男人自己担负不起这个使命，缺水的危机已日夜耗尽他们的内存，他们的性别也日趋萎顿。希望只能是投注于外援力量上。打井队员们进村了。秀色村的女人开始呈现她们原始的英勇。张二家的婆姨那一辈女子，为挽留打井队员长期驻扎直至在井中打出水来，她们不惜以身体为井，凭任他们昼夜不停的打。她们准备这样献身的时候，只是英勇，只是妖娆，而无羞耻，而无惭愧。没人能体会她们此时的一份既庄严又酷烈的心理感受。她们渐渐已从悲壮中约略体味出了快感和愉悦成分。在此主动的庄严献身过程里，她们从被动受虐中一度体会了自己是个有用的女人。这个“有用”包括身体和精神上的。她们以为自己心甘情愿的身体奉献，便可以引动和换取自然之井水的汩汩流动。她们对自己的身体一度有了新的认知。女人身体的通透/自然之井的通畅，二者恰在此际鲜有的应和。作者借“井”之喻巧妙嵌入一处“天人合一”的理想（假如她不是反讽的话）。而来搅动这一理想的杠杆便是一簇强大的阳刚“菲勒斯”棍棒。这是新时代又一份性政治的神话。基于此，便可以将秀色女人们痴痴的主动进犯、夜夜不空的举动得到基本合理的解释。此间她们的心理体验通过日后打井队员们的口中说出：“（秀色的娘儿们）少有的热。嘴热，心热，还有……哪儿哪儿都热，烫死你呢！”她们身体的激情和精神上的崇高都完成于与打井队男人交合睡觉的举动中。

然而“天人合一”的梦想并没有成为事实。事实是打井队的每一次进入，都在秀色村的女人身上和井身上使绝了力气，然而终究是打不出水。作者在此处诘问出，古老的阳刚生殖崇拜论在现世生活中能否全面应验的问题。直到共产党的打井人的出现，此命题才得到最终的解决，只有他们才真正为秀色人打出了水。答案就此书写完毕。“井中之水”的命题得到妥善解决。没有人会怀疑本文多种意向的交相缠绕。阳刚/阴柔，传统/现实，崇拜/拯救，期望/虚妄，……诸种二元对立的矛盾都在篇中出现，以女性书写的方式得到巧妙的和谐与统一。神话的结局；李技术在打出了水，站在高处冥想着张品，冥想着对公众作一次宣言的时候，不慎跌入悬崖成为牺牲。祭悼他的方式就是，秀色的水被张品命名为“秀色·李”，注册商标出售。

近两年的女性写作取得的业绩辉煌，大有盖过男性作家创作之势。从本性上说，女性的心灵更接近艺术的本质。风头正健的女作家们，各出奇招，笔底的作品呈现出纷繁多样的色彩。她们不似男性作家般刻意在创作中寻找某种亲合性，有时会按某种同一的主题进行文学的类型化处理，女性作家不求同而存异，无论是在个体的欲望化表达或描述这个时代生活，抑或是对女性生命成长历程的阐释中，她们都着重于个性化的表达。从这一点上也能看出女性对于文艺功利性的漠视以及对于艺术探索的执著。

---

〔1〕《天涯》1997 年第 1 期。
〔2〕《收获》1996 年第 5 期。
〔3〕《中国作家》1996 年第 4 期。
〔4〕《钟山》1997 年第 3 期。
〔5〕《青年文学》1997 年第 7 期。
〔6〕《人民文学》1997 年第 3 期。
〔7〕《收获》1997 年第 3 期。
〔8〕《作家》1997 年第 10 期。
〔9〕《钟山》1997 年第 4 期。
〔10〕《收获》1997 年第 2 期。
〔11〕《十月》1997 年第 4 期。
〔12〕《收获》1997 年第 2 期。
〔13〕《青年文学》1997 年第 10 期。
〔14〕《青年文学》1997 年第 8 期。
〔15〕《花城》1997 年第 1 期。
〔16〕《大家》1997 年第 3 期。
〔17〕《人民文学》1997 年第 1 期。

台湾散文概述

蔡江珍

一

台湾文学界多年来以它的各项文学奖，不仅使文学在媚俗的文化情境中仍坚持一种抗拒姿态，而且直接推动文学新生代的成长。虽然，近年来，几大报的主要奖项在极力鼓励艺术创新的同时，越来越多获奖作品让人“完全看不懂也读不下去”，台湾学者、清华大学教授吕正惠认为这些作品不是“浮而不实的‘使命文学’，就是只在文字上花功夫的‘后现代文学’。这些当代作家都只在‘耍’什么，而不是在‘思考’什么，在‘写’什么……”〔1〕但，文学奖仍是每个年度中文学的盛会，更是新生代作家一展才华之良机。

《中国时报》的时报文学奖 1996 年散文甄选首奖为张启疆的《失聪者》，写一个失聪的，促使作为父亲的“我”在悲伤中不断反思，从个体出发走向人性的关怀，“透过这样的反思，作者才不致一味陷溺于情绪，而能以理性打开克服生命之孤绝的曙光。”〔2〕“失聪者”在作者的反思下不仅指涉一个实在的个体，“而是隐喻了更多心灵绝缘的人们”。该文融汇感性描写与知性思考，语言细致、流畅而凝重。散文评审奖为王威智的《遗址通知》，这是一篇少年成长故事，以儿童的嬉戏引发来自于死亡印象的对生命底秘的参悟；文中不论是扮演死人入棺的游戏还是对“爷爷”腐败尸身和生前难堪的生活描写，都刻意用讽世且无情的笔调，而作者的巧思和用心隐藏其中。

1996年联合报文学奖第一名得主为柯嘉智，作品《答问》，该文以独白的方式写成长的过程和人生的迷惘，“所有青春期的症状、孤独、恐惧、寂寞，甚至对同性恋的向往，生理变化带动心灵的挣扎，都写得很深入。”[3]第二名为陈建志的《万宝堂之火》，虽然文中的描写平淡无奇，甚至有过分平铺之嫌，但作者试图在一种喻象的描绘中藉一场火灾表现出台湾的文化与历史“被外来势力焊接”的状况，显其独特的入视角。第三名为郑立明的《画个一》和张启疆的《安宁病房》同获；前文从“一”展开联想，构思新颖，从夸父逐日开始，写出地平线在人类精神生活中的寓意，“水平线浮在现实与梦想之间。”因为它通往远方，因为它最初和最终限制人类的视线，而具有了神秘的力量；随着历史文明的发展（比如飞机的发明），人类脱离了“那条线”，也就迷失了自己，今天人类在困惑中再回来找人的道路、人的定位……该文从抽象的概念出发写出了丰富的内蕴，虽然展开联想的转换有时显得突兀，但思想上有一定深度，在艺术表现上亦有较独到的魅力。后文则紧扣“生死之间”展开意象，笔调沉稳，自成一格，显示了较强的文字驾驭力，是一篇在评选中得分较低但评委一致认为“不得奖有点可惜”之作。

1997年的时报与联合报文学奖散文类首奖得主均为马来西亚藉的钟怡雯，分别为《垂钓睡眠》和《给时间的战帖》；前文以绵密的文字写失眠，虽是俗常小事，却因作者巧妙的比喻和幽默的描述而见新意，比如说睡眠是跷家迷路的坏小孩，作者要想尽办法哄诱垂钓……该文在层递的情境描写中，不只写出暗夜的动静，同时传达了失眠者的浮躁暴怒，充满语趣。后文写一位老人用勤练书法来对抗时间以挽留他的时代，既有出新之处也显其刻意，但文中对书法内蕴的文化及人生韵味的领悟，颇为深刻。

该年时报散文奖的评审奖为简捷的《一天中的印象》，从自然景物（光和色彩）的转换来表现一天时间的流动，并藉此来写自然光景的变化和内心的想望，显得自然流畅，文字很简练恬淡，但也较少堪以回味的深层意涵。而联合报的散文第二名为郑景中的《变身》、第三名为邱惠珠的《国民用药手册》。《变身》是以与自己对话的方式，在追忆童年中写成长的寂寞，这是在卡通片中成长的一代，在“美少女战士”的“变身”中沉迷的一代，作者说这样长大的“我们也有我们的童年”。评委简媜认为作者“正图跳脱繁重的现实枷锁，回到纯真和友谊都还没有变质的年代……”[4]杨牧则“真切地看到作者那种类似乡愁的失落的童年”。[5]应该说这是一篇文字的装饰性较突出，而艺术感染力未必甚佳之作。《国民用药手册》体现了作者对中国民间用药的了解，将文字与各种药方结合，以中国人屯药、用药的“焦虑”中表现对老、对生死的焦虑，隐隐关涉着更深层的国民性问题。

此外，尚有梁实秋文学奖、《明道文艺》学生文学奖、盐分地带文学奖等奖项中的散文奖得主也多为新生代作者，其中钟怡雯、唐捐、张启疆、王威智、吴钧尧等人，或一人囊括几种奖项的散文奖，或在多种文类上获过奖，他们的写作虽然不是起步于文学奖，但文学奖为他们的成长打开了更大的发展空间。

而以散文写作的宏观成就赠奖的吴鲁芹散文奖第13届（1996）和第14届（1997）分别颁给了艺术品格与思想深度都更加沉稳的中年作家黄碧端和蒋勋。

黄碧端是“以委婉密实的文风及清晰论理的反思魅力”获奖的，得奖散文集为《期待一个城市》等，虽然她笔下所谈的问题也是“岛上文化人士所熟悉的、所抱怨的、所引以为憾的、所赞誉的、所引以为荣的,"[6]但她的独到之处在于不论揭发社会病象、还是警策人生,总用一种期待的笔调,冷眼看世界时保留了一份温情,正如台湾作家周志文所言:"黄碧端无疑也有她的冷眼和热情,冷眼使她遇事不会过激,而热情使她对一个也许十分伧俗、十分无望的城市也充满期待。"因此,"她的文字表面看来相当平和,可以说是温文儒雅,但后头的力道却是沉雄的。"[7]

蒋勋的创作涉及文学、戏剧、美学、绘画诸领域,以其创作生命的丰沛,被誉为"博学"的创作者。在他的创作中,"绘画对蒋勋而言是一种挽留,是对于即将消失事物的无可奈何。文学创作却是要把事情说清楚,但是越分析说明就越要陷入生命更巨大的空虚和荒芜中。"[8]当他以散文集《岛屿独白》获得1997年吴鲁芹散文奖时,他自况"这是写给孤独者的书",是他在岛屿上的四处游走而获得的"探索窥伺命运本身"的形式,是以日记、信件等似小说似散文的方式发出的心底的"独白"。他说"我在岛屿上观看着日出日落,潮来潮去,花开花落,观看着星辰的移转,观看着生命的来去和变迁。"[9]在他看来,岛屿变得匆忙、急躁,迫切于答案的心,使岛屿的居民非常不快乐……而我们终其一生不过只是在玩着"瞎子摸象"的游戏……蒋勋的岛屿不只是立足之地,更是文学的岛屿、内心的岛屿。他的另一篇散文《不可思议种种》[10]再次让读者聆听"岛屿独白"的续言:对爱的伦理的求解、从父亲病痛中读解的肉身与人间爱的真切感、从一个杂手的不可思议之举到人类那一张张充满仇恨的脸、充满贪欲的脸……作者要传达的是人生种种"真实中仍然非常虚幻"的无可确定性。蒋勋的散文文体模糊、内蕴丰富,不仅拓展了散文的涵容量,也是对散文体式的大胆创新。

二

散文是台湾文学名家荟萃的最大一块绿地,不仅众多本色散文家勤奋耕作,更得到各门类高手纷纷伸出之"左手"的援持,因此这两年的台湾散文在文学低谷中依然保持了较为坚实的步履。

龙应台这两年的笔触,更加绵密婉转,其层层深入的思理与利如挥剑的批判,锐气不减当年,而文字的感染力与思想的圆熟更胜一筹。如《干杯吧,托马斯曼》[11]放笔纵谈流寓异国他乡考"向日葵的心态";虽然迁徙他乡不见得就是放逐,但"失去语言,因而失去自我,失去存在的实体,"就犹如"贫血的向日葵"……全文情思回环绵远,语言十分圆融。又如《苏州的识者》[12]则写自己"到虎丘其实不为看风景古迹,而为了看一个文化,一个美感充沛的文化。"但却看到"花了两千年时间沉思琢磨而成的历史风貌,只需要两年的时间就可以彻底消除。"在深刻的文化思考与人文批判中也流露了一些无奈与沉痛。此外,《顽童捕蝉》[13]以较为素朴轻盈的文字细述孩童捕蝉,感叹时光、生命又如何能把握丈量;《魂牵》[14]写的是背尸归乡的感人故事,流注着浓厚的叶落归根的深情。龙应台这两年散文创作的生命力十分旺盛,有大量作品见诸报刊,并出版了散文集《干杯吧,托马斯曼》,笔端触及文化批判、社会关怀、人生寻思,并极力印证台湾文化与世纪交接的发展,内蕴沉潜。

余光中多年来在个人写作之外还多做了一项"被动的文章",那就是为人作序,于是他将所写序言选了三十多篇,于1996年以《井然有序》为书名结集出版。他的序文并采微观与宏观,兼有情趣与理趣,讲究气势与韵味,不仅被当作书评来读,而且他序中对作家作品的评赏在台湾文坛常起到定位作用。而他为《井然有序》写的自序《为人作序》[15]更是一篇兼具辞采与文理的知性散文，文中纵谈古今序文的衍变、为人作序的种种滋味，更以“证婚人”喻“写序人”，自有余氏狮子搏兔式的深刻与幽默。他的又一篇散文《日不落家》[16]再次体现余氏的幽默文风。他说自己一家人分居五国，吻合现代人“地球村的感觉”，而妻子（四个女儿的母亲）“曳着电线，握着听筒，跟九千里外的女儿短话长说；正如以前妻子怀孕时用脐带向体内腹语，不过现在“是用电缆向海外传音”，都是母子情深的方式，因此，余光中体会到“所谓恩情，是爱加上辛苦再乘以时间，所以是有增无减，且因累积而变得深厚。”余氏散文之精警与独具魅力的想象由此可见一斑。

杨牧定居北美十多年后回到了台湾，他将这十年来特定时空下心神交集的体会与领悟之作于1996年结集出版，即散文集《亭午之鹰》，其笔端多涉大自然与人文世界的交感，平淡从容中更保持了对鄙陋与俗媚的抗拒姿态。如在《借来的空间里》，他说“这是一个缺少希望的时代”；在《来自双溪》中，他自问“我会不会将半生服膺、追求、捍卫的有限真理混淆、错乱了?”因此，他将自己“物化为一只鹰，那一只来过，然后再也没有踪迹的‘亭午之鹰’，因为他曾一瞥地伫足于广漠的自然中。”[17]杨牧受着这浪漫情绪的驱策，不断创作出沉湎于追寻浪漫同时凝聚着无限愁思的散文。他发表于1997年9月8日《联合报》上的《昔我往矣》，是他回台湾花莲定居后唤起的童年的记忆和血脉中的乡情的表白，他说那是一份特殊的感觉，“一直保存在感官的记忆深处，纵使到那时为止我还不知道如何具体描写那气味，但我能判别它，指认那气味……”对此，他说自己可以用比喻和象征作为捕捉它并且叙述它的方式，这比喻和象征使杨牧的散文常有一种磅礴的丰美与诗性的意境。同期他亦出版了另一本散文集《下一次假如你去旧金山》。

小说家李黎这两年中出版了两本散文集：《晴天笔记》和《世界的回声》。《晴天笔记》是一本亲子之书，也是一本真实而美丽的心灵之书，分“感怀四简”和“晴天笔记”两部分。第一部分记写丧失爱子时生命巨恸的创伤与绝望，第二部分是一个阅尽无常世事的母亲对重获新生命的希望、喜悦与反思。《世界的回声》收作者近年的20多篇散文，分世情、人情、心情三辑，写人、写事、写景、写物，“是一个触觉敏锐的女子关照这个世间的形形色色时，为我们收录的声音——经过她辨声录制，加入她的质地的声音。”[18]

被认为文字不断出新的简媜，近年的散文写作更注重体式的创新，1996年底出版的《女儿红》是1991至1996年创作的结集，文体介乎散文与小说之间，重在探勘女性的内在世界。如《贴身暗影》，写一位长年照看卧病在床的父亲的女子“深不可测的孤独”、在隔膜的人世中独自挣扎的徬徨种种难以尽述的内心世界；而《肉身启示录》[19]是对现代女性在“那套女体规格化标准”下“女人的身体与心灵永远是愚民者的殖民地”的感叹；对女性觉醒之艰难，简媜下笔既热讽又深具同性的同情，当女性像流行病似地忙于减肥、塑胸时，简媜告诫同胞“肉身是灵魂用来探险的船”，不论胖瘦，都是一尊独一无二的肉身艺术，何不“把它当作大师最满意的雕塑品”？简媜这两年的散文益发洗却女性散文习见的柔美甜媚，而更增多了熟稔人世沧桑后的瘦硬之气。

近五年未出书的席慕容于1996年7月出版了散文集《黄羊·玫瑰·飞鱼》，这是她1990年以来的作品合集，记述了她这些年的奔波与浮沉，尤其是对原乡——蒙古草原的深切关注。此外，席慕容从1996年1月至12月为《幼狮文艺》写了一年的“高原札记”，1996年3月起为《皇冠》杂志写了一年的“大雁之歌”，它们是作者对梦魂牵萦多年的原乡——蒙古草原的观照，虽然只是“一点点地来描绘出一些简单的轮廓”，但对作者而言，不论是知识上的“资料”还是实地得来的经验，都已“进入我全部的感觉系统，成为我生命里不可分割的一部分……”[20]

舒国治也是一位将诗歌的触角延伸至散文领域的散文家，这两年他更频繁地行走于台湾大地，企图深入而切实地探寻到他生存的这块土地更内在的真实，他的《人生台北》[21]及1996年10月在《中国时报》连载的《台湾重游》便是这切实观察后的体认。两文的文字均简洁明朗。他的另一篇作品《永远的碧潭》[22]则是逸出都市观察的清新之作，以那曾拍打过“我”和太多北部少年的浑沌胸膛的碧潭，寄寓蓬勃的生命源泉，那是“清凉，却从不荒苦”的生命印证，是原乡给予的滋养。如今碧潭的时代过去了，留在作者心中的是挥之不去的怅惘。

此外，张秀亚、杨青矗、隐地、陈芳明等作家更加人情练达、醇朴雅正的文字堪为这两年台湾散文的又一道风景。如张秀亚的《不凋的葵花》[23]抒写梵高画笔下的葵花，蕴藏着深邃的人生感念；“这金轮，这黄褐色的葵花，在生之道途上辗转已久，好像凝聚着悲哀与欢笑，忧伤与安慰，煎熬与狂喜，在喜剧与悲剧中轮流作主角。”而扬青矗的《死皇帝与活乞丐》[24]言传一种素朴而诚挚的人生秘谛，他说“活着就是人生的意义”，其价值仅是个人的认知自己而已。他的《榄仁树》[25]写榄仁树叶从过去的习以为常到如今的身价陡增，记叙个人的一些经历，流露些微的感触，是一篇非常平易朴实的作品。

陈芳明的《秋天的签名式》[26]则是一篇灌注着深沉的生命感念的抒情文字，一位离乡久远的中年男性生命浮游中在梭罗的墓前“获得了生命的诠释”，当他以自身的精神探触到已经散发在花魂与树魂之中的梭罗的生命时，他更加深刻地领悟到“人的精神枷锁与权力束傅，往往来自内心的物欲……人在一无所有的时候，抵抗的意志必然比任何时候还来得坚强。”而隐地的《身体一艘船》[27]感叹的是人生如航船载沉载浮，但自己的身体是一艘会思想的船，在航行60年的今天，不禁随着烟尘往事，想着人在大地上的存活，想着人生的悲喜剧，想着世纪末种种光怪陆离的现象……人生的沧桑感跃然纸上，文末更有自励励人的劝勉，表达了对人生的执著。

杏林子的《年方九十》[28]写李可染、苏雪林、颜水龙诸位文艺界泰斗对生命不尽的欢喜和期盼，一句“年方九十”包蕴了怎样从容、坦荡的人生情怀，杏林子用她特有的温馨的笔调写出了前辈对生命的无限珍爱。而向阳的《微雨》[29]也是对生命的探问之作，但它用的是一种美丽而哀愁的意象：微雨，它象征着一个诗人寻找诗路的迷离人生，也吻合细细琐琐的中年心境；当诗人终于肯认了那记载着个人生命并与个人生命同存的声音便是诗的声音时，他可以在烟雨中开始生命的再出发了。高大鹏的《未完成的浪漫》[30]却是为一个未完成的生命发出的“深沉的人性的叹惋”；作者说一曲“未完成交响曲”正象征了音乐家舒伯特悲剧的一生，而刻在他墓碑上的墓志铭：“死亡在此埋葬了无比美好的天赋及美好无穷的希望！”更“道尽了世人对他未完成的生命及未完成的使命之无穷尽的惋惜与追念！”高大鹏以诗情浓郁的文笔抒写了对生命的吟咏，他这两年的散文更多地注入这种如诗如绘的人生感怀，情思饱满深沉，文字柔美绵密。1996年，他获得了以出版散文集著称于台湾文坛的九歌出版社的九歌年度散文奖。

三

自然写作是台湾90年代散文写作不可

或缺的一部分，如果说90年代初台湾的自然写作更多是藉自然环境、社会文化的观察、从人对大环境毫无理性的侵犯、伴随台湾经济发展而来的生态污染等，写出都市文明与自然生态的品格以及正视这种现实的悲情与焦虑，那么，1996—1997这两年的自然写作又增添了一份梭罗式的恬静，即在素朴的自然观察与描绘中，传达了来自心灵深处的对大自然的喜慕与眷恋，更加平和、静穆、深沉。

刘克襄就是从“要逃避整个现实城市的社会体制”、“想要认识自己”而去“追寻”一种素朴的生活”[31]的，1996年出版的《偷窥自然》感性而详尽地描绘了他的自然经验，比之1995年的《小绿山系列》的冷静观察、刻板记录，更多了一份想象的感染力和思考的魅力。他的笔下已甚少流露早期自然写作者的“恐慌、焦虑，近乎气急败坏的悲观无奈”，“他谨守这样的信仰：尊重生活的土地伦理。过都市里素朴的生活，然后享受阅读自然的快乐。他在作品里分享的正是这种经验”。[32]他的《南方之南》[33]既细腻描绘自然景观：包括树豆、芒果园、长穗木、森林鸟类、赏鸟人诸种细微动植物与人相契相生的生趣盎然的自然图景，又抒写了对自然万物的敬畏、困惑不解及对生态问题的焦虑，同时流露了淡淡的乡愁。

远离都市隐居山野的粟耘多年来的自然写作已自成一格，笔墨清新、简朴，一草一木、一鸟一虫皆印证着返归山野的质朴与真纯，近年亦常面对自然生物的异化：人为的结果，直陈心中的忧虑与愤懑。《人啊！走远些吧！》[34]以“狗与人之间观想录”为副题，其批判、伤怀所指已然明晰，文中对狗的各种命运、际遇的细致生动描述入木三分。

陈煌的自然写作不仅注重文学成分的提升，在自然生态观上也别具慧眼。他的《猎人山》[35]写自己在猎人山从事野鸟生态观察中不仅领会了自然的神秘，也看到了与山林共依存共呼吸的猎人与山林万物融合无间的境界，因此悟出了真正给生态带来威胁的是人类文明的喧哗，而不是已充当山林“守护神”的猎人。此后，陈煌又与张爱华联手撰写了“猎人山”续篇《追踪台湾蓝鹊》[36]，文中细腻地描绘出台湾蓝鹊的雅致风采及其生存境况，还有猎人四处布下罗网的威胁，文末一只蓝鹊在风雨交加中触电惨死的景观犹显凄凉，生命的美丽与脆弱、文明的负面影响尽在不言中。两人合写的又一篇作品《绿色小径》[37]再次记录深入猎人山一荒芜小径的所见所感，路边的杂木林、野生动物、原住民的遗迹等等，都让作者明白“野地生命并未歇止，只是以各种不同的形式表现而已，所以要欣赏它，有时得放弃势利的眼睛，而闭着眼细细倾听。”

应该说，台湾的自然写作经过十几年的发展，已经跳脱出环保式的窠臼而日益多元化，作者们渐渐摆脱了早期简单刻板记述自然观察过程、文字过分平板单调之弊，而注重文学语言的感染力、文章布局的吸引力，使自然写作益加倾向于散文文类。做这种文学倾向努力的除上述几位外，还有洪素丽、王家祥、徐仁修、陈冠学等。

洪素丽这两年的生态散文，不仅以更开阔的视野关怀自然与人，而且在散文艺术的熔炼与知性思考的深度上均更加成熟。如《告别忧郁》[38]是在冰岛青白色的雪原中感受到的自然给予的喜悦与启迪。这里有着“混沌天地间最原始的美丽。空白的美丽。安静的空白，泼墨浓淡的空白。无法遍植欲望的空白。极简艺术中无形状无透视无符号无边境的诗意的空白。”惟有“灵性”才能使人与大地、与时间相犀通，才能使尘世的种种忧郁退隐而去。文中含蓄委婉的抒情，融感性意象与知性思考的文字，都体现了自然写作可拓展的路向。此外，她还发表了《湛蓝》[39]等生态散文。

王家祥的《秋日的声音》[40]则是用心倾听天籁并探问生命真谛的深具文学性的作品，在王家祥笔下，秋季是温柔丰美而圆满的，秋天的声音内敛而细致，他用美的而深情的文字传达出秋日万物清明爽朗的声音与生命姿势；文末对无视自然生命的人类的粗暴加以挞伐，则体现了王家祥的批判意识。他的《飘浮的大武山》[41]同样尖锐地抨击了那些不用力维护生态的政府，他说那些对土地一无所知、缺乏历史、人文、生态的涵养，一心一意横暴粗辣地追求经济指数的官员"永远看不见山"，也无法尊重山，尊重土地。还有林云阁的《迷惘的鱼眼》、梁正居的《家在老农庄》等作品也都体现了深具批判意识与忧患情怀的生态观。

而徐亿修的文集《思源垭口岁时记》是以洗练的文字加上精致的图片来呈现丰饶多样的自然生态和绚丽多变的山林景致，期以唤醒人们珍爱自然的素朴心情。这份意图大概也是所有以灵慧之心领略自然，以灵动之笔记述生态变化，并细腻领悟自然奥秘的这些"自然写作者"的共同旨趣吧。

四

报刊的"专栏"写作是台湾文坛的突出现象，专栏文字多涉及种种社会、政治问题，典型的专栏作家下笔常纵论时事、直陈时弊，文锋犀利有余，文字的推敲不足。这几年，大量散文家、小说家的加盟，提升了专栏文字的文学品格；如张晓风、阿盛、亮轩等散文家这两年也为报纸写专栏文字，多属意味隽永的短作、随感，但也少真正厚重之作。张晓风于 1996 年底出版了专栏结集的《这杯咖啡的温度刚好》，书名已透露了这种专栏文字的闲适与随感的轻松，虽然她笔下透示的点点人生感触仍有动人之处，但专栏文字确乎很难体现她"亦秀亦豪"的风格。

在比较典型的专栏作家中，杨子的文风较独特，他的笔下更多精辟的人生思理，表露出浓郁的人文关怀。如《惟见长江天际流》[42]以长江寄寓深切的乡愁，他说"乡愁，是天人合一的美学。人类眷恋自然表现于特定地理环境的情怀，乃酿成乡愁，这是大自然之美好，通过人类之灵而形成思维上的反照；从而，乡愁也具有人文的高度意义。"而《音乐的生命哲学》[43]谈到"音乐的生命哲学是哲学、宗教、行为学、心理学所谱成的语言旋律，是人类所表现的一种'灵'，也是对人类之灵的呼唤。"《风雨中访日月潭未遂》[44]则记写雨中走访日月潭的经历，对自然遭受人为破坏感触良多。杨子的思索更多系于人之灵、人之本，比之一般专栏作品，他的文字更流利，情思更深长，更注重艺术感染力。

还值得提上一笔的是《联合报》于 90 年代"为要唤起全民对驱遣文字的信心、热爱"，开辟了"全民写作"栏目，该报多年来一直保留了这一栏目，作者来自各行各业，文字亦极短，但这正是 90 年代"城乡上演的悲欢连作——发生在海边、公园、医院、学校、山林、工地以及街巷的短剧"，[45]文体上既有小说又有散文，1996 年至 1997 年两年亦有为数不少的短文记写了苍生百姓的生命刻痕，不论从推广普及文学写作的角度看，还是就"文章诚实、丰富、多样及意想不到的人生张力"而言，这确实为文学写作打开了一个新面向。

---

〔1〕郑喻如《现代小说与读者渐行渐远》，《联合文学》1997 年第 8 期。

〔2〕颜崑阳《活在一意孤行的感官世界》，1996 年 10 月 2 日《中国时报》。

〔3〕《前卫与乡土的沉思——散文类决审会议纪实（中）》，1996 年 9 月 23 日《联合报》。

〔4〕〔5〕杨蔚龄《散文，生命的印记》，1997 年 9 月 26 日《联合报》。

〔6〕〔7〕周志文《冷眼与热情——评黄碧端〈期待一个城

市〉》，《联合文学》1996年第10期。
〔8〕〔9〕魏可风《在孤独里独白——蒋勋访问录》，《联合文学》1997年第1期。
〔10〕《联合文学》1997年第1期。
〔11〕1996年1月1日至2日《中国时报》。
〔12〕1996年12月21日《中国时报》。
〔13〕1996年9月12日《中国时报》。
〔14〕1996年1月20日《中国时报》。
〔15〕1996年10月9日至10日《联合报》。
〔16〕1997年6月1日《联合报》。
〔17〕王鸿卿《缅怀国度里的杨牧》，《幼狮文艺》1997年第5期。
〔18〕黄碧端《感性的回声——评李黎〈世界的回声〉》，《联合文学》1996年第9期。
〔19〕1996年3月28日《中国时报》。
〔20〕席幕蓉《高原札记“资料”与“经验”》，《幼狮文艺》1996年第5期。
〔21〕1996年8月1日至4日《中国时报》。
〔22〕1996年11月21日《中国时报》。
〔23〕1997年10月5日《联合报》。
〔24〕1997年2月10日《联合报》。
〔25〕1996年9月16日《中国时报》。
〔26〕1997年1月2日《中国时报》。
〔27〕1997年1月13日《中国时报》。
〔28〕1996年6月26日《联合报》。
〔29〕《联合文学》1996年5月号。
〔30〕1997年3月24日《中国时报》。
〔31〕〔32〕沈冬青《观察、解说与创造：阅读刘克襄》，《幼狮文艺》1997年第6期。
〔33〕《幼狮文艺》1997年第6期。
〔34〕《联合文学》1996年第9期。
〔35〕《幼狮文艺》1996年1月号。
〔36〕《幼狮文艺》1996年5月号。
〔37〕《幼狮文艺》1997年第4期。
〔38〕1996年5月27日《联合报》。
〔39〕1997年4月23日《联合报》。
〔40〕1996年12月26日《联合报》。
〔41〕1996年12月7日《中国时报》。
〔42〕1997年10月6日《联合报》。
〔43〕1997年9月8日《联合报》。
〔44〕1996年8月14日《联合报》。
〔45〕陈义芝《新极短篇·序全民写作》，联经出版事业公司出版。

1997年内地对台湾文学的研究

朱双一

顺应海峡两岸关系的变化，大陆学界从70年代末开始了对台湾文学的研究，并由最初零散、盲目的局面，到80年代末演变为力图对台湾文学做较全面、系统的了解和介绍的写“史”热，近年来情况又有所变化。学界开始总结前一阶段研究的得与失，考虑如何将这一研究引向深入。其主要动向有：

一、部分学者认为文学史的写作应基于翔实的资料和扎实的个案研究，与其在不成熟的条件下，力不从心的写出一些题目大而无当的浮泛之作，不如回过头来，重做细致的个案研究，为真正的文学史写作打下基础。

二、有些学者认为，大陆的台湾文学研究与现当代文学研究相比，整体水平相差甚远，原因在于研究者的素质较差。他们希望能有新的研究力量介入这领域，冲击旧有秩序，为台湾文学研究带来新气象。

三、部分学者强调应树立“世界华文文学”的整体观，加强综合、宏观的研究。

上述几个动向，在1997年仍有明显的表现。

“世界华文文学”整体格局中的台湾文学研究

随着将“华文文学”作为世界语种文学之一加以整体性观察和研究呼声的日益高涨，这一学科研究的名目，已由最初的“台港文学研究”，继而扩大为“台港澳暨海外华文文学研究”，现在则一般称为“世界华人文学研究”。这种取向，在1997年达到高潮。由中国社科院文学所主办，十一月上旬在北京召开的“第九届世界华文文学国际研讨会”，主办者明确表示该会以突出世界华文文学的整体研究为主题和特征，并首次将大陆文学研究引入此类会议。除了文学所所长张炯题为《关于世界华文文学综合研究问题》的发言外，以“世界华文文学”为论题的还有胡经之《世界华文文学的精神魅力——兼论世界华文文学新格局》、杜元明《试论华文文学的母土性、区域性和环球性》、潘亚暾《中国走向世界，世界走向中国——略论如何引导推动世华文运》……等等。报刊上所见有关此次会议的综述、报导文字，也大同小异地均以“世界华文文学的综合研究”为题。

当然，这种综合研究的观念由来已久。四月底，由福建省台港暨海外华文文学研究会等联合主办的“世纪之交的台港澳暨海外华文文学研究”青年学者座谈会在福州召开。会议在本学科面临新老交替的时刻举办，旨在总结过去，筹划未来。一贯大力倡导世界华文文学整体研究的暨南大学饶芃子教授，再次从理论上对此加以阐释和倡扬。她认为世界正朝向多元文化方向发展，而未来世纪将是东方世纪，中文将成为世界主要语言，在此背景下，建立汉语语系文学的整体观念，在研究中引进文化学视角、比较的方法等，显得格外必要。对同根而遭遇异质文化的不同国别、地区华文文学的相互比照和阐释，可以使我们的研究更具开放性和丰富性。

除学术会议外，在报刊上也时可看到此类综合研究的文章。如海南师大喻大翔《文学的分化与整合：论台港澳文学对大陆文学的互补价值》（《香港文学》八月号）一文，试图将台港澳和大陆文学放置于一个共同的民族文学或国家文学的整体架构中加以考察，首先将近80年来两岸四地的现代新文学划分为三个时段：1918～1949年的中心运动时段；1950～1976年的离心运动或板块运动时段；1977年至1997年的交汇运动或互补运动时段。接着论述台港澳文学在20世纪对大陆文学的补充价值（如使国家文学在某种特殊年代不致于造成艺术空白，以及与大陆文学构成了不同声部的交响曲，等等），以纠正当前仍存在的对三地文学的轻视与偏见。

不过，所谓“世界华文文学”的综合研究，似乎还有其盲点。首先，它作为一个专门学科的名称而未对其内涵作必要的界定，最终可能导致自我取消。本来所谓“台港澳暨海外华文文学”研究由于面对一个特殊的对象——与中国大陆的社会主义文学不同的、处于资本主义制度条件下的中国人（华人）的文学——而凸显其特殊意义，而“世界华文文学”必然要涵括中国大陆的文学而成为无所不包的概念，由此将丧失这一学科存在的特殊价值。其次，从量、质或影响关系上客观衡量，所谓“台港澳暨海外华文文学”无疑应以台湾文学为重心。但在当前的学术研讨会上，有关台湾文学的研究论文常是寥寥无几，《人大复印报刊资料》论文索引专列的《台、港及海外华文文学研究”一栏中，有关台湾文学研究的论文一般不及三分之一，有时一个月仅一两篇。这显然不无比重失调之嫌。其三，所谓综合、整体研究的可操作性，仍令人起疑。这一思路无疑是好的，作为这种整体观的某些具体侧面如海峡两岸文学比较，也取得了一定的成绩，但总的说，多年来这一议题似乎仍停留于概念争辩、观念倡导的阶段，真正有见地的扎实之作，还如凤毛麟角。古远清在评说九届会议时就称：“这次大会……有少数论文名曰宏观研究，实际上是“高空作业，搞空对空”。所谓世界华文文学研究最终能否拿出具有充分说服力的实际成果，人们还将拭目以待。

回头加强扎实的基础研究

1997年发表于报刊上的论文，虽然有钱虹《当代台湾女性文学的发轫及其主题》（载华东师大学报）、韩元《台湾现代派小说的“寻找”意向及其悲剧结局》（载山东师大学报）、楼启明等的《台湾散文和阅读市场》（载《南方文坛》）、方航仙《试论台湾“葡萄园”诗歌创作特色及其理论主张》（载《台湾研究集刊》）等比较“宏观”的文章，但更多的，却是对某一作家、作品的个案研究，而且相对集中于若干著名的作家身上。如关于余光中，有潘先伟《论余光中与中国传统文化》（载《华文文学》）、李朝《中西双重融合的典范——评余光中的诗》（载四川大学学报）、古远清《有情有韵，动人心目——余光中幽默散文〈催魂铃〉赏析》（载《名作欣赏》）、吴方敏《余光中作品的文化语义传递》（载《语文学刊》）等。关于林海音的有卞新国等的《林海音散文述评》（载《镇江师专学报》）；关于罗门和蓉子的有沈奇《与天同游》（戴《评论和研究》）、杜丽秋等《意象组合蒙太奇：论罗门诗歌意象组合的艺术》（载《海南师院学报》）、陈贤茂《论蓉子的创作》（载《华文文学》）；透视洛夫诗歌的思想内涵的有李润霞《从超越的飞翔到回归的停泊》（载《评论和研究》）；论析白先勇《台北人》的文化内涵有江锡铨《衰亡的鉴赏》（载《评论和研究》）。李家福则制作了《陈映真创作系年表》。此外，还有古远清论及吴浊流的《波茨坦科长》，许燕论及欧阳子《花瓶》，张荔论及施叔青《香港的故事》，崔玉莲论及李昂的《杀夫》，赵峻论及晓风《母亲的羽衣》等。高阳、龙应台、三毛、郭枫、林载爵、文晓村等，也都有人评及，刘正伟《野味：司马中原的散文》、陈辽《台湾早期女权主义者的悲剧：读魏子云〈星色的鸽哨〉》更论述了在大陆以前少有人论及的作家作品。也许与张爱玲逝世有关，论及张氏的文章多达二十余篇（在大陆，张爱玲有时被广义地当做台湾作家）。

可以看出，即使那些以某一作家作为具体对象的评论，也并非台湾文学研究学科初创阶段零散、盲目、局限于就作品论作品状况的简单重复，无论是对象的选择或是题目的设定上，都显示了这种微观研究其实是在宏观视野下进行的。这是这一学科正日渐成熟的标志。

在华中师范大学高阳研究中心的推动下，高阳研究取得了不少的成果。该中心策划的“高阳研究文丛”，二月间推出了《解读八面人生——评高阳历史小说》、《成败之间——胡雪岩经商之道》等两部著作。前者由江少川主编，收录了由林青、江少川、谭邦和、阮忠等12位学者撰写的18篇论文，对高阳的分属宫廷、商贾、官场、“红曹”、名士佳人、侠士等六大系列的十五部作品加以赏析评论。王耀辉、王文戈著写的《成败之间》分为《开拓商务领域的路数》、《延揽人才的手腕》、《商务经营的招术》、《商场上的“游戏”规则》等四个部分。著者称：这是本关于胡雪岩经商之道的小册子；希望借此“进行一些文学研究‘走出书斋，经世致用’的尝试”。像这样的研究，已超出了单纯的作家研究的范畴，而达到更宽广的领域。

重在细致的个案研究的当然不止于此。刘登翰、朱双一合作的《彼岸的缪斯——台湾诗歌论》一书分为上篇“诗潮论”和下篇“诗人论”，但其重心不在“诗潮论”而在对60多位台湾诗人逐个加以评说的“诗人论”，重在作品的研读以求切入诗心，而不作生平资料的重复堆砌，这是该书与以往诸多“史”著不同之处。

以细致考证见长，在台湾文化和近代文学研究上多所建树的汪毅夫，1997年4月又出版了论文集《中国文化与闽台社会》。

该书也许提供了大处著眼、小处著手，微观研究而有宏观视野的又一范例。如《“出头天”的理念与“弱者斗士”的形象》一文试图证明在日据时期，进化论也曾是台湾人民抗御日本帝国主义的思想武器。《中日文化地位的逆转与日本汉文学在台湾的延伸》亦进入了大陆的台湾文学研究界尚未有人涉足的领域。

在细致的实证研究方面，值得一提的还有朱双一对于姚一苇先生鲜为人知的早期创作的发掘和收集（其部分成果见《联合文学》六月号）。这一工作抢救出某些差点被永远湮没的重要史料，对于揭示当代台湾文学与中国现代新文学的某种渊源关系，具有重要的意义。

新的研究力量的加入

近20年来大陆对台港文学的研究，形成了一支资深的研究队伍，至今仍是这一学科的中坚。古继堂在台湾出版了《台湾新诗发展史》的修订本，又在乡土文学论战20周年的学术研讨会上发表了相关论文。古远清则出版了《台港澳文坛风景线》一书。多产的“二古”在台湾名气颇大。汕头大学《华文文学》杂志1997年第1期转载了1996年《台湾诗学季刊》对“二古”的批评以及“二古”的反批评文章。“二古”和台湾诗评家的对话和争鸣，在1997年仍时见报端。

一批年轻博士的进入，意味着对这一学科的输血。稍早已有黎湘萍、马相武、刘俊、钱虹等崭露头角，而在第九届会议和1998年1月于北京召开的吕赫若作品研讨会上，更出现了陈晓明等被视为引领潮流人物的年轻博士的身影。

近一两年，一批原本不在此“圈”内的文评家，交出了令人刮目相看的成果。沈奇于1996年底由尔雅出版社出版了《台湾诗人散论》一书。作者在书跋中自言，五年前插足“台湾诗学研究”，是“偶然的机遇”，也是“性情所致”因此诚心投入，不计得失。这位台湾文学研究的“新人”，以其专诚投入的“本真批评”，为台湾诗学研究提供了一本难得的扎实之作。

著名女诗人舒婷的先生、业余诗论家陈仲义在无任何资助的条件下致力于中国当代诗歌研究，已有多部诗论出版，1997年12月由漓江出版社推出《台湾诗歌艺术六十种》。在众多的有关台湾现代诗的论著中，这本书独辟蹊径，从技术层面入手，尝试对投射、畸联、博议、瞬间绽放等六十种诗歌技巧进行微观分析，“每讲一法，力求一得之见”。这本在同类著作中别具一格的书，证明原来致力于现、当代文学研究学者的介入，确能为大陆的台湾文学研究带来新气象。

总之，1997年大陆对台湾文学的研究，虽然已不像以前那么“热”，却在向纵深发展。引起热度减退的人员往来减少、资料来源困难等主要因素如能改善，大陆的台湾文学研究将迎来更扎实、更富有成果的新阶段。

百年来中国文学学术研讨会

1996年6月在台湾举行的“百年来中国文学学术研讨会”汇聚了来自世界各地的华人学者，面对同一对象，来自不同地域，特别是海峡两岸学者彼此的理解方式、关注焦点、操作系统等均存在不同程度的差异、碰撞以至交锋，个中微妙的变化堪称中国文学研究的又一景观。

一

宽泛的主题虽无“命题作文”式的集中和深入，却在相当程度上有助于研究者的自由施展，他们得以根据研究专长及文学的个人体验和社会体验去分析、概括文学现象，形成了会议丰富多彩的总体风貌。所谓个人体验和社会体验，指的是研究者个人的文学经历及所面对的文学存在和社会存在的影响。它们是构成研究者个人特征和地域特征的重要因素。由于海峡两岸和海外中国人近半个世纪来缺少共同的社会体验和文学体验，研究者在同一称谓的对象面前，往往各自选取能够调动自身体验的观察角度和研究内容（当然也有一些研究者将目光集中于共同的文学存在上，如台湾龚鹏程的《启蒙之旅——从国民教育到国民文学》、沈谦的《中国现代文学史的分期》、王德威的《罪与罚——现代中国小说的正义论述》、海外张错的《自强与启蒙——前五四文学转型心态与现象》、大陆刘登翰的《中国新诗的“现代”潮流》等。）

相当一部分台湾学者致力于台湾岛内各式文学现象的探讨上。《从“台湾乡土文学”到“台湾文学”》（吕正惠）、《台湾现代诗里的乡愁》（焦桐）、《认同、族群与女性——台湾文学七十年》（彭小妍）、《40年代的台湾文学》（叶石涛）、《日治时期台湾小说家笔下的民俗风情》（许俊雅）、《文学的原住民与原住民的文学》（陈昭瑛）、《林耀德的台湾历史神话小说〈1947——高砂百合〉》等等均为代表。这类文章占台湾文学者提交论文的半数以上，部分涉及台湾文学的文章还没有计算在内。惟一一篇出自台湾学者的大陆当代文学研究论文《从反叛异化到回归本体——论大陆文学从“新时期”到“后新时期”的演变》，作者却是80年代从大陆留美深造尔后赴台任教的唐翼明。这一方面显示了台湾岛内文学研究的兴盛，一方面也表明对台湾学者来说，“中国文学”中的大陆当代文学仍然是隔膜和抽象的。

反观大陆方面，学者们同样由于台湾文学体验和社会体验的相对不足以及多年来台湾文学研究独立于中国现当代文学研究领域之外的现实，其论述也基本上以大陆文学为本位。体验对研究角度和内容的决定性影响在海外学者方面更有耐人寻味的表现，提交论文的11位中有8位是80—90年代赴海外的原大陆作家学者，他们的论述无一例外基于当年的大陆体验并针对大陆文学现象，特别是《中国当代文学中的“红卫兵心态”——从张承志的〈金牧场〉和〈金草地〉谈起》（许子东）和《“革命历史小说”中的宗教修辞》（黄子平）更直接涉及当代大陆文学政治体验的细节。

没有人会怀疑上述现象的合理性，但如此集中的呈现有力地说明文学研究同样是体验积累的过程，也说明在很大程度上体验是不可替代的。海峡两岸隔绝几十年，不止一代的作家学者虽有共同的文学传统却置身于不同的现实处境，进而导致不同的体验。

不同的体验形成了“百年中国文学学术研讨”的多面体结构，造就了它的丰富性和复杂性，其负面效应是不同地域学界的理解差异，它恰恰会随着交流的日益深入和频繁而彰显，至少，交流使人们意识到差异的存在，在这个大规模的学术会议上更是如此。在论文讲评和讨论中，不同体验的论者提出的问题常常溢出论文宣讲者的主题或本意之外，颇有隔靴搔痒、各说各话之感。如对近百年来中国文学总体上逐渐政治化的现实，台湾学者的感受远不如大陆学者深切；对“革命文艺”和“反共文艺”，两岸学者的价值判断也有着明显的分歧。这些都在提醒人们相互理解、求同存异的必要。

二

应该说随着80年代交流大门的开启，大陆与海外学术界已日趋谅解和沟通，但长期以来由不同现实处境和体验形成的思维惯性已经潜移默化，自觉不自觉地造就了不同地域学者的学术风格。中国大陆的辽阔疆土、革命风云早已为文学乃至生活涂抹上沉郁苍劲的色彩，铁一般的事实使回顾探寻者也不免步履凝重。亲身经受社会政治对文学的塑造过程的大陆研究者仍然显示出注重社会政治分析和历史分析的特色，这既符合大陆文学长期发展的现实，也是学界惯用的理解方式和切入角度。试图综合现象、描述历史、揭示规律常常成为大陆学者的神圣企求。这样，采取宏观角度、大处着眼、勾勒轮廓、描绘全景就势所必然。与会大陆学者几乎均程度不同地从综合现象入手去描述文学发展脉络，无论是《中国新诗的“现代”潮流》、《20世纪“现实倾向”文学的历史回顾》（林岗）、《文学沧桑一百年》（谢冕）、《共名和无名——百年中国文学发展管窥》（陈思和），还是《中国近现代留日学生与中国新文学运动》（贾植芳）、《都市通俗小说流派生存权与发展态势》（范伯群），都具有纵览历史、高屋建瓴的恢宏气势。这些均导致上述“大陆论述”具有鲜明的归纳性和雄辩性，甚至——激情。

置身于钟灵毓秀的宝岛、早在50年代中后期即已“对外开放”的台湾文学界，经过60、70年代的几番论争，至80年代的多元化态势，已逐渐形成轻盈灵动、自称“小题大作”的学术风格。他们似乎更习惯于所谓“小处着手”，去考察分析一些具体现象的内在意味。在“百年中国”的阔大标题下，对单篇作品的论述也并不罕见，而且这些论述也往往选择特定的角度。《一个殖民地少年的启蒙之旅——析论张文环的小说〈重荷〉》（陈万益）将小说主人公的一段并非曲折的经历赋予心灵启蒙之意，进而探讨日本殖民教育对台湾人心灵的伤害；《中国文学中的亲子关系——谈王文兴的〈家变〉和奚淞的〈哪吒〉》（金恒杰）选择的也是两篇台湾小说中父子关系的演变和比较；《林耀德的台湾历史神话小说〈1947——高砂百合〉》（郑恒雄）着重分析历史神话符号如何在小说中呈现。这种思考无疑是演绎式的。即使一些综论性的论文，也常常注重在具体位置上的材料组合。寻求如何“呈现”和“呈现”后的意义、凸显现象的存在性，使“台湾论述”在说理性、雄辩性和是非性上不及大陆学者强烈，但“小处着手”的观察思考方式更显细致平和的特色。

追求思想力度、以独特见解支撑叙述、以自创范畴包容现象，是“大陆论述”操作上的特征，最为典型的当数《共名和无名》，论者将百年文学的发展归纳为“共名”——个人独立性被时代主题所掩盖的状态；与“无名”——价值多元、彰显个性的时代，以两种状态的此消彼长概括文学发展历程。这与善于综合、擅长社会分析和历史分析的思维方式不无关系。

毫无疑问，体验与风格的差异并非绝对，就像文学领域内的其它问题一样，无法完全以量化的方式来把握，所谓差异往往是就一些有代表性的特征而言。同文同种的大陆与海外中国文学界具有强大的共同背景——中华文化，这一文化传统孕育下的百年中国文学在经历了近半个世纪的分流后又随着交流的频繁形成不同形态并置的格局。差异的存在不但是客观的，也是多元化态势所必需的。同样必需的是相互理解，它需要不同体验的人们的宽容、理性和善意。诚如陈思和在大会结束时所说，我们已在一起召开了“四十年来中国文学会议”；我们正参加“百年来中国文学学术研讨会”；我们还将等待“两千年中国文学研讨会”的到来。

（计璧瑞，原载1996年6月30日《文艺报》）

《私人生活》研讨会

季红真：陈染进述了一个成长的故事。倪拗拗从一个小孩儿，逐渐长成为一个成熟的女人，经历了从家庭到社会（主要是学校）的权威话语对个性的压抑特别是极端集体主义的制度与意识对私人空间的侵犯。这部小说最让人触目的内容，是第一次在小说里表现了同性恋行为。但是，陈染表现的同性恋不是典型的同性恋。倪拗拗在禾寡妇的裹挟之下，与之发生肉体的亲近。禾寡妇与其说是她的恋人，不如说是一个代母的形象更准确。因为倪拗拗的母亲忙于事业和工作，对她的关心很有限。禾寡妇既有知识妇女的通达，又具有家庭主妇的温柔和料理家务的能力。倪拗拗是在她那里补偿着缺失的母爱，而不是异性的感觉。通常同性恋的两个人当中的一个人，具有异性的特征。而禾寡妇是非常典型的一个女人，所以我说她更像一个代母的形象。从禾寡妇的角度来说，她也借助这种行为满足了被压抑的母爱。她从来没有生过孩子，幼年的倪拗拗就承受着她的疼爱。爱别人是女人先天的需要，这是源自天然的母爱，其他的爱则是母爱的延伸。当母爱受到现实的阻碍的时候，向年幼者转移是很正常的现象。此外，禾寡妇的丈夫很风流而且早逝。她不再重新择偶，一直以不断的关照耐心地等待着倪拗拗长大，也可以看出她的同性恋行为是非常自觉的。由是看来，作者在这个成长的故事中，以同性恋的方式表达了女性抗拒男性权威话语霸权的策略。当在异性那里得不到爱与被爱的情感满足的时候，就在同性而且年幼的人那里寻求补偿。

陈染所体验到的女性的独特经验世界是非常个人化的，也有着女人共通的心理深度。在整个作品的深层语义中，又是非常社会性的，甚至是非常政治化的。她选择了一个独特的角度，表达自己对社会政治的看法。这就是以女性特殊的个人体验，来开拓女性的话语空间，以对抗父权制的男性话语霸权。虽然这种对抗是以失败告终，但是反抗本身就是一种意义。

白烨：陈染的《私人生活》我感到比较陌生，因而新鲜。它所描写的少女拗拗的相对封闭的生活追求，可能是近年来小说创作中的私人化倾向的一个比较典型也相对成熟的代表。这部小说主要在于声张个性、维护孤独、坚守执拗，甚至于逃避历史、躲避社会。这种写法，使其在营造个人生活、个人天地、个人世界中达到少有的纯净，从而在私小说中别树一帜，同时也带来一种比较纯粹的私人化、个人化的小说倾向。当然，任何作品都不可能脱离开自己的时代，陈染是用疏离式或“个人化”的方式表达了她对这个时代的理解和她与这个时代的关系。在目前这种文化转型、人心浮躁的情况下能读到陈染这样的小说是非常难能可贵的，因为这两年长篇小说的畸态繁荣已达到令人忍无可忍的程度，数量膨胀到惊人的程度，而其质量普遍低下，几乎经不起细读。陈染的小说，在这样一种背景下没有这些浮躁气，而是文学的纯净的探索，这对这个时代非常重要，如果没有这样一些作品，文学生态上就会失去平衡。

陈骏涛：陈染有强烈的、自觉的女性意识，这种女性意识是对男性中心话语的背叛，或者叫超越，如在小说中强烈地表现女性的内心体验、情感体验。但有一点我始终没弄明白，即陈染一方面鼓吹超性别意识，一方面在创作中又有着强烈的性别意识。我想她之所以有强烈的女性意识，是否为了超越性别意识？

陈染现在的创作在文坛上已有她自己的地位，即她注重于一种优雅的、潜入内心的、注意女性个人情感体验和生命体验的、同时追求一种精神与哲学的双重意味的作品。陈染总说她处于远离中心的边缘状态，我觉得这种状态对她很合适，因为她不是那种能与轰天响地的社会现实合拍的作家，她整个小说的情调是忧伤的、孤独的，她本人的生活、情感也如此，因此她往这方面发展无可厚非。但她现在的创作又形成了一种定式。我感到她现在的创作还处于本色演员阶段，情调、氛围、语言、人物类型多有重复。陈染突不破自己织就的网。是否应从“本色”向“角色”飞跃。

王蒙：读此部作品也有种陌生感，不知该用哪套家伙来操作、评论，虽然表面上看我好像刀枪剑戟十八般武艺都可以练。所以放弃评价谈一些杂感。

文字和想象力。有的地方看起来稍微费点劲，大致还顺当，她进入情况以后我不觉得那些文字是苦思冥想出来的。她的俏皮、想象自成一格，给人一种愉悦，给小说带来新的语式、新的比兴、新的构成。

有一段挺有意思——那只狗因为参与意识被爸爸驱黜。从“参与意识”可以看出这部书并不完全是私小说。对那只狗的描写相当政治化，狗的路线觉悟相当高，是好同志，我们自愧不如。但陈染对政治并不是非常严肃的批判，或者像拿着长矛的堂吉诃德式的决斗。她对某些不喜欢的东西采取恶作剧方式。倪拗拗的名字本身是一种挑战，一种叛逆。但她毕竟是个作家，叛逆不一定采取不得体的方式，是用戏弄，恶作剧，不失自己的天真，火候掌握得还可以。毕竟生活在我们这块土地上，小小年纪也练出一点道行。

另外我还有一个感觉，她的作品有几个固定的基点老离不开：一个少女，她有一个母亲，有一个不怎么样的、不负责任的、令少女讨厌的、或感到陌生的、丑陋的父亲；还有一个年长的女人，她与这个女人有或多或少的准同性恋的倾向，或被导入这个轨道，等等。都是第一人称。这几个基点老离不开，不知是优点还是缺点。

戴锦华：我认为在90年代的女性写作中，陈染是个对女性意识和女性位置比较自觉的作家，这种自觉不光是指她意识到自己是个女人或意识到自己在做女性写作，也在于她不断地在反省这种意识。陈染是在寻找一个女人和个人之间的合谋关系，因为作为个人的反抗我们社会的知识界是认可的，而陈染是在抒写个人、抒写孤独中抒写女性，在先锋写作中形成的先锋性和边缘性之间寻找放置女性体验的空间。虽然同时有许多女作家在强调“我首先是一个人，然后才是一个女人”，陈染在《超性别意识与我的写作》

中也强调这一点，但她们不在一个层面上，对于传统写作的女作家而言这表明她持一个中性的写作原则。在“人”的立场上超越女性的经历和女性的写作，而陈染则经历了一个小的循环，她发现实际上不存在一个抽象的、超越性别的的人，这个人一定有一个男人的形象，而她要做女人，可她很快又发现做女人的命题变成一个被男人重新规范的命题。她提出：我不要做被男人所规定的女人，我首先要成为一个“人”，超越男性所规定的性别角色的“超越性别的人”。

在这部小说中，陈染尝试破除理想父亲——即理想男人的神话，也包括破除理想母亲的神话，因为在理想母亲的神话中，除了表达她对同性的渴望之外，还有她对保护者的渴望——她一直在寻求一个庇护者。她也在试图破除“私人生活”的神话，在今日社会是否还存在私人生活？陈染还试图突破她前期小说的主要支柱：精神分析，意识到所谓精神分析也是一种男性话语而已。

所有的这些，尝试——尝试一个全方位的突围，是这部小说的特点，但同时也在某种意义上损害了这部小说的表达本身的迷人和完美，即失去了她原有的、很有魅力的、她很擅长表达的那种特定情境的支撑。

徐坤：陈染的创作非常女性化，但她的理论却又提出要超性别。我认为她主要是对自己的性别有所规避，规避的原因就是由于整个女性写作的大环境、大气候没有成形。所有的女作家都有一个共同的隐忧，就是一旦她的作品被定性为女性写作，就会被认为在思想性和艺术性上都是低于男性的，是女人气、小女人气的，就完了。对作品的误读往往导致对女性性别或人格的伤害。从这个角度我就能理解陈染在各种研讨会和论文中强调一定要超性别，完全是出于这种隐忧。

陈染在当代女作家中是比较特殊的，尤其是在艺术感觉上，在对生活的细枝末节的把握上，一唱三叹，细腻而到位，她的天赋、才气非常高。当我们在写别人的生活给别人看时，好像还容易点，可以靠情节来取胜，但她写的是个人生活，完全通过展示自己来表现她对人生的思索。一方面要规避，一方面又要展示，这个角度非常难把握。而她把握得相当到位。另外，她在思想上非常有深度，她是一种智慧型的写作，在十几年如一日的写作中，她不断地从自在而入自觉，她的文本中处处散着女性迷乱而又清幽的个人体验，飘动着女性思想与智慧的凄美的光环，使小说的女性表喻方式有了大胆的隐秘性和极强的前卫性。

张颐武：读了这部小说以后非常受感触，因为它不仅讲述了一个女性个人成长的历史，还涉及到一些经典的社会主义时代的回忆。个人成长的记忆，并不是女性个人的体验，还有着相当的公共性，与我们的日常生活都非常接近，是社会主义向市场社会转变过程中一个中国的个人的经历。一个个人如何成长为社会主体，一个女性如何成长为社会主体，私人生活怎样被打开，变成一种敞开的、具有公共性的东西，这是我所关注的，是陈染很有力量的想象，也是她这些年不断地对处于计划经济的社会主义、处于严密控制下的个人，怎样转向现在这个更把握不定的社会里的女性的问题的表达，这个表达恰恰也是人民的记忆的表述。大家都很强调作品的个人性或女性的特征，我觉着不仅仅如此。另外我觉着里面有些非常有趣的困难，她在克服这些困难中找到了一个非常坚定或自我肯定的方式，比如最后，主人公在P城漫游，发现在城市的钢筋水泥中没有植物在生长了，植物回阳台上。公共生活中已找不到绿洲了，回到了私人化的生活中。90年代的中国女性文学，许多女作家都感到了公共性、市场性所造成的困难，陈染的小说中就出现了“私人生活”这块领地，并且以在阳台上种植物的方式去开垦它，这部小说就是这种植物不断生长的过程。

我非常关注小说结尾的困惑，就是“私人”的植物能否移植到花坛中，能否到公共社群里，是出去经风雨见世面还是在安全的阳台上生长，这是个重要的矛盾，也是个很大的挑战。如何在女性问题与国家、社会的问题之间找到一个契合点，如何在私人生活与公共生活之间找到沟通的桥梁，如何把女性经验和社群经验更好地结合起来，这是个尖锐的问题，是结尾她在想的问题，也是陈染下一部作品要解决的问题。

（林金荣整理，原载1996年8月1日《文论报》）

首届毛泽东诗词国际学术讨论会

1996年8月16日至19日，海内外近百位专家学者为着一代伟人毛泽东而汇聚北京。在他们心目中，毛泽东不仅是一位伟大的革命家、政治家，而且是一位气度非凡的诗人。他们在由中国毛泽东诗词研究会和中国社科院文学研究所联合举行的“首届毛泽东诗词国际学术讨论会”上共同感到，毛泽东诗词是全人类共同的瑰宝，其影响必将延伸到21世纪，延伸到未来。

中国毛泽东诗词研究会会长贺敬之在开幕辞中高度评价了毛泽东诗词的思想艺术价值和历史地位。他说：“以数量不多的诗，而能在一个产生过屈原、陶潜、李白、杜甫、陆游、苏轼、辛弃疾、龚自珍等伟大诗人的诗词古国里自铸伟辞，自开奇响，吐纳宇宙之物象，开拓万古之心胸的诗人，也只能首推毛泽东了。以极富中国民族特色却未免有些古奥的诗词形式，挥写现代中国人的生活和感情，抒发革命家的理想和襟抱，却能在国内外当代读者中传诵不衰，形成说诗者众，研习者盛的诗作，球顾宇内，不能不承认，也只有毛泽东诗词了。毛泽东诗词真不愧是中国革命史上诗的丰碑，人类诗歌宝库的东方瑰宝。它的光彩和价值，会随着历史的推移而日益显现出来。”他认为，毛泽东诗词的崇高纯净、伟美多娇的诗境是由中国人民从百年屈辱中终于站起来了的解放感和尊严感熔铸而成，集中地凝聚了中华民族的伟大精神。所以他说：“要想了解中国人民的真实面目和精神，在所需要研读的经典作品中，是不能不列入毛泽东诗词的。”

来自国内各地和日本、加拿大、美国及港澳台地区的学者们在研讨会期间相互切磋，探讨毛泽东诗词的历史内涵、哲理意蕴、美学风格、民族特色以及对传统诗词继承与发展所产生的影响等各个方面。

毛泽东诗词日益受到海内外专家学者的重视，已被译成英、日、俄等多种文字在世界各地发行。目前，关于毛泽东诗词的研究专著在国内外就有数十部之多。日本京都大学教授竹内实深有感情地说，研究毛泽东诗词是我们共同的事业。

（原载》1996年8月23日（文艺报）

精神文明建设“五个一工程”会议

1996年9月24日至25日，中宣部在北京召开精神文明建设“五个一工程”第五届工作会议暨颁奖大会。中共中央政治局委员、书记处书记、中宣部部长丁关根在讲话中强调，“五个一工程”是加强精神文明建设的重要措施，是精神产品生产的综合性、示范性工程，一定要坚持二为方向，坚持双百方针，多出精品，多出人才。

中共中央政治局委员、国务委员李铁映出席了颁奖大会。丁关根、李铁映和中央宣传思想文化部门的负责同志向荣获本届“五个一工程”组织工作奖的单位和入选作品奖的作者代表颁了奖。

以力争每年度推出一本好书、一台好

戏、一部好影片、一部好电视剧（片）、一篇或几篇有创见有说服力的文章为内容的精神文明建设“五个一工程”，始于1991年，五年来经历了从启动到发展、从初创到规范，逐步提高、逐步深化的过程。前三年，这项工程初具规模，初见成效，引起各方关注。近两年，加强规划实施，提高组织水平，得到社会好评。工程项目从电影、电视剧（片）、戏剧、图书、文章，又新增了歌曲、广播剧。参评单位从10个省、自治区、直辖市党委宣传部又新增了中央18个部门和系统以及新疆生产建设兵团。“五个一工程”正在成为一个具有广泛社会影响的精神文明建设的重点工程。

在工作会议上，上海市、吉林省、内蒙古自治区党委宣传部和解放军总政治部的有关负责同志，介绍了他们组织实施“五个一工程”的做法和体会。与会同志在讨论中总结经验，寻找差距，探讨规律，提出建议。大家认为，在各级党委领导下，宣传思想文化部门和广大宣传思想文化工作者，以邓小平建设有中国特色社会主义理论和党的基本路线为指导，坚持为人民服务、为社会主义服务的方向，坚持百花齐放、百家争鸣的方针，坚持精神文明重在建设，弘扬主旋律，提倡多样化，认真组织优秀精神产品的生产，取得了显著成绩。“五个一工程”实施的五年，是迈开步伐、奠定基础的五年，是积极探索、积累经验的五年。五年中，优秀作品逐年增多，优秀人才不断涌现，发展趋势健康向上。

丁关根在颁奖大会上讲话。他指出，党的十四大以来，宣传思想战线坚持一个根本指针，落实四项主要任务，以科学理论武装人、以正确舆论引导人、以高尚精神塑造人、以优秀作品鼓舞人的工作，都取得了较好的进展。要推动宣传思想工作深入发展，进一步打开精神文明建设的新局面，需要大力抓好优秀精神产品的生产。

丁关根指出，“五个一工程”是精神产品生产的精品工程。提高质量，多出精品，是“五个一工程”的中心任务。江泽民同志要求我们，努力创作出思想性、艺术性和观赏性高度统一，深受广大群众欢迎，并能经受历史检验的优秀作品；努力创作出更多思想精深、艺术精湛、制作精致，具有强烈吸引力、感染力的优秀作品。这应当成为我们创作精品的标准。

丁关根说，多出人才，才能多出精品，“五个一工程”才能繁荣健康发展，才能提高到新的水平。“五个一工程”要为优秀人才脱颖而出创造良好的条件，成为优秀人才成长的园地。要把各方面的人才特别是中青年人才吸引到“五个一工程”中来，要善于发现有发展前途的后起之秀，严格要求，积极引导，给任务，压担子，帮助他们健康成长。要热情支持专业造诣深的人才攀登新的高峰，造就一批又一批热爱祖国、热爱人民、有真才实学的理论家、作家、艺术家、出版家。要积极鼓励创作者深入生活，深入实际，汲取营养，潜心创作，把最好的精神食粮贡献给人民。精品靠人才，人才出精品。人才愈多，“五个一工程”就能充满生机，持续发展。

丁关根最后强调，“五个一工程”要提高到新的水平，迫切要求领导干部更多地深入到创作的第一线，通报情况，沟通思想，做好服务。在创作实践中，要充分尊重作家艺术家理论家的劳动，认真听取他们的意见，共同探讨，相互切磋，精益求精。要同他们交朋友，多做工作，帮助他们了解大局，帮助他们解决实际困难，很好地发挥他们的聪明才智。丁关根说，有全社会加强精神文明建设的良好氛围，有五年积累的宝贵经验，有各方面的积极参与，“五个一工程”必定能够在现有基础上取得新的进展，提高到新的水平，成为人才辈出、精品倍出的优质工程，成为促进精神文明建设的重点工程。我们一定要在以江泽民同志为核心的党中央领导下，高举建设有中国特色社会主义的伟大旗帜，抓住机遇，团结一心，开拓进取，扎实工作，努力创作出更多无愧于伟大时代，无愧于伟大人民的优秀作品，为推进两个文明建设作出新的贡献。

全国各省、自治区、直辖市党委宣传部和中央有关部门及新疆生产建设兵团的负责同志、本届入选作品作者代表参加了这次会议。文艺界、理论界、出版界的40多位知名人士应邀出席颁奖大会。获奖作者代表、电视连续剧《英雄无悔》的编剧、导演贺梦凡在颁奖大会上发了言。

（原载1996年9月27日《文艺报》）

"当前现实主义文学问题"讨论会

近些年来，作家们的笔触不断深入到现实生活的海洋之中，出现了一批反映现实生活的作品。作品中强烈的生活气息扑面而来，使人们感到了新鲜，也感到了惊喜，于是一个话题在文学界热烈地议论开来——现实主义，充满活力的现实主义！1996年11月19日，中国当代文学研究会、作家出版社、《文学评论》编辑部等单位联合在京举行了"当前现实主义文学问题讨论会"，与会的评论家们表示要为当前这股可喜的现实主义创作势头推波助澜，呐喊助威。

当前涌现出一批反映现实的作品，现实主义创作在作家中日见走红。这次讨论会预先开列出一个可观的作家和作品的单子供与会者阅读并思考。主持会议的张炯说，这些作品非常关注现实，眼界打得更开，读了确实令人耳目一新。面对这一文学形势，人们给以了各种描述。有的称作现实主义的冲击波，有的称作现实主义的复兴和回归，有的则针对这一创作现象提出现实主义的"重构论"。在讨论会上，与会者比较一致的观点是，准确地说，当前的文学创作正迎候着一个现实主义的新的浪潮的到来。这一浪潮是近十来年文学发展进程中水到渠成的结果。陈建功回顾几年前《北京文学》曾邀请作家们座谈怎样推进创作时，他提出要加强体验性和纪实性，得到大家的认同，后来《北京文学》据此打出"新体验"的旗号。陈建功说，事实上，当前许多作家感应到现实主义的呼唤，因此，现实主义在目前兴盛起来，是不可避免的。与会者说，现实主义一直就没有断流，也从来没有被放逐。何西来概括为，现实主义是发展、推进、深化的态势，但有起伏、有强弱、有盛衰。与会者认为，从历史发展的角度来看待当前的现实主义创造，对于探讨现实主义问题十分重要。陈建功说，当前兴起的现实主义并不是对前一段的先锋文学、探索文学等各个阶段的否定，而是一种否定的否定，当前的现实主义吸收了以往探索的积极成果，与过去的现实主义相比，在人物塑造、叙述方式等各个方面都大大前进了一步。

与会者讨论了当前现实主义有一些什么值得注意的新的特点。缪俊杰认为，当前的现实主义更直接地面对现实生活，具有强烈的人民性，而在手法上却是多种多样的。马相武认为，当前现实主义特点一是先锋化，二是真实化。先锋化表现为以一种开放的体系，普遍与现代主义、后现代主义沟通。他所说的真实化则是指虚构性明显淡化，尽量生活化，造成逼真感。

对于当前现实主义创作中存在着什么问题和不足，与会者也进行了认真的分析。张韧认为，必须解决好形而下和形而上的关系。真正振聋发聩的现实主义作品必然是包含着作者对生活的独特发现，具有思想的深度。他举例说，关仁山的《九月还乡》最可贵之处就在于作者从生活中发现的一种新的土地意识。但目前有思想深度、有独特发现的作品太少，作者往往停留在对生活表象的表现上，形而下与形而上处在分解裂变的状态中。顾骧认为，目前许多作品还很粗糙，严格说来，只是一个毛坯。这有一个艺术方法的问题。作为现实主义的创作，在思想上必须贴近生活、在情感上贴近人民。可是在艺术上不能与生活贴得太近。应该在艺术上有所锤炼。陈建功说，他读了最近新出的一些长篇小说，感到其生活的厚重感不亚于文学史上经典的现实主义作品，但最大的问题是没有思想，因而在对人物内心的剖析上，在对生活本质的把握上，在对历史环境的营构上，都显得很不够。他将此概括为缺乏经典性。马相武认为，作家们在现实主义创作上普遍加强了批判性，这是可贵的，但有些作家对现实、对世俗却采取全盘否定的态度，这就失去了生活的真实性。张德祥认为，当前的现实主义创作必须强调典型化的问题。从新写实以来，有一种倾向，不再追求典型化，只追求状态，在这一点上要比五六十年代有所退步，这些年的创作几乎没有像五六十年代文学中能给读者留下深刻印象的活生生的典型人物。他说，无论如何，创造典型人物始终是现实主义的重要目标。

与会者一致认为，研究现实主义问题，倡导现实主义创作，对于当前的文学繁荣和发展，具有十分重要的意义。秦晋说，作家不论采取什么创作方式，他都必须面对现实。作家应当与现实发生一种更自觉的关系。回避现实，抵触现实，一般的人可以，而作家则不可以。张德祥说，现实主义的一个重要内涵便是，作家以自己的精神去透视现实之真，伟大的现实主义作家都有伟大的人格。前几年说作家就是码字为生的普通人，这是不恰当的。作家应该具有伟大的人格和崇高的精神境界。

（原载 1996 年 11 月 29 日《文艺报》）

中国文学艺术界联合会第六次全国代表大会，中国作家协会第五次全国代表大会

1996 年 12 月 16 日中国文学艺术界联合会第六次全国代表大会和中国作家协会第五次全国代表大会上午在人民大会堂隆重召开。当党和国家领导人江泽民、李鹏、乔石、李瑞环、朱镕基、刘华清、胡锦涛等进入会场时，全场响起了热烈掌声。

中共中央总书记、国家主席江泽民在今天发表的重要讲话中强调，为人民服务、为社会主义服务，决定着我国文艺的性质和方向，为我国文艺的发展和繁荣开辟了无比广阔的前景，在社会主义现代化建设的整个过程中，始终是我们必须坚持的根本原则。

出席今天开幕式的领导同志还有丁关根、李铁映、尉健行、王光英、布赫、钱伟长等。

这次全国文代会和全国作代会，是在以江泽民同志为核心的党中央的亲切关怀和领导下召开的，是一次承前启后、继往开来、共商繁荣文学艺术大计，迎接新世纪的盛会。来自全国各地文学界、艺术界的代表共3000多人喜气洋洋地来到人民大会堂，出席了今天的开幕式。会议开幕前，江泽民等中央领导同志会见了出席文联和作协全国代表大会的作家艺术家，并和他们合影留念。

今天的人民大会堂显得隆重而热烈，洋溢着文艺春天的融融暖意。会场里红色的横幅上写着这两个大会的主题“民主、团结、鼓劲、繁荣”。上午九时三十分，大会在庄严的国歌声中开始。

江泽民代表党中央、国务院为大会的召开，并向各位代表表示热烈的祝贺。他说，党的十一届三中全会后的十几年来，我们的

老一代文艺家精神焕发，中青年文艺工作者人才辈出，文艺队伍不断发展壮大；文学、戏剧、电影、电视、音乐、舞蹈、美术、摄影、书法、曲艺、杂技和民间文艺等各个门类，作品数量之多，形式、风格、流派之多样，体裁、题材、主题之丰富，都是前所未有的；作为农村文化、企业文化、军营文化组成部分的群众性文艺活动，其广度也是前所未有的。这是党和国家工作中心转移，贯彻落实党的基本理论和基本路线，全面展开社会主义现代化建设化结果，也是坚持文艺为人民服务、为社会主义服务方向和百花齐放、百家争鸣方针的结果。江泽民指出，在精神文明建设中，社会主义文艺是一条重要的战线，承担着培养有理想、有道德、有文化、有纪律的“四有”新人，激励人民团结奋进的庄严职责。以自己的艺术实践投身建设有中国特色社会主义的宏伟事业，和时代迈着共同的脚步，和祖国一道前进，努力成为名副其实的人类灵魂工程师，这是文艺工作者的光荣，也是人民群众关心和支持文艺事业、敬重文艺工作者的根本原因。党和人民深深地相信，在改革开放和现代化建设的发展中，在两个文明的发展中，在中华民族的振兴中，我们的广大文艺工作者一定能够发挥更大的作用，作出更大的贡献。

江泽民说，社会主义精神文明建设包括文艺工作，都要坚持以马克思列宁主义、毛泽东思想和邓小平建设有中国特色社会主义理论为指导。我们正在进行的社会主义现代化建设，是前无古人的伟大创举。它推动着我国社会主义文艺的发展和繁荣，也为文艺家施展才华，提供了广大的舞台和很好的条件。我们希望文艺工作者进一步深入生活、深入群众，向生活学习、向群众学习，认识社会发展的客观进程，认识人民群众的利益所在，认识人民群众的历史创造性和精神生活的进步。文艺要讴歌英雄的时代，反映波澜壮阔的现实，深刻地生动地表现人民群众改造自然、改造社会的伟大实践和丰富的精神世界。文艺工作者要努力在自己的作品和表演中，贯注爱国主义、集体主义、社会主义的崇高精神，鞭挞拜金主义、享乐主义、个人主义和一切消极腐败现象。

江泽民指出，植根中国社会主义现代化建设的实践，反映中国人民创造自己新生活的进程和中华民族自强不息的精神，是中国社会主义文艺的立身之本。百花齐放、百家争鸣，是符合社会主义文艺规律、促进社会主义文艺繁荣的方针。在文艺工作中坚持党的基本理论、基本路线和方针政策，坚持正确的创作思想，多出精品、把美好的精神食粮贡献给人民，郑重地考虑作品的社会效果，旗帜鲜明地反对资本主义和一切剥削阶级腐朽思想文化的侵蚀，反对“一切向钱看”，旗帜鲜明地鼓舞人们为壮丽的社会主义现代化建设事业而奋发进取，这就是马克思主义政治对文艺工作者的基本要求。

江泽民最后说，一个伟大民族的过去、现在和未来，都会有文艺的发展和繁荣相伴随。文艺是民族精神的火炬，是人民奋进的号角。21世纪就在眼前。可以预料，这将是建设有中国特色社会主义事业取得新的辉煌胜利的世纪，也将是中国社会主义文艺更加群星灿烂、百花争艳的世纪。

江泽民同志的讲话，激起了一阵又一阵的热烈掌声。

因病不能参加大会的中国作家协会主席巴金发表了题为《迎接文学的新世纪》的书面致词。巴金在致词中说，今天，大家欢聚一堂，畅叙文学艺术创作的体会，总结文学艺术发展的经验教训，发扬民主、加强团结、相互勉励、平等切磋，实事求是地制定规划，满怀信心地展望未来，为促进社会主义文学艺术的繁荣和加强社会主义精神文明建设，做出自己的贡献。我们正置身于人民自觉地创造新生活的伟大时代，也应该出现伟大作家和伟大艺术家，以恢宏的气势和绚丽的色彩描绘时代的画卷，以激越的豪情和优美的旋律，谱写当代中华民族的英雄史诗。让我们承负着党和人民的重托与期望，承负着历史的光荣使命，去迎接文学艺术的新世纪！

全国总工会副主席张丁华代表全国总工会、共青团中央、全国妇联、中国科协、全国台联和全国侨联，向第六次全国文代会和第五次全国作代会的召开表示热烈的祝贺。他说，在社会主义精神文明建设中，我们期待着文学艺术工作取得新的成就，期待着有更多的精品力作问世，期待着舞台屏幕上有更多的反映工农兵群众及其先进分子的人物形象，期待出现更多的“人类灵魂工程师”。

解放军总政治部副主任袁守芳在祝辞中说，建设高度的社会主义精神文明这一神圣而伟大的历史使命，也对军事题材文艺创作提出了新的、更高的要求。我们相信，在军内外作家、艺术家的共同努力下，军事题材的文艺创作一定会取得更加丰硕的成果。

这次文联大会和作协大会，将分别审议并通过全国文联和全国作协工作报告，审议《中国文联章程（修改草案）》与《中国作家协会章程（修改草案）》，选举全国文联和全国作协新一届领导成员。

今天的大会由中国文联党组书记高占祥主持。

有关部门和全国文联、全国作协的负责人出席了开幕式。

（原载 1996 年 12 月 17 日《文艺报》）

作品选摘

《私人生活》

（长篇小说节选）

时间流逝了我依然在这里

为了防止失声叫喊，我们哼唱和倾诉；
为了逃避黑暗，我们闭上眼睛。

时间和记忆的碎片日积月累地飘落，厚厚地压迫在我的身体上和一切活跃的神经中。它是多么残酷的一只硕鼠啊，每时每刻，它都在身边凋谢、流逝，但我无法阻挡它。许多人曾经用盔甲或者假意来抵挡它，我曾经用一堵围墙、一扇关闭的门窗和一种拒绝的姿态来抗逆，但都无济于事，除了死亡——那一块葬身的石碑可以拒绝它，没有其他的方式。

几年前，我的母亲用她的死亡，拒绝了时间的流逝。我至今都清晰地记得我那因窒息而去的母亲，她在临终前所发出的最后一声凄厉、恐怖、惨绝人寰的嚎叫，那声音如同一根带倒刺的钢针，被完全地刺进我的耳朵，它深深埋入我的耳鼓里边去，再也拔不出来，那声音成为一种永恒，永远地鸣响在我的那一只耳朵里。

更早一些时候，我的不可一世的生身之父，用他与我母亲的生活的割裂、脱离，使我对于他的切肤感受消失殆尽，使我与他的思想的脉络彻底绝断。他用这个独特的方式拒绝了时间。我的父亲他总是使我想到一个听说过的比喻：有人撒下一粒种子，然后就忘掉了它。等他重新见到它时，发现它已经长成一棵繁茂的花木，枝叶葱茏，含苞待放。只是，这是什么样的种子呢，什么样的花木，什么样的花苞啊！他回顾着，却找不到起始点。

时间是由我的思绪的流动而构成。

现在，我孑然一身。这很好，我已经不再需要交谈，我已厌倦大都市的喧哗嘈杂，那些嗡嗡声像一群看不见的苍蝇，盘旋在我的思维四周，它们喋喋不休，仿佛语言是唯一的道路，惟一的食粮。人们试图千方百计地占有它，使之与他们的未来结伴而行。而我恰恰不相信这种嗡嗡声。但个人的力量是如此之渺小，我无法拍死“苍蝇们”，只能远远地躲开它们。

我住在母亲遗留给我的古老P城里的一套房宅里，内心宁静。这套房舍，门窗遍布，回廊幽长。

独自的生活，并没有给我带来更多的不安。从前，与我父母一起的日子，也不见得有什么特殊的温暖。现在很好，时间似乎经历了多年的奔跑，已经疲倦，凝滞下来。它凝滞在我的房间里，也凝滞在我的脸孔上，时间仿佛是累病了，在我的脸上停止不前，使我的脸孔看上去如同几年前一样。

可是，我的心境却提前进入了老人的状态，一切都缓慢下来。

比如，我不再与人争辩，因为我已懂得，所有的争辩与真理到底在哪里，毫无关系，那只不过是谁暂时占领“上风”的问题，而“上风”与“下风”或者谁输与谁赢，对我已没有什么意义；

我不再认为我们脚底下的土地是道路，我相信那不过是一局庞大而慌乱的棋盘，这个世界大多数人是用脚趾头来思索世界和选择道路的，如果有人偏要用头脑和思想选择道路，那么就应该承担起不合潮流的孤寂，像一个身躯佝偻得如同问号的老人一般，伫立在路边静静地观望和怀疑；

我热衷素食，几乎是一个素食主义者，因为我固执而偏见地认定，只有素食，才不会把人的肉体与精神搅和浑浊，目光才会保持明澈、靓丽。

我喜欢自己阳台上的那些家庭园艺，一株高大的橡皮树，一棵龟背竹和一些多年生植物。我不用跑到人声鼎沸、喧哗嘈杂的公园去，就可以享受最新鲜的绿色和纯净的氧气。

…………

前些天，我的医生朋友祁洛，建议我应该到他的医院去一趟。他在电话中关切地询问了我的情况。我回答说，我不想见人，任何一种“别人”。

外边那些言词都如同月光一样是一种伪装的光芒，毫无意义。信奉交谈是一种慰藉，正如同信奉画一个面包可以充饥。

我的肉体也不需要药片，这与我的精神不需要任何一种宗教信仰一样。

我对他说，如果我需要，我会去找你。

祁洛说，你的“幽避症”已经不可救药了。

我知道，文明的意义之一，就是给我们千奇百怪的人与事物命名。那不过是一种命名而已，像我的名字叫倪拗拗一样，是一种形式，我不知道叫做“倪拗拗”与叫做“一只狗”有什么不同。

这会儿，我侧身斜躺在那只硕大的软床上，这床——大水之上的方舟，乱世之中的城堡，我的男人和女人。

一线夏季的火苗般的晨光，夹杂着外面的空洞的嘈杂，从窗幔的缝隙钻进来，抹在我不愿睁开的疲乏的眼帘上，那光晕在我的眼皮上跳跃着岁月之舞。

我不喜欢被阳光照耀的感觉，因为它使我失去隐蔽和安全感，它使我觉得身上所有的器官都正在毕露于世，我会内心慌乱，必须立刻在每一个毛细孔处安置一个哨兵，来抵制那光芒的窥视。然而，世界上的太阳太多了，每一双眼睛的光芒都比阳光更烫人、更险恶，更富于侵略性。如果，任凭它侵入到羸弱的天性中来，那么，我会感到自己正在丧失，正在被剥夺，我会掉身离去。

因为，我知道，被任何一种光芒所覆盖的生活，都将充满伪饰和谎言。

我是在 1968 年这样一个非凡的年份里的一个没有任何独特之处的夜晚出生的，我悄悄脱离了母亲不安的子宫，带着对世界的不适应和恐惧感，像一只受惊的羔羊，慌乱地大声啼哭。出生时的光线是柔和的淡蓝色，这使我一生都不喜欢强烈的光芒。

据有关黄道和星座的书说，此时出生的女人，她的信念坚定得像那个西班牙的修女 Therese Davila。

但是，将近三十年之后的今天，我发现我并没有翻越、避开那一缕刺目的光线。这会儿，我躺在大床上，感觉到阳光的脚在我的眼皮上跳来跳去，时光随着它的脚步一页页翻开。

我曾经是一个天使，但天使也会成长为一个丧失理性的魔鬼。正如同有人说，通向地狱的道路，很可能是用关于天堂的理想铺成的。

这需要一个多么疯狂的时间背景啊，所有的活的细胞都在它的强大光线笼罩下，发育成一块死去的石头。

现在，我不想起床。为什么要起来呢？我用不着再像许多人一样匆匆爬起来去上班，去挣钱。

只要能维持起码的衣食温饱，我就不想出去挣钱。

我睁开眼睛，盯住枕边的一块怪模怪样的墨迹，审视它良久。有一瞬间，好像我的灵魂脱离开了我的肢体，在床榻的周围游索，从三个维度审视躺在床上的躯体。于是，我更加用力去辨识那墨迹，想把那一股青烟似的魂灵拉回到我的身体。在我的这间玫瑰色的卧房里，在这张一年来孤居独寝的床榻之上，除了黑蓝色的钢笔墨汁以外，不会有其他的汁液。枕下零散地摊着几页白纸，和一只钢笔。我习惯于枕靠在床榻上写字或者乱画。无论纸页上那些断片残简是日记，是永无投递之日、也无处可投的信函，还是自言自语般的叙述，无疑都是我的内心对于外部世界发生强烈冲突的产物，是我在这个世界上的呼吸。

我常常感到脱离了正常意识，感到身边遍布着敌人，我自己也成为我之外的另一个人，甚至是一个无性别者，正像美国的那个叫做《镜子》的电影中我们所看到的人一样，那个人独自伫立在浴室内的镜子前，热气在滑亮的镜子光面上抹了一层水雾，窗子紧紧关闭着，但室外的风依然徐徐不断吹送进来，舞荡着浴缸前的帘子，那帘子正好遮挡在镜子前的人体的私处。那人充满自恋地把自己关闭在浴室内，因为那人曾把内心和肉体裸露在肮脏的外边太久。

空气里到处都埋伏着隐形的眼睛，不怀好意地窥视着这个人。

你不知道那人的性别，因为那人不想让你知道。

我常常觉得自己就是那镜子里的人。很显然，我是从发虚的镜中认出了我自己，那是一个观察分析者与一个被观察分析者的混合外形，一个由诸多的外因所遮掩或忽略了“性”的人，一个无性别者。由于这个人的光彩照人，便拥有了向多种方向发展的可能性。我还看到外部世界的典型现实已完全被扭曲、变形，好像一切都是虚幻。

即使我从不少宗教或者哲学的书里得知，无论东方抑或西方，如果一个人要得到启蒙、开悟，这种自我分离感是必需的经历。但是，我仍然担心，这种人格解体障碍会在未来的某一天失去控制，爆发成一种疯狂。

在这样一个光线如玻璃一般刺目的清晨，我凝神注视枕边的那一块墨迹，大概是我在纸页上胡涂乱抹时，不小心弄上的。

那墨迹的形状如下：

这墨迹很像一张地图，空心地图，仿佛正象征着居住在我们这个球体上的人们的一些特征——虚空、隔膜、碎裂及渴望。顶角上，仿佛是一对雌雄对峙的山羊，盘踞在性别的终级，既向往占有，又对立排斥；中间断裂的沟壑，是无底的黑洞；左右两端是两只怪兽，背道而驰、狂奔猛跑。

……那是一颗被岁月日渐噬空的巨型心脏，一扇在秃岭荒天中开启的天窗，一张焦渴地呼吸着盎然生机的嘴唇，一个敞开的等待雨露滋润的子宫，一只泪水流尽、望眼欲穿的眼睛，一叶被蛀虫噬损的绝望的肺片啊……

我不想起床，让自己长时间沉溺在对那块墨迹的想象中。

一年来，沉思默想占据了我日常生活的很大一部分。在今天的这种“游戏人生”的一片享乐主义的现代生活场景中，的确显得不适时尚。

其实，一味的欢乐是一种残缺，正如同一味的悲绝。

我感到无边的空洞和贫乏正一天重复一天地从我的脚底升起，日子像一杯杯乏茶无法使我振作。我不知道我还需要什么，在我的不很长久的生命过程中，该尝试的我都尝试过了，不该尝试的也尝试过了。

也许，我还需要一个爱人。一个男人或女人，一个老人或少年，甚至只是一条狗。我已不再要求和限定。就如同我必须使自己懂得放弃完美，接受残缺。因为，我知道，单纯的性，是多么的愚蠢！

对于我，爱人并不一定是性的人。因为那东西不过是一种调料、一种奢侈。

性，从来不成为我的问题。

我的问题在别处——一个残缺的时代里的残缺的人。

黑雨中的脚尖舞

这个女人是一道深深的伤口，
是我们走向世界的要塞。
她的眼睛闪着光，
那光将是我的道路。
这个遍体伤口的女人是我们的母亲，
我们将生出自己的母亲。

那时候，我十一岁或者更小。夏季傍晚的天气有点像我的心绪，总是很糟糕。雨水说下就哗哗啦啦下起来，而且那雨水总是先集中吹落到我身上，一阵风过后，我看到自己细细的胳臂上的衣袖，生气地扭到后边去，皱皱巴巴别着劲，而腿上的裤管则更显得生气，直溜溜像根细木棍，一声不吭。

于是，我对我的胳臂说，“不小姐，我们不生气。”我给我的胳臂起了个名字叫做“不小姐”。因为，我觉得很多时候，它代表着我的脑子。

然后，我又对着我的腿说，“是小姐，我们回家找妈妈去就是了。”我给我的腿起的名字叫做“是小姐”。因为，我觉得它更经常地只代表着我的肢体，而不代表我的意志。

再然后，我就率领着我的“不是小姐”们走开，一路上对她们说着安慰话。当然，我是在身体内部不出声地说。

有时候，我觉得我一个人是很多人，这样很热闹。我们不停地交流思想，诉说着随时随刻遇到的问题。我总是有很多问题。

但的确挺奇怪，当我从湿淋淋的“不小姐”和“是小姐”生气的表情上抬起头，我惊讶地发现我身边任何其他的人都还没有被淋湿。为什么总是我先被雨水淋湿呢？我不明白。不过，我比“不小姐”和“是小姐”想得开，我不生气。

生气有什么用呢？

有一次，在一阵雷雨之后，天边悬挂着一条幻景似的彩虹，院子里的湿淋淋的地上落满被风雨抽打下来的绿黝黝的树叶。我家门前有一株真正巨大的枣树，我相信它肯定比我在课本里看到的被别人描写过的“门前枣树”大得多，因为它的枝蔓是我见到过的最长的手臂，它们从院子的东边一直绵伸到西边，牢牢抓在高耸的院墙上，庞大的树冠覆盖了整个院落。每年夏季，它都会送给我们一满地小猪似的饱满蜜汁、滚圆酥脆的甜枣。雷雨过后，我便到积水还未完全渗进土中的院子里捡拾大枣，这时，我发现了一只非常小的麻雀，正歪歪斜斜站立在一截被风雨折断落地的树枝上不知如何是好。我立刻双手把它抱起来，放到家里的一只笼子中，并给它放进去清水和小米。

母亲对我说，你把它关起来，它会气死的，因为它有自己的生活、自己的家。

我说，我很爱它，我喂它吃。

母亲说，它不会吃你给它的饭。

我不信。

可是，几天后，小麻雀果然死了，它拒绝吃任何食物，活活把自己气死了。

邻居家的一个孩子，见我养麻雀，就弄来一只猫咪来养，那只猫咪被领来时就已经很大，光滑而肥硕，它的适应力之强悍令我惊诧，它见食就吃，见窝就睡，见人就摇尾讨好，有奶就是娘，结果它一直活着，没有像我那只固执别扭的麻雀的命运。这使我终生痛恨猫这一种偷生苟活的宠物，它们在我眼中是一群毫无气节的投机主义者，正像我长大后所见到过的其他类别的嘴脸一样。

麻雀事件使我非常难过，同时也给十一岁的我上了人生的一课。我不停地亲着自己的食指，说，“筷子小姐，我们要学会不生气，否则你会被气死的。”

我给自己的食指起的名字叫做“筷子小姐。”

听妈妈说，下雨的时候，越是跑得快的人，越是容易淋湿。可是，在我被雨水淋湿前，我是和其他无关的人一样，原地没动，做着或想着什么事。我边安慰着“不小姐”和“是小姐”，一边分析这到底是怎么回事？后来我想，肯定是由于我身体内部的神经或血液之类的表面看不见的东西，她们的脚跑得太快了，把雨水都吸过来或者抓过来，抹到我的肢体上。

我独自往家的方向走。这个时候，我知道没有一个小伙伴肯于或者敢于同我一起走，因为我是班里年龄最小的人，加上我瘦弱的体质，以及不怎么合群的别扭天性，大家总是不爱理我。更重要的原因是，我的班主任老师T先生正在全班范围内发起一场孤立我的运动。我对他的积怨已久，我想不明白他为什么总是让全班同学孤立我。

T这个人总是试图在全班同学面前证明我是最笨的一个，他总想让我处于一种窘困之中，为此我曾非常生气和伤心。我虽然在班里年龄最小，也不是一个很伶俐的女孩儿，有时候会把小辫梳反，特别是紧张的时候，我的左手总是不能及时地告诉我哪边是左，而另一只手也往往失职地忘记了承担着写字任务的是右手。但是，我一直试图向大家证明，我并不是最笨的一个。

有一次，他把我的母亲请到学校的办公室，他要我的母亲带我去医院检查一下，看看我的脑子是不是有什么残缺。他说我像个哑巴，简直猜不透我在脑子里每分每秒都在飞快地想着什么。

天啊，他那么刻毒地使用了“残缺”这个词。

当时，T大约二十八九岁，他面对着比他年长八九岁的我的母亲，毫不客气，态度十分强硬。

我记得，当时母亲牵着我的一只手，恭敬讨好地站在T先生面前。我们三个人僵立在办公室门前的一棵树冠庞大的黑枣树的绿荫下，我们身后是一个现在回忆起来不太合乎尺寸规则的乒乓球台，坚硬的洋灰台面已经被当时的没有更多娱乐方式的孩子们消磨得坑坑凹凹，那些小坑坑像一声声躲闪不开的尖叫，使得玩耍者猝不及防。

我们三人迎视而站，并不是围拢成一个和睦流畅的环形，他的身材非常宽大，我看到我们中间的空气如同一群愤怒跳跃的隐形火苗，突突蹿跳。我清楚地记得我的高度刚好到他的胳臂肘处，这个细节是绝对可以肯定的，因为我当时不停地与他比较着高度，我的眼睛一刻也没有离开过他硕壮的胳臂，我虽然一再抑制住自己没有用嘴迎上去，飞快地在那条结实的胳臂上咬上一口，但是，他的粗胳臂上肯定留下了我十一岁的牙痕，那是我用眼睛咬的。

我当时还做出了一个肯定：即使我长大了，也不会和他一样高大健壮；即使我长大了，也永远打不过他。我是从我的母亲身上发现这一残酷的无可改变的事实的——他是一个男人！

我的母亲涵养好得使我感觉近乎在讨好他。她说，拗拗她还是个孩子，她没想什么。她不过是长了一张敏感而偏执的脸孔，她过于腼腆和羞涩。

T先生说，她该说话的时候不说，不该说话的时候却说起来。她是个“问题儿童”。

我觉得T先生很无耻。情况并不是这样。

当时，学校教务处正在进行每周一次的教师工作抽查。第一次抽查到我所在的班里时，除我之外全班同学都发了言，大家都是按前一天T先生教我们的说法说的。简直就是一场对T老师歌功颂德的大合唱。只有我把头深深埋着或扭向墙壁，一声没吭。当班长一边说着T先生为了批改我们大家的作业废寝忘食的时候，竟然一边哭了起来。

我非常紧张和羞愧，心咚咚跳着，一句话也说不出来。

教务处的人刚一离开，T先生就把我从座位上提起来，劈头盖脑地教训了我，我越发无地自容。

到第二次抽查时，我终于鼓足勇气，第一个就站起来发言。

我说，"上一次我没有发言，事后T老师严厉批评了我。我知道我错了。这一次我要改正缺点。T老师的确是一个公而忘私的人，比如昨天，T老师为了配合今天的检查工作，一字一句辅导我们的发言，一直到很晚。"

我一口气说完这么长的话，然后兴奋地坐了下来。

可是，待教务处的人刚一走，T先生一声大喊："倪拗拗站起来！"

T先生又把我从座位上提起来，用比上一次更加愤怒的语调教训了我。我真的不知道自己这一次错在了哪里。我发誓，当时的我绝对以为是在为T老师唱颂歌，尽管这么做我相当不情愿。

我不仅不明白自己错在哪里，而且他那瞬息即变的脸孔使我非常厌恶。于是，我低下头，在嘴里不停地咕哝着。

T老师冲我吼叫着，要我把嘴里的话讲出来。但是，我决不会再告诉他。我那羞怯不安的、激烈涌动的身体内部，也决不会有一丝裂缝，把我内在的对话渗透或泄漏出来。我除了立志做一个哑巴之外，没有别的事情想做。

这件事之后，大家都不再与我说话。我自然也不相信身边任何一个人。说不出为什么，我觉得连每天的天气都像是假的，感觉自己在外边就如同是晴空里的一朵孤零零的乌云。一个人走路的时候，我告诉自己，这个地球若不是个假的，它肯定就不会转动。

我每天盼望的一件事就是：快快回家。

父亲是指望不上的，这一点我非常清楚。他是一个傲慢且专横的不很得志的官员，多年来（大约从我出生开始）他一直受着抑制和排挤，这更加剧了他的狂妄、烦躁与神经质。他是不屑与一个小学教师坐下来谈话的，哪怕这关系到我的命运，特别是T先生这样的颐指气使的男人，我相信他们在一起用不了十分钟，就会势不两立地争吵起来。因为他们都是男人。

所以，每次都是母亲来见T先生。关键是父亲并不关心我的事，他其实也不关心母亲的事，因为我从母亲那里感觉得到，我的事就是她的事。父亲只关心他自己。

我还想，我长大了一定不要嫁给父亲那样的男人，他让我和妈妈没有依靠。这时候，我忽然想起我应该嫁给教育局局长，他可以冲T老师大发其火，甚至可以打他的耳光，而不用像我和母亲一样把羞辱埋藏在心里。

可是，我又想起，前些天家里修建厨房时，由于父亲在体力劳动方面的无用，不仅无用，他还冲母亲请来帮忙的工人发脾气，使得母亲格外为难尴尬，一再说好话替父亲求情。当时看着母亲的样子，我发誓将来一定嫁给一个会盖厨房的男人。

想到这里，我的思绪格外茫然混乱，想不清楚到底选择教育局长呢，还是选择会盖厨房的男人。

黑色的雨珠还是带着一副偏执狂的面

孔，在这样一个晴空的傍晚下了起来，用一种不柔和的、与环绕周身的自然极不和谐的声音垂落。

雨幕中，我忽然看见了路口处母亲那沉默无声的轮廓，她轻轻踮起脚尖，身子向前探出，这个我行我素的女人仿佛在自然之雨和生活里黑暗之雨的双重压力下，寻求着光明。她把远处的那个被淋湿的小女儿的身体，视为一团大水中的火苗，那“火苗”使她在人生的这一场大戏台上，跳着精神的与物质的双重脚尖舞。

西西弗斯的新神话

凡是不以每天翻翻报纸为满足，并且习惯于静坐沉思、不断自省的人，都会经常退回到她（他）早年的故事中，拾起她（他）成长的各个阶段中那些奇妙的浮光片影，进行哲学性的反思。

我这样做，是因为我知道，再也没有比经常地回头看看往昔的生活，更能够体验人类生存的玄妙，更能够发现我们今天所生存的世界所进行的物质的与精神的变迁。我从来不会被限定在童年的时光里，也不会被限定在一个家庭、一个院落、甚至一个国家中。但是，每一个人在今天无疑都是走在她（他）往日的经验与思想的桥梁之上，因而理解自己和世界。

这正是我所理解的“如果你不经常变成小孩子，你就无法进入天堂”这句话的内涵。

我的整个中学时代，同小学时候相比，发生了天翻地覆的变化。我亲身目睹并经历了70年代末至80年代初高考制度恢复后的中国，所有高中毕业生残酷地你争我夺、一窝蜂往大学里挤的现象。早年那种亲密的同学关系再也没有了，当然，全体同学联合起来一致孤立某一个人的现象也成为一逝不返的历史。你比我的分数高，就意味着你正在威胁着我上大学的机会和未来的前途。集体主义的观念正在被强大的个人主义死角一点一滴地吞没。在这一场残忍的竞争里，分数就是一切。学校的教育，教给个人的是答案，而不是方法。而答案是固定的，你个人有没有想法、有没有创造，并不重要，也没有意义。

小学时代的校园生活，我还只是把自己掩藏在那个时候丧失个人价值的集体主义群体欢乐之外，虽然寂寞，但背后还有着一种间接的、虚幻的阴影似的团体。而进入高中以来，特别是随着高考的日益逼近，我感到陷入了另外一个极端——毫无集体温暖的个人主义盛行的牢笼。同伴挤在一个教室里，却冷漠得如同陌路。这时，这一种坍塌了的四分五裂的团体，才使我陷入了真正的内心的孤立与空虚，感到了与同伴的疏离与自我封闭的恐惧。

今天回想起来，我们早年那一种忽略个人的集体主义，其实正是孕育当今这一种冷漠而狂妄的个人主义的温床。任何事物的极端总会繁衍出与之相悖的另一事物。

我记得在我高中毕业的那一年寒假的最后一天清晨，又下起了鹅毛大雪，铺天盖地，那势头仿佛要把整个的天都掉下来。我伴着窗外沙沙的落雪声醒来，躺在暖暖的被窝里不想起床。

我从被子里伸出胳臂，把床头柜上的钟表向自己这边转过来，时间还不到八点钟。这天是返校日，学校要求我们上午十点钟到校注册。

我看到时间还早，便赖在被子里胡思乱想起来。

我一眼就瞧见了自己那只伸出去的胳臂发生了变化。由于繁重的作业和高考的压力，我已经很久没有和自己交谈了，“不小姐”和“是小姐”已被我冷落一边很长时间，我一点也没有发现，我原来那细棍一般的胳臂和腿，已经神不知鬼不觉地丰润起来。我用手在自己的身上抚摸了一遍，的确感到我的身体发生了很大变化。我十分惊异自己的疏忽，为什么洗澡的时候一点也没有发现，这躯体与我以往熟悉的样子简直大相径庭。

这躯体的胸部鼓鼓的，软软的，像两只桃子被缝在睡衣的上衣兜里；腹胯部忽然变成了一块宽阔而平滑的田地，仿佛插上麦苗它就可以长出绿油油香喷喷的麦子；臀部圆润而沉着，极为自信地翘起，使得腰处有一个弧度，无法平贴到床上；两条大腿简直就是两只富于弹性的惊叹号，颀长而流畅。

我在被子里不停地抚摸着“不小姐”和“是小姐”。我明显地感到，由于我的长大成人，我已经不愿意与它们更多地交谈了。我脑子里的话语，已经默默无声地长出了犄角，伸向了别处，比如伸向对门的禾寡妇，还有同学中我唯一的伙伴伊秋。我一个人的时候，常常会在脑子里暗暗地与她们交谈，特别是禾，我常常想她更年轻的时候，与她的男人在一起会是什么样子？想她是否欢乐？她几乎是我心灵上唯一的光亮和依赖，使我在一天的乏味而沉重的日子之后，撇开学业的压迫和莫名的失落感，享受片刻的这一种交谈的光辉。这一种交谈，无须碰面，无须真实的语言接触，即可在我的脑中传递。

这会儿，我安静地躲在被子里，像一只刚刚长大的母牛默默地咀嚼青草那样，咀嚼着对话，似乎在建造一幢语言的房子，格外精心。

这时候，我听到了我父母在隔壁的房间里的说话声，他们好像正在“讨论”什么问题。我说“讨论”这个字词，是因为作为一种辩论，他们的语调显然不够锐利和激扬，平静得像是在商量买什么牌子的家用电器之类的闲话。但我知道，我父亲从来没有与我母亲议论家庭琐事的闲情与热情。我侧耳细听，果然，我听到了我母亲在说“离婚”这件事，我能够感觉到，她说这件事的时候，没有任何磕绊，流畅得仿佛已经在心里预习了多少年之久。只是她的声音由于某一种郑重而失去了往日的圆润，变得有些嘶哑。

我的心情抑郁而沉重起来，十分想哭，但是我讨厌自己沉浸在一种无能为力的伤感中，便立刻转移注意力，起床、穿衣，悄悄在厨房里吃了点东西，就带上我的寒假作业本，到学校注册报到去了。

街上显得荒芜而寥落，微微嘶鸣的小风穿过路边灰色的废墟和高石阶上的门洞，畅行无阻。白雪覆盖了那些颓垣残壁和枯黄的草坪，仿佛给城市穿了一件外衣。一辆四轮马车从我眼前驶过，马蹄无声，猫一样没声息，只是粗重的轮子发出枯涩而细微的吱嘎声，仿佛那马车也被罩在一层无形的网子里，闷闷地、缓缓地爬动。阳光闪闪烁烁，在光秃的枝椏上，以及路旁粗糙的褐色木栅栏上影子般跳跃翻飞。

我喜欢在雪天里漫走，天高地阔，思绪一无遮拦，思路本身就是一条畅通的街。鞋底在皑皑雪地上吱吱尖叫，像麻雀一样跟着你的脚纠缠不清。那声音使你感到你在人间走着，回身望望足迹，你感到你在世间活着。你感到在那一刻，万物之灵与你同在。离开家出门前郁闷在心里的沉重，也因旷达的天宇和苍茫的大地，豁然开朗。至少在那一刻，觉得自身生命里的任何悲哀愁绪，都是如此之渺小。

在雪地上走了一阵之后，我就把早晨父母离婚的事情暂时丢到一边去了，并且有效地抑制了我的伤感。

走进学校的大门，校园里一片荒芜，奶油般的雪层覆盖了庭院、走廊和一切通道。由于天气阴沉，我看到所有的办公室里的白炽灯都亮着。我走进T先生的办公室，进屋的时候，我发现T先生正微笑地望着我，好像他一直看着外边专门等我走进他的办公室，走到他的跟前来。

果然，我一迈进门槛，T就说，“我从

窗子里看你一步一步走过来的，像童话那么美。”他一边说着，一边把他那高大的身架从椅子上站立起来，仿佛我不是一个学生，而是一个来访的客人。

我看到他深陷的眼窝中透出一丝局促不安，仿佛他憋了整整一个寒假的话，那些话在他的胸中拥挤成一股强烈的压力，急于找到出口。

这时，办公室里又来了几个注册报到的同学，伊秋也甩着她那条小儿麻痹症的残腿，呼呼啦啦地走了进来。

我和大家一起交了作业本，然后在学生证上盖章注册。

办完一切手续，我正欲与伊秋一起离开，T先生忽然说，“倪拗拗，你先别走，我找你还有点事。”

我感到不安，问，“什么事？”

T想了一下，说，“你先去清扫咱们教室门前小院里的雪吧，然后再说。”

他一边忙着接过后边进来的学生作业本，一边对我说。

我觉得不公平，别人都可以回家，我却要留下来扫雪。但我还是听从了他的命令，拉着伊秋陪我去扫雪了。

我让伊秋蹲在教室屋檐底下的台阶上等着，就一个人扫了起来。

我一边清扫地上的雪，一边抬头张望天空依旧哗哗啦啦飘落的雪团。那些毛绒绒的棉絮正在勤奋地不间歇地铺撒下来。不一会，我的头发上和肩膀上便都覆盖了白花花的一层。

这时，我直起腰来，回头望望自己刚刚扫过的地方，黑色的地皮已经又被白雪覆盖起来。我失望地在原地站立了一会儿，便又退回去重新扫。

我扫几下一回头，不断地去看刚刚扫完的地面又被新的雪再一次占领。

我扫着扫着，一股没有希望的疲倦忽然降临到我身上，我觉得这简直就是一场没有尽头的考试或者劳役，永远也考不完、做不完，它完全是T先生的一个阴谋、一个陷阱。我一下子想起了他所有的蛮横、刁钻、压迫和对我的不公平，他不仅控制着我的分数和德行的评价，而且还控制着我的言论、我的思路甚至我的情绪，这一切实在太不公平了！我为什么要忍受这样的屈辱？我为什么总是处于服从他的地位？像一个任人摆布的傻瓜？

在那一瞬之间，我一下子把眼前扫不完的雪夸大地看成了我未来生活的一种象征，一种命运。

直到这个时候，清晨我在家里听到离婚问题所产生的抑郁和茫然的情绪，才重新回到我身上，完全地占据了我。

那个时候，我自然还没有读过西西弗斯的神话。我上了大学之后，才知道了在古代的西方就曾有过一个传说，诸神为了惩罚西西弗斯，便要求他把一块巨石推到山顶，然后让巨石滚落下来，他再把巨石推上山顶，不断重复、永无止境地做这件事。他的生命就是在这样一件无效又无望的劳作当中消耗殆尽。但是，西西弗斯却在这种孤独、荒诞、绝望的生命中发现了意义，他看到了巨石在他的推动下散发出庞大的动感的美妙，他与巨石的较量所碰撞出来的力量，像舞蹈一样优美，他沉醉在这种幸福当中，以至于再也感觉不到了苦难。当巨石不再在他心中成为苦难的时候，诸神便不再让巨石从山顶落下来。

人类是聪明的。

这样一种对于命运的智慧态度，是我后来才醒悟到的。

当时我站立在教室外边雪地上的时候，被自己无边无际的灾难性的夸张与想象完全地吞没了。

我站在那儿，忽然就哭了起来。

伊秋在屋檐底下抬起头，望着我莫名其妙。

我哭着哭着，所有的新“仇”旧“恨”一起涌来。

已是中午了，我怀着对T和我父亲所代表的男人的满腔仇恨，冲进T先生的办公室，站在他的面前。

T见我满脸泪痕，疑惑又关切地问：“怎么了，倪拗拗?”

他一边说着，一边用手掸掉我的头发、胸前和脊背上的雪渣，眼光透出一股迷离恍惚的神情。

我不吭声，死死地盯着他，仿佛那目光是锋利的牙齿，可以咬碎他的道貌岸然与虚情假意。

T似乎察觉不到我眼孔里射出来的小刀子，继续把手抚在我的肩上，关切地问，“发生了什么事吗?”

我忽然用力拨开他的大手，终于大声地说，“我来是告诉你一件事!”

“什么事?”他对我疑惑不解地问。

我愤怒地盯着他的脸孔，“我就是专程来告诉你……哪儿是私部！它在这儿，在那儿!”

我在他早年摸我的地方，“回敬”了他。

我十分用力地摸了他!

T这个时候，表情惊讶，神态复杂。

当我想平息自己身体内部莫名的紧张和激动的时候，我才发现，我其实站立在T先生面前纹丝没动，我的手一直攥得很紧地垂在大腿两侧，并没有抬起来过，也不曾触碰过他的身体。我的两只僵紧的手，如同两块死去的石头。

而上边所发生的那一幕，不过是在我的想象中完成的。

我这时才看见，在我的脑中，此刻正有两个相互否定的人打算同时支配我，我陷在一片混乱之中。我呆呆地站在他面前，手足无措。

当我知道我并没有伤害着他的时候，我十分悲愤。我多么鄙视我自己！我是一个没有任何行为能力的人。一个不会还击的人。

然后，我猛一转身，就跑出了办公室。

跑出学校大门，我并没有径直回家，我一个人在大街上来来回回乱走，过来往去的人群以及橱窗琳琅的商店，我视而不见，全神贯注地沉溺在悲凉而杂乱的心思中。

整整一个下午，我在街上走来走去，昏黄的路灯燃亮了，晚霞默默地退到人家屋顶的后边去，所有的宏伟建筑和游艺场所全都霓虹闪烁、彩光绚烂。

我从来都觉得，街头小路是一种家园，当你的头脑魂无所归、无处所栖时，它就是你的旅馆；当你的亲人远离、孤寂无助时，它就是你的朋友。即使在这冷冬的天气里，我对它的喜爱也不会降温。我在街头不停地乱走，内心的对话不停地延伸。

家，就在不远处等待着我回去，可是，我平生第一次感到孑然一身。

时光流逝了我依然在这里

我需要安静，直到第二次死亡。

后来发生的事情扭曲了我的记忆，或者说我的记忆扭曲了后来发生的事情。

总之，接下来的日子，每一天都是混乱的麻团，是镜中之镜，画中之画，时间在这个迷宫里穿梭。

这一段糟糕的经历，使我产生了一种倒置的感觉。好比我去电影院看电影，本来应该是我坐在剧场黑压压的观众席里边观看电影里虚构的故事，可是，却意外地发生了相反的情形，电影里那些虚构的故事人物一个个心怀叵测地观看着人群里的我，我的内心不断地被那些虚构的人物所窥视、觊觎，我在黑暗上却如同暴露在光天化日之下，他们当着我的面打碎了我往日思维中所有的秩序……

我被送往了一家医院。

我曾在病房里望着屋顶整夜不眠，用力回忆什么，眺望过去的影子，哪怕是捕捉到一星一点零零琐琐的痕迹也好。但它如同遥远的未来一样，好像从未发生过，一片空白。

…………

直到1992年的春天，我从祁骆的医院神志清楚地回到自己的家中，才看到了真正的现实：我亲爱的母亲还有禾都已不在人世了。我的朋友尹楠也永远地离开了我。

房间里昏暗静谧，尘埃遍布，毫无生气。

往昔我如此熟悉的家已经不认识我了，好像来了一个新主人。尽管我做出一副心境坦然的老朋友的模样，它依然显得有些羞涩不安、一声不响。

我知道，自从我离开这个家之后，这个家里的时间就停滞了。

我轻手轻脚走进自己的房间，在心里默默地说了声：我回来了！我很难过，在所有的人都离开你的时候，我也离开了你。但是，我是不得已被人送走的。

我抬头望了望窗外，阳光明媚，嫩嫩的绿树枝在我的窗前左右摇摆，心事重重又无可奈何地摇头。近处，是重重叠叠的楼群屋舍，窗帘徐徐荡漾，如同一张张活动的彩色照片，遮挡住户外的一切悲哀；远处，是冷漠而笔直的公路，像一只贪婪的手臂，伸向楼群后边早春的群山和无边无际的蓝天，群山之上黯淡的杉树、挺拔的白杨以及姹紫嫣红的丁香，都在小风里挥舞着嫩绿的翅膀，给灰色的云朵和含情脉脉的薄雾镶上了一簇簇花团，暖融融的连成一片，斜阳疲倦地枕在树叶上安歇地睡觉。

的确是初春季节了。

我转回头，望着空荡荡的房间，真是不敢相信，时光如此真实地流淌过去了，而我却如同做了一场大梦。醒来后什么也没记住。

从邻居家的窗子里飘出来一缕若有若无的乐声，是一个女人低低地在吟唱。以前，禾也会唱这首歌：

> 推开灰色的窗户，我不能不想哭泣
> 把我带走，要不把我埋葬
> 请为我打开这扇门吧我含泪敲着的门
> 时间流逝了而我依然在这里……

我关上了窗子，我一点也不想再听到这首歌，它随着医院里那些无数多白色、粉红色和蓝色的药片在我身体里的溶化，一切悲痛和绝望已经从我的肺腑以及骨头里清除出去了。

接下来的几天，我对这次突发性的“白日梦”做了深入的思考。

我所以称那段时间为“白日梦”，是因为我的白天的确基本上是在梦中。我如同一个婴儿一样需要无尽无休的睡眠。这种神经性的想睡觉的感觉，一般的人可能以为，这种症状是由于正常的身体疲劳所引起的生理需要。其实，这只是一种生物学上的解释。

如果我跳出我自己，以一个旁观者的身份，从心理学和哲学角度来看，这种嗜睡实际上是为了抑制、缓解诸如恐惧、绝望和痛苦等等因素而引起的。正如同一个失败男人的强烈的性欲。作为一个没有成就的人，比起一个获取了极大事业成就和功名的人，更容易有一种强烈的需要，以获取安全感，既向自己证明他的能力和价值，也向别人证明他的强大，他要在性行为能力上压倒别人，使自己处于优越的地位。

经过反复的思考，我认为我想明白了许多问题，找到了部分答案。

但是，我目前还不想把它告诉谁。

我能够说出的只是：这不是一种偶然的“突发”，而是渐渐形成的，就像夜晚的降临，不是一下子就放下漆黑的帷幕，天是一点点黑暗下来的。

同时，我还有一个发现，一个人身处在一个破碎的外部世界中，如果她不能及时地调整内在的和谐与完整，她就会和外部世界一同走向崩溃，她自已也会支离破碎。每一种精神症状，都是人体内在的现实与外部的现实发生强烈冲突的产物，就像生理疾病的症状一样，都表现了健康人格抵抗损害健康人格的影响的斗争。

我随手翻弄离开家里之前，留在写字台上那几页稿纸上边混乱的字迹，有些我已经看不清了。但是，我依然可以猜着看。

我预感，这一份材料由于所处的时间年份的缘故，它将成为一份弥足珍贵的手迹。我由此想到，我应把我个人的历史记录下来，这个个体的奇特性将成为人类所有的特性中的一种，这个个体的人格是由对所有人都共同存在的独特性所决定的。虽然人是孤立的，她是一个唯一的实体，她的经历与其他任何人都不一样。但是，她决不可能与她的同伴毫不相联。她的生存必定与她在同一背景中的所有的人休戚相关。

所以，她既是独特的个案，又是人类全部特征的代表。这一发现，使我坚定了研究这一份资料的决心。

一天下午，我正靠在沙发上翻着这些资料，昏昏沉沉地就裹在毛毯中睡着了。

这时，门铃突然响了起来。

我穿过门厅，趿着拖鞋，走过去打开门。

是祁骆来了。

我十分高兴。

祁骆说，“送给你一样东西。”

我有些莫名其妙。

我从他的手中接过来一个大信封口袋，不知道里边会是什么。

祁骆说，“你不是总问我他生病的情况吗？你不是要通过个人的案例研究时间流动的痕迹吗？作为医生，我是不可以把这个带给你的。但你是一个特殊的人，不是一个什么‘病人’，起码不是一个常规意义上的病人，所以我把它带给你。你可以好好回忆和了解，完成你的研究。”

我展开里边的一摞散发着来苏气味的纸页，看到上边记载着我前一时期的全部情况：

倪拗拗病历：

(1) 一般资料：

姓名：倪拗拗

性别：女

婚姻：未婚

民族：汉族

籍贯：中国P城

宗教信仰：无

文化程度：大学

现在住址：中国P城××路二号楼1105号

入院日期：1991年×月×日

病历采取日期：1991年×月×日

病历报告人：余水（病人邻居），可靠。童丽（大学同桌），可靠。倪文（病人之父），尚可靠。

(2) 主诉：

几个月来无法自控地写字和绘画。听到有声音与她说话，交谈。并企图自杀。

(3) 家族史：

病人伯父四十岁精神失常，表现为不敢出门，怕被逮捕，怕见人，生活懒散消极。常自言自语。未经诊治，于五年后自缢死去。在其父母两系三代其他成员中，没有精神病、白痴、癫痫、自杀、酗酒、怪异性格及不良嗜好者。

(4) 个人史：

母孕期生理情况正常，但因在孕期被打

成走资派批斗，心理压抑、紧张。虽然足月顺产，但病人幼年体弱。发育正常，一岁开始走路，一岁半开始说话（爱好自我交谈，幼年时曾给自己的胳臂和腿分别起名为“是小姐”和“不小姐”，与之常谈）。六岁上小学，学习成绩名列前茅。然后连续正常升入中学和大学，学习成绩优良。

14岁月经初潮，不规则，（4—6天/28—35天）。

病人出生于干部家庭，为独生女。父母关系紧张，忙于工作，家庭气氛冷漠。病人自幼性格沉默，思维奇特，令人吃惊，常发生不自主的怪异行为，曾用剪刀剪碎父亲的新裤子。与同学、老师关系相处不好，喜独处，不愿与外人交往。好幻想，自述曾看见街上的人群忽然全都变成了狼群，病人被狼群所包围。有时喜绘画。幼年沉默寡言，与一年长女邻居亲密暧昧。长大后依然不易合群，对大学住宿感到不习惯，难以适应，故每天回家。少有知己之交。优柔寡断，想好一个决定，然后又推翻，颠来倒去。喜欢走路，认为是自我的进化论，并坚持说，她用实际行动推翻了达尔文的进化论。

（5）既往史：

三岁患麻疹合并肺炎，此后身体较瘦弱。无癫痫、结核、外伤、中毒及其他传染病史。

（6）现病史：

起病可能的诱因是病人的亲人友人连续离她而去，病人不肯接受事实。在此之前没有明显的异常。近一时期以来，病人失眠，食量少，发呆、冷漠、无故不理人，无法去学校上课，不能自制地在纸上写写画画，思维不连贯，跳跃而迅速。诉说有仪器控制她，如“核原子堆”。还有声音与之对话，诉说自己以及别人都是替代的。夜间兴奋无法入睡。不主动吃饭。

躯体检查：未见阳性体征。

PE：神经系统检查不合作。T37. 心肝肺肾无阳性体征。

ME：神清。定向力不完整。

（7）表现：

否认自己有病。被迫送入医院。外观衣着不整，身体瘦弱。饮食不主动，日常生活不能完全自理。夜间兴奋不眠。拒绝检查，常把药扔掉，对护理有时合作。不同周围病人接触，不参加任何集体活动，在病房独处，有时自语说周围都是敌人。

（8）认识过程：兴奋时言语零乱，如说：我为什么在天文馆里?”“我死了好，假文明。”认为自己的一只手完全被外力所控制着。问：“哪只手。”回答说：“右手。”并自称身体被包紧了。

记忆力不完整，说自己叫做“零女士。”

（9）智能：

能解释阳奉阴违、黄粱美梦、临渴掘井、跪着造反的意思。能说出“生来耳聋的人为什么不会说话”，“胶鞋底是什么道理总是凸凹不平”，“冰为什么浮在水面上”以及“火车为什么不能在大街上行驶”等等。能准确区分“谦虚与自卑”、“幻想与理想”、“尊敬与奉承”、“活泼与轻浮”等等字词的含义。明晰“披着狼皮的羊”和“披着羊皮的狼”的完全不同的引申意，并拿出一只里边是羊毛、外边是狼毛的毛笔举例，说它是一只披着狼皮的羊，具有幽默感。但病人对数字反应迟钝，心算一百减七连续递减，答案不正确。无法算出“买三张八分的邮票，给一元钱应该找多少”。

（10）情感过程：

大部分时间独自沉思默想，对周围漠不关心，不理睬别人。对医生问话也有时不回答。

（11）意志和行为：

一般生活懒散，常卧床不起，不主动与人接触，自理差。偶见本能活动增强，有一次忽然抱住一位男医生，说，“尹楠，我们结婚吧。”（尹楠是病人的一个男友的名字）。

对忽然来探望的父亲，表示不认识，并说“别控制我了，别控制我了”。

此外，无任何要求。

…………

首次住院，轻型护理。

医生签字：祁骆

我开始潜心研究这一份资料，并开始对每一条做深入的探索，逐一做大量的笔记。

有一天，我想起了诺查丹玛斯的预言，心里急躁起来。我开始以倒记时的方法计算着日子。

这时已是1992年的春天，到1999年还有七年时间，“七”是一个我比较喜欢的数字，我最喜爱的数字是“九”。这倒没有什么。我计算一下，七年是二千五百五十五天，是六万一千三百二十小时，我必须在死前把有些问题整理清楚。

我感到了时间的紧迫和压力。不知道是否有捷径可走。

有一天，我做了一个十分正常的梦。

梦中的人物是当下的我，可是时间却退回到早年我与母亲还有我的父亲一同生活的时光。发生在那个幼年的我家门前有一棵巨大枣树的四合院里，湿淋淋的地上落满被风抽打下来的绿黝黝的树叶。绵长的枝桠从院子东边一直延伸到西边，它像一只世界上伸得最长的手臂，牢牢地抓在墙院的围墙上。地上还有小猪一样饱满的甜枣。

那一只我童年时期所憎恨的投机主义的猫咪也出现了，它肥头大耳地在我眼前晃来晃去。

背景完全是童年时候。

我梦见这天晚上我一个人准备去一个陌生的宫殿，这个宫殿金碧辉煌，谁都知道，但是，我不知道。而且我还不识路。我从地图上查到那个地方非常遥远。这时，那一只投机主义的猫咪摇摇晃晃走上前来，它告诉我一条小路，它说这条小路可以抄近，比正当的路线节省力气和时间。由于我对于它的不信任，我便打了个电话给那个宫殿询问。那里回答我说，超近的小路是可以到达这个宫殿的，但是当你到达这个宫殿的时候，这个宫殿就不再是原来的这个宫殿了。

醒来后，我发现，这完全是一个象征性的梦。它的象征性自然是无须解释的。

我也由此认定，这个世界没什么近道可走。于是，我开始了老老实实的案头工作。

多么奇怪，当我感到每一天都有可能是末日的时候，我的故事才刚刚开始。

我十分勤奋地工作了一年多时光，每日都用大部分时光回忆和记载个人的历史，或者沉思默想。大概是这个家里的生气和鲜活的东西太少了，我自己仿佛也受了传染，周身的血液似乎凝滞了，甚至，我发现我的月经周期开始混乱起来，循环周期越来越慢，不断地往后拖延。

开始时，我并没有把这一问题放在心上。后来，我想起了这个问题可能同精神疾病一样，我的身体内部正在向我发出信号，它正在做着一种抵制损害健康的斗争。于是，我主动去找了祁骆医生。

这时候，我和祁骆已经成为了生活中真正的朋友关系，而不再是“朋友”这一“说法”掩盖下的医生与病人的关系。

祁骆给了我一小瓶学名为“复方左旋甲基炔诺酮滴丸”，即避孕药。

“开什么玩笑？”我冲他说，“我整天守身如玉地睡空房，居然要吃避孕药？”

祁骆笑，“这你就不懂了，这个药除了能够抑制卵巢着床，也就是避孕作用外，它还有个副作用，就是调理内分泌激素，产生促经效果。”

我听明白了。

那天晚上，我睡觉之前，把那一粒圆圆

的米黄色的避孕药丸吃进去，转过头望望自己那张孤零零的无辜的大床，无可奈何地笑了起来，笑了很长时间，笑得流出了眼泪。

那一颗小药粒似乎不太听话，哽在我的食管里跳来跳去不肯滑落下去，似乎嘲弄着什么荒诞的事情。

我从此开始了漫长的研究工作。由于我的执著，这项没有尽头的枯燥的工作使我身心交瘁。

原作者 陈 染

节选者 周永琴

（作家出版社 1996 年 3 月出版）

《说吧，房间》

（长篇小说节选）

有关的词：做掉、人工流产、堕胎

在南红支离破碎的故事中，她经常说到的两句话是："不能总是去做掉"，"想不到放环也会大出血"。还有一句她说了一次就不说了，她大出血后不到一个月史红星就要与她同床，结果感染上了盆腔炎，疼得连路都走不了。

"做掉"这样一个简单的词的背后是人工流产这个巨大的事实，它听起来没有"堕胎"那么可怕，在我们的意识中，"堕胎"是一个与罪恶、通奸、乱伦等等可怕的事情联系在一起的词，它总是被宗教和道德这样巨大的嘴所吐出，这两只嘴同时又是两只巨手，它们一个接一个抛出"堕胎"的铁环，嗖嗖地套在步履蹒跚的女人身上，这些女人身上有着尚未成形的胎儿，无论她们的身份高贵还是卑贱，一旦被铁环套住就扑扑倒地，她们再次站起来的时候将不再是原来的那个人，她们的步态和面容将发生根本的改变，这种改变绝大部分人看不见，但她们身体深处的那道伤痕直到她们死去还将留存下来。

"人工流产"却是一个公开化、合法化、带有科学性的中性词，它具有通体的光明和亮度，丝毫不带私秘性，与罪恶更是无关。在办公室、公共汽车站、菜市等公共场所，这个词都可能流畅而响亮地划过，而且由于计划生育的基本国策，它在我们的生活中堆积如山，成为居委会、街道办事处、区政府等各级机构衡量一项任务指标的内容。由于它被使用的频率太高，而被简化为"人流"，人流其实是一种阴性的风，它掠过每一个女人的身上，却永远触碰不到任何一个男人。

人工流产：共同或个别的感受

那些器具闪闪发光，寒冷而锐利。它们奇形怪状，从来没有在别的地方出现过，它们的弯度、刃尖、齿痕所呈现的非日常性使它们具有深不可测的复杂色彩，巫器的神秘、刑具的决绝、祭器的神圣不可抗拒，以及它们作为手术器械的尊严，这些品质中的任何一种都会使我们不寒而栗。当它们聚合在一起，那种寒冷决非简单的叠加，而是一种魔法般的质变，变成刀刃之上的刀刃，寒光之上的寒光。我们惊弓之鸟般的身体即使背对它们，也会感到它蓝色的火苗嗞嗞作响。

我们遭受白眼，白眼也是刀刃，它们在空中掠来掠去，我们尚未到达医院就能感到它们，从大门到门诊挂号处，到妇科的候诊室。妇科这两个字也是某一种形式的白眼，它只能使四十岁以上的女人感到亲切，却使二十多岁的未婚者感到无地置容。这是一个男女之事的后果必须到达的地方，这个地方一逆推就会推到性事，凡是需要遮掩的私秘的事物到了这里都被坦露无遗。初潮的年龄、经期的长短和数量，人流史、生育史、婚史，等等，一点都没有办法隐瞒。我们完全丧失了意志，下意识地答出真实的情况，我们说出未婚，这本是首先需要隐瞒的事实，但我们不说她们也会知道，她们一看就会知道，一摸就会知道，而且这事即使从逻辑上也能推出，既然结了婚又从未生育过为什么还要打胎呢？她们既不接受终身不育者又不尊重别人。就这样，未婚这个事实从里到外掠夺了我们的力量，我们心虚腿软，目光游移，穿着白大褂的女人全部都是巫婆一般的明眼人，明眼人一眼就把我们入了另册。

这个人冷冰冰地坐我们的对面，白色的大褂跟巨大的眼白的确是同一种事物，黑色的瞳孔在眼白之上，从那里透出审判的威严和巫婆的狠毒。如果我们吓得一哆嗦之后如实道出我们尚未结婚就已经做过一次或两次人流，这已经是第二次或第三次，白色的巫婆就会说，你是只图快活不要命了。

然后我们怀着绝望进入人工流产手术室，这是如此孤独的时刻，如果有人陪我们来，他们将留在门外，如果我们独自前往，每接近手术台一步就多一层孤独。与世隔绝，不得援救，耳边只有一种类似于掉进深渊的呼啸声。在四周冷寂的敌意中听到一句像金属一样硬的命令：把裤子脱了！全都脱掉。没有羞怯和迟疑的时间，来到这里就意味着像牲口一样被呵斥和驱赶，把自尊和身体统统交出。“把裤子脱掉”这句话所造成的心理打击跟被强奸的现场感受相去不远，在手术器械之前就先碰疼了我们，或者说这句话正是手术器械的先期延伸，是刑具落下之前的预备命令。

然后我们赤裸下身。这是一个只有我们自己一个人时才能坦然的姿势，即使是面对丈夫或情人，赤裸下身走动的姿势也会因其不雅、难看而使我们备感压力。在这间陌生、冰冷、白色、异己的房子里，我们下身赤裸，从脚底板直到腹部、膝盖、大腿、臀部等全都暴露在光线中，十分细微的风从四处拥贴到我们裸露的皮肤上，下体各个部位凉嗖嗖的感觉使我们再一次惊觉到它们的裸露，这次惊觉是进一步的确证，它摧毁了我们的最后一点幻想。

我们的脑子一片空白，命令的声音像铁一样楔入我们的意识，我们按照命令躺到了产床上，这是一个完全放弃了想法、听天由命的姿势。我们像祭品一样把自己放到了祭坛上，等待着一种茫然的牺牲。那个指令从天而降，它不像从一个女人的嘴里发出，没有声源，声音隐匿在这间屋子的每一个空气分子里，它们聚集在上方，像天一样压下来。这个声音说：

把两腿叉开！

如同一个打算强暴的男人，举着刀，说出同一句话。这使我们产生了错觉，以为这个女人在这一瞬间变成了男人。“把两腿叉开”，这是一个最后的姿势，这个姿势令我们绝望和恐惧，任何时候这个姿势都会使我们恐惧。那个使我们成为女人的私秘之处是我们终其一生都要特别保护的地方，贞操和健康的双重需要总是使我们本能地夹住双腿。但现在我们仰面躺着，叉开了腿，下体的开口敞开着，那里的肌肤最敏感，同样的空气和风，一下感到比别处更凉，这种冰凉加倍地提醒我们下体开口处空空荡荡一无遮拦，有一种悬空之感。

但对于那个将要动手的人来说天然的开口还不够大，有一种器械，专门用来撑开子宫颈，是一种像弹弓一样的东西。另有一种细而长的器具，用来伸入子宫弄掉里面的胚胎，这个过程妇科称为“刮宫”，我想那细长闪亮的钢条也许就是叫做“宫刮”。宫颈撑触碰到皮肤的时候我们以为开始刮宫了，肌肉紧张，骤然收缩，在僵硬的同时一层鸡皮疙瘩从私处迅速蔓延到大腿、膝盖和脚背，我们神经的高度紧张使这触碰变形为一种疼痛，也许只是由于宫颈从未被器具碰过而有一点异样的微疼，但我们禁不住呻吟一声，仿佛疼痛难忍。

真正的疼痛马上就到来了。

那根细长坚硬冰冷的钢条（或者叫宫刮）从下部的开口处进入我们的身体，它虽然只进入我们的子宫却像进入了我们的五脏六腑，抑或是子宫在这个时候就变作了我们的五脏六腑。它在我们身体的深处运动，用它铁的质地强制我们的肉体，将紧贴大子宫内壁的胚胎剥离开。那是一种比刀割的疼痛还要难受十倍的痛，没有身受的人永远无法知道。虽然它痛在局部却比任何一种痛都要迅速地涨遍全身，在传递的过程中又加强了痛感，每一个细胞的痛都真实而直接，仿佛那个宫刮巨大的刀锋（我从来没有搞清楚它是否有刀刃）直接刮在每一寸皮肤和内脏上，而不只是刮在子宫里。这种痛使我们感到一秒钟就无比漫长，五分钟就如同五十年。我们在此前听到的有关经验全都是不准确的，做过的人说这只不过是一个小手术，五分钟就能解决问题，甚至都不需要麻药，因为简直就不疼，最多跟来月经时肚子疼差不多，还说现在有一种新的办法，用电吸一下就出来了。

我们痛得冷汗直冒，全身瘫软，眼前发黑。我们的子宫从未受过损伤，现在有一个铁的东西要把吸在上面的胚胎生剥下来，就像有人要把我们的五脏六腑硬扯出来一样。这跟断指之痛的单纯和明亮完全不同，那是一种闷痛，是痛的噪音，黑暗的痛，是碎裂和放射的同时又是凝聚和胶着的痛，是一种刺眼的泛光，没有方向却又强劲无比的风，它使人无法叫喊只能呻吟。这种痛的难耐使我们怀念另一种痛，那种在皮肤表面割一刀的痛，被开水烫伤被火烧伤的痛，它们火辣辣的痛像晴朗的天空一样透明，像鸽哨的鸣叫那样确定和易于捕捉，像晴天霹雳那样令人震惊却比噪音容易接受，在我们好了伤疤忘了痛的记忆中，它甚至灿烂无比，它的亮光被混浊晦暗的闷痛衬托得无比真实。

我们后悔听信了别人，如果没有相反的心理期待疼痛肯定能减弱一些，我们的心理脆弱而敏感，瞬间就能放大或缩小生理上的感受。那些别人不是道听途说者就是已经生育过的女人，而与我们境遇相同者的经验永远深藏不露，真相连同经验一起被遮盖。

没有人能将真相告诉我们。

牙蕾与奶渍

我没法跟南红谈论扣扣。我一直认为，有孩子的女人跟没有孩子的女人是两类女人，这二者的区别有时候不亚于男人和女人之间的区别。

去年冬天她到我家来，在十分钟内问了我扣扣三次，我刚告诉她她又忘了，过了一会又问：你女儿呢？到最后一次连她自己都发现了这种心不在焉。我三十岁前也是这样，对已婚妇女一见面就谈孩子感到十分没意思，她们从孩子的第一颗牙蕾谈到第三颗门牙的生成，三颗牙齿就横穿了她们整个上午（下午）的时间，在这样的时间里她们有时是在上班，站在没有什么人的柜台里、或者没有什么事的办公室，或者是电梯里，等等；有时是没在上班，她们手里打着毛线活，或者摘菜淘米洗一大盆衣服，或者是排长队买东西，这时候她们就要说东说西，但不管扯到多远，说来说去总要说到孩子，只要是真心当母亲的人，她们的心里一刻都放不下孩子。孩子满满地盛在她们的心上，满到从嘴里溢出来。它们不断地出来，一个孩子变成了无数个孩子，这无数个孩子又都是一个孩子，孩子和孩子连成一片，他们的眼睛变成一只眼睛，又黑又亮，又像黑葡萄又像星星又像钻石，无比清澈地悬挂在她们平凡的日子中，把她们菜上的泥和老叶，把淘米水上的一层浮糠、无穷无尽的毛线一一照亮。

牙蕾也是这样，它横穿在母亲的时间中，从肉里一点点长出，它坚硬、锐利、闪着一点点的光，它是牙齿中的牙齿、白色中的白色，星星中的星星，它在孩子小小的柔软的嘴里，伴随着一阵香气明亮地生出。我意识到这正是我扣扣的第一粒新出的牙蕾，它一声不响地在几千里之外和三年前的时间里。我的手指触碰着它，在触碰中有倒退着的时间嗞嗞作响掠过我的头发，而扣扣的气味从这粒牙蕾上徐徐散发。扣扣的气味是一种最新鲜、最纯正、最娇嫩的香，它同时是水果、甘泉、牛奶、面包，和雨后的青草，靠近它就像靠近天堂。我看见她光滑的牙床在上下用劲，这与她往常以吸吮为主的动作相比，实在是一场革命，我迅速想起她那几天不爱吃煮烂的面条，而对有点硬度的饼干感兴趣，这使我想起一个词：磨牙。

这个词本来跟我毫无关系，但现在它跟我的扣扣连在一起，顷刻就变得可爱极了，它从一大堆沉睡的词中跳出来，带上了一种童稚的趣味，让我禁不住微笑。在任何时候，当我碰到磨牙这个词的时候，我的眼前就总是出现一幅老鼠娶亲图、小松鼠搬家、熟睡的刚长牙的婴儿这样一些祥和亲切的景象，而"磨牙"就像一顶小红帽，分别戴在老鼠、松鼠和婴儿的头上，在这些可爱的小脑袋上来回跳荡。

扣扣的牙床光滑柔嫩，口腔里空无一物，我说：扣扣，让妈妈看看你长牙了没有。她小嘴里的奶香一阵阵地扑到我的脸上，我不断地深呼吸，一边掰开她的嘴。我说扣扣真香。扣扣只有半岁大，她不会说话，我不知道她能不能听懂我的话，她的眼睛很懂事地看着我，一动不动让我捏她的腮帮子，我用一只手托着她的后脑勺，她坐在我的膝盖上，双脚顶着我的肚子。

我没有看到那颗我想象中的牙蕾，这本来不用看，喂奶时自然就会感觉到，但我已经有两三个月没有给她喂奶了，生下扣扣两个月我就去上班，本来现在每人都有六个月的产假，但我那时还属于借调人员，户口也没有从 N 城迁入，所以只能按另册处理，只休息五十六天，上班三天后奶水就变少了，越来越少，到两周的时候几乎就没有了。我给扣扣吃米糊，放一点糖，我把勺子举到她的嘴边，她张开小嘴露出粉红而饥饿的舌头。她大口大口吃米糊，到最后我就给她吃一口奶，但那天她没吃着奶，她使劲吸，这一徒劳的动作使她很快就累了，她吐出奶头哇哇大哭。

我感到胸前的乳汁在早上挤公共汽车上班的时候就消失了，本来它们的方向是从里到外，它们来自我身体的最深处，从血液和肌肉中滋生出来，而且跟扣扣的气味有关，不管我是抱着扣扣还是把她放在小床上，她的气味从我全身的毛孔和末梢、从头发和指甲盖进入我的身体，像一些小小的手，又像一些光亮和声音，如同一种召唤，就这样我体内的一些血液聚集到我的胸前，变成洁白的乳汁。我在睡眠中常常感到这种凝聚，它们行走的声音是一种悦耳的"咕咕"声，它们一滴一滴，形状美好，从殷红到乳白，一滴一滴聚集在我的乳房里，睡觉之前我给扣扣喂干净奶，乳房变得柔软轻盈，睡着之后它们就来了，它们沿着隐秘的线路穿过肌肉的缝隙到达我的乳房并停留在那里，我在睡梦中看见它们乳白的闪光同时感到自己胸前的坚硬和沉实。

上班的日子一开始这种情况就改变了，对于上班和不上班，乳房的反应最敏锐，它处在身体最凸出的地方，最先感到空气比往常更为快速的流动。上班就意味着从早上六点半开始所有的动作都要比平常快一倍，甚至从睡眠开始，神经就要绷紧，等待电子闹钟的滴滴声。我担心它声音太小自己醒不来，但声音太大又会吓着扣扣，我在梦中竭力看表，梦中的力气总是不够，达不到心里所想的（当然有时候又会特别超常，一下能飞起来，这是另一种情况），梦中的力气被禁锢在身体之外，或者分散在身体的各个点，缺乏有效意志的聚集，它们之间互相没有联系。这使我梦中的力量构不成指向，我的意志命令自己起床，我使劲使自己的身体向上，但我发现这个身体无动于衷，半点动静都没有，我成了一个只有念头没有身体的人，我的念头在将醒未醒之际撞来撞去，然后我就有点醒了，这个时候分散在身体的各个点的力气也开始苏醒过来，但我还是不能聚集它们，它们各自朝着地心引力的方向下落，这使我的整个身躯也跟着下沉。

六点半！不管我的四肢多么沉重，只要意识到这个数字，我就会奋起挣扎，在挣扎中把疲惫的力气积聚起来。在半清醒的状态下挣扎起床跟晕车的感觉相似，所不同的是，晕车必须紧闭着嘴，一张开嘴就会呕吐，而起床的时候总是要大打呵欠，仿佛呵欠可以为我增加力气。我晕着头摇摇晃晃地穿衣服，半闭着眼睛，动作常常不能一下落到实处，但是我知道六点半了，六点半是一根绳子，垂在我的上方，而我的头顶早就长出了一只坚固的钩子，这个钩子的名字也叫六点半，这两个相同的六点半迅速而准确地勾连在一起，它们齐心合力地把我往上拉。

我摇摇晃晃地趿着鞋上厕所，闭着眼睛坐在马桶上，然后我一阵风地刷牙洗脸，用隔夜的开水冲一杯红星牌奶粉，我把扣扣的饼干胡乱塞到嘴里，同时对着镜子梳头，好在我的头发是最简单的马尾巴，只需胡乱在脑后扎成一把就行，你没有孩子就不会明白为什么有孩子的女人不是把头发剪得很短就是随便扎成一把。临走的时候我忽然想起要往乳罩里垫上一点卫生纸，根据我两个月的经验，我知道自己的身体根本存不住奶水，有一两个小时不喂奶就会自动流出来，晚上这种情况尤其明显，睡前我总要往胸前捂两条毛巾，一边一条，即使这样，我还是常常被胸前的一片冰凉弄醒，那时候我还没有听说过柔软剂这回事，这两条毛巾很快变得浆硬发黄，它们硬邦邦地磨擦着我的乳房，好像就是这时候我发现乳房的敏感度大大增强了，我把这两块硬毛巾放在腿上和手臂上，都没有感到有什么特别的不适，这使我进一步确认了这个发现。

乳房什么时候变得像鼻子一样灵敏，又像舌头一样怕疼的呢？当然这新的一页完全是扣扣揭开的。关于乳房在女人一生中三个阶段的定位，在民间早就有了广为流传的说法：结婚之前是金奶，结婚之后是银奶，生了孩子是狗奶。不用说这是男人们的看法，是男人眼中的乳房。也许还有一些没有头脑的、男人说什么就跟着说什么的女人也是这样看的，但某些女人决不这样看，她感到女人的乳房越到后来越神奇，经过孩子的吸吮，一下变得锐利无比，平添一份对外界的感受力，综合着眼睛的明亮和鼻子的灵敏，同时具有视觉、听觉、味觉和触觉，是女性神秘直觉的来源之一（这使我联想到某个神话，想到世代相传、像大海一样苍茫的神话流传中一定有一个隐秘的神话，从女性的体内诞生，在几千年的无知无觉中流传，在某些神秘的时刻，像珍珠一样照亮大海）。我往乳罩里塞卫生纸，有点像经期往下身垫卫生纸，这是一个我以前没有想到的动作，事到眼前就无师自通了。在月子里听母亲说过，我身体太弱所以存不住奶，有一点奶水就会自己流掉。但她没有告诉我上班的时候怎么办，扣扣满月的第二天她匆匆忙忙就走了。

垫纸的时候我忽然想到了我以前看到过的哺乳期的妇女，她们胸前鼓鼓囊囊像袋鼠一样难看，而且邋遢鼓起的地方总是湿一块。这种形象从农村到小城，在有女人的地方司空见惯，我年轻的时候常常视而不见，或者是在看见的同时马上就忘掉了，觉得这是一件跟自己没有关系的事。那时候好像还没有发现时间是有连续性，一步一步就会走进去，总好像起码是隔着一辈子，是人与袋鼠的区别，要等到下辈子才可能变成胸前鼓鼓的袋鼠。我想我只要不结婚不要孩子怎么会变成袋鼠呢，而我年轻时决心不要孩子的隐秘理由之一就是担心自己变成一只难看的袋鼠，但是她们说，现在你还年轻，等你三十多岁你就不会说这样的话了。

乳房的感觉

我胸前垫着纸去赶公共汽车，走路的时候有一种奇怪的感觉，我觉得空气总是不够透，而且一股纸的气味老是冲上来，胸部堵着的东西好像不是在身体的外面而是在身体的里面。快到公共汽车站的时候我才明白，这一切不适的感觉原来都是来自乳房。

我使尽全身的力气挤上公共汽车，一开始我紧贴着车门，下一站下车的人不断挤到门边，这使我在挤压和冲撞中站到了车厢的中间，我双手放在胸前，如果不这样我就会贴到人家的身上去。尽管隔着双手，乳房的敏感还是超出了我的意料，汽油的气味、人的气味（汗味、莫名其妙的口水味以及各种混杂的体味）以及铁的气味越过我的双手、乳罩和卫生纸的层层保护从乳房紧张张开的毛孔进入我的身体，紧接着它们就在我的身体里打起架来了。这些外来的、异己的、铁的、汽油的、他人的分子与我胸前的乳汁短兵相接，乳汁拼命抵挡，在抵挡中它们改变了自己，它们本来沿着从里到外的正确而自然的路途，从我的五脏六腑聚集到胸前，但是现在它们不得不向后退却了，它们落荒而逃，纷纷缩回我的内脏的深处，在那里它们变成了另一种东西，随着我在公共汽车上的站立（这种站立跟在房间里的站立绝对不是一回事，需要比后者多几倍的体力和耐力，支持不住完全有可能昏过去）和对付来自各个方向的冲击，我身体里的液汁从我的额头冒出来，变成了汗珠。

我腾不出手来擦它们，我的乳房酸痛而疲惫，我知道这跟那里的水冒到了我的额头有极大关系。汗水是什么？就是消耗掉的力气。如果你觉得“消耗”这个词太文雅，就直接用“死”这个词。这是我对汗水的最新认识，它既然是死掉的力气，同时也是力气的尸体。这个认识跟我怀有强烈的哀悼心情有关，我身体里的汁液只有那么多（一个常数），如果它们变成了汗就变不成奶水了，有谁见过额头上的汗能缩回去变成乳汁的（农村的广大哺乳期妇女之所以有点不同完全是因为她们年轻、强壮、不失眠，不用挤公共汽车）？我预感到，用不着到单位上班，只需每天挤两趟公共汽车，我天然的造乳功能就会退化。

但我不能不想到单位，想到单位就想到没完没了的追查谣言，每个月的月总结，每季节的计划，每周的选题会和会后的选题落实，脾气暴躁的领导和精神紧张的同事，我眼前顷刻就会出现那个在灰色的院子里以动画的机械和快进的速度忙乱着的女人，这个女人穿着灰色单调的衣服，头发随便扎在脑后，她容颜憔悴，情感淡漠，实在不是一个正常而健康的女人。但我知道这个女人就是我自己。

我那个时候不明白这样日复一日上了发条似的忙碌到底为了什么，被解聘之后我才知道，可以选择的养活自己和孩子的路其实没有几条，即使把嫁人看成一条路的话，也找不到一个既情投意合又有一定的经济能力同时又没有结婚还要能容纳扣扣的男人。现在我才知道，那份吸光了我的血和肉的工作是如此珍贵。

我在路上、公共汽车、单位的办公室、照排车间、审读室、财务室、会议厅之间行走，听见乳汁流动的细微的簌簌声，它们沿着相反的方向往回走，然后变成汗珠悬挂在额头上。大弯说：老黑，我希望你不要这样神不守舍，留心看仔细校样，今天我们又挨骂了。我觉得他的声音在另一个地方对另外一个也叫老黑的人说（现在想起来，这是否就是我被解聘的理由之一呢？这是完全可能的）。他人就站在我的跟前，眼睛也看着我，我也正对着他的脸，他说什么我全听见了，但我觉得自己站在一个透明的、长桶形容器里，他们所有的人全都在这个容器的外面，我的目光越过他们看到另一个透明的容器，那里有一个几个月大的婴儿，她的眉毛和肤色跟我有点像，我心里知道，这就是我的扣扣。

她正张开粉红色的小嘴，里面一颗牙齿也没有。本来对于孩子长牙这样的大事，一个正常的哺乳期的母亲自然而然就能感觉到，我小时候曾经多次看女人给孩子喂奶，她们本来很安详地坐在床上或矮凳上，抱着孩子，摸摸孩子的头，用一条干净柔软散发着奶香的小毛巾擦孩子头上的汗，孩子的小身子连同她的衣服和头发连同母亲统统都散发出一片清甜的奶香，这是一种安静之极的气息，闻着这股气息就会自觉敛声屏息。但是有时候，喂奶的母亲身上一抖，像被马蜂蜇了一口地“哎哟”一声，这就是那个伟大事件的开端：孩子长牙了！对于一个母亲来说，它实在是一件跟氢弹爆炸有着同等意义的事情，怪不得我们总是要在公用的水龙头、公用厨房、柜台前与它相遇，它璀璨的光芒就是这样照亮了各种不同的母亲。我原来单位的两名年轻的女大学毕业生，我亲眼目睹了她们成为母亲前后的两个不同时期。她们在办公室里谈论孩子乳牙时脸上浮现的激动光彩完全覆盖了她们以前的整洁、修饰、上进的形象。

孩子的乳牙怎么能不是颗钻石呢？

她们对我说：你以后也会这样。

果然我洗干净手，掰开扣扣的小嘴，用指尖的正面碰她的牙床，我想如果我还有奶喂给扣扣吃，我就会用乳房来发现她的第一颗牙蕾，在疼痛中感到惊喜。这种乳房与牙印、疼痛与惊喜是一种健康而自然的关系，从动物到人，存在了不知多少万年，而我用手指来摸扣扣的牙床，连自己都觉得有病。

我无法控制自己，这是一个给扣扣洗澡的时间，我已经把洗澡水倒在澡盆里了，水汽正在房间里散发，衣柜上的穿衣镜蒙上了一层淡淡的雾层，使整个房间笼罩着某种模糊不清从而超出常态的气氛，犹如一个含有深意、让人很想看清楚、但又总看不清楚的电影镜头，当我回忆这一幕时就是获得了这样的印象。蒸汽从红色的塑料澡盆从三年前弥漫而来，一直到达赤尾村，这个前后断裂、上不着天下不抵地的地方，那个女人在水汽里，她衣衫不整，穿着一条肥大的棉毛裤，质地稀松，点缀着平庸的粉色碎花，这是在街边摊上买的七元钱一条的棉毛裤，她坐在藤椅上，鼻子凑到了孩子的嘴上，这有点像我保存下来的一张照片，丑陋不堪但十分生活化（在我恍惚而失控的记忆中，我很想丢开真实发生过的生活，把它们像扔石头似的扔到大海里去，让自己永远看不到它们，然后我重新虚构自己的生活，但那些一再出现的场面总是像冰雹一样落下来，发出得得的响声）。

在我的记忆中，澡盆、水汽、棉毛裤渐次清晰的过程，就像有一条窄窄的光线——掠过这些物品，使它们得以在水汽中浮现，这时扣扣的小衣服、大毛巾、小床、小椅凳也都相继出现在房间里，并聚集在我的周围，这时我房间更零乱也更真实了，而那团使我看见自己的光线也恰如其时地照射在我和扣扣的头顶，这光线柔和而浓密，像月光一样阴凉。我看见自己的鼻子几乎就碰到了扣扣的脸，这时我闻到一股夹杂在奶香中的汗味。这是从扣扣的脖子发出的气味，她那时候很胖，下巴把脖子全挡住了，脖子里又有褶皱，是一个不透风的地方。汗味的记忆把扣扣更真实地送到了我的手指上，我把手指伸进扣扣的嘴里，滑软湿暖的感觉一下包围了我的手指，把我吓了一大跳，那是一种完全偏离常规的感觉，在我的经验中我找不到一样能作为比喻的东西。

牙 蕾

我以母袋鼠的心情抚弄扣扣的牙床，就像我曾经以母猴的心情用舌头舔扣扣的小脸，现在我也弄不清楚，这是一种病态还是一种还原（进化成文明人的大多数女人大概不会有这种动物性的冲动，总之我从未见别的女人舔自己的孩子），我以剖腹的方式生出扣扣，我躺在手术台上，护士把扣扣托到我跟前，让我看扣扣的屁股，她说：看一眼啊，是个女孩。我第一次看见扣扣的脸是一周之后，在这之前我躺在病房打吊针，扣扣在婴儿室呆着。我把她抱回家后就像母狗一样使劲嗅她身上的气味，然后我就像母牛或者母鹿那样伸出舌头舔她，她闭着眼睛让我舔，一副很舒服的样子。我也不知道为什么要这样做，我本能地伸出舌头，她的小脸没有多少肉，我估计她在婴儿室没有被喂饱，她的脸上味道有些甘（没有一个准确的词，这种味道也是十分主观的）、有些微咸。这种情形后来还有过多次，直到她一岁，那时她已经会走路了，在我们东城的家里，摇摇晃晃地扶着墙，从一个房间走到另一个房间。后来她摇晃着走到厨房，看见了我养在脸盆里的一条活鱼，她第一次看见这种动物在水里动，她被这种怪物吓住了一会。但她很快就想出了办法，她把我牵到脸盆边蹲下，然后抓着我的手去捅那条鱼，她不敢直接用自己的手碰活鱼，想出了一个替代物，把我的手当成了棍子。就是从这时候开始，我发现扣扣渐渐从动物过渡到人了，而她作为一个小动物所诱发我原始母性的东西也慢慢减弱，我再也不好意思舔她了，而改用手抚摸她的小身体，后来我才想到，这才是一种人类的方法，有什么动物的爪子比得过人类的手呢？（想一想在钢琴的琴键上像闪电一样掠过的手指吧），我用手抚摸扣扣后背的肩胛骨，她前胸的肋骨一道一道又一道，她柔软的小肚子，每天睡前她就让我摸摸她，然后她说：再来一遍。这时候她已经长到三岁了。

在洗澡水的蒸汽中浮现出来的是八个月大的扣扣，那时她的脸上长了不少肉，我的手指在她的牙床上两头滑动，但我没有找着一点坚硬的东西。我把她抱到澡盆边，准备先洗她的头。我一只手探到了水里，这时我又看到了扣扣扁着嘴上下咬合的动作。我重新掰开她的嘴，我用手指的背面触碰她的牙床，一下就撞到一点又硬又尖的东西，我稍用力一压，我的手背马上感到一阵尖利的疼痛，不太疼，但很明确，我再翻过手，用手肚子在同样的地方按了几次，还是一点感觉都没有，我再用手背，马上又碰着了那又小又硬的东西，这第一颗牙蕾隐藏在那么深的肉里，天生就是让母亲去发现的，这藏身在肉里，发出微弱的气息，这点气息只有母亲才会注意，她无论如何也要找到它，这个念头就像在房间里蒸发的水汽，飘满了整个房间，沾在她的头发、衣服上，跳到她的后背她的眼睛，最后集中在她的一根手指上。

我对扣扣说：扣扣你长牙了！我抱着扣扣飞快地奔到另一个房间，闵文起正在看报纸，我冲他大声嚷嚷说：扣扣长牙了！惊喜使我有点气喘，我上气不接下气地说：用手肚摸不着手背才摸得着。闵文起从报纸上探出头看看，他像是没有听清我的话，他说：神经病！

这是他喜欢说的一句话，也是婚后他对我的基本认识，我已经听惯了，就跟他说天下雨了一样，对我基本构不成刺激。我抱着扣扣又冲回那个弥漫着水汽的房间，我往澡盆里添了点开水，开始给扣扣洗澡。这时我再次从蒙了一层水汽的穿衣镜里看到了自己，从我自己的叫嚷声中、从给孩子洗澡的动作中，从我的手对她皮肤的触碰中，从整个房间为我和扣扣所独拥的水汽中，我看到了自己与所有那些站在公用水龙头、锅台、街边谈论孩子的女人们的重叠，她们所谈论的那颗牙齿从我婚前的岁月来到我的生活中，这是所有的母亲共同的牙蕾，它集中了母亲们赋予的光芒，照亮着平庸、单调、乏味的日子。母亲们像蜡烛一样伫立在这个世界上，被孩子们一根一根地点燃。

原作者　林　白

节选者　周永琴

（江苏文艺出版社 1997 年 10 月出版）

秀　色

（短篇小说节选）

沿太行山西麓一直向上，是个名叫秀色的村子。秀色山高路陡，树木也欠茂，只聚集着几十户人家，可秀色有名。

秀色的出名，在于它的缺水。老辈子人说，远自光绪年间，这里的水源就绝了。但是祖祖辈辈的秀色人就这么活下来了，他们无一户迁徙，就那么渴着自己，茫然而又孤傲地守着干涸的家园，守着村里惟一的一眼枯井。老辈子人说，这口井闹日本那时候就是干的。说它是井，不如说是个井的意思，一个曾经有水的象征。秀色的人家就生活在水的象征里。

吃水要走 100 里路下山去背，100 里外的半山腰有一股芦苇粗细的泉眼，是秀色人的命根子。秀色村里的男人们背上半人多高的木桶，揣上干粮，日夜兼程地赶到泉眼。排队，等水，从天亮等到天黑，在秀色的男人们是平常的事情。他们一个整天也没人说话。他们闭住嘴，用耳朵听着泉水，就仿佛枯干已久的耳朵也需灌满水声。待到自己的木桶也终于满得不能再满时，他们会疯了似地匍匐在泉眼上，敞开喉咙再把自个儿灌个死去活来。然后他们背桶上身，腾出位置，或单独，或搭伴地重返原路，日夜兼程地回到秀色。回程是艰辛的，水的重量自不必说，紧要的是水的金贵。男人屏息敛气地在山路上跋涉，力争不让一滴水丢落在途中。跋涉令他们很快就耗尽了体内的水份，他们受着脊背上那水的诱惑，恨不能跳进桶里淹死自个儿。但因为他们是男人，他们想到了责任。他们至多会在歇脚时探头桶内看一看这水的形状，嗅一嗅这水的气息。清亮的泉水照见了男人皴皱的脸，也似乎映出了一家人渴望的容颜。于是他们鼓起力气，再次启程，拔开精瘦的双腿赶路。也有人家使毛驴下山驮水的，可更多的人家觉得不划算。在秀色，多一个畜生与人争水，就不如没有这畜生。

水被男人长途跋涉背回家来，是要上锁的。在秀色，值得上锁的东西只有水。家家都有阔大的桦木水橱，木桶安放进水橱，水橱用铁锁锁住。三几寸长的铁钥匙挂在一家之主的腰间，显示着主人的尊严，也显示着水的神圣不可侵犯。秀色人都知道那条与邻人相处的规矩：借米借面不借水。外村人来秀色串亲戚，也都知道不带米不带面只需带水，水就是最珍贵的礼。大人拎个大瓦罐，小人拎个小瓦罐，拎着水瓦罐的亲戚在秀色会被待为上宾。

秀色人使水也讲究，一瓢水先是洗脸，再是洗菜，然后馏锅。等锅里的饽饽蒸熟，舀出馏锅水或喂猪，或待到下顿饭再折回锅里。

说到洗脸，那大半是姑娘家的事。娘儿们汉们是不洗脸的，他们已经没有洗脸的概念。水的匮乏使姑娘们的眼睛失却着光泽。她们面色暗淡，呼吸也不够清爽，发辫荒草一样纠缠在头上。水的匮乏不仅截断了秀色人的欢颜，还使秀色人即令在悲痛时刻也悲痛得不那么彻底，不那么专注。他们会在痛哭的高潮中猛地发现眼里流出来的是水而不是泪，他们便想方设法让眼中溢出的咸涩液体井然有序地再流进自己的嘴。而姑娘们大哭时更注重的是容貌的需要，她们不失时机地伸出双手以泪洗面。以泪洗面之后的姑娘，容貌异常鲜灵，加之眼皮的微红，鼻翼的微肿，上了艳妆一般，在村眉土眼的乡亲中间，闪电似的，煞是耀眼。悲痛在这时就退到了一个尴尬的角落。悲痛是什么，还有比没水更大的悲痛么？

秀色人是名副其实地靠天吃饭。村口最洼处垒了个蓄水池，他们盼望夏日池中有雨水，冬季池中落白雪。虽然，这两样东西在秀色并不多见。下雨的日子是秀色人狂欢的日子，他们会倾巢出动，站在大雨中淋浴，娘儿们汉们一律半裸着自己。而后是搬出家中所有的器皿迎雨水进家。下雪的日子也是秀色人狂欢的日子，他们会倾巢出动，不分男女老幼地趴在雪地上，没时没晌地吞咽积雪。他们往往被雪撑胀了肚子，孕妇一般叉开腿歪坐在雪地上，吭哧唉哟地叫着，难受得不行。难受着，手却止不住，手依旧大捧地往嘴里塞着雪；难受着，才想起把吃不尽的漫坡大雪归入村口那长年空旷的蓄水池。雪在池中结成了冰，村干部便将冰块砸碎，拿秤约着分给村民。有个叫李老哲的村长，文化大革命让村人斗得不轻，罪名便是那年腊月村里分冰块，他倚仗权势给自家多分了十斤。秀色村也搞过文化大革命。

秀色的名声更远了，方圆百里的村寨，那些当娘的吓唬闺女时就说："小丫头片子再不听话，长大把你嫁到秀色去！"秀色的现任村长李哲（李老哲的儿子）道："除了没水，我们什么没有哇？"有人就更显尖刻地说："连水都没有，还能有什么呢？"一句话噎得李哲羞愧难当。

连水都没有，还能有什么呢！这是咒语。那么，该找水脉吧，该打井吧，该上县、上省请打井队吧。李老哲就从300里外的山前请来一个外县打井队，村人像皇上一样地供着。男人们成群结队地背上木桶远征百里之外专为打井队背水回来，尽他们吃喝洗涮；女人们则变着法儿地为打井队琢磨秀色最好的饭菜。可是，只20天，他们便熬不住了。他们料定在这儿打不出水。在一个早晨，当秀色的男人们又一次成群结队下山为打井队背水的时候，打井队就打算不辞而别了。对一个少了男人的村子，他们怎么做就怎么是。他们以为。

他们没有想到，他们被几个妇女截在了村口。为首的一个媳妇人称张二家的，也不急也不恼，只张开臂膀冲着打井队的头把式说："回去吧，嗯，你们走不了。"

外县这走南闯北的打井队，有土闹儿的技术，更兼一身的匪气，眼下却一时想不好如何对付这几个不慢不火的妇女。

他们退回到村里。

当晚，张二家的砸开桦木水橱的铁锁，将木桶里的存水挥霍一空，把自己洗了个通体透亮。那橱中的水本是她家三口半个月的用项。另几个与她有约在先的媳妇，也都砸了自家水橱的铁锁，仔细洗过自己。然后，她们相跟着出了家门，涌进了打井队的窝棚。

她们进得窝棚，像高空的霹雳，像沟壑里的野风，像乱坟岗上擦着荒草飞翔的幽灵。她们的突如其来和这突如其来的一身光彩令窝棚里的男人猝不及防。他们被吓着了。直到张二家的又重复起早晨的话："我说你们走不了就是走不了。"把式们才认出这便是早晨村口上那几个蓬头垢面的妇女。水把她们涤荡得如此夺目，像山妖，又好比丛林中面颊丰饶的仙女。

打井队留下来了，又留在秀色20天。井架又支起来了，夯声又响起来了。整整20天，秀色的女人昼夜出着大力，她们出着大力，思念着她们那背着水桶跋涉在山间也出着大力的男人。背水回来的男人们看看水橱上砸落的锁，看看女人的气色，他们闭一闭眼，把心一横，只拼了命似地去帮把式们打井。

女人笼络了打井队的精气神，打井队却笼络不了那深的水脉。他们在井身上使绝了力气，秀色终是无水。

打井队走了，走得自惭形秽。他们走南闯北给秀色扬名。他们说，在秀色打井是没门儿，忘不了的是秀色的娘儿们呀，嘴热，心热，还有……

秀色的名声更远了。私下里，人们传播着秀色娘儿们的烫人之处；当着秀色人，就只说些李老哲贪污过十斤水的事。李老哲的儿子，现任秀色村长李哲听见过这公开的调侃，也明悉那些私下的议论。他熟记在心的是那句咒语：连水都没有，还能有什么呢！

打井！他想。

妈的打井！他想。

请正儿八经的打井队，妈的！他想。

李哲就去了县水利局。从大跃进到今天，水利局长少说也换了十几任，每一任局长都熟知秀色的事情。水利局冲着李哲嘬牙花子。这时一个新来的技术副局长人称李技术的，专注地听了李哲的讲述，说："秀色，好名字。"

李技术跟上李哲，花半个月的时间仔细勘查了秀色山脉的走向，找准了水脉。他说他料定秀色有出水的希望，他决定带齐人马上秀色打井。

早春时节，水利局打井队进驻了秀色。李哲不让打井队住帐篷，把他们精心地散到户里去。李技术被他安排在张二家的东屋。张二家的有个十七八的大闺女叫张品，是秀色的姑娘里出众的人物。

男人们成群结队地背上木桶远征百里之外专为打井队背水回来，供他们吃喝洗涮；女人们变着法儿地为打井队琢磨秀色最好的饭菜。

李技术领导的打井队却不似从前的那一支。他们像秀色人一样地怜惜水。他们不洗脸，也免却了刷牙的习惯。

短短数日，李技术的脸也蒙上了尘垢，头发老长，胡子拉碴，与秀色人相差无几了，扔到秀色人堆儿里，不好认他出来。

20天了，井是越打越深，人是愈来愈瘦，还是不见有水。村里的气氛渐渐地慌乱了，张二家的也有些沉不住气，嘀咕着：莫不是，又到了从前经历过的那关口？

张二家的对闺女张品说，一天天的不见出水，怕是留不住他们呢。张品说，从前娘是怎么做来着。张二家的说，别提了，从前的娘。张品说，不提我也知道。可全村老幼，谁敢戳你们脊梁？张二家的说，你怎么想？张品说，小学三年级，老师给我们讲过一个词：壮烈。张二家的说，什么叫壮烈？张品说，娘，你不懂，你老了。

张二家的老了，张品不老，正是待放的花朵。再不见水，秀色就没了指望了，她想。再不见水，她的青春也就灭了，她想。张品小学毕业，知道青春是什么，更知道青春在秀色的位置，是次于水的。

晚上，张品望着正屋里上了锁的水橱，对娘说："叫我砸了它吧。"张二家的问她干什么，张品低了头说："洗洗。"

张二家的明白了，却不上手。

张品亲手砸了铁锁，将水挥霍一空。

后半夜，李技术从井上回来了。烂泥似地和衣倒在炕上。井不出水，他也有些灰心。他翻身、叹气，叹气、翻身。这时炕角一阵蠕动，李技术惊问道："谁！""嚓"地一声火柴响，灯龛里的油灯亮了，他终于看清了，这是房东的女儿张品。

李技术问张品为什么在这儿，问着，他本能地跳下炕，背过脸。

张品不说话，索性拌落掉羊毛毡的遮掩。

李技术感觉到了她这抖落，也知道了此刻在他的炕上有一个赤裸的姑娘。这事实让他意外，他只一味背着脸说："你的衣裳呢？快穿起衣裳。"

身后的张品回话说："今儿黑夜我没有衣裳。"

有了第一句，就不怕再有第二句了。一

直在炕角发抖的张品这时忽然镇静住了自己。她盘起腿，坐直了身子。她的身子映着油灯，衬在乌黑的墙上是如此巨大而又明媚；她那张从未见过天日的小脸，是方才那撒泼似的使水，才把它弄成这样熠熠发光。她的呼吸是清洁的，她的嘴唇丝绸一样可人，她的长发受了水的滋润，无比柔韧地缠在肩上。她在勾引一个男人，光明磊落，直白放肆而又纯净无邪。她毫无经验，心中只有信念。她要完成她娘那辈没有完成的。她要活命，而水才是秀色人祖辈的命脉。她希望自己能够摆布李技术，或者去受李技术的摆布。

李技术仍然背着脸说："别胡来啊，没有衣裳也要穿起衣裳！"

张品说："胡来！我是胡来？"

李技术说："不是胡来你为什么这样？"

张品说："我为什么这样？就为了给你看看。我使尽了全家半个月的水，就为这。你敢不看一眼么？你还敢说胡来！"

李技术鬼使神差地转过脸来。他诅咒着自己的软弱，但他看见了他一辈子也没见过的美好的东西。一个称谓响雷似地滚过他的脑际：秀色！他的心中一阵阵痛楚，他退到门口，很快就又低了头，只一连声地对张品说着"快走快走！"

张品稳坐炕上，她说："你不答应我就决不快走。"李技术问答应什么。张品说答应我睡在你的炕上。李技术说那么你睡，我走。张品问你往哪儿走。李技术负气似地说："往山下走，下山，回家！"

张品忽地窜到炕沿，她跪着，咬着牙说："这才是你的心里话。我早就看出来了，白搭！纵是把一村子人的心挖出来，也换不来你们给打一口井。白搭！该给的都给了，没给的就剩我们这些闺女了，你……"

"你不能这样，你不能！"李技术截断张品的话，不忍再往下听。

"你害怕了？"张品说，"你不敢要。你敢不要，怕是不行！"她说着，腾地站了起来。她赤子一般站在这狭小的炕上，油灯骤然间把她的影子放得如此巨大，铺天盖地，活像个自天而降的女巨人。李技术须仰视才能看清她那因愤怒而涨红的脸。他从门口奔过来制止她，"坐下坐下！"他说。她就势扑进他的怀，双手箍住他的腰。他一阵紧张地挣扎，心在擂鼓。他激她似地喊着："放手啊你，你怎么是这样没有廉耻！"

李技术的话终于使张品松了手。她又退回到炕角的羊毛毡上。她说："在没有水的地方，你还指望谁有廉耻呢？"

李技术心中一惊：没有水的地方，人们确是迟早要丧失廉耻的吧。

"可是，没了廉耻，就有水了吗？"李技术反问张品。并趁机再次退到了门口。他注视这个热烈而邪性的姑娘，奇怪地发现自己已不像最初那样慌乱。他们互相看着，张品又一次开始了她的进攻。"我要睡在你的炕上。"她说。

"我不能。"他说。

"为什么他们都能就你不能？"她说。

"谁们？"他说。

"从前的打井队，我娘那时候。"她说。

"我是……我是个……"

"你是个共产党的干部。"她说。

"你不相信共产党？"他说。

"我就相信共产党的干部也是人。"她说。

"人和人不一样。"他说。

"那你用什么保证打不成井就不离村？"她说。

"我用共产党的名义保证。"他说。

"从前的村长李老哲也是共产党，他给自己家多分过十斤冰！"她说。

"李老哲的儿子李哲也是共产党，不是他把我们领来了么。"他说。

"那是李哲。"她说，"谁知道你呢。"

李技术叹了口气，他很想跟张品讲一讲

人类最基础的社会文明——水利文明；他很想跟张品讲一讲遍及中美洲的玛雅文化后来是怎样毁灭在水的危机之中；他很想跟张品讲一讲汉字“刑”的起因，那本是奴隶社会因水的战争而起的啊。可是他叹了口气，只说：“我老家也是个缺水的地方，我爷爷和两个姑奶奶都是渴死的。我知道水是什么分量。”

天亮了，他们不再有话。李技术揉揉通红的眼往外走。张品问他到哪儿去，“打井!”他说。

隔了一天，李技术从张二家的东屋搬了出去，打井队其余人也从各户搬了出去。他们在井边搭了帐篷，吃住都在帐篷里。张二家的问张品：“这是怎么啦?”张品听着震耳的打井声，对张二家的说：“娘，你老了，你不懂。”

李技术率着打井队疯了似地打井。冲击钻狠狠地刺向井的深处，每刺一下李技术就在心里说：这下是为张品的！这下是为张品的！这下是为张品的！这下还是为张品的！这下还还是为张品的！这下还还还是为张品的！他没有想过这一下下地为着张品有什么不妥。张品原本就是一村子的尊严，一村子的青春。九九八十一天，打井队没人下山回家；九九八十一天，他们终天把井打出了水。

是个初夏的艳阳天，秀色人得意忘形的日子。在出了水的井边，他们先是对这井中的甜水又惊又怕，生怕这不过是土炕上的一场大梦。而后他们才放开肚量畅饮，他们让这久违了的甘凉的水给醉得东倒西歪。他们抬起李技术，不断地把他抛向半空。不断在空中翻腾的李技术，这时候非常想在人群中找到张品。他弄明白了一件事：那个羞耻的晚上，羞耻的本不是张品，羞耻的该是他本人。他还感到了一点恐惧，他想着共产党的打井队若是给老百姓打不成井，最后渴死的不是自己又是谁呢！

他想着，挣脱了抛他上“天”的人。他跃上路边一块山石，一眼就看见了正仰面看他的张品。他脚下的山石松动了，他仰身折了过去，身后是万丈悬崖。只一瞬间……任谁也找不到他了。

又过了两年，秀色的名声更远了，千里之外竟有人来秀色的水井讨水喝。都知道这是一口不绝的旺井，都知道这井里的水养身又养颜。有专家鉴定过这水的成色，秀色人做起了水的生意，卖水进城了。村人说给水起个名儿吧，反正得注册商标。李哲说秀色，就叫秀色。小学文化的张品说：“叫秀色，点儿，李。”

形成文字就是：秀色·李。

秀色·李是个不伦不类的水名，可秀色人听起来并不一惊一乍，心里都明镜似的。

原作者　铁　凝

节选者　咏　琴

（《人民文学》1997年第1期）

山里的日子

（散　文）

一

我要怎样汲蓄青春的余焰，才能燃尽你空屋中，那一座百年老砖砌就的壁炉?

驯服，沉默，在断珠一般凌乱的日子甘守冷清。

只等你投进干透的老藤，我方盘旋翩跹，伸吐血红的蛇信。曾经缠绵一棵树，我以低韵的火光攀援你；若你塞进树桩疙瘩，我拆裂地小声嗯啊，那是枯死的花期，指望凭借一场阔雨复生的孢子，还有斧斫相加的旧创，青烟疼痛给你看。

手头再没有东西添加的时候，你喂我以你的手稿。我会轻柔地舔食每一个字，遴选一粒一粒火星，顺着烟囱向漆黑的夜空播放。

我用我的方式拼尽寂灭，展屏。

二

只有最寒冷的黑夜我们才相守。

小溪的跑步有些趑趄，细碎地踩在腊月的鼓面上。小鱼儿误食石缝里的冰凌，泼刺一声甩了个寒噤。

小小佛手瓜攥紧拳头，与霜冻对抗。

榉树和松针联手，将咆哮欲狂的隆冬暴徒梳理成持箫少年，只是稍嫌性急些。

热恋中的乌桕，精选这一个日子盛装出嫁，涧风撕下红嫁衣的裙裾，在山里到处散发喜帖。

想要下溪舀一勺新泉烧茶，不料舀上来几丝闪烁不定的星光，原来是弹跳的透明小青虾。泼回去，再舀，这次溪流的馈赠是一串小红豆。是乌桕的喜糖么？恭喜恭喜。小心理好挂在胸前，再去取木勺，木勺摆北斗姿势冻在圆石上。

不舍得抛红豆给我，又好意分享，就悬挂在炉台前。你欲把今夜揉捻成红豆心事，我却想要戴上这串脚镯，舞一段霓裳。

足心痒痒，似有人呵气。是新笋淘气拱土。

三

菊的介入在午时三刻，好比嘹亮的一支铜管乐队。阳光获得鼓励，强壮得足够布置一道凯旋门。

乌瓦上梅花爪迹的轻霜，已溶成叮咚水磬。沿墙根一溜车前草与马蹄莲，吮咂有声。

石桌斑驳，暗地铺陈八卦纹理，且错落偃伏一批莫测的梵文。缺耳的陶罐周沿，水垢是一方八角古井的，打水的婢女面姿恍恍。

簇立在陶罐之上，菊的新鲜过分张罗，满苞一触即泻的芳菲，让人惟恐不可收拾。只敢拣一个蒲团盘腿坐下，与它对望。望得脸红耳赤，前生今世情缘，望出一江春水。

黑狗踱到门边，被一层子蓬勃熏人的醉意冲出老远。忽然在泥地上连撒三个欢滚，箭一般穿过莽草，跃过溪涧，吠得野山梨林子颠三倒四地回声。

壁炉已渐渐冷却，在你背后。炉台上有你昨夜的茶杯。木柴的焦烟味一点一点散去。

被忘却的红豆泪光莹然。

1996年1月11日

原作者　舒婷

（《散文》1996年第5期）

沉默的大多数

（散文节选）

群特·格拉斯在《铁皮鼓》里，写了一个不肯长大的人。小奥斯卡发现周围的世界太过荒诞，就暗下决心要永远做小孩子。在冥冥之中，有一种力量成全了他的决心，所以他就成了个侏儒。这个故事太过神奇，但很有意思。人要永远做小孩子虽办不到，但想要保持沉默是能办到的。在我周围，像我这种性格的人特多——在公众场合什么都不说，到了私下里则妙语连珠，换言之，对信得过的人什么都说，对信不过的人什么都不说。起初我以为这是因为经历了严酷的时期（文革），后来才发现，这是中国人的通病。龙应台女士就大发感慨，问中国人为什么不说话。她在国外住了很多年，几乎变成了个心直口快的外国人。她把保持沉默看做怯懦，但这是不对的。沉默是一种生活方式，不但是中国人，外国人中也有选择这种生活方式的。

我就知道这样一个例子：他是前苏联的大作曲家萧斯塔科维奇。有好长一段时间他写自己的音乐，一声也不吭。后来忽然口授了一厚本回忆录，并在每一页上都签了名，然后他就死掉了。据我所知，回忆录的主要内容，就是谈自己在沉默中的感受，阅读那本书时，我得到了很大的乐趣——当然，当时我在沉默中。把这本书借给一个话语圈子里的朋友去看，他却得不到任何的乐趣，还说这本书格调低下，气氛阴暗。那本书里有一段讲到了苏联30年代，有好多人忽然就不见了，所以大家都很害怕，人们之间都不说话。邻里之间起了争纷都不敢吵架，所以有了另一种表达感情的方式，就是往别人烧水的壶里吐痰。顺便说一句，苏联人盖过一些宿舍式的房子，有公用的卫生间、盥洗室和厨房，这就给吐痰提供了方便。我觉得有趣，是因为像萧斯塔科维奇那样的大音乐家，戴着夹鼻眼镜，留着山羊胡子，吐起痰来一定多有不便。可以想见，他必定要一手抓住眼镜，另一手护住胡子，探着头去吐。假如就这样被人逮到揍上一顿，那就更有趣了。其实萧斯塔科维奇长得什么样，我也不知道。我只是想象他是这个样子，然后就哈哈大笑。我的朋友看了这一段就不笑，他以为这样吐痰动作不美，境界不高，思想也不好。这使我不敢与他争辩——再争辩就要涉入某些话语的范畴，而这些话语，就是阴阳两界的分界线。

看过《铁皮鼓》的人都知道，小奥斯卡后来改变了他的决心，也长大了。我现在已决定了要说话，这样我就不是小奥斯卡，而是大奥斯卡。我现在当然能同意往别人的水壶里吐痰是思想不好，境界不高。不过有些事继续发生在我身边，举个住楼的人都知道的例子：假设有人常把一辆自行车放在你门口的楼道上，挡了你的路，你可以开口去说——打电话给居委会；或者直接找到车主，说道：同志，五讲四美，请你注意。此后他会用什么样的语言来回答你，我就不敢保证。我估计他最起码要说你“事儿”，假如你是女的，他还会说你“事儿妈”，不管你有多大岁数，够不够做他妈。当然，你也可以选择沉默的方式来表达自己对这种行为的厌恶之情：把他车胎里的气放掉。干这件事时，当然要注意别被车主看见。还有一种更损的方式，不值得推荐，那就是在车胎上按上个图钉。有人按了图钉再拔下来，这样车主找不到窟窿在哪儿，补带时更困难。假如车子可以搬动，把它挪到难找的地方去，让车主找不着它，也是一种选择。这方面就说这么多，因为我不想教坏。这些事使我想到了福科先生的话：话语即权力。这话应该倒过来说：权力即话语。就以上面的例子来说，你要给人讲“五讲四美”，最好是戴上个红箍。根据我对事实的了解，红箍还不大够用，最好穿上一身警服。五讲四美虽然是些好话，讲的时候最好有实力或者说是身份作为保证。话说到这个地步。可以说说当年和朋友讨论肖斯塔科维奇，他一说到思想、境界等等，我为什么就一声不吭——朋友倒是个很好的朋友，但我怕他挑我的毛病。

一般人从七岁开始走进教室，开始接受话语的熏陶。我觉得自己还要早些，因为从我记事时开始，外面总是装着高音喇叭，没黑没夜的乱嚷嚷。从这些话里我知道了土平炉可以炼钢，这种东西和做饭的灶相仿，装了一台小鼓风机，嗡嗡地响着，好像一窝飞行的屎壳螂。炼出的东西是一团团火红的粘在一起的锅片子，看起来是牛屎的样子。有一位手持钢钎的叔叔说，这就是钢。那一年我只有六岁，以后有好长一段时间，一听到钢铁这个词，我就会想到牛屎。从那些话里我还知道了一亩地可以产三十万斤粮；然后我们就饿得要死。总而言之，从小我对讲出来的话就不大相信，越是声色俱厉，嗓门高亢，我越是不信，这种怀疑态度起源于我饥饿的肚肠。和任何话语相比，饥饿都是更大的真理。除了怀疑话语，我还有一个恶习，就是吃铅笔。上小学时，在课桌后面一坐定就开始吃。那种铅笔一毛三一支，后面有橡皮头。我从后面吃起，先吃掉柔软可口的橡皮，再吃掉柔韧爽口的铁皮，吃到木头笔杆以后，软糟糟的没什么味道，但有一点香料味，诱使我接着吃。终于把整支铅笔吃得只剩了一支铅芯，用橡皮膏缠上接着使。除了铅笔之外，课本、练习本、甚至课桌都可以吃。我说到的这些东西，有些被吃掉了，有些被啃得十分狼籍。这也是一个真理，但没有用话语来表达过：饥饿可以把小孩子变成白蚁。

这个世界上有个很大误会，那就是以为人的种种想法都是由话语教出来的。假设如此，话语就是思维的样板。我说它是个误会，是因为世界还有阴的一面。除此之外，同样的话语也可能教出些很不同的想法。从我懂事的年龄，就常听人们说：我们这一代，生于一个神圣的时代，多么幸福；而且肩负着解放天下三分之二受苦人的神圣使命，等等。同年龄的人听了都很振奋，很爱听；但我总有点疑问，这么多美事怎么都叫我赶上了。除此之外，我以为这种说法不够含蓄。而含蓄是我们的家教。在三年困难时期，有一天开饭时，每人碗里有一小片腊肉。我弟弟见了以后，按捺不住心中的狂喜，冲上阳台，朝全世界放声高呼：我们家吃大鱼大肉了！结果是被我爸爸拖回来臭揍了一顿。经过这样的教育，我一直比较深沉。所以听到别人说我们多么幸福、多么神圣，别人在受苦，我们没有受等等，心里老在想着：假如我们真遇上了这么多美事，不把它说出来会不会更好。当然，这不是说，我不想履行自己的神圣职责。对于天下三分之二的受苦人，我是这么想的：与其大呼小叫说要去解放他们、让人家苦等，倒不如一声不吭，忽然有一天把他们解放，给他们一个意外惊喜。总而言之，我总是从实际的方面去考虑，而且考虑得很周到。幼年的经历、家教和天性谨慎，是我变得沉默的起因。

有一件事大多数人都知道：我们可以在沉默和话语两种文化中选择。

我在沉默中过了很多年：插队、当工人、当大学生，后来又在大学里任过教。当教师的人保持沉默似不可能，但我教的是技术性的课程，在讲台上只讲技术性的话，下了课我就走人。照我看，不管干什么都可以保持沉默。当然，我还有一个终身爱好，就是写小说。但是写好了不拿去发表，同样也保持了沉默。至于沉默的理由，很是简单。那就是信不过话语圈。从我短短的人生经历来看，它是一座声名狼籍的疯人院。当时我怀疑的不是说过亩产三十万斤粮、炸过精神原子弹的那个话语圈，而是一切话语圈子。假如在今天能证明我当时犯了一个以偏概全的错误，我会感到无限的幸福。

我说自己多年以来保持了沉默，你可能会不信；这说明你是个过来人。你不信我从未在会议上“表过态”，也没写过批判稿。这种怀疑是对的：因为我既不能证明自己是哑巴，也不能证明自己不会写字，所以这两件事我都是干过的。但是照我的标准，那不叫说话，而是上着一种话语的捐税。我们听说，在过去的年代里，连一些伟大的人物都“讲过一些违心的话”，这说明征税面非常的宽。因为有征话语捐的事，不管我们讲过什么，都可以不必自责：话是上面让说的嘛。但假如一切话语都是征来的捐税，事情就不很妙。拿这些东西可以干什么？它是话，不是钱，既不能用来修水坝，也不能拿来修电站；只能搁在那里臭掉，供后人耻笑。当然，拿征募来的话语干什么，不是我该考虑的事；也许它还有别的用处我没有想到。我要说的是：征收话语捐的事是古而有之。说话的人往往有种输捐纳税的意识，融化在血液里，落实在口头上。在这方面有个例子，是古典名著《红楼梦》。在那本书里，有两个姑娘在大观园里联句，联着联着，冒出了颂圣的词句。这件事让我都觉得不好意思：两个十几岁的小姑娘，躲在后花园里，半夜三更做几句诗，都忘不了颂圣，这叫什么事？仔细推敲起来，毛病当然出在写书人的身上，是他有这种毛病。这种毛病就是：在使用话语时总想交税的强迫症。

我认为，可以在话语的世界里分出两极。一极是圣贤的话语，这些话是自愿的捐献。另一极是沉默者的话语，这些话是强征来的税金。在这两极之间的话，全都暧昧难明：既是捐献，又是税金。在那些说话的人心里都有一个税吏。中国的读书人有很强的社会责任感，就是交纳税金，作一个好的纳税人——这是难听的说法。好听的说法就是以天下为己任。

我曾经是个沉默的人，这就是说，我不喜欢在各种会议上发言，也不喜欢写稿子。这一点最近已经发生了改变，参加会议时也会发言，有时也写点稿。对这种改变我有种强烈的感受，有如丧失了童贞。这就意味着我违背了多年以来的积习，不再属于沉默的大多数了。我还不至为此感到痛苦，但也有一点轻微的失落感。开口说话并不意味着恢复了交纳税金的责任感，假设我真是这么想，大家就会见到一个最大的废话篓子。我有的是另一种责任感。

几年前，我参加了一些社会学研究，因此接触了一些“弱势群体”，其中最特别的就是同性恋者。做过了这些研究之后，我忽然猛省到：所谓弱势群体，就是有些话没有说出来的人。就是因为这些话没有说出来，所以很多人以为他们不存在或者很遥远。在中国，人们以为同性恋者不存在。在外国，人们知道同性恋者存在，但不知他们是谁。有两位人类学家给同性恋者写了一本书，题目就叫做《Word is out》。然后我又猛省到自己也属于古往今来最大的一个弱势群体，就是沉默的大多数。这些人保持沉默的原因多种多样，有些人没能力、或者没有机会说话；还有人有些隐情不便说话；还有些人，因为种种原因，对于话语的世界有某种厌恶之情。我就属于这最后一种。作为最后这种人，也有义务谈谈自己的所见所闻。

我现在写的东西大体属于文学的范畴，所谓文学，在我看来就是：先把文章写好看了再说，别的就随他去。除了文学，我想不到有什么地方可以接受我这些古怪想法。赖在文学上，可以给自己在圈子中找到一个立脚点。有这样一个立脚点，就可以攻击这个圈子，攻击整个阳的世界。

几年前，我在美国读书。有个洋鬼子这样问我们：你们中国那个阴阳学说，怎么一切好的东西都属阳，一点不给阴剩下。当然，她这样发问，是因为她正是一个五体不全之阴人。但是这话也有些道理。话语权属于阳的一方，它当然不会说阴的一方任何好话。就是夫子也未能免俗，他把妇女和小人攻击了一通。这句话几千年来总被人引用，但我就没听到受攻击一方有任何回应。人们只是小心提防着不要作小人，至于怎样不作妇人，这问题一直没有解决。就是到了现代，女变男的变性手术也是一个难题，而且也不宜推广——这世界上假男人太多，真男人就会找不到老婆。简言之，话语圈里总是在说些不会遇到反驳的话。往好听里说，这叫做自说自话；往难听里说，就让人想起了一个形容缺德行为的顺口溜：打聋子骂哑巴扒绝户坟。仔细考较起来，恐怕聋子、哑巴、绝户都属阴的一类，所以遇到种种不幸也是活该——笔者的国学不够精深，不知这样理解对不对。但我知道一个确定无疑的事实：任何人说话都会有毛病，圣贤说话也有毛病，这种毛病还相当严重。假如一般人犯了这种病，就会被说成精神分裂症。在现实生活里，我们就是这样看待自说自话的人。

如今我也挤进了话语圈子。这只能说明一件事：这个圈子已经分崩离析。基于这种不幸的现实，可以听到各种要求振奋的话语：让我们来重建中国的精神结构，等等。作为从另一个圈子里来的人，我对新圈子里的朋友有个建议：让我们来检查一下自己，看看傻不傻，疯不疯？有各种各样的镜子可供检查自己之用：中国的传统是一面镜子，外国文化是另一面镜子。还有一面更大的镜子，就在我们身边，那就是沉默的大多数。这些议论当然是有感而发的。几年前，我刚刚走出沉默，写了一本书，送给长者看。他不喜欢这本书，认为书不能这样来写。照他看来，写书应该能教育人民，提升人的灵魂。这真是金玉良言。但是在这世界上的一切人之中，我最希望予以提升的一个，就是我自己。这话很卑鄙，很自私，也很诚实。

原作者　王小波

节选者　周永琴

（节选自《思维的乐趣》一书，北岳文艺出版社1996年11月版）

最后的挽歌

（诗歌选摘）

第一章

眺望
剩下眺望的姿势
　　钙化在
　　最后的挽歌里

…………

　　蒿草爬上塑像的肩膀
　　感慨高处不胜寒
　　挖鱼饵的老头
　　把鼻涕
　　擤在花岗岩衣褶
　　鸽粪如雨

第四章

迎风守望太久
泪水枯竭
我摘下酸痛的双眼
在一张全盲的唱片上
踮起孤儿的脚尖

　　对北方最初的向往
　　缘于

　　一棵木棉
　　无论旋转多远
　　都不能使她的红唇
　　触到橡树的肩膀

　　这是梦想的
　　最后一根羽毛
　　你可以擎着它飞翔片刻
　　却不能结庐终身

　　然而大漠孤烟的精神
　　永远召唤着

南国矮小的竹针滚滚北上
他们漂流黄河
圆明园挂霜
二锅头浇得浑身冒烟
敞着衣襟
沿风沙的长安街骑车
学会很多卷舌音

他们把丝吐得到处都是
仍然回南方结茧

…………

吮吸长江黄河
北方胸膛乳汁丰沛
盛产玉米、壁画
头盖骨和皇朝的地方，也是
月最明霁风最酷烈
野狼与人共舞
胡笳十八拍的地方

北方一次次倾空她的
围腰
把我们四处发放
我们长成稗草进化到谷类
再蜕变为蝗虫
在一张海棠的叶脉上
失散
这就是为什么
当拳头攥紧一声嗥叫
北斗星总在
仰望的头顶上

第五章

放弃高度
巅峰不复存在
忘记祈祷
是否中止了
对上帝的敬畏
在一个早晨醒来
脚触不着地
光把我穿在箭镞上
射向语言之先
一匹风跛足
冉冉走远

…………

我要怀着
怎样的心情和速度
才能重返8月
像折回凌乱的卧室
对梦中那人说完再见
并记得请他
留下地址电话

阴影剥离岩层
文字圈定声音
在海水的狂飙里，珊瑚
小心稳定枝形烛光
朱笔和石头相依为命
却不能与风雨并存

每写下一个字
这个字立刻漂走
每启动一轮思想
就闻到破布的味道
我如此再三起死回生
取决于
是否对同一镜子
练习口形

类似高空自由坠落
恪守知觉
所振动的腋下生风
着陆于零点深处
并返回自身

光的螺旋
再次或者永远
通过体内蛰伏蛇行
诗歌火花滋滋发麻
有如静电产生

你问我的位置
我在
上一本书和下一本书之间

第六章

现在是父亲将要离开

他的姿容
越来越稀薄
药物沿半透明的血管
争相竞走
我为他削一只好脾气的梨
小小梨心在我掌中哭泣

其他逝者从迷雾中显现
母亲比我年轻
且不认已届中年的我

父亲预先订好遗像
他常常用目光
同自己商量
茶微温而壶已漏
手迹
继续来往于旧体格律
天冷时略带痰音

影子期待与躯体重合
灵魂从里向外从外向里
窥探

眼看锈迹侵袭父亲
我无法不悲伤
虽然悲伤这一词
已经殉职
与之相关的温情
(如果有的话
这一词也病入膏肓)
现代人羞于诉说

像流通数次已陈旧的纸币
很多词还没捂热
就公开作废

字词凋败
有如深秋菩提树大道
一夜之间落叶无悔

天空因他们集体撤出
而寥廓
而孤寒
而痛定思痛
只有擦边最娇嫩的淡青
被多事的梢芒刮破

每天经历肉体和词汇的双重死亡
灵魂如何避过这些滚石
节节翘望

作为女儿的部分岁月
我将被分段剪辑
封闭在
父亲沉重的大门后
一个诗人的独立生存
必须忍受肢体持续背叛
自地下水
走向制高点

相对生活而言
死亡是更僻静的地方

父亲，我寄身的河面
与你不同流速罢
我们仅是生物界的
一种表达方式
是累累赘赘的根瘤
坠在族谱上
换一个方向生长

记忆摩挲灵魂的容器
多一片叶子
有什么东西正漫了出来

我右手的绿荫
争分夺秒地枯萎
左手还在休眠

第七章

陆沉发生在
大河神秘消失之前
我仅是
最初的目击者

…………

我抱紧柴禾
寻找一只不作声的炉子

逃离
每一既定事实
随时保持
举起前脚的姿势
有谁真正身体力行
当常识把我们
如此锁定

…………

只要再翻过这座山
其实山那边什么也没有

如果最后一块石头
还未盖满手印
如果内心
有足够的安静

这个礼拜天开始上路
我在慢慢接近
虽然能见度很低

此事与任何人无关

1997年2月1日—4月20日

原作者 舒 婷

选摘者 咏 琴

（选自《舒婷文集》第一卷，江苏文艺出版社1997年版）

论文选摘

关于90年代小说

王　蒙

90年代小说创作与过去很不一样。长篇小说是热点，作品大量增加。90年代由中、短篇为主到以长篇小说为主的转变，反映了时代的变化。70年代后期我们面临着现实主义的回归，我觉得那是浪漫的现实主义的回归，带有浪漫主义的色彩。如《天云山传奇》。我可以说说我写长篇和中短篇的不同感受。短篇是它找我，我写它，从来没有计划。写长篇是我找它，我要想想。是我找它，我总是掌握不住它，是它控制着我。经过新时期，经过浪漫的、多梦的、多感的阶段，经过倾诉、喷发阶段以后，才会进入一个概括的、追思的、回溯的阶段，长篇才会多起来。大体上这和环境有关系，当然和个人的创作阶段也有关系，包括一批年龄比我们小十五六岁的作家。我指的是知青作家，他们实际上是长篇创作的主力。包括王安忆、张炜、韩少功、张宇、余华，他们写的长篇非常多，而且很受瞩目。他们是不是也是这样一个由喷发的、诉说的阶段进入这样一个概括的、追溯的阶段？

其次一个特点，现在长篇数量大为增加，样式也分化得非常厉害。文革前17年，长篇小说平均每年是10部，现在每年是500至600部，平均每天可以看到两部新长篇。而且式样也确实非常多。比如有一类是艺术小说，他们追求艺术价值，在艺术上进行营造，试图在长篇小说创作中增光添彩。其中又有一部分向国际靠拢，比如向加西亚·马尔克斯学习。这位作家影响太大了，他为我们提供了土洋结合的道路，让你写最土的东西，然后让它具有洋的价值。我们一些作家对马尔克斯极佩服。当然在写到心理变态时又受卡夫卡的影响，在写到人道主义情感时，又受到艾特玛托夫的影响等等。但加西亚·马尔克斯影响最大。有的是向古的靠拢，往古的方面发展，希望自己的作品能够透出古色古香来，如历史小说，在销路上他们也特别成功，《曾国藩》、《康熙大帝》、《世纪晚钟》，这些历史小说之所以吸引人，是带有史鉴小说的特征，读的时候能够增加对国情的了解，以史为鉴，不是简单的类比、影射，而是讲道理，讲中国发展，权力运作，非常好看。它能增长智慧，增长人们对历史、社会、人生的了解。还有社会小说，突进、逼近社会中大家最关心的问题。社会小说有的是用了调侃，有的是用古典的方式来写的，比如王朔、刘震云的一些小说也是带有调侃的。有的是用古典方式来写的，比如《苍天在上》。这部小说写得非常古典，戏剧性，在写实方面不如其他一些作品，我将之统称为社会小说。还有一种也可称之为社会小说，就是写特区的企业家、靓女、中产阶级、白领、小资本家，他们不知今夕为何夕，不知该地为何地，但基本上是真实的。还有一些写私人生活的小说，对此我曾在上一届小说学会年会上提出进行认知判断，再进行价值判断。再有就是最近热闹起来的社会问题小说，写农民、农村、乡镇企业、国有大中型企业等人们比较关注的问题。这是从小说的内容、风格上来说的。

从小说作者方面来说，现在变化也非常大，老作家没有停笔，新当红作家不断涌现。代与代之间差别比较明显，有些老前辈在作品中表现对人民革命光辉记忆的铸造，同时也隐约地透露出对世风日下、人心不古的担忧。有些50年代写作的作家，就是我这一代，在作品中更多地表现为对历史的超越，同时又传达出对历史走回头路的担忧。再往下一代人，更多的是对商品经济、市场经济，对物质化、科学化、市场化作出批评，追求进一步接轨的环境，自然、大地、公正、终极等。再更年轻一点的作家，对写作没有这么大的激情，游戏性更多点。在如此多种多样的状况下，就没有举国捧读、举国称颂、举国掏手绢擦眼泪的作品出现。社会的精神需求多样了，花样多、情趣多、读者多，读者与读者口味更不同，更挑剔，需求多样化，歧义更多了，因此，在小说园地笔墨官司多得不得了。现在有时作家倾注了吃奶的力气，感觉很好，但称赞者也就那么几个，而且许多是熟面孔，说不准从哪里冒出了一冷枪，给你嘲弄两句。刚才提到的小说类别，还有一类就是更注意市场的小说，比如包括引进的。最近我看到上海的抽样调查，让读者选出他们最喜欢的作者。第一位是金庸，第二位是鲁迅，第三位是王朔。调查后边有个说明，说“还有很多人，琼瑶、三毛、席慕蓉、王蒙等”。金庸现象值得研究。还有一个例子，就是“布老虎丛书”这些作品也许没有太大的成就，但“布老虎”确实是做成了，它成功了。它要求三条，第一条，城市题材；第二条，给一个故事；第三条，给点理想，不让太消极了，给上面看也给老百姓看，老百姓不喜欢哭哭啼啼的，这现象值得研究。

除了时代特点外，还有超越时代的理论性。小说的歧义是因小说的特性所决定的，小说就是充满悖论的东西，它是虚构的又是真实的，是精英的又是通俗的。小说自古就是通俗的。在中国自古诗和散文是雅的，而小说是俗的，小说不能没有人间烟火。它有自己的倾向又是含蓄的，小说的本身特性就有造成歧义的可能。这是第一。第二，小说的价值观念是统一的还是分离的，是一种还是多种，还是有合有分的？比如你衡量布老虎丛书，衡量金庸的小说，衡量鲁迅的小说，那把尺子你能一样吗？如金庸小说，他不可能摆脱武侠小说的套子，而且写来写去他自己也重复。这套数本身是有局限性的，他能写到这个程度就算不错了，差不多是尽头了。把这套路写到这么精致，包含着真的和假的知识。为什么说假的知识？里面写新疆，但与新疆的真实情况相去甚远。商业性可以为人所不齿。但是完全没有商业性又怎么办？商业性也是为人民服务之一种嘛。作为个人完全可以拒绝商业化，保持文学的矜持与清高；作为文学现象，却必然是多种类型的小说共存。还有探索性的，考据性的，学者型的，既然它分化成多种多样的，必然有各种各样的功能。那么在这些小说中，传统文化的影响是什么？外来的影响是什么？因为任何一部小说都不是从天上掉下来的，经过几千年的中国文化的积淀，经过几百年来的社会急剧变动和新文化运动的沉淀，不能没有一点影响。有许多问题是可以讨论的，或者可能是很有趣的。总而言之，90年代提供了一些新的情况，提供了一些新的问题。那是不是90年代的人文环境就已经非常市场化了呢？这个就又不是中国了。总而言之，90年代提供了很多新的文化新的技术，但如果认为中国现在已经是后现代主义，科学主义，已经是科学主义控制了中国人，大家都崇拜技术，崇拜科学，这种认识又太超前了。在中国是现代多还是前现代多？起码前现代比后现代多得多。中国的人文环境，几千年前的东西和很新的东西都掺和在一块，非常难分析。因为90年代，社会的急剧转型，带来小说创作上的一些新现象，新问题，出现了新的空间，新的可能性，新的契机，出现了某种分化和无序状态，给人们许多困惑。

（原载《天津师大学报》1997年第5期，全文约5900字，晓舟摘）

“她们”的小说

李洁非

梳理：叛出“男门”

一位西方知识女性曾写道：“我们不知道妇女们的眼光是什么。妇女们的眼睛看到了什么呢？她们是怎样雕刻、塑造和解释世界的呢？我不知道。……我只知道男人们的眼睛看到什么。”

类似于这样的提问，成为当代世界意识形态有别于往昔数千年的社会史的重要特征之一。人类进入到这样一个年代，以至于那种以忽略性别存在而谈论任何问题的做法，在很多精神和现实领域不再行得通。这就是女性主义的事实。女性主义提醒这个世界，过去的文化始终建立在某个假设之上，即假设人们看取事物只有一种眼光、一种角度，那就是男人的眼光和男人的角度；而这假设却并不直截了当地申明自己，却堂而皇之僭越于性别之上，以“我们”的口吻对其“我”的本质偷梁换柱，从而巧妙掩盖了另一性别（或者说“第二性别”）被抹煞被噤言的真相。

女性主义已经成为一种全面的理论、全面的思想，广泛地指向政治、经济、伦理、文化和文学艺术。对妇女的文学创作的研究，现在是整个文学研究的一个令人瞩目的组成部分，这一创作的非主流而其自身单独构成“一个具有想象力的连续统一体”（伊莱恩·肖瓦尔特语）的特色，不仅在价值观念上，也在艺术表达方式上向传统的文学理论、文学史提出挑战。

随着五四新文化运动反封建浪潮一起出现的，是“新女性”的呼声，中国破天荒地第一次诞生了一个女性作家群：冰心、庐隐、沅君、绿漪、凌叔华……她们的写作直接面向社会，把自己的声音加入到时代旋律之中，力图影响历史的进程。喊出了“未来的新中国，绝不是祖父和父亲的所有品”这样的对父权制的叛逆之音。

真正的改观显露于本世纪20年代末至30年代的中国文坛，此时，出现了现代文学史上三位最具个性的女性作家丁玲、萧红和张爱玲。

丁玲写于1927年秋大革命失败后而发表于翌年的小说《莎菲女士的日记》，在既往的现代文学史论著中几乎从未赢得过正面的描述，甚至连作者本人后来也以忏悔的心情谈及这篇作品。但时隔近七十年之后，显然有必要也有理由重新看待这篇不同寻常的作品在整个现代女性文学创作中的意义。姑且不论这篇小说的思想倾向究竟是否如所有权威性文学史著作评定的那样，是“颓废”和“灰暗”的，起码就其语言特征而言，它不仅在当时，而且在许多年后，仍然令无数读者感到震惊。的确，这堪称一篇颠覆性的小说文本，在这文本面前，男人对女性文学的所有审美期待都被打破了，没有清丽，没有柔肠百转，没有温良恭俭让，相反，是一种尖锐的、狂悖的、近乎歇斯底里的节奏和情绪。这是一个女性作家从赤裸裸的自我立场对女性的生命意志及其痛苦的书写，那“享有我的一切”的强烈愿望将潜埋在女性意识深处的从男权文化规束下决绳而去的冲动剥落出来，而所谓“思想的颓废”也罢，“艺术的病态”也罢，实际上都是来作为独立的文学文本，我们所看重的并不在于作者的主观意图，而是它与文学的主题史、艺术史的客观关系；就后一角度而言，《莎菲女士的日记》无疑占特殊的地位。

只要一提起萧红，就会令人想到“忧伤的”三个字，“忧伤的萧红”在现代文学史上构成了一个复杂的模糊不清的意象，它所象征的命运，也许同时包含了古典式的女性对男性的失望、忧怨，和一个现代的、独立的、有着强烈自我意识的知识女性的内心苦闷两种因素。关于这一点，林丹娅在《当代中国女性文学史论》一书中做了以下评论：

> 她与拯救她于水深火热之中的“哥哥”萧军结合并非理想，在与萧军一起生活的几年中，她三次出走，而最后一次，她终于离开了他。离开萧军对萧红的人生意义竟然会有如此重大：她离开了他就意味着，就等于着离开革命阵营。与丁玲在胡也频牺牲后选择北上延安相反，萧红选择了南下并最后辗转香港葬身于此，而萧军则无疑是这个选择的始作俑者（另一个男性作俑者在萧红生命中的出现，使萧红重复了“哥哥救妹妹”的模式）。出于这种靠拢萧军即靠拢革命的主流文化的情景，萧红与萧军的离离合合，便造成了萧红本文的一种既奇怪又自然的现象：她时而处于文化主流中讲述主流“大我”话语，时而处于主流边缘讲述女性“小我”话语。最后，她终于因为“哥哥”们的无情无义，是她离开了他们，也是他们遗弃了她，她辗转流落到时代的文化的（抑或还有阶级的民族的）边缘去了，是那么孤独、寂寞、凄冷地死去了。

我个人认为《小城三月》无论在感情上或者语言上都更本真地表达着萧红的内心，是一篇明显地代表其个性的作品。令人难忘而且产生异样感受的，是小说里“我”的视角——一个纯洁女孩，富于同情心，感伤，同时体验着青春生命的快乐和对异性爱的恐惧的视角。通过这个视角，小说让我们看到了一个行将出嫁、名叫翠姨的少女可爱而悲惨的形象。小说极力描写渲染了少女生活的欢快、自由和幻想色彩，同时，从始至终散发着来自婚姻的恐怖气息，终于，翠姨这个不愿早早结束其少女时代的女子在这种恐怖之中憔悴而死。对婚姻的恐惧已不仅仅指向封建包办制度，婚姻实际上成为“少女”的意象的对立面，作为后者的否定性力量出现的。小说对两个少女之间亲密情态的描写，充满了纯洁、暧昧而又真实的同性爱气息；这种姐妹情爱在女性世界里极为普遍，它表示着一种对男权的抵抗方式，“把妇女的注意力从男性价值转向一个排除他的女性群落”在事实上表达了一种躲避和否定男性的同性爱主题。

张爱玲可以说是一个具有明确女性意识的女性作家。这位不久前在其美国寓所孤寂辞世的女人，以她的一生书写了独存无傍的篇章；当她离去之时，既不是以妻子，也不是以母亲的身份，而仅仅是以一个女人、一个普通女性作家的身份，就此而言，她果然远离了男性话语历来诠释的女性角色。我们说张爱玲有明确的女性意识，这可直接获证于她在小说《霸王别姬》里，对中国这一著名的散发着典型男权气息的传奇所做的颠覆性改写；我们看到，女性主义作家张爱玲是怎样解放了二千年前她的一个美丽同性的生命意识：

> ……那苍白，微笑的女人，紧紧控着马缰绳，淡绯色的织锦斗篷在风中鼓荡。十余年来，她以他的壮志为她的壮志，她以他的胜利为她的胜利，他的痛苦为她的痛苦。然而，每逢他睡了，她独自掌了蜡烛出来巡营的时候，她开始

想起她个人的事来了，她怀疑她这样生存在世界上的目标究竟是什么。他活着，为了他的壮志而活着。他知道怎样运用他的佩刀，他的长矛，和他的江东子弟去获得他的皇冕。然而她呢？她仅仅是他高亢的英雄的呼啸的一个微弱的回声，渐渐轻下去，轻下去，终于死寂了……

没有任何人能够无视这字里行间闪现出来的一个女性对于男权，对于千古以来“英雄加美人”的性别歧视的故事模式，对于女人必须充当男人腰带上漂亮的坠饰和他的伟大业绩的殉葬品……等等不公正现实及其文化符码的叛逆之光！在张爱玲另一名作《金锁记》里，这种反叛意识甚至使她公然地对从男性目光看来无疑是“恶女人”的曹七巧表示着同情。张爱玲在曹七巧身上几乎运用了传统叙事文学加诸女性的所有丑化性故事模式——荡妇的模式、乱伦的模式、善妒的母亲和患虐待狂的婆婆的模式……这些故事模式在历史上的男性文本里曾经成千上百次地被运用，并成千上百地制造令人厌恶、惧怕的坏女人形象，这些女人仿佛天生具有邪恶的本性，而来自男人们在其中扮演的有形与无形的角色全都隐而不提——从《水浒》、《金瓶梅》直到曹禺的《原野》都是如此。这一次张爱玲则不然，她照样使用了男性文本扔到女人身上的种种污言垢语，但是男人们却不得不看到，这个丑陋的、自私的、狭促的、被仇恨引往疯狂的曹七巧并非生而如此；如果说她的丑陋是一种真实，那么这也不过是男权社会如何挤压、扭曲一个女人的真实。

从冰心等“五四”初期女性作家通过歌吟“母亲”的意象而奏响赞美女性的第一乐章，到丁玲、萧红和张爱玲笔下呈露摈拒男性话语的倾向，中国女性作家的写作无论主题或者言语都在同古典时代告别，同依附于男性眼光、男性心理、男性趣味的描写告别。

50年代至70年代末期，女性作家的存在重新变得模糊起来。这当然不是指这个时期没有女性作家，而是指女性作家的性别自我意识变得模糊起来。时过境迁，我们回过头重新检视那时女性作家的作品，也许仅仅是能够从文笔轻淡、行文较具抒情性等这类修辞风格的角度将它们同男性作家的作品区分开来，这无疑是一些优长，一些别具鉴赏价值的文体特点，但若从文学更深层次的角度来看，正如本章一开始引用的那段话所提的疑问一样：妇女的眼睛看到什么了呢？她们是怎样雕刻、塑造和解释世界的呢？对此，我们无以回答。“文化大革命”结束后，有几部作品传出了值得注意的信号，如张洁的《方舟》、张辛欣的《在同一地平线上》、王安忆的“三恋”（《荒山之恋》、《小城之恋》和《锦绣谷之恋》）等。这几部作品的共同之处，是开始企图用“分辨”的眼光考察两性在社会、情感、心理和伦理等方面的关系，也许这还谈不上以女性为“本位”的眼光，但它至少意识到要对两性加以“分辨”。这种眼光的出现，显然得力于80年代后渐形强劲的个性化社会意识；如同个人开始更多地从“自我”反思和探求存在的价值一样，女性作家的写作也渐渐脱离50年代至70年代末的“无性别”意识，重新对性别事实变得敏感而关切，并将其付诸叙事实践，写出以思考两性关系为主旨的作品。必须指出，当女性作家发表《方舟》、《在同一地平线上》、“三恋”这一类作品时，却几乎没有一个男性作家把“两性关系”作为他们的关注对象——他们脑中仍然只有“爱情”或“性爱”的字眼（例如《被爱情遗忘的角落》、《男人的一半是女人》、《贞女》、《远山野情》等等），也就是说，他们对男人和女人之关系仍仅看到互相欲求（好听一点的词是“爱慕”）的单一关系，不妨说，在此同题上他们的头脑显然要比女性作家来得迟钝和封闭，当然，这种失察也恰好符合男性作家所据有的性别优越感。

对当代女性创作来说，“残雪”这个笔名的出现可能意味着一个质的改变。这属于一个在长沙做个体户的非职业身份的女写作者，但是，这个符号与实际生活时空中的某个妇女的联系已经不那么重要，相反，与之联系在一起的那些小说文本，那些书写事实，才是至关重要的。可以说，从80年代中期起，“残雪”这两个字创造了单独的文字系列，它以自身一整套意象、句法、叙事面目，颠覆了既往男性话语所指定的女性小说文本样态：曲线之美、淡素之美、伤感之美、无邪之美……等等。这并不仅仅是一种主题和思想上的挑战，而是来自写作姿态和艺术审美方式的彻底反叛。任何阅读过残雪小说的男人，都无法从她那种梦魇般的笔触中获得一丁点儿所预期的传统“女性文本”的感受，对于后者，这些小说是比《莎菲女士的日记》“邪恶”一百倍的破坏者。残雪迈出的这一步，对后来的女性作家的创作具有深远之影响。毫无疑问，若无《山上的小屋》、《黄泥街》和《苍老的浮云》等，女性作家的叙述意识和语言就不可能被解放到今天这样；在讨论目下女性作家中所谓“个人化叙述”潮流时，我们大约不必提及谌容、张抗抗、铁凝等人的名字，但显然不能不提到“残雪”。当然，与90年代具有代表性的女性小说文本相比，残雪作品的风格可能给人以矫枉过正的偏激感，甚至一定程度上造成了阅读过程中的“性别遗忘”，但这对于越出男性审美趣味强加给女性书写行为的种种限制，是不可省略的。

伊莱恩·肖瓦特在《她们自己的文学》里分析道：

> 看看文学史上的亚文化群（指女性文学创作——引注），如黑人文学、犹太人文学、加拿大文学、英印文学，甚至美国文学，我们可以发现它们皆经历三个阶段：首先一个较长的时期是模仿统治传统的流行模式，使其艺术标准及关于社会作用的观点内在化；其次是反对这些标准和价值，倡导少数派的权利和价值、要求自主权的时期；最后是自我发现，从对反对派的依赖中挣脱出来走向自身、取得身份的时期。

现在，我们用中国文学替伊莱恩·肖瓦特女士以上分析补充一个新的例证。从较大历史范围看，我们可以把整个古典时期（至五四以前）视为“模仿统治传统”的时期，而将此后直到今天的这段历史视为有起伏的“反对过程”；也可以缩小时间范围，以70年代末以来为一个单独的演进过程，将残雪的出现作为一个粗略的分界线——在此之前主流是与传统保持一致（但“反对”的力量已开始滋生），至残雪而形成一次决裂，而在残雪的基础之上，90年代起，以林白、徐坤、徐小斌、海男、陈染等为代表的女性作家，走上与小说的男性王朝全面对抗的时期。应对90年代小说的这一特征给予重视，也许，它将成为改变下一世纪中国小说格局的一个转折点。

“她们”的形成

1995年世界妇女大会在中国召开，似乎是一个天赐之机。假世妇会在中国举行之力，处于“边缘”的女性话语突然成为异常活跃的中心话语，各种媒体和出版物上关于女性的报道、描述和研究纷至沓来。这无疑作为1995年的一大文化景观而留在人们的记忆中。所以徐坤写道：“1995年，中国女性在亿万世人瞩目之下经受了一次空前绝后的女性集体狂欢，中国的女性文学也经历了一次前所未有的‘高潮体验’。”

90年代，女性小说创作以超乎以往任

何时期的盛势，锐利耸起于中国文坛，诚非一日之功；除却自五四起酝酿积郁已久的“新女性”文化和文学传统的遥远背景外，自70年代末开始而在整个80年代绵延深化的对域外女性主义思想、创作的吸纳与消化，更是一剂极其强劲的催化药。可以断言，若无域外女性主义思想的传播，若无域外女性主义小说文本的直接启迪，中国目前的女性小说创作“高潮”就无从升起。这层关系，在中国一些有代表性的女性作家言论里表露极明显——她们的立场、她们的说法、她们的语词、她们文本中常用的意象，大量来自域外女性主义文学理论，例如她们喜欢谈论的“逃离”、“菲勒斯中心”、“身体”……，都是域外女性主义文学词典中的经典术语。

这时，我们才可以第一次用女性主义所自豪的“她们”一词来称呼这些有着明确性别自我意识的中国当代女性作家；而且，这也是近一个世纪以来“她们”首次以团体的、逻辑的方式认同于同一个书写原则。如果说：“她们”的前驱冰心在自己的时代还只是借着男性中心话语内部的“革命”契机(不能否认百年来男性话语也在不断发生大大小小的“革命”，五四新文化运动即是其中之一）而表达一点妇女的心声，丁玲也只是从这种话语中“最革命”的那部分——马克思主义——受到了激发而写出离经叛道的《莎菲女士的日记》，也就是说，限于时代的客观条件，前辈女性作家还不得不以其个人的努力在男性话语缝隙里寻求微光来照亮自己，那么，今天的徐坤、徐小斌、林白……们却不再面对这样的困难和空白；当她们开始写作时，一个由域外姐妹历经百年摸索和建设而已经成熟的女性主义意识形态体系就摆在她们面前，使她们省去了许许多多认识和情感自我发现上的曲折和茫然，换言之，她们已经知道自己的声音是怎样的声音以及如何喊出这声音。正因此，90年代的“她们”对于其小说创作的意义与价值的主张才具有如此的一致性，如此的坚定性；“她们”已不是迷惘的孤独的灵魂，“她们”形成了统一的精神阵营，“她们”正以清晰的共识携手建立新秩序。

作为小说而言，这种新秩序主要是指，女性作家的写作如何摈弃男性经验、男性视点、男性句法，一句话，不复使用男性的表达而找到一种纯粹女性的表意方式。这既是一个十分文化的又是十分现实的问题。经过数千年父权社会文明的遮蔽、抹煞和消灭，属于女性自身的语码或被禁忌或被删篡或被异化，同男权历史制造的女性“空白之页”相比，这是女性更为深刻的自我流失。当着20世纪女性作家渐渐复苏其性别意识之时，她们或许不难于从思想上明了“叛出男门”的使命，然而却在话语上处于一片空无的荒原境地，因为迄今为止她们实际上始终被迫使用男性话语从事叙述——她们也许争得了说话的权利，却不知道如何表白自身，这真是一个巨大的讽刺！

可以看到，如果不从男性话语秩序下逃离出去，女性创作势必永远接受男性尺度的审核。因此，新兴的女性主义小说能否真正立足于当代文坛，而与男性作家分庭抗礼，似乎就不单单取决于“写什么”，而要更进一步地取决于“怎样写”——你要发出自己的声音，你就不能设想用别人的喉咙发出这声音。

问题的关键再一次集中和归结到叙述语言上。正如1985年整个小说试图超越权威、正统的小说观念，而必须发动一次小说形式革命一样，现在，当女性作家想要最终实现其从事与男性作家平行、独立的写作这一目标时，她们也必须创建属于自己的形式，结束其话语的贫乏状况。只有这样做了，“她们”才可以在真正的意义上诞生。

迈向女性主义诗学

实际上，“她们”中不少人，特别是陈染、徐小斌、林白或蒋子丹（这位作家也许不全部在这一“派”中），在80年代后期以至中期便作为个例引起一些注意。“她们”之间彼此认同，有意识地在观念和写法上相互呼应，是在90年代。1995年末和1996年初发生的一件事，可能是一个明确的标志。当时，《中华读书报》刊载了一篇署名丁来先的男性批评家所写的，被徐小斌称为“毫无理由”地指责女性主义文学的文章。随后不久，1996年1月10日，徐坤立刻在同一份报纸发表驳诘之文；这篇文章不单单具有女性主义作家自我辩护的意味，实际上它还是一篇宣言：

> 女性因为沉默太久，缄口的时间竟然可以用百年千年来计算，所以，若不在沉默中爆发，便是在沉默中死亡。一旦铁树开花，哑巴说话，会招致一些惊异或怪异的目光，就显得十分正常了。

在一向被男性认为拙于理性思维的女作家中，徐坤是勇于出来破除这一咒语的人。我们注意到，她在小说创作得到阅读界的认可的同时，正越来越多地参与到“直接发言”的方式之中；毫无疑问，中国的“她们”——女性主义作家群，需要这样一位格里耶式人物，这本身也是反击男性偏见，从而为女性主义叙事话语争得“合法化”地位的一个重要方面。

确如徐坤所抨击的那样，男性偏见至今以“正统”自居，而视女性主义作家尝试和采用的叙事话语为“非法”，例如上面那位男性批评者提出的暴露“隐私”以招徕读者的指控。

他们确信，文学只有包容了人类的、社会的悲欢才是具有价值的。在男性而言，这是一种十分“自然”而毫不做作的主张，如果他们不这么想反倒不“正常”了，毕竟，他们是主角、主流、世界的脊梁，他们的那副“铁肩”对于承担人间道义实实在在地具有“舍我其谁”的气概。但是，当他们小觑着女性作家的“个人化叙述”，以此为不大器的凭据时，却没有想到这貌似封闭、孤芳自赏的姿态，恰恰隐蕴着系乎人间平等、正义的挑战和抗拒的意志，即以自我边缘化、以远离社会的男性中心价值体系来表示一个受压迫集团的觉醒和独立。这正如特里·伊格尔顿所分析的：“伍尔夫以流动的、弥散和诉诸感觉的文体，去抗拒《到灯塔去》中的哲学家兰塞姆先生所象征的那种男性的形而上学的世界。”

我所以说徐坤的《因为沉默太久》有宣言之意味，就是因为在这位学者型女性主义作家出现之前，她的同志们多数埋首叙事，甚少“直接发言”，从而使得男性批评家容易顺着其男性思维来看待她们在艺术中做的那些事情。也许，这并不是什么有意的误解和曲解。但无意的误解或曲解恰恰更可能执迷不觉。所以，女性主义作家不应放弃“自我注解”的努力，以让那些把“个人化叙述”果真当成“个人”向隅私语的人士，认识到这种写作实际上与整个人性前景息息相关的深刻意义。

但是，仅仅同对女性主义创作的“毫无理由”的非议相辩诘是远远不够的。女性主义作家应该更深层次地看待自我表述的问题，将它提高到建设女性主义叙事诗学的高度上来。只有这样，才能最终对来自男性话语逻辑的限制实行反限制，逼使其承认小说叙事可以不全都遵奉男性准则，可以不全都接受男性艺术秩序及其下所附属的道德与美学尺度的检验——总之，逼使其承认女性主义创作可以拥有自己的言语形态。

方式和细节

批评家南帆最近以几篇文章，就中国当代女性主义创作做出了也许是到目前为止最切实的细节研究，那就是他所称的“躯体修辞学”。在《女性写作与女性躯体》一文中，他这样表述他的命题：

> 目前，女性的躯体呈现成为女性写作的一个醒目主题。在这个方面，男性话语的封锁圈被粉碎，以往，文学的男性手腕，诞生于这些手腕之下的女性形象不过是男性为自己欲望所设计出来的模特儿。在这个意义上，文学同样是男性役使女性的意识形态。女性占领文学的目的之一即是，通过写作放纵躯体生命，冲破传统女性躯体修辞学的种种枷锁，用自己的血肉之躯充当写作所依循的逻辑。

“躯体修辞学”的提法并非南帆的杜撰，事实上，它是西方女性主义文学理论中一个著名的而又有争议的观念，一些女性主义者——如埃莱娜·西苏——倡导它，另一些女性主义者——如安·罗莎琳德·琼斯——则持怀疑和有所保留的态度。但从中国女性主义作家的实践来看，后一种态度似乎并不存在，相反，“她们”一致认同于这观念。我想，这正是南帆将其视为当前中国女性主义创作的一个“主题”的理由所在。

南帆指出的女性主义作家通过躯体化语言表现来“冲破传统女性躯体修辞学的种种枷锁”，是一个相当关键的问题。在人们对女性主义作品的非议中，很突出的一点就是关于这些作品的性意味。女性主义写作达到了它想要达到的目的——令男性中心话语感到恐慌。

不论话语世界或生活现实中的男性中心主义者承认与否，事实是，他们一直在潜意识里禁止女性表露对自己身体的兴趣。在古代，男人一再向女人灌输一种道德观，使得她们认为自己在性行为中哪怕流露出一丁点主动性也是可耻的。在现代社会，这样的道德约束尽管从生活现实的表象上消失了，然而它的逻辑、它的价值判断却仍旧保存在审美及其语言形式中。

语言世界里的上述性神话或曰性禁忌——这二者其实是同一个东西的两面——乃是男性秩序的最深、最坚固的堡垒，也是男权用以压迫、控制女性的最隐蔽的方式(试想，当女性连如实诉说对自己身体的感受的权利都没有，她还何谈更多的自由)，因此，女性主义叙事集中从这个层面突破男性话语的封锁——林白的《一个人的战争》、《致命的飞翔》、《枝繁叶茂的女人》，徐坤的《竞选州长》、《热狗》，徐小斌的《双鱼星座》、《迷幻花园》、《敦煌遗梦》，陈染的《与往事干杯》、《另一只耳朵的敲击声》、《私人生活》，海男的《我和我的情人们》，蒋子丹的《桑烟为谁升起》……等等——是完全必然的。

> 透过窗帘紧闭、昏黄黯淡的光线，我看到黛二小姐那年轻的肉体以及那长长的光腿都变得灰暗无光，她的脸颊散发着一个乡下妓女般的红晕，她那漆黑如茫夜的长发也变成了一块餐馆里人人都可以抹用两下然后就丢到一边去的抹布。我觉得，她盯着我看时，就像盯着一个令她满意的嫖客。

这是陈染在《另一只耳朵的敲击声》里戏拟某个男性叙事人的口吻，描述的一场性事之后的女人形象；此前，“狂欢之后”他还在心里赞道：“我多么喜爱这种半晕厥状态下的黛二小姐！”然而，仅仅因为黛二随即说了句不那么晕厥的话：“你看我们俩像什么？不过是两只四腿动物，卧在刚刚完事的占有物身旁喘息”，他就从她的脸上看见了“乡下妓女般的红晕”，她的长发也恍若变成了“餐馆里人人都可以抹用两下然后就丢到一边去的抹布”。女性主义作家对男权主义者内心的洞察远远超过了男权主义者对她们内心的洞察，所以对“她们”来说，身体的描写、性的描写与其说是带来了小说的“故事”，毋如说是带来了一种挑战性、抗拒性的叙事“形态”；男性逻辑愈是反感，“她们”便愈是坚决地把这些因素引入叙事，换言之，性已经成为“她们”笔尖最锋利的那一微细的部分，和在零之上建构自己的话语的起点。这也就是埃莱娜·西苏所呼吁的：“写吧！写作属于你，你自己也是你的，你的躯体是你的，拿着吧。”当陈染在《私人生活》里写女同性恋，当林白在《一个人的战争》里写女主人公的自慰，如果人们把这些描写只理解为医学书上所罗列的性行为在小说情节中的再现，无疑是不得要领的。事实上，它们是女性主义的叙事符号、“‘嬉戏诸神’的无往不胜的秘密武器”和挑战男权的语言修辞方式。

进一步讨论的话，如果说专注地凝视自己身体是女性主义寻找其叙事方式的初始点，那么，这种高线就仅仅引出了有鲜明和果敢的性意识的反叛主题，也不能不引出一系列相关的叙事艺术倾向。从抽象或哲学的意义上说，对自己身体的专注，这取向有一种“归家”的含意；实际上，这跟苏格拉底从普通人性角度提出的“认识你自己”属于同一向度。女性主义写作的目的，归根到底是在价值、心理和审美上自主地发现、确认其自身，要做到这一点，对“她们”来说恰恰不是向前进、往外走，反之必须一步步地从被男性话语垄断和统治的外部世界后退，直到回到一个能使一切男性符号被搁置被解除的文化为零的空间（用埃莱娜·西苏的话说，则是“从‘文化’的潜层和彼岸回来”），这空间显然只能是女性的直接禀自天然的赤裸的躯体，所以女性主义作家说“她们”只有身体，“她们”的写作是“以血为墨”——在这里，“墨”是男性文化的象征，女性主义作家拒绝用“墨”写作也就是拒绝用男性话语写作。既然如此，“她们”就清楚地认识到，她们能够用来书写自身的只有自身，而“躯体”或“血”的说法都不过是这种“从零开始”的叙事方式的比喻而已。

从男性话语中退却、收缩以至最后逃离开去，不能不使女性主义叙事在整个形态上一反前者的自我扩张特征。我们不妨把十字架注解为典型的男性意识的图腾；它那从一个中心朝四维伸张开来的箭头表露着十足的侵略性，同时，上下垂直相交的两线则将征服的欲望和这欲望间的冲突悲剧性地显现出来，男性的所谓自我崇高、苦难、力、理想主义等等核心理念尽在其中。而典型的男性文学价值体系正是以十字架精神来描述文学的最高境界，并相应地赋予文学以他们认为是不可动摇的艺术秩序——文学应当起到提升人的灵魂的作用，应当体现对历史、社会、人类的广泛问题和困境的负载、包容和关怀，应当具有理性、清晰的表现形式，应当给接受者带来强大、震撼性的感情冲击，等等。

我不认为男性建立的上述文学价值体系应予摧毁（实际上这种文学价值体系存在的理由决不是纯粹“男性的”），但我承认这种文学价值体系在历史上曾经伴随着整个男性权威一道压制或排斥过女性——大体上，这是一种合理的抽象精神同不合理的历史现实之间的矛盾，在此我们应把握住足够中肯的分辨。就现实而实，现阶段的女性主义写作对男性文学价值体系反其道而行之，并不是一个正确或错误的问题，而是一个必然如此的问题。

因此，“越轨描写”不是她们惟一的手段。她们的“私人生活”、她们的“一个人的战争”、她们的“潜性逸事”、她们的“成长”……这一幅幅“自己的房间”式的风景，将社会化（男性化是其同义词）的场景排斥在外，藉此拒绝承担小说叙事的男性功能。只关注自身、个人化叙述或边缘化写作，成为她们免于卷入男性语境的一道屏障，这有点近乎自我放逐。她们把自己放逐到内部世界，与回忆、梦境相伴，沿着时间通道滑离现实，而让事物更多地从自己的想象中发生，让想象赋与事物以她们想要的方式和意义。徐小斌关于她的《双鱼星座》这样说：

> 女主人卜零在男权社会权力、金钱和性的三重挤压下，在现实中奄奄一息无法生存，她逃离在梦中。在梦中，她用三种不同的方式极度冷静不动声色地杀死了三个男人——权力、金钱和性的代码（……）。

林白在回答有关其作品是否“自传体”时则说：

> 我很反感把我的作品说成是“自传体”，而只承认它带有自传性。回忆只是一种姿态，观察点，并不完全是回忆真实地发生过的事情，有时候是站在回忆的位置上想象并没有发生过的事情，即使是对曾经发生（过的）事情的回忆也不可能是完全真实的，也带上浓厚的主观色彩，是改造过了的。

值得重视的是“回忆只是一种姿态，观察点”一语。对于女性主义的小说叙事，这句话说得很到位。在以男性为中心的文化语境中，作为“少数派”的女性写作本来就面临众目睽睽之下的窘况，更何况女性主义采取的是那样一种“以血为墨”的勇敢方式。于是，那些本身潜意识里素来习惯于“窥视”阅读法的人似乎就更受到了暗示，直接把小说情节对等于作者的实际生活，这本是毫无根据的臆测，但居然有男性批评家会振振有辞地拿这一点去攻击女性主义小说，实属荒唐之举。针对这样一种并不正常的心态，林白做出的否定不仅必要，且颇有分量。

在“回忆”和“梦境”这类形式里，女性主义写作找到了与男权现实对立的极好方式。它固然可以像《双鱼星座》那样化为一种对男权具有否定意味的故事情节，也更可以如林白许多小说那样成为叙事逻辑的“重构”、“再造”力量。在林白式的“回忆”中，叙述者凭藉思维之于“现实”的可逆性、主观之于“客观”的游离性等特点，获得对“事实”的新的观察点。“回忆”可以理解为对过去的温习，但绝非重现；本质上，“回忆”从不是亦不可能是往事的复原，相反是一种改写。在“回忆”及其所指向的过去之间并不是空白（尽管看起来是），主体在这段时间里身体和心灵任何新的经历，都干涉到“回忆”（因此也就干涉到它所指向的过去）。就此而言，“回忆”十分类似于人生经历的“重读”，是对“读”的“重读”——同一个经历在读完之后一段时间里再读一遍，势必形成新的解释。

正因此，人们在林白作品里发现了多重相关的视角重叠，“（《一个人的战争》）在叙述方式上表现为叙述人、作品主人公、作者三种角色经常变化，比如，当多米作为第一人物和叙述者讲述自己的经验时，‘我’转换为写作者时，多米的私人经验就成了作者的审视对象”。这种视角的变化，产生出对同一对象反复凝视的效果，它显然不是急于认定事物的面目，相反，它强调一再的检视，从尽可能多的侧面，而且连不同的凝视角度之间也彼此凝视和打量。这种叙事形态具有怀疑论色彩，反映出女性主义叙事对世界和自我的重审意识。

与男性小说文本的情节大多呈现出明确连贯的推进箭头相反，女性主义叙事对情节在时间上的延伸以及逼近某种“结果”兴趣淡漠。“她们”常常亲手制止情节的推进，将它滞留在某一点上，以深度指向的丧失与模糊使叙事话语更多地在平面上活动；停滞徘徊的情节，有助于女性作家堆积其主观性体验和感受，而这正是“她们”重审自身所需要的一种叙事结构。因此我们看到，女性主义作家的小说文本经常有自我重复的情况发生，一个情节可能在不同作品中反复出现。有人将此作为一个缺陷提出批评。当然，在一般情形下，作家在其作品中自我重复几乎都是“江郎才尽”的表征，不过，假使自我重复是一种有意采用的叙述策略则另当别论。对女性主义小说而言后一可能性更大一些。正如我们前此的许多分析表明的，女性主义写作的基本姿态就是拒绝男性式的话语扩张，而返回自身内部（躯体和心理），“她们”无意寻求和讲述更多的故事，极而言之，“她们”甚至认为只有一个故事值得细细讲述——那就是“她们”自己。“她们”会把自己拆散了、打碎了、分解了一一端详，以期分辨何处为“自我”、何处为“他者”。这样的叙事不是建构的，而是解构的，不是要使无形聚合为有形，而是要使有形之物碎片化，并且也就是在碎片化里，女性叙事取得了跳出男性话语形态之外的自由。

尽管以上的分析是初步和粗略的，但是有一个认识已经愈益清晰：女性主义写作是一个小说叙事学上的统一体。不论持男性偏见的批评家如何地一叶障目把这种写作看得混乱不堪，事实却是，女性主义写作从主题、方式到其语言表现的技术细节都内含着连贯性；倘若有人愿意将其中的一种因素、一种表达（例如有关性的笔触）单独挑出来加诸十足男性化的批判，这并不能陷女性主义写作于不利，而只会暴露他们自己艺术上的盲视。我个人认为，女性主义小说创作这一现象不仅很难被抹煞，而且将成为90年代的可以影响未来中国小说格局的艺术事件——如80年代中期兴起的实验和先锋小说一样，如果允许做进一步的展望，我还确信，这样一股潮流将很快从小说界扩展到中国的其他艺术领域：电影、戏剧、音乐、美术，等等，到那时，我们可以指望握有更丰富的资料来探讨女性主义艺术的意识形态及其艺术方法论，看到真正成熟的女性主义诗学的诞生。

局　限

作为一个自以为较少性别偏见但又在生理、社会和文学观上与女性主义保持某种无法逾越的距离的男性小说研究者，出于精神、价值平等的原则，我对女性主义的理论和艺术实践持尊重的立场，并且尽己所能去理解和研究“她们”的世界。由此得来的看法，未必真正接近了女性主义，但重要的是，这代表了一种意愿，亦即男女两性相互了解的意愿。我相信，最终看来，人类的健康前景既不取决于男性霸权，也不取决于女性主义，而只能取决于他们认识对方的努力。

出于这一点，我在接纳女性主义文学价值和从总体上肯定它对中国小说的艺术发展是一种积极因素的同时，也对现阶段女性主义写作的某些方面持保留态度。我们不会忘记伊莱恩·肖瓦尔特关于女性实现其在男权下自立所需要经过三个阶段的论述（我对此深表赞同），而以此为参照反观当代中国既有的女性主义小说创作的话，显而易见，它还没有达到“不以男性为对手”的自由境地，尽管其原因大半不在女性主义写作本身，但这毕竟是一个较大局限，使我们难以不对当下女性主义创作有所保留。

就此引出的（或潜伏的）问题，恐怕值得女性主义作家警醒。首先一个问题是：女性主义写作目前以男性话语为对手，以反抗男性话语为旗帜，固然是必然的，但不要把反抗当成目的，它只是手段，并且，反抗不应是制造新的独断论。就此而言，批评家王小波在谈及《私人生活》时表达的某种担心，值得女性主义作家思考：

> ……就《私人生活》而论，我有理由说，我的指望落空了。现在我觉得《私人生活》不好，陈染会说，这是男性中心的偏见。假如我说这书好看之极，她就不会在意我是个男性。这样等于立起了个单向的闸门：颂扬的话能通过，批评的话就通不过。任何人都能看出这件事的不合理之处：女作家的作品，男人只能赞美，这种赞美就没了意义。假如女性文学意味着对文学做这样的分割，那就没什么意思。文化相对主义的观点，在文学领域也不可滥用，它会把文学割碎。

我们可以不考虑王文提到的《私人生活》这一特定例子，但他假设的现象也许是有普遍性的：一个男性批评家如果批评了女性主义作品，他言论是否就一定含有男权意味？设若真的形成这种逻辑，那么，女性主义小说很可能就在它为自己砌起的壁垒中走向偏执。

对男性话语的批判和拒斥，不意味着否定人类性的普遍价值和艺术美感的存在；男性作家艺术家所创造的作品、形式、风格，也不能统统等同于“男权”之代码和产物。在这两点上，女性主义作家的有些认识值得商榷，如林白在与人对话时说：“……也有雄性气质很强的艺术家，如瓦格纳、贝多芬，但我觉得他们从根本上离艺术的本质还是隔了一层，不是太纯粹”。如果这确实是她的原话，我想无论如何都太简单化了。至少贝多芬在其音乐中表现出来的东西，根本不仅仅是一种“雄性气质”；任何达到像他那样的精神和艺术境界的艺术家，都不可能如此的单调（在此仅随便举几个例子：《F大调“春天”奏鸣曲》、《D大调小提琴协奏曲》、《“田园”第六交响曲》、F大调和G大调两支浪漫曲以及广为人们熟知的钢琴小品《致爱丽丝》等）。但问题并不在于林白将贝多芬的音乐和情感简单化，甚至也不在于她批评他的“雄性气质”“从根本上离艺术的本质还是隔了一层”、“不是太纯粹”，而在干即便贝多芬音乐中被她称之为“雄性气质”的东西是不是就可以与“男性中心主义”划等号——直截了当地说，这种东西是不是就是与女性本性相对立的东西，是不是只能划归到“男性”概念之下？对所有这些问号，我个人是完全否认的。不错，贝多芬是一个男人，但显然不能就此否认他的音乐是全人类的精神财富，否认《第九交响曲》那种大悲大爱的情怀凝聚着基本人性的力量。如果女性主义作家自认与这种情怀无缘，岂不恰好应和了男权话语给他们设定的角色？——“说到底，毕竟是父权制而非女权主义在坚持给女人贴上情感型、直觉型和想象型的标签”。

这再次说明了一点：多元共容的观念，不单单要在男性意识中培育，同样也应是女性主义所勿忘的。

（原载《当代作家评论》1997年第5期，全文约22000字，咏琴摘）

走出“低谷”的科幻文学

——当前科幻小说创作一瞥

雪　孩

科幻文学是面对未来的文学。近两年来，科幻创作队伍里出现了一批新人，全国各出版社，尤其是各少年儿童出版社，竞相推出自己的科幻新作丛书，如：安徽少年儿童出版社出版的“科幻新作系列”、江苏少年儿童出版社的“中华当代科幻小说丛书”、四川少年儿童出版社出版的“中国少年科幻小说系列”、中国少年儿童出版社出版的“天狼星科幻小说丛书”、福建少年儿童出版社出版的“科幻列车丛书”……国外科幻小说的译介和出版，在出版界和图书界都掀起一股热潮，行情看好。1997 年夏天在北京召开的科幻大会，受到了传播媒体的关注与报道。这一切，都表明了中国科幻文学正在走出“低谷”，走向新生。

纵观目前正在升温的科幻热潮，大致有以下几个特点：

其一，作者的队伍发生了变化。老的科幻作家，除郑文光、刘兴诗等仍在写作之外，叶永烈、金涛等基本搁笔不写。科幻文坛上，出现了不少新人，势头相当劲猛，成为当前科幻文学创作的主力军。这批新人，有的年纪很轻，如刚刚走出大学校门的杨鹏，已出版长篇科幻、科幻作品集、卡通丛书二十多种，数次获中国科幻世界最高奖“银河奖”、国家“五个一工程奖”等大奖；有的以写作为生，如北京作协合同制作家星河，在 90 年代初即开始创作，已有作品 100 多万字，曾获“冰心奖”、“银河奖”等多项文学大奖；有的进入不惑之年开始从事科幻创作，如《写与玩》杂志副主编许延风，发表和出版中、长篇科幻小说多部；有的是辞职归乡的农民，积极投身科幻创作，如湖南平江的牧铃；有的本身是工程师，加入科幻创作队伍，如河南南阳的王晋康……不同职业，不同知识结构的作者加入科幻创作队伍，构成了中国科幻作家的多元化，有利于形成百花齐放的局面。但据有关人士透露，全国目前只有 20 至 30 多位左右的科幻作者，这种状况与我们飞速发展的经济与科学水平极不相称，发现与培养新人，成为振兴中国科幻文学的当务之急。

其二，科幻作家们摆脱了旧有的创作思维模式，大胆创新，既向国外作品借鉴，也重视中国自己的民族性，涌现出一批具有强烈创新意识、想像力丰富、精神境界博大的科幻新作。从 1978 年起就开始创作，颇有实绩的青年科幻作家吴岩的长篇科幻小说《生死第六天》，是一部很有份量的科幻佳作。该作品根据作者一部同名获奖短篇改编而来。吴岩一直反对将科幻小说当作一种图解概念的工具，反对将科幻小说与科普小品等同起来，强调作家创作应回到科幻小说本身。《生死第六天》写的是一艘火星探测飞船突然在众目睽睽下消失，进入一个孩子大脑里的故事。小说中的超弦理论、婴儿宇宙、VR 技术、混沌分析都是最近 20 年里科学界很热门的话题。而“强制转换”、“霍金转移”则是作者的幻想性观念。作者在注重作品科学性的同时，也不忘记作品的文学性，十分细腻地展示了少年人的情感世界，令人难忘。杨鹏的长篇科幻小说《蝙蝠少年》则是对“科幻西化”现状的一次突围。作者将故事的主人公外星来客放到中国唐朝的历史背景中，写他寻找一艘迷失了三千多年的远古飞船回故乡的故事。小说充分吸收了中国古代神话、唐传奇的优点，其时空跨度极大，充分展示了古中国灿烂的文明。小说中的“七宝灵檀几”、“木鸟”、“铁冠人”……来自于古籍，是中国古人的科学幻想，但至今被国人忽视或不知。作者用现代意识对他们进行观照，将那些激动人心的幻想发掘出来，为中国科幻小说创作尝试了一条新思路。星河的《月海基地》通过两位地球少年的星际历险，从异类生命的接触中醒悟到人类应该用一颗博爱的心灵去发展自己的文明。作者非常认真地把人的关怀、热情、探索、责任心以及少年儿童的勇敢融入了“生态关怀”这一主题中，是一部相当成功的作品。许延风的《飞碟纵队》将一场地球人与外星人的战争也归结到了一个爱心的主题上来，受到好评。在语言上，作家们的作品也比过去显得成熟、老练、文学性强。

其三，危机与希望并存。近两年科幻文学创作与出版的兴盛，原因是多方面的。其中与社会生活水平提高，科技进步，电脑走向普及，国外大片、卡通读物涌入……等因素有关。科幻读物在多年匮乏之后，读者多有“渴”的感觉，需求量大，呼唤中国科幻作品的呼声很高，这也是科幻文学走出“低谷”的原因之一。但是，正是在黎明曙光一般的希望里，也孕育着危机。目前在出版界，科幻作者与出版之间正在形成一个“怪圈”，很可能产生一种“恶性循环”。出版社为了造影响，习惯于出套书、丛书，并习惯于哪类书好卖就峰涌而上制作哪类图书，造成选题“撞车”事故。而科幻作者的数量实在太少，大部份都在成长中，尚未成熟，中国目前既没有国际级的科幻大师，也没有世界一流的科幻作品。而每个作者手里都有三四家出版社的“大部头”约稿。这就意味着创作上并不成熟的作者们每年要“批量生产”三四部长篇。这很容易导致作者的浮躁心理，产生“创作大腕”的幻觉（据笔者观察，这样的作者占的比例不小。）出版社极可能推出一些粗制滥造的科幻垃圾，败坏读者的胃口，最后令正在复兴的中国科幻文学被扼杀在摇篮里。繁荣是可喜的，但像泡沫一样膨胀的“假繁荣”，却应当引起出版社、作者、读者的警惕。

其四，科幻小说就是科幻小说，是一个独立的、特殊的品种。它有自己的性格、面貌和道路，不必要求它一定成为“姓科”，也不必强求它一定成为“姓文”的小说类。当年被一些人指责为“伪科学”的作品，已被社会发展证实为科学的预言。叶永烈曾说：“在历史上，伪科学一向是阻碍科学发展的；而科幻小说的作者总是向前看，是科学发展的热心推动者。‘伪科学’这顶帽子是绝不可能戴到科幻小说作者头上的。”十几年前有人将科幻与伪科学划上等号，严重挫伤了科幻作者的积极性，这也是当前振兴中国科幻应当注意的一个问题所在。

宋健同志曾多次强调：“科幻的水平是一个国家科技水平的标志。”这次科幻潮的涌起是在十几年万马沉喑之后形成的，无论是出版社还是作者，都应当抓住这一机会，多出精品，为中国科幻文学平稳地走出“低谷”，走向繁荣作出应有的贡献。

（原载 1997 年 10 月 28 日《文艺报》，全文约 1800 字，晓舟摘）

内地的香港文学研究

古远清

文革前，内地读者唯一知道的香港作家是写蒋家王朝野史的唐人。实行改革开放以后的 1979 年，随着香港作家到内地访问和香港文学作品的出版，香港文学的研究也被纳入议事日程。

内地的香港文学研究，最早是从得地利之便的粤闽两省开展起来的。它先后经历了下列阶段：A、从作家介绍到作家作品研究。潘亚暾的《香港作家剪影》，是最早集中介绍香港作家的一本访问记。易明善和梅子（香港）合编的《刘以鬯》，是内地出版的首部研究香港作家的论文集和有关资料汇编。其中论文作者内地占的比重不少。易明善后来又出版了《刘以鬯传》，该书史料翔实，对传主作品的评价客观，是刘以鬯研究的里程碑式的作品。以后有北京桂冠工作室主创的《侠之大者—金庸评传》。个人撰写的有青年学者吴义勤的《漂泊的都市之魄——徐讦论》。此书与《刘以鬯传》不同的是重在“论”而不史，论时新见迭出，体现了青年学者生气勃勃的开创精神。B、从作品赏析到断代文学史的编写。作品赏析集中在金庸、刘以鬯、西西及诗人犁青等人身上。近年单独结集出版的有笔者的《王一桃诗百首赏析》（港版）、张厚明的《蓝海文新古典主义诗歌鉴赏》(港版)。断代史的代表作是谢常青的《香港新文学简史》。此书只写到1949年为止，被称为“半部”香港文学史。此书的缺陷是政治论述过于突出，对具体作品分析太少，文学史观念显得有些老套。C、从《香港文学概观》到《香港文学史》的出版。前者由潘亚暾、汪义生合著，是潘亚暾主编的《台港文学导论》香港部分的扩充。虽不称史，其实带有史的性质。“概观”时间跨度长，从现代写到当代，是后人编写《香港文学史》的奠基之作。但由于是草创，留下不少缺陷，如把学生的文艺组织“文社”含义扩大，以至把香港作家组织当作“文社”，就有点离谱（新版的《香港文学史》仍沿袭了这一错误)。潘亚暾先生是最早研究香港文学的，资料比其他学者多得多，再加上他本人来自香港，研究条件可谓得天独厚。许多研究香港文学的人，都受到过他的启发。可惜他有些文章写得过于粗糙。王剑丛的《香港文学史》，是第一本严格意义上的香港文学史，是作者治学多年的结晶，是他继《香港作家传略》、《台湾香港文学研究论述》（4人合著）后又一新奉献。该书的小说部分论述较深刻，不足之处是评判作品的标准过于狭窄，提供的原始史料较少，注释太简略。像曹聚仁这样的大家没单独设节，也是一种遗憾。刘登翰主编的《香港文学史》，是目前规模最大的一种。该书史论结合，突破了以往“史料长编”的写法。把文学批评、儿童文学纳入研究范畴，也有新意。但由于是集体编写，各章节水平参差不齐，个别地方还前后有矛盾，有些论点也值得推敲，如说70年代以后“文坛政派分立界限的逐渐模糊乃至消除”（324页)，说“模糊”可以，“消除”则绝对化了。有人说该书是“捧”某一作家组织贬另一作家组织，这是站在某一小圈子立场上立论的，其评价并不公正。D、从文学史的编写到分类文学史的出现。分类史已出版的有笔者的《香港当代文学批评史》，近50万字。该书分三编，孕育期：50至60年代；转型期：70年代；蜕变期：80至90年代前半期，书后有五种附录：《香港当代文学批评大事记》、《香港当代文学批评书目》、《本书主要参考书目》、《澳门文学评论概况》等。此书有些判断下得过于匆忙，如认为现代主义“是一种远离政治的纯文学派别”(61页)，就不完全符合香港现代主义的实际。另方面，有些史实也有待核实，如赵聪的卒年。此外，还有何慧的《香港当代小说概论》、周文彬的《当代香港写实小说散文概论》的出版。

正在撰写中的有袁良骏的《香港小说史》，已在《香港文学》月刊发表过片断。从“片断”看，作者注意把自己的论述建立在丰富的史料基础上，写得扎实。

此外，还有各种各样的辞典，但大都附属于《台港澳及海外华文作家辞典》中，不像台湾文学研究有单独的《台湾文学辞典》出版。

内地香港文学研究队伍主要来自大学中文系现当代文学教研室与社会科学院文学研究所。分布地点虽然遍布全国，但大本营在广东。广东学者出的论著和部分论文，曾引起某些香港学者的质疑，这集中表现在1988年在香港召开的“香港文学国际研讨会”上广州三位学者发表的论文。但有些香港作家对广州学者的批评用词过苛，不够实事求是。如许翼心的论文体现了较好的理论素养，虽然有些概念（如“乡土文学”）的界定值得商榷。潘亚暾研究香港文学，也不像戴天讽刺的那样是在写《南柯记》。他的研究成绩是突出的。至于后来调到中山大学工作的艾晓明的西西研究和由她编选的《浮城志异—香港小说新选》，曾获香港作家一致好评。

内地学者研究香港文学，是在香港即将回归的大背景下进行的，不可讳言有政治功利因素在内，但对许多学者来说，主要出于教学工作的需要和整合中国当代文学的需要，并非像有些人说的那样是上级专门指派的，都是借文学研究之名搞“统战”工作的。

应该承认，内地学者由于掌握资料的限制，尤其是研究态度、观念、方法的不同，引起某些香港作家、学者的非议，是很自然的。但不能由此抹杀内地学者在香港文学研究方面所做出的成绩。正如璧华所说：“如果没有大陆对香港的重视，并进而注重到香港文学，看来香港文学可能停留在‘倍受冷落，无人问津’阶段”。还有人借余光中在1988年一次会上提出“是否应该要有一篇论文先界定一下‘什么是香港文学’”，便引出“连‘香港文学’的界定都不明确，还开什么研讨会”的质疑，这是很奇怪的逻辑。正因为“香港文学”无统一的界说，所以才有必要开研讨会。如果都弄清了，研讨会的意义就不复存在了。

内地学者研究香港文学，对提升香港文学在世界华文文学中的地位起了重要作用。在80年代以前，香港普遍被认为是“文学沙漠”。内地学者通过香港文学史的撰写和香港文学课的开设，有力地纠正了人们对香港文学的偏见，如认为香港没有文学，或有文学却水准极低等等。

内地学者研究香港文学另一特点是较为客观。香港虽是弹丸之地，但文学派别多、圈子多。香港本地的文学批评，往往带有圈子色彩，弄不好还党同伐异。内地学者一般能跳出框框，站在客观、公正的立场评价香港作家作品。不论是哪个山头的，只要是好作品，大都能纳入自己研究的视野。他们的研究注意到香港文学的多元性，不让一种流派独占文坛。

内地研究香港文学，是和研究台湾文学同时起步的。可现在台湾文学研究的成果远远超过香港文学的研究。香港回归后，“香港文学”还成不成为一门单独的学科，这是有争议的话题。笔者认为，“九七”后“香港文学”还将单独存在，不会等同于深圳的“特区文学”。“香港文学”作为一门单独的学科仍将存在，这是顺理成章的事。

内地学者研究香港文学，由于主客观条件的限制，存在着明显的不足。一是资料搜集不易，受到诸多条件的限制，史料整理往往容易出错。这里随手举两个例子，如鹭江版《香港文学史》（1997年）第299页说香港英文笔会为60年代影响最大的社团。其实该笔会当时未成立，1975年才诞生。“香港作家”1997年版《香港文学史》587页说黄维梁没有参与“香港专栏文字的生产”，其实黄氏较长时间内在《星岛日报》有“三思篇”专栏。又如175页把刘以鬯列为“因为大陆政权转移”避居香港作家之列也不确切。刘氏来港日期为1948年12月5日，当时新中国未成立，他从上海来是想把停业的怀正出版社在港恢复，得知无法恢复后则想回上海，后因一家报纸找他编副刊他才留下。二是个别人抓到什么就研究什么，缺乏从全盘考虑的观点。在资料不足的情况下，研究对象选择研究者是可以理解的，但如不实现研究者选择研究对象的转化，研究水平就无法提高。三是未能充分照顾到香港文学的特殊性，用内地的文学观点去套香港文学，用内地的文学标准去评判香港作家作品。如对现实主义文学作品情有独钟，偏爱描写下层社会苦困、暴露香港社会黑暗面的作品，对香港悼念鲁迅的活动大书特书即是几例。四是少部分文章有赞无弹，个别人甚至视“文学交流”为“文学交际”，这便引起部分香港作家的反感，以致在《香港作家报》上著文批评这一现象。又由于批评时面宽，便引来内地学者、海外学者的回应。这种争论，从整体来说，对香港文学的发展和香港文学研究的开展，是有利的。至于什么时候才有“香港文学”及随之而来的“香港文学”的界定和判定香港作家的标准、香港文学的分期、金庸算不算文学大师、“南来作家”在香港文学发展中是否起到了“领导”作用等问题，则还有待通过正常的学术争论进一步厘清和探讨。

（原载《香港文艺》1998年第4期；《湖北社会科学》1998年第5期，全文约3500字）

躯体修辞学：肖像与性

南　帆

一

躯体是个人的物质构成。躯体的存在保证了自我拥有一个确定无疑的实体。任何人都存活于独一无二的躯体之中，不可替代。如果说，“自我”概念的形成包括了一系列语言秩序内部的复杂定位，那么，躯体将成为“自我”涵义之中最为明确的部分。很少人会对躯体整体或局部的主权归属表示疑问。这无形地巩固了躯体自主、独立、完整的观念。

但是，个体的感觉仅仅为个体所独享。一旦躯体进入公共视域，成为社会性形象，躯体的自主、独立和完整就将遭受到破坏。与许多人的幻觉相反，个人躯体的社会形象并不是来自自我设计，社会形象很大地由他者设定。为他者的眼光所切割、分解、选择、重组——重组为他者所欲看到的社会形象。躯体社会形象的创造和解读在一系列代码的支配之下进行，这些代码分割并且主宰了公共视域的空间。根据特定代码所表示的意义系统建构相应的人物躯体形象，这可以称之为“躯体修辞学”。人们无一不是根据某一类型的代码，塑造对方躯体在自己眼中的社会形象。这样的意义上，代码成为符号的组织原则；躯体的社会形象将经由这样的修辞学分门别类地制作出来。换言之，代码代表了文化规定性投聚在人们的眼光之中，成为创造和解读躯体社会形象的依据。

这些代码在文学内部显示出强大的意义。虚构的特权表明，作家不再接受原型的束缚，他可以遵循自己的想象从心所欲地描写人物的躯体。于是，躯体的特质存在遭到了最大限度的扬弃，代码成为作家塑造人物躯体形象的唯一主宰。这时，代码的分析将充分暴露出社会文化对于躯体的种种预设和假定。这些预设和假定无疑是躯体修辞学之中的首要前提。当我将分析转向男女两大性别对抗的时候，这样的事实不难发现：传统躯体修辞学的代码表现出明显的男权中心立场。这就是说，躯体社会形象的创造权牢牢地把持在男性手中。在形象的设计上面，第一性与第二性的位置判然有别。

躯体修辞学之中，男性的一个重要策略即是，将男性的社会形象同文治武功的历史结合起来。从眉眼、体形到服饰，男性躯体的形象特征将在历史的演变中得到合理的诠释。这是男性话语的一个重要组成部分。

二

尽管《三国演义》、《庄子》、《世说新语》之间出现了肖像范本的分歧，但是，这些不同的男性肖像毋宁说是历史丰富层面的证明。相反，文学史上的女性肖像却完全同历史脱钩了。女性的躯体成为历史的局外人。“历史人物”这样的解码器对于女性躯体形象无效。文学史上，女性并不是活跃在历史舞台上，她们仅仅走动在男性的目光当中。换一句话说，女性的躯体之美并非一个独立的品质，她的赏心悦目仅仅在为人女、为人妻、为人妹、为人小姨的时候才显出了意义。

文学史上的女性躯体多半被男性的眼光封锁在一个十分狭窄的范围里。女性不可能像男性一样出将入相，叱咤风云；她们只能栖息在历史的背阴之处，成为家庭舞台上面的演员，充当男性的情欲对象。许多时候，

"家庭人物"才是女性形象的解码器。这样的事实不仅来自当时的一系列社会规定，而且还得到了女性躯体修辞学的大力支持。或者说，一系列的社会规定与女性躯体修辞学之间形成了同谋关系。对于男性制定的女性躯体修辞学来说，女性躯体的活跃与生动不过是更好地成为男性目光的猎物。她们不可能逾越家庭范畴，投入更广阔的历史。除却武则天时代的个别特例，女性通常与历史无缘。假如某些女性偶尔有机会跨出家庭，那么，她们首先必须服从男性躯体修辞学，改易男装，例如花木兰或者祝英台。这又一次显示了社会文化赋予男性躯体和女性躯体的不同待遇。

当然，男性已经充分意识到，女性的躯体之美同时还存在着扰乱男性正常秩序的危险。美貌的诱惑导致男性之间的争夺，女性躯体的统治权必将引起争议。这个时候，女性首先将作为罪魁祸首而遭受惩罚。体现在女性躯体修辞学上面，这种惩罚即是毁容。根据凯瑟琳·卡利兹的考察，明代出现了特别多女性毁容的故事。女性毁容多半集中在坚贞、守节、抗辱这些方面。女性躯体修辞学当中，美决不是至高的品质。如果美危及男性所强调的伦常纲纪，这将发展为一种政治行为。因此，男性必须作出严密的防范。诸多毁容的故事可以看做一种象征性的暴力——修辞的暴力。从女性躯体的赞美到女性躯体的毁弃，两者的距离恰是男性的欲望到男性的恐惧之间的距离。

这些迹象表明，男性执掌女性形象创造权的时候，女性无法自己表现自己。女性什么时候拥有自己的躯体修辞学？

三

80年代，躯体修辞学在中国文学当中的重新活跃标志着脸谱时代的结束。

饶有趣味的是，即便在崛起于80年代的中国作家那里，男女两性的躯体修辞学依然回到了传统。尽管现代社会的科技成就已极大地削弱了男性体魄在历史舞台上的意义，但是，这种历史的惯性仍未中止。至少可以发现，传统男性躯体修辞学的意义从未在"性政治"领域遭受抵抗；两性相持之际，男性体魄成为征服女性的不言自明的魅力。张炜《古船》之中的隋含章深深地仇视四爷爷，另一方面，她又不可避免地被四爷爷的身体所吸引。历史所遗留的观念迄今依然十分有效：躯体的强壮是赢得女性的资本，瘦弱矮小的男性在两性角逐之中的不利形势显而易见。冯骥才的小说《高女人和她的矮丈夫》小说标题的潜台词即是对传统男性躯体修辞学的维护。这显然表现出男性中心的立场在现实之中的广泛程度。也许人们可能反驳说，女性对于高大男性的钦慕是天生的，作家不过是将这一点作为常规前提而已；然而，这里我宁愿重复西蒙·波娃的一个著名观点：女人之为女人是后天训练出来的；这种训练理所当然地包含了对于男性躯体修辞学的无条件接受。

可以相提并论的是，80年代初期的中国文学同样无力扭转传统的女性躯体修辞学。张贤亮的《绿化树》和《男人的一半是女人》在当时的显赫名声和性别观念无不具备了典型的意义。在小说里面，章永璘曾经作出一个十分男性化的比喻："政治的激情和情欲的冲动很相似，都是体内的内分泌。它刺激起人投身进去：勇敢、坚定、进取、占有，在献身中获得满足和愉快。"相反，这两部小说之中的女性仍然是家庭内部的人物形象，尽管她们表面上具有泼辣和粗犷的性格。耐人寻味的是，两部小说里面的女主角形象——马樱花和黄香久——均是在户外出场。这似乎表明了女性活动半径的扩大。然而，《绿化树》清晰地描写马樱花面容时已经进入了户内。《绿化树》之中传神的一笔是白面馍馍表皮的指纹印，这是食物、家与女性三者的巧妙凝缩。这一切清楚地表明，女性躯体修辞学仍然由男性的眼光控制。

这样的控制延续到了80年代中期——历史终于积聚了足够的反叛能量。对于中国文学来说，80年代中期的文学革命同时撼动了传统躯体修辞学的基础。作为这方面的代表，莫言和残雪的小说撞入了人们的视野。

无论是《透明的红萝卜》、《爆炸》、《金发婴儿》还是《球状闪电》、《枯河》、《秋千架》、《红高粱》，莫言一批小说恢复了人们感官的功能。一些日常环境之中听而不闻、视而不见的现象重新触动了人们。恰是在感官开放和生机跃动的时候，人们不仅察觉到周围的斑斓多姿，而且还从感官的活跃之中意识到躯体的存在。这种躯体修辞学的意义在于，感觉从内部显现了躯体的气血骨肉。于是，莫言人物的躯体形象在一系列的感觉描写之中反衬出来了。

如果说，莫言的骇人笔墨背后包含了一种激烈的文化亵渎——包括亵渎传统的躯体修辞学，那么，残雪更多地增添了刻毒。出现于残雪小说之中的人物躯体无一不是丑恶的——恰是一视同仁的丑恶抹消了两性躯体修辞学的等级差异。残雪对于躯体之丑的想象力令人惊异，她的小说拥塞了众多摧人恶心的男女身体；父亲有一对狼眼而且会发出嗥叫，他的鼾声甚至会让瓶瓶罐罐从碗柜里跳出来；妹妹的一只眼珠是绿色的；母亲的目光会让人的头皮肿起来；儿子有一张愚蠢的脸和一个肥大的屁股；一个神情昏聩的老头当街坐在马桶上玩鼻涕，而且还喜欢用满是鳞片的细腿朝他人身体磨蹭；另一个老女人则不断地往端在手上的纸盒里面吐痰，否则就是贴着墙根溜出去探头探脑；某个鞋匠耳朵里长出了桂花；某个男人因为踩着了蝎子脚趾头迅速红肿。

至少在一段时间内，人们对于莫言和残雪所描写的人物躯体深感不适。的确，他们破坏了躯体修辞学的成规，可恶的颠覆了既有的阅读期待。显然，莫言和残雪的出现具有多方面的意义。然而，我在这里仅仅想将兴趣集中到原定的主题之上：男性与女性的的躯体形象不再遵循古老的解释了。一旦动摇了男女两性躯体修辞学的既有传统，人们可能看到什么样的后果？

四

女性大规模地参与写作，这早已是世界范围之内的事情。在女性主义文学批评那里，女性写作的意义正在得到全面的阐发。显然，这种写作标志了女性解放。解放不仅是精神的，同时还是躯体的。在《美杜莎的笑声》一文之中，埃莱娜·西苏用富有激情的语言宣布，女性的写作也就是返回她们自己的躯体："这身体曾经被从她身上收缴去，而且更糟的是这身体曾经被变成陈列的神秘的怪异的病态或死亡的陌生意象，这身体常常成了她被压制的原因和场所。身体被压制的同时，呼吸和言论也被压制了。"指出了躯体和言论的连带关系之后，西苏呼吁："写你自己。必须让人们看到你的身体。只有到那时，潜意识的巨大源泉才会喷涌。"

确实，在西苏理想的写作之中，女性的躯体粉碎了男性话语的封锁圈。以往，文学拒绝女性同样是男性的一个阴谋。男性企图在文学之中统驭女性，犹如他们在躯体上驯服女性一样。在这个意义上，文学同样是男性役使女性的意识形态。女性占领文学的目的之一即是，通过写作放纵躯体生命，冲破传统躯体修辞学的种种枷锁，用自己的血肉之躯充当写作所依循的逻辑。西苏强调，写作的冲动如同孕育的冲动一样属于女性："就像写作的欲望一样：一种在自我内心活着的欲望，一种对隆起的腹部的欲望，对语言、对热血的欲望。如果它正好会激发我们的幻想，我们将不会拒绝它。这幻想就是怀孕的无比欢乐。"于是，女性写作的结果是，女性躯体与文学互相打开，互相交汇，互相支持。这必将在文学之中重建女性躯体修辞学，让女性按照自己的愿望述说自己的形象。西苏早已经意识到，这样的解放可能震撼既有的历史："由于她一次又一次的震颤着到来，我们处在一个新的历史开端，或者不如说处在一个几种历史相互交叉的转化过程的开端。""在妇女身上，个人的历史既与民族与世界的历史相融合，又与所有妇女的历史相融合。作为一名斗士，她是一切解放不可分割的一部分。""她将在人类关系史上、思想上和一切常规惯例上引起一场突变……"

在这样的视域之中，林白的《一个人的战争》无论如何是一部特殊的小说。这部小说的一个重要主题是，女性躯体的觉醒与成长。小说征用了"战争"这样的大字眼修饰女性躯体的琐细感觉，这暗示了女性对于男性话语的某种入侵。小说令人惊异地从女主人公多米的手淫开始。通过描写女性性感，女性的躯体在小说之中获得了一个刺目的存在。这无疑是指女性的躯体怎样冲破一系列有形或无形的桎梏和阻碍，走到了光天化日之下——尽管多米的最后结局仍然是"逃离"。多米童年的最大敌人是孤独和寂寞，可是，性自慰似乎表明，多米可以凭借自己的躯体征服孤独和寂寞，不必依赖男性的救助。这一切延续到了多米的成年，以至于形成她对于男性的拒斥，无论是感情还是性爱的生理行为。多米从来没有感觉到男性的躯体之美："男人浑身没有一个地方是美的，我从来就不理解肌肉发达的审美观，肌肉发达的男士能比得上嘉宝吗？肌肉永远只是肌肉。"多米对于传统男性躯体修辞学的反感表明，男性躯体与历史演变之间的解释已经为她所抛弃了。这些男性并未引起多米的爱慕之心；她经过反省之后知道，爱情不过是一些自己虚构的火焰。多米与其说爱的是男性，不如说爱的是这些火焰。当然，多米也有痛苦的时候。但多米并不依靠男性的抚慰——她用女人式的哭泣解决了问题："我对着镜子抄稿，我看见我的眼睛大而飘忽，像一瓣花瓣在夜晚的风中抽搐，眼泪滚落，像透明的羽毛一样轻盈，连颜色的重量都没有，这种轻盈给人一种快感……""这种哭泣给人的快感，比笑的快感更深刻。"

这一切终于使多米收回了目光，回到了自己的躯体。多米毫不羞涩地敞开躯体，让躯体的所有感觉勇敢地浮现到表面上来。小说之中描写了多米半裸身体的写作状态。这不是投合男性的色情挑逗，而更像是展现女性躯体所蕴藏的潜力："这是我打算进入写作状态时的惯用伎俩，我的身体太敏感，极薄的一层衣服都会使我感到重量和障碍，我的身体必须裸露在空气中，每一个毛孔都是一只眼睛，一只耳朵，它们裸露在空气中，倾听来自记忆的深处、沉睡的梦中那被层层的岁月所埋葬所阻隔的细微的声音。"这同样可以视为一个象征。这部小说里，大胆的女性躯体修辞学预示了女性在文学之中的崭新姿态。甩下服装如同甩下既有的符号体系规定一样，尽管这一切还仅能限制在狭小的居室里。无论如何，这标志了一个意味深长的转折。

这时，女性的躯体已经不可能继续封锁在男性统帅的家庭内部。确实，"家"仍旧是许多女性的最后安慰，但是，她们心目中的"家"的概念已经不是父权或者夫权主宰之下的闺房庭院。女性解放的理想同时意味着将"家"改造为适合于女性躯体的环境，或者说，使之成为女性躯体的一个有机部分。这样，人们可以想到伊蕾的《独身女人的卧室》。这首长诗毫无顾忌将独身女人的卧室敞开，暴露在众目睽睽之下。首先，这个卧室是一间——如同伍尔芙所言——"自己的房间"；这个独身女人即是这个房间的主人，"我一人占有这四面墙壁"，房间里面装饰着镜子、窗帘，偶尔有友人来谈论艺术、哲学，或者开一个小小的生日晚会。此外，女主人公便枯坐在房间里，抽烟、幻想，思念想象之中的爱人。这首长诗的描写视角表明，这间卧室并不是若隐若现的闪动在男性的窥探目光之下；相反，这是一个独身女人对于自己精神居所的环顾——必要的时候，她就会拉上窗帘，隔绝外部世界，制造一个女性的空间。

但是，这间卧室真的是一个安宁的孤岛吗？孤岛仍然是女性背对社会的写照。相反，《独身女人的卧室》却以近于邪恶的性诱惑反抗男性的道德观念，骚扰男性的社会秩序。尽管“众多的目光刺我鲜血淋漓”，但女主人公仍然不屈不挠地念出一句咒语：“你不来与我同居。”《独身女人的卧室》之中，“你不来与我同居”是每一节的结束，先后出现了14次，这句诗的回环往复形成了贪咒一般的神秘效果。这种不顾一切的纠缠、怨恨乃至绝望的口吻和撕毁面具的泼辣无不显示出，女性已不甘于继续扮演被动的角色了。那么，她们真的能进一步像男性一样导演历史吗？

这样，人们有理由继续将目光转向瞿永明的《静安庄》——这同样是出自女诗人的一首长诗。相对地说，《静安庄》晦涩难解，种种风俗民情、田野、景象、四季更换和女性的感觉、无意识交织在一起，形成一幅幅层次纷杂的画面。

然而，恰是在这种纷杂的画面内部，批评家惊异地发现，女性的躯体和现实场景处在同一个被打开的水平面上。表面上，《静安庄》循着一至十月的时序缓慢地展开，但时间的推演同时包含了女性躯体的发育成熟和现实场景的纵向延伸。解读《静安庄》的时候，荒林写道：这首诗“不存在身外之物的表达，历史与现存，死亡与时间，风土民俗与爱憎之情，直接孪生在身体里，由女性身体的反应实现对外世界历史物景的再现。”在荒林看来，《静安庄》之中女性的成熟、性意识的觉醒、性别身份的自明与自然时序变迁史对衬，从而完成了互相象征的结构。显然，这首诗潜藏了某种重构历史的奇异形式，女性躯体修辞学与历史话语之间的关系得到了诗意的确认。这似乎表明，女性主义在历史领域顽强地打入男权中心所形成的一系列传统，试图建立女性的神话。

五

不论怎么说，多数人还是清楚地知道，女性与历史之间的距离不可能迅速弥合。很难想象，女性的边缘位置一夜之间得到了扭转。现实的一切既有规定正在按部就班地承传，女权主义所争取到的不过是一片极为狭小的空间。从“一间自己的房间”到“一段自己的历史”，两者之间横亘了一个巨大的鸿沟。另一方面，至少在目前，许多女性没有兴趣继续以男性所习用的文治武功建构历史，她们更为关心的是确立历史之中的女性视角，让女性的视角插入严密的男性话语，尽可能打开一条解放的通道。于是，作为一个基本的起点，女性首先为躯体的独立存在而努力——如同西苏所说：“男人们受引诱去追求世俗功名，妇女们则只有身体。”在这方面，女性躯体修辞学的巨大意义已经为文学所接受，或者说，这是女性文学所应当担负的使命之一。我相信，对于陈染的小说而言，女性躯体的呈现肯定是一个重要主题。显而易见，陈染是目前最具女性意识的作家之一。她曾借助小说的人物明确地宣称：“性沟是未来人类的最大战争”；她的诸多小说有意无意地印证了一系列女性主义的理论主张。毫不奇怪，陈染的小说制定了一批与众不同的女性躯体修辞策略。事实上，陈染就曾别出心裁地用躯体感觉组成一个漂亮的比喻，形容她文学写作的快乐：“如果笔尖下的那个字词或语码触碰了我神经上的某个敏感部位，那么我那只握着铅笔的手指的快感就仿佛与天空的闪电冰凉而热烈地一握。”

人们可以从小说之中察觉到，陈染对于躯体的存在十分敏感。陈染小说之中的许多女性人物并非作为情节的符号而存在，她们具有血肉丰满的重量。更为重要的是，她写出了女性视线之下的躯体。

在她那里，女人的躯体显出了许多男性难以察觉或者不感兴趣的秘密：“一个人就是一个理论，一本书。打开，你才会透过外皮，看到一个由破裂而纷乱的局部组装起来的女人，是多么的分裂，多么的绝望。”陈染的小说曾经出现了女性相恋的情节。《破开》之中，殒楠对“我”表示亲密的时候说：“你知道吗？我们俩的额头长得很相像。”作为欲望的对象，“额头相像”很难是男性喜欢一个女性的理由——这更像是女性对于自身躯体的欣赏。《站在无人的风口》描写了一个老女人“萎缩折皱、孱弱无力、衰老朽尽”的裸体。从叙事人“我”的感想——我决不活到岁月把我榨取得像她那个样子，决不活到连我自己都不愿观望和触摸自己身体的那一天”——之中可以察觉，这是女性对于自身躯体的认识、怜惜和衰老的恐惧。一旦女性的躯体逐渐在文学之中苏醒过来，种种女性的独有体验、感觉、想象随之恢复，突破封锁之后的躯体活力将不可遏制地涌现出来。

更大的范围内，陈染的小说还时常使用躯体巧设比喻，这无形地将躯体镶嵌于现实的各个方面，时时成为一种不可忽视的存在。诸如“轻轻抚在滚热的茶杯侧腰”、“几个抽屉全部像舌头一样漫不经心地吐出来”这样的比喻之中，躯体与外部世界之间隐蔽地形成了特殊关系；某些精彩的比喻明显地带有女性的印记。同样是在《与往事干杯》之中，陈染将波音747飞机比喻为“美丽而巨大的‘孕妇’”，乘坐飞机如同“躲进一只银白色的大鸟的腹中”；“我从头到脚被这只母性的大鸟拥抱着，托扶着，升腾，飞翔。”——这种比喻强烈地体现出一种女性的想象力。为了突出躯体的份量，陈染甚至不惮于使用性器官作为喻体。这与其说是猥亵，无宁说是以触犯禁忌的刺眼行为证明女性躯体的到场。

不论是否接受陈染的女性躯体修辞学，人们至少可以从这里发现一个事实：文学与女性躯体之间缔结了新的关系。“女为悦己者容”的男性崇拜遭到了蔑视，女性的躯体开始从压抑、屈辱和男性的欲望下面挣扎出来，作出了姿态倔强的、不无示威性的展现。这似乎仅仅是文学话语的一个内部事件，但是，这事件所隐含的挑战锋芒却指向了整个男性话语领域，指向了父权的象征秩序。这可能冲击男性的传统立场，动摇男性躯体修辞学的传统代码，并且提出了不同往昔的女性形象，从而重新设置男性与女性的相互位置。这是一个意义深远的开始。这可能预示了话语到现实的深刻转移。这个时候，人们才能理解，为什么埃莱娜·西苏《美杜莎的笑声》如此肯定妇女写作的巨大意义。

“妇女必须参加写作，必须写自己，必须写妇女。就如同被驱离她们自己的身体那样，妇女一直被暴虐地驱逐出写作领域，这是由于同样的原因，依据同样的法律，出于同样致命的目的。妇女必须把自己写进文本——就像通过自己的奋斗嵌入世界和历史一样。”

(原载《文艺争鸣》1996年第4期，全文约17000字，咏琴摘)

新书评介

《诗：激情与策略——后现代主义与当代诗歌》

刘 纳 著

这本不到13万字的小书是中国社会出版社1996年3月出版的“后现代主义文化丛书”之一。什么是后现代主义？后现代主义与90年代中国大陆的契合点在哪里？后现代主义与现代主义相比到底是偏重艺术化还是偏重生活化？中国大陆真的在90年代进入了后现代主义文化时代了吗？后现代主义在西方或中国是具有较为永久的生命力？为探讨上述一系列问题，姜静楠、刘纳、冯奇三人一起主编了这套《后现代主义文化丛书》。刘纳所著的《诗：激情与策略—后现代主义与当代诗歌》则集中探讨了后现代主义与当代诗歌艺术的关系问题。

在第一章《诗人，面对“后现代”》里，作者分析了诗人们面对“后现代”的态度。当代诗歌在中国大陆的命运可谓大起大落。从浪潮汹涌、席卷千里之势到江河日下、几近销声匿迹之况，人们不禁讶然：已有数千年传统的中国诗歌缘何在当代变得如此浮躁不安？当代中国还存在真正意义上的诗人吗？现实是尴尬的。商品社会的发展让物质过多地剥夺了精神的时空。面对“后现代”，只有伊沙等极少数诗人可以毫无惶惑。

该书第二章《在1986年》里，刘纳较为详细地介绍了当年中国文学界少有的盛况。诸多新奇古怪的诗歌流派纷起。而“第三代”诗人们用嬉笑怒骂差不多颠覆了诗歌本身。

在第三章《混乱的诗派：评价尺度的缺失》和第四章《“实验”的骗局：拼贴》里，刘纳注意到，所谓诗歌艺术“实验”，竟是一个拼贴文字的骗局，所谓深刻的内涵，不过是批评家们想当然尔。那么诗歌到底还有无规范可言？如果彻底丧失规范，诗歌势必要死无葬身之地。

在第五章《先锋姿态：作为一种诗歌策略》里，刘纳分析了诗人们的“先锋”姿态。在1996年前后，中国年轻的“现代派”作家与诗人以“先锋”命名。顾名思义，好像是这些作家与诗人要为中国文学艺术的生存与发展身先士卒，甘当拓荒者的角色。本著通过缜密分析之后，发现了他们的先锋姿态与“媚俗”倾向的联系。其实很明显，“先锋”是寂寞的，“媚俗”是喧嚣的，“先锋”如果也喧嚣起来，那么其实质也就是媚俗了。

在第六章《“生活的艺术”与诗的畅销奇迹》里，刘纳分析了“生活的艺术”及其与市场的关系。1990—1991年间中国大陆出现“汪国真热”，这是诗歌艺术与商品社会试图结合的一次较为成功的尝试。虽然缺乏艺术色彩，但因为有现实的生活艺术的内容为补充，又因为包装的恰当，定位的准确，使诗歌在当代中国的命运更加稀奇古怪，同时创造了一个诗的畅销奇迹。“生活的艺术”能找到自己的市场，说明部分受众在纷纷扰扰的生活中缺乏自己掌舵控制航向的自信，说明这正是一个“后现代”社会。

在第七章《新古典：拯救与化解》里，刘纳探讨了“新古典主义”的命运。在“第三代”诗人中，有被称做“新古典主义”的一群，他们以西川为代表，执意坚守诗歌的古典精神。“新古典主义”是“第三代”诗人中的异端。因为大势所趋，“新古典”诗人拯救崇高的努力最终被化解在“后现代”的文化氛围中。

该书分析了大量的诗歌现象及具体诗作，从中努力摸索出某种规律性的东西。然而，或者是因为著者自己对诗歌的失望，并没有为诗歌未来的发展“指点迷津”。但对过去的反思本身就有助于坚定诗人们及诗歌研究工作者的脚步。

《诗化心史》

刘士杰　著

该书为论文集，以诗歌评论为主，兼收其它文艺评论及作家专访，既有对文学现象、文学流派的宏观透视和研究，又有对名家名作的微观赏析和点评。

在诗歌评论部分，作者首先描述与分析了特定时期的诗歌流向。作者从诗坛全局着眼，致力探寻当代诗歌的发展规律。在该书第一篇论文《论“朦胧诗”的兴起》中，第一节“‘朦胧诗’的诞生”先是在忠于史实的基础上描述了朦胧诗诞生的真实情况，然后分析了其诞生的深刻的时代、社会背景及诗歌自身发展的内部原因，再分析了朦胧诗在思想内容和艺术形式上的个性特征，并指明了“文革”后斯出现的地下读书热对“朦胧诗”人反思历史、反思自我的积极意义。第二节“关于‘朦胧诗’的三次大争论”较为细致地描述了因“朦胧诗”引起的三次理论上的大争论。作者指出，对当时所谓“三崛起”的批判是这一时期的诗坛最令人严重关注的政治批判事件。第三节“北岛、舒婷等诗人的创作实绩”分析了“朦胧诗”代表诗人们的创作情况。紧接着在第二篇论文《论“新生代”诗歌》里，作者同样分三节描述和分析了“新生代”诗歌的有关情况。在第三篇论文《两条平行铁轨的部分对接—回眸1993年诗坛》中作者分析了1993年公开的诗坛和民间的诗坛部分对接的特点。

在描述与分析了特定时期的诗歌流向后，作者点评了众多的名家名作。作者所做的赏析和点评采用了不同的角度。有研究题材的（如《云想衣裳花想容》），也有研究诗篇所表现的地域的（如《天涯骆驼客　彩笔绘西域》），也有研究情感本身的（如《剪不断、理还乱的游子情结》），有研究诗篇的体裁的（如《商籁体的缘由诗》），也有研究诗篇艺术特色的（如《象征　冷隽　奇诡》），有研究诗篇所体现出来的作者的精神风貌的（如《寂寞风雨夜　心事连广宇》），也有研究具体的艺术手法的（如《对比的艺术魅力》），还有研究诗篇所达之境界的（如《实到虚处虚即实》），如此种种，各依具体诗篇而异，绝不雷同。作者本着实事求是的精神，对于各流派创作的长处都给予肯定，对于其缺陷和不足也做出了中肯的评价，尤其对崭露头角的青年作家给予了热情的扶持。

除作为主体部分的诗歌评论之外，作者在该书中还收录了部分其他文艺评论。如评昆曲的《风雨重重更见红颜丽—评昆曲〈晴雯〉》、评文学流派的《论赵树理创作流派的升沉》、评散文作品的《老树新枝开鲜花—〈小桔灯〉读后》等等。

最后，作者还在该书末尾收录了三篇诗人专访，有利于读者了解当代著名诗人们的具体现实情况。

《诗化心史》1996年10月由中国社会科学出版社出版。

（骆元军）

《中国朦胧诗论》

陈仲义　著

江苏文艺出版社 1996 年出版的《中国朦胧诗人论》，是国内第一本系统研究朦胧诗和朦胧诗人的专著。该书不仅是一部当代朦胧诗发展的简史，也是了解朦胧诗和朦胧诗人的窗口。

该书共分六章。第一章朦胧诗潮的概评从新诗发展史上阶段性意义、参与世界文学的格局和诗的五种模式三个角度分别论述了朦胧诗在我国新诗发展史上的地位、朦胧诗为积极参与世界文学而做的努力及朦胧诗在创作中具体表现出来的五种基本模式。作者认为，朦胧诗潮在最初是作为“异端”出现的，随着思想解放号角的吹响，朦胧诗潮义无返顾地充当了前驱的角色。自 70 年代中后期始，朦胧诗潮以《今天》为发端，裹着青年对人性、正义、爱的渴慕和叛逆传统反思现实的激情，在神州大地掀起了一场久违的关注个人生存的风暴。著名美学家李泽厚喻朦胧诗潮为新时期“第一只春燕”，是朦胧诗潮首先昭示了沉郁多年的青年的觉醒。因为历史的原因，诗歌创作的主体性表现被长期放逐达几十年之久，一旦出现转机，势必存在一个正本清源的过程。“今天一朦胧诗群”的主体意识首先以“言志”的面目出现，以寻找失落的自我为契机，贯穿着浓厚的叛逆意识、忧患意识和反思意识。随着逐渐与主体意识的靠拢，朦胧诗潮中的文化意识、生命意识逐步加强。作者认为，西方诗歌史经历了半个多世纪的浪漫主义，跨过包括象征、意象、表现、未来、超现实在内的现代主义，又漫向“后现代”，而《今天》有幸置于开放背景下，自“五四”后中西文化交融的第二回旋涡里，因之较充分地吸取了一百多年来的世界诗歌艺术经验的营养。作者认为，因为朦胧诗潮的辐射、覆盖和产生的回应，朦胧诗潮率先启动与张扬了人本主义思潮，确证了诗的主体性在文化前沿的蓬勃展开，又率先把白话新诗引入并提升到现代诗向度，促成大陆现代主义诗歌的中国化生长。由于诗人个性的差别，朦胧诗潮形成了五种艺术模式，即北岛的象征一超现实模式，舒婷的情感复调，顾城的幻型世界，江河的原型与个体同构境界，杨炼的智力空间。

该书第二章到第六章是对上述五种艺术模式的具体分析。如作者所说，他不打算重走“经历加评论”的老路，而是想抓住该诗人最独特的东西来展开，并力图上升为某种模式。诗歌不同于小说，小说所叙述的故事具有相对的独立性，而诗歌所诉说的只是诗人的主体意识对于世界的体认，如果这种体认并无自己的个性在，即便所抒发的情感如何激烈，怕还是不易达到感人的目的。所以作者致力于“抓住诗人最独特的东西”，是其对诗歌本质有深刻了解的结果。至于作者所概括的五种艺术模式精当与否，则大可以“仁者见仁，智者见智”了。

该书在梳理朦胧诗歌发展的脉络、阐述朦胧诗潮的独特意义、探讨朦胧诗人创作模式的同时，提出了不少有价值的新观点，如对于朦胧诗审美价值的充分肯定等，是足以留与方家商榷的。

（骆元军）

《沉入生命》

朱向前　著

北岳文艺出版社 1997 年 1 月出版的《沉入生命》是朱向前的第六本批评集。全书共分四辑：第一辑“文坛观景”是从宏观角度对当代文学一些现象的审视；第二辑“军旅谈文”在军旅文学领域做了一番宏观的勾勒与扫描；第三辑“书林漫步”荟萃了16篇（主要是小说）书评；第四辑“艺苑撷英”收录了著者应《八一电影》编辑部之约写的几篇关于电影艺术方面的文章。

本著的特点首先是视野开阔。朱向前是以军旅文学批评家而知名的，但军旅文学始终没有也不可能离开中国当代文学的大环境，军旅文学必然受到其他种类型文学的影响也必然影响到其他种类型的文学。由是，朱向前意识到拓展视野的重要性，把批评眼光投向整个中国当代文学。在本著第一辑中，朱向前以和北大西语系教授赵德明先生对话的方式讨论了当代中国文学的命运等问题。在本著第三辑中，朱向前所写的书评也涉及众多的非军旅作家如贾平凹、王朔等。

本著也显示出作者眼光的敏锐。朱向前在文坛崭露头角就是及时地大力肯定莫言的反传统姿态。当代文学对当代人来说必然是浮躁的，还有待一个沉淀的过程。当代文学批评家有责任从大量涌现出来的新作品中沙里淘金，宣传和扶持真正有才华的作家，把握文学发展的总体流向，从而促成当代文学健康发展。朱向前在该书第一辑《人文精神：重建还是构建——关于建设当代中国人文精神的对话》中提出的对人文精神的重视，在《工商时代文人何为——关于当前文人与文学的答问》中对当前文人的创作生存处境等问题都切中肯綮，必将引起有识之士的深刻反思。

从本著所收录的文章中，可以看出朱向前文学批评的把握方式。朱向前对文学作品和文学现象都能够做一种直觉的把握。直觉的把握需要批评家本人深厚的文学素养。而朱向前最早正好是搞创作的，他早在80年代的两个短篇都曾被《小说选刊》转载过，引起了大家的注意。直觉的把握的优点是往往能够发现出文学作品和文学现象的个性，而不是先放一整套理论模式在头脑里，再一一度量文学作品和文学现象。在《“废都”还是“废镇”？——三言两语说〈废都〉》一文中，朱向前认为《废都》所叙述的故事发生的环境与大都市根本不相符合，相反，倒适于商州古道或关中平原上的一座小县城。因此，贾平凹如果改《废都》为《废镇》，下笔可能更加从容自如。这个看法应该是很有见地的。

（骆元军）

《当代报告文学流变论》

李炳银 著

1997年8月，人民文学出版社出版了李炳银的论文集《当代报告文学流变论》，为当代报告文学的发展流变做了较为系统的理论总结。本著作者始终处在新时期文学活动的中心，对报告文学的潮起潮落及其流变有着直接的参与和体验。该书所汇集的论文，是作者多年来研究报告文学的成果。文章对许多优秀作家作品的实证研究和理论探讨方面的成绩，是当前文坛较为突出的。本著的出版，势必有利于从理论上澄清大众对于报告文学这一特殊文体的认识，改变对于报告文学的落后的观念，从而为报告文学的进一步发展与繁荣，打下扎实的理论基础。

该书的文章大体可分三个部分：第一部分是理论性的论文；第二部分是有关作家作品的评论；第三部分是带有述评性的研究和一篇专论，共计三十余篇。第一部分理论性的论文既有对报告文学问题源流的历史追溯，也有对报告文学美学特征的理论探索。该书的重点在对报告文学现状所做的一系列实证研究。作为一个报告文学评论家，作者在广大读者和报告文学界的影响和地位，正是主要通过这种参与性和针对性很强的实证研究而逐步得到确认的。

对真实性的强调，是作者对于报告文学的根本观念。报告文学虽然被称为文学，但其文学性的体现不在于虚构和主观臆造，而在于报告文学作者对于题材的选择，对于内容的剪裁和取舍。时下报告文学有渐趋冷落的迹象，主要原因就是在真实性上受到来自社会的广泛质疑。从对真实性的强调出发，本著的报告文学批评表现出三个方面的明显特点：一是对社会效应的重视，二是对报告文学家主体人格的关注，三是对理性精神的张扬。报告文学除了具有文学方面的特质外，还具有新闻方面的特质。新闻是强调社会效应的，如果不能引起社会的关注，就失去了存在的意义。报告文学有比较明确的写作目的，或者为了宏扬某种精神，或者为了揭露某种黑暗，要达到写作目的，首先必须引起社会的反响。当然，注意强调社会效应绝不是意味着可以哗众取宠，这中间的差别在于该作品所具有的实际意义。报告文学因为有其现实性，势必对社会现实表现出自己的立场和观点，这就意味着报告文学家要比普通文学家负担着更大的社会责任。因之，关注报告文学家的主体人格是必要的。只有具备敢于仗义执言、为民请命，置个人安危于不顾的品格的报告文学家方可经得住长久的考验。对于理性精神的重视与强调，是要求报告文学家能够高瞻远瞩，能够从宏观上分析把握社会现实，而使自己的作品不仅是对社会现实的消极反映，而且能够指明其发展趋势。要做到这一点是极为不易的。

报告文学的前途何在？仍是一个值得重视与探讨的问题。该书或许能给关注报告文学发展的人们以某种启迪和希望。

（骆元军）

《现实主义当代流变史》

张德祥　著

社会科学文献出版社 1997 年出版的《现实主义当代流变中》是一部致力于探讨现实主义与当代文学关系的著作。近半个世纪以来，现实主义与文学的发展纠缠在一起，历经浮沉，而真正有意识研究现实主义当代流变的，本著是第一部。

该书以史为纲，史论结合，同时采用了美学的研究方法。中国的当代文学是一直与政治紧密结合，其命运与政治沿革联系在一起，所以作者力图通过把握时代，社会的历史脉络来审视与之相辅而行的文学上的现实主义的自身演变，这本身就是现实主义的科学的研究方法。所以著名文学评论家朱寨说，该书“由于避免了以往对现实主义问题的就事论事，从而具有独到的见识。”中国社会科学院文学所研究员杜书赢也肯定该书“既理出了现实主义在新文学（1949 年以后）史中的发展脉络，又探讨了其政治、社会、文化的根源，对现实主义问题本身，从不同的角度和各个侧面提出了独到的理论见解，具有理论深度，具有较高的学术价值。”

该书从解放后确立文艺发展的工农兵方向开始论述，指明文学从此落入了“配合政策”的漩涡，在文学为政治服务的时代，“现实主义”成了一个“弄不清”的概念，成了当代文学中一道经常被扭曲、似是而非、模糊不清而又永不消失的“风景”。在分析了从苏联引进“社会主义的现实主义”的口号后出现的对现实主义的新的理解，阐明了现实主义在新的政治运动中的遭际，文革期间，现实主义落入沉沦状态，文革后，文学“从属论”终止，“文学是人学”得到重新认识。现实主义开始顺应时代发展的大潮，并在新的历史条件下有了新的发展。

要真正理清现实主义在当代的流变，就必须在其与政治的关系之外，用文艺本身的眼光去探寻其发展的轨迹。惟有这样，才能够明确现实主义在什么情况下是被“扭曲”了，什么时候又获得了转机，什么时候顺应了时代的要求，什么时候又显得与特定的历史环境格格不入。在整个现实主义当代流变的探寻过程中，作者坚持了实事求是的科学认知态度，理论分析深入而透彻。可以说，一部现实主义当代流变史，因为当代中国的特殊情况，在某种意义上，就是一部中国当代文学史。

（骆元军）

《当代文学新潮》

朱　寨　张　炯　主编

人民文学出版社 1997 年 12 月出版的《当代文学新潮》是一部着力探讨我国社会主义新时期文学思潮的著作。该书在说明了我国社会主义新时期文学思潮此起彼伏的时代背景后，描绘了文学作为反映社会现实的特殊手段，而呈现出的一派生机勃勃的景象。首先是文学创作上风格流派的异彩纷呈，继之是文学方法，文学观念的变革。文学研究界存在这样的共识：当代文学远未尘埃落定，要想做较为系统的理论上的梳理有相当的难度。该书着眼于新时期文学思潮研究，同时，针对最近的文学思潮的研究，又有着不可替代的意义，它通过对各种文学思潮的深入分析论证，可以直接指引当下文学发展的方向。

该书论述的重点是自新时期以来，在我国文学界产生较大影响的几种文学思潮（集中在第三章至第八章）。具体说是现实主义思潮、人性、人道主义思潮、现代主义思潮、文化寻根思潮、新写实思潮、生命思潮。而对于产生影响相对较小的女权主义思潮、非理性主义思潮该书便没有论及。对 90 年代出现的有关“人文精神”论争，“新体验小说”、“文化关怀小说”等，本著也未加评论。诗歌中晚于“朦胧诗”出现的许多自标旗号的诗派，如“非非主义”、“莽汉主义”、“城市生活流”等，也没有细论。另外，在第一章绪论中，该书介绍了新时期文学产生的时代背景，强调了摆脱“文艺黑线专政”阴影的意义，概述了新时期文学状况（即文学创作上创作方法的多元化，现代批评方法的引进，文学观念的嬗变，文学创作主体意识的回归，审美批评的兴起），肯定了新时期文学创作的主潮和主要方面的理论探索是“伤痕文学”和“反思文学”涌起后的现实主义的恢复和高扬。在第二章理论批评新潮的涌动与冲撞中，阐述了理论批评嬗变的内外机制，马克思主义文艺理论思潮的发展，和西方现代文论新潮的绍介与引进，以及 80 年代中期文学理论批评的新发展的大致情况。

在每一种具体的文学新潮的分析论证过程中，该书没有局限于该思潮在新时期的表现，而是正本清源，从该思潮的产生，讲到该思潮的发展及流变，使读者能够对该思潮有一个较为完整的认识，从而进一步理解该思潮与新时期中国文学结合的内在原因及未来发展的轨迹。该书在论证每一种文学新潮的同时，通过分析当时在该思潮影响下出现的较有影响的代表作以资佐证，使该书既有深厚的理论基础，又不乏必要的实证。所以，该书的诞生，不仅有助于文学研究工作者加深对新时期文学思潮的认识，而且有助于文学创作人员反思自己作品的得失，从宏观上给自己的创作以准确的定位，从而自觉调整文学创作的题材、主题、形式和风格，创作出更多更好的符合时代要求的作品。

（骆元军）

1996—1997 年现代文学研究

研究概况

现代文学研究综述

陈宇红　张传敏

概　　论

1996—1997年的中国现代文学研究，仍如前几年一样，比较平静，甚至有些沉闷，不像80年代中期那样产生过轰动效应。而80年代中期的轰动效应，不完全是现代文学研究内部规律所致，它有文学之外的因素在起作用。90年代以来，现代文学这门学科发展状况是沉稳的，面对世纪之交的转折时期，人们不可避免地会回顾这一学科50年来的发展道路，反思它曾经有过的曲折与迷误，并以此进一步思索它在下一世纪的发展前景，不管是乐观还是低调，都可以看出研究者们比较清醒独立的探寻之路。由于大文学史的观念逐渐深入人心，研究者们开始真正着手"20世纪文学史"的整理与撰写工作。整体概观的如《20世纪中国文学史》[1]，以体裁论的如《20世纪中国小说发展史》[2]，还有以区域为范围的如《20世纪山西文学史》[3]。更有如《中华文学通史》(十卷本)[4]那样的宏篇巨著，将古现当代一概打通。《中华文学通史》的现代部分（第六卷、第七卷）在几个方面开了先例：一是在原来文学史的基础上，增加了八个方面的内容（即民间文学、儿童文学、京派文学、海派文学、沦陷区文学、港台文学、电影文学及理论批评），使之更趋完备；二是将原有的现代文学史经过修改和补充，充分吸收了20年来的学术成果，展示了比较开放的集体撰史心态。《中国新文学图志》[5]则以其独特的"以图立史"的方式，直观而感性地展示了现代文学发展的视觉历程，出版后几成一时之胜，史家们纷纷开始注重文学史的视觉信息。中国社会科学院文学研究所现代文学研究室主持的全国重点项目《中国现代文学史资料汇编》中的乙种丛书《中国现代作家作品研究资料丛书》，这两年在十分艰难中又出版了《王西彦研究资料》[6]、《郑伯奇研究资料》[7]、《司马文森研究资料》[8]。所有这些20世纪文学史的修纂工作实际上是让现代文学研究界更加直观地认识到了现代文学30年光阴的短暂，故而，引起了对本学科未来发展趋向的深入思索。

此外，在大的作品编集上，区域现代文学也出现了"大系"，如长达十四卷的《东北现代文学大系1919—1949》[9]及《贵州新文学大系·现代文学卷》[10]。十卷本的《中国现代经典诗库》[11]也已经面世，是一套含量丰富的新诗选本。《20世纪中国文学史文库：论文精粹系列：诗词曲卷、小说戏曲卷、散文卷、神话卷、文学史方法论卷》[12]正在出版中，中国现代文学馆编选的《中国现代文学百家》正陆续出版。

这两年内，现代文学的研究有它的特点。首先是一大批硕士博士研究生脱颖而出，崭露头角，逐渐担当起挑大梁的角色，他们不但在研究单位，在高校，在有关报刊和出版社的编辑部门出任主力，还在现代文学研究方面提出一些引人瞩目的命题。全国性的权威刊物如《文学评论》、《中国现代文学研究丛刊》等也给他们提供发表见解的园地。这批新生力量逐渐在现代文学研究领域发挥他们世纪转型人才的作用，成为一个传承学术火炬的新梯队，研究界正期待着他们的成熟。

其次是前几年有学者提出现代文学经典化的问题。一方面是从浩如烟海的现代文学创作中挑选若干具有经典性的作家作品，精读细读，甚至作出新的解释，如樊骏的《认识老舍》，就是在多年潜心研究的基础上写出的不可多得的精品，堪称上乘之作。钱理群著的《名作重读》[13]正是“经典化”理论的一次实践。另一方面，将大量的被历史淘汰的作品，组织人力认真清理一遍，筛选一遍，不要遗珠；为了做到不遗，对一些“不够”经典，但却有特色的作家作品，写出一两篇扎扎实实的论文，指出他们（它们）对现代文学史的贡献，增添了什么，丰富了什么。这项工作正在默默地进行。与此有关的是两部“经典”作品选，即谢冕、孟繁华主编的《百年中国文学总录》和《中国百年文学经典文库》在社会上引起了强烈的反响。质疑者提出：一是现在是不是到了经典化的时候，二是所选作家作品是否得当的问题。在人们的观念里，经典是神圣的，不能当儿戏，随便玩玩了事。因此，谁人经典谁不人，就应当谨慎从之，或许可以说经典化是一个过程。这两部作品仅仅是过程中的产物，不准确不恰当，当不可避免。

1996至1997年度内，现代文学研究者们采取了更加开放的心态，力图从现代文学领域内发掘更多的课题，或者触类旁通，将其它如社会学、文化学、民俗学等领域的研究方法引入现代文学，以取得更加富有潜力的研究富矿。尽管如此，研究者们仍然在逐渐清楚地面对现实，现代文学越来越显示出它作为过渡性学科的特征，它的消融或者与其它学科整合的趋向是不可避免的。在本世纪即将结束的时候，现代文学面对的问题正是重复研究与冷门减少的状况，研究死角与日减少，而对大师们的阐释又往往有穷尽的时候，因此，多数研究者认为，现代文学研究的前景不容乐观。

作家作品研究综述

1996—1997年先后谢世的现代作家或与现代文学有关的作家，据不完全统计，有：杨霁云、陆定一、陈友琴、梁斌、魏传统、艾青、端木蕻良、汪静之、陈荒煤、陶钝、曹禺、徐迟、匡亚明、陈伯吹、罗竹风、刘莲池、楼栖、赵家璧、夏蕾、苏金伞、刘绍棠、汪曾祺等。

名家名作仍然是现代文学研究的重头戏，在整体研究中仍然占有很大的比例，研究者们对于原来政治意识形态很强的名家名作[14]，仍不是那么关注。这是否是对那些名家名作已经无话可说？还是新的时代需要新的经典？一些研究者正对现代文学作品进行“经典化”工作，例如贺桂梅、钱理群等人对于沈从文的《看虹录》的研读。[15]应该说，这样的工作是相当有益的。

现代作家传记的专著成为出版界的热点之一，有两大现代作家丛书值得注意，一是重庆出版社出版于1995至1996年间的，由陈涌主编的《中国现代作家评传丛书》第二辑，包括了王保生的《沈从文评传》，郑择魁、黄昌勇的《左联五烈士评传》，彭耀春、李景彬、丘梦英的《周作人评传》，万平近的《林语堂评传》，牛运清的《刘白羽评传》，郭志刚的《孙犁评传》及谭兴国的《艾芜评传》等。另一套是团结出版社出版，戴文葆、马蹄疾、桑逢康、宛兴华等人编的《世纪风铃丛书》，已出了第一批，包括黄淳浩编的《郭沫若自叙》，林乐齐、郁华编的《冰心自叙》，陈琼芝编的《巴金自叙》，李燕珍编的《胡适自叙》，赵素红编的《郁达夫自叙》，刘炜编的《徐志摩自叙》以及宛兴华编的《丰子恺自叙》。北京十月文艺出版社的《中国现代作家传记丛书》又添了董健的《田汉诗》等。其它散见的传记著作如《一生落寞，一生辉煌——高长虹评传》[16]、《死神唇边的笑——李金发传》[17]、《胡适传论》[18]、《李健吾传》[19]、《夏衍评传》[20]等。其中胡明的《胡适传论》是一部非常有特点、相当有份量、不可多得的学术传论。

有研究者对《女神》与《尝试集》的地位作出重新评价，认为《女神》、《尝试集》之间不存在相互影响和前后相继的关系，它们是在各自独立的情况下平行发展的，它们代表了中国新诗的两大发展源流——抒情的浪漫主义和说理的写实主义。从创作过程来看，郭沫若不是胡适的“追随者和响应者”，而是作为胡适的否定者出现的。过去学术界对这两部诗集哪个是“第一”的争论，是一种机械唯物主义的表现。[21]

1996年茅盾诞辰100周年之际，出版了一批茅盾研究专著，比较有代表性的如《茅盾的文论历程》[22]、《茅盾与20世纪》[23]、《茅盾研究与我》[24]，《茅盾和我》[25]等。各大刊物推出了茅盾纪念文章和纪念专辑。茅盾研究的史料钩沉方面主要有韦韬与陈小曼合写的《茅盾的晚年生活》[26]，其中相当部分包括了茅盾对现代文学时期事件的回忆。这位现代文学的重要亲历者的叙述必将有利于一些事件的澄清。《中国现代文学研究丛刊》和《新文学史料》分别推出了茅盾纪念的专辑。论文方面，比较值得注意的是《“茅盾传统”：值得深入讨论的历史命题》[27]。茅盾在重写文学史的思潮中受到严峻的诘难，其中不免有许多以偏概全的地方，但也能引发我们对茅盾研究的深层次的思考。“茅盾传统”指的是坚持文学的社会价值取向，注重文学对现实人生的积极参与，包括注重文学意识形态和社会政治要求的创作传统。其文学观在当时是被普遍认同的一种文学观念，代表了30年代文学的鲜明特质，是对“五四”文学的一种创造性转化，其蕴有的内涵、积淀的经验同样是极其丰厚的。而受批评最多的茅盾的“社会剖析式”的创作范式，确切地说是一种“传统”的失误而非“个别”作家的失误，也有它独特的价值，其提供的艺术经验也应引起足够的重视。此外，《茅盾前期现实主义文学批评观评析》[28]一文认为，茅盾作为“社会—历史批评”派的杰出代表，他入世极深，选择了“为人生”的文学批评。他早期的文学批评观念经历了由笼统到清晰的过程，内容为：文学表现人生；批判传统；提倡自然主义；提倡新浪漫主义等。作家作品论有高度有深度，缺憾则是，对文学的审美特点有些忽视，过分重视思想与创作倾向。

老舍研究因为“文化热”的兴起而倍受青睐。对老舍的研究正在向多方位拓展，专著如《老舍的语言艺术》[29]，《老舍资料考释》[30]及《老舍研究：六十五年沧桑路》[31]等，它们各有所侧重，构成了全方位的老舍研究。论文方面，比如《老舍小说与中国传统文化》[32]，认为老舍在对传统文化的承传和择取中，表现了强烈的使命感和忧患意识，他写地道的中国人，写他们的性格心理气质，并得心应手地使用民族语言与民族风俗。《老舍与侠文化》[33]一文开篇就提出，新文学阵营中以老舍受侠文化的熏染为最深，几乎成为贯穿其创作的一条线。如《老张的哲学》、《断魂枪》等，写侠精神，重人格尊严与义气，不谈爱情，认同下层价值，这其中反映了作家与文化相互的选择，也是改造国民性的一种努力。此外还有论者谈及了老舍与革命和政治，甚至老舍与卢梭等话题。在这诸多的对老舍的研究文章中，樊骏的《认识老舍》[34]是90年代中期老舍研究的重要篇什，它在从整体上把握老舍方面，有重要建树。在现代文学的大家里面，老舍是一位被备加肯定与认可而事实上臧否又有所保留的作家，比如他重视风俗文化而对社会剖析不足，他幽默的喜剧风格，更为重要的是他这个人本身，评论界都曾经存在着相当的成见。本文意在拨清笼罩在老舍身上的迷雾，让人们较为正确地认识老舍。作者首先认为老舍始终坚持了“五四”的思想启蒙传统，关怀民族命运，深入理解民众的病态心理。其次，老舍的兴趣与笔墨集中于从文化层面上对普通人的描写，以此切入整个社会现实乃至于整个人生，这与茅盾观察世界的角度不同，他注重的是文化批判，清醒的文化审视把他推到了很高的境界。再次，老舍与北京有着千丝万缕的联系，他小说中的京味包含了对底层市民的亲切描写，还包含了满族素质与旗人文化的内容。还有，老舍对笔下人物的态度往往流露出复杂、含混、矛盾的心态，这缘于他的文化选择与道德评价，与当时的现状也不无关系，表现了老舍身上深深的启蒙自省精神。此外，老舍还有着十分个人特色的现实主义创作手法，坚持实际见闻与切身体验，摒弃幻想的成分。最后，作者回到老舍小说艺术上最鲜明的特征，他的幽默艺术上来，他的幽默虽然有时也有弊端，但他又确实是洞悉人情世故的方方面面，外圆内方，在幽默中带着超脱的悲剧，形成老舍创作的幽默特色。对于一直被认为文学史上地位不高，思想上又存在严重错误的《猫城记》，袁良骏撰文称，数十年来《猫城记》受到了不公正待遇，认为《猫城记》在中国现代文学史上不愧为《阿Q正传》的姊妹篇，现在理应对《猫城记》作实事求是的科学评价。[35]

在沈从文研究上，研究者也多数注重他的文化背景，从宗教层面切入沈从文文学理想无疑是其中较为新颖又解释得通的一种研究方法。《沈从文与基督教文化》[36]中说，沈从文创作极为重要的几个方面都与基督教文化发生联系，比如《雅歌》与沈从文作品中的爱欲主题；教会经历与沈从文对绅士阶层及知识分子的讽刺，以致于社会批判；沈从文的宗教情绪影响了他美与爱的文艺宗旨。而《文化怀乡：沈从文创作的意义》[37]则从“文学—文化批评”的角度，对沈从文的怀乡情结的文化渊源作了探究。认为这是他文化个性上的敏感、真诚与孤独加上生存环境与生命感悟的两栖者身份带来的。其艺术实践就是在乡下和都市的人性比照中建筑起他的精神家园。新加坡的王润华认为：沈从文是一个标准的诗人批评家（poet-critic），他的小说理论与批评是典型的创作家批评（workshop-criticism）。在《短篇小说》一文中，“他除了肯定小说要表现人生，但这决不止于外在的客观事物现象，除了人生现象，应该还有梦幻现象，要不然小说就沦为新闻式的报告了”。其小说的最终目的，“就在于探索认得灵魂或意识边际，这样才能发现人，说明爱与死的各种形式”。“寻找还未被现代文明打破的人，还包括‘我’作者自己”。“他努力建立一个他小说的新传统。这个传统由鲁迅开始，他们都是摆脱许多20、30年代写作教条观念的拘束，贴近土地去描写被物质文明毁坏的乡村小镇”。“沈从文的这种乡村中国的诗学，从乡村中国来考察城市中国的小说，可说代表了中国五四时期以后的城市小说与诗歌的写作视野与思维方式”，“沈从文描写乡下人与都市人在乡镇和大都市相遇的小说，在今天看来，它实际上构成以后历久不衰的都市文学的视野与出发点。这种都市文学的诗学，恐怕要在今天台湾80年代以来的作品中，才开始起了变化”。此外，沈从文还是“少数敢于极地的试验新的文字性能，把它扭曲地加以使用的作家”。[38]俞冬伟《沈从文文化选择的两难性》一文表示出某种与王润华在较深层次上一致，又略显不同的观点：他认为这位宣称自己是“乡下人”，不喜欢“城里人”的沈从文，面对“城居生活，一方面沉浸于乡村世界文化的熏陶，以摆脱封建文化的缠绕。沈从文的情感就是在这文化选择的矛盾中倘佯，置身于无所适从的两难境地，而一旦把这复杂的心境投射到他的文学创作，就构筑起两个互为观照、互为发现的文学世界，在礼赞湘西世界抨击都市社会之中实现他的审美理想，但又潜意识地流露出乡村文化失落的哀婉，对都市文化无奈的认同”。[39]哈迎飞《论沈从文游记体散文的文体特征》则对于沈氏游记体散文的文体特征作了论述。[40]

巴金研究具有日益狭隘的倾向，但也还不乏佳构，专著如《巴金：永生在青春的原野》[41]。而论文《苦路行——论巴金的小说创作》[42]善于将巴金文学背后的因素提出来加于考察。文中认为，巴金的小说创作初期，似乎缺少文学自觉的准备，其作品的诸种意义上，以他的价值态度最富于魅力，是诗化的，带有乌托邦色彩的，使他的作品在现代小说史上，占有不可替代的地位，其人物多带有苦难意识，强调精神个体的感悟与抒泄，以不羁的激情写作，作家的意志成为最吸引读者的东西，对于人物的心智情绪的把握是多于外在客体的，故而创作往往由先验理念出发，理想与行为存在着悖论。因痛苦而写作使巴金善于严厉地审视自身，而外在于人的社会景观就越来越模糊。《文学的目的就是要使人变得更好》[43]关注的是巴金写作的转变，巴金早期写的是英雄悲剧，追求的是崇高的艺术功利——激情性与浮躁偏颇性。后来他转向了平和深刻，注意凡人生活，现实真切的艺术观，由外向内，由浅入深。

也许女性主义是一个时髦话题，1996—1997年研究者似乎特别青睐张爱玲、萧红、丁玲这样的女作家。《论丁玲作品中的女性意识》[44]一文以为：五四时期女作家笔下的女主人公都在“寻找理想情侣的小径上犹豫着、彷徨着”，而妇女所要做的全部事情就是争取自我选择的权力，并恰当地运用这种权力找到一位理想的伴侣。在外部觉醒的基础上再深入一步进行反思的作家是丁玲。她从妇女的社会形象问题，妇女的独立人格问题，妇女的自信心问题等方面来进行苦闷的探索。1929年冬，丁玲写出《韦护》，标志着她创作转机的到来。这个转机从女性文学的角度看，便是女性自我的悄然隐遁。1936年，丁玲到陕北，在《东村事件》、《新的信念》等作品中可以看出作家内心深处的女性意识的又一次喷涌，《三八节有感》遭到批评，1957年被打成反党文章，从那时起，丁玲女性意识又突然微弱到难以寻觅，直到1966年初作、1978年重写的《杜晚香》。“爱己强己的思想，应算是丁玲一生中女性自我意识的最强音。”而陈漱渝则以为，用女权主义的批评方法研究丁玲作品是可以的，也是一种新开拓，但把丁玲称为女权主义者并不恰切，丁玲“本人也不会承认”。[45]

对于萧红，艾晓明认为萧红港期作品以独立的姿态对主流文学“反叛”，“使用幻想去颠覆父权制社会——现代文化的象征性叙事”。[46]杜玲《论萧红越轨的笔致》[47]探讨了萧红小说的艺术特色，认为萧红作品的特殊而持久的艺术魅力，就在于她的“越轨的笔致”。“越轨的笔致”是萧红在现代小说散文化进程中一个特殊的成就。同时带来了一系列的散文化的小说，突破了小说旧的模式，并创立新的规范，标明了现代小说发展的一个引人注目的倾向。《生存边界的话语意义——生死场的叙述策略》中称生死场就是对生命的生存与死亡边界性的敞露，或说是对生命的自在与自觉意义的限度的呈现，女人的意义尺度与父性权威的消解。“个人体验”的萧红与“社会意识”的萧红，或者说启蒙者的萧红与左翼作家的萧红在文本中形成两种叙述话语——个体抒情与社会意识的凸现。[48]

张爱玲在异国的辞世使对她的研究再次出现一次高潮。张爱玲是一位颇具争议的作家，她身上具有文学的传奇色彩，又有意识形态上的倾向问题，能引起研究热点不足为奇。《反驳与偏离——张爱玲小说对于新文学的反抗》[49]一文对“张爱玲现象”的解释颇为独到。它认为，新文学初期的小说视点偏重于启蒙意义的觉醒者的立场，张爱玲的都市传奇故事却对此采取了明确的反驳意向，她杜绝了“观念形象”的存在，带来了对现实的新理解。反驳“生活戏剧化”，以反讽代替激情，造就了她小说那种苍凉的美学特征。她对于诸如“娜拉出走”的主题采取了回忆的审美角度进行处理，表现更多的是一种人物的身世命运感与故事的病态美感，她以更深邃的感性方式进入女性的世界，探索人性的畸变和情欲的限度，从而实现了对新文学罗曼蒂克倾向的反抗。就她的艺术风格方面进行阐释的有如《张爱玲小说的结构艺术》[50]，论者认为张爱玲的小说具有圆形美感结构，具体表现在意象结构、叙述结构、人物结构等上面。《诗意飘零——解读张爱玲》[51]最能够表达研究者们对张爱玲的整体感觉，它说，张爱玲首先是一个失家者，其次是一个失国者。又因为她背弃了一个巨大的新文学的传统，而失去了生存空间，政治与文学放逐了她。最后她还是一个失语者，她的文学世界的真实，是一种别样的真实。有的文章对于张爱玲的研究角度很新：“整体的经验世界被张爱玲分做了两个部分，可解的和不可解的；单一的经验时间也被分作了两种类型，长的和短的。”在张爱玲看来，“经验世界的截然不同的两个部分，是在两种极不同的时间之内展开的，作者把长的前者称为“故事性时间”，将短的后者称为“感受性时间”。一是无“我”之境，一是有“我”之境——故事性时间内展开的一切不过是经验的事件，总在发生着的与己无关的事件，而感受性时间内展开的一切确是对“我”而发的，因“我”而有的，使人心酸眼亮，飞扬着诗意。她的作品如《金锁记》、《封锁》、《倾城之恋》已经涉及到了人的基本生存状态与存在价值，但总的说来，其中绝大部分，基本上是停留在人生感悟的层次，无论是在有“我”之境还是无“我”之境，张爱玲都没能够像鲁迅或萧红那样通过对时代（环境）的把握而达到对生命本体存在境遇的追问的层次。张爱玲的基本的人生态度：看戏。“安稳情节”是张爱玲天性里最为深刻的因素。世俗的一般人所常遭遇的痛苦或伤害，大都能被她以“看戏”的姿态化解掉，真正能对她造成沉痛的创伤的只能是那类对“安稳”具有威胁与毁坏性质的事件。[52]其它研究张爱玲、萧红、丁玲及其作品的文章还有《论萧红的生命体验》、《论萧红〈呼兰河传〉中的儿童视角》、《时代的负荷者——七巧论》、《写出人性深处的原始悲怆——谈张爱玲的家庭题材小说〈金锁记〉和〈创世纪〉》、《丁玲前期创作的女性主义阐释》等等。[53]

钱钟书的《围城》仍然是比较受人关注的作品。专著《〈围城〉研究》[54]已经编选面世。《〈围城〉与中国现代讽刺小说》[55]一文认为，钱钟书是继老舍之后，不模仿鲁迅的讽刺小说家，他在《围城》中讽刺艺术表现出更高层更丰富的内涵。其喜剧精神、笑的艺术与语言效应都堪称现代文学中讽刺文学的优秀之作。[56]《论钱钟书的文学创作》[57]一文认为钱钟书在文学创作上表现了从传统忧患意识（身——家——国）到现代忧患意识（人类——人生——人性）的转型，从非理性主义到现代理性主义的心理转型，并以为这种转型又给他带来了以理抑情、情来扰理的心理障碍，其创作代表了中国现代文学史上智性型作家群最高成就。可视作一个偏离文学发展主潮的作家隔岸观照中发表的精辟的见解。虽然其文学史地位不宜评估过高，但他在中国文学发展中的参照价值应予重视。

此外，对艾青、冯至、林语堂、周作人、戴望舒、闻一多、梁遇春等人的研究均较有成果。诗人艾青于 1996 年 5 月逝世，他是现代文学史上一位贡献卓著的诗人，关于他的研究一向就比较稳定，在评论上没有太大的起落。研究专著《艾青研究》[58]已经出版。有的是从新的视角进行发掘，如《论艾青诗的宗教意识》[59]。艾青对于西方传统宗教意识的接受是在自觉追求中实现的，他在个人与民族共同情感体验——受难的基础上与宗教接近，并曾经推出“苦难美”的命题，正是在基督为世牺牲的人格精神上，诗人找到了人与神的精神契合点，他主动的献身于民族、时代、理想。其诗中的太阳与时代一样满贮着时代的苦难，追寻太阳的人也将饱尝人世的沧桑，其“太阳组诗”的运思模式已蕴藏着一种宗教神话思维以及一种艺术上的圆形思维结构。冯至研究的文章中，《论作为诗人的冯至》[60]中分冯至诗歌为两期，20 年代，他为审美生存者，有自恋情绪，唯美沉思的色彩。1927 年哈市之行后为其转折点，40 年代，他为现实生存者，《十四行集》东西方观念融合，诗技成熟，是十四行诗在中国成熟的标志。《迷茫中的探索——论北大毕业后留学德国前的冯至》[61]则以冯至一生中重要的一环为切入点，观察他诗歌风格的变化与成熟，新兴的现代主义在此期对他有了隐约的影响，在他的《北游》中体现出来，此期陀思妥耶夫斯基与尼采对他产生了相当的影响。在 30 年代，他迷上了里尔克雕刻样的诗，其创作开始向超离以往方式的方向发展。

林语堂属于被重新定位的作家，《林语堂的“性灵说”》[62]重在对林语堂创作理念的解释，林语堂认为作文以“性灵”为第一要，本文首先将林的主张放在中国古典文学批评史上去考察它，重点在于明中期以后，其次西方现代浪漫主义与自由主义思想的影响难以分离，从小品文文体理论上加以评价，认为它与林的个性相契合，又有一味表达自我的片面性。王兆胜《紧紧贴近人生本相——林语堂的人生哲学》[63]对于林语堂的生命悲剧意识进行了深层次的探索。作者认为林语堂的生命悲剧意识主要有两个方面，一是对“死亡”的深切体认；二是认为世界与人生不过是一个“戏台”。但林语堂的世界观和人生观又有着达观、乐观和积极进取的另一面。作者又认为乐观和明澈仅是林语堂的一个方面，甚至不是主要的，统摄林语堂人生与文学创作的主调始终是感伤，林语堂的抒情具有“复调”性质，其忧伤“非常淡雅”。[64]

周作人是一个颇令人费解的作家，专著《知堂情理论》[65]从一个崭新的角度对其人其文进行解释。《中国现代文学研究丛刊》有对周作人的研究专辑，从几个方面来观察，较有新意，如《周作人与基督教文化》[66]论述了周作人对《圣经》文体的借鉴；他的“人的文学”主张与基督精神的关系；他把宗教信仰限定在个人思想自由中，试图探索“汉语基督思想等”。《论周作人的个性主义文学思想》[67]认为周作人 20 年代到 30 年代的文学思想，以“个性的表现”和“自己的表现”为中心，无功利、无教训、无阶级分野。创作与批评力求主观自由，并未透彻学到西方的个性主义，这与他隐逸的人生态度有关。《关于周作人研究的几个问题》[68]对于研究界对周作人的评价越来越高，并出现奇怪论调表示不解。作者从周作人的历史地位、兄弟失和、附逆事件、中后期散文等方面考察，试图廓清周作人研究中的某些偏差。

关于戴望舒，《戴望舒诗作的语言策略》[69]将戴望舒对于现代语言的自觉意识做了微观观察，论者认为戴望舒在写《望舒草》时，不再借用古辞藻及其诗意，而是将日常生活的语言陌生化，将散文艺术引入诗歌，使诗句舒卷自如、自然流动，还用隐喻手法来重建语言的基础，将新诗的语言自觉程度提高了一步。同是诗人的闻一多，在美学上的建树更高一些。《闻一多诗美文化管窥》[70]说：闻一多的中西诗美的结合，形成了多样风格的统一，并以险怪奇崛的文字为主导风格。异想天开，光怪陆离；立意奇崛，出语奇特；以丑衬美，化丑为美。他提出的诗之“三美”，在新诗形式革新的方面，作出了可贵的贡献。梁遇春的作品虽然存世不多，但他以精代博，在《笑涡里的泪——谈梁遇春》[71]一文中论者认为，被美称为“中国的爱利亚”的梁遇春，他散文创作深受英国随笔的影响，古典诗文对他也有潜在影响，他的一生从书中获取经验，怀着渺茫的理想，长于对知识阶级的批判，以艺术的华彩去涂抹现实，在零星事物、梦境和梦醒后的痛苦中辗转过活。他悲观、自怜、自恨，这种病态性格带来了他一生的哀痛。

孙玉石对于何其芳的研究又有新突破。他在论及何其芳30年代的诗作时认为：何其芳30年代的情诗不再是一种社会思想（反封建意识）的载体，而是人生美丽与痛苦的情感体验，基于个人苦乐悲喜而又超越于苦乐悲喜，基于真实与理想而又超越于真实与理想，曾有过热恋而又超越于热恋的生活层面，进入一种生命体验的美丽的“艺术的爱情”。同时1933—1935年的诗受艾略特影响而出现有着批判眼光与理性色彩的“荒原意识”，其独特艺术个性表现于其诗作情感的“客观对应物”不是在寻找中实现的，它们就是诗人的情智和思维运动的本身。[72]对于九叶派诗人穆旦，也有文章值得一读。《论穆旦与中国新诗的现代特征》[73]从晦涩、白话、口语和散文化等诗歌的现代性诸方面分析了穆旦对于中国新诗的独特贡献。《冯至、穆旦40年代诗歌写作的人称分析》[74]则对穆旦、冯至40年代诗歌写作的人称加以分析、比较，其视角较为新颖独特。

对师陀、施蛰存等作家也有深度的研究。《跋涉与沉思——试论师陀小说的文化品格》[75]中称：流浪和寻找构成了师陀小说中令人惊叹的一大景观。“如果说城市为他提供了一个生存之所，那么乡土则是他取之不尽用之不竭的创作之源”。如果说沈从文自觉归属于农村，左翼作家自觉站到现代文明（其实是革命文化）的城市，那么师陀则自觉维持自己中间与边缘的角色。“和前者比，他的作品少了几分虚幻迷恋，多了几分灰暗与嘲讽；和后者比，他的作品则多了几分温情，少了几分愤激。这种若近若远若即若离的关照方式，使其情感的充溢不致排斥批判的理性，而理性的光辉也不致黯淡自己的情怀，他因此而避免了因沉溺于乡土或愤激于乡土所导致的过剩的美化与否定，使自己在描写乡土生活时，有足够理智去审视，也有足够份量的情感保持作品的温和风格”。《施蛰存历史题材小说创作论》[76]以为施蛰存的历史题材小说创作表现出了“把古代人物世俗化的倾向”，“揭示出了古代人物的二重甚至多重人格”。此外，《梅娘：她的史境和她的作品世界》[77]、《刘云若论》[78]等论文，都有开拓之功。

思潮流派研究综述

社团思潮流派研究的普遍，表明了以群体方式考察现代文学发展流变逐渐成为一种通用的方法。本期也不例外。同时研究者更加注重从新文学的整体观上对历次文学思潮及诸种流派，进行有效的探讨，而非是孤立无援的单个研究，这使得各思潮流派的发展嬗变呈现一种真正意义上流动的状态，有比较明晰的发展脉络，有活的源头，有去向的交代，纵向常常往前追溯到古典文学时期，往后直至对当代文学的影响，横向则顾及外国文艺思想的影响。由此可见，研究者们已经进入了思潮流派研究的“自觉”时期，正在积极地建立一个以现代文学思潮流派为观察中心的研究“网络”。出版于1995年底的《中国现代文学思潮史》(上下卷)[79]以史料的翔实和学术立场的平正见长，它将现代文学思潮发展叙述为“现实主义”、“浪漫主义”和“现代主义”并存，相互消长的历程。这部关于思潮流派专著的出版，为这两年的思潮研究起了推进作用。

在研究方法的引进上，研究者也开始应用一切可能的方法进行思潮流派研究。如《新文学流派研究的社会学方法》[80]一文所述，文学流派有方法论的意义，如果试图在文学全貌和个体作家之间架起一座桥梁，就可以依仗文学流派的作用，从社会学方法上说，文学流派是社会生产的自然现象，同一时代的作家的个体创作不知不觉就有一种趋同的倾向，产生了流派，庸俗社会学曾经造成的恶劣影响，使社会学在文学研究领域受到冷落。事实上作家群体创作实践的作用，使得文学流派的历史形成了一个不断转换的连续性的客体，是文学发展的根本动力，绝不可忽视。《品格·角度·整合——现代文学思潮研究中的几个问题》[81]则重在对思潮这一概念的界定。论者认为，思潮的形成需要看有没有形成一种带普遍性的趋向，是否产生了较广泛的社会影响及持续时间的长短，它比流派的作家涵盖量更宽，故而思潮中往往有多个流派出现。对思潮的研究离不开对一定文艺理论形态的研究，并强调它们的历史感和整体感，避免宽泛化。以多样化的角度对文艺思潮进行观察和研究，主要有三种常规的角度，分别为社会政治观念、西方文学和近现代文学发展、文学的文化特征等。加强整合的方式主要有梳理单个思潮面貌，分析各个思潮之间的关系，揭示思潮运动规律等。这些观点对1996—1997年的思潮流派研究起了相当的指导作用。

对于“五四”这一现代文学之源，研究者仍然抱有相当的兴趣，并继续做一些出自原始资料的论证工作，极富代表性的是《“文学革命八事”系因南社而立言》[82]一文。论者认为胡适提出“八事”与南社关系密切，是针对南社创作倾向而提出的，而且论证这些主张的材料十之八九也出自“南社丛刻”，胡适在绝色佳的争论对手多南社人，并针对南社诗人的骈文律诗而作白话诗，“八事”的提出每一条都与之有关，文内作了按条索考。《重新建构“五四”新文学传统》[83]则对“五四”新文学在时间上的分期、文学特质及精神实质的定性提出质疑，对新时期以来的革命说、启蒙说、现代说表示怀疑。作者持对话理论立场，批评伪价值主义和虚无主义的“五四”观。他还提出重构传统的几条基本原则，即：把握时代的本质特征和文化精神；在“五四”新文学中找到相应的精神之本；保持“五四”的独特性与纯洁性。陈万雄的《“五四”新文化源流》，从人物谱系和文化思想两方面，研究了“五四”新文化运动和辛亥革命的内在联系，资料丰富，论证严密，是一部极富特色的学术专著。[84]王锦厚的《“五四”新文学与外国文学》(修订本)，以大量鲜为人知的翔实史料及图表，在广阔的历史背景上，对“五四”新文学与印度文学、俄苏文学、日本文学、被损害民族文学等相互关系作了独到的描述。[85]张鸿声发表了对于“五四”、“劳工文学”的见解：认为从人道主义到劳工神圣，到平民主义，到社会主义，是“五四”时期劳工文学思潮发展的脉络，从人，到劳工，到底层工人，再到作为阶级的工人，便是这一时期劳工形象的变迁线索。但“劳工文学”在整个“五四”时期，是一个并不发达的门类，缺少独立存在的可能性。因此，它只是“20世纪中国工业文学的初态”。[86]唐晓渡研究“五四”新诗的“现代性”问题时认为，“可以从‘新诗的影响是外国诗的影响’这一总体概括的角度来看待新诗初时对‘现代性’的追求”。“‘五四’新诗从一开始就不是一场独立的艺术运动，而是一场远为广泛的社会政治、文化和意识形态启蒙运动的组成部分，这场运动有明确的指归，就是要救亡图存，使日益衰败的古老国家重新崛起于现代的断层。它决定了新诗本质上的功能主义倾向，并把启蒙理性暗中降低为工具理性”。“表面看来，新诗在最初二三十年的发展中并不缺少自我意识，包括以开放姿态不断探索新的可能性，谋求自身改善和对自身的反省，但它从来就没有形成独立的自由意志，至多是以消极的方式试图逃脱强大的意识形态引力场”；而当现实的革命要求被无限放大成“新纪元”的乌托邦时，它恰恰是在逃避自己的自由意志。在“五四”新诗对于“现代性”的追求中，“现实的功利目的和直线的时间观决定了它一再告别过去，更多地向未来汲取诗意；可是，随着怀疑和批判精神的丧失二者之间的界限开始变得越来越难以辨认”，从而使其追求有了悲、喜剧的特征。[87]有研究者以弗洛伊德学派的精神分析法来研究“五四”退潮后的女性形象。比如《关于白话文运动的几点追问与思考》在对白话文运动的质询中表现出抛弃成见、彻底的反思精神。文章追问：其一，对于白话文替代文言，我们以往总是从进化角度泛泛而谈，这是否能揭示出这一过程的真相？是否能正确评价白话与文言的价值？文章在对此进行思考的同时，阐述了当时传统观念与新观念对白话与文言的价值定位情况，揭示白话与文言之间的非本质的、带有社会文化性的悲剧冲突，认为新旧两派人物之间的矛盾，不是是非之争，而是两个价值体系之间的永远无法沟通的让人痛心的隔膜。其二，对于白话的文化品格受到公认的观点提出质疑，认为白话的文化品格是具备大众化色彩的，认为白话的普及是大众化的前奏，或者认为白话的文化品格是相对于“士”阶层的另一“民”阶层的品格。那么，最初的白话倡导者们果真如此定位，还是另有其意？在探索这一问题时，文章还提及白话文运动带来的中国传统文学和文化格局的震动，中国文人文化心理的变动，以及中国现代知识分子从诞生的一刹那，白话文运动便赋予其这一尴尬处境与痛苦心态。其三，白话文运动的结局是白话彻底取代文言，文言是真的死亡了吗？作者试图证明：最终成功的白话却是负载着文言灵魂的白话。[88]

在对于现代文学思潮的研究中，《近代小说理论浅探》[89]把从戊戌变法前后到1917年文学革命前的近代小说理论归结为带有明显过渡性质的三股思潮：戊戌变法前后以严复、梁启超为代表，以张扬小说的社会功利为核心的“小说革命”思潮；辛亥革命前以徐念慈、黄摩西、王国维等为代表的以探讨小说的艺术本质和规律为目标的“小说本体论”思潮；辛亥革命后，以“鸳鸯蝴蝶派”为代表，以鼓吹趣味、消闲、金钱的文学观念为内容的“小说游戏说”思潮。《中国自由主义文学思潮的阶段性特征》[90]将中国自由主义文学思潮的演进分作三阶段：新文学运动初期（“五四”前后）以胡适为代表的自由主义文学思潮；20年代初至30年代末的自由主义文学思潮；30年代初至40年代末，以京派为代表的自由主义文学思潮的阶段性尾声。张同道对30年代左翼诗潮与现代主义诗潮进行了诗意的概括和对比，他把以红色鼓动诗、大众化诗歌、独立左翼诗歌为三股主要力量的30年代左翼现实主义诗潮的美学特征概括为“火的呐喊”，而拒绝为现实服务的现代主义诗歌则好像是“梦的呢喃”。[91]

研究现代文学史上社团流派的文章也不少，《文学研究会文化历史形态的还原——现代中国文学社群文化的个案研究》[92]一文认为文学研究会的文学本质是充满张力的文化概念。它的文学主张传达着社会政治文化的历史传统，它的组织形式表现与现代地域、商业文化的密切联系，它的文学创作负载了群体复杂的精神文化的多层面。《论创造社的“方向转换”》[93]认为创造社的“方向转换”除了与当时的内外政治、文化发展动向的导引有关以外，更主要的是他们一贯奉行的理想主义构成了他们实现方向转换的内驱力。《新月诗派论》[94]认为前期新月派的诗意追求倾向于广义的古典主义范畴，后期新月派异于前期新月派的显著特征可以概括为两个方向的转变：一是向外的意识的扩张。主要指的是部分新月诗人跳出前期坚执的小我，显示出了走向时代、社会的新倾向，集中表现在他们生活视野的扩大、作品题材的拓展；二是向内朝着更为隐幽的意识领域的开掘，显示了同世界性的现代主义思潮的结合。《论语丝派散文》[95]对于语丝派散文进行整体透视，并对“语丝文体”进行价值评判。《中国30年代现代派小说发生论》[96]讨论了30年代现代派小说发生的“必然性因素”，“反必然性因素”、“偶然性的作用”。《东北现代中篇小说断论》[97]对于东北现代中篇小说进行“断代性”研究，认为“东北现代中篇小说几乎丧失了其自身的近代承续性”。“‘五四’时期的东北中篇小说，是吸吮关内新文学的乳汁而成长起来的，它又与民族文学融为一体，鲜明地和较多地体现出古典小说的审美特征和叙述方式。因此又可以认定，东北小说在从古典走向现代的进程中，表现出极大的跳越性”。《论京味文学的源流与发展》[98]将“京味文学”的概念进行了一番梳理，“可将汉魏时期视作北京地域文学发轫的时间上限”。“京味”在200余年前问世的《红楼梦》中就已初露端倪，作为一种文学的美学模式，由老舍开创的“北京味”小说也走过了半个多世纪的历程；而作为一个有着明确文化内涵与艺术特色，同时又具有相当规模与影响的文学流派，京味文学则走过了新时期以来十几年的鼎盛时期。张同道把30年代现代主义诗歌的诗学主题归结为“都市风景和田园乡愁”。[99]其它研究社团流派的文章还有《再评鸳鸯蝴蝶派》[100]，《论“九叶诗派”》[101]等等。

以苏州大学中文系为盟主的中国近现代通俗文学的研究群体，注重整体研究与细部研究相结合的研究方法，分工明确，并与出版紧密联系，取得了明显的成效，为新式的集体研究样式提供了良好的典范。他们已从单纯的“鸳鸯蝴蝶派”的研究扩展到了通俗文学的各种形式，比如武侠小说、侦探小说、历史小说、社会—言情小说、通俗话剧等等。从《中国社会转型期大都市生活的浮世绘——对本世纪一二十年代社会—言情小说价值的思考》[102]一文中即可见一斑。论者看到本世纪初纯情小说和社会小说渐渐融合，它们真实地展示了转型期中国社会风云变幻的时代风俗画卷，保存了这一时期相当丰富的大都市上海社会生活的感性资料，它们对狭邪小说的继承、描写上海这样大都市、小说家们以强烈的道德热情进行创作等多方面视角，可以说是社会—言情小说对新文学的互补性价值。孔庆东从雅与俗的角度描述40年代小说的新面貌，并把赵树理、徐讦、张爱玲、苏青的小说称为既介于雅俗之间，又超乎雅俗之上的新型小说。[103]同样是从雅与俗的角度立论，吴秀亮认为现代雅俗小说之间存在着“互动式的间接性的交流与渗透”。[104]《历史地评价鸳鸯蝴蝶派》[105]就鸳蝶派创作的历史渊源，作家的创作活动及作品的思想取向等方面的问题，分析鸳蝴派的历史地位。认为它是一个非常复杂的文学现象，作家们的创作受时人欢迎，也并非全逆新文学的潮流而动，具有吸引人的趣味性，是中国传统通俗文艺的过渡桥梁，并体现了中西文学特质的结合，应给予合适的位置。这一观点大致表明了现阶段文学研究界对现代通俗文学的新态度。

对20年代以后的现代主义思潮的诸种流派，研究界抱着较大的兴趣，并作出富有实绩的成果，对于“象征主义”、“现代主义”、“心理分析主义”等概念在现代文学内产生和发展的澄清，是较以前成熟了。比如《20年代象征主义诗歌论》[106]中对现代文学关于“象征主义”的收获和缺失有较明晰的阐释。文章认为象征诗歌出现的首要意义，是通过对法国象征主义诗艺的运用以纠正新诗的太实、太白、太直等弱点，象征派诗人重视诗的情感基调，袒露现代人的生存危机和心理变幻。其美学上的主导风格是以朦胧和暗示为主，拒绝清朗单一，以创新为性命，诗歌的思维在于寻找“象征的森林”，以暗示蕴涵诗歌之后丰富的意义，在诗歌逻辑上则是陌生化的，在文法、比喻、通感、意象的奇接上有出人之处。其缺失则在于诗歌内质的贫弱，现实批判精神和哲理意识的匮乏，有雷同于它法国原主的嫌疑，未能将异域的诗艺与本土的诗歌传统予以融合，导致了他们的创作在整体上未能达致圆满和成功。《精神分析学说与30年代非左翼文学》[107]则在宏观上对精神分析与30年代非左翼文学进行了整体研究。20年代在“弗洛伊德热”中进行创作的作家如鲁迅、郭沫若、郁达夫、许杰等到30年代多发生转向，再一次在文学上引进精神分析学说的是施蛰存、穆时英、沈从文、曹禺、徐讦等《现代》作家，他们注重非理性、无意识在人性结构和人物命运中起的作用，其心理描写有时甚至是变态的。他们的创作对于中国现代文学的拓展与丰富起了相当的作用。至于现代主义在中国文学中的整体处境，《论我国新文学中的现代主义》[108]的论述是比较贴切的：在新文学发展的各个时期，现代主义已经成为一种普遍的文学现象。从“五四”时期的“新浪漫主义”到三四十年代的新感觉主义和心理主义，及至台湾六七十年代作为主流的现代主义。现代主义是与现代生活相依相存的文艺手法，在美学上具有强烈的非传统的气质，然而它在中国文坛上的处境却是尴尬的，往往在蜷曲中，在边缘形态中曲折地发展，是一个非先锋的角色，当它终于在本世纪末达到了对中国文学的普遍性渗透时，它却因未能拿得出经典性作品而显得不太成熟。

京派文学仍然是一个研究热点，京派以其涵蕴隽永的魅力吸引着重视文学审美价值的研究者的注意力，而在对京派的认同又不失理性的审视，向深处发掘其特征。《象征与反讽——京派作家的城市小说》[109]一文较富代表性。作者认为京派作家创作的共性是，以抒写乡土时的抒情与依恋，审视城市时的嘲讽与厌倦，并遵循“和谐”、“适度”的审美原则，实现了京派作家对城市文化的审视，使人性异化现象得以鲜明而集中的表现。包括总体象征和具体象征，具体象征中，乡村以梦境的方式出现，城市则回到现实人生，常含贬义。京派的风格形式是它魅力的重要部分。《京派小说风格论》[110]提出：京派贯穿着一个共同的东西，那就是对文学自由精神的吁求，京派所信仰的乃是自由主义，反过来又影响了流派本身。20年代，京派开始显出风格雏形，即向乡村深处延伸和抒写个体生命的神性，追求传奇结构与传奇人物的统一，追求表现人的神性和生命悲剧性的统一。其风格在20年代末已基本形成，李健吾、萧乾、沈从文、汪曾祺的小说代表了这一风格特色。

京派与海派的对立虽然未在观念上彻底消解，但对于海派文学乃至于海派文化的研究逐渐有了较为公断的评价，研究者对海派文学常有的迎合市民趣味的倾向给予了相当的理解，认为这并非是一个致命的缺憾。《试论海派小品的多重文化意识》[111]一文就以海派小品为视窗，通览了整个海派文化的广大领域和精神内涵。论者认为，海派小品的内质是在近代城市型俗文化——海派文化的熏染下，具有现代都市市民文化性格和人生态度的作家，面对都市生活的情感体验的真实记录，属市民散文一路，有别于其它散文类型。它欣赏迷恋都市，以日常生活之内的意义和价值去评判都市的一切，更多的是抒写与都市对话中的焦虑的情绪体验。它欣赏市民的生活哲学，在创作上也应合市民审美趣味，首先是主题和题材的反崇高性和非重大性，显出享乐式的个人主义的价值观，并在思维方式上强调实用理性。多种异质文化的交融中又含着极大的差异性，大概有闲适型、批判型与哲理型等，但作家们大多在大时代的变革中发现自己是一个小人物并认同这一身份，不得不迎合市民需要，带来了文人文化与市民文化的融合。

以往沦陷区文学、解放区文学的阵营对立带来了轻此重彼的现象，如今前者不再是无人理睬、而后者则面临着重新评价的问题，《“言”与“不言”之间——〈中国沦陷区文学大系〉总序》[112]中这么评说。沦陷区文学的研究，一直是现代文学研究的“生荒地”，看到沦陷区作家在战时特殊环境下，“言”与“不言”的两难选择，是理解沦陷区文学的关键。沦陷区作家中的一部分转向了对“日常生活”和“永久人性”的描写和探究之中，如张爱玲、纪果庵等；东北沦陷区和华北沦陷区作家则坚持对新文学主流传统的自觉追求。沦陷区文学中还出现了严肃文学和通俗文学对立中的接近趋向，在雅俗间徘徊，这与战争环境下作家的经济困顿有关。《解放区文学新论》[113]意在旧题新论，客观评价是第一位。文章认为解放区文艺的新特点是出现工农兵人物形象且贴近现实；作家的审美观念和处理现实的文学视角都发生了转变，从否定现实到善意平等地处理人物，以政治为轴心看待现实的过程。其局限是出现了另一种狭隘，漠视了主体能动性的作用，切断了文学与传统文化的关系，故而变得概念化。

40年代的“七月派”、“九叶派”自十几年前被重新重视以来，一直受到相当的关注。“七月派”因为与“胡风事件”紧密相连，所以在近年来重新议论“胡风事件”的话题中，被作为一个重要部分提出来。研究“七月派”的意义不只在于文学本身，它与现代中国知识分子命运的研究还有千丝万缕的联系。《“精神奴役的创伤”——论“七月派”小说的主题意蕴》[114]在以前较为关注“七月派”的诗歌的基础上，对它的小说给予了考察。胡风是“七月派”的灵魂，他的两个著名的文艺观点“主观战斗精神”与“精神奴役创伤”是“七月派”的宗旨，诗人多表现前者，小说家多表现后者。丘东平、曹白、彭柏山的报告文学是向小说过渡的前奏，路翎则是完整地呈现“七月派”小说创作意旨的人，他的多层次性与丰富性使“七月派”在对民族灵魂的残酷拷问、对民族文化心理结构的深沉挖掘和对现实人生缺陷的揭露等方面，显出创作的实绩。路翎等人的创作在与民族苦难相交织的文学时代，向中国人身上灌输一些强悍的“兽性”和“野性”——原始生命力，正好成为符合时代要求的创作命题。《“九叶”诗人创作历程中的得与失》[115]也说出了一些新意。文章认为，九叶派早期诗歌的两组冲突，是传统与西方，为艺术与为人生的冲突，他们以其独特的诗化功能有机调和之，使其早期诗作精致紧凑，清纯而富于深厚内涵。而“九叶”后期在艺术上则失之于直白平淡和人云亦云。《“九叶”诗论》[116]一文则侧重于从“九叶派”的历史选择上说明其诗歌特色，“九叶派”的活动大体围绕着探索现代诗的中国道路这一轴心展开，寻求美学上与现代主义精神之合拍，诗与现实的平衡。在诗艺上，吸收现代欧美诗艺之成功经验，在探求较高综合层次上实现现实主义与现代主义的交融，希望将中国新诗发展导入世界大潮，其中不失中国品格，兼具现代个性，其准则是立体开放的现实实现，是能动与独创的，尊重人的独立传统与审美价值，维护诗的艺术生命，将平衡原则用于诗与政治的讨论，提出新诗戏剧化理论。在语言技法的思考上，将感觉的经验融通交错，强化私设象征，语言重组，虚实结合，但也有一些重要概念界定不清，容易混淆。

对于现代儿童文学的研究，历来显得力量薄弱，而本年度孙永丽和王泉根的两篇论文弥补了这方面的欠缺。两者在研究时限上是相衔接的，孙永丽的文章〔117〕是由晚清到“五四”，王泉根的文章是对于“五四”时期儿童文学的专门研究。孙永丽称晚清到“五四”时期，是中国现代社会的萌芽期，也是中国现代儿童文学的发生期。从发现“儿童是人”到发现“儿童是儿童”，人们对儿童的思考重心由以成人本位转向了以儿童本位；儿童文学作品也从成人文学中分离出来，由较被动的盲目性的译介到积极性的创作尝试，由模糊混杂的观念表达到具体形象的文学展现，由边缘形态逐渐净化为纯文学形态，最终完成了中国现代儿童文学的独立与成熟。王泉根〔118〕则以为翻译（重译与直译）外国儿童文学、采集民间口头创作、改编传统读物，这三者构成了“五四”文坛儿童文学的基本内容；而创作儿童文学，则刚刚起步，显得较为稚嫩。他还认为“五四”儿童文学是作为中国儿童文学的现代转型而显示其巨大的历史意义的。转型包括两方面：旧文化背景的解体和新文化背景的建构。在《中华文学通史》里面，由王泉根执笔的关于儿童文学的章节，无论是史料性，还是理论性，对于现代儿童文学研究都算是一个大突破。

也有其它领域的研究者来发表对于现代文学的见解者。谢桃坊〔119〕将武侠小说称为“文化垃圾”，并以为它们在新世纪里将被“扫除干净”。其实，武侠小说古已有之，〔120〕至今而不能绝，看来目前的存在也还自有它的道理，至于是否将在新世纪里完全消亡，那只好等着新世纪的到来了。

比较研究综述

1996—1997 年度的现代文学比较研究较前期有沉寂的趋向，比较的研究方法中常常会出现牵强和有失分寸的缺憾，故而进行现代文学比较研究者多开始采取了谨慎的态度，力求在尊重可比性的基础上提出课题，分析过程中也力求协调比较双方共性与个性的统一，但总之，比较研究在现代文学研究领域，仍然是一个可行的方法，还是有潜力可以发掘。

现代文学领域内的比较，有一类是注重作家成长与教育背景的歧异带来的选择不同的创作道路与美学品味的关系，进行一系列的平行剖析，并整个儿伸展到大的文化时空上来，这也是文学研究向着着眼于个案分析的方向发展的体现之一。《人生与艺术的中西文化取向——朱自清、徐志摩散文比较》〔121〕，由朱自清与徐志摩两人的家庭、教育背景切入，以论证两人对中西文化的不同汲取和倚仗。从个性、文化场、文风上的迥异各角度来解释朱自清与徐志摩审美观念的不同认同。指出，朱是忠厚诚实的传统文化的承继者，故而他的创作温柔敦厚，富于人格美，重传统的审美取向。而徐是浪漫的，不拘传统的文化叛逆者，故而诗文新鲜、奔放、自在飘逸、想象力丰富奇特、思维天马行空。再如《谈鸣凤与虎妞之死——巴金、老舍创作风格之比较》〔122〕，则重视作家文化个性的不同因素，这些因素促使创作对于客观世界关怀的程度不尽相同，从而有的表现为内敛型的，有的表现为外放型的。作者认为，在文化取向上，巴金属于思潮情感型，兼辅人性、文化内涵，老舍则以文化风俗为主，具备政治伦理色彩。所以，他们创造的人物，其文化象征意义也有所不同，鸣凤是角色的悲剧，虎妞是看不见的悲剧。

至于中外比较的题目，目前仍然较为注

重影响的比较，而且多是外来文学思潮、外国作家对中国现代作家的影响，从这点来观察中国现代文学的开放性是比较有意思的，因为对成熟中的新文学土壤而言，吸取外来文化的营养几乎成为每一次文学新潮出现的必然契机，这些比较包含单个作家之间的影响比较，作品之间的影响比较，思潮与创作风格的比较。如《艾青与波德莱尔》[123]一文，对艾青与波德莱尔的关系，做了全方位的剖析，尤其是他们在美学精神上似与不似之间的微妙关系。作者认为艾青的以丑入诗，是受了波德莱尔的影响的，在他的早期作品、抗战时期作品以及十年浩劫中的诗作都有反映；此外，在传统诗人看来不宜入诗的丑的字词，艾青的作品中也可以看到。他诗歌美学上的忧郁美也正是受了波德莱尔的神秘、忧郁、反叛思想的影响，表现忧郁苦难及反叛斗争成了艾青的宗旨之一，而他关于真善美的诗歌理想则又显出与波德莱尔的不同。再者，艾青的城市诗与波德莱尔的“巴黎风光”组诗相比较，艾青对城市的复杂态度使他的城市诗作不太显得单纯、唯一。发现事物之间的隐秘关系，是他们的共同宗旨，不过，艾青剔除了神秘主义，他是光明的追求者，而象征主义诗艺中的比如感应、想象、视觉等在他们的诗句中都可以找到。总之，从艾青思想体系、艺术观点及创作全貌上看，他与波德莱尔有很大的区别，但在局部上又有某些相通之处。国外的单个作家对整个时代文学思潮的影响，比如《卢梭〈忏悔录〉与中国现代自传》[124]一文，认为卢梭的《忏悔录》为中国文化带来个人主义的风潮，全新的处世方式，经过民族与个人意识的过滤之后，中国自传作者吸取了他大胆自我暴露的勇气，尤其以郁达夫、郭沫若为代表，以日记体大胆地自我张扬，无情地自我剖析；其不足之处，则在于缺乏客观的理性分析，带有迷茫悲观的色彩，很快因历史的变动而走向低潮。《我国幽默小品和外国文学》[125]认为外来文学的输入促使我国现代作品形成了表现自我的幽默观念，养成了现代作品中悲天悯人的幽默心态，培育了一部分作家轻松闲适的风格。《中英女性文学及其女权主义文学之比较》[126]对于当前的女性主义、女权主义话题当有所裨益。《“战国策派”和“日本浪漫派”》[127]把“战国策派”和“日本浪漫派”加以比较，有意为“战国策派”翻案。文章认为“战国策派”不是法西斯主义文学流派，其出发点是反对日本法西斯主义侵略，抗战救亡，振兴中华民族，它是中国抗日战争时期全民族抗战呼声中的一种独特声音，是中国抗战文化和抗战文学的一个组成部分。

文学、文化思潮中的流派，原本就只能是一种流派。凡将某一派的理论加以极端地贯彻者，无一不会走上偏至之途。

此外，《李健吾与法国文学》[128]从“批评观念和批评方式两方面”考察了李健吾与19世纪法国现实主义文学精神的渊源关系；李今[129]将新感觉派和二三十年代好莱坞电影加以比较；《欧洲神话在茅盾小说中的投影》[130]分析了欧洲神话中“二姐精神”对于茅盾小说的影响；日本人严谨求实的作风可以从城谷武男比较中上健次和沈从文的文章中看出来。[131]

研究的研究综述

对于研究的研究成为本期的热门，这也与时间临近世纪末，各学科开始各自研究回顾与总结有关。研究的研究大体包括文学史的研究史，单个作家作品的研究史，某一思潮流派的研究史，文体研究史等等。其中以单个作家作品研究为最盛，思潮流派的研究史次之，专著如《艾青研究》[132]及《〈围城〉研究》[133]等，这些研究着重在对某一专题研究的历史考察与重新认知，虽然只是史料的整理与选择，其中仍暗含着研究者对于先行者们的学术成果评价的机锋，因此让我们得以比较全面地认识到他们的贡献与不足，对于今后的补缺拾遗、对以新的研究视野的拓展有极大的好处。

在一片重写文学史的呼声与实际行动中，对于百年中国文学发展史的重新定位成为一件众说纷纭的事情，其中包含了一些历史再评价的问题。这一问题不免触及了对建国以来左的文学传统的否定，而一旦否定又不免纠枉过正，于是才有了对于钱理群、谢冕主编的《百年中国文学总录》和《中国百年文学经典文库》的争鸣。在这一文学经典的排序中，传统的“鲁郭茅巴老曹”遭受了挑战，而金庸、张爱玲等以前的非主流作家却高居前列，茅盾甚至被贬黜出前八名。这引起了全国范围内的争论和批评，最终仍无定论，但作为一种大胆的假设，这一排序无疑在某种意义上得到肯定，以往对现代文学种种定论的根基开始动摇。从对名家的否定出发，进入了对于文学价值观的重新确立的开阔领域。但还是有相当的论者坚持认为，前辈的学术成果仍有价值，一些过分的推翻只能带来一些不必要的谬误，《当前中国现代文学研究中的若干问题》[134]一文基本就持这样的观点。论者认为，新时期以来，我们形成了研究中国现代文学的新观念和新标准，我们在相当长的时间里是在修复以前的偏倚和片面。作者着重讲叙了鲁迅研究、左翼文学、现代主义文学研究的问题，并就“20世纪中国文学”的概念谈了自己的看法。认为概念的提出有很重要的战略意义，但仍主张把“五四”文学作为20世纪文学的起点。在通俗文艺的问题上，主张雅俗分明，不能仅仅以读者面的广狭、影响的大小来提高一般俗文学的地位。

《中国现代文学丛刊》1996年第1期推出了“现代性”问题讨论的专辑。汪晖在《我们如何成为“现代的”?》一文中提出，要讨论中国现代文学的“现代性”问题，首先必须从西方关于现代性的概念追根溯源，它首先是一种直线向前、不可重复的时间观念；其次是它充满了矛盾，尤其是资本主义政治经济世俗化过程和文学艺术追求自主性之间存在着巨大矛盾。而中国文学现代性的基本问题如：新文学重构了中国的历史叙事；理性与科学在现代化过程中占了主导地位；新文学在建立自身的过程中排斥了大量的文学实践，如旧体诗词的创作；现代语言实践与中国建立民族国家的需要紧密相联；现代文学对现代性的观念，在怀疑中发展；必须注意隐藏在这些问题背后的历史与意识形态背景。吴晓东在《建立多元化的文学史观》中认为，现代性的问题，是中国现代文学研究的逻辑起点。它带有进化论特点的价值判断，对于新旧事物的区分泾渭分明；它转向了关注人的灵魂的启蒙主义立场；它大体上是以西方文学作为参照标准的，并带有明显的“精英文学”的主流意识，故而不免有所偏颇，比如把旧体诗词、通俗文学、民间文学（含戏曲文学）排斥在外。我们必须矫其枉，建立多元并存的文学史观。旷新年的《现代文学发生中的现代性问题》则认为，现代文学已成为一种元话语的展示，当我们重新认识所谓中国现代文学的整体性问题时，可以发现它事实上只是一个意识形态的想象物。中国的现代性是在西方体系入侵后的被迫反应，这就带来了中国现代性的困惑感，此即“反西方的西方”和“反现代的现代”的悖论。进化论的神话使中国的本土文学遭到颠覆，体现了它鲜明的意识形态的特征。对现代性的追求，使中国近代文学忙于翻译西方的通俗文学，并将它作为一个新的严肃文学的传统，而中国本来的纯文学与通俗文学一概被抛弃。面对这些意识形态意义上的选择，我们必须确立真正科学的研究态度，重新考察现代文学的疆域和价值。这一讨论的意义在于正视中国现代文学对于思想转型的意义，也是对于中国现代文学研究群体的研究眼光的再审视，它引发了人们对中国现代文学研究中“现代”这一概念的深思。

针对作为学科基点的“五四”新文学运动的合理性受到“新儒学”、“后现代”、“新国学”等的质疑后，一些研究者所产生的危机感[135]，严家炎以为，“反对五四新文化运动和文学革命的意见自来就有。新儒学或‘后现代’之类的‘颠覆’，也可不必多虑”。值得注意的倒是“反对派的和我们自己的”对于“五四”的误读[136]。张永泉则宣称要“回应新儒学的挑战”。[137]黄修己赞成对话，“欢迎各种反思‘五四’的观点，当然更欢迎各种观点的百家争鸣”，“如果我们的学科出现了什么危机，那只在我们的内部，而不在外部的压力”。[138]陆耀东以为“学科似乎面临着小小的‘内忧外患’”。所谓“外患”，是指一些学者对中国新文学的误解、贬损、攻击和否定。所谓“内忧”，主要是研究中国现代文学少数同仁中存在的浮躁病。至于“重排座次”的主张，提出者并没有充分的学理根据，对学科有损无益。他倡导资料搜集整理和对作品重新进行解读的工作。[139]赵园对于现代文学研究存在的问题的看法与众不同：“‘学术化’似乎不应成为遁词或借口”，尤其不应用来掩盖思想力的贫弱，掩盖对“重大问题”的缺乏反应能力。因此，应反对这专业的年轻者的“小巧”、“零碎”的智慧。[140]范伯群认为对于“人满为患”和“空间狭小”的危机感是必要的，但危机并不存在。居安也应思危，同时要开拓新的研究领域。[141]

谈及对策，朱德发提出要建构新的中国现代文学史观，真正遵照现代文学发展的自身规律来确定其范围、性质、特征及逻辑线索。依照朱德发的分期，中国现代文学的历史过程可化分为前后两个时期：前期中国现代文学约始于 1900 年直至 1997 年“文革”结束；1978 年至今为后期中国现代文学。[142]解志熙提倡用一种“平常心”来对待学科危机，并将现代文学研究“古典化”[143]。孔庆东的看法与解志熙的意见有些相左：“在 90 年代的一系列文化讨论中，我们听不到作为一个学科的现代文学研究的声音。也许这确实意味着一定程度的学科的‘经典化’和学术姿态的‘成熟’。但从现代文学研究这门学科的历史使命和它在学术坐标系中的位置来看，它远不该这么早早地成为‘无声的学科’。”[144]吴晓东同意王富仁在《当前中国现代文学研究中的若干问题》中提出的“保守住‘五四’文化革命和文学革命的合理性”以对抗“新儒家”思想对中国现代文学研究从研究学科产生的“颠覆性威胁”的倡议，又担心这种对现代文学研究学科基点的固守与维护或许反映出某种消极退却的心态。[145]学科的繁荣不仅应只看研究成果的多少，更重要的是看其质量的高低。

现代文学的现代品格，是现代文学在文学史上的立足点。现代性，也是一个经常被提及的话题。刘海斌阐释了“现代性”在现代文学研究中的有限性：“‘现代性’既然在‘反叛——模仿——反叛’中犹疑不定，那么它也必然难以给出一种稳定的价值评判标准；而我们的问题恰恰在于：在尚未对‘现代性’这一概念的基本内涵与外延进行清晰界定之前，我们对这两种现代性，一直是混杂而用的，并且在相当大程度上，早已先验地宣判了这两组文学比较对象的谁优谁劣”。“对于现在的中国来说，要清楚谈论‘现代性’问题似乎还太难；毕竟，我们整个社会还处在向‘现代’前进的宏大进程之中”。[146]

汪应果和其他几位博士研究生对于王富仁的《当前中国现代文学研究中的若干问题》的笔谈文章，也是有关学科危机和自身建设问题的。

汪应果认为“每一次发现都是对原有理论建构的颠覆”，但这非但没有瓦解学科，相反却大大推动了学科的发展。夏德勇认为应该正确估价新儒家对中国现代文学研究的"冲击"，王富仁的忧虑不是空穴来风，但那种严重忧虑似乎是不必要的。沈义贞则对构建现代文学史的框架提出了自己的四种维度，并对现代性提出了质询。[147]相对于其他人的理论探讨，钱理群的《我的中国现代文学研究大纲》更富务实精神，其大纲不仅提出了研究目标、计划，还确定了研究工作的组织形式[148]。

苏州大学中国现当代文学专业的几位博士研究生在《中国现代文学研究丛刊》1997年第1期上组织的学术论坛，朱栋霖的《走向学院派——关于〈文学新思维〉的思考》、刘祥安的《形式批评三角》、陈子平的《"中国视角"与现代文学小说》、陈龙的《自传性、现代女作家"女性写作"的途径》、方忠的《叙事学与中国现代小说》、杨新敏的《接受美学与中国现代文学研究》、朱志荣的《现代通俗文学与中国传统文学的关系》、李勇的《新历史主义对近现代通俗文学研究的启示》，显示了现当代文学研究队伍中新生力量的勃勃生机。支克坚发出的"文学究竟是什么"的疑问，[149]足应引起大家的注意，必须敢于对学科传统中最基本的东西提出疑问，才能有真正的大突破。

资料工作并非已无事可做。在某一种既定的研究模式之下，研究者当然会对研究材料有所取舍，但这也就大大地限制了研究者的视野与思路。如果把现代文学研究工作的意义推向一个更深层次的话，"史料价值无高低"的说法或许是有可取之处的。从这个意义上说，与"史料已被发掘得差不多了"的想法相反，应该说史料工作正是大有可为。在这方面，许霆、鲁德俊的《"十四行体在中国"钩沉》[150]，刘为民的《〈晨报副镌〉与〈科学〉杂志》[151]，都可称是有贡献的文章。死史料要发掘，活史料更应当重视。《回归"五四"》[152]是舒芜五十多年来关于文化、思想、哲学的论文选集。《〈回归'五四'〉后序》是其"自幼至今阅读，思考写作的过程。"还有唐湜的《忆念：一片遥远的风沙——我的抒情诗》[153]等等都是自己写自己，其真切感是其他研究者的文章所不能比的。另外，梅志历时八年写出《胡风传》[154]，韦韬、陈小曼的《茅盾的晚年生活》[155]，蒋祖林的《回忆母亲丁玲》[156]，王立诚、杨洪承等《纪念王统照专辑》[157]，贾植芳等的《路翎专辑》[158]，张耀杰的《批评家笔下的路翎——路翎研究综述》[159]，张业松的《"一生两世"与强制遗忘——关于"路翎叙述"的叙述》[160]，王嘉良的《萧乾研究综述》等等，都可以作为研究者的研究之资料。[161]最后，提一提《左联画史》。此书是原是毛纺厂工人的姚辛，用40多年的精力，穷其所有完成的一部"填补空白"的学术专著，里面汇集了大量珍贵的史料、照片，却因经济原因迟迟不能出版。姚辛是可敬佩的，但书由谁来出?[162]

---

〔1〕孔范今著，山东文艺出版社，1997年6月。

〔2〕易新鼎著，首都师大出版社，1997年。

〔3〕崔洪勋著，中国文联出版社，1997年2月。

〔4〕张炯、邓绍基、樊骏主编，华艺出版社，1997年9月。

〔5〕杨义主笔，张中良、中井喜政合著，人民文学出版社，1996年8月。

〔6〕艾以、沈辉、卫竹兰、李国糅编著，北京十月文艺出版社，1996年9月。

〔7〕王延晞、王利著，山东大学出版社，1996年12月。

〔8〕杨益群、司马小辛、陈乃刚编著，北京十月文艺出版社，1998年4月。

〔9〕张毓茂主编，沈阳出版社，1996年12月。

〔10〕贵州省文联编，贵州人民出版社，1997年。

〔11〕中国社会科学院文学研究所现代文学研究室李葆琰等编选，山西北岳文艺出版社，1996年10月出版。

〔12〕河北教育出版社，1997年。

〔13〕钱理群著，上海教育出版社，1996年7月。

〔14〕这里是指那些在传统的马克思主义文艺理论模式下被认为很有"思想性"的作家作品，如30年代左翼作家作品，茅盾的《子夜》可为一例。

〔15〕贺桂梅、钱理群等：《沈从文〈看虹录〉研读》，《中国现代文学研究丛刊》1997年第2期。
〔16〕言行著，百花文艺出版社，1996年2月。
〔17〕陈厚诚著，上海文艺出版社，1996年4月，为陈思和主编的《世纪回眸·人物系列》丛书之一。
〔18〕胡明著，人民文学出版社，1996年6月。
〔19〕韩石山著，山西北岳文艺出版社，1996年11月。
〔20〕陆荣春著，山东教育出版社，1997年9月。
〔21〕张全之：《平行与互补：中国新诗的两大源头——重评〈女神〉与〈尝试集〉在文学史上的地位》，《郭沫若学刊》1997年第1期。
〔22〕庄钟庆著，上海文艺出版社，1996年7月。
〔23〕中国茅盾文研会编，华夏出版社，1997年6月。
〔24〕吴福辉、李频编，华夏出版社，1997年6月。
〔25〕万树华、李岫编，中国广播电视出版社，1996年7月。
〔26〕《新文学史料》，1995年至1997年连载。
〔27〕王嘉良，《中国现代文学研究丛刊》，1996年第2期。
〔28〕罗守让，《理论与探索》，1996年第1期。
〔29〕王建华著，北京语言文化大学出版社，1996年11月。
〔30〕张桂兴著，中国国际广播电台出版社，1997年12月。
〔31〕石兴泽著，山东文艺出版社，1997年。
〔32〕刘秉山，《辽宁大学学报》，1996年第2期。
〔33〕汤晨光，《齐鲁学刊》，1996年第5期。
〔34〕樊骏，《文学评论》，1995年第5、6期。
〔35〕袁良骏，《讽刺杰作〈猫城记〉》，《齐鲁学刊》，1997年第5期。
〔36〕王学富，《中国现代文学研究丛刊》，1996年第1期。
〔37〕陈继会，《20世纪中国乡土小说的历史形态》，《郑州大学学报》，1996年第1期。
〔38〕王润华《沈从文小说创作的理论架构》，《中国文化研究》，1997年第1期。
〔39〕《浙江师大学报（社科版）》，1997年第2期。
〔40〕《中国现代文学研究丛刊》，1997年第3期。
〔41〕宋日家著，山东文艺出版社，1997年6月。
〔42〕晓行，《文学评论》，1996年第6期。
〔43〕吕汉东，《海南大学学报》，1996年第2期。
〔44〕孟建煌，《中国现代文学研究丛刊》，1997年第1期。
〔45〕陈漱渝《关于丁玲文学中女权主义的评析》，《学术论丛》，1997年第1期。
〔46〕艾晓明《女性的洞察——论萧红的〈马伯乐〉》，《中国现代文学研究丛刊》，1997年第4期。
〔47〕《中国现代文学研究丛刊》，1997年第4期。
〔48〕王本朝《生存边界的话语意义——生死场的叙述策略》，《中国现代文学研究丛刊》，1997年第2期。
〔49〕乔向东，《中国现代文学研究丛刊》，1996年第1期。
〔50〕林亦修，《中国现代文学研究丛刊》，1996年第1期。
〔51〕赵敬立，《当代文坛》，1996年第4期。
〔52〕张均《张爱玲论》，《通俗文学评论》，1997年第2期。
〔53〕马伟业《论萧红的生命体验》，《学术交流》1997年第3期。

张宇凌《论萧红〈呼兰河传〉中的儿童视角》，《中国现代文学研究丛刊》，1997年第1期。

吴敏《时代的负荷者——七巧论》，《中国现代文学研究丛刊》，1997年第4期。

谭桂林《写出人性深处的原始悲怆——谈张爱玲的家庭题材小说〈金锁记〉和〈创世纪〉》，《中国现代文学研究丛刊》，1997年第4期。

秦弓《丁玲前期创作的女性主义阐释》，《中国文化研究》，1997年第3期。

〔54〕周锦编著，河北教育出版社，1997年9月。
〔55〕王卫平，《江海学刊》，1996年第1期。
〔56〕〔57〕舒建华《论钱钟书的文学创作》，《文学评论》，1997年第6期。
〔58〕谢应光著，四川大学出版社，1997年7月。
〔59〕汪亚明，《中国现代文学研究丛刊》，1996年第4期。
〔60〕董敏、凌敏，《郑州大学学报》，1996年第2期。
〔61〕周棉，《北方论丛》，1996年第1期。
〔62〕江震龙，《福建师范大学学报（哲社版）》，1996年第3期。
〔63〕《中国文学研究》，1997年第3期。
〔64〕王兆胜《论林语堂的生命悲剧意识》，《中国社会科学院研究生院学报》，1997年第1期。
〔65〕顾琅川著，中国文联出版公司，1997年7月。
〔66〕王本朝，《中国现代文学研究丛刊》，1996年第1期。
〔67〕胡有清，《中国现代文学研究丛刊》，1996年第1期。
〔68〕王福湘，《中国现代文学研究丛刊》，1996年第1期。
〔69〕刘小平，《江淮论坛》，1996年第1期。
〔70〕王木青，《安徽大学学报（哲社版）》，1996年第5期。
〔71〕倪伟，《文学评论》，1996年第2期。
〔72〕孙玉石《论何其芳30年代的诗》，《文学评论》，1997年第6期。
〔73〕李怡《论穆旦与中国新诗的现代特征》，《文学评论》，1997年第5期。
〔74〕姜涛，《中国现代文学研究丛刊》，1997年第4期。
〔75〕余党绪，《上海大学学报（社科版）》，1997年第2期。
〔76〕黄德志，《上海师范大学学报（哲社版）》，1997年第

3 期。
〔77〕张泉，《首都师范大学学报（社科版）》，1997 年第 2 期。
〔78〕张元卿，《通俗文学评论》，1997 年第 2 期。
〔79〕马良春、张大明主编，张大明、陈学超、李葆琰著，北京十月文艺出版社，1995 年 11 月。
〔80〕朱德发，《文学评论》，1996 年第 4 期。
〔81〕胡有清，《文学评论》，1996 年第 2 期。
〔82〕沈永宝，《复旦学报（社科版）》，1996 年第 2 期。
〔83〕吴剑，《华中师范大学学报》，1996 年第 5 期。
〔84〕三联出版社，1997 年 1 月。
〔85〕四川大学出版社，1996 年 6 月。
〔86〕张鸿声《从人道主义到社会主义——论“五四”劳工文学》，《郑州大学学报（哲社版）》，1997 年第 5 期。
〔87〕唐晓渡《五四新诗的“现代性”问题》，《文艺争鸣》，1997 年第 2 期。
〔88〕杜素娟，《中国现代文学研究丛刊》，1997 年第 4 期。
〔89〕王德禄，《中国现代文学研究丛刊》，1997 年第 1 期。
〔90〕王毅，《中国现代文学研究丛刊》，1997 年第 2 期。
〔91〕张同道《火的呐喊与梦的呢喃——30 年代的左翼诗潮与现代主义诗潮》，《文学评论》，1997 年第 1 期。
〔92〕杨鸿承，《中国现代文学研究丛刊》，1997 年第 4 期。
〔93〕蔡震，《延安大学学报（社科版）》，1997 年 4 期。
〔94〕黄昌勇，《文学评论》，1997 年第 3 期。
〔95〕王嘉良，《文学评论》，1997 年第 3 期。
〔96〕方长安，《人文杂志》，1997 年第 3 期。
〔97〕高翔，《社会科学辑刊》，1997 年第 4 期。
〔98〕吕智敏，《中国文化研究》，1997 年第 4 期。
〔99〕张同道《都市风景与田园乡愁——论 30 年代现代主义诗歌的诗学主题》，《文艺研究》，1997 年第 2 期。
〔100〕黄炜，《中国人民大学学报》，1997 年第 5 期。
〔101〕杨云才，《宁夏大学学报（社科版）》，1997 年第 2 期。
〔102〕谢庆立，《中国现代研究文学丛刊》，1996 年第 2 期。
〔103〕孙庆东《雅俗互动的宁馨儿——40 年代小说的新面貌》，《文学评论》，1997 年第 4 期。
〔104〕吴秀亮，《现代雅俗小说艺术的相互影响与交流》，出处同上。
〔105〕刘国清，《南昌大学学报》，1996 年第 3 期。
〔106〕龙泉明，《文学评论》，1996 年第 1 期。
〔107〕萧笛，《学术月刊》，1996 年第 1 期。
〔108〕朱寿桐，《文学评论》，1996 年第 2 期。
〔109〕刘淑玲，《河北师范大学学报（哲社版）》，1996 年第 2 期。
〔110〕查振科，《文学评论》，1996 年第 4 期。
〔111〕景秀明，《中国现代文学研究丛刊》，1996 年第 3 期。
〔112〕钱理群，《中国现代文学研究丛刊》，1996 年第 1 期。
〔113〕李玉明，《东岳论丛》，1996 年第 6 期。
〔114〕刘开明，《东岳论丛》，1996 年第 5 期。
〔115〕刘明馨、赵金钟，《河南大学学报（社科版）》，1996 年第 5 期。
〔116〕张岩泉，《江淮论坛》，1996 年第 5 期。
〔117〕孙永丽《中国现代儿童文学的萌芽期研究——从晚清到“五四”》，《中国现代文学研究丛刊》1997 年第 1 期。
〔118〕王泉根《“五四”与中国儿童文学的现代转型》，出处同上。
〔119〕谢桃坊《蒙昧的幻想与抗争的歧途——评现代武侠小说》，《社会科学研究》，1997 年第 3 期。
〔120〕唐传奇中的一些作品如《虬髯客传》等就可以说是古时的武侠小说。
〔121〕奚学瑶、黄艾榕，《甘肃社会科学》1996 年第 2 期。
〔122〕陈立军，《贵州师范大学学报》1996 年第 2 期。
〔123〕常文昌，《中国现代文学丛刊》1996 年第 4 期。
〔124〕李利军，《江苏社会科学》1996 年第 1 期。
〔125〕徐志超，《江西社会科学》1996 年第 1 期。
〔126〕徐颖果，《北京大学学报（哲学社会科学版）》1997 年第 2 期。
〔127〕王向远，《中国现代文学研究丛刊》1997 年第 2 期。
〔128〕钱林森，《文艺研究》1997 第 4 期。
〔129〕李今《新感觉派和二三十年代好莱坞电影》，《中国现代文学研究丛刊》1997 年第 3 期。
〔130〕刘焕林，《广西师范大学学报（哲社版）》1997 年第 4 期。
〔131〕〔日〕城谷武男著，罗明辉译，《沈从文与中上健次对比研究试论——本质推论篇》，《吉首大学学报（社科版）》，1997 年第 3 期。
〔132〕谢应光，四川大学出版社，1997 年 7 月。
〔133〕周锦编著，河北教育出版社，1997 年 9 月。
〔134〕王富仁，《中国现代文学丛刊》1996 年第 2 期。
〔135〕关于危机感的话题可参见《中国现代文学研究丛刊》1997 年第 1 期上“现代文学研究 15 人谈”中朱德发、范伯群等人的文章。
〔136〕严家炎《不怕颠覆只怕误读》，《中国现代文学研究丛刊》1997 年第 1 期。
〔137〕张永泉《回应新儒学的挑战》，出处同上。
〔138〕黄修己《历史的反思，直逼“五四”》，出处同上。
〔139〕陆耀东《要猛进，尤须扎扎实实》，出处同上。

〔140〕赵园《关于现代文学研究的随想》，出处同上。
〔141〕范伯群《危机主要不在于“人满为患”和“空间狭小”》，出处同上。
〔142〕朱德发《现代文学研究的困境与对策》，出处同上。
〔143〕解志熙《“古典化”与“平常心”——关于中国现代文学研究的若干断想》，出处同上。
〔144〕孔庆东《现代文学研究与坚持“五四”启蒙精神》，《中国现代文学研究丛刊》1997年第4期。
〔145〕吴晓东《直面新的文化挑战》，出处同上。
〔146〕所谓两种“现代性”，一是以1917年以来现代文学整体的革命性相对于传统文学整体的保守性的对比；一是在1917年以来的现代文学内部，以为人生派、乡土写实派、社会剖析派等为代表的雅文学的前卫性相对于鸳鸯蝴蝶派、海派等为代表的俗文学的滞后性的对比。参见刘海斌《论“现代性”在现代文学研究中的阐释有限性》，出处同上。
〔147〕参见汪应果、赵江滨等人的“笔谈”：《中国现代文学研究丛刊》1997年第3期。
〔148〕钱理群，《中国现代文学研究丛刊》1997年第1期。
〔149〕支克坚《当前的文艺思潮与现代文学研究》，出处同上。
〔150〕《新文学史料》1997年第2期。
〔151〕《新文学史料》1997年第4期。
〔152〕舒芜《〈回归‘五四’〉后序》，《新文学史料》1997年第2期。
〔153〕《中国现代文学研究丛刊》1997年第3期。
〔154〕十月文艺出版社，1997年12月出版。
〔155〕《新文学史料》连载，1997年第1期上是最末一篇。
〔156〕《新文学史料》1997年第3期。
〔157〕王立诚、杨鸿承等：《纪念王统照专辑》，《中国现代文学研究丛刊》1997年第2期。
〔158〕《新文学史料》1997年第4期。
〔159〕《新文学史料》1997年第4期。
〔160〕《当代作家评论》1997年第4期。
〔161〕《中国现代文学研究丛刊》1997年第1期。
〔162〕参见《四十年含辛茹苦　却为一“钱”字所阻——姚辛〈左联画史〉谁人出版》，1998年9月25日《光明日报》第二版。

鲁迅研究概述

张梦阳

一

1996—1997两年间鲁迅研究界最大的事情，就是纪念鲁迅逝世六十周年的各种活动。

1996年10月19日是鲁迅先生逝世六十周年纪念日，中国作家协会、中国鲁迅研究会、上海市作家协会、上海市文联和上海鲁迅纪念馆在上海展览中心举行了鲁迅先生逝世六十周年纪念大会。上海市学术界、教育界、文艺界、新闻界、文博界以及到上海参加鲁迅研究学术研讨会的全国二十个省、市、自治区的代表共四百多人出席大会。

10月20—21日，“纪念鲁迅逝世六十周年、全国鲁迅研究学术研讨会”在上海外国语大学国际文化交流中心举行，中共上海市委宣传部副部长方全林致欢迎辞，中国鲁迅研究会常务副会长林非致开幕辞，市委老领导夏征农在开幕式上讲话。研讨会由中国鲁迅研究会副会长兼秘书长陈漱渝主持。会上，来自十多个省、市、自治区的八十余位鲁迅研究专家、学者提交了五十余篇论文，围绕着“民族魂——世纪之交的鲁迅”这一中心议题展开了深入探讨。会后集结为《浩气千秋民族魂》一书由百家出版社于1998年5月正式出版。其中主要的论文有：

陈鸣树的《20世纪初期鲁迅的人文精神》，分析了20世纪初期中国“持不同政见报章书刊大量涌现，它们或从国外输入、或‘托庇’于租界，大骂清廷的小说竟也能畅通无阻”、“救亡图存为当时普遍关注的重大课题”这一人文背景，通过对鲁迅早年著述的解读，阐发了蕴涵在其中的人文精神。《自题小像》表达了青年鲁迅深广的忧愤，并涉及对国民性的思考。在他编写的自然科学著作中，都深沉地寄托了他忧时伤国的情怀。《中国地质略论》谈科学而兼及时政，这正是鲁迅式的思想家的特点。对改造国民性的思考为当时鲁迅人文精神的另一重要内容，并延续到他的一生。在《河南》杂志上发表的一组文言论文，是研究鲁迅早期社会政治思想的重要文献。其中《文化偏至论》

中所反对的“竞言武事”、“制造商估”、“立宪国会”，显然受到尼采和章太炎的误导，后来鲁迅纠正了这样的观点。而《摩罗诗力说》中呼唤的“精神界之战士”，历史表明，正是鲁迅自己。

朱德发的《论鲁迅“人国”思想的现代化意义》，论述了鲁迅的“人国”思想的极其深邃丰富的内涵及其所具有的现代性、独创性和远见性：所谓“人国”，是与皇权专制或君主专制的国家异质相对的。它以英美法诸国的“扫荡门第，平一尊卑，政治之权，主以百姓，平等自由之念，社会民主之思，弥漫于人心”……作为“人国”的参照系；强调百姓当权作主，强调尊重个人权利，强调平等、民主、自由。这实际上体现出社会现代化的理性、自由、体制三个基本特征。文章进一步阐发了实现“人国”的理想，重要的在于“立人”，即通过改造国民劣根性重铸国民灵魂、重塑民族人格，使每个中国人都具有现代意识和现代文化人格，只有这样的现代人才有可能自觉地解构封建专制国体以建构充满理性、民主、自由、法治精神的“人国”。并指出了鲁迅为历史留下的未完成的课题在今天所具有的启示意义。

范伯群、泽谷敏行两先生的《鲁迅与斯密斯、安冈秀夫关于中国国民性的言论之比较》，着重对斯密斯的《中国人气质》、安冈秀夫的《从小说看来的支那民族性》及鲁迅的有关言论与作品，进行了细密的文本对照和比较分析，认为鲁迅是基于高度的历史使命感和国民的爱国责任心，抱着“闻过则喜”的态度，听取外国人对待自己国家的国民劣根性的批评的。本来，美国传教士斯密斯的《中国人气质》对鲁迅的“国民性”思想产生了重要影响，也是公认的事实。文章认为斯密斯的书对年轻时的鲁迅是很有影响的，但鲁迅并不人云亦云，而是有所发展、有所创造，鲁迅有他自己的深刻与独创。而在对待斯密斯和安冈秀夫对中国的观察的结论方面，鲁迅比较重视斯密斯的意见，对安冈秀夫的著作的基本看法是认为他仅是受了斯密斯的影响而已，安氏自己的创见并不多。

杂文在鲁迅的创作中占有很大比重，对鲁迅杂文的研究虽说已有厚重的学术积累，但仍存在着尚待深入发掘和细密研究的课题。本次研讨会提出了数篇对鲁迅杂文进行总体宏观研究的论文。其中张梦阳的《鲁迅杂文与英国随笔的比较研究——兼论鲁迅杂文在世界散文史上的地位》较为突出。

该文以英国随笔这一文体的出现、发展、演变的历史及其文学属性、艺术特质作为参照系，对鲁迅杂文的出现与特质进行了平行的比较研究。认为鲁迅杂文与英国随笔同是一种理论与文学杂交的变体形态与杂糅形式，是人类进入近代、自我意识觉醒时为了自如地表达对自身与世界的理解、自由地互相交流而采取的一种个性化的符号编码方式与随意性的文学写作体例。文章在结合鲁迅的作品论述了鲁迅杂文与英国随笔的“闲、随、杂、散、曲”五种共同特征后，得出“鲁迅为世界散文史上第一大家”的结论。

总括起来说，这次学术研讨会的论文是鲁研界的一大收获，是一次成果的集中展示，是鲁迅研究事业不断发展和鲁研队伍日渐壮大的标志。不足之处是尚缺少从理论上对鲁迅作为“民族魂”的象征、20世纪中华民族魂的集中体现和杰出代表进行学理分析研究的有分量有力度的论文。

二

1996—1997两年间鲁迅研究界最重要的学术成果，无疑是陕西人民教育出版社于1996年10月鲁迅逝世60周年纪念之际隆重推出的《鲁迅研究书系》。

这套“书系”由著名鲁迅研究家袁良骏

主编，含15种专著、1种论文集，字数累计350万言，涵盖了鲁迅作品研究、思想研究、综合研究等各个方面，内容充实，品位高雅，意蕴丰富，气势恢宏，受到全国鲁迅研究界广泛注意和高度评价。其特点是：

在开阔的文化视野中解读鲁迅。鲁迅研究已有80多年的历史，专著专论汗牛充栋，倘若还是蜷缩于既定的狭隘格局中进行鲁迅思想发展道路之类的诠释与印证，就只可能是停滞不前，甚至往后倒退。因此，要把鲁迅研究推向新境，就必须首先拓展眼光，拓新领域，在开阔的文化视野中解读鲁迅。这套“书系”正是从这里切入的，开拓出一派崭新的学术视角与理论天地，给人以耳目一新之感。譬如阎庆生的《鲁迅创作心理论》，以35万余言的篇幅，谨严、深入地论述了鲁迅创作心理这一崭新的课题。作者运用了美学、心理学等多种学科的方法和知识，分析了鲁迅创作心理的形成和演变过程及其丰富的内涵，揭示了其中若干重要线索和某些带有规律性的东西，并结合主体在各个时期的不同作品，对其所体现的创作心理的风貌与侧重点进行了论述。郑欣淼的《鲁迅与宗教文化》，则以33万字的浩大篇幅、厚重内容与缜密分析填补了鲁迅宗教思想研究这一长期存在的空白。该书全面研究了作为鲁迅思想体系组成部分的宗教观的发展及特点，论述了鲁迅对宗教问题的大力探索及高深造诣。认为鲁迅是把宗教当做人类文化史、思想史的重要现象来研究。作者用大量的文字详细论述了鲁迅对佛教、基督教、伊斯兰教等世界三大宗教以及中国道教的研究，挖掘梳理了鲁迅的一些富有意义的思想和观点，如把佛经当做人类思想发达的资料来看，居士的增多是佛门败坏的反映，伊斯兰教与希伯来文化的关系，耶稣受难的意义，中国文化、世界文化与宗教的密切关系，中国的根柢全在道教，中国从未发生过宗教战争，以及鲁迅对儒、佛、道“三教合一”的形成及对中国国民性影响的深入研究等。此外，该书对鲁迅关于希腊罗马宗教、印度宗教、拜火教、摩尼教等的研究也作了颇有新意的论述。张梦阳的《阿Q新论——阿Q与世界文学中的精神典型问题》，是从精神现象学的深层视角出发，在世界文学的广阔视野中，对阿Q与堂·吉诃德、哈姆雷特、奥勃洛莫夫以及陀思妥也夫斯基笔下人物进行了纵横交错的比较研究，提出了阿Q这类文学形象属于侧重反映人类精神现象的变异性艺术典型（亦可简称精神典型）这一独立的新见解，对阿Q典型研究有所推动和拓进。40岁上下的青年研究家更加表现出了勇于创新的虎虎生气，善于从更新鲜更抽象的哲理高度认识鲁迅，理解鲁迅。王乾坤的《由中间寻找无限——鲁迅的文化价值观》，就较好地体现了这一特点。作者认为，现代个性概念和有限（中间物）概念是理解鲁迅思想的两个枢纽，是鲁迅文化价值观的原点和鲁迅思维结构的核心所在，因而是释读鲁迅的锁钥。作者认为，把鲁迅批评永久、普遍、圆满看做不关心终极，是一种错觉；鲁迅是一位终身以“当下”、“有限”自任，却同时苦寻“终极”、“无限”的思想家；其思想由此与宗教和一些生命哲学相通约而又相区别。

在前人的研究基础上推陈出新。创新不能悬空，学术史上的新成果无不是历史积累的结晶。“书系”中的大多数专著都是各位研究家经过长年研究、惨淡经营而成，没有应景的急就章。譬如林非的《中国现代小说史上的鲁迅》，凝结了这位年近古稀的专家大半生的心血。这是在俯瞰和掌握了整部中国现代小说发展史的脉络之后，才对鲁迅小说于其中所占据的位置，以及赋有的涵义，作出了如此确当的估价。阅读此书，不仅可以概括地理解鲁迅小说艺术与思想风貌的发展趋势，也可以扼要地领会中国现代小说史大致的走向。“庾信文章老更成”，在看似平

易的文字背后隐含着成熟的思索、开阔的视野与确当的评估，给人以素朴而又高峻的感觉。袁良骏的《现代散文劲旅——鲁迅杂文研究》，在前人基础上，对鲁迅杂文的文学艺术特质展开了更为多元的全面论证，作了总体性的透视与解剖。该书尤为注意鲁迅杂文产生的时代条件和文化背景，并将鲁迅杂文与周作人、林语堂、梁实秋等同时代人的杂文创作详加比较，使全书具有了更为浓重的文化史色彩，开辟出了鲁迅杂文研究的新视野与新局面。作者在继续发扬酣畅淋漓的论战作风同时，又涵养出了一种细腻、周密的艺术品鉴与理论分析的特长。

在理论出新的过程中讲究分析的艺术。现在有些论著在提出新理论、新观点时往往缺乏充分的分析，因而显得空泛、无力。而“书系”中的许多著作却没有这样的弱点，在理论出新的过程中非常讲究分析的艺术。譬如王富仁的《历史的沉思——鲁迅与中国现代文学论》中的《立于两个不同的历史层面和思想层面上》一文，对鲁迅与梁启超文化思想和文学思想的层面差异进行了细腻、独到的比较分析。《〈狂人日记〉细读》，又对《狂人日记》的意义结构和艺术结构以及“海乙那”和“医生”这两个意象进行了不同凡响、细致入微的分析解剖。这两篇论文致胜的关键，并不在于观点的新颖，而在于分析方法的精微、独到，因而给人以厚重、深刻、扎实之感，出新而不飘浮，稳妥又不守旧。

《鲁迅研究书系》出版后在全国引起广泛影响，获得高度评价，《人民日报》、《光明日报》、《文汇报》、《中华读书报》等国内各大报刊都给予以了评介。该“书系”还因学术品位的高雅与印制质量的精美获得1997年度国家图书奖提名奖。

除了整套的“书系”之外，这两年间还出版了王得后的《鲁迅心解》[1]、孙郁的《鲁迅与周作人》[2]、皇甫吉庆的《情结·文本——鲁迅的世界》[3]、徐麟的《鲁迅中期思想研究》[4]和《鲁迅：在言说与生存的边缘》[5]等鲁迅研究专著，取得了不同程度的成就。

三

随着鲁迅研究的发展和思想解放运动的深入，人们愈益认识了鲁迅90年前在《文化偏至论》中所提出的“立人”思想的重大意义。1997年11月，中国萧军研究会在北京召开了“鲁迅‘立人’思想学术讨论会”，以期对鲁迅思想的意义、价值进行“再认识”，与鲁迅的心灵作一次新的交流，产生了深远的影响。

会后，《鲁迅研究月刊》与《方法》杂志1997年前4期上同时刊载了与会者的发言，较为重要的有：

钱理群的《绝对不能让步》认为：“这些年人们热衷于谈论‘弘扬民族文化’，却只局限于古代文化传统，甚至限于儒家一家，偏偏忽略、无视经过一个世纪的努力已经形成的现代民族文化传统；而在论及现代文化传统时，又有意无意地淡化鲁迅的传统，甚至把他视为‘断裂民族文化传统’的‘罪人’：在我看来，这都是可悲的隔膜。本世纪思想文化上的最重大的收获，就是终于产生了鲁迅这样的民族的与世界的文化巨人；现在连承认他的思想文化遗产的价值（更不用说继承与发展）都成了问题（?!），那就真的无话可说了。但仍然要说，而且是鲁迅的基本思想，他的元思想，出发点与归宿。这就是鲁迅的‘立人’思想。这是他在写于1907年的《文化偏至论》一文中首次提出的，距离今天正好90年。——我们可以说是经历了一个世纪的风风雨雨，才认识到它的意义与价值的。从各个角度深入研究鲁迅‘立人思想体系’，是一个具有历史与现实意义的重大课题，需要集中一批力量，进行长期的认真研究。”最后指出：“在具体的操作层面上，个人利益与民族国家利益是可能发生矛盾的，这需要彼此的协调，以至一定程度的妥协；但在终极价值层面上，在现代化的目标上‘个体精神自由’是绝对不能让步的。这是‘作人’还是‘为奴’的最后一条线。守不住这条线，就永远走不出‘奴隶的时代’，这本是本世纪的中国现代化历史已经证明了的。”

王得后的《立人：革新生存的根本观念》认为：“鲁迅‘立人’的思想，在中国，具有划时代的意义；根本不同于孔夫子‘夫仁者，己欲立而立人，己欲达而达人’。不但因为那是两千多年前的思想，实在是‘时代’不同了；实在是孔夫子不过为了‘兴灭国，继绝世，举逸民’。20世纪，人类开始觉醒已经三四百年。人类终于洞察自己是人物，自己也依循生物进化的历程由动物进化而来，不是上帝创造的也已经半个世纪。这些都是孔夫子和他的之徒所不知道的。尤其因此鲁迅坚信‘生命第一’，‘一要生存，二要温饱，三要发展’的思想，断然拒绝孔夫子以降为了治民众而建构的‘修身齐家治国平天下’的思想。”“鲁迅的‘立人’思想，一面在发扬人的心智，做到‘人各有己’；一面在改变中国传统文化规范的，不允许改变的人的生存的根本观念，而建立新的根本观念。”最后指出：“人的生存，依托于物质条件；人怎样生存，却决定于生存的根本观念。‘立人’成为一种独立的思想，鲁迅是一棵独立的大树，大概就是这样吧？”

高远东的《立“人”于东亚》认为：“东亚旧称‘东洋’，依旧韩的语义，乃指与‘西洋’相对包括中国在内的东方地域；但依中国语义，东西洋之‘洋’，不仅为空间地域概念，而且是与现代进程有关的价值概念，所以国人指称‘东洋’仅为日本一国而已。”“虽然东亚作为一个文化圈已遭受现代国际关系的分割，但其文化特性仍带有某种统一性，尤其是问题的统一性。表面上看，‘私于一国’的民族主义，人情为重的交往伦理及利益表现，社会关系中的‘攘夷论’、消费行为的‘忠诚’倾向、政府在社会进步方面的主导权、等级尊卑意识和政治腐败现象虽好似各不相干，且各国程度、范围亦有不同，但它们其实都深刻地受制于文化深层的儒教精神，与其形式上的‘西化’成就形成有趣的对照。”“所谓‘立人’，所谓确立人的主体性或树立自我的主权，从而获得自由和解放，这一课题不能单独依靠自己来实现，也不能单向地解决，必须将它延伸到相互关系中。因为在主从关系中也能存在一个主人，但另一个却是奴隶。只有相互主体性(intersubjecfivity)的确立才是个人、社会、民族国家建立主权的正道，才能克制主从关系，从根本上消灭一切奴役和压迫。”

其他发言有：王乾坤的《立人：请循其本》、徐麟的《首在立人》、摩罗的《鲁迅比我们多出什么》、余杰的《显出的“新民”与隐匿的“立人”》、孙郁的《立人的途径》、张梦阳的《悟己为奴与立人》、支克坚的《“立人”与鲁迅精神》等，都把“立人”与摆脱奴隶状态、实现人的个体精神的自觉与独立紧密联系了起来。

四

专题研究是推动学术深入发展的有效途径。1996—1997两年间的鲁迅研究在如下专题上有所进展：

《野草》研究。《野草》是鲁迅非常重要的作品，也是鲁迅研究的难点之一，一直致力于这一难点探索的著名鲁迅研究专家孙玉石近两年又有新收获。他于1996年在《鲁迅研究月刊》上连载的《现实的与哲学的——鲁迅〈野草〉重释》，凝聚了新的研究体会。其特点是素朴而切实，“得自认真感觉”的体味，没有如有些研究者那样把“更多的想象加在鲁迅身上”，避免了“从另一个侧面”把鲁迅“神话”化的倾向。正如作者在代序中所说："这次对《野草》的'重释'，就采取了这个视角：鲁迅的生命或人生哲学的体验，离不开他对于他所生存的社会现实的关注和经历；鲁迅的现实生活感受，到他的象征性的艺术创造中又努力去挖掘哲学思考的深层内涵。"所以，这部"重释"纵然没有有些著作里表现的那种虚玄色彩和主观情感，但是却切切实实地与鲁迅作品、思想的本来面目相契合，具有更高的科学性。

《阿Q正传》研究。《阿Q正传》是鲁迅最重要的代表作，问世70多年来，研究和争论始终不衰。1996—1997两年间，除出版了张梦阳的专著《阿Q新论——阿Q与世界文学中的精神典型问题》之外，还出现了一些颇有新意和深度的阿Q研究论文。譬如葛中义的《阿Q典型与〈阿Q正传〉艺术结构问题》[6]，提出了《阿Q正传》本文实际存在的艺术结构上的两半之分问题，认为"这个问题对于理解阿Q典型是很重要的。即使只是从艺术直觉上，我们也可感悟到作品前后两半之间，无论在情节逻辑与场景构成，或形象描绘与语言格调，以致于人物性格意蕴等方面，两半之间也存在着明显的差异。"这种作品结构的两半之分，表现了阿Q形象的两极特点："是我国辛亥革命时代一个流浪于农村社会底层而表现着极端反常性的精神胜利法性格特点，又有着正常的人生悲剧命运的小人物的现实主义艺术典型。"只有从这两极特点进行认识，才能理解阿Q艺术典型的完整性与鲁迅创作方法的复杂性。李林荣的《文化断带上的游魂——〈阿Q正传〉与中国传统文化内部人格形象关系初探》[7]，认为阿Q是中国传统文化的人格体现者，他的思想、性格的歧变和分裂必然与中国传统文化本身构型的缺陷和断裂同构而对应。阿Q"革命"问题的真正底蕴不在于总结辛亥革命的得失，而在于"暗示了中国社会文化本位的特殊性质，同时透露出在中国社会内部撼政权易而撼文化难、撼有名有姓的具体人物的地位易而撼无名无姓随时都可以替补到社会各阶层的空位上的人物的根基难这两个令人压抑的消息"。

《故事新编》研究。《故事新编》是鲁迅主要在后期创作的历史小说，许多理论问题令鲁学界争论不休。《鲁迅研究月刊》于1997年1、7、11期接连刊载的郑家建所作《〈故事新编〉新论》：《"油滑"新解》、《神话·〈庄子〉和想象力传统》、《史传的叙事智慧与上说家的诗学情怀》，从现代理论思维高度对《故事新编》研究史上存在的疑难问题进行了新的审视与分析，值得引起研究家们的注意。

另外，《鲁迅研究月刊》1997年连载王乾坤的《鲁迅世界的哲学读解》，从哲学角度解读鲁迅作品和思想，给鲁迅研究领域带来了新的思维与信息，不失为两年间的可喜之事。

五

对鲁迅研究进行历史反思，是80年代末之后中国思想界一个重要的现象。1997年12月，《鲁迅研究月刊》上刊登了两位年轻人赵学勇、刘铁群的长篇论文《鲁迅研究中的儒学阴影》，引起学术界广泛注意。

该文提出如下重要观点：(一)"儒家伦理观念的束缚使鲁迅研究无法上升到研究的高度。""鲁迅研究中第一个时期以陈西滢为代表的对立派和第二时期以梁实秋为代表的英美派自由知识分子在进行鲁迅研究时都身不由己地陷入了传统儒家的道德伦理观念中，对鲁迅及其杂文作出了歪曲的评价，进而走向了对鲁迅及其杂文的根本否定。""根本价值观念不同，又不在理解的基础上思考研究客体，使得他们离开了从社会人生的整体意义感受鲁迅作品的有效角度，而仅仅停留在个人道德的评判上，当然难以做出具有社会普遍意义的文学或思想的新发现，也难以对鲁迅作品的潜在意义做出独立阐释，更难以上升到一个研究的高度。他们是以自己的传统价值观念阻死了自己的研究之路。”(二)“独立性与主动性的丧失阻碍了鲁迅研究取得探索性的突破。”“从 1949 年到‘文革’结束这一阶段的国内鲁迅研究是在一种文化整合的紧张气氛中进行的。中华人民共和国成立，也标志着中国马列主义文化思想的胜利，各派鲁迅研究几乎无一例外地在马列主义毛泽东思想的旗帜下被整合起来。马列主义毛泽东思想成了一切言论的最高指导方针，鲁迅的思想及创作的历史价值只能在马列主义毛泽东思想的价值体系中分析和评判。这样，在权威理论话语的支配和压力下，研究主体丧失了独立性和主动性，无法在鲁迅研究中取得探索性的突破。”(三)“以儒家文化为核心的传统文化的复兴对新时期鲁迅研究的影响。”“新时期的鲁迅研究是在中国大陆由封闭走向开放的历史潮流中重新起步的。灾难性的‘文革’的结束为中国知识分子提供了一个‘重新返回自我’的历史条件。”“但是，鲁迅研究中的儒学阴影并没有从此散去。在思想解放的同时，由于多种因素的促成，中国固有的各种传统思想文化又在社会上活跃起来，掀起了‘国学热’、‘新儒学热’。以儒学为核心的传统文化的复兴无疑要对新时期的鲁迅研究产生影响”，“第一，在文化还原过程中，不少鲁迅研究者又跌入传统文化的旧圈子，再次给鲁迅研究带来局限。”“第二，‘新儒家’的复兴带来了对鲁迅和新文化运动的否定，使鲁迅研究再次面临历史的考验。”

---

〔1〕浙江文艺出版社 1996 年 12 月版。

〔2〕河北人民出版社 1997 年 7 月版。

〔3〕长江文艺出版社 1997 年 5 月版。

〔4〕湖南师范大学出版社 1997 年 4 月版。

〔5〕山东文艺出版社 1997 年 4 月版。

〔6〕《鲁迅研究月刊》1997 年第 5 期。

〔7〕《鲁迅研究月刊》1996 年第 8 期。

学术会议

“20世纪中国文学与区域文化丛书”研讨会

1995年金秋，湖南教育出版社推出了“20世纪中国文学与区域文化丛书”的前五种：吴福辉著《都市漩流中的海派小说》，朱晓进著《“山药蛋派”与三晋文化》，费振钟著《江南士风与江苏文学》，李怡著《现代四川文学的巴蜀文化阐释》，逄增玉著《黑土地文化与东北作家群》。

11月下旬，京华中国现代文学研究界举行了一次专题研讨会，评论、分析已出的五种著作，并探讨了诸如现代性、区域文化的界定等理论问题。同时，现代文学界对此次与湖南教育出版社的合作深感满意，以为学术界与出版界的合作将是未来学术发展的一条很好的途径。与会者高度评价丛书的学术水平和开拓意义。中国社会科学院文学研究所研究员樊骏，和丛书主编、北京大学中文系教授严家炎都认为，丛书的出版，为现代文学研究领域提供了新的思路，新的经验，把20世纪文学的研究推向了深入。樊骏指出，文化热已热了10年，原先只是创作界、批评界重视文化批评，现在学术界已开始重视。探讨文学与文化的关系，一般都是从中国传统文化儒道对文学的影响入手研究，现在用“区域文化”这一角度，是新的突破，很有意义。严家炎强调，丛书的指导思想是要从文学切入，探讨区域文化如何影响了文学，打上了多么独特的烙印；而且要避免写成某一区域的文学史；研讨会中学者们对五种书的总体评价相当不错，同时也注意到它们水平的相对参差，以及风格上的明显不同。北大中文系教授钱理群将这五种书的写作作了有趣的划分：1.体验型，2.实证型，3.体验加实证型。

吴福辉所著《都市漩流中的海派小说》，得到一致好评。被认为是体验加实证型的典范。北京大学中文系青年教师高远东认为吴著是一部力作，富有立体感和史的动感。作者占有丰富的材料，实证功夫强，由于对那个时代有具体体验，又具有很强的历史还原能力，能抓典型，将死材料变成活材料，对海派文化作了有力的阐发，找到了文学内部研究和外部研究的联系。当然，有些理论阐述的深度和力度还嫌不够。现代文学馆副研究员李今以及作者吴福辉都谈到，该书最大的难题在于如何回答现代性这个问题。作为实证型写作风格典型代表的朱晓进著《“山药蛋派”与三晋文化》也深得好评。高远东回顾了十年来文化热的结果，认为成就与付出的代价不成正比，大多数著作的毛病在流于空泛。而朱著由于材料十分充足，彻底地避免了这个毛病。朱著运用大量的材料，重点在于揭示“山药蛋派”的本质，重实证是其优点特点。但由于作者不是当地人，主要是从方志上了解该区域文化特点，体验较浅，给人感觉与研究对象贴得不够近。樊骏认为朱著是文化分析和艺术分析相结合，作为文学研究，他希望最后还是回到艺术分析上来比较好。费振钟的《江南士风与江苏文学》，属典型的体验型学术著作。社科院文学所研究员赵园对费著评价不错，认为写得有灵气，而且把难处理的"文学与文化"的关系处理得不错。赵园认为，这种著作的写作，弄不好就变成文学、文化两张皮，各不相干。"文化"方面只是一味罗列文献材料，而历史与现实，大背景与文学现象的结合都很难处理，费著解决得不错。但全书水准也存在不平衡处。作者花大量笔墨描绘元朝，看得出来是对元朝有兴趣，但写作从元朝一下子跳到了明末，后半部显得过于简略。北师大中文系研究生胡善顺把逄增玉所著《黑土地文化与东北作家群》，称作研究东北作家群的集大成著作。胡善顺认为，逄著联系东北区域的宗教因素——萨满教和日神崇拜，来分析东北文化的内在精神特征，较为新颖深刻。对《混沌初开》所表现出来的恋母情结的分析，对移民文化所作的阐释，对土匪现象所作的透视，都很精辟。但区域文化分析对有些作家作品不适合，分析起来就显得很一般。这部著作具有未完成性。北师大中文系研究员唐利群认为李怡的《现代四川文学的巴蜀文化阐释》写得很好，写出了传统文化向现代化的转化，以及作家主体的接受情况。李怡抓中间环节抓得较好。北大中文系研究生姚丹则认为，李著前半部以大量篇幅给文化、巴蜀文化定义，显得空泛。而后半部分则较有份量，若都从具体角度切入，全书的水准或许会更高。

樊骏谈了对五种书总的看法。他认为这五种书着重研究的文体是小说，可能是小说这种形式更能代表文化特征，规律性、必然性的东西可能在小说中反映得比较多一些。而作为内在品格的精神，表现在诗歌、散文中更多，但要挖掘就更困难。北大中文系青年教师吴晓东认为这套丛书是文学本土化的一个途径，可望借此把文学的内部与外部研究打通。

严家炎指出，区域文化不仅是指一个地区的自然条件，而且包括人文因素，是一种综合的因素。其中，人文因素起着非常重大的作用。区域文化与传统文化关系密切，可算是传统文化的一部分。但它又超越传统文化的范畴，在沿海地区，区域文化与外来文化衔接，因而是一种交叉、综合的角度。忽视了这种角度，好些作家或文学流派的特点就让人认识不清。王富仁认为中国现代文学不仅只是产生于区域文化中，而是产生于整个中国社会空间。要把区域文化放在中华民族的文化系统中来自我把握、自我提升，要看到区域文化的局限性，不要以该区域出了多少重要作家来争夺地位。每个区域文化都是它所处的传统文化的继承者和反叛者，是在反叛中发展的。写作过程中，要处理好中国现代文学与中国传统文化、现代化的关系问题，要在区域文化中准确把握，文化不是一种传统，它是空间上的一种结构陪衬。吴福辉认为中国的区域文化主要是乡土文化，都市化只是陪衬，海派文化中的乡土因素也很多，都市文明总是不断地被乡土文化所穿透。

（姚　丹）

（原载《中国现代文学研究丛刊》1996 年第 2 期）

王瑶学术思想讨论会

1996 年 12 月 13 日是王瑶先生逝世 7 周年祭日，也正时逢《王瑶文集》（七卷本，山西北岳文艺出版社）、《先驱者的足迹——王瑶学术思想研究论文集》（河南大学出版社）、王瑶先生亲自主持的最后一个学术工程《中国文学研究的现代化进程》（北京大学出版社）面世。为了表示对先生的缅怀，进一步发扬先生的学术传统，中国现代文学研究会，北京大学中文系、中国社会科学院文学研究所、中国现代文学馆、《中国现代文学研究丛刊》编辑部联合召开了王瑶先生学术思想讨论会。与会教授学者大多是王瑶先生生前好友或学生，共70余人围坐在北京大学中文系会议室，高度评价了王瑶先生所取得的重大的学术成就及其贡献，热烈地畅谈了王瑶先生具有大家风范的研究个性、人品和文品，深切地表达了他们对王瑶先生的怀念和崇敬之情。

与会学者一致认为，王瑶先生不仅具有以后几代学者很难企及的深厚的古典文学的根底和修养，而且又兼具现代文学的修养及历史唯物主义与辩证唯物主义的理论修养和眼光，他“学贯（通）古今”的独特的学术个性使他能够同时在中国古代文学和现代文学两个领域都蔚然成家，是被学术界公认为中古文学研究的开拓者与中国现代文学研究的奠基者之一。与会学者还特别强调了王瑶先生的“现实情怀”，认为先生始终与时代先进思潮保持着密切的联系，不断从生机勃勃的现实生活中吸取生命的活力，同时焕发着一种人格的力量，从而不仅使他的学术研究具有着鲜明的时代性和现实感，而且使他成为中国现代知识分子的杰出代表之一，先生的影响已超出了学术范围。

王瑶先生终生坚守在学术研究的岗位上，长期执教于北京大学，他出色的教学活动，对自己治学的经验和方法的总结和传授，使他培养的学生已经成为活跃在学术界的一支引人注目的中坚力量，在这个意义上，王瑶先生的学术生命具有一种特殊的光彩和意义。

讨论会由严家炎主持，发言的有北大中文系主任费振刚、中国现代文学馆常务副馆长舒乙、北大孙玉石、陈平原、钱理群和青年教师吴晓东、孔庆东，首都师范大学王景山、清华大学徐葆耕、北京师范大学蔡清富、民族大学宋彬玉，还有刘梦溪、陈丹晨等，樊骏、周明、吴福辉等也出席了会议。最后王瑶先生夫人杜琇发言说，《王瑶文集》和他在晚年以极大的热情投入主编的学术史研究《中国文学研究的现代化进程》的出版实现了王瑶生前的宿愿，特别是他毕生从事的事业，后继有人，蓬勃发展。如果真有在天之灵，他一定会感到欣慰的。

（晓　里）

（原载《中国现代文学研究丛刊》1997年第2期）

郁达夫研究国际学术讨论会

本次郁达夫研究国际学术讨论会，是一次回顾、总结、检阅十年成果的会议。开幕式上，浙江师范大学中文系教授陈其强，以《1986—1996郁达夫研究述评》为题，报告了十年研究概貌和成果：1986—1996年的十年郁达夫研究，十年内中国国内出版专著、编著、译著、传记20余种；论文、史料、考证、笺注100多篇，各类文集相继重新付梓；电影、电视剧、传记片已达6部之多。接着，陈文从郁达夫的小说、散文、旧诗词、文论，以及郁达夫深受西方文学影响、与外国文学比较研究等诸方面，报告了研究动态，简介了部分力作，肯定了成果。出席这次会议的专家学者，以及他们所提交的论文，有着与上次有所不同的特点。

杭大中文系教授陈坚代表论文组所作的会议小结将其归纳为如下几点：

首先是研究队伍日益壮大。国内相当多的省份的学者以及来自日本、韩国、新加坡、香港等国家和地区的国外嘉宾。这个现象表明，郁达夫是属于世界的。从队伍的知识和年龄结构看，既有许多高职称、高层次、知名度很高的专家学者，也有一些名不见经传的后起之秀；既有专业的研究家，也有业余的，这支队伍中，中年人、年青的博士又占了相当的比重。其次是，研究领域也得到了扩展。早年对郁达夫的研究，多半局限于纯文学作品，如小说、诗歌、散文等，这次则涉及到其它一些艺术领域，如传记文学、日记、书信、文学理论乃至书法等。对其人的研究更是既有对生平事迹的考证，又涉及其思想精髓和人格魅力。这表明郁达夫研究在今天已进入了全方位的、多层面展开的时期。三是，从这次会议收到的论文以及现场发布的研究成果看，国内外郁达夫研究在11年前恢复郁达夫本来面目的基础上，正在向纵深推进。

郁达夫的爱国主义思想及其率真、坦诚的性格是本次会议代表十分关注的。许多研究者认为，郁达夫在福州、南洋的爱国主义思想和行动，并不是一种孤立的、游离于其文化人格的思想行动，而是其文化、性格的自然体现。作为一名具有社会使命感、职责感的中国知识分子，郁达夫对社会、对国家、对民族的关怀不仅体现了一个知识分子、文化精英对于社会现实的关怀，与他真率，坦诚的人格不无关系。

对郁达夫的创作个性与审美特性的研究，会议有许多深入的发现和研讨。有专门从郁达夫散文和散文理论为例加以阐述的，认为郁达夫首先是一个散文家，因为现代文学史上鲜有一个作家像郁达夫那样驾驭了散文那么多文体样式并且取得丰收，他是当之无愧的现代散文的开拓者。

研究郁达夫的小说的论文仍占很大比重，在郁达夫创作研究中还运用了许多新方法和新视角，如从比较文学的角度对郁达夫与同时代作家、郁达夫与外国作家加以比较分析。有从运用弗洛伊德的心理分析角度，探讨了他的婚姻、家变、命运等。对郁达夫生平、史料的考证也有新进展。

韩国延世大学中文系教授在《韩国郁达夫研究的现状与展望》为题的论文中，报告了自1996年以来，韩国发表的郁达夫研究论文达16篇之多，翻译作品也有7部。新加坡国立大学教授杨松年提交了《从郁达夫“几个问题”引起的论争看当时南洋知识分子的心态》。日本郁达夫研究专家铃木正夫先生，也参加会议并发表了演讲。

（蒋增福）

（原载《中国现代文学研究丛刊》1997年第2期）

中国现代文学研究会第7届理事会第2次会议暨学术讨论会

中国现代文学研究会第七届理事会第二次会议于1996年5月10日至12日在石家庄举行。这次会议不仅是研究会的一次工作会议，而且是一次学术讨论会。与会的理事、特邀代表及列席人员近六十位，就“现代文学研究存在的问题与今后的发展”这一议题，各抒已见，展开了热烈而深入的讨论。

研究会会长、北京大学中文系严家炎致开幕词说：“1994年西安年会上，我们着重对新时期15年的现代文学研究进行了回顾与总结，这对我们的学科建设起到了非常重要的作用，但由于种种原因，那次会议却对学科存在的问题和今后的发展来不及充分讨论。”这次会议可以说是西安年会的延续，其目的在于通过认真思考现代文学这门学科所存在的问题与所面临的挑战，从中探寻现代文学研究在已有基础上继续发展的道路。

一、“颠覆”和回应

现代文学这门学科进入90年代以来，一方面酝酿着、不断实现着新的突破；另一方面也受到新的挑战和威胁。南京大学中文系丁帆指出，如今的文学创作和文化思潮中存在着一股“颠覆五四”的潮流。它主要来自四个方面：新儒学、新国学、“后现代”和随着社会的转型，已成为技术官僚话语，实用主义话语的主流话语。它们共同组成了“围剿”五四的大合唱。他进一步指出，这股思潮是从理论上学理上动摇几代学者建构的文化批判话语，以推翻五四启蒙话语和文化批判精神为前提的社会转型思潮。

北京师范大学中文系王富仁认为，新儒家的文化思想，包括那些从根本上否定“五四”新文化运动的价值和意义的观点，已经开始侵入中国现代文学研究的观念体系。对中国现代文学研究学科产生了颠覆性的威胁。他还着重分析了新儒家学派的构成和文化背景，认为改革开放主要是向美国文化的开放，新时期走出国门的中国知识分子，更多的是到美国学习，他们同时也把美国汉学界的中国现代文学研究成果输入大陆。必须承认，以台湾自由知识分子为主体的美国汉学家对新时期的中国现代文学研究有过较大的影响，为恢复现代文学研究的整体格局和细致研究开启了一条道路。但特定的政治倾向，使他们对左翼、创造社、鲁迅、解放区文学持否定态度，如果我们完全接受他们的文化价值观念，就是从一种主流论走到另一种主流论。而且美国汉学家把学术仅仅当做冷静的理智行为，因为他们在特殊的环境中，未受到中国文化的压抑，所采取的是一种从外部观照的研究立场，而我们的研究是从不满现实文化开始的，只有我们知道自己的疼痛，这是一种情感行为，意志行为，否则我们不会作出批判性的反思。反叛行为就是通过情感和意志表现出来，新文学就是这样创造出来的。如果我们完全接受他们的观点，就会与我们的研究对象发生差异，这是致命性的审度。因而王富仁进一步提出，现代文学研究应从两方面酝酿，一是内部的相互探讨；二是与其他学科对话。作为一门独立学科，当它在整个社会文化格局中，其存在的根据和基点受到侵蚀时，仅有内部的对话是不行的，面对挑战的敏感程度和反应能力是这门学科能否存在发展的根本问题。

严家炎就这一话题提出：“不怕颠覆，只怕误读”。他认为五四新文化运动的辉煌功绩是颠覆不了的，新儒学把五四文化精神与欧美文化中心论混为一谈是错误的。欧洲产业革命后经过启蒙运动走向工业化，这是条具有普遍意义的道路，新儒家也不可能拒绝科技新成果。问题是现在既存在着对五四的误读，也存在着对新国学的误读。正是对五四的误读造成了攻击五四的口实。比如，把五四的批孔说成是彻底否定传统文化，实际上儒学只是传统文化中的一派，五四的批孔不过是把儒学从统治地位上拉下来而与其他学派平等，也并未否定孔子作为历史上伟大人物的地位。陈独秀的《文学革命论》也并未否定古代文学，只是攻击了仿古主义。当然五四新文化运动也有偏颇，我们不必为其毛病辩护，先驱者是在绝对理想化状态下提倡科学、民主、自由的。严家炎还指出，长期以来也存在着对当年五四新文化运动反对派的误读，甚至可以说是“未读”，我们对他们的把握是不实的，很多资料还未找到或者看到，有必要对学衡派、鸳鸯蝴蝶派做重新的研究。

社科院文研所研究员杨义结合自己的研究经验谈到，现代文学研究发展到今天，要重新审视确立研究的立足点。这个立足点应与整个国家的文化发展策略有关。如果说，传统文化是正题，五四新文化就是反题，而我们现在是处于中国文化发展的合题上。反题旨在挣脱传统文化，但它本身有自己的弱点，我们不应做五四的儿子，尽管我们没有五四那代人的地位，但我们应该，也能够比那代人聪明，因为我们和他们有着八十年的距离，也比他们读的书多。胡适的《中国哲学史大纲》、《白话文学史》和《红楼梦》的自传说，都有偏颇之处。但如果没有他们的反题，也就没有我们的合题，他们有他们的文化任务，我们有我们的文化任务；我们既要继承“五四”，也要走出“五四”。下个世纪的文化应该是建设性的文化，中国文化应该带着自己丰富的智慧与世界文化平等对话，我们应该在参与现实和学术品位的张力中，寻找自己的位置。

清华大学人文学院蓝棣之以新儒学在国际上产生影响为例，认为新儒学所以能够在国际学术界具有一定的地位，原因之一就是他们以社群主义的立场参与了当前国际学术界所关注的，未来世界是个人主义的，还是社群主义的对话。因而，他提出了现代文学研究应与世界文化潮流沟通的问题。

二、性质、特征和范围

研究会副会长、社科院文研所研究员樊骏在西安年会上曾指出："从长远看，还需要从整个中国文学的历史发展，重新考虑学科的名称、归属、范围与界定等问题。它们都不同程度地具有重新建构学科的性质，是项关系全局的重大任务。"在这次会议上，很多学者也就此问题发表了自己的见解和意见。

作为一门独立学科，现代文学史前后不过30多年，范围过于狭小。事实上研究者在实践中的探索和考察，早已突破了学科本身的界限，很多大学已把当代文学室和现代文学室合并，现代文学的教学课时也大大地减少，重新界定学科范围已是势所必然。十年前钱理群、陈平原、黄子平等提出了"20世纪中国文学"的学科构想，得到了较多学者的赞同。在这次会议上，一些学者根据"20世纪中国文学"的构想思考现代文学的分期。如山东师大中文系朱德发认为，可以根据文学自身发展的规律分为两大阶段：一，从晚清到文化大革命结束（1897—1977），这时期的文学是从文学走到非文学，从人的文学走到非人的文学；二，从新时期文学到现在，这时期的文学是从非文学回归到文学，从非人的文学回归到人的文学。中国文学这百年的历史就是完成了这样一个循环。一些学者也提出了不同的意见。苏州大学中文系范伯群说，跨世纪思考我比较悲观，也许会有一场静悄悄的革命，但不可能像19世纪跨入20世纪那样，发生质的转变，21世纪跳不出20世纪的掌心，需重新考虑"20世纪中国文学"的提法，其下限到21世纪恐怕还要继续延伸。关于上限时间一些学者也持不同意见。认为把新文化和新文学起点前移就大大降低了"五四"文化革命和"五四"文学革命的独立意义和独立价值。脱离开"五四"白话文运动，就无法确立新文学与旧文学的根本区别。另外，区别不同的两类知识分子也是非常重要的，"五四"新文化运动的倡导者，从事的完全是社会的文化事业，不再以取得政治权力为主要目的，标志着中国新的独立知识分子阶层的形成。而洋务派是以传统的官僚知识分子为主体，维新派是以在野知识分子为主体的，他们的文化活动都是从属于政治活动的。所以坚持以"五四"新文化运动和新文学运动作为20世纪中国文学的起点，只把此前的文化发展作为它十月怀胎的过程，还是极为必要的。

关于现代文学的性质和特征，华中师范大学中文系黄曼君认为：用是否现代化来看取与规定中国现代文学的性质比较恰当。也就是说，要从中国现代化总的历史过程中，从中国文学由古代向现代的历史转型中来了解它的现代化程度，把握它的现代化特征，以是否有利于中国社会的现代化，特别是人的现代化作为考察中国现代文学的基本价值准则。这样，可以有助于我们从更开阔的视野来理解中国现代文学作为"新文学"的"新"之特质，避免中国现代文学经典化后，成为与传统文学不分质的没有显著差别而自然延伸的组成部分。从这样的角度看，现代文学中还有许多问题需要重新认识。如现代文学是在多种文化思潮的背景下运作的，过去只看到激进主义、不大看到自由主义，更看不到文化守成主义（保守主义）的意义，事实上，它们都是中国现代化运动之最具影响力的意识形态。黄曼君还进一步指出，中国现代文学的性质和总体特征不是静态的，而是在动态中不断被阐释、被发现的，中国现代化运动不完结，对现代文学的性质和总体特征的阐释就不会完结。

华东师大中文系讲师罗岗特别强调，在当前来自各方面的对“五四”的置疑和追问下，反省现代文学是怎样成为“现代的”很有益处。有了后现代的语境，才可读懂现代主义。应认真分析晚清以来中国现代性的展开，“现代”知识体系的形成以及大众传播媒介、书刊发行、文学奖助、稿费制度等一整套文学体制的运作，特别是大学教育制度，文学史课程的开设，如鲁迅、郑振铎、胡适都曾以新观念重新整理传统文学，在这过程中显示出新的文学观念的整合力量，在帮助新文学在诸多文学话语中确立自己的霸权地位，起到了积极的作用。现代文学这门学科一定要突出“新”字，否则，将与其他话语混淆。

三、走向成熟

也是在 1994 年西安年会上，樊骏为我们这一学科的研究现状定位说：“我们的学科：已经不再年轻，正在走向成熟”。在这次会议上，“走向成熟”，已经成为与会学者的自觉追求，“如何努力把现代文学研究推进到一个真正成熟的境界”，尤其成为他们关注的课题。

河南大学中文系解志熙针对当前学术界过分强调研究的当代性和研究者的主体性而带来的负面效应提出，如果我们在工作中有意加强一点史学的品格，理性的节制，客观的精神和传统的学术规范，而不是一味地追求批评性的激情、当代性的兴趣和主体性的发挥，也就是说“古典化”一些，倒可能有助于学科的成熟。他认为，毕竟我们面对的现代文学，是已经过去了的历史，是已成经典的传统，因而在研究中，某种古典的节制就是必要的。今后的现代文学研究应注意在当代性和历史性、主体性和客观性、批评性的激情和学术性的规范之间，达成某种合理的均衡。他还进一步分析了当代性意识和主体性意识觉醒的历史文化背景及其概念的哲学理论根据，以及应用所产生的流弊，认为：只有当我们自觉到文学批评、文学研究不是放纵个人感情，而是逃避个人感情，不是表现自己的主体性和个性，而是逃避主体性和个性，我们的文学批评和文学研究才可望成熟。武汉大学中文系陆耀东补充说，搞学术研究应各人有各人的方法，我追求的是客观性、科学性、历史性和史料的掌握。

能否建立自觉的文学史观，也是一个学科、一位学者是否成熟的重要标志。苏州大学中文系范伯群谈到自己研究鸳鸯蝴蝶派的体会时说，开始他是以新文学的开明派身份研究鸳蝴派，现在是以一般史家的客观眼光去审视从鸳蝴派到金庸，这一通俗文学发展变化，逐步现代化的演变过程。从“历史当事人”的立场观点转移到文学史家的立场观点，使他的研究产生了根本性的变化，极大地增强了学术性。他认为通俗文学有自己的体系和方式，它从市民的立场看世界，它的大师人物可以输送进文学史，像过去那样，只研究半部文学史是不行的。中国现代文学馆研究员吴福辉强调文学史的写作要分清“我的文学史研究”和“我们的文学史研究”这两个不同的概念，它们各有自己的操作规范。前者强调个性、排他性；后者强调共识、公共规则、包容性和权威性。北京大学中文系温儒敏特别提出了治学态度与学风的问题，他认为，一个人写文章是持文化消费，还是持文化积累的态度，是一个学者所要选择的根本性问题。现在一些青年人写文章是文化消费，而不是积累。学者就是要能坐下来做学问，要有平常心，陈寅恪的学术品格值得我们思考。所以他不赞成太多“危机感”、“焦虑感”这种心态，认为使命感太强影响一个学者的成长与成熟。

樊骏发言说，他要为黄修己的《中国新文学史编纂史》续写一章。他认为 1993 年以来，现代文学研究在打破文学史的固有模式和格局上取得了突破性的进展。田本相主编的《中国现代比较戏剧史》广泛地联系了日本、欧美诸国近现代的戏剧思潮及其在中国的传播和影响，为中国现代戏剧的发展历程，引入了一个参照的框架。严家炎主编的《中国现代文学史教学大纲》是对以前文学史模式的瓦解，全书不分章，38 节并列，其中有 35 节评析作家作品，适合现代文学的教学和经典化的要求。范伯群主编的《中国近现代通俗作家评传丛书》，可以说是纪传体文学史。谢冕主编的《百年中国文学》，在百年历史长河中选取具有特殊意义的十二个年份，把历史聚焦在这十二个点上。杨义的《20 世纪中国文学图志》，采用了大量的插图，以图出史，以史通图。这些以崭新的面貌出现的文学史著作标志着我们这个学科迈向成熟的步伐。

四、走向经典化

随着历史的推移，中国现代文学已经成为一段历史，一个新的传统。过去，当人们以历史的眼光，审视中国文学在整个 20 世纪从古典到现在的历史变革时，清楚地意识到这门学科的过渡性。在这次讨论会上，很多学者强烈地感到，只看到过渡性，而不建立经典性是不够的。现代文学应进一步走向经典化，更带经典性，成为与会学者的一个共识。

研究会秘书长、北京大学中文系钱理群认为，现代文学研究今后的发展可能会更多元化、个人化。所以他的思考不是现代文学应如何发展，而是我应该为这门学科做些什么贡献，并公布了自己的研究计划，阐述了他对“我的现代文学研究”的思考。如何使现代文学走向经典化，就是他选取的第一个突破口。为此，他计划主编一套“20 世纪文学经典”，根据文学审美的标准，选编传世之作，偏重于文学经典，而不是文学史的经典。企图用经典证明和肯定中国现代文学存在的价值，为研究者提供新的研究基础。进一步他还计划在此基础上主编一套《现代文学经典研究丛书》，对经典作品做文本的细读和文学审美品格的研究，最终要提出理论概念，建立中国诗学。鉴于现代人选现代作品难免有遗珠之憾，他计划再编一套“遗珠丛书”。

钱理群选取的第二个突破口是研究体制对文学发展的制约。目前他已和出版社落实了两套大型丛书：一、“出版文化丛书”，包括《商务印书馆》、《北新书局》、《开明书店》、《文化生活出版计》、《现代书局》、《人民文学出版社》、《作家出版社》、《90 年代出版文化调查》等卷；二“校园文化丛书”，包括 20 年代的北大，30 年代的清华，40 年代的西南联大，鲁艺等等。还拟主编有关国民党政府文艺政策、延安时期共产党的文艺政策等丛书。这些丛书偏重文学政治学和社会学的研究，强调资料翔实、历史细节、图表说明等等。钱理群还谈及了自己的研究方向。他认为整个 20 世纪文学可分为两大段：“五四”——1949 年；1949 年——。他特别指出，1949 年以来所形成共和国文化是中国历史上一个独立的文化形态，并具有自己的语言和话语。新时期文化虽有变化，但并不构成独立的阶段。他今后的研究将探讨毛泽东文化是如何形成的，中国知识分子是如何接受这一文化的。

在这次会议上武汉大学中文系易竹贤、中山大学黄修己、河北社科院文学所张永泉、天津社科院文学所王玉树、河南大学中文系刘增杰、《郑州大学学报》编辑部陈继会、福建师大中文系汪文顶、南开大学中文系刘家鸣也都结合自己的研究领域所存在的问题和今后的发展做了精彩的发言。

这次讨论会的一个突出特点就是彼此意

见并不完全一致，但在现代文学研究应该既追求学术品格又不放弃参与当代文化的建设上，彼此的意见是一致的。在这两极之间，如何发挥自己的个性，或逃避个性，按照学术的规范进行操作，将是每位学者自己的选择和追求。不同学术风格的形成，以及在此基础上，不同学派、不同学术群体的形成、并存和争鸣，将是我们这一学科达到成熟境界的标志。

理事会还就筹募、落实现代文学研究基金、出版《中国现代文学研究丛刊》的经费和有关本世纪最后一次年会——1998年太原年会的问题进行了商讨和研究。

（李　今）

（原载《中国现代文学研究丛刊》1996年第3期）

纪念鲁迅逝世60周年活动综述

为纪念鲁迅先生逝世60周年，继承发扬鲁迅革命精神，加强社会主义精神文明建设，1996年10月，中国作协、中国鲁迅研究会、上海作协、上海文联和上海鲁迅纪念馆联合举办了一系列纪念活动。

一、鲁迅先生逝世60周年纪念大会

10月19日是鲁迅逝世纪念日，鲁迅先生逝世60周年纪念大会在上海展览中心隆重举行。在纪念会上，中共上海市委副书记陈至立代表市委、市府致词，专程来沪出席纪念会的中宣部副部长、中国作协党组书记翟泰丰作了主题报告，大会宣读了中国鲁迅研究会会长林默涵的书面发言。

陈至立致词说，上海是伟大的文学家、思想家、革命家、伟大的共产主义战士鲁迅先生晚年最后战斗、工作和生活的地方，是和他一生最光辉的十年相联系着的地方。在上海召开纪念大会有着特殊的意义。她说，鲁迅以自己全部生命的热烈和精诚，为中华民族竭尽全力的崇高献身精神和伟大人格力量将永远鼓舞我们前进。我们一定要继承和发扬鲁迅先生的精神，高扬爱国主义和革命文艺的旗帜，在邓小平建设有中国特色社会主义理论的指导下，在以江泽民同志为核心的党中央领导下，认真贯彻党的十四届六中全会精神，开创社会主义文艺事业的新局面。

翟泰丰在主题报告中指出，在举国上下认真学习贯彻党的十四届六中全会精神的时候，我们在这里隆重纪念伟大的文学家、思想家和革命家鲁迅先生逝世60周年，有着特殊重要的意义。学习、发扬鲁迅精神，对于加强社会主义精神文明建设，提高全民族思想道德和文化素质，将产生重要影响。他进一步指出，“民族魂”是中国人民对自己忠实儿子鲁迅的历史评价。鲁迅是本世纪思想文化战线上一面最光辉的旗帜，是中华民族的精神灯塔。宣传鲁迅，学习鲁迅是社会主义精神文明建设和思想文化战线的一项长期的重要任务。他最后说，我们坚信，随着十四届六中全会精神深入人心，随着鲁迅光辉传统的不断学习继承，我国的思想道德、科学教育和文化艺术建设必将出现一个崭新的局面。一部部教育人、鼓舞人的优秀力作将不断涌现，一批有理想、有道德、有文化、有纪律的社会主义新人将茁壮成长，整个中华民族的思想道德素质和科学文化素质将进一步得到提高。

林默涵在书面发言中阐述了鲁迅精神的精髓后说，鲁迅逝世后60年来的社会实践表明，中国社会越是向前发展，改革越是深化，鲁迅精神的影响和作用就越发显著；时间离得越远，这位新文化运动的英勇旗手的形象就越发高大而可敬。当前，我们正在走前人未曾走过的具有中国特色的社会主义道路，正在建设前人未曾建设过的有中国特色

的社会主义。在这种新形势下，认真学习鲁迅的思想和著作，把我国的精神文明建设提到更高的水平，具有极为重要的现实意义。

纪念大会由中共上海市委常委、宣传部长金炳华主持。出席会议的还有上海市委老领导夏征农、陈沂，中国作协书记处常务书记张锲，中国鲁迅研究会常务副会长林非，中共上海市委宣传部副部长方全林，上海作协党组书记徐俊西，上海文联党组书记李伦新和鲁迅的亲属周海婴等。上海市各界代表和全国20个省、市、自治区的鲁研界专家参加了纪念大会。会议结束后，参加会议的领导和部分代表祭扫了鲁迅墓，并敬献了花篮。

二、全国鲁迅研究学术研讨会

10月20日、21日在上海国际文化交流中心举行了纪念鲁迅逝世60周年全国鲁迅研究学术研讨会，来自全国20个省市、自治区鲁迅研究专家学者代表80余人参加研讨会。

中国鲁迅研究会副会长兼秘书长陈漱渝主持20日的研讨会开幕式。开幕式上上海市宣传部副部长方全林代表上海市委、市府致欢迎词，他说，经过几代人的努力，鲁迅研究已经发展成为专门的学科。在新的历史条件下，寄希望于鲁迅研究的专家、学者把鲁迅先生在本世纪上半叶播下的思想火种播撒到新世纪公民的灵魂中去。让现代文明的火炬照亮中华民族的思想之路。党的十四届六中全会为进一步研究鲁迅创造了良好的文化氛围，祝愿专家学者通过这次研讨，开拓更广阔的领域，有更多的研究成果问世，开创鲁迅研究的新局面。随后，上海作协副主席叶辛、上海大学文学院副院长郭建庆分别代表上海的主办和协办单位致词。上海市委老领导夏征农在会上讲话。上海鲁迅纪念馆常务副馆长王锡荣宣读了中国鲁迅研究会副会长袁良骏、四川省文联、四川鲁迅研究会会长黎本初、中国社科院文学所所长张炯等贺电、贺信。大会还接受了陕西人民教育出版社赠送的《鲁迅研究书系》和陕西师范大学卫俊秀教授赠送的书法作品。最后，由中国鲁迅研究会常务副会长林非作开幕词。

随后的两天会议中进行了大会交流和分组讨论。彭定安、陈鸣树、张梦阳、郑心伶、朱德发、朱寿桐、黄健等近十人在大会交流中发言，他们就鲁迅研究的发展与前景、鲁迅学构建、鲁迅研究与当今社会主义精神文明建设等问题进行了深入探讨。与会代表一致认为鲁迅的思想文化遗产，不仅影响了中国文化，也影响了世界文化的发展；不仅在今天，在即将到来的21世纪，鲁迅的思想、创作和著述，仍具有全民族和世界性的意义和价值。本次研讨会共收到论文50余篇，这些论文在“民族魂——世纪之交的鲁迅”这一主题下对鲁迅的文化遗产和精神遗产的现代内涵进行了多角度、多层次地挖掘和探讨，反映了近年来鲁迅研究的最新成果以及鲁迅研究的新方向。

研讨会获得了圆满成功，取得了令人可喜的研究成果。21日下午，研讨会举行闭幕式，上海文联党组书记李伦新致祝贺词，中国鲁迅研究会副会长兼秘书长陈漱渝作总结发言。

研讨会进行期间，中国鲁迅研究会举行1996年会员大会，选举产生了新一届理事，并在此基础上选出了新的研究会领导机构。与会代表一致选举林默涵先生继续担任中国鲁迅研究会的会长。

三、不朽的民族魂

10月19日，上海鲁迅纪念馆举办的《不朽的民族魂——鲁迅逝世60周年纪念展》开幕。该展览共展出文物、文献资料200余件，从各个角度反映了鲁迅逝世60年来党和国家领导以及全国人民和世界各国人民对鲁迅伟大功绩的缅怀。反映了鲁迅精神在不断地激励着中华儿女为争取民族解放、国家独立和繁荣昌盛而奋斗，同时展示了鲁迅在世界各国人民中所产生的深远的影响。展览特别展示了党和国家领导人对纪念、学习鲁迅的重视。如毛泽东在1975年书写的鲁迅诗《悼杨铨》；1975年毛泽东、邓小平关于重新整理、注释和出版《鲁迅全集》的批示；江泽民在1991年为纪念鲁迅诞辰110周年的题词等。

中宣部副部长、中国作协党组书记翟泰丰，上海市委副书记陈至立，上海市委常委、宣传部长金炳华和中国作协书记处常务书记张锲等领导，以及上海市各界知名人士和参加鲁迅研讨会的各地专家、学者参观了展览。展览展出期间共接待本市和外地观众数千人，取得了良好的社会效益。

四、京、沪、浙中学生鲁迅知识竞赛

10月初，中国鲁迅研究会、上海鲁迅纪念馆、上海东方电视台、上海虹口区文化局联合举办了“民族魂——纪念鲁迅逝世60周年京、沪、浙中学生鲁迅知识竞赛”。这台知识竞赛由京、沪、浙三地鲁迅中学的学生参加，采用实景拍摄，直观地反映了鲁迅一生中最为重要的三个阶段，其中穿插有关的知识问答，使青少年对鲁迅先生光辉的一生有了较全面、较深入的了解。知识竞赛融知识性、艺术性和娱乐性于一体，它在10月19日和11月先后在上海东方电视台和北京电视台的黄金时间播出，在广大青少年中产生了强烈的反响。特别是浙江电视台根据这一内容编辑的专题节目通过卫星向全国播放，更进一步扩大了鲁迅在青少年中的影响。知识竞赛和有关专题节目播出后，不少参赛学生收到全国各地中学生的来信，倾谈观看节目后的感想、交流学习鲁迅的心得，增强了各地中学生之间的相互交往。

知识竞赛在摄制过程中，受到了各地有关单位的热情接待，同时也受到了人们的关注。不少鲁迅研究专家和知名文化人士对这一利用现代传媒推动鲁迅普及化的新尝试，给予了充分的肯定和高度的评价。

五、上海鲁迅纪念馆馆藏美术品展及其他纪念活动

从5月起，各地的艺术家们开始创作美术作品，以纪念鲁迅逝世60周年，至9月底，上海鲁迅纪念馆共征集到海内外知名人士的美术作品100余件。8月初，上海书画界人士乔木、罗步臻、吴玉梅、刘一闻等，在上海鲁迅纪念馆举行纪念鲁迅逝世60周年书画笔会。书画家们除各自即兴作画外，还集体创作国画6幅。9月底至10月初，上海鲁迅纪念馆举办《馆藏美术品展》，从馆藏的美术品中，精选出部分思想性、艺术性俱佳的精品，公开展出。展出有董必武、郭沫若、郭绍虞、唐云、舒同、赵朴初、赖少其、臧克家、周而复、王个簃、钱君匋、赵延年、杨可扬、陈逸飞等老一辈革命家、文化艺术界知名人士的书法、绘画、版画作品近百幅。在展览前夕，新加坡知名人士周颖南、日本陶艺家北一明专程抵沪，送来作品参展。展览充分反映了我国及国际社会知名人士和艺术家对鲁迅先生的崇敬，热爱之情，也同样体现了鲁迅精神所蕴藏的强大生命力。

为纪念鲁迅逝世60周年，上海市园林局将鲁迅墓前的两棵广玉兰列入古树名木保护计划，同时平安保险公司也将两树列为公司的古树名木的保险树木。6月6日，上海市人大、政协、市园林局和平安保险公司等单位在鲁迅墓前举行了保护古树名木揭牌暨赠牌仪式，鲁迅家属周海婴夫妇出席了仪式。

9月至11月，上海市虹口区文化局、上海鲁迅纪念馆、虹口区书画院、上海书画出版社《书与画》等单位联合举办了“鲁迅杯”书画篆刻大展，本次大展受到社会各界

的支持与响应，共收到全国各地书画作品300余件，日本书画家也寄作品参展。主办者从中选出100多件优秀作品在上海鲁迅纪念馆展出，并评出27幅作品分获书法、绘画、篆刻类的一、二、三等奖。

9月，上海市版画会、曲阳图书馆等举办了《纪念鲁迅先生逝世60周年——现代文化名人藏书票展》，展览共展出李桦、赖少其、杨可扬、邵克萍等版画家藏书票作品共300余幅，其中10幅作品评为金、银、铜奖。

10月，上海市虹口区举行了“虹口区十大文化名人故居挂牌仪式”，有鲁迅、瞿秋白、郭沫若、茅盾等10位文化名人故居被挂牌，以资纪念文化先辈的业绩，提高市民文化的素质，弘扬爱国主义精神。

在党的十四届六中全会关于加强社会主义精神文明建设若干重要问题的决议精神深入人心之际，全国纪念鲁迅逝世60周年系列活动在上海成功、圆满地举行，标志着鲁迅精神宣传和鲁迅研究进入了一个新的历史阶段。“鲁迅的方向，就是中华民族新文化的方向”。这次纪念活动，特别是全国鲁迅研究学术研讨会的成果表明，在我国建设中国特色的社会主义进程中，鲁迅的精神文化遗产必将在我国的物质文明建设和精神文明建设的新阶段中作出其特殊的贡献。

（李　浩）

（原载《上海鲁迅研究》第8期）

北京各界隆重集会缅怀鲁迅逝世60周年庆祝鲁迅博物馆建馆40周年

1996年10月19日是中国现代思想文化巨人、伟大的爱国者鲁迅先生逝世六十周年，也是北京鲁迅博物馆建馆四十周年。10月16日北京鲁迅博物馆在新落成的陈列厅隆重举行“纪念鲁迅博物馆建馆四十周年暨缅怀鲁迅逝世六十周年大会”，新的“鲁迅生平展”也同时揭幕。刘忠德、马毓真、张文彬、王蒙、林默涵等以及海内外文化界、教育界等各界代表300余人参加了纪念大会。

张文彬代表文化部和国家文物局发表重要讲话。北京鲁迅博物馆副馆长时煜华同志在会上作了《鲁迅博物馆四十年历程》的报告。

日本福冈市综合图书馆副馆长三浦胜、日本著名鲁迅研究专家竹内实以及上海、绍兴、广州鲁迅纪念馆的代表在会上宣读了贺辞。

会上还举行了“爱中华、学鲁迅、做脊梁”读书知识竞赛的颁奖仪式。刘忠德、张文彬、王蒙、林默涵等为优胜者颁奖。

会后，刘忠德、张文彬为新落成的“鲁迅与青年”雕像揭幕，并与300多名代表一起参观了“鲁迅生平展”。重新布置的“鲁迅生平展”，展出面积达1200平方米，按鲁迅先生的居住地点把生平分成“故乡绍兴”、“日本时期”、“北京时期”、“上海时期”等几个展区。展览通过珍贵文物、实物、图片、音像等真实地再现了鲁迅先生伟大的一生和他所创造的辉煌业绩，反映出那“寒凝大地发春华”的峥嵘岁月，揭示了一代“民族魂”为了改造中国国民性及其社会鞠躬尽瘁的博大情怀。

新的“鲁迅生平展”，内容设计和形式设计都有创新，环境氛围的营造和陈列布置均有鲜明风格，全面而真实地体现了文学家、思想家和革命家的鲁迅。

从内容看，既突出了鲁迅“横眉冷对千夫指”的一面，又丰富了他“俯首甘为孺子牛”的一面；恢复了这位代表着中华民族的大多数向敌人冲锋陷阵的“空前的民族英雄”感情丰富、爱憎分明的真实感人的形象。展览在吸收新时期以来中外鲁迅研究成果方面下了功夫，融化了不少新的思想和新的发现。譬如，布置在陈列起首的“周氏家谱”，就是近年发现并经反复考证认为基本正确的一项难得的成绩，清晰地反映了鲁迅家族的兴衰荣枯及给这位文化巨人的影响。在内容取舍方面，还着力渲染鲁迅生活和战斗的各个时期的地域文化特色，并使之与鲁迅不同阶段的辉煌业绩有机地联系起来，使展览更加形象、丰富和深刻，且具有鲜明的韵律感和浓郁的生活气息，营造出一种流动不居、亲切可感的鲁迅文化氛围，收到了“绿叶衬红花”的美妙效果。譬如，“鲁迅在绍兴”部分，开始就是绍兴水乡的巨幅照片：波光粼粼的河面，摇曳多姿的岸柳，一条乌篷船欸乃而去，留下一位戴毡帽的贫苦渔民疲惫而倔强的背影，把观众一下子就带进本世纪初浙东农村那凋弊而多难的生存空间，体会到当时水乡农民那流荡不尽的苦难和忧伤。又如，踏进“鲁迅在北京”部分，迎面一幅北京胡同的大幅照片给人以强烈的感受：一堵晦暗高大斑驳的砖墙，一条狭窄细长坑坑洼洼的胡同，似乎和当年在北京绍兴会馆的如豆青灯下寂寞孤单读古抄碑的鲁迅一起，感同身受北洋政府统治下的沉重和绝望。而暗夜里的几处灯光，又使人联想到鲁迅的追求和价值。这些生存背景的适当加强，显著地增添了展览内容的历史深度和真实感，使鲁迅的人生之旅显得更有节奏，更加清楚而全面地展示在观众面前，也强化了鲁迅文化的思想底蕴和现实内涵。

在形式设计方面，展览充分调动了一切陈列手段和技巧，利用现代声、光、电等科学成果，逼真而协调地表现鲁迅丰富的人生况味、崇高而深刻的思想境界、精湛而独到的艺术风采和神奇而悠深的人格魅力。整个展览形式，可以说是精心设计，精心施工，精心制作；手段多样，技巧丰富。除了大量采用具有表现力的照片和实物外，还制作了沙盘、场影复原和局部缩微等。“鲁迅在绍兴”部分的“故里景观缩微”，给观众一个宝贵机会，鸟瞰当年鲁迅成长的人文景观和自然环境，从中领悟素有“人杰地灵”美誉的绍兴城独特的风俗和民情。又如“三味书屋”的局部复原，形象地告诉参观者，鲁迅是在怎样的学习环境里接受早期教育，参悟传统文化的旨趣的。一张角上刻有“早”字的课桌，把鲁迅从小严于律己的坚韧品格和顽强精神，物化成清晰可辨、触手可摸的东西，很容易让人接受。至于“雪地捕雀”图和“狗气杀”什物，更满足了富于幻想的青少年的好奇心，激发他们对鲁迅作品的热爱，从而引导他们通过鲁迅作品往人生和社会的深处看。而“土谷祠”、“咸亨酒店”等在鲁迅小说中频频出现的地名，在这次展览中纤毫毕现，让观众与阿Q、孔乙己等不朽的艺术形象神游其间，感受那种“风雨如磐”的岁月，平添一种“争天拒俗”的豪情。这对于教育人们热爱今天凝聚着先烈的鲜血和汗水的社会主义祖国，更加充满信心和干劲建设中华、振兴中华，有着积极的现实意义。

纪念大会作为北京鲁迅博物馆四十馆庆和缅怀鲁迅逝世六十周年活动的一个高潮，已经过去。但它的对于社会主义精神文明建设的积极影响，正在渗透到社会生活的各个方面。它留给人们一个深刻启示，那就是：一个伟大的民族，必须有自己的“民族魂”；因为，它是这个民族赖以生存和发展的精神支柱和道德支柱。

辽宁省纪念鲁迅逝世60周年大会暨学术研讨会

由辽宁省文联、省作协、省鲁迅学会发起，辽宁社科院、沈阳师院、沈阳大学师范学院、东北大学文法学院、辽宁大学、辽宁教育学院、锦州师院、辽宁师大主办，于

1996年10月10日至11日在沈阳师院举行了辽宁省纪念鲁迅逝世60周年大会暨学术研讨会。省政协副主席高擎洲等领导到会，就弘扬鲁迅精神作了讲话。《鲁迅研究月刊》编辑王世家、张杰和山东省中国现代文学研究会副会长蒋心焕先生在大会上致词。著名表演艺术家李默然、宋国锋、宫云湘等作了有关纪念鲁迅的精彩艺术表演。

辽宁省鲁迅学会会长彭定安、杜一白分别作了《90年代：对鲁迅的重读与诠释》和《论鲁迅永恒的人格魅力》的主题演讲。

王世家和张杰分别就全国鲁迅研究状况（包括研究者及研究园地两个方面）和国外鲁迅研究状况、鲁迅研究之研究的重要性等问题作了发言；来自山东的学者蒋心焕先生以一位外省鲁迅研究者的视角，总结了辽宁鲁迅研究的特点。

研讨会收到和交流的论文大体有如下几个方面：一、鲁迅作品研究；二、鲁迅生平、思想及与同时代人关系研究；三、比较研究；四、鲁迅与中国现当代文学关系的研究。

（林　文）

浙江省纪念鲁迅逝世60周年国际学术讨论会

为纪念鲁迅诞生115周年暨逝世60周年，浙江省纪念鲁迅国际学术讨论会，1996年12月10日至14日，在浙江省金华市浙江师范大学举行。会议由浙江省鲁迅研究会、浙江师范大学、绍兴鲁迅纪念馆联合举办。

来自日本、韩国、毛里塔尼亚以及北京、上海和省内鲁迅研究专家、教授、学者40多人参加了会议。日本的竹内实教授、中野清教授、浙江大学骆寒超教授、浙江师范大学胡尹强教授应邀在会上作学术报告。93岁高龄的黄源先生向大会发了贺信。

大会共收到“鲁迅和现代思想文化”为中心内容和各种鲁迅研究论文40多篇，并进行了认真、热烈的交流和评议。其中有《世纪的回响——鲁迅精神文明观的价值系统》、《鲁迅和人文精神的重建》、《鲁迅和当代中国文化》、《鲁迅与越文化传统》、《论鲁迅的改革思想及对中国现代化的启示》、《试论鲁迅爱国主义精神的现实意义》及《鲁迅与纪伯伦》等。

为深入开展作为鲁迅家乡的浙江鲁迅研究，会议决定，从即日起学会会址迁至绍兴，并以绍兴鲁迅纪念馆为挂靠单位。从1997年起，创办《浙江鲁迅研究通讯》。

（鲁　声）

“鲁迅与时代”学术研讨会

由陕西省鲁迅研究学会、渭南师专中文系联合主办的“鲁迅与时代”学术研讨会于1995年11月22日至24日在渭南举行，与会学者40余人。

会议开幕式由副会长阎庆生教授主持，会长张华教授致开幕词。渭南市委书记李天文同志及渭南师专校领导及来宾讲了话。副会长兼秘书长武德运研究馆员报告了学会近年来的工作。之后，由学会顾问、老一辈鲁迅研究家、专程参加这次会议的八十七岁高龄的卫俊秀同志作了报告，受到与会同志的热烈欢迎。

这次讨论会以“鲁迅与时代”为中心议题。有人提出“鲁迅与时代”有两个层面：一个是鲁迅和他所处的时代的关系；一个是鲁迅和当前时代的关系。现在，社会上道德下降，是可虑的。在这种情况下，更需要“民族魂”，鲁迅是民族之魂，是我们希望所在。不论是不是研究鲁迅的，不少人案头都有一部《鲁迅全集》，说明人们是从鲁迅著作吸收营养，吸取力量。现在社会上一些人缺乏坚定的信仰和理想，更需要用鲁迅来振奋精神。以鲁迅为代表的“五四”新文化传统，是我们必须继承和发扬的宝贵文化遗产。对鲁迅要达到哲理的理解，不能仅是一种诗意的理解。有人说，鲁迅在世时可以自己捍卫自己，鲁迅逝世以后，时代的需要，决定了鲁迅研究与时代结合的层次和方法，不同的时代有不同的命题。也有过被肢解、被贴标签的现象，还发生过被拔高、被神化、被丑化、被曲解的事情。到了现在，才到了一个和时代发生联系，从哲理上、风格上，都可以百花齐放的时代，所以现在鲁迅研究的路子要放宽。还有年轻同志谈到，当初出于逆反心理，接触鲁迅作品时还有点排斥，但经过研读鲁迅作品后却是另一番情形。譬如说读了《野草》后，感到其中有灵魂的依托。鲁迅作品充满诗性，有着永恒的魅力。如果说原来研究是客串的话，现在对鲁迅却成一种终生的追求。

这次筹备两年多时间的学术讨论会，是陕西省鲁迅研究界的一次盛会，与会同志发扬陕西省鲁迅研究学会学风正、会风正的优良作风，切磋学术，交流信息，友好争论，展现了陕西省鲁迅研究的实力，大家都感到很受启发。特别是陕西形成一支老中青相结合的鲁迅研究队伍，尤其是不少年轻人崭露头角，更令人欣喜。

在会议期间，还由与会专家向渭南师专的师生及渭南市附近的部分中学教师作了三场学术报告，受到热烈欢迎。

（武德运）

鲁迅博物馆、纪念馆馆长会议

最近，来自北京鲁迅博物馆、绍兴鲁迅纪念馆、上海鲁迅纪念馆和广州鲁迅纪念馆的馆长聚会羊城，就如何进一步普及和深化鲁迅宣传，弘扬鲁迅文化等问题进行了座谈。

北京、上海、绍兴、广州等城市都是鲁迅生活和战斗过的地方，对鲁迅思想和艺术风格的形成和发展产生过深刻影响。建国几十年来，这四座鲁迅馆积极收集、整理鲁迅文物，开展鲁迅研究，认真布置鲁迅生平和各种相关的专题展览，在社会主义精神文明建设和国际文化交流方面发挥了重要作用。目前，四座鲁迅馆都被当地政府命名为“青少年教育基地”或被国家文物局授予“全国优秀社会教育基地”称号。

与会者认为，社会主义的现代化是中华民族实现伟大复兴的必由之路，在这场波澜壮阔的复兴运动中，人的现代化是前提和关键。鲁迅是我们民族现代化的先驱者。他留下的文字，闪耀着中华民族现代精神的火光，是照亮全民族亿万同胞精神现代化前程的灯火。他辉煌的人生之旅，对于我们今天如何实现人的现代化，有着不可缺少的启迪价值，鲁迅主体精神有着深远的指导意义。

随着时代的变迁，鲁迅文化正在成为现代经典汇入传统文化的海洋。当前社会上有些人借弘扬传统文化之名，行贬损鲁迅文化之实，是不足取的，也是十分有害的。与会者对这种否定鲁迅并进而否定整个以鲁迅为代表的新文化的倾向，给予了否定。

博物馆、纪念馆是历史的见证，文化的标本，在社会主义精神文明建设中有着不可替代的特殊作用。由于受市场经济大潮的冲击，文博事业普遍遭到冷落，这四家鲁迅馆也不例外。如何克服困难，迎接挑战，使鲁迅宣传适应新的形势，是与会代表着重探讨的问题。他们肯定了北京鲁迅博物馆利用新展厅布陈之机，加大庭院改造力度，恢复鲁迅故居所在的西三条胡同原有景观，营造鲁迅整体氛围的做法。一致赞同上海鲁迅纪念馆充分利用鲁迅公园的地理优势，改革陈列内容，突出鲁迅在上海十年的光辉业绩，并采用现代声光电技术以吸引本地观众的扩建规划。绍兴鲁迅纪念馆利用鲁迅故乡得天独厚的条件发挥了旧址的优势，采取灵活有效的措施，充分调动了全馆职工的工作热情，使各项工作井然有序，蒸蒸日上，获得了与会代表的一致好评。广州鲁迅纪念馆所在的“钟楼”大体保存原貌，但外部环境改变太大，这不利于宣传鲁迅。广州馆处在经济大潮的前沿，虽受到的冲击强烈，但处变不惊，坚持学术研究，与广东省文联鲁研小组合作出版研究刊物，为沿海开放地区保住了一方文化净土。

会议期间，他们还参观学习了虎门鸦片战争博物馆、中山翠亨中山故居、佛山市博物馆的先进经验。会议结束时，各馆代表充满信心，表示一定要把四个馆办好，弘扬鲁迅精神，为精神文明建设多做贡献。

（武哲杨）

（据《鲁迅研究月刊》综合而成）

论文选摘

20年代象征主义诗歌论

龙泉明

象征主义作为一个诗歌潮流，源自于19世纪中叶的法国。波特莱尔为法国象征派的先驱，其后又有魏尔伦、兰波、马拉美等一大批年轻的诗人集聚在象征主义旗帜下，推动了这个诗歌潮流的发展。到了本世纪20年代，象征主义文学潮流越过法国，越过诗歌领域，对整个世界文学的发展产生了广泛的影响。正是在这样的背景下，发展中的中国新诗也受到这一文学潮流的影响。

在中国新诗的草创时期，象征主义并未引起人们普遍的关注，象征诗只是零星的存在。及至20年代上半期，诗坛通行着一种自我表现的说法，做诗习于狂叫直说，以坦白奔放为标榜，他们对于这种倾向私心里反叛着。中国象征派诗人从法国象征主义诗歌那里找到了对抗"坦白直说"、过分的感情宣泄和缺乏深沉含蓄的艺术缺陷的出路。于是，一种新的诗歌美学追求从诗歌内部孕育出来。

中国象征诗派的开创者李金发的《微雨》出版后，震撼了诗坛，与李金发同时或稍后，出现了一批象征派诗人，这些诗人有倾向于法国象征派的后期创造社的王独清、穆木天、冯乃超，有受这一思潮的影响或直接取法于法国象征派而从事诗歌创作的冯至、石民、梁宗岱、胡也频、姚蓬子、侯汝华、林英强等。这些人后来的发展变化虽不相同，但在当时却同李金发一起形成了中国象征诗派。

李金发和穆木天都强调"忠实地表现自己的世界"和创造"纯粹的诗歌"，这实际上也表明了20年代象征诗派总的审美取向。象征诗派在思想情感特征上，和西方象征派有相通之处，即表现的是不满现实的知识分子内心的痛苦空虚，寂寞与失落感，有浓厚的消极颓废，绝望厌世的思想情调。李金发率先把西方象征主义的丑恶、死亡、虚无、恐怖的主题引入诗中，从波特莱尔、马拉美、魏尔伦的诗中感应了世纪末的病态心理，学来了人生痛苦的摹拟和无名忧愁的沉吟，唱出了伤心者之歌。王独清唱出了一个没落阶级飘零子弟内心的挽歌和追求。穆木天饱尝人生的苦味，内心充满困惑、迷惘、悲哀，其诗集《旅心》充满着漂泊异国青年的凄苦、忧郁。冯乃超为诗坛点起的那盏明灭闪烁的"红纱灯"，歌咏"颓废、阴影、梦幻、仙乡"，朦胧地照出了"现实的哀愁"、"伤痛的心瘁"。蓬子的《银铃》摇响的是烦闷、忧愁之音，"寂寞的灵魂"中美好而又"痛苦的记忆"。胡也频"负担着，而且深吻着苦味生活"(《卷头题辞》)，他那"悲愤的、惆怅的诗篇"，充满感伤与虚无。石民的诗集《良夜与恶梦》所表达的，是一种不可排遣的忧郁的情调，一种"沉痛的哀音"。象征派诗歌虽不乏积极健康之作，但对人生的厌倦和绝望情绪、神秘主义色彩则充斥在他们大部分作品中，特别是对死亡的颤栗与讴歌，病态的呻吟与欢乐、寂灭的感叹与祈求，乃是颓废、绝望、神秘的“现代”情绪的典型反映。

象征诗派对于中国新诗的贡献，主要不在于提供了多么有意义有价值的思想情感内容，而是提供了与以前新诗坛完全不同的新的表现技能，赋予诗歌一些新的变化和革新，推动了自由诗的发展，开创了新的诗风。他们喜欢描摹变幻不定的内心情感、刹那间的感受情绪，表现梦幻和下意识的精神状态，表现幻想和直觉。这必然导致意旨的扑朔迷离和晦涩难解，而象征诗派不仅不认为这是一种缺陷，相反却认为这是一种美学追求，强调跟着感觉走，即排斥理性，任其自然，追求诗意的流动性、不确定性和神秘性。中国象征诗派为追求这种朦胧怪涩，往往采用隐蔽曲折的方法。他们注重在诗歌中留下内部的空白，因而在诗中出现的不是连贯的线，而是断续的线，在段落与段落之间，行句与行句之间，意象与意象之间，在精巧的片断场景和心理波动之间，出现了很多空隙地带。他们认为空白的增加，是相信读者欣赏力量的表现，因为诗中最能产生美感的，往往是读者结合自己想象画出来的图画，作者涂得越满，诗便显得越单调，越定型；象征诗，不应该是粘稠的一块，而应该是跳动的圆点和落差悬殊的阶石，隐在诗后的才是作者感情潜在的连续性。中国象征派诗人自觉学习法国象征主义手法，写出了不少好的作品，但由于他们还没有完全掌握象征诗的真髓，因而越写越怪，这种故作怪态，故弄玄虚的倾向，越发使一些诗呈现出神秘晦涩的面貌。象征派诗是一个不易解开的谜团。

不管中国象征派诗的成效如何，他们追求朦胧晦涩的风格，既是对新诗坦白奔放、直露肤浅倾向的反叛，也是出于对西方现代诗的崇尚。朦胧晦涩理应受到公正的价值判断。拒绝清朗单一，崇尚朦胧晦涩，已开始成为现代诗歌艺术的一种倾向。所以对中国象征诗派对朦胧晦涩的崇尚，应该看做是对一种新的艺术风格的创新追求。

其诗学艺术观是：第一、诗的思维术：象征与暗示。其一，“象征的森林”：寻找思想与情绪的客观对应物。其二，暗示效应：“有无数的世界在环绕你的周围”，适度的隐藏与暗示是象征主义诗歌的本质。第二、“诗的逻辑学”。其一，“观念联络的奇特”。其二，“远取譬”。其三，“通感”。第三、“诗的构成法”：绘画、音乐与情思之整合。

象征派诗歌的缺失：中国象征派诗歌存在着严重缺陷。这首先表现为诗歌内质的贫弱，其次是现实批判精神的淡薄和哲理意识的匮乏。中国象征诗派的缺陷还表现在对法国象征派诗歌意象的大量照搬与雷同。

过去，人们认为中国象征诗派主要受法国象征派影响，而与中国古典诗歌传统无甚关系。其实并非如此，无论是典型的象征派诗人李金发，还是倾向于象征主义的创造社诸诗人，他们在主观上并不想对法国象征主义作简单的移植，而是考虑如何与民族传统相结合的问题。人们试图从中西诗歌的沟通中，探讨新诗发展的道路，而且立足于诗的艺术特性，这种主观愿望是好的。但由于他们对西方文化的隔膜，使他们在对法国象征主义手法的借鉴表现出明显的“斧凿痕”和“生涩味”；同时由于他们的传统文化修养的根基太浅，使他们在对古典诗歌艺术的借鉴中表现出明显的不足。我们在仔细研读了他们的作品尤其是分析了其意象构造后，就会发现他们的作品与中国古典诗歌的某种联系和某种缺陷。然而，正如他们在学习借鉴法国象征派诗歌艺术时更多注重艺术技巧的移植一样，在师法中国古典诗歌艺术时，则偏于个别意象的承继而未能得其精髓，显示了某种严重不足。尽管他们在象征主义诗歌艺术探索上做出了努力，但终因未能将异域的象征诗歌艺术和本土的诗歌传统予以融合交汇，导致他们的创作在整体上未能达至圆满与成熟。

（原载《文学评论》1996年第1期，陈宇红、张传敏摘）

“文学革命八事”系因南社而立言

沈永宝

关于胡适《文学改良刍议论》所提出的“文学革命八事”的渊源，最有影响的莫过于《意象派宣言》说，此说20年代由梁实秋首创，50年代海外学者旧话重提，80年代大陆学者全盘接受；于是便成定论。但笔者颇不以为然，曾经撰成《“八事”源于意象派宣言质疑》（《上海文化》1994年第2期）一文，进行质疑，认为《意象派宣言》说不能成立。本文则对“文学革命八事”与南社的密切关系作一初步探讨，认为它不仅是针对南社创作倾向提出来的主张，而且论证这些主张的材料十之八九也出自《南社丛刻》。

胡适曾在《新文学大系〈建设理论集〉导言》和《什么是“国语的文学”、“文学的国语》等文中反复强调，他所提出的“文学革命八事”全从中国一方面着想，是“针对当时文艺状况而言”。细检《胡适留学日记》和《文学改良刍议》，查核《南社丛刻》，不难发现胡适的自白乃由衷之言，而所谓“当时文艺状况”主要是指南社的创作倾向。可以肯定地说胡适的《文学改良刍议》是以南社为背景，而“文学革命八事”的提出是条条针对南社的创作倾向的。

众所周知，完整的“文学革命八事”分三次提出于1916年2—8月间，并且在同年11月撰写的《文学改良刍议》一文中逐一详细加以阐发。文学革命八事：从胎孕到结胎无不与南社相关连。1916年2月2日胡适致任鸿隽（叔永）信中说：“适以为今日欲救旧文学之弊。须先从涤除“文胜”之弊入手。今日之诗（南社之诗即其一例），徒有铿锵之均（韵），貌似之辞耳，其中实无物可言。其病根在于重形式而去精神，在于以文胜质。”对症下药，胡适提出了须言之有物，须讲求文法，当用“文之文字”时不可故意避之三事。在胡适看来，“以文胜质”为诗坛之弊，而“南社之诗即其一例”。此犹言南社乃诗坛“以文胜质”风气的代表者。可见“文学革命八事”胎孕时便与“南社”直接有关。

“当用文之文字时不可故意避之”一项，不久改称为“不避俗语俗字”。此项在胡适“文学革命八事”中最富于理论价值，遭到的批评自然最多，而胡适作反驳便直接以《南社丛刻》为对立物。1916年6月16日至24日，胡适往克利夫兰途径绮色佳，在绮期间与任鸿隽、杨杏佛、唐钺争论文学改良问题，胡适极力主张以白话作文、作诗、作戏曲，而未获赞同。回到纽约后数日，胡适收到杨杏佛的一首打油诗，其中不无调侃意味，完全可以看做绮色佳争论的余波。可胡适是认真的，杨杏佛为南社社员，胡适谈到此诗立即联想到《南社丛刻》中的诗词，在日记中录下该诗之后加评语曰：“此诗胜南社所刻之名士诗多多矣！”1916年7月，胡适与南社社员梅光迪关于白话文学问题的争论到了白热化的程度，梅攻击白话文学的主张，胡适作《白话诗——答梅觐庄》以还击。又语涉《南社丛刻》：“诸君莫笑白话诗。胜似南社一百集”，再次透出一个信息，他的白话文学主张就是针对着南社诗人的骈文律诗的。

不模仿古人一事的思想奠定于1916年4月5日“吾国历史上的文学革命”和历经近十次修改的《沁园春·留诗》，但其现实背景又不离开南社。胡适始终把笔锋对准南社，在《文学改良刍议》“二曰：不模仿古人”

一节引录这段话时，仅删去了“南社”字样。直至胡适作《五十年来中国之文学》仍在不指名地批评南社“规模古人”的倾向，行文中有“努力模仿古人，努力作诗匠，志在‘作古’”云云。

不用典一事亦因南社而发。《新青年》杂志前身《青年杂志》1卷3号（1915年11月15日刊出）刊登南社诗人谢无量的《寄会稽山人八十四韵》，主编陈独秀所加按语把此诗推为“稀世之音”，半年之后此作又刊出于《南社丛刻》第17集（1916年5月）。据笔者推测，胡适对于《青年杂志》上的谢作似乎并未引起注意，而当谈到《南社丛刻》上的谢作，仔细研究发现了问题，于8月21日致信陈独秀，说重读旧寄贵报，对推崇谢无量之作不以为然，胡适由谢无量推及南社，正是把南社当作用典过滥的一个典型事例。

务去滥调套语与南社也不无关系。此项最初称为‘陈言套语’，是胡适批评南社社员任鸿隽《泛湖即事诗》时概括出来的说法。任鸿隽作《泛湖即事诗》两次请胡适批评改削，遭到胡适毫不客气的批评。八事中惟“不讲对仗”一项虽不能找到与南社诗人联系的直接证据，不过亦有蛛丝马迹可寻；此项正式提出于1916年8月21日胡适致陈独秀信；提法为“不讲对仗（文当废骈，诗当废律）”。可见此项所指为骈文律诗。

南社诗人都抱着传统的文学观念，以为中国文学为世界各国之最；他国无以伦比，所作以追慕古人为最高境界。南社发起人高旭说过，“诗文贵乎复古，此固不刊定论也”，“用陈旧语句为愈有味也”。柳亚子的“形式宜旧”更能反映南社的见解。可见，南社诗文固守传统形式。不仅如此，更有视骈四骊六体为文学之正宗。南社社员雷铁崖担任临时总统府秘书时，千方百计要寻觅骈文高手，以为堂堂总统府无骈文家乃会使“钟皋蒙羞，石城含垢”。《南社丛刻》也不乏骈文，南社成为“文学革命八事”的背景材料不是不可理解的；众所周知，南社为清末民初鼓吹革命的文学团体，他的“惟一使命是提倡民族气节”（《新南社发起宣言》），他们还认为“中国文学为世界各国冠、泰西远不逮也”。由于本着保存国粹的宗旨，所以对于外来文化抱着敌视的态度。

南社诞生的第二年，胡适便远涉重洋到美国留学，但大洋毕竟挡不住胡适迢望南社的视线。在胡适同学中就不乏南社社员，任鸿隽、杨杏佛、梅光迪无一例外。胡适曾经说过“文学革命八事”是几位留美同学“乱谈”出来的，此话值得注意。胡适与同学的“乱谈”有过两次，第一次在1915年9月，任鸿隽、梅光迪、杨杏佛、唐钺、胡适聚首绮色佳度夏，第二次1916年6月胡适往克利夫兰途经绮色佳，停留近十天，两次争论均涉及到南社。据笔者推测，这两次争论都是因《南社丛刻》而起的。远在大洋彼岸的胡适通过《南社丛刻》，对南社及其诗人的创作倾向并不陌生。

（原载《复旦学报》1996年第2期，陈宇红、张传敏摘）

认识老舍

樊　骏

老舍具有极其鲜明的创作个性与十分独特的艺术风格，在若干重要的方面为现代文学的发展成长作出了突出的建树，丰富了中国文学的宝库；其中，有的是别人难以比拟或者无法替代的，有的对当前的文学创作仍然产生着深远的影响。尽管他也有明显的弱点，却无疑是中国现当代文学史上一位不可多得的作家。

老舍于1926年正式登上文坛。对于老舍的艺术独创性以及由此取得的杰出成就，人们从一开始就是有所认识的。30年代中期，老舍进入创作高潮。《离婚》、《骆驼祥子》等的相继问世，标志着作家已经形成自己的艺术风格。李长之、赵少侯、常风等纷纷撰写评论，称赞他的幽默艺术及其审美价值。他也因此而确立了在中国文坛的重要位置。抗日战争爆发后不久，老舍被推举为“全国文协”的实际负责人，进一步扩大了他的声望与影响。中华人民共和国成立后，老舍怀着由衷的热情，歌颂新生的北京与社会主义的祖国。先后获得“人民艺术家”、“语言艺术大师”等称号。自60年代初期起，现代文学研究界逐渐流传所谓“鲁郭茅巴老曹”的提法，更是一种显赫的历史评价。另一方面却是他的创作个性与艺术风格，在很长的时期里，并没有为人们所普遍认识，还不时受到贬低指责。早在二三十年代，鲁迅、茅盾、巴人都曾经有过这方面的议论。有的是以政治上的严厉斥责，否定了其作品的思想倾向，认为他作品的内容不合时宜。建国后，对如何看待老舍的问题，即所谓“没有经过改造的知识分子”，都超出评价作品本身，而从根本上否定了这位作家！《正红旗下》中途搁笔，《龙须沟》出现的三个版本，《茶馆》受到为旧中国唱“挽歌”的指责，这种矛盾的状况，几乎伴随了作家一生。对于老舍，半个多世纪来，一直有相当普遍又相当顽固的成见，认识上存在不少偏颇与谬误。老舍为此还写过一些失去了“自我”的作品，当然无法避免艺术上的失败，如话剧《春华秋实》。五六十年代之交，鲁、郭、茅、巴、老、曹六位作家中，惟独没有出版老舍的文集。50年代重新出版《骆驼祥子》、《离婚》等作品时，都作了改动。而老舍又认为修改失去了作品的原义，这恐怕才是他谢绝出版文集的根本原因，从中可以触摸到他内心深处产生的压抑与困惑，具有深刻的悲剧意味。究竟应该怎样认识老舍，就这样地成为一个有待认真探讨的课题。

进入新时期以来，人们对于老舍表现出前所未有的兴趣与热情：形成了所谓“老舍热”，研究者对他也多有新的发现与比过去高得多的评价。这十多年来，老舍研究在现代作家研究中可能是最为活跃，进展最大的。

一，老舍与思想启蒙。老舍反复强调过他与“五四”的密切的内在联系。他的确在很多方面是“五四”文学革命的产儿，他还把“五四”白话文学所要求的语言革新推向新的高度。始终坚持“五四”的思想启蒙的传统可能是正确认识老舍，与解开过去那些分歧的死结的关键所在。他最关注的是民族的文化心态和精神面貌。《二马》和《猫城记》就是他以“改造国民性”为题旨的代表作。在投身全民抗战洪流的同时，他依然高举思想启蒙的旗帜，以思想启蒙与人文关怀作为创作上的思想基调。而后来无产阶级革命文学对于“五四”新文学传统的某些批判，以至于否定，思想启蒙面临被抛弃的命运，也就决定了老舍的命运了。然而他对于民族命运的真切关怀，对于群众病态心理的深入理解，特别是对于文学创作的思想启蒙任务的自觉认同，仍使他的作品具有深刻的思想内涵与持久的思想价值。

二，老舍与文化。老舍主要是从文化角度观察现实以至于整个人生的。在作品中特别注意挖掘人物与生活的丰富复杂的文化内涵，并且通过文化上的“自我的批判”，寻求民族的新生，履行思想启蒙的职责。新时期，尤其是80年代中期兴起“文化热”以后，发现了老舍作品中丰厚的文化底蕴，激发了人们从新的视角进入老舍的艺术世界，文化的视角有时还能给作家（相应的也给读者）开拓广阔的视野，取得较单纯从政治上着眼的深远的思想效果。

三，老舍与北京。老舍总是怀着深情表白自己与这座城市无法分割的密切关系，以致没有北京就没有老舍与他的作品。他对北平情有独钟。他写得最多也最为出色的，是那些居住在大杂院里，奔波于街头巷尾的平民百姓，尤其是挣扎在社会底层的贫民，他也因此赢得了“市民诗人”的桂冠。没有比“京味”更能确切地说明老舍创作所特有的文化意蕴了。“京味”之于老舍，还包含了满族素质与旗人文化的内容，从中可见老舍为创造现代满族文学的建树，与这种文学特有的民族素质和文化特征。老舍写得最为出色的，当数那些守旧落后的老派市民。这首先缘于他的文化选择与道德评价。《老字号》与《断魂枪》有代表性，它们截取个别小人物平凡的日常生活的小小断面，反映时代的变迁。而他“在轻搔新人物的痒痒肉”上又有独到之处，而由于对于这方面生活的实际体验之不足，对新人物的描画上也不是都很完美，比如他始终未能创造出真正成功的革命者形象。

四，老舍与现实主义。老舍喜欢提醒读者自己的作品有直接的生活依据。具体考察老舍作品中的人物、地点，会发现他们存在着现实生活素材与原始依据，这在现实主义作家中是不多见的。老舍总是尽可能写自己熟悉的生活，直接取材于亲身经历过的北京小胡同大杂院里市井人民的日常生活。尤其真实生动地写出了、醇正浓郁地渲染了北京市井生活的风貌情趣，成为了“京味”文学的圣手。他的创作，有充实的生活依据，因此也是充分现实主义的。它摈弃幻想的成份与理想的光照，而力求不加涂饰地凸现生活本身的严峻与残酷。他在选择素材、提炼情节、构思题旨等各个环节各个层次上，都尽可能多地保留了社会生活的原来面貌。他的笔墨也以其不加涂饰地再现生活的真实，而显得格外冷峻严酷，这是一种最接近生活的朴素的、本色的现实主义。（与茅盾、巴金、曹禺的现实主义创作相比较）老舍特色的现实主义，在现代中国的作家中较为少见，而更接近于西欧19世纪的批判现实主义，尤其是与陀斯妥耶夫斯基、狄更斯等人的现实主义有着相似之处。

五，老舍与幽默艺术。老舍最为突出的特点、最为重要的成就、也是别人最难以企及之处，是他的幽默艺术。上述的那些特点与成就，大多也是由他的幽默的心态与笔墨完成的。幽默还往往是老舍创作特有的情趣与诗意，给人以愉悦与美感的思想艺术之源。在某种意义上可以说，失去了幽默，就没有了老舍，更谈不上他在文学史上取得那样的成就与地位。然而，也正是在幽默问题上，老舍遭到最为广泛最为持久的不满与责难。毋庸讳言，老舍的幽默笔墨有一段时期里，的确有过明显的缺陷。但老舍的幽默，不仅仅是制造些笑料，更不仅仅是为了逗乐；他所追求的是一种“笑的哲人的态度”，即相当于“哲人”的含有深意的“笑”的那种高级的幽默。他把幽默作为“看透宇宙间的种种可笑”的人生哲学的艺术表现。

而他的生活阅历与社会经验确实深深地影响了他的创作取向，包括从一开始就倾心幽默的选择，于喜怒哀乐的浮沉中，饱尝生活的甜酸苦辣，洞察人情世故的方方面面，即“看透”了一切，已经相当通达而且圆熟，形成外圆内方的性格。他的幽默作品无一不是在表现与调侃那些“愚笨可怜”、“可笑”的众生相。它们往往“通于深奥”，具有严肃的命意和值得深思的含义。这是老舍的幽默艺术的主要价值所在。他对于提高现代中国的喜剧艺术，作出至今仍然无人能够比拟的重要贡献。在他看来，幽默与悲观之间普遍存在着内在联系。他把幽默视为悲观的产物，是它的一种审美方式。他的作品也清楚地表现出两者之间的密切关系。他所描绘的小市民的卑微心理与庸俗习气，以及周围恶浊的生活氛围，除了令人发笑，更多的还是让人感到压抑，字里行间迷漫着淡淡的悲剧意味。在一定意义上说，老舍正是以幽默“遮蔽”、冲淡他郁积于内心深处的悲观情绪。

（原载《文学评论》1996年第5、6期，陈宇红、张传敏摘）

人生与艺术的中西文化取向

——朱自清、徐志摩散文比较

奚学瑶　黄艾榕

本世纪中国最重要的文化现象，便是中西文化的冲击与交融。推其首功，当数五四运动。新时期文化的开放，可以视作五四精神的继承与发扬，但文化心理上的牵制却是显而易见的。因此，这种文化变革的畸形，有着很大的历史局限性。抚今思昔，我们很自然地想起五四作家中对中西文化持不同取向的代表性人物朱自清与徐志摩，并试图通过对他们的人生与散文作品的分析，以了解中国知识分子在文化变革时期的不同典型形态。

从两人青少年时期的履历，我们便清楚地看到他们之间的差异：一、各自家庭条件相差悬殊，一个清贫寒索，另一个富贵豪阔。二、他们在少年时期均接受过良好的传统文化的教育，但在青年时期则开始分道扬镳。朱自清进一步受到传统文化的熏陶，虽然受到西方人文精神的感召，但其沦肌浃髓的则是中国的传统文化，尤其是儒家的文化。徐志摩则对西方的人文精神心感身受，使其放浪自在的情性更为发扬，摆脱了封建礼教的束缚，确立了“单纯信仰”，即“爱、自由和美”。尽管朱自清后来曾在欧洲游学一年，但由于其文化性格已经成型，一年欧游生活，作为一个文化旅人，开阔了他的文化视野，但只有身入而没有心入，故文化性格基本未变，与徐志摩浓郁的康桥文化情感不可同日而语。

朱自清不是纯粹传统的中国士人，但他忠实地继承了中国传统的文化观念，其中便包括人生观上的“气节”观，艺术观上的“风骨”学说。他为人“诚恳老实”、“和平中正”、“温和严峻”，是一个至情至真的有节操的“狷者”，是中国文化所认同的“最完善的人格”。他的性格与人生观，使他成为一个怀和风、守中气，坚持骨与节，看重礼义、节操，有强烈社会责任感的优秀传统士人。

与朱自清的“浓而不烈，清而不淡”的文化色彩相对照的便是徐志摩的“浓得化不开”的全盘西化的文化色彩。他虽出身于富贵温柔之乡，受宠幸，受溺爱，聪明伶俐，浪漫任性，但他不同于一般公子哥儿那样热衷玩乐，沉述于酒色，而是奋发自励、用功好学，有爱国之心，有济世之志。家庭优裕的经济基础保证他能够享受到国内最好的教育，并有机会出国留洋，赴美访欧，浸染于西方上层文化的氛围之中。他的文化性灵，童年期便得到了健康的教育，青少年时期更是雨露滋润。西方的人文精神顺应了他自在的天性，使中国传统的文化礼教对他未能构成约束，相反地却遭到他的蔑视与批判。他试图以爱、自由和美这三个花环组成自己艺术的人生。他对于爱有一种柏拉图所说的“神圣的疯狂”，疯狂地爱着艺术、爱着自然、爱着美人。徐志摩的思想、行为方式、艺术观点被“康桥文化”洋化了，像一个义无反顾地告别故乡、扬帆出海的血气方刚的游子，不依恋、不怀念自己的故土文化，自始至终没有浮现过后来余光中式的“大我的文化乡愁”，或许是因他过早地离开人世，年少不识愁滋味，未来得及完成对文化母体的回归。可他依然故我，像一匹“没有笼头的野马”，在西化的道路上闯得更远。中国的散文史上，从来不曾有过这样的风格——这正是他对中国散文的最大的贡献。

朱自清是个忠厚诚实的传统文化的继承者，徐志摩却是一个浪漫不羁的传统的叛逆者，西方向东方扩散的一个引火人，他们不只是在人生道路上显示了重大的差异，在散文艺术的审美上亦各呈异彩，成为五四文学中两朵文化取向迥异的散文奇葩。

朱自清的散文，是一个狷者的人格的写真，而他的文章的风格，则是中国美学温柔敦厚的表露。他的文风，温润柔婉、深沉宁静、清丽凝重，恰似一个蕴含深厚、空明清澄的绿水田。他以其“漂亮缜密的写法，尽了对旧文学示威的任务”。他用白话的新瓶，装的是传统美学风格的旧酒，因其具有民族文化的特色，而为广大中国读者所认同。因此，谈及五四时期散文，朱自清的文章，往往首先被提及，并且影响深远；直到今天，许多人仍视其为美学风范，有的甚至认为是中国散文的正宗。朱自清的散文突出地体现了高洁中正的人格美，文章中常常闪耀着人格的光辉。其中有情怀的抒发，有托物寄寓，亦有与亲朋交往或重大政治事件的记叙。朱自清的文章，充满了温柔之情，显示了敦厚的人生。因而在气质上有一种东方古典的高雅素朴之美，从而具有一种永恒的精神魅力。他的文章，常常是内心深处的独白，很少叙述故事，即使叙述也往往出于抒情的必要，而带着浓郁的抒情色彩。他显得矜持和深沉，说话很有节制，很有分寸。情感的流露是平缓的、抑制型的。他的文章是实实在在地作出来的，十分讲究文章的笔法，很注意文章的结构和剪辑。讲究见微知著，寄情寓意，注意对照烘托、起承转合、疏密有间、浓淡得宜等传统文章作法，做得含蓄深沉，使散文成为中庸、精巧、内向型的文化载体，与江南园林、昆曲、内画壶等构成一种相似的文化品格。中国散文虽然以其“散”有别于韵文，但是散中有律，形散神不散，千百年来形成一种规范和格式，它使散文成为精雕细镂的精品。朱氏散文，正是这种传统式的优秀继承者。他承受了几千年中国文化的雨露，聚而为精，在此道路上，后人恐怕很难超越。

把朱自清的散文和徐志摩的散文放在一起进行观照，对比度十分清晰，反差很是明显。朱氏文章沉静和平，是一个“仁者乐山”的仁者之物；徐氏文章则灵动、奔放，正是“智者乐水”的智者之果。一个清丽淡雅；一个富丽浓艳。一个内向、拘泥，为人作文均严谨；一个外向、浪漫，人生与艺术中都充满了传奇。一个崇尚自然，尊重客观与群体，具有“天人感应”式的谐和；一个则是强调人的主观精神、强调发扬个性自我，自然融于自我性灵之中。一个犹如日神深邃理智的沉吟，一个则是酒神激情奔放的疯魔……这几组对照，试用于朱自清与徐志摩的各自的文化性格，未必完全准确，但大体当是如此。

（原载《甘肃社会科学》1996年第2期，陈宇红、张传敏摘）

新历史主义对近现代通俗文学研究的启示

李　勇

越来越多的人承认，我们以往的现代文学史只是半部文学史。毫无疑问，一部包含有大批通俗文学作家作品的现代文学史是很有特色的。但是，问题在于，如何确定通俗文学在现代文学史中的地位？它与新文学的关系如何？更进一步，通俗文学与新文学在什么意义上可以并列于“文学史”中？这就涉及到我们的历史观问题，同时也涉及到文学观念与研究方法问题。

首先要考察一下，我们的通俗文学为什么在以往的文学史中没有地位，这是个很复杂的问题。一方面，是历史原因。在通俗文学势头正健的20世纪20年代，它就受到新文学阵营的抨击。二是历史观。这才是更重要的原因，以往的文学史的历史观都是历史主义的，这种历史观当然不利于通俗文学。

通俗文学的内容主要是日常生活琐事，或者是神奇的幻想。它的主要功能是娱乐逍遥。于是，它被排除在经典之外，也就被排斥于连续的“历史运动”之外。但是，近现代通俗文学的大量存在和普遍流行却是不争的事实。那么，到底应该如何解释这种现象？通俗文学在现代文学史上到底应该得到怎样的评价？

新历史主义的历史观给我们带来了一线希望。在新历史主义者看来，历史具有本文性：第一，历史不是“过去的事件”，而始终是“被叙述的”关于过去的事件的故事。过去不可能再以真实的面目现形而仅仅存在于“表征”形式之中。第二，不存在单一的，具有统一分期的历史实体，而只存在非连续的矛盾的历史。第三，历史研究不再是纯客观的和独立的，因为我们无法超越自己的历史境遇，过去只是从与我们的特定历史关怀相一致的所有已写就的本文中建构起来的东西。第四，由于文学并没有稳定不变的历史“背景”，这种背景始终只是以作为互本文的其他本文去重写的东西，即本文，从而文学本文并非崇高的超验性的人类精神的表达，只是存在于其他本文中的本文。

这样看来，通俗文学在“历史”中就有它存在的理由了。因为，既然历史只是关于过去事件的故事，我们为什么不可以把过去大量存在的通俗文学写进“历史故事”之中？我们以往的那种一个阶级，一种创作倾向的文学史只是讲述历史的一种方式而已。我们也完全可以讲述一个包含一些供人消遣的，描写日常生活和幻想的通俗文学的故事。另一方面，那种以历史发展的连续性为由，认为现代文学史是时代精神的反映，而把反映日常琐事和幻想的通俗文学排除在外的文学史也应该受到怀疑。因为历史是非连续性的，充满矛盾的。应该恢复这种非连续性。那些反映时代精神的文学与通俗文学是此起彼伏的，有很多偶然的因素促成它们的繁荣与衰落。因此，在研究高雅的纯文学的同时，也不能忘记那些不能纳入反映时代精神发展这条线索的，与之相矛盾的作品、现象。应该把通俗文学放在应有的位置上分析它产生、流行的原因。另外，如果文学的“背景”也是本文性的，文学本文不是人类崇高精神的表达，那么，那种以时代精神，民族精神为文学发展主线的作法就应该受到怀疑。通俗文学是否可以成为文学史的“主角”？那就要看我们的历史关怀如何了。讲述一个以通俗文学为主要叙述对象，以通俗文学与新文学的冲突为主要内容，反映现代中国社会、政治、文化矛盾、斗争的全貌的“故事”，也许不是不可能的。

可见，通俗文学在现代文学史上的位置，不是补上一块的问题，而应有更深层次的变革。或许可以写出新的文学史。这样的文学史，由于强调历史的非连续性而很难再找出什么发展线索，也不再把文学史看成客观的，有着统一分期的发展阶段。而应向历史深处开掘。它更像是截取历史横断面的社会政治研究，对一个个社会横断面进行考古式的发掘。历史主义的“厚描”方法在这里就派上了用场。新历史主义强调历史的本文性，力图恢复文学本文产生的历史语境，而不再关注它的发展线索。因此，为了恢复历史语境，他们采用了特殊的“厚描”方法。在他们的心目中，经过别人叙述的历史是不太可靠的。他们要恢复历史的“全貌”，于是到那些不为人们所注意的档案材料，轶闻，方志，日记等历史本文中去找第一手材料，按照他们自己的理解来重新叙述历史。所谓“厚描”，本是人类学方法。人类学家强调的是田间调查，无论是考古发掘，还是一种文化的实地研究，人类学家都不放过任何细节，以图对对象有一个全方位的把握，尤其是在对一个现存文明的实地考察中，人类学家往往要参与对象的生活，加入他们的部落，成为其中一员，以便很好地体验他们从日常生活到宗教仪式的每一个细节，然后如实地记录，再进行理论化的探讨。用厚描方法考察横断面的历史，消解历史连续性的神话，其目的不在于仅仅挖掘出一些鲜为人知的细节，更重要的是每一个细节都有一种颠覆性力量，从一个细节就可以引出一连串的问题，甚至打破某些已成定论的看法。这就与新历史主义的知识考古学方法有关了。

知识考古学使得我们可以从全新的角度来反思既定的观念，比如，通俗作家，礼拜六派的代表人物周瘦鹃在《礼拜六》第26期上发表过一篇题为《旧约》的短篇小说，开头是这样的："斜阳下去了，天已夜了。河边散步的人都散开去了，四下里濒渐寂静，没有声响，但听得远处闹市中还有车马箫管之声，杂在一起，隐约送到这个所在，却好似在别一世界中了。"这里的叙事话语完全不同，叙述者隐退了，讲述式的交代被呈现式的描写所取代。它应该属于受到西方影响的新文学话语，已是一篇成熟的白话小说。就时间而言，它早于鲁迅的《狂人日记》。这个"考古"材料又一次向我们以往的权威"文学史"提出质疑，为何不把它定，为新文学的开端？为什么以往的文学史一致认为通俗文学越来越多的西方文学成份是受到新文学的影响，却看不到通俗文学受西方的影响比新文学更早？周瘦鹃曾在《礼拜六》上翻译过托尔斯泰、大仲马、狄更司、莫泊桑等作家的作品，结集后受到鲁迅、周作人的赞扬。可以相信，通俗作家传播西方文学的功劳也是不可抹杀的。

（原载《中国现代文学研究丛刊》1997年第1期，陈宇红、张传敏摘）

文体与风格的多种实验

——40年代小说研读札记

钱理群

（关于端木蕻良及路翎部分略）

废名的《莫须有先生坐飞机以后》确实是一篇相当特别的小说。特别就在于不像我们一般所说的小说，或者说是"不是小说的小说"，这种"非小说化"的倾向，与前面讨论过的路翎式的对传统小说观念、写法的"反叛"，似乎又有所不同。

首先，废名在一篇名为《散文》的文章中反复强调，他"现在只喜欢事实，不喜欢想象"，并把这种人生哲学与文学观的变化与所经历的"大乱"、"沧桑"联系在一起，这本身就耐人寻味。应该说，强调如实地写"事实"，而贬低（以至否定、排斥）艺术的"想象"，并非废名一个人的心血来潮，在40年代（以至50至70年代）在中国都是形成了一种时代文艺思潮的。正是这样历尽沧桑而获得的新的历史观导致了废名文学观与写作追求上的三个方面的重大变化。其一是以"恢复原状"为创作的最高追求。他认为"小说"的想象、虚构，对情节、结构的注重，都有"装假"之嫌；自己过去的那些作品对"事实（人情风俗）"进行的"小说化"处理，其实是失其本来面目的，因此他想重写而"还（其）原"。其二，废名还对"小说"（主要是他自己原来写的诗化小说）作了这样的反省："可以见作者理想，是诗，是心理，不是人情风俗"。不是说废名原来的小说没有人情风俗的描写，周作人甚至认为，写"平凡人的平凡生活"正是废名创作的一大特色，但周作人又同时强调，废名所写的是"他所见的人生"，"不是实录，乃是一个梦"。这就是说，废名原来的小说里的平凡的人情风俗都是经过作家主观过滤的，是由"内"向"外"投射的，因而是"诗"的，而现在废名正是要抛弃"诗"的"梦"的主观色彩，变成客观"实录"。其三，如仔细分析，就不难注意到，废名的发现，既是对原生态"事实（人情风俗）"的特意关注，更是对"事实（人情风俗）"的"意义"的重新认识。正是出于对世道人心的关注，出于“启蒙（教育）”的动机，或者说，为了更充分、自由地阐释“意义”，发表自己的意见，废名把“议论”引入小说，提高到了与“描写”与“叙述”同等的地位。我们都知道，“五四”时期创造的“杂文”（最初叫“杂感”）使“议论”成为文学的因素（手段），应该说，自觉而全面地试验将议论引入长篇小说写作的，是废名的《莫须有先生坐飞机以后》。

以上三个方面的文学观念追求的变化，引起了废名创作文体上的极大变化。可以这么说，对“实录”的强调，对“议论”的注重，都必然导致“非小说”的倾向；对“梦”的驱逐，则意味着“非诗化”：这两个方面都趋向于“散文”。但另一方面，对“客观叙述”的追求，又对这种“散文化”的倾向起到了制约的作用，因此《莫须有先生坐飞机以后》仍然保留了“莫须有先生”这个“人物”，保留了第三人称叙述，保留了研究者所说的“非自传”的某些成分，再加上对“议论”的加重，并没有造成对“描写”与“叙述”的损害，三者获得了相对和谐的统一。也就是说，它仍然具有“小说”的形态，尽管已经发生了相当大的变异，很大程度上“散文化”了。因此，我们完全可以称之为“散文化的小说”。——本来，小说散文化的尝试，是很多作家一直在进行的，但小说情节的淡化以后，都偏于走“诗化”这一路；像废名这样同时拒绝“诗化”，而追求“议论”、“描写”与“叙述”的结合的，并不多见，也可以说，废名是在试图建立一种散文化小说的新模式吧。当然，废名的小说的散文化特征，主要还是表现在一种整体的自然流动感：无论是议论、叙述、描写的对象，还是结构，都是如此。这种思想与行文的“自由”与“自然”也正是废名的主要追求。

需要补充说明的是，废名在40年代末所发生的这种文体的变化，是有得有失的。研究者注意到了废名的《莫须有先生坐飞机以后》里的“童年回忆”，这本是40年代许多小说家的共同追求；如果把废名这篇作品里的“童年回忆”，与我们已经讨论过的萧红、端木蕻良的作品比较，可以发现，萧红、端木的回忆是力图实现“个人与人类童年生命”的部分“还原”，作家总是希望在某一瞬间能够“进入”（当然，同时也要“出来”，作家的追求即在这“进出”之间）；而在废名这里，却是把童年经验推到一定的距离之外，进行客观的分析（议论）。大约在1939年，废名曾写过一篇散文《五祖寺》，与这《五祖寺》这一章比较，可以看出，两篇回忆的内容相关不大，而小说则有更为客观，远为细致的分析，如写到小时第一次去五祖寺，坐在车把上，在散文里，只说“心里确是有点孤寂”，小说中就发展为一段心理分析：“不喜欢坐车把乃是因为坐车把表示你不大不小，大不足以独当一面坐车，小不足以坐在母亲的怀抱里，于是坐在那里寂寞极了，徒徒显得自己没有主权似的，身份太小而已。小孩子也不喜欢被认为居于附属地位的”。这段分析，自然造成了距离，读者与作者同样不会“进入”，但却多了几分理解，又忍不住发出微笑，是别有一番意蕴的。容易引起争议的，是废名放弃了他的“用唐人写绝句的办法写小说”的实验，不再追求诗的跳跃，空白，固然使废名的这篇小说变得好懂（与《莫须有先生传》相比较，尤其明显），但却似乎又使读者若有所失。总的感觉是废名变得太快了。在40年代，有很多作家都在（或者酝酿着）“变”，所谓“变”就是对自己原有的创作模式的不同程度的突破（或开拓）。“变”是正常的，废名的问题可能出在“变”得太大、太快，对自己原有追求放弃得太彻底，这多少反映了作家思想方法上有些好走极端。我们已经说过，废名文学观的某些变化，如对“实录”的强调，对艺术想象的拒绝，对

"意义"的突出，等等，后来都成为时代文学思潮，在这个意义上，废名40年代末的变，包括变的方式，都是预告着文学的一个巨变时代的到来的。

（原载《文学评论》1997年第3期，陈宇红、张传敏摘）

美文的兴起与偏至

——从纯文学化到唯美化

解志熙

美文最初的目标是白话散文的纯文学化，即用不同于文言的白话创造出一种不仅可与古典文章相比美而且比古典文章更富文学性的散文。在"五四"文学革命取得初步胜利的20年代初，这一纯文学化的目标就成为新文学界的一些有识之士的共识。1921年6月8日，周作人在《晨报》上发表了《美文》一文，恳切地呼吁新文学作家为白话散文的纯文学化而努力。不难看出，周作人把"艺术性"的美文与"学术性的"论文区别开来，显然是有意强调美文的纯文学性。从同样的立场出发，王统照在1923年6月又提出了"纯散文"（pure prose）的概念。不仅在他之前就有周作人在提倡"美文"，而且几乎就在他呼唤"pure prose"出世的同时，诗人朱湘也正和他的朋友们酝酿着提倡"Pure essay"（纯随笔）。

现代的散文观念就是这样萌生的。显而易见，不论是周作人的"美文"概念，还是王统照的"纯散文"（pure prose）概念，抑或是朱湘的"pure essay"概念，都是指注重艺术性的纯文学散文，因而这是三个相互重合的概念。当然，话从不同人的口中说出，小有出入也就在所难免了。这出入主要是外延有大有小。就在这些现代散文概念相继萌生的过程中，创作活动也差不多同时展开了。打头的仍是周作人，紧随其后的则有朱自清、俞平伯、冰心、许地山、郑振铎、孙福熙、钟敬文等作家，他们在散文创作上大都接受过周作人的影响。从20年代初开始到20年代中期，周作人及其追随者发表了大量的纯文学散文，并相继出版了一些散文集，显示了白话散文纯文学化的实绩。此外，鲁迅、郁达夫和徐志摩等人虽非周作人的"圈内人物"，但他们在这一时期也写出了不少精美的散文，为白话散文的纯文学化作出了独特的贡献。

现代中国文坛上的第一个纯文学散文运动就是这样崛起的。这是一个既有理论自觉又有创作实践的新文体运动，它从20年代初期崭露头角而到20年代中期终于形成规模，拥有一支相当出色的创作队伍。相比之下"美文"这个概念既为人们所熟知又有简洁明了的特点，所以我觉得把现代中国文坛的这个纯文学散文运动简称为"美文运动"，是较为恰当的。

以白话散文的纯文学化为目标的美文运动在这一时期——从20年代初到20年代中期——崛起，无疑是新文学向纯文学方向发展的大趋势使然。属当时新文学向纯文学化发展这一大趋势的正当产儿，而且应当说是最具创造性和发展前途的产儿。令人遗憾的是，在良好的开端之后，美文运动却一步紧接一步地走向唯美化的偏至之途。

如此巨大的偏至之所以发生，其咎并不在美文这种文体。这是因为作为一种纯文学文体的美文与唯美主义并无必然的联系。变化的权力掌握在作者的手中——作者的思想艺术情趣变化了，他们所喜爱的文体自然也会跟着发生这样那样的变化。美文运动从健全的纯文学阶段偏至到唯美阶段，究其实也是因为从事美文创作并成为美文运动主导力量的周作人及其追随者的思想观念和美学情趣转向了唯美——颓废主义。这一巨大的偏至是从"为自我而文章"和"为文章而文章"两个方面来交错进行的。

其始作俑者恰正是美文运动的倡导者周作人。周作人打出了个人主义招牌，主张只为自我表现而文章。周作人变成了一个失去理想的浪漫主义者，并正在向唯美——颓废的个人主义转变。在20年代前期的美文运动中，有所表现的只限于受周作人影响较大的朱自清和俞平伯。但进入20年代后期，尤其是1927年之后，转变就显得颇为突出。在十字街头的象牙塔中形成了一个颇有影响的美文流派。包括废名、梁遇春、何其芳等后起之秀。周作人对个体生命的有限性、必死性、不可逆性和虚无性等与生俱来的人本困境的自觉，使周作人频生颓废的悲哀。而颓废的历史宿命观又影响了他。使他避难到学术和艺术的世界中去。然而，躲在艺术的象牙塔中的周作人为什么特别钟情于小品文即美文呢？这仍然和他那种既颓废又唯美的个人主义心态有关。小品文即美文则被他视为“个人的文学之尖端”以至于“文学发达的极致”。所写的不外是个人的唯美的生活情趣、颓废的生命情怀以及“闭户读书”和赏玩草木虫鱼的雅人情致；即使涉及到时事，也是象牙塔上的风凉话、旁观者的瞧热闹而已，他真正关心的还是他自己、他“自己的园地”。

20年代末30年代初，不少美文作家都出于同样的心态并受周作人的影响，采取“为自我而文章”的个人主义立场。其中俞平伯可称是最忠实也最坚定的一位。他“做文章给自己玩”。朱自清也曾耽迷于“为自我而文章”。把周作人首倡的“为文章的(而)文章”的倾向加以发扬光大的，是美文运动的几位后起之秀废名、梁遇春和何其芳及程鹤西等。当然，他们对周作人那种颓废而且唯美的个人主义立场并无异议。废名由“为自我而文章”更进一步，走到了“为文章而文章”的境界。梁遇春和何其芳在“为文章而文章”的方向上又有新的进展。梁遇春断定，“文学同人生中间永久有一层不可穿破的隔膜”，站立在一种刻意把文学与人生对立起来的唯美立场上，抱着一种宁美而勿信的唯美主义观点。而最为纯粹也最富于想象的美文作者还得数何其芳。至他们后，美文运动的“为文章而文章”倾向已发展到堪称是纯粹而俱足的境界。

“为自我而文章”和“为文章而文章”两种倾向就这样交错发展，把美文运动引向了唯美化的偏至之途。需要略作申述的是“为自我而文章”倾向与唯美——颓废主义的关系。这种关系实质上也就是个人主义与唯美——颓废主义的关系，个人主义总是不期然而然地同唯美——颓废主义纠结在一起。在颓废主义者看来，只有对人生和艺术采取唯美的态度，即为生活而生活、为艺术而艺术，他们才能渡过颓废的人间苦，并可望在生命的颓废途中获得最大的个人享乐。

(原载《文学评论》1997年第5期，陈宇红、张传敏摘)

女性的洞察

——论萧红《马伯乐》

艾晓明

《马伯乐》是这种萧红女性洞察的又一独特例证。在萧红研究中，一方面存在对《马伯乐》忽略不计或论之不全的问题，另一方面有些观点很值得商榷。例如，有论者认为萧红在《马伯乐》中的幽默和讽刺才能是她以前作品中“从未表现过的”的。此外，葛浩文的观点也颇有影响，他对《马伯乐》有褒有贬，既认为这“书中的幽默与讽刺笔调，刻画出战时的中国的形形色色，在当时可说是非常难得的”；又指出“有时却流于低级的闹剧而变得令人讨厌。”他赞成说第二部略有进步。也是他说“萧红在老舍改变文路后，试着继续他那讽刺的传统”。对上述观点的辨析，需要很长的篇幅，不必说，我是不赞成简单论之的。其实，在《马伯乐》之前的《生死场》和《呼兰河传》中，讽刺的笔墨亦比比皆是，当萧红写到女人的生产时，并置的画面是："房后的草堆上，狗在那里生产"，《生死场》中作者对生活最具穿透性的洞察是把这里的一切描写为动物性的、为本能而生存，"在乡村，人和动物一起忙着生，忙着死……""在乡村永久不晓得，永久体验不到灵魂"。《生死场》就是这充满原始冲动和野蛮的生死场所。这野蛮尤其见之于女性所受的虐待，不分阶级、民族，来自共同的另一性的虐待。

由此我并不是想说，萧红由于她的性别经验，所以对女性不是天生的，而是社会造成的这一女性主义的性别定义有天然的了解，这一点男性也可以认识到，萧红深晓父权社会对女性身分、行为的界定，这并不只是愚昧男性接受着，也是整个乡村、扩而言之整个社会包括有识人士的认识。这里，女人也不同情女人（小团圆媳妇是被婆婆主持收拾的），穷人也不同情穷人。更进一步来说，我们还可以看到，对女性身体痛苦的描述是最大的分野，这就是性之不同于两性的意义。女性的身体在性与爱中成为牺牲，而且对女性来说，身体的痛苦无可摆脱。经历身体的毁损而无法自救，是她们普遍的困惑。比之于沈从文，萧红毫不留情地揭露乡村的荒诞愚昧，她的沉痛和悲愤寓于嘻笑反讽之中。在中国现代作家中，以如此的沉痛、如此的嘲笑给予家乡以理性分析，打破了怀乡作品的描写惯例和优美境界的，萧红是最突出的一个。正如《马伯乐》是一部让人惊异的作品，一般在第一次读到它的时候都会觉得奇怪，第一它不像萧红惯常的风格，第二它也不像一般女性作家的作品，不是写女性经验，不以女人为主人公。这些令人不解之处都吸引我，我想如果这部作品打破了我们习惯的对女性作品的期待视野，那么，我们的视野是不是有问题？问题何在？我们的盲点是不是正妨碍了我们去理解萧红特别想表达的东西？在这样一部不循常规的作品中，是否也包含了我们称之为女性的立场和观念？但是和阿 Q 还不同，众所周知，阿 Q 最重要的特征是"精神胜利法"，这是阿 Q 赖以活命的精神支柱。马伯乐的特征可以说是相反，我觉得可以说是精神失败法。遇到什么困境，马伯乐的办法就是逃跑。马伯乐从来没有冲锋陷阵、为国献身的勇气，但为了表现自己，却可以把一个卖麻花的老人揍倒。马伯乐又是得过且过的，容易满足的，随时随地可以囫囵着过日子。萧红写的是战时的生活，在她笔下，马伯乐这种自私自利是战时民众的一种真相。这种只求自保的精神状态，就在逃难民众的日常生活中制造着自相残杀的惨剧。萧红描写战时民众的这种真相，其实也向主流文学叙事中高扬的民族士气表示了她的质疑。她写的是在当时的作品中备受排斥几乎被遗忘的国民性病态，难民们像阿 Q 一样自私又不知无耻还振振有辞，自欺欺人和健忘。在《马伯乐》中有两个特别的东西，其一就是，萧红对人物的选择。她选择了一个市民阶层的人物，一个好像亦文亦商，又不文不商的无业游民作为国民性病态的代表，这是一个特别的选择。他们在某种程度上是可以作为知识分子来看待。另一个就是萧红选择了男性代表这种病态性格，她的描写方式、她对人物关系的安排和她的叙述角度，都很别致。

在《马伯乐》这部书里，我们看到，一些象征新思想、现代性的音符，几乎都是被反讽地运用着，转变成另一种含义。所有这些，无疑融会了萧红自己作为女性和弱者在战争暴力下的痛苦经验。她亲身体验了女性和弱小者，自卫和逃生能力较弱，与同类同胞中也不得不首先忍受的牺牲和被弃处境。由这种痛苦经验得来的观察，我想就是这些东西本身支持了萧红与主流文学所提倡的东西保持了疏离的态度。她做的是不受支持的事，然而弱者的位置却使她看到了强者们。比如那些更受推崇的男作家所没有看到和表现的东西，民族生活中一如既往地存在的卑劣人格、私欲和虚伪，这些并没有因为战争危机而减少，倒是因为这个危机更直接地影响到普通人的日常生活。

有意坚持个人立场，这一个人立场，对萧红来说，就是1. 写作，2. 个人的写作，3. 作为女性的个人写作。萧红的这种选择，体现为她的南下，她的舍延安而去香港。但不幸的是，她竟病逝于战乱中的香港。这个结局令人痛惜。问题在于，尽管如此，我们不应该把萧红个人文学上的选择、与她的感情取向、与她的病逝混淆起来看待，虽然这三者之间有联系。

在抗战期间仍以写作为职责，这便是萧红当时坚持的一种个人立场。我认为，这并不是如茅盾所说，如当时许多人所理解，是她陷入了个人感情的小圈子，与斗争的大天地隔绝。我认为，萧红是主动选择了她所重视的岗位，进入了一个人的战争。一个人，对人类精神上愚昧、卑劣作战。这就是个人写作的意义和价值。

（原载《中国现代文学研究丛刊》1997年第4期，陈宇红、张传敏摘）

论三四十年代中国现代主义诗潮的嬗变

王泽龙

从30年代至40年代，中国现代主义诗潮的嬗变呈现出鲜明的阶段性特征。回顾30、40年代中国现代主义诗潮的演变历程，总结演变中的规律性特征，是全面透视中国现代主义诗潮的一个重要内容，对把握中国新诗的现代化发展方向有重要的启示意义。

一、从寻找精神家园到突入人生现实

30年代现代派代表诗人戴望舒以一首《雨巷》名噪诗坛，并获得“雨巷诗人”的雅号，这其中不仅是由于这首诗如叶圣陶所称道的以其独特的音乐美“替中国新诗的音节开创了新纪元”，而且还因为这首诗的寻觅情结以及“雨巷”意象最具象征性地表现了30年代现代派诗人心理意绪，最典型地概括了现代派诗歌的主题精神。由“五四”精神孕育的青年一代知识分子，经历了“五四”落潮与大革命失败的二度苦闷。理想的幻灭与人生追求中的意志衰落、心灵疲惫把其中一部分青年知识分子引向了疏离于时代主潮之外的精神世界。苦闷、彷徨、惆怅构成了现代派诗歌的抒情主调。而这种苦闷是黑暗环境重压下心灵遭窒息的愤懑，这种彷徨是人生道路迷惘期重新选择、冷静思考的犹疑，这种惆怅是欲有所为而不能的沉重的忧伤。卞之琳在回顾自己走向诗坛的感受时说：“我从乡下转学到上海，正逢‘四·一二’事件以后的当年秋天，悲愤之余，也抱了幻灭感。我彷徨，我苦闷。有一阵我就悄悄发而为诗。”

无论是戴望舒诗歌中“航九年的旱海，/攀九年的冰山”的寻梦者，还是卞之琳笔下的荒街“沉思者”与蜗牛一样的“倦行人”，皆是在人生旅途上理想失落后的心灵疲惫者与前途迷惘者的象征化形象。

然而，这一群知识分子在人生理想与现实环境发生悲剧性脱节时，又不甘随波逐流，与黑暗同流合污。传统的知识分子的耿介狷傲的文化心理与洁身自好的人格意志，又促使他们在自我的完善中，求得人格圆满与精神超越。于是，他们与时代风云、峥嵘的岁月疏离，归向内心世界，咀嚼一己的情感，表现个人的哀戚。他们诗中表现的精神世界与现实物质世界的对立，是傲世人格与俗世人生的对立。他们在诗化的精神王国里实现意志的自由驰骋，获得现实世界中无法得到的慰藉。现代派诗人的这种消极遁世情绪中，内含的是一种恨世、忧世的悲愤情绪，仍然是时代所孕育的现实情绪。它从特定的角度，映现了时代的一个侧面，是一部分都市青年知识分子深层的精神生活的影像。他们的精神产品，是我们认识30年代知识分子全人生不可或缺的重要内容。

现代派诗人最深层的悲剧感是“梦醒了无路可走”的悲伤与愁怨，是希望归家而无家可归的惆怅与烦忧。他们绝望于现实，并未完全丧失对未来的信念。因此，执意的寻找精神家园，痛苦的寻找精神家园是现代派诗人的心理情结。这种寻找是人生价值的再度寻求，是自我人格的重新确认。他们希望归家，让孤独漂泊的自我，早日归家。戴望舒诗歌中那个“在茫茫的青空中”飞行，春夏秋天没有休止的“乐园鸟”，正是无家可归的精神流浪儿（《乐园鸟》）。“篱门是蜘蛛的家，/土墙是薜荔的家”，而“游子”却是被放逐了的荒原里的漂泊者（《游子谣》）。卞之琳笔下的“我”，“像广告纸贴在车站旁”（《车站》）；归家的路，“伸向黄昏”，“像一段灰心”（《归》）。寻找精神家园成为了30年代知识分子心灵探索的一种特定的时代情结。

40年代九叶派诗人经历了抗日战争的民族深重灾难后，民族生存的现实危机感则更加强烈。相对而言，20年代新文化运动造成的文化虚位的失落感，青春梦破碎后的困惑感为现实的生存危机感所代替。个人的价值、生命的价值都直接与民族命运紧密相联。民族的文化价值的重建与自我价值的归位首先得服从民族生存的根本价值的寻求。30年代大多数现代派诗人纷纷走出精神的围城，从寻找精神家园转向对国家前途、民族命运的忧虑。戴望舒、何其芳、卞之琳等诗人的创作道路无不如此。

然而40年代九叶诗人在焦灼于民族前途、人类命运的探寻时，又沉潜于个体生命价值的思索，执著于现代化的文化审美价值观念的重建。中国现代主义诗潮在九叶诗派那里构成了一个包括政治文化、艺术审美价值系统的多元价值观念重构的广阔天地。在中国与世界、传统与现代的对立冲突与矛盾互补中形成了一个开放的现代化思维的立体空间。

九叶诗派诗歌主题的多向开拓中，最为鲜明的主题就是：突入现实、拥抱时代。他们所标举的诗学原则为：“现实、象征、玄学的综合传统”，并把“对当前世界人生的紧密把握”作为综合传统的第一要义。他们“绝对强调人与社会、人与人、个体生命中诸种因子的相对相成，有机综合”。不像现代派诗人只专注于精神世界，他们坚持诗首先必须介入生活，必须切入现实的肌肤。在污浊窳败的环境里，九叶诗人不甘心“迷失在自己的小世界里，/拾到一枚贝壳，捉到一个青虫”，决心“向自己的世界外去找寻世界”（杭约赫：《启示》）。他们学着那布谷的叫声“一齐宣誓说”，要以全生命一声声诉说“人民的苦难无边”（辛笛：《布谷》）。九叶诗人紧紧感受着时代脉搏的律动，给我们留下了一幅幅40年代中国历史和社会生活的形形色色的影像。其中，有都市生活的污秽阴暗，也有乡村贫民的凄惨悲凉；有阔人富豪的淫嚣，也有妇人小儿的啼嚎。像唐祈笔下的城市贫民肖像画有：像“夜一样污黑的一群男人”，“到死，一张淡黄的草纸/想盖住因愤怒张开的嘴唇”（《挖煤工人》）。“早晨，阴暗的/垃圾堆旁，/我将饿狗赶开，/拾起新生的婴孩”（《严肃的时辰》）。九叶诗人以锐利的锋芒，实施着对病态社会与罪恶人生的无情解剖。

二、从情绪诗化到智性诗化

从30年代到40年代中国现代主义诗潮的演变，不仅表现为主题的开放性趋势，而且呈现出具有多元化现代审美意义的形式演化特征。现代派诗人在30年代建立的现代主义诗歌形式范式和审美价值系统到九叶派诗人手中发生了一系列更具现代化形式意味的转型。这种演化与转型突出表现在由情绪诗化到智性诗化。

30年代现代派诗人出现在诗坛时，他们提倡的诗学原则具有明显的反拨倾向。一是对“五四”以来坦白奔放的浪漫主义的激情宣泄表示强烈不满，其中较明显的是针对20年代末与30年代初盛行于诗坛的普罗诗潮而发的。杜衡在《望舒草·序》中指出：“当时通行着一种自我表现的说法，做诗通行狂叫，通行直说，以坦白奔放为标榜。我们对于这种倾向私心里反叛着。”二是对20年代新月派倡导的新格律诗运动的反叛。现代派诗人中不少人是受新月派诗风影响而步入诗坛的。但是，他们不久就感受到了为“新格律”所约束的不自由。不仅开始私心反叛，而且公开打出对立旗号。戴望舒的《诗论》在《现代》杂志的发表，代表了现代派同人向新格律诗理论的挑战。《诗论》中开宗明义第一条：“诗不能借重音乐，它应当去了音乐的成分。”第七条又说：“韵和整齐的字句会妨碍诗情，或使诗情成为畸形。”现代派诗人所反对的皆是浪漫主义诗派的抒情形式。然而，浪漫主义将诗歌视为情感的表现的诗歌本质观在现代派诗人那里并没有遭致非议。现代派诗人关心的是如何表现诗情。他们正面主张：“新的诗应该有新的情绪和表现这情绪的形式。”现代派大多数诗人在创作上表现出来的融合象征主义与浪漫主义的倾向，是与其诗学观分不开的。

然而，40年代九叶派诗人却与浪漫主义诗潮划清了鲜明的界线，从诗歌的本质观到形式表现论皆从诗学理论上与浪漫主义显现出绝然区别。九叶诗人接受了后期象征主义诗学的影响，明确提出：“诗不再是激情，而是表现人生经验”，并把“诗是经验的传达”代替“热情的宣泄”的这一转变看做是“从浪漫主义到现代主义的诗底发展”的一个标志。因此，九叶诗派提出的著名的诗学原则：即现代诗歌是“现实、象征、玄学”的综合，彻底地摒弃了诗的本质是抒情的诗学观点，他们关心的是如何“恰当而有效地传达最大量的经验活动”[3]。这种“经验传达”就是用智性的强化取代传统的感性主宰。现代派诗歌注重的是情绪的意象化或情感的诗化，而九叶诗人追求的是思想的感性显现，智性与感性融会，思想与形象的凝合。从30年代到40年代，现代主义诗歌由情绪诗化演变为智性诗化，是中国现代诗歌更具有现代审美意义的一次本质性嬗变，它是对传统诗歌本质观念的一次自觉变革。

九叶诗人在智性诗化的实践中初步实现了中国诗歌由感性情绪内质元素的一元化结构向感性、思想、经验内质元素的多元化融合的形式转变。这是一次向传统的彻底告别，是中国新诗的一次更具有诗歌本体意义的现代化转型。

三、从意境化到戏剧化

30年代现代派诗人注重诗歌情绪的感性显现，主张通过意象来暗示情感的诗学倾向，是与现代派诗人自觉不自觉地受中国古代意境美学理论影响相联系的。中国诗歌的传统思维注重直觉感悟与模糊体验，认为诗要表现的只是一种气氛、一种情调或一种境界，忌讳理性分析与直接陈述。在古代诗人笔下的象与境、物与情常常是一而二、二而一的，将诗歌意境的生成看做是诗美的高格。在意境的生存方式上形成了多种多样的范式。诸如意随境生，境从意出，意境相出，物我情融等。我们翻开中国现代主义诗人的作品，恐怕只有现代派诸位诗人的诗歌与中国古典诗歌意境美保持着最深厚的联系。戴望舒强调“诗本身就是一个生物”，强调意象与诗情浑然的融合。卞之琳自白：前期诗作里也“一度冒出过李商隐、姜白石诗词以至《花间》词风味的形迹”，推崇以含蓄典雅的意境为美。废名崇尚温庭筠的词“不能说是情生文文生情的，他是整个的想象”，“表现着一个完全的东西。好比一座雕刻，在雕刻家没有下手的时候，这个艺术的生命便已完全了。”他肯定的正是艺术浑成的美。像戴望舒的《雨巷》就是一首典型的意境化了的象征诗。悠长而寂寥的雨巷意象与凄婉迷惘的情绪浑然合一，营构出一种特有的感伤而迷蒙的意境。何其芳的诗，用心灵的羽翼在一系列清新雅致的意象中穿行，追逐那如“梦中道路一样扑朔迷离”的诗境，他的诗大都给人一种如月的朦胧、似梦的迷离的意境美感。

与现代派诗人多在意象与情感的融合中创造意境美不同，九叶诗人主要追求的是意象与思想的凝合，他们的诗给人不是感性美的回味，而是智性美的思考。九叶诗人比起现代派诗人来，古典主义的诗情与传统审美观念的感染要薄弱得多，而对西方现代主义特别是对后期象征主义诗潮更具兴趣。

九叶诗人在诗歌的形式上的一个突出探索便是新诗戏剧化的尝试，这是对中国诗歌形式的一个全新开拓。九叶诗人兼诗论家袁可嘉的《新诗戏剧化》、《谈戏剧主义》不仅公开亮出了新诗戏剧化的旗帜，还探讨了新诗戏剧化的一系列理论问题，提出了实现新诗戏剧化的具体主张。他们把“客观化”与“间接性”作为新诗戏剧化的两个主要原则，将传统的主观抒情变为戏剧性客观化处境，主张用第三人称的单数、复数取代第一人称的单数、复数等。这样一种戏剧化方法彻底地摒弃了浪漫主义的主观说教或感伤的抒情。九叶诗人戏剧化呈现出两种基本方向：一是里尔克式的，“把搜寻自己的内心所得与外界的事物的本质打成一片”，由理智向外界物象凝聚；二是奥登式的，把对象写得栩栩如生，诗人倾向不作袒露。里尔克式的以穆旦、郑敏、陈敬容、唐祈为代表，奥登式的以杭约赫、杜运燮、袁可嘉为代表。比如，陈敬容的《力的前奏》，将“力”在爆发前的内心体验凝聚为“蓄满了声音/在一瞬间的震颤中凝神”的“歌者”，“为了一个姿势/拼聚了一生的呼吸”的“舞者”，将智性思考凝聚为一种里尔克式的雕像美的形象。郑敏的《金黄的稻束》，写“金黄的稻束站在/割过的秋天的田里”，像是“无数个疲倦的母亲”在“低首沉思”。一种生命创造者的凝重的精神体验化为一幅庄严静默的雕塑。

30年代现代派诗歌以探索内在心灵世界为主题范围，以情绪化、象征化、意象的意境化等审美形式为特征，构成了现代派诗歌特有的含蓄、朦胧、和谐、典雅的风格，表现出与中国传统诗歌较为深厚、复杂的潜在联系。40年代九叶派诗在突进心灵的现实与突进生活现实的主题中，在理性与感性相融会的智性诗化与诗歌的戏剧化形式表现中，整体上形成了一种凝重、浑厚、深邃、冷峻的风格。如果说30年代现代派诗较多地给人以现代婉约美的感觉的话，那么，九叶派诗主要传达的则是充满了动与力的精神的阳刚之美。九叶派诗把中国现代主义诗歌推进了一个新的高峰。

（原载《学习与探索》1997年第3期，全文15000字，张梦阳摘）

阿Q典型与《阿Q正传》艺术结构问题

葛中义

一

在被称为现代文学史上的“歌德巴赫猜想”的阿Q典型研究中，许多问题已争论了70多年，虽说至今并未完全取得圆满结论，但随着新时期思想解放的深入，许多方面已有了一些共识。例如，阿Q的精神胜利法，作为“人的一般本性”表现的精神现象，具有很大的普遍性，因而我们今天不再困惑于1956年何其芳提出的“困难与矛盾”，即所谓“阿Q是一个农民，但阿Q精神却是一种消极的可耻的现象”，不再为究竟把阿Q划为哪一阶层的农民而争论，也不再讨论阿Q究竟有没有农民阶级的革命性或阿Q似的革命的真实性与后遗性，等等。这些共识的发展也许正酝酿着对阿Q典型问题的“最后冲刺”，当然，如大家所说哲学社会科学的论争很难说“最后一句话”，但对相对真理的每一次逼近，总是很有意义的，阿Q典型研究之所以至今仍有极大的魅力，大概正是因为它是有意义的。

过去的阿Q研究虽说已争论了70多年，但似乎还有一尚未引起争论而实际很有意义的问题，即《阿Q正传》本文实际存在的艺术结构上的两半之分，这个问题对于理解阿Q典型是很重要的。即使只是从艺术直觉上，我们也可感悟到作品前后两半之间，无论在情节逻辑与场景构成，或形象描绘与语言格调，以至于人物性格意蕴等方面，两半之间存在着明显的差异。过去也有人指出过作品在艺术表现上前后的不同，但未能深入讨论或明确地作为一个问题提出。我以为作品本文艺术结构上的这个两半之分是一个需要明确提出并准确把握的问题，因为这是造成阿Q研究困难的一个重要原因。

所谓两半，虽然不能作机械的绝对的分割，但从实际来看，是可以以第四章“恋爱的悲剧”之结束为界，则前后两半可以各成为相对完整的组合，假如各自独立成篇，只要稍加组织便无太大的缺憾。那么，两半之间的差异主要表现在哪里呢？试从如下三方面略作分析：

（一）叙事模式及叙述者有艺术结构中的主体性并因此而引起的文章体格的变化。由于这个变化，作品前后两半在体格上呈现出著“论”与记“传”的差异。例如，第一章“序”，叙述者“我”虽不是一个出场人物，却是作品形象体系的有机组成部分，是作品中一个不在场而不可或缺的人物，作品的内容实际是以“我”这个人物的主体性评述为主的，是从“我”的角度对阿Q这个人物的行状所作的介绍性描述，作品中有一句话说：“先前，我也曾问过赵太爷的儿子茂才先生……”，正说明“我”这个叙述者是与阿Q同时代的一个人物，作品对阿Q的描述中不能不包含着“我”的理解与情感等内涵，阿Q的性格特征正表现为“我”对一种很突出而又有着普遍性的人性现象的评价与例释，这才可以解释作品中为什么时时会有针对传统观念的惯例以及对所谓“胡适之先生的门人们”的并非恶毒的嘲讽，这种叙述者“我”的具有评论色彩的理解与情感直接介入以至于成为艺术结构中的关键成份，正反映着作品内涵的著“论”的特质。接着的三章，虽渐渐地隐去了“我”字（但在直接评论时又往往连用几个“我们”），并且，对阿Q的行状的形象描绘增强了具体性与生动性，但仍脱不出这是一种“我”对一种人性现象的评述的范围。由此也可理解那些从文笔角度来看不算很和谐的议论文字为什么在第一章以后仍时时出现。总之，作品的前半倘或独立成篇，则比之《阿金》一类杂文恐怕是更具杂文特质与评论色彩的。作品的后半却显出了不同。不仅是作为艺术结构的主体成份的代词“我”或“我们”已经消失（在第一章中用了16个“我”字，在第四章中说到阿Q拧过小尼姑的脸以后的心理时，连用4个“我们”来加评论，而从第五章直到最后，已不再出现“我”或“我们”了），阿Q故事的演绎，不再表现为一个特定的评论者的见闻片断，而是有着情节逻辑性与完整性的一个活生生的典型人物的命运传记。当然，也可以说，这仍是由作者以全知型视角进行描述的，不过这种描述已表现出作为客观的社会人生命运逻辑与作品所表现的人物命运的统一性（衡量艺术真实性的主要标志），能合于客观社会规律的人物命运就不是由作者凭借着自己的任意安排而表现的，（恰如鲁迅认为阿Q的命运逻辑决定着他的“大团圆”已不可能再推迟，而这是他创作之初所没有预料到的），作品后半中的阿Q就是这样一个有着极大的艺术真实性的具体鲜明的人物形象，明白地说，阿Q已不再是一个生存于“我”的评论话语之中的人物，这与作品前半中阿Q在实际上主要作为一种例释的情况有着明显的差异。

（二）作品结构的两半之分反映着作者在创作意图上的发展，并因此影响着人物的典型性的变化发展。这种“不相称”恰好反映着作品结构上的一个转折，即从后半（篇幅略多些）的艺术意蕴的角度，从阿Q这个人物形象的最后完成情况看，前后两半之间分明存在着一个转折。

（三）作品结构的两半之分反映在作品的艺术风格上的差异也是很深刻的。如果说，作品的前半显示出以评论的笔触对一种顽劣的国民性的刻画，呈现着冷峻、讽喻的艺术格调，那末，后半则分明是着重对一个极端愚昧的又贫困的小人物的命运的描绘，显示出沉郁、寄情的风格。前半是一个采用象征主义手法构成的喜剧结构，后半则是属于现实主义手法的悲剧结构。正视这种在同一篇作品中客观并存着两种艺术结构的情况，恐怕是我们正确理解整篇作品的意义和阿Q典型的复杂性的一条新思路。

总之，《阿Q正传》在艺术结构上有两半之分，这是这部名作的一个客观存在的特点，但不因此可以认为它是一部艺术上不完整的作品，或说它是艺术拼盘式的作品。我们对任何成功的文学作品的研究目的，就是要从其特点出发，理解它在典型创造上的特殊性，从而更深刻地了解其艺术典型的意义。还应该说明的是，我们在这里所说的结构上的两半之分，不是指两种对立艺术成分的并存，而是指一部作品中艺术结构因作者创作意图的变化而发生的变异，这种变异既有包孕也有发展，既有联系也有区别。从人物性格发展及其与命运之间的因果关系看，从前半到后半，表现着一种发展的逻辑性，但人物形象的具体意蕴表现在两半之间是有区别的；从语言、民俗、风情、景物的描绘看，从前半到后半，表现着一种同一性或连续性，但两半之间在描绘的具体性与丰富性方面也是有所区别的；从人物相互之间的关系看，从前半到后半，表现着一定的联系与制约性，但两半之间在表现人物关系的真实性与典型性上表现出明显的差异与发展。总之，如果说前半的刻画重心是精神胜利法的表现，则后半所描绘的是一个小人物的悲惨命运，这就是两者的联系与区别。如此等等，都能引起我们注意研究其结构特点的兴趣。

二

如果比较具体一些分析形成这种结构两半之分的原因，我认为，首先，是由于意象在创作过程中的积极参与。《阿Q正传》后半结构之所以发生变化，描写的重心由性格特点的评述转为人物命运的描绘，主要便是由作者头脑中的意象思维运动所激活。其次，形成结构两半之分的另一个原因，是由于作者的创作意图与文体自觉的变化与发展。作者在逐渐转变与发展自己的创作意图的同时，也转变着从写“开心话”到小说创作的文体自觉，转变着提炼素材的视角与写作手法，以描绘人物命运遭遇的情节与生活细节的真实为前提了。体现于作品后半的这种转变使阿Q这个人物获得了真实的生命，而不是仅仅作为某种精神现象的符号，尽管阿Q的确是一个在性格以至言行上都有很大的反常性的人物，但我们从他与所处社会环境之间的关系看，阿Q又确实是一个合乎人生命运逻辑的真实人物。

三

认识到《阿Q正传》艺术结构上的两半之分，对于解释阿Q典型，或较为圆满地解决阿Q研究中的困难，有着什么样的意义呢？我想至少有如下几点值得我们进一步思考和研究：

（一）中外古今，任何一部成功的或优秀的文学作品，在思想与艺术上总是既有其独创性完善性，又有其不完整性或不圆满性。这是客观的事实，历史上有哪一部文学作品可以被认为是绝对的十全十美的呢？一般评价之所谓完美，是相对而言，是扬其长而避其短。指出这一点，当然不是否定其是一部优秀的作品。创造了世界著名文学典型的《阿Q正传》也不例外。它的结构上的两半之分既是一种独特性的表现，但也仍给我们以网络上不够统一或不够和谐的感觉。

（二）作品结构的两半之分说明阿Q这个名字只是在其诞生以后的发展过程中，由于作者创作意图与文体自觉的变化发展的影响，而被塑造成为典型人物形象的。在过去对阿Q的研究中，有人说阿Q是精神胜利法的寄植者，是“思想性的典型”，是精神胜利法的“共名”，自然也有人认为是一个具有很大的阶级性与社会性的现实主义典型人物。我也认为这些观点既有其合理的一面，又有其不完整的一面。从作品整体的实际情况看，我认为阿Q的确是从作为体现精神胜利法的性格特征的一个人物类型而演变为一个现实主义的典型人物的。这一演变的机制，主要在于鲁迅在逐步转变他的创作意图的过程中，把阿Q形象的精神反常性置于一种社会生活发展的必然逻辑中予以观察和描绘，从而看出并表现了阿Q除了在他的精神的反常性之外的另一方面，即处在生活客观规律范围内的正常性的一面，他的本能及由此引发他的言行的合于逻辑性。这样的描绘就会获得一个“整个的阿Q”，一个具有现实主义特质的典型性的人物。

（三）对于阿Q典型的性质，历来的争论如此之多，至今也未能取得共识，似乎就只有不可知论这条路了？似乎很难产生一个比较切合实际的具体概括？但我想，事情不会是这样的。关键在于对阿Q这个具体人物必须作具体分析。我在前面说过，作品结构有两半之分，但阿Q在作品中是同一个人物，因此，对阿Q典型的概括，必须兼顾作品两半中的阿Q形象的特点，偏执任何一方面都可能是不完整的。

总之，关于《阿Q正传》艺术结构两半之分的提出，是出于对作品作实事求是的分析，至少我认为只有具体分析才是解决阿Q典型研究的矛盾与困难的正确途径。

（原载《鲁迅研究月刊》1997年第5期，全文12000字，张梦阳摘）

鲁迅杂文与英国随笔的比较研究

——兼论鲁迅杂文在世界散文史上的地位

张梦阳

1

鲁迅杂文的文学属性问题，是鲁迅研究的学术疑难之一。长期以来，一些论者竭力排除鲁迅杂文的文学属性，将其拒之于文学殿堂之外，从而贬低了鲁迅在世界文学史上的地位。因此，很多鲁迅研究家一直都在殚精竭虑、苦心解疑，努力从多种角度阐释和概括鲁迅杂文的文学属性。经过几代学者的探讨，取得了很大进展。

但是，一种文体的出现与形成，绝非一个国度或民族独具的孤立的现象，而是内隐着深层的人类文化学机制，带有人类的普遍规律。文学中的各种文体，说到底，是人类在各种环境中不同生存状态的审美呈现、情感心态的表现形式、生命体验的物化形态，为了以不同的方式表达和交流不同的思想情感而形成的不同话语秩序与文本体式。所以，考察某种文体的属性与特征时，不能仅限于一个国度或民族狭窄范围，而应作一次人类学的回归，在不同国度的文学比较、文体辨析中寻觅某种文体发生与发展、形成与演变的共性与差异，从文体发生学的人类学根源上阐释、分析某种文体的属性及其文化意味。只有这样，才能从根本上解疑。

在世界散文史上，中国散文、英国随笔、日本小品堪称三座高峰。特别是英国随笔，世所公认为文学殿堂的瑰宝，文学属性无可置疑。而排除鲁迅杂文文学属性的论者，又多是英国文学造诣颇深、非常推崇英国随笔的人士。如果以英国随笔这一文体出现、发展、形成、演变的历史及其文学属性、艺术特征作为参照系，对鲁迅杂文进行一番比较研究，将会是一件极有意义的工作，其论证也会富有无可辩驳的说服力。

当然，鲁迅杂文与英国随笔的比较研究，应是一种平行比较，不能牵强附会地发掘其中的影响。而这种平行比较，反倒更有益于发现杂文、随笔这一类文体本身所具备的属性、特征及其形成规律。

2

从人类文化学与符号学的眼光观察文学艺术史上的文体演变，就会得出这样的看法：文体作为按照一定的话语秩序形成的文本体式，实质上是人类一定的生存环境中为了表达对自身与世界的理解、互相进行交流，而从事的一种符号的编码方法与体式。这种特定文体编码活动的最后操纵者，是所处时代的总体文化背景。一旦时代环境发生变化，既定的文体范型与语言体式就会与时代精神、社会心态失去对应性，产生矛盾与悖逆。于是，旧体难出新意，遁而作他体，文体的符号编码活动就必然出现变革，产生新的文体范型与语言体式。

英国随笔与鲁迅所开创的中国现代杂文，就是这样在各自历史时代的文化母体中孕育出的骄子。这种自由文体产生的外部条件有三个共同点：一、时代环境，需要政治的松动与思想的解放；二、物质载体，需要有报刊等现代传播工具；三、读者对象，需要有企望革旧出新的读者群。

3

一种文体的产生，除了外部条件之外，还有文体自身运动的原因，需要适宜的民族气质的陶冶与文学土壤的培育，经历长期的积累与演化。

中英两国散文发达的原因是：从思维方式上看，都不偏重系统性的理论思维，而擅长片断、零碎、偶感式的机智发现；从民族气质与文学表现形式上看，都不侧重体系化的高深大论，而喜好随意、形象、感应性的灵活体式。

散文文体形成的内在原因是人的觉醒、自我的个性意识的复苏。17世纪初，法国蒙田的“Essais”被译成英文，传入英国，冲击了长期统驭英国散文的古罗马拉丁文模式，给英国散文注入了活力。其后，发生了英国工业革命的种种变迁，积累了从培根到艾狄生、斯梯尔、斯威夫特、哥尔斯密、约翰逊等众多作家的写作经验，才在法国大革命的推动下，伴随着人的觉醒、自我意识的复苏，出现了以兰姆、赫兹里特、李·亨特、德·昆西方代表的19世纪浪漫派随笔，实现了文体的舒展解放，使重在抒写个性、表现自我的随笔式自由文体形成气候。从蒙田到兰姆，竟经历了二百多年！

中国的随笔式自由文体的形成过程更加漫长。从现有材料看，三千年以前写于商代的《尚书·盘庚》等篇章就已是最初的散文。

以后春秋战国的诸子百家，汉初司马迁的“史家之绝唱”，魏晋时期的清峻文章，一直到唐宋八大家的传世杰作，都是上乘的散文。然而似乎都摆着架子，拘着套式，纵然到了宋代，出现了苏东坡等人的随意小品，却总不能成气候。经历两千余年的曲曲折折，到了17世纪上半叶，才在晚明人文主义思潮催促下，涌现出公安、竟陵派小品，成为文坛主流。晚明小品作家们，主张“独抒性灵，不拘格套”，冲溃了模拟古人的陈腐樊篱，吹来一股清新之气。试与19世纪出现在英国的浪漫派随笔作一番比较，就会发现中国晚明小品与英国浪漫派随笔这两种不同国度、不同时代、毫无关联的文学现象之间，在文体运动内在机制中竟有着惊人的相似之处：都是在人的觉醒、自我意识复苏的思想运作中实现了文体的舒展解放、自由随意。

也正由于这个原因，当经历了清代的严厉镇压与残酷统治，文人思想僵化凝固时，重在抒写个性、表现自我的随笔式自由文体也就随即灭绝了。直到20世纪初叶五四文学革命爆发，思想解放的洪流冲决了古文的禁锢，实现了白话文的语言体式变革与人的自我意识的复苏、觉醒，这种随笔式自由文体才应运重生。

所以，鲁迅所开创的中国现代杂文，与英国随笔一样，都是外部条件与内部机制共趋成熟的情况下，适应本国的民族气质与文学积累应运而生的一种特殊文体。

4

这种特殊文体具有哪些特质？它算不算文学作品？算的话，文学属性表现在哪里？这一系列问题，不仅是中国学术界研究鲁迅杂文时遇到的疑难，也同样是英国文坛讨论英国随笔时总要产生的困惑。

英国散文的历史没有中国久远，对随笔这一文体的理论探讨却早于中国，有许多值得借鉴之处。

1916年出版的一本《英国随笔》（The English Familiar Essay）在前言中开宗明义作出这样的界定：“或许没有人能够否定这种说法，Essay的定义既不能广泛包括散文的各种不同类型，又不能非常严格地区分Essay的特性，使之与其它比较短的文章区别开来。试去看一看洛克的《人类悟性论》、兰姆的《论烤猪》、麦考莱的《华伦·哈斯汀斯》、卡莱尔的《关于彭斯的随笔》和安诺德的《美与智之融合》，就会发现这些多样的文学作品不属于任何单式的统一的文体，然而却被通称为essay。因为人们习惯地感觉到这些作品具有这样一种明晰的共性：essay的作者不涉及公事或系统性的思想资料，而是以个性化的坦诚的态度面对他们的题材和读者，所以随便的亲密的态度，关心日常生活的样式和伦理，倾注个人的感情和经验。因此，essay应该有一个更明确的限定——或许最好称之为“familiar essay。”

而早在1903年，一本大部头的《英国随笔家》（The English Essayists）就在扉页上印了赫兹里特的一段话，对familiar essay作了极为形象的描绘：“它不论述矿石或者化石，也不研究植物的特性或者行星的影响，它也不涉及信仰的形式或者哲学的体系，不热衷抽象虚悬的精神系统；然而，它与男人和女人的世界有着密切的关系，记录他们的行动，追溯他们的动机，抓住他们的念头，描述他们个人的和无穷领域里的所有追求，嘲笑他们的荒唐，揭露他们的悖谬，‘像给大自然照镜子一样，反映时代的变迁与主潮，形势与困厄’；细致入微地表现我们的服饰、面貌、思想和行为；显现我们自己的真实面貌：是什么样的，又不是什么样的；在我们面前演出人类生活的全部戏剧。……它是最好、最自然的课堂……探求人类生活究竟是什么样的，已经成为什么样了，今后应该是什么样。”

以上界定，本身就是英国随笔味儿的：不故作高深大论、系统辨析，只是随随便便说几句，宽宽泛泛划几条线，就非常明晰、极富趣味地谈清楚了。

对以上界定可以作这样的概括：essay，即英国随笔的第一特质是说理，是思想者的识见，属于一种论文。然而，其中所要表达的识见是个人的，而非公事的；是片断的，而非系统性的；是个性化的，而非公式型的；是为了与读者进行交流，而非旨在教训。因而，作者须“以个性化的坦诚的态度面对他们的题材和读者，抱以随便的亲密的态度，关心日常生活的样式和伦理，倾注个人的感情和经验。”也就是说吸取趣味性、形象性、抒情性等文学性质，以使群众便于接受自己的思想和识见。所以，随笔是一种多类文体交叉、渗透而成的特殊文体，一种理论与文学杂交的变体形态与杂糅形式，是人类进入近代、自我意识觉醒时为了自如地表达对自身与世界的理解、自由地互相交流而采取的一种个性化的符号编码方式与随意性的文学写作体例。它应该算是文学作品，但是属于文学中的亚类，其文学属性主要表现为理趣。

以这种界定标准衡量鲁迅杂文，其文学属性就是不言而喻的了。鲁迅杂文的文学含量远远高于这个横竿。那么，为什么会有一些对英国随笔非常推崇的论者，反倒要竭力排除鲁迅杂文的文学属性，将其拒之于文学殿堂之外呢？这就不能不归咎于他们的政治偏见了。

5

总之，鲁迅杂文与英国随笔，同是一种理论与文学杂交的变体形态与杂糅形式，是人类进入近代、自我意识觉醒时为了自如地表达对自身与世界的理解、自由地互相交流而采取的一种个性化的符号编码方式与随意性的文学写作体例。因此，二者在文体运动中出现了一些共同规律与共同特征。其中，最主要的共同规律是：因为都旨在真诚地坦露自己的个性，与读者自由交流，所以必然都反对各种陈套与伪饰，实现语言体式的明白与自然。共同特征则可概括为五点：闲、随、杂、散、曲。

闲。蒙田和英国随笔家们都爱自称“闲人”。蒙田在《自画像》中坦然宣称：“我性爱悠闲，而且十分喜欢无拘无束，我是有心要这样做的。”鲁迅是最赞成勤奋的，他一定反对“闲”吧？恰恰相反，鲁迅也主张要有“闲暇”，认为“人们到了失去余裕心，或不自觉地满抱了不留余地心时，这民族的将来恐怕就可虑。”他们之所以赞美“闲”，实质上是为了挣脱道统和教条的束缚，获得精神的自由与创作的灵气。中国古代的所谓“懒道人”、“拙叟”、“痴翁”以至老庄禅宗之类，也都与这种“闲”同源。“闲”，实在是人类智者的共性，写好杂文、随笔的第一要旨。这种“闲人”的素养乃是这种随意性文体的基础和灵魂。

随。既为“闲人”，就必随意。蒙田的随笔，随意挥洒，信马由缰，旁征博引，澎湃无涯。英国随笔家们也是越写越随便，越自如，越得随笔之妙谛。鲁迅也是深得此妙谛的，他在《〈自选集〉自序》中自称是“在散漫的刊物上做文字，叫做随便谈谈。”在《怎么写》中又强调说：“散文的体裁，其实是大可以随便的，有破绽也不妨。”但是，人们往往总是自觉或不自觉地把散文这种随意性文体强纳入所谓正轨。有识见的评论家和创作家们总在不断地敲响警钟，努力使散文回到随意自然的状态中来。

杂。鲁迅在翻译厨川白村介绍 essay 的文章时，把“Essays of Elia”译为《伊里亚杂笔》。这里的“杂”字极耐人寻味！表现了鲁迅对“杂”的钟爱。兰姆也同样极其喜爱随笔的“杂”色。他视 17 世纪上半叶的两部奇书——伯尔顿的《忧郁的剖析》和勃朗的《一个医生宗教观》为“枕中之秘”，潜心学习。而这两部书的最大特色就是“杂”。这是一种文体的“杂”，以论为灵魂，而杂糅进诗、小说、戏剧等多种文体的素质；是一种内容的“杂”，大至宇宙，小至苍蝇，东拉西扯，无所不谈；是一种色调的“杂”，赤、橙、黄、绿、青、蓝、紫，浓烈的，淡雅的，鲜明的，阴暗的，形形色色，驳杂搭配，而自成一体、别具一格。失去了这种“杂”，也就失去了随意性文体的本色。

散。“闲人”随意杂谈的文章，自然会是“散”的。不仅形散，而且神也散。只有神散了，才能自然呈现形态上的散。《空城计》中诸葛亮唱道：“我本是卧龙岗散淡的人。”只有“散淡的人”，才能写出具有散淡美的好文章。日本禅学大师铃木大拙说：非对称性能表现空寂、孤远、闲静的美。英国语言学家萨丕尔说英语“东倒西歪的表达方式自有它的美处”。这种非对称性美与东倒西歪的美，正是一种高境界的散淡美。蒙田的随笔，挥洒自如，巧横闲技，具有特别的散淡美。鲁迅的杂文，特别是后期的《病后杂谈》、《女吊》、《我的第一个师父》、《半夏小集》等，悠远、深沉，于不经意中谈出深刻的哲理，也具有一种炉火纯青的散淡美。

曲。随意性文体虽然随意、散淡，却绝不可直陋，须在曲折表达方面下刻意的功夫。蒙田是一位惨淡经营的文体家，是以曲折坎坷的心灵表达深邃内容的先锋。兰姆的随笔，装着随便的涂鸦模样，其实却是用了雕心刻骨的苦心。鲁迅的杂文，更是极尽“曲笔”之妙，下了极大功夫，才锻炼成精锐的一击。

为什么鲁迅杂文与英国随笔在文体运动中出现了上述共同规律与共同特征？要回答这一问题，就要回到开头所说的文体研究的人类学回归上去。因为随意性自由文体是人类为了真诚地袒露自己的个性、互相自然交流而形成的一种文学体式，所以必然反对各种陈套与伪饰，必然如斯威夫特所说的那样：“把恰当的词放在恰当的位置上”，用兰姆的话来说就是“从容于自运”。这样，这类文体也就必然呈现闲、随、杂、散、曲五种形态特征。

6

30年代，英国文学专家张若谷先生发表过一个怪论，核心观点是：“与其当鲁迅先生是小说作家，毋宁说他是随笔作家的更来得恰当。”

这一观点当时受到一片反对。其实，这是一桩鲁迅研究学术史上应予重新评价的公案。张若谷的文章纵然有措辞欠准之处，然而对鲁迅并无恶意，并且从自己具有英国文学素养这一优势地位出发，对鲁迅最突出的成就作出了中肯的评价。

当然，鲁迅无疑是一位卓越的小说作家。他是中国现代小说之父，现代小说从他手中开始、又在他手中成熟，他的中篇小说《阿Q正传》是能列入世界小说名著之林的少数几篇中国现代小说之一，而且可以毫无愧色地列在首位。所塑造的阿Q典型，则可以说是惟一能立于世界文学典型画廊的中国近代文学人物形象。这都是无可否认的事实，是值得中华民族引以为荣的。但是，应该实事求是地承认：倘若仅以小说作家的身份在世界文坛上排名次，鲁迅自然无法与托尔斯泰、陀思妥耶夫斯基相比，也不能与巴尔扎克比肩，甚至与狄更斯、司汤达、福楼拜、雨果以及短篇小说大家莫泊桑、契诃夫等等也都难于相比。一个民族，正确认识本民族的文化伟人，给予恰当的定位，是一件非常艰难而痛苦的事情。人们往往喜欢单纯地从民族感情出发，把本民族的文化伟人定在最高位，使他们在所有领域都坐首席，仿佛只有这样才能舒心。然而，文学地位是由客观实绩奠定，不以人的意志为转移的，我们不能因为鲁迅是中国作家，小说又在文学中占据重镇，就把鲁迅列在世界小说大家的一流行列。

但是，从世界散文史的视野去观察鲁迅杂文，情况就大不同了。仅以世界散文的高峰——英国随笔家们进行比较，就会发现鲁迅是无人可比的。就世俗批判与社会讽刺类作品而言，无论是讽刺的深度、成熟性，还是涉及的广度与作品的数量，鲁迅都超过了斯威夫特；就对社会感应的敏锐性报刊文章来说，鲁迅也远在《闲话报》与《旁观者报》的艾狄生、斯梯尔之上。若与擅长抒情的英国浪漫派随笔家相比，也更显其异彩：鲁迅能像兰姆那样娓娓动人地倾诉刻骨铭心的生命体验、人生世态，却无兰姆式的絮叨与琐屑；能像赫兹里特那样文思体势，磅礴如潮，却比赫氏更为凝重、节制；能像李·亨特那样趣味横生，构想奇妙，却比亨特博大沉雄；能像德·昆西那样具有敏锐、深邃的心理洞察力，却不像他那样有枝蔓冗长之病。

散文作为人类自由表达识见和情感的随意性文体，在发展过程中出现了三股分流：一股是"评他"，即鲁迅所说的社会批评与文明批评，触角主要伸向外宇宙，从而延伸为杂文；一股是"述己"，即主要侧重叙说自己的人生体验、抒发个人的思想感情，触角主要伸向内宇宙，从而发展为正宗的艺术散文或抒情小品；一股是"诗化"，更多地吸取诗的素质，但又不押韵，保持散文的语言体式，形成为散文诗。当然，这三股分流并不是绝对的，时有相互的交叉与渗透，但是总以一股为主。鲁迅不愧为近代中国最伟大的文体家，在散文的三股分流中都起到了开创作用，并都创造出了极品："评他"的杂文有堪称史诗的十四本杂文集及其补遗在，不必多言；"述己"的艺术散文有《呐喊·自序》、《朝花夕拾》诸篇和晚年拟总题为"夜记"的《我的第一个师父》、《女吊》等焕发着恒久的魅力；"诗化"的散文诗，则一本《野草》就前无古人、后无来者了。在世界散文史上，有哪一位作家能有鲁迅这样的成就，能对本民族和全人类的灵魂有如此深广的影响呢？

称鲁迅为世界散文史上的第一大家，当是没有疑义的。

(原载《鲁迅研究月刊》1997年第3期和《浩气千秋民族魂》一书，全文25000字，张梦阳摘)

《20世纪中国文学的鲁迅传统》导论之一

刘福勤

1

"传统"这个词儿被用来指称鲁迅作品所具有的应为后人所珍视的主要特点，指称鲁迅的文化路向、宝贵精神、创作成功的要素和文学活动的价值指向，似乎最早是1933年在瞿秋白的《〈鲁迅杂感选集〉序言》里。瞿秋白把马克思主义理论用语"revolutionary tradition"译为"革命传统"，用在鲁迅身上："历年的战斗和剧烈的转变给他许多经验和感觉，经过精炼和融化之后，流露在他的笔端。这些革命传统（revolutionary tradition）对于我们是非常之宝贵的。"他把鲁迅的"宝贵"的"传统"概括为"最清醒的现实主义"、"'韧'的战斗"、"反自由主义"、"反虚伪的精神"。接着是1937年冯雪峰说："要以他（指鲁迅。——引者注）的全部著作当作我们文学工作的经典……要承接和发展这一种武器和这一个独特地诗的传统。"（着重号是引者加的。——引者）[1]在他们之前，好像没有人把"传统"这个词儿用在鲁迅身上；后来很长时间，类似的用法也不多，只是偶尔有"进一步继承鲁迅杂文艺术的优秀传统"[2]等说法；到七、八十年代，"鲁迅传统"、"鲁迅文化传统"、

"鲁迅文学传统"等才成为常见的说法。

以上所举几个时期、几方面有重大影响的人所说的有代表性的话，足以证明中国20世纪文学的主流方面是珍视鲁迅传统的。至今还是如此。当代有深刻丰富的思想、有较大成就的作家、文学理论家中多数的老、中、青年还是觉得鲁迅传统"宝贵"，觉得当今社会、当今文化、当今文学仍然很需要鲁迅，感到鲁迅仍然活在他们心中，活在当代，而且走在"前面"，认为他的古代、近代文学传统与我们更切近，属于"现代化了的文学"，更值得重视和发扬。

2

现在，对"鲁迅传统"反感的，基本上或完全否定和弃置的人，还和以前一样是少数，处于劣势。但是，在要"继承和发扬"的人们中，有"遥远"感的，觉得已成"古典"并感到生疏而不亲近的、觉得不必特别视为"超级"宝物而只须当作"过去时代"的一种文学（和那个时代其他众多有成就的作家作品一样）对待的，等等，已经存在，并且占了不很小的比例。此外，有些人虽不表示否定鲁迅，却觉得不如别的某些文学更合口味。其中某些人被某些文学引入了心理畸变状态之后，逐渐不自知地离鲁迅越来越远，以至于非常冷淡了。同时，他们却像有了瘾似地热衷于鲁迅所不为的隐逸闲适文学、恬淡空灵文学、"卿卿我我，哀哀唧唧……把民族性陶醉萎靡到极点"的文学、沉溺秘闻琐屑的文学，以至热衷于鲁迅所唾弃所反对的"瞒和骗"文学、"二丑"文学、"流尸"文学、昏瞀在"△"里的文学，甚或热衷于逗弄肉欲、吹拍权贵富豪、艳羡强暴凶横的文学。人们在心理上情感上，的确发生了更多的分歧，更复杂化了。这是必须正视的事实。

在"第三者"纷纭复杂的80年代和现在，有昏瞀的也有清醒的。"回归"有先后，有各种情况，同时又有尚未"回归"和说不上是"回归"还是一直赶时髦翻筋头，或一直远离鲁迅，或一直嫌恶鲁迅的。与此相联系，对于"鲁迅文学传统"的"继承和发扬"，（一）有乐观而不重视阻力的存在的；（二）有因社会心理和文界状况的不良方面而忧虑的；（三）有"任其自然"的；（四）有压根儿没有纳入思考范围的；（五）有反对的。其中，第（一）（二）种人对于"继承和发扬鲁迅文学传统"有难度感的不同；后三种没有这种难度意识，但他们自身就是"难度"问题的一个方面。

3

心理反应、情感倾向、难度感的复杂多样和人们之间的参差、冲突，都与对"鲁迅文学传统"的不同理解联系着，都与对"继承和发扬"的不同理解联系着。

文学作品，文学家，与一般人相比，总带有某种复杂性；鲁迅和他的作品，他的文学观、创作历程和各种文学活动所呈现所蕴含的，则又特别丰富、复杂。他处在中国社会从"中世纪式"向"近现代式"转捩的过程中，处在数千年的中国传统文化发生现代巨变的当儿。作为这个时期中国社会和文化的产儿，他既在历史的联系上必然地承受传统，又必然地受近现代新物新潮的触动和冲洵。传统的良性方面，不良方面，优劣夹缠而一时难以理清的方面，他都不可能不多少有所承；他感应和选择的新物新潮，也是积极因素和消极因素相掺和着的。在同社会实际、政治风云、文化冲突相交流融会的联系中，在对古今中外文学的研究、取纳、融合的过程中，都形成和增强其丰富复杂性。生活史的曲折多变，所深味的各种痛苦、枯寂、忧愤和喜乐，心理历程的剧烈起伏回荡和多种矛盾，文化素质多方面的发展及其不平衡状况，思路、理论和观念的多源、多面、多层及多次自我超越，使得他在精神文化的几乎所有领域留下了追求、探索、抗争和革新的足迹，使得他的文学观、文学活动和作品具有异乎寻常的丰富性和复杂性。这种丰富复杂性是人们在解读中发生分歧的原因之一面。

另一方面是解读者群的复杂性。他们所处的时代、阶级阶层、社会地位和环境，他们的生活历程和经验，他们的文化素养、心理结构、文学兴趣、审美品位和倾向，等等，有种种差别。种种差别都导致解读的分歧。任何一种文学都会被解读成各种各样；鲁迅那么丰富复杂的文豪，对他的作品的解读必然更加多有分歧。

4

究竟什么是“鲁迅文学传统”？人们所感知、所认识、所概括的，有广有狭，有深有浅，有确切程度的差异——这是与客观存在的文学家鲁迅及其作品相比照而言的；人们所重视、所选择、所接受并且承而传之、发扬而光大之的，又相参差——这虽是解读者主观因素所致，但却是客观的鲁迅文学现象、底蕴、路向、特质及形成创作新形式、新技法、新风格的规律性等等得以承传和发扬光大的必要条件和必由之路。尽管人们的理解、继承和发扬都互相差异，参参差差，甚至误读错认，以偏概全，轻重倒置，真假混淆，割裂错位，以枝节摹写为继承，以方向相左而谬至千里的“理论”和作品为发扬，尽管这些现象往往令人眼花缭乱或令人心情不悦，但必须正视，必须去研究，辨别，排除谬误偏敝，杂乱里寻规律，沙砾中淘金子。在这样的过程中，经过努力也许可以逐步逼近鲁迅之真实，不断发现其新价值，逐步从解读者群中发现积极的正确的东西，从各种不同的“继承和发扬”中发现和综合出真正可贵的东西，逐步在越来越大的幅面上既取得共识，又各显神通，以使得鲁迅文学传统的继承和发扬与当今及今后文学的繁荣和发展形成相激共进的动态过程。

那些完全否定鲁迅文学传统，反对继承和发扬的暂置不论，其实那也是不值得多花笔墨反驳的，在明了鲁迅文学传统的基本内涵和价值后，自然可以明白否定和反对者们的荒谬。单从认同鲁迅文学传统、要继承和发扬却存在分歧的各种意见来看，问题常出在“摸象”式的偏弊上。丰富复杂的鲁迅文学现象和内质不仅其总体是多方面的整合，而且每个方面也多是貌似相反或不同特点的统一：

暴露和讽刺“国民劣根性”与爱“大众”、“为大众”的“大众主义”，及中国社会“病态”与爱国，人们就会各讲一点，其实鲁迅那里是整合融一的，启蒙、改造国民精神和中国病态社会就是爱国、爱大众、为大众。以歌颂工农兵为理由而舍弃“病”的“疗救”，或因民与国有病而不爱、不“为”，都和鲁迅不是一路。

爱国主义文学与“世界”（人类）性文学在鲁迅那里也是整合着的，各执一面的人们也是对鲁迅文学传统的片面性理解。

文学的鲜明社会斗争倾向，对于社会政治斗争，总是倾向于革命、进步的一面，在鲁迅那里是与他的“人”学精义、文化目的等密切联系而自然融一。爱人类、讲人道与改变现有人类的精神状态、克服缺陷相联属，因此就倾向于对于人类社会、世界现状的革命性改造。这与庸俗的政治工具实用不是一路，也与满足或听任自然人性的“人道主义”有异。

鲁迅的“写实”主义是有其“理想”的光照耀着的，他的“理想”、“浪漫”主义又是足踏在大地上的、与“执著现在”不相离的。一般地讲“写实”和悬离实人生的“浪漫”，都没有明白鲁迅文学传统的真谛。

民族特色（风格等）与融合域外新艺，往往被一些人各相孤立起来。讲文学的民族艺术风采就有意无意地排外，讲学习世界其他民族新文艺的重要，就不自知地忘了民族性文艺的发扬。呈显新的民族特色与在“拿来”域外新艺基础上的独创相得相长、整合统一才是鲁迅传统。

“鲁迅式”审美也是多方面的。具有战斗者的雄厉勇猛，也有“回眸时看小於菟”的慈爱温暖美；有严正美也有幽默美；喜宏放却并非不仔细；辛辣尖锐极明显，对闰土、祥林嫂的描写中却更多的是亲切和厚道。他阳刚美突出，却并不排斥柔和美。要消灭苏州话，那是事出有因的一时偏激的言辞；总体上的鲁迅还是能和别的多种审美相容、共存、相长的。此外，丑中见美（丑得像阿Q，在与假洋鬼子、赵秀才等的比照中却见其可爱之处）、美丑关系的深沉审度等也要注意。如果把鲁迅的尖锐凌厉激愤孤立化、极端化，或把鲁迅的“艺术美上的宽容”说无界限，连兽性“文学”也被说成发扬鲁迅文学传统者应该认可的，那就是荒谬的了。

继承和发扬鲁迅文学传统，单强调某种艺术形式，片面张扬某种趣味，也会生偏弊。鲁迅是多向度的艺术独创的大师。多种形式的创造，多种风格及其整合性，艺术趣味之强及其多向性，文体有长项而更显多样风采，这是鲁迅传统。

有些人有继承鲁迅之态，却忘记了鲁迅在文学创作过程上是厚积而发的，忘记了他艺术创造上的“韧”，忘掉了他在作品酝酿、熔铸、表达上的精益求精。例如有些杂文政治观点鲜明、批判火力猛烈，只看到一点就写、粗糙生硬，既无厚积而发的智慧光芒，更无诗味儿，那就还是离鲁迅传统甚远的。

以上各个大方面，在鲁迅那里是集于一身的，整合着的。继承和发扬者既须分别研究，又须作为整体来学习。不然，既难免“摸象”之讥，又可能走入歧途而不自知。

（原载《鲁迅研究月刊》1997年第1期，全文15000字，张梦阳摘）

一部个人话语的悲剧历史

——从《呐喊》到《彷徨》

徐　麟

一

翻开《野草》，它的第一句话“当我沉默的时候，我感到充实；我将开口，同时感到空虚”，大概会使很多读者感到一种过于贴近生命的沉重与灼热，因为谁都可能有过这种体验，感受过不得不沉默的痛苦，哪怕只在一瞬间。但鲁迅这句话的份量，却不仅在于这种瞬间体验，更在于他的充满绝望与痛苦的个人话语历程。

作为会说话的动物，人能在语言的思索与交流中，把握自己的存在。但是，人优于动物的地方，也正是人的生存困境所在。因为语言作为人类最基本的符号存在形式，同时又圈定了人类意识的存在范围。这是一个经验性的文化约定，即共同意义和表达方式的绝对非个人的普遍性。它给不同民族间的交流设置了重重障碍，也在人与人之间造成了心灵隔膜，把每个人都隔离成孤立的个体。尽管人们一直在用诉说来努力融通这层隔膜，但每个人都必须用大家都能听懂的话语来说出自己，否则，就无法获得理解和意义；更何况还有一个自己的意思能否为语言所准确传递的问题。因而生命体验的绝对个体性和语言表达形式的绝对非个体性的悖反，便构成了唯人才有的“语言生存”的基本境遇。动物不说话，也就没有欲说不能的痛苦。但人却只有通过语言才能进入社会生存，个人经验必须获得话语形式，才能被交流、理解和获得意义。然而我们常常能体验到自己的生命激情、心灵颤动，却因无法表达而只能沉默于不可言说的世界中，承受上帝的惩罚。

所以，人在说话时，并不是自由物，因为语言有其经验性边界。如果它对一个人的表达不构成任何障碍，说话者完全处于自由状态，那么几乎就能断定，他实际上说不出任何新东西，而不过在用日常话语的旧模具，冲压出一些别人早已无数次生产过的相同产品，毫无他个人经验的新印记。也就是说，新的意义只能在新的话语形式中诞生。为了说出更多的东西，人类已经创造出修辞、寓言等古老的象征形式。但是，在一种需要表达的更大丰富性和可能性面前，它们就难以单独胜任了。于是，人们便别求于文本话语的设计，用经过一定结构处理的书面话语形式，把它们展示或意指出来。这就是现代意义上的文学文体和语体产生的原因。同样，这也是当年鲁迅所以写小说的基本动因。

二

"五四"前夕，长期沉默的鲁迅终于因朋友的要求而再度启笔，重新开始了启蒙主义写作。尽管早年的经历已经使他对启蒙主义深感怀疑，但他仍把一种渺茫的希望，夹杂在对革命前驱者的遵命和自我怀疑之间，而全力着笔于解剖中国的历史和现实，挖掘民族文化心理中的痼疾与劣根，并试图寻找再造国民人格的可能性。他确信，只有在我们拒绝了"吃人"历史所给定的"将人不当人"的生存前提之后，民族的新生才会显示出可能的希望。否则，它的未来只能属于被淘汰的历史必然性，即进化论所指示的弱者命运。对于中华民族来说，这个拒绝是否可能，如何可能，是鲁迅在切身体验中思考已久的问题。但一旦他想诉诸文笔说出来，那么马上就会遇到前所未有的困难。这不只是一个小说的主题问题，更是一个言说方式和结构意向的问题。鲁迅未必不知道，这是一个险峻的选择，因为他不仅要对大众说出一个在几千年来民族生活史中从未有过的文化意图，而且还必须为此创造出新的说话方式。否则，他就无法说出任何新东西。他终于说了出来，而那是一声震撼中国历史的呐喊，就在他第一个为说话而苦心设计的小说《狂人日记》中。

这篇小说的基本奥秘在于，日记的作者是一个疯子，他的话语构成了一个非常态经验的语境。因而它能够间离读者与其现实生活和常态心理之间的必然联系，迫使他们重新审视已为自己熟视无睹的常态生活。一旦进入这种审视，读者便会被自己的眼光推向历史的对立面，使历史的被还原、怀疑和动摇，成为不可避免的意识趋势。这正是小说结构的意向所指。在这里，导致狂人疯狂的心理阻断，就成了一种文本结构力量，即一种巨大的反历史的形式破坏力量。正是它，撼动了整个民族历史的古老根基。但问题在于，鲁迅为什么要用这种方式说话？要召唤这样一种破坏性力量？其实，这种说话的方式本身已经表明，他很清楚自己所面对着的困难。

所以，在《狂人日记》的文本背后，隐藏着鲁迅深重的人文忧患。只要他想说，就必须和只能用这种方式说话，即把人从文化土壤中连根拔起，俯视整个民族的历史和人文现状，发扬火力，攻其要害。在一个没有上帝的国度里，能够挣脱道德因而能够挣脱历史枷锁的，惟有疯子。一个人只有在疯狂时，才能说出平时说不出也不敢说的真话来，这本是一出文明的荒诞剧。但因此狂人的话语才能产生"间离效应"和"还原效应"。疯狂使他的话语逸出了历史的轨道，成为一个"反历史"的话语系统。所以他能对历史给出一个"吃人"的反历史解释。小说的叙述结构凸现并放大了狂人话语与历史话语间的价值断裂，并给出了一种新的组合。在这个新的结构中，历史成了一个被狂人话语反规定的有限命题而丧失了它的绝对性，并随着它的生存论意义被还原为虚无即

“吃人”，而只能陷于被解构的境地。于是，一种“非历史”的可能性便在小说结构中被显现了出来。尽管狂人本人是以其疯狂而挣脱历史的，但在被小说结构意指出来的价值时空中，却意味着历史必然性的解体和某种可能性的解放。在阅读过程中，它首先表现为读者被推出常态生活，能停立于生活之上，重新审视生活。而他们都是正常人。

当然，这里有一个问题，即如李欧梵所说，狂人病愈后赴某地“候补”，表明他已恢复常态，“这种‘团圆结局’，事实上也就指出了另一个暗含的主题，即‘失败’”。这是小说中一个更深层的结构性隐喻，即狂人的话语及其“反历史命题”被世俗常态生活所消解，并重归历史话语系统。这不仅是狂人对自己的失败，也将是包括《狂人日记》在内的整个启蒙主义的失败。这种思考和准备在鲁迅那儿并不难理解，看一下他对中国的改革和改革者命运的深刻见解即可知道。但是这在小说中并不是一个单一意向。“序”已交待，虽然狂人因其恢复了常态而失去了光彩，但这个常态已不再是天衣无缝的“原生态”了。因为他至少已经留下了一部被他自己题名为《狂人日记》的话语文本，透露了他的全部病症、病源和病史；而“余”已准备将其发表，“供医家研究”。研究的结果如何，固难预料，但发表出来，让医家看到，毕竟是眼下惟一能切实走出的第一步。在鲁迅看来，这一行动无疑更重要，决无因前者而取消的理由。因为打破中国人对于历史和常规的崇奉与执迷，以达到对更高存在及其可能性的领悟和思索，就意味着给中国历史造成了第一个无法修补的破缺。而这正是未来“新生命”诞生惟一可能的空间所在。

三

《阿Q正传》和《狂人日记》是两篇有深厚血缘关系的小说，但二者间又隐含着一种话语的转向。单就故事性而言，《阿Q正传》应更像小说。但从序言和本文的关系看来，两者却又相反。在《狂人日记》里，“余”的语态平实而自然。但在《阿Q正传》序里，叙述者“我”却一再直抒自己的主观意图，半虚半实地强调小说的处理问题，甚至扯上了陈独秀办的《新青年》、胡适之的“考据癖”之类，语态充满了嘲讽的辛辣，像是一篇并不相干的杂文。作为小说的序言，它又像魔术师头上的一顶帽子，不免有过于显眼之嫌。就创作意图的交待来说，《狂人日记》用的还是隐喻手法，但《阿Q正传》的序就很大程度地直说了出来。至于在说到阿Q的姓名时，“我”用了一个阿Q自称姓赵而遭打的故事，则更是明显地在制造一种观摩效果。犹如一位教师，在用教鞭敲击黑板，告诉愚顽的学生：这就是阿Q！这种焦虑不安的峻急之风，并不只表现在序里，本文同样如此。小说写了阿Q的命运，但其性格并没有发展变化，叙述始终是在对他作认读式的多侧面展示。而且本文叙述的切入点，是阿Q的“精神胜利法”。在鲁迅的构想中，这是一个文化心理问题，而不是纯粹的个性问题。它分明透露了小说的构思，旨在为一种文化人格作“解剖示范”。而这正好说明了序与本文的内在关联和语言风格上的直正一致性。因为杂文手段在本文中并未被废除，而是被保留着，并掺入了故事的叙述中。人格解剖的动因，自然是来自于鲁迅的理性批判意向。它不仅指向阿Q的人格，也指向塑造这种人格并与之浑然一体的文化与历史。于是，这导致了一种最富于鲁迅个性特征的小说话语的出现。大量的讽刺手法、议论、典故和文言句式介入叙述，故事的连续性被一再中断和切割。长短不一的故事片断在各种超常规的拼接下，组合成一幅幅触目惊心的人格解剖图。鲁迅声称这是在给阿Q立传，但他使用的却不是传记式的话语，因为叙述就是解构。为此，他才“不择手段”地把通常只在杂文中以及后来的《故事新编》中才能见到的手法，全都糅进了故事叙述中。

狂人的声音是鲁迅第一个呐喊出来的声音，它就是启蒙主义的声音。但是到了《阿Q正传》这个声音遭遇到了异物的撞击，发出了一片混乱的噪音，鲁迅自己也不愿意听到。但它们嘈杂作声，喧嚣而起，几乎淹没了那声震撼东方世界的呐喊。5年之后，鲁迅仿佛不经意地谈起纪晓岚对《聊斋》的攻击，“竭力只写事状，而避击心思和密语。但有时又落了自设的陷阱”。无疑带着他自己的痛苦记忆。鲁迅当初对启蒙主义的怀疑，是对其效果的怀疑。而现在，危机又从他的话语内部发生，这恐怕是他未曾料及的。《阿Q正传》表明，鲁迅的启蒙主义遇到了双重危机。他还没来得及突出怀疑的包围，又落入了自设的陷阱，不仅启蒙主义的意义和希望都被吞噬，更使他自己陷入了无法自拔的话语绝境。这时，言说的荒谬感一定使鲁迅再次体味到彻底的孤独。他已经走到了第一个声音的边缘地带。世界的那一边，已不再是启蒙主义话语可说的世界，而这正是他作为一个启蒙者的生存边界。如果他沉默，就会丧失自己的存在，所以他必须说。但在《阿Q正传》之后，《呐喊》的主题发生了明显的分化，最后一篇《不周山》甚至走向了远古神话，而“油滑”也就是从那里开始的。显然，鲁迅的中期启蒙主义已经走到了“穷途”。照孙伏园的说法，《呐喊》以后，鲁迅似乎已不打算再写这类小说了。

四

但一年多以后，鲁迅又开始了《彷徨》的写作。促使他重新提笔的内外原因很复杂，但有一点他很清楚：他不能沉默，而宁可“彷徨于无地”。穷途的彷徨就成为“歧路”。即使不得不蹩入刺丛，无可奈何，却不妨“姑且走走”，或可开出一条新的言路。当然，如果他还想说话的话，那么首要的已不再是给读者讲故事，而是清理和说出自己。事实上，一旦给读者的故事讲不下去了，则他所能讲的也只有他自己了。其实，这对于鲁迅来说，未必不是一种解脱，至少他可以稍稍摆脱启蒙主义写作的超负荷状态，而静心凝听一下自己的心声。直到这时，我们也才真正注意到，鲁迅内心确实还有另一个声音。尽管因为它“太黑暗”，而被他打入了心灵的地狱深处，以防干扰启蒙主义写作。但它不仅存在着，而且一直挣扎着试图发出自己的声音。对于启蒙主义来说，它确乎是“噪音”源，但它不仅在《呐喊》中留下了深沉的痕迹，而且使鲁迅的心灵经受着炼狱般的苦难。在启蒙主义的穷途中，它驾着言说的冲动，向鲁迅发出了越来越强烈的召唤。在两种彼此消长的声音面前，鲁迅不能不踌躇了。他必须重新权衡自己的选择，是话语方式的选择，也是生存方式的选择。于是鲁迅在徘徊，在彷徨。

从《呐喊》的角度看来，《彷徨》的首篇《祝福》的结构极为费解。小说讲的是祥林嫂的故事，但关于叙述者“我”的叙述，却足足占了全篇的三分之一。如果把这部分去掉，余下的部分仍是一个完整的故事，而且正是“呐喊”式的故事。这就是说，小说中关于“我”的叙述，是《呐喊》中所没有的。而《祝福》的结构容量扩展了，它把言说者“我”本身的生存境遇也投入了小说结构中。如果我们把这一部分与《狂人日记》、《阿Q正传》的序言以一线贯连，那么它们就清楚地显示了鲁迅中期与启蒙主义的关系及其全部动态过程。《狂人日记》的叙述者，冷静地置身故事之外，并且尽可能表现出客观主义态度。而《阿Q正传》的叙述者，则已经很难掩饰那种不可名状的焦灼感。虽然他也在故事之外，但迫于焦虑，常常情不自禁地要用杂文手段连议带讽地侵入故事的叙述。至于到了《祝福》，则叙述者自身也无可挣脱地成了故事中的人物。而且“我”在小说中所直接面对的，恰恰是应作为启蒙对象的祥林嫂。尤为难堪的是，在《祝福》中，《狂人日记》式的结构情势完全倒转了，它的追问者已不是一位阳刚男性，更谈不上疯狂与执拗，而是一位受尽苦难的垂危女性，男性的“我”却在她的追问下狼狈逃窜。在这里，启蒙对象的生存状态，要求和愿望等等，都成了启蒙者反身自测的镜子。小说结构表明，言说者的自身人格状态及其与启蒙对象的关系，成了鲁迅关注的真正对象。在这种关注下，言说者完全丧失了人格和心理优势，而且被自己的话语二重化了。显然，言说者的话语转向，使它变为刺向自身的利刃，它造成了“我”的自我间离和整个语境的自我悖反。而它们导致的最明显的效果，就是确定性的丧失。

小说结构显示了一种近乎残酷的心灵的自我拷问。它贯穿于整个《彷徨》，成为小说话语的基本形式和动力。叙述者“我”从《祝福》中的鲁镇逃出，先后扫视了吕纬甫式的“模模糊糊”，魏连殳式的“死的反抗”，最后走向涓生“世纪末”式的忏悔与独白的过程，便清楚地展示了这一点。这种自我审视的真正可怕之处，不在于言说者的直面自己，而在于启蒙者注定最后要成为绝望的承担者，并且这个绝望就来自于启蒙主义及其言说者的人格本身。这就是中国文化的无可言说的荒谬性。而中国现代启蒙主义的最大悲剧也就在于此。

五

所以，在《阿Q正传》之后，《祝福》以其独特的结构和话语方式，向我们预告了鲁迅中期启蒙主义的终结。从这里的“说不清”，到后来的“无话可说”，已不过数步之遥，这是鲁迅一生中最艰难的几步。而鲁迅所以成为鲁迅，就在于他的直面绝望与死亡，在于他在无路可走的刺丛中，走出了一条自己的生命之路。就在写完《祝福》半年之后，鲁迅又平行地展开了《野草》的写作。《野草》发出的已完全是他内心的另一个声音。由小说走向诗，这是鲁迅以全部生命再一次面向存在的悲剧性冲刺。它用苦难的歌声伴随了涓生的逃亡，预示了鲁迅将再次改变自己的语言和人格生存方式。而在《野草》写作开始半年之后，鲁迅就宣布了中止启蒙主义。

所以，《野草·题辞》的第一句话，作为解读《野草》的一把钥匙，是来自于鲁迅对于中期启蒙主义的痛切回顾。启蒙主义曾经是鲁迅人格的支撑物，但它终于倒塌了。于是在语言的最后边界上，言说的“空虚”和沉默的“充实”把鲁迅的世界无情地撕碎和颠覆，他自己也被抛到了生与死的最后边缘。所以，这句话真正道破了鲁迅中期绝望的语言生存论内涵。当然，鲁迅说出这句话时，已经走出了绝望的峡谷。然而这部个人话语的悲剧史，不只是把对我国现代启蒙主义悲剧的沉思留给了我们，而且在我们面前真正展示了现代人的生存困境。在古典理想主义和确定性的乌托邦被荒谬性击碎以后，死亡，或者在废墟上重建生存和意义，就成为我们每一个人都必须以生命的抉择来给出回答的根本问题。

（原载《文学评论》1996年第6期，全文15000字，张梦阳摘）

论鲁迅与林语堂的幽默观

曾镇南

一

以我对20世纪中国文学的阅读和感受而论，它的总体的美学特征，似乎是沉重而悲怆的。这和产生它的社会环境，时代特征有关。只要想一想中国在20世纪走过来的历史道路是多么艰难曲折；只要想一想中国人民争取民族解放、人民民主和社会主义的革命斗争是多么英勇悲壮、可歌可泣；只要想一想中国现、当代革命的、进步的文学是怎样作为中国人民全般的解放事业的一翼而在战斗中展开，那么，对于20世纪中国文学的严肃的思想面貌和浓重的悲剧色彩也就不难理解了。

对20世纪中国文学的这一总体感受，不能不影响到我对它固有的幽默、谐趣的一面的欣赏。对鲁迅的酷爱和信赖，更使他在30年代对林语堂以提倡幽默掩盖社会矛盾，“将屠户的凶残，使大家化为一笑，收场大吉”的批评，深深地楔入我的脑识之中，形成了我对幽默的某种疑虑和偏见。我清楚地记得，鲁迅公开申明过：“我不爱‘幽默’，并且以为这是只有爱开圆桌会议的国民才闹得出来的玩意儿，在中国，却连意译也办不到”。他还说过：“‘幽默’既非国产，中国人也不是长于‘幽默’的人民，而现在又实在是难以幽默的时候。”针对林语堂创办的《论语》、《人间世》以幽默小品为统治者帮闲的恶劣倾向的发展，鲁迅曾在一封信中说：“专读《论语》或《人间世》一两年，而欲不变为废料，亦殊不可得也。”

这些看起来像是牴排幽默的痛乎言之的话，连同产生这些话的当时中国社会现实中“炸弹满空，河水漫野”的血泪斑斑的背影，一起在一代文学青年中产生了强烈的思想震撼力。无怪乎当时的新进青年作家吴组缃在接到日本朋友增田涉因编选《中国幽默文学选》而征求意见的信时，觉得很不以为然，作出了偏激而失礼的反应。

过了近半个世纪，我在北大课堂上亲自聆听了吴组缃先生对这件往事的回顾和反思。他坦然承认自己当年一律抹煞幽默是片面的，没有准确理解鲁迅关于幽默的全部看法。他还在文章里公开作自我批评，指出：“其实幽默与讽刺，往往很难区分；我对鲁迅那个警句的理解也不免简单化，随着岁月和阅历的增长，我知道看事不能从概念出发：幽默也有不同的内容，讽刺也有不同的观点，情况变化无定，笼统地看是不对的。”

吴组缃先生的诚挚的反思，也触动了我多年形成的对幽默不那么恭敬的成见。但是，到底鲁迅对幽默的全面的看法是什么呢？对此我却一直无暇探究。而这一次编选《20世纪中国幽默短篇小说精品》，却给了我一个机会来探本溯源，在弄清鲁迅的幽默观的发展变化的同时，使自己获得一个关于幽默的明白剀切的见解。——而这对于我的编选工作，可以说是起了一个决定性的推动作用和指导作用的。

二

早在1924年5、6月间，林语堂就在《晨报副刊》上撰文《征译散文并提倡“幽默”》和《幽默杂话》，第一次将英语的humour译成“幽默”并加以提倡。humour一词的含义是令人觉得有趣或可笑且又意味深长的言谈或举动。原来有人译为“酉鞅”。林语堂在文章中指出：“素来中国人富于‘诙摹’而于文学上不知道运用他及欣赏他，于是‘正经话’与‘笑话’遂截然不胫而走：正经话太正经，不正经话太无体。”因此，“我们应该提倡在高谈学理的书或大主笔的社论中不妨夹些不关紧要的玩意的话，以免生活太枯燥无聊。”在这里，林语堂是把幽默作为当时的文学创作或文章中欠缺的一种美学要素来提倡的，这是颇有积极意义的，很快就得到了鲁迅的呼应。《论幽默》一文中有些观点，是被鲁迅接受并予以发挥的。其中主要观点有二：

第一，幽默应与人类的同情心相联系。鹤见祐辅认为：“使幽默不堕于冷嘲，那最大的因子，是在纯真的同情罢……幽默不怕多，只怕同情少。以人生为儿戏，笑着过日子的，是冷嘲。深味着人生的尊贵，不失却深的人类爱的心情，而笑着的，是幽默罢。”

鲁迅对这一见解是肯定的。1933 年 10 月，他指出：“……中国向来不大有幽默。只是滑稽是有的，但这和幽默还隔着一大段，日本人曾译‘幽默’为‘有情滑稽’，所以别于单单的‘滑稽’，即为此。”鲁迅早就有“无情的冷嘲与有情的讽刺相去本不及一张纸”之说，“有情的讽刺”，其实即是幽默倾向于揭示社会实际情状中的可笑与荒谬的产物。这正是鲁迅希望幽默发展所趋的正路，而有别于林语堂关于“幽默只是一位冷静超远的旁观者”的主张的。

第二，幽默的运用，有一个严格的度。鹤见祐辅提出：“幽默是如文，如水，用得适当，可以使人生丰饶，使世界幸福，但倘一过度，便要焚屋，灭身，妨害社会的前进的。”

鲁迅对这一见解实际上也是接受的。他不反对幽默在文学创作和社会生活中的积极作用，但反对幽默的泛滥。他指出：“慨自语堂大师振兴‘幽默’以来，这名词是很通行了，但一普遍，也就伏着危机，正如军人自称佛子，高官忽挂念珠，而佛法就要涅槃一样。倘若油滑、轻薄，猥亵，都蒙‘幽默’之号，则恰如‘新戏’之入‘×世界’，必已成为‘文明戏’也无疑。”这就是说，幽默一旦泛滥逾度，势必变质为庸俗无聊。从幽默的度，鲁迅进一步阐发了讽刺艺术的度的重要性。他一则指出：“人说，讽刺和冷嘲只隔一张纸，我以为有趣和肉麻也一样。”二则指出：“讽刺小说是贵在旨微而语婉的，假如过甚其辞，就失了文艺上底价值”，“讽刺文学是不能死于自身的故意的戏笑的”。

总之，在 20 年代，鲁迅对幽默的理论主张并无反感，反而颇多同情。他不但在某种程度上与他当时的友人林语堂同声相应，而且通过翻译鹤见祐辅的《说“幽默”》，学习、研究了幽默作为文学的美学要素所具有的某些关于其自身生存的根本特征，如幽默的根柢在同情，幽默的运用有其度等等，并颇多发挥。

三

1932 年 9 月，林语堂创办并主编的《论语》出版。林语堂本人和其他一些作家，在这个刊物上发表了不少提倡、阐释“幽默”的文章，逐渐推衍为一股幽默文学思潮，在 30 年代的中国文坛产生不小的影响。鲁迅的幽默观，便在 30 年代特定的社会文化环境影响下有了新的发展变化，这一发展变化的总的趋势，是从与林语堂倡导的幽默文学思潮有某些契合之点发展到与之渐成对蹠，最后竟至完全仳离。细考这一发展变化的丰富内容，对于更深地洞悉幽默的堂奥及其发展规律，是很有必要的。

分歧主要表现在三个方面。

第一，关于幽默存在和风行的前提。

林语堂认为幽默之风，存乎一心，欲求幽默，诉诸心境。他说：“欲求幽默，必先有深远之心境，而带一点我佛慈悲的念头，然后文章火气不太盛，读者得淡然之味。”但鲁迅却认为幽默存在和风行的前提是社会环境。他指出中国没有幽默的传统，中国过去流传较多的是历史上文人的笑话轶事，还有像金圣叹临死时说的那种以自我解嘲的方式来掩盖刽子手凶残的话语，而这样的东西和幽默是并无什么瓜葛的。更何况，当时黑暗的社会现实和尖锐的社会矛盾也使人们无意去讲什么幽默。针对有人攻击鲁迅坐着有版税可抽，而一年之中，竟“只闻其骚音怨音以及刻薄刁毒之音”，鲁迅反击说：“有版税的尚且如此，还能希望那些炸弹满空，河水漫野之处的人们来说‘幽默’么？恐怕连‘骚音怨音’也不会有，‘盛世元音’自然更其谈不到。”鲁迅从社会环境去分析幽默之存亡的见解，体现了他一贯的直面现实的战斗精神，从根本上触及了林语堂的幽默论的虚妄之点。求幽默于心境，而欲求心境的平和冲淡，便只好闭目塞听，从哀鸿遍野，饿殍陈路的悲惨现实中逃出，“从血泊中寻出闲适来”。这样的闲话幽默，只能成为替反动统治阶级“帮闲”的一种手段。

第二，关于幽默的泛滥和恶性发展的结果。

30年代，由于《论语》的影响，出现了一批以登载幽默文字为主的杂志，如《谈风》、《中庸》、《聊斋》等。当时的情况真是“东也是幽默，西也是幽默，大有风行之概。文坛上刮起一股不大不小的林氏“幽默风”。但这幽默风的流行，却导致幽默的变质和死亡。正如鲁迅指出的：“然而轰的一声，天下无不幽默和小品，幽默那有这许多，于是幽默就是滑稽，滑稽就是说笑话，说笑话就是讽刺，讽刺就是漫骂。油腔滑调，幽默也；‘天朗气清’，小品也；看郑板桥《道清》一遍，谈幽默十天，买袁中郎尺牍半本，作小品一卷。”结果只能是：“手拿黑漆皮灯笼，彼此都莫名其妙。总之，一个名词归化中国，不久就弄成一团糟。”幽默这个名目，自也难逃此厄运。

第三，关于幽默与讽刺的联系、界限与转化。

林语堂虽然承认幽默与讽刺在审美功用上有联系，却严幽默与讽刺之辨，竭力排除讽刺于幽默之外，不愿看到幽默向讽刺转化。他说：“其实幽默与讽刺极近，却不以讽刺为目的。讽刺每趋于酸腐，去其酸辣，而后达到冲淡心境，便成幽默。”又说：“愈是空泛的笼统的社会讽刺及人生讽刺，其情调愈深远，而愈近于幽默本色。”在林语堂看来，虽然幽默可能具有讽刺社会和人生的作用，但为葆其纯粹，却不能以讽刺为目的，即万不能倾向于讽刺；而社会讽刺及人生讽刺，则只有避开切实具体的讽刺对象，趋于空泛笼统，使其情调深远，才有望近于幽默。总之，他既不乐意看到幽默倾向于讽刺，又希望讽刺空泛化并复归于幽默。其对讽刺的憎嫌之态，跃然纸上。

而鲁迅与林语堂的看法正相反，他是乐于见到幽默倾向于讽刺的。在鲁迅看来，幽默通常是对可笑事物某种特点的诙谐的揭示，往往含有讽刺的成分。在难以幽默的社会环境中，幽默不可能有恒定的形态，一定会发生变迁、分化。“于是虽幽默也就免不了改变样子了，非倾于对社会的讽刺，即堕入传统的‘说笑话’和讨便宜。”

从以上三个方面的分歧看，鲁迅反对林语堂的幽默观，是切中要害的。他的声音一出，林氏幽默风顿时减色失势，幽默泛滥的局面也很快得到澄清。一时间批评和反对幽默又成潮流。

但鲁迅对此有清醒的认识。他反对幽默的泛滥，但并不反对作为美学风格的幽默本身，而且，他借骂幽默以名世的做法和简单化倾向，也非常反感。他指出：“有些人既有以此起家之势，势必有想反此以名世之人，于是轰然一声，天下又无不骂幽默和小品。其实，则趁队起哄之士，今年也和去年一样，数不在少的。”他还幽默地写道：“去年是‘幽默’大走鸿运的时候，《论语》以外，也是开口幽默，闭口幽默，这人是幽默家，那人是幽默家。不料今年就大塌其台，这不对，那又不对，一切罪恶，全归幽默，甚至于比之文场的丑脚。骂幽默竟好像洗澡，只要来一下，自己就会干净似的人。”

总之，对鲁迅的幽默观在30年代的发展变化及其丰富内容，不能作简单化的理解，要作具体的分析。吴组缃先生在回顾鲁迅对自己的批评时，曾经很诚恳地体察自省自己简单化、概念化的一味反对幽默的观点，与鲁迅的全面周延的见解，其实是不同的。他认为鲁迅之论幽默，“要紧的是依据时代社会的特点，就事物的复杂性及其可能的发展变化，作了实事求是的具体分析。他绝不一概而论，认为所谓‘幽默’、‘讽刺’等等都是互不相干、截然异趣的。另外，对林语堂倡导的一套，开始也还有所许肯，给予了支持；他出而批评反对，是恶性发展以后的事。”

这番评述，应当说才是确切公允之论。

四

弄清楚了鲁迅对于幽默问题的全面而具体的见解之后，对于他在30年代帮助日本增田涉选编《世界幽默全集》中的中国部分一事，就很好理解了。从这件中日文学交流史上的佳话中，我觉得很可以见出鲁迅幽默见解的宽阔和精当。这对于我这次编选《20世纪中国幽默短篇精品》有直接的启发。

总之，鲁迅心目中的幽默作家或幽默作品，大抵是含了讽刺的锋芒和滑稽的风格，能聊博一笑，但又“不是简单的只招人笑。一读自然往往会笑，不过笑后总还剩下些什么，——就是问题”。幽默作品所引发的笑，不是可以一笑就了的。

也正因为这样，鲁迅所推崇的幽默作品，在艺术上要求是较高的。他对增田涉说：“迄今为日本所介绍的中国文章，大抵是较轻松易懂的东西；坚实而有趣的作品，如陶潜的《闲情赋》之类，一点也没有译。”这里，鲁迅对幽默作品提出了“坚实而有趣”的要求，这也可以视为对幽默文学作品中的精品的一个具体而适当的要求吧。

（原载《文艺理论与批评》199年第5期，全文15000字，张梦阳摘）

新书评介

《中国近现代通俗作家评传》

范伯群　主编

南京出版社郑重推出一套范伯群主编的《中国近现代通俗作家评传》丛书。它一方面显示了范伯群教授所挂帅的课题组十余年来攻坚不辍的可贵成果，另一方面可能预示着一个通俗文学研究的黄金时期即将到来。新时期现当代文学研究，在一定意义上可以说是一种“重写文学史”的工作。中国现代文学30年，由一部革命文学史、无产阶级文学史，被改写成一部启蒙文学史、“改造民族灵魂”的文学史。然而，正像有人不无戏谑地说其为“翻烙饼”一样，这种改写的意义主要表现在原有系统内部中心子系统与边缘子系统的“位移”。整个系统的“法人地位”并未动摇，所争不过是对“五四”遗产的嫡亲继承权与阐释权。所有重新发掘和大肆夸张渲染的文学史实，都在“当代性”的点金术下变成一种功利性极强的“力证”。于是出现了钱钟书神话、沈从文神话、丁玲神话……。这样的文学史，尽管自有其时代价值，但与人们经常提及的“20世纪”概念却相去甚远，因为它仍然仅仅是一部“新文学”史。

在“20世纪中国文学”这座缓缓漂移的冰山上，新文学尽管灿烂耀眼，但它所占毕竟只是冰山的尖顶。撇开通俗文学，现代文学至少是不完整的，是偏颇的。如果从20世纪中国文学发展的实情来考察，本人斗胆发一句狂言：通俗化是20世纪中国文学的主旋律。范伯群教授很早就敏锐地意识到这一点，他一直以一种朴拙的态度坚持为通俗文学争得一席之地，终于，像他在这套丛书总序中所言：“近现代文学史研究者正形成一种共识，应该将近现代通俗文学摄入我们的研究视野，纯文学和通俗文学是文学的双翼。今后撰写的文学史应是双翼齐飞的文学史。”

从已经面世的第一辑十二册中可以看到，这套丛书中贯穿范伯群的“双翼观”。十二册共集四十六位通俗作家的评传及其代表作，在每篇评传中，作者都自觉以新文学为参照系，力求写出传主与新文学的对立、区别以及千丝万缕的联系。如“挑开宫闱绘彩色的画师”的张恂子，其创作心态既不同于新文学作家的为人生、为艺术，也不同于袁寒云等通俗作家的“有闲”和“玩”，而是很简单的出于不安定生活所迫的“为钱”。

应该说，“双翼观”在理论上是自成一家的，它为当前的通俗文学研究确定了一个可进可退的稳妥视角，以一种不卑不亢的姿态默默地构筑自己的主阵地。以“双翼观”为指导思想推出的这套丛书因此而显得份量足、气度雅、前景大。各评传均不局限于泛泛的评介，而是尽力抓住传主的最大特征，纵深开掘，锚定其在通俗小说谱系中的坐标点，努力于风格化、个性化。史料的运用既专且博，使人感到“田野操作”般的艰辛与扎实。这样，在站稳自身脚跟的基础上适当与新文学进行对比评说，便有理有据有节，体现出成熟而自信的学术风范。

但是，倘若再深思考一步，不惮于偏离“稳妥”和“成熟”，那么，“双翼观”还是颇有值得推敲之处的。

“双翼观”的进步性在于，“过去将近现代文学史上的通俗文学的重要流源——鸳鸯蝴蝶——《礼拜六》派视为一股逆流，是‘左’的思想在文学史研究中的一种表现”。如今不但为鸳蝴派平反昭雪，而且能使之与堂堂五四新文学望衡对宇。也许这就令“双翼观”自身感到一种满足。可是，纯文学与通俗文学难道真是“左膀+右臂”的双翼关系吗？与其说文学是在“双翼齐飞”中航进，例如不改“双翼”为“双腿”，左右腿轮番前引与支撑，才使文学得以前行。这并非是个比喻贴切度的问题，而是关涉到通俗文学的整体观念。“双翼观”在策略上是稳健的，在学理上却缺乏自己这一“翼”的独门套路。这套丛书在为各通俗作家作传时，实际上采用的文学标准仍然是新文学那一“翼”的。与新文学观念或技巧相近、相似的，评价便高些，反之则低。这种惟新文学马首是瞻的心态，或许是现阶段还很难超越的，况且大家都是从新文学研究营垒中来的，似应该意识到其中的逻辑误区。到了现代，雅与俗的分野已经不是同一文学金字塔体制中的，而是不同的美学风格意义上的。新文学与通俗文学之别，实际上已是新旧之别、中西之别、传统与现代之别，各有各的刀尺圭臬，不能在学术上进行“跨元判断”。否则，若以通俗文学的美学标准衡量，新文学的价值岂不要大打折扣？所以，“双翼观”理论尚需进一步斟酌完善。新文学研究可以根本无视通俗文学之存在，那么通俗文学研究为何一定要跟新文学排什么转折亲呢？正是由于对通俗文学根本价值缺乏坚信，所以该丛书的作者群大谈通俗文学的社会学价值、民俗学价值、文化学价值，以致谈到经济学、地域史、租界史等角度，惟独谈到文学艺术本身的“含金量”时含糊其词。这恐怕是大力反“左”之后对“左”仍心有余悸也未可知。其实，作品的艺术价值与文类是无关的。通俗文学有大量的粗制滥造及诲淫诲盗之作，新文学、纯文学又何尝没有？“严肃文学”未必“严肃”，纯文学往往十分“不纯。”

谈到通俗文学与新文学的关系，文学史告诉我们，事实很复杂，在更多的情况下，不是纯文学带动俗文学，而是俗文学带动纯文学发展的。即以20世纪而言，五四新文学的最大特色固然是域外因素，但其情节模式和故事母题往往就来自于鸳鸯蝴蝶派。

所以，不研究、不强调通俗文学的艺术价值，就无以深入研讨整个20世纪中国文学的价值，最后也必然危及通俗文学研究自身存在的合理性。

以上的借题发挥，完全是由于这套评传丛书以其丰厚充实给本文提供了一个较高的出发点。实际上，“双翼观”如果能够真的成为当今学界的共识，我们就已该焚香谢天了。傲慢与偏见，从来是学术界的不治之症。从这个角度看，范伯群教授等不但值得尊敬，也是值得佩服的。据说他们跑遍了京津沪、苏鲁浙等地的图书馆，光目录卡就做了上万张，真是下了“千淘万漉”的功夫，但是用严格的不恭维的态度说，还不能认为已经做到了“吹尽狂沙”。

丛书的选、编、校、点，都颇见功力。也许是材料搜罗困难所致，各评传的篇幅相差略大，长者数万字，短者仅数千，有的评多传少。至于评传的精彩程度，除范伯群教授等宝刀娴熟外，陈子平、刘祥安等少年老成，微言谈中，亦鞭辟入里。相信在即将到来的通俗文学研究的兴盛时期，他们能够更上层楼，吹尽恒河沙，淘出足赤金。

（孔庆东《评〈中国近现代通俗作家评传〉》，原载《中国现代文学研究丛刊》1996年第1期）

《中国抗战时期沦陷区文学史》

徐迺翔　黄万华　著

徐迺翔与黄万华的新著《中国抗战时期沦陷区文学史》，是一部用实事求是的态度和史学家的眼光，比较科学地全面系统而扎实地阐述中国抗战时期沦陷区文学发展的洋洋五十多万言的著作，也是充分吸取了以往中国抗战时期沦陷区文学研究成果而又有所拓展的集大成式的著作，同时又校正了研究中诸多失误，为今后进一步研究提供了坚实的基础。因而，它的问世可以看做是“沦陷区”文学研究初创阶段基本结束，而开始进入深入阶段的一个重要标志。

在谈论徐、黄这部新著时，我首先想到的，是两位作者在填补中国现代文学史研究领域空白的不怕艰难的敬业和创业精神。人们常说沦陷区文学研究有三难：一是对沦陷区文学及其作家作出恰如其分的评价难。对沦陷区文学与作家，无论是在抗战胜利后的解放区还是国统区，无论是在解放后的中国大陆还是光复后的中国台湾，40年来普遍的一贯的传统称呼是“汉奸文学”和“汉奸文人”。在这种情况下要对沦陷区文学及其作家作出恰如其分的评价绝非容易的事。二是沦陷区文学史料的挖掘搜集难。沦陷区的报刊、杂志和书籍，当时就刊印得少，图书馆收藏不多，散存在个人手中的历经各次政治运动早已销毁或不知去向。沦陷区到底都出版过哪些文学书籍、杂志和报纸副刊没有目录索引，甚至连《（1933—1941）全国中文期刊总目》这样的工具书，对沦陷区期刊也因都看做“日伪”、“反动期刊”而拒收。这是名符其实的“空白”，一切都是从头做起。三是向沦陷区文学当事人了解有关情况难。沦陷区在日寇的残酷统治下言论极不自由，对日伪统治不满的作家在公开的文字里有时就不得不曲折地隐晦地表达他们心里要说的话，这就形成了沦陷区文学中有许多问题单凭当时留下来的文字史料是不易弄清楚的，需向当事的原沦陷区作家作调查。但这些沦陷区作家大多在抗战后被看做是“汉奸文人”在文坛上消失，寻找他们也颇不易。这三难，据我所知，确实曾使许多有心于填补空白者却步，徐、黄二位知难而进的精神就愈加令人钦佩。而他们决心啃这块“硬石头”时，并不在意研究成果是否能早日问世，不图虚名而求务实，不计个人得失而唯求填补学术空白，不追求有无惊人的发现而执意老老实实把沦陷区文学的基本情况弄清楚，这样一干就是十年，方才慎重而负责地推出自己的新著：他们这种严谨的科学态度是能够给人以如何做人、治学的启迪的。

徐、黄新著突出的特色是实事求是。作者在掌握大量史料的基础上“较多地侧重史料和事实的辨认、梳理、提炼、升华和阐释”（《前言》），从事实出发，引出结论。以扎实的事实，令人信服的结论，肯定了沦陷区文学的主流，批驳那种想当然的沦陷区文学多是汉奸文人的汉奸文学的讹谬。在探索沦陷区作家的心理状态时，新著特别注意到了作家思想、心态往往是复杂的、多变的、矛盾的这一常见现象，注意到了沦陷区特殊的环境对作家的心理矛盾所起的强化作用，真正深入到有关作家的内心世界，洞察到其中的方方面面及其相互制约、影响的关系，作出明确而清楚的阐述。在有关文学现象的评述中，新著特别注意从当时文坛的具体环境和有关作家的思想实际，去探索与某一文学现象有直接关系的文字背后的潜台词，从而发掘出相应文学现象表层覆盖下的问题的实质，这在评述文坛讨论与争论的问题时作的尤为出色。比如，关于东北沦陷区文坛上“写印主义”与“乡土文学”的论争，著者认为“写印主义”与“乡土文学”的口号虽异，目的却是一致的，在强调文学的“生命的燃烧”或“热和力”上也是相通的，主要的分歧是一方强调“描写真实”、“暴露真实”，而两派对写什么则不作强调，之所以引起论争，双方都有着对对方口号真实用意没看透的原因，也“夹杂有宗派心理和小集团立场”。显然，这一评述是更为符合实际的。

徐、黄新著另一大特色是具有丰富的史料性。作者说，他们在研究与编写抗战时期沦陷区文学中，几年来都在“一点一滴地搜寻资料”，包括“图书馆”和“不少散见于私人手头的书刊资料，还访问了不少在世的原沦陷区作家”（《后记》）。他们在搜集史料上所下的功夫之大是罕见的。他们查阅了多少书刊资料与作家作品还不得而知，但就写进书中的作品集、文学性杂志与报纸副刊、作家（200多位）、文学组织与文化社团、文坛及与文坛有关的社会大事等等的数量，在迄今为止的有关中国抗战时期沦陷区文学的史著中，无疑都是最多的，而且所提到的文坛与文坛相关的社会大事都有确切的时间地点和内容，作品集与报刊都有具体的出刊时间、地点，并大多有内容介绍和评价。这些作者还十分注意对史料的辨别与核实，“以避免新的疏漏”（《后记》），凡有疑问的材料宁肯弃而不用，比如对作家徐长吉在北平左联工作中的遭遇与表现，因有关人的回忆不一而不予引述。这种态度就使新著中的史料具有较大的可信性。两位作者还发掘了许多不易觅得和容易被人忽视而又较为重要的史料。比如华北沦陷区诗人刘荣思的创作，及谷斯范的《上海风云录》。

在作家的筛选与文学现象的取舍上也显示作者史学家的眼光与功力。大体说来，与已出版专著相比，本书作者态度更为严肃与持重谨慎。如将一些反映着沦陷区文学发展中的重要问题与动向的讨论，新著全都予以评述。

当然，作为比较全面的论述中国抗战时期沦陷区文学发展史的初创式著作，不足自然难免。如对以广州为中心的华南沦陷区的文学，几乎无一论述即是一个遗憾。至于是否应加入日侨文学和翻译文学与台湾文学的论述，也是可以讨论的问题。新著在对沦陷地区的称谓上，解放前的称呼与现在的称呼混用，造成了书中章节标题及内涵的混乱。新著中也有校改粗心造成的失误，此外第二章关于沦陷区作家心态和沦陷区文学的基本特征，分量上还显得单薄，思路上还欠开阔，有些提法还该再斟酌。

（封世辉《读〈中国抗战时期沦陷区文学史〉》，原载《中国现代文学研究丛刊》1996年第1期）

《中国现代比较戏剧史》

田本相　主编

中国现代戏剧研究，同中国现代文艺史研究的其它领域一样，今天正面临着一个如何跨入新世纪的问题。就此而言，田本相主编的《中国现代比较戏剧史》（文化艺术出版社1993年出版，以下简称《比较戏剧史》）在90年代的面世无疑是文艺研究界的实绩。我想从“跨世纪”的角度，谈谈自己对于这部书以及对于中国现代戏剧研究未来走向问题的几点粗浅体会。

在《比较戏剧史》所遵奉的突破模式中，最重要的因素就是研究视点的变化。这一点用这部书主编者的话来说，就是他们不运用一种孤立或大体孤立的观点去审视中国话剧的历史，而是把它放到中外戏剧的相互交流与联系当中去考察和研究。对于中国来说，话剧是舶来品。从研究对象的这种规定性来说，任何一部中国话剧史，都不可避免地会涉及到外国戏剧对于中国话剧的历史影响问题，但是迄今为止，却只有《比较戏剧史》一部著作将这一点当作了贯穿全局谋篇立论的着眼点。我们比较一下《中国现代戏剧史稿》（陈白尘、董健主编，下称《史稿》）和《比较戏剧史》即可发现，同是研究中国话剧史，但两者在章节的设置、史料的提供和论述的重点上却绝不雷同。这充分说明一种着眼点的变化，使《比较戏剧史》成为了中国话剧史研究中不可替代的“这一个”。事实证明，这种研究视点的不同，——是否以中外戏剧相互影响的角度看取中国话剧历史发展——势必导致某些研究视域和结论的不同。就第一个方面来说，其差异是非常明显的。因为在现有的四部中国话剧史当中，除《比较戏剧史》外，任何一部话剧史都不会拿出那么多的篇幅去专门讨论小剧场运动、外国戏剧理论及其创作的译介、改译剧和外国戏剧对中国话剧的影响等问题。但这种视域的变化不可避免地要导致出某些研究结论的不同或不尽相同，对于事情的这一方面，人们却很可能有所忽视。对此，我想以文明戏的研究为例做一些分析。对于文明戏，“五四”以后的学术界一直为一种思维定势所支配，即主要是把它当作一种中国话剧的歧途来看待。《史稿》在新时期文明戏研究所取得的新进展的基础上，对此，有所反拨，但由于它的主旨在于充分展示中国话剧的成就和为重要作家作品进行思想与艺术上的定位，因此没有也不大可能对早期话剧进行更为深入的研究。这就给后来的《比较戏剧史》留下了一个较大的研究空间。

由于《比较戏剧史》在很大程度上是把文明戏视为中国人在理解和吸纳异质戏文化因素过程中难以逾越的一个必然阶段，因此，它的作者也就具备了更为公允的心态去客观地评价中国早期话剧在整个中国话剧史中的地位和意义。这样一来，作者看到的就绝不仅仅是早期话剧由崛起走向衰落的历史，而且同时也是中国人在外来影响和古老传统双重制约下曲折而艰难地接近话剧真谛的历史。正是从这样一种指导思想出发，《比较戏剧史》令人信服地为我们描述了中国早期话剧被学术界忽略的种种嬗变：人情因素对于高台教化的冲击、对话体制的确立以及随之而来的新型结构意识和类型意识的萌发。如果从上述角度看问题，我们就不会把五四时期的戏剧运动理解为一种横空出世骤然而降的文化现象，我们就会在它对于文明戏的激烈否定中发现这种否定同时也是对某些新因素的解放。于是，文明戏运动对于中国话剧史就不再是一种类似“序曲”式的存在，而是后者本体当中的一个不可分割的组成部分，是 20 世纪话剧史当中的名副其实的第一个阶段。

中国现代戏剧研究和戏剧学研究近年来出现的一种总体上的趋向——主体性的加强。在这一点上，《比较戏剧史》同样可以给人重要的启发。就治史而言，这种主体性显得尤为重要，因为它首先意味着研究者在驾驭史料方面的能动性。史料愈是丰富，这种能力愈见可贵。《比较戏剧史》提供的史料是丰赡的，但并不散漫芜杂，其中一个重要原因就在于它有一个纵贯全书的构架，它强调的是中国现代戏剧对于外来影响的接受、消化和创造。可以这样说，《比较戏剧史》的所有章节，尽管它们阐释的重点各有不同，但它们都是围绕着上述那种最基本的思想线索而展开的。这使《比较戏剧史》成为一部影响——接受的历史。在跨文化传播的研究中，人们对于影响与接受的关系、接受与创造的关系已经有所认识，但真正赋予这种理论认识以一种“史”的形体，在我国的比较文学界、现代文学界和戏剧学界，《比较戏剧史》似乎还是一个首例。

这一点无疑提高了这部史著的理论品位，作为全书的思想结晶，《比较戏剧史》的绪论部分具有重要的理论价值。作者从接受美学的基本原理出发，表达了自己对于接受主体问题的深入思考。他将接受主体进一步区分为“民族主体”、“历史主体”和“审美个性主体”三种层面。尽管我个人觉得这种区分本身似乎还存在某些可以商榷之处，但是应当承认，作者在这里实际提出了应当从文化传统、社会现实、创作与欣赏三种角度去把握接受主体的问题。

从对研究者主体性的重视到对接受主体创造性转化的强调，沿着这条线索，《比较戏剧史》的探讨必然要指向话剧的民族化问题，“奥尼尔在中国”、“现代派戏剧的嬗变及衰微”、“契诃夫在中国”和“果戈理在中国”等都是这方面富有光彩的重要章节，它紧紧抓住了民族化问题这个纲，而将同一外国戏剧思潮流派或同一位外国剧作家影响下的中国话剧史材料放在一起编排整理，纵览横观，进行整体性审视和研究，不仅是找出了中外戏剧的同异之处，而且也揭示了话剧民族化的历程、规律和成就，从而使全书上升到一个新的理论层次。

（张　健《中国现代戏剧研究：走向新世纪——读田本相主编〈中国现代比较戏剧史〉》，原载《中国现代文学研究丛刊》1996年第2期）

《中国文学现代化的转型》

汤哲声　著

汤哲声所著的《中国文学现代化的转型》一书是国家教委博士点基金项目《中国现代文学主潮》附编部分。不过，附编不副，它有其无可置疑的独特价值。对1897—1916年的文学研究是一个薄弱环节，某种程度上甚至是一个空白环节。造成这种状况的原因在于此前与此后是古典与现代两种性质截然不同的文学，而处于两种文学之间的这一段则相对黯然，缺乏独特性质。在中国古代文学中，它是辉煌之后的“尾声”，而在中国现代文学中，它只是呼唤文学新世纪出现的一声微弱的嘶喊。人们认为，从这一阶段文学的衰败表明中国文学必须改弦易辙，实现新生，彻底抛却旧有传统，重创一个现代化的文学格局。而现代文学之所以可能产生，不是接续了原有的脐带，而是彻底地剪断与传统的联系，而成为“世界进步文学在中国新拓的一个支流”。但20世纪的晚钟响起时，中国现代文学研究不能在三十年的历史中自足，它应当走向开放，在多元多因果的网状关系中确认自身，向下它打通了现当代文学，向上也应该打通近现代文学，将多种因素而人为割断的历史焊接起来。目前已有一些学者在做着这种工作，汤哲声在这方面专门化的思考不啻是一个突破性的进展，他试图透过世纪之交的黑暗，寻释中国文学演进中的草蛇灰线，重新复活被人们掩埋了许久的那一节生动的文学变迁史。这是个非常有价值的选题。

汤哲声令人信服地揭示了中国现代文学的发生过程，阐述了中国文学由古典向现代演进的精神历史。众所周知，抓住了近代中国的独特文化结构，中国文学现代化中的好多现象便迎刃而解了。例如技术理性认识破产后，从大的方面说，中国人确实经历了制度理性与精神理性相承继的两个认识阶段，但这两个阶段在知识分子头脑中是同时存在的，他们并不是单纯作为改良派或革命派出现在中国历史上，改良或革命都是源于保国保种的思维定势的启蒙与救亡的深刻矛盾的结果。梁启超固然相权之下首选救亡，提出了尊皇保国之策，孙中山不也提出“军政”之后，需要通过一个“训政”的时期，才能进入“宪政”时期吗？再如中国文学为什么由文言变为白话，为什么小说成为文学之最上乘？为什么选择了“人的文学”这个西方16世纪的文学主题作为中国现代文学的旗帜？这些问题不正是受制于中国近现代的文化要求自身吗？不废文言就无法启蒙大众，而不用白话也难以表达现代意识，所以中国现代文学首先选择的是白话文学，至于文学白话的命题反倒被某种程度上忽略了。小说成为文学之最上乘，正如白话一样，因为它是承载启蒙精神的最佳工具。选择“人的文学”作为旗帜，是因为需要唤醒大众，使之实现人的自觉。选择这个口号，不仅仅与西方文学思潮发展不同步，也与西方 16 世纪同样的口号的实际意义相去甚远。西方是针对中世纪基督教神权而提出人权，但中国并不存在神权的统治，相反，儒教“不信怪力乱神”，中国的现实问题是皇权专制下的奴隶人格，是“存天理，灭人欲”的非自然状态的人性，所以，看似引入了欧洲文学的口号，却通过误读而同化入中国新文学中，它表明，中国新文学是中西视界的一种新溶合，是中国文学精神在外力影响下的自身的嬗变。

抓住启蒙与救亡这个命题，就找到了近现代文学共同的精神特质，揭示了这两个时期的不可分割的精神联系，而不同时期的嬗变过程却需要通过对这个命题的不同认识反映出来。汤文指出了前后两代知识分子的不同价值指向：前一代知识分子更看重“国家”的权威，而后一代则跳出国家观念的拘囿，具有一种世界性的眼光。这是一种独特的观察问题的角度。人们一般总爱在“制度理性思考失败促人认识医治国民性的重要”这样的线性因果关系中看问题，但实际上正如前述，康梁时代知识分子就已经认识到了开启民智的重要性，新一代知识分子之所以较彻底地论叙启蒙的重要性，是因为他们拥有世界性眼光。他们抹平了国家和民族的界限，追求的是使“沙聚之邦”转为人国的“平等人权之新信仰”。他们不是把人当作“国民”来看待，而是当作人来看待。有了这个文学精神递嬗演进的总纲，诸如翻译观、文学观，以及文体、语体、小说、诗歌、戏剧等的演进也就纲举目张了。本书的研究方法与其观点的可信性有着直接关系。阅读此书，常常为作者不由散见于书中的妙论而击节。中国近代文学研究总的看来是总结性文字远胜于具体的分析，许多结论都是由古代文学的总结下推或者由新文学的优秀品质上推而得出的，陈陈相因，几成定论。要自出机杼，而又不致于说梦，就不能止于成见。作者将原有的评论悬置起来，尽量不受其干扰而直接接触了大量从“戊戌”到“五四”的第一手的资料，如梁启超、严复等人的著作，当年的报刊、杂志等，让现象直接与当代人对话，通过这些现象的批阅、整理、总结而受到启发，得到独特的发现。反过来为了阐述自己独特的发现，他又以当年的许多例子作为佐证不做浮华之语，为文严谨扎实。例如对“翻译观”的探讨。他发现近代翻译大致有这样时间上略有先后的几类：(1)“入我门来”的翻译观。(2)“宣教启蒙”的翻译观。(3)“中西优劣”的翻译观。(4)“真心地模仿”的翻译观。这样细致的分类在翻译领域或许他是第一个。正是通过这些细致的分类，作者清晰地理出了中国人在翻译外来东西时心态的变化，并由此说明国人的文化心态是怎样由自高自大、自满自足的封闭状态转向现代型的开放状态的。对于每一个转化环节，他都用有力的原始材料加以佐证。

近代文学转型是跨越古今的桥梁工程，艰巨与复杂呼唤研究者不懈努力。汤著筚路蓝缕，功不可没，但也正因为作为一个先行者，文中有关文体似乎还没有充分地展开，给人骨多于肉的感觉，像一幅素描，或者说是一份较细的提纲，再者，仅仅拈出“自由”、“国家”、“世界”、“国民性”几个概念来概括近代文学思潮的面貌，虽然提纲挈领，主线分明，抓住了最主要的方面，却遗失了许多对理解近代文学思潮仍很重要的方面。当然，这些美中不足之处都是在研究的开端难以避免的，随着研究的不断深入，抽象中的更丰富的具体必然会渐次展开。

（杨新敏《跨越古今文学的桥梁工程——评汤

哲声著〈中国文学现代化的转型〉》，原载《中国现代文学研究丛刊》1997年第2期）

《中国现代文学研究方法论与实践》

庄钟庆　著

进入90年代以来，历经七十余年风雨坎坷的中国现代文学研究，终于面临着世纪之交的一次重大选择。这一硕果累累却又困境重重的学科如何以全新的理论姿态和学术品格来迎接21世纪的挑战，成了整个中国现代文学研究界关注的焦点。无论是对观念意识更新的强调，还是对研究方法改进的推崇，或者对研究领域拓展的期待，都无不清楚地预示着中国现代文学研究的新的生机。在中国现代文学研究这一领域耕耘了四十余年的庄钟庆教授，是一位著述丰多、学风严谨的学者，继《茅盾的创作历程》和《茅盾史实发微》等著作之后所出版的新著《中国现代文学研究方法论与实践》一书，不仅是他多年来研究成果的精华荟萃，同时也是他长期以来对中国现代文学研究方法论问题潜心探索的思想结晶。本书由“理论篇：观念与方法”和“实践篇：阐发与解读”两个部分组成，前者是作者对中国现代文学研究的总体性阐释，后者收有作者有关鲁迅、茅盾等作家研究的单篇论文十八篇。尽管本书所收文章撰写的时间跨度很大，内容涉及的领域较宽，但如果从中国现代文学学科建设的角度来看，本书在探索中国现代文学研究方法论的科学品格方面所表现出来的高度统一性和稳健的求实作风，对于世纪之交的中国现代文学研究来说，无疑具有深刻的启发，包括作为前提而存在并指导这一工具运用的思想观念，由于这一思想前提直接决定着工具使用的有效性，所以，在中国现代文学研究的方法论建构中首先确立马克思主义科学世界观的指导性地位便成了其研究方法是否具有科学性的关键。基于这种观点，庄钟庆首先强调指出：“中国现代文学研究方法论，指的是在马克思主义科学世界观的指导下，将马克思主义文艺学方法论一般原理与中国现代文学的具体实际相结合所形成的理论规范”。

为了更好地确立中国现代文学研究方法论的科学品格，庄钟庆在本书中进一步从中国现代文学研究作为历史科学与文学科学之结合的思路出发，紧紧抓住中国现代文学研究的学科属性这一核心环节，对这一学科的方法论特征，作了合理的阐释。庄钟庆认为，中国现代文学研究趋于成熟的一个重要表现，就是在方法论上明确了它作为历史学科和文学学科相结合的交叉学科的理论学术品格，故而庄钟庆的方法论探索以及通过这种探索把中国现代文学研究的科学性品格落实到具体的学科规定这一基础之上的努力，就具有了不可轻视的重要意义。那么，什么是中国现代文学研究的学科规定呢？庄钟庆认为，中国现代文学研究的方法论规定包含着两个不同层面的相关环节，其一是在思想观念层面上如何解决历史性和当代性的关系问题，其二是在方法论的层面上如何解决现代文学研究的一般与特殊的关系问题。就第一个环节而言，庄钟庆反复强调了中国现代文学研究应该既要重视史料与观点的历史真实性，同时又要注意“结合当代文坛的实际来开展研究，对各种文学现象给予新的阐发”。我们知道，在现代文学的研究领域中，存在着一种将研究的历史性与当代性割裂开来并对立起来的趋向。针对这一错误，庄指出，科学的中国现代文学研究方法论就应该是既看到历史的阶段性，从而根据中国现代文学得以产生和发展的客观实际来把握其不以当代人的主观意志为转移的历史规定性，同时也要看到历史发展的连续性，由于“当代文学是直接从现代文学发展过来的，两者有着不可分离的关系”，所以，“从现代文学发展中可以引出许多有益于当代文学的启示与思考”就不单纯是一种行之有效的研究思路，而且更有助于强化中国现代文学研究的现实感。

中国现代文学研究的学科属性一经阐明，庄钟庆对中国现代文学研究科学性品格的探索也就很自然地进入具体操作层面之上，在这方面，庄著的理论价值主要体现在，强调要紧紧抓住中国现代文学的客观实际，根据中国现代文学研究的学科特点，来选择行之有效的研究方法的重要性，并对多种具体研究方法的范围、作用、局限以及用之于中国现代文学研究的可行性价值进行明确规定。既充分肯定了方法的运用与改进对于推进该学科研究工作的积极意义，同时又破除了那种不加选择盲目引进各种西方学术研究方法所造成的“唯方法论”的神话。庄钟庆一方面主张可以在多种角度和多种层面上运用多门学科的方法来进行研究，这里既包括文艺学不同层面方法的展开，诸如文艺理论层面、文学批评层面和文学史层面，同时也包括了各种相关学科研究方法的整合，如政治学、文化学、心理学、社会学等等，而另一方面，则又可以吸收中外传统文学研究的方法。

最后，有必要指出的是，庄钟庆对中国现代文学方法论科学品格的探索的一个与众不同的显著特点，还在于其对实践性的高度重视，这一特点一方面表现在庄钟庆力避从理论到理论的抽象思辩，而是尽可能从我国现代文学研究界几十年来所积累的成功经验中吸取有益的成份从而形成自己的观点，书中引证和分析的大量前辈和同辈学人的研究成果，事实上已经充分地融化到他对中国现代文学研究方法论的理论探讨之中了，而他本人在这一领域的长期而卓有成效的研究工作，也为他的结论提供了有说服力的材料，所以本书的“理论篇”和“实践篇”两部分完全可以结合起来阅读；另一方面，为了使自己对现代文学研究方法论的探讨不至于流为理论上的空谈，庄钟庆还就中国现代文学论著的写作这一“研究论著的学术性和艺术性水乳交融地结合，及其实现这种结合必须采取的步骤问题”进行了详尽而周全的论述，因而也使其所阐释的方法论原则具有了更多的可操作性。

（周　可《探索中国现代文学研究方法论的科学品格—评庄钟庆〈中国现代文学研究方法论与实践〉》，原载《中国现代文学研究丛刊》1997年第1期）

《田汉传》

董　健　著

田汉是我国革命戏剧运动的奠基人和戏曲改革的先驱者，又是我国早期革命音乐、电影的杰出的组织者和领导人，一部中国现代戏剧史，是与田汉的名字密不可分的。明年是田汉诞辰100周年和逝世30周年，此时捧读刚刚出版的《田汉传》（北京十月文艺出版社出版），叫人激动不已。它首先是使人感到厚重，这主要不是因为它煌煌65万言，捧在手里沉甸甸的，而是有感于它内容的厚实，有感于流注于全书的作者情思的激越深沉。作者不仅写出了田汉热烈而悲壮的人生历程，而且写出了他热爱祖国和人民的赤子之心，写出了他对戏剧艺术痴迷执著的热情，写出了这个20世纪中国现代文化史上伟人的“魂”与“神”。

《田汉传》难写。田汉学贯中西，才气横溢，是文艺方面的全才，举凡话剧、戏曲、电影、新旧诗词、音乐、曲艺、书艺等，无不涉足。他创作的话剧剧本有60多个，戏曲剧本30多个，歌词及新旧诗词2000多首，还有许多文艺理论和批评著作。这些作品中，浸染了他从西方和日本吸收过来的各种文艺新潮和表现方法，显得纷繁而驳杂，真正读懂这些作品，并融会贯通，实非易事；再加上他在被国民党当局软禁南京期间，在那里“大演其戏”，成了他一生的重大“污点”，如何实事求是进行评价，也使研究者感到为难。董健同志抱着一种强烈的历史责任感，知难而上，为此思索、准备了7年，整整写了3年。《田汉传》的写作过程，是他重新认识人、认识社会、认识自我的过程。他把田汉的悲喜苦乐拿来咀嚼，从中琢磨出人生的味道来，《田汉传》的写作几乎成了他生命的一部分。作者感情的真诚和全身心的投入，长期在材料和学识上的积累，使得这部著作在总结以往田汉研究得失的基础上，把田汉研究的整体水平推进了一大步。

田汉是一位戏剧诗人，他一生追求艺术的完美，但他并不是艺术至上主义者，他始终关心祖国和人民的命运，他是非常“问世”的；艺术上他擅长超写实的方法，政治上他却有一股关注现实的激情；他不懂政治，却又总是处在政治漩涡之中。这些看似矛盾的各个方面，就这样交织在田汉身上。作者认为，田汉“灵的世界”中那种崇诚、唯善、求美的“诗人气质”，决定了他的艺术追求和人生道路，作者十分形象地描述了田汉矛盾的一生。正是有一种对田汉及其时代的准确的总体把握，作者才能多侧面地、饱满地展示田汉迷人的人格力量和独特的艺术个性。田汉在他的第一部剧作《梵峨嶙与蔷薇》中，就把艺术与爱情熔于一炉，并形成一牢固的“情结”，这个“情结”在他一生中形成一团永不熄灭的火。与此相适应，田汉从当时西方采撷来一种新的表现方法——新浪漫主义，也即是一种现代主义方法，形成他早期剧作的一种特异的艺术风格。以后在风云变幻的政治斗争中，田汉当然也急切地要跟上时代，要割断“过去”，要“自己批判”，要“转向”，但是浸入他血脉中的这股艺术潜流却始终时隐时显地在流淌。田汉的这种有着特异风格的作品，在当时就遭到毁誉两种截然不同的批评，在当代，它也给一些研究者出了难题，究竟如何理解、评价这些作品，如何读“懂”它？在独尊现实主义的时代，人们往往把创作方法与阶级立场、革命态度等同起来，似乎现实主义的创作方法，就是革命的创作方法，而非现实主义的创作方法，特别是现代主义的创作方法，就是不革命甚或是反革命的。但是田汉的作品，从《梵峨嶙与蔷薇》到“南国时代”的一系列作品，虽则有着感伤的情调，但又无不回响着对旧世界不满和反抗的声音，批评者不能回避这个事实，因而为了显示田汉剧作的进步性，只好用现实主义硬套这些剧作。明明是新浪漫主义的作品，硬要用现实主义的创作方法去分析评价它，这种“异元”的批评，不能不导致对田汉剧作的“误读”，不能不对读者造成一种“误导”。《田汉传》这部著作正本清源，从总体上，也从方法论上廓清了在这个问题上的一些不正确的认识，为田汉研究的深入开展，打下了坚实的基础。

《田汉传》的另一个特色是它的真实性。真实是传记作品的生命。作者说：“我力图写出一个真实的田汉，真实是我的最高原则。”作者敢于明白地告诉读者：“我写到的事件，均史有所据。”当今出版的传记很多，由于写作者对传主的生平和作品的感情上的投入，有的出于偏爱，有的出于同情，有的为了辩诬，对史实的考订核查，有时候就不大注意，或以意为之，或以讹传讹，想象的成份很多，因此人们读这类传记，犹如读小说，并不把它当作一种“信史”来读，长此下去，传记也就失去了这种文体本来的意义。《田汉传》的作者把这部传记定位为田汉研究者的学术性参考资料，它“主要地记下学术研究成果，并无大胆的艺术想象，连那些文学性的描写，其背后隐藏的也仍然是学术评价”。作者孜孜以求的是历史的真实，细节的真实，灵魂的真实。这种严肃认真的学术追求，是令人敬佩的。作者依据第一手资料，考订了许多过去研究者弄错的史实，甚至连田汉本人弄混淆的问题，也得到了澄清。

充溢在书中的理性批判精神，是这部书的第三个特点。作者站在当代的思想高度，对田汉以及他所从事的中国现代戏剧运动进行了全面的观照。作者是热爱田汉的，但他并不溢美，不为贤者讳，真诚地面对传主的一切，写出了田汉艺术追求自身的悲剧性。田汉注定要走自己艰难而又悲壮的人生之路，正如作者精辟描述的那样：“性格弱点与他的自信力结合起来，便形成了他的一个悲剧性的特点，如流星过天，一烧而过；他播下火种，却不是光明的收获者。”

（王保生《写出田汉的“魂”与“神”——评〈田汉传〉》，原载《文学评论》1997年第3期）

《中国现代文学思潮史》

张大明　陈学超　李葆琰等　著

新时期以来，中国现代文学史研究不断有新著面世，这些新著在研究思路、研究方法、学术主张等方面均较以前有所拓展，还出现了分体文学史，比如新诗史、小说史、通俗文学史等等。这些都是现代文学研究走向深入的重要标志。在现代文学研究走向精细化的同时，现代文学研究在整体性、综合性方面也有了拓展，出现了更具文学本体意义、包容更为广泛的文学思潮史的研究。

在中国现代文学思潮研究方面，魏绍馨的《中国现代文学思潮史》和邵伯周的《中国现代文学思潮研究》值得重视。前者是新时期以来的第一部文学思潮史专著，具有拓荒之功。但是，既为“第一”，就不免存在探索中的不足。该书具有一定的系统性，但总体上讲，未能完全摆脱思想史、思想斗争史的模式，而真正切入文学本体的思潮，流派研究就显得比较单薄。后者虽有“史”的框架，在表述中却更重“论”而不是“史”，因此在史料的收集和采纳方面显得相对薄弱一些，从而有损“史”的描述性；难以较为全面地展示现代文学思潮发展的全貌。

相比而言，张大明、陈学超、李葆琰等撰著的《中国现代文学思潮史》（上、下册，北京十月文艺出版社1996年11月出版，以下简称《思潮史》）是几部同类著作中更具创建性的著作，它出现于上述两部著作之后，在指导思想、研究方法和思路、学术主张等方面都有独到的地方，可以说代表迄今同类课题研究的前沿。

《思潮史》的成功，首先在于它摆脱了对现代文学思潮作单向的政治判断和社会学批评的外部研究模式，力图探讨文学发展的内部规律。这一学术出发点使文学回归到文学，而不是把文学看成是政治的图解或附庸，因而能对现代文学自身发展的轨迹做出较为科学的描述，从而把“现代文学”这个阶段性的文学现象在体现其现代性的同时，纳入到整个中国文学史乃至世界文学史的大构架之中进行研究并探寻其中的内在联系。《思潮史》对“文学思潮”这一关键概念的界定使它从一开始就有别于其他文学史和文学思潮史著作，认为文学思潮“是在历史发展某一特定时期具有广泛影响、形成倾向和潮流的创作意识和批评意识。它有一定的社会思潮、哲学思潮作基础，有一定的文学理论批评思想作指导，有一批创作方法、艺术风格相近的文学作品来具体体现。”（第6页）全书把这三种要素纳入一体进行考察，由文学发展的外部关系、作家和批评家的主体作用、文学作品的文本存在共同构成了现代文学发展的主体空间，特别是强调文学作品在文学思潮研究中的重要性，这在以前似乎还少有人提及。这种独特的切入角度把文学思潮研究纳入到文学自身的发展规律之中，使这一研究凸现为以主体、本体为核心的立体构架，而非单一的线性构架或平面构架。

其一，全书结构新颖别致。除了总纲性的“绪论”之外，全书共分四编，把现代文学思潮的发展和演变大致分为四个阶段，每一编又分为多种层次，把每个阶段的文学思潮的丰富性、多元性特征都包括其中。使全书既有史的开阔又有论的深入，形成了自己特有的学术风格。其二，资料丰富而翔实。在文学史研究中，“资料是基础，理论、观点则是骨架。”（第1315页）《思潮史》坚持“充分运用资料，以史实描述为主，以史带论、史论并重的思路。”（第1312页）其主要观点往往都是由对史料的辨析中获得的，这不仅使这些观点具有说服力，而且使“史”的气息特别浓郁。因为史料的丰富与翔实，《思潮史》对过去的一些观点进行了符合史实的纠谬，对一些曾经长期被文学史冷落乃至否定的作家恢复了本来面目，比如鸳鸯蝴蝶派和四川作家李劼人的创作等等。特别突出的是对周作人的评价及对李金发的象征主义诗歌的评价。这种以丰富、翔实的史料为依据进行的研究，不但可以还历史以本来面目，而且可以为读者提供可信的参照，并由此获得更新的思考。其三，探幽发微，寻根索源。中国现代文学思潮的形成与发展不是一种孤立的现象，总是与各种能够作用于文学的因素保持着或多或少的联系。从历史的角度对这些联系进行辨析，实际上是对文学思潮发展的动力、规律及走向的探索。《思潮史》从宏观与微观的诸多层面对中国现代文学思潮的渊源与走向的研究，正是出于这一目的。

《思潮史》在以现代文学思潮为研究对象的同时，又将其与外国文学思潮、中国古代文学传统的联系进行了解剖，同时涉及到各种文体之间、各种思潮之间的相互联系，因而成为一部内容厚重、意识开阔的文学思潮论著。

由于《思潮史》具有开拓性与探索性，它不可避免地存在一些不足之处。比如，由于篇幅限制，对有些思潮未能像某些专题著作那样更为深入细致的展开，像林语堂倡导的论语派散文就基本上没有涉及。又比如，某些术语的使用不够妥帖，在书中，现代主义、象征主义、现代派、新感觉主义等术语几乎是并列存在的，而事实，现代主义与现代派在内涵上是同等概念，而其他几种流派只是其分支，因此，书中所说的以戴望舒为代表的“现代派”实际上只是以《现代》杂志为中心的流派，虽然有现代派的特征，但与通常所说的现代主义或现代派并非完全是一回事。

（蒋登科《现代文学研究的新收获——评张大明等的〈中国现代文学思潮史〉》，原载《文学评论》1997年第6期）

《新文学散札》

龚明德　著

新文学研究界一些习惯的定势业已成为障蔽眼目的误区，要么孤悬于背景材料之外，作大言玄玄的所谓文本分析，龚明德的《新文学散札》不仅在这两方面做出了不小的贡献，即令在对新文学的史料、年代、校勘、辨伪、辑佚诸方面都做出了特殊的努力，堪称对新文学研究做出范型式的意义，此中正蕴含了新文学研究中的一些“学术规范”的原则。龚明德的新文学研究走的是求实道路，细大不涓，穷搜遍讨，仔细别择，使大众狐疑之事，涣然冰释；但单文孤证，绝不妄下断语，正所谓“刀锋过处，脓血出焉”。史料搜讨上，龚明德对于那些曾经对新文学的发展做过贡献而至今淹没不闻的人，倾注了更多的关切，在其科学研究中加入了令人感动的人性关怀，如对诗人何植三、作家蓼子、女诗人梅痕等均不惜篇幅。对与胡适一样对新诗有开创之功的叶伯和加以应有的重视，他将其间的史料搜剔出来，从诸多证据中考出叶伯和的《诗歌集》初版于1920年的5月4日，只比胡适的《尝试集》晚一个多月，而早于郭沫若的《女神》一年多出版；并且由于叶氏的“不禁转载”的开明原则，使得叶圣陶等主编的《诗》于1923年4月第2卷第1号转载叶伯和的四首诗。

集中对史料重视的篇章，真是不胜枚举。据我粗略统计，文集中呼吁出版家重视史料出版和文献书籍有十数次处之多，纠正了《鲁迅全集》注释中和各种有关新文学工具书的一些史实错误，并且非常注重史料的辑集及校勘辨正工作。在年代与辨伪上，龚明德把他对年代学的重视并运用在新文学研究中取得了不俗的成绩。细心的读者不难察觉，本书篇目的排列次序及它的时间跨度本身就是一部新文学发展的简史，而且在这部充满干货的考索中，处处都闪现出他对“时间和年代”这个硬指标的重视，正是因为如此，他的一些考索文字最终会变成不刊之论。如《“不禁转载”的〈诗歌集〉》、《章衣萍早于鲁迅“反击”胡梦华》、《〈文学救国法〉写于何时》、《“朋友T”是谁?》、《丁玲一封家书的月份》等均是用此法考订所得的上乘之作。但也不无遗憾的是，龚明德在结集出版自己文章时，却没有留下写作日期，使我们对其“新文学做工”的历程，失去了一个参照的基点。龚明德将辨析版本用于新文学研究中颇有快人心智的发现。他对某些文坛前辈在垂暮之年为自己树碑立传，篡改历史，制造人为混乱的伪史料，痛加揭露。龚明德对书籍版本十分热爱，他之搜旧书版本，是为了于版本的变迁中看出作家的修改，所显露的外在因素对文学的影响，他们的主动迎合或违心的不由自主，从而更加立体化地观照一位作家每一阶段不同的心路历程，以使我们不蔽于作家的一时表态而做出武断的结论。早在80年代初期，龚明德就已经注意到版本的迁衍对研究作家作品的重要性。

有的研究者动辄言称，丁玲的《阿毛姑娘》和李劼人的《死水微澜》受法国作家福楼拜《包法利夫人》的影响。但龚明德通过对福楼拜的小说翻译过来先后的历程，考得丁、李二人的小说受的是李劼人1925年的译本《马丹波娃利》的影响。因为丁玲的《阿毛姑娘》和李劼人的《死水微澜》其发表的时间分别比李健吾的译本早二十年和十二年，这样一来，把那些自以为是的“比较文学研究”剥离出其无根无据的本来面目。当然可补充一点的是，这其间还有1927年李青崖的译本《波华荔夫人》，总之说他们的小说受《包法利夫人》的影响是不大站得住脚的，并且由此对新文学研究界浮嚣的学风提出了尖锐的批判。

有关鲁迅的研究无疑是当今的朝市显学，龚明德的鲁迅研究并不空言高论，在《鲁迅与〈情书一束〉》一文里，龚明德用他绵密的考索来证明李霁野所言鲁迅曾经讽刺过章衣萍的《情书一束》，是道听途说的耳食之言，而且批驳了《鲁迅全集》第十一卷对“自序”的注，“是一条情感倾向很偏颇的不合格‘产品’”，因此，“至于李霁野的回忆，恐怕只能和川岛的议论（指其“给鲁迅的信有拨弄是非之嫌”——引者注）并为一类，那是他们自己的看法，与鲁迅无关。”可以说这是不审慎地将自己好恶加于鲁迅头上的一种做法。不仅如此，龚明德还对有的“鲁迅弟子”在某些细小的事情如《语丝》刊名的由来上，都绝对“尊重”鲁迅的做法，提出了质疑。龚明德在《鲁诗研究的奠基之书》一文中，揭露了有些人对文怀沙（司空无忌）所著的《鲁迅旧诗新诠》不进行仔细的学术上的讨论，而专注于对其进行人身攻击的非学术行径，此实乃吾国所固有，亦系现代中国文化界迅猛发展之高招。当今一些对鲁迅产生的非议（学术研讨不在此列），其中固然不乏异举以鸣高的好事者，但诸多原因中，有一个不容忽略的事实就是，与那些不学无术的类似圣人箴言录式的“鲁迅研究”，甚有关系，难辞其咎。在鲁迅研究中，那种无端的吹捧，实足以割裂鲁迅，是另一种对鲁迅的伤害。所以我倒是赞成如龚明德一样，将其真相弄清楚，然后再议论是非吧。

（冉云飞《〈新文学散札〉发微》，原载《现代文学研究丛刊》1998年第2期）

《鲁迅研究书系》

袁良骏　主编

在鲁迅先生逝世60周年之际，鲁迅研究界和出版界通力合作，推出了一系列鲁迅研究方面的学术著作。其中有一套丛书显得特别惹人注目，这就是陕西人民教育出版社于1996年9月出版的“鲁迅研究书系”（陈绪万策划，袁良骏主编，王富仁、阎庆生、郑欣淼副主编）。这是一套装帧印制非常精美、字数累计350万言的大型书系，包括有《阿Q新论》、《现代散文劲旅》、《鲁迅创作心理论》、《历史的沉思——鲁迅与中国现代文学论》、《民族魂与中国人》、《反省与选择——鲁迅文化观的多维透视》、《鲁迅文学观综论》、《鲁迅艺术创造系统》、《中国现代小说史上的鲁迅》、《鲁迅与宗教文化》、《鲁迅的创作与尼采的箴言》、《由中间寻找永恒——鲁迅的文化价值观》、《鲁迅与英国文学》、《〈呐喊〉论》、《鲁迅与新思潮》等，凡15册，高雅凝重而又气势恢宏，在近年来相对寥落的“鲁学”书林中，仿佛格外亮丽惹眼。当然更为重要的是，这套凝聚着研究者、编辑者心血的书系，有其相当充实的内涵和丰富的意义。简括言之，这主要表现在以下几个方面。

其一，学术定位高，导向明确。业已诞生80余年的鲁迅研究，经过20世纪时代风云的洗礼，以相当丰富的学术成果托起了堪与“红学”（或“曹学”）媲美的“鲁学”。有学者指出，自“五四”以来的鲁迅研究，已经形成了一条长河，波浪滔滔，浪花飞溅，千姿百态，难以尽说。要在这条学术研究的长河中，注入一条新的细流，增加一朵新的浪花，都是不容易的，要花大气力的。诚然如此，要在既往学术基础上将鲁迅研究切实地推进一步，确实需要付出更大的努力。“鲁迅研究书系”的组稿、编辑和出版，就是这种努力的生动体现，由此方使之成为“鲁学”之海中令人“珍爱的晶莹的涓滴”（《鲁迅研究书系·序言》）。该“书系”着意于承前启后，既在较大程度上成为80年代鲁迅研究的一个可观的总结，又以学术实绩在客观上成了90年代趋至世纪之交的鲁迅研究的开路先导，从而于某些主要方面显现出了鲁迅研究所达到的新高度和新起点。诸如在更加宏阔的文化背景和更加深刻的文化层面上，来探寻作为20世纪重要“文化现象”之一的鲁迅世界；在更加专精、更加细腻的论述中，来探寻鲁迅的艺术世界和心理世界；在更具文化哲学意味的思维框架或多维的文化视野中，来探寻作为“民族魂”和文化巨匠的鲁迅对“人”和“文化”（尤其是中国人和中国文化）的集中关注和思想成果；等等，都体现出较强的理论概括性和较高的学术品位，并在相对来说毕竟有些浮躁的人文环境或学术氛围中，营造出了一种雅洁而又沉静的思致颇为高远的学术境界，为20世纪末叶鲁迅研究写下了相当重要的光晶流丽的一页，也恰逢其时地为正在如火如荼展开的精神文明建设投注了一股契合于“清洁精神”的学术活力，从而显示了“鲁学”的学科特征和良好的发展态势。

其二，内容厚重丰富，多有创新。“书系”的作者队伍以中青年为主体，15 部著作中有 11 部出自中青年学者之手。他们虽然相对年轻，但大都有了多年研究鲁迅的学术经历。他们在新时期以来的 20 年间的开放改革过程中，带着日益充盈的文化知识，在中外文化冲突与融通的背景下，先后从事鲁迅研究。他们大多积累较为深厚，视野开阔，创新意识强，从而赢得了宝贵的学术青春。即使是“书系”中那几位相对年长的学者，严格说来，也是在新时期以来的人文环境中，才真正发挥出自己的学术潜能，取得较为突出的学术成就的。正是有赖这些功底扎实的研究者的辛勤努力，“书系”在内容上才会呈现出厚重丰富、多有创新的学术面貌。“书系”的选题事先并未进行严格的统一规划，但基本上经过优化选择而集结起来的这批研究成果，在客观上却恰好体现了当今“鲁学”的基本面貌。对鲁迅的本体研究、外缘研究、思想研究、创作研究、宏观研究、微观研究等，都有相当深入的探索，并程度不同地有所突破、有所创新。“书系”中有的著作明显刷新了长期以来因袭的观点，如《阿 Q 新论》对阿 Q 作为“精神典型”的强调和充分的阐释，便将“鲁学”中的哥德巴赫猜想——阿 Q 典型性研究推进了一步；又如《由中间寻找永恒》认为鲁迅是一位终身以“当下”、“有限”自任，却同时苦寻“终极”、“无限”的思想家。有的著作则在新的层面上建构了新的研究系统，如《鲁迅创作心理论》、《鲁迅文学观综论》、《鲁迅艺术创造系统》等。有的著作甚至还具有较明显的填补学术空白的性质，如《鲁迅与英国文学》、《鲁迅与宗教文化》、《鲁迅与新思潮》等，便以专著形式对鲁迅与文化（文学）的某些专题，给予了富于创意的论述。

其三，注重学术价值和现实意义。在言说鲁迅的业已汗牛充栋的文字中，应该承认其间确有一些文字没有什么学术价值。除去那些人云亦云的浮言之外，出于狭隘的功利目的而恣意“神化”鲁迅的文字，以及那些出于种种仇怨而恶意亵渎鲁迅、“鬼化”鲁迅的文字，便有违学术应有的实事求是的科学精神，从而失掉了学术品格和学术价值。“鲁迅研究书系”与这些非学术化的东西截然不同，它是非常重视学术价值和现实意义的。“书系”的作者在著述中都表现出了严谨的治学态度和严肃的学术追求，都贡献出了既有助于“鲁学”学科发展，又有益于文化建设和社会进步的学术成果。比如《中国现代小说史上的鲁迅》、《现代散文劲旅》、《〈呐喊〉论》、《民族魂与中国人》等，或就鲁迅小说创作审美涵义和思想特征给予充分的阐释；或就鲁迅杂文展开更为多元也更具文化史色彩的全面论证；或就鲁迅代表作《呐喊》进行更加宏观也更加微观的多侧面探讨；或就鲁迅这个“民族魂”与中国人的内在关系以及由此映现出的精神价值进行细致深入的阐发，都提出了一系列有学术价值同时也具有积极的现实意义的观点。这些观点及相应的学理，既可纠正种种对鲁迅的偏见和误解，又可将鲁迅的文化宝库向人们打开。也正是出于对学术和现实需要的深刻理解，注重学术与文化建设相统一的鲁迅研究者，同注重学术与社会效益相统一的出版者，才有了这次成功的合作。这种合作在所谓“削平崇高”的庸俗主义泛滥之时，似乎尤其具有某种反拨的意义。事实终将证明，“向往崇高”比“渴望堕落”更具有人性的和文化的力量，鲁迅和“鲁学”遭受冷落乃至嘲笑和情状也必将在学术界和出版界的努力下而被“消解”。

（闻科《“鲁学”喜结新硕果——“鲁迅研究书系”评介》，原载 1997 年 4 月 5 日《光明日报》）

《鲁迅心解》

王得后 著

现在，“立人”思想已经成为鲁迅研究界的热门话语。“鲁迅‘立人’思想学术讨论会”和“鲁迅‘人学思想’讨论会”等等，纷纷在全国各地召开。鲁研学人似乎获得了重大的新发现，觉得惟有从“立人”的视角出发才能理解和把握鲁迅思想的根柢。

然而，我们不能忘记，早在80年代初就提出“立人”是鲁迅思想核心、并撰写长篇论文系统阐释的第一人，正是王得后先生。

绚烂之极，转为平淡。真理是朴素的，鲁迅思想的真实风貌也是朴实、平凡的。得后在这本由浙江文艺出版社推出的新著后记中说：“这是一本平平常常的书。一个平平常常的人写的平平常常的心得，所得又不过平平常常的意见。”也正是因为这本书“平平常常”，恰恰也就正与鲁迅思想的本来面目契合。什么是鲁迅研究？真正的鲁迅研究就是揭示鲁迅和他所处时代的本来面目，是怎么样就怎么说，从中引出经验和借鉴，以益于今天的实践。倘若离开了鲁迅本来的真实面目，用“六经注我”或“我注六经”的方法加以虚悬，则无论语言多么堂皇、文采多么绚丽、理论多么高妙，都不能算作是科学形态的鲁迅研究，不过是为达到一集团、一阶级或一个人营私利已目的的戏法罢了。

这本《鲁迅心解》由浙江文艺出版社1996年12月出版，全书共分七章，从文化、生死、人生、苦乐、心绪等方面解读了鲁迅，文章平实、易读，观点质朴、老到。这是一位终生泡在鲁迅著作中的研究家的独到心得，想来会使读者们“心有灵犀一点通”。

（张梦阳文）

《情结·文本：鲁迅的世界》

皇甫积庆 著

鲁迅是说不尽的，鲁迅又是不容易说的。如何在鲁迅研究中找到自己的位置，留下自己的话语？皇甫积庆的学术新著《情结·文本：鲁迅的世界》（长江文艺出版社1997年5月出版），以情结和文本为视角，努力阐释与探究鲁迅精神世界的构成及其渊源，从而揭示了鲁迅世界永恒精神魅力的某些奥秘。

全书分为上、中、下三编。上编是基本理论的界说与宏观透视，在界定情结、文本的基础上着重分析了鲁迅意识与情结、文本的关系，强调了鲁迅精神结构特别容易形成情结的特征，鲁迅作品与近半个世纪中国人文化心理结构的密切关系及重大影响。中编是情结研究的分类展开。从鲁迅文本中概括地抽象出鲁迅精神世界的触目特征悉心剖析，并追溯构成各类情结特征的渊源。这一部分在文本的综合考察与情结的分类解剖的结合中阐释鲁迅的精神世界的创见最多。下编主要为文本的具体解读。全书从文本出发，围绕情结核心，以基本理论为导向，在情结构成的分类研究中自成系统地建构了一个与鲁迅心灵世界与文学世界交流、沟通的研究体系。

在进入鲁迅博大深邃的心灵世界与瑰丽丰富的文学世界中，皇甫积庆以其敏锐的学术眼光，寻找到了一条佳径坦途。这就是对鲁迅精神世界与语文世界的原型化研究。他对鲁迅情结结构的阐释皆是从这里出发的。

原型批评，重视文学的宏观、系统研究，强调从原始神化、仪式中寻求文学内涵、叙事模式的解释，在众多的文学现象中寻找出一系列具有原型意义的母题、意象、人物及叙事模式等，并以此概括、阐释文学作品内在的、普遍的、恒常不变的形式等。本书作者对原型作了四个层面的理解：从心理学意义看，它是一部分人群具有时空过程的积淀或记忆；从语言学意义看，有特定的联想性、约定俗成性；从社会学或传播学意义看，它被广大人群共享，可交际；从文学意义看，具体表现为反复、广泛出现的一系列意象、母题、人物、语汇、叙事结构等。把握并选择鲁迅独有的语汇、意象、命题等，然后反过来，以这些具体的语汇、意象、命题作为标识和入口，对其所包含的鲁迅思想中的哲学、心理学、历史学、美学、伦理学等作深刻的开掘。这种以鲁迅式意象、语汇、命题为轴心的研究，不但把握了鲁迅思想与表达上的独特性（即怎么写），而且实际上对鲁迅具体、个别、特殊的意象、语汇、命题等作了多层面（即写什么）的提炼和升华，使之所包含的抽象的、概括的、普遍的意义被发掘出来。这样，这些意象、语汇、命题等由于超越了具体情境，而成为某种思想、心理意识的标识和信息代码。这就是他所理解并自觉运用于全书的鲁迅精神世界与语文世界的原型化研究。

钱理群先生也曾认为：构成鲁迅思想基本单位的不是抽象的逻辑范畴，而是一些客观形象与主观意趣统一的、典型化的单位意象。这些意象都是某种人类精神现象的概括与象征，而我们可以从这些意象与命题中重新发现被人们忽视了的鲁迅思想中的普遍的超越意义。皇甫积庆的鲁迅情结研究，正是从鲁迅文本世界中采撷出一系列典型的意象、语汇、命题，来发掘被人们过去忽视了的鲁迅世界中具有普遍意义与超越意义的某些东西的。

皇甫积庆研究的新思路与新景观，并不以时髦的术语概念哗众取宠，他的研究既具有不盲目因袭前人的探索性与开拓性，又呈现出厚实、严谨的学术品格。从鲁迅文本世界中提炼出来的五种情结范畴，应该说是集纳了学术界同人研究的成果，然而又是溶入了自己独到心智的自成系统的学术建构（当然还应该有更多的一些情结范畴）。这一系列主要情结范畴的确构成了一个进入鲁迅精神世界的独特视角。它提纲挈领，能使人们径捷地贴进鲁迅世界，深入鲁迅世界。本书属于鲁迅世界的宏观研究，它贴近文本，不拘泥不粘滞；它概括、提升，不空泛散漫；它探究鲁迅精神世界，不盲从，不迷信，不臆断，不故弄玄虚，在与鲁迅心灵的沟通中与一代伟人亲切对话。在对鲁迅的阐释中，自然也存在着与阐释对象的某些隔膜。我们相信凭着皇甫积庆的执著追求，在鲁迅研究的园地里他将作出新的奉献。

（王泽龙《精神魅力的深入探寻》，原载《鲁迅研究月刊》1997年11期）

《周作人平议》

张铁荣　著

张铁荣先生是中国有数的名副其实的周作人研究的“专家”——像我辈似的，虽也写过有关周作人的著作与文章，但“打一枪换一个地方”，只能算是“打游击”的；而张铁荣先生却是把他整个的学术生命投入到“这一个”研究对象上，从80年代初（那时全国周作人研究刚刚在起步）搜集、考订周作人的佚文开始，到现在推出这本研究专著，十数年磨一“针”，不论周作人研究界经历了怎样的兴衰毁誉，他都在默默地，耐心地，从容地作他的研究。这些年，我一直在关注着这位年青学者（现在已经很难说是“年青人”了），并且欣赏着他的这种研究姿态。作为同行，我深知要达到并坚持这样的境界，实在是太难了。不仅要有勇气，有毅力，还要有一颗澹泊之心。因为在我们这里，常常是以“研究对象”来看待（确定）“研究”价值的：单是周作人的“汉奸”身份，就足以使“周作人研究”永远处于被“警惕”的眼睛监视的地位，其研究成果就更难被承认。近年来周作人作品出版的商业化，更使真正的学术研究显得格外的寂寞。——如周作人所说，挤在潮水般闹嚷嚷的人群里，是会感到不可堪的寂寞的。

不堪寂寞，还要坚守阵地，会不会产生一种悲壮感或自我崇高感呢？这是我们这一代学人的思想、心理逻辑，却并不适用张铁荣这样的新一代的学者。他是以“平常心”来从事研究的：他既没有把研究对象，更不会把研究本身神圣化，而仅仅如实地看做是应该认真对待的“学术工作”而已。这有点“为学术而学术”的味道；但对于周作人研究或许是更为重要的：用“革命义愤”代替“科学分析与探讨”固然解决不了周作人研究中的种种难题（包括“汉奸”问题）；如果以为可以用周作人的中庸之道来解决当今中国的思想文化问题，那也是一种妄想。将周作人研究“学术化”，对于实事求是的评价周作人，是有着一种特殊意义的。张铁荣对于周作人研究的贡献，大概也正是在这种“学术化”的努力之中。

其实，在这本近20万字的著作中，类似的具有“生长点”的研究还有不少。比如，《周作人的日本文学翻译》一文中对于周作人翻译理论、手法，特别是他的翻译语言的研究，《周作人与鲁迅新诗之比较》对周作人新诗创作的研究，《关于周作人的贡献与评价问题》一文中，对周作人散文与中学语文教学的关系的探讨，等等，都是别开生面的，大有助于研究思路的开拓。应该说，目前周作人研究过份集中在“周作人事敌”、“周氏兄弟的关系”、“周作人散文艺术风格”等有数的领域，研究格局的狭窄，其实也是反映了一种“炒热门”、“赶浪潮”的浮躁心态，并不有利于周作人学术研究的正常开展。而张铁荣先生之所以能独具慧眼，在我看来，很大程度上是得益于他的那种不急功好利的研究心态。可以看出，他并不急于“出成果”，而是经年累月地在那里“读”周作人的作品，读得很认真，很细，也很有兴味。于是，别人一翻而过的地方，他读出“意思”与“味道”来了；别人不注意的地方，他关注，并且“抓”住了。从表面上看，他似乎有些懒散懈怠，写得不多，而且常常要别人催促才动笔（看其“后记”便可知），但他每写一文，必有新意，也有份量——不是那种振聋发聩的“威力”，而是给读者以实在的知识与启示的“实力”与经得住读的“耐力”。张铁荣先生把他的周作人研究称为是一种“平议”，即自视“平凡之人”，作“心平气静的研究”，力求“公平地持论”（均引自“后记”）。可见，张铁荣先生是很能把稳了“自己”：自己的性情与学术个性的。我要补充的是，这种性情与学术风格与其研究对象周作人其人其文都有着内在的契合，而且也是严正的学术研究所要求的。

（钱理群《以平常心作平实之研究》，原载《鲁迅研究月刊》1996年第10期）

《鲁迅与周作人》

孙　郁　著

当作者选择“鲁迅与周作人”作为他的这本新书（河北人民出版社，1997年1月）的描述（研究）对象，他就面临着双重的压力。

首先是这些年文学市场已经形成的读者阅读趣味：人们看到这个题目，就期待着对“兄弟失和”的老话题翻出新花样，最好是公布最富刺激性的“秘闻”（那怕是编造的），以便满足隐藏着的“窥私（特别是名人的私情）”的欲望。

同时是学术界已经形成的研究模式：或“褒兄贬弟”（这是多年已有的），或“褒弟贬兄”（这是近年的新趋势），二者都是把鲁迅与周作人视为势不两立的两个极端，有着相同的思维方式，却为人们所公认。

但本书的作者不肯媚俗——宁愿置读者不健全的心态于不顾。

也不从众——宁置传统的思维定势于不顾。

他忠实于自己——忠实于自己阅读鲁迅、周作人原著的感受，忠实于自己的生命体验。

于是，有了这本书。

和比比皆是的假话连篇（连自己也不相信）的趋时奉命之作不同，这是一本敢于说出真相，有着真性情的真实的书。

和到处可见的包装、抄炒的空虚之作相异，这是一本有材料，有见识，有发现，有创造的实在的书。

也不是纯粹的“学术操作”，作者把自己的生命投入，读者从书中看到了主体与客体（作为研究对象的鲁迅与周作人）的相克相生中的融合，感受到了生命（与学术）的活力，感召力，与启示力量。

因此，我们可以这样提出问题：这本书，为鲁迅、周作人研究，加入了什么只属于作者自己的东西？

且不论具体分析中的新意，我以为本书最大的贡献是提出了“有意味的参照”这一概念，并由此开拓了鲁迅、周作人研究的新思路、新方法。但作者采用的是读书笔记的写法，每个观点、概念，都仿佛在毫不经意中提出，也不深加论证与发挥，即所谓“点到即是”。有心的读者可从中引发出许多新的思考，粗心者则往往视而不见。我因此决定，下一点“笨功夫”，其实也是偷懒，即将本书中有关论点（包括概念）一一录出，并略加排列，以便把作者的思路与方法弄清楚——

“时光远去矣，后人总可以平静下来，不仅仅以利害来审视这两颗已逝的灵魂。无论你是疏远还是亲近，是接受还是拒绝，鲁迅与周作人，是20世纪中国文化中绕不过去的存在。”

“我一直觉得，两人身上有着殊途同归的一面。事实是，鲁迅也好，周作人也好，均是常态中国人生中的叛逆，不过一个趋于挣扎、搏击，另一个空手道般地隐于苦难的大泽，其形态虽不同，根柢大致拴在一个基点上。”

…………

抄得也够多的了，还是打住吧。

但还要说几句。按我的理解（或许也有我的发挥），作者所提出的“有意味的参照”，至少有三个层面的意思。一是确认周氏兄弟在思想根柢上的一致，他们拥有共同的思想出发点与归宿——在我看来，就是“立人思想”；但他们又有不同的关注点，有各自的领域，因而他们的思想具有极大的相渗性与互补性，可以互为发挥，在“参照”中相互深化。但在现实生活的层面，面对现代中国社会的全面危机，他们在个体生命的生存方式，思维方式，心理与情感反应，价值取向，人格自塑……上的选择，又表现出极大的差异，从而构成现代中国文人（知识分子）的文化性格、个体人格的两种范式，正是在相互“参照”中，显示出各自不可替代的价值与魅力，以及无可逃避的困惑与危机。就社会的总体而言，正是这两种不同的人生选择，相互补充与制约，从而维护了本世纪中国思想、文化发展以及知识分子自身精神发展上的“生态平衡”。但在个体选择上则又是偏至而相互拒斥的。第三个层面的“意思”也许是更有意思的：周氏兄弟在生命形态选择上的困惑就其本质而言，又是超越民族、国家与时代，是属于人自身的，也就是所显示的是人天性中的“悖论”：人始终是在“剧变”与“稳定”，“破坏”与“凝固”，“创造”与“保守”，“躁动”与“安宁”，“激情”与“温情”，“粗暴”与“温和”，“失衡”与“平衡”，“无序”与“秩序”，“冲突”与“和谐”，“悲慨”与“闲适”，“崇高”与“平凡”……，也就是生命之“重”与“轻”这样的生命形态（心理，情感……）的两极选择的张力中摇摆，陷入了俄国作家屠格涅夫所说的“两个不停息地分裂着和不停息地融合着的因素的永恒的调和和永恒的斗争”之中，形成了永远的困惑。——屠格涅夫当年（1860）在他著名的演讲里，曾指明“堂·吉诃德”与“哈姆莱特”“这两个典型体现着人类天性中的两个根本对立的特性，就是人类天性赖以旋转的轴的两极”；屠格涅夫还说：“我觉得，所有的人都或多或少地属于这两个典型中的一个，我们几乎每一个人或者接近堂·吉诃德，或者接近哈姆莱特”（《哈姆莱特与堂·吉诃德》，译文收《莎士比亚评论汇编》上册，中国社会科学出版社1979年版）。今天我们每一个人又发现了自己“或者接近鲁迅，或者接近周作人”，能不能把周氏兄弟的生命形态（及其选择）也看做是“体现了人类天性中的两个根本对立的特征”呢？（在所体现的具体的典型意义上又不同于堂·吉诃德与哈姆莱特：这是不言而喻的）。如果这一“假设”能够成立，那么，周氏兄弟不仅如本书作者所说，是“（20世纪）中国人生存危机以及向这危机挑战的两种不同的范本”，而且成了人类精神发展史上的典型现象。这样，“周氏兄弟”也就成了具有人类与民族、时代精神史的典型意义的“文化（精神与人格）共生体”，从这一“共生体”的内在矛盾，困惑，相互联系，渗透，影响……中去把握鲁迅与周作人两个个体生命及其关系，就从根本上打破了分割的孤立的研究或僵硬的比较的研究的固有格局，为我们追求鲁迅、周作人研究的新的深度与高度，提供了新的可能性。——这至少是值得一试的。

（钱理群《有意味的参照》，原载《鲁迅研究月刊》1997年第12期）

1996—1997年
近代文学研究

研究概况

近代文学研究综述

郭浩帆

中国近代文学研究在20世纪最后20年里进入突飞猛进、全面丰收的繁盛时期。继续加强对近代文学资料的发掘和清理，注重宏观研究并开始从学科建设的高度考虑和规划近代文学研究，观念更新，方法多样，自由探索，多元互补，代表了90年代中国近代文学研究的主要走向，也是1996—1997年研究特色的集中体现。据不完全统计，1996—1997两年里共发表近代文学研究论文400余篇，出版研究资料、作品集及论著约20余部，总体上呈现出蓬勃旺盛的势头。其中，对近代文学资料的发掘和整理工作尤为引人注目。众所周知，从事近代文学研究遇到的最大困难是资料的匮乏，不仅有关作家、社团、流派的史料严重不足，甚至连作为研究对象的文学作品也有相当部分未被披露出来——这对于研究工作的巨大制约是显而易见的。有鉴于此，研究者们从80年代起开始有计划地收集、整理近代文学资料，并编辑了几套大型丛书，如《中国近代文学论文集》、《中国近代文学研究资料丛书》、《晚清小说大系》、《中国近代小说大系》等，对近代文学研究起了极大的推动作用。1996—1997两年是近代文学资料（特别是作品）集中出版的两年。首先，受世人瞩目的《中国近代文学大系》于1996年由上海书店全部出齐。80年代后期，《大系》的编辑者们有感于近代文学资料“繁、碎、乱，而且还有相当一部分的手抄孤本，仍流存在一些专家个人和作者亲属的手里”的困难，决心“把这些浩如烟海、隐显错杂、良莠不齐、濒于佚失的近代文学资料，分门别类地搜集、烛隐、筛选、点校，整理出一套有点有面、鲜明系统的资料系列，便于文学专业工作者、教学工作者和文学爱好者的研究、选材、教学和鉴赏”[1]。从1987年召开编辑工作会议到1996年，国内众多专家通力合作，经过十年多的不懈努力，终于将包括《文学理论集》、《小说集》、《散文集》、《诗词集》、《戏剧集》、《笔记文学集》、《俗文学集》、《民间文学集》、《书信日记集》、《少数民族文学集》、《翻译文学集》、以及《史料索引集》在内共12专集30卷1千5百万字的《大系》（另附“别集”约5百万字）全部编成出版。《中国近代文学大系》是我国第一部系统、全面整理中国近代文学的大型丛书，在近代文学研究史上具有划时代的意义。与此同时，全套80卷、收集数百种近代小说、字数近4千万的《中国近代小说大系》也由百花洲文艺出版社陆续出齐，这是中国近代小说史研究资料建设的一项最宏伟的工程；于润琦主编的《清末民初小说书系》于1997年由中国文联出版公司出版，该书分社会、侦探、武侠、爱国、滑稽、家庭、警世、言情、科学、伦理共10个门类，收录了800多篇近400万字的短篇小说，这是迄今为止收录我国近代短篇小说门类最全、数量最大的小说丛书；董文成、李勤学主编的《中国近代珍稀本小说》于1997年由春风文艺出版社出版，该书分20册，收录近年来没有单行本流传的近代珍稀小说60种；梁淑安、姚柯夫编著的《中国近代传奇杂剧经眼录》于1996年由书目文献出版社出版，该书收录近代戏曲多达270种，被认为“是一部目前最完备的近代传奇、杂剧的专门书录”[2]；袁进主编的《鸳鸯蝴蝶派散文大系》于1997年由东方出版中心出版；严迪昌编著的《近代词钞》于1996年由江苏古籍出版社出版。此外，《李伯元全集》于1997年由江苏古籍出版社出版，《辜鸿铭文集》于1996年由海南出版社出版，《湘绮楼诗文集》、《湘绮楼日记》也在1996、1997两年里由岳麓书社出版。这些资料特别是《中国近代文学大系》的问世，为系统和深入的近代文学研究打下了扎实的基础。在学科建设方面，广东人民出版社于1996年出版了钟贤培、汪松涛主编的《广东近代文学史》，中国文联出版公司于1997年出版了谢飘云的《中国近代散文史》，浙江古籍出版社于1997年出版了欧阳健的《晚清小说史》（收入“中国小说史丛书”），中国近代文学学会第八届年会暨学术讨论会于1996年10月21日至23日在河南大学举行，梁淑安主编的《中国文学家大辞典·近代卷》也由中华书局于1997年出版。此外，袁进的《中国文学观念的近代变革》（上海上海社会科学出版社1996年版）、张全之的《突围与变革——20世纪初期文化交流与中国文学变迁》（西北大学出版社1997年版）、严光辉的《辜鸿铭传》（海南出版社1996年版）、杨正典的《严复评传》（中国社会科学出版社1997年版）等著作的出版，也有力推动了近代文学的研究进程。

另外需要提及的是，日本大阪经济大学教授樽本照雄编著的《新编清末民初小说目录》于1997年由日本清末小说研究会出版。该书是编者1998年出版的《清末民初小说目录》的增订本，共收录1840—1919年间产生的小说16046件（其中创作小说11074件，翻译小说4972件），剔除一书多种版本的重复，实际收录创作小说7466种，翻译小说2545种，共计10011种[3]。这是目前著录作品最多的一部近代小说书目，比阿英《晚清戏曲小说目》所收小说多了近十倍。一个外国人，能对中国文学研究投入如此大的精力，做出如此大的成绩，实在令人敬佩。

1996—1997年间近代文学研究的总体情况大致如上，下面对这两年来研究中热点问题及其主要成果作一简略回顾。

一、宏观研究

在充分占有资料的基础上进行卓有成效的宏观研究是一个学科整体研究水平提高的重要标志。与前些年宏观研究有所不同的是，1996—1997年间的研究更注重从“变”的角度探讨中西文化交流中近代文学的特征和意义等问题。1996年第八届年会的主要议题就是“中国文学的近代化”，与会代表对此进行过热烈、深入的讨论。就已公开发表的论著来看，袁进的观点很有代表性，他说“中国近代是中国文学转型的关键。经过近代，原来文学的作者是士大夫，后来变成了知识分子。原来的文学读者是士大夫，经过近代却变成了市民和学堂培养出来的知识分子。原来的文学文本是线装书，经过近代却变成了以平装书和报刊为主，它们更便宜，更加面向市场，于是文学的运行机制也趋向于‘市场化’。文学的语言原来是士大夫专用的文言，经过近代却变成了市民的白话。各种文学体裁原来几乎都有固定的形式，经过近代，除了词以外，各种文学体裁几乎都发生了极为巨大的变化。……中国历史上还从来没有一个时代象近代这样的文学上发生如此众多的根本性转变，所以，中国文学的近代变革是一次根本性变革，改变了中国古代文学的结构体制机制，因此它是一次最为重要的选择，以后的变化只是顺着近代已经作出的选择继续走下去，至多也是重新回到近代时的选择出发点。虽然还有歧路，还要作出选择，但是它们已经比近代的变化和选择小得多了”。袁进认为，文学观念的变革既是近代文学变革的重要方面，又“指导着文学的变革”，而文学观念的变革既与中国传统文学观念难以适应新时代的需要有关，更与文学社会运行机制的变革和西方近代文学观念的影响有关[4]。这就比仅仅站在本土文化角度，笼统评价近代文学的“过渡”或“桥梁”作用更为深入和合理。同样，在考察中国近代复古思潮的兴衰历程时，袁进也是立足于“变”，并把关注重点放在西学东渐对中国文学思潮的影响上。在剖析复古思潮衰亡的原因时，他说，“19世纪‘西学’的输入，无疑是‘复古’派的一个大敌。在相当长的时间里内，‘西学’受到守旧势力的压制，未能在社会上形成权威。但到19世纪末，中国屡遭外侮的现状和‘经世致用’的思潮，终于把‘西学’推上了权威的地位。尤其是‘进化论’思想被社会广泛接受，‘物竞天择，优胜劣败’的‘天演’成为知识分子思考的准则。这时，‘三代’云云便不再具有吸引力了，人们选择与现实对比的参照系不再像过去那样只能作历史的纵向比较，选择古代为参照系，而是可以作现实的横向比较，选择外国为参照系，尤其是西方、日本等资本主义国家为参照系，而后者从‘经世致用’的角度来看，显然更切合实际，更能帮助解决当时中国面对的抵抗外侮、富国强兵的实际问题。因此，越来越多的士大夫和知识分子从‘复古’的思路中摆脱出来，变‘向后看’为‘向前看‘”；“传播媒介的变革改变了中国古代士大夫垄断文化的局面。新兴的市民阶层本来就是现实主义者，较少‘复古’倾向。向西方学习促使清廷下了废科举办学堂的决心，这就从根子上断绝了士大夫的来源。民国初年教育部废止读经，用浅近文言与白话编教科书，使得当时在文坛上活跃的士大夫成为最后的士大夫。这也就从根本上断绝了‘复古’思潮的生路。在读者形成的市场决定作者写作方向的商品化社会中，‘复古’充其量只能成为古董市场上的商品，不可能再成气候，形成思潮。它的衰亡是理所当然的”[5]。

与以前的情形一样，小说研究在近代文学研究中仍然占主要地位，两年里不断有观点新颖的论文发表。例如，对于近代小说的繁荣问题，罗嘉慧侧重于从近代商品经济与小说关系的角度来考察，认为近代社会经济形态为近代小说的繁荣提供了稳定的消费者群体，形成了作为商业生产者的作者群体，以及作为商品形式的小说刊物群体。小说成为商品流通中的特殊畅销商品，其商业性质在一定程度上决定了它的审美倾向：功利性、通俗性、消遣性，缺乏深刻的人文精神[6]；王学均从小说与小说市场的关系角度来探寻“小说界革命”的起因，认为“将小说市场的情形和书肆坊贾的经验化用为自己的目标服务，乃是‘小说界革命’之所以发生的基本原因”，并对小说市场作用下产生的我国第一份近代小说期刊《新小说》的价值和意义做了简要的概括[7]；欧阳健则认为“庚子国变的直接结果并不是像鲁迅所说，是熄灭了‘有识者’心头使中国臻于富强的希望，相反，它恰恰预示着新的改革时期的来临”[8]，清廷于光绪二十六年十二月丁未（1901.1.29）在西安以光绪名义颁布的改革谕旨“揭开了晚清改革的序幕。从此，清政府在其最后的十年中，主持了一场大规模的社会改革运动，改革的内容包括废除科举、创办学堂、奖励留学、扩展新军、兴建铁路、发展实业、改革法制以及推行地方自治和立宪政治等等，涉及中国的政治、经济、社会、教育、军事、法律等领域，从而使中国的政治生活与社会风俗发生了朝着现代化的方向挺进的重大变化”，“由于改革出于最高统治者的倡导，维新报刊如雨后春笋般涌现，热情宣传爱国救亡，鼓吹开民智、兴民权、呼吁发展教育，振兴实业，传播科学知识，反对迷信，抨击三从四德，提倡妇女解放，介绍西学，批评时政，从而形成了席卷全国的改革维新的时代潮流。正是处于改革的大氛围之中，晚清的小说创作，无论在量上还是质上，都产生了飞跃”〔9〕。尽管这些观点中有些提法尚有待于进一步讨论，但它们表现出的力图冲破传统思维模式、大胆创新的精神则是相当可贵的。对民初小说以及民初小说理论的关注，是1996—1997年间近代文学研究的一个重要特点。张法把民初小说的特征归纳为三个方面：“一，从题材上说，政治小说、谴责小说从主流演为支流，而日益弱小，言情小说从边缘入主中心，而日益扩张”、“二，从小说的语言载体上看，清末小说革命是白话呈现大声势，民初小说则以文言为主力军””、“三，小说情味上的回归传统。我们仿佛看到了古代才子佳人小说的卷土重来，确实体会到了古代诗词中的哀艳心态。”对于民初小说形态特征的形成动因，张法将它们归纳为两点，一是民初小说为维护、保持自己刚刚从小说革命中获得的文艺高位而作的无意识的调整和应战。其具体表现就是，民初小说一方面以古文骈文写作，显得相当“高雅”，另一方面又朝向西方小说的“形式创新”发展，从而在新旧并存、东西交错的民国语境中建造一种维持小说高位的新型坐标，并在此坐标上努力奋进，构成了民初小说似旧而新又似新而旧的独特形貌；二是民初的都市化进程对小说的促进作用。清朝灭亡后，革命家纷纷脱离小说领域，而因为政治原因被抬至“文学之最上乘”的小说一下子失去了革命潮流的支持，只能在都市化的溪流中载沉载浮。都市文化人成为领导小说的主体，与革命相脱节的都市法则、都市消费、都市趣味成为小说的主流，“一方面，民初小说要坚持小说在文艺中的优势地位，从而走向了语言、形式、情调中的‘雅’，另方面，它保持这种优势地位的实实在在的基础又是都市化进程，这又使民初小说走向了语言、形式、情调中的‘俗’。民初小说就是这种‘雅’与‘俗’的奇妙拼贴”〔10〕。袁进针对以往研究中国近代小说理论重晚清轻民初的偏颇，对民初小说理论的性质、特征及意义等问题做了深入的探讨，指出“民初小说理论既有复古，向传统文学观念回归的一面，也有学习西方，进一步发展晚清小说理论的一面，从而呈现出丰富复杂的情况。以往对民初小说理论只看见前者而没有对后者予以充分的重视，显然是不公正的，这样做的结果是忽视了民初小说理论在晚清小说理论和五四新文学之间曾经起过的过渡作用。民初小说理论的复杂性是由于它继承晚清小说理论，而又采取折中调和，没有做到像王国维那样把小说理论完全建立在艺术审美的基础上。这样，它就不可能成为一种崭新的在近代文艺观指导下的小说理论体系，建立这一理论体系的历史使命便只能由五四新文学去完成了”。〔11〕

此外，林薇针对阿英《晚清小说史》中“两性私生活描写的小说，在此时期不为社会所重，甚至出版商人，也不肯印行”的推论，对“小说界革命”前后问世的《兰花梦奇传》、《花神梦》、《泪珠缘》以及吴趼人创作的《恨海》、《劫余灰》、《情变》等写情小说做了比较细致的分析，得出了“即使在政治小说、社会小说、理想小说、科幻小说……铺天盖地而来之际，写情小说依然不绝如缕，上承才子佳人小说之绪，下开鸳鸯蝴蝶派小说之端。民国初年写情小说风靡于世，恐怕不仅仅是由于革命退潮、作家对于政治失望和淡漠这些外在的社会原因；同时也是基于文学自身的内在规律，是‘小说界革命’前后写情小说发展的结果”的结论〔12〕。陈平原以晚清科学小说中经常出现的“飞车”为考察中心，探讨了促成当时作家们获得写作科学小说（或“准科学小说”）所必须具备的兴趣和能力，指出“在我看来，翻译小说只是获得这种能力的一个途径——而且不是最主要的途径；晚清刊行的海外游记，以及各种热衷于介绍西学的报刊，对于作家之养成知识、调动兴致、驰骋想象，可能发挥更大的作用”〔13〕。陈颖对《中东大战演义》、《罂粟花》、《旅顺落难记》等一向很少人研究的近代反侵略战争小说做了较为细致的分析〔14〕；陈建华对清末大量译介虚无党小说的现象以及虚无党小说基本特色和价值做了评析〔15〕；欧阳健则把晚清出现的一批袭用古典小说名著而冠以“新”名的《新水浒》、《新三国》、《新石头记》等作品命名为“翻译小说”，分析了它们产生的内在机制和三种不同的表现类型〔16〕；于润琦对清末民初种类繁多、数目巨大的短篇小说的思想内容、艺术特色以及十种类型短篇小说的情况做了比较详尽的介绍〔17〕；王旭川对近代小说理论研究中较少注意的小说本体论的形成原因、理论的范围程度和意义作了简要的论述〔18〕；而管林《有所突破，各具特色——评五部中国近代文学史》（《华南师大学报》1996.2）一文对复旦大学中文系编《中国近代文学史稿》，陈则光著《中国近代文学史》，任访秋主编《中国近代文学史》，管林、钟贤培主编《中国近代文学发展史》以及郭延礼著《中国近代文学发展史》共5部中国近代文学史逐一进行介绍和评价，是从学科建设角度对近代文学史研究进行宏观考察的有益实践。

二、重要作家研究

1. 梁启超：梁启超与“小说界革命”是中国近代文学研究中经久不衰的热点话题，这两年来的情形同样如此。在已发表的论文中，王宏志的观点颇为引人注意。他以《佳人奇遇》和《新中国未来记》两部作品为中心，对梁启超提倡并亲自参与翻译和创作政治小说做了深入的论述，指出强烈的政治诉求使“专欲发表区区政见”的政治小说和意在图强救国的“小说界革命”实际上损害了小说的文学性，从而导致梁启超在《论小说与群治之关系》中提出的“熏”、浸”、“刺”、“提”四种力根本无法存在于这些政治小说中，因此不能发挥感人移情的作用，“虽然梁启超多番强调‘小说为文学之最上乘’，客观上来说，他也的确把小说的地位大为提高，清末民初成了小说繁荣的年代，可是，梁启超潜意识里并不真的重视或尊重小说。在谈到他最喜欢的日本政治小说，大加赞扬它们宣传政治的功能之余，梁启超说过这样一句话：‘固不得专以小说目之’，这岂不是跟他自己所提小说‘为文学之上乘’的理论相矛盾？在这种情形下，梁启超心目中的‘新小说’根本不可能出现，而就真的出现了，也还是不能做到‘新民’，这样，小说界的革命，是否连小说的生命也给革去了？”〔19〕；而蒋英豪则从“新小说”、“诗界革命”和“新文体”三个主要方面论述了梁启超在中国近代新旧文学的过渡期的卓越贡献，认为“梁启超在19世纪末20世纪初基于政治上维新改良的需要，受外国文化艺术的启发，在小说、戏剧、诗歌、散文以及文学理论等领域，均有开创性的建树。他以饱满的热情与非凡的气魄革故鼎新，建立新文论新文体，并亲自从事翻译及创作，满怀激情地为新文学的诞生鼓吹奔走，对于促进中国文学摆脱传统桎梏，吸收新鲜血液以至走向世界，起到了无可替代的先导作用。梁氏开启了一代文学的新风气，其影响所及，不但改变了中国文学的传统面貌，使近代文坛涌现了一批崭新的文学作品，为文学的发展注入了新的生机与活力，而且培育了一批矢志文学革新的作家和理论批评家，并为‘五四’时代彻底的文学革命准备了“条件”[20]。此外，钟贤培把梁启超对中国近代小说的贡献归纳为“创办《新小说》，为小说革新开辟阵地”、“努力开创小说理论研究的新领域、新模式”和“在小说创作开辟现实主义新蹊径”三个方面[21]，王中忱对梁启超在日本的小说出版活动[22]、李开军对梁启超的小说本体理论[23]、张全之对梁启超“小说界革命”的内在价值冲突[24]等问题也做了有益的探索。

2. 王国维：王国维是近代著名的史学大师、文学家、翻译家和教育家，他一生著述多达60余种，手批手校有关著述190多种，并在许多领域做出过开创性、独创性的贡献。1997年适逢王国维诞辰120周年、逝世70周年，因此1997年前后的王国维研究显得十分热烈，国内学术界召开了纪念王国维诞辰120周年学术研讨会以及王国维戏曲学术研讨会两次大型会议，而1996—1997年间期刊上发表的有关论文也超过了60篇，数量位居近代作家之首。其中，钱竞的《王国维美学思想与晚清文学变革》（《文学评论》1997.6）是一篇功力深厚的论文。该文从对王国维在维新狂潮中醉心、钻研康德、叔本华哲学与美学这一“个人化案例”的追寻入手，侧重分析和批评了王国维在美学、文学研究方面三件开创性、开风气的工作，即“首次引进西方哲学美学，确立一个能够在中国文化系统之外来观察、检讨传统学术的新坐标系”、“依据引进的美学理论框架或重要范畴，应用于中国文艺作品，建立起一种新批评”和“以元曲研究的《人间词话》，为一种注重民间动力的文化史观和融会中西的诗学奠定基础”，并对清末民初社会转型时期人文学者的学术研究可以产生的历史文化功能做了进一步探讨。作者认为，“王国维并非政治斗士型人物，而是内向忧郁的人文学者。他从“为己之学”出发，却不期然介入了文学观念的重大变革”。文章呼吁“在了解我们的前辈学者尤其是楷模人物的时候，必须十分重视历史语境问题。而且，更有必要的是，把历史语境的研究贯彻到更深、更细的层面上，从而得到更多的有益于今天世道人心的成果，有益于重建和传承中国学术的成果。因此，对于王国维的研究，不仅是必要的，而且应长期坚持，力求别开生面”。而蒋英豪的《王国维与世界文学》（《复旦学报》1997.2）一文则从王国维与世界文学的关系问题入手，对王国维的学术观念、文学观念的特征和意义做了精到的分析和评价。蒋英豪注意到“王国维受到叔本华思想的影响，在学术和文学上都反对功利主义，主张摆脱现实政治和个人利害的纯学术研究、纯文学创作”的特点，认为“从这个角度来看，他与当时以梁启超为代表的学术、文学主流是背道而驰的，是反潮流的。但其实他与晚清自魏源以来的思想家有一个共同的信念，就是大同世界的追求，从这个角度来看，他与梁启超等人又有共通的地方，并非完全对立。不过由于王氏的基本思想是反政治、反功利，他所追求的大同也就不是政治社会的大同，而是学术世界、文学世界的大同”，“学术大同与文学大同的思想，决定了王国维文学批评与文学创作的特性。在他看来，学术无中外，文学也无中外。他以世界文学的眼光、借用外国的批评理论及批评角度来评论中国文学作品，把中国文学作品与外国文学作品相提并论，以衡量作品的价值，因而提出了许多传统文论中未有的新见解，为中国文学批评的世界化奠下基础”；文章说，“王国维在20世纪初年虽然以反潮流的姿态出现在晚清文坛，但他与其他晚清文家仍具有一些相同的时代特征。最明显的是他对传统的否定与背弃，只是他的背弃比其他人更决绝，所以其个性也就明显。他彻底否定传统载道的、为现实服务的文学观，强调文学有其独立自足的价值，不必依存于道统政治。他强调纯文学，主张为文学而文学，固与时人之重视文学与政治之关系，希冀以文学作为政治改良之工具大异其趣，但他们对文学传统的背弃则一，他们也都以背弃传统作为面向未来、开创未来的手段。他们都肯定文学上中不如西，要向西方学习，但梁启超、林纾等人，或以仿效西方政治小说之体为满足，或以师法西方写实手法为能事，只有王国维尝试把西方哲理融入中国文学中，而带来中国文学中本质的改变，也使中国文学更接近世界”。文章最后指出，“王国维的纯文学主张虽然不能成为文学的主流，但它却弥补了为政治而文学者的缺失，使文学得以维持其艺术性，也使新文学在诞生时有一个比较健康的环境。从这些角度来观察，王国维对中国文学走向世界以及对新文学的出现，都有不容低估的贡献与影响”。此外，郭豫适把王国维治学的思想和方法归纳为三个方面：一是“他认为天下事物，有‘全’有‘曲’，‘无大小，无远近’，学术研究目的和方法无它，就在于对之求真求实”，二是“学问‘无新旧’、‘无中西’，二者可以互相比较，‘互相推动’”，三是“有方法论上的自觉性。他注意从自己的学术研究实践中，提炼出某种治学方法，不但身体力行，并且宣示于人，引导人们按照一定的治学方法去进行研究活动”[25]；饶芃子认为中国文艺批评的现代转型始于王国维在1904年写的《红楼梦评论》。正是它，在中国文艺批评史上第一次突破了传统批评的批评样式，自创了一种新的批评范式（作者将其命名为“理论批评”），这一新的批评范式后来经过许多人的参与发展成为中国现代批评的主流样式[26]；周一平则从近代中西文化冲突的大背景中对王国的死因做了探讨，认为王国维的死，是一个文化悲剧，这个悲剧是中西文化冲突中中西文化糟粕结合的恶果。叔本华的悲观厌世哲学，是西方资本主义评论经的糟粕。纲常名节是中国封建文化的糟粕。王国维是这些文化糟粕的牺牲品[27]；蒋哲伦针对学术界对王国维论清真词的困惑和误解，发表了精神、独到的见解[28]。毫无疑问，这些文章对于论题的开掘都是相当深刻的，有力地推动了王国维研究的深入发展。

3. 林纾：林纾是我国近代翻译西洋文学最有影响的第一人，曾对近代中西文化的交流做出突出贡献；晚年又因为反对新文化、新文学，在五四运动前后遭受到强烈的抨击。近年来，随着学术界对中西文化交流和近代翻译文学的关注，有关林纾及其翻译的研究论文也在不断增加。蒋英豪认为，“林纾在清末民初以古文笔调翻译了西洋小说189种，把外国文学大规模移植到中国来，促成了中国文学的巨变。他是古文家，颇为晚清桐城派‘护法’，但他从不承认自己是桐城派，也不按桐城派的清规戒律行事；他虽是改良派康梁思想的认同者和回应者，但却始终坚持自己的‘书生’身份。古文家身份为他翻译传播新文学新文化的事业带来了特殊色彩，而以游侠自命的古文家更成了他晚年抗拒新文化新文学的主要因素。他对外国小说的介绍、评价，在中国文学史上具有划时代的意义。他仿效西方文学的尝试，对推动中国文学走向世界，其作用也不可忽视”。针对认为林纾不懂外文，受口译者所累，选择不精，浪费了不少精力的说法，蒋英豪说：“我认为在当时的文化环境中，不懂外文这个本来是致命、不可原谅的缺点，在林纾反而成了无人可及的优点。如果他懂外文，最多只能精通一种外文，根本不可能译出十余国的作品。如果他精通外文，他在翻译时可能严于取舍，下笔时可能字斟句酌，在意译与直译之间痛苦挣扎，也许不可能在二十四五年内译出189种作品。……在那个外国文学作品极端缺乏的环境里，数量显然比质量更重要。而要较全面的移植西方文学，夹杂不同民族风格、艺术风格，有经典的作品，也有市俗的作品，无疑是最恰当的。更何况他的翻译小说还背负着介绍中国以外世界的重任，他在翻译时的广征博采，就更是符合历史需要的”[29]。刘克敌《晚年林纾与新文学运动》(《文艺理论研究》1996.4) 一文通过对当时有关史实的细致梳理、分析，得出了如下结论：林纾并不真正反对白话文运动，导致他后来撰文反对白话的原因，并非如人们通常所说的林纾思想一贯封建守旧或者性格孤高狷介、固执己见、晚年主要与复古派人物交往等等，而与当时文坛的魏晋文派与唐宋文派之争，林纾与章太炎积怨日深并愤而辞去北大教席之事有关，因此林纾的反对白话，“无论撰文还是写小说影射，在很大程度上是对人不对事，是含有很多泄愤出气成分的”；胡适、陈独秀等新文学阵营中人指责林纾企图借北洋军阀之手来迫害新文学运动和北大师生，“可以说是事出有因，但查无实据”；林纾与胡适、陈独秀等人虽然势不两立，但在很多方面却又有内在一致的东西。文章指出，“在以往的对五四新文学运动的评价中，由于出于政治上的原因，往往简单地将一切反对白话者视为封建保守派而全盘否定，且不说这种划分是否正确，即使在真正的保守派如林纾那里，至少情况并非如此简单，而且来自反对阵营的声音中不仅有谩骂、有攻击，也有真知灼见。如果说陈独秀、胡适他们有意断章取义、故意利用一些事实、放弃一些事实是因为他们要讲述自己的理论来完成历史赋予他们的使命的话，那么在今天，我们也完全应该重新发现一些事实去完成我们应做的工作”。此外，林纾在辛亥革命后一度热心于小说创作，但声名多为其翻译所掩，一向不大为人注意。夏晓虹在《文史知识》上撰文，对林纾的五部长篇小说——《剑腥录》、《金陵秋》、《劫外昙花》、《冤海灵光》、《巾帼阳秋》——做了简要的介绍和分析，并给予了客观平实的评价：“尽管林纾的创作小说不如其翻译小说名气大，且又因浓厚的文人趣味与古文家身份限制了作品的读者群。然而在新旧交替的时代，由翻译而试手自撰的林纾，还是以其过渡形态的文学样式，为我们察知中国小说的演变历程，提供了珍贵的范例”[30]。

1996—1997 年也是辜鸿铭研究开始走热的两年。尽管期间发表的论文数量不多，但《辜鸿铭文集》以及辜鸿铭著的《中国人的精神》（黄兴涛、宋小庆译，海南出版社 1996 年版）、《清流传——中国的牛津运动》（语桥译，东方出版社 1997 年版）都在这两年里出版，严光辉的《辜鸿铭传》（海南出版社 1996 年版）和黄兴涛的《闲话辜鸿铭》（海南出版社 1997 年版）都是质量较高的研究论著，这些都为今后辜鸿铭研究的进一步繁荣打下了良好的基础。此外，张德鸿对黄遵宪及其《日本杂事诗》[31]、蒋英豪对魏源新世界观的形成过程和意义[32]、李景光对王韬在中国近代文学史上的地位[33]等问题的研究，也都有较高的学术价值。

三、文学流派及运动研究

1996—1997 年间的近代文学流派和运动研究主要集中在晚清白话文运动、鸳鸯蝴蝶派和宋诗派三个方面。以下对它们的情况略做梳理。

1. 晚清白话文运动。近年来，随着近代文学研究的逐步开展和深入，人们已不再如从前那样天真地认为白话文运动是由几个年轻的留学生偶然鼓动起来的，白话文是五四运动的“特产”。我国早在晚清就已经出现过声势浩大的白话文运动，已成为学术界一致的共识。因此，晚清白话文运动动受到了人们越来越多的关注。1996—1997 年间发表的有关论文中，有两篇很值得注意，一篇是夏晓虹的《晚清白话文运动》(《文史知识》1996.9)，该文对晚清白话文运动的理论基础、发展轨迹、成就以及不足等问题做了比较全面、公允的描述和评价。文章认为，“晚清白话文运动不仅作为资产阶级思想启蒙运动，在提高国民觉悟上有很大功绩，而且作为语文改革运动，在推动言、文合一方面发生了切实效用”，但是“白话文在晚清的使用与接受，明显地含有等级意识。文化水准的高低，成为取得阅读文言抑或白话资格的关键因素”，“以白话为开通民智的工具，既可收立竿见影之效，也存在着根本的隐患。启蒙者的角色认定，使晚清白话文的作者自居于先知先觉的地位。这种居高临下的态度，造成运动的不乏广度，却缺少深度”，因此，尽管以言文合一为标志的白话文在晚清作家的不断实践中日趋纯熟、流畅，但是它们至少还缺乏现代散文的两项基本要素：新词语与文学性。文章最后说，“晚清白话文所遗留的问题，在‘五四’文学革命发生后始获得圆满解决。平民化的思潮兴起，取消了使用文言的语言特权，白话方可能在社会各界通行无阻，被约定为最主要的写作文体。新词语的融入与‘美文’概念的提出，使白话文真正无意不可达，而享有了文学的声誉。至此，现代白话才脱颖而出。”相比较而言，袁进《试论中国近代文学语言的变革》（《上海社科院学术月刊》1997.4）一文对于白话文运动的认识更为具体和深刻。该文认为，中国近代是中国文学史上语言急剧变革的时期，在短短30余年里，士大夫以之安身立命的文言，急速转变为以白话为主要书面语言，而语言变革的主要动因是外来影响，“大体说来，这一变革的次序从传教士翻译西方书籍，外国人创办华文报刊开始，到90年代末先进士大夫从‘救国’出发倡导‘言文一致’，开始进入高潮。……‘庚子事变’后的数年之内，全国涌现了一大批白话文报纸，出现了一个‘白话运动’。这个白话文运动的目标是用白话来开发民智，同当时占主导地位的文学观念是完全一致的。所用的白话已经不是中国小说用的‘古白话’，也不完全是当时的口语，白话中有大量来自西方日本的新名词，夹杂着一些外国语言的句型”。作者认识到，晚清文学语言的变革是一个曲折和复杂的过程，具有追求“言文一致”和“由俗趋雅”两条相互交融的发展线索，“晚清语言变革的独特之处就在于：一方面变革语言，白话取代文言成为主导趋势，‘报章体’盛行，文言文纷纷出现‘俗化’倾向；另一方面，原来是最‘俗’的‘俗文学’的小说，却出现了‘雅化’的倾向，至少是在小说领域中，‘雅化’压倒了‘俗化’。另外，文章还批评了周作人说晚清白话文与“后来的白话文可说是没有大关系”和胡适说“文言文是死文学，白话文是活文学”的偏颇之论，认为不应该人为割裂晚清白话文与五四白话文之间的传承关系，更不应该抽掉文学的审美价值内涵，而把语言形式作为评价作品文学价值的标准。这些都是相当中肯、精到的见解。

2.鸳鸯蝴蝶派。鸳鸯蝴蝶派是中国近现代文学史上一个阵容庞大、影响深远的文学流派，按照一般文学史著作“严肃文学”与“通俗文学”的二分法，它无疑应属于后者。因为它以“消闲”、“趣味”为宗旨，坚持迎合世俗的通俗性，因此被正人君子们骂了将近一个世纪。近年来，从纯粹政治功利角度评判文学的做法正逐渐受到质疑和唾弃，加上通俗文学的再次兴盛，历史地、科学地考察鸳鸯蝴蝶派并对其做出客观的评价，已成为绝大多数学界同人的共识。1997年9月，袁进主编的8卷本《鸳鸯蝴蝶派散文大系》出版，标志着学术界对鸳鸯蝴蝶派的关注已从向来的以小说为主，扩展到了散文领域。袁进在为该书写的《前言》中说，鸳鸯蝴蝶派是一种世俗文化，是伴随着近代都市的发展而孕育成熟的。与西方的情形一样，以帮助读者消遣为宗旨的文学作品大量出现，“这是近代都市崛起、形成的客观社会需要，也是人性需要消遣的客观需求，满足客观的、正当的社会需求，是文学应尽的职责。这也是鸳鸯蝴蝶派作品生命力之所在。从另一方面看，随着近代都市的发展，报刊业由于可以同时满足市民了解信息的需要和消遣的需要而迅速发达起来，这也为鸳鸯蝴蝶派的崛起、兴盛提供了实际可能”。在鸳鸯蝴蝶派的创作中，散文占有相当的比例，但一直是研究中的空白。袁进认为，从文学研究的角度看，鸳鸯蝴蝶派散文的价值和意义首先在于：中国近、现代之交，是文学转型的关键时期，与后来问世的新文学相比，鸳鸯蝴蝶派散文更能显示文学转型的轨迹；鸳鸯蝴蝶派散文艺术风格的特点是注重趣味，趣味其实是文学的生命。当年新文学主流用“趣味主义”批判鸳鸯蝴蝶派，结果并没有将他们批倒，自己倒是付出了代价，这就是：为了与鸳鸯蝴蝶派的“趣味主义”及其他讲“趣味”的新文学划清界限，他们有意避开趣味，甚至把趣味作为罪名，结果作品的艺术性因此而大受影响，写出的作品象“死板板的长面孔叫人亲近不得（朱自清语）。这是一个沉重的教训，值得文坛牢牢记住。呼吁对鸳鸯蝴蝶派进行公正、客观评价的还有黄玮。黄玮认为，鸳鸯蝴蝶派是中国文学史上最为庞大的文学流派，是一种复合型新旧思想交织的文学团体。鸳鸯蝴蝶派的主要特征体现在通俗性上。当年，新文学运动的先驱者对其进行的猛烈抨击，具有合理的一面，但他们排斥鸳鸯蝴蝶派进步、健康的一面，否定鸳鸯蝴蝶派追求文学娱乐性和消遣性的观点，也有偏颇之外。实际上，鸳鸯蝴蝶派在文学形式、语言、叙述方式等方面都对新文学产生过重大影响。因此，对鸳鸯蝴蝶派的评价，应建立在对通俗文学的正确理解的框架中[34]。此外，袁获涌还着重考察了鸳鸯蝴蝶派小说（主要是言情小说）与西方文学的关系问题，认为鸳鸯蝴蝶派文学是西方言情小说与东方才子佳人作品奇妙结合的产物，西方小说在艺术表现形式方面给予鸳鸯蝴蝶派小说的影响主要表现在三个方面：其一，结构布局上的变化；其二，重视心理活动和自然景物的描写；其三，提倡新体短篇小说的创作[35]。尽管该文中有一些提法不够确切和妥当，但它的研究角度和思维方式无疑是很有启发意义的。

3．宋诗派。宋诗派本是一个广义的称谓，清代以来凡论诗宗宋者都可称为宋诗派，近代宋诗派主要包括道咸年间的宋诗运动和同光体诗人。在1996—1997年间的近代诗文研究中，宋诗派是较受关注的一个流派。吴淑钿通过对近代宋诗派诗体论的细致剖析，指出：宋诗派诗体论在“用”的方面表现为“以意与结构为前提，注重作品的能‘还其本来’，成‘当然之诣’，而非固守诗体法式，作者以各自的学问根柢及艺术修养相题行事，表现出作品的独特风格”；而在辨别诗体方面“古近体中，他们五古主宗李杜韩及王孟韦柳，七古主宗李杜韩苏黄，五律主宗李杜王孟，七律主宗黄陆，不尚五绝，而七绝主宗杜陆，……要皆不出唐宋之范围，符合他们唐宋一体的诗史观”，宋诗派在辨别诗体方面的看法，实际上反映了他们对中国古典诗歌的审美价值取向，特别是偏向于文学内美的审美观[36]。陈方《从清季宋诗运动探寻中国古典诗学特征》一文从“诗心”、“诗式”、“诗作”、“诗路”、“诗理”、“诗味”、“诗法”七个角度考察了清季宋诗运动的理论意义，并由此探寻中国古典诗学的重要特征。文章认为，“宋诗运动选择了富有变化的活性的宋诗诗艺体系既是古典诗学的更新，又是古典诗学的凝聚。其诗论深濡封建义理诗教，操握古典诗艺法式；追求脱俗人生，表现诗美本色；顺应诗歌的表现惯例，又力求诗艺的通变创新；学古以丰富养分，读书以修炼诗式，建构起‘学人之言与诗人之言合’的理论框架，体现了集人品与艺品、才情与学理、唐诗与宋诗、诗歌与散文为一体的美学意趣”[37]。在具体作家研究方面，当以钱仲联对沈曾植“学人之诗”的概括最为精深。[38]

四、翻译文学

1996—1997两年，中国文学的近代化问题成为近代文学研究的重要内容，1996年河南年会的中心议题就是中国文学的近代化。中国文学的近代化既取决于中国传统文学的自身转化，更要受到中西文化交流这一新语境的制约。而考察中西文化交流中西方文学对中国文学的影响，在某种意义上说就是要考察翻译文学对中国文学的影响，因此，翻译文学研究在这两年里受到学术界的格外关注。在这方面做出突出贡献的是郭延礼。郭延礼从1993年开始做近代翻译文学的专题研究，1996—1997年里先后发表了《中国近代翻译文学理论初探》、《近代翻译侦探小说述略》、《近代外国政治小说的翻译》和《近代翻译文学与中国文学的近代化》等论文多篇[39]，其国家社会科学基金课题“中国近代翻译文学史”的阶段性成果《中国近代翻译文学概论》（44万字）也已于1997年完成，即将由湖北人民出版社收入“中华翻译研究丛书”中出版。郭延礼将中国近代翻译文学界定为“中国人在国内或国外用中文译的外国文学作品”，在《近代翻译文学与中国文学的近代化》一文中，郭延礼指出，近代翻译文学对中国文学观念的影响主要表现在两个方面：一是动摇了中国士人在文学方面的自我优越感，感悟到西方文学中也有不少如《红楼梦》一样的杰作；二是翻译小说的大量存在，对扭转中国士人轻视小说的观念产生了积极影响，而且梁启超、夏曾佑等人把小说作为思想启蒙和宣传变革的观点也首先是受到外国小说的启示。接着，文章重点分析了翻译文学在艺术形式方面对中国文学近代化的影响：一，翻译文学促进了中国近代文体类型的健全，使中国小说在传统志人、志怪和讲史三大类型之外，增加了政治、侦探、科学、教育等多种小说类型，并促成了中国话剧的产生；二，叙事艺术的“东渐”促进了文学的近代化，使中国近代文学，特别是近代小说在叙事模式和艺术技巧方面发生新变，其主要表现就是第一人称叙事角度和倒叙手法的有意识运用，并在人物形象塑造特别是心理描写等方面显出新变。文章最后指出，“中国近代作家在接受翻译文学的影响时，由于不是自觉地从美学观点、审美情趣和审美感受着眼，而较侧重于模仿、学习其艺术形式，加之他们又缺乏驾驭这种新形式、新技巧的消化融解，因此，就整体而论，近代文学并没有达到一超越古代文学的新的高度，中国文学在1840～1919年间也没有完成充分的近代化。”而导致这种“不充分的文学近代化”的直接原因，主要有三条：一是中国文学近代化的历程较英、法要短得多；二是中国的资本主义发展较英、法等国家要迟得多，且很不充分，这也限制了资产阶级文学的发展；三是中国近代社会变化太快，在短短的80年中，有好几次大的思潮变动。这便使近代文学虽然冲破了封闭的文化传统，表现了勇于面向世界的开放活力，却未能在中国文学的近代化方面做出更大的贡献，而真正的文学近代化也只有在“五四”之后才能彻底完成的。同时关注翻译文学的还有袁进，他专门考察了近代翻译小说对民初言情小说的影响问题，认为中国近代翻译小说对民初的言情小说产生了重要的影响，这种影响主要表现在三个方面：首先在价值观念上，它帮助当时中国正处在朦胧状态的对宗法制的反抗推向明确，开始显示独立的个性的人的存在，走向正视现实和反抗现实；其次是在人物塑造上，民初小说出现了恋爱的和尚、寡妇等崭新的人物，增加了人物的牺牲精神与忏悔意识，运用写实的方法描绘人物，改变了原先“才子佳人”的模式；最后是在叙述方式上，民初小说改变传统叙事方式和结构，接受外来影响，促使小说转型[40]。此外，袁荻涌对19世纪我国翻译和介绍西方文学的情况做了简略回顾[41]，李广利介绍了曾朴的翻译思想[42]，范伯群论述了包天笑、周瘦鹃、徐卓呆三位通俗文学作家的文学翻译及其对小说创作的促进作用[43]，黎跃进考察了近代新小说与日本启蒙文学的关系[44]，这些都预示着近代翻译文学研究热潮的到来。

综观1996—1997年的近代文学研究，可以发现有如下几个突出特点：一是继续加强对近代文学资料特别是近代文学作品的发掘和整理，并取得了显著的成绩；二是研究范围有所扩展，除名家名作外，也开始关注不大为人注意的作家作品，如对满族女文学家顾太清的介绍[45]、对近代女戏曲家刘清韵生平、著述的考证[46]、对南社作家阮式事迹作品的考索[47]、对《碎琴楼》作者何诹生平事迹的考评[48]等，都说明了近代文学研究在逐步走向细致和深入；三是更加关注近代文学从观念到内容形式的“变革”或“转型”，并将其作为中国文学现代化进程的关键或“根本性变革”，而不再仅仅作为从古代到现代的“过渡”和“桥梁”，这样实际上提高了近代文学在中国文学史上的地位；四是重视中西文化交流特别是翻译文学的研究，为近代文学研究开辟了一个新的视角和途径，并开始表现出良好的发展势头。关于这两年来研究中体现出的不足，笔者以为可以大致归纳为以下几点：一，尽管已经有一些角度新颖、见解独特的论著出现，但旧的研究观念和思维模式还没有被完全打破，文学研究受政治、历史研究影响的痕迹还比较明显，那种似曾相识、“义正词严”式的论文还经常可以见到，近代文学研究在观念和手段上多点突破传统模式的工作还任重道远；二，研究局面欠平衡。在各体文学中，小说仍然是备受关注的对象，而对于近代诗文，特别是近代词的研究则相对薄弱得多；三，对于近代报刊、出版机构等近代文学主要载体和传播媒介的重视还未达到普遍和深入。文学社会运行机制和传播媒介研究将是今后近代文学研究的重点和主要走向，需要学界同人在今后投入更多的时间和精力。

---

〔1〕《〈中国近代文学大系〉编辑构架·缘起》，转引自《中国近代文学争鸣》，上海书店1989年版。

〔2〕邓绍基为本书申请中国社科院出版基金所写的《推荐意见》中语。

〔3〕郭延礼《对中国近代小说的新认识——简评〈新编清末民初小说目录〉》，《文史哲》1998年第2期。

〔4〕《中国文学观念的近代变革》，上海社会科学院出版社1996年版。

〔5〕《中国近代的复古思潮》，《学术月刊》1997年第3期。

〔6〕《试论近代商品经济演化与近代小说的繁荣》，《中山大学学报》1997年第4期。

〔7〕《晚清小说界革命与小说市场》，《明清小说研究》1997年第3期。

〔8〕《晚清新小说的生成和价值内涵》，《吉林大学学报》1997年第3期。

〔9〕《晚清小说史》，浙江古籍出版社1997年版。

〔10〕《民初小说与时代心态》，《中国文化研究》1996年第4期。

〔11〕《试论民初小说理论》，《社会科学》1997年第3期)。

〔12〕《小说界革命前后的写情小说》，《社会科学辑刊》1997年第5期。

〔13〕《从科普读物到科学小说——以“飞车”为中心的考察》，《中国文化》1996年第2期，后收入作者论文集《文学史的形成建构》，广西教育出版社1999年版。

〔14〕《中国近代反侵略战争小说综论》，《福建师大学报》1997年第2期。

〔15〕《“虚无党小说”：清末特殊的译介现象》，《华东师大学报》1996第4期。

〔16〕《晚清“翻新”小说综论》，《社会科学研究》1997年第5期。

〔17〕《清末民初的短篇小说》，原为作者主编的《清末民初小说书系》的“代序”，稍后载《明清小说研究》1997年第3期。

〔18〕《论近代小说本体论》，《上海师范大学学报》1996年第4期。

〔19〕《“专欲发表区区政见”：梁启超和晚清政治小说的翻

译和创作》,《文艺理论研究》1996年第6期。
〔20〕《梁启超与中国近代新旧文学的过渡》,《南开学报》1997年第5期。
〔21〕《梁启超与中国近代小说革新的贡献——梁启超与晚清“小说界革命”》,《广东社会科学》1996年第2期。
〔22〕《梁启超在日本的小说出版活动考略》,《清华大学学报》(哲社版)1996年第4期。
〔23〕《梁启超的小说本体理论初探》,《聊城师范学院学报》1996年第3期。
〔24〕《在艺术与启蒙之间:梁启超“小说界革命”的内在价值冲突》,《临沂师专学报》1997年第5期。
〔25〕《王国维治学的思想和方法:纪念王国维诞辰120周年、逝世70周年》,《红楼梦研究》1997年第4期。
〔26〕《中国文艺批评现代转型的起点——论王国维的〈红楼梦评论〉及其它》,《文艺研究》1996年第1期。
〔27〕《王国维死因新探》,《学术月刊》1997年第6期。
〔28〕《王国维论清真词》,《文学遗产》1996年第1期。
〔29〕《林纾与桐城派、改良派及新文学的关系》,《文史哲》1997年第1期。
〔30〕《古文家的“新小说”:林纾的长篇小说》,《文史知识》1996年第2期。
〔31〕《吟到中华以外天——谈黄遵宪及其〈日本本事诗〉》,《云南师大学报》1996年第3期。
〔32〕《魏源及其作品中的新世界》,《文学遗产》1996第4期。
〔33〕《王韬在中国近代文学史上的地位》,《社会科学辑刊》1997年第5期。
〔34〕《再评鸳鸯蝴蝶派》,《中国人民大学学报》1997年第5期。
〔35〕《鸳鸯蝴蝶派小说与西方文学》,《贵州社会科学》1997年第1期。
〔36〕《近代宋诗派的诗体论》,《华东师大学报》1996年第2期。
〔37〕《从清季宋诗运动探寻中国古典诗学特征》,《中山大学学报》1997年第1期。
〔38〕《沈曾植诗学蠡测》,《文学遗产》1996年第1期。
〔39〕《中国近代翻译文学理论初探》载《文史哲》1996年第2期、《近代翻译侦探小说述略》载《外国文学研究》1996年第3期、《近代外国政治小说的翻译》载《齐鲁学刊》1996年第4期、《近代翻译文学与中国文学的近代化》载《山东大学学报》1997年第3期。
〔40〕《近代翻译小说对言情小说的影响》,《上海社科院学术季刊》1996年第3期。
〔41〕《19世纪我国对西方文学的翻译和介绍》,《中国比较文学》1996年第2期。
〔42〕《曾朴的翻译思想》,《中国比较文学》1996年第2期。
〔43〕《包天笑、周瘦鹃、徐卓呆的文学翻译对小说创作之促进》,《江海学刊》1996年第6期。
〔44〕《近代“新小说”与日本启蒙文学》,《中国文学研究》1997年第1期。
〔45〕张璋《八旗有才女,西林一枝花——记清代满族女文学家顾太清》,《文学遗产》1996年第3期。
〔46〕李志宏《戏曲女作家刘清韵生平、著作考述》,《艺术百家》1997年第2期。
〔47〕朱德慈《南社作家阮式事迹作品考索》,《文教资料》1996年第2期。
〔48〕晏立豪《〈碎琴楼〉作者何诹考评》,《晚清小说研究》1997年第3期。

全国第8届近代文学学术研讨会

中国近代文学学会第8届年会暨学术研讨会1996年10月21日至23日在开封市河南大学召开。来自北京、上海、山东、广东、江苏、湖南等20余省市的70余位代表出席。这次学术研讨会的中心议题是中国文学的近代化。山东大学郭延礼教授在会上作了中心发言。他说："文学的近代化是中国近代文学研究中的一个重要课题，对这一问题的探讨实际上也是对中国近代文学性质的进一步的阐释。各国文学进入近代文学的道路和方式是不同的，以亚洲而论，大体有两种类型：一种是由古代文学自身变化而来，如越南、缅甸；另一种是借用外国文学（欧洲文学）的文学形式，开创近代文学的新纪元，如菲律宾、印度、日本。中国属于前者。中国近代文学是由中国古代文学演变而来的。文学的近代化（特别是前一类国家）有一个由渐变到成熟的发展过程。从理论上讲，这一过程与整个近代文学的历史相始终。但就其实际情况而言，文学近代化的表征又呈现出它的阶段性。中国文学的近代化也有一个由渐变到基本确立的发展过程。大体说，它萌芽于70年代，以资产阶级维新运动的开始为起点。与早期的改良主义思想家的社会改革思想相一致，文学上的变革也开始具有了近代意义，如诗歌中的新事物、新思想、新意境的诞生，散文中的新变（反对桐城'义法'，要求散文的解放），翻译文学的出现等等。"郭延礼先生还认为：随着西学东渐特别是翻译文学的影响，大约1907年之后，中国文学近代化基本确立。但由于中国特殊的历史条件和文化背景，直到"五四"前，中国文学的近代化又是不充分的。接着，中国社会科学院王飙先生、华南师范大学钟贤培教授、甘肃社科院颜廷亮研究员又分别从中国文学近代化的发展轨迹、中国文学近代化的主要标志，以及近代化过程中文学观念、思想内涵、文体形式、文学语言、传播方式诸方面的变化进行了论述。尽管在讨论中对中国文学近代化的认识还有分歧，同时也缺乏深层次的理论概括，但这次讨论无疑对进一步探讨这一课题会产生有益的启示。

这次会议的中心主题虽是中国文学的近代化，但讨论中涉及的面很广，较有代表性的议题还有如下几点：

一、对王国维文艺思想的研究

河南大学李慈健副教授以《生命哲学的艺术诠释》为题论述了王国维的美学思想。他说："在20世纪最初的十年间，呈多元对峙的中国文坛，出现了王国维卓特不群的美学理论体系。言其卓特不群，是说其理论取向既不同于革命派作家充满对未来世界狂想的创世纪文学思潮，又迥异于以儒家文化为本源的古典文学理论体系。王国维的理论体系的哲学基础，既来自于西方生命哲学的影响，又蕴含了对生命现实的深思。他希冀以文学解脱人生痛苦，建构了一座艺术‘象牙之塔’，昭示了变革时代一代学人内心复杂的矛盾和执著的人生艺术选择。”然后作者从“纯粹艺术哲学——人生视角转换”、“可爱玩而不可利用者——文学本体寻觅”、“悲剧——人生痛苦的真正含义”三方面进行论述。长春师范学院刘琦副教授以《试论王国维文艺思想的演变》为题论述了王国维文艺思想发展的三个阶段：形成期，以《〈红楼梦〉评论》为代表；成熟期，以《人间词话》为代表；回归传统期。并对王国维的文艺思想为什么最终回归传统，从主观因素和客观环境两方面作了阐释，提出了自己的看法。

二、对近代爱情小说的讨论

问题首先由北京广播学院林薇教授提出。林先生说，阿英先生的《晚清小说史》说：“两性私生活描写的小说，在此时期不为社会所重，甚至出版商人也不肯印行。”林教授说：实际情况并非如阿英先生所说，这时期“的写情小说仍然不绝如缕，上承才子佳人小说之绪，下开鸳鸯蝴蝶派小说之端。”她说：民国初年小说之风靡于世，恐怕并不像有些人所说的是“由于革命退潮、作家对于政治失望和淡漠这些外在的社会原因；同时也是基于文学自身的内在规律，是‘小说界革命’前后写情小说发展的结果。”林教授在发言中列举并分析了“小说界革命”前后出现的几部爱情小说：《兰花梦传奇》、《花神梦》、《珠泪缘》，以及吴趼人的写情小说所表现出的新视角、新意蕴。

提到吴趼人的写情小说，山东大学硕士研究生张冬梅对此很有同感，她认为，吴趼人作为近代一位有代表性的小说家，他的“爱情小说相比于他的谴责小说和历史小说更富于艺术，更耐人欣赏。”她说：吴趼人的“写情小说”《恨海》、“苦情小说”《劫余灰》、“奇情小说”《情变》都“具有很强的故事性，情节发展波澜起伏。对情的表现细腻感人，人物性格也比较鲜明，在艺术上确有独到之处。”张冬梅并着重分析了《恨海》在心理描写方面的独特成就和创新，指出它在近代小说史上的重要地位。

山东大学副教授武润婷接过近代爱情小说评价的话题，她说：“历史和美学的观点，应该是我们衡量文学的最根本的出发点，如果我们从这两个方面研究‘鸳蝴派’小说，就不难发现‘鸳蝴派’小说在近代基本上属于进步文学的范畴，其成就不仅超过了近代初期的狭邪小说、侠义公案小说，也超过了‘小说界革命’时期的小说。它的出现，对古典小说向现代小说的嬗变起到了重要作用。”这个观点虽有人并不完全认同，但对她给予“鸳蝴派”这种定位的胆识还是十分赞赏的。武润婷对鸳蝴派的认识并不是几句结论，她的发言是以她的论文《“鸳鸯蝴蝶派”小说和明清“以情抗理”的文学思潮》作为评价基础的。她说：“辛亥革命后，由于资产阶级民主革命推翻了封制度，使得封建伦理观念失去了政令上的依靠，也由于西方思想文化的影响，人性又开始了朦胧的觉醒，封建观念相对淡薄的市民阶层便率先从反对包办婚姻入手，开始了反对封建礼教、争取个性解放的斗争。直接反映市民的思想意识、生活理想的文学——‘鸳鸯蝴蝶派’小说，又开始和明清的言情文学接轨。”她认为：从中国小说发展史的角度来讲，“鸳蝴派”小说正是继承了明清市民文学中“以情抗理”的进步传统并有了新的发展。这次以写情小说为切入点的讨论，引起了与会代表对近代言情文学的反思。值得一提的是，在这次学术研讨会上，对近代爱情小说给予较多关注的三位研究者，都是女士，而且还代表了老中青三代。

三、对《中国近代文学大系》的关注

这次学术研讨会适值《中国近代文学大

系》全部出齐，对此，与会者异常兴奋，因此对《大系》的议论也就成为这次学术研讨会会上会下的一个重要话题。出席这次学术研讨会的范泉先生，是上海书店出版社的资深编审，也是《中国近代文学大系》的组织者和总编辑。他在古稀之年，毅然组织京沪等地的专家编选了一部30卷、2000万字的《中国近代文学大系》，历时十载，终于完成。这是中国近代文学研究史的上一项巨大工程，也是中国文化出版史上具有深远历史意义和填补空白的一次壮举。范泉先生出席这次大会受到了全体与会者的热烈欢迎和尊敬。范先生在研讨会上作了《为中国近代文学塑像》的长篇发言，介绍了编选《大系》的指导思想和具体组织工作，给与会者许多启示和教益。范先生又谈到通过《大系》的编选，加深了对中国近代文学重要性的认识。他说："没有中国近代文学的转型期量变，就不可能产生中国现代文学——'五四'新文学的质变。要研究中国现代文学而不研究中国近代文学，是不可能取得更加全面、深入的研究成果的。"

中国近代文学学会顾问、北京大学教授季镇淮先生虽因身体不好未能出席这次会议，但他写了书面发言《编纂出版〈中国近代文学大系〉的好处》。季先生十分关心《大系》的编写与出版，自始至终给《大系》的编选工作提出了许多宝贵的意见，这位著名的近代文学研究专家对于《大系》的出版表示了由衷的高兴和热烈的祝贺。说：《大系》的出版"在出版史上也是一件大事"，"对研究中国文学史是大有好处的"。他概括《大系》有四大优点：即史料的丰富性、现实性、学术性和进步性。

这次年会还进行了学会理事的换届工作，产生了中国近代文学学会第8届理事会。选举理事35人，常务理事14人，并推选山东大学博士导师郭延礼教授担任中国近代文学学会会长；华南师大校长管林教授，复旦大学中国语言文学研究所所长、博士导师黄霖教授，河南大学副校长关爱和教授，中国社会科学院文研所王飙研究员为副会长。王飚兼秘书长。增聘中国社会科学院文学研究所博士导师邓绍基研究员为学术顾问。

（孔一青）

'97王国维戏曲学术研讨会

1997年10月16日至18日，中国艺术研究院、浙江省文化厅、浙江省海宁市人民政府，在王国维的家乡海宁市联合举办'97王国戏曲学术研讨会，来自全国各地的戏曲研究专家、学者30多人携带论文20余篇汇聚一堂，就王国维戏曲史论的方方面面展开热烈的研讨。中国艺术研究院党委书记、常务副院长曲润海到会祝贺并讲话。会议热情地赞扬了王国维充分肯定中国古典戏曲的艺术成就，开创了戏曲史学并使之跻身于学术研究之林；高度评价王国维在戏曲史论方面的独到见解和重大建树，决心沿着王国维开辟的道路继续前进，为发展和完善中国自己的戏曲理论而不懈努力。会议在一定程度上反映了戏曲理论界近年在研究和继承王国维戏曲理论遗产方面的水平。

走近王国维，认识王国维 上海戏剧学院教授叶长海认为要走近王国维，首先，应充分认识王国维在戏曲史学建设方面的开拓性贡献。他的《宋元戏曲考》等著作是用近代史学方法研究戏曲史的开山之作，无论是从史料的发掘深度、从建立新兴学科的学识基础，还是从治学态度诸方面，都为我们作出表率，其中有关中国戏剧的起源、形成、艺术特征以及它的文学成就等一系列问题的论述，曾启迪了一代代戏曲学者的学术研究，至今都还有理论价值和现实意义。其次，为了较准确地认识王国维，要注意了解他的一些认识的形成过程及其理论话语的变化过程。如“意境”，系王氏在《人间词话》中首先标举的概念，他以此提倡诗词创作对“真景物、真情感”的追求。后来论元曲，又以“有意境”标称元曲“文章之妙”。此时的说法有三句话：“写情则沁人心脾，写景则在人耳目，述事则如其口出。”前两句依然在说“真景物、真情感”，但此处已增加“述事则如其口出”一条，这是针对戏曲敷演故事此一特点而言的。又由于戏曲多系“代言体”，所以“写情”写的是剧中人物心中之情；“写景”写的是剧中人物眼中之景，“述事”述的则是剧中人物之事，所以提出“沁人心脾”、“在人耳目”、“如其口出”。“如其口出”，还可理解为曲词创作符合剧中人物的性格特点。第三，要特别注意本世纪中外戏剧观念的变化，重新认识王国维的一些观念。如“戏曲”，王氏研究戏曲，数年居于日本，其所用“戏曲”与日语“戏曲”意义相近，指的是“剧本”或“戏中之曲”，并认为“真戏剧必与戏曲相表里”。“戏曲”一词，沿变至今，已作为中国传统戏剧体系的泛称了。我们要注意“戏曲”一词的使用的历史沿变，以免以今例古或以古例今，引起误解。又如什么是“活”戏剧，王国维认为元曲为“活文学”，而明清之曲为“死文学”。这是他“爱读曲，不爱观剧”的偏好所至。他的研究戏曲，重历史资料而未及田野作业，重案头文学而未及戏剧演出艺术。现在，我们的研究视野已大为开阔，研究方法亦更多样。我们已有条件对话的演出艺术、各地方戏曲剧种及各少数民族戏剧展开实地调查研究，把历史的研究与实践的研究，把资料建设和理论建设结合起来。

围绕《宋元戏曲考》，研讨王国维的戏曲史观 中国艺术研究院研究员傅晓航说：“明清的曲论，对戏曲的历史，大都囿于由诗变词，由词变曲的老调重复，尽管有些曲论家如徐渭、王骥德、焦循等人，曾对戏曲历史的某些问题提出过相当精湛的见解，但是还没有一部专门探讨戏曲历史发展问题的著述。王国维看到了元人杂剧的巨大魅力，‘优足以当一代之文学’，而感慨于昔人‘未能观其会通，窥其奥窔者’，于是他用近五年的时间，专心致力于元代戏曲历史的研究，其中包括元代戏剧的来源——戏曲艺术的起源与形成的研究，最后写成《宋元戏曲考》一书，填补了中国文化史这一空白，开辟了一门崭新的学术领域。”中国艺术研究院副研究员刘祯认为王国维的戏剧史学思想、史学观可以从以下三个方面来理解：一是学科性。称王国维赋予戏剧以独立的学科品格，这是由其戏剧观所决定的。他说：“有独立的学科品格，即有其独立的发展演化历史，曰宋元戏曲‘史’，这还是头一个。”二是系统性。称戏剧形成初期的宋元时期，概念称谓甚多甚复杂，王国维不仅考其准确内涵，且清理其发展脉络，站在文学的立场，对宋元戏剧的渊源、时地、存亡、结构、文章和作家小传家加以关注。三是现代性。他认为王国维把历朝不入史志经集的戏曲作为一门独立的学科对待，本身就是现代思想意识的体现，它实现了戏曲的位移，改变人们鄙视或半遮半掩的观念，这也是20世纪文艺领域重要的观念变化之一，使戏剧学得到长足的发展，并逐步建立起自己的体系。中国艺术研究院副研究刘文峰以《以歌舞演故事——简论王国维对戏曲基本特征的认识及意义》为题，指出王国维是一个准确地阐述“以歌舞演故事”这个戏曲基本特征的戏曲史论家。其意义，不仅能帮助人们正确认识中国戏曲的发展历史，而且对于今天研究戏曲声腔剧种的异同，推动剧种的建设和发展，建立中国戏曲的理论体系等，均有重要指导意义。浙江省艺术研究所研究员吴双连以《戏曲的定义与王国维的戏剧观》为题，重新提出“戏曲”的定义问题。他认为王国维所谓“戏曲”是指北齐至唐宋的“歌舞戏”，指不成熟、非今天意义上的戏曲，而他所谓“真戏曲”才是发展成熟、具有今天意义的戏曲，即指南戏和北杂剧。浙江省艺术研究所研究员徐宏图以《南戏的渊源、时代和发源地再议》为题，指出：这个近20年来戏曲理论界一直争论不休的问题，早在85年前，王国维就已在《宋元戏曲考》中作了精密的论证，并明确解答说，南戏“源自古剧”、“始于南宋”、“出自温州”。争论的双方绕了一个又一个圈子，从浙江的温州争论到福建的泉州，最后不得不统一在王国维的结论上，可见王国维戏曲史论的科学性及其深远的指导意义。杭州大学中文系副教授傅谨认为戏曲自宋元时期诞生以来就备受批评而一直处于文化意义上的非主流地位；直至王国维的出现才有了根本的变化，正是王国维对戏曲的研究，导致对中国文学传统整体的重构，使得戏曲获得了前所未有的地位，获得了在文学史上的经典位置，终于为史家所承认。杭州大学中文系教授徐朔方针对《宋元戏曲考》提出三条全新的见解：一、河南开封是元杂剧的最大中心。他说，古今的学者均认为元杂剧是根据周德清的《中原音韵》写的，而王国维则认为早期的中心在大都（今北京），后移至杭州，这样就存在一个很大矛盾，即北京话能不能说是中州或中原的？可见王国维在说到元杂剧的中心时，忽略了一个最大的中心——开封，金朝称“南京”。这当是王国维元剧理论的一个缺陷。二、元杂剧应改称“金元杂剧”。他说，明臧懋循《元曲选》收元杂剧100种，近人隋树森《元曲选外编》收62种，合计162种，差不多是当时的剧本数目了。而这162种当中，以河南开封、洛阳及河南其它城市为中心的大概有68种，占现存金元杂剧的42%，以大都为中心的权占全部剧种的23%，可见杂剧以河南为最兴盛。河南曾是金朝的领地，杂剧在金朝就有了，加上《中原音韵》的问题，所以，元杂剧应改称“金元杂剧”。三、《西厢记》杂剧是金代剧本。他说，关汉卿的散曲［中吕·普天乐］《崔张十六事》（见隋树森《金元散曲》上册）中，有许多文字和《西厢记》杂剧一样，可见关汉卿年代已有《西厢记》了。明朝有很多人研究《西厢记》，他们称“王作关续”，即王实甫作前四本，关汉卿续作第五本，这个说法是不对的，但他们都认为王实甫的年代比关汉卿早。另从王实甫的杂剧《丽春堂》十分真实地描写了发生在金代的事件也可推知他为金人，可见王实甫为金人无疑，其《西厢记》亦写于金代。浙江省艺术研究所研究员洛地则提出“元曲杂剧兴于南方说”，他从六个方面进行考证：一、从刻印地点考察；二、“西湖旧本”的启迪；三、元曲之“时”；四、元曲之“地”；五、元杂剧的演出体制；六、其它。这是他近年一直努力探索的问题。上海艺术研究所副研究员朱建明重读《宋元戏曲考》之后认为，戏文与南戏是两个不同的剧种，戏文产生于南宋，又称宋戏文；南戏形成于元明间，又称元南戏和元明南戏。二者之间有渊源关系，“但不是同一戏种，前者是父，后者是子，”彼此在“剧本体制”、“角色行当”、“音乐曲调”方面均有区别。会上有学者对此提出异议，认为戏文与南戏是一个剧种，不应该分开，只不过后者比前者更成熟而已。

围绕《人间词话》，研讨王国维的戏曲美学　上海艺术研究所研究员周锡山把王国维的美学理论概括为天才说和壮美优美说、古雅说、苦痛说、游戏说、自然说和赤子说、意境（境界）说、美育说、功利观、悲喜剧论等诸方面，并称其是一个宏伟的意境说美学体系，除古雅说为纯粹国货外，其它皆为完美融会中西之学之产物。其中与戏曲有直接关系的是“意境说”和“悲喜剧论”。他认为王国维的意境说，在《人间词话》中概括为’大家之作，其言情也必沁人心脾，其写景也必豁人耳目，其词脱口而出，无矫揉妆束之态”，而在《宋元戏曲考》中则改为“写情则沁人心脾，写景则在人耳目，述事则如其口出是也。”所以这样改，一则是因从论诗词改为论戏曲，二则于改为论戏曲之后，显然受亚里士多德悲剧论中的“摹仿说”之影响。所谓“写景则在人耳目，述事则如其口出”，必须是戏曲作品能真实写出自然景物之原貌、事物的真实原貌才能达到。推而广之，王氏境界说中的“不隔”、“有境界”等，均有摹仿说有关。浙江省艺术研究所研究员周大风、沈祖安则重点谈王国维的意境说。周大风认为评判文艺作品，其中一个很重要的标准就看它是否有意境，意境即“自然而已”，它对戏曲、音乐、舞蹈创作都很重要，无论第一创作、第二创作、第三创作，都离不开它。沈祖安指出王国维戏曲美学的主要成就，一是意境说，他认为戏曲中倡意境之说，是戏曲研究的主旨，亦是戏曲创作之骨髓；二是“有”、“无”说，即《人间词话》提到的“有有我之境，有无我之境”的意思；三是“隔”与“不隔”之说，他认为王氏所说的“不隔”是指纯粹写自然景物而不把个人心境掺进去，而状物寓意、以景抒情则谓之“隔”了。他还认为不能把王氏的“境界说”和“悲剧观”并列，因为前者比后者重要，后者还不是王的创见。北京艺术研究所研究员钱世明指出王氏的《人间词话》是融创作心得与艺术审美理论为一体的著作，忽略王国维是清末民初的一位有成就的词人这一点，就不可能真正理解他的词话。

探讨王国维戏曲研究历程、研究方法和成功原因 中国艺术研究院研究员王安葵描述了王国维学术研究的三个历程：一是“独上高楼，望尽天涯路”，称“中西二学，贯串精博”为王国维“独上高楼”，架设了坚实的云梯；二是“衣带渐宽终不悔”，称王国维成就卓著，凭藉的不仅是天才和灵感，更主要的是勤奋，虽饱经挫折，遍尝艰辛，以至“筚路蓝缕”，“衣带渐宽”，终不放弃对理想的钟情和执著追求；三是“蓦然回首，那人却在灯火阑珊处”，称其历尽艰辛、苦苦追寻之后，终于找到了他所钟情的“佳人”，那就是“民族艺术的长处”，“中国戏曲独特的美学价值”，王国维终于成为中国戏曲史学的不祧之祖。湖北大学副教授朱伟明认为王国维戏曲研究方法与乾嘉学派一脉相承，充分占有资料和详尽考证过程构成他的学术专著的坚实基础，然王氏的成功绝不仅是在资料的发掘、辑录和整理方面，更重要的还在于他运用独特的学术话语和宏观与微观交叉互补的方法对零散、琐碎资料的选择、排列、处理和论述中，表现他对戏剧艺术特征与发展规律的认识和把握，目的则是为了建构中国戏曲史学的完整框架，填补中国文学史上的一项空白。

（徐宏图）

（原载《文艺研究》1998 年第 1 期）

论文选摘

中国近代文学翻译理论初探

郭延礼

中国近代翻译事业是伴随着帝国主义人侵而开始的，随着中西文化交流的发展，近代翻译也日益发展起来，但作为其理论导向的翻译理论，在近代虽无经典的专著，但散见于各种著作中的论文、序跋、奏稿，却反映了近代对翻译的认识和主张。

一

对翻译重要性的认识是近代前期学者们论述的重要主题，但从理论上阐发翻译的重要并主张设立专门的翻译机构、培养翻译人才的，其代表当推曾国藩和马建忠。

1867年，曾国藩在奏请清政府增设江南制造局翻译馆的奏折中较早地阐述了翻译的重要性。而1894年，马建忠在《拟设翻译书院议》中不仅论述了翻译的重要，而且指出了当时翻译界的弊端，指出其症结就在于“通洋文者不达汉文，通汉文者不通洋文。”致使许多译书严重歪曲了原著。《拟设翻译书院议》是我国近代第一篇系统阐述翻译理论、人才培养的重要文献，对当时设立外国语学校、翻译西书乃至近代翻译事业的发展均有一定的倡导和促进作用。

稍后，张之洞在《上海强学分会序》(1896）中说：“欲令天下士人皆通西学，莫若译成中文之书，俾中国百万学人人人能解，成才自众，然后可给国家之用。”同年，梁启超在《变法通论·论译书》中再次强调了译书的重要性。

如果说在上个世纪后半期，近代学者心目中的翻译主要还是指翻译一般西书而言的话，至19、20世纪之交。其论述内容则开始涉及到文学翻译。梁启超在《译印政治小说序》（1902）中竭力宣传外国政治小说对开启民智、增强国家观念的重要作用。这便为20世纪初翻译文学的发展和繁荣作了舆论准备，对翻译文学迅速占领中国文坛，形成“翻译多于创作”的新局面具有积极的促进作用。

二

翻译之难，几乎是所有翻译家的共同感受。马建忠很早就有“夫译之为事难矣，译之将奈何”的感叹。林纾也说：“顾译书之难，余知之最深。”而诗歌翻译的难度尤甚。英国著名诗人雪莱曾说过：诗不能译，译诗是徒劳的。以翻译诗歌驰名译坛的苏曼殊亦有深刻的体会，他在谈到翻译诗歌之难后指出：翻译外国文学，必须先精通所译国家的文字。他已认识到语言的隔阂是诗歌翻译最主要的障碍。其次，曼殊认为诗最难译的也是最重要的还在于神韵：“尝谓诗歌之美，在乎气体。”(《拜伦诗选·自序》）译者如果没有原作中诗人那种真挚浓烈的感情，就无法捕捉到诗的“神韵”。可见诗歌翻译较一般文学作品更困难。

三

关于翻译的标准问题，严复之前也有零碎的论述，如马建忠提出过“善译”的问题，要求译文与原著完全相同，毫无差别。继马建忠之后，明确提出翻译标准的是严复。他在《天演论·译例言》中说：“译事三难：信、达、雅。”要求三者统一。所谓“信”，就是忠于原著；“达”就是译文通顺畅达；“雅”主要指文采，但严复的“雅”还包括“用汉以前字法、句法”的意思，这便带来了艰深难懂的毛病。

对严复提出的“信、达、雅”这一翻译标准，从其主体精神方面，近现代的许多翻译家和学者是认同的，并把这一标准视为“文章之正轨，译事之楷模”。在近代，除严复外，还没有人提出更加完备、为后人所普遍接受的翻译标准。

四

意译和直译是自有译书以来两种主要的翻译方法。一般说，19 世纪末、20 世纪初几年的翻译多属于意译。在近代真正从理论上论述意译与直译的，仍然首推严复。“译文取明深义，故词句之间，时有颠到附益，不斤斤于字比句次，而意义则不倍本义。”(《天演论·译例言》)可见他是主张意译的。首倡“小说界革命”的梁启超也主张意译。

在近代翻译界，真正倡导直译的，应当推周氏兄弟。鲁迅在为周作人的译作《劲草》(阿·托尔斯泰著)写的序中说翻译作品应当“使益近于信达”，以让原作者“撰述之真，得以表著；而译者求诚之志，或亦稍遂矣”。周作人也力倡直译，他在《文学改良与孔教》中说：“我以为此后译本……当竭力保存原作的‘风气习惯，语言条理’，宁可‘中不像中，西不像西’，也不必改头换面。”这一主张对于纠正近代翻译文学中歪曲原著、肆意增删的不良现象具有积极作用。

由于近代翻译文学的实践历程短，许多理论问题尚未来得及提出，即使有论述到的也是浅尝辄止。此文旨在抛砖引玉，希望引起翻译学界的重视；文中不妥之处，自知难免，请方家教正。

(原载于《文史哲》1996 年第 2 期，原文 12000 字，纪美云摘)

晚清白话文运动

夏晓虹

白话文运动并非“五四”的特产，实际上，早在晚清，便已出现了颇具声势的白话浪潮。晚清的白话文运动是应变法维新的要求而发生的。这一运动最初的倡导者维新派人士认为，只有开通民智，才能使国家富强；而要开通民智，必须使人人通晓文字，中国言、文不一致的现象便成为最大障碍。为此，非废除文言、推行白话，便别无他路。白话、文言的取舍于是与国家的兴亡发生关联，意义重大，不容轻忽。作为白话文运动理论先导的黄遵宪在 1895 年刊行的《日本国志》中率先提出语、文合一的主张，1896 年梁启超作《沈氏音书序》，节引过黄遵宪的论点。他们的思想在当时发生过相当大的影响。1898 年 8 月，裘廷梁的名文《论白话为维新之本》在“百日维新”的高潮中发表，白话文作为变法事业成功的根本途径之一，得到了维新派充分、明确的肯定。裘文全面阐述了维新派的白话文理论，成为这一运动的指导纲领。1900 年《知新报》又刊出康有为弟子陈荣衮的《论报章宜改用浅说》，陈荣衮关于报章文体通俗化的意见，为一大批文言报刊指出了向白话过渡的“浅说”一途，因而富有实践价值。白话文运动还有一个重要的理论支柱，即其时刚刚传入的进化论。从进化的观念出发，改良派人士认定，书面语向口语靠拢、文言文变为白话文，乃是中国语文发展的必然趋势。

在白话文运动实际开展的过程中，白话报刊起了重要的作用。1897 年 11 月，《演义白话报》在上海诞生，这是目前已知最早的一份白话报纸。1897—1911 年出版的完全采用白话的报刊，至少有 130 余种。这些白话报刊互通声气，相互转载文章，形成了强大的舆论力量。靠近白话，已成为这一时期报刊文体的总趋向。与此同时，各种白话书籍也大量印行，深入民间。而白话书籍中，又以教科书的数量与影响最大。小学堂普遍以俗语入门为学习文言的基础，对于改变社会通行观念，发挥了潜移默化的巨大功效。再加上数以千计的白话小说与之呼应，一向受轻视的白话文竟掀起了轩然大波。一时间，不同文学流派、政治集团的人纷纷采用白话撰述，使得晚清白话文运动出现了语言形式同一而思想倾向迥异的复杂局面。之所以呈现如此纷杂的状态，是与运动的性质及参加者对白话文的工具性使用方针密切相关的。发生于晚清的白话文运动基本上属于资产阶级启蒙运动，它在西学输入后发生，以开通民智为总体目标。而开通民智是一个不同社会力量都可以接受的口号，问题在于用何种思想启悟。因而在具体实践中，便出现了巨大分歧。改良派视“白话为维新之本”，革命派以白话为政治宣传的载体，守旧派则将白话当作保存封建专制残余的一种可资利用的手段。无论是革命派还是改良派，在当时都具有历史进步性。晚清白话文运动不仅作为资产阶级思想启蒙运动，在提高国民觉悟上有很大功绩，而且作为语文革命运动，在推动言、文合一方面发生了切实效用。

同样毋庸讳言的是，白话文在晚清的使用与接受，明显地含有等级意识。文化水准的高低，成为取得阅读文言或白话资格的关键因素。晚清白话文作者的区分“他们”与“我们（胡适《五十年来中国之文学》），视白话与浅说为“取足便俗，无当于文苑”（章太炎《与邓实书》），使得文言仍保留着事实上的优越与尊贵，作为圈内人共用的文体而被欣赏。以白话为开通民智的工具，既可收立竿见影之效，也存在着根本的隐患。启蒙者的角色认定，使晚清白话文的作者自居于先知先觉的地位。这种居高临下的态度，造成运动的不乏广度，却缺少深度。因此，虽有裘廷梁等先进分子激烈主张“崇白话而废文言”，实际发生作用的主流思想却是文言、白话并行不废。即使是出自裘廷梁、陈荣衮专门阐述白话文理论的文章，也手、口不一，全以浅显的文言写成。并且，俗语教学，也只用于小说之开蒙；知识稍进，仍以学习文言为归宿。正因为看中文言、白话互不妨碍这一点，才会有形形色色、不同流派的古文学家参与晚清白话文运动，从而造成极大的社会影响。就此而言，这次运动的不彻底之处，同时也是它的有利之处。

以语、文合一为标志的白话文，在晚清作者的不断实践下日趋纯熟、流畅。但其仍属于启蒙文字，主要以文化水平不高的下层民众为拟想读者与听众。若作为现代散文来阅读，至少还缺少两项基本的要素：新词语与文学性。因为晚清的白话文只是开通民智的一种手段，所以语言上的要求是“我手写我口”，以学习、接受口语为最高准的。而其时大量表达新事物、新观念的新名词，刚刚从国外输入或由文人造出，尚未在全社会普遍流行，进入日常生活语境，自然会被排除出白话文。白话作文既然以宣传、教育为重要用途，文章便不必写得有文采，“辞达而已”于是成为引述最多的警言。晚清白话文所遗留的问题，在‘五四’文学革命发生后始获得圆满解决。平民化的思潮兴起，取消了使用文言的语言特权，白话方可能在社会各界通行无阻，被约定为最主要的写作文体。新词语的融入与‘美文’概念的提出，使白话文真正无意不可达，而享有了文学的声誉。至此，现代白话文才脱颖而出。

（原载《文史知识》1996年第9期，全文约6000字，郭浩帆摘）

晚清“小说界革命”与小说市场

王学均

相对于传统的文学观念和价值，晚清“小说界革命”的确是一场“革命”。但它不是为文学而文学的革命，而是应新文化启蒙所需而发生，也以此为实践目的。它希望借用通俗小说的文学形式来传播新文化，通过影响社会心理来影响中国社会和国家的发展方向，这里面灌注了它的倡导者们的终极关怀。近百年来中国人的“脑质”经历过四次变革的高潮，每次高潮，都造成了中国小说史的一个转折期。其间第一次高潮便表现为晚清的新文化启蒙运动。也是这场运动在社会普及的意义上把中国的意识引进到自己的20世纪。而它之所以选择“小说界革命”，则基于它的倡导者们对当时已存在的图书市场中小说所占的比重，及其与市民文化关系的认识和判断。因此，本文将“小说界革命”之所以发生的原因之一，即它与小说市场的关系问题作为考查的对象。

中国古典通俗小说发展到晚清“小说界革命”之前，早已形成了自己成熟的民族形式，产生了自己的典范性作品。它既是中国古代市民文化最主要的文学载体，也典型地反映了中国的民族性格和生活方式，而拥有广大的市民受众和市场。它的传播有许多种途径，例如说书、改编为戏剧演出等等，便属对小说内容的传播。但主要的，并且属于重要、便捷、可靠而经久的传播方式，则是文学形式的刊刻流传，这是经过图书市场进行的。早在戊戌变法之前，康有为已从通俗小说的畅销中，看出了它是一种可资利用的市民文化资源，想到了对通俗小说语体形式的另一种利用，即用通俗小说的形式来教育少年儿童，并将这种“启童蒙”放大到对市民社会的启蒙。将小说市场的情形和书肆坊贾的经验化用为自己的目标服务，乃是“小说界革命”之所以发生的基本原因，也即基本思路和策略。借通俗小说的白话语体文形式，和已经存在且拥有广大市民读者的小说市场来传播康有为之所谓“正道”，梁启超对此心领神会，在倡导“小说界革命”前后，他反复流露出乃师的思路。当然，将这种“因势利导”的思路停留在口头笔端是一回事，而欲真正付诸实践，却是非得进入小说市场不可。戊戌政变后，康、梁依靠说动“人主”来维新变法的办法失败，他们和许多维新志士不得不流亡海外。侨寓日本的梁启超这才“集精力”真正利用小说市场以行他们的“道”，这就是《清议报》、《新民丛报》，特别是《新小说》月刊的创办，外加设在上海的广智书局。

《新小说》月刊是梁启超们倡导“小说界革命”的一种办法或载体，也是使之占领小说市场的实体。它的出世，也宣告了中国的一份真正现代性质的小说期刊的诞生。《新小说》创刊伊始就表现出现代期刊的基本特色，即期刊二重性之一的商品性。它写明了订价和预定的方法，也写明了刊登广告的《告白价目表》，尤其是它的创刊号上刊登的《本社征文启》，制定了稿酬。在《新小说》之前，我们还没有查到公开而明确的小说稿酬规定。那么《新小说》公开推行小说稿酬的制度，对于吸引作者，促进职业小说家的形成，不但在事实上，而且在观念和价值上，具有开拓的意义。不但如此，《新小说》的稿酬制度对于留学生和新式学生来说，尤有实际意义。中国新小说的兴起，与翻译小说有直接关系，留学生和新式学生便是其基本的作者群，而稿酬对于他们来说，则既有补于学习生活的费用，也给他们提供了自由发挥自己的条件。《新小说》诞生后发生了巨大的影响。自它以后，中国始出现了小说的期刊时代。由它开始的稿酬制度迅速推广开来，直到形成版权制度。它也深刻地影响和改变着中国小说固有的小说市场，推动了中国小说作家的重新构成。虽然新小说家未必都是“大雅君子”，但鄙视小说家的时代，却由此埋葬在历史的记忆里了。并且只是到了这个时候，中国才出现真正的作为市民知识分子的职业小说家，也即我们现在所称的“作家”。

（原载《明清小说研究》1997 年第 3 期，全文约 10000 字，郭浩帆摘）

新书评介

《中国近代小说大系》

中国近代小说大系编委会

80卷本、4000万字的《中国近代小说大系》经过十余年的奋斗终于全部出齐与读者见面了。这是中国近代小说研究史上的一项宏伟工程，也是当代中国文化出版史上的一件大事，值得我们庆贺。在这项巨大的出版工程竣工之际，我对这套大系作点简单介绍。

作为一套完整地反映中国近代小说作家、作品情况的大型丛书，《中国近代小说大系》的特色是十分明显的。

首先，《中国近代小说大系》从纵、横两个方面，展示了近代小说的全貌。纵，指《中国近代小说大系》所收作品的时间跨度。按照习惯的、现在仍为多数人所同意的我国历史的分期法，从1840年的鸦片战争到"五四"运动前夕，是近代时期。而《中国近代小说大系》所收的作品，则包容了这一时期近80年内产生的主要的、有影响的、有代表性的小说。这就有利于研究者和读者把握这一时期小说发展的脉络；同时，《中国近代小说大系》又特别注意选收戊戌变法前后至辛亥革命这段时间的小说，因为这是近代小说理论和创作空前繁荣的阶段，是近代小说的主流。这样，既保持了近代小说的完整性，又突出了近代小说的主要部分，有助于读者从整体上把握近代小说的发展和规律和特点。横，是指《中国近代小说大系》所收作品的面。它包容了近代小说的各种题材、主题，不同作家，不同风格、流派的作品，其中，既有狭邪小说、公案小说、侠义小说、言情小说、侦探小说、科幻小说等，而更多的是以揭露社会黑暗现实，痛斥封建腐朽统治和帝国主义列强侵略暴行的谴责小说以及反映旧民主主义革命作品，从而全面反映近代中国社会的面貌和近代小说创作的成果。《中国近代小说大系》在广泛收集各家各派作品的同时，更注意对李伯元、吴趼人、曾朴、刘鹗等近代著名小说作家的作品收集和整理。在《中国近代小说大系》中，几乎收集了李伯元、吴趼人所有的长篇、中短篇小说。这种纵、横两方面选收作品的作法，既展现了近代小说的全貌，又为研究者提供了全面了解中国近代社会的政治、经济、文化、习俗的生动、形象、丰富的资料。就《中国近代小说大系》的规模而言，共80卷，近4000万字。所收作品无论从时间跨度、种数、作家人数等方面，不仅大大超过了建国以来已出版的由阿英选编的《晚清文学丛钞》和《中国近代反侵略文学集》，而且也超过了由台湾广雅书局出版的《晚清小说大系》，是中国近代小说出版史上最宏伟的工程。

其次，《中国近代小说大系》通过精选、精编，真实地展现了近代小说的原貌。首先，表现在对版本的选择上，《中国近代小说大系》对所收的每一部作品都尽量选用最初、最好的版本作底本进行认真整理、校勘、标点。整理时，又尽可能保持原样，做到准确、完整地再现原作。《中国近代小说大系》在每卷卷首均有“本卷说明”，列出了作品已有的不同版本，说明此次整理、校点、排印时依据的底本和参照本，便于读者比较、考查。其次，表现在《中国近代小说大系》对原作品的眉批、夹注、回批、总批的处理上。由于这些评点文字是我国传统小说独特的文学批评形式，对读者理解小说内容和艺术方法，启发和增进审美能力，具有重要的价值，因此《中国近代小说大系》改变了以往整理出版近代小说时多将这些评点删去，只留原文的作法，全部保留了这些评点文字，以供研究者深入地研究、探讨之用。第三，以往整理出版近代小说，出于种种原因，特别是从当时的政治需要出发，对作品进行较多删节与改动。这些被删改的情节和内容，多是全书的有机部分。其结果，破坏了作品的完整性，为许多研究者所不取。而《中国近代小说大系》则在删改方面取极为谨慎的态度。在整理、校勘时，除对少数作品中的糟粕作必要的删节外，以忠实原作为宗旨，基本上不作删改。从已经出版的近4000万字作品来看，仅仅删除六个字。即有个别改动，也均加注说明，力求向读者提供最完整、最准确的版本。第四，《中国近代小说大系》还附有了每部作品原有的插图以及各种版本的书影、版权页等，为研究者和读者欣赏和研究近代小说，提供了宝贵、罕见的资料。

第三，《中国近代小说大系》集中了鲍正鹄、章培恒、蒋孔阳、贾植芳、安平秋、王继权等国内外著名的专家、学者和教授，担任顾问和编委；依靠了复旦大学、北京大学等一批专门从事古籍整理的研究人员担任校勘工作。高水平的作者队伍，严谨的治学作风，保证了《中国近代小说大系》的选编与校勘质量。仅以《二十年目睹之怪现状》为例，在《中国近代小说大系》未出版之前，社会上流传最广的是人民文学出版社以广智本为底本，于1959年初版，以后又不断重印的标点本。这个标点本由于对原本作了多处删改、增补，同时又沿袭了原来的一些错误，并删去了原本的所有评点文字，因此，严格说，是个不很理想的本子。《中国近代小说大系》所收的《二十年目睹之怪现状》的校点者与责任编委，则忠实于该书底本——广智本，并参校了《新小说》所载的四十五回，绝不任意增删改动。凡有校正，或有校记，或以相应符号表明增改、删削所在，使读者得以理解底本在该处的原貌，同时忠实地保存了底本的全部评点文字，此外，还就一些疑难错讹之处，进行了颇为认真的校勘，从而使这一本子成为目前对研究者来说，最具有使用价值的本子。类似这样的例子，在《中国近代小说大系》中不为少见。

第四，作为国家“八五”出版规划重点项目和江西省新闻出版局重点图书，《中国近代小说大系》的编校质量和印装质量在全国小说出版物中也属上乘。它印刷精美、版式大方、装帧考究。封面由国内著名的书装设计家设计，古朴、典雅而又富有民族特色。这套大型丛书，既可供阅读、研究之用，又可供图书收藏者作为精品收藏。

《中国近代小说大系》的选题策划于1985年，1987年开始选编、校勘与编辑工作，1988年10月出版了第一辑。其后，历时十年，共完成了六辑80卷的选编、校勘、编辑出版任务。除第八十卷为《中国近代小说目录》外，前79卷共收近代小说405部(今短篇小说)。由于这套丛书卷帙浩繁，规模宏大，参与校勘人员众多，编辑出版时间长，加之一些人事变动的原因；也由于受版本资料和水平所限，《中国近代小说大系》难免存在许多不足之处，甚至错误，这都希望专家、学者和广大读者给予批评、指正。

（周榕芳《〈中国近代小说大系〉编后记》，原

载《中国近代小说大系》第80卷，百花洲文艺出版社，1997年5月出版）

《中国近代散文史》

谢飘云 著

撰写过中国第一部文学史的东吴大学教授黄人在清帝逊位前一年刊布《国朝文汇》，这部五百卷的巨帙为清文的结穴划上了一个圆满的句号：自80年代初开始，钱仲联教授著《清文举要》授及门诸生，示以从入之途；谢飘云教授曾负笈吴门，从钱老受清代诗文，归粤潜研十余载，终于结出硕果，向学术界奉献了一部30万言的《中国近代散文史》。面对优秀的清文及近代散文遗产，这三代学人都通过自己的探讨作出历史的回答，如果说，《国朝文汇》旨在存目传人，《清文举要》主要是传授师法和家法，那么，《中国近代散文史》则重于描述晚清、近代散文的文化慧命，阐述中国散文的近代转型。

美国史学家莫·曼德尔鲍姆在其《历史中的客观主义》中说："任何一部专门历史，如有一个中心题材，它就构成这部历史所记载的各个事件的一种联系形式。"在具有巨大的历史和现实涵盖面的近代散文中，这种意味的"联系形式"至少有三层文化内蕴。

首先，作者极其重视文体发展过程的整体性研究，充分调动了"文体"本身具有的整合力。现当代许多综合性的和专体性的文学史著作都不同程度重蹈古已有之的"文苑传"式的写法，往往体现为文学的"事件的总和"，而不是"过程的总和"（恩格斯《费尔巴哈与德国古典哲学的终结》语）。作者在写作"近代散文史"时，不想将自己的笔约化为一根按时代先后机械串联散文作家、作品的线条，他的研究视角与写作重心已表现出富于哲理色彩的"转移"：近代散文的近代化过程乃是中国散文必然的文化转型，近代散文的发展史有如"多声部"合鸣的气势磅礴的交响乐章，第一重奏为鸦片战争之前涌出现一批末世批判者，他们的散文洋溢着批判理性之光；第二重奏则是鸦片战争之后痛心疾首、力图挽狂澜于既倒的改革先行者们的探索，"睁眼看世界"的新风已不惬于古雅的形式了；第三重奏是维新派的文体创新，真正掀起了席卷全国的"文界革命"；第四重奏伴随着民主革命的风起云涌而显出惊涛拍岸的雄放，奠定了现代散文的美学原则。这四重奏所昭示的文体变革实质上乃是中国近代文化转型的有机组成部分和内在表征之一，呈现为思想史意义上的同步嬗变。当然，作者并没有将这一嬗变无限扩大为散文发展的全部，新美典的形成作为一个连续性的历史过程，仅仅是先锋型精英的创造，实有赖于更为广阔的文学、文化基础，在作者笔下，晚清时期在散文创作的数量和广度上占有相对多数的传统古文也是近代散文史上的动情和弦，传统在与时俱进，传统散文所抒写的优美篇章恰恰为新美典的奠定营造了浓郁的精神氛围，作者用较大的篇幅阐扬姚莹、梅曾亮、吴汝纶、黎庶昌、郭嵩焘、严夏、林纾等人散文创作的积极因素，从中厘清并进而揭示出文化新变的逻辑起点和美学基础。不难看出，作者试图打破既往的"反拨"、"斗争"的发展模式，重构一种更加个性化、更高境界的"长时段"内在关联的整体发展模式。

其次，作者非常注重探讨散文文体的创造尤其是散文语言的新美典的确立过程。作者认为散文的语言是主客体互相渗透的，既是内容又是形式，既是文学又是生活语言，不仅包括了作家的才华、智慧、思想、人格等因素在文学表达中形成的风格，而且蕴含着耐人寻味的韵味、情趣、色彩的语言，更明确地讲，语言本身就是存在的诗意栖居，"亮敞"与"澄明"着个体化世界存在的最大可能性（海德格尔《荷尔德林与诗的本质》语），近代散文的语言渐渐抛弃程式化的古典语象而走向生命存在的本质，近代散文在这个意义上才具有一种真正的“近代写作姿态”。当中华民族被历史性地推到世界舞台的前沿时，近代散文家蓦然发现自己和自己民族、国家的命运已不可能用传统话语来表述了，例如黎庶昌、薛福成、王韬、冯桂芬等或走出国门亲身感受西方文明或沐浴西学东渐之风，在行文过程当中不可避免地使用了代表新事物、新观念的名词，结构风格大大背离桐城义法，渐开一代新风；而梁启超杂取西洋东洋名词、文法，打破文言紧凑的结构，扩展句子长度，顺应口语舒展的自然文气，创造了风靡全国的“新文体”；民主革命者则采取较为纯粹的口语写作鼓吹革命的文章，以期其有效地唤醒民众、推动革命，亲随着革命的成功而以政府行为的方式确立中语的合法性，这就为五四新文学运动打下了必然性的伏笔。近代散文语言逐渐走向白话的过程，完全不同于既往的和同时期的民间白话文学创作活动，也很难判别其与民间白话创作的因果关系，很大程度上是文化精英自觉寻找近代生命、情感和话语方式的完整凸现，其雄放、浅直与流畅的文体风格蕴涵着更深刻的散文的自觉，“近代写作姿态”不仅综合了文化精英的创造与民间艺术活动的内在一致性，更重要的是初步实现中国散文与世界的理性接轨，中西文化交流使散文创作呈现双向性发展，臻于“文言合一”的境界，作者对于文体转型、语言文化创造的描述与论证精确入微，令人信服。

再次，作者将近代散文文体史的发展视为近代文化——审美心理流变的过程，更确切地说是“人的近代化”过程。近代中国的命运，充满了苦难同时也充满了希望，散文作家们无法容与地优游于纯美的小天地之中，散文题材涉及古今中外几乎所有的政治、社会、经济、军事、文化等诸多方面的问题，而主题则只有一个：改革与救亡成了近代散文中的主旋律。作者概括近代散文的时代意蕴有四点：一是充满忧患意识和时代使命感；二是表现出强烈的救亡图存的爱国热情；三是向西方学习，求变的进取精神；四是对科学民主精神的弘扬。这样的概括颇具深度，如龚自珍、魏源的散文就弥漫着浓郁的忧患意识，感时忧国，呼吁改革自救、解放个性，经世散文以雄豪犀利见长；打开国门、西风东渐之后，湘乡派作家也在顺应时代潮流，渐趋实用，走出“神韵”的窠臼；而后20多年间，恰如黄人所言：“中外一家，梯航四达，欧和文化，灌输脑界，异质化合，乃孳新种，学术思想，大生变革。故其文光怪瑰轶，汪洋恣肆，如披《五会》之图，如观楚庙之壁，如喜马拉山绝顶，遘天帝释与阿修罗鏖战，不可方物。”（《国朝文汇序》）国人的观念在急剧地更新，文化视野从封建帝国内部拓宽到整个世界，政治—文化—审美心理已渐渐接近完成向近代化的转型，散文家在充分认识到变革的必然性的同时，对散文审美趣味的追求则从“神韵”一变而为慷慨议论、元气淋漓了，我们从中解读到的不仅仅是散文文体的嬗变过程，也展读了国人文化心态次第更新的惊心动魄的历程，难道这不是一部活生生的近代思想文化史巨幅图卷吗？“文学是人学”，诚哉斯言！作者解读近代散文的思想历程，正是复原近代散文中的“文化场”，揭示近代散文转型的奥秘所在。这是作者颇具手眼之处，也是本书最吸引人的地方之一。

本书的显著特点是冶哲理思致和优美的语言表述于一炉，颇见功力。近代散文所负载的历史内涵往往超出纯美之上，忧患、救国、改革、革命、文化建设等话题本身具有很厚重的历史积淀和理论深度，却是研究文体史必须面对的客观现实，作者能以浅近的话语出之，没有名词的铺排，怡然条鬯，举重若轻，充分发掘出近代散文深层的个体心灵的性灵之美。本书作为第一部近代散文史，建构了文体发展的动态历史，可谓精彩纷呈；当然，尚需张皇幽眇之处亦在所不免，这就有待于作者与有志者共同努力了。

（闵定庆《重构中国近代散文的文化特型——评谢飘云著〈中国近代散文史〉》，原载《华南师范大学学报》1999年第6期）

《〈老残游记〉的意象研究》

李瑞腾　著

在近代小说当中，《老残游记》以它深厚的文化内涵和丰富的文化信息，显示出独特的风格追求，也吸引着海内外众多研究者的目光。近年来，刘鹗及《老残游记》的研究逐步走向深化，其中，台湾学者李瑞腾的新书《〈老残游记〉的意象研究》（台北九歌出版社1997年版）堪称独树一帜之作，它的研究方法新颖独特：拆解小说文本，将其还原到小说构成的基本单位——意象，例如《老残游记》中属于自然的冰雪、山、水等意象和属于人文的哭泣、乐音、灯烛等意象，对其进行重组论述，分析这些它们在文章脉络中的意义，以此彰显人物的心理状态，小说的主次题旨，进而进入主人公那与现实社会相对应的心灵世界。

意象是创作者主观情致与客观物象的化合物，是作家审美活动的直接产物，所谓“象者所以明义”、“言者所以明象”（王弼《周易略论·明象》），往往包含着丰富的意蕴。意象之研究，过去多是在诗歌领域内进行，《〈老残游记〉的意象研究》一书则将其纳入小说研究的视野。作者李瑞腾认为，小说本是人物于特定时空中的活动所形成的具有因果关系的事件之叙述，其情与其景必相关涉，亦即意与象必然对应；具体可感之象，总牵连着人物的心理动状，甚至与文化传统有所关联。他将所发现的《老残游记》诸意象分为自然意象和人文意象两大类别，擘肌分理，剖析这些元素在小说脉络中出现的具体状况；细心求证，探索其中所蕴藏的人物的性情与特质，进而呈现小说主题。其中不乏有价值的创见，例如对“黄河”这一意象的分析（见上编第三章《水意象》），过去学者已认识到它影射了千疮百孔之旧中国，而作者在充分的比较分析基础上，指出这一意象更与中国封建官僚制度有着密切的关联。再如对小说中“不断而密集出现”的老残及受难民众的“哭泣”意象（见下编第一章《哭泣意象》），也将其中蕴含的复杂而多层面的内在之意逐一解析，以此分析人物，并揭示小说的深刻主题，从而认为《老残游记》是一部“真正的哭泣文学”。

小说意象论，是一种微观小说学，它拆解文本，将之还原为一个个包含丰富文化信息的单元。但作者并没有孤立地就意象而论意象，沉溺于“见树而不见林”的琐屑考证，在他的胸中和笔端，自有一个内涵丰富而逻辑严整的“意象结构”。而且，他始终将研究置于封建末世严冬季节那雪冻冰封的广阔时空背景，置于小说叙述的前后脉络，将各意象与其前后文字以及其它出现之处细心比较，并在大量相关理论及史地著作中广泛求证。在这样丰厚的全本认知的基础上，解读了主人公老残泣血的内心世界和中国上个世纪末的悲凉现实。

本书《附录》中还收录了作者对《老残游记》初、二编《自序》的注释与评析、刘鹗和《老残游记》台湾地区的研究资料索引以及作者所著对刘鹗《铁云诗存》的评论文章等内容，均具有较高的研究价值和资料价值。

（王　萱）

《中国文学观念的近代变革》

袁进 著

如果我们现在来看梁启超说过的，中国社会的腐败是小说不好造成，欲变革中国社会必须首先变革小说，我们准会感到荒唐可笑。但是，如果我们不健忘的话，30 年前我们的所做所为，和他的观点如出一辙，且有过之而无不及。从批判《海瑞罢官》开始，“利用小说进行反党活动，是一大发明”之类的“文字狱”比比皆是；一批批“反党”、“反社会主义”的大“毒草”被无情鞭挞；一本本图解政治的“文学”作品被吹捧上天。谁都不怀疑，文学是阶级斗争的工具；谁都坚信，无产阶级只要牢牢掌握笔杆子，革命的江山就会“永不变色”。

文学的功能何以被强调到这样不适当的高度？这一现象和中国传统文学观念之间有什么渊源关系？从上世纪末到本世纪初经过的文学变革如何影响现、当代中国文学观念的变化？这些都是文学研究者们极为关注的问题。

欣喜地读到袁进的新著《中国文学观念的近代变革》，受益匪浅。作者研究的是中国近代文学，他没有对中国现、当代文学加以阐述。但是，他对中国文学在近代那次根本性变革的分析和总结，却是我们认识当今文学现象一个很好的借鉴。近代文学的那次变革，改变了中国古代文学的结构体制机制，是一次最重要的选择。迄今为止的许多变化只是那次变革的继续，有的甚至又回到当初的出发点重新加以思考和抉择。因此，不仅对文学研究，而且对文学创作，这本书都有相当重要的意义。

袁进写此书最初的动因，是在第一次看到梁启超《论小说与群治之关系》一文中把社会的腐败归咎于小说引起。作者在怀疑文学是否真能发挥如此巨大的功能的同时，渐渐认识到：“问题不在于它是对还是错，而是在于它究竟怎么会形成的？”于是，他开始探究：这个结论的背后有没有中国社会文化的依据？为什么许多先进知识分子包括鲁迅都会深受这一思想的影响？这一思想如何会统治晚清文坛，成为中国文学近代变革的主导思想？书中，作者在对传统文学观念、运行机制、文学本体阐述的基础上，研究了近代文学变革在个性解放、审美意识，文学语言，文学体裁等方面的关键性突破，最后得出结论：中国文学观念的近代变革“表面上是成功的，在骨子里却是失败的。成功的象征是：文学观念实行了转换，文学的范围等与国际接轨，白话的新文学占了统治地位。失败的象征是：缺乏人文精神的支撑，文学的主流始终在政治层面上思考文学问题，文学未能有自己独立的地位”。

作者不止一次地强调德国哲学家伽达默尔的一句话并加以运用：“传统不只是我们继承得来的一种先决条件，而是我们自己把他生产出来的，因为我们理解着传统的进展并且参与到传统的进展之中，从而也就靠我们自己进一步地规定了传统。”儒家文学观念占统治地位的旧文学传统把“文”看成是“道”的体现；20 世纪初的新文学受西方文学观念影响，由“道”的关注转向对“人”的关注。中国文学本该站在一个新的高度实现文学的这一重大变革，然而，由于西方传教士对“文学兴国”的鼓吹，由于梁启超“经世致用”主流意识，使他们把眼光仅仅盯在文学作为宣传工具这点上，西方先进的文学观念凡是与他们所关心的政治无关，他们便视而不见。直到“五四”文学革命时期，留学生们一方面试图提倡文学来发现“人”，一方面又试图“革新文学以革新政治”，“经世致用”的思想同样影响着留学生们对外国文学的选择。在这个复杂的历史过程中，尽管文学最终吸收西方文学观念，成为一门独立的人文科学，但是，“文以载道”“以文治国”的观念始终支持着文学的主流。文学在“道”与“人”之间久久徘徊，渐渐显得贫乏而狭隘。那些以文学宣传的作家们很少意识到文学自身的规律和丰富的内涵，他们以为，革命的见解只要穿上文学的外衣就立即能发挥巨大的文学感染力。近代中国实用宣传的文学观念就是这种文学观念发展到极致的产物。由此可见，近代文学工作者在那场变革中改变了传统，延续了传统，也生产了传统。

苛求文学承担伦理道德、政治教化的沉重使命，就不可能产生真正好的文学。文学不是不可以表现政治，但是，文学不是政治的一部分，而是人生的一部分。作家应该在人生的立场上表现政治，而不应该把文学作为工具来表现政治。真正表现“人”的文学，应该是真实的生命体验，必然是建立在直接表现生命状态基础上的广阔人生，必须摆脱宗教、道德、政治束缚、以及“劝善惩恶”之类的从属性工具性地位，使之成为独立的人文科学，一门真正的艺术。作者最后指出：中国文学史上毕竟还有不少辉煌的文学著作，表现了作者生命的体验，但是，“一百多年来，我们没有产生能够贡献给世界而毫无愧色的一流大作家。这一差距只有与同时代其它国家先进文学相比才能看出，我们的作家缺乏对人类命运的思考关注，缺乏文学上的大气势，大手笔”。

研究历史，是为了认识现在；认识现在，是更好的面对未来。《中国文学观念的近代变革》让我们看清了一段重要的历史。文学传统如影随形。传统制约着我们，也不断被我们重新创造。在新世纪来临之时，如何理解传统，并参与传统的进展，这是每个中国作家和文学研究家们面临的问题。

（王周生《文学在“道”与“人”之间的徘徊——读〈中国文学观念的近代变革〉》，原载1996年10月6日《文汇报》）

1996—1997年
古代文学研究

研究概况

先秦两汉文学研究述要

扬之水

先秦两汉文学研究，可以分作诗与文两部分，本来还包括先秦神话在内，但《年鉴》别有“中国神话研究概况”一项，则此处从略。1996、1997两年中这一范围内公开发表的各类文章，粗略统计〔1〕，长长短短，近700篇。限于条件，未能一一寓目，以下仅以经眼之434篇论文为基础略述其要。

一、诗

诗经研究，与以往相比，关于《雅》《颂》的讨论比较地多起来。如王洲明《周人的“敬德”思想与〈诗经〉》〔2〕认为“敬德”是周人政治思想的一个最主要的特点，《诗》则不仅是周人敬德思想的一般反映，而且代表和体现了周人文化的最高水平，是周人文明的象征。从《雅》《颂》中特别可以看出周人对天命的认识过程，即前期由天命建国而天佑有德之国，后期由怨天而最终认识到祸非降自天而是咎由自取。这种认识的获得，也是周人敬德思想的结晶。此外《雅》《颂》还表现出周人的“慎战”，这也正是周人敬德思想在处理部族关系以及战争问题上的最突出的表现。又如陈成国《论二雅的政治抒情诗》〔3〕，通过几方面的具体比较，指出“二雅政治抒情诗为《离骚》之祖”；冷卫国《简论变雅在中国思想史上的地位》〔4〕，认为变雅的作者是“春秋战国诸子的思想先驱”。张树国《周初史诗与贵族传统》以为“周初史诗中祖先崇拜观念，是从本民族关键时刻提炼出对当代有重大意义的往事，确立祖先在当今社会的支配地位和传统的约束力，形成贵族传统教育的资源”〔5〕。赵逵夫《宣王中兴功臣诗考论》则对二雅中的不少篇章作了新的分析和评价〔6〕。只是关于“宣王中兴功臣诗”的作者，若干论据或当再作斟酌。如关于《六月》作者的考订，文章认为：“《小雅·六月》末章云：‘吉甫燕喜，既多受祉。来归自镐，我行永久。饮御诸友，炰鳖脍鲤。侯谁在矣？张仲孝友。’可见此诗作于宣王北伐归来尹吉甫宴集臣僚之时。其中说到‘既受多祉’，则非尹吉甫所作，而是张仲所作。”“从诗中看，张仲应是尹吉甫的下属，他有意学尹吉甫的两首大作，但不敢自诩其诗，而只从做人的一般道德上表明够得上一个朋友，故曰：‘侯谁在矣，张仲孝友。’”“侯谁在矣，张仲孝友”，《毛传》：“张仲，贤臣也。”朱熹《诗集传》：“言所与燕者之贤，所以贤吉甫而善是燕也。”于诗意阐释得很明白。今舍旧注而别为之解，当有说服力更强的论据，若率意曲说，则似乎未足以服人。

陈洪波《从〈诗经·周颂〉到汉代祭祀诗看秦汉之际的文化嬗变》〔7〕，很有见地。作者认为：“在《周颂》中，祭祀者面对祭祀对象表现的是一种敬畏，即笃职的心态。这种‘敬’源于后世子孙对创造宏传业绩的祖先的由衷敬佩和感恩，最大的特点是真挚、虔诚。”“在汉代祭祀诗中，《周颂》那种原始宗教意识已不复存在，祭祀心态发生了极大的变化。根本变化在于，祭祀活动本身已不再是表达祭祀者由衷的宗教式虔诚的行为，而是最高统治者借以渲染弘扬自己功业的仪式，故而矜伐炫耀之心取代了宗教式的‘敬’。”作者并指出：“《周颂》并不表现为个人的祈福，而以氏族群体为祈福主体，并且祈求的内容平实而宽泛，是社会的功利直接与群体日常民生相结合，实际上已升华为一种道德态度。”“汉代祭祀诗则以对长生成仙的世俗企盼，代替了对道德本体的追求，祭祀对象也由此沦为世俗艳羡的能长生的对象，而不再具有道德监督与仲裁的意义。”这里不仅作了一个很有意义的比较，而且对《周颂》的思想内容也揭示得很透彻。

一个比较值得重视的意见是程相占《中国古代无史诗公案求解》[8]，作者认为：“史诗是西方的重要文学样式，用它来指称《诗经》中有关周人开国史的几首诗歌，既不恰切，又易与中国诗学批评中‘诗史’一语相混，故不宜采用。”“西周人将自己国家的建立和兴旺都系之于‘德’……表露出极为明显的‘尚德不尚力’的倾向。这无疑大大影响了他们对自己开国史的记忆，从而只在诗中追慕先王之德而舍争战的武力，使诗歌的内容趋于平淡化”，而“最富情节性的战争经过在诗歌中无法充分体现。”

《国风》一百六出自民间抑或出自贵族，朱东润40年代作《国风出于民间论质疑》，对此提出了详细的意见，但却没有在很大范围内引起讨论。此后的几十年，这一意见几乎淹没不闻，近年才又重新成为研究者关注的问题。鲁洪生《关于〈国风〉是否民歌的讨论》反驳了朱东润的观点[9]。不过有这样一个情况似乎可以考虑，即“民间说”曾经一度成为压倒一切的声音，而它是以史学界用“五种形态”来为中国历史分期为背景的。如果我们重新讨论这一问题，是否可以略略参考史学界的最新研究情况？如果我们对两周的社会结构、礼乐制度、特别是当时各个阶层的物质文化生活有一个比较清楚的了解，是否更有助于对《国风》的认识？

运用考古材料解释诗经名物，似可为诗经研究提供一个新的视角。杨文胜《试探〈诗经〉中的先秦车马》[10]，援引考古发掘中出土的先秦车马器，对诗篇中涉及的车马分门别类，一一作出解释，很有新意。不过文中引诗之误。不止一处。如曰“《诗·大雅·韩奕》‘载见辟王，曰求厥章’”（按此为《周颂·载见》中起首两句），又曰“《诗·秦风·车邻》‘有车邻邻，有马白头’”（按原诗为“有马白颠”）；且在诠释名物时对诗意稍欠考虑，如引《鄘风·君子偕老》“扬且之皙也”，并毛传“扬，眉上广”，而曰：由此可知，“扬”即“鍚”也，亦即“马头之上的青铜镂孔兽面饰具”，不免令人为之愕然。

从语言学角度研究诗经，有向熹《〈诗经〉歧义分析》[11]，徐富美《诗经叠音词的位置安排及再分类》[12]。前者一面分析诗经中属于词汇与语法结构方面的歧义，一面探索其产生的原因；后者则根据叠音词在句前或句后的位置安排，来探讨它的语法功能。

关于诗经学研究，则有殷光熹《宋代疑古惑经思潮与〈诗经〉研究——兼论朱熹对诗经学的贡献》[13]，洪湛侯《诗经清学探微》[14]，林庆彰《民国初年的反〈诗序〉运动》[15]，夏传才《现代诗经学的发展与展望》[16]，王丽娜《西方诗经学的形成与发展》[17]等。张启成《明代诗经学的新气象》[18]，村山吉广《竟陵诗派的诗经学：兼谈对钟惺的评价》[19]，则介绍了此前不大被人注意的明代诗经学的情况。不过《新气象》一文错字太多，以致无法分清究竟哪些属排印之误，比如作为重点介绍对象之一的孙月峰，文中凡四见，而一律作“孙月铎”。

考古学的楚墓发掘带动起一个楚文化研究的热潮，影响及于屈原和楚辞的研究，这一方面的论文数量便最多，江林昌《楚辞研究的回顾和展望》认为“现当代楚辞研究注意了新理论、新方法，多学科相结合、多维度共切入，因而创获良多”[20]，正是指出了这可喜的一面。

楚辞研究的关注点，在屈原和他的《离骚》。杨义《〈离骚〉的心灵史诗形态》对《离骚》的产生和其产生的意义，有一个比较详细的论述[21]。作者认为：“中国上古神话的片断性、非情节性和多义性功能状态，使早期诗人不善于长篇的虚构叙事，却把神话的多义性和感兴性转化为比喻性和感兴性的诗学智慧，从而创造出蔚为奇观的抒情诗世界。”这种由神话而诗的智慧转化方式，“在人类文化史上是独树一帜的，是在西方世界之外别开一个世界的。”而屈原正处在这种由神话而诗的智慧转换点上，他的《离骚》“借驭龙凤上征，组合着多义性的神话意象”，而把自己的诗学智慧，与由神话而诗的智慧转换过程融合为一体。“《离骚》把握住了中国文化史上一个不可重复的智慧转换契机，而诗人屈原则是携带着自己独特的家世和人生经历，去进行这番把握的。他以一个浸透着人间辛酸的忧郁而痛苦的心灵，去感受历史的兴废存绝和楚国现实政治的恶化，感受着神话、自然和时间，从而在中国文学开创期提供了一个非常开阔复杂、奇诡绚丽的精神世界、人格典型和诗学形态。”

周宪《屈原与中国文人的悲剧性》[22]，指出屈原悲剧命运的一个重要根源，即眼见宗国危在旦夕而自己却无能为力，由此“必然形成一种良心自我谴责的‘负罪感’，当然这既不是宗教意义上也不是心理学意义上的负罪感，而是一种伦理上的负罪感”，“政治抱负受挫，忠君报国的理想无法实现，独穷困乎此时的现实自我与理想自我相距甚远，自尊心遭受伤害反倒使他愈加自尊和自恋。”“屈原的自恋在这里体现为一种强烈孤独感的自恋。这种内在的精神孤独，乃是中国传统文人一以贯之的精神秉性，他从另一个方面又体现出中国文人的必然悲剧性”；“甚至可以这么说，后世中国传统文人的所有主要人格特质、内心冲突、精神气质乃至命运的可能性，都已包孕在伟大的屈原身上了。”不过，文章若能够不去过多引用现代西方哲学、心理学的论著，也许会使叙述更有条理，也更为清晰。

关于屈原身分以及他的生卒年，颇有新异之说。曲德来《屈原身分及卒年的再探讨》[23]认为，“摄提贞于孟陬兮，惟庚寅吾以降”之“降”，为“降神”之意，则此句“乃屈原自叙为巫初次降神”，即“屈原是个巫师，他初次降神在元前329年，初次降神之礼是与他行士冠礼合并进行的，因此屈原生于元前349年”。黄灵庚《论屈原之死》[24]，则更充满想象力。文章说，从《离骚》开头八句的叙述中，可以认为这“象征着日神高阳氏进入月神陬訾氏常仪之居，意味着夫妻相合、日月交逢，屈原即是日月交合、阴阳相感的‘结晶体’”，“这又表示屈原生来具有神巫的天分，能翱翔于神灵之乡，出入乎天地之间”，“这迫使他在实际生活中同时扮演着两种决然相对的角色：一个是通过焕发着熠熠异彩的天外骄子，他峨冠博带，奇服异装，唱着远古的巫歌，跳起原始的巫舞，神思飘荡，升降上下”；“一个是恬澹平和，知礼守节，进退有则，谦谦有度的正人君子形象”，“由此而形成的逆反心理把他推向极端，他终于在‘神高驰之邈邈’的宗教迷狂中，抛弃了生命肉体，向遥远的太阳王国追寻永恒的乐园”。文章并引永宁纳西族葬俗的送魂仪式以及侗族延用至今的风俗，以证《离骚》的西海之游是表示“最终投入了帝高阳的怀抱，达到了生命的彻底的回归”。作者并认为《离骚》中的“求女”，意为“皈依天国中的女祖先神”，因为“重淫祀’的习俗作为文化因子注入了屈原的‘反本’飞行梦中，使他那‘反本’女祖先福地的死亡体验充满了男欢女爱的情调，而以通情于‘老祖母’的男女交合的“淫祀’方式表现出来”。

此外，尚有论者提出，《离骚》中的主人公乃是尼采《强力意志》所呼唤的“成为你自己”的“超人”[25]。等等。

楚人好巫，诚然。然而是否可以把它无限夸大呢？一部楚辞恐怕不必尽为巫风笼罩吧。考古学、人类学、民俗学、民族学，各种学科引进文学批评，使论坛异彩纷呈。但是各种方法用于文学批评，又不能不各自有着它的局限性。尤其是民俗学与楚辞的结合，有学者称它为支持楚辞研究的“三重证据法”[26]。但是所谓“楚文化远古延绵的当代地域风俗”，与我们所研究的先秦文学毕竟有着非常遥远的距离，其间发生的各种变化并非可以忽略不计，似乎无法十分直接地把它认作楚文化的“活化石”。而民族学方法的运用，或亦当慎之又慎。作为一种跨时空的类比方法，它其实更适合对原始形态的人类生活及思维方式作比较研究；而战国，却早已进入相对于史前而言历史时期，离开原始形态实不可以道里计。至于与西方各种学说的结合，恐怕也以慎重为好。中西之文心相通处固然不少，但社会、历史、制度、风俗等等的差异，却很有可能把相同处降低到最小。何况对国外相关学科的了解，重要的在于打开一个广阔的视野，而不在于猎取概念和词汇，更何况论文中不少作为立论依据的概念和词汇来自并非完全经得起推敲的中译本。

关于楚辞中的神话研究，有江林昌《〈天问〉宇宙神话的考古印证和文化阐释》[27]。作者认为，“从《天问》宇宙神话中的主神为夏族的鲧、禹和夷族的防风、夷羿可知，其内容是属于中原文化的。《天问》宇宙神话与盘古女娲神话，原是不同的渊源系统，至汉魏以后才渐渐叠合在一起。”温杰《从上古神话的流变看〈楚辞〉中的神话材料》[28]参照考古界的研究成果，从楚文化的渊源、发展及与其他文化的关系等背景材料出发，对《楚辞》的神话源流等问题重加整理，认为“楚文化源于黄河以北豫北冀南的中原地区。在中原文化与西南地区文化交流的过程中，楚地处于一个非常重要的中介地位。正是由于这种地位和作用，丰富了楚地神话的民间传承，为屈原的创作提供了丰富的素材。”

楚辞研究概述，有周建忠《关于楚辞研究的对象审视与历史回顾——楚辞研究一百年》[29]、《20世纪楚辞研究的第一个高潮——楚辞研究一百年之二》[30]，黄灵庚《中国大陆〈楚辞〉文献学百年回顾》[31]等，对百年中各个研究阶段的成果作了比较详细的总结。

汉代诗歌研究，相对于诗经和楚辞，则少得多，讨论的范围也没有很大的扩展，但文章写得扎实，仍然引人注目。王运熙《读汉乐府相和、杂曲札记》[32]，有考有论，提出不少很好的意见。第九则论东汉搜采风谣，作者认为，它不是指乐府中的相和、杂曲一类，而是指某些杂歌辞。《乐府诗集》有杂歌谣辞一大类，所收都是并不入乐的歌谣，因其体式与乐府和乐府诗接近，故编者把它和不入乐的新乐府辞都安排在全书尾部。卷八五所录歌辞，自《董少平歌》至《洛阳令歌》11首，均为歌咏东汉官吏政绩，《后汉书·循吏传序》所谓“观纳风谣”，正是指搜集、考察这类并不合乐的杂歌辞。叶岗《〈汉祀歌〉与谶纬之学》[33]指出：“《郊祀歌》首先是一组以传达宗教情绪为内涵的祭祀诗，其次，它才是汉武帝时代社会意识形态的反映，特别是贵族阶层自觉或不自觉地处于迷惘状态中的人生情绪的流露，以这种双重意蕴为表征映象的诗歌内质，与从传说中的少昊之际民神相杂的原始宗教到汉代政治巫术的演变有关，也与其时的谶讳神学的渗透密不可分。全诗透露出来的，正是一种并不实在的虚妄的气息，对于先秦理性精神来说，这无异是一次反动。”

综合性研究，有王小盾《中国韵文的传播方式及其体制变迁》[34]，通过对一系列韵文文体之成因的研究，论证了文学传播方式对其体制变迁的直接影响。也许因为时间跨度大（从先秦到汉魏六朝），涵盖面广（从古繇辞到南北朝乐府），而在细部的分析上，或者省略了具体的考证，或者采取了概括性比较强的语言。比如讨论“颂”的时候，作者认为“‘颂’是作为一种韵文文体编入《诗经》的”，举例则有《载芟》《良耜》《生民》《公刘》；又认为二《雅》中的大量祝祷之词，如“兴雨祈祈”等，“与三颂中的‘黄耇无疆’、‘思皇多祜’等等如出一辙。这说明颂辞和祝辞共有一批稳定的体式，它们是经过漫长的历史发展而形成的”。那么这里的《颂》与“颂”与颂辞，究竟是怎样的区别；《大雅》之《生民》《公刘》如何可以归于“颂”；以及《小雅·大田》中的“兴雨祈祈”如何解作“祝祷之词”，皆因未作说明而变得模糊不清。如此，是否稍稍影响立论的坚实？

二、文

陈平原《从言辞到文章　从直书到叙事》（秦汉散文论稿之一）及《百家争鸣与诸子遗风》（秦汉散文论稿之二）[35]，是两年中先秦散文研究中最为出色的两篇。虽然是鸟瞰式的评论，但因为对评论对象有着通览全局、融会贯通的把握，故能够将微观与宏观恰好地结合，显示出敏锐的知见。作者并未援西哲以说法，也未借助很多本学科以外的新方法、新概念，而自有开阔的视野和雍容的气度。比如论到从言辞到文章，他指出了几个关键性的因素，其中说道：“先是列国外交，使者聘问，言语真有兴邦或亡国的功效，自是不能不着意经营。后又处士横议，立谈可以取卿相，辞令成了死生穷达的关键，难怪时人苦心钻研。行人之从容委婉与游士之铺张夸饰固然异趣，但‘尤重辞命’却是一致的。相对于《尚书》中帝王诰谕臣民的‘直言’，《国语》所录行人、游士之‘辞命’，已经有浓原的文学意味。”“也就是说，记载先秦史事之文章风韵，与其时活跃在政治舞台上的使臣、游士对文辞的刻意修饰有关。”论汉代文章，则指出：“从游说诸侯，转为上书进谏，大一统帝国的读书人，难得再有先秦诸子的自由想象与独立思考，不管是指摘时弊，还是出谋献策，注重的是可行性，与先秦诸子‘性善性恶’，‘有名无名’，以及‘名实’、‘王霸’、‘法术’等抽象思辨，颇有差距。”“比起后世诸多既无独立见解偏又喜欢高谈阔论的‘伪体子书’来，汉代之文毕竟有生气，有学识，或许先秦时代的哲学突破太令人兴奋了，汉人论政论学之文似乎总在其笼罩之下，‘学识’有余而‘玄思’不足，尤其缺少直面宇宙、历史、人生时的大感动、大疑惑与大惊叹。随着佛学的传入，‘玄思’在魏晋文章中再度复活；至于‘好奇心’与‘想象力’，此后便不无遗憾地转让给了小说家。”虽然未必尽发前人所未发，但它却以一种具有学术修养的叙述语言与叙述方式，为先秦两汉的文学研究带来生气。

作为专题研究，于孔子和《论语》，多集中于他的诗学理论；于《庄子》，则以哲学理想、美学思想为多，而重复的意见很不少。杨广敏《让心灵充满理性光辉——孔子诗学观念的文化学阐释》[36]认为“《诗经》中整齐的句子，和谐的韵律，是一种美，一种自由，是美感的玩味对沉溺情感之中的心灵的征服。”“在《诗经》中，人们不但对于自身的痛苦，保持了自己在情感反应与呈现上的优美，甚至在对某种丑恶现象加以斥责嘲讽之际，仍然保持着心灵的开阔与情感的美好。这就是为什么孔子说可以‘怨’，而主张‘乐而不淫，怨而不怒，哀而不伤’的理由了。”“它强调，面对罪恶、苦难，仍然坚持人性的尊严与真实，透过创作而将它们转化为艺术的悲壮与滑稽的美感。因此，所谓‘无邪’就是不得意忘形，不痛不欲生，不怒不可遏，不失人的尊严、‘道’的光辉，所以诗有助于正身，有助于立德。”于迎春《〈庄子〉思想的文化渊源》[37]则指出：“庄周的学识不仅部分地可在旧闻、故说中寻到踪迹，为‘古之道术’所涵纳、兼摄，而且在战国时代或更先的学者，包括那些术艺不同的学者那里，构成庄周学说基本的一些论题和观点，亦成为他们的信念和支持。”“庄周巨大的创造性首先在于，他不仅将这些大体有所本的理论、看法结撰为一体，并与来自生活的活生生的人生体验和感喟打成一片，而且将‘道’——他对世界的总看法，进一步虚化，化为人心灵的至高境界，从而建立起旨在精神超脱的纯粹的形而上学。”

史传散文的讨论，仍集中在《左传》和《史记》。单周尧《读〈春秋经传集解序〉五情说小识》[38]，举《左传》中的具体事例，对所谓“五情说”作了归纳，指出：“‘微而显、志而晦’，主要谓字面之效果；‘婉而成章、尽而不汙’，主要谓书写之态度；‘惩恶而劝善’，主要谓其对社会之影响。”“要之，杜预《集解序》将‘微而显’等平列为五项，似有可商；其释‘志而晦’，亦觉不当。‘婉而成章、尽而不汙’实不必皆因旧史，而《传》之释《经》，未必即为《经》意。”孔慧云《〈左传〉用〈诗〉初探》[39]认为，《左传》中，“《诗》是作为一种具有伦理或法律规范效用的‘公理’而被称引的，再确切一点说，就是作为‘礼’而被运用的。引用者的目的即为说明自己的观点合于‘礼’的规范。以人类学的观点看《左传》的这类用《诗》，与原始社会中某些民族引用神话、谚语作为法典的现象是一致的，都属尊崇仿效祖先智慧的稽古现象。只不过《左传》中以《诗》为礼的用法，大大多于以《诗》为法的用法。然而，事实上中国古代的礼，尤其是春秋时代的礼，在很大程度上就是‘法’，仅是‘礼禁未然，法禁已然’而已。”李少雍《从古史及“四史”看史传文学的发展》[40]，从“文”、“史”概念之变迁的角度，讨论所谓“前四史”的文笔与史笔，而着重揭出各自的文学特点，立论坚实，分析精当。

杨宽《〈穆天子传〉真实来历的探讨》[41]提出：“这部书之所以有真实的史料价值，由于作者采自一个从西周留存到战国的游牧部族河宗氏的祖先神话传说。他们从西周以来，世代口头流传着祖先河宗伯夭参与周穆王长途西游的神话传说，从一个引导者变成了周穆王的随从官员，结果得封为‘河宗正’的官职，从而使这个部族得以兴旺起来。他们认为这是他们整个部族的光荣历史，世代口头相传而不替，直到战国初期才被魏国史官采访所得，成为《穆天子传》的主要内容。这种原始的游牧部族所传的祖先历史，本来是和神话传说分不开的。”

许结《论宋玉赋的纯文学化倾向》[42]认为：“宋玉赋首次将‘赋’作为自觉的文体脱离先秦‘诗’的襁褓，标示中国文学由《诗经》而《楚辞》到‘汉赋’演变过程中的重要环节。宋玉的宫廷赋，在内容上自抒情怀，文思尚美，寓庄于谐，使赋体的纯文学化倾向得以宏扬、发展；而其创作形式，也为汉赋奠定了艺术基础。”

严可均《全上古三代秦汉三国六朝文》，有功学林，至今学者称善，然而其中却不无疏失。王利器《〈全上古三代秦汉三国六朝文〉证误》[43]条例严辑之误凡二十五，曰“析疑”，曰“赏奇”。不过严氏之误究属贤者之失，“析疑”，足矣。

两汉文学，则关于赋、尤其是所谓“汉大赋”的讨论比较多。刘昆庸《汉赋山林描写的文化心理》[44]认为：“理性意识的渗透和空间知觉的强化，使汉赋对外在自然的描绘具有一种独特的美学风貌。这是对自然的理性化的、冷静的、客观的、甚至是一种‘非常冷冰冰的眺望方式’。”杨九诠《论汉大赋的空间世界》[45]则指出：“没有空间世界及其结构，便没有了汉大赋，开展着的空间是汉大赋一切表象形式的统率者。”其原因在于，“一方面天下一统的广大一体的物理空间使人们在其范围内玄思遐想成为可能；另一方面，一统天下的皇王将相以及这天下里的知识层的发扬蹈奋，使人们更加饱满激情地关注着作为人类自身家园的现实空间，对它进行肆意的装饰与竭力的歌唱。汉赋中的具体事与物正是处在赋文空间结构中，才呈现出含有特殊意味的事态与物态，汉赋的艺术张力在于它的空间结构以及经其组合控制而塑造成为千奇百怪的事态与物态之中。”汉大赋的细部描写具有一种特殊的装饰性，即它装饰的乃是赋体空间。“‘赋家之心’固然包含着创作灵感与艺术想象的普遍内容，但‘赋之迹’的工艺操作特色却给‘赋家之心’带来了特殊面，亦即那种在以后渐渐消失了特殊创作心理实在性。我们把汉赋的这一特色与汉代繁复、精致、豪丽的漆画雕器、珍绫绣锦的工艺品相比，便可见出这一时代艺术风貌的一个特殊面。”

1993年江苏东海县尹湾汉墓出土的简牍中有一篇《神乌赋》，1996年8月，《文物》杂志将《神乌赋》赋文刊出。此后很快引起学术界关注。《中国文化》1996年秋季号发表的扬之水《神乌赋谫论》认为：一，《神乌赋》的出土，证实此前研究者的一个设想，即两汉之际，骚赋、文赋、俳谐体赋之外，更有一种如《神乌赋》之类的民间俗赋并列于世。二，《神乌赋》是敦煌石室所出《鷰子赋》的祖本。三，《神乌赋》之“赋”，简牍作“傅”，由此可以证实清人王念孙《读书杂志》中提出的一个意见，即《汉书》所云淮南王安作《离骚传》，应为“离骚傅”，亦即“离骚赋”。《谫论》并根据《文物》所刊《神乌赋》竹简释文，对赋文作了简要的注释。文物1997年第1期刊发了裘锡圭《〈神乌赋〉初探》，《初探》对《神乌赋》作了比较准确和详细的考释，于“傅”之为“赋”的问题亦有进一步的讨论。同期发表的刘乐贤、王志平《尹湾汉简〈神乌赋〉与禽鸟夺巢故事》，以及此后周宝宏《汉简〈神乌赋〉整理和研究》[46]，马青芳《〈神乌赋〉的生命价值观及其悲剧意义》[47]，伏俊连《从新出土的〈神乌赋〉看民间故事赋的产生、特征及其在文学史上的意义》[48]，万光治《尹湾汉简〈神乌赋〉研究》[49]等，对赋文的产生背景以及所反映的内容均作了更为深入的讨论和研究。

---

〔1〕以人大复印资料为基础，略事增补。
〔2〕《河北师院学报》（社会科学版）1996年第3期。
〔3〕《中国文学研究》1997年第2期。
〔4〕《绥化师专学报》1997年第2期。
〔5〕《北方论丛》1996年第5期。
〔6〕《中华文史论丛》第55辑，上海古籍出版社1996年。
〔7〕《培训与研究》，(《河北教育学院学报》）1997年第4期。
〔8〕《文史哲》1996年第5期。
〔9〕《重庆师院学报》（哲社版）1996年第2期。
〔10〕《中原文物》1996年第2期。
〔11〕《河北师院学报》（社会科学版）1996年第2期。
〔12〕《大陆杂志》（台北）第92卷第5期，1996年5月。
〔13〕《思想战线》1996年第5期。
〔14〕《文史》第41辑，中华书局1996年。
〔15〕《贵州文史丛刊》1997年第5期。
〔16〕《文学遗产》1997年第3期。
〔17〕《河北师院学报》（社会科学版）1996年第4期。
〔18〕《贵州社会科学》1997年第5期。
〔19〕《河北学刊》1996年第1期。
〔20〕《文史哲》1996年第2期。
〔21〕《文学遗产》1997年第3期。

〔22〕《文学遗产》1996年第5期。
〔23〕《文史》第42辑，中华书局1997年。
〔24〕《中国文哲研究集刊》（台北）第8期，1996年3月。
〔25〕何仁富《试论楚文化的“酒神精神”——对古代长江文化精神特质的初步探讨》，《东方丛刊》1996年第1期。
〔26〕梅琼林《世纪末：楚辞学研究方法的当代反思——兼论林河、萧兵、毛庆等人的三种阐释倾向》，《贵州教育学院学报》（社科版）1996年第2期。
〔27〕《文学遗产》1996年第5期。
〔28〕《殷都学刊》1997年第1期。
〔29〕《贵州社会科学》1997年第5期。
〔30〕《中州学刊》1997年第5期。
〔31〕《汉学研究》（台北）第15卷第2期，1997年12月。
〔32〕《中华文史论丛》第55辑，上海古籍出版社1996年。
〔33〕《文学评论》1996年第4期；又，《绍兴师专学报》1996年第1期有作者同样题目的一篇，无缘寓目，未知内容是否相同。
〔34〕《中国社会科学》1996年第1期。
〔35〕《文学遗产》1996年第4期；1997年第5期。
〔36〕《东方丛刊》1997年第1期。
〔37〕《中国文化月刊》（台北）第196期，1996年2月。
〔38〕《燕京学报》新2期，北京大学出版社1996年。
〔39〕《郑州大学学报》（哲学社会科学版）1997年第7期。
〔40〕《文学评论》1996年第4期。
〔41〕《中华文史论丛》第55辑，上海古籍出版社1996年。
〔42〕《阴山学刊》（社科版）1996年第1期。
〔43〕《文学评论》1996年第2期。
〔44〕《文学评论》1996年第5期。
〔45〕《文学遗产》1997年第1期。
〔46〕《古籍整理研究学刊》1997年第2期。
〔47〕《青海民族学院学报》（社科版）1997年第3期。
〔48〕《四川师范大学学报》（社科版）1997年第3期。
〔49〕《西北师大学报》（社科版）1997年第6期。

魏晋南北朝文学研究综述

王鹏廷

据中国人民大学报刊复印资料索引粗略统计，1996——1997年发表的有关魏晋南北朝文学研究的论文大约有670篇左右，涉及了诗赋、散文、小说、文论等各个方面。兹择要予以概述。

一、总　论

这两年发表从宏观角度研究该时期文学的论文约35篇。钱志熙《论中古文学生命主题的盛衰之变及其社会意识背景》论述了中古各时期社会意识中生命观念的交替变化对文学中生命主题的影响，认为中古汉魏六朝时代经历了三种文化类型，即两汉型、魏晋型和南朝型。由两汉社会的以非理性生命观为主流倾向转为魏晋社会的以理性生命观为主流的倾向，促使了个体生命意识的自觉，引发体验自身生命境界的矛盾和激情，使魏晋成为“浓于生命色彩的一个时代”。南朝时，佛教的非理性生命思想全面地被释放出来，并被文人群体普遍接受之后，魏晋式的生命情结被解开，文学中的生命情调因而淡化，甚至消失。[1]傅刚《论汉魏六朝文体辨析观念的产生与发展》梳理了从汉到南朝文体辨析的历史发展，认为文体辨析的学术渊源出自《七略》、《汉志》，汉人已有文体辨析的意识，魏晋时期文体辨析更为明晰而自觉了，南朝时期对纯文学文体辨析的认识更加深刻，更接受了文学的本质。[2]何新文《从〈诗赋略〉到〈文集录〉——论两汉魏晋南北朝目录的发展》，论述此期古代文学目录形成、发展状况，指出文学目录形式多样，成就突出，是综合性图书目录中的主要形式[3]“文学的自觉”是魏晋南北朝文学研究中长期讨论的一个话题，此期围绕该论题发表了一组文章。张少康《论文学的独立和自觉非自魏晋始》不同意鲁迅的看法，认为从文学观念的发展演进、专业文人创作的出现和专业文人队伍的形成，多种文学体裁在汉代的发展和成熟，汉代文学理论批评发展的特点等方面看，文学的独立和自觉有一个较长的发展过程，它从战国后期开始初露端倪，到西汉中期已经相当明确。[4]刘晟、〔韩〕金良美也撰文对“魏初文学自觉”说提出质疑，认为鲁迅的论说不足为据，张少康的看法也不确切，争论文学的自觉始于何时亦大可不必，“对中国文学史、文学批评史的描述应回到体的范畴上进行”。[5]李文初则连续撰文认为中国“文学的自觉”始于魏晋，鲁迅的论述并未过时。[6]此外，孙明君的《建安时代“文的自觉”说再审视》对这一问题的滥觞和嬗变作了简略的回溯和描述，并认为建安时代士人心态与文学创作之情势异常复杂，它固然有与魏晋大系统的一致之处，但更有其属于自己的独特内涵与价值。[7]

二、魏晋诗歌研究

这两年关于魏晋诗歌研究的论文有250篇以上，主要集中在建安诗歌研究和陶渊明研究两个热点上。宏观研究方面，李建中《魏晋文学的人格生成》用人格心理学的方法解读魏晋文学，试图展示魏晋文学的心路历程。[8]王力坚《西晋文学与建安文学承传关系论》认为这两个时期的文学有一脉相承关系，“不仅是相似的时代特征与社会风尚等因素对文人的影响，更重要的是西晋文人继承并发展了建安以来的文学观念与审美意识。”[9]钱志熙《魏晋“杂诗”》对魏晋时期的“杂诗”一类做了较为全面系统的探讨，认为“杂诗”在魏晋时期是一个独立的诗歌种类，它是魏晋文人抒情诗的代表性作品，比较充分地实现了自觉的抒情，虽名为“杂”，却体现了纯诗的精神。[10]

关于建安文学，刘刚《论建安诗风的时代性转换》从时代、政局及文化环境对诗歌创作的影响方面论述了建安前后期诗风的转变情况[11]；汪春泓《颍川区域风习与建安文学》则从地域风习的角度探讨了建安文学形成的原因，认为颍川之士荀彧、锺繇等代表的新思维对于建安文学有很大的影响。[12]孙明君《论曹操对原始儒学精神的诗化》认为曹操的诗歌第一次把原始儒学的天下意识与忧患意识注入诗的创作，开创了悲壮雄健的诗风和阔大雄奇的意境，从而使标志着中华民族理性觉醒的原始儒学精神转化为具有动天地、感鬼神之艺术魅力的诗篇，为中国诗史开一坦途。[13]缪军《走向心灵——曹植〈杂诗〉小议》指出，由于曹植生活环境、思想及感情变化，其诗表达方式由外向表现走向内心展示，由群体走向孤独，其作品充溢着内在的热情，富有生气和力度；曹植的悲剧是门阀制度严重的魏晋南北朝时期居于社会下层知识分子的普遍悲剧，因此杂诗所表现的，不仅是他个人的心声，也成为后代诗人的共同主题。[14]

这两年对于正始名士的研究，重在从思想、文化和人格的角度进行论述，没有大的突破。西晋文学也是研究的薄弱环节，但曹道衡《陆机的思想及其诗歌》对陆机的思想品格和在诗歌史上的地位作了较为细致的分析和论述，认为陆机在入晋之后，心理上与晋室的隔阂是次要的，在维护国家统一和政局的稳定面前，他能够放弃成见，顾全大局，为晋朝效忠；陆机为司马颖尽力虽有过失，但不能说他是“倾仄”或“犯顺”。陆机的诗歌对后世产生了多方面的影响，他在文学史上的成就，大抵自晋迄隋，多数人持赞扬态度，但宋以后，批评意见占了上风，这有其时代原因，不能因而忽视陆机诗歌在文学史上的重要地位。[15]柏松《潘岳：在超越与沉沦之间》对潘岳的人生轨迹作了描述，认为他在超脱与沉沦中的挣扎带有一种毁灭性的意味，而他的所作所为却被烙上了深深的时代的印痕。[16]张晓林《由自卑到超越的心灵历程——论左思的创作》认为仅从社会学去分析左思，难以真正理解他的创作，更难以探出其杰出艺术成就的原因，文章试图从生理和心理的角度去探明形成左思的性格和对世界的感受方式，他的审美趣味和文学成就，以及他对生活意义和生命价值独特领悟的直接原因。[17]

对于东晋文学的研究，（陶渊明之外）

有三篇文章较为突出，一是曹道衡《试论东晋文学的几个问题》，作者在文章中不无感慨地说："如果我们不想割断历史而是从发展的观点来看待文学的演化过程，那么，对于东晋这样一个历史阶级的文学，也应该适当予以注意。"文章征引大量的材料，说明"东晋不仅是一个民族大迁徙和南北分裂的时代，也是一个各民族和南北文化大交流、大融合的时代"，"南北士族之间由矛盾而日趋溶合"，深深影响了文学的发展；东晋文学的变迁"不光表现在形式方面，更主要的应该说是在内容方面。文学内容的这种变化，主要是由于思想界的变化。"文中还指出，东晋一代的山水散文已很盛行，而东晋的道教诗"和玄言诗一样，都是山水诗出现的先河"。[18]二是胡大雷《玄言诗的魅力及魅力的失落》，文章认为，"玄理与论辩玄理而产生的玄远超迈和面对美好自然心中的感发，此二者的相互融合构成了玄言诗的魅力"，玄言诗作者为了从诗中概括出哲理来，就不能让自然景物有太多的特殊性和具体性，"如何在不违背普遍性的同时而突出某方面的特殊性，就成为玄言诗实现魅力的关键"。但是，"在玄言诗中，主人公摆脱了'情'的束缚而进入'理'的领域翱翔"，"把人生各种各样的情感全以淡泊中和、逍遥自在的玄理内容来矫正"，这种"消失了人生道路的各种各样的情感而达到淡泊中和境地的诗"，就必然地流于"淡乎寡味"，失落其魅力了。[19]三是王力坚《山水以形媚道——论东晋诗中的山水描写》，文章认为"东晋人玄览山水以悟道，虽然有理性思辨的意义，却要通过'流目四瞩'的感性直观手段才能实现"，"诗人对山水之形'的直观描摹以及'媚'的感性表现，确实使清新秀丽的景物描写，构成了诗中独立自足的美感意象。"东晋诗坛对山水声色描写的倾向日益显著，而个人情感的抒发，则相对地较为淡薄，"在这个意义上说，刘宋山水诗的'性情渐隐'在东晋诗中已表现得相当突出；东晋诗重山水之形与景物之色的描写，则肇始了文贵形似、声色大开的南朝山水诗创作；而谢灵运的山水诗，更是在对'山水以形媚道'传统的直接继承与革新中，得到发展与繁盛。"[20]这三篇文章都从宏观把握的角度对东晋诗的特色和文学史地位作了深刻阐述。

陶渊明研究历来是魏晋南北朝文学研究的重头戏，这两年发表的有关陶渊明研究的文章在125篇以上，涉及到渊明其人其文及陶学研究的各个方面。以下几篇文章尤为突出。袁行霈《陶渊明享年考辨》对长期以来聚讼纷纭的陶渊明享年问题进行了详细的考辨，文章首先指出，对于这一问题应有严谨的方法，主要包括对于相关的资料作通盘考察，不以偏盖全；并进行分级，不以次易主；对于陶渊明的作品以各宋本为主，并以准确理解为基础。文章由这一思想方法入手，对于内外资料详按细察，结论曰："从现有的文献资料出发，对其重要性加以区别，结合版本校勘，进行通盘考察，所得出的最为圆满通达的结论就是陶渊明享年76岁，生于晋穆帝永和八年壬子（352），卒于宋文帝元嘉四年丁卯（427）。"[21]张可礼《陶渊明的文艺思想》论述了陶渊明文艺思想的特色及其文学史地位。文章认为，陶渊明文艺思想的主要倾向属于"非功利说"，他强调文艺以示志抒情，重视文艺的娱乐作用，把自然作为文艺理想；他"对外在的景物，往往是持有一种既留心又无心的超然态度。在陶渊明那里，作为主观的情志和作为客观的景物，不是简单的单向流动，而是双向感触，互相交融"；"陶渊明在认识上对言志抒情的重视和在创作实践上的表现，突出的是'示己志'，是抒个人之情，表现的是他自己的鲜明的个性"；他"在思想上对文艺的娱乐作用的重视，特别是他的文艺实践，第一次打破了以悲慷伤感为基调的格局，使文艺的娱乐作用第一次比较完美地得到了显现，也使娱乐的主题，在文坛艺苑上开始占有一席之地”。[22]李建中《试论陶渊明的人格精神》认为，陶渊明的独特的魅力，是他对人生意义的终极追问，以及在此追问中所建构的新的人格范型；而正是南山的自然、真率与冲淡、虚静，铸成陶潜诗歌永远的神韵。陶渊明的人格精神表现在三个方面：一是“采菊东篱，躬耕南山”的生存方式，与“质性自然，任真自得”的人格理想，在诗性与神美的层面，达到了完满的契合；二是借“形、影、神”之间的人格对话消释人格主体“营营以惜生”之苦，将大钧之力、大化之功融入南山人格；三是兼用儒道之生死观，建构“乘化以归尽”的生命意识，使人格在生死之思中得到升华。[23]顾农《前期陶渊明的双重人格》则从陶渊明的诗文和生活经历出发。指出陶渊明有他“真”和“拙”的一面，“但他同时还有不真不拙的一面，是一个充满矛盾的人”，“陶渊明自正式归隐后思想上进入了新的境界，人格趋于成熟单一，虽有若干内在的矛盾，但与他先前那种相当典型的双重人格相比，已经不可同日而语”。[24]这几篇文章或以考辨精细见长，或发人之未发，是此间陶渊明研究的有力文章。

三、南北朝诗歌研究

这两年发表有关南北朝诗歌的文章约85篇，以论述山水诗和宫体诗者为多。

关于山水诗，木公《山水诗兴起原因新探》从道教对山水诗影响的角度，探讨了山水诗兴起的原因，文章指出道教徒最早自觉进入山林并赋予山水以新的意义，道士的山林活动引起了文人对山水的重视；文章考察了当时许多著名文人与道教的密切关系及其各种各样的山林生活经历，认为这引起了山水文学的产生，而山水诗中养生游仙的“道味”也反证了山水诗兴起与道教的关系。[25]李炳海《庐山净土法门与晋宋之际的山水诗画》和《慧远的净土信仰与谢灵运的山水诗》则从谢灵运与慧远关系入手，把南朝的山水诗和庐山净土法门联系起来加以考察，揭示二者之间的亲缘关系。前文认为，从东晋后期，影响名士们游览山水的思潮已经发生变化，玄学不再居于支配地位，它被正在兴起的中土佛教所取代，谢灵运不仅是以名士的身份写山水诗，而且还用庐山净土法门的观念、理想及思维模式来审视自己的观照对象，并用诗歌加以表现。其文章还指出，“东晋刘宋之际主要有四类诗值得注意，它们是玄言诗、田园诗、佛理诗、山水诗”，“从思想倾向上看，玄言诗、田园诗是同类，属于道家；佛理诗、山水诗归入另一类，属于佛家。从作品风格看，玄言诗和佛理诗相近，都是大谈玄理，淡乎寡味；田园诗和山水诗类似，多写自然风光，饶有情趣。”后文具体考察了谢灵运的山水诗与慧远的净土信仰的关系，认为谢灵运山水诗中表现的“赏心感受”、“大顿悟境界”和“定慧观”等都受了慧远净土信仰的影响。[26]朱起予《论谢朓的山水诗》将谢朓的山水诗放在六朝田园山水诗发展的大背景中进行考察，通过与陶渊明、谢灵运、鲍照等人诗作的对比，揭示谢朓山水诗的意蕴特色，认为谢朓山水诗的风格是“萧散清新”，这表现在其山水诗闲雅旷远的风致上。谢朓多写“望”里的山水，从静止的一点摄入山水风景，在写景时也将思乡念友的柔情注入其中，忧郁的感情与清亮的山水相融合，构成一种欣悲交加的温润意境。[27]

关于宫体诗，傅刚《永明文学至宫体文学的嬗变与梁代前期文学状态》详细考察了永明文学和宫体文学的诗人诗作状况，论述了它们之间的嬗变规律，认为二者具有不同的特征，但又有必然的发展联系，后者是前者逻辑顺序的演绎结果。[28]许云和《欲色异相与梁代宫体诗》抓住萧梁君臣父子对荒淫社会风气表示强烈批判态度并有切实整齐措施和行动与其时宫体诗中看似荒淫的追情逐声的描写之间的矛盾，逐层分析了宫体诗内容对佛教内容的模仿，认为宫体诗极写女色与男女性爱乃是实施教化的一种手段，“宫体诗在内容上总的特征就应该是极写女性的淫欲姿态和妒性”，“为了充分展示女性的丑恶，就得要不遗余力地体味女性的客观美。所以，宫体诗的大肆铺写欲色从根上来说是承袭了佛经的这种极写之、力破之的写法。”该文为观察宫体诗内容特色及其产生的背景提供另一视角。[29]此外，詹福瑞《梁代宫体诗人略考》[30]和樊荣《梁陈宫体诗的发展和界说》[31]分别对梁代宫体诗人和梁陈宫体诗题材予以考证和清理。

山水诗和宫体诗之外，另有两篇文章值得注意，一是李宗长《江淹诗歌的题材选择及其文化意义》，文章认为江淹的拟古、游历和赠和之作均有丰厚的文化意义：其拟古诗发扬光大了拟古这一特殊题材，形象阐明了五言古诗的流变，并奠定了江淹在中国古代诗歌史上的地位；游历之作在反映其个人部分生活经历、感情变化的同时，也从侧面展现了那个时代的政治风貌；赠和之什则反映了由元嘉诗风向永明诗风过渡的倾向，具体表现为抒情的清婉和语言的清丽。[32]二是许云和《梵呗、转读、伎乐供养与南朝诗歌关系试论》，该文认为，梵呗对南朝诗歌最重要的影响是其声音的哀亮特征，二者因共同追求哀怨境界而互为推助；用汉语转读汉译佛经这一模式所分别之三声为中国声韵中固有的平上去三声，永明说的发明是依据及摹拟中国当日转读佛经之三声而来；伎乐供养作为佛所特许的通向天国最为方便的途径，供养者趋之若骛是显然的，供养既多，遂也就演化成了佛门礼佛的仪式之一，南朝文学声色大开不能说与释子的“行方便”毫无关系。[33]

四、魏晋南北朝辞赋、散文、小说研究

此间发表关于辞赋的文章30多篇，关于散文的文章10多篇，关于小说的文章30多篇，计80多篇。

辞赋方面，亦多就单篇作品进行阐释、赏析和考辨，如王粲《登楼赋》、曹植《洛神赋》、陶渊明《闲情赋》、鲍照《芜城赋》和庾信的赋作均被纷纷论及。其中傅正谷《〈洛神赋〉的梦幻辞赋史地位及当代论辩》将曹植《洛神赋》作为梦幻辞赋名作进行考察，并据以评述了论者对《洛神赋》本意的三种看法。文章认为《洛神赋》的创作方法是梦幻主义，其艺术结构依据梦幻主义作品一般具有的梦前、梦中、梦后的结构形式，也可分为入梦、告梦、思梦三部分；《洛神赋》本意的三种说法，即“感甄”说、“君臣大义”说和“赞美女神”说各有一定道理，但都不够圆满，《洛神赋》作为一篇梦幻主义的爱情名作，其“艺术结构与描写，是不应等同于一般现实主义作品的，更不同于结构严密的论著，而是具有忽然性、跳跃性、不确定性、不规则性、主观随意性、不能自控性和非理性、非逻辑性的特点”。[34]此外，还有一些从宏观角度立论的文章，如许结《声律与情境——中古辞赋诗化论》将中古辞赋的诗化归结为四个阶段和五大重要特性[35]；郭建勋则发表了一系列文章对魏晋南北朝骚体诗赋进行系统的探讨，是这方面用力最勤者。[36]

散文亦是此期文学研究的薄弱环节。莫砺锋《南朝山水文初探》对南朝的山水文从兴起过程、繁盛原因和演变轨迹等三个方面作了较全面的探讨。文章认为，南朝山水文不逊于山水诗，足以在古代山水文学中占一席之地；以其篇幅上从冗长夸饰向短小精悍演变、字句上从密丽新巧向清新疏朗演变、意境上从单纯写景向情景交融演变而论，南朝山水文的艺术成就远远超过北朝。[37]范子

烨《〈洛阳伽蓝记〉的体例渊源及其与名僧“格义”的关系》认为，杨衒之《洛阳伽蓝记》由正文与注文合体构成的撰写体例，虽说直接受到六朝时“合本子注”佛书体例的影响，其实，它更是那个时代流行“合本子注”体式风气的产物，进一步追溯，渊源所自，乃中国传统文化中的史官文化和经学训诂。六朝时名僧盛行“格义”之风，使中国传统文化中的“合本子注”现象步入佛学廊庑，并在其中不断升华，进而为如杨衒之等杰出作家和学者提供了一个良好的参照模式。[38]

小说方面，关于志怪小说的文章不多，其中欧阳健《东晋的志怪小说家群考论》对曹毗、祖台之、孔约等东晋几位志怪作家进行了考证，并且指出志怪小说的独特价值在于它反映了人与自然相互依存的东方式思想，而且它在描绘人与自然的融合之美上取得了辉煌的成就，并非毫无文采与波澜可言。[39]钟林赋《论魏晋六朝志怪中的人鬼之恋小说》对六朝志怪中的人鬼之恋作了专题研究，认为这类小说大体可分为四类，其产生与古老的灵魂不灭观念有密切关系，佛教的影响甚微；魏晋六朝特殊的历史环境是其滋生的沃土；它的怪诞之美，独具魅力，对后来的小说戏曲创作影响至深。[40]关于志人小说的文章，全部围绕《世说新语》进行讨论。《世说新语》的文体特征是讨论的一个热点，张海明《〈世说新语〉的文体特征及与清谈的关系》用一般小说应具有的基本要素进行比照分析，认为《世说新语》在人物、情节、结构上均不类小说，又不能归于历史，“从小说文体的形成过程看，《世说新语》处于中国古典小说的萌芽阶段，只能说具有一些小说因子，而不得与成熟后的小说等量齐观；从史传文学向小说文体的过渡来看，《世说新语》处于历史与小说之间，它兼有两种文体的部分特征，因此很难说究竟属于哪一种。”《世说新语》的文体意义即在于此，它从中呈现的独自个性有：（一）内容的纪实性；（二）篇幅短小；（三）清通简要、空灵玄远的文体风格。文章进一步探讨了《世说新语》文体特征形成的深层原因，即与玄学思潮、清谈风气相伴而来的名士意识，指出名士意识之于《世说新语》文体特征的作用主要有二：一是对人的关注，对个体的关注，从而突出了人的个性；二是著述动机、旨趣的转变，从先前的记事明理以资劝戒，变为叙写刻画人之才情风致以资赏鉴。[41]此外，李雁《〈世说新语〉叙事艺术个案分析》[42]、美国学者 Richard B·Mather（马瑞志）《〈世说新语〉的世界》[43]也都讨论了类似的问题。刘仁树《论〈世说新语〉的艺术成就》论述了《世说新语》的艺术风格、表现手法和语言成就。作者认为该书的艺术风格是“玄远冷峻，高简瑰奇”，其形成源于魏晋时代的社会生活，与它记写的对象密不可分；在塑造人物形象时成功地运用了多种文学表现手法；它的语言简约含蓄，隽永传神，富于表现力；同时，它又将口语熔铸成具有生命活力的文学语言，从而增加了表现力和概括力。[44]

五、魏晋南北朝文论研究

文论研究历来是魏晋南北朝文学研究的重镇，这两年发表的关于这方面的文章共计有 200 篇左右，其中针对《文心雕龙》发表的文章约 110 篇，针对《诗品》和《文选》发表的文章各有 20 多篇，针对《典论·论文》和《文赋》发表的文章各有 10 篇左右。

首先值得关注的是对此期文论进行宏观把握的几篇论文。杨存昌《魏晋六朝：古典文艺美学的历史转折》一文认为“魏晋六朝是中国古典美学的民族特色与文学艺术相结合的关键时期，是中国古典美学发展史上具有历史意义的转折点”。文章从五个方面进行了论述：（一）审美境界的转折；（二）审美情感本体观的转折；（三）艺术表达方式的转折；（四）内容形式观念的转折；（五）审美价值观与艺术接受观的转折。[45]张海明《玄学本体论与魏晋六朝诗学》和《玄学价值论与诗学》着重论述了魏晋玄学对魏晋六朝文学理论的深层影响，作者认为这一影响在于一代人的思维方式，在于用以指导文学理论的哲学观念，以及由此而来的价值取向、研究方法。前文中，作者指出从影响文学理论的角度看，玄学本体论的重要意义有二：一是对事物之本体与现象的区分，这自然会促使理论研究去追问事物存在的最终依据，而不止于现象层面的探讨；二是玄学本体论的真正着眼点乃在人格本体论，而对人格本体论的真正关注则不可避免地导向人性自然说，个体之情感、个性由此得以突出。另外，将玄学才性论引入文论，也有助于作家论的研究。在后文中，作者认为由玄学"以无为本"的价值取向所决定，魏晋六朝诗学在审美取向上相应地表现为重神贵虚、自然清丽和以悲为美三个方面。[46]此外，张海明还发表了综述性文章《海外和台港地区的中国古代文论研究》，比较全面地介绍了日本、韩国、西方学者和台港地区对中国古代文论研究的历史和现状，作者也提出了我们在这方面存在的问题，即"对中国古代文论在海外和台港地区的研究还缺乏必要的了解和介绍。与日本、台港学者相比，我们还没有形成一种自觉的意识"。[47]

关于曹丕的《典论·论文》，其"文气"说仍然是讨论的重点，其中有两篇文章从不同角度对曹丕"文气"说作了探讨，一是余福智《〈典论·论文〉之"气"的生命美学诠释》，该文通过分析"气"在先秦生命哲学中的意义，认为它有两种涵义，一指自然运化功能，另一特指生命功能。两者可统一为宇宙生命功能。"气"是"道"和"器"的中介。文章进而指出，曹丕把气引入文学理论，指生命气息，他的"文以气为主"的命题，张扬着生命自由展开的思想，引导着人们关注生命素质，关注文化人格。[48]二是张家钊的《"元气"论与曹丕"文气"说》，该文通过分析"光气"在先秦的意义和它在汉代的发展，以及曹丕和王充的思想联系，认为王充的"禀气"说是联结汉代"元气"论与曹丕"文气"说的中介环节，曹丕的"文气"说吸收了王充"禀气"说中尊重个性、崇尚天才的思想，他把"气"从哲学领域引入文学批评，构建了自己的"文气"说。对于陆机的《文赋》，钱志熙《论〈文赋〉体制方法之创新及其历史成因》结合《文赋》产生的思想背景和文学背景进行分析，探讨了《文赋》的创新价值和历史成因。文章对《文赋》的批评史地位多有精到的论述。[49]

《文心雕龙》研究是魏晋南北朝文学研究的重中之重，这两年发表的论文涉及了"龙学"研究的方方面面。近年来，《文心雕龙》一书的性质问题引起了人们的关注，潘新知《还〈文心雕龙〉"写作学"专著之真面目——走出龙学研究的"文学理论"误区》紧密结合文本，从《文心雕龙》的写作目的和性质，写作理论体系的构成及具体写作规律的揭示等方面过行分析，认为该书研究的是一切文章的写作规律，其中可归入今日"文学"范畴的只占一小部分；该书存在"文学理论体系"只能说是一种臆想，《文心雕龙》当属文章写作学论著。[50]《文心雕龙》一书的立论和结构是刘勰苦心经营的结果，它究竟受了哪些因素的影响也一直为"龙学"界瞻目。普慧《〈文心雕龙〉与佛教成实学》对学界认为《文心雕龙》的立论和结构是受了佛教因明学的影响的看法提出质疑，文章考察了佛教传入中国的经过和刘勰与佛徒的交往关系，并比较了《文心雕龙》与《成实论》在结构体制上的相似之处，认为《文心雕龙》的成书受到了齐梁时期极为盛行的佛教《成实论》的深刻影响。[51]张少康《再论〈文心雕龙〉和中国文化传统》从《文心雕龙》中的三个基本文学理论问题，进一步探讨了它和中国文化传统的关系：(一)“天人关系”思想和《文心雕龙》中的心物关系论；(二) 知识分子的人格理想和《文心雕龙》的文学风骨论；(三)“大音希声，大象无形”的审美传统和《文心雕龙》的“隐秀”论。[52]李建中《刘勰的人格境界与〈文心雕龙〉的人格理论》结合刘勰的人生经历论述了他的人生境界，并认为他的人格境界在《文心雕龙》中呈现为“道”、“智”、“性”三位一体的作家人格论。[53]杨乃乔《互补与整合——论刘勰文学理论体系“内儒外道”人格类型的构成》认为在魏晋南北朝时期，儒道两家文学理论以阐释主体为中介，从外在的文化冲突转向内在的人格互补。这一理论现象在刘勰的《文心雕龙》中走向自觉，且形成了中国古典文学理论史上“内儒外道”的批评人格，如文章指出，“刘勰正是在《原道》篇中调和了儒家文学理论崇尚的‘人文’和道家文学理论崇尚的‘自然之文’，并最终把‘人文’和‘自然之文’在‘道’的层面下分别归置于其理论体系的主体论和方法论中”。[54]涂光社《现代〈文心雕龙〉研究述评》对现代“龙学”的研究状况分阶段作了较为详细的评述。[55]

关于《诗品》研究，曹旭的两篇文章值得注意，一是《钟嵘的文学观念及诗学理论》，文章认为钟嵘的文学观念及诗学理论主要表现在《诗品》的诗歌发生论、本质论、诗体论、创作论等方面，表现在他具体的品评之中，文章分别从这几个方面作了较为深入全面的探讨。[56]二是《〈诗品〉所存疑难问题研究》，文章提出了《诗品》研究中的一些疑难问题，这些问题包括：(一) 钟嵘身世中的疑点；(二)《诗品》中诗人的职衔称谓；(三)《诗品》中的误文；(四)《诗品》未品诗人研究。作者最大限度地收集资料，在前人研究的基础上对这些问题作出了自己的推测和解释。如对于钟嵘身世中的疑点，文章抓住钟嵘高祖、曾祖、祖父三代仕历犬牙交错的现象推测，认为假如钟嵘曾祖钟源仕后魏永安太守时，“身居伪朝，其家属子女仍在南朝，情况可能与陈伯之相同，那钟嵘的家庭无疑会受到牵累，并与东晋政权处于某种对立地位，由此蒙受巨大的政治阴影和生活悲痛”，“钟嵘也会由家庭的悲剧，联想‘楚臣去境，汉妾辞宫’的历史悲剧”，“联想整个社会的怨悱，贯穿汉魏晋以来‘以悲为美’的传统”，“最后把‘怨’与‘雅’同时作为重要的审美标准，以评判诗歌的优劣高下”。这一合理推测有助于我们理解隐藏在钟嵘文学观念背后的社会原因和家庭原因，即“中国古代文论家在构造理论、形成观念，提出自己新见解的时候，如古代诗人在写他们生命的歌，同样有个人身世和家庭命运的参与”。又如关于《诗品》未品诗人，文章认为，“真伪难以确定；‘情兼雅怨，体被文质’的诗学理想；不品叙事诗，也许是《诗品》未品《陌上桑》、《孔雀东南飞》，卓文君《白头吟》和蔡琰《悲愤诗》的原因”。[57]此外，高华平《从‘文笔之辨’到重‘文’轻‘笔’——《诗品》扬谢抑颜原因新解》分析了魏晋南朝文笔观念的演变过程，认为颜谢二人所持的“文笔”观念分属不同的阶段，这对他们诗歌创作的影响也不完全相同，造成了颜氏诗歌具有“杂文学”的特点，谢氏诗歌具有“纯文学”的特点；而“文笔之辨”发展到齐梁时期，影响了文学批评，产生重“文”轻“笔”的观念，这就形成了《诗品》扬谢抑颜的诗评。[58]

关于《文选》研究，仍然围绕着《文选》的编者、版本、选文标准分类等问题展开。一，关于《文选》的编者问题，有穆克宏《试论〈文选〉的编者问题——兼与清水凯夫教授商榷》[59]、傅刚《〈文选〉的编者及编纂年代考论》[60]等文章；二，关于《文选》的版本注本问题，有傅刚《试论〈文选〉所收陆机〈挽歌〉三首》[61]、周勋初

《〈文选〉所载〈奏弹刘整〉一文诸注本之分析》〔62〕、傅刚《关于近代发现日本古抄无注三十卷本〈文选〉》〔63〕等文章；三，关于《文选》选文标准和萧统的文学观，有马正学《从〈文选〉看萧统的文学观》〔64〕、陈庆元《萧统与声律说——：〈文选〉登录齐梁诗剖析》〔65〕、〔韩〕金良美《从〈文选〉的抒情赋看萧统的文学观》〔66〕等文章；四，关于《文选》的文体分类，有穆克宏《〈文选〉文体分类再议》〔67〕、曹道衡《关于〈文选〉的篇目次第及文体分类》〔68〕、傅刚《论〈文选〉"难"体》〔69〕等文章；此外，曹道衡的《关于〈文选〉中六篇作品的写作年代》通过对刘孝标的《重答刘秣陵沼书》、《辨命论》和《广绝交书》，徐悱的《古意酬到长史溉登琅邪城》，陆倕的《石阙铭》和《新刻漏铭》等三位后死于沈约的作者的六篇作品写作年代的考察，得出"《文选》所录的作品，不是以作者的卒年为断限，而是以天监十二年或天监末产生的作品为断限"的结论。〔70〕跃进《有关〈文选〉"苏李诗"若干问题的考察》着重批驳了"苏李诗"作者"庾信说"的观点，文章主要从两个方面进行批驳：一，在庾信出生之前，"苏李诗"早已在世流传，并为人征引；二，"苏李诗"不可能是徐陵后来加进《文选》中的。〔71〕

这两年还发表了几篇探讨南北朝诗歌声律的文章，如徐青《南北朝转韵律诗概要》〔72〕、〔日〕樋口泰裕《北朝诗格律化趋势及其进程》〔73〕。樋口泰裕的文章把诗律中避开上尾、鹤膝和应该遵守一句之中二四不同的原则看做南北朝时代诗歌创作上声律理论的集中反映，以此为基准对北朝诗人作品的声律分析阶段进行了全面调查，得出结论曰："不仅在南朝，而且在北朝也确实存在注意声律的诗歌创作实践，他们的实践形成一种态势，就是朝着后来唐代律体诗的方向而稳步地发展。"

〔1〕钱志熙《论中古文学生命主题的盛衰之变及其社会意识背景》，《文学遗产》1997年第4期。

〔2〕傅刚《论汉魏六朝文体辨析观念的产生与发展》，《文学遗产》1996年第6期。

〔3〕何新文《从〈诗赋略〉到〈文集录〉——论两汉魏晋南北朝文学目录的发展》，《湖北大学学报》1996年第2期。

〔4〕张少康《论文学的独立和自觉非自魏晋始》，《北京大学学报》1996年第2期。

〔5〕刘晟、〔韩〕金良美《"魏初文学自觉"说质疑》，《山东师大学报》1997年增刊。

〔6〕李文初《从人的觉醒到"文学的自觉"——论"文学的自觉"始于魏晋》，《文艺理论研究》1997年第2期；《再论我国"文学的自觉时代"——"齐梁说"质疑》，《学术研究》1997年第11期。

〔7〕孙明君《建安时代"文的自觉"说再审视》，《北京大学学报》1996年第6期。

〔8〕李建中《魏晋文学的人格生成》，《文学评论》1996年第2期。

〔9〕王力坚《西晋文学与建安文学承传关系论》，《学术论坛》1996年第1期。

〔10〕钱志熙《魏晋"杂诗"》，《文史知识》1996年第2期。

〔11〕刘刚《论建安诗风的时代性转换》，《社会科学辑刊》1996年第3期。

〔12〕汪春泓《颍川风习与建安文学》，《文艺理论研究》1996年第6期。

〔13〕孙明君《论曹操对原始儒学精神的诗化》，《陕西师范大学学报》1996年第2期。

〔14〕缪军《走向心灵——曹植〈杂诗〉小议》，《广西师院学报》1997年第4期。

〔15〕曹道衡《陆机的思想及其诗歌》，《中国社会科学院研究生院学报》1996年第1期。

〔16〕柏松《潘岳：在超越与沉沦之间》，《西南师范大学学报》1997年第5期。

〔17〕张晓林《由自卑到超越的心灵历程——论左思的创作》，《华中师范大学学报》1996年第1期。

〔18〕曹道衡《试论东晋文学的几个问题》，《社会科学战线》，1997年第2期。

〔19〕胡大雷《玄言诗的魅力及魅力的失落》，《文学遗产》1997年第2期。

〔20〕王力坚《山水以形媚道——论东晋诗中的山水描写》，《学术交流》1996年第3期。

〔21〕袁行霈《陶渊明享年考辨》，《文学遗产》1996年第1期。

〔22〕张可礼《陶渊明的文艺思想》，《文学遗产》1997年

第5期。
〔23〕李建中《试论陶渊明的人格精神》，《华南师范大学学报》，1997年第6期。
〔24〕顾农《前期陶渊明的双重人格》，《社会科学辑刊》1996年第3期。
〔25〕木公《山水诗兴趣原因新探》，《湖南师范大学社会科学学报》1996年第4期。
〔26〕李炳海《庐山净土法门与晋宋之际的山水诗画》，《江西社会科学》1996年第6期；《慧远的净土信仰与谢灵运的山水诗，《学术研究》1996年第2期。
〔27〕朱起予《论谢朓的山水诗》，《苏州大学学报》1996年第2期。
〔28〕傅刚《永明文学至宫体文学的嬗变与梁代前期文学状态》，《社会科学战线》1997年第3期。
〔29〕许云和《欲色异相与梁代宫体诗》，《文学评论》1996年第5期。
〔30〕詹福瑞《梁代宫体诗人略考》，《河北大学学报》1996年第2期。
〔31〕樊荣《梁陈宫体诗的发展和界说》，《学术研究》1996年第10期。
〔32〕李宗长《江淹诗歌的题材选择及其文化意义》，《南京师大学报》1997年第2期。
〔33〕许云和《梵呗、转读、伎乐供养与南朝诗歌关系试论》《文学遗产》1996年第3期。
〔34〕傅正谷《〈洛神赋〉的梦幻辞赋史地位及当代论辨》，《社会科学辑刊》1996年第2期。
〔35〕许结《声律与情境——中古辞赋诗化论》，《江汉论坛》1996年第1期。
〔36〕郭建勋《论建安骚体文学转向个性化、抒情化的内因外缘》，《求索》1996年第2期；《论建安骚体文学情感指向的主要层面》，《中国文学研究》1996年第2期；《论建安骚体文学的转换》，《北京师范大学学报》1996年第3期；《论阮籍、嵇康的骚作品及其他》，《湖南师范大学社会科学学报》1996年第5期；《晋代骚体文学的三大主题》，《中国文学研究》1997年第1期；《晋代骚体文学的艺术风格与主要体式》，《中国韵文学刊》1996年第2期；《论晋代骚体文学情感的世俗化》，《人文杂志》1997年第5期；《论南朝骚体文学艺术上的新变》，《湖南师范大学社会科学学报》1997年第3期。
〔37〕莫砺锋《南朝山水文初探》，《中国文学研究》1996年第1期。
〔38〕范子烨《〈洛阳伽蓝记〉及其与名僧“格义”的关系》，《北方论坛》1996年第5期。
〔39〕欧阳健《东晋时期的志怪小说家群考论》，《龙岩师专学报》1997年第2期。
〔40〕钟林赋《论魏晋六朝态怪中的人鬼之恋小说》，《社会科学辑刊》1997年第3期。
〔41〕张海明《〈世说新语〉的文体特征及与清谈之关系》，《文学遗产》1997年第1期。
〔42〕李雁《〈世说新语〉叙事艺术个案分析》，《山东大学学报》1996年第4期。
〔43〕〔美〕Richard B·Mather（马瑞志）《〈世说新语〉的世界》（范子烨译），《学术交流》1996年第1期。
〔44〕刘仁树《论〈世说新语〉的艺术成就》，《中国社会科学院研究生院学报》1997年第6期。
〔45〕杨存昌《魏晋六朝：古典文艺美学的历史转折》，《烟台师范学院学报》1997年第3期。
〔46〕张海明《玄学本体论与魏晋六朝诗学》，《文学评论》1997年第2期；《玄学价值与诗学》，《北京师范大学学报》1997年第2期。
〔47〕张海明《海外和台港地区的中国古代文论研究》，《东方丛刊》1997年第1/2期。
〔48〕余福智《〈典论·论文〉之“气”的生命美学诠释》，《佛山大学学报》1997年第1期。
〔49〕钱志熙《论〈文赋〉体制方法之创新及其历史成因》，《求索》1996年第1期。
〔50〕潘新知《还〈文心雕龙〉“写作学”专著之真面目——走出龙学研究的“文学理论”误区》，《福建师范大学学报》1997年第2期。
〔51〕普慧《〈文心雕龙〉与佛教成实学》，《文史哲》1997年第5期。
〔52〕张少康《再论〈文心雕龙〉和中国文化传统》，《求索》1997年第5期。
〔53〕李建中《刘勰的人格境界与〈文心雕龙〉的人格理论》，《学术月刊》1997年第4期。
〔54〕杨乃乔《互补与整合——论刘勰文学理论体系“内儒外道”人格类型的构成》，《江海学刊》1997年第1期。
〔55〕涂光泽《现代〈文心雕龙〉研究述评》，《文学评论》1997年第1期。
〔56〕曹旭《钟嵘的文学观念及诗学理论》，《上海师范大学学报》1996年第1期。
〔57〕曹旭《〈诗品〉所存疑难问题研究》，《文学评论》1997年第6期。
〔58〕高华平《从‘文笔之辨’到重“文”轻“笔”——〈诗品〉扬谢抑颜原因新解》，《华中师范大学学报》1996年第1期。
〔59〕穆克宏《试论〈文选〉的编者问题——兼与清水凯夫教授商榷》，《福建学刊》1996年第1期。
〔60〕傅刚《〈文选〉的编者及编纂年代考论》，《中国社会科学院研究生院学报》1997年第1期。

〔61〕傅刚《试论〈文选〉所收陆机〈挽歌〉三首》,《文学遗产》1996年第1期。
〔62〕周勋初《〈文选〉所载〈奏弹刘整〉一文诸注本之分析》,《文学遗产》1996年第2期。
〔63〕傅刚《关于近代发现日本古抄无注三十卷本〈文选〉》,《文学遗产》1997年第6期。
〔64〕马正学《从〈文选〉看萧统的文学观》,《西北师大学报》1996年第2期。
〔65〕陈庆元《萧统与声律说——〈文选〉登录齐梁诗剖析》,《中州学刊》1996年第3期。
〔66〕〔韩〕金良美《从〈文选〉的抒情赋看萧统的文学观》,《云梦学刊》1997年第2期。
〔67〕穆克宏《〈文选〉文体分类再议》,《江海学刊》1996年第1期。
〔68〕曹道衡《关于〈文选〉的篇目次第及文体分类》,《齐鲁学刊》1996年第3期。
〔69〕傅刚《论〈文选〉"难"体》,《浙江学刊》1996年第6期。
〔70〕曹道衡《关于〈文选〉中六篇作品的写作年代》,《文学遗产》1996年第2期。
〔71〕跃进《有关〈文选〉"苏李诗"若干问题的考察》,《文学遗产》1996年第2期。
〔72〕徐青《南北朝转韵律诗概要》,《湖州师专学报》1996年第2期。
〔73〕〔日〕樋口泰裕《北朝诗格律化趋势及其进程》,《烟台大学学报》1996年第4期。

隋唐五代文学研究综述

陈才智

对隋唐五代文学，尤其是对唐诗的研究，向来是中国文学研究的"显学"之一，在逼近世纪之末的1996—1997年，这片经过多少代学者深耕细作的学术良田，又结下了累累硕果。百余位学者面对五万五千余首诗歌，两万馀篇散文和其它各类文体，围绕各自关心的课题，在不同的研究层面上，或梳理，或审订，或甄辨，或批评，可以说，无论质量，还是数量，他们在两年间所取得的成绩都十分可观。以下分别就研究专著和研究论文两方面加以综述。

研究专著

两年间，除100余部普及性、通俗性书籍外，共有50余部学术性的研究专著和20余部作品集整理类书籍在海内外出版。这里主要就50余部学术性的研究专著加以评述。

傅璇琮主编的"唐诗研究集成"在1996年推出四部子集：傅璇琮等《唐人选唐诗新编》、张伯伟《全唐五代诗格校考》、陶敏《全唐诗人名考证》和佟培基《全唐诗重出误收考》。[1]与《唐人选唐诗（十种）》[2]相比，《唐人选唐诗新编》补充了《翰林学士集》《丹阳集》《玉台后集》《珠英集》四种，删去了似为抄录而非编选的敦煌写本唐诗，共计收录十三种唐人选唐诗。《新编》在底本上改选了较好的版本：如《河岳英灵集》用接近殷璠原编的宋刻二卷本，而不用后起的明刻三卷本；《中兴间气集》《极玄集》亦改用时间较早的影宋钞本。在根据有关版本及材料考订基础上所作的校记中，改正了不少原书或过去刻本中的讹误。在各集之前皆写有"前记"，扼要说明编撰者生平、成书时代、价值及存在的问题、版本流传及此次整理情况。到目前为止，《新编》是一部反映唐人选唐诗情况的集大成之作。诗格类著作由于种种原因，久被视为小道，问津者寡，而问题重重。宋人陈应行所编的一部汇集初唐至北宋诗格诗论的总集《吟窗杂录》影印本[3]的出版，为这一领域的研究提供了重要的文献资料。影印本由王秀梅整理校勘，书后附录张伯伟《论〈吟窗杂录〉》一文。张伯伟《全唐五代诗格校考》则对现存28种初唐至北宋的文献进行校考。每种诗格前以"解题"说明其存佚、历代中外著录、旧题作者简介、该诗格内容形式分析、校考的版本依据。校考正文则广收异本，参考诸本异文，对各种诗格的关系与源流进行比较研究。冠于书首的"诗格论"则首先辨明诗格的含义及其使用，然后对齐梁而下流传于初唐至北宋文坛的诗格著作逐一进行概述，分析各时代诗格著作的特点及其形成原因，最后概述宋以后的诗格著作。全文不啻一篇诗格发展简史。该书还附录了与诗格并行相关的《文笔要诀》《字格》《赋谱》，并撰有《全唐五代诗文赋格存目考》，此书融文献整理、诗中研究和文学批评史考察为一体，通过补佚汇辑、甄辨考订，不仅填补了唐代诗学文献整理的一个空白，而且为古代诗学的分体研究准备了其中一体：诗格诗式的较完备较精审的基本材料。尤其难能可贵的是，由于作者视野广阔，对佛学、域外汉诗及中外文化交流有专门研究，使该著在与之相关的研究中亦受益匪浅，显得别具会心。

陶敏积十余年之功，博采史籍地志、类书笔记、贞石碑刻等各种文献，以简省的文字、翔实的材料，从634位诗人的4256首诗中考证出2442位（含引录他人成果）以别名相称的人物姓名[4]，著成95万字的《全唐诗人名考证》。与前此吴汝煜、胡可先《全唐诗人名考》[5]相比，陶著后出转精，体例更为合理，考证更为细密，于《全唐诗人名考》多有订失补阙；虽亦有引录或总括他人成果者，但更多的则是或自立新说，或驳斥旧说，或补充它说，由人名而旁及其事迹，附及诗中与人物相关的官名、地名等讹误，诗作的年代、真伪、重出、误收。正如傅璇琮在该书《序》中所云："可以毫不夸张地说，自岑仲勉先生《读全唐诗札记》以后，还没有一部像本书那样，以人名考证为中心，对《全唐诗》作如此广泛而如此专注的核查，而它所获得的具体成果，比之于《读全唐诗札记》，实有过之而无不及。"而且，陶著"不仅仅是向我们提供许多可以称引的具体成果，还将有助于唐代文学研究界已经形成的踏实学风的进一步发扬。"《全唐诗》中除了由于编例造成的卷10—29郊庙歌辞和乐府杂曲的互见诗2838首之外，尚有重出诗3157首，句153则；误收非唐人诗863首，句25则。这尚不包括误收诗中的北周弘执恭，隋薛道衡，唐释玄逵，宋何蒙、王禹偁、刘宾、程俱、王安石、朱熹、姜夔、罗大经、周端臣，无萨都剌、虞集、丁鹤年，明戴表元、史谨、刘崧、张以宁、汪广洋等作家。[6]以上即佟培基《全唐诗重出误收考》所面临的工作对象，该书对这些互见于两家或数家的重出诗，及误收唐以前、五代以后之诗和唐人间误收之诗加以甄辨考订，断其真伪归属，立目906条，是《全唐诗》研究中重出误收考订领域一部较完备的力作。

《全唐诗》研究方面的专著还有《全唐诗"一作"校证集稿》[7]。著者杨建国曾致力于历史语法的研习，此书对《全唐诗》中"一作""一本""别本"等出注方式包含的文字差异和内容差异加以校证，不仅对涉及唐时用词与唐以后用词之别、僻义词和通义词之别等语词类异文予以甄辨取舍，而且还通过审慎的考证，对涉及作者人名、地名、官名等相关的异文断其是非。全书出校条目五百多，书后附有《全唐诗"一作"别名寻》，对《全唐诗》研究而言，语言学是一个不容忽视的视角，蒋绍愚《唐诗语言研究》、黄世中《往复回环，潜气内转：李商隐诗复词重言研究》、孙连仲《唐代诗歌中传神的模糊语言》、夏晓虹《杜甫律诗语序研究》等已作出可喜的尝试。今后，像杨著这样的研究理应吸引更多的学者才是。近20年以来，陈尚君以唐代文学基本文献的辑录和考订为研究重心，先后完成了《全唐诗补编》和《全唐文补编》的辑校，并就研究所得，撰写了一系列论文。1997年10月由唐研究基金会推荐资助、中国社会科学出版社出版的《唐代文学丛考》，从陈尚君已刊论文中选出23篇加以结集，涉及全唐诗文的考订、唐诗人占籍研究、唐诗总集研究、杜甫研究、花间词人生平研究，以及近年来引起极大关注的《二十四诗品》辨伪。著者"后记"称，"所述虽未必皆可为定论，但自信皆可备一说。"而傅璇琮之"序"则对其人其学加以高度评价，谓"以尚君同志十余年来在唐代文学基础研究也就是文献资料考证上所作出的业绩与贡献"，"必将为中国的唐代文学研究带来光荣。""序"还将其治学路数归纳为熟练掌握目录学、较明确的史源意识和广泛的治学兴趣三个方面，颇有欧阳修赏识苏轼，而欲"放出一头地"（欧阳修《与梅圣俞》）之姿。有关《全唐文》的考订著作，有武汉大学历史系陈国灿与香港中文大学历史系刘健明主编《全唐文职官丛考》[8]。该书对《全唐文》中唐代职官不见于《大唐六典》《通典》《唐会要》和两《唐书》职官志者，依据历代史籍所载，联系史官出现的时间地点与人物背景加以考察，究其所司职掌，探其渊源流变；对官存名讳或有姓无名者，联系撰文者与当事者关系加以考察，揭示当事者姓名与官职；对碑志传赞与撰者小传中历官有误有漏者予以纠正增补；对由职官而引发出的一些历史问题亦有所考证。尽管该著偏在历史，但对唐代文学研究亦不无裨益。

唐代笔记小说研究尚未受到应有的重视，周勋初《唐代笔记小说考察》[9]有鉴于此，将唐代笔记小说置于学术史、文化史的背景下，结合政治、历史、宗教等因素，探讨它与其它文体门类的关系与相互影响。上编"通论"四篇文章和下编"作家作品论"13篇论文相呼应，在宏观透视下对具体作家作品加以微观剖析，再将从微观实证性考辨中所得之结论，上升为宏观的理论阐发。其研究无论方法还是结论，均值得后继者深思。对唐代笔记小说的断代研究在吴礼权《中国笔记小说史》[10]中被列为第三章：首先分析唐代笔记小说空前繁荣发展的原因，其次将唐代笔记小说分为志怪派、国史、轶事派、事类派、杂俎派，分别加以阐述，最后介绍"时运维艰文章在"的五代笔记小说。侯忠义《隋唐五代小说史》[11]是"中国小说史"丛书第一单元"断代小说史"的一种，是在作者《中国文言小说史稿》隋唐五代部分的基础上增补修订而成。它以初唐、中唐、晚唐的时间线索为纬，以传奇、志怪、轶事为经，通过70余部代表作品勾勒出隋唐五代小说发展的全貌。程国斌《唐代小说嬗变研究》[12]是其在卞孝萱门下的博士论文，该著运用统计学、比较研究、微观宏观结合、文史结合等方法，通过数据图表对比分析，全面系统地探讨了唐代小说在后世文学作品中的嬗变现象。全书共分12章：第一章唐代小说研究概览，着眼于唐代小说的整体性研究，对唐代小说的成因、分类、结构、创作方法等提出看法；第二章至第六章择取110篇代表性唐人小说作为研究的对象，从神怪、婚恋、逸事、佛道、侠义五个方面，探讨各类小说的时代背景以及嬗变规律；第七章唐代小说嬗变的成因，将唐代小说的嬗变成因归纳为三个方面：欣赏者审美心理的认同、文学创作领域复古思潮的影响、不同时代改编者创作心态的变迁；第八章至第十一章分别论述文言小说、白话小说、元杂剧和明清戏曲与唐代小说的关系；第十二章从唐代小说到元明清戏曲艺术上嬗变特质，将唐代小说与后世戏曲之间艺术上嬗变特质归为五个方面：叙事视角的转换、结构原则的差异、情节的"幻"与"真"，人物形象塑造技巧的不同和才子佳人戏曲创作格局的出现。其资料之翔实、观点之新颖、立论之合理、论述之全面，足称优秀。

在中青年唐代文学研究者中，陶敏、陈尚君、郁贤皓等人走的是文献考订的路子，侧重于史料与文本的梳理甄辨；罗宗强、葛晓音、赵昌平等人走的则是历史文化——语言批评的路子，着意于文学发展趋势的把握和审美流程的探索。《赵昌平自选集》[13]作为"九五"国家重点图书出版规划"跨世纪学人文存”之一，收入唐诗研究论文12篇。在该书“自序”中，作者从以下三个方面阐述了自己的研究路数及对唐诗的理解：一，唐诗研究的基础：在对文本的敏锐感悟和对背景资料全面切实的掌握中，确立视角，形成个性。二，唐诗的本质与魅力：意兴是灵魂，意脉是血脉，意脉流注于物象中，使物象升华而具有意象的品格。三，唐诗演进的形态：由一定的视角出发的描述，此视角可归纳为以时代的历史文化氛围为背景，以诗人的心态为中介，以诗体的传承演变为归结的多元化的动态的视角。以上述认识为指导，作者正在撰写一部唐诗史，我们拭目以待。

从80年代起，余恕诚在与刘学锴合作进行李商隐诗文整理研究之余，潜心考察唐诗各期的风貌特征及其成因，撰写了一系列颇有见地的论文，在此基础上又拓深提炼，著成《唐诗风貌》[14]。全书分11章：前两章以唐诗反映的内容与精神特质构成总论；三至六章分论初、盛、中、晚唐诗坛风貌；七章以政治对李杜诗的影响作为个案分析的对象；八、九两章分述唐代山水诗与边塞诗；十章论述唐代叙事诗与叙事长篇；末章从诗体角度分析各诗体之艺术风貌。该书论述严谨朴实，亦不乏源于对作品深刻独到之感悟而生发出的诗意表述。

80年代中期以后，博士生开始在古代文学研究领域崭露头角，在继承前辈学者实证传统的同时，他们广泛吸收当代人文社会科学的新思想，在治学道路、理论观念、学术取向上呈现出新的风貌。《日晃文库》就是近年来获得博士学位的研究者撰写的12种著作构成，其共同趋向是从思潮、流派、群体出发，以历史文化的宏观视角有意识地清理文学发展的线索。其中有关唐代的两部是杜晓勤的《初盛唐诗歌的文化阐释》和朱刚的《唐宋四大家的道论与文学》[15]。前著者是“南北朝至初盛唐间诗歌艺术转型与文化转型之关系”研究课题的第一个阶段性成果。上编从“士庶力量之消长”和“地域文化之整合”两个角度对初盛唐诗歌发生发展的文化渊源作动态考察：下编结合南北朝诗歌向初盛唐诗歌嬗变的轨迹，分阶段分层次探讨中近古文化转型对诗歌艺术转型至深至巨的影响。该书既有高屋建瓴的宏观分析、独特的文本把握，亦不乏法细密的史实考证；与尚定《走向盛唐》[16]相比，选题相似而结构迥异，方法相仿而论述各异，两相参看更有助了解这一时期诗史的发展。杜晓勤在此前出版的博士论文《齐梁诗歌向盛唐诗歌的嬗变》[17]，从诗歌声律与文人心态角度对齐梁诗歌向盛唐诗歌的艺术嬗变进行专题研究，上编为从永明体到沈宋体：五言律诗形成过程之考察。下编为从“性灵摇荡”到“风骨凛然”：齐梁至盛唐间诗人文化心态及其对诗歌创作之影响，是一篇材料丰富、功力扎实的博士论文。朱刚《唐宋四大家的道论与文学》旨在阐述“道”与各体文学间的深刻联系，作者认为，没有“道”的宏扬，便不会有韩柳欧苏四大家的文学运动，“道”对于那段历史时期中各体文学的影响，其积极促动的方面要远远胜过消极制约的方面。由此出发，该书前五章从社会历史的大背景上阐述了四大家对“道”的内涵的不同体认，最后一章从文以载道、以文为诗、以诗为词三个环节，论证“道”的理性内核如何展示在各体文学创作之中。此著融理论思辨于史实开掘与论述中，在文道关系的研究上有所突破。

王昆吾《隋唐五代燕乐杂言歌辞研究》[18]是他在任半塘门下的博士论文，其研究对象包括了宫廷祭祀乐歌以外的全部隋唐五代长短句歌辞，是一部关于词的起源问题的较具实证风格的论著。作为“唐艺发微”工作的组成部分，该著“把词和作为其前身的隋唐燕乐曲子都看做历史的现象，因而是将其安置在隋唐五代文化史的背景上加以理解的；它以为长短句歌辞的形式特征关联于它们的传播方式，因而主要依据歌唱、吟诵、表演等艺术形式的发展探讨了它们的形式；它以为每一种文学体裁的发展都是民众活动和作家活动相互交流的产物，因而注意从宗教、风俗等各种历史资料中勾稽出这一过程的线索。”其最终目的“是建立关于隋唐五代音乐文学的系统认识，而当它为此展开论述的时候，实际上，它也建立了关于隋唐五代音乐史的系统认识。”（第一章绪论）曾广开《元和诗论》[19]是他在程千帆、周勋初门下的博士论文，全文共分五章：一章元和时期的社会政治及影响；二章元和时期的社会风气及影响；三章元和时期的文学思想；四章元和时期的乐府诗；五章论元和体。学界曾对新乐府诗及诗化和“新乐府运动”存在与否有过争鸣，钟优民《新乐府诗派研究》[20]在总结这一争鸣的基础上，将“新乐府体”作为一个独立的诗歌流派，以史为线，以论为纲，“全面探讨新乐府的渊源、兴起、发展、鼎盛到衰落的历史全过程，对其代表作家、作品的内容、风格和审美特征加以观照，作出评析，以清理来龙去脉和源流分合，认识其在中国诗史上的文学地位和学术价值，及其对中国诗歌、诗论发展作出的重大贡献。”（绪论）该书以述见长，尽管某些议论尚有可商榷之处，但其资料之完备、结构之整饬以及叙述之井井有条都不乏可称道之处。

中国社科院文学所董乃斌、程蔷伉俪，一位在古代文学室，一位在民间文学室；一位是吴世昌门下的唐代文学专家，一位是钟敬文门下的民俗学者兼剧作家，二人合著《唐帝国的精神文明——民俗与文学》[21]可谓妇唱夫随，璧合珠联。此书从民间学视角考察唐代文学，“属于历史民俗学，是对于唐代民俗的断代性研究。”导言部分高屋建瓴，揭示该课题的研究意义和视角，阐述对民俗定义、民俗内部结构和民俗文化发展辩证观的理解，辨别民俗文化与经典文化之间、文学与民俗文化传统之间的关系。正论部分，以40余万字篇幅从岁时节日、都市生活、妇女习俗、士子风貌、神灵崇拜和巫术禁忌、民间文学与技艺六个方面向唐帝国的精神文明聚焦，展现给读者一幅生动活泼的历史画卷。该著逐一梳理描述唐代这些纷繁多彩的民间事象，对其表现特征、生成变化和所蕴含的深层文化基因以及文化相互依存相互制约的关系给以缜密的理论分析，不仅为唐代文学研究开辟了新视角，拓展了新领域，而且对历史民俗学的建构也提供了一个可资借鉴的范例。

同样从文化学角度入手的是漓江出版社1996年5月推出、由梁超然主编的一套八册的“唐诗与中国文化丛书”：林继中《唐诗与庄园文化》、朱易安《唐诗与音乐》、陶文鹏《唐诗与绘画》、张明非《唐诗与舞蹈》、陈飞《唐诗与科举》、毛水清《唐诗与佛教》、黄世中《唐诗与道教》和梁超然《唐诗与儒教》，选题涵盖了文化的几个主要门类。其中陈著从唐代社会政治背景入手，分析唐代科举制度的成败得失，挖掘它和唐诗之间千丝万缕的联系，进而对唐代举子的心态、生活、信仰、社会地位以及他们的价值取向、进取姿态等情状给予入木三分的剖析，不乏精彩独到的体悟。就如何将学术性与趣味性、严肃性与可读性协调融合这一方向而言，该书也是一次成功的尝试。与陈华昌《唐代诗与画的相关性研究》[22]相比，陶著虽然在“题画诗”和“花鸟画与唐代咏物诗”两部分和陈著有所交叉，但其它章节则各有特色；陶著“人物画与唐诗中的人物描绘”一章，陈著“唐代的山水诗和山水画”一节，分别为对方所未及，正可相互补充。从行文来看，陈著更着重二者之间的相互影响，关心这一课题的读者不妨将二书对照参看。黄著探讨道教与唐诗的关系。前四章主要以道士和女冠诗人为对象，揭示他们诗作中的道意、道韵、道味；第五至八章主要以崇道的诗人为对象，揭示其山水诗、恋情诗、醉酒诗中的道风、道情、道趣；末章从总体上，就道教对唐诗审美的影响，分别剖析唐人道韵诗的惆怅美、傲岸美、静穆美、感伤美。此书不妨与葛兆光《想象力的世界——道教与唐代文学》[23]一书相参看。林著从文人心态、诗歌创作和美学意蕴三个方面展开对唐诗与庄园文化关系的探讨，意在展示庄园文化对唐代不同时期文人心态特别是诗人心态的不同影响，并详细寻绎出唐诗创作中庄园文化的影子。最后，著者将庄园文化与唐诗的关联归结为：佛教禅宗与道家玄学思维催化下，一种诗歌美学意蕴的“韵外之致”。该著不妨与李浩《唐代园林别业考论》[24]一书相参看。其它四部著作对所研究的对象也大都在占有详备资料的基础上，进行了横向的联系与比较，对进一步理解唐诗外在的文化背景和内在的文化意蕴都不无裨益。

在唐代佛教与文学关系的研究方面，陈允吉、葛兆光、张伯伟曾有不浅的实绩。除毛水清《唐诗与佛教》之外，30 年来一直专攻这一方面的孙昌武教授继《唐代文学与佛教》[25]《佛教与中国文学》[26]《中国佛教文学序说》[27]《诗与禅》[28]之后，出版了《中国文学中的维摩与观音》[29]和《禅思与诗情》[30]。前书第六至十章占全书近半，探讨了《维摩诘经》所包含的大乘出世而不离世间的思想和观音崇拜所包含的“他力救济”信仰在唐代社会广泛深入的影响，及其与唐代雅俗文化之间的联系。后书则对唐初至两宋之交禅宗发展的历史背景、禅宗自身的演变、禅文学的发展以及禅宗对文学的影响给予“描述”，在概括性的宏观“描述”的同时，举出一些具有典型意义的作家，如王维、杜甫、白居易、寒山等，加以具体的微观“描述”。二者均堪称积学沉思而得之力作。

程千帆是唐代文学研究界乃至中国学术界的大师级学者，钱钟书谓其著述“真积力久，与古为新”，赋诗云：“病眼难禁书诱引，衰躯端赖药维持。”言钱老得程著“入手心痒，欲读难罢”，竟不顾新病乍复、老眼昏花矣（见《程千帆友朋诗札辑存》第六册）。莫砺锋所编《程千帆选集》[31]两大册和巩本栋所编《程千帆沈祖棻学记》[32]的出版可使读者一览这位诗学大师的学术业绩与学术品格。《选集》收录《史通笺记》，《文论十笺》《唐代进士行卷与文学》《古诗考察》《被开拓的诗世界》《闲堂诗序》等，附编带有学记性质，全部为《学记》所囊括。《程千帆学记》分为生平记略、学术思想、友朋诗札、师门掠影、序跋评论，附录程千帆著述目录、程千帆生平与著述评论资料存目。《沈祖棻学记》收辑与沈祖棻相关的生平、创作与学术的评论性文章诗词 42 篇(首)。

继许总《唐诗史》之后，四川师院杨世明又写出一部《唐诗史》[33]。作者在后记中称：“这本书的写作意图，是想让读者对近三百年唐代诗人的创作思想、艺术成就、诗风以及各时期诗歌的特点与流变有较翔实的了解。”这确是一部较平实的教材性质的唐诗史，书中没有新奇的词汇，只有质朴细致的描述，与许总《唐诗史》中鲜明的理论色彩迥然相异。阮忠《唐宋诗风流别史》[34]则从诗风流别角度切入，意在通过对不同流别诗风的形成、变异、影响以及同一流别诗人及其诗风差异的比较研究，来展现唐宋诗歌的风貌。唐代分为上官诗风、王孟诗风、高岑诗风、李白诗风、杜甫诗风、大历诗风、韩孟诗风、元白诗风、温李诗风，在注重梳理各流派渊源与嬗变的同时，发掘出一些不为人注意的诗人和诗歌现象，某些论述剖析亦有一得之见。李浩《大唐诗风》[35]作为“东轩书趣文丛”之一，以通俗性、当代化的叙述语言“引导你漫步于历史的山阴道上，领略当年的万千气象和士人们凛然的风神情韵”（该书封底）。引论描画“所谓伊人，在水一方”的唐诗的现代魅力；第一章以象外之象、现量情景、妙造自然展现唐诗超以象外、得其环中的意境呈示；第二章以逝者如斯夫、拟太虚之体、变形与转换分析“乾坤万里眼，时序百年心”的唐诗的时空观念；第三章从诗无达诂、恍兮惚兮、开凿浑沌探讨“花非花，雾非雾”的唐诗的模糊思维；第四章剖析“此时无声胜有声”的唐诗的空白艺术；第五章“秋风吹不尽，总是玉关情”：唐诗的情感体验；第六章“一生好入名山游”：唐诗的自然表现；第七章“笔落惊风雨，诗成泣鬼神”：唐诗的语言技巧，分为超越语法、词汇张力场、远程交易、声律谐美；结语以“欲穷千里目，更上一层楼”结束这16万字篇幅的唐诗之旅。尽管书中不乏历史与逻辑的理性阐述，但它更以浓烈的感性色彩致胜，从上列章节之设题便不难看出其风光所向。

李浩的另一部著作《唐代园林别业考论》[36]则与通俗无缘，它探讨的是唐代园林别业及其与士大夫交游创作间的关系。上编“唐代园林的文化语境”探讨唐代园林别业的历史风貌、景象构成、意境创造，及其与文学创作、文人隐逸、士林风尚之间的内在联系；下编依《元和郡县图志》中道及州府的排列次序，一一辑录考证唐代各私家园林的地理位置、造园时间、园主、工匠及造园有关的其它资料。全书考论篇幅各半，较全面完整地勾勒出唐代园林别业的情状，为深入了解唐代文人的生活和创作环境提供了第一手资料。霍有明《论唐诗繁荣与清诗演变》[37]唐诗部分收论文12篇，涉及唐初诗歌的承传、盛唐山水田园诗派与王孟的诗歌创作、高适、卢纶的边塞诗及郑谷研究，是其师从湖南师大王昌猷攻读硕士学位期间的学习心得。霍然《唐代美学主潮》[38]分起源、开端、展开、深入四部分，各下高四节，层次分明，结构整齐，是一部从美学、社会学、心理学等多角度对唐代美学思潮进行宏观研究的著作。其它著作还有张采民《融合与超越——隋唐之交诗歌之演进》（江苏文艺出版社，1997）、黄炳辉《唐诗学史述论》[39]、蒋长栋《唐诗新论》[40]、郁贤皓《唐诗经典》[41]、周建国《煌煌唐韵》[42]、龙建国《唐宋词艺术精神》[43]等。

作品集整理有陈铁民《王维集校注》[44]、詹瑛主编《李白全集校注汇释集评》[45]、储仲君《刘长卿诗集编年笺注》[46]、屈守元、常思春主编《韩愈全集校注》[47]、蒋维崧、赵蔚芝、陈慧星、刘聿鑫《刘禹锡诗集编年笺注》[48]、刘衍《姚合诗集校考》[49]、辽宁教育出版社“新世纪万有文库”杨镰校点《李太白全集》、王学泰校点《杜工部全集》、董乃斌校点《李贺歌诗编·李商隐诗集》、上海古籍出版社“唐诗小集”中的陈继明《曹唐诗注》[50]和陈文华《张谓诗注》两种[51]，及该社最新校点的《李白全集》《杜甫全集》《王维全集》《柳宗元全集》《杜牧全集》。还有张锡厚录校《敦煌赋汇》[52]、裴斐《李白选集》[53]、孙昌武选编《韩愈选集》[54]、王学太校点《王夫之品诗三种之二：唐诗评选》[55]、冉云飞点校《唐宋诗醇》[56]。张忱石校点《唐御史台精舍题名考》[57]、李健超《增订两京城坊考》[58]与唐代文学研究有关，亦附录于此。港台版书籍则有阮廷瑜《钱起诗集校注》[59]、李卓藩《李贺诗新探》[60]、李丰懋《忧与游——六朝隋唐游仙诗论集》[61]、凌欣欣《初唐诗歌中季节之研究》[62]、罗联添《唐代四家诗文论集》[63]、谢楚发《李白的人生哲学：诗酒人生》[64]、王基伦《韩柳古文新论》[65]等。辞典类较好的有宋绪连等主编《唐诗艺术技巧分类鉴赏辞典》[66]，它编辑并解析了483条唐诗艺术技巧，分别隶属于立意切题、谋篇布局、抒情写景等13大类，每条注明立目依据、典型诗例，再从美学角度加以解说赏析。附录《唐诗艺术技巧综论》辑录前人有关唐诗体制结构、诗法技巧、风格韵致、因革流变之评论。定位在通俗性、普及性上的书籍有王步高主编《唐诗三百首汇评》[67]、羊春秋《唐诗精华评译》[68]、张晓云《雄浑飘逸：大唐诗》[69]、胡汉生《唐乐府诗译析》[70]、张忠纲《唐诗三百首评注》[71]、徐放《唐诗三百首新译》[72]、杨光治《唐诗精华三百首》[73]、杨洁《唐诗一百首》[74]、朱炯远《唐诗三百首译注评》[75]、贺新辉主编《全唐诗鉴赏词辞典》[76]、李敬一主编《休闲唐诗鉴赏辞典》[77]，以及浙江人民出版社《说唐诗》系列：《爱国情思》《咏史怀古》《修身立志》《思亲怀乡》《交友酬唱》《山水胜迹》《咏物寄寓》《人世百态》[78]；山东大学出版社"中国诗苑精华"系列，其中唐代诗人选集有李白卷（林东海著）、杜甫卷（吴庚舜著）、白居易卷（龚克昌著）、李商隐卷（陆永品著）。《唐代文学研究年鉴》出版了1993—1994年和1995—1996年合辑两种，收论文摘要50篇，新书评选22篇，及骆宾王研究述略、司空图《二十四诗品》真伪辨综述、台湾地区唐代文学、柳宗元和敦煌学的研究概况等专题论文。《唐代文学研究》第六辑收论文57篇，是唐代文学学会第七届年会论文的结集，"多数论文提出了新颖的见解，有四分之一的论文足以代表国际学界的学术水平。"[79]

研究论文

两年间发表之论文，包括赏析、书评，共计1590篇，其中1997年710篇，1996年799篇。以下分综论、初盛唐（附隋代）、中晚唐（附五代十国）三部分加以概述。

一、综　　论

罗时进《孤寂与熙悦：唐代寒食题材诗歌二重意趣阐释》[80]通过考察今存一百多位诗人寒食题材的作品，意在解释这种具有历史继承性和时代变异性和风俗情境是怎样影响诗人创作的，并由此对孤寂与熙悦这两重意趣在唐代寒食诗中始终并存的现象进行文化观照。这种观照较《唐帝国的精神文明——民俗与文学》中的相应章节，在理论分析、意义阐释方面要深入一些。[81]李乃龙《论唐代艳情游仙诗》[82]分析唐代艳情游仙诗的产生原因：一，源于神仙观念；二，来自道教有关性的养生术；三，仙话传说的影响。文章认为，游仙诗中所描写的仙女与凡夫之恋，表现了艳情的雅化；而中唐游仙诗则将艳情诗仙化，道士与女冠之恋被视为仙人之恋。李商隐是该题材创作中的大家，其爱情游仙诗深情绵邈，婉转曲折，是此类诗歌之精品。李乃龙另有《中唐游仙诗的社会学阐释》一文[83]，可参考。女冠是唐代社会一个特殊的阶层，女冠诗人占擅唐代诗坛风骚，在中国女性文学史上是一种颇为奇特的现象。高利华《道教与诗教夹缝中的奇葩：论唐代女冠诗人》[84]通过对唐代社会风尚、文化背景和女冠这一特殊阶层生活习俗、传世作品的考释，论述道教对女冠诗风影响以及女冠诗人在中国女性文学史上的意义。作者认为，女冠诗最引人注目之处，就在于"纯情"的魅力，在微妙的感情世界中，纵横驰骋，淋漓尽致，曲尽其妙，毫不讳饰，披露个性意识和最敏锐的感觉。相关论文还有姜明《唐代女诗人简论》[85]、张松辉、刘雪梅《从三个女诗人看道教对唐诗的贡献》[86]、王定璋《道教文化与唐代诗歌》[87]、黄世中《论唐代醉酒诗的"道味"》。

吴承学《唐诗中的留别与赠别》[89]辨析留别与赠别的不同含义和来龙去脉，认为留别是留诗而告别，赠别是赠诗而送别，二者相对，不可混为一谈。从某一种特定角度着手的还有顾爱霞、高峰《唐代宫怨诗新论》[90]、黄依林《论唐代宫怨诗》[91]、张亚萍《唐代县尉诗人的创作特色初探》[92]、李子广《进士·诗人·县尉：唐代科举与文学丛谈》[93]、杨晓霭、胡大浚《陇右地域文化与唐代边塞诗》[94]。唐代社会有两类知识分子：翰林学士和节镇幕僚，对前者的研究岑仲勉的一系列著作已奠定良好的基础，对后者的研究戴伟华曾有《唐代幕府与文学》《唐方镇文职僚佐考》[95]，此后的《唐方镇僚佐职掌考释》[96]一文在严耕望《唐方镇使府僚佐考》[97]的基础上，察补阙遗、匡正误失，为进一步研究这一课题奠定了基础。考证之作还有吴在庆《唐五代作家生卒年考》[98]等。在浙江召开的唐代文学学会第七届年会中，有12篇文章探讨浙东山水与文学创作的关系：胡大浚《唐诗中的丝绸之旅》、钱茂竹《试论唐诗之路的历史渊源》、吕洪年《情思何所寄，山川一缕魂：唐诗之路山水传说的审美价值》、郁贤皓《唐代诗人与剡中风光》、肖瑞峰《浙东唐诗之路与日本平安朝汉诗》、于景祥《谢灵运与唐代几个时期的诗人对浙江山水的不同反映》、姜光斗《论唐代浙东的僧诗》、阎琦《李白三至越中考索》、竺岳兵《〈梦游天姥吟留别〉诗旨新解》、《剡西：唐诗之路》《新昌三绝介绍》、周寅宾《论方千的浙江山水诗》。[99]。

唐人七绝中，今昔之感的抒发是一个常见的主题，叶华《一个常见的主题，奇妙纷呈的表现：唐人七绝中今昔之感表现方法举隅》[100]从景物的选择、结构的安排、形象的描绘和语言的运用四个方面加以举例分析，从一个特定的侧面展现出唐人七绝的艺术风貌和成就。张国庆《近体诗声律结构体现的美学精神》[101]则从总体上分析唐诗各体式共有的声律结构特点中蕴含的和谐精神。文章认为，近体诗声律结构体现着以差异、对立为前提，要求诸差异和对立因素在对立联结、融合互渗、互济互泄、转化生成的动态过程中达到和谐的美学精神，其表现手段就是通过平与仄的高低、升降、长短来实现。近体诗的声律结构注重整体和谐，这种整体和谐具有某种循环论的性质。在组联成诗方面，近体诗选择了粘式结构作为唯一的构律规则，这种粘式结构有三个特点：1. 部分保留了齐梁声律理论与实践立足于语音声调之“异”以求和谐的特点；2. 在局部，亦即上下两联之间增添粘合关系，部分打破了轻重悉异的原则，但却在更大范围内达到了“以他平他”的效果，全诗声律遂在整体上达到和谐。3. 粘式结构形成的正是一个变化丰富、秩序严整、首尾相应、密合无间的。从诗体入手的还有史创新《唐人七绝压卷之作新探》[102]、王志民《唐代七言古诗论略》[103]。

陈铁民《略论闻一多唐诗研究的启示》归纳闻一多在《唐诗杂论》《唐诗大系》中体现出来的唐诗研究的思路与方法，认为闻一多考证唐代诗人生平事迹有四种基本方法：1. 从史传、碑志、书序、野史笔记等著述中广搜所考对象的生平资料，并参验本人的诗文等，以定其正误；2. 利用所考对象留存的诗文进行考证，探取作者的生平行事；3. 从与同时代人的交往来考察；4. 综合运用上述各种方法，从多方面取得证据。张锡厚《敦煌诗歌论稿》分为敦煌文学简况和敦煌诗歌的时代性和地域性特征两部分，前一部分将敦煌遗书中的唐五代诗歌划分为流传在敦煌地区的中原诗歌和在敦煌地区创作并流行的诗歌两类，分别加以细致的分析，后一部分部结敦煌诗歌在反映社会变革、历史事件、山川名胜、佛教文化、民间世俗五个方面内容的思想艺术价值。[104]周勋初《御定〈全唐诗〉的疏误与〈全唐五代诗〉的编纂》[105]是其继《叙〈全唐诗〉成书经过》[106]和《康熙御定〈全唐诗〉的时代印记与局限》[107]之后，又一篇《全唐诗》研究的长文。它分为当代反响、《全唐诗》改编工作的酝酿时期、十年动乱后唐诗研究领域中的新气象、纂辑《全唐五代诗》的必要性四部分，不啻一篇《全唐诗》研究的小史。1956年湖南长沙窑的发现使我们见到了53首不见于《全唐诗》的佚诗，其中五言诗48首、七言诗5首。湖南省博物馆研究员周世荣公布了其研究成果《长沙窑唐诗录存》和《唐五代长沙窑瓷器题诗概说》。陈尚君亦撰《长沙窑唐诗书后》，分析阐述这一发现对《全唐诗》辑佚的价值。[108]其它有关唐诗学研究的论文还有黄炳辉《唐诗学的历史回顾和走向预测》[109]、纪永贵、何家荣《唐诗整合研究方法初探》[110]、曹之《宋代整理唐集考略》[111]、罗时进《清编〈全唐诗〉与重编〈全唐五代诗〉》[112]、黄震云《新发现的唐诗叙录》[113]等。

霍松林《论唐人小赋》[114]从赋的诗化、主体意识的高扬、体裁的多样与创新三个方面论述久被忽视的唐人小赋的内容和艺术特色，开辟了唐代文学百花园里一片春色。其它散文方面的重要论文还有周振甫《唐宋八大家论》[115]、陈平原《唐宋古文述略》[116]、陶新民《唐代古文运动再审视》[117]、韩理洲《唐代散文作者辑佚考》[118]、程章灿《唐代墓志中所见隋唐经籍辑考》[119]等。小说方面的重要论文则有苏兴《以白居易、元稹为核心的中唐小说集团述论》[120]、卞孝萱《〈红线传〉〈聂隐娘〉新探》[121]、张跃生《佛教文化与唐代传奇小说》[122]、申载春《道教与唐传奇》[123]、张松辉《道教与唐传奇》[124]、车宝仁《唐传奇新考证》[125]等。

二、初盛唐

有关隋诗研究的论文有六篇：康震《隋代诗歌的文化渊源》[126]和《历史的追溯：对隋代诗歌的文化阐释》[127]、曹道衡《论隋代诗歌》[128]、霍然《论隋代诗歌及其在诗歌史上的地位》[129]、党银平《试论隋人对唐诗繁荣的积极作用》[130]、王祥《试论隋诗渊源走向与隋唐之际诗坛》[131]。康震《隋代诗歌的文化渊源》从隋代诗人角度入手，探讨其文化制度渊源。认为隋代诗人有三类：一，西魏、北周入隋之关陇集团，如杨广、杨素、牛弘等；二，东魏、北刘入周隋者，如李德林、卢思道、薛道衡等；三，梁、陈入隋者，如虞世基、许善心、王胄等。其中后两类是主力，故隋代文化同北魏、北齐一脉相承，对梁、陈亦多因袭，于西魏、北周文化则较少关注。曹文认为，南北朝时期，北方文人在诗歌创作上虽已自觉模仿学习南方文人，且有很大进步，但总的说来，在诗歌的艺术技巧方面仍多少有些逊色。隋代的统一加强了南北文人的交流，他们彼此唱和，已不再是北人学习南人，而是相互促进；原来保存在南方的典籍大量流入北方，使北方文人得以借鉴的前人作品大大增加，对隋诗发展起了很大推动，由此形成南北文风的融合，为唐诗繁荣奠定了基础。王文则针对一般文学史将隋诗附骥于齐梁之后、认为隋朝诗风源于齐梁的“南朝文学情结”，在认真剖析北朝诗歌传统和风格的基础上，提出：“隋朝诗歌尽管有了不小的变化，但在主导精神方面继承的仍是北朝诗歌传统，其底色也还是北朝诗歌的底色。”文章从诗歌创作的缘起、诗歌的具体表现两方面论证了上述观点，同时描述出隋诗以北朝诗歌为底色在文帝和炀帝两个时期，南北诗风相融合的轨迹，尽管这种融合基本上还处于自发自为的无序状态。

综论初盛唐诗的论文有荆立民《初盛唐诗人的另一种人生追求：兼探李白游仙诗、王维山水田园诗的内蕴》[132]、何平《初盛唐五七律登临诗论略》[133]、葛晓音《论唐前期文明华化的主导倾向：从各族文化的交流对初盛唐诗的影响谈起》[134]和《初盛唐七言歌行的发展：兼论歌行的形成及其与七古的分野》[135]。葛文前一篇对唐前期各族文化交融的主导倾向究竟是胡化还是华化这一问题加以重新审视，文章认为，由于入华胡人的华化程度远高于华人局部的“胡化”，而且唐政府在施行教化时以传统为准绳，对外来风俗的传播有抵制有批判，所以唐前期各族文化的交融是以华化为主导倾向的。葛文后一篇从字法句式和篇法结构等方面探讨七言歌行形制体调的规范问题，藉以揭示初盛唐歌行艺术发展变化的某些内在原因。文章以发展的眼光辨析七言歌行与七言乐府、七言古诗的差别："大体说来，从梁陈到初唐，非乐府的七言古诗的总体趋势是逐渐歌行化。四杰之前，七古与歌行尚可区分；四杰之后，二者已难以辨别；至盛唐才各有分野。""总之，从初盛唐七言歌行的发展可以看出：歌行确实是一种流动性较强的诗体样式。其形制特征只是在某一个时期之内，才有相对的固定性。大体说来，从齐梁到盛唐，包括李白的变格在内，歌行虽然经历了若干层次的演变过程，但由于和乐府的关系密切，仍有相对固定的形制特征。……而从杜甫开始，则呈现出向汉魏五言'行'诗和无歌辞题的七言古诗靠拢的趋势。"

有关初唐诗的研究论文有林继中《初唐：宫廷诗的消化》[136]、邓小军《初唐诗：唐诗精神的跃动》[137]、聂永华《初唐宫廷诗风流变述略》[138]、卢国栋《初唐诗坛的光辉》[139]、张晶《初唐歌行与诗风嬗变》[140]、王启兴《初唐三诗人重出诗篇考辨》[141]、杨墨秋《初唐诗杂考》[142]等。唐诗的自立过程就是对魏晋以来诗歌传统的整合过程，林文考察了初唐诗歌对宫廷诗的改造消化过程，并从这一过程中审视雍容华贵的宫廷诗如何成为唐诗的底色。而邓文则认为："初唐诗的真生命，不在于宫体与应制诗的旧传统，而在于突破旧传统而跃动起来的新精神。这就是积极进取、刚健有为的人生态度，富于同情心、进取心的人性人道精神，热爱自然、以自然为美的艺术精神。"王文在掌握有关资料的基础上，对沈佺期、李峤、刘希夷的重出诗逐一加以辨析，断其归属。杨文涉及对象则更广，如"沈佺期《伤王学士并序》系年辨"一则，纠正连波、查洪德《中州名家集·沈佺期诗集校注》[143]所系"神龙元年正月元旦后几日"之误，考为长安四年秋所作。又如考《和上巳连寒食有怀京洛》非孙逖诗，乃沈佺期诗；《巫山高》非沈佺期诗，乃张循诗，等等。

有关盛唐诗的研究论文有刘畅《盛唐之音形成的审美契机》[144]、霍然《论盛唐边塞诗与唐人社会心态》[145]、李艺《论"盛唐气象"对盛唐山水诗的滋养》[146]等。构成盛唐之音的南北风气融合问题向来为学者所关注，但研究中有些只是罗列现象，不究原因，有些究竟原因者又多只注意社会、时代，而忽略了南北审美风气有明显的地域特点，还有一些即使注意到了地域特点也往往流于空泛，刘文则详细分析盛唐之音由北方文化气质和审美理想处于主导的四个方面的证据，并归纳出北方地域文化的审美特征：观大、性凉、景异、积厚，最后阐述南北文化融合，刚健质实（北方）为其骨，柔婉华丽（南方）为其肤，相依互补，形成盛唐之音的观点。霍文认为，唐代边塞诗"无论在内容还是形式上都已迥异于前人同类诗作，具备了盛唐之音的特殊品格与资质"，"边塞题材的立功主旨在盛唐诗人这里已升华为一种无上的光荣"，"盛唐热烈灼人的社会氛围孕育了龙虎之姿的边塞诗人群，边塞诗人群风云际会掀发的浪漫又反过来弥漫了整个时代与社会。"有关盛唐文学的研究论文还有张玉璞《论盛唐干谒》[147]等。

以上是综论性文章，下面介绍有关具体作家的研究论文。曹丽芳《王绩与山水田园诗派》认为，盛唐山水田园诗派与陶潜的田园诗有着割不断的精神联络，它是在陶诗的基础上发展而来的，在这个过程中，王绩起着承上启下的作用。在题材视点上，他第一次把山水诗和田园诗结合起来写，表现出田园中的林泉之致；在对待人生行藏的态度上，王绩是从陶潜固志守穷到王维身心相离的中心环节；在诗歌表现手法上，王绩开始注意创造物我相融的境界美。研究王绩的论文还有马海英《无奈的选择，适意的归宿：论王绩的性格及其归隐》[148]、张海沙《“题歌赋诗以会意为功”：试论王绩的佛教思想及其文学实践》[149]、刘建春《王绩咏酒诗初探》[150]。许总《论四杰诗歌在唐前期诗风变革中的作用与意义》[151]认为，尽管卢骆与王杨在诗体专擅及艺术成就方面有着明显的差异与侧重的不同，但是从文学史宏观意义上看，他们共处于唐诗的质的成型阶段，其诗歌创作与价值指向则是协和与一致的。作者还另有《论四杰诗歌的昂扬基调与壮大之美》[152]。霍然《初唐四杰与唐人诗歌审美观念的回归》[153]认为，以四杰文学理论和创作实践为代表的唐代诗歌审美观念的更新，可以说是隋唐时代诗歌发展史上的一次革命。昔日关陇豪强那令人燥脾的豪雄之风，在一度迷失之后，首次在初唐四杰这一代人的理论与创作中复现。陈子昂的研究论文有赵治中《“纵横未得意，寂寞寡相吟”：论陈子昂的孤独意识》[154]、王祥《陈子昂〈感遇诗〉的诗史意义》[155]、徐文茂《论陈子昂诗的使事用典》[156]、《试论陈子昂的酬别诗》[157]、张锡厚《陈子昂论略》[158]、王辉斌《陈子昂婚姻试探》[159]、杜浣溪《“云海方荡谲，孤鳞安得宁”：论陈子昂的忧患意识》[160]。

寒山子的研究论文有姜光斗《论寒山子的时代、生平与诗歌》[161]、陈耀东《寒山子诗结集初探：〈寒山子诗集〉版本研究之一》[162]、项楚《寒山诗籀读札记》[163]、曹汛《寒山诗的宋代知音：兼论寒山诗在宋代的流布与影响》[164]。项文21条札记在对照中日代表版本的基础上，以四部丛刊影宋本为底本，参考中日代表性注本或校正误字，或纠正误注，或发抉奥义，解决了寒山诗研究中的许多难点。曹文纠正入矢义高《寒山诗管窥》“寒山诗在宋代诗人中几乎没有知音”，“宋代写了那么多的诗话，寒山诗一次都没有被提到”的观点，认为“寒山诗在宋代诗人中有众多的知音，影响很大。”刘希夷的研究论文有三篇。玉钰《刘希夷和他的诗》[164]将刘希夷31首诗分为两类：闺情诗虽无多少创新，然而在情思之绵邈、词采之精丽、格调之缠绵、韵味之醇郁上，都超过了前人；从军诗则气势雄浑、感情豪迈、境界壮阔、音调铿锵，是盛唐边塞诗的先声。作者还撰有《刘希夷死因质疑》[166]一文。陈建华《刘希夷诗初论》[167]分析更细密，将刘希夷诗分为咏物抒怀、闺情恋情、怀古咏史、军旅等几类。认为其诗具有景丽、情柔、意隽、思远的特点，摆脱了六朝繁辞缛文的弊病，借鉴了南朝乐府的诗题和六朝诗的遗辞造语，注重了灵性的抒发、理性的升华、言情方式的多变，代表了初唐向盛唐诗风的过渡。李峤是初唐重要的代表性作家，徐定祥《李峤与初盛唐诗歌的革新》[168]从考察李峤其人出发，探讨其诗歌内容和艺术表现上的特点，藉以确定唐诗发展史上李峤所应有的地位，是迄今为止一篇较详细的研究李峤的专文。许总《张说与盛唐诗歌审美理想》[169]探讨初唐另一位重要诗人张说的诗歌创作，文章认为，从张说诗歌创作实践来看，其围绕时代性主题为基点与核心的多样化表现特点，几乎可以视为那一时代各种艺术范式与类型的综融。张说对诗境构造方面的努力，一方联系着同时代的刘希夷、张若虚的艺术探索、同时又更多地显示出与下一阶段诗境特征的渗融，是唐诗史两大阶段过渡状态的典型。

陶敏《〈宋之问集〉考辨》[170]对现存《宋之问集》的流传存佚和诗作真伪进行考订，分为明刊二卷本《宋之问集》之检视、明刻《宋之问集》中之伪诗、崇祯张本《宋学士集》的功过、从《唐诗纪》到《全唐诗》的宋之问集、《诗渊》中之宋之问佚诗、《襟之问集》十卷本何时亡佚六部分，皆言之有据。其它研究初唐诗人的文章还有葛洪《唐太宗诗的美学评判》[171]、高青《论唐太宗李世民的诗歌》[172]、朱炯远《〈王梵志诗校注〉商补》[173]、段观宋《王梵志诗校议》[174]、许总《论杜审言诗歌艺术与美学格调》[175]、李芳民《张九龄诗歌系年考》[(176)]、肖希凤《苏味道考》[(177)]、陶敏、易淑琼《沈宋论略》[(178)]、沙先一《试论沈佺期、宋之问的两重人格及其审美境界》[179]等。

盛唐诗人中，岑参研究是两年间的热点之一。河南学者廖立有《吐鲁番出土文书与岑参》[180]、《岑参出游考》[181]，皆收入其以《岑参事迹著作考》[182]为名的论文集中。此外有李初阳《试论岑参诗中表现的功名思想》[183]、苏北海《岑参的西域诗及历史功绩》[184]、安凌《高扬盛唐精神的岑参西域诗作：兼与李杜诗作的比较》[185]、江中云《试论岑参边塞诗风物诗的美学风貌》[186]、熊飞《〈交河郡长行坊支贮马料文卷〉与岑参行年小考》[187]、戴伟华《论岑参边塞独特风格形成的原因》[188]等。戴文认为，岑参边塞诗的艺术创新来自于对自我、历史和时代的超越，而完成这些超越的契机是入边的地幕府。高适的研究论文有两篇涉及敦煌文献，一篇是邵文实《敦煌遗书 P3812 号中所见高适诗考辨》[189]，一篇是张锡厚《敦煌本〈高适诗集〉考述》[190]。另外还有两篇高岑边塞诗比较的文章：龚军辉《高适岑参边塞诗比较》[191]和宁惠英《试论高适岑参边塞诗的不同特色》[192]。

王维是与李、杜鼎足而三的大诗人，曾有“天下文宗”的美誉[193]。这两年发表的有关王维研究的论文大约有 60 篇，其中《王维研究》第二辑[194]收入第二届王维诗歌学术讨论会提交的论文 25 篇。尽管研究中内容重复的弊病仍十分严重，但在生平事迹考证、思想人格探求和作品分析等方面，仍有一些颇具新意的论文。陈铁民《辋川别业遗址与王维辋川诗》[195]在两度实地考察辋川别业故址的基础上，结合《蓝田县志》《类编长安志》《元和郡县图志》等文献记载及王维诗作，断定冯贽《云仙杂记》以来所持“辋川别业乃一游止达二十处之多的大庄园”的观点并不正确。文章认为，辋川并非是一个与世隔绝的桃源；王维在辋川的宅第，也就是辋川别业的主建筑，不在二十处游止内；这二十处游止并非都为王维所营造，归王维所有，也不都在王维别业的范围内。这些结论，有助于澄清对王维辋川隐逸生活与诗歌创作关系研究中的某种误解[196]。关于王维的生卒年，按《旧唐书》所载卒年、《新唐书》所载享年推定，当为 699—759 年，但赵殿成考出王维实卒于上元二年（761），又据《新唐书》所载享年 61 之说，当为 701—761 年。而两《唐书》王缙传皆谓缙卒于建中二年（781），年 82，据此逆推，他当生于 700 年。缙为王维弟，却反比王维早生一年，故赵说亦有人质疑。对此，王从仁、杨军、王达津、陈铁民、张清华都曾发表过自己的看法。毕宝魁《王维生年考辨》[197]根据王维《幕容承携素馔见过》诗中“年算六身知”，考证“六身”即指“亥”字，故王维当生于武则天圣历二年（699），岁当己亥，卒年为上元二年（761），享年 63。此说在肯定赵说卒年和两《唐书》王缙传所载享年不误的前提下，解决了弟生兄前的矛盾。其它，在版本方面有陈耀东《王维集知见录》，散文校理方面有杨军《王维文校理札记》。[198]

在生平与思想方面，吴在庆《试论王维的风度》将王维的风度用“儒雅风流，萧闲淡远”八个字来概括，联系其生平思想，结合其诗文创作，详细剖析随年龄增大、涉世深入，特别是仕途与人生的几经坎坷，思想由奉儒转为佛修道，风度由儒雅风流向萧闲淡远转变的轨迹。毕宝魁《关于王维仕与隐的思考：王维思想及处世哲学的特征与评价》联系与王维仕与隐有重要影响的人际关系，像与诸王、与裴耀卿和张九龄、与李杜的关系，分析王维亦官亦隐，无可无不可的思想和处世哲学，以为王维这种达则兼善、穷则独守的思想和处世哲学，在封建专制制度下，具有相当的普遍性、典型性，是封建社会人治特征的必然产物，“只要专制制度的余弊尚存在，这种思想性格便会永远相伴随。”相关论文还有严国荣《居士信仰：王维文化心态的动态分析》、阎翠荣《从王维诗的“闭门”意象看隐逸心态》[199]、王辉斌《王维婚姻问题四题》[200]、谭胡炎《王维性情及其隐逸》[201]、彭多《浅谈禅宗王维思想和创作的影响》[202]等，都不乏启人之处。

在诗歌创作方面，有从美学角度入手的，如周晴《王维诗歌的审美特征》[203]；有从绘画角度入手的，如金学智《论王维的诗中画意及其气韵生动：〈王维诗中的绘画美〉续篇》[204]、段安国《王维诗中有画的个性色彩》[205]；有从音乐角度入手的，如吴肃森《论王维诗歌的音乐美学特质》；有从比较和影响入手的，如师长泰《实做有尽、虚做无穷：〈辋川集〉王、裴王绝诗比较》、荆立民《追求者的歌唱和绝望者的哀吟：“大历继王维”说的质疑》[206]、柳晟俊《王维诗对李朝诗人之影响考》；有从外部入手的，如赵海菱《王维诗歌与儒家文化精神》[207]、刘晓林《王维诗歌创作与奉佛思想的矛盾性》[208]、王树海《东土佛教与王维诗风》[209]、吴晓龙《仙道活动与王维山水诗歌创作》[210]等；有从内部入手的，如陈允吉《王维〈辋川集〉之〈孟城坳〉佛理发微》[211]、邱瑞祥《试论〈辋川集〉中的佛家色彩》[212]、于海崇《王维诗与佛道两家色彩崇尚》[213]、欧海龙《论王维山水诗的梵音世界》[214]、邱瑞祥《王维佛理诗之分类及渊源》[215]、师长泰《哲理机趣与自然景象的契合：论王维山水田园诗中的禅意》[216]。其中，于文从剖析王维诗歌青白错杂的色彩世界入手，探讨其诗与佛道两家色彩崇尚之间的密切关系，角度较为新颖。在题材上，探讨王维山水田园诗的论文仍占较大比例。张毅《王维与盛唐山水诗的明秀空静之美》[217]认为，王维与追求诗境明秀之美的其他盛唐诗人将山水田园诗的创作，由早期的巧为形似之言变为兴象玲珑的意境创造；其诗歌创作受隐逸之风和禅宗思想影响较大，自甘寂寞的山水情怀与禅的静观默照合而为一，神会于物，超入禅境，能于空静中传出动荡，平淡里透出幽深。相关论文还有李竑《试说王维山水田园诗的艺术特色》、李亮伟《王维的山水审美情质》、张晓明《试论王维山水诗的空灵之美：兼及庄学本体论对王维的浸润》、崔康柱《超越与救赎：王维山水诗文化意蕴试释》、陈红光《王维山水诗中的画理》、刘文刚《王维田园诗试论》、张应赋《王维的田园诗及盛唐田园诗派》、赵丽、岳道平《王维山水诗的美感效应》、李晓湘《王维田园诗漫沦》、金五德《论王维田园诗》。[218]从诗体角度入手的有邱瑞祥《论王维的七言律诗》[219]、入谷仙介《关于王维早期的乐府诗》[220]。邱文认为，王维是沈宋至杜甫之间的过渡性人物，其20首七律既有对初唐七律应制诗风承袭的一面，也有创新与拓展的一面，像表现领域的扩大，像高远意象的塑造，像章法变化的追求。入谷仙介是日本汉学界著名的唐诗研究学者，其《王维研究》[221]从生平、思想、交游、创作道路等各个角度对王维进行深入研究，有诸多富于启发性的见解，辽宁大学孟庆文教授曾主持翻译该书，但由于经济原因，译著迟迟未能出版，洵为憾事。[222]最近，入谷仙介打算将王维的作品全部译成日文，《关于王维早期的乐府诗》即此项工作的一个开篇，它以《燕支行》《桃源行》《洛阳女儿行》为例，以麻沙本为底本，以蜀本作参考，对诗中典故一一加以讨论，诚可谓烛幽显微。

“笔落惊风雨，诗成泣鬼神”（杜甫《寄李十二白二十韵》）的李白历来是学者关注的焦点。两年来，李白研究在整理编集、家世考辨、思想评价、艺术分析等方面再次丰收。詹瑛主编《李白全集校注汇释集评》〔223〕的出版，为学界提供了一部具有可读性的、编录谨严、校勘审慎、注释分明、评论比较详备、迄今为止最为完善的新版本。它以平冈武夫影印静嘉堂文库藏宋蜀本《李太白文集》30卷为底本，参校版本16种，其中像明崇祯二年〔224〕严沧浪、刘会孟评点《李杜全集》22卷本，流传不广，颇为罕见，另外又以唐宋元明以来17种重要的总集及选本进行辅助校勘。和王琦注本不同，宋蜀本原有很多保存李白诗原貌的长处，又保存了自李阳冰以来各家传本不同的异文，而且在诗题下注明诗人游踪所在，为编年提供了依据，以之为底本就避免了瞿蜕园、朱金城《李白集校注》〔225〕和安旗主编《李白全集编年注释》〔226〕以王琦注本为底本的缺憾；在注释、分段与串讲、集评、题解和备考上，该书亦各有特色。〔227〕参加《李白全集校注汇释集评》的詹福瑞、刘崇德、葛景春等还有《李白诗全译》，它分为题解、原诗、注释、译文四部分，也以平冈武夫影印静嘉堂文库藏宋蜀本《李太白文集》为底本，像这样一部对全部李白诗加以今译者，尚属首例。

李白研究方面的书籍有郁贤皓《天上谪仙人的秘密：李白考论集》〔228〕、松浦久友《李白诗歌抒情艺术研究》〔229〕、陶新民《李白与魏晋风度》〔230〕、杨海波《李白思想研究》〔231〕、张瑞君《大气恢宏：李白与盛唐诗新探》〔232〕、周勋初《诗仙李白之谜》〔233〕、孟修祥《谪仙诗魂》〔234〕、李殿元、李绍先《李白悬案揭密》〔235〕及李白学会会刊《中国李白研究》1994年集和1995—1996年集〔236〕。郁著收入作者有关李白生平交游及作品考辨的论文20篇，有关思想和作品分析的论文4篇，有考有论，相互支撑。20篇中既有已见于其《李白丛考》〔237〕者，如《李白与孟浩然交游考》等，也有此后撰写的，如《李白出蜀前后事迹考辨》等。《李白诗歌抒情艺术研究》是继《中国诗歌原理》《唐诗语汇意象论》和《李白：诗歌及其内在心象》之后，松浦久友在大陆出版的又一部专著，该著着重进行作品内在运作机制的批评，即主要从题材及其心象构造角度来论述李白诗的素材与主题问题，从样式及其艺术表现功能角度来论述李白诗的诗型与风格问题；角度选择的合理，加上论述的深入浅出，使此书成为近年来一部不可多得的佳作。陶著选择的是从历史文化背景中探寻李白诗成就的角度，全书首先从内涵和外在表现两方面对魏晋风度加以界定，然后探讨魏晋风度对李白性情、诗歌内容和风格的影响，最后分析李白受魏晋风度影响的原因和得失。杨著将李白思想化解为忧患意识、哲学观、伦理观、宗教观、人生观、价值观、审美意识、文学观、妇女观、英雄意识、战争观、社会交往观、反传统意识这13个层次，并以首章“李白的主导思想”、末章“李白思想的复杂性”统摄和收束，虽不免支离，但自有其一得之见。张著上编“李白研究”从艺术风格、文学传承和李白与传统文化的关系等方面，发掘前人涉猎不深的领域，并对李诗中两篇难解之作加以考释。下编“盛唐诗研究”前三部分为《盛唐后期诗歌系年》，是其在詹瑛门下的博士论文，起于至德元载，止于大历五年，以年为纲，以人为目，含时事、文坛述要和诗歌系年。涉及的72位诗人按生卒年排列，涉及的850余首诗按作年排列，力图通过系年探讨李杜高岑王等安史乱后创作变化及社会历史与各自命运的关系，并概括出盛唐后期诗歌的创作倾向。“盛唐诗研究”第四部分是高适新论、杜甫漂泊西南时期的创作心理和刘熙载杜诗论探析。

李白研究的论文涉及思想、题材、诗体、诗艺、传承、文化背景分析、生平和作品考辨等。

1. 思想。王运熙《李白诗歌的两种思想倾向和后人评价》[238]围绕李白思想入世和出世的两重性，选择一些有代表性的评论加以考察分析，辨析诗仙的三种不同涵义及相应评价，提醒人们，那些最优秀、最脍炙人口的篇章往往在其全部作品中仅占不大甚至很小的比重，往往不能反映其思想感情的全貌。罗宗强《自然范型：李白的人格特征》[239]从李白与自然的关系、他的神仙道教信仰、他的功名追求三方面探讨其人格范型，是一篇视角独特、鞭辟入里的好文章。相关论文还有周勋初《李白思想中的“异端”因素》[240]、阮堂明《老庄思想与李白人格理想》[241]《李白诗中对自我的仙化倾向》[242]和《生命的理想图式与幻灭：李白“功成身退”思想及其意义》[243]、傅绍良《论李白人格悲剧的文化意蕴》[244]、康怀远《李白诗歌中的独立人格形象》[245]、周晓音《论李白的用世之心》[246]、詹福瑞《李白诗歌的生命意识》[247]、章尚正《李白山水情结的文化意蕴》[248]。

2. 题材。曾明《李白山水诗中的人文主义精神》[249]认为李白山水诗中的人文主义精神主要表现为一，注重真与善的追求。对自然山水的挚恋常通过机具童趣的诗文语境流泻出来。二，注重体现人的价值。根据自己主观心境的变化，给灵山秀水渲染上不同的感情色彩，借以展现自己的理想，体现自己的人生价值。相关论文还有姚星《略论李白山水诗的意象特征》[250]、苏华《论李白的边塞诗》[251]、孟修祥《论李白边塞诗中的英雄主义与反战倾向》[252]、傅明善、张维昭《李白游仙诗与悲剧意识》[253]、陈向春《个性与酒：重读李白》[254]、李福军《酒与李白诗歌艺术》[255]、齐慧源《白也诗无敌，美人月与酒：论李白诗》[256]、傅绍良《论李白诗中的月亮意象与哲人风范》[257]、战克《李白咏月诗概观》[258]、张浩逊、史耀朴《从赠内诗看李白的爱情生活》[259]等。

3. 诗体、诗艺和传承。葛晓音《论李白乐府的复与变》[260]从李白乐府诗的内容和表现艺术的复变关系，以及李白总结一代文化的自觉意识等方面，论述李白大量创作古乐府的原因，其剖析细致入微。相关论文还有郭其云《略论李白乐府诗的特色》[261]。韩式朋《开拓视野，深入探求：李白诗歌艺术研究中的几个问题》[262]认为，20世纪以来学界对李白家世行迹的考察、诗文的系年，乃至篇什具体问题的研讨，都取得前所未有的成绩。对李诗艺术的研究在某种意义上有质的变化和发展，诸多专著和专论都涉及李白诗歌抒情艺术的新特征，也探讨了李诗艺术渊源、影响。但要想在李诗歌艺术研究中实现新的突破，必须进一步结合李白的诗歌主张、更广泛地发掘李白诗歌创作对前代遗产多方面的继承，并从李白诗歌对中国古典浪漫主义诗论的形成以及由诗画相融，进而探寻李诗对中国画的启示，才能对李诗的审美价值有更新的认识。相关论文还有邵京起《李白诗歌修辞艺术论》[263]、李洲良《李白诗歌的美学特征》[264]、李克和《李白〈宣州谢朓楼饯别校书叔云〉诗题争议的由来：兼论其诗的艺术风貌》[265]、陆启中《论李白诗歌创作中的艺术想象之方式》[266]。莫砺锋《论李杜对二谢山水诗的因革》比较李杜对二谢山水诗因革的同与异：李因多革少，杜因少革多；李白山水诗大部分与大谢异趣，杜则对大谢深有会心；就描写山水角度而言，杜之写实手法难度更大。相关论文还有谢宇衡《李白“一生低首谢宣城”衍述》[267]、薛天纬《嘤其鸣矣、求其友声：关于李白情系谢朓的解说》[268]、芮晓湘《浅谈李白对屈原浪漫主义的继承发展》[269]。

4. 文化背景分析和生平、作品考辩。葛景春《李白与唐代儒学》[270]分为四部分：一，唐代儒学的振兴；二，李白所受的传统儒家教育及功名思想；三，李白的人生处事思想：功成身退；四，李白与孔子。文章认为，在政治观方面，儒家占主导：在诗歌审美观方面，儒道结合；在人生哲学方面，三教融合。从总的倾向看，儒家的理想主义、道家的自由主义是李白思想的主干，同时博收广取释家的空灵、神仙的飘逸、纵横家的胆识、兵家的机智、游侠的侠义，其发展趋势与唐代儒学是一致的。相关论文还有康震《李白儒家文化人格探索》[271]、蒋志《李白与巴蜀文化》[272]、李洲良《盛唐时代与李白的浪漫主义精神》[273]等。有关生平和作品考辨的论文有葛景春《李白初入京洛考》[274]、许嘉甫、许玮《李白三下渝州考系》[275]、《李白三游苍梧考异》[276]和《李白三入楚州征实》[277]、阎琦《李白三至越中考索》[278]、李家烈《李白的家世与生籍考辨（上）》[279]、蒋志《再谈李白出生于四川江油》[280]、何林天《李白诗辨伪》[281]、启功《太白仙诗辨伪》[282]、张一民、王彩琴《李白〈静夜思〉作年及作地新考》[283]、安旗《李诗别笺》[284]等。

杜甫研究的书籍有侯孝琼《少陵律法通论》[285]、傅光《杜甫研究（卒葬卷）》[286]、李殿元、李绍先《杜甫悬案揭密》[287]及《杜甫研究论集》[288]。侯著分炼字、琢句、章法、技巧、韵律五篇，逐一以杜律为例，在征引前人论述的基础上提出已见。傅著以35万字篇幅全面详细地论述杜甫卒葬的问题，分为研究和考证两编，对杜甫卒葬的诸家之说及有关资料详加考辨，尤其对所谓戎昱《耒阳溪夜行》、韩愈《题杜子美坟》、李观《杜拾遗补传》等关键资料作出考证，其结论是：杜甫于大历五年（770）夏卒于耒阳，初葬耒阳，旋殡岳阳，终葬偃师。

杜甫研究的论文两年间大约发表了170余篇。

1. 生平。廖仲安《伟大诗人杜甫》[289]分读书漫游、固守长安、从陷贼脱险到为官和弃官、客蜀郡、居梓州、移居夔州、漂泊两湖等七个时期介绍杜甫之生平。邝健行《唐代洛阳福唐观作进士科试场新议》[290]认为，洛阳福唐观举行的是河南府府试。其《杜甫贡举考试问题的再审察论析和推断》[291]又列出12条材料、28家说法后，通过分析得出结论：一，杜甫在开元二十三年或稍前回到故乡巩县，参加过县试，又到洛阳参加了府试，二，开元二十三年十月或稍前入长安。三，开元二十四年正、二月间在长安，参加吏部考功员外郎李昂主持的进士考试，落第。四，赴长安应试时得京兆府尹李适之的照拂。其《杜甫府试下第试说》[292]则又推断，杜甫可能在府试中落败。其它论文还有乔长阜《杜甫〈望岳〉等写作时间新探》[293]、《杜甫应进士试和壮游齐赵新探：兼探杜甫初游吴越的时间》[294]、《杜甫再游齐鲁和西归长安考辨》[295]和《杜甫二入长安时期的几个问题：兼辨杜甫应进士试中的两个问题》[296]、陶瑞芝《杜甫和高适、李白同游宋中在何时：兼与乔长阜同志商榷》[297]、李全民《杜甫蓬溪之行初探》[298]、毛明文《杜甫阆州行踪及创作》[299]、文正义《杜甫湘行踪迹及其死葬考》[300]、王辉斌《建国以来杜甫生平研究综述》[301]等。

2. 思想。丁启阵《生命的悲歌：论杜甫诗中有关生命的悲剧主题》[302]和赵海菱《杜甫人格生命论》[303]，一个从杜甫生命题材的诗歌入手，探讨其悲剧主题的深刻性、真实性和艺术感染力，一个分仁者之心、名士之韵、诗人之魂三方面论析杜甫的人格生命，均有助于进一步加深对杜甫诗歌中体现出的深刻的思想性的理解。邓魁英《杜甫的穷儒意识与诗歌创作》[304]在界定穷儒和穷儒意识的基础上，探讨穷儒意识对杜甫各时期思想和创作的影响。陈昌渠《刘向传经心事违：解读杜甫的政治情结》[305]通过对史实的梳理，联系杜诗及各家注释，指出刘向传经、杜甫苦吟都是有志报国者违心的选择。其它论文还有张金同《杜甫人生悲剧的特定时代蕴涵》[306]、秦彦士、庚光蓉《杜甫与禅宗》[307]、李豫川《杜甫与禅》[308]等。

3. 诗艺。韩成武《以空阔显孤微：杜诗艺谈》[309]分析杜诗以空阔显孤傲的诗法技巧，指出，这是杜甫"主观与客观的大矛盾、理想与现实的大冲突"在诗中的反映。李洲良《杜甫诗歌的美学特征》[310]论析杜诗雄阔苍劲之美、厚重沉实之美、细腻传神之美、跌宕回旋之美和老成凝练之美。蒋长栋《试论杜甫的"比兴体制"》[311]从文学史角度，论述杜甫"比兴体制"中体现出的创作思想、艺术手法的改变，以及在诗史上的影响和意义。刘焕阳《语峻体健、语反意宽：杜甫诗歌中的倒装手法》[312]、张铁明《杜诗的铸句艺术》][313]、刘明华《完善与破弃：对杜甫"拗体"的思考》[314]、夏晓虹《杜甫联章诗的结构方式》[315]、管遗瑞《浅谈杜诗结构的顿挫美》[316]、房日晰《略论杜诗的细节描写》[317]、陈开勇《杜甫的艺术追求：情感与表述——对喜剧性自然意象双重艺术内涵的考察》[318]亦分别从某一角度探讨杜诗诗艺，各有创获。

4. 诗体。葛晓音《论杜甫的新题乐府》[319]和马承五《乐府诗的体式嬗变与创格——杜甫"新题乐府"论（形式篇）》[320]研究对象相同，前者在其《新乐府的缘起与界定》一文基础上，探讨杜甫写作新题乐府的自觉意识和独创性，指出由杜甫开始的"歌"与"行"分工和效法汉魏乐府古题，表明了他写作新题"行"诗的自觉性，而独创性则表现在：一，以高度概括的场景描写展现广阔的社会背景；二，将汉乐府叙事在时空上的单一性变为多面性；三，运用古乐府的神理创造千变万化的表现手法。后文则认为，杜甫新题乐府既与汉乐府有承续性，又有拓展性，表现在：一，新题乐府的界定与内核；二，传统体范的变革与展拓；三，即事名篇的方式与类型。相关论文还有林继中《杜律：生命的形式》[321]、韩晓光《杜甫律诗对仗的语式变异》[322]和《试论杜甫律诗中的虚词运用》[323]、周茂东《论杜甫绝句思想内容的拓新》[324]、蒲惠民《论杜甫绝句的创新》[325]等。

5. 题材。刘艺《杜甫边塞诗新探》[326]《情圣杜甫：再读杜甫的边塞诗》[327]和《杜甫边塞诗之儒家思想评议》[328]、曾明《杜甫山水诗中的人文主义精神》[329]、刘文刚《文章有神交有道：试论杜甫的交游诗》[330]、聂大受《杜甫秦州咏物诗的个性化特色》[311]和《试论杜甫"秦州咏物诗"的艺术创新》[332]、张英《杜甫题画诗管窥》[333]、周理《杜甫题画诗的法与意》[324]等，均有程度不同之创获。由于1996年9月召开的杜甫陇右诗学术讨论会，发表了不少有关文章，以张忠纲《陇右艰难诗兴多》[335]较具代表性。

6. 其它。胡可先《杜诗史料学论纲》[336]从历代唐诗选本对杜诗的取舍、传记的撰写和年谱的编撰、杜诗资料的辑录、类书的收录、杜诗伪书五个方面，论述了杜诗史料学的概况。相关论文还有廖仲安《杜诗学》[337]、马承五《诗圣、诗史、集大成：杜诗批评学中之誉称述评》[338]、周兴陆《诗"圣"、诗"经"、诗"史"：宋代杜诗研究的基本模式》[339]、赵晓兰《四库馆臣与杜诗学》[340]。而有关杜诗作品的重要的研究文章则有蒋寅《〈杜诗详注〉与唐诗之注释》[341]、邓小军《杜诗笺证四则》[342]、丘良任《杜诗考索》[343]等。

其它有关盛唐诗人的研究文章还有马燕《试论禅思与孟浩然诗歌意境》[344]、肖兰英《孟浩然终生未仕的个人原因初探》[345]、张伟《浅论孟浩然诗歌情与景的辩证关系》[346]、马现诚《试论王昌龄诗歌的禅境》[347]、杨伟中《委婉情真剖心迹：浅论王昌龄七绝送别诗》[348]、毕士奎《倾注血泪写宫怨：王昌龄宫怨诗简论》[349]、杨光祖《从王昌龄西北边塞诗看"盛唐之音"》[350]、梅圭《李颀诗歌成就辨析》[351]、石经建《浅论李颀的音乐诗》[352]、李迎春《试论李颀诗歌的艺术风格》[353]等。

三、中晚唐

综论中晚唐的论文有吴在庆《中晚唐苦吟之风及其成因初探》[354]、徐青《中晚唐时期的诗律特点》[355]。综论盛中唐的论文有吴相洲《论盛中唐诗人构思方式的转变对诗风新变的影响》[356]。孟二冬《意境与禅玄：中唐诗歌意境论之诞生》[357]认为，从理论上明确提出诗歌"意境"的概念，并对之加以探讨的是中唐时期的一些作家和诗歌理论家，它标志着中国古代诗歌意境理论的正式诞生，这与前人及同时代的文艺创作、文艺理论、学术思想、哲学理论观念，尤其是禅玄有密切的关系。吴湘洲《论唐肃宗黜华用实主张对诗风新变的影响》[358]研究安史之乱以后，唐肃宗逐步确立黜华用实的用人方针，对士人行为风范主动加以改造，使之由高华走向沉实，诗风亦随士风发生变化：帝王师式的人物风范不见了；尚言谈议论变为勤于吏事了；率性任诞的作用逐渐消失了。

有关晚唐的综论性文章在两年间呈上升趋势，袁文丽《晚唐诗人内向心理探因》[359]结合晚唐的衰微国势、政治生活空间、士大夫文人生活、宗教哲学对晚唐诗人的影响，以及文学思想的转变，探讨晚唐诗人内心幽微心理产生的原因，并进而分析内向心理带来的诗歌特色：冲淡玄远、含蓄委曲。赵山林《晚唐诗境与词境》[360]认为，由于时代风气及诗人审美心理的变化等原因，晚唐诗歌表现出三个方面的显著特点：1. 深情与苦调，即浓厚的感伤情绪与悲剧意识。2. 艳体与曲笔，即以浓艳之辞写儿女之情，在很多场合下又借儿女之情寄托身世之感。3. 细意与静境，即描写对象细小，艺术结构细密，而境界趋于静谧深邃。晚唐诗歌的这些特色对于处在形成与发展中的词的特殊风格产生了深远的影响。许总《论唐末社会心理与诗风走向》[361]认为，宣宗大中末以后四十余年的诗坛，咸通十哲、芳林十哲等已形成一定的诗人群，但未能构筑足以前期比配的时代性特征与艺术价值观念，诗歌主题表现只是前期的余波遗绪：一，承续元白一派政教文学观而着重描写民生疾苦并指陈时弊，如皮日休、陆龟蒙、杜荀鹤、聂夷中；二，承续温李一派唯美倾向而着重描写艳情声色，如韦庄、吴融、郑谷、韩偓；三，承续姚贾一派清淡诗风而着重抒情写避世心理与淡漠情思，如曹邺、于渍、方干、司空图。臧清《论唐末诗派的形成及其特征》[362]从"咸通十哲"的形成缘起、创作倾向和审美趣尚，揭示唐末诗派与其社会文化的附生关系、"咸通十哲"的艺术得失。李小荣《略论"咸通十哲"的诗歌意象》[363]将所论对象分为三类：一，有关水、孤舟、夕阳的意象，表现生存的孤独感；二，有关梦、酒的意象，表现生命的空虚感；三，有关僧、的意象，表现宗教的皈依感。相关论文还有王晓祥、刘霞《晚唐诗坛的现实主义流派》[364]、方然《晚唐文化背景与晚唐文学的抒情走向》[365]、赵艺梅《物物于心的晚唐诗歌》[366]、吴在庆《"月锻季炼"与晚唐诗的奇僻》[367]、张学忠《唐末绝句议论化的差异与衍变》[368]等。

专攻五代十国的贺中复发表了《五代十国的温李、姚贾诗风》[369]、《五代十国诗坛概说》[370]、《论五代十国的宗白诗风》[371]。末文认为，五代十国时期存在规模可观的宗白诗风，其势力和影响远超温李、姚贾的学效者，代表了此期诗歌的基本创作倾向。五代十国的宗白诗风以南唐开国、后唐灭亡为界，可分为具有不同特点的前后两期，从中可以看出其前期承唐、后期启宋的过渡性质。

有关白居易的论文大约有30篇，其中关于《长恨歌》者仍占主要比例。谢思炜有5篇：《日本古抄本〈白氏文集〉的源流及校勘价值》[372]、《敦煌本白居易诗再考证》[373]、《〈新乐府〉版本及序文考证》[374]、《白居易诗学思想述评》[375]、《白居易与李商隐》[376]，均收入其在启功、邓魁英门下的博士论文《白居易集综论》[377]，该书上编探讨白居易集的版本源流、演变与构成，下编讨论白居易的生平和思想，包括白居易的家世和早年生活、白居易与中唐儒学、白居易的佛教信仰、中唐社会变动与白居易的人生思想、白居易的文学思想、白居易的叙事诗创作等，是一部扎实细致的研究专著。有关作品整理方面的书籍有刘明杰点校《白居易全集》[378]、褚斌杰主编《白居易诗歌赏析集》[379]、时宜之《白居易诗歌精选》[380]。

白居易思想创作分期一般以元和五年改官或元和十年遭贬为界，但也有学者有不同意见，如邓新跃《被贬江州司马不是白居易前后思想的分界点》[381]。张安祖《论白居易的思想创作分期》[382]亦认为，一，改官或遭贬并未使白居易放弃对现实的关注，他依然满怀希望，写作讽谕诗以干预时政；二，白居易侧重现实功利的诗歌理论是在元和十年后成熟，此时他讽谕诗数量减少，同他不在谏官其位的职责密切相关；三，白居易诗闲适心态和好佛趋向与他时运不利又始终关心现实、渴望有所作为的思想意识息息相通。所以分期应以长庆二年白居易自请外任为界。张安祖另有《外容闲暇中心苦，似是而非谁得知：析白居易晚年心态》[383]，剖析白居易在洛阳的18年晚年生活惭愧、悲哀、痛苦与知足、闲适相交织的矛盾心态。郑敏《人道主义的激情与沉思：白居易讽谕诗与〈策林〉对读》[384]针对谢思炜《白居易的人生意识与文学实践》所云"白居易撰写的《策林》和任左拾遗后开展的政治批评……包含了过多有关清明政治的老生常谈和道德说教，并非是真正可行、有具体针对性的治国方略。……白居易和中唐其他杰出人士一样，将自己无条件地交付于封建国家机器，在个人与皇权国家的关系上甘心情愿地处于绝对服从的位置"[385]这一观点，认为即使撇开在"宫市"、"进奉"、元和三年制科案、贬黜元稹案、反对宦官统军等问题上的众多重大决策和严重斗争不谈，单就《策林》和讽谕诗中，从人道主义出发所触及的如轻徭薄赋、救济生民、戒君奢欲、惩治贪官、尊贤纳谏、采诗观风等社会问题而言，上述结论亦显然与事实有违。

刘维治《白居易宦海沉浮及其山水之吟》[386]剖析白居易山水之吟与其仕宦沉浮的密切关系，认为除借山水宣泄自己感伤情怀这一主观因素外，山水自然景观的特征也使其山水之吟因地域不同而呈现出不同风采：江州忠州之吟充满哀伤之情，苏州杭州之吟充满欣喜之情，洛阳之吟充满闲适之情，作者还有《白居易咏物诗创作背景、类型及寓意》[387]。黄意海、黄井文《白居易〈燕子楼〉诗考辨》[388]从燕子楼传说的由来、唐代法律及社会风气、白居易对殉葬的态度和妇女观、作《燕子楼》诗前后的心境及对诗句本意的理解等七个方面，论证所谓关盼盼死节之事并无证据，谓白居易讽关盼盼以身殉张仆射更属不实。童根羽《白居易"湖上春行"佚诗一首》[389]据《永乐大典》卷2264"湖"字韵"辑"得一首佚诗，纪健生《〈永乐大典〉载白居易〈湖上春行〉之二非佚诗》[390]随后乃辨其非。有关白居易的论文还有张文生《白居易诗论新探》[391]、严杰《入仕求禄与隐退：浅议白居易的出处进退》[392]、程红兵《试论白居易的后期思想》[393]、马永强《白居易前后诗风转变原因新探》[394]、祝德纯《白居易闲适诗艺术探微》[395]、张浩《试论白居易妇女诗的思想意义》[396]、张浩逊《从赠向诗看白居易的婚恋生活》[397]、黄果泉《理性的挣扎：白居易讽谕诗说复议》[398]等。

综观有关《长恨歌》的研究论文，仍旧集中在对主题的探讨上，且又多是对旧有讽刺诗、爱情诗、隐喻诗、双重及多重主题说进行补充或延伸扩展。如荆立民《白居易〈长恨歌〉主题的再思及其他》[399]所论，《长恨歌》讽谕的主题是统一的，但作者在表现这个主题时流露的感性和所持的态度，却是前后有异的。由于作者淡化或回避了起初存在的荒淫情节，加之白居易“自我感受”的寄寓、变文故事的影响、制约、市民审美情趣的影响，使主题呈现引人争议的模糊状态。基本上是摭拾旧说而已。它如胡淑娟《历史铸就的悲剧：〈长恨歌〉主题新探》[400]、李桂奎《论〈长恨歌〉即对人生苦闷的诉说》[401]、张泽晖《论〈长恨歌〉的主题思想》[402]、郭世绖《从创作环境和创作意图深探〈长恨歌〉的主题思想》[403]、陈迎平《〈长恨歌〉主题新探》[404]、张建东《〈长恨歌〉主题刍议》[405]、田原《〈长恨歌〉主题新探》[406]等等，亦鲜有突破。钭东星《〈赋得古原草送别〉之误解与正解》谓《赋得古原草送别》“离离”取义于《易·离》象曰：“离，丽也”，两物相附为丽，乃反义相训，言野草依存古原为生命，独成一说，不无道理。综论元白的有许总《论元白文学思想的实现功利及其诗化形态》[407]，分析元白的共同趋向：1. 等同于政治主张的诗歌认识观念与价值取向；2. 随着国家政局变动与诗人仕途进退而衍化的表现特征；3. 向儒家诗教传统复归中的新变性质与内涵。其《论元稹、白居易的文学观》[408]与此大同小异。郭新和《试论元白诗派的五言长篇排律》[409]分析了元白二人五言长篇排律内容上对封建士大夫两重性格的再现、形式上铺叙手法和以时实入诗的运脾，不无一得之见。惟题目中“诗派”二字，文中未见所指，不妨删去。

中唐诗人张籍、王建的乐府唱和现象鲜为人知，朱炯远《论张王乐府中的唱和现象》[410]检索张王同题、异题唱和乐府15组，其中古题、新题兼有。文章从二人的交游以及中唐唱和诗繁荣等因素分乐府唱和诗产生的条件，阐述二人以乐府唱和的时代意义，对文学史上存在着“新乐府诗派”这一观点有支持提托之力。

韩愈研究仍是热点，以至有建立“韩学”的倡议。1997年7月，四川大学出版社出版四川师大屈守元、常思春主编《韩愈全集校注》，对历代韩集校注进行了一次大清理，对现存韩诗韩文编年做出了新的考订，校勘较精审，注释较准确，解决了不少前人未曾解决的疑难问题，是迄今为止韩集的最佳文本，其多方面的学术价值将为韩学研究的深入和“韩学”的确立起到较大的推动。研究专著则有陈胜《论韩愈阳山之贬及其文学评价》[411]。曹连观《寻找陌生：论韩愈的诗艺创新》根据俄国形式主义批评所谓“陌生化”原理，论述韩愈诗擅用独特生新的词语、奇拗激越的音节、异乎寻常的形象、以文为诗的手法使其诗摆脱盛唐的羁绊，并为宋诗开辟了广阔的道路。不少论文涉及韩孟诗派，如许总《论韩孟诗派主体心性的强化与艺术表现的变异》[412]、杨国安《从自然和社会走向自我：韩孟诗派研究》[413]、《心灵创造的世界：韩孟诗派研究》[414]和《论韩孟诗派生硬劲峭的内在品质》[415]、朱明秋《雕肝呕肺究为何：寻韩派诗人苦吟的原因》[416]等。林伯谦《韩愈文学理论与佛法行持之研究》[417]从创作目的和创作方法两方面比较韩愈文学理论与佛法行持的关系，认为二者尽管有不少共通之处，但也有大相径庭之处。其相异处可见出韩愈的反佛之心，至于不谋而合处则绝非受禅学启发所产生的灵感，更不是晚年结交大颠和尚而得到的领悟。相关论文还有阎琦《元和末年韩愈与佛教关系之探讨》[418]。

有关柳宗元的论文数量仍和前两年相差不多，较有新意的是朱邦国《论柳宗元的作品与创作心态的关系》[419]、周庆义《柳宗元家世与籍贯考》[420]。刘禹锡研究在《陋室铭》是否出自刘禹锡之手产生了质疑，吴小如1996年春在《北京晚报》“五色土”副刊首先发难，但未稽考古籍，立论未周，不久即遭驳斥。段丽塔《〈陋室铭〉作者辨析》[421]据《新唐书．崔沔传》，谓《陋室铭》乃崔沔所作。吴小如《〈陋室铭〉作者质疑》[422]又据颜真卿《崔孝公陋室铭记》对照今传《陋室铭》加以考察后认为，说《陋室铭》出自刘禹锡之手固无确据，但说是崔沔传所作亦不免有人疑窦之处；《陋室铭》实不类唐人作品。而卞孝萱《〈陋室铭〉非刘禹锡作》[423]则就自己《刘禹锡年谱》[424]的观点作了进一步的更具说服力的申述。相关论文还有高钧《刘禹锡〈陋名铭〉作年及陋室所在地考辨》[425]。有关刘禹锡的重要论文还有沈文凡《元和诗豪刘禹锡》[426]、张凤芳《简论刘禹锡的诗歌创作》[427]、熊飞《〈刘白唱和集〉编集流散考》[428]、张自新《自我心灵的烛照与社会盛衰的思考：论刘禹锡的咏史怀古诗》[429]、林心治《刘禹锡咏史怀古诗新探》[430]、任晖《永贞革新与刘禹锡、柳宗元的文学创作》[431]、尹楚彬《刘禹锡交游辨正二题》[432]、陶敏《曲折微婉寓刺于美：说刘禹锡〈寄李六侍御〉诗》[433]。书籍方面，蒋维崧、赵蔚芝、陈慧星、刘聿鑫《刘禹锡诗集编年笺注》是继瞿蜕园《刘禹锡集笺证》[434]之后又一部刘集整理本，它以民国徐鸿宝影印宋绍兴八年本为底本，系年依高国忠《刘禹锡诗文系年》[435]。与瞿笺相比，它更侧重于语词。卞孝萱、卞敏《中国思想家评传丛书·刘禹锡评传》[436]，洋洋29万字，分列十章，对刘禹锡的氏族、籍贯、出生地、家世、游学、科名、官职、交游、政治思想、哲学理想、人生观、文艺思想及对后世的影响——加以论述，文献搜求博洽，资料运用精审，考论严谨，视野开阔，表述流畅，洵可谓力作。

李贺仍旧是中晚唐研究的热点，两年间发表了大约50篇文间。纵观这些文章，选题以悲剧意蕴、生命意识、独特之理等较为集中，如郭崇林《李贺诗的悲剧心理特征初探》[437]、周尚义《李贺的悲剧情结及其诗歌的悲剧意蕴》[438]、阮堂明《李贺的心灵矛盾与诗歌的艺术表现》[439]、李宝泰、邹少雄《超越生命的羁绊：论李贺诗的超我意识兼及其意识构成》[440]、王慧《生、死、仙：浅探李贺诗歌中的生命哲学》[441]、卢伟、朱继英《试论李贺诗中的死亡焦虑》[442]、李鹏飞《绝望诗人的自我拯救：李贺诗歌与创作心态》[443]、王玉民《李贺诗歌中的无意识》[444]和《李贺诗歌中的通感、幻觉和高峰体验》[445]、李军《李贺诗歌意象论》[446]、《论李贺诗歌的荒诞诗风》[447]和《论李贺诗歌的艺术变形》[448]、王峰秀《浅谈李贺的创作心态及诗歌意象》[449]、廖明君《生命的有限与无限：李贺诗歌新论》[450]、张国荣《浅论李贺诗歌独特之“理”：兼驳李贺诗歌“少理”论》[451]。

李贺诗的章法，历来受到非议，谓之有句无篇、零碎拼凑、前后矛盾、倶无脉络，而杨晓霭《略论李贺诡奇诗歌的章法变幻形态》[452]则认为，李贺诗结构有内在逻辑性，以心理意识为内在线索，将种种瞬间性印象剪辑成体以达到“陌生化”效果，在诗歌章法表现为“隐合”“复迭”“辐射”“谜语”四种形态。其对西方形式主义文论方法的合理借鉴，可算正切合贺诗之神理。长吉诗善用色彩，前人已多有所悟。陶文鹏《论李贺诗歌的色彩表现艺术》[453]则将李贺对色彩的敏感特点融贯到对其诗歌意象和意境的具体分析之中，指出他善于“先声夺人”和“借色点睛”，擅长表现灵视中梦幻里的广阔无际虚幻渺远之色，表现光色的微妙变化，赋予色彩以象征性、情感性和个性，把色彩作为创造冷艳瑰奇意境的重要手段。其论述可谓较全面细致。1983年吴企明曾有《李贺诗歌艺术渊源初探》[454]，1997年他又有《长吉诗艺术渊源论》[455]一文，结合李贺生活的中唐时代政治情况和自身的坎坷遭际，更加全面系统阐述了这一论题，以求了解其诗歌独特风貌形成的原因。杜道群亦有《试论李贺诗歌的艺术渊源》[456]，可同此文相互参看。吴企明另有《论杜甫与李贺》[457]。在李贺游踪研究中，许多年谱、著述皆称李贺有南游之举，如朱自清《李贺年谱》、钱仲联《李贺年谱会笺》、王礼锡《李长吉评传》、吴企明《李贺》、傅经顺《李贺传论》等均主此说。党银平《李贺南游疑证》[458]则从诸家新论南游的原因、时间、李贺的生活和身体状况、歌诗的内容等四个方面一一加以驳论，认为南游之举并不可信。

同前几年一样，无题诗尤其是《锦瑟》，仍是两年中李商隐研究的特点。王蒙谓之《李商隐的挑战》[459]，形象、豁然。文章认为，李商隐研究热潮的出现，标识着近年来文学观念的变迁、发展、开阔深化：“李商隐现象”是对文学创作、文学研究包括接受美学和文学史的一个挑战，“我们有可能把李商隐研究作为一个契机，把我们整个国家的理论水平，文学史的水平，诗歌创作的水平，推进到一个新的境地。”孙金荣《潜沉的扩张的隐喻：李商隐“无题”诗意象的主要表现形式》[460]认为，李商隐无题诗意象的表现形式多种多样，而以特别的文学性（非固式、非直观化）、内在性《隐喻式思维》、比喻各方面的浑然天成（具旺盛繁殖力的结合）为特征的潜觉的扩张的隐喻则构成其意象表现的主调。相关论文还有彭桂媛《与君共赏“琴瑟”弦外音——试论李商隐无题诗中的“情中情”：兼与先辈诸说商兑》[461]、张凤秋《李商隐“无题”诗探幽》[462]、陈建任《言情的艺术：论李商隐无题诗的情感及抒情方式》[463]、廖美莲《言有尽而意无穷：李商隐无题诗意境美浅析》[464]、赵忠山、《李商隐无题诗的空白结构及其模糊特征》[465]、张明非《李商隐无题诗研究综述》[466]、杨艳梅《〈锦瑟〉是悼亡诗新证》[467]、李平《〈锦瑟〉难解：谈当代语义学几种理论在解读中的运用》[468]、王次澄《李义山〈锦瑟〉诗赏析》[469]、夏其模《我对〈锦瑟〉诗的理解》[470]。

余恕诚《李商隐诗歌的多义性及其对心灵世界的表现：兼谈李诗研究的方法问题》[471]在论述李诗朦胧、多义及其对心灵世界表现特点的基础上，提出李诗研究总体上可以着重从反映心灵世界去看李诗，而在深处、细处可以融合某些人事背景的考释，使诗歌多义性的丰富情感内涵，在解读和研究中更充分地展开。张明非《论李商隐的比兴风骚》[472]阐发钱钟书先生《锦瑟》乃“借比兴之绝妙好词，究风骚之甚深蜜旨”（《谈艺录》补订本）之意，将之扩展为对整个李诗特征的概括。樊南文研究继董乃斌《论樊南文》、吴在庆《樊南四六文刍议》之后，刘学锴《樊南文的诗情诗境》[473]从诗语、诗情、诗境、诗心四个方面，剖析玉溪诗对樊南文的渗透与影响，是对钱钟书先生所云“樊南四六与玉溪诗相通”[474]很好的阐发。有关李商隐研究的其它重要论文还有黄世中《李商隐诗版本考》[475]、张学松《李商隐咏物诗的悲剧美》[476]、张文飞《从新批评的角度论李商隐诗之艺术魅力》[477]、黄世中《论李商隐诗的艺术特色：兼评旧笺对李诗的某些曲解》[478]、熊国华《论李商隐诗化情境的生成方式》[479]和《论李商隐诗歌的隐喻系统》[480]、梁佛根《义山桂幕诗作的黄昏情结及其多层底蕴》[481]、深泽一幸《蜂与蝶：李商隐诗的性表象》[482]。

钟来茵《李商隐爱情诗解》是一部新人耳目之著，此著分为初恋诗、夫人诗、关于皇帝的爱情放含有性幽默的游戏之作四个部分，对涉及的108首义山诗分别加以注释、诗解和今译，其诗结部分注重对义山赋高唐的手法的阐析，注重以诗证诗，注重喻之多边，喻之二柄，注重诗家创作常规，注重以道藏释义山诗，作者自谓第一辑初恋诗将最受关注、最会引起争议，我们拭目以待。杨柳《李商隐评传》出版了新版[483]，增加了钱钟联、沈立人的序和其子杨晓东的后记。

自陈尚君、江涌豪发表《司空图〈二十四诗品〉辨伪》一文的节要、提出《二十四诗品》非司空图所作以来，学术界给予了充分重视，两年中又发表了21篇有关文章，其中《中国诗学》第五辑[484]专门开辟"《二十四诗品》真伪问题讨论"一栏，收入9篇讨论文章。[485]

陈尚君、汪涌豪《司空图〈二十四诗品〉辨伪》[486]全文三万字，分1.《二十四诗品》与司空图生平思想、论诗旨趣及文风取向的比较，显而易见的悖向；2. 明万历以前未有人见过《二十四诗品》；3.《二十四诗品》之出世及其疑问；4.《诗家一指》与《二十四诗品》；5.《诗家一指》的初步研究；6. 所谓司空图《二十四诗品》为明末人据《诗家一指·二十四品》所伪造；7. 余论七大部分。其中《诗家一指》为怀悦所作一说，张健已有订正。其结论为，明初洪武间人赵㧑谦《学苑》中已引录过《诗家一指》，所以《诗家一指》成书应在此前；其最早版本是成化杨成校刊的《诗法》本，其后百年间的各种版本均不云怀悦作。另，明正间史潜校刊《新编名贤诗法》三卷中，有《虞侍书诗法》，应是较《诗家一指》更接近《二十四诗品》原貌的版本。据"虞侍书"之名称，及书中"集之《一指》"之"集"的自称，张健推断此书作者可能即为虞集。[487]

此后，陈尚君《〈二十四诗品〉辨伪追记答疑》[488]针对各家反驳诘疑，如司空图本人或其友人诗文中有无其作《诗品》的证据、如何理解苏轼《书黄子思诗集后》之文意及"韵"字如何理解、如何看待唐末至明末七百多年无人称引这一特殊现象，一一阐述已见，认为目下欲维护司空图的著作权还看不到有力的证明。汪涌豪《论〈二十四诗品〉与司空图诗论异趣》[489]结合其生平思想，对其所作论诗杂著与《二十四诗品》在哲学观、文学观、以及理论形态等方面的不同加以论证，汪涌豪《司空图论诗主旨新探：兼论其与〈二十四诗品〉的区别》[490]则专就其诗学思想的主旨，讨论其与《二十四诗品》的区别。

王运熙《〈二十四诗品〉真伪问题我见》认为陈尚君、汪涌豪之论有两条证据特别有力，一是证明苏轼没有提及《诗品》，二是许学夷的论述，他对司空图十分推崇，不可能把司空图之著斥为"卑浅"。张伯伟《从元代的诗格伪书说到〈二十四诗品〉》从元代诗格的一般特征入手，对怀悦编本《诗家一指》的各节一一考察，认为它是一部从唐、宋及元代初期的诗论中抄撮编纂而成的书，因而最早出现在《诗家一指》中的《二十四诗品》究竟出于唐、宋，抑或元初，从《诗家一指》本身尚不能得出确实的结论。张健《从怀悦编集本看〈诗家一指〉的版本流传及篡改》从怀悦编集本《诗家一指》入手，对《诗家一指》的版本流传加以梳理，得出如下结论：一，怀悦编集本《诗家一指》是一部诗法汇编，怀悦是该书的刊刻者。二，怀悦本《诗家一指》与杨成本《诗法》是同一部诗法汇编的不同传抄系统。三，《学苑》所引《一指》与怀悦本《诗家一指》是同一传抄系统的不同抄本。四，《诗家一指》的篡改者是其所依据的《木天禁语》《诗家一指》合编本的编者。蒋寅《关于〈诗家一指〉与〈二十四诗品〉》为《二十四诗品》非司空图作补充了一个刘跃进见告的证据，即王应麟《小学绀珠》未收二十四诗品条，说明《二十四诗品》是南宋以后的作品。蒋寅认为陈尚君、汪涌豪《司宏图〈二十四诗品〉辨伪》一文最有力的理由是明代以前不见收录与征引及杨慎、胡应麟、胡震亨、许学夷列举司空图诗论时不及《二十四诗品》，它使得在明代丛书里将《二十四诗品》寄托于司空图名下，豁然暴露出极大的疑点。至于张健认为《虞侍书诗法》结构完整，《诗家一指》明显经过改窜，固然有理；但文章对《二十四诗品》在明末突然横空出世，自始就没有引起任何怀疑这一现象也很不理解。〔491〕

李祚唐《〈司空图《二十四诗品》辨伪〉献疑》〔492〕、祖保泉、陶礼天《〈诗家一指〉与〈二十四诗品〉作者问题》〔493〕、祖保泉《再论〈二十四诗品〉作者问题》〔494〕和《〈二十四诗品〉是明人怀悦所作吗?》〔495〕、王步高《〈二十四诗品〉非司空图作质疑》〔496〕、刘倩《〈二十四诗品〉"非司空图"驳议》〔497〕则针对陈、汪之论加以质疑。如李文认为，以韵指篇的用法在古代并非鲜见，而以韵指诗之一联，通常则限于一篇之内，鲜有以之统计不同诗作中的诗联之例。

张少康《司空图〈二十四诗品〉真伪问题之我见》〔498〕就苏轼《书黄子思诗集后》所说"二十四韵"究竟指什么，《二十四诗品》明末以前无人称引的问题、《二十四诗品》真伪的内证问题和用语问题分别阐述了看法，其结论是《二十四诗品》是否司空图所作，尚无法下一肯定结论。

讨论这一问题的其它论文还有陈良运《司空图〈诗品〉之美学构架》〔499〕、赵福坛《我对司空图〈二十四诗品〉及其体系之点见》〔500〕、汪泓《司空图〈二十四诗品〉真伪辨综述》〔501〕、张柏青《从〈二十四诗品〉用韵看它的作者》〔502〕、束景南《王晞〈林湖遗稿序〉与〈二十四诗品〉考辨》〔503〕、李祥林《近年来有关〈二十四诗品〉作者之争》〔504〕。司空图研究的其它论文还有吴全兰《静穆：司空图推崇的一种审美心态》〔505〕、古风《司空图的意境形态论》〔506〕、陈登《休姆与司空图的诗歌理论比较》〔507〕、黄钢《司空图与诗味》〔508〕、钟光贵《司空图境界说探要》〔509〕、郑德开《司空图〈诗品〉"超诣"美学思想探源》〔510〕、张松辉《道家道教与司空图》〔511〕。

---

〔1〕陕西教育出版社，前二书 1996 年 7 月版；后二书 1996 年 8 月版。
〔2〕中华书局上海编辑部 1958 年 12 月版。
〔3〕中华书局 1997 年 11 月版。
〔4〕据王友胜《一部唐诗研究的力作：评〈全唐诗人名考证〉》，《中国文学研究》1997 年 4 月版。
〔5〕江苏教育出版社 1990 年 8 月版。
〔6〕陈尚君《全唐诗误收考》，考及 782 首（其中重出 9 首），又 53 句，词 34 首。《唐代文学丛书》60 页，中国社会科学出版社 1997 年 10 月版。
〔7〕山东教育出版社 1997 年 2 月版。
〔8〕武汉大学出版社 1997 年 5 月版。
〔9〕江苏古籍出版社 1996 年 5 月版。
〔10〕商务印书馆国际有限公司 1997 年 8 月版。
〔11〕浙江古籍出版社 1997 年 6 月版。
〔12〕广东人民出版社 1997 年 7 月版。
〔13〕广西师范大学出版社 1997 年 9 月版。
〔14〕安徽大学出版社 1997 年 12 月版。
〔15〕东方出版社 1997 年 7 月版；1997 年 10 月版。
〔16〕中国社会科学出版社 1994 年 7 月版。
〔17〕台湾商鼎文化出版社 1996 年 8 月版。
〔18〕中华书局 1996 年 11 月版。
〔19〕辽海出版社 1997 年 6 月版。
〔20〕辽宁大学出版社 1997 年 7 月版。
〔21〕中国社会科学出版社 1996 年 8 月版。
〔22〕陕西人民美术出版社 1993 年 4 月版。
〔23〕现代出版社 1990 年 2 月版。
〔24〕西北大学出版社 1996 年 4 月版。
〔25〕陕西人民出版社 1985 年版；台湾谷风出版社 1987 年版。
〔26〕上海人民出版社 1988 年版；台湾东华书局 1989 年

版。
〔27〕南开大学出版社1990年版。
〔28〕台湾东大图书出版社1994年版。
〔29〕高等教育出版社1996年6月版。
〔30〕中华书局1997年8月版。
〔31〕辽宁古籍出版社1996年6月版。
〔32〕贵州人民出版社1997年10月版。
〔33〕重庆出版社1996年10月版。
〔34〕武汉出版社1997年12月版。
〔35〕华文出版社1997年2月版。
〔36〕西北大学出版社1996年4月版。
〔37〕中国社会科学出版社1997年1月版。
〔38〕长春出版社1997年8月版。
〔39〕鹭江出版社1996年2月版。
〔40〕湖南文艺出版社1996年5月版。
〔41〕上海书店1996年11月版。
〔42〕中华书局1997年3月版。
〔43〕山西高校联合出版社1996年2月版。
〔44〕中华书局1997年8月版。
〔45〕百花文艺出版社1996年12月版。
〔46〕中华书局1996年7月版。
〔47〕四川大学出版社1996年10月版。
〔48〕山东大学出版社1997年9月版。
〔49〕岳麓书社1997年5月版。
〔50〕上海古籍出版社1996年12月版。
〔51〕上海古籍出版社1997年3月版。
〔52〕江苏古籍出版社1996年5月版。
〔53〕人民文学出版社1996年10月版。
〔54〕上海古籍出版社1996年6月版。
〔55〕文化艺术出版社1997年1月版。
〔56〕中国三峡出版社1997年6月版。
〔57〕中华书局1997年6月版。
〔58〕三秦出版社1996年2月版。
〔59〕台北新文丰出版股份有限公司1996年2月版。
〔60〕文史哲出版社1996年6月版。
〔61〕台北新文丰出版股份有限公司1996年3月版。
〔62〕台北文津出版社1997年7月版。
〔63〕台湾学海出版社1996年12月版。
〔64〕台湾扬智出版社1996年6月版。
〔65〕台湾里仁书局1996年6月版。
〔66〕中国人民大学出版社1996年11月版。
〔67〕东南大学出版社1996年12月版。
〔68〕岳麓书社1997年6月版。
〔69〕汕头大学出版社1997年7月版。
〔70〕北京大学出版社1997年9月版。
〔71〕齐鲁书社1997年1月版。
〔72〕辽宁古籍出版社1997年3月版。
〔73〕广东高等教育出版社1997年10月版。
〔74〕华龄出版社1997年1月版。
〔75〕辽海出版社1997年8月版。
〔76〕中国妇女出版社1997年6月版。
〔77〕湖北辞书出版社1997年8月版
〔78〕浙江人民出版社1997年6月版。
〔79〕广西师范大学出版社1996年7月版；1997年12月版；1996年9月版。
〔80〕《文学遗产》1996年第2期，又见于《唐代文学研究》第6辑（广西师范大学出版社1996年9月版），题为《亦悲亦欢的寒食歌吟：对一种唐诗题材的阐论》，内容稍异。
〔81〕可比照该书“岁时节日篇”第2部分。
〔82〕《广西师大学报》1997年第3期。
〔83〕《东方丛刊》1996后第1期。
〔84〕《唐代文学研究》第6辑。
〔85〕《楚雄师专学报》1996年第4期。
〔86〕《宗教学研究》1997年第3期。
〔87〕《文史哲》1997年第3期。
〔88〕《唐代文学研究》第6辑。在其《唐诗与道教》中，此文列为第八章。
〔89〕《文学遗产》1996年第4期。
〔90〕《南京师大学报》1996年第3期。
〔91〕《广西社会科学》，1996年第2期。
〔92〕《华侨大学学报》，1996年第3期。
〔93〕《语文学刊》，1996年第4期。
〔94〕《文史知识》，1996年第6期。
〔95〕现代出版社，1990年2月版。
〔96〕《中国典籍与文化论丛》第4辑，中华书局，1997年12月版。
〔97〕《唐史研究丛稿》，新亚研究院1969年版。
〔98〕《辽宁大学学报》1996年第5期。
〔99〕均收入《唐代文学研究》第6辑。
〔100〕收入孙以昭主编《中国文化与古典文学》，安徽大学出版社1997年8月版。
〔101〕《社会科学战线》1997年第6期。
〔102〕《苏州大学学报》1997年第1期。
〔103〕《内蒙古师大学报》1997年第1期。
〔104〕董乃斌、薛天纬、石昌渝主编《中国古典文学学术史研究》，新疆人民出版社1997年11月版。
〔105〕《文学评论丛刊》第1卷第1期，1997年第12期。
〔106〕收入其《文史探微》，上海古籍出版社1987年12月版。
〔107〕《中国文哲研究通讯》第5卷第2期，台湾中央研究院中国文哲研究所印行1995年6月版。

〔108〕三文均载《中国诗学》第5辑，南京大学出版社1997年7月版。
〔109〕《厦门大学学报》1996年第1期。
〔110〕《池州师专学报》1997年第2期。
〔111〕《古籍整理研究学刊》1997年第1期。
〔112〕《古典文学知识》1996年第4期。
〔113〕《信阳师院学报》1996年第1期。
〔114〕《文学遗产》1997年第1期。
〔115〕《文学遗产》1996年第6期。
〔116〕《浙江社会科学》1996年第2期。
〔117〕《学术界》1997年第2期。
〔118〕《唐代文学研究》第6辑。
〔119〕《唐代文学研究》第6辑。
〔120〕《明清小说研究》1997年第3期。
〔121〕《扬州大学学报》1997年第2期。
〔122〕《华中理工大学学报》1997年第2期。
〔123〕《山西师大学报》1997年第1期，又载《文史哲》1997年第3期。
〔124〕《宗教学研究》1997年第1期。
〔125〕《西北大学学报》1996年第4期。
〔126〕《求是学刊》1996年第5期。
〔127〕《唐都学刊》1997年第2期。
〔128〕《齐鲁学刊》1997年第2期。
〔129〕《江汉论坛》1997年第2期。
〔130〕《汉中师院学报》1996年第1期。
〔131〕《文学评论丛刊》第1卷第1期。
〔132〕《汕头大学学报》1997年第5期。
〔133〕《安徽教育学院学报》1996年第3期。
〔134〕《中国社会科学》1997年第3期。
〔135〕《文学遗产》1997年第5期。
〔136〕《河北大学学报》1997年第2期。
〔137〕《四川师大学报》1996年第1期。
〔138〕《南都学刊》1997年第4期。
〔139〕《青岛大学师院学报》1996年第2期。
〔140〕《文史知识》1996年第12期。
〔141〕《武汉大学学报》1997年第1期。
〔142〕连载于《江海学刊》。
〔143〕中州古籍出版社1991年1月版。
〔144〕《南开学报》1997年第1期。
〔145〕《江海学刊》1996年第6期。
〔146〕《语文学刊》1997年第5期。
〔147〕《石油大学学报》1997年第3期。
〔148〕《徐州教育学院学报》1997年第1期。
〔149〕《学术研究》1997年第10期。
〔150〕《赣南师院学报》1997年第4期。
〔151〕《华中师大学报》1996年第2期。
〔152〕《江淮论坛》1996年第2期。
〔153〕《东岳论丛》1996年第4期。
〔154〕《绥化师专学报》1997年第2期。
〔155〕《沈阳师院学报》1997年第4期。
〔156〕《学术月刊》1997年第12期。
〔157〕《天府新论》1996年第2期。
〔158〕《河北师院学报》1997年第3期。
〔159〕《济宁师专学报》1996年第3期。
〔160〕《绥化师专学报》1996年第4期。
〔161〕《南通师专学报》1996年第2期。
〔162〕《浙江师大学报》1997年第1期。
〔163〕《中国古籍研究》第1卷，上海古籍出版社1996年11月版。
〔164〕《中国典籍与文化论丛》第4辑。
〔165〕《河南大学学报》1997年第1期。
〔166〕《中州学刊》1996年第6期。
〔167〕《江汉论坛》1996年第2期。
〔168〕《中国文化与古典文学》，安徽大学出版社1997年8月版。
〔169〕《辽宁大学学报》1997年第5期。
〔170〕《唐代文学研究》第6辑。
〔171〕《中山大学研究生学刊》1997年第1期。
〔172〕《山西大学学报》1996年第4期。
〔173〕《华东师大学报》1997年第3期。
〔174〕《中国韵文学刊》1996年第2期。
〔175〕《宁夏大学学报》1997年第3期。
〔176〕《西北大学学报》1997年第1期。
〔177〕《湘潭大学学报》1997年第5期。
〔178〕《湘潭师院学报》1996年第2期。
〔179〕《徐州师院学报》1996年第4期。
〔180〕《新疆大学学报》1996年第1期。
〔181〕《中州学刊》1997年第2期。
〔182〕中州古籍出版社1997年10月版。
〔183〕《吉安师专学报》1996年第2期。
〔184〕《新疆大学学报》1996年第3期。
〔185〕《西域研究》1997年第3期。
〔186〕《山东师大学报》1997年增刊。
〔187〕《敦煌研究》1997年第3期。
〔188〕《文学遗产》1997年第4期。
〔189〕《文献》1997年第1期。
〔190〕《敦煌研究》1996年第1期。
〔191〕《益阳师专学报》1996年第2期。
〔192〕《黔东南民院师专学报》1996年第2期。
〔193〕见赵殿成《王右丞集笺注》卷末附录《代宗皇帝批答手敕》。
〔194〕三秦出版社1996年8月版。

〔195〕《中国典籍与文化》1997年第4期。
〔196〕如《王维研究》第1辑樊维岳《王维辋川别墅今昔》、《王维研究》第2辑白安选、樊维岳《王维辋川园林艺术与禅学理念》即承袭了《云仙杂记》之误。
〔197〕《文献》1996年第3期。
〔198〕《王维研究》第2辑。
〔199〕《王维研究》第2辑。
〔200〕《漳州师院学报》1996年第3期。
〔201〕《宁波师院学报》1996年第4期。
〔202〕《西藏民院学报》1996年第3期。
〔203〕《济宁师专学报》1997年第4期。
〔204〕《苏州铁道学院学报》1996年第2期。
〔205〕《湖湘论坛》1997年第3期。
〔206〕以上三篇均收入《王维研究》第2辑。
〔207〕《山东社会科学》1997年第1期。
〔208〕《中国文学研究》1996年第1期。
〔209〕《吉林大学学报》1997年第6期。
〔210〕《南昌大学学报》1996年第3期。
〔211〕《王维研究》第2辑。
〔212〕《王维研究》第2辑。
〔213〕《北方论丛》1996年第2期。
〔214〕《湖南师大学报》1997年第5期。
〔215〕《贵州大学学报》1997年第3期。
〔216〕《唐都学刊》1997年第3期。
〔217〕《南开学报》1997年第5期。
〔218〕《王维研究》第2辑。
〔219〕《贵州大学学报》1996年第4期。
〔220〕《唐代文学研究》第6辑。
〔221〕株式会社创文社1976年版。
〔222〕参见毕宝魁《探骊采珠，烛幽显微：入谷仙介〈王维研究〉管窥》《日本研究》1996年第2期。
〔223〕百花文艺出版社1996年12月版。
〔224〕此据该书前言、版本源流考及詹瑛《李白集稀见版本考略》《中国古籍研究》第1卷，344页。凡例所云“崇祯三年”当为笔误。
〔225〕上海古籍出版社1980年12月版。
〔226〕巴蜀书社1990年4月版。
〔227〕参见阮堂明《〈李白全集校注汇释集评〉出版》，《古籍整理出版情况简报》1997年第11期）；《李白全集整理研究的集大成之作》，《文学遗产》1997年第4期。
〔228〕台湾商务印书馆1996年6月版。
〔229〕刘维治译，上海古籍出版社1996年12月版。
〔230〕中国广播电视出版社1996年7月版。
〔231〕学林出版社1997年3月版。
〔232〕山西古籍出版社1997年7月版。
〔233〕台湾商务印书馆1996年11月版。
〔234〕湖北人民出版社1996年10月版。
〔235〕四川大学出版社1996年10月版。
〔236〕安徽文艺出版社1996年2月版；1997年8月版月版。
〔237〕陕西人民出版社1982年10月版。
〔238〕《文学遗产》1997年第1期。
〔239〕《唐代文学研究》第6辑。
〔240〕《唐代文学研究》第6辑。
〔241〕《阜阳师院学报》1997年第1期。
〔242〕《天津师大学报》1997年第3期。
〔243〕《河北大学学报》1996年第1期。
〔244〕《晋阳学刊》1996年第3期。
〔245〕《浙江师大学报》1997年第1期。
〔246〕《东方丛刊》1997年第3期。
〔247〕《宝鸡文理学院学报》1997年第3期。
〔248〕《绥化师专学报》1997年第4期。
〔249〕《社会科学研究》1997年第4期。
〔250〕《江西教院学报》1997年第5期。
〔251〕《新疆大学学报》1997年第2期。
〔252〕《祁连学刊》1996年第1期。
〔253〕《宁波师院学报》1996年第5期。
〔254〕《长白论丛》1997年第4期。
〔255〕《云南师大学报》1997年第5期。
〔256〕《徐州教院学报》1997年第1期。
〔257〕《陕西师大学报》1996年第3期。
〔258〕《职大学刊》1996年第3期。
〔259〕《阴山学刊》1997年第1期。
〔260〕《唐代文学研究》第6辑。
〔261〕《广西社会科学》1996年第2期。
〔262〕《中国韵文学刊》1997年第2期。
〔263〕《南通教院学报》1997年第3期。
〔264〕《吴中学刊》1996年第1期。
〔265〕《学术交流》1996年第3期。
〔266〕《中国韵文学刊》1996年第1期，又载《古典文学知识》1996年第3期。
〔267〕《成都大学学报》1997年第1期。
〔268〕《唐代文学研究》第六辑。
〔269〕《高校图书馆工作》1996年第2期。
〔270〕《孔子研究》1996年第2期。
〔271〕《陕西师大学报》1996年第3期。
〔272〕《成都大学学报》1996年第3期。
〔273〕《求是学刊》1996年第3期。
〔274〕《苏州铁道师院学报》1997年第2期。
〔275〕《成都大学学报》1997年第1期。

〔276〕《零陵师专学报》1997年第1期。
〔277〕《淮阴师专学报》1996年第2期。
〔278〕《唐代文学研究》第六辑。
〔279〕《四川师院学报》1997年第4期。
〔280〕《四川大学学报》1996年第1期。
〔281〕《山西师大学报》1997年第1期。
〔282〕《传统文化与现代化》1996年第2期。
〔283〕《许昌师专学报》1997年第3期。
〔284〕《文学遗产》1997年第4期。
〔285〕中州古籍出版社1996年9月版。
〔286〕陕西人民出版社1997年8月版。
〔287〕四川大学出版社1996年10月版。
〔288〕中州古籍出版社1996年9月版。
〔289〕《首都师大学报》1996年第3期。
〔290〕《杜甫研究学刊》1996年第4期。
〔291〕《杜甫研究学刊》1997年第4期。
〔292〕《唐代文字研究》第六辑。
〔293〕《江苏文史研究》1997年第2期。
〔294〕《杜甫研究学刊》1997年第4期。
〔295〕《杜甫研究学刊》1996年第1期。
〔296〕《杜甫研究学刊》1996年第3期。
〔297〕《杜甫研究学刊》1996年第1期。
〔298〕《杜甫研究学刊》1996年第1期。
〔299〕《杜甫研究学刊》1997年第4期。
〔300〕《中国韵文学刊》1997年第2期，又载《杜甫研究学刊》1997年第3期。
〔301〕《山东师大学报》1996年第3期。
〔302〕《杜甫研究学刊》1996年第2期。
〔303〕《社会科学辑刊》1996年第2期。
〔304〕《北京师大学报》1997年第4期。
〔305〕《杜甫研究学刊》1997年第2期。
〔306〕《固原师专学报》1997年第4期。
〔307〕《天府新论》1996年第4期。
〔308〕《禅》1996年第2期。
〔309〕《杜甫研究学刊》1996年第2期。
〔310〕《北方论丛》1996年第2期。
〔311〕《求索》1997年第1期。
〔312〕《杜甫研究学刊》1996年第3期。
〔313〕《杜甫研究论集》，中州古籍出版社1996年版。
〔314〕《杜甫研究学刊》1997年第2期。
〔315〕《文史知识》1997年第7期。
〔316〕《杜甫研究学刊》1997年第2期。
〔317〕《杜甫研究学刊》1997年第1期。
〔318〕《河池师专学报》1996年第1期。
〔319〕《社会科学战线》1996年第1期。
〔320〕《华中师大学报》1996年第2期。
〔321〕《首都师大学报》1996年第4期。
〔322〕《杜甫研究学刊》1997年第4期。
〔323〕《杜甫研究学刊》1997年第2期。
〔324〕《江汉大学学报》1996年第4期。
〔325〕《陕西师大学报》1997年第2期。
〔326〕《杜甫研究学刊》1996年第4期。
〔327〕《杜甫研究学刊》1997年第3期。
〔328〕《新疆大学学报》1997年第8期。
〔329〕《杜甫研究学刊》1997年第3期。
〔330〕《杜甫研究学刊》1997年第3期。
〔331〕《西北师大学报》1997年第3期。
〔332〕《社科纵横》1997年第3期。
〔333〕《云南社会科学》1996年第6期。
〔334〕《杜甫研究学刊》1996年第4期。
〔335〕《首都师大学报》1997年第1期。
〔336〕《杜甫研究学刊》1997年第2期。
〔337〕《唐代文学研究》第6辑。
〔338〕《杜甫研究学刊》1997年第3期。
〔339〕《东方丛刊》1996年第4期。
〔340〕《杜甫研究学刊》1996年第4期。
〔341〕《唐代文学研究》第6辑。
〔342〕《杜甫研究学刊》1996年第2期。
〔343〕《暨南学报》1997年第3期。
〔344〕《青海民院学报》1996年第4期。
〔345〕《菏泽师专学报》1997年第1期。
〔346〕《辽宁大学学报》1997年第5期。
〔347〕《广西民院学报》1996年第4期。
〔348〕《无锡教育学院学报》1996年第3期。
〔349〕《淮阴教育学院学报》1996年第3期。
〔350〕《甘肃理论学刊》1997年第4期。
〔351〕《云南师大学报》1996年第5期。
〔352〕《洛阳师专学报》1997年第3期。
〔353〕《河南教育学院学报》1996年第1期。
〔354〕《中州学刊》1996年第6期。
〔355〕《湖州师专学报》1996年第3期。
〔356〕《首都师范大学学报》1997年第3期。
〔357〕《北京大学学报》1996年第4期。
〔358〕《文学遗产》1997年第1期。
〔359〕《山西大学学报》1997年第4期。
〔360〕《华东师范大学学报》1997年第3期。
〔361〕《社会科学战线》1997年第1期。
〔362〕《文学评论》1997年第5期。
〔363〕《贵州师大学报》1997年第2期。
〔364〕《枣庄师专学报》1996年第2期。
〔365〕《沈阳师院学报》1997年第2期。
〔366〕《学术交流》1997年第3期。

〔367〕《古典文学知识》1996年第6期。
〔368〕《陕西师大学报》1996年第4期。
〔369〕《阴山学刊》1996年第1期。
〔370〕《北京社会科学》1996年第4期。
〔371〕《中国社会科学》1996年第5期。
〔372〕《中国古籍研究》第1卷。
〔373〕《文献》1997年第1期。
〔374〕《北京师大学报》1996年第6期。
〔375〕《中国诗学》第5辑，南京大学出版社1997年7月版。
〔376〕《文学遗产》1996年第3期。
〔377〕珠海出版社1996年11月版。
〔378〕中国社会科学出版社1997年8月版。
〔379〕花山文艺出版社1996年1月版。
〔380〕巴蜀书社1996年8月版。
〔381〕《益阳师专学报》1997年第1期。
〔382〕《求是学刊》1996年第1期。
〔383〕《北方论丛》1996年第3期。
〔384〕《中州学刊》1997年第6期。
〔385〕《中国社会科学》1992年第5期。
〔386〕《辽宁大学学报》1997年第4期。
〔387〕《沈阳师院学报》1997年第1期。
〔388〕《文学遗产》1997年第1期。
〔389〕《文献》1997年第2期。
〔390〕《文献》1997年第4期。
〔391〕《锦州师院学报》1997年第2期。
〔392〕《中国典籍与文化》1997年第2期。
〔393〕《云梦学刊》1996年第3期。
〔394〕《晋阳学刊》1997年第5期。
〔395〕《湛江师范学院学报》1996年第3期。
〔396〕《无锡教育学院学报》1997年第2期。
〔397〕《洛阳师专学报》1996年第3期。
〔398〕《河南师大学报》1996年第6期。
〔399〕《东岳论丛》1996年第2期。
〔400〕《东北师大学报》1996年第2期。
〔401〕《临沂师专学报》1996年第5期。
〔402〕《云南学术探索》1997年第3期。
〔403〕《云南教育学院学报》1996年第6期。
〔404〕《宝鸡文理学院学报》1996年第2期。
〔405〕《学术交流》1996年第2期。
〔406〕《贵州教育学院学报》1996年第2期。
〔407〕《上海师大学报》1997年第2期。
〔408〕《江苏社会科学》1997年第3期。
〔409〕《河南师大学报》1997年第1期。
〔410〕《上海师大学报》1997年第5期。
〔411〕百花文艺出版社1996年2月版。
〔412〕《东岳论丛》1997年第第1期。
〔413〕《河南教育学院学报》1996年第1期。
〔414〕《解放军外国语学院学报》1997年第2期。
〔415〕《许昌师专学报》1997年第2期。
〔416〕《桂州教育学院学报》1996年第3期。
〔417〕《唐代文学研究》第6辑。
〔418〕《苏州铁道师院学报》1997年第3期。
〔419〕《徐州师大学报》1997年第1期。
〔420〕《零陵师专学报》1996年第3期。
〔421〕《文史知识》1996年第6期。
〔422〕《文学遗产》1996年第6期。
〔423〕《文史知识》1997年第1期。
〔424〕中华书局，1963年第第11期。
〔425〕《职大学刊》1997年第3期。
〔426〕《绥化师专学报》1996年第1期。
〔427〕《渝州大学学报》1996年第1期。
〔428〕《冀东学刊》1996年第3期。
〔429〕《古典文学知识》1996年第4期。
〔430〕《宁夏大学学报》1997年第3期。
〔431〕《辽宁师大学报》1997年第4期。
〔432〕《唐都学刊》1997年第4期。
〔433〕《齐齐哈尔师院学报》1997年第6期。
〔434〕南京大学出版社1996年1月版。
〔435〕上海古籍出版社1989年12月版。
〔436〕广西人民出版社1988年9月版。
〔437〕《牡丹江师院学报》1996年第1期。
〔438〕《长沙电力学院学报》1997年第2期；《论李贺诗作的悲剧意蕴》，《中国文学研究究》1997年第3期。
〔439〕《学术论丛》1997年第3期。
〔440〕《东岳论丛》1996年第1期。
〔441〕《台州师专学报》1997年第2期。
〔442〕《青海师大学报》1997年第2期。
〔443〕《古典文学知识》1996年第2期。
〔444〕《承德民族师专学报》1997年第1期。
〔445〕《承德民族师专学报》1996年第1期。
〔446〕《怀化师专学报》1997年第1期。参见其《李贺诗歌意象探析》《济宁师专学报》1997年第1期。
〔447〕《攀枝花大学学报》1997年第2期。
〔448〕《云南教院学报》1997年第3期，又载《内蒙古电大学刊》1997年第5期。
〔449〕《辽宁师大学报》1997年第3期。
〔450〕《贵州师大学报》1996年第1期。
〔451〕《广东民院学报》1997年第1期。参见其《论李贺诗歌独特之“理”》《广西社会科学》1997年第3期，又载《江淮论坛》1997年第4期。
〔452〕《新疆师大学报》1996年第1期。

〔453〕《文学评论》1997年第6期。
〔454〕《古典文学论丛》1983年第3辑。
〔455〕《文学遗产》1997年第6期。
〔456〕《信阳师专学报》1996年第4期。
〔457〕《杜甫研究学刊》1996年第3期。
〔458〕《文献》1997年第4期。
〔459〕《文学遗产》1997年第2期。
〔460〕《齐鲁学刊》1997年第2期。
〔461〕《山东教院学报》1996年第5期。
〔462〕《呼兰师专学报》1997年第3期。
〔463〕《中山大学学报》1997年第1期。
〔464〕《丽水师专学报》1996年第1期。
〔465〕《农垦师专学报》1997年第3期。
〔466〕《文学遗产》1997年第2期。
〔467〕《古籍整理研究学刊》1997年第4期。
〔468〕《徽州师专学报》1996年第3期。
〔469〕《古典文学知识》1996年第3期。
〔470〕《安顺师专学报》1996年第1期。
〔471〕《文学遗产》1997年第2期。
〔472〕《唐代文学研究》第6辑。
〔473〕《文学遗产》1997年第2期。
〔474〕引自周振甫《李商隐选集·前言》。
〔475〕《文学遗产》1997年第2期。
〔476〕《中国人民大学学报》1996年第1期。
〔477〕《浙江师大学报》1997年第1期。
〔478〕《中国韵文学刊》1997年第2期。
〔479〕《学术研究》1997年第6期。
〔480〕《广东教院学报》1997年第1期。
〔481〕《社会科学家》1997年第4期。
〔482〕蒋寅译，《学术论丛》1997年第4期。
〔483〕旧版：江苏人民出版社1981年版；新版：当代中国出版社1997年2月版。
〔484〕南京大学出版社1997年7月版。
〔485〕参见博闻《〈中国诗学〉讨论〈二十四诗品〉真伪问题》《文学遗产》1996年第6期。
〔486〕《中国古籍研究》第1辑，上海古籍出版社1996年11月版；收入其《唐代文学丛考》一书。
〔487〕《〈诗家一指〉的产生时代与作者：兼论〈二十四诗品〉作者问题》；《北京大学学报》1995年第5期。
〔488〕《中国诗学》第5辑。
〔489〕《复旦学报》1996年第2期。
〔490〕《中国诗学》第5辑。
〔491〕以上四篇均见于《中国诗学》第5辑。
〔492〕《学术月刊》1997年第10期。
〔493〕《安徽师大学报》1996年第1期。
〔494〕《江淮论坛》1997年第1期。
〔495〕《安徽师大学报》1997年第1期。
〔496〕《中国诗学》第5辑。
〔497〕《文艺研究》1996年第1期。
〔498〕《广州师院学报》1996年第1期。
〔499〕《复旦学报》1996年第2期。
〔500〕《安徽师大学报》1996年第4期。
〔501〕《中国诗学》第5辑。
〔502〕《中国诗学》第5辑。
〔503〕《天津师大学报》1997年第6期。
〔504〕《四川社科界》1997年第6期。
〔505〕《社会科学家》1996年第3期。
〔506〕《唐都学刊》1996年第3期。
〔507〕《求索》1996年第4期。
〔508〕《喀什师院学报》1996年第4期。
〔509〕《广东教院学报》1997年第1期。
〔510〕《楚雄师专学报》1997年第1期。
〔511〕《中国文学研究》1997年第3期。

宋金辽文学研究综述

宋 兵　王维家

据初步统计，1996—1997年两年间发表的有关宋金辽文学研究的论文和著作（以大陆为主）共1200余篇（本），取得了丰硕成果。综观比较这些论著，具有以下几个明显的特点。一是宋金辽文学受关注程度表现出极大的差异性。由于历史和现实的原因，宋代文学照例受到广泛关注，研究人员队伍稳步扩大，研究深度和广度都较前几年突出，发表、出版了一大批优秀论文和专著，呈现出一片喜人景象。与宋代文学研究相比，金代文学研究则沉寂得多，只有少数知名研究者在其中辛勤耕耘，论著成果也大大少于宋代文学研究成果。至于辽代文学研究，涉足问津者更为寥寥，论著亦屈指可数，显得相当的滞后。二是研究格局的不合理。无论是已蔚然成风的宋代文学研究，还是初具规模亟待加强的金辽代文学研究，都存在着一个研究格局不合理的问题。以宋代文学研究为例，由于各种文体本身的特性、历代研究成果的大小和当今研究风气的影响以及研究者个人的文学观念、审美倾向的差异等因素，使得学人们对各种文体的重视和研究实践，呈现出了极大的差异，这种差异不可避免地导致和造成了研究格局的差异和不合理。这两年的宋代文学研究中，宋诗、宋词、宋文等的受关注程度就明显高于话本、戏曲、赋等其他文体。即便是同一体裁，研究最多的也大都是那些大家的名作。前几年掀起的重视研究中小作家的良好风气，现在却没有得到发扬，这是多么令人痛心的现象。要打破古典文学研究（包括宋金辽文学）的不合理格局，使之趋向科学、合理，就应该在着墨于大家、名作的同时加强对中小作家、作品等的研究，有所侧重，但不应过分偏颇。这是两年间研究状况给我们的启示和警醒。另外，研究手段和方法的开拓与尝试也是本期宋金辽文学研究的特点之一。为适应信息化时代的需要，研究者们除了运用传统的方法研究宋金辽文学之外，还不断探索和尝试运用新的工具，从新的角度来研究文学。如王兆鹏教授以计算机为工具，尝试运用统计定量分析的方法研究宋词，[1]给人耳目一新之感，再如钱志熙教授主张从生命的角度研究文学[2]等等，颇值得注意和借鉴。这些极具创见的新方法、新手段，为今后的古典文学研究开辟了广阔的道路。可以想见，随着新方法的开拓运用和研究的深入，必将使古典文学（包括宋金辽文学）研究面貌焕然一新。与此同时，我们必须指出的是，这两年的宋金辽文学研究论文中，出现了一些低质量低水平甚至重复研究的作品，凸现了某些研究者理论功底不扎实，专业知识不深厚，视野狭窄，交流稀少等弊端。针对这种不良现象，中国社会科学院文学研究所刘扬忠先生在一次全国古代文学研究现状的衡估与思考的研讨会上指出，要真正搞好古典文学研究，理论修养和旧学功底缺一不可[3]，可谓振聋发聩，及时警人。

以上初陈梗概，对两年间宋金辽文学研究的特点和存在问题作了简要介绍，下面具体来对这些研究状况作一综述，以期给读者一个完整而清晰的印象。

一、宋代文学研究

本期的宋代文学研究总的说来成就较大，同时也呈现出若干的不均衡性。为便于叙述，遂分为诗、词、文、话本等方面进行介绍。至于诗论、词论、文论等研究成果，分别融于诗、词、文等的叙述中，除严羽诗论外，不单独标目。此外，两年间出版了多部专著，影响较大者亦择其精要而述之。

（一）宋诗研究

在这两年的宋代文学研究中，宋诗和诗论占了很大的比重，发表了一批立意新颖，视角独特，材料翊实，论证充分的论文和专著，内容涉及到宋诗与文化、理学的关系，江西诗派、江湖诗派，欧、苏诗歌美学思想，严羽诗论等诸多方面，成就斐然。

宋诗与文化、理学的关系，是长期以来学人们探讨的一个老问题，近年来尤为热门，经过这两年的研究，又取得不少成果。卢斯飞《寓物说理而不腐——谈朱熹的哲理诗》[4]一文，通过对个体诗人哲理诗的评述来说明宋诗好说理、好寓理的特点。卢文认为，理性是艺术的基本属性之一，它蕴含在历史上各种艺术形式的优秀作品之中。南宋是理学盛行的时代，理学家常常运用诗歌的形式来说明道理，形成宋诗不同于唐诗的一道独特的景观。朱熹是其中成就最为突出的一位。从他的大量哲理诗中，可以看出他的宇宙观、人生观和对道德修养的见解以及治学方面的体会。“寓物说理而不腐”，至今仍保持着鲜活的生命力。陈新璋《欧阳修的唐诗观及其影响》[5]一文阐释了欧阳修的唐诗观及其对北宋诗学的历史影响。认为欧阳修推崇韩愈及中晚唐诗的用意在于抵制西昆习尚，开创有宋一代诗风。他推崇李杜诗歌，但并无扬李抑杜之说。后人以为欧阳修将李杜分出优劣，是不符合他的本意的。虽然欧阳修的唐诗观并不系统和全面，但对北宋诗学起到了引导的作用，滋养了一代的诗歌学者，对宋代诗风的形成，贡献尤大。此外，在这方面尤为值得一提的是周裕锴的大著《宋代诗学通论》[6]。新时期的宋代诗学研究取得了不少进展，但就整体性和纵深度来看，还是落后于唐代诗学的研究，尤其是宋代诗学实际上所取得的成就与其历史地位极不相称。《宋代诗学通论》可以说是打破了对宋代诗学缺乏整体研究的局面，全面建构出宋代诗学的理论体系。全书共分诗道、诗法、诗思、诗格和诗艺五大篇，各篇的许多章节，也都是按照宋代诗学原有的范畴和重要论断来设置的，基本上反映出了宋代诗学的面貌。作者是把宋诗学看做是宋型文化的折光而整体论述的。他认为，宋诗学的每一个命题，都与宋型文化有着千丝万缕的联系。因此《宋代诗学通论》试图从理论范畴的角度，横向剖析宋学的各个层面使宋代的文化精神在宋诗学中得到更鲜明更自觉更集中的体现。《通论》作者走出误区，肯定宋型文化、宋诗、宋人的诗性智慧为追求的目标，所采取的历史态度是可取的，借用西方诗学的某些范畴来阐释古典诗学的探索方法也是正确的。应该指出的是，作者虽然重视“宋型文化”对宋代诗学的影响，但对于宋型文化产生的历史背景，对宋诗与禅学的关系，缺乏论述。不过白玉微瑕，《通论》仍不失为一部宋代诗学研究的力作。胡明《关于宋诗》[7]一文，可以说是为世纪末的宋诗总体研究暂时划上了一个句号。文章就历来对宋诗的界定、质性、评价等关键问题的论争和对宋诗的门户、流派、源流等关键人物的评价入手，全面考察了各种观点，通过分析比较，辨伪去诬，厘清了种种似是而非的说法。他认为，宋诗，不仅仅是指宋人写的诗，准确的说是一种独特的“宋调”，它具有“于物无所不收、于法无所不有、无情无所不畅，于景无所不取、滔滔莽莽，有若江河”的特征。真正的“宋诗”是在宋初六、七十年后，“白体”、“西昆体”、“晚唐体”相继退出诗坛，沿王禹称，梅尧臣到欧阳修始露出面目，直至王安石、苏轼和黄庭坚等三大家走上诗坛，宋诗才瓜熟蒂落，真正形成。对于宋诗的三个关键人物王安石、苏轼和黄庭坚，胡文均做了具体分析，以苏轼为例，他谈了三点：1. 苏轼人大格高，可谓双绝。其诗特点如赵翼所言：“大放厥词，别开生面。”诗中好用典、好用书、好显才学、好负材力、好逞辨博。其二，以一人之力打通文一诗一词三界，可谓空前绝后之举。其三、苏轼同王安石一样，诗才连带诗体及身而绝，门下文士虽多，终无一个能承其嫡传，探其真髓。另外，胡文对江西诗派，江湖诗派，理学派等作了概要论述，对宋诗的两个历史必然（兴盛的必然和衰落的必然）作了详尽分析，并对其文化走向作了合乎理性的预测。这篇文章是本期宋诗研究论文中不可多得的优秀之作。

关于宋诗在文学史上的地位，历来褒贬不一，聚讼纷纭。台湾成功大学教授张高评先生在其专著《宋诗之新变与代雄》[8]一书中，从新变代雄的角度回答了宋诗在文学史上应有的地位和贡献。这种思想观点突出地表现在他的自序《新变代雄与宋诗之文学史地位》一文中。张文认为，革故鼎新，消长相因，是中国传统哲学的思维方式。哲学思潮，是文化的深层结构，投射到文学上，就呈现出“诗文代变，文体屡迁”的客观事实。宋人生于唐人之后，虽不能越过横亘在面前的唐诗高峰，但宋人善于新变，其学古变古之道，在形式上作选择、琢磨、添加、改换；批判性继承外，在内容上又做建设性之嫁接、交融、借鉴、整合，故能“创前未有、传后无穷”。变唐贤之所已能，发唐诗之所未尽。这样，不但突破动摇了唐诗塑造的诗学本色，而且又系统地建构了宋调的新典范。标新求变、“自成一家”之宋诗，足以与唐诗相颉颃。这固然是“诗文代变，文体屡迁”的内在衍化，更是一代学风思潮的具体反映。为了更充分地证明宋诗在文学史上的重要地位，文章作者还引用了胡适、钱玄同、陈独秀、赵铁寒、吴小如等对宋诗的有关论述，进一步明确了宋诗在中国诗歌史上具有的仅次于唐诗的地位。文章旁征博引，论证充分，廓清了一直以来人们对肩负传承，勇于开拓，又影响深远的宋诗所存在的无谓的错会与偏见。

本期内，有关黄庭坚和江西诗派研究论文不少，其中有两篇值得注意。一是凌佐义的《黄庭坚诗学体系论》[9]，一是刘德重的《宋代诗话与江西诗派》[10]。对于黄庭坚诗歌理论的研究，从本世纪50年代至90年代，经历了两个转变，一是由否定到肯定的转变，一是由简单到全面的转变。所谓简单到复杂的转变，凌文认为是指论者不再停留于“点铁成金”，“夺胎换骨”、不“怒邻骂座”等问题上，而是对黄庭坚的诗法，他的审美理想等诸多方面有了新的研究，范围大大地拓宽了。作者指出，黄庭坚虽然没有建构一部诗歌理论的专著，甚至也没有一篇诗歌理论的千字文，但是在他的题跋、序文、诗歌、书札之中存在着的关于诗歌创作和鉴赏的大量信息，略加梳理，便可以构成一个诗歌体系。作者分之为本体论、诗人论、作法论、风格论和鉴赏论等五部分，并对每一部分均进行了翔实的分析论证。其中，本体论包涵诗与情、情与物、诗的效用，诗美问题，最能代表黄庭坚对诗的本质的认识。诗人论包括养根治性、做不俗人、师承古人、师友学习等方面，诗品出于人品，不俗的人才能做出不俗的诗来，这些便是黄庭坚的诗人论。黄庭坚的诗歌创作论，包括他对创作思想与具体诗法的论述，是其诗歌理论中最为丰富的部分，主要有创新论、章法论、句法论和无法论等等。关于风格论，作者认为，黄庭坚对于诗歌风格的审美不拘一格，大致有两类审美理想：平淡而山高水深和出尘拔俗的远韵。前者是黄庭坚的风格主张，也是他一生的追求。后者对“韵胜”的追求是黄庭坚艺术思想之极致。对于诗歌鉴赏，黄庭坚也作了探索，有一套行之有效的鉴赏方法。黄庭坚的诗学体系，内容丰富，博大精深，凌佐义这篇遗作从总体上对之进行了理论分析和概括，是本期内研究黄庭坚诗论的典范之作。

刘德重的《宋代诗话与江西诗派》一文，也是别开生面之作。作者认为，宋代诗话之所以能迅速地发展，兴盛，并在诗歌理论批评上取得高度成就，原因是多方面的。除了诗话本身的随笔体形式吸引众多诗人和批评家乐于采用外，宋代诗坛的风气、江西诗派的形成以及围绕江西诗派展开的探讨和论争，是促使宋代诗话发展，兴盛的一个十分重要和直接的原因。此外，查清华《江西诗派“不问兴致”辨》[11]，白政民《黄庭坚的禅家思想及禅宗对其诗歌的影响》[12]，梅俊道《黄庭坚后期诗作平淡简放的艺术追求》[13]等等，都是研究黄庭坚和江西诗派论文中可圈可点的优秀之作。

本期的文学理论（诗论）研究，取得了引人瞩目的成果，除前面所述《宋代诗话与江西诗派》外，苏轼的诗论，欧阳修的诗论，梅尧臣的诗论等，都有专文论及。尤其是对严羽与《沧浪诗话》的研究，无论从广度和深度上较以往大得多，研究者们不再仅满足于就事论事，也不囿于研究《沧浪诗话》的某一方面，而是把它们放在更广阔的空间里，系统地进行研究。这里有两篇文章值得一提，一是庄锡华的《严羽与诗话风气》[14]，一是童庆炳的《严羽诗论诸说》[15]。庄文认为严羽的《沧浪诗话》的出现，是诗话发展史上的一个重要事件，它将以前诗话从率性而发的玩物提升为封建时代文人实现自身价值的“立言”，诗话成了作者修养的告白和诗学理想的展示，大大提高了诗话的学术品位。在行文上，《沧浪诗话》一改宋诗讳言是非，以资闲谈的风貌，紧贴诗歌创作实际，敢于臧否时弊、直面诗坛，凸现了诗话作为一种诗评文体的批评功能，为后代的诗话创作提供了一个可资借鉴的范本。此外，它力图改变诗论的随意性，以独特的叙述方式，完备的体例，较大的规模，建立起一套完整、规范的诗学语言，极大地改变了诗语的旧观，对宋以后诗话的发展产生了巨大的影响。童文也认为，《沧浪诗话》的出现，是宋代一百多部诗话中系统最为严密、理论最为深入，影响也最为巨大的一本诗话。它的最大特点是“以禅喻诗”，目的是想通过禅与诗的类比，暗示诗的本质与禅的本质的相通，诗的创作与参禅过程的相通。特别是他的以禅喻诗具有明确的针对性，提出了“别材”说，“别趣”说，“兴趣”说和“妙悟”说，揭示宋诗的流弊，推进诗学的发展。作者为了说明这一点，分别从上述三个方面对严羽诗论进行了梳理论证。

（二）宋词研究

统计显示，历年来的宋代文学研究中，宋词研究的繁荣兴旺为其他文学体裁所不及。这两年的宋词研究也不例外，仍旧保持着强劲的势头。纵观本期内的宋词研究，较之往年出现了一些新的趋势和特点，或承以往余绪，对宋词的分期分派进行探讨论争；或扩大领域，加强对俗词，中小词人及词等的研究；或放开手脚，将宋词置于宏观的文化大背景中加以考察；或躲进小楼，孜孜不倦地探寻着词本身的文化物质等等，下面具体分述之。

关于词的特质。词的特质和审美特质是什么，这虽然是早已解决并形成定论的问题，但总觉得有一些未尽之言，如鲠在喉，不吐不快，故依然还有论者就此发表论文进行探讨。谢桃坊的《词为艳科辩》[16]一文对词的特质是否是“艳”作了考辨。指出，“词为艳科”一语并非出自古人之口。而是出自胡云翼先生于1926年出版的《宋词研究》中关于宋词基本内容所做的理论概括，这是中国词学史上第一次出现“词”为艳科的观念，虽已成为现代词学的重要观念，但仍有辨析的必要。通过对词的历史发展的考察，作者指出，“词为艳科”是宋人不自觉地意识到的，胡云翼对词体文学的体性特点所作的概括，是有历史和现实依据的，较能恰当地说明宋词题材内容的基本情形。他同时又强调，“词为艳科”与文学价值判断不属同一范畴，它仅仅是传统的文学体性的判断。词以艳丽为本色、或以婉丽为正宗，这是词史已经表明的事实，一味争论正宗或别调的历史地位是没有必要的。谢文的意义在于，它可以使我们能够辨证，历史地看待“词为艳科”的内涵，不再轻易挑起无谓而偏颇的争论。在这一点上，杨海明的《试论唐宋词的“以艳为美”及其香艳味》[17]一文与谢文遥相呼应，如果说，谢文是以理性的眼光来辨证、客观、冷静的分析的话，那么，杨文则或多或少地带上了些许感性色彩，认为“以艳为美”不仅仅是一种题材和风格特色，更重要的是一种审美心理。是唐宋词所提供给读者的一种最摄人心魄最沁人心脾的审美新感受，可谓标新立异，别出心裁。

雅俗之辨是两宋词坛一个显著而复杂的词学现象，几乎贯穿两宋始终。究其实质，实则是审美心理和审美观念的不同所致聂安福著文对这种现象进行了分析探讨，在《两宋词坛雅俗之辨》[18]中作者指出，雅词主要是指言情之婉雅，言志之骚雅，与俗词之俗相对应，而原本俗文学的词体进入宋代之后，在高雅的文化氛围和审美风尚之中经历不同阶段不同层面的雅俗分歧而渐趋雅化，言情而求其婉雅，言志而求其骚雅，是两宋词坛雅俗辨的基本倾向，也是两宋雅正词学观对词体创作的基本规范。

关于唐宋词流变史。唐宋词史的流变过程中，少不了一些里程碑式的人物出现，研究这些里程碑式词的词作，可以从总体上把握词史流变的历程，挖掘总结其规律。在这方面论文中，王兆鹏《宋词流变史论纲》[19]和王洪《试论唐宋词发展史上的五个里程碑及其词史意义》[20]两文在体例和结论上可谓异曲同工，殊途同归。王兆鹏《论纲》以代表作家为纲，对宋词的发展流程作了概括和总结，认为柳永发展了词体并以创调之功提高了词的表现能力；苏轼进一步扩大了词的表现功能，开拓了词的艺术境界；周邦彦注重词的艺术结构，使词的艺术规范得以提高；女词人李清照异军突起，用日常生活中的平常语表现复杂微妙的情感心态，而辛弃疾以其杰出的创造成就，使词体在文学中的地位得以最终确立。稍后的姜白石则移诗法入词，使词的语言风格雅化和刚化，从柳永到白石，几个里程碑式的人物赫然屹立在两宋词坛，他们的词作，代表了词史发展的方向，切合了时代审美潮流发展的趋势，构成了多姿多彩的宋词流变史历程。王洪之论基本与王兆鹏《论纲》暗合，不作赘述。

关于俗词创作，宋人作词、以雅相尚。柳永不避俚俗，大量创作“词语尘下”的俗词，遭到纷纷指责，使得宋词的创作变得愈来愈雅，俗词创作虽然愈来愈少，但并未绝迹。北宋末年，世风大变，为俚俗词的创作提供了新的环境和土壤，俗词创作再度蓬勃发展，形成空前绝后的创作盛况。然而，由于历史和现实的原因，北宋末年的这种俗词创作现象始终没有得到足够重视，成为词史和文学史编写中的一个空白点。诸葛忆兵以其敏锐的洞察力和敢为天下先的勇气发表了这篇《北宋末年俗词创作论略》[21]的论文，对北宋末年俗词创作蓬勃兴盛的原因及创作情况作了详细介绍，填补了词史研究中的这段空白。

关于宋代词论。词论研究一直是个热门话题，这两年也不例外。共发表词学论文数十篇，涉及到词学理论，词学批评等诸多方面，取得了较为满意的成果。杨海明的《词学理论和词学批评的“现代化”进程》[22]一文，颇为引人注意。该文站在历史的高度，对20世纪词学的研究历程作了一番全景式的描述、梳理。作者认为，词学理论和词学批评是伴随着词创作而产生的，纵观本世纪前的词学批评和词学理论，其重要内容之一是有识之士运用各种方法，通过各种途径来抬高词体的理论努力和理论建设。到了本世纪初，词学理论和词学批评还基本停留在板结凝固和缺乏现代色彩的状态，更勿谈有重大的突破和全新的建树。有些作者强调，只有借助于外来的旧思想和新观念的引进消化，才能够促使传统的词学理论和词学批评发生巨大而深刻的“新变”。作者从宏观上描述了20世纪词学理论和词学批评的现代化转换和进程，总结出了两点经验：第一，词学研究的进步，是跟随着时代的步伐一起向前的；第二，词学的研究不断“新变”，它与中西文化的交流密切有关。展望前景，我们有理由相信，下一世纪的词学研究（特别是词学理论和词学批评），必将得到更大更快的发展。遵循“背靠遗产，面向现在和将来”的原则，进一步加强词的本体研究、宏观研究、多元化研究和“活文化”研究，词学研究者们就有信心将21世纪的词学理论和词学批评提高到一个新的高度。

陈忻《论唐宋诗词意境的“虚”与“实”》[23]认为，意境应当是诗歌的生命所在，优秀的诗词必有意境，这是谁也无法否认的事实。“真”乃意境之骨，其外在的表现方式可分为两端，即“虚”与“实”。关于意境中的“实”，作者认为包括三种情况，1. 描摹自然的纯写景之作。2. 不假衬托渲染等手段，用议论的笔法明白无隐地抒发作者对事件、人物的态度和观点，变即所谓直抒胸臆、直陈观点。3. 客观地叙事，在叙述中表现作者的爱憎，词中以柳永为代表。关于意境中“虚”，文章认为有五种方式。1. 情景交融、以景传情。这类作品在诗词中最为普遍。2. 点到即止，味余诗外，在冷静客观的笔调中，让读者去体会言外之意，弦外之音。3. 情理相融、内外双层。即如刘熙载所言：“词之妙、莫妙以不言言之，非不言也，寄言也。”（《艺概·词曲概》）。4. 意象的组合。5. 比兴寄托的咏物之作等等、针对论者常常认定“虚”与“实”的一端，而否定另一端的做法。作者强调指出“实”与“虚”并非一个单纯的写作手法问题，它与作者的审美观、创作观及所处的时代环境和作者个人的气质个性等因素都有密切的关系，而不能简单地以评论者个人的好恶来判定其高下优劣。

关于宋词作家作品研究，成为焦点对象的还是那些大家、名作，如苏轼、周邦彦、李清照、辛弃疾、姜白石、吴文英等。此外，张先、王安石、贺铸、陈与义、陆游、周密等人也受到了一定程度的关注，至于那些中小作家，研究他们的人就很少很少了，这无疑凸现了研究格局的不合理与偏颇。

苏轼一直是现当代古典文学研究关注的焦点。在这两年的 1200 多篇研究论著中，苏轼文学研究论文约 140 多篇，而且涉及面相当广泛。在本期内研究论文中，侯怡敏《苏轼文学研究述略》[24]就是一篇总结性文章，它回顾了本世纪 20 年代至 90 年代以来苏轼文学研究的进展，根据各个时期的主要特点，将其发展历程大致分为五个阶段，并着重介绍了 90 年代学者们运用新方法，从新的角度对苏轼人生观、文艺观及其诗、词、文、赋等诸多方面进行研究的主要成果。吴帆《试论苏轼词的审美体式》[25]指出，苏轼的词继承了婉约词三派的传统的表现手法，又兼容了诗的表现手法，创造和丰富了词审美体式。苏轼体式虽然庞杂，但基本上可以归纳为以下诸式：即英雄、美人——映衬式；人生、思索——哲理式；飞天、游仙——求索式；叙事、议论——散文式和隐括式、俳体式、对话引语式等等体式。这些词的体式，丰富了词的表现力，使词空前繁荣，走向鼎盛。王洪《论东坡词的“雅化”及其对词史的影响》[26]认为，苏词的本质意义是对词的“雅化”。苏轼批评柳永并非针对“婉约”，而是针对“词俗”。苏词的意义，是对柳永俗词的反拨，并奠基了词体雅文化的殿堂。而他“以诗为词”的本质是引诗之雅改造词之俗。“雅”的内涵已由唐之前社会功利性极强的“言志”转变为士大夫以归隐为中心的精神宣泄。苏词以其题材之雅，境界之雅，艺术之雅完成了对俗词的改造，其影响上自秦、周而下达姜、吴。在词史上影响深远。此外，冷成金的《苏轼、朱熹文艺观之比较》[27]，马银华的《一蓑烟雨任平生——论苏轼的人生哲学与文学创作》[28]，朱靖华的《天地精神境界——评苏轼岭海时期的人生反思》[29]等论文或从文化方面，或从哲学方面，或从其文艺观点方面来对苏轼进行了全方位的研究，成果可谓大矣。

本期内，学者们继续给予了周邦彦以极大的关注，对周词的思想内容，艺术特色以及在词史上的地位等多有论述。曹章庆《论周邦彦羁旅行役词的感情心态特征》[30]运用心理学批评的方法，指出周邦彦的羁旅行役词表现出两种比较突出的情感心态。一种是追忆心态，其特点是在仕途受挫后，返回内心，一步三回头，默默地咀嚼着过去美好的情景，以作心理补偿。一种是悲抑心态，它往往不是直接地宣泄心头的悲苦寂寞，而是把它埋藏心底，强行抑制，造成一种回环曲折、沉郁顿挫的特点。两种心态融合在一起，表现了一个品行正直、性格软弱的知识分子在宦海沉浮中痛苦挣扎的灵魂。周邦彦的羁旅行役词意蕴丰富深厚，具有较高的认识意义和审美价值。刘崇德《关于郑文焯批校本〈清真传〉》[31]和蒋哲伦《王国维论清真词》[32]二文，通过评述郑文焯，王国维研究清真词的观点，方法和成果，达到对清真词特点和价值的认识。这样的论文体例不仅可以使我们领略到郑、王二人的文学观点，也能认识到作者的文学观点和审美倾向，可谓一箭双雕了。关于清真词艺术特色和文化内涵的研究论文，还有李扬的《清真词集大成说探讨》[33]，戴建业的《清真词概论》[34]，徐定晖的《周邦彦"结北开南"的词艺成就》[35]等等。

宋词大家辛弃疾和苏轼、李清照一样，一直是学者们的重要研究对象。这两年有关辛弃疾及其词作的论文共有40多篇，内容涉及各个方面。比较引人注目的有程继红的《七百年词坛批评视野中的辛弃疾》[36]，蔡起福的《论稼轩词的风格——格式塔的启示》[37]，赵佳聪的《〈稼轩词〉与〈东山词〉比较论》[38]，李建国的《论辛词豁达自适的艺术境界》[39]等等，程文梳理了1188年到1908年共720年的辛弃疾研究进程，表明了因时代不同，审美趣味的变化，词学批评大势走向不一，人们对辛词的总体评价，有推崇、更有贬抑，因此，辛弃疾在各时代的历史地位并非始终如一，而是忽高忽低，呈现出升沉涨落的动态性，从而能够为今天的辛词研究提供一个全面、系统、动态的历史参照体系。蔡文尝试从格式塔心理学的角度对辛弃疾的豪放词作一初步探索。作者认为，辛弃疾的词有刚有柔，有雅有俗，有庄有谐，风格多样，格调不一，而其主导风格是豪放沉郁，可以说是辛词的格式塔。姑且不论作者的界定归纳是否合理，单就他运用的这种方法，就给人耳目一新之感，值得肯定和借鉴。赵文从新的角度对辛弃疾的词进行考察，以辛弃疾性格、学识、词风相仿佛的贺铸为参照系，探析二者的契合和差异，以深化对辛弃疾其人其词的认识和理解。这种研究方法，也颇为人所称道。至于其他研究辛词的论文纲要，因限于篇幅，不再一一赘述。

(三) 宋代散文及其它

这两年的研究状况给人的总体印象是参与研究的人员、论文数量有所增多，但与诗词相比较而言，人们对于宋代散文的研究热情明显弱得多。在研究范围上虽然较过去有了一定的拓展，但在深度挖掘上还嫌不够。对作家的研究仍然更多地注意于欧阳修、苏轼等极为典型的个例，而对其他作家作品、文学现象关注不是很多。因此，对宋代其他作家进行讨论的文章如徐昕的《试论陆游的藏书题跋》[40]、马茂军的《"荆公新学"与王安石散文风格》[41]、朱尚贤的《越拘挛之见，破常行之法：曾巩》[42]、以及涂水木的《新发现的晏殊散文〈义方记〉》[43]等文显得醒目。洪本健的《苏洵辙散文创作论》[44]通过对苏洵、苏辙所作议论、书信、杂记的比较，得出二苏文风之特点：老苏得力于纵横家而文势劲健、雄奇恣肆；小苏以欧阳修为楷模，纡徐委备、汪洋淡泊。这篇文章对二苏散文风格及其成因进行了辨析与探讨，所论言之有据，平实可靠。可惜总观各类论文篇目，论者对宋文六大家中除欧、苏二家外的其余几家所涉甚少。

南宋陆游历来文名为诗名所掩，研究者往往疏于对其散文创作的关注，而吴小英的《陆游散文简论》[45]则认为陆游散文的艺术水准不在八大家之下。论文将陆游散文分为史传文、议论说理文、杂记文三大类，总结出其散文的两大文化品格：强烈的忧患意识和济世精神与鲜明的文化认同心理。通过比较陆游与曾巩散文的异同而进一步分析陆游散文的艺术魅力，从几个方面论证其散文创作实为南宋宗匠。由此可见，换一个角度审视名家的其他光点会更容易得到新鲜而有识见的结论。此外，高克勤的《北宋散文简论》[46]、程杰的《宋初三朝的崇文风气与文风演进》[47]、郑传寅的《宋代文学审美特征形成刍议》[48]等文章对宋代文坛特点的形成与发展进行了宏观探讨与评价。文论方面的论文较少，陈望南的《谢枋得和〈文章轨范〉》[49]、李凯的《苏辙文论的价值及地位：兼论古代“文气”说》[50]等几篇文章较值得注意。

有关欧阳修的论文有十余篇。欧阳修是北宋古文运动的领袖，他所倡导的诗文革新运动在文学理论和创作实践上都对中唐古文运动有所继承又有所发扬，对散文文体的发展作出了很大的贡献，开创了一代文风。周楚汉的《欧阳修文章论》[51]、何沛雄的《欧阳修与韩愈的“古文”关系》[52]、傅淑芳的《论欧阳修〈秋声赋〉对宋代辞赋改革的贡献》[53]等文章都就以上论题进行了论述与评价。寇养厚的《欧阳修文道并重的古文理论》[54]一文，从欧阳修“道胜者文不难而自至”之说来看，欧阳修对文与道的关系持有新的观点，不提倡以道代文，他在古文家中的扬韩抑柳是有前提的文道并重观念。特别是他对传记文写作的“事信”、“言文”要求和提出对文体、文风改革并积极实践更能昭示出他继承韩愈的文学传统，学习其文从字顺的一面而反对奇险怪谲的一面，提倡流畅自然的文风。在对待骈体文的态度上，欧阳修有比较全面客观的认识与创作经验，融古入骈，开宋代骈文新风。

宋代是封建社会转型期，文艺创作理论也体现出新旧意识形态的解体与建构。冷成金的《苏轼、朱熹文艺观之比较》[55]一文对苏轼、朱熹在文艺本源认识上的不同看法与实践进行了比较。苏、朱二人对文与道孰为主体各有自己的诠释。本文对其思想理论体系进行分析并认为，宋初的诗文革新运动导致两种文艺观：一是自由不羁的心灵与主体个性的外化，一是因理性意识加强而表现出的伦理道德本体化。苏轼发展了欧阳修等人注重文艺本质特征的一面，建立了自由文艺观，朱熹发展了政治教化的一面，建立了理学文艺观。二者对后来的文艺理念都有广泛深刻的影响。

苏轼是欧阳修之后北宋文坛当之无愧的泰斗，其诗、词、文诸体都取得了卓然的成就。有关他的散文与文学思想和文化人格的研究文章也相对较多。尹占华的《论苏轼的四六文》[55]对苏轼的制诰文、谢表等四六文进行了分析，认为北宋古文运动后，四六文接受了散文的影响，苏轼改造与发展了宋代四六文，以古文的气势行文，具有跌宕多姿、精妙切当的独特风格。徐季子《东坡文谈》[57]总结苏轼有关写作的论说有四个基本观点，即“不能不为之；行于所当行，止于所不可不止；辞达而已矣；一意以摄之”，分析他作文的基本态度是顺自然而忌生硬、求情趣而避刻板，重视立意与创作规律。以上这类文章虽无惊人之论，但为文的态度平实，结论也大体言之有据。此外，考证类论文有周裕锴的《苏文系年补正》[58]、叶瑞汶的《对苏轼佚文〈叶氏宗谱序〉的考证》[59]等。据粗略统计，共有近30篇有关苏轼的论文，而其中的文本（文章、文论）研究文章有13篇，其余大多从生活经历、人格思想等社会学、心理学角度对苏轼的文学创作特征及文化内涵进行剖析。赵仁珪的《苏轼散文中的禅》[60]一文认为受禅宗影响是苏轼散文重要的总体特征：苏轼于佛教中偏爱禅宗，其禅思想的特征是坚持禅宗的严肃性而否定其堕落性，在有所扬弃的基础上提炼佛教与禅宗的哲学精髓并运用到人生修养与生活中，对苏轼的散文创作起到了直接的影响，即重自然天成，灵活地吸取禅宗辩证方法，善用比喻，文风收放自如，理事无碍。苏轼的旷达胸襟、对生命的体验、悟解与积极态度都体现在他的文章中而无禅宗外在形式的羁绊，是苏文接受禅宗影响最高层次的表现。从宗教的视点切入，探讨影响作家文学风格的哲学基因也是近年来学者们较为感兴趣的课题。

宋话本小说、南戏、传奇的研究与过去相比，给人的突出印象是得到了更多的重视：论者数量明显增多，论文质量也有所提高，特别值得一提的是李剑国的专著《宋代志怪传奇叙录》[61]，书中著录了二百多种宋代传奇志怪作品，对资料的发掘考辨详尽全面，为研究宋代小说提供了丰富的基础资料。章培恒的《关于现存的所谓“宋话本”》[62]一文对保存在《述古堂藏书目》、《也是园书目》中的《简帖和尚》等五种话本逐一进行了考证后认为多属元代或更晚期的作品；过去将《京本通俗小说》作为判断宋话本的实物并不可靠。另外，对冯梦龙“三言”中被认为是宋人说话的三篇作品和《五代史平话》等也进行了考察，通过认真的论证与分析后得出的结论是：今天所见话本并无货真价实的宋话本，至少是经过元人的增润，因此过去认为宋代的白话小说创作已经达到相当高的水平是一种误解，应该予以澄清。这一观点无疑是有新意和值得进一步探讨的。刘兴汉的《南宋说话四家的再探讨》[63]讨论南宋说话四家的范围，举出赞同孙楷第、鲁迅等人的分法的理由。有关宋说话论题还有宁恢的《南宋说话四家研究评析》[64]、莫道才的《论宋代四六话的兴起》[65]等文。纪德君的《春浓花艳佳人胆——论宋代话本小说的女性形象》[66]一文论析宋人说话中赞美女性大胆同封建婚姻伦理抗争，争取自由及追求爱情的真诚与热烈、惩处负心人的勇敢坚决都反映出宋代市民阶层的思想倾向和审美情趣。此外，潘承玉的《两宋时期新小说观念的觉醒》[67]、李景纲的《是花香自有，只要静中闻：说宋人传奇》[68]等文，都从各自的视角对宋代小说、传奇进行了研究。

二、金代文学研究

金代文学近年来比较受学者的关注，取得了令人瞩目的成就。周惠泉的专著《金代文学论》[69]在金代文学研究领域达到了一个新的历史高度，本书既有对金代文学发展各历史时期的文风走向、文学思潮的总体观照，也有对金代文人作家生平、成就、文学批评的细致考察与辨析，考据严谨，史料发掘深入，为金代文学的研究工作提供了丰富的文献资料，具有重要的参考价值。关于元好问和金词的研究仍然是学者们关注的焦点。有关的论文有张晶的《论遗山词》[70]和《乾坤清气得来难：试论金词的发展与词史价值》[71]、陈长义的《壮岁常存归隐志，老年深怀济世情：对元遗山思想的动态描述》[72]、张进的《元好问诗学对苏黄的批评与继承》[73]和李正民的《元遗山〈论诗三十首〉的美学系统》[74]等共近20篇论文。王兆鹏、刘尊明合著的《风云豪气、慷慨高歌：简说金词》[75]一文将金词的发展概括总结为三代词人群及三个历史阶段：第一阶段为承传东坡范式时期，以与宋南渡词人同时的宇文虚中、吴激、蔡松年为代表；第二阶段为金词风貌凝定时期，以党怀英、赵秉文等人为代表；第三阶段为金词艺术成果创获时期，以金亡国前后的元好问、李俊民等为代表。文章论述金词总的特征是“风云气多，儿女情少”，对金词发展概貌与成就的评析见地颇为精当。综观金代文学研究状况，存在的缺憾是热点过于集中、基础工作尚嫌不够，胡传志的《金代文学研究百年回顾》[76]对本世纪金代文学史论述、作家作品研究、文献整理与普及等方面的进程进行了总结与评价后，也提出了典籍整理、其他作家的研究尚需进一步完善等切实中肯的问题。

---

〔1〕参见王兆鹏、刘尊明《简谈宋词繁荣昌盛的“量化”标志》，《古典文学知识》1996年第5期。

〔2〕参见钱志熙《论中古文学生命主题的盛衰之变及其社

会意识背景》，《文学遗产》1997年第4期。
〔3〕参见刘扬忠《研究者要重视理论》，《文学评论》1997年第4期。
〔4〕《语文学刊》1996年第2期。
〔5〕《华南师范大学学报》1996年第1期。
〔6〕巴蜀书社1997年版。
〔7〕《文学评论》1997年第1期。
〔8〕《阴山学刊》1997年第3期。
〔9〕《九江师专学报》1997年第4期。
〔10〕《上海大学学报》1996年第6期。
〔11〕《九江师专学报》1996年第2期。
〔12〕《人文杂志》1997年第1期。
〔13〕《中国韵文学刊》1997年第1期。
〔14〕《江苏社会科学》1997年第5期。
〔15〕《北京师范大学学报》1997年第2期。
〔16〕《文学遗产》1996年第2期。
〔17〕《齐鲁学刊》1996年第5期。
〔18〕《中国韵文学刊》1996年第1期。
〔19〕《湖北大学学报》1997年第5期。
〔20〕《中国人民大学学报》1998年第2期。
〔21〕《北方论丛》1997年第2期。
〔22〕《文学评论》1996年第6期。
〔23〕《重庆师院学报》1997年第3期。
〔24〕《中国文学研究》1997年第3期。
〔25〕《长白论丛》1996年第6期。
〔26〕《中国人民大学学报》1997年第1期。
〔27〕《中国人民大学学报》1996年3期。
〔28〕《烟台师范学院学报》1997年第3期。
〔29〕《新东方》1996年第6期。
〔30〕《广西大学学报》1997年第4期。
〔31〕《河北大学学报》1996年第3期。
〔32〕《文学遗产》1996年第1期。
〔33〕《辽宁大学学报》1996年第6期。
〔34〕《高等函授学报》1996年第5期。
〔35〕《湖北民族学院学报》1997年第1期。
〔36〕《上饶师专学报》1996年第4期。
〔37〕《北京社会科学》1996年第1期。
〔38〕《云南师范大学学报》1997年第3期。
〔39〕《贵州社会科学》1997年第2期。
〔40〕《中国典籍与文化》1996年第4期。
〔41〕《华南师范大学学报》1996年第6期。
〔42〕《吴中学刊》1996年第1期。
〔43〕《抚州师专学报》1996年第2期。
〔44〕《江海学刊》1996年第4期。
〔45〕《杭州大学学报》(哲社版) 1997年第4期。
〔46〕《苏州大学学报》1996年第4期。
〔47〕《江海学刊》1996年第1期。
〔48〕《武汉大学学报》1996年第2期。
〔49〕《中山大学学报》1996年第2期。
〔50〕《社会科学研究》1997年第1期。
〔51〕《中国文学研究》1996年第4期。
〔52〕《社会科学战线》1997年第4期。
〔53〕《临沂师专学报》1997年第2期。
〔54〕《文史哲》1997年第3期。
〔55〕《中国人民大学学报》1996年第3期。
〔56〕《天府新论》1996年第6期。
〔57〕《宁波大学学报》1996年第3期。
〔58〕《四川大学学报》1996年第1期。
〔59〕《文学遗产》1997年第3期。
〔60〕《北京师范大学学报》1997年第4期。
〔61〕南开大学出版社，1997年6月。
〔62〕《上海大学学报》(社科版) 1996年第1期。
〔63〕《文学遗产》1996年第6期。
〔64〕《社科纵横》1997年第2期。
〔65〕《广西师范大学学报》1996年第1期。
〔66〕《海南大学学报》1996年第2期。
〔67〕《晋阳学刊》1997年第5期。
〔68〕《嘉应大学学报》1996年第2期。
〔69〕东北师范大学出版社1997年12月。
〔70〕《文学遗产》1996年第3期。
〔71〕《学术月刊》1996年第5期。
〔72〕《山西大学学报》1996年第3期。
〔73〕《文史哲》1996年第2期。
〔74〕《民族文学研究》1997年第1期。
〔75〕《古典文学知识》1997年第5期。
〔76〕《社科战线》1997年第2期。

元明清文学研究综述

虞江芙

元明清诗词文研究

元明清诗词文研究因其在文学史上地位与影响的原因，过去学术界对这一段的诗文总体评价较低，显得相对冷落，这两年依然如此。但是，元明清诗词文毕竟有六百多年的历史，有其发生发展的规律，有其时代赋予的亮点，有其引以为荣的作家与作品，研究内容十分丰富与复杂。所以这个领域还是聚集着一大批由老年专家、中年专家和青年学者组成的研究队伍，他们锲而不舍地努力，不断把研究推向深入，企图改变元明清诗文研究遭受冷落的状况。

1996—1997年元代诗词文研究一个引人注目的现象，就是视野有拓展，一些过去不被重视的作家和一些名家过去曾被忽略的文体、成就被挖掘与重估。

作为词人的元好问，过去并未得到词学界重视，这一课题的研究出现了一批有价值的学术论文。张晶的《论遗山词》〔1〕无疑是其中的一篇力作，该文就元好问词独特的艺术成就、审美价值以及在词学发展史上的重要地位进行了比较全面的阐释与评价。张晶认为，元好问是金代词坛第一作手，其词代表了金词的最高成就，为词的发展注入了新的生机。在论及元好问词的艺术成就及审美价值时，文章主要谈了两点：1. 元好问词更多地继承了豪放派的美学传统，词中有着巨大的时空感。特别是元好问晚期的词作，将深沉浩茫的故国情思、黍离之悲，沉积于审美时空的品格之中，成就了“亦浑雅、亦博大”的遗山壮词；2. 元好问词中有些篇什从题材到手法都近于婉约家数，但又与“花间”、婉约并非一回事，在婉曲之中富清刚之气，将稼轩词的“豪迈之气”运入词的血脉之中，形成了“柔婉之至而又沉雄之至”的风格。这两年论及元好问词作艺术与词作思想的文章主要还有：《遗山词辨微》〔2〕、《遗山词简论》〔3〕、《元好问何曾鄙夷婉约派词人》〔4〕。在有关元好问的研究领域里，我们还欣喜地看到不少学者甘于寂寞，苦心钻研，不断有新的成果问世，如李正民的《元遗山论诗三十首的美学系统》〔5〕；狄宝心的《元遗山作品编年考五则》〔6〕以及陈长义的《壮岁常存归隐志，老年深怀济世心：对元遗山思想的动态描述》〔7〕。

元初北方文坛两位颇有影响的诗人中，郝经一直是一个值得研究而又缺乏研究的人物。《文学遗产》1996年3月刊载的查洪良《郝经的学术与文艺》一文，是近年来不多见的一篇全面、深入研究郝经的文章。该文作者就郝经文学与艺术的“理性得之江汉赵复，法度得之遗山元好问”的传统看法提出了异议，认为第一点说得不正确，第二点说得不准确。文章从三个方面对郝经的学术基础、文艺理论与诗文风格作了全面的分析评述，指出郝经学术思想与赵复出入很大，主要得自于宋诸先生，其中又以二程之学居多，只是他泛取各家而又不同于任何一家，自有其家学与地方学术的渊源；郝经的文学理论是实学家文论、理学家文论和道学家文论的结合，同时也深受从欧、苏到元好问一派文学家文论的影响；郝经的文学风格追求不拘一格，诗学唐而文学宋。至于刘因，这两年依然在研究者的视野之内，有关他的论文主要有《元代诗人刘因初论》〔8〕、《出处进退说静修：从刘因诗词看其人品风节》〔9〕。

元代西域少数民族诗文作者中的代表人物也是学者们研究关注的对象，所发表的论文中既有从宏观出发评述他们在文学史中地位与影响的，如《元代后期少数民族诗人在文学史中的地位》〔10〕；也有从微观着眼论及具体作家思想内容与艺术风格的，如《试谈萨都剌别开生面的妇女题材》〔11〕、《南京与元代诗人萨都剌的诗词创作》〔12〕、《耶律楚才诗歌别论》〔13〕等。

对于元代诗文的整体状况研究，索宝祥在论述了元代诗歌与其他韵文体制取长补短、互相渗透的“破体”现象后，对元代文学研究中传统的重曲抑诗的文学史观提出了异议，文中指出应还元代诗歌“在文学史上应有的地位”〔14〕。杨镰的《元佚诗研究》〔15〕以《宋元六十一家集》、《元诗选》、《四库全书》作为参照，从文献学角度研究元诗的佚存情况。文章以《永乐大典》、《诗渊》中大量的资料进行详细的比堪，对元人诗集作精确的文献学考索后指出：《宋元六十一家集》

是明人伪书，历来为学界公认的权威选本《元诗选》与官修的《四库全书》中都程度不同地存在元人诗集佚与存的问题。文中严谨的治学态度、娴熟老练的文献考索方法给我们留下了深刻印象，这篇文章对元诗文献学的构建有着积极的意义。

明清两代诗歌流派繁多，理论纷争激烈，这两年对这一复杂的文学现象的研究摆脱了就人论人，就事论事的局限，而注重将文学家或者文学作品置于一种广阔的历史文化背景中，在作家与作家、作品与作品的联系中评述文学现象，寻求文学发展变化的规律。郭英德回视明代文学流派研究时深入分析了其流派纷争激烈的原因，是因为“操文章之权的下移”，导致明代文人只能靠独自树立，才得以在文坛上据一席之地，因此“他们就不能不互通声气，张大羽翼，激扬名望”[17]。吴兴正在更大的时代文化背景下从宏观的角度考察了这一现象后，呼吁加大研究力度，给明请诗歌重新定位。作者认为流派众多，论争激烈是明清诗歌在唐宋这一诗歌发展史上的高峰之后，自觉地走向了一种理论上的总结，并力图超越前人，导致明清诗歌理论和诗歌创作在这种总结和超越的过程中走向分化和深化。文中还将明清诗歌创作和理论纷争中的普遍特征概括为：对诗歌范式的总结；对诗歌性情的体认；对诗歌新变的追求；对诗歌才气的称许四个方面[18]。两位对明清诗歌地位的思考给人耳目一新的感觉。

前后七子及其复古思潮仍然是明代诗文研究的重要课题。杨小景在《略论前后七子文学思想的内部矛盾》[19]一文中针对明代文学研究得多以为前后七子重复模拟，缺乏艺术个性的观点发表了不同的看法，指出并非前后七子轻视个性和创造精神，只是由于时代的原因其文学思想存在着无法克服的矛盾，“前七子经历了由‘弘治之兴’到正德昏聩王朝的变迁，文学风格表现为追求雅正雄壮的审美理想与愤激悲凉的创作现实难以统一；后七子身处主威臣谄，排陷激烈的嘉靖朝后期，文学风格表现为强调个人才情与取法传统格调之不能协调”，尽管如此，他们在文学创作的道路上还是朝着突出个性、才情的方向蹒跚前进。王承丹则在审视了后七子的内部纷争后，得出“内部倾轧的纷争是造成后七子乃至整个明代诗文复古运动走向衰败的原因之一”的结论[20]。李庆克的《明“后七子”结社始末考》[21]一文所做的稽考，是目前最为翔实的一篇，使我们对这个文学社团和流派形成始末的了解更加全面。

《唐宋派与阳明心学》[22]一文作者从“一个时代的文学思潮，往往与整个时代精神特别是哲学思想的发展同步”的角度，分析了“阳明心学”对活跃于明中叶嘉靖年间的“唐宋派”的影响，从明代哲学思想和文学创作思想互相交叉、渗透的角度理清探讨唐宋派文学的发生学问题。文章从三个方面论述了二者之间的关系：其一，唐宋派是在阳明心学的直接影响下形成的，“嘉靖八才子”中的王慎中、唐顺之曾同为前七子复古派的信徒，他们受阳明心学的影响，文学崇尚发生了一系列变化：包括“从迷恋文学到醉心阳明心学，从注重文学作品的情采到注重阐说义理，从取法秦汉盛唐到取法唐宋特别是宋人，从追求整练齐古的诗文风格到追求平淡自然的诗文风格”，他们的这种转变导致唐宋派在文坛上的兴起；其二，在创作上唐宋派倡导主体精神的独立自觉和充分表现，与阳明心学倡导的“良知”、“心”（即主体精神）如出一辙；此外作者还分析了由于受阳明心学的影响，唐宋派文学创作中的诸多得失。与明代诗文流派研究的重审旧论相呼应，有关明代诗文作家的研究也颇多新见。陈少松《论钟惺散文的艺术特色》[23]一文在对钟氏散文创作状况作客观全面的评述后，否定了钟惺散文脱离现实生活内容，追求“幽深孤峭”风格，形式主义倾向突出的传统观点，认为钟惺散文内容与形式并重，与同时的其他作家比具有：意蕴深厚，耐人咀嚼；义笔灵转，一波三折；绘景写人，妙在传神；语言生动，别有滋味的特色。文章还把钟惺与袁宏道相比较，将他们形象地喻为互相辉映的“晚明文艺启蒙曙色中的双子星座”。贺亚先则要为王廷陈讨回公道，指出真正开“童心说”先河的不是“吴中四才子”，而是正德、嘉靖时的杰出诗人王廷陈〔24〕。马鸿盛在他的论文中也一反传统论者所谓归有光散文题材狭窄、缺乏深广现实内容的习见，认为归有光散文体裁多样，题材涉及面广，其回忆往事、悼念亲人之抒情记叙小品文恰恰是对我国传统散文题材领域的创新、拓宽和发展、为公安三袁、竟陵钟谭的抒情记感散文及近世小品文的涌现起了开拓作用。对在论及小品文的发端时，人们往往只追溯“三袁”和“钟谭”而忽略了归有光的奠基与开拓提出了异议〔25〕。

此外，《袁宏道性灵说研究——兼与李贽比较》〔26〕和《试论袁宏道前期的诗文理论》〔27〕两篇论文对袁宏道文学思想作了有条理的剖析，全面而又各有侧重，使我们对明代公安派领袖人物的诗文理论有了更全面的了解。

1996—1997年清诗研究的一个重要论题是围绕着清初遗民诗人来展开的。吴景山《顾炎武诗歌的创作理论与实际》〔28〕述及在清初文坛宋明理学严重束缚人们的个性和创作自由时，顾炎武顺应思想解放的潮流，继承我国古代诗歌创作的优良传统，成为“言志”派的代表诗人。文中将顾炎武的诗歌创作理论总结为两点：一曰诗主性情；二曰音韵为诗义服务。对顾炎武在清初诗坛的地位影响和创作成就给予较高评价。至于在岭南思想文化史上占有重要地位的屈大均，赖达观从历史、地理及人文情况入手探讨了屈大均与佛山文化的深厚关系。林举英〔29〕、王英志〔30〕分别论述了屈大君的杂体诗和山水诗的风格特点及其在文学史上的影响。对这位清初“岭南三大家”之冠的研究正日见深入与拓展。

张兵《论吴嘉纪诗的文化构成与创作特征》〔31〕在全面解读《陋轩诗》集后，指出王学左派思想的浸染，泰洲遗民的文化人格影响到吴嘉纪诗歌风格，由此形成他以“严冷”为基调的“野人体”。从文化心理学的角度对这位苦吟诗人的创作风格成因进行了研究。叶君远在《论吴梅村的早期诗歌》〔32〕中，针对“吴梅村诗风以明清易代为界出现过一个根本改变”的传统观点提出不同看法，认为吴早期诗歌在题材、诗本、艺术表现和意蕴格调等方面已经确立了相对稳定的个人风格，后来的诗歌创作不过是这种风格的进一步发展与深化。作者意在重评吴梅村早期诗歌的历史地位。

与相对寂寞的明代词坛相比，清代词坛一派中兴气象。周绚隆在扫视了清代词坛后，从明清易代之社会现状，词体本身的特征，清初词坛作家群体的形成壮大和学术风气发生变化等方面多角度、全方位地探讨了清词中兴的原因〔33〕。艾治平比较清词与唐宋词的不同特点，指出清词流派有很强的地域性，有开派的宗师，有鲜明的理论。严格地说清代词坛只有五派，即云间词派、阳羡词派、浙西词派、常州词派和强村词派，并具体分析了各流派的特点及功过得失〔34〕。文章脉络清晰，观点平实公允。黄志浩〔34〕、方志范〔35〕两位先生对常州词派的生成与理论流变的论述给人留下深刻印象。

王渔洋在清词史上有重要影响，蒋寅的《王渔洋与清词之发轫》〔36〕指出王渔洋在广陵的词学活动是清代词学中兴的契机，是整个清初词坛最值得重视的事件。文章特别谈到王渔洋新词学观念对清词中兴的重要意义，正是他的新词学观念率先表现出融会南北宋，超越婉约豪放之争的包容性和开放性，为清词最后走出“花间”绮靡之音廓清了道路。

桐城派依然是近两年清代散文研究的热点。值得注意的文章首先应提到何天杰的《论桐城派在散文史上的地位》[37]，作者以历史唯物主义的眼光重新审视桐城派在中国古代散文史上的地位和作用，认为桐城派的散文理论和创作实践带有对古代散文总结的性质，是古代散文向现代散文过渡的中介，而桐城派最大成就在于体系化的散文理论建设，相形之下，其散文创作成就略逊一筹。对桐城派散文作了全面、系统、积极的评价。《文学评论》1997 年 1 期刊载的《关于桐城派及近百年来对它的评论》[38]一文将本世纪的桐城派评论分为四个时期：(1) 资产阶级改良主义合乎辛亥革命时期；(2)“五四”运动及三四十年代；(3) 建国后五六十年代；(4)“文革”后 80 年代以来。百年中围绕桐城派所发生的评论观点变化，实际上标志着学术研究从侧重政治到侧重文学自身规律的变化。透过一个文派的研究折射出我国学术领域在思想论和方法论上的变化轨迹，这使周文的意义超越了具体研究对象而更具价值。

元明清戏曲研究（附元散曲）

散曲研究的重头戏仍然是元散曲，这两年的元散曲研究主要着眼于宏观关照，集中在对散曲的发生及其整体的思想、艺术风格关照上，其中不乏立论新颖的文章。如梁扬就对“散曲是剧曲的支流”、“北曲先于南曲”这一为学界大多数同仁所认可的观点提出异议，他在《曲的起源新探》中经多方考证后认为，南曲不仅不是出现在北曲之后，恰恰相反，南曲之源比北曲更早。而戏曲与曲严格来说是两码事，在戏剧发展的道路上它既强拉了散曲加盟又顺便窃取了“曲”的外衣，因此散曲才是曲的主流和正宗[39]。老庄思想对文人心态及创作的影响是古代文学研究领域里传统的话题，长期以来人们讨论得更多的是老庄“无为”、“避世”思想对文学作品思想艺术的消极影响，汪芳启独创新见，从老庄思想的批判精神与元散曲对社会黑暗丑恶的揭露与否定；老庄的“任其性命之情”与元散曲对个体生命、人格尊严、人生自由的珍视与追求；老庄“法天贵真”尚“自然”的审美追求与元散曲独特的美学风格三个方面论述了老庄思想对元散曲思想内容和艺术风貌的积极影响[40]。

王星琦《元曲艺术风格研究》[41]是近年为数不多的戏曲研究专著中较有特色的一本，全书立足文本，在体味作品的基础上对杂剧和散曲研究中的重要问题予以关注：讨论了元杂剧的分期与地域问题，分析了喜剧中的科诨艺术，阐释了元人悲剧的风格特色，描述了散曲的风格流派及其在中国韵文史上的地位等，这本对元曲艺术风格进行系统、综合研究的专著思路开阔，资讯丰赡，创见颇多。

白朴是散曲史上论争最多的作者之一，《社会科学战线》1997 年 2 期刊载的《白朴散曲的艺术风格与艺术地位》[42]一文把白朴与马志远、张何久二人的散曲作品作了比较，认为以“清新雅丽”作为白朴散曲的基本风格比较合适。此文还就白朴在文学史上的地位提出了自己的看法，认为在元散曲繁荣的第二阶段（1260—1307）白朴是最早登上曲坛的文人之一，和关汉卿双水并流，两峰对峙，对于词采派的形成起了重大推动促进作用。

少数民族作家的参与是元散曲繁荣的重要因素之一，近两年的作家作品研究涌现出一批关注少数民族创作情况的论文。马建春在对以贯云石、马九皋为代表的 20 多名西域散曲家的作品特色分析梳理之后，指出他们的散曲质朴自然，语言清俊，真切动人，具有绮丽清新的风格，为元代散曲艺术的繁荣与发展作出了贡献[43]。此外，杨泉良

《少数民族作家元曲创作繁荣原因》[44]、王保苓《汉族文化与少数民族文化融合的结晶：元散曲浅论》[45]、王菊艳《元代北方民族散曲的民族文化特色》[46]、梁扬《元代少数民族散曲作家的双子星座：贯云石和薛昂夫》[47]等文章对元少数民族散曲的历史文化成因、地域民族特色、作家创作心态作了较深入地分析，反映了学术界对这一问题关注的热情。

1996—1997年的元杂剧研究在继承了传统的观点，以文学现象和文学作品的评述为主外，又有研究视野的拓展，研究角度的转换，因此论者在他们的文章中为我们把握元代戏剧总体特征、深入理解作家作品提供了一个新的关照面。

有关元杂剧民族特色的探讨是这两年一个新的话题。叶蓓《浅析蒙古族文化对元杂剧形成及发展的影响》[48]一文从蒙古族的音乐文化、语言文化、作家的创作、人民的喜爱与制度的疏松、城市经济的繁荣五个方面分析了在元杂剧兴盛过程中，蒙古族文化与汉民族文化相互碰撞交流融合对之产生的影响。该文作者意在提醒大家从更深层次去理解中华文化多元一体的格局。阙真《论元杂剧的民族特色》[49]也让我们看到有一批学者在对这个问题进行思考。

韩丽霞的《从元杂剧体制看中国戏曲显在叙述模式的若干基本特性》[50]运用现代叙事学理论对中国古代戏曲的叙述模式的研究，作了新的尝试。文中从下列四个方面阐释了元杂剧的叙述特征：其一是元杂剧叙述话语的叙人、叙事、叙景、叙情（元杂剧文本构成主体曲辞，其作用主要是叙人、叙事、抒情、写景）；其二是主角叙述为主的众星托月式的故事讲述模式；其三是剧作家的全知视角和元杂剧情节模式的叙思、叙意；其四是元杂剧现在叙述的自由时空（元杂剧的戏曲时空具有主观表现的、虚拟的特点）。作者从艺术角度详尽考察了元杂剧的叙事话语、叙事角度、叙事空间等特征，认为中国古典戏曲的叙述模式是一种典型的显在叙述模式。从一个新的角度揭示出戏曲作为叙事文学的总体特征。作者的另一篇论文《试论关汉卿杂剧叙事的时空控制机制》[51]同样表现出作者对富于东方特色的中国古代戏曲叙述模式深入探讨的执著。

元曲大家关汉卿是元杂剧研究中的热点，在众多分析论述的文章中，杨有山的《俗文学的一面旗帜——对关汉卿的再认识》[52]和周国雄的《全面营造中国戏曲艺术范式——论关汉卿的杰出贡献》[53]两篇论文值得我们注意，杨文从创作题材的平民化，思想倾向的平民化、文学形式的通俗化三方面论述了关汉卿是元代文学由“雅”变“俗”过程中的标帜性人物。周文则通过全面分析关汉卿悲剧、喜剧、正剧和历史剧，论证了关汉卿是中国古代戏曲各种艺术范式的开拓者和奠基人。两位作者的观点也许不乏可斟酌之处，但他们力图使学术研究深入展开的努力却是明显的。徐子方先生对大量史料钩稽排列，发表了《关汉卿北方时期作品考证》[54]和《关汉卿行迹推考》[55]，推断关汉卿一生踪迹大致为：解洲出生——汴梁作官——祁洲退隐——大都嘲风弄月——晚年南下楚湘江浙。以深厚的学术功力为关汉卿研究的进一步深入做了扎实的基础工作。

其他如曹凌燕《完整的梦幻系统——元代鬼魂戏新论[56]、王星琦《元杂剧〈老生儿〉新探——兼谈元杂剧中的宗教意识与人伦思想》[57]、张大新《权与欲肆虐时代的苦涩求索——郑廷玉杂剧的文化意蕴》[58]都从不同方面对元代杂剧作品进行了内容的评价与艺术形式的探索。

元末南戏研究的成果主要集中在《琵琶记》，高则诚这一悲剧作品因为戏曲史和接受美学上的诸多缘故，造成主题与人物理解的复杂情况，其间的认识与评判歧见迭出，欲将之厘清决非易事。黄仕忠倾十数年心血的执著探求，先后发表了论文《从赵贞女到琵琶记》[59]、《琵琶记与中国伦理社会》[60]、《元明戏曲观念之变迁——以琵琶记的评论版本为线索》[61]、《昆山本琵琶记及其裔本考》[62]和的学术专著《琵琶记研究》[63]，在这一领域结出了累累硕果。他的论文和心著兼及考证与论述，从文化心理学、戏曲刊本流变情况、形象接受史三个方面对《琵琶记》一些有待深入的问题进行了探讨，“试图恢复高则诚应有的位置”。首先，作者对《琵琶记》所构建的家庭伦理模式从传统伦理纲常与民族文化心理的角度作了解剖，指出蔡伯喈与赵五娘的命运遭遇一方面“如实地展示了试图以合礼教方式行动的男女主人公，因礼教本身的矛盾而招致灾难。”故“从这一肯定礼教的作品中也依然可以读出对礼教制度的怀疑”；另一方面可以“抽象出个人、家庭与社会关系的永恒命题”，《琵琶记》的悲剧结构与中国社会和中国传统文化紧密相联，其开放性特征借助文化传统而延伸到当代，其中引发的思考，远比表层的“关风化”“子孝妻贤”以及“刺王四”“宣扬礼教”之类深刻得多。如此认识，确独具眼光。其次，该著从版本学角度详细考证了《琵琶记》两个系统传本（古本系统和通行本系统）的关系和区别，令人信服地推论出，“晚明通行本实出自昆山本，这种通行本对于高明原作而言，是一种‘歪曲’，但对于明代社会而言，则是一种积极的改造。”并透过明人的评论改动背后所支撑的观念，了解明清戏曲审美观念的演进，比较其间创作方式、技巧的异同，以填补戏曲史所缺失的一环。从戏曲刊本及评论本身来研究戏曲史的变迁，是一种内证的方式，有待进一步的开拓，本书作者的努力不仅限于拓宽《琵琶记》研究的视野，且会激起人们对元人杂剧和宋元戏文大量刊本的研究热情。此外李树志的《心性的脆弱与道义的重荷——从蔡伯喈的两难抉择看中国知识分子的人格缺失》[64]，许建平的《道德与情欲的双重奏——试论高明〈琵琶记〉的双层意向》[65]、韩学君《情感伦理化和伦理情感化：从赵五娘形象的塑造看中国古代戏剧伦理精神的核心意蕴》[66]等文分别从作家和作品中人物的角度论述了儒家伦理道德对古代士子人格、心理的影响。

1996—1997年明清戏曲研究继续以重点作家作品为中心形成横向扩展与纵向深入的研究格局，用宏观研究和综合比较研究方法寻求文学发展变化的轨迹和规律，过去相对冷落的南杂剧研究也有了新的进展。

明清传奇作为取代元杂剧在明、清舞台上活跃、兴盛近百年的戏曲形式，其兴衰动因的探究是学术界历来的热门话题。郭英德考察了传奇戏曲从转型到定型过程中文人作者所起的重要作用，指出从明代成化至万历年间，文人自我意识的高涨和主体精神的张扬，促成了不可抑制的文化权力下移趋势，以文人为主角的社会文化模式取代了以贵族为主角的社会文化模式，在此背景下，明中后期文人从剧本体制和语言风格两方面对南曲戏文的艺术体制进行了彻底的整形改造，并对南曲戏文的叙事模式进行了创造性的转化，建构了定型的传奇叙事模式。文章从明中后期传奇戏曲的兴起与文化权力下移的相互关系入手，论述了传奇戏曲兴盛发展的原因[67]。

在作家作品的研究方面，明代杰出的戏曲家汤显祖吸引了较多学者的目光去探求完整而符合历史真实的汤显祖形象，恰当评价他的戏剧思想、创作风格。刘彦君《论汤显祖的自由生命意识》[68]认为汤显祖生命中充满了蓬勃“真气”，发为歌吟，就凝聚为一点真情。《临川四梦》中寄托着他对人生、人性的哲理思考，倾注着他对生命和青春的无限热情。曲家源、白照琴合纂的论文《论汤显祖的人生道路与紫钗记》[69]针对许多论者对《紫钗记》大团圆结局的批评态度提出了不同看法，指出汤显祖之所以一再将《霍小玉传》搬上舞台，触动他创作灵感的是他看重了霍小玉那一往而深，死生以之的真情。因此，汤显祖选择大团圆的结局是为了表现霍小玉能死能生的“至情”。周国雄《中国正剧的本体风格和鉴别标准——兼论牡丹亭的艺术属性》[70]通过喜剧、悲剧、正剧三大戏剧体裁审美特征的比较，总结出正剧的本体风格和鉴别标准：一、以“衿庄严肃”为美感特征；一、以“美战胜丑”自然顺变为冲突走向；三、以“和谐坚实”的人物行动为创作中心。汤显祖的代表作《牡丹亭》究其风格与属性，应属正剧范畴。姚莽《形象结构理论与杜丽娘的形象创造》将文学作品中的形象结构划为两类，即“单一体艺术形象”和“复合体艺术形象”。在这一形象理论的关照下，汤显祖笔下著名的女主角杜丽娘就是作者奉献给我们的一个复合体艺术新鲜。其它如《真梦：“临川四梦”中的纪梦特色》[71]、《汤显祖：在政治和艺术之间》[72]等。这些论文，有的侧重于汤显祖的人生轨迹与文学思想研究，有的侧重于汤显祖剧作的评论。

清代传奇《桃花扇》、《长生殿》的研究中，研究者们不再止于单篇作品表层次的人物、情节分析与评论，而更注重综合比较研究方法的运用与对作品的整体意义的体认、把握。贺信民《桃花扇与长生殿异同论》[73]一文梳理比较了两剧的时代背景、创作目的、人物塑造与艺术结构的异同。吴新雷《论孔尚任的桃花扇的创作思想》[74]通过考察《桃花扇》“三易其稿而书成”的创作过程来寻绎孔尚任创作思想的变化轨迹，认为从剧作的主观命意来分析，作者徘徊在“吊明”与“颂圣”的矛盾之中，但客观意蕴却突破了主观命意的束缚，广大读者受到艺术感染的是元明痛史激发出来的民族情绪。

明清杂剧研究虽嫌寂寞，但也出现了两篇从宏观角度研究的重要文章，《明清南杂剧的发展轨迹》[75]、《关于南杂剧的几个问题》[76]分别就南杂剧的兴盛发展、南北杂剧的结构体制和舞台搬演、南杂剧的分期等问题作了史学的勾勒与评析。他们的研究为这一领域的深入推进打下了基础。

元明清小说研究

元明清小说研究大约分为三个层次。首先是考证性的基础工作，如钩辑资料，对作者生平、作品年代、本事源流及版本嬗变等作辨析认定；其次是对作家与作品的思想倾向与艺术特点的分析；最后是对整个小说史内在逻辑的完整把握。1996—1997 元明清小说的研究在这三个层面都有显著成绩。明清小说数量多，类型也多，但据粗略统计研究文章主要集中在几部大著上。

《三国演义》的研究大体情况如下。一是更趋系统与细致的版本研究。沈伯俊的《再谈重新校理三国演义的几个问题》[77]第一次系统地分析了〈三国演义〉中大量存在的“技术性错误”的由来，指出主要有三个方面的原因：第一，成书过程之误。作为“世代累积型”的长篇小说，《三国》中的相当大一部分错误产生于它的成书过程之中。它们并非罗贯中的有意为之而是未被发现的过去错误的遗存。第二，作者本人之误。这大致包括三种情况：(1) 由于自身知识的缺陷。例如应该在荆洲的情节中，由于罗贯中对荆洲治所究竟在何处模糊不清，并常常把荆洲辖区与荆洲治所混为一谈，因而造成比较严重的混乱。(2) 由于引述史书有误。这可分为两种情况：一种是对史书产生误解，另一种是抄错、抄漏史书中的某些错别字。(3) 由于考虑不周或一时粗心而治误。第三，传抄、刊刻之误。如毛本第 61 回诗赞张松第二句“清高休貌疏”，“休貌疏”意不通。查嘉靖本地 119 回，原作“清高礼貌疏”。由于“李卓吾评本”的误抄，毛本也跟着错了。这样的分析有理有据，使重新校订《三国演义》的必要性、可能性有了更强的说服力。李伟实的《三国演义版本中若干问题探讨》[78]就麋夫人之死、关羽之死、张飞的表字等问题，比较了《三国》版本的异同，试图探讨罗贯中原作的部分原貌。厚艳芬《三国志演义版本演变述略》[79]在全面考察《三国》版本演变过程及嬗递关系后，推断在嘉靖本之前存在一种或数种“旧本”。《三国演义》版本众多，关系复杂，经过多年的努力，学术界对版本的基本系统已经有了初步的了解，但如何进一步理清各种版本的演变嬗递关系，如何较好地把握罗贯中原作的面貌，还要作大量的工作。不同版本、情节的比较研究是一个传统的而又是重要的方法。二是主题和文化内涵的深入探讨。秦玉明《天道循环：三国演义思想核心——三国演义主题新探》[80]力图对《三国演义》的主题作出新的阐释，论述也颇有深度。认为“天道循环”（即“历史循环”），才是《三国演义》深层次的主题，作家意在通过这个主题警戒弑君篡位、施暴行恶的不忠不义之徒。温宝林《三国演义与中和文化》[81]、谭邦和《诸葛亮悲剧形象的文化解读》[82]、杜景洁《“关羽形象”的民族文化心理》[83]都从文化学的角度对作品及作品中的形象进行了解读。还有一些论文较有特色，质量很高。郑铁生在出版《三国演义诗词鉴赏》一书基础上，发表了《三国演义诗词的功能、意蕴和价值》[84]一文对《三国演义》诗词的艺术功能、人生意蕴和审美价值作了比较全面的论述，有助于加深对这一特殊问题的认识。泰山名人研究室罗贯中课题组《关于罗贯中原籍“东平”说的研究和调查》[85]以翔实的资料应证了“东平”说的可信。长期以来，《三国演义》的神秘色彩鲜有专文提及，郑铁生与刘民军同时关注到这一问题，分别从文化渊源与艺术价值两方面作了阐释。

近两年发表的《水浒传》论文中，一批作者着眼于对小说主题思想的哲学思想与文化传统反思。熊飞通过对《水浒传》中所蕴涵哲学思想的剖析，指出《水浒传》虽然成书于宋明理学笼罩的时代氛围中，它公开使用的思想武器，也是儒家不得已而“用权”的哲学，但在深层哲学内涵上，小说表现的是一种反道学思想[86]。区恢章《水浒传主题的多元与主元》[87]在肯定了《水浒传》主题“多元”说同时，又指出小说在多元主题中尚存在一个“主元”——“讽喻”。“讽喻”的含义既有对宋代统治者的批评，又有对后人应以此为鉴的劝诫，故“主元”才是《水浒传》的基本主题。尽管他们的观点尚有许多值得商榷的地方，但对《水浒传》主题研究的深入拓展不无启迪。冯文楼《水浒传——一个文化整合的悲剧》[88]将《水浒传》的招安及其悲剧结局置于中国文化传统的构架中加以审视，认为：招安说到底即是主流意识形态对梁山文化的一种整合，是作为大传统代表的知识分子作家对民间通俗文学的深层次改造。文章对招安结局所作的文化心理及成因的深层发掘为《水浒传》的研究提供了一个新的观照视角。《水浒传》的成书、版本始终是大家关注的焦点。竺青、李永佑合作的《水浒传祖本及“郭武定本”问题新议》[89]在对有关史料疏理和版本承传的考辨后，指出：一、“题署施耐庵的本，罗贯中编次”的百卷本《忠义水浒传》是现知所有明代《水浒传》版本的祖本。二、郑振铎所藏本《忠义水浒传》即是在《水浒传》版本史上承前启后，影响巨大的郭勋刻本。竺、李这一研究成果标志着《水浒传》版本研究的新进展，相信它将带来该小说研究的突破。黄俶成《施耐庵与中国长篇小说发源问题》[90]回顾了本世纪知名学者们关于中国长篇小说起源的论断，将小说文体的发源与具体作品的产生交叉评述，论证了施耐庵创作了我国第一部长篇小说《水浒传》之功。文章还据信史，勾勒出梁山义军及其后裔南下苏北的线索，元杂剧话本衍变线索及施耐庵生平线索，提出“三线交合”促成《水浒传》在元末明初问世的观点。王珏的两篇论文[91]一篇考证推论了《水浒传》的繁本简本出现的时间及原因，另一篇则提出《水浒传》“成书”“东平说”。

《金瓶梅》研究这两年稳步发展，其显著特点是许多论者都不约而同从文化学的角度切入研究，王平《金瓶梅文化裂变孕育的畸形儿》[92]认为16世纪传统的封建文化体系中开始外化出某些新的文化因素，产生在这一时期的《金瓶梅》，从内容到表现手法都受到这种文化分化与裂变的深刻影响而呈现出畸形形态。并且该文结合作品中的人物形象、社会环境及其描写手法，分析了造成这种畸形现象的原因。张进德《理性的皈依与感生的超越——论金瓶梅的二元文化指向》[93]指出作者理性的指向表现为对宗法价值观念的皈依，而艺术描写的感性指向则表现为对作者理性思维定势的超越，文中还就这互不相容的二元价值指向何以在一部作品中同时存在作了很有见地分析。《论笑笑生对人欲的二重心态及其因果观》[94]透视了《金瓶梅》作者审视人欲的心态，论断荀子“性恶论”的因果观是困扰、制约作家创作的根本。此外《从金瓶梅看伦理道德观念在晚明的裂变》[95]、《金瓶梅各类性变态的构成以及封建礼教的文化罪责》[96]等文，都从不同层面探讨封建伦理道德观念及男权文化在《金瓶梅》中的投影折射。另一个关注较多的是《金瓶梅》比较研究，徐有宝《中西性文学两个叙事模式的典范：金瓶梅与查泰来夫人的情人》[97]、梁佛根《金瓶梅与查泰来夫人的情人：性与文化的抉择与再生主题》[98]、王非阳《潘金莲与查泰来夫人的情人形象比较》[99]等文，将《金瓶梅》放在世界文学的大舞台上作横向比较，在东西方文化的比较中寻绎它们之间的异同认为东西方不同的道德观念，对性爱作出了不同的判断。而《略论金瓶梅、肉蒲团性描写的象征意义：对男权中心文化的批判》[100]、《废都与金瓶梅比较》[101]则将《金瓶梅》放在中国小说的演进史上作纵向比较，在历史的长河中追寻传统伦理道德观念的踪迹。

《西游记》的研究没有形成相对集中的热点，但在对作品中艺术形象的体认和研究方法的变化上有几篇论文值得注意。张锦池《论沙和尚形象的演化》[102]第一次全面论述了从宋元说话故事到明代章回小说的不同文本转型过程中沙和尚的身份与形象内涵的逐渐转化与丰富。作者将这种变化归纳为四个层面：一是从沙漠恶煞到沙漠水怪；二是从无名天将到卷帘大将；三是从唐僧二子到唐僧三子；四是一个品位不高的循吏的典型。孙刃非《西游记人物形象塑造的心理学成因》[103]用弗洛伊德的动力心理学理论剖析《西游记》作者形象塑造心态，认为作者有意识地塑造了一个“唐僧形象系统”。李安纲的《还源篇是唐僧八十一难原型》、《性命主旨是西游记的文化原形》[104]两文用原形批评的理论对《西游记》主题、人物、情节结构的原流进行了研究。宋克夫《吴承恩与明代的心学思潮及西游记的著作权问题》[105]从吴承恩的交游、诗文理论、诗文创作和生平人品三方面论证明代心学思潮，对吴承恩的思想及文学创作的深刻影响。并指出孙悟空这一形象体现了吴承恩对作为个体的“人”的信念和礼赞。文中还针对近几年来围绕《西游记》著作权问题引发的争论，参照明天启《淮安府志》所载吴承恩撰有《西游记》的记载，肯定《西游记》的作者是吴承恩。

从文化学、心理学的角度诠释《聊斋志异》，探求蒲松龄的创作心态是这两年《聊斋志异》研究的一个主要话题。刘敬圻《聊斋志异宗教现象解读》[106]一文就小说中芜杂丛现的宗教现象进行了疏理解读，并归纳为两大世俗关怀模式；佛教意绪与多神崇拜相混融的果板模式，道教意绪与多神崇拜相混融的遇仙模式及其潜在的人文意义。张光兴在他的论文中通过对《聊斋志异》内容的分析，论述了中国“孝”文化传统对蒲松龄的薰染[107]。周五纯《聊斋志异和伦理学》[108]则从小说中有关夫妇关系交友做人的情节描写，透视了蒲松龄的伦理道德观念。而《从聊斋志异中的人妖世界看蒲松龄的精神自慰》[109]、《谈聊斋志异创作心态的复杂性》[110]，均对蒲松龄用毕生精力营造一个人妖混杂的虚幻世界的创作心态进行了深层的心理剖析且各有心得。杨瑞[111]的《聊斋志异中的母亲原型》和《聊斋志异中的“阿尼玛”原型》两篇论文借用当代西方广为人知的原型批评理论为这一研究领域开辟了新途径。

《儒林外史》的研究显得冷落，发表的文章在明清七部大著中数量最少。虽然没有量的堆积，但论者们力图打破目前的平衡格局，希望有所突破的意愿显而易见。钟焰对“《儒林外史》是一部伟大的现实主义著作，卓绝的讽刺小说，作者以超越时代的慧眼预示了中国封建制度必然灭亡”的观点不同意，他在《儒林外史不能评价过高》[112]一文中指出了《儒林外史》思想内容上的严重缺陷：1. 明清时代的科举制度是中国历代选拔官吏制度的发展，对此应当历史的看，不应笼统加以批判；2. 造成明清政治腐败的要害并非“八股取士”，而是封建的国家机器。吴敬梓把科举制度看成万恶之源是本末倒置；3. 作品中的正面人物不值得称道。自从鲁迅先生在《中国小说史略》中将《儒林外史》归为“讽刺小说”一类，这一观点得到了人们普遍认同。但徐又良在《一部礼赞文坛奇人绝学之书——儒林外史主旨新探》[113]一文中，从小说主体意象的设置、文本章法布局，作品中人物与现实中作者身份的对应关系，隐括全书的王冕故事的解读等四个方面，全面剖析了小说的基调及文化意蕴，从而否定了“《儒林外史》是一部批判丑恶事物的讽刺小说”的传统看法，得出小说的“主旨是表彰文坛奇人绝学”的结论。王进驹也认为不能“仅用讽刺去囊括作品所有的美学特征”，该在对小说中人物形象分类分析后指出：《儒林外史》总体美学特质是喜剧性，在喜剧基础上则有讽刺、幽默、滑稽等形态[114]。上述观点有的立论谨严，有的还可商榷，但可以启迪思路，促使《儒林外史》研究的进一步深入。另外一方面，周月亮的《误解与反讽——略论儒林外史所揭示的文化与现状的矛盾》[114]对这部小说的思想内涵和结构形式提出了新见。

在古代小说研究领域，《红楼梦》研究占有特别重要的地位。研究者本着求实创新的治学态度，一方面继续深化已有的研究，一方面尽可能实事求是的对《红楼梦》作出新的阐释与分析。把《红楼梦》置于中国传统文化的大背景和清代文化的特殊背景下进行研讨，是近两年红学研究的一个热门话题，参与的学者不止于大陆一处。梅向东《正反悖谬风月镜——红楼梦对一种文化困境的意识与隐喻》[115]认为风月宝鉴是“情”这个新的文化价值符号，其中不仅蕴含对整个古代文化的颠覆与否定，也显示出要从传统文化中开启出一种新的文化价值向度的意图。李艳梅《从中国父权制看红楼梦的大观园的意义》[116]考察了大观园女儿在以父权制为中心的社会环境中从出现到衰败所蕴含的深层文化意义。江宝钗《论红楼梦的真假结构所显示的意义》[117]侧重探讨了“真假”观念在《红楼梦》情节结构中的枢纽地位和文化意蕴。胡文彬《红楼梦与清代氏族文化》[118]认为小说中大量的清代社会民俗描写，深化了主题，烘托了环境，丰富了人物。曹雪芹与《红楼梦》之所以伟大，就在于他抓住了作品的生命之本——时代精神和周围风俗。

对《红楼梦》的思想内涵、人物形象、风格特色进行纵横交叉的对比评析，是近年来一些研究者常用的研究方法。张锦池《究竟是回归还是叛道——红楼梦与儒林外史社会观念比较》〔119〕一文从思想意蕴的异同、天良内含的异质、文化沿革的异途三方面比较了两部小说，认为它们“一个缅怀既往，一个求索未来，其思想趋势是两股道上逆向开的车，存着回归与叛道原则上的不同。”而《从喧哗与骚动和红楼梦看中西挽歌式悲剧精神》〔120〕、《夏金桂与卡杰林娜——借大雷雨看红楼梦》〔121〕两篇论文，则在作品悲剧精神和形象内涵的异同比较中，论述了中西方艺术精神和文化传统是怎样影响以至支配着这些作家创作风格和作品中人文世界的。

从叙事学和美学的角度体认把握《红楼梦》，也为许多论者所注重。李风亮《红楼梦的诗意叙事追求及其美学价值界定——兼对“诗意写实主义”作一种描述》〔122〕认为《红楼梦》中的“诗意叙事”手法主要有三点：新奇时空与新异视角；象征意蕴与神秘色彩；梦境描写与诗境创设。都本忱《论红楼梦的诗性美》〔123〕也认为《红楼梦》是诗化的小说。周思源《红楼梦是否创造了一种我们尚未认识的主义》，指出“浪漫主义是《红楼梦》主要创作方法之一，也是我们长期以来尚未认识的小说创作风格的“主义”。

关于《红楼梦》的人物研究，这两年有些见解新颖的文章，周五纯认为《红楼梦》人物研究多年来几乎整个置于“反封建”的框架中，以至在很多情况下造成误读。他在《重论“宝玉挨打”》〔124〕中分析了宝玉挨打的原因：金钏事件，宝玉有轻薄之气；琪官事件，宝玉犯了同性恋的纨绔气。故而贾政痛打宝玉是责子心切的过激之举，难以用“封建势力与叛逆势力正面冲突”之说一概而论。余者如《林黛玉永恒价值再探讨》〔125〕、《王熙凤性格结构论》〔126〕、《司棋论》〔127〕均就其所论都提出了一己之新见。有关作者曹雪芹祖籍问题继前两年的论争之后一直余波未平仍然是这两年争论的热点，专家学者们纷纷著书立说就曹雪芹祖籍究竟是“丰润”还是“辽阳”各陈己见。

明清之际，批评家们对小说的功能、小说的社会地位、艺术虚构与生活真实的关系等问题进行了新的思考，小说批评进入比较自觉成熟的阶段，这一现象为学者们关注并进行了较系统的考评。如林岗《明清之际小说评点考评》〔128〕、石麟《晚明小说批评刍议》〔129〕等。李渔、金圣叹的小说理论也得到深入的探索，李时人《李渔小说创作论》〔130〕、姚梅《论八股文“章法理性”对李渔曲论的浸染》〔131〕从不同角度对李渔小说理论的诞生原因、主要内容、美学风格、思想格调等方面作了全面、深入的探讨。金圣叹小说理论研究主要是重新评价他的《水浒传》评点对中国小说理论的贡献。

---

〔1〕《文学遗产》1996年第3期。
〔2〕陈长义，《四川教育学院学报》1996年第2期。
〔3〕陈刚，《固原师专学报》1996年第4期。
〔4〕马斗金，《中国韵文学刊》1996年第2期，《学术论丛》1997年第2期。
〔5〕《民族文学研究》1997年第1期。
〔6〕《山西师大学报》1996年第2期。
〔7〕陈长义，《山西大学学报》1996年第3期。
〔8〕张晶，《内蒙古社会科学》1997年第3期。
〔9〕王雪明，《古典文学知识》1996年第2辑。
〔10〕张晶，《内蒙古社会科学》1997年第6期。
〔11〕李延年，《河北师范大学学报》1996年第4期。
〔12〕李延年，《古典文学知识》1997年第2辑。
〔13〕张晶，《古典文学知识辑刊》1996年第2辑。
〔14〕《杭州大学学报》1997年第2期。
〔15〕《文学遗产》1997年第3期。
〔16〕《内蒙古民族学院学报》1997年第2期。
〔17〕《论明代的文学流派研究》，《求是学刊》1996年第4期。
〔18〕《明清诗歌创作和理论纷争的四大特征》，《海南大学学报》1997年第3期。
〔19〕《郑州大学学报》1996年第2期。
〔20〕《临沂师专学报》1996年第1期。
〔21〕《山东师大学报》1996年第3期。

〔22〕《文学遗产》1996年第3期。
〔23〕《南京师大学报》1997年第4期。
〔24〕《黄冈师专学报》1997年第3期。
〔25〕《国际关系学院学报》1996年第4期。
〔26〕［韩］金庭希。
〔27〕王承丹，《齐鲁学刊》1997年第6期。
〔28〕《兰州大学学报》1997年第1期。
〔29〕《南京师范大学学报》1996年第3期。
〔30〕《西北师大学报》1997年第5期。
〔31〕《中国人民大学学报》1997年第1期。
〔32〕《东岳论丛》1997年第6期。
〔33〕《嘉应大学学报》1997年第2期。
〔34〕《论常州词派理论之演变》，《广东民族学院学报》1997年第3期。
〔35〕《论常州词派生成之文化动因》，《社会科学战线》1996年第4期。
〔36〕《文学遗产》1996年第2期。
〔37〕《首都师大学报》1997年第4期。
〔38〕周中明。
〔39〕《广西大学学报》1997年第3期。
〔40〕《阜阳师专学报》1997年第1期。
〔41〕江苏教育出版社1996年10月版。
〔42〕［韩］俞玄穆。
〔43〕《西北民族研究》1997年第2期。
〔44〕《中南民族学院学报》1996年第2期。
〔45〕《中央民族大学学报》1997年第2期。
〔46〕《北方论丛》1996年第2期。
〔47〕《广西大学学报》1997年第2期。
〔48〕《民族文化研究》1997年第4期。
〔49〕《民族艺术》1997年第4期。
〔50〕《河南教育学院学报》1997年第2期。
〔51〕《河南教育学院学报》1997年第4期。
〔52〕《信阳师范学院学报》1996年第4期。
〔53〕《文学评论》1997年第4期。
〔54〕《文献》1997年第1期。
〔55〕《晋阳学刊》1996年第5期。
〔56〕《艺术百家》1997年第4期。
〔57〕《戏剧艺术》1996年第2期。
〔58〕《河南大学学报》1997年第5期。
〔59〕《艺术百家》1996年第1期。
〔60〕《文学遗产》1996年第3期。
〔61〕《资料》1997年第4期。
〔62〕《温州师范学院学报》1996年第2期。
〔63〕广东教育出版社1996年10月版。
〔64〕《海南师院学报》1997年第4期。
〔65〕《资料》1996年第5期。
〔66〕《湖南教育学院学报》1996年第4期。
〔67〕《中国社会科学》1997年第3期。
〔68〕《文学遗产》1997年第1期。
〔69〕《社会科学战线》1997年第4期。
〔70〕《文艺研究》1997年第1期。
〔71〕季燕，《创作评谭》1997年第6期。
〔72〕周明初，《中州学刊》1996年第3期。
〔73〕《唐都学刊》1996年第3期。
〔74〕《南京大学学报》1997年第3期。
〔75〕《戏剧艺术》1996年第4期。
〔76〕《艺术百家》1997年第2期。
〔77〕《明清小说研究》1997年第2期。
〔78〕《零陵师专学报》1997年第1期。
〔79〕《北方论丛》1996年第4期。
〔80〕《攀枝花大学学报》1996年第1期。
〔81〕《明清小说研究》1997年第2期。
〔82〕《明清小说研究》1997年第2期。
〔83〕《锦州师院学报》1997年第3期。
〔84〕《河北大学学报》1997年第1期。
〔85〕《泰安师专学报》1997年第2期。
〔86〕《理论月刊》1997年第1期。
〔87〕《重庆师院学报》1997年第4期。
〔88〕《陕西师大学报》1997年第3期。
〔89〕《文学遗产》1997年第5期。
〔90〕《扬州大学学报》1997年第1期。
〔91〕《固原师专学报》1996年第4期、《济宁师专学报》1997年第4期。
〔92〕《山东大学学报》1996年第1期。
〔93〕《河南大学学报》1997年第6期。
〔94〕南矩容，《固原师专学报》1996年第1期。
〔95〕黄幼彬，《职大学刊》1996年第1期。
〔96〕梁佛根，《河池师专学报》1997年第1期。
〔97〕《通俗小说评论》1996年第3期。
〔98〕《广西教育学院学报》1997年第3期。
〔99〕《西北大学学报》1997年第3期。
〔100〕谢真元，《社会科学研究》1996年第6期。
〔101〕陈贤生，《通俗文学评论》1996年第3期。
〔102〕《文学遗产》1996年第3期。
〔103〕《明清小说研究》1997年第3期。
〔104〕《山西大学学报》1996年第2期、1996年第4期。
〔105〕《湖北大学学报》1996年第1期。
〔106〕《文学评论》1997年第5期。
〔107〕《蒲松龄研究》1997年第1期。
〔108〕《蒲松龄研究》1997年第2期。
〔109〕赵淑琴，《西北大学学报》1997年第2期。
〔110〕徐爱国，《电大教学》1997年第1期。

〔111〕《文史哲》1997年第1期、《中国人民大学学报》1996年第6期。
〔112〕《理论月刊》1996年第1期。
〔113〕《黄冈师专学报》1997年第3期。
〔114〕《清华大学学报》1996年第3期。
〔115〕《安庆师院学报》1997年第2期。
〔116〕《红楼学刊》1996年第2辑。
〔117〕《红楼学刊》1996年第2辑。
〔118〕《学习与探索》1997年第1期。
〔119〕《红楼梦学刊》1996年第1期。
〔120〕王瑜琨，《浙大学报》1996年第2期。
〔121〕张乘健，《红楼梦学刊》1996年第1期。
〔122〕《红楼梦学刊》1997年第4期。
〔123〕《松辽学刊》1996年第1期。
〔124〕《南京师大学报》1996年第3期。
〔125〕《求是学刊》1996年第5期。
〔126〕张泽芳，《红楼梦学刊》1996年第1期。
〔127〕《上海大学学报》1997年第4期。
〔128〕《学术研究》1997年第12期。
〔129〕《明清小说研究》1997年第3期。
〔130〕《文学评论》1997年第3期。
〔131〕《武汉大学学报》1996年第6期。

全国首届骈文学术研讨会

由中国社会科学院文学研究所古代文学研究室、《文学评论》编辑部、广西师范大学中文系、中国韵文学会、湘潭大学中文系、柳州师专、广西师大出版社、漓江出版社等八家单位联合主办，广西师大中文系承办的全国首届骈文学术研讨会，于1996年6月4日至7日在广西桂林市召开。来自国家古籍整理出版小组、中国社科院文学研究所、中国人民大学、南京大学、厦门大学等全国30多家单位的40余名专家、学者出席了会议。会议收到专著三部、论文20余篇。

这次会议是在近十年来骈文研究取得了许多成果的背景下召开的。会议围绕有关骈文的一系列理论问题进行了交流、研讨。主要讨论了骈文的文体定位、骈文的特征、骈文的流变、骈文与中国文化、骈散关系、骈文在文学史上的地位与评价等。

关于骈文的文体定位，有的意见认为骈文仅是技巧，不能成为文体，绝大多数意见认为骈文完全可以作为文体来定位，它有自身独立的规定性及发展演变轨迹与规律。关于骈文的特征，有的意见认为以诗为文是其本质特征，有的分析了声律与用典的时代风尚。关于骈文的流变，有的意见认为汉初是骈文的形成时间，有的意见认为趋新求变是六朝骈文语言上的新特点。关于骈文与中国文化，大多数意见认为骈文的骈偶观念是古代阴阳二元观念的反映。骈文用典是古代宗经尊圣崇古观念的反映。有的意见认为骈文对仗不宜追溯到《周易》上去，它仅是古典主义审美意识的反映，是人类审美过程的必经阶段。关于骈散关系，有的意见认为骈散各有美学形态之异，或偏于阳刚，或侧重于阴柔，骈散在叙事、议论和历举事征、铺排景物、渲染场面等方面各有所宜。有的不同意在美学形态上划分，认为这不科学，有失偏颇。关于骈文的评价，有的认为过去否定骈文是儒家政教观念、以善为美观念的影响，今天必须摈弃。与会学者都认为应该给予骈文以公正的评价，它在文学史上具有不应忽略的地位。

中国杜甫研究会第2次学术讨论会

中国杜甫研究会第二次学术讨论会，1996年9月9日至13日在甘肃省天水市召开。与会代表来自全国十多个省市和港、澳、台等地区，共80多人。著名杜诗研究学者霍松林、廖仲安、邓魁英、张忠纲等人参加了会议。大会收到论文60多篇。此次会议的中心议题，是杜甫的陇右诗。与会代表集中地讨论了杜甫的陇右诗思想内容、艺术成就和在杜诗中的地位。

唐肃宗乾元二年（759）秋，杜甫由秦中弃官西走，来到了秦州（今甘肃省天水市），在陇右地区大约住了三个多月的时间，共创作了诗歌110多首。这个时期是杜甫诗歌创作最旺盛的时期，平均每天一首，其中主要是五古和五律。与会的代表认为，杜甫的陇右诗，是杜甫诗风转变的关键时期，从此走向更加成熟，开始形成了他沉郁顿挫的诗风。代表们认为，杜甫的陇右诗富有忧国忧民的爱国主义精神，善写当地的风土人情和地方风光景物。

陇右也是杜甫诗歌创作的艺术转型时期。杜甫结束了在长安时期的新题乐府的创作，全力以赴地进行律诗的创作。在秦州时期写出了60多首格律严整的五律和排律，对律诗的成熟做了可贵的探索和努力。

此外，代表们还对杜甫的陇右诗分别从心理学、审美观、隶事用典等方面进行探讨。对杜甫在陇右之行的游踪进行了考证，对陇右诗写作的先后次序作了探讨和考证。尤其值得特别提出的是，最近在天水发现了《二妙轩帖》，此帖是清代著名文学家宋琬集书圣王羲之书法而摹刻的诗圣杜甫《秦州杂诗二十首》及《山寺》、《木皮岭》等流寓秦州的60首诗歌，故称“二妙”。与会的代表对此帖作了高度的评价。

此外，有的代表还探讨了杜甫在其故乡河南巩县所度过17个岁月的诗篇和杜甫一生中在他乡流落的思乡之情、杜甫诗歌精神对现代精神文明所起的作用以及介绍杜诗在国外的研究概况等。还有不少代表对杜诗的名篇如《自京赴奉先县咏怀五百字》、《石壕吏》、《江畔独步寻花七绝句》等诗做了新的阐释及对杜诗的读法等问题发表了自己的见解。

“世纪之交中国古典文学及丝绸之路文明”国际学术研讨会

1996年9月12日~17日，在新疆首府乌鲁木齐市召开了“世纪之交中国古典文学及丝绸之路文明”国际学术研讨会。与会代表共近90人，国内代表来自北京、上海、天津等十余个省、市、自治区及台湾、香港等地区；国外代表来自美国、加拿大、韩国、新加坡等国家。会议共收到学术论文57篇。

会议以文学（中国古典文学）、史学（丝绸之路学）两个分会场进行了学术研讨活动，既相对独立，又时有交叉。文学以本世纪中国古典文学学术史为中心议题，共收到论文36篇。围绕百年来古典文学研究题旨的变迁、学术史的回顾与前瞻、学派的特征和影响、重要作家作品研究史、重要古典文学研究家的成就与治学特点等问题，代表们展开了热烈的学术讨论。董乃斌（中国社科院文学研究所）《中国文学史百年》、陈伯海（上海社科院文学研究所）《中国文学史学史编写刍议》等论文把“文学史”本身作为一个研究对象，对其百年历史作了分析研究，进而提出今后一段时间，文学史研究的重点将“不可避免地向文学史学方面转移。”傅璇琮（中华书局）《中国古典文学走向世界》、郭英德（北京师大中文系）《知人论世的古典范式与现代转型》、萧瑞峰（杭州大学中文系）《论新时期古典文学研究的多元化趋向》则打破了研究视野的局限，对中国古典文学作了多层次、多视角的观照。石昌渝（中国社科院文学所）《中国古典小说发展的原动力及制导机制》、郑传寅（武汉大学中文系）《中国戏曲晚熟的原因新探》、〔加拿大〕叶嘉莹（不列颠哥仑比亚大学）《世纪之交中国词学理论的反思》、〔韩国〕田宝玉（延世大学中文系）《中国叙事诗发展中的两种类型》、蒋寅（中国社科院文学所）《中国诗学的百年历程》、万光治（四川师大中文系）《论赋体的功能价值与历史地位》等，着眼于不同文体自身的发展变化规律，提出一系列颇具新意的见解。薛天纬（新疆师大）《李白热的反思与期待》、郁贤皓（南京师大）《近百年来李白生平研究评述》、刘学锴（安徽师大中文系）《本世纪中国大陆李商隐研究述略》、王开元（新疆大学）《20世纪的楚辞研究》等，由历来研究颇多的古典名家的研究史入手，探寻古代作家与当代文化变迁的接合部，力求借对李白、李商隐等的研究脉络的把握，反衬出研究心态的构成。周勋初（南京大学）《陈寅恪的治学方法》、刘扬忠（中国社科院文学所）《胡适的中国古典诗词研究》、王兆鹏（湖北大学中文系）《唐圭璋的词学研究》等论文，则分论了现代古典文学研究家的治学道路。20世纪中国古典文学学术史研究，是近年来普遍受到学术界注意的重要课题，但象本次会议这样给予全面的专题集中研讨，则是此前未曾有过的。这些论文不但是对古典文学学科与现代化关系的研究，还涉及当前古典文学整体学术思想与方法的建构，涉及对本世纪中国古典文学研究特征的检视，而且是对下一世纪学科方向和方法的设计与探索。

与中国古典文学相比，丝绸之路学是年轻的学科。中国现代杰出古典文学研究家如王国维、陈寅恪、姜亮夫、孙楷第、任二北等，同时也是丝绸之路学的开拓者、奠基人。近年来，中国古典文学与丝绸之路学进一步交叉、融合，成为国际汉学界日益明显的趋势。本次会议在丝绸之路学术史研究方面，是以新的发现、新的研究成果为特点的。王炳华（新疆文物考古研究所）、林梅村（北京大学考古系）、徐文堪（上海汉语大辞典出版社）、柳洪亮（吐鲁番地区文物局）、吴福环（新疆大学）的论文都引起了与会者极大的兴趣。而张锡厚（中国社科院文学所）《世纪之葩——敦煌文学研究九十年》、〔美国〕梅维恒（宾夕法尼大学人类研究所）《作为传送印度文学到中国管道的中亚佛教》等是两个学科都较关注的论文。何德修（巴音郭楞自治州文管所）的论文《沙海遗书——新发现的〈董西厢〉残叶》在史学组发表后，还专门应邀到文学组作了介绍。

会议由中国社会科学院文学研究所、中国社会科学院中国边疆史地研究中心、新疆师范大学、新疆大学、中华文学史料学学会联合主办。会议论文集正在编审过程中，预计于1997年上半年正式出版。

全国首届古典散文学术研讨会

1996年9月23日至25日，由首都师范大学中文系及语言文学研究所主办的全国首届古典散文学术研讨会在京举行。有来自全国20多个省市自治区的60多位学者出席。会议收到论文30余篇，有关古典散文的研究著作数十种；着重围绕古典散文的总体特征进行探讨，对某些作家作品也提出了不少新见。

会议对建国以来的古典散文研究进行回顾与展望，充分肯定改革开放以来取得的学术成果。据初步统计，80年代迄今已出版古典散文研究专著约二百种，选注约四百余部。其中有不少优秀著作，如郭预衡《中国散文史》（上）（中）、漆绪邦主编《中国散文通史》、刘衍主编《中国散文史纲》、朱世英等《中国散文学通论》、马积高《赋史》、郭维森、许总《中国辞赋发展史》、韩兆琦《中国传记文学史》、邵传烈《中国杂文史》、谭家健《先秦散文艺术新探》、孙昌武《唐代古文运动通论》、曹虹《阳湖文派研究》等，受到国内外学术界的好评。会议同时也指出，古典散文研究与古典诗歌、小说、戏剧研究相比，仍然显得薄弱，关于古典散文的宏观性理论研究尤其不足。如古代散文的范围，文体分类，发展规律，审美特征，民族个性，批评鉴赏方法等等，认识都还有待深入。这次会议对上述问题展开了争鸣，关于今后的研究方向，会议也提出了不少有益的建议。

“世纪之交：中国古代文学研究的回顾与前瞻”研讨会

由中国社会科学院文学研究所《文学评论》编辑部和上海师范大学人文学院联合举办的“世纪之交：中国古代文学研究的回顾与前瞻研讨会”1997年4月20日在上海师大文苑楼举行。来自上海、南京、苏州、杭州等地高校和科研、出版部门从事中国古代文学研究的专家学者50余人出席了会议，其中包括复旦大学、南京大学、华东师范大学、杭州大学、南京师范大学、苏州大学、扬州大学和上海师大等八所院校的八个中国古代文学专业博士点（含两个原文学批评史博士点）的20位博士研究生导师。

20世纪以来，由于域外思想的引进，中国学术产生了由“传统”向“现代”的转化，虽然学术的发展受到许多其他因素的影响，百年内起伏很大，但总的说来，仍然有很大的发展。与会者在发言中，充分肯定了本世纪以来，特别是“五四”前后和80年代党的改革开放政策实行以来，古代文学研究所取得的成绩。

与会者对本世纪古代文学研究的历程和成绩估价进行了讨论。发言者对“五四”前后一批学术“大师”的成就，他们的历史功绩和学术品格给予了很高评价。在充分肯定本世纪古代文学研究成绩的同时，也分析了本世纪古代文学研究发展过程中，特别是现状中存在的种种问题。其中有两个问题值得注意：一是重复，许多古籍重复出版，造成不小的浪费；二是不尊重别人的劳动，不遵守学术规范，有的著作大量吸收以前的和同时代人的成果，但引用别人的东西不说明出处，批评别人的观点才点名。有些学者，研究工作中情绪浮躁，急于求成，抢出著作，因而其中难免掺水，形成浮肿。尔后，又以著述丰盛夸耀于人，言谈不免浮夸。“浮躁——浮肿—浮夸”的学风是不利于古代文学研究发展的。

与会者讨论了中国古代文学所处的“生态环境”，认为目前学术界存在的浮躁媚俗等倾向在很大程度上与现在的学术环境和研究者的心态有关。而要使古代文学研究深入发展，必须认识到古代文学研究对民族文化发展的历史责任和使命感，以创造古代文学研究新的辉煌。

与会者对如何提高古代文学的研究水平，提高学术品格，以及拓展视野，更新理论和方法等方面发表了意见。

古代文学研究面对的是“传统”，但要开拓视野和思路，促进文学传统的更新发展。古代文学作为传统，有些现在还有活力，有些在当时是活的，现在已经死了，研究的目的正是要将尚有生命力的传统激活，而不是搞得更死。因此，局限于就传统而谈传统，路就会越走越窄，必须将研究工作放在传统与当代、中国与世界的双向交流中来进行。古代文学研究需要参照系，但不是用中国的思想材料来证明西方的东西，也不是用西方的思想材料来证明中国的东西，而是要达到双向观照，互为诠释，以期科学地说明两者的异同，乃至把握其“同中之异”和“异中之同”，这才能为古代文学研究打开新的视角，进而揭示其内容新的意义。

与会者对古代文学研究的前景进行了展望，同时也对古代文学研究的其他有关问题和一些具体问题发表了意见。

研讨会历时一天，与会者一致认为，改革开放以来中国经济的发展，对社会主义文化发展和精神文明建设提出了更高要求，处于世纪之交，古代文学研究要提高使命感和责任心，加强理论建设，端正学风，提高学术品格，为即将到来的21世纪中华民族的思想文化和精神文明建设作出应有的贡献。

第2届唐宋诗词国际学术讨论会

“中国第2届唐宋诗词国际学术讨论会”于1997年5月23日至29日在湘潭——张家界召开。110余名来自海峡两岸和美国、马来西亚、日本、韩国、香港的学者汇聚一堂，盛况空前。大会收到论文70余篇，专著4本。

许多学者发言，对唐代诗歌的演化规律和所反映的时代精神作了整体性的把握。孙映逵、沙先一《关于唐诗分期研究之再认识》强调唐诗的分期依据应是各时期诗歌风格的主体特征，而不应拘泥于王朝更替的具体时间。蒋长栋《试论唐诗内容质素与人格意识的对应演化规律》认为：唐诗“风骨”乃初盛唐个体人格意识之升华，唐诗“兴寄”乃中唐群体人格意识之弘扬，唐诗“写意”乃中唐个体人格意识之折光，唐诗“缘情”乃晚唐人格意识变态之释放。刘建国《王维、李颀、高适、岑参的七言歌行与盛唐精神》通过对四位诗人七言歌行创作实绩的评价，指出此乃盛世诗人傲气与进取精神的艺术表达。王志明《唐代七言古诗论略》勾勒了唐诗七古发展的轨迹。刘振娅《贬谪与唐诗》从创作经历和创作情绪论述了唐诗发展的内在动因。

对于几位重要诗人的评价及其行状的考证，与会学者的新见亦多。张采民《陈子昂的诗歌革新主张与诗歌创作》指出：陈子昂的“风骨”、“风雅”、“兴寄”理论，使唐代诗歌走上了一条密切联系社会生活、干预政治、关心民瘼的健康发展道路，大大开拓了诗歌的表现领域，成为唐代现实主义诗歌的先驱。周勋初《李白的纵横游侠之风与蜀地区域文化的内在联系》，指出李白的游侠活动并非全是排难解纷、风骨凛然的高义行动。他的任侠，带有唐代豪士的特征，体现了蜀地文化多层积淀的特点。郁贤皓《再谈李白两入长安及其作品系年》，对其所持李白两入长安说及有关诗篇的系年，补充了新的确凿的证据。文正义《杜甫湘行踪迹及其死葬考》，根据地方志辨明唐代湖南几个州县的地理方位，而后分析杜甫旅湘诗及其他资料，纠正了新旧《唐书》以及历代研究杜诗专家对诗人湘行踪迹、死葬的误传、误解，颇具说服力。曾亚兰《杜甫以诗立传与史家手笔》指出：少陵善于以诗歌形式、史家笔法为各种人物立传，能在实录的基础上塑造反映时代风貌的典型人物形象，达到了诗与史的完美统一。陈铁民《辋川别业遗址与王维辋川诗》颇引人注目。他通过实地考察得出结论，辋川不应该是一个规模很大的庄园，辋川的20处游止，并非都为王维所营造，也不都在别业范围内。这一结论对认识王维的隐居生活和理解王维的辋川诗，提供了新的依据。关于白居易研究，韩国学者金时晃将其《母别子》与朝鲜中宗时期著名诗人金诚（1538—1593）的同名作进行比较，认为其表现技法、艺术风格、所体现的人文精神有惊人相似之处，由此可窥见白诗对域外文化的影响。日本学者下定雅弘《白居易一直到晚年仍愿当宰相》观点颇新，强调白氏晚年虽自夸“中隐”，崇尚“独善”，但仍未放弃“兼济”与做官的志愿。萧瑞峰《论刘禹锡后期的诗歌创作》，明确指出：刘氏晚年诗风诗境变化较大，有意识敛抑锋芒，销铄锐气，潜匿英风，故诗作多讽托幽远，寄兴深微。

会间，关于唐五代词和宋代文学的讨论颇为热烈，与会代表一致认为宋代文化博大精深，宋代文学绚丽多彩，研究有待深入。许多学者从宏观角度论述了“词”这一艺术形式与中国传统文化的关系以及宋代文学的价值和地位。刘尊明《唐五代词与儒家文化：冲突篇》认为：词史和词学的发展，都表现为一条对儒家文化由悖离到回归的清晰轨迹，这早在唐五代词中已见端倪。台湾学者张高评《从新变代雄论宋诗之价值与地位》认为：一代有一代之文学。宋诗自成一家，足与唐诗颉颃。论诗地位应以新变代雄为准据，不当以异同源流分优劣。孙维城《宋韵的人文精神及其在宋词中的体现》认为：宋韵代表了我们民族艺术成年时代的萧散简远与深沉。宋韵在诗词中大多表现为作家在历尽沧桑后对世事的洞明，对人生的了悟，表现为一种月下起舞式的人生境界。

论及宋代作家，关于二晏的话题比较集中。香港学者邝健行《晏殊诗与西昆体》从翔实的材料出发，论证“晏殊不是西昆派的人”这一观点，更近实际。刘乃昌《柳絮池塘淡淡风》指出大晏诗承西昆而不同于西昆，出于西昆而有新变。其诗清雅闲谈，对欧梅诗风不无启迪之功。刘庆云《试解小晏专意令词之谜》一文甚有新获：小晏专意令词，实由当时的审美观念和作家独特经历以及矜持贵异的个性使然，并非情有余而才不足。苏辛仍是大家关注的目标。台湾学者王保珍《苏轼词中的时空观照》对苏词的时空特征概述为：从时间上可以由最短暂瞬间、弹指、到古往今来“俯仰人间今古”：空间上可以从一个至小的定点无限伸展。除了外在空间外，还包括内在心灵世界与想象世界。赵维江《吴蔡体与稼轩体》指出：金国词人蔡松年、吴彦高继轨东坡，对辛弃疾早年的词风影响颇大。从词体革新的角度而言，吴蔡体实为稼轩体的先声与基石。美国学者萨进德《试论辛稼轩词和赫里克抒情诗之共同点》，对两位不同国度、不同时代的诗人在好用典故及其文化背景、对待抒情诗体的态度方面进行比较研究，以加深对辛稼轩的理解。陈庆元《南宋后期闽北词人群体》论述这一词人群体的“江湖”特色及其词作内容、风格的多样性与对词学理论的贡献，亦颇令人瞩目。而曾枣庄《理学诗派的鼻祖邵雍》则对邵雍的诗论及其《伊川击壤集》体现的诗风给予了应有的历史评价，认为自成一格，不仅对同时及其以后的理学诗派产生过深远影响，而且对整个宋诗都产生过巨大影响。

’97 北京国际红楼梦学术研讨会

由中国红楼梦学会、中国艺术研究院和辽阳市人民政府联合举办的’97 北京国际红楼梦学术研讨会，于 1997 年 8 月 7～10 日在北京饭店举行，会期四天。参加本次研讨会的有来自美国、法国、日本、韩国、挪威等国家和我国各省、市、自治区及香港特别行政区、台湾省的专家学者共 120 余人。

1997 年 8 月 7 日上午 9 时，与会全体代表及有关方面的领导和嘉宾约 200 余人，在人民大会堂云南厅举行了隆重的开幕式。

开幕式由中国红楼梦学会副会长李希凡先生主持，中国红楼梦学会会长冯其庸先生致开幕词。

辽阳市委书记傅克诚、中国艺术研究院常务副院长曲润海、文化部副部长潘震宙、来自美国的周策纵教授、日本学者伊藤漱平先生先后在开幕式上发言。

8 月 10 日下午，’97 北京国际红楼梦学术研讨会在完成了各项研讨任务之后圆满结束。闭幕式由中国红学会秘书长、本次大会秘书长杜景华主持。中山大学中文系曾扬华教授、哈尔滨师范大学中文系张锦池教授、法国国家研究中心陈庆浩研究员、中国社科院文学所邓绍基研究员等著名红学家先后在闭幕式上发言，他们都充分肯定这次学术研讨会在红学发展史上的重要意义，认为本次大会开得圆满成功。中国红学会副会长刘世德先生最后致闭幕词，他说，’97 北京国际红楼梦学术研讨会，是一个以学术为重的会议，以友谊为重的会议，以团结为重的会议，它将在未来的红学史上占有必不可少的一页。他在闭幕词中指出，尽管在目前，在红学界，存在着一些不和谐的声音，存在着一些不能令人满意的现象，但是，这些都阻挡不住红学的主流奔腾向前。从宏观上看，百年红学的道路确实是曲折的、坎坷的，红学的前途却无疑是光明的、灿烂的。

本次会议的中心议题是：21 世纪红学展望。在这次学术会议上，红学家们对 20 世纪红学研究的重大成果进行历史性的回顾；对即将到来的 21 世纪红学研究重点及研究方法进行讨论；对未来的红学发展趋势和将会取得的成果进行展望。如何进一步发挥老一辈红学家的优势；如何进一步发挥中青年研究家的作用；如何进一步加强海内外交流；如何进一步倡导一个扎实的学风等等问题也在会议上进行了热烈的讨论。

本次大会共提交论文 90 余篇，内容丰富翔实，观点新颖鲜明，从中可以看出与会代表在红学研究领域所做的卓越努力。

《文学评论》杂志社的张国星先生说，在新的世纪到来之前，21 世纪红学展望这一议题有着非常重要的意义。当前，面临价值的失落，红学研究应重新确立自身的价值定位。同任何一门学科一样，红学亦不可缺少对历史的关怀。作为显学，她应该有一种大气磅礴的精神。贵州大学中文系教授曲沐先生说，他的观点与在座绝大多数专家不同，原准备接受激烈的批评的，但学会和与会学者的宽容使他非常高兴。同时，曲沐先生再一次重申自己赞同欧阳健先生的观点，希望与大家展开深入的讨论。张锦池先生指出，红学研究尚未形成流派，这将在 21 世纪得以完成。

就红学在历史上的功用问题，四川省财贸行政管理学院教授胡邦炜先生认为，以王国维、胡风为代表的一些学者将对《红楼梦》的研究作为逃避现实的方法，是“心灵避难所”。北京师范大学中文系教授邓魁英先生则补充说，对于现在的学者，红学曾经是为政治服务的手段。而在当下，改革开放使红学领域也解放了思想，是一个红学普及的新阶段。沈阳师范学院中文系教授马国权先生指出，21 世纪的红学前途是光明的，因为《红楼梦》这一佳作所蕴藏的内涵就决定了对《红楼梦》的研究是无止境的。

天津师范大学中文系教授林骅先生认为，在下一个世纪不应排斥应用红学，使红学走出象牙塔，更好地和市场经济的大环境融合在一起。刘梦溪先生最后说，有无功利思想是非学术和学术的界限，红学研究应摒弃这一思想，保持学术的纯粹性。

来自台湾的张寿平先生从他 60 年代收藏程伟元的一幅画谈起，认为后 40 回不是高鹗所续，也不是程伟元所续，他们只是整理者。曾扬华先生也持同一观点，并阐述了自己的见解。

云南大学教授杨光汉先生认为红学就是新的经学。他从什么是红学的论争谈起，表明了红学继承的是经学的传统，但又是对旧经学的超越这一观点。

天津师大中文系教授汪道伦先生谈到《红楼梦》研究的方向问题。他说，应该把《红楼梦》作为经典来研究，应以文本研究为主，也不应排除其它方面的研究。邓云乡先生发言指出，在高校中应注意引导学生读《红楼梦》，引导学生评价人物性格、故事情节，以此来使他们更好地了解中国文化。

扬州大学教授黄进德先生认为，在现代红学研究中所存在的“龙门红学”现象对红学本身没有好处，“龙门红学”是非学术的，作为学者，应自尊、自爱、自重。来自香港的梅节先生进一步指出，“龙门红学”学者很会迎合群众心理，迎合市场需要。当务之急，是出一本《红学概论》或《红学研究导论》，正确引导红学研究。北京旅游学院教授杨乃济先生认为，这几年“龙门红学”越走越宽，而严肃的红学则越走越窄，如此下去，红学研究前途堪忧。邓绍基先生则说，当前红学研究的学风的确存在某些问题，对于有些人出于各自的目的而提出的奇谈怪论，最好的办法就是不予理睬，不要被他们牵着鼻子走。安徽大学中文系教授周中明先生对清代桐城派作家的作品与《红楼梦》进行了比较，认为二者在很多方面有相通之处，值得仔细研究。杨乃济和张书才先生就曹家获罪的历史背景进行了分析。杨乃济先生说，从许多朱批奏折来看，“混账”之类的词雍正经常使用，并非是对曹家有特殊恶感。张书才先生说，曹頫获罪的主要原因由当时的大环境决定，“政治斗争说”不可信。康熙主张“宽仁”，其在位后期，官吏腐败，故雍正上台后整顿吏治是自然的，也是必要的。

本次'97北京国际学术研讨会是一次学术的盛会，友谊的盛会，是对20世纪红学的总结，对新世纪《红楼梦》研究的前瞻。这次大会的圆满成功将在红学史上留下美好的一页。相信21世纪的《红楼梦》研究前途会更加光明，成就更加辉煌！

'97武夷山中国小说史研讨会

由福建师范大学中文系、福建师范大学中国古代小说研究所主办的'97武夷山中国小说史研讨会，于1997年7月19日至22日在福建武夷山召开，来自全国各地和日本、韩国、新加坡等地专攻古代小说的专家学者64人出席了研讨会，会议共收到学术论文34篇（包括未到会学者提交的2篇），有35人在大会上宣读论文或作专题发言。

研讨会的中心议题是20世纪的中国小说史研究的回顾和21世纪中国小说史研究前景的展望。与会者指出，古代小说史的研究，作为一门科学，是在20世纪以后逐渐形成的。真正使小说研究成为举世公认的学问，应当归于鲁迅、胡适的开拓之功。鲁迅的《中国小说史略》，胡适的《水浒传》、《红楼梦》考证，加上尔后郑振铎、孙楷第、赵景深、阿英、谭正璧、孔另境、叶德均、俞平伯、王利器、冯沅君、赵景深、戴望舒、胡士莹等前辈的贡献，构成了古代小说史研究的完整体系。到了80年代，出现了小说史撰作的新高潮，先后出版了通史、断代史约20余种。

在充分肯定本世纪小说史研究所取得的成绩的同时，与会者也对小说史著述中存在的问题进行了深刻的反思。检讨近一个世纪古代小说研究史的历史进程，最突出地表现在原始资料的考订和基本观点的确认两个方面。鲁迅、胡适当年没有见到很多的材料，所用的资料是比较零散的，这就存在一个对于历史材料的重新审视的问题。近年来，许多见不到的古代小说作品及各种研究资料集陆续出版，《中国通俗小说总目提要》、《中国文言小说总目提要》等研究古代小说比较全面的目录学著作相继面世，都为中国小说史的研究奠定了良好的基础，这是我们胜过前人的地方。

与会者指出，在资料工作的基础上，如何做好小说史的研究，关键就在基本观念的更新和研究方法的改进。至今我们的小说史著作，还远没有达到对整个小说史内在逻辑的完整把握，还缺少具有中国式的理论形态。如何从我国小说史发展的实际出发，建立具有民族特色的中国小说史体系，则是艰巨的任务。论者指出，对基本观念的重新审视，必须从大量存在的客观材料出发，从客观实际推导出新的结论；而客观材料又是不可穷尽的，罗列现象是有选择的，认识本身就决定了研究者的选择，新的观念一旦建立起来，就会赋予许多在以往看来似乎是没有价值的材料以新的解释，从而开辟出小说史研究的新生面。

与会者还对近一个世纪来小说史研究中重大学术问题进行梳理和辩证，对中国小说上重要流派与作家、作品进行深入的研究。

韩国的学者还介绍了中国古典小说在韩国的传入与研究以及将《中国通俗小说总目提要》与《中国古代小说演变史》翻译成韩文的情况，新加坡的学者介绍了新加坡中国古代小说研究的情况等。

20世纪中国古代文学研究回顾与前瞻研讨会

1997年8月12日至17日，在哈尔滨——牡丹江召开了"20世纪中国古代文学研究回顾与前瞻研讨会"。会议由中国古代文学学会筹备委员会、《文学遗产》编辑部与黑龙江大学主办。其宗旨是系统总结本世纪中国古代文学研究的经验与教训，明确今后研究方向，更好地继承古代文化遗产，发扬中华民族优秀人文传统，促进社会主义精神文明建设。

出席代表近100人，均为中国古代文学学会（筹）理事、顾问及海内外知名学者。这是一次具有广泛代表性的国际性学术盛会。开幕式于8月12日在黑龙江大学举行。开幕式上，还举行了1996年广东中华文化王季思文学研究基金《文学遗产》优秀论文奖颁奖仪式，获奖者戴燕（大奖）、吕威（优秀论文奖）、钱志熙（优秀论文奖）在会上作了简短发言。

研讨会的学术讨论集中在牡丹江举行。其中大会发言四次，有28位代表就重要学术问题发表了独到的见解。分组讨论一次，有20余位代表分别在三个小组中畅所欲言并有所交锋，使研讨内容趋于深入。

第一，对百年来古代文学（各种文体）研究的回顾。除回顾古代诗歌、词学研究、古代戏曲研究外，还将戏曲、小说研究结合起来进行回顾与前瞻。

与会学者还对其他文学体裁和有关专题及重要作家的研究，作了广泛回顾与探索。

外国学者对本世纪中国古代文学研究的回顾，多结合本国实际。韩国外国语大学教授朴宰雨较详细勾勒了《史记》研究在韩国的发展状况。

第二，对文学史学发展嬗变的回顾。

本世纪中国古代文学研究的近代化也表现在文学史学的建立与发展方面。苏州大学在读博士高树海认为比被视作最早的林传甲《中国文学史》还早的应是窦警凡《历朝文学史》，此后，又有黄人《中国文学史》。"从中国文学史学发展史的地位上说，'南黄'应明显高于'北林'；从对文学史说发展的影响上来看，'北林'却又明显高于'南黄'"。

对中国小说史研究的发展变化，南开大学教授陈洪认为本世纪前半叶，古代小说理论研究尚处萌芽阶段，研究重心也畸轻畸重。后30年（1949—1978）总体水平并不令人满意，畸轻畸重现象更为明显。中国古代小说理论的繁荣从70年代末开始，成绩远远超过前五六十年。

第三，对新时期古代文学研究方法的回顾与评述。

本世纪古代文学研究新方法的回顾，多集中于新时期西方研究方法的引进借鉴方面。

对本世纪古代文学的历史文化研究，广西师大张明非教授认为运用这种方法，一是要打通历史和文学；二是要对研究对象的文化背景进行全面、系统的考察。将多种因素融为一体，找出其内在的深层关系，让某一具体历史时期的文学在文化整体及其运动中得到真实、全面的呈现。

中国社科院研究员、《文学遗产》主编徐公持对本世纪中国古典文学研究作系统回顾的论文《四个时期的划分及特征——20世纪中国古典文学研究的近代化进程论略》，将本世纪古典文学研究划分为四个时期。第一时期（1900—1928）的主要趋势是近代思想观念在中国的传播和确立。将此观念和方法引入中国古代文学研究的第一人是王国维。第二时期（1928—1949）是学科近代化的发展时期。第三时期（1949—1978）是学科统一也是近代化的曲折时期。统一的方向是马克思主义的唯物史观。第四时期（1978—1997）是学科拨乱反正和多元化发展时期，也是近代化的再发展时期。

与会学者关于本世纪古典文学研究的回顾，论述较为充分，许多问题取得了共识。但涉及的问题还不够全面、具体，讨论亦有待深入。与会学者还探讨了某些学术大师的研究特点与学术风采。

第四，关于古典文学研究的前瞻。凡此，均结合“回顾”适当展开。

在有关前瞻的讨论中，理论、观念、方法的重要意义是与会代表最为关心的议题之一。中国古典文学研究，必须将传统方法与所谓新方法参融结合。与会学者对此基本达成共识。

对于下世纪的研究格局问题，一些学者主张，从事基础研究的人不可太多，应有更多人从事普及工作，研究队伍也应合理分布。傅璇琮在发言中着重论述了古典文学研究的学术品格，他认为大部分研究者要制作“精品”，一部分人搞普及，二者结合。

有些学者对下世纪古典文学研究的前途有所忧虑。对于目前出现的急功近利、实用主义倾向，学者们一致认为必须迅速纠正，以利于今后古典文学研究的健康发展。

会议上，外国学者对中国古典文学研究的前瞻也提出了有益的看法和建议。韩国外国语大学教授朴宰雨提出中国古代文学研究下世纪的世界化问题，特别介绍韩国对中国古典文学研究的大量成果，由于中国学者极少通晓韩文，所以无从借鉴。美国学者白亚仁希望大陆学界将境内外研究古典文学的最新成果以提要形式出版，以便让海外研究者及时掌握动态。日本学者市川桃子介绍了日本三种汉学研究的定期刊物，有关部门已将之输入电脑。这一方法，可资借鉴。

会议于 8 月 16 日下午举行闭幕式。大会主持人傅璇琮作了小结。他认为会议对中国古代文学研究的回顾与前瞻，虽只“开了个头”，但是“开了个好头”。本世纪结束前，还应召开类型不同、范围不同的研讨会，把回顾与前瞻引向深入，然后再举行一次全面“回顾”与“前瞻”的盛会，必然会为中国古代文学研究开辟出光辉的前景。

论文选摘

表现与再现的消长互补

——中国诗歌发展史上的一种规律

钱志熙

从中国古典诗歌的发展史来看，表现的诗美观念虽然特别突出，但再现的诗美观念对中国古典诗歌的艺术发展同样起着很重要的推动作用。笔者通过考察，初步得出了这样的结论：既充分体认到诗歌艺术的表现本质，又不忽视再现功能对于诗歌艺术的重要性，并且在艺术实践上将表现与再现的完美融合作为最高的诗美理想，这正是中国传统诗学的基本特征。另外，从诗史发展的角度来看，表现与再现这两种诗美观，并不总是处于平衡的状态，而是以消长互补、矛盾统一的关系为常态。这也可以说是中国诗歌发展史上的一种规律。

一、儒家诗学体系中的表现诗美观和再现诗美观及其调和方式

从发生的先后来看，在我国传统诗学中，表现诗美观的发生早于再现诗美观。而且可以说，再现诗美观是从对表现诗美观的原始命题的辩证式的阐发的过程中产生的。

我国诗学之所以能在发源之处就触及诗的表现本质，除了在艺术上我国诗歌一开始就形成抒情传统、抒情诗成熟得特别早这一原因外，跟我国古人最早是从诗乐舞综合艺术形态中体认诗的本质这一认识角度也有重要的关系。

另一方面，诗歌艺术的抒情功能也被诗人屈原通过自身的创作实践深切地体会到了。屈原因其诗歌显著的抒情特征和他这种倾诉以求得心理平衡的创作心理，已经很自觉地体认到诗与主体精神的关系，对我国传统诗学中表现诗美观的形成同样有着奠基的作用。而汉儒在建立儒家诗学体系时，虽然主要以《诗经》为依据，但同时也吸取了楚辞的诗美观念，楚辞也应是他们建立儒家诗学体系的必要材料之一。

而再现诗美观，从我国古代的发生情况来看，常常以诗歌与外在文化、外在思想观念发生关系为契机。用传统的话来说，表现诗美观主要来自于对“诗之体”的体认，而再现诗美观则主要来自于对“诗之用”的思考。我国传统诗学中再现诗美观的发生，是以儒家的伦理观念、教化观念为思想基础的。

再现诗美观的发生虽然晚于表现诗美观，但其萌生也在先秦时期。儒家再现诗美观强调的是再现社会，再现抽象性的上层建筑关系。因此与西方诗学中那种以再现具体事物为主的再现诗美观性质上很不一样。从这里，儒家再现诗美观的特点就看得很清楚了，它完全是从“诗用”的角度去阐发的。

儒家诗学思想对诗史和诗学史的影响是很深远的。其对我国古典诗歌艺术特征之形成所起的巨大作用，所以我们研究中国诗史上表现、再现诗美观的问题，必须从考察儒家诗学体系开始。

二、在表现与再现两极间移动的诗史发展规律

韧创于先秦、完成于汉的儒家诗学体系，是依据儒家社会政治思想来研究以诗经为主、旁及楚辞、汉乐府诗这些诗歌艺术系统的过程中产生。可以说，儒家诗学体系虽以儒家思想为基础，但又有超越儒家思想之处。原因就是审美体验在这里起了作用。儒家诗学体系之所以能形成比较合理的诗美观，跟诗经、楚辞、乐府诗这几个诗歌艺术系统在诗美上的丰富性并显示诗美观方面的各种倾向有关。也就是说，它们以各自的方式实现了表现与再现的诗美观，并达到了完全的融合，为诗史提供了典范。《诗经》艺术既是表现的、又是再现。与《诗经》相比，《楚辞》艺术中表现的诗美观更占主导地位，但楚辞自屈原之后，“情”减“物”增、由主观表现渐转为客观的再现。这种趋势的继续发展，就导致了完全以再现为创作方式的“汉赋”体的形成。与汉赋同时的汉乐府，可以说是运用再现的方法而臻于表现之境界。这为我国诗史创造了《诗经》、《楚辞》之外的又一种典范性的诗美类型。

《诗经》、楚辞和汉乐府，是三个基本上相对独立的艺术系统，它们虽然在发生时代上有先后，但看不出有明显的承接嬗变关系，是在各自的文化土壤中自生出来的。从表现诗美观与再现诗美的关系，这三个系统各自内部都有所调和，但三个系统之间却不存在消长互补的关系。但这以后的始于东汉中晚期的整个中国古代的文人诗发展史，却是一个递嬗传移的大系统，其中各代各期、各家各派，在表现诗美观与再现诗美的关系处理上，常常呈现出消长互补的现象。

从东汉中晚期至西晋，是文人诗发展史上的第一个相对完整的周期。本来整个汉代盛期的文学，就是再现观念占上风，到了东汉晚期，由于士人群体自我精神的觉醒，而当时整个社会也流行重情、任哀乐的风气，在此条件下出现了有较强的自我抒发、自我表现意识的文人群。而此期产生的以古诗十九首为代表的汉末五言诗，也正是表现性很强的作品。它也奠定了整个文人诗艺术史以表现诗美观为主导思想的传统。

建安诗歌比起汉末五言诗来，再现的诗美观有所增加。与汉末文人的消极对待现实，对现实抱有某种绝望感不同，建安诗人则是以比较积极的态度来适应现实并改造现实。某种意义上可以说，建安诗歌是儒家的表现与再现完美结合的诗美理想的第一次实践。

西晋诗歌作为文人诗发展史上第一个相对完整的周期的最后一个阶段，在诗美特征方面又属于一种新的类型。经历前面几个阶段，文人诗已经创造出成熟的、具有典范价值的诗美类型，西晋诗人以它们为范式而创作，因而带有浓重的古典主义色彩。他们基本否弃了在诗史上曾经起过相当大的作用的再现诗美观，没有积极地用诗来再现现实。这当然与当时政治现实和文人的谦柔自牧的心态有关系。但因为缺乏再现观念，构不成再现观念与表现观念的矛盾运动，西晋诗歌在发展上就缺少了一种有力的生长机能。西晋从表面上看正是一个崇儒的时代，但儒家诗学的表现与再现完美结合的诗美理想却正是在这个时期坠失的。

西晋之后的东晋，在文人诗发展史上是一个低谷，诗歌领域被“玄言诗”这种比较特殊的诗体所占据。也许可以说，支配着玄言诗创作的仍然是那种教条化的表现诗美观。而一种有着新的内涵的再现诗美观即再现自然美的诗美观也在这种特殊背景下潜生。而到晋宋之际，随着诗歌艺术的复兴，这种再现诗美观终于打破了西晋以来诗史运动的凝固状态，它与表现诗美观之间的显著的矛盾和不平衡，却成了推动诗史发展的动力。

晋宋之际的诗歌复兴，从它的起点来看，也受到过古典化、模拟化的影响。当玄言诗存在的文化基础（即门阀政治的格局与它的主要意识形态玄学）发生变化后，玄言诗也开始退出诗歌发展的主流。诗人们开始重新回顾汉魏西晋的文人诗艺术传统，但最先却仍然摆脱不了西晋时期的那种模拟化、古典化的创作方式。南朝时期的山水诗、咏物诗和描写女性美的宫体诗，在诗美观上都是以再现为主导的。而追求形似的观念正是这种再现诗美观的基本内涵。儒家诗学只建立起面向社会的再现诗美观，而且那里面包含着明显的伦理目的。而南朝时期再现的诗美观则是指向客观美，将自然山水、客观事物引入诗歌艺术的范围之内。所以可以说，写作方法上的再现诗美观，是在南朝时期才真正确立起来。这也是南朝诗歌对诗史发展的最大的贡献。

可是，南朝时期再现诗美观的片面发展，也导致了对诗歌艺术本质的较严重的偏离，以至成了西晋教条的表现诗美观之后的又一诗史之教训。这时期诗歌，虽然不是完全放弃表现诗美观，但大部分作品都绮靡、涂饰，刻画物色、影写艳丽，失去了诗歌艺术的表现性。当然他们也有一些作品由再现而臻于表现，由形似而入于神似。开示中国古典诗歌写景状物之方向。

但是进一步将诗歌从刻板再现的诗美观中解脱出来，增强其表现性的还是永明诗人。整个南朝诗史，一方面是再现观念的进一步推进，从再现山水到再现各种事物，直到再现女性美；另一方面也在不断地寻求再现与表现的新的融合。这一诗歌史的逻辑发展过程，至盛唐时期达到了高峰。在盛唐诗人的代表性作品里，表现与再现达到了完美的统一。

李杜诗是咏物、言志兼而有之，正是盛唐诗表现与再现完美统一的典范。汉魏文人诗和盛唐文人诗是诗史上的两个典范，但是每当达到新的完美的融合、出现典范的诗美之后，一个新的矛盾运动又隐潜地展开。盛唐之后的中晚唐至北宋时期，又是一个新的矛盾运动的过程。

盛唐之后的诗史，一个突出的现象就是流派的形成，中晚唐时期，社会矛盾激化，士人群体也失去了统一的价值标准，彼此的生活方式和人生追求都很不一样。由此导致艺术观念、审美理想上的分歧。这应该是盛唐以后诗歌出现流派的现象的外部原因。从内因来看，也是由我们所说诗史发展的新的矛盾运动导致的。各种诗歌流派的歧异，从根本上说是因诗美观念之不同而造成。

中唐至北宋初的诗坛，尽管流派众多，体格各异，但观其大势，实可区分为以保守为性格的表现诗派和以革新为性格的再现诗派。表现诗派的主要特征是拘守初盛唐成法、以成熟于盛唐时期的格律诗体为主要体裁。他们讲究体、格、境的细腻把握，追求某种似在非在、似隐似现的艺术上的法式，将近体诗艺术向婉切、精约、优美的方向发展；抒感伤幽微之情，造清新轻丽之象。其旨趣虽欲追盛唐而造作每邻于齐梁。这是因为保守的表现派与真正的表现派外表相近而内质不同。因为他们将表现美作为法式、技巧来把握。而非作为一种精神来体验。这一派在晚唐、五代作者甚众，然造诣都很有限。五代时的南唐诗，宋初的晚唐体、西昆体，都应属于这一派。

另一方面，则是具有革新精神的再现派的崛起，其中最有影响的是韩孟诗派和元白诗派。韩孟派的诗人追求强烈的形象效果，尚奇尚怪，一反传统的以中正平和、优游不迫为尚的诗美观。韩孟派中，如孟郊、贾岛乃至李贺，也都有追琢穷搜，穷其意、尽其象的特征。但比之韩愈，这几位诗人倒是常能由再现而臻于表现，创造了真正的诗美。

元白诗派虽与韩孟诗派趣尚不同，但也是在很突出的再现诗美观支配下展开创作的。

中唐再现诗美观的强化，一方面是这些诗人希望打破日益凝固、停滞的格律诗艺术系统对诗人创作思维、诗歌题材开拓的束缚，是诗史自身发展规律所驱使。另一方面，也是由当时激烈变化的社会现实及适应这种变化而发生思想文化上的变革思潮之刺激而产生的。

表现与再现两种诗美观的分歧，从中唐一直延至北宋前期。在这个过程，局部的融合虽时有成果，但从整体趋势来看，全面的、积极的融合并未出现。从这个意义说，这种新的融合就成了宋代诗人的一个课题。事实上典范性的宋诗风格的出现，也正是一种新的融合的结果。至此中国古典诗史的主要逻辑进程已经完成。这以后元、明、清三代诗史，当然仍在这种矛盾运动中进行，但基本上是在模仿式的重复前面的那些周期。因此宋以后，新的典范性的诗美类型并没有出现。

(原载《文学遗产》1996 第 1 期。原文 13000 字，邱摘)

王渔洋与清词之发轫

蒋　寅

王渔洋的诗和神韵诗论在顺、康之际风靡海内，其地位和重要性已为学术界所公认，渔洋在词学方面的业绩有着决不亚于诗学的重要性。因此，就目前的研究状况而言，渔洋的词学活动及其意义还是个有待展开的论题。

从现有资料看，渔洋在清初不仅是个极为时辈推崇的词作家，同时也是个活跃的词学批评家、填词倡导者。在某种意义上，他甚至可以说是导致清词中兴的关键人物。

一、“诗余之人”与“诗余之地”：王渔洋的词学活动

赵宋以后，元代时兴北曲，导致宋代词乐有所失坠，以至到渔洋生活的时代，较他稍长的前辈还没有专门的填词大家，社会上作词的人则更少。

顺治前期的十年，填词一道还是颇为萧条的，其勃然中兴乃是此后 30 年间的事。如果这一年代推断大致不错，那么我们就要问，什么是当时词学中兴的契机呢？我的结论是渔洋在广陵的词学活动。渔洋在广陵数年的倚声酬唱以及与邹祗谟同操选政，不仅是渔洋毕生文学活动中最独特的部分，也是整个清初词坛最值得重视的事件。

据顾贞观所述，清初领袖词坛的名家为龚鼎孳、曹溶，继而“吴越操觚家闻风竞起”。尽管在这批词家中，后来衍生出影响极大的阳羡派和浙派，但那已是康熙七、八年以后的事了，而填词的时兴乃是在顺、康之交。正是王渔洋直接扇起的填词风气，引发了以陈维崧为首的阳羡词派的群体创作，并同时在艺术精神上启迪了以朱彝尊为首的浙派的审美倾向。

当时社会上虽已颇盛行填词之风，但毕生肆力于词的专门名家并不多见。王渔洋也无非如此。这种状况理所当然地就造成当时填词总体水平的低下。我们谈论清初的填词，首先必须明确这样一个创作偶然性、业余性的大背景。

掌握上述词学史的背景，渔洋词学活动的性质就比较容易把握了。他毕生的词学活动，从主观上说纯属“余事”，而从客观上说则可以说是偶然。

纵观渔洋一生，填词的创作主要集中在两个时期——顺治十一年家居时的独自创作与司李扬州五年的游宴唱和，而他的词学活动却一直延续到康熙二十八年他 56 岁时。

当顺治十一年他撰成极为时辈推崇的《阮亭诗余》时，陈维崧还只是偶尔在酒酣耳热之际戏为一二小词；而朱彝尊在顺治十年与陈维崧定交时尚“未解作词”，于是渔洋客观上就成了连接由明人清的三大家（吴

伟业、龚鼎孳、曹溶）与陈（维崧）朱（彝尊）双雄的桥梁。

历史选择了他，天时、地利、人和的绮城扬州造就了他，把他推到一个独领清初词坛风骚的位置。

自隋代大运河开通以来，广陵就成为水陆要津，渔洋赴任的顺、康之交，扬州城内包括附近郊县寓居着一批相当有名的风雅才俊之士，在他们的眼中，这里的一切古迹、名胜，哪怕只是一点隐约的遗址，都会引发他的感触，令他怀想、玩味这“诗余之地”上曾经存在过的柳蹙花颦、浅斟低唱。渔洋的地望，才华，不俗的胸襟，他当时对填词的浓厚兴趣，都使他自然地成了广陵填词活动的核心人物。渔洋终于以他广陵几年的词学活动，拉开了康熙朝填词中兴的序幕。

频繁的唱和赋咏，充分显示出渔洋在扬州词学活动中所起的倡导作用。不过，我觉得这些活动还是较表面的现象，真正在词史发展上具有重要意义且体现渔洋在清词中兴中所起的关键作用的，是新词学观念的确立。

二、传统的重新确认：渔洋的词学观念

明代文学各种体裁都有收获，独于词学无所发展。于是到清初，就出现“词学少新传，作者皆于暗中摸索”的局面。词学理论中的一些基本问题，诸如辨体、选调、本色、用韵、咏物等等，实际上也正是因此才得到认真讨论的。但这类学理上的探讨还无关乎词风的转变，真正引起词风变革的，是对词学传统的重新确认。这一工作虽非完成于王渔洋之手，但却发轫于他的词学活动中，并由他的词学理论和词学批评奠定基础。

我们知道，明清之际的词坛完全处在云间词派的笼罩下，因此，渔洋词学明显具有以《花间》《草堂》为正宗，肯定“词为艳科”的传统色彩。

但需要指出的是，他对《花间》《草堂》风度的赞赏主要是着眼于它们的自然真率，他认为那是诗余的本色当行。渔洋词学虽出于《花》《草》金粉，却已显示出要超越它们的意向。这种意向，其动机来自他对《花间》艺术特征的一种价值判断。渔洋论词有着与论诗相同的宗旨，即他屡屡称道的“不著一字，尽得风流”。他论词同样也用“神韵”的范畴来指称这种艺术境界。由于神韵主要是及物的概念，所以渔洋对咏物有较多阐述，他推崇“传神写照”，“不取形而取神”的表现方式。这与他论咏物诗主张不粘不脱正相表里，他的词学影响康熙一朝词史的方向。

渔洋的神韵说是用以论词在前，用以论诗在后，因论词主神韵而影响到论诗。也就是说，渔洋词学中的神韵论不是移植于诗学，而是基于对词的独立的理解。这是首先应该明确的。

词体“要眇宜修”、婉曲柔媚的赋性，天然具有偏于神韵的倾向。故而在这个问题上，渔洋并没有什么可以发挥、建树的余地。也就是说，神韵的概念不会像在诗学中那样给人们提供一个具有丰富内涵的新范畴。而事实上，渔洋词论发展的方向，决不是衍绪云间的“崇神韵”；并且他对当时词坛的影响，也决不在神韵之说。作为对云间派的反拨，渔洋的词论率先表现出融会南北宋、超越婉约豪放之争的包容性和开放性。

渔洋对南宋词的价值重估不仅开推崇南宋词的先声，同时也得到同辈作家的赞许和首肯，对词坛产生了影响。

渔洋对向来对立的婉约、豪放二派采取了通达的态度。虽然推婉约派为不祧之宗，但也不鄙薄、排斥豪放派。他着眼于词史自身的发展，重视事实的认识甚于重视工拙的价值判断，不仅显示出精湛的文学史见识，同时也大大丰富了词学传统的内涵，可以说间接地为词坛指示了切实可行的发展途径，

因而极为时人赞许。渔洋对李清照、辛弃疾这两位乡先辈格外推崇，分别将他们作为婉约和豪放两派的代表词家。二安并举不仅消解了婉约、豪放两种风格的对立，融合两派艺术之精神，同时也令对南北两宋词的价值判断达成同一，从而使词的传统变得愈益丰富而清晰，为清词最终走出《花间》轻艳绮靡之谷廓清了道路。

三、结论：渔洋词学的影响

渔洋词学的影响总括而言，就是扩展眼界，超越《花》《草》，重建传统，再兴填词。在观念上改变了人们对南宋词的态度；直接激起不少文士填词的兴趣。

渔洋在扬州的五年，身边团结了一批重要词人，其中陈维崧、邹祗谟、董以宁是阳羡词派的中坚作家，阳羡派的崛起与广陵填词唱和可以说有直接关系。渔洋词学活动对阳羡词派的影响不言而喻。只要稍加留意，就会发现，康熙朝乃至嘉、道以前的清代词学在许多方面都能溯源于渔洋词学。

（原载《文学遗产》1996年第2期。原文13000字，邱摘）

关于骈文研究的若干问题

谭家健

骈文曾经流行于中国文坛1800年，有过辉煌的业绩，也遭到众多的责难，可谓誉满天下，谤满天下。然而五四以后似乎销声匿迹了。正因为长期不受重视，研究者对骈文的认识自然难于一致，某些概念理解和使用不同，有些新的观点尚待深入。

一、骈文的名称

如果下定义，可否说，骈文是以对偶句为主介乎散文与韵文之间的一种美文。这句话包括三点：一、以对偶句为主，这是骈文本质所在，舍此不成其为骈文；二、对音律的要求在散韵之间；三、讲究辞藻华丽的美学效果。

从文体角度考察，骈文、散文都是就其语言方式的大致概括，古人并没有当作具体的文章类别来使用，它们的名称出现都比较晚。“散文”一词最早使用于南宋，与之相对的是“四六文”。“骈文”一词使用于清代，与之相对的是“散文”或“散体”。四六文并不完全等于骈文。后来的“四六文”实际上是骈文的概称。

明代以前，有骈文别集而无总集。明代出现不少四六选本，多为公私应酬文字。清代仍有人以“四六”命名骈文专著，五四以后，学界通称骈文。

有人认为，骈文最早的名称是连珠。它对骈文形成有所启发，但并不等于骈文，也不是骈文的源头。连珠与骈文相似之处在于对仗和用典。不同之处是，连珠尚不成其为文章，每首仅几句话，表述一个简单的命题，只能算文章片断。真正代表骈文初始的文章，如蔡邕《郭有道碑》，仲长统《乐志论》，与连珠的差别是十分明显的。

二、骈文的界定

清代骈文号称中兴。骈文家为了与古文家争地盘，极力主张骈文自古有之，这种说法，从文体学看并不科学。

1. 骈文和散文

如前所述，以对偶句（骈句）为主的文章叫做骈文。与之相对，以非对偶句（散句）为主的文章叫做散文。作为句式来讲，骈散自来并存，往往互相搭配，自由组合。散文中可以有少量骈句，骈文中可以有少量散句。散文骈文之分不在骈偶对仗之有无，而在其数量多少。说骈句自古有之是对的，说骈文古已存在则不妥，因为句子不等于文章。倘若有对偶即为骈文，恐怕中国古代绝大多数文章皆可算作骈文了。

应该指出，骈文和散文的区别，不仅在

于对偶句的多少，还在于文章风格的追求。骈文中并不乏阳刚之美如骆宾王《讨武氏檄》，散文中也有擅阴柔之美如晚明小品。骈文亦可经世致用如陆贽，散文亦宜抒写性灵如公安竟陵派。究竟如何从美学上探究骈文与散文的不同，是一个有待开拓的新课题。

2. 骈文与辞赋

辞赋与骈文是并存的两种文体，各自有其独具的特色和产生、发展、变化的历史。二者有交叉关系，那就是六朝骈赋。至于汉晋大赋和抒情小赋，唐之律赋，宋之文赋，都不宜算作骈文。

骈文与辞赋的区别主要有以下几点：从修辞看，骈文以对仗为主，辞赋以铺陈为主；从句法看，骈文以对偶句为主，辞赋以排比句为主；从音律看，骈文有时要求平仄而不求押韵，辞赋除平仄外还要求句尾押韵；从题目看，绝大多数的赋以赋命题，骈文则没有固定的文体标志；从功用看，辞赋用于描写与抒情，骈文除此二者还可议论并充当应用文。

铺陈是指对事物或现象的方方面面作周详的描绘陈述。排比是指三个以上句型相同句意相近的句子连续使用，是实现铺陈的手法之一。如果只有两个句型相同句意相近的句子，那往往是对仗或曰骈偶，而不能叫排比。排比是对仗的增加，对仗有时是排比的组成部分。辞赋以排比为主，也不乏对偶句；骈文以对偶句为主，也可用排比句。

3. 骈文和八股文

有些研究者认为，八股文隶属于骈文，或称之为骈文的余绪，这是不确切的。

八股文是明清科举考试专用文体，又叫时文、时艺、制艺、经义。它起源于宋代，性质属于议论文，文体属于散文。因为是“代圣贤立言”，故尽量模拟先秦人说话口气。这样的文章，往往空洞无物，枯燥无味，矫揉造作，与极力追求辞章之美的骈文旨趣大相径庭。

人们之所以把八股文与骈文相联系，主要因为它也讲究排比。从文章学来看，八股文最重视的是章法，结构程式化，而不重视句法。它不是以句与句相对偶为特色，而是以段与段相对称为基本规范。

明清时科举考试是知识分子主要进身之阶。所以，凡科举出身的官僚，没有人不会八股，却有人不会骈文。今人认为八股与骈文有渊源关系，乃是轻信阮元重骈轻散以八股为“文之正统”之故。

三、骈文的文化内涵

首先，骈文既反映了中华民族讲究均衡对称的传统美学心理，也体现了同中求异的创新追求。

均衡对称的传统模式，最早可以上溯到八卦。是中国古代造型艺术的基本原则。骈文正是深深植根于中华民族文化土壤中的文学之花。

然而，仅仅认识到这一点还是不够的。任何一种艺术，如果一味追求均衡对称，势必呆板单调，缺乏生命力。所以，整体均衡之中可以有局部变化，基本对称之余也允许个别特出。既有偶，又有奇，既有大同，又有小异，这样才会丰富多彩。骈文之运用对仗，原理与此相通。这也是骈文对仗与律诗对仗区别之一。律诗对仗的字数固定为五七言，位置固定在第三四句和第五六句。骈文对仗比律诗自由得多，丰富得多。

其次，骈文重视用典，反映了作为古代士大夫的作者和读者，都具有追求古雅，崇尚历史知识的共同文化心态。

用典来源于举例引证，后来发展为带有比拟隐喻性质，以达到含蓄、委婉、典雅的修辞目的。用典是否妥帖、精巧、繁富，乃是古人衡量骈文水准的重要标志，也是显示作家知识学问的主要手段。典故的妙用，的确可以在极精炼的语词中，隐括一系列的人物故事，表达复杂的思想感情，避免平板的叙述，使作品具有象征性、趣味性，从而唤起读者连翩的浮想与无穷的回味。让有限的文学符号包容更多的信息，使读者的阅读过程也就参与再创作。这样的作品就能发挥出最大的艺术感应。

然而，要达到这一效果，必须有一个重要条件，那就是作者和读者具有互相理解的文化基础。今人之所以不大喜欢骈文，主要原因就在于语言障碍，不熟悉典故，缺乏必要的历史文化基础。这需要各方面努力，尽量缩小古今阅读差距，从而实现对骈文这份遗产的有效继承和利用。

第三，骈文讲究句调音节之美，充分发挥了汉字汉语的文化特质，具有与古代诗歌不同的韵味追求。

汉字是单音节字，一字一音，有声调变化，有双声、叠韵、重言等音韵上的特点，容易形成抑扬顿挫的音乐感。汉字是方块字，不仅字音字义可以整齐对称，而且字形排列也是整齐对称的，给人以视觉美、建筑美。汉语主要以逻辑次序表示格位及词品，并用副词、连词、语气词、助词表示时间、动态及感情色彩，这样就容易组成工整相对的骈偶，呈现出精致简洁的风格。

古代诗词曲可以用于和乐歌唱，故有相当严格的韵律规则。骈文主要用于朗读，它在句式和节奏等方面更注重吟诵效果。骈文选择四六言为主，是在朗诵中经过反复实践的结果。

为便于朗读，骈文讲究抑扬顿挫，缓急低昂，上抗下坠，尤其注重利用虚字显示轻重音和节奏快慢长短之别，从而呈现起伏应和的音乐感。为达此目的，古代优秀骈文家除了尽量发挥句子结构方面与诗歌不同的特点之外，还不惜突破通常的语法规范，不避重复，尽可能用句中虚字，这是骈文在用字造句方面与诗词的区别之一。

有的虚字无义，纯为声调而设，骈文家为追求音律美，既可以突破五七言诗的窠臼，也可以不受四六句的束缚。

四、骈文的兴衰

骈文的兴衰与上层统治者对待传统文化的态度大致成正比。

骈文发轫于东汉末年，与汉灵帝颇有关系。灵帝政治上昏暴，文学上却是有力的变革者。在他们的影响之下，文学艺术出现了新气象，质胜于文的旧作风开始变为文质相称的新作风。骈文正是这种转变的产物，与抒情小赋兴盛之关系尤为密切。

魏晋时期，骈文正式形成。对此起重要作用的首推曹丕、曹植兄弟。在其带动下，行文骈俪成为一时风气。西晋文坛巨子陆机，被认为是骈文奠基人，他的不少文章已是成熟的骈体。陆氏兄弟以及两晋之际的骈文高手刘琨等都是贵族出身。

南朝骈文臻于鼎盛，其倡导者主要是上层贵族。这些人物政治上也许不值得称道，文化上确实作出了贡献。北朝统治者是少数民族，对于以汉族文化为主体的传统文化不熟悉，故北朝骈风不盛，文多拙朴。北魏孝文帝提倡汉化以后，骈文写作才逐渐普遍。北周文帝宇文泰和隋文帝杨坚都讨厌骈文的形式主义，主张复古。然其子侄却是骈文的热烈爱好者。故二帝之复古未能成功。

唐初，太宗对传统文化特别是南朝文化尤为喜爱，周围18学士多是来自江南的文化贵族，故初唐骈风继续发展。中唐时期，新骈体的代表是陆贽。他位居宰相，所作骈体应用文（诏令表奏之类）是得到德宗皇帝的赞同的，因而在实际生活中发挥了巨大的政治作用。

北宋古文运动，再次给骈文形式主义以致命打击。古文得到宋真宗、仁宗、神宗的支持。

元代皇帝是蒙古族，不重视中原汉族文化。明初，朱元璋文化很低，曾对传统儒家经典进行粗暴的删禁。这是元明时期高雅文学诗词骈文皆处低谷的原因之一。清代，康熙、乾隆二帝对汉文化表现出空前的热情，花很大气力推动古籍整理编撰工作。骈文在清代出现“中兴”，与这种文化背景不无关系。

由于骈文是贵族文学，主要从古代典籍中吸取语言养分，故尔严重脱离广大群众的语言实际，应用圈子越来越狭小，源泉愈来愈干枯。清代的骈文“中兴”，虽然作家作品多了，读者范围并没有扩大，最后只好成为少数高级文化人把玩的古董。

（原载《文学评论》1996年第3期。原文12000字，邱摘）

白居易与李商隐

谢思炜

在中晚唐诗坛上真正称得上双峰并耸、凌轹其他的，是白居易与李商隐。二人交替发生的影响，从晚唐五代一直持续到清代，在北宋中叶以前甚至曾压倒杜甫。

一 白、李之交谊

商隐初次拜见居易，最有可能在大和三年四月至十一月间。此后至会昌六年（846）辞世前，居易一直未离开洛阳。商隐应举从幕，多次往来京、郑之间，路经洛阳，会昌五年又短暂归居洛阳，都有可能再与居易相见。

大中三年，商隐应景受之托，为居易撰墓碑铭。时距居易辞世三年，商隐刚结束桂海之游，任京兆掾曹参军。撰碑事景受本人也未直接出面，而是由杜翱秀才代为致意，撰碑谋及商隐，自是荣耀之事。何况商隐生前尚非这方面的“作家”，撰此文实为一特例。如此迂曲的请托关系，也显出撰者与碑主关系生疏的一面，当然，如根据所谓“嗜好矛盾律”，居易喜读商隐诗是完全有可能的。但因缺少材料，我们无法追究居易对商隐诗持何看法；而考察商隐如何评价和接受居易的影响，却是一个可以进行也很有意义的课题。

二 “怨刺”、“绮靡”之评

《太原白公墓碑铭》并未论及其诗文成就，连铭文中也只有“翊翊申申，君子之文”两句极含糊的赞词。这多少让人感到诧意。商隐诗文中也未言及居易及其创作。尽管商隐有关前代作家的评论都比较零散，但与之相比，他似乎还是有意避免了对白居易品头论足，以致《太原白公墓碑铭》的行文如此克制，置元稹等人已有的崇高评价于不顾，连客套虚誉也不愿轻易奉送。

对这位在当时影响至巨的诗人，商隐真能视而不见、不置一评么？事情当然并非如此。由两人诗风的差异来看，李商隐对白居易当然是有自己的看法的，只是碍于前席及门之谊，不便直接发表意见。他对本朝诗人的批评：“皆陷于偏巧”，是全称的，说明他很不满意于诗坛的现有状况。但是，他批评的重点：“推李杜则怨刺居多，效沈宋则绮靡为甚”，“推”者、“效”者，这只能是指在他之前的中唐一些诗人。

中唐“推李杜”者是谁呢？元、白不只是一般地推崇李杜的风格和成就，而且真正将李杜的精神（实际主要指杜甫）归结为“怨刺”。李商隐并非否定推崇李杜的一般论调（如韩愈《调张籍》），只是不满于这种仅强调“怨刺”的“偏巧”，这里的批评对象无疑即是元、白。中唐“绮靡为甚”者又是谁呢？最能当此“绮靡为甚”评语的亦非元、白莫属。李商隐批评的两个重点，即分别对应于元、白的乐府讽谕与风情感伤两类创作。他对元、白诗不但早有明确看法，而且评论相当全面，不点名地指摘了他们的种种不足。

当然，批评不等于全面否定。甚至对

"怨刺"、"绮靡"本身也并未否定，而只是对唯此种倾向"居多"、"为甚"，致使诗坛流于"偏巧"这种状况表示了不满。然而，他又并不认为元、白诗无论是讽谕还是感伤真的在内容上有何不妥，与其说商隐视元、白为必除之异端，不如说视为莫大之挑战。李商隐对当代诗文的批评是全方位的（惟一的例外可能是李贺），对前人的挑战也是全方位的，绝非仅仅针对元、白二人。他的抱负即是，弃各家之短，综各家所长，纠各家之偏，成"不系今古"之"兼材"。商隐之于居易，具有明显得多的挑战意识，而他因这种挑战得益于居易精神的滋育，也是毫无疑义的。

三　白、李诗论的差异与诗歌题材的承继

李商隐与白居易在精神上有哪些相通之处呢？最重要的恐怕正是那种以文章为己任的自负心情。居易在政途上比商隐要通显，"得名于文章"也显得容易一些；而更重要的是，对他来说，文章除为政事之用外，也为"闲适"之用，因此在因文章而得罪后，为文的兴味反而更浓，政事失意流衍为更多的闲适文章。在遭受挫折之时，李商隐却无法在文章中闲适，既"意分"已文不出于任何人之下，失望之极反而痛恨自己不如"不识字"、"不知书"。当然，他并没有真的弃绝文字，这种愤激之词不过表明他对文章之梦更为沉迷，比白居易更认真、更执著地视文章为己之生命罢了。

"言志"在白居易诗论中原居于次要位置，原因在于诗人主体在他的诗论中是受到抑制，从属于更高的"诗道"的。李商隐没有采用这种"诗道"观，"言志"可以说就是他论诗的最高纲领，因此他对诗人主体的看法也比较单纯，更强调个人对于文章的责任。由此来看，提倡"言志"，可以说是李商隐有意摆脱白居易和韩愈的道德诗教、道德文论的一个明显标志。因此可以说，从张扬个性出发，在有关文学道德意义的问题上，李商隐比起白居易是有所"退步"的。

但是，采用"言志"说，又表明李商隐并不排斥用诗歌来表达自己个人的政治愤懑和道德观感。李商隐的政治诗是基于自己为人的基本立场而产生的，并始终反映着他的人生和思想活动的一个重要方面。得益于杜甫、白居易以来的诗歌传统，他可以很自然地将士人的道德责任感贯彻在创作实践中。

因此，他的政治诗中有不少沉挚深厚的政治抒情诗，而不止于政治讽谕诗或批评诗一种形式，就总体精神而言，似乎更接近杜甫安史之乱前后的创作。

然而，另一方面，作者更好地将政治题材与其他个人生活题材创作协调起来，发展了由白居易揭示的某些倾向，将白居易身上暴露的某些矛盾转移到另一层次上寻求解决。因此，他既是白居易的挑战者，也是他的精神继承人。

在个人生活领域里，商隐诗中也有不少"绮靡"的爱情诗。但基本上没有与居易"闲适"诗相当的怡养自乐内容，完全回到传统文人诗的自我抒情方式。总的来看，在艳情和其他抒情诗中，李商隐确实贯彻了自己的"言志"主张，其抒情始终保持了相当的浓度和较高的品质，而没有流于庸俗和放任。

然而，就整体而言，在以上政治和个人生活两大领域内，商隐诗在题材上与其说有新的开拓，不如说有所收缩。他想向前辈元、白提出的挑战，并不在题材或内容方面，而只能在艺术风格和艺术手段方面。

四　白、李诗风差异的意义

综上所述，商隐诗就其创作意图或实际内涵而言，原与居易诗类似，也有明确的题材分划，基本可分为政治讽谕、身世遭际与艳情三大类。但这三类作品不仅在内容上有所交叉，在同一篇作品中有可能同时涉及两

类主题，三类作品中都有相当数量的虚渺隐曲之作，在风格和语言表现层次上相互接近，因而给辨认题旨带来很多困难。

首先来看政治诗。商隐的早期诗作仿效的出发点正是白居易，而后才上溯老杜。此外，商隐在同一时期还多就与自己关系密切的人物事件来抒写政治忧愤。这种写法正是居易讽谕诗中所缺乏的，而直接源自杜甫。

然而，最能体现商隐政治诗特色的实际是他的咏史诸作。这类咏史诗的语义指涉至少包含三个层面：诗题所示（即诗人表面揭示）的史实或主题，诗中连类言及或有意错易的各项史实，与以上两类史实对应、诗人意中所指的现实。这最后一个层面是完全隐含的，政治讽谕变得如此隐蔽深曲，确实是白居易乃至杜甫诗中都未曾见的。

简要地说，从白居易到李商隐，政治诗变得隐曲化了（至少是部分地），此外还从较多的客观揭露转向较强的主观抒情。这是一种局部性变化，我们可以将此局部变化与两人政治境遇乃至生活态度的变化联系起来。政治诗在白居易手中反映了作者有能力在政治上扮演主导角色的自信心，他所重视的仅仅是诗的效果，而不是诗本身。李商隐已失去了“政治”，被逼无奈下将政治热情转移到“作”诗活动中。李商隐完全有必要将政治“诗”本身写得更“美”或更隐曲一些。这不可避免地在相当程度上失去了元、白政治诗的客观叙事效果，政治性、史实性均相应地有所减弱。

再就艳情题材来看。商隐早年在本质上与元、白等中唐士人并无不同，他也染有同样的时代和阶级风习。然而，在其后的创作中，商隐的情诗也和其政治诗一样，呈现为一个逐渐转深、逐渐隐曲的梯级，普遍采用了比较特殊的象征隐喻方式，将真实本事逐渐掩盖起来。借此混淆不但使原来显得平庸的恋情崇高化、美好化，而且也对作者其他言及个人身世之作的涵义发生影响，使其精神世界在整体上变得更为深邃，更富于层次。

连接上述政治与艳情两类题材，在商隐诗中居于中心突出地位的，正是他的自抒身世之作。反观白居易，则其诗中显然缺少一个如此鲜明强烈的主体抒情形象。白诗中的主体形象，过多地偏向于闲适诗中的知足保和思想。然而，随着世风和士风的移改，对李商隐来说，继续这种描写却显然不再具有这种积极意义。李商隐对元、白诗风最感厌烦之处大概正在这里。然而事实上，他的另一些如实抒发个人失意伤心的作品，很容易流入琐屑之情，这类作品在商隐诗中也不在少数。商隐诗也有两副面孔，正是为了改变自己的现实形象，他必须在诗的总体风格上作出另外选择。

于是，李商隐的全部诗作，包括政治、艳情和身世之作，在整体上同样呈现出一个“作”意逐渐加强、诗意逐渐隐曲同时亦逐渐虚化的变化过程。他很少纪实性地记录自己的思想活动，尽量避免个人日常思想活动的简单直接交待，于是诗的世界与诗人的现实生活形象便相距甚远了。

其实，从修辞角度看，白、李之诗同属于“绮靡”一路，而与商隐所攻击的另一类“枯槁寂寞”诗风相对立。所不同的是，商隐诗转向更纯粹的语义世界，减少并弱化了与事实世界的关联。白、李两人的所谓“俗”与“雅”、轻浅与幽深、直叙与象征之别，最终反映了这种对待语言与现实关系的不同处理。在士大夫共同的好文倾向中，李商隐更自觉地转向了语言本身。他不再要求世俗群众的认同，也不再需要世俗群众所喜闻乐见的叙事铺排形式，因为那只会把他拉回到庸俗世界中。这正是造成白、李诗风差异的更深层原因。

更进一步来看，这种差异则标示着唐诗中自我形象演变的一个新阶段。在竭力超越世俗现实的意义上，可以说李商隐又回到了李白（难怪“三李”常被相提并论）。但他却没有采用李白的自由我膨胀、自我夸大而超越于现实的方式，因为他已经不可能具有李白的浪漫气质。商隐诗中自我形象的超越主要是通过语义转换来实现的，不是物理的扩大，而类似于化学的提纯。在另一方向上，由这个飘浮的、虚化的自我形象再走下去，大概又应是自我的淡出，于是司空图又开始称赞王、韦的“澄澹精致”。

还须补充的一点是，在商隐诗中确实已出现了一些被称为“西昆恶道”的诗作（《喜雪》诗何焯评）。这些作品不能被看做是作者的偶然败笔，而是商隐全部创作倾向的合乎逻辑的发展。虽然在艺术品格上与其相距甚远。事实上，这种补假挦撦习气周期性地出现于中国文学发展中，而每经一次反复都会变得更为精致而普及。在此意义上，商隐诗也恰恰成为唐诗的总结，李商隐是由自我的失落、虚化而达至这一纯修辞层面，而宋初的西昆体诗人则直接由精神的无聊而进入这一层面。

无庸讳言，与白居易相比，李商隐已失去太多的东西。然而，除了杜诗韩文所代表的道德意识外，这两种自我——居易诗的自我和商隐诗的自我——无疑都是后代读者大众所需要的。

（原载《文学遗产》1996年第3期。原文12600字，邱摘）

论泛戏剧形态

黄竹三

在研究中国戏曲发展史时，我们会注意到这样一种现象，即中国戏剧从起源到最终形成，其间经历了数百年乃至上千年之久。在这段时间里，社会生活中有种种类似戏剧但又不完全是戏剧的表演，在探讨戏剧发展历史时常常提到它们，却无以名之，这类表演，我们不妨称之为“泛戏剧形态”。

泛戏剧形态不仅存在于戏曲形成之前，在戏曲形成之时乃至形成之后，它们也仍然存在并不断出现，与成熟的戏曲同时共处。因此，我们在研究中国戏曲史时，将泛戏剧形态作为一个独特的体系来理解，是极有必要的。

一

中国戏曲形成于宋金时期，其前已有种种泛戏剧形态的存在，可以这样说，戏曲的形成源于泛戏剧形态。

泛戏剧形态的种类繁多，渊源各异，出自古代民众多种多样的宗教、民俗、文化娱乐的需求。

首先是宗教祭祀的需求。古代的祭祀常常由“巫觋”装扮成“灵保”，随着祭祀活动的演进，最初单纯的呆板的装扮变成了活泼的、有生命的扮演，从而敷衍出种种矛盾冲突和情节，于是，宗教祭祀就出现了故事表演成份，逐渐蜕变成泛戏剧形态。

其次是民众文化娱乐的需求。古代歌舞，如使其角色化，加以装扮，用于表演，就可以发展成以歌舞为主的泛戏剧形态。

民众文化娱乐中，除歌舞外，还有优伶装扮、说唱和其他技艺表演。优伶装扮，装扮者“嬉亵过度”，这就成了以说白为主的泛戏剧形态。说唱也可以演变成泛戏剧形态。先秦两汉的其他技艺表演——百戏，其中一种“角觝”，也是泛戏剧形态的一个来源。各种类别不同的泛戏剧形态，成为一个庞大的演出集合体，为戏曲的形成奠定了基础。

二

在戏曲形成之前，泛戏剧形态的演出是众多的，根据其渊源和所包含的艺术因素，可以区分为以下三类。

一、*以歌舞表演为主的泛戏剧形态。*

这类泛戏剧形态，从先秦歌舞发展而

来，在两汉魏晋南北朝时期颇为繁盛。早在先秦时期，即有《大武》之舞，其舞蹈动作具有象征意义，表现了一定的叙事倾向。至汉，叙事性歌舞得到发展，汉乐府《相和歌辞》中部分歌舞即属此类。这类叙事性歌舞，由于所叙情事不同，所装扮的不一定是生活中的真人，也可扮演神话传说中的神人和兽类。装扮人物的歌舞，至晋，则有《公莫舞》和《礼毕》。隋代，也有类似表演，它们多饰为妇人而歌舞。这类装扮妇人的歌舞，源于三国时的“辽东妖妇”和南北朝时的“作女儿子”表演。它们最初只装扮人物，后来才融入故事，逐渐衍成歌舞戏。歌舞中融入故事，已然是泛戏剧形态了。

二、以假面表演为主的泛戏剧形态。

假面表演最早可追溯到远古时代的宗教祭祀活动——赛祭和傩祭。从先秦到汉唐，傩祭发展为傩舞。这些假面表演，属拟神一类，自汉至唐，绵延不断。其间，某些地区也有一些变化，但也不离拟神假面表演。

假面表演的另一种情况，则是拟兽。盛行于两汉魏晋南北朝乃至隋唐。这些拟兽假面表演，有一些是带故事情节的，显然也属泛戏剧形态。

还有一类假面表演为拟人。“代面”亦作“大面”，是一种假面歌舞优戏，自北齐至隋唐经常演出。代面表演的一个有名剧目《兰陵王》，描写北齐世宗高澄第四子兰陵王长恭英勇杀敌的故事。

“代面”非止《兰陵王》一种，唐·段安节《乐府杂录》专列大面戏一类，唐·薛道衡诗也记当时假面演出：“假面饰金银，盛服摇珠玉”（唐·薛道衡《和许给事善心戏场转韵》诗），也当属拟人的假面表演。

三、以说白为主的泛戏剧形态。

这类泛戏剧形态，渊源于先秦时期的优伶装扮人物，即所谓“优孟衣冠”者。优伶表演，初以声口动作模仿真人，其后向装扮人物以演故事方向发展，由单人模仿进而为双人、多人饰扮，由谏讽帝王变为讽刺臣下。同时开后来“弄假官”类以说白为主的泛戏剧形态的先绪。

“弄假官”在隋唐时期颇多演出。唐·无名氏《玉泉子真录》载崔铉家僮扮崔铉周旋于妻妾间以为笑乐的扮演，就属此类。

“弄崔铉”中，有一类为“弄参军”。“弄参军”最早见于南北朝时。到了唐代，这类表演繁盛，不仅专名单列，而且有固定的“参军”、“苍鹘”角色，以言辞相辩难，滑稽调笑，形成独特的表演形式。

除“弄参军”外，“弄假官”后来又衍生出“弄孔子”、“弄假妇人”、“弄婆罗门”、“弄神鬼”、“弄三教”种种，它们都装扮人物，以说白、动作相戏弄，因此都属同一类泛戏剧形态。

以上泛戏剧形态种类，乃择其大者而述，其实类型更多，从西汉至隋唐，它一直在民间、宫廷演出。各类泛戏剧形态，其自身有一定的承传关系，但类与类之间，却无嬗变轨迹。

三

泛戏剧形态不仅出现在成熟戏剧形式之前，而且在戏曲形成之时也依然存在，它伴同初生的戏曲广泛地在民间演出，使之从原始自然状态向统一体制方向过渡、发展。

公元10世纪中叶到13世纪后期的宋金时期，社会状况出现了较大变化。随着手工业和商业的发达，城市人口大大增加，城市不仅是政治活动的中心，而且成为经济活动的中心。这些变化，有利于城市伎艺的演出，有利于戏曲艺术的形成和发展，宋杂剧和金院本的出现，就是社会状况变化的产物。

宋杂剧和金院本并未形成统一的艺术体制，而只是一个丰富的艺术综合体，其中包括许多不同的艺术形态，不同风格特点的表演形式，既有初臻成熟的戏曲，也包含各种各样的泛戏剧形态。

一种是偏重于歌舞的。这类剧目的剧名大多缀有大曲、法曲或词牌名，有关故事的表演只作大概的比划，很难说是成熟的戏剧，只能视之为泛戏剧形态。它们是宋以前歌舞戏的延续。

另一种偏重于假面表演。主要装扮神鬼或相貌怪异的人物。现存部分宋金戏曲文物中，也可看到当时的种种假面表演。此外，宋代笔记小说中也记载元宵节时表演的“大小全棚傀儡”节目演员化装为“假面披发”、“戴面具金睛”、“假面长髯，裹绿袍靴简”、“假面异服如祠庙中神鬼塑像”；驱傩时、“圣节”（皇帝诞辰）供盏献艺时演出亦为假面舞蹈；禁中大宴时表演“全场傀儡”。以上假面表演也承接宋以前的假面泛戏剧形态而来。

第三种是偏重于说白，滑稽成分较多的。这类演出，宋金杂剧中所占比例最多。在宋金笔记小说中记载也很多。

应该指出，宋金杂剧中还有一类是偏于故事表演的，这是接近成熟戏剧的一支，是元代北杂剧的雏形和前身。它们和上述三种泛戏剧形态的剧目同时在宋金城市农村的勾栏、戏台上演出，彼此相互影响。相比较而言，泛戏剧形态的表演更多，它们的广泛演出，导致了初臻成熟戏剧的出现，使它向多种艺术融合的方向发展。

四

戏曲这种综合的戏剧形式形成以后，泛戏剧形态依然存在，伴随着戏曲形式的演进，它也表现出种种变化状态，在不同的场合下呈现于世人面前。

宋金以后，元代北杂剧繁盛，泛戏剧形态常常与杂剧在舞台上共演。元·杜善夫散曲《庄家不识勾栏》反映了这种情况。

泛戏剧形态有时也融进杂剧中演出，成为杂剧不可分割的组成部分。最有代表性的例证是元杂剧《飞刀对箭》中张士贵上场自报家门，即成套搬用了金院本《针儿线》。这种情况在元杂剧中颇为多见，南戏亦有类似情况。

这时期的泛戏剧形态，除了部分融入古代戏曲样式如杂剧南戏外，也有一些散落于宗教祭祀活动中，成为赛祭和傩祭演出的节目。

明清以来，地方戏勃兴，一些剧种源于古代传统戏剧形式，另一些则从民歌、说唱演变而成。在民歌与说唱向戏剧演进中，其过渡阶段的表演其实也属泛戏剧形态。比如评剧、沪剧，此外花鼓、花灯、采茶等戏更是各地民间歌舞演化而成，中间吸收别的剧种的剧目、表演方法，而在发展过渡阶段，其实也都属泛戏剧形态。

五

那么，为什么泛戏剧形态能够长期存在，不仅在戏曲形成之前频繁演出，而且在戏曲形成之后仍活跃于民间呢？这主要有以下几方面的原因。

一是它简易可行，可以满足古代民众文化娱乐的需求。其演出场所要求不高，可随处作场，人数需求较少，远逊大型乐奏和群舞，因而可以随时随处演出。

其次是泛戏剧形态具有鲜活的审美特征。较之歌、舞、乐、技、调谑等，它具有可视、可听、有悬念、有趣味的独特性，能满足民众的耳目等各方面感官的审美需求，从而得到他们的认同。受到不同层次、不同趣味要求的民众的欢迎。

再者是一种文化娱乐形式产生之后，便具有相对的独立性，也具有其延续性。在艺术丰富性较高的戏曲形成之后，这种相对原始简易的演出同样还有一定观赏市场。它们生存于民俗的肥沃土壤之中，随着民俗的持续存在，也就长期保留下来。

六

作为在戏曲形成之前已长期存在的“泛戏剧形态”，它是从总体上导致了中国戏曲的形成，并决定了中国戏曲的一系列特点。因此，将这一形态作为一个整体，去寻找这个“板块”同中国戏曲之间的渊源关系就显得极为重要。

在戏曲形成并繁荣后，泛戏剧形态部分消失，部分继续存在，部分在新的土壤中滋生，它们或融入已成熟的戏曲，成为其组成部分，或由它萌发、演变成新的剧种，这都对戏曲形式的丰富、种类的繁衍起着推动作用，泛戏剧形态这方面的意义，是不应忽视的。

（原载《文学遗产》1996年第4期。原文12500字，邱摘）

楚地帛书敦煌残卷与佛教伪经中的伏羲女娲故事

吕　威

一

运用人类学的田野材料与历史学的文献材料、考古学的实物材料相互参证的“三重证据法”来研究中国神话，这一始自芮逸夫、闻一多的划时代的方法革命，至今具有典范意义。在此意义上可以说，正是三四十年代中国学者对同胞配偶型洪水故事的研究，将中国神话学推向了成熟的阶段。

60年前，芮逸夫曾说过，伏羲女娲兄妹婚洪水神话究竟发生于汉族还是苗族？“这个问题的肯定的答案，恐怕是永远不会有的”，因为虽然可以肯定二者之间存在着复杂的传播关系，但历史并没有留下任何这方面的记录，因此有关伏羲女娲“族属”的研究只能“从神话学的观点上来加以推测”。

但是随着出土文献的不断发掘与释读成功，当年神话学所作的推测现今已可用上述材料加以验证。有鉴于此，本文企图重新回到历史学的立场，依据古代（包括出土的）汉语文献材料，重温华夏——汉民族同胞配偶型洪水故事的种种异文，以考察该类型神话在历史上（中古以前）的传承和变异。本文注意利用楚地帛书、敦煌残卷和佛教伪经等以往神话学者较少使用的材料，以期对这一课题有进一步的开掘。

二

尽管有伏羲女娲对偶神起源于周秦、甚至商代的假说，但征之传世汉语文献，似乎伏羲神话和女娲神话最初是分属于两个独立的系统。

先秦文献中，女娲之名似较伏羲之名出现得更早。

伏羲女娲在先秦时代“互不统属”的另一个证据是古代的“神画”。

屈原的《天问》问到女娲，却没问伏羲，可见楚国庙堂壁画中本没有伏羲的形象。

至于《山海经》，初成书时也配有《山海图》，甚至“经”本身即是对“图”的文字说明。《山海经》同《天问》一样，只言女娲，不言伏羲。

但是针对传世文献所作的形式分析得出的上述结论，近年来却由于出土文献研究的新进展而遭到严厉的质疑。特别是长沙子弹库楚墓帛书乙篇的释读成功向我们展示了战国中晚期在楚地民间流传的一则伏羲女娲创世神话的文本，从而将伏羲女娲对偶神话最早记录本的上限提前到了先秦时代。

帛书全文大意是说，创世之初，天地混沌（茫昧）无形（亡章），风雨大水，伏羲娶虘退□子之子女娲，生四子，协助禹和契平水土（司堵，即司土，治水之官），其时风雨震晦，洪水泛滥（泷汨渊漫），九州不平，世界乱作，且尚未有日月，四子（四神）乃立四至（四极）以承天覆，并以步测时，其后又经过炎帝、祝融、帝夋、共工等人的多次整理，并为日月之行，有了四时之分，才最终完成了创世工作。

显然，上述记载与传世文献中的伏羲女娲故事均不相同，是传说的另一种异文。这是我们目前所能见到的、最早的、完整形态的中国同胞配偶型洪水故事的记录，尽管是绘画的形式。

据闻一多说，伏羲女娲的本义均为葫芦，那么伏羲女娲是如何又获得了蛇的形象的呢？这与伏羲女娲均为洪水创世之神，从而与夏代的禹塗山洪水创世神话及双龙神话相重叠的结果。

中国古代崇拜双蛇由来已久，商代就盛行对双蛇（蚰）的“燎”祀，夏代也是崇拜虫类神物的，“禹”字的构字成分本身就含有虫，正是以此，汉代人才将伏羲女娲双蛇交尾的形象刻画在送魂幡和墓壁上，为的是指引亡灵重返创世时刻，获得再生。在汉人的神画中，伏羲女娲持规矩、举日月，验之以楚帛书，表示方圆之天地及日月都是他们创造或再造的。

汉晋时代流行的兄妹（或姐弟）为夫妻并为创世神、始祖神的观念是一种十分古老的神话观念，不唯东南亚文化圈独有。实际上，世界各民族大量流传的创世神话和英雄神话中，血缘婚姻往往都是其中的核心母题，因此同胞配偶这种古老的世界性观念绝非文明的汉代人所能臆想，而应有着得自远古的传承，华夏——汉民族的同胞配偶型洪水神话发生甚早，其中各部分的情节单元并非是在后世（如汉代）才由不同来源拼接而成的。

洪水神话通常被神话研究者归入创世神话，洪水神话自身也分两种类型：初创世型和再创世型。两种类型的洪水神话之间其实并无不可逾越的障碍，在传承中二者可以同构并存，成为略有差异但血缘婚配的主人公同为创世之神或人类始祖的异文。正是以此，大洪水和血缘婚才能在神话中同被置于创造之初，并成为叙事中可相互置换的创世母题。根据民族学的实证调查和神话学的逻辑分析，我们推断：在楚帛书所载初创世型洪水神话之外，当时可能还流行着以伏羲女娲为洪水遗民的再创世型洪水传说；而且认定同胞配偶作为洪水——创世神话情节单元的结构性和原初性。

三

洪水神话持文化的衰竭论观念，认为在时间上越是远离创世年代，人类文化的生命力越是衰竭，为了再造人类，神有时又不得不在原有人类中选择“人种”，人种往往是一对年轻的生命力旺盛的血缘兄妹（或姐弟，有时甚至是父女或母子）。

先秦儒、道两家所持历史退化观均脱胎于洪水神话，特别是五千言《道德经》重返创世的思想完全是惩罚型洪水神话的哲学表述，而“道”就直接是“混沌”的置换词。

比较而言，汉代伏羲女娲洪水创世神话的深刻程度要远逊于先秦儒道的洪水文化论，汉代是一个充满自信的时代，文化上的危机感反而不如诸子时代强烈，因此汉代人在采录民间神话时并没有更多地发挥其中文化论的内涵。

重新挖掘民间洪水故事中的文化论价值是佛教传入华土以后的事。

古代印度最著名的洪水神话是公元前十世纪前后形成的摩奴与神鱼的故事，至迟在三国时期已由居住在吴国的康居人康僧会在其编译的《六度经集》中介绍到中原，只不过摩奴的名字换成了菩萨，鱼换成了鳖。

《六度经集》将印度洪水故事介绍到华土之后，影响所致华土的洪水神话传说发生了重大的主题变革。因此我们不得不考虑魏晋以后人们重新挖掘洪水传说中的文化论和道德论因素是受了印度思想影响的结果。

过去一般认为汉族地区同胞配偶型洪水故事的最早文字记录本出自唐代李冗的《独异志》，近年则由于在敦煌遗书中发现了六朝时期汉民族的洪水故事，故该类型故事的最早文字记录至少要提前到六朝时期了。

敦煌残卷中的伏羲女娲洪水故事有几点值得特别注意：

第一，说明了洪水发生的原因是"天"为了惩罚"人民"之"恶"，而伏羲女娲能够"存命"，是因为他们"有德"。

第二，二人于洪水中能够存命，还因为他们曾穿着龙衣到天上避难，这样就理性地解释了汉代关于二人龙身蛇躯的传说。

第三，出现占婚的情节。

第四，该传说认为，伏羲女娲为洪水后各民族的新一代共同始祖。

第五，该故事与梵经及佛经中的印度洪水故事有较大差异，可以推断伏羲女娲兄妹婚型的洪水神话是一个印度佛经洪水故事传入之前本土已有的传说。本世纪30年代芮逸夫等人在湘黔交界处发现的苗族人口承的洪水神话就是这个故事的异文。

不言而喻，《天地开辟以来帝王纪》中的伏羲女娲洪水故事也受到佛教思想的影响。魏晋直到隋唐，借本土固有的民间传说来宣讲外来佛教思想的作法十分普遍，如当时盛行的"伪经"。所谓"伪经"是指中土高僧假托"佛说"并借汉文翻译形式撰写的佛教经典。这类伪经在面向下层民众传播教义时，往往将中土民间信仰的神祇拉入佛教诸神的体系，以利于民众接受，达到"传经送宝"的目的。由于汉代以来伏羲女娲在民间信仰中具有强大的势力，故伏羲女娲就经常在这类伪经中摇身一变成为如来麾下的菩萨。被频繁引用的《须弥四域经》、《十二游经》和《造天地经》就是这类伪经中的几部。

唐代以后，日本僧人撰、注的伪经中也多引《须弥四域经》中伏羲女娲化为菩萨的说法。

《须弥四域经》和《造天地经》在言及伏羲女娲时均未将其与洪水故事联系起来，然而却有伏羲女娲造日月的说法。在《天地开辟以来帝王纪》中也有菩萨造日月的情节，但菩萨却不是伏羲女娲。比较诸"伪经"与《帝王纪》的异同，可见东汉至唐代，印度、西域传入华土的佛教文化与华土本有文化相碰撞的一斑。"伪经"代佛陀立言，在吸收华土固有文化时当然有所选择，注意不与"真经"相抵触。佛经中本有完整的洪水故事，华土固有的同胞配偶型洪水故事与之相比非同一类型，故伪经于伏羲女娲洪水故事只取其人而舍其事；佛经中有菩萨造日月的故事，华土亦有伏羲女娲造日月的传说，二者一拍即合，于是伏羲女娲一变而为菩萨。而《帝王纪》就没有假托"佛说"的顾虑，尽管吸收了佛经中的部分内容，但主要还是讲的本土故事，故于伏羲女娲洪水神话尽述无余。

中古时期本土的道教经典也记录了伏羲女娲洪水故事，进一步证明了伏羲女娲兄妹婚型洪水故事的本土古老性质。

唐代，伏羲女娲兄妹婚洪水故事流传极其广泛，李冗的《独异志》留下了其中之一种"初创世型"的记录本，至今学者经常引用。

除了李冗《独异志》采录的文本，唐代后期还记录了伏羲女娲故事的其它两种异文，这两种异文都只各有一个片断，但对《独异志》的文本具有极大的补充作用。

其一，见于唐人所撰的地理志书《十道要录》。这是一篇重要的异文。说明伏羲女娲二人是站在两座山头上抛物占婚的，这在现代采录的兄妹婚洪水神话中是一个常见的细节。焚香气合的情节与李冗《独异志》所录亦十分接近。

其二，见于晚唐五代杜光庭的《录异

记》。该记载虽未明确“抟土为人民”的是谁，但从伏羲庙和女娲庙同在一处来看，抟土造人的很可能正是他们二人；其次，该记录虽然也未提到兄妹婚的情节，但据当代采录的一些同类型伏羲女娲兄妹婚民间故事有吸收汉代女娲单独抟土造人传说，使之成为兄妹婚神话故事中情节之一的现象，我们不能排除这种移借在唐代就已出现的可能。

四

广泛流传于东南亚洲的同胞配偶型洪水故事发生的“族属”问题，至今难以确定，目前仍没有任何证据可以说明在中国本土该故事从一个民族或地区向另一个民族或地区传播的具体路线，因此这个问题仍然是一未解之谜。但从目前所掌握的材料看，伏羲女娲兄妹婚洪水故事作为世界性洪水神话的中国生成方式，首先完善于中国本部的中原地区，还是较为谨慎的结论。

使用现代采录的口传文本构拟古典神话阙失部分时需持十分谨慎的态度，因为口传文本不一定就是该文本原始形态的忠实“遗留物”。因此全世界同胞配偶型洪水故事本身的基本结构的原初性仍须考古材料的支持方可得到终极证明。目前，中国考古学正在取得重大进展，而终极证明之可能即存在于中、外考古学的比较研究之中，而中国的材料将对这一世界性课题的研究作出独到的贡献，当年芮逸夫提出的问题有望获得一圆满的解答。

（原载《文学遗产》1996年第4期。原文13500字，邱摘）

中国古代小说发展的原动力及制导机制

——中国小说发展论之一

石昌渝

五四新文学运动用西方文艺理论的“文学”概念将传统的各种文体进行新的分类，其好处是把传统文论不肯承认其合法地位的戏曲小说等通俗文体接纳进文学殿堂，阐发了各种文体的共性即文学性，而它的不足则是忽略古代文体的个性。忽略文体的个性，必然会导致对各种文体源流的误解，造成用现代“文学”概念来规范古代文体的削足适履的结果。要求不同文体执行一律的文学职能，就等于取消文体的多样性，最终导致文学的单调和凋零。

然而传统文论虽然注意区类文体，却一般停留在题材和作风的层面，鲜能深入到文体的内部机制。文体种类由简入繁、由少增多，是由社会生活的发展，人类精神的发展和日益增长的精神需要所决定的。除原动力之外，一种文体的发展必定存在着制导其发展的内部因素。不同的文体，其制导因素也不相同。本文即试图分析小说的原动力以及制约小说文体发展的诸因素，以探寻小说不同于其他文体的本质之所在，探寻中国小说何以有如此形态的发展历史。

一

小说的产生，远远在诗歌和散文之后。如果说因情感抒发的需要而创造了诗，治政宣教的需要而创造了文，那么娱乐消遣的需要则创造了小说。讲故事的传统可以追溯到上古时代，口头故事和书面故事尽管只有一纸之隔，在那漫长的岁月中，文人并非没有听过和没有讲过故事，但他们没有用文字将口头故事变成书面故事，这是因为存在着观念的障碍。传统观念认为文章乃经国之大业，用文字记录娱乐性故事，岂不是对经国大业的亵渎？

诚然，唐代以前也有一些文字记录了口传故事，但它们决不是为娱乐而记录。所以，传统目录学把“小说家”或者附属在子部，或附属在史部，意谓或有益于洁身理家，或聊补史著之不足。

有论者把中国小说的发轫提前到汉代，甚至更早，正是忽视了小说的原动力问题。原动力并不是抽象的存在，它在文本中有深刻的烙印。以娱乐为宗旨（不排斥含有教化和认识的因素）的小说，一是驰骋想象、恣意虚构，二是文笔铺张、篇幅较长。唐前的“小说家”则是坚持实录、排斥虚构，文字简古、篇幅短小。试举同一题材，看一看唐前“小说家”如何写，唐传奇如何写，就不难辨别二者的差异。

不能否认，唐前的“小说家”，杂事也好，志怪也好，都程度不同的含有文学的因素，从叙事传统来说，它们孕育了小说，或者可以说是“古小说”、“前小说”。从“古小说”“前小说”转化为唐传奇，推动其转化的力量就是娱乐。这里所指的娱乐，是以文字为媒体的娱乐。文人之娱乐消遣自不从唐代始，但只是到唐代，文人才敢于拿文字作为游戏消遣之具。文人敢于游戏笔墨，与唐代的精神文化直接相关。唐代是一个开放的思想多元的时代，以往的主流意识儒家思想已衰微不振，儒家文道观也失去了主宰文坛的力量。唐代文人用文字消遣已没有什么顾忌。

唐传奇大多是士大夫贵族“沙龙”闲谈的产物。韦绚说他的《刘宾客嘉话录》就是刘禹锡客厅上闲聊内容的记录，《长恨歌传》得之于游宴，而《任氏传》、李公佐的《古〈岳渎经〉》闻之于旅途，其他如《李娃传》、《王知古》、《莺莺传》、《冯燕传》等等，也都有得之于闲谈的记载。

曾有一说认为传奇小说可作行卷，以博取功名之用，有证据证明，传奇小说因其虚妄，作为纳卷呈献礼部，反而坏了科举。可见纳卷、行卷的内容必须有关“经济”（经时济世），是明道的文字，决非游戏笔墨如传奇小说之类。

白话小说由口头文字“说话”转变而成，其娱乐的宗旨比传奇小说更为显明。“说话”是宋代勾栏瓦肆的娱乐项目，它是一种伎艺，它从口头到书面，除了造纸业和印刷业为转化的条件之外，并不存在观念的梗阻，娱乐宗旨一以贯之。南宋初话本小说的文字大概不具可以进呈御览的水平，现存的宋元话本都已经后人修饰润色，然而情节和语言还是相当稚拙粗糙，至少可以证明话本小说是为娱乐而作的观点为社会共识。

二

娱乐是小说的原动力，但小说的发展却不单一受动于娱乐，单一娱乐的作品也许可以活跃一时，却没有长久的生命力。只有那些既有娱乐性而又寄寓着理性内容的早期话本，如《错斩崔宁》、《碾玉观音》等才有恒久的艺术魅力。小说的理性内容就是故事情节所蕴含的有关人生和社会的某种因果关系（必然性），它使读者在娱悦之后欲罢不能，不能不进行思考，这种思考就是教化的过程。

娱乐与教化，中国小说在这个矛盾的制约下经历了曲曲折折的发展途程。

六朝“古小说”受娱乐的驱动转变为唐代传奇。唐代传奇为娱乐而作，却不是为娱乐市场而作，它是为文人消遣而作，却不是为迎合市井趣味而作。也正是这种寓教于乐的特点，使得唐代传奇成为中国小说的高峰。

《谢小娥传》着眼在道德的淳化，《任氏传》寄兴于情感的提升和净化，还有其他方面，如《长恨歌传》以古览今，《周秦行记》用以党争，《杜子春》、《薛伟》渲染宗教情绪，等等。

总之，唐代传奇在它创始之初，教化就伴随着娱乐。单一娱乐的作品如《游仙窟》之类只在少数。它的作者和读者的成分决定了它先天下缺教化的因素。唐代传奇的危机在于教化的过分强调，在于对娱乐功能削弱和取消。唐代的文体类别已经比六朝复杂，更不用说与汉魏、与先秦相比，要求唐代所有文体一律承担明道载道的使命，不区别传奇、史传、论辩等，这就是对文以明道的绝对强调。

中唐时期社会在安史之乱后稳定下来，但是表面的中兴气象掩盖不了内伏的危机。敏感这种形势的文人，认为衰弊与世风有关，而世风又在教化，教化的责任便落在文章之上。这样，文章应当是政教的工具的主张便提出来了。在韩、柳之前，独孤及等人就已提出这种工具论，在独孤及看来，无论何种文体，都必须宗经明道以为教化之用，传奇小说自然不能例外。

在传奇小说盛行的年代，像韩愈、柳宗元这样的古文运动的主将也不免受其感染，韩愈写有《毛颖传》和《轩辕弥明传》，柳宗元写有《李赤传》和《河间传》。应当说他们的传奇因为过于寓意托讽，已失去小说意味。这四篇作品的共同性是寓意鲜明，情节和人物均概念化，一点也没有背离他们主张的“文以明道”的原则。但是，当时就有人用“文以明道”的原则来批评它们。从而引发了一场著名的争论。韩愈、柳宗元极力申述作品意存讽喻，有益于世，但不能否认虚构和戏谑，也就是不能为作为文体的传奇小说辩护。传奇小说在当时地位的尴尬可想而知。

在这种“文以明道”思潮的冲击下，文言小说又退回到史部和子部的屋檐下，传奇小说的创作使命从此下移给中、下文人，形成传奇小说逐渐俗化的历史趋向。

白话小说从单一的娱乐进步到寓教于乐，经历了漫长的岁月，直到明代中期由于一批重视通俗文学的文人的提倡和参与，白话小说才从粗俗的读物提升到可以与诗文比肩的地位，才实现了这个进步。以《三国志通俗演义》、《水浒传》为先导，明代嘉靖以后产生了《西游记》、《金瓶梅》，以及“三言”、“二拍”、《型世言》等一大批享誉古今的小说巨著。

小说亦有益于风化，明代中后期已成为社会的识见。认为娱乐乃人之天性，小说既可娱乐，又可担负六经使命，寓教于乐，因其势而利导之，可以达到治俗的目的。

娱乐是小说的原生性功能，教化是小说的第二性功能，是建立在娱乐之上的、又比娱乐更高级的功能。没有教化的娱乐只是一种感官享受，它不利于身心健康，也行之不远；没有娱乐效用的教化，那就只是教化。文人参与白话小说的创作开创了明代中后期小说繁荣的局面，但随着对教化的不适度的强化，白话小说开始出现忽视娱乐性，也就是忽视小说的故事情节和人物形象的倾向。明末清初时事小说的崛起是其表现之一。清代前期，顺治、康熙、雍正、乾隆四朝是小说的鼎盛时期，涌现出《聊斋志异》、《红楼梦》、《儒林外史》等一大批伟大的作品。乾嘉以后，小说迅速滑坡，那时的士人以穷经稽古为尚，这样，白话小说就和当年传奇小说面临“文以明道”的主流思潮的局面一样，地位一落千丈，文人名士不再问津，它又下移到民间俗文化的圈子里，长时期振作不起来。

三

纵观小说的历史，不只是娱乐与教化的矛盾制约着小说的运动，同时还有别的矛盾，其中就有史家传统与说话传统的矛盾。史家传统和说话传统统一在中国叙事传统中，由于它们的矛盾，小说从史传中分裂出来，从史传中分裂出来的小说仍然受它们的矛盾的制约，形成中国小说的独特的运动轨迹。

史家传统中有两个观念是很重要的，一是宗旨，修史之目的是彰善瘅恶，树之风声；二是准则，修史必须据事迹实录。史家以《春秋》为经，认为《春秋》就达到了这种统一。史家认为儒家理念是客观的先验的，修史者必须淘尽心灵中属于主观的东西才能够接近它。所以，史家传统坚决反对主观态度和虚构夸张。

小说作为文学，恰恰是主观和虚拟的产物。俗流有好奇之心，秉笔之人为迎合此心，不惜穿凿附会、虚构夸张，这对于史家传统是悖离，然而却是小说的由来。这种悖离史家传统的倾向，我们且称之为说话传统。说话传统在修史之中作为史家传统的对立面而始终存在。

这样看来，史家传统与说话传统似乎是冰炭不能相容，其实也不尽然。因为中国史传不满足于记账式的大事记录，选择了再现历史场景的呈现式的叙事方式，欲使往事神龙活现，就不免悬拟设想，也就是主观虚构。不过这种主观虚构必须在尊重历史基本事实的前提下，做到入情合理。在这里，史传与小说不只在叙事方式上接轨，而且在情探神会的文心上也一脉相通。

史家传统排斥说话传统，但它们又共存于史传之中。当史家传统占主导地位时是史传，当说话传统占主导地位时就不再成其为史传，而蜕变为小说了。在史传与小说之间有一个相当大的过渡地带，它介于史传与小说之间，这就是历代林林总总、卷帙浩繁的野史笔记和笔记小说。

说话传统虽然背弃史家传统，可是在精神上名分上又不能不依附史家传统。中国史家传统之悠久，堪称世界之最。中国小说一直认宗于史传，仿佛小说的价值就维系在事实的真实上。

文言小说与史传有着血亲关系，它受史家传统的控制也最明显。唐代传奇曾有一度的辉煌，一当道统、文统的恢复，传奇小说便萎缩下去，文人纷纷倾向接近实录的笔记体小说，再不愿问津重在意象和藻绘的传奇小说。

史家传统对白话小说的牵制，突出的表现在历史演义小说的创作过程中。历史演义小说以历史为题材，但它的基本属性是小说，它只是小说的一个门类，与小说的其他门类一样都具有同样的属于小说的艺术特质。然而它却受到史家传统的特别的干预。《三国志通俗演义》从平话的“虚”到演义的实多虚少，是处理得比较好的，虚实错杂难辨，虚虚实实，这正是《三国志通俗演义》的成功之处。

然而多数讲史小说对平话的虚的反拨都是不成功的，这类作品雅不雅，俗不俗，虽然盛行一时，却行之不远，接着又有人对它们进行改造，把它们重新拉回到小说的轨道上来。这个时期，小说家和小说批评家们才认识到小说必须摆脱对史统的依附，小说不但不必为虚构而羞惭，而且应该亮出虚构的旗帜。冯梦龙提出两个不同层次的“真”，一是事实的真，二是情理的真。不过他所谓情理是指儒家理念，而不是指生活和性格逻辑，因此仍有很大局限。金丰也主张“虚实相半”，他的《说岳全传》正是在这种思想指导下创作而成，应当说是虚多实少，基本上是虚构。

敢于直言小说就是说假话，最早有乾隆年间陶家鹤，不过他为小说的“谎”找根据还是要找到史传。真正在理论和实践上把小说虚和实的关系讲清楚的是曹雪芹。曹雪芹说自己的作品“将真事隐去”，“用假语村言”，他认为小说依傍史统是一种由来已久的旧套，小说所要表现的只是“事体情理”，不在事体本身是否实有，而在情理是否真实。

“史统散而小说兴。”当小说完全克服了对史家传统的敬畏和依附心理时，小说才得到思想的解放，小说才真正找到了自我。

四

一种文学样式内部也有雅和俗的矛盾。小说相对诗文来说是俗，小说内部的文言小说相对白话小说却是雅。小说内部的雅和俗的对立统一，是小说发展的又一个重要的制导因素。

中国小说的源头就存在着雅俗的分歧，雅的是文言小说，它从史传蜕化而来；俗的是白话小说，它从民间伎艺“说话”转变而成。在文言小说和白话小说的发展途程中，雅和俗构成两极，文言小说受到俗的引力作用，不断吸收俗的成分，显示出渐次俗化的倾向；而白话小说则受到雅的引力作用，不断吸收雅的成分，表现为渐次雅化的倾向。雅俗结合是小说成就的重要标志之一。

雅和俗是一种文化现象，也是中国古代的一个美学范畴。雅文化是社会上层文化，是统治阶级的文化。与雅相对，俗文化是属于下层民众的文化，俗文化和雅文化是共处于一个民族文化中的两种文化层。中华文化中的雅俗文化没有断然的分界。中国的雅言只是方言的标准化，汉字作为语素，不但可以通四方，而且可以通古今。中国文化是雅中有俗，俗中有雅。雅从俗中提炼出来，又承担着正俗化俗的使命。

基于这样的文化存在，雅虽然轻视俗，却并不完全无视和否定俗。历朝统治者都有观风采谣的举措。作为俗文化的古小说所以有一席之地，理由也正在这里。

小说家们正是利用这种理论来为小说争取生存和发展的权利。按照这种雅俗同源之论，对于俗文学的小说戏曲就不能压制，只能疏导。

雅和俗作为一个美学范畴，对于小说的发展起着重要的制导作用。传统美学观念中的雅俗，既有内容方面的标准，又有风格方面的标准。实际运用起来却不能够教条化，因为如上所述，雅俗是你中有我，我中有你，雅和俗都不可能纯粹，它们之间也不可能有一条明确的界线。

唐代传奇相对白话小说是雅，但拿传统的雅俗观来衡量它，却又可以说它为俗。雅俗问题与上述娱乐和教化、虚构和实录的问题有着内在的联系。教化的内容是礼义，实录叫做雅驯，可见传统的雅俗观是贬低和排斥娱乐和虚构的。

儒家道统文统的继承和发扬，阻塞了传奇小说的发展。传奇小说，一般的说是士人写给士人读的文学，它本来就产生和活跃在雅文化圈内。当它蒙上不雅的俗名，士人便疏远它，它便从雅文化圈走出来，逐渐向俗文化靠拢。宋代传奇小说作者的文化层次下移，同时创作倾向却向雅的方向攀附。“论次多实”、“采艳殊乏”，都是弃俗而就雅的表现。

降至元明，传奇小说俗化趋势愈益明显，从明代中后期流行的各种通俗类书如《国色天香》、《万锦情林》、《绣谷春容》、《燕居笔记》等竞相转载来看，它们在士人中还是颇有读者的。人们总爱附庸风雅，标榜不俗，而实际却有难以脱俗的一面。

这类半文半白的、篇幅已拉得很长的传奇小说继续走着俗化的路，到明末清初，它们干脆放弃文言，使用白话，并且采取章回的形式，便成为了才子佳人小说，完全与通俗小说合流。

如果说传奇小说是从雅到俗，那么白话小说的运动方向恰好相反，是从俗到雅。白话小说无论短篇还是长篇，都源于民间“说话”，它们的体制和叙事方式都保留着“说话”的胎记，与源于史传的传奇小说迥然有别。白话小说长时期在民间传播，其故事是生鲜的、同时又是稚拙的，版刻也很粗率。直到明代嘉靖前后，情况才发生重大变化。文人突然看好这种俗而又俗的文学样式，他们不只是评论，而且参与其间，进行搜集、整理、加工、编辑、出版。接着还有模拟这种样式的文人创作，如冯梦龙的“三言”，凌濛初的“二拍”和陆人龙的《型世言》，等等。

这种情况的发生，与王阳明“心学”的崛起有着直接的关系。王阳明是主张人皆可以成为圣贤的，有利用俗的形式才能达到化俗的效果。他对俗的重视，在当时却有振聋发聩效果。嘉靖万历时代推崇通俗文学的文学家所依据的就是王阳明的这种思想。

白话小说的作者由不见经传的无名氏，渐次上升为大文人。他们的文化修养和社会地位都是早期白话小说作者所不能相比的。

白话小说的内容和风格也随着作者成份的改变而渐次由俗变雅。按创作方式，白话小说的演进大体可分为三个阶段：早期是“说话”的书面化；中期是作家根据现成故事进行创作；后期是作家根据自己的生活体验独立创作。文人独创的小说，不仅题材情节出自个人机杼，而且艺术风格也有鲜明的个性。白话小说发展到后期已有雅俗的分别。不过，白话小说的主流趋向于雅，却是不争的事实。

文言小说与白话小说，它们的源头分别为雅和俗，它们的走向却相反，文言小说向俗靠拢，白话小说向雅接近。雅俗在小说范畴内达成了妥协。“雅”接纳了白话，承认了“虚构”；“俗”则承担起“教化”的使命。换言之，“雅”放弃了“雅言”和“实录”的原则，“俗”则放弃了娱乐惟一的宗旨。小说中雅俗共存是小说艺术成熟的重要标志。

雅俗共赏于是成为小说的最佳效果，也是小说成功的重要标志。《聊斋志异》和《红楼梦》能够成为中国文言小说和白话小说的顶尖巨著，除了蒲松龄和曹雪芹的主观因素和他们所处的时代条件之外，也是中国小说雅俗碰撞与融合的结果。

（原载《中国古典文学学术史研究》新疆人民出版社，1997年11月第1版。原文19000字，邱摘）

领悟悲剧

——王国维《红楼梦评论》研究

高小康

一

《红楼梦评论》借用了叔本华的理论这一事实本身并不十分重要，重要的是王国维为什么要借用叔本华来解释《红楼梦》。要了解这一点，或许首先应当了解叔本华的人生哲学对于写作《红楼梦评论》时的王国维所具有的意义。他正是要用叔本华的悲观主义世界观来重新解释世界。他从《红楼梦》一书中找到了这种解释世界的中国式方式。《红楼梦》是一部“彻头彻尾之悲剧”。他显然是想通过对《红楼梦》的评论来反对传统的乐天精神和趣味，建设一种新的美学精神，一种悲观主义的、悲剧的美学精神。

二

王国维对《红楼梦》意义的阐释究竟具有多少反传统的、标新立异的成分？这要从一代代对《红楼梦》的阐释中意义的生成过程进行观察。

《红楼梦》第一回讲到《红楼梦》的主旨可以用“色”与“空”这一对源自佛教的概念来解释：故事的兴趣首先在“色”，即五光十色的、感性的大千世界；而后“由色生情”，生出无穷烦恼；最后则是“自色悟空”，证悟了万法皆空的哲理。事实上从脂砚斋以来的红学研究中，除了索隐派或历史—社会学批评等从外部进行实证研究的红学流派之外，大多数研究者从作品本文中所认识到的主旨大体不出“色”、“空”两端——一方面是对现实生活情趣的精细描绘，另一方面则是对世界本质的悲观认识。从这个角度看，诸种评论都与《红楼梦》第一回所阐释的作品主旨相去不远，同时似乎也与王国维的观点大同小异。

然而，脂砚斋、戚蓼生乃至后来的许许多多评论家毕竟与王国维不同，其中最突出的一点是前者对故事中所描绘的“色”，即感性的现实生活更感兴趣。至于“自色悟空”而及的哲理层，则大半是被当作前面繁花似锦的生活的一个令人沮丧的结局、一种反转和映照。“色”与“空”的对立性质使得这种批评在趣味上产生了分裂：批评家们尽管在道理上承认万法皆空的哲理，而真正的兴趣却是在那应当被放弃的感性现实当中。

王国维对《红楼梦》的见解却与上述观点不同。他的美学观念受到康德的影响，认为艺术美本质上是超功利的，他按照传统的二分方式把艺术美分为“优美”与“壮美”两种。在他看来，无论优美还是壮美，都会使人脱离物欲。而《红楼梦》则更是壮美多于优美。王国维所说的壮美实际上是各种悲剧美感的总称。他认为《红楼梦》中壮美多于优美，是因为这部作品整体上所具有的悲剧氛围。不同于大多数评论者，他没有兴趣对故事中描绘的花团锦簇的生活和诗情画意的氛围给予过多的注意和欣赏。因为在他看来，《红楼梦》故事的主旨不是表现这种生活的感性意味，恰恰相反，表现的是生活的感性意味背后的痛苦本质。

显然，王国维所体验到的悲剧性不同于一般评论者所说的那种所谓盛衰无常、乐极生悲的感伤，而是贯穿在《红楼梦》故事过程中的对于人生痛苦本质的体验。王国维看到的《红楼梦》不是花团锦簇的生活场景描写，而是人与人之间的冲突。而且在他看来，这些冲突的实质不是善与恶、好人与坏人的矛盾，也不是意外遭遇非常变故的问题，而是“通常之道德，通常之人情，通常之境遇为之而已”。这种观点不是王国维自己的创造，是他借用叔本华的悲剧理论。王国维之所以要借用叔本华的悲剧理论，也正是在于他对人生的认识具有与中国传统人生观很不相同的悲观主义色彩。

他虽没有正面对传统的乐天的人生观予以批判，但通过对《红楼梦》的悲剧精神的肯定而否定了那种传统的乐天精神的价值。

三

《红楼梦评论》对《红楼梦》的阐释是否合理，不能仅从它使用了什么人的哲学概念来判断，而应当注意这种阐释与《红楼梦》本文意义的关系。

王国维的阐释能否成立，系于以下两个基本条件：一、王国维所借用的叔本华的悲剧理论是否符合《红楼梦》作者的创作思想；二、王国维的这一理论是否可以解释《红楼梦》的客观意义及其文化影响。

首先来看第一点。那种彻底的悲观主义是否是作者写作《红楼梦》的主旨？从故事中所描写的形形色色人物所经历的相似的悲剧性结局来看，大体上如同第五回“红楼梦”十二曲最后一支“飞鸟各投林”所预示的：“好一似食尽鸟投林，落了片白茫茫大地真干净！”这里看不到传统叙事所应当显示的天道循环的法则或伦理正义扬善惩恶的力量，而是任何人都不可避免的痛苦命运。从这个意义上讲，王国维的悲观主义哲学并没有违背作者的本意。

第二个问题：《红楼梦》的客观意义究竟应当怎样判断。书中的悲观主义如何产生，又如何为社会所理解呢？

其实，《红楼梦》的悲剧精神并不是什么特殊的例外。早在《红楼梦》之前百年的明代晚期，叙事艺术观念已在产生微妙的变化。明末清初的重要文艺理论家金圣叹的文艺观念就显露出悲观主义色彩。从明末到清初，国破家亡的历史悲剧在文人士大夫的心灵上留下了巨大的创伤。在此前后的叙事作品中，承袭了传统风格的作品不在少数，然而另一方面，真正比较厚重、深刻的叙事作品如洪昇的《长生殿》、吴敬梓的《儒林外史》，却与《桃花扇》、《红楼梦》一样，普遍表现出悲观色彩。由此可见，自 17 世纪以后叙事艺术的发展中，悲观主义的精神已成为有意抗俗的激进的艺术精神，它体现出在这一特定时代，代表着社会的智慧和良心的文人精英阶层对社会、人生的更深刻的认识。王国维的悲观主义哲学应当说与《红楼梦》所体现的 17 世纪以来的悲观主义艺术思潮是合拍的。

既然如此，为什么王国维的观点会显得与众不同，甚至被认为是牵强附会呢？这一点应当从艺术思潮发展的背景中寻找答案。事实上，在《红楼梦》诞生前后，清代的文艺思潮已表现出保守的倾向。后来的各种各样的补书、续书的普遍倾向是企图淡化乃至彻底改变原作的悲观主义色彩。至于批评方面，大都关注于作品的感性的、具体的生活描绘，而对作品的哲理意蕴有意无意地表现出淡漠的态度。

这当然不仅仅是对《红楼梦》一部作品的看法问题。从文艺思潮发展的主要趋势来看，17 世纪晚期到 18 世纪即所谓康、乾盛世，文艺理论家们的研究成果丰富和深化了传统的诗文理论，共同构成了近古时期中国古典美学理论发展的一个高峰。然而与曹雪芹等人的创作精神相比，这些文艺理论尽管对艺术的认识更加深化和细致了，但是对世界、人生的认识却较少有更新鲜深刻的见解。相形之下，曹雪芹等人的悲观主义世界观不仅不合传统哲学，而且更不合统治秩序的要求。因此在这一时期，叙事艺术离经叛道的思想性与文艺理论家们在哲学上的保守形成了微妙的对比。

乐天的世界观对于社会和个人而言，似乎都是无害的；而悲观主义则滋养着怀疑、否定的精神，对社会和个人的生活多多少少起着瓦解、销蚀的作用。因而人们总是倾向于肯定前者而否定后者。然而乐天的精神也可能掩盖着内在的矛盾和危机。有清二百年中，乐天的哲学与艺术精神并没有能够使社会得以长治久安，近古中国社会在乐天的精神中走向了衰颓。处在清末风雨飘摇的社会环境中，王国维痛感到中国人的苦痛及空虚之感更深于他国之民，乐天精神亦不能解决中国人的精神危机，因而求助于鸦片以慰藉空虚的心灵。他提出的解决问题的办法与蔡元培相似，都是通过美育来提高国民的精神素质。而他尤其强调文学的意义。

在王国维看来，我国传统上所重视的文学，除了“铺馁的文学”、“文绣的文学”之外，叙事文学大都是以道德惩劝为旨，而不是具有独立价值的“纯粹美术”。

尽管王国维对《红楼梦》的分析并不在于纯粹审美的方面而是哲理方面，但这种哲理并没有引向对世界的功利的态度或认识，它是对人生痛苦本质的体验。这种体验就是王国维所说的“壮美”的审美感情。因此，一部本来不属于“纯粹美术”范畴的作品有了纯粹审美的意义。在一般人看来，把一部具有现实的社会意义的作品看成是纯粹审美的作品无疑是贬低了作品的价值。而在王国维的观念中，这恰恰是抬高了作品的地位。他相信，《红楼梦》通过悲剧性“壮美”表达的对人生和世界的悲观主义的体验比具体再现出的社会生活本身更有意义。中国之所以没有产生代表全体国民精神的大文学家，他认为原因就在于国人并没有认识到伟大的文学所体现的精神内蕴。他的《红楼梦评论》就是在进行这样一种努力，试图使国人从更崇高更深刻的意义上重新体验和理解伟大的作品。

对王国维《红楼梦评论》乃至《红楼梦》作品本文所表达的悲观主义哲学的漠视表明当代人的世界观仍然是乐天的。传统的乐天精神使人们永远生活在希望中，也使人们拒绝体验那种真正无可逃遁的痛苦。因此，尽管当代人对《红楼梦》给予极高的评价，却很少有人愿意用王国维的方式来解释《红楼梦》。

（原载《文学理论研究》1996年第5期。原文11500字，邱摘）

文学·文学史·中国文学史

——论本世纪初“中国文学史”学的发轫

戴　燕

将中国以往的文学以“文学史”形式记录下来，实际上是现代学术思想以及方法在传统学术领域波及和运用的后果，为了使这一转变的过程和转变的细节都能被看得更清楚，这里将着力于分析1900～1930年代出版的中国文学史著作。

“文学史”这个概念本是“舶来”的。在进入文学史之前，有一个问题是需要先行解决的：什么是“文学”？

在正式描述中国文学史之前，首先讨论文学的定义，是较早写作的中国文学史的一大显要特征，也就是说搞清楚自己研究的对象物应该是什么。对于中国早期的文学史家来说，“文学”这个概念是既熟悉又陌生的。首先，从语言的角度看，现在的这个“文学”是刚从异国移植过来的，与人们熟识的土生土长的那个“文学”音形虽然无二，涵义却变化了许多；其次，作为一个学科的“文学”在传统学术史中的空白，也进一步加深了人们对它的生疏之感。

那么，何谓“文学”？对于近代转型时期，最初接受体现西方观念的“文学”一词的那一代人来说，身处新旧语言混杂、新旧观念冲突的环境，其实能常常体会或意识超前语言滞后、或语言新出意义却未普及定型，言语的表达与思维不能完全贯通对应的这份尴尬，而像“文学”这个词语，古今都用，古今通用却含义不同，含义不同又非截然反向而是部分重合，理解和运用起来更是有其难度。在当时，人们提起这两个字，眼前出现的往往都是若干不同场合下的“文学”，就连做文学概论的专家，似乎也不敢贸然取舍给它一个明确爽快的定义。

那个时代中最早写作中国文学史书的一批人，显然也是这样看待“文学”的，他们既全盘接受下自古而今各种语境下使用过的“文学”的不同含义，也不排斥作为外国语翻译，新近进口的它的各种“洋背景”、“洋意思”。可是，如果要寻找“中国文学史”究竟指其中哪种“文学”历史的答案，却又不那么清晰肯定了。有关“文学”的答案，夹在那个时代此起彼伏此消彼长的各路文艺思潮中，多而且杂，使有心围绕它的历史进行研究写作的人们，也颇难明了它的固定所指。

当然，在写作中国文学史书的问题上，“文学”的含义之无法界定，还在于它不仅仅是一个语词、一个概念，同时意味着一个学科。当文学用作英语词Literature的译名出现时，作为它背景的，是途经日本辗转而来的那一套西方学术思想体系以及其中的分科观念。这个文学，有它在西方文化中培养出来的学科定义，有与其它西方学术既相联系又相分割的自己的学术领域，类似于西方的这个文学学科，在中国古代的学术史上从来也没有存在过。

文学一科的设立，在中国是极晚近的事，且是伴随着科举废除，西学输入，对欧美学制的模仿。不过文学学科虽立，也并不意味着西方的文学观念及学科意识，从此在中国学界长驱直入，一下就能将传统全部废除。人们对这门新兴学科的范围、内容和手段的认识，多少有些介乎中西、古今之间的摇摆和含糊，既要照顾被模仿被吸取的西方学理，又要迁就传统的中国学术思维的定势；同时，人们对这门学科功用及目的的企望，也介乎于中西之间，既想通过它来传授当前实用的技能知识，又想利用它来增加人们的传统文化修养。

如果以后世的眼光来读早期出版的《中国文学史》，便往往很难看到明确的作者意旨，也很难看到简洁的著述框架，一读之后，留下的多是庞杂纷乱的印象。

1913年1月12日，在教育部公布的一份大学规程中曾经宣布，今后大学的文科将要分出哲学、文学、史学和地理学四门学科，也许可以看成文学学科在近代谋得独立的标志。

而值得注意的是，与此同期，人们的文学观念也在渐次倾斜。许多人意识到，无论在中国还是西方，文学原来有广义和狭义两种，对“文学”这个词的古今中外混杂一团的理解被分裂了。这一分裂，实际上隐含了动摇旧的文学观念的力量，并且在未来的中国文学史研究及写作中预埋下两条伏线；而由于历史的机缘，其中的一条又将借助于旧的文学观念被颠覆的势头，由隐而显，拓宽其途，成为今后数十年研治中国文学史的“主流”。

所谓“历史的机缘”，说的是五四新文学运动的发生及其影响。文学表达感情的功能被迅速发掘，文学与情感间的联系也被大大凸显。中国文学史的研究及编写，终也经历着从文学的传统观念中脱壳而出的过程，追逐着理论的时尚，越来越清晰地凸出了情感的主线。

在人们追问的“什么是文学”的问题上，当代文艺思潮的冲击，文学理论的变化，对中国文学史的研究及写作构成了观念性的影响，而导致中国文学史著述即将发生一系列变化的原因，也还可以由写作的内部机制去寻找。对“文学”作广义和狭义的归纳说明，比起一条条引用古今中外的众家解释，显然也是一种极其清明简洁的技术方法，因而很受做文学史的人欢迎。利用它，恰好还可以为文学观念的历史演变做一个富有逻辑的说明，就是借此把文学观念的变化，描绘成一个其意义由广至狭、由杂至纯的历时性过程，这个过程的起点是《论语》的时代，终点则正好赶上新文学运动的发生。这样，有关文学是人类情感的表现等等新潮理论，便又从历史的角度，顺理成章地进入了文学史家的视界，并由近代的局部发端，蔓延推广到整个中国文学史的理解中去，从而绘成了中国文学史合乎近代理性的科学的发展图式。

于是，即便主要接触的是传统中的文学，而不是现代或西方意义上的文学的中国文学史这个特殊行业的研究著作者们，作为站在这个过程末端的现代人，再回头看古代包罗广泛的文学观念，就不仅觉得它过于庞杂，还觉得它十分落后。在现代的文艺思想和现代的教育制度双重影响下，“文学”的面目愈来愈远离传统，向欧美的近代文学观念靠近；而身处这一时代的文学史家，也不由地就此转变了他们从传统中习得的，以文学为文章、学术之和的认识，并随之转变了他们对于中国文学史面貌的勾勒和判断。而正是在西方文学史的坐标下面，他们不但重读了自己文学史上的诗、词、文，又发现了从未被注意和了解的小说、戏曲。

经过本世纪最初的大约二三十年的讨论，“文学”的答案，就这样在西方文艺思潮涌入之际，经过一度小小的混乱，渐趋明朗了。在这个过程中，从事中国文学史研究及写作的人们，也完成了他们由旧向新的文学观念的转变，把立场从中国古人那里，悄悄地转移到了近代西方的文学理念这一边。30年代以后出版的中国文学史著作，往往都不再辟出篇幅去对“什么是文学”作认真热烈的讨论，有关“文学”的认识确实已经适时而稳定。

解决什么是文学的观念问题，是写作文学史的人通常要做的第一步工作，接下来的第二个问题，便需要了解可以纳入中国文学史范围的“文学”究竟有哪些？因为既然借用了舶来的文学理论和学科观念，就必须按照舶来的样式对预备写进文学史的材料进行剪裁。因此，文学史史料的确认，也是中国文学史写作者们感到最麻烦的问题之一，尤其较早的作者，往往会不惜笔墨对此加以探讨。

那么，哪些东西可以纳入中国文学史的范围？简单地说，就是按照欧美的文学概念，先从中国以往的学问中挑选出合适的部分，然后用新式体裁加以描述。中国文学史的写作虽然是从本世纪初仿效欧美开始的，但却并不意味着它在本土的学术历史上根本找不到任何“血缘”宗亲关系，要靠白手起家。关键的问题是，必须了解传统学问中的哪一些部分可以同新式体裁的文学史“接轨”？

从试图写出中国文学史的最早那一批人开始，人们就确认在传统的目录、史传、诗词文话、选本和新式的文学史之间存在着联系，文学史正是这些本土学术的“洋亲戚”。而为文学史和古代目录学、史学、诗话等传统学术建立的这种联系，不但成为人们理解“文学史”的一条路径，构成了近代人接受“文学史”新概念的理解背景，也变成了研究者们运用新的文学史体裁进行写作的熟悉的参照系，后来则又进一步变成研究者建设中国文学史“大厦”必备的资材，即文学史史料的一部分。

从历代目录书中看学术分类的界限以及它们在历史上演进的轨迹，可以说是自古以来的学术传统，在最初的中国文学史的写作中，人们基本上就是根据传统目录的线索，来建构文学史书的框架格局的。

早期的中国文学史书的作者一般对于历代目录，依赖都非常大，最早的几部中国文学史中，显然都有依据传统学术观念的现象。传统目录对于文学史研究的影响，大约可分出两个方面来讲：一方面是它的类例之分，影响到文学史的边界划分，史料的选择确认；另一方面是贯穿在它的编辑体例中的对于学术源流的考辨，既影响到文学史的整体学术判断，也影响到它的一些局部结论。

传统目录惯将书籍分为经史子集四部，四部之中，最接近“文学”性质的是集部的书籍。受传统目录的指引，早期的文学史写作者所关心的范围、题目一般也就限制在这个圈子里，而难以越过“雷池”半步。

目录之用不单在索引资料，还在能够提示有关学术源流正变的消息。事实上，文学史的写作从一开始就利用了这一点，历代目录尤其是集部目录的叙录文字，通常也是文学史家最重视最熟悉的文字，大多数的文学史著作，也都毫不犹豫地吸取了它们对于“文学”史事发展的记录和描述。可以说，笼罩在中国文学史写作之上的，一直是过去种种目录的“叙述”。作为确凿无疑的“史实”，它经过几十上百次中国文学史著作的反复描写，已经先验地印刻在每一个人的记忆中。

但就文学史的编写而言，目录学给予它的启示是纲要性质的，而对细节的填充、章节的规划，“依据”，可以从中国古代史学的传统里寻找到。它们既是日后越来越逼真细腻的文学史著述取之不尽的细节资源，也或多或少成了人们撰写文学史书设计体例时取法的对象。

编写文学史的人照例都不讳言他们必须从史书里的《文苑传》或《文艺传》中撷取材料。随着研究的深入、视野的扩大，文学史作者所要涉及与挖掘的资料也会愈来愈多。文学史要写过去的事情，不得不依靠过去的文献资料，曾经十分发达的史学传统自然能给文学史研究者提供“权宜方便”，像作家的生平、创作，社会的制度因革，时代的风物面貌等等，文学史的这些重要构成因素，都保存在丰富的史籍记载之中。

但古代史学与文学史的关系还不只是停留在显然易见的这一层，需要特别指出的，是它们之间隐藏得更深的又一层关系，文学史家一旦接触到这些史传，在接受它们记下的历史事件、人物事迹的时候，也会不自觉地接受下裹藏在事件、人物中的史书作者的观点，而很难对经过古代史官剪辑过的“事实”发生怀疑。因此，古代史传对文学史写作的影响，应当说就不是单纯为文学史准备了一套堪称完整的素材，它还准备了相当成熟的视察角度和叙述观点。

文学史既从历代《文苑传》和其它传统史书中受益甚多，所受益处有时便很难以内容或形式相分。“文学史”毕竟是外来的东西，到底怎么写，未必人人自来心中有数，这时候，他们或许就会要参考一下传统史书的作法。

近代以来出现的中国文学史的写作和研究，成长与其“根须”一直伸向传统学术的土壤有关。当然，在从事文学史写作的人们眼里，这片丰厚的土壤中本来也就蕴藏着“文学史”构成的各项元素，而其中同文学史研究性质最相接近的恐怕要数传统的文学批评。说起来，最早接触“文学史”的人们之所以未对这一“新事物”抱有陌生感或拒斥感，有一个重要的原因，就是它令人回想起了历史上一个很相近的名称：文史。所谓“文史”，指的就是那些专门针对文章文人进行评论的诗词文话著作，而这是与文学史研究的意思有几分相近的。

“文史”，或者说诗词文话、小说曲评等等，严格地讲，与近代的文学史研究有着功用、体制等方面的很大差异，但既然都是围绕文学的讨论，它们之间也就有极易沟通的一面。对于较早从事文学史研究写作的人来说，因为每当他们接受新事物新知识时，自觉不自觉地都要调动依靠过去积累的经验知识来帮助理解和消化，因此更加容易看到双方可以沟通的一面。

充分利用古代诗文评“演述”所谓的“文学史”，在较早写成的中国文学史书里并不罕见。由于“文学史”的观念和体制在近代中国的树立是逐步完成的，所以，人们对于近代的文学史到底怎样与古代文学批评的传统相衔接、相区别，不是一开始就能理解得很深入，界限划得很清楚。写中国文学史的人无例可循，有时候难免不辨东西，于是号称“文学史”的著作，说不定做成了古代资料的一种有机汇编。

不但是中国文学史创制的早期，在近百年中国文学史著作中可以看见的，都确乎是对于传统文学批评的无所不在的依赖。中国文学的批评传统历史既长，涉及的范围也广，传统文学批评如此丰富的内容，使中国文学史在“结胎”之际就营养充足。所以，依傍着传统的文学批评来写文学史，得的正是“近水楼台”的便宜。而当中国文学史编写的较早时期，因为写作者的文学素养本来多半就是在古代诗文评论的传统教育中形成的，诗话文话便是他们储备于自身的教养和知识，因此，使用它们更加出于自然，左右逢源。

看这一百年来的文学史书，它们似乎很自然地就取用到了一个合适的叙述模式，就是依时代次第讲文学，进入某一时代，则又专讲其时特盛的文体，即成汉赋、唐诗、宋词、元曲、明清小说这样固定的套式。若有心寻一下这个模式的真正根源，其答案则要来自中国传统的文学批评，其实这是个“老段子”的重新上演。进一步考察的话还会了解到，从最初到现在的文学史都喜欢讨论的一些问题，比如地理上的南北之分和文学上的南北风格，古诗十九首的时代作者，其实都是汉代和六朝时代的人就谈论过的；有关李白、杜甫孰高孰低的争执，也同宋朝的杜甫热、明朝扬杜抑李的倾向不无关系；有些明清人讲过的话，也还被今人一再采纳，反复咀嚼。在文学史书里一无顾忌地引进传统文学批评，或者印证古人的某些成说，似乎对任何人都不是什么稀奇的事情。

也许可以这样说，中国文学史的著述因为有了历史上的文学批评作基础，起步虽晚，却也渡河有舟，治学有术。而所谓传统的文学批评，其实又不光见于诗词文曲话，古人有关文学的意见形式多样，往往还见诸于其它文献其它地方，其中值得一提的，即是由他们编辑的各种文学作品的总集、选集。文学史要讲创作讲作品，作品从哪里来？当然从历朝历代的作品集中来。但是，古人留下的东西汪洋大海似地多，谁也不可能亲自慢慢打捞，然后在文学史里一一交待，这里就得靠文章选本的导引。

自《诗经》、《文选》，到《古文辞类纂》，古人总是不断将他们认为最优秀的作品编选在一起，供世人或后人阅读享用。对于编写中国文学史的近现代人而言，继续享用它们虽然不免有点嚼“剩馍”的遗憾，却可由双重的收入得到弥补：一方面毕竟可以省去从头初选的麻烦，避免盲目钻进文献堆、“泥牛入海”的危险。另一方面则可以学习古人的批评经验。因为能从广博繁杂作品中筛选出作品精华的，恰恰是由于选编者具有一种批评判断的眼光，这种批评判断的眼光也是传统文学批评中极精彩的一个内容，它是在作品中培养的，还经过了鉴赏与创作两方面的反复历炼，因此，讲文学史的时候不妨借鉴。

自从“文学史”的概念引入近代学术界，从事中国文学史研究及写作的人就一直试图在中国已有的学术传统替它寻根。一方面是给过去发生的文学事实找一个“文学史”式的解释，仿佛“削足适履”，一方面又是在古人说过的话中找“文学史”的苗头，仿佛“捕风捉影”，近百年的中国文学史就是在这样两种势力的挟持下开始了它的写作。而今后将要继续讨论的，就是中国文学史究竟如何写作问题。

（原载《文学遗产》1996年第6期。原文16000字，邱摘）

任中敏先生和他所建立的散曲学、唐代文艺学

王小盾　李昌集

任中敏先生生于1897年。原名讷，以字行，又号二北、半塘。这是两个含有学术意义的别号：“二北”指的是北宋词和元代北曲，代表他学术研究的第一个时期；“半塘”指的是唐代文学的半壁江山——唐代音乐文艺，代表他学术研究的第二个时期。

一、散　曲　学

35岁的任中敏向学术界提供了一系列著作：《新曲苑》、《散曲丛刊》、《词曲通义》、《曲谐》、《词学研究法》。这批著作奠定了他的毕生学术的根基，同时也为中国音乐文学研究开辟了一块崭新的天地。

从前一角度看，上述著作已表现了任中敏全部学术思想的萌芽。例如《新曲苑》这套资料集成性质的戏曲理论著作，便为任中敏的戏曲研究打下了功底。它使得中年任中敏得以将目光转向“唐艺”，为追究中国戏剧起源而写出了《唐戏弄》等著作。《词学研究法》则是一部有关词学研究方法论的专著。它把狭窄片面的单纯文学研究模式引向全面而立体的文化研究模式，从而对那种以文学为本位的词的发生史的认识，作了一个扭转乾坤的反拨。

在这一时期的学术著作中，《散曲丛刊》是最为重要的一部。这不仅因为它的史料价值（它是当时最完备的一部散曲资料集成著作），而且因为它的理论价值（它刊载了任中敏的第一部理论专著《散曲概论》)。基于深厚的积累，任中敏庄重宣告：此书是关于全部散曲的“概观”。它标志着近代散曲学的建立。“任氏散曲学”，则在大半个世纪中，成了散曲研究者必读的经典。

任氏散曲学的学术价值和学术生命力，

是由严谨的治学方式和贯通历史的整体观念决定的。从方法论角度看，这个构架代表了“朴学”考据方法与“宋学”致知精神的融会贯通。事实上，今天学界所称道的那些方法——“宏观”与“微观”的交叉互补、历史流程的纵向清理与文体间的横向比较，在这里已有生动表现。而从具体内容看，它则具有以下三方面核心意义：

（一）散曲形式论

作为近代散曲学的开山，任氏散曲学首先解决的是散曲的名实问题。当今天的研究者根据“剧曲”、“散曲”的不同本质，分别发掘中国戏曲作为表演艺术和作为韵文文学的丰富蕴涵的时候，事实上，他们的工作都是受惠于任中敏先生所建立的这一路标的。

任氏散曲学在外部形式这个层面上，实施了一项朴实而富有意义的工程：梳理、归纳散曲的“体段”和“用调”。其显著效果是：直到今天，所有的大学教科书，在介绍散曲体制的时候，都采用了“小令”、“带过曲”、“套数”的任氏分类法。另一个不那么显著的成效则是他发现，唐代曲子的“联章体”与后来散曲的“重头小令”有着历史的亲缘关系，“带过”一体在敦煌曲中已有成熟的范例，而唐大曲的结构则可能向后来的“套数”提供了启发。

至于“用调”方面，任氏散曲学则根据当时所能收集到的全部作品资料，对小令、带过曲、套数各自的专用曲调及三者的兼用曲调，作了一番细致的整理。

（二）散曲文学的精神格调论

任氏散曲学以天才的艺术感受力，对散曲的基本精神格调作了全面而精辟的总结和阐述。

其阐释方式则采用了别开生面的词曲比较法，亦即通过对具体的作法与内容的分析，导向对散曲文学精神的理解。

从内容、语言方式、总体艺术构造等方面对散曲基本精神格调所作的总结，至今仍被学术界视为不刊之论。在学术上，它有两项特别重要的延伸价值：其一，它揭示了散曲“雅俗俱可，无所不容”的文化基质。其二，它揭示了散曲“庄谐杂出”、“恰与词处于相反地位”的文学特质。作为散曲学的开山，任中敏的学术具有划时代的意义。

（三）散曲文学史论

任氏散曲学为散曲文学史勾划了一个简史式的轮廓。这轮廓高度简练地揭示了散曲文学史的若干真谛，因而成为以后几十年间几乎所有散曲史论著的蓝本，并成为当今散曲史研究的重要基础。

任氏散曲学从文学风格角度，将散曲史上的流派划为豪放、清丽、端谨三大类别。散曲史以清、豪二派“最为要紧”，然最终则应以豪放为主，是“任氏散曲学”的散曲史主流观。它是任氏散曲学体系的一个有机组成部分。

在总体上，这一散曲史观得到了学术界的认同，成为今日散曲研究必须参照的起点。

任氏散曲学的文学史观及其理论体系，产生在中国文化价值取向发生变革的时代，产生在人们对民间文化或俗文化的价值刚刚认知的时代，填补了近代文学史研究的一个空白。它所包含的那些学术精神——重视民间创造的学术立场、严谨而追求有所“创获”的治学风格、融通历史和不同文体的艺术感受方式——则对整个古代文学研究都有重要的启迪意义。

二、唐代文艺学

《敦煌曲校录》、《敦煌曲初探》、《唐戏弄》、《教坊记笺订》、《唐声诗》、《优语集》、《敦煌歌辞总编》七部著作，三百多万字，大致可以分为敦煌文学研究、唐代戏剧研究、唐代燕乐歌辞研究等三个单元。就任中敏的学术史而言，它们是词曲研究向发生学的延伸：敦煌文学研究反映了他对于词之起源问题的思考，唐代戏剧研究代表了他关于古典戏曲早期史的认识，而唐代燕乐歌辞研究则把上述事物联系起来，完善了任中敏的“唐艺发微”体系。也就是说，任中敏以曲艺、戏剧、音乐之三足，支撑起了一个系统的唐代文艺学。

（一）敦煌文学研究

敦煌文学研究率先在中国古代文学学科打破了作家文学研究或书面文学研究的一统局面。任中敏的《敦煌曲校录》和《敦煌曲初探》，首次将分类、搜集、校订、研究合为一个系统，为这项具有创新意义的文学研究事业建树了一个里程碑。

《敦煌曲校录》区别于此前各种敦煌曲子辞辑本的主要特点，在于它的作品资料更为丰富，所著录的体裁更为完备。《敦煌曲校录》的贡献，不仅在于“正确区分曲体、详确著录曲辞、明确胪举校语”，而且在于把一种新鲜的历史感与平民精神，引进了中国文学研究。

在编辑《敦煌曲校录》的同时，任中敏撰写了《敦煌曲初探》一书。从讨论曲调源流、曲体特征、曲辞校订、乐舞关系、时代与作者等几个关于敦煌曲辞的考据学问题入手，提出了建立“唐代音乐文艺之全面”一科的理想。这一理想贯穿于全书，使《敦煌曲初探》成为综合辞、歌、乐、舞、演五事而作系统研究的学术典范。

敦煌文学研究过去有五蔽：《初探》通过对五蔽的分析，有力地针砭了中国文学研究领域的几项痼疾：强分雅俗等级的贵族性、知其然而不知其所以然的表现性、把文学研究孤立起来的狭隘性、画地为牢不开动脑筋的保守性。其实际意义，是提出了为追寻事物本质而进行创造性劳动的学术境界。

文体只是一种表面现象，决定其面貌的本质因素是伎艺。指出这一点，《初探》便为解释中国古代文体的嬗变提出了一条合理的路线。

《敦煌歌辞总编》是一部集敦煌音乐文学研究之大成的著作。从写作目的看，它追求作品资料和考据资料的齐全，既是敦煌歌辞的全集，又是关于敦煌歌辞研究的总结。从编撰体例看，它综合辑、校、考、论为一体，代表了一种理论著述的特殊文化。从篇章结构看，它概括了敦煌曲辞的体裁分类。《总编》有两个特点是延续《敦煌曲校录》的：其一，强调作品的民间渊源。展示了敦煌文学作品的广阔题材和丰富的思想内容。其二，强调宗教作品在敦煌歌辞研究中的地位。指明了唐代曲子同曲艺不可分割的联系。它明显区别于《敦煌曲校录》的特点则是：具有更鲜明的感情色彩，公开提倡学术争辩，不避锋芒地评论了敦煌文学研究中的各项陈说；同时在文辞校订、时代判断、曲调确定等方面大胆提出了自己的按断。迄今为止，它仍然是敦煌文学研究领域中较富理论色彩和史料价值的著作。

（二）唐代戏剧研究

《优语集》以对于历代俳优语录资料的考订，展示了作为戏剧表演者的优人的历史，亦即中国戏剧的滑稽传统的历史；《唐戏弄》则以对于数十种唐代戏剧的理论阐发，为中国戏剧的断代史研究铸造了承上启下的重要一环。二书的实质意义，是提出了一条认识中国戏剧历史的新思路。

《唐戏弄》的名称，即关联于任中敏对于中国戏剧形态演变的一个思想：不能认为戏曲就是中国戏剧的典型状态。相反，应当把以戏曲为中心的中国戏剧史研究，转变为对历代戏剧的特殊形态的分段研究。于是向《唐戏弄》赋予了两方面学术意义：一方面，以它代表了一种探讨事物源流的方法；另一方面，以它树立了一种形态学的中国戏剧史研究的典范。

《唐戏弄》用许多篇幅讨论了戏剧之本质的问题。它否定了一种狭窄的理解——中国戏剧须在文学、音乐、舞蹈等等发展到一定程度时才综合而成。这些意见，后来直接影响了学术界对于中国早期戏剧的研究。

以上思想都是具有批判意义的，它们为《唐戏弄》的各项具体考订工作开辟了广阔的舞台。用翔实的资料，既证明了一批由表演者模仿时事人物的、具有丰富伎艺手段的戏剧品种的存在，又立体地再现了唐代社会的一个重要侧面。这两方面意义都曾受到学术界的关注。

但从学科建设的角度看，《唐戏弄》的最大贡献是把作为文学的中国戏剧研究转变成了作为表演艺术的中国戏剧研究，把关于剧本和作家的研究转变成了关于戏剧文化的研究。《唐戏弄》问世后，一种较具科学精神和文化视野的戏剧史研究异军突起，在学术界占据越来越重要的地位，证明了由任中敏所代表的新戏剧史观的强大生命力。

（三）唐代燕乐歌辞研究

《教坊记笺订》、《唐声诗》二书共有的一个方法论思想是：研究者应当善于在理论与资料之间寻找交叉点。对于唐代燕乐歌辞研究来说，这交叉点就是燕乐的曲调。因此，《教坊记笺订》和《唐声诗》的下编，以最大力量对所有见于教坊记录的以及见于唐代歌辞作品的曲调作了逐一考订。按照音乐学界的看法，任中敏的唐代曲调考订成果，是中国中古音乐研究最便利的工具。

选取《教坊记》和“声诗”作为唐代燕乐歌辞研究的突破口，此外还有学术策略上的意义。抓住它们，便意味着分别从音乐角度和“格调”角度，抓住了从胡夷里巷之曲演变至后世文人词的中心环节。

因此，任中敏的唐代燕乐歌辞研究的主要意义可以概括为如下一句话：借助词调形成这一学术争议问题，全面地展现了中古音乐与文学的复杂关系。

三、任中敏的学术风格

在近代中国，任中敏是一个不多见的现象。他一贯以独立特行者的面貌出现在学术舞台之上，研究作风和任何人都不相同。他全力以赴从事资料工作，于是使这种零度风格的工作充满热情，成为富于理论意义和人格力量的工作。他是把学术当作一种生存方式来看待的。我们可以用“不平则鸣”、“激愤出诗人”的比喻，来解释他的学术活动的动力。

他在全部研究工作中刻下了作为批判者、作为旧传统的叛逆的印记。他所信奉的批判精神，作为20世纪中国学术最宝贵的建树，天生地包含了某种科学倾向。所以任中敏总是能够敏锐地认识对象的本质，找到近代学术中最具前途的课题。他也向自己所面临的种种极限提出过无数次挑战。他的学术具有坚实而强健的品格，就像一个义无反顾的行路人，他不断追求对于极限的超越，追求对于自己的主观条件和客观条件超越。

任先生的研究方法，也明显表现了受制于个性与资料品质的特点。学术个性使他进入了一块块处女地，这样一来，他势必以最大的力量来进行资料建设，采用资料工作与理论工作并举的研究方法。课题和价值观的更新，使他采用了勇于按断的治学方式。为处理印刷术发达之前的文献，提供了有益的经验。

衡量学术成果价值的重要标准，不仅在于它解决了什么，更在于它是否具有前指意味，是否具有后续开拓的启发性和引导性。单就以下三方面而言，任中敏先生的学术，便具有不朽的价值：

（一）打破文学研究中的等级观念，把以主观评论为中心的“研究”转变为以客观解释为中心的研究；

（二）在散曲学、中国戏剧史学、中国音乐文学等学术领域，留下了一批足以作为学科基础的史料学和分类学成果；

（三）在中国文学艺术领域，首创了一种足以作为新史学方向的断代的历史形态研究法，并提供了以当代原始资料治当代史的研究范例。

（原载《文学遗产》1996年第6期。原文16700字，邱摘）

《绿野仙踪》丛谈

苏　兴遗著　　苏铁戈整理

（一）关于作者李百川

今天人们知道《绿野仙踪》的作者是李百川，那是由传世的百回抄本中的陶家鹤《序》始得知。而后人第一个揭示陶序内容的是1932年时节的吴辰伯（既吴晗）。吴全文转录了被一切刻本删除掉的作者自序，并根据自序中提供的情况，初步勾勒了李百川的生平行实。

作者的名字是否就是“百川”二字？吴辰伯似认为“百川”可能是作者的字或号。孙楷第《中国通俗小说书目》，著录该书时接受了吴的看法，也说李百川的“名未详”。

关于百川是何籍贯？今有二说：

一说他是江南人，甚或说他是江苏省或浙江省人。此说首见于吴辰伯《绿野仙踪的作者》一文。对这个结论，今天的研究者大都接受。

另一说认为，《绿野仙踪》是山东人所作。郑振铎认为《绿野仙踪》是山东人作，但没有论证，又是在谈《金瓶梅词话》时联及的，因而今未见有从其“山东人作”说的。

上二说，我倒以为郑振铎说为近似。

首先，我们考察一下吴辰伯说“江南人”（江折人）的两点根据。第一，说李百川的友朋皆江南人，或不然。即使陶家鹤是绍兴人，也不能因此类推李百川必是江南人。第二，李百川“远货扬州”，也证明他不会是江苏人。况且李百川言及其叔父李余谷曾“宦游盐城”，也似能证明李家不可能是江苏人。

其次，郑振铎提出的“山东人作”说，是他就作品风格兼及语言特色而言之的。我之认为郑说较近似，兹亦先由作品的语言来论证。读《绿野仙踪》全书，谁都会感到它的语言是北方普通话，与明清之际江浙人的小说语言不同，也和《金瓶梅词语》及《醒世姻缘传》之多山东方言有差别。固然，中国的通俗小说发展到清乾隆时代，语言的地方性已与明末清初的小说多为作者本地方言词的情况大为减少。但《绿野仙踪》却有几个词语（不止用过一次），很少出现于其他通俗小说，可供研究作者运用词语的地域性色彩作参考。

第一，“汉仗”。

按“汉仗”一词，其他小说今知似仅见于《儿女英雄传》第十五回，是“身量”意。《儿女英雄传》以基本是京话的范本著称，可见“汉仗”一词是北京及其附近的特有语词。而《绿野仙踪》不止一次用“汉仗”一词，值得特殊注意。

第二，“蹶劣”。

把“蹶”与“劣”合组成为一个词语，肯定是地方性形容急遽样子的通俗语词。明末清初许多由江浙人作的小说，地方性词语很多，但未现过“蹶劣”一词或音相近意相同的类似词语。

第三，“听”。

“听”是“看”的意思，今河北省一些县（如冀东）犹以“看”作“听”，看什么叫做听什么。

上列三例，两例是北京和河北省用的词语，另一例暂未能明。还有如“馍”字，也值得注意。《畿辅通志·方言》中所谈“畿南人称磨磨”，而北京及其附近各地人称为“波波”（饽饽）是合乎实际的，乾隆时当亦然。奇怪的是，李百川竟写畿南成安人不懂馍馍是何意，相反，却把北京的小街巷写得挺详细，还写了北方农村的情景。但他在自序中叙说自己的行踪，又绝无到过北京的描述。

根据前述词语运用的情况及作者对北京的熟悉、北方风物的描述等来观察，说作者是北方人，可能更合适一些。几个特殊语词，如果能证明是山东也有的，则作者李百川是山东人（当然到过北京）也是可能的。我们如再进一步品玩作品带有感情色彩的，对扬州、镇江、苏州、杭州的描写及感叹，也能嗅到北方人乍到南方时的气味。

如果推断李百川是北方人（或既京师附近或山东人），怎样解释自序所云“远货扬州”呢？从京师或山东某地顺运河南下扬州，不可谓不远，比之江浙更合适。扬州是靠近北方的商业城市，货家存古董可能比北京更易脱手而得高价。如是江浙人，到苏州就可以了，哪里是“有钱人的富户走动的地方”（第十回冷于冰语），不必过江去货古董的，而如家在苏北，更无“远货”之理。

关于李百川的家庭状况，由他的“自序”中找到点蛛丝马迹的遗痕。可以毫无疑问，认定李百川的家是旧族世家，恐与他的两个化身即冷于冰、温如玉的家庭有某些相似处吧。

对于李百川的生平经历等，主要是依据了《绿野仙踪》的自序提供的线索，而他的同祖弟李说严，则仍是寻找李百川生平的重要线索。如有人不惮烦劳，翻遍河北、山东二省的志书，总会找到某个李姓进士在乾隆二十一年及以后，曾任辽州知州的，这样就能进而把李百川的面纱揭开了。

（二）百回抄本与八十回刻本的比较

现今传世的《绿野仙踪》有百回本与八十回本之别，形成了两个系统的本子。

另外，现今还知道有由八十回本出的两种石印本，一是光绪三十年上海书局本，一是民国十三年上海大成书局本。而大达书局的铅印本等则更在其后。

《绿野仙踪》既然有百回本与八十回本两个系统之别，那么它们之间的关系是怎样的呢？侯忠义在据百回抄本整理的排印本《前言》中说：

《绿野仙踪》现在通行的本子，是八十回的刻本，刻本与抄本相差二十回回目，从故事内容来看，大体是相同的。但两种不同版本之间，内容、情节上有些区别和差异，抄本又有些长处和特点。我们不妨概括地叙述它们之间的关系，那就是：抄木在前，刻本在后；抄本是“繁本”，刻本是“简本”；抄本是“原本”，刻本是“节本”。两本除了内容、情节、语言的繁简之外，在每回内容的多少，情节发展的次序上，刻本都作了部分压缩和调整，因此刻本回目上就表现为减少了二十回回目。

侯忠义的概括，基本是合适的。大约八十回本对百回本之更改，除相同情节中个别词语及词句有改、删外，不外在情节上还有下面几种情况：

第一，单纯的删削，从而使内容减少，以至使回目合并。

第二，八十回本对百回本删削的同时，在删处有增改。

第三，八十回本对百回本的情节有调整。

上述或一个情节的删削（或有的略叙在别的回目中）、删削而改增别的情节；或调整、移植情节，加上故事未减而有语句上的删减等情况，就不仅使得百回本书变成了少二十回的八十回本书，且使作品的内容有些微的变化。这两者既不全同于《水浒传》式的简本和繁本，也不同于《三国演义》、《西游记》、《金瓶梅》等作品不同时期的本子（既稍有字句上改动，而于大局无关）。两个系统的本子在艺术上各有千秋，不能以此否彼。又由于在结构上有前述的一些变化，也不能不影响到作品中人物的思想、性格方面有所不同。

另外，《绿野仙踪》的语言是以北方话为基础的，李百川提炼，加工了许多别有风趣的艺术语言，百回本、八十回本共有之外，由于百回本有些情节是八十回本没有的，因而某些好的语言便成为百回本所独擅的了。

（三）百回本的批注问题

百回本《绿野仙踪》的批注，比之《水浒传》之金批，《三国演义》之毛批，《金瓶梅》之张批，《西游记》之汪象旭、陈士斌（悟一子）、张书绅……等人的批，都要简略得多。它没有回前或回后的评，只有句间的批注。它的句间夹评，数量还不算太少，惟多系提示前后情节内容性质，比起金批、毛批等，在小说理论批评史上，就不能占有位置了。故在此仅就下述问题谈论之。

（1）批注者的生平等问题

因百回抄本没有明标批注者的名姓，所以对批注者为何人，暂不能说什么。然而在句间批注中，批者往往把自己摆进去，故于此夹缝中尚能窥知一些批注者的几个侧面情况。

①批注者是北方人

②批注《绿野仙踪》时，批者已达知命之年——50岁。

③批注者过去家道颇好，荣华过。而批书时已沦落，且南北奔驰谋生。

④批注者到过江南，在扬州住过多年。或许在北京生活过。

⑤批注者有一堂兄也是过去荣华过，后来落没；而他只有一女，出嫁两年即卒。

⑥批注者没有给官府做过幕客（幕僚）。

（2）批注《绿野仙踪》与金圣叹批《水浒传》以至批《西厢记》的关系。

检阅百回本《绿野仙踪》的批注，强烈的感觉是，批注者是金圣叹的崇拜者，他批注的标准、方式都是从金圣叹那里学取来的。

特别引人注意的是：注者在批注中不是金批《水浒传》，然其所批的手法却明显是从金批《水浒传》剥下来的。批注者曾骂有的小说作者直接学取《水浒传》手法，却又用得毫无滋味，“真是嚼人屎橛，算不得一好狗也”（第六十三回）。他自己却学得稍有变化，叫做吃人剩饭吧，是条好狗！

（3）批注者批评了前代的一些小说（包括《水浒传》）的败笔，也不指名地批评了一些时下庸腐小说，有点小说理论的味道。

首先，批注者贬《西游记》。此等贬《西游记》也是从金圣叹学的样。然而，批注者竟也涉笔批评起陶家鹤在序言中称赞的与《绿野仙踪》并驾齐驱的大奇书《水浒》、《金瓶梅》的败笔来，可谓不凡。批评，提出了作小说“最忌头上安头”，提倡人物、事件要“彼此互相牵引插串而出，方为一线穿成文字”，这是值得刮目相看的。这很类似今天评论家认为的小说结构中最高级的网状结构论了。

而批注者认为要付之丙丁的“其余小说”，也就包含了他一直鄙视“时下小说”。

通过前边我们引过的批注，知道批注者的头脑里还是金圣叹式的章法、句法、字法论的老套子，是明末评点古文者的余绪。但他能结合《绿野仙踪》作品，具体地予以点出，这对读者认识小说手法的运用之妙，还是可赞许的。

（4）批注者借一点因由大发议论，其议论与作品之情节、人物以至章法、句法等皆无关，是最可厌之点。然而，我们由此恰可窥知评者本人生平的某些侧面，故不能以“可厌”名之，倒是这方面的内容太少了。对一些纯粹在发牢骚的批文，则应扬弃。

（5）行间夹批的问题

百回抄本的批注，绝大多数都是在句间，而且墨色一至，笔迹连贯。只有第三回有五处在行间有夹批，这五处的旁批的笔迹与正文和句间批的笔迹，不是一个人的，笔势熟练，墨迹也深，可见不是原抄偶遗，立即在旁边补上去的，可能是原来就有的批语，而北大抄本原抄漏掉，另一个人校订时补在行间的；也可能是某读者（收藏者）顺手以己意加上去的，不属于原百回抄本的批语。好在这五处批语无关紧要，就不去深究它了。

（原载《古籍整理研究学刊》1997年第1、2期。原文24000字，邱摘）

元佚诗研究

杨　镰

本文从文献学角度研究元诗的佚存情况。为此，特意选择了明人潘是仁、《宋元六十一家集》、清人顾嗣立所编《元诗选》，以及《四库全书》作为参照。

一

潘是仁是新安人。《千顷堂书目》著录有其《宋元名家诗选》百卷，万历四十三年（1615）增刊，更名《宋元四十三家集》；天启二年（1622）重修，又增为《宋元六十一家集》。实则是典型的明人伪书。

首先，它伪题书名，以充秘本。《宋元六十一家集》所收的35种元人诗集，其中半数以上是从无其书。其次，居然整卷编进了别人的作品。说到潘氏《宋元六十一家集》，有一点值得一提，那就是，顾嗣立以及四库馆臣虽一再引称本集，但《元诗选》竟没从其中取材，《四库全书》则连“存目”也未列入其名。认识有元一代之诗，顾嗣立《元诗选》问世，情况才得到根本改观。

顾嗣立康熙三十二年（1693），辑成《元诗选》（又名《元百家诗选》）初集。康熙四十一年、五十九年又刊行了《元诗选》二集、三集。全书共选录330位元代诗人之作，立意欲传一代之诗。

就文献学而言，《元诗选》更不容忽视。从它成书到乾隆时编《四库全书》，其间仅隔几十年，不少顾氏得见的元人诗集竟再无传本。因此，《元诗选》自从问世，就成为元诗无可替代的权威选本。

但《元诗选》的编刊显然也受到资料、条件等限制。必须强调指出的是，《元诗选》选录的各家诗集绝不都是“并从全稿录入”的。它真正的问题仍在于底本。

贯云石原有《酸斋集》行世，但其集久佚。《元诗选》二集《酸斋集》录诗27首，25首能查到原始出处，仅《当涂郡有脱靴亭以谪仙采石得名乃绘之图而赞以诗》、《山谷守当涂方九日而被谤谪宜州遂作返棹图而系之诗》2首一时不明所据。我们注意到，元代流传有名画《脱靴图》、《返棹图》。“当涂”“山谷”二诗，正是牟子才为其《脱靴》《返棹》二图作的两则赞语。原来顾嗣立割取双行夹注作为两则离奇古怪的诗题，于是宋人牟子才的“赞”就进入了《元诗选》二集《酸斋集》。无疑此《酸斋集》并非有原集孤本可据，而是顾嗣立自辑成。《元诗选》的症结，仍然是元人诗集原本的佚与存的问题。

二

元代已至近古，或以为诗集应较单纯，只是版本学的考究：善与不善，全与不全的问题。实际上元代诗集情况亦颇复杂。我们的研究可以证明，在没有就元人诗集作精确的文献学考索前，谈不上全面评价元诗。

进而，我们准备分析研究两部佚存情况错综复杂的元诗别集。

元代诗僧释英字实存，有《白云集》三卷传世。但是笔者在披阅元明诗文集过程，却发现《白云集》与明初人张羽《静居集》有着相当奇特的联系。

张羽生于元统元年（1333）；释英享年87岁，当卒于后至元六年（1340）之前，两人完全不可能成为诗友。张羽诗集有两个系统，一是《静居集》六卷，一是《静庵集》四卷。一般均认定，六卷本为原编全本，四卷本是删并六卷本而成，而我们比勘的结果竟是，《静居集》存诗725首，95首重见于释英《白云集》；而《白云集》存诗101首，除最初3首及接近结尾的3首，几乎整集与《静居集》共有！当然，真正的问题是，这共有的诗究竟属于谁？

据我们研究，《白云集》是真本，而《静居集》亦是一部伪书。首先，这95首两集重见诗所涉及者，除少数无考，都是宋元间人。《静居集》相当常见的与高启、杨基等的酬和，都不在重见诗中。那首《径山夜坐闻钟》都重见于《静居集》卷四，而在径山闻钟，感悟皈依释门，本是释英生平的重要事件。

相当古怪的是，有不少并非两集重出、仅见于《静居集》的诗，实际应原属《白云集》。这类例子还可举出不少。《静居集》编入的释英诗绝不止与今本《白云集》重见的95首。进而可以认为，编刊伪书《静居集》所据的《白云集》，版本却远比今本《白云集》好，是内容完备的善本。今本《白云集》均收诗101首，而收诗150首的原本《白云集》，却隐藏在《静居集》中。《静居集》对张羽来说是伪书，对释英《白云集》来说却是优于今本的善本。这是元诗文献学研究奇特的一例。

就张羽诗而言，保存402首诗的《静庵集》四卷反而是可信的原本，论及张羽，只能依据《静庵集》，上述重见诗均不见于《静庵集》。至于《静居集》，我以为其刊刻者张习就是作伪者。既然将《静庵集》与《白云集》拼合成《静居集》是张习完成的，张习"明初四家集"全有认真校勘的必要。

元诗佚存研究的下一实例，是西域诗人萨都剌的《雁门集》。

萨都剌诗集是流传较广、成就较高、版本较复杂的一种元人别集。一般认为，14卷本已括尽传世萨诗。然而日本1905年刊出《永和本萨天锡逸诗》，存诗142首，据认为，其中92首是14卷本集外佚诗。

日本逸诗明显特点是，14卷本集外佚诗三分之二以上是咏物诗。

元人文献中，确有萨都剌写过咏物诗（或称"巧题"）的记载。应该指出，萨都剌是元诗热点，也是元诗难点。除生平诸疑问，萨诗混入他人诗集，他人诗混入萨集，都较常见，往往也颇难取舍。

谢宗可确有其《咏物诗》传世。应作于1315—1350年间。《永和本萨天锡逸诗》绝大多数又见于谢宗可《咏物诗》，区别只是异文的多少。

在元诗别集、总集中，常见以咏物为题的诗篇，而且多是七律。完全被忽略的是，以咏物诗成气候的，除谢宗可，还有何孟舒。两者都是名位不显，生平无考，而后者连集子都早已湮没无存，所作仅靠《诗渊》流传至今。署"本何孟舒"的百余首诗，绝大部分是七言咏物诗。此何孟舒引起我们特殊注意的却是，他的"咏物诗"，与谢宗可《咏物诗》、亦即萨都剌"逸诗"的咏物诗完全是一回事。

目前的结论是：元代诗坛确实流传着以咏物以题的100首（后扩为数百首）七言律诗，流传过程署名不一。它们不是萨都剌所作。由于谢、何全无时名，当然不可能是诗坛名流萨都剌写了再托名（借名）于他们，只可能是相反。这批咏物诗当是元明间人何孟舒作于元统、至正间。然而在《雁门集》14卷本之外，萨都剌有没有佚诗呢？答案是肯定的。

三

《四库全书》编者对元人别集的搜集、整理、辑佚相当著力，收入的善本甚至孤本，就全书比例而言，也是较高的。但从文献学角度审视，仍存在明显问题。判断的失误直接影响到从《永乐大典》辑佚书时的取舍，不该辑的辑了。该辑反而未辑，可以郭昂《野斋诗集》为证。

郭昂字彦高，号野斋，林州（河南林县）人。有《野斋诗集》，但历来未见传本，仅姚燧《牧庵集》卷三有《郭野斋诗集序》。据姚序，集为郭昂嗣子、杭州路镇守万户郭震辑刊，存诗600首。作于元武宗至大四年(1311)。

由于《野斋集》原本流传不广，亡佚过早，元诗史难为郭昂设一席之地。而今天重新认识郭昂，只有借助重辑出《野斋诗集》才能作到。郭昂佚诗大量保存在《永乐大典》残帙和《诗渊》等书之中，由于《诗渊》的存在，可以部分挽救因四库馆臣走眼，未能在《大典》完整辑出《野斋诗集》带来的遗憾。《诗渊索引》列出郭昂诗260多首，还有一些漏编的。再加《大典》、《元风雅》等书所收，今存郭昂诗在400首左右，大致相当于原本的三分之二，存诗足成一家。

释宗衍《碧山堂集》，是另一个原佚实存的例子。

《元诗选》二集有《碧山堂集》，选诗44首。但修《四库全书》时，原本《碧山堂集》已不存。

在披阅《诗渊》时，我们注意到，其中大量收入了署名为“本释道原”的诗。与《元诗选》二集《碧山堂集》所选宗衍诗作了比勘，可以断言，《诗渊》的“本释道原”，就是元诗人宗衍，《诗渊索引》录出道原诗近130首，还有少量漏注的，再加《元诗选》中不重复的，共存诗170首左右，基本可以恢复成《碧山堂集》三卷。

本节最后，拟讨论诗人顾逢诗集的佚存。

顾逢字君际，号梅山。吴郡（江苏苏州）人。《癸集》云“有诗集十卷，传日本僧”，但未见著录，也无传本，亦不知集名。《宋诗纪事》、《元诗选癸集》等总集存其诗仅数首。而《诗渊》却录存顾逢诗250首以上，而且还录有一组宋元之间人赠顾逢诗，可以肯定，上述赠诗正是顾逢原集的附录，而《诗渊》中的顾逢诗正是据其集分类抄入的。《诗渊》整卷抄入顾逢诗，而《大典》却不见其名。但《大典》中较多地录入了署为“顾世名梅山集”的诗，并归于元诗。与《诗渊》所收顾逢诗重合。所以可以肯定，顾逢又叫顾世名，那“传日本僧”的十卷诗集，名叫《梅山集》。《梅山集》原本虽早已亡佚，但据《诗渊》、《大典》及总集等，尚可辑出佚诗约300首。

四

西域文学家是元代文坛相当活跃的群体，上文涉及了贯云石和萨都剌，这里拟考索两位诗史无名的西域诗人及其诗作佚存。

元史名臣廉希宪是北庭（新疆吉木萨尔）维吾尔人，世祖朝曾任丞相，被称为“廉孟子”。然从未见其有能诗名。但《全金元词》却据《永乐大典》收入廉希宪词[水调歌头]《读书岩》，可以确证《大典》所引有关读书岩的诗词都是廉惇所作，《廉文靖公集》是廉惇集。廉惇是廉希宪幼子。

仅据《大典》残帙所录《廉文靖公集》，尚不足以谈廉惇之诗。北庭廉氏能诗不见于载籍，仅《诗渊》有“元廉公达”或“廉公心迈”诗，而且达二三百首。“廉公达”应是廉恒。但《永乐大典》《诗渊》两书所引“廉惇文靖公集”“廉公达诗”是同一人所作。经比勘足以证实，此“廉公达”、“廉公心迈”，即是廉惇公迈。

与廉惇相比，鲁山研究难度要大得多。今存《永乐大典》残帙有“元释鲁山集”或’鲁山诗集”。但此集从未见著录，连鲁山到底是谁，也疑秘难明。《诗渊》在“元鲁山”、“元鲁山文”等名下录有数十首诗。可是，鲁山其人其事却颇难稽考。

贯云石《观日行》诗序有："丁巳春三月，余之所谓宝陀山。颠有石曰盘陀，往观之。初疑其大不可量。既归宿作诗，时方夜半。僧鲁山同赋。"《大典》与《诗渊》的释鲁山，无疑就是贯云石诗中的鲁山。吴师道《礼部集》卷八诗题有"至大庚戌，黄君晋卿客杭，与邓善之翰林、黄松瀑尊师、儒鲁山上人会集赋诗"之语，这样，我们终于弄明白，释鲁山以"儒"为姓氏。马臻《霞外诗集》卷六亦有《松鹤吟寄儒鲁山》。儒是记音，故又作"岳"或"月"。据元释大䜣《蒲室集》卷十五《鲁山铭》序，岳鲁山是高昌人。后至元五年（1339）掌平江善农提举司，虽身为"贵胄"（色目世臣之后），而"诗礼如素习"，"其称鲁山为宜"。至此，不仅辑得鲁山佚诗数十首，还勾勒出任何一种元诗总集从未涉及、谈元诗者从未措意过的诗人鲁山的身世出处。

而诗人释道惠及其《庐山外集》同样为元诗选家完全忽略。

《庐山外集》四卷，国内仅有一部孤本，今存北京大学图书馆。编《元诗选》及《四库全书》时均未及见。但今存刻本两卷的是元刊，抄配的两卷当补于清末。有线索表明，抄配所据的元刊原本已远藏于日本。目前我们尚未找到作者的生平资料。据集序及集中之诗，可知其名道惠，字性空，是庐山东林寺高僧，出于宋元间名僧祖訚门下。约1266—1336年在世。

《诗渊》录有"饭牛稿汪济叔"诗百余首。《饭牛稿》不见著录；汪济叔未见传记资料。戴表元《剡源集》卷三十有《汪济秀才饭牛稿》，可知汪济，字济叔，号饭牛翁。江东人。出身于书香门第，宋末为秀才，入元曾多方干谒求仕。诗多苦寒困厄之色，受江湖派影响颇显明。

《诗渊》录"元陆厚"诗近两百首，未注集名及作者字号。作者生平无考。惟《永乐大典》也收入了陆厚诗，但注明出自《幼壮俚语》。据两书中佚诗，可大略考出其年辈。陆厚生卒年大致相当于1270—1330年，或系宋元易代后寄身道流者。诗亦属江湖派末流。

元朝时间跨度短，元诗资料相对集中；而文坛出现的西域作家群体，又是元代独有的现象。这就决定了元诗研究的难度，往往是对诗人时（跨朝代）地（跨区域）错杂缺乏了解所致。因而对元诗作文献学考述，不仅是元诗学的起点，也是其重要组成部分。

（原载《文学遗产》1997年第3期。原文17000字，邱摘）

初盛唐七言歌行的发展

——兼论歌行的形成及其与七古的分野

葛晓音

歌行一体，创自汉代，而兴于初盛唐。成为盛唐诗歌达到高潮的一个重要标志。然而在古典诗歌的各种体裁中，歌行又是最难界定的。本文即试从字法句式和篇法结构等方面对歌行形制体调的规范另作一番探讨。

一

歌行的样式虽然是在六朝到初唐漫长的时期中形成的。但其基本特征在歌行萌生于汉代的阶段就已初步具备。要说清这一点，首先必须辨明什么叫"歌行"。"歌行"之名来自汉乐府已成共识，但其初始意义在古代诗话中一直没有辨清。我以为"歌行"一名起初并非复合名词。即"×歌之行"，而不是"歌"加"行"。"行"与"歌"在汉时实为两体。题为"×歌行"的乐府诗都不再是"歌"，而只具备"行"的特点。因此考察"歌行"起源主要应从"行"诗入手，而与"歌"的关系不大。那么"行"的意思是什么呢？"行"与"趋数"的意义联系密切。

"趋数"即急促频数之意。"行"即乐府行诗。既用鼓点伴奏，且一再行之，其繁音促节可以想见。句式都是最能体现短促而又反复的节奏感的。即使不用这些句式，大部分"行"诗分章分解层层渲染、"一篇之中、三致意焉"的结构，也说明了"趋数"反复的特点，是这类乐府诗以"行"名篇的原始意义。而"行"的这一意义也反映出歌行从它萌生时起即初步具备了语意复叠、节奏分明的基本特征。

从盛唐以后歌行的发展来看，将歌行局限于七言之内，显然是不全面的。如果仅从七言的发展来考察歌行的形成，便会忽略歌行在篇法结构和字法句式方面一些重要特征的由来。顶针和排比这两种七言歌行中最常用的句法，早在汉乐府五言行诗中就已产生。而到魏晋时，这些句法不但仍在部分五言"行"诗中传承，而且随着乐府"行"诗由叙事向抒情的过渡，复叠歌唱的特点也有所强化。魏晋乐府中"篇"的产生，也是与"歌行"的形成密切有关的一个现象。"篇"与"行"是乐府中关系最密切的二体。"篇"以赋法入诗，使"行"诗的容量大增，为初唐七言大篇提供了赋咏体物的篇法结构；而且其形式由乐府"行"诗衍生，根据内容另立新题的作法，也对初唐的七言"行"诗和"篇"诗从乐府脱胎自立新题的作法有明显的影响。以繁会复沓为基本特征的长篇歌行最早源自"行"诗和"篇"诗，与"歌"的关系较远。

五言乐府"行"诗和"篇"诗虽然为歌行提供了若干基本的篇法句式，但以七言为主的歌行的形成实际上是七言逐渐摆脱五言，探索其独特节奏形式的过程。具体地说，就是在篇法句式方面不断演进，以达到独立自足的境界。这一过程可分几个阶段。初始阶段是七言乐府的产生，为七言歌行准备了脱胎的母体。

七言乐府的产生与"歌"的变化密切有关。拟乐府行诗的传统在东晋时期基本中断，到宋代才得以恢复。受当时五言诗雅化的影响，虽然部分作品仍保存着汉魏五言"行"诗运用顶针、叠字的句法以及"篇"诗铺叙繁复的结构，但风格比较凝重，篇法句式也没有新的发展。而"歌"体则在宋齐时迅速转变。《白纻舞歌辞》的出现，在柏梁体的《燕歌行》以外，提供了新的七言形式。齐梁时七言乐府题虽少，已经将五言"行"诗的顶针、排比和七言兴起时新创的双拟、连绵、叠字连用、及"君不见"的发端等句法结合起来，形成七言乐府追求声调流畅所使用的最基本的字法句式。总之，"歌"体一变先秦汉魏以来以"兮"字句为主的短歌传统，为乐府提供了七言体的形式，是七言乐府产生的契机。

七言乐府除了使用上述句式以求声情流畅这一重要特征以外，在运用虚字连接句意及篇法结构方面，也形成了一些重要特点。五言"行"诗的连接很少用虚字。而七言体在形成之初，句意的表达实际上用五言已经足够，只是为加强语气的转折腾挪、活泼动荡，才在句头上增加了许多双音节的虚词。七言乐府句意的连接和转折时常靠五言加一个虚字和一个动词（或另一个虚字）所组成的双音节句头。这些句头的用法和意思大多近似，主要作用是加强语气，对句意并无实质性的影响。

在篇法结构方面，七言乐府的主要特点是加强语意的反复，造成章法的复沓。七言乐府长篇首先奠定了运用对称的结构取得复沓效果的一种基本章法。与对称结构相应的是大量偶句的使用，尤其是在渲染气氛、描绘环境时基本上都用骈俪句法。加上在五言诗中发展起来的双拟对、隔句对、赋体对、回文对等强化流畅节奏的对法被吸收到七言中来，遂使许多偶句变成两句一意。七言乐府由梁陈到初唐愈趋繁复，正与这种篇章结构和句法的结合有关。总之，七言乐府在梁代兴起，不仅给后世提供了带有示范性的字法和句式，而且确立了七言乐府形制体调的基本特征。

二

从陈隋到初唐，一批带有歌辞性题目的七言古诗从乐府衍生，并形成与七言乐府相同的形制体调特征，这是七言歌行正式形成的阶段。关于七言乐府和七言歌行的区别，我以为一方面要努力去寻找古诗与歌行在体调上的差别；另一方面还要以发展的眼光来看。大体说来，从梁陈到初唐，非乐府的七言古诗的总体趋势是逐渐歌行化。四杰之前，七古与歌行尚可区分；四杰之后，二者已难以辨别；至盛唐才又各有分野。

七言乐府方兴于梁代之时，便出现了少量非乐府题的七言。即不用乐府题，声情也与乐府迥异。原因是这些七古均不用乐府常用的顶针、双拟、连绵、回文、排比等句法，而是在五古上再加两个实词成为七言。由此可见在七言乐府形成的早期，另有一种七言诗并非脱始于乐府，而是来自五言古诗。陈隋时期，七言乐府迅速增多，非乐府题的七言歌行也随之脱胎而出，原来在宋齐以后已见衰歇的“篇”遂在陈隋七言歌行中复兴。

这些七言歌行内容多少与乐府古题有些关系。其句式篇法也使用了不少七言乐府的叠字、顶针、回文对，因而声情与乐府无异。与此同时，一些没有歌辞性题目的七言，也都趋于歌行化。这就使陈隋的许多七言古诗和七言歌行在声调形制方面很难区分。

陈隋七言乐府歌行的篇法句式较之齐梁又有明显的发展。首先是强化了偶句上下句之间的一意贯串，包括虚字句头对仗的意贯，后三字对偶的意贯。其次是偶句对仗在意贯中增加跳跃的幅度。即使声调流畅连贯，又有开合振荡的节奏感。

上述陈隋七言乐府歌行在句法上的两点进展主要体现在偶句的对仗方面。这固然与陈隋诗歌的进一步骈俪化有关，也说明诗人们追求流畅的声调已从依靠各种重复字法的钩连发展到探索句意脉络的连贯。初唐乐府歌行正是在这样的基础上形成其独特风貌的。

初唐继陈隋之后，七言古诗大多乐府歌行化。一方面，七言乐府题的范围继续扩大，另一方面，七言歌行发展的势头超过了七言乐府。仅就字法句式而言，初唐人的创造并不太多。较新的主要有复沓递进句式，初唐人的主要特点是高密度地综合使用前代七言乐府中已有的各种字法和句式。更重要的是，初唐七言乐府歌行还能使高密度地综合使用多种复沓排比句式的作法与篇意章法配合默契、相得益彰。突破了梁陈以来歌行平面的铺叙和对称的章法，而变成纵横交错的立体结构。

初唐七言乐府歌行的另一个重要特征是篇制宏伟、铺叙繁富、挥洒淋漓，亦即将梁陈七言乐府宜于长篇赋写的特点也发挥到了极致。而这一特征又突出地表现在以“篇”诗和“行”诗为代表的七言歌行中。由此也可见出歌行与五言乐府“行”诗和“篇”诗的渊源关系。随着篇制的扩大，初唐七言歌行的结构也较前代繁复。一般说来，初唐歌行多取乐府式客观叙事的顺叙语气，也好用对称的手法铺写场面，以求互衬对比的效果，但层次的安排更趋复杂。这种变化与七言乐府可说是同步的。大致有以下几方面：首先是一些铺写帝京的乐府歌行，采用了面的罗列和点的细绘相结合的方式。其次是一些感慨人事的乐府歌行，多取线性结构串连丰富庞杂的内容。第三是以“篇”为代表的体物写志的歌行，进一步强化了赋物的特点。赋法的对称性质反过来又促进了偶句的发展，并在初唐七言歌行中形成了以偶句铺写场景、渲染气氛的固定表现方式。这也是初唐歌行骈赋化的一个重要原因。

由以上分析可见，陈隋至初唐歌行在字法句式方面，将七言乐府重叠复沓的特征发挥到极至，从而使这一时期的歌行与乐府一样，以其声调的流畅圆转之美形成了独特的艺术风貌。而其篇法结构则在继承乐府的顺叙方式及对称章法的基础上，将平面的罗列变成经纬交织、点面结合、主线分明的结构，并发展了以偶句铺陈场景、物态的赋体特点。二者结合，自然形成铺张扬厉、整密流丽的宏大体制。这就使七言歌行在从七言乐府中衍生之初，便具备了类似七言乐府的体调特征。

三

初唐七言乐府歌行虽以其骈俪浮靡被明清诗话视为承袭梁陈的“初制”，但确立了七言歌行基本的体制规范，而且以后世难以企及的声情宏畅流转之美，成为七言乐府歌行史上不可复返的一个阶段。初唐歌行的这一特征与其内容重在情的咏叹有关。由于当时乐府歌行主题都集中于抒写相思离别和盛衰之感，因而最宜于以宛转流畅的声调来表现。另一方面，也与七言在这一阶段未能完全形成其自足独立的语言节奏有关。初唐乐府歌行的声情之美主要依靠顶针、回文、双拟、排比、复沓递进等句法，以及许多意义相近的虚字句头的钩连。这些句式都是通过重叠反复的增字法把五言抻成七言。而且在运用到极限时，必不可免地会造成表现的单调。于是，进一步探索适合于表现多种主题、与语言自然节奏相适应的七言句式，便成为七言歌行继续发展的关键。这一重大转变固然主要是由李、杜完成的，但从初唐后期到盛唐的过渡，也是不可忽视的一个阶段。

初唐后期虽然不乏“初制”阶段的歌行，但出现了一些较少使用重叠反复句式和虚字句头钩连的“篇”和“行”诗。这些作品或者依靠层意本身的对比造成跌宕，或者凭借叙事语气的连贯及上下句意的承接造成流畅的节奏。这些都为七言歌行由音节流畅转向步骤分明、由字句蝉联转向意脉连贯的变化开启了思路。这一时期还有一些作品不用重叠反复句式、而用清一色的对偶句式取得声情流畅的效果。靠对偶句法的统一不变以求音节分明，也是摸索七言节奏感的一种努力。

七言乐府歌行至盛唐也有部分作品犹存初唐体调。但总的说来，盛唐七言乐府歌行沿着初唐后期“稍汰浮华、渐趋平实”的方向发展，由繁复丽密转向精炼疏宕，其内在的原因还是篇法句式发生了重大变化。首先，陈隋初唐歌行依靠大量意义相近的虚字句头钩连句意的特征到盛唐几乎消失。尽管顶针、排比、回文、复沓等重叠反复用字的句式仍时见于诗，但使用频率大大降低。基本句式已由偶句为主转向以散句为主。由于以散句精神贯串全篇，盛唐歌行乐府虽不乏鲜明的音节，但已不再以悠扬宛转的声情见长，而以气势劲健跌宕取胜了。七言散句的迅速增多，以及偶句以散句为精神的转变，说明盛唐诗人已在探索七言自身的语言节奏规律方面取得了关键的进展。

其次，盛唐乐府歌行趋向散句化，使篇制自然芟繁就简，长短合度。其篇法也随之由尽情铺排、发挥无余转为节制收敛、含蓄凝炼。初唐歌行词旨浅显，与其反复铺排，以声动人的基本表现方式有关，而盛唐歌行立意较深，则与其善于取精用宏、提炼场景有关。

盛唐歌行与乐府在上述两方面的变化是同步的。而盛唐乐府歌行趋于散句化，并由繁变简，由密趋疏之后，歌行“初制”阶段的形制特征便淡化了。这就使许多无歌辞性题目的七古在体调方面与歌行很难区分。尽管如此，盛唐歌行和七古的分野还是大致可见的。我以为最重要的区别是盛唐歌行保持着乐府“一篇之中，三致意焉”的基本特征。而七古则层次比较单一。此外歌行大多用乐府式的顺叙结构、七古一般没有叙述语气。

在盛唐诗人中，把歌行层意的复沓和句意的复沓交融得最成功的是岑参。尽管他很少用歌行“初制”的典型句法，而且多数歌行都用来送别，又混同了歌行和七古的表现职能，但二者的分野仍很清楚。岑参的歌行多数以咏物、咏景或咏人作为牵引感情发展的主线。这就必然要吸取“篇”诗的赋法，从不同角度层层铺写所咏对象。而他的那些不题歌行之名的七古送别诗，虽然也有长篇，内容繁富，却没有层意和句意的回环复沓。

当然岑参也在不少歌行中使用了乐府的传统字法句式，但这仅是用适当的修辞手法使声情更为流畅，而歌行本身的复沓主要是靠章法、层意的安排完成的。

李颀、高适、岑参（包括李白）的歌行以“歌”代替了“篇”的职能，“篇”诗在盛唐诗坛悄然退出，原来一直以“兮”字句式为主的“歌”体从短篇演化为与“行”诗相似的形制。至此歌行才真正成为以“歌”与“行”为主体的诗体。

总之，盛唐歌行的散句化表明七言已在散句的连接中找到了自己的节奏感。因而促使歌行篇法的复沓也凭层意的复沓，这就自然导致盛唐歌行从初唐之尚声情转向尚气势的变化，形成骨力矫健、情致委折、繁简适度的艺术风貌。

四

盛唐歌行至李杜而后“极其致”。但从歌行体制发展的角度来看，李杜则分属于两个不同的阶段。李白之变是在综合齐梁初唐歌行形制特点的基础上，运用其天才任意挥洒，而造成的“变化莫测”之变。杜甫的变，则是在发展盛唐歌行散句化倾向的基础上，取法于汉魏五言行诗，从篇法到句式彻底改变初唐歌行体调特征而“独构新格”之变。

尚气虽已成为盛唐歌行的共同特点，但李白乐府歌行气势之飞动豪逸、变幻超忽、无人可比。其原因在于他已超越了探索字法句式的必然阶段，进入了以气势驱驾文字的自由境界。无论是初唐重叠反复的修辞手法，还是盛唐兴起的散句、抑或骚体、古文句式，到他手里都能毫不费力地把握住文字内在的韵律和节奏感。这些创变，都是他凭着灵感和激情控制诗歌的思绪，任意调动各种现成句法的结果。李白有不少乐府和歌行综合使用了初唐歌行的典型字法句式。但也有不少乐府和歌行全用散句，且句法无一相同，在极不对称中寻求语言节奏的和谐。正因为李白能综合前人的各种句式而随意变化，所以他的乐府和歌行总能兼有流畅的声情和奔放的气势。

李白歌行“谲辞云构、奇文郁起”，在很大程度上是因层意和句意不按正常逻辑安排之故。同盛唐歌行一样，李白的诗仍保持着复沓的基本特征，而且是以情感和层意的复沓为主，字法句式的复沓为辅。但他的层意复沓又多半不由句意的直承构成，而是常有出人意料的变化和语断意连的飞跃。由于层意安排的不合逻辑常规，李白的歌行不仅开合纵横、变化无迹，而且在渊放中自有蕴藉之旨，需深思方能解悟。

李白歌行语断意连的飞跃性还与他排比曲故和比兴的手法有关，这是李白追求复沓的一种独创。有时层意比较单一，连用多个相似的典故，便以句意的复沓取代了句式的重复。有时层意比较复杂，典故的不同用法也可构成多层复沓。总之，李白之变，都是在篇法结构和字法句式方面综合并充分发挥了初盛唐乐府歌行体调形制特征的创变。从这个意义来说，李白歌行的出现说明齐梁以来乐府歌行的发展已到极限。李白之后，在乐府歌行传统体制的范围内已没有创变的余地。这就促使杜甫只能站在违反传统体调特征的起点上独创新格。

杜甫创变的基本出发点是使歌行摆脱对于七言古乐府的依傍。李白的歌行明显地受到他大量创作的古乐府的影响。杜甫则极少写作古题乐府。他的歌行绝大多数是新题。仅从二者数量的悬殊对比就可看出：杜甫的努力着眼于重建歌行的体调。他所独创的新格主要反映在两方面：一方面是从歌行的最早源头、即五言行诗去寻找新的规范。他的反映时事的新题“行”诗大多体现了这方面的创变：不但吸取了汉乐府诗以及歌谣对话、问答、叙事、以及提炼题材的创作原理，就连取题、诗体都采用了汉乐府的三字题和五言体。

另一方面是打破初盛唐歌行语言畅达易晓的传统规范，寻求与描绘对象的神情特点相协调的语感节奏，以艰涩拗口的字法句式取得声情顿挫的效果。这种创变主要体现在一些咏物咏人的歌行里。难字与俗语都是对只用常用词的初盛唐歌行的传统的悖反。

使用生涩难字之外，杜甫又好在歌行中用仄声韵，尤其是声调短促的入声和去声，这也与初盛唐乐府歌行多用平缓的平声韵相反。

杜甫在字法声调上的变革又与他对七言散句的发展有关。七言乐府歌行的散句化虽在盛唐已经形成，但还常与偶句穿插交替。杜甫又从汉魏五言行诗的句行脉络得到启示，不但常常全用单句，而且杂用古文和白话句式。这就将盛唐歌行的散句化进一步发展为句式的散文化。这种变化又是与杜甫歌行的篇法结构多用叙事顺序和穿插议论的变化相适应的。

此外，杜甫在歌行的篇法结构方面还有很多创变。有时他把传统的复沓节奏发展到极致，有的则全用比兴铺排，他一度探索过把长篇浓缩在短篇之中的结构。这类短篇歌行失去了层意的复沓，而在叙述的客观性方面，又有向五言行诗复归的倾向。

由于上述种种变化，杜甫七言歌行的体调与传统的七言古乐府明显背离，转而接近于七言古诗。如果说歌行一体在初唐是以“篇”诗为主，至盛唐完成“歌”与“行”的结合，李白、岑参的“歌”尚多于“行”，那么到杜甫手里才以“行”多于“歌”的实践恢复了歌行最原始的意义。而七古在盛唐虽有“长句”之称，但到杜甫才有了“歌行”的说法，从汉代就有的“×歌行”的题目至此才从“×歌之行”的偏义名词成为“歌”和“行”的复合名词，成为一种诗歌体裁的专称。杜甫拈出“歌行”一词，说明他对此体的创变具有充分自觉的体裁意识，以及考察此体流变的历史眼光。

总之，从初盛唐七言歌行的发展可以看出：其形制特征只是在某一个时期之内，才有相对的固定性。大体说来，从齐梁到盛唐，包括李白的变格在内，歌行虽然经历了若干层次的演变过程，但由于和乐府的关系密切，仍有相对固定的形制特征。而从杜甫开始，则呈现出向汉魏五言“行”诗和无歌辞题的七言古诗靠拢的趋势。因此杜甫歌行之变实际上是从反面为初盛唐歌行的传统特征作了全面的总结，也为初盛唐歌行的发展划了句号。

（原载《文学遗产》1997年第5期。原文22500字，邱摘）

百家争鸣与诸子遗风

陈平原

百家争鸣

文章之事，最主要的莫过于“纪事”与“说理”。在中国，前者根乎“史”，而后者源于“子”。

诸子文章，以说理见长。孔子、老子之

“立意”与“见志”，主要借助于“陈述”；而墨子、孟子、庄子、荀子等战国之文，则更多带有“论辩”的色彩。孔老时私门讲学、私家著述刚刚开始，所谓学派之争尚未形成，尽可直抒己见，而没有防范论敌八面围攻的意识。到了战国争雄，辩士云涌，立说时可就不能不以驳难开篇了。

列国争霸，游士纵横捭阖，为了博取人君之信任，争取发言机会及生存空间，无不讲究论辩之术。而王纲解纽，学术下移，思维的活跃以及思想资源的日渐丰富，也使得各家各派有可能独树新帜，自立门户。其时尚未形成统一的声音，各家各派都能得到比较充分的表现，能否成为“显学”，取决于自家学说的精深博大以及对时势的准确把握。周秦诸子的驰骋言辞，不完全是理论思辨，也包含游说诸侯以取功名，故其立说时的“排斥异己”，很难说完全出于公心。

不管尚文还是尚质，战国文辞大都沾染纵横游说之风。铺张排比或放言无惮尚在其次，更重要的是诸子对自家政见及哲理均有充分自信，而且发挥得淋漓尽致。喜欢为人、为己“解蔽”的周秦诸子，其文章中所使用的归谬法、类比法、反证法等，对后世之驳论文影响甚大。

可相对于明是非决嫌疑的“辩”，诸子立一家之言的“论”，更让后人追慕。“论”与“辩”，本相依相存，很难有高低之分。但自立绳墨，以确定评价标准，无疑更带根本性。诸子立说各有根基，而且所争乃开天辟地、安身立命等根本性大问题，不像后世文人多在枝节上做文章。不单立说时求独立，少依附，就连文章也都个性鲜明。

说理文章要做到思想独立且有自家面目，其实很不容易。令千古文人追慕不已的“自家面目”，既指向诸子的学说，也包括其文风。

“子岂好辩哉，子不得已也”——《孟子·滕文公下》中的这句话，基本适应于战国时代的各家各派。处士横议，百家争鸣，“论辩”是其正人心、取功名的惟一手段。立说根基原本不同，一味“不辩”，未免显得不够真诚，也缺乏道德勇气。

诸子百家在辨明是非、砥砺学术的同时，日渐成熟其各具特色的“辩论术”。

论辩之文，除了逻辑严密，最好还能做到文字流畅，形象生动。几乎所有传世子书都不安于平铺直叙。与后世文章喜欢引经据典不同，先秦诸子更愿意借言简意赅且富于风趣的寓言来表达自家思想。这就难怪寓言在先秦子书中占有特殊的位置。

诸子大都善以寓言说理，寄托遥深的寓言转化为成语而千古传诵。

诸子文章对后世的影响，历朝历代不同，无法“一言以蔽之”。大致而言，唐宋以下，以孟轲、庄周与荀况的文章最为人所称道。摹仿者又可能因气质与才情，而有不同的选择。当然，更多的情况下，当事人希望博采众长，只是读者仍能隐隐约约感觉到其真下功夫揣摹师法的对象。

在列国纷争，诸王无不希望走捷径成霸业的时代，孟子之言必称尧舜，以及道性善，讲良知，推销君轻民贵、王道仁政等大道理，未免显得“迂阔”。可也正因为摆脱具体对策，不讲权宜应变，孟子文章“富贵不能淫，贫贱不能移，威武不能屈”的大丈夫气概方才能够得到充分的表露。诸子论辩之文，很少像孟子那样感情充沛，气势磅礴。孟子文章的共同特点是言近旨远，大义凛然，以气势而不以辩论技巧取胜。孟子立论，说不上特别深刻，但旗帜鲜明，堂堂正正，自有凛然不可犯的威严与气势。

庄周一派，力斥儒家提倡的规矩绳墨，其绝圣弃智的政治观念及齐物我、等死生的相对主义思维方式，在思想史上影响极大。作为文章变幻莫测、神明诡异的笔墨，除了便于表达其“不言之辩，不道之道”，寄寓深刻的哲理外，本身便因叙述的意出尘外汪洋自恣而具有一种特殊的美感。《庄子》以想像奇特，恍惚迷离而又仪态万千吸引读者。周秦诸子中，倘就玄理与隽语而言，庄周及其弟子允称第一。其笔墨的恣肆、辞采之瑰丽、行文的潇洒与句法之奇特，以及想像之夸张与怪诞，对中国文学的发展影响极为深远。

荀子主性恶，讲礼制，对被后世尊为"亚圣"的孟子大不恭敬，故很长时间其学其文颇受贬抑。荀子之文，外平实而内奇宕，再加上体制宏伟，析理精微，代表先秦说理文章的成熟与定型。同样以绵密严谨著称，《荀子》不像《韩非子》那样峻峭与刻薄，时有雄辞丽藻相调剂，文章显得温厚可亲。如果再考虑到《成相》、《赋》等对后世诗歌及辞赋的启迪，荀子在文学史上的作用，实在不容忽视。

诸子遗风

诸子文章的放言无惮，得益于列国纷争，没有统一的意识形态。秦并六国，既有焚书坑儒的"壮举"，所谓"秦世不文"也就不足为怪了。

秦二世而亡，其文化专制政策部分得到缓解。从陈胜举兵，到汉武帝，百家之学颇有复兴的趋势。汉武帝采用董仲舒"罢黜百家独尊儒术"的对策，汉代文人及文章方才由"纵横"归于"醇正"。所谓"醇厚"，只适应于董仲舒等经术文章；至于贾谊论政之激切，司马迁叙事之窈眇，司马相如辞章之雍容，都非"醇厚"二字所能涵盖。

两汉之交，经学日盛，文章复古之风日炽，东汉后期，指责时弊或自立新说的文章再次剧增。这里有意搁置汉代文章可能更具风采的辞赋与史传，目的是为了便于考察"诸子遗风"。

以"上说下教"之分，配"政术"、"经典"之别，大致可将追随诸子的汉代文章归为两类：一为贾谊等"激切"的论政之语，一为董仲舒等"醇厚"的论学之辞。

贾谊之文气笔力，素称西汉第一。只是其时通达国体而又兼擅文章的，非只贾生一人。汉初文章的主要特色，都是针对当世的社会问题，为新朝的长治久安出谋献策。既然是对策研究，不可能死守某一家法，只能兼采百家之长，这也是后世"醇儒"所不敢想像的。此种希望影响最高当局的决策，注重实际应用而不囿于固定理念的取向，与战国时代游说之士颇有相通处。

游士某种程序的复活，使得汉初文章纵横驰骋，神采飞扬。能直言无讳，文章也就写得激切而雄肆。才情学识不同，汉初文章自然不可一概而论。如贾谊之言确实不如晁错老谋深算；可倘若承认文章自有妙用，不必"凿凿可行"，前者的文采与气势，无疑更为后人所倾倒。

论政之文多慷慨激昂，除学识外，更需良知与勇气。可作为特殊文体的奏疏与对策，臣下上书应对之辞，到底取"激切"抑或"委婉"的语调，很大程度取决于皇上的口味及气度。汉武帝时，以言得罪者日多，上疏策对必然日趋委婉。比起汉初文章的豪迈雄放，斩钉截铁，董仲舒等人的温文尔雅，深奥闳博，固然有深于经术的原因，但也与立说时惟恐刺伤刚愎自用的最高当局这一避祸心理有关。后人不察，只讲董生经术深厚故多旁征博引，未免忽略了汉代文章之由"贾茂"转为"董醇"的关键所在。

汉武帝之崇尚儒术，与其强调中央集权相比，后者显然更带根本性。规定以通经与否为进退官吏的依据，更使得日后经学大盛。武帝、宣帝尚兼好刑名，不专重儒，此后可就大不一样了。

刘向、刘歆父子，乃西汉末年的博学之士，对打破独尊儒术神化孔子格局，也是功莫大焉。二子深于经术，为文时旁喻远引，铺张有序，其典实峻洁的文风，对后世学者之文颇有影响。只是经学家多学识有余而才情不足，文章拘谨平实；如果再加上自居正统，排斥百家之学，那可就乏善可陈了。

从游说诸侯，转为上书进谏，大一统帝国的读书人，难得再有先秦诸子的自由想像与独立思考。不管是指摘时弊，还是出谋献策，注重的是可行性，与先秦诸子抽象思辨，颇有差距。严格地说，不管是贾谊的论政，还是刘向的论学，都很难说是“博明万事”且“成一家之言”。汉代文章中，在体例及精神上都比较接近先秦诸子的，当推《淮南子》、《论衡》和《潜夫论》。

所谓“博明万事”，即不满足于提供具体对策，而是思考整个自然、社会和人生，由此才可能“成一家之言”。这一点恰好正是刘安的抱负，不管此抱负能否真正实现，其“观天地之象，通古今之事”的气魄，确实接近先秦诸子。《淮南子》中不少言论源于《庄子》，但表述时却没有后者的纵逸跌宕，文学价值远不及《庄子》。但其思想的活跃与辞采的富丽，在汉文中仍别具一格。

王充和王符均生于汉末，又都“才高见屈”，以在野身份“闭门潜思”，专心著述。其著作乃相对独立的理论思考。二王思想都不拘泥于其时夹杂阴阳灾异的“正统儒家”，二王文章，都以论证严密而不以文采斐然见长。王充执意采用浅白的语言写作，文章虽略嫌拖沓冗长，毕竟是一种有益的尝试。

或许先秦时代的哲学突破太令人兴奋了，汉人论政论学之文似乎总在其笼罩之下，“学识”有余而“玄思”不足。随着佛学的传入，“玄思”在魏晋文章中再度复活；至于“好奇心”与“想像力”，此后便不无遗憾地转让给了小说家。

（原载《文学遗产》1997年第5期。原文11000字，邱摘）

《离骚》的心灵史诗形态

杨　义

一、心灵史诗与《离骚》解题

就一首诗的文化和审美的巨大含量，及其对后世的深远影响而言，《离骚》称得上是“中国第一诗”。《离骚》是古老中国文人文化和民间文化的特具魅力的结合点，它既显示了民间文化深厚的资源与活性，又表现了文人创造的超越性和经典性。它作为难以比拟的伟大的抒情丰碑，矗立在中国诗史的遥远的地平线上。

在世界文学史上，《离骚》也是远古诗学领域无以代替的典型，它最终将改变人们对上古诗歌史的结构性进程，尤其是史诗类型发展的认识。不谈论《离骚》在史诗史上的价值，对人类史诗形态的论述当是存在着明显的缺陷的。

《离骚》的存在，使我们不能不承认，在荷马式的英雄史诗之外，存在着另一种史诗形态——“心灵史诗”。而且它作为文人创作而产生的年代，是与荷马史诗记录润色写成定本相前后的公元前4世纪和3世纪之交，即战国晚期。中国上古神话的片断性、非情节性和多义性功能形态，使早期诗人不善于长篇的虚构叙事，却把神话的多义性和感应性转化为比喻性和感兴性的诗学智慧，从而创造出蔚为奇观的抒情诗世界。这种从神话→诗的智慧转换方式，在人类文化史上是独树一帜的，是在西方世界之外别开一个诗学世界的。

《离骚》把握住了中国文化史上一个不可重复的智慧转换契机。而诗人屈原则是携带着自己独特的家世和人生经历，去进行这番把握的。从而在中国文学开创期提供了一个非常开阔复杂、奇诡绚丽的精神世界、人格典型和诗学形态。其语言具有多层的指涉性，在较为浅近的层面上可以窥见屈原忧郁而彷徨、坚贞而憔悴的身影，但更为深刻的层面上却可以领略到使一部带自传性的抒情长诗，充溢着史诗的品格和悲剧的力度。从东汉中期、即公元2世纪以降，中国的有识之士已经把《离骚》当做与至道相通的民族常典了。

那么《离骚》采取何种美学机制或表现形式，以拓展它的精神文化的容量和心灵史诗的可能性呢？对此，首先必须诠释《离骚》的题目。文学史进程表明，屈原是率先打破《诗三百篇》以首句摘字命题的方式，根据诗篇内容创设题目的第一人。这番新创的深刻的秘密，正在于"离骚"二字具有可资与诗篇内容相参照的多义性，既因"离"与"罹"相通，包含着班固所说的"遭忧"的意思；又因"离"有"别"义，可以作出王逸所说的"别愁"的解释。正是"离骚"的双义性悖论，造成一种内在的骚动不安的审美活力，倾泻着诗人遭遇现实困境而想抛离忧愁，却在抛离忧愁的求索中遭遇到更加痛苦的精神困境。在这种"遭⇆离"的复杂的语义结构中，《离骚》以情感反复动荡的大波大澜，形成了沉郁而奔放的美学格调和"痛苦的崇高"的美学机制，赋予异彩纷呈的比喻也句句沉重，奇诡神异的想象依然语语带血。这样的美学机制，就是充满着力度与深度的心灵史诗的美学机制。

二、"人之初"的精神原点

自篇章学的角度考察，一首诗的最初章节，往往是诗人的第一关注点所在。屈原的心灵史诗以空间散射的方式，发散和错综着心理时间，以凸现它的第一关注所在。

《离骚》的时空处理不是"从故事的中间开始"的，而是一起笔就追溯"帝高阳之苗裔兮，朕皇考曰伯庸。"战国楚人随着华夏化的程度加深，已逐渐地将其种族始祖由祝融上推到颛顼。《离骚》接受了战国楚人的这份精神遗产，把个人的身世抒写推向遥远的"开端前的开端"，其间既包含着他对楚宗族的认同感，也包含着他对整个中华民族的认同感。

解释《离骚》之"皇考"，与其选择特指义（亡父），不如选择泛化义（辉煌祖先）更合情理。被《离骚》称作"朕皇考"的伯庸，当是从楚王族分枝出来的屈氏始祖。可知《离骚》称其为"朕皇考"的血缘认同价值了。

经过遥远的血缘时间追踪之后，诗行才进入一个人的生命时间和人间称号的开端："摄提贞于孟陬兮，惟庚寅吾以降。皇览揆余初度兮，肇锡余以嘉名。名余曰正则兮，字余曰灵均。"这个人生于寅年正月寅日，据推算，屈原生于楚威王元年（公元前339）正月十四日，这个人的名字，是在原始宗教仪式中获得的。既然把伯庸证为屈原的远祖，这个"皇（考）"就不能对他进行直接的世俗礼仪式的锡名，就必然如闻一多所说："（屈）原之名字得于卦兆，则是卜于皇考之庙，皇考之灵因赐以此名此字也。"

名字是古人用来郑重其事地表德观志的记号，《离骚》的卦兆取名，既与诗人的本名相呼应，又超越了诗人的本名而另有升华。正是在这种呼应、连通，与超越、升华之间，《离骚》创造了一种诗性思维的机制，一头联系着诗人的身世之感，一头联系着心灵史诗的探索。

一篇《离骚》的第一关注，乃是关注着文化密码丛集的"人之初"。它与《天问》的第一关注在于天地之初相映成趣，反映着中国人探本求源以究天人之际的思维方式。它从遥远的"前开端"即"开端之开端"，开始了自己的精神历程，追问着和确认着"我是谁？"的人生第一谜底。它的思维指向是放射性，多维度地指向人生三种缘分：一是与民族、种姓相联系的血缘；二是与天地运转相联系的生辰缘；三是与德行志趣相联系的名号缘。这几乎是一种无法逃避的“文化遗传”，虽有人生选择，却也是在文化遗传的前提下的人生选择。它规范着这样一个人的精神特质（“内美”），又规范着他在种种生存处境、尤其是生存困境中的精神方式（“脩能”）。因此，“纷吾既有此内美兮，又重之以脩能”，既是行文体制中承前启后的句式，承接前述的生命原点，开启后面的精神历程；同时也是诗人对生命的承诺，以及他不折不挠地接受的命运。

三、芳草情操与时间体验

诗人是以第一人称来抒写自己的生命和精神历程的，这在中国诗史上已属创格。他既要为人生立则，就必须褒扬美德；但大幅度地褒扬自己的美德，又容易陷入有悖于中国人谦逊美德的悖论。他必须创造一种诗学机制，不事直说，多含暗示，使美德的褒扬处于半显现、半隐蔽之间，令人不觉过分张扬刺耳，须仔细寻味才得到深切的理解和同情。

这种诗学机制，就是流传千古的“芳草喻”。诗人并未明言他在使用比喻，却把自然芳草和人生美德这几乎是毫不相干的二者，关联在一种所指和能指互相生发的特殊情境中，以其一点相通（“芬芳”）而联想到全部，把难以言说的人的本质，物化为自然生物现象，以感为思，别具一番韵味。

应该说，“芳草喻”是荆楚诗人创造出来的一种诗学机制，它把荆楚大地清美的自然风光和充满灵性的诗性感悟，带入了中国诗史。

饶有意味的是，诗人的吟颂芳草的美好之时，总不能拂去随时序代谢而发生的草木凋零的阴影。这里的芳草妙喻是与时间意识相交织的，草木凋零感乃是具象化的时间体验。《离骚》精心地安排了句式机制，一是它不静止地描绘芳草的形状、颜色和气味，而是把芳草置于人的披、纫、攀、揽的动作体系之中，形成一种“动——宾”句式，一种流动画面。二是“比”和“赋”两种句式交替使用，芳草比喻之后继以敷陈感慨的句子，二者相互间隔和推移，形成了“比——赋——比——赋”的句式组合。

进而言之，“比——赋——比——赋”的句式组合，乃是以诗行的形式体现了一种深刻的“生命的矛盾”。当抒情的主体从生命的原点带着“内美”来到这个人世进行修炼的时候，他便被放逐出了“天国乐园”，以个人的肉体失去了操纵时间从一个“开端”走向另一个“遥远的开端”的自由。当他把芳草情操当作生命本质的时候，便面临着这种生命本质必须容纳在川流不息的时间形式之中的困惑。可以说，《离骚》这种时间体验有与儒学相通之处，是入世的。一方面是时间的“不淹（留）”，另一方面是人生的恐“不及”，在“不淹——不及”之间，充满着个体生命有限与国家民族事业无限的矛盾。由此可知，《离骚》对生命本质及其时间形式的感悟，是带有人类普遍性，而它超越这种本质和形式间的矛盾困境的方式，则属于积极的入世者。

四、历史意识与现实忧患

抒情主体的生存和发展的困境，不仅存在于个人生命时间的有限性之中，而且存在于这有限的生命时间又屡受现实政治生活的磨难之中。这就是《离骚》反复痛切陈述的“党人偷安进谗，路途幽昧险隘”。诗人便是以这条“路”作为思维通道，把个人的恩怨感受升华为对历史和现实的深邃的反思。在反思中，生命的价值依存于历史的成败远远超过了依存于个人得失，生命价值观和历史反思意识相结合，是《离骚》式思维的一个特点。

《离骚》以历史作为现实政治的镜子，并非随意拈来，而是精心设计的。要针砭和打动今日楚君，最好是引证其贤明的祖先，正面陈说。但若要建立历史价值判断的坐标，就不能以楚先君为正面和反面的典型，以免有亵渎之嫌，授人以陷害的话柄。因此，诗人进一步拓展历史反思的时空领域，不是以楚史，而是以整个中华史上大圣大贤的尧舜，以及大恶大邪的亡国之君桀纣，作为坐标上的两极，以建构其历史价值体系。由（现实）→楚史→中华史→（现实）的时空推移，既表现了一位诗人对中华民族的认同感，又表现了一位政治家以史为鉴、规劝国君的谋略与艺术。

考究而言之，生命价值观与历史意识的结合，是与中原以《春秋》重教的文化传统相通的，或者说，是受了后者的影响。

历史意识是属于理性的、刚性的东西，当诗人带着他的历史意识返回现实世界的时候，必须使之与情感性的、柔性的东西相搭配，相融合，以期创造一种刚柔相济、情理互通的美学机制。于是出现了《离骚》中的“两性喻”。

“两性喻”是置换人物关系的比喻，它以男女两性爱情关系置换君臣、或朋友之类的人际关系。置换的结果产生了某种带审美意味的微妙的双关性，以彼写此，曲中见直，真幻交错，虚实互补，令读者在两种关系和感情的错位中揣摩着、体验着隐秘的情绪变化。它把某些一说便俗、便落形迹的心理行为，转化为似说未说、未说已说的清雅。《离骚》以男女拟君臣，令人在假扮与真相之间遐想连绵，在透过比喻而捕捉历史形迹之时捕捉到诗。

顺便谈及，“两性喻”以其语意双关、谈言微中和化俗为雅的审美功能，对我国诗史产生了深远的影响。《离骚》存在着“香草喻”和“两性喻”两大象征性体系，一者以自然物隐喻较为抽象的人之本质，一者以男女爱情置换较多俗态的人际关系。而且这二者又常常相互渗透，从而产生更为丰富的言外意、味外味的审美功能。

五、人生挫折与精神升华

屈原经历过“甚任”——“怒而疏”——“绌”——“放流”——“行吟”——“自沉”如此曲折复杂的悲剧人生过程，这种灾难性的经历从另一种意义上说，乃是别人难以代替的精神拥有。当这样一个才华卓绝的诗人从政治社会的中心，被无规则可言的力量弹射到政治社会的遥远的边缘的时候，他把惟一的精神拥有——一颗滴着血的心，献上诗的祭坛。

当他遭疏受绌而离开政治社会中心，却尚处于不甚遥远的边缘地带之时，他曾经开展过一个不无雄心的“滋兰树蕙工程”，培养自己政治路线的人才基础。

屈原的滋兰树蕙，看似是雅趣悠然的花农经营，但从用字的呼应而言，他实际上想重振春秋到战国前期、即楚国上升期的人才规模和发展势头。他对此番事业是充满期待的。然而不是自己的能力不够，导致众芳的“萎绝”，而是国家的人才导向的偏差，造成众芳的内在变质和“芜秽”。人才的异化变质，与统治者不听劝告则宠“秽”相关联。

精心筹措的人才计划的崩溃，从根本上破坏了屈原东山再起的历史环境，使他陷入了与环境相对抗的孤独的“伤”与“哀”。其伤其哀之浩大，竟然改变了“香草喻”的句式组合结构。在前述的“比——赋——比——赋”组合中，基本上是两句一转的，其结构形态也就是“比（2）——赋（2）——比（2）——赋（2）”。到了这里，句式结合陡然一变，变成八句一转，成为“比（8）——赋（8）”的组合。

育才事业的崩溃及其导致的精神危机，形成了动荡不已的感情激流，冲击着和重构着《离骚》的美学机制。前面既已把“比（2）——赋（2）”的句式组合变成“比（8）——赋（8）”，这就变得极其自由奔放，一发难以收拾。随之而来的是“比

(2）——赋（2）——比（4）——赋（4）”的不统一规范的句式组合。

诗人别开生面地创造了自然现象连同时间次序也人情化、或人文化的艺术手法，草木解情，随人开谢，其哀伤之处已足以感动天地了。出格的艺术手法出现在出格的句式组合之间，绝不是偶然的。

句式组合的变动和艺术手法的创新，深化了精神悲剧意义的发掘。随之的诗句中。连续出现了三个“死”字。《离骚》对死亡意识作出了新的诠释，它选择死亡作为一个极点，来证明生命的价值，包括证明生命之清白、高洁，以及追求之不同凡响。生命之可贵为死亡所证明，死亡意识也就成了悲剧形态的生命意识。

应该看到，这种死亡意识不仅为了证明具有独立品格的个体生命，而且蕴含着为民请命的深刻意义。《离骚》对“民生”、“民心”、“民德”的重视，在先秦民本思想中应占有重要的位置，而且其民本思想是以生命作为抵质，从而赋予死亡意识以深刻的社会内涵的。

从某种意义上说，死亡意识“解放”了诗人的思想，从而也使他的香草喻进入了更加从容自若的境界，而且是带有“精神家园”意味的境界。

死亡意识的洗礼，使诗人获得了精神上的解脱，或某种精神再生。他选择了污浊政治之外的一片干净土。精神上的解放，使香草喻的句式组合经过一番变动之后，又返回“比（2）——赋（2）——比（2）——赋（2）——比（2）——赋（2）”的正常状态，以句式转换的正常有度来表现精神上的从容不迫。芳草喻往往是随着前置的动词的变化，而产生内涵和方式的变化的。当诗人未经忧患而注重品德修养时，他使用的动词是扈（披）、纫、搴（攀）、揽，带有向外采纳的性质，采纳以滋养自己的品德。已受挫折转而培育贤才时，他使用的动词是滋、树、畦、杂，带有由内施予的性质，施予所育的才士以自己同样的芬芳。如今他备受磨难而追求返回自我之本性的时候，使用的是制、集、高、长一类动词，这些动词的使用已经使香草喻和诗人自我浑然一体了。因此他相信自己情操高洁芬芳，明洁的本质未尝亏损，既然是花香玉润相交融，又岂在乎别人说短道长？诗人在自己的精神家园中，已获得了短暂的自足感。

六、自我裂变与戏剧性诗学机制

前述内容占《离骚》的126句，自成起迄，堪称《离骚》上章。它从“人之初”写到诗人以芬芳情操和坚定意志，追求民族国家的复兴事业，在屡受挫折和磨难中，以死亡意识证明生命价值，从而把自己推进精神家园。

作为第一大段结尾的精神家园的自足性是非常脆弱的，是建立在深重的危机感之上的。这种短暂的自足性，究竟还须死亡意识作终极的保障。在追踪诗人的“后精神家园”的心灵历程之时，我们发现，这种自足性很快就瓦解了，自我发生分裂。以戏剧的、或神话的形式进行心灵代言，使分裂出来的两个“自我”互相质疑。自我分裂，成为诗人向更深层面进行精神探索和诘究的形式，成为他经过死亡意识洗礼之后独特形态的再生。

“女媭之婵媛兮，申申其詈予。”它实际上是在幻想中“借体代言”，进行两个分裂了的“自我”的对话，以揭示诗人潜在意识中家庭责任与政治追求难以两全的矛盾。女媭的责怪连用三个“独”字，既是对诗人独立人格的揭示，也是对诗人不顾身家的独行其是的反省。

《离骚》对戏剧性托体代言，采取了互不雷同的处理方式：“女媭之詈”发言的只是对方，“重华陈词”发言的只是我方，前者之答在不答之中，后者却给前者一个不答后之答。因为向女媭说明政治追求高于个人的家庭生活，是多余的；他只能寻找前代圣王来谈论政治原则、政治理想，以及本人政治行为的是非。诗人把自己的心灵历程导向远哉悠悠的帝舜，已是一番穿越历史时空了。他向帝舜陈述的，竟是帝舜生前不及见的夏启以后的历史，又一番错乱了时空。时空在心灵历程中成为出入无碍，可以随心所欲地安排的东西，这也是《离骚》的一大发明。

当诗人跪下陈词的时候，他是虔诚的，是忠实于自己的感觉的。他感觉到的世界竟然是夏前期的政治紊乱，以及夏末和商末的王朝瓦解。他如何感觉着现实，他就如何感觉着历史，其间折射着他对现实政治中荒唐无耻、争权夺势的愤慨。为了强调这种腐败政治的结果，其筛选历史出现了巨大的时间跳跃。“夏桀之常违兮，乃遂焉而逢殃。后辛之菹醢兮，殷宗用而不长。”这简直是振聋发聩的警世危言。

这番政治陈词似乎要向帝舜讨个明示，其实它对政治价值的判断已经建立在历史判断的基础上了。陈词是多层次的，从反反正正的历史教训中，升华出可以遵循的政治哲学，诗人思念到在现实中施行的异常艰难，作为一个遭疏绌的臣民，他所能做到的只是身临危死，也不改悔初志，绝不投机取巧，哪怕像前代贤臣那样被剁成肉酱。这是在帝舜面前发誓，实际上也对女媭的责怪作出决绝的非答之答了。受女媭之詈和向重华陈词，似乎是互不相干的两出戏，但在深层次上它们之间却蕴藏着双峰并峙、互生回响、循环对答的美学机制。

七、神话隐喻性心理逻辑

就帝舜陈词的时空错综和精神恍惚中，诗人启动了通古今之变，进而究天人之际的心理逻辑通道。中国历史的邃古开端，就是与神话相对接、相混合的，即便帝舜、鲧、禹，也处在半是神话、半是历史的迷离状态。这就给中国诗史开端期的诗人提供了莫大方便，使之出入于历史和神话而无碍。《离骚》于此把心灵历程转换为绚丽夺目、异彩纷呈的神话游行历程，堪称诗学绝笔。这种神话性心理逻辑的生成，乃是神话之风未息，而心理抒写技术臻至高明的时代产物。

既然诗人揽蕙掩涕，哀伤不遇明时，那么这种神话心理逻辑就推动他超越自己的生存境遇，以“上征”的形式追求精神的自由。

如果说，诗人的自然形态的精神家园存在于兰皋椒丘、荷衣莲裳之中，那么他的神话形态的精神家园，则存在于昆仑神话系统。昆仑神话是洋溢着中华民族寻根意识的神话系统，它具有天地相通的双重性，既是帝之下都、百神所在，又是黄河之源，与大禹治水相关联。诗人朝发苍梧，夕至昆仑上的悬圃，走的是一条由帝舜到天帝、由历史到神话的寻根路程。昆仑的层次感乃是诗人的精神层次感，他已经到达悬圃，具有驱使风雨的灵通了，但尚未到达帝之所居，获得精神极点的大神通。从悬圃到帝居，存在着“路曼曼其修远兮”的精神历程，他至今还停留在“灵琐”、即帝宫大门镂刻的花纹图案之前。

诗人是以不避艰辛的精神求索者自任的，他继续着绚丽多彩的神话隐喻性的精神求索历程。各种神话因素在天马行空式的精神求索历程中，重新组合成新的神话。诗人构思了一个太阳与人的新神话，乘着神骏，与太阳结伴同行，充满着太阳与人之间的人伦亲情感。

新神话还在继续，但诗人与月神御者、风雷之神和鸾凤的关系，已不如太阳那样情同手足，而带点主人与扈从的意味了。这种意兴淋漓的想象，造成了宏大声势与卑微结局的悖论，天路的蔽塞和精神探索的受挫，使诗人在神话世界中窥见人间世界的阴影，一样蔽美嫉妒，溷浊不堪。

诗人受帝阍冷遇，不启天门，便从天国返回地面，开始了折琼枝以求“下女”的精神历程。神话隐喻具有多义性，对其指涉不可刻舟求剑。前人多把这种精神历程比附楚国政治现实，其实，何尝不可以把前者说成是追求精神上的终极关怀，探索天地之道，后者是寻找理智情感上的相通相悦者？甚至约而言之，前者重在求真，后者重在求美。总之，神话隐的多义性所在，正是《离骚》经得起反复的再阅读的魅力之所在。

求女是前面已论述过的“两性喻”，但内涵已有根本性变异，不是指涉君臣关系，而是指涉与诗人相通相悦的美好心灵。它是诗人的心灵历程，在求高明之后的求沟通。

神话性心理逻辑穿透了和重组了时空，把美女区分为神话的，半神话、半历史的，以及历史的三种类型。诗人的追求虽然一再退而求其次，但都因礼法或疏或密，派出的媒人在品行、能力和环境方面不足以传达心曲，统告失败了。那枝从春宫折下的琼枝荣华未落，足以代表诗人的美好心灵，却献赠无门，只好任其枯萎。这就难怪诗人几乎重复了受帝阍冷遇、上天无门时的那种叹息：“世溷浊而嫉贤兮，好蔽美而称恶”了。

如果说，昆仑行是诗人借奇丽的神话想象作一番精神逍遥游，那么求女行就是诗人把潜在的被压抑的性意识，转化为寻求精神上的知音者了。

若从历代风俗变迁考之，这种求下女也是事出有因。把历史年代前推一、二千年的帝喾和夏前期，欲婚简狄和留二姚一类事情，岂不也是可以设想的？如果我们不对神话隐喻作狭隘理解，那就可以理解到《离骚》求女幻想的丰富内涵——顺着神话性心理逻辑的余势，楚国诗人利用历史空间存在的可能生，借神话与历史间的著名美女，导泄被压抑的性意识，从而匪夷所思地创造了寻找相知相悦的美好心灵的隐喻形式。由此可知，新神话的创造，为《离骚》具备心灵史诗的品格，拓展了无比绚丽的思维空间和文化意义和含量。

（原载《文学遗产》1997 年第 6 期。原文 26000 字，邱摘）

新书评介

《中国美学体系论》

皮朝纲　主编

系统而深入地整理和研究中国古代文论范畴及其体系，不但是认识和评价中国古代文学理论内涵、特征以及揭示其发展规律的基本途径，而且亦是进行中外、古今文化比较研究的基础工程。从更广的范围来讲，这与当前文论界同仁正在努力思考的融会古今、兼取中外之长，以建构本土化、民族化的文论体系目标又是一致的。正因为如此，对于中国古代文艺美学范畴的研究便理所当然地受到学界同仁的一致重视，关于这方面的研究可以说是本世纪80年代以来的中国古代文论研究的一个显著特点，代表着学科研究本身的进一步发展深化。但是，其中有一缺憾亦不容忽视，就是大多都局限于单个范畴的梳理、描述，而对中国古代文论范畴体系及其特点的研究探讨则不足，从仅有的几种为数不多的论著来看，或失之于简单随意，所选择阐释的范畴彼此之间缺乏内在的联系，故只能算是对若干单个范畴的解说的汇编，难以反映出传统文论范畴体系的总体风貌；或失之于主观，所选定的范畴未必真正是传统文论范畴体系网络的枢纽之所在，在逻辑的整合、归类以及级别层次划分方面则明显地套用了西方文论体系的模式，亦未必合于传统文论范畴体系之经纬间度。而且研究视域狭窄，大多都仅停留于诠解字义、疏理流变之层面，而忽视对其哲学基础的研究，就文论说文论，就范畴说范畴，将传统文论范畴与传统文化哲学隔离开来，自然影响了研究之深度。随着90年代以来学术思潮的演变，上述研究方法上的不足得到了相当程度的改进，人们渐渐地开始注重于传统文论范畴体系之探讨，以及将文论范畴置于大文化背景之上来考察，尤其注重考察其与传统文化哲学之血脉关系。在我看来，《中国美学体系论》正是一项近年来不可多得的充分克服了原有研究方法不足，而致力于研究传统文艺美学范畴体系及其文化哲学精神的研究成果。

该著虽命名为《中国美学体系论》，但具体研究对象无疑主要是传统文艺美学范畴，也就是说著者之意图是想通过对传统文艺美学一系列理论范畴考察以及其逻辑体系建构，来展现出中国古典文艺美学之体系，应该说这抓住了问题之关键。关于研究方法，著者在《导论》中明确指出要将文论范畴放在大的文化背景之上作深层次考察，以及要借鉴、参照现代美学理论框架对传统美学体系进行系统剖析，以及从审美心理学的角度切入研究对象，则说明了一种方法上的自觉，尤其是后一点，更与中国古典文艺美学理论体系之生成与形态相切合。在对具体的美学范畴生成演变研究中，著者主张要注重哲学观念的渗透、地域文化的影响、饮食文化的熏陶三方面的考察，后者为该书著者研究传统文艺美学之一贯主张，构成了一种学术特点，就中国古典文艺美学审美经验论而言，是非常重要的。关于中国古典文艺美学范畴体系，该著提出了自己的逻辑建构框架，划分为审美境界论、审美主体建构论、审美体验论、审美艺术本体论四个子系统，每个子系统又各统摄若干范畴及相关命题，如审美境界论即由“以天合天”、“美因人彰”及“和”、“妙”、“圆”几种命题或范畴组成。可以看出，该体系建构偏重于审美范畴和命题之梳理、体认，这自然贯彻了著者认为“中国古代美学思想主要体现在若干审美范畴和命题之内”，传统文艺美学属于审美理论范畴这一学术见解。笔者并不能完全同意著者们的这一见解，但是我们可以超越具体的学术见解上的差异，而发现该著在“审美境界论”这一编之中，对传统文艺美学范畴及其体系之文化哲学精神作出了深入而准确的阐发，所标举的几种命题或范畴实际上涉及到了传统思维模式、主体精神和价值取向以及儒道释文化思想对中国古典文学范畴及其体系之生成、演化的影响问题，很好地揭示了传统文论范畴及其体系之文化底蕴。

该著之二、三、四编，分别研究了17个范畴，对传统文艺美学之审美主体建构论、审美体验论、审美艺术本体论从逻辑体系到理论内涵作出了深入阐发。就所选定加以研究之范畴而言，确实均为传统文化范畴体系网络之枢纽所在，如“审美主体建构论”一编次第研究了气化、才力、品性、趣味、养气、识见几种范畴，它们均处于传统文艺美学主体理论之逻辑架构的中心和主干位置，相当准确地勾勒出了传统文论主体性理论之风貌。而对每一范畴，又不仅仅作静态的辞义诠解和内涵描述，而是沿着文化基因、哲学基础、形成演变以及实践运用这么一条线索作由此及彼、由表及里的动态考察，并且将与此范畴相关的古人的有关命题、概念、论述一一连带而出，真正做到了以范畴为纲，纲举而目张。著者基本上贯彻了这样的将研究对象置于广阔的文化背景之上，沿波探源、蹑迹追踪，注重考察每一细微环节的研究方法,加之运思与论述之缜密和深透,从而使得全书不是彼此割裂的范畴、命题的简单联缀或叠加,而具有贯通的脉络和严密的体系,中国古典文艺美学审美理论范畴和体系及其演变轨迹于此凸现而出。

中国传统文论范畴体系与西方文论范畴体系相比较，实际上是一种“潜体系”，所以在研究中任何平面、静态的勾勒、描述均无济于事，而整合、建构便显得尤为关键。另外，借鉴、参照当代一定的理论模式来剖析传统文论范畴体系，虽说不能完全达到全面、准确地认识传统文论范畴体系之预期目的，但至少可以为我们提供一个认识的出发点，所以从不同参照模式出发的认识、研究之间的相互综合、融合又是非常必要的。从这一意义上说，该著以当代审美理论模式为参照而对中国古典文艺美学范畴体系所做的梳理、建构与阐论，是非常值得肯定的。然而，我们仍要指出，虽然我国古典文艺美学体系以注重审美经验之理论提炼为主要特色，从某种程度上讲亦可以称之为一种审美论体系，但是又不完全是这样，如关于艺术起源论、本体论的种种学说，便不能完全划入审美论范畴，而该著因为囿于审美论这一范围，故而对其外的一些重要范畴有所遗漏，从而亦使其所建构的中国古典文艺美学理论体系在某些方面出现缺阙，应视为不足之处。如果视野更弘通一些，则所要建构的中国古典文艺美学体系之堂庑将更为恢宏、更为缜密、更接近历史真貌。总之，审观该著之学术特色与成就，我们没有理由不相信它在传统文艺美学范畴及体系研究方面取得了新的进展，其对于我们今后的研究所带来的启示将是多方面的。

（《中国美学体系论》，42万字，语文出版社1995年10月出版。党圣元《传统文论范畴体系研究的新收获》）

《中国山水文化》

李文初等　著

中国历代山水文化是如此源远流长、博大精深，诱导着许多研究者不断探索其底蕴。李文初、王景霓等先生多年来辛勤耕耘于烟霞峰壑林泉之艺境，先于 1991 年出版了《中国山水诗史》，又于 1996 年奉献出《中国山水文化》。

此书视野宏通，结构缜密。作者确认山水文化"表现为多姿多采的思维形态，其中，尤为宗教、哲学、美学之大领域与山水的关系最为密切。"因此，他们择取山水诗、文、赋、画与书法、园林为研究对象，又突出宗教、哲学、美学三大研究层面，既有各文艺门类发展脉络的探寻，又有山水文化整体性质的专题观照，这样内容丰富而又重点突出，透视点多而又结构严谨，做到了多元与整一相结合。

此书史论结合，典重有致。全书 3 编 15 章一以贯之，即忌发空论，务重实据，努力通过事实的排比，抉示各类文学艺术的发展轨迹，从而阐发其中的山水文化内涵与审美价值。试以山水诗部分为例，作者历数山水诗孕育、形成、勃兴、昌盛、绵延五大阶段的主要成就、典型风貌与沿革衍化，然后推论古代山水诗人的三大审美追求：巧言切状，雅重景真情真；讲究理趣，于有限中追求无限，创造气象空灵、余韵无穷的意境美。最后特别指出山水诗的至高至深的贡献在于："我国古代山水诗人通过对自然山水的观照，不但发现了'红尘'之外的另一个美的世界，而且以山水为媒介，进一步认识宇宙与自我。"这样逐步推导，立论较坚实。再如"山水与赋"一章，作者先对赋作全面考察，认定汉魏六朝赋中真正与山水结缘的有京都（畋猎）、纪行、咏物（江海、物色）、游览四大类，然后分节对这四类赋的发展历史、美学特征与山水描写进行深入分析，最后横向比较，论定"真正的山水赋，应该是从游览赋中脱胎而出的"这个结论就持之有故，言之成理。

此书知人论世，对所论作家从身世、背景到思想、创作，多有精当之言。关于性灵派美学贡献的论述即为显例，作者以内证与外证相结合的方法，指出以袁宏道为代表的性灵派，在价值观上，强调独立于封建传统道德价值观念之外的人个的自由精神、个人的自由个性、个人的才性；在山水美学观上，不像以前山水诗人、山水画家那样追求一种物我两忘、物我同一的浑融静观意境，而是在山水中表现自我，展现性灵，在山光水色中寻找有别于传统美学的价值标准的另一种丰富多彩的人生乐趣，而这种"趣"，乃是尽情发露性灵，表现丰富多样、多姿多采的市民口味的审美形态；在他们的笔下，山水与叛逆精神、个性解放思想、趣味美的追求相沟通，达到了性灵、山水、趣味三位一体的境界，这就在以杜甫、王维为代表的两种传统美学流派之外，别兴一种新型美学思潮，它的划时代意义在于："标志着古典山水美学的终结，而透露出近代审美意识的曙光。"这种探索，建立在对作家作品深层次体味与美学思潮走向的全景式观察上，确实发掘出许多意蕴丰富的命题。

本书作者就善于实事求是，独抒己见，如书中用一节篇幅专门研讨"山水与崇尚自然的审美趣味"，指出崇尚自然、追求自然，这是我国具有民族特色的审美趣味，而山水在它的形成过程中扮演着重要的角色：山水"不仅成为老庄自然之道进入艺术审美的重要中介，而且成为诗文、绘画的重要表现对象，而这又直接启导了自然美的形成。"作者从文学艺术追求自然境界这个角度，较深刻地揭示了山水对中国古代美学观念与艺术创作的巨大推动作用。书中类似这样发人深省的见解颇多。

本书有些地方亦值得商榷。个别论断痛快有余，而沉稳不足，如称道家哲学为水性哲学，这在理论上未必站得住脚；又如说袁宏道“对山水的指向性、虔诚性、钟情性以及游览区域之广、时间之久，几乎是中国古代任何一位诗人都难以匹比的”，这也有悖历史事实，显为溢美之辞。另外，由于是多人执笔的缘故吧，个别章节演进势态描述过多，缺乏理论概括，与全书水准不相称。

（《中国山水文化》41.6万字，广东人民出版社1996年9月出版。章尚正《欣对山水的文化寻思》）

《中国词学大辞典》

马兴荣　吴熊和　曹济平　主编

词，作为古典诗歌的一种特殊样式，自唐至清，有着一千余年的发展史。词学作为一门学问，肇始于宋而大盛于清，原先为诗学的一个旁支，后来与诗学并行发展，成为一种独立的、自成体系的专门之学。本世纪以来，词学尤为昌明，它更新了观念，拓展了领域，成为现代文艺学中一个成果显著的重要分支学科。这千余年的词的创作成就和近千年的词学研究成果，林林总总，美不胜收。为了全面反映和充分汇聚这些丰硕成果，亟须编纂一部能融学术性、资料性与知识性于一体的百科性专业辞书。前些年国内出版过的几本诸如《宋词大辞典》、《唐宋词百科大辞典》之类的辞书，既只是断代之作，不能涵盖整部词史和全部词学研究；而由异地众多作者临时凑合仓促编书，又导致这些书质量粗糙，条目不够丰富和规范且内容颇多错漏。有鉴于此，浙江教育出版社约请著名词学家马兴荣、吴熊和、曹济平为主编，组织了上海、南京、杭州、苏州及武汉等词学研究者相对集中地区的一批高校教师，穷6年之功，编成了篇幅达180多万字的《中国词学大辞典》，完成了学术界企盼已久的这项力图全面总结词学研究成果的基础工程。

这部大辞典旨在全面而系统地反映自唐至清词体文学创作的盛况和自宋迄今词学研究的成果，共收词学条目7200余条，按概念术语、词人、风格流派、词集、论著、词乐、词韵、词谱、词调、名词本事、语辞等十一类编排。这种宏大框架和门类设置，使该书能在广采博收、资料丰赡的同时，做到眉目清晰，体例谨严；既大致符合一般辞书的规范，又充分反映词作为一种韵文形式、词学作为一种专门之学的独特性。披览全书，我们可以看到绝大多数条目释文持论平实，叙述准确，对相关资料去伪存真，不沿讹袭谬；对不少旧说按现代科学理论予以新诠，颇多创获之见。举凡词学概念之阐释、词人事迹之考辨、历代词集之提要、词乐词调之解说、风格流派之剖析、词学论著之介绍等等，既能充分吸取和汇聚前人成果，又体现编写者自己的学术水平和眼光，时时发前人所未发，反映当代最新的研究成果。此书辞条中所涉及的词学研究中若干重大问题，凡属学术上已有定论者，按定论介绍；聚讼纷纭迄无一致意见者，以影响较大或持论较有力的某一说为主，兼述诸说，以全面而客观地反映实情；而凡属最新研究成果或对习非成是的旧说的纠误，均有简要说明，以示负责。还值得一提的是，连同3位主编在内，此书的44位撰稿人中，有一半以上是海内外知名的词学家。他们当中，如马兴荣、吴熊和、严迪昌、曹济平等，是功力深厚、声名早著的老专家；如杨海明、邓乔彬、钟振振、高建中、方智范等，是改革开放以来崛起于词坛的卓有建树的中年学者；而如王兆鹏、萧瑞峰、刘尊明等，则是近年来锋芒逼人、佳誉鹊起的青年学术后劲。这样一个大致反映着国内词学事业兴旺发达后继有人之可喜局面的写作阵容，自然在相当程度上决定了此书具有较高的学术质量和品位。可以预期，这部内容较全面、资料较可靠、知识性较强而又有一定学术理论深度的大型词学辞典，必将成为广大词学研究、教学工作者和古典文学爱好者案头必备的重要工具书。

应该指出，这样的既求全又求深的大型词学工具书，由于是第一部，难免就有某些不足之处。主编者在《编写说明》中说："历代词涉及面广，内容极为丰富复杂，许多问题有待进一步开展研究讨论。本书虽力求准确完备，但仍有不少欠缺之处，敬请读者批评指正"。这虽是谦语，却也道出了此中甘苦和此书实际存在的缺失。这里略陈愚见，就教于此书编者和读者。此书在"完备"和"准确"两方面，确实都还须再作一些努力。比如，在词学研究中，批评之学自宋以来就是一个重要部门，30年代龙榆生论证词学八项任务时，"批评之学"即赫然为其中一项。这方面的论著自古迄今颇有不少，近年来更有《中国词学批评史》一类的好几部专书出版，但在这部辞典中却未见相应的条目，对于有的论著甚至连一句话也没有提及。可否为此专设一个门类，或至少在已有的门类中补充一些条目，以便把有关的一些必不可少的内容加进去？此外，近年来随着研究领域的扩大和理论意识的加强，词学学术史亦已成为一个新项目，并已有学术史性质的专著好几本问世，此类成果辞典中也基本上未见反映。作为词学学术史的一个重要方面，系统介绍历代词学研究家亦属必需，但该辞典于此仅列"近现代词学家"一个小栏目，介绍了自夏敬观至沈祖棻凡27人（即使是这部分，也漏掉了胡适、胡云翼等人），而对于自宋至清的古代词学家和当代卓有成就的词学家则未作专门介绍。再有，本世纪中叶以来，台湾、香港及外国的词学研究颇有成绩，且有不同于祖国大陆的特色。但该辞典仅介绍了台、港及加拿大少数几个人的几部著作，于日本、美国及欧洲则付之阙如。而实际上，有些外国人的论著，如日本村上哲见的《唐五代北宋词研究》、青山宏的《唐宋词研究》等等，不但有一定影响，而且早已有中国译本出版，不应该被遗漏。在已设置的门类和辞条中，有一部分在字数的多寡、释文的详略及评价时的去取褒贬等等方面，畸轻畸重，未尽允当。比如在十一大类中，"词谱"一类本应全面介绍作为词学中一项专门之学的"图谱之学"的相关内容，但编写者却仅仅介绍谱书十一种而不涉及其他，致使这一门类在全书中份量最单薄。《论著·词学专著》一栏对于建国以来的词学专著遗漏颇多，若说篇幅有限，只收有代表性和质量高的，则已收的这些作品中未必每一部都是公认的质量高而且有代表性的著作。且编写者在评介某几部现当代著作时，轻易使用了诸如"独创的体系"、"极富于思辨色彩"、"不朽著作"等等主观色彩太重的溢美之辞，与全书客观、平实、准确的主体特色相违背。以上所言，非为吹毛求疵，只想实事求是地分析此书得失，以俾编写者修订再版之时多有一点参考之资。

（《中国词学大辞典》，185万字，浙江教育出版社1996年10月出版。刘扬忠《一项力求全面总结词学成果的基础工程》）

《大历诗人研究》

蒋　寅　著

蒋寅的大历诗歌研究，是近年来唐诗学界的硕果之一。自1992年至1995年的三年内，他接连出版了《大历诗风》、《戴叔伦诗集校注》和《大历诗人研究》（上、下编）三种专著。事实上，若从80年代初研究戴叔伦诗算起，他已为大历诗研究倾注了十余年的心力。首先是扎实地从事于诗人生平考订、作品系年和辨伪等史学、文献学方面的工作，在此基础上再对这个时期诗歌的内容、艺术、创作背景以及在诗歌史中的地位等进行详尽的探讨。前二书学界已有评论，这里只就中华书局新出版的《大历诗人研究》中关于艺术风格的论述谈一点个人的感想。

要讨论一位诗人、一个流派以至一个时代的诗歌特色，当然必须掌握其风格特征。而这是非常困难的工作。因为风格看不见摸不着，很大程度上得靠鉴赏者的审美感受去把握它。在这方面，古代批评家的“印象与直觉往往有种独创的穿透力”（《大历诗人研究》85页。本文所引文字均出自该书，以下只注页数。）但他们多用简括的词语、形象的比喻加以表述而不作较细致的分析。究竟该从哪些途径、哪些角度去分析、把握作品的风格？品味若干首诗犹可；要从大量作品中准确地概括出一位作家以至一个时代的风格特点，则真是不简单的事。这是一个审美思维、逻辑思维相互交错、推动的过程，需要作大量艰苦的分析、综合工作。《大历诗人研究》在这方面是相当出色的。我们首先不能不佩服作者艺术感受之新鲜、敏锐。它们实在是显示了鉴赏者的艺术气质。我们该说这种气质是可贵的青春气息和热情的体现。也正是由于具有这样的青春气息，他看出了李端的妇女题材诗中对两性关系的纯洁、真诚的理解，还感觉到了刘方平诗的婉丽纤秀的女性气质，称之为“敏感得近于女性的诗人”（311页）。

《大历诗人研究》成功地从多种角度出发分析诗人们的风格。比如从抒情手法、诗句锻炼、意象使用和对仗方式几方面，概括出戴叔伦五律的风格是“质实”，是“温厚和平，流利多姿，于平易中见简练，流利中见深沉”（72、73页）。这是敏锐的艺术感觉和深入的理性分析相结合而得出的结论。书中还屡屡使用统计的方法，统计诗人作品中关键性词语或者某种句式出现的次数。作者说，统计虽显得机械，但“大量提示某种趣味倾向的语义反复叠加，无疑会直接地造成风格印象”（196页）。在《大历诗风》一书中，作者曾从主题取向、时间和空间、感受和表现方式、意象和结构、体式与语言等多种途径论述大历诗的总体风格。现在又进而多角度地分析个别诗人的风格。可以说，要把握诗歌的风格，有法而无定法，运用之妙，存乎一心，作者为我们提供了值得借鉴的经验。

为了更好地把握、凸现诗人们的风格特点所在，书中还多方进行比较，同是状凋残之景，戴叔伦直写所见，具有“纪实性质”；李嘉祐则“纯粹诗化”，“借物指点”。比较不仅限于大历诸子之间。论韦应物时与陶潜相比，论钱起则与王维相比，从细致的比较中说明什么是大历诗的抒情范式，更清楚地指明了大历诗的特点及其承前启后的历史地位。在这方面作者提出的不少论点饶有兴味。比如他说，情景交融的写法是到大历诗中才定型的。盛唐范式是抒情、写景分离，咏怀之作与状景之作分为两途；而大历诗则情景融合，咏怀与状景二者难以区别。又如他将《诗人主客图》中的“清奇雅正”一系与大历诗联系起来，说“清奇雅正”大体上就是大历诗的基本品质，这就从一个角度指出了大历诗对中晚唐诗坛的深远影响。其他如论钱起好用虚字是“以文为诗”之先声，论卢纶与“元轻白俗”的关系，论顾况诗对白居易《新乐府》形式上的影响等等，都是颇为新鲜有趣的见解。

最后，笔者想就一个有关问题谈谈看法。书中多次说到大历诗人笔下的意象具有“移情”的特点，即鲜明地浸染着诗人的主观色彩。在《大历诗风》中，作者对此论述得更为集中、细致。笔者这儿想说的是，我国文人对“移情”这一心理现象的自觉是相当早的。潘岳《哀永逝文》云：“视天日兮苍茫，面邑里兮萧散。匪外物兮或改，固欢哀兮情换。”便是说物色依旧，只因哀情郁积于胸，所以看起来却凄凉萧索。庾信《演连珠》说得更明白而概括：“盖闻性灵屈折，郁抑不扬，乍感无情，或伤非类。是以嗟怨之水，特结愤泉；感哀之云，偏含愁气。”骆宾王《在狱咏蝉诗序》说蝉声幽怨有甚往日，“岂人心异于曩时，将虫响悲乎前听?”虽以问句出之，其实当然是说蝉声无改，只是人心有异罢了。我国古人早就探讨主观情感与客观环境的关系，包括情感与季节、物色的关系，而“移情”的自觉与魏晋以来欣赏强烈的情感表现——尤其是以悲为美——那样的心理有直接关系。也许还可以说，中国古人的“移情”说，其哲学基础是这么一种理论：异类可以与人相感相通。即如骆宾王所说：“苟有会于精灵，夫何患夫异类?”(《萤火赋序》)“夫怨于心者，哀声可以应木石；感于情者，至性可以通神明。”(《上吏部裴侍郎启》)至于将移情概括为一种诗歌创作手法加以表述，我想在王昌龄那儿已相当自觉了。(文镜秋府论·地卷)引其“十七势”，有所谓“感兴势”：“人心至感，必有应说，物色万象，爽然有如感会。”便是指诗中意象与诗人情感相”感会”那样一种艺术表现。王氏还举出“含思落句势”，谓以写景句结尾，“或深意堪愁，不可具说，即上句为意语，下句以一景物堪愁、与深意相惬，便道。”举例如“醉后不能语，乡山雨纷纷”、“日夕辨灵药，空山桂松香。”这与明显的“移情”写法有别，却是有意识地安排景语以烘托情思，并以此追求含蓄的韵致。蒋寅说，“移情”的意象至大历时方才普遍化，情景交融的表现至此时方才定型。而笔者推想，是否与五律成为主要创作样式也有关系？这种诗体要求高度凝炼，因而促使诗人的审美思维更加集中，他们必须舍弃那些虽然很美但与表现情思关系不大的画面，必须将景与情二者结合得更紧密。体制的特点作用于诗人的感受和表现方式，既是一种制约，也是一种推动。

我国古典诗歌是一个巨大的宝藏，许多有趣的问题等待着我们去探索、研究，我们预祝蒋寅取得更大的成绩。

(《大历诗人研究》，58.7万字，中华书局1995年8月版。杨明《唐诗研究的硕果》)

《宋代诗学通论》

周裕锴　著

宋代的诗歌，在辩证地继承唐诗及整个诗史传统的同时，完成了中国古典诗歌艺术的一次转型，创造了一种新的诗美类型。这一时代性的艺术实践在知性上的展开，就形成了空前繁荣的、富于思辨性格的宋代诗学，它深化并发展了中国传统诗学，堪称传统诗学的成熟。新时期的宋代诗学研究取得了不少进展，但就整体性和纵深度来看，还是落后于唐代诗学和中古诗学的研究，尤其是与宋代诗学实际上所取得的高度成就及其历史地位很不相称。周著《通论》可以说是已经打破了对宋代诗学缺乏整体研究的局面，而在各个具体问题的探讨上，也都达到了一定的深度。

《通论》的成功，首先在于体例设置的合理，能够通中有变，今古相勾。作者长期从事于宋代诗学的研究，并吸取学术界许多已有成果，建构出宋代诗学的理论体系。全书共分诗道、诗法、诗格、诗思、诗艺五大篇。分隶各篇的许多章节，也都是按照宋代诗学原有的许多范畴和重要论断来设置的。这样，使得这部专著比较成功地迫近了宋代诗学的历史面貌。周著《通论》既抓住了宋代诗学的一系列原有范畴，又大胆地对这些固有的范畴和论断作出现代诗学语境中的阐释。如“诗道篇”的第一章，采用了“本质阐释：道与艺的互补”这样一个题目，既准确地抓住了宋代诗人对于“道”与“艺”的辩证认识，揭示这一时代诗学体系的核心，但又是现代读者理解的一种表述方式。其下所分的各节，如“宇宙的逻辑同构：诗者天之义”，“审美的语言形式：诗者文之精”，也都是这样设置的。其余许多章节目录：如“胎与骨：诗意原型的因袭与转易”，“当行本色：审美特征的强调”，“出位之思：媒体界限的超越”，以及“章法：对立冲突的辩证结构”，“句式：逻辑的引进与打破”，“对偶：语境的远距离异质原则”，虽然运用了现代的阐述形式，但都较准确地把握宋诗学诸范畴的内蕴。其实这些都是作者站在现代诗学语境中深入研究宋代诗学的一系列重要结论，决非徒求字面的“现代化”。当然，在现代诗学语境中阐释古典诗学是一个复杂的问题，对于一些具体的范畴的阐释也是可以进一步探讨的，但《通论》着意于勾通古今、并且不惮于用西方诗学的某些范畴来阐释古典诗学的探索方向无疑是正确的。

《通论》所采取的历史态度也是可取的。作者指出：“在中国古典诗歌的研究上形成两个误区：一是以唐诗为审美标准来衡量取舍宋诗或宋代诗学；二是无视唐宋诗学的差异，以唐诗精神代替整个中国诗学精神。”唐诗作为中国古典诗歌发展的高峰产生了巨大的审美效应，对于奠定我们民族的诗歌审美理想起到了任何一代诗歌都无法比拟的作用。但是出于唐诗而变于唐诗的宋诗，同样也铸造了我们民族的诗性精神。尤其是当我们深入探讨这种民族诗性精神时，就能发现，宋诗和宋代诗学确实反映了我们民族文化的一些重要精神。所以，作者所说的误区的形成，除了一些历史原因之外，从根本上说正是我们对民族诗性精神的把握尚不够全面，对宋诗和宋诗学的研究尚未深入所造成的。《通论》作者以走出误区、正面肯定宋型文化、宋诗、宋人的诗性智慧为追求的目标，其精神是贯穿在各个具体问题的探讨上的。

当然，此书也存在其自身体例所无法克服的局限。它基本上是一种共时性的研究，在一个平面上构建宋代诗学体系。这样一来，宋代诗学的发展、不同的诗学流派之间的差异甚至冲突，一些重要的诗学家在宋代诗学发展中的地位等许多重要的问题，基本上没有给予很好的解决。另外，作者虽然重视“宋型文化”对宋代诗学的影响，但对于宋型文化产生的历史背景还是缺乏论述。我们期望学术界能够对上述那些更带有诗学史性质的问题作出进一步的探讨。

（《宋代诗学通论》，40万字，巴蜀出版社1997年1月版。钱志熙《宋代诗学研究的力作》）

《淮海集笺注》

徐培均　笺注

上海社会科学院文学研究所徐培均先生穷毕生精力，专研秦观，著成《淮海集笺注》上、中、下三卷，洋洋140余万言，可谓当今秦观研究集大成之作，有四大特色：

其一，版本精良，最能体现《淮海集》原貌。《淮海集》最初刊刻于何时何地，历代学者都颇为关注。清代版本文献大家黄丕烈、精于考证的钱大昕、吴梅等人，都曾对少游词集的刊刻年代作过考订，惜皆未能得出令人信服的结论。徐书以宋乾道癸巳(1173)高邮军学刻《淮海集》为底本。宋孝宗乾道年间，去少游生活年代未远，加上又是其乡人所刊刻，当然最能保存少游作品的原貌。此本现藏日本内阁文库，由中华书局傅璇琮、许逸民二先生提供缩微胶卷，确实来之不易，弥足珍贵。由于所用版本精良，使徐书能扫清遮掩在前人面前关于《淮海集》刊刻年代的迷雾，并有利于对秦少游作品真伪的甄别，达到前人难以企及的高度。在秦少游研究方面，徐书的权威性。于此也可见一斑。而且，从《笺注说明》中还可以看出，徐书除以宋乾道刻本为底本外，所参考的版本还有12种之多。在这12种本子中，宋刻本三种，明刻本四种，清刻本五种。其中有40卷本，有26卷本，有17卷本，有完整的本子，也有残本、残卷。可以毫不夸张地说，徐先生作注所用之版本，已囊括国内现存较为完善的《淮海集》刻本了。掌握这么多原始的第一手资料，而且以这么多的版本相互参校，没有过人耐心、细心，是不可能做到的。

其二，穷尽少游全部著作。前此，徐先生已将《淮海集》中三卷词集作注，成《淮海居士长短句校注》问世。此次又将其诗、文、赋共46卷尽皆笺注出版。徐先生还从大量的文献典籍中爬罗剔抉，共辑得佚诗26首，佚文14篇。这些作品，如《醉眠亭》一首录自《宋绍熙云间志》。《即席次君礼年兄韵》回文诗一首，从桑世昌《回文类聚》辑出。《墨竹》一篇，录自高邮文游台碑廊少游手迹的石刻，最难为他人注意。

虽然少游文集刊刻于其谢世后不久，但误入他人之作也时或有之。如《寄公阔》、《呈公阔》二首，入《淮海集》，也入《王文公文集》，究竟为何人所作，一时难以详辨，前人都未觉察。徐先生引用大量的史实，说明其为王安石之作。《题浯溪中兴颂》一首，世人皆以为是张文潜所作，几乎已成定论。徐先生不囿于前人成见，引证宋黄庭坚《中兴颂诗引》并《行记》，曾敏行《独醒杂志》、《舆地纪胜》，元盛如梓《庶斋老学丛谈》、清王敬之《枕善居杂记》、《四部备要》本案语等六条资料，详加论析，大胆定为少游之作。如此者徐书中尚有多处。

其三，笺注精审，考证详备。给古书作注之难，是众所周知的，更何况从“白文”入手，绝无倚傍，则其难更甚。秦观诗、文，前人都未作注。培均先生在无所凭藉的空地上，通过深入钻研原作及有关的文化典籍，下注时立足于整首诗或整篇文章，对篇章的作意、题旨等都作通盘的考虑，吃透全篇，再具体分析其字词句，使所注与原作相符，避免了前人下注盲目和不切的缺点。“于作品中的不少细节，均有惬人心意的诠释和交代，备见功力之深”（复旦大学王运熙教授评徐书语）。

在考证方面，徐先生所下工夫更大。这不仅仅表现在对少游作品本身的考校上，还体现在考证与少游之作相关的材料方面，像《代祭欧阳夫人文》一文，对欧阳修续弦的考证就是明显的例子。徐先生深入挖掘，旁征博引，考证出欧阳夫人虽同为“薛氏”，实则不是同一人，而是姊妹二人。最有力的证明是《邵氏闻见录》，谓欧阳修与王拱辰同为薛夔之婿，欧阳修先娶拱辰夫人之姊，再娶其妹，“故文忠有‘旧女婿为新女婿，大姨夫作小姨夫’之戏”。徐先生在笺注少游时能跳出少游之外，广泛考证当时文坛情况，对研究苏门文人集团乃至整个元祐文坛，都有极重要的参考价值。

更可贵的是，徐先生虽以宋本为底本，然亦不迷信宋本。像《三老堂》一诗，徐先生以慎谨而严肃的态度，对宋刻本题下所注“三老”作详尽的考证辨析，最后得出结论，以“张少保”为程公阔之误，纠正了宋本的错误。象这样以翔实的史料为基础，小心求证，辨前人之误，纠他人之谬，还历史以本来面目，书中尚有多处，不胜枚举。

其四，资料详备。徐先生搜集《淮海集》资料的详备，不仅仅体现在注文中大量地利用历史文献，对词语、典故、名物、制度作出详尽的注解，而且体现在对后人评论资料的收集上。徐先生于每篇诗文之后，附出《汇评》，收集后人对其评论。而且，在《附录》中，还列出“传记”、“序跋”、“书简”、“敕”、“总评”等有关少游的研究资料。秦氏生平事迹，交游情况，后人对其人其作的记载和品评等等，都收入书中，汇为秦氏资料之渊薮。翻检徐书，使人有这样的感受：有关秦淮海的评论资料，海内所藏，恐已为徐先生搜罗殆尽，后人即使有所补充，恐怕也只能是吉光片羽而已。

徐先生对少游作品的写作背景、创作年代都作了仔细的考证，将百分之九十的作品都考出其创作年月，使《淮海集》在“荒地”上有秩地排列了起来，故能写出翔实的年谱。在此之前，清代已有秦氏家塾本《淮海先生年谱》，乃其裔孙秦瀛修订。该谱曾受到清人钱大昕的赞誉，作跋文于后。但由于秦瀛身为后人，对其先祖难免有溢美之辞，或因不知其作品创作年代，致使其谱多有缺失和舛讹之处，科学性并不很高。新谱的特点，一是展示了谱主的生活经历；二是表现了谱主的文学道路；三是揭示了谱主的政治遭遇。至于家世、交游，更作了具体的论列。一谱在手，可以了解少游的全貌。徐先生所编少游年谱，不仅较秦瀛谱详备多多，且纠正其错误之处。

总之，徐先生能矢志不渝，甘坐冷板凳，积数十年之功，潜心研究，将厚厚的、扎扎实实的三大卷《淮海集笺注》呈现在世人的面前，其轻重如何，学界当自有公论。朱东润先生在《序》中说：“少游已矣，遗编尚在，世必有能真知少游者，培均其为嚆矢乎!”对于淡于名利，潜心学问的学者，得能真知古人，以慰平生，则我以为可以知足；更何况能为“嚆矢”!

（《淮海集笺注》，144 万字，上海古籍出版社 1994 年版。罗立刚《冷板凳上做出的大学问》）

《全唐五代诗格校考》

张伯伟　编撰

张伯伟编撰的《全唐五代诗格校考》是一部功力深厚、予人启示很多的著作。本文以该著的研究部分为主试作评介。

首先，称盛于初唐至北宋文坛的诗格类著作，由于种种原因，历来问津者寡。立足在现存“全”唐五代诗格文献基础上的《全唐五代诗格校考》对广泛存在疑问的现存诗格类著作逐一进行时代、真伪、人名、书名等方面的考辨，用力深且细，有功于学术，自不待言。

作为一项立足于“全”的系统研究，该著全书的结构设计颇见特色。《诗格论〈代前言〉》于辨明“诗格”的名义及其使用之后，全面论述诗格类著作于齐梁而下盛行于初唐至北宋文坛的历史状况，并分析其各时期的特色及其形成原因，然后概论宋代以后的诗格。这是一篇简明的诗格史。

该著正文对现存唐五代诗格文献 28 种进行校考。每种诗格的校考均冠以《解题》，作关于该文献的存佚、历代、中外著录、旧题作者的小传、该文献的形式内容分析、本书校考的依据及参考诸本的说明。校考的本文则广搜异本、参考诸本异文、比较各种诗格之间的关系及源流、吸取中外学者的成果，以定去取。这部分是全书的主体。经过著者的精心整理，作为唐代诗史、古代文论重要史料的唐五代诗格文献，可以说，终于有了一个完全的、可资更好地利用的本子。

除现存文献外，历代史志、书目记载中的诗格著作也是唐五代诗格的一部分，与诗格类并行一时的文格赋格类著述对全面了解诗格有重要参考作用。《全唐五代诗格校考》于正文之后，就附录有《文笔要决》、《字格》、《赋谱》、《全唐五代诗文赋格存目考》。

就其作为一项全面系统的研究来说，《全唐五代诗格校考》一方面考察诗格文献在后代的传抄、引用及发挥，另一方面，广泛全面地吸取中国大陆、台湾、日本、美国等地学者的若干研究成果，使得该著亦可作为一部诗格学术史来使用。

其次，由于著者特别的学术积累，《全唐五代诗格校考》视野开阔、触类旁通，这为一般专攻史料文献的研究者及唐诗文学的研究者所不及。在论述晚唐五代诗格中的物象与作用的概念时，由于著者对佛教禅宗有专门研究，所以，他首先指出，"'作用'一词，原为佛学教理，可简称为'用'而与'体'相对。"（16页）然后分析其名义及引入文学批评的历史情况。在论述《风骚旨格》最引人注意的"势"论时，著者于分析其"势"论在晚唐五代诗格中影响很大、颇具代表性的情况之后，进而指出："齐己'势'论的来源，与禅宗影响直接有关。"（页三七六）"他出自于沩仰宗，而'仰山门风'的特色即在于'有若干势以示学人（《宋高僧传》卷十二），'分列诸势，游戏无碍'（杨亿《汾阳无德禅师语录序》）。所以，齐己的以'势'论诗，正有得于仰山的以'势'接人。如'狮子返掷'势，即出于禅宗话头。禅宗有'狮子频呻'、'狮子返掷'、'狮子踞地'三句（见《五灯会元》卷十四《大阳警玄禅师》）。'狮子返掷'正属于三关之第二关境界，地水火风，色声相味，尽是本分，皆是菩提，故齐己举'离情遍芳草，无处不萋萋'以明之。"（同上）又比如，《处囊诀》，"其论'诗眼'一节，乃受禅家影响，并开宋代黄庭坚、范温等人之先声。"（47页）

张伯伟教授对域外汉诗及中外文化交流亦有专门研究，这使得《全唐五代诗格校考》除了占得广搜文献及学术资料的优势之外，还时常涉及诗格在异域的流传及影响。如《文笔式》在中土未见流传，"因为较早传入日本，于是产生了一定的影响。"（46页）平安时代空海的《文镜秘府论》中曾大量引用其文，《本朝文粹》卷七《省试诗论》也记载了当时文人以《文笔式》的理论作为讨论声病的依据之一，镰仓时代释了尊《悉昙轮略图抄》也曾经加以引用。又如《诗髓脑》在唐代已传入日本，"在东土产生了较大的影响"（92页）。如《本朝文粹》卷七《省试诗论》记载，当时文人每引元氏书为立论依据；作于天庆二年（后晋天福四年，939年）藤原宗忠氏的《作文大体》（见《群书类从》卷一三七），前半部分乃大江朝纲（886—958年）所撰，其论"诗病"、"字对"、"调声"等，多受《诗髓脑》影响。如论"平头"之"第一字用平声不为病"，"上尾"之"发句连韵不为病"，"蜂腰"之"平声不为病"等，显然出于对《诗髓脑》的因袭。古代日本的歌论著作，也往往以"髓脑"命名。又比如，《附录》之《赋谱》"对日本的汉文学颇有影响"（532页）。藤原宗忠（1062—1141年）的《作文大体》中已经加以袭用，了尊弘安十年（1287）所撰《悉昙轮略图抄》卷七论文笔事引《里书》，言诗有"发句、胸句、腰句、落句"；言笔有"发句、傍字、长句、轻、重、疏、密、平、杂、壮句、紧句、漫句、送句"等，亦不难看出《赋谱》的影响。

再次，《全唐五代诗格校考》之"全"，不能仅仅等同于时下较为常见的资料全编之"全"，该书最重要的特征，在于它调动一切手段，系统地考证清楚丛聚了若干疑问的唐五代诗格的真实的文字、历史、观念的面貌，这远非一般意义上的文献整理，也非一般意义上的古代文论研究或唐诗文学研究所能达到。其一，《全唐五代诗格校考》首先是一件整理文献的工作，虽然可从目录记载考其流传，亦可于诸本校其异同，但是，诗格久为小道，既无善本可据，又无认真的学术工作加于其上，仅托书贾之手以广流传。疑窦丛生，单纯的文字文献整理无法奏效。必须辅之以诗史、诗论研究的手段，来为这些诗格文献寻找其本来的历史地位。其二，因为诗格的创作，多因便于初学，或利于科举，其与诗歌写作的关系甚密。《全唐五代诗格校考》将唐五代诗风流行的情况与现存诗格的种种技法、主张及文献特征相联系，基本上考定了各种诗格的产生时期。这同样不是以作品为基础的现代唐诗文学研究所能胜任。其三，著者古代文论的深厚修养，使得该著在考证诗格的历史面貌时所作的有关理论观念的分析，极具条贯。把握住历史观念的文献整理和诗史研究工作，显示出不同寻常的高屋建瓴之势。其四，《全唐五代诗格校考》注重对承传沿革的源流、关系的追踪与分析，又显示出中国传统史学的特征。总而言之，会通了文献整理、诗史研究、古代文论研究、历史研究的《全唐五代诗格校考》是一项难能可贵的学术成果，其工作经验的启示是深刻的。

至于获读该著之后感到的不足，笔者觉得，尚有不少未尽之意和待发之覆。比如：诗格与唐五代时期其它各类诗歌评论、评价形式之间的关系；诗格在该时期世界中地位形势的消长；诗格类著作为何盛于初唐、晚唐，晚唐之作又多出于方外之流，等等。当然，《全唐五代诗格校考》是以文献整理为主体的著作，并且，换一角度看，激发出更多的问题，或许也可视为是一项成功的研究的表征。

（《全唐五代诗格校考》，39万字，陕西人民教育出版社1996年7月出版。吴光兴《一部系统整理和研究诗格的著作》）

《宋元诗社研究丛稿》

欧阳光　著

在中国文学史和批评史上，明代的文人社团是最繁密的。1947年前后，郭绍虞先生相继发表了《明代的文人集团》和《明代文人结社年表》二文，率先开始了对明代文人社团的系统研究。其肇端之邃密已令人叹止。如《明代的文人集团》所考述知名或不知名的社团达176家，有明一代的文士集团，虽不能说靡有孑遗，也已大致胪列其中。但此后数十年间，郭绍虞先生开创的这种研究新局面并未见继响，而是陷于岑寂。一直到80年代，才有一些单篇的个案研究文章陆续出现于报端，但断绪寸榛，终究难成规模，无法使诗社——这一中国文学史上重要的文化现象的研究上升到一个新的档次和水平。日前广东高教出版社出版的欧阳光《宋元诗社研究丛稿》(下简称《丛稿》)，对于宋元诗社所蕴含的文化内涵作了多维的理论审视，值得学界重视。

《丛稿》体例上分上、下两编。下编"宋元诗社丛考"，考录宋元诗社凡65家，其中绝大部分湮没已久、鲜为人知的。如南宋中后期在临安西湖活动的诸诗社，常见文献中，只有吴自牧的《梦粱录》和耐得翁的《都城纪胜》曾附带提及，但也语焉不详。作者在浩如烟海的宋代典籍中勾稽爬梳，发现所谓西湖诗社，并非是某一诗社的专称，而是以西湖为诗社活动的主要场所的许多诗社的统称。作者并为此一一论列了统属西湖诗社的八个诗社的概况，其开拓发微之功是确定无疑的。据作者书后附录所列，为参稽诗社征引的各种书目达230余种，涵盖史、子、集三部，特别是宋元两代的总集、别集，几乎是逐部检索过。这种实证的精神是很可贵的。

上编"宋元诗社研究"，是一组诗社研究论文的结集，在实证的基础上进行宏观思考的产物，可细分为三类：一类是对某些著名诗社的组社形态、活动方式、人员构成等方面的综合考察；一类是对一些具有相近特点的群体诗社进行了归类总结；另一类是从文化史的角度，着力揭示诗社的文化特征，这一类在上编中所占份量最重，含英咀华，启人良多。《丛稿》考论宋元诗社，非常重视对诗社性质的界定，下编弁言特地申明了界定诗社的四条标准：有正式的诗社名称，有相对固定的成员和活动地点，定期举行活动，以及在雅集唱和中出现"同社"、"诗盟"等字眼的，始可与言诗社。这一界定是比较科学和符合实际的，也使作者的考论能在一个相对明确的范围内进行，使一些分韵分题赋咏的唱和诗不致轻易阑入，诗社的独特性也就在形相不同的社团中间体现了出来。

作者考论宋元诗社，并不囿于诗社本身而自作道场，而是着力揭示其与当时文化的种种关系。譬如宋代诗歌流派内部，往往有着大量的诗社活动。北宋豫章诗社的许多社员，如徐俯、洪刍、洪炎等，同时也列名于吕本中的《江西诗社宗派图》中，因而江西诗派与豫章诗社的关系是不言而喻的。再如南宋江湖诗派130多人中，也有20余人参与各种诗社活动。这些都有他们的应社作品可以佐证，毋庸赘言。但是长期以来的文学史研究似乎很少措意于此。《丛稿》中《宋代诗社与诗歌流派》一文，则以一种新的视角来审视这种文化现象。作者认为，诗歌流派的形成与文人之间交游唱和的风气有着密切的关系，特别是当一个诗社将钻研诗艺、切磋句法作为自己的活动主旨的时候，就极易达致美学主张上的趋同，从而对诗歌流派的产生及壮大起到催化和促进作用。江西诗派、江湖诗派是如此，其它的诗派也大率如此。有些诗社的主盟往往也就自然成为诗歌流派的宗主，彼此之间的影响是十分清楚的。对于诗社与科举、书会的因缘关系，作者也作了比较细致的分析。这种重视文学与文化关系的研究思路，不仅在于它拓展了一方值得开垦的领域，调整了新的研究格局，更在于它的还本清源为我们昭示了诗社活动的丰富内涵和其独特价值所在。《丛稿》论诗社而兼赅宋、元，颇注重对宋、元诗社之间异同的分析，并从诗社组织及文风的诸多不同，进而窥见宋、元两代思想和文风的不同，所论高屋建瓴，为我们进一步研究宋、元思想文化的不同奠定了相当坚实的学术基础。

由于文献和体例的限制，有些虽无诗社之名但有诗社之实的社团，被排除在《丛稿》考论的范围之外，不免有遗珠之憾。如北宋的东州逸党，虽略呈怪异，其组织形式也比较复杂，但其党内的文学活动主要是诗歌，而且在北宋冷静内敛的诗风中引入了一股豪放不平之气，似可纳入诗社的范围。再如诗社与儒家思想的关系，似也值得注意。作者在《后记》中曾说并未打算中止对这一课题的研究。相信随着研究的不断邃密和深入，这些疑似之间的问题当会得到比较圆满的解决。

（《宋元诗社与宋元文化》，25万字，广东高等教育出版社1996年9月底出版。彭玉平《宋元诗社与宋元文化》）

《明代诗文的演变》

陈书录　著

陈书录的新著《明代诗文的演变》（以下简称《演变》）以《轨迹篇》、《特征篇》、《动因篇》为三大主干结构，多角度地对明代诗文创作与理论批评作交叉研究，从而深化了研究思路，开拓了明代诗文研究的新格局。

只要我们认真考察包括明代诗文在内的中国古代文学发展的实际情况，便可知道那时的文学创作与理论批评之间的关系相当密切，二者在水乳交融状态中又波浪式地不断向前发展。只是在相当长的一段时期，有的研究者将二者强行割裂开来。陈君有志于弥补这种缺憾，他在1991年完成初稿的这部博士学位论著中选择明代诗文作为探究对象，在贴近历史真实的基础上更新视角，努力开拓诗文创作与理论批评交叉思考、交叉研究的新路。这首先以考察明代诗文创作与理论批评交叉影响的具体环节入手。例如“李、徐之辩”促使李梦阳的“祖格本法”与徐祯卿的缘情尚趣在对立互补中孕育出

“因情立格”的美学原则。又比如唐宋派“言适与道称”和“直据胸意”合一的文学思潮的形成与发展，有着双重的前提：一方面是王（阳明）学通过“王门”弟子王畿、季本等直接影响王慎中、唐顺之等人，另一方面唐宋派与七子派之间诗文创作与理论批评的交叉影响经历了相因相生——分化转向——相互对抗——相互认同等阶段。《演变》以唯物辩证的观点，分别考察明代作家、批评家以及流派之间诗文创作与理论批评交叉影响的具体环节，烛照幽微，探本穷源，展示了其中多彩多姿的风貌；或交叉传感（相因相生），或交叉刺激（相反相成），或交叉碰撞，或交叉补救，或相互印证，或相互制约，或深化，或异化，或同步，或异步，等等。《演变》并非是罗列这些现象(具体环节)，而是从明代诗文创作与理论批评交叉影响、连锁演进的角度作逻辑思考，着力考察各个“具体环节”在明代诗文思潮逻辑发展中的历史作用。例如，茶陵派中李东阳诗歌创作的负效应及其流弊，从反面刺激着李梦阳等前七子“宗汉崇唐”心态的膨胀，其交叉影响的具体环节是李梦阳的《凌溪先生墓志铭》等；而茶陵派中杨一清的诗歌创作，则从正面直接影响到李梦阳“祖格本法”与“情之自鸣”的理论批评，其交叉影响的具体环节是李梦阳评点杨一清的《石淙诗稿》。又譬如，唐寅、祝允明、文徵明等吴中派缘情尚趣，追求自适与狂放的诗歌创作，是元末明初以杨维桢为代表的尊情抑理的精神向晚明李贽、袁宏道等人独抒性灵，尚今尚俗思潮过渡的一座桥梁，其具体环节之一是袁宏道评点唐寅的诗文。

《演变》既从微观上探究作家、批评家及流派之间交叉影响的具体环节，又从宏观上把握明代诗文演进的整个历史过程，并且将二者结合起来进行逻辑思考，力求把握明代诗文逻辑发展的内在规律：以元末明初的扬维桢为逻辑起点，以明清之际的顾炎武、黄宗羲、王夫之等为逻辑终点，历经明初诸派——台阁体——茶陵派及吴中派——前七子——唐宋派——后七子——公安派——竟陵派——明末诸家及遗民诗文，明代诗文创作与理论批评形成了交叉影响、连锁演进的历史轨迹。《演变》既不以主观理念先行，也不照搬西方理论模式，而是在尊重历史、贴近历史真实的基础上找准文学创作与理论批评交叉思考的“切入口”，从而更新视角，力破陈说，以有创见、有说服力的成果引人注目。例如《演变》采用“两条腿走路”的方法，既研究明代的理论批评，又研究明代的诗文创作，不仅指出明代诗文领域意象理论的发展体现在古典型、浪漫型、象征型等多样性的意象范畴上，而且注意从七子派、唐宋派、公安派、竟陵派等的诗文作品中采摘出审美意象的丰硕成果。

文化心态与审美心态，是明代诗文创作与理论批评交叉演进的“主渠道”。《演变》紧紧抓住这条“主渠道”，考察不同时期不同作家、批评家以及流派之间嬗变的内因。譬如明初吴派、越派、闽派、岭南派、江右派等”各抒心得”（陈田《明诗纪事》甲签《序》），开成了崇儒复雅的高潮。然而，在永乐至天顺年间的文坛上却出现了“三杨”台阁体独尊，引起了诗文儒雅品位的沉降。对此，《演变》既从时代背景（如庙堂文化逐渐取得了独尊的地位）上考察其外因，又侧重在把握心态中考察其内因。这是因为“三扬”及其羽翼被所谓的“治平之象”等“盛世”的幻影所笼罩，加之他们中有的圆通得体、谦恭小心等性格因素，在特定的时代氛围中形成趋附君权、自安自得的文化心态，与此相互依存的是“以其和平易直之心发而为治世之音”（杨士奇《玉雪斋诗集序》，《东里文集》卷五）的艺术心态。如此着力把握文化心态与审美心态演变的内在规律，不仅使全书显得中心突出，纲举目张，而且使明代诗文研究在深度开拓上推进了一大步。同时，《演变》还以文史哲交融、多学科交叉研究拓展其广度。例如从民族意识、文字狱、八股取士等多方面考察明代诗文演变的动因，尤其是考察哲学上“知行并进”的观点对明代诗文创作与理论批评“合一”的影响，考察徽州、苏州等地商潮与诗文革新思潮之间的相互推动等，视野开阔，新见迭出，不仅从深度上且从广度上拓展了明代诗文研究的格局。但是，《演变》对于晚明颇有影响的东林党与明代诗文演变之间的关系，对于明代俗文学（小说、戏曲等）与雅文学（诗文等）之间的交叉作用等方面，涉及较少，有待于进一步开拓与深化。

《演变》既以理性思辨见长，又以翔实的文献资料作为美学批评的基础。该书附录的“主要征引书目”达二百多部，引用的全部书目则远远地超过这个数目。该书的作者不仅努力博览文献资料，多方借鉴前人与今人有关明代论著整理的成果，而且有细致地审核文献资料的严谨学风与功力，在版本的选择、校勘、考证等方面都力求精益求精。譬如《演变》第308页引用钱谦益的《列朝诗集小传》（上海古籍出版社1983年10月新1版）丁集上《李按察攀龙》中“易五字而为《翁离》”等一段时，就在细心审核中纠正了其中若干标点的错误。《演变》注意克服“考据陷入烦琐，批评流于空洞”的倾向，力求弃二者之短，纳二者之长，融考据与批评于一炉。譬如《演变》的第三章第五节中，以李梦阳的《与徐氏论文书》、徐祯卿的《答献吉书》和《重与献吉书》等为内证，以《明史》中的《李梦阳传》、《徐祯卿传》和安泖的《李空同先生年表》、高拱的《浚川王公行状》以及《尔雅·释天》等为外证，推断出“李、徐之辩”大约发生在徐祯卿举进士的弘治十八年（1505）至李梦阳被谪“西归”的正德元年（1506）左右。以此考据为基础再进行深入地分析，认清了李、徐的诗文创作与理论批评是如何在相互碰撞中对立互补的。《演变》如此将考据与批评结合，往往是文献翔实而时有新见，论证细密而得其精华。

（《明代诗文的演变》，56万字，江苏教育出版社1996年11月出版。伯伟《文学创作与理论批评交叉研究的力作》）

《李白全集校注汇释集评》

詹锳　主编

李白诗的最早注本是南宋杨齐贤注的左绵刊本，原书今已不传。现存经过元萧士赟删补而成的《分类补注李太白诗》保存了部分杨注。明末胡震亨因不满杨、萧之注而编成《李诗通》，注文精却数量少。以上三家仅注诗而未及文。清人王琦在三家注的基础上，增列了散文并加以注释，编成《李太白全集》，成为《李白集》以来最详赡的注本。然而它也存在着缺陷：一是编次上依据元萧士赟《分类补注李太白诗》，打乱《李白集》原有编次顺序，把疑为赝作的诗移至卷本，删除具有重要参考价值的原有分类标目与题下注。二是注释上往往只标书名，不出卷数、篇名，有时对引文随意改动，甚至只复述引文梗概，不出原文。另外还有不少失注、误注的地方。而今人《李白集校注》、《李白全集编年注释》皆以王琦注本为底本，注释上往往照引王注，对于王琦注本的错误也无所更正，故而发明无多。此次詹锳先生主编的《李白全集校注汇释集评》全面清理了前人对李白的研究，汲取各家成果，同时融入自己多年潜心研究的新见，代表和体现了《李白集》整理的最新水平，堪称集大成之作。

本书最显著的特点，在于它以现存最早的宋蜀本为底本。宋蜀本是曾巩根据宋敏求编次而分类按年代编排的，分古风、乐府、歌吟、赠、寄等21类，“赠”类以下每类又按诗作时间先后排列，并在诗题之下注明诗人行踪所在，为李白诗歌的编年提供了依据，本书借宋蜀本澄清了萧士赟、王琦以来《李白集》编次上的淆乱与错误，有着正本清醒的意义。

本书的成就主要还体现在校勘、注释、集评与辨证诸方面。

一、校勘。本书在以宋蜀本为底本的同时，广取其他版本，仅参校本即收集 19 种之多，又以 17 种唐宋以来重要总集与选本辅助校勘，从而在校勘上取得了突出的成就。首先是纠正了不少王琦注本的讹误。《单父亲楼秋夜送族弟况之秦》，题中“况”，萧本、王琦本作“沈”。本书依据底本，又引《新唐本·宰相世系表》二上李氏姑臧大房有李况，无李沈，从而认定“况”是。诗中“况弟欲行凝弟留”的“况弟”，萧本、王琦本又作“沈弟”，本书也定其非而作“况弟”。《禅房怀友人岑伦南游罗浮兼泛桂海，自春徂秋不返行旅江外书情寄之》，下注“浔阳”。萧本改题为“禅房怀友人岑伦”，下注“时南游罗浮兼泛桂海自春徂秋不返行旅江外书情寄之”，删去“浔阳”之误，而多出一“时”字。王琦本则依萧本之题而把“时南游罗浮”以下数句改为“太白自注”。本书根据宋蜀本编此诗为“寄”类，以及下有“浔阳”之注，证实从“禅房”到“书情寄之”都是诗题，“南游”以下不是注，纠正了萧本、王琦本的错误。《魏郡别苏少府因》，题下有“北游”之注，意即诗作于北游时。王琦本把“北游”二字衍入题中，且把“少府”作“明府”，题作《魏郡别苏明府因北游》。本书依据此诗作年，考知其时县令别为他人，而非苏因，故而以“少府”为是。《赠薛校书》中“我有吴趋曲”之“趋”，王琦本及他本多作“越”，本书引崔豹《古今注》卷中：“《吴趋曲》，吴人以歌其地也。”又引《文选》陆机《吴趋行》刘良注：“趋，步也，此曲吴人歌其土风也。”说明以“趋”为是，令人信服。《洗脚亭》“白道向姑苏”中“姑苏”，王琦本从缪曰芑本作“姑熟”，本书从地理方位上考证，认为当“姑熟”（即当涂）当为水路，从诗中“西望白鹭洲”一句看，洗脚亭位于金陵向东去之大道上。如去当涂，则不当云“西望”，故以“姑苏”（姑苏即苏州）为是，也是持之有据，言之成理的。凡此种种，此书中尚有许多。

二、注释。本书全面清理了前人杨齐贤、萧士赟、朱谏、胡震亨、王琦等人的注，对其仔细甄别、认真考订。又通过元刻本《分类补注李太白诗》发现并补充了许多王琦所未见的萧士赟注。尤其是针对王琦注中往往只注篇名或书名，以及随意改动引文的情况，本书注意一一核对原书照引原文，对于哪些是王琦注引的书，哪些是王琦自己的注，都一一划分清楚。对于王琦注中的一些失注、误注，也注意补正。《书怀赠南陵常赞府》：“终当灭卫谤，不受鲁人讥。”旧注只萧士赟注引《论语》，且未加辨别。王琦及今人或未注或仅云萧注未切，皆未解决此注之疑问。本书则引《论语·雍也》孔子在于见淫乱无行之南子而为子路所病，又引《史记·孔子世家》所记有人谮孔子于卫灵公，孔子恐获罪而去卫事，认为此系诗中之“卫谤”所指。又引《论语·子张》中鲁大夫叔孙、武叔毁仲尼，谓此即是诗中“鲁人讥”之所指，情理俱合，具有说服力。

与佛、道有关的诗文是李白诗文中最难注释的。王琦虽号称精于内典，但也有不少所注不当之处。本书在此方面用力最深或对王琦注失当处予以纠正，或对王琦之注过于简略而予以补充。《庐山东林寺夜怀》“旷劫断出没”，“旷劫”，王注云：“《韵会》：梵书以一世为一劫。”这里仅注“劫”为时间概念，不够全面。本书引《祖庭事苑》云：“日月岁数谓之时，成住坏空谓之劫。”补充了“劫”在佛教中含有人世经历毁灭性灾难之意。王琦注中有时还以道注佛，对此，本书也注意纠正。《赠僧崖公》诗："晚谒太山君。……授余金仙道。"王琦云："太山君，主太山之神也。《广博物志》：东岳太山君，领群神五千九百人，主治死生，百鬼之主帅也。太山君服青袍，戴苍璧七称之冠，佩通阳太平之印，乘青龙。"王琦这里以道教中神注之，不确。本书广引佛教典籍，说明"太山君"是佛教中神，纠正了正误之失。本书还注意克服王琦注"释事而忘义"的缺点，广引《李诗选注》、《古唐诗合解》、《李诗直解》、《唐诗解》、《诗比兴笺》等书，对诗文内容与意义作细致的分段讲解、串释。对于歧义较多的诗歌，更是细究其意。这样注与释的相互结合，为阅读、学习李白诗歌，起到了积极的参考作用。

三、集评。自唐以来，李白诗歌积累了大量评论资料，收集整理这些资料对于研究李白诗歌，具有重要意义。本书注意广取博收，尤其注意稀见资料的收集。比如世传有托名严羽评点的《李太白诗集》，王琦所录十不及一二，本书则收录较多，现藏于河北大学图书馆、托名严羽评点本上的许多明人眉批，也收录在内。又明人朱谏所著《李诗选注》，其中有许多论诗解诗资料，以其流传不广，本书也加以引录。本书还从日本近藤元粹所编的《李太白诗醇》中辑得宋人谢叠山《唐诗合选》中评李白诗之资料，从中可知本书用力之深。

四、题解与备考。体例上每首诗前特立"题解"，诗后立"备考"，是本书一重要特色。题解或考订诗文写作时地、或辨析旧说，考别真伪，或分析内容、题旨、揭示背景。对于分歧较大、诸说不一之情况，或一些未足信之说，则列于备考中。比如关于题意，李白有些诗长期以来题意难明，本书也细心探究以明其义。《草创大还赠柳官迪》一诗，题意自来不明。本书细究道教典籍、指出此诗是诗人发挥道家《周易参同契》中的炼丹思想，为学炼内丹大还丹而作，题中"大还"不是外丹，而是内丹，解决了此诗自来之疑问。《访道安陵遇盖寰为予造真箓临别留赠》一诗，也是题意难明之诗。本书吸取学术界研究成果，结合诗之内容，认为此诗不是指经箓的传授，而是指符箓。也解决了此诗题意之疑。此外在诗意阐释、考别真伪、诗文系年、诗题辨误等方面，也都取得了重要成就。

（《李白全集校注汇释集评》，340万字，百花文艺出版社1996年12月出版。阮堂明《李白全集整理研究的集大成之作》）

《宋诗之新变与代雄》

张高评　著

宋诗是中国诗史上的又一奇迹，能在一切好诗似已被唐人做完的情况下，竟然开辟出另一片新天地。那么，宋诗的"变唐"究竟是成是败？是优是劣？有无价值可言呢？台湾成功大学张高评先生的新著《宋诗之新变与代雄》对此作了较好的廓清与发明。

本书由八篇论文和五篇附录汇集而成，虽单独成篇，各立主题，却又互相呼应，联成一体，论文均探讨宋诗的特色，附录亦与宋诗研究有关。纵览全书，可见出作者鲜明的学术观点，即理直气壮地肯定和推崇宋诗自成一家、新变代雄的诗史地位，肯定和推崇宋诗"变唐"的成功和价值。由于这一观点是在检阅分析大量的宋人诗集、文集、诗话、笔记、题跋以及后人论述的基础上提出来的，因此不仅显示出冲破优唐劣宋的传统观念的胆识，而且具有令人信服的客观性和科学性。与近年来一些宋诗研究论著相比较，本书有这样一些独到之处：

一曰集大成。作者苦心编纂《全宋诗》12年，旁搜远绍，爬罗剔抉，对宋诗之精华深有会心。本书所收八篇文章，可谓集作者多年研究心得之大成，正因含英咀华，故能钩玄提要。如《宋诗特色之自觉与形成》一文，论及宋人对于诗歌价值之省察与表现，概括为六点：一、破体出位，注重整合融会；二、翻转变异，强调推陈出新；三、转益多师，题材拓展广博；四、深造有得，内容体现深远；五、精益求精，努力技法洗炼；六、别裁创获，期于自成一家。本书对近人研究成果广泛参阅借镜，批判吸收。据笔者粗略统计，全书8篇文章5篇附录，共参考引用海峡两岸及香港地区近人著作250余种，学术刊物70余种，论文130余种，涉及历史、政治、哲学、宗教、美学、文学艺术等等诸多文化领域，其中以为宋诗研究之论著为多。因此本书亦可谓集海峡两岸宋诗研究之大成，一编在手，宋诗研究的概况，历历在目，其间优劣得失，莫可隐遁。仅此而言，本书已具有相当的参考价值。更值得称道的是，作者虽参阅大量文献，却决不人云亦云，而是取其精华，去其糟粕，或借用作者之言曰："整合融会。"这种整合融会有两个层面的意义，一是文化研究层面，注意发现诗歌与历史、政治、哲学、宗教以及其它门类文学艺术的关系，发掘彼此间的共相和规律；二是诗歌研究层面，注意总结宋诗研究界一切有价值的学术观点，博采众长而自成一家。

二曰加深密。本书不仅确定了宋诗在诗史上应有的崇高地位，而且条分缕析地揭示出宋诗成功的奥秘和具体经验，从而使唐宋诗之争这一传统论题摆脱了意气用事或感性判断的习惯，深入到客观评价、理性分析的思维层次。如申论宋诗"化俗为雅"的转化方式，作者揭示出"体俗用雅"、"脱俗出雅"、"雅中出雅"转化之三原则以及"体雅用俗"、"以雅化俗"、"以雅写俗"、"自雅返俗"、"推陈出新"、"转俗成深"转化之六途径，其中"体雅用俗"一条，又细分为"顶真续麻"、"打诨出入"、"翻拟隐括"、"谐隐双关"、"点显全圆"诸法。如分肌擘理，剥茧抽丝，远较前人之论细密深入。尤其是《不犯正位与宋诗特色》一文论及宋诗别开生面之途径一节，共列"原型转换"、"离形得似"、"反常合道"、"以物为人"、"逆用想象"、"旁入他意"、"言用不言名"、"侧笔见态"、"寓物说理"9种，每一种下面引若干宋人诗话笔记为之张本，又引若干宋人诗歌为之印证，颇能见出宋人追求新变的理论自觉。由于作者把对宋诗的感性认识化为细致的理性解剖，因而比直观印象式的批评更能把握宋诗的特质，并更具学术价值。

三曰立新意。探讨宋诗的新变虽是学界的旧论题，但作者却别具只眼，另有发明。我以为本书最有创意之处是一再强调破体出位对于宋诗新变代雄的意义。"出位之思"是指不同媒体艺术之间的相互换位，钱钟书曾用来说明中国诗与中国画的关系，叶维廉曾用来论证现代艺术追求的媒体之超越，而本书却举一反三，把"出位之思"从诗中有画、画中有诗推广到交通理学、借镜经史、以老庄入诗、以仙道喻诗、诗禅交融、以戏剧喻诗、以书道喻诗、以文为诗、以赋为诗、以诗为词、以文为词、以文为赋、以禅入诗等诸多方面。作者由破体为文、出位之思入手，无疑从根本上抓住了宋诗有意背离唐诗"当行本色"的突出特点。事实上，出位之思是宋人"理一分殊"的哲学观念在艺术上的体现。正因如此，宋人尽管比前人更明晰地了解各人文学科的疆域和各艺术擅长的领地，但仍有意识地打通门墙，穿越界线。这种穿越是对唐诗艺术思维定势的突破，体现出一种创造的锐气，是宋诗新变的主要源泉。可以说，由整合融会、破体出位到新变代雄，这不仅是宋诗的成功经验，也是文学创作的普遍发展规律。作者的论述因此也就具有了艺术哲学的意味，给人启示良多。

四曰拓领域。论杂剧艺术对宋诗的启

示，这是作者开拓性的论题。过去虽也有学者注意到打诨与作诗的关系，但并未作过多的深入论述，留下不少空白。作者遵循破体出位的思路，发现宋杂剧与宋诗千丝万缕的联系，宋人不仅以杂剧喻诗，而且借鉴了不少杂剧的表现手法与语言艺术。作者总结出这样几点：宋杂剧之“初时布置”与宋诗之“法式安排”，宋杂剧之“临了打诨”与宋诗之“谐趣设计”，宋杂剧之“箴讽时政”与宋诗之“忿世嫉俗”，宋杂剧之“弄影戏语”与宋诗之“以俗济雅”，宋杂剧之“得其意思”与宋诗之“以形写神”。这些材料和观点都是前人很少留意的，给人耳目一新之感。过去学者严雅俗之辨，治宋诗者与治宋杂剧者各有封疆，不相往来。本书的开拓无疑为雅文学研究与俗文学研究的结合展示了广阔的前景。

整合融会，破体出位，这既是宋诗艺术新变的经验，也是本书理论思辨的特点。对不同学科、不同媒体、不同文体之间交叉渗透的研究，已成为张先生最具个性的学术特点。我相信，这种研究思路，对于海峡两岸专治宋诗乃至广治一切人文学科的学者，都是富有启示意义的。

（《宋诗之新变与代雄》台湾洪叶文化事业有限公司 1995 年 9 月出版，周裕锴《整合融会　破体出位》）

《元曲艺术风格研究》

王星琦　著

王星琦的《元曲艺术风格研究》是近年为数不多的戏曲研究专著中较有特色的一本，正如吴新雷先生在为此书所写序中所说的：“这本专著对元曲的艺术风格进行了系统的、综合的研究，思路开阔、资讯丰赡、视角独特、创见颇多。”

作者在书中提到以往的古典戏典研究，存在两种偏向：一是重曲而轻白，二是重作品思想倾向的分析，轻视对作品艺术技巧的研究。这两种偏向所体现出的问题是今天的研究者必须面对、必须思考的。也正是在这个意义上，王星琦的研究，抓住了一个重要的关键所在，作者在一开始的“绪论”中，就由具体问题的讨论，引发了自己的对文学的观点。对于元代杂剧繁盛的原因的问题，他反对那样一些通常的看法，即把蒙元统治、社会变迁或文人出格、处境的变化，当作元曲繁荣的主要原因。作者认为，对艺术来说，这只是一些非关实质的、表象化的东西，是外在的条件，而真正的、根本性的东西，还要“求诸文艺自身发展的内在规律”。在这样一种理论认同的前提下，作者立足文本，在体味作品的基础上，对杂剧和散曲研究中的重要问题予以关注：讨论了元杂剧的分期与地域问题，分析了喜剧中的科诨艺术，阐释了元人悲剧的风格特点，描述了散曲的风格流派及其在中国韵文史上的地位等等。

这些不同专题的研究是各自独立的，但也能从中看出它们之间内在的联系，能看出作者对整体的一种把握。针对以往研究的偏向，王星琦特别着力地探讨了元杂剧中的科诨艺术，他结合大量丰富的例子，从科诨本身的语言特色、技巧，它的娱乐、讽刺的功能等方面，表明了说白、科诨才是戏曲中最具人情味儿、最引人入胜的部分。清代戏曲家李渔曾说过“丰姿维何？科诨与细微说白是已”，的确，科诨之道非小道，“为者须费精神，观者当以巨眼！”（《闲情偶记·演习部》）

可以说，科白的特色在于它的自然本色，而“自然本色”四字用在对元代散曲的欣赏和评价上也同样恰切。作者在书中写道：“中国诗歌艺术的走向世俗人生，熔雅俗于一炉，的确是从元散曲开始的。从这样的意义上看，元散曲是卓异且又独特的，说它在中国韵文学史上具有划时代的意义亦不为过分”，甚至“从诗歌艺术自身发展的角度视之，散曲文学与白话诗歌之间已是项背相望”。这样，王星琦把整个元曲的各个部分、各个问题，作了有机的串联。

王骥德《曲律》中说：“诗不如词，词不如曲，如是渐近人情。”正是在“人情”这个角度上，元代士人有了不同以往的价值观念，而元曲也作为一种新鲜的、更为通俗也更为生动的艺术形式进入了文学史册。“曲者人之心也”，在这样的地方，本书作者更多地倾注了他的心力，他的文笔酣畅自然，与他笔下的对象融为一体、汇在一处。

（《元曲艺术风格研究》，30万字，江苏文艺出版社1996年10月出版。莪术《探讨元曲艺术的新著》）

1996—1997 年比较文学与国外汉学研究

比较文学研究综述

新　征

1993年，美国比较文学学会发表了一份题为“跨世纪的比较文学”的报告，在国际学术界引起了强烈的反响。这份报告为具有开放性特质的比较文学学科的发展指明了方向，即就广度而言，比较文学应向全球化方向发展，摒弃桎梏已久的欧洲中心主义；就深度而言，比较文学的研究应拓展、深化到文化层面，研究对象也应从文学文本过渡到文化文本。1997年在荷兰举行的第十五届国际比较文学年会以“作为文化记忆的文学”作为主题，显然是对以上思路的继续。此次讨论旨在“借此来凸现文学作为文化载体的作用”，研究导向则明确指向“文学与目前和过去世界社会文化发展的关系（诸如殖民、反殖民的进程，新兴国家，民族国家的诞生和发展，国家和人民之间的历史性接触，联邦政体的创建和发展，欧洲部分国家的解体以及其他一些国家的联合）以及文学和性别的文化研究关系”。[1]

对于国际比较文学界的发展趋势，中国学界也做出了积极的应答，由此形成了1996、1997年国内讨论的几大热点话题。

比较“文学”与“文化”谈

早在1994年，中国比较文学学会会长乐黛云教授就在《比较文学新视野》一文中指出“当前比较文学发展的一个重要特点就是和文化研究紧密结合在一起”，越来越“趋向于一种多元文化的总体研究；围绕一个问题或一种现象，在不同文化体系中进行相互比照和阐释”。[2]刘象愚、曹顺庆等学者也相继提出，“当代比较文学的论争已经离开了文学的领域，争论的要点已经不是在文学的范围内比较文学如何进行的问题，而是比较文学究竟是一种文学研究还是文化研究的问题”[3]，“在比较文化大潮涌起之时，要想回避文化研究，既是不可能的，也是不可取的”。[4]

为了能够尽快融入国际化的文化语境之中，中国学术界所举行的学术研讨会也均以此为题。如主题为“文化：中西对话中的差异与共存”的1996年南京国际学术研讨会，学者们将讨论的焦点集中在如何使世界文化在全球意识的观照下由差异走向共存，并通过中西文字在言、象、义三个方面的对比，探讨其对于中西不同思维方式的影响。此外，与会者还围绕着人文精神对于中西不同的时空观与生死观进行了剖析，并强调了在全球表面趋同的前提下，保持民族差异性的重要性。1996年9月在山东大学召开的“跨世纪的中国比较文学”研讨会上，学者们普遍认为比较文学向比较文化的转变，拓宽了比较文学研究的范畴，这是一个机遇，但同时由于本学科所特有的不确定性，从而亦面临着严峻的挑战。

影响最为广泛的则是在历届年会中规模最为盛大的中国比较文学学会第五届年会暨

国际学术讨论会，会议的主题定为“文学与文化对话的距离”。在这次学术讨论会上，中外学者大力倡导东西方文化、文学平等对话，并认为在世界范围内，比较文学走向比较文化是大势所趋，世界人文科学的发展正经历着一次新的科际整合。与会者还对中西诗学的异同、阐发、对话等问题作了较为全面的探讨，认为中国传统诗学及文论话语应尽快完成现代化转换，通过与西方对话发现差异，从而在世界多元文化格局中发挥更为重要的作用。这一切都表明，“中国比较文学界也已经加入了国际比较文学界从比较文学向比较文化发展的潮流之中”[5]，而“跨文化研究也将在世纪之交成为国际国内比较文学研究更新发展的显性话语”。[6]

就此，乐黛云先生率先在《比较文学的国际性和民族性》一文中对于比较文学之所以“呈现出空前未有的蓬勃生机”、发生历史性转化的前提条件进行了分析。这主要是由于“西文中心论的隐退带来了多元文化的繁荣”，从而使得比较文学新的国际性得以形成；“后殖民主义的深入人心，使得各民族返本归原充分发掘本民族的文化特点，大大丰富和发挥了自己的民族性”；而最重要的社会因素则是信息时代的来临，使得“任何自我封闭、固守一隅、逃避交往的企图都可以受到成功的抵制”。这一切为比较文学的发展提供了新的可能：“比较文学可以不再局限于同质的西方文化体系内部，而是在欧美、非洲、亚洲、拉丁美洲的异质文化的比较中获得了空前未有的广阔空间。事实上，我们正经历着一场比以往任何一次都更深刻宏伟的工业革命和文化转型，过去得到广泛认同，认为无可置疑的默认常规都已受到挑战而变得不确定。”由此，乐先生做出了相应的预测，尽管如今比较文学“面临着民族文化复兴与多元文化共存的种种复杂的新问题和悖论”，但“只要迎接挑战，提出新的理论和解决问题的办法，比较文学就会发展到一个崭新的阶段”。[7]只是在这个新阶段到来之前，还有诸多问题亟待解决。

例如，比较文学是应以文学研究还是以文化研究为本？文化研究会不会导致文学本体的失落？学科边界的泛化将会对比较文学自身产生什么样的影响？这些话题都是颇有争议的。

对于“文化研究是对文学研究的一种开拓”这一命题，国内大多数学者都是持肯定态度的，并对其发展前景相当乐观。如乐黛云教授认为，“比较文学通过文学文本研究、文化对话和文化误读现象，研究时代、社会及诸种文化因素在接受异质文化中对文学文本所起的过滤作用，以及一种文学文本在他种文化中所发生的变形。这种研究既丰富了客体文化，拓展了客体文化的影响范围，也有益于主体文化的更新”。[8]叶舒宪教授也提出“比较的视界仅仅停留在‘文学’本身，未能深入到文化整合要素中去，因而也就不能升华到比较文化的透视高度……‘文化’视角的引入是解放学科本位主义囚徒的有效途径，使研究者站得更高，看的更远……从某种意义上甚至可以这样说：比较文化研究未必是比较文学，但有深度有洞见的比较文学研究自然是比较文化。换言之，比较文学研究若能得出具有文化意义的结论，那将是其学术深度的最好证明。”[9]

但是，同样的命题在另一些学者眼中却意味着新的危机与挑战。正如当代美国著名文艺理论家、康奈尔大学比较文学系主任乔纳森·卡勒针对有些学者所打出的“泛文化”的旗帜指出的那样：“如果将比较文学扩大为全球文化研究，就会面临其自身身份的又一次危机”，因为“照此发展下去，比较文学的学科范围将会大得无所不包，其研究对象可以包括世界上任何种类的话语和文化产品”。[10]事实上，比较文学是不可能涵盖所有的人文科学和社会科学的，那么其所设想的比较文学的广泛性也就无异于镜花水月，

“既然什么研究都是比较文学，那比较文学就什么都不是。”[11]所以说，刘象愚、曹顺庆等教授对这一问题如此重视并非是空穴来风。刘象愚在《比较文学的危机和挑战》一文中，将这种“研究目的不是为了说明文学本身，而是要说明不同文化间的联系和冲撞”的比较文学研究倾向称为“比较文学的非文学化和泛文化化”。并强调，“这种倾向使比较文学丧失了作为文学研究的规定性，进入了比较文化的疆域，导致了比较文化湮没、取代比较文学的严重后果。”同时，他也对这种“泛文化”出现的原因作了深入的分析，认为其哲学背景是后现代的各种思潮。“其中以解构主义思潮对文学和文学研究的消解为最烈。”当强劲的解构主义浪潮将文学的自身本质特征消解殆尽，“文学变成一堆‘漂移的能指’或‘语言的游戏’”之后，文学自身的失落必会令比较文学变成纯语言学、符号学、修辞学的研究，呈现出非文学化的倾向。此外，打破了学科界限却缺乏理论上的有机统一性、将文学文本与非文学文本混为一谈的新历史主义，关注焦点始终停留在文化层面上的女性主义和新马克思主义，也都是令比较文学向比较文化转型的始作俑者。因此，在文章的最后，他得出了这样的结论：“比较文学必须固守文学研究的立场，比较文学的研究当然要跨越民族文学的界限、文化的界限，也可以跨越学科的界限，但不论跨到哪里去，都必须以文学为中心，以文学为本位。换言之，研究者的出发点和指归，必须是文学。在比较文学中，文化研究并非不重要，但它只能作为文学研究的补充和背景，只能居于次要的位置。只有在比较文化中，它才能成为核心。”“比较文学和比较文化是两个既有联系又有区别的领域，比较文学是比较文化的一个层面，比较文化是比较文学的背景，二者不容混同，也不能混同。”[12]这一论点得到了许多学者的认同。谢天振在《面对西方比较文学界的大争论》一文中也曾表示，“比较文学向跨学科、跨文化的研究方向发展，这是比较文学学科的本身特点所早已决定了的”。但是，跨学科、跨文化的研究不应抹杀或混淆比较文学作为一门文学研究学科的性质。“比较文学的研究应该以文学文本为其出发点，并且最后仍然归宿到文学（即说明文学现象），而不是如有些学者那样，把文学仅作为其研究的材料，却并不想说明或解决文学问题”。总而言之，比较文学与比较文化之间的关系，应该定位为“以文化研究深化比较文学，而不是以比较文化取代比较文学”，否则，“必然导致比较文学学科的危机，甚至导向比较文学学科的消亡”。[13]

那么，这场由比较文学与比较文化关系问题所引发的讨论，究竟暴露出了什么样的问题呢？谢天振等学者认为，这些争议均来自“对比较文学自身学科理论研究的阙如和忽视”。比较文学自身所特有的边缘性，“一方面使它充满活力，成为本世纪文学研究中最卓有成效的特点之一；另一方面也使它显得范围空泛、方法繁杂”。这既“扩大了学科之前的新领地”，也“使一个国家的学科与他国学科之间的界限模糊”。[14]前国际比较文学学会会长福克玛等人甚至认为，现在已经没有必要去专门谈比较文学理论了，甚至没有必要去讨论比较文学作为一门独立学科的意义，因为文艺理论研究完全可以将其取而代之。对于比较文学究竟是作为独立的学科还是作为方法论更为适当，学科理论究竟存在何种特征与疏漏，中国学者亦是仁者见仁、智者见智。

由于比较文学学科所独具的边缘交叉性、开放性，为其划定学科界限是相当困难的。正如乐黛云教授所说：“不设限，不成其为学科，固定设限又妨碍学科的发展”，这门学科注定在“名”与“实”的不断发展中走向成熟。[15]刘象愚教授更是认为，比较文学作为一门新兴学科，“自身的理论建设并没有解决，也不可能在短期内解决，从这一学科具有开放性的基本特征看，甚至可以说它永远不可能获得彻底解决，这就是说，它的界定将处于一个永无终结的动态过程中。它将永远面对来自各方面的挑战，永远需要说明自己是什么。”[16]对于这个问题，饶芃子教授也有同感，所以她提出，我们现在所应该做的，是“少谈些主义，多谈些问题”，从一个个具体的文学现象入手进行研究。

当然，学科理论界限的模糊性并不意味着理论的可有可无，而是表明这种理论“具有一种开放性的体系，它能不断地自我更新，又能不断地吸纳其他学科的理论来丰富自己。”正如谢天振教授所指出的那样，“探讨比较文学自身的学科理论，并不意味着要求人们围绕着所谓的比较文学定义进行无休止的概念游戏，而是要求对比较文学的基本概念、研究对象、研究范围、研究方法等进行探讨，寻找比较文学之所以区别于其他学科的特征所在，要求对在新形势下如何开展比较文学研究进行深入的、具体的思考，并作出有实践指导意义的理论总结。”[17]陈惇进而将学科的理论建设具体限定在了两个方面，“一是关于建立学科的理论基础和指导思想的研究，二是关于本学科学术研究和自身发展的各种问题的理论探讨。”[18]至于学科理论的核心规范，刘象愚教授则将其定位在了“立足自身，跨越疆界”之上，即要跨越民族文学、跨学科、文化、语言的疆界，立足于文学性、中国传统文学以及研究者自身素质之上，正是这二者之间的“相互关联和辩证互动构成了比较文学学科理论的核心”。[19]

总而言之，以往作为理论背景出现的文化在文学研究中将凸显出来，这已是国际学术界对于“后文学时代”的全球话语的普遍定位，是具有历史意义的转型。文化研究对于比较文学而言，是一柄名副其实的双刃剑，至于其是否能够切实起到丰富和深化比较文学研究的作用，而不是将其淡化甚至是湮没，还在于用剑之人，即比较文学研究者自身对这一研究方法的界定与应用。

“后殖民主义”与“中国学派”

在1996年第二期《中外文化与文论》上，有两组代表了文学研究新趋势、极为重要的笔谈，分别是围绕“后殖民主义”与“中国学派”这两个话题展开的。

与“比较文化”对于学科影响的本质性相比，“后殖民主义”对于中国比较文学研究的冲击似乎来的更为外在，也更为直接。对于这一思潮力量之强劲，学者张颐武究其原因，认为“后殖民”的力量正在于它超出了西方现代性话语所编码的那种普遍性/特殊性、时间上的滞后/空间上的特异的二元对立，有力地切入当下中国的“状态”及历史之中。这种中西双向的阐释策略能够“以理论获得对当下状态的分析，以当下的状态反思理论”，从而“获得一种新的、打破旧框框的想象力与创造性”。[20]王宁、陈跃红等教授则对于“后殖民主义”的本质进行了深刻的剖析，他们认为，尽管其从后现代主义那里汲取了批判和解构的特质，对于西方的中心主义与第三世界所处于的“他者”角色有较为清醒的认识，但仍是对“以往的旧殖民体系的一种‘新殖民主义’之内部的批判”的继承和强化。这是由后殖民主义批评家本身所具有的两重性决定的，应该引起学者们的关注。[21]陶东风在对“后殖民批评”流行于中国学术界、并掀起批判西方中心主义浪潮的现象进行了反思之后，提出了“在检视西方中心主义或东西文化关系时，必须有一种超越民族主义之上的文化价值取向，不能完全以民族的标准或文化相对主义来消解文化价值的普遍标准”的独到见解，并认为“这是摆脱我们在文化的民族化与世界化两种诉求间紧张关系的惟一出路。”[22]

至于具体到比较文学的研究，自80年代以来，许多中外比较文学家都在力求突破西方中心论与殖民主义意识形态的桎梏。这对于欧洲知识分子而言，所需要的是摆脱自身的殖民倾向，努力接受与其他民族文化的比较，意味着“一种思考、一种自我批评及学习的形式”。而对于中国比较文学界，则是面临着“在后殖民的全球语境下，如何对待自身的传统文化”的问题。正如傅勇林在文章中所谈到的那样，“世纪之交后殖民阶段的到来促使民族文化复兴、多元文化共存是跨文化研究成为全球主流话语的一个重要原因”，人们不再用“放之四海而皆准”的一元文化模式去看待世界，“各民族文化都呈异态分布，都有其独特的价值，因此在寻求全球共享文化价值的过程之中进行跨文化研究抑或深掘本土话语以求异质文化的交融共铸便成了比较文学研究的题中应有之义。”[23]

对此，乐黛云教授认为，西方中心的隐退并不意味着另一个中心的取而代之。如今，东西方文化的接触只能是“以互补、互识、互用为原则的双向自愿交流”，而这正是后殖民时代比较文学的基础。这就推衍出与其密切相关的两个问题，“其一是如何理解传统文化，用什么样的传统文化去和世界交流；其二是如何交流，通过何种方式交流。”乐先生提出，“我们用以和世界交流的，应是经过当代意识诠释的、现代的、能为现代世界所理解、并在与世界的交流中不断变化和完善的中国文化”。至于如何交流，这主要取决于交流的工具，即能以相互沟通的话语，“双方都能认同和理解的一套言谈规则”。各个文化群体或个人之间所进行的自由对话是在各自的话语中完成的。“这里所用的话语既是自己的，又是已在对方的文化场中经过了变形的。”在多种文化体系间进行平等对话中，“可能会借助旧的话语，但更重要的是新的话语也会逐渐形成。这种新的话语既是过去的，也是现代的；既是世界的，也是民族的。在这样的话语逐步形成的过程中，世界各民族就会达到相互的真诚理解。”[24]与乐先生从国家的角度入手、分析后殖民主义时期的比较文学研究不同，刘象愚教授则将目光集中在了同一国家的不同种族之间。他侧重于“族群”，即少数民族文化的研究，认为“后殖民主义在解构西方中心主义和文化霸权主义，力图重新审视东方的同时，也催发了比较文学中的族群研究”。族群研究的重新崛起，“表现为从互为他者的立场出发重新审视、定位主流文化和族群文化”，并“对事实上的文化不平等加以研究，从而探索形成文化霸权和差异的根源”。族群研究所体现出的是典型的中心和边缘的关系。对于这种少数族裔文学与文化的研究，如今业已成为比较文学中一个极其重要的领域。[25]

至于比较文学的“中国学派”问题，自李达三、陈鹏翔等著名学者于七十年代率先提出之后，此后的几十年间一直是学界讨论的热点所在。“中国学派”这一提法有无必要、其理论特征与方法论体系何在成为争论的中心。以乐黛云、刘象愚为代表的部分学者对于“中国学派”的说法并不以为然，认为刻意地追求一种派别上的划分是毫无任何意义可言的。即便如此，他们也同样坚持，中国比较文学必须要有自己的特色。皇甫晓涛曾提出比较文学研究要超越传统必经的几个转变：“一是从学院里走出来，走向交流与发展；二是从欧洲中心论走出来，走向世界与全球；三是从文学里走出来，走向历史与综合；四是从方法论里走出来，走向目标与创造；五是从民族、种族文化对峙中走出来，走向互补与完善；六是从纯学术中走出来，走向人文与文化。”[26]这也同样为比较文学的“中国学派”的走向问题奠定了基础。

在“中国学派”的赞同者中，曹顺庆教

授率先为其作出了较为完整系统的阐述与界定。他认为，“如果说比较文学的第一阶段（法国学派）所倡导的‘影响研究’跨越了国家界线（或称国家‘墙’），沟通了各国文学之间的影响关系；第二阶段（美国学派）所倡导的‘平行研究’则进一步跨越了学科界线（学科‘墙’），并沟通了互相没有影响的各国文学关系；那么，正在形成的比较文学的第三阶段（中国学派）所倡导的‘跨文化研究’必将跨越东西方异质文化这堵巨大的‘墙’，必将穿透这数千年文化凝成的厚厚屏障，沟通东西方文化与文学，以真正国际性的胸怀和眼光来从事比较文学研究”。此外，他还提出了中国比较文学所面临的主要任务，即“在跨越异质文化的阐释之中认识中国文学与文论的民族特色，在民族特色的基础上寻求跨文化的对话和沟通，寻求中西文论的互补与互释，在民族特色探讨与共通规律寻求的基础之上，达到中西的融会、贯通以及文学观念的重建。”[27]在方法论层面上，他认为“中国学派”应以跨文化的“阐发法”、中西互补的“异同比较法”、探求民族特色及文化根源的“模子寻根法”、促进中西沟通的“对话法”及旨在追求理论重构的“整合与建构”等五种方法为支柱，从而深化和发展比较文学的研究。

总之，惟新是骛、以西格中的殖民心态固然不可取，但狭隘的民族主义或民粹主义同样会阻住我们研究和发展的脚步。因此，我们应该尽快摆脱东西方二元对立的既定思维模式，从全球化的角度进行平等的文化对话，并将中国传统诗学中仍有生命力的部分成功地进行现代性转换，建构真正能够跨文化的学术话语，在国际学术界中起到“中国学派”所应当起到的作用。

新领域．新方向——文学人类学

具体到研究方法层面，除了传统的异质诗学比较之外，另有以叶舒宪和萧兵等为代表的部分学者，他们借鉴当代人类学的研究方法，从具有相对普遍适应性的原型、象征等模式出发，力图从总体文化的角度、从富有历史纵深感和阐释力度的深层破译中追求中外文化的融通，将跨文化的比较研究逐步提升到文化模式的发现与概括。这就是将文学与人类学两门不同的学科进行有机地结合的文学人类学研究。“所谓文学人类学，就是以人类学的方法和视野对文学作品和文学现象进行研究”。[28]这对于文学是大有裨益的，因为“人类学是最没有边界的学科”，“它最不怕迷失个性、迷失自我，因为它是研究人类及其体质、文化发生发展和转换、生成的科学。”[29]

文学人类学是一门非常有潜力的学科，因为它所研究的是文化之“本”，是对作品根本性的文化解读。现阶段的文学人类学，就研究对象而言，还主要是神话与上古典籍；就方法的倾向性而言，目前主要侧重于形态比较分析，侧重于以人类学的一般模式研究具体的文本，再由具体归于一般，由此寻得人类的普遍规则。因此，正如刘毓庆所言，我们应当“将人类学的一般文化模式与具体的文化生态环境分析（背景还原）相结合，考察民族文化独特的内涵，从而对民族文化与文学做出新的认识。这样由普遍返回具体，由一般返回特殊，由空中落到实处”[30]，这样文学人类学研究才会更有意义。

如今，这门新兴的研究方法已得到了学界的充分重视。1996 年 8 月，在长春召开的中国比较文学学会第五届年会上成立了“中国文学人类学研究会”，从而在学术体制上保证了文艺学与人类学的沟通交流。1997 年 11 月，首届中国文学人类学研讨会在厦门举行，多位专家学者就科际整合课题进行了具有建设性意义的讨论。《文艺研究》与《新华文摘》也先后刊发了以“探讨文学人类学，拓展研究新领域”为题的专栏，在学者中引起广泛关注。正如王小盾教授所说，文学人类学的特点，在于研究手段的高度综合和对事物本原的高度重视。“在文学研究各分支中，它是对事物内在关系具有最大穿透力的学科，又是兼容考古学、民族学、语言学、民俗学、社会学的成果和方法，因而拥有最丰富的技术手段的学科。也许，中国文学研究的现代形式，就将以文学人类学的兴起为开端。”〔31〕

与理论的蓬勃发展相应的是，1996、1997年度比较文学的研究成果也是颇丰的。据不完全统计，其中属于比较文学理论研究方法与比较诗学的共有75篇（本），尤其是前者的数量与过去几年相比明显增加，由此我们也可以看出学术界对于理论研讨的重视。其中包括李达三、罗钢主编的《中外比较文学的里程碑》（人民文学出版社1997年版），曹顺庆主编的《比较文学新开拓》（重庆大学出版社1996年版）等论文集著，梳理了比较文学学科的发展脉络，并传达了最新的学术成果与信息。

对文学关系、接受、影响的研究，如今仍是国内比较文学研究主体之一。关于这方面的研究论著约有43篇（本），如黄鸣奋的著作《英语世界中国古典文学之传播》（学林出版社1997年版），蔡先保的《试论三大宗教经典对文学的积极影响》（《江汉论坛》1996年第二期），谢莹莹的《卡夫卡作品在世界各地的接受》（《外国文学》1996年第一期）等。学者们通过对于文学影响研究上的比较与阐发，从中西文化交流的崭新视角对文学、宗教、戏剧等艺术形式在异质文化圈中的跨文化传播进行了全面的分析。此外，他们还通过这种对比，反观中国传统文化自身，并将其放到全球化的文化视野中重新加以观照，从而对已非常熟稔的文化又有了更深的了解。

此外，涉及到具体作家与文本的“两两比较”仍是研究中的“常青树”，1996、1997两年约有76篇（本）这方面的研究成果发表。为了与学科理论研究相契合，涉及到具体文本的研究也都纷纷从人类的共同的生命和体验出发，对不同文化体系中的主体根据其不同的历史经验、生活方式和思维方式对这些共同问题所做出的独特解答进行分析，从而由点及面地应用文化研究的方法进行深层模式的比较。如王瑜琨的《从〈喧哗与骚动〉和〈红楼梦〉看中西挽歌式悲剧精神》（《浙江大学学报》1996年第二期），郑万鹏的《〈白鹿原〉的史诗构造：与托尔斯泰长篇艺术比较谈》（《东北师范大学学报》1996年第四期）等，皆是如此。与比较文化拓展相迎合的跨学科研究与形象学研究，作为新兴的学术门类也已获得长足的发展。比较学者们纷纷著文，对其学科发展态势进行展望、学科理论进行建设。但遗憾的是，研究者们对这两门学科的探讨仅止于理论层面，真正能将理论付诸实践、进行有效的平行研究的学术著作也不过是寥寥数篇而已。尽管如此，傅存良的《李白〈上云乐〉中的狮子形象》、刘阳的《唐诗中所见外来乐舞及其流传——兼论唐人诗中的“何满子”》等文章仍为这一舶来理论向中国文本分析的转化作了有益的尝试。

总而言之，对于中国比较文学而言，1996、1997两年是一个必不可少的过渡阶段。这一时期上承“后殖民主义”影响研究，从而形成了有关“中国学派”应如何在全球化语境中坚持话语权的讨论；下启文学人类学、形象学等新兴学科方法的理论探讨与具体应用，体现出了比较文学研究打通古今、中西合璧的跨文化研究的文化宗旨，为世纪之交比较文学即将进行的文化转型打下了良好的基础。

---

〔1〕〔5〕谢天振《从比较文学到比较文化——对当代国际比较文学研究趋势的思考》，《中国比较文学》1996年

第3期。
〔2〕〔8〕《比较文学新视野》(代序),《多元文化语境中的文学》,湖南文艺出版社1994年版。
〔3〕〔12〕〔16〕刘象愚《比较文学的危机和挑战》,《社会科学战线》1997年第1期。
〔4〕〔11〕〔27〕曹顺庆《是“泛文化”还是“跨文化”》,《社会科学战线》1997年第1期。
〔6〕〔23〕傅勇林《双向融摄:跨文化研究与中国比较文学》,《西南民族学院学报》1997年第6期。
〔7〕《中国比较文学》1996年第4期。
〔9〕叶舒宪转引自傅勇林《双向融摄:跨文化研究与中国比较文学》,《西南民族学院学报》1997年第6期。
〔10〕乔纳森·卡勒《归根到底,比较文学是比较“文学”》,《中国比较文学通讯》1996年第2期。
〔13〕〔14〕〔17〕谢天振《面对西方比较文学界的大争论》,《社会科学战线》1997年第1期。
〔15〕《比较文学——在名与实之间》,《中外文化与文论》1997年第3期。
〔18〕《三个值得探讨的理论问题》,《中外文化与文论》1997年第3期。
〔19〕《立足自身,跨越疆界》,《中外文化与文论》1997年第3期。
〔20〕《在新的语境之中寻求》,《中外文化与文论》1996年第2期。
〔21〕王宁《后殖民理论和后殖民地文学》,《中外文化与文论》1996年第2期。
〔22〕《中国当代后殖民批评之我见》,《中外文化与文论》1996年第2期。
〔24〕《后殖民主义时期的比较文学》,《社会科学战线》1997年第1期。
〔25〕《“后”字号理论与欧洲中心主义》,《中国比较文学》1996年第4期。
〔26〕《发展研究与中国比较学派》,《社会科学战线》1997年第1期。
〔28〕彭兆荣《边界不设防:人类学与文学研究》,《文艺研究》1997年第1期。
〔29〕萧兵《文学人类学:走向“人类”,回归“文学”》,《文艺研究》1997年第1期。
〔30〕刘毓庆《朴学·人类学·文学》,《文艺研究》1997年第1期。
〔31〕《文学研究是否需要技术》,《文艺研究》1997年第3期。

“国外汉学”研究概览

江　原

自改革开放以来,中外文化与文学交流日益频繁,中国走向世界之势空前强盛,世界需要进一步了解中国,中国需要进一步了解世界,便成了历史的必然。而深入考察和研究中华文明播扬于世界各国的历史与现状,对于我们来说,更是迫切的需要。于是,在20世纪末的几年内,渐渐形成了所谓的“汉学热”,仅在1996年至1997年两年之中,这种热潮就已经初见端倪。

“汉学热”的显著标志,乃是专业力量的增强和专题著述数量的激增。在这之前,相关研究的译文和论文,多半散见于各种期刊、学报(如《传统文化与现代化》),而在《国际汉学》(1995)之后,又有《汉学研究》、《世界汉学》、《法国汉学》等刊物或书系相继问世。专业刊物的创办,有力地推动了“国外汉学”研究的发展。这两年间随着中西、中日、中韩、中俄双边关系研究的深化,还有一些研究著作和文集陆续出版。这些著作多半以交流史和学术史的形式出现,如严绍璗、中西进主编《日中文化交流史大系》(已出文学卷和思想卷,1996)、严绍璗著《日本藏宋人文集善本钩沉》(1996)、卫茂平著《中国对德国文学影响史述》(1996)、河北人民出版社编《国际汉学漫步》(1997)、刘海平主编《中美文化的互动与关联》(1997)、吴芳思(Frances Wood)著《马可·波罗到过中国吗?》(洪允息中译本,1997)、黄鸣奋著《英语世界中国古典文学之传播》(1997)、周发祥著《西方文论与中国文学》(1997)、郑判龙主编《韩国诗话研究》(1997)等等。据不完全统计,总数当在20种以上。在半个世纪之前,老一代学者已有汉学著作,这时又见重印本,以补学术研究的空白,如陈铨的《中德文学研究》(1997)。

在“汉学热”兴起之时,一些学者认为对“汉学”一词本身,就应该有个比较明确的认识。于是他们撰写文章,着重探讨它的内涵和性质,以及反馈国外汉学研究信息的价值和意义。阎纯德为《汉学研究》创刊号作序时，强调国外汉学的特殊性、开放性、及其对交流双方文化建设的互补性。他指出，“古人云，‘流水不腐，户枢不蠹。’意思说，事物只有运动才有生命。文化是流动的，流动可以开化文明，发展文明。中国文化可以流出去，带着自己的古老、沧桑和辉煌；还可以流回来，带着异样的风景。从中国流出的文化，汲取了异国文化的智慧，形成既有中国文化的因子，又有外国文化思维的一种文化，这就是汉学。汉学是以中国文化为原料，经过另一种文化精神的智慧加工而成的一种文化。所以，可以说汉学既是外国化了的中国文化，又是中国化了的外国文化；汉学，是中外文化交融的精魂。汉学可以与中国文化相近，也可以与中国文化相距很远，总之，它是一门相当独立的学问，是一个亟待投入人力进行研究与开拓的学科。”（《序〈汉学研究〉》）诸如此类的论述，对“国外汉学”研究的发展，无疑起到了一定的推动作用。

既然汉学是中外文化碰撞的产物，它便广涉中国的文学、历史、哲学、宗教、艺术、科技等多种专门的知识领域。面对这种情况，我国学者一般是双管齐下，巨细兼顾，一方面进行综合考察，梳理国外汉学的发展史，把握其间的总体规律，另一方面，也越来越关注单一学科的汉学研究，具体分辨其透视角度，剖析其研究方法，捕捉其真知灼见。显然，无论是宏观考察，还是微观考察，力图做到史论并重，纵横交织，以全面而深入地反映国外汉学的面貌，是学术界为之追求的目标。

就文学研究而言，这两年的研究出现了以下几个重点：

一、译介或撰写国别汉学史，而涉及中国文学。前者如胡书经译戴密微（P. Demieville）所撰长文《法国汉学研究史概述》（载《汉学研究》第一集），文中提及马若瑟（Joseph H. M. de Premare）节译《赵氏孤儿》、儒莲（S. Julien）选译言情小说，巴赞（A. P. L. Bazin）翻译并研究元杂剧，葛兰言（M. Granet）研究《诗经》等等。后者如熊文华所撰《荷兰的汉学研究》（载《汉学研究》第二集），则提及高罗佩（R. H. van Gulik）译介并且创作公案小说，伊维德（Wilt L. Idema）研究元明戏曲、撰写文学通史。

二、介绍各国汉学界的名流，乃至巨擘，其中不乏在中国文学研究方面造诣高超的专门家。如意大利的利玛窦（Matteo Ricci）、瑞典的高本汉（B. Karlgren）、德国的鲍吾刚（W. Bauer）、美国的宇文所安（Stephen Owen）等等。美国作家赛珍珠（Pearl S. Buck）以创作中国题材的小说而名世，但她也翻译过《水浒传》，与汉学研究有关。吴海蔓的《东方不是东方——赛珍珠在中国》（载《汉学研究》第二集）对她的双重文化身份有所介绍。

三、评介汉学译著和论著。除了散见于期刊上的文章（如帅雯霖评《红楼梦》英译和翟理思的《中国文学史》）之外，这时已有专书问世，即黄鸣奋的《英语世界中国古典文学之传播》（上海，学林出版社，1997）。著者自称，他借海外访学之便，广为搜罗，书中浓缩信息4000条，其耗时之多、耗资之大，可想而知。全书设七章，散文、诗歌、小说、戏剧之传播，各有专章评介；古代文论和民间文学，则放在综合研究一章内加以评介；此外，还有两章分别介绍中国古典文学的传播背景，以及英语世界研究中国古典文学的工具书。该书资料翔实，脉络清晰，评点文字也要言不烦。著者认为，“研究中国文学在英语世界的流传情况，不仅对全面评价中国文学的历史影响、弘扬中国文化、促进我国人民的对外交往与国际合作具有非常重要的意义，也有助于加强中国文学史、中国文学批评史、比较文学和文化学等学科的理论建设。”（第1页）这种论断，是就文学学科具体说明反馈国外汉学研究信息的学术价值。

四、梳理中国文学外播史。这种研究实质上属于比较文学范畴里的影响研究，但由于中国文学的外播，在绝大多数的情况下是通过汉学家的译介而完成的，因此它也与国外汉学密切相关。这时有三本著作值得注意。一本是严绍璗、中西进主编的《日中文化交流史大系》之六“文学卷”（杭州，浙江人民出版社，1966）。这套丛书凡十卷，由中日书社分别以中文和日文刊出。撰写者有严绍璗、中西进、刘雨珍、诹访春雄、王晓平和山田敬三。全书分六章，分论中日神话、中日诗歌、日本物语与中国文化、中日戏剧、日本前近代小说与中国文化和日本近代文学与中国作家之间的关系，或就两者做平行比较。另一本是孟昭毅的《东方文化文学因缘》（长春，吉林大学出版社，1996）。这部书涵盖面极广，涉及中朝、中日、中越、中印、中伊、中阿六种双边关系，在某些方面填补了中外交流史的空白。卫茂平的《中国对德国文学影响史述》（上海外语教育出版社，1996）则是中西交流中的个案研究。全书以接受者为视角，采用形象学研究的方法，分期缕述中国文学对德国文学的影响。著者从德国骑士文学和巴罗克文学，依次讲到启蒙运动文学、古典时期文学、浪漫主义文学、现实主义文学、自然主义文学、印象主义文学、表现主义文学、“内心流亡”文学、流亡文学、左翼作家、战后文学等等与中国的关系。关于研究方法，著者就“影响”一词做了说明。他指出，“这个概念极易引起人们关于主动与被动、给予和接受的联想。而事实上，文学中的影响关键往往不在前者而在后者。授者提供选择，受者自身才决定取舍。所以，本书实际要点不在于中国如何‘影响’德国文学，而在于德国文学如何对中国进行接受或拒斥、改造或吸收。”（第1页）

五、评介西方汉学研究方法论。改革开放后，我国学术界积极介绍国外的、尤其是西方的文艺理论，以至令人目不暇接。不过，学术界仍面临如何将西方文论用之于中国文学研究的问题。于是，洋为中用的探索便应运而生，周发祥的《西方文论与中国文学》（南京，江苏教育出版社，1997）一书即属此类著作。这部书是中国社科项目“中国古典文学走向世界”中的一种。全书共分三编：第一编“渊源与流变”介绍西论中用的历史与现状，又分西人的西论中用和我国的西论中用两部分。第二编是“方法与操作”，具体评介西方汉学家移植西方理论以研究中国古典文学的操作过程，涉及研究方法20余种。第三编“综论与评价”则是关于西论中用现象的总体研究，集中阐述其性质、特点、视角和价值。此书出版后，引起了一定的反响，有几种书评肯定这种研究。

此外，还有关于邻国诗话受中国诗论影响的研究，中国古代典籍散佚邻国的考证，以及关于中国文学作品研究个案的介绍等等。总之，这两年“国外汉学”研究所取得的成绩是相当可观的。

学术会议

《比较文学教程》审稿会

1997年5月25日《比较文学教程》审稿会在山东省潍坊市召开。参加会议的有陈惇（中国比较文学学会副会长、中国比较文学教学研究会会长、北京师大教授）、孙景尧（中国比较文学学会副会长、中国比较文学教学研究会顾问、苏州大学教授）、林秀清（中国比较文学教学研究会顾问、复旦大学教授）、卢康华（中国比较文学教学研究会顾问、黑龙江大学教授）、周发祥（中国比较文学学会理事，中国社会科学院研究员）、庹修宏（中国少数民族比较文学研究会会长，中国比较文学教学研究会理事，中央民族大学教授）、刘介民（广州师范学院比较文化研究所副所长，教授）、阎奇男（中国比较文学教学研究会理事，济南大学副教授）、葛桂录（中国比较文学教学研究会理事，淮阴师院副教授）、阎开振（淄博师专副教授）

主题：关于教材有关基本问题

陈惇：1985年以来随着学科建设的不断发展，比较文学学科的启蒙阶段已经结束，我们对这门学科也已有了自己的看法，因此总结以往教材建设的经验，重新编写有我们自己特色的跨世纪合格教材，条件业已成熟。这次审稿的《比较文学教程》应在基本理论、概念、方法和知识方面做更科学、更细致具体的阐发介绍，努力从基本理论角度写《比较文学教程》，总结近10多年甚至"五四"以来的中国学者在比较文学方面的优秀研究成果。同时，也不必只强调本书读者对象是什么专科生、电大生，无论是本科生、专科生、还是研究生，只要没接触过比较文学，其起点应该没有什么区别。其次，这本教材要体现出中国自己的特色来。我国有56个民族，为世界各国所少见。所以，我国各民族文学间的比较应该作为教材特色体现出来。教材的撰写上也要有科学性，要准确、全面。另外，也要讲究实用性，适合教学要求，理论概念与操作实践相结合。在高标准、科学性上下功夫，让编写者目标明确、放开手脚。

孙景尧：我们应审视两个问题。第一，审视已有的包括国内国外的比较文学教材。西方传统教材，从法国学派阶段到美国学派阶段的一些教材，其理论主张是泾渭分明的。外国现当代的比较文学教材，受西方文化理论影响明显，与其说是教材，不如说是专著，这方面西方不如我们，只有依靠我们自己的力量编写好教材。国内教材的编写者都处于教学第一线，注重比较文学基本原理、概念、方法的介绍与应用，取得了很大成绩。第二，烟台会议上决定编写的三本书，是互相配套的，这是个创举，是中国比较文学学者力量团结的表现。其中《比较文学》有相当的理论深度，属于研究生阶段高层次水平，书中有些问题的探讨是国外教材所没有的。这本《比较文学教程》也要有自己的定位。无论是综合大学、师大，还是师院、师专的学生，甚至是研究生，只要是第一次接触“比较文学”，都得必须看这本教材。基础理论的东西不能少。第三本书《从比较阅读到比较文学》是面向中学生的，用世界眼光认识赏鉴中学语文名篇，顾及中学语文教学大纲和高考指挥棒，与中学教学配套。全国语文特级教师钱梦龙先生也参加撰写。本书把比较文学的基本概念方法化于具体课文实例的比较鉴赏之中。第三，撰写者对所写的内容要有当代认识，以往存疑的模糊的问题，要把它弄得明确些、客观些。比较文学的概念、原理、历史都要讲。有些分类与方法的关系难以处理。我们应把握循序渐进的原则，分类不分家，讲清分类标准及原因，兼及传统和现代的看法。

卢康华：这本《比较文学教程》应编写成一本入门必读书。在学术理论方法问题上绝对不许有硬伤，不要误人子弟。学派问题是历史上存在的，可以巧妙地提，从历史阶段上讲学派。教材示例也要能代表中国学者的优秀成果，应是经典之作。

刘介民：研究与教学是两码事。学生需要的是一些基本的东西，它来自于教材。至于方法与分类问题按传统介绍为妥。

主题：关于全书体例、纲目

庹修宏：（介绍民族文学的比较研究问题）这部分内容包括：①绪论；②文体方面的比较研究（神话/史诗/诗歌/民间故事）；③题材的流传与变异等。

孙景尧：（对纲目中有关章节提出自己的看法）主要有：“学派与类别”可放到“历史与现状”中去写；“阐发研究”是种文学批评的方法，它与比较诗学有何区别；比较文学的发展趋势（从比较文学到比较文化）只一家之说，比较文学与文学理论的融合也只是一种趋势而已，中外神话的比较问题等等。

周发祥：科学性体现在各章的衔接和相对独立性上。框架应明确、科学些。术语的称谓有点麻烦，文体学/文类学的概念、区别与使用容易混乱，二者外延不同。人文科学与社会科学的关系是并列、从属还是平行交叉？科际整合中“整合”一词意义不明确：整合什么？怎样整合？弄清楚不容易，用跨学科研究代替它为好。“阐发研究”的提法可否用“移植研究”代替？因为“阐发研究”是作为“中国学派”的独特方法提出来的，这样起点不高，是别人出理论，我们出例子。中国文论的一些概念如“风、骨、兴、神韵”等能否用于西方文学现象的研究呢？中国古代文学批评的点到即止有否合理性？这涉及到了批评的性质问题：科学还是艺术？其实，吸取西方理论方法来研究中国文学，都有个改造加工外来理论的过程。“从比较文学到比较文化”的提法太广，文学当然离不开“文化”，跨学科研究应包括文化层次上的比较研究。

孙景尧：中国在魏晋南北朝时期，佛教传入后对文学影响很大，其后的文学与先秦汉文学不同，这也可以比较。所以不宜用时空区别划分研究范畴。跨学科研究的节数不宜过细。“民族文学的比较研究”可单列一章，另尚需重视中外口头文学的比较研究。

周发祥：这涉及比较文学史前史的问题。比较文学是跨国界、跨民族文学的比较研究，但也存在着民族文学内的跨学科比较研究和同一文化体系、文学现象的跨文化研究等。

（葛桂录）

国际比较文学学会第15届莱顿年会

国际比较文学学会第15届大会于1997年8月14－23日在荷兰莱顿召开，共有五百多位学者与会。大会主题为“作为文化记忆的文学”。文学是文化最重要的载体之一，以此为出发点，可以对当代许多复杂的理论问题进行深入思考。文学不仅保存着文化，它本身也是文化的一部分，甚至创造着文化。文学和记忆都与过去有着复杂的关系，二者都对它们所承载的东西进行选择，都以自己的方式对所表现的东西进行改变或扭曲。如果文学和记忆都以自己的方式作用于文化，那么接下来要问的问题就是，哪些文化遗产在文学中并且通过文学而得到保存？文学总是对文化传统加以肯定吗？这一现象是好还是坏？通过对这些问题的思考可以把文学研究与更大范围的社会历史文化研究联系起来。大会这一主题在大会的各个分组讨论会、专题讨论会和圆桌讨论会上都很好地体现了出来。

会议共分八个大组同时进行发言和讨论，每组除有一位总组织者外，还有几位国际比较文学学会的观察员。现将各组所讨论的主要问题简要介绍如下：

第一组："民族的形成"。集中关注的问题是：文学及其机构在民族和民族内某一群体特定身份建构；经典形成与民族建构的关系；文化记忆与民族建构的关系；文学如何表现民族身份；通过特定民族自身的文学文本所建构起来的民族身份；通过外来影响所建构起来的民族身份；流放、移民与身份建构等。

第二组："殖民者与被殖民者"。集中关注的问题：过去长时间里，殖民化与解殖民化的经验一直被置于历史与文学研究的边缘(至少在西方国家是如此)，近二十年来，这一趋势发生了很大变化，殖民化与解殖民化的经验在西方以及世界上许多其他地方成了历史研究者、文学史研究者和理论家们关注的中心。这一转变过程是如何发生的？它对当今的历史与文学研究有什么影响？分论题有：殖民话语与后殖民话语；旅行者；差异叙事；文学对殖民的表现；（后）殖民人种志；起源；非洲的文化记忆；欧洲的文化记忆；新世界的文化记忆；亚洲的文化记忆；法语国家的文化记忆等。

第三组："人类的良知"。德国的奥斯维辛集中营、苏联的古拉格群岛劳改营等灾难性事件在二十世纪的历史上留下了深刻的印记，类似的创伤性经验在历史中时有发生。文学以自己独有的方式——从现实主义到后现代主义——处理这些事件，有时真实地记录发生的一切，有时以反讽、幽默和隐喻的形式去表现那不可表现的东西。这组主要试图从内容、形式和文学批评等方面探讨这些描写人类创伤性经验的作品，并且分析它们给后人留下的文化记忆。分论题有：文学与"Shoah"；文学与南非的种族隔离；非裔美国人的记忆；拉裔美国人的记忆；战争；特殊概念梳理（天启、革命、创伤、疯狂、疾病）等。

第四组："性别记忆"。性别（gender）是历史与文化的产物。文学既参与了性别建构又是对它的表现。性别也是文化记忆的产物。这种文化记忆通过阅读、写作和再阅读，参与新的文化条件下性别身份的形成。这一组集中关注文学在性别建构中的作用，特别是，阅读和写作作为一种记忆行为是如何参与这种性别建构？分论题有：性别与文化；性别与传统；性别与历史；女性的地位，女性的语言；性别化的重写；女性化的同性恋情；女性的现实问题；文学的色情化；(后）殖民遭遇；性别记忆与旅行写作等。

第五组："作为文化记忆宝库的文类"。从功能上说，新出现的文类可以看做试图对现存文类无法解答的社会和文化问题提供答案或解决方法的特殊类型的文本。这一组集中关注：就与"文化记忆"的关系而言，某一特定文类在某一特定时期、特定文化语境中的特定作用是什么？分论题有：传记（自传)、回忆录与日记；神话、宗教、乌托邦；史诗、小说和游记；诗歌与戏剧的形式；现实主义、社会、价值和小说；战争、抵抗运动和流放；童话、民间故事、儿童文学与青少年文学等。

第六组："作为文化记忆的文学的研究方法"。在文学中，"过去"可以通过不同的方式、不同的形式得到建构或重构。这引起我们思考下面的问题：怎样描述或划分历史上的形形色色的话语和元话语？在什么意义上文学历史学自身的策略有益于文学的文化记忆功能？哪种分析方法（诠释学、认知心理学、经验研究、符号学、文学社会学）最适于作为文化记忆的特殊文类？分论题有：文化记忆和文学研究的方法和框架；历史分期与经典形成；叙述行为与记忆；空间叙述与文化记忆；接受与读者；文本中的文化记忆；古典的回归；跨学科研究；理论与应用等。

第七组："文化记忆重构：翻译、手稿、书写"。主要探讨：翻译和书写体系之间的相互作用及其所引起的文化变化（特别是在社会转型时期，书写体系发生重构，这一重构与某一特定社会翻译数量和种类的重大变化相吻合）。分论题有：书写体系、手稿、互文性；翻译与社会语境；翻译策略与文化记忆重构；穿越口头记忆与书面记忆之边界；翻译与文学史；文化输入接受等。

第八组："跨文化研究"。从跨文化的角度观察研究各种特殊的文学现象。分论题有：抒情文学之变迁；东亚文学史；文化研究与东亚文学；跨文化比较之理论与实践；跨文化接受与跨文化关系；文学及其他表现形式；梵高与文学等。

除此八大分组讨论外，还有下列专题研讨会和圆桌讨论会："文学研究的理论与方法论创新：文学与文化研究的系统方法与经验方法"；"记忆的循环"；"远东文学中的西方人形象"；"文化记忆与移民社团：后殖民性与后现代性"；"旅行写作与文化记忆"；"作为稳定性与连续性的文化记忆"；"文学的视觉记忆"等。

大会期间还召开了国际比较文学学会所属一些专门委员会的工作会议，包括理事会，协调委员会，文化与文学身份研究会，跨文化研究委员会，翻译研究委员会等。

中国大陆共有十几位学者参加了这次大会。中国代表密切关注与中国文学研究有关的问题，很多人的发言引起西方学者极大兴趣并展开了热烈讨论。特别值得一提的是由孟华主持的"远东文学中的西方人形象"圆桌讨论会，该讨论会通过对作为文化记忆的文学形象的探讨，反视东亚各国在近现代化过程中所面临的多种复杂的社会文化问题，比如殖民与反殖民的斗争，民族传统与外来文化的冲突、融合，东西方价值的异同，现代化的利弊等。这种把文学形象与产生它的社会文化语境结合起来的研究方法，是目前比较文学的主要研究方法之一。

这次大会以文学与文化记忆之间的关系作为总主题，这一主题具有很大的包容性，不仅可以将文学研究与更大范围的文化研究联系起来，而且可以将不同文化体系中相同或相似的文学经验与文化记忆整合在一起，使具有不同学术背景、不同文化背景的学者聚集到一起，所探讨的问题可以以"文化记忆"为中心，以文学为纽带，向历史研究、文化研究、人类学研究、艺术研究等诸多相关领域辐射。这是一个大型的国际研讨会在选择主题时不得不考虑的问题，也是这次会议的优点之一。但这一优点同时也可能伴随着一些欠缺，比如讨论的问题不易集中，由于各个发言者自身的研究领域所限，要进行进一步的讨论往往比较困难。由于与会者中欧美学者占绝大多数，国际比较文学学会的工作语言又是英语和法语，对于部分中国学者而言，语言问题仍然是妨碍与国外学者进行深入交流和研讨的重大障碍之一。这是我们今后仍需努力改进和提高的一个重要方面。另外，国际比较文学研究中根深蒂固的欧洲中心意识虽经各国学者的不断努力而有所克服，但要想真正消除这一顽症，仍然是长路漫漫，任务非常艰巨。

（王宇根）

论文选摘

《中国古典文学走向世界丛书》总序

傅璇琮　周发祥

历史告诉我们，无论是东方还是西方，无论在古代还是在现代，世界各国瞩目中华文明时，无不对中国古典文学投以青睐。因为这份丰厚的遗产，不仅荷载着中华文明的精华，而且它自身尤有一种卓尔不群的美质。它在国外的传播和影响，已经形成了一种异彩纷呈、底蕴丰富的文化现象，为世界文学关系史增添了光辉壮丽的一页。而在中外文化交流日益频繁、日益深入的当今时代，建立开放型的文学研究也已经成为历史的必然。我们作为古典文学和比较文学研究者，理应适应时代的需要，认真把握中国古典文学的这段外播历史，发掘其内涵，总结其规律，使之在推动文学研究现代化的壮举中，发挥应有的作用。

在我们面向二十一世纪的今天，回顾一下本世纪的中国古典文学研究，当会产生一种学术上的迫切感，那就是这种研究不能总是囿限在传统的文献范围做文章，新一代学人应当把视野扩展到全世界，应当从历史角度回溯中国古典文学由近而远地走向世界的轨迹，而且应当站在当代学术的高度，来审视不同的文化传统如何触及和研究中国古典文学这一特异的文化现象。近几百年来，特别是本世纪以来，东西方学者对中国文化固有精神和价值的探索，实际上可以说是两种或两种以上不同文化的互相认识和补充。这也构成了近代世界史上文化交流的丰富繁复的图像。尤其是作为东方大国的中国，它的悠久的历史文化被世界所认识，以及这种认识的日益深化，这本身就是文化史上令人神往的课题。而对于中国学者来说，更是开拓学术领域，提高学术境界，使之成为中国文学的传统研究与世界现代文明相协调、相接轨的必要途径。

虽说民族文学走向世界是人类文明发展史上的必然趋势，但像中国古典文学这样外播如此广泛而持久、影响如此巨大而深远者，实在并不多见。也许只有古希腊和古罗马文学庶几可比，——不过，照英国著名汉学家霍克思的话说："希腊衰微了，罗马倾覆了，中国却跟我们同在，而且它的文学作品，直到今天依然如潮水般地涌现着……"纵观中国古典文学的外播历程，不难看出，实际存在着近播邻国和远播欧美两大潮流。它的流播所至，影响所及，也正是所谓同质文化和异质文化或者说东方文化和西方文化两个领域。

中国文学的外播，同任何民族文学的外播一样，始自与近邻的文化交流。韩国史书有箕子入朝、诗书从焉的记载（《东国通鉴》），这就是说，早在殷周之交，它就借助车马舟楫之便，传入了山水毗连的邻邦。此后它又东渡扶桑，南至菲越缅泰诸国，对于远东文化圈的形成起到了促进作用。中国文学在邻国的播扬之中，以东渐日本最为引人注目。公元三世纪（应神天皇十五年），儒家经籍由百济传入了日本，这是它东播的肇始（见日本《古事记》和《日本书记》）。那时，日本还没有本国的文字，从外舶来的中国文学便成了惟一的书面文学，也成了以汉字为书写媒介的“汉文学”的催生剂。关于这种情况，日本学者有所描述：“用这一帝国的共通语——汉语，来表现人类世界所共通的思想与感情，是日本知识阶层理所当然的使命”（中村真一郎《江户汉诗》）。日本文学不仅借用语言符号，而且还刻意模仿中国古代诗文的内容和形式：袭取意匠，因承手法，摹拟题目，采撷成句。随着文学思潮的兴替，汉文学作家追随中国文苑新说，步入文坛巨子者，代不乏人。甚至侍宴应制、聚饮唱和、登临抒怀、伤时感事等等文人习尚，也以中国为摹本。在假名出现以后，日本的和文学应运而生，不过，这种本土文学依然与中国保持着千丝万缕的联系。而且由于假名的普及，中国文学通过训读本、训译本和意译本，而拥有了更为广大的读者。明治维新以后，西方文学纷至沓来，中国文学的地位相对而言有所下降，但它的传播，却借助现代学术而有了新的广度和深度。总而言之，它对日本和其他邻国所产生的巨大影响，在世界文化交流史上实属罕见。正如有的西方学者所说：“即使拉丁语和希腊语，也未能像汉语对远东的影响那样，占据支配的、正统的地位”（孔雅瑟《亚洲文学》）。

中国与欧美相距迢遥，其间且有关山阻隔，中国文学的西播自然起步较晚。一方面，我国汉代曾经开拓西域，发使“黎轩”（《史记·大宛传》），但并没有把文学带到欧洲去。另一方面，虽然早在公元前希腊和罗马的历史学家就已经提及中国，后来柏朗嘉宾、马可·波罗等人的报导也给西方人民以多种遐想，但直到十六世纪西班牙学者门多萨撰写《大中华帝国史》之时，西方史籍才稍稍涉及中国的语言和文学。1590 年，西班牙人在菲律宾完成了明代童蒙读物《明心宝鉴》的西译，迄今所知，这是中国文学正式西播的肇端。自明末清初以降，西方传教士陆续来华，得以亲身受到中国文化的熏陶。他们出于传播宗教的目的，大量翻译儒经和其他经典，客观上却为中国文学的西播打下了良好的基础。而且通过这些传教士，在中西文学交流史上出现了许多趣闻和佳话，例如法国启蒙思想家伏尔泰移植中国戏剧，德国伟大作家歌德称赞中国小说，英国东方学家威廉·琼斯爵士翻译《诗经》，均直接间接地与传教士的译介活动有所关联。进入本世纪以后，全球性的人文环境发生了巨大的变化——如两次世界大战对西方传统信念的震撼，中国作为独立之邦的复兴，西方现代派对异国艺术的孜孜追求，比较文学平行学派的隆然崛起等等——这一切，均给中国古典文学和传统文化的西播，带来了前所未有的新机运，使它继而影响到了西方的现代文学。诸如意象派、垮掉派、赛珍珠、布莱希特以及其他作家与中国古典文学的结缘，便是它在西播历程中的新篇章。异质文学姿态别具，彼此间易于截长补短，有着极强的互补性。鉴于这一点，我们完全可以预见，中国文学在西方的影响一定会日益广泛，日益深入。

中国古代典籍在世界各地的流传，几乎无不是通过学者的译介、注释和研究而完成的。所以它外播伊始就与传入国的学术息息相关。经过长期的积累，在国外首先形成了综合研究中国文化的“汉学”（Sinology）；后来渐渐分化，甚至文史、语文的综合研究也渐渐解体；中国古典文学研究终于脱颖而出，并形成了自己的治学风格和学派传统。从横向来看，如今日韩、俄苏和欧美的学术，堪称国外中国古典文学研究的三大板块。尽管这些学术实体有历史久暂之分，成果多寡之别，但它们无不是既重视译介，又重视研究。两者双管齐下，互相促进，使中国古典文学的外播一步步走向深入。但中国古典文学内容丰富，卷帙浩繁，学者们又不得不力求更加精细地分工，去专攻某代文学，某类文学，甚至某个作者。在各个研究领域，从大家巨擘到中小作家，从文人作品到民间文学，国外汉学界几乎均有一批各擅胜场的专门家，均撰有相当可观的研究成果。这是国外中国古典文学研究走向成熟的标志。

这一在特定时空条件下进行的研究，与国内研究相比，明显具有若干特色。第一，这一研究在将中国文学与本国文学互相比照、证同辨异之时，便自然而然具备了比较文学的性质。跨越国界追寻中外文学间的实际联系，辨认中外文学间的似与不似，是比较研究关注的焦点。平行学派倡导东西方文学的比较，有利于中国文学走向世界。第二，这一研究是新的研究方法的试验田。本世纪西方此起彼伏的文艺思潮，冲击着各国的学术论坛，中国文学研究亦受其影响。诸如意象派、新批评、结构主义、符号学、叙事学等创作主张和批评理论，都用于中国文学研究。另一方面，跨学科的横向研究（即移植民俗学、人类学、社会学、心理学、语言学的理论，用于文学研究）也以中国文学为对象，积极地开展起来。凡此种种，无不丰富中国文学的研究方法。第三，国外学者的批评方法、分析角度相对来说较为灵活多变，其文艺观、价值观以及趣味好尚又与我们不尽相同，这就决定了这一研究所做的结论，很多在国内论坛实属罕见。第四，这一研究经常开辟新的研究领域。例如，瓦西里耶夫（俄）、翟理思（英）等人所撰的中国文学史，均早于国人的同类著作，是一种开风气之先的研究。又如国外佚书的著录和考证，国内学者往往不得其便，这是一种占尽地利的研究。再如游仙诗、寒山诗研究，则又常常以不同于国内的文化心态进行观照。第五，这一研究具有很强的国际性。国外绝少关门闭牖做学问的现象，学者们很注意参考其他国家（包括我国）的研究成果，在着手做某一课题之前，务求资料详备而后止。他们重视从国际学术的背景上考虑问题，目的是为了避免资料的疏漏、观点的偏颇或者劳动的重复。

除了上述共同的特点之外，各个学术板块相互比较，也可见出不同的特点。日韩的治学方法受我国传统的影响很深，他们在吸收西方学术的同时，仍以传统眼光大量做注释、考证、校勘、索引等学问，并且做得又深又细。西方学者有不少得益于日本。前苏联和东欧学者坚持马克思主义文艺观，特别重视进步文学的研究，多从社会和历史角度去考察作品的人民性、阶级性或思想性。美澳西欧诸国（尤其是美国）的学者，喜欢尝试新方法，每每从作品的形式入手，进而剖析作品的技巧和意蕴，他们明显有追随新文艺思潮和学术思想的倾向。总之，国外的中国古典文学研究，由于采取了移植新观念、试验新方法、开辟新领域、交流新成果等做法，使自己的学术品格具备了现代性与国际性。

既然中国古典文学的外播是一种历时悠久、横贯东西、异彩纷呈、底蕴丰富的文化现象，那么，我们如何着手进行考察，才能窥见其全貌，捕捉其精蕴从而获得有益的借鉴呢？

我们认为，要想全面而又系统地把握这一文化现象，应该采用历时研究与共时研究两种方法。所谓历时研究，就是从纵向角度去梳理中国古典文学向外传播的历史。如上所述，它在同质文化圈和异质文化圈里的传播情况，是互不相同、各有特色的。不同对象应该不同对待，具体问题需要具体分析。无论遇到的是哪一种情况，我们都应该采用渊源学、媒介学和流传学的视角，分别描绘出外播的热点与重心、触媒与契机、途径与方式、际遇与影响。民族文学向国外传播的历史，并不完全等同于客观存在的实际事件，而是我们对于与之相关的客观存在的理性认识。因此，任何一种有关文学外播历史的描述，都必然与文化观、历史观有着密不可分的联系。只有站在时代的高度，本着实事求是的精神，才能体察世界文化与文学如百川汇海、既见融合又见分立的总体趋势，才能明辨异国他邦对中国文学何以采取亲疏、迎拒态度的深刻原因，才能透过文学与文化交流那种错综复杂、千姿百态的表面现象，去把握其潜在的客观规律。

所谓共时研究，就是从横向角度去清理国外研究中国古典文学的丰硕成果。由于国外学者的主客观条件与我们不尽相同，因此，他们必然会对某些作家作品、某些文学问题持有不同的见解。他们也常常采用中国古今学者的定论成说，但即使如此，即使论述的是同一个问题，在那种特殊的学术环境里，也不管其独有的真知灼见、弘论博识、以及可备一说的论断。显而易见，如果单纯地依靠纵向梳理中国文学外播史的方法便不可能完善地总结这些可资借鉴的研究成果。我们认为，设立专题，分门别类，横向加以归纳、整理，是一个切实可行而且行之有效的办法。而在具体的操作过程中，如果一味地述而不作，引而不论，当然也不可能取得良好的效果，应该说针对那些纷纭、新奇的论点，辩明它们是正确还是错误，全面还是片面，公允还是偏颇，积极还是消极，也是十分必要的。由此看来，这项工作实际上还具有披沙拣金、采珠集玉的性质。

基于上述设想，我们的“中国古典文学走向世界”丛书，相应地分成了纵向研究和横向研究两个系列。前者是关于中国古典文学外播历史的梳理，按照学术板块分别加以描述。但为了说明某一影响的性质，也不排斥通过横向比较进行阐说。后者主要是以文学体裁为单位，整理、归纳比较重要的学术观点，与此同时，也用一定篇幅来概括说明某一学术研究的发展状况。我们希望通过这样一纵一横、纵横交织的探索，最终能够对中国古典文学走向世界这一文化现象，做出系统深入、全面细致的描述。

这是一项特殊的信息反馈工作，我们坚信，它能够带来多方面的报偿。首先，它扩大了我们的学术视野，使我们得以站在世界文学的高度来考虑问题。我们在此可以看到普遍流行的“若无中国文学这块瑰宝，便不得世界文学全璧”的共识，可以看到国外学者矢志破除“东归东、西归西”这一顽固观念的试图和伟业，也可以看到中国古典文学在世界各国文学衬托之中的鲜明形象。这些信息不仅启迪着我们长久弘扬中华文明的设想，而且为我们认识和评价中国古典文学的特质和地位，提供客观公正、准确无误的参照和标准。其次，它可以带我们进入国外学术研究的氛围，使我们得以窥见形形色色的研究方法，以及林林总总的具体观点。学术乃天下之公器，不消说，这些他山之石如能及时引进，一定会有利于我们古典文学研究的学科建设和实际进展。因为在此揭示的新方法、新视角和新观点，正如中国文学之补益于外国文学，无疑可以开启我们的思路，成为我们积久成习的思维模式的重要补充。“奇文共欣赏，疑义相与析”，切磋研讨国际化，自然可得兼听的好处。所以，对我们而言，学术交流更是文学交流中不可忽视的一个部分。再次，它可为文学创作提供参考。当代文学创作不可能孤立而存，总要受源远流长、势能强大的传统的制约与激发。而对于传统，我们又习惯于采取因循的态度，有时竟至于“不识庐山真面目”。国外的研究，因为换了透视的角度，对传统多有新见。例如，在《诗经》里寻找意识流手法，在梦窗词里分辨现代派的跳跃式思维，或者否认所谓传统小说心理描写不足的说法，而认为它以言谈举止写心理，更写得心机毕露，情志昭然……这些探索和观点，如达于当代作家的视听，想必会改变对古典文学的传统看法，或许会促使他们从中汲取创作的营养。最后，它可以反馈多种有关的学术信息，如海外佚书、汉学机构、学者生平、学术会议、研究计划等等。这些情况或是国外中国古典文学研究的有机组成部分，或是它附属性的种种侧面，若对此有所了解，显然有利于进一步开展中外学术的交流。

无须讳言，这一课题也具有一定的难度。由它本身固有的性质所决定，研究者需要涉及较为广泛的学术领域。这就是说不仅要熟悉国外的中国古典文学研究，还要了解国内有关的学术背景；不仅要把握国外中国古典文学研究的发展史，还要了解国外历代渗入汉学领域里的文化思潮和文艺思潮。此外，在这一学术领域虽然已取得了一些可喜的成绩，但仍有许多空白亟待填补，仍面临着如何进一步拓展和深化的问题，可资借鉴的研究成果并不多。再加上这一课题的原始资料大多数在国外保存，可想而知，搜集起来又是何等地艰难！实际上我们结成写作小组，一方面互相切磋，集思广益，并且广泛征求专家的宝贵意见，以补偿我们知识的不足：另一方面，我们想方设法搜集书文，以弥补原始资料的匮乏。所以，我们的撰写过程，一直是个不断克服接踵而至的难题的过程。尽管如此，由于我们的专业水平、业务能力有限，错误和缺点在所难免，尚祈专家、学者不吝赐教。

无论如何，我们愿意把这套丛书奉献给学术界，以迎接文学交流日益频繁的新世纪！

（江苏教育出版社 1997 年版）

文学影响的倾向性和互补性

〔美国〕奚密　著　青乔　译

我已论及，现代中国诗人，背弃了传统标准，转向外国诗，寻求可替换的范例和新思想是再自然不过了。自从 20 世纪 20 年代以来占优势的西方影响不断涌入，许多中国诗人都承认了这一点，例如瓦莱里（Valery）对梁宗岱的影响，魏尔伦（Verlaine）和于尔·拉福格（Jules Loforgue）对王独清的影响，里尔克（Rilke）对冯至，纪尧姆·阿普里奈尔（Guillaune Apollinaire）对艾青以及早期奥顿（Auden）对穆旦的影响。然而，有一点几乎总是无人道及的，就是中国传统和西方影响的并行不悖。文学影响问题会提出一种文本交错的挑战，因为影响总倾向于不自觉进行，所取方式是不规则的，容不得简单说明。确指特殊影响的性质与广度，若不是不可能，就是很难。尤其是当这个问题牵涉到交叉文化的文学影响时，更叫人头痛，因为在这里，由于两种传统的存在，导致了启发与接受之间，因袭与创造之间的不一致，更为错综复杂。我研究卞之琳 1930 年至 1937 年所写具有代表性的诗作，希望能阐明这样一个复杂的方式，即中国传统诗和现代派诗的同化，可能并不是靠诗人有意识的努力。卞和批评家都承认象征主义和现代主义对他的作品的影响，但是他对西方影响的易感性却是出于他传统的中国背景，特别是道佛家的思想。因为现代派诗恰好补充和增强了他的中国根基并且为他的诗作表达法提供了具体的方式。另一方面，卞的作品中道佛家的根底也以一种独特的东西方文学影响的方式限制了他向现代派诗的转化。

评论家和历史学家常把卞看做是将西方现代主义介绍给中国读者的倡导者。汉乐逸（Lloyd Haft）第一次指出了卞的早期诗作明白无误和道佛哲学的接近。汉乐逸在他开拓性的研究中，将卞的水和陆地的意象加以比较：“水……不仅只是代表了个人的儿童时代所熟悉的事物，而且也代表了混沌不清的原始状态。以此形成对比的‘陆地’状态则暗示个人自我的风雨沧桑的际遇。[1]尽管他确实指出“表面稳定、牢靠的种种形式与观念的相对性与虚幻性”，他着重了精神的流放或异化的主题以及随之而来的厌倦怀旧心情。汉乐逸明白显示了卞诗中对比手法的大量运用，这种对比很有可能和道佛家思想有关系；然而他对卞的作品的阅读还不够全面，这有两个原因。第一，水的象征意义所包含的内容肯定多于汉乐逸所认为的道佛家浑成一体不具化身的概念所包含的内容。在我看来，他的这种解释，再加上他对怀旧情绪的强调，似乎是弗洛伊德式的，不是中国式的，特别是忽略了另一个更为重要的方面，即水在道家思想中独有的象征意义。确切的说，道家思想的不分化象征本来主要是“不分化的团块”（混沌）和“大块”而不是水。第二，卞诗中重复出现的水的意象以及他们与道佛家思想之间的联系和卞的创作风格是不可分割的。这就是在传统和现代派诗学之间的交接起重要作用的地方。即使赞同汉乐逸说异化的主题在现代派诗中占有优势，这种情况也需要作更全面的彻底研究。

卞诗中富于水的想象，它唤起了生命的河流，永恒的时间的河流，其中人的生命微不足道。卞典型地将人类经历同具有某种形态的水联系起来并且在诗的结尾又回到水。例如，《水成岩》（1934）开始时写说话的人想在岩石上刻几行字，这使他追忆往事，并以沉积在水里“层叠的悲哀”这一象喻来结束全诗。[2]在《无题三》（1937）中，卞把海水看成是能够洗尽人间的“烟火”。在《对照》（1934）中提出不可言传的经验之后，诗人归纳到，“懒躺在泉水里你睡了一觉。”在《芦叶船》（1933）中，诗人告别了童年，它随生命之河中的芦叶船漂走了。在《无题四》中，爱的体验完全在水的象喻中被表达出来：

> 隔江泥衔到你梁上，/隔院泉挑到你杯里，/海外的奢侈品舶来你胸前；/我想要研究交通史。/昨夜付一片轻喟，/今朝收两朵微笑，/付一枝镜花，收一轮水月……”/我为你记下流水账。

诗中以水的意象为轴心，幽默和伤感的笔触同时存在。这里的幽默出于世俗的运载意象与严肃的、学究气的“交通史”话题的并列结构。另一方面，伤感潜伏在“镜花”和“水月”的比喻之下，这两个佛家的隐喻描绘出人们所追求的那些事情诸如爱情和成功的虚幻渺茫和变化无常。最后一行以一种清新的隐喻转向一种口语化的表达方式，以此来总结诗人和小姐之间的交易。爱情不是别的，不过是一本给与取的账本，尽管给与取最后都要消失。

这样我们进而接触到卞的作品中水这个喻象的第二层涵义，即：人生的易逝与虚幻。像《无题四》一样，《寄流水》（1933），也评论了爱情的短暂，集中在一位年轻姑娘被抛弃的一张照片，那原是赠送给她的情人的。诗是这样结尾的，

> 多少未发现的命运呢？/有人会忧愁。有人会说：/还是这样好——寄流水。

生命中永恒的时间变化强调了世事不可避免的暂时性。这一概念也在卞的诗作中通过反复出现的梦的意象表示出来。例如，《古镇的梦》（1933）是这样开始的：

> 小镇上有两种声音/一样的寂寥：/白天是算命锣，/夜里是梆子。

这里的梦具有双重意思。夜里人们当真做梦（随着守夜人的梆子声）；白天人们则梦想着他们的未来。算命所推测的将来给人们带来了希望和企盼，使人们保持梦想。（算命人知道“哪一家姑娘有多大年纪”预

测了婚姻的前景。）然而算命人的盲目性突出了隐含的讽刺意味。在诗的结尾处，人生如梦，同时间流逝联系在一起：

是深夜，/又是清冷的下午，/敲梆的过桥，/敲锣的又过桥，/不断的是桥下流水的声音。

时间的并列（白天与黑夜）和空间的重叠（更夫加算命人）增强了非现实的气氛和人生如梦这一主题，在诗的结尾，梦本身也就被包容一切的流水的意象吸收了。

梦在《一个和尚》（1930）中也起了一个重要作用，在这里，和尚念经敲木鱼，过着一种朦朦胧胧，梦幻般的日子，庙宇同样被描绘成梦幻般空洞的东西，四周香烟缭绕，暗示了到那里去的人是祈求梦想得以实现的。在《古镇的梦》和《一个和尚》两诗中，诗人都暗示不仅普通人生活在未知的梦幻中，就连那些号称局外人也生活在梦境中。邦人做梦的算命者就“像在梦里走”。信教的和尚，应有所彻悟，也一样做着梦。（事实上，展现他过着毫无意义的生活可看作当时中国对宗教的一个微妙的批判）。在《纪录》（1930）中，诗人从白日梦中醒来，却无非带来了更多的梦。

事物总是在不断变化的，没有永恒的一致性，是佛教的中心思想。在佛家看来，真我或永恒的自我这一概念是一种幻觉，为此执著，则是人类所有苦难的根源。道家同样不强调自我的永恒和优越性，这在庄子梦为蝴蝶的插曲中就有充满诗意的表达。[3]佛家鼓吹超脱一切世事，因为它们最终都是虚幻和无意义的；道家思想，鉴于人类诸象的局限性，则回避作价值判断。二者结合起来，对卞诗风格有极大的影响。[4]

卞诗明白显示出作者同主题之间的超然态度和美学距离，这反映了佛家思想对一切事物终归虚幻的理解。从艺术的角度来说，这种超然是靠并置多种观点而不是靠一个主宰一切的个人的观点。例如，《几个人》（1932）展示了几个街上的人的画面，不断插入“当一个年轻人在荒街上沉思”这一句。诗中年轻人和其他人物之间的视觉及逻辑关系是故意含糊不清的。读者也许要问，那个年轻人在哪里？他怎么能在那样一条被作者形容有各种活动的荒街上？沉思的人有可能就是诗人自己，他故意把自己从画面上略去。

各种不同观点的并置在常被称道《断章》（1935）中也可见到：

你站在桥上看风景，/看风景人在楼上看你。

明月装饰了你的窗子，/你装饰了别人的梦。

通过采纳变化不同的观点，卞揭示了所有人生诸象的武断一时和野花一现。在心灵上卞明显地和庄子具有共鸣，这位道家一再阐明所有人间诸象的必然相对的本质。这里就引证一段：“物无非彼。物无非是。自彼则不见。自知则知之。故曰彼出于是。是亦因彼。彼是方生之说也。”[5]情况到了这样的程度：月亮不过是一个装饰了风景的美丽意象，人不过是一个装饰了别人美梦的意象。“装饰”一词出现在另一首题为《妆台》（1937）的诗中，其中有这样一句“装饰的意义在失却自己/，《断章》中“你”的本向像月亮一样的飘忽不定和随意，都是合肥市靠观察的角度而定。

在《旧无夜遐思》（1935）中也出现了同样的感觉并列：“人在你梦里，你在人梦里”。同样，在《投》（1931）中，一个戏投石块的孩子自己可能就是别人手中的石块。

说不定有人/小孩儿，曾把你/（也不爱也不憎）/好玩的捡起，/像一块小石头，向尘世一投。

正如汉乐逸所说，这几行诗不仅表达了庄子相对论的观点，而且回应到了另外那一位主要道家的说法，老子批驳当代哲学（例如儒家思想）的人类中心论，就针锋相对说，“天地不仁，以万物为刍狗”。[6]道家认为人类不是宇宙的中心，在这个世界上出生的孩子就像投掷一块石头那样的偶然和随意。

卞诗表现佛道思想的基础结构都具有意象性和风格性。然而，意象和风格是不可分割的。水和梦的意象常意味着所有事物的稍纵即逝和时间的不断流逝。水也可以表明广收各种不同而常常是相反观点的一种心态的流动性和伸缩性；这是“道”家的主要象征，是老子宇宙观富于创造性但并不过分自负的原则。[7]除了水和梦，镜也是卞诗中一个重复出现的意象，是庄子复运用的表示理想心境的意象，在某种意义上不受概念和感情框框限制的镜子反映了每一种置于它面前的事物但又什么都不包含。[8]从风格上讲，卞诗的主题特征中显出的道佛倾向，至少是因为复合利用了各种观点和运用了超然态度，既有感性因素，也有理性因素。

这样，卞诗中就分明有他的文学风格和他的哲学理论基础的相互关系。然而中国和西方的评论家，总是推崇卞是20世纪30年代将现代诗介绍给中国读者的先驱。卞本人，他所受的教育及其作品都证实了这种观点。卞于1929年进北京大学主修英文专业。1930年他开始对法国象征派发生兴趣，他自己从法文原文阅读这些作品，然后将其翻译成中文。同时，作为他的主修专业，他研究了从浪漫派到现代派的英美诗歌。（他的教授之一徐志摩看了卞的诗作以后径自代署真姓名将它们发表了）。他在大学读书的几年里，他和另外两位诗人——何其芳和李广田成了要好的朋友；何其芳特别广泛阅读了象征派诗以及传统的中国诗。1934年5月，卞译艾略特的“传统与个人才能”发表了，两年之后，他出版了一卷法国的英美诗文译品集，叫做《西窗集》，1935年与1937年间，卞对叶芝（Yeats），里尔克（Rilke）和瓦雷里特别感兴趣。50年代初，他与威廉·燕卜荪（William Empson）在北京大学同事，有很近的工作关系。

像那时所有受过良好教育的中国人一样，卞熟悉道家、佛家哲学，不论他是否有意随他们的影响来创作。然而，从他的背景以及他自己的言论来判断，象征派诗和现代派诗对卞的影响却是无可置疑的。不难理解现代主义为什么对他具有吸引力。艾略特（Eliot）、庞德（Pound）和叶芝（Yeats）所阐述的现代主义非个人化的学说，认为诗人不应表现明显的个性而是应该回避这样做。[9]现代诗中不连贯的意象并列，人物戏剧化，冷嘲和含混是用来达到这个目的的通用手法。理论上，非个人化的概念同道佛家的传统具有共鸣，它们都肯定自我丧失的积极性。更进一步，现代诗学的哲学鼻祖像柏格森（HenriBergson）和布拉德雷（F.H.Bradley）这样的思想家，他们的作品在表面上带有同道佛家思想的相似性。柏格森的真实存在（dureereele）理论认为真实性是一种互相渗透的诸多瞬间内在固有的潜流，令人想起道家思想，他重直觉轻推理，近似道家的自发性和自然性的概念。情况相同，在布拉德雷“直接经验”的理论中，内在的“我”的外部世界成为一体，这和道家信奉的所有事物互相联系互相依赖的概念极为接近。柏格森（Bergson）对休谟（T.E.Hulme）具有明显的影响，休谟是现代诗学系统的倡导者之一，布拉德雷发现他在诗学上所走的正是T.S.艾略特的道路。[10]

除了在技巧上——意象并列、人物戏剧化、反讽和含混——卞和现代派诗人有共同之处以外，两种特别的手法使他能在自己的作品中达到一种非个人化的气氛。第一，卞将焦点同紧密和直接相关的事物拉开距离来降低“我”的重要性，例如“路”（1937）这首诗反映了诗人的过去，这样结尾：

> 天上星流为流星，/白船迹还诸蓝海。

在“归”（1935）中，境界从人的主题——望远镜旁的天文学家——转到了‘伸向黄昏的道路像一段灰心”。与此相似，《白石上》（1932），在有关一段爱情悲剧的传奇之后，诗人转向现在，只是引读者的视线远去：“一边看远山渐渐的溶进黄昏去”。淡出的境界令人想起一幅传统的中国山水画，把人类主题的中心地位转移到一片浩渺的风景。同样的方法也转化为时间性的形式，时间，如前所述，在卞诗中常常由河流或海洋来代表。无论在时间或空间上，把焦点从眼前的话题拉开一些距离，用这种手法，卞创造了他所期望的非个人化、不肯定的气氛。

卞在他的作品中将现实和想象糅和在一起，用这种手法也达到了非个人化的效果，如在《秋窗》（1933）中：

> 像一个中年人/回头看过去的足迹/一步一沙漠，/从乱梦中醒来，/听半天晚鸦。
>
> 看夕阳在灰墙上，/想一个初期肺病者/对暮色苍茫的古镜/梦想少年的红晕。

在诗中，窗成了一幅展现想象力的画面，产生出一系列的幻象，使读者距离现实越来越远，接着呈现出薄暮时分鸣叫的乌鸦。首先，拿沙漠中的脚印（在卞诗中常用来隐喻生命）来比喻一个中年人回顾他的过去；接着，当他看着夕阳映在灰墙上，他想到一个患肺病的人，注视着暮色苍茫的古镜，梦想起少年时代。快速连续的意象通过几乎是字面的直描同隐喻的混合，通过语气同境界的交融，模糊了现实与想象之间的界限。灰墙上的黄昏像一个肺病人还是肺病人像灰墙上的黄昏？是古镜秋窗随黄昏起了薄雾，还是灰墙上带了一抹落日的红晕？是谁梦见了年轻的颜色，肺病人还是“他”（这个人称代名词却被省略了），第一行中那个中年人？最后，谁是诗中讲话的人？谁在诗篇开头说的“像”？那么，整首诗是秋天的隐喻吗？还是秋天是中年的一个隐喻？这些问题直到最后也没有明确的答案，但是这种含糊和混淆既在字面上也在感觉上，都简练表达了诗人对于人生的感受。

同样的手法也用在了《入梦》中，在这里诗人靠一系列的联想把读者带向远离现实的雾蒙蒙的梦境。……一系列意象随着梦本身的进展而平行发展，越陷越深，成为一股意识流，变得越来越脱节。全诗以反问作结尾，“你不会迷失吗/在梦中的烟水？”卞典型地将现实中的时空关系做了这样的重新安排，使他描绘的世界只是在诗中明白存在，而在诗外则没有多少意义。[11]现实只有在提升到想象时才具有意义和作用。卞作的风格暗示了这样一个美学的标准，即诗是一个被创造的世界，这个世界建立在现实验证的基础上，但最终将超越现实达到更深层的意境。诗人的这种创造力和创造过程的内含前提，突出呼应了象征主义——现代主义诗学原理，即主张将艺术提升到一种强调艺术自主性和客观性的近乎完美、超自然的状态。卞在《圆宝盒》（1935）一诗中逐渐转向这一哲学立场：

> 我幻想在哪儿（天河里？）/捞到了一只圆宝盒，/装的是几颗珍珠：/一颗晶莹的水银/掩有全世界的色相，/一颗金黄的灯火/笼罩有一场华宴，/一颗新鲜的雨点/含有你昨夜的叹气…/别上什么钟表店/听你的青春被蚕食，/别上什

么古董铺/买你家祖父的旧摆设。/你看我的圆宝盒/跟了我的船顺流/而行了，虽然舱里人/永远在蓝天的怀里，/虽然你们的握手，/是桥——是桥！可是桥/也搭在我的圆宝盒里；/而我的圆宝盒在你们/或他们也许也就是/好挂在耳边的一颗/珍珠——宝石？——星？

诗人在“天河”里发现的圆宝盒使人回想起济慈（Keats）名言“一件美的事物是一种永久的喜悦”以及叶芝（Yeats）的拜占庭（Byzan - tium），在那里金色鸣鸟这个象征使艺术成为永远高于感觉世界的永恒不朽的东西。这只盒子里包含了所有高尚和低俗、过去和将来的人生体验。它永远在时间的河流里涌动，不受所有凡人所必须经历的时代变迁的影响。在人的不可弥补的时间损失和作为艺术家象征的圆宝盒之间有一个强烈的对比（“别上什么钟表店//听你的青春被蚕食，/别上什么古董铺/买你家祖父的旧摆设”）。

除去在这首诗中表现出的同西方的共鸣，卞停止了迈向不朽和神化艺术的象征主义的最后一步。第一，尽管圆宝盒包容了所有空间、时间并且永远像一颗珍珠、水银或星星那样闪烁，但它是植根于生命中的，而不是在生命之上或在一旁的。第二，天河之后的问号、宝石和星星暗示了一个对于世术的超自然性有保留的接受。第三，在诗的开始即阐明圆宝盒只不过是他想象中的产物，诗人的陈述似乎带有讽刺意味，这样，淡化了这首诗作为艺术不朽主张的严肃性。最后一点，“圆宝盒”在卞诗中是独一无二的，因此它的主题不可无条件适用于他的全部作品。

卞拒绝神化艺术，在当前谈论相互间微妙影响和平衡作用中特别能说明问题。诗人之所以在迈向象征主义的最后一步时犹豫不前，很可能是因为他的传统的中国背景，也就是他的道佛思想倾向。用绝对的，超自然的观点来看待艺术势必要走向道家的内在意义和相互依存这种概念的相反方向，变而否定绝对超脱是不可能的说教，确乎是观念的执著。内在性和相互依存也使我们稍难接受汉乐逸所强调的观点，即认为人类冷漠疏远的结果——怀旧是来自以海洋为象征的原始统一体。

卞之琳1930年至1937年之间的诗作阐明了对作者的综合影响之间的必然的有机的联系。尽管文学影响常常是无意识多于有意识的，含混多于明晰，但它们的共存远不是偶然的，而是代表了一种不仅是和谐共处而且也是相互制约和相互加强的关系。因此，对本因和外因的影响的来源只是简单加以鉴别是很不够的；研究者必须搞清诗人是如何将这些影响糅合进他/她的作品。在卞这个例子中，他自称同西方现代主义的共鸣是同他不太鲜明的道、佛家倾向紧密联系在一起的。首先，道、佛家的一时性和超然性有可能将诗人引向现代派诗学，而现代主义非个人化的教条和现代主义的人物戏剧化意象并置的手法对他的道、佛信念又给予具体的表达方式。

另一方面，尽管现代诗学对诗人逐渐灌输的是一种艺术自主的深奥东西，它必须根据自己的系统来做出判断，他的道、佛家倾向阻止了他最后向艺术神化和不朽论这个方向发展。在理论和实践上卞对创作过程本身给予高度评价；然而这种评价并不只能归因于西方的影响，从固有的观念来看，宇宙中的生产和创造原则：道，是道家思想完全赞同的。从这种意义上来看，卞的作品最能体现出一种通过对传统的同化而达到现代性这样一个独特的情况。

（译自奚密（Michelle Yeh）英文专著《中国现代诗歌》〔纽黑文，1991〕）

---

〔1〕汉乐逸（Lloyd Haft）著《卞之琳：中国现代诗研究》，

第41—42页。

〔2〕本文中所引用的卞诗均摘自卞之琳《雕虫纪历》，诗的写作日期参考了张曼仪著《卞之琳著译研究》。

〔3〕《庄子》第2章，说庄子梦为蝴蝶，醒来搞不清是庄子梦为蝴蝶，还是蝴蝶梦为庄子。

〔4〕卞在《雕虫纪历》自序中曾回忆早年曾对佛家观念“四大皆空”说感兴趣，参见张曼仪《卞之琳著译研究》第62页，其中说卞只在中学时代读过几章《庄子》，并未深入。如我在本节其他数处所论，这种影响很可能是不自觉的。

〔5〕庄子：《齐物论》。

〔6〕老子：《道德经》。

〔7〕老子：《老子》，第8，32，34，40，61，66章。

〔8〕庄子《天道篇》，说圣者心静，反映天与地，有似万物的镜子。

〔9〕关于非个人化诗学的政治与意识形态的含义，见茆德·爱尔曼（Maud Ellmann）《非个人化诗学：艾略特与庞德》。

〔10〕休谟（T.E.Hulme）：《柏格森的艺术论》，见《观察：论人文主义与艺术哲学》第141—170页，艾略特在哈佛写博士论文《布拉德雷哲学中智识与经验物》。简明分析布拉德雷对艾略特的影响，见渥尔海因姆（R.Wollheim）：《艾略特与布拉德雷》与桑福德·希瓦兹（Sanford Schwartz）《现代主义的原型》（The Matrix of Modernism）第32—35页。

〔11〕对卞诗中象征主义和隐喻方法的有效结合，汉乐逸做了同样的观察，见《卞之琳》，第64页。

1996—1997 年民间文学与少数民族文学研究

研究概况

神话研究综述

易小松

我国神话学在长期持续拓进的基础上，1996、1997两年来的研究越发展示出其内在的思维张力。不仅以“世界眼光”做“中国学问”的看法已成为学者们的共识，人们的观念、视界发生了重要的变化，研究工作更加有的放矢、进展有序，而且学者们勇于多方面探索，不断补充、调整、更新现行的研究方法，尤其是文化人类学、民俗学等研究方法的进一步推广运用，更加拓展了神话学的探索空间，更加强调了动态地研究神话，从而使神话研究充满了新的活力。而现实生活中大量新资料的发现，更促使学者们思索神话研究的现代性转型问题，强烈的现代意识和现实感构成了当今神话学者的研究特色。总之，1996、1997两年的神话研究于稳健发展的同时，在某些方面有了突破性进展，相继出现的几部极有学术品格的专著和一批高质量的论文，充分显示出了两年来的学术成果。

一、几部富有开拓意义的学术著作和论集

1. 在庆祝袁珂先生八十诞辰暨神话研究五十周年之际，四川大学出版社推出了袁珂著的《袁珂神话论集》(1996.9)，它不仅是一部“与前不同，面目一新”的论集，而且与1982年出版的袁珂《神话论文集》衔接，能比较全面地反映50年来袁珂对神话理论的研究成果。

《袁珂神话论集》共收有论文48篇，分为4个单元。他的诸多的成果都集中地反映在这本论集中了，而其中最核心的，则是他的广义神话理论。第二单元的17篇文章专门讨论广义神话的涵义，中国神话学发展的途径和研究的范围，以及作为广义神话内容的仙话、神话小说、民间传说等问题，而所收其他的各种序言和杂论等也始终贯穿着他的广义神话的观点。袁珂提出研究神话，特别是中国神话，必须走“广义”的道路。他认为狭义的神话，专指上古神话，确实是兴起自原始社会，直到封建社会初期就逐渐衰竭了，但广义的神话却是生生未已，每个朝代，每个时期，天南地北，都有新的神话产生，所以广义神话是扩展后的神话。广义神话包括了狭义神话，却并不否定狭义神话，狭义神话仍然是学者们研究的核心与基础。而广义神话的概念使中国神话研究领域呈开放的局面，能够荟萃各个时代、各个民族、各个地区的神话，融会具有神话因素的仙话、传说、故事等于一炉。这就扩大了神话研究的视野，使神话从先前狭小的圈子里解放出来，走向更为广阔的天地。

“广义神话论”的提出，曾在国内外学术界引起了强烈的反响，早在80年代学者们就对此展开过激烈的讨论，今天这场讨论仍在继续，然而从这几年的研究中可以看出已有许多学者接受了这一观点，运用这一理论发掘和研究原始社会以后的神话论著逐年

增多。袁珂“广义神话论”的影响是深远的，它在中国神话研究史上具有特殊的意义。

2. 冷德熙的《超越神话——纬书政治神话研究》[1]是一部很独特的著作。他从神话学的角度研究纬书，或者说从纬书发掘出一个神话体系，从而开辟了一个新的研究领域。冷德熙的研究可以说走的是广义神话的路子。他认为，在进入文明社会之后，神话本身并未消失，它不但可能仍然以原始神话的形式存在于宗教、文学、民俗等文化之中，而且还可能以再生的形式在阶级社会中执行社会意识形态的文化功能。这种神话形式我们称为“文明神话”，如“政治神话”、“种族神话”、“现代商业神话”等等。冷德熙在这本书中明确地提出“政治神话”的概念，并通过对纬书的研究使这个概念得以成立，这是他的一大成绩。

“政治神话”的提出，与中国神话独特的发展道路有关。中国神话常把“历史神话化”，又把“神话历史化”。“纬书神话”表现了两个方面的特点，而这两方面又或多或少与政治目的相联系，而成为“政治神话”。作者分析说，纬书政治神话的产生决非偶然，它反映了中国古代文化诸形态发生发展的内在必然性和规律性，它是汉代社会特殊历史条件下的产物。同时，它虽是为着政治目的被创造出来的，但它是以神话的形式被创造出来的，因此，它仍属于中国古代神话的范畴。

作者提出纬书政治神话又以体系神话的形式构成了中国古代神话中自《山海经》诸神系统和春秋战国历史神话系统以来的又一个神话系统，每一个神话次系统都是一个特殊的神话系列，包含了特殊的神话思想内容。具体说来，这个政治神话体系分别由“创世纪神话”、“圣王神话”、“圣人神话”、“天人关系神话”以及“易学（纬）象数神话”构成。作者认为，它是中国古代神话体系自身建设的必然环节，在中国古代神话的发展史上第一次提出了创世神话体系，第一次达到了体系神话的高度发展。因此研究纬书政治神话是研究中国古代神话所不可缺少的一环，纬书政治神话同样反映了中华民族、中国文化的基本精神。

3. 杨利慧的《女娲神话与信仰》[2]被称誉为“是一部很好的民俗学、神话学专著”（杨堃语）。作者在尽可能广泛地参考了中外学者有关女娲神话的研究成果后，将对民间的女娲信仰及其神话与信仰的探讨，确定为研究女娲问题的基础和中心，这就为更立体地、全面地论述女娲问题提供了新的起点与途径。全书分为六章，首先作者对女娲的基本神格及其底蕴进行了重新审视，认为女娲是属于神话时期一位兼有始祖——造物主——文化英雄神格性质的大女神，而其中又以始母神格更为基本和突出，这一神格的基本内蕴是繁衍、生殖。接着作者考察了女娲神话的发展与演变、女娲从古至今在中国民族信仰中的存在状况，得出了属于自己的结论。特别是对女娲神话功能的揭示和阐明，详尽而不乏新意，具有历史性与现实感。最后作者将女娲神话历史地置于中国民族信仰的大背景下，确认其在民间信仰中的位置虽有变化，但始终居于尊位，具有顽强的生命力。

本书最大的优势是作者主要采用了民俗学的方法进行研究，用民俗文化的整体观念考察神话，突破了视野与资料来源上的局限。她作为民俗学专业研究人员充分发挥了自己的长处，深入许多地区进行田野作业，以丰富的经验，规范的操作，得到了科学性极强的现实材料，使研究有了相当坚实的基础。同时她又不满足于此，而认为面对女娲这个复杂的对象，应该进行文化人类学、社会学、历史学等跨学科的研究。多重证据的互相印证，新知旧学的彼此完善，多元视角的立体透视，使她的立论准确而有力。作者与众不同的研究，不仅富有创新意义，而且作为学术范式，可给人以有益的思考。

4. 叶舒宪的《高唐神女与维纳斯——中西文化中的爱与美的主题》[3]，仍表现出了他一贯创新迭见、引证宏富、才思横溢的特点。本书分上下篇，上篇“美神由来”主要论述爱与美主题的原型发展；下篇“美神幻形”着重研讨爱与美主题的文化置换。作者运用语源学、神话学、原型批评、精神分析学说、民俗学、文化学进行跨文化研究，详细考察了存在于中西文化中爱与美主题的原型形象高唐神女和维纳斯，并以纵向的历史考证和横向的文化比较相结合的方法，分别考证了希腊、印度、中国三个文化圈中跨文化的普遍现象，即由原母到地母、到爱神、到美神的发生和衍变史。作者的另一部著作《庄子的文化解读——前古典与后现代的视界融合》作为《中国文化的人类学破译系列》之五，已由湖北出版社 1997 年 8 月出版。作者将“庄子与神话”作为 20 世纪庄学研究的新视点，用文化人类学与比较神话学的方法对《庄子》进行现代阐释，取得了开创性的进展。

此外，潜明兹《中国古代神话与传说》[4]、文元琪《二元神论——古波斯宗教神话研究》[5]、闻树国《传说的继续——中国神祇的性与创造力》[6]等书，亦可供人们阅读、参考。

二、神话理论研究

1996、1997 两年来，学者们在理论研究方面，比较注重于世界神话学的宏观体系中，寻找中国神话学自己的正确位置，建立自己独特的理论体系，以自强自立于世界学术之林。叶舒宪《神话学的兴起及其东渐》[7]评述了现代神话学在西方的兴起及其在日本和中国的早期传播过程，考察了文化人类学视野的引入对于传统学术领域与研究方法的重要变革作用，揭示出中国现代神话学理论建构的一个重要来源。田兆元在《论中华民族神话系统的构成及其来源》[8]中，整体性地对中国神话系统进行了探索。作者提出中国古代神话是在华夏、东夷、苗蛮三大神话体系的基础上建立起来的。中华民族共同的核心神话是龙凤合一神话、五帝神话、创世神话和皇天后土神话，它是一个博大的体系，将全球华人凝聚起来的纽带存在于这一神话体系里。

我们研究神话不仅应将之看成一个整体，还应将它的发生看成一个动态的过程。两年来，针对中国神话的特殊性，不少学者较集中地讨论了它的发展、演变状况。赵沛霖在《论中国神话的历史命运》[9]中，认为东西方神话各有其特点和优长，不过中国神话经历了特殊的历史命运。他分析说，因为深刻的内在原因和历史发展的必然性，中国神话在“最适宜的时期”内，错过了系统整理加工和充实的机会，未能形成神系清楚、体系完整的神话，并且绝大部分神话也未按原貌保存下来。原因在于我国神话在继续发展过程中出现了神话历史化、神话实用化和神话文学化的重大变化。神话历史化、神话实用化都是把神话异化，使之变成自己的对立物：历史传说，从而扼杀了神话的生命，不能不说是文化上的不幸和遗憾。而神话的文学化，却给中国神话的长卷添上了华美的一章，它不但焕发了神话固有的青春光彩，而且赋予它以新的生命和活力。

关于神话的历史化，历来论述较多。王青《中国神话形成的主要途径——历史神话化》[10]则进一步论述，以《五帝本纪》为代表的记载是神话而非历史，不过这些神话性内容的形成途径并非是“神话的历史化”，而是“历史的神话化”，他认为这才是中国神话形成的最主要的途径。作者还提出“要说明中国神话的特点及其形成原因，必须追溯神话产生时期中国的社会制度”。也就是强调分析神话发生所必须具备的条件，以及在各种社会因素的相互作用中揭示其发生、发展规律，来多维地把握神话的特征结构和功能。类似的思路也体现在其他的一些论文中，赵林《伦理意识与中国神话传说的演变》〔11〕认为，中国神话传说过早地出现了历史化的倾向，随着远古神祇转化为上古帝王，诸神失去了玄奥的神话象征意义，却获得了现实的道德教化功能。在中国神话中，表现出一种协调的现实精神。它的特点是侧重于对现世道德的教化功能，忽略对彼岸理想的信仰功能。温希良《神话与政体：记中国汉族神话不发达的社会形态原因》〔12〕认为，中国汉族神话不发达与中国权力结构密切相关。这种影响主要来自世俗权力对神话的抑制，祖先崇拜对神话的规范两个方面。作者认为强有力的权力文化的介入，是中国汉族神话不能充分发展的根本性原因。其他如《中国神话轶失何方》〔13〕、《论神话在汉代传播的成因》〔14〕、《帝王神话与社会整合》〔15〕等文均论述了神话与社会形态的关系。而何满子《中国神话的湮没及其后果》〔16〕是一篇对“广义神话论”持有异议的文章，他认为神话是人类童年时期的天真创造，它迥异于成人时期的有意虚构。神话的历史化，实际上是标明中国神话的湮没，这对后世文化特别是叙事文学带来极其巨大的影响。詹鄞鑫《从创世神话看天人相副观的形成》〔17〕则探讨了由原始神话到文明哲学的发展演变轨迹。

赵沛霖在《关于神话的功利价值取向》〔18〕、《物占神话：原始物占与神话的实用化》〔19〕两文中，较深入地论述了神话实用化倾向。作者认为与神话历史化相比，神话的实用化对神话的破坏作用有过之而无不及。而田兆元《论〈楚辞〉神话的新陈代谢》〔20〕认为，经过文学化的楚辞神话是中国神话发展史上的一个重要环节，它继承古代神话精神，又开创了新的神话主题。楚辞神话的新陈代谢过程加深了我们对神话发展规律的认识。

如果要对中国神话史有一个了解，那么《百年神话的研究略论》〔21〕、《神话：一面鲜明的中国旗帜》〔22〕、《关于中国神话思想史研究的几个问题》〔23〕均对一段时期的神话研究作了梳理与评论。此外、周乐诗《双性同体的神话思维及其现代意义》〔24〕、刘宗迪《鼓之舞之以尽神——论神和神话的起源》〔25〕也都是理论水平较高的文章。总之，1996、1997两年对中国神话某些问题的研究较为深入，理论上有所建树，是有成效的，但是整体性的，较为宏观的理论研究还须加强。

三、神话阐释的视角与方法

神话是重要的、综合的文化现象，它蕴藏着丰富的文化信息，正由于此，神话从它被学术界注意的那天起，其文化学价值就显示出特有的魅力。当今学者对神话用新的思维方式与知识系统加以阐释，体现出了科学的求实与创新精神。新的学术思想必然产生新的视角；而一种视角的形成与确立，也必然为学术研究打开一块新天地。同时学者们注重在跨学科合作的旗帜下进行工作，研究方法越加多样化。新视角、新方法的运用，将神话研究置于立体的、有机的和动态的联系中，使学者们对神话的阐释发生了新的变化，这种变化也突出地表现在这两年的神话研究中。

神话与文学历来有不解之缘。在文化视野中观照文学，应该说，任何文学发展中的各种形态，都可以追溯出它的原初模式，并从中找出某种规律和启示，神话对于文学来说具有一种原型的意义。赵凌河《神话原型对中、西方浪漫主义文学的影响》〔26〕指出，“中国神话与西方神话分别作为各自民族传统的集体潜意识的原型，对中、西方的浪漫主义文学产生着各自不同的影响。”而从原型批评的角度，刘毓庆《中国文学中水之神话意象的考察》[27]讨论了水之神话意象的源起及其在中国文学中的意义。作者认为“水边泽畔始自远古的一代又一代的痛苦经验，使水凝成为一种文化代码。”他阐述说，水与女性，性爱的微妙联系，乃是远古人类性禁忌与性隔离制度在民族心理留下的残痕、原始经验的无数次重复、形成了一种情结，于是水有了社会性的文化内涵，它作为一种带有文化含量的意象而凝固于民族的观念形态之中了。当水携带着原始文化意义而进入艺术作品的时候，即发挥着它情感上的特有的潜能，并在中国文学史上产生了深广的影响。后世文学作品中出现的种种象征，表面上是源于个体或文人阶层对作为自然物的水的体认，而其深层则蕴涵着人类无数次的痛苦体验。它的文化根柢，深深地埋植在原始生活之中，人类的痛苦通过水这一意象获得了最完满的表现。朱任飞《从东海神木传说到庄子的鲲鹏扶摇意象》[28]、《昆仑、黄帝神话传说与〈庄子〉寓言》[29]、《大海、海神崇拜和〈庄子·秋水〉寓言》[30]几文，均要告诉我们，既要直探本源地发掘有关原型意象的初始意蕴，同时也要关注其初始意蕴在发展演变中的裂变和改造，尤其是在文学作品中的表现，我们才能理解人类的童年。而叶舒宪《老子哲学与母神原型》[31]则是论述神话原型与哲学的关系，他认为从社会进化和文化演变的宏观视野上看，老庄哲学的特殊价值取向植根于史前宗教的大母神崇拜，或者更确切地说，反映着保留在父权制文化之中的远古母系社会的女神宗教及神话原型。

王小盾《汉藏语猴祖神话的谱系》[32]结合语言学、人类学方法，对汉藏语神话中的猴进行了深入的研究。他从发生学的角度对目前所见的45例猴祖神话进行了分类描写，依据相关的语言学资料构拟出五种共同母语形式，经神话学和语言学的比较研究给出了汉藏语猴祖神话的谱系。同时作者提出：神话发展的过程，可以理解为在外力影响下形成谱系结构的过程；种系发生树的描写方法，可以成为神话研究的基本方法。叶舒宪《中国上古地母神话发掘——兼论华夏“神”概念的发生》[33]一文，主要通过汉字的符号学分析，做某种“知识考古学”的发掘尝试。

从民俗文化角度探讨问题的论文，有金涛的《东亚海神信仰考述》[34]。作者根据多年来就中国海有关海神信仰的考察调查，参阅了有关资料，概述了东亚文化圈内的海神信仰之发生、演变及研究概况。此外还有《论妈祖民间传说、民间信仰之形成》[35]、《社祭神话与高禖神话的人类学诠解》[36]、《文化价值含量与汉代灶神神话传说的演变》、[37]、《释“巫”》[38]等等。运用考古学的成果来考释印证神话的论文，有《楚帛书的四季神像及其创世神话》[39]、《吉县女娲岩画考》[40]、《〈天问〉宇宙神话的考古印证和文化阐释》[41]等等。而吕威写有《楚地帛书敦煌残卷与佛教伪经中的伏羲女娲故事》[42]认为“人类学的神话理论和田野材料为构拟中国古典神话的阙失部分提供了有价值的思路和旁证，但在重构神话史时包括考古学在内的、广义的历史学历时方法同样具有等值的重要性。”

在一些神话专题研究中，学者们对同类神话作出的不尽相同的文化阐释，也是引人注目的。如刘毓庆《华夏日月神话文化意蕴之考察》[43]认为，在先民的观念中，日月是与东西方两大文化系统的民族联为一体的。在两种文化的对撞与融合中，太阳文化携带着政治文化特有的严酷与冷峻，构成了华夏文化的主体。“射日”、“逐日”神话表现的是弑父情结与抗争意识。而“奔月”神话是民族“静态文明”性质与文化趋向的反映。“射日”、“奔月”是民族意识深处的文化选择。何根海《“射日”、“逐日”的文化阐释》[44]却从神话学、心理学、巫术信仰等视角对“射日”、“逐日”神话的文化底蕴和精神本质进行阐释和破译。他认为日鸟合一是“射日”、“逐日”的精神前提，“逐日”、“射日”即崇鸟射鸟。联系现实事象来看，射日旨在驱旱祈雨，逐日却是企图消雨止水祷旱求晴。高福进《日神信仰演化历程探析——一种原始文化的世界性透视》[45]、《射日神话及其寓意再探》[46]两文，比较强调用世界性眼光透视神话。洪强的《联系式与本位式的冲突：“嫦娥奔月”故事的解读》[47]，以原型批评、文化批评等方法揭示出中国女性的命运历程及所处窘境。同样，关于女娲问题，李祥林《女娲神话的女权文化解读》[48]、李道和《女娲补天神话的本相及其宇宙论意义》[49]等文，亦有各自的阐释。这说明对于神话的阐释，应是在寻求一种文化认同的同时，再创造自己文化的过程，因此这是一个很值得重视的问题。

四、神话母题、类型研究与比较研究

类型与母题是进行神话分析的重要依据，而长期以来这方面的研究相对薄弱。1996、1997两年中，陈建宪《论神话学的基本概念与方法》[50]一文，提出了在神话学研究中，确立“母题”这一核心概念并把它作为观察和分析神话的基本单位，从而寻找解读和研究神话的逻辑起点。他在《垂死化身与人祭巫术——盘古神话再探》[51]一文中即运用“母题分析法”对盘古神话进行了研究。关于神话类型研究，较为突出的文章还有赵沛霖的《中国神话的分类与〈山海经〉的文献价值》[52]，他认为“只有从中国神话的具体实际和特殊性出发，才有可能对中国神话作出科学的分类”。他提出应把中国上古神话按内容分为七类，他认为掌握了这七个方面，就可以大致弄清中国上古神话的全部格局；有了这个全局，也就可以对《山海经》的地位和价值，得出较具体、较准确的判断了。

还有陈建宪的《中国洪水神话的类型与分布——对433篇异文的初步宏观分析》[53]，是对洪水神话这一大类的次一级分类，作者以433篇中国洪水神话的异文为基础，运用历史地理学派方法，对其形态进行初步分析，根据每篇异文中的母题归类、分析，认为中国洪水神话主要分为四个亚类。这对于洪水神话整个繁杂系统的探究的确是一个重大的突破，其意义将是深远的。胡万川《嫦娥奔月神话新探》[54]认为，“射日”、“奔月”原本是无关的神话，“偷不死药、登月而去”的神话，在广大的中国土地上，可以说是一个特殊的类型，这个类型的神话和人类对于生命与死亡的看法有关。

以上学者对神话类型问题进行了探索，不仅在神话研究中表现出精审、严谨的科学态度，而且为进一步研究打下了基础。如鹿忆鹿《台湾原住民与大陆南方民族的洪水神话比较》[55]一文，就是在类型的基础上，分析、比较台湾原住民与大陆南方民族的洪水神话异同的。文中特别提到了陈建宪的洪水神话分类理论。比较神话学在这两年中的发展呈良好状况，其论文有《中外神话差异性概论》[56]、《人类童年时代的两块瑰宝：古希腊神话和中国远古神话之比较》[57]、《尊“德”与崇“力”：从汉画中的神话题材谈中国神话和希腊神话》[58]、《“神女”与“女神”：从上古神话看中、西女性意识的差异》[59]、《古代希腊与中国日月神话的文化暗示》[60]、《中西神话同异论》[61]、《中国、希腊神话历史之比较》[62]、《优美与崇高——中国和古希腊神话的美学形态辨异》[63]、《中印开辟神话刍议》[64]、《韩族始祖神话的文化意义及中韩始祖神话比较》[65]、《“白马”、“白鸡”现瑞与“金马碧鸡”之谜——韩半岛新罗神话与中国白族神话现瑞母题的比较研究》[66]、《遥远的“女儿国”神话——中国彝族“女儿国”神话与日本“女儿国”神话的比较》[67]等。最值得注意的是王列生《“互阐指令系统”与比较神话学》[68]一文，这是一篇难得的探求比较神话学方法的理论文章，说明我国比较神话学的研究已更加深入，更加成熟。

五、少数民族神话研究

随着研究的广泛和深入，少数民族神话越来越受到人们的重视。1996、1997两年来少数民族神话研究不论从数量或是质量上看，都表现出了积极发展的态势。尤其是各民族学者们已不满足于对神话作泛泛的论述，而是深入到每个民族的神话中作系统研究，并把这种研究作为民族文学和历史文化的组成部分，表明研究正向纵深掘进。用世界惟一活着的象形文字记录下来的“东巴”纳西族文学，因其珍贵的古文化价值特别为学者们所瞩目。陈烈的《东巴神话论》[69]除较为详尽地叙述了东巴神话的特点外，他还指出，东巴神话的价值不仅止于神话本身，它还是纳西古文化东巴文化诸种文化因素的复合体。它除了纳西族自身固有的文化基因外，还涉及到藏族古老的苯教文化、藏传佛教文化，还与印度文化乃至古埃及、古波斯文化有关系。作者将东巴神话放在一个广阔深厚的历史文化背景下加以审视，认为东巴教及其东巴神话乃至整个东巴文化，是世界东西方文化大交流、大融合的产物，使我们对东巴神话极其复杂的文化因素有了进一步的了解。白庚胜的《东巴神话之神山象征及其比较》[70]也是在较宽广的视野中，论述了居那什罗神山崇拜的形成及其象征意义。

另外，吴晓东的《盘瓠：王爷、盘古：老爷》[71]认为，在盘瓠神话与盘古神话的研究中，对“盘瓠”及“盘古”这两个名称的考证无疑是十分重要的，它是研究这两个神话的关键。作者在总结前人观点的基础上，从神话所属民族——苗瑶语言出发进行考证，发现它们分别是“王爷”与“老爷”的意思。这对解决研究中的疑难问题是非常有益的。研究各民族神话的论文，还有《宇宙建构的奇妙幻想——裕固族创世神话漫议》[72]、《藏族神话的特点与认识价值》[73]、《彝族的葫芦神话与古代遗俗》[74]、《羌族神话与审美观念》[75]、《红河流域哈尼族神话与梯田稻作文化》[76]、《瑶族神话传说中的哲学思想试析》[77]、《蒙古族神话简论》[78]、《青海蒙古族祭海神习俗》[79]、《新疆突厥民族神话刍议》[80]、《从哈萨克族神话看其先民思维方式的演进》[81]、《壮族远古创世神话的外形形式与内涵意蕴》[82]、《生殖崇拜与壮族女神文化》[83]、《西北少数民族神话内容的审美思考》[84]、《达斡尔族萨满教holier神探源》[85]、《英雄与异能妻子：我国民族神话中的原始文化观念》[86]、《论云南少数民族文字起源神话》[87]、《通古斯——满语族神话特色的思考》[88]、《〈海伦格格补天〉与〈女娲补天〉的异同——满通古斯语民族与汉族人神创型宇宙起源神话比较》[89]、《贵州彝族苗族洪水传说的比较研究》[90]等。

---

〔1〕东方出版社，1995年5月版。
〔2〕〔3〕中国社会科学出版社，1997年12月版。
〔4〕商务印书馆，1996年12月出版。
〔5〕中国社会科学出版社，1997年11月出版。
〔6〕敦煌文艺出版社，1996年3月出版。
〔7〕《人文杂志》1996年第3期。
〔8〕《史林》1996年第2期。
〔9〕《天津师范大学学报》1997年第1期。
〔10〕《东南文化》1996年第4期。
〔11〕《社会科学战线》1996年第3期。
〔12〕《民间文学论坛》1997年第2期。
〔13〕宁湘伟，《民间文学论坛》1997年第2期。
〔14〕张强，《淮阳师专学报》1996年第4期。
〔15〕史建群，《中洲学刊》1996年第4期。
〔16〕《东方文化》1997年第4期。
〔17〕《文艺理论研究》1996年第4期。
〔18〕《齐鲁学刊》1997年第1期。
〔19〕《社会科学战线》1996年第3期。
〔20〕《上海社会科学院学术季刊》1997年第3期。

〔21〕潜明兹，《铁道师范学院学报》1997年第6期。
〔22〕刘墨，《中国图书评论》1996年第8期。
〔23〕赵沛霖，《天津社会科学》1997年第4期。
〔24〕《文艺研究》1996年第5期。
〔25〕《民间文学论坛》1996年第4期。
〔26〕《民间文学论坛》1997年第2期。
〔27〕《文艺研究》1996年第1期。
〔28〕《学术与探索》1996年第5期。
〔29〕《学术交流》1996年第6期。
〔30〕《求是学刊》1997年第1期。
〔31〕《民间文学论坛》1997年第1期。
〔32〕《中国社会科学》1997年第6期。
〔33〕《民族艺术》1997年第3期。
〔34〕《民间文学论坛》1997年第3期。
〔35〕汪梅田，《民间文学论坛》1996年第1期。
〔36〕周延良，《中国文化研究》1997年冬之卷。
〔37〕李立，《孝感师专学报》1997年第3期。
〔38〕李道和，《民间文学论坛》1997年第3期。
〔39〕杨宽，《文学遗产》1997年第4期。
〔40〕刘毓庆，《民间文学论坛》1997年第1期。
〔41〕江林昌，《文学遗产》1996年第5期。
〔42〕《文学遗产》1996年第4期。
〔43〕《民间文学论坛》1996年第2期。
〔44〕《东方丛刊》1997年1/2期。
〔45〕《思想战线》1997年第1期。
〔46〕《思想战线》1997年第5期。
〔47〕《延边大学学报》1996年第3期。
〔48〕《民族艺术》1997年第4期。
〔49〕《文艺研究》1997年第5期。
〔50〕《湖北民族学院学报》1997年第2期。
〔51〕《华中师范大学学报》1996年第1期。
〔52〕《文艺研究》1997年第1期。
〔53〕《民间文学论坛》1996年第3期。
〔54〕《民间文学论坛》1997年第3期。
〔55〕《民间文学论坛》1997年第1期。
〔56〕梁工，《中州学刊》1997年第2期。
〔57〕张淑英，《齐齐哈尔师院学报》1996年第4期。
〔58〕鞠辉、蒋宏洁，《中原文物》1997年第1期。
〔59〕雷华，《四川师范学院学报》1996年第1期。
〔60〕姜岳斌，《威宁师专学报》1996年第4期。
〔61〕周天，《中国比较文学》1997年第2期。
〔62〕金烨，《宁德师专学报》1996年第4期。
〔63〕张敏，《学术与探索》1997年第5期。
〔64〕魏丽明，《北京大学学报》1996年“东方文化研究专刊”。
〔65〕朱恒夫，《民族艺术》1996年第4期。
〔66〕苑利，《民族文学研究》1996年第4期。
〔67〕徐晓光，《中国比较文学》1997年第4期。
〔68〕《中国比较文学》1997年第3期。
〔69〕《民族艺术研究》1996年第6期。
〔70〕《民族文学研究》1996年第3期。
〔71〕《民族文学研究》1996年第4期。
〔72〕武文，《民族文学研究》1996年第1期。
〔73〕李学琴，《西藏民族学院学报》1996年第3期。
〔74〕朱崇光，《中国典籍与文化》1996年第1期。
〔75〕李璞，《文史杂志》1996年第2期。
〔76〕李子贤，《思想战线》1996年第3期。
〔77〕陈路芳，《广西民族学院学报》1996年第4期。
〔78〕满都呼，《中央民族大学学报》1997年第1期。
〔79〕洪玉范、么保吉，《黑龙江民族丛刊》1997年第3期。
〔80〕戴佩丽，《中央民族大学学报》1997年第1期。
〔81〕穆拉提·墨尼亚提，《西域研究》1996年第4期。
〔82〕杨树吉，《东方丛刊》1996年第4期。
〔83〕邵志忠，《广西民族研究》1997年第1期。
〔84〕吕霞，《青海民族研究》1996年第4期。
〔85〕塔娜，《内蒙古社会科学》1996年第4期。
〔86〕孟慧英，《青海社会科学》1996年第5期。
〔87〕罗江文，《思想战线》1996年第6期。
〔88〕黄任远，《民族文学研究》1997年第3期。
〔89〕杨治经，《黑龙江民族研究丛刊》1997年第2期。
〔90〕敖行维，《贵州文史丛刊》1996年第1期。

民间传说、故事研究概述

薛　洁

1996—1997年，民间传说、故事的研究丰厚拓展、活跃多姿。其研究视野不仅观照中国民间传说、故事的纵向、横向研究的历史性、区域性、民族性，而且注意国内外同类作品的比较研究，探索更深层次的文化内涵。并运用民俗文化学、人类学、社会学、宗教学等学科知识和方法，力求多角度、多元化的开放性研究。正因为既具有本学科理论研究的开阔视野和科学方法，又借鉴国内外相关学科的理论和方法，所以，两年来的研究呈现出“长势喜人”的景象。

民间传说研究

传说研究着力集中在对人物、史事、风物传说的某一具体作品或同类传说的分析比较，其研究成果主要有三点：1. 中国古代常把一些生活故事附会到“箭垛式”人物身上，而使之转变成传说；2. 传说之所以广泛流传，是因为它反映时代的主流思想，并有鲜明的地域特点和民族特色；3. 出现稍迟的典籍记载的传说，其故事情节描述总要比出现较早的更丰满合理，更富有文学性。

林继富《多重文化碰撞的智慧母题——文成公主传说考验难题试析》[1]是从文化角度研究传说的一篇佳作。作者抓住民间传承和典籍记载的同类传说变中不变的“七试婚传”这个核心情节，发掘“藏民智慧的‘七道难题’的传承源脉”。作者把该传说中的七道难题与藏文《贤愚经》和佛本生故事对比，发现四道难题在故事的结构设计上与印度佛经文学同型故事有直接的渊源关系；指出了这些难题与印度佛经文学关系密切的原因（共同的文化心理、共同的文化背景和共同的美学心理）；并以“蚁穿空珠”这一世界性文化母题为例，对4个文化母题源于印度佛经文学的发现又进一步作了流播路线的考证，判断传入西藏的线路为“印度、汉族再到藏族”。作者认为除来自外域智慧母题外，还有“智走迷宫”。“遴选美女”母题及“吃肉”、“喝酒”、“揉羊皮”的考验，都充分显示了藏民族特有的创造能力和雪域高原民风民情的古朴清新。从而得出结论：重知识、重智慧的藏民族，以雪域文化为中心，“将世界文化的智慧母题消解、整合、涵化在藏文化里，”使之既有人类共同的文化母题，又不失民族本土文化的色彩。

蔡铁民《一部民间传说的历史演变》[2]一文，对陈三五娘故事从史实到传说、戏曲、小说的发展足迹作了全面分析，提出两点看法：1. 该传说及艺术生命力千年不衰的根本原因是：“反封建伦理，符合人民的进步思想，”2. “正确认识陈三五娘传说及其文人改编稿的流传、演变过程的失得”，对其历史演变进行研究，以小见大，有利于“理解民间文学作品的产生、演变的规律”有利于“探讨民间文学与文人创作的关系。”

关于观音，西王母等传说，一些学者把其流传与民族的历史、宗教、民俗联系起来研究，有了深入进展。贺嘉的《民间传说中的观音》[3]对观音出世、性变、化身神威与其他神灵以及地方风物、习俗的传说作了全面论述。作者认为，观音这个舶来品来到中国，逐渐不同于佛典中的观音，“观音由男变女和多种化身，正是外来的佛教文化与中国本土的儒、道教文化在群众心理所引起的碰撞和相互消长的结果。”并特别强调指出：民间传说中的观音，是人民群众根据需要“塑造出他们心目中的观音，而不是佛典故事的翻版，”赋予观音“神奇的幻化和惊人的超凡力量，”成为劳动人民“希望与期待的寄托”。作者还认为观音传说有着地域性和民族性，它的流传与民族的历史、宗教、民俗紧密相连。王青《魏晋时期的西王母传说以及产生背景》[4]追溯到《汉武故事》考察该传说的形成，认为西王母会汉武帝故事承袭了魏晋时的西王母传说，接受了道教影响。作者把该传说与史实、宗教结合考察，造就了西王母传说研究的进一步丰富和深入。米恒夫《露筋女传说考论》[5]对该传说嬗变历程作了梳理，认为这个晋、唐一般性的传奇故事到了宋代，被注入道德主题，变成了宣扬妇女贞节的故事；然至今日，其主题又由贞节转为舍己为人。作者分析传说嬗变的原因有宋代理学的普遍影响、当地的道德氛围等，得出结论：“一个传说能够得以长期流传，它必须和时代的脉搏相应合，反映时代的主流思想。而一旦它为人们广泛地接受，就会对一个地区的人们的文化心理与道德观念产生不可估量的影响。”

不少研究者还对传说进行比较研究，分析其间的共同点和差异点，探索某一历史时期民间传说的时代特征及规律。顾希佳《秦汉典籍中人物传说的比较研究》[6]探讨了秦汉典籍中人物传说记载的部分形态，以五组例证分析，发现这些文本的故事情节具有以下四个共同的叙事特征：1. 具有较强的传奇性；2. 情节大致相同，但“反复出现在不同的典籍中”，且主人公姓名要被置换；3. 出现稍迟的典籍记载总要比稍早的描述得更丰满，更富有文学性；4. 故事短小，后被文人采录，安置在他们的长篇文本中保存下来，并保持其相对独立性。敖行雄的《贵州彝族苗族洪水传说的比较研究》[7]通过对彝族《洪水纪》和苗族《洪水滔天歌》的主要相似点和差异点的比较分析，得出了自己独到的见解和答案，很有说服力。佟中明《论锡伯族和蒙古族神话传说及英雄故事的共性问题》[8]对两民族民间文学许多相同、相似的主题、情节探本究源，认为其共性“是在历史上的共同族源、相同文化生态、宗教、民俗、语言的基础上形成的”，这“对考察两者的历史文化渊源、发展和相互影响，以及族源和民族关系都具有重要意义”。宋和平的《满族传说〈尼山萨满〉汉文版本比较》[9]一文将四种汉文本内容的异同进行比较，指出了各版本内容的突出特点，强调抓住这些差异点研究，有利于“了解满族不同时代、不同社区的文化差异”。

考证族源、传说形成的单篇论文占一定位置，值得注意。耶木吉拉《“四十”与柯尔克孜族源传说》[10]和《〈元史·地理志·西北地附录〉吉里吉思传说考述》[11]二文，从民间文学、民俗学、语言文字学、历史学等学科理论、资料入手，将口承和文献两种形式流传至今的柯族传说资料进行比较分析，考证柯尔克孜族源传说。作者发现，民间流传和文献记载的族源传说的母题一致，即大都起源于40个姑娘；而40个姑娘又和族名含义一致。因此认为，族源传说最有代表性的当推在柯人中流传最古、最广的40个姑娘的传说。经考察分析，作者指出“柯尔克孜与突厥同源的传说和记载有历史依据”。尤其对“四十”这一特殊数字作了深入探讨，认为它除了在阿尔泰语系中表示单纯的实数外，在北方民族数文化中还有象征（众多、隆重、盛大、长远等）的习俗及意义。由此得出结论：“四十个姑娘的传说”产生于阿尔泰语系突厥、蒙古语族各民族先民中形成崇尚“四”和“四十”习俗之后的年代，“该传说是柯尔克孜乃至与其相关的北方民族先民母系社会的产物”。陈泳超《〈白蛇传〉故事的形成过程》[12]对目前《白蛇传》探源成果作了检讨，对需要加以澄清之处，如《白蛇传》形成的时间、原因及其具体过程，提出了自己新的看法。汪梅田《论妈祖民间传说、民间信仰之形成》[13]和唐本的《浅谈牛郎织女故事的传说与形成》[14]也是考证该传说的形成过程的力作。另外，李福清的《中国茶酒传说初探》[15]及刘锡诚的《陆沉传说再探》[16]，也均为研究风物传说的佳作。

林继富的《中国民间传说与史官文化》[17]深入分析了二者既有联系又有区别的关系。指出其主要联系为：1. 远古民间传说的创作者，就是最早的历史学家，如《左传》、《史记》对民间传说的广纳；2. 近现代史学家把民间传说作为历史的一部分，如顾颉刚研究大量民间传说后，认为它“有助于‘推翻伪史’，‘明了真史’”，倡导“用演进变化的观点来看待历史化的民间传说”。郭沫若强调“民间文艺才是研究历史的最真实、最可贵第一手的材料，”肯定了民间传说的史料价值；3. 民间传说的史学价值不容忽视，它可以填补历史发展之空白，纠正“正史”所载之谬误。而主要区别则在于：1. 史官文化以“实录”为核心，载录的历史是真实、静态的；而民间传说遵循历史又不拘泥于历史，有极强的流动性。2. 史官文化讲求“真”；民间传说围绕“情”在变动，一真一情“决定了两类文化的本质差异”。最后作者从三方面提出了史官文化对民间传说的积极影响。

民间故事研究

民间故事研究作为民间文学研究中的重点研究范畴，又一直是民俗学界的主要研究对象，保持着较好的学术传统。1996、1997两年来的研究成果充分显示了它的显赫地位和学术水准。研究者的积极活跃、科学的研究方法和对各民族故事资料的引证，都严谨阐发了其学术观点。主要特点表现在：1. 理论研究与具体实证结合起来；2. 研究课题既有深度又有广度；3. 从流播的不同地域、不同民族的历史、宗教或民俗文化为切入点的研究增多；4. 结构类型研究仍是研究的重点和热点。

民间故事与民俗文化的关系是学者们最关注的研究课题。有不少论著，联系民俗文化学、宗教学或历史学多学科、多层次、多视角来研究民间故事，从中探寻它的表层至深层的民族民俗文化内涵，进一步理解作品的深刻含义。马昌仪的《中国鼠婚故事类型研究》[18]，通过鼠婚故事的流布的研讨，发现“我国鼠婚故事与民俗信仰关系密切的特点”，把中国鼠婚故事归纳为民俗型和招婚型两大类型，并对中国鼠婚故事的类型进行考察，作者认为：1. 其招婚故事素材及其独特的循环式叙事结构来源于印度；2. 就其类型的整体来说，并非源于印度（因为印、中鼠招婚故事存在着“根本性的差异）”；3. “民俗型是中国鼠婚故事的原型模式。”作者独到的见解是：鼠婚是一种民俗文化现象。中国鼠婚故事是我国农业文化中嫁鼠禳灾习俗和岁时文化中对子鼠女神信仰的产物。”在《吴地鼠婚俗信与艺术》[19]一文中，马昌仪还就吴地鼠婚作品的民俗型和招婚型的民俗文化现象及其特点作了具体、深入的探讨。君岛久子的《非稻作民的民俗与传承——瑶族的天鹅处女故事及其游耕文化》[20]一文，比较《五彩带》开篇、续篇母题、难题的异同，追溯、探究瑶族的天鹅处女故事的演变踪迹，断定《五彩带》开篇故事是茶山瑶的传承；而续篇坚美仔的故事则属于盘瑶的传承。因而得出结论：“盘瑶和茶山瑶的接触和交流中产生了这个故事”。“属于壮侗语族的茶山瑶从壮族借鉴了收割水稻的母题，而其天上的考验难题则是属于刀耕火种文化。”万建中的《民间故事与禁忌民俗的传播》[21]，则详细阐述了民间故事促使禁忌民俗传播的具体情形：1. 理论上阐述禁忌的目的、实质，说明禁忌是一种最古老的社会规范；2. 民间故事是禁忌民俗传承的“外部”因素；3. 民间故事叙述守禁或违禁过程，以达到教育、规范人们行为的目的。过伟的《侗族娘梅故事与文化生态研究方法》[22]，以侗族《娘梅》故事为例，着重从民族的、民俗的因素探索了用文化生态研究方法来研究民间叙事文学的路子。周北川、熊和平的《鄂西故事〈老鼠子嫁姑娘〉的文化内涵》[23]对土家族、苗族的《老鼠子嫁姑娘》新奇的情节结构、独特的形式作了简要分析，而更重要的是作者发掘了故事背后蕴含着的深层的文化内涵——“鼠崇拜的信仰”。陈玉平《孤儿角色与成年仪式》[24]就田螺姑娘型故事（大多与报恩主题、难题考验情节有关），探讨了“孤儿”角色的原型即成年仪式的受礼者，显示出“由原状态进入新状态”的成年礼内涵。林继富《藏族文化中的镜子》[25]以镜子——这一世界文化的共同母题探讨藏族创造的“镜”文化的共性和个性。

故事的作品研究重视故事的母题剖析与文化内涵的挖掘相结合，故事的类型分析与比较研究相结合，从论文的数量、质量都可反映出民间故事研究的积极的发展态势。刘守华的《"羽衣仙女"故事的中国原型及其世界影响》[26]，以《毛衣女》、《田章》和《金波聂吉新娘的故事》为例，概述了天鹅处女型故事由简到繁、由单纯型向复合型的演变构成及其价值，"在中国和世界范围内产生过深远影响的天鹅处女型故事，以其优美的故事叙述和深邃的文化内涵，保持着长久的艺术生命力。"刘晓春《灰姑娘故事的中国原型及其世界性意义》[27]，从中国灰姑娘的型式、民族性特征和世界性意义三方面通过对灰姑娘的分类、比较研究，探讨中国灰姑娘型故事与其他民族文化在文化交流中的关系。指出："中国的灰姑娘型故事不仅具有鲜明的民族性特征，而且，无论是母题的内涵，抑或是在生活史上的意义，灰姑娘故事都具有世界性。"刘守华的《中国古代民间故事中的科学幻想——鲁班造木鸟故事的古今演变》[28]认为鲁班造木鸟这个世界上同类型故事的最早记载或源头，"代表着一种新的故事体载——民间科学幻想故事"。作者强调指出，不能否认中、印文化双向交流的事实。吴效群《"问活佛"故事的原型解读》[29]，对 AT461 型"问活佛"故事"进行了'本体'的或称是'原型'的剖析。"刘晓春《英雄与考验故事的人类学阐释》[30]，从许多民族中存在着的英雄与考验故事型切入，为了揭示其真正的文化意义，作者"试用多种方式对故事进行历时和共时的研究"，认为"故事中母题的古老意味，决定了故事的文化渊源的深厚久远"，对其体现的人类共同的价值观念作了深层意义的阐释。

这方面的研究，还包括把国外学者研究中国故事的成果译介到国内，以及中国学者介绍国外的研究情况。如：日本学者西胁隆夫关于 AT301 型故事和维吾尔族民间故事"英雄艾里·库尔班"火种和吸血鬼——"轻·吐米尔英雄"型故事的主要母题探讨的《轻·吐米尔英雄故事的母题研究》[31]，繁原央的《中国冥婚故事的两种类型》[32]（结合具体故事比较分析了"慰灵·解冤型"和"幽婚·立嗣型"冥婚故事及其产生的影响）。梁永佳的《俄狄浦斯型故事在西方的研究》[33]，则专门介绍、评述西方研究俄狄浦斯型故事的方法、流派及发展，对研究者拓宽思路、深入探索有积极意义。

刘守华的《道教信仰与中国民间故事类型》[34]将宗教信仰融于类型研究，评述道教对中国民间故事类型、特别是幻想故事的影响，说明故事类型既有国际性，也有民族性和地域性。作者举例说明 12 个新类型"是融宗教性、世俗性于一体的地道的中国民间故事"，不同于国际标准类型，提出对世界各国、各族民间故事作类型学比较，应注意辨析它们的共性与个性。他的《道教信仰与中国民间口头叙事文学》[35]，则侧重于探究道教借助民间文学之必要、道教对现存民间口头文学的影响，尤其寓言借道教"来寄寓道德训诫和生活哲理"。孙正国《中国虎故事的类型研究》[36]一文，将 37 个民族中产生和传承的虎故事分为恶虎型、化身型、义虎型和其他类型这四类进行类型分析和分布特征的研究，得出结论：中国虎故事数量可观，展示了多民族文化的差异性及交流融合，"并对后世的志怪小说和传奇小说起到了借鉴作用，还具有审美的民族特征"。陈益源的《长牙·成精·水里摸——民间荤故事的三种类型及其性教育功能》[37]阐述了这三种故事类型在性教育上的实用的、正面的功能。

江帆的《辽宁民间故事及其类型特征论析》[38]一文，总结了辽宁民间故事丰富蕴藏的概况，以及具有辽宁本土文化特色的故事类型特征，为学界提供了故事类型研究经验。

下面一组文章结合各国、各民族的相关作品，对故事的某个具体领域进行比较研究，成绩斐然。色音的《蒙韩民间故事的影响比较》[39]一文，从比较文学研究的角度，主要对蒙韩的《长脖子哥哥》与《长鼻子哥哥》、《驴耳汗》与《驴耳王》这两组相同的民间故事进行影响比较，发现其故事类型与情节单元同出一源；故事的显层方面有相似特征，但隐层方面则“表现出各自的民族特色和地域文化特征”。这是互动影响、双向影响的必然结果。陈岗龙《流传于蒙古族的目连救母故事》[40]，分析蒙文几种版本、蒙族中流传的该传说及游历地狱的劝善故事等，认为蒙族中流传的这一故事与藏、汉的“有紧密的传承借鉴关系”。比较研究这一故事和蒙藏汉民族文化交流都有重要学术价值，并“开拓出更广阔的目连救母故事研究领域”。〔日〕斧原孝守《东亚民间故事比较研究之课题》[41]，对以汉族故事之受容为中心的问题，故事所体现的东亚文化圈及东亚民间故事索引问题，宏观与微观结合分析，提出了比较研究的课题，具有一定的启发意义。郭崇林的《中国东北地区赫哲、鄂伦春族与蒙古族民间英雄讲唱的比较研究》[42]对这三民族的《满都莫日根》、《英雄格帕欠》和《阿拉坦嘎鲁》作品进行比较，“探讨它们在艺术表达形式、情节结构模式上的共同性，探讨其叙事背景、英雄形象及信仰观念内涵等方面的不同地域和民族特征”。赵永铣、巴图的《蒙古族民间故事与印、藏民间故事的关系》[43]分源流、变异两点进行阐述，认为“蒙古族民间故事受印藏故事，特别是佛经故事的影响极深”。傅尧宇的《〈召树屯〉源流辨析》[44]归纳了学者的“本地说”、“外地说”、“回流说”的不同看法，纵观诸家见解差异，对其源流新探提出了自己独到的见解。林继富的《文化流程中的“中山狼”》[45]一文，描述了印度、中国（汉族、藏族）、阿拉伯三国 AT155 型故事中的“中山狼”故事，探索它的文化之源和流播情况。初步结论为：“‘中山狼’型故事既有民族文化之根，又有外域文化的因子”，显示出“中山狼”型故事交流的多元融合性。

一组研究民间故事与美学的论文，是值得重视的发展迹象。赵怀仁的《白族民间文学中悲剧形象的美学意义》[46]从美学角度探讨白族的民间传说故事，指出其悲剧形象产生的基础是历史条件、地理环境、宗教影响和心理气质。它孕育了白族人民特有的审美趣味，创造了具有悲剧美学意义的、富有特色的民族文化。蒙书翰《试论机智人物故事的喜剧美学特征》[47]，从喜剧主人公（正面人物）的喜剧性格、喜剧冲突和喜剧结局论述了机智人物故事具有的美学特征。穆萨的《回族维吾尔族机智人物故事中笑话的美学价值》[48]按其内容分述了维吾尔族机智人物故事中笑话的四个共同点，指出二民族的笑话，“正是通过对丑的否定来表现人民的审美观点和审美理想，对人民起审美教育作用，具有很大的审美价值”。阿扎提·苏里坦《论阿凡提的艺术形象》[49]一文对阿凡提形象的产生（维吾尔人中具备着产生阿凡提形象的土壤和条件），其思想认识价值、教育作用及美学意义进行了有理有据的论述。指出美丑并存是阿凡提形象美学特征的关键问题，统一在阿凡提的幽默性格上，正是维吾尔民族性格的一个共同特征。

在民间文学的现实意义方面，陶阳的《民间文学随笔四则》[50]选取四个典型例证，结合当前实际问题，谈了自己的真切感受，颇有见地。其中维吾尔族《一块金砖》的故事描述的两代人比金子还宝贵的品格，对今天拜金主义的泛滥起到启迪、教育作用；傣族《忠实的西纳》讲述国王通过听铜铃和尝野果两件事，考验大臣们是否说实话，以此判断忠诚与否，颇值得今人借鉴。许钰的《口承故事概说》[51]，对口承故事的定义、起源、讲述的对象、作品间“雷同”现象、“体裁论”各篇的基本知识和理论以及口承文学流传问题等作了扼要的理论阐述，既有学者的不同意见，更有自己的明确观点，强调重视故事的口头性和书面性。作者还对中国民间故事集成工作的价值及意义给予了高度评价和充分肯定。韩致中《从无特定人物的民间故事到有一定个性的民间故事人物》[52]，对理论界不太注意研究的民间故事人物给予了重视，从千人一面的状况中突现出各具特色、个性鲜明的人物，具有一定的新意。

关于古代故事史的研究，刘守华认为《搜神记》的材料是最丰富的。他的《〈搜神记〉中的魏晋民间故事》[53]，就神仙故事、精怪故事、动物故事和人鬼、人与动物精灵的婚恋故事作了深入探讨，具有较高学术价值。高玉海《魏晋小说中的儿童故事管窥》[54]一文，就机智故事、勤学故事、寓言故事和民间笑话，论析魏晋小说中的儿童故事的特点，“并探讨其形成的社会原因”，对古代儿童故事的改写从思想内容和语言形式两方面提出了作者的见解。

还有一些文章，从不同侧面诸如信仰、习俗及地域、民族文化特征等方面对故事进行研究，表现出研究者一定的学术水平。例如凯赛尔《伊斯兰教的传播与维吾尔民间文学的伊斯兰化》[55]、和平《龙女故事与古代婚姻形式》[56]、陈岗龙《论蒙古族的独眼巨人故事》[57]、李成贵《杜尔伯特民间故事初探》[58]、刘王英《侠义故事中“冯道母题”的深层结构》[59]、杨太《民间故事的群体性与阶级性》[60]、王克旺《畲族民间文学的拯救与发展》[61]、嘎玛光本《藏族民间故事的起源及发展概况》[62]、韩有峰《鄂伦春民间文学挖掘工作中的一个重要发现》[63]、金荣华《冯梦龙〈庄子休鼓盆成大道〉故事试探》[64]、朱迪光《中国古代精怪故事中的精怪人化》[65]、谭达先《赞刘守华著〈比较故事学〉的重大成就》[66]、傅光宇《“蛋生人”神话、传说与故事》[67]、林继富《AT115 型故事的传承》[68]、李霞《破坏与维护——从“呆女婿”故事看中国男子的心态及笑话的功能》[69]、魏敏《新故事切入艺术谈》[70]，等等。

---

〔1〕《民族文学研究》1997 年第 4 期。
〔2〕〔38〕〔60〕《民间文学论坛》1997 年第 2 期。
〔3〕〔52〕《民间文学论坛》1996 年第 3 期。
〔4〕《南京师范大学学报》1997 年第 3 期。
〔5〕《南京师范大学学报》1996 年第 1 期。
〔6〕〔22〕〔33〕《民间文学论坛》1996 年第 4 期。
〔7〕《贵州民族研究》1996 年第 3 期。
〔8〕〔41〕〔42〕〔46〕《民族文学研究》1997 年第 2 期。
〔9〕《民族文学研究》1996 年第 1 期。
〔10〕〔15〕〔16〕〔50〕《民间文学论坛》1997 年第 1 期。
〔11〕《民族文学研究》1997 年第 3 期。
〔12〕《艺术百家》1997 年第 2 期。
〔13〕〔29〕〔37〕《民间文学论坛》1996 年第 1 期。
〔14〕《都江学刊》1997 年第 1 期。
〔17〕〔20〕《民间文学论坛》1997 年第 3 期。
〔18〕〔32〕〔55〕《民间文学论坛》1996 年第 2 期。
〔19〕〔31〕《民间文学论坛》1997 年第 4 期。
〔21〕〔51〕《北京师范大学学报》1997 年第 6 期。
〔23〕〔26〕〔36〕〔56〕《湖北民族学院学报》1997 年第 2 期。
〔24〕〔30〕《民族文学研究》1996 年第 4 期。
〔25〕《西藏研究》1996 年第 2 期。
〔27〕《中国文化研究》1997 年第 1 期。
〔28〕〔45〕《华中师范大学学报》1997 年第 3 期。
〔34〕〔64〕《黄淮学刊》1996 年第 2 期。
〔35〕《中国文化研究》1996 年第 2 期。
〔39〕《西北民族学院学报》1996 年第 1 期。
〔40〕《民族艺术》1996 年第 3 期。
〔43〕《内蒙古社会科学》1996 年第 5 期。
〔44〕〔47〕《民族文学研究》1996 年第 3 期。
〔48〕《西北第二民族学院学报》1996 年第 4 期。
〔49〕《新疆大学学报》1997 年第 1 期。
〔53〕《华中师范大学学报》1996 年第 1 期。
〔54〕《辽宁大学学报》1997 年第 2 期。
〔57〕《西北民族研究》1996 年第 1 期。
〔58〕《黑龙江民族丛刊》1996 年第 3 期。
〔59〕《济宁师专学报》1996 年第 3 期。
〔61〕《福建民族》1996 年第 2 期。
〔62〕《西藏研究》1996 年第 4 期。
〔63〕《黑龙江民族丛刊》1997 年第 1 期。
〔65〕《衡阳师专学报》1997 年第 4 期。

〔66〕《华中师范大学学报》1996年第5期。
〔67〕《民族艺术研究》1996年第4期。
〔68〕《西藏民族学院学报》1997年第2期。
〔69〕〔70〕《民间文学论坛》1997年第4期。

史诗研究概述

陈岗龙

1996—1997两年，中国少数民族史诗研究取得了丰实的成果。据不完全统计，两年内在《格萨尔》、《江格尔》两个国际学术讨论会上和各种学术期刊上共发表了大约200余篇史诗研究论文。并且出版了几部学术价值较高的史诗研究著作。下面，根据笔者掌握的论文资料，对1996—1997年的史诗研究做一简单述评。

一、学术活动和史诗研究的国际合作趋势

1996—1997年，国内外举行了三次大规模的史诗研讨会，并且史诗研究者们寻求国际间合作的迫切愿望已日愈成为现实。

第4届《格萨尔》国际学术讨论会于1996年7月在兰州召开。会议收到国内外学者的100余篇学术论文。除了集中讨论蒙藏《格萨尔》以外，裕固族、土族、普米族、纳西族、白族中流传的《格萨尔》以及《格萨尔》史诗在国外流传情况引起学界关注并得到了比较足够的研究。

紧接着，第2届《江格尔》国际学术讨论会于1996年8月在北京召开。会议收到国内外学者的70多篇论文，内容涉及到史诗《江格尔》的形成与发展、史诗艺人、宗教信仰、故事类型和母题、艺术风格以及《江格尔》与国内外史诗的比较等多方面的内容。

与此同时，国际史诗研究界也一直关注着中国史诗的研究。如美国口头传统研究领域的领袖刊物《口头传统》于1996年出了“沿丝绸之路的史诗”专辑，对中国少数民族的史诗给予了关注和研究。

在联合国教科文组织的倡议下，“国际中央亚细亚史诗”研讨及演唱会于1997年8月在蒙古国乌兰巴托举行。70多位学者宣读了论文，不少论文涉及我国三大史诗及蒙古——突厥史诗的研究，而且史诗歌手和史诗表演研究已经引起学界的高度重视。会议期间应史诗研究者提出的国际间广泛合作的建议，成立了国际中央亚细亚史诗拯救与研究中心。

二、史诗理论的译介与探索

在1996—1997年，朝戈金、尹虎彬两位年轻学者致力于西方“口头传统研究”理论的介绍与传播，孟慧英对维柯的英雄史诗论进行了科学阐释。

由米尔曼·帕里和阿尔伯特·洛德创立的“口头程式理论”是西方20世纪重要的民俗学理论之一。理论的先驱们强调在现场的史诗表演中研究史诗，只有在表演的层面上才能观察到口头诗人利用程式和主题进行创作的实际过程。尹虎彬的论文《史诗的诗学：口头程式理论研究》〔1〕系统介绍了“口头程式理论”的创立者帕里和洛德在将荷马史诗的文本分析放到南斯拉夫活态口传史诗实践中去检验，逐步使口头程式理论研究形成为一门学科的学术历程，并梳理了“口头程式理论”发展的脉络，对该理论做了客观的评价。

朝戈金翻译了美国口头程式理论专家、密苏里大学口头传统研究中心主任约翰·迈尔斯·弗里的文章《口头程式理论：口头传统研究概述》〔2〕，为国内研究者再一次带来“口头程式理论”的系统论述。弗里的文章回顾了帕里和洛德在解答荷马问题的过程中发展“口头程式理论”的早期阶段，而且着重论述了“口头程式理论”近年来的发展、演进过程。其中特别提到口头传统与书面文

本的关系和史诗口头传统的研究从歌手的创作转向听众接受的问题，这些都是“口头程式理论”第二个发展阶段所关注的。据悉，朝戈金已全文翻译了弗里的《口传文学创作论：帕里—洛德学说》一书，相信将会有力促进中国各民族史诗的口头传统的研究。上述两篇文章分别论述了“口头程式理论”的早期阶段和第二个阶段的理论发展历史脉络，从中我们可以得到关于“口头程式理论”的一个比较完整的印象。

18世纪意大利学者维柯是第一个把荷马史诗纳入民间创作，并给予彻底民俗研究的人。维柯在他的主要著作《新科学》中认为社会历史发展阶段同人的生命成长过程相类似，人类的童年、青年和成年犹如每个民族经历的三个历史发展阶段，即神的时代、英雄的时代和人的时代。由于维柯把历史发展的观点建立在共同人性发展的基点上，英雄时代是他阐释的人类的第二个历史发展阶段，所以英雄史诗的人性内容和它展示的时代普遍性都被予以深刻剖析。但是，维柯并没有专门探讨过史诗理论，他的理论和观点都是在《新科学》中阐释人类文化起源和发展的尝试中表达的。因此，非常有必要对维柯的史诗理论和观点做科学疏理。孟慧英的《维柯的英雄史诗论》[3]一文系统梳理和深入阐述了维柯的史诗理论及其观点，从人类的原始思维、原始诗歌的特征和层次、荷马问题三个方面论述了维柯在这一领域的精辟论点。

虽然“口头程式理论”和维柯的英雄史诗论是两种不同的理论，但是两者在荷马问题上的出发点是一致的，相信这两种理论为今后的史诗研究提供了良好的研究模式和历史批评范式。

三、三大史诗的研究

1996—1997年中国少数民族三大史诗继续得到较充分的研究。其中，《格萨尔》和《江格尔》依然保持雄厚的研究态势，而《玛纳斯》的研究尚欠不足。而且，学者们把三大史诗当作民族历史和知识的“百科全书”加以探讨的多，而很少把史诗放在民族文化的背景下做口头传统的研究。即动态的、民俗学的研究不足，而集中在静态的、文本或文献的研究。

藏族《格萨尔》的研究中，何峰的《〈格萨尔〉与藏族部落》一书[4]可以代表把《格萨尔》史诗当作古代藏族部落社会一面镜子加以探究的研究趋势和学术传统。这方面的研究还有扎西东珠的《血缘关系向地缘关系转化阶段的真实写照——〈格萨尔〉所反映的古代藏族部落社会浅析》[5]等。

孙林、保罗的论文《〈格萨尔〉中的三元象征观念解析》[6]和何天慧的论文《〈格萨尔〉中的三界及三界神灵信仰》[7]是互相论证和补充的两篇文章。前者指出人类社会权力、保护力量、财富三大功能和主题在史诗的具体叙事中被当作主流模式来运用，隐喻着史诗故事的趋势和故事结果。如格萨尔是宇宙权力的代表，格萨尔众勇士是宇宙中正义的保护力量，而晁通和其他格萨尔对手则是宇宙财富，是一种必要的生存基础的代表或化身。后者认为，古代藏族三界神灵信仰观念把格萨尔塑造成三界神灵合一的化身，从而具备了前一篇论文中谈到的权力、力量和财富三个方面的功能，得以完成了降服妖魔的重任。

杨恩洪的论文《史诗与民间文化传统》[8]一文是在果洛藏区《格萨尔王传》的实地考察的基础上写成的比较有分量的论文。文章的最大特点是作者没有局限于文本的阅读，而是把史诗还原到它生存和发展的民俗文化场景中去，进行了动态的、立体的观察。正如文末所提倡的，我们应更多地在真实的民俗生活中去关注史诗的生存和发展。

与藏族《格萨尔》相比，蒙古族《格斯

尔》的研究则更多地关注着史诗的文学性。巴雅尔图的论文《〈格斯尔〉与蒙古族文学》[9]深刻探讨了《格斯尔》与《蒙古秘史》、《江格尔》的内在联系。巴雅尔图认为，蒙古《格斯尔》神话传说产生于蒙古族氏族——奴隶制社会，大约在公元11—12世纪。他认为，《格斯尔》史诗与《蒙古秘史》有着一定的血缘关系。比较了《蒙古秘史》与《格斯尔》中成吉思汗与格斯尔的诞生、扎木合与晁同的形象，指出《黄金史》中的成吉思汗征高丽，纳高丽公主为妃，在高丽留住3年，以及成吉思汗征服唐兀惕(西夏国)，以神变力量擒杀失都儿忽国王，纳其美丽的王后古儿别勒真·高娃为妃的神话故事，在蒙古《格斯尔》书面作品里有相当鲜明的反映。《江格尔》与《格斯尔》也有深层关系，除了主人公相似之外，二者之间还有很多彼此渗透的故事母题。巴文最后指出："蒙古族古典文学发展史上之所以能够出现《蒙古秘史》、《江格尔》和《格斯尔》这样举世闻名的宏篇巨著，就是因为蒙古族自13世纪起进一步发扬叙事文学的传统，并在叙事文学形式和思想内容的创新上保持了本民族永远充满希望的乐观主义态度以及积极浪漫主义创作风格，同时清醒地借鉴兄弟民族文学发展的宝贵经验，努力探寻了民族文学发展的新途径。"此外，满都呼教授的《论〈格斯尔传〉的神话色彩》[10]探究了《格斯尔》史诗的神话特征。还有一些学者继续从事和争论着蒙文《格斯尔》各种版本的源流问题，这里就不再赘述了。

蒙古族英雄史诗《江格尔》的研究在1996—1997年仍然呈现繁荣的景象，然而研究者们关注的主题似乎还集中在史诗产生和形成时代的历史背景的探讨上。这一时期，在众多研究论文中下面的两部著作和两篇论文更引人注目。

仁钦道尔吉教授的论文《关于〈江格尔〉的形成与发展》[11]认为，卫拉特史诗艺人在古老传说和小型史诗基础上创作了反映封建割据时期卫拉特社会斗争的长篇史诗《江格尔》。《江格尔》的形成过程与古希腊史诗和印度两大史诗是相似的。郎樱教授在《中国少数民族文学比较研究》[12]一书中总结一部英雄史诗的形成大致经历英雄传说阶段、史诗的雏形阶段、史诗基本形态形成阶段、史诗发展及书面定型化阶段的论述与仁钦教授的具体研究不谋而合，基本上揭示了史诗形成发展的一般规律。

贺希格陶克陶教授的《〈江格尔〉所描绘的蒙古人早期国家形式》[13]一文运用有关人类早期国家的研究理论经过分析研究后指出，江格尔的本巴国不是部落联盟，而是早期骑马民族国家。《江格尔》和其它史诗的这种文献研究或历史研究的传统至今仍然延续不断。

"家家门口都有一条通往北京的路。"蒙古史专家金峰教授的《江格尔黄四国》[14]一书是从历史学的角度对史诗《江格尔》进行考证和分析的一部富有启迪意义的尝试著作。全书计300多页，分"史诗《江格尔》中反映的社会制度"、"江格尔及其众勇士的历史原型"、"江格尔的敌对部落"三章内容，凭作者深厚的卫拉特蒙古史研究功底，经过研究认为，《江格尔》各章不是在同一个时期内产生的，史诗主要反映了四卫拉特联盟的三个阶段。金峰认为，《江格尔》的少数篇章最早产生在14世纪末15世纪初原蒙古帝国发祥地鄂难、土喇、克尔伦三河流域的乌梁海人中。元末明初的战乱中一部分守卫成吉思汗陵的乌梁海人逃散到哈喇和林和漠北五河流域，于1437年建立了早期四卫拉特联盟。当时《江格尔》的一些篇章已定型。而更多的篇章则是在1502—1637年的中期四卫拉特联盟时期在阿尔泰山和天山北形成和发展。1637—1758年后期四卫拉特联盟时期，准噶尔汗国被清朝所灭，从此《江格尔》就失去了产生、发展和丰富的客观历史条件。该书对《江格尔》史诗中历史轨迹的考证分析可谓淋漓尽致，但也常有过火的地方。譬如不少世界史诗或民间文学所共有的情节母题也被作者贴上了蒙古历史事件的标签。这是由于作者过分注意史诗的历史真实性而忽视史诗的普遍性、口头性所导致的。

贾木查先生的《史诗〈江格尔〉探源》[15]一书是近年来系统研究史诗《江格尔》的又一部重要著作。本书作者依据波斯文、维吾尔文、藏文和蒙文古籍，将“江格尔”一名的原指含义考订为成吉思汗，认为《江格尔》史诗主要故事情节同成吉思汗的业绩基本相符，指出13世纪蒙古民族的兴盛，蒙古社会由松散的部落制社会向军事封建社会的过渡是《江格尔》形成的历史背景，从而认为由于这样的前提，史诗《江格尔》才充分展现了处于“英雄时代”的蒙古民族精神的观点在国内同行研究中独树一帜，向以往的《江格尔》形成于13—17世纪卫拉特联盟时期等观点作出了挑战。同时，作者长期从事史诗《江格尔》的拯救与搜集整理工作，因此资料的丰富和学术信息之全面又成为本书吸引学术界的另一个特点。不过不得不指出的是，该著作和上引《江格尔黄四国》一书一样，集中精力探讨卫拉特历史与《江格尔》的关系的同时，却忽略了史诗《江格尔》是民间文学作品，具有口头传统的各种属性。因此，《江格尔》作为史诗作品，从史诗形成与发展的角度进行的探讨，在本书中基本上没有得到进一步的展开。

四、伊玛堪的研究

1996—1997年，孟慧英对赫哲族的伊玛堪进行了系统的研究，她的《萨满英雄之歌——伊玛堪研究》[16]可以说是近年来伊玛堪研究的最成熟的果实。

全书共约27万字，分五章详细论述了伊玛堪研究的重要命题。第一章“伊玛堪概述”比较全面介绍了研究对象，尤其详细介绍伊玛堪艺人的个人资料及其演唱的文本，并且通过对30年代民族学家凌纯声先生所著《松花江下游的赫哲族》中的伊玛堪作品和80年代采录的伊玛堪资料的比较，考察了半个多世纪以来伊玛堪流传变异的基本面貌。这种对研究对象及资料的科学和动态的把握为下一步的分析研究打好了扎实的基础。第二章“伊玛堪与英雄时代”中作者对英雄史诗的特征进行了系统的理论探索，尤其对维柯英雄史诗与英雄时代论说的阐释成为她研究伊玛堪所具备的史诗特征和时代特征的最主要的理论支柱。第三章“伊玛堪的艺术表现”依次谈及伊玛堪的情节、人物形象、唱段和语言艺术。其中，运用普罗普的故事形态学理论和结构主义方法对伊玛堪作品的情节类型及叙事结构进行了归纳，揭示出所有伊玛堪作品结构序列的重复性和主题的单纯、有限、统一。关于伊玛堪韵散文结合形式，对于目前多数学者持有的“讲的方式同情节发展有关，唱的方式同抒情有关”的观点，作者并没有作理论思辩，而从基本材料的梳理入手，用具体唱境的研究回答了问题。这种史诗演唱形式的讨论不仅仅局限于伊玛堪，对《格萨尔》、蒙古史诗尤其是蒙古的本子故事的探讨具有重要借鉴意义。第四章“伊玛堪解读”和第五章“伊玛堪的符号解释”是本书的精粹部分，是作者在伊玛堪研究上超过前人的地方所在。两章中，作者基于自己多年潜心研究的萨满神话和萨满教的考察，系统阐释了伊玛堪的深层寓意和各种符号，对伊玛堪的宗教和文化内涵做出了自己独到的见解。

正如书名所说的那样，孟慧英对伊玛堪的萨满文化内涵的挖掘淋漓尽致，同时又用史诗理论观照着伊玛堪的时代特征和艺术特点。因此可以说，作者对英雄史诗经典理论特别是维柯的理解和阐释为全书构筑了理论廓架，而作者长年对萨满教尤其是萨满仪式的考察研究为揭开伊玛堪深层内涵提供了可操作的探究范式。

五、南方民族英雄史诗的研究

在我国的史诗研究传统中，以往对南方民族史诗的研究偏重在创世（神话）史诗的探讨上。1996—1997年，学者们开始关注南方民族英雄史诗。刘亚湖（雅琥）先生的文章《神奇瑰丽的南方英雄史诗》[17]简要而系统探讨了南方英雄史诗的整体，指出："南方英雄史诗大都反映民族先民从原始社会解体到阶级社会初期的社会生活。这时期，南方各民族发展史上出现两种比较突出的现象：一是随着私有观念和私有财产的出现，一些民族先民经历了频繁而残酷的掠夺战争，经历了从氏族、部落、部落联盟到建立统一的地方政权的过程；二是随着中央封建王朝的向南扩展和民族压迫政策的推行，一些民族先民进行过多次顽强的抵抗，举行过多次大规模的起义。这些英雄和事迹经过一代又一代民间歌手的创编、加工、整理，逐渐形成为各种类型的英雄史诗。据此，南方英雄史诗包括反映古代氏族、部落之间的战争和反映古代氏族、部落首领反抗封建王朝的斗争两个方面的内容。"文章还进一步论述了南方英雄史诗的艺术风格等诸方面的问题。

巴莫曲布嫫的《彝族英雄史诗〈铜鼓王〉初探》[18]可谓南方民族史诗个案研究的上乘之作。巴莫指出，《铜鼓王》是彝族先民部落纷争、反抗异族侵掠、部族迁徙发展的艺术反映，在某种程度上属于迁徙史诗和英雄史诗的中间结合形态。巴莫结合彝族原生宗教生动具体的仪式民俗的考察和经籍化（口碑经）的史诗文本的解读，提出："史诗文本是彝族原生宗教仪式的符号载体和外衣，以其最初的审美魅力，负载并装饰了仪式，使仪式实现了其宗教的、实用的目的；同时，仪式又作为经籍、史诗文本的寄生和内涵，凭着它的功利目的驱使，有力地刺激并促进了祭词向长篇叙事歌的发展。"文章在文学与宗教、诗歌与仪式的交相对照中详细考察了彝族宗教祭祀仪式上演唱的世传歌词《铜鼓王》的历史和文化背景、形成并流传的民俗文化机制、主题思想和艺术风格、文化价值，得出结论认为，以历代"铜鼓王"为代表的正义力量和以铜鼓掠夺者为代表的邪恶势力的斗争为基调的史诗《铜鼓王》大体上反映了西汉至唐宋前后彝族罗罗支系随同铜鼓而迁徙的历史图景。史诗以"托梦神授"的方式叙唱了铜鼓发明的秘密，但却相当真实地再现了彝族铜鼓产生和形成的历史轨迹：陶釜（土锅）→铜釜（铜锅）→铜鼓（乐器）。

郎樱教授在《中国少数民族民间叙事长诗比较研究》[19]中提出："南方具有英雄史诗的民族，如羌族、纳西族、彝族原来并不是南方民族，他们是从西北部地区迁徙到南方的，其先民曾长期生活于西北地域，追溯这些民族的族源，也属北方系的民族系统。严格地说，他们的英雄史诗也应划归在我国北方英雄史诗带之内。"据此，南方英雄史诗与北方各民族英雄史诗之间的进一步深入的比较将会是今后饶有兴趣的课题。

六、史诗的比较研究

1996—1997年，仁钦道尔吉、郎樱等学者继续蒙古——突厥史诗的比较研究的同时，郭崇林承担的"东北亚民族民间英雄叙事文学比较研究"课题也发表了一些中期成果。而更多的学者则进行了各民族史诗之间母题共享之类的专题比较研究。

郎樱教授为《中国少数民族文学比较研究》[20]一书撰写的第四章《中国少数民族民间叙事长诗比较研究》一文可以说是近年中国各民族史诗比较研究的一次高度总结。文章通过英雄史诗基本特征比较、三大英雄史诗比较、突厥民族史诗与希腊史诗比较、《格萨尔》与《罗摩衍那》比较、《兰嘎西贺》与《罗摩衍那》比较等五节，对中国各民族史诗之间的异同与联系，中国少数民族史诗与希腊史诗、《罗摩衍那》等国外史诗之间做了系统深入的比较研究，宏观论述与微观分析相结合，深刻揭示了不同国家与民族的史诗所存在的类同与不同之处和文化交流在史诗形成与发展过程中的重要作用，对深刻认识我国英雄史诗的特点和一般英雄史诗形成与发展的规律，具有重要学术价值。

郭崇林的论文《中国东北地区赫哲、鄂伦春族与蒙古族民间英雄讲唱的比较研究》[21]基于黑龙江省赫哲、鄂伦春族英雄讲唱作品的研究，引申出“北亚民族民间英雄叙事文学比较研究”课题，进而与蒙古族联系在一起，选择中国东北地区渔捞、狩猎、游牧三个典型民族的同类作品，做了艺术形式和文化内涵的比较研究。

印度大史诗《罗摩衍那》曾经对我国三大史诗之一《格萨尔》和傣族的《兰嘎西贺》产生过重大影响，甚或具有源流关系。傅光宇的论文《〈罗摩衍那〉在泰北和云南》[22]在泰北《拉玛坚》异文、云南《兰嘎西贺》异文和印度《罗摩衍那》之间进行了详细的考察、比较，揭示了这些作品与《罗摩衍那》的源流关系和各自形成的地方特色和人文特征。古今的论文《〈格萨尔〉与〈罗摩衍那〉比较研究》[23]在《格萨尔》史诗和《罗摩衍那》史诗的结构、内容特点、主题、人民性、史诗基调、史诗中的战争和人民性、人物形象之间进行了笼统的平行比较。嘎孜·旦正加也在《西藏研究》1997年第3期藏文版发表了《格萨尔王传与罗摩衍那之比较研究》一文。然而，依我之见，《格萨尔》和《罗摩衍那》这两部关系非常密切的史诗的比较研究，其重点应该是影响比较，而非平行比较，在这一点上我们还没有超过法国藏学泰斗石泰安在其《格萨尔史诗与说唱艺人的研究》一书中对《罗摩衍那》和《格萨尔》所做的比较研究。

郎樱教授在《贵德分章本〈格萨尔王传〉与突厥史诗之比较》[24]中指出，史诗古老的成分大多体现在母题之中，史诗形成过程中一些外来文化因素也往往以母题形式进入史诗。因此对于不同民族史诗中类同母题的研究有利于揭示史诗古老的文化内涵和不同民族史诗的比较研究。于是郎樱教授从格萨尔史诗的各种版本中选择了认为是比较古老的贵德分章本，与突厥史诗之间做了一组古老母题的比较，指出了两者拥有的许多共性，并结合历史上吐蕃人与突厥语民族之间的密切交往探讨了不同民族之间母题共享形成的原因。郎樱教授的另一篇论文《论〈江格尔〉与〈玛纳斯〉中的神女、仙女形象》[25]也用同样的思路比较分析了两部史诗中神女、仙女形象及她们的神奇功能，得出结论认为：“史诗中来历不凡的女性形象具有浓郁的女萨满特点，是女萨满神话在史诗中的遗存，亦是史诗古老文化层的重要构成部分。”

此外，扎西达杰的《蒙藏〈格萨尔〉音乐艺术之比较》[26]是一篇难得的比较研究论文。扎西达杰通过蒙藏《格萨尔》音乐的采录资料的深入分析，指出蒙藏格萨尔的纯藏状态、混杂状态、纯蒙状态三种音乐形态，并分析了蒙藏格萨尔艺人的表演、伴奏和音乐结构及发展的共性与殊性。

七、史诗艺人的研究

1996—1997年史诗艺人的研究集中体现在《格萨尔》和《江格尔》两大史诗的歌手的探讨上。其中，《格萨尔》史诗艺人的研究依然集中在“神授艺人”命题的探索；《江格尔》史诗艺人的研究则集中在艺人的共性和艺术风格流派的探究。

高宁的论文《〈格萨尔〉艺人‘神授’之谜》[27]一文认为史诗《格萨尔》是艺人们

长期处于史诗说唱环境中，通过识记、积累所得的结果。接着高文企图运用现代心理学的无意识学说来理解格萨尔艺人的“托梦”、“神授”等说法，并与古希腊哲学家柏拉图的“诗神凭附”、“代神说话”等理论做了比较，然而却收获甚微。

钟勇的论文《道可道，道常道：从〈格萨尔王传〉的结构探讨艺人‘神授’现象》[28]认为，结构主义理论及西方将结构主义理论运用于神话叙事研究的尝试可以为解开格萨尔艺人的“神授”之谜提供一条新的思路。钟勇的文章运用普罗普的故事形态学理论和方法，指出格萨尔史诗的结构具有简练有限的规则，以利于说唱和收听。与心理学的推测相比，本文指出了格萨尔史诗的结构有规律可循，是艺人掌握史诗表演技巧的关键所在，也更符合史诗口头传统研究理论。

孟慧英在其《萨满英雄之歌——伊玛堪研究》一书中对萨满“观景”中的形象符号的解释对格萨尔艺人“神授”现象的研究具有一定参考意义。

而人类学家乔健教授的《传说的传承：藏族〈格萨尔〉史诗诵唱者与拿瓦侯族祭祀诵唱者的比较研究》一文[29]对格萨尔艺人“神授”说做出了独到的人类学解释，对我们的研究具有重要启发意义。乔健对我国藏族《格萨尔》艺人和美洲印第安人拿瓦侯族祭祀诵唱者的传承进行了人类学的比较分析，指出两者的传承具有天壤之别，藏族史诗艺人的传承是超理性的，神秘的或者是神圣的；而拿瓦侯族的祭祀诵唱是理性的，世俗的。两者的根本差异体现在三个方面：一是社会功能方面，拿瓦侯族的祭祀诵唱主要是用来治病；而藏族《格萨尔》史诗主要是用来娱乐，也有治病、驱邪的功能。二是社会角色的差异，藏族《格萨尔》神授艺人的本质是萨满，在表演或平时都处于萨满的昏迷状态；而拿瓦侯族的祭祀诵唱者则是医生。三是社会地位的差异，藏族《格萨尔》艺人在旧社会地位低下，不少是农奴的后代；而与此相比，拿瓦侯族的祭祀诵唱者有着崇高的地位。乔健最后指出：“藏族《格萨尔》艺人‘神授’的象征意义远大于它的实际作用。由于仲肯的萨满本质，梦境神授最大的作用是使他把已获得的及以后会陆续获得的有关《格萨尔》史诗的知识合法化，从此他或她便可以心安理得地演唱了。”乔健先生的论文对我们的启发意义在于，史诗艺人的研究应该在实际的田野考察中完成，在这一点上，人类学的研究会为史诗艺人及口头传统的研究开辟出一条新的路径。

八、史诗的诗学研究

在中国史诗的研究中，系统地诗学或者美学的探讨一直是薄弱的环节。巴·布林贝赫教授的力作《蒙古英雄史诗的诗学》[30]一书正好填补了这一空白，而且代表了蒙古英雄史诗美学研究的世界领先水平，在某种程度上可以与梅列金斯基的《神话的诗学》相媲美。

《蒙古英雄史诗的诗学》一书计300页，分八章系统论述了蒙古英雄史诗的美学问题。第一章“导论”指出英雄史诗是特定历史阶段的文学现象，并归纳出蒙古英雄史诗的原始性、神圣性和规范性三个共同特征。第二章“宇宙模式”从人类的想象、宗教信仰和思维模式探讨了构成蒙古史诗宇宙模式的时间、空间和数字三个概念。其中结合古代蒙古人的萨满教与佛教观念探讨了史诗中的上中下三界，并提出史诗时空的混沌性、形象性和模糊性并提出蒙古史诗的时空是“诗性地理”概念。还从神话思维的角度讨论了史诗中的方向与数字的象征。第三章和第四章“黑白形象体系”中讨论了史诗英雄与蟒古思这一对立形象的美学特征，特别指出蟒古思形象开创和拓展了蒙古史诗的“恶之美学”，这一范畴的提出对蒙古史诗美学的研究具有重要学术意义。第五章“骏马形象”沿着前两章的思路描绘了史诗中骏马形象的美学历程和归宿。第六章“人与自然的神秘关系”中指出了史诗中人与自然关系的功利的、审美的和宗教的三个层次。指出，对自然的理想化描写表现了人与自然的和谐；拟人化描写表现了人与自然的类比；对超自然力的描写表现了人与自然的扩张。这三种自然，与人与自然关系的三个层次是相应的。第七章“文化变迁与史诗变异”对蒙古史诗的发展作了动态观照，尤其关注了变异史诗的美学特征及其异文化影响。第八章“意象诗律风格”论述了蒙古英雄史诗的崇高、模糊、神秘意象、诗律和史诗崇高风格的三个表现范畴：力的渲染、色的对比和数的神秘描绘诸问题。全书以严谨的结构和诗的语言比较完美地勾勒了蒙古英雄史诗的美学特征以及通过史诗表现出来的蒙古民族的美学历程。

《蒙古英雄史诗的诗学》一书以其严密的构筑和诗一样美的语言的叙事引人入胜之外，作者提出了许多新颖观点，对今后蒙古史诗的美学探索具有重要指导意义。譬如，在该书的第八章，作者提出：“如果母题是叙事文学的最小叙述单位，那么我们应该把意象看做是抒情文学的最小单位。因为蒙古英雄史诗中叙事和抒情两者兼而有之，所以把情节母题和意象结合起来进行探讨对于我们全面认识蒙古英雄史诗的艺术整体性将会提供一条重要的研究途径。”

九、结　语

总的来说，1996—1997两年中国少数民族史诗研究的成绩是喜人的。中国少数民族史诗已日益受到人们的关注，1998年8月3日中央电视台《焦点访谈》节目播出中国少数民族三大史诗搜集整理与研究情况，说明了中国少数民族史诗的价值和影响超出了史诗研究和民族文学研究的范围，已经引起全社会的注目。同时，国际学术界对史诗的研究也在民间叙事文学研究领域内日益表现出自己独特的性格，并且各国各民族史诗研究者之间的合作渴望日益成为现实。尤其是西方口头传统理论的研究者在与中国史诗研究者们的学术交流中所表现出的对中国少数民族史诗的浓厚兴趣和寻求同中国学者的合作的渴望，所有这些为中国少数民族史诗的研究创造了国际学术环境和美好的学术前景。

综观1996—1997年的史诗研究，国内学者的研究仍然集中在文本研究，或者可以说是文献的研究和历史的研究。学者们把《格萨尔》、《江格尔》、《玛纳斯》等当做民族历史和知识的“百科全书”，其研究性质与历史科学的研究是一样的。而从民俗学的角度出发，在史诗传承和口头表演的实际场景中去对史诗的口头传统和史诗艺人的表演与技巧、史诗在其社会生活中的状态和功能的动态考察仍然非常缺乏。虽然史诗口头程式理论在我国被介绍进来已有数年，但在具体研究中人们依然极少用这些理论操作实际的研究工作。其最大的一个原因，或者是障碍，我认为是我们几十年以来对各民族史诗的搜集整理在科学方法、学术观念上的不正确引导所造成的。对史诗文本的非科学的记录、对史诗表演场景和史诗传承的民俗生活没有科学的民族志描写，尤其是忽视史诗歌手个人资料，这些对我们今天研究中国少数民族史诗的口头传统与表演造成了很大的困难。因此，我认为，我们继续发扬中国少数民族史诗研究的学术传统的同时，应该更多地关注我国各民族史诗至今在民间流传不息的实际情况，多做一些科学的田野工作，多做一些中国史诗的口头传统研究。

---

〔1〕《民族文学研究》1996年第3期。

〔2〕《民族文学研究》1997年第1期。

〔3〕《民族文学研究》1997年第2期。

〔4〕青海民族出版社，1995年12月。
〔5〕《西藏研究》1997年第1期。
〔6〕《西藏研究》1997年第2期。
〔7〕《青海民族研究》1997年第1期。
〔8〕《民族文学研究》1997年第2期。
〔9〕《民族文学研究》1996年第4期。
〔10〕《中国少数民族文学与文献论集》，辽宁民族出版社1997年8月。
〔11〕《民族文学研究》1996年第3期。
〔12〕中央民族大学出版社1997年10月。
〔13〕《民族文学研究》1997年第2期。
〔14〕蒙古文，内蒙古文化出版社1996年1月。
〔15〕新疆人民出版社1996年。
〔16〕社会科学文献出版社1998年3月。
〔17〕《民族文学研究》1996年第3期。
〔18〕《广西民族学院学报》1997年第2期。
〔19〕《中国少数民族文学比较研究》，中央民族大学出版社1997年10月。
〔20〕中央民族大学出版社1997年10月。
〔21〕《民族文学研究》1997年第2期。
〔22〕《民族文学研究》1997年第2期。
〔23〕《西北民族学院学报》1996年第2期。
〔24〕《民族文学研究》1997年第2期。
〔25〕《民族艺术》1997年第1期。
〔26〕《中国藏族》1996年第3期。
〔27〕《西藏研究》1997年第4期。
〔28〕《民族文学研究》1997年第1期。
〔29〕《中国神话与传说学术研讨会论文集》，台北汉学研究中心，1996年。
〔30〕蒙古文，内蒙古教育出版社1997年7月。

论文选摘

陆沉传说再探

刘锡诚

陆沉传说与吴文化圈

陆沉传说（城池陷沉为湖的传说，简称为陆沉传说），应是吴文化圈中一个具有代表性的、源远流长的传说类型。现根据这个主要流传在吴文化圈内的传说资料，略作归纳分析。

地处太湖之滨的嘉兴县，秦代或先秦时代就有陆沉传说流传。晋·干宝撰《搜神记》卷十三收入一则有当地地域特色的陆沉传说。从干宝所辑录的传说中所引用的秦代童谣“城门有血，城当陷没为湖”来看，陆陷传说的滥觞期，可能在秦代或早于秦代。“城门有血”作为陆陷的预兆，在当时已成为此传说类型的基本母题。

最早的记载见于西汉时期的著作《淮南子·俶真训》：“夫历阳之都，一夕反而为湖，勇力圣知与罢怯不肖者同命。”所记本事即情节极其简单。到东汉高诱作注，才将历阳陷湖传说大体勾勒出来。历阳陆陷传说，被后出的各种志异笔记类书多所引述。历阳在今安徽省和县，县治现在还称历阳镇。

历阳陆陷传说，到晋·干宝《搜神记》卷廿所收一则异文，其情节显然出现了重大变异。到梁·任昉《述异记》卷上也记载了这个传说。

至此，陆陷为湖的传说，始形成为一个较为固定的形式。

在明代无名氏小说《龙图公案》里有一篇《石狮子》，预兆洪水将至的角色，由以往文献中的石龟变成了石狮子。这是一个不可忽略的转变。

以石狮预兆为标志的近代传说

本世纪以来，在吴文化圈内，在太湖周围的广大地区，搜集记录的陆陷为湖的传说，仅笔者读到的至少有九篇，大致可分为两个类型：Ⅰ型：陆沉母题；Ⅱ型：陆沉母题与兄妹婚母题融合。

Ⅰ型：属于陆沉母题的传说有七篇，与古代记录的异文有连续性，但也有变化，最大的变化是：城（陆）陷或洪水到来的预兆，由城门（阃）有血——石龟眼睛出血，变成了石狮子眼睛出血。这个类型以陈志良在上海记录的《沉城的故事》为代表。宜兴的异文《水淹丰边胡》，陆陷的原因是玉皇大帝为了惩恶。采录于常州的《滆湖的传说》情节与宜兴的大致相同，但残缺不全。长兴的异文《瓷州城与太湖》和淮安的异文《洪泽湖的传说》也有神仙惩恶扬善的思想，但在构思上强调了洪水是怎么来的。

传说中的瓷州城和泗州城（洪泽湖），其地望分别在太湖之南和太湖之北，相距有一定距离，其故事情节却惊人地相似。不同处在，一个是洪水从笋眼里涌出来，一个是洪水从聚宝盆窝里涌出来。

Ⅱ型：陆沉母题与兄妹婚母题复合。其

特点是陆沉造成洪水，洪水之后仅存兄妹二人，结为夫妻，延续人类。有两例：一是叶镜铭于30年代采录于富阳县的《石狮嘴里出血》；一是1988年出版的《中国民间故事集成·富阳县故事卷》中的《合石磨》。

兹将上述陆沉传说的两种型式作一比较。

（1）Ⅰ型与Ⅱ型的前半部大体相同。门阃、石龟或后起的石狮，是天机（洪水、城陷）预先者，当它嘴边有血时，将有灾难，洪水陷城。

（2）Ⅰ型故事结局是，一人（孝子或善心者）得知天机，负母逃脱洪水。Ⅱ型的最大区别是，洪水来临时，姊弟二人同入石狮子腹中躲避，洪水退后，二人以占卜方式婚配。后半部分可能融合了"洪水后再造人类"血缘婚神话。

（3）晚近流传的Ⅰ型较之早期流传的型式，增加了较浓重的民间信仰色彩。角色也发生了转换。

（4）Ⅰ型侧重在解释某城陷落的原因。

陆沉传说的形成

许多学者把伊尹生定桑的古神话与陆沉传说列为同型传说。笔者在搜集和研究了更多材料后，对其最初出现地及传播线路的说法产生了怀疑。笔者趋向于认为，陆沉传说最早出现于吴地的沼泽湖网地区，《搜神记》记载的其发生地就在由拳（今嘉兴），在吴地流传较密集。

城池和村庄一夕陷而为湖，这种自然界发生的突发事件，给科学还不发达、迷信思想较严重的当地人们留下了无法理解、无法解释的疑团。于是，陆沉传说就在一种特定的背景下产生了。开始，该传说还局限于事实，但在不断流传中像滚雪球一样，把与陆沉无关的或把其它母题的洪水神话都粘连进来。这就是陆沉传说最早在吴文化圈里出现、流传密集的原因。

在陆沉传说的两种型式中，一个共同的骨干性的情节，即城门有血——石龟眼出血——石狮眼出血（涂血），预兆着将陆陷为湖或洪水泛滥大难将至。这个母题是怎样形成的？象征什么？

无疑，这个母题所包含着的是一些古老的、原始的观念。古人以为，血是生命的象征，一切生物的生命都在血中。因此，磔狗于门或涂血于门，乃是借助于血光之气来禳灾纳吉。但以血涂门，亦可反其义而用之。古人普遍信巫，吴越之地尤甚。从他们的巫术观念看来，牲血是一种禁忌，人类可用狗血、鸡血，后用猪血来禳灾，其他势力也可用牲血来对付人类。这种血的禁忌，在吴地大概曾相当流行。牲血既具有禳灾的功能，也作为禁忌用于模拟巫术，致害于他人，带来灾难。

陆沉传说与洪水后人类再殖神话

陆沉传说Ⅱ型的特点是融合了陆沉（洪水泛滥）与兄妹结婚两个原本独立的神话母题，成为"洪水后兄妹结婚再造人类"神话之一式。

中国的兄妹婚神话，以伏羲女娲神话为代表。它最早记载在唐·李冗的《独异志》里。近年来，敦煌写本伯4016《天地开辟以来帝王纪》的发现和考证，使洪水后伏羲女娲兄妹结婚再造人类神话的文献记录的时间提前到了六朝时期，还找到了洪水和兄妹婚两个母题连在一起的伏羲女娲兄妹婚神话文献。吕威指出其五个特点，因而"可以推断伏羲女娲兄妹婚型的洪水神话是一个印度佛经洪水神话传入之前本土已有的传说"。

富阳传说既有别于敦煌写本中的洪水后伏羲女娲兄妹婚神话，也不同于印度佛经的洪水故事，它是一个把主要流传于吴文化圈、以石狮子眼睛出血作为预兆的陆沉传说与兄妹婚传说融合在一起，从而进入中国洪水后兄妹婚再造人类形式的神话系列中。

（原载《民间文学论坛》1997年第1期，原文12000字，薛　洁摘）

一个影响深远的唐代民间故事

——《望夫冈》与“云中落绣鞋”型故事

刘守华

英雄深入洞穴救女，历经艰难脱险。至今仍是一个世界性的著名故事，被列为AT301型。

今本干宝《搜神记》卷十一中有《望夫冈》一条，……来自唐徐坚等人编撰的类书《初学记》卷八引地方志《鄱阳记》中简短文字，是为了说明“望夫冈”这个地名的由来，但它已具备了这个故事的基本形态。丁乃通曾就本故事撰写长文《云中落绣鞋——中国及其邻国的AT301型故事群在世界传说中的意义》，该文指出，《望夫冈》所述，“尽管不及现代口头异文那样成熟丰满，但据我们所知，它无疑是最早含有姑娘凭绳得救和主人公被同伴出卖等特殊情节的异文，因此它可以被称作世界上最早的301A型故事的异文。”

《初学记》是唐玄宗时官修的类书。《望夫冈》故事显然是在民间传诵多年之后才进入《鄱阳记》，再后才被《初学记》所引述的。这样一个曲折惊险的故事，爱搜奇猎异的唐文人笔下不可能没有它的踪迹。研究者细心搜求，先是在无名氏作《补江总白猿传》中看到了它的影响。它是一篇由文人创作的传奇小说，只是借用了民间口传故事中的某些情节，然后加以生发敷衍成篇，很难从中看出民间故事的本来形态。

关于这个故事在唐代流传时的完整面貌，在清人毛祥麟的笔记小说《墨余录》卷八中发现，题为《石洞绣鞋》，把它作为故事流传的时空背景的标志来看，是可信的。再联系《补江总白猿传》的出现，更表明了它作为唐代故事的可信性。

从宋代笔记中可以找到这一故事继续在民间流传演变的踪迹。洪迈《夷坚志》所载《巴山蛇》，基本情节与《石洞绣鞋》接近，却引入巫师治怪，出现地方性变异。

在《石洞绣鞋》和《巴山蛇》中，都没有关于英雄主人公被同伴陷害，如同《望夫冈》所包含的那一重要情节。但在它以后诸笔记小说的许多故事里，这样的叙述屡见不鲜，如元代白珽《湛园静语》中的《庐山峰室》，故事以庐山为背景，又注明是江西广信朱岩口述，可以看出是一则源于口头的民间故事。丁乃通将它作为AT301的亚型之一来看待，定为301F型，它和以《望夫冈》为代表的301A型故事的主要区别是，不以下洞营救一位女子而是以寻取某一种宝物为目的。它是一个具有独立价值的中国传统故事，有众多的现代口头异文流行于世；又对301A型即“云中落绣鞋”的完整形态的形成发生了重大影响（用绳子吊人下去取宝比下洞救人的故事起源更早）。它有鞭挞背信弃义者的情节。所以在近现代有关这一故事的口头叙述和通俗文艺中，英雄下地穴救女人和同行者的背叛与受惩便无一例外地结合在一起，即使故事情节更为曲折惊险，也使它的主题得到了更完满的表达。

《云中落绣鞋》故事的现代口头异文十分丰富，丁乃通的《中国民间故事类型索引》中，收录各种型式的异文120余例，其中情节最为完整的301A型就有60余例。……以收入《中国民间故事集成·吉林卷》中舒兰县赵清讲述、李风岐采录的《石义和王恩》为例，这个文本代表了本故事最完整的形态。名同“施义与忘恩”谐音，象征二主人公善恶对立的思想性格，又在首尾插入洪水逃难、求婚考验，使情节更丰满，扣听众心弦。

从《望夫冈》、《石洞绣鞋》到《石义和王恩》这一转变是怎样实现的，已很难考究。但有一事实，即本故事曾被改编为多种多样的通俗文艺。通俗文艺家对“云中落绣鞋”的故事进行改编再创作时，在吸取口头文学素材的基础上予以充实提高，它们深入民间之后又被人们作为故事来讲述，这样的双向交流不断进行，它的现代口头异文的思想和艺术质量也就日趋精美了。

在丁乃通搜寻到的中国“云中落绣鞋”的丰富异文中，也有维吾尔、哈萨克、蒙古、达斡尔等民族的少量异文，但它们都有着汉异文的明显烙印。据此，丁乃通便得出结论：“301A型在中国有着悠久的历史，它是最典型的汉族或中国故事，它流传的范围大致和汉语影响的范围一致。”

AT301“寻找失踪公主”是一个具有国际性，流行于欧亚大陆许多国家的故事类型。中国的“云中落绣鞋”在这个国际类型中占有怎样的位置，……丁乃通的文章作了富于启发性的探讨。

欧洲最早的301A型故事，从13世纪的骑士传奇《托切》中可以找到，它和《望夫冈》、《石洞绣鞋》的情节很接近，因此，丁乃通推测，“它可能是通过一个了解中国最近异文（唐代）的胡人故事的讲述者从中国带入西方的。”他关于这个故事起源于中国唐代的推论，虽然有待于搜求更多材料加以证实，却作了极有价值的探索。

（原载《文史知识》1997年第1期，薛　洁摘）

新书评介

《女娲的神话与信仰》

杨利慧　著

女娲是上古以来中国民众信仰的一位大女神。有关女娲的神话、故事千百年来在我国民众中间传承不衰。

先秦时代就有学者开始记录女娲神话以及人们对于女娲的信仰行为；“五四”以后随着中国现代民间文学学术和民俗学科的建立，对女娲神话的研究更是成为学者们集中关注之所在，并取得了丰硕的现代科学研究成果。

杨利慧的博士论文《女娲的神话与信仰》（中国社会科学出版社 1997 年版）对上述成果进行了全面的总结，并运用新的材料和方法进一步拓宽和深化了女娲神话研究的领域和程度，是截至目前我国民间文学和神话学界关于女娲神话研究的集成之作。更为重要的是以往的女娲研究多偏重神话方面而少涉及信仰方面，杨利慧的研究将女娲信仰的研究置于与女娲神话研究比肩而立的地位，不能不说是对以往女娲研究的重要超越，从而将女娲研究推向一个新的阶段。

全书约 20 万字，集中讨论了女娲的神格、女娲神话的发展与演变、古代和现代的女娲信仰、女娲神话与信仰的功能、女娲在中国民族信仰中的地位等女娲研究中的重大问题。

运用新的材料和新的方法是学术进展的重要途径，而新的方法往往又是与新的材料结伴而生的，半个多世纪以来凡女娲神话研究取得进展无不是在上述两个方面首先是在新材料的掌握方面实现了突破，如芮逸夫运用民族学材料、闻一多运用考古学材料都曾使女娲研究面目一新，而杨利慧的女娲研究则得益于民俗学的新材料。

近年随着我国民俗学的复兴和进展，大量女娲神话和信仰仪式的田野资料被发掘出来（如中国民间文学故事、歌谣、谚语三套集成的编纂，“中原”神话故事的调查等）。杨利慧以其敏锐的学术眼光捕捉到这些材料的重要学术价值，并及时地将其引入自己的学术研究之中，使自己的研究建立在较前人更为坚实和新颖的资料基础之上，开阔了思考背景，达到了较前人更高的理论抽象程度，从而使自己在验证和修正前人旧说或成说时的结论具有了更强的信度。

新材料的占有必然引发新方法的使用，而更值得肯定的是，杨利慧的民俗学方法并非简单地将田野资料与文献资料相互印证，而是亲自从事田野调查并通过参与观察以获得对女娲神话与信仰功能的“同情了解”。杨利慧作为民俗学博士训练有素，熟练掌握了田野调查的策略与技术，这就使得她亲手采录的材料具有更高的科学性，她对女娲神话与信仰也就由此获得了“本质直观”的能力，于是得以最终熔铸“客观实证”（王国维）方法与“主观体验”（陈寅恪）方法于一炉，取得了令人瞩目的成绩。

该书中的许多具体结论也都处处引人入

胜，如对“兄妹婚型洪水神话南方一元说”的质疑，如对女娲始母神主要神格的判断，如对女娲神话演变形式和女娲信仰功能的归纳，如对经典人类学“遗留物”理论的修正，无不发人深省。如果说本书还有不足，那就是限于博士论文的篇幅，我国少数民族与域外民族的女神神话与信仰的民族学、人类学材料在本书中只是作为研究视野的背景材料，未能更多地引用以加入到论证的过程之中，但此遗憾不足以掩盖本书所取得的学术突破，相信著者今后会以别的形式继续展开其后续研究。

（吕　微《〈女娲的神话与信仰〉评介》）

纪　事

文学纪事

·1996·

1　月

中旬　江苏省委宣传部、江苏省作家协会、江苏省新闻出版局、张家港市委宣传部等单位，在南京张家港联合举办凤章长篇报告文学《张家港人》研讨会，与会作家、评论家称赞该作品是一部充满激情的时代史诗。

20日　著名戏剧家、散文家凤子因病在京逝世，享年85岁。

24日　江泽民总书记在中南海与出席全国宣传部长会议的同志座谈时指出，必须切实加强对宣传思想工作的领导，为经济建设和社会进步提供有力保证。

26日　《文艺报》、中国报告文学学会、作家出版社、《当代》杂志社、二炮政治部文化部等五家单位，在京联合召开徐剑长篇报告文学《大国长剑》研讨会，首都文学界、新闻界、军事学术界的有关人士60多人出席了会议。与会者一致认为该作品是一部展示中国战略导弹部队辉煌历史和精神风貌的史诗。

29—31日　由中华全国台湾同胞联谊会、中国社科院文学研究所、厦门大学台湾研究所联合发起召开的"台湾文学研讨会"在京举行，与会海峡两岸学者、作家29人就台湾文学的定位、日据时期的台湾文学、台湾文学研究的现状等问题进行了研讨。

本月　湖北省作家协会、湖北少年儿童出版社在武汉联合召开徐鲁作品研讨会，30多位与会评论家、作家和编辑就作者几年来在儿童文学和散文创作领域所取得的成就予以了肯定。

◇　藏族女作家央珍、梅卓长篇小说讨论会在京举行，与会数十名少数民族文学研究专家、学者充分肯定两位作家的创作成绩，一致认为她们的创作给藏族当代文学注入了新的内容，为新时期的文学格局增添了一个新的景观。讨论会由中国社科院少数民族文学研究所、中国青年出版社和中国文联出版公司等八家单位联合举办。

◇　中国微型小说学会第三次年会暨理论研讨会在广东佛山市举行，与会人士就微型小说的发展等问题进行研讨。

◇　由中国作协创研部、北京十月文艺出版社召开的钟亦非长篇小说《黄土屋黑土屋》讨论会在京举行，与会评论家称赞该作品是一部具有浓郁生活气息和石油味的佳作。

◇　北京师范大学、太原市文联、沈阳出版社等单位，在京联合举办李克仁作品研讨会，与会者就作品的艺术特色及表现手法等问题展开研讨。

◇　湖北省作家协会、湖北少年儿童出版社在武汉联合举办徐鲁作品研讨会，30多位与会评论家、作家和编辑就作者近几年在儿童文学和散文创作领域所取得的成就给予肯定。

2　月

8日　中国文联在京举行迎春座谈会，与会的文艺家一致希望，中国文联在新的一年里能更好地发挥"联络、协调、服务"的工作职能，引导文艺家创作更多的无愧于我们伟大时代的优秀作品，为社会主义精神文明建设作出新的贡献。

9日　《文艺报》在京召开杂文创作座谈会，首都部分杂文作家就如何提高杂文思想艺术质量问题展开热烈讨论。

10日　中国作协创研部、文艺报社、光明日报文艺部在京联合召开陆天明长篇小说《苍天在上》研讨会，与会50余位作家、学者赞称该作品是一部近年来少有的反映时代精神和人民呼声的优秀长篇小说。

上旬 作协党组、书记处成员分成10个小组，拜访在京的100余位老作家和作协主席团成员，向大家传达中央精神，通报近期情况，并征求对繁荣社会主义文学和改进作协工作的意见。

29日 全国作协工作会议在京召开，会议的主要议题是讨论修订《中国作协1996年工作要点》和《关于繁荣社会主义文学的五年规划》。与会者强调要加强引导力度，繁荣文学创作，以更多优秀作品迎接第五次全国作家代表大会的召开。

本月 《小说选刊》、《昆仑》杂志、北京军区文化部等单位，在京联合召开张惠生作品研讨会，20余位与会作家、评论家就作品的艺术特点等问题展开研讨。

◇ 康凯（康式昭、李世凯）杂文研讨会在京召开，与会作家、评论家20多人肯定作者35年来在杂文创作上取得的成绩。研讨会由北京杂文学会举办。

◇ 中国作协副主席陈荒煤同志兼任《中国作家》主编，这是继冯牧同志之后，《中国作家》的第二位主编。

3　月

3—4日 中国作协在京举行全国文学创作中心座谈会，湖南、广东、上海、山东、山西、内蒙古六省、市、自治区文学创作中心负责人和部分著名作家在一起共同交流工作经验和创作体会。

5日 著名作家、原山西省文联副主席、山西省作协副主席孙谦在太原因病不幸逝世，享年76岁。

13日 上海市文艺工作交流座谈会在沪举行，会议认真总结交流了两年来上海文艺工作的经验，并就如何抓住世纪之交的历史机遇，进一步振奋精神、开拓进取，扎扎实实地把上海文艺工作推上一个新台阶展开了热烈的讨论。

14日 杨沫的亲属在北京将杨沫生前留下来的一批珍贵的图书、手稿，体现版权的所有出版合同以及16万元稿费，全部捐献给中国现代文学馆。

◇ 中国田汉基金会在京成立，该会的上级主管部门是文化部。宋任穷任名誉理事长，周巍峙被推选为第一届理事会理事长。

26日 柯岗从事文学创作55周年暨《柯岗文集》出版座谈会在京举行，中宣部副部长、中国作协党组书记翟泰丰到会，赞扬柯岗的革命精神和文学篇章，是中国现当代文学的瑰宝。与会100余位作家，评论家对作者的革命品格、文学才华和作品的思想艺术成就给予了热情、高度的评价。座谈会由中国延安文艺学会、中国作家协会和中国图书进出口公司共同举办。

28日 中国作家协会、江苏省委宣传部、江苏省作家协会和张家港市市委宣传部等单位，在京联合举行凤章长篇报告文学《张家港人》研讨会，60余位与会作家、评论家对作者的强烈社会责任感和拥抱生活的激情予以赞扬，强调关注人民事业、讴歌时代精神是作家的职责。

4　月

6日 由北京市文艺学会、《新文化史料》编辑部、北京社会科学院文学所联合举办的“华北沦陷区文学暨专著《沦陷时期北京文学八年》学术座谈会”在京举行，与会30余位作家学者就华北沦陷区文学以及张泉的专著《沦陷时期北京文学八年》进行了深入的研讨。

7—10日 由浙江大学华文文学研究中心主办的“华文文学与中华人文精神国际学术研讨会”在杭州举行，来自海内外的专家、教授40多人围绕华文文学所蕴含的中华人文精神及中华人文精神对华文文学的影响、中华人文精神的内涵、特征、历史贡献与当代价值、中华人文精神在其它文化意识领域的表现等问题展开研讨。

9日 赵玫作品研讨会在天津召开，来自京津两地的几十位作家、评论家对作者的创作特色等问题进行研讨。研讨会由天津市文联主办。

11—12日 中国作协四届主席团第十次会议在京举行，中共中央政治局委员、书记处书记、中宣部部长丁关根出席会议并讲话。会议审议并原则通过了《中国作家协会关于繁荣社会主义文学的襄年规划（讨论稿）》和《中国作家协会1996年工作要点》，并作出今年第四季度召开中国作家协会第五次会员代表大会的决议，提请四届理事会第四次会议审定。

16日 西藏作家协会二届三次理事会议选举扎西达娃为西藏作家协会主席。

18日 邓友梅长篇小说《凉山月》研讨会在西昌

举行，与会评论家、作家一致认为该部小说是一部民族风情浓郁，语言故事独特，艺术上成功的作品。

◇　香港作家联会召开特别会员大会，修订会章并选举第五届香港作家联会理事会成员，刘以畅为会长。

◇　新华社上海分社、上海市作家协会、上海社科院等几家单位，在沪联合举行长诗《邓小平之歌》研讨会，与会者充分肯定了桂兴华饱满的创作激情，并对长诗的进一步修改提出了许多建议。

19日　中国现代文学馆、中华文学基金会和深圳市作协在京联合主办林祖基散文研讨会，与会几十位作家、评论家认为作者在为政之余勤奋创作的精神难能可贵，并对作者的新作《窗外世界》进行了研讨。

22日　由中国通俗文艺研究会和中国民间文艺家协会主办的国际民间叙事文学学术研讨会在京召开，近30个国家和地区的100多位民俗学家、教授围绕“民间叙事文学与现实关系”这一中心议题展开探讨。

23日　著名文艺理论家、作家蒋和森因病在京逝世，终年65岁。

25—27日　中宣部出版局和新闻出版署图书司在福州联合召开繁荣长篇小说出版专题研讨会，参加会议的12家出版社分别在会上交流了各自近年来长篇小说出版的具体情况，并围绕“在多出优秀长篇小说的工作中，出版社能做什么”的专题以及如何实现每年推出5至10部优秀长篇小说的目的进行了实质性的探讨。

本月　青年作家李鸣生报告文学《走出地球村》讨论会在京举行，与会者对作者在航天题材报告文学上所取得的成绩给予充分肯定。此次讨论会由人民文学出版社和中国空间研究院共同主办。

◇　中国作协创联部、解放军文艺出版社、总后政治部文化部等几家单位，在京联合举办报告文学《跨越苍茫》研讨会，与会者称赞作者咏慷热情关注和投入经济改革现实的精神。

◇　诗刊社、中国文联理论研究室等单位在山东青州市举行全国诗歌理论研讨会，与会者就当前诗歌创作的现状和出路等问题展开研讨。

◇　《十月》杂志社与江苏文艺出版社在京联合举办张国擎作品讨论会，与会者就作者的吴域文化小说展开讨论。

◇　’96华文诗歌国际学术研讨会在武汉大学举行，海峡两岸的专家学者同日本、韩国、德国、新加坡等国的汉学家、诗人共百余人就华文诗歌的创作及发展进行了广泛的交流。

◇　华中师范大学文学批评学研究中心组织的“文学史研究的方法与范式”研讨会在武汉举行，与会者就文学史与文学理论、文学批评的关系，过去文学史研究中存在的问题，文学史的正名，文学史的观念、方法和范式，文学史的类型和功能等议题展开研讨。

5　月

2日　《文艺报》文学评论部在京举办清子诗集《涅槃》座谈会，与会者称该诗集是一部交织着痛苦与希望、挣扎与追求的作品，是一部给人启迪、令人感奋的作品。

3日　沈阳出版社与中国社科院文学所在京召开美籍华人黄运基长篇小说《奔流》座谈会，与会者认为故事情节紧凑，没有刻意编造，人物的生活经历独具特色，流荡在作品中强烈的爱国主义情怀具有感人的艺术魅力。

5日　中国作家协会副主席、著名诗人艾青因病在京逝世，终年86岁。

17日　中国作协创联部和浙江省作协、浙江省出版总社在京联合举办王旭烽长篇小说《南方有嘉木》研讨会，与会者充分肯定该部作品积极的思想内涵和强烈的爱国主义精神。

28日　国防科工委政治部、解放军文艺出版社在京联合举办薛守唐诗集《奔月集》研讨会，与会诗人、评论家称诗集从一个侧面记载了国防科技事业从艰辛走向辉煌的发展历程，讴歌了国防科技战线广大官兵艰苦创业、无私奉献的可贵精神。

29日　由中宣部、国家教委、共青团中央和中国作家协会联合举办的第三届（1992—1994）全国优秀儿童文学奖颁奖大会在京举行，秦文君的小说《男生贾里》、冰波的童话《狼蝙蝠》、印易东的诗歌《到你的远山去》、高洪波的散文《悄悄话》、张秋生的幼儿文学《鹅妈妈和西瓜蛋》等19部作品获奖。

本月　中国作协、上海市委宣传部等单位分别在北京、上海两地举行秦文君儿童文学作品研讨会，两地的与会作家、评论家高度评价了作者在儿童文学创作上所取得的成就，认为她的作品具有鲜明的时代气息，真实、生动、鲜活地反映了当代少年自主、自强的时代风貌和心理变化。

◇ 文艺报社、中国广播电视出版社等单位，在京联合召开立言杂文创作研讨会，与会者就作者杂文创作的特色及杂文的功能等问题进行探讨。

6　月

1—8日　中国作协、国家民委、内蒙古作协等几家单位，在内蒙赤峰市联合举办全国第二次少数民族文学翻译会议，来自全国9个省、市、自治区的12个民族的40多位翻译家、作家出席了会议。与会者针对近年来我国少数民族文学翻译工作在新形势下出现的种种问题进行了深入的研讨。

4—7日　中国社科院文学所古代室、《文学评论》编辑部、广西师大中文系、中国韵文学会、湘潭大学中文系、柳州师专、广西师大出版社、漓江出版社等八家单位，在桂林市联合主办全国首届骈文学术研讨会，与会40余位专家、学者围绕有关骈文的一系列理论问题进行了交流、研讨。

10—12日　河南省文联第四次代表大会在郑州召开，丁发杰当选为省文联主席。

17日　中国作协文学理论研讨班在京开幕，北京部分知名文学理论家、批评家和作家代表共20余人应邀参加了这次为期一周的学习研讨活动。

20日　北京市杂文学会在京举办刘征杂文研讨会，与会30余位专家、学者对作者杂文的思想性、艺术性进行了研讨。

◇ 著名老作家梁斌因病在天津逝世，终年82岁。

25日　中国诗歌学会、吉林省作家协会、电力部文学艺术协会等单位，在京联合召开赵首先诗歌作品研讨会，与会者就作者的创作风格等问题展开研讨。

26日　原《文艺报》主编、著名文艺理论家孔罗荪因病在上海逝世，终年84岁。

28日　据《文艺报》报道：为纪念中国新文学的奠基人之一茅盾诞辰100周年，中国华侨出版社推出《茅盾作品经典》丛书，该丛书共编为五卷，囊括了茅盾中、长篇小说的主要作品，短篇则按早、中、晚三个时期与中长篇配合，组成了一个有机整体。

◇ 中国社会科学院文学研究所、《文艺报》等六家单位，在京联合举办蔡仪美学思想研讨会，与会者就蔡仪的美学思想及在中国美学史上的地位等问题进行了探讨。

本月　张国明、鲁守平、李景田长篇报告文学《感恩中华》研讨会在石家庄举行，与会者称该作品是一部真实反映全国劳动模范马恩华英雄事迹的佳作。研讨会由河北省委宣传部、河北省文联、作协以及河北省纺织总会联合举办。

◇ 辽宁省作协在沈阳举办于金兰诗文研讨会，与会者就作者诗歌、散文的艺术特色等问题进行研讨。

◇ 边玲玲报告文学《鹤泪之声》研讨会在辽宁盘锦市举行，与会20多名作家、评论家和学者一致认为该作品是近几年辽宁文坛出现的一部较好的报告文学，它把报告性与文学性、政论性与诗情做了较好的结合，既具深厚的尖锐的社会性，又有较高的文化艺术品位。

◇ 杭州大学中文系和浙江文学院在杭州联合召开叶文玲创作研讨会，来自上海、南京的专家、学者从不同的角度对作者的文学创作进行了研讨。

◇ 李佩甫新作《城市白皮书》研讨会在河南举行，60余位与会作家、评论家对作者所具有的素朴的良知和道德激情给予了一致的赞扬，对他大胆否定自己，敢于探索创新的勇气给予了充分的肯定。

◇ 鲁迅文学院召开长篇历史人物传记文学《范蠡》研讨会，与会者肯定夏廷献忠于历史大背景的创作方法，并对当前历史文艺创作中所谓的“气死历史学家”的创作倾向提出了批评。

7　月

2日　“纪念茅盾诞辰百周年展览”在京开幕，中宣部副部长、中国作协党组书记翟泰丰代表文化部、中国文联和中国作协三家主办单位在开幕式上致词，其中张扬文学批评的茅盾眉批本在展览上首次披露。

4日　首都文艺界在人民大会堂隆重举行“茅盾诞辰100周年纪念大会”，李瑞环、丁关根等领导同志出席了纪念大会，李铁映在会上发表了重要讲话。纪念大会由文化部、中国文联、中国作协联合举办。

4—8日　茅盾研究国际学术研讨会在京召开，来自国内外的作家、学者100多人围绕“茅盾与中国现代文化”这一中心议题展开研讨。

12日　据《文艺报》报道：《胡风选集》已由四川人民出版社出版，该选集共分两卷，第一卷为文艺理论和文艺评论；第二卷为诗歌、散文、书信。此作的出版对研究我国现代文学史和胡风文艺思想都是一份重要的文献。

15—18日　'96国际《儒林外史》学术研讨会在扬州举行，与会海内外专家学者在互相切磋的民主气氛中一致认为，应吸取吴敬梓在这部理性讽刺小说巨著中留给后人的深刻思考和有益启迪，铸造新时代知识分子的人格理想和人文精神。会议由中国《儒林外史》学会、江苏省作家协会、江苏省明清小说研究会和扬州大学联合举办。

16—19日　中国丁玲研究会、中国社科院文学研究所、山西省作家协会等几家单位，在山西长治联合举办第七次全国丁玲学术讨论会，与会专家、学者围绕"丁玲复出后的创作"和"丁玲的创作与中国的女性文学"展开热烈讨论。大会还选举张炯为新一届中国丁玲研究会会长。

23日　由《文学遗产》杂志与广东中华文化王季思古代文学、古代戏曲研究学术基金会联合举办的"首届（1995）《文学遗产》优秀论文奖"颁奖会在京召开，共有五篇论文获奖，其中优秀论文奖二篇，优秀论文提名奖三篇。

本月　徐放诗歌创作研讨会在京召开，60余位作家、评论家就作者的创作生涯、在新诗歌创作上的贡献展开研讨。研讨会由鲁迅文学院、诗刊社、中华文学基金会和春风文艺出版社联合举办。

◇　中国报告文学学会、《长城》杂志社在石家庄联合举办蓝夫报告文学《五星之梦》研讨会，与会者就作品的成功之处、作家在以经济建设为中心的改革大潮中如何去发现和书写新时代的英雄人物等问题展开研讨。

◇　北京《东方少年》杂志社和文化部社文司在京联合召开东方少年儿童文学创作研讨会，与会专家就如何繁荣儿童文学创作等问题进行研讨。

◇　中国报告文学学会、《十月》杂志社、《中华文学选刊》编辑部、《深圳特区报》联合在京举行杨黎光报告文学《没有家园的灵魂——王建业特大受贿案探微》研讨会，与会作家、评论家对这部作品的社会意义给予充分的肯定。

8　月

3日　著名作家、文艺评论家郑笃因病在太原逝世，享年82岁。

16—19日　中国毛泽东诗词研究会和中国社科院文学研究所在京联合举行"首届毛泽东诗词国际学术讨论会"，海内外近百位专家学者就毛泽东诗词的历史内涵、哲理意蕴、美学风格、民族特色以及对传统诗词继承与发展所产生的影响等问题进行了探讨。

23日　《小说选刊》杂志社、河北省委宣传部和河北省作家协会在京联合举办"河北三作家何申、谈歌、关仁山作品讨论会"，与会专家学者70余人着重就三位作家对待现实的态度、作品与生活的关系、作品的现实主义风格、作品的思想内涵等方面的问题进行了较深入的研讨。

25日　上海大学文学院中文系教授、中国作家协会会员、上海市作家协会理事、著名女作家戴厚英不幸去世，终年58岁。

下旬　中国近代文学学会第八届年会暨学术讨论会在河南省开封市举行，与会者围绕"中国文学的近代化"这一中心议题展开深入的讨论。年会还进行了学会理事会的换届工作，推选郭延礼为会长，管林、黄霖、关爱和、王飙为副会长。

本月　为促进报告文学创作，中国报告文学学会在京举办研讨会，与会作家、评论家围绕"深化改革开放与报告文学创作"这一议题展开研讨。

◇　青年女诗人姝娟诗集《冰月亮》研讨会在京举行，与会者肯定了诗人以一种崇高的精神追求对待诗歌创作，同时也希望诗人今后仍保持这种精神状态，并处理好诗的纯真与诗的艺术化之间的关系。研讨会由作家出版社举办。

◇　中国作协创研部、山东省作协、作家报社、北京十月文艺出版社等单位，在京联合举办长篇小说《天眼》研讨会，与会者称马瑞芳的长篇小说具有明显的学者风格，是一部真实反映当代知识分子的现实主义作品。

9　月

6月　据《文艺报》报道：上海文艺出版社隆重推出"当代文坛大家文库"，现已出版《巴金七十年文选》、《冰心七十年文选》、《夏衍七十年文选》、《施蛰存七十年文选》、《柯灵七十年文选》等五本。

9—13日　中国杜甫研究会第二次学术讨论会在甘肃省天水市召开，与会80多位代表就杜甫的陇右诗思想内容、艺术成就和在杜诗中的地位等问题展开讨论。

10日　儿童文学作家、国际关系学院教授崔坪因病在京逝世，终年66岁。

12日　人民文学出版社和作家出版社在京联合举办台湾女作家朱秀娟作品研讨会，与会评论家、作家就作品的艺术风格等问题进行了讨论。

12—17日　“世纪之交中国古典文学及丝绸之路文明”国际学术研讨会在乌鲁木齐举行，来自国内外的代表90余人以本世纪中国古典文学学术史和丝绸之路学术史为中心议题设两个分会场展开学术讨论。会议由中国社科院文学所、中国边疆史地研究中心，新疆师范大学、新疆大学、中华文学史科学学会联合主办。

19日　《人民日报》文艺部、《求是》杂志社文教部、《光明日报》文艺部、文艺报社、中华文学基金会、延安文艺学会等31家单位，在京联合召开柯岩作品研讨会，250余位与会者就作家的社会责任感与作品的价值、创作与生活等问题展开讨论。

23—25日　由首都师范大学中文系及语言文学研究所主办的全国首届古典散文学术研讨会在京举行，60多位学者围绕古典散文的总体特征进行探讨，对某些作家作品中提出了不少新见。

24—25日　中宣部在北京召开精神文明建设“五个一工程”第五届工作会议暨颁奖大会，丁关根、李铁映出席会议，会议强调要坚持：为方向，坚持双百方针，多出精品多出人才。

25日　由《中流》杂志、枣庄市委宣传部联合主办的长篇报告文学《大山，悲壮与辉煌》研讨会在京召开，与会者对张登宽热情、全面、深刻地反映农村改革的创作给予充分肯定，认为这是一篇弘扬社会主义主旋律的好作品。

29日　广东省从化市人民政府、从化市委宣传部、《诗探索》编辑部在京联合举行顾偕长诗研讨会，30余位中外诗人、学者就作品的艺术特色及不足进行讨论。

下旬　由世界福州十邑同乡总会主办的第一届“冰心文学奖”（只限于散文）在京揭晓，江苏万福建的《太湖魂》、香港李炎群的《希望仍在人间》、加拿大余达明的《永远的黄花》分获一、二、三等奖。

10　月

6日　原北京作家协会副主席、中国作协理事、著名作家端木蕻良因病在京逝世，享年85岁。

7日　中国作家协会、山西省作家协会、中国赵树理研究会、中国解放区文学研究会等单位，在京联合举行纪念赵树理诞辰90周年座谈会，薄一波同志为座谈会写来贺信，与会者高度评价赵树理在文学创作上的卓越成就，肯定了他在文学史上的重要地位。

10日　纪念萧三诞辰100周年座谈会在京举行，160多位与会者缅怀萧三为中国的革命和文学事业，为促进各国人民的友谊和文化交流所立下的丰功伟绩。座谈会由文化部、中国作协和中国对外友协联合主办。

◇　20年代湖畔诗社的创始人之一，老诗翁汪静之在杭州辞世，享年95岁。

◇　人民文学出版社在京举办杨义主笔，中井政喜、张中良合著的《中国新文学图志》研讨会，50余位专家学者和新闻界人士称这是一部“别开生面”的文学史著作，它意味着作者探索出了一种写文学史的新的形式，填补了文学史上的一个空白。

上旬　《文艺理论与批评》创刊10周年座谈会在京召开，马文瑞同志送来了贺词，150余位与会者对刊物10年来在推动有中国特色的社会主义文艺的繁荣和发展上所做出的贡献给予肯定。

◇　中国当代文学研究会在京举行第九届年会，会议以“90年代文学的检视与研讨”为主题，从小说、诗歌、散文和批评等多种角度，研讨了新时期之后文学的主要走向和基本特色。会议选举朱寨为中国当代文学研究会会长。

15日　中国作家协会召开党组、书记处会议和作协机关党员大会，学习贯彻党的十四届六中全会精神。

16日　河南省作家协会第三次会员代表大会在郑州召开，与会代表认真学习党的十四届六中全会精神，围绕繁荣河南省文学事业，促进创作，培养跨世纪新人等重大问题发表了很好的意见和建议，大会选举田中禾为省作协主席。

17—21日　由中国中外文化、文艺理论学会、中国社科院文学研究所、陕西师范大学中文系联合举办的“中国古代文论的现代转换”学术研讨会在西安召开。40余位与会专家、学者围绕中国古代文论的现代转换这一中心议题进行广泛的学术交流。

19日　中国作家协会、中国鲁迅研究会、上海作家协会、上海市文联和上海鲁迅纪念馆等5家单位，在沪联合举行鲁迅先生逝世60周年纪念大会，中宣部副部长、中国作协党组书记翟泰丰作了主题报告，400多位代表深切缅怀鲁迅先生的伟大业绩，称赞鲁迅是“精神的灯塔，文学的丰碑，人格的楷模。”

22日 夏坚勇系列散文《湮没的辉煌》研讨会在南京举行，与会者对这部共25万字，贯注着作者近年来对中国历史和文人文化进行深入考察和体悟的15篇散文进行了研讨。研讨会由东方出版中心、江苏省作协雨花杂志社、江阴市委宣传部联合举行。

25日 中国作协副主席、著名作家、文艺理论家、电影事业家陈荒煤因病在京去世，享年83岁。

26日 由《文学评论》编辑部与南开大学中文系联合举行的研讨会在天津召开，与会中外学者70余人就中国古代文学研究的回顾与前瞻及相关问题各抒己见，展开了热烈的讨论。

27—29日 中宣部、中国作家协会邀请全国六个文学创作中心负责人和部分作家、理论家，召开文学界学习贯彻党的十四届六中全会精神座谈会，与会者表示坚决拥护《关于加强社会主义精神文明建设若干重要问题的决议》，抓住机遇，多出精品，努力繁荣社会主义文学。

28日 由《民族文学》杂志社主办的朝鲜族女作家千华作品研讨会在京举行，与会作家、评论家20余人肯定作者直率、富于激情的写作风格。

本月 辽宁省委宣传部、辽宁省作家协会、辽宁省文联在沈阳举行“马加创作生涯研讨会”，与会者就作者的创作生涯、创作方法等问题展开研讨。

◇ 李下杂文作品研讨会在京举行，与会者肯定作者鲜明的爱憎精神，饱满的政治热情、强烈的是非感和锐敏的观察力。研讨会由北京市杂文学会和《求是》杂志文教部联合主办。

◇ 《中国作家》杂志社与湖北省作家协会，在武汉联合召开岳恒寿中篇小说《跪乳》研讨会，与会文学评论家、作家对作者严肃的创作态度给予肯定。

◇ 石油作协的《地火》与《天津文学》联合在京举办王洪江作品讨论会，与会者肯定作者对生活的一片痴情，同时也赞赏他始终写石油人的创作追求。

11　月

1日 《文艺报》、中国作协创联部、中国青年出版社、安徽省委宣传部、安徽省文联等5家单位，在京联合主办《刘先平大自然探险长篇系列》讨论会，与会者认为，刘先平是第一位以长篇小说形式描写大自然探险的中国作家，作品展示了人与自然的和谐关系，是一部“既神奇又真实，既奥秘又独具魅力”的作品。

1—16日 以韩少功、京夫等5人组成的中国作家代表团在印度进行友好访问。

5日 “地域文化与文学创作”讨论会在黔举行，与会理论家、评论家和作家就地域文化与文学创作问题展开探讨。讨论会由《文艺报》理论部和贵州省作家协会共同主办。

上旬 全国马列文论研究会在湖南省张家界市举行第15届年会，60余位专家学者围绕“学习贯彻六中全会精神，发挥马列文论研究在社会主义精神文明建设中的重要作用”这一议题展开了广泛讨论。

◇ 第三届国际华人诗人笔会在广东中山市和佛山市召开，来自海内外的30多位华人诗人、评论家就中国新诗的现状作了广泛的交流和认真的研讨。

13日 中国青少年发展基金会、中国扶贫基金会、海军政治部文化部、《当代》杂志社等单位，在京联合举行“黄传会反贫困题材报告文学”研讨会，与会作家、评论家称赞作者的报告文学作品，具有浓烈的生活气息、鲜明的社会意义、强烈的吸引力和感染力。

19日 中国当代文学研究会、作家出版社、《文学评论》编辑部等单位，在京联合举行“当前现实主义文学问题讨论会”，与会者就当前现实主义的新特点及存在的不足等问题进行了探讨。

22—26日 第六届当代少数民族文学研讨会在海口市举行，与会学者、专家50多人就新时期少数民族文学的历史、现状与面临的课题，以及强化文学批评与理论建设等展开研讨。

25日 中国现代文学馆新馆奠基典礼在京隆重举行。

26日 中组部研究室、中国气象局、人民日报文艺部、文艺报、杭州市委宣传部、杭州市文联和杭州出版社等7家单位，在京联合召开沈治平长篇报告文学《赤子情怀》研讨会，与会50余位评论家、作家称赞该作品是一部“真正写出了我们时代的理想和精神”的成功之作，它使我们走进了气象英模的生活和精神世界。

29日 据《文艺报》报道：《曹禺全集》已由河北花山文艺出版社出版，该全集共分七卷，第一卷到第四卷为话剧剧本，第五卷为戏剧论著，第六卷为小说、诗歌、散文、书信及其他文章，第七卷为改译、翻译剧本和电影剧本等。

◇ 王家斌长篇小说《百年海狼》研讨会在京举行，与会者认为该作品是一部真正的海洋文学，具有很浓的海洋味，表现了人类对大海的热爱和开发，体现了一种代表21世纪的海洋意识。研讨会由作家出版社、《中国作家》、天津市作协、《中国海洋报》联合举行。

下旬 全国省级文学期刊生存与发展研讨会在广西崇左县和宁明县召开，全国各地30余家省级文学期刊的负责人围绕"文学期刊如何生存与发展"这一话题展开探讨。研讨会由《广西文学》杂志社发起并主办。

本月 第四次全国巴人学术讨论会在宁波市举行，与会近百位专家、学者就新时期巴人研究等问题进行了讨论。

◇ 长篇报告文学《生命甘泉的追寻者》创作出版座谈会在京召开，与会专家学者50余人肯定作家李钧深入时代生活，再现英雄风貌的创作方法。座谈会由《文艺报》、北京军区政治部和解放军出版社联合主办。

◇ 中国作协创联部和济南市文联、济南出版社在京联合举行杨剑鸣小说作品研讨会，与会者就作品的艺术风格等问题展开研讨。

◇ 河北省作家协会第三次会员代表大会在石家庄举行，铁凝当选为省作协主席。

◇ 《新战争与和平》第三次研讨会在京举行，与会200余人就作品人物的思想和美学价值展开研讨。

12 月

4—15日 以晓雪为团长的中国作家代表团一行4人在意大利访问。

5日 人民文学出版社和江苏省作协在京联合举办长篇小说《人间正道》研讨会，与会者肯定周梅森深入生活，反映改革成就的创作的道路，并称这是一部为改革事业鼓与呼的好作品。

7日 郁达夫诞辰100周年纪念大会在浙江富阳市举行，与会人士近千人共同缅怀郁达夫的文学成就和革命业绩。随后召开"郁达夫研究国际学术讨论会"，与会者对郁达夫在文学方面的贡献及创作个性、审美特征进行了探讨。

12日 著名作家徐迟不幸逝世，享年82岁。

13日 中国文联执行主席、中国现代话剧奠基人曹禺因病在京逝世，享年86岁。

◇ 中国现代文学研究会、北京大学中文系、中国社科院文学研究所、中国现代文学馆、《中国现代文学研究丛刊》编辑部等单位，在京联合召开王瑶学术思想讨论会，70余位与会教授学者高度评价王瑶先生所取得的重大的学术成就及其贡献。

16日 中国文学艺术界联合会第六次全国代表大会和中国作家协会第五次全国代表大会在人民大会堂隆重召开，江泽民、李鹏、乔石、李瑞环、朱镕基、刘华清、胡锦涛等领导与文学界艺术界代表三千多人出席了开幕式，江泽民代表党中央、国务院在大会上发表了重要讲话，强调指出为人民服务、为社会主义服务，决定着我国文艺的性质和方向，为我国文艺的发展和繁荣开辟了无比广阔的前景，在社会主义现代化建设的整个过程中，始终是我们必须坚持的根本原则。因病不能参加大会的中国作家协会主席巴金发表了题为《迎接文学的新世纪》的书面致词，全总副主席张丁华、总政副主任袁守芳分别代表全国总工会、共青团中央、全国妇联、中国科协、全国文联、全国侨联和解放军总政治部向大会祝辞。大会由中国文联党组书记高占祥主持。

17日 中国文联第六次全国代表大会、中国作协第五次全国代表大会分别举行第二次全体会议，高占祥、翟泰丰分别做了题为《肩负新使命，迈向新世纪，为繁荣社会主义文艺而奋斗》和《站在时代前列，迎接文学繁荣的新世纪》的工作报告。

18日 第六次文代会和第五次作代会的代表听取了朱镕基所作的经济形势报告、钱其琛所作的国际形势报告。

19日 中国文联第六次全国代表大会选举产生了第六届全国委员会委员共163名，选举周巍峙为中国文联主席，才旦卓玛等22人为副主席，高占祥等6人为书记处书记。中国作协第五次全国代表大会选举产生了第五届全国委员会委员共180名，巴金再次当选为中国作协主席，马烽等14人当选为副主席，翟泰丰等9人为书记处书记。

20日 中国文联第六次全国代表大会、中国作协第五次全国代表大会在京圆满落幕，周巍峙、蒋子龙分别在闭幕式上致闭幕词。晚上在人民大会堂举行联欢晚会，庆贺两个会议圆满成功，江泽民总书记与3000多名作家、艺术家一起联欢，共度良宵。

26日 “巴金文学创作生涯70年展览”在泉州举行，展览由中国现代文学馆，冰心研究会、泉州市文化艺术基金会和泉州朝日啤酒联销公司主办，泉州市文联、黎明大学等单位协办。

◇ 湖北、黑龙江分别成立毛泽东诗词研究会，这是继江苏、湖南、陕西之后成立的第四、第五家省级“毛诗会”。

27日 《文艺报》邀请首都部分文艺理论工作者举行座谈会，学习讨论江泽民总书记《在第六次文代会、第五次作代会上的讲话》，畅谈加强文学理论建设，活跃文学评论，繁荣社会主义文学。

30日 中国作协举行中心组扩大会，认真学习江泽民总书记《在第六次文代会、第五次作代会上的讲话》，中国作协党组、书记处成员，作协各部门以及所属报、刊、社负责人出席了会议。会议强调江总书记的讲话是继毛泽东同志《在延安文艺座谈会上的讲话》、邓小平同志《在中国文学艺术工作者第四次代表大会上的祝词》之后，又一个马克思主义重要文献，具有划时代的意义。

本月 公安部群众出版社在京召开陈晓东长篇报告文学《“东北虎”传奇》研讨会，与会者称这部作品是一曲奏响新时代人民警察的颂歌。

·1997·

1 月

8日 福建省文联第四届二次全委会暨全省文联工作会议在福州召开，来自全省各地的150多名文联负责人和作家、艺术家认真学习江总书记在“两会”所作的讲话，共同商讨如何在新的一年里，进一步深入贯彻党的一系列文艺路线、方针、政策，做好文联的各项工作。

上旬 山东省作协和济南市文联在济南共同举办长篇小说《羊角号》讨论会，与会30名作家、评论家围绕作品的选题、开掘，表现手法的探索、创新以及坚持“二为”方向，弘扬主旋律与探索创新的关系等各抒己见，对作品取得的成就和作家刘玉民勇于创新的精神给予热情的肯定和赞扬。

17日 江泽民总书记在京会见出席全国宣传部长会议的全体代表并作了重要讲话。

18日 由江苏文艺出版社出版的五卷本《铁凝文集》首发式在石家庄市举行。

中旬 作家出版社、百花洲文艺出版社与云南省文联、作协联合在京举行《情死》、《殉情之都》作品研讨会，与会者认为，作家汤世杰的这两部作品是纳西族的文化史、心灵史，是中国作家为越来越引起世界重视的“纳西学”作出的最实际的贡献。

22日 中国作协创研部、中国石油文联、石油作协和石油工业出版社、长庆石油勘探局党委联合在京举行张敬群的长篇报告文学《世界沙漠第一路》研讨会，与会者称这是部反映塔里木石油筑路工人创造奇迹的好书。

24日 我国现当代著名诗人苏金伞因病在郑州去世，终年91岁。

本月 山西省作家协会、北岳文艺出版社和晋城市委宣传部等单位，在太原联合召开崔巍长篇小说《野村》讨论会，与会者称小说是作者在创作道路上的一个重要收获。

◇ 胡希久的长篇小说《七月》研讨会在京举行，与会者认为，作者采用“信史”的手法，秉承中国史家的传统，体现出一种实录的文化精神，使作品具有更强的历史真实。研讨会由辽宁省作协、辽宁省朝阳市委宣传部和作家出版社联合主办。

2 月

14日 纪念王统照诞辰100周年座谈会在京举行，与会专家、学者围绕王统照的创作和人格等方面，探讨、总结了王统照在现代文学史上的贡献及其对后人的启发意义。座谈会由中国作协、中国现代文学馆、中国社科院文学所和中国现代文学研究会共同主办。

◇ 中国作家协会会员、原河南省作协副主席、南阳市作协主席、西峡县文联主席、著名农民作家乔典运因病在西峡县逝世，享年66岁。

20日 中国作家协会会员、河北省作协副主席、正定县政协副主席、著名作家贾大山因病在正定县逝世，享年54岁。

26日 中国社科院文学所与花山文艺出版社在京联合召开张炯的《社会主义文学艺术论》出版座谈会，与会50余位专家、学者充分肯定该书对促进我国社会主义文艺健康发展所具有的参考价值，同时也对该书中的某些观点提出商榷，对某些不足之处提出了中肯意见。

本月 新疆维吾尔自治区文学艺术界联合会第五次代表会议在乌鲁木齐举行，哈孜·艾买提当选为自治区文联主席。

◇ 由云南省文联、武警云南边防总队共同主办的“武警云南边防总队文学作品研讨会”在昆明举行，40多位文学评论家高度评价了云南武警边防总队领导对精神文明建设，特别是对战士业余文艺创作的重视。

3 月

7日 中国作家协会创联部、浙江文艺出版社在京联合举办张建伟、邓琮琮长篇报告文学《中国院士》研讨会，与会者一致认为，该作品以报告文学的形式和丰富的资料，集中论述了中国院士们在开拓我国现代科技领域，发展新中国科技事业方面的丰功伟绩，对于教育广大青少年，激励优秀人才成长，具有重要的现实意义。

◇ 武汉市委宣传部和武汉市文联等单位在武汉联合举办罗高林长诗《邓小平》研讨会，与会者认为这首歌颂一代伟人光辉一生的诗作表明，我们的时代是能够产生出颂诗的时代，也是需要颂诗的时代。

9日 内蒙古教育出版社、广西漓江出版社、内蒙古文化出版社等单位，在京联合举办《中国当代文学史》首发式暨系列三部文学史研讨会，与会专家、评论家认为，这系列三部文学史的前两部即《中国蒙古族当代文学史》、《中国少数民族当代文学史》有开创性质，填补了文学史的空白。第三部文学史即《中国当代文学史》有自己的独特思路，有新的内容和自己的风格。

12日 中国作协副主席、北京市政协常委、著名作家刘绍棠因病在京逝世，享年61岁。

13日 1997年中国作协工作会议在京开幕，中国作协党组副书记、书记处书记陈昌本在会上就《1997年中国作家协会工作要点》（讨论稿）作了说明。中国作协副主席、党组成员、书记处书记张锲作了《中国作家协会1996年度工作总结》。

14日 中国文联第六届全国委员会第二次全体会议在京举行，会议强调今后文联工作要以邓小平建设有中国特色社会主义理论为指导，认真学习和贯彻党的十四届六中全会决议，认真学习和贯彻江泽民同志在六次文代会和五次作代会上的重要讲话，以六次文代会确立的任务为目标，胸怀大局，群策群力，为促进文艺事业的繁荣多做贡献。

19日 中国作协创研部、创联部，广东省委宣传部、深圳市委宣传部、文艺报等单位，在京联合举办长篇小说《花季·雨季》研讨会，与会者对深圳市女中学生郁秀的创作给予肯定，赞誉作品是跨世纪新人创作的“希望之歌”。

◇ 江苏省政协委员、中国电影家协会理事、江苏省作家协会理事、江苏省电影家协会主席、著名作家、剧作家张弦因病在南京逝世，享年63岁。

20日 上海作家协会第六次会员大会在沪召开，罗洛当选为上海作协主席。

25日 中宣部、广电部在京召开电影工作座谈会，中宣部长丁关根出席会议并讲话，会议强调要坚持为人民服务、为社会主义服务的方向和百花齐放、百家争鸣的方针，弘扬主旋律，提倡多样化，拍出更多为群众喜爱的影片，努力实现社会效益和经济效益的统一。

本月 湖南省委宣传部、省文联、湖南省湖湘文化交流协会等单位，在长沙联合召开湖湘文化与20世纪湖南文艺研讨会，60余位专家、学者、文艺家对湖湘文化的内涵、源流与特质及湖湘文化对湖南文艺特别是20世纪湖南文艺的影响等议题进行讨论。

4 月

1—3日 中宣部在京召开文艺评论工作座谈会，会议分析了当前我国文艺评论工作的现状，研究如何更好地坚持为人民服务、为社会主义服务的方向和百花齐放、百家争鸣的方针，加强和改进文艺评论工作，推动文艺精品的创作生产。

◇ 广西壮族自治区党委宣传部在南宁召开首届百名青年作者创作会，与会广西各族青年作者畅所欲言，共商广西文艺事业的发展大计，表示要多出精品，努力创作出无愧于时代和人民的优秀作品，把一个文化繁荣的广西带入21世纪。

8—10日 湖南省作协在长沙召开第五届三次理事（扩大）会议，具体商量如何把握大好形势，更上一层楼，把湖南省的文学创作事业推向新的高潮。

上旬 新疆作家协会和克拉玛依市文联在克拉玛依联合召开自治区第二次长篇小说创作研讨会，与会者就新疆长篇小说创作的现状、地方特色、发展走向、翻译交流和出版发行等议题进行学术研讨。

◇ 江苏省委宣传部、中国作协创联部、江苏省作协、江苏少儿出版社等单位，在京联合举办黄蓓佳长篇儿童小说《我要做好孩子》研讨会，与会者称赞该作品是一部写出时代美感和民族希望的书。

11日 北京诗歌界研讨迎回归长诗《1997—等你百年》，与会70余人充分肯定青年诗人商泽军、耿立的创作追求，并就该诗的立意情思、艺术框架等若干问题进行讨论。研讨会由中国诗歌学会、《青年文学》杂志社联合举办。

◇ 山东作协、全国文学创作山东中心和中国作协创研部、中国作协创联部在京联合举办张宏森长篇小说《车间主任》研讨会，与会者认为这部作品立足点放在普通工人身上，讴歌普通劳动者，在当前的工业题材创作上具有可喜的突破。

15日 绍武、会林合著的长篇小说《骄子传》研讨会在京举行，与会者赞扬该作品以文学的手段反映了半个世纪的中国历史，表现了一代人的心路历程。与会者也指出了作品的一些不足之处。

16日 浙江省文艺界在杭州召开文艺评论工作座谈会，与会文艺评论家、作家就如何加强和改进文艺评论工作各抒己见。会议呼吁切实抓好文艺队伍建设，加强文艺评论工作，推进文艺健康发展和繁荣。

18日 解放军总后勤部政治部与百花文艺出版社在京联合举办文清丽散文集《瞳孔·湾·湖》研讨会，与会30余人对其散文作品进行了极有意义的探讨。

22日 《中国有个雅戈尔》作品研讨会在京召开，与会者对任斌武深入基层生活的创作态度给予充分肯定。

◇ 台湾乡土作家陈映真被中国社会科学院授予名誉高级研究员称号。

25日 祝贺马少波文学艺术生涯65周年暨捐赠收藏品仪式在京举行，李瑞环等题词祝贺。

◇ 中共山西省委宣传部、中国作协创研部、中国作协创联部、山西省作协和北岳文艺出版社等单位，在京联会举办《山西作家长篇小说丛书》研讨会，与会者对展示山西文学创作最新成果的八部长篇进行了品评。

26日 焦祖尧长篇报告文学《黄河落天走山西》研讨会在京举行，与会者认为该作品信息量很大，涉及了从古至今、从国内到国外的水利史，写出了山西引黄工程的必要性、合理性、科学性，写出了中华民族的精神。研讨会由中共山西省委宣传部、山西引黄工程管理局、中国作协创研部、人民文学杂志社和山西教育出版社联合主办。

本月 广东省第二届“秦牧散文奖”评选揭晓，共有12位作者获奖。

◇ 陕西省作协和人民文学出版社在京联合举行长篇小说《水焚》研讨会，与会者在肯定韩起探索的勇气的同时，也坦率地对作品的不足提出了批评。

◇ 《大家》杂志、《作家报》、《佛山文艺》杂志等单位，在广州联合举办跨世纪批评研讨会，与会者通过回顾与分析20世纪以来及世纪之交中国文学批评的历史与现状，探索与倡导某种适应于新世纪到来的文学批评。

◇ 由中国煤矿文联和煤矿作协举行的全国煤矿青年文学创作会议在京举行，共有130多位青年作者和第三届全国煤矿文学“乌金奖”获奖者参加了会议。

◇ 辽宁省作协、华夏出版社在沈阳联合主办胡小胡长篇小说《太阳雪》研讨会，与会者对作品将工业题材和都市题材两者较为完美地结合起来表示赞赏。

5　月

4日 著名教育家、作家、翻译家李霁野因病在天津逝世，享年94岁。

7日 中国作家协会在京为《苍狼文丛》举行首发式，一批评论家充分肯定了丛书出版的意义，并探讨了蒙古族文学的特点以及对民族文化大厦的贡献。

8—9日 河北省作协在石家庄举行长篇小说创作座谈会，与会作家、理论家、编辑就如何繁荣长篇小说创作展开讨论。

12日 首都文学界举行诗文会，喜迎香港回归倒计时50天。

12—16日 第三届全国小说年会在青岛召开，100多位学者和作家就90年代小说创作的文化背景、基本走势、基本特征、作家群体等问题展开研讨。

16日 著名作家、中国作协顾问汪曾祺因病在京逝世，享年77岁。

16—20日 由中国儿童戏剧研究会主办的’97全国儿童剧创作研讨会在京举行，会议围绕“儿童剧和当代儿童”这一议题展开讨论。

中旬 中国作协创联部、中华文学基金会文学部、中国诗歌学会在京联合举办余文法诗集《情之帆》研讨会，与会者对作者的创作表示赞佩，认为他的诗作充满率真之情，为诗坛带来清新之气。

◇ 中国社科院文学所在京举办90年代文学态势与研究策略主题研讨会，与会者呼吁：文学批评家也应深入生活。

21日 中宣部文艺局、《人民日报》文艺部在京举行纪念毛泽东《在延安文艺座谈会上的讲话》发表55周年座谈会，与会者强调在新的历史条件下坚持《讲话》指引的方向，坚持我们党的文艺思想、文艺路线、文艺方针，努力发展和繁荣社会主义文艺。

◇ 北京市作家协会第三次会员代表大会在京召开，浩然当选为市作协主席。

23日 中国作协在京召开座谈会，纪念《讲话》发表55周年，与会者一致认为，要坚持“二为方向”，坚持深入生活，努力创造出反映伟大变革时代的佳作。

◇ 中国毛泽东诗词研究会在京举行新版《毛泽东诗词集》座谈会，与会学者着重围绕60年代毛泽东诗词中政治性和艺术性的关系进行了较为深入的探讨。

25日 江泽民总书记在接见部分电影工作者时强调，电影工作者要坚持深入生活，贴近群众，努力向生活学习、向群众学习，了解改革开放和现代化建设的伟大实践，体验人民群众的历史性创造活动，把握社会发展和艺术发展的规律，创作出更多的无愧于人民和时代的优秀作品。

27日 中国作协创研部、浙江省作协、浙江文艺出版社在京联合举办长篇小说《秋瑾》研讨会，与会者对叶文玲的创作方法给予肯定，并就历史题材创作的取材和思想定位等问题进行了讨论。

本月 福建召开首届青年文艺家创作会议，会议的宗旨是采取多种措施，培养和造就德艺双馨跨世纪的文艺人才。此会由福建省委宣传部、福建省文联联合主办。

◇ 《东海》文学月刊、浙江文艺出版社、浙江日报文化周刊部在杭州联合举办跨世纪浙江新锐作家作品研讨会，与会者就部分作品交流了创作体会和意见。

6　月

6日 霍达长篇历史小说《补天裂》出版座谈会在京举行，与会者对作家强烈的历史责任感、历史使命感深表敬佩，认为该书是一个震撼人心的饱含爱国激情的现实主义著作，是一份迎接香港回归的厚礼。

7日 著名剧作家、中国作协第五届名誉副主席、我党早期文艺领导人于伶因病在上海逝世，享年90岁。

9—12日 中宣部在哈尔滨市召开多出优秀作品工作座谈会，中宣部部长丁关根强调，要坚持为人民服务、为社会主义服务的方向和百花齐放、百家争鸣的方针，充分尊重文艺规律，充分尊重作家艺术家的劳动，着力提高文艺作品质量，把最好的精神食粮奉献给人民。

11日 中国社科院文学所、辽宁新闻出版局、中共沈阳市委宣传部、沈阳出版社等单位，在京联合举办《东北现代文学大系》出版座谈会，与会专家认为《大系》是对《中国新文学大系》的补充，为编纂地域文学大系开了先河。

12日 四川省作家协会第五次代表大会在成都召开，马识途当选为省作协主席。

12—14日 北京市文联第六次代表大会在北京召开，管桦当选为市文联主席。

18日 我国第一部省级新文学大系《河南新文学大系》出版座谈会在京举行，与会者认为《大系》对弘扬“五四”以来河南省新文学的优秀传统，对增强全省人民“团结奋进，振兴河南”的自信心和自豪感，对激励大家热爱家乡、热爱祖国的感情，都有重要意义。

中旬 陕西省委宣传部、省文联、省作协和延安市委宣传部，在延安联合召开陕西省青年文学创作座谈会，与会者就青年创作的发展问题进行了严肃认真的交流和探讨。

◇ 由武汉中南财经大学与新加坡作家协会联合主办的新加坡作家作品国际研讨会在武汉举行，会议以10位新加坡作家的作品为研讨对象，就新加坡华文文学的走向和艺术特征展开探讨。

25日 陆文夫代表文学界参加“赴港观礼团”，中国作协为其送行。

26日 以中国作协副主席韦其麟为团长的中国作家代表团一行四人对叙利亚进行友好访问。

◇ 中国作家协会、作家出版社、长江日报社、中国作协创研部联合在京举行“迎回归—长诗《邓小平》研讨会”，与会者称赞《邓小平》是近年来出版的一部难得的长篇政治抒情诗。作者罗高林表示，将坚持为时代、为人民的创作道路，争取写出更好的作品来。

本月 作家出版社在京举行克非长篇小说《清水幻象》（100章本）作品研讨会，与会者认为这部以作者丰厚的古典文学学识累积起来的并着力继承和学习古典文学传统的作品，对于倡导小说创作的艺术性很有启示作用。

◇ 军旅长篇小说新作丛书座谈会在京召开，与会者对首批出版的大部作品的创作指导思想和艺术追求等问题进行研讨。座谈会由总政文化部和解放军文艺出版社联合主办。

◇ 中国地质文联《新生界》编辑部联合举行赵尊秀长篇小说《辉煌》研讨会，与会者称这是一部用生命写成的作品。

◇ 中国报告文学学会、中国作家杂志社等单位，在京联合举办陈宏光作品研讨会，与会者对作者涉足中国国有企业开拓海外市场这一重要题材的做法给予肯定。

7 月

9日 以袁鹰为团长的中国作家代表团一行10人赴美国访问。

10日 张海迪散文集《生命的追问》出版座谈会在京举行，与会者各抒己见，充分表达了阅读作品时的内心感悟和由这部作品所引发的思考。

10—12日 江苏省文联、中国电影家协会等单位，在南京联合举办张弦电影作品研讨会，与会50余位影视界专家学者对张弦作品进行了较为全面的评析与研讨。

15—19日 全国中年作家创作座谈会在大连召开，60多位中年作家围绕“担负历史重任，多出优秀作品”展开讨论，以期通过交流、思考与总结，为自己的创作带来新的活力，推动文坛走向繁荣发展的新世纪。

21—22日 中国作协儿童文学委员会在京召开第一次全体会议，会议就全国儿童文学的现状等议题进行了讨论。

28—30日 陕西省委宣传部召开多出优秀作品探讨会，与会者就陕西文艺创作题材的特点，如何多出优秀文艺作品等问题进行研讨。

31日 重大革命历史题材影视创作座谈会在京召开，丁关根充分肯定10年来重大革命历史题材影视创作取得的显著成绩，希望大家认真总结经验努力把重大革命历史题材影视片拍得更好。

本月 河北省作协在石家庄召开阿宁作品研讨会，与会者就作者的创作风格等问题进行研讨。

8 月

2日 梅洁散文研讨会在张家口市召开，与会者就作品的艺术特色等问题进行讨论。

7日 《文艺报》刊登陈云同志在1984年2月2日的一次谈话，题为《文艺界要提倡批评和自我批评》。

上旬 国防科工委与作家出版社在京联合举行马京生长篇小说《星空并不遥远》研讨会，与会者对这部作品讴歌理想和奉献的主调给予充分肯定。

◇ 由新疆生产建设兵团作家协会、绿洲杂志社、兵团农十师联合主办的’97绿洲笔会在北屯举行，与会者围绕新疆兵团文学创作这一中心议题展开探讨。

13日 由中国作家协会和国家民委共同主办的第五届全国少数民族文学创作奖在京揭晓，24个民族的作家榜上有名。

18日 梁斌文学座谈会在天津举行，与会者深切缅怀梁斌的文学成就和他在长期的文学生涯中留下的宝贵精神财富。

20—22日 中国当代文学研究会、日本中国当代文学研究会、首都师范大学中文系、清华大学中文系在京联合举办中国新时期文学中日学者对话会，与会的中日学者围绕代表性的作家和代表性的倾向，就中国80年代文学的进程与影响、90年代文学的现状与趋向等问题展开研讨。

中旬 赵黎平作品研讨会在内蒙古赤峰克什克腾旗举行，与会者对作者具有浓郁生活气息和鲜明阳刚之美的诗歌给予充分肯定。研讨会由内蒙古作家协会和中国通俗文艺研究会联合主办。

◇ 河南省作家协会和河南省文学院为墨白、李洱、行者、韩向阳、陈铁军五位青年作家召开研讨会，与会者在肯定他们创作实绩的同时，坦诚地指出创作上不足，并探讨文学豫军新人的创作趋势。

◇ 现代汉诗研讨会在京召开，60余位海内外学者就如何摆脱诗的困境，寻找新诗的出路发表了各自的见解。

◇ 中国文联与内蒙古文联在锡林郭勒盟正蓝旗召开少数民族地区文联工作座谈会，来自云南、贵州、四川、广西、宁夏、内蒙古和中国文联的有关领导、作家，共同研讨边远少数民族地区文艺事业的发展、提高问题。

24日 新华社讯：江泽民同志题写书名的《毛泽东诗词集》繁体字线装本和《毛泽东诗词手迹》线装本两书，已由线装书局出版，将陆续在海内外发行。

◇ 纪念成仿吾诞辰100周年座谈会在京举行，文艺界的同志评述了成仿吾在文艺事业上建立的突出功绩。

25日 冰心文学馆在福建省长乐市正式建成并对外开放。

29日 海外女作家林湄与中国作家在京座谈，大家就共同感兴趣的话题，如国内的海外华文文学研究方向和评价标准、向世界更多地介绍中国文学时的翻译质量问题、诺贝尔文学奖的评奖情况等进行了交流与探讨。座谈会由中国作协外联部组织。

31日 国防科工委创作室在京召开陈怀国长篇小说《遍地葵花》讨论会，与会评论家充分肯定作品在思想和艺术性上所取得的成绩。

本月 由中国作家协会主办的全国性文学大奖—鲁迅文学奖评选工作正式启动，鲁迅文学奖每两年评选一次，下设中篇小说、短篇小说、报告文学、诗歌、散文和杂文、文学理论和文学评论、文学翻译七项奖，第一届将评选1995—1996年的优秀作品。

◇ '97中国小说史研讨会在福建武夷山举行，与会者指出中国小说史研究要建立自己的体系。

◇ 青海省文联第四次代表大会在西宁召开，冯国寅当选为省文联主席。

◇ 第三届全国文艺心理学研讨会在京召开，与会专家学者40余人就文艺心理学的未来发展、90年代以来创作心理和消费心理的新特征等议题进行了深入讨论。会议由北京师范大学中文系和中外文艺理论学会组织。

◇ 由辽宁省作协、上海文学杂志社、锦州市委宣传部、锦州市文联联合举办的孙春平作品研讨会在锦州市举行，与会者认为作者坚持的现实主义是开放、发展的现实主义，其作品反映了老百姓的新观念、新希望和新的可能。

◇ 继《东方》、《地球上的红飘带》之后，魏巍新作《火凤凰》由人民文学出版社出版，至此，老作家为他的“革命战争三部曲”划上了一个圆满的句号。

9　月

1—4日 由中国作家协会、中华文学基金会和苏州大学联合主办的第四届巴金国际学术研讨会在苏州大学召开，与会中外专家学者以巴金与他的同时代人为主要议题，深入探讨巴金创作与时代潮流、人文环境之间的关系。

2日 精神文明建设“五个一工程”第六届颁奖大会在京举行，中宣部部长丁关根、国务委员李铁映出席会议。227件作品获本届“五个一工程”入选作品奖，其中13种文学图书获奖（长篇小说5部、长篇报告文学4部、散文集1部、儿童文学作品3部）。

5日 山东省文化厅、文联、作协、山东省中国现代文学学会等单位，在济南联合举办王统照先生诞辰一百周年纪念暨学术研讨会，与会学者对王统照创作的风格、个性，在文学史上的地位以及他对新文学的贡献等问题进行了探讨。

10日 中国文联代表团一行11人与台湾文化界人士在台北市举行座谈会，就增进两岸的文化交流进行了深入的探讨。

上旬 中国社科院文学所当代室与河南省作协、河南省文学院在京联合举办行者作品研讨会，与会者以“小说的本土化与可能性”为题，试图通过对行者作品的具体剖析，探讨中国当代文学特别是先锋文学在经历了疯狂地走向西方之后，立足于本土，回归到东方的可能性。

◇ 解放军文艺出版社、总后政治部文化部等几家单位，在京共同召开女作家王瑛长篇报告文学《绿部落》讨论会，与会者对讴歌川藏线官兵火热生活的作品给予充分肯定。

20—21日 中国作家协会第五届主席团第三次会议在京举行，会议的主要议题是学习贯彻党的十五大精神，开创文学事业新局面。

23—24日 中国文联主席团会议在京召开，会议中心议题是深入学习、贯彻、落实党的十五大精神，团结和动员广大文艺工作者为建设有中国特色社会主义文化作出新的贡献。

25—26日 贵州省作家协会举办贵州省长篇小说结构研讨会，与会50余位作家、评论家就繁荣长篇创作、扶持青年作家等问题进行了探讨。

28日 第八届冰心奖颁奖大会在京举行。

本月 西藏作协在拉萨举办西藏文学创作座谈会，与会作家、评论家认为西藏作家要进一步解放思想，开阔眼界，深入生活，大胆创作，再创西藏文学的辉煌。

◇ 第二届当代小说作家作品讨论会在郑州召开，与会作家、评论家及报刊编辑就小小说创作与生活、文体意识和现代意识、高雅品位与大众文化的连接以及小小说创作与当代文学的接轨等话题进行研讨。讨论会由《小小说选刊》、《百花园》共同主办。

10 月

6日 《文学评论》创刊40周年纪念大会在京举行，会议期间举行1990—1996年度《文学评论》优秀论文评奖发奖仪式，吴承学等11位作者获奖。

◇ 由中国文联、中国戏剧家协会联合主办的'97中国曹禺戏剧文学奖颁奖活动在湖北潜江市举行，共有话剧、儿童剧、戏曲等10部作品获奖。

8日 中国作协儿童文学委员会和山东明天出版社在京共同举办“金犀牛丛书”作品研讨会，与会作家、评论家希望有更多的作家都加入到为少年儿童奉献精神食粮的神圣事业中来。

◇ 以中国作协书记处书记王巨才为团长的作家代表团一行四人离京赴意大利访问，并参加第二十三届“蒙德罗国际文学奖”评奖活动。

上旬 世界文学与发展中的中国文学研讨会在京举行，与会者对中国文学的发展前景、中国文学在世界文学格局中的位置等问题进行探讨。研讨会由中华文学基金会和《世界文学》杂志社联合举办。

◇ 中国环境文学研究会、山西省作家协会和长江文艺出版社等单位，在京联合举行《哲夫文集》10卷本研讨会，与会者结合哲夫的创作探讨了生态文学的社会意义和思想艺术特点。

13日 山西省委宣传部、《小说选刊》杂志社、《啄木鸟》杂志社和群众出版社在京联合举行长篇小说《抉择》研讨暨《小说选刊（长篇小说）增刊》出版座谈会，与会者充分肯定张平是一位有社会责任感、永远也不离开普通老百姓的作家，同时认为作品的成功说明了，作家敢于直面现实，反映现实重大矛盾，是能够写出好作品来的。

14日 中宣部文艺局、人民日报文艺部、光明日报文艺部、求是杂志文教部在京联合召开文艺界学习贯彻党的十五大精神座谈会，强调一定要大力倡导和推动文艺工作者认真学习邓小平理论，深入改革开放和现代化建设的实际生活，努力创作更多思想性和艺术性统一的优秀作品，进一步繁荣和发展有中国特色社会主义的文学艺术事业。

15—19日 中国作家协会在石家庄召开全国青年作家创作座谈会，来自全国30余个省市和部门的58名代表出席了会议，会议希望青年作家在伟大目标上达成共识，努力成为跨世纪的文学新人，为建设有中国特色社会主义文学作出新的贡献。

16—27日 以丁振海为团长的中国作家代表团一行5人在俄罗斯访问。

22日 由北京大学主办，中国作家协会、中国翻译工作者协会等单位协办的“纪念曹靖华同志诞辰100周年”座谈会在京举行，各界人士深切缅怀这位杰出的教育家、作家、翻译家为中国和世界文化事业所作出的巨大成就。

24日 贵州省作协在贵阳举行贵州省企业改革与文学创作研讨会，与会一批企业家希望作家深入生活，要关注时代的发展，不仅重视深入农村，也应重视深入工矿企业，反映城市经济改革热点。

◇ 中国现代文学馆新添“卞少夫文库”，至此，中国现代文学馆已拥有了第37位中国作家的文库。

◇ 张成起散文作品研讨会在河北省廊坊市文安县召开，与会者就作者散文的艺术特色等问题进行讨论。研讨会由河北省廊坊市散文杂文学会等单位联合主办。

25日 第五届中国艺术节在成都开幕，全国政协主席李瑞环宣布开幕，李铁映代表党中央国务院表示热烈祝贺。

28日 湖北省作协理论研究室在武昌举行邓一光长篇小说《我是太阳》研讨会，与会者就作品在艺术结构、思想内涵上的得失进行了探讨。

◇ 河北省文联、省作协、花山文艺出版社在石家庄联合召开刘艺亭作品研讨会，与会者赞誉刘艺亭的作品为“历史的纪录”、“冀南革命史”的真实写照。

本月 四川省作协、重庆市作协、市文联等几家单位，在成都联合主办雁翼创作50周年研讨会，与会者就雁翼在创作道路上的成败得失等问题展开探讨。

◇ 山西省文联、作家出版社、临汾地区邮电局和临汾地区文联在临汾联合召开长篇报告文学《中国邮电梦》研讨会，与会者对齐国宝、王鹰的严肃创作态度给予充分肯定。

◇　'97民族民俗文化与当代社会国际讨论会在乌鲁木齐召开，与会专家学者就各民族民俗传统的相对稳定性及其对当代社会的影响、弘扬优秀民俗文化传统、发挥民俗对当代社会具有的功能、加强各国学者在民俗学研究方面的艺术交流等问题展开研讨。讨论会由中国社科院少数民族文学所、文学所、新疆大学、新疆文联民间文艺家协会联合主办。

11　月

5日　桂林市政府和中国作协创研部在京联合举行"大通道"长篇系列报告文学研讨会，与会40余位作家、评论家对这套系列报告文学前两部作品的艺术风格、现实意义等几个问题进行了探讨。

6日　著名儿童文学作家陈伯吹因病在沪逝世，终年91岁。

7日　安徽省文联在合肥举行鲁彦周长篇小说《双凤楼》研讨会，与会者认为这部作品标志着作家的创作进入了更高水平，也标志着我国新时期文学在人物形象塑造和主题的把握上都有新的突破。

8—11日　由中国社会科学院文学研究所主办的第九届世界华文文学国际研讨会在京召开，海内外百余位专家、学者和作家以世界华文文学的综合研究为主题，探讨了当今华文文学的特征及发展前景。

9—10日　重庆市文联和中国新诗研究所在西南师大联合举行'97中国新诗现状研讨会，与会诗人、诗评家对新诗现状、发展及诗体重建等一系列问题进行了讨论

10日　中国作家协会在京举行台湾作家陈映真作品研讨会，与会者称陈映真是台湾地区很难出现的一位富有责任感的作家和文化批评家，一位孤独而坚强地跋涉在思想的荆棘途中的战士。

上旬　全国第四届中外传记文学研讨会在湖南张家界举行，大会就中外传记文学的出版趋势、创作经验、理论建设等三个方面的问题进行了深入的探讨。大会由湖南文艺出版社、中外传记文学研究会、北京大学英语系、《芙蓉》杂志社联合举办。

◇　浙江大学人文学院与黑龙江省作协在杭州联合主办张抗抗文学创作研讨会，与会作家、评论家结合张抗抗的作品和创作实践，讨论了她的生活经历对创作的影响、她的作品的理性特色以及内容和形式、现实和虚构等问题。

12日　由中国现代文学馆和浙江文艺出版社联合举办的林海音作品研讨会暨《林海音文集》首发式在京召开。

◇　陈占敏长篇小说《沉钟》讨论会在济南举行，与会者就作品的艺术风格等问题展开研讨。讨论会由山东省作协和上海文艺出版社等单位联办。

14日　由山东省作协等数家单位联合主办的宗良煜长篇小说《天惑》研讨会在济南举行，与会者就作者总体上浪漫飘逸的创作风格与这部作品的新变化的关系进行了研讨。

17日　全国第五届少数民族文学创作奖在京颁奖，共有63人、60部（篇）作品、3位翻译获奖。

18日　广西文联和广西作协在南宁举办陆地八十寿辰暨文学生涯60周年座谈会。

◇　吉林省作家协会在长春举行第七次会员代表大会，张笑天当选为省作协主席。

20日　由国务院发展研究中心管理世界杂志社、北京作家协会、北京文联研究部联合举办的面向21世纪的中国——青年经济学家与青年文学家研讨会在京召开，会议就转型期大家共同关心的经济体制改革以及改革文学等话题进行研讨与对话。

23日　中国作协为作家韦君宜庆贺80寿辰。

25日　中国作协创研部和作家出版社在京联合举行《王怀让自选集》研讨会，与会者对作者的诗歌创作道路给予充分肯定。

◇　文学泰斗巴金在沪喜度94岁华诞。

26日　《李文珊散文》研讨会在京举行，与会者称赞李文珊既是党的好干部，又是很有成就的散文家。研讨会由河北省作协和天津百花文艺出版社联合举办。

26—27日　中国社科院文学所、中国作协创研部、安徽省张恨水研究会等单位，在京联合举行张恨水与中国通俗文学研讨会，与会者结合张恨水的创作，着重研讨了通俗文学创作要不要强调作家的社会责任感问题。

本月　深圳市委宣传部、中国作协创研部、中华文学基金会、中国现代文学馆、广东文艺批评家协会、深圳市作协、春风文艺出版社等单位，在京联合举行吴启泰长篇小说《千年等一回》研讨会，与会者对作者以历史的责任感反映香港的百年回归，以及这部小说的艺术魅力和反映出凝重的历史、文

化及南国的风土人情给予了较高评价。

◇ 青年诗人关飞等创作的反映香港回归的长诗《百年期待》研讨会在京举行，与会者称它是新时期以来，我国长篇政治抒情诗创作的一个可喜突破。研讨会由深圳市委宣传部、深圳市作协、中国作协创联部等几家单位联合主办。

◇ 中国人大现代诗学研究中心和北京语言文化大学后现代研究中心等单位，在京共同举办陈华梅《灵魂的漂泊》作品研讨会，与会者对作者在文体上的大胆尝试给予充分肯定。

◇ 由中国当代文学研究会、中华文学基金会文学部、中国华侨出版社联合主办的旅美女作家严歌苓作品研讨会在京举行，与会者认为严歌苓的作品渗透着作者对中西方文化的感悟。

◇ 甘肃省作协举办五位女作家作品研讨会，与会作家、评论家结合她们的作品就女性小说创作得失展开讨论。

12 月

1日 《诗刊》杂志社和山东聊城地区诗人协会在聊城联合举行长诗《孔繁森之歌》研讨会，与会者就长诗的成功之处发表了各自的看法。

3—4日 中国文联各文艺家协会中青年会员德艺双馨座谈会在京举行，中宣部长丁关根出席会议并讲话，希望文艺界形成重德尚艺的良好风气，以更加丰硕的艺术成果为中华民族的振兴建功立业。

上旬 宁夏区党委宣传部、区文联、宁夏人民出版社和宁夏作协联合召开宁夏长篇小说研讨会，与会者就五部作品的艺术风格及意义进行了讨论。

◇ 上海文艺出版社出版的长篇小说《长相思》研讨会在沪举行，与会者对周懋庸非功利主义的，只为爱好、不求发表的创作心态给予充分肯定。

◇ 由中国现代文学馆编选、华夏出版社出版的《中国现代文学百家》首批30部问世。

◇ 世纪之交的东南亚华文文学研讨会在厦门举行，海内外专家学者就东南亚华文文学的特色及其在世界文学、世界华文文学格局中的位置和未来发展趋向等议题展开研讨。会议由厦门市东南亚华文文学研究会、厦门大学东南亚华文文学研究中心、厦门大学海外教育学院联袂举办。

◇ 中国古代文学理论学会和广西师范大学在桂林联合主办中国古代文论国际学术研讨会，200多名专家学者着重探讨了中国古代文论的现代转换、古今文论融洽、中国古代文论在外国流播等新情况新问题。

12日 中国报告文学学会、中华文学基金会、中国海洋石油报、中国现代文学馆在京联合举办诗人徐迟追思会，50余位与会者缅怀诗人高尚的品德与高尚的作品。

◇ 浙江省作家协会第五次代表大会在杭州召开，叶文玲当选为省作协主席。

15日 第六届中国金鸡百花电影节在佛山举行，第20届大众电影百花奖及第17届中国电影金鸡奖分别在会上颁奖和揭晓。

19日 第四届茅盾文学奖在京揭晓，王火的《战争和人》（一、二、三部）、陈忠实的《白鹿原》（修订本）、刘斯奋的《白门柳》（一、二部）、刘玉民的《骚动之秋》等四部长篇小说获此殊荣。

中旬 中国艺术研究院、河北师范大学、河北省文化厅、中国文联文艺理论研究室和河北省戏剧家协会等几家单位，在石家庄联合举行曹禺学术研讨会，以此来纪念曹禺逝世一周年。

◇ 江苏省文联第六次、作协第五次代表大会在南京召开，顾浩当选为省文联主席，王臻中当选为省作协主席。

◇ 上海文艺出版社在沪召开长篇小说创作笔会，一批作家就当前长篇小说创作、出版现状等问题交换了各自的见识与体会。

◇ 广西文联、广西作协、中国作协创研部、《花城》等单位，在南宁联合召开东西、鬼子、李冯作品研讨会，与会作家、评论家对三位青年作家的创作成就给予肯定，并指出当前创作中的一些不足。

25日 藏族作家阿来长篇小说《尘埃落定》研讨会在京召开，50余位与会者认为这部作品有别于非藏族作家所著的西藏题材的作品，是近年来不可多得的一部大器作品。

26日 毛泽东文学院落成庆典在长沙举行。

29日 中国话剧90年纪念大会在京隆重举行，李岚清、李铁映出席大会并讲话。此次活动将持续到1998年1月11日。纪念活动由文化部和中国文联联合主办。

本月 山西省作家协会在长治市召开山西省诗歌创作会议，会议就如何繁荣诗歌创作提出了一系列建议。

◇ 黑龙江省文联、省作协第四次代表大会在哈尔滨召开，才起当选为省文联主席，贾宏图当选为省作协主席。

◇ 福建省作协、省文联理论研究室、海峡文艺出版社、省社科院文学研究所等单位，在长乐冰心文学馆召开福建省反映现实生活题材长篇小说研讨会，与会者结合部分作品对福建省的小说创作如何更好地反映现实生活、体现时代精神、增强作家的精品意识、进一步提高小说创作质量展开讨论。

◇ 福建省作协第五次代表大会在榕城举行，章武当选为省作协主席。

◇ 重庆市作协召开文学工作会议，就重庆文学如何跃上新台阶进行商讨。

（邓乔松）

资　　料

1996—1997年全国文学研究新书目录（部分）

目　录

文 学 理 论

邓小平文艺思想论稿/牟豪戎，黄应寿主编 .—兰州：甘肃教育出版社，1996.7.—251 页；20cm；￥9.00

访踪沉思：文艺活动审美研究论稿/宋生贵著 .—呼和浩特：内蒙古人民出版社，1996.5.—375 页；20cm；￥15.80

窥者之辩：形式文化学论集/赵毅衡著 .—长春：时代文艺出版社，1996.8.—250 页；20cm；￥12.00

马列文论和西方文论/李中一主编 .—武汉：长江文艺出版社，1996.7.—400 页；20cm；￥17.40

思想实验/夏中义著 .—上海：学林出版社，1996.1.—261 页；20cm.—（火凤凰新批评文丛）；￥13.00

文学概论/张运贵主编 .—昆明：云南教育出版社，1996.2.—334 页；19cm；￥9.80

文学理论/姚文放著 .—南京：江苏教育出版社 1996.9.—380 页；20cm；￥8.20

文学理论参照系/李启军主编 .—桂林：广西师范大学出版社，1996.3.—386 页；19cm；￥15.00

文艺对象学/黄颇著 .—哈尔滨：哈尔滨出版社，1996.9.—374 页；20cm；￥18.80

文艺学范畴论/李衍柱主编 .—济南：山东文艺出版社，1996.9.—511 页；20cm；￥18.00

文艺学新论/狄其骢等著 .—济南：山东教育出版社，1996.12.—814 页；20cm；￥19.60

中外文化与文论（2）/钱中文等主编 .—成都：四川大学出版社，1996.10.—255 页；20cm；￥9.80

中西学术（2）/朱立元，裴高主编；复旦大学中文系编 .—上海：复旦大学出版社，1996.11.—586 页；20cm；￥25.00

外国文化与中国社会主义文学/曾庆元著 .—武汉：武汉大学出版社，1996.3.—284 页；20cm；￥9.80

比较文学新论/王福和著 .—沈阳：辽宁大学出版社，1996.1.—231 页；19cm；￥10.00

东方后现代/曾艳兵著 .—桂林：广西师范大学出版社，1996.9.—200 页；20cm；￥9.00

东方文化文学因缘/孟昭毅著 .—长春：吉林大学出版社，1996.12.—378 页；20cm；￥18.00

跨世纪与跨文化：闽粤港第二届比较文学学术研讨会论文集/应锦襄主编 .—厦门：厦门大学出版社，1996.11.—351 页；20cm；￥13.00

中国比较文学简史/徐志啸著 .—武汉：湖北教育出版社，1996.12.—309 页；20cm；￥14.50

中西文学比较研究/林建华著 .—桂林：漓江出版社，1996.6.—388 页；20cm；￥16.67

沟通的探索：西方文学与文化论稿/吴锡民著 .—桂林：广西师范大学出版社，1996.6.—218 页；20cm；￥8.80

文化转型与文艺/邹明山主编 .—武汉：华中理工大学出版社，1996.4.—288 页；20cm；￥10.50

马克思主义文艺美学研究/刘文斌著 .—呼和浩特：内蒙古教育出版社，1996.12.—375 页；20cm；

¥15.80
文艺美学论要/陈长生著.—开封：河南大学出版社，1996.10.—208页；20cm；¥9.50
周文论文艺大众化/何俭朝，高西莲主编.—西安：陕西师范大学出版社，1996.7.—325页；20cm；¥14.50
文学智能品质论：世纪末沉思录之一/毛志成著.—北京：中国文联出版公司，1996.6.—458页；20cm；¥19.80
中外语言文学研究/贾世传，赵小姝主编.—长春：吉林人民出版社，1996.3.—492页；20cm.—（社会科学研究丛书/石川，晓东主编）；¥20.00
1949～1966——我国英美文学翻译概论/孙致礼著.—南京：译林出版社，1996.12.—239页；20cm；¥12.00
解诗学/王太顺等著.—沈阳：春风文艺出版社，1996.10.—289页；20cm；¥15.80
心理诗学/吴思敬著.—北京：首都师范大学出版社，1996.10.—361页；20cm；¥17.40
意境论/蓝华增著.—昆明：云南人民出版社，1996.3.—315页；20cm；¥11.40
荒诞派戏剧/黄晋凯主编.—北京：中国人民大学出版社，1996.5.—678页；20cm.—（外国文学流派研究资料丛书）；¥24.00
20世纪世界小说理论经典/吕同六主编.—北京：华夏出版社，1996.1.—2册；20cm（精装）；¥45.00
人类的别一种智慧：后现代主义与当代小说/姜静楠著.—北京：中国社会出版社，1996.3.—253页；19cm.—（后现代主义文化丛书；8/姜静楠等主编）；¥12.00
走向后现代与后殖民/徐贲著.—北京：中国社会科学出版社，1996.7.—313页；20cm；¥13.20
文学新思维/朱栋霖主编.—南京：江苏教育出版社，1996.3.—3册；20cm（精装）；¥70.60
时与潮/程代熙著.—北京：当代中国出版社，1997.12.—2册（1008页）；20cm；¥100.00
文学价值论/敏泽，党圣元著.—北京：社会科学文献出版社，1997.1.—427页；20cm；¥28.00
文学理论：面向新世纪/钱中文，李衍柱主编.—济南：山东人民出版社，1997.7.—918页；20cm；¥38.00
文艺学新论/陆一帆著.—广州：中山大学出版社，1997.6.—325页；20cm；¥15.00
新时期文艺新潮评析/程代熙主编.—开封：河南大学出版社，1997.4.—498页；20cm；¥24.30
文艺与意识形态/谭好哲著.—济南：山东大学出版社，1997.8.—569页；20cm；¥28.80
中外比较文学的里程碑/李达三，罗钢主编.—北京：人民文学出版社，1997.12.—499页；20cm；¥20.00
文学艺术与社会心理/童庆炳等著.—北京：高等教育出版社，1997.7.—519页；20cm；¥39.90
文艺伦理学初探/乔山著.—北京：高等教育出版社，1997.9.—315页；20cm；¥11.80
当代文艺学新探索/栾栋等主编.—西安：陕西师范大学出版社，1997.6.—405页；20cm；¥15.00
中外文化与文论　(3)/钱中文等主编.—成都：四川大学出版社，1997.4.—305页；20cm；¥9.80
中外文化与文论　(4)/钱中文等主编.—成都：四川大学出版社，1997.12.—281页；20cm；¥9.80
文艺美学论纲：从马克思主义观点看文艺难题/陈伟著.—上海：学林出版社，1997.3.—314页；20cm；¥17.50
西方文艺美学导论/董小玉著.—重庆：西南师范大学出版社，1997.12.—458页；20cm；¥18.00
创作个性论/陈宪年著.—合肥：安徽教育出版社，1997.10.—266页；20cm.—（文学新思维丛书）（精装）；¥10.00
杨义文存　第一卷：中国叙事学/杨义著.—北京：人民出版社，1997.12.—430页；20cm；¥23.00
影视文学创作论/宋家玲著.—北京：北京广播学院出版社，1997.9.—288页；20cm；¥16.50
叙事的建构：叙事写作教程/高波著.—厦门：厦门大学出版社，1997.9.—147页；20cm；¥9.30
中国古代文学结构论/孙绿江著.—兰州：甘肃教育出版社，1997.12.—210页；20cm；¥12.00
文学翻译的释义学原理/蔡新乐，郁东占著.—开封：河南大学出版社，1997.7.—221页；

20cm；¥12.00

语境与文学翻译/郑诗鼎著．—重庆：西南师范大学出版社，1997.5.—344页；20cm；¥19.80

儿童文学的本质/朱自强著．—上海：少年儿童出版社，1997.11.—360页；20cm.—（跨世纪儿童文学论丛）；¥19.30

文学解读学导论/曹明海著．—北京：人民文学出版社，1997.7.—414页；20cm.—（文学新学科建设丛书）；¥22.00

人的研究与文学/马玉田著．—北京：北京十月文艺出版社，1997.9.—333页；20cm；¥12.00

西方文论与中国文学/周发祥著．—南京：江苏教育出版社，1997.11.—462页；20cm.—（中国古典文学走向世界丛书/傅璇琮，周发祥主编）；¥15.60

以笔为旗：世纪末文化批判/愚士选编．—长沙：湖南文艺出版社，1997.4.—758页；20cm；¥27.90

中国当代先锋文学思潮论/张清华著．—南京：江苏文艺出版社，1997.6.—374页；20cm.—（跨世纪文论丛书）；¥15.80

中国俗文学概论/吴同瑞等编．—北京：北京大学出版社，1997.1.—394页；20cm；¥19.80

中古文学理论范畴/詹福瑞著．—保定：河北大学出版社，1997.5.—314页；20cm；¥16.00

中国古代文艺心理学/朱恩彬，周波主编．—济南：山东文艺出版社，1997.12.—376页；20cm；¥16.00

中国文学观念研究/王彬著．—北京：中国文联出版公司，1997.8.—215页；19cm；¥10.80

美的偏至：中国现代唯美——颓废主义文学思潮研究/解志熙著．—上海：上海文艺出版社，1997.8.—458页；20cm.—（百年文潮丛书）；¥21.00

云起云飞：二十世纪中国文学思潮研究透视/刘增杰著．—上海：上海文艺出版社，1997.9.363—页；20cm.—（百年文潮丛书）；¥17.50

古代文学

19～20世纪中国文学研究论集/解志熙，沈卫威选编．—开封：河南大学出版社，1997.8.—809页；20cm；¥44.50

屈原与楚辞/姜亮夫，姜昆武著．—2版．—合肥：安徽教育出版社，1996.9.—142页；20cm.—（中国古代文学知识丛书）；¥7.80

屈原与他的时代/赵逵夫著．—北京：人民文学出版社，1996.8.—500页；20cm；¥26.00

离骚通解/李增林著．—银川：宁夏人民出版社，1996.11.—328页；20cm；¥19.80

诗词格律学/李野著．—呼和浩特：内蒙古人民出版社，1996.9.—237页；20cm；¥14.50

诗经要籍解题/蒋见元，朱杰人著．—上海：上海古籍出版社，1996.9.—211页；20cm；¥13.40

诗味论/陈应鸾著．—成都：巴蜀书社，1996.10.—268页；20cm；¥12.00

诗学：理论与批评/陈旭光著．—天津：百花文艺出版社，1996.12.—236页；20cm.—（21世纪文学之星丛书：1996年卷·理论）；¥12.00

王国维评传/刘烜著．—南昌：百花洲文艺出版社，1997.12.—404页；20cm.—（国学大师丛书）；¥20.00

艺苑心踪：古典诗文审美谈/方智范著．—上海：上海社会科学院出版社，1996.5.—227页；20cm；¥14.80

中国古代文论探研/卓支中著．—广州：暨南大学出版社，1996.6.—258页；20cm；¥15.00

中国古代文学/陈兰村，梅新林主编．—杭州：浙江大学出版社，1996.6.—569页；20cm；¥22.00

中国古代文学理论批评纲要/杨星映著．—重庆：重庆大学出版社，1996.5.—264页；20cm；¥11.80

中国古代文学原理/孙耀煜著．—南京：江苏教育出版社，1996.4.—457页；20cm；¥11.80

中国古代小说戏曲艺术心理研究/林骅，宋常立主编．—天津：天津古籍出版社，1996.6.—253页；20cm；¥9.80

中国古典文论新探/黄维梁著．—北京：北京大学出版社，1996.11.—168页；20cm；¥14.50

中国古代文论教程/彭会资主编．—桂林：广西师范大学出版社，1996.5.—506页；20cm；¥25.00

唐代文学研究年鉴：1993、1994合辑/傅璇琮主编；中国唐代文学学会等编．—桂林：广西师范大

学出版社，1996.7.—419页；20cm；￥17.00

文心雕龙辞典/周振甫主编.—北京：中华书局，1996.8.—951页；20cm（精装）；￥52.00

中国文学批评通史（一）：先秦两汉卷/王运熙，顾易生主编；顾易生，蒋凡著.—上海：上海古籍出版社，1996.12.—655页；20cm（精装）；￥32.40

中国文学批评通史（二）：魏晋南北朝卷/王运熙，顾易生主编；王运熙，杨明著.—上海：上海古籍出版社，1996.12.—597页；20cm（精装）；￥30.50

中国文学批评通史（三）：隋唐五代卷/王运熙，顾易生主编；王运熙，杨明著.—上海：上海古籍出版社，1996.12.—788页；20cm（精装）；￥37.00

中国文学批评通史（四）：宋金元卷/王运熙，顾易生主编；顾易生等著.—上海：上海古籍出版社，1996.12.—1113页；20cm（精装）；￥56.80

中国文学批评通史（五）：明代卷/王运熙，顾易生主编；袁震宇，刘明今著.—上海：上海古籍出版社，1996.12.—872页；20cm（精装）；￥39.70

中国文学批评通史（六）：清代卷/王运熙，顾易生主编；邬国平，王镇远著.—上海：上海古籍出版社，1996.12.—846页；20cm（精装）；￥38.70

中国文学批评通史（七）：近代卷/王运熙，顾易生主编；黄霖著.—上海：上海古籍出版社，1996.12.—866页；20cm（精装）；￥39.50

中国词赋发展史/郭维森，许结著.—南京：江苏教育出版社，1996.8.—868页；20cm（精装）；￥49.20

中国诗歌艺术研究/袁行霈著.—增订本.—北京：北京大学出版社，1996.6.—382页；20cm；￥13.50

中国游仙诗概论/熊晓燕著.—太原：山西人民出版社，1996.11.—182页；20cm；￥9.80

谪仙诗魂/孟修祥著.—武汉：湖北人民出版社，1996.10.—335页；20cm；￥14.80

诗词曲名句辞典/徐培均，范民声主编.—上海：汉语大词典出版社，1996.5.—1156页；19cm（精装）；￥42.00

六朝山水诗史/王玫著.—天津：天津人民出版社，1996.8.—350页；20cm；￥22.80

宋金元文学批评史/顾易生等著.—上海：上海古籍出版社，1996.6.—2册（1113页）；20cm.—（中国文学批评通史；4/王运熙，顾易生主编）；￥55.00

宋元诗杜研究丛稿/欧阳光著.—广州：广东高等教育出版社，1996.9.—332页；20cm.—（广东中华文化王季思学术基金丛书）；￥20.00

唐诗史/杨世明著.—重庆：重庆出版社，1996.10.—747页；19cm（精装）；￥33.50

中国诗学思想史/萧华荣著.—上海：华东师范大学出版社，1996.4.—413页；20cm（精装）；￥21.40

白居易诗歌赏析集/褚斌杰主编.—2版.—成都：巴蜀书社，1996.8.—299页；20cm.—（名家名著赏析丛书·第一辑/缪钺等主编）；￥13.00

采菊东篱下/王镇远等撰稿.—上海：上海辞书出版社，1996.8.—293页；20cm.—（古诗分类鉴赏系列·闲适篇）；￥12.50

东坡诗话全编笺评/（宋）苏轼著；王文龙编撰.—重庆：西南师范大学出版社，1996.9.—374，16页；20cm；￥20.00

格学散论/赵秉理著.—兰州：甘肃民族出版社，1996.12.—292页；20cm；￥35.00

龚自珍诗艺发微/吕芃著.—济南：山东大学出版社，1996.11.—376页；20cm.—（山东大学中国古代文学博士学位论文丛书/袁世硕主编）；￥16.00

王国维及其文学批评/叶嘉莹著.—石家庄：河北教育出版社，1997.7.495页—；20cm；￥20.50

中国近百年文学理论批评史：1895～1990/黄曼君主编.—武汉：湖北教育出版社，1997.3.—1337页；20cm（精装）；￥61.00

20世纪中国古典文学研究史/赵敏俐，杨树增著.—西安：陕西人民教育出版社，1997.8.—546页；20cm（精装）；￥38.00

古代文学理论研究丛刊　第十八集/徐中玉主编；古代文学理论研究编委会编.—上海：上海古籍出版社，1997.7.—383页；20cm；￥18.80

古代文学与古代文化/徐传武著.—天津：天津古籍出版社，1997.7.—3册（1528页）；20cm；￥120.00

汉魏六朝骚体文学研究/郭建勋著 .—长沙：湖南教育出版社，1997.3.—295 页；20cm.—（博士论丛）（精装）；¥13.90
回顾与反思：古代文论研究 70 年/张海明著 .—北京：北京师范大学出版社，1997.5.—272 页；20cm；¥11.00
结网漫录：中国古代经典文学作品探幽/刘跃进著 .—北京：学苑出版社，1997.6.—330 页；19cm；¥16.00
金代文学论/周惠泉著 .—长春：东北师范大学出版社，1997.12.—258 页；20cm；¥15.00
理学文化与文学思潮/韩经太著 .—北京：中华书局，1997.9.—341 页；20cm.—（中国传统文化研究丛书）；¥15.00
李渔新论/沈新林著 .—苏州：苏州大学出版社，1997.9.—359 页；20cm；¥18.00
刘师培中古文学论集/陈引驰编校 .—北京：中国社会科学出版社，1997.6.—281 页；20cm.—（20 世纪国学名著）；¥13.70
明清巴蜀文化论稿/李朝正著 .—成都：四川大学出版社，1997.12.—249 页；20cm；¥12.00
明清文学概论/金玉田编著 .—汕头：汕头大学出版社，1997.7.—266 页；20cm；¥15.00
齐梁文坛与四萧研究/胡德怀著 .—南京：南京大学出版社，1997.7.—307 页；20cm；¥13.00
古代类诗漫话/王美春，郭志明著 .—西安：陕西人民出版社，1996.12.—186 页；20cm；¥7.50
荷堂诗话/陈声聪著 .—福州：福建美术出版社，1996.9.—185 页；20cm；¥16.00
花鸟诗话/曹正文著 .—上海：上海书店出版社，1996.10.—282 页；20cm；¥12.50
乐府诗述论/王运熙著 .—上海：上海古籍出版社，1996.6.—510 页；20cm；¥26.20
乐府文学史/罗根泽者 .—北京：东方出版社，1996.3.—245 页；20cm.—（民国学术经典文库·文学史类丛/薛德震主编）；¥15.80
离骚校诂/（战国）屈原撰；黄灵庚校诂 .—郑州：中州古籍出版社，1996.5.—977 页；20cm（精装）；¥80.00
李白全集校注汇释集评/詹英主编 .—天津：百花文艺出版社，1996.12.—8 册（4672）页；20cm（精装）；¥480.00
北美中国古典文学研究名家十年文选/乐黛云，陈珏编选 .—南京：江苏人民出版社，1996.5.—693 页；20cm.—（海外中国研究丛书/刘东主编）¥26.00
冯梦龙论/游友基著 .—重庆：西南师范大学出版社，1996.10.—270 页；19cm；¥16.00
公安与竟陵：晚明两个“新潮”文学流派/王恺著 .—南京：江苏古籍出版社，1996.12.—315 页；20cm；¥14.00
韩诗外传笺疏/屈守元笺疏 .—成都：巴蜀书社，1996.3.—1155 页；20cm（精装）；¥59.00
汉魏南北朝文学论稿/王增文著 .—郑州：中州古籍出版社，1996.12.—246 页；19cm；¥10.00
红颜祸水：《水浒传》《金瓶梅》女性形象的文化思考/王宜庭著 .—天津：百花文艺出版社，1996.6.—192 页；20cm；¥9.20
金圣叹传论/陈洪著 .—天津：天津人民出版社，1996.12.—235 页；20cm；¥9.80
李清照作品赏析集/陈祖美主编 .—2 版 .—成都：巴蜀书社，1996.8.—255 页；20cm.—（名家名著赏析丛书·第一辑/缪钺等主编）；¥12.00
临川才子论集/邹自振著 .—南昌：百花洲文艺出版社，1996.9.—390 页；20cm.—（百花洲文学创作丛书）；¥13.60
论韩愈阳山之贬及其文学评价/陈胜林著 .—天津：百花文艺出版社，1996.2.—154 页；19cm；¥8.00
钱谦益古文首探/裴世俊著 .—济南：齐鲁书社，1996.3.—252 页；20cm；¥11.00
钱谦益与明末清初文学/孙之梅著 .—济南：齐鲁书社，1996.2.—462 页；20cm；¥19.50
唐代文学研究　第六辑/中国唐代文学学会等主编 .—桂林：广西师范大学出版社，1996.9.—888 页；20cm；¥35.00
王季思教授古典文学论文选/王季思著 .—广州：广东高等教育出版社，1996.10.—351 页；20cm.—（广东省高等学校博士导师丛书）；¥20.00
文心雕龙研究　第二辑/中国《文心雕龙》学会编 .—北京：北京大学出版社，1996.9.—395 页；20cm；¥15.00
文心雕龙阅读纪要/骆正深著 .—上海：百家出版社，1996.10.—171 页；19cm；¥10.00
文心雕龙札记/黄侃著 .—上海：华东师范大学出

版社，1996.12.—306页；20cm.—（20世纪国学丛书）；¥14.00
先秦两汉文化与文学/王洲明著 .—济南：山东大学出版社，1996.5.—384页；20cm；¥13.80
中古文学集团/胡大雷著 .—桂林：广西师范大学出版社，1996.4.—233页；20cm.—（学术文丛）；¥8.20
中国古代文论史/李铎著 .—郑州：中州古籍出版社，1996.5.—841页；20cm.—（中文教育书系）；¥28.00
李商隐诗歌赏析集/周振甫主编 .—2版 .—成都：巴蜀书社，1996.8.—257页；20cm.—（名家名著赏析丛书·第一辑/缪钺等主编）；¥11.00
屈原楚辞艺术辑新/陈彤著 .—北京：文津出版社，1996.2.—383页；20cm；¥13.00
诗经新释选/苏东天选释 .—北京：文化艺术出版社，1996.10.—156页；20cm；¥9.80
诗经引论/滕志贤著 .—南京：江苏教育出版社，1996.12.—268页；20cm；¥12.20
诗祖涅槃：屈原和他的诗/毛庆著 .—北京：三联书店，1996.4.—224页；20cm.—（中华文库）；¥11.80
宋代女性文学/苏者聪著 .—武汉：武汉大学出版社，1997.11.—343页；20cm（精装）.—（武汉大学学术丛书）；¥17.80
宋代文学通论/王水照主编 .—开封：河南大学出版社，1997.6.—618页；20cm—（宋代研究丛书）（精装）；¥27.50
唐代文学丛考/陈尚君著 .—北京：中国社会科学出版社，1997.10.—548页；20cm.—（唐研究基金会丛书）；¥32.60
唐宋四大家的道论与文学/朱刚著 .—北京：东方出版社，1997.10.—255页；20cm.—（日晷文库·中国文学史研究系列/朱先宁主编）；¥15.30
陶渊明研究/袁行霈撰 .—北京：北京大学出版社，1997.7.—413页；20cm（精装）；¥26.00
晚明士人心态及文学个案/周明初著 .—北京：东方出版社，1997.8.—269页；20cm.—（日晷文库·中国文学史研究系列/朱先宁主编）；¥16.50
王建研究丛稿/迟乃鹏著 .—成都：巴蜀书社，1997.5.—288页；20cm；¥17.80

文化视域中的先秦文学/赵明著 .—济南：山东文艺出版社，1997.4.—229页；20cm；¥9.80
文心雕龙美学范畴研究/寇效信著 .—西安：陕西人民出版社，1997.2.—295页；20cm（精装）；¥15.50
文心雕龙直解/韩泉欣直解 .—杭州：浙江文艺出版社，1997.5.—297页；19cm.—（中国文化经典直解/崔富章主编）；¥9.50
中国古代文艺理论体系初探/谌兆麟著 .—长沙：湖南师范大学出版社，1997.4.—288页；20cm；¥12.00
中国古典文学鉴赏学/徐应佩著 .—南京：江苏教育出版社，1997.11.—414页；20cm（精装）；¥16.70
中国山水文学研究/章尚正著 .—上海：学林出版社，1997.9.—271页；20cm；¥14.00
中国文化与古典文学/孙以昭主编 .—合肥：安徽大学出版社，1997.8.—256页；20cm；¥14.50
诸葛亮集笺论/李伯勋撰 .—西安：陕西人民出版社，1997.12.—585页；20cm（精装）；¥45.00
苏轼论/朱靖华著 .—北京：京华出版社，1997.12.—548页；20cm.—（中华传统文化精品丛书）；¥26.40
唐代文学研究年鉴 1995、1996合辑/傅璇琮，郁贤皓主编 .—桂林：广西师范大学出版社，1997.12.—507页；20cm；¥24.00
唐诗百话/施蛰存著 .—上海：华东师范大学出版社，1996.5.—826页；20cm.—（施蛰存文集：古典文学研究编·第一卷）（精装）；¥39.80
唐诗咀华/张明非著 .—上海：上海古籍出版社，1996.8.—119页：彩图；19cm.—（中华文明宝库/李国章，马樟根主编）；¥8.40
唐诗评译/木斋著 .—桂林：广西师范大学出版社，1996.3.—399页；20cm.—（国学丛书）；¥16.00
唐诗新论/蒋长栋著 .—长沙：湖南文艺出版社，1996.5.—246页；20cm；¥8.90
唐诗研究集成：全唐诗重出误收考/佟培基编撰 .—西安：陕西人民教育出版社，1996.8.—701页；20cm（精装）；¥40.00
唐诗与道教/黄世中著 .—桂林：漓江出版社，1996.5.—169页；20cm.—（唐诗与中国文化丛书）；¥6.50

王维研究　第二辑/师长泰主编；《王维研究》编辑部编 .—西安：三秦出版社，1996.8.—323 页；20cm；￥23.00

中国古代文艺理论专题资料丛刊：文气·风骨编/徐中玉主编；蒋述卓等编选 .—北京：中国社会科学出版社，1997.12.—406 页；20cm；￥28.00

中国诗歌艺术研究/袁行霈著 .—2 版（增订本）.—北京：北京大学出版社，1996.6.—480 页；20cm.—（北大名家名著文丛）（精装）；￥29.00

中国骈文史/刘麟生著 .—北京：东方出版社，1996.3.—228 页；20cm.—（民国学术经典文库·文学史类丛；25/薛德震主编）；￥15.60

中华诗词艺术/赵仲才著 .—西安：西北大学出版社，1996.9.—466 页；20cm；￥18.50

词学通论/吴梅著 .—上海：华东师范大学出版社，1996.11.—186 页；20cm.—（20 世纪国学丛书）；￥9.20

词学新论/萧延恕著 .—长沙：湖南师范大学出版社，1996.3.—294 页；20cm；￥16.50

李璟李煜词赏析集/蔡厚示主编 .—2 版 .—成都：巴蜀书社，1996.8.—104 页；20cm.—（名家名著赏析丛书·第一辑/缪钺等主编）；￥5.00

柳永词赏析集/谢桃坊主编 .—2 版 .—成都：巴蜀书社，1996.8.—280 页；20cm.—（名家名著赏析丛书·第一辑/缪钺等主编）；￥12.00

纳兰词笺注/张秉戍著 .—北京：北京出版社，1996.10.—624 页；20cm；￥31.00

唐宋词研究/刘维治著 .—大连：辽宁师范大学出版社，1996.1.—343 页；19cm；￥13.80

周邦彦词赏析集/白敦仁主编 .—2 版 .—成都：巴蜀书社，1996.8.—240 页；20cm.—（名家名著赏析丛书·第一辑/缪钺等主编）；￥11.00

历代词人品鉴辞典/吴相洲，王志远编 .—北京：北京大学出版社，1996.12.—479 页；20cm（精装）；￥28.50

昆曲理论史稿/詹慕陶著 .—杭州：杭州大学出版社，1996.9.—294 页；20cm；￥12.00

《琵琶记》研究/黄仕忠著 .—广州：广东高等教育出版社，1996.10.—361 页；20cm.—（广东中华文化王季思学术基金丛书）；￥22.00

命定与抗争：中国古典悲剧及悲剧精神/王宏维著 .—北京：三联书店，1996.4.—276 页；20cm.—（中华文库）；￥14.80

宋金杂剧概论/景李虎著 .—广州：广东高等教育出版社，1996.11.—278 页；20cm.—（广东中华文化王季思学术基金丛书）；￥20.00

元曲聚珍/徐扶明著 .—上海：上海古籍出版社，1996.8.—125 页：彩图；19cm.—（中华文明宝库/李国章，马樟根主编）；￥8.40

元杂剧与元代社会/郭英德著 .—北京：北京师范大学出版社，1996.5.—343 页；20cm；￥14.80

中国戏曲史论/吴新雷著 .—南京：江苏教育出版社，1996.3.—361 页；20cm（精装）；￥26.30

古代说唱辨体析篇/刘光民编著 .—北京：首都师范大学出版社，1996.8.—390 页；20cm；￥20.00

春秋诗话/（清）劳孝舆撰；毛庆耆点校·退庵诗话/（清）何日愈撰；覃召文点校 .—广州：广东高等教育出版社，1996.9.—292 页；20cm.—（岭南丛书·岭南诗）

中国历代小说序跋集/丁锡根编著 .—北京：人民文学出版社，1996.7.—3 册（1854 页）；20cm；￥82.00

红学辨伪论/欧阳健著 .—贵阳：贵州人民出版社，1996.2.—212 页；20cm；￥9.80

石头记微言/佚名著 .—影印本 .—北京：书目文献出版社，1996.12.—8 册；26cm；据清抄本影印（线装）；￥920.00

水浒纵横谈/施正康，施惠康著 .—上海：学林出版社，1996.12.—288 页；19cm；￥11.00

中国小说发展史概论/王恒展著 .—济南：山东教育出版社，1996.5.—470 页；20cm；￥14.70

明清小说史/蒋松源，谭邦和著 .—武汉：长江文艺出版社，1996.7.—371 页；20cm；￥16.00

晚清小说史/阿英著 .—北京：东方出版社，1996.3.—221 页；20cm.—（民国学术经典文库·文学史类丛；27/薛德震主编）；￥13.60

中国古代寓言史/陈蒲清著 .—2 版（增订本）.—长沙：湖南教育出版社，1996.10.—481 页；20cm（精装）；￥19.20

中国古代小说简史/谈凤梁编著 .—南京：江苏教育出版社，1996.5.—306 页；19cm；￥6.20

中国古代小说史话/张国风著 .—北京：商务印书馆，1996.12.—192 页；19cm.—（中国文化史知识丛书/任继愈主编）；￥10.50

中国文言小说史论/林骅著 .—天津：百花文艺出版社，1996.10.—225 页；20cm；¥16.00
《金瓶梅》语词渊源/鲍迟毅著 .—北京：华夏出版社，1996.4.—210 页；19cm；¥8.00
从《娇红记》到《红楼梦》/陈益源著 .—沈阳：辽宁古籍出版社，1996.7.—384 页；20cm；¥20.00
金瓶梅语音研究/张鸿魁著 .—济南：齐鲁书社，1996.8.—340 页；20cm；¥18.00
明代小说的艺术流变/孙一珍著 .—成都：四川文艺出版社，1996.10.—342 页；20cm；¥15.00
明清小说比较研究/李保均主编 .—成都：四川大学出版社，1996.10.—366 页；20cm；¥19.00
唐人笔记小说考索/周勋初著 .—南京：江苏古籍出版社，1996.5.—294 页；20cm；¥15.00
中国公案小说艺术发展史/孟梨野著 .—北京：警官教育出版社，1996.9.—197 页；20cm；¥12.00
中国古代小说文化研究/王平著 .—济南：山东教育出版社，1996.9.—479 页；20cm；¥17.00
中国古代文论浅探/李湛渠著 .—南京：江苏古籍出版社，1996.11.—176 页；20cm；¥9.50
先秦诸子散文艺术论/章沧授著 .—合肥：安徽大学出版社，1996.9.—289 页；20cm.—（青年学者丛书）；¥13.50
中国古代山水游记研究/王立群著 .—开封：河南大学出版社，1996.9.—181 页；20cm；¥10.00
中国散文发展史/张梦新主编；张大芝等编写 .—杭州：杭州大学出版社，1996.12.—563 页；20cm；¥25.00
先秦散文研究/段波著 .—大连：大连理工大学出版社，1996.9.—217 页；19cm；¥10.00
陶诗佛音辨/丁永忠著 .—成都：四川大学出版社，1997.12.—376 而；20cm；¥19.50
先秦诗歌研究/高学栋编著 .—沈阳：东北大学出版社，1997.1.—191 页；20cm；¥13.80
新乐府诗派研究/钟优民著 .—沈阳：辽宁大学出版社，1997.7.—422 页；20cm（精装）；¥25.00
徐夜诗集校注/武润婷，徐承诩校注 .—济南：山东大学出版社，1997.7.—362 页；20cm；¥18.00
严羽集/陈定玉辑校 .—郑州：中州古籍出版社，1997.6.—479 页；20cm；¥22.00
严羽评传/许志刚著 .—南京：南京大学出版社，1997.1.—341 页；20cm.—（中国思想家评传丛书/匡亚明主编）（精装）；¥20.00
姚合诗集校考/刘衍著 .—长沙：岳麓书社，1997.5.—160 页；20cm.—（古文献研究丛书）；¥9.00
元和诗论/曾广开著 .—沈阳：辽海出版社，1997.6.—241 页；20cm；¥12.50
张谓诗注/陈文华注 .—上海：上海古籍出版社，1997.3.—65 页；19cm.—（唐诗小集）；¥5.00
迦陵论诗丛稿/叶嘉莹著 .—修订本 .—石家庄：河北教育出版社，1997.7.—332 页；20cm；¥14.00
骈文与散文/蒋伯潜，蒋祖怡著 .—上海：上海书店出版社，1997.5.—216 页；20cm.—（古典文史基本知识丛书）；¥12.00
与石居论集/黄世中著 .—汕头：汕头大学出版社，1997.7.—534 页：照片；20cm；¥28.00
李白思想研究/杨海波著 .—上海：学林出版社，1997.3.—246 页；20cm；¥13.50
楚辞直解/董楚平，俞志慧直解 .—杭州：浙江文艺出版社，1997.5.—227 页；19cm.—（中国文化经典直解/崔富章主编）；¥7.80
词曲/蒋伯潜，蒋祖怡著 .—上海：上海书店出版社，1997.5.—226 页；20cm.—（古典文史基本知识丛书）；¥12.00
词学渊粹：况周颐《蕙风词话》研究/张利群著 .—桂林：广西师范大学出版社，1997.10.—271 页；20cm.—（学术文丛）；¥8.50
花间集新注/（五代后蜀）赵崇祚编；沈祥源，傅生文注 .—2 版 .—南昌：江西人民出版社，1997.2.—457 页；20cm；¥22.00
蒋春霖评传/黄嫣梨著 .—南京：南京大学出版社，1997.2.—447 页；20cm；¥22.00
龙榆生词学论文集/龙榆生著 .—上海：上海古籍出版社，1997.7.—579 页；20cm；¥25.00
清词丛论/叶嘉莹著 .—石家庄：河北教育出版社，1997.7.—323 页；20cm；¥13.60
宋词掇英/邓杰著 .—上海：上海古籍出版社，1997.9.—110 页；19cm.—（中华文明宝库/李国章，马樟根主编）；¥8.40

唐宋词流变/木斋著 .—北京：京华出版社，1997.11.—321页；20cm.—（中华传统文化精品丛书）；￥16.20

唐宋词名家论稿/叶嘉莹著 .—石家庄：河北教育出版社，1997.7.—336页；20cm；￥14.30

论诗与品诗/陈良运著 .—南昌：百花洲文艺出版社，1997.11.—403页；20cm；￥17.50

论唐诗繁荣与清诗演变/霍有明著 .—北京：中国社会科学出版社，1997.1.—269页；20cm；￥13.80

诗风纵论/任愫著 .—哈尔滨：黑龙江教育出版社，1997.9.—297页；19cm；￥10.50

诗经楚辞汉乐府选详解/靳极苍著 .—太原：山西古籍出版社，1997.4.—262页；20cm；￥12.80

唐诗宋词概说/陈新璋编著 .—广州：广东人民出版社，1997.6.—311页；20cm；￥17.00

文化视野中的诗歌/叶潮著 .—成都：巴蜀书社，1997.5.—323页；20cm；￥13.50

哲理与诗情/殷明耀，程明月著 .—开封：河南大学出版社，1997.9.—220页；20cm；￥10.00

中国古代诗词鉴赏美学聚讼/申自强著 .—开封：河南大学出版社，1997.9.—227页；20cm；￥16.00

中国诗禅研究/王敏华著 .—桂林：广西师范大学出版社，1997.1.—179页；19cm；￥7.00

竹林士贤诗文全集译注/韩格平注译 .—长春：吉林文史出版社，1997.1.—639页；20cm.—（中国古代名著今译丛书）（精装）；￥30.00

岑参事迹著作考/廖立著 .—郑州：中州古籍出版社，1997.10.—272页；20cm.—（学人文库）；￥11.00

迦陵文集/叶嘉莹著 .—石家庄：河北教育出版社，1997.7.—10册；20cm（精装）；￥228.00

初盛唐诗歌的文化阐释/杜晓勤著 .—北京：东方出版社，1997.7.—317页；20cm.—（日晷文库·中国文学史研究系列/吴先宁主编）；￥19.00

白居易集综论/谢思炜著 .—北京：中国社会科学出版社，1997.8.—451页；20cm.—（唐研究基金会丛书）；￥27.60

楚辞通诲/黄震云著 .—长沙：湖南教育出版社，1997.10.—340页；20cm；￥12.90

楚辞与原始宗教/过常宝著 .—北京：东方出版社，1997.6.—240页；20cm.—（日晷文库·中国文学史研究系列/吴先宁主编）；￥14.00

楚辞与中国文化/陈桐生著 .—西安：陕西人民教育出版社，1997.7.—244页；20cm；￥13.00

大哀赋注释/（明）夏完淳著；王学曾注释 .—上海：上海古籍出版社，1997.5.—183页；20cm；￥14.30

大气恢宏：李白与盛唐诗新探/张瑞君著 .—太原：山西古籍出版社，1997.7.—382页；20cm；￥16.80

大唐风度/李浩著 .—北京：华文出版社，1997.2.—223页；20cm.—（东轩书趣文丛；4/严平等主编）；￥15.00

大唐三藏取经诗话校注/李时人，蔡镜浩校注 .—北京：中华书局，1997.12.—85页；20cm；￥5.00

杜甫秋兴八首集说/叶嘉莹著 .—石家庄：河北教育出版社，1997.7.—443页；20cm；￥20.80

古诗评选：王夫之品诗三种/（明）王夫之评选；张国星校点 .—北京：文化艺术出版社，1997.3.—341页；20cm；￥17.80

汉魏六朝诗讲录/叶嘉莹著 .—石家庄：河北教育出版社，1997.7.—569页；20cm；￥23.40

河州古诗校评/马玉海，赵忠主编 .—兰州：甘肃民族出版社，1997.8.—2册（1310页）；20cm；￥76.00

离骚探赜/张来芳著 .—南昌：江西人民出版社，1997.1.—200页；20cm；￥16.50

李商隐爱情诗解/钟来茵著 .—上海：学林出版社，1997.7.—465页；20cm；￥21.00

李益诗歌集评/郝润华辑校 .—兰州：甘肃人民出版社，1997.1.—199页；20cm.—（陇右文献丛书）；￥7.80

历代爱国诗歌100首赏析/黄星南等编注 .—长沙：湖南出版社，1997.4.—278页；19cm；￥8.90

凉山州古诗文选释/蒋邦泽，武谊嘉编 .—成都：四川大学出版社，1997.7.—339页；20cm；￥13.00

六朝骈文形式及其文化意蕴/钟涛著 .—北京：东方出版社，1997.6.—223页；20cm.—（日晷文库·中国文学史研究系列/朱先宁主编）；￥13.40

明人绝句的诗情画意/迟乃义著 .—长春：吉林文

史出版社，1997.6.—160页；20cm；￥9.00
明诗评选：王夫之品诗三种/（明）王夫之评选；陈新校点.—北京：文化艺术出版社，1997.3.—422页；20cm；￥17.80
南社诗话两种/曼昭，胡朴安著；杨玉峰，牛仰山校点.—北京：中国人民大学出版社，1997.3.—179页；20cm.—（南社丛书/柳无忌主编）；￥9.50
屈辞体研究/黄凤显著.—长沙：湖南出版社，1997.9.—215页；20cm.—（学海一牛鸣丛书）（精装）；￥13.50
全唐诗"一作"校证集稿/杨建国编著.—济南：山东教育出版社，1997.2.—358页；20cm；￥15.45
阮籍咏怀诗讲录/叶嘉莹主讲；刘志刚整理.—天津：天津教育出版社，1997.6.—202页；20cm；￥9.00
诗/蒋伯潜，蒋祖怡著.—上海：上海书店出版社，1997.5.—227页；20cm.—（古典文史基本知识丛书）；￥12.00
诗经直解/李立成直解.—杭州：浙江文艺出版社，1997.5.—270页；19cm.—（中国文化经典直解/崔富章主编）；￥9.00
诗经刍议/陈戍国著.—长沙：岳麓书社，1997.4.—343页；20cm.—（古文献研究丛书）；￥15.50
宋代诗学通论/周裕锴著.—成都：巴蜀书社，1997.1.—585页；20cm.—（中国传统文化研究丛书）；￥24.50
宋诗论集/张福勋，徐文潮著.—呼和浩特：内蒙古人民出版社，1997.11.—330页；20cm；￥20.00
宋濂诗文评注/陈葛满评注.—武汉：长江文艺出版社，1997.12.—247页；20cm；￥15.00
苏轼密州作品赏析/李增坡主编.—济南：齐鲁书社，1997.8.—320页；20cm；￥15.00
唐乐府诗译析/胡汉生编著.—北京：北京大学出版社，1997.9.—341页；20cm；￥18.50
唐名家诗选赏/方智范主编.—上海：三联书店上海分店，1997.11.—2册（1144页）；13cm；￥28.00
唐诗精华评译/羊春秋著.—长沙：岳麓书社，1997.6.—470页；20cm（精装）；￥19.00
唐诗评选：王夫之品诗三种/（明）王夫之评选；王学太校点.—北京：文化艺术出版社，1997.1.—235页；20cm；￥13.80
元人杂剧与元代社会/么书仪著.—北京：北京大学出版社，1997.6.—267页；20cm；￥14.00
中国古代曲学史/李昌集著.—上海：华东师范大学出版社，1997.12.—759页；20cm；￥35.00
中国曲学大辞典/齐森华等主编.—杭州：浙江教育出版社，1997.12.—1115页；26cm（精装）；￥98.00
彝族古代文论/康健等编.—贵阳：贵州人民出版社，1997.11.—379页；20cm.—（贵州民间文学选粹丛书/卢惠成主编）；￥22.80
民族融合与中国古代文学/李炳海著.—长春：东北师范大学出版社，1997.9.—386页；20cm.—（东北师范大学文库）（精装）；￥19.50
佛教与明清小说/周嘉向著.—西安：太白文艺出版社，1997.9.—197页；20cm；￥9.50
古小说研究论/欧阳健著.—成都：巴蜀书社，1997.5.—460页；20cm.—（古典文学研究丛书）；￥23.00
汉魏六朝小说史/王枝忠著.—杭州：浙江古籍出版社，1997.6.—311页；20cm.—（中国小说史丛书/安平秋主编）；￥15.00
明代小说史/齐裕焜著.—杭州：浙江古籍出版社，1997.6.—402页；20cm.—（中国小说史丛书/安平秋主编）；￥19.00
宋元小说史/萧相恺著.—杭州：浙江古籍出版社，1997.6.—376页；20cm.—（中国小说史丛书/安平秋主编）；￥17.50
隋唐五代小说史/侯忠义著.—杭州：浙江古籍出版社，1997.6.—273页；20cm.—（中国小说史丛书/安平秋主编）；￥13.50
晚清小说史/张俊著.—杭州：浙江古籍出版社，1997.6.—467页；20cm.—（中国小说史丛书/安平秋主编）；￥21.80
晚清小说史/欧阳健著.—杭州：浙江古籍出版社，1997.6.—405页；20cm.—（中国小说史丛书/安平秋主编）；￥19.00
小说考信编/徐朔方著.—上海：上海古籍出版社，1997.10.—588页；20cm；￥31.00
中国神怪小说通史/欧阳健著.—南京：江苏教育

出版社，1997.8.—705 页；20cm.—（中国小说通史系列丛书/齐裕焜，欧阳健主编）；￥21.70

《金瓶梅》文学语言研究/曹炜著 .—南京：江苏教育出版社，1997.7.—214 页；20cm；￥15.30

红楼梦金瓶梅新探/鲁歌著 .—呼和浩特：远方出版社，1997.2.—388 页；20cm；￥21.80

明清小说研究集丛/辜美高著 .—上海：汉语大词典出版社，1997.9.—232 页；19cm；￥14.00

名著迭出：清代小说刍议/魏鉴勋著 .—沈阳：辽宁人民出版社，1997.8.—231 页；20cm.—(清代社会文化丛书·文艺卷/于金兰主编；￥15.10

清代小说/胡益民，李汉秋著 .—2版（修订版）.—合肥：安徽教育出版社，1997.10.—281 页；20cm.—（中国古代文学知识丛书)；￥12.30

唐宋词十七讲/叶嘉莹著 .—石家庄：河北教育出版社，1997.7.—518 页；20cm；￥22.00

迦陵论词丛稿/叶嘉莹著 .—修订本 .—石家庄：河北教育出版社，1997.7.—332 页；20cm；￥14.40

曲苑观止/陈邦炎主编 .—上海：上海古籍出版社，1997.5.—2册（828 页)；20cm；￥33.20

曲苑观止/陈邦炎主编 .—上海：上海古籍出版社，1997.5.—828 页；20cm（精装)；￥37.60

西厢记的文献学研究/蒋星煜著 .—上海：上海古籍出版社，1997.11.—670 页；20cm；￥33.00

中国古代话剧/曹燕柳著 .—兰州：敦煌文艺出版社，1997.10.—329 页；20cm；￥15.80

鲍照诗文选注与研究/朱思信编著 .—乌鲁木齐：新疆大学出版社，1997.8.—264 页；20cm；￥12.00

楚辞文献学史论考/李大明著 .—成都：巴蜀书社，1997.6.—411 页；20cm；￥28.00

古代帝王诗词解读/钱宗武，孙光贵著 .—长沙：岳麓书社，1997.6.—192 页；20cm.—（古代帝王文化丛书/李福泉主编)；￥7.50

古典诗词讲演集/叶嘉莹著 .—石家庄：河北教育出版社，1997.7.—423 页；20cm；￥17.40

古典诗词曲赋概说/唐嗣德，程国节主编 .—长沙：湖南师范大学出版社，1997.9.—384 页；20cm；￥12.80

顾随：诗文丛论/顾之京整理 .—2版（增订版）.—天津：天津人民出版社，1997.2.—396 页；20cm；￥18.80

灵犀诗论：哲理析诗选粹/（美）王福民著 .—北京：中国社会科学出版社，1997.9.—238 页；20cm；￥20.00

宋明之际的社会心理与小说：《三国》《水浒》社会心理研究/傅惠生著 .—北京：东方出版社，1997.10.276—页；20cm.—（日晷文库·中国文学史研究系列/吴先宁主编)；￥16.00

唐代小说嬗变研究/程国赋著 .—广州：广东人民出版社，1997.7.—362 页；20cm；￥20.00

五大小说评述/李厚基等编著 .—上海：上海古籍出版社，1997.9.—112 页；19cm.—（中国古典文学基本知识丛书选汇)；￥22.00

西游记考论/张锦池著 .—哈尔滨：黑龙江教育出版社，1997.2.—462 页；20cm；￥22.50

闲侃聊斋/牧惠著；韩羽插图 .—天津：百花文艺出版社，1997.4.—276 页；20cm；￥16.00

古代小说百科大辞典/白维国，朱世滋主编 .—修订版 .—北京：学苑出版社，1997.8.—1087，78 页；20cm.—（中国文学百科辞典系列/王洪主编)（精装)；￥88.00

《红楼梦》对话研究/孙爱玲著 .—北京：北京大学出版社，1997.9.—280 页；20cm（精装)；￥26.00

《红楼梦》人物新论/周五纯著 .—西安：三秦出版社，1997.8.—296 页；20cm；￥12.00

曹雪芹文艺思想新探/翟胜健著 .—北京：北京大学出版社，1997.4.—196 页；20cm；￥11.80

红楼梦人物谱/朱一玄著 .—2版（修订版）.—天津：百花文艺出版社，1997.8.—203 页；20cm；￥11.20

红楼梦新探/王人恩著 .—兰州：甘肃教育出版社，1997.12.—344 页；20cm；￥18.00

红楼梦续书研究/赵建忠著 .—天津：天津古籍出版社，1997.9.—337 页；20cm；￥18.00

红楼真味/邹晓丽著 .—沈阳：辽宁人民出版社，1997.8.—245 页；20cm；￥12.00

红楼撷英/邸瑞平著 .—上海：华东师范大学出版社，1997.12.—390 页；20cm（精装)；￥20.00

眼前春色梦中人：《红楼梦》人物论/王启忠著 .—天津：百花文艺出版社，1997.4.—212 页；

20cm；￥12.00

红楼解梦　第三集/霍国玲等著 .—增订本 .—北京：中国文学出版社，1997.5.—2 册（668 页）：彩图；20cm；￥36.00

《水浒传》趣谈与索解/宁稼雨著 .—沈阳：春风文艺出版社，1997.10.—257 页；20cm.—（中国古代文学名著趣谈与索解丛书·第一辑）；￥16.00

酸涩水浒/周奉真，尚德琪著 .—兰州：甘肃人民出版社，1997.1.—198 页；20cm；￥10.00

歪批水浒/牧惠著；韩羽插图 .—天津：百花文艺出版社，1997.3.—289 页；20cm；￥17.00

夜话水浒/杜景华著 .—北京：书目文献出版社，1997.2.—227 页；19cm；￥9.80

《三国演义》趣谈与索解/孙勇进著 .—沈阳：春风文艺出版社，1997.10.—320 页；20cm.—（中国古代文学名著趣谈与索解丛书·第一辑）；￥16.00

符号——生命的虚妄与辉煌：《三国演义》的文化意蕴/凌宇著 .—长沙：湖南师范大学出版社，1997.4.—232 页；20cm.—（中国文学名著重读丛书/凌宇主编）；￥10.00

三国演义与民间文学传统/（俄）李福清（Riftin.B.）著；尹锡康，田大畏译 .—上海：上海古籍出版社，1997.7.—445 页；20cm.—（海外汉学丛书/王元化主编）；￥23.00

古文辞类纂笺/（清）姚鼐编；（民国）高步瀛笺 .—长春：吉林大学出版社，1997.8.—2 册（2242 页）；26cm（精装）；￥290.00

明代诗文的演变/陈书录著 .—南京：江苏教育出版社，1996.11.—684 页；20cm；（精装）；￥30.60

阳湖文派研究/曹虹著 .—北京：中华书局，1996.10.—280 页；20cm.—（中国传统文化研究丛书）；￥15.10

晚清民国文学研究集刊　第三辑/张正吾主编 .—桂林：漓江出版社，1996.8.—313 页；20cm；￥13.00

晚清民国文学研究集刊　第四辑/张正吾主编 .—桂林：漓江出版社，1996.8.—313 页；20cm；￥12.50

纪晓岚的幽默与智慧/何香久，王金茹编著 .—北京：人民日报出版社，1997.7.—292 页；20cm；￥15.00

红楼雾瘴：玩味脂砚斋/克非著 .—成都：四川文艺出版社，1997.3.—377 页；20cm；￥16.80

近代文学

近代诗歌鉴赏辞典/毛庆耆等著 .—合肥：安徽教育出版社，1997.10.—1226 页；20cm（精装）；￥34.40

中国近代小说思想/王旭川，马国辉著 .—上海：华东师范大学出版社，1997.12.—180 页；20cm；￥10.00

中国近代白话短篇小说研究/（日）小野四平著；施小炜等译 .—上海：上海古籍出版社，1997.10.—272 页；20cm.—（海外汉学丛书/王元化主编）；￥14.40

王鹏运研究资料/张正吾等编 .—桂林：漓江出版社，1996.12.—409 页；20cm.—（另近代文学研究资料丛书）；￥20.50

中国文论选：近代卷/王运熙主著；邬国平，黄霖编著 .—南京：江苏文艺出版社，1996.11.—2 册；20cm；￥55.40

现代文学

曹禺与《雷雨》/童伟民著 .—重庆：西南师范大学出版社，1997.8.—216 页；20cm；￥11.50

现代名家散文新探/苏振元著 .—杭州：杭州大学出版社，1996.1.—266 页；20cm；￥12.50

历史的沉思：鲁迅与中国现代文学论/王富仁著 .—西安：陕西人民教育出版社，1996.9.—387 页；20cm.—（鲁迅研究书系/袁良骏主编）（精装）；￥36.40

中国现代小说史上的鲁迅/林非著 .—西安：陕西人民教育出版社，1996.9.—310 页；20cm.—（鲁迅研究书系/袁良骏主编）（精装）；￥33.00

反省与选择：鲁迅文化观的多维透视/黄健著 .—西安：陕西人民教育出版社，1996.9.—254 页；20cm.—（鲁迅研究书系/袁良骏主编）（精装）；￥30.20

由中间寻找无限：鲁迅的文化价值观/王乾坤著．—西安：陕西人民教育出版社，1996.9.—259页；20cm.—（鲁迅研究书系/袁良骏主编）（精装）；¥30.80

民族魂与中国人/李继凯著．—西安：陕西人民教育出版社，1996.9.—267页；20cm.—（鲁迅研究书系/袁良骏主编）（精装）；¥31.20

封闭与开放：茅盾小说艺术论/刘焕林著．—南宁：广西教育出版社，1997.3.—164页；20cm；¥9.50

回归自然与追寻历史：沈从文与湘西/向成国著．—长沙：湖南师范大学出版社，1997.7.—456页；20cm；¥21.00

茅盾评说/欧家斤著．—上海：学林出版社，1997.10.—251页；20cm；¥12.00

茅盾研究与我/吴福辉，李频编．—北京：华夏出版社，1997.6.—238页；20cm；¥14.80

茅盾与20世纪中国文化/王嘉良主编．—天津：天津人民出版社，1997.11.—248页；20cm.—（20世纪中国文学研究书系）；¥15.80

茅盾与二十世纪/中国茅盾研究会编．—北京：华夏出版社，1997.6.—606页；20cm；¥35.00

茅盾——“人生派”的大师/黄侯兴著．—济南：山东人民出版社，1996.3.—306页；20cm（精装）；¥19.80

茅盾的文论历程/庄钟庆著．—上海：上海文艺出版社，1996.7.—241页；20cm.—（中国现代文学研究丛书）；¥11.00

巴金名作欣赏/陈丹晨主编．—北京：中国和平出版社，1996.10.—532页；20cm.—（名家析名著丛书）；¥26.00

巴金的世界：两个日本人论巴金/（日）山口守，（日）坂井洋史著．—北京：东方出版社，1996.1.—362页；20cm；¥19.00

中国现代文学批评发生史/（斯洛伐克）高利克著；陈圣生等译．—北京：社会科学文献出版社，1997.11.—376页；20cm；著者原题：玛利安·高利克；¥21.80

郁达夫研究/王冠军著．—武汉：长江文艺出版社，1997.3.—191页；19cm；¥10.00

20世纪中国女性文学论稿/曾利君著．—重庆：西南师范大学出版社，1997.3.—250页；20cm；¥13.50

巴金：永生在青春的原野/宋曰家著．—济南：山东文艺出版社，1997.4.—208页；20cm.—（人格与艺术精神丛书/宋曰家主编）；¥8.10

巴金创作综论/辜也平著．—福州：福建教育出版社，1997.10.—407页；20cm.—（中国文学论丛）；¥30.50

大地诗篇：端木蕻良作品评论集/钟耀群，曹革成编．—哈尔滨：北方文艺出版社，1997.2.—465页；20cm；¥19.80

作别张爱玲/陈子善编．—上海：文汇出版社，1996.2.—283页；20cm.—（海上风丛书）；¥12.80

孙犁的现实主义艺术论/金梅著．—西安：陕西人民出版社，1996.7.—313页；20cm；¥11.00

张爱玲名作——华丽缘/龚曙光编．—北京：中国华侨出版社，1997.6.—468页；20cm.—（海派名家名作赏析）；¥22.50

海上花开又花落：读解张爱玲/万燕著．—南昌：百花洲文艺出版社，1996.8.—298页：照片；20cm；¥13.00

流变中的流派：“鸳鸯蝴蝶派”新论/刘扬体著．—北京：中国文联出版公司，1997.10.—331页；20cm；¥18.60

“山药蛋派”作家作品论/曲润海著．—北京：大众文艺出版社，1997.11.—326页；20cm；¥14.60

老舍研究：65年沧桑路：1929～1994/石兴泽著．—济南：山东文艺出版社，1997.6.—228页；20cm；¥12.80

林语堂评传/刘炎生著．—南昌：百花洲文艺出版社，1997.12.—261页；20cm.—（国学大师丛书）；¥13.90

中国现代散文史/俞元桂主编．—修订本．—济南：山东文艺出版社，1997.9.—620页；20cm；¥29.80

中国现代诗论40家/潘颂德著．—2版．—重庆：重庆出版社，1997.9.—427页；20cm；¥20.00

中国现代文学思潮研究/刘增杰等著．—开封：河南大学出版社，1996.3.—420页；20cm；¥14.50

中国现代文艺思潮史/吴中杰著．—上海：复旦大学出版社，1996.12.—346页；20cm；¥15.00

转折时期的文学思潮：茅盾早期文学思想研究/杨

杨著 .—上海：华东师范大学出版社，1996.10.—223页；20cm；￥9.10

左联文学新论/谌宗恕著 .—武汉：武汉出版社，1996.11.—282页；20cm；￥16.00

中国现代散文发展史/傅德珉等著 .—成都：四川教育出版社，1997.3.—509页；20cm；￥23.00

现代散文的劲旅/袁良骏著 .—西安：陕西人民教育出版社，1996.9.—300页；20cm.—（鲁迅研究书系/袁良骏主编）（精装）；￥32.40

现代作家游记辞典/吴欢章主编 .—上海：汉语大词典出版社，1997.12.—1140页；19cm；￥48.00

老舍名作欣赏/樊骏主编 .—北京：中国和平出版社，1996.10.—588页；20cm.—（名家析名著丛书）；￥28.00

老舍的语言艺术/王建华著 .—北京：北京语言文化大学出版社，1996.11.—268页；20cm；￥16.00

在新世纪的门槛上：中国现代诗人新论/郭小聪著 .—北京：北京大学出版社，1997.8.—224页；20cm；￥12.00

九叶诗派研究/游友基著 .—福州：福建教育出版社，1997.8.—385页；20cm.—（中国文学论丛）；￥28.50

"九叶诗人"评论资料选/王圣思选编 .—上海：华东师范大学出版社，1996.10.—405页；20cm.—（中国新文学社团、流派丛书/钱谷融主编）；￥19.20

鲁迅文学观综论/朱晓进著 .—西安：陕西人民教育出版社，1996.9.—234页；20cm.—（鲁迅研究书系/袁良骏主编）（精装）；￥29.30

鲁迅心解/王得后著 .—杭州：浙江文艺出版社，1996.12.—433页；20cm.—（书斋文丛）；￥14.80

鲁迅与他"骂"过的人/房向东编著 .—上海：上海书店出版社，1996.12.—368页；20cm；￥18.00

鲁迅与新思潮：论鲁迅留日时期的思想/汪毅夫著 .—西安：陕西人民教育出版社，1996.9.—108页；20cm.—（鲁迅研究书系/袁良骏主编）（精装）；￥23.60

鲁迅与英国文学/高旭东著 .—西安：陕西人民教育出版社，1996.9.—182页；20cm.—（鲁迅研究书系/袁良骏主编）（精装）；￥27.00

鲁迅与宗教文化/郑欣淼著 .—西安：陕西人民教育出版社，1996.9.—406页；20cm.—（鲁迅研究书系/袁良骏主编）（精装）；￥37.50

鲁迅著译版本研究编目/周国伟编著 .—上海：上海文艺出版社，1996.10.—463页；20cm.—（中国现代文学史资料丛书（甲种））；￥20.00

现代中国新文学与新文化/皇甫晓涛著 .—太原：山西人民出版社，1997.3.—258页；20cm；￥16.80

自由者梦寻："现代评论派"综论/倪邦文著 .—上海：上海文艺出版社，1997.9.—252页；20cm.—（百年文潮丛书）；￥13.60

中国现代小说中的抒情倾向/杨联芬著 .—北京：北京师范大学出版社，1996.9.—270页；20cm；￥10.80

中国现代美文鉴赏/王富仁主编 .—石家庄：河北人民出版社，1996.3.—2册（1042页）；20cm；￥38.50

中国现代散文家论/李复兴，蒋成瑀著 .—济南：山东教育出版社，1996.5.—327页；20cm；￥12.70

张恨水名作欣赏/杨义主编 .—北京：中国和平出版社，1996.10.—595页；20cm.—（名家析名著丛书）；￥28.00

张爱玲名作欣赏/黄修己主编 .—北京：中国和平出版社，1996.10.—384页；20cm.—（名家析名著丛书）；￥20.00

柳亚子诗歌新探/邵迎武著 .—北京：中国人民大学出版社，1996.4.—230页；20cm.—（国际南社学会南社丛书·第一套/柳无忌主编）；￥11.90

传统向现代的嬗变：中国现代历史小说与中外文化/李程骅著 .—南宁：广西教育出版社，1996.10.—158页；20cm.—（红土地丛书）；￥9.30

胡适与中国文化转型/宋剑华著 .—哈尔滨：黑龙江教育出版社，1996.7.—275页；20cm；￥11.00

精神的炼狱：中国现代文学从"五四"到抗战的历程/钱理群著 .—南宁：广西教育出版社，1996.12.—292页；20cm.—（红土地丛书）；￥15.00

抗战文艺散论/章绍嗣著 .—武汉：湖北人民出版社，1996.3.—399 页；19cm；￥19.80

历史的沉重/言行著 .—天津：百花文艺出版社，1996.7.—163 页；20cm；￥8.60

鲁迅老舍作品语言艺术/史锡尧著 .—北京：北京师范大学出版社，1996.3.—131 页；20cm；￥5.95

台港文学教程/李旭初等著 .—武汉：长江文艺出版社，1996.1.—422 页；20cm；￥18.40

五四新文学与外国文学/王锦厚著 .—2 版 .—成都：四川大学出版社，1996.6.—737 页：照片；20cm（精装）；￥30.00

现代文学大师品评/桑逢康著 .—北京：中央编译出版社，1996.8.—240 页；20cm；￥11.80

现代文学流派/黄曼君主编 .—武汉：长江文艺出版社，1996.7.—317 页；20cm.—（中国新文学研究）；￥13.70

中国文论选：现代卷/王运熙主编；沙似鹏等编著 .—南京：江苏文艺出版社，1996.11.—3 册；20cm；￥73.00

中国现代派文学史论/谭楚良著 .—上海：学林出版社，1996.8.—401 页；20cm；￥16.00

当代文学

当代文学新潮/朱寨，张炯主编 .—北京：人民文学出版社，1997.12.—481 页；20cm；￥19.40

面对文艺新潮/李正忠著 .—北京：大众文艺出版社，1997.11.—310 页；20cm；￥13.80

现代诗美流程/章亚昕著 .—济南：山东文艺出版社，1996.10.—360 页；20cm；￥12.30

世纪的良心/巴金与二十世纪学术研讨会编 .—上海：上海文艺出版社，1996.4.—411 页；20cm；￥19.30

20世纪中国文学价值系统：1900～1949/程金城著 .—兰州：敦煌文艺出版社，1996.6.—313 页；20cm；￥14.00

朝圣的故事或在路上/何向阳著 .—天津：百花文艺出版社，1996.12.—266 页；20cm.—（21 世纪文学之星丛书：1996 年卷·理论）；￥13.50

中国新时期争鸣诗精选/丁国成主编；《诗刊》社编选 .—长春：时代文艺出版社，1996.9.—550 页；20cm；￥25.50

中国朦胧诗人论/陈仲义著 .—南京：江苏文艺出版社，1996.9.—243 页；20cm；￥10.00

诗：激情与策略：后现代主义与当代诗歌/刘纳著 .—北京：中国社会出版社，1996.3.—203 页；19cm.—（后现代主义文化丛书；9）；￥8.50

长征诗话/李安葆编著 .—北京：中国青年出版社，1996.12.—234 页；19cm；￥9.00

艾青研究/谢应光著 .—成都：四川大学出版社，1997.7.—242 页；20cm；￥15.00

季节轮换/李振声著 .—上海：学林出版社，1996.1.—240 页；20cm.—（火凤凰新批评文丛）；￥11.00

诗潮耕耘录/罗继仁著 .—天津：百花文艺出版社，1996.12.—190 页；20cm（精装）；￥13.80

我的诗词道路/叶嘉莹著 .—石家庄：河北教育出版社，1997.7.—301 页；20cm；￥13.30

名作重读/钱理群著 .—上海：上海教育出版社，1996.7.—225 页；20cm；￥10.00

中华诗词年鉴　第五卷：一九九四、一九九五年合辑《中华诗词年鉴》编辑部编 .—上海：学林出版社，1996.12.—376 页；20cm（精装）；￥24.00

中国戏曲/翁敏华著 .—上海：上海古籍出版社，1996.8.—138 页：彩图；19cm.—（中华文明宝库/李国章，马樟根主编）；￥11.00

弦心集/王朴著 .—海口：海南出版社，1996.10.—436 页；19cm；￥25.80

十评飞天奖/仲呈祥著 .—天津：百花文艺出版社，1996.6.—587 页；20cm；￥32.00

神话的窥破：当代中国女性写作研究/陈惠芬著 .—上海：上海社会科学院出版社，1996.11.—244 页；20cm；￥12.00

世纪的足音/严家炎著 .—北京：作家出版社，1996.10.—306 页；20cm；￥17.00

传统小说与中国文化/张振军著 .—桂林：广西师范大学出版社，1996.1.—310 页；20cm.—（国学丛书）；￥13.00

中国当代小说流派史/张学军著 .—济南：山东大学出版社，1996.11.—379 页；20cm；￥15.00

凤凰的时命与劫运：郭沫若文学生命的再观照/顾圣皓著 .郑州：河南人民出版社，—1996.8.—315 页；20cm；￥13.00

郭沫若研究　第11辑/林林主编；中国郭沫若研究学会，《郭沫若研究》编辑部编 .—北京：文化艺术出版社，1996.6.—345页；20cm；¥18.00

几度风雨海上花/周介人，陈保平主编；杨炳华编 .—上海：三联书店上海分店，1996.12.—294页；20cm.—（新市民文丛·理论评论卷）；¥14.20

金庸智慧/覃贤茂著 .—成都：四川人民出版社，1996.6.—378页；20cm；¥14.80

理解九十年代/陈思和等著 .—北京：人民文学出版社，1996.7.—190页；20cm.—（猫头鹰书丛）；¥9.45

历史的解读与审美取向/孙中田著 .—长春：东北师范大学出版社，1996.3.—408页；20cm.—（东北师范大学博士生导师文库）（精装）；¥15.00

岭南作家论/黄树红著 .—广州：华南理工大学出版社，1996.6.—245页；20cm；¥12.00

刘绍棠与运河乡土文学/段宝林主编 .—北京：北京燕山出版社 1996.8.—234页；20cm；¥9.80

刘心武论/陈墨著 .—合肥：安徽教育出版社，1996.12.—463页；20cm；¥17.30

儿童文学研究　1996年第4期　总第90期/《儿童文学研究》编辑部编 .—上海：少年儿童出版社，1996.12.—64页；26cm；¥5.50

文学的锣鼓/郭小东著 .—广州：广东人民出版社，1997.8.—392页；20cm.—（广东省中青年社会科学家文库）；¥22.00

著名书信鉴赏/李茂肃主编 .—济南：山东人民出版社，1997.9.—469页；20cm；¥18.50

钱钟书与杨绛/孔庆茂著 .—海口：海南国际新闻出版中心，1997.3.—369页；20cm；¥18.00

中国散文大辞典/林非主编 .—郑州：中州古籍出版社，1997.6.—734，59页；26cm（精装）；¥60.00

中国百家文学名著鉴赏：散文（1）/汪文顶，曾宪辉主编；郭丹等编著 .—福州：福建教育出版社，1997.11.—144页；19cm；¥6.20

报告文学探论/陈进波，马永强著 .—兰州：兰州大学出版社，1997.5.—350页；20cm；¥13.50

新艺术散文概论/许评，耿立著 .—济南：山东教育出版社，1997.8.—335页；20cm；¥12.40

1995年散文年鉴/刘锡庆主编 .—桂林：漓江出版社，1997.12.—731页；20cm；¥25.00

你一定要看董桥/陈子善编 .—上海：文汇出版社，1997.8.—208页；19cm；¥11.80

中国当代散文审美建构/李晓虹著 .—深圳：海天出版社，1997.10.—286页；20cm；¥13.80

中国散文美学发凡/贾祥伦著 .—济南：山东友谊出版社，1997.3.—358页；20cm；¥17.00

刘心武张颐武对话录：《后世纪》的文化瞭望/刘心武，张颐武著 .—桂林：漓江出版社，1996.7.—236页；20cm.—（名人对话书系）；¥7.50

当代报告文学流变论/李炳银著 .—北京：人民文学出版社，1997.8.—341页；20cm；¥14.80

20世纪中国杂文史/姚春树，袁勇麟编著 .—福州：福建教育出版社，1997.11.—2册（1098页）；20cm；¥57.00

人世百态/王学泰著 .—北京：华文出版社，1997.2.—374页；20cm.—（东轩书趣文丛；1/严平等主编）；¥22.00

陈平原小说史论集：20世纪中国小说史：1897～1916/陈平原著 .—石家庄：河北人民出版社，1997.8.—3册（1776页）；20cm（精装）；¥96.00

儿童文学研究：1997年第3期（总第93期）/周基亭主编 .—上海：少年儿童出版社，1997.9.—64页；26cm；¥5.50

台湾儿童诗精品选评/圣野选评 .—上海：上海辞书出版社，1997.5.—282页；19cm（精装）；¥16.00

彼岸的缪斯：台湾诗歌论/刘登翰，朱双一著 .—南昌：百花洲文艺出版社，1996.12.—510页；20cm；¥19.00

童话梦：葛翠琳和她的创作/北京作家协会编 .—杭州：浙江少年儿童出版社，1997.3.—440页：照片；20cm（精装）；¥23.00

傣族文学研究：德宏傣族人的艺术智慧之光/刀承华著 .—昆明：云南大学出版社，1997.7.—309页；19cm；¥16.20

当代文学与地域文化/樊星著 .—武汉：华中师范大学出版社，1997.1.—282页；20cm.—（文学理论批评建设丛书）；¥12.80

当代中国文学艺术论/张器友著 .—合肥：安徽文

艺出版社，1997.8.—255页；20cm；￥11.00
个人情境/张业松著．—济南：山东友谊出版社，1997.5.—251页；20cm.—（逼近世纪末批评文丛）；￥15.80
观塘集：1990～1996文学批评稿/斯英琦著．—上海：上海书店出版社，1997.8.—235页；20cm；￥20.00
湖南乡土文学与湘楚文化/刘洪涛著．—长沙：湖南教育出版社，1997.12.—330页；20cm.—（20世纪中国文学与区域文化丛书/严家炎主编）（精装）；￥16.40
庞瑞垠研究专集/朱子南编．—南京：江苏教育出版社，1997.8.—430页；20cm.—（中国当代文学研究资料丛书）；￥17.00
钱钟书杨绛研究资料集/田蕙兰等选编．—2版．—武汉：华中师范大学出版社，1997.1.—736页；20cm；￥30.00
情结·文心/欧阳若修著．—南宁：广西教育出版社，1997.10.—265页；20cm；￥11.70
日出山花红胜火：论叶君健的创作与翻译/李保初著．—北京：华文出版社，1997.8.—285页；20cm.—（雅趣文丛）；￥15.00
文坛散论/孙豹隐著．—西安：未来出版社，1997.1.—448页；20cm；￥15.80
文学的攀登与选择/张炯著．—福州：海峡文艺出版社，1997.7.—416页；20cm；￥18.50
文学论稿/宋致新著．—武汉：长江文艺出版社，1997.12.—389页；20cm；￥20.00
文艺杂谈/梵扬著．—广州：岭南美术出版社，1997.12.—280页；20cm；￥12.80
现代话语/严锋著．—济南：山东友谊出版社，1997.5.—241页；20cm.—（逼近世纪末批评文丛）；￥15.80
现实主义文学在当代中国：1976～1996/张学正著．—天津：南开大学出版社，1997.5.—228页；20cm；￥9.50
新编当代中国文学/张景超等主编．—哈尔滨：黑龙江教育出版社，1997.2.—461页；20cm；￥18.00
新时期河南作家研究/王敏，郭新和主编．—开封：河南大学出版社，1997.3.—224页；20cm；￥12.50
新月怀旧：叶公超文艺杂谈/叶公超著．—上海：学林出版社，1997.12.—234页；20cm.—（海外学者丛书/关鸿，魏平主编）；￥12.00
叙事的智慧/张柠著．—济南：山东友谊出版社，1997.5.—263页；20cm.—（逼近世纪末批评文丛）；￥15.80
寻找一种谈论方式："文革"后文学思绪/程文超著．—广州：中山大学出版社，1997.3.—550页；20cm.—（中山大学学术研究丛书）；￥28.00
张承志：残月下的孤旅/何清著．—济南：山东文艺出版社，1997.4.—202页；20cm.—（人格与艺术精神丛书/宋曰家主编）；￥8.10
中国当代文学研究资料丛书：晓雪专题/贾植芳，范伯群主编；云南教育出版社编．—昆明：云南教育出版社，1997.4.—437页：照片；20cm；￥18.00
煮字斋文札/陈仿麟著．—长沙：湖南文艺出版社，1997.12.—353页；20cm；￥14.50
追寻与创建：现代女性文学研究/李少群著．—济南：山东教育出版社，1997.12.—326页；20cm；￥12.10
体验批评：新时期文学与影视评论/胡俊海著．—天津：百花文艺出版社，1997.6.—364页；20cm；￥18.00
中国新诗二十四品/钟友循，汪东发著．—长沙：湖南出版社，1997.8.—563页；20cm；￥20.90
浮世代代传/李嵘明著．—北京：华文出版社，1997.2.—257页；20cm.—（东轩书趣文丛；9/严平等主编）；￥16.00
解读八面人生：评高阳历史小说/江少川主编．—北京：中华工商联合出版社，1997.2.—310页；20cm.—（高阳研究文丛）；￥17.00
在文化的对照下/蒋述卓著．—广州：广东人民出版社，1997.12.—461页；20cm.—（广东省中青年社会科学家文库）；￥26.00
京味文学散论/甘海岚，张丽�主编．—北京：北京燕山出版社，1997.12.—300页；20cm.—（京华博览丛书）；￥16.00
苦境：中国文化怪杰心录/孙郁主编．—沈阳：辽宁人民出版社，1997.8.—934页；20cm；￥37.50
报告文学综论/许桂燊著．—广州：广东高等教育出版社，1996.6.—341页；20cm；￥20.00

散文艺术之旅：散文审美新观点/杨政著 .—重庆：重庆出版社，1996.8.—425页；20cm；¥13.80

乡关何处：20世纪中国散文的文化精神/王尧著 .—北京：东方出版社，1996.6.—249页；20cm.—（东方书林之旅·满江红书系）；¥16.00

文学的精神家园/杨政著 .—济南：山东文艺出版社，1997.6.—276页；20cm；¥12.00

史与诗/刘斯翰著 .—广州：广东人民出版社，1997.12.—469页；20cm.—（广东省中青年社会科学家文库）；¥26.00

留得枯荷听雨声：诗词的魅力/古远清著 .—北京：三联书店，1997.1.—283页；20cm.—（中华文库）；¥16.80

生活的牧歌：论艾青的诗/晓雪著 .—北京：人民文学出版社，1997.2.—255页；20cm；¥13.00

当代戏剧形态论/叶志良著 .—天津：天津人民出版社，1997.12.—251页；20cm；¥17.00

海边剧评/安葵著 .—北京：新华出版社，1997.7.—356页；20cm；¥23.80

马少波研究文集/李慧中编 .—北京：北京出版社，1997.4.—1114页：彩照；20cm；¥45.00

小小说百家创作谈/王保民主编 .—郑州：河南文艺出版社，1997.4.—347页；19cm；¥11.20

小小说之我见/杨贵才著 .—天津：百花文艺出版社，1997.8.—179页；20cm；¥9.30

批评的纵横/俞兆平著 .—厦门：鹭江出版社，1996.8.—278页；19cm；¥9.80

期待的视野/云德著 .—北京：解放军文艺出版社，1996.5.—311页；20cm；¥12.90

栖居与超越/石杰著 .—天津：百花文艺出版社，1996.12.—308页；20cm；¥14.30

钱钟书研究采辑（2）/陆文虎编 .—北京：三联书店，1996.2.—389页；20cm；¥18.60

且慢祭奠：文学论稿/熊玉鹏著 .—太原：北岳文艺出版社，1996.11.—475页；19cm；¥19.80

三思斋随笔/齐峰著 .—太原：山西人民出版社，1996.11.—182页；20cm；¥16.00

诗文艺术琐论/张洗星，初国卿著 .—沈阳：辽宁人民出版社，1996.9.—232页；20cm；¥19.00

世纪之交的冲撞：王蒙现象争鸣录/丁东，孙珉选编 .—北京：光明日报出版社，1996.1.—448页；20cm；¥19.50

文海苦航/权海帆著 .—西安：陕西人民教育出版社，1996.11.—315页；20cm；¥14.00

文坛感应录/陈骏涛著 .—北京：解放军文艺出版社，1996.10.—423页；20cm；¥16.50

文学艺术与当代中国/贺立华著 .—天津：百花文艺出版社，1996.1.—342页；20cm；¥18.00

文苑觅英/何火任著 .—北京：社会科学文献出版社，1996.11.—344页；20cm；¥18.00

无声的黄昏：当前的文学与时代精神/王晓明等著 .—北京：人民文学出版社，1996.7.—140页；19cm.—（猫头鹰丛书）；¥7.95

新时期军事文学精选：1979～1994：评论卷/王颖，吴振录主编 .—北京：解放军文艺出版社，1996.1.—348页；20cm；¥15.60

遥望星辰：汪守德文艺评论集/汪守德著 .—北京：解放军文艺出版社，1996.5.—237页；20cm；¥12.00

艺海夜光杯/陈瑞统著 .—厦门：鹭江出版社，1996.5.—286页；20cm；¥10.80

艺术还你自由的人生/邓忠汉著 .—昆明：云南人民出版社，1996.4.—169页；19cm；¥6.80

用笔思考的作家——王蒙/夏冠洲著 .—乌鲁木齐：新疆大学出版社，1996.3.—275页；20cm；¥15.00

在功利与唯美之间/王彬彬著 .—上海：学林出版社，1996.1.—290页；20cm.—（火凤凰新批评文丛）；¥14.00

赵树理研究文集/陈荒煤等著；中国赵树理研究会编 .—北京：中国文联出版公司，1996.8—3册；20cm；¥61.80

中国戏曲史/张松林著 .—重庆：重庆大学出版社，1997.8.—416页；20cm；¥16.80

赵昌平自选集/赵昌平著 .—桂林：广西师范大学出版社，1997.9.—323页；22cm.—（跨世纪学人文存）；¥26.00

光与影的对话/杨兴福著 .—合肥：安徽文艺出版社，1997.8.—371页；19cm；¥12.80

新时期小说文体的自觉/戴少瑶等著 .—重庆：西南师范大学出版社，1997.8.—262页；20cm；¥13.80

一个神秘的文学天才——路翎/刘挺生著 .—上海：华东师范大学出版社，1997.1.—254页；20cm；¥16.80

中国百家文学名著鉴赏：小说（2）/汪文顶，曾宪辉主编；江震龙编著 .—福州：福建教育出版社，1997.11.—171页；19cm；¥6.95

中国百家文学名著鉴赏：小说（3）/汪文顶，曾宪辉主编；王玉芝编著 .—福州：福建教育出版社，1997.11.—155页；19cm；¥6.45

槐阴下的幻境：论《围城》的叙事与虚构/张明亮著 .—石家庄：河北教育出版社，1997.7.—421页；20cm.—（钱锺书研究丛书·第二辑）；¥15.00

当代小说阅读笔记/许子东著 .—上海：华东师范大学出版社，1997.5.—253页；20cm；¥17.00

芸香楼文艺论集/钟敬文著 .—北京：中国文联出版公司，1996.2.—728页；20cm.—（中国文联晚霞文库）；¥63.60

梁斌作品评论集/温超藩等编 .—天津：百花文艺出版社，1997.5.—600页；20cm；¥25.20

论剑：武侠小说谈艺录/叶洪生著 .—上海：学林出版社，1997.1.—394页：照片；20cm；¥20.00

颂祷与自诉：新时期小说的叙述特征及文化意识/孙先科著 .—上海：上海文艺出版社，1997.8.—262页；20cm.—（百年文潮丛书）；¥13.50

小说的美学构建/周书文著 .—天津：百花文艺出版社，1997.8.—256页；20cm；¥12.80

论东方诗化意识流小说/周伟民，唐玲玲著 .—北京：中国社会科学出版社，1997.9.—270页；20cm；¥19.00

秦地小说与“三秦文化”/李继凯著 .—长沙：湖南教育出版社，1997.12.—404页；20cm.—（20世纪中国文学与区域文化丛书）；¥18.80

世界文学格局中的中国小说/应锦襄等著 .—北京：北京大学出版社，1997.11.—332页；20cm.—（北京大学比较文学研究丛书）；¥15.00

新时期小说创作潮流研究/邝邦洪著 .—广州：广东人民出版社，1997.8.—199页；20cm；¥16.00

心灵世界：王安忆小说讲稿/王安忆著 .—上海：复旦大学出版社，1997.12.—371页；20cm；¥16.00

小说纵横谈/田中全著 .—武汉：长江文艺出版社，1997.2.—262页；19cm；¥12.00

新时期小说文体论/庞守英著 .—济南：山东大学出版社，1997.8.—302页；20cm；¥15.80

中国20世纪乡土小说论评/庄汉新，邵明波主编 .—北京：学苑出版社，1997.10.—736页；20cm；¥32.00

东方睿智学人：钱钟书的独特个性与魅力/王卫平著 .—石家庄：河北教育出版社，1997.5.—262页；20cm.—（钱钟书研究丛书·第二辑）；¥12.30

都市文化与中国现代都市小说/张鸿声著 .—开封：河南大学出版社，1997.9.—289页；20cm；¥18.00

20世纪中国小说理论资料　第二卷：1917~1927/严家炎编 .—北京：北京大学出版社，1997.2.—544页；20cm；¥28.00

20世纪中国小说理论资料　第三卷：1928~1937/吴福辉编 .—北京：北京大学出版社，1997.2.—554页；20cm；¥28.50

20世纪中国小说理论资料　第四卷：1937~1949/钱理群编 .—北京：北京大学出版社，1997.2.—663页；20cm；¥33.50

20世纪中国小说理论资料　第五卷：1949~1976/洪子诚编 .—北京：北京大学出版社，1997.2.—661页；20cm；¥34.00

20世纪中国小说理论资料　第一卷：1897~1916/陈平原、夏晓虹编 .—北京：北京大学出版社，1997.2.—636页；20cm；¥33.00

黄云生儿童文学论稿/黄云生著 .—桂林：漓江出版 1996.3.—284页；20cm；¥15.00

老舍和儿童文学/朱守芬，盛巽昌编 .—上海：少年儿童出版社，1996.11.—476页；20cm（精装）；¥32.80

浦漫汀儿童文学评论集/浦漫汀著 .—郑州：海燕出版社，1996.10.—626页；20cm（精装）；¥25.00

前艺术思想：中国当代少年文学艺术论/班马著 .—福州：福建少年儿童出版社，1996.10.—732页；20cm；¥30.00

人之初文学解析/黄云生著 .—上海：少年儿童出版社，1997.11.—328页；20cm.—（跨世纪儿童文学论丛）；¥18.20

转型期少儿文学思潮史/吴其南著 .—上海：少年儿出版社，1997.11.—365页；20cm.—（跨世

纪儿童文学论丛)；¥19.30

儿童文学研究：1997年第2期 总第92期/周基亭主编；儿童文学研究编辑部编 .—上海：少年儿童出版社，1997.6.—64页；26cm；¥5.50

笔走龙蛇/陈思和著 .—济南：山东友谊出版社，1997.5.—426页；20cm.—（逼近世纪末批评文丛）；¥15.80

彼岸与此境/陈引驰著 .—济南：山东友谊出版社，1997.5.—270页；20cm.—（逼近世纪末批评文丛）；¥15.80

城市的声音/毛时安主编 .—济南：山东友谊出版社，1997.5.—278页；20cm.—（逼近世纪末批评文丛）；¥15.80

文坛50年/曹聚仁著 .—上海：东方出版中心，1997.6.—386页；20cm；¥19.00

幼儿文学概论/张美妮，巢扬著 .—重庆：重庆出版社，1996.12.—457页；20cm（精装）；¥20.00

中国当代儿童文学文论选/王泉根评选 .—南宁：接力出版社，1996.7.—1070页；20cm（精装）；¥70.00

少数民族文学/梁庭望，潘春见著 .—上海：上海古籍出版社，1996.8.—154页：彩图；19cm.—（中华文明宝库/李国章，马樟根主编）；¥9.10

民族文学的腾飞：中国少数民族文学史论丛（上）/何联华著 .—成都：四川民族出版社，1996.12.—223页；19cm.—（当代中青年作家新著丛书·第二卷/刘平主编）；¥8.50

中国文学中的维摩与观音/孙昌武著 .—北京：高等教育出版社，1996.6.—424页；20cm；¥22.00

金庸小说情爱论/陈墨著 .—南昌：百花洲文艺出版社，1996.5.—288页；20cm；¥12.00

金庸小说人物谱/曹正文编著 .—上海：学林出版社，1996.1.—324页；19cm.—（畅销作品鉴赏丛书/周清霖主编）；¥12.00

开创新派的宗师：梁羽生小说艺术谈/罗立群著 .—上海：学林出版社，1996.1.—196页；19cm.—（畅销作品鉴赏丛书/周清霖主编）；¥8.50

龙应台评小说/龙应台著 .—上海：上海文艺出版社，1996.4.—349页；20cm.—（龙应台自选集）；¥14.40

描绘历史风云的奇才：高阳的小说和人生/林青著 .—上海：学林出版社，1996.1.—232页；19cm.—（畅销作品鉴赏丛书/周清霖主编）；¥9.50

神秘的侦探世界：程小青、孙了红小说艺术谈/卢润祥著 .—上海：学林出版社，1996.1.—222页；19cm.—（畅销作品鉴赏丛书/周清霖主编）；¥9.50

新时期小说情感类型论/王光东著 .—天津：百花文艺出版社，1996.6.—161页；20cm；¥8.50

新时期小说研究/邝邦洪著 .—广州：广东人民出版社，1996.7.—298页；20cm；¥15.00

众神的肖像/季红真著 .—北京：人民文学出版社，1996.5.—185页；20cm；¥10.60

《一代风流》的典型性格/罗源文，梵场主编 .—北京：人民文学出版社，1996.12.—387页；20cm；¥16.00

程贤章作品评论集/林焕平等主编 .—桂林：广西师范大学出版社，1996.11.—314页；20cm；¥18.00

民间文学

格萨尔文库 第一卷：藏格《格萨尔》 第一册：英雄成长/王兴先主编；甘肃省《格萨尔》工作领导小组办公室，西北民族学院《格萨尔》研究所编纂 .—兰州：甘肃民族出版社，1996.6.—816页；26cm（精装）；¥98.00

格萨尔文库 第三卷：土族《格萨尔》（上）/王兴先主编；甘肃省《格萨尔》工作领导小组办公室，西北民族学院《格萨尔》研究所编纂 .—兰州：甘肃民族出版社，1996.6.—719页；26cm（精装）；¥98.00

壮丽的藏族英雄史诗：《格萨尔王传》导读/何敏，周骏编著 .—成都：四川教育出版社，1997.7.—127页；19cm.—（百部文学名著导读/陈坚，巢宗祺主编）；全套总定价：480.00元

中国少数民族民间文学概论/赵志忠著 .—沈阳：辽宁民族出版社，1997.7.—326页；20cm.—（中国少数民族文学丛书）；¥13.00

中国少数民族文学与文献论集/《中国少数民族文学与文献论集》编委会编 .—沈阳：辽宁民族出版社，1997.8.—414页；20cm；￥15.00

布依族摩经文学/韦兴儒等编 .—贵阳：贵州人民出版社，1997.11.—222页；20cm.—（贵州民间文学选粹丛书/卢惠龙主编）；￥16.00

江南民间叙事诗及故事/钱舜娟著 .—上海：上海文艺出版社，1997.10.—296页；19cm；￥11.00

民间百神/高有鹏，张广智著 .—郑州：海燕出版社，书·文艺卷/于金兰主编）；￥14.50

荆湘民间文学与楚文化：楚文化探/巫瑞书著 .—长沙：岳麓书社，1996.3.—339页；20cm.—（中国传统文化研究丛书）；￥12.50

民间文学/徐石著 .—上海：上海古籍出版社，1996.11.—107页；19cm.—（中华文明宝库/李国章，马樟根主编）；￥8.90

袁珂神话论集/袁珂著 .—成都：四川大学出版社，1996.9.—429页；20cm；￥20.00

郑振铎与民间文艺/黄永林著 .—南京：南京大学出版社，1996.8.—229页；20cm；￥9.80

中国古代豪侠义士/王立著 .—合肥：安徽人民出版社，1996.8.—251页；20cm.—（民俗文化丛书）；￥9.00

中国民间故事形态研究/李杨著 .—汕头：汕头大学出版社，1996.1.—282页；19cm；￥12.00

中国民间文化　第二十集：改编再创作研究/姜彬主编；上海民间文艺家协会，上海民俗学会编 .—上海：学林出版社，1996.12.—447页；20cm；￥18.20

中国民间文学/李惠芳著 .—武汉：武汉大学出版社，1996.6.—311页；21cm；武汉大学本科生系列教材；￥10.50

甘肃民间文学概论/武文著 .—兰州：甘肃人民出版社，1996.5.—361页；20cm；￥18.50

中国民间文学大辞典/马名超，王彩云主编 .—哈尔滨：黑龙江人民出版社，1996.12.—2145页；20cm（精装）；￥198.00

民间神话/程健君著 .—郑州：海燕出版社，1997.5.—290页：彩照；20cm.—（中原民俗丛书/孟宪明，程健君主编）（精装）；￥16.00

民间戏曲/韩德英著 .—郑州：海燕出版社，1997.5.—350页：彩照；20cm.—（中原民俗丛书/孟宪明，程健君主编）（精装）；￥19.00

西藏文化的个性：关于藏族文学艺术的再思考/周炜著 .—北京：中国藏学出版社，1997.3.—286页；20cm；￥16.50

文学史、文学思想史

中国俗文学发展史/王文宝著 .—北京：北京燕山出版社，1997.3.—421页；20cm；￥20.00

中国文学史/章培恒，骆玉明主编 .—上海：复旦大学出版社，1997.4.—3册；20cm；￥58.00

中国文学史纲要/王树民著 .—北京：中华书局，1997.9.—253页；20cm.—（中华历史丛书）；￥13.00

中国文学史纲要　（三）：宋辽金元文学/李修生编著 .—2版 .—北京：北京大学出版社，1997.12.—263页；20cm，￥：12.00

中国文学史略：宋、元、明、清/刘敬圻等编著 .—哈尔滨：黑龙江教育出版社，1997.3.—519页；20cm；￥19.00

中国文艺思想史论稿/滕咸惠著 .—济南：山东大学出版社，1997.6.—313页；20cm；￥12.00

中华民族文学关系史：南方卷/刘亚虎著 .—北京：人民文学出版社，1997.12.—456页；20cm；￥18.90

主体思维与文学史观/朱德发著 .—济南：山东教育出版社，1997.6.—400页；20cm；￥14.70

走出历史的峡谷/孔范今著 .—济南：山东文艺出版社，1997.8.—382页；20cm；￥16.80

本源·教化编/徐中玉主编；王寿亨编选 .—北京：中国社会科学出版社，1997.2.—638页；20cm—（中国古代文艺理论专题资料丛刊）；￥29.70

文学肇始/孙绿怡著 .—北京：中华书局，1997.3.—220页；20cm.—（中华文学通览·先秦卷/董乃斌主编）；￥16.00

中国古代文学史教学大纲/国家教委高教司编 .—北京；高等教育出版社，1997.7.—191页；19cm；￥5.90

中国中古文学史评注/林维民编著 .—汕头：汕头大学出版社，1997.5.—388页；20cm￥22.80

汉代文人与文学观念的演进/于迎春著 .—北京：东方出版社，1997.6.—290 页；20cm—（日晷文库·中国文学史研究系列/吴先宁主编）；¥16.80
空谷流韵/韦凤娟著 .—北京：中华书局，1997.3.—233 页；20cm.—（中华文学通览·魏、晋、南北朝卷/董乃斌主编）；¥16.00
魏晋南北朝文学史料述略/穆克宏著 .—北京：中华书局，1997.1.—316 页；20cm.—（中国古典文学史料研究丛书/傅璇琮主编）；¥17.00
北朝文化特质与文学进程/吴先宁著 . 北京：东方出版社，1997.10.—190 页；20cm.—（日晷文库·中国文学史研究系列/吴先宁主编）；¥12.00
煌煌唐韵/周建国著 .—北京：中华书局，1997.3.—238 页：20cm.—（中华文学通览·唐五代卷/董乃斌主编）；¥17.00
崇文盛世/刘扬忠著 .—北京：中华书局，1997.3.—242 页：20cm.—（中华文学通览·宋代卷/董乃斌主编）；¥17.00
古道遗声/聂鸿音著 .—北京：中华书局，1997.3.—175 页；20cm.—（中华文学通览·西夏、辽、金卷/董乃斌主编）；¥13.00
大漠来风/张毅著 .—北京：中华书局，1997.3.—251 页：20cm.—（中华文学通览·元代卷/董乃斌主编）；¥17.00
近四百年中国文学思潮史/陈伯海主编 .—上海：东方出版中心，1997.10.—709 页：20cm.—（东方学术丛书）；¥35.00
燎之方扬/谢思炜著 .—北京：中华书局，1997.3.—179 页；20cm.—（中华文学通览·明代卷/董乃斌主编）；¥14.00
长河落日/郭英德著 .—北京：中华书局，1997.3.—206 页；20cm.—（中华文学通览·清代卷/董乃斌主编）；¥15.00
暮鼓晨钟/马亚中著 .—北京：中华书局，1997.3.—258 页；20cm.—（中华文学通览·近代卷/董乃斌主编）；¥19.00
20 世纪中国文学史/孔范今主编 .—济南：山东文艺出版社，1997.9.—2 册（1669 页）；20cm；¥68.30
五卅时期文学史论/许豪炯著 .—上海：上海社会科学院出版社，1997.9.—293 页；20cm；¥15.00
中国文学的现代化历程：20 世纪中国现代文学的四次潮流与发展概观/何休著 .—重庆：西南师范大学出版社，1997.12.—513 页；20cm；¥28.00
中国现代文学发展史/黄修己著 .—2 版（修订版）.—北京：中国青年出版社，1997.11.—654 页；20cm；¥23.40
中国现代文学史/卜绍林主编；马卫华等编写 .—青岛：青岛海洋大学出版社，1997.12.—440 页；20cm ¥19.80
中国现代文学史研究史论/许怀中著 .—厦门：厦门大学出版社，1997.10.—365 页；20cm；¥16.80
中国现代文学思潮论争史/廖超慧著 .—武汉：武汉出版社，1997.12.—1049 页；20cm；¥38.00
20 世纪中国文学史论　第二卷/王晓明主编；罗岗等编选 .—上海：东方出版中心，1997.11.—510 页；20cm；¥25.00
20 世纪中国文学史论　第三卷/王晓明主编；罗岗等编选 .—上海：东方出版中心，1997.11.—474 页；20cm；¥23.00
20 世纪中国文学史论　第一卷/王晓明主编；罗岗等编选 .—上海：东方出版中心，1997.10.—520 页；20cm；¥25.00
现实主义当代流变史/张德祥著 .—北京：社会科学文献出版社，1997.12.—318 页；20cm；¥18.00
中国当代文学风格发展史/赵俊贤主编 .—西安：西北大学出版社，1997.4.—376 页；20cm；¥18.00
河北当代文学史/冯健男，王维国主编 .—石家庄：河北教育出版社，1997.7.—421 页；20cm；¥17.70
20 世纪山西文学史/崔洪勋等著 .—北京：中国文联出版公司，1997.7.—579 页；20cm；¥28.90
东北文学综论/李春燕主编 .—长春：吉林文史出版社，1997.10.—321 页；20cm；¥15.00
香港当代文学批评史/古远清著 .—武汉：湖北教育出版社，1997.5.—603 页；20cm；¥21.80
香港文学史/潘亚暾，汪义生著 .—厦门：鹭江出版社，1997.10.—862 页；20cm；¥38.00
云南地方文学史：古代卷/张福三主编 .—昆明：

云南人民出版社，1997.12.—675页；20cm；(精装)；¥26.80

剩余的想象：20年代的文学叙事与文化危机/陈晓明著 .—北京：华艺出版社，1997.7—360页；20cm；¥16.00

中国市民文学史/谢桃坊著 .—成都：四川人民出版社，1997.10.—465页；20cm；¥20.00

白话文学史 上卷/胡适著 .—北京：东方出版社，1996.3.—345页；20cm.—(民国学术经典文库·文学史类丛；30/薛德震主编)；¥23.60

中国文学观念的近代变革/袁进著 .—上海：上海社会科学院出版社，1996.10.—235页；20cm；¥12.80

中国文学史/韩兆琦等主编 .—北京：北京师范大学出版社，1996.5.—4册；20cm；高等院校汉语言文学专业必修课系列教材；¥44.20

中国文学通史/陈玉刚著 .—北京：西苑出版社，1996.1.—2册；20cm；¥55.00

文学史 第三辑/陈平原，陈国球主编 .—北京：北京大学出版社，1996.6.—400页；20cm；¥22.50

中国纯文学史纲/刘经庵著 .—北京：东方出版社，1996.3.—400页；20cm；¥22.50

中国文学史/章培恒，骆玉明编著 .—上海：复旦大学出版社，1996.3.—3册；20cm；(精装)；¥68.00

战国文学史/方铭著 .—武汉：武汉出版社，1996.10.—497页；20cm；(精装)；¥29.00

门阀士族与永明文学/刘跃进著 .—北京：三联书店，1996.—374页；20cm.—(三联·哈佛燕京学术丛书)；¥19.80

宋代文学史(上)/孙望，常国武主编；刘乃昌等撰著 .—北京：人民文学出版社，1996.9.—490页；20cm.—(中国文学通史系列)；¥21.05

宋代文学史(下)/孙望，常国武主编；刘乃昌等撰著 .—北京：人民文学出版社，1996.9.—490页；20cm.—(中国文学通史系列)；¥22.85

中华文学五千年：近现代文学部分/侯会著 .—北京：中国青年出版社，1996.1.—317页；19cm；¥11.90

中国文学研究现代进程/王瑶主编 .—北京：北京大学出版社，1996.12.—614页；20cm.—(学术史研究丛书/陈平原主编)；¥32.50

中国现代文学史/朱金顺主编 .—北京：北京师范大学出版社，1996.7.—403页；20cm；刘等院校汉语言文学专业必修课系列教材；¥13.70

中国现代文学史论/郭志刚著 .—北京：高等教育出版社，1996.10.—358页；20cm；¥14.60

当代中国文学史纲/何寅泰著 .—杭州：杭州大学出版社，1996.6.—262页；20cm；¥9.00

新中国文学史略/刘锡庆主编 .—北京：北京师范大学出版社，1996.8.—416页；20cm；高等院校汉语言文学专业必修课系列教材；¥15.50

中国当代散文报告文学发展史/佘树森，陈旭光著 .—北京：北京大学出版社，1996.8.—347页；20cm；¥15.80

东北现代文学史论/张毓茂主编 .—沈阳：沈阳出版社，1996.8.—361页；20cm；¥15.00

北大荒文学艺术史：1947～1995/邓灿，孙勇才主编 .—哈尔滨：黑龙江人民出版社，1996.10.—443页：照片；20cm；¥40.00

福建文学发展史/陈庆元著 .—福州：福建教育出版社，1996.12.—534页；20cm.—(福建思想文化史丛书/许怀中主编)；¥28.00

台港文学主流/田锐生著 .—开封：河南大学出版社，1996.4.—503页；20cm.—(高等学校文科教材丛书)；¥：16.80

(钱 莉 辑)

1996—1997年全国文学新作篇目辑览（部分）

目　录

诗　歌

一个挑战的旅行者步行在上帝的沙盘/昌耀著.—兰州：敦煌文艺出版社，1996.3.—245页；20cm；—（长城外长篇精品系列·第一辑）；￥10.85

十八家诗钞/曾国藩编纂.—石家庄：河北人民出版社，1996.4.—3册（1568页）；20cm；￥76.00

人生白皮书/华舒著.—沈阳：春风文艺出版社，1996.11.—120页；19cm；￥5.50

人生的空房间/胡昕著.—武汉：长江文艺出版社，1996.6.—202页；19cm；￥9.00

万里千诗/范承祚著.—北京：北京出版社，1996.12.—553页；20cm；￥25.00

三家诗/黄苗子等著；如水编.—广州：广东教育出版社，1996.11.—201页；20cm；￥12.00

下乡诗纪/郑若良著.—北京：新华出版社，1996.12.—121页；20cm；￥6.00

大地的女儿/叶玉琳著.—天津：百花文艺出版社，1996.12.—142页；20cm.—（21世纪文学之星丛书·1996年卷：诗歌）；￥8.50

大漠之音：写给热爱生活的人们/李爱真著.—沈阳：春风文艺出版社，1996.10.—155页；20cm；￥9.80

于希宁诗草/于希宁著.—北京：荣宝斋出版社，1996.12.—195页：图版；26cm；（精装）；￥68.00

上海近百年诗词选/上海诗词学会“诗选”编委会编.—上海：百家出版社，1996.10.—587页；20cm；￥25.00

山泉：谈焱焱哲理诗选/谈焱焱著.—天津：百花文艺出版社，1996.7.—94页；19cm；￥8.00

山神曲/李天杰著.—济南：山东文艺出版社，1996.9.—206页；19cm；￥16.00

山水零墨/铁舞著.—天津：百花文艺出版社，1996.10.—186页；20cm；￥9.80

山阳诗稿/李必成编著.—郑州：河南人民出版社，1996.8.—116页；19cm；￥10.50

山的交响：“回归三步曲”之一/曹振印著.—沈阳：白山出版社，1996.5.—192页；19cm；￥13.00

女人是水/段飞著.—北京：中国戏剧出版社，1996.10.—116页；19cm。—（当代诗丛·第一辑/朱先树主编）；￥5.50

飞鸿雪泥集：张养吾诗选/张养吾著.—北京：民族出版社，1996.7.—419页；照片；19cm；￥5.80

飞珠集/钟定维著.—重庆：西南师范大学出版社，1996.12.—135页；19cm.—（江阳文集）；全套共10册，总定价55.00元

卫士情韵：诗歌集/李旭光著.—兰州：甘肃民族出版社，1996.2.—170页；20cm；￥12.80

马鸣苍穹/岳望岳著.—深圳：海天出版社，1996.2.—132页；19cm.—（将军诗丛）￥18.00

孔孚集/孔孚著.—北京：中国社会科学出版社，1996.1.—606页；20cm；￥50.00

乡间音乐/王黎明著 .—北京：中国戏剧出版社，1996.8.—120页；19cm.—（当代诗丛·第一辑/朱先树主编）；¥5.50

王今吾诗词钞：续集/王今吾著 .—青岛：青岛出版社，1996.1.—140页；20cm；¥11.00

王耀东诗选/王耀东著 .—北京：作家出版社，1996.11.—539页；20cm；（精装）；¥50.00

不成调的歌/夏征农著 .—上海：上海文艺出版社，1996.8.—310页；20cm；¥15.30

友众诗钞/王友众著 .—呼和浩特：内蒙古人民出版社，1996.4.—178页；19cm；¥8.00

云南诗词　第五集/张文勋，薛波主编；云南省诗词学会编辑 .—昆明：云南教育出版社，1996.8.—319页；20cm；¥10.00

云之恋/楚云飞著 .—乌鲁木齐：新疆青少年出版社，1996.6.—114页；19cm；¥7.00

云子诗选/云子著 .—成都：四川民族出版社，1996.12.—143页；19cm.—（当代中青年作家新著丛书·第二卷/刘平主编）；¥7.10

中国当代名诗100首/古远清编者 .—武汉：湖北教育出版社，1996.10.—234页；19cm.—（青橄榄诗库）；¥7.90

中国当代少年诗人诗选/瑙尼主编 .—明昆：云南民族出版社，1996.11.—134页；19cm；¥5.00

中国当代诗词选　第三集/熊朝元主编 .—乌鲁木齐：新疆人民出版社，1996.1.—353页；19cm；¥10.00

中国当代诗词选　第四集/熊朝元主编 .—西安：陕西人民教育出版社，1996.12.—409页；19cm；（精装）；¥25.00

中国当代抒情短诗100首/江水选编 .—上海：上海文艺出版社，1996.4.—195页；19cm；¥690.

中国军营/邓家顺著 .—北京：中国文联出版公司，1996.5.—136页；19cm；¥6.80

中国诗歌选萃/安文江，萧萧主编 .—广州：花城出版社，1996.7.—174页；20cm；¥9.00

中国十四行体诗选/许霆，鲁德俊编选 .—北京：人民文学出版社，1996.8.—448页；20cm；¥20.95

中国现代经典诗库/李葆琰等主编；中国社会科学院文学研究所现代文学研究室编 .—太原：北岳文艺出版社，1996.10.—10册；20cm；（精装）；¥260.00

中国校园诗100首/韩树俊，杨新主编 .—武汉：湖北教育出版社，1996.10.—154页；19cm.—（青橄榄诗库）；¥6.00

中山颂：孙中山诗传/鞠盛著 .—北京：新华出版社，1996.9.—173页：照片；19cm；¥7.80

丹枫集/胡刚著 .—北京：国际文化出版公司，1996.12.—162页；19cm；¥12.60

风生来就没有家/路也著 .—天津：百花文艺出版社，1996.12.—137页；20cm.—（21世纪文学之星丛书·1996年卷：诗歌）¥8.00

风筝心/齐剑韬著 .—北京：国际文化出版公司，1996.9.—119页；19cm；¥6.50

凤樵诗词/张文勋编著 .—增订本 .—昆明：云南教育出版社，1996.7.—338页；20cm；¥13.80

午夜潮/赵晓山著 .—北京：海潮出版社，1996.9.—204页；19cm；¥8.80

化装舞会/马长山著 .—乌鲁木齐：新疆人民出版社，1996.3.—100页；17cm；¥4.50

今天没有空难/匡满著 .—北京：人民文学出版社，1996.12.—261页；19cm；¥13.00

公仆之歌：歌颂孔繁森诗选/中共云南省委组织部，歌颂孔繁森诗选征文组委会编 .—昆明：云南人民出版社，1996.9.—440页；20cm；¥25.00

手掌集/辛笛著 .—杭州：浙江文艺出版社，1996.4.—154页；19cm.—（中国新诗经典·第一辑）；¥5.80

心草集/张耀明著 .—西安：陕西人民出版社，1996.7.—186页；20cm；（精装）；¥14.00

心虹/段永贤著 .—天津：百花文艺出版社，1996.2.—270页；20cm；¥13.80

心声集/李国华著 .—太原：山西人民出版社，1996.2.—127页；19cm；¥6.80

心韵/于忠正著 .—兰州：敦煌文艺出版社，1996.8.—205页；19cm；（精装）；¥15.00

心造的跋涉/伊勒特著 .—呼和浩特：内蒙古人民出版社，1996.7.—145页；19cm；¥8.00

六美缘：诗因缘与爱因缘/汪静之著 .—北京：北京十月文艺出版社，1996.6.—292页；20cm；¥13.00

忆/俞平伯撰；丰子恺绘 .—北京：北京燕山出版社，1996.8.—32，151页；19cm；¥12.00

乌蒙男人：野岛诗选/野岛著 .—昆明：云南民族出版社，1996.5.—270页：彩照；20cm；

¥12.80

邓小平之歌/王蔚桦著 .—贵阳：贵州人民出版社，1996.11.—261页；20cm；¥20.00

幻/余晓林著 .—北京：中国戏剧出版社，1996.10.—106页；19cm.—（当代诗丛·第一辑/朱先树主编）；¥5.50

未了诗选/齐鲁青著 .—贵阳：贵州人民出版社，1996.6.—273页；20cm；¥14.00

未是集/余安中著 .—重庆：西南师范大学出版社，1996.12.—152页；19cm.—（江阳文集）；全套共10册，总定价55.00元

古枝新蕾/李文朝著 .—济南：山东文艺出版社，1996.6.—100页；20cm；¥8.80

另一种情歌/梅嘘著 .—北京：中国戏剧出版社，1996.10.—118页；19cm.—（当代诗丛·第一辑/朱先树主编）；¥5.50

田雯诗选/曹鼎等选注 .—北京：首都师范大学出版社，1996.1.—253页；20cm；¥12.80

冬夜/俞平伯著 .—杭州：浙江文艺出版社，1996.4.—210页；19cm.—（中国新诗经典·第一辑）；¥7.00

白鹤梁诗萃：鹤风鱼韵/白鹤梁著；陈曦震主编 .—成都：四川人民出版社，1996.12.—218页；20cm；（精装）；¥18.20

白山绿水集/孙文铸主编 .—延吉：延边人民出版社，1996.9.—256页；19cm；¥15.00

让诗长上翅膀/尹世霖著 .—南宁：接力出版社，1996.11.—802页；20cm；¥38.80

永远的缘分/王宝大，罗振亚主编；王宝大等点评 .—北京：中国青年出版社，1996.5.—243页；19cm.—（中国现代名家诗歌分类品汇·友情卷）；¥9.70

对我·你是危险的存在：旅美著名台湾诗人杜国清爱情诗精选/（美）杜国清著 .—北京：中国文联出版公司，1996.3.—220页；19cm；¥8.80

边缘空间浓似酒/林登豪著 .—济南：山东文艺出版社，1996.12.—160页；20cm；¥9.80

百衲衣诗选集/吴正著；唐金海选编 .—北京：中国文联出版公司，1996.6.—372页；20cm；（精装）；¥20.00

李一平诗选/李一平著 .—昆明：云南教育出版社，1996.4.—154页；20cm；¥8.00

老屋/杨学文著 .—北京：中国戏剧出版社，1996.10.—110页；19cm.—（当代诗丛·第一辑/朱先树主编）；¥5.50

死港与天界：王向峰诗集/王向峰著 .—天津：百花文艺出版社，1996.9.—148页；20cm；¥8.00

吕剑诗存/吕剑编 .—北京：人民文学出版社，1996.9.—428页：20cm.—（诗世界丛书/犁青主编）；¥20.80

光明赋：诗歌/高辛夫著 .—兰州：甘肃教育出版社，1996.5.—154页；19cm.—（新世纪文学创作丛书/鲁保中，杨立元主编）；¥7.00

回望/杨泽文著 .—昆明：云南民族出版社，1996.8.—190页；19cm.—（傈僳族青年诗人丛书/莽氏·路易斯主编）；¥6.50

回文诗四百首/时明皋著 .—北京：中国三峡出版社，1996.11.—164页；19cm；¥15.80

师竹诗草/谢超元著 .—北京：海潮出版社，1996.5.—189页：图；20cm；¥20.00

岁月的歌/周毓山著 .—沈阳：春风文艺出版社，1996.8.—113页；20cm；¥4.00

全国诗社诗友作品选萃　第十集/鞠盛主编 .—北京：民族出版社，1996.7.—748页；20cm；¥25.00

朱国奎诗稿/朱国奎著 .—成都：天地出版社，1996.5.—155页；19cm；¥8.00

伊枫百花吟/伊枫著 .—济南：黄河出版社，1996.12.—144页；19cm；¥10.00

任震英诗词选/任震英著 .—兰州：甘肃人民出版社，1996.12.—388页；20cm；¥18.00

关山秋月：李青惠诗歌、书法集/李青惠著 .—兰州：敦煌文艺出版社，1996.7.—299页；20cm；¥20.00

问一声别来无恙：李松海诗歌集/李松海著 .—北京：民族出版社，1996.1.—196页；19cm；¥9.80

刘定中散文诗选/刘定中著 .—长沙：湖南教育出版社，1996.5.—539页；19cm；¥（精装）；17.50

阳光遍地/易定远著 .—重庆：西南师范大学出版社，1996.12.—121页；19cm.—（江阳文集）；全套共10册，总定价55.00元

阴阳心曲：立兴诗集/崔立兴著 .—大连：大连出版社，1996.12.—289页；19cm；¥10.80

红叶　第十三辑/红叶诗社编．—北京：解放军文艺出版社，1996.6.—271页；19cm.—（老战士诗词丛书）；￥16.60

买海居诗选/王学明著．—石家庄：花山文艺出版社，1996.10.—130页；19cm；￥5.00

赤色诗屋/元平著．—天津：百花文艺出版社，1996.1.—146页；19cm；￥6.80

走过雨季/薛刊著．—成都：四川民族出版社，1996.12.—116页；19cm.—（当代青年作家新著丛书·第二卷/刘平主编）；￥6.20

远方/李瑛著．—北京：中国文联出版公司，1996.1.—397页；20cm.—（中国文联晚霞文库）；￥35.80

远方独弦琴：韦启文诗画集/韦启文著．—武汉：湖北美术出版社，1996.4.—166页；19cm；￥7.00

弄潮人的歌/田成功著．—乌鲁木齐：新疆美术摄影出版社，1996.1.—93页；20cm；￥4.00

扯不断的血脉/王宝大，罗振亚主编；王振声等点评．—北京：中国青年出版社，1996.5.—260页；19cm.—（中国现代名家诗歌分类品汇·乡土卷）；￥10.20

吴秋帆诗选/吴秋帆著；刘隆华整理．—重庆：重庆出版社，1996.6.—48页；19cm；￥4.00

别了，哥哥/殷夫等著；黄伟林，李咏梅编选．—桂林：漓江出版社，1996.12.—203页：照片；19cm.—（革命英烈文丛诗歌卷）；￥9.00

你和我的呼唤/冯国华著．—北京：民族出版社，1996.7.—170页；19cm；￥4.50

含羞草/凯明著．—北京：中国戏剧出版社，1996.10.—87页；19cm.—（当代诗丛·第一辑/朱先树主编）；￥5.50

我是缪斯的孩子/詹苾著．—乌鲁木齐：新疆青少年出版社，1996.1.—122页；19cm；￥4.98

迎旭轩韵文辑存/羊春秋著．—长沙：岳麓书社，1996.5.—210页；20cm；（精装）；￥11.50

沙鸥诗选/止庵编．—北京：人民文学出版社，1996.6.—407页；20cm.—（诗世界丛书）；￥20.00

冷冰鑫咏陇诗选/冷冰鑫著．—兰州：敦煌文艺出版社，1996.4.—134页；19cm；￥5.80

冷传训诗歌集/冷传训著．—北京：文津出版社，1996.9.—133页；19cm；￥6.50

词书画印/刘江等作．—杭州：浙江少年儿童出版社，1996.10.—49页；25×26cm.—（中国文化荟萃）；（精装）；￥30.00

词综/朱彝尊，汪森编；魏中林，王景霓注．—广州：广州出版社，1996.9.—2册；20cm；（精装）；￥83.00

学圃集/周孔思著．—重庆：西南师范大学出版社，1996.12.—114页；19cm.—（江阳文集）；全套共10册，总定价55.00元

庐山诗文金石广存/吴宗慈编辑；胡迎建，宗九奇校补．—南昌：江西人民出版社，1996.8.—614页：照片；20cm；￥39.00

闰秀词三百首/龚学文编注．—桂林：漓江出版社，1996.6.—476页；20cm；￥15.00

迟献的素馨花/宋曙光著．—天津：百花文艺出版社，1996.11.—143页；19cm；￥6.60

纳兰词笺注/张秉戍著．—北京：北京出版社，1996.10.—624页；20cm；（精装）；￥37.00

陈此生诗文选/广西区政协文史资料委员会编．—南宁：广西人民出版社，1996.12.—396页；20cm；（精装）；￥15.00

陈天然诗稿/陈天然著．—郑州：河南人民出版社，1996.6.—124页；20cm；￥13.80

陈亮政论词选注/王叔珩选注．—济南：山东教育出版社，1996.1.—171页；19cm；￥6.40

张可久散曲选：中、法对照/（元）张可久著；杜南柏译；李宪法书．—北京：中国文学出版社，1996.3.—223页；20cm；￥24.00

张默精品/张默著．—北京：人民文学出版社，1996.10.—180页；20cm；￥11.00

张殊明诗词选/张殊明著．—北京：中国华侨出版社，1996.1.—120页；19cm；￥5.60

张永锺诗词稿/张永锺著．—兰州：敦煌文艺出版社，1996.5.—98页；19cm；￥4.80

林远诗词选/胡雷主编；清渊诗社编．—上海：华东师范大学出版社，1996.6.—102页；19cm；￥4.50

刺角树/佳苏著．—天津：百花文艺出版社，1996.7.—88页；19cm；￥4.20

咏花诗品/孙书安著．—2版．—南昌：江西人民出版社，1996.10.—442页；20cm；￥19.50

罗网集/杜桂芳著．—乌鲁木齐：新疆人民出版社，1996.3.—156页；19cm；￥6.00

岭海诗词选　第六集/岭海诗社选编 .—广州：广东人民出版社，1996.8.—323页；20cm；¥16.80

岭上枫红/丁振阳著 .—沈阳：辽宁民族出版社，1996.10.—146页；19cm.—（金驼文丛/萨仁图娅，孙旭辉主编）；全套定价：124.00元

金属情绪/罗珠著 .—北京：中国电影出版社，1996.6.—376页；20cm；¥19.80

金元十家词选/黄兆汉主编 .—西安：太白文艺出版社，1996.11.—268页；20cm；¥13.50

往昔的歌吟/文苑，欧锷著 .—天津：百花文艺出版社，1996.3.—130页；19cm；¥5.00

征夫吟草/范征夫著 .—上海：百家出版社，1996.5.—139页；19cm；¥7.50

征鸿诗稿/范达夫著 .—上海：华东理工大学出版社，1996.5.—199页；20cm；¥20.00

泥宁/宣韦著 .—深圳：海天出版社，1996.9.—152页；19cm.—（'96深圳文艺丛书）；¥9.00

泥爪痕诗文集/谢守清著 .—重庆：西南师范大学出版社，1996.12.—183页；19cm.—（江阳文集）；全套共10册，总定价55.00元

刻在墙上的鱼/萧未著 .—上海：学林出版社，1996.12.—109页；20cm；¥10.00

诗书画印/郭仲等作 .—杭州：浙江少年儿童出版社，1996.10.—49页；25×26cm.—（中国文化荟萃）；（精装）；¥30.00

诗海游吟：1964～1996/胡孟圣著 .—大连：大连出版社，1996.7.—268页；19cm；¥15.00

诗露心雨/凌人志著 .—沈阳：辽宁民族出版社，1996.5.—204页；19cm.—（金驼文丛/萨仁图娅，孙旭辉主编）；全套定价：124.00元

诗人空间/程志方主编 .—昆明：云南人民出版社，1996.2.—392页；20cm.—（中国诗歌丛书·1996年第一辑）；¥15.00

珍珠草/高生源著 .—沈阳：春风文艺出版社，1996.4.—157页；19cm；¥7.00

茶江浪花/古笛著 .—桂林：漓江出版社，1996.2.—132页；19cm；¥6.00

春风万里/杨小春著 .—南昌：百花洲文艺出版社，1996.6.—213页；20cm；¥10.20

春光寄母/田兵著 .—贵阳：贵州人民出版社，1996.7.—119页；18×12cm；¥6.00

胡宽诗集/胡宽著；牛汉等主编 .—桂林：漓江出版社，1996.7.—417页；20cm；¥25.00

胡绳诗存/胡绳著 .—北京：中国社会科学出版社，1996.10.—155页；20cm；¥：11.00

荒原之梦/绿岛著 .—北京：华艺出版社，1996.10.—183页；20cm；¥8.50

顿悟菩提树/王宝大，罗振亚主编；梁南，邢海珍点评 .—北京：中国青年出版社，1996.5.—224页；19cm.—（中国现代名家诗歌分类品汇·哲思卷）；¥9.30

香港诗人王一桃选集/王一桃著 .—福州：海峡文艺出版社，1996.9.—282页；20cm；¥14.00

秋水长天/郭光豹著 .—天津：百花文艺出版社，1996.10.—115页；19cm；¥6.60

独处/温首明著 .—兰州：甘肃人民出版社，1996.8.—233页；18cm；¥9.80

剑魂琴心/萧瑶著 .—南宁：广西人民出版社，1996.6.—220页；20cm；¥11.80

拜山三集/胡守仁著 .—南昌：百花洲文艺出版社，1996.5.—117页；20cm；¥6.00

亲近土地/刘泉著 .—北京：华文出版社，1996.8.—96页；19cm；¥5.80

帝王诗词三百首/李钟琴选注 .—桂林：漓江出版社，1996.6.—380页；20cm；¥12.50

美丽的彩虹：路南彝族叙事长诗/昂智灵译 .—昆明：云南民族出版社，1996.11.—177页；19cm；¥7.50

神檀树/南永前著 .—沈阳：辽宁民族出版社，1996.11.—136页；19cm；¥6.40

神州魂/李松涛，刘万石著 .—沈阳：辽宁教育出版社，1996.10.—203页；19cm.—（辽宁省爱国主义教育读物/王充闾主编）；¥4.80

郭辅周诗词集/郭辅周著 .—北京：中国文学出版社，1996.1.—375页；20cm；¥26.00

结冰的太阳/苏牧著 .—兰州：敦煌文艺出版社，1996.11.—111页；19cm；¥6.60

险途之光/纪学著 .—北京：长征出版社，1996.6.—212页；19cm；¥9.00

幽默诗/叶延滨选编 .—成都：四川人民出版社，1996.8.—262页；20cm.—（20世纪中国幽默精品丛书/李下主编）；¥18.00

莽原熠光/周志公，侯修圃著 .—济南：济南出版社，1996.12.—172页；20cm；¥9.50

夏雨雪/黄良普著 .—北京：中国戏剧出版社，

1996.10.—120页；19cm.—（当代诗丛·第一辑/朱先树主编）；¥5.50

顾毓琇诗歌集/顾毓琇著.—北京：清华大学出版社，1996.11.—407页；20cm；¥28.00

贾德耀诗稿/贾德耀著.—珠海：珠海出版社，1996.12.—120页；20cm；¥12.00

贾芝诗选/贾芝著.—北京：大众文艺出版社，1996.7.—391页；20cm.—（中国文联晚霞文库）；¥35.80

爱无纤尘/谭卉著.—深圳：海天出版社，1996.6.—119页；.19cm.—（'966深圳文艺丛书）；¥9.60

爱心集/刘爱华著.—哈尔滨：哈尔滨出版社，1996.1.—204页；19cm；¥5.80

透明的爱河/刘兴洲著.—沈阳：春风文艺出版社，1996.1.—217页；19cm；¥12.80

涓滴集：陈家才诗集/陈家才著.—北京：民族出版社，1996.6.—108页；20cm；¥4.00

高原诗梦/俞天宏著.—北京：中国文联出版公司，1996.11.—113页；19cm；¥7.40

旅痕心曲：丹华诗选/刘丹华著.—沈阳：春风文艺出版社，1996.8.—241页；19cm；¥9.00

旅人之恋/谷福海著.—北京：大众文艺出版社，1996.8.—134页；19cm；¥7.50

流水之歌/陈达光著.—天津：百花文艺出版社，1996.10.—115页；19cm.—（蓬江文学丛书）；¥5.80

流转/《台港文学选刊》编辑部编.—杭州：浙江文艺出版社，1996.7.—226页；20cm.—（台港文学·诗歌卷）；¥9.30

浪漫人生/陈志军著.—沈阳：辽宁民族出版社，1996.10.—189页；19cm.—（金陀文丛/萨仁图娅，孙旭辉主编）；全套定价：124.00元

浪游/颜长江著.—福州：海峡文艺出版社，1996.1.—139页；19cm.—（跨世纪晋江青年文学丛书）；¥4.60

陪你走过这个季节/毛翰著.—成都：天地出版社，1996.9.—132页；20cm；¥6.60

预言/何其芳著.—杭州：浙江文艺出版社，1996.4.—157页；19cm.—（中国新诗经典·第一辑）；¥5.50

梅岭名胜诗选/张启予编注.—南昌：江西人民出版社，1996.6.—125页；19cm；¥6.00

黄桦诗选/黄桦著.—石家庄：花山文艺出版社，1996.1.—174页；20cm；(精装)；¥10.00

梦土/厉风著.—沈阳：春风文艺出版社，1996.12.—287页；19cm；¥11.00

梦中的宇宙：散文诗/孙泽敏著.—上海：上海人民美术出版社，1996.1.—149页：彩图；20cm.—（当代作家豪华礼品书）；¥25.00

野草诗集/黄化著.—深圳：海天出版社，1996.6.—183页；19cm.—（'96深圳文艺丛书）；¥10.00

野花与箭/胡风著.—杭州：浙江文艺出版社，1996.4.—135页；19cm.—（中国新诗经典·第一辑）；¥5.10

偷来的天堂/谷未黄著.—北京：中国戏剧出版社，1996.10.—120页；19cm.—（当代诗丛·第一辑/朱先树主编）；¥5.50

彩色的爱/张宝申著.—北京：北京十月文艺出版社，1996.2.—95页；19cm；¥6.00

犁青的诗/犁青著.—北京：人民文学出版社，1996.12.—477页；20cm.—（诗世界丛书）；¥19.60

寂寞红豆：爱情诗/陆萍著.—上海：上海人民美术出版社，1996.1.—150页：彩图；20cm.—（当代作家豪华礼品书）；¥25.00

寂远的吟唱/陈洧著.—兰州：敦煌文艺出版社，1996.4.—123页；19cm；¥5.20

清浅居歌吟/晓星著.—北京：中国文联出版公司，1996.2.—265页；20cm.—（中国文联晚霞文库）；¥25.60

情旅/舒永胜著.—昆明：云南美术出版社，1996.6.—156页；19cm；¥6.00

情履/崔润泉著.—沈阳：春风文艺出版社，1996.9.—145页；19cm；¥9.00

情之帆/余文法著.—汕头：汕头大学出版社，1996.6.—240页；19cm；¥15.00

随感集/杨杰著.—长沙：湖南出版社，1996.5.—120页；20cm；¥6.00

绿柳集/王宪楼著.—沈阳：春风文艺出版社，1996.11.—146页；19cm；¥7.80

绿野的歌/陈伯大著.—南京：江苏文艺出版社，1996.10.—193页；19cm；¥8.80

绿洲放歌/铁木尔·达瓦买提著；王一之译.—北京：民族出版社，1996.10.—125页；20cm；

¥8.00

蒙古族抒情诗一百首/那木吉拉，昭德把佳布著 .—北京：现代出版社，1996.4.—110 页；20cm；¥8.00

琵琶情韵/木成香著 .—昆明：云南民族出版社，1996.7.—193 页；19cm.—（傈僳族青年诗人丛书/荞氏·路易斯主编）；¥6.00

晶莹之歌/栾志敏著 .—延吉：延边人民出版社，1996.4.——350 页；20cm；¥15.00

晴嗽集/杜修岳著 .—长沙：岳麓书社，1996.11.—127 页；20cm；¥7.00

银色的梦/邬庆丰著 .—乌鲁木齐：新疆大学出版社，1996.6.—143 页；19cm；¥6.00

道林诗选/李道林著 .—成都：四川人民出版社，1996.4.—264 页；20cm.—（长江之星丛书）；¥8.80

童睛楼集/李天绶著 .—北京：文津出版社，1996.1.—139 页；19cm；¥5.50

蓝天白云/王天云著 .—天津：百花文艺出版社，1996.11.—196 页；19cm；¥8.60

蓝天恋情/钜才著 .—北京：中国戏剧出版社，1996.10.—119 页；19cm.—（当代诗丛·第一辑/朱先树主编）；¥5.50

蒲公英/郑俊基著；金学泉译 .—沈阳：春风文艺出版社，1996.11.—136 页；20cm；（精装）；¥9.50

雾中的蔷薇/杨匡汉选编 .—长春：时代文艺出版社，1996.11.—578 页；20cm.—（20 世纪文学争议代表作品丛书/冯牧，柳萌主编）；¥27.00

腰带山恋歌：爬山歌长篇叙事诗/常明著 .—呼和浩特：内蒙古人民出版社，1996.4.—230 页；20cm；¥9.30

微笑是最好的美容/蔡旭著 .—成都：四川民族出版社，1996.12.—91 页；19cm.—（当代中青年作家新著丛书·第二卷/刘平主编）；¥5.20

遥注如河/枫叶著 .—北京：中国戏剧出版社，1996.10.—106 页；19cm.—（当代诗丛·第一辑/朱先树主编）；¥5.50

煤海恋歌：刘明善诗词选/刘明善著 .—北京：昆仑出版社，1996.9.—135 页；20cm；¥9.50

新年酒吧：桂兴华散文诗选/桂兴华著 .—上海：上海文艺出版社，1996.11.—245 页；19cm；¥10.00

新时期军事文学精选：1979～1994：诗歌卷/王颖，吴振录主编 .—北京：解放军文艺出版社，1996.1.—408 页；20cm；¥21.00

痴情/谢向明著 .—南宁：广西民族出版社，1996.5.—106 页；19cm.—（跨世纪文学丛书·第四辑/曾宪瑞主编）；¥5.60

廉镜百吟/白金著 .—天津：百花文艺出版社，1996.6.—171 页；20cm；¥12.00

韵琴诗词/刘韵琴著；李西亭校注 .—武汉：武汉工业大学出版社，1996.3.—169 页；19cm；¥10.00

蕙的风/汪静之著 .—杭州：浙江文艺出版社，1996.4.—198 页；19cm.—（中国新诗经典·第一辑）；¥6.80

傻孩子歌/吴义龙著 .—南昌：百花洲文艺出版社，1996.8.—208 页；20cm.—（百花洲文学创作丛书/陈世旭主编）；¥8.50

鲜花诗篇：诗歌/周振中著 .—兰州：甘肃教育出版社，1996.5.—142 页；19cm.—（新世纪文学创作丛书/鲁保中，杨立元主编）；¥6.80

歌乐山之魂/柯愈勋著 .—重庆：重庆出版社，1996.9.—94 页；19cm；¥3.95

谭绩斌诗选/文自成选编 .—沈阳：春风文艺出版社，1996.6.—253 页；20cm；¥25.00

醒来的梦：立兴诗集/崔立兴著 .—大连：大连出版社，1996.12.—310 页；19cm；¥10.80

橄榄色薰风：诗集/林涛著 .—北京：中国人民公安大学出版社，1996.10.—166 页；19cm；¥8.20

踏尘而过：1989～1995：雷抒雁抒情诗自选集/雷抒雁著 .—北京：解放军出版社，1996.11.—275 页；20cm；¥18.60

燃烧的圣火/王宝大，罗振亚主编；罗振亚，王宝大点评 .—北京：中国青年出版社，1996.5.—251 页；19cm.—（中国现代名家诗歌分类品汇·情爱卷）；¥10.00

一勺吟：单人耘诗词选/单人耘著 .—北京：中华书局，1997.6.—237 页；20cm；¥18.00

一信诗选/一信著 .—武汉：武汉出版社，1997.8.—195 页；19cm；¥9.50

20 世纪中国新诗辞典/辛笛主编 .—上海：汉语大词典出版社，1997.1.—1301 页；19cm；（精

装）；¥48.00

'97诗韵/纪宇著 .—济南：山东文艺出版社，1997.11.—302页；20cm；（精装）；¥16.80

'97诗韵/纪宇著 .—济南：山东文艺出版社，1997.11.—302页；20cm；¥12.80

二十四番花信/尽心著 .—北京：华夏出版社，1997.7.—114页；19cm.—（情人岛诗丛）；¥7.80

二月春风似剪刀：诗词妙句/邢姝编 .—北京：华文出版社，1997.8.—316页；20cm.—（雅趣文丛）；¥16.00

十年之路/庄孝泉著 .—北京：北京图书馆出版社，1997.5.—87页；19cm.—（当代诗丛·第2辑/朱先树主编）；¥6.00

人间境界/纪学著 .—广州：广东教育出版社，1997.8.—213页；19cm；¥8.00

三星草：汉式十四行诗三百首/唐湜等著 .—杭州：浙江文艺出版社，1997.10.—306页；页20cm；¥12.00

三曹诗选/余冠英选注 .—北京：人民文学出版社，1997.7.—104页；20cm.—（中国古典文学读本丛书）；¥7.00

大变革文库·中国当代诗人精品大系·坚守现在诗系/门马主编 .—北京：改革出版社，1997.6.—6册；19cm；本书包括《透过词语的玻璃》等6册；¥60.00

大地呼唤/吴洪浩著 .—济南：山东文艺出版社，1997.8.—301页；20cm；¥18.80

大海浪花/苏力亚著 .—呼和浩特：远方出版社，1997.7.—123页；20cm；¥7.80

大江情/熊兆仁，杜坚著 .—福州：海风出版社，1997.5.—143页：照片；19cm；¥9.00

大意如此/西川著 .—长沙：湖南文艺出版社，1997.8.—296页；20cm.—（20世纪末中国诗人自选集）；¥13.00

大堰河/艾青著 .—杭州：浙江文艺出版社，1997.5.—166页；19cm.—（中国新诗经典·第二辑）；¥6.00

于伶诗钞/于伶著 .—上海：学林出版社，1997.7.—135页：照片；20cm；¥12.00

山水情/戚建庄编著 .—郑州：河南人民出版社，1997.8.—185页；19cm；¥25.00

山风水韵/张守金著 .—北京：北京图书馆出版社，1997.7.—127页；19cm；¥10.50

山歌作伴/杨占林主编 .—呼和浩特：远方出版社，1997.4.—174页；20cm.—（准格尔文丛·诗歌卷）；¥16.20

山鬼故家/灰娃著 .—北京：人民文学出版社，1997.7.—267页；28cm；¥16.00

小浪集/张雁著 .—北京：解放军出版社，1997.8.—70页；19cm；¥7.60

千古功臣：张学良将军之歌/鞠盛著 .—北京：新华出版社，1997.1.—107页：照片；19cm；¥10.00

千古一梦/宋女著 .—北京：华夏出版社，1997.7.—155页；19cm.—（情人岛诗丛）；¥7.80

千家酬唱集/杨凤生编著 .—上海：百家出版社，1997.12.—734页；20cm；（精装）；¥50.00

广东古代女诗人诗选/汤志岳编著 .—广州：广东人民出版社，1997.11.—313页；20cm.—（广东地方文献丛书）；¥19.50

太阳世界：宋平诗集/宋平著 .—北京：大众文艺出版社，1997.4.—313页；20cm；¥16.80

不落的风帆/宋华明著 .—沈阳：春风文艺出版社，1997.4.—146页；19cm.—（现代诗词/滕英主编）；¥12.80

不息的浪花/江乃铣著 .—福州：海峡文艺出版社，1997.10.—97页；19cm；¥8.00

王忠宪诗选/王忠宪著 .—南昌：百花洲文艺出版社，1997.12.—265页；20cm；（精装）；¥14.80

王邸诗词选/王邸著 .—贵阳：贵州教育出版社，1997.4.—331页；20cm；¥22.00

无邪集：李子超诗选/李子超著 .—济南：泰山出版社，1997.7.—515页 20cm；（精装）；¥30.00

天南地北风光录/星汉，（马来西亚）黄玉奎著 .—乌鲁木齐：新疆大学出版社，1997.10.—183页；20cm；¥15.00

元帅之歌/王雨田著 .—郑州：河南文艺出版社，1997.8.—578页：彩照；20cm；¥30.00

中国诗苑英华/王延梯等选注 .—济南：山东大学出版社，1997.4.—10册；20cm；本书包括《辛弃疾卷》等10册；¥118.00

中华诗词精粹/刘永生主编 .—天津：天津古籍出

版社，1997.5.—10册；19cm；￥220.00

中国抗日战争诗词曲选/重庆文史研究馆编 .—重庆：重庆出版社，1997.12.—434页；19cm；￥22.00

中国抗战诗词精选/杨金亭主编；中国人民抗日战争纪念馆，北京市社会科学联合会编 .—北京：北京燕山出版社，1997.6.—361页；20cm.—（纪念卢沟桥事变60周年丛书）；￥18.00

中国名诗大观：历史名人咏名人/钟尚均主编 .—北京：语文出版社，1997.4.—572页；20cm；￥19.00

中国百年诗歌选/谢冕编选 .—济南：山东文艺出版社，1997.12.—871页；20cm；￥36.80

中国古代诗歌精华/林东海选注 .—重庆：重庆出版社，1997.10.—2册；20cm.—（中国古典文学精华丛书成志伟主编）；（精装）；￥25.00

中国现代诗歌名家名作原版库/王彬选编 .—北京：中国文联出版公司，1997.9.—26册；19cm；（盒装）；￥180.00

中华诗魂：续二集/孟允安主编 .—桂林：漓江出版社 .1997.5.—413页；19cm；￥18.00

水仙凌波：水仙/丁福林编选 .—南京：江苏古籍出版社，1997.8.—128页；20cm.—（花香鸟语诗词集锦·第一辑）；￥8.00

水明楼诗词集/成都白敦仁存稿 .—成都：巴蜀书社，1997.1.—146页；20cm；￥9.00

内心的水域/张效林著 .—北京：北京图书馆出版社，1997.5.—117页；19cm.—（当代诗丛·第2辑/朱先树主编）；￥6.00

内心生活/蓝蓝著；耿占春编 .—沈阳：春风文艺出版社，1997.10.—241页；20cm.—（中国女性诗歌文库·蓝蓝集/谢冕主编）；￥15.80

今评新注元曲三百首/任中敏，卢前编；黄卉注 .—长沙：湖南文艺出版社，1997.1.—297页；20cm.—（今评新注古典文学珍丛）；（精装）；￥15.90

丹桂飘香：桂花/沙文编选 .—南京：江苏古籍出版社，1997.8.—128页；20cm.—（花香鸟语诗词集锦·第一辑）；￥8.00

月亮地/张海军著 .—西安：陕西师范大学出版社，1997.6.—149页；20cm；￥11.00

文心感歌集/黄树芳著 .—太原：山西人民出版社，1997.4.—111页；20cm；￥6.80

心如四季/安秋生著 .—石家庄：河北教育出版社，1997.7.—194页；20cm；￥12.50

心之旅/湜俊著 .—北京：解放军文艺出版社，1997.10.—121页；18cm；￥6.50

为今天女言/蒋夷牧著 .—福州：海峡文艺出版社，1997.9.—215页；19cm；￥8.80

乌力吉诗选/乌力吉著 .—呼和浩特：内蒙古人民出版社，1997.3.—144页；20cm；（精装）；￥18.00

火中舞者：军旅女诗人爱情诗选/辛茹等著 .—北京：解放军出版社，1997.1.—553页；20cm；￥29.50

东方性格/卜宝玉著 .—北京：长征出版社，1997.9.—306页；20cm；￥19.80

艾青诗选/艾青著 .—北京：人民文学出版社，1997.11.—368页；20cm.—（世界文学名著文库）；￥19.80

归国谣、无弦曲合集/黄绮著 .—北京：清华大学出版社，1997.7.—521页；20cm；（精装）；￥28.00

北中国情谣：蒙古族诗词选/那顺德力格尔主编；昭乌达译书社编译 .—北京：中国对外翻译出版社公司，1997.4.—247页；20cm.—（苍狼文丛/那顺德力格尔主编）；￥14.00

乐园之梦/铭玛著 .—北京：大众文艺出版社，1997.2.—97页；19cm；￥8.80

后春吟草/刘华南，王林兰著 .—济南：山东文艺出版社，1997.11.—157页；19cm；￥6.80

生活如歌/董立勃汇编 .—乌鲁木齐：新疆青少年出版社，1997.9.—344页；20cm；￥23.90

生活吟草/冯守俭著 .—北京：宗教文化出版社，1997.6.—120页；20cm；￥12.00

生活之歌/刮普四，荣凤珠搜集整理 .—昆明：云南民族出版社，1997.9.—199页；19cm；￥5.00

生命海/万九如著 .—2版 .—北京：中国文联出版公司，1997.10.—211页；19cm；￥15.80

生命主题/苗木著 .—长春：时代文艺出版社，1997.8.—101页；19cm；￥5.20

生之流/鲁子著 .—贵阳：贵州人民出版社，1997.6.—81页；19cm；￥5.80

冬青花/张宝桥著 .—呼和浩特：远方出版社，

1997.5.—209页；20cm；￥12.00
白河流/韩湛宁著 .—西安：陕西师范大学出版社，1997.6.—181页；20cm；￥12.00
白云/孙昌洙著 .—沈阳：东北大学出版社，1997.9.—162页；19cm；￥15.00
写给春天的诗行/仲秋摄影；晓籁配诗 .—广州：岭南美术出版社，1997.—1册：彩照；22×21cm；￥68.00
永恒的初吻/吕世豪著 .—太原：北岳文艺出版社，1997.12.—142页；19cm；￥9.00
冰茧盦诗词稿/缪钺著 .—石家庄：河北教育出版社，1997.11.—178页；20cm；￥11.40
边城诗草/龙再宇著 .—贵阳：贵州民族出版社，1997.8.—200页；19cm；(精装)；￥18.00
边缘时代/向天笑著 .—北京：北京图书馆出版社，1997.5.—118页；19cm.—（当代诗丛·第2辑/朱先树主编）；￥6.00
孙焕英旅游诗词集/孙焕英著 .—北京：解放军文艺出版社，1997.6.—254页；20cm；￥15.00
孙钿诗文选/孙钿著 .—宁波：宁波出版社，1997.9.—375页；20cm；￥15.00
民族颂歌/王思明著 .—贵阳：贵州人民出版社，1997.11.—116页；20cm；￥10.00
民族之歌/宗群，江山著 .—北京：华文出版社，1997.7.—268页；19cm；￥14.00
西部变奏曲/杨牧著 .—北京：中国文联出版公司，1997.7.--145页；19cm；￥7.50
西南联大现代诗钞/杜运燮，张同道编选 .—北京：中国文学出版社，1997.10.—597页；20cm；￥26.00
百鸟争鸣/杨诗粮著 .—天津：百花文艺出版社，1997.7.—105页；19cm；￥6.00
老婆呀！不要哭/黄永玉著 .—北京：三联书店，1997.12.—155页；20cm.—（黄永玉作品系列）；￥10.00
在诗歌那边/林雪著；李震编 .—沈阳：春风文艺出版社，1997.10.—204页；20cm.—（中国女性诗歌文库·林雪集/谢冕主编）；￥15.40
李俊基诗词集/李俊基著 .—天津：百花文艺出版社，1997.8.—174页；20cm；￥30.00
李真诗词选/李真著 .—北京：解放军文艺出版社，1997.3.—464页；20cm；￥1600.
亚细亚雪原/张洪梅著 .—北京：蓝天出版社，1997..12—115页；19cm；￥6.50
当代爱情友情诗300首/弘征选编 .—长沙：湖南文艺出版社，1997.7.—296页；20cm；￥12.80
当代湖南作家作品选：彭燕郊卷/郑培民，文选德主编：彭燕郊著 .—长沙：湖南文艺出版社，1997.12.—270页；20cm；(精装)；￥16.70
当代论史诗萃/曾却，刘学铭主编 .—北京：大众文艺出版社，1997.6.—439，16页；20cm；￥28.00
当代人生祈愿/冯远征著 .—天津：百花文艺出版社，1997.9.—153页；20cm；￥10.00
当代诗歌名篇选/江凯波编 .—2版 .—广州：暨南大学出版社，1997.3.—179页；19cm.—（文学名著精选系列）；全套定价：68.00
回归之歌/王宝贵主编 .—开封：河南大学出版社，1997.6.—116页；20cm；￥10.00
回望军旅/平启和著 .—长春：时代文艺出版社，1997.8.—168页；19cm；￥7.50
回望中滚落的清纯/于炼著 .—深圳：海天出版社，1997.8.—116页；19cm；￥22.00
岁月情踪/张永善著 .—长春：时代文艺出版社，1997.2.—211页；19cm；￥8.80
岁月之歌/武晋先著 .—北京：中国广播电视出版社，1997.6.—196页；19cm；￥8.00
吼声集：长征路上、抗日岁月、解放战争诗歌集/陈靖著 .—北京：解放军文艺出版社，1997.9.—172页；20cm；￥12.90
行吟再集/徐志达著 .—长春：时代文艺出版社，1997.10.—240页；19cm；￥12.00
伟人周恩来　第一部：长篇叙事诗/周而复著 .—北京：中央文献出版社，1997.9.—551页；20cm；(精装)；￥42.00
伟人周恩来　第一部：长篇叙事诗/周而复著 .—北京：中央文献出版社，1997.9.—551页；20cm；￥30.00
近代诗人咏香港/蒋英豪选注 .—北京：中华书局，1997.6.—171页；20cm；￥12.60
华年/邢奇著 .—北京：群言出版社，1997.8.—236页；18cm；￥9.50
迎香港回归诗联佳作选/李雅炎主编 .—武汉：长江文艺出版社，1997.11.—254页；19cm；￥18.00
闭目而归/任悟著 .—西安：陕西师范大学出版社，

1997.6.—201页；20cm；¥14.00
关山月诗选：情·意·篇/关山月美术馆编 .—深圳：海天出版社，1997.6.—185页；29cm；¥80.00
词与物/莫非著 .—北京：华夏出版社，1997.10.—345页；20cm；¥20.00
江海涛声/顾浩著 .—南京：南京出版社，1997.4.—107页；20cm；¥7.80
守住永远/张宝桥著 .—呼和浩特：内蒙古人民出版社，1997.3.—136页；20cm；¥10.00
红蜻蜓：怀宗抒情诗选/怀宗著 .—北京：中国文联出版公司，1997.2.—192页；20cm；¥9.90
红河恋歌/张寒著 .—昆明：云南民族出版社，1997.9.—181页；19cm；¥10.50
红柳歌/邬戈著 .—沈阳：白山出版社，1997.4.—133页；19cm；¥6.50
红杏闹春：杏花/陈新编选 .—南京：江苏古籍出版社，1997.8.—128页；20cm.—（花香鸟语诗词集锦·第一辑）；¥8.00
约会时光/柴祥群著 .—沈阳：春风文艺出版社，1997.8.—232页；20cm；¥10.00
如水的心事/王冬冬著 .—哈尔滨：北方文艺出版社，1997.12.—230页；20cm；¥12.80
对庐诗词集/徐续著 .—广州：广东人民出版社，1997.9.—185页；20cm；¥20.00
寻踪集/周向东著 .—北京：人民日报出版社，1997.12.—50页；20cm.—（世纪风文丛）；¥5.50
异化的地平线/远方著 .—武汉：长江文艺出版社，1997.10.—156页；20cm；¥12.50
异域之水/陈虹著 .—济南：明天出版社，1997.12.—291页；19cm；¥10.00
孤山听雨：抒情诗集/乔雨著 .—北京：解放军文艺出版社，1997.9.—171页；20cm；¥16.00
阳光地带/陈济华著 .—北京：北京图书馆出版社，1997.5.—104页；19cm.—（当代诗丛·第2辑/朱先树主编）；¥6.00
远方/三吉子罕著 .—哈尔滨：哈尔滨出版社，1997.2.—279页；19cm；¥12.00
完整的鸟/杨旭恒著 .—昆明：云南民族出版社，1997.5.—157页；19cm；¥6.50
杏花岭/姜澍川著 .—济南：明天出版社，1997.12.—255页；19cm；¥8.50
芳香路/刘作法，沙永程著 .—南京：江苏人民出版社，1997.7.—136页：彩照；20cm；¥19.50
芙蓉出水：荷花/吴伟斌选编 .—南京：江苏古籍出版社，1997.8.—128页；20cm.—（花香鸟语诗词集锦·第一辑）；¥8.00
花的寓言/孙同兴著 .—沈阳：春风文艺出版社，1997.4.—153页；19cm.—（现代诗词/滕英主编）；¥12.80
走出峡谷/人狼格著 .—昆明：云南民族出版社，1997.4.—117页；19cm；¥8.80
走进高原/朱景敏著 .—北京：北京图书馆出版社，1997.5.—120页；19cm.—（当代诗丛·第2辑/朱先树主编）；¥6.00
贡卜扎西诗集：汉藏对照/贡卜扎西著：多杰卡译 .—北京：民族出版社，1997.10.—229页；19cm；¥11.00
吟窗杂录/（宋）陈应行编 .—北京：中华书局，1997.11.—2册；20cm；（精装）；¥146.00
吟啸集/慕紫著 .—北京：蓝天出版社，1997.11.—318页；19cm；¥18.00
国色天香：牡丹/虞河编选 .—南京：江苏古籍出版社，1997.8.—128页；20cm.—（花香鸟词诗词集锦·第一辑）；¥8.00
余光中诗歌选集/余光中著 .—长春：时代文艺出版社，1997.8.—3册；20cm；¥68.00
邹荻帆诗选/邹海岗编 .—北京：人民文学出版社，1997.12.—369页；20cm.—（诗世界丛书/犁青主编）；¥18.50
近现代诗词/吴明贤编注 .—成都：天地出版社，1997.12.—282页；20cm；¥（精装）；19.70
我们从这里走出/陈树良著 .—海口：海南出版社，1997.6.—208页；20cm；¥12.80
我们的榜样/金波等著 .—贵阳：贵州人民出版社，1997.9.—126页；19cm.—（校园朗诵诗丛/尹世霖主编）；¥4.50
我们的节日/樊发稼等著 .—贵阳：贵州人民出版社，1997.9.—150页；19cm.—（校园朗诵诗丛/尹世霖主编）；¥5.00
我们的生活/尹世霖主编 .—贵阳：贵州人民出版社，1997.9.—150页；19cm.—（校园朗诵诗丛/尹世霖主编）；¥5.00
我们的希望/金波等著 .—贵阳：贵州人民出版社，1997.9.—126页；19cm.—（校园朗诵诗丛/尹世霖主编）；¥5.00

我的祖国/尹世霖主编 .—贵阳：贵州人民出版社，1997.9.—147 页；19cm.—（校园朗诵诗丛/尹世霖主编）；￥5.00
这方热土/高建国主编 .—郑州：河南文艺出版社，1997.5.—179 页；20cm；￥12.80
初春的脚印/晓虹，静川著 .—乌鲁木齐：新疆人民出版社，1997.11.—251 页；20cm；￥14.80
初恋的冬天/师榕著 .—北京：中国文联出版公司，1997.5.—80 页；19cm；￥8.60
沧桑拾贝/林正义著 .—沈阳：春风文艺出版社，1997.12.—204 页；20cm；￥18.00
沙克抒情诗/沙克著 .—北京：北京图书馆出版社，1997.5.—136 页；19cm.—（当代诗丛·第 2 辑/朱先树主编）；￥6.00
没海飘歌/方仲祥著 .—兰州：敦煌文艺出版社，1997.11.—191 页；20cm；￥10.80
忧伤的风铃/刘影著 .—武汉：长江文艺出版社，1997.7.—180 页；20cm；￥10.00
忧伤与造句/阎月君著；沈奇编 .—沈阳：春风文艺出版社，1997.10.—229 页；20cm.—（中国女性诗歌文库·阎月君集/谢冕主编）；￥15.80
陈国钊题画诗稿/陈国钊著 .—武汉：湖北美术出版社，1997.9.—141 页；20cm；￥28.00
雨花魂/宁汉戈著 .—济南：山东文艺出版社，1997.8.—259 页；20cm；￥9.90
雨花风华/孙月红，向媛华编 .—南京：南京出版社，1997.6.—244 页；19cm.—（雨花神韵丛书/张逸，庄小军主编）；￥7.00
苦橄榄的诗情/张玉峰主编 .—武汉：华中理工大学出版社，1997.1.—182 页；19cm.—（七彩虹校园文丛）；￥6.80
奇之诗选/周奇之著 .—郑州：河南人民出版社，1997.1.—169 页；19cm；￥8.00
拙园吟草/李光岱著 .—福州：海峡文艺出版社，1997.6.—99 页；19cm；￥5.30
松风集：李炳武诗词选/李炳武著，张春祥注释 .—北京：中国青年出版社，1997.11.—226 页；20cm；￥9.70
枣花集/樊庆锡著 .—济南：黄河出版社，1997.9.—326 页；20cm；￥18.00
画虎居诗词/刘征著 .—郑州：文心出版社，1997.2.—314 页；20cm；￥16.80
枝头点点蕾/黄金明著 .—福州：海峡文艺出版社，1997.8.—137 页；19cm；￥6.60
菁莪轩集/王天琦著 .—广州：广东旅游出版社，1997.8.—154 页；19cm；￥9.80
拥抱太阳/王树理著 .—济南：山东友谊出版社，1997.11.—167 页；19cm；￥8.80
苑边吟墨/陈谦著 .—汕头：汕头大学出版社，1997.7.—105 页；20cm；￥20.00
青春树下/邹岳汉著 .—长沙：湖南文艺出版社，1997.4.—182 页；20cm；（精装）；￥14.50
青海放歌集/南文魁著 .—兰州：甘肃民族出版社，1997.10.—436 页；20cm；￥18.80
青青芳草地/孙成科著 .—北京：新华出版社，1997.9.—190 页；20cm；￥18.80
青青芳草地/李益民著 .—北京：大众文艺出版社，1997.11.—74 页；20cm；￥4.80
咏荷四百首/高占祥著 .—深圳：海天出版社，1997.8.—400 页；21cm；（精装）；￥180.00
咏物别裁/于海洲，于雪棠主编 .—长春：吉林人民出版社，1997.12.—704 页；20cm.—（当代千家诗词丛书；第三部）；￥30.00
咏定襄诗词选/李木子，续八宝选注 .—太原：北岳文艺出版社，1997.8.—217 页；19cm；￥8.80
忠诚的界碑/张浩军著 .—海拉尔：内蒙古文化出版社，1997.12.—225 页；19cm；￥10.80
明净的部分/陈东东著 .—长沙：湖南文艺出版社，1997.8.—263 页；20cm.—（20 世纪末中国诗人自选集）；￥11.80
罗布泊诗草/方国礼著 .—北京：解放军文艺出版社，1997.6.—192 页；19cm；￥10.00
秋笺/张顺琼著 .—贵阳：贵州民族出版社，1997.11.—236 页；19cm；￥15.00
秋叶集/阎廷琛著 .—济南：山东文艺出版社，1997.6.—236 页；20cm；￥16.80
周恩来诗歌全集辑注/庆振轩，王海兰主编 .—兰州：甘肃文化出版社，1997.1.—218 页；20cm；￥10.80
周南诗词选/周南著 .—济南：齐鲁书社，1997.5.—157 页；20cm；￥20.00
鱼目集/卞之琳著 .—杭州：浙江文艺出版社，1997.5.—119 页；19cm.—（中国新诗经典·第二辑）；￥5.10
金兰诗/于金兰著 .—沈阳：辽宁大学出版社，

1997.7.—256 页；20cm；¥23.00
金墨言诗词集/金墨言著 .—呼和浩特：内蒙古人民出版社，1997.6.—133 页；20cm；¥16.60
金沙集/杨世光著 .—昆明：云南大学出版社，1997.3.—217 页；19cm；¥6.80
金旭升抒情诗选/金旭升著 .—沈阳：春风文艺出版社，1997.7.—335 页；20cm；（精装）；¥28.00
泣血的心韵/岩泉著 .—南昌：百花洲文艺出版社，1997.7.—161 页；20cm.—（百花洲文学创作丛书/江西省作家协会主编）；¥7.00
京淮梦痕：克玉诗选/周克玉著 .—北京：解放军文艺出版社，1997.3.—198 页；20cm；¥12.90
郑晓冬诗选 120 首/郑晓冬著 .—北京：解放军文艺出版社，1997.3.—149 页；19cm；¥10.00
单独者/树才著 .—北京：华夏出版社，1997.10.—285 页；20cm；¥18.00
河海恋歌/阎世全著 .—北京：中国水利水电出版社，1997.8.—133 页；19cm；¥7.60
泥泞的心曲/胡玉玲著 .—兰州：敦煌出版社，1997.6.—154 页；19cm；¥8.00
诗歌图腾/倮伍拉且著 .—成都：四川民族出版社，1997.7.—130 页；20cm；¥9.80
诗词琐话：难忘瞬间/车百千著 .—北京：首都师范大学出版社，1997.6.—269 页；20cm；¥14.20
诗海泛舟/小舟著 .—西宁：青海人民出版社，1997.9.—287 页；20cm；¥13.80
诗篇中的云南/周良沛主编 .—昆明：云南教育出版社，1997.3.—2 册（344 页）；19cm.—（美丽、丰饶、神奇的云南）；¥8.00
诗情画缘/叶星球著 .—北京：中国文联出版公司，1997.10.—164 页；19cm；.¥10.00
诗心长绿/于勇著 .—北京：中国文联出版公司，1997.2.—125 页；19cm；¥7.80
草莽集/朱湘著 .—杭州：浙江文艺出版社，1997.5.—154 页；19cm.—（中国新诗经典·第二辑）；¥6.00
南湖美/吴秀璟著 .—合肥：安徽文艺出版社，1997.8.—145 页；19cm；¥8.80
故乡柳/戴鸿武著 .—沈阳：白山出版社，1997.12.—122 页；20cm；¥10.00
胡适精选的历代绝句/何庆善评注 .—合肥：安徽大学出版社，1997.7.—297 页；19cm；¥12.00
春花秋叶/浪波著 .—天津：百花文艺出版社，1997.9.—369 页；20cm；¥16.00
春秋韵/姜耀中著 .—沈阳：辽宁人民出版社，1997.12.—265 页；20cm；¥16.00
春盛诗选/王效才著 .—重庆：重庆出版社，1997.9.—170 页；19cm；¥10.00
春天的足迹：诗集/杨武，王军著 .—北京：中国青年出版社，1997.11.—247 页；20cm；¥13.10
是什么在背后/海男著；程光炜编 .—沈阳：春风文艺出版社，1997.10.—242 页；20cm.—（中国女性诗歌文库·海男集）；¥15.80
昨日之歌/冯至著 .—杭州：浙江文艺出版社，1997.5.—164 页；19cm.—（中国新诗经典·第二辑）；¥6.20
尝试集/胡适著 .—杭州：浙江文艺出版社，1997.5.—127 页；19cm.—（中国新诗经典·第二辑）；¥5.20
香山诗社吟唱集/北京香山诗社编 .—北京：中国戏剧出版社，1997.7.—152 页；20cm；¥9.80
皈依之路/张炜著 .—上海：东方出版中心，1997.7.—266 页；20cm；¥16.00
祖国最亲：张剑峰爱国诗选/张剑峰著 .—兰州：甘肃民族出版社，1997.6.—186 页；19cm；¥15.80
姜东舒诗集/张乐初编 .—杭州：浙江文艺出版社，1997.12.—546 页；20cm；（精装）；¥39.
炳烛翁诗词集/王文阁著 .—北京：中国三峡出版社，1997.5.—85 页；19cm；¥4.20
诱惑南方/黄新桥著 .—北京：北京图书馆出版社，1997.5.—120 页；19cm.—（当代诗丛·第 2 辑/朱先树主编）；¥6.00
郭沫若抒情诗/刘元树主编 .—合肥：安徽文艺出版社，1997.9.—292 页；20cm.—（郭沫若创作精编）；¥12.00
郭沫若题画诗存/郭平英主编 .—太原：山西教育出版社，1997.11.—192 页；29cm；（精装）；¥78.00
结束与诞生/傅天琳著；佐佐木久春编 .—沈阳：春风文艺出版社，1997.10.—2044 页；20cm.—（中国女性诗歌文库·傅天琳集）；¥15.40
姚慕贤诗词一百首/姚慕贤著 .—北京：国际文化

出版社，1997.2.—147页；19cm；￥10.00

骆一禾诗全编/骆一禾著；张玞编 .—上海：三联书店上海分店，1997.2.—877页；20cm；(精装)；￥44.80

贺敬之诗选/贺敬之著；周良沛编 .—北京：人民文学出版社，1997.7.—536页；20cm；￥21.00

热土韵/陈振中著 .—芒市：德宏民族出版社，1997.12.—145页；19cm；￥8.00

秦关集/李增邕著 .—西安：太白文艺出版社，1997.6.—140页；20cm；￥15.00

教育诗：童心/查有梁著 .—北京：教育科学出版社，1997.1.—236页；20cm；￥9.80

晓初诗词选续集/强晓初著 .—长春：时代文艺出版社，1997.2.—117页；20cm；￥8.00

峨眉山诗稿/一壶著、书 .—成都：四川美术出版社，1997.3.—80页；37cm；(线装)；￥150.00

徐志摩诗全集/顾永棣编注 .—上海：学林出版社，1997.7.—615页；20cm；(精装)；￥28.00

铁树开花/吴安俭著 .—北京：金城出版社，1997.8.—186页；19cm；￥9.50

借槐庐诗集/曹经沅遗稿；王仲镛编校 .—成都：巴蜀书社，1997.5.—288页；19cm；￥15.00

称之为一切/翟永明著；唐晓渡编 .—沈阳：春风文艺出版社，1997.10.—218页；20cm.—(中国女性诗歌文库·翟永明集/谢冕主编)；￥15.80

爱的纪念碑：十四行诗集/白马、阿秀著 .—呼和浩特：远方出版社，1997.10.—95页；19cm；￥9.00

爱国者之歌/仉玉才著 .—济南：山东文艺出版社，1997.12.—255页；20cm；￥12.98

短篱残菊/方智范，李康化评注 .—北京：中国青年出版社，1997.11.—366页；20cm.—(风格词丛书·闲逸集)；￥15.70

高处的深渊/沈苇著 .—乌鲁木齐：新疆少年出版社，1997.11.—173页；20cm；￥12.80

谁去谁留/欧阳江河著 .—长沙：湖南文艺出版社，1997.8.—289页；20cm.—(20世纪末中国诗人自选集)；￥12.80

浩歌赋太行/郭正义主编 .—北京：新华出版社，1997.11.—402页；20cm；￥25.80

烙印/臧克家著 .—杭州：浙江文学出版社，1997.5.—148页；19cm.—(中国新诗经典·第二辑)；￥5.80

旅途/刘兴正著 .—北京：中国文联出版公司，1997.8.—145页；19cm；￥6.90

旅中吟/布赫著 .—北京：人民文学出版社，1997.6.—149页；20cm；(精装)；￥24.00

流年似水/禾波著 .—北京：宗教文化出版社，1997.10.—2册；20cm；￥38.00

凌晨集/皇甫束玉著 .—北京：高等教育出版社，1997.7.—171页；20cm；￥9.60

海的思念：郑胜琨歌词精选/郑胜琨著 .—青岛：青岛出版社，1997.7.—132页；20cm；￥10.00

海之歌/鸿翼著 .—天津：百花文艺出版社，1997.6.—106页；19cm；￥8.00

海之子/高恩才著 .—北京：中国文联出版公司，1997.8.—417页；20cm；￥18.20

恋爱的歌：柳元彬爱情诗选/柳元彬著 .—大连：大连出版社，1997.8.—107页；19cm.—(七星文学专辑)；￥7.00

恋人桥/刘彦生著 .—长春：时代文艺出版社，1997.10.—238页；20cm；￥15.00

通讯兵之歌/赵志辉著 .—北京：解放军文艺出版社，1997.7.—266页；20cm；￥12.00

梅兰竹菊题画诗/马成志编 .—天津：天津杨柳青画社，1997..1—173页；19cm；￥7.90

梅雪争春：梅花/吴昊编选 .—南京：江苏古籍出版社，1997.8.—126页；20cm.—(花香鸟语诗词集锦·第一辑)；￥8.00

梅影笛歌/马兴荣，朱惠国评注 .—北京：中国青年出版社，1997.11.—450页；20cm.—(风格词丛·风雅集)；￥18.40

梅棣盦诗词集/陈贻焮著 .—石家庄：河北教育出版社，1997.11.—168页；20cm；￥11.40

梦的尾巴：散文诗集/柯文辉著 .—桂林：漓江出版社，1997.8.—497页；20cm；￥18.00

梦家诗集/陈梦家著 .—杭州：浙江文艺出版社，1997.5.—156页；19cm.—(中国新诗经典·第二辑)；￥6.00

黄同甫诗选/黄同甫著 .—郑州：文心出版社，1997.11.—437页；20cm；￥20.00

黄喙无恙集：陈鹏举诗词/陈鹏举著 .—上海：学林出版社，1997.3.—178页；19cm；￥12.00

培文吟草/周枢著 .—上海：学林出版社，1997.12.—360页；20cm；￥15.00

帷幄诗人：赵子立先生纪念集/赵子立著；陶君雅编.—北京：团结出版社，1997.11.—160页：照片；20cm；¥8.00

晚晴集/袁治章著.—乌鲁木齐：新疆人民出版社，1997.10.—171页；19cm；¥12.00

晚晴吟草/王中柱著.—海口：南海出版公司，1997.3.—221页；20cm；¥12.00

彩雪/乔秀清著.—北京：解放军文艺出版社，1997.2.—170页；20cm；¥13.20

倾听阳光：汪守德散文诗集/汪守德著.—北京：解放军出版社，1997.8.—196页；19cm；¥15.00

清醒的光芒/赵清伟著.—北京：北京图书馆出版社，1997.5.—119页；19cm.—（当代诗丛·第二辑/朱先树主编）；¥6.00

情感地带/杨有元著.—武汉：长江文艺出版社，1997.1.—123页；20cm；¥10.50

望舒草/戴望舒著.—杭州：浙江文艺出版社，1997.5.—165页；19cm.—（中国新诗经典·第二辑）；¥6.20

游动悬崖/王家新著.—长沙：湖南文艺出版社，1997.8.—270页；20cm.—（20世纪末中国诗人自选集）；¥11.00

隐形岁月/宋德丽著.—北京：北京图书馆出版社，1997.5.—117页；19cm.—（当代诗丛·第2辑/朱先树主编）；¥6.00

朝宗诗词选/杨朝宗著.—北京：天津出版社，1997.1.—192页；19cm；¥13.00

紫色花/张宏著.—沈阳：春风文艺出版社，1997.1.—158页；19cm；¥9.50

最后一朵莲/玉麟东正著.—大连：大连出版社，1997.6.—128页；20cm；¥8.20

黑鸽子/新桥著.—武汉：长江文艺出版社，1997.6.—161页；20cm.—（现代抒情诗集）；¥18.40

黑色沙漠/唐亚平著；谢冕编.—沈阳：春风文艺出版社，1997.10.—225页；20cm.—（中国女性诗歌文库·唐亚平集/谢冕主编）；¥15.80

跋涉者的足迹/卢祖品著.—北京：中国文联出版公司，1997.7.—412页；19cm；¥15.50

鲁人诗稿/宋传法著.—哈尔滨：黑龙江人民出版社，1997.3.—332页；19cm；¥12.00

傅春龄诗词/傅春龄著.—海口：海南出版公司，1997.11.—175页；20cm；¥12.00

焦知云诗词选/焦知云著.—武汉：长江文艺出版社，1997.12.—154页；20cm；¥19.80

曾经心动/德人著.—南昌：百花洲文艺出版社，1997.7.—163页；19cm；¥6.50

童心/王统照著.—杭州：浙江文艺出版社，1997.5.—216页；19cm.—（中国新诗经典·第二辑）；¥7.50

童年的花蕾/胡顺猷著.—贵阳：贵州人民出版社，1997.5.—117页；19cm；¥6.00

新华诗叶　第十二辑(下)　总第19辑/张结主编.—北京：新华出版社，1997.7.—205页；19cm；¥5.00

湘亮民诗选/陈兰湘等著.—福州：海峡文艺出版社，1997.2.—169页；20cm；¥15.80

楚江集：李莎青诗歌及诗论选/李莎青著.—长沙：湖南文艺出版社，1997.9.—287页；20cm；¥16.80

雾中的月亮/张正利著.—沈阳：沈阳出版社，1997.6.—145页；19cm.—（沧浪丛书）；全套定价：55.00元

路/马识途著.—成都：四川人民出版社，1997.8.—91页；18cm；¥8.00

触感灵/王德贵著.—太原：北岳文艺出版社，1997.8.—222页；20cm；¥11.30

简宁的诗/简宁著.—北京：人民文学出版社，1997.3.—229页；20cm；¥11.50

错过的爱/田园著.—成都：四川民族出版社，1997.1.—163页；19cm.—（当代中青年作家新著丛书·第二卷/刘平主编）；¥8.00

错过花期/姜维青著.—长春：时代文艺出版社，1997.5.—214页；19cm；¥8.50

韵寄神州/关性乔著.—广州：广东人民出版社，1997.2.—113页；19cm；¥5.60

漂泊的心/万怡君著.—海口：南海出版公司，1997.10.—103页；19cm；¥7.00

漂移的岸：一个现代“行脚”诗人的爱情四季/慈公著.—北京：人民出版社，1997.12.—183页；20cm；¥12.40

翠柏妙音/朱英武著.—北京：大众文艺出版社，1997.8.—237页；19cm；¥11.50

澳洲诗旅/陈忠干著.—广州：广东旅游出版社，1997.8.—132页；19cm；¥7.80

潘天寿诗存校注/潘天寿著；卢炘，俞浣萍校注 .—杭州：中国美术学院出版社，1997.3.—230页；20cm；￥20.50

藏族当代诗人诗选：汉文卷/才旺瑙乳，旺秀才丹主编 .—西宁：青海人民出版社，1997.5.—313页；20cm；￥14.20

霞光曲/廖思东著 .—广州：广东高等教育出版社，1997.12.—196页；20cm；￥13.00

薰生诗草/崔毓荃著；刘映华注释 .—南宁：广西人民出版社，1997.11.—359页；20cm.—（广西少数民族古籍丛书）；￥15.00

朦胧世纪/崔立兴著 .—长春：时代文艺出版社，1997.5.—328页；20cm.—（崔立兴诗作文库）；￥7.00

散　文

一路长歌/赵化南著 .—北京：中国工人出版社，1996.1.—267页；19cm；￥10.80

一撇一捺的人/陆星儿著 .—上海：文艺出版社，1996.10.—594页；20cm.—（海派女作家文丛）；￥26.60

一位现代父亲的人生忠告/贾宝泉著 .—石家庄：河北人民出版社，1996.3.—236页；20cm.—（对话与独白丛书）；￥9.00

一位现代母亲的心灵独白/李佩芝著 .—石家庄：河北人民出版社，1996.3.—155页；20cm.—（对话与独白丛书）；￥7.00

一枝珍重见昙花：香港作家陈少华散文集/陈少华著 .—北京：中国青年出版社，1996.9.—451页；20cm.—（情缘香江散文系列）；￥19.50

一山一水总关情——左宗棠家书/黄岩柏，黄山编著 .—沈阳：辽宁古籍出版社，1996.4.—171页；19cm.—（中国名人家书精典/徐彻，高虹主编）；￥6.95

20世纪中国学术散文精品：奠基者卷/老品，王平编 .—北京：中央编译出版社，1996.4.—2册；20cm；￥33.60

十字路口/李国文著 .—兰州：敦煌文艺出版社，1996.11.—202页；19cm.—（当代名家杂感随笔系列）；￥9.45

九五随想录/梁晓声著 .—乌鲁木齐：新疆人民出版社，1996.11.—372页；20cm；￥15.20

九州恋/何金铭著 .—西安：未来出版社，1996.9.—386页；20cm；￥14.30

八仙之恋/梁锡华著 .—上海：上海人民出版社，1996.7.—288页；19cm.—（都市名家散文）；￥12.00

八月的云霞/张传桂著 .—福州：海风出版社，1996.1.—316页；19cm；￥10.20

七彩人生七彩路/饶韬著 .—桂林：漓江出版社，1996.4.—253页；19cm；￥9.80

又是一派新绿/于文涛著 .—北京：外文出版社，1996.—143页；20cm；￥11.80

又绿江南/叶兆言编文；潘顺祺绘 .—上海：上海书店出版社，1996.12.—133页；20cm.—（语丝画痕丛书）；￥12.50.

又是花季/袁菲菲著 .—武汉：武汉出版社，1996.5.—274页；19cm；￥6.80

儿时的弄堂/张目著；青天漫画 .—上海：学林出版社，1996.11.—129页；20cm；￥9.00

人间四景/朱自清等著；太初等编 .—长沙：湖南出版社，1996.9.—592页；20cm；￥20.90

人生处处有真情——陶行知家书/邵丹编著 .—沈阳：辽宁古籍出版社，1996.4.—166页；19cm.—（中国名人家书精典/徐彻，高虹主编）；￥6.95

人生四韵/梁实秋等著；太初等编 .—长沙：湖南出版社，1996.9.—616页；20cm；￥21.70

人，在历史漩涡中/王观泉编者 .—上海：上海远东出版社，1996.3.—217页；20cm.—（火凤凰文库）；￥14.50

人淡酒浓：黄河随笔/黄河著 .—上海：东方出版中心，1996.12.—304页；20cm.—（中国当代记者随笔丛书）；￥17.00

人间风习碎片/何满子著；方成配画 .—上海：上海书店出版社，1996.12.—175页；20cm.—（文苑春秋随笔书系）；￥10.00

人间烟火/彦元叔著 .—北京：中国友谊出版公司，1996.10.—340页；19cm.—（台港及海外名家特色文丛）；￥12.00

人境语丝/芸芸著；曾卓主编 .—武汉：长江文艺出版社，1996.9.—219页；20cm；￥10.80

人生采访/巴金等著 .—上海：上海远东出版社，1996.12.—262页；20cm.—（收获丛书·散文

卷)；¥14.00
人生的风景/谭仲池著 .—长沙：湖南出版社，1996.6.—181页；20cm；¥8.70
人生风景/高丕忠著 .—天津：百花文艺出版社，1996.3.—273页；19cm；¥9.60
人生风铃：朽木杂文随笔选/孙月沐著 .—哈尔滨：黑龙江教育出版社，1996.10.—430页；20cm；¥15.20
人生广场/张健著 .—北京：中国友谊出版公司，1996.10.—353页；19cm.—(台港及海外名家特色文丛)；¥12.00
人生漫思录：曹宪文四十年杂文选集/刘甲等选编 .—上海：上海文艺出版社，1996.10.—245页；20cm；¥14.00
人生诗旅/蓝星海等选编 .—武汉：长江文艺出版社，1996.10.—213页；19cm.—(白桦林校园精品文摘)；¥8.80
人生小路/燕治国著 .—太原：北岳文艺出版社，1996.11.—225页；20cm.—(当代作家学者散文丛书)；¥9.30
人生咏叹/杨德禄著 .—兰州：敦煌文艺出版社，1996.8.—199页；20cm；¥10.50
人生有味：洪丕谟随笔/洪丕谟著 .—上海：上海社会科学院出版社，1996.10.—373页；20cm；¥17.50
人生在世/曾令超著 .—长沙：湖南文艺出版社，1996.6.—185页；20cm；¥7.40
人生在世：长篇系列散文/关维晓著 .—乌鲁木齐：新疆人民出版社，1996.1.—3册(1346页)：图版；20cm；¥115.00
人间话语/于民雄著 .—贵阳：贵州人民出版社，1996.7.—268页；20cm；¥9.80
三教楼札记/王长宗著 .—石家庄：河北人民出版社，1996.3.—349页；19cm；¥15.00
三味：读书和品书的随笔/刘心武等著 .—济南：山东画报出版社，1996.10.—342页；20cm.—(书梦重温丛书/杨兆振，孟鸣飞主编)；¥16.50
三重的爱：赵鑫珊随笔/赵鑫珊著 .—上海：复旦大学出版社，1996.5.—300页；20cm；¥15.00
大的小的要 烈士烈士绞/李敖著 .—北京：中国友谊出版公司，1996.6.—215页；19cm.—(李敖千秋评论丛书；6) ¥7.00
大江逆行：冯骥才、张抗抗、贾平凹佳作集汇/冯骥才等著；周政保选编 .—深圳：海天出版社，1996.4.—300页；20cm.—(三人行名家散文精品系列第一辑)；¥12.50
大漠之魂/任为民著 .—乌鲁木齐：新疆人民出版社，1996.3.—255页；20cm；¥10.00
也是人生：钱歌川小品精萃/钱歌川著；陈子善编 .—上海：上海书店出版社，1996.4.—252页；19cm.—(鹈鹕丛书)；¥9.00
上海：记忆与想象/马逢洋编 .—上海：文汇出版社，1996.2.—242页；20cm.—(海上风丛书)；¥10.00
上海春秋/曹聚仁著；曹雷，曹宪镛编 .—上海：上海人民出版社，1996.8.—321页：照片；20cm；¥14.90
上海杂文选：1993～1995/罗竹风主编 .—上海：上海文艺出版社，1996.12.—553页；20cm；¥21.50
山川海洋纪事/黄光楚编 .—广州：广东高等教育出版社，1996.10.—172页；16×12cm；¥12.00
山光潭影/陈丹晨著 .—兰州：敦煌文艺出版社，1996.11.—247页；19cm.—(当代名家杂感随笔)；¥11.20
女人不天生/陆星儿著 .—上海：上海书店出版社，1996.10.—214页；19cm—(红樱桃书系)；¥8.00
女人的白夜/铁凝著 .—南京：江苏文艺出版社，1996.9.—465页；20cm.—(铁凝文集；5)；¥17.00
女子与小人/龙应台著 .—上海：上海文艺出版社，1996.4.—286页；20cm.—(龙应台自选集)；¥12.40
孔子离婚及其他/武陵溪著 .—北京：国际文化出版公司，1996.3.—222页；20cm；¥12.80
与陌生人同在/吴亮著 .—长沙：湖南文艺出版社，1996.10.—313页；20cm；¥15.40
乡土流韵/赵学法著 .—济南：山东文艺出版社，1996.8.—234页；19cm；¥8.00
王学仲散文选：1992～1995/王学仲著；于明夫编 .—天津：百花文艺出版社，1996.9.—124页；20cm.—(黾园丛书)；¥9.00
王季重小品/李鸣选注 .—北京：文化艺术出版社，

1996.8.—263 页；20cm.—（明人小品十家）；¥11.80

丰子恺随笔精编/丰一吟编 .—杭州：浙江文艺出版社，1996.3.—263 页；20cm.—（现代经典作家诗文作编书系）；¥17.40

五色土/南通广播电视报选编 .—上海：上海文艺出版社，1996.12.—335 页；19cm；¥12.50

不会再有第二个你/肖复兴著 .—上海：上海人民出版社，1996.6.—358 页；20cm；¥15.00

不惑集/迟焕发著 .—天津：百花文艺出版社，1996.1.—283页；19cm.—(东北作家群丛书/郑法清，门瑞瑜主编)；¥12.00

不解的白水缘/张克著 .—贵阳：贵州人民出版社，1996.3.—358 页；19cm；¥12.00

不堪回首/赵清阁著 .—重庆：重庆出版社，1996.4.—272 页；19cm；¥11.50

不肯进取/黄梅著 .—沈阳：辽宁教育出版社，1996.8.—175 页；20cm.—（书趣文丛·第四辑；4）；¥8.00

艺苑切磋：凤樵序跋笔谈选/张文勋著 .—昆明：云南大学出版社，1996.7.—253 页；19cm；¥10.00

艺文私见/郁达夫著 .—长沙：湖南文艺出版社，1996.4—287 页；20cm.—（郁达夫名著系列·文论序跋/陈漱渝等主编）；¥13.00

友谊之行：中亚五国访问散记/铁木尔·达瓦买提著 .—北京：新华出版社，1996.6.—166 页：彩照；20cm；¥6.80

历代百字美文萃珍/顾之京，谢景林主编 .—天津：天津古籍出版社，1996.2.—663 页；20cm；¥40.00

历史的启示/张志平主编 .—石家庄：河北教育出版社，1996.8.—139 页；20cm；¥5.70

开发心大陆/刘心武著 .—长春：吉林人民出版社，1996.3.—263 页；20cm.—（当代名作家寄语青年丛书/王蒙主编）；¥16.00

天地相交的地方：一位留美博士的自述/赵蕴博著 .—天津：百花文艺出版社，1996.11.—274 页；20cm；¥12.80

天鹅之歌/郑异凡著 .—沈阳：辽宁教育出版社，1996.9.—189 页；20cm.—（书趣文丛·第三辑；10）；¥8.00

天涯行脚/陈国明著 .—福州：海风出版社，1996.9.—177 页；19cm；（精装）；¥19.00

天意怜幽草/柯灵著；唐金河，张晓云编 .—北京：人民日报出版社，1996.6.—404 页；20cm.—（名人名家书系）；¥16.00

天籁/冯骥才著 .—兰州：敦煌文艺出版社，1996.11.—225 页；19cm.—（当代名家杂感随笔）；¥10.15

无从驯服的斑马/沈从文著；龙冬选编 .—北京：中国青年出版社，1996.3.—214 页；20cm.—（我的世界丛书/龙冬主编）；¥10.60

无价之人：马丽华、史铁生、韩少功佳作集汇/马丽华等著；周政保选编 .—深圳：海天出版社，1996.4.—327 页；20cm.—（三人行名家散文精品系列·第一辑）；¥13.00

无梦楼随笔/张中晓遗稿；路莘整理 .—上海：上海远东出版社，1996.2.—156 页；20cm.—（火凤凰文库）；¥12.00

无名花/武承明著 .—兰州：兰州大学出版社，1996.2.—204 页；20cm；¥9.80

无字的牧歌/彭跃辉著 .—昆明：云南民族出版社，1996.7.—81 页；19cm；¥5.80

水流云在书话/邓云乡著 .—上海：上海书店出版社，1996.12.—406 页；20cm.—（文苑春秋随笔书系）；¥19.80

水之湄/周熠著 .—郑州：文心出版社，1996.4.—192 页；19cm.—（朋友丛书·散文随笔/孙荪等主编）；¥8.60

见夜：散文集/张怀群著 .—兰州：敦煌文艺出版社，1996.12.—258 页；20cm；¥13.90

长白夜话/王晓东著 .—延吉：延边大学出版社，1996.11.—271 页；20cm；¥9.00

长夜属于你/毛时安主编 .—上海：汉语大词典出版社，1996.3.—267 页；20cm.—（海上名家文丛·随笔卷）；¥15.00

少年中国/李大钊等著；黄伟林，李咏梅编选 .—桂林：漓江出版社，1996.12.—193 页：照片；19cm.—（革命英烈文丛·随感卷）；¥9.00

中外文化名人印象记/林非著 .—广州：广州出版社，1996.9.—216 页；19cm；¥9.00

中国随笔小品鉴赏辞典/杜文远，常士功主编 .—太原：山西人民出版社：山西古籍出版社，1996.9.—1769 页；20cm；（精装）；¥88.00

中国女孩看美国/查可欣著 .—天津：天津人民出

版社，1996.8.—341页；20cm；￥12.60

中国散文精典：当代卷/钟敬文总主编；刘锡庆，蔡渝嘉本卷主编．—北京：中国工人出版社，1996.1.—534页；20cm；￥23.00

中国：男人和女人的故事/方刚著．—广州：广州出版社，1996.11.—312页；20cm.—（社会纪实系列）；￥15.00

中国百年期刊发刊词600篇/刘宏权，刘洪泽主编．—北京：解放军出版社，1996.6.—2册；20cm；￥59.00

中国当代美文三百篇/涂怀章主编．—武汉：长江文艺出版社，1996.5.—2册（2151页）；20cm；￥48.00

中国当代散文选/朱永，李崇民编．—兰州：兰州大学出版社，1996.9.—642页；20cm.—（中学生阅读丛书/张应华主编）；￥24.50

中国历代讽刺小品选/刘灿选注．—上海：东方出版中心，1996.9.—354页；20cm.—（中国历代小品丛书）；￥15.00

从你美丽的流域/张晓风著．—长沙：湖南文艺出版社，1996.10.—148页；20cm.—（张晓风散文系列）；￥8.00

从维熙海外游记/从维熙著．—北京：华文出版社，1996.11.—379页；19cm.—（中国作家海外游记丛书·第2辑）；￥15.00

从文家书：从文兆和书信选/沈从文，张兆和著；沈虎雏编选．—上海：上海远东出版社，1996.2.—319页；20cm.—（火凤凰文库）；￥18.50

月色潮声/陈建平著．—福州：海风出版社，1996.9.—332页；19cm；￥10.20

月依依：散文/张秀亚著；何香久编．—北京：人民日报出版社，1996.10.—354页；20cm.—（名人名家书系）；￥15.20

丹心人/吉广舆著．—北京：中国青年出版社，1996.12.—275页；20cm.—（开卷有益丛书）；￥12.00

风雨故人情/夏衍著．—上海：汉语大词典出版社，1996.8.—307页；20cm.—（书友文丛/倪墨炎主编）；￥14.00

风中的群山/雷平阳著．—昆明：云南人民出版社，1996.12.—365页；20cm；￥14.50

毛志成杂文自选集/毛志成著．—天津：百花文艺出版社，1996.11.—259页；20cm.—（当代名家杂文精品文库）；￥15.00

牛角墨斗/张俊彪编．—南京：江苏少年儿童出版社，1996.7.—283页；19cm；￥7.00

今朝有酒/肖复兴著．—广州：广东旅游出版社，1996.7.—309页；19cm；￥13.50

今日依旧/周琪著．—贵阳：贵州人民出版社，1996.12.—160页；20cm；￥9.80

午后的时光：澄子散文集/澄子著．—广州：广东旅游出版社，1996.10.—303页；20cm；￥15.00

午夜走笔/王霄鹏著．—北京：东方出版社，1996.11.—209页；20cm；￥13.00

公余随笔/邢跃升著．—济南：山东文艺出版社，1996.9.—252页；20cm；￥12.80

父亲/闻一石编．—北京：中国工人出版社，1996.8.—373页；20cm.—（走近名人文丛）；￥18.60

文化人批判/骆爽著．—北京：中国社会出版社，1996.8.—359页；20cm；￥15.80

文化新视野：看世界·论中国·说台湾/辛旗著．—北京：华艺出版社，1996.6.—515页；20cm；￥19.00

文明的黄昏/祝勇著．—北京：中央编译出版社，1996.7.—253页；20cm.—（新锐文丛/祝勇主编）；￥10.40

文明拾遗/周鸿飞著．—北京：中国社会出版社，1996.4.—247页；19cm；￥8.60

文化人风采：乔地传记小品选粹/乔地著．—郑州：河南人民出版社，1996.10.—320页；19cm；￥18.00

文艺杂说/胡真著．—长沙：湖南文艺出版社，1996.6.—248页；20cm；￥9.30

文苑草木/章克标著．—上海：上海书店出版社，1996.12.—332页；20cm.—（文苑春秋随笔书系）；￥17.00

心中的歌/张春明著．—长沙：湖南出版社，1996.3.—504页；20cm；（精装）；￥21.00

心中的绿野/申虹云著．—重庆：西南师范大学出版社，1996.12.—113页；19cm.—（江阳文集）；全套共10册，总定价55.00元

心迹：灵魂的坦白/石匠著．—西安：陕西人民教育出版社，1996.9.—194页；19cm；￥9.50

心灵风景线/杨瑞芬著 .—沈阳：辽宁民族出版社，1996.10.—122页；19cm.—（金陀文丛/萨仁图娅，孙旭辉主编）；全套定价：124.00元

心灵瞬间/何怀宏著 .—上海：上海人民出版社，1996.9.—1册；20cm；¥7.00

心路迢迢：云杉随笔/云杉著 .—北京：北京十月文艺出版社，1996.5.—312页；20cm；著者笔名为：云杉，真名为：刘云杉；（精装）；¥15.00

心路小识：江曾培随笔/江曾培著 .—上海：复旦大学出版社，1996.10.—329页；20cm；¥15.00

心平好开卷/苏晨著 .—广州：广东人民出版社，1996.10.—406页；19cm；¥18.00

心似秋月/盛丽娜著 .—北京：中国社会出版社，1996.4.—118页；20cm；¥7.50

心田漫笔/杜渺著 .—北京：新华出版社，1996.5.—439页；20cm；¥19.80

心想/韩少功著 .—天津：天津人民出版社，1996.3.—208页；19cm.—（人生感悟丛书）；¥8.30

心源/张国群著 .—沈阳：春风文艺出版社，1996.6.—359页；20cm；¥21.80

书边人语/阿真著 .—北京：军事科学出版社，1996.2.—218页；19cm；¥7.50

书巢漫笔/陈乐民著 .—上海：上海人民出版社，1996.11.—399页；20cm；¥19.80

书城黄昏即事/董桥著 .—沈阳：辽宁教育出版社，1996.9.—168页；20cm.—（书趣文丛·第三辑；9）；¥6.00

书情旧梦：邓云乡随笔/邓云乡著 .—上海；东方出版中心，1996.12.—315页；20cm.—（当代中国学者随笔）；¥18.00

书生意气/陈平原著 .—上海：汉语大词典出版社，1996.8.—252页；20cm.—（书友文丛/倪墨炎主编）；¥12.00

书摊梦寻/姜德明著 .—北京：北京燕山出版社，1996.11.—216页；19cm；¥9.50

书外长短/金克木著 .—银川：宁夏人民出版社，1996.10.—247页；19cm.—（中国名家随笔精品丛书）；¥12.00

书与回忆/周越然著 .—沈阳：辽宁教育出版社，1996.9.—305页；20cm.—（书趣文丛·第三辑；2）；¥13.00

幻想美丽/何立伟编文；王震坤绘 .—上海：上海书店出版社，1996.12.—135页；20cm.—（语丝画痕丛书）；¥12.50

为了一个许诺/《青年一代》编辑部编 .—上海：上海人民出版社，1996.1.—185页：插图；20cm.—（青年一代丛书/张宝妮主编）；¥7.00

半月随笔二集/雷加著 .—北京：中国文联出版公司，1996.2.—516页；20cm.—（中国文联晚霞文集）；¥45.20

末班车/金克木著 .—北京：中央编译出版社，1996.3.—258页；20cm.—（读译文丛/赵武平主编）；¥10.80

未闲集/黄道奇著 .—长沙：湖南文艺出版社，1996.3.—123页；20cm；（精装）¥11.50

布袋子/段荃法著 .—郑州：文心出版社，1996.4.—182页；19cm.—（朋友丛书·散文随笔/孙荪等主编）；¥8.00

石评梅散文全集/张军，琼熙编 .—郑州：中国农民出版社，1996.12.—314页；20cm.—（中国现代四大才女散文全集）；¥15.50

石语/钱钟书著 .—北京：中国社会科学出版社，1996.1.—48页；24cm；¥10.00

石河子风物记/魏新玲，景俊主编 .—北京：中国文联出版公司，1996.8.—123页；19cm；¥8.80

石英杂文随笔选/石英著 .—天津：天津教育出版社，1996.10.—201页；19cm；¥8.50

玉堂闲话/刘玉堂著 .—济南：山东文艺出版社，1996.9.—425页；20cm；¥13.50

玉想/张晓风著 .—长沙：湖南文艺出版社，1996.10.—120页；20cm.—（张晓风散文系列）；¥7.00

古典的人/陈村著 .—天津：天津人民出版社，1996.3.—225页；19cm.—（人生感悟丛书）；¥8.30

古董因缘/姜德明等编 .—北京：中国青年出版社，1996.12.—257页；20cm.—（开卷有益丛书）；¥12.40

古今集/江励夫著 .—广州：广东高等教育出版社，1996.9.—446页；20cm；¥18.00

去意彷徨/黄倩娜著 .—天津：百花文艺出版社，

1996.10.—228 页；19cm；￥12.00
去年属马/汪曾祺著 .—北京：北京燕山出版社，1997.8.—235 页；20cm.—（京味文学丛书）；￥11.50
正在上道/阿坚著 .—兰州：敦煌文艺出版社，1997.12.—318 页；20cm.—（诗人小说家丛书）；￥13.80
东方水彩/白瑜著 .—长春：北方妇女儿童出版社，1997.5.—412 页；20cm；￥21.00
世纪末风景/徐小斌著 .—昆明：云南人民出版社，1996.3.—268 页；20cm.—（她们文学丛书·散文卷）；￥10.50
世间走笔/巴迅著 .—贵阳：贵州人民出版社，1996.11.—276 页；20cm.—（贵州文学丛书·第一流辑；29/卢惠龙主编）；￥11.60
世界/韩少功著 .—长沙：湖南文艺出版社，1996.10.—207 页；20cm.—（月亮岛文化随笔）；￥11.60
世态拾风/杨洪立著 .—北京：长城出版社，1996.9.—159 页；20cm；￥9.00
世象放言/曹仙源著 .—北京：北京大学出版社，1996.3.—312 页；20cm；￥11.50
东篱集：日本游学录/孙立川著 .—福州：海峡文艺出版社，1996.4.—124 页；19cm；￥6.00
东坡题跋/（宋）苏轼著；屠友祥校注 .—上海：上海远东出版社，1996.11.—404 页；20cm.—（宋明清小品文集辑注/顾易生主编）；￥23.50
写画人生/鲁光著 .—北京：人民体育出版社，1996.9.—691 页：彩照；20cm；￥29.00
写在子夜/陈思和著 .—上海：上海人民出版社，1996.9.—272 页；20cm.—（智者心语丛书）；￥12.80
母亲/闻一石编 .—北京：中国工人出版社，1996.8.—374 页；20cm.—（走近名人文丛）；￥18.60
步下红毯之后/张晓风著 .—长沙：湖南文艺出版社，1996.10.—174 页；20cm.—（张晓风散文系列）；￥8.80
且拿甜点心来/毛时安主编 .—上海：汉语大词典出版社，1996.3.—251 页；20cm.—（海上名家文丛·随笔卷）；￥14.50
四海之内/张为著 .—北京：解放军文艺出版社，1996.12.—208 页；19cm；￥10.00
四十胡说：杂文/陈村著 .—上海：上海人民美术出版社，1996.1.—154 页：彩图；20cm.—（当代作家豪华礼品书）；￥25.00
四月泥泞：王蒙、周涛、韩石山佳作集汇/王蒙等著；周政保选编 .—深圳：海天出版社，1996.4.—330 页；20cm.—（三人行名家散文精品系列·第一辑）；￥13.50
旧人旧事：一个年轻人眼中的过去/谢泳著 .—上海：上海人民出版社，1996.3.—265 页；20cm.—（智者心语丛书）；￥11.90
旧人旧书：绀弩文萃/牟晓朋编 .—大连：大连出版社，1996.9.—261 页；20cm；￥10.00
旧影与新知/汪晖著 .—沈阳：辽宁教育出版社，1996.8.—268 页；20cm.—（书趣文丛·第四辑；9）￥12.00
只想轻轻对你说：情话絮语百字文/戴文妍主编 .—上海：上海人民出版社，1996.5.—282 页；19cm；￥10.00
叫喊的城市：都市文化的观察与思考/王唯铭著 .—北京：人民文学出版社，1996.7.—198 页；19cm.—（猫头鹰书丛）；￥9.45
北冰洋航行日记/郑鸣著 .—哈尔滨：哈尔滨出版社，1996.8.—159 页：照片；19cm；￥9.98
冬夜长考/丁东著 .—天津：天津教育出版社，1996.11.—198 页；20cm.—（书边草丛书）；￥9.80
瓜蒂庵文集/谢国桢著 .—沈阳：辽宁教育出版社，1996.9.—432 页；20cm.—（书趣文丛·第三辑；6）；￥18.00
瓜棚夜语/瓜田著 .—成都：四川人民出版社，1996.1.—256 页；19cm.—（稻草人杂文随笔丛书/李下主编）；￥8.50
乐在山水/刘盛源著 .—重庆：西南师范大学出版社，1996.12.—126 页；19cm.—（江阳文集）；全套共 10 册，总定价 55.00 元
生命不止一次/王业群著 .—北京：人民文学出版社，1996.11.—202 页；20cm；￥16.00
生命里的温柔/李于红著 .—广州：广东旅游出版社，1996.2.—140 页；20cm；￥5.80
生命转弯的地方/楚楚著 .—上海：上海人民出版社，1996.4.—235 页；19cm.—（青春美文系列·青春雅致美文）；￥10.00
生命通道/白烨，雷达编选 .—长春：时代文艺出

版社，1996.5.—489 页；20cm.—（20 世纪末中国文学作品精选·散文卷）；¥24.00
生生世世未了缘/刘墉著 .—上海：汉语大词典出版社，1996.4.—155 页；20cm；¥8.00
刘心武杂文自选集/刘心武著 .—天津：百花文艺出版社，1996.11.—286 页；20cm.—（当代名家杂文精品文库）；¥16.00
刘秀品杂文选/刘秀品著 .—北京：中国世界语出版社，1996.4.—208 页；19cm；¥8.00
永远的长木椅：青春纯真美文/黄文婷著 .—上海：上海人民出版社，1996.4.—259 页；19cm.—（青春美文系列）；¥10.80
永远的雨季/潘真著 .—上海：上海书店出版社，1996.10.—234 页；19cm.—（红樱桃书系）；¥9.00
冯英子杂文自选集/冯英子著 .—天津：百花文艺出版社，1996.11.—284 页；20cm.—（当代名家杂文精品文库）；¥15.80
边缘有光/刘心武著 .—上海：汉语大词典出版社，1996.8.—296 页；20cm.—（书友文丛/倪墨炎主编）；¥14.00
圣山与背景：当代五人美文珍品/周政保，殷实选编 .—2 版 .—西宁：青海人民出版社，1996.11.—587 页；20cm；¥19.80
圣堂山圣典：彭洋散文/彭洋著 .—南宁：广西人民出版社，1996.6.—206 页；20cm；¥7.60
丝绸与岁月/林白著 .—北京：文化艺术出版社，1996.3.—170页；19cm.—（金苹果散文系列·新生代新女性新作品/兴安主编）；全套共5册，总定价 39.00 元
发现日本虫/毛丹青著 .—北京：中国青年出版社，1996.12.—239 页；20cm.—（开卷有益丛书）；¥11.90
目耕随笔/张志良著 .—沈阳：辽宁人民出版社，1996.11.—279 页；19cm；¥9.60
台港幽默散文精品鉴赏/徐学编著 .—郑州：河南文艺出版社，1996.12.—292 页；20cm.—（台港文学艺术丛书）；¥14.30
孙犁书话/金梅选编 .—北京：北京出版社，1996.10.—388 页；20cm.—（现代书话丛书/姜德明主编）；¥16.00
百年悲欢/柯灵著 .—上海：上海远东出版社，1996.7.—297 页；20cm.—（柯灵散文）；¥19.50
百年留守/毛时安主编 .—上海：汉语大词典出版社，1996.3.—188 页；20cm.—（海上名家文丛·随笔卷）；¥12.00
百年美丽/冰心等著 .—北京：中国文联出版公司，1996.6.—302 页；20cm.—（太阳鸟丛书·都市美文精品/杜正春主编）；¥13.50
百味小品/《读者》杂志社编 .—兰州：甘肃人民出版社，1996.8.—495 页；19cm.—（读者丛书）；¥16.00
《西滢闲话》及其他："现代评论"派杂文选/姜振昌，庄伟编 .—北京：文化艺术出版社，1996.8.—313 页；20cm.—（民国杂文大系；5）；本套书共 10 册，总定价 145.00 元
在沙发的怀里/莫小米著 .—上海：上海远东出版社，1996.3.—221 页；19cm；¥9.70
在生命中追寻的爱/刘墉著 .—上海：汉语大词典出版社，1996.4.—156 页；20cm；¥8.00
在天堂和地狱间徜徉：美国梦寻/孟蔚彦著 .—上海：复旦大学出版社，1996.12.—369 页；20cm.—（海外文化之旅丛书）；¥18.00
有感就动/蒋子龙著 .—兰州：敦煌文艺出版社，1996.11.—395 页；19cm.—（当代名家杂感随笔）；¥18.20
有所思/张晓风著 .—长沙：湖南文艺出版社，1996.10.—166 页；20cm.—（张晓风散文系列）；¥8.60
西部生命/刘元举著 .—沈阳：春风文艺出版社，1996.1.—205 页；20cm；¥10.00
班排长手记/彭波主编 .—北京：中国青年出版社，1996.4.—213 页；19cm；¥8.40
地毯的那一端/张晓风著 .—长沙：湖南文艺出版社，1996.10.—121 页；20cm.—（张晓风散文系列）；¥7.10
李敖对话录/李敖著 .—北京：中国友谊出版公司，1996.10.—292 页；19cm；¥12.00
李敖书信集/李敖著 .—北京：中国友谊出版公司，1996.10.—282 页；19cm；¥12.00
过去集/郁达夫著 .—北京：开明出版社，1996.8.—181 页；19cm.—（开明文库·第三辑）；¥6.60
死在路上/王彬彬著 .—上海：上海人民出版社，1996.3.—265 页；20cm.—（智者心语丛书）；

¥12.20
邢致中作品选/邢致中著 .—广州：暨南大学出版社，1996.12.—274页；20cm.—（暨南学人丛书）；¥20.00
找回中国昨日辉煌/李希光主编 .—北京：国际文化出版公司，1996.10.—425 页；20cm；¥19.80
老宋炒古/宋志坚著 .—福州：海风出版社，1996.9.—167页；20cm；¥7.50
考槃在涧/葛兆光著 .—沈阳：辽宁教育出版社，1996.8.—221页；20cm.—（书趣文丛·第四辑；5）；¥9.00
回到歌唱/李皖著 .—天津：天津教育出版社，1996.11.—241页；20cm.—（书边草丛书）；¥11.80
回首初恋/汪健主编 .—珠海：珠海出版社，1996.6.—296页；19cm；¥8.80
回忆冬天/蒋子丹著 .—昆明：云南人民出版社，1996.3.—315页；20cm.—（她们文学丛书·散文卷）；¥12.30
岁灯心草/林斤澜著 .—银川：宁夏人民出版社，1996.12.—289页；19cm；¥12.00
岁月有缘/字心著 .—成都：四川人民出版社，1996.12.—281页；19cm；¥14.00
岁月留痕/郁达夫，王映霞著；风舟选编 .—南京：江苏文艺出版社，1996.6.—79，147 页；20cm.—（双叶丛书）；¥15.00
军校风景线/张云祥等主编 .—济南：黄河出版社，1996.4.—238页；19cm；¥8.00
壮哉，中华：名山、大川、英雄颂/解力夫著 .—北京：世界知识出版社，1996.1.—360 页；19cm；¥12.00
吃春记：张会鉴散文作品选/张会鉴著 .—西安：陕西人民出版社，1996.10.—247 页；19cm；¥8.50
此物最伤情/张梅著 .—济南：山东人民出版社，1996.10.—165页；19cm.—（周末伴侣丛书）；¥9.80
当代散文精品 1996/王蒙等著 .—广州：广州出版社，1996.11.—462页；20cm；¥19.80
早晨的歌/肖体高著 .—重庆：西南师范大学出版社，1996.12.—114页；19cm.—（江阳文集）；全套共10册，总定价55.00元
名人茶馆/中华工商时报社文化部主编 .—北京：中华工商联合出版社，1996.1.—299 页；20cm；¥12.80
名人悠闲/冰心等著 .—北京：中国文联出版公司，1996.6.—380页；20cm.—（太阳鸟丛书·都市美文精品/杜正春主编）；¥16.30
名家名作/夏晓非，老品编选 .—北京：中国文史出版社，1996.1.—2册；20cm.—（中国散文精典宝库）；包括：“名家笔下的爱恋之歌”、“名家笔下的山水风光”等；¥57.60
多彩的人生/韩京承，徐景权著 .—南昌：21世纪出版社，1996.1.—220页；19cm；¥6.80
多彩人生/孙晓著 .—北京：中国文联出版公司，1996.2.—214页；19cm；¥8.60
血染的家书/郝志信著 .—北京：中国人民公安大学出版社，1996.3.—214页；20cm；¥9.80
华夏散记/朱存业著 .—北京：华文出版社，1996.7.—347页；19cm；¥14.00
伊甸园絮语：当代名作家家庭人生漫笔/林华编 .—上海：上海古籍出版社，1996.4.—227页；20cm；¥12.90
伊朗行/翟富中等编著 .—天津：百花文艺出版社，1996.7.—133页；19cm；¥6.80
如期而归/程薰眉著 .—北京：文化艺术出版社，1996.3.—171页；19cm.—（金苹果散文系列·新生代新女性新作品/兴安主编）；全套共5册，总定价39.00元
如语堂/贾平凹著 .—北京：中国工人出版社，1996.1.—296页；20cm.—（中国西部散文丛书）；¥12.80
守望的距离：周国平散文集/周国平著 .—北京：东方出版社，1996.6.—433页；20cm；¥23.00
羊想云彩/刘成章著 .—北京：中国工人出版社，1996.1.—363页；20cm.—（中国西部散文丛书）；¥14.80
灯蛾埋葬之夜/郁达夫著 .—长沙：湖南文艺出版社，1996.4.—318页；20cm.—（郁达夫名著系列·散文/陈漱渝等主编）；¥14.00
并非闲话/关玉生著 .—石家庄：河北人民出版社，1996.2.—308页；20cm；¥14.00
汤若士小品/季国平选注 .—北京：文化艺术出版社，1996.8.—246页；20cm.—（明人小品十家）；¥11.80

寻找故园：有令峻散文集/有令峻著 .—济南：山东友谊出版社，1996.9.—570 页；20cm；¥26.00

寻找生命的原色/丁建元著 .—济南：黄河出版社，1996.10.—278 页；20cm；¥11.80

寻找手稿/李庆西著 .—沈阳：辽宁教育出版社，1996.8.—356 页；20cm.—（书趣文丛·第四辑；6）；¥14.00

寻找太阳城：西藏随笔/陈云等著 .—上海：复旦大学出版社，1996.2.—265 页；20cm；¥12.00

寻找往事/甲乙著 .—天津：天津人民出版社，1996.7.—184 页；19cm；¥12.50

寻找一枚太阳/魏丹著 .—沈阳：春风文艺出版社，1996.7.—168 页；20cm；¥12.00

寻常的精致/杨泓，孙机著 .—沈阳：辽宁教育出版社，1996.9.—308页；20cm.—（书趣文丛·第三辑；8）；¥13.00

寻觅/朱教贵著 .—武汉：长江文艺出版社，1996.7.—135 页；19cm；¥5.80

杂花生树：1985～1995/全国杂文组织联谊会编 .—北京：北京出版社，1996.11.—671 页；20cm；¥25.00

杂览主义/李书磊著 .—北京：中央编译出版社，1996.3.—250 页；20cm.—（读译文丛/赵武平主编）；¥10.50

异域撷风/史文清著 .—北京：华龄出版社，1996.10.—227 页；20cm；¥8.80

戏剧人生/沈虹光著 .—珠海：珠海出版社，1996.1.—264 页；19cm.—（女作家爱心系列）；¥10.30

阳光下的灵魂/路阔著 .—乌鲁木齐：新疆大学出版社，1996.11.—335 页；20cm；¥13.80

纯美的注视/张炜著 .—上海：上海远东出版社，1996.2.—354 页；20cm.—（火凤凰文库）；¥19.50

红尘小品/邵燕祥著 .—兰州：敦煌文艺出版社，1996.11.—216 页；19cm.—（当代名家杂感随笔）；¥10.15

红了樱桃：新潮散文/曹又方著 .—青岛：青岛出版社，1996.1.—202 页；20cm.—（海外著名华人女作家新潮散文系列/白舒荣，徐诚主编）；¥9.20

红帽子随笔/刘绍棠著 .—北京：北京燕山出版社，1996.4.—270 页；20cm；¥14.80

红玫瑰情结：香港女作家韦娅散文集/韦娅著 .—北京：中国青年出版社，1996.9.—348 页；20cm.—（情缘香江散文系列）；¥16.30

红嘴鸦/周涛著 .—北京：中国工人出版社，1996.1.—38 页；20cm.—（中国西部散文丛书）；¥14.50

红尘万丈不了情——徐志摩家书/金华，魏丽宏编著 .—沈阳：辽宁古籍出版社，1996.4.—169 页；19cm.—（中国名人家书精典/徐彻，高虹主编）；¥6.95

苏芝英散文/苏芝英著 .—呼和浩特：内蒙古人民出版社，1996.3.—547 页；20cm；¥15.00

花情/肖广森著 .—哈尔滨：黑龙江人民出版社，1996.2.—374 页：彩照；20cm；（精装）；¥16.80

花如情人/南妮著 .—上海：文汇出版社，1996.10.—347 页；20cm.—（海派女作家文丛）；¥16.50

苍洱之间/罗常培育 .—沈阳：辽宁教育出版社，1996.9.—182 页；20cm.—（书趣文丛·第三辑；4）；¥8.00

芳魂/阮志远编 .—广州：广州出版社，1996.6.—195 页；20cm；¥9.00

丽人行/张晓风著 .—长沙：湖南文艺出版社，1996.10.—167 页；20cm.—（张晓风散文系列）；¥8.70

系我一生心/林燕妮著 .—上海：上海人民出版社，1996.7.—329 页；19cm.—（都市名家散文）；¥14.00

杏林春暖/戴宝柱著 .—延吉：延边大学出版社，1996.12.—246 页；19cm；¥12.00

走过长弄堂/周光荣著 .—杭州：浙江文艺出版社，1996.11.—241 页；20cm；¥15.00

走向阳光/韩玉喜著 .—乌鲁木齐：新疆青少年出版社，1996.8.—132页；19cm.—（心桥丛书/洋雨主编）；¥7.00

进入 90 年代/钟敬文著 .—太原：北岳文艺出版社，1996.11.—149 页；20cm.—（当代作家学者散文丛）；¥7.50

把握我们有限的今生/刘墉著 .—上海：汉语大词典出版社，1996.4.—155 页；20cm；¥8.00

把心留在阳光里/阳阳著 .—上海：上海远东出版

社，1996.8.—253页；19cm；¥11.00

村边水塘/周大新著 .—郑州：文心出版社，1996.4.—174页；19cm.—（朋友丛书·散文随笔/孙荪等主编）；¥7.80

抒情哲学/蓝星海等选编 .—武汉：长江文学出版社，1996.10.—204页；19cm.—（白桦林·校园精品文摘）；¥8.80

远徙的魂/向启军著 .—南宁：广西民族出版社，1996.12.—259页；20cm.—（中国少数民族作家作品大系列/冯艺主编）；¥12.00

吴亮话语：独行者说/吴亮著 .—杭州：浙江文艺出版社，1996.12.—269页；20cm.—（现代都市随笔）；¥10.10

吴亮话语：观察者说/吴亮著 .—杭州：浙江文艺出版社，1996.12.—276页；20cm.—（现代都市随笔）；¥10.50

吴亮话语：批评者说/吴亮著 .—杭州：浙江文艺出版社，1996.12.—288页；20cm.—（现代都市随笔）；¥10.70

吴亮话语：逍遥者说/吴亮著 .—杭州：浙江文艺出版社，1996.12.—286页；20cm.—（现代都市随笔）；¥10.90

吴泰昌人物散文选/吴泰昌著 .—北京：解放军文艺出版社，1996.10.—261页；20cm；¥11.00

吴祖光随笔/吴祖光著 .—成都：四川文艺出版社，1996.1.—404页；20cm.—（皇冠书库/江沙主编）；¥18.80

时政炼语 燕赵悲歌："语丝"派杂文选（上）/姜振昌编 .—北京：文化艺术出版社，1996.8.—304页；20cm.—（民国杂文大系；3）；本套书共10册，总定价145.00元

听风数雁/叶延滨著 .—成都：四川人民出版社，1996.1.—266页；19cm.—（稻草人杂文随笔丛书/李下主编）；¥8.50

尘缘的感念/蒋丽萍著 .—上海：上海书店出版社，1996.10.—276页；19cm.—（红樱桃书系）；¥9.80

肖娴闲话/肖娴著 .—天津：百花文艺出版社，1996.7.—211页；19cm.—（城市人丛书）¥8.00

岭南杂文选：续编/江励夫等编 .—广州：广东高等教育出版社，1996.11.—483页；20cm；¥20.00

男性独白/王光东等著 .—长春：时代文艺出版社，1996.3.—236页；20cm；¥13.00

何满子杂文自选集/何满子著 .—天津：百花文艺出版社，1996.11.—280页；20cm.—（当代名家杂文精品文库）；¥15.60

何鹏散文集/何鹏著 .—青岛：青岛出版社，1996.10.—149页；20cm；¥7.60

何士光散文：雨霖霖/何士光著 .—海口：海南出版社，1996.1.—214页；20cm.—（雅志散文丛书）；¥10.00

希望断想录/黄一龙著 .—成都：四川民族出版社，1996.6.—258页；19cm；¥8.60

佛魔一念间/韩少功著 .—太原：北岳文艺出版社，1996.11.—222页；20cm.—（当代作家学者散文丛书）；¥9.30

你丢失了什么/舒婷著 .—长春：吉林人民出版社，1996.3.—191页；20cm.—（当代名作家寄语青年丛书/王蒙主编）；¥15.00

你哼的什么歌/刘心武著 .—长沙：湖南文艺出版社，1996.6.—312页；20cm.—（小说家散文丛书）；¥13.80

你笑的是你自己/邵燕祥著 .—兰州：甘肃人民出版社，1996.1.—208页；20cm.—（名家最新杂感力作）；¥10.00

告别"万岁"：《同舟共进》百期作品选/萧蔚彬，黄伟经主编 .—广州：广东人民出版社，1996.10.—455页；21cm；¥23.80

迎向开阔的人生/刘墉著 .—上海：汉语大词典出版社，1996.4.—187页；20cm；¥8.00

我不是教你诈/刘墉著 .—上海：汉语大词典出版社，1996.4.—156页；20cm；¥8.00

我的从商道路：葛新商业书信选/葛新著 .—上海：学林出版社，1996.4.—237页；20cm；¥12.00

我的母亲/魏中天主编 .—北京：人民文学出版社，1996.8.—601页；20cm；¥26.80

我的生命没有空白：刘含怀婚恋情缘集/刘含怀著 .—福州：海峡文艺出版社，1996.11.—439页；20cm；¥15.00

我的心是一面镜子/季羡林著 .—延吉：延边大学出版社，1996.8.—373页；20cm；¥16.80

我公然老了/黄宗英著 .—上海：文汇出版社，1996.10.—326页；20cm.—（海派女作家文丛）；¥15.00

我看那方土/张治平著 .—北京：五洲传播出版社，1996.2.—357页；20cm；¥16.00

我们的和弦/柏杨，张香华著；张昌华选编 .—南京：江苏文艺出版社，1996.4.—168，155页；20cm.—（双叶丛书）；¥15.00

我们头上的星空/王英琦著 .—珠海：珠海出版社，1996.1.—273页；19cm.—（女作家爱心系列）；¥10.80

我向你走来/黄晓萍著 .—昆明：云南美术出版社，1996.12.—331页；19cm；¥8.60

我看女性/蒋丽萍著 .—南宁：广西人民出版社，1996.10.—118页；19cm—（休闲时光丛书·第一辑/方立平主编）；¥5.40

启蒙与反叛："新青年"派杂文选/姜振昌编 .—北京：文化艺术出版社，1996.8.—292页；20cm.—（民国杂文大系；2）；本套共10册，总定价145.00元

闲书/马明，安继民编译 .—武汉：湖北人民出版社，1996.11.—330页；20cm.—（小四书/马明，刘国建主编）；¥10.00

冷落了牡丹/阎纲著 .—兰州：敦煌文艺出版社，1996.11.—242页；19cm.—（当代名家杂感随笔）；¥11.20

冷眼热游大洋东/尹世霖著 .—北京：中国社会出版社，1996.8.—438页；20cm；¥19.80

沉船/邵燕祥著 .—上海：上海远东出版社，1996.2.—196页；20cm.—（火凤凰文库）；¥13.50

泛舟集/钱伯城著 .—北京：中国社会科学出版社，1997.3.—284页；20cm.—（学术随笔文丛）；¥16.00

沙之聚/张抗抗著 .—长春：吉林人民出版社，1996.3.—304页；20cm.—（当代名作家寄语青年丛书/王蒙主编）；¥16.00

怀旧集/季羡林著 .—北京：北京大学出版社，1996.4.—203页；20cm.—（北大未名文丛）；¥10.00

忧郁扎成鲜花/祝勇著 .—上海：上海人民出版社，1996.4.—240页；19cm.—（青春美文系列·青春浪漫美文）；¥10.00

陈雪良教育随笔选/陈雪良著 .—上海：上海科学普及出版社，1996.9.—464页；20cm；¥20.00

陈言勿去录/陈村编文；谢春彦绘 .—上海：上海书店出版社，1996.12.—135页；20cm.—（语丝画痕丛书）；¥12.50

陈眉公小品/胡绍棠选注 .—北京：文化艺术出版社，1996.8.—271页；20cm.—（明人小品十家）；¥11.80

阿英书话/钱璎，钱小惠选编 .—北京：北京出版社，1996.10.—338页；20cm.—（现代书话丛书/姜德明主编）；¥16.00

灵魂的倾诉：散文/赵丽宏著 .—上海：上海人民美术出版社，1996.1.—153页：照片；20cm.—（当代作家豪华礼品书）；¥25.00

灵魂的声音/韩少功著 .—长春：吉林人民出版社，1996.3.—201页；20cm.—（当代名作家寄语青年丛书/王蒙主编）；¥15.00

灵魂在远方/王开林著 .—北京：中央编译出版社，1996.7.—267页；20cm.—（新锐文丛/祝勇主编）；¥11.80

灵海潮汐/卢隐著 .—北京：开明出版社，1996.8.—159页；19cm.—（开明文库·第三辑）；¥6.00

纵横集/方崴著 .—哈尔滨：黑龙江人民出版社，1996.12.—340页；19cm；¥13.00

纵情声色/赵健雄著 .—济南：山东人民出版社，1996.10.—199页；19cm.—（周末伴侣丛书）；¥9.80

鸡鸣声声/张培基编著 .—南京：江苏人民出版社，1996.4.—220页；20cm；¥12.00

孤独的纸灯笼/乔叶著 .—上海：上海人民出版社，1996.4.—262页；19cm.—（青春感悟美文）；¥10.80

孤山夜话：刘云手记/刘云著 .—杭州：杭州出版社，1996.10.—240页；20cm.—（西湖之声丛书）；¥12.80

孤独的风中之旗："孤岛"杂文选/姜振昌，徐萍编 .—北京：文化艺术出版社，1996.8.—324页；20cm.—（民国杂文大系；8）；本套书共10册，总定价145.00元；

青春年少时/康文明著 .—南昌：百花洲文艺出版社，1996.11.—255页；20cm.—（百花洲文学创作丛书/陈世旭主编）；（精装）；¥14.80

青春有约/蓝星海等选编 .—武汉：长江文艺出版社，1996.10.—190页；19cm.—（白桦林·校园精品文摘）；¥8.80

青鸟赋/侯军著 .—深圳：海天出版社，1996.11.—467 页；19cm；￥22.50

青眼白眼看 救星救星裸/李敖著 .—北京：中国友谊出版公司，1996.6.—214 页；19cm.—（李敖千秋评论丛书；9）；￥7.00

苗得雨散文集/苗得雨著 .—天津：百花文艺出版社，1996.2.—488 页；20cm；￥19.80

茅盾杂文集/韦韬，陈小曼编 .—北京：三联书店，1996.5.—972 页；19cm；（精装）；￥39.00

茅盾小品散文/娄东仁，夏龙编 .—北京：中国广播电视出版社，1996.6.—348 页；19cm；￥11.05

奇谈备忘录/艾农著 .—北京：工商出版社，1996.9.—174 页；20cm；￥13.00

英伦散拾/石铭著 .—哈尔滨：黑龙江教育出版社，1996.10.—148 页；19cm；￥5.50

英子的心/林海音著；傅光明编 .—北京：人民日报出版社，1996.1.—435 页；20cm.—（名人名家书系）；￥16.50

若有所思集/杨彦等著 .—桂林：漓江出版社，1996.11.—5 册；19cm；本套书包括：《传播游戏》等 5 册；￥55.00

林海长空集/陈丛礼著 .—成都：四川民族出版社，1996.12.—115 页；19cm.—（当代中青年作家新著丛书·第二卷/刘平主编）；￥6.80

拒绝堕落/冰心等著 .—北京：中国文联出版公司；1996.5.—393 页；20cm.—（太阳鸟丛书·都市美文精品/杜正春主编）；￥16.90

拒绝合唱/李锐著 .—上海：上海人民出版社，1996.3.—262 页；20cm.—（智者心语丛书）；￥12.20

拥抱平凡：散文集/曾从技著 .—贵阳：贵州民族出版社，1996.7.—209 页；19cm.—（贵铁人文艺丛书）；￥9.50

枫叶之国纪闻/李长春，高菊隐著 .—哈尔滨：黑龙江教育出版社，1996.5.—426 页；19cm；￥12.00

罗丹之约/铁凝著 .—长春：吉林人民出版社，1996.3.—250 页；20cm.—（当代名作家寄语青年丛书/王蒙主编）；￥16.00

罗兰散文/罗兰著 .—深圳：海天出版社，1996.5.—2 册（1231 页）；20cm；￥58.00

明月天涯/柯灵著 .—上海：上海远东出版社，1996.7.—334 页；20cm.—（柯灵散文）；￥19.50

鸣镝篇/姜芳著 .—石家庄：花山文艺出版社，1996.7.—216 页；19cm；￥8.00

味水轩日记/（明）李日华著；屠友祥校注 .—上海：上海远东出版社，1996.12.—575 页；20cm.—（宋明清小品文集辑注；2/顾易生主编）；￥30.00

歧路荒草/张新颖著 .—上海：上海人民出版社，1996.3.—236 页；20cm.—（智者心语丛书）；￥11.00

金戈铁马梨花雪/李庆年著 .—青岛：青岛出版社，1996.12.—156 页；19cm；￥6.60

金婚：著名作家叶君健和夫人苑茵合集/苑茵，叶君健著 .—北京：长征出版社，1996.11.—303 页；20cm；￥18.60

金克木散文选集/谢冕编 .—天津：百花文艺出版社，1996.12.—214 页；20cm.—（百花散文书系/徐柏容，郑法清主编）；￥10.60

金沙风/于向葵著 .—天津：百花文艺出版社，1996.3.—189 页；19cm；￥7.60

知音最难求/李鉴踪编选 .—成都：四川人民出版社，1996.1.—171 页；19cm.—（寂寞无价散文精品系列）；￥5.50

依稀的脚印/陆茨著 .—广州：广东人民出版社，1996.5.—222 页：照片；20cm；￥8.00

牧惠杂文自选集/牧惠著 .—天津：百花文艺出版社，1996.11.—266 页；20cm.—（当代名家杂文精品文库）；￥15.20

牧人笔记/张承志著 .—广州：花城出版社，1996.11.—265 页；19cm.—（蛙声丛书）；￥10.80

狗与刀的梦/难平著 .—武汉：长江文艺出版社，1996.10.—376 页；20cm；￥16.80

采花贼的地图/迈克著 .—上海：上海人民出版社，1996.7.—319 页；19cm.—（都市名家散文）；￥13.50

放逐山水/陈丹晨著 .—郑州：中原农民出版社，1996.1.—255 页；19cm.—（当代名家感悟人生丛书）；￥7.50

放逐深圳/王小妮著 .—昆明：云南人民出版社，1996.3.—242 页；20cm.—（她们文学丛书·散文集）；￥9.60

放逐心跳：青春幽默美文/赵凝著 .—上海：上海人民出版社，1996.4.—253 页；19cm.—（青春美文系列）；¥10.50
夜读散记：一本晚出了50年的书/胡绳著 .—北京：中国社会科学出版社，1996.12.—131 页；20cm.—（学术随笔文丛）；¥9.50
夜郎更夫集/夜郎更夫著 .—重庆：西南师范大学出版社，1996.12.—152 页；19cm.—（江阳文集）；全套共10册，总定价 55.00元
夜航船/（明）张岱著；冉云飞校点 .—成都：四川文艺出版社，1996.4.—592 页；20cm；附：陶庵梦忆、西湖梦寻；¥26.80
逆光的风景/冯骥才著 .—长春：吉林人民出版社，1996.3.—297 页；20cm.—（当代名作家寄语青年丛书/王蒙主编）；¥16.00
逆旅/武俊瑶著 .—北京：人民文学出版社，1996.9.—196 页；20cm；（精装）；¥28.00
性别按钮/毕淑敏著 .—昆明：云南人民出版社，1996.3.—235 页；20cm.—（她们文学丛书·散文卷）；¥9.30
试剑集/张福义著 .—北京：解放军文艺出版社，1996.11.—158 页；20cm；¥8.00
突然，一朵莲花/黄维梁著 .—上海：上海人民出版社，1996.7.—298 页；19cm.—（都市名家散文）；¥12.50
经纬小品/陆少平著 .—南宁：广西民族出版社，1996.12.—139 页；20cm；¥8.00
细辛草：张承甫杂文集/张承甫著 .—长沙：湖南文艺出版社，1996.2.—231 页；20cm；¥8.50
细雨闲花/于光远著 .—广州：广州出版社，1996.9.—612 页；20cm；¥29.00
南国红豆寄情思/徐柏容著 .—天津：百花文艺出版社，1996.2.—436 页；20cm；¥18.60
南街村话语：张宇散文随笔选/张宇著 .—北京：中国青年出版社，1996.3.—397 页；20cm.—（世纪话题丛书）；¥17.80
雨丝风片/杨子著 .—北京：同心出版社，1996.7.—310 页；20cm；¥16.80
草莓季节/京梅著 .—北京：文化艺术出版社，1996.3.—170页；19cm.—（金苹果散文系列·新生代新女性新作品/兴安主编）；全套共15册，总定价 39.00元
玻璃垫上的风景/查志华著 .—上海：上海远东出版社，1996.4.—194 页；19cm；¥8.70
域外传真/陈若曦著 .—北京：人民文学出版社，1996.4.—335 页；19cm；¥15.05
欧美散记/胡明扬著 .—北京：语文出版社，1996.6.—319 页；19cm；¥10.00
欧行漫记/甘露著 .—北京：华艺出版社，1996.5.—311 页；19cm；¥12.80
欧亚十国纪行/袁木著 .—成都：四川人民出版社，1996.1.—182 页；19cm.—（展望世界丛书/徐惟诚主编）；¥7.50
欧洲三记/宋春舫等著 .—沈阳：辽宁教育出版社，1996.9.—156 页；20cm.—（书趣文丛·第三辑；5）；¥7.00
欧洲杂记/朱自清著 .—北京：开明出版社，1996.8.—88 页；19cm.—（开明文库·第三辑）；¥3.90
春情集/刘发清著 .—广州：华南理工大学出版社，1996.2.—175 页；19cm；¥8.00
春水绿波/蔡明康著 .—海口：南海出版公司，1996.3.—225 页；19cm；¥10.00
胡同九十九/程小玲主编 .—北京：北京出版社，1996.10.—99 页：照片；25×26cm；（精装）；¥260.00
牵牛花蔓/严秀著 .—兰州：甘肃人民出版社，1996.1.—184 页；20cm.—（名家最新杂感力作）；¥9.00
相思最难熬/李鉴踪编选 .—成都：四川人民出版社，1996.1.—170 页；19cm.—（寂寞无价散文精品系列）；¥5.50
相知天涯近/素素著 .—上海：上海书店出版社，1996.10.—248 页；19cm.—（红樱桃书系）；¥9.00
树佛/贾平凹著 .—天津：天津人民出版社，1996.3.—221 页；19cm.—（人生感悟丛书）；¥8.30
思辩墨录：李伦新随笔散文选　第二集/李伦新著 .—上海：学林出版社，1996.12.—317 页；19cm；¥14.00
思路花雨/孙甲著 .—呼和浩特：内蒙古人民出版社，1996.8.—217 页；19cm；¥9.80
思维的乐趣/王小波著 .—太原：北岳文艺出版社，1996.11.—158 页；20cm.—（当代作家学者散文丛书）；¥6.70

品味时尚/南妮著 .—济南：山东人民出版社，1996.10.—259 页；19cm.—（周末伴侣丛书）；¥9.80

骨董琐记全编/邓之诚著；邓珂点校 .—北京：北京出版社，1996.6.—676 页；20cm—（文物鉴赏丛书）；¥23.00

醉眼中的世界/王景山选编 .—长春：时代文艺出版社，1996.6.—2 册（809 页）；20cm.—（20世纪文学争议代表作品丛书/冯牧，柳萌主编）；¥39.00

点滴·怀念/巴金著 .—北京：开明出版社，1996.8.—146 页；19cm.—（开明文库·第三辑）；¥5.30

剑河的凝思：旅英散记/马伯英著 .—上海：复旦大学出版社，1996.12.—287 页：彩照；20cm.—（海外文化之旅丛书）；¥14.00

剑桥的书香/徐鲁著 .—北京：中央编译出版社，1996.7.—261 页；20cm.—（新锐文丛/祝勇主编）；¥11.00

秋白茫茫/李辉著 .—天津：天津教育出版社，1996.11.—218 页；20cm.—（书边草丛书）；¥10.70

秋华集/张厚余著 .—太原：希望出版社，1996.2.—334 页；19cm；¥7.20

秋之神韵/金桂云著 .—成都：四川人民出版社，1996.6.—185 页；19cm.—（长江之星丛书）；¥5.80

独语/赵园著 .—沈阳：辽宁教育出版社，1996.8.—251 页；20cm.—（书趣文丛·第四辑；1）；¥11.00

独坐小品/汪曾琪著 .—银川：宁夏人民出版社，1996.11.—256 页；19cm.—（中国名家随笔精品丛书）；¥12.00

保定纪事/唐东浩，谭祝平主编 .—石家庄：花山文艺出版社，1996.10.—384 页；20cm；¥13.00

俞平伯家书/俞平伯著 .—北京：开明出版社，1996.3.—228 页；19cm；¥8.50

香港作联文丛：散文卷/刘以鬯主编 .—北京：中国文联出版公司，1996.3.—254 页；20cm；¥12.80

钟伯敬小品/刘良明选注 .—北京：文化艺术出版社，1996.8.—263 页；20cm.—（明人小品十家）；¥11.80

看世纪末向你走来/龙应台著 .—上海：上海文艺出版社，1996.4.—398 页；20cm.—（龙应台自选集）；¥15.90

穿越死亡/强荧著 .—南宁：广西人民出版社，1996.10.—141 页；19cm.—（休闲时光丛书·第一辑/方立平主编）；¥5.80

皇天后土：99 个农民说人生/周同宾著 .—桂林：漓江出版社，1996.12.—407 页；20cm；¥14.00

姜澄清散文选/姜澄清著 .—贵阳：贵州人民出版社，1996.11.—187 页；20cm.—（贵州文学丛书·第 3 辑；23/卢惠龙主编）；¥9.60

美国的月亮/杨仿仿著 .—合肥：安徽人民出版社，1996.2.—247 页；19 × 12cm.—（海外瞭望文丛）；¥9.60

美好的敌人/杜丽著 .—北京：文化艺术出版社，1996.3.—172页；19cm.—（金苹果散文系列·新生代新女性新作品/兴安主编）；全套共 5 册，总定价 39.00 元

神像无神/蓝瓴著 .—兰州：敦煌文艺出版社，1996.11.—291 页；19cm.—（当代名家杂感随笔）；¥13.30

袖手清谈/李洁非著 .—北京：中央编译出版社，1996.8.—293 页；20cm.—（读译文丛·第二辑）；¥15.20

说梦楼谈屑/张中行著 .—北京：北京出版社，1996.3.—364 页；20cm；¥14.50

说牛头论马嘴/牧惠著 .—兰州：甘肃人民出版社，1996.1.—208 页；20cm.—（名家最新杂感力作）；¥10.00

说三道四/李国文著 .—长沙：湖南文艺出版社，1996.10.—312 页；20cm.—（小说家散文丛书）；¥13.80

被调整的目光/姜鸣著 .—上海：上海人民出版社，1996.12.—309 页；20cm；¥18.60

浮尘小记/柯灵著 .—上海：上海远东出版社，1996.7.—312 页；20cm.—（柯灵散文）；¥19.50

浮生感悟：沈敖大随笔/沈敖大著 .—上海：复旦大学出版社，1996.12.—207 页；20cm；¥10.00

浮生记感/赵富海著 .—郑州：文心出版社，

1996.4.—142 页；19cm.—（朋友丛书·散文随笔/孙荪等主编）；¥6.80

浮世绘/刘东著 .—沈阳：辽宁教育出版社，1996.8.—223 页；20cm.—（书趣文丛·第四辑；8）；¥9.00

浮世逸草/伍立杨著 .—北京：中央编译出版社，1996.7.—267 页；20cm.—（新锐文丛/祝勇主编）；¥11.80

追寻：散文集/伍杰著 .—北京：华夏出版社，1996.9.—555 页；20cm；（精装）；¥18.00

活爸死爸黑 臭屎臭屎堆/李敖著 .—北京：中国友谊出版公司，1996.6.—229 页；19cm.—（李敖千秋评论丛书；8）；¥7.00

活着的证明/周佩红著 .—上海：上海文艺出版社，1996.1.—229 页；19cm.—（散文丛书）；¥8.50

绝活的魅力/何西来著 .—太原：山西人民出版社，1996.2.—332 页；20cm；¥19.00

绝景/杨闻宇著 .—北京：中国工人出版社，1996.1.—398 页；20cm.—（中国西部散文丛书）；¥15.80

给青年的十二封信/朱光潜著 .—北京：开明出版社，1996.8.—92 页；19cm.—（开明文库·第三辑）；¥4.00

眉批天空/洪烛著 .—上海：上海人民出版社，1996.4.—246 页；19cm.—（青春豪放美文）；¥10.30

留美手记/叶冠男著 .—上海：上海文艺出版社，1996.7.—350 页；20cm.—（西洋镜丛书）；9.00

咫尺天涯应对难：散文/金克木著；陈伟光编 .—北京：人民日报出版社，1996.8.—417 页；20cm.—（名人名家书系）；¥16.80

柔弱与柔韧/张抗抗著 .—长沙：湖南文艺出版社，1996.7.—249 页；19cm.—（小说家散文丛书）；¥11.50

夏至，北方的节日/詹长江著 .—哈尔滨：哈尔滨出版社，1996.10.—182 页；19cm；¥10.00

秦皇驰道：朱增泉散文集/朱增泉著 .—北京：解放军出版社，1996.12.—236 页；20cm；¥17.80

素面朝天/毕淑敏著 .—2 版 .—海口：海南出版社，1996.12.—375 页；20cm；¥22.00

袁鹰散文选集/李泱编 .—天津：百花文艺出版社，1996.12.—260 页；20cm.—（百花散文书系/徐柏容，郑法清主编）；¥12.50

殉情之都：见闻、札记与随想/汤世杰著 .—南昌：百花洲文艺出版社，1996.10.—350 页：彩图；20cm. ¥20.00

桥跨黄金城/余光中著；林杉编 .—北京：人民日报出版社，1996.1.—439 页；20cm.—（名人名家书系）；¥16.50

都市消息/周介人，陈保平主编；南妮编 .—上海：三联书店上海分店，1996.12.—395 页；20cm.—（新市民文丛·散文随笔卷）；¥19.10

教学散文选/徐兴邦著 .—广州：广州出版社，1996.3.—170 页；19cm；¥8.00

破雾与待旦：抗战和解放战争时期国统区杂文选/姜振昌，陈爱强编 .—北京：文化艺术出版社，1996.8.—342 页；20cm.—（民国杂文大系；10）；本套书共 10 册，总定价：145.00 元

珠江情思/麦文峰著 .—广州：广东高等教育出版社，1996.8.—167 页；19cm；¥6.00

热梦/冯学敏著 .—天津：百花文艺出版社，1996.1.—196 页；19cm；¥6.50

捕捉阳光/苏童编文；贺友直绘 .—上海：上海书店出版社，1996.12.—139 页；20cm.—（语丝画痕丛书）；¥12.50

哦，大漠/杨英光著 .—天津：百花文艺出版社，1996.9.—219 页；19cm；¥9.00

晓珠天上：往事回忆及其他/张承宗著 .—上海：华东师范大学出版社，1996.5.—381 页：彩照；20cm；¥20.00

眼睛/洁泯著 .—兰州：敦煌文艺出版社，1996.11.—209 页；19cm.—（当代名家杂感随笔）；¥9.80

幽默散文/赵光选编 .—成都：四川人民出版社，1996.8.—353 页；20cm.—（20 世纪中国幽默精品丛书/李下主编）；¥18.00

幽默杂文/宋铁志选编 .—成都：四川人民出版社，1996.8.—353 页；20cm.—（20 世纪中国幽默精品丛书/李下主编）；¥18.00

昙华林/王钢著 .—郑州：文心出版社，1996.4.—174 页；19cm.—（朋友丛书·散文随笔/孙荪等主编）；¥7.80

晃动的婚船/王裕如著 .—南宁：广西人民出版社，

1996.10.—127 页；19cm.—（休闲时光丛书·第一辑/方立平主编）；¥5.40

Love 就是风情万种/《青年一代》编辑部编 .—上海：上海人民出版社，1996.1.—185 页：插图；20cm.—（青年一代丛书/张宝妮主编）；¥7.00

爱的感觉/王桂枝著 .—天津：百花文艺出版社，1996.11.—197 页；19cm.—（青年作家散文丛书/郑法清主编）；¥8.60

爱的湖：张九韶散文集/张九韶著 .—济南：山东文艺出版社，1996.8.—291 页；19cm；¥8.80

爱江山也爱美人：罗西随笔/罗西著 .—上海：上海远东出版社，1996.8.—287 页；19cm；¥10.00

爱洒天涯/赵天益著 .—乌鲁木齐：新疆人民出版社，1996.7.—349 页；20cm；¥12.00

爱我家乡/费孝通著 .—北京：群言出版社，1996.6.—210 页；20cm；¥13.50

爱与孤独/周国平著 .—天津：天津人民出版社，1996.3.—259 页；19cm.—（人生感悟丛书）；¥8.30

爱的呐喊/鲁迅，许广平著；风舟选编 .—南京：江苏文艺出版社，1996.6.—167，151 页；20cm.—（双叶丛书）；¥15.00

爱的新月/徐志摩，陆小曼著；风舟选编 .—南京：江苏文艺出版社，1996.6.—227，65 页；20cm.—（双叶丛书）；¥15.00

缺席的权利：阅读、讲演与交谈/张志扬著 .—上海：上海人民出版社，1996.4.—273 页；20cm.—（告别 20 世纪哲学随笔丛书/萌萌主编）；¥14.00

原汁杂文/熊源职著 .—武汉：武汉出版社，1996.3.—306 页；19cm；¥8.80

笑谈红尘——不亦快哉/廖祖笙著 .—福州：海峡文艺出版社，1996.7.—184 页；19cm；¥7.80

笑谈红尘——黑名单中有你/廖祖笙著 .—福州：海峡文艺出版社，1996.7.—171 页；19cm；¥7.80

笑谈红尘——静泊为湖/廖祖笙著 .—福州：海峡文艺出版社，1996.7.—172 页；19cm；¥7.80

笑傲黄金/朱谷忠著 .—福州：海峡文艺出版社，1996.8.—195 页；19cm；¥8.00

笑过的印记/王周生著 .—上海：文汇出版社，1996.10.—347 页；20cm.—（海派女作家文丛）；¥16.00

倾诉沧桑/蓝星海等选编 .—武汉：长沙文艺出版社，1996.10.—210 页；19cm.—（白桦林·校园精品文摘）；¥8.80

倒淌河/萧重声著 .—广州：广州出版社，1996.9.—255 页；19cm；¥10.00

倥偬/王世颖著 .—北京：开明出版社，1996.8.—94 页；19cm.—（开明文库·第三辑）；¥4.10

娱书/陈明编译 .—武汉：湖北人民出版社，1996.11.—347 页；20cm.—（小四书/马明，刘国建主编）；¥10.00

逝水/汪曾祺著；龙冬选编 .—北京：中国青年出版社，1996.3.—206 页；20cm.—（我的世界丛书/龙科主编）；¥10.30

海祭/叶楠著 .—长沙：湖南文艺出版社，1996.10.—282 页；20cm.—（小说家散文丛书）；¥12.60

海恋/冯秉端著 .—福州：海风出版社，1996.4.—164 页；19cm；¥6.00

海念/韩少功著 .—2 版 .—海口：海南出版社，1996.12.—358 页；20cm；¥20.00

海外不奇谈/余心言著 .—杭州：浙江文艺出版社，1996.5.—247 页；20cm；¥9.30

海外飞鸿：龙人书简/丹阳著 .—北京：中国文联出版公司，1996.10.—217 页；19cm；¥16.90

海外游思/江曾培著 .—福州：海峡文艺出版社，1996.1.—177 页；19cm；¥7.50

海之声/李玉娇著 .—沈阳：春风文艺出版社，1996.9.—259；19cm；¥10.00

浪漫情结/三毛等著 .—北京：中国文联出版公司，1996.4.—382 页；20cm.—（太阳鸟丛书·都市美文精品/杜正春主编）；¥16.50

润心集/梁晓声著 .—长春：吉林人民出版社，1996.3.—284 页；20cm.—（当作名作家寄语青年丛书/王蒙主编）；¥16.00

消逝的画幅/夏冠洲著 .—乌鲁木齐：新疆人民出版社，1996.1.—264 页；19cm；¥9.80

流芳遗臭驴 迷路迷路迷/李敖著 .—北京：中国友谊出版公司，1996.6.—248 页；19cm.—（李敖千秋评论丛书；10）；¥8.00

流泪的淮河：张树国散文特写集/张树国著 .—北京：中国广播电视出版社，1996.12.—280 页；

19cm；￥19.00
流年随笔/杨彩云著 .—济南：山东文艺出版社，1996.12.—307页；20cm；￥17.60
流失的感觉/徐锦江著 .—上海：上海远东出版社，1996.11.—279页；19cm；￥13.50
高榻/周涛著 .—武汉：长江文艺出版社，1996.3.—371页；20cm.—（跨世纪文丛/陈骏涛主编）；￥15.00
高扬杂文散文集/高扬著 .—北京：同心出版社，1996.1.—148页；19cm；￥5.00
唐人街的桃花/刘荒田著 .—珠海：珠海出版社，1996.10.—348页；19cm；￥15.00
宽容的哲学/王蒙著 .—长春：吉林人民出版社，1996.3.—308页；20cm.—（当代名作家寄语青年丛书/王蒙主编）；￥16.00
席娟小语/王戈主编；李潜龙编 .—上海：学林出版社，1996.1.—229页：照片；20cm；￥14.90
阅读日本/陈平原著 .—沈阳：辽宁教育出版社，1996.8.—223页；20cm.—（书趣文丛·第四辑；7）；￥9.00
病中随想录/艾芜著 .—上海：上海书店出版社，1996.4.—254页；19cm.—（文史探索书系/柯灵，范泉主编）；￥9.50
疯话连篇/朱波编；老宣著 .—太原：山西古籍出版社，1996.1.—619页；20cm；￥29.80
恋曲与挽歌/徐鲁著 .—天津：天津教育出版社，1996.11.—197页；20cm—（书边草丛书）；￥9.80
读完写下/牧惠著 .—兰州：敦煌文艺出版社，1996.11.—292页；19cm.—（当代名家杂感随笔）；￥13.30
谁最缺钱："求实篇"杂文六集/中国青年报评论部编 .—北京：华艺出版社，1996.6.—251页；19cm；￥8.20
陋室翻书录/何倩著 .—上海：学林出版社，1996.3.—566页；20cm；￥22.00
桑榆自语/张中行著；徐秀珊编 .—北京：人民日报出版社，1996.1.—426页；20cm.—（名人名家书系）；￥15.80
黄昏人语/陈原著 .—上海：上海远东出版社，1996.3.—266页；20cm.—（火凤凰文库）；￥17.00
黄梅时节/林懋义著 .—厦门：鹭江出版社，1996.9.—272页；19cm；￥11.00
黄裳书话/黄裳选编 .—北京：北京出版社，1996.10.—362页；20cm.—（现代书话丛书/姜德明主编）；￥16.00
雪飘雪落/卞卡著 .—郑州：文心出版社，1996.4.—190页；19cm.—（朋友丛书·散文随笔/孙荪等主编）；￥8.40
基纬情/田樱著 .—大连：大连出版社，1996.3.—378页：彩照；20cm；￥15.80
菩提心语：20世纪中国佛教散文/谭桂林编 .—南京：江苏文艺出版社，1996.12.—318页；20cm；￥12.80
梦书怀人录/姜德明著 .—上海：汉语大词典出版社，1996.8.—245页；20cm.—（书友文丛/倪墨炎主编）；￥12.00
梦中的风景/王必胜著 .—杭州：浙江文艺出版社，1996.5.—400页；20cm；￥14.00
梦中天地：陆文夫、张中行、宗璞散文佳作集汇/陆文夫等著；周政保选编 .—深圳：海天出版社，1996.4.—328页；20cm.—（三人行名家散文精品系列·第一辑）；￥13.50
梦里梧桐：散文/石英著 .—北京：人民日报出版社，1996.9.—275页；20cm.—（金台文库）；￥11.80
梧庐随笔/胡廷武著 .—贵阳：贵州人民出版社，1996.6.—284页；20cm；￥12.00
理趣小品/刚建选编 .—2版 .—武汉：长江文艺出版社，1996.6.—539页；20cm.—（长江散文书系）；￥20.00
酿酒的理由/张晓风著 .—石家庄：河北教育出版社，1996.4.—294页；20cm.—（金蜘蛛丛书/戴小华主编）；￥11.60
探骊得珠：郑伟平采访手记/郑伟平著 .—上海：学林出版社，1996.5.—200页；19cm；￥13.00
曼菱闲话/张曼菱著 .—昆明：云南人民出版社，1996.12.—226页；20cm；￥10.80
野火集/龙应台著 .—上海：上海文艺出版社，1996.4.—300页；20cm.—（龙应台自选集）；￥12.90
野玫瑰集/徐国义著 .—哈尔滨：黑龙江人民出版社，1996.3.—271页；20cm；￥10.00
野百合花：40年代延安解放区杂文选/姜振昌编 .—北京：文化艺术出版社，1996.8.—321

页；20cm.—（民国杂文大系；9）；本套书共10册，总定价145.00元

晦庵随笔/唐弢著.—杭州：浙江文艺出版社，1996.12.—238页；19cm；￥10.00

斜阳系缆/吴方著.—沈阳：辽宁教育出版社，1996.8.—315页；20cm.—（书趣文丛·第四辑；2）；￥13.00

斜晖脉脉水悠悠/王振忠著.—沈阳：辽宁教育出版社，1996.8.—180页；20cm.—（书趣文丛·第四辑；10）；￥8.00

特·赛音巴雅尔散文选/特·赛音巴雅尔著.—北京：光明日报出版社，1996.11.—380页；20cm；￥15.00

做尽秋声：陈元魁散文集：1984～1996/陈元魁著.—西宁：青海人民出版社，1996.12.—229页；20cm；￥10.80

假如我很有钱/马瑞芳著.—北京：中国社会出版社，1996.1.—392页；20cm；￥14.50

第三支笔/楠客著.—北京：法律出版社，1996.10.—346页；20cm；￥19.00

婚途/张焰铎著.—昆明：云南民族出版社，1996.5.—190页；20cm；￥6.50

婚姻风景线/秦文君著.—上海：上海书店出版社，1996.10.—207页；19cm.—（红樱桃书系）；￥8.00

“象牙之塔”之恋：30年代“闲适”派杂文选/姜振昌，王连仲编.—北京：文化艺术出版社，1996.10.—326页；20cm.—（民国杂文大系；7）；本套共10册，总定价145.00元

清明集/周劭著.—沈阳：辽宁教育出版社，1996.9.—208页；20cm.—（书趣文丛·第三辑；3）；￥9.00

情感世界：人生哲理集/陈明强著.—福州：海风出版社，1996.8.—152页；19cm；￥7.00

情趣小品/李春林选编.—2版.—武汉：长江文艺出版社，1996.6.—460页；20cm.—（长江散文书系）；￥18.00

情绪的风景/毛时安著.—长沙：湖南文艺出版社，1996.10.—237页；20cm.—（月亮岛文化随笔）；￥13.10

情缘醉语：香港作家巴桐散文集/巴桐著.—北京：中国青年出版社，1996.9.—247页；20cm.—（情缘香江散文系列）；￥12.90

情缘最难留/李鉴踪编选.—成都：四川人民出版社，1996.1.—170页；19cm.—（寂寞无价散文精品系列）；￥5.50

情在山水间/梁景梅著.—桂林：漓江出版社，1996.10.—198页；19cm；￥8.00

情愫之忆：散文集/李援著.—福州：海峡文艺出版社，1996.7.—235页；19cm；￥9.00

惜别樱桃园/童道明著.—北京：中央编译出版社，1996.8.—279页；20cm.—（读译文丛·第二辑）；￥14.50

禅者的态度：洪丕谟随笔/洪丕谟著.—上海：复旦大学出版社，1996.2.—317页；20cm；￥14.00

梁衡散文选：名山大川感思录/梁衡著.—北京：东方出版社，1996.4.—271页；20cm.；￥16.50

寂寞最难耐/李鉴踪编选.—成都：四川人民出版社，1996.1.—170页；19cm.—（寂寞无价散文精品系列）；￥5.50

旋转的两人舞台/《青年一代》编辑部编.—上海：上海人民出版社，1996.1.—187页：插图；20cm.—（青年一代丛书/张宝妮主编）；￥7.00

深深的桃坞/戴启棠著.—南昌：百花洲文艺出版社，1996.12.—357页；20cm.—（百花洲文学创作丛书/陈世旭主编）；￥12.00

淡墨散文选/淡墨著.—天津：百花文艺出版社，1996.3.—204页；19cm；￥6.80

淡之美/李国文著.—长春：吉林人民出版社，1996.3.—305页；20cm.—（当代名作家寄语青年丛书/王蒙主编）；￥17.00

港风台月/周良沛著.—北京：北京十月文艺出版社，1996.11.—482页；20cm；￥18.00

鸿爪集/谷南泉著.—哈尔滨：黑龙江教育出版社，1996.3.—222页；18cm；￥5.00

绿窗小品/周同宾著.—郑州：文心出版社，1996.4.—192页；19cm.—（朋友丛书·散文随笔/孙荪等主编）；￥8.50

绿树成荫子满枝：《陈地》四年与北京杂文创作/刘甲，方顺景主编.—北京：同心出版社，1996.10.—621页；20cm；￥28.00

绿腰/李碧华著.—上海；上海人民出版社，1996.7.—338页；19cm.—（都市名家散文）；

¥14.50
绿叶集/汪大勇著 .—哈尔滨：黑龙江教育出版社，1996.9.—243 页；20cm；¥10.00
随爱而飞：江静枝小品随笔/江静枝著 .—广州：广东旅游出版社，1996.8.—273 页；19cm；¥14.50
随风起舞/任惠敏著 .—大连：大连出版社，1996.7.—286 页；20cm；¥10.00
随无涯之旅/周振鹤著 .—北京：三联书店，1996.11.—349 页；19cm.—（读书文丛）；¥15.90
随感与遐思/王蒙著 .—兰州：甘肃人民出版社，1996.1.—296 页；20cm.—（名家最新杂感力作）；¥14.50
蒋子龙海外游记/蒋子龙著 .—北京：华文出版社，1996.11.—453 页；19cm.—（中国作家海外游记丛书·第 2 辑）；¥18.00
散花记散/林斤澜著 .—长沙：湖南文艺出版社，1996.10.—248 页；20cm.—（小说家散文丛书）；¥11.50
雅奏/刘鸿伏著 .—北京：中央编译出版社，1996.7.—227 页；20cm.—（新锐文丛/祝勇主编）；¥9.80
斑驳的城市/王唯铭著 .—上海：上海远东出版社，1996.9.—230 页；20cm；¥11.00
提炼生活：杂感随笔集/孙士杰著 .—北京：北京出版社，1996.12.—188 页；19cm；¥7.00
提醒幸福/毕淑敏著 .—珠海：珠海出版社，1996.1.—254 页；19cm.—（女作家爱心系列）；¥10.00
超越痛苦/邵燕祥著 .—郑州：中原农民出版社，1996.1.—190 页；19cm.—（当代名家感悟人生丛书）；¥6.50
越洋远旅/刘炘著 .—兰州：甘肃人民出版社，1996.11.—556 页：彩照；20cm（精装）；¥37.60
朝花作品精粹/解放日报《朝花》副刊编 .—上海：汉语大词典出版社，1996.12.—963 页；20cm（精装）；¥48.00
朝夕谈《成都晚报》言论选编/佟小庆主编 .—成都：天地出版社，1996.12.—309 页；19cm；¥8.00
朝羽杂文自选集/韩羽著 .—天津：百花文艺出版社，1996.11.—253 页；20cm.—（当代名家杂文精品文库）；¥14.60
煮字人语/柯灵著 .—上海：上海远东出版社，1996.7.—337 页；20cm.—（柯灵散文）；¥19.50
最后的海菲兹/肖复兴著 .—天津：天津教育出版社，1996.11.—212 页；20cm.—（书边草丛书）；¥10.50
最浓是乡情/张建刚著 .—兰州：敦煌文艺出版社，1996.12.—123 页；19cm；¥7.20
最后的谈话/赵一曼等著：黄伟林，李咏梅编选 .—桂林：漓江出版社，1996.12.—248 页：照片；19cm.—（革命英烈文丛·书信卷）；¥10.00
晶莹的思绪/安福学著 .—兰州：甘肃教育出版社，1996.1.—347 页；20cm（精装）；¥26.80
黑色鸟/严文井著 .—郑州：中原农民出版社，1996.1.—205 页；19cm.—（当代名家感悟人生丛书）；¥6.80
赋得永久的悔/季羡林著；张伟珍编 .—北京：人民日报出版社，1996.1.—414 页；20cm.—（名人名家书系）；¥15.50
路边相/金克木著 .—郑州：中原农民出版社，1996.1.—218 页；19cm.—（当代名家感悟人生丛书）；¥7.00
喝茶·饮酒：梁实秋小品精萃/梁实秋著；刘小明编 .—上海：上海书店出版社，1996.4.—206 页；19cm.—（鹈鹕丛书）；¥7.50
喝午茶：米舒随笔选/曹正文著 .—上海：复旦大学出版社，1996.11.—314 页；20cm；¥15.00
紫苑随笔/马继孔者；王光有主编 .—昆明：云南大学出版社，1996.6.—405 页；20cm；¥16.50
鲁迅学术文化随笔/钱理群，叶彤编 .—北京：中国青年出版社，1996.9.—309 页；20cm.—（20 世纪中国学术文化随笔大系/王岳川主编）；¥17.00
舒芜杂文自选集/舒芜著 .—天津：百花文艺出版社，1996.11.—195 页；20cm.—（当代名家杂文精品文库）；¥12.00
答自己问/史铁生著 .—天津：天津人民出版社，1996.3.—245 页；19cm.—（人生感悟丛书）；¥8.30
等待：徐订小品精萃/徐订著；胡建强编 .—上海：

上海书店出版社，1996.5.—180 页；19cm.—（鹈鹕丛书）；￥6.80
街巷散步/婴父著 .—郑州：文心出版社，1996.4.—194 页；19cm.—（朋友丛书·散文随笔/孙苏等主编）；￥8.50
絮絮集/苏勃著 .—北京：华艺出版社，1996.3.—228 页；19cm；￥8.50
遥远地方的音乐声/陈丹燕著 .—上海：文汇出版社，1996.10.—237 页；20cm.—（海派女作家文丛）；￥11.00
窗外那么美/苏晨著 .—广州：岭南美术出版社，1996.9.—412 页；19cm；￥16.00
道是无情却有情——曾国藩家书/潘德利编著 .—沈阳：辽宁古籍出版社，1996.4.—170 页；19cm.—（中国名人家书精典/徐彻，高虹主编）；￥6.95
渡河与引路：1912～1918 年杂文选/姜振昌，范秀瑞编 .—北京：文化艺术出版社，1996.10.—315 页；20cm.—（民国杂文大系；1）本套书共 10 册，总定价 145.00 元
湄州风情/林元伯著 .—福州：海风出版社，1996.9.—226 页；19cm；￥8.50
温暖孤独旅程/铁凝著 .—珠海：珠海出版社，1996.1.—339 页；19cm.—（女作家爱心系列）；￥13.30
渴望远航/董立群著 .—成都：四川人民出版社，1996.8.—203 页；19cm.—（长江之星丛书）；￥5.80
湖海拾荒/刘傅海著 .—广州：广东经济出版社，1996.10.—223 页；19cm；￥15.00
湖南杂文百家/湖南省杂文学会编 .—长沙：湖南文艺出版社，1996.7.—492 页；20cm；￥19.00
湖山梦忆/周声华著 .—武汉：武汉出版社，1996.7.—168 页；19cm；￥6.00
愉快的思/叶秀山著 .—沈阳：辽宁教育出版社，1996.9.—292 页；20cm.—（书趣文丛·第三辑；7）；￥12.00
蓝翎杂文自选集/蓝翎著 .—天津：百花文艺出版社，1996.11.—299 页；20cm.—（当代名家杂文精品文库）；￥16.60
感悟人生：徐建成散文随笔选/徐建成著 .—成都：四川民族出版社，1996.12.—171 页；19cm.—（当代中青年作家新著丛书·第二卷/刘平主编）；￥8.00
感伤的行旅：郁达夫游记全集/郭文友编 .—成都：四川人民出版社，1996.11.—271 页；20cm.—（郁达夫文献研究丛书）；￥12.00
橄榄人生/赵光著 .—成都：四川人民出版社，1996.1.—255 页；19cm.—（稻草人杂文随笔丛书/李下主编）；￥8.50
搏海弄潮集/王巽庠著 .—杭州：浙江文艺出版社，1996.3.—168 页；19cm；￥6.20
跬步集/于茂秋主编 .—济南：山东人民出版社，1996.8.—372 页：照片；20cm；￥22.00
腹有诗书/张放著 .—北京：中国友谊出版公司，1996.10.—329 页；19cm.—（台港及海外名家特色文丛）；￥12.00
微雨霏霏/廖华歌著 .—郑州：文心出版社，1996.4.—193 页；19cm.—（朋友丛书·散文随笔/孙苏等主编）；￥8.60
锦绣心情/蓝星海等选编 .—武汉：长江文艺出版社，1996.10.—204 页；19cm.—（白桦林·校园精品文摘）；￥8.80
意大利古建筑散记/陈志华著 .—北京：中国建筑工业出版社，1996.2.—158 页；19cm.—（建筑文库/杨永生主编）；￥6.50
新村随笔/华子奇著 .—海口：南海出版公司，1996.2.—188 页；20cm；￥8.80
新时期军事文学精选：1979～1994：散文卷/王颖，吴振录主编 .—北京：解放军文艺出版社，1996.1.—401 页；20cm；￥18.60
塞纳河畔/吴岳添著 .—北京：中央编译出版社，1996.3.—258 页；20cm.—（读译文丛/赵武平主编）；￥10.80
福地走笔/郭勇著 .—上海：百家出版社，1996.3.—311 页；19cm；￥13.80
断裂的声音/萌萌著 .—上海：上海人民出版社，1996.4.—275 页；20cm.—（告别 20 世纪哲学随笔丛书/萌萌主编）；￥14.00
断想/林华著 .—上海：三联书店上海分店，1996.11.—260 页；20cm；￥13.50
萧红散文全集/张军，琼熙编 .—郑州：中原农民出版社，1996.12.—392 页；20cm.—（中国现代四大才女散文全集）；￥18.00
歌声与青春同在/毛时安主编 .—上海：汉语大词典出版社，1996.3.—204 页；20cm.—（海上

名家文丛·随笔卷)；¥12.50

歌以解忧/朱鸿著 .—北京：中国工人出版社，1996.1.—357页；20cm.—（中国西部散文丛书)；¥14.50

精美散文：人文雅趣卷/王嘉陵等编 .—乌鲁木齐：新疆青少年出版社，1996.12.—369页；20cm；¥13.80

漫说吃在何方/宋祝平著 .—福州：海风出版社，1996.5.—348页；19cm；¥12.80

漫游美利坚/孙肖平著 .—合肥：安徽人民出版社，1996.1.—241页；19×12cm.—（海外辽望文丛)；¥9.60

漂泊的语言/王安忆著 .—北京：作家出版社，1996.2.—477页；20cm.—（王安忆自选集；4·散文卷)；¥25.80

漂浮者的梦/倪辉祥著 .—上海：百家出版社，1996.1.—165页；19cm；¥12.00

澄海楼漫笔/孙志升著 .—北京：文津出版社，1996.12.—198页；19cm；¥8.00

飘游的思绪/余非著 .—郑州：文心出版社，1996.4.—194页；19cm.—（朋友丛书·散文随笔/孙荪等主编)；¥8.40

樱/田樱著 .—大连：大连出版社，1996.3.—258页：照片；21cm；¥30.00

横生集/吴昉著 .—贵阳：贵州民族出版社，1996.3.—147页；19cm；¥5.00

瞎操心/陈四益文；丁聪绘 .—上海：汉语大词典出版社，1996.8.—237页；20cm.—（书友文丛/倪墨炎主编)；¥12.00

墨池散记/洪丕谟著 .—上海：学林出版社，1996.8.—374页；20cm；¥16.50

影坛艺友悲欢录/顾也鲁著 .—北京：中国电影出版社，1996.10.—218页：照片；20cm；¥12.00

摩登者说/韩毓海著 .—北京；中央编译出版社，1996.8.—263页；20cm.—（读译文丛·第二辑)；¥14.00

躺着读书/陈村著 .—南京：江苏文艺出版社，1996.12.—420页；20cm.—（陈村文集·散文卷)；¥17.00

融入野地/张炜著 .—北京：作家出版社，1996.2.—522页；20cm.—（张炜自选集·散文珍藏卷)；¥26.60

燃烧的向日葵/徐治平编 .—北京：民族出版社，1996.9.—322页；20cm；¥15.00

瞬间解读/孙荪著 .—郑州：文心出版社，1996.4.—196页；19cm.—（朋友丛书·散文随笔/孙荪等主编)；¥8.50

魏巍散文选集/王尧编 .—天津：百花文艺出版社，1996.12.—274页；20cm.—（百花散文书系/徐柏容，郑法清主编)；¥12.80

魔鬼夜访潘铭燊先生/潘铭燊著 .—上海：上海人民出版社，1996.7.—307页；19cm.—（都市名家散文)；¥13.00

魔季/张晓风著 .—长沙：湖南文艺出版社，1996.10.—199页；20cm.—（张晓风散文系列)；¥9.80

一分为三/阎纲著 .—北京：中共中央党校出版社，1997.9.—265页；20cm.—（京华学者随笔/王春瑜主编)；¥13.20

一川烟草/江寒雪著 .—沈阳：沈阳出版社，1997.6.—177页；19cm.—（沧浪丛书)；全套定价：55.00元

一地景象/邹静之著 .—北京：中国国际广播出版社，1997.2.—261页；20cm.—（青橄榄文丛·当代中青年作家散文随笔自选集)；¥13.00

一路风景/徐秀莉著 .—合肥：安徽文艺出版社，1997.9.—295页；20cm；¥12.00

一路风情走黄河/小舍著 .—郑州：黄河水利出版社，1997.8.—181页；20cm；¥18.00

一马当先/梁凤仪著 .—北京：中国文联出版公司；香港：香港勤+缘出版社，1997.6.—259页；19cm.—（梁凤仪散文系列)；¥10.80

一言惊醒梦中人/梁凤仪著 .—北京：中国文联出版公司；香港：香港勤+缘出版社，1997.6.—265页；19cm.—（梁凤仪散文系列)；¥11.00

二流堂纪事/唐瑜著 .—合肥：安徽文艺出版社，1997.4.—432页；20cm；¥17.00

1995年中国散文精选/中国作协创研部编 .—武汉：长江文艺出版社，1997.7.—562页；20cm；¥26.00

20世纪中国散文英华丛书：关外卷/吴欢章，沙似鹏主编 .—上海：复旦大学出版社，1997.12.—409页；20cm；¥18.00

20世纪中国散文英华丛书：海上卷/吴欢章，沙似

鹏主编 .—上海：复旦大学出版社，1997.12.—547页；20cm；¥22.00

20世纪中国散文英华丛书：海外游子卷/吴欢章，沙似鹏主编 .—上海：复旦大学出版社，1997.12.—473页；20cm；¥20.00

20世纪中国作家怀人散文：冰心集/马蹄疾，陈漱渝主编；冰心著 .—北京：知识出版社，1997.5.—188页；20cm；¥13.60

20世纪中国作家怀人散文：曹聚仁集/马蹄疾，陈漱渝主编；曹聚仁著 .—北京：知识出版社，1997.5.—246页；20cm；¥13.80

20世纪中国作家怀人散文：丁玲集/马蹄疾，陈漱渝主编；丁玲著 .—北京：知识出版社，1997.5.—207页；20cm；¥15.50

20世纪中国作家怀人散文：茅盾集/马蹄疾，陈漱渝主编；茅盾著 .—北京：知识出版社，1997.5.—143页；20cm；¥11.00

20世纪中国作家怀人散文：唐弢集/马蹄疾，陈漱渝主编；唐弢著 .—北京：知识出版社，1997.5.—140页；20cm；¥10.00

20世纪中国作家怀人散文：谢冰莹集/马蹄疾，陈漱渝主编；谢冰莹著 .—北京：知识出版社，1997.5.—196页；20cm；¥12.80

20世纪中国作家怀人散文：周作人集/马蹄疾，陈漱渝主编；周作人著 .—北京：知识出版社，1997.5.—239页；20cm；¥16.00

七彩梦瓣/叶文玲著 .—北京：文化艺术出版社，1997.3.—311页；20cm.—（当代名家散文精品）；¥13.00

10年旅痕/孙心圣著 .—长春：长春出版社，1997.5.—191页；20cm.—（漂泊者之旅）；¥9.80

人淡如菊：作家卷三/卞之琳等著 .—北京：北京师范大学出版社，1997.9.—520页；20cm.—（人世文丛/张岱年，邓九平主编）；¥28.00

人生的归宿/林语堂著 .—2版 .—海口：海南出版社，1997.3.—914页；20cm.—（雅致经典系列）；¥29.80

人间书话/李庆西著 .—乌鲁木齐：新疆人民出版社，1997.5.—389页；20cm.—（书话与闲话丛书）；¥16.00

人间说人/邵燕祥著 .—北京：作家出版社，1997.3.—645页；20cm.—（邵燕祥文抄；2）；¥29.50

人间序数/刘鸿伏著 .—北京：人民日报出版社，1997.12.—308页；20cm.—（世纪风文丛）；¥10.80

人人有泪不轻弹/梁凤仪著 .—北京：中国文联出版公司；香港：香港勤+缘出版社，1997.6.—224页；19cm.—（梁凤仪散文系列）；¥9.60

人生第一次/苏晨著 .—广州：广东教育出版社，1997.7.—382页；19cm；¥11.20

人生环形道/丰雪著 .—沈阳：沈阳出版社，1997.6.—155页；19cm.—（沧浪丛书）；全套定价：55.00元

人生苦旅散文丛书：丑陋卷/张昌华等主编 .—合肥；安徽文艺出版社，1997.10.—263页；20cm；¥10.20

人生双桅船/龚平著 .—沈阳：沈阳出版社，1997.6.—228页；19cm.—（沧浪丛书）；全套定价：55.00元

人生小品/蒋元明著 .—西安：陕西人民出版社，1997.9.—364页；20cm；¥13.80

人生知己/黄宗江著 .—济南：山东画报出版社，1997.9.—261页；19cm.—（杂家杂忆丛书）；¥12.50

人生纵横谈/刘孝生著 .—西宁：青海人民出版社，1997.5.—372页；19cm；¥12.80

人世婆娑/资华筠著 .—南宁：广西民族出版社，1997.5.—222页；20cm.—（艺海文丛·资华筠随笔）；¥14.60

人世琐忆/新凤霞著 .—石家庄：河北人民出版社，1997.8.—667页：照片；20cm.—（新凤霞回忆文丛）；¥29.80

人算天算/梁凤仪著 .—北京：中国文联出版公司；香港：香港勤+缘出版社，1997.6.—257页；19cm.—（梁凤仪散文系列）；¥10.80

人文述林　第一辑/山东大学文学院编 .—济南：山东大学出版社，1997.12.—391页；20cm；¥18.00

人在边缘/李师东著 .—石家庄：河北人民出版社，1997.8.—206页；20cm.—（午夜散文随笔书系）；¥10.80

人在旅途/陈永昊著 .—海口：南海出版公司，1997.10.—217页；19cm；¥11.80

三鉴集/余生蓉，王德广著 .—哈尔滨：哈尔滨出

版社，1997.12.—301页；19cm.—（北国风杂文精选）；全套8册，总定价：96.00元
三七集/赵源海著 .—天津：百花文艺出版社，1997.7.—246页；19cm；¥12.00
三松堂漫记/宗璞著 .—上海：上海远东出版社，1997.12.—279页；20cm；¥13.00
三月书窗/鲲西著 .—上海：上海远东出版社，1997.9.—171页；20cm.—（火凤凰文库）；¥14.00
三只耳朵听音乐/陈钢著 .—天津：百花文艺出版社，1997.12.—162页；20cm.—（艺术美散文丛书/冯骥才主编）；¥14.00
大地春涛/萧才清编著 .—南京：江苏人民出版社，1997.5.—124页；19cm；¥6.00
大地情/蒙景辉著 .—西宁：青海人民出版社，1997.12.—377页；20cm；¥14.80
大地山河/茅盾著；庄钟庆选 .—合肥：安徽教育出版社，1997.10.—198页；20cm.—（峥嵘岁月丛书）；¥8.40
大自然的语言/刘晓滨著 .—天津：百花文艺出版社，1997.10.—298页；19cm；¥12.00
万卷书·万里路/伦文标等著 .—上海：三联书店上海分店，1997.1.—188页；19cm.—（三联文库·青草地丛书）；¥7.80
万木林风情/南强著 .—厦门：鹭江出版社，1997.10.—147页；19cm；¥6.00
万泉河，美丽的河/王锡鋆主编 .—海口：南海出版公司，1997.1.—178页；20cm；¥8.00
下了那山上这山/王传珍著 .—天津：百花文艺出版社，1997.5.—284页；20cm；¥20.00
丈夫的名字叫西安/夏坚德著 .—西安：西安出版社，1997.12.—187页；19cm；¥14.80
小黄花青草地/林燕妮著 .—上海：上海文艺出版社，1997.6.—392页；19cm；¥12.50
小楼纪事/上海文艺出版社编 .—上海：上海文艺出版社，1997.5.—279页；19cm；¥12.80
小米的回忆/曹靖华著；谭桂林编 .—合肥：安徽教育出版社，1997.10.—267页；20cm.—（峥嵘岁月丛书）；¥10.20
小说中国/张贤亮著 .—北京：经济日报出版社；西安：陕西旅游出版社，1997.11.—300页；20cm；¥20.00
小院里的部长/李存修著 .—成都：四川大学出版社，1997.12.—294页：彩照；19cm；¥18.80
上帝的隐语/周晓枫著 .—太原：北岳文艺出版社，1997.11.—278页；20cm.—（先锋散文丛书）；¥12.60
上海：未褪色的梦忆/袁鹰著 .—上海：三联书店上海分店，1997.1.—280页；19cm.—（三联文库·青草地丛书）；¥11.60
山·领受大地之舞/杨少伟编 .—郑州：河南文艺出版社，1997.4.—300页；20cm.—（20世纪中国散文精选·游记类编）；¥13.20
山盟水约/卢岚著 .—北京：中国文联出版公司，1997.7.—253页；20cm；¥14.80
山趣/刘泽民著 .—呼和浩特：内蒙古人民出版社，1997.8.—187页；19cm；¥6.80
山泉集/阎兴广著 .—济南：黄河出版社，1997.12.—359页；20cm；¥25.00
山水情缘/尹君著 .—呼和浩特：内蒙古人民出版社，1997.6.—232页；20cm；¥9.80
山野菜/戴鸿武著 .—沈阳：白山出版社，1997.5.—156页；20cm；¥13.00
山野萤火/姚华飞著 .—南昌：21世纪出版社，1997.4.—272页；19cm；¥9.80
广州人/李公明著 .—杭州：浙江人民出版社，1997.4.—185页；19cm.—（都市人丛书）；¥8.30
乡里故人/陈大斌著 .—济南：山东文艺出版社，1997.7.—183页；20cm；¥7.80
乡缘·文缘/张谷清著 .—上海：华东师范大学出版社，1997.11.—294页；19cm；¥6.00
马后桃花马前雪：地理小品集/盛祖俊著 .—广州：广东人民出版社，1997.8.—223页；19cm；¥15.00
马背上的柔情：蒙古族散文选/那顺德力格尔主编；昭乌达译书社编译 .—北京：中国对外翻译出版公司，1997.4.—466页；20cm.—（苍狼文丛/那顺德力格尔主编）；¥25.00
王安忆选今人散文/王安忆编 .—上海：上海文艺出版社，1997.6.—425页；20cm；¥16.00
王火散文随笔/王火著 .—重庆：重庆出版社，1997.6.—428页；20cm（精装）；¥24.00
王氏三姐妹的天空和梦/王葳等著 .—北京：文化艺术出版社，1997.1.—280页；20cm；¥15.00
王忠瑜散文选/王忠瑜著 .—哈尔滨：黑龙江人民

出版社，1997.12.—334 页；20cm.—（王忠瑜文选）；￥14.50

王安石散文选集/王水照，高克勤编撰 .—上海：上海古籍出版社；三联书店（香港）有限公司，1997.4.—339 页；19cm.—（唐宋八大家散文选集）；￥14.80

王任叔杂文集/林乐齐，秦人路编 .—北京：三联书店，1997.8.—718 页；19cm（精装）；￥38.00

王临川小品/管士光选注 .—北京：文化艺术出版社，1997.1.—254 页；20cm.—（唐宋小品十家）；￥12.60

五味集/崔文明著 .—广州：花城出版社，1997.11.—281 页；20cm；￥16.50

不舍的玫瑰：散文卷/姜丰著 .—北京：中国文联出版公司，1997.5.—430 页；20cm.—（港陆才女丛书）；￥19.80

不是回忆录的回忆录/陈原编著 .—上海：文汇出版社，1997.5.—197 页；20cm；￥12.80

不想说的故事/石楠著 .—沈阳：沈阳出版社，1997.6.—218 页；19cm.—（当代中国作家自况体丛书）；￥7.80

不以为然集/吴兴科著 .—北京：中国青年出版社，1997.10.—186 页；20cm；￥10.00

不原谅历史/徐敬亚著 .—上海：东方出版中心，1997.10.—323 页；20cm.—（诗人随想文丛/宗仁发，岑杰主编）；￥18.00

太阳下的部落/张玉峰主编 .—武汉：华中理工大学出版社，1997.1.—186 页；19cm.—（七彩虹校园文丛）；￥6.80

丰子恺思想小品/陈梦熊编 .—上海：上海社会科学院出版社，1997.1.—326 页；20cm.—（名人思想小品丛书）；￥13.00

车轮草/端木蕻良 .—石家庄：河北教育出版社，1997.9.—217 页；20cm.—（三味丛书）；￥10.70

艺坛雅奏/秦牧等著 .—北京：北京师范大学出版社，1997.9.—477 页；20cm.—（人世文丛/张岱年，邓九平主编）；￥25.00

艺途春秋：艺术家卷一/齐白石等著 .—北京：北京师范大学出版社，1997.9.—467 页；20cm.—（人世文丛/张岱年，邓九平主编）；￥25.00

艺海博览/新凤霞著 .—石家庄：河北人民出版社，1997.8.—670 页：照片；20cm.—（新凤霞回忆文丛）；￥29.80

艺海三部曲/程锡铭著 .—武汉：长江文艺出版社，1997.1.—375 页；20cm；￥14.80

艺海拾贝/秦牧著 .—北京：作家出版社，1997.2.—422 页；20cm.—（秦牧散文精华·文艺随笔卷）；￥19.50

艺海探幽/袁进编 .—上海：东方出版中心，1997.9.—334 页；20cm.—（鸳鸯蝴蝶派散文大系/袁进主编）；￥19.00

艺文六品/何西来著 .—北京：中央编译出版社，1997.1.—280 页；20cm.—（读译文丛）；￥14.60

艺苑趣话/舒丽珍著 .—北京：大众文艺出版社，1997.10.—373 页；20cm；￥19.80

云梦生涯/冰心等著 .—北京：北京师范大学出版社，1997.9.—533 页；20cm.—（人世文丛·作家卷二）；￥28.00

开心万里行：米舒游记选/曹正文著 .—上海：上海人民出版社，1997.11.—259 页：彩照；20cm；￥13.00

历史深处的忧虑：近距离看美国/林达著 .—北京：三联书店，1997.—320 页；20cm.—（地球村观察）；￥16.50

天窗亮语/程建平编者 .—南昌：江西人民出版社，1997.12.—352 页；20cm；￥20.00

天地间杂文精品/黄德荣主编 .—广州：广东经济出版社，1997.12.—392 页；20cm；￥26.80

天津·香港一脉情/黄炎智主编；中国人民政治协商会议天津市委员会文史资料委员会编 .—天津：天津人民出版社，1997.6.—394 页；20cm；￥19.00

天津人/林希著 .—杭州：浙江人民出版社，1997.1.—199 页；19cm.—（都市人丛书）；￥8.30

天山同穹庐/马大正编著 .—济南：山东画报出版社，1997.12.—151 页；20cm.—（中国边疆探察丛书/马大正主编）；￥9.20

天使爸爸/古蒙仁著 .—济南：山东文艺出版社，1997.11.—186 页；20cm.—（台湾名家散文丛书/牛志强主编）；￥8.10

天涯猎户星/李方著 .—北京：东方出版社，

1997.10.—233 页；20cm.—（活水文丛）；¥13.00
无奈人生寂语/川岛等著；孙硕夫选编 .—长春：吉林文史出版社，1997.1.—264 页；20cm.—（现代中国名士名女精品系列）；¥12.50
无成/朱晖著 .—石家庄：河北人民出版社，1997.8.—194 页；20cm.—（午夜散文随笔书系）；¥10.20
无话可说/高红十著 .—长春：吉林人民出版社，1997.8.—288 页；20cm.—（激情真言丛书）；¥17.00
无梦时节/邓九平主编 .—北京：民主与建设出版社，1997.2.—276 页；20cm.—（布衣文丛）；¥13.00
无声的塔克拉玛干/王嵘著 .—济南：山东画报出版社，1997.12.—276 页；20cm.—（中国边疆探察丛书/马大正主编）；¥15.50
无心的云/东方樵著 .—武汉：长江文艺出版社，1997.5.—236 页；19cm；¥9.80
无缘长裙/华明玥著 .—天津：天津人民出版社，1997.3.—276 页；19cm.—（五人新感觉）；¥9.80
甘簃随笔/陈灨一著；杨海鹏编选、校点 .—北京：中共中央党校出版社，1997.12.—317 页；20cm.—（近世文史随笔选粹丛书/姜纬堂，李乔主编）；¥16.00
中国当代散文检阅：学者卷/朱鸿，周东坡选编 .—西安：陕西人民出版社，1997.1.—434 页；20cm；¥19.00
中国的个案：新锐杂文/鄢烈山著 .—青岛：青岛出版社，1997.10.—294 页；20cm.—（野菊文丛）；¥13.50
中国军人看世界/陈先义主编 .—北京：军事谊文出版社，1997.8.—364 页；20cm；¥18.00
中国人的德行/秦弓著 .—北京：华龄出版社，1997.5.—357 页；20cm；¥19.50
中国人的名利观/马以鑫著 .—上海：上海古籍出版社，1997.10.—182 页；20cm.—（中国人丛书）；¥9.80
中国人的幽默/王学泰著 .—上海：上海古籍出版社，1997.10.—151 页；20cm.—（中国人丛书）；¥8.80
中国人怎么看中国人/苏杨，郭洪新编 .—北京：改革出版社，1997.3.—458 页；20cm；¥19.50
中国散文传世之作：现代卷/汪文顶主编 .—济南：山东文艺出版社，1997.1.—2 册；20cm；¥38.20
中国与世界：林语堂文选/林语堂著 .—北京：国际文化出版公司，1997.4.—2 册（914 页）；20cm.—（大师名家·思想文化·名著系列/张海焘主编）；¥39.80
中国真的不远/简宛著 .—青岛：青岛出版社，1997.8.—179 页；20cm.—（海外著名华人女作家新潮散文系列/戴小华，徐诚主编）；¥8.20
中国当代青年散文家八人集/王久辛主编 .—兰州：敦煌文艺出版社，1997.3.—2 册（1064 页）；20cm；¥43.20
中国当代散文检阅：名家卷/朱鸿，周东坡选编 .—西安：陕西人民出版社，1997.1.—454 页；20cm；¥20.50
中国演讲辞珍品赏析/戴锡琦主编 .—长沙：湖南出版社，1997.2.—386 页；20cm.—（中外演讲文化系列）；¥14.20
中华名亭新记/吴继路著 .—北京：长城出版社，1997.3.—369 页；20cm；¥19.00
中华散文珍藏本：牛汉卷/牛汉著 .—北京：人民文学出版社，1997.11.—244 页；20cm；¥14.60
中华散文珍藏本：张承志卷/张承志著 .—北京：人民文学出版社，1997.12.—255 页；2cm；¥11.80
水·陶醉—汪歌吟/杨少伟编 .—郑州：河南文艺出版社，1997.4.—314 页；20cm.—（20 世纪中国散文精选·游记类编）；¥13.90
水果女人/张爱华著 .—北京：中国国际广播出版社，1997.2.—251页；20cm.—（青橄榄文丛·当代中青年作家散文随笔自选集）；¥12.00
水巷深深/林思翔著 .—福州：海峡文艺出版社，1997.4.—181 页；19cm；¥7.00
内心生活：周佩红散文 70 篇/周佩红著 .—上海：华东师范大学出版社，1997.2.—426 页；20cm（精装）；¥25.00
日出之前：孔繁敬杂文选/孔繁敬著 .—北京：华艺出版社，1997.8.—268 页；19cm；¥9.50

日子/倪萍著 .—北京：作家出版社，1997.6.—424 页；20cm；￥22.00
长江魂：一个探险家的长江源头日记/杨欣著 .—广州：岭南美术出版社，1997.8.—309 页；20cm.—（自然之友书系）；￥23.00
叶辛散文随笔自选集/叶辛著 .—呼和浩特：内蒙古人民出版社，1997.8.—219 页；20cm；￥12.80
女人的退路/陈骥著 .—上海：学林出版社，1997.8.—183 页；20cm；￥10.00
女人独自上路/燕燕著 .—北京：解放军文艺出版社，1997.2.—261 页；19cm；￥12.00
午后衣橱/张宇著 .—福州：海峡文艺出版社，1997.8.—183 页；19cm；￥8.00
手执一枝黄花/王小妮著 .—上海：东方出版中心，1997.7.—298 页；20cm.—（诗人随想文丛）；￥17.00
反学：提防小人/坡东居士编著 .—北京：中国文联出版公司，1997.9.—2 册（657 页）；20cm；￥33.80
月桂树上的花冠/宣儿著 .—哈尔滨：北方文艺出版社，1997.4.—203页；20cm.—（听雨文丛·中国当代作家散文随笔书系）；￥9.90
月夜孤舟/庐隐著 .—2 版 .—海口：海南出版社，1997.3.—409 页；2cm.—（雅致经典系列）；￥18.80
月移花影：中国现代名家画意散文/王天红编 .—长春：吉林美术出版社，1997.—195 页；19cm.—（悠悠春江花月夜书丛）；￥9.80
公开的新闻内幕：记者随笔/王安著 .—北京：群言出版社，1997.9.—192 页；19cm；￥9.50
从前的布拉吉/李琦著 .—北京：中国国际广播出版社，1997.2.—194 页；20cm.—（青橄榄文丛·当代中青年作家散文随笔自选集）；￥10.00
风景的厚度/徐城北著 .—北京：新华出版社，1997.10.—243 页；20cm.—（学人文库；1/王学泰主编）；￥14.80
风流龙溪水/阿盛著 .—天津：百花文艺出版社，1997.8.—207 页；20cm.—（台港名家散文自选丛书）；￥10.50
风流人格/张方著 .—北京：华文出版社，1997.2.—284 页；20cm.—（东轩书趣文丛；3/严平等主编）；￥17.50
风流铁骑/展鹏著 .—海口：南海出版公司，1997.8.—396 页；20cm；￥15.00
风雨人生路/谭仲池著 .—长沙：湖南出版社，1997.8.—308 页；20cm；￥15.30
风月同天/赵晓云著 .—乌鲁木齐：新疆青少年出版社，1997.10.—346 页；18cm；￥12.00
风月闲人物/素素著 .—上海：上海人民出版社，1997.12.—222 页；19cm；￥10.00
风云人生：高维晞散文选/高维晞著 .—天津：百花文艺出版社，1997.3.—384 页；20cm；￥17.50
凤翔散文选/李凤祥著 .—北京：大众文艺出版社，1997.1.—481 页；20cm；￥21.00
方成漫笔/方成著 .—石家庄：河北教育出版社，1997.6.—223 页；20cm.—（三味丛书）；￥10.90
方杞散文/方杞著；陈星编 .—杭州：浙江文艺出版社，1997.6.—330 页；20cm；￥12.00
心系教育/李达昌著 .—成都：西南财经大学出版社，1997.10.—104 页；19cm；￥7.80
心游德意志/赵鑫珊著 .—上海：文汇出版社，1997.5.—337 页；20cm.—（环球视野丛书）；￥15.50
心语轻诉/关心编选 .—西安：陕西师范大学出版社，1997.8.—242 页；20cm.—（女友精品书系/白琳主编）；￥12.00
心之叩：原来居住的地方/刘湘晨著 .—北京：中国青年出版社，1997.4.—196 页；20cm；￥10.70
心中的绿洲：新民晚报“夜光杯”副刊作品精粹/严建平编 .—北京：光明日报出版社，1997.3.—478 页；20cm.—（中国当代文学作品集粹）；￥19.80
心灵的驿站/赵福生编 .—上海：东方出版中心，1997.9.—296 页；20cm.—（鸳鸯蝴蝶派散文大系：1909～1949/袁进主编）；￥17.00
心河帆影：马宝珠随笔/马宝珠著 .—上海：东方出版中心，1997.1.—294 页；20cm.—（中国当代记者随笔丛书/王春瑜主编）；￥16.00
心境/郭华著 .—北京：中国青年出版社，1997.12.—216 页；20cm；￥12.00
心理的单间/智效民著 .—长春：长春出版社，

1997.9.—310 页；20cm.—（求索文丛）；¥14.00

心里的珍珠：名家手记/赵丽宏著.—上海：上海人民出版社，1997.7.—382页；20cm；¥20.00

心灵的菜单/李云良著.—上海：上海人民出版社，1997.12.—173页；20cm.—（青年一代丛书/郁椿德主编）；¥8.50

心灵花园：散文卷/周晓枫著.—北京：中国文联出版公司，1997.5.—327页；20cm.—（港陆才女丛书）；¥15.80

心灵漫舞/陈立君著.—北京：作家出版社，1997.10.—234页；20cm；¥14.00

心灵之约：东方月和一百个听众的故事/东方月编著.—杭州：杭州出版社，1997.9.—247页；20cm.—（西湖之声丛书/戴顺法主编）；¥12.80

心路/李雪兰著.—兰州：甘肃文化出版社，1997.11.—238页；20cm；¥9.80

心路：张绪田杂文四集/张绪田著.—北京：中国大地出版社，1997.2.—261页；19cm；¥12.00

文饭小品/周劭著.—上海：上海书店出版社，1997.4.—267页；20cm.—（文苑春秋随笔书系）；¥14.00

文化畅想曲/周有光著.—北京：中国青年出版社，1997.7.—255页；20cm.—（老人河丛书）；¥11.40

文化的见鬼：新锐杂文/刘洪波著.—青岛：青岛出版社，1997.10.—260页；20cm.—（野菊文丛）；¥12.00

文化的休闲/董乐山著.—上海：文汇出版社，1997.1.—206 页；19cm.—（阁楼文丛）；¥9.50

文林漫步/曾敏之著.—沈阳：辽宁教育出版社，1997.8.—324页；20cm.—（华人书林/中国华侨国际文化交流促进会主编）；¥15.00

文林枝叶/姜德明著.—济南：山东画报出版社，1997.9.—265页；19cm.—（杂家杂书丛忆）；¥13.50

文明履痕/周鸿飞著.—兰州：敦煌文艺出版社，1997.6.—310页；19cm；¥12.00

文人临水/张耀南著.—北京：华文出版社，1997.2.—224页；20cm.—（东轩书趣文丛；7/严平等主编）；¥14.00

文人壮游/孙荣著.—北京：华文出版社，1997.2.—224页；20cm.—（东轩书趣文丛；8/严平等主编）；¥15.00

文人作伪/王元军著.—北京：华文出版社，1997.2.—231页；20cm.—（东轩书趣文丛；6/严平等主编）；¥15.00

文史拾荒：李乔随笔/李乔著.—上海：东方出版中心，1997.1.—316页；20cm.—（中国当代记者随笔丛书/王春瑜主编）；¥18.00

文事·世事·心事/朱正琳著.—上海：文汇出版社，1997.1.—229 页；19cm.—（阁楼文丛）；¥10.50

文坛师友情/单复著.—沈阳：春风文艺出版社，1997.1.—2 册（729 页）；20cm（精装）；¥26.00

文心雕虫/曹宇著.—深圳：海天出版社，1997.6.—249 页；20cm.—（'97 深圳文艺丛书）；全套书15册，总定价：225.00元

文学姻缘/文洁若著.—长沙：湖南出版社，1997.12.—314页；20cm.—（书海浮槎文丛）；¥17.50

文章声色有无中：天趣堂随笔/田望生著.—北京：华文出版社，1997.10.—311页；20cm.—（雅趣文丛）；¥16.00

文字是肉做的/董桥著.—上海：文汇出版社，1997.8.—376页；19cm；¥18.80

书话与闲话/李庆西编著.—杭州：浙江文艺出版社，1997.4.—233页；19cm.—（学术小品丛书）；¥5.70

书里书外的喜剧/郭晓虹著.—北京：群言出版社，1997.11.—233页；19cm；¥11.00

书林拾叶/唐达成著.—北京：中央编译出版社，1997.1.—221 页；20cm.—（读译文丛）；¥11.60

书梦不曾休/杨学成著.—乌鲁木齐：新疆青少年出版社，1997.9.—125页；20cm.—（新创作散文集；3/杨里昂，彭国梁主编）；¥8.00

书前书后：读过的书和走过的路/徐城北著.—济南：山东画报出版社，1997.8.—180 页；20cm.—（书梦重温丛书）；¥11.80

书人夜话/张理阁主编.—汕头：汕头大学出版社，1997.5.—323页；20cm；¥16.00

书声依旧：李春林随笔/李春林著.—上海：东方

出版中心，1997.1.—316页；20cm.—（中国当代记者随笔丛书/王春瑜主编）；¥17.00
双城之恋/程乃珊著.—上海：上海人民出版社，1997.1.—262页；20cm；¥17.00
巴黎，人比香水神秘/马振骋著.—上海：文汇出版社，1997.1.—242页；19cm.—（阁楼文丛）；¥11.50
巴黎名士印象记/柳鸣九著.—北京：社会科学文献出版社，1997.12.—230页；19cm.—（法国当代文学广角文丛/柳鸣九，吴岳添主编）；¥12.00
巴黎四季风/余中先著.—北京：九洲图书出版社，1997.2.—239页；20cm；¥15.00
巴山鬼话/魏明伦著.—上海：上海人民出版社，1997.1.—209页；20cm；¥10.00
为21世纪祈祷/高洪波著.—沈阳：春风文艺出版社，1997.3.—279页；20cm.—（中国作家看世界）；¥15.00
幻视中的完美/李振声著.—北京：中央编译出版社，1997.1.—301页；20cm.—（读译文丛）；¥15.60
劝业史话/王文玉等著.—天津：百花文艺出版社，1997.4.—235页：照片；20cm；¥18.00
正堪回首/鲁彦周著.—上海：上海文艺出版社，1997.9.—466页；20cm；¥19.20
平凹的佛手/冯有源著.—上海：上海人民出版社，1997.5.—312页：照片；20cm；¥16.00
平生情意/素素著.—上海：上海远东出版社，1997.3.—246页；19cm；¥11.00
平原的觉醒/孙犁著；刘宗武编.—合肥：安徽教育出版社，1997.10.—207页；20cm.—（峥嵘岁月丛书）；¥8.80
艾丰随感210条/艾丰著.—北京：作家出版社，1997.6.—211页；20cm；¥15.00
东方智慧：中国学者文化散文精粹/岑杰编.—南昌：百花洲文艺出版社，1997.10.—719页；20cm；¥26.00
布衣/谭湘著.—石家庄：河北人民出版社，1997.8.—187页；20cm.—（午夜散文随笔书系）；¥10.00
未免有情：舒芜随笔/舒芜著.—上海：东方出版中心，1997.1.—331页；20cm.—（当代中国学者随笔）；¥18.00
未能忘情：台港暨海外学者散文/陈子善编.—上海：上海教育出版社，1997.3.—544页；20cm；¥20.30
世纪末的沉思/钱理群著.—石家庄：河北人民出版社，1997.8.—218页；20cm.—（午夜散文随笔书系）；¥11.30
世纪性别/季红真著.—长春：时代文艺出版社，1997.8.—275页；20cm.—（中国当代文化名人思想文库·季红真卷/崔卓力主编）；¥11.00
世界华文散文精品：王蒙卷/王蒙著.—广州：广州出版社，1997.8.—309页；20cm；¥15.00
东游速写/袁春根著.—宁波：宁波出版社，1997.2.—136页；19cm；¥6.80
东张西望：从北大到柏克莱/朱琦著.—北京：中央编译出版社，1997.11.—247页；20cm；¥13.50
东瀛物语/袁鹰选编.—北京：华夏出版社，1997.1.—287页；20cm.—（中国作家看世界丛书/袁鹰，邵燕祥主编）；¥12.00
匹夫辞/王建章著.—郑州；河南文艺出版社，1997.6.—240页；19cm；¥10.00
古城堡寻古/蒋子龙著.—沈阳：春风文艺出版社，1997.3.—201页；20cm.—（中国作家看世界）；¥11.00
北人与南人：各地中国人的性格与文化/鲁迅等著.—北京：中国人事出版社，1997.12.—2册（843页）；20cm；¥39.80
北“风”与南“骚”/陶礼天著.—北京：华文出版社，1997.2.—238页；20cm.—（东轩书趣文丛；17/严平等主编）；¥15.00
北方的红辣椒/罗庆朴著.—石家庄：河北教育出版社，1997.6.—332页；20cm.—（三味丛书）；¥16.20
旧时燕子/邵燕祥著.—石家庄：河北教育出版社，1997.6.—268页；20cm.—（三味丛书）；¥13.20
旧书笔谭/薛冰著.—杭州：浙江摄影出版社，1997.9.—201页；20cm；¥16.00
四季风铃/郭启宏著.—北京：中央编译出版社，1997.1.—306页；20cm.—（读译文丛）；¥15.80
四季手记/刘绍棠著.—北京：中国社会出版社，1997.7.—635页；20cm；¥30.00

四十自述/胡适著 .—2 版 .—海口：海南出版社，1997.3.—494 页；20cm.—（雅致经典系列）；¥19.80

归航/郁达夫著 .—2 版 .—海口：海南出版社，1997.3.—456 页；20cm.—（雅致经典系列）；¥18.80

叩开辽墓地宫之门/盖之庸著 .—济南：山东画报出版社，1997.12.—148 页；20cm.—（中国边疆探察丛书/马大正主编）；¥9.20

只求新去处/梁衡著 .—北京：作家出版社，1997.8.—462 页；20cm；¥20.50

出国的日子/宣轩著 .—上海：上海人民出版社，1997.11.—310 页；19cm；¥13.50

写在边缘/蔡翔著 .—成都：四川人民出版社，1997.7.—296 页；20cm.—（当代著名批评家随笔）；¥13.00

写在心中的书简/刘黑枷著 .—沈阳：春风文艺出版社，1997.4.—398 页；20cm；¥18.00

丝路寻梦/王会绍著 .—兰州：甘肃人民出版社，1997.3.—325 页；20cm；¥29.00

史外说史/邵燕祥著 .—北京：作家出版社，1997.3.—670 页；20cm.—（邵燕祥文抄；1）；¥29.80

史与诗：关于历史与艺术的札记/萧关鸿著 .—上海：学林出版社，1997.12.—268 页；20cm.—（笔会文丛；10/萧关鸿，曹维劲主编）；¥14.50

生活笔记：韩沪麟随笔/韩沪麟著 .—北京：华夏出版社，1997.11.—379 页；20cm.—（名编辑随笔丛书/刘杲主编）；¥19.80

生活巧事/郭长久主编 .—天津：天津人民出版社，1997.7.—317 页；20cm.—（今晚丛书）；¥12.80

生命册上/邓九平主编 .—北京：民主与建设出版社，1997.2.—269 页；20cm.—（布衣文丛）；¥13.00

生命的风铃/林海音著；傅光明选编 .—杭州：浙江文艺出版社，1997.11.—377 页：照片；20cm.—（林海音文集）；¥16.50

生命的激流/王尧，武在平编 .—天津：百花文艺出版社，1997.12.—231 页；19cm；¥10.00

生命的颂歌/郭小川等著；李启仁等编 .—合肥：安徽教育出版社，1997.10.—287 页；20cm.—（峥嵘岁月丛书）；¥10.80

生命的颜色：白玛娜珍散文集/白玛娜珍著 .—拉萨：西藏人民出版社，1997.9.—263 页；19cm；¥8.50

生命的滋味/席慕蓉著 .—上海：上海文艺出版社，1997.7.—392 页；20cm.—（台港暨海外华语作家自选文库·席慕蓉自选集）；¥15.70

生命之路/孙玉石著 .—北京：北京大学出版社，1997.10.—249 页；20cm.—（北大未名文丛）；¥12.00

生于一九六×年：新人类的精神与危机/老猫著 .—兰州：敦煌文艺出版社，1997.12.—239 页；20cm.—（新人类文化丛书）；¥12.50

生命的信仰：徐志摩文选/徐志摩著 .—北京：国际文化出版公司，1997.1.—2 册（676 页）；20cm.—（大师名家·思想文化·名著系列/张海焘主编）；¥29.80

生与死：徐国静哲思录/徐国静著 .—北京：中国对外翻译出版公司，1997.8.—269 页；20cm.—（徐国静哲思系列）；¥13.00

生活的乐趣；现当代著名作家众人说/陈才俊编 .—汕头：汕头大学出版社，1997.1.—351 页；20cm；¥28.00

台上台下/吴昊著 .—北京：北京出版社，1997.10.—483 页；20cm；¥18.00

他从乡间走来/尹景羽著 .—哈尔滨：黑龙江人民出版社，1997.4.—619 页；20cm；¥26.00

瓜豆录/卢子贵著 .—成都：四川民族出版社，1997.12.—459 页；19cm；¥9.80

自说还要说/董金锷著 .—哈尔滨：哈尔滨出版社，1997.12.—285 页；19cm.—（北国风杂文精选）；全套 8 册，总定价：96.00 元

守望村庄/莫独著 .—昆明：云南民族出版社，1997.8.—330 页；20cm；¥12.50

守望昆仑/肖平著 .—北京：解放军文艺出版社，1997.8.—222 页；20cm；¥12.50

宁静与声音/思阳著 .—西安：陕西师范大学出版社，1997.6.—397 页；20cm；¥25.00

记忆像铁轨一样长/余光中著 .—济南：山东文艺出版社，1997.11.—244 页；20cm.—（台湾名家散文丛书/牛志强主编）；¥10.80

让心有所属/杨小云著 .—广州：花城出版社，1997.1.—206 页；20cm.—（都市女性风采系

列）；¥8.60
冯亦代散文选集/冯亦代著；卫建民编 .—天津：百花文艺出版社，1997.2.—284页；20cm.—（百花散文书系/徐柏容，郑法清主编）；¥13.50
发芽的心情/朱佤佤著 .—北京：北京少年儿童出版社，1997.7.—208页；20cm.—（自画青春丛书）；¥12.00
民国世说/上海书店出版社编 .—上海：上海书店出版社，1997.1.—229页；20cm.—（论语选萃·札记卷）；¥11.50
民主与科学的呐喊：陈独秀杂文代表作品选/李伏虎编选 .—兰州：甘肃人民出版社，1997.8.—262页；20cm；¥14.80
民间主题/罗强烈著 .—石家庄：河北人民出版社，1997.8.—221页；20cm.—（午夜散文随笔书系）；¥11.30
圣母院的钟声：法国纪胜/程曾厚著、摄影 .—上海：复旦大学出版社，1997.12.—392页：彩图；20cm.—（海外文化之旅丛书）；¥18.00
对照记/张爱玲著 .—广州：花城出版社，1997.3.—103页；20cm.—（张爱玲作品集）；¥7.80
百年投影/金克木著 .—北京：北京大学出版社，1997.10.—236页；20cm.—（北大未名文丛）；¥12.00
百味人生/谢文伟，张朔著 .—北京：北京大学出版社，1997.2.—199页；19cm；¥9.50
百味人生/上海书店出版社编 .—上海：上海书店出版社，1997.1.—382页；20cm.—（论语选萃·杂文卷）；¥19.00
《百花洲》百期佳作　第三卷：中国作家看外国·散文/《百花洲》编辑部编 .—南昌：百花洲文艺出版社，1997.12.—577页；20cm；¥24.00
在季风中感觉雨/徐成淼著 .—石家庄：河北人民出版社，1997.8.—339页；20cm.—（对话与独白丛书）；¥16.00
在纽约的书房里/董鼎山著 .—上海：文汇出版社，1997.1.—163页；19cm.—（阁楼文丛）；¥8.00
在天花板上跳舞/孙甘露著 .—上海：文汇出版社，1997.1.—273页；19cm.—（阁楼文丛）；¥12.50
寺·倾听时光低语/杨少伟编 .—郑州：河南文艺出版社，1997.4.—321页；20cm.—（二十世纪中国散文精选·游记类编）；¥14.20
西安人/杨牧之著 .—杭州：浙江人民出版社，1997.1.—155页；19cm.—（都市人丛书）；¥7.00
西边书窗/董鼎山著 .—上海：三联书店上海分店，1997.1.—250页；19cm.—（三联文库·文化随笔系列）；¥11.90
西窗随笔/柏杨著 .—北京：中国友谊出版公司，1997.4.—2册；20cm.—（柏杨杂文集）；¥65.00
西路无碑/曾哲著 .—长春：长春出版社，1997.5.—341页；20cm.—（漂泊者之旅）；¥17.80
西南访古35年/汪宁生著 .—济南：山东画报出版社，1997.12.—300页；20cm.—（中国边疆探察丛书/马大正主编）；¥16.80
死亡，你不要骄傲/林非，吴鸿主编 .—北京：中国三峡出版社，1997.1.—532页；20cm.—（名家经典随笔百选·中国卷）；¥24.80
成功的奥秘/熊少严等著 .—广州：广东人民出版社，1997.8.—231页；19cm.—（花季梦寻丛书）；¥9.30
压在心上的坟/钱理群著 .—成都：四川人民出版社，1997.7.—300页；20cm.—（当代著名批评家随笔）；¥13.00
“老爷”说的准没错/刘成信等编 .—长春：长春出版社，1997.1.—312页；20cm.—（中国当代杂文精品文库；1）；¥13.50
李文珊散文/李文珊著 .—天津：百花文艺出版社，1997.7.—544页；20cm；¥23.60
有所思漫笔/李培垣著 .—合肥：安徽文艺出版社，1997.6.—345页；19cm；¥9.80
有心无题/何光沪著 .—北京：三联书店，1997.3.—363页；19cm.—（读书文丛）；¥16.60
妆台杂记/黄裳著 .—北京：中国社会科学出版社，1997.3.—231页；20cm.—（学术随笔文丛）；¥14.00
当代百家话读书/曹积三，阎桂笙主编 .—广州：广东教育出版社；沈阳：辽宁人民出版社，1997.6.—836页；20cm；¥33.00

当代人灵魂的透视/邵道生著 .—北京：团结出版社，1997.9.—481 页；20cm；¥25.00

当代散文精品 1997/周彦文，萧重声选编 .—广州：广州出版社，1997.8.—311 页；20cm；¥15.00

当代散文名家精品文库：季羡林卷/季羡林著 .—成都：四川人民出版社，1997.4.—503 页；20cm；¥22.50

当代散文名家精品文库：梁衡卷/梁衡著 .—成都：四川人民出版社，1997.4.—425 页；20cm；¥19.00

当代散文名家精品文库：林非卷/林非著 .—成都：四川人民出版社，1997.4.—488 页；20cm；¥21.80

当代散文名家精品文库：柳萌卷/柳萌著 .—成都：四川人民出版社，1997.4.—471 页；20cm；¥21.00

当代散文名家精品文库：石英卷/石英著 .—成都：四川人民出版社，1997.4.—355 页；20cm；¥16.50

当代散文名家精品文库：肖复兴卷/肖复兴著 .—成都：四川人民出版社，1997.4.—482 页；20cm；¥21.60

当代散文名家精品文库：袁鹰卷/袁鹰著 .—成都：四川人民出版社，1997.4.—393 页；20cm；¥17.80

当代散文名家精品文库：张中行卷/张中行著 .—成都：四川人民出版社，1997.4.—401 页；20cm；¥18.50

当代散文名家精品文库：赵丽宏卷/赵丽宏著 .—成都：四川人民出版社，1997.4.—452 页；20cm；¥20.30

当代散文名家精品文库：周国平卷/周国平著 .—成都：四川人民出版社，1997.4.—593 页；20cm；¥25.80

当代散文名篇选/陈子文编 .—2 版 .—广州：暨南大学出版社，1997.3.—186 页；19cm.—（文学名著精选系列）；全套定价：68.00 元

当代愚公挖什么：新锐杂文/何龙著 .—青岛：青岛出版社，1997.11.—250 页；20cm.—（野菊文丛）；¥12.00

尘封的风景/黄怡编 .—上海：东方出版中心，1997.9.—338 页；20cm.—（鸳鸯蝴蝶派散文大系：1909～1949/袁进主编）；¥19.00

母亲的回忆/朱德等著；张学新，孙玉蓉编 .—合肥：安徽教育出版社，1997.10.—317 页；20cm.—（峥嵘岁月丛书）；¥11.40

岁华晴影：周汝昌随笔/周汝昌著 .—上海：东方出版中心，1997.1.—342 页；20cm.—（当代中国学者随笔）；¥19.00

岁月/徐沛主编 .—南京：江苏文艺出版社，1997.9.—316 页；20cm；¥16.00

岁月的回声/张金池著 .—天津：百花文艺出版社，1997.6.—218 页；20cm；¥15.00

岁月如歌：记者文学：1994～1997年/顾宪龄著 .—上海：百家出版社，1997.12.—218 页；19cm；¥16.00

网思想的小鱼/徐迟著 .—武汉：湖北人民出版社，1997.8.—381 页；20cm.—（人间书）；¥14.70

网住你的梦/赵玫著 .—天津：天津人民出版社，1997.3.—255 页；19cm.—（五人新感觉）；¥9.80

回顾/李致著 .—成都：四川人民出版社，1997.11.—243 页；19cm（精装）；¥10.00

回家/南妮著 .—上海：上海人民出版社，1997.8.—268 页；19cm.—（都市女性随笔）；¥8.80

军旅随笔/赵显明著 .—武汉：武汉出版社，1997.4.—316 页；20cm；¥16.80

吃的自由/符中士著 .—北京：人民文学出版社，1997.9.—184 页；20cm；¥9.80

先下手为强/梁凤仪著 .—北京：中国文联出版公司；香港：香港勤＋缘出版社，1997.6.—262 页；19cm.—（梁凤仪散文系列）；¥10.90

自白/梁晓声著 .—北京：经济日报出版社；西安：陕西旅游出版社，1997.4.—562 页：照片；20cm；¥29.80

自己的嫁衣/朱铁志著 .—天津：百花文艺出版社，1997.12.—319 页；19cm；¥15.00

自己的视角/董鼎山著 .—上海：学林出版社，1997.12.—291 页；20cm.—（笔会文丛；6/萧关鸿，曹维劲主编）；¥16.00

自然化生存：关于命运的报告/陈华梅著 .—北京：中国友谊出版公司，1997.10.—189 页；20cm；¥19.80

向阳湖文化人采风（上）/李城外著 .—北京：人

民文学出版社，197.12.—287 页；20cm；¥16.80

向阳情结（上）：文化名人与咸宁/李城外编 .—北京：人民文学出版社，1997.12.—290 页；20cm；¥15.00

向赃官叫板/孙同喜著 .—哈尔滨：哈尔滨出版社，1997.12.—294 页；19cm.—（北国风杂文精选）；全套 8 册，总定价：96.00 元

好好读男人/宋晓琪著 .—上海：上海人民出版社，1997.12.—264 页；19cm.—（都市女性随笔）；¥10.00

好奇时光：朱玲日记/朱玲著 .—上海：上海人民出版社，1997.7.—177 页；20cm；¥10.00

好日子：纳霍德卡的中国女孩/郝蓄芳著 .—长春：时代文艺出版社，1997.12.—250 页；19cm；¥12.80

名家点心/白琳主编；艺文编选 .—西安：陕西师范大学出版社，1997.8.—243 页；20cm.—（女友精品书系）；¥12.00

名人日记/李秀忠，王凤芹主编 .—济南：山东友谊出版社，1997.12.—770 页；20cm（精装）；¥29.00

年轻的表白：陈丹燕收到的 70 封信/张咏晴编 .—上海：三联书店上海分店，1997.1.—264 页；19cm.—（三联文库·青草地丛书）；¥10.90

丢失的香柚/梁晓声著 .—长沙：湖南文艺出版社，1997.8.—357 页；20cm.—（小说家散文丛书）；¥16.50

伏尔加河之梦/吕大明著 .—青岛：青岛出版社，1997.8.—234 页；20cm.—（海外著名华人女作家新潮散文系列/白舒荣，徐诚主编）；¥10.20

如面谈/止庵著 .—北京：东方出版社，1997.10.—251 页；20cm.—（活水文丛）；¥14.00

如梦令：名人笔下的旧京/姜德明选编 .—北京：北京出版社，1997.8.—610 页；20cm；¥23.00

多彩的巴黎/何秀峰著 .—广州：花城出版社，1997.12.—146 页；19cm；¥9.00

多少星星在心里/罗灿著 .—深圳：海天出版社，1997.12.—180 页；20cm.—（'97 深圳文艺丛书；2）；全套总定价：218.00 元

你到底要什么/冯敬兰著 .—北京：中国国际广播出版社，1997.2.—204 页；20cm.—（青橄榄文丛·当代中青年作家散文随笔自选集）；¥10.50

你是我永远的表达：南方周末“芳草地”副刊作品精粹/马莉编 .—北京：光明日报出版社，1997.1.—479 页；20cm；¥19.80

休闲散文书系/肖雨时主编 .—北京：华文出版社，1997.2.—6 册；20cm；¥90.00

季节飘带/孙云晓，徐莉萍主编 .—青岛：青岛出版社，1997.1.—269 页；20cm.—（青春风铃丛书·散文卷）；¥11.00

金秋集/刘哲，王学昭著 .—石家庄：花山文艺出版社，1997.4.—247 页；19cm；¥6.00

金台松涛/熊光荣著 .—南昌：百花洲文艺出版社，1997.11.—324 页；19cm；¥13.00

金指银弦/姜晋著 .—沈阳：沈阳出版社，1997.6.—238 页；19cm.—（沧浪丛书）；全套定价：55.00 元

永不言别/莫小米著 .—天津：天津人民出版社，1997.3.—268 页；19cm.—（五人新感觉）；¥9.80

永恒的春天/萧三等著；张器友编 .—合肥：安徽教育出版社，1997.10.—318 页；20cm.—（峥嵘岁月丛书）；¥11.40

永恒的孤岛/毛喻原著 .—兰州：甘肃文化出版社，1997.12.—555 页；20cm；¥29.80

永恒的诱惑/萧关鸿著 .—天津：百花文艺出版社，1997.12.—226 页；20cm.—（艺术美散文丛书/冯骥才主编）；¥17.50

永远的白鸽/张洁著 .—杭州：浙江文艺出版社，1997.8.—182 页；19cm；¥8.50

刘姥姥开店/丹赤著 .—哈尔滨：哈尔滨出版社，1997.12.—294 页；19cm.—（北国风杂文精选）；全套 8 册，总定价：96.00 元

关东草集/陈凤翚 .—哈尔滨：哈尔滨出版社，1997.12.—300 页；19cm.—（北国风杂文精选）；全套 8 册，总定价 96.00 元

初冬的朝颜/鹤西著 .—上海：上海书店出版社，1997.5.—226 页；20cm.—（文苑春秋随笔书系）；¥11.50

并非遥远的故事/宋四根著 .—福州：海风出版社，1997.5.—168 页；20cm；¥12.00

并非永生的渴望：梅洁散文选/梅洁著 .—天津：百花文艺出版社，1997.3.—456 页；照片；

20cm；￥20.00
冰核儿集/詹同著 .—石家庄：河北教育出版社，1997.6.—208 页；20cm.—（三味丛书）；￥11.00
冰兄漫谈/廖冰兄著 .—石家庄：河北教育出版社，1997.6.—286 页；20cm.—（三味丛书）；￥13.90
汗流浃背的重庆人/陈文明著 .—成都：四川人民出版社，1997.8.—261 页；19cm；￥12.00
汗颜斋文札/郭风著 .—福州：海峡文艺出版社，1997.9.—428 页；19cm；￥16.50
江天无尘：中国现代名家画意散文/王天红编 .—长春：吉林美术出版社，1997.—218 页；19cm.—（悠悠春江花月夜书丛）；￥9.80
江山万里情/郑向恒编著 .—成都：四川大学出版社，1997.7.—244 页；20cm；￥9.80
戏剧人生/陈果卿著 .—北京：大众文艺出版社，1997.11.—198 页；19cm；￥7.80
戏说财神/杨洪立著 .—合肥：安徽文艺出版社，1997.12.—195 页；19cm；￥12.00
戏文锣鼓/魏绍昌著 .—郑州：大象出版社，1997.8.—316 页：照片；20cm；￥17.00
欢度黄昏/季音著 .—北京：人民日报出版社，1997.9.—347 页；20cm；￥16.80
阳光和阴霾/秦牧著 .—北京：作家出版社，1997.3.—432 页；20cm.—（秦牧散文精华·文艺随笔卷）；￥19.80
阳光与荒原的诱惑/巴荒著 .—上海：东方出版中心，1997.4.—298 页；20cm.—（文化大散文系列）精装；￥20.00
观察者的眼睛/郁东方著 .—济南：山东友谊出版社，1997.8.—202 页；19cm；￥12.80
红尘笔记/王晓莉著 .—南昌：百花洲文艺出版社，1997.4.—260 页；20cm.—（百花洲文学创作丛书）；￥13.50
红尘走笔/红尘人著 .—福州：海峡文艺出版社，1997.1.—187 页；20cm；￥7.50
红粉军师/戴仲燕著 .—武汉：湖北人民出版社；香港：大公报出版有限公司，1997.2.—224 页；20cm；￥10.00
红楼非梦/李国文著 .—北京：中央编译出版社，1997.1.—206 页；20cm.—（读译文丛）；￥11.00
红眠床·红木屐/林墉著 .—广州：广东旅游出版社，1997.12.—197 页；20cm；￥12.50
红秋千：当代少女抒情散文精品/邱易东主编 .—广州：花城出版社，1997.11.—362 页；20cm.—（紫风铃系列丛书）；￥18.00
寻找被遗忘的王朝/白滨著 .—济南：山东画报出版社，1997.12.—220 页；20cm.—（中国边疆探察丛书/马大正主编）；￥13.00
寻找感动/刘国强著 .—沈阳：辽宁民族出版社，1997.7.—259 页；19cm；￥8.00
寻找性别的女人/艾子著 .—海南：南海出版公司，1997.7.—256 页；19cm；￥16.60
寻找一个有苦难的天堂/刘墉著 .—桂林：漓江出版社，1997.12.—207 页；19cm；￥7.50
寻找自己/刘轩著 .—桂林：漓江出版社，1997.12.—174 页；19cm；￥6.50
那个年代的故事/朱伟杰，马升嘉著 .—上海：上海远东出版社，1997.10.—166 页；19cm；￥8.80
尽意潇洒：陈伯坚散文选/陈伯坚著 .—北京：人民文学出版社，1997.12.—237 页；20cm；￥11.60
两岸情/张克辉著 .—北京：台海出版社，1997.9.—71 页；20cm；￥14.20
两代丹青/赵青，陈明远著 .—上海：学林出版社，1997.12.—330 页；20cm.—（笔会文丛；8/萧关鸿，曹维劲主编）；￥17.00
两代腐败者的比较/刘成信等编 .—长春：长春出版社，1997.1.—310 页；20cm.—（中国当代杂文精品文库；3）；￥13.50
两只眼睛看世界/余心言著 .—西安：陕西人民出版社，1997.10.—239 页；20cm（精装）；￥14.50
芳菲时节一缕情：夜半闲谈/梁韵红著 .—北京：华艺出版社，1997.6.—155 页；18cm；￥11.00
芳境二步：郑彦英散文随笔记/郑彦英著 .—北京：中国工人出版社，1997.4.—299 页；19cm；￥13.00
花非花：女人面对文学/周洪，彼茗著 .—兰州：甘肃人民出版社，1997.1.—251 页；20cm.—（第二种真实：女性启示录丛书/匡文立主编）；￥10.00
花木丛中人常在/章品镇著 .—北京：三联书店，

1997.3.—381 页；19cm.—（读书文丛）；¥17.00

花雨空坛：中国现代名家画意散文/王天红编 .—长春：吉林美术出版社，1997.—201 页；19cm.—（悠悠春江花月夜书丛）；¥9.80

苏青散文集/方铭编 .—合肥：安徽文艺出版社，1997.5.—516 页；20cm；¥18.60

严肃的闲话：谷长春杂文选/谷长春著 .—长春：吉林人民出版社，1997.8.—338 页；20cm；¥16.00

赤竹心曲：学者卷一/蔡元培等著 .—北京：北京师范大学出版社，1997.9.—478 页；20cm.—（人世文丛/张岱年，邓九平主编）；¥25.00

求道者的悲歌/王英琦著 .—沈阳：沈阳出版社，1997.8.—316 页；19cm.—（当代中国作家自况体丛书）；¥7.80

求索集/刘瑜庆著 .—贵阳：贵州民族出版社，1997.8.—312 页；20cm.—（报林人丛书/张学武主编）；¥15.00

劫后余灰/陆地著 .—南宁：广西教育出版社，1997.11.—310 页；20cm；¥12.00

远嫁他乡这些年/王琼著 .—南京：江苏文艺出版社，1997.11.—159 页；20cm；¥7.50

远山近水/齐苍著 .—福州：海峡文艺出版社，1997.6.—181 页；19cm；¥8.00

张继高散文/伊始编选 .—杭州：浙江文艺出版社，1997.4.—394 页；20cm；¥17.00

张晓风散文/张晓风著 .—杭州：浙江文艺出版社，1997.6.—397 页；20cm；¥14.00

张中行自述文录　上卷：写真集/张中行著；范锦荣编 .—北京：作家出版社，1997.1.—290 页；20cm；¥15.00

张中行自述文录　下卷：留梦集/张中行著；徐秀珊编 .—北京：作家出版社，1997.1.—335 页；20cm；¥17.00

张锲海外游记/张锲著 .—北京：华文出版社，1997.1.—253 页：彩照；19cm.—（中国作家海外游记丛书·第二辑）；¥12.00

批而不倒的儒/王其俊主编 .—北京：国际文化出版公司，1997.6.—5 册；19cm.—（世相百态丛书；1 信则灵：救逝出世各有信仰/门岿主编）；本书包括隐士的真谛等五册。¥37.50

走不出的忧郁/周凡恺著 .—天津：天津人民出版社，1997.3.—271 页；19cm.—（五人新感觉）；¥9.80

走虫：贾平凹日记暨散文新作/贾平凹著 .—北京：中国青年出版社，1997.3.—234 页；20cm；¥11.50

走过千年/彭春兰著 .—南昌：百花洲文艺出版社，1997.12.—365 页；20cm；¥17.00

走过四季：春/陶本一主编 .—北京：语文出版社，1997.4.—514 页：彩图；20cm；¥19.80

走过四季：夏/陶本一主编 .—北京：语文出版社，1997.4.—510 页：彩图；20cm；¥19.80

走过四季：秋/陶本一主编 .—北京：语文出版社，1997.4.—514 页：彩图；20cm；¥19.80

走过四季：冬/陶本一主编 .—北京：语文出版社，1997.4.—479 页：彩图；20cm；¥18.80

走进墨脱/曹华波著 .—长春：长春出版社，1997.5.—180 页；20cm.—（漂泊者之旅）；¥9.80

走近 18 岁：寄语青春/刘占生，魏氓主编 .—北京：京华出版社，1997.12.—336 页；20cm；¥12.30

走进阿尔卑斯山/雷涛著 .—西安：陕西人民出版社，1997.12.—293 页；20cm；¥18.00

走近俄罗斯/闻一著 .—北京：三联书店，1997.5.—381 页；20cm.—（地球村观察）；¥19.80

步云杂谈/杨蒲林著 .—武汉：武汉出版社，1997.8.—242 页；19cm；¥12.00

听猎人说/庞壮国著 .—北京：中国国际广播出版社，1997.2.—200页；20cm.—（青橄榄文丛·当代中青年作家散文随笔自选集）；¥10.50

听那凝固的情味：《文汇报·笔会》副刊作品精粹/笔会编辑部编 .—北京：光明日报出版社，1997.2.—477 页；20cm.—（中国当代文学作品集粹）；¥19.80

足迹：纪刚散文杂文集/王纪刚著 .—北京：北京出版社，1997.3.—232 页；19cm；¥10.00

时代：阅读与仿制/张炜著 .—北京：中央编译出版社，1997.1.—294 页；20cm.—（读译文丛）；¥15.80

时光练习簿/张执浩著 .—太原：北岳文艺出版社，1997.11.—236 页；20cm.—（先锋散文丛书）；

￥10.50
时间的切片/郁风著 .—石家庄：河北教育出版社，1997.7.—342 页：照片；20cm.—（三味丛书）；￥16.50
时彦掠影/吴正明著 .—沈阳：沈阳出版社，1997.6.—169 页；19cm.—（沧浪丛书）；全套定价：55.00 元
别/芦荻等著；扬子选编 .—长春：吉林文史出版社，1997.10.—236 页；20cm；￥11.00
男兵女兵调色板/珠珠著 .—北京：中国青年出版社，1997.12.—371 页；20cm；￥15.00
男人爱管闲事/沈善增著 .—上海：上海人民出版社，1997.12.—159 页；20cm.—（青年一代丛书）；￥8.00
男人精神/周德东著 .—长春：吉林人民出版社，1997.8.—214 页；20cm.—（激情真言丛书）；￥15.00
围城内外/刘屏，唐达君编 .—北京：中共中央党校出版社，1997.3.—320 页；20cm.—（心灵之声丛书）；￥16.80
兵来将当/梁凤仪著 .—北京：中国文联出版公司，1997.6.—218 页；19cm.—（梁凤仪散文系列）；￥9.50
告诉你一个真实的中国：中外名人论中国/傅建成编 .—兰州：敦煌文艺出版社，1997.8.—434 页；20cm；￥21.80
乱花浅草/邵燕祥著 .—济南：山东画报出版社，1997.8.—225 页；19cm.—（杂家杂忆丛书）；￥10.80
乱话三千/赵健雄著 .—北京：中国国际广播出版社，1997.2.—237 页；20cm.—（青橄榄文丛·当代中青年作家散文随笔自选集）；￥12.00
乱语全书：全本/老宣著 .—北京：华龄出版社，1997.2.—388 页；20cm；￥16.80
余韵/张爱玲著 .—广州：花城出版社，1997.3.—197 页；20cm.—（张爱玲作品集）；￥8.20
饮食男女：舒諲随笔/舒諲著 .—上海：东方出版中心，1997.1.—296 页；20cm.—（当代中国学者随笔）；￥16.00
饮食男女/上海书店出版社编 .—上海：上海书店出版社，1997.1.—315 页；20cm.—（论语选萃·小品卷）；￥14.50
忧天集/金文钦著 .—福州：海峡文艺出版社，1997.8.—157 页；19cm；￥7.50
体验俄罗斯/邵宁著 .—上海：文汇出版社，1997.5.—219 页；20cm.—（环球视野丛书）；￥9.20
体验香港：一位新华社香港分社工作人员的手记/王维旗著 .—北京：中国文联出版公司，1997.5.—284 页：彩图；20cm；￥14.80
体验自卑：韩小蕙随笔/韩小蕙著 .—上海：东方出版中心，1997.1.—396 页；20cm.—（中国当代记者随笔丛书/王春瑜主编）；￥20.00
何处问多情/南妮著 .—天津：天津人民出版社，1997.3.—251 页；19cm.—（五人新感觉）；￥9.80
佛的困惑/杨守松著 .—南京：江苏文艺出版社，1997.12.—236 页；20cm；￥10.00
作家谈译文/上海译文出版社编 .—上海：上海译文出版社，1997.12.—292 页；20cm；￥18.00
我爱的那个人坐在主席台上：王子君散文精选集/王子君著 .—海口：南海出版公司，1997.11.—273 页；20cm；￥16.00
我爱钟馗/乔婪著 .—贵阳：贵州人民出版社，1997.12.—206 页；19cm；￥7.80
我的 1997/王晋军著 .—北京：解放军文艺出版社，1997.1.—484 页：彩照；20cm；￥20.00
我的家在高原上/席慕蓉著 .—上海：上海文艺出版社，1997.7.—409 页；20cm.—（台港暨海外华语作家自选文库·席慕蓉自选集）；￥16.30
我的老师　第二卷/林受之主编 .—广州：广东教育出版社，1997.8.—176 页；20cm；￥7.35
我的美丽与哀愁/童素心著 .—兰州：敦煌文艺出版社，1997.3.—151 页；20cm.—（文友丛书·第二辑/李军主编）；￥12.80
我的星辰/言行一著 .—天津：百花文艺出版社，1997.3.—256 页；20cm；￥13.80
我和书/季羡林著 .—长沙：湖南出版社，1997.12.—283 页；20cm.—（书海浮槎文丛）；￥14.80
我看美国/元辉著 .—北京：解放军文艺出版社，1997.5.—172 页；20cm；￥6.80
我们的日子/董立勃汇编 .—乌鲁木齐：新疆青少年出版社，1997.9.—307 页；20cm；￥25.90

我说苏州/王宗拭编 .—苏州：古吴轩出版社，1997.6.—261页；20cm；¥16.80
我为什么喜欢听假话/刘成信等编 .—长春：长春出版社，1997.1.—315 页；20cm.—（中国当代杂文精品文库；4）；¥13.50
我行我素/徐城北著 .—济南：山东画报出版社，1997.8.—354页；19cm.—（杂家杂忆丛书）；¥16.80
我在韩国365日/姜燕著 .—济南：山东文艺出版社，1997.12.—360页；19cm；¥13.80
我歌唱延安/何其芳著；刘允高编 .—合肥：安徽教育出版社，1997.10.—306页；20cm.—（峥嵘岁月丛书）；¥11.20
私人照相簿/刘心武著 .—上海：上海远东出版社，1997.9.—257 页；20cm.—（收获丛书·散文卷）；¥15.00
怀旧人生忆语/老舍等著；张树武选编 .—长春：吉林文史出版社，1997.1.—281页；20cm.—（现代中国名士名女精品系列）；¥13.00
快乐人生/向贤彪著 .—福州：海风出版社，1997.1.—369页；20cm；¥15.80
闲话闲说：中国世俗与中国小说/阿城著 .—北京：作家出版社，1997.12.—187 页；20cm；¥13.80
闲话香港：移居香港20年/黄缵有著 .—海口：南海出版公司，1997.6.—171页；20cm；¥15.00
闲话杂说/黄世海著 .—拉萨：西藏人民出版社，1997.8.—238页；19cm；¥8.00
闲聊时代/吴亮著 .—乌鲁木齐：新疆人民出版社，1997.5.—323 页；20cm.—（书话与闲话丛书）；¥15.00
闲情偶寄/上海书店出版社编 .—上海：上海书店出版社，1997.1.—268 页；20cm.—（论语选萃·散文卷）；¥11.50
闲者的盛宴/冯金牛编 .—上海：东方出版中心，1997.9.—278 页；20cm.—（鸳鸯蝴蝶派散文大系：1909~1979/袁进主编）；¥16.00
闲情絮语/马端忠著 .—长春：吉林人民出版社，1997.10.—306页；20cm；¥16.80
闲言碎语/蓝翎著 .—石家庄：河北教育出版社，1997.10.—277 页；20cm.—（三味丛书）；¥13.50
学人今昔/谢泳著 .—长春：长春出版社，1997.8.—278 页；20cm.—（求索文丛）；¥14.00
学人说梦/梁锡华著 .—天津：百花文艺出版社，1997.8.—197页；20cm.—（台港名家散文自选丛书）；¥10.50
应是屐齿印苍苔/柯灵著 .—长沙：湖南出版社，1997.12.—260页；20cm.—（书海浮槎文丛）；¥13.90
沉默的大多数：王小波杂文随笔全编/王小波著 .—北京：中国青年出版社，1997.10.—555页；20cm；¥27.00
沉思的风景/郭作哲著 .—北京：蓝天出版社，1997.12.—148页；19cm；¥8.00
沈复散文选集/沈复著；王宜庭选注 .—天津：百花文艺出版社，1997.8.—162 页；20cm.—（百花散文书系·古代散文丛书·第一辑/徐柏容，郑法清主编）；¥8.70
沧海渺思：伊人随笔/伊人著 .—上海：东方出版中心，1997.1.—309 页；20cm.—（中国当代记者随笔丛书/王春瑜主编）；¥17.00
沧海闲情/徐城北著 .—南宁：广西民族出版社，1997.5.—215页；20cm.—（艺海文丛·徐城北随笔）；¥13.80
沧桑看云/李辉著 .—上海：上海远东出版社，1997.1.—244 页；20cm.—（收获丛书·散文卷）；¥14.00
沧桑人画：吴冠中/萧关鸿，曹维劲主编 .—上海：学林出版社，1997.12.—355 页：照片；20cm.—（笔会文丛；5）；¥18.00
怀疑的眼睛/郁土著 .—西安：陕西师范大学出版社，1997.6.—245页；20cm；¥16.00
补丁集/华君武著 .—上海：学林出版社，1997.12.—347页；20cm.—（笔会文丛；3/萧关鸿，曹维劲主编）；¥18.00
词的变奏/陈东东著 .—上海：东方出版中心，1997.6.—191页；20cm.—（诗人随想文丛）；¥13.00
诉衷情：名人笔下的父母/任文贵等选编 .—北京：北京出版社，1997.8.—512页；20cm；¥20.00
况味人生/扶桑初日著 .—北京：华文出版社，1997.2.—263 页；20cm.—（东轩书趣文丛；13/严平等主编）；¥16.50
冷眼热心：来新夏随笔/来新夏著 .—上海：东方

出版中心，1997.1.—274 页；20cm.—（当代中国学者随笔）；¥16.00
张看/张爱玲著 .—广州：花城出版社，1997.3.—266 页；20cm.—（张爱玲作品集）；¥10.80
局中珍珑/白衣，风翔著 .—北京：华文出版社，1997.2.—341 页；20cm.—（东轩书趣文丛；18/严平等主编）；¥21.50
阿里山的思念/金坚范主编；中国作家协会编译中心编 .—北京：华文出版社，1997.7.—669 页；20cm；¥35.00
吹沙居乱弹：报人随笔杂文/刘金编著 .—上海：学林出版社，1997.12.—404 页；20cm；¥19.00
孤独的文化人/胡绳梁著 .—上海：上海人民出版社，1997.12.—283页；20cm；¥12.00
孤独生活宝典/钟青著 .—珠海：珠海出版社，1997.4.—324 页；20cm；¥13.00
孤帆：散文集/鹿子著 .—郑州：海燕出版社，1997.5.—6页；20cm；¥14.00
纸上的风景/伍立杨著 .—北京：中国国际广播出版社，1997.2.—228 页；20cm.—（青橄榄文丛·当代中青年作家散文随笔自选集）；¥12.50
纸上的后花园/黄集伟著 .—北京：东方出版社，1997.10.—402 页；20cm.—（活水文丛）；¥21.00
纸上建筑/翟永明著 .—上海：东方出版中心，1997.7.—255 页；20cm.—（诗人随想文丛/宗仁发，岑杰主编）；¥15.00
妞妞：一个父亲的札记/周国平著 .—上海：上海人民出版社，1996.11.—1册；20cm；¥13.80
纽约札记/龙永图著 .—贵阳：贵州人民出版社，1997.11.—157 页；20cm；¥16.00
纵浪大化集/李文俊著 .—北京：九洲图书出版社，1997.2.—187 页；20cm.—（译人视界丛书）；¥12.00
画家散文/叶梦选编 .—长沙：湖南文艺出版社，1997.11.—595 页；20cm；¥23.50
画译中的纪念/高莽著 .—北京：九洲图书出版社，1997.2.—278 页；20cm.—（译人视界丛书）；¥16.00
雨丝风片/梁谷音著 .—南宁：广西民族出版社，1997.5.—212 页；20cm.—（艺海文丛·梁谷音随笔）；¥13.80
雨夜清柔/左建明著 .—济南：明天出版社，1997.10.—318 页；19cm；¥10.40
事与物/李少军著；胡毅坚，厢熬然译 .—昆明：云南民族出版社，1997.6.—286 页；20cm；¥10.00
雨花集/苏丹著 .—贵阳：贵州人民出版社，1997.6.—287 页；20cm；¥12.80
昔游记/高伟著 .—北京：作家出版社，1997.5.—388 页；20cm；¥18.50
苦思面壁/赵相如著 .—南昌：江西人民出版社，1997.8.—262 页；19cm.—（南酸枣杂文丛书）；¥10.70
苦楝子花儿/曼子著 .—重庆：重庆出版社，1997.12.—184 页；19cm；¥9.00
苗子说林/黄苗子著 .—石家庄：河北教育出版社，1997.7.—309 页；20cm.—（三味丛书）；¥15.00
英雄交响曲/秦牧著 .—北京：作家出版社，1997.2.—396 页；20cm.—（秦牧散文精华·抒情小品卷）；¥18.50
英子的乡恋/林海音著；傅光明选编 .—杭州：浙江文艺出版社，1997.11.—561 页：照片；20cm.—（林海音文集）；¥21.60
茅盾思想小品/陈建华编 .—上海：上海社会科学院出版社，1997.1.—336 页；20cm.—（名人思想小品丛书）；¥14.00
带咸味的糖/韩尚义编著 .—石家庄：河北教育出版社，1997.4.—303 页；20cm.—（三味丛书）；¥14.60
带露赏花/尧山壁著 .—天津：百花文艺出版社，1997.6.—347 页；20cm；¥16.00
带女儿回家/高乾著 .—西安：陕西师范大学出版社，1997.6.—265 页；20cm；¥18.00
卖掉文章买音乐：记者随笔/韩晓波著 .—北京：群言出版社，1997.9.—199 页；19cm；¥9.50
卖糖书话/施蛰存著 .—长沙：湖南出版社，1997.12.—232 页；20cm.—（书海浮槎文丛）；¥13.00
武当今古杂谭/纪道双著 .—北京：人民体育出版社，1997.9.—231 页；19cm；¥9.00
武汉人/方方著 .—杭州：浙江人民出版社，1997.1.—159 页；19cm.—（都市人丛书）；

¥7.20

幸福的柴门/栖云著 .—长春：吉林人民出版社，1997.8.—327页；20cm.—（激情真言丛书）；¥18.00

幸福峡谷/唐为忠编 .—北京：华艺出版社，1997.12.—435页；20cm；¥19.00

奇谈怪论/上海书店出版社编 .—上海：上海书店出版社，1997.1.—349页；20cm.—（论语选萃·谐文卷）；¥18.50

青春梦痕/赖海晏著 .—广州：广东人民出版社，1997.8.—229页；19cm.—（花季梦寻丛书）；¥9.50

青春牧歌/杨越峦著 .—石家庄：花山文艺出版社，1997.1.—289页；20cm；¥15.80

青春情思串/金马著 .—广州：广东人民出版社，1997.8.—252页；19cm.—（花季梦寻丛书）；¥10.00

青春与美/张成淦主编 .—广州：广东人民出版社，1997.8.—191页；19cm.—（花季梦寻丛书）；¥8.00

林清玄散文/林清玄著 .—杭州：浙江文艺出版社，1997.9.—433页；20cm；¥17.80

杯边秋色：弘征随笔/弘征著 .—北京：华夏出版社，1997.11.—324页；20cm.—（名编辑随笔丛书/刘杲主编）；¥16.00

杨子才杂文选/杨子才著 .—北京：长征出版社，1997.9.—492页；20cm；¥22.00

柳笛·槐花：王士敏散文选集/王士敏著 .—北京：军事谊文出版社，1997.9.—204页；19cm；¥12.00

枫叶之国加拿大/金坚范选编 .—北京：华夏出版社，1997.1.—205页；20cm.—（中国作家看世界丛书/袁鹰，邵燕祥主编）；¥9.80

把嘴张圆/刘心武著 .—上海：上海远东出版社，1997.12.—386页；20cm.—（岁月书系）；¥17.00

拍手无尘/黄茵著 .—上海：上海人民出版社，1997.8.—220页；19cm.—（都市女性随笔）；¥7.30

珍爱的签名本/曹正文著 .—上海：华东师范大学出版社，1997.11.—203页；20cm；¥10.00

珍惜人生/高继辉著 .—北京：新华出版社，1997.8.—419页；20cm.—（中国高级记者丛书）；¥13.00

现代散文名篇选/叶高林编 .—2版 .—广州：暨南大学出版社，1997.3.—174页；19cm.—（文学名著精选系列）；全套定价：68.00元

抬轿人语：江曾培随笔/江曾培著 .—北京：华夏出版社，1997.11.—372页；20cm.—（名编辑随笔丛书/刘杲主编）；¥19.80

明天会更好/梁凤仪著 .—北京：中国文联出版公司；香港：香港勤+缘出版社，1997.6.—263页；19cm.—（梁凤仪散文系列）；¥10.60

罗昭谏小品/王晓宁选注 .—北京：文化艺术出版社，1997.1.—249页；20cm.—（唐宋小品十家；¥12.60

黑旗！黑旗！：刘永福拒日保台传奇/张永枚著 .—北京：长城出版社，1997.6.—221页；20cm；¥12.00

易山序跋集/易山著 .—昆明：云南教育出版社，1997.6.—208页；20cm；¥9.80

周而复60年文艺漫笔：1935～1996/周而复著 .—北京：中国工人出版社，1997.10.—686页：照片；20cm；¥30.00

周洪说话：富说/周洪著 .—呼和浩特：内蒙古人民出版社，1997.10.—332页；20cm；¥20.00

周洪说话：穷说/周洪著 .—呼和浩特：内蒙古人民出版社，1997.10.—438页；20cm；¥25.00

周洪说话：杂说/周洪著 .—呼和浩特：内蒙古人民出版社，1997.10.—391页；20cm；¥23.50

周作人绝妙小品文/周作人著 .—长春：时代文艺出版社，1997.3.—2册；20cm.—（绝妙小品文库）；¥48.60

朋友和朋友的书初集/于光远著 .—上海：汉语大词典出版社，1997.8.—285页；20cm.—（书友文丛/倪墨炎主编）；¥14.50

炎凉岁月/乔忠延著 .—北京：文津出版社，1997.8.—283页；19cm；¥9.00

爬过早晨/叶依著 .—太原：北岳文艺出版社，1997.11.—211页；20cm.—（先锋散文丛书）；¥9.50

爬坡集/佘树森著 .—北京：北京大学出版社，1997.10.—241页；20cm.—（北大未名文丛）；¥12.00

所思·所闻/沈小兰著 .—合肥：安徽文艺出版社，1997.9.—258页；20cm；¥9.90

知道就说/刘锦智著.—北京：中国国际广播出版社，1997.1.—382页；20cm；￥16.80
知味集/汪曾祺选编.—北京：华夏出版社，1997.1.—297页；20cm.—（名家谈生活艺术丛书/袁鹰，柳萌主编）；￥12.80
爸爸手记/尚贵荣著.—郑州：海燕出版社，1997.6.—257页；19cm；￥9.60
钓梦/柯文辉著.—石家庄：河北教育出版社，1997.6.—368页；20cm.—（三味丛书）；￥17.60
狗咬人不是新闻：四川优秀杂文选：1990～1995/邓星盈主编；四川省杂文学会编.—成都：四川人民出版社，1997.3.—231页；19cm；￥11.00
狗一年猪一季/何满子著.—石家庄：河北教育出版社，1997.6.—314页；20cm.—（三味丛书）；￥15.20
刹那的惊心/朱蕊著.—上海：上海文艺出版社，1997.3.—257页；19cm.—（城市人手记）；￥10.00
侃球集/杨匡满选编.—北京：华夏出版社，1997.1.—263页；20cm.—（名家谈生活艺术丛书/袁鹰，柳萌主编）；￥11.50
依恋/宁坤强著.—贵阳：贵州民族出版社，1997.7.—200页；19cm；￥7.00
往事并不苍老：一个50年代大学生的日记/赵熙德著.—上海：复旦大学出版社，1997.12.—488页；20cm；￥19.00
往事不如烟/苏晨著.—广州：广东教育出版社，1997.10.—426页；19cm；￥15.00
往事匆匆/谢芳著.—北京：作家出版社，1997.12.—320页：照片；20cm；￥20.00
往事如烟：作家卷四/臧克家等著.—北京：北京师范大学出版社，1997.9.—534页；20cm.—（人世文丛/张岱年，邓九平主编）；￥28.00
夜谈·笑说茅台不是酒/伍进一主编.—成都：四川大学出版社，1997.12.—312页；20cm；￥16.00
夜莺在它自己的时代/王家新著.—上海：东方出版中心，1997.9.—318页；20cm.—（诗人随想文丛/宗仁发，岑杰主编）；￥19.00
夜水明楼：中国现代名家画意散文/王天红编.—长春：吉林美术出版社，1997.—200页；19cm.—（悠悠春江花月夜书丛）；￥9.80
京海晚眺/吴福辉著.—南京：江苏人民出版社，1997.7.—169页；20cm.—（新学人文化丛书）；￥11.00
空山灵雨/许地山著.—2版.—海口：海南出版社，1997.3.—294页；20cm.—（雅致经典系列）；￥16.80
河汉遥寄/王蒙等著.—上海：上海远东出版社，1997.8.—271页；20cm.—（收获丛书·散文卷）；￥14.00
河桥头/徐宏慧著.—沈阳：沈阳出版社，1997.6.—211页；19cm.—（沧浪丛书）；全套定价：55.00元
泥土巢写作散论/浩然著.—开封：河南大学出版社，1997.5.—346页；20cm；￥18.00
泊岸二十四小时/吕金才著.—天津：百花文艺出版社，1997.12.—192页；19cm；￥9.80
泪滩双月/黄辉富著.—南昌：百花洲文艺出版社，1997.12.—217页；20cm；￥12.00
询问美文：20世纪中国散文经典书话/王尧著.—济南：山东画报出版社，1997.8.—136页；20cm.—（书梦重温丛书）；￥9.20
诗酒风流/陈桥生著.—北京：华文出版社，1997.2.—267页；20cm.—（东轩书趣文丛；11/严平等主编）；￥16.50
建功散文精选/陈建功著.—北京：华夏出版社，1997.1.—473页；20cm.—（中国当代作家文库）；￥26.00
细说美利坚/孙有中，庄锡昌著.—上海：文汇出版社，1997.5.—231页；20cm.—（环球视野丛书）；￥9.80
终极风景/马丽华著.—长春：时代文艺出版社，1997.8.—377页；20cm.—（中国当代文化名人思想文库·马丽华卷/崔卓力主编）；￥15.00
南窗随笔/刘绍楹著.—北京：长城出版社，1997.3.—226页；20cm；￥11.00
南国寻梦：一个女记者眼中的广东/孙玉红著.—广州：广州出版社，1997.12.—259页；19cm；￥12.00
南海潮/陈雄昌著.—广州：广州出版社，1997.11.—193页；19cm；￥10.00
南京人/叶兆言著.—杭州：浙江人民出版社，1997.1.—181页；19cm.—（都市人丛书）；￥7.80

南来的雁：记者晓渡新闻生涯随感录/晓渡著 .—北京：中国妇女出版社，1997.9.—364 页；20cm；￥21.00

南十字星空下：澳洲文化随笔/洪丕柱著 .—上海：复旦大学出版社，1997.10.—271 页；20cm.—（海外文化之旅丛书）；￥14.00

春泉集/林雨著 .—济南：黄河出版社，1997.1.—381 页；20cm；￥15.00

春雨集/林雨著 .—济南：黄河出版社，1997.11.—310 页；20cm；￥12.00

春的足迹/孙福枝著 .—福州：海峡文艺出版社，1997.9.—145 页；19cm；￥7.00

春风拂天涯/薛奕明著 .—北京：文化艺术出版社，1997.12.—195 页；20cm；￥18.00

春风自在扬花/阿成著 .—南昌：百花洲文艺出版社，1997.10.—216 页；20cm；￥10.00

春花秋月/杨青青著 .—上海：中国纺织大学出版社，1997.9.—139 页；20cm；￥18.00

春梦无痕：中国现代名家画意散文/王天红编 .—长春：吉林美术出版社，1997.—204 页；19cm.—（悠悠春江花月夜书丛）；￥9.80

春雨/梁遇春著 .—2 版 .—海口：海南出版社，1997.3.—214 页；20cm.—（雅致经典系列）；￥14.80

面对无限的寂静：朱苏进的迷失与幂想/朱苏进著 .—上海：上海人民出版社，1997.1.—150 页；20cm.—（名家心迹丛书）；￥7.80

草堂怀旧：学者卷四/季羡林等著 .—北京：北京师范大学出版社，1997.9.—431 页；20cm.—（人世文丛）张岱年，邓九平主编）；￥25.00

养花，那片苦涩的云/颜家文著 .—长沙：湖南文艺出版社，1997.10.—369 页；20cm；￥17.50

泰国采风/张佳邻选编 .—北京：华夏出版社，1997.1.—207 页；20cm.—（中国作家看世界丛书/袁鹰，邵燕祥主编）；￥9.80

卧听箫箫/晏政著 .—南昌：江西人民出版社，1997.8.—267 页；19cm.—（南酸枣杂文丛书）；￥10.80

威尼斯日记/阿城著 .—北京：作家出版社，1997.12.—159 页；20cm；￥12.50

砖头瓦块/宋发选著 .—北京：海潮出版社，1997.10.—235 页；19cm；￥12.80

域里域外/高莽著 .—北京：中共中央党校出版社，1997.9.—272 页；20cm.—（京华学者随笔/王春瑜主编）；￥13.20

故乡的槐花雨/陈永强，周泳逊著 .—沈阳：沈阳出版社，1997.6.—322 页；19cm.—（沧浪丛书）；全套定价：55.00 元

故园风雨/顾土著 .—长春：长春出版社，1997.9.—297 页；20cm.—（求索文丛）；￥14.00

胡子与学问：新锐杂文/蔡栋著 .—青岛：青岛出版社，1997.11.—215 页；20cm.—（野菊文丛）；￥11.00

枯荣岁月/乔忠延著 .—天津：百花文艺出版社，1997.7.—268 页；19cm；￥11.80

柏杨专栏/柏杨著 .—北京：中国友谊出版公司，1997.5.—798 页；20cm.—（柏杨杂文集）；￥38.00

相伴人生/刘丽珍著 .—呼和浩特：内蒙古人民出版社，1997.8.—267 页；20cm；￥14.00

相见以诚/邓九平主编 .—北京：民主与建设出版社，1997.2.—287 页；20cm.—（布衣文丛）；￥13.00

相信人生：张千玉散文精选/张千玉著 .—重庆：重庆出版社，1997.11.—125 页；20cm（精装）；￥11.00

独步心灵的旷野/叶恩忠著 .—福州：海峡文艺出版社，1997.12.—370 页；21cm；￥17.00

独轮车轮/林斤澜著 .—北京：中央编译出版社，1997.1.—245 页；20cm.—（读译文丛）；￥12.80

独守苍茫/范春歌著 .—长春：长春出版社，1997.5.—263 页；20cm.—（漂泊者之旅）；￥14.50

独行的风景/宣轩著 .—上海：上海文艺出版社，1997.3.—312 页；19cm.—（城市人手记）；￥11.60

独自散步/朱苏进著 .—北京：解放军文艺出版社，1997.12.—310 页；20cm.—（看剑文丛/程步涛主编）；￥13.50

战士情怀/胡柏清著 .—广州：花城出版社，1997.9.—144 页；19cm；￥8.30

思·言·道/王岳川著 .—北京：北京大学出版社，1997.10.—238 页；20cm.—（北大未名文丛）；￥12.00

思路花雨：朽木杂文随笔/孙月沐著 .—南京：南京大学出版社，1997.5.—388 页；20cm；￥12.00

思想的风景：朱正随笔/朱正著 .—上海：东方出版中心，1997.1.—306 页；20cm.—（当代中国学者随笔）；￥17.00

星空与植物/南帆著 .—石家庄：河北人民出版社，1997.8.—250 页；20cm.—（午夜散文随笔书系）；￥12.60

星星点灯/默予著 .—南昌：江西人民出版社，1997.8.—256 页；19cm.—（南酸枣杂文丛书）；￥10.00

呼吸蛮烟瘴雨：岭南自然景观与热带文化随笔/肖鹏著 .—北京：文化艺术出版社，1997.4.—306 页；20cm；￥16.80

品茶斋随笔/段海峰著 .—天津：百花文艺出版社，1997.2.—187 页；19cm；￥8.80

咏叹人生/袁进编 .—上海：东方出版中心，1997.9.—336 页；20cm.—（鸳鸯蝴蝶派散文大系：1909～1949/袁进主编）；￥19.00

临界死亡/应全著 .—北京：华文出版社，1997.2.—257 页；20cm.—（东轩书趣文丛；12/严平等主编）；￥16.00

昨天在哪里：顾均正科学小品选/袁勇麟选编 .—福州：福建科学技术出版社，1997.11.—293 页；18cm.—（中国科学小品名家名作系列）；￥14.00

幽火/张锐锋著 .—太原：北岳文艺出版社，1997.11.—290 页；20cm.—（先锋散文丛书）；￥12.80

秋毫之末/徐颖著 .—苏州：古吴轩出版社，1997.8.—340 页；20cm；￥13.50

秋日的絮语/冯骥才著 .—上海：上海远东出版社，1997.12.—337 页；20cm.—（岁月书系）；￥15.00

秋天的情话/晓荷著 .—成都：四川人民出版社，1997.12.—292 页；20cm；￥13.00

秋之旅：散文集/裴云天著 .—兰州：敦煌文艺出版社，1997.12.—275 页；19cm；￥13.80

种瓜得豆/黄苗子著 .—南宁：广西民族出版社，1997.5.—222 页；20cm.—（艺海文丛·黄苗子随笔）；￥13.80

种瓜得豆/方英文著 .—长春：吉林人民出版社，1997.8.—319 页；20cm.—（激情真言丛书）；￥18.00

重出江湖/梁凤仪著 .—北京：中国文联出版公司；香港：香港勤＋缘出版社，1997.6.—243 页；19cm.—（梁凤仪散文系列）；￥10.20

重读古典/李书磊著 .—石家庄：河北人民出版社，1997.8.—189 页；20cm.—（午夜散文随笔书系）；￥10.20

重建象牙塔/王安忆著 .—上海：上海远东出版社，1997.9.—208 页；20cm.—（火凤凰文库）；￥14.00

钢铁是怎样没炼成的：新锐杂文/朱健国著 .—青岛：青岛出版社，1997.10.—297 页；20cm.—（野菊文丛）；￥13.50

钟灵琐记/钟来著 .—石家庄：河北教育出版社，1997.6.—140 页；20cm.—（三味丛书）；￥6.80

俄罗斯的白桦林/高莽选编 .—北京：华夏出版社，1997.1.—285 页；20cm.—（中国作家看世界丛书/袁鹰，邵燕祥主编）；￥11.60

胸中海岳/冰心著 .—长沙：湖南出版社，1997.12.—276 页；20cm.—（书海浮槎文丛）；￥14.30

吾乡风情/上海书店出版社编 .—上海：上海书店出版社，1997.1.—369 页；20cm.—（论语选萃·随笔卷）；￥17.00

看得见风景的“房间”/李洁非著 .—石家庄：河北人民出版社，1997.8.—255 页；20cm.—（午夜散文随笔书系）；￥13.00

看来看去/陈村著 .—上海：上海人民出版社，1997.7.—261 页；20cm；￥15.00

看蒙娜丽莎看/熊秉明著 .—天津：百花文艺出版社，1997.12.—182 页；20cm.—（艺术美散文丛书/冯骥才主编）；￥15.00

美丑缘/吴冠中著 .—天津：百花文艺出版社，1997.12.—186 页；20cm.—（艺术美散文丛书/冯骥才主编）；￥15.50

美国的月亮/汪曾祺，邵燕祥选编 .—北京：华夏出版社，1997.1.—297 页；20cm.—（中国作家看世界丛书/袁鹰，邵燕祥主编）；￥12.00

美国这杯鸡尾酒/贾宏图著 .—哈尔滨：北方文艺出版社，1997.4.—206 页；20cm.—（听雨文丛·中国当代作家散文随笔书系）；￥9.90

美丽的错觉/张聿温著 .—北京：华艺出版社，1997.7.—276 页；20cm；￥13.00

美文珍藏本/《美文》杂志社编选 .—西安：太白文艺出版社，1997.8.—612 页；20cm；￥25.00

总想走进你心里/田园，星辰著 .—济南：黄河出版社，1997.10.—335 页；20cm；￥17.00

首访马切拉塔：魂牵梦绕的意大利之行/阮振铭编 .—沈阳：东北大学出版社，1997.4.—93 页；20cm；￥20.00

旅食与文化/汪曾祺著 .—广州：广东旅游出版社，1997.9.—300 页；20cm；￥15.50

疯话集成：全体/老宣著 .—北京：华龄出版社，1997.2.—382 页；20cm；￥16.80

活出个性来/倪永盛著 .—兰州：敦煌文艺出版社，1997.5.—189 页；19cm；￥9.80

活在微笑中/袁进编 .—上海：东方出版中心，1997.9.—325 页；20cm.—（鸳鸯蝴蝶派散文大系：1909～1949/袁进主编）；￥18.00

洒墨乡思：赵立旻乡土散文集/赵立旻著 .—合肥：安徽文艺出版社，1997.6.—393 页；20cm；￥16.00

津门杂文选　第四集/天津市杂文研究会编 .—天津：天津社会科学院出版社，1997.7.—268 页；20cm；￥9.60

说古道今/顾学颉著 .—北京：中共中央党校出版社，1997.9.—194 页；20cm.—（京华学者随笔/王春瑜主编）；￥9.60

说画集/端木蕻良，方成选编 .—北京：华夏出版社，1997.1.—264 页；20cm.—（名家谈生活艺术丛书/袁鹰，柳萌主编）；￥11.50

说男道女/刘屏，唐达君编 .—北京：中共中央党校出版社，1997.6.—319 页；20cm.—（心灵之声丛书）；￥16.80

说时依旧/易虹著 .—兰州：敦煌文艺出版社，1997.2.—149 页；20cm.—（文友丛书·第二辑/李军主编）；￥9.60

屏风中的声音/海男著 .—上海：东方出版中心，1997.9.—246 页；20cm.—（诗人随想文丛/宗仁发，岑杰主编）；￥15.00

院士趣闻录/苏步青等著 .—上海：上海辞书出版社，1997.7.—183 页；20cm；￥11.00

勇者无敌/梁凤仪著 .—北京：中国文联出版公司；香港：香港勤＋缘出版社，1997.6.—222 页；19cm.—（梁凤仪散文系列）；￥9.60

留给岁月的歌声/张玉峰主编 .—武汉：华中理工大学出版社，1997.1.—179 页；19cm.—（七彩虹校园文丛）；￥6.80

绘图双百喻/陈四益编文；丁聪绘 .—长沙：湖南文艺出版社，1997.4.—420 页；20cm.—（中国当代著名杂文家、漫画家幽默小品）；￥19.80

给我一棵树/任思淑著 .—上海：上海人民出版社，1997.12.—212 页；19cm.—（都市女性随笔）；￥10.00

夏日牵挂：肖建国随笔/肖建国著 .—北京：华夏出版社，1997.11.—361 页；20cm.—（名编辑随笔丛书/刘杲主编）；￥18.80

夏天的会话/林文月著 .—天津：百花文艺出版社，1997.8.—287 页；20cm.—（台港名家散文自选丛书）；￥13.50

夏雨集/陈乃举著 .—沈阳：春风文艺出版社，1997.2.—229 页；19cm；￥10.00

夏耘新曲/张德荣著 .—北京：文津出版社，1997.3.—145 页；19cm；￥7.50

莱茵河的怀念/公刘，叶廷芳选编 .—北京：华夏出版社，1997.1.—248 页；20cm.—（中国作家看世界丛书/袁鹰，邵燕祥主编）；￥9.80

荷塘月色/朱自清著 .—2 版 .—海口：海南出版社，1997.3.—331 页；20cm.—（雅致经典系列）；￥16.80

秦牧散文集/紫风编 .—汕头：汕头大学出版社，1997.10.—477 页；20cm.—（20 世纪潮人文化萃英丛书/黄赞发，陈梓权主编）精装；￥46.00

都市风铃/徐长青主编 .—郑州：河南人民出版社，1997.3.—269 页；20cm；￥15.00

都市真情：韩沪麟随笔选/韩沪麟著 .—南昌：百花洲文艺出版社，1997.8.—318 页；20cm；￥14.00

哭泣的月亮/唐彭著 .—青岛：青岛出版社，1997.1.—328 页；20cm.—（海外著名华人女作家新潮散文系列/戴小华，徐诚主编）；￥13.80

城·打开今昔风景/杨少伟编 .—郑州：河南文艺出版社，1997.4.—314 页；20cm.—（二十世纪中国散文精选·游记类编）；￥13.70

城市的面具：新人类的部族与肖像/邱华栋著 .—兰州：敦煌文艺出版社，1997.12.—134 页；20cm.—（新人类文化丛书）；￥7.50
城市野望/龚静著 .—上海：上海人民出版社，1997.7.—226 页；19cm.—（都市女性随笔）；￥7.50
莲心集/毛水清著 .—南宁：接力出版社，1997.6.—327 页；19cm；￥17.00
理趣小品/南嫫编选 .—西安：陕西师范大学出版社，1997.8.—241 页；20cm.—（女友精品书系/白琳主编）；￥12.00
都市魔方/赵福生编 .—上海：东方出版中心，1997.9.—283 页；20cm.—（鸳鸯蝴蝶派散文大系：1909～1949/袁进主编）；￥16.00
顾盼人生/安永著 .—兰州：敦煌文艺出版社，1997.6.—170 页；20cm；￥9.50
哲人的爱/秦牧著 .—北京：作家出版社，1997.3.—415 页；20cm.—（秦牧散文精华·文艺随笔卷）；￥19.00
热炒冷餐/郑拾风著 .—石家庄：河北教育出版社，1997.6.—434 页；20cm.（三味丛书）；￥21.00
热点随笔/丁纪庚著 .—哈尔滨：哈尔滨出版社，1997.11.—247 页；19cm；￥11.00
热风冷语/张心阳著 .—济南：黄河出版社，1997.5.—238 页；20cm；￥10.60
热血·热土/谢敏，朱国琳著 .—乌鲁木齐：新疆大学出版社，1997.5.—312 页；20cm；￥14.80
桃花源/张拓芜著 .—济南：山东文艺出版社，1997.11.—221 页；20cm.—（台湾名家散文丛书/牛志强主编）；￥9.80
校园档案/彭京宜著 .—海口：南海出版公司，1997.11.—224 页；20cm；￥20.00
逝日留痕/姜纬堂著 .—北京：中共中央党校出版社，1997.9.—245 页；20cm.—（京华学者随笔/王春瑜主编）；￥12.20
桂叶草堂漫笔/杜宣著 .—上海：上海大学出版社，1997.2.—408 页；20cm；￥22.00
桔黄色的灯光/于秀丽著 .—沈阳：春风文艺出版社，1997.12.—262 页；19cm；￥15.00
爱的悟语/纪学著 .—北京：军事谊文出版社，1997.5.—316 页；19cm；￥12.00
爱乐集/肖复兴选编 .—北京：华夏出版社，1997.1.—249 页；20cm.—（名家谈生活艺术丛书/袁鹰，柳萌主编）；￥11.50
爱情重伤/张爰华著 .—广州：广东旅游出版社，1997.6.—154 页；19cm；￥9.50
爱与咳嗽不能忍耐/麦琪著 .—长春：吉林人民出版社，1997.8.—253 页；20cm.—（激情真言丛书）；￥16.00
爱/庐隐等著；扬子选编 .—长春：吉林文史出版社，1997.10.—256 页；20cm；￥11.50
爱默生选集/张爱玲著 .—广州：花城出版社，1997.3.—249 页；20cm.—（张爱玲作品集）；￥10.20
爱情与讽刺：幽默大师林语堂精品集/林语堂著；徐惠风译 .—广州：广州出版社，1997.7.—245 页；20cm；￥12.00
钱钟书散文/钱钟书著 .—杭州：浙江文艺出版社，1997.7.—589 页；20cm；￥26.00
钱钟书杨绛散文/钱钟书，杨绛著；文祥，李虹编 .—北京：中国广播电视出版社，1997.1.—607 页；20cm.—（20 世纪中国文化名人文库）；￥28.00
钱这东西：房连水杂文随笔二集/房连水著 .—北京：中国税务出版社，1997.6.—235 页；20cm；￥12.00
铃铛爱情散文/铃铛著 .—北京：大众文艺出版社，1997.12.—263 页；19cm；￥9.60
笔走天涯：游记散文/程关森著 .—北京：中国青年出版社，1997.6.—324 页；20cm；￥13.70
笊篱门杂笔/省三著 .—南昌：江西人民出版社，1997.8.—264 页；19cm.—（南酸枣杂文丛书）；￥10.70
倾听大地/徐刚著 .—广州：广东旅游出版社，1997.9.—368 页；20cm；￥18.50
倾斜的中原/焦述著 .—天津：百花文艺出版社，1997.5.—435 页；20cm；￥20.80
倦鸟归林/王周生著 .—上海：上海文艺出版社，1997.3.—330 页；19cm.—（城市人手记）；￥12.00
倚梦闲话/柏杨著 .—北京：中国友谊出版公司，1997.4.—2 册；20cm.—（柏杨杂文集）；￥75.00
窗外的石榴花/于光远著 .—北京：作家出版社，1997.12.—318 页；20cm；￥15.50
窗下/赵园著 .—成都：四川人民出版社，

1997.7.—290 页；20cm.—（当代著名批评家随笔）；¥13.00
离/许地山等著；扬子选编 .—长春：吉林文史出版社，1997.10.—238 页；20cm；¥10.50
高松呦鹿：刘振国散文作品选/刘振国著 .—海拉尔：内蒙古文化出版社，1997.3.—132 页；19cm；¥12.00
高速的联想/余光中著 .—天津：百花文艺出版社，1997.8.—268 页；20cm.—（台港名家散文自选丛书）；¥12.80
高阳杂文/高阳著 .—海口：海南出版社，1997.7.—234 页；20cm.—（高阳作品系列）；¥10.80
真话集/陈仲廉著 .—哈尔滨：哈尔滨出版社，1997.12.—252 页；19cm；¥6.80
透过历史的烟尘/乐黛云著 .—北京：北京大学出版社，1997.11.—201 页；20cm.—（北大未名文丛）；¥12.00
透视日本人/盛邦和著 .—上海：文汇出版社，1997.5.—200 页；20cm.—（环球视野丛书）；¥9.00
笑对人生/向尚瞰著 .—南昌：江西人民出版社，1997.8.—264 页；19cm.—（南酸枣杂文丛书）；¥10.70
笑也不轻松/任树宝著 .—哈尔滨：哈尔滨出版社，1997.12.—304 页；19cm.—（北国风杂文精选）；全套 8 册，总定价：96.00 元
逝水年华：学者卷二/顾颉刚等著 .—北京：北京师范大学出版社，1997.9.—458 页；20cm.—（人世文丛/张岱年，邓九平主编）；¥25.00
离别/林非著 .—北京：文化艺术出版社，1997.1.—304 页；20cm.—（当代名家散文精品）；¥13.80
谁来告诉我/刘成信等编 .—长春：长春出版社，1997.1.—303 页；20cm.—（中国当代杂文精品文库；5）；¥13.50
谁享受苦难/亦然著 .—长春：吉林人民出版社，1997.8.—272 页；20cm.—（激情真言丛书）；¥16.00
流动的文明/绍六著 .—北京：中国社会出版社，1997.12.—348 页；20cm.—（跨世纪跨学科丛书）；¥16.50
流光曲/林燕妮著 .—上海：上海文艺出版社，1997.6.—430 页；19cm；¥13.50
流水集/姜德明著 .—上海：上海远东出版社，1997.9.—273 页；20cm.—（为凤凰文库）；¥16.00
流向远方的水/谢冕著 .—成都：四川人民出版社，1997.7.—252 页；20cm.—（当代著名批评家随笔）；¥12.00
流转/内蒙仁著 .—济南：山东文艺出版社，1997.11.—248 页；20cm.—（台湾名家散文丛书/牛志强主编）；¥10.80
流言/张爱玲著 .—广州：花城出版社，1997.3.—217 页；20cm.—（张爱玲作品集）；¥9.00
润物集/潘琦著 .—桂林：漓江出版社，1997.8.—219 页；20cm；¥7.00
浪漫的灵魂/冯骥才著 .—天津：百花文艺出版社，1997.12.—170 页；20cm.—（艺术美散文丛书/冯骥才主编）；¥14.50
浪漫无痕/张星著 .—天津：百花文艺出版社，1997.8.—253 页；19cm.—（青年作家散文丛书/郑法清，张雪杉主编）；¥12.00
海天片羽/危仁晸著 .—北京：金城出版社，1997.11.—265 页；20cm；¥12.80
海外漫记/延泽民著 .—北京：中国电影出版社，1997.9.—451 页；20cm.—（中国文联晚霞文库）精装；¥28.00
海外漫记/延泽民著 .—北京：中国电影出版社，1997.9.—451 页；20cm.—（中国文联晚霞文库）；¥25.00
海峡两岸著名学者：师友录/顾学颉著 .—北京：人民文学出版社，1997.12.—180 页；20cm；¥9.50
漫说文化/钱理群等著 .—长沙：湖南教育出版社，1997.10.—128 页；20cm；¥6.40
阅读土地/程步涛著 .—哈尔滨：北方文艺出版社，1997.4.—222 页；20cm.—（听雨文丛·中国当代作家散文随笔书系）；¥9.90
绿窗忆语/普庚编著 .—济南：明天出版社，1997.6.—269 页；19cm；¥8.80
绿色宣言/徐刚著 .—长春：时代文艺出版社，1997.8.—454 页；20cm.—（中国当代文化名人思想文库·徐刚卷/崔卓力主编）；¥18.50
绿天/苏雪林著 .—合肥：安徽文艺出版社，1997.5.—131 页；19cm；¥4.80

绿茵迷狂：文化名人足球随笔/金汕主编 .—北京：中国工人出版社，1997.9.—514 页；20cm；￥24.50
绿竹集/戈焰著 .—北京：解放军文艺出版社，1997.5.—321 页；20cm；￥12.80
绿竹情　红叶梦/郑荣来，王肇英著 .—石家庄：河北教育出版社，1997.10.—393 页；20cm；￥19.80
难说的真话：张永农杂文选/张永农著 .—北京：新华出版社，1997.1.—238 页；20cm.—（中国高级记者丛书）；￥17.80
梦边说梦/邵燕祥著 .—北京：作家出版社，1997.3.—624 页；20cm.—（邵燕祥文抄；3）；￥28.50
梦里芳草地/郭云策著 .—天津：百花文艺出版社，1997.10.—182 页；19cm；￥9.80
梦绕亲情/唐达君，刘屏编 .—北京：中共中央党校出版社，1997.6.—411 页；20cm.—（心灵之声丛书）；￥19.90
梦游者的地图/洪烛著 .—北京：作家出版社，1997.8.—320 页；20cm.—（九洲方阵）；￥15.50
雪凝轩文集/董晋著 .—南昌：百花洲文艺出版社，1997.8.—371 页；20cm.—（百花洲文学创作丛书/陈世旭主编）；￥19.50
黄永厚文画/黄永厚编绘 .—石家庄：河北教育出版社，1997.6.—243 页；20cm.—（三味丛书）；￥12.20
聆听世界/姚业涌著 .—长春：时代文艺出版社，1997.11.—202 页；19cm；￥9.80
球迷趣事/李文编著 .—上海：上海书店出版社，1997.9.—181 页；19cm.—（闲暇丛书）；￥12.00
掠影/薛家柱著 .—天津：百花文艺出版社，1997.12.—227 页；19cm；￥9.80
铜镜中的佳人：女人面对传统/匡文立著 .—兰州：甘肃人民出版社，1997.1.—236 页；20cm.—（第二种真实：女性启示录丛书/匡文立主编）；￥9.30
梨园集/徐城北选编 .—北京：华夏出版社，1997.1.—307 页；20cm.—（名家谈生活艺术丛书/袁鹰，柳萌主编）；￥12.80
梨园旧影/新凤霞著 .—石家庄：河北人民出版社，1997.8.—621 页：照片；20cm.—（新凤霞回忆文丛）；￥27.70
第三只耳朵：徐城北随笔/徐城北著 .—上海：东方出版中心，1997.1.—239 页；20cm；￥15.00
特区梦寻/《珠海》杂志社编 .—天津：百花文艺出版社，1997.8.—294 页；20cm；￥13.50
徘徊酒缸边/沈喜禄著 .—上海：上海人民出版社，1997.12.—210 页；20cm.—（青年一代丛书/郁椿德主编）；￥10.50
徘徊在城乡/彭瑞高著 .—上海：上海文艺出版社，1997.3.—332页；19cm.—（城市人手记丛书·第一辑）；￥12.00
徘徊在书外的感觉/闻树国著 .—北京：东方出版社，1997.10.—335 页；20cm.—（活水文丛）；￥18.00
窑洞风景/吴伯箫著；杨洪承编 .—合肥：安徽教育出版社，1997.10.—242 页；20cm.—（峥嵘岁月丛书）；￥9.80
密西根风情/郑琼，徐国权著 .—济南：山东文艺出版社，1997.12.—191 页；20cm.—（今日美国丛书）；￥7.60
寂寞凤凰琴/刘平著 .—沈阳：春风文艺出版社，1997.10.—276 页；19cm；￥10.00
寂寞海/肖黛著 .—西宁：青海人民出版社，1997.11.—238 页；20cm；￥12.80
常常，我想起那座山/张晓风著 .—天津：百花文艺出版社，1997.8.—266 页；20cm.—（台港名家散文自选丛书）；￥12.60
常常感动/邓康延著 .—兰州：甘肃人民出版社，1997.1.—223 页；20cm.—（读者丛书）；￥11.00
谏言杂论/梁登峰著 .—贵阳：贵州民族出版社，1997.10.—119 页；19cm；￥7.80
谛听老街/高巧林著 .—沈阳：沈阳出版社，1997.6.—204 页；19cm.—（沧浪丛书）；全套定价：55.00 元
惟有园林/陈从周著 .—天津：百花文艺出版社，1997.12.—183 页；20cm.—（艺术美散文丛书/冯骥才主编）；￥15.00
读黑格尔/王元化著 .—南昌：百花洲文艺出版社，1997.6.—319，162 页；21 × 16cm（精装）；￥35.00
读书学文碎语/张中行著 .—长沙：湖南出版社，

1997.12.—290 页；20cm.—（书海浮槎文丛）；¥14.90
读写心语/刑志著 .—长春：吉林人民出版社，1997.6.—294 页；20cm；¥15.00
读写杂谈/巴金著 .—长沙：湖南出版社，1997.12.—264 页；20cm.—（书海浮槎文丛）；¥14.20
惊天动地集/邓星盈著 .—成都：四川人民出版社，1997.6.—359 页；20cm（精装）；¥23.00
情爱论/吴丹青编 .—沈阳：沈阳出版社，1997.7.—450 页；20cm；¥19.80
情土/杨建民著 .—天津：百花文艺出版社，1997.3.—303 页；19cm；¥12.00
情系边关/邓富昌著 .—乌鲁木齐：新疆人民出版社，1997.9.—178 页；20cm；¥10.00
情韵/胡序知著 .—北京：中国国际广播出版社，1997.2.—256 页；19cm；¥12.50
情感列车/罗西著 .—长春：吉林人民出版社，1997.8.—403 页；20cm.—（激情真言丛书）；¥20.00
情海放舟/夏天敏著 .—昆明：云南美术出版社，1997.11.—254 页；19cm；¥12.00
情人节的舞会/赵凝著 .—北京：作家出版社，1997.8.—261 页；20cm.—（九州方阵丛书）；¥13.50
清风集/袁鹰选编 .—北京：华夏出版社，1997.1.—269 页；20cm.—（名家谈生活艺术丛书/袁鹰，柳萌主编）；¥11.50
清凉集/郑怀义著 .—北京：同心出版社，1997.9.—247 页；20cm；¥15.00
清明雨/邹传先著 .—天津：百花文艺出版社，1997.9.—238 页；19cm；¥11.50
清音/艾吉著 .—昆明：云南民族出版社，1997.8.—270 页；20cm.—（哈尼族当代文学丛书）；¥9.50
清园夜读/王元化著 .—增订版 .—北京：中国社会科学出版社，1997.3.—239 页；20cm；¥15.00
鹿城赞/林竹雅著 .—海口：南海出版公司，1997.12.—81 页；19cm；¥10.00
鹿园情事/（美）聂华苓著 .—上海：上海文艺出版社，1997.7.—287 页：照片；20cm；¥17.50
鸿雁心曲/唐达君，刘屏编 .—北京：中共中央党校出版社，1997.1.—335 页；20cm.—（心灵之声丛书）；¥17.80
鸿儒遍天涯/高德增著 .—武汉：湖北人民出版社，1997.8.—381 页；20cm.—（人间书））；¥14.70
港湾寻梦/刘屏，唐达君编 .—北京：中共中央党校出版社，1997.6.—315 页；20cm.—（心灵之声丛书）；¥16.80
随笔写天下/晓凡著 .—沈阳：春风文艺出版社，1997.3.—233 页；20cm.—（中国作家看世界）；¥9.80
随遇而安/邓九平主编 .—北京：民主与建设出版社，1997.2.—307 页；20cm.—（布衣文丛）；¥13.00
随草绿天涯/李玉珍编 .—上海：东方出版中心，1997.9.—356 页；20cm.—（鸳鸯蝴蝶派散文大系：1909～1949/袁进主编）；¥19.00
难忘的第一次……/谢真子，朱铁志主编 .—北京：中国文联出版公司，1997.3.—524 页；20cm；¥24.40
游心与游目/陈平原著 .—成都：四川人民出版社，1997.7.—262 页；20cm.—（当代著名批评家随笔）；¥12.00
缀网劳蛛/许地山著；张新颖编 .—珠海：珠海出版社，1997.4.—290 页；20cm.—（世纪的回响·作品卷/李子云等主编）；¥13.50
缀华集/孟淑湘著 .—天津：百花文艺出版社，1997.6.—143 页；19cm；¥7.00
属于那个叛逆的年代/刘轩原著；刘墉改写 .—桂林：漓江出版社，1997.12.—244 页；19cm；¥8.50
落叶/徐志摩著 .—2 版 .—海口：海南出版社，1997.3.—327 页；20cm.—（雅致经典系列）；¥16.80
落入满天霞/林海音著 .—长沙：湖南出版社，1997.12.—312 页；20cm.—（书海浮槎文丛）；¥15.70
棕皮手记/于坚著 .—上海：东方出版中心，1997.6.—307 页；20cm.—（诗人随想文丛/宗仁发，岑杰主编）；¥18.00
韩羽小品/韩羽著 .—石家庄：河北教育出版社，1997.4.—358 页；20cm.—（三味丛书）；¥17.30
朝话：梁漱溟讲谈录/梁漱溟著 .—合肥：安徽文

艺出版社，1997.8.—254页；19cm；￥8.00

散文中的云南/周良沛主编 .—昆明：云南教育出版社，1997.3.—3册（535页）；19cm.—（美丽、丰饶、神奇的云南）；￥15.00

敬业走笔/张芬之著 .—青岛：青岛出版社，1997.7.—485页；20cm；￥17.80

越过伤感：散文集/刘国红著 .—石家庄：花山文艺出版社，1997.6.—166页；19cm；￥8.00

雅俗之辨/孙克强著 .—北京：华文出版社，1997.2.—261页；20cm.—（东轩书趣文丛；19/严平等主编）；￥16.00

悲欣交集/陈凯歌著 .—南宁：广西民族出版社，1997.5.—189页；20cm.—（艺海文丛·陈凯歌随笔）；￥12.80

紫风铃/邱易东主编 .—乌鲁木齐：新疆青少年出版社，1997.11.—317页；20cm；￥16.00

紫禁来归/徐城北著 .—乌鲁木齐：新疆人民出版社，1997.5.—262页；20cm.—（书话与闲话丛书）；￥13.00

悲恋人生凄语/马国亮等著；孙硕夫选编 .—长春：吉林文史出版社，1997.1.—297页；20cm.—（现代中国名士名女精品系列）；￥13.50

黑色浪漫曲/陈钢著 .—上海：学林出版社，1997.12.—312页；20cm.—（笔会文丛；7/萧关鸿，曹维劲主编）；￥16.50

黑水斋漫笔/陈思和著 .—成都：四川人民出版社，1997.7.—280页；20cm.—（当代著名批评家随笔）；￥13.00

黑白沪港/吴正著 .—上海：学林出版社，1997.12.—256页；20cm.—（笔会文丛；9/萧关鸿，曹维劲主编）；￥14.00

黑沉中的亮丽/韩石山著 .—武汉：湖北人民出版社，1997.8.—235页；20cm.—（人间书）；￥9.20

黑蝴蝶/李登建著 .—天津：百花文艺出版社，1997.8.—260页；19cm；￥10.80

最后的城墙/杨东平著 .—上海：上海人民出版社，1997.12.—275页；20cm；￥12.00

最后一轮太阳/俞天白著 .—上海：上海远东出版社，1997.12.—359页；20cm.—（岁月书系）；￥16.00

跑龙套/秦怡著 .—上海：学林出版社，1997.12.—373页；20cm.—（笔会文丛；4/萧关鸿，曹维劲主编）；￥19.00

蝉声与牛声/王富仁著 .—成都：四川人民出版社，1997.7.—296页；20cm.—（当代著名批评家随笔）；￥13.00

喘息的年轮：王春瑜随笔/王春瑜著 .—上海：东方出版中心，1997.1.—273页；20cm.—（当代中国学者随笔）；￥16.00

智慧：内在财富/李季，马杰颖著 .—广州：广东人民出版社，1997.8.—297页；19cm.—（花季梦寻丛书）；￥11.50

智慧者/王书春著 .—长春：吉林人民出版社，1997.8.—273页；20cm.—（激情真言丛书）；￥17.00

智圆行方/史纹青著 .—北京：中国文联出版公司，1997.7.—277页；20cm；￥18.60

等候真爱/徐国静著 .—长春：吉林人民出版社，1997.8.—203页；20cm.—（激情真言丛书）；￥14.00

筱青杂文集/董祥起著 .—济南：黄河出版社，1997.5.—241页；20cm；￥9.80

遥望那片山影/潘敏著 .—合肥：安徽文艺出版社，1997.11.—218页；20cm；￥13.50

裸浴：女人面对美与死/蔡磊著 .—兰州：甘肃人民出版社，1997.1.—257页；20cm.—（第二种真实：女性启示录丛书/匡文立主编）；￥10.00

曾经成长的大地/张玉峰主编 .—武汉：华中理工大学出版社，1997.1.—181页；19cm.—（七彩虹校园文丛）；￥6.80

羡慕家有悍妻/刘成信等编 .—长春：长春出版社，1997.1.—295页；20cm.—（中国当代杂文精品文库；2）；￥13.50

富贵的代价/詹濛著 .—长春：吉林人民出版社，1997.8.—216页；20cm.—（激情真言丛书）；￥15.00

童年纪事/新凤霞著 .—石家庄：河北人民出版社，1997.7.—503页：照片；20cm.—（新凤霞回忆文丛）；￥23.00

奥地利随想曲/陈丹晨，柳萌选编 .—北京：华夏出版社，1997.1.—203页；20cm.—（中国作家看世界丛书/袁鹰，邵燕祥主编）；￥8.50

寓言的核心/李松樟著 .—北京：东方出版社，1997.10.—241页；20cm.—（活水文丛）；

¥14.00
尊严无价：新锐杂文/丁东著 .—青岛：青岛出版社，1997.10.—282 页；20cm.—（野菊文丛）；¥13.00
遍地巫风/叶梦著 .—长沙：湖南文艺出版社，1997.4.—281 页；20cm；¥12.00
湘绮楼日记/王闿运著 .—长沙：岳麓书社，1997.7.—5 册（3438 页）；20cm（精装）；¥148.00
渭水集/魏荒弩著 .—北京：北京大学出版社，1997.10.—306 页；20cm.—（北大未名文丛）；¥14.00
禅与心的对话/萧萧著 .—济南：山东文艺出版社，1997.11.—154 页；20cm.—（台湾名家散文丛书/牛志强主编）；¥7.00
湿地/李江树著 .—石家庄：河北人民出版社，1997.8.—213 页；20cm.—（午夜散文随笔书系）；¥12.50
强中自有强中手/梁凤仪著 .—北京：中国文联出版公司；香港：香港勤+缘出版社，1997.6.—184 页；19cm.—（梁凤仪散文系列）；¥8.60
雾里看伦敦/宗璞，李国文选编 .—北京：华夏出版社，1997.1.—214 页；20cm.—（中国作家看世界丛书/袁鹰，邵燕祥主编）；¥9.80
潇洒老一回/丛培香，胡玉萍编 .—北京：华龄出版社，1997.7.—181 页；20cm.—（夕阳红丛书·名家名篇卷）；¥7.80
潇洒人生/静涛著 .—长春：吉林教育出版社，1997.5.—207 页；18cm；¥7.60
潇洒夜语/卢锡铭著 .—广州：新世纪出版社，1997.11.—197 页；19cm；¥7.80
献上心香一瓣：青春雅言/朱希祥，钱蔚文编写 .—上海：上海教育出版社，1997.5.—274 页；19cm.—（红蜻蜓丛书）；¥7.95
蒙山魂/刘洪连著 .—济南：黄河出版社，1997.8.—233 页；19cm；¥9.00
蓝宇集/张斯侠著 .—贵阳：贵州民族出版社，1997.9.—415 页；20cm.—（报林人丛书/张学武主编）；¥18.00
零丁随笔/危仁晸著 .—南昌：江西人民出版社，1997.8.—272 页；19cm.—（南酸枣杂文丛书）；¥11.00
魂牵：龙应台最新作品选/龙英台著 .—长沙：湖南文艺出版社，1997.4.—199 页；20cm；¥10.50
感动常无声/白琳主编；张大江编选 .—西安：陕西师范大学出版社，1997.8.—245 页；20cm.—（女友精品书系）；¥12.00
感受那片森林：笔会文粹 1996/文汇报笔会编辑部编 .—上海：文汇出版社，1997.4.—566 页；20cm；¥28.00
感悟岁月/石英著 .—北京：人民文学出版社，1997.2.—246 页；20cm；¥14.00
感谢生命/周涛著 .—长春：时代文艺出版社，1997.7.—324 页；20cm.—（中国当代文化名人思想文库·周涛卷/崔卓力主编）；¥13.50
路与书/来新夏著 .—北京：中国青年出版社，1997.7.—240 页；20cm.—（老人河丛书）；¥10.10
愁/陈家梦等著；扬子选编 .—长春：吉林文史出版社，1997.10.—251 页；20cm；¥11.00
解忧集/吴祖光选编 .—北京：华夏出版社，1997.1.—284 页；20cm.—（名家谈生活艺术丛书/袁鹰，柳萌主编）；¥12.80
意大利的遗憾/吕同六，张洁选编 .—北京：华夏出版社，1997.1.—249 页；20cm.—（中国作家看世界丛书/袁鹰，邵燕祥主编）；¥9.80
意象的暗记/席慕蓉著 .—上海：上海文艺出版社，1997.7.—363 页；20cm.—（台港暨海外华语作家自选文库·席慕蓉自选集）；¥15.00
新现象随笔二辑：当代名家最新随笔精华/韩小蕙主编 .—北京：中央编译出版社，1997.1.—389 页；20cm；¥16.80
痴人说梦/张若愚著 .—北京：人民文学出版社，1997.11.—308 页；20cm；¥13.80
满江红 关山月/许宗元著 .—北京：中国青年出版社，1997.8.—224 页；19cm；¥8.80
暮年杂笔/贾植芳著 .—上海：汉语大词典出版社，1997.8.—286 页；20cm.—（书友文丛/倪墨炎主编）；¥14.50
蔚蓝的梦/潘凯雄著 .—石家庄：河北人民出版社，1997.8.—256 页；20cm.—（午夜散文随笔书系）；¥12.70
静观的固执/董桥著 .—武汉：湖北人民出版社，1997.8.—367 页；20cm.—（人间书）；¥14.10
静观甫思录/符号著 .—北京：中国三峡出版社，

1997.5.—221 页；20cm；￥15.00
静夜功课/邓九平主编 .—北京：民主与建设出版社，1997.2.—285 页；20cm.—（布衣文丛）；￥13.00
碧野情深/欧沛音，那顺贝赫编 .—呼和浩特：内蒙古人民出版社，1997.7.—265 页；20cm；￥12.00
韬奋散文/徐行，章镇选编 .—北京：中国广播电视出版社，1997.1.—728 页；20cm.—（20 世纪中国文化名人文库）；￥29.50
精神伊甸园：人生爱情美文/萧枫，巩玉芹编著 .—西安：陕西师范大学出版社，1997.11.—341 页；20cm.—（新婚宝典/张晓峰等主编）；￥16.50
誓言/黄爱东西著 .—上海：上海人民出版社，1997.8.—197 页；19cm.—（都市女性随笔）；￥6.30
境外漫游录/邓友梅著 .—沈阳：春风文艺出版社，1997.3.—252 页；20cm.—（中国作家看世界）；￥13.00
愿化泥土/邓九平主编 .—北京：民主与建设出版社，1997.2.—285 页；20cm.—（布衣文从）；￥13.00
跨越生命/邴俊先著 .—西安：陕西人民出版社，1997.3.—293 页；20cm；￥22.00
鲜卑石室寻访记/米文平著 .—济南：山东画报出版社，1997.12.—123 页；20cm.—（中国边疆探察丛书/马大正主编）；￥8.00
漏不掉的记忆/姜贻斌著 .—长沙：湖南文艺出版社，1997.7.—289 页；20cm.—（潇湘散文精品丛书）；￥11.30
漏网/牧惠著 .—郑州：河南人民出版社，1997.9.—208 页；20cm.—（沧桑文丛/李辉主编）；￥9.30
潭山走笔/王耘著 .—福州：海峡文艺出版社，1997.1.—231 页；19cm；￥8.00
漂泊的灵魂：来自美国加州的故事/赤桦著 .—海口：海南国际新闻出版中心，1997.9.—298 页；20cm；￥20.00
漂泊者的晚宴/古清生著 .—北京：作家出版社，1997.8.—306 页；20cm.—（九州方阵丛书）；￥14.50
漫游博物世界/吴德铎著 .—上海：三联书店上海分店，1997.1.—207页；19cm.—（三联文库·青草地丛书）；￥8.50
缪斯的左右手/余光中著 .—长沙：湖南出版社，1997.12.—240 页；20cm.—（书海浮槎文丛）；￥13.20
凳上思絮/王端阳著 .—哈尔滨：哈尔滨出版社，1997.12.—226 页；19cm.—（北国风杂文精选）；全套 8 册，总定价：96.00 元
缩略时代/雷达著 .—北京：中央编译出版社，1997.1.—290 页；20cm.—（读译文丛）；￥15.20
蕴文散记/金文琴著 .—南京：江苏文艺出版社，1997.10.—238 页；20cm；￥13.50
飘泊手记/李鸣泉著 .—沈阳：辽宁美术出版社，1997.12.—382 页；20cm；￥19.00
聪明丸/李碧华著 .—上海：上海人民出版社，1997.12.—186 页；19cm.—（都市名家散文）；￥9.00
撩拨的琴弦/郑明娳著 .—天津：百花文艺出版社，1997.8.—216 页；20cm.—（台港名家散文自选丛书）；￥10.80
想要一颗心/部莹著 .—广州：花城出版社，1997.1.—217 页；20cm.—（都市女性风采系列）；￥9.30
墨耕雅趣/张建智著 .—北京：中共中央党校出版社，1997.9.—175 页；20cm.—（京华学者随笔/王春瑜主编）；￥8.80
弊绝风清/王正孝著 .—合肥：安徽文艺出版社，1997.5.—319 页；20cm；￥11.50
舞台上下：新凤霞自述散文新作/新凤著著 .—石家庄：河北人民出版社，1997.8.—402 页；19cm；￥18.80
澳大利亚的红心/袁鹰，陈明仙选编 .—北京：华夏出版社，1997.1.—251 页；20cm.—（中国作家看世界丛书/袁鹰，邵燕祥主编）；￥9.80
燕谭集/王学泰著 .—北京：新华出版社，1997.10.—245 页；20cm.—（学人文库；1/王学泰主编）；￥14.80
儒林清风/茅盾等著 .—北京：北京师范大学出版社，1997.9.—526 页；20cm.—（人世文丛/张岱年，邓九平主编）；￥28.00
憩游拾趣/杨成锡著 .—天津：百花文艺出版社，1997.7.—171 页；19cm；￥7.80

繁弦杂奏/唐振常著.—上海：上海书店出版社，1997.5.—285页；20cm.—（文苑春秋随笔书系）；¥14.00

鹰之歌/丽尼著；李济生编.—珠海：珠海出版社，1997.4.—281页；20cm.—（世纪的回响·作品卷/李子云等主编）；¥13.20

凝固的飘动/卢江林著.—北京：解放军文艺出版社，1997.2.—201页；19cm；¥13.90

篷窗追忆：学者卷三/夏丏尊等著.—北京：北京师范大学出版社，1997.9.—436页；20cm.—（人世文丛/张岱平，邓九平主编）；¥25.00

避斋走笔/高洪波著.—北京：中共中央党校出版社，1997.9.—274页；20cm.—（京华学者随笔/王春瑜主编）；¥13.40

魏公好犬/魏绍昌著.—沈阳：春风文艺出版社，1997.8.—157页；20cm；¥12.00

戴小华话廊/戴小华著.—青岛：青岛出版社，1997.2.—146页；20cm.—（海外著名华人女作家新潮散文系列/戴小华，徐诚主编）；¥7.60

簕海棠/苏禹著.—广州：花城出版社，1997.8.—202页；20cm；¥12.80

翻了一半的书/李洁非著.—长春：长春出版社，1997.9.—389页；20cm.—（求索文丛）；¥17.50

报告文学

一个女兵的梦：报告文学集/刘三省著.—北京：海潮出版社，1996.1.—300页；20cm；¥15.00

一个政法女记者的手记/陆萍著.—上海：上海人民美术出版社，1996.2.—450页；20cm；¥25.00

1994，沿着京九线南行……/广州日报社社委会编.—广州：广东高等教育出版社，1996.7.—280页：彩照；20cm；¥13.80

'96中国严打纪实/公望，南木编.—北京：中国国际广播出版社，1996.9.—193页；20cm；¥9.20

十五个春秋/潘焱著.—北京：红旗出版社，1996.6.—287页；20cm；¥14.00

十三岁书写瑰丽人生：优秀少年林秀艳的故事/穆予才等编写.—南宁：接力出版社，1996.5.—95页；19cm；¥3.50

十一世班禅坐床记/刘伟著.—呼和浩特：内蒙古人民出版社，1996.9.—212页：彩照；20cm；¥14.80

九闯生死关/王卓超著.—南昌：江西人民出版社，1996.7.—103页；20cm；¥8.00

九五一一之路：长篇报告文学/蒋亢祖等著.—北京：中国青年出版社，1996.12.—151页；20cm；¥9.00

人世沧桑/徐光荣著.—沈阳：春风文艺出版社，1996.7.—372页；20cm；¥16.00

人与鬼：日本战犯关押纪实/于雷著.—沈阳：辽宁教育出版社，1996.8.—293页：照片；20cm；¥16.00

人在美国看美国/（美）杨皓编.—济南：山东文艺出版社，1996.5.—2册（878页）：彩照；20cm.—（今日美国丛书）；¥35.80

人到无求品自高/杨守松著.—南京：江苏人民出版社，1996.12.—200页；20cm；¥15.00

人间正道/王道生编著.—天津：天津人民出版社，1996.7.—429页；20cm；¥18.00

人民的好警察邱娥国/南翔等著.—南昌：21世纪出版社，1996.12.—137页：彩照；19cm；¥5.00

人生你好/吕奎文著.—北京：当代中国出版社，1996.11.—378页；20cm.—（当代报告丛书；2）；¥16.00

八国联军侵华纪实/孙其海著.—北京：华文出版社，1996.6.—390页：照片；20cm；¥19.80

八千万流民部落：中国人口大流动纪实/郝在今著.—北京：中国社会出版社，1996.3.—410页；20cm.—（世纪浮雕·社会纪实文学丛书）；¥16.80

三峡之子/杜培俊，张永久著.—珠海：珠海出版社，1996.3.—288页；20cm.—（绿橄榄文集）；总定价：144.00元

“三姐妹”颂/龙新民，郑守廷主编.—北京：京华出版社，1996.12.—145页；19cm.—（京华群英丛书；12）；¥4.80

大潮风流/魏恒斌主编.—长沙：湖南出版社，1996.3.—760页；20cm；¥36.00

大河涛声/薛宝林等主编.—太原：北岳文艺出版

社，1996.12.—248页；20cm；¥10.20
大京九纪实/莫申著.—西安：太白文艺出版社，1996.12.—939页；20cm；¥38.00
大写邱娥国/姜惠林著.—南昌：百花洲文艺出版社，1996.12.—100页：彩照；20cm；¥6.90
大洋彼岸：走向非洲的中国人/陈宏光著.—北京：中国世界语出版社，1996.6.—232页；20cm；长篇报告文学；¥22.00
大潮沉思录/黄扬略著.—北京：新华出版社，1996.12.—228页；20cm.—（中国高级记者丛书）；¥12.00
大地采英/窦锦平著.—北京：新华出版社，1996.11.—320页；20cm.—（中国当代记者丛书）；¥12.80
大都市名人/慈爱民著.—天津：天津人民出版社，1996.2.—345页：照片；20cm；¥19.00
大山骤雨/刘建祥主编.—银川：宁夏人民出版社，1996.12.—325页；19cm；¥11.80
才女泪/周细刚著.—太原：山西教育出版社，1996.2.—132页；20cm.—（野史书系/夏林根主编）；¥5.50
山里人/王勇等著.—昆明：云南美术出版社，1996.10.—127页；19cm；¥7.80
山野传薪/张毅著.—成都：四川文艺出版社，1996.9.—378页；20cm；¥12.50
山之歌：长篇报告文学/那木汗著.—沈阳：辽宁民族出版社，1996.11.—272页；19cm；¥15.80
山河壮丽人多情/白槐著.—北京：新华出版社，1996.1.—324页；19cm.—（中国高级记者丛书）；¥15.00
山区农村奔小康的榜样/李栓纣，王家俊主编.—太原：山西经济出版社，1996.4.—230页；20cm；¥13.00
小草集：张京平新闻特写选/张京平著.—天津：百花文艺出版社，1996.8.—376页；20cm；¥18.00
女记者的心声：50名女记者工作生活自述/富成兰编.—北京：中国工人出版社，1996.1.—293页；19cm；¥11.00
女记者们/温东梅，郝一陶主编.—长春：北方妇女儿童出版社，1996.12.—253页；19cm；¥10.00
马恩华：杰出的社会主义企业家/萧钦鉴，辛言著.—北京：新华出版社，1996.4.—177页；19cm.—（中华当代英杰丛书）；¥7.20
卫士名人竞风流/周新民著.—北京：长城出版社，1996.11.—261页；20cm；¥14.80
天皇的军队："衣"师团侵华罪行录/（日）本多胜一，（日）长沼节夫著；刘明华译.—北京：警官教育出版社，1996.11.—353页；19cm；¥19.50
天下玉石王：纪实文学/陆萌著.—沈阳：春风文艺出版社，1996.1.—202页；19cm；¥9.80
无悔的追求/李光伟，张伦基著.—沈阳：春风文艺出版社，1996.12.—241页；20cm；¥12.00
元谋的崛起：热坝纪实/熊望平著.—昆明：云南民族出版社，1996.3.—193页；19cm；¥8.60
云岭采风录/杜奎昌著.—昆明：云南民族出版社，1996.12.—198页；19cm；¥16.00
五色梦华录/孙洪康主编.—上海：复旦大学出版社，1996.6.—337页；20cm.—（新民丛书）；¥15.00
开埠：中国南京路150年/程童一等著.—北京：昆仑出版社，1996.8.—698页；20cm；长篇纪实文学；¥26.50
井冈罗曼曲/李春祥，饶道良著.—北京：解放军文艺出版社，1996.8.—306页；19cm；¥10.00
太旧路英雄谱　下卷/杜五安主编.—太原：山西人民出版社，1996.5.—854页：彩图；26cm（精装）；¥80.00
太平洋之魂：走向21世纪的中国电子名家/苏振清著.—北京：文化艺术出版社，1996.11.—309页：彩照；20cm；¥16.00
太阳失落在一个清晨：献给关怀过单亲孩子的人们/娇杨，立友著.—青岛：青岛出版社，1996.4.—176页；20cm.—（走出阴影系列）；¥7.20
太阳花/张福宝著.—北京：新华出版社，1996.8.—320页；20cm.—（中国当代记者丛书）；¥18.80
历史的选择：我的回忆/孙雨亭著.—昆明：云南人民出版社，1996.5.—544页：照片；20cm；¥27.40
历史选择：长征中的红军领袖/张琦著.—杭州：浙江人民出版社，1996.8.—325页；20cm.—

(红军长征纪实丛书/魏久明主编)；￥16.40
历史一页：达赖、班禅晋京纪实/李威海著 .—北京：中国社会出版社，1996.5.—302 页；20cm；￥16.80
长征路上访红军采访实录/傅思和，秦绍德主编 .—上海：百家出版社，1996.9.—307 页；19cm；￥15.00
长安魂/张来善著 .—西安：陕西人民出版社，1996.1.—328 页；19cm；￥11.80
中方雇员：社会纪实/王洪春，梁永生编 .—北京：同心出版社，1996.2.—251 页；19cm；￥10.00
中国"变性人"现象/方刚著 .—广州：广州出版社，1996.11.—296 页；20cm.—(社会纪实系列)；￥14.60
中国"雨人"之谜/方刚著 .—广州：广州出版社，1996.11.—232 页；20cm.—(社会纪实系列)；￥11.60
中国，1959～1961：三年自然灾害长篇纪实/楚汉著 .—成都：四川人民出版社，1996.3.—364 页；20cm；￥16.00
中国梦想：长江三峡工程备忘录/卢江林等著 .—北京：中国青年出版社，1996.5.—368 页；20cm.—(世纪话题丛书)；￥16.00
中国女知识青年的足迹/《中国女知识青年的足迹》编委会编 .—北京：教育科学出版社，1996.5.—269 页；20cm；￥11.00
中国情绪流/张建星著 .—天津：天津人民出版社，1996.8.—280 页；20cm；￥15.80
中国人民解放军唐山抗震救灾英雄事迹选/李庆山，刘晏主编；中共唐山市委宣传部，唐山市震灾史料研究会编写 .—北京：蓝天出版社，1996.7.—209 页；19cm；￥8.00
中国体坛热点写真/王崇理著 .—北京：中国文联出版公司，1996.3.—247 页；20cm.—(众生丛书·新闻眼系列/曹志前主编)；￥12.50
中华神针赵天才/郑春基著 .—上海：百家出版社，1996.5.—157 页；19cm；￥12.80
中国改革大写意/宋静存著 .—北京：中国轻工业出版社，1996.7.—323 页；19cm；￥16.00
中修菩提/狄玉明著 .—沈阳：春风文艺出版社，1996.11.—191 页；20cm.—(菩提与人生丛书)；￥14.20
中年辉煌：纪实哲理文学/周穗明著 .—北京：中国工人出版社，1996.1.—224 页；19cm；￥12.00
中山梦寻/丁群，苏子龙主编 .—南京：江苏人民出版社，1996.10.—284 页；20cm；￥12.00
毛泽东和他的秘书田家英/董边等编 .—增订本 .—北京：中央文献出版社，1996.8.—428 页：照片；20cm (精装)；￥28.00
毛泽东长征在四川/吴启权著 .—成都：四川人民出版社，1996.10.—456 页；20cm；￥22.00
公仆典范——王振举/宁夏回族自治区国家税务局编 .—北京：中国税务出版社，1996.11.—171 页；20cm；￥16.00
公仆之歌：记全国劳动模范徐启斌/赖正和，萧中叔著 .—成都：四川人民出版社，1996.3.—551 页；20cm (精装)；￥35.00
公安部高级侦探秘闻：中国超级大案纪实/李玉轩著 .—沈阳：春风文艺出版社，1996.1.—411 页；20cm;《警官情》上部；￥16.80
牛命厂长传奇/李定余著 .—桂林：漓江出版社，1996.11.—343 页；19cm；￥12.00
今生无悔：回忆我过去的 75 年/梁超著 .—广州：广州出版社，1996.3.—202 页：照片；20cm.—(广州中共党史人物回忆录丛书)；￥7.50
从大碗茶到老舍茶馆/李武魁，张艾薇著 .—北京：新华出版社，1996.12.—202 页；19cm；￥9.20
从"西藏明珠"到"东方明珠"：中国长江流域证券市场采访录/《上海证券报》"中国经济长江行"采访团编著 .—上海：复旦大学出版社，1996.5.—229 页；20cm；￥15.00
从西柏坡到中南海：长篇纪实文学/舒云著 .—北京：长征出版社，1996.1.—391 页；20cm；￥18.60
风流/何长生，吴义龙主编 .—北京：中国文联出版公司，1996.8.—2 册 (791 页)；19cm.—(中国跨世纪报告文学丛书)；￥33.60
风雨巍山潮/字开春著 .—昆明：云南民族出版社，1996.10.—233 页；20cm.—(中国彝族当代文学丛书)；￥15.00
风中守望：姜虎社会写真集/姜虎著 .—银川：宁夏人民出版社，1996.1.—222 页；19cm；￥8.50
凤凰从火中再生；纪念唐山抗震 20 周年/高道生等

主编 .—天津：天津人民出版社，1996.6.—399页：彩照；20cm；¥18.00
文坛之星/龙新民，郑守廷主编 .—北京：京华出版社，1996.6.—140页；19cm.—（京华群英丛书；10）；¥4.80
心中的坟：致友人的信/戴厚英遗著 .—上海：复旦大学出版社，1996.11.—171页：彩照；20cm；¥10.00
为官一任/张茂龙著 .—北京：作家出版社，1996.9.—344页；20cm；¥16.80
为了中国的“哈佛”/张志军著 .—北京：中国人事出版社，1996.1.—177页；20cm.—（东方人大型系列丛书/方建文主编）；¥11.60
为了祖国的蓝天/程学哲主编 .—济南：黄河出版社，1996.10.—390页；20cm；¥13.50
孕育康定情歌的地方：报告文学/刘发生，阿称主编 .—成都：四川民族出版社，1996.9.—317页；19cm；¥8.00
玉烟天下/程永照，李辉著 .—北京：人民文学出版社，1996.7.—630页：彩照；23×15cm；¥55.00
东北王张作霖/华强著 .—太原：山西教育出版社，1996.2.—225页；20cm.—（野史书系/夏林根主编）；¥8.00
东部热土/高胜历著 .—青岛：青岛出版社，1996.6.—294页；20cm.—（新青岛风采纪实文学丛书）；¥11.80
东仓人：纪实文学/孙晋强著 .—济南：山东文艺出版社，1996.11.—235页；20cm；¥8.80
东方赤子风采录（1）/王郁昭等主编 .—北京：新华出版社，1996.10.—474页；26cm.—（今日中国丛书）精装；¥128.00
东方的星云：散文·特写·报告文学选/张英著 .—武汉：湖北人民出版社，1996.3.—321页；20cm；¥12.80
东方天鹅湖/田峰泉著 .—济南：山东文艺出版社，1996.8.—379页；20cm；¥15.80
东方之路/张晓明等著 .—北京：人民出版社，1996.12.—273页：彩照；20cm；¥20.00
“东北虎”传奇/陈晓东著 .—北京：群众出版社，1996.9.—251页；20cm；¥11.00
未婚妈妈的漫长旅途/《台港文学选刊》编辑部编 .—杭州：浙江文艺出版社，1996.7.—371页；20cm.—（台港文学·纪实文学卷）；¥12.90
未名录：倪斌新闻作品选/倪斌著 .—杭州：浙江人民出版社，1996.5.—328页：照片；20cm；¥22.00
未完的人生大杂文/耿庸著 .—上海：上海远东出版社，1996.3.—223页；19cm；¥12.00
平型关大捷/李人毅著 .—沈阳：春风文艺出版社，1996.4.—724页：照片；20cm；¥32.00
巨龙魂/吴云海主编 .—沈阳：春风文艺出版社，1996.2.—230页；19cm；¥8.00
正本清源还气功本来面目/张洪林著 .—北京：中国社会科学出版社，1996.3.—442页：彩照；20cm；¥21.80
世纪末：爱情危机/窦志先著 .—北京：中国社会出版社，1996.3.—379页；20cm.—（世纪浮雕·社会纪实文学丛书）；¥13.80
世纪之梦——大京九/才铁军，刘江涛著 .—成都：西南交通大学出版社，1996.5.—326页；20cm；¥13.50
世界百年空战纪实/崔长崎主编 .—北京：世界知识出版社，1996.1.—669页；20cm；¥28.00
世界体坛巨星阴阳录/赵绍棣等编著 .—北京：同心出版社，1996.9.—3册；19cm；¥24.00
世纪宝鼎：联合国50华诞的一件盛事/余之著 .—上海：文汇出版社，1996.12.—160页；19cm；¥18.00
电脑杀手：震惊世界的计算机犯罪/费日清著 .—成都：四川文艺出版社，1996.3.—376页；20cm；¥17.80
出使拉美的岁月/黄志良，刘静言著 .—南京：江苏人民出版社，1996.12.—442页；20cm.—（新中国大使丛书）；¥18.00
出兵朝鲜纪实/叶雨蒙著 .—北京：文化艺术出版社，1996.3.—2册（826页）；20cm；¥38.00
甘青湘蜀记/邓全施著 .—成都：四川人民出版社，1996.4.—368页；20cm；¥15.00
写在大地上的见证：长篇纪实文学/张志清主编 .—西安：陕西人民出版社，1996.12.—446页；20cm；26.00
写真集/刘枫著 .—南京：江苏人民出版社，1996.11.—422页；20cm；¥20.00
白货：中国大禁毒/张建伟著 .—长春：吉林人民

出版社，1996.6.—269 页；20cm.—（张建伟社会纪实系列）；￥13.00
白色迷彩/汪发楷著 .—北京：海潮出版社，1996.7.—193 页；20cm；￥8.00
白手打天下/艳齐著 .—北京：中国文联出版公司，1996.3.—260 页；20cm.—（众生丛书·新闻眼系列/曹志前主编）；￥13.00
白衣战士的风采/王建平，高思敏主编 .—郑州：河南人民出版社，1996.12.—538 页：照片；20cm；￥22.80
白衣天使/龙新民，郑守廷主编 .—北京：京华出版社，1996.6.—150 页；19cm.—（京华群英丛书；9）；￥4.80
生命的征帆/郁红著 .—沈阳：辽宁人民出版社，1996.2.—358 页；20cm；￥16.80
生命科学最新报告/柯云路著 .—北京：作家出版社，1996.1.—253 页：彩照；20cm；￥16.00
生命最后一刻：献给热爱人生与生命的人们/武宝生著 .—青岛：青岛出版社，1996.4.—204 页；20cm.—（走出阴影系列）；￥7.80
生存大战/郝在今著 .—北京：中国文联出版公司，1996.3.—308 页；20cm.—（众生丛书·新闻眼系列/曹志前主编）；￥15.20
好儿王涛；乒乓父子情/王世俊著 .—北京：解放军文艺出版社，1996.2.—198 页：彩照；20cm；￥12.00
外国人笔下的中国红军/金紫光，靳思彤主编 .—西安：陕西人民出版社，1996.11.—807 页：照片；20cm（精装）；￥36.80
市场潮/李维主编 .—长沙：湖南出版社，1996.4.—525 页：彩图；20cm（精装）；￥32.00
主人：来自徐州下水道四班的报告/肖俊才等著 .—南京：江苏人民出版社，1996.12.—300 页；20cm；￥14.80
刘嘉谷通讯选/刘嵩编 .—南京：江苏人民出版社，1996.1.—292 页；20cm.—（刘嘉谷新闻作品系列；1）；￥11.00
闪光的路：走近大手笔/霍华民著 .—哈尔滨：黑龙江人民出版社，1996.8.—410 页；20cm；￥23.80
闪烁的明星：梁坚报告文学选/梁坚著 .—上海：百家出版社，1996.5.—190 页；20cm；￥12.80
边城儿女/李迎春等主编 .—北京：华艺出版社，1996.4.—460 页；20cm；￥20.80
决战商场：香港富豪的成功发达之路/李洁，董小君编 .—北京：中国文联出版公司，1996.8.—287页；19cm.—（香港大写真丛书/潘永泽，侯书森主编）；￥13.20
汉水魂/宋民新著 .—西安：陕西人民出版社，1996.3.—322 页；20cm（精装）；￥17.00
记者打工札记/王化容等主编 .—北京：新华出版社，1996.12.—410 页；20cm；￥15.00
记者之迹：阑蕙文集/灵之主编；吕熙祥著 .—北京：新华出版社，1996.12.—288 页；19cm；￥70.00
让绿色的河尽情地流吧：吕粱作品选/吕粱著 .—北京：长征出版社，1996.5.—266 页；20cm；￥12.50
红都纪事/舒云著 .—郑州：河南人民出版社，1996.10.—397 页；20cm；￥16.00
红飘带上的明珠/张惟，张永和著 .—厦门：鹭江出版社，1996.10.—228 页；19cm.—（红土地的今天/何少川主编）；￥11.70
红色接力棒：长篇报告文学/杨贵才等著 .—郑州：河南人民出版社，1996.11.—235 页；20cm（精装）；￥16.80
红与蓝：中国士兵赴柬实录/马继东著 .—北京：华艺出版社，1996.1.—379 页；20cm；￥16.00
民族的脊梁/杨子主编 .—北京：海潮出版社，1996.11.—602 页；20cm（精装）；￥49.00
西部记者看广西/广西日报社编 .—南宁：广西人民出版社，1996.12.—116 页：彩照；19cm；￥6.00
西安各界名流写真/薛勇主编 .—西安：陕西人民出版社，1996.10.—299 页；20cm；￥12.00
西陲血路：红四方面军长征及西路军西征纪实/魏碧海著 .—北京：解放军文艺出版社，1996.10.—408 页；20cm.—（中国红军征战纪实丛书/王颖，吴振录主编）；￥16.00
再铸辉煌/张瑞华主编 .—沈阳：辽宁人民出版社，1996.9.—398 页；20cm；￥18.00
在美国当保姆的日子/秀文著 .—青岛：青岛出版社，1996.4.—301 页；20cm；￥11.80
在名人左右/敬蓁著 .—天津：百花文艺出版社，1996.6.—432 页：彩照；19cm；￥20.00

百战将星——刘亚楼/钟兆云著 .—北京：解放军文艺出版社，1996.1.—343 页；20cm；￥15.00
有爱的日子/陈丹燕著 .—上海：少年儿童出版社，1996.8.—178 页；19cm.—（当代中学生风采丛书）；￥6.10
有没有搞错：一个记者的所见所闻/王捷南著 .—武汉：武汉出版社，1996.5.—231 页；19cm；￥8.00
有特殊作用的人们/龙新民，郑守廷主编 .—北京：京华出版社，1996.6.—155 页；19cm.—（京华群英丛书；8）；￥4.80
李宗仁和蒋介石/王朝柱著 .—北京：中国青年出版社，1996.5.—492 页；20cm.—（中国近代历史人物丛书）；￥20.20
共和国警卫部队/张仕荣著 .—北京：解放军文艺出版社，1996.12.—315 页；20cm；￥12.00
共和国之战/李健著 .—北京：中国社会出版社，1996.7.—3 册（1223 页）：照片；20cm；￥58.80
共铸师魂/赵建春著 .—南京：南京师范大学出版社，1996.9.—258 页；20cm；￥10.00
吉祥鸟/雷志清著 .—福州：海风出版社，1996.5.—216 页；20cm；￥7.80
权力“寻租”——黑洞/王成军著 .—兰州：甘肃人民出版社，1996.8.—194 页；19cm；￥7.80
老外“侃”中国/方刚著 .—广州：广州出版社，1996.11.—278 页；20cm.—（社会纪实系列）；￥13.80
农村少年中的新闻人物/凌家宏，张以华著 .—南京：江苏少年儿童出版社，1996.12.—187 页；19cm.—（农村少年丛书/王建邦主编）；￥4.80
军旅之星龚允冲/郭富文著 .—北京：解放军文艺出版社，1996.12.—173 页；19cm；￥9.00
回首当年/秦兆阳著 .—北京：人民文学出版社，1996.8.—351 页；20cm；￥18.00
同心/陈宏贵主编 .—南京：河海大学出版社，1996.6.—184 页；20cm；￥12.00
创业笔记/叶昌柱著 .—乌鲁木齐：新疆大学出版社，1996.10.—415 页；19cm；￥21.80
创造一个新自己：蔡玉明报告文学集/蔡玉明著 .—武汉：湖北少年儿童出版社，1996.1.—164 页；23×13cm；￥4.80
负债功勋/许谋清编著 .—北京：新华出版社，1996.12.—422 页；20cm；￥20.00
华东天地：新闻通讯集/陈鹤皋著 .—上海：百家出版社，1996.2.—266 页；19cm；￥15.00
企业第一人/王汝金主编 .—南京：江苏人民出版社，1996.4.—203 页；20cm；￥10.80
名医世家/郑春基著 .—上海：百家出版社，1996.11.—239 页；19cm；￥14.80
血染的神话：红一方面军长征纪实/傅建文著 .—北京：解放军文艺出版社，1996.10.—377 页；20cm.—（中国红军征战纪实丛书/王颖，吴振录主编）；￥15.00
血色天空：中国空军空战实录/王玉彬，王苏红著 .—成都：四川人民出版社，1996.1.—551 页；20cm；长篇纪实文学；￥18.60
危情：隐秘的阴阳世界/张建伟著 .—长春：吉林人民出版社，1996.6.—315 页；20cm.—（张建伟社会纪实系列）；￥15.50
庄则栋与佐佐木敦子/庄则栋，佐佐木敦子著 .—北京：作家出版社，1996.5.—429 页：照片；20cm；￥19.80
充满希望的田野/孙家玉著 .—南京：江苏少年儿童出版社，1996.12.—163 页；19cm.—（农村少年丛书/王建邦主编）；￥4.80
过隙留痕/刘玄恭著 .—沈阳：辽宁民族出版社，1996.5.—157 页；19cm.—（金驼文丛/萨仁图娅，孙旭辉主编）；全套定价：124.00 元
这方热土/马仕安著 .—贵阳：贵州民族出版社，1996.3.—439 页；19cm；￥15.80
关门弟子/高深著 .—北京：作家出版社，1996.12.—220 页；20cm；￥15.80
阴影总会消失/梁勤俭著 .—北京：华艺出版社，1996.4.—239 页；19cm；￥8.50
异国沉浮：中国留日学生大特写/王玉琢著 .—北京：中国国际广播出版社，1996.10.—194 页；19cm.—（中国留学生纪实丛书）；￥9.00
驰向高速/薛家柱著 .—天津：百花文艺出版社，1996.10.—209 页：彩照；19cm；￥8.60
走过昨天：罗盘新闻作品选/罗盘著 .—北京：群言出版社，1996.2.—274 页；20cm；￥12.00
赤土狂飙：红四方面军征战纪实/朱秀海著 .—北京：解放军文艺出版社，1996.10.—475 页；20cm.—（中国红军征战纪实丛书/王颖，吴振

录主编)；¥18.50
赤子情怀：新中国100位成就卓著的科技人员/马庆生，徐光春主编 .—南宁：广西科学技术出版社，1996.7.—268页：彩照；20cm（精装）；¥12.50
报端春温：忻才良新闻评论选/忻才良著 .—上海：上海人民出版社，1996.5.—388页；19cm；¥17.10
报人足音：高兴烈新闻作品选/冯集中主编 .—深圳：海天出版社，1996.6.—362页：彩照；20cm；¥26.00
执著人生/咏慷著 .—北京：解放军文艺出版社，1996.12.—242页；20cm；¥14.60
园丁·春蚕·红烛/龙新民，郑守廷主编 .—北京：京华出版社，1996.5.—149页；19cm.—（京华群英丛书；4)；¥4.80
时传祥的传人/龙新民，郑守廷主编 .—北京：京华出版社，1996.5.—136页；19cm.—（京华群英丛书；1)；¥4.80
时代的足迹/杜时国著 .—郑州：河南人民出版社，1996.10.—570页；20cm；¥20.00
时代先锋/胡绍生主编 .—南昌：江西人民出版社，1996.5.—248页；20cm；¥7.50
技改先锋/龙新民，郑守廷主编 .—北京：京华出版社，1996.6.—139页；19cm.—（京华群英丛书；6)；¥4.80
足迹：刘满球自选集/广州日报社社委会编 .—广州：广东高等教育出版社，1996.6.—689页：彩照；20cm.—（广州日报丛书)；¥23.00
足球在他们脚下 第十册/三行主编 .—北京：红旗出版社，1996.6.—10册；19cm.—（世界体坛名将成长录丛书)；¥48.00
我的林友/刘清泉主编 .—太原：山西人民出版社，1996.12.—434页；20cm；¥20.00
我有一个梦想/李智著 .—天津：百花文艺出版社，1996.6.—257页；19cm；¥10.00
我当“煤黑子”的头儿：五年五个月零五天的工作记录/高扬文著 .—太原：山西人民出版社，1996.6.—249页；20cm；¥18.00
你是一道彩虹/赵江著 .—北京：解放军文艺出版社，1996.6.—733页；20cm；¥32.00
你是一座桥/田天著 .—武汉：长江文艺出版社，1996.12.—284页；20cm；¥12.00
乱世英豪/梁长宁，胡毅华著 .—太原：山西教育出版社，1996.2.—240页；20cm.—（野史书系/夏林根主编)；¥8.60
告那家伙：美国伍德西尔律师事务所记事/唐交东著 .—北京：法律出版社，1996.11.—557页；20cm；¥23.00
汽车·中国/长江著 .—北京：中国青年出版社，1996.3.—373页；20cm.—（世纪话题丛书)；¥17.20
汽车狂飙/曹志前著 .—北京：中国文联出版公司，1996.9.—301页；20cm.—（众生丛书·新闻眼系列/曹志前主编)；¥13.80
没有家园的灵魂/杨黎光著 .—北京：九洲图书出版社，1996.4.—235页；19cm；¥9.00
沙海壮举/郝贵平，王志明著 .—乌鲁木齐：新疆人民出版社；北京：石油工业出版社，1996.8.—314页：彩照；20cm；¥17.60
沙孟海和他的CP兄弟/黄仁柯著 .—北京：作家出版社，1996.11.—373页；20cm；¥18.50
沃野春歌/匡梅初著 .—长沙：湖南出版社，1996.6.—328页；19cm；¥12.80
迟到的春天也是春：台湾问题作品选/王捷著 .—北京：华艺出版社，1996.1.—336页；19cm；¥11.00
张锲报告文学选/张锲著 .—北京：解放军文艺出版社，1996.9.—435页；20cm；¥17.00
奉献之歌/曾青松著 .—北京：解放军文艺出版社，1996.8.—447页；20cm；¥20.00
苗村侗寨纪行：李葆中新闻作品选/李葆中著 .—贵阳：贵州民族出版社，1996.7.—197页；19cm；¥6.20
青春的浩劫：来自东方神坛的档案/方正等著 .—北京：中国社会出版社，1996.3.—639页；20cm.—（世纪浮雕·社会纪实文学丛书)；¥25.00
青年突击队之歌/龙新民，郑守廷主编 .—北京：京华出版社，1996.12.—134页；19cm.—（京华群英丛书；11)；¥4.80
故道潮/马军著 .—北京：民族出版社，1996.11.—490页；20cm（精装)；¥20.00
杨易辰回忆录/杨易辰著 .—北京：中央文献出版社，1996.6.—445页：照片；20cm（精装）；¥30.00

林彪“9·13”事件始末/邵一海著.—成都：四川文艺出版社，1996.3.—303页：照片；20cm；￥15.80
极限的超越(1)：当今中国体育明星写真/康兵著.—长沙：湖南少年儿童出版社，1996.12.—205页：照片；20cm；￥6.50
枪手好潇洒/张德崇著.—福州：海峡文艺出版社，1996.6.—262页；20cm；￥12.00
拥抱太阳：中国核试验基地风采录：1978～1995/伍献军，汪成农主编.—北京：大众文艺出版社，1996.8.—270页；20cm.—（中国大众创作文艺丛书·第一辑：国际编、国防科工集/贺敬之等主编）；￥13.80
明珠集：内蒙古当代人物风采·巴彦淖尔 上卷/李廷舫等主编.—呼和浩特：内蒙古人民出版社，1996.2.—376页；19cm；￥9.80
国际大救援：“3·21”中巴公路特大雪崩抢险救援纪实/朱光华著.—乌鲁木齐：新疆人民出版社，1996.12.—101页；20cm；￥12.00
国际春秋——中国之星 第二卷/吴榴楠主编；中国国际文化传播中心编.—北京：新华出版社，1996.1.—439页；20cm；￥16.50
昆仑殇/李晓伟著.—西宁：青海人民出版社，1996.2.—238页；20cm；￥9.80
昌言集：新联评论选/刘陶著.—广州：广东人民出版社，1996.2.—420页；20cm；￥20.00
将星从这里升起：十八名将军的少年时代/江林主编.—北京：解放军出版社，1996.1.—197页；19cm；￥12.00
虎穴龙腾：贺龙在湘西北特委履职纪实/向佐析，李长久编著.—长沙：湖南出版社，1996.3.—196页；19cm；￥9.50
采访女人/程迺欣著.—北京：中国文联出版公司，1996.3.—269页；20cm.—（众生丛书·新闻眼系列/曹志前主编）；￥13.30
采访死亡手记/沈英甲著.—北京：中国文联出版公司，1996.8.—292页；20cm.—（众生丛书·新闻眼系列/曹志前主编）；￥14.40
金城散记/徐建国著.—兰州：甘肃教育出版社，1996.9.—466页；20cm；￥15.50
金色的青稞架/和吉昌著.—昆明：云南民族出版社，1996.6.—186页；19cm；￥12.80
命运风景线：美丑写真/王崧著.—北京：中国国际广播出版社，1996.3.—341页；20cm；￥15.00
禹作敏之谜/花蕾，东其著.—北京：中国社会出版社，1996.3.—196页；19cm；￥8.70
和衷共济铸辉煌/李玉燕主编.—太原：山西人民出版社，1996.2.—307页；20cm；￥12.80
侗乡风采/唐成云主编.—长沙：湖南出版社，1996.12.—248页；19cm；￥8.20
实践宗旨的人们：报告文学集/李锦斌主编.—长春：长春出版社，1996.5.—337页；20cm；￥12.80
油海星河/容青主编.—北京：新华出版社，1996.3.—304页；20cm；￥14.80
泾州之秘：长篇纪实文学/张怀群著.—兰州：敦煌文艺出版社，1996.12.—221页；20cm.—（西王母文艺丛书）；￥11.90
沿着斯诺的足迹/赵荣声著.—北京：中国气象出版社，1996.1.—266页；20cm；￥10.50
泳王/秦文虎，王振智著.—天津：天津人民出版社，1996.4.—282页；19cm；￥8.60
单骑万里上北京/张光泽著.—芒市：德宏民族出版社，1996.7.—175页；19cm.—（高原文丛）；￥10.80
南行足音/毛延生著.—北京：新华出版社，1996.8.—332页；20cm.—（中国当代记者丛书）；￥15.00
南粤大解救/傅强著.—广州：岭南美术出版社，1996.10.—243页；20cm；￥10.00
春凝大地/陈发荣著.—厦门：厦门大学出版社，1996.8.—345页：彩照；20cm；￥12.00
毒枭争霸/杨茂东著.—广州：广州出版社，1996.6.—356页：照片；20cm.—（西楚作家集团经典系列）；￥18.80
残阳如血：长征前后内幕大写真/熊敏等编著.—南京：江苏人民出版社，1996.12.—348页；20cm；￥14.50
挥写时代风云/杨兴政著.—北京：新华出版社，1996.1.—420页；20cm；￥19.80
相逢在北京/刘永学著.—沈阳：辽宁人民出版社，1996.10.—164页；19cm（精装）；￥12.00
城市与人：长沙：城市的话题/韩作荣著.—北京：作家出版社，1996.12.—202页；20cm；￥12.80

重上井冈山/金阳编著.—北京：光明日报出版社，1996.11.—4册（1505页）：照片；20cm；¥79.80
科技大跨越：原子弹出时秘闻纪事/王怀中著.—太原：山西教育出版社，1996.1.—462页；20cm；¥13.00
郭沫若的女性世界/星村著.—北京：中国社会出版社，1996.3.—330页；20cm；¥14.60
神圣的天平：中国西部法官大纪实/刘岸著；乌鲁木齐市中级人民法院编.—乌鲁木齐：新疆人民出版社，1996.8.—378页；20cm；¥19.80
神州大动脉：中国铁路建设120年纪实/才铁军，雷风行著.—福州：福建人民出版社，1996.12.—435页：彩照；20cm；¥17.85
追忆逝水年华：从西南联大到巴黎大学/许渊冲著.—北京：三联书店，1996.11.—245页；19cm.—（读书文丛）；¥11.50
浊眸独钟/张博著.—西安：陕西人民出版社，1996.9.—273页；20cm；¥9.00
炼狱之歌/时和唱著；陈靖编.—郑州：河南人民出版社，1996.5.—286页；19cm；¥9.80
绝症大突破/林佳著.—北京：中国文联出版公司，1996.11.—264页；20cm；¥15.60
热血筑丰碑：报告文学/孙玉春著.—兰州：甘肃教育出版社，1996.5.—150页；19cm.—（新世纪文学创作丛书/鲁保中，杨立元主编）；¥9.00
热血青春 第二集/李元胜等著.—成都：四川文艺出版社，1996.3.—239页；20cm；¥6.90
夏震霏新闻作品选/夏震霏著.—上海：文汇出版社，1996.4.—364页；20cm；¥18.00
雾震血/何蜀著.—重庆：重庆出版社，1996.5.—368页；19cm；¥13.50
珠宝王国探秘/朱幼棣著.—北京：人民法院出版社，1996.9.—279页：彩照；20cm；¥19.80
都市新闻眼/刘一达著.—北京：中国文联出版公司，1996.8.—254页；20cm.—（众生丛书·新闻眼系列/曹志前主编）；¥13.60
教诲与怀念/周纯麟著.—北京：解放军出版社，1996.5.—252页；20cm；¥12.00
桥梁上的童话/李柄银选编.—长春：时代文艺出版社，1996.6.—537页；20cm.—（20世纪文学争议代表作品丛书/冯牧，柳萌主编）；¥25.00
啊！女兵/舒云著.—郑州：河南人民出版社，1996.5.—353页；20cm；¥12.00
笔耕留痕/汪敏之著.—北京：新华出版社，1996.8.—400页：照片；20cm.—（中国当代记者丛书）；¥18.00
脊梁/何培嵩著.—南宁：接力出版社，1996.1.—168页；19cm；¥7.60
唐山，唐山！/刘晓滨著.—天津：百花文艺出版社，1996.6.—411页；20cm（精装）；¥22.00
高原潮/吴玉华著.—昆明：云南民族出版社，1996.6.—395页；20cm；¥15.00
海南惊梦：100个男人在海南/燕飞著.—北京：中国社会出版社，1996.3.—325页；19cm.—（海南梦幻三部曲；2）；¥12.80
海南无梦/白烨，雷达编选.—长春：时代文艺出版社，1996.5.—514页；20cm.—（20世纪末中国文学作品精选·报告文学卷）；¥23.50
海南寻梦：100种爱情在海南/燕飞著.—北京：中国社会出版社，1996.3.—323页；19cm.—（海南梦幻三部曲；3）；¥12.80
海之歌：黄彩虹作品集/黄彩虹著.—北京：新华出版社，1996.6.—378页；20cm.—（中国高级记者丛书）；¥16.00
涌动的江潮：郑叶竹'84～'95新闻写作文集/郑叶竹著.—北京：中国国际广播出版社，1996.4.—427页；20cm；¥16.50
涅槃：王昌海和他的客货车队/赵柏田，王国安著.—宁波：宁波出版社，1996.10.—215页；19cm；长篇报告文学；¥9.80
谁能撬动中国足球/范江怀著.—北京：解放军文艺出版社，1996.3.—309页；20cm；¥14.00
黄河大决口/邢军纪著.—北京：解放军出版社，1996.11.—315页；20cm；¥18.00
黄河落天走山西/焦祖尧著.—太原：山西教育出版社，1996.12.—273页：彩照；20cm；¥12.00
黄山坳·红风景：西北红军征战记/记捷著.—北京：解放军文艺出版社，1996.11.—351页；20cm.—（中国红军征战纪实丛书/王颖，吴振录主编）；¥14.30
黄土情/胡开征著.—兰州：甘肃民族出版社，1996.8.—277页；19cm；¥11.00

黄土新歌/焦富全著 .—兰州：甘肃人民出版社，1996.6.—333 页；19cm；¥12.50

黄方波新闻作品选/黄方波著 .—北京：中国广播电视出版社，1996.3.—281 页；20cm；¥12.00

梦与人生/李天雄，天泉著 .—成都：四川文艺出版社，1996.11.—261 页：彩照；20cm（精装）；¥22.80

梦魂萦绕祖国情/张磊著 .—北京：北京出版社，1996.7.—270 页；20cm；¥9.50

梅州剑魂：长篇报告文学/孔献之著 .—北京：人民法院出版社，1996.8.—302 页：彩照；19cm；¥10.00

热血之歌/黄嘉著 .—南宁：广西人民出版社，1996.6.—344 页：照片；20cm（精装）；¥19.00

崛起的日照/徐勇著 .—济南：山东友谊出版社，1996.10.—275 页；19cm；¥12.00

敦煌之恋/王家达著 .—北京：人民文学出版社，1996.12.—280 页；20cm；¥13.50

寂寞文章：一个读者、作者、编者的发言/李吉模著 .—济南：黄河出版社，1996.5.—241 页；19cm；¥9.80

情系黄土地：北京知青与陕北/孙立哲主编 .—北京：中国国际广播出版社，1996.1.—491 页：照片；20cm；¥18.00

蓝天下的至爱/贾永著 .—北京：长城出版社，1996.12.—446 页；20cm；¥25.00

彭德怀在朝鲜战场/朱世良著 .—沈阳：辽宁人民出版社，1996.1.—406 页；20cm.—（抗美援朝战争纪实丛书）；¥18.00

超越自我的瞬间：献给帮助过心理障碍人的人们/王富杰著 .—青岛：青岛出版社，1996.3.—212 页；20cm.—（走出阴影系列）；¥8.50

斯坦福学得到：一个中国留学生在斯坦福商学院的求学经历/吴英伦著 .—北京：企业管理出版社，1996.9.—295 页；20cm.—（管理新知文库）；¥16.00

塔克拉玛干：红黄黑/郭保林著 .—济南：山东文艺出版社，1996.11.—492 页；20cm（精装）；¥21.80

黑洞：知识分子大潮动/张建伟著 .—长春：吉林人民出版社，1996.6.—337 页；20cm.—（张建伟社会纪实系列）；¥16.50

黑魂/连继民著 .—北京：中国文联出版公司，1996.8.—213 页；20cm.—（众生丛书·新闻眼系列/曹志前主编）；¥11.60

黑土地的骄傲/唐航著 .—哈尔滨：黑龙江人民出版社，1996.12.—337 页；20cm；¥19.80

黑·白·红：兵团知青生活写真/宫柯著 .—哈尔滨：黑龙江人民出版社，1996.6.—434 页；20cm；¥16.60

辉煌的超越/杨江淮等主编 .—北京：中国国际广播出版社，1996.8.—292 页；20cm.—（走向21 世纪报告文学丛书）；¥12.80

辉煌人生/靖一民著 .—天津：天津人民出版社，1996.1.—435 页；19cm；¥16.80

最后旋风：红二方面军长征纪实/许福芦著 .—北京：解放军文艺出版社，1996.10.—412 页；20cm.—（中国红军征战纪实丛书/王颖，吴振录主编）；¥16.50

最耐读的是人：周玉明名家采访随笔/周玉明著 .—上海：复旦大学出版社，1996.11.—392 页：照片；20cm；¥18.00

最后的玫瑰/郭伟成著 .—上海：学林出版社，1996.3.—527 页：照片；20cm；¥25.00

跌宕人生：二三十年代风云人物纪实/吴基民编著 .—上海：东方出版中心，1996.5.—221 页；19cm；¥7.00

智商的误区：献给关注过弱智人的人们/航鹰，维佳著 .—青岛：青岛出版社，1996.4.—163 页；20cm.—（走出阴影系列）；¥7.40

皓月春风几时秋：周毓山新闻作品选/周毓山著 .—沈阳：春风文艺出版社，1996.8.—186 页；19cm；¥7.98

温故集/吴健民著 .—广州：广东人民出版社，1996.10.—311 页；20cm；¥20.00

蓝天血：中国空军血战传奇/陈立华著 .—大连：大连出版社，1996.10.—392 页：照片；20cm.—（著名将帅征战录）；¥18.80

魂断梦醒：中国知青上山下乡风云纪实/杜鸿林编著 .—宁波：宁波出版社，1996.3.—326 页；20cm；¥14.00

魂牵梦萦黑土地/黄曼玲主编；黑龙江省归国华侨联合会编 .—哈尔滨：哈尔滨工业大学出版社，1996.4.—369 页；20cm；¥14.80

魂铸京九/曾平标著 .—广州：广东人民出版社，

1996.7.—170 页：彩照；20cm；￥9.80
魂系大江/谢昭良著 .—广州：广东人民出版社，1996.10.—413 页；19cm；￥21.00
跨界大逃亡：当代难民潮纪实/王建军著 .—北京：中国文联出版公司，1996.8.—172 页；19cm；￥8.50
跨世纪童星成才之路/上海文艺出版社编 .—上海：上海文艺出版社，1996.9.—446 页；19cm；￥15.50
跨越雄关：长征中的重大战役/陈伯江著 .—杭州：浙江人民出版社，1996.8.—299 页；20cm.—（红军长征纪实丛书/魏久明主编）；￥15.40
跨越夜郎/曾平著 .—北京：中国工人出版社，1996.9.—424 页；彩照；20cm.—（江河大地纪实文学丛书/柳萌等主编）；￥23.00
塞上履痕/吴国清著 .—银川：宁夏人民出版社，1996.12.—476 页；20cm；￥19.80
新华社优秀新闻选　1995年/新华社新闻研究所编 .—北京：新华出版社，1996.12.—289 页；20cm；￥15.00
新时期军事文学精选：1979～1994：报告文学卷/王颖，吴振录主编 .—北京：解放军文艺出版社，1996.1.—2册；20cm；￥34.50
蔚蓝色的呼唤：徐博龙海洋新闻作品选/徐博龙著 .—北京：海洋出版社，1996.8.—526 页；20cm；￥20.00
鞍上灯下集/陆继农编著 .—上海：百家出版社，1996.1.—321 页；19cm；￥16.00
聚焦现实/孙伟著 .—北京：中国社会科学出版社，1996.7.—339 页；20cm；￥17.00
境界：王昕朋新闻纪实作品选/王昕朋著 .—北京：红旗出版社，1996.5.—390 页；20cm；￥20.80
漫漫海天路：长篇报告文学/朱觉祥等著 .—宁波：宁波出版社，1996.9.—114 页；19cm；￥8.00
翠竹长青/吴志坚著 .—南京：江苏人民出版社，1996.6.—181 页：照片；20cm；￥11.00
疑案觅踪/刘富海著 .—北京：警官教育出版社，1996.9.—335 页；20cm；￥16.80
踏寻三毛的足迹——在西撒哈拉/章云著 .—北京：中国友谊出版公司，1996.12.—176 页；20cm；￥14.00
播种安宁/刘裕华著 .—济南：山东文艺出版社，1996.2.—403 页；20cm；￥12.80
儒将/张永久著 .—珠海：珠海出版社，1996.3.—254 页：照片；20cm.—（绿橄榄文集）；￥18.00
燃烧的生命：记秉公执法、无私奉献的“铁法官”谭彦/最高人民法院办公厅，最高人民法院人民法院出版社编 .—北京：人民法院出版社，1996.11.—209 页：彩照；19cm；￥10.00
警界英豪/娄小青著 .—兰州：甘肃人民出版社，1996.7.—230 页；19cm；￥8.80
巍巍铁塔遍神州（下）：丹心护国土/李景荣主编 .—北京：中国人事出版社，1996.11.—174 页；19cm.—（奔向新世纪的报告丛书·96 卷/李景荣主编）；￥8.30
一个记者笔下的肃贪报告/赵信著 .—北京：新华出版社，1997.7.—415 页；20cm.—（中国当代记者丛书）；￥20.00
一个军事记者笔下的西北军旅/郭怀亮著 .—兰州：甘肃文化出版社，1997.6.—317 页；19cm；￥12.50
一百个人的十年/冯骥才著 .—南京：江苏文艺出版社，1997.10.—436 页：照片；20cm；￥18.80
一河两岸人：湾仔纪实/王予，林洋著 .—广州：暨南大学出版社，1997.12.—221 页；20cm；￥18.00
一片丹心化彩虹：记桥梁力学专家李国豪/代琇，庄辛著 .—上海：同济大学出版社，1997.5.—177 页：照片；20cm；￥15.00
一世球缘：严德俊的足球生涯/张伟刚，李梅著 .—天津：百花文艺出版社，1997.7.—257 页：照片；20cm；￥23.80
1995 年中国报告文学精选/中国作协创研部编 .—武汉：长江文艺出版社，1997.7.—600 页；20cm；￥27.00
1997·驻军香港/张波著 .—北京：解放军文艺出版社，1997.7.—396 页；20cm；￥17.80
20 世纪中国纪实文学文库　第二辑：辉煌与苦涩·事件卷：1949～1966/柯灵主编 .—上海：文汇出版社，1997.12.—491 页：照片；20cm；￥26.00
20 世纪中国纪实文学文库　第二辑：平凡与崇高·人物卷（1949～1966）/柯灵主编 .—上海：文汇出版社，1997.10.—525 页：照片；20cm；

¥26.00
十年携手闯东瀛/汪嘉伟，邓星著 .—上海：上海人民出版社：东方出版社，1997.10.—208 页：彩照；20cm；¥18.00
人间真情：王新义作品选/王新义著 .—北京：新华出版社，1997.8.—322 页；20cm.—（中国高级记者丛书）；¥20.00
人生之曲：我和我的一家/郑延著 .—北京：中国青年出版社，1997.7.—146 页；20cm.—（老人河丛书）；¥7.60
人民卫士风采/戚罗洪著 .—北京：解放军文艺出版社，1997.5.—304 页；20cm；¥15.00
人生当架几座桥：郭梅尼人物通讯选/郭梅尼著 .—北京：世界图书出版公司北京公司，1997.1.—354 页；20cm；¥15.00
人生五彩路/黄朱清著 .—福州：海风出版社，1997.9.—308 页；19cm；¥12.80
三千孤儿和草原母亲/马利著 .—呼和浩特：内蒙古教育出版社，1997.12.—261 页：照片；20cm；¥14.00
三千里防线/岑索著 .—北京：解放军文艺出版社，1997.6.—317 页；20cm；¥20.00
三十九军征战纪实/李人毅等著 .—沈阳：白山出版社，1997.6.—576 页；20cm.—（百战劲旅丛书）；¥27.40
大地情/马成广著 .—北京：新华出版社，1997.8.—388 页；20cm.—（中国高级记者丛书）；¥24.00
大海的一半：《蔚蓝夜话》的人物档案/刘沙著 .—上海：上海人民出版社，1997.1.—225 页；20cm；¥12.00
大千世界/上海书店出版社编 .—上海：上海书店出版社，1997.1.—390 页；20cm.—（论语选萃·特写卷）；¥21.00
大国的亮点：长篇报告文学/何建明著 .—北京：新华出版社，1997.9.—261 页；20cm；¥18.00
大荒神农/马学利主编 .—北京：人民出版社，1997.8.—336 页；20cm；¥18.00
大京九纪实/莫伸著 .—2 版（修订本）.—西安：太白文艺出版社，1997.11.—596 页；20cm；¥25.00
大立法：一个记者眼中的中国立法进程/阿计著 .—成都：四川人民出版社，1997.7.—434 页；20cm；¥18.50
大岭长歌/兰竹著 .—哈尔滨：黑龙江人民出版社，1997.7.—447 页；20cm；¥20.00
大青岛警魂/高胜历等著 .—青岛：青岛出版社，1997.3.—378 页；20cm.—（纪实文学丛书）；¥15.60
大战无硝烟/梁存喜著 .—呼和浩特：内蒙古人民出版社，1997.7.—487 页；20cm；¥39.00
万世法门：法门寺地宫佛骨再世之谜/商成勇，岳南著 .—北京：新世界出版社，1997.1.—424 页：彩照；20cm.—（中国文化史探秘丛书）；¥19.80
山风海浪：新闻采风录/李承祖著 .—北京：新华出版社，1997.6.—357 页；20cm；¥20.00
山花烂漫：素质教育报告文学集：小学卷/李金深，孙振棠主编 .—天津：天津社会科学院出版社，1997.8.—270 页；20cm.—（和平教育丛书）；¥8.00
山魂/银剑钊，周志兴著 .—南昌：江西人民出版社，1997.9.—362 页；20cm；¥19.50
飞向太空港/李鸣生著 .—福州：福建人民出版社，1997.2.—302 页；20cm.—（中国航天发射大写真系列丛书·李鸣生航天四部曲）；¥14.00
王邑之光/雷仲予等著 .—北京：新华出版社，1997.10.—252 页：彩照；20cm；¥25.60
玉龙雪山作证/张信主编 .—昆明：云南人民出版社，1997.12.—258 页：照片；19cm；¥10.00
不周山下红旗乱：国共初次兵争纪实/姜文明等著 .—北京：作家出版社，1997.12.—383 页；20cm.—（世纪抉择纪实文学丛书；第三部/吴子勇，姜文明主编）；¥18.80
王海自述：我是“刁民”/王海等著 .—北京：作家出版社，1997.12.—38 页；20cm；¥20.00
开拓光彩/闵国库，刘正信著 .—北京：新华出版社，1997.7.—192 页；20cm；¥16.80
艺海觅韵/许忠华著 .—海口：海南出版社，1997.6.—289 页；19cm；¥13.80
历史的沧桑/叶永烈著 .—北京：中共中央党校出版社，1997.1.—415 页；20cm.—（叶永烈纪实文库；1）；¥18.00
历史的传奇/叶永烈著 .—北京：中共中央党校出版社，1997.1.—403 页；20cm.—（叶永烈纪实文库；2）；¥18.00

历史的见闻/叶永烈著 .—北京：中共中央党校出版社，1997.1.—373 页；20cm.—（叶永烈纪实文库；3）；￥16.80

丰碑：长篇纪实文学/陈启文，普凤武主编；丁峻著 .—昆明：云南民族出版社，1997.4.—272 页：彩图；20cm；￥10.00

天道/王宗仁著 .—天津：百花文艺出版社，1997.11.—274 页；20cm；￥16.80

天地有大音/刘红梅著 .—南昌：江西高校出版社，1997.1.—307 页；20cm；￥10.00

天啸：中国国防尖端纪实/梁东元著 .—北京：作家出版社，1997.10.—450 页；20cm；￥22.00

天涯共此时：两岸情缘/萧何著 .—郑州：河南人民出版社，1997.7.—303 页；20cm；￥14.00

天道：周惠与庐山会议/权延赤，黄丽娜著 .—广州：广东旅游出版社，1997.4.—337 页：照片；20cm.—（权延赤作品自选集）；￥19.50

天山走笔/陈皋鸣著 .—北京：新华出版社，1997.4.—402 页；20cm；￥18.80

无悔今生："好人刘永籍"的故事/孙学敏著 .—昆明：云南人民出版社，1997.12.—210 页；20cm；￥10.80

无字的丰碑/田世斌著 .—北京：新华出版社，1997.9.—319 页；20cm.—（中国当代记者丛书）；￥20.00

世纪的呼唤：翟博报告文学通讯集/翟博著 .—北京：新华出版社，1997.2.—350 页；20cm.—（中国当代记者丛书）；￥16.80

世纪末的中国　第一部：人物长廊/杜卫东，解伟主编 .—成都：四川人民出版社，1997.8.—759 页；20cm；￥32.50

世纪末的中国　第二部：事件觅踪/杜卫东，解伟主编 .—成都：四川人民出版社，1997.8.—703 页；20cm；￥30.00

世纪末的中国　第三部：热点扫描/杜卫东，解伟主编 .—成都：四川人民出版社，1997.8.—719 页；20cm；￥31.00

世纪末的中国　第四部：问题透视/杜卫东，解伟主编 .—成都：四川人民出版社，1997.8.—736 页；20cm；￥33.00

世纪人才之光/王莉莉著 .—北京：蓝天出版社，1997.3.—300 页；20cm；￥25.00

世纪忧患/肖成年著 .—兰州：甘肃人民出版社，1997.5.—336 页；20cm；￥15.00

世界上什么事最开心/陈祖芬著 .—北京：中国社会科学出版社，1997.3.—154 页：彩照；20cm；￥10.00

日出东方：长篇纪实文学/阎涛著 .—郑州：河南人民出版社，1997.6.—358 页：照片；20cm；￥15.00

中国：与贫困决战/庞泽云著 .—南昌：百花洲文艺出版社，1997.12.—339 页；20cm（精装）；￥18.50

中国保姆/郭传火著 .—北京：作家出版社，1997.10.—285 页；20cm.—（当代纪实文库）；￥15.00

中国大三线：中国大三线报告文学丛书精选/王春才主编 .—成都：四川人民出版社，1997.1.—601 页：图；20cm（精装）；￥35.00

中国当代保尔——朱彦夫/岳长志主编 .—济南：山东人民出版社，1997.3.—199 页：彩照；19cm；￥8.60

中国的脊梁/杨有元著 .—武汉：长江文艺出版社，1997.1.—191 页；20cm；￥12.50

中国改革者　（一）/吕常庆主编 .—北京：中国国际广播出版社，1997.9.—1220 页；20cm；￥60.00

中国空军实录/吴纯光著 .—沈阳：春风文艺出版社，1997.5.—240 页；20cm.—（中国现代化军队纪实丛书）；￥12.80

中国潜艇实录/董凤纯著 .—沈阳：春风文艺出版社，1997.5.—326 页；20cm.—（中国现代化军队纪实丛书）；￥14.80

中国特区兵/何况著 .—长春：时代文艺出版社，1997.12.—311 页；18cm；￥13.00

中国铁路风云录/田永元著 .—沈阳：辽宁人民出版社，1997.3.—420 页；20cm；￥18.80

中国邮电梦/齐国宝，王鹰著 .—北京：作家出版社，1997.9.—435 页；20cm；￥20.00

中国之恋：山崎宏的故事/朱建信，许晨著 .—济南：明天出版社，1997.7.—148 页；19cm.—（真情话丛书）；￥5.10

中国足球青年近卫军/罗达成著 .—北京：作家出版社，1997.12.—317 页：彩照；20cm；￥19.50

中国特警传奇/钟长洪著 .—北京：中共党史出版

社，1997.12.—374页；20cm；￥18.00

中原纪胜/李仲源著 .—上海：上海文艺出版社，1997.6.—330页；19cm；￥12.50

毛泽东、尼克松在1972/陈敦德著 .—2版 .—北京：解放军文艺出版社，1997.2.—359页；20cm.—（纪实文学精选）；￥13.90

毛泽东与蒋介石/陈敦德著 .—2版 .—北京：解放军文艺出版社，1997.2.—327页；20cm.—（纪实文学精选）；￥12.80

反戈/夏继诚著 .—南京：江苏人民出版社，1997.7.—391页；20cm.—（国民党将军人生悲欢录）；￥18.00

火焰的支点：长篇报告文学/张天男著 .—呼和浩特：内蒙古人民出版社，1997.6.—237页：彩照；20cm；￥26.00

从书生到老板：文化产业家鲁克敬的两个空间/王正著 .—北京：文化艺术出版社，1997.8.—180页：彩照；20cm；长篇纪实文学；￥12.80

从碎石小路走来/刘幼雪著 .—沈阳：辽宁少年儿童出版社，1997.12.—375页：照片；20cm.—（岁月丛书/刘朝兰，于耀先主编）（精装）；￥20.50

今人的脚步 （一）/王永红等著 .—北京：新华出版社，1997.1.—436页；19cm.—（世纪风报告文学丛书/刘诗训主编）；￥16.00

今日庄户人/王大顺著 .—郑州：河南人民出版社，1997.10.—448页；20cm；￥19.80

风起云飞：周昱麟报告文学集/周昱麟著 .—桂林：漓江出版社，1997.2.—326页；19cm；￥12.80

风雨人生路/力立著 .—昆明：云南民族出版社，1997.12.—190页；20cm；￥19.00

风云际会宋耀如/叶辛著 .—南京：江苏文艺出版社，1997.12.—393页：照片；20cm；￥17.80

风雨往事：维特克采访江青实录/张颖著 .—郑州：河南人民出版社，1997.10.—178页；20cm.—（沧桑文丛）；￥9.50

文汇60年作品选/石俊升主编 .—上海：文汇出版社，1997.12.—1205页；20cm（精装）；￥70.00

文人的断桥：《马桥词典》诉讼纪实/天岛，南芭编著 .—北京：光明日报出版社，1997.10.—440页；20cm；￥20.00

文艺界批判/江涛著 .—北京：作家出版社，1997.10.—293页；20cm；￥14.50

心雨/袁跃东著 .—北京：解放军文艺出版社，1997.11.—186页；19cm；￥8.00

心影/白夜著 .—北京：新华出版社，1997.3.—143页；19cm；￥6.50

忆征程/李立著 .—北京：中国文史出版社，1997.7.—286页；20cm；￥14.00

采贝撷英/张佩霞著 .—北京：中国工人出版社，1997.9.—381页；20cm；￥17.00

为党旗增辉/肖洪江著 .—成都：四川人民出版社，1997.8.—190页；20cm；￥13.50

为了未来的园丁/夏明宇著 .—重庆：西南师范大学出版社，1997.1.—340页；19cm；￥12.00

为一大事来，做一大事去：一位普通教师的回忆/李继华著 .—苏州：苏州大学出版社，1997.9.—145页；19cm；￥8.50

为了这片血染的土地：长篇报告文学/张皓新著 .—济南：黄河出版社，1997.5.—411页：照片；20cm；￥18.80

书画情缘：陈英、金岗夫妇和他们的“积翠园”/王楠，张佩茹著 .—北京：解放军文艺出版社，1997.8.—394页：彩图；20cm；￥23.00

双雄初携手：国共首次合作纪实/王咸金，冯淑萍著 .—北京：作家出版社，1997.12.—335页；20cm.—（世纪抉择纪实文学丛书；第一部/吴子勇，姜文明主编）；￥17.20

未尽的颂歌/朗可著 .—成都：四川大学出版社，1997.5.—159页；20cm；￥6.00

石破天惊：解放石家庄纪实/舒云著 .—北京：军事科学出版社，1997.1.—221页；20cm.—（城市解放纪实丛书/张晶，毕建忠主编）；￥9.60

龙马负图/鹏喜著 .—武汉：长江文艺出版社，1997.12.—169页；19cm；￥10.00

龙乡撷英/臧传爱著 .—济南：黄河出版社，1997.6.—238页；20cm；￥16.00

古土明灯/李寒江著 .—北京：民族出版社，1997.7.—213页；19cm；￥7.50

东方天鹅湖/田峰泉著 .—2版 .—济南：山东文艺出版社，1997.12.—428页；20cm；￥19.80

东方之女/刘东平著 .—北京：民族出版社，1997.3.—334页；20cm；￥15.60

东方之珠/桂兴华著 .—上海：上海人民出版社，

1997.2.—180页；20cm；￥14.00
叩访名家/葛继宏著 .—杭州：浙江文艺出版社，1997.1.—235页：彩照；20cm；￥22.00
冬草：一个流亡女学生的故事/苑茵著 .—2版 .—北京：长征出版社，1996.4.—273页；20cm.—（纪实文学）；￥13.80
生命不败：董月玲纪实作品集/董月玲著 .—上海：复旦大学出版社，1997.8.—258页；20cm；￥12.00
生命的这一端/冷冶夫，随连军著 .—北京：军事谊文出版社，1997.5.—182页；20cm；￥12.00
生命九章："农技铁人"姜德明战胜死亡创造奇迹/杨守松著 .—上海：上海文艺出版社，1997.5.—139页；20cm；￥9.90
生活之路/王起祯著 .—银川：宁夏人民出版社，1997.11.—294页；19cm；￥13.80
鸟瞰地球：中国战略导弹阵地工程纪实/徐剑著 .—北京：作家出版社，1997.10.—556页；20cm.—（导弹系列纪实文学作品；2）；￥24.80
记者视野：丁冬新闻作品选集/丁冬著 .—沈阳：辽宁人民出版社，1997.12.—341页；20cm；￥20.00
边关/任真著 .—北京：解放军文艺出版社，1997.12.—153页：彩照；20cm；￥15.00
圣心苦雨：朱熹传/陈代湘著 .—北京：北京燕山出版社，1997.3.—453页；20cm；￥19.80
百名将帅访谈录/赵勇田著 .—北京：解放军文艺出版社，1997.7.—468页；20cm；￥18.50
百字草/朱昌勤著 .—北京：新华出版社，1997.9.—138页；19cm；￥6.20
百将之夜：南昌暴动纪实/尹家民著 .—北京：解放军文艺出版社，1997.5.—417页；20cm.—（中国革命暴动纪实丛书/王颖，吴振录主编）；￥17.00
西部风云/李广智，李广文著 .—北京：解放军出版社，1997.5.—350页；20cm.—（中国革命斗争报告文学丛书·和平解放新疆卷）；￥16.80
西京风云：国共第二次合作纪实/黄伟民等著 .—北京：作家出版社，1997.12.—366页；20cm.—（世纪抉择纪实文学丛书；第五部/吴子勇，姜文明主编）；￥18.00
成功启示录：记中国杰出中青年科学家/徐迟主编 .—济南：山东教育出版社，1997.10.—564页：彩照；20cm；￥25.50
有这样一个女孩/舒绍平著 .—长沙：湖南出版社，1997.2.—165页；20cm；￥8.00
列车守护神——周永康/周有才著 .—重庆：重庆出版社，1997.8.—177页；19cm；￥8.00
动物与人：和平与对抗大特写：长篇纪实文学/奔牛著 .—北京：农村读物出版社，1997.3.—246页；19cm；￥11.50
托起太阳的人/温跃渊著 .—合肥：安徽人民出版社，1997.9.—281页；20cm；￥15.00
军歌壮三峡/毕从俊，庄家新著 .—北京：中国三峡出版社，1997.11.—1册；20cm；￥18.00
农业科技战线的一面旗——姜德明/中共中央组织部研究室等编 .—北京：新华出版社，1997.7.—124页；19cm；￥6.80
回望流年：李新忆救亡与抗战/李新著 .—北京：中共党史出版社，1997.12.—203页；20cm.—（忆往事；1）；￥12.00
回忆与怀念/黄友凡著 .—重庆：重庆出版社，1997.1.—374页；20cm；￥18.00
回归心声：港人访问录/柯达群著 .—上海：上海人民出版社，1997.3.—261页；20cm；￥16.00
当代法案大观：中国名案新闻纪实/李矗著 .—北京：新华出版社，1997.8.—529页；20cm；￥28.80
农民创世纪/吴晓波著 .—杭州：浙江文艺出版社，1997.12.—209页；20cm；￥8.90
同享七彩阳光：中国残疾儿童教育纪实/周甲禄等著 .—武汉：湖北少年儿童出版社，1997.12.—219页；20cm.—（少儿教育纪实文学丛书/孙云晓主编）；￥7.00
岁月回眸/陈虹著 .—福州：海峡文艺出版社，1997.2.—283页：照片；20cm；￥15.00
师魂：好人刘玉安的故事/刘吉忠著 .—济南：山东人民出版社，1997.4.—151页；20cm；长篇报告文学；￥10.00
年轻风景/孙云晓，徐莉萍主编 .—青岛：青岛出版社，1997.1.—394页；20cm.—（青春风铃丛书·报告文学卷）；￥14.80
舌与剑：国共第二次分裂纪实/王幸生，王志强著 .—北京：作家出版社，1997.12.—403页；

20cm.—（世纪抉择纪实文学丛书；第七部/吴子勇，姜文明主编）；￥20.00

血火煮江山：国共万里大较量纪实/于东著 .—北京：作家出版社，1997.12.—385页；20cm.—（世纪抉择纪实文学丛书；第四部/吴子勇，姜文明主编）；￥19.00

血染的太阳/任贤良著 .—北京：新华出版社，1997.1.—167页；20cm；￥10.80

血浴军徽：徐洪刚的故事/朱建信，许晨著 .—济南：明天出版社，1997.7.—148页；19cm.—（真情话丛书）；￥5.10

危亡：长征三部曲之二/石永言著 .—北京：中共中央党校出版社，1997.9.—311页；20cm；￥15.00

名流侧影/叶永烈著 .—北京：人民日报出版社，1997.10.—614页：照片；20cm；￥29.80

多彩将军/尹家民著 .—上海：上海人民出版社，1997.7.—296页：照片；20cm；￥18.00

伟人名人的情爱世界/胡家模著 .—郑州：河南人民出版社，1997.6.—353页；20cm；￥15.00

华夏英杰　第6卷/萧宽主编 .—北京：中国人事出版社，1997.9.—723页：彩照；20cm.—（大型系列丛书）（精装）；￥98.00

华人实业家/钟蕴晴著 .—武汉：湖北人民出版社；香港：大公报出版有限公司，1997.2.—341页；20cm；￥16.00

决战定乾坤：国共决战纪实/冯海明，张晓彤著 .—北京：作家出版社，1997.12.—322页；20cm.—（世纪抉择纪实文学丛书；第八部/吴子勇，姜文明主编）；￥16.50

初旅：李增瑞新闻作品集/李增瑞著 .—济南：黄河出版社，1997.10.—352页；20cm；￥16.00

问鼎群山/钮宇大著 .—太原：北岳文艺出版社，1997.11.—221页；20cm；￥9.80

闯荡东欧/莫伸著 .—北京：文化艺术出版社，1997.6.—240页；20cm；￥11.60

寻梦俄罗斯/徐江善著 .—北京：新华出版社，1997.6.—299页；20cm；￥18.60

寻踪揭谜：40年考古探险纪实/黄万波著 .—北京：中国文联出版公司，1997.8.—194页；20cm.—（众生丛书·探险纪实系列/沈英甲主编）；￥11.80

红墙里的瞬间/顾保孜著 .—2版 .—北京：解放军文艺出版社，1997.2.—309页；20cm.—（纪实文学精选）；￥12.00

红鹰之歌/周思义著 .—北京：新华出版社，1997.2.—225页；20cm；￥12.00

红豆岁月/余艳著 .—北京：新华出版社，1997.9.—343页；20cm；￥19.80

通州向太阳：长篇报告文学/黎化著 .—南京：江苏人民出版社，1997.12.—228页；20cm；￥20.00

两卡之战：国际象棋巨人争霸风云/林峰，朱卫庆著 .—北京：光明日报出版社，1997.1.—373页；20cm；￥14.80

严寒扼杀“布拉格之春”：苏联出兵捷克斯洛伐克始末/曹宏著 .—北京：世界知识出版社，1997.1.—232页；19cm.—（战后国际重大事件纪实丛书）；￥10.00

赤橙黄绿青蓝紫：中学生采访录/万康生著 .—合肥：安徽人民出版社，1997.2.—107页；19cm；￥7.50

志愿军战俘纪事/大鹰著 .—2版 .—北京：解放军文艺出版社，1997.3.—258页；20cm.—（纪实文学精选）；￥10.80

远空一轮骄阳/杨文学著 .—济南：山东文艺出版社，1997.10.—354页；20cm；￥17.80

远征北极纪实：极地心路/沈爱民著 .—北京：中国文联出版公司，1997.9.—262页：彩照；20cm.—（众生丛书·探险纪实系列/沈英甲主编）；￥19.80

远征三万六/李鸣生著 .—福州：福建人民出版社，1997.2.—292页；20cm.—（中国航天发射大写真系列丛书·李鸣生航天四部曲）；￥13.50

报海帆影/商铠著 .—北京：光明日报出版社，1997.2.—399页；20cm.—（当代中国记者丛书）；￥19.50

走进神农架/沈英甲著 .—北京：中国文联出版公司，1997.9.—319页：彩照；20cm.—（众生丛书·探险纪实系列/沈英甲主编）；￥18.80

走进圣地/张云芳著 .—沈阳：辽宁少年儿童出版社，1997.12.—249页：照片；20cm.—（岁月丛书/刘朝兰，于耀先主编）（精装）；￥16.40

走进西部/李金龙著 .—北京：文化艺术出版社，1997.9.—237页；20cm；￥20.00

走近南昌起义/罗政球著 .—北京：解放军文艺出

版社，1997.7.—317页；20cm；￥15.80

走近彭清一：昨天的舞蹈家　今天的演讲家/董耀鹏著 .—北京：华艺出版社，1997.6.—288页：照片；20cm；￥18.00

走向辉煌/田野，王涌主编 .—徐州：中国矿业大学出版社，1997.12.—488页：彩照；20cm；￥21.80

走遍印度河：在巴基斯坦的中国人/陈宏光著 .—北京：中国世界语出版社，1997.5.—322页；20cm；长篇报告文学；￥22.00

走长城：一个当代流浪者的传奇经历/肖长春著 .—北京：中国国际广播出版社，1997.4.—353页；20cm；￥19.00

走出地球村/李鸣生著 .—福州：福建人民出版社，1997.1.—390页；20cm.—（中国航天发射大写真系列丛书·李鸣生航天四部曲）；￥17.60

走出女儿国：一个摩梭女人的闯荡经历和情爱故事/（美）杨二车娜姆，李威海著 .—北京：中国社会出版社，1997.4.—423页：彩照；20cm；￥22.50

走进柴达木/白渔，言公著 .—西宁：青海人民出版社，1997.12.—288页；20cm；￥16.30

走进炼狱/何金铭著 .—郑州：河南人民出版社，1997.11.—328页；20cm.—（沧桑文丛/李辉主编）；￥15.50

走进民心/许雄辉编 .—南昌：江西人民出版社，1997.7.—135页；19cm；￥6.00

走近法官/倪寿明著 .—北京：新华出版社，1997.6.—185页；20cm.—（人与法丛书·当代法官卷/李矗主编）；￥20.00

时代纪事/薛宝生著 .—长春：吉林人民出版社，1997.6.—3册；19cm；￥85.00

时空的跨越/毛延生著 .—北京：新华出版社，1997.10.—352页；20cm；￥16.80

时代足迹/肖健章著 .—武汉：湖北人民出版社，1997.12.—339页：照片；20cm（精装）；￥30.00

足球风暴/李有祥著 .—珠海：珠海出版社，1997.1.—377页：照片；20cm；￥19.80

吴成生之歌/邱恒聪著 .—南昌：百花洲文艺出版社，1997.12.—160页；20cm；￥11.50

明星大聚焦/杜仲华著；牛群摄影 .—北京：中国文联出版公司，1997.8.—438页；20cm；￥20.60

还你一片蓝天：中国失足少年教育纪实/李凤杰著 .—武汉：湖北少年儿童出版社，1997.12.—378页；20cm.—（少儿教育纪实文学丛书/孙云晓主编）；￥12.00

我当被告/袁成兰著 .—北京：中国社会出版社，1997.6.—295页；20cm；￥15.00

我和刘晓庆：不得不说的故事/陈国军著 .—广州：广东人民出版社，1997.8.—595页：照片；20cm；￥30.00

我认识的鬼子兵：一个留日学生的札记/方军著 .—北京：中国对外翻译出版公司，1997.12.—292页；20cm；￥14.80

我曾经是个骗子：李万铭忏悔录/白草根著 .—西安：陕西人民出版社，1997.8.—361页；20cm；￥14.50

我眼中的第一伟人/雷英夫，陈先义著 .—大连：大连出版社，1997.8.—261页：照片；20cm；￥11.00

我在人民军队/梁必业著 .—北京：军事科学出版社，1997.5.—439页：照片；20cm；￥22.00

我们拥有开放的世界/庄凯勋著 .—北京：新华出版社，1997.6.—335页；20cm；￥20.00

狂犬警告/姚敏著 .—上海：百家出版社，1997.3.—217页；19cm；￥10.00

狂仙朱载/董应周著 .—郑州：中州古籍出版社，1997.9.—260页；20cm；￥9.80

希望寄托在你们身上：忆留苏岁月/朱训主编 .—北京：中国青年出版社，1997.10.—484页：照片；20cm；￥25.00

冷山热血/郭富文等著 .—北京：解放军文艺出版社，1997.9.—484页；20cm.—（绿色星河丛书）；￥18.50

冶炼明天的太阳：长篇报告文学/许晨著 .—济南：山东人民出版社，1997.8.—356页：彩照；20cm；￥21.80

没有两片相同的树叶：姜宁新闻作品选/姜宁著 .—长沙：国防科技大学出版社，1997.6.—382页；20cm；￥16.00

没有新闻的角落/梁衡著 .—北京：人民出版社，1997.7.—439页；20cm.—（梁衡新闻三部曲·采访卷）；￥18.00

没有家园的灵魂：王建业特大受贿案探微：增补

本/杨黎光著.—北京：中国文联出版公司，1997.9.—379页；20cm；长篇报告文学；¥23.80

沂蒙山的回响/高明著.—河南：黄河出版社，1997.3.—418页；20cm；¥16.00

沂蒙纵横/马宗营等著.—天津：百花文艺出版社，1997.12.—261页；20cm；¥16.00

改革年代的回声/罗庆芳著.—贵阳：贵州民族出版社，1997.6.—417页；20cm；¥25.00

劲旅/乔力著.—北京：解放军文艺出版社，1997.10.—291页；19cm；¥12.00

陈毅元帅的最后岁月/铁竹伟著.—2版.—北京：解放军文艺出版社，1997.3.—332页；20cm.—（纪实文学精选）；¥12.80

医苑风采：报告文学集/沈培新，许占山主编.—合肥：安徽人民出版社，1997.4.—419页；20cm；¥13.50

医海无涯：傅世英回忆录/傅世英著.—哈尔滨：黑龙江教育出版社，1997.12.—175页：照片；20cm；¥15.00

奋斗到底：欧阳平回忆录选：续集/欧阳平编.—济南：黄河出版社，1997.6.—195页：照片；20cm；¥10.00

奋斗与机缘/钟灵著.—沈阳：辽宁少年儿童出版社，1997.12.—234页；20cm.—（岁月丛书/刘朝兰，于耀先主编）（精装）；¥15.80

英国纪行/陆运祥著.—北京：新华出版社，1997.8.—268页；20cm；¥19.80

武当虹：一个文化企业家的生命启示/刘焱清著.—武汉：长江文艺出版社，1997.1.—349页：照片；20cm.—（跨世纪系列；2）；¥23.20

青春没有失落/曾慧清著.—：海峡文艺出版社，1997.4.—194页；19cm；¥9.00

森林女神/吕锦华著.—南京：江苏文艺出版社，1997.11.—230页；20cm；¥10.00

抹不掉的记忆：纪实文学/唐禹民著.—北京：改革出版社，1997.5.—199页；20cm；¥25.00

国防部长浮沉记/马泰泉等著.—2版.—北京：解放军文艺出版社，1997.2.—333页；20cm.—（纪实文学精选）；¥13.50

国共风云/叶永烈著.—广州：广州出版社，1997.12.—729页：照片；20cm；¥35.80

国民党的盖世太保——中统/年维佳著.—武汉：长江文艺出版社，1997.10.—281页；20cm；¥12.00

固阳之光：报告文学集/刘春明著.—呼和浩特：内蒙古人民出版社，1997.9.—259页；20cm；¥11.00

忠诚/赖妙宽著.—福州：海峡文艺出版社，1997.12.—364页：彩照；20cm；¥18.00

将军决战岂止在战场/黄济人著.—2版.—北京：解放军文艺出版社，1997.3.—368页；20cm.—（纪实文学精选）；¥14.50

将之节/多人著.—北京：解放军文艺出版社，1997.6.—529页；20cm.—（共和国将帅之路丛书/董保存主编）；¥21.50

将之情/多人著.—北京：解放军文艺出版社，1997.6.—453页；20cm.—（共和国将帅之路丛书/董保存主编）；¥17.00

将之战/多人著.—北京：解放军文艺出版社，1997.6.—586页；20cm.—（共和国将帅之路丛书/董保存主编）；¥23.50

周恩来的最后10年：一位保健医生的回忆/张佐良著.—上海：上海人民出版社，1997.12.—390页：照片；20cm；¥18.00

周恩来与蒋介石/袁小伦著.—2版.—北京：光明日报出版社，1997.1.—402页：照片；20cm；¥22.80

命运：长征三部曲之一/石永言著.—北京：中共中央党校出版社，1997.9.—361页；20cm；¥16.80

和友人对话/丁东著.—长春：长春出版社，1997.9.—368页；20cm.—（求索文丛）；¥17.00

香港奇案/林荫著.—北京：群众出版社，1997.7.—547页；20cm；¥22.00

往事知多少：一个女记者的人生轨迹/张安惠著.—北京：新华出版社，1997.6.—292页；20cm；¥18.50

驿站手记/张小妹著.—武汉：长江文艺出版社，1997.7.—167页；20cm；¥9.80

凭潮砺兵/徐志耕等著.—北京：解放军文艺出版社，1997.9.—453页；20cm.—（绿色星河丛书）；¥18.00

宛西自治/牛砚秋著.—北京：中国文联出版公司，

1997.3.—276页；20cm；￥14.80

波黑战地采访手记/胡锡进著.—哈尔滨：黑龙江人民出版社，1997.3.—294页；20cm；￥11.80

泾水赞歌/王生杰著.—兰州：甘肃人民出版社，1997.4.—237页；19cm；￥12.00

穿着“魔鞋”起舞的人/窦志先著.—北京：解放军文艺出版社，1997.1.—241页；19cm；￥9.00

放歌大西南：长篇报告文学/姜书范著.—天津：百花文艺出版社，1997.3.—253页：彩照；20cm；￥17.50

艰难的路/娄彦卓著.—呼和浩特：内蒙古人民出版社，1997.1.—208页；20cm；￥13.80

欧洲文化思旅/陈特安著.—北京：北京语言学院出版社，1997.3.—288页；20cm；￥16.00

革命回忆录/罗贵波著.—北京：中国档案出版社，1997.4.—260页：照片；20cm；￥18.00

南天砥柱：湘南暴动纪实/黄仲芳著.—北京：解放军文艺出版社，1997.5.—307页；20cm.—（中国革命暴动纪实丛书/王颖，吴振录主编）；￥12.60

南国铁魂/徐勤著.—北京：中国工人出版社，1997.4.—648页；19cm；￥26.60

南京大屠杀/徐志耕著.—北京：解放军文艺出版社，1997.3.—336页；20cm.—（纪实文学精选）；￥13.50

南线战事/张嵩山，朱克岩著.—北京：解放军出版社，1997.1.—281页；20cm.—（中国革命斗争报告文学丛书·解放中南卷）（精装）；￥26.00

拾贝集/吴丽霞著.—合肥：安徽文艺出版社，1997.1.—269页；20cm；￥12.60

《挺进报》与《反攻》纪事/林彦著.—重庆：重庆出版社，1997.8.—150页；19cm；￥7.10

钢太阳/张连波著.—天津：百花文艺出版社，1997.7.—290页；20cm；￥14.80

香港回归第一天/新华社香港回归报道组，新华出版社编著.—北京：新华出版社，1997.7.—225页：彩照；20cm；￥25.00

逆水行舟：常青报告文学集/常青著.—北京：解放军出版社，1997.7.—355页；20cm；￥26.80

穿过硝烟的握手/李海文，铁竹伟著.—北京：解放军出版社，1997.1.—300页；20cm.—（中国革命斗争报告文学丛书·第二次国共合作卷）（精装）；￥26.20

美国律师在中国：张晓武的故事/张勇平著.—北京：中国文联出版公司，1997.4.—273页；20cm.—（文学人丛书·纪实文学/田珍颖主编）；￥16.80

浮世红尘：88位特区女采访手记/耿天丽著.—呼和浩特：内蒙古人民出版社，1997.1.—344页；20cm；￥16.80

郭汝瑰回忆录/郭汝瑰著.—2版.—成都：四川人民出版社，1997.9.—480页：照片；20cm；￥25.00

昨日春秋/蔡晖著.—兰州：甘肃文化出版社，1997.12.—399页；20cm；￥22.80

说不尽的故事/杨立宪等编著.—沈阳：春风文艺出版社，1997.5.—339页；20cm；￥15.00

留学人员在上海系列丛书　（1）/王绍昌主编.—上海：三联书店上海分店，1997.2.—192页；20cm；￥15.80

莆阳风流/林新著.—福州：海峡文艺出版，1997.8.—213页；19cm；￥8.80

都市交响曲：赵为之新闻作品选/赵为之著.—长春：时代文艺出版社，1997.4.—281页；19cm；￥15.00

捕鱼的足迹：陈明星作品精选/陈明星著.—北京：新华出版社，1997.10.—443页；20cm.—（中国高级记者丛书）；￥28.00

根系中华：著名归国科学家采风/朱寄萍主编.—合肥：安徽教育出版社，1997.12.—740页；20cm；￥25.50

紧急下潜：中国蛙人征战记/卢晓渤著.—北京：解放军出版社，1997.7.—346页；20cm.—（来自神秘世界的报告报告文学丛书）；￥15.50

铁血雄风：王震与红六军团/宋绍明著.—北京：长征出版社，1997.10.—385页；20cm；长篇纪实文学；￥17.50

铁血之旅/王光明等著.—天津：百花文艺出版社，1997.8.—211页；20cm；￥13.80

爱满人间：杨晓霞的故事/朱建信，许晨著.—济南：明天出版社，1997.7.—148页；19cm.—（真情话丛书）；￥5.10

值得回味的记忆/林菲著.—北京：中国农业出版

社，1997.8.—403页；19cm；￥20.00

高速之旅：一个记者的报告/李治著 .—北京：石油工业出版社，1997.10.—400 页；20cm；￥25.00

高原的回声/刘守珍著 .—北京：新华出版社，1997.6.—185页；20cm.—（人与法丛书·当代法官卷/李矗主编）；￥18.00

栾巨庆猜想/佟佩著 .—海拉尔：内蒙古文化出版社，1997.1.—445 页；19cm.—（森林新闻丛书；1）；￥9.80

旅次抒怀/康后元著 .—贵阳：贵州人民出版社，1997.7.—440页；20cm；￥16.80

浪花集：邱家斌新闻作品选/邱家斌著 .—北京：中国大地出版社，1997.11.—417 页；20cm；￥18.00

浪迹东京/刘追有著 .—北京：新华出版社，1997.7.—245页；20cm；￥13.80

流浪记者的悲歌/钟逸人，袁治平主编 .—赤峰：内蒙古科学技术出版社，1997.8.—274 页；20cm.—（记者文丛/耿来主编）；￥12.00

难忘的岁月/叶田青著 .—广州：岭南美术出版社，1997.6.—132页；19cm；￥12.00

黄泉路上的思考：报告文学/陈庆祥著 .—广州：新世纪出版社，1997.11.—211 页；19cm.—（新世纪文学创作丛书）；￥8.00

黄洋界上/黎汝清著 .—北京：解放军出版社，1997.10.—458页；20cm.—（中国革命斗争报告文学丛书·井冈山斗争卷）（精装）；￥32.00

雪山的风采/和吉昌，王万里著 .—昆明：云南民族出版社，1997.9.—200页；20cm；￥16.80

雪山作证：孔繁森的故事/朱建信，许晨著 .—济南：明天出版社，1997.7.—148 页；19cm.—（真情话丛书）；￥5.10

第三只眼看足球/王永权，罗伯平著 .—沈阳：辽宁美术出版社，1997.4.—286 页；19cm；￥14.00

特别报道精选本/席文举主编 .—成都：四川人民出版社，1997.9.—374 页；20cm.—（华西丛书）；￥15.80

做时代的“鼓手”/李国新著 .—北京：新华出版社，1997.3.—349 页；20cm.—（中国当代记者丛书）；￥15.00

银海采珠/孙芙蓉著 .—济南：山东文艺出版社，1997.12.—348页：彩照；20cm；￥19.20

商潮中的农民们/段金林著 .—哈尔滨：黑龙江人民出版社，1997.8.—224页；19cm；￥10.00

商品房大战/叶永烈著 .—上海：复旦大学出版社，1997.11.—357页；20cm；￥20.00

商海弄潮录/谭启泰著 .—广州：广州出版社，1997.11.—364页；20cm；￥16.80

清和世界：渔人悲欢录/任彦芳著 .—北京：改革出版社，1997.1.—224 页：彩照；20cm（精装）；￥16.80

情满潇湘/曾繁友主编 .—长沙：湖南出版社，1997.11.—304页；20cm；￥14.00

情系红土地/张弼贤著 .—昆明：云南民族出版社，1997.4.—273页；20cm；￥13.60

情系篮坛：丛学娣篮球生涯20年/倪汉虞编 .—上海：上海教育出版社，1997.10.—188页：彩照；20cm；￥11.80

淡淡的足迹/潘之汀著 .—沈阳：辽宁少年儿童出版社，1997.12.—224页；20cm.—（岁月丛书/刘朝兰，于耀先主编）（精装）；￥15.00

祸变起萧墙：国共首次分裂纪实/陆文海等著 .—北京：作家出版社，1997.12.—428 页；20cm.—（世纪抉择纪实文学丛书；第二部/吴子勇，姜文明主编）；￥20.50

绿部落：川藏高原写真/王琰著 .—北京：解放军文艺出版社，1997.6.—318页；20cm；￥15.00

敬业星光/姜国华主编 .—沈阳：沈阳出版社，1997.6.—224页；20cm；￥28.00

雁塔风铃/周永源著 .—昆明：云南美术出版社，1997.12.—313页；19cm；￥16.00

蒋介石的杀手锏——军统/年维佳著 .—武汉：长江文艺出版社，1997.10.—462页；20cm.—（民国文学丛谈）；￥18.00

蒋介石的香港梦：1942～1945/窦应泰著 .—郑州：河南文艺出版社，1997.1.—501 页：照片；20cm；￥26.60

雅江潮/赵红阳著 .—拉萨：西藏人民出版社，1997.12.—444页；20cm；￥13.80

雄关漫道/高洪玉著 .—北京：中国物价出版社，1997.12.—231页；20cm；￥16.80

棋坛巨无霸卡斯帕罗夫/林峰，朱卫庆著 .—上海：上海文化出版社，1997.9.—453 页；20cm；￥18.80

悲壮历史：百色、龙洲暴动纪实/马泰泉著 .—北京：解放军文艺出版社，1997.6.—420 页；20cm.—（中国革命暴动纪实丛书/王颖，吴振录主编）；￥17.50

黑白之间/纪文林著 .—西安；太白文艺出版社，1997.9.—290 页；19cm；￥12.00

喋血大别山：黄麻暴动纪实/郭木著 .—北京：解放军文艺出版社，1997.5.—432 页；20cm.—（中国革命暴动纪实丛书/王颖，吴振录主编）；￥17.00

喋血赎罪日：第四次中东战争纪实/肖显社著 .—北京：世界知识出版社，1997.1.—251 页；19cm.—（战后国际重大事件纪实丛书）；￥11.00

跋涉者：陈汉忠新闻作品选/陈汉忠著 .—北京：蓝天出版社，1997.8.—473 页；20cm；￥25.00

童年的回忆/浦婵姝著 .—昆明：云南人民出版社，1997.12.—153 页：照片；19cm；￥9.70

善恶启示录/邹爱国著 .—南京：江苏人民出版社，1997.6.—295 页；20cm；￥14.50

碧海长歌：金黎报告文学选/金黎著 .—北京：人民日报出版社，1997.9.—327 页；20cm；￥16.80

碧海金川：报告文学集/马雁凌著 .—北京：中国林业出版社，1997.11.—313 页；19cm；￥25.00

数字魔方："中国04"数字程控机研制记/张东文著 .—北京：解放军出版社，1997.7.—227 页；20cm.—（来自神秘世界的报告报告文学丛书）；￥11.00

橄榄树上的绿叶/程维忠著 .—赤峰：内蒙古科学技术出版社，1997.8.—234 页；20cm.—（记者文丛/耿来主编）；￥12.00

跨世纪的辉煌/王甸葆，赵铁民著 .—赤峰：内蒙古科学技术出版社，1997.8.—172 页；20cm.—（记者文丛/耿来主编）；￥12.00

路在脚下/黄基荣，郝敬堂著 .—北京：中国三峡出版社，1997.5.—107 页：彩照；19cm；￥9.80

腾飞的风采/於松生等主编 .—北京：中国国际广播出版社，1997.12.—268 页；20cm.—（走向21 世纪报告文学丛书）；￥14.80

腾飞在黑土地上的龙/侯对槐著 .—长春：时代文艺出版社，1997.2.—286 页；20cm；￥14.60

微行：杨成武在 1967/权延赤著 .—广州：广东旅游出版社，1997.4.—269 页：照片；20cm.—（权延赤作品自选集）；￥14.80

新人类的呼唤：中国独生子女教育纪实/孙云晓，孙宏艳著 .—武汉：湖北少年儿童出版社，1997.12.—372 页；20cm.—（少儿教育纪实文学丛书/孙云晓主编）；￥12.00

新闻报道精品选：1996 年第 2 辑/中共中央宣传部新闻局编 .—北京：学习出版社，1997.1.—222 页；20cm；￥9.40

新闻报道精品选：1996 年第 3 辑/中共中央宣传部新闻局编 .—北京：学习出版社，1997.4.—252 页；20cm；￥10.80

漓江百里行：唐维绢新闻作品选/唐维绢著 .—北京：新华出版社，1997.1.—331 页；20cm.—（中国当代记者丛书）；￥16.00

缤纷芳草地/方凡人，俞任南编著 .—合肥：黄山书社，1997.1.—212 页；20cm；￥9.80

精彩瞬间/刘晓南著 .—福州：海风出版社，1997.12.—218 页；20cm；￥11.20

傻子沉浮记/黄忠利著 .—南昌：百花洲文艺出版社，1997.4.—288 页；20cm；￥12.00

滆湖流浅唱/施能泉著 .—北京：新华出版社，1997.1.—308 页；20cm.—（中国高级记者丛书）；￥18.00

飘炸美国：一个真实的传奇故事/田闻一著 .—北京：中国文史出版社，1997.3.—373 页；20cm；￥19.80

靠谁养活中国/王治安著 .—成都：四川人民出版社，1997.2.—377 页；20cm；￥13.80

德国：一个冬天之后的神话：旅德纪实/邱震海著 .—上海：复旦大学出版社，1997.12.—475 页：彩照；20cm.—（海外文化之旅丛书）；￥20.00

摩梭人：来自中国最后一个"女儿国"的报告/袁梅著 .—北京：中国文联出版公司，1997.7.—215 页；19cm；￥11.00

澳星风险发射/李鸣生著 .—福州：福建人民出版社，1997.2.—278 页；20cm.—（中国航天发射大写真系列丛书·李鸣生航天四部曲）；￥12.85

鲲鹏图/徐昆源著 .—青岛：青岛出版社，

1997.7.—221 页；20cm.—（新青岛风采纪实文学丛书）；¥9.50

彝山银帆船/李玥著 .—昆明：云南民族出版社，1997.12.—203 页；20cm.—（中国彝族当代文学丛书））；¥14.00

戏曲·影视

大海在呼唤：八集电视连续剧文学剧本/王泽群著 .—北京：华艺出版社，1996.7.—410 页；19cm；¥12.00

六十集电视连续剧东周列国/王培公等著 .—长沙：岳麓书社，1996.3.—2 册；19cm；¥42.00

生命树：韩志晨电视艺术片解说词集/韩志晨著 .—北京：中国戏剧出版社，1996.4.—166 页；19cm；¥6.80

兰建堂说唱文学集/兰建堂著 .—兰州：甘肃人民出版社，1996.10.—221 页；19cm；¥8.95

西部女盲流：冉红电影剧本选集/冉红著 .—北京：首都师范大学出版社，1996.3.—370 页；20cm；¥14.00

李志浦剧作选/李志浦著 .—2 版 .—北京：中国戏剧出版社，1996.8.—424 页；20cm；¥19.80

回声：二十三集电视连续剧/王朝柱著 .—北京：华艺出版社，1996.5.—396 页；19cm；¥13.00

齐致翔张之雄剧作集/齐致翔，张之雄著 .—北京：中国戏剧出版社，1996.8.—490 页：照片；20cm；¥32.80

走出塔克拉玛干：薛仲全电影文学剧本集/薛仲全著 .—上海：学林出版社，1996.4.—299 页；20cm；¥12.00

'91 作品精选：文化部文华奖获奖作品精选/中华人民共和国文化部艺术局编 .—青岛：青岛出版社，1996.10.—637 页；20cm.—（文华丛书/姚欣主编）；¥26.20

我们有约：徐新华戏剧小品集/徐新华著 .—北京：中国戏剧出版社，1996.12.—170 页；19cm；¥8.50

陈健秋剧作选/陈健秋著 .—北京：大众文艺出版社，1996.6.—314 页；19cm；¥11.00

张永生戏曲作品选/张永生著 .—沈阳：春风文艺出版社，1996.4.—300 页；19cm；¥12.80

经典京剧剧本全编/陈予一主编 .—北京：国际文化出版公司，1996.2.—672 页；26cm（精装）；¥110.00

胡可剧作选/胡可著 .—北京：中国戏剧出版社，1996.2.—567 页；20cm.—（中国文联晚霞文库）；¥33.80

奎生剧作选/奎生著 .—长春：长春出版社，1996.1.—263 页；19cm；¥15.00

夏天不是好季节：儿童电视剧作集/钱滨著 .—成都：四川少年和童出版社，1996.1.—195 页；20cm；¥7.00

秦腔名家折子戏精选/鲁安澍，张森伶编 .—西安：陕西人民出版社，1996.6.—2 册；19cm；¥24.90

家在上海：38 集电视连续剧/孙祖平等著 .—上海：华东师范大学出版社，1996.9.—636 页；20cm；¥24.50

谁说我们不懂爱情/张延汾著 .—北京：中国戏剧出版社，1996.2.—194 页；19cm；¥12.00

黄齐生与王若飞：大型电视连续剧/王蔚桦著 .—贵阳：贵州教育出版社，1996.8.—332 页；20cm；¥14.80

乾隆外传/牟振基，李泉树改编 .—北京：中国社会出版社，1996.8.—500 页：图；20cm；据《乾隆皇帝江南巡幸记》原书改编；¥21.80

曹禺全集/田本相，刘一军主编 .—石家庄：花山文艺出版社，1996.7.—7 册：照片；20cm（精装）；¥500.00

雷峰塔/（清）方成培著；章立改编 .—西安：陕西人民出版社，1996.12.—275 页；19cm.—（古典名剧丛书）；¥8.50

雾·海·帆：十二集电视连续剧剧照、剧本、评论、插曲/敖刚编 .—北京：中国戏剧出版社，1996.4.—406 页；20cm；¥16.80

解铃诗剧选/解铃著 .—成都：四川民族出版社，1996.12.—181 页；19cm.—（当代中青年作家新著丛书·第二卷/刘平主编）；¥7.50

新时期军事文学精选：1979～1994：戏剧文学卷/王颖，吴振录主编 .—北京：解放军文艺出版社，1996.1.—497 页；20cm；¥22.60

大型电视系列片《汉江潮》/乐育文著 .—武汉：湖北教育出版社，1997.12.—284 页；20cm；¥15.00

川剧剧目摭编/何德君，段明主编；重庆市艺术研

究所编 .—重庆：西南师范大学出版社，1997.8.—586页；20cm；¥21.50

马寅初：电视小说/张波著 .—北京：大众文艺出版社，1997.11.—212页；20cm；¥9.80

王兴东、王浙滨电影剧作选/王兴东，王浙滨著 .—长春：时代文艺出版社，1997.8.—393页；20cm；¥19.80

不会融化的雪花：王永海剧作选/王永海著 .—广州：广州出版社，1997.3.—203页；20cm；¥12.00

中国戏曲名著选读/金登才，宋光祖主编 .—杭州：中国美术学院出版社，1997.10.—394页；26cm；上海戏剧学院专业教材系列；¥46.00

电视特写录：孙泽敏电视纪实作品选/孙泽敏著 .—上海：同济大学出版社，1997.1.—262页：彩照；20cm ¥12.00

苏州评弹书目选　第一集/《苏州评弹书目选》编委会编 .—南京：江苏文艺出版社，1997.7.—3册；20cm；¥70.00

沉沦与觉醒：从鸦片战争到《鸦片战争》/郭伟成等著 .—上海：上海文艺出版社，1997.5.—265页：照片；20cm；¥18.00

陈芜喜剧选/陈芜著 .—北京：大众文艺出版社，1997.11.—376页；19cm；¥13.80

苦爱：影视文学作品选/曾赤兵等著 .—北京：中国发展出版社，1997.4.—606页；20cm；¥19.80

奉献：张玉玺剧作选/张玉玺著 .—北京：石油工业出版社，1997.12.—310页；20cm；¥18.00

竺可桢：电视文学剧本/戟锋等编著 .—杭州：浙江大学出版社，1997.3.—593页：照片；20cm；¥28.00

净土：电视文学剧本集/鹿说之，理梅著 .—北京：中国戏剧出版社，1997.5.—378页；20cm；¥16.50

张学新剧作选/张学新著 .—天津：百花文艺出版社，1997.11.—481页；20cm；¥25.00

屈原·蔡文姬/郭沫若著 .—北京：人民文学出版社，1997.9.—193页；20cm.—（中国现代名剧丛书）；¥9.80

选择：二十五集电视连续剧/谈歌，黄净伟编剧 .—北京：北京广播学院出版社，1997.3.—500页；20cm.—（中国电视剧剧本丛书/曾庆瑞，路宝君主编）；¥20.00

郭沫若剧作/刘元树主编 .—合肥：安徽文艺出版社，1997.9.—370页；20cm.—（郭沫若创作精编）；¥14.00

夏衍电影文学奖获奖剧本集　第一集　1996/王庚年主编；夏衍电影文学奖评选委员会办公室编 .—北京：中国电影出版社，1997.12.—820页；20cm；¥38.00

徐志摩：二十集电视连续剧/曾庆瑞编剧 .—北京：北京广播学院出版社，1997.4.—551页；20cm.—（中国电视剧剧本丛书/曾庆瑞，路宝君主编）；¥25.00

离开雷锋的日子/王兴东，陈宝光著 .—北京：解放军文艺出版社，1997.8.—336页：照片；20cm；¥16.00

黄文锡剧作选/黄文锡著 .—北京：中国戏剧出版社，1997.10.—405页；20cm；¥19.80

曹禺/曹禺著；沐定胜编选；中国现代文学馆编 .—北京：华夏出版社，1997.1.—2册；20cm.—（自强文库·中国现代文学百家/舒乙主编）；¥29.80

鄂尔多斯风云　（一）：革命历史纪实电视剧/布·乌日图那顺著 .—呼和浩特：内蒙古人民出版社，1997.4.—399页；20cm；¥20.00

董凌山戏剧小品集/董凌山著 .—沈阳：春风文艺出版社，1997.3.—224页；19cm；¥15.00

新缀白裘/王蕴明，丛兆桓主编 .—北京：华龄出版社，1997.6.—644页；20cm；¥26.00

小　说

一千个真心给你/叶雯著 .—延吉：延边人民出版社，1996.4.—219页；20cm.—（台湾叶雯作品·紫色系列）；¥9.80

一个记者的梦/王吉亮，郑惠卿著 .—武汉：长江文艺出版社，1996.8.—281页；20cm；¥15.00

一代才女的艰辛跋涉：萧红小说全集/萧红著 .—北京：中国文联出版公司，1996.5.—909页；20cm.—（中国现代名家小说丛书/乐齐主编）；¥36.60

一代谋臣——张良/张毅著 .—北京：红旗出版社，1996.10.—502页；20cm；¥19.80

一剑横渡万里沙/秦红著 .—福州：海峡文艺出版社，1996.2.—2 册（481 页）；19cm；￥25.00
1937 年的爱情/叶兆言著 .—南京：江苏文艺出版社，1996.10.—345 页；20cm.—（九月丛书）；￥14.80
一缕芳心/桑双著 .—济南：山东文艺出版社，1996.10.—423 页；20cm；￥18.00
一枕黄粱：蒋冯阎中原逐鹿记/郑孝时著 .—上海：上海人民出版社，1996.8.—514 页；20cm；￥20.40
一地鸡毛/刘震云著 .—南京：江苏文艺出版社，1996.5.—315 页；20cm.—（刘震云文集）；￥13.00
一潭清水/张炜著 .—北京：作家出版社，1996.2.—419 页；20cm.—（张炜自选集·中短篇小说珍藏卷）；￥22.90
一个人的结婚/章克标著 .—广州：花城出版社，1996.3.—222 页；20cm.—（三四十年代中国婚恋小说系列）；￥9.20
1994 中篇小说选　第二辑/何启治等编选 .—北京：人民文学出版社，1996.4.—605 页；20cm；￥25.35
1994 中篇小说选　第一辑/何启治等编选 .—北京：人民文学出版社，1996.4.—544 页；20cm；￥23.55
'94 中国小说精萃/舒楠，兴安选编 .—北京：农村读物出版社，1996.6.—460 页；20cm.—（九十年代中国小说佳作；5）；￥19.80
二十载繁华梦/黄小配著 .—石家庄：花山文艺出版社，1996.8.—397 页；20cm.—（晚清社会小说丛书/彭黎明，何香久主编）；￥13.50
七绝剑/卧龙生著 .—上海：上海古籍出版社，1996.9.—3 册（797 页）；20cm.—（卧龙生精品系列；7）；￥49.00
七剑下天山/梁羽生著 .—广州：广东旅游出版社：花城出版社，1996.3.—2 册（578 页）；20cm.—（梁羽生小说全集；19）；￥29.00
10 年创作集/施蛰存著 .—上海：华东师范大学出版社，1996.3.—805 页：照片；20cm.—（施蛰存文集：文学创作编·小说卷）（精装）；￥38.80
10 年十癔/林斤澜著 .—北京：中国华侨出版社，1996.2.—235 页；20cm.—（文瀚阁创作丛书·第一辑/唐达成，金宏达主编）；￥9.80
10 年兵涯/峪丛著 .—武汉：长江文艺出版社，1996.3.—311 页；19cm；￥13.50
十二楼/（清）李渔著；孙楷第作序；汪协如校点 .—广州：广州出版社，1996.6.—204 页；20cm.—（亚东版古典小说系列·胡适选本）；￥12.00
八仙得道传/（清）无垢道人著；郭曼曼等标点 .—上海：上海古籍出版社，1996.12.—584 页；19cm.—（十大古典神怪小说丛说）；￥18.00
八面来风：特区·异域之页/曹德权，钟明冰主编 .—成都：四川人民出版社，1996.10.—142 页；19cm.—（中国当代小小说名家名作）；￥5.30
儿女性/茹志鹃著 .—上海：文汇出版社，1996.10.—404 页；20cm.—（海派女作家文丛）；￥18.50
儿子的大玩偶/黄春明著；耀亭编 .—北京：时事出版社，1996.7.—351 页；20cm.—（台湾小说名家代表作丛书/古继堂主编）；￥15.00
儿女英雄传/（清）文康著；汪原放校点 .—广州：广州出版社，1996.6.—2 册（741 页）；20cm.—（亚东版古典小说系列·胡适选本）；￥34.50
儿女英雄传/（清）文康著；吴荻校点 .—南京：江苏古籍出版社，1996.3.—648 页；19cm.—（中国古代通俗小说读本）；￥22.40
刀客张大脚/蒋留计著 .—郑州：中州古籍出版社，1996.8.—632 页；20cm.—（地方人物志丛书）；￥22.20
九转萧/东方玉著 .—海口：海南出版社，1996.3.—3 册（1182 页）；20cm.—（东方玉作品全集）；￥48.80
人场/周贤望著 .—成都：四川人民出版社，1996.5.—360 页；20cm.—（长江之星丛书）；￥18.80
人淡如菊/亦舒著 .—深圳：海天出版社，1996.9.—176 页；20cm.—（亦舒作品系列；25）；￥9.80
人间正道/周梅森著 .—北京：人民文学出版社，1996.11.—454 页；20cm；￥25.80
人生黑洞：股市幕后的罪恶/何家弘著 .—北京：

法律出版社，1996.7.—274页；20cm.—（洪律师推理系列）；￥13.00
人生路弯弯/谭谈著.—2版.—长沙：湖南出版社，1996.7.—248页；20cm；￥12.00
人在爱旅/沈亚著.—北京：中国电影出版社，1996.11.—218页；20cm.—（紫菀系列·沈亚最新作品集）；￥9.80
人在深圳/李兰妮著.—沈阳：沈阳出版社，1996.4.—215页；19cm.—（中国当代作家自况体丛书·李兰妮卷/刘毅主编）；￥7.80
人世的沉浮/王安忆著.—上海：文汇出版社，1996.10.—361页；20cm.—（海派女作家文丛）；￥16.50
三宝太监下西洋记/（明）罗懋登著；石仁和校点.—西安：三秦出版社，1996.6.—2册（1116页）；19cm.—（明清通俗小说系列）；￥29.50
三言/（明）冯梦龙编；张虹，宋是邦点校.—武汉：湖北人民出版社，1996.5.—1252页；20cm（精装）；￥44.00
《三国演义》补/李民发著.—北京：北京十月文艺出版社，1996.8.—2册（746页）：彩图；20cm；￥30.00
下个世纪见/艾丹著.—北京：华艺出版社，1996.3.—236页；19cm；￥9.80
土门：长篇小说/贾平凹著.—沈阳：春风文艺出版社，1996.10.—338页；20cm.—（布老虎丛书）；￥15.80
大秦帝国（1）：变法强秦/孙皓晖著.—北京：人民日报出版社，1996.3.—459页；20cm；￥17.40
大秦帝国（2）：七国纵横/孙皓晖著.—北京：人民日报出版社，1996.1.—349页；20cm；￥14.00
大宗师/张韧著.—天津：百花文艺出版社，1996.9.—448页；20cm；￥18.80
大唐秦王词话/（明）诸圣邻著；杜维沫校点.—沈阳：辽宁古籍出版社，1996.1.—457页；19cm.—（中国十大历史演义小说/王汝梅等主编）（精装）；￥21.00
大风之歌：汉高祖刘邦/张凤洪著.—石家庄：河北教育出版社，1996.12.—535页；20cm.—（中国帝王系列）；￥18.40
大唐游侠传/梁羽生著.—广州：广东旅游出版社：花城出版社，1996.3.—2册（703页）；20cm.—（梁羽生小说全集；2）；￥35.00
大辫子的诱惑/飞历奇著；（葡）安娜·洛佩斯评介；喻慧娟译.—石家庄：花山文艺出版社：澳门：澳门文化司署，1996.8.—248页；20cm.—（葡语作家丛书·文学系列；15）；￥8.00
大都/柳存仁著.—天津：百花文艺出版社，1996.6.—647页；20cm；￥28.00
大漠群英/柳残阳著.—南京：江苏文艺出版社，1996.3.—489页；20cm.—（柳残阳武侠比较作品集/江上鸥主编）；￥20.00
大鸟/梁晓声著.—沈阳：春风文艺出版社，1996.7.—387页；20cm；￥17.80
万家灯火：都市之页/曹德权，钟明冰主编.—成都：四川人民出版社，1996.10.—157页；19cm.—（中国当代小小说名家名作）；￥5.80
万里心航/朱秀娟著.—北京：人民文学出版社，1996.8.—298页；19cm.—（朱秀娟小说系列）；￥13.00
小城之恋/王安忆著.—北京：作家出版社，1996.2.—519页；20cm.—（王安忆自选集（2）·中篇小说卷）；￥26.50
小女人/李玉茹著.—北京：北京十月文艺出版社，1996.1.—318页；19cm；￥10.00
山祭·魂祭·风流祭/周晋著.—合肥：安徽文艺出版社，1996.12.—310页；20cm；￥12.80
山豫情/无村著.—西安：陕西人民出版社，1996.8.—276页；20cm；￥11.80
山重水复/罗光胜著.—武汉：长江文艺出版社，1996.12.—258页；19cm；￥11.80
上海人在东京/樊祥达著.—上海：上海远东出版社，1996.7.—286页；20cm；￥14.50
上海是个滩/李春平著.—上海：上海文艺出版社，1996.11.—224页；20cm.—（大上海小说丛书/徐俊西，孙颙主编）；￥10.60
与你相约在前世/叶雯著.—2版.—北京：中国戏剧出版社，1996.7.—198页；19cm.—（叶雯纯情小说作品·浪漫一族系列）；￥9.80
与幽灵擦肩而过/彭懿著.—北京：作家出版社，1996.1.—374页；19cm；￥14.80
广陵剑/梁羽生著.—广州：广东旅游出版社：花城出版社，1996.3.—3册（1203页）；20cm.—（梁羽生小说全集；13）；￥58.00

广州丐王/苏方桂著 .—广州：广东出版社，1996.12.—412 页；20cm；¥16.80

凡墙都是门/陈染著 .—北京：华艺出版社，1996.10.—337 页；20cm.—（风头正健才女书）；¥13.80

子不语/（清）袁枚著；杨名标点 .—重庆：重庆出版社，1996.1.—418 页；19cm.—（笔记小说精品丛书）（精装）；¥16.00

孔子演义/冯登泰著 .—北京：中国戏剧出版社，1996.1.—653 页；20cm；¥23.80

孔子传/曲春礼著 .—北京：文化艺术出版社，1996.4.—701 页；20cm（精装）；¥37.00

飞进芦花：范小青中短篇小说自选集/范小青著 .—北京：华夏出版社，1996.12.—596 页；20cm.—（当代作家自选书斋）；¥26.00

飞翔的思想：伯特兰·罗素的故事/周亚琴编著 .—福州：福建少年儿童出版社，1996.10.—154 页；19cm.—（诺贝尔奖获得者的青少年时代/谢冕主编）；¥5.20

飞龙全传/吴璿著 .—南京：江苏古籍出版社，1996.3.—418 页；19cm.—（中国古代通俗小说读本）；¥14.70

飞云裂谷/姜群著 .—济南：山东文艺出版社，1996.12.—275 页；20cm；¥10.80

飞花逐月/卧龙生著 .—西安：太白文艺出版社，1996.2.—2 册（852 页）；20cm.—（卧龙生真品全集）；¥38.00

女仙外史/（清）吕熊著；刘远游，黄蓓薇标点 .—上海：上海古籍出版社，1996.11.—628 页；19cm.—（十大古典神怪小说丛书）；¥19.00

女牢滋味/王梓夫著 .—北京：作家出版社，1996.10.—547 页；20cm.—（王梓夫自选集；2·中篇小说卷）；¥22.80

女尼/石侠著 .—延吉：延边人民出版社，1996.3.—341 页；19cm；¥13.80

女企业家/杨青矗著 .—北京：人民文学出版社，1996.10.—422 页；20cm；¥21.00

女强人/朱秀娟著 .—北京：人民文学出版社，1996.8.—312 页；19cm.—（朱秀娟小说系列）；¥13.00

女人河/星海著 .—长春：时代文艺出版社，1996.4.—402 页；20cm.—（旧世风情史系列卷；1）；¥17.60

女人塔/洪峰著 .—北京：华夏出版社，1996.12.—254 页；19cm；¥9.80

女市长上任/吴兴著 .—福州：海峡文艺出版社，1996.9.—334 页；19cm；¥14.10

女尊/陈明著 .—长春：时代文艺出版社，1996.5.—351 页；20cm.—（雪狼丛书）；¥16.80

女帝奇英传/梁羽生著 .—广州：广东旅游出版社：花城出版社，1996.3.—2 册（569 页）；20cm.—（梁羽生小说全集；1）；¥28.80

马烽小说选/马烽著 .—南昌：百花洲文艺出版社，1996.10.—252 页；20cm.—（共和国短篇小说经典/刘白羽主编）；¥10.80

马识途讽刺小说集/马识途著 .—北京：人民文学出版社，1996.10.—286 页；20cm；¥15.00

马桥词典/韩少功著 .—北京：作家出版社，1996.9.—401 页；20cm；¥18.80

乡村情节/南风著 .—天津：百花文艺出版社，1996.12.—299 页；20cm；¥15.00

乡魂：吕伟达小说选/吕伟达著 .—济南：黄河出版社，1996.9.—276 页；20cm；¥12.80

五代史演义/蔡东藩著 .—北京：北京古籍出版社，1996.10.—532 页；20cm.—（中国历代演义）；¥21.00

五霸七雄/张京华著 .—北京：光明日报出版社，1996.5.—279 页；20cm.—（东周列国丛书；1）；¥12.80

五女七贞/聂田盛编述；宫钦科，栾冠文整理 .—沈阳：春风文艺出版社，1996.9.—776 页；20cm.—（中国十大传统评书经典丛书）（精装）；¥37.50

王愿坚小说选/王愿坚著 .—南昌：百花洲文艺出版社，1996.10.—263 页；20cm.—（共和国短篇小说经典/刘白羽主编）；¥11.40

王汶石小说选/王汶石著 .—南昌：百花洲文艺出版社，1996.11.—257 页；20cm.—（共和国短篇小说经典/刘白羽主编）；¥10.90

元史通俗演义/蔡东藩著 .—杭州：浙江人民出版社，1996.7.—399 页；20cm.—（中国历代通俗演义）；¥15.50

元史演义/蔡东藩著 .—北京：北京古籍出版社，1996.10.—475 页；20cm.—（中国历代演义）；

¥19.00

云海玉弓缘/梁羽生著 .—广州：广东旅游出版社：花城出版社，1996.3.—3 册（915 页）；20cm.—（梁羽生小说全集；15）；¥43.20

云海探奇/刘先平著 .—北京：中国青年出版社，1996.8.—487 页；20cm.—（刘先平大自然探险长篇系列；1）；¥24.80

无处不在/肖复兴著 .—福州：海峡文艺出版社，1996.8.—415 页；20cm.—（中国小说名家新作丛书·第一辑/王蒙主编）；¥16.00

无处徜徉/白烨，雷达编选 .—长春：时代文艺出版社，1996.5.—663 页；20cm.—（20 世纪末中国文学作品精选·中篇卷；1）；¥30.00

无风之树/李锐著 .—南京：江苏文艺出版社，1996.6.—209 页；20cm.—（九月丛书）；¥8.50

无规则游戏/贾鲁生著 .—北京：中国文联出版公司，1996.10.—591 页；20cm；¥29.80

无名岛：同心剑续集/东方玉著 .—海口：海南出版社，1996.3.—3 册（1134 页）；20cm.—（东方玉作品全集）；¥46.80

无名萧/卧龙生著 .—上海：上海古籍出版社，1996.9.—5 册（1540 页）；20cm.—（卧龙生精品系列；2）；¥90.40

无形能量罩/万尚君著 .—武汉：武汉大学出版社，1996.5.—327 页；19cm；¥9.90

无雨之城/铁凝著 .—北京：作家出版社，1996.12.—420 页；20cm.—（铁凝自选集）；¥21.00

无悔青春：知青之页/曹德权，钟明冰主编 .—成都：四川人民出版社，1996.10.—139 页；19cm.—（中国当代小小说名家名作）；¥5.30

不谈爱情/池莉著 .—天津：百花文艺出版社，1996.11.—278 页；20cm.—（名家小说自选集）；¥12.60

不相信爱情/林哲著 .—北京：华艺出版社，1996.10.—276 页；20cm.—（风头正健才女书）；¥11.40

不二法门/李庆西著 .—上海：上海文艺出版社，1996.8.—356 页；20cm.—（小说界文库·中短篇小说系列/江曾培主编）；¥14.60

不应忘记的故事/曹培森著 .—西安：未来出版社，1996.8.—2 册；19cm.—（昨天的中国丛书）；¥14.20

不远的木屋国/鹏喜著 .—武汉：武汉出版社，1996.10.—515 页；20cm.—（金黄鹤文丛）；¥19.00

天才混混/李凉著 .—延吉：延边人民出版社，1996.3.—3 册（767 页）；19cm.—（李凉谐趣武侠系列；13）；¥22.50

天才混混：外集/李凉著 .—延吉：延边人民出版社，1996.3.—3 册（770）；19cm.—（李凉谐趣武侠系列；13）；¥22.50

天才混混：续集/李凉著 .—延吉：延边人民出版社，1996.3.—2 册（513 页）；19cm.—（李凉谐趣武侠系列；13）；¥14.80

天秤座事故/亦舒著 .—深圳：海天出版社，1996.9.—190 页；20cm.—（亦舒作品系列；14）；¥9.80

天剑绝刀/卧龙生著 .—上海：上海古籍出版社，1996.9.—3 册（1043 页）；20cm.—（卧龙生精品系列；6）；¥59.50

天马霜衣/卧龙生著 .—上海：上海古籍出版社，1996.9.—3 册（795 页）；20cm.—（卧龙生精品系列；4）；¥49.40

天若有情/亦舒著 .—深圳：海天出版社，1996.9.—184 页；20cm.—（亦舒作品系列；11）；¥9.80

天使/雪米莉著 .—西宁：青海人民出版社，1996.4.—184 页；19cm.—（梦恋言情小说系列）；¥6.80

天问：明末春秋/林佩芬著 .—上海：文汇出版社，1996.3.—3 册；20cm；¥68.00

天涯侠侣/卧龙生著 .—上海：上海古籍出版社，1996.9.—2 册（621 页）；20cm.—（卧龙生精品系列；5）；¥37.20

天眼/马瑞芳著 .—北京：北京十月文艺出版社，1996.4.—644 页：彩图；20cm.—（十月长篇小说创作丛书·新儒林长篇系列）（精装）；¥26.00

天边有片瑰丽的云/流波著 .—天津：百花文艺出版社，1996.4.—396 页；20cm；¥26.00

天书：京夫小说选集/京夫著 .—西安：陕西人民教育出版社，1996.5.—536 页；20cm；¥18.60

太阳朝南太阳朝北/张伟著 .—北京：中国文联出版公司，1996.4.—399 页；20cm；¥19.60

太阳很好/何顿著 .—北京：中国华侨出版社，1996.1.—343页；20cm.—（新生代小说系列/李师东主编）；¥14.20

太阳雪/胡小胡著 .—北京：华夏出版社，1996.12.—719页；20cm；¥29.80

太平天国全史演义/魏文华著 .—石家庄：河北人民出版社，1996.1.—2册（1144页）；20cm；¥45.00

太一丛话/宁调元著 .—太原：山西古籍出版社，1996.9.—169页；20cm.—（民国笔记小说大观·第二辑/孙安邦主编）；¥8.60

开到荼/亦舒著 .—深圳：海天出版社，1996.9.—202页；20cm.—（亦舒作品系列；18）；¥9.80

开封府/金声伯，秦绿枝编著 .—上海：上海文化出版社，1996.8.—483页；20cm；¥18.40

丰乳肥臀/莫言著 .—北京：作家出版社，1996.1.—685页；20cm；¥27.60

瓦解/周大新著 .—武汉：长江文艺出版社，1996.3.—360页；20cm.—（跨世纪文丛/陈骏涛主编）；¥15.00

引剑珠/东方玉著 .—海口：海南（三环）出版社，1996.10.—3册（1086页）；20cm.—（东方玉作品全集）；¥44.80

以形写神——东晋奇画家顾恺之/常水著 .—昆明：云南人民出版社，1996.1.—124页；19cm.—（中国奇人丛书）；¥4.30

水晶狐狸/叶雯著 .—2版 .—北京：中国戏剧出版社，1996.7.—202页；20cm.—（叶雯纯情作品·浪漫一族系列）；¥9.80

水魇/徐蕙照著 .—上海：上海文艺出版社，1996.11.—206页；20cm.—（大上海小说丛书/徐俊西，孙颙主编）；¥10.00

文天祥/杨友今著 .—北京：人民文学出版社，1996.5.—571页；20cm；¥24.60

六月的话题/铁凝著 .—南京：江苏文艺出版社，1996.9.—474页；20cm.—（铁凝文集；3）；¥18.00

六指/虹影著 .—北京：华艺出版社，1996.10.—276页；20cm.—（风头正健才女书）；¥11.60

心泪流红/康云，周玉贤著 .—济南：山东文艺出版社，1996.3.—387页；20cm；¥13.80

心里有事/胡健著 .—沈阳：春风文艺出版社，1996.7.—299页；20cm；¥13.80

心路/张承志等著 .—兰州：敦煌文艺出版社，1996.4.—333页；20cm.—（知青文学经典丛书；5/晓剑主编）；¥13.10

心扉的信/亦舒著 .—深圳：海天出版社，1996.9.—193页；20cm.—（亦舒作品系列；13）；¥9.80

心灵探险/郑文光，吴岩著 .—北京：中国少年儿童出版社，1996.9.—193页；20cm.—（天狼星丛书·中国新科幻小说系列）；¥7.80

毛泽东走进延安/王昙著 .—西安：陕西人民出版社，1996.12.—660页；20cm；¥35.00

升仙传/（清）倚云氏著；王根林标点 .—上海：上海古籍出版社，1996.11.—227页；19cm.—（十大古典神怪小说丛书）；¥8.90

升迁的挽歌/张韧等选编 .—长春：时代文艺出版社，1996.6.—471页；20cm.—（20世纪文学争议代表作品丛书/冯牧，柳萌主编）；¥22.00

分享艰难/青羊主编 .—北京：中国电影出版社，1996.9.—2册；20cm.—（新社会问题小说大系）；¥38.80

分手的第一千零一个理由/杨丽玲著 .—北京：时事出版社，1996.1.—205页；20cm.—（蔷薇船小说书系）；¥11.20

父老乡亲/李一清著 .—成都：四川文艺出版社，1996.10.—342页；20cm；¥13.00

父亲祭：刘兆林小说精品集·中篇卷/刘兆林著 .—北京：华夏出版社，1996.4.—502页；20cm.—（中国当代作家文库/张锲主编）；¥21.00

父王/赖妙宽著 .—福州：海峡文艺出版社，1996.11.—292页；20cm；¥13.00

公案世情/谢柏梁编写 .—上海：东方出版中心，1996.1.—303页；19cm.—（中国古代戏曲故事大观/齐森华主编）；¥10.00

公关先生：孙宝瑛小说集/孙宝瑛著 .—呼和浩特：内蒙古人民出版社，1996.2.—325页；20cm；¥15.60

今夜，没有颜色/李洛霞著 .—桂林：漓江出版社，1996.3.—517页；20cm.—（香港新锐作家丛书）；¥14.00

今世说/（清）王晫原著；陈大康译注 .—上海：

东方出版中心，1996.1.—485页；19cm.—（文白对照历代世说精华/郭豫适主编）；¥12.00
手上的星光/周介人，陈保平主编 .—上海：三联书店上海分店，1996.12.—507页；20cm.—（新市民文丛·小说卷）；¥23.80
月亮背面/王刚著 .—北京：人民文学出版社，1996.2.—384页；20cm；¥18.00
月亮潭情案：叶辛中短篇小说自选集/叶辛著 .—北京：华夏出版社，1996.12.—568页；20cm.—（当代作家自选书斋）；¥26.00
办公室主任浪漫曲/田升著 .—深圳：海天出版社，1996.6.—300页；20cm.—（'96深圳文艺丛书）；¥19.80
为你痴狂为你泪/叶雯著 .—2版 .—北京：中国戏剧出版社，1996.7.—202页；20cm.—（叶雯纯情小说作品·浪漫一族系列）；¥9.80
书惑/阿登著 .—北京：北京十月文艺出版社，1996.9.—364页；20cm；¥15.00
双凤传/东方玉著 .—海口：海南出版社，1996.10.—3册（942）；20cm.—（东方玉作品全集）；¥39.80
双凤旗/卧龙生著 .—西安：太白文艺出版社，1996.5.—3册（1330）；20cm.—（卧龙生真品全集）；¥58.00
风车/丁来先著 .—合肥：安徽文艺出版社，1996.11.—288页；20cm；¥10.10
风流炎黄大帝/杨书案著 .—成都：四川文艺出版社，1996.3.—294页；19cm.—（杨书案历史小说长廊）；¥12.00
风雨情缘/早早著 .—贵阳：贵州人民出版社，1996.2.—504页；20cm；¥21.90
风雨之舟/孟千，苏茹著 .—上海：上海文艺出版社，1996.5.—404页；20cm；¥16.70
风雷震九洲/梁羽生著 .—广州：广东旅游出版社：花城出版社，1996.3.—3册（965页）；20cm.—（梁羽生小说全集；17）；¥46.00
风云雷电/梁羽生著 .—广州：广东旅游出版社：花城出版社，1996.3.—4册（1208页）；20cm.—（梁羽生小说全集；8）；¥58.00
风流韵事：中国古代言情小说精品选/江民编选 .—南京：江苏古籍出版社，1996.10.—233页；19cm.—（中国古代白话短篇小说精品丛书）；¥7.80
历代志怪大观/卢润祥，沈伟麟主编 .—上海：三联书店上海分店，1996.12.—1170页；20cm（精装）；¥59.00
幻剑灵旗/梁羽生著 .—广州：广东旅游出版社：花城出版社，1996.3.—548页；20cm.—（梁羽生小说全集；28）；¥28.20
孕城/彭建新著 .—武汉：武汉出版社，1996.10.—470页；20cm.—（金黄鹤文丛）；¥19.00
中华全史演义/吕安世原辑；蔡东藩增订 .—北京：北京古籍出版社，1996.10.—629页；20cm.—（中国历代演义）；¥24.00
中国近代中篇小说选/王继权编 .—北京：中国青年出版社，1996.10.—666页；20cm；¥25.60
中国科学家发明家的故事/李少元，赵北志主编 .—北京：金盾出版社，1996.3.—242页；19cm；¥8.00
中国成语故事大全/张企荣主编 .—南京：江苏人民出版社，1996.3.—2册（1514页）；20cm（精装）；¥62.00
中国当代小小说精品库/杨晓敏，郭昕主编 .—北京：新华出版社，1996.11.—4册；20cm；¥55.00
中国智慧故事集/夏咸淳主编 .—上海：上海社会科学院出版社，1996.1.—578页；20cm；¥22.00
中国当代名家中篇小说经典/雷达主编 .—昆明：云南人民出版社，1996.12.—3册（1624页）页 20cm；¥66.80
中国书商/杨志军著 .—兰州：敦煌文艺出版社，1996.7.—418页；20cm；¥20.00
中国当代短篇小说选/朱永编 .—兰州：兰州大学出版社，1996.9.—603页；20cm.—（中学生阅读丛书/张应华主编）；¥23.00
中国现代小说精品：郁达夫卷/周鹏飞主编；伍仁编 .—西安：陕西人民出版社，1996.1.—528页；20cm；¥17.50
中国新感觉派圣手：穆时英小说全集/穆时英著 .—北京：中国文联出版公司，1996.5.—550页；20cm.—（中国现代名家小说丛书/乐齐主编）；¥22.80
中美苏三国演义/王俊彦著 .—北京：时事出版社，1996.8.—604页；20cm；¥28.80

中宫之乱/徐庆全著 .—北京：光明日报出版社，1996.5.—252 页；20cm.—（东周列国丛书；7）；￥12.80
中唐演义/郭良主著 .—郑州：河南人民出版社，1996.10.—301 页；19cm；￥10.00
玉垒浮云/高阳著 .—海口：海南出版社，1996.5.—147 页；20cm.—（高阳历史小说系列）；￥6.80
玉箫神剑/柳残阳著 .—南京：江苏文艺出版社，1996.3.—2 册（711 页）；20cm.—（柳残阳武侠比较作品集/江上鸥主编）；￥28.00
平安世界/周大新著 .—济南：明天出版社，1996.12.—130 页；20cm.—（猎豹丛书）；￥8.50
平民小说/吉桉选编 .—上海：上海文艺出版社，1996.1.—214 页；19cm.—（中国现代名作家名著珍藏本·靳以）；￥10.70
石榴图/亦舒著 .—深圳：海天出版社，1996.9.—212 页；20cm.—（亦舒作品系列；20）；￥9.80
布谷声声：乡土之页/曹德权，钟明冰主编 .—成都：四川人民出版社，1996.10.—191 页；19cm.—（中国当代小小说名家名作）；￥6.80
左手/蒋子丹著 .—武汉：长江文艺出版社，1996.3.—373 页；20cm.—（跨世纪文丛/陈骏涛主编）；￥15.00
世情小说/柯灵著 .—上海：上海文艺出版社，1996.1.—139 页；19cm.—（中国现代名作家名著珍藏本/巴金主编）；￥8.00
龙卢演义/曾令云著 .—北京：华夏出版社，1996.12.—646 页；20cm；￥28.00
龙兴地/刘子成著 .—长春：时代文艺出版社，1996.5.—530 页；20cm.—（雪狼丛书）；￥25.20
龙志毅小说选/龙志毅著 .—桂林：漓江出版社，1996.11.—490 页；20cm；￥20.00
古船/张炜著 .—北京：作家出版社，1996.2.—384 页；20cm.—（张炜自选集·长篇小说珍藏卷）；￥22.30
古洋河传/齐春卿著 .—沈阳：春风文艺出版社，1996.6.—2 册（793 页）；20cm；￥38.00
尘世/许辉著 .—合肥：安徽文艺出版社，1996.4.—269 页；20cm；￥10.20
尘世孽缘/刘云若著 .—兰州：甘肃人民出版社，1996.5.—401 页；20cm.—（中国现代流行小说选丛）；￥15.80
皮克的情书/林敏，于青主编 .—北京：中国青年出版社，1996.11.—502 页；20cm.—（浪漫文库·留学生卷）；￥20.70
巨澜/叶辛著 .—贵阳：贵州人民出版社，1996.6.—2 册（870 页）；20cm.—（当代名家精品·叶辛自选集）；￥32.80
四十而立/李晓著 .—南京：江苏文艺出版社，1996.7.—222 页；20cm.—（九月丛书）；￥9.00
电梯谋杀案：当代名家精品李国文自选集/李国文著 .—贵阳：贵州人民出版社，1996.12.—517 页；20cm.—（金熊系列丛书）；￥19.80
甲午雄魂/苗培时著 .—北京：团结出版社，1996.9.—440 页；20cm；￥22.00
写不尽的岁月/铁丽著 .—呼和浩特：内蒙古人民出版社，1996.10.—477 页；20cm；￥19.50
另一种魅力/王政忠著 .—广州：新世纪出版社，1996.6.—245 页；19cm.—（语言系列丛书；1）；￥14.80
归去来/韩少功著 .—北京：作家出版社，1996.10.—304 页；20cm.—（韩少功自选集：短篇集）；￥15.50
北京图书馆藏珍本小说丛刊/刘一平主编 .—北京：书目文献出版社，1996.3.—15 册；20cm（精装）；￥1980.00
北极风情录/林敏，于青主编 .—北京：中国青年出版社，1996.11.—572 页；20cm.—（浪漫文库·异国卷）；￥22.50
白眼/魏雅华著 .—北京：中国文联出版公司，1996.3.—411 页；20cm；￥15.80
白衣服与黑衣服/王蒙著 .—北京：中国华侨出版社，1996.2.—242 页；20cm.—（文瀚阁创作丛书·第一辑/唐达成，金宏达主编）；￥9.80
白发魔女传/梁羽生著 .—广州：广东旅游出版社：花城出版社，1996.3.—2 册（580 页）；20cm.—（梁羽生小说全集；18）；￥29.60
白眉鹰王殷天正/金居士著 .—延吉：延边人民出版社，1996.12.—3 册（724 页）；19cm.—（金庸精采邪教人物大系；4）；￥23.80
白金的女体雕像/张韧等选编 .—长春：时代文艺

出版社，1996.6.—490 页；20cm.—（二十世纪文学争议代表作品丛书/冯牧，柳萌主编）；¥22.50

冯骥才小说精选/祖芝编 .—西安：太白文艺出版社，1996.2.—472 页；20cm.—（中国当代实力派作家大系/陈华昌主编）（精装）；¥22.50

半边户/金永福著 .—贵阳：贵州人民出版社，1996.11.—256 页；20cm.—（贵州文学丛书·第3辑；27/卢惠龙主编）；¥11.60

包公全传/石玉昆著 .—太原：山西人民出版社，1996.9.—2 册（774 页）；19cm.—（大说宋丛书；6）；¥28.00

包龙图判百家公案/（明）安遇时编集；魏同贤标点 .—杭州：浙江古籍出版社，1996.8.—336 页；19cm.—（明清孤本稀本小说选刊）；¥12.00

他们撬动了地球/夏晋祥著 .—南昌：21 世纪出版社，1996.6.—205 页；19cm.—（名人成功的第一步丛书）；¥7.20

代代人生/杜林著 .—桂林：漓江出版社，1996.7.—3 册；19cm；¥65.00

外国科学家发明家的故事/李少元，赵北志主编；蒋志峰等编 .—北京：金盾出版社，1996.6.—264 页；19cm；¥8.40

外野孤鸿——西晋奇玄阮籍/木木著 .—昆明：云南人民出版社，1996.1.—134 页；19cm.—（中国奇人丛书）；¥4.40

处女作的启示/张炳高等著 .—南昌：21 世纪出版社，1996.6.—203 页；19cm.—（名人成功的第一步丛书）；¥7.20

生活年代/王祥夫著 .—北京：中国青年出版社，1996.11.—312 页；20cm.—（90 年代长篇小说系列）；¥12.80

生命涅槃/戴松海，贾万超著 .—成都：四川文艺出版社，1996.6.—350 页；20cm；¥13.98

生命是劳动与仁慈/刘醒龙著 .—北京：人民文学出版社，1996.8.—460 页；20cm.—（探索者丛书）；¥25.00

生命逃亡/贾万超著 .—北京：作家出版社，1996.8.—601 页；20cm；¥25.00

生命彷徨/叶树波著 .—沈阳：春风文艺出版社，1996.6.—548 页；20cm；¥26.00

生死澄明/颜纯钩著 .—桂林：漓江出版社，1996.3.—236 页；20cm.—（香港新锐作家丛书）；¥10.00

失眠人的艳遇/严歌苓著 .—成都：四川文艺出版社，1996.8.—307 页；20cm.—（仲夏夜丛书；1/向弓主编）；¥12.00

犯戒/张旻著 .—北京：中国华侨出版社，1996.1.—430页；20cm.—（新生代小说系列/李师东主编）；¥16.80

丛林战争/黎汝清著 .—北京：北京十月文艺出版社，1996.1.—656 页；20cm.—（北京长篇小说创作丛书）（精装）；¥26.00

饥饿/魏雅华著 .—西宁：青海人民出版社，1996.1.—333 页；20cm；¥13.80

民国通俗演义/蔡东藩著 .—杭州：浙江人民出版社，1996.7.—2 册（1127 页）；20cm.—（中国历代通俗演义）；¥39.50

民国演义/蔡东藩著 .—长春：吉林摄影出版社；香港：香港东方文化科技出版公司，1996.5.—2 册；20cm.—（绘图中国历代通俗演义/谷云义，孟庆枢主编）（精装）；¥80.00

司马迁：长篇历史小说/张兰亭著 .—北京：华文出版社，1996.10.—564 页；20cm；¥29.00

圣域/李长存著 .—济南：山东文艺出版社，1996.6.—475 页；20cm；¥21.00

圣处女的感情/穆时英著 .—广州：花城出版社，1996.5.—228 页；20cm.—（三四十年代中国婚恋小说系列）；¥9.50

矛盾天师/李凉著 .—延吉：延边人民出版社，1996.3.—3 册（955 页）；19cm.—（李凉谐趣武侠系列；5）；¥28.50

孙膑/王霞著 .—北京：解放军出版社，1996.1.—307 页；20cm.—（中国历代智囊人物丛书）；¥14.50

正德外记/高阳著 .—海口：海南出版社，1996.5.—313 页；20cm.—（高阳历史小说系列）；¥14.80

百年海狼/王家斌著 .—北京：作家出版社，1996.11.—386 页；20cm.—（当代小说文库）；¥19.00

百年通俗演义/立志等编著 .—郑州：河南人民出版社，1996.11.—4 册；20cm；¥88.00

西北望/师永刚著 .—北京：解放军文艺出版社，1996.11.—434 页；20cm.—（军旅长篇小说新

作丛书)；¥17.80
西部的纹脉/周涛著 .—兰州：敦煌文艺出版社，1996.3.—344 页；20cm.—（长城外长篇精品系列·第一辑）；¥14.85
在海德堡坠入情网/龙应台著 .—上海：上海文艺出版社，1996.4.—214 页；20cm.—（龙应台自选集）；¥10.20
在男子汉的王国里/邹立成著 .—北京：中国铁道出版社，1996.8.—385 页；19cm；¥14.50
再春/朱秀娟著 .—北京：作家出版社，1996.7.—218 页；19cm.—（朱秀娟小说系列）；¥9.70
耳食录/（清）乐钧著；范义臣标点·三异笔谈/（清）许仲元著；范义臣标点 .—重庆：重庆出版社，1996.3.—108 页；20cm.—（笔记小说精品丛书）（精装）；¥13.30
吉卜赛的诱惑/金宏达，于青编 .—合肥：安徽文艺出版社，1996.4.—351 页；20cm.—（徐讦小说作品系列）；¥13.60
李鸿章/高阳著 .—海口：海南出版社，1996.1.—353 页；20cm.—（高阳历史小说系列；3）；¥15.00
李清照全传：旷代才女/喻朝刚，周航著 .—长春：长春出版社，1996.10.—208 页：彩照；20cm.—（中国历代才子传丛书/哈朝刚，杨德宏主编）（精装）；¥11.00
李斯/常敬竹著 .—北京：解放军出版社，1996.5.—233 页；20cm.—（中国历代智囊人物丛书）；¥13.00
死亡的幽会/《台港文学选刊》编辑部编 .—杭州：浙江文艺出版社，1996.7.—440 页；20cm.—（台港文学·中篇小说卷）；¥15.00
有情人终成眷属/叶雯著 .—延吉：延边人民出版社，1996.4.—215 页；20cm.—（台湾叶雯作品·紫色系列）；¥9.80
成吉思汗的白羊：蒲韦短篇小说集/蒲韦著 .—北京：解放军文艺出版社，1996.12.—305 页；19cm；¥12.00
老岸/范小青著 .—北京：北京出版社，1996.10.—377 页；20cm.—（北京长篇小说创作精品系列）（精装）；¥20.00
老泉井风情/里快著 .—呼和浩特：内蒙古人民出版社，1996.10.—450 页；20cm；¥21.00
老兵之死：张京平中短篇小说选/张京平著 .—天津：百花文艺出版社，1996.8.—237 页；20cm；¥12.00
老祖母的小房子/秦文君著 .—上海：文汇出版社，1996.10.—368 页；20cm.—（海派女作家文丛）；¥17.00
劫——一个女人的光荣与耻辱/燕飞著 .—广州：广州出版社，1996.10.—321 页；20cm.—（先锋·世纪风情系列·女人篇）；¥16.80
劫持银川号/柯兴著 .—北京：作家出版社，1996.1.—444 页；19cm；¥16.40
同心剑/东方玉著 .—海口：海南出版社，1996.3.—3 忆（990 页）；20cm.—（东方玉作品全集）；¥41.80
阳光下的故乡/陶纯著 .—济南：明天出版社，1996.12.—174 页；20cm.—（猎豹丛书）（精装）；¥12.00
阴阳魔东方不败/金居士著 .—延吉：延边人民出版社，1996.2.—3 册（724 页）；19cm.—（金庸精采邪教人物大系；3）；¥21.80
只为你多情/尹翔翎著 .—北京：文化艺术出版社，1996.3.—179 页；20cm.—（豆蔻系列·第六辑/李荣德主编）；全套书五册，总定价 49.00 元
贞操游戏/蒋子丹著 .—昆明：云南人民出版社，1996.3.—364 页；20cm.—（她们文学丛书·小说卷）；¥14.10
岁月/梁晓声等著 .—兰州：敦煌文艺出版社，1996.4.—331 页；20cm.—（知青文学经典丛书；1/晓剑主编）；¥13.10
岁月无敌/张欣著 .—武汉：长江文艺出版社，1996.3.—386 页；20cm.—（跨世纪文丛/陈骏涛主编）；¥15.00
岁月的眼睛/廖辉英著 .—北京：中国文联出版公司，1996.4.—243 页；19cm.—（廖辉英作品系列/常君实主编）；¥9.60
岁月如歌/赵玫著 .—长春：时代文艺出版社，1996.2.—151 页；19cm.—（情歌短吟丛书）；¥6.90
凹凹巷/南飞著 .—北京：中国文联出版公司，1996.1.—448 页；20cm；¥16.80
江湖风神帮/李凉著 .—延吉：延边人民出版社，1996.3.—3 册（763 页）；19cm.—（李凉谐趣武侠系列；3）；¥23.50
江湖急救站/李凉著 .—延吉：延边人民出版社，

1996.3.—3册（919页）；19cm.—（李凉谐趣武侠系列；2）；¥28.80
江湖一担皮/李凉著.—延吉：延边人民出版社，1996.3.—3册（790页）；19cm.—（李凉谐趣武侠系列；14）；¥22.50
江湖一担皮：续集/李凉著.—延吉：延边人民出版社，1996.3.—2册（536页）；19cm.—（李凉谐趣武侠系列；14）；¥15.50
江湖三女侠/梁羽生著.—广州：广东旅游出版社：花城出版社，1996.3.—2册（874页）；20cm.—（梁羽生小说全集；20）；¥41.20
许三观卖血记/余华著.—南京：江苏文艺出版社，1996.6.—255页；20cm.—（九月丛书）；¥10.50
冰原迷踪/金涛著.—北京：中国少年儿童出版社，1996.9.—212页；20cm.—（天狼星丛书·中国新科幻小说系列）；¥8.50
冰绿色女郎/沈亚著.—南京：江苏文艺出版社：台湾万盛出版有限公司，1996.2.—209页；20cm.—（红尘系列·台湾沈亚作品集）；¥9.80
冰狱之火/苏学军著.—北京：中国少年儿童出版社，1996.9.—133页；20cm.—（天狼星丛书·中国新科幻小说系列）；¥5.40
访问城市/白烨，雷达编选.—长春：时代文艺出版社，1996.5.—534页；20cm.—（20世纪末中国文学作品精选·短篇卷）；¥24.50
决战三千里/秦红著.—福州：海峡文艺出版社，1996.2.—2册（467页）；19cm；¥23.00
初战告捷的人们/刘岳著.—南昌：21世纪出版社，1996.6.—195页；19cm.—（名人成功的第一步丛书）；¥7.00
庄园/王彪著.—天津：百花文艺出版社，1996.12.—252页；20cm.—（21世纪文学之星丛书：1996年卷：小说）；¥12.50
守望空心岁月/林白著.—广州：花城出版社，1996.9.—238页；20cm.—（先锋长篇小说丛书）；¥9.80
向往羞愧/刘震云著.—南京：江苏文艺出版社，1996.5.—316页；20cm.—（刘震云文集）；¥13.00
关于一个女记者的“新闻”：陆星儿中短篇小说自选集/陆星儿著.—北京：华夏出版社，1996.12.—597页；20cm.—（当代作家自选书斋）；¥26.00
羊角号/刘玉民著.—北京：人民文学出版社，1996.8.—325页；20cm.—（探索者丛书）；¥16.50
米尼/王安忆著.—北京：作家出版社，1996.2.—433页；20cm.—（王安忆自选集（5）·长篇小说卷）；¥23.30
灯红酒绿闯韩国/金雄著.—北京：中国文联出版公司，1996.6.—353页；20cm；¥16.80
灯火楼台：胡雪岩传奇/高阳著.—海口：南海出版公司，1996.4.—3册；20cm.—（高阳文集）；¥45.00
刘邦演义/刘鸿泽著.—北京：人民文学出版社，1996.4.—742页；20cm；¥33.20
刘秀传/田连元编著.—沈阳：春风文艺出版社，1996.9.—860页；20cm.—（中国十大传统评书经典丛书）（精装）；¥41.50
刘墉·乾隆·和珅/唐绵生编著.—沈阳：辽宁民族出版社，1996.3.—323页；20cm；¥16.80
刘绍棠中学时代小说选/刘绍棠著.—北京：北京燕山出版社，1996.7.—175页；20cm；¥8.80
刘心武怪诞小说自选集/刘心武著.—桂林：漓江出版社，1996.8.—449页；20cm.—（作家自选集系列）（精装）；¥20.00
刘心武小说精选/韩华编.—西安：太白文艺出版社，1996.2.—747页；20cm.—（中国当代实力派作家大系/陈华昌主编）（精装）；¥28.70
刘玉堂幽默小说精选/刘玉堂著.—济南：明天出版社，1996.6.—295页；20cm；¥10.50
刘罗锅传奇/殷文硕编著.—郑州：河南人民出版社，1996.5.—270页；20cm；¥13.50
血雨腥风/樊昊等著.—北京：光明日报出版社，1996.6.—231页；20cm.—（东周列国丛书；3）；¥12.80
血色/韩少功等著.—兰州：敦煌文艺出版社，1996.4.—372页；20cm.—（知青文学经典丛书；2/晓剑主编）；¥14.90
血色黎明：情节小说集/张望朝著.—哈尔滨：黑龙江人民出版社，1996.6.—336页；19cm；¥15.00
因为孤独/朱文著.—成都：四川文艺出版社，1996.4.—282页；20cm.—（地平线书群·新锐

卷)；¥11.00

血祭金沙/罗盘，牛伯成著 .—北京：中国电影出版社，1996.10.—302页；20cm；¥14.80

血染的迷彩/李复楼著 .—乌鲁木齐：新疆青少年出版社，1996.3.—286页；19cm；¥7.90

血色桃花/西妮著 .—深圳：海天出版社，1996.10.—218页；20cm.—(港台风情录)；全套共5册，总定价49.00元

血手令/柳残阳著 .—珠海：珠海出版社，1996.9.—3册(932页)；20cm.—(柳残阳作品选粹)；¥42.80

血罂/陈驰著 .—北京：中国戏剧出版社，1996.12.—520页；20cm；¥19.80

后汉通俗演义/蔡东藩著 .—杭州：浙江人民出版社，1996.7.—674页；20cm.—(中国历代通俗演义)；¥24.00

后汉演义/蔡东藩著 .—北京：北京古籍出版社，1996.10.—886页；20cm.—(中国历代演义)；¥33.00

后妃春秋/刘凡都著 .—合肥：安徽文艺出版社，1996.10.—320页；19cm；¥11.20

印象/田中禾著 .—上海：上海文艺出版社，1996.1.—350页；20cm.—(小说界文库·中短篇小说系列/江曾培主编)；¥14.40

年年岁岁花相似/竹林著 .—上海：文汇出版社，1996.10.—349页；20cm.—(海派女作家文丛)；¥16.00

名人逸事：中国古代志人小说精品选/齐平编选 .—南京：江苏古籍出版社，1996.10.—198页；19cm.—(中国古代白话短篇小说精品丛书)；¥7.80

传说/于青著 .—北京：华艺出版社，1996.4.—288页；20cm.—(风头正健才女书)；¥12.00

伍元新小说选/伍元新著 .—贵阳：贵州人民出版社，1996.11.—350页；20cm.—(贵州文学丛书·第3辑；24/卢惠龙主编)；¥15.50

伏羲六十四卦：长篇历史武侠小说/董庭波著 .—北京：文化艺术出版社，1996.2.—3册(1234页)；20cm；¥39.50

华年/刘锡洋著 .—沈阳：春风文艺出版社，1996.10.—411页；19cm；¥14.00

她是一个弱女子：郁达夫中篇小说集/郭文友编 .—成都：四川人民出版社，1996.11.—248页；20cm.—(郁达夫文献研究丛书)；¥11.00

她比烟花寂寞/亦舒著 .—深圳：海天出版社，1996.9.—203页；20cm.—(亦舒作品系列；23)；¥9.80

她名叫蝴蝶/陈泽春，陈如编 .—北京：中国人民大学出版社，1996.6.—357页；20cm.—(台港与海外华文文学精读文库·施叔青卷/曾庆瑞等主编)；¥15.00

好男当兵/简嘉著 .—济南：明天出版社，1996.12.—259页；20cm.—(猎豹丛书)；¥12.90

红尘一笑：梁晴中短篇小说自选集/梁晴著 .—北京：华夏出版社，1996.12.—594页；20cm.—(当代作家自选书斋)；¥26.00

红颜已老/苏伟贞著 .—北京：时事出版社，1996.1.—201页；20cm.—(蔷薇船小说书系)；¥11.80

红尘/亦舒著 .—深圳：海天出版社，1996.9.—190页；20cm.—(亦舒作品系列；12)；¥9.80

红玫瑰在行动/柯兴著 .—北京：华艺出版社，1996.3.—354页；20cm；¥14.80

红泉/黎明著 .—北京：华艺出版社，1996.4.—696页；19cm；¥22.50

纪晓岚：长篇历史小说/傅国标著 .—北京：农村读物出版社，1996.11.—503页；20cm；¥24.60

纪念/殷慧芬著 .—上海：文汇出版社，1996.10.—406页；20cm.—(海派女作家文丛)；¥18.80

寻爱，穿梭一千年/连清著 .—北京：文化艺术出版社，1996.2.—178页；20cm.—(豆蔻系列·第三辑)；¥9.80

那天晚上/徐晓鹤著 .—成都：四川文艺出版社，1996.8.—312页；20cm.—(仲夏夜丛书；2/向弓主编)；¥12.00

那一场化装舞会/俞芃著 .—北京：文化艺术出版社，1996.3.—196页；20cm.—(豆蔻系列·第六辑/李荣德主编)；全套书五册，总定价49.00元

异国恩怨/焦炳琨著 .—兰州：甘肃民族出版社，1996.3.—271页；20cm；¥9.50

异母兄弟/王梓夫著 .—北京：作家出版社，1996.10.—419页；20cm.—(王梓夫自选集；

1：长篇小说卷）；¥17.80

异乡人/亦舒著 .—深圳：海天出版社，1996.9.—193 页；20cm.—（亦舒作品系列；17）；¥9.80

异辞录/刘体仁著 .—太原：山西古籍出版社，1996.9.—248 页；20cm.—（民国笔记小说大观·第二辑/孙安邦主编）；¥12.30

戏园：中短篇小说集/陈力娇著 .—哈尔滨：黑龙江人民出版社，1996.8.—385 页；20cm；¥16.00

戏耍丘比特/叶雯著 .—延吉：延边人民出版社，1996.4.—215 页；20cm.—（台湾叶雯作品·紫色系列）；¥9.80

两晋南北朝演义/蔡东藩著 .—武汉：湖北人民出版社，1996.8.—1057 页；20cm.—（中华历代通俗演义）精装；¥40.20

两晋通俗演义/蔡东藩著 .—杭州：浙江人民出版社，1996.7.—724 页；20cm.—（中国历代通俗演义）；¥26.00

两晋演义/蔡东藩著 .—北京：北京古籍出版社，1996.10.—873 页；20cm.—（中国历代演义）；¥33.00

赤彤丹朱：当代名家精品张抗抗自选集/张抗抗著 .—贵阳：贵州人民出版社，1996.12.—377 页；20cm；¥16.80

北极光：当代名家精品张抗抗自选集/张抗抗著 .—贵阳：贵州人民出版社，1996.12.—429 页；20cm；¥18.00

走出蓝水河/赵本夫著 .—天津：百花文艺出版社，1996.10.—36 页；20cm.—（名家小说自选集）；¥16.00

走出西草地/邓一光著 .—北京：中国青年出版社，1996.9.—308 页；20cm；¥10.70

走过乡村/谭文峰著 .—天津：百花文艺出版社，1996.12.—239 页；20cm.—（21 世纪文学之星丛书：1996 年卷·小说）；¥12.00

走夜海/张永琛著 .—天津：百花文艺出版社，1996.12.—248 页；20cm.—（21 世纪文学之星丛书：1996 年卷·小说）；¥12.50

花季雨季/郁秀著 .—深圳：海天出版社，1996.10.—416 页；20cm；¥16.00

花祭/殷培文著 .—济南：山东文艺出版社，1996.8.—337 页；20cm；¥11.80

花魁/高阳著 .—海口：海南出版社，1996.5.—159 页；20cm.—（高阳历史小说系列）；¥7.00

花落春不在/朱秀娟著 .—北京：人民文学出版社，1996.8.—216 页；19cm.—（朱秀娟小说系列）；¥10.00

花神/于波著 .—济南：明天出版社，1996.12.—198 页；20cm.—（猎豹丛书）；¥11.00

危楼记事：当代名家精品李国文自选集/李国文著 .—贵阳：贵州人民出版社，1996.12.—500 页；20cm.—（金熊系列丛书）；¥19.80

花园街五号：当代名家精品李国文自选集/李国文著 .—贵阳：贵州人民出版社，1996.12.—488 页；20cm.—（金熊系列丛书）；¥19.80

冬天里的春天：当代名家精品李国文自选集/李国文著 .—贵阳：贵州人民出版社，1996.12.—2 册；20cm.—（金熊系列丛书）；¥39.80

花丛中的聚会/张韧等选编 .—长春：时代文艺出版社，1996.6.—493 页；20cm.—（20 世纪文学争议代表作品丛书/冯牧，柳萌主编）；¥23.00

苍山曙色/林呐著 .—天津：百花文艺出版社，1996.8.—473 页；19cm；¥18.00

苍生/浩然著 .—北京：北京出版社，1996.10.—614 页；20cm.—（北京长篇小说创作精品系列）；¥21.00

《芙蓉》百期精品：小说卷/孙健忠等著 .—长沙：湖南文艺出版社，1996.9.—729 页；20cm；¥24.30

把我捆住/邱华栋著 .—北京：中国华侨出版社，1996.1.—356页；20cm.—（新生代小说系列/李师东主编）；¥14.60

投奔上帝/李薇著 .—长春：时代文艺出版社，1996.5.—316 页；20cm.—（雪狼丛书）；¥14.50

扶桑/严歌苓著 .—北京：中国华侨出版社，1996.2.—204页；20cm.—（文瀚阁创作丛书·第一辑/唐达成，金宏达主编）；¥8.40

极限人生/朱彦夫著 .—济南：黄河出版社，1996.7.—371 页；20cm；¥15.00

时代悲歌/尹曙生著 .—合肥：安徽文艺出版社，1996.2.—384 页；20cm；¥16.50

时与光/金宏达，于青编 .—合肥：安徽文艺出版社，1996.4.—309 页；20cm.—（徐讦小说作

品系列）；¥12.00

财子寿：台湾第一才子吕赫若小说精选/吕赫若著；林至洁译．—北京：中国友谊出版公司，1996.6.—240页；20cm；¥12.00

别有情怀/朱秀娟著．—北京：作家出版社，1996.8.—254页；19cm.—（朱秀娟小说系列）；¥10.90

狂恋/史铁生等著．—兰州：敦煌文艺出版社，1996.4.—342页；20cm.—（知青文学经典书；3/晓剑主编）；¥13.70

狂侠南宫鹰/李凉著．—延吉：延边人民出版社，1996.3.—3册（894页）；19cm.—（李凉谐趣武侠系列；9）；¥27.80

宋史通俗演义/蔡东藩著．—杭州：浙江人民出版社，1996.7.—708页；20cm.—（中国历代通俗演义）；¥25.00

宋史通俗演义·元史通俗演义/蔡东藩著．—长沙：岳麓书社，1996.1.—678页；20cm.—（历代通俗演义）精装；¥24.00

宋史演义/蔡东藩著．—北京：北京古籍出版社，1996.10.—815页；20cm.—（中国历代演义）；¥31.00

宋元演义/蔡东藩著．—武汉：湖北人民出版社，1996.6.—772页；20cm.—（中华历代通俗演义）精装；¥29.40

宋太祖全传/吴濬著．—太原：山西人民出版社，1996.9.—375页；19cm.—（大说宋丛书；1）；¥12.80

宋教仁：护法先驱/曾德厚，何忠华著．—长沙：湖南文艺出版社，1996.10.—289页；20cm.—（千秋系列长篇历史小说丛书）精装；¥14.20

完美的男人/叶雯著．—延吉：延边人民出版社，1996.4.—215页；20cm.—（台湾叶雯作品·紫色系列）；¥9.80

弃人/张书祥著．—北京：农村读物出版社，1996.8.—334页；20cm；¥15.50

没意思的故事：当代名家精品李国文自选集/李国文著．—贵阳：贵州人民出版社，1996.12.—493页；20cm.—（金熊系列丛书）；¥19.80

没有季节的都会/亦舒著．—深圳：海天出版社，1996.9.—187页；20cm.—（亦舒作品系列；8）；¥9.80

没有语言的生活/东西著．—北京：华艺出版社，1996.10.—329页；20cm.—（晚生代丛书）；¥13.80

没有月亮的晚上/亦舒著．—深圳：海天出版社，1996.9.—192页；20cm.—（亦舒作品系列；27）；¥9.80

没有地址的信/姚华飞著．—海口：南海出版公司，1996.1.—537页；19cm；¥18.00

沉沦/李相奎著．—沈阳：辽宁民族出版社，1996.8.—399页；20cm；¥16.90

沉钟/陈占敏著．—上海：上海文艺出版社，1996.7.—584页；20cm.—（小说界文库·长篇小说系列/江曾培主编）；¥20.00

沉重的摇篮/焦明征著．—天津：百花文艺出版社，1996.9.—298页；19cm；¥14.00

汤保华小说选/汤保华著．—贵阳：贵州人民出版社，1996.11.—286页；20cm.—（贵州文学丛书·第3辑；21/卢惠龙主编）；¥12.80

汤吉夫中篇小说选/汤吉夫著．—天津：百花文艺出版社，1996.4.—309页；20cm；¥14.50

沧海横流：《古镇轶事》第一部/文立著．—济南：黄河出版社，1996.12.—324页；20cm；¥14.50

沧桑/袁琼琼著．—石家庄：河北教育出版社，1996.4.—330页；20cm.—（金蜘蛛丛书/戴小华主编）；¥12.70

沙盘/杜守林著．—北京：解放军文艺出版社，1996.12.—314页；20cm.—（军旅长篇小说新作丛书）；¥12.60

冷月如霜/杜桂芳著．—银川：宁夏人民出版社，1996.7.—274页；20cm；¥14.00

还情剑/卧龙生著．—上海：上海古籍出版社，1996.9.—3册（793页）；20cm.—（卧龙生精品系列；8）；¥48.80

近代笔记过眼录/徐一士著．—太原：山西古籍出版社，1996.9.—242页；20cm.—（民国笔记小说大观·第二辑/孙安邦主编）；¥11.80

远行之嘱/张炜著．—武汉：长江文艺出版社，1996.3.—391页；20cm.—（跨世纪文丛/陈骏涛主编）；¥15.00

连环/亦舒著．—深圳：海天出版社，1996.9.—191页；20cm.—（亦舒作品系列；22）；¥9.80

违约公布的日记：刘兆林小说精品集：短篇卷/刘兆林著．—北京：华夏出版社，1996.4.—281

页；20cm.—（中国当代作家文库/张锲主编）；¥13.00

运河恋/张宝玺著.—北京：中国社会出版社，1996.6.—325页；20cm；¥9.80

讴歌母爱　关注人生：冰心小说全集/冰心著.—北京：中国文联出版公司，1996.5.—572页；20cm.—（中国现代名家小说丛书/乐齐主编）；¥23.60

诅咒崖/彭兆清著.—昆明：云南民族出版社，1996.12.—170页；19cm；¥15.00

怀念爱情：青春忏悔录/谭力，伟章著.—呼和浩特：内蒙古人民出版社，1996.11.—566页；20cm；¥26.80

怀念与追记/张炜著.—北京：作家出版社，1996.2.—479页；20cm.—（张炜自选集·长篇小说珍藏卷）；¥24.90

坏脾气女郎/沈亚著.—南京：江苏文艺出版社；台湾万盛出版有限公司，1996.2.—200页；20cm.—（红尘系列·台湾沈亚作品集）；¥9.80

忧郁症患者/徐名涛著.—北京：中国文联出版公司，1996.1.—426页；20cm；¥16.80

忧伤的五月：黄培佳中短篇小说自选集/黄蓓佳著.—北京：华夏出版社，1996.12.—588页；20cm.—（当代作家自选书斋）；¥26.00

忸怩/阿成著.—北京：中国青年出版社，1996.1.—276页；20cm.—（火狐狸长篇小说系列）；¥12.90

我不累/舒同著.—北京：大众文艺出版社，1996.4.—456页；20cm；¥19.80

我不要知道/沈亚著.—北京：中国电影出版社，1996.11.—218页；20cm.—（紫菀系列·沈亚最新作品集）；¥9.80

我的前半生/亦舒著.—深圳：海天出版社，1996.9.—252页；20cm.—（亦舒作品系列；28）；¥9.80

我的田园/张炜著.—北京：作家出版社，1996.2.—444页；20cm.—（张炜自选集·长篇小说珍藏卷）；¥23.80

我们不是天使/亦舒著.—深圳：海天出版社，1996.9.—198页；20cm.—（亦舒作品系列；9）；¥9.80

我们稍息——立正/苗长水著.—济南：明天出版社，1996.12.—111页；20cm.—（猎豹丛书）；¥6.90

我是龙头/李凉著.—延吉：延边人民出版社，1996.3.—2册（555页）；19cm.—（李凉谐趣武侠系列；24）；¥19.50

我曾让你傻半天/谈歌著.—成都：四川文艺出版社，1996.4.—339页；20cm.—（地平线书群·新锐卷）；¥13.00

我们的身体/韩东著.—北京：中国华侨出版社，1996.1.—358页；20cm.—（新生代小说系列/李师东主编）；¥14.60

我爱麦娘/刘继明著.—北京：中国华侨出版社，1996.1.—366页；20cm.—（新生代小说系列/李师东主编）；¥15.00

我要去远方/王晓玉著.—上海：文汇出版社，1996.10.—320页；20cm.—（海派女作家文丛）；¥15.00

乱世风云：黑道枭雄/阿郎著.—成都：四川文艺出版社，1996.3.—314页；20cm；¥13.20

乱世哲人/周立文著.—北京：光明日报出版社，1996.4.—284页；20cm.—（东周列国丛书；3）；¥12.80

私奔者/海男著.—北京：华艺出版社，1996.4.—331页；20cm.—（风头正健才女书）；¥12.80

私人生活/陈染著.—北京：作家出版社，1996.3.—277页；20cm；¥14.00

每天淹死一个儿童的河/张小波著.—北京：华艺出版社，1996.3.—294页；20cm.—（城市斑马丛书/刘心武主编）；¥13.50

饮马西江/张其川著.—广州：新世纪出版社，1996.3.—173页；19cm；¥9.80

季节深处/马宇桢著.—天津：百花文艺出版社，1996.12.—243页；20cm.—（21世纪文学之星丛书；1996年卷·小说）；¥13.00

兵家常事/简嘉著.—北京：解放军文艺出版社，1996.11.—532页；20cm；¥20.00

兵谣/黄国荣著.—北京：解放军文艺出版社，1996.11.—344页；20cm.—（军旅长篇小说新作丛书）；¥12.80

你能怎么着/舒同著.—北京：大众文艺出版社，1996.6.—443页；20cm；¥19.80

你是我今生守候/廖辉英著.—北京：中国文联出版公司，1996.4.—261页；19cm.—（廖辉英

作品系列/常君实主编)；¥10.50
佛女/孟广顺著 .—北京：华艺出版社，1996.3.—274页；19cm；¥10.00
妖精新娘/沈亚著 .—南京：江苏文艺出版社；台湾万盛出版有限公司，1996.2.—212 页；20cm.—(红尘系列·台湾沈亚作品集)；¥9.80
妖娆/草雪著 .—桂林：漓江出版社，1996.3.—321页；20cm.—(香港新锐作家丛书)；¥10.50
姊妹们：王安忆中短篇小说自选集/王安忆著 .—北京：华夏出版社，1996.12.—591 页；20cm.—(当代作家自选书斋)；¥26.00
灵童会凤/卧龙生著 .—沈阳：沈阳出版社，1996.2.—3册(706页)；19cm；¥23.90
张爱玲传：中篇小说/胡辛著 .—北京：作家出版社，1996.5.—390 页；20cm.—(胡辛自选集)；¥20.50
张贤亮小说新编/张贤亮著 .—银川：宁夏人民出版社，1996.12.—3册；20cm；¥49.80
张謇：状元天地/寒波著 .—长沙：湖南文艺出版社，1996.10.—326页；20cm.—(千秋系列长篇历史小说丛书) 精装；¥15.60
张炜小说精选/张燕编 .—西安：太白文艺出版社，1996.2.—457页；20cm.—(中国当代实力派作家大系/陈华昌主编) 精装；¥17.90
孟子传/曲春礼著 .—北京：文化艺术出版社，1996.4.—712页；20cm (精装)；¥38.00
孤舟/雪米莉著 .—西宁：青海人民出版社，1996.4.—184页；19cm.—(梦恋言情小说系列)；¥6.80
陈绍谦小说集/陈绍谦著 .—北京：同心出版社，1996.2.—231页；19cm；¥7.50
陈忠实小说自选集：短篇小说卷/陈忠实著 .—北京：华夏出版社，1996.1.—660页；20cm.—(中国当代作家文库)；¥23.80
陈忠实小说自选集：中篇小说卷/陈忠实著 .—北京：华夏出版社，1996.1.—694页；20cm.—(中国当代作家文库)；¥23.80
阿修罗/亦舒著 .—深圳：海天出版社，1996.9.—195页；20cm.—(亦舒作品系列；5)；¥9.80
纽约假日/陈丹燕著 .—上海：上海文艺出版社，1996.12.—144页；20cm.—(陈丹燕都市爱情三部曲；3)；¥7.50
纽约梦/(美)周琼著 .—深圳：海天出版社，1996.11.—344页；20cm.—(都市新潮小说系列丛书)；¥27.80
雨荷/朱秀娟著 .—北京：作家出版社，1996.7.—306页；19cm.—(朱秀娟小说系列)；¥12.80
雨又悄悄/王璞著 .—桂林：漓江出版社，1996.3.—374页；20cm.—(香港新锐作家丛书)；¥12.50
苦旅/鲍光满著 .—北京：中国电影出版社，1996.10.—458页；20cm；¥19.80
苦难祈祷/程海著 .—北京：中国青年出版社，1996.2.—436页；20cm.—(90年代长篇小说系列)；¥17.70
苦土/宋聚丰著 .—石家庄：花山文艺出版社，1996.10.—588页；20cm (精装)；¥20.00
若男和她的儿女们/黄允著 .—上海：上海文艺出版社，1996.5.—392页；20cm；¥16.50
茅盾作品经典/茅盾著 .—北京：中国华侨出版社，1996.6.—5册；20cm；¥105.00
青草垛/铁凝著 .—南京：江苏文艺出版社，1996.9.—341 页；20cm.—(铁凝文集；1)；¥13.50
青春泪/王亚东著 .—天津：百花文艺出版社，1996.11.—218页；20cm；¥10.00
青氓/赵光鸣著 .—兰州：敦煌文艺出版社，1996.3.—361页；20cm.—(长城外长篇精品系列·第一辑)；¥14.60
青铜梦/薛冰著 .—南京：江苏文艺出版社，1996.11.—411页；20cm；¥15.80
青年和妇女的人生写照：柔石小说全集/柔石著 .—北京：中国文联出版公司，1996.5.—583页；20cm.—(中国现代名家小说丛书/乐齐主编)；¥24.00
青春秘语/张宝仓著 .—北京：海潮出版社，1996.1.—228页；19cm；¥8.80
英雄泪/杨国栋著 .—福州：海峡文艺出版社，1996.8.—244页；19cm；¥12.00
昔日重现/何凯旋著 .—北京：中国青年出版社，1996.1.—346页；20cm.—(火狐狸长篇小说系列)；¥15.30
林希小说精品选　第一卷/林希著 .—天津：百花文艺出版社，1996.4.—2册；20cm；¥29.80
林则徐的故事/张传兴著 .—福州：海峡文艺出版

社，1996.10.—142 页；19cm.—（福建历代爱国名人丛书）；¥6.00

杨家将演义/秦淮墨客著 .—太原：山西人民出版社，1996.9.—300 页；19cm.—（大说宋丛书；2）；¥7.80

杨家将/王增义口述；刘兰芳，王印权整理 .—沈阳：春风文艺出版社，1996.9.—864 页；20cm.—（中国十大传统评书经典丛书）精装；¥41.50

玫瑰的故事/亦舒著 .—深圳：海天出版社，1996.9.—284 页；20cm.—（亦舒作品系列；16）；¥9.80

玫瑰泪/杨道金著 .—北京：作家出版社，1996.1.—382 页；20cm；¥15.90

玫瑰门/铁凝著 .—南京：江苏文艺出版社，1996.9.—485 页；20cm.—（铁凝文集；4）；¥18.00

玫瑰梦/贾万超著 .—5 版 .—成都：四川文艺出版社，1996.6.—342 页；20cm；¥13.98

玫瑰陷阱/马黎著 .—成都：四川文艺出版社，1996.3.—324 页；20cm；¥14.60

玩侠浪小子/莫阳子著 .—北京：中国戏剧出版社，1996.9.—3 册（636 页）；19cm；¥23.80

现代小说一代宗师：郁达夫小说全集/郁达夫著 .—北京：中国国文联出版公司，1996.5.—797 页；20cm.—（中国现代名家小说丛书/乐齐主编）；¥32.00

轮回/李克仁著 .—沈阳：沈阳出版社，1996.1.—2 册；20cm；¥28.80

转型/张弛著 .—北京：中国社会出版社，1996.6.—279 页；20cm.—（醒世三部曲）；¥13.80

明清演义/蔡东藩著 .—武汉：湖北人民出版社，1996.6.—985 页；20cm.—（中华历代通俗演义）精装；¥37.50

明史通俗演义/蔡东藩著 .—杭州：浙江人民出版社，1996.7.—653 页；20cm.—（中国历代通俗演义）；¥23.50

明清稀见小说丛刊/苗深等标点 .—济南：齐鲁书社，1996.8.—952 页；20cm（精装）；¥52.00

明史演义/蔡东藩著 .—北京：北京古籍出版社，1996.10.—768 页；20cm.—（中国历代演义）；¥29.00

明英烈/单田芳述录；王樵，王俊明整理 .—沈阳：春风文艺出版社，1996.9.—686 页；20cm.—（中国十大传统评书经典丛书）精装；¥34.50

明星从这里升起/张海霞著 .—南昌：21 世纪出版社，1996.6.—193 页；19cm.—（名人成功的第一步丛书）；¥6.75

明眸/刘儒著 .—呼和浩特：内蒙古人民出版社，1996.10.—492 页；20cm；¥24.50

呼啸兰山/鲁雁著 .—济南：山东文艺出版社，1996.8.—207 页；20cm；¥9.10

股潮/李其纲著 .—上海：上海文艺出版社，1996.11.—247 页；20cm.—（大上海小说丛书/徐俊西，孙颙主编）；¥11.30

罗马饭店/张武著 .—银川：宁夏人民出版社，1996.12.—217 页；20cm；¥9.00

易水秋风/张敬著 .—北京：光明日报出版社，1996.4.—257 页；20cm.—（东周列国丛书；4）；¥12.80

夜宿黑风岭：小说/郗辉庭著 .—兰州：甘肃教育出版社，1996.5.—153 页；19cm.—（新世纪文学创作丛书/鲁保中，杨立元主编）；¥6.50

夜行货车/陈映真著；古继堂编 .—北京：时事出版社，1996.7.—331 页；20cm.—（台湾小说名家代表作丛书/古继堂主编）；¥15.00

宝贝恶魔/念黎著 .—北京：文化艺术出版社，1996.3.—195 页；20cm.—（豆蔻系列·第六辑）；¥9.80

夜夜风情/西妮著 .—深圳：海天出版社，1996.10.—218 页；20cm.—（港台风情录）；全套共 5 册，总定价 49.00 元

盲点/廖辉英著 .—北京：中国文联出版公司，1996.4.—387 页；19cm.—（廖辉英作品系列/常君实主编）；¥14.60

废情/吕明辉著 .—长春：时代文艺出版社，1996.9.—326 页；20cm；原名《没有缠绵》；¥14.80

单身贵族/钟道新著 .—天津：百花文艺出版社，1996.10.—384 页；20cm.—（名家小说自选集）；¥16.50

沿江吉卜赛人/季仲著 .—上海：上海文艺出版社，1996.9.—504 页；20cm；¥20.00

泡沫/刘鸿著 .—天津：百花文艺出版社，1996.5.—414 页；20cm.—（金桨丛书）；

¥17.80
泥路的春天/廖华歌著 .—沈阳：沈阳出版社，1996.4.—245 页；19cm.—（中国当代作家自况体丛书·廖华歌卷/刘毅主编）；¥7.80
河海魂/汤荣喜著 .—成都：四川人民出版社，1996.1.—467 页；20cm；¥19.80
金麒麟/刘明琪著 .—西安：陕西人民教育出版社，1996.9.—320 页；20cm；¥13.80
金笔点龙记/卧龙生著 .—西安：太白文艺出版社，1996.2.—3 册（1330 页）；20cm.—（卧龙生真品全集）；¥58.00
金帆船/阎欣宁著 .—福州：海峡文艺出版社，1996.8.—396 页；20cm；¥14.50
金戈铁马/孙皓晖著 .—北京：人民日报出版社，1996.1.—327 页；20cm.—（视象派长篇历史小说大秦帝国；3）；¥14.00
金环套/俞天白著 .—上海：上海文艺出版社，1996.11.—296 页；20cm.—（大上海小说丛书/徐俊西，孙颙主编）；¥13.00
金皇后/姚树华，马祺著 .—北京：华艺出版社，1996.3.—201 页；19cm；¥7.00
金漩涡/山曼著 .—上海：上海社会科学院出版社，1996.1.—276 页；20cm；¥12.50
舍命的儿子/何祚欢著 .—武汉：武汉出版社，1996.10.—406 页；20cm.—（金黄鹤文丛）；¥17.00
觅：纯纯女子爱的心路/叶雯著 .—北京：大众文艺出版社，1996.7.—221 页；20cm.—（茉莉柔情系列）；¥10.80
爸爸爸/韩少功著 .—北京：作家出版社，1996.10.—397 页；20cm.—（韩少功自选集；中篇集）；¥20.00
驼殇/邓九刚著 .—兰州：敦煌文艺出版社，1996.3.—266 页；20cm.—（长城外长篇精品系列·第一辑）；¥11.10
驿：弹唱悲欢生命之歌/叶雯著 .—北京：大众文艺出版社，1996.7.—221 页；20cm.—（茉莉柔情系列）；¥10.80
夏元寿故事集/《故事会》编辑部编 .—上海：上海文艺出版社，1996.1.—272 页；20cm.—（中国故事家创作丛书）；¥12.00
相约如梦：婚恋之页/曹德权，钟明冰主编 .—成都：四川人民出版社，1996.10.—176 页；19cm.—（中国当代小小说名家名作）；¥6.30
茹志鹃小说选/茹志鹃著 .—南昌：百花洲文艺出版社，1996.10.—252 页；20cm.—（共和国短篇小说经典/刘白羽主编）；¥10.80
茶叶棒子/陈白尘著 .—北京：开明出版社，1996.8.—160 页；19cm.—（开明文库·第三辑）；¥6.00
春梦无痕/西妮著 .—深圳：海天出版社，1996.10.—218 页；20cm.—（港台风情录）；全套共 5 册，总定价 49.00 元
春秋五霸/胡晓明，胡晓晖著 .—武汉：湖北人民出版社，1996.5.—842 页；20cm.—（东周列国系列）；¥29.80
春催桃李：校园之页/曹德权，钟明冰主编 .—成都：四川人民出版社，1996.10.—153 页；19cm.—（中国当代小小说名家名作）；¥5.80
牵回前世姻缘/叶雯著 .—2 版 .—北京：中国戏剧出版社，1996.7.—231 页；20cm.—（叶雯纯情作品·浪漫一族系列）；¥11.80
南北史通俗演义/蔡东藩著 .—杭州：浙江人民出版社，1996.7.—780 页；20cm.—（中国历代通俗演义）；¥28.50
南北史演义/蔡东藩著 .—北京：北京古籍出版社，1996.10.—932 页；20cm.—（中国历代演义）；¥34.00
南北恋情/海男著 .—长春：时代文艺出版社，1996.2.—157 页；19cm.—（情歌短吟丛书）；¥6.90
鸦片战争演义/魏文华著 .—石家庄：河北人民出版社，1996.1.—2 册（527 页）；20cm；¥25.00
故乡的云：微型小说集/杨奇斌著 .—沈阳：春风文艺出版社，1996.1.—250 页；19cm；¥12.00
胡天胡地风骚/王阿成著 .—武汉：长江文艺出版社，1996.3.—400 页；20cm.—（跨世纪文丛/陈骏涛主编）；¥16.00
挑弄银镯情/黄苓著 .—2 版 .—北京：文化艺术出版社，1996.2.—178 页；20cm.—（豆蔻系列·第一辑）；¥9.80
相逢在春天/汪润涛著 .—成都：四川人民出版社，1996.6.—171 页；19cm.—（长江之星丛书）；¥6.00
相逢在维也纳/叶君健著 .—北京：长征出版社，

1996.11.—341页；20cm.—（著名作家叶君健小说新作精选）；￥15.80
相见时难：陈国凯中短篇小说自选集/陈国凯著 .—北京：华夏出版社，1996.12.—596页；20cm.—（当代作家自选书斋）；￥26.00
相逢一笑宫前町/廖辉英著 .—北京：中国文联出版公司，1996.4.—333页；19cm.—（廖辉英作品系列/常君实主编）；￥12.80
相拥于我梦/沈亚著 .—北京：中国电影出版社，1996.11.—218页；20cm.—（紫菀系列·沈亚最新作品集）；￥9.80
相约金色年华/杨少衡著 .—福州：海峡文艺出版社，1996.12.—327页；20cm；￥16.00
树与石/格非著 .—南京：江苏文艺出版社，1996.1.—335页；20cm.—（格非文集）；￥13.00
城市中的马群/邱华栋著 .—北京：华艺出版社，1996.3.—292页；20cm.—（城市斑马丛书/刘心武主编）；￥13.50
城乡重奏曲/郑李亮著 .—成都：四川民族出版社，1996.12.—118页；19cm.—（当代中青年作家新著丛书·第二卷/刘平主编）；￥6.50
城市陷井/阿郎著 .—重庆：重庆出版社，1996.5.—318页；20cm；￥13.80
垓下悲歌/邓海南著 .—北京：解放军文艺出版社，1996.1.—458页；20cm.—（中国古今大战纪实/朱亚南，范传新主编）；￥19.10
幽默小说/曾镇南选编 .—成都：四川人民出版社，1996.8.—344页；20cm.—（20世纪中国幽默精品丛书/李下主编）；￥18.00
幽灵海湾/马铭著 .—北京：中国少年儿童出版社，1996.9.—187页；20cm.—（天狼星丛书·中国新科幻小说系列）；￥7.60
幽幽情人/沈亚著 .—北京：中国电影出版社，1996.11.—218页；20cm.—（紫菀系列·沈亚最新作品集）；￥9.80
思凡/须兰著 .—上海：文汇出版社，1996.10.—430页；20cm.—（海派女作家文丛）；￥20.00
贵州女人/陈若曦著；胡时珍编 .—北京：时事出版社，1996.7.—328页；20cm.—（台湾小说名家代表作丛书/古继堂主编）；￥15.00
省委书记/杨文彬著 .—北京：中国文联出版公司，1996.8.—328页；20cm；￥15.80
骨肉寒/陈志明著 .—北京：大众文艺出版社，1996.7.—556页；20cm；￥23.00
独自狂舞/陈丹燕著 .—上海：上海文艺出版社，1996.12.—173页；20cm.—（陈丹燕都市爱情三部曲；2）；￥8.40
独战武林/秦红著 .—福州：海峡文艺出版社，1996.2.—2册（474页）；19cm；￥23.00
响马传/陈青远讲述；宫钦科，穆兰整理 .—沈阳：春风文艺出版社，1996.9.—832页；20cm.—（中国十大传统评书经典丛书）精装；￥40.50
盼：在生命转弯处等你/叶雯著 .—北京：大众文艺出版社，1996.7.—220页；20cm.—（茉莉柔情系列）；￥10.80
狩猎情人/沈亚著 .—南京：江苏文艺出版社；台湾万盛出版有限公司，1996.2.—208页；20cm.—（红尘系列·台湾沈亚作品集）；￥9.80
前汉演义/蔡东藩著 .—北京：北京古籍出版社，1996.10.—853页；20cm.—（中国历代演义）；￥32.00
前巷深，后巷深/王小鹰著 .—上海：文汇出版社，1996.10.—583页；20cm.—（海派女作家文丛）；￥26.60
美丽人生/刘增新著 .—北京：解放军文艺出版社，1996.11.—484页；20cm.—（军旅长篇小说新作丛书）；￥19.00
美是生活：戴涛微型小说集/戴涛著 .—天津：百花文艺出版社，1996.12.—185页；19cm；￥8.50
祖宗/毕飞宇著 .—北京：中国华侨出版社，1996.1.—308页；20cm.—（新生代小说系列/李师东主编）；￥12.80
神秘奇特　异域情韵：许地山小说全集/许地山著 .—北京：中国文联出版公司，1996.5.—442页；20cm.—（中国现代名家小说丛书/乐齐主编）；￥18.60
神妖怪事：中国古代神魔小说精品选/田汉云编选 .—南京：江苏古籍出版社，1996.10.—195页；19cm.—（中国古代白话短篇小说精品丛书）；￥7.80
神怪列国志/白佩玉口述；范继伟整理 .—沈阳：春风文艺出版社，1996.9.—721页；20cm.—（中国十大传统评书经典丛书）精装；￥38.50

神话传说/程华平编写 .—上海：东方出版中心，1996.1.—312 页；19cm.—（中国古代戏曲故事大观/齐森华主编）；¥10.00
神雕侠杨过后传/查良居士著 .—延吉：延边人民出版社，1996.1.—3 册（724 页）；19cm.—（金庸著名人物传记系列；7）；¥21.80
神笛/康象贤著 .—贵阳：贵州人民出版社，1996.6.—275 页；20cm；¥12.80
弯腰吃草/朱文著 .—北京：华艺出版社，1996.3.—354 页；20cm.—（城市斑马丛书/刘心武主编）；¥13.00
荒漠追踪/李津生，李敬梅著 .—济南：山东文艺出版社，1996.3.—387 页；20cm；¥15.80
施耐庵——绝代奇才/孙昌宇著 .—武汉：长江文艺出版社，1996.7.—2 册（914 页）；20cm；¥36.00
施洗的河/北村著 .—广州：花城出版社，1996.9.—254 页；20cm.—（先锋长篇小说丛书）；¥10.80
追月千手/卧龙圭著 .—沈阳：沈阳出版社，1996.1.—4 册（882 页）；19cm；¥29.98
济公活佛/杨志民，郭天恩编述；张玺整理 .—北京：大众文艺出版社，1996.9.—2 册；19cm.—（中国民族民间文化艺术丛书/李振玉，缪力主编）；¥32.00
浮生独白/文浪著 .—北京：华艺出版社，1996.10.—302 页；20cm.—（晚生代丛书）；¥13.80
洼地上的战役/张韧等选编 .—长春：时代文艺出版社，1996.6.—499 页；20cm.—（20 世纪文学争议代表作品丛书/冯牧，柳萌主编）；¥23.00
迷羊/郁达夫著 .—长沙：湖南文艺出版社，1996.4.—318页；20cm.—（郁达夫名著系列·小说（二）/陈漱渝等主编）；¥13.70
迷人的七彩世界/黄俭著 .—南昌：21 世纪出版社，1996.6.—177 页；19cm.—（名人成功的第一步丛书）；¥6.25
迷迭香/亦舒著 .—深圳：海天出版社，1996.9.—178 页；20cm.—（亦舒作品系列；1）；¥9.80
迷魂百里/卧龙圭著 .—沈阳：沈阳出版社，1996.1.—3册；19cm；¥21.98
迷乱的欢乐/张韧等选编 .—长春：时代文艺出版社，1996.6.—508 页；20cm.—（20 世纪文学争议代表作品丛书/冯牧，柳萌主编）；¥23.50
秋火/王正寅著 .—大连：大连出版社，1996.7.—456页；20cm；¥18.00
秋水雁翎/云中子著 .—长春：时代文艺出版社，1996.12.—3册（764 页）；19cm；¥23.80
秋瑾/叶文玲著 .—杭州：浙江文艺出版社，1996.12.—451 页；20cm.—（浙江作家长篇小说丛书）；¥18.00
种子/王祥夫著 .—桂林：漓江出版社，1996.8.—265 页；20cm.—（漓江长篇小说文库·原野系列）；¥10.00
香港的情与爱/王安忆著 .—北京：作家出版社，1996.2.—577 页；20cm.—（王安忆自选集（3）·中篇小说卷）；¥28.50
剑吼西风/盛旭著 .—济南：山东文艺出版社，1996.3.—2 册（1023 页）；20cm；¥38.60
剑影霓裳/剑亭著 .—长春：时代文艺出版社，1996.12.—3 册（802 页）；19cm；¥24.80
剑雨花红/秦红著 .—福州：海峡文艺出版社，1996.2.—2 册（560 页）；19cm；¥28.00
剑气洞澈九重天/卧龙生著 .—西安：太白文艺出版社，1996.5.—2 册（884 页）；20cm.—（卧龙生真品全集）；¥38.00
俏姑娘/叶雯著 .—延吉：延边人民出版社，1996.4.—216 页；20cm.—（台湾叶雯作品·紫色系列）；¥9.80
修祥明小小说选/修祥明著 .—青岛：青岛出版社，1996.6.—161 页；20cm；¥7.60
钢铁和太阳/郝敏著 .—北京：北京十月文艺出版社，1996.12.—2 册（1231 页）；20cm.—（十月长篇小说创作丛书）；¥40.00
绝代佳人/王梓夫著 .—北京：作家出版社，1996.10.—454 页；20cm.—（王梓夫自选集；3：短篇小说卷）；¥19.40
绝代才女上官婉儿/宁业高等著 .—北京：作家出版社，1996.8.—484 页；19cm；¥19.60
绝代政商吕不韦：长篇历史纪实小说/韩耀旗著 .—北京：国际文化出版公司，1996.9.—2 册（705 页）；20cm；¥33.00
绝对是个梦/亦舒著 .—深圳：海天出版社，1996.9.—183 页；20cm.—（亦舒作品系列；

3)；￥9.80
骄子传/绍武，会林著.—北京：北京十月文艺出版社，1996.12.—2册（1217页）；20cm.—（十月长篇小说创作丛书）精装；￥49.80
晋商故事/赵荣达著.—北京：新华出版社，1996.8.—109页；19cm；￥5.00
晋阳跃兵/王颖著.—北京：解放军文艺出版社，1996.1.—444页；20cm.—（中国古今大战纪实/朱亚南，范传新主编）；￥18.70
夏猎/夏烈著.—北京：人民文学出版社，1996.9.—216页；19cm；￥12.00
原罪·宿命：史铁生中短篇小说自选集/史铁生著.—北京：华夏出版社，1996.12.—585页；20cm.—（当代作家自选书斋）；￥26.00
荡平三藩/淑勒著.—北京：解放军文艺出版社，1996.1.—393页；20cm.—（中国古今大战纪实/朱亚南，范传新主编）；￥16.60
荡漾千鹤情/叶蔷著.—北京：文化艺术出版社，1996.3.—193页；20cm.—（豆蔻系列·第五辑）；￥9.80
素手劫/卧龙生著.—上海：上海古籍出版社，1996.9.—4册（1101页）；20cm.—（卧龙生精品系列；3）；￥48.80
真假亲王：清宫廷王爷、奴才传奇/陈清宇，杜玉宽著.—广州：花城出版社，1996.6.—347页；19cm；￥14.30
热狗/徐坤著.—北京：中国华侨出版社，1996.1.—342页；20cm.—（新生代小说系列/李师东主编）；￥14.20
袁崇焕：长篇历史小说/张晓然著.—广州：广东旅游出版社，1996.7.—643页；20cm；￥28.50
艳京/雪儿著.—沈阳：辽宁民族出版社，1996.11.—407页；20cm；￥19.80
艳影/莫然著.—天津：百花文艺出版社，1996.7.—429页；20cm.—（黄金三十万丛书）；￥18.20
艳影侠踪/云中子著.—长春：时代文艺出版社，1996.12.—3册（761页）；19cm；￥23.80
栖凤楼/刘心武著.—北京：人民文学出版社，1996.12.—432页；20cm；￥20.50
格子网/周大新著.—北京：人民文学出版社，1996.4.—405页；20cm；￥18.95
校园里有一对情人/阿宁著.—天津：百花文艺出版社，1996.12.—228页；20cm.—（21世纪文学之星丛书：1996年卷·小说）；￥11.50
核阴影下的中国战俘/汪根发著.—南昌：百花洲文艺出版社，1996.5.—356页；20cm；￥13.00
桃花灿烂/方方著.—天津：百花文艺出版社，1996.10.—318页；20cm.—（名家小说自选集）；￥14.10
桃花源奇婚记/刘朝荣著.—沈阳：沈阳出版社，1996.3.—295页；19cm；￥6.50
桃苑春/张嵩著.—北京：大众文艺出版社，1996.6.—527页；20cm；￥24.00
埋人/铁凝著.—南京：江苏文艺出版社，1996.9.—336页；20cm.—（铁凝文集；2）；￥13.50
致命的飞翔/林白著.—武汉：长江文艺出版社，1996.3.—363页；20cm.—（跨世纪文丛/陈骏涛主编）；￥15.00
致命的模仿/王彪著.—成都：四川文艺出版社，1996.4.—317页；20cm.—（地平线书群·新锐卷）；￥12.00
救命俏佳人/叶雯著.—延吉：延边人民出版社，1996.4.—220页；20cm.—（台湾叶雯作品·紫色系列）；￥9.80
都市浮云/罗顺江著.—昆明：云南人民出版社，1996.8.—418页；20cm；￥15.80
都市阳光/何凯旋著.—长春：时代文艺出版社，1996.5.—378页；20cm.—（雪狼丛书）；￥17.80
都市浪漫曲/《青年一代》编辑部编.—上海：上海人民出版社，1996.1.—187页：插图；20cm.—（青年一代丛书/张宝妮主编）；￥7.00
冤家/沈亚著.—南京：江苏文艺出版社；台湾万盛出版有限公司，1996.2.—198页；20cm.—（红尘系列·台湾沈亚作品集）；￥9.80
圆舞/亦舒著.—深圳：海天出版社，1996.9.—251页；20cm.—（亦舒作品系列；4）；￥9.80
婚姻小事/赵新著.—石家庄：花山文艺出版社，1996.8.—347页；19cm；￥11.80
唐史通俗演义/蔡东藩著.—杭州：浙江人民出版社，1996.7.—797页；20cm.—（中国历代通俗演义）；￥28.00
唐史演义/蔡东藩著.—北京：北京古籍出版社，

1996.10.—935页；20cm.—（中国历代演义）；¥35.00
唐代宫廷演义/许啸天著；王闽等校订.—西安：三秦出版社，1996.5.—900页；20cm.—（中国历代宫廷演义丛书）；¥29.00
唐城之雨/傅嘉著.—上海：上海文艺出版社，1996.5.—269页；19cm；¥10.00
唐宫泪：杨贵妃新传/吴兵编著.—武汉：湖北人民出版社，1996.7.—149页；19cm；¥5.40
家丑/曹潺著.—北京：大众文艺出版社，1996.9.—343页；20cm.—（曹潺小说系列）；¥16.80
家在三峡/邓一光著.—武汉：武汉出版社，1996.9.—373页；20cm.—（金黄鹤文丛）；¥15.00
高阳公主/赵玫著.—北京：中国青年出版社，1996.9.—406页；20cm；¥20.00
离合/钟晓阳著.—桂林：漓江出版社，1996.3.—403页；20cm.—（香港新锐作家丛书）；¥12.50
恋：踏遍千万阳关寻找爱/叶雯著.—北京：大众文艺出版社，1996.7.—221页；20cm.—（茉莉柔情系列）；¥10.80
离魂/金宏达，于青编.—合肥：安徽文艺出版社，1996.4.—322页；20cm.—（徐讦小说作品系列）；¥12.60
宦鸟书鱼——清代奇儒纪昀/荣翼著.—昆明：云南人民出版社，1996.1.—145页；19cm.—（中国奇人丛书）；¥4.60
阅读初恋/郑建华著.—济南：山东文艺出版社，1996.9.—386页；20cm；¥13.20
臭水沟沿的女人们/杨永信著.—沈阳：春风文艺出版社，1996.7.—214页；20cm；¥8.80
逝川/迟子建著.—武汉：长江文艺出版社，1996.3.—351页；20cm.—（跨世纪文丛/陈骏涛主编）；¥15.00
逐爱的日子/慕兰薰著.—北京：文化艺术出版社，1996.3.—182页；20cm.—（豆蔻系列·第六辑/李荣德主编）；全套书五册，总定价49.00元
谐铎/（清）沈起凤著；陈果标点·埋忧集/（清）朱梅叔著；陈果标点.—重庆：重庆出版社，1996.3.—189页；20cm.—（笔记小说精品丛书）精装；¥14.80
谁在乎婚姻/沈亚著.—北京：中国电影出版社，1996.11.—218页；20cm.—（紫菀系列·沈亚最新作品集）；¥9.80
诺贝尔奖获奖者的故事/季风等编著.—成都：四川少年儿童出版社，1996.4.—578页；19cm；¥15.00
粉墨春秋/高阳著.—海口：海南出版社，1996.1.—3册（947页）；20cm.—（高阳历史小说系列；2）；¥38.00
烦恼娃娃的旅程/也斯著.—桂林：漓江出版社，1996.3.—210页；20cm.—（香港新锐作家丛书）；¥9.00
烧/周蜜蜜著.—石家庄：河北教育出版社，1996.4.—331页；20cm.—（金蜘蛛丛书/戴小华主编）；¥12.80
烟尘/孙颙著.—上海：上海文艺出版社，1996.11.—263页；20cm.—（大上海小说丛书/徐俊西，孙颙主编）；¥11.80
烟火人间/熊尚志著.—郑州：中原农民出版社，1996.8.—449页；20cm；¥22.00
烙：女编剧的爱情幻梦/叶雯著.—北京：大众文艺出版社，1996.7.—221页；20cm.—（茉莉柔情系列）；¥10.80
谍海奇人——潘汉年/张天民等原著；钟羽，北云改编.—北京：中国国际广播出版社，1996.9.—475页；20cm；¥19.00
涅槃：当代名家精品李国文自选集/李国文著.—贵阳：贵州人民出版社，1996.12.—493页；20cm.—（金熊系列丛书）；¥19.80
流放的情感/盛祥兰著.—桂林：漓江出版社，1996.7.—249页；19cm；¥13.80
流金岁月/亦舒著.—深圳：海天出版社，1996.9.—192页；20cm.—（亦舒作品系列；10）；¥9.80
涛声入梦/张曼菱著.—北京：人民文学出版社，1996.9.—322页；20cm；¥17.15
涩欲/景敏著.—兰州：甘肃人民出版社，1996.8.—311页；20cm；¥14.80
酒狂任小赌/李凉著.—延吉：延边人民出版社，1996.3.—3册（801页）；19cm.—（李凉谐趣武侠系列；4）；¥29.80
酒楼春梦/丛毅著.—沈阳：春风文艺出版社，1996.9.—2册（1016页）；20cm；¥41.50

酒浴/李忠效著 .—北京：中国文联出版公司，1996.4.—352页；20cm；¥15.80
浪花集/徐利有等著 .—呼和浩特：内蒙古人民出版社，1996.9.—211页；19cm；¥9.80
浪漫抒情小说大师：郭沫若小说全集/郭沫若著 .—北京：中国文联出版公司，1996.5.—545页；20cm.—（中国现代名家小说丛书/乐齐主编）；¥22.50
海滨故人/庐隐著 .—兰州：甘肃人民出版社，1996.4.—204页；20cm.—（尘封之镜：现代十才子丛书/陈晓明主编）；¥12.20
海底记忆/星河著 .—北京：中国少年儿童出版社，1996.9.—123页；20cm.—（天狼星丛书·中国新科幻小说系列）；¥5.10
海上繁华梦/王安忆著 .—北京：作家出版社，1996.2.—549页；20cm.—（王安忆自选集（1）·中篇小说卷）；¥27.50
海妖醒了/蒋巍著 .—北京：中国青年出版社，1996.1.—564页；20cm.—（火狐狸长篇小说系列）；¥24.00
海派小说精品/吴欢章主编 .—修订版 .—上海：复旦大学出版社，1996.1.—625页；20cm；¥24.00
海上花列传/韩邦庆著；汪原放校点 .—广州：广州出版社，1996.6.—2册（496页）；20cm.—（亚东版古典小说系列·胡适选本）；¥25.00
海外学子心态录：短篇小说集/李惠薪著 .—北京：新华出版社，1996.7.—330页；19cm；¥15.20
爱情战胜死亡：白朗宁夫人的故事/方平著 .—上海：上海译文出版社，1996.3.—202页；20cm；¥12.90
爱！本来就是冒险/贝佳著 .—2版 .—北京：文化艺术出版社，1996.2.—193页；20cm.—（豆蔻系列·第一辑）；¥9.80
爱，如死坚强/李汉平著 .—北京：中国青年出版社，1996.1.—434页；20cm.—（火狐狸长篇小说系列）；¥18.30
爱墙/高雷娜著 .—石家庄：河北教育出版社，1996.4.—303页；20cm.—（金蜘蛛丛书/戴小华主编）；¥11.70
爱情错觉/白烨，雷达编选 .—长春：时代文艺出版社，1996.5.—481页；20cm.—（20世纪末中国文学作品精选·中篇卷；2）；¥24.00
爱的权利：当代名家精品张抗抗自选集/张抗抗著 .—贵阳：贵州人民出版社，1996.12.—459页；20cm；¥18.00
爱心依旧：李安林小说一集/李安林著 .—济南：山东文艺出版社，1996.6.—340页；20cm；¥12.80
胭脂泪：一个香港二奶的故事/孙玉方著 .—广州：广州出版社，1996.7.—372页；20cm.—（香港回归系列长篇；1）；¥16.80
铁血长平/王子今著 .—北京：解放军文艺出版社，1996.1.—419页；20cm.—（中国古今大战纪实/朱亚南，范传新主编）；¥17.80
铁血词魂辛弃疾/房文斋著 .—北京：中国友谊出版公司，1996.7.—622页；20cm；¥26.00
铁血男儿：孙中山演义/庄禹梅著 .—北京：中国文联出版公司，1996.11.—2册（1074页）；20cm；¥51.60
铁血侠情传/柳残阳著 .—南京：江苏文艺出版社，1996.3.—2册（718页）；20cm.—（柳残阳武侠比较作品集/江上鸥主编）；¥28.00
铁血柔情：军警之页/曹德权，钟明冰主编 .—成都：四川人民出版社，1996.10.—152页；19cm.—（中国当代小小说名家名作）；¥5.80
铁血洪武：明太祖朱元璋/孝廉著 .—石家庄：河北教育出版社，1996.12.—578页；20cm.—（中国帝王系列）；¥19.80
倒放的天梯/施叔青著；方舟编 .—北京：时事出版社，1996.7.—346页；20cm.—（台湾小说名家代表作丛书/古继堂主编）；¥15.00
徐福演义/金波著 .—北京：中国戏剧出版社，1996.12.—461页；20cm；¥22.80
倔：旷怨男女追梦心/叶雯著 .—北京：大众文艺出版社，1996.7.—222页；20cm.—（茉莉柔情系列）；¥10.80
倾城倾国/凌力著 .—北京：北京十月文艺出版社，1996.7.—664页；20cm.—（北京长篇小说创作丛书）；¥23.00
绿色的山谷/陈舒平著 .—北京：中国文联出版公司，1996.1.—246页；19cm；¥9.00
绿色青春期：刘兆林小说精品集·长篇卷/刘兆林著 .—北京：华夏出版社，1996.4.—342页；20cm.—（中国当代作家文库/张锲主编）；¥15.00

预约死亡/毕淑敏著.—昆明：云南人民出版社，1996.3.—341页；20cm.—（她们文学丛书·小说卷）；¥13.20

桑那高地的太阳/陆天明著.—兰州：敦煌文艺出版社，1996.3.—362页；20cm.—（长城外长篇精品系列·第一辑）；¥14.70

雪崩/杨永峰著.—南昌：百花洲文艺出版社，1996.9.—524页；20cm；¥22.00

雪城/梁晓声著.—北京：北京出版社：北京十月文艺出版社，1996.10.—2册；20cm.—（北京长篇小说创作精品系列）；¥48.00

雪儿甜心/叶雯著.—2版.—北京：中国戏剧出版社，1996.7.—202页；20cm.—（叶雯纯情作品·浪漫一族系列）；¥9.80

雪米莉自选集：真品本/田雁宁，谭力著.—成都：四川文艺出版社，1996.3.—4册；20cm；¥88.00

黄河东流去/李准著.—北京：北京出版社：北京十月文艺出版社，1996.10.—795页：插图；20cm.—（北京长篇小说创作精品系列）；¥30.00

黄花土塬/刘震云著.—南京：江苏文艺出版社，1996.5.—370页；20cm.—（刘震云文集）；¥15.50

黄金贵族：元太祖成吉思汗/张凤洪著.—石家庄：河北教育出版社，1996.12.—651页；20cm.—（中国帝王系列）；¥22.00

黄金夜色/鲁羊著.—北京：中国华侨出版社，1996.1.—357页；20cm.—（新生代小说系列/李师东主编）；¥14.20

黄泥街/残雪著.—武汉：长江文艺出版社，1996.3.—367页；20cm.—（跨世纪文丛/陈骏涛主编）；¥15.00

萍踪侠影录/梁羽生著.—广州：广东旅游出版社：花城出版社，1996.3.—2册（589页）；20cm.—（梁羽生小说全集；10）；¥30.00

萧红小说全集/萧红著.—长春：时代文艺出版社，1996.5.—2册（934页）；20cm.—（20世纪中国小说经典作家全集丛书/郭俊峰，王金亭主编）；¥39.50

萦：一个欣然女孩的日记/叶雯著.—北京：大众文艺出版社，1996.7.—221页；20cm.—（茉莉柔情系列）；¥10.80

梦断莫斯科/苏振清著.—天津：百花文艺出版社，1996.3.—324页；20cm；¥14.80

梦幻/雪米莉著.—西宁：青海人民出版社，1996.4.—184页；19cm.—（梦恋言情小说系列）；¥6.80

梦幻末世纪/沈亚著.—南京：江苏文艺出版社；台湾万盛出版有限公司，1996.2.—214页；20cm.—（红尘系列·台湾沈亚作品集）；¥9.80

梦土/少鸿著.—长沙：湖南文艺出版社，1996.8.—429页；20cm；¥14.50

梦中情人/刘恪著.—南昌：百花洲文艺出版社，1996.7.—525页；20cm；¥20.00

梦——一代女人的沉沦与觉醒/张进著.—广州：广州出版社，1996.10.—343页；20cm.—（先锋·世纪风情系列：女人篇）；¥16.80

梦幻尘烟：传奇之页/曹德权，钟明冰主编.—成都：四川人民出版社，1996.10.—186页；19cm.—（中国当代小小说名家名作）；¥6.80

梦断沈园/顾明道著.—兰州：甘肃人民出版社，1996.5.—226页；20cm.—（中国现代流行小说选丛）；¥7.80

梦蕉亭杂记/陈夔龙著·蕉窗话扇/白文贵著.—太原：山西古籍出版社，1996.9.—191页；20cm.—（民国笔记小说大观·第二辑/孙安邦主编）；¥9.00

龚自珍全传：化作春泥更护花/阎海清著.—长春：长春出版社，1996.10.—340页；20cm.—（中国历代才子传丛书/喻朝刚，杨德宏主编）精装；¥17.00

乾隆皇帝（3）：日落长河/二月河著.—郑州：河南文艺出版社，1996.11.—570页；20cm；¥26.80

乾隆皇帝下江南/周远廉著.—北京：北京燕山出版社，1996.3.—427页；20cm；¥16.25

盛世恋/《台港文学选刊》编辑部编.—杭州：浙江文艺出版社，1996.7.—423页；20cm.—（台港文学·短篇小说卷）；¥15.80

梅花党/张宝瑞著.—北京：中国戏剧出版社，1996.11.—302页；20cm；¥13.80

推测几种/方方著.—昆明：云南人民出版社，1996.3.—364页；20cm.—（她们文学丛书·小说卷）；¥14.10

探险奇闻/朱长超，王绍玺编著 .—上海：东方出版中心，1996.5.—347页；19cm；￥13.00
患难情侣/斯民著 .—上海：学林出版社，1996.2.—327页；19cm；￥13.50
眺望/格非著 .—南京：江苏文艺出版社，1996.1.—314页；20cm.—（格非文集）；￥12.00
晚霜/朱秀娟著 .—北京：人民文学出版社，1996.8.—228页；19cm.—（朱秀娟小说系列）；￥11.00
峻青小说选/峻青著 .—南昌：百花洲文艺出版社，1996.10.—296页；20cm.—（共和国短篇小说经典/刘白羽主编）精装；￥12.30
猎鲨2号/潘茂群著 .—沈阳：春风文艺出版社，1996.6.—541页；20cm.—（布老虎丛书·长篇小说）；￥25.00
野草莓/周蓬桦著 .—济南：山东文艺出版社，1996.9.—297页；20cm.—（青未了长篇小说林）；￥10.80
野梦/王维著 .—长春：时代文艺出版社，1996.1.—373页；20cm；￥15.80
野村/麦青著 .—天津：百花文艺出版社，1996.12.—244页；20cm.—（21世纪文学之星丛书：1996年卷·小说）；￥12.00
寂静的声音/格非著 .—南京：江苏文艺出版社，1996.1.—389页；20cm.—（格非文集）；￥15.50
寂寞江湖/独孤残红著 .—大连：大连出版社，1996.5.—3册；19cm.—（独孤残红武侠系列·江湖四部）；￥32.00
鹿节/杨国荣著 .—福州：海峡文艺出版社，1996.5.—266页；19cm；￥10.80
麻尼台/井石著 .—北京：作家出版社，1996.11.—351页；20cm.—（当代小说文库）；￥17.50
麻雀狂想/叶雯著 .—2版 .—北京：中国戏剧出版社，1996.7.—234页；20cm.—（叶雯纯情作品·浪漫一族系列）；￥11.80
商吻/黄剑华著 .—成都：四川人民出版社，1996.2.—438页；20cm.—（都市风情系列）；￥16.80
旋：繁华天地的执著情事/叶雯著 .—北京：大众文艺出版社，1996.7.—221页；20cm.—（茉莉柔情系列）；￥10.80
旋舞/沈亚著 .—南京：江苏文艺出版社；台湾万盛出版有限公司，1996.2.—197页；20cm.—（红尘系列·台湾沈亚作品集）；￥9.80
祸根/张弛著 .—北京：中国社会出版社，1996.6.—280页；20cm.—（醒世三部曲）；￥13.80
烽火星辰/陈德顺著 .—合肥：安徽文艺出版社，1996.7.—297页；20cm；￥9.50
情爱画廊/张抗抗著 .—沈阳：春风文艺出版社，1996.4.—429页；20cm.—（布老虎丛书·长篇小说）；￥19.80
情痴/西妮著 .—深圳：海天出版社，1996.10.—218页；20cm.—（港台现代爱情故事）；全套共5册，总定价49.00元
情感逃亡/林哲著 .—北京：中国华侨出版社，1996.2.—254页；20cm.—（文瀚阁创作丛书·第一辑/唐达成，金宏达主编）；￥10.40
情戒/张旻著 .—上海：上海文艺出版社，1996.1.—273页；20cm.—（小说界文库·长篇小说系列/江曾培主编）；￥11.00
情泪恨/刘源春著 .—北京：大众文艺出版社，1996.10.—167页；19cm；￥7.00
情使/李春光著 .—北京：中国文联出版公司，1996.3.—315页；20cm；￥12.60
情逝/西妮著 .—深圳：海天出版社，1996.10.—218页；20cm.—（港台现代爱情故事）；全套共5册，总定价49.00元
情渊/黄剑华著 .—成都：四川人民出版社，1996.2.—442页；20cm.—（都市风情系列）；￥16.80
情韵三部曲/陈存诚著 .—南昌：百花洲文艺出版社，1996.5.—268页；19cm；￥9.20
情书二束/章衣萍著 .—广州：花城出版社，1996.4.—244页；20cm.—（三四十年代中国婚恋小说系列）；￥9.80
情爱婚姻/邵明珍编写 .—上海：东方出版中心，1996.1.—338页；19cm.—（中国古代戏曲故事大观/齐森华主编）；￥10.00
情结/王安忆等著 .—兰州：敦煌文艺出版社，1996.4.—383页；20cm.—（知青文学经典丛书；4/晓剑主编）；￥15.20
清代宫廷演义/许啸天著；刘正等校订 .—西安：三秦出版社，1996.5.—835页；20cm.—（中

国历代宫廷演义丛书)；¥27.00
清史通俗演义/蔡东藩著 .—杭州：浙江人民出版社，1996.7.—762 页；20cm.—（中国历代通俗演义)；¥27.00
清代野记/梁溪坐观老人著 .—太原：山西古籍出版社，1996.9.—165 页；20cm.—（民国笔记小说大观·第二辑/孙安邦主编)；¥8.60
清宫秘史/王皓沅著 .—2 版 .—哈尔滨：黑龙江人民出版社，1996.2.—575 页；20cm；¥24.80
谋略纵横/梁悦成著 .—北京：光明日报出版社，1996.4.—281 页；20cm.—（东周列国丛书；5)；¥12.80
裙枪/陈村著 .—南京：江苏文艺出版社，1996.12.—430 页；20cm.—（陈村文集·短篇小说卷)；¥17.00
惊涛拍岸：商海之页/曹德权，钟明冰主编 .—成都：四川人民出版社，1996.10.—153 页；19cm.—（中国当代小小说名家名作)；¥5.80
梁启超：公车上书/寒波著 .—长沙：湖南文艺出版社，1996.10.—351 页；20cm.—（千秋系列长篇历史小说丛书）精装；¥16.20
深情·心情·痴情——谁懂/水菱著 .—2 版 .—北京：文化艺术出版社，1996.2.—194 页；20cm.—（豆蔻系列·第一辑)；¥9.80
淘金女/李振著 .—兰州：敦煌文艺出版社，1996.12.—366 页；20cm；¥18.80
游行/徐坤著 .—昆明：云南人民出版社，1996.3.—363 页；20cm.—（她们文学丛书·小说卷)；¥14.10
敦煌的晚霞/沈仁康著 .—广州：广东人民出版社，1996.10.—322 页；19cm；¥15.00
银色的城堡/李仲林著 .—呼和浩特：内蒙古人民出版社，1996.11.—413 页；20cm；¥19.97
特别提款权/钟道新著 .—天津：百花文艺出版社，1996.7.—371 页；20cm.—（黄金三十万丛书)；¥15.80
特级英雄黄继光/韩希梁著 .—北京：长征出版社，1996.12.—329 页；20cm.—（革命英雄人物文学传记丛书)；¥14.50
特警雄风/胡睿川著 .—济南：山东文艺出版社，1996.3.—328 页；20cm；¥18.50
特区丽人/赵小亚著 .—北京：解放军文艺出版社，1996.2.—188 页；19cm；¥10.90
特殊的战争/谭良生著 .—天津：百花文艺出版社，1996.9.—717 页；20cm；¥29.80
彩凤瑶皇/云中子著 .—长春：时代文艺出版社，1996.12.—3 册（772 页)；19cm；¥24.50
祭红/从维熙著 .—北京：中国华侨出版社，1996.2.—354页；20cm.—（文瀚阁创作丛书·第一辑/唐达成，金宏达主编)；¥14.60
第三次婚礼/张世珠著 .—上海：学林出版社，1996.6.—362 页；20cm；¥14.50
欲梦/雪儿著 .—沈阳：辽宁民族出版社，1996.11.—400 页；20cm；¥19.80
欲望的旗帜/格非著 .—南京：江苏文艺出版社，1996.7.—324 页；20cm.—（九月丛书)；¥13.50
隐没的王国/张锐锋著 .—北京：中国少年儿童出版社，1996.9.—228 页；20cm.—（天狼星丛书·中国新科幻小说系列)；¥9.00
隐侠断魂箫/柳残阳著 .—珠海：珠海出版社，1996.9.—2 册（704 页)；20cm.—（柳残阳作品选粹)；¥32.80
隐形伴侣/当代名家精品张抗抗自选集/张抗抗著 .—贵阳：贵州人民出版社，1996.12.—431 页；20cm；¥18.00
陷阱/金宏达，于青编 .—合肥：安徽文艺出版社，1996.4.—353 页；20cm.—（徐讦小说作品系列)；¥13.60
雄风初起/黄玉森著 .—南宁：广西民族出版社，1996.2.—540 页；20cm.—（雄风梦系列·第一部)；¥19.80
握不住的情/朱秀娟著 .—北京：作家出版社，1996.7.—252 页；19cm.—（朱秀娟小说系列)；¥10.90
喜筵之后/沈樱著 .—广州：花城出版社，1996.5.—190 页；20cm.—（三四十年代中国婚恋小说系列)；¥7.80
蒋介石梦断已丑/马泰泉著 .—北京：北京出版社，1996.6.—398 页：照片；20cm；¥16.00
蒋经国与章亚若之恋/胡辛著 .—北京：作家出版社，1996.5.—413 页；20cm.—（胡辛自选集)；¥21.50
落血碧纱/卧龙生著 .—沈阳：沈阳出版社，1996.2.—3 册（706 页)；19cm；¥23.90
惑之年/毋碧芳著 .—北京：人民文学出版社，

1996.5.—413 页；20cm；￥19.20
散香/韩钟亮著 .—济南：山东文艺出版社，1996.8.—352 页；20cm；￥13.60
朝野双栖——唐代奇相李泌/宁欣著 .—昆明：云南人民出版社，1996.1.—123 页；19cm.—（中国奇人丛书）；￥4.00
韩少功小说精选/李昂之编 .—西安：太白文艺出版社，1996.2.—628 页；20cm.—（中国当代实力派作家大系/陈华昌主编）精装；￥24.50
塔克拉玛干：红黄黑/郭保林著 .—济南：山东文艺出版社，1996.11.—492 页；20cm；￥18.60
塔里的女人/无名氏著 .—兰州：甘肃人民出版社，1996.4.—213 页；20cm.—（尘封之镜：现代十才子丛书/陈晓明主编）；￥12.80
塔里木故事/连彬，傅春生编 .—北京：石油工业出版社，1996.12.—364 页；19cm.—（远离闹市丛书/叶青主编）；￥10.00
黑白/周绍义著 .—济南：山东文艺出版社，1996.10.—429 页；20cm.—（青未了长篇小说林）；￥14.80
黑道枭雄：田冈一雄传奇/萧亮著 .—广州：广州出版社，1996.7.—534 页；20cm；￥25.90
黑界地/肖亦农著 .—天津：百花文艺出版社，1996.8.—366 页；20cm.—（黄金三十万丛书）；￥16.00
黑旗：杨剑鸣自选集/杨剑鸣著 .—济南：济南出版社，1996.8.—505 页；20cm；￥18.00
黑云/郭启祥著 .—上海：百家出版社，1996.7.—287 页；19cm；￥14.00
黑荞麦/张冀雪著 .—北京：解放军出版社，1996.11.—358 页；20cm；￥18.60
蛟潜大野泽/陈占玉著 .—呼和浩特：内蒙古人民出版社，1996.12.—624 页；19cm；￥18.80
啼笑皆非：荒诞之页/曹德权，钟明冰主编 .—成都：四川人民出版社，1996.10.—173 页；19cm.—（中国当代小小说名家名作）；￥6.30
悲土/黄河浪著 .—北京：文化艺术出版社，1996.4.—340 页；20cm；￥14.80
辉煌/东方著 .—天津：百花文艺出版社，1996.11.—421 页；20cm；￥20.00
紫丁香/檀丽著 .—广州：花城出版社，1996.6.—316 页；20cm；￥12.00
寒夜繁星：小说/朱继经著 .—兰州：甘肃教育出版社，1996.5.—222 页；19cm.—（新世纪文学创作丛书/鲁保中，杨立元主编）；￥9.80
窗口的女人/廖辉英著 .—北京：中国文联出版公司，1996.4.—213 页；19cm.—（廖辉英作品系列/常君实主编）；￥8.80
童林传/常杰淼原著；单田芳整理 .—沈阳：春风文艺出版社，1996.9.—690 页；20cm.—（中国十大传统评书经典丛书）精装；￥33.50
穿黑旗袍的女人/柯兴著 .—北京：华艺出版社，1996.3.—353 页；20cm；￥14.80
就爱你的坏/叶雯著 .—延吉：延边人民出版社，1996.4.—217 页；20cm.—（叶雯作品紫色系列）；￥9.80
就这么回事/何顿著 .—北京：华艺出版社，1996.3.—289 页；20cm；￥11.20
遍地黄金/董宏量著 .—武汉：武汉出版社，1996.9.—293 页；20cm.—（金黄鹤文丛）；￥13.00
遍山洋紫荆/施叔青著 .—石家庄：河北教育出版社，1996.4.—321页；20cm.—（金蜘蛛丛书/戴小华主编）；￥12.40
逼近世纪末小说选　卷三　1995/陈思和主编 .—上海：上海文艺出版社，1996.8.—205 页；20cm；￥21.00
温故流传/刘震云著 .—南京：江苏文艺出版社，1996.5.—357 页；20cm.—（刘震云文集）；￥15.00
曾在天涯/阎真著 .—北京：人民文学出版社，1996.7.—560 页；20cm；￥25.00
等待/苗长水著 .—北京：解放军文艺出版社，1996.12.—222 页；20cm.—（军旅长篇小说新作丛书）；￥9.00
等待琦琦/秋水著 .—北京：北京十月文艺出版社，1996.1.—379 页；20cm；￥12.80
等候千年/叶雯著 .—2 版 .—北京：中国戏剧出版社，1996.7.—202 页；20cm.—（叶雯纯情作品·浪漫一族系列）；￥9.80
鲁彦短篇小说选/鲁彦著 .—北京：开明出版社，1996.8.—184 页；19cm.—（开明文库·第三辑）；￥6.70
傍晚光线下的一百二十个人物/朱文著 .—北京：华艺出版社，1996.10.—292 页；20cm.—（晚生代丛书）；￥12.00

街上有狼/李五泉著 .—北京：中国青年出版社，1996.1.—358 页；20cm.—（火狐狸长篇小说系列）；¥16.10
媚眼/魏雅华著 .—北京：中国文联出版公司，1996.3.—411 页；20cm.—（美眸三部曲）；¥15.80
登陆台湾岛/毛振发著 .—北京：解放军文艺出版社，1996.1.—421 页；20cm.—（中国古今大战纪实/朱亚南，范传新主编）；¥17.80
隔绝的残春/张韧等选编 .—长春：时代文艺出版社，1996.6.—502 页；20cm.—（20 世纪文学争议代表作品丛书/冯牧，柳萌主编）；¥23.00
骗女/冯精志著 .—沈阳：春风文艺出版社，1996.1.—519 页；20cm.—（骗王系列；2）；¥21.80
缇萦/高阳著 .—海口：海南出版社，1996.5.—446 页；20cm.—（高阳历史小说系列）；¥19.80
零公里/赵玫著 .—昆明：云南人民出版社，1996.3.—388 页；20cm.—（她们文学丛书·小说卷）；¥15.00
蓝毗尼城/徐小斌著 .—昆明：云南人民出版社，1996.3.—358 页；20cm.—（她们文学丛书·小说卷）；¥13.80
蓝玫瑰旅馆/西妮著 .—深圳：海天出版社，1996.10.—218 页；20cm.—（港台风情录）；全套共 5 册，总定价 49.00 元
蓝色的行走/宗良煜著 .—天津：百花文艺出版社，1996.7.—256 页；20cm；¥15.80
蓝色雨季/刘恪著 .—广州：花城出版社，1996.9.—260 页；20cm.—（先锋长篇小说丛书）；¥10.80
蓝镇/丁庆中著 .—天津：百花文艺出版社，1996.8.—380 页；20cm.—（黄金三十万丛书）；¥16.20
慈禧太后演义/蔡东藩著 .—北京：北京古籍出版社，1996.10.—344 页；20cm.—（中国历代演义）；¥15.00
感伤小说/王富仁选编 .—上海：上海文艺出版社，1996.1.—168 页；19cm.—（中国现代名作家名著珍藏本·陈翔鹤）；¥9.50
魂散丁洲/史卫民著 .—北京：解放军文艺出版社，1996.1.—407 页；20cm.—（中国古今大战纪实/朱亚南，范传新主编）；¥17.50
禁忌的归途：陈染作品自选集/陈染著 .—北京：光明日报出版社，1996.10.—2 册；20cm；¥39.80
碎梦/雪米莉著 .—西宁：青海人民出版社，1996.4.—184 页；19cm.—（梦恋言情小说系列）；¥6.80
碎雪/贾万超著 .—北京：大众文艺出版社，1996.7.—289 页；20cm；¥13.80
摇摇摆摆的舞姿：《成熟的季节》第一部上卷/张国擎著 .—北京：中国文联出版公司，1996.11.—638 页；20cm；¥29.20
暗夜/李昂著 .—石家庄：河北教育出版社，1996.4.—331 页；20cm.—（金蜘蛛丛书/戴小华主编）；¥12.90
暗器高手/李凉著 .—延吉：延边人民出版社，1996.3.—3 册（933 页）；19cm.—（李凉谐趣武侠系列；7）；¥28.50
骰子一掷/刁斗著 .—成都：四川文艺出版社，1996.4.—321 页；20cm.—（地平线书群·新锐卷）；¥12.00
数理化通俗演义/梁衡著 .—北京：北京师范大学出版社，1996.3.—2 册（940 页）；20cm；¥168.00
痴情花/雪米莉著 .—西宁：青海人民出版社，1996.4.—184 页；19cm.—（梦恋言情小说系列）；¥6.80
痴心有限期/沈亚著 .—北京：中国电影出版社，1996.11.—218 页；20cm.—（紫菀系列·沈亚最新作品集）；¥9.80
雍和宫的雪/陈炳熙著 .—上海：上海文艺出版社，1996.4.—339 页；20cm；¥14.90
窥/陶然著 .—桂林：漓江出版社，1996.3.—476 页；20cm.—（香港新锐作家丛书）；¥14.00
滇军血战台儿庄/杨永新著 .—昆明：云南教育出版社，1996.10.—389 页；20cm；¥18.00
漠北雄风/王苏红，王玉彬著 .—北京：解放军文艺出版社，1996.4.—417 页；20cm；中国古今大战纪实；¥17.00
新时期军事文学精选：1979～1994：短篇小说卷/王颖，吴振录主编；徐怀中等著 .—北京：解放军文艺出版社，1996.1.—392 页；20cm；¥18.60

新世说/（民国）易宗夔著；李惠明译注 .—上海：东方出版中心，1996.1.—496 页；19cm.—（文白对照历代世说精华/郭豫适主编）；¥12.00

新大陆：当代中国留学生闯荡美国的真实写照/严歌苓原剧；张浩改编 .—深圳：海天出版社，1996.1.—397 页；19cm；¥15.00

新来的班主任/龙秀梅著 .—哈尔滨：黑龙江人民出版社，1996.12.—315 页；20cm；¥14.00

新上海滩风云/欧阳远毅著 .—北京：国际文化出版公司，1996.12.—376 页；20cm；¥19.80

新时期军事文学精选：1979～1994：中篇小说卷/王颖，吴振录主编 .—北京：解放军文艺出版社，1996.1.—2 册（841 页）；20cm；¥38.00

新桃源梦（上）/丁元昌，潘强恩著 .—桂林：漓江出版社，1996.7.—425 页；19cm；¥12.80

新桃源梦（下）/丁元昌，潘强恩著 .—桂林：漓江出版社，1996.10.—439 页；19cm；¥12.80

新战争与和平/李尔重著 .—北京：当代中国出版社，1996.3.—8 册；20cm；¥268.00

遥远的地方　第一部/姚洪良著 .—呼和浩特：内蒙古人民出版社，1996.11.—298 页；20cm；¥14.80

嫁到黑非洲：中国第一部描写与黑人联姻的自传体长篇小说/赖翠玲著 .—北京：中国文学出版社，1996.3.—502 页：彩照；20cm；¥22.00

错乱/邹海岗著 .—北京：中国三峡出版社，1996.10.—341 页；20cm；¥14.80

错坠时空的星子/叶雯著 .—延吉：延边人民出版社，1996.4.—212 页；20cm.—（台湾叶雯作品·紫色系列）；¥9.80

矮纸集/汪曾祺著 .—武汉：长江文艺出版社，1996.3.—387 页；20cm.—（跨世纪文丛/陈骏涛主编）；¥15.00

群龙之首/温瑞安著 .—南京：江苏文艺出版社，1996.9.—600 页；19cm.—（说英雄谁是英雄）；¥22.00

蔷薇雨：长篇小说/胡辛著 .—北京：作家出版社，1996.5.—536 页；20cm.—（胡辛自选集）；¥25.80

碧血龙湾：吴乌森传奇/蔡钦洪等著 .—汕头：汕头大学出版社，1996.7.—228 页；20cm.—（潮汕历史小说系列）；¥12.80

愿结来生未了情/刘薇著 .—沈阳：春风文艺出版社，1996.4.—268 页；20cm；¥12.80

辗转红莲/廖辉英著 .—北京：中国文联出版公司，1996.4.—334页；19cm.—（廖辉英作品系列/常君实主编）；¥12.80

榴红幽默讽刺小说/榴红著 .—成都：四川文艺出版社，1996.9.—489 页；20cm；¥18.80

精忠悲歌/桂郁良，熊长胜著 .—南昌：百花洲文艺出版社，1996.1.—224 页；19cm；¥9.30

疑案奇事：中国古代公案小说精品选/宁陵编选 .—南京：江苏古籍出版社，1996.10.—225 页；19cm.—（中国古代白话短篇小说精品丛书）；¥7.80

腐朽和期待/钟晓阳著 .—桂林：漓江出版社，1996.3.—461 页；20cm.—（香港新锐作家丛书）；¥14.50

翠袖凝芳/黄易著 .—南宁：广西民族出版社，1996.2.—432 页；19cm.—（异侠系列·覆雨翻云卷；3）；本书共三册，总定价 48.00 元

醉蓬莱/高阳著 .—海口：海南出版社，1996.5.—302 页；20cm.—（高阳历史小说系列）；¥14.80

横穿感情线/田雁宁，冉曙光著 .—北京：中国戏剧出版社，1996.10.—448 页；20cm；¥19.50

横马朱仙镇/陈大鹏著 .—北京：解放军文艺出版社，1996.1.—328 页；20cm.—（中国古今大战纪实/朱亚南，范传新主编）；¥14.50

震城/晓洲著 .—天津：百花文艺出版社，1996.2.—285 页；20cm；¥12.50

潜流/陈玉则著 .—北京：大众文艺出版社，1996.5.—391 页；20cm；¥18.00

潜龙吟/郭光著 .—北京：解放军文艺出版社，1996.12.—663 页；20cm；¥26.00

澄江静静流/余通化著 .—宁波：宁波出版社，1996.10.—271 页；19cm；¥12.00

澶渊残云/张彤著 .—北京：解放军文艺出版社，1996.1.—441 页；20cm.—（中国古今大战纪实/朱亚南，范传新主编）；¥18.50

蝴蝶与棋/苏童著 .—南京：江苏文艺出版社，1996.12.—379 页；20cm.—（苏童文集）；¥15.50

影痕/胡恩厚著 .—兰州：敦煌文艺出版社，1996.8.—254 页；20cm；¥12.80

影子大盗/张大放著 .—北京：大众文艺出版社，1996.10.—407页；19cm；¥14.80

摩尔根的故事/杜若岩编著 .—福州：福建少年儿童出版社，1996.3.—144页；19cm.—（诺贝尔奖获得者的青少年时代/谢冕主编）；¥5.00

鹰刀传说/黄易著 .—南宁：广西民族出版社，1996.2.—469页；19cm.—（异侠系列·覆雨翻云卷；2）；本书共三册，总定价48.00元

鹰扬天下/柳残阳著 .—南京：江苏文艺出版社，1996.3.—454页；20cm.—（柳残阳武侠比较作品集/江上鸥主编）；¥18.00

鹤唳淝水/孙玉坤著 .—北京：解放军文艺出版社，1996.1.—463页；20cm.—（中国古今大战纪实/朱亚南，范传新主编）；¥19.50

舞女/金宏达，于青编 .—合肥：安徽文艺出版社，1996.4.—309页；20cm.—（徐讦小说作品系列）；¥12.20

薄奠/郁达夫著 .—长沙：湖南文艺出版社，1996.4.—316页；20cm.—（郁达夫名著系列·小说（一）/陈漱渝等主编）；¥13.80

薄暮的舞女/林敏，于青主编 .—北京：中国青年出版社，1996.11.—490页；20cm.—（浪漫文库·都市卷）；¥20.00

翩梦录/沈亚著 .—南京：江苏文艺出版社；台湾万盛出版有限公司，1996.2.—208页；20cm.—（红尘系列·台湾沈亚作品集）；¥9.80

燃烧的向日葵/薛燕平著 .—北京：中国戏剧出版社，1996.12.—354页；20cm；¥19.80

激情山水：男人是山，女人是水/田雁宁，何世进著 .—北京：中国戏剧出版社，1996.9.—539页；20cm；¥24.80

薛家将/黄佩珠，黄佩艳口述；李少岩，范继伟整理 .—沈阳：春风文艺出版社，1996.9.—762页；20cm.—（中国十大传统评书经典丛书）精装；¥34.50

镜花缘/亦舒著 .—深圳：海天出版社，1996.9.—190页；20cm.—（亦舒作品系列；30）；¥9.80

缱绻与决绝/赵德发著 .—北京：人民文学出版社，1996.12.—542页；20cm；¥24.40

藤之舞/黄蓓佳著 .—昆明：云南人民出版社，1996.3.—391页；20cm.—（她们文学丛书·小说卷）；¥15.00

瀚海红柳/章皖著 .—北京：京华出版社，1996.6.—284页；19cm；¥9.00

霸海家族：长篇小说/李孚著 .—长春：时代文艺出版社，1996.6.—621页；20cm；¥27.00

魔鬼星林：长篇科幻小说/陈超著 .—北京：中国少年儿童出版社，1996.9.—430页；20cm；¥15.90

魔羯奥非斯/沈亚著 .—南京：江苏文艺出版社；台湾万盛出版有限公司，1996.2.—196页；20cm.—（红尘系列·台湾沈亚作品集）；¥9.80

霹雳手/牛不也著 .—青岛：青岛出版社，1996.4.—362页；20cm；¥13.80

一个故事三种讲法/王安忆著 .—济南：明天出版社，1997.6.—160页；20cm.—（金犀牛丛书）；¥11.00

一千八百担/吴组缃著；郑家健编 .—珠海：珠海出版社，1997.4.—204页；20cm.—（世纪的回响·作品卷/李子云等主编）；¥9.80

一百名死者的最后时刻/孟伟哉著 .—北京：华夏出版社，1997.1.—311页；20cm.—（中国当代作家文库/张锲主编）；¥12.00

'95中国小说精萃/舒楠，兴安选编 .—北京：农村读物出版社，1997.6.—404页；20cm.—（90年代中国小说佳作·第六辑）；¥19.80

'95中国小说精萃/舒楠，兴安选编 .—北京：农村读物出版社，1997.6.—404页；20cm.—（90年代中国小说佳作·第六辑）精装；¥24.00

25世纪的人/闵和顺著 .—北京：人民文学出版社，1997.12.—2册（1075页）；20cm.—（探索者丛书；2）；¥42.80

七宗罪/张挺编写 .—北京：中国电影出版社，1997.9.—216页；20cm；¥13.00

十八春/张爱玲著 .—合肥：安徽文艺出版社，1997.4.—311页；20cm.—（海派长篇言情小说）；¥13.60

十三郎/左龙著 .—呼和浩特：内蒙古人民出版社，1997.9.—2册（704页）；20cm.—（中华武侠文学作品精品大系·左龙作品集）；¥32.00

十里莺花梦/拂云生著 .—沈阳：春风文艺出版社，1997.3.—316页；20cm.—（鸳鸯蝴蝶派·礼拜六小说/魏绍昌主编）；¥16.80

八女投江/焦永琦，翟广杰著 .—哈尔滨：北方文艺出版社，1997.3.—297 页；20cm；￥13.80
八路军名将名战：八路军演义/胡兆才著 .—哈尔滨：黑龙江美术出版社，1997.4.—2 册（1032 页）；20cm；￥19.80
八路军演义/胡兆才著 .—广州：广东教育出版社，1997.8.—2 册（1034 页）；20cm.—（中国人民解放军军史演义丛书）；￥41.00
八十一梦/张恨水著 .—北京：群众出版社，1997.4.—274 页；20cm.—（张恨水作品经典）；￥15.30
人海独狼/晓剑著 .—北京：中国戏剧出版社，1997.2.—482 页；20cm；￥23.80
人生怪圈：神秘的古画/何家弘著 .—北京：法律出版社，1997.11.—221 页；20cm.—（洪律师推理写真；3）；￥13.00
人事潮/王金武著 .—沈阳：春风文艺出版社，1997.11.—417 页；20cm；￥26.00
人之初/侯明祥，于维范著 .—长春：长春出版社，1997.1.—368 页；20cm；￥16.00
人物风俗制度丛谈/瞿兑之著；张继红点校 .—太原：山西古籍出版社，1997.7.—331 页；20cm.—（民国笔记小说大观·第三辑/孙安邦主编）；￥16.00
人海梦/严独鹤著 .—沈阳：春风文艺出版社，1997.8.—399 页；20cm.—（鸳鸯蝴蝶派·礼拜六小说/魏绍昌主编）；￥18.80
人生楷模——焦裕禄/屈春山著 .—石家庄：河北人民出版社，1997.1.—208 页：照片；20cm.—（人生楷模丛书/陈钧主编）；￥14.20
人生楷模——雷锋/陈广生著 .—石家庄：河北人民出版社，1997.1.—272 页：照片；20cm.—（人生楷模丛书/陈钧主编）；￥14.60
人生楷模——李国安/郭建跃著 .—石家庄：河北人民出版社，1997.1.—236 页：照片；20cm.—（人生楷模丛书/陈钧主编）；￥14.60
人生楷模——罗健夫/尹一之著 .—石家庄：河北人民出版社，1997.1.—224 页：照片；20cm.—（人生楷模丛书/陈钧主编）；￥14.20
人生楷模——徐洪刚/陈允传，阎金久著 .—石家庄：河北人民出版社，1997.1.—236 页：照片；20cm.—（人生楷模丛书/陈钧主编）；￥14.60
人间风景/邢福泽著 .—北京：大众文艺出版社，1997.11.—183 页；19cm；￥12.80
人生/路遥著 .—北京：经济日报出版社，1997.9.—495 页；20cm；￥25.00
人生在世/李国文著 .—武汉：长江文艺出版社，1997.12.—463 页；20cm.—（跨世纪文丛；5/陈骏涛主编）；￥18.00
九班宣言/王欣著 .—济南：济南出版社，1997.10.—293 页；20cm；￥13.00
九龙城寨烟云/林荫著 .—北京：群众出版社，1997.1.—346 页；20cm.—（消闲系列丛书）；￥14.00
九品高官/姜广仪著 .—长春：时代文艺出版社，1997.12.—408 页；20cm；￥18.50
九姨太/林希等著 .—北京：群众出版社，1997.9.—2 册；20cm.—（中国家族小说/胡平，晨梅主编）；￥42.00
三生石/吴连芳，吴卓芳著 .—兰州：敦煌文艺出版社，1997.6.—350 页；19cm；￥18.00
三亚人/林竹雅著 .—海口：南海出版公司，1997.10.—106 页；19cm；￥8.00
工会主席/于得哲等著 .—北京：作家出版社，1997.12.—310 页；20cm；￥15.40
土门/贾平凹著 .—2 版 .—沈阳：春风文艺出版社，1997.10.—341 页；20cm.—（布老虎丛书·长篇小说）；￥16.98
土命/晓剑著 .—北京：中国青年出版社，1997.12.—462 页；20cm.—（中青方阵丛书）；￥22.00
土桥镇：百年记事/侯民治著 .—南京：江苏文艺出版社，1997.8.—346 页；19cm；￥12.00
大唐双龙传/黄易著 .—北京：华艺出版社，1997.11.—7 册（2806 页）；20cm.—（黄易作品集；7～13·异侠系列）；￥150.00
大唐双龙传（8）/黄易著 .—北京：华艺出版社，1997.10.—2810～3131 页；20cm.—（黄易作品集；29·异侠系列）；￥19.00
大戏楼/赵熙著 .—北京：中国文联出版公司，1997.7.—504 页；20cm；￥21.00
大雪无乡/关仁山著 .—天津：百花文艺出版社，1997.8.—441 页；20cm.—（三驾马车丛书）；￥19.50
大窑门/鹤坪著 .—北京：作家出版社，1997.12.—

288页；20cm；￥15.50
大地作证/许枫著 .—上海：百家出版社，1997.9.—320页；19cm；￥19.50
大波/李劼人著 .—北京：人民文学出版社，1997.6.—3册（1299页）；20cm.—（中国现代长篇小说丛书）；￥56.00
大厂/谈歌著 .—天津：百花文艺出版社，1997.8.—489页；20cm.—（三驾马车丛书）；￥21.50
大河惊梦/张宝玺著 .—北京：华艺出版社，1997.5.—193页；20cm；￥12.00
大江春晓/蒋荣增著 .—北京：华艺出版社，1997.6.—290页；20cm；￥12.50
大脚雾/枫亚著 .—北京：文津出版社，1997.12.—437页；20cm；￥16.00
大捷/周梅森著 .—武汉：长江文艺出版社，1997.12.—552页；20cm.—（周梅森文集）；￥19.80
大辽女主萧太后/江涛著 .—呼和浩特：内蒙古人民出版社，1997.1.—436页；20cm；￥22.80
万里无云：行走的群山/李锐著 .—北京：中国青年出版社，1997.1.—216页；20cm.—（九十年代长篇小说系列）；￥10.20
万世雷池/秋梦痕著 .—北京：中国文联出版公司，1997.12.—2册（926页）；20cm.—（秋梦痕作品全集；2）；￥39.20
小鬼鲁智胜/秦文君著 .—北京：作家出版社，1997.12.—298页；20cm.—（中华儿童文学金奖书库·秦文君小说系列）；￥15.80
小流浪/欧阳伯达著 .—呼和浩特：内蒙古人民出版社，1997.12.—3册（751页）；19cm.—（新派武侠小说）；￥27.80
小义勇军/杨大群著 .—沈阳：辽宁少年儿童出版社，1997.10.—324页；20cm；￥14.00
小镇孤女/何玉茹著 .—北京：群众出版社，1997.1.—249页；20cm.—（新公案小说/何镇邦等主编）；￥10.30
小女人的故事 .—上海：百家出版社，1997.5.—168页；19cm.—（上海通俗故事丛书·第1辑）；￥5.00
上海大班——哈同传/鲁川著 .—成都：四川人民出版社，1997.3.—440页；20cm；￥19.80
山城教父/范稳著 .—广州：花城出版社，1997.1.—2册（632页）；20cm；￥29.90
山杜鹃/崔璇著 .—北京：农村读物出版社，1997.2.—630页；19cm；￥30.00
山高水长/方嘉洲著 .—北京：华文出版社，1997.9.—262页；20cm；￥13.80
山魂　第一卷：霜天/阮章竞著 .—北京：大众文艺出版社，1997.9.—594页；20cm.—（中国文联晚霞文库）；￥38.00
山里人/杜春世著 .—北京：原子能出版社，1997.6.—348页；19cm；￥16.00
山乡静悄悄/李泽民著 .—兰州：甘肃民族出版社，1997.12.—298页；19cm；￥12.00
巾帼峥嵘/黄锦君著 .—杭州：浙江古籍出版社，1997.6.—166页；19cm.—（中华英杰故事丛书/夏自强主编）；￥6.50
女大学生兵营/杨宜中著 .—太原：北岳文艺出版社，1997.12.—276页；20cm；￥12.80
女儿的河流/老臣著 .—福州：福建少年儿童出版社，1997.5.—193页；20cm.—（花季小说/梅子涵主编）；￥9.00
女人金木水火土/尚邵华著 .—北京：中国工人出版社，1997.5.—416页；20cm.—（红麒麟丛书）；￥17.80
女人如戏：一部新《醒世恒言》/田雁宁，陈舸帆著 .—呼和浩特：内蒙古人民出版社，1997.3.—509页；20cm；￥23.80
女人是岸/陈跃子著 .—北京：蓝天出版社，1997.12.—324页；20cm；￥15.80
女人是水做的/田雁宁，冉曙光著 .—北京：中国戏剧出版社，1997.1.—412页；20cm；￥19.80
女人潇洒：长篇商战言情小说/莫然著 .—北京：大众文艺出版社，1997.12.—338页；20cm；￥19.80
女王城/曹力群著 .—北京：中国戏剧出版社，1997.1.—3册（961页）；19cm.—（曹力群作品集）；￥35.80
女邪黑侠/雪米莉著 .—呼和浩特：内蒙古人民出版社，1997.1.—273页；20cm.—（最新女字系列）；￥13.80
女银行家：长篇小说/颜廷芳，王之春著 .—沈阳：春风文艺出版社，1997.3.—507页；20cm；￥26.00
女真河/王洪昌著 .—哈尔滨：北方文艺出版社，

1997.7.—306页；20cm；￥14.50

女子公寓/王丽萍著.—合肥：安徽文艺出版社，1997.3.—379页；20cm；￥16.80

女娲氏之遗孽/叶灵凤著.—哈尔滨：黑龙江人民出版社，1997.7.—294页；20cm.—（海派作家作品精选/于润琦主编）；￥12.80

女娲王国探秘/杜渐著.—北京：科学普及出版社，1997.8.—187页；19cm.—（杜渐科幻小说集；5/金涛主编）；￥8.00

女枭男俊/雪米莉著.—呼和浩特：内蒙古人民出版社，1997.1.—275页；20cm.—（最新女子系列）；￥13.80

女靓刺客/雪米莉著.—呼和浩特：内蒙古人民出版社，1997.1.—279页；20cm.—（最新女子系列）；￥13.80

女之耽兮/薛霞著.—兰州：敦煌文艺出版社，1997.4.—211页；19cm；￥10.50

千年等一回/吴启泰著.—沈阳：春风文艺出版社，1997.5.—678页；20cm；￥29.80

千年之缘/曾明了著.—北京：文化艺术出版社，1997.9.—450页；20cm；￥21.80

千秋万岁/陈源斌著.—桂林：漓江出版社，1997.8.—443页；20cm；￥18.00

千秋寻梦/艾狄著.—北京：金城出版社，1997.1.—156页；19cm；￥7.60

千手御魔/曹力群著.—北京：中国戏剧出版社，1997.11.—3册（898页）；19cm.—（曹力群作品集）；￥32.60

乞丐王子/欧阳伯达著.—呼和浩特：内蒙古人民出版社，1997.12.—2册（684页）；19cm.—（新派武侠小说）；￥24.80

门/林斤澜著.—北京：北京燕山出版社，1997.8.—434页；20cm.—（京味文学丛书）；￥20.00

马桥词典/韩少功著.—上海：上海文艺出版社，1997.3.—353页；20cm.—（小说界文库·长篇小说系列/江曾培主编）；￥13.00

飞向虚无/吴岩著.—北京：海洋出版社，1997.7.—139页；19cm.—（科幻海洋）；￥10.00

飞越盲区/石钟山著.—太原：北岳文艺出版社，1997.7.—350页；20cm.—（长篇军旅小说金戈丛书/朱向前主编）；￥15.00

飞碟来客/饶忠华主编.—北京：科学普及出版社，1997.1.—328页；20cm.—（中国科幻小说精品屋系列）；￥16.00

乡野烈火/杨靖敏，李邦儒编著.—郑州：中原农民出版社，1997.8.—414页；20cm.—（中国现代乡土、乡风、乡情小说精品/贾玉民，纪桂平主编）；￥18.00

乡野喜剧/王平，宋嘉新编著.—郑州：中原农民出版社，1997.8.—371页；20cm.—（中国现代乡土、乡风、乡情小说精品/贾玉民，纪桂平主编）；￥17.00

乡怨/刘静，晓丰编著.—郑州：中原农民出版社，1997.8.—422页；20cm.—（中国现代乡土、乡风、乡情小说精品/贾玉民，纪桂平主编）；￥18.70

乡魂/田昌安著.—太原：北岳文艺出版社，1997.12.—271页；20cm；￥13.00

乡情如潮/杨占林主编.—呼和浩特：远方出版社，1997.4.—152页；20cm.—（准格尔文丛·散文卷）；￥16.20

乡情小说/骆宾基著；王彬选编.—上海：上海文艺出版社，1997.8.—184页；19cm.—（中国现代名作家名著珍藏本/巴金主编）；￥9.90

小城小说/师陀著；王荇选编.—上海：上海文艺出版社，1997.8.—174页；19cm.—（中国现代名作家名著珍藏本/巴金主编）；￥9.40

天地月亮地：长篇小说《地母》之二/赵本夫著.—沈阳：春风文艺出版社，1997.11.—376页；20cm；￥19.80

天惑/宗良煜著.—济南：山东文艺出版社，1997.8.—361页；20cm；￥22.88

天井/张守志著.—北京：中国文联出版公司，1997.7.—380页；20cm；￥18.60

天平/石磊著.—南昌：百花洲文艺出版社，1997.1.—629页；20cm；￥26.40

天生我才/汪天云等著.—上海：上海文艺出版社，1997.12.—225页；20cm；￥10.50

天下财富/周梅森著.—北京：人民文学出版社，1997.12.—495页；20cm.—（行人系列）；￥19.80

天下奇才——解缙/吴洪激，韩宗愈著.—武汉：武汉大学出版社；台湾汉欣文化事业有限公司，1997.8.—311页；20cm；￥14.00

天涯绝唱——宋徽宗/翟野著 .—成都：四川人民出版社，1997.2.—376 页；20cm；￥14.80
天之结/南飞著 .—北京：中国文联出版公司，1997.8.—221 页；20cm.—（黑蝙蝠系列；3）；￥13.60
天命之年/刘天青著 .—大连：大连出版社，1997.5.—264 页；19cm；￥13.80
天龙八部/金庸著；陈墨评点 .—昆明：云南人民出版社，1997.10.—5 册（2063 页）；20cm.—（新派武侠精品评点丛书/丁宗一，程志方主编）；￥51.00
无帆的海船/雪岛著 .—太原：北岳文艺出版社，1997.7.—294 页；20cm.—（长篇军旅小说金戈丛书/朱向前主编）；￥14.00
无悔岁月/金峰著 .—呼和浩特：内蒙古人民出版社，1997.11.—372 页；20cm；￥19.80
无名岛上；科学小说/汪志著 .—天津：天津教育出版社，1997.12.—176 页；20cm；￥12.90
无言的结局/李肇正著 .—天津：百花文艺出版社，1997.8.—386 页；20cm.—（新支点长篇小说丛书）；￥16.80
无雨的日子/母碧芳著 .—沈阳：春风文艺出版社，1997.11.—430 页；20cm；￥22.80
无雨之城/铁凝著 .—沈阳：春风文艺出版社，1997.10.—349 页；20cm.—（布老虎丛书·长篇小说）；￥17.98
天道之祖：老子的故事/陈健著 .—北京：华文出版社，1997.8.—295 页；20cm.—（中国古代圣贤丛书）；￥16.00
无边无际的早晨：李佩甫中短篇小说自选集/李佩甫著 .—北京：华夏出版社，1997.8.—532 页；20cm.—（中国当代作家文库/张锲主编）；￥26.00
五坊八巷/管柏华著 .—福州：海峡文艺出版社，1997.6.—383 页；20cm；￥17.80
五马腾云/吴兴著 .—福州：海峡文艺出版社，1997.12.—421 页；19cm；￥16.00
五月乡战/尤凤伟著 .—北京：作家出版社，1997.1.—572 页；20cm.—（尤凤伟自选集；2）；￥27.50
五台山传说故事/魏国祚编著 .—太原：山西古籍出版社，1997.5.—101 页；19cm；￥4.00
王安石大传/姜穆著 .—长春：长春出版社，1997.8.—351 页；20cm.—（中国杰出历史人物大传）；￥16.00
王先生——胡适连篇/野莽著 .—北京：中国戏剧出版社，1997.12.—322 页；20cm；￥19.00
王安忆短篇小说集/王安忆著 .—济南：明天出版社，1997.1.—891 页；20cm；￥27.00
王奎山小小说/杨晓敏，郭昕主编 .—长沙：湖南文艺出版社，1997.3.—215 页；19cm.—（中国当代小小说作家丛书）；￥8.70
不沉的湖：中国现代影视小说/谢芳著 .—北京：北京十月文艺出版社，1997.2.—258 页；20cm；￥12.00
木帮：张笑天中篇小说集/张笑天著 .—长春：时代文艺出版社，1997.8.—537 页；20cm；￥20.90
不见芙蓉：粟蓓安小说选/粟蓓安著 .—广州：广州出版社，1997.3.—369 页；20cm；￥18.00
太空卫士：许祖馨科幻小说作品集/许祖馨著 .—海口：南海出版公司，1997.1.—228 页；19cm；￥8.50
太行山之旅/李如志著 .—天津：百花文艺出版社，1997.9.—287 页；20cm；￥16.80
天下文章/李贯通著 .—武汉：长江文艺出版社，1997.10.—398 页；20cm.—（跨世纪文丛；5/陈骏涛主编）；￥15.00
元宫十四朝演义/许慕羲著；回归标点 .—上海：上海古籍出版社，1997.10.—438 页；20cm.—（历代宫廷演义丛书）；￥15.60
云雾下的爱/刘孝生著 .—西宁：青海人民出版社，1997.12.—276 页；19cm；￥11.60
太平公主/孙自筠著 .—成都：四川人民出版社，1997.9.—388 页；20cm；￥18.80
太阳回落地平线上/韩天航著 .—桂林：漓江出版社，1997.4.—558 页；20cm.—（原野系列·长篇小说）；￥20.00
车间主任/张宏森著 .—济南：山东文艺出版社，1997.3.—530 页；20cm；￥19.80
世外桃源/白玲玲著 .—广州：花城出版社，1997.10.—396 页；20cm；￥15.80
历险故事/《故事会》编辑部编 .—上海：上海文艺出版社，1997.10.—186 页；19cm.—（故事会爱好者丛书/何承伟主编）；￥5.00
巨骨：何存中中篇小说集/何存中著 .—武汉：长

江文艺出版社，1997.1.—389 页；20cm；¥14.80
水琉璃/严沁著 .—北京：中国文联出版公司，1997.6.—458 页；20cm.—（严沁系列小说集）；¥23.80
水下阳光/王恺著 .—北京：海潮出版社，1997.9.—200 页；20cm；¥12.00
水焚/韩起著 .—北京：人民文学出版社，1997.3.—403 页；20cm；¥19.00
少年国士/徐兴无著 .—杭州：浙江古籍出版社，1997.6.—127 页；19cm.—（中华英杰故事丛书/夏自强主编）；¥5.00
少林寺外传/甄秉浩著 .—郑州：河南人民出版社，1997.9.—410 页；20cm；¥14.00
少女梦/谭覃著 .—贵阳：贵州民族出版社，1997.11.—303 页；20cm；¥14.80
日尔曼式的结婚/彭名燕著 .—北京：中国青年出版社，1997.1.—291 页；20cm；¥12.20
日落长安/王鸿儒著 .—贵阳：贵州人民出版社，1997.8.—501 页；20cm；¥22.00
日落紫禁城/梁凤仪著 .—北京：人民文学出版社，1997.9.—310页；19cm.—（梁凤仪作品系列·归航系列）；¥12.50
中国现代文学名著丛书：巴金卷/傅光明主编 .—西安：太白文艺出版社，1997.1.—604 页；20cm；¥23.10
中国现代文学名著丛书：冰心卷/傅光明主编 .—西安：太白文艺出版社，1997.1.—452 页；20cm；¥17.10
中国现代文学名著丛书：丁玲卷/傅光明主编 .—西安：太白文艺出版社，1997.1.—525 页；20cm；¥19.80
中国现代文学名著丛书：老舍卷/傅光明主编；老舍著 .—西安：太白文艺出版社，1997.1.—611 页；20cm；¥23.10
中国现代文学名著丛书：凌叔华卷/傅光明主编 .—西安：太白文艺出版社，1997.1.—475 页；20cm；¥18.00
中国当代楷模的故事/杨恩长，马参研编著 .—济南：济南出版社，1997.4.—98 页；19cm.—（爱我中华·扬我国魂丛书）；¥4.00
中国历代对外友好往来的故事/杨亚利编著 .—济南：济南出版社，1997.4.—98 页；19cm.—（爱我中华·扬我国魂丛书）；¥4.00
中国历代艰苦奋斗的故事/张达编著 .—济南：济南出版社，1997.4.—98 页；19cm.—（爱我中华·扬我国魂丛书）；¥4.00
中国历代见义勇为的故事/王忠武编著 .—济南：济南出版社，1997.4.—97 页；19cm.—（爱我中华·扬我国魂丛书）；¥4.00
中国历代民族团结的故事/曾振宇，郑迈青编著 .—济南：济南出版社，1997.4.—96 页；19cm.—（爱我中华·扬我国魂丛书）；¥4.00
中国历代名臣故事/施正康主编 .—上海：三联书店上海分店，1997.3.—1352 页；20cm.—（二十五史普及文库·故事系列）精装；¥49.80
中国历代勤奋好学的故事/马佰莲，赵杰编著 .—济南：济南出版社，1997.4.—98 页；19cm.—（爱我中华·扬我国魂丛书）；¥4.00
中国历代清正廉洁的故事/裴传永编著 .—济南：济南出版社，1997.4.—98 页；19cm.—（爱我中华·扬我国魂丛书）；¥4.00
中国历代尊老爱幼的故事/刘心明，李慧芬编著 .—济南：济南出版社，1997.4.—98 页；19cm.—（爱我中华·扬我国魂丛书）；¥4.00
中国历史故事/田子渝主编 .—武汉：湖北人民出版社，1997.5.—828 页；20cm.—（故事海系列/陈金安主编）精装；¥32.00
中国清官故事集/卢庚主编 .—上海：上海社会科学院出版社，1997.1.—397 页；20cm；¥17.00
中国诗林故事/陈文道著 .—武汉：武汉大学出版社；台北：台湾汉欣文化事业有限公司，1997.9.—383 页；20cm；¥17.50
中国武侠故事集/龚建星，朱子锐主编 .—上海：上海社会科学院出版社，1997.1.—466 页；20cm；¥20.00
中国小小说百家品/王保民主编 .—郑州：河南文艺出版社，1997.4.—410 页；19cm；¥13.00
中国古代佳作小说/童泽等编校 .—沈阳：辽宁民族出版社，1997.2.—5 册；20cm（精装）；¥198.00
中国古代珍稀本小说续/侯忠义，李勤学主编 .—沈阳：春风文艺出版社，1997.3.—20 册；20cm（精装）；¥480.00
中国历史演义全书/蔡东藩著 .—北京：中国文联出版公司，1997.8.—3 册；26cm（精装）；

¥680.00

中国古代短篇小说精华/苍越选注 .—重庆：重庆出版社，1997.12.—333页；20cm.—（中国古典文学精华丛书/成志伟主编）精装；¥18.00

中国历代中短篇小说传世之作/林冠夫，迟赵娥主编 .—银川：宁夏人民出版社，1997.8.—3册(2668页)；20cm（精装）；¥150.00

中国小说传世之作：古白话卷/袁世硕编选 .—济南：山东文艺出版社，1997.4.—721页；20cm；¥28.00

中国近代珍稀本小说/董文成，李勤学主编 .—沈阳：春风文艺出版社，1997.10.—20册；20cm（精装）；¥500.00

中国现代文学名著丛书：茅盾卷/傅光明主编；茅盾著 .—西安：太白文艺出版社，1997.1.—557页；20cm；¥21.30

中国现代文学名著丛书：萧乾卷/傅光明主编 .—西安：太白文艺出版社，1997.1.—442页；20cm；¥16.80

中国现代文学名著丛书：施蛰存卷/傅光明主编 .—西安：太白文艺出版社，1997.1.—462页；20cm；¥17.70

中国现代文学名著丛书：庐隐卷/傅光明主编 .—西安：太白文艺出版社，1997.1.—534页；20cm；¥20.40

中国现代文学名著丛书：许地山卷/傅光明主编 .—西安：太白文艺出版社，1997.1.—412页；20cm；¥15.60

中国现代文学名著丛书：郁达夫卷/傅光明主编 .—西安：太白文艺出版社，1997.1.—547页；20cm；¥20.40

中国现代文学名著丛书：萧红卷/傅光明主编 .—西安：太白文艺出版社，1997.1.—540页；20cm；¥20.40

中国现代文学名著丛书：鲁迅卷/傅光明主编 .—西安：太白文艺出版社，1997.1.—393页；20cm；¥15.00

中国著名科幻小说精粹 上卷/晓音编 .—长沙：湖南少年儿童出版社，1997.12.—425页；20cm（精装）；¥15.40

中国著名科幻小说精粹 下卷/文武编 .—长沙：湖南少年儿童出版社，1997.12.—444页；20cm（精装）；¥15.80

中国人民解放军演义/张涛之著 .—北京：作家出版社，1997.1.—3册（1370页）；20cm；¥58.00

中外著名科学家的故事/《中外著名科学家的故事》编委会编 .—北京：北京科学技术出版社，1997.—28册；19cm；¥112.00

今夜有暴风雪：梁晓声知青小说选/梁晓声著 .—北京：经济日报出版社，1997.4.—500页；20cm；¥24.80

父母听不到的故事/陈丹燕著 .—成都：四川少年儿童出版社，1997.11.—159页；19m.—（金拇指文学新作丛书）；¥6.30

父亲：梁晓声亲情小说选/梁晓声著 .—北京：经济日报出版社；西安：陕西旅游出版社，1997.4.—454页；20cm；¥22.80

从大脚女到贤皇后：马娘娘传奇/俞凤斌著 .—北京：中国文联出版公司，1997.11.—259页；19cm；¥12.00

仅有情爱是不能结婚的/张欣著 .—北京：经济日报出版社，1997.10.—503页；20cm.—（中国当代名家作品精选）；¥25.00

风流唐寅/吴雯著 .—青岛：青岛出版社，1997.2.—399页；20cm；¥15.80

风流鳏帮/李玉轩著 .—长春：时代文艺出版社，1997.11.—413页；20cm；¥21.80

风月无边/孙汝春著 .—北京：中国文联出版公司，1997.7.—387页；20cm；¥19.80

风云传：两宋人物传奇/孟瑶著 .—北京：中国友谊出版公司，1997.1.—499页；20cm；¥17.00

风中灯/朱崇山著 .—上海：上海文艺出版社，1997.2.—560页；20cm；¥25.00

风尘八义/梦龙著 .—北京：中国戏剧出版社，1997.9.—3册（854页）；20cm；¥36.60

风情笔记/林斤澜著 .—合肥：安徽文艺出版社，1997.7.—388页；20cm.—（新笔记小说系列/王立主编）；¥14.90

风仪园：施济美小说/盛晓峰编选 .—上海：上海古籍出版社，1997.10.—208页；20cm.—（虹影丛书·民国女作家小说经典/柯灵主编）；¥13.40

仓颉根/杜景华等编著 .—沈阳：辽宁人民出版社，1997.8.—271页；19cm.—（中国古代名案传奇；1）；¥9.00

丹青行/王小鹰著 .—北京：人民文学出版社，1997.7.—518页；20cm；￥25.00
文景之治演义/刘鸿泽著 .—北京：人民文学出版社，1997.11.—545页；20cm；￥22.50
文人无行？/栈桥著 .—北京：文化艺术出版社，1997.1.—591页；20cm；￥23.80
文化之花——梦莉评传/李润新著 .—北京：中国文联出版公司，1997.3.—268 页；20cm；￥16.80
六朝小说/陈文新编著 .—北京：文化艺术出版社，1997.1.—436页；20cm.—（传统文化经典文库）；￥18.20
火凤凰/魏巍著 .—北京：人民文学出版社，1997.10.—753页；20cm；￥31.80
火季/傅太平著 .—北京：北京出版社，1997.7.—346页；20cm；￥13.20
火之晨/顾捷著 .—北京：北京少年儿童出版社，1997.7.—329页；20cm.—（自画青春丛书）；￥17.00
心祭：长篇小说/陈玉霞著 .—北京：中国文联出版公司，1997.6.—379页；20cm；￥17.80
心灵的天堂/宓明道著 .—合肥：安徽文艺出版社，1997.5.—279页；20cm.—（五月丛书/陈振民主编）；￥11.20
心雨/周公正，秦农著 .—武汉：长江文艺出版社，1997.6.—326页；19cm；￥16.00
邓小平的故事/余志森等编 .—上海：上海人民出版社，1997.8.—185页；19cm；￥6.50
双蝶影/秋梦痕著 .—北京：中国文联出版公司，1997.12.—2册（710页）；20cm.—（秋梦痕作品全集；3）；￥30.80
为爱分手/邓燕婷著 .—北京：作家出版社，1997.5.—208页；20cm；￥11.00
为梦想找个家/严丽霞著 .—沈阳：春风文艺出版社，1997.10.—396页；20cm；￥19.00
为了六十一个阶级兄弟/《解放军报》编辑部编 .—北京：长征出版社，1997.8.—189页；19cm.—（中国革命传统故事丛书·军民鱼水篇）；￥8.60
为了人类的进步/赖一郎编著 .—福州：福建教育出版社，1997.12.—141页；19cm.—（外国名人爱国丛书）；￥5.60
幻女/程蔷著 .—北京：中国文联出版公司，1997.9.—353页；20cm.—（青春梦幻系列）；￥15.80
玉扇神剑/曹力群著 .—北京：中国戏剧出版社，1997.11.—3册（1284页）；19cm.—（曹力群作品集）；￥46.00
玉扇神剑续集/曹力群著 .—北京：中国戏剧出版社，1997.11.—3册（1237页）；19cm.—（曹力群作品集）；￥45.00
玉麟娇凤/剑亭著 .—长春：时代文艺出版社，1997.7.—3册（752页）；19cm.—（剑亭绮情经典武侠系列）；￥24.80
平民圣人：墨子的故事/陈克守，娄立志编著 .—北京：华文出版社，1997.8.—265 页；20cm.—（中国古代圣贤丛书）；￥14.00
未打赢的官司/张立先著 .—武汉：长江文艺出版社，1997.11.—195页；20cm；￥19.80
末代皇储/魏润身著 .—北京：中国文联出版公司，1997.3.—356 页；20cm.—（清宫系列）；￥16.90
东八时区·和平时代：洪峰小说自选集/洪峰著 .—北京：华夏出版社，1997.1.—599 页；20cm.—（中国当代作家文库·长篇小说卷/张锲主编）；￥25.00
东方的故事/柯云路著 .—北京：人民文学出版社，1997.8.—393页；20cm；￥19.80
东方迪姆虎：来自华盛顿的报告/芳青著 .—沈阳：春风文艺出版社，1997.6.—446页；20cm；长篇小说；￥21.00
东方教母/阿郎著 .—呼和浩特：内蒙古人民出版社，1997.1.—566页；20cm；￥26.80
东陵第二大盗案/窦应泰著 .—哈尔滨：黑龙江人民出版社，1997.1.—396页；20cm；￥25.00
古代短篇小说荟萃/上海古籍出版社编 .—上海：上海古籍出版社，1997.8.—160页；19cm.—（中国古典文学作品选读丛书选汇；4）；￥25.00
石门夜话/尤凤伟著 .—北京：作家出版社，1997.1.—470页；20cm.—（尤凤伟自选集；3）；￥24.00
石门夜记/尤凤伟著 .—桂林：漓江出版社，1997.12.—284页；20cm；￥11.00
本乡有案：彭瑞高中篇小说精选/彭瑞高著 .—上海：上海文艺出版社，1997.7.—483 页；

19cm；￥16.50
左邻右舍/姜贻斌著．—北京：作家出版社，1997.11.—435页；20cm；￥19.80
世象随谭/上海书店出版社编．—上海：上海书店出版社，1997.1.—394页；20cm.—（论语选萃·小说卷）；￥18.50
且乐/姜琍敏著．—北京：中国电影出版社，1997.4.—339页；20cm；￥14.80
龙飞凤舞碧云天/曹力群著．—北京：中国戏剧出版社，1997.11.—2册（651页）；19cm.—（曹力群作品集）；￥23.80
龙门关/郝永效著．—北京：新华出版社，1997.6.—363页；20cm；￥21.80
叶紫小说精品：血与火的写真/叶紫著．—北京：中国文联出版公司，1997.9.—348页；20cm.—（中国现代名家小说丛书/乐齐主编）；￥17.60
叶灵凤小说全编/叶灵凤著．—上海：学林出版社，1997.12.—2册（907页）；20cm.—（海派文化长廊）；￥41.00
叶辛中短篇小说自选集/叶辛著．—呼和浩特：内蒙古人民出版社，1997.8.—494页；20cm；￥25.00
归程已渺/严沁著．—北京：中国文联出版公司，1997.7.—440页；20cm.—（严沁系列小说集）；￥20.20
归根：李宗仁与毛泽东、周恩来握手/陈敦德著．—2版．—北京：解放军文艺出版社，1997.2.—465页；20cm.—（纪实文学精选）；￥18.00
只想跟你走/严丽霞著．—沈阳：春风文艺出版社，1997.10.—287页；20cm；￥15.00
只要你过得比我好/何顿著．—北京：光明日报出版社，1997.1.—380页；20cm.—（何顿作品文集）；￥16.50
四海之内皆兄弟/赵琪著．—北京：解放军文艺出版社，1997.9.—382页；19cm；￥12.50
四十大惑/默默著．—兰州：敦煌文艺出版社，1997.9.—357页；20cm；￥18.80
田园外史/蒋启倩著．—杭州：浙江文艺出版社，1997.12.—457页；20cm.—（五色笔）；￥16.00
囚城/赵宏友著．—北京：中国文联出版公司，1997.6.—419页；20cm；￥18.80
北方城郭/柳建伟著．—北京：人民文学出版社，1997.6.—758页；20cm；￥29.00
北海狂潮/蓝怀昌著．—桂林：漓江出版社，1997.10.—466页；20cm；￥15.00
北极圈上的中国星/蔡大生著．—北京：中国文联出版公司，1997.6.—246页；20cm；￥12.60
北雁南飞/钢冰著．—广州：广州出版社，1997.6.—750页；20cm；￥40.00
北堤春草/董士真著．—武汉：长江文艺出版社，1997.6.—597页：插图；20cm；￥24.00
北伐战争风云录/刘鸣著．—北京：作家出版社，1997.5.—2册（863页）；20cm；￥40.00
生活原型录/松吟编选．—西安：陕西师范大学出版社，1997.8.—242页；20cm.—（女友精品书系/白琳主编）；￥12.00
生晓清小小说/杨晓敏，郭昕主编．—长沙：湖南文艺出版社，1997.3.—215页；19cm.—（中国当代小小说作家丛书）；￥8.70
生意经故事/《故事会》编辑部编．—上海：上海文艺出版社，1997.10.—184页；19cm.—（故事会爱好者丛书）；￥5.00
生灵境界/风马著．—北京：中国工人出版社，1997.1.—341页；20cm.—（红麒麟丛书）；￥15.80
生死平衡/王晋康著．—南京：江苏少年儿童出版社，1997.8.—175页；20cm.—（中华当代科幻小说丛书）；￥6.50
生人妻：罗淑小说/徐曙蕾编选．—上海：上海古籍出版社，1997.10.—128页；20cm.—（虹影丛书·民国女作家小说经典/柯灵主编）；￥10.80
失踪的机器人/金涛著．—北京：海洋出版社，1997.5.—148页；19cm.—（科幻海洋）；￥8.00
乐城纪事/庄东贤著．—福州：海峡文艺出版社，1997.11.—295页；20cm；￥17.00
外婆的无忧岛/王蔚著．—福州：福建少年儿童出版社，1997.5.—161页；20cm.—（花季小说/梅子涵主编）；￥8.00
白丹红/阮章竞著．—北京：北京出版社，1997.8.—193页；19cm；￥6.50
白金的女体塑像/穆时英著．—哈尔滨：黑龙江人

民出版社，1997.7.—319页；20cm.—（海派作家作品精选/于润琦主编）；¥14.00
白蜡烛/王兆军著 .—北京：中国青年出版社，1997.9.—352页；20cm；¥15.00
白鹿原/陈忠实著 .—2版 .—北京：人民文学出版社，1997.12.—677页；20cm.—（茅盾文学奖获奖书系）；¥28.00
白色漩涡/宋武著 .—北京：中国戏剧出版社，1997.10.—332页；20cm；¥17.80
白妖/魏然森著 .—沈阳：春风文艺出版社，1997.5.—457页；20cm；¥20.00
白衣怪/程小青著 .—北京：群众出版社，1997.7.—536页；20cm.—（霍桑探案集；4）；¥21.60
半梦半醒：长篇小说/杨羽，珍妮著 .—北京：中国戏剧出版社，1997.8.—333页；20cm；¥16.80
半夜别开窗/彭懿著 .—北京：作家出版社，1997.1.—269页；20cm.—（幻想小说系列）；¥13.80
半生缘/张爱玲著 .—广州：花城出版社，1997.3.—455页；20cm.—（张爱玲作品集）；¥18.20
永远的纪念/《解放军报》编辑部编 .—北京：长征出版社，1997.8.—182页；19cm.—（中国革命传统故事丛书·尊干爱兵篇）；¥8.60
永远的开麦拉/胡玥著 .—北京：作家出版社，1997.7.—239页：照片；20cm；¥16.80
永乐大帝/何宝善著 .—北京：北京燕山出版社，1997.12.—310页；20cm.—（十三陵帝王史话丛书）；¥24.00
永州蛇侠/郑国庆著 .—北京：中国戏剧出版社，1997.10.—199页；19cm；¥10.00
记住这月光/仲吾著 .—沈阳：春风文艺出版社，1997.7.—337页；20cm；¥18.90
汉武帝/高滨，欧阳楚著 .—北京：大众文艺出版社，1997.1.—2册（758页）；20cm；¥34.80
闪光的战刀/陈颖著 .—郑州：海燕出版社，1997.8.—209页；19cm；¥6.40
冯德英中短篇作品选/冯德英著 .—北京：解放军文艺出版社，1997.6.—379页；20cm；¥15.00
冯梦龙全传/张中莉著 .—长春：长春出版社，1997.4.—375页；20cm.—（中国历代才子传丛书/喻朝刚，杨德宏主编）精装；¥18.00
圣殿/唐敏著 .—北京：文化艺术出版社，1997.5.—464页；20cm.—（青铜牛丛书）；¥23.80
圣河/陈典，陈梅著 .—北京：文化艺术出版社，1997.12.—461页；20cm.—（青铜牛丛书）；¥21.80
民国拍案惊奇/徐峰主编 .—北京：中国戏剧出版社，1997.11.—3册；20cm；¥65.00
民权素笔记荟萃/苏曼殊等著；马玉山点校 .—太原：山西古籍出版社，1997.7.—477页；20cm.—（民国笔记小说大观·第三辑/孙安邦主编）；¥22.80
民族连之歌/孙有贵著 .—沈阳：白山出版社，1997.6.—719页；20cm；¥32.50
孙方友小小说/杨晓敏，郭昕主编 .—长沙：湖南文艺出版社，1997.3.—224页；19cm.—（中国当代小小说作家丛书）；¥9.00
台港小小说百家精品/樊洛平编 .—郑州：河南文艺出版社，1997.4.—525页；19cm；¥17.00
孙膑演义/水秀，墨瑶著 .—北京：知识出版社，1997.4.—349页；20cm.—（中国古代军师演义丛书/马光复，翟德芳主编）；¥13.50
成吉思汗大传/巴根著 .—北京：中国文联出版公司，1997.7.—2册；20cm；¥44.80
机器人传奇/杜渐著 .—北京：科学普及出版社，1997.8.—279页；19cm.—（杜渐科幻小说集；3/金涛主编）；¥12.00
军旅情祭/任君子著 .—北京：中国文学出版社，1997.1.—498页；20cm；¥18.60
军殇：长篇历史巨著/牛泽著 .—北京：中国文联出版公司，1997.8.—381页；20cm；¥18.50
芝麻官故事/《故事会》编辑部编 .—上海：上海文艺出版社，1997.10.—186页；19cm.—（故事会爱好者丛书/何承伟主编）；¥5.00
死光/杜渐著 .—北京：科学普及出版社，1997.8.—126页；19cm.—（杜渐科幻小说集；4/金涛主编）；¥6.00
死亡山谷：洪水小说集/洪水著 .—沈阳：沈阳出版社，1997.12.—538页；19cm；¥26.00
死亡诱惑/冯德胜编著 .—哈尔滨：北方文艺出版社，1997.5.—300页；19cm；¥12.80
死证/王楚华著 .—哈尔滨：北方文艺出版社，

1997.8.—366 页；20cm；￥17.00
百花酒店：长篇小说/吕默著 .—沈阳：春风文艺出版社，1997.5.—274 页；20cm；￥12.00
百日阳光/范小青著 .—南京：江苏文艺出版社，1997.12.—824 页；20cm；￥30.00
百战将星——王近山/谌虹颖著 .—北京：解放军文艺出版社，1997.1.—341 页；20cm；￥13.50
百族交融/黄修义著 .—杭州：浙江古籍出版社，1997.6.—101 页；19cm.—（中华英杰故事丛书/夏自强主编）；￥5.20
《百花洲》百期佳作　第一卷：中短篇小说/《百花洲》编辑部编 .—南昌：百花洲文艺出版社，1997.12.—704 页；20cm；￥29.00
真纯依旧/张欣著 .—北京：经济日报出版社，1997.9.—503 页；20cm.—（中国当代名家作品精选）；￥25.00
西风逐晚霞/梁凤仪著 .—北京：人民文学出版社，1997.9.—241页；19cm.—（梁凤仪作品系列·归航）；￥11.80
西厢纪事/成一著 .—北京：作家出版社，1997.1.—16 页；20cm.—（都市系列）；￥15.00
西风：陈衡哲小说/陈衡哲著 .—上海：上海古籍出版社，1997.10.—168 页；20cm.—（虹影丛书·民国女作家小说经典/柯灵主编）；￥11.30
在长城那边：孟广臣小说集/孟广臣著 .—北京：中国三峡出版社，1997.10.—286 页；19cm；￥12.50
灰色地带/陆涛著 .—沈阳：春风文艺出版社，1997.3.—329 页；20cm；￥15.00
吉他牛仔/尹艺茂著 .—济南：明天出版社，1997.12.—351 页；19cm；￥12.00
吉学沛近作选/吉学沛著 .—武汉：长江文艺出版社，1997.11.—471 页；20cm；￥28.00
李白/曾月郁，周实著 .—长沙：岳麓书社，1997.12.—3 册；20cm；本书包括《蜀道难》、《将进酒》、《临路歌》（精装）；￥56.00
李商隐——飘泊诗人/崂子，胡良清著 .—武汉：长江文艺出版社，1997.10.—302 页；20cm；￥12.00
李自成/老农著 .—北京：红旗出版社，1997.2.—3 册（1228 页）；20cm；￥56.80
夺子战争/金勇勤著 .—上海：上海人民出版社，1997.8.—207 页；20cm；￥12.00
老铺/沈家和著 .—北京：北京十月文艺出版社，1997.10.—496 页；20cm.—（京味长篇小说系列·正阳门外；卷三）；￥20.00
老舍小说精品：幽默讽刺大师/老舍著 .—北京：中国文联出版公司，1997.9.—513 页；20cm.—（中国现代名家小说丛书/乐齐主编）；￥23.80
李白烈士的故事/周兆良编著 .—上海：上海人民出版社，1997.8.—182 页：照片；20cm；￥8.00
托付一生给你/绿莎著 .—北京：文化艺术出版社，1997.10.—191 页；20cm.—（豆蔻系列·第九辑）；￥9.80
托起明天的太阳/刘克坚著 .—广州：花城出版社，1997.11.—227 页；20cm；￥9.80
达摩棍/上官云飞著 .—合肥：安徽文艺出版社，1997.11.—3 册；19cm.—（新派武侠精品系列）；￥28.00
农民小说/赵树理著；李壮鹰，魏继东选编 .—上海：上海文艺出版社，1997.8.—239 页；19cm.—（中国现代名作家名著珍藏本/巴金主编）；￥11.70
军旗颂/李金明主编 .—石家庄：河北少年儿童出版社，1997.7.—10 册；20cm；￥98.00
网上绝唱/刘一达著 .—北京：中国文联出版公司，1997.9.—415 页；20cm.—（刘一达都市风系列）；￥19.80
岁月轨迹/程树榛著 .—昆明：云南人民出版社，1997.10.—494 页；20cm；￥16.80
当代湖南作家作品选/郑培民，文选德主编 .—长沙：湖南文艺出版社，1997.12.
当代风流：长篇商战言情小说/莫然著 .—北京：大众文艺出版社，1997.12.—363 页；20cm；￥19.80
贞观遗事/李钟琴著 .—沈阳：春风文艺出版社，1997.8.—485 页；20cm；￥25.00
师表高风/郭齐家，张永新著 .—杭州：浙江古籍出版社，1997.6.—157 页；19cm.—（中华英杰故事丛书/夏自强主编）；￥6.10
朱德的扁担/《解放军报》编辑部编 .—北京：长征出版社，1997.8.—170 页；19cm.—（中国革命传统故事丛书·艰苦奋斗篇）；￥8.60

朱彦夫的故事/曹庆文著.—济南：山东文艺出版社，1997.1.—268页；19cm；¥8.80
年前年后/何申著.—天津：百花文艺出版社，1997.8.—425页；20cm.—（三驾马车丛书）；¥18.80
杀星小子/曹力群著.—北京：中国戏剧出版社，1997.11.—21（671页）；19cm.—（曹力群作品集）；¥24.80
名人的童年故事/韩卫国著.—北京：人民日报出版社，1997.2.—266页；20cm；¥11.80
伟大的友谊/《解放军报》编辑部编.—北京：长征出版社，1997.8.—170页；19cm.—（中国革命传统故事丛书·高风亮节篇）；¥8.60
华侨赤子/张永春，陈文源著.—杭州：浙江古籍出版社，1997.6.—138页；19cm.—（中华英杰故事丛书/夏自强主编）；¥5.80
伤痛城市/孙惠芬著.—沈阳：春风文艺出版社，1997.9.—404页；20cm；¥21.80
伍子胥演义/贾伟著.—北京：知识出版社，1997.4.—351页；20cm.—（中国古代军师演义丛书/马光复，翟德芳主编）；¥14.00
她的船：张宇中短篇小说集/张宇著.—北京：中国民航出版社，1997.10.—380页；20cm；¥26.00
色空：冯苓植小说精品/冯苓植著.—呼和浩特：远方出版社，1997.8.—486页；20cm；¥24.80
血性男儿/王立信著.—南京：江苏文艺出版社，1997.5.—385页；20cm；¥14.50
血匕首/程小青著.—北京：群众出版社，1997.7.—590页；20cm.—（霍桑探案集；5）；¥23.80
血染紫禁城/魏润身著.—北京：中国文联出版中，1997.3.—358页；20cm.—（清宫系列）；¥16.90
血色黄昏/老鬼著.—修订本.—北京：中国社会科学出版社，1997.1.—585页；20cm；¥25.00
血泪追魂剑/梦龙著.—北京：中国戏剧出版社，1997.9.—2册（554页）；20cm；¥23.60
血魂：南明忠烈传/曾凡礼，曾晓玲著.—青岛：青岛出版社，1997.7.—394页；20cm；¥15.30
自家人/刘玉堂著.—济南：山东友谊出版社，1997.6.—310页；20cm.—（双桨文丛·中国当代小说名作名评）；¥16.00
许行小小说/杨晓敏，郭昕主编.—长沙：湖南文艺出版社，1997.3.—223页；19cm.—（中国当代小小说作家丛书）；¥9.00
安魂吟/谭谊著.—北京：作家出版社，1997.4.—314页；19cm；¥16.00
刘国芳小小说/杨晓敏，郭昕主编.—长沙：湖南文艺出版社，1997.3.—222页；19cm.—（中国当代小小说作家丛书）；¥9.00
刘舰平小说选/刘舰平著.—长沙：湖南文艺出版社，1997.5.—481页；20cm；¥18.20
刘家父子兵/黄大铣著.—福州：海峡文艺出版社，1997.4.—303页；20cm；¥13.50
江湖传奇/戊戟著.—广州：广东经济出版社，1997.2.—6册（1771页）；19cm；¥50.00
江格尔故事/纲力罕编；纳日苏译.—呼和浩特：内蒙古教育出版社，1997.12.—269页；20cm；¥8.00
访问失踪者/孟伟哉著.—北京：华夏出版社，1997.1.—304页；20cm.—（中国当代作家文库/张锲主编）；¥12.00
忏悔/张克著.—天津：百花文艺出版社，1997.7.—278页；19cm；¥12.00
忏悔梦/林惠子著.—昆明：云南人民出版社，1997.3.—282页；20cm；¥14.80
关汉卿全传/庐山著.—长春：长春出版社，1997.8.—290页；20cm.—（中国历代才子传丛书/喻朝刚，杨德宏主编）精装；¥14.00
初渡/毛志成著.—北京：北京燕山出版社，1997.8.—415页；20cm.—（京味文学丛书）；¥20.00
冰月刀/左龙著.—呼和浩特：内蒙古人民出版社，1997.9.—442页；20cm.—（中华武侠文学作品精品大系·左龙作品集）；¥21.00
冰川的召唤/施雅风著.—长沙：湖南少年儿童出版社，1997.12.—188页：照片；20cm；¥6.70
冲上九重天/梁凤仪著.—北京：人民文学出版社，1997.9.—262页；19cm.—（归航系列）；¥12.20
纤绳/陈东兵著.—南昌：江西人民出版社，1997.3.—298页；20cm；¥15.00
红蕈/杨近泉著.—沈阳：沈阳出版社，1997.6.—203页；19cm.—（沧浪丛书）；全套定价：55.00元

红茶恨水/简兆麟著.—长沙：湖南文艺出版社，1997.1.—473页；20cm.—（淘金者系列长篇小说）；¥16.20
红处方/毕淑敏著.—北京：北京十月文艺出版社，1997.6.—536页；20cm；¥23.00
红地毯/王兆军著.—北京：中国青年出版社，1997.9.—455页；20cm；¥18.50
红风筝：长篇小说/潘灵著.—北京：中国文联出版公司，1997.11.—387页；20cm；¥18.80
红红的雨花石/海啸著.—南京：南京出版社，1997.6.—259页；20cm；¥10.00
红楼春秋/富振华著.—北京：京华出版社，1997.4.—414页；20cm；¥18.00
买办之家/林希著.—北京：中国文学出版社，1997.5.—352页；20cm.—（天津百年长篇系列；1）；¥15.20
买卖船/都晓著.—桂林：漓江出版社，1997.1.—254页；19cm.—（漓江小说文库）；¥9.00
杂譬喻经的故事/琬姿居士著.—广州：花城出版社，1997.3.—278页；20cm.—（佛教与人生丛书）；¥12.20
那年那月/艾绍强编选.—西安：陕西师范大学出版社，1997.8.—246页；20cm.—（女友精品书系/白琳主编）；¥12.00
异域追踪/星河著.—济南：明天出版社，1997.3.—300页；19cm.—（最新科幻小说系列）；¥11.00
动乱一年/朱雯著.—上海：百家出版社，1997.10.—195页；19cm；¥12.00
阴阳碑：长篇小说/王雄著.—北京：中国文联出版公司，1997.9.—456页；20cm；¥19.80
阴阳九转/熊沐著.—长春：时代文艺出版社，1997.8.—3册（644页）；19cm；¥21.80
阴晴圆缺/张瑜著.—上海：上海文艺出版社，1997.5.—346页；20cm；¥15.00
阳光马驹/李西闽著.—北京：蓝天出版社，1997.12.—236页；19cm；¥16.00
两晋演义/蔡东藩著.—太原：山西人民出版社，1997.1.—876页；20cm.—（中国历代通俗演义）精装；¥27.00
两个人·狗/南飞著.—北京：中国文联出版公司，1997.8.—250页；20cm.—（黑蝙蝠系列；2）；¥14.60
两个爱/佟婷著.—北京：中国文联出版公司，1997.6.—328页；20cm；¥16.80
找媳妇的故事/蓝鹤等著.—上海：百家出版社，1997.5.—166页；19cm.—（上海通俗故事丛书）；¥5.00
妻命/胡翠兰著.—呼和浩特：内蒙古人民出版社，1997.12.—329页；20cm；¥15.80
妻子与情人/罗伟章著.—北京：中国电影出版社，1997.11.—391页；20cm；¥24.80
花蕙/林燕妮著.—2版.—深圳：海天出版社，1997.4.—252页；20cm.—（林燕妮爱情小说系列）；全套共5册，总定价：52.00元
花牛梦/袁智中等选编.—昆明：云南民族出版社，1997.11.—164页；19cm；¥10.00
花之寺：凌叔华小说/凌叔华著.—上海：上海古籍出版社，1997.10.—189页；20cm.—（虹影丛书·民国女作家小说经典/柯灵主编）；¥12.90
苍凉后土/贺享雍著.—重庆：重庆出版社，1997.6.—678页；20cm；¥32.00
苍茫碧水/万兰生，陈勇俊著.—南昌：百花洲文艺出版社，1997.2.—227页；19cm；¥8.50
苍山遗恨/陈自仁著.—北京：作家出版社，1997.10.—387页；20cm；¥18.00
苍天无眼：长篇小说/孙德平著.—北京：中国戏剧出版社，1997.11.—410页；20cm；¥19.80
芦青河纪事/张炜著.—济南：山东文艺出版社，1997.7.—319页；20cm.—（名家处女作系列）；¥13.20
庐隐小说全集/庐隐著.—长春：时代文艺出版社，1997.3.—2册（1130页）；20cm.—（20世纪中国小说经典作家全集丛书）；¥48.00
苏东坡/易照峰著.—西宁：青海人民出版社，1997.9.—3册（1662页）；20cm；¥78.00
芳草斜阳忆行踪：伟人、师长、朋友的故事/尚丁著.—上海：上海文艺出版社，1997.8.—360页；19cm；¥13.00
杏花院/于洪文著.—济南：山东文艺出版社，1997.11.—412页；20cm；¥17.00
杉杉/璐音著.—天津：百花文艺出版社，1997.10.—287页；20cm；¥16.00
杨幺演义/陈寿庚著.—北京：中国戏剧出版社，1997.8.—419页；20cm；¥22.00

扬州八怪演义/窦应泰著 .—长春：吉林人民出版社，1997.5.—2册（1010页）；20cm；￥45.00

杜心武：长篇历史小说/刘笃平著 .—长沙：湖南文艺出版社，1997.5.—2册（1005页）；20cm；￥34.00

极乐姑娘/索飞著 .—长春：时代文艺出版社，1997.12.—591页；20cm.—（现代都市激情系列）；￥25.00

村妇/刘绍棠著 .—北京：人民文学出版社，1997.6.—428页；20cm；￥19.00

护花剑/东方玉著 .—海口：海南出版社，1997.5.—5册（1256页）；19cm.—（东方玉经典武侠作品）；￥47.80

护花铃/古龙著 .—广州：花城出版社，1997.3.—2册（835页）；20cm.—（古龙经典作品集）；￥34.80

抢救地球/陈夏法著 .—杭州：浙江文艺出版社，1997.12.—234页；19cm.—（金手指科幻小说丛书）；￥8.80

抉择/张平著 .—北京：群众出版社，1997.8.—551页；20cm；￥23.00

连环记/周学忠著 .—郑州：文心出版社，1997.7.—135页；19cm；￥5.80

远山/聂鲁著 .—芒市：德宏民族出版社，1997.12.—252页；19cm；￥10.00

还珠格格/琼瑶著 .—广州：花城出版社，1997.10.—3册；20cm.—（琼瑶全集；51）；￥35.00

男女有别/崔京生著 .—沈阳：春风文艺出版社，1997.6.—398页；20cm；￥18.80

男人四十/莫然著 .—北京：中国文联出版公司，1997.8.—330页；20cm；￥16.00

男生贾里全传/秦文君著 .—上海：少年儿童出版社，1997.10.—405页；20cm；￥17.00

时与光：海派长篇言情小说/徐讦著 .—合肥：安徽文艺出版社，1997.8.—309页；20cm；￥12.00

吴三桂/曹浩宇著 .—沈阳：沈阳出版社，1997.1.—2册（1121页）；20cm；￥48.00

别闹了，丘比特/乔楚著 .—哈尔滨：北方文艺出版社，1997.3.—218页；20cm.—（纯情系列）；￥9.80

利剑斩毒魔/杜兰甫著 .—贵阳：贵州民族出版社，1997.12.—348页；20cm；￥18.00

我的蝴蝶兰/程蔷著 .—北京：中国文联出版公司，1997.9.—435页；20cm.—（青春梦幻系列）；￥18.90

我是太阳/邓一光著 .—北京：人民文学出版社，1997.2.—520页；20cm；￥24.00

我不是教你诈　(2)/刘墉著 .—桂林：漓江出版社，1997.12.—214页；19cm；￥7.50

吴金良小小说/杨晓敏，郭昕主编 .—长沙：湖南文艺出版社，1997.3.—214页；19cm.—（中国当代小小说作家丛书）；￥8.70

我知道你不知道：赵德发自选集/赵德发著 .—济南：山东文艺出版社，1997.12.—607页；20cm；￥25.60

余蛮子传奇/陈先学著 .—重庆：重庆出版社，1997.9.—479页：插图；20cm；￥25.00

余烬/韩少功著 .—济南：山东友谊出版社，1997.6.—316页；20cm.—（双桨文丛·中国当代小说名作名评）；￥16.00

告别花都/赵琪著 .—武汉：长江文艺出版社，1997.8.—360页；20cm.—（跨世纪文丛；5/陈骏涛主编）；￥14.00

告别伊咪/铁凝著 .—北京：作家出版社，1997.1.—506页；20cm.—（铁凝自选集）；￥25.00

兵家鼻祖：孙子的故事/曹尧德，曹笑梅编著 .—北京：华文出版社，1997.6.—316页；20cm.—（中国古代圣贤丛书）；￥16.00

邱少云/师永刚著 .—兰州：敦煌文艺出版社，1997.12.—149页；20cm.—（中国人民解放军六位英模丛书/秦卫东主编）；￥11.50

妙玉传奇/亨文著 .—天津：百花文艺出版社，1997.6.—320页；20cm；￥18.00

伴你到黎明/张欣著 .—北京：经济日报出版社，1997.10.—502页；20cm.—（中国当代名家作品精选）；￥25.00

体坛英豪/王鼎华等著 .—杭州：浙江古籍出版社，1997.6.—159页；19cm.—（中华英杰故事丛书/夏自强主编）；￥6.10

狂侠西门吹雪/梦龙著 .—北京：中国戏剧出版社，1997.9.—2册（600页）；20cm.—（梦龙七部书）；￥25.80

近水楼台先得月/绿莎著 .—北京：文化艺术出版

社，1997.10.—185页；20cm.—（豆蔻系列·第九辑）；¥9.80

近代文言短篇小说选译/郭慧敏译注 .—成都：巴蜀书社，1997.6.—194页；20cm.—（近代文史名著选译丛书/戴逸主编）；全套39册，总定价：460.00元

宋徽宗演义/刘定山著 .—长沙：湖南出版社，1997.7.—589页；20cm.—（帝王演义丛书）；¥20.40

宋太祖演义/雷逸湘著 .—长沙：湖南出版社，1997.7.—508页；20cm.—（帝王演义丛书）；¥18.20

穷官：献给老少边穷地区无私奉献的干部们/杨文学著 .—北京：人民文学出版社，1997.6.—266页；20cm；¥12.00

庐隐小说精品：女性的柔情与感伤/庐隐著 .—北京：中国文联出版公司，1997.9.—495页；20cm.—（中国现代名家小说丛书/乐齐主编）；¥23.00

忘忧戟·凝碧剑/左龙著 .—呼和浩特：内蒙古人民出版社，1997.9.—418页；20cm.—（中华武侠文学作品精品大系·左龙作品集：珍藏本）；¥19.00

冷血/周梅森著 .—武汉：长江文艺出版社，1997.12.—521页；20cm.—（周梅林文集）；¥19.80

沧波万里风/梁凤仪著 .—北京：人民文学出版社，1997.9.—221页；19cm.—（梁凤仪作品系列·归航系列）；¥11.20

沧桑/渺帆著 .—沈阳：春风文艺出版社，1997.3.—534页；20cm；¥26.00

沉红/周梅森著 .—武汉：长江文艺出版社，1997.12.—522页；20cm.—（周梅森文集）；¥19.80

沉默与微笑/苗湖著 .—武汉：长江文艺出版社，1997.12.—220页；20cm；¥13.20

沙地/陆亚芳著 .—杭州：浙江文艺出版社，1997.12.—486页；20cm.—（五色笔）；¥16.80

沙葬/辛保平著 .—北京：中国文联出版公司，1997.3.—343页；20cm；¥14.90

张恨水/张恨水著；于润琪选编；中国现代文学馆编 .—北京：华夏出版社，1997.1.—540页；20cm.—（自强文库·中国现代文学百家/舒乙主编）；¥19.80

改革先贤/任重著 .—杭州：浙江古籍出版社，1997.6.—170页；19cm.—（中华英杰故事丛书/夏自强主编）；¥6.70

君心如我心/绿莎著 .—北京：文化艺术出版社，1997.10.—202页；20cm.—（豆蔻系列·第九辑）；¥9.80

纳兰性德全传/张钧著 .—长春：长春出版社，1997.3.—338页；20cm（精装）；¥17.00

纸项链/崔京生著 .—沈阳：春风文艺出版社，1997.10.—413页；20cm.—（布老虎丛书）；¥20.98

纵鹤擒龙/东方玉著 .—海口：海南出版社，1997.12.—5册（1256页）；19cm.—（东方玉武侠精品）；¥47.80

走进夜晚/叶兆言著 .—2版 .—沈阳：春风文艺出版社，1997.10.—349页；20cm.—（布老虎丛书·长篇小说）；¥17.98

纺纸记/废名著；倪伟编 .—珠海：珠海出版社，1997.4.—379页；20cm.—（世纪的回响·作品卷/李子云等主编）；¥17.40

孤岛岁月/罗洪著 .—上海：学林出版社，1997.10.—224页；19cm；¥9.00

孤乘/周梅森著 .—武汉：长江文艺出版社，1997.12.—504页；20cm.—（周梅森文集）；¥18.80

陈友谅：荆楚枭雄/程远斌著 .—武汉：长江文艺出版社，1997.6.—285页；20cm；¥17.00

阿王的“狗生意”：市井故事精选　第2册/朱伟伦主编 .—上海：百家出版社，1997.7.—168页；19cm.—（新民晚报丛书）；¥5.00

灵魂出窍/陈朗著 .—北京：北京少年儿童出版社，1997.7.—155页；20cm.—（自画青春丛书/陈建功主编）；¥9.00

灵魂纪事/罗珠著 .—北京：华龄出版社，1997.1.—379页；20cm；¥18.00

范小青文集/范小青著 .—南京：江苏文艺出版社，1997.7.—3册；20cm；本书包括《无人作证》等3册；¥46.00

范蠡与西施：长篇小说/朱兵著 .—北京：中国文联出版公司，1997.7.—562页；20cm；¥26.80

英雄之子：肉孜将军小说集/肉孜·吾守尔著；艾克

拜尔·吾拉木等译 .—北京：解放军文艺出版社，1997.7.—327页；20cm；¥14.60
苔莉/张资平著 .—哈尔滨：黑龙江人民出版社，1997.7.—325页；20cm.—（海派作家作品精选/于润琦主编）；¥14.20
茅盾小说精品：现实主义文学巨匠/茅盾著 .—北京：中国文联出版公司，1997.9.—491页；20cm.—（中国现代名家小说丛书/乐齐主编）；¥22.90
茅盾短篇小说集/韦韬，谭桂林编 .—长沙：湖南文艺出版社，1997.1.—412页；20cm.—（中国短篇小说精华）；¥15.00
奔逃/刘毅然著 .—济南：明天出版社，1997.6.—213页；20cm.—（金犀牛丛书）；¥13.00
奔向太阳/昊柏著 .—北京：大众文艺出版社，1997.1.—243页；20cm；¥12.00
奇剑江湖/左龙著 .—呼和浩特：内蒙古人民出版社，1997.9.—448页；20cm.—（中华武侠文学作品精品大系·左龙作品集：珍藏本）；¥22.00
武训传/朱鹰著 .—北京：中国戏剧出版社，1997.2.—374页：照片；20cm；¥18.60
轰炸：田中禾中短篇小说自选集/田中禾著 .—北京：华夏出版社，1997.8.—591页；20cm.—（中国当代作家文库/张锲主编）；¥28.00
轮下血/程小青著 .—北京：群众出版社，1997.7.—509页；20cm.—（霍桑探案集；3）；¥20.50
转校生/肖铁著 .—北京：北京少年儿童出版社，1997.7.—200页；20cm.—（自画青春丛书/陈建功主编）；¥12.00
苦界/洪峰著 .—2版 .—沈阳：春风文艺出版社，1997.10.—414页；20cm.—（布老虎丛书·长篇小说）；¥20.98
苦恋/雪米莉著 .—西宁：青海人民出版社，1997.4.—202页；20cm.—（情浪言情系列小说）；¥9.80
苦恋/梁晓声著 .—北京：经济日报出版社；西安：陕西旅游出版社，1997.4.—423页；20cm.—（梁晓声'97作品系列；1）；¥21.80
苦女血泪/何华著 .—北京：大众文艺出版社，1997.10.—240页；19cm；¥9.60
青城霞光/孙大德著 .—济南：山东文艺出版社，1997.3.—321页；20cm；¥13.60
青春门/章红著 .—福州：福建少年儿童出版社，1997.5.—155页；20cm.—（花季小说/梅子涵主编）；¥8.00
青春作伴/雷德高著 .—北京：解放军文艺出版社，1997.3.—268页；20cm；¥11.00
青萍之末/弦子著 .—长春：时代文艺出版社，1997.3.—304页；20cm.—（当代女作家长篇小说文库/丁帆主编）；¥19.80
青山作证/俞明德著 .—福州：海峡文艺出版社，1997.7.—264页；19cm；¥12.80
青石门/徐宝琦著 .—北京：中国青年出版社，1997.11.—256页；20cm.—（金锚文学丛书）；¥10.80
青桐树：《乡下人》之二/王兆军著 .—北京：中国青年出版社，1997.9.—439页；20cm；¥18.00
青春驿站/孙云晓，徐莉萍主编 .—青岛：青岛出版社，1997.1.—353页；20cm.—（青春风铃丛书·小说卷）；¥13.80
幸运/南强著 .—福州：海峡文艺出版社，1997.1.—289页；20cm；¥15.00
现代名家小说100篇/穆昭天，余禾主编 .—北京：华文出版社，1997.2.—2册；20cm；¥68.00
玫瑰门/铁凝著 .—北京：作家出版社，1997.1.—523页；20cm.—（铁凝自选集）；¥26.00
玫瑰依然红/李康美著 .—北京：中国文联出版公司，1997.7.—477页；20cm；¥22.20
玫风瑰雨/南楠编选 .—西安：陕西师范大学出版社，1997.8.—243页；20cm.—（女友精品书系/白琳主编）；¥12.00
柳溪轶事/苏宝敦著 .—北京：京华出版社，1997.4.—325页；19cm；¥10.25
林海雪原/曲波著 .—3版 .—北京：人民文学出版社，1997.12.—588页；20cm.—（红色经典）；¥22.00
林则徐：长篇历史小说/林世雄著 .—呼和浩特：内蒙古人民出版社，1997.6.—369页；20cm；¥22.80
刺客行/邱华栋著 .—北京：群众出版社，1997.1.—248页；20cm.—（新公案小说/何镇邦等主编）；¥10.30
杯上的苹果/阿毛著 .—武汉：长江文艺出版社，1997.5.—307页；20cm.—（湖北新锐文丛/樊

星主编)；¥15.00
拥抱世界/蔡乐素等著 .—杭州：浙江古籍出版社，1997.6.—206页；19cm.—(中华英杰故事丛书/夏自强主编)；¥7.80
拉萨的小男人/马原著 .—乌鲁木齐：新疆人民出版社，1997.4.—444页；20cm；¥19.80
拒绝浪漫/杨东明著 .—北京：作家出版社，1997.1.—323 页；20cm.—(都市系列)；¥15.80
国殇：林则徐之死/马建勋著 .—广州：广东人民出版社，1997.7.—540页；20cm；¥27.00
国际共运导师与活动家的故事/唐兴明，乐萌主编 .—北京：中共党史出版社，1997.7.—8册；19cm(盒装)；¥28.00
罗炳辉的故事/欧兴义，杨升华著 .—昆明：云南民族出版社，1997.12.—146页；19cm；¥6.80
罗瘿公笔记选/罗惇曧著；孙安邦，王开学点校 .—太原：山西古籍出版社，1997.5.—281页；20cm.—(民国笔记小说大观·第三辑/孙安邦主编)；¥14.50
明月千堆雪/左龙著 .—呼和浩特：内蒙古人民出版社，1997.10.—460页；20cm.—(中华武侠文学作品精品大系·左龙作品集)；¥22.00
明珠浴血记/网珠生著 .—沈阳：春风文艺出版社，1997.8.—166页；20cm.—(鸳鸯蝴蝶派·礼拜六小说/魏绍昌主编)；¥7.80
果园城/芦焚著；罗岗编 .—珠海：珠海出版社，1997.4.—297页；20cm.—(世纪的回响·作品卷/李子云等主编)；¥14.00
咖啡色的故事/北北著 .—福州：海峡文艺出版社，1997.4.—210页；19cm；¥9.00
金笛玉芙蓉/东方玉著 .—海口：海南出版社，1997.12.—3册；19cm.—(东方玉武侠精品)；¥29.80
金斗纪事：长篇小说/乔典运著 .—桂林：漓江出版社，1997.7.—182 页；20cm.—(原野系列)；¥10.00
金兰曲/李兴功著 .—武汉：长江文艺出版社，1997.10.—369页；20cm；¥19.80
金陵血证：南京大屠杀纪实故事/朱成山编著 .—上海：少年儿童出版社，1997.11.—105 页；19cm；¥4.90
金草地/张承志著 .—2版 .—海口：海南出版社，1997.1.—199页；20cm；¥12.00
金鲤鱼的百裥裙/林海音著；傅光明选编 .—杭州：浙江文艺出版社，1997.11.—418页：照片；20cm.—(林海音文集)；¥16.80
金粉世家/张恨水著 .—北京：群众出版社，1997.4.—3册(1355页)；20cm.—(张恨水作品经典)；¥73.50
和天使一起飞翔/万方著 .—北京：作家出版社，1997.2.—341页；20cm；¥16.50
股城风流/瓜子著 .—深圳：海天出版社，1997.6.—251页；20cm.—(都市新潮小说系列丛书)；¥13.80
股民日记/沈乔生著 .—沈阳：春风文艺出版社，1997.11.—283页；20cm；¥14.80
炎黄百家姓通俗演义　第一辑/元浦主编 .—昆明：云南人民出版社，1997.2.—2册(1110页)；20cm；¥56.00
往事温柔/刘醒龙著 .—桂林：漓江出版社，1997.3.—296页；20cm.—(原野系列·长篇小说)；¥15.00
变身新娘/汪孟苓著 .—南京：江苏文艺出版社，1997.7.—160页；20cm.—(水晶链丛书·第一辑)；¥7.00
空心人/蓝轲著 .—北京：作家出版社，1997.4.—400页；20cm；¥19.50
闹心/米子学著 .—北京：北京少年儿童出版社，1997.7.—281页；20cm.—(自画青春丛书/陈建功主编)；¥15.00
首富/杜曙波著 .—北京：中国文学出版社，1997.6.—320页；20cm；¥16.80
废名短篇小说集/冯思纯编 .—长沙：湖南文艺出版社，1997.1.—451页；20cm.—(中国短篇小说精华)；¥16.60
夜色摇滚/李琳著 .—昆明：云南民族出版社，1997.12.—273页；20cm；¥16.00
夜歌：牛正寰短篇小说选/牛正寰著 .—兰州：敦煌文艺出版社，1997.1.—234 页；19cm；¥10.80
放逐，放逐/陈劫夫著 .—北京：中国文联出版公司，1997.8.—413页；20cm；¥19.50
诗系国魂/刘文刚著 .—杭州：浙江古籍出版社，1997.6.—156页；19cm.—(中华英杰故事丛书/夏自强主编)；¥5.80

实业兴邦/张颖超，张明富著 .—杭州：浙江古籍出版社，1997.6.—156页；19cm.—（中华英杰故事丛书/夏自强主编）；¥6.00

沼泽地里的怪兽/严大伟著 .—杭州：浙江文艺出版社，1997.12.—256页；19cm.—（金手指科幻小说丛书）；¥9.50

泣露红颜/王秋海著 .—海口：南海出版公司，1997.8.—291页；20cm；¥15.80

泣血还情剑/剑亭著 .—长春：时代文艺出版社，1997.12.—3册（778页）；19cm.—（剑亭绮情经典武侠系列）；¥24.80

河洛沉梦/古野著 .—北京：中国文联出版公司，1997.6.—2册（1012页）；20cm；¥46.60

泪珠缘/天虚我生著；任责，铭心整理 .—哈尔滨：北方文艺出版社，1997.3.—2册（668页）；20cm.—（五更的爱系列丛书）；¥29.80

泯灭/梁晓声著 .—2版 .—沈阳：春风文艺出版社，1997.10.—412页；20cm.—（布老虎丛书）；¥20.98

波涛汹涌/朱秀海著 .—北京：中国青年出版社，1997.11.—684页；20cm.—（金锚文学丛书）；¥24.70

艰难的历程/王直著 .—2版 .—福州：福建人民出版社，1997.5.—161页；20cm；¥8.00

陕北民歌故事/崔月德，王峰存编著 .—西安：太白文艺出版社，1997.12.—336页；19cm；¥13.20

郁达夫短篇小说集/罗成琰编 .—长沙：湖南文艺出版社，1997.1.—480页；20cm.—（中国短篇小说精华）；¥16.90

陋巷/刘方炜著 .—北京：群众出版社，1997.4.—315页；20cm；¥16.00

陷阱/海龙河等编著 .—沈阳：辽宁人民出版社，1997.8.—322页；19cm.—（中国古代名案传奇；6）；¥10.50

驿动的年轮/韩芍夷著 .—海口：南海出版公司，1997.9.—209页；20cm；¥12.60

南国之吻：商海大战情未了/马千里著 .—北京：大众文艺出版社，1997.1.—296页；20cm；¥12.60

南国诸君/黄慧星著 .—武汉：长江文艺出版社，1997.6.—222页：插图；20cm.—（情爱前沿小说系列）；¥10.50

南雁北飞/路比著 .—北京：世界知识出版社，1997.6.—289页；20cm；¥13.00

药王/沈家和著 .—北京：北京出版社：北京十月出版，1997.10.—497页；20cm.—（京味长篇小说系列·正阳门外：卷四）；¥20.00

荒弃的家园/梁晓声著 .—北京：中国文联出版公司，1997.7.—499页；20cm；¥25.00

荒原上的阳光/何顿著 .—北京：光明日报出版社，1997.1.—372页；20cm.—（何顿作品文集）；¥16.50

荒原作证/梁晓声著 .—武汉：长江文艺出版社，1997.11.—376页；20cm.—（跨世纪文丛·第五辑/陈骏涛主编）；¥15.00

厘定疆域/杨世文，郑晔著 .—杭州：浙江古籍出版社，1997.6.—160页；19cm.—（中华英杰故事丛书/夏自强主编）；¥6.10

珍惜/米雪莉著 .—西宁：青海人民出版社，1997.4.—202页；20cm.—（情浪言情系列小说）；全套定价：39.20元；¥9.80

玻璃鸟/殷建灵著 .—福州：福建少年儿童出版社，1997.5.—158页；20cm.—（花季小说/梅子涵主编）；¥8.00

春水微波/王小逸著 .—沈阳：春风文艺出版社，1997.4.—227页；20cm.—（鸳鸯蝴蝶派·礼拜六小说/魏绍昌主编）；¥11.80

春王正月/罗洪著 .—上海：百家出版社，1997.10.—203页：照片；19cm；¥12.00

春天寓言/文达著 .—天津：百花文艺出版社，1997.12.—279页；20cm；¥25.00

春明梦录；客座偶谈/何刚德著；张国宁点校 .—太原：山西古籍出版社，1997.5.—186页；20cm.—（民国笔记小说大观·第三辑/孙安邦主编）；¥9.80

春痕：冯沅君小说/冯沅君著 .—上海：上海古籍出版社，1997.10.—168页；20cm.—（虹影丛书·民国女作家小说经典/柯灵主编）；¥12.10

春明外史/张恨水著 .—北京：群众出版社，1997.4.—2册（1185页）；20cm.—（张恨水作品经典）；¥65.00

故事别录：帝王将相趣话及其他/啸林编著 .—武汉：湖北教育出版社，1997.5.—344页；19cm；¥10.50

故事会 1996：1～6合订本/《故事会》编辑部

编 .—上海：上海文艺出版社，1997.1.—1册；19cm.—（故事会爱好者丛书）；￥15.00
故事会 1996：7～12合订本/《故事会》编辑部编 .—上海：上海文艺出版社，1997.1.—1册；19cm.—（故事会爱好者丛书）；￥15.00
故事园丛书：爱情·幽默故事/支建伟编 .—西宁：青海人民出版社，1997.9.—140页；19cm；￥4.50
故事园丛书：惊险·传奇故事/支建伟编 .—西宁：青海人民出版社，1997.9.—137页；19cm；￥4.50
故宅/岳毅英著 .—西安：太白文艺出版社，1997.11.—432页；20cm；￥19.50
故都秘录/陈慎言著 .—合肥：安徽文艺出版社，1997.6.—390页；20cm.—（中国现代社会小说选丛书/王继权主编）；￥13.80
胡同串子/刘心武著 .—北京：北京燕山出版社，1997.8.—459页；20cm.—（京味文学丛书）；￥21.00
胡雪岩：长篇历史传记小说/钟源，瀛泳著 .—珠海：珠海出版社，1997.1.—2册（940页）；20cm；￥39.80
胡也频小说精品：知识分子的人生之路/胡也频著 .—北京：中国文联出版公司，1997.9.—487页；20cm.—（中国现代名家小说丛书/乐齐主编）；￥22.80
赵德发自选集：缱绻与决绝/赵德发著 .—济南：山东文艺出版社，1997.12.—568页；20cm；￥24.00
赵尔丰——雪域将星梦/田闻一著 .—北京：北京十月文艺出版社，1997.6.—432页；20cm；￥17.00
赵普演义/赵凤山著 .—北京：知识出版社，1997.4.—338页；20cm.—（中国古代军师演义丛书/马光复，翟德芳主编）；￥13.50
赵尚志/王忠瑜著 .—北京：人民文学出版社，1997.1.—2册；20cm.—（抗联英雄三部曲；1）；￥32.00
残狼灰满/沈石溪著 .—北京：中国文学出版社，1997.9.—458页；20cm.—（独特文丛）；￥19.80
拾贝集/李新民著 .—太原：北岳文艺出版社，1997.1.—158页；19cm；￥7.80
相片：冰心小说/冰心著 .—上海：上海古籍出版社，1997.10.—220页；20cm.—（虹影丛书·民国女作家小说经典/柯灵主编）；￥14.00
拷问鲜花/宣儿著 .—北京：作家出版社，1997.10.—267页；20cm；￥13.50
项羽大传/李约著 .—长春：长春出版社，1997.1.—5册；20cm.—（中国杰出人物丛书）；￥65.00
城南旧事/林海音著；傅光明选编 .—杭州：浙江文艺出版社，1997.11.—394页：照片；20cm.—（林海音文集）；￥16.50
城市民谣/范小青著 .—石家庄：花山文艺出版社，1997.4.—271页；20cm.—（中国当代青年作家长篇新作丛书）；￥12.00
城市热风/谈歌著 .—南昌：百花洲文艺出版社，1997.3.—693页；20cm；￥28.00
城市守望/谈歌著 .—天津：百花文艺出版社，1997.8.—423页；20cm.—（新云点长篇小说丛书）；￥18.60
城市战车/邱华栋著 .—北京：作家出版社，1997.1.—287页；20cm.—（都市系列）；￥14.50
城市笔记/阿成著 .—合肥：安徽文艺出版社，1997.7.—498页；20cm.—（新笔记小说系列/王立主编）；￥18.80
城市逍遥：张宇中短篇小说自选集/张宇著 .—北京：华夏出版社，1997.8.—605页；19cm.—（中国当代作家文库/张锲主编）；￥28.00
迷失或散谈：春花四朵/赵妙晴著 .—天津：百花文艺出版社，1997.7.—175页；20cm；￥9.60
迷彩/刘伟著 .—北京：北京少年儿童出版社，1997.7.—213页：插图；20cm.—（自画青春丛书/陈建功主编）；￥12.00
迷幻花园：女性心理体验小说/陈染等著 .—北京：中国文联出版公司，1997.10.—2册;；20cm；￥39.80
迷幻激情/晓白著 .—北京：中国戏剧出版社，1997.12.—326页；20cm；￥16.80
迷情紫贝壳/乔楚著 .—哈尔滨：北方文艺出版社，1997.3.—218页；20cm.—（纯情系列）；￥9.80
战争往事：抗日战争胜利半世纪祭/龙凤伟著 .—北京：人民文学出版社，1997.5.—280页；

20cm; ￥13.00
战胜自我/邵江天著 .—合肥：安徽人民出版社，1997.7.—264页；20cm；￥10.00
战斗到明天：续集/白刃著 .—北京：中国电影出版社，1997.1.—620页；20cm；￥29.50
战国七雄/胡晓明，胡晓晖著 .—武汉：湖北人民出版社，1997.5.—762页；20cm.—（东周列国系列）；￥25.00
战火纷飞的年代/张庆田著 .—石家庄：河北教育出版社，1997.8.—3册（1148页）；20cm；￥40.00
战神/晓培著 .—武汉：长江文艺出版社，1997.8.—2册（1245页）；20cm；￥48.00
背水者/轩锡明著 .—西宁：青海人民出版社，1997.10.—286页；20cm；￥15.00
峡谷幽灵/饶忠华主编 .—北京：科学普及出版社，1997.1.—386页；20cm.—（中国科幻小说精品屋系列）；￥16.00
呼吸明天：长篇短体漂泊小说/曾哲著 .—北京：中国青年出版社，1997.1.—363页；20cm；￥15.40
星火燎原 血染红旗/李又令等编写 .—济南：黄河出版社，1997.1.—2册；19cm.—（中华英杰爱国故事丛书/李又令，王立宪主编）；全套8册，总定价：38.00元
界河儿女/黎珍宇著 .—深圳：海天出版社，1997.11.—332页；20cm.—（特区前卫长篇小说系列）；￥14.80
冠豸仙姐演义/黄富祥，陈福桂著 .—福州：海峡文艺出版社，1997.9.—3册（1046页）：插图；20cm；￥45.00
香港的早晨/刘文勇著 .—北京：中国青年出版社；香港：香港华通出版社，1997.8.—529页；20cm；￥22.00
香港归来的女人/戴克强，于文远著 .—太原：北岳文艺出版社，1997.7.—359页；20cm；￥15.80
香剑客/南宫燕著 .—西宁：青海人民出版社，1997.12.—4册（1013页）；19cm.—（南宫燕武侠小说专辑）；￥39.80
香堂往事/陈心豪著 .—合肥：安徽文艺出版社，1997.5.—395页；20cm；￥18.00
重上娘山/晓苏著 .—武汉：长江文艺出版社，1997.5.—310页；20cm.—（湖北新锐文丛/樊星主编）；￥15.00
重轭/周梅森著 .—武汉：长江文艺出版社，1997.12.—503页；20cm.—（周梅森文集）；￥17.80
剑·棋·网/周作学著 .—北京：中国检察出版社，1997.12.—190页；20cm；￥12.00
鬼亲/沈家和著 .—北京：北京十月文艺出版社：北京出版社，1997.2.—471页；20cm.—（京味长篇小说系列·正阳门外；卷一）；￥20.00
鬼怪传奇/卢惠龙等主编 .—贵阳：贵州人民出版社，1997.11.—335页：彩图；20cm.—（中国传奇谱）；￥18.00
科尔沁旗草原/端木蕻良著 .—北京：人民文学出版社，1997.6.—410页；20cm.—（中国现代长篇小说丛书）；￥17.00
科技强国/曾抗著 .—杭州：浙江古籍出版社，1997.6.—146页；19cm.—（中华英杰故事丛书/夏自强主编）；￥5.80
秋蝉声声/额敦桑布著 .—呼和浩特：内蒙古人民出版社，1997.7.—240页；20cm；￥9.80
秋瑾——鉴湖女侠/曾德厚，何忠华著 .—长沙：湖南文艺出版社，1997.7.—287页；20cm.—（千秋系列长篇历史小说）（精装）；￥14.20
逃出恐龙世界/杜渐著 .—北京：科学普及出版社，1997.8.—192页；19cm.—（杜渐科幻小说集；6/金涛主编）；￥8.50
逃离爱情/晓焰著 .—北京：中国文联出版公司，1997.10.—390页；20cm；￥19.80
逃离家园/李玉臣著 .—呼和浩特：内蒙古人民出版社，1997.11.—477页；20cm；￥22.80
怨女/张爱玲著 .—广州：花城出版社，1997.3.—187页；20cm.—（张爱玲作品集）；￥7.60
美国，爸妈不知道的故事/张方晦著 .—沈阳：春风文艺出版社，1997.11.—2册;；20cm；￥35.80
美利坚之恋/赵鹏飞著 .—北京：作家出版社，1997.3.—401页；20cm；￥19.80
美食家：陆文夫中短篇小说自选集/陆文夫著 .—上海：上海文艺出版社，1997.12.—735页；20cm.—（小说界文库·中短篇系列）；￥27.70
姜子牙演义/马光复著 .—北京：知识出版社，1997.4.—312页；20cm.—（中国古代军师演

义丛书/马光复，翟德芳主编)；¥12.00
姜云彪中短篇小说选/姜云彪著 .—济南：山东文艺出版社，1997.2.—416页；20cm.—(山东作家丛书)；¥14.80
前夜/李希华著 .—合肥：安徽文艺出版社，1997.8.—377页；20cm；¥15.80
施蛰存名作：薄暮的舞女/方忠编 .—北京：中国华侨出版社，1997.7.—419页；20cm.—(海派名家名作赏析)；¥20.20
说吧，房间/林白著 .—南京：江苏文艺出版社，1997.10.—235页；20cm.—(九月丛书)；¥10.00
说岳全传/东方明等编写；罗希贤等绘 .—上海：上海辞书出版社，1997.5.—221页；20cm.—(古代小说名著故事)(精装)；¥16.50
客家魂三部曲/谭元亨著 .—北京：北京十月文艺出版社，1997.12.—3册；20cm.—(十月长篇小说创作丛书)(精装)；¥95.00
客家魂三部曲/谭元亨著 .—北京：北京十月文艺出版社，1997.12.—3册；20cm.—(十月长篇小说创作丛书)；¥80.00
宫廷传奇/卢惠龙等主编 .—贵阳：贵州人民出版社，1997.11.—289页：彩图；20cm.—(中国传奇谱)；¥16.50
恨海孤舟记/姚鹓鸰著 .—沈阳：春风文艺出版社，1997.8.—315页；20cm.—(鸳鸯蝴蝶派·礼拜六小说/魏绍昌主编)；¥15.80
神剑伽蓝/霓侫著 .—呼和浩特：内蒙古人民出版社，1997.11.—3册(1080页)；19cm；¥39.60
神龙盗火/杨选民著 .—昆明：云南人民出版社，1997.9.—303页；20cm；¥20.00
神谕/周梅森著 .—武汉：长江文艺出版社，1997.12.—440页；20cm.—(周梅森文集)；¥17.80
神雕·狂侠/梦龙著 .—北京：中国戏剧出版社，1997.9.—3册(874页)；20cm.—(梦龙七部书)；¥37.30
活法/杨继仁著 .—北京：中国文联出版公司，1997.2.—285页；20cm；¥15.20
活祭/沈家和著 .—北京：北京十月文艺出版社，1997.2.—465页；20cm.—(京味长篇小说系列·正阳门外卷；2)；¥19.50
活尸/程小青著 .—北京：群众出版社，1997.7.—569页；20cm.—(霍桑探案集；2)；¥22.80
活幽灵/林荫著 .—北京：群众出版社，1997.1.—276页；20cm.—(消闲系列丛书)；¥11.00
浮沉商海/吴云艳著 .—北京：作家出版社，1997.—627页；20cm.—(都市系列)；¥27.00
浮岛回声/蓝玛著 .—济南：明天出版社，1997.3.—298页；19cm.—(最新科幻小说系列)；¥11.00
浮世幻影/曾令云著 .—昆明：云南人民出版社，1997.9.—534页；20cm；¥21.80
洪灵菲小说精品：革命与恋爱的奏鸣曲/洪灵菲著 .—北京：中国文联出版公司，1997.9.—390页；20cm.—(中国现代名家小说丛书/乐齐主编)；¥19.20
洪湖妹子/郑远志著 .—武汉：长江文艺出版社，1997.1.—178页；19cm；¥15.00
洪武登基/刘振维著 .—北京：北京燕山出版社，1997.6.—472页；20cm；¥21.00
洛杉矶蜂鸟/晓阳著 .—北京：作家出版社，1997.10.—227页；20cm；¥12.00
追刀/南宫燕著 .—西宁：青海人民出版社，1997.12.—5册(1426页)；19cm.—(南宫燕武侠小说专辑)；¥49.80
追求爱情不排队/乔楚著 .—哈尔滨：北方文艺出版社，1997.3.—218页；20cm.—(纯情系列)；¥9.80
绝密/栗新白著 .—郑州：中原农民出版社，1997.1.—251页；19cm；¥8.80
绝杀局：洪峰小说自选集：短中篇小说卷/洪峰著 .—北京：华夏出版社，1997.1.—571页；20cm.—(中国当代作家文库)；¥23.00
绝情十三郎/曹力群著 .—北京：中国戏剧出版社，1997.11.—2册(787页)；19cm.—(曹力群作品集)；¥28.80
柔若无骨/施玮著 .—呼和浩特：内蒙古人民出版社，1997.1.—391页；20cm；¥19.80
柔石小说全集/柔石著 .—长春：时代文艺出版社，1997.8.—2册(604页)；20cm.—(20世纪中国小说经典作家全集丛书/郭俊峰，王金亭主编)；¥29.00
秦始皇演义/金式著 .—长沙：湖南出版社，1997.8.—515页；20cm.—(帝王演义丛书)；¥18.60

秦家风波/阿奎著 .—上海：百家出版社，1997.6.—258页；20cm；¥14.80

秦桧传：长篇历史小说/张远宏著 .—成都：四川文艺出版社，1997.1.—387页；20cm；¥16.80

莎士比亚戏剧故事集/王维昌，浩宇编著 .—北京：中国青年出版社，1997.12.—342页；19cm.—（青少年优秀外国文学读物系列）；¥11.00

热带儿女/许金虎著 .—北京：中国华侨出版社，1997.6.—398页；20cm；¥25.10

热岛/迟子建著 .—济南：明天出版社，1997.6.—244页；20cm.—（金犀牛丛书）；¥13.40

烈火/刁山林，刁毅著 .—天津：百花文艺出版社，1997.2.—552页：图；20cm；¥26.00

教授之死/尹曙生著 .—上海：上海文艺出版社，1997.1.—271页；20cm；¥11.30

都市小说/穆时英著；严家炎选编 .—上海：上海文艺出版社，1997.8.—228页；19cm.—（中国现代名作家名著珍藏本/巴金主编）；¥11.00

都市幽灵/耿天丽著 .—呼和浩特：远方出版社，1997.10.—540页；20cm；¥26.80

致不孝之子/张炜著 .—济南：山东友谊出版社，1997.6.—341页；20cm.—（双桨文丛·中国当代小说名作名评）；¥16.00

真纯依旧/张欣著 .—北京：经济日报出版社，1997.9.—503页；20cm.—（中国当代名家作品精选）；¥25.00

振兴中华　鞠躬尽瘁/孙颖等编写 .—济南：黄河出版社，1997.1.—2册；19cm.—（中华英杰爱国故事丛书/李又令，王立宪主编）；全套8册，总定价：38.00元

桃儿——我的亲娘/南飞著 .—北京：中国文联出版公司，1997.8.—284页；20cm.—（黑蝙蝠系列；1）；¥15.90

恩怨/向春著 .—济南：山东文艺出版社，1997.4.—412页；20cm；¥19.80

晓云/林海音著 .—杭州：浙江文艺出版社，1997.11.—400页；20cm.—（林海音文集）；¥16.60

哭泣游戏/邱华栋著 .—武汉：长江文艺出版社，1997.11.—383页；20cm.—（跨世纪文丛；5/陈骏涛主编）；¥16.00

徐訏名作：赌窟里的花魂/齐之编 .—北京：中国华侨出版社，1997.7.—424页；20cm.—（海派名家名作赏析）；¥20.40

借姑娘/马骏，傅平著 .—太原：北岳文艺出版社，1997.1.—201页；19cm；¥8.60

倾城之恋/张爱玲著 .—广州：花城出版社，1997.3.—275页；20cm.—（张爱玲作品集）；¥11.00

倾城倾国/凌力著 .—北京：北京出版社：北京十月出版社，1997.8.—664页；20cm.—（北京长篇小说创作精品系列）；¥23.00

爱不是彗星/方蕙著 .—南京：江苏文艺出版社，1997.3.—160页；20cm.—（嘉年华·纯情系列）；¥7.00

爱的密码/傅立山著 .—广州：新世纪出版社，1997.4.—213页；19cm；¥8.00

爱管闲事的红娘/黄苓著 .—南京：江苏文艺出版社，1997.3.—158页；20cm.—（嘉年华·纯情系列）；¥7.00

爱看电影的女孩/何玉茹著 .—石家庄：花山文艺出版社，1997.4.—252页；20cm.—（中国当代青年作家长篇新作丛书）；¥11.00

爱情辫子：长篇小说/小叶秀子著 .—沈阳：春风文艺出版社，1997.11.—359页；20cm；¥17.80

爱情私语不打结/乔楚著 .—哈尔滨：北方文艺出版社，1997.3.—218页；20cm.—（纯情系列）；¥9.80

爱情暂借问/乔楚著 .—哈尔滨：北方文艺出版社，1997.3.—218页；20cm.—（纯情系列）；¥9.80

爱国故事/贾培源主编 .—杭州：浙江教育出版社，1997.9.—214页；19cm.—（希望丛书）；¥6.75

爱心永存：发生在大洋彼岸的真实故事/赵振康编著 .—上海：复旦大学出版社，1997.6.—195页；20cm；¥10.00

爱情的开始：沉樱小说/陈宁宁编选 .—上海：上海古籍出版社，1997.10.—200页；20cm.—（虹影丛书·民国女作家小说经典/柯灵主编）；¥13.10

铁壁伏匪记/邓德礼著 .—贵阳：贵州人民出版社，1997.12.—451页；20cm；¥18.00

铁汉娇娃/秋梦痕著 .—北京：中国文联出版公司，

1997.12.—2册（756页）；20cm.—（秋梦痕作品全集）；￥33.60
铁蝴蝶/林燕妮著 .—2版 .—深圳：海天出版社，1997.4.—188页；20cm.—（林燕妮爱情小说系列）；全套共5册，总定价：52.00元
婚恋/孙宪礼著 .—济南：黄河出版社，1997.4.—256页；20cm；￥12.00
造化/陆涛著 .—2版 .—沈阳：春风文艺出版社，1997.3.—543页；20cm.—（布老虎丛书·长篇小说）；￥27.98
唐狮缘/汪卫兴著 .—上海：上海文艺出版社，1997.7.—118页；19cm；￥6.00
唐玄奘外传/张启珍，冯双海著 .—郑州：河南文艺出版社，1997.11.—617页；20cm；￥26.60
康熙大帝/二月河原著；王瑞人，赵维莉改编 .—广州：广东经济出版社，1997.7.—4册（1831页）；20cm；￥76.00
家园/郑建华著 .—济南：山东文艺出版社，1997.7.—515页；20cm；￥20.80
家园/唐晓玲著 .—南京：江苏文艺出版社，1997.12.—438页；20cm；￥19.80
高原上的村庄：石干成小说集/石干成著 .—贵阳：贵州民族出版社，1997.12.—260页；20cm；￥16.80
索仇门/秋梦痕著 .—北京：中国文联出版公司，1997.12.—2册（582页）；20cm.—（秋梦痕作品全集）；￥25.20
凌鼎年小小说/杨晓敏，郭昕主编 .—长沙：湖南文艺出版社，1997.3.—226页；19cm.—（中国当代小小说作家丛书）；￥9.10
凌霄一士随笔/徐凌霄，徐一士著 .—太原：山西古籍出版社，1997.7.—5册（1991页）；20cm.—（民国笔记小说大观·第三辑/孙安邦主编）；￥98.00
准备离机/宿聚生著 .—太原：北岳文艺出版社，1997.7.—344页；20cm.—（长篇军旅小说金戈丛书/朱向前主编）；￥15.00
浩然/浩然著 .—北京：人民文学出版社，1997.10.—419页；20cm.—（中国当代作家选集丛书）；￥18.00
涌动的都市/李锦崇等著 .—合肥：安徽文艺出版社，1997.7.—422页；20cm.—（五月丛书/陈振民主编）；￥16.20
浪潮/李黎著 .—合肥：安徽文艺出版社，1997.11.—299页；20cm；￥18.80
浪漫诱惑/黄剑华著 .—北京：中国文联出版公司，1997.8.—451页；20cm；￥20.80
海底寻亲/赵丹著 .—杭州：浙江文艺出版社，1997.12.—218页；19cm.—（金手指科幻小说丛书）；￥8.50
海沽灯辇花会/张广裕著 .—天津：天津人民出版社，1997.1.—304页：彩照；20cm；￥17.00
海上的风/瞿旋著 .—天津：百花文艺出版社，1997.2.—378页；20cm；￥28.00
海噬/余德庄著 .—北京：作家出版社，1997.10.—361页；20cm；￥17.00
海水下面是火山/张洪著 .—福州：海峡文艺出版社，1997.2.—280页；20cm；￥12.00
海棠花/文夕著 .—沈阳：春风文艺出版社，1997.11.—496页；20cm；￥24.80
海上活地狱/雷珠生著 .—沈阳：春风文艺出版社，1997.5.—329页；20cm.—（鸳鸯蝴蝶派·礼拜六小说/魏绍昌主编）；￥15.80
海之魂/李云良著 .—北京：中国青年出版社，1997.11.—336页；20cm.—（金锚文学丛书）；￥11.30
海蜘蛛/马铭著 .—北京：海洋出版社，1997.7.—222页；19cm.—（科幻海洋）；￥12.00
海外缤纷录/陈辟邪著 .—合肥：安徽文艺出版社，1997.6.—544页；20cm.—（中国现代社会小说选丛/王继权主编）；￥19.20
通往天堂和地球的门都是开着的/王寿璧著 .—沈阳：沈阳出版社，1997.11.—303页；19cm；￥12.50
萧红乡土小说选/刘绍棠主编 .—北京：大众文艺出版社，1997.10.—330页；20cm；￥14.50
黄金家族的守望：蒙古族小说选/那顺德力格尔主编；昭乌达译书社编译 .—北京：中国对外翻译出版公司，1997.4.—371页；20cm.—（苍狼文丛/那顺德力格尔主编）；￥20.00
黄栗木铜炮枪/马青著 .—昆明：云南人民出版社，1997.5.—182页；19cm.—（红高原文学丛书）；￥7.40
黄金地带/三石著 .—南京：江苏文艺出版社，1997.4.—309页；20cm；￥15.00
黄土魂/孟道正著 .—武汉：长江文艺出版社，

1997.11.—365页；20cm；￥18.00

黄岩三侠/梦龙著.—北京：中国戏剧出版社，1997.9.—3册（914页）；20cm；￥38.80

黄继光/石钟山，余飞著.—兰州：敦煌文艺出版社，1997.12.—157页；20cm.—（中国人民解放军六位英模丛书/秦卫东主编）；￥12.00

雪鸟/张根源著.—昆明：云南民族出版社，1997.3.—149页；19cm.—（星星雨文学丛书/王金坤主编）；￥6.60

雪域风景线/查拉独几著.—昆明：云南人民出版社，1997.4.—251页；19cm.—（红高原文学丛书）；￥9.50

聊斋情话/孙青云著.—北京：华艺出版社，1997.7.—318页；20cm；￥14.30

基因再造计划/杜渐著.—北京：科学普及出版社，1997.8.—139页；19cm.—（杜渐科幻小说集；2/金涛主编）；￥6.50

乾隆皇帝　第4卷：天步艰难/二月河著.—北京：新世界出版社，1997.9.—560页；20cm；系列长篇小说；￥26.80

梦笔江郎：江淹传奇/陈旭著.—福州：海峡文艺出版社，1997.12.—293页；20cm；￥13.00

梦土　（下）/少鸿著.—长沙：湖南文艺出版社，1997.4.—492页；20cm；￥16.80

梦中城市/肖潇著.—呼和浩特：内蒙古人民出版社，1997.1.—321页；20cm；￥16.80

梦珂：丁玲小说/周伟鸿编选.—上海：上海古籍出版社，1997.10.—205页；20cm.—（虹影丛书·民国女作家小说经典/柯灵主编）；￥13.40

梦在东京/周昕著.—武汉：长江文艺出版社，1997.5.—310页；20cm.—（湖北新锐文丛）；￥15.00

梅魂曲/王庆云著.—合肥：安徽文艺出版社，1997.12.—285页；19cm；￥12.00

梅雪/宋丽娟著.—北京：中国文联出版公司，1997.10.—346页；20cm；￥16.80

梅雨/宋执群著.—北京：作家出版社，1997.10.—238页；20cm；￥12.50

梅雨之夕/施蛰存著.—哈尔滨：黑龙江人民出版社，1997.7.—312页；20cm.—（海派作家作品精选/于润琦主编）；￥13.80

推销小姐历险记：市井故事精选　第1册/朱伟伦主编.—上海：百家出版社，1997.5.—168页；19cm.—（新民晚报丛书）；￥5.00

裂岸/朱东惠著.—沈阳：春风文艺出版社，1997.10.—623页；20cm；￥28.00

琉璃厂传奇/邹静之著.—北京：中国电影出版社，1997.8.—429页；20cm；￥24.80

野婚/刘绍棠著.—北京：北京燕山出版社，1997.8.—458页；20cm.—（京味文学丛书）；￥21.00

野兰花/文夕著.—沈阳：春风文艺出版社，1997.11.—535页；20cm；￥26.80

野雾/林燕妮著.—2版.—深圳：海天出版社，1997.4.—188页；20cm.—（林燕妮爱情小说系列）；全套共5册，总定价：52.00元

冤魂泣/刘伟见编著.—沈阳：辽宁人民出版社，1997.8.—302页；19cm.—（中国古代名案传奇；7）；￥10.00

崛起/高克峰著.—沈阳：沈阳出版社，1997.3.—336页；19cm；￥16.00

彩灯：中短篇小说集/祖光益著.—合肥：安徽文艺出版社，1997.10.—292页；20cm；￥12.00

船与水/师咸卿著.—郑州：河南文艺出版社，1997.7.—317页；20cm.—（霓虹灯丛书）；￥14.00

移民美国/胡平著.—郑州：河南人民出版社，1997.10.—255页；20cm.—（沧桑文丛/李辉主编）；￥12.50

移情别恋/方远著.—昆明：云南人民出版社，1997.9.—343页；20cm；￥14.80

银河/张抗抗著.—武汉：长江文艺出版社，1997.11.—358页；20cm.—（跨世纪文丛；5/陈骏涛主编）；￥15.00

银河帝国梦：中国最新科幻小说选/严篷主编.—北京：科学普及出版社，1997.11.—259页；19cm；￥10.00

铜鼓冲纪事/刘春来著.—长沙：湖南文艺出版社，1997.12.—257页；19cm；￥10.20

第一炉香/张爱玲著.—广州：花城出版社，1997.3.—281页；20cm.—（张爱玲作品集）；￥11.50

第三种选择/夏真，王毅著.—宁波：宁波出版社，1997.8.—249页；19cm；￥10.00

第四奇迹/牧铃著.—南京：江苏少年儿童出版社，1997.8.—200页；20cm.—（中华当代科幻小

说丛书)；¥7.50
悠悠赤子情/徐瑞清主编 .—南京：江苏人民出版社，1997.6.—259页；20cm；¥12.00
偷脑的贼：潘家铮科幻小说集/潘家铮著 .—北京：科学普及出版社，1997.7.—242页；20cm；¥11.00
鲁彦小说精品：乡土小说的拓荒人/鲁彦著 .—北京：中国文联出版公司，1997.9.—688页；20cm.—(中国现代名家小说丛书/乐齐主编)；¥30.20
窑地/张涛著 .—北京：作家出版社，1997.1.—488页；20cm；¥21.60
寂寞歌唱/刘醒龙著 .—天津：百花文艺出版社，1997.8.—411页；20cm.—(新支点长篇小说丛书)；¥18.00
宿北大战/唐文明著 .—北京：解放军文艺出版社，1997.3.—370页；20cm；¥16.00
郭子仪演义/郝艳霞，王润生编著 .—太原：北岳文艺出版社，1997.8.—580页；20cm；¥29.00
商圣——范蠡全传/谢世俊著 .—哈尔滨：北方文艺出版社，1997.6.—2册(916页)；20cm；¥42.80
道光皇帝：长篇历史小说/那景洪著 .—北京：中国友谊出版公司，1997.6.—2册(838页)；20cm；¥39.80
谢志强小小说/杨晓敏，郭昕主编 .—长沙：湖南文艺出版社，1997.3.—218页；19cm.—(中国当代小小说作家丛书)；¥8.80
渡口情话/顾昱东著 .—昆明：云南民族出版社，1997.3.—154页；19cm.—(星星雨文学丛书/王金坤主编)；¥6.80
清风百代/李士彪著 .—杭州：浙江古籍出版社，1997.6.—134页；19cm.—(中华英杰故事丛书/夏自强主编)；¥5.40
清史演义/蔡东藩著 .—太原：山西人民出版社，1997.1.—899页；20cm.—(中国历代通俗演义)(精装)；¥27.50
清宫十三帝风月演义/许啸天著 .—北京：光明日报出版社，1997.6.—2册(940页)；20cm；¥39.80
清水幻象/革非著 .—北京：作家出版社，1997.2.—2册(980页)；20cm；¥46.00
情爱画廊/张抗抗著 .—2版 .—沈阳：春风文艺出版社，1997.10.—429页；20cm.—(布老虎丛书·长篇小说)；¥21.98
情惑/志广主编 .—呼和浩特：内蒙古人民出版社，1997.1.—2册；20cm.—(新时期情爱争鸣小说精品大系)；¥39.80
情空灿烂/田雁宁著 .—北京：文化艺术出版社，1997.9.—709页；20cm.—(青铜牛丛书)；¥32.00
情逝/潘灵著 .—呼和浩特：内蒙古人民出版社，1997.1.—377页；20cm；¥18.80
情义劫/方敏著 .—北京：群众出版社，1997.1.—279页；20cm.—(新公案小说/何镇邦等主编)；¥11.60
情有可原/刘福成著 .—北京：华艺出版社，1997.6.—570页；20cm；¥25.50
情越时空/黄苓著 .—南京：江苏文艺出版社，1997.3.—160页；20cm.—(嘉年华·纯情系列)；¥7.00
尉迟恭演义/任发著 .—太原：山西古籍出版社，1997.5.—2册(686页)；20cm；¥31.50
随风飘逝/宣儿著 .—长春：时代文艺出版社，1997.3.—328页；20cm.—(当代女作家长篇小说文库/丁帆主编)；¥19.80
隋炀帝演义/朱和平著 .—长沙：湖南出版社，1997.8.—600页；20cm.—(帝王演义丛书)；¥20.90
落花成泥/刘迪著 .—合肥：安徽文艺出版社，1997.5.—305页；20cm.—(五月丛书/陈振民主编)；¥12.00
落红沉香梦/王心丽著 .—北京：文化艺术出版社，1997.11.—426页；20cm.—(青铜牛丛书)；¥22.80
蒋光慈小说精品：革命小说的早期实验/蒋光慈著 .—北京：中国文联出版公司，1997.9.—380页；20cm.—(中国现代名家小说丛书/乐齐主编)；¥18.80
焚烧的黄昏/邓荣弟著 .—南昌：百花洲文艺出版社，1997.12.—345页；20cm.—(百花洲文学创作丛书)；¥12.80
揭开你的冷面/汪孟苓著 .—南京：江苏文艺出版社，1997.7.—160页；20cm.—(水晶链丛书·第一辑)；¥7.00
超级圈套/柯云路著 .—北京：新华出版社，

1997.4.—471页；20cm；￥19.80

朝云暮雨/汤吉夫著 .—天津：百花文艺出版社，1997.5.—315页；20cm；￥15.00

朝雾中的哈大门大街/凌叔华著；杨杨编 .—珠海：珠海出版社，1997.4.—329页；20cm.—（世纪的回响·作品卷/李子云等主编）；￥15.80

朝鲜战争演义/谷风著 .—成都：四川人民出版社，1997.4.—447页；20cm.—（20世纪中国历史演义丛书）；￥18.50

悲欢岁月/罗源文著 .—广州：广州出版社，1997.10.—506页；19cm；￥27.00

最后选择/周昌义著 .—北京：中国青年出版社，1997.1.—477页；20cm；￥19.30

践言/王淑春著 .—天津：百花文艺出版社，1997.11.—345页；20cm；￥17.50

喋血沙场/杨东梁，梅瑛著 .—杭州：浙江古籍出版社，1997.6.—167页；19cm.—（中华英杰故事丛书/夏自强主编）；￥6.50

啼笑因缘：张恨水作品经典/张恨水著 .—北京：群众出版社，1997.4.—430页；20cm；￥25.20

晚安北京/林哲著 .—北京：作家出版社，1997.1.—271 页；20cm.—（都市系列）；￥13.50

黑白诱惑/许言著 .—北京：北京少年儿童出版社，1997.7.—190页：插图；20cm.—（自画青春丛书/陈建功主编）；￥11.00

黑坟/周梅森著 .—武汉：长江文艺出版社，1997.12.—430页；20cm.—（周梅森文集）；￥17.80

黑鸽子/池莉著 .—济南：明天出版社，1997.6.—325页；20cm.—（金犀牛丛书）；￥16.90

黑精灵/练沛鸿著 .—北京：作家出版社，1997.10.—页513；20cm；￥23.00

黑龙三角/杜渐著 .—北京：科学普及出版社，1997.8.—193页；19cm.—（杜渐科幻小说集；7/金涛主编）；￥8.50

黑蚂蚁蓝眼睛：长篇小说《地母》之一/赵本夫著 .—沈阳：春风文艺出版，1997.11.—407页；20cm；￥20.80

黑妹/魏雅华著 .—济南：山东文艺出版社，1997.1.—406页；20cm；￥16.80

黑色受孕/康焕龙著 .—北京：群众出版社，1997.—266页；20cm.—（当代侦探推理小说文库）；￥13.50

黑土地传奇：长篇小说/张轼军著 .—南昌：百花洲文艺出版社，1997.6.—384 页；20cm；￥15.00

黑涡/黄剑华著 .—海口：南海出版公司，1997.9.—332页；20cm；￥18.90

黑箱/罗珠著 .—北京：中国电影出版社，1997.5.—420页；20cm.—（当代文学名著）；￥￥19.60

黑虎/王焰明著 .—昆明：云南民族出版社，1997.3.—127页；19cm.—（星星雨文学丛书/王金坤主编）；￥5.60

跛者之路/何戎著 .—北京：中国文联出版公司，1997.12.—256页；20cm；￥14.60

集梦爱好者/李大卫著 .—北京：作家出版社，1997.1.—270页；20cm；￥14.80

傍晚敲门的女人/李迪著 .—北京：华龄出版社，1997.5.—353页；20cm；￥15.80

媚娘孩儿/熊沐著 .—长春：时代文艺出版社，1997.8.—3册（659页）；19cm；￥21.80

遍地葵花/陈怀国著 .—太原：北岳文艺出版社，1997.7.—350页；20cm.—（长篇军旅小说金戈丛书/朱向前主编）；￥15.00

遍地菽麦/邓一光著 .—武汉：长江文艺出版社，1997.8.—378页；20cm.—（跨世纪文丛；5/陈骏涛主编）；￥15.00

遍地传说/杨占林主编 .—呼和浩特：远方出版社，1997.4.—262页；20cm.—（准格尔文丛·小说卷）；￥16.20

逼近世纪末小说选：卷四　1996/陈思和主编 .—上海：上海文艺出版社，1997.11.—369 页；20cm；￥16.40

痛哭一晚/刁斗著 .—北京：作家出版社，1997.10.—308页；20cm；￥14.80

湖海游龙：东方玉经典武侠作品专辑/东方玉著 .—海口：海南出版社，1997.9.—3册（752页）；19cm.—（东方玉武侠精品）；￥29.80

温柔/肖建国著 .—广州：广东旅游出版社，1997.2.—465页；20cm；￥20.00

温城之梦/石林红著 .—北京：人民文学出版社，1997.9.—429页；20cm；￥19.80

渴望激情/皮皮著 .—沈阳：春风文艺出版社，1997.1.—427页；20cm.—（布老虎丛书·长篇

小说)；¥19.80
裸原/刘继安著 .—呼和浩特：内蒙古人民出版社，1997.1.—632页；20cm；¥29.80
骗中骗/陈翼浦著 .—北京：中国文联出版公司，1997.3.—270页；19cm.—(警探雷鸣系列推理小说；1)；¥12.20
雷锋/杨民青著 .—兰州：敦煌文艺出版社，1997.12.—155页；20cm.—(中国人民解放军六位英模丛书/秦卫东主编)；¥12.00
蓝江/曹何著 .—南昌：百花洲文艺出版社，1997.7.—236页；19cm；¥8.60
蓝色故乡/曾小春著 .—福州：福建少年儿童出版社，1997.5.—172页；20cm.—(花季小说/梅子涵主编)；¥8.50
感情游戏错中错/乔楚著 .—哈尔滨：北方文艺出版社，1997.3.—218页；20cm.—(纯情系列)；¥9.80
魂飘"亚女乐"/牛元光著 .—北京：群众出版社，1997.5.—313页；19cm；¥13.00
摇滚猫乐队/邢抒然著 .—北京：北京少年儿童出版社，1997.7.—248页；20cm.—(自画青春丛书/陈建功主编)；¥14.00
禁城黄昏/蒋敬生著 .—武汉：长江文艺出版社，1997.10.—426页；20cm；¥16.00
碎瓦/苏童著 .—南京：江苏文艺出版社，1997.10.—246页；20cm.—(九月丛书)；¥10.00
暖雪/张彦平著 .—济南：明天出版社，1997.10.—273页；20cm；¥10.00
暗杀——3322：长篇小说/王蒙著 .—2版 .—沈阳：春风文艺出版社，1997.10.—334页；20cm；¥16.98
歌场冶史/汪仲贤著 .—沈阳：春风文艺出版社，1997.4.—324页；20cm.—(鸳鸯蝴蝶派·礼拜六小说/魏绍昌主编)；¥13.80
跨过半敞开的国门/李岘著 .—哈尔滨：北方文艺出版社，1997.12.—331页；20cm；¥15.60
跨度：作家的处女作和代表作/黄宾堂主编 .—昆明：云南人民出版社，1997.4.—2册；20cm；¥50.00
跨越三维空间：数学科幻故事精选/孙维梓编著 .—上海：上海科技教育出版社，1997.4.—321页；19cm；¥11.80
窥视：冯苓植小说精品/冯苓植著 .—呼和浩特：远方出版社，1997.8.—454页；20cm；¥24.80
解密档案/陈维实著 .—北京：中国三峡出版社，1997.10.—458页；20cm；¥19.80
跤坛风尘/姚宗瑛著 .—天津：百花文艺出版社，1997.5.—361页；20cm；¥18.00
新十日谈/格木野芳著 .—南昌：百花洲文艺出版社，1997.10.—515页；20cm；¥20.00
新儒林外史/石侠著 .—北京：作家出版社，1997.5.—479页；20cm；¥21.50
新山海经/张秋虫著 .—沈阳：春风文艺出版社，1997.8.—450页；20cm.—(鸳鸯蝴蝶派·礼拜六小说/魏绍昌主编)；¥19.80
新乱世佳人/黄蓓佳著 .—南京：江苏文艺出版社，1997.10.—653页；20cm.—(九月丛书)；¥25.00
新西游记/海诚著 .—北京：人民文学出版社，1997.2.—2册(850页)；20cm.—(探索者丛书)；¥38.00
痴/林燕妮著 .—2版 .—深圳：海天出版社，1997.4.—188页；20cm.—(林燕妮爱情小说系列)；全套共5册，总定价：52.00元
痴狂/汪孟苓著 .—南京：江苏文艺出版社，1997.7.—160页；20cm.—(水晶链丛书·第一辑)；¥7.00
痴情令主/熊沐著 .—长春：时代文艺出版社，1997.8.—3册(638页)；19cm；¥21.80
痴恋日记：刘呐鸥，章衣萍名作/方忠编 .—北京：中国华侨出版社，1997.7.—321页；20cm.—(海派名家名作赏析)；¥15.80
蒿里行/何士光著 .—2版 .—海口：海南出版社，1997.8.—404页；20cm；¥18.80
福物祭旗/芦淼著 .—北京：北京少年儿童出版社，1997.7.—327页；20cm.—(自画青春丛书)；¥17.00
福镇/关仁山著 .—天津：百花文艺出版社，1997.8.—393页；20cm.—(新支点长篇小说丛书)；¥17.00
煎熬/成纪，遥远著 .—呼和浩特：内蒙古人民出版社，1997.8.—320页；20cm；¥16.80
慈禧西行/石零著 .—北京：作家出版社，1997.2.—404页；20cm；¥18.50
蔡文姬全传/顾铭新著 .—长春：长春出版社，

1997.8.—270 页；20cm.—（中国历代才子传丛书/喻朝刚，杨德宏主编）（精装）；￥13.00
蔡东藩历代通俗演义全编/蔡东藩著 .—海拉尔：内蒙古文化出版社，1997.7.—3 册（2763 页）；20cm；￥88.80
暮巴拉·雾山：中篇小说集/刘克著 .—合肥：安徽文艺出版社，1997.12.—359 页；20cm；￥16.50
暮鼓晨钟——少年康熙/凌力著 .—北京：北京出版社，1997.8.—892 页；20cm.—（北京长篇小说创作精品系列）；￥29.00
碧血丹心/杨德谦等著 .—杭州：浙江古籍出版社，1997.6.—158 页；19cm.—（中华英杰故事丛书/夏自强主编）；￥6.10
碧玉风流：长篇小说/范垂功著 .—沈阳：春风文艺出版社，1997.8.—315 页；20cm；￥15.00
瑶台春梦：李后主外传/亚平力著 .—北京：光明日报出版社，1997.1.—522 页；20cm；￥24.80
踌躇的季节/王蒙著 .—北京：人民文学出版社，1997.10.—402 页；20cm；￥16.50
罂粟花/文夕著 .—沈阳：春风文艺出版社，1997.1.—541 页；20cm；￥24.80
鲜为人知的故事/吴成槐主编 .—沈阳：辽宁民族出版社，1997.1.—427 页；20cm；￥16.00
滚动的情韵/贾瓦盘加著 .—成都：四川民族出版社，1997.11.—200 页；20cm.—（中国彝族当代文学丛书）；本书为彝文、汉文两种文字；￥7.50
遭遇爱情/徐坤著 .—武汉：长江文艺出版社，1997.8.—329 页；20cm.—（跨世纪文丛；5/陈骏涛主编）；￥13.00
敲门的女孩子/张洁著 .—福州：福建少年儿童出版社，1997.5.—170页；20cm.—（花季小说/梅子涵主编）；￥8.00
飘扬的红玫瑰/贞翔著 .—哈尔滨：哈尔滨出版社，1997.8.—218 页；20cm；￥21.60
飘去的云/普飞著 .—昆明：云南民族出版社，1997.3.—162页；19cm.—（星星雨文学丛书/王金坤主编）；￥7.00
燕恋山/张修良著 .—太原：希望出版社，1997.9.—358 页；20cm；￥15.00
樱花恋/林惠女著 .—深圳：海天出版社，1997.1.—495 页；20cm.—（都市新潮小说系列）；￥32.80
露水街之恋/王锦秋著 .—天津：百花文艺出版社，1997.1.—275 页；19cm；￥12.00
聪明人故事/《故事会》编辑部编 .—上海：上海文艺出版社，1997.10.—184 页；19cm.—（故事会爱好者丛书/何承伟主编）；￥5.00
撒旦的礼物/孙观懋著 .—南京：江苏文艺出版社，1997.10.—232 页；20cm；￥10.00
影后胡蝶/冯俐著 .—北京：中国文联出版公司，1997.7.—397 页；20cm；￥19.90
暴风雨/铁马著 .—长沙：湖南文艺出版社，1997.7.—3 册（2021 页）；20cm；￥78.00
暴风雨前/李劼人著 .—北京：人民文学出版社，1997.6.—327 页；20cm.—（中国现代长篇小说丛书）；￥15.00
蝙蝠之恋：赵德发自选集/赵德发著 .—济南：山东文艺出版社，1997.12.—610 页；20cm；￥25.60
雕剑震武林/曹力群著 .—北京：中国戏剧出版社，1997.11.—2 册（692 页）；19cm.—（曹力群作品集）；￥24.80
舞后的归宿/程小青著 .—北京：群众出版社，1997.7.—567 页；20cm.—（霍桑探案集；1）；￥22.80
潮人/郭启宏著 .—北京：作家出版社，1997.10.—505 页；20cm；￥24.00
篱下的岁月/梁凤仪著 .—北京：人民文学出版社，1997.9.—185页；19cm.—（梁凤仪作品系列·归航系列）；￥9.80
薄暮的哀愁：罗洪小说/林伟民编选 .—上海：上海古籍出版社，1997.10.—217 页；20cm.—（虹影丛书·民国女作家小说经典/柯灵主编）；￥13.80
穆时英名作：墨绿衫的小姐/谭桂林编 .—北京：中国华侨出版社，1997.7.—437 页；20cm.—（海派名家名作赏析）；￥21.00
薛玛姑娘：高缨中短篇小说精选/高缨著 .—成都：四川民族出版社，1997.5.—354 页；20cm；￥11.25
壁岭高风：陈吊眼传奇/许其与著 .—汕头：汕头大学出版社，1997.12.—248 页；20cm；￥15.00
魏忠贤：骑在万岁头上的九千岁/宋益三，微如

著．—哈尔滨：北方文艺出版社，1997.2.—410 页；20cm.—（明清四大太监丛书）；￥19.20

朦胧的期待：萧红小说/尚海思编选．—上海：上海古籍出版社，1997.10.—179 页；20cm.—（虹影丛书·民国女作家小说经典/柯灵主编）；￥12.50

翼上家园/李忠效著．—北京：中国青年出版社，1997.11.—303 页；20cm.—（金锚文学丛书）；￥12.60

孽海侠魂/张宝瑞著．—呼和浩特：内蒙古人民出版社，1997.9.—2 册；20cm；￥29.80

孽缘千里/黑马著．—合肥：安徽文艺出版社，1997.4.—317 页；20cm；￥13.00

警察故事：一个警官公开的日记/郑勇著．—北京：大众文艺出版社，1997.1.—305 页；20cm；￥14.80

瀚海：洪峰小说自选集：短中篇小说卷/洪峰著．—北京：华夏出版社，1997.1.—644 页；20cm.—（中国当代作家文库/张锲主编）；￥27.00

魔尘侠风/左龙著．—呼和浩特：内蒙古人民出版社，1997.10.—2 册（759 页）；20cm.—（中华武侠文学作品精品大系·左龙作品集：珍藏版）；￥34.80

魔火/汪后觉，谢国来著．武汉：长江文艺出版社，1997.12.—572 页；20cm；￥25.80

作品集

'90 作品精选：文化部文华奖获奖作品精选/中华人民共和国文化部艺术局编．—青岛：青岛出版社，1996.10.—620 页；20cm.—（文化丛书/姚欣主编）；￥25.60

'92 作品精选：文化部文华奖获奖作品精选/中华人民共和国文化部艺术局编．—青岛：青岛出版社，1996.10.—472 页；20cm.—（文华丛书/姚欣主编）；￥20.80

'93 作品精选：文化部文华奖获奖作品精选/中华人民共和国文化部艺术局编．—青岛：青岛出版社，1996.10.—636 页；20cm.—（文华丛书/姚欣主编）；￥26.00

'94 作品精选：文化部文华奖获奖作品精选/中华人民共和国文化部艺术局编．—青岛：青岛出版社，1996.10.—572 页；20cm.—（文华丛书/姚欣主编）；￥23.80

大青树下：新时期傣族文学作品选/水滴等著．—昆明：云南民族出版社，1996.7.—234 页；19cm；￥7.50

王禹偁诗文选/（宋）王禹偁著；王延梯选注．—北京：人民文学出版社，1996.7.—268 页；20cm；￥12.80

五月榴花：北京工人老作家作品选/李牲，郑守廷主编．—北京：北京出版社，1996.5.—433 页；20cm；￥15.00

中国古代文学作品选自学指导/吴锦主编．—南京：南京大学出版社，1996.10.—186 页；20cm；高等教育自学考试指导书；￥6.70

中国古代文学作品选：元、明部分/郭预衡主编．—长沙：湖南出版社，1996.1.—670 页；20cm；高等学校文科教材；￥23.10

中国古代文学作品选：隋唐五代部分/郭预衡主编．—长沙：湖南出版社，1996.3.—713 页；20cm；高等学校文科教材；￥24.60

中国古代文苑精品/夏咸淳主编．—上海：东方出版中心，1996.1.—582 页；20cm（精装）；￥20.00

中国古典文学作品精选/熊礼汇主编．—武汉：长江文艺出版社，1996.11.—10 册；19cm.—（学友文库）；包括《诗经·楚辞》等 10 册（盒装）；￥60.00

中国古典诗文"四绝"/朱世英等选注．—武汉：长江文艺出版社，1996.3.—873 页；20cm；￥34.00

中国百年文学经典文库：短篇小说卷/谢冕主编．—深圳：海天出版社，1996.10.—2 册；20cm；￥58.00

中国百年文学经典文库：散文卷/谢冕主编．—深圳：海天出版社，1996.10.—2 册；20cm；￥58.00

中国百年文学经典文库：诗歌卷：1895～1995/谢冕主编．—深圳：海天出版社，1996.10.—613 页；20cm；￥35.80

中国百年文学经典文库：戏剧卷：1895～1995/谢冕主编．—深圳：海天出版社，1996.10.—571

页；20cm；￥34.80
中国百年文学经典文库：中篇小说卷/谢冕主编 .—深圳：海天出版社，1996.10.—4册；20cm；￥112.00
中国新文艺大系：1937～1949：报告文学集/穆青主编 .—北京：中国文联出版公司，1996.7.—735页；26cm；￥71.00
中国新文艺大系：1937～1949：电影集/程季华主编 .—北京：中国文联出版公司，1996.10.—715页；26cm；￥71.00
中国新文艺大系：1937～1949：民间文学集/刘锡诚主编 .—北京：中国文联出版公司，1996.8.—737页；26cm（精装）；￥83.00
中国新文艺大系：1937～1949：散文杂文集/田仲济，蒋心焕主编 .—北京：中国文联出版公司，1996.6.—967页；26cm；￥92.00
中国新文艺大系：1937～1949：诗集/公木主编 .—北京：中国文联出版公司，1996.10.—610页；26cm；￥65.80
文选/屈守元著 .—2版 .—成都：巴蜀书社，1996.9.—456页；20cm.—（名著名家导读·第一辑/蔡尚思主编）；￥18.00
文化解剖与社会批判：鲁迅文选/吴晓明，王德峰编选 .—上海：上海远东出版社，1996.6.526—页；20cm.—（中国近现代思想家论道丛书/谢遐龄主编）；￥23.00
巴金70年文选/李济生，李小林编选 .—上海：上海文艺出版社，1996.4.—999页：照片；20cm.—（当代文坛大家文库）（精装）；￥45.60
巴金选集　第五卷/巴金著 .—2版 .—成都：四川人民出版社，1996.9.—320页；20cm.—（中国现代作家选集丛书）；￥12.00
巴金选集　第六卷/巴金著 .—2版 .—成都：四川人民出版社，1996.9.—445页；20cm.—（中国现代作家选集丛书）；￥16.80
巴金选集　第七卷/巴金著 .—2版 .—成都：四川人民出版社，1996.9.—505页；20cm.—（中国现代作家选集丛书）；￥19.00
巴金选集　第八卷/巴金著 .—2版 .—成都：四川人民出版社，1996.9.—406页；20cm.—（中国现代作家选集丛书）；￥15.50
巴金选集　第九卷/巴金著 .—2版 .—成都：四川人民出版社，1996.9.—690页；20cm.—（中国现代作家选集丛书）；￥26.00
邓友梅/邓友梅著 .—北京：人民文学出版社，1996.5.—458页；20cm.—（中国当代作家选集丛书）；￥21.00
古文荟萃/上海古籍出版社编 .—上海：上海古籍出版社，1996.9.—180页；19cm.—（中国古典文学作品选读丛书选汇；3）；￥26.00
东北现代文学大系：1919～1949　第一集：评论卷/张毓茂主编；阎志宏，李树权选编 .—沈阳：沈阳出版社，1996.12.—776页；20cm（精装）；￥50.00
东北现代文学大系：1919～1949　第二～四集：短篇小说卷/张毓茂主编；白长青选编 .—沈阳：沈阳出版社，1996.12.—3册（2172页）；20cm（精装）；￥140.00
东北现代文学大系：1919～1949　第五集：中篇小说卷/张毓茂主编；高翔选编 .—沈阳：沈阳出版社，1996.12.—787页；20cm（精装）；￥50.00
东北现代文学大系：1919～1949　第六～八集：长篇小说卷/张毓茂主编；高翔选编 .—沈阳：沈阳出版社，1996.12.—3册（1752页）；20cm（精装）；￥120.00
东北现代文学大系：1919～1949　第九～十集：散文卷/张毓茂主编；李春燕选编 .—沈阳：沈阳出版社，1996.12.—2册（1291页）；20cm（精装）；￥90.00
东北现代文学大系：1919～1949　第十一～十二集：诗歌卷/张毓茂主编；黄万华选编 .—沈阳：沈阳出版社，1996.12.—2册（1474页）；20cm（精装）；￥95.00
东北现代文学大系：1919～1949　第十三集：戏剧卷/张毓茂主编；黄万华选编 .—沈阳：沈阳出版社，1996.12.—776页；20cm（精装）；￥50.00
东北现代文学大系：1919～1949　第十四集：资料索引卷/张毓茂主编；《资料索引卷》编委会编 .—沈阳：沈阳出版社，1996.12.—880页；20cm（精装）；￥65.00
北疆邮缘/巴瑛著 .—石家庄：花山文艺出版社，1996.8.—249页；19cm；￥10.00
过路人/萧乾著；谌浮选编 .—北京：中国青年出

版社，1996.3.—244页；20cm.—（我的世界丛书/龙冬主编）；¥11.70
李佩甫/李佩甫著.—北京：人民文学出版社，1996.12.—404页；20cm.—（中国当代作家选集丛书）；¥19.00
百年中国文学经典/谢冕，钱理群主编.—北京：北京大学出版社，1996.12.—8册；20cm；¥218.00
乐善堂全集/（清）高宗著.—影印本.—北京：社会科学文献出版社，1996.11.—24册（二函）；25cm（线装）；¥360.00
许地山美文集/许地山著；静思选编.—合肥：安徽文艺出版社，1996.10.—299页；20cm；¥10.00
冰心70年文选/宫玺编选.—上海：上海文艺出版社，1996.4.—895页：照片；20cm.—（当代文坛大家文库）（精装）；¥42.40
刘琨集/赵天瑞编著.—天津：天津古籍出版社，1996.1.—329页；20cm；¥20.00
刘心武/刘心武著.—北京：人民文学出版社，1996.10.—530页；20cm.—（中国当代作家选集丛书）；¥24.00
当代中青年作家新著丛书 第一卷/刘平主编.—成都：四川民族出版社，1996.4.—10册；19cm；包括《在人心的天平上》、《时光的馈赠》、《与谁共舞》、《当代少数民族诗人论》、《岁月的风》、《同类》、《情归何处》、《纠缠的雨》、《红土地的风采》、《星星的期盼》；¥65.00
两地书真迹：原信·手稿/鲁迅，许广平著.—上海：上海古籍出版社，1996.1.—2册；26cm（盒装）；¥108.00
苏东坡黄州作品全编/丁永淮等编注.—武汉：武汉出版社，1996.8.—604页；20cm；¥25.00
旷野的声音：莽原社作品选/汤逸中选编.—上海：华东师范大学出版社，1996.9.—362页；20cm.—（中国新文学社团、流派丛书/钱谷融主编）；¥16.50
乱世四大文豪合集注译：曹操集、阮籍集、嵇康集、陶渊明集/熊治祁等编.—长沙：湖南文艺出版社，1996.10.—1234页；20cm（精装）；¥42.70
辛弃疾选集/（南宋）辛弃疾著；佟培基，朱保书编.—开封：河南大学出版社，1996.10.—405页；20cm；¥17.50
汪曾祺作品自选集/汪曾祺著.—2版.—桂林：漓江出版社，1996.8.—574页；20cm.—（作家自选集系列）；¥19.30
茅盾全集 第23卷：中国文论六集/茅盾著.—北京：人民文学出版社，1996.—457页；20cm；¥23.30
茅盾全集 第24卷：中国文论七集/茅盾著.—北京：人民文学出版社，1996.—522页；20cm；¥25.50
茅盾全集 第25卷：中国文论八集/茅盾著.—北京：人民文学出版社，1996.—553页；20cm；¥26.60
茅盾全集 第26卷：中国文论九集/茅盾著.—北京：人民文学出版社，1996.—427页；20cm；¥21.90
茅盾全集 第27卷：中国文论十集/茅盾著.—北京：人民文学出版社，1996.—451页；20cm；¥22.50
牧斋有学集/（清）钱谦益著；（清）钱曾笺注；钱钟联标校.—上海：上海古籍出版社，1996.9.—3册（1656页）；20cm.—（中国古典文学丛书）；¥85.20
河南新文学大系：儿童文学卷：1917~1990/于友先主编；张中义分主编.—开封：河南大学出版社，1996.12.—586页；20cm（精装）；¥56.50
河南新文学大系：理论批评卷：1917~1990/于友先主编；孙广举分主编.—开封：河南大学出版社，1996.12.—501页；20cm（精装）；¥56.50
河南新文学大系：散文卷：1917~1990/于友先主编；阎豫昌分主编.—开封：河南大学出版社，1996.12.—561页；20cm（精装）；¥53.50
河南新文学大系：诗歌卷：1917~1990/于友先主编；张俊山分主编.—开封：河南大学出版社，1996.12.—581页；20cm（精装）；¥57.00
河南新文学大系：通俗文学卷：1917~1990/于友先主编；邢桂轮，张桂琴分主编.—开封：河南大学出版社，1996.12.—515页；20cm（精装）；¥50.00
河南新文学大系：戏剧卷：1917~1990/于友先主编；郭光宇分主编.—开封：河南大学出版社，1996.12.—597页；20cm（精装）；¥57.00

河南新文学大系：中篇小说卷：1917～1990/于友先主编；韩宇宏分主编．—开封：河南大学出版社，1996.12.—622页；26cm（精装）；￥59.00

河南文苑英华系列丛书：戏剧卷：1978～1995/刘清惠，丁发杰主编；王鸿玉分卷主编；河南省文学艺术界联合会编．—北京：大众文艺出版社，1996.12.—471页；26cm；￥60.00

河南文苑英华系列丛书：中编小说卷：1678～1995/刘清惠，丁发杰主编；张一弓分卷主编；河南省文学艺术界联合会编．—北京：大众文艺出版社，1996.12.—307页；26cm；精装；￥50.00

河南文苑英华系列丛书：短篇小说卷：1978～1995/刘清惠，丁发杰主编；张一弓分卷主编；河南省文学艺术界联合会编．—北京：大众文艺出版社，1996.12.—416页；26cm；￥60.00

河南文苑英华系列丛书：民间故事卷：1978～1995/刘清惠，丁发杰主编；王岭群分卷主编；河南省文学艺术界联合会编．—北京：大众文艺出版社，1996.12.—289页；26cm；精装；￥50.00

张宇/张宇著．—北京：人民文学出版社，1996.2.—391页；20cm.—（中国当代作家选集丛书）；￥18.60

张炜作品自选集/张炜著．—桂林：漓江出版社，1996.7.—610页；20cm.—（作家自选集系列）；￥18.00

张襄惠公文集/（明）张岳著；翊东标校．—福州：海峡文艺出版社，1996.4.—461页；20cm（精装）；￥29.80

驼铃文学丛书/戈金，北渔主编．—北京：中国和平出版社，1996.8.—12册；19cm（盒装）；￥50.00

柯蓝文集/柯蓝著．—石家庄：河北人民出版社，1996.11.—6册；20cm（精装）；￥280.00

南振中作品选/南振中著．—北京：新华出版社，1996.12.—316页；20cm.—（中国高级记者丛书）；￥18.00

胡风选集　第一卷：文艺理论和评论/胡风著．—成都：四川人民出版社，1996.3.—691页；20cm.—（中国现代作家选集丛书）；￥25.00

胡风选集　第二卷：诗歌·散文·书信/胡风著；晓风编选．—成都：四川人民出版社，1996.3.—492页；20cm.—（中国现代作家选集丛书）；￥20.00

施蛰存70年文选/陈子善，徐如麒编选．—上海：上海文艺出版社，1996.4.—983页：照片；20cm.—（当代文坛大家文库）（精装）；￥45.00

夏衍70年文选/李子云编选．—上海：上海文艺出版社，1996.4.—1004页：照片；20cm.—（当代文坛大学文库）（精装）；￥47.90

秦似文集·戏剧/秦似著；张谷编．—南宁：广西教育出版社，1996.1.—322页；20cm；￥13.20

爱情河：江雪诗文集/江雪著．—重庆：重庆出版社，1996.1.—118页：照片；20cm（精装）；￥12.00

养心斋诗文选/易奥法著．—长沙：岳麓书社，1996.4.—157页；20cm；￥10.00

陶钝文集/陶钝著．—北京：中国文联出版公司，1996.2.—488页；20cm.—（中国文联晚霞文集）；￥42.90

推波集：浙江省科普作家作品选/杨达寿主编．—桂林：广西师范大学出版社，1996.10.—392页；20cm；￥20.00

萧红作品精萃/萧红著．—沈阳：沈阳出版社，1996.4.—7册；19cm.—（星河文库）；￥49.00

第五颗星：报告文学·散文/段心强著．—北京：中国文联出版公司，1996.4.—360页；20cm；￥15.60

惟有傻瓜　能救中华：陶行知诗文故事选/叶良骏编．—上海：中国纺织大学出版社，1996.10.—213页；19cm；￥6.80

梁晓声作品自选集/梁晓声著．—桂林：漓江出版社，1996.7.—403页；20cm.—（作家自选集系列）（精装）；￥21.00

情人假日酒店：姜丰自选集/姜丰著．—北京：作家出版社，1996.12.—430页；20cm；￥19.80

情未了：精短文学作品选/周枫林著．—乌鲁木齐：新疆青少年出版社，1996.4.—254页；19cm；￥12.90

韩愈选集/孙昌武选注．—上海：上海古籍出版社，1996.6.—469页；20cm.—（中国古典文学名家选集）；￥20.60

跋涉高原：李志君小说散文选/李志君著．—北京：解放军出版社，1996.8.—260页；20cm；

¥15.80

程千帆选集/程千帆著；莫砺锋编 .—沈阳：辽宁古籍出版社，1996.6.—2册；20cm（精装）；¥135.00

鲁迅散文选集/陈漱渝，刘天华编著 .—北京：民主与建设出版社，1996.1.—273页；20cm；¥13.00

鲁迅杂文选集/陈漱渝，刘天华编著 .—北京：民主与建设出版社，1996.1.—286页；20cm；书名原作者为：陈渝；¥12.20

中国20世纪散文精品：鲁迅卷/林非主编；辛眉编选 .—西安：太白文艺出版社，1996.3.—349页；20cm；¥13.50

鲁迅先生诗存/许广平辑注；魏建功手书 .—南京：江苏教育出版社，1996.9.—1册；26cm（精装）；¥9.00

鲁迅小说全编：插图本/金隐铭校勘 .—桂林：漓江出版社，1996.6.—427页；20cm（精装）；¥22.00

鲁迅小说全编：插图本/金隐铭校勘；丁聪插图 .—桂林：漓江出版社，1996.6.—427页；20cm；¥15.00

鲁迅小说选集/陈漱渝，刘天华编选 .—北京：民主与建设出版社，1996.1.—268页；20cm；¥12.50

鲁迅书信选集/陈漱渝，刘天华编选 .—北京：民主与建设出版社，1996.1.—287页；20cm；¥11.30

湘绮楼诗文集/（清）王闿运著；马积高主编 .—长沙：岳麓书社，1996.9.—4册（2386页）；20cm（精装）；¥118.00

蒋尧民作品集/蒋尧民著 .—北京：华艺出版社，1996.6.—838页；20cm；¥39.00

新编中国现代文学作品选/朱文华，许道明主编 .—上海：复旦大学出版社，1996.12.—3册；20cm；¥66.00

戴明贤散文小说选/戴明贤著 .—贵阳：贵州人民出版社，1996.11.—399页；20cm.—（贵州文学丛书·第3辑；22/卢惠龙主编）；¥16.60

漂流的命运/李柄银选编 .—长春：时代文艺出版社，1996.6.—509页；20cm.—（20世纪文学争议代表作品丛书/冯牧，柳萌主编）；¥23.50

20世纪中国文学作品选读/苏光文，胡国强主编 .—重庆：西南师范大学出版社，1997.8.—2册；20cm；¥60.00

丁玲/丁玲著；刘晴编选；中国现代文学馆编 .—北京：华夏出版社，1997.1.—367页；20cm.—（自强文库·中国现代文学百家/舒乙主编）；¥16.00

于晓阳文集：诗歌、电影卷：1975～1995/于晓阳著 .—北京：国际文化出版公司，1997.1.—443页：照片；20cm（精装）；¥38.00

大哉鲁迅：鲁迅逝世60周年纪念集/臧恩钰，蒋秀英主编 .—沈阳：辽宁大学出版社，1997.7.—293页；20cm；¥19.50

王国维文集/姚淦铭，王燕编 .—北京：中国文史出版社，1997.5.—4册；20cm；¥99.80

王占君诗文选/王占君著 .—沈阳：春风文艺出版社，1997.5.—5册；20cm；¥150.00

中国皇帝全书：馆藏书/林鲤编著 .—北京：九洲图书出版社，1997.11.—3册（3055页）：彩图；26cm（精装）；¥698.00

中国新文学大系：1949～1976 第一集：文学理论卷/江曾培主编；冯牧分主编 .—上海：上海文艺出版社，1997.11.—915页；20cm（精装）；¥44.00

中国新文学大系：1949～1976 第四集：长篇小说卷（2）/江曾培主编；王蒙分主编 .—上海：上海文艺出版社，1997.11.—850页；20cm（精装）；¥41.00

中国新文学大系：1949～1976 第五集：长篇小说卷（3）/江曾培主编；王蒙分主编 .—上海：上海文艺出版社，1997.11.—659页；20cm（精装）；¥35.00

中国新文学大系：1949～1976 第十一集：杂文卷/江曾培主编；罗竹风分主编 .—上海：上海文艺出版社，1997.11.—813页；20cm（精装）；¥40.00

中国新文学大系：1949～1976 第十四集：诗卷/江曾培主编；谢冕，邹荻帆分主编 .—上海：上海文艺出版社，1997.11.—686页；20cm（精装）；¥37.00

中国新文学大系：1949～1976 第十五集：戏剧卷（1）/江曾培主编；吴祖光分主编 .—上海：上海文艺出版社，1997.12.—711页；20cm（精

装）；¥37.00

中国古代文学名作三百篇/李道英编著 .—成都：四川人民出版社，1997.7.—573 页；19cm；¥22.50

中国新文学大系：1949～1976 第二集：文学理论卷（2）/江曾培主编；冯牧分主编 .—上海：上海文艺出版社，1997.11.—843 页；20cm（精装）；¥40.00

中国新文学大系：1949～1976 第三集：长篇小说卷（1）/江曾培主编；王蒙分主编 .—上海：上海文艺出版社，1997.11.—905 页；20cm（精装）；¥43.00

中国新文学大系：1949～1976 第六集：中篇小说卷/江曾培主编；王蒙分主编 .—上海：上海文艺出版社，1997.11.—704 页；20cm（精装）；¥36.00

中国新文学大系：1949～1976 第七集：短篇小说卷（1）/江曾培主编；王蒙分主编 .—上海：上海文艺出版社，1997.11.—799 页；20cm（精装）；¥39.00

中国新文学大系：1949～1976 第八集：短篇小说卷（2）/江曾培主编；王蒙分主编 .—上海：上海文艺出版社，1997.11.—696 页；20cm（精装）；¥36.00

中国新文学大系：1949～1976 第九集：散文卷（1）/江曾培主编；袁鹰分主编 .—上海：上海文艺出版社，1997.11.—736 页；20cm（精装）；¥38.00

中国新文学大系：1949～1976 第十集：散文卷（2）/江曾培主编；袁鹰分主编 .—上海：上海文艺出版社，1997.11.—782 页；20cm（精装）；¥39.00

中国新文学大系：1949～1976 第十二集：报告文学卷（1）/江曾培主编；徐迟分主编 .—上海：上海文艺出版社，1997.11.—634 页；20cm（精装）；¥34.00

中国新文学大系：1949～1976 第十六集：戏剧卷（2）/江曾培主编；吴祖光分主编 .—上海：上海文艺出版社，1997.11.—828 页；20cm（精装）；¥40.00

中国新文学大系：1949～1976 第十七集：电影卷（1）/江曾培主编；陈荒煤分主编 .—上海：上海文艺出版社，1997.12.—610 页；20cm（精装）；¥34.00

中国新文学大系：1949～1976 第十八集：电影卷（2）/江曾培主编；陈荒煤分主编 .—上海：上海文艺出版社，1997.12.—656 页；20cm（精装）；¥34.00

中国新文学大系：1949～1976 第十九集：史料·索引卷（1）/江曾培主编；丁景唐分主编 .—上海：上海文艺出版社，1997.11.—783 页；20cm（精装）；¥42.00

中法中日战争诗文选择/阎湘译注 .—成都：巴蜀书社，1997.6.—225 页；20cm.—（近代文史名著选译丛书/戴逸主编）；全套 39 册，总定价：460.00 元

中国当代精短诗文选读/析青等主编 .—重庆：重庆出版社，1997.12.—291 页；20cm；¥10.50

中国敬老养老诗文选/叶明德，沈松勤主编 .—北京：华龄出版社，1997.9.—273 页；20cm.（中国老年文化丛书；1/黄雪行，傅飞主编）；¥15.50

丹东作家丛书/路地主编 .—沈阳：辽宁民族出版社，1997.7.—18 册；19cm.—（丹东作家丛书）；¥126.00

从维熙/从维熙著 .—北京：人民文学出版社，1997.3.—475 页；20cm.—（中国当代作家选集丛书）；¥22.00

乌江作家丛书 第 1 辑/李世权等著 .—北京：中国文联出版公司，1997.12.—4 册；20cm；本书包括《杂花树》等 4 册；¥45.80

巴渝作家书系/黄济人主编；重庆市渝中区文联编 .—北京：中国三峡出版社，1997.11.—10 册；19cm；¥66.00

巴金/巴金著；李今编选；中国现代文学馆编 .—北京：华夏出版社，1997.1.—2 册；20cm.—（自强文库·中国现代文学百家/舒乙主编）；¥34.00

巴金选集/孔范今编选 .—济南：山东文艺出版社，1997.3.—2 册（1076 页）；20cm.—（20 世纪中国著名作家文库）；¥42.50

巴金译文全集 第一集/（俄）克鲁泡特金（Кропоткин，П.А.）著；巴金译 .—北京：人民文学出版社，1997.6.—513 页；20cm（精装）；¥30.80

巴金译文全集 第三集/（俄）屠格涅夫

(Тургенев, И.С.) 著; 巴金译 .—北京: 人民文学出版社, 1997.6.—541 页; 20cm (精装); ¥30.60

巴金译文全集　第六集/(俄) 迦尔洵等著; 巴金译 .—北京: 人民文学出版社, 1997.6.—571 页; 20cm (精装); ¥32.40

巴金译文全集　第七集/(日) 秋田雨雀等著; 巴金译 .—北京: 人民文学出版社, 1997.6.—473 页; 20cm (精装); ¥26.90

巴金译文全集　第八集/(俄) 司特普尼亚克等著; 巴金译 .—北京: 人民文学出版社, 1997.6.—473 页; 20cm (精装); ¥26.90

巴金译文全集　第九集/(美) 柏克曼等著; 巴金译 .—北京: 人民文学出版社, 1997.6.—746 页; 20cm (精装); ¥42.20

巴金译文全集　第十集/(俄) 克鲁泡特金著; 巴金译 .—北京: 人民文学出版社, 1997.6.—530 页; 20cm (精装); ¥30.20

左宗棠彭玉麟沈葆桢诗文选译/阎湘译注 .—成都: 巴蜀书社, 1997.6.—268 页; 20cm.—(近代文史名著选译丛书/戴逸主编); 全套 39 册, 总定价: 460.00 元

艾青/艾青著; 刘屏编选; 中国现代文学馆编 .—北京: 华夏出版社, 1997.1.—377 页; 20cm.—(自强文库·中国现代文学百家/舒乙主编); ¥14.50

艾芜/艾芜著; 唐闻一选编; 中国现代文学馆编 .—北京: 华夏出版社, 1997.1.—474 页; 20cm.—(自强文库·中国现代文学百家/舒乙主编); ¥18.50

戊戌六君子诗文选译/赵云田, 侯久萱译注 .—成都: 巴蜀书社, 1997.6.—255 页; 20cm.—(近代文史名著选译丛书/戴逸主编); 全套 39 册, 总定价: 460.00 元

史铁生/史铁生著 .—北京: 人民文学出版社, 1997.8.—405 页; 20cm.—(中国当代作家选集丛书); ¥17.80

四川省当代文学创作选/巴金文学院编 .—成都: 四川大学出版社, 1997.12.—10 册; 19cm; ¥75.00

叶圣陶/叶圣陶著; 葛聪敏选编; 中国现代文学馆编 .—北京: 华夏出版社, 1997.1.—416 页; 20cm.—(自强文库·中国现代文学百家/舒乙主编); ¥17.50

叶文玲/叶文玲著 .—北京: 人民文学出版社, 1997.3.—434 页; 20cm.—(中国当代作家选集丛书); ¥19.00

田间诗文集　第六卷/田间著 .—石家庄: 花山文艺出版社, 1997.3.—555 页; 20cm.—(精装); ¥15.00

地球不再安全: 李松环境文集/李松著 .—北京: 中国环境科学出版社, 1997.11.—350 页; 20cm; ¥17.50

地图在动/卞之琳著; 高恒文编 .—珠海: 珠海出版社, 1997.4.—317 页; 20cm.—(世纪的回响·作品卷/李子云等主编); ¥14.70

老屋小记/史铁生著 .—济南: 山东友谊出版社, 1997.6.—343 页; 20cm.—(双桨文丛·中国当代小说名作名评); ¥16.00

老舍/老舍著; 舒乙编选; 中国现代文学馆编 .—北京: 华夏出版社, 1997.12.—2 册; 20cm.—(自强文库·中国现代文学百家/舒乙主编); ¥42.00

老舍选集/孔范今编著 .—济南: 山东文艺出版社, 1997.3.—2 册 (1146 页); 20cm.—(20 世纪中国著名作家文库); ¥46.40

共和国文学作品经典丛书: 诗歌卷/缪俊杰主编 .—石家庄: 花山文艺出版社, 1997.8.—2 册; 20cm; ¥20.00

共和国文学作品经典丛书: 中篇小说卷/缪俊杰主编 .—石家庄: 花山文艺出版社, 1997.8.—2 册; 20cm; ¥26.00

共和国文学作品经典丛书: 短篇小说卷/缪俊杰主编 .—石家庄: 花山文艺出版社, 1997.8.—2 册; 20cm; ¥29.00

共和国文学作品经典丛书: 散文卷/缪俊杰主编 .—石家庄: 花山文艺出版社, 1997.8.—2 册; 20cm; ¥25.00

李鸿章张树声刘铭传诗文选择/尹福庭译注 .—成都: 巴蜀书社, 1997.6.—216 页; 20cm.—(近代文史名著选译丛书/戴逸主编); 全套 39 册, 总定价: 460.00 元

李善兰华蘅芳詹天佑诗文选译/陈亚兰译注 .—成都: 巴蜀书社, 1997.6.—109 页; 20cm.—(近代文史名著选译丛书/戴逸主编); 全套 39 册, 总定价: 460.00 元

李东阳续集/（明）李东阳著；钱振民辑校 .—长沙：岳麓书社，1997.11.—387 页；20cm；¥18.00

李劼人/李劼人著；孙金鑑选编；中国现代文学馆编 .—北京：华夏出版社，1997.1.—377 页；20cm.—（自强文库·中国现代文学百家/舒乙主编）；¥15.00

李广田/李广田著；王省新选编；中国现代文学馆编 .—北京：华夏出版社，1997.1.—333 页；20cm.—（自强文库·中国现代文学百家/舒乙主编）；¥14.00

早期改良思想家诗文选译/刘崇敬译注 .—成都：巴蜀书社，1997.6.—297 页；20cm.—（近代文史名著选译丛书/戴逸主编）；全套 39 册，总定价：460.00 元

朱自清/朱自清著；于润琪选编；中国现代文学馆编 .—北京：华夏出版社，1997.1.—388 页；20cm.—（自强文库·中国现代文学百家/舒乙主编）；¥17.00

朱自清全集　第九卷/朱乔森编 .—南京：江苏教育出版社，1997.9.—571 页：照片；20cm（精装）；¥22.20

朱自清全集　第十卷/朱乔森编 .—南京：江苏教育出版社，1997.10.—520 页：照片；20cm（精装）；¥20.80

朱自清全集　第十一卷/朱乔森编 .—南京：江苏教育出版社，1997.11.—346 页：照片；20cm（精装）；¥16.10

朱自清全集　第十二卷/朱乔森编 .—南京：江苏教育出版社，1997.11.—413 页：照片；20cm（精装）；¥17.90

色变/铁凝著 .—北京：作家出版社，1997.1.—518 页；20cm.—（铁凝自选集）；¥25.80

灯下漫笔/鲁迅著 .—2 版 .—海口：海南出版社，1997.3.—372 页；20cm.—（雅致经典系列）；¥17.80

冰心/冰心著；周明编选；中国现代文学馆编 .—北京：华夏出版社，1997.1.—424 页；20cm.—（自强文库·中国现代文学百家/舒乙主编）；¥16.80

刘浩歌作品自选集/刘浩歌著 .—济南：黄河出版社，1997.5.—566 页：照片；20cm；¥40.80

两次鸦片战争诗文选译/何瑜，夏明方译注 .—成都：巴蜀书社，1997.6.—218 页；20cm.—（近代文史名著选译丛书/戴逸主编）；全套 39 册，总定价：460.00 元

丽白楼遗集/林庚白著；周永珍编 .—北京：中国人民大学出版社，1997.1.—2 册（1270 页）；20cm.—（国际南社学南社丛书；第一套/柳无忌主编）；¥48.00

严复林纾诗文选译/马克锋译注 .—成都：巴蜀书社，1997.6.—263 页；20cm.—（近代文史名著选译丛书/戴逸主编）；全套 39 册，总定价：460.00 元

《收获》选萃：1957～1997：赌徒/李勤学等主编 .—沈阳：春风文艺出版社，1997.8.—224 页；20cm.—（名刊文库）；¥16.00

《收获》选萃：1957～1997：犯人李铜钟的故事/李勤学等主编 .—沈阳：春风文艺出版社，1997.8.—251 页；20cm.—（名刊文库）；¥16.00

《收获》选萃：1957～1997：古墓/李勤学等主编 .—沈阳：春风文艺出版社，1997.8.—247 页；20cm.—（名刊文库）；¥16.00

《收获》选萃：1957～1997：黄泥小屋/李勤学等主编 .—沈阳：春风文艺出版社，1997.8.—240 页；20cm.—（名刊文库）；¥16.00

《收获》选萃：1957～1997：今生有约/李勤学等主编 .—沈阳：春风文艺出版社，1997.8.—218 页；20cm.—（名刊文库）；¥16.00

《收获》选萃：1957～1997：来访者/李勤学等主编 .—沈阳：春风文艺出版社，1997.8.—259 页；20cm.—（名刊文库）；¥16.00

《收获》选萃：1957～1997：庐隐之死/李勤学等主编 .—沈阳：春风文艺出版社，1997.8.—242 页；20cm.—（名刊文库）；¥16.00

《收获》选萃：1957～1997：玛卓的爱情/李勤学等主编 .—沈阳：春风文艺出版社，1997.8.—225 页；20cm.—（名刊文库）；¥16.00

《收获》选萃：1957～1997：米家山水/李勤学等主编 .—沈阳：春风文艺出版社，1997.8.—256 页；20cm.—（名刊文库）；¥16.00

《收获》选萃：1957～1997：三寸金莲/李勤学等主编 .—沈阳：春风文艺出版社，1997.8.—223 页；20cm.—（名刊文库）；¥16.00

《收获》选萃：1957～1997：生活无罪/李勤学等主

编 .—沈阳：春风文艺出版社，1997.8.—228 页；20cm.—（名刊文库）；￥16.00

《收获》选萃：1957～1997：烟壶/李勤学等主编 .—沈阳：春风文艺出版社，1997.8.—285 页；20cm.—（名刊文库）；￥16.00

《收获》选萃：1957～1997：一路风尘/李勤学等主编 .—沈阳：春风文艺出版社，1997.8.—226 页；20cm.—（名刊文库）；￥16.00

《收获》选萃：1957～1997：有只鸽子叫红唇儿/李勤学等主编 .—沈阳：春风文艺出版社，1997.8.—236 页；20cm.—（名刊文库）；￥16.00

《收获》选萃：1957～1997：芸斋小说/李勤学等主编 .—沈阳：春风文艺出版社，1997.8.—248 页；20cm.—（名刊文库）；￥16.00

饮可诗文选/程度珍，章晓虹编 .—长沙：湖南文艺出版社，1997.8.—589 页；20cm；￥20.00

何其芳/何其芳著；王培元选编；中国现代文学馆编 .—北京：华夏出版社，1997.1.—399 页；20cm.—（自强文库·中国现代文学百家/舒乙主编）；￥16.00

近代边塞诗文选译/华立译注 .—成都：巴蜀书社，1997.6.—186 页；20cm.—（近代文史名著选译丛书/戴逸主编）；全套 39 册，总定价：460.00 元

近代少数民族诗文选译/吴重阳译注 .—成都：巴蜀书社，1997.6.—375 页；20cm.—（近代文史名著选译丛书/戴逸主编）；全套 39 册，总定价：460.00 元

沙汀/沙汀著；李淑英选编；中国现代文学馆编 .—北京：华夏出版社，1997.1.—299 页；20cm.—（自强文库·中国现代文学百家/舒乙主编）；￥12.80

迟宇宙文学作品自选集/迟宇宙著 .—北京：中国戏剧出版社，1997.5.—2 册；19cm；￥13.80

陈澧俞樾王闿运孙诒让诗文选译/刘善良译注 .—成都：巴蜀书社，1997.6.—195 页；20cm.—（近代文史名著选译丛书/戴逸主编）；全套 39 册，总定价：460.00 元

陈白曙作品选/陈白曙著 .—桂林：漓江出版社，1997.7.—468 页；20cm；￥25.00

陈超诗文集/陈超著 .—广州：广州出版社，1997.4.—108 页；照片；21×18cm（精装）；￥36.00

陈映真代表作/刘福友编 .—郑州：河南文艺出版社，1997.3.—727 页；20cm.—（中国现当代著名作家文库）（精装）；￥37.30

荐贤者最贤：符敦克诗文选/符敦克著 .—海口：海南出版社，1997.6.—346 页；19cm；￥13.50

山西古代文学作品选/刘泽，刘凤华主编 .—太原：山西古籍出版社，1997.1.—406 页；19cm.—（三晋文化研究丛书）；￥15.80

现代名家经典/傅光明主编 .—广州：新世纪出版社，1997.9.—8 册；19cm；￥76.80

现代名家经典 第二辑/傅光明主编 .—广州：新世纪出版社，1997.11.—8 册；19cm；包括《倾城之恋》等八册（盒装）；￥76.80

林则徐邓廷桢黄爵滋诗文选译/邱远猷译注 .—成都：巴蜀书社，1997.6.—226 页；20cm.—（近代文史名著选译丛书/戴逸主编）；全套 39 册，总定价：460.00 元

茅盾全集 （34）：回忆录一集/茅盾著 .—北京：人民文学出版社，1997.6.—678 页：照片；20cm；￥29.00

茅盾全集 （35）：回忆录二集/茅盾著 .—北京：人民文学出版社，1997.6.—638 页；20cm；￥27.70

茅盾全集 （36）：书信一集/茅盾著 .—北京：人民文学出版社，1997.6.—442 页；照片 20cm；￥21.80

茅盾全集 （37）：书信二集/茅盾著 .—北京：人民文学出版社，1997.6.—454 页：照片；20cm；￥22.00

茅盾全集 （38）：书信三集/茅盾著 .—北京：人民文学出版社，1997.6.—437 页；20cm；￥21.70

茅盾选集/孔范今编选 .—济南：山东文艺出版社，1997.3.—2 册（1251 页）；20cm.—（20 世纪中国著名作家文库）；￥49.80

茅盾选集/茅盾著；人民文学出版社编辑部编 .—北京：人民文学出版社，1997.6.—3 册；20cm；￥56.00

茅盾/茅盾著；吴福辉编选；中国现代文学馆编 .—北京：华夏出版社，1997.1.—2 册；20cm.—（自强文库·中国现代文学百家/舒乙主编）；￥36.00

郁达夫/郁达夫著；易劻校选编；中国现代文学馆编 .—北京：华夏出版社，1997.1.—422 页；20cm.—（自强文库·中国现代文学百家/舒乙主编）；¥17.80

郁达夫选集/孔范今编选 .—济南：山东文艺出版社，1997.3.—2 册（1099 页）；20cm.—（20 世纪中国著名作家文库）；¥43.50

金圣叹文集/（清）金圣叹著；艾舒仁等校点 .—成都：巴蜀书社，1997.11.—398 页；20cm；¥19.80

周作人代表作/周作人著；陈为民编选；中国现代文学馆编 .—北京：华夏出版社，1997.12.—295 页；20cm.—（自强文库·中国现代文学百家/舒乙主编）；¥13.00

诗文散笔/张毓吉著 .—2 版 .—昆明：云南大学出版社，1997.12.—295 页；20cm；¥13.50

河阳集：栗守田作品选/栗守田著 .—太原：北岳文艺出版社，1997.9.—502 页；20cm（精装）；¥28.00

泥河：小说散文集/袁鹰著 .—福州：海峡文艺出版社，1997.12.—247 页；19cm.—（上海抗战时期文学丛书/楼适夷等主编）；¥9.50

郑板桥诗词文选/（清）郑燮著；立人选注 .—北京：作家出版社，1997.5.—218 页；20cm.—（明清性灵文学珍品）；¥11.50

郑板桥文集/（清）郑燮著；吴可校点—成都：巴蜀书社，1997.11.—371 页；20cm；¥19.80

张中行作品集　第六卷：横议集、月旦集、说书集/张中行著 .—北京：中国社会科学出版社，1997.6.—801 页；20cm；¥35.00

张中行作品集　第四卷：顺生论·说梦楼谈屑/张中行著 .—北京：中国社会科学出版社，1997.6.—665 页；20cm；¥30.00

张中行作品集　第五卷：负暄琐话、负暄续话、负暄三话/张中行著 .—北京：中国社会科学出版社，1997.6.—646 页；20cm；¥30.00

张天翼/张天翼著；徐建华选编；中国现代文学馆编 .—北京：华夏出版社，1997.1.—394 页；20cm.—（自强文库·中国现代文学百家/舒乙主编）；¥14.00

张之洞刘坤一诗文选译/戴显群，林庆元译注 .—成都：巴蜀书社，1997.6.—185 页；20cm.—（近代文史名著选译丛书/戴逸主编）；全套 39 册，总定价：460.00 元

张爱玲作品集：续集/张爱玲著 .—广州：花城出版社，1997.3.—213 页；20cm；¥8.80

贵州新文学大系：1919～1989：儿童文学卷/胡维汉等主编 .—贵阳：贵州人民出版社，1997.10.—353 页；20cm；¥19.80

贵州新文学大系：1919～1989：诗歌卷/胡维汉等主编 .—贵阳：贵州人民出版社，1997.8.—442 页；20cm；¥23.50

贵州新文学大系：1919～1989：史料卷/胡维汉等主编 .—贵阳：贵州人民出版社，1997.8.—391 页；20cm；¥21.40

贵州新文学大系：1919～1989：文论卷/胡维汉等主编 .—贵阳：贵州人民出版社，1997.10.—474 页；20cm；¥24.80

贵州新文学大系：1919～1989：现代文学卷（上）/胡维汉等主编 .—贵阳：贵州人民出版社，1997.8.—433 页；20cm；¥23.00

贵州新文学大系：1919～1989：现代文学卷（下）/胡维汉等主编 .—贵阳：贵州人民出版社，1997.10.—508 页；20cm；¥25.80

贵州新文学大系：1919～1989：中、长篇小说卷（上）/胡维汉等主编 .—贵阳：贵州人民出版社，1997.10.—386 页；20cm；¥21.20

贵州新文学大系：1919～1989：中、长篇小说卷（下）尹伯生等编 .—贵州人民出版社，1997.10.—405 页；20cm：¥21.70

贵州新文学大系：1949～1989：短篇小说卷（上）/何光渝等编 .—贵阳：贵州人民出版社，1997.8.—334 页；20cm：¥19.10

贵州新文学大系：1949～1989：短篇小说卷（下）/何光渝等编 .—贵阳：贵州人民出版社，1997.8.—434 页；20cm：¥23.00

俞平伯全集/俞平伯著 .—石家庄：花山文艺出版社，1997.11.—10 册：照片；20cm：精装；¥500.00

饶孟侃诗文集/王锦厚，陈丽莉编 .—成都：四川大学出版社，1997.1.—457 页：照片；20cmm：¥25.00

郭沫若选集/郭沫若著 .—北京：人民文学出版社，1997.8.—4 册：20cm：¥78.00

郭沫若作品经典/郭沫若著；郭平英编 .—北京：中国华侨出版社，1997.2.—6 册；20cm：

¥150.00

郭沫若/郭沫若著;刘纳编选;中国现代文学馆编.—北京:华夏出版社,1997.1.—2册;20cm.—(自强文库·中国现代文学百家/舒乙主编):¥29.80

郭沫若散文小说/刘元树主编.—合肥:安徽文艺出版社,1997.10.—384页;20cm.—(郭沫若创作精编):¥14.80

闻一多/闻一多著;刘殿祥选编;中国现代文学馆编.—北京:华夏出版社,1997.1.—357页;20cm.—(自强文库·中国现代文学百家/舒乙主编);¥14.80

袁枚文选/(清)袁枚著;高路明选注.—北京:作家出版社,1997.5.—359页;20cm.—(明清性灵文学珍品);¥18.50

夏衍/夏衍著;刘亚铁选编;中国现代文学馆编.—北京:华夏出版社,1997.1.—407页;20cm.—(自强文库·中国现代文学百家/舒乙主编);¥18.00

聂绀弩代表作/姚锡佩编.—郑州:河南文艺出版社,1997.12.—424页;20cm.—(中国现当代著名作家文库/郝世峰,于友先主编)(精装);¥25.00

徐志摩/徐志摩著;梦晨编选;中国现代文学馆编.—北京:华夏出版社,1997.1.—287页;20cm.—(自强文库·中国现代文学百家/舒乙主编);¥12.80

爱之神:情诗·情文·情书/陈济康等编.—北京:华文出版社,1997.8.—325页;20cm.—(雅趣文丛);¥17.00

唐宋八大家全集/余冠英等主编.—北京:国际文化出版公司,1997.1.—3册(4685页);20cm(精装);¥495.00

唐宋八大家全集/逸凡点校.—广州:新世纪出版社,1997.10.—14册;20cm(精装);¥388.00

唐宋八大家全集/余冠英等主编.—北京:国际文化出版公司,1997.8.—14册;20cm(精装);¥750.00

唐宋传奇集/鲁迅校录.—济南:齐鲁书社,1997.11.—267页;20cm.—(鲁迅古小说研究著作四种);¥13.80

凌叔华/凌叔华著;计蕾编选;中国现代文学馆编.—北京:华夏出版社,1997.1.—365页;20cm.—(自强文库·中国现代文学百家/舒乙主编);¥16.00

桑榆晚唱:贵州老年文学集/李庭桂等著.—贵阳:贵州人民出版社,1997.12.—277页;20cm;¥16.50

龚自珍魏源诗文选译/王俊义,曲弘梅译注.—成都:巴蜀书社,1997.6.—235页;20cm.—(近代文史名著选译丛书/戴逸主编);全套39册,总定价:460.00元

萧红/萧红著;刘慧英选编;中国现代文学馆编.—北京:华夏出版社,1997.1.—410页;20cm.—(自强文库·中国现代文学百家/舒乙主编);¥16.50

萧乾/萧乾著;张玲选编;中国现代文学馆编.—北京:华夏出版社,1997.1.—405页;20cm.—(自强文库·中国现代文学百家/舒乙主编);¥16.00

黄遵宪邱逢甲诗文选译/杨胜勇译注.—成都:巴蜀书社,1997.6.—156页;20cm.—(近代文史名著选译丛书/戴逸主编);全套39册,总定价:460.00元

黄兴宋教仁朱执信诗文选译/王汝丰译注.—成都:巴蜀书社,1997.6.—228页;20cm.—(近代文史名著选译丛书/戴逸主编);全套39册,总定价:460.00元

黄金台诗文选注/蒋克学,郝尊编注.—北京:大众文艺出版社,1997.9.—134页;20cm;¥8.80

符公望作品集/符公望著.—广州:花城出版社,1997.3.—256页;20cm;¥12.00

章太炎诗文选译/武继山译注.—成都:巴蜀书社,1997.6.—274页;20cm.—(近代文史名著选译丛书/戴逸主编);全套39册,总定价:460.00元

康有为诗文选译/桑咸之,阎润鱼译注.—成都:巴蜀书社,1997.6.—298页;20cm.—(近代文史名著选译丛书/戴逸主编);全套39册,总定价:460.00元

彭家煌/彭家煌著;严家炎选编;中国现代文学馆编.—北京:华夏出版社,1997.1.—375页;20cm.—(自强文库·中国现代文学百家/舒乙主编);¥16.00

陈平原自选集/陈平原著.—桂林:广西师范大学

出版社，1997.9.—344 页；22cm.—（跨世纪学人文存）；¥27.50

陈思和自选集/陈思和著 .—桂林：广西师范大学出版社，1997.9.—346 页；22cm.—（跨世纪学人文存）；¥28.00

王晓明自选集/王晓明著 .—桂林：广西师范大学出版社，1997.9.—300 页；22cm.—（跨世纪学人文存）；¥24.00

雁翼选集/雁翼著 .—成都：四川人民出版社，1997.9.—4 册；20cm（精装）；¥120.00

韩黎诗文选：散文集/韩黎著 .—郑州：中州古籍出版社，1997.12.—2 册（833 页）；20cm；¥40.00

韩少功作品自选集/韩少功著 .—桂林：漓江出版社，1997.4.—506 页；20cm.—（作家自选集系列）（精装）；¥22.00

韩少功作品自选集/韩少功著 .—桂林：漓江出版社，1997.4.—506 页；20cm.—（作家自选集系列）；¥17.00

舒婷诗文自选集/舒婷集 .—桂林：漓江出版社，1997.6.—345 页；20cm.—（作家自选集系列）（精装）；¥18.50

舒婷诗文自选集/舒婷著 .—桂林：漓江出版社，1997.6.—345 页；20cm.—（作家自选集系列）；¥13.50

舒婷文集/舒婷著 .—南京：江苏文艺出版社，1997.8.—3 册；20cm；¥40.00

鲁彦/鲁彦著；高远东选编；中国现代文学馆编 .—北京：华夏出版社，1997.1.—410 页；20cm.—（自强文库·中国现代文学百家/舒乙主编）；¥16.50

鲁迅短篇小说集/鲁迅著；颜雄编 .—长沙：湖南文艺出版社，1997.1.—409 页；20cm.—（中国短篇小说精华）；¥15.00

鲁迅乡土小说选/刘绍棠主编；鲁迅著 .—北京：大众文艺出版社，1997.10.—161 页；20cm.—（名家名作系列丛书）；¥8.50

鲁迅小说集/鲁迅著；马蹄疾，陈漱渝编 .—沈阳：春风文艺出版社，1997.8.—514 页；20cm；¥14.80

鲁迅杂文集/马蹄疾，陈漱渝主编；鲁迅著 .—沈阳：春风文艺出版社，1997.2.—5 册；20cm；¥108.00

鲁迅文学奖获奖作品丛书：散文卷/袁鹰，吴泰昌编 .—北京：华文出版社，1997.4.—1 册；20cm；¥39.00

鲁迅：在言说与生存的边缘/徐麟著 .—济南：山东文艺出版社，1997.4.—206 页；20cm.—（人格与艺术精神丛书/宋曰家主编）；¥8.50

鲁迅比较研究/（日）藤井省三著；陈福康编译 .—上海：上海外语教育出版社，1997.3.—279 页；20cm；¥16.00

鲁迅评传/吴俊著 .—南昌：百花洲文艺出版社，1997.12.—166 页；20cm.—（国学大师丛书）；¥10.00

曾国藩胡林翼刘蓉罗泽南诗文选译/周朝栋译注 .—成都：巴蜀书社，1997.6.—238 页；20cm.—（近代文史名著选译丛书/戴逸主编）；全套 39 册，总定价：460.00 元

曾湖峰诗文集/（清）曾湖峰著；何严审编；曾哲辑存 .—北京：文津出版社，1997.3.—376 页；20cm；¥12.50

跨世纪作家丛书：西南卷　第二辑/倪锡文主编 .—成都：四川人民出版社，1997.12.—8 册；20cm（盒装）；¥98.00

跨世纪作家丛书：西南卷　第一辑/倪锡文主编 .—成都：四川人民出版社，1997.6.—10 册；20cm；¥108.00

赛时礼作品选/赛时礼著 .—济南：黄河出版社，1997.6.—555 页；20cm（精装）；¥50.00

撕开社会的假面：鲁迅杂文代表作品选/鲁迅著；李伏虎编选 .—兰州：甘肃人民出版社，1997.8.—291 页；20cm.—（中国现代五大优秀杂文家丛书）；¥15.80

影梅庵忆语：性灵文学名著汇编（外十一种）/艾舒仁编次；冉云飞校点 .—呼和浩特：内蒙古人民出版社，1997.3.—387 页；20cm；¥18.80

颜光敏诗文集笺注/赵传仁等编著 .—济南：齐鲁书社，1997.4.—325页；20cm.—（陋巷丛书/颜景琴主编）；¥16.20

燃烧的太阳；胡郁莉文集/胡郁莉著 .—北京：中国文联出版公司，1997.6.—275 页；20cm；¥12.80

（钱莉辑）

1996—1997 年中国文学研究论文索引（部分）

目　录

文 艺 理 论

马克思主义文艺理论研究

论马克思关于掌握世界的四种方式问题：兼及美学的误解和误解后的美学/朱兰芝//齐鲁学刊（曲阜）1996，1.11~16

西班牙骑士和丹麦王子的精神兄弟：以马恩悲剧理论重新认识济金根形象/李晓卫//甘肃社会科学（兰州）.1996，6.52~55

论“意识到的历史内容”/胡军//文艺报（北京）.1996，1.26③

审美是意识活动，还是心灵创造活动/戚文卿//福建论坛（福州）.1996，4.58~63

回到马克思：马列文论学习札记/李思孝//文艺研究（北京）.1997，1.11~17

马克思恩格斯文艺本质观的系统考察/王佑江//外国文学研究（武汉）.1997，4.26~29

论“艺术掌握”/王世德//文艺理论研究（上海）.1997，4.26~33

马克思早期的艺术生产论的现实意义/童庆炳//中国文学研究（长沙）.1997，4.3~10

论恩格斯的“典型观”的有序化/赵纯兴//贵州社会科学（贵阳）.1997，4.60~62

马恩“现实主义的真实性”观念的再读解/黄裳裳//中国人民大学学报（北京）.1997,5.83~87

文艺批评的叙述方法:马恩文艺批评的理论和实践/李中一//文艺理论与批评（北京）.1997，2.92~99

作为艺术精神的美学观点和历史观点/董中锋//外国文学研究（武汉）.1997，3.47~52

关于马克思主义人类学美学的思考/蒋孔阳，郑元者//文艺理论研究（上海）.1997，2.2~5

《巴黎手稿》美学思想探微：美的规律篇/陆梅林//文艺研究（北京）.1997，1.4~10

从审美到伦理的还原分析：对“巴黎手稿”的再认识/刘士林//南京师大学报.1997，4.77~81

对马克思关于美的本质论的理解/邹旭光//南京社会科学.1997，8.27~32

关于审美价值问题的一点思考/朱立元//文论报（石家庄）.1997，9.1②

对马克思关于“美的规律”论述的几点思考：向陆

梅林先生请教/朱立元//学术月刊（上海）.1997，12.28～33

“魅力”何以“永久”？从主体活动论文艺观出发所作的一种审视/王尔勃//齐齐哈尔师范学院学报.1997，4.48～53

开创辩证唯物主义的美学理论：略论恩格斯的美学思想/程孟辉//光明日报(北京).1997,12.9⑥

“莎士比亚化”的艺术生产论：评曾簇林《马克思恩格斯艺术哲学纲要》/傅其三//湘潭大学学报.1997，4.122～125

毛泽东文艺思想研究

“源泉论”浅说：从现代文学看毛泽东对社会生活是文学艺术的唯一源泉的论述/李文瑞//西北师大学报（兰州）.1996，3.20～26

毛泽东与“百花齐放，百家争鸣”/陈晋//文艺理论与批评（北京）.1996，5.12～24；6.60～68

毛泽东文艺思想与文艺现代化：纪念毛泽东同志逝世20周年/潘翠菁//文艺理论与批评（北京）.1996，5.24～43

近年来毛泽东文艺思想研究的回顾与展望/李宏志//复旦学报（上海）.1997，3.17～21

流动的火焰：回顾延安文艺座谈会始末/高杰//传记文学（北京）.1997，5.70～80

胡乔木谈延安文艺座谈会前前后后/苏平//文艺理论与批评（北京）.1997，4.4～12

谈点情况和感想/黎辛//文艺理论与批评（北京）.1997，4.14～16

从哲学思想入手来理解《讲话》/于敏//文艺理论与批评（北京）.1997，4.17～21

为深入生活“正名”/郑伯农//文艺理论与批评（北京）.1997，4.29～30

纪念毛泽东《讲话》发表55周年座谈会综述/闻礼萍//文艺理论与批评（北京）.1997，4.38～41

沿着历史主线前进：纪念《在延安文艺座谈会上的讲话》发表55周年/公木//中流（北京）.1997，5.5～8

在湖北美术学院纪念毛泽东《在延安文艺座谈会上的讲话》发表五十周年大会上的报告/王朝闻//美术学研究（武汉）.1997，总1.4～13

文艺与文艺政策：关于《延讲》的思考/朱丕智//西南师范大学学报（重庆）.1997，5.50～53

文学从属政治的逻辑错位批评与悲剧性/张兴昌/朔方（银川）.1997，10.62～64

论毛泽东对孔子美学思想的继承与革新/汤龙发//理论与创作（长沙）.1997，1.16～22

试论毛泽东的美学思想/田兵//朔方（银川）.1997，5.60～64

毛泽东论殖民主义文化/陈飞龙//文艺理论与批评（北京）.1997，4.33～36

在现代化商潮中焕发社会主义文艺的生命力：学习毛泽东、邓小平、江泽民关于文学艺术的经典论述/黄曼君//河北师范学院学报（石家庄）.1997，4.26～33

党和国家领导人论文艺

加强文艺评论工作的思想指南：学习《邓小平文选》的笔记/严昭柱//文艺报（北京）.1996，4.26⑦

邓小平文艺理论对毛泽东文艺思想的新发展/邱明正//文学报（上海）.1996，5.23④

市场经济下文艺与两个文明建设之关系：学习邓小平文艺思想的一点体会/朱立元，王文英//文学报（上海）.1996，5.23④

改革开放的历史新时期与邓小平文艺思想/牟豪戎//文艺理论与批评（北京）.1996，6.98～103

文学的骨骼与血肉：邓小平文艺思想学习札记/王畅//文艺理论与批评（北京）.1996，3.100～104

周恩来文艺思想与实践研究述评/王凤胜//淮阴师专学报.1997，1.10～16

遵循文艺规律　尊重文艺人才：周恩来对文艺工作的领导艺术/李敬敏//重庆师院学报.1997，2.3～12

邓小平文艺思想的历史贡献/蒯大申//文艺报（北京）.1997，2.27④

坚持·发展·创新：学习邓小平同志关于文艺的论述/张炯//人民日报（北京）.1997，3.13⑪

论邓小平对毛泽东文艺思想的发展/谭献民//长沙电力学院社会科学学报.1997，1.10～13

论邓小平的文艺意识形态理论/马龙潜//文艺研究（北京）.1997，4.4～11

建设有中国特色社会主义的文学艺术：邓小平文艺思想的核心和主线/朱辉军//文艺研究（北京）.1997，4.12～17

《祝词》—邓小平文艺理论的创立：论邓小平文艺理论的划时代意义/张正治，尚延龄//西北师大学报（兰州）.1997，3.1～6

关于“我们的文艺属于人民”：兼述完整地准确地理解邓小平文艺思想/托拉克//当代电影（北京）.1997，4.4～10

把最好的精神粮食贡献给人民：重温邓小平同志关于文艺工作的论述/黄国柱//光明日报（北京）.1997，3.18⑥

文艺与政治关系论述的历史性突破：邓小平同志发展毛泽东文艺思想的一个方面/刘元树//江淮论坛（合肥）.1997，2.79～82

深入学习邓小平的文艺思想/张炯//当代作家评论（沈阳）.1997，3.4～9

理清思路　抓住时机　建设社会主义文艺：学习《邓小平文选》的体会/曲润海//文艺理论与批评（北京）.1997，6.13～17

邓小平与文艺/涂途//中流（北京）.1997，11.2～6

党的文艺政策

“百花齐放，百家争鸣”方针形成过程的历史回顾/夏杏珍//文艺报（北京）.1996，5.3③

对话是“百家争鸣”的理想形态/李衍柱//文艺理论研究（上海）.1996，6.24～26

论“百家争鸣”/李鹏图//河北师范大学学报（石家庄）.1997，4.16～19

“百花齐放，百家争鸣”方针的由来与发展/李捷//文艺理论与批评（北京）.1997，6.4～12

中共中央关于进一步做好文艺工作的若干意见(1997年1月12日)//人民日报（北京）.1997，5.23①，④

文艺理论总论

关于马克思主义文艺理论发展的走向/张弼//文艺研究（北京）.1997，6.4～14

世纪之交的马克思主义文艺学/李衍柱//文史哲（济南）.1996，1.49～55

关于有中国特色马克思文学理论研究的几个问题/董学文//甘肃社会科学(兰州).1996,1.67～72

坚持马克思主义的旗帜/田心铭//文艺理论与批评（北京）.1996，6.10～11

马克思主义文艺学的理论基础/李应龙//江海学刊（南京）.1996，3.150～155

马克思主义文艺学的理论基础再说/曾簇林//广东社会科学（广州）.1996，4.100～105

为马克思主义艺术学正名：兼谈它与马克思主义美学、文艺学（文学学）的关系/李心峰//安徽大学学报（合肥）.1996，6.3～9

“政治”、“美学”与马克思主义的创造性/〔美〕F·杰姆逊，张旭东//文艺理论研究（上海）.1996，6.31～40

论文艺学的人文价值/畅广元//陕西师范大学学报（西安）.1996，1.76～81

寻求科学性与价值性的统一：文艺学建设的理论思考/谭好哲//齐鲁学刊（曲阜）.1996，1.4～10

走向新世纪的当代文艺学/胡经之//文艺理论研究（上海）.1996，3.80～82

也论建立学范：兼与张寅彭商榷/刘凌//文艺理论研究（上海）.1996，3.83～87

二十一世纪—再创理论的辉煌：近年文学理论发展管窥/阎延文//文艺报（北京）.1996，12.20③

会当凌绝顶：回眸二十世纪文学理论/钱中文//文学评论（北京）.1996，1.5～17

对二十世纪中国文论叙述的反思/余虹//文艺研究（北京）.1996，3.4～12

世纪之交：中国当代文艺学的转型/林兴宅//福建论坛（福州）.1996，4.53～57

从炼金术到化学：当代诗学的话语转型问题/王家新//社会科学战线（长春）.1996，5.209～212

汉语文学的理论自觉与实践走向/张卫中//徐州师院学报.1996，2.81～85

文艺理论的自觉/郭淑梅，孙津//学习与探索（哈尔滨）.1996，6.103～109

超越对立：交往型元话语论纲/王世城//文艺理论研究（上海）.1996，5.70～77

多元与兼容/何西来//文艺争鸣（长春）.1996，6.59～65

比喻—理论语体的诗化倾向：一个批判性描述/季广茂//文艺评论（哈尔滨）.1996，2.13～20

文艺理论的困境、出路与前景/陈辽//青春（南京）.1996，12.73～76

“理论还有什么用?”：我看“当代理论”/韩毓海//当代作家评论（沈阳）.1996，2.43～51

跨越世纪的思考：“20世纪文艺理论的回顾与展

望”学术研讨会综述/陶原珂//学术研究（广州）.1996，5.86～88

进展与问题：1989—1995文艺学建设概观（上、下）/姚文放//文艺研究（北京）.1996，4.150～151；6.150～152

西方现代文论在新时期的介绍与引进/白烨//文艺理论研究（上海）.1996，4.73～80

20世纪西方文论主潮及成因：当代西方文论探析之三/欧阳友权//学习与探索（哈尔滨）.1996，2.106～110

颠覆与创构：20世纪西方文学理论特点评述/王达敏//文艺报（北京）.1996，1.12④

略论“西方马克思主义”文艺理论的特征/徐文泽//郑州大学学报.1996，4.115～119

西方病理艺术观与二十世纪“病院文学”/刘文荣//上海大学学报.1996，5.12～17

评主体性文艺观/邢贲思//文艺报（北京）.1996，8.30③

应当重视文艺理论发展中建构的作用/张弼//北方论丛（哈尔滨）.1996，1.66～71

学术论文写作贵在创新/程千帆，巩本栋//文艺理论研究（上海）.1996，2.8～12

评《中国文学理论》/毛庆耆，谭志图//文艺理论与批评（北京）.1996，2.87～97

理性与启蒙/邵燕祥//文艺争鸣（长春）.1996，2.59～68

理性三辨/高文斌//丹东师专学报.1996，2.52～55

理性的批判与批判的理性/毛崇杰//文学评论（北京）.1996，5.66～77

论文艺/王天玺//云南社会科学（昆明）.1996，5.1～7

文学元极论/曲本陆//辽宁师范大学学报.1996，4.52～58

文学理论的有效性与文学对象的变迁/张荣翼//宁夏大学学报（银川）.1996，1.83～87

艺术的自救抑或自戕？/张国功//文艺评论（哈尔滨）.1996，2.75～79

艺术动态研究论纲/王元骧//文艺报（北京）.1996，3.1③

关于“人道主义”的对话/刘心武//小说评论（西安）.1996，2.23～28

马克思主义文艺思潮的输入与中国文艺“范畴论”的确立/李怡，段从学//中州学刊（郑州）.1997，1.100～104

关于建构中国特色的马克思主义文艺学新体系中心范畴的思考/周忠厚//山西师大学报（临汾）.1997，3.34～38

走向新世纪的马克思主义文艺学/徐缉熙//江海学刊（南京）.1997，3.152～156

对于推进马克思主义文艺学在当代发展的思考/王元骧//社会科学战线（长春）.1997，5.23～42

马克思主义文艺理论中国化的内在逻辑/代迅//文学评论（北京）.1997，4.53～63

试论马克思主义文艺学说的理论特色/郭正元//中山大学学报（广州）.1997，5.100～106

从现代文艺学建设谈到百年学术史研究/杜书瀛//扬州大学学报.1997，2.13～15

二十世纪：中国近代批评的历史终结/宋剑华//文艺理论研究（上海）.1997，2.17～20

面对传统：继承与超越/杜书瀛//陕西师范大学学报（西安）.1997，1.53～58

我国文学体系面临当代性转换/朱立元//文学报（上海）.1997，5.15④

从异相到整合：20世纪中国文论的走向/蒲向明//人文杂志（西安）.1997，4.123～127

重建中国文学理论之可能：兼谈中国文论如何走向21世纪/李珺平//文艺争鸣（长春）.1997，5.70～75

关于中国艺术学的建立问题/张道一//文艺研究（北京）.1997，4.49～56

面对中国文艺理论的发展/郭德茂//陕西师范大学学报（西安）.1997，2.78～81

从工具论到目的论/孙绍振，夏中义//文艺理论研究（上海）.1997，6.7～13

新时期以来文学理论批评发展略述/姚鹤鸣//当代文坛（成都）.1997，6.3～7

回到语境：关于文论“失语症”/张卫东//文艺评论（哈尔滨）.1997，6.23～27

人类心灵结构与文艺学建设/胡家祥//赣南师范学院学报（赣州）.1997，5.40～44

文艺理论：世纪之交的思考（六则）/毛宣国//江海学刊（南京）.1997，2.151～163

世纪之交文艺学研究的反思与前瞻/谭好哲//文史哲（济南）.1997，5.18～25

世纪末断想：文艺理论的动荡与危机（上、下）/郭淑梅，孙津//文艺评论（哈尔滨）.1997，

5.4～9；6.14～22
走向方言：关于文学理论现状与前景的一种语言学比喻/简德彬//湘潭大学学报.1997，2.13～17
独创的贫困：有感于“跨世纪文学批评”/殷国明//文艺理论研究（上海）.1997，4.51～55
当代文学理论的发展趋势/林树明//贵州师范大学学报（贵阳）.1997，2.60～65
关于未来文艺理论走向的思考/庄锡华//文史哲（济南）.1997，4.43～47
试论中、西、印三大诗学体系的不同价值取向/李淳//国外文学（北京）.1997，3.18～23
西方文论的人学阐释：古希腊部分/李沛//新疆师范大学学报（乌鲁木齐）.1997，2.32～36
语用学、文体学与文学研究/封宗信//国外文学（北京）.1997，3.24～30
论哈贝马斯与现代性/张辉//天津社会科学.1997，4.72～79
民族寓言的内在逻辑/赵白生//外国文学评论（北京）.1997，2.23～30
试论马尔库塞“批判的文化艺术理论”/梁慧//外国文学评论（北京）.1997，2.14～22
论伊格尔顿的“文化生产”美学/冯宪光//文艺理论与批评（北京）.1997，3.115～123
文艺问题新释/胡家祥，杨广生//江西师范大学学报（南昌）.1997，3.27～34
物理世界图景与感觉世界图景：在哲学与文艺学之间（一）/刘文波//文艺评论（哈尔滨）.1997，4.12～18
深蓝与边缘系统：在哲学与文艺学之间（二）/刘文波//文艺评论（哈尔滨）.1997，6.4～13
人的认识关系和人的价值关系的统一和倾斜与文学/陆贵山//社会科学战线（长春）.1997，3.109～117
文艺应关注经济关系及其中人的状况：马克思主义文艺理论的当代意义/朱辉军//文艺理论与批评（北京）.1997，6.46～52
文艺学范畴论纲/李衍柱//淄博师专学报.1997，1.11～22
论文学的主体间性/金元浦//天津社会科学.1997，5.86～91
艺术否定论：缘起和内涵/吴炫//山花（贵阳）.1997，2.69～76
走向艺术否定论/吴炫//文艺理论研究（上海）.1997，2.67～70
中国文艺理论教育史略论/杨福生//安庆师院社会科学学报.1997，2.70～74
通向广场的路不只一条：对文艺理论研究的思索/张洪超//文艺评论（哈尔滨）.1997，2.4～7
让我们面对文化的危机——“批评理论：中国与西方”国际学术讨论会综述/蒋洪新//文艺报（北京）.1997，9.23③
一年来若干学术问题讨论综述：文艺学·美学//学术月刊（上海）.1997，2.105～109

本质论

生命本体论反思录/刘大枫//南开学报（天津）.1996，1.55～62
本体论—从阙失、错位到重建：对本世纪西方诗学格局的一点动议/邵建//江苏社会科学（南京）.1996，5.116～121
当代文学、美学研究中对“本体论”的误释/朱立元//文学评论（北京）.1996，6.14～24
关于文学本质、文学本体的“前问题”/刘大枫//天津文学.1996，8.68～73
儒家社会人性论与文学本质观/钟仕伦//四川师范大学学报（成都）.1996，10.40～44
传说与历史：试谈文学本质/邵振国//光明日报（北京）.1996，7.4⑦
韦勒克文学本质观的评析/邓淑兰//中山大学研究生学刊（广州）.1996，4.34～39
试论文艺的经济功能/方家良//学习与探索（哈尔滨）.1996，1.106～110
论文艺的“精神生产力”性质及其对经济发展的推动作用/艾斐//晋阳学刊（太原）.1996，3.87～91
论艺术对现实的超越性存在/施立峻//青海师范大学学报（西宁）.1996，2.70～73
表现新解/刘支宇//文艺评论（哈尔滨）.1996，3.27～33
艺术生产与劳动主体的演化/李星良//湖北大学学报（武汉）.1996，2.79～83
后现代景观下的艺术生产/张清民//东方丛刊（桂林）.1996，3.89～99
文学“形象特征说”辩/吴光正//社会科学战线（长春）.1996，2.213～216
艺术形象性探源：从美学的窗口看艺术认识的特

点/罗一民//江苏社会科学（南京）.1996，5.122～125

关于审美反映的拟人化问题/张伟//中州学刊（郑州）.1996，3.83～86

二十世纪西方文论中的艺术情感理论/黄南珊//文艺研究（北京）.1996，3.48～57

荣格的无意识原型理论与艺术的情感及形式/祝菊贤//西北大学学报（西安）.1996，2.72～74

语言与文学的关系/〔英〕爱德华·塞帕尔著，李延龄译//齐齐哈尔师范学院学报.1996，2.39～41

论文学形象的语言构成/赵炎秋//文学评论（北京）.1996，4.81～91

论文学价值观念的基本规定性/党圣元//学术研究（广州）.1996，3.57～61

审美价值的特性与文学创作的选择/游小波//福建师范大学学报（福州）.1996，4.52～56

艺术功利性与审美的形象形态/方锡球//安徽教育学院学报（合肥）.1996，4.59～62

文艺的消闲、娱乐功能及其格调/何西来//文艺争鸣（长春）.1996，3.5～8

消闲与文化和审美/杜书瀛//文艺争鸣（长春）.1996，3.9～12

休闲娱乐与审美文化/罗筠筠//文艺争鸣（长春）.1996，3.22～25

反"消闲娱乐"论/朱辉军//文艺争鸣（长春）.1996，6.4～7

"文艺消闲功能"断想/钱竞//文艺争鸣（长春）.1996，2.19～22

消闲：不是唯一的解释/许明//文艺争鸣（长春）.1996，2.16～18

现实·历史·品味：当前文艺的娱乐消闲功能之我见/童庆炳//文艺争鸣（长春）.1996，2.10～13

"消闲文学"及意识形态守护/孟繁华//文艺争鸣（长春）.1996，2.22～24

世俗化时代文艺的消遣娱乐性/陶东风//文艺争鸣（长春）.1996，3.13～16

论诗性文化的可能性空间：文艺世俗化走向批判/徐岱//文艺研究（北京）.1996，3.13～19

面对现实，着眼未来："文学艺术的消闲娱乐功能与精神文明"研讨会纪要/闻力//文艺争鸣（长春）.1996，2.25～27

对传统的艺术本质特征论的重新审视/邓志远，蔡宗伟//中山大学学报（广州）.1997，2.95～105

文学本质内涵的哲学阐释：兼议韦勒克形式主义文学观/张念//中山大学研究生学刊（广州）.1997，2.21～26

康德的艺术特征论/朱志荣//苏州大学学报.1997，2.82～85

艺术不是纯粹的意识形态形成：卢卡奇对艺术与意识形态关系的论述/马驰//河北师范大学学报（石家庄）.1997，1.54～59

艺术："生命的形式"论评析/司有仑，冷德诚//中国人民大学学报（北京）.1997，2.89～93

走向求解艺术的习俗之途/吴水平//浙江学刊（杭州）.1997，5.95～99

文学：作为一种艺术/李心峰//文艺研究（北京）.1997，4.57～64

文学：人类超越自然时空的一种方式/赵海忠//阴山学刊（包头）.1997，2.8～11

"表现"和"再现"：文学与新闻的比较研究/陆万胜//青海大学学报（西宁）.1997，2.74～80

论文学作品的真实性品格及其主观规定性/赵炎秋//人文杂志（西安）.1997，1.103～108

文学的真实性推阐/杨晓新//当代文坛（成都）.1997，2.12～15

论历史真实与作家的理性调节/吴秀明//文艺研究（北京）.1997，6.67～74

人的共同性和人的差别性与文学/陆贵山//江海学刊（南京）.1997，3.145～151

人·社会·文学/程代熙//文艺报（北京）.1997，10.28②

感情和文学的本质特征/嵇山//社会科学（上海）.1997，7.66～70

文学语言性质综论/王培基，王万贵//青海社会科学（西宁）.1997，3.71～76

语符与书符：文学的双重符号属性/陈浩//浙江社会科学（杭州）.1997，5.107～111

论艺术生产的社会效益和经济效益/应必诚//复旦学报（上海）.1997，3.11～16

创造与复制：艺术生产及价值的辩证解释/孙长军//信阳师范学院学报.1997，2.75～79

论文学活动的实践性意义/侯文宜//文艺理论与批评（北京）.1997，3.107～109

艺术的轰动效应之时空错位/杨健平//牡丹江师范学院学报.1997，3.42~47
论文学的导向功能/程玥//理论学刊（济南）.1997，4.81~84
论文学魅力价值的时空律及其悖逆/魏饴//求索（长沙）.1997，6.85~88
文艺的功利性是普遍恒久地存在的：普列汉诺夫对“纯艺术”论的批判/刘文斌//内蒙古大学学报（呼和浩特）.1997，3.73~79
马尔库塞艺术功能论评析/李鲁祥//齐鲁学刊（曲阜）.1997，1.34~37
论神话与科幻文学的认知功能/资民筠//文艺理论与批评（北京）.1997，5.69~76

构成论

论雅俗文学的概念区分/朱国华//文艺理论研究（上海）.1996，4.6~14
历史文学审美属性与独特形态理论的构建/吴秀明//文艺研究（北京）.1996，4.86~94
情节艺术二论/张恒//文艺理论与批评（北京）.1996，5.127~131
创作意图与作品意义的关系/刘月新//名作欣赏（太原）.1996，1.6~12
文学的隐喻及其特征/徐亮//绿洲（乌鲁木齐）.1996，2.153~158
论文学形式的现实发生机制/马小朝//当代文坛（成都）.1996，2.20~23
构形　走向艺术创造的第一步：卡西尔艺术形式观探析/刘可钦//西北师大学报（兰州）.1996，4.30~32
文学语言审美信息层次论/罗昕如//湖南师大学报（长沙）.1996，1.66~71
句子·终止或开始/张闳//文艺理论研究（上海）.1996，2.66~69
试论文学语言的可逆性/赵奎英//文学评论（北京）.1996，3.102~109
语言观念必须革新：重新认识汉语的审美与诗意价值/郑敏//文学评论（北京）.1996，4.72~80
不结果的无花树：论西方语言论对文学语言特性的探索/赵炎秋/湖南师大学报（长沙）.1996，5.50~55
素朴的魅力/朱堂锦//文艺理论研究（上海）.1996，5.14~21
符号的颠覆功能与艺术模式的更迭/董强//文史哲（济南）.1996，6.58~63
古典的、现代的和后现代的：关于话语的意义形态学/周宪//文艺研究（北京）.1996，5.19~29
艺术内涵结构的本体论阐释/黄力之//文艺研究（北京）.1996，1.13~18
记叙事结构和叙述话语/张辉//南京大学学报.1996，2.54~63
“叙述者”界说/王阳//文艺理论与批评（北京）.1996，3.127~131
叙述者心理品质分析/于德山//求是学刊（哈尔滨）.1996，6.85~89
论第一人称叙述与第三人称有限视角叙述在视角上的差异/申丹//外国文学评论（北京）.1996，2.14~23
艺术形象的动态存在的描述/王汶成//江海学刊（南京）.1996，3.186~189
试论文艺的雅与俗/马建辉//河北学刊（石家庄）.1997，5.78~82
论文学情节的可驾驭性/程麻//河北学刊（石家庄）.1997，3.61~67
从一个情节模式看叙事艺术的情节构成/胡跃生//暨南学报（广州）.1997，4.121~128
浓妆淡抹两相宜：试论主题的确定性与模糊性/刘友林//江西社会科学（南昌）.1997，5.44~47
作家的意图与作品的意蕴/王畅//理论与创作（长沙）.1997，4.20~23
形式的消解与内容的陌生化/刘双贵//北方论丛（哈尔滨）.1997，1.23~26
艺术形成的内涵及其作用/赵维森/延安大学学报.1997，3.51~53
文学指称及其双重显示/徐亮//杭州大学学报.1997，2.126~132
简论叙述话语的审美特征/李思民//延安大学学报.1997，2.82~86
论艺术语言的形式美/骆小所//云南师范大学学报（昆明）.1997，2.77~81
语言的困境与诗人的使命/余松//云南师范大学学报（昆明）.1997，2.69~76
语言的魔力：塑造与囚禁/南帆//莽原（郑州）.1997，3.111~121
“语境”断想/陈平辉//文艺评论（哈尔滨）.1997，6.28~31

理论建构和学术操作：评《接受修辞学》和《小说语言美学》/许晓林//东方丛刊（桂林）.1997，3.260~264

我国近年的文学语言学研究/李仕中//怀化师专学报.1997，3.287~291

寻找叙述者：与申丹同志商榷/王阳//外国文学评论（北京）.1997，1.33~39

《寻找叙述者》一文读后/申丹//外国文学评论（北京）1997，1.40~43

论叙事速度中的慢叙/赵炎秋，谢国求//中国文学研究（长沙）.1997，1.3~6

叙事结构的重建：当代叙事艺术批评之一/冯尚//文艺理论研究（上海）.1997，4.63~69

先锋叙事的现代文化立场/李咏吟//文艺评论（哈尔滨）.1997，5.41~48

抒情：主观与客观/千华//延边大学学报.1997，2.101~105

论现代反讽形式/陈浩//浙江大学学报（杭州）.1997，3.83~87

反讽艺术的美学特征/贾越//浙江社会科学（杭州）.1997，6.115~118

文学结构与社会：文化结构之整合关系/胡润森//烟台大学学报.1997，4.42~45

文学作品中艺术时空结构类型刍议/晓河//河北学刊（石家庄）.1997，5.73~77

文学体裁

说“文体”/陈伯海//文艺理论研究（上海）.1996，1.62~65

文学文体的语言特征及其运作/黄爱华//浙江大学学报（杭州）.1996，3.86~91

议论性文体的论证系统/赵书勤//内蒙古大学学报（呼和浩特）.1996，2.77~83

文体性质透视/叶良旋//安庆师院社会科学学报.1997，3.94~97

论文体变异/金振邦//东北师大学报（长春）.1997，1.61~66

诗　　歌

诗歌形式：载体与图式/贺建成//中山大学学报（广州）.1996，3.34~42

诗：聆听与言说/王光明//福建论坛（福州）.1996，1.26~31

诗词的潜在信息/许山河//海南大学学报（海口）.1996，3.72~78

论“无意义语（诗）”的外延和内涵/张冰//外国文学评论（北京）.1996，3.5~13

最难驯服的怪兽：超现实图式/陈仲义//诗神（石家庄）.1996，9.31~35

抒情话语与抒情诗/南帆//文艺研究（北京）.1996，2.92~101

论抒情诗戏剧性的可能/赵伐//宁波大学学报.1996，3.45~50

轻诗歌论纲/毛翰//绿洲（乌鲁木齐）.1996，4.150~158

指称性·解构性·世俗化：论世俗诗歌的语言特征/胡彦//云南师范大学学报（昆明）.1996，5.19~26

诗性智慧的生长：诗学笔记之一/杨匡汉//内蒙古大学学报（呼和浩特）.1997，5.68~76

诗在人类世界中的永恒价值/罗门//星星（成都）.1997，7.21~27

魔鬼与上帝进行的永恒战斗：诗歌创作内驱力说略/吴思敬//贵州社会科学（贵阳）.1997，3.60~64

关于诗歌动力问题的人类思考/江雪//南通师专学报.1997，4.33~36

诗的题材与画的题材：从《拉奥孔》看莱辛的诗画异质论/王为群//西北师大学报（兰州）.1997，4.17~21

能指与所指：诗歌语言的符号学特性初探/任裕海//外国文学研究（武汉）.1997，2.51~54

三个层面与两个向度：诗歌语言陌生化再探/柯昌文//福建论坛（福州）.1997，6.13~17

诗歌结构的比较研究/陈圣生//文艺理论研究（上海）.1997，3.86~94

诗歌建构意识的演进/仲文//内蒙古社会科学（呼和浩特）.1997，4.76~82

诗歌意象的不确定性与模糊审美/王长俊//南京师大学报.1997，1.91~96

诗歌意象组合的几种主要方式/吴晟//文艺理论研究（上海）.1997，6.28~34

诗歌意境创造中的双重主体和三个层面/迟万昌，熊求新//云南师范大学学报（昆明）.1997，5.58~61

论诗歌怆思情结创作模式/钟俊昆//赣南师范学院学报（赣州）.1997，4.21~24

诗歌创作中的表象思维/吴思敬//求是学刊（哈尔滨）.1997，5.71～75
隐喻在诗中的运用/寿永明//江苏社会科学（南京）.1997，3.144～148
从隐喻后退：一种作为方法的诗歌/于坚//作家（长春）.1997，3.68～73
高蹈宗教情怀的灵魂学：神性诗学/陈仲义//山东文学（济南）.1997，8.57～62
散文诗的语言特征/蒋登科//西南师范大学学报（重庆）.1997，1.93～97
城市诗的反思/陈圣生//文学评论（北京）.1997，2.70～77

小　说

作为小说环境的背景地及其审美内涵/李建东//中州学刊（郑州）.1996，1.99～102
小说环境论/魏饴//华中师大学报（武汉）.1996，2.41～45
小说语言的顺应显象和偏离显象/谭学纯，唐跃//小说评论（西安）.1996，6.72～76
小说语言的陌生化/雷建政//飞天（兰州）.1996，11.104～108
小说人称的叙述功能/黄希云//外国文学评论（北京）.1996，2.12～17
小说叙述者性别特征分析/于德山//南京大学学报.1996，4.112～119
视点的选择与转换所产生的艺术效果/张梅芳//中山大学学报（广州）.1996，4.24～29
小说的描写触觉艺术/张晓非//海南大学学报（海口）.1996，3.66～71
论诗化小说的审美特征/蒋晓兰//贵州教育学院学报（贵阳）.1996，2.43～46
心理小说：一种类归与阐释/张晓松//贵州教育学院学报（贵阳）.1996，4.26～30
小说的方向及一种对话/傅翔//文艺评论（哈尔滨）.1996，5.23～30
小说定义：改写辞条/彭志明//文艺理论研究（上海）.1997，1.54～58
小说的本原与还原/王蒙//小说界（上海）.1997，3.1.156～164
论小说的民族特性/周书文//文艺理论研究（上海）.1997，2.53～60
小说的陌生化形态与读者的阅读态度/周兴华//文艺理论研究（上海）.1997，4.42～44
小说语言张力探因/班澜//内蒙古社会科学（呼和浩特）.1997，1.63～69
小说：描写触觉的艺术/张晓菲//深圳大学学报.1997，3.70～75
意识流小说的感觉描写/王诺//当代外国文学（南京）.1997，3.163～167
召唤伟大的叙事时代：论青年卢卡奇的《小说理论》/王雄//外国文学评论（北京）.1997，1.15～25
小说家是“存在的探险家”：点评米兰·昆德拉的小说观/张德林，李斌//文艺理论研究（上海）.1997，1.29～40
小说：对存在的勘探和对存在的编码：昆德拉小说理论管窥/敬文东//小说评论（西安）.1997，2.71～76
小说理论的里程碑：谈布思的《小说修辞学》/程锡麟//四川大学学报（成都）.1997，3.45～52

散　文

散文特征新论/魏饴//求索（长沙）.1996，2.85～89
美文文体特征漫论/仲文//内蒙古社会科学（呼和浩特）.1996，4.74～79
散文创作的使命/林非//广东社会科学（广州）.1996，1.96～99
审美与非审美：散文创作的二律背反/赵勇//当代文坛（成都）.1996，1.7～10
报告文学文体界定及其归属/胡欣//武汉大学学报.1996，1.93～98
报告文学的独立品格/马永强//飞天（兰州）.1996，7.104～109
艺术中智者愉快的散步：试论随笔的审美特质/贺鸿凤//北京师范大学学报.1996，1.106～111
散文发生与散文概念新论/杨庆存//中国社会科学（北京）.1997，1.140～152
小品散文类别研究/云惟利//北京大学学报.1997，2.108～118
论随笔/杨健民//福建文学（福州）.1997，6.61～64
文本·文化·文学：论自传文学/王成军，王炎//国外文学（北京）.1997，2.54～59
传记里的故事：试论传记的虚构性/赵白生//国外文学（北京）.1997，2.47～53

戏剧文学

戏剧文体与戏剧文体学/俞东明//浙江大学学报（杭州）.1996，1.100~103

戏剧的文化意识纵横谈/刘邦厚//剧作家（哈尔滨）.1996，5.83~88

论喜剧与喜剧美的形态/周安华//江苏社会科学（南京）.1996，6.139~143

"大团圆"非悲、喜剧论/程麻//文艺研究（北京）.1996，6.77~83

对布莱希特戏剧理论的重新评价/王晓华//外国文学评论（北京）.1996，1.23~30

戏剧：仪式的嬗递与孳乳/王胜华//戏剧艺术（上海）.1997，3.30~40

试论戏剧的模糊性特征/徐东日，李玉珍//延边大学学报.1997，1.155~158

戏剧空间艺术简论/王志明，黄日贵//广西民族学院学报（南宁）.1997，1.124~128

试论戏剧话语形态中词语与动作的关系/周宁//文艺研究（北京）.1997，6.98~104

论戏剧的独创性/宋存学//戏剧文学（长春）.1997，5.21~24

戏剧意象的静态结构/胡润森//戏剧文学（长春）.1997，3.59~62

戏剧角色论/胡润森//西南师范大学学报（重庆）.1997，2.73~80

布莱希特与西方传统/周宪//外国文学评论（北京）.1997，3.5~13

影视文学

重谈电影艺术与电影文学/李大鹏//文艺理论与批评（北京）.1996，1.123~128

论影视艺术的观念体系/戴剑平//聊城师院学报.1996，3.111~117

叙述人·人称·视点：电影叙事中的主体策略/李显杰，修倜//电影艺术（北京）.1996，3.60~68

谈谈电影的叙事特征/樊丽//电影创作（北京）.1996，6.65~69

影视作品的独特造型功能/田卉群//电影艺术（北京）.1996，2.74~78

电影观赏心理初探/曾耀农//吉首大学学报.1996，1.42~47

影视史学：历史学的新领域/张广智//学习与探索（哈尔滨）.1996，6.116~122

关于电影的比较研究/李迅//文艺争鸣（长春）.1996，3.66~69

论电影的美学意义/林玮//江苏社会科学（南京）.1997，3.159~164

论影视审美时空感受的多维性/盘剑//文艺评论（哈尔滨）.1997，1.92~96

论视听语言与审美意义/黄文达//上海大学学报.1997，5.51~55

论电影社会心理学批评/周斌//复旦学报（上海）.1997，5.68~73

电视话语审美视界的双重变向/肖平//江西社会科学（南昌）.1996，1.50~53

电视剧艺术语言初探/洪忠煌//烟台大学学报.1996，3.8~13

试论电视传媒对文化的影响/吴凡//宁波大学学报.1997，2.16~19

工业化生产与电视剧艺术/苗棣//当代电影（北京）.1997，6.54~60

电视剧的两种叙事者/郝建//当代电影（北京）.1997，6.68~74

跨语境的电视：媒介批评与观众研究/李迅//当代电影（北京）.1997，2.54~62

电视剧观众非审美心理初论/盘剑//当代电影（北京）.1997，6.61~67

电脑文艺：对理论、批评与史学的呼唤/黄鸣奋//文艺报（北京）.1997，11.11③

创 作 论

群体的影响与个体的超越：试探杰出文学家的成功规律/钱志熙//江海学刊（南京）.1996，1.138~145

论作家与作品的关系：兼论传记批评的偏颇/王宇//江海学刊（南京）.1996，1.152~157

艺术与人的生存困境的超越/王小平//郑州大学学报.1996，3.98~103

试论文学创作的条件/张运贵//云南师范大学学报（昆明）.1996，1.17~27

深入人民生活论与传统的养气说/张孝评//西北大学学报（西安）.1996，2.65~68

论观察的美学原则/张仲良//河南大学学报（开封）.1996，2.54~58

文学创作中的隐秘人格初探/黎风//四川师范学院学报（南充）.1996，1.22~26

艺术家人格的动力结构/徐挥//文艺理论研究（上

海）.1996，3.29~34

论小说家的智慧/冯军胜//内蒙古社会科学（呼和浩特）.1996，5.79~83

论文学创作过程/颜纯钧//文艺理论研究（上海）.1996，4.22~29

写作行为的根本规定层面/黄键//福建师范大学学报（福州）.1996，3.27~32

创作历程的心态演变轨迹/张圣康//天津文学.1996，2.73~76

文学创作的心理张力/金道行//理论与创作（长沙）.1996，3.13~16

自发与自觉：论作家创作中的双重特征/董小玉//文艺理论与批评（北京）.1996，1.132~138

无意识与文艺创作/刘文波//文艺评论（哈尔滨）.1996，6.11~19

文学创作动机的深层探究/蔡毅//南京社会科学.1996，4.63~69

作家的创作“气功态”初探//贾羽//宁夏大学学报（银川）.1996，1.116~120

艺术想象与宗教想象/蒋述卓//文艺理论研究（上海）.1996，1.33~37

论创作中情感的积淀和审美触发/董小玉//理论与创作（长沙）.1996，6.13~16

论艺术创作隐性逻辑/王克俭//文艺研究（北京）.1996，4.54~59

论传统形象理论的局限/赵炎秋//求索（长沙）.1996，5.88~92

“说法”与“活法”：文学中人的表达与其存在矛盾的论析/张荣翼//宁夏大学学报（银川）.1996，2.52~59

艺术的非人化/〔西班牙〕奥尔特加·加塞特，周宪译/文艺理论研究（上海）.1996，3.93~97

重新为艺术意象界定/金声//咸宁师专学报.1996，1.52~57

意象论/袁忠//理论与创作（长沙）.1996，2.21~25

试论意象凝成过程中的模糊性/王德邻//成都师专学报.1996，4.57~62

审美意象的结构分析/吴风//浙江社会科学（杭州）.1996，2.93~96

意境本质/董志强//东方丛刊（桂林）.1996，1.1~16

老调新谈：意境是什么/胡元坎//宁德师专学报.1996，1.77~83

论艺术氛围/蔡良骥//文艺理论研究（上海）.1996，3.35~39

创造性思维中“有意义的空白”/王先霈//文学评论（北京）.1996，3.86~93

论二元对立思维模式/杨文虎//文艺理论研究（上海）.1996，3.88~92

试论形象思维的逻辑/张盛彬//河南师大学报（新乡）.1996，1.11~14

形象思维与语言障碍症/施用勤//学术月刊（上海）.1996，6.102~106

“形象思维”的两次大论争/刘欣大//文学评论（北京）.1996，6.35~45

论文学风格系统/王佑任//江汉论坛（武汉）.1996，7.28~33

创作个性与人物个性/陈宪年//内蒙古社会科学（呼和浩特）.1996，1.85~89

文学创作过程论：与颜纯钧先生商榷/季元龙//四川师范大学学报（成都）.1997，3.47~55

论文学创作过程中的传达/梁爱民//贵州师范大学学报（贵阳）.1997，3.65~69

作家人格结构中的文化悖论/千华//辽宁大学学报（沈阳）.1997，3.78~82

建构人类精神格式塔的基础工程：评刘建勋《作家素质论》/高杰//延安文学.1997，1.72~75

论痛苦体验是文学创作的内驱力/边建国//河北师范大学学报（石家庄）.1997，3.78~82

文艺与人民的关系对创作倾向的影响/严昭柱//光明日报（北京）.1997，1.5③

深入生活岂能否定和歪曲：评《反思过去那样的“深入生活”》/辛叶//中流（北京）.1997，12.36~40

文学场及知识分子的功能/〔法〕布尔迪厄著，包亚明译//天涯（海口）.1997，2.39~42

叔本华论疯癫与艺术创作/金惠敏//外国文学评论（北京）.1997，3.14~22

论文学创作中心理定势与审美超越互动的力源与意义/周国清//湖南师范大学学报（长沙）.1997，2.70~75

论创作动机的类型/蔡毅//上海师范大学学报.1997，1.78~84

构思障碍及其克服/林霖//延安大学学报.1997，2.87~91

实构论/王锡渭//文艺理论与批评（北京）.1997，3.102~106

幻想与想象：关于幻想的文艺心理学研究之一/周进祥//河北学刊（石家庄）.1997，6.73~77

再论“通感”/尚晓明//北方论丛（哈尔滨）.1997，1.27~29

灵感思维的本质规律探微/胡珍生//社会科学战线（长春）.1997，4.98~102

审美价值的功能与文学创作的责任/游小波//福建师范大学学报（福州）.1997，2.19~23

文学创作与社会责任/叔海帆//人文杂志（西安）.1997，5.106~109

历史中的人物典型论思考/张世君//外国文学研究（武汉）.1997，4.7~12

论文学艺术形象的形式美/罗仕安//怀化师专学报.1997，1.54~60

情景双收：审美意象的深层结构读解/吴风//社会科学战线（长春）.1997，5.75~80

论“意象”可以成为文艺学的核心范畴/姜开成//浙江学刊（杭州）.1997，4.109~111

略论创作论视野中的意境与典型问题/朱忠元//西北师大学报（兰州）.1997，5.19~22

论意象的灵视性/邢海珍//绥化师专学报.1997，1.26~31

诗学审美意象论/吴晟//中山大学研究生学刊（广州）.1997，1.22~28

对文学在思维上的史性演绎/洪强//延边大学学报（延吉）.1997，2.96~100

文学思维模式的建构和反叛/沈敦忠//求索（长沙）.1997，5.105~108

艺术思维“闪现”和“暗示”的理性认识机制及其审美机制：关于艺术掌握世界的方法论的再思考/蔡子谔//社会科学战线（长春）.1997，2.188~196

艺术辩证法的经验性描述/姜耕玉//文艺理论研究（上海）.1997，6.14~21

形象思维的精神协同作用维：“第四维”/朱旗//河北学刊（石家庄）.1997，2.38~43

从艺术人格论对“文如其人”的新解/黎风//四川师范大学学报（成都）.1997，2.57~63

风格与人/余欣鸣//丹东师专学报.1997，2.32~36

试论文艺人才的风格/曾耀农//延边大学学报（延吉）.1997，2.106~112

“创作方法”风格说/刘大枫//文学报（上海）.1997，9.25④

创作个性与欣赏个性/陈宪年/文艺理论研究（上海）.1997，4.38~41

艺术独创探幽/张荣翼//河南大学学报（开封）.1997，2.65~70

艺术流派论略/樊月娟//求是学刊（哈尔滨）.1997，1.84~86

发生发展论

文学的起源与发展

艺术起源与原始人类思维活动/张浩，刘锐//青海师范大学学报（西宁）.1996，1.16~21，107

对艺术起源于巫术的两点新认识/张杰//社会科学战线（长春）.1996，5.175~181

古希腊文论中的模仿观念：西方文论中模仿观念的历史变迁考察之一/武兴元//延安大学学报.1996，3.73~77

文学发展中的“遗忘”机制/张荣翼//齐齐哈尔师范学院学报.1996，4.25~30

当今文坛的保守主义倾向与进化论文学发展观/葛红兵//吉首大学学报.1996，2.46~50

在“进化”图式中的文学/张荣翼//吉首大学学报.1996，2.50~55

文学与政治的形式主义：文学知识分子政治策略的分析/郭银星，辛晓征//文艺评论（哈尔滨）.1996，3.4~11

文艺也要讲政治：关于文艺与政治关系的新话题/孙平//文艺理论与批评（北京）.1996，5.136~139

文学的政治蕴涵及其作用/艾斐//文艺报.1996，9.27③

寻求超越：文学与宗教比较/刘登阁//烟台大学学报.1996，2.48~53

宗教超越与艺术超越之比较/何明星//湖北大学学报.1996，1.20~24

试论科学与艺术/樊月娟//文艺研究（北京）.1996，5.14~18

钱学森关于科学与艺术关系的新见解/钱学敏//中国文化报（北京）.1996，9.4③

文艺要为科学立传/袁振保//文艺研究（北京）.1996，5.4~13

人的自由本质与文学的起源：对文学起源的一种猜想/李森//唐都学刊（西安）.1997，1.57~60

反叛与超越：论王尔德的“生活模仿艺术”说/吴学平//上海师范大学学报.1997，2.137~140

论文艺发展中的逆向行进/刘求长//文艺研究（北京）.1997，2.12~18

文学发展现象的层次考察/刘求长//求索（长沙）.1997，6.89~93

艺术：从自然表情到符号创造/戚文卿//中国人民大学学报（北京）.1997，3.80~83

论艺术与真理/张之沧//南京社会科学.1997，6.46~53

浅议宗教的性质及其与文学的关系/赵凯//安徽大学学报（合肥）.1997，4.13~16

文学与道德：一个常识问题的重新提起/王彬彬//钟山（南京）.1997，2.189~199

人生“焦点”：文艺与民俗同构的对象化/赵德利//贵州大学学报（贵阳）.1996，2.39~44

文学的继承与创新

面对传统：继承与超越/杜书瀛//山东文学（济南）.1996，11.64~66

批判在继承：一个有问题的思维方式/吴炫//文艺理论研究（上海）.1996，1.9~17

文艺的民族性与文艺的世界性：关于文艺民族性的几个问题/吴元迈//文艺研究（北京）.1996，1.4~12

民族化：作为过程的界说/皖人//晋阳学刊.1996，4.90~92

创作方法与思潮流派

对文学新思潮的某些理论思考/张炯//文学评论（北京）.1996，2.20~29

审美能拯救文化的危机吗?：西方现代思潮一瞥/蔡报文//文艺理论与批评（北京）.1996，1.129~131

“现实主义深化”论/杨福生//安徽教育学院学报.1996，3.50~53

十九世纪现实主义文学研究的新拓展：评《十九世纪现实主义文学的现代阐释》/柯路//浙江社会科学.1996，4.107~108

论现实主义历史文学与浪漫主义历史文学/吴秀明//贵州社会科学.1996，6.55~60

自然之境：浪漫主义的价值追求/赵枫//南京社会科学.1996，12.30~36

论现代主义的极端倾向和自我否定/钟良明，尹文涓//外国文学评论（北京）.1996，1.62~70

走向综合：试论现代主义的思维特征/车成安//社会科学战线（长春）.1996，4.193~198

由哲学本体论观现代主义文学的精神历程/吕鹏志//四川师范大学学报（成都）.1996，7.55~61

西方文化思潮的百年流变：从现代主义到后现代主义/高飞乐//福建学刊（福州）.1996，3.72~74

后现代主义：世纪末的精神危机与文化策略/孟繁华//湖南文学（长沙）.1996，7.68~72

后现代文学观述评/丁放//文艺报（北京）.1996，10.18③

东方后现代景观一瞥/曾艳兵//当代文坛（成都）.1996，6.8~11

后现代之误/姜静楠//小说评论（西安）.1996，4.74~76

看文坛后现代批评策略/李万武//文艺报.1996，8.9③

东方后现代终结/曾艳兵//文艺报.1996，10.11③

女权主义与后现代主义/胡全生//江西师范大学学报（南昌）.1996，1.40~43

二十世纪现代、后现代文艺思潮反思/杨守森//文艺研究（北京）.1996，5.30~38

传统、现代与后现代/陈旭光//文论报（石家庄）.1996，4.15①

“后殖民”与文化选择/刘心武，张颐武//山花（贵阳）.1996，7.69~74

后乌托邦与新理想/王岳川//湖南文学（长沙）.1996，1.76~80

论象征主义文学的基本特征/吕伟民，王国明//郑州大学学报.1996，4.120~124

象征主义创作美学论纲/尹康庄//东北师大学报（长春）.1996，1.75~80

创作方法基本种类的审美效应/刘淮南//中国文学研究（长沙）.1997，4.11~14

创作方法与世界观：关于文学理论教科书体系的反思之一/董志强//文艺理论研究（上海）.1997，5.33~39

从创作过程对创作方法的思考/刘淮南//晋阳学刊（太原）.1997，3.85～90

现实主义：永恒的话题/刘欣大//百花洲（南昌）.1997，4.184～195

现实主义与民族特色/艾斐//文艺报（北京）.1997，9.16④

现实主义：旧而新的文学话题/张念//文艺理论与批评（北京）.1997，5.64～68

总体性·形式·伟大的现实主义：卢卡契文艺思想漫议二题/李益荪//当代文坛（成都）.1997，6.8～12

布莱希特现实主义主张的特点/张黎//外国文学评论（北京）.1997，2.5～13

对现实主义的想念/李万武//文艺报（北京）.1997，12.18②

漫谈现实主义和浪漫主义的理论/段楚英//孝感师专学报.1997，3.48～52

现代主义与现实主义再认识/陈立志，肖谊//湘潭大学学报.1997，6.82～83

现代主义溯源/熊玉鹏//文艺理论研究（上海）.1997，5.20～25

神话重构：现代主义通往传统的媒介/祖国颂//黑龙江社会科学（哈尔滨）.1997，1.53～54

文化的分化与"去分化"：现代主义与后现代主义的一种文化分析/周宪//文艺研究（北京）.1997，5.23～36

现代性、现代主义与后现代主义/张国清//浙江大学学报（杭州）.1997，4.11～22

世界范围内后现代主义思潮的源头/姜静楠//小说评论（西安）.1997，6.25～29

后现代主义的艺术态度/姜静楠//文艺评论（哈尔滨）.1997，2.16～22

后现代主义东方化背景及其过程/曾艳兵//当代文坛（成都）.1997，5.12～15

语言实验与话语游戏：东方后现代文学的一个重要特征/曾艳兵//青岛文学.1997，4.70～72

后现代主义中的旧话重提/（美）弗雷德里克·詹姆逊//华中师范大学学报（武昌）.1997，6.38～40，45

后现代主义文化与批评：华中师大文学批评学研究中心与詹姆逊教授座谈述要/胡亚敏整理//华中师范大学学报（武昌）.1997，6.43～45

后现代主义文化的心理逻辑阐释：关于弗雷德里克·杰姆逊的文化理论研究/佟立//天津师大学报.1997，5.23～31

后现代性与中国式的解读：关于利奥塔的三人谈/许纪霖…//上海文学.1997，4.76～79

"奥比多斯驴在行动"：后现代主义在中国的解说词/季广茂//山东文学（济南）.1997，5.61～65

后现代艺术中的"不确定性"/冯黎明/南方文坛（南宁）.1997，4.19～22

谈谈后现代及其与中国文化的关联/张法//文艺研究（北京）.1997，5.17～22

后现代性与全球化/王宁//天津社会科学.1997，5.80～85

超现实主义的后现代倾向/姜静楠//当代小说（济南）.1997，1.54～56

后现代视角中的人的主体性及其困境/王金宝//人文杂志（西安）.1997，4.23～27

后现代思潮和文学艺术/林一民//南昌大学学报.1997，3.60～66

后现代主义与禅/方生//外国文学研究（武汉）.1997，2.40～42

后现代之后的文学形式/姜静楠//山东文学（济南）.1997，5.65～69

后现代批评及其文化状态/黄卓越//湖南文学（长沙）.1997，4.62～70

新历史主义·后现代主义·历史真实/盛宁//文艺理论与批评（北京）.1997，1.48～58

思想之问与学术之道：王岳川先生访谈录//文论报（石家庄）.1997，6.1①，②

现代派文学与非理性主义的不解之缘/李豫军//河南师范大学学报（新乡）.1997，4.75～78

黑格尔和歌德的象征主义理论/尹康庄//延边大学学报.1997，3.110～114

表现主义，一种历史现象/张黎//外国文学评论（北京）.1997，4.35～43

关于自然主义历史作用的一种思考/张冠华//郑州大学学报.1997，2.23～27

西方文学与哲学再思考：存在主义哲学——文学影响论/吴锡民//广西师院学报（南宁）.1997，3.38～43

人道悲城歌唱也难：国外现代文艺人道主义简况/胡义成//文艺报（北京）.1997，8.19②

社会主义文学

社会主义市场经济与美学启蒙/周义//文艺研究（北京）.1996，6.15~18

略论社会主义文艺规律/邱明正//社会科学（上海）.1997，8.64~69，40

开拓文学艺术新纪元：论社会主义文学的产生和发展/张居华/武汉大学学报.1997，2.88~94

论有中国特色社会主义文艺的全球性视野/刘江//广西社会科学（柳州）.1997，1.121，封三

文学史

论"文学史规律"/葛红兵//江海学刊（南京）.1996，4.143~149

论文学史的可能性框架/张荣翼//求索（长沙）.1996，3.88~93

论文学史空间结构/葛红兵//江苏社会科学（南京）.1996，4.118~123

重建文学史形态：必要与可能/刘克敌//文艺争鸣（长春）.1996，4.45~51

文学史：延续与断裂的双重构造/张荣翼//学术研究（广州）.1996，1.69~72

文学史写作的多维特征/范钦林//南通师专学报.1996，4.7~10

论艺术史的超学科格局/丁宁//文艺研究（北京）.1996，4.4~18

文学史学笔谈/童庆炳，赵宪章…//文学评论（北京）.1996，2.52~59

回眸前瞻："文学史研究的方法与范式"研讨会综述/叶木//华中师大学报（武昌）.1996，4.94~95

文学史学引论/葛红兵//文艺理论研究（上海）.1997，6.22~27

文学史，文学经典化的历史/张荣翼//河北学刊（石家庄）.1997，4.75~80

文学史上的第三个时代：向总体文学发展/刘介民//广州师院学报.1997，1.1~9

文学史，本文及其它因素的参照作用/张荣翼//求是学刊（哈尔滨）.1997，4.62~67

文学史社会批评方法的梳理与整合/温潘亚//江海学刊（南京）.1997，4.148~154

鉴赏批评论

文学鉴赏

谈文学鉴赏中的地域文化因素/何西来//小说评论（西安）.1996，6.64~69

简评符号论美学的艺术鉴赏理论/董希文//临沂师专学报.1996，4.30~34

艺术欣赏中的变形与审美距离浅探/焦幸安//理论与创作（长沙）.1996，5.19~22

略论文艺传播及其功能特征/钱超英//深圳大学学报.1996，1.61~66

论审美欣赏与道德欣赏的辩证关系：兼评葛兰西的"距离说"/龚刚//文艺理论与批评（北京）.1996，4.122~125

小议幽默话语欣赏中的美感体验/许利英//安庆师院社会科学学报.1996，1.55~59

论文艺欣赏中的轰动效应/杨健平//牡丹江师范学院学报.1996，2.28~31

谈谈艺术的社会职能和对艺术的欣赏/张华林//中国文化报.1996，7.28③

读者意识与文学的"根本问题"/周剑//文艺理论与批评（北京）.1996，6.104~107

读者：文学思潮的幕后策划人/李尚才//文艺评论（哈尔滨）.1996，1.85~87

论文学阅读的三级视野/金元浦//文艺研究（北京）.1996，5.92~102

阅读活动是一种创造活动/马忠尚//名作欣赏（太原）.1996，5.5~9

文学阅读中主体思维的分裂与融合/金元浦/中国社会科学院研究生院学报（北京）.1996，2.66~71

浅析大众传播文化中女性美的文化角色/丁淑文//东方丛刊（桂林）.1996，3.59~75

文艺欣赏中的场效应/杨健平//文艺争鸣（哈尔滨）.1997，2.23~27，7

康德艺术欣赏理论探析/徐其清//安徽大学学报（合肥）.1997，3.57~60

马克思主义读者理论的特点/谭好哲//文艺报（北京）.1997，6.10②

论对文学意蕴的解读发掘/曹明海//齐鲁学刊（曲阜）.1997，2.35~40

论文学理解中的成见/徐亮//浙江学刊（杭州）.

1997，3.83～87

文学的交互性与文学的宿命/严锋∥上海文学．1997，2.74～79

论文学活动中传播的意义/李郁∥南京师大学报．1997，1.102～105

试论艺术传播的本质特征/杜骏飞∥江苏社会科学（南京）.1997，6.152～157

艺术传达论纲/贾明∥上海师范大学学报．1997，1.68～77

接受美学

文学接受过程论/刘建军，段建军∥渭南师专学报．1996，1.49～53，92

艺术接受与乌托邦体验/刘月新∥江苏社会科学．1996，4.124～128

文学接受散论/聂荣华，芷亭∥求索（长沙）．1996，5.93～96

论文学接受度/金元浦∥河北学刊（石家庄）．1996，5.57～62

柏拉图审美接受理论简论/赵利民∥齐鲁学刊（曲阜）.1996，4.87～88

试论接受美学与传播学的互动关系/祁林∥江苏社会科学（南京）.1997，3.165～168

法兰克福学派美学与接受美学/刘月新∥中州学刊（郑州）.1997，1.89～93

"期待视野"与接受美学/张仁香∥牡丹江师范学院学报．1997，3.47～49

创造与理解：话语接受与文学作品接受的特点初探/胡培安∥信阳师范学院学报．1997，2.94～97

接受主体的能动性/周秀萍∥湘潭大学学报．1997，1.41～43

剩余意义的美学价值/张荣翼∥浙江社会科学（杭州）.1997，1.107～113

文学潜本文的论析/张荣翼∥社会科学家（桂林）．1997，4.45～52

影响源文本论/张国安∥中国比较文学（上海）．1997，4.13～25

文学批评

文学批评概念的辨析/黄宗广∥南都学坛．1996，2.67～69

论文学批评中的文体分析/魏天无∥华中师范大学学报（武昌）.1996，6.83～87

略论批评文本的语言魅力/咏枫∥文艺理论研究（上海）.1996，27～30

文学批评的现代化转型/徐岱∥浙江学刊（杭州）．1996，1.12～13

文学批评参照系的再思考/朱国华∥江海学刊（南京）.1996，6.137～143

论具象批评/黄小伟∥赣南师范学院学报（南昌）．1996，4.15～18

为审美批评一辩/汪瑰曼∥安庆师院社会科学学报.1996，1.60～65

影视观众理论和大众文化批评/徐贲∥文艺争鸣（长春）.1996，3.56～65

文学批评为何疏离了大众/周兴华∥中国文化报（北京）.1996，8.21③

我看第三种批评/程文超∥作品（广州）.1996，2.73～74

文艺批评的历史命运/李伦∥文艺理论与批评（北京）.1996，6.47～50

文学批评的读者意识/张春林∥重庆师院学报．1996，1.51～55

批评与批评的观念：有关文学批评的对话/谷梁∥社会科学（上海）.1996，4.72～75

关于批评和批评者的对话/吴炫∥钟山（南京）．1996，3.118～126

文学传播的批评意义/张荣翼∥河南大学学报（开封）.1996，2.48～53

文学批评：角色与角度/孔范今，施战军∥文论报（石家庄）.1996，11.15①

"精神痛苦"与文学批评之回顾/周水涛∥孝感师专学报．1996，3.54～59

走出批评话语的困境：从"初始场景"说起/殷企平∥外国文学评论（北京）.1996，2.24～29

走出低谷　迈向新世纪：从受众与电影的审美关系谈起/姚力∥吉林大学社会科学学报（长春）．1996，3.40～46

批判激进主义，究竟在批判什么？/何成∥文艺报（北京）.1996，7.12③

就"超批评"答友人/夏中义∥当代作家评论（沈阳）.1996，3.87～89

思辨与诗性：论夏中义的学术文体/铁舞∥当代作家评论（沈阳）.1996，3.97～101

世纪末的苦魂：读夏中义《倾听生命》/彭志明∥当代作家评论（沈阳）.1996，3.90～97

全球化格局下的当代文化批评/刘康∥文艺理论研究（上海）.1996，1.66～68

当代中国文论的“文化失语症”：兼论文学批评的话语形态/徐岱∥东方丛刊（桂林）.1996，3.76～88

文学批评漫说/唐达成∥文学评论（北京）.1996，3.45～48

批评的精神/张荣翼∥江海学刊（南京）.1996，2.187～189

论批评的发现/殷国明∥社会科学（上海）.1996，7.59～63

文艺与批评一同前进/马蓥伯∥文艺理论与批评（北京）.1996，4.10～12

文学批评的守望意识/张荣翼∥重庆师院学报.1997，3.81～89

泰纳的文艺批评论/周均平∥东岳论丛（济南）.1997，1.103～107

重建文学批评的断想/李建东，周霞∥社会科学家（桂林）.1997，2.63～68

论创造性批评/王诺∥厦门大学学报.1997，3.75～80

从批评的三条途径来看其限度和可能/张荣翼∥宁夏大学学报（银川）.1997，2.44～47，84

元批评话语与批评导向/张荣翼∥求索（长沙）.1997，5.95～100

历史是一个连续性的过程/冯牧，王又平∥小说界（上海）.1997，4.151～167

文艺批评标准刍议/宋建林∥北京社会科学.1996，1.26～31

“政治标准唯一”重现文坛/熊元义∥文艺报（北京）.1996，1.19③

现今中国文论的严肃话题：好坏区分的选择/孙津∥文艺研究（北京）.1996，2.22～28

世纪风潮中的“美学——历史”批评/李万武∥理论与创作（长沙）.1996，2.14～20

第奥根尼的灯笼：漫谈文艺的历史批评/张凌∥理论与创作（长沙）.1996，4.22～24

重建一种诗性尺度/毛峰∥文艺评论（哈尔滨）.1996，2.4～9

关于文艺批评标准及与此有关的文艺学学科建设问题/谭运长∥文艺理论研究（上海）.1997，2.21～26

论文学批评标准之重建/裴毅然∥文艺评论（哈尔滨）.1997，2.8～15

谈文艺批评的“最高标准”/严肃∥文学自由谈（天津）.1997，2.32～39

论文学价值评价标准及其方法论原则/党圣元∥小说评论（西安）.1997，3.75～81

文学批评中的价值取向问题/钱中文∥人民日报（北京）.1997，6.19⑪

文学批评是一种特殊的科学活动：关于文学批评性质、功能与标准的再思考/黄书泉∥安徽大学学报（合肥）.1997，6.90～94

功能、尺度、方法：文学批评何为/李凤亮∥暨南学报（广州）.1997，4.109～120

论文学批评品位/张利群∥广西师范大学学报（桂林）.1997，3.63～68

道德批评在西方回归：布斯《小说伦理学》评述/乔福山∥文艺报（北京）.1997，4.8③

“越是民族的，越是世界的”吗？/夏仲翼，汤永宽…∥文学报（上海）.1997，8.7④

论文学批评家的心理特征/凌晨光∥江海学刊（南京）.1996，4.155～161

感受力之于批评家/李洁非∥山东文学（济南）.1996，11.70～71

今日先锋批评家：角色的荣耀与尴尬/谭五昌∥文艺报（北京）.1996，8.9③

宏观视野与深入阐释：读於可训《批评的视界》/王晖∥当代作家评论（沈阳）.1996，5.94～96

阿尔都塞学派文学批评的视野及其局限/王杰∥广西师范大学学报（桂林）.1996，3.22～28

蒙蔽、启蒙、个体实践：从阿尔都塞学派批评理论得失探讨文艺启蒙问题/钟丽茜∥广西师范大学学报（桂林）.1996，3.29～34

评詹姆逊的“元评论”理论/朱刚∥当代外国文学（南京）.1997，1.142～149

詹姆逊近年来的学术思想/王逢振∥文学评论（北京）.1997，6.142～150

杰姆逊：杰出的后现代文化批评家/蒋洪新∥湖南文学（长沙）.1997，4.71～80

文学研究方法

走向艺术实践论：兼谈文艺学方法论变革/苏宏

斌//学术研究（广州）.1996，5.73~77
学科化、实践化、可操作化：文学研究走出困境之我见/王庆璠//文艺报（北京）.1996，8.2③
"中国"一个被阐释着的"西方"："跨语际实践"与当前文化研究方法论问题/韩毓海//上海文学.1996，3.61~68
走向元文艺学：评《文艺学方法论纲》/郑元者//文学评论（北京）.1996，4.156~159
重建中国文论话语的基本路径及其方法/曹顺庆，李思屈//文艺研究（北京）.1996，2.12~21
20世纪西方语言论文论的兴起与发展/赵炎秋//湖南师范大学学报（长沙）.1997，4.92~98
论本体的社会学批评方法/〔美〕布伦特·哈罗德//当代文坛（成都）.1996，1.53~55
论文艺的社会批评模式/敖忠//文艺报（北京）.1996，6.14③
新文学流派研究的社会学方法/朱德发//文学评论（北京）.1996，4.124~131
类象：通向自由之路的艺术符号/齐效斌//陕西师范大学学报（西安）.1996，3.60~66
关于文艺创造学的思考/姚全兴//社会科学（上海）.1996，1.73~76
文学艺术与生态学时代：兼谈"地球精神圈"/鲁枢元//学术月刊（上海）.1996，5.3~11
从艺术心理到精神生态/鲁枢元，夏中义//文艺理论研究（上海）.1996，5.2~6
文艺以社会心理为"中间环级"：普列汉诺夫关于文艺与社会心理关系的论述评析/蒋今武//福建学刊（福州）.1996，1.78~80
当前文学人物心理学研究中的几个问题/陈文忠//安徽师大学报（芜湖）.1996，2.176~182
偏见与误读：文学阐释学的哲学反思/杨乃乔//文艺争鸣（长春）.1996，3.40~49
切中：角度的转换：切中、纠结、循环——现象学艺术本体论研究之二/朱贻渊//宁夏大学学报（银川）.1996，1.74~82，102
解构批评的后现代特性/王岳川//广东社会科学（广州）.1996，5.113~119
解构批评的困境/杨大春//天津社会科学.1996，6.82~87
走向文化批评的解构主义/苏宏斌//外国文学评论（北京）.1996，1.5~13
解构与重构：现代诗学体系的观念性建构方式/章亚昕//社会科学战线（长春）.1996，5.191~196
结构与解构/白艳霞//文学评论（北京）.1996，6.25~34
巴赫金，马克思主义和后结构主义/〔英〕格雷厄姆·佩奇，张若桑译//文艺理论研究（上海）.1996，1.85~89，45
评介　批评　建构：女性主义文学批评在我国的发展/谢永新//东方丛刊(桂林).1996,3.232~244
沃尔夫与女权论文学批评/穆诗雄//江西师范大学学报（南昌）.1996，1.44~48
马克思主义、女权主义和新历史主义文本解读方法之比较/高敏//延安大学学报.1996，3.68~72
大象无形：20世纪西方形式主义文学批评与老子论道/段炼//外国文学评论（北京）.1996，2.18~27
从唯物史观的方法论性质看文学研究中的一些问题/韩卫平，周兴华//牡丹江师范学院学报.1997，4.41~42
论文艺批评方法的运作机制/董运庭//四川师范大学学报（成都）.1997，3.56~62
创立超越西潮的文学批评新模式：著名文学史家、文艺理论家王钟陵教授谈访录/笑雪//河北师范学院学报（石家庄）.1997，1.77~80
全球化对文学研究的影响/丁·希利斯·米勒；王逢振编译//文学评论（北京）.1996，4.72~78
东方诗学与东方批评：关于建立有中国特色文艺学的对话/杜书瀛，毛峰//学术研究（广州）.1997，6.71~72
试论西方汉学界的"西论中用"现象/周发祥//文学评论（北京）.1997，6.133~141
马克思主义文艺批评的心理分析方法/冯宪光//四川大学学报（成都）.1997，4.56~64
关于近几年文艺心理学研究的思考/高建斌//青海湖（西宁）.1997，11.62~64
文艺社会心理学论纲/黄怀璞//西北师大学报（兰州）.1997，2.34~39
世纪之交：中国现代文艺心理学发展的重新审视/童庆炳//光明日报（北京）.1997，10.28⑥；11，11⑥
论荣格分析心理学派的文学观/王钟陵//社会科学战线（长春）.1997，5.43~55

论弗洛伊德精神分析学派的文艺观/王锺陵//学术月刊（上海）.1997，8.50~59

文艺伦理学研究初探/乔福山//光明日报（北京）.1997，4.15⑥

边界不设防：人类学与文学研究/彭兆荣//文艺研究（北京）.1997，1.91~93

文学人类学批评理论及实践的若干问题辨析/胡景中//宁夏大学学报（银川）.1997，4.79~81

文学人类学：一门学科，还是一种方法/傅道彬//文艺研究（北京）.1997，1.81~83

文学人类学：田野与文本之间/叶舒宪//文艺研究（北京）.1997，1.84~86

朴学·人类学·文学/刘毓庆//文艺研究（北京）.1997，1.89~90

文学人类学：走向"人类"回归"文学"/萧兵//文艺研究（北京）.1997，1.93~95

再寻"金枝"：文学人类学精神考古/彭兆荣//文艺研究（北京）.1997，5.92~100

浅议文学人类学的一种表述方式/邓启耀//思想战线（昆明）.1997，4.20~23

重建乌托邦：鲁枢元关于文学艺术与生态学时代的遐想/姚申//中国比较文学（上海）.1997，1.117~120

形态学与文学批评/赖大仁//学习与探索（哈尔滨）.1997，5.93~100

文学批评形态研究的思路与构想/赖大仁//江西师范大学学报（南昌）.1997，3.22~26

论结构主义与文学结构/程国安//河北学刊（石家庄）.1997，6.70~72

语言和文学：结构主义原理及其研究思路/谭学纯，唐跃//安徽师范大学学报（芜湖）.1997，1.79~85

对话——整合：文学研究与语言、文化/夏忠宪//俄罗斯文艺（北京）.1997，1.61~64

文化语境与艺术阐释/施旭升//江海学刊（南京）.1997，6.147~153

文化边缘话语与文学边缘批评/王岳川//文学自由谈（天津）.1997，2.50~54

范式·文本·述体：从结构主义到话语符号学/〔法〕让-克罗德·高概//外国文学（北京）.1997，2.3~11

作为文学批评家的托多罗夫：从结构主义到对话批评/段映虹//外国文学评论（北京）.1997，4.5~16

结构主义叙事学透视/田兆耀//铁道师院学报（苏州）.1997，5.32~36

解构主义与中国的"解构"意识/曾艳兵//中国比较文学（上海）.1997，3.26~38

解构思维与文化传统/郑敏//文学评论（北京）.1997，2.54~61

东方："异延"的边疆?：读《德里达：解构之维》/苏青//东方丛刊（桂林）.1997，1—2.275~278

我看女权主义批评/崔少元//文艺报（北京）.1997，3.11③

女权主义文学批评初探/崔明路//西北大学学报（西安）.1997，1.97~101，105

比较文学视野中的东西方女性主义文学批评/严明//中国比较文学（上海）.1997，2.10~23

性别与批评/凌晨光//文史哲（济南）.1997，1.81~86

寻找我们母亲的花园：当代西方女性主义批评的女性传统理论/张岩冰//河北师范大学学报（石家庄）.1997，3.62~68

东西方女性主义文学批评的跨文化比较/严明，樊琪//江海学刊（南京）.1997，4.175~181

"仁"与"智"的撞击：美、法女权主义批评之比较/胡全生//国外文学（北京）.1997，1.20~26

美国少数族裔女性主义批评简论/罗婷//湘潭大学学报.1997，1.31~35

第三种批评及其方法：否定主义哲学社会透视之五/吴炫//花城（广州）.1997，2.142~150

第三种批评：出路还是误区？/陈晓明//文论报（石家庄）.1997，8.1①，③

再谈"第三种批评"/吴炫，汪政…//文论报（石家庄）.1997，5.1①

意识形态理论的文艺批评意义/黄小梅//广西社会科学（柳州）.1997，6.112~114

文学——经验的对象：从乔治·布莱的文学批评观看意识批评的特征/董馨//外国文学研究（武汉）.1997，3.53~56

文本批评：想象的精神飞地：欧美文本批评的历史与现状/陈晓明//大家（昆明）.1997，2.165~171

海登·怀特的新历史主义理论/王岳川//天津社会科

学 .1997，3.71～74

新历史主义的文化诗学/王岳川//北京大学学报 .1997，3.23～31

斯坦利·费什及其读者反映批评/汪民安//文艺报（北京）.1997，6.10②

论圣勃夫和他的传记式批评/杨冬//吉林大学社会科学学报（长春）.1997，1.26～31

自然主义文学批评中的"卢卡契情结"/张冠华//武汉大学学报 .1997，4.81～87

论作为暗示性评价的象征/江守义//安徽师大学报（芜湖）.1997，2.242～246

谈后殖民理论与后殖民批评/邵建//文艺研究（北京）.1997，3.15～23

后现代后殖民理论与当代中国/王岳川//南方文坛（南宁）.1997，4.12～15

"后殖民主义"：一种立足于西方文化传统内部的理论反思/盛宁//天津社会科学 .1997，1.87～96

关于"后殖民主义"理论的思考/黄丽，管重霞//丹东师专学报 .1997，4.56～58

后殖民主义理论批评：兼论中国文化的"非殖民化"/王宁//文艺研究（北京）.1997，3.4～14

关于殖民话语和后殖民理论的若干问题/罗钢//文艺研究（北京）.1997，3.24～32

后殖民主义文化批评/王岳川//人文杂志（西安）.1997，3.100～105

后殖民主义与文化交流初探/张培勇//郑州大学学报 .1997，2.41～44

后殖民的辉光：全球资本主义时代的第三世界批评/〔美〕阿里夫·德里克，施山译//国外文学（北京）.1997，1.3～19

比较文学

比较文学与比较诗学/倪鹤琴//文艺报（北京）.1996，5.31③

文学比较和比较文学："胡适与东西方文化"之一/童炜钢//上海师范大学学报 .1996，1.79～85

影响研究"二忌"：比较文学断想之一/王吉梅//牡丹江师范学院学报 .1996，2.31～33

比较文学何去何从/奚密//读书（北京）.1996，5.18～21

诠释循环对于中西比较诗学的意义/王宇根//文艺研究（北京）.1996，2.38～44

从比较文学到跨文化研究/王宁//文学自由谈（天津）.1996，3.69～71

"文化对话"的主旨和策略：转型期中国比较文学的定位与选择/杨洪承//学习与探索（哈尔滨）.1996，5.99～104

中国文化的三次转型与中国比较文学源流/徐扬尚//兰州大学学报 .1996，6.113～118

寻求中国文论与西方文论的交汇点/劳承万//文艺理论研究（上海）.1996，5.63～69

文化研究与比较文学的前景/王宁//文艺报（北京）.1996，6.14③

重新比较中西诗学/赵稀方//学术月刊（上海）.1996，4.43～48

融会中西　自铸伟辞：中西文论比较四人谈/川联//中国文化报（北京）.1996，3.6③

中国比较文学学会第五届年会暨国际学术讨论会综述/王柏华//文艺研究（北京）.1996，6.147～148

比较文学的功能再探/张文，吴亦明//外国文学研究（武汉）.1997，3.74～76

文学比较与性别意识/李继凯//人文杂志（西安）.1997，6.108～112

走向比较诗学/张海明//文艺研究（北京）.1997，6.28～36

寻求比较诗学研究的新路径/曹顺庆//中国比较文学（上海）.1997，2.1～9

比较文学的危机和挑战/刘象愚//社会科学战线（长春）.1997，1.148～150

比较文学：从本土话语到世界话语/叶舒宪//社会科学战线（长春）.1997，1.155～157

面对西方比较文学界的大争论/谢天振//社会科学战线（长春）.1997，1.144～147

论比较文学与文化研究的互补性/迈克尔·里发特勒；俞国强译//中国比较文学通讯（北京）.1997，1.1～3

是"泛文化"，还是"跨文化"：世纪之交比较文学研究的战略性转变/曹顺庆//社会科学战线（长春）.1997，1.151～154

文化相对主义与跨文化文学研究/乐黛云//文学评论（北京）.1997，4.61～71

跨越性·可比性·文学性：论比较文学的研究对象/陈惇//北京师范大学学报 .1997，1.44～50

试论跨学科比较文学研究/蔡先保//武汉大学学报 .1997，6.96～101

论跨学科比较文学研究的发展态势及其重大意义/

葛桂录//社会科学家（桂林）.1997，5.19~24

文化研究背景下的中国比较文学批评/罗婷//中国文学研究（长沙）.1997，3.3~6，14

间离效果：比较文学与中国传统/余宝琳，王晓路//文艺理论研究（上海）.1997，2.89~94，66

比较文学的国际性与民族性/乐黛云//南方文坛（南宁）.1997，1.47~49

浇灌"以天为徒"的思维之树与文明之花：我看中国比较文学研究/皇甫晓涛//中国比较文学通讯（北京）.1997，1.79~80，89

发展研究与中国比较学派：兼谈比较文学研究的学术宗旨与理论向度/皇甫晓涛//社会科学战线（长春）.1997，1.158~160

比较文学中国学派之我见/邓楠//中国比较文学（上海）.1997，3.130~132

阐发法与比较文学"中国学派"/曹顺庆//中国比较文学（上海）.1997，1.26~34

比较文学"中国学派"之我见/尹允镇//延边大学学报（延吉）.1997，2.113~114

后殖民主义时期的比较文学/乐黛云//社会科学战线（长春）.1997，1.138~143

发生学结构主义对比较文学的启示/智圆//中国比较文学（上海）.1997，1.57~66

相互移位：中外文学研究交融的契机/张剑桦//青海社会科学（西宁）.1997，2.67~74，44

新视野·新观念·新方法：学习和研究比较文学的一些体会/葛桂录//淮阴师专学报.1997，1.7~10

徘徊于精英主义与大众主义之间：比较文学向何处去？/伊丽莎白·福克斯-杰诺维塞；王丕承译//中国比较文学通讯（北京）.1997，2.1~11

苏联东方学家康拉德的历史比较文艺学/何明//俄罗斯文艺（北京）.1997，2.63~65

1949—1978年：中国比较文学停滞的根源、标志与研究特征/徐扬尚//学术交流（哈尔滨）.1997，5.110~111

启迪与冲击：论翻译研究的最新进展与比较文学的学科困惑/谢天振//中国比较文学（上海）.1997，1.1~13

类型学研究：定位与背景/周启超//中国比较文学（上海）.1997，3.13~25

"互阐指令系统"与比较神话学/王列生//中国比较文学（上海）.1997，3.85~96

全球主义、本土主义和民族主义/孙景尧//中国比较文学（上海）.1997，3.1~12

"主义"中的问题：与孙景尧先生商榷/王宾//中国比较文学（上海）.1997，4.1~12

全球化与本土主义冲突下的比较文学：中、港比较文学中青年学者座谈会纪要/罗婷//文艺争鸣（长春）.1997，5.76~79

关于比较文学的一些思考：国际比较文学协会主席吉列斯比采访录/朱徽//中国比较文学（上海）.1997，2.109~119

近几年来我国比较文学研究理论热点问题综述/查明建//中国比较文学（上海）.1997，4.138~146

文 艺 美 学

论当代美学研究的价值支点/徐岱//文艺理论研究（上海）.1996，5.37~45

美学：方法与体系概说/董强//贵州大学学报（贵阳）.1996，4.35~40

论美学研究方法的结构系统/莫其逊//广西师范大学学报（桂林）.1996，1.19~24

我们应当怎样看待美学：与潘知常先生商榷/谷方//文艺理论与批评（北京）.1996，6.132~140

中国美学在他者"话语权势"中的错位/张荣翼//东方丛刊（桂林）.1996，2.19~39

人学·美学·道学述论/栾勋//学术月刊（上海）.1996，1.71~78

关于和合美学体系的构想/张立文//文艺研究（北京）.1996，6.43~55

元美学—美学的自我审视/曹俊峰//学术月刊（上海）.1996，8.29~35

《美学与艺术学研究》/祁起//文艺研究（北京）.1996，6.152~153

再谈美学与本体论：答白耶先生/尤西林//学术月刊（上海）.1996，4.58~60

二十世纪中国美学研究的困惑与选择/店龙，邱紫华//孝感师专学报.1997，4.63~69

对美学领域几个基本问题的思考/邢建昌//河北师范大学学报（石家庄）.1997，4.75~80，86

中国当代美学重建的三个理论支点："社会关系论

美学”刍议/陈明兆，邓也穆//东北师大学报（长春）.1997，3.73~76

美学的根本转型/季羡林//文学评论（北京）.1997，5.5~9

美学是未来的伦理学/陈望衡//江海学刊（南京）.1997，4.89~91

在对话中重建中国美学/潘知常//文艺理论研究（上海）.1997，3.55~61

当代美学的价值重构及其功能/李西建//求是学刊（哈尔滨）.1997，1.65~69

当代中国的西方美学研究/程孟辉//北京社会科学.1997，2.44~46

走出理性主义的阴影：关于美学学科范式误区的札记/潘知常，林玮//江苏社会科学（南京）.1997，4.94~100

世纪之交的中国美学学术讨论会综述/周子健//文史哲（济南）.1997，1.98~99

美的本质与特征

美的本质研究两题/庞怀德//理论学刊（济南）.1996，2.87~88

论美感的超功利性/潘知常//南京大学学报.1996，3.50~58

暧昧的真实：论美感的发生机制/徐岱//浙江大学学报（杭州）.1996，3.76~85

体验与意义：艺术美感发生论/牛中奇//宁夏大学学报（银川）.1996，2.45~51

欲望的复活：论美感体验的生命基础/徐岱//学术月刊（上海）.1996，9.75~82

美本质的传统思维批判/周全田//中南民族学院学报（武汉）.1997，3.96~100

美是什么：对于美的本质的讨论/刘谷园//徽州社会科学（黄山）.1997，1.33~41

论规律和本质的可见性/靳绍彤//求索（长沙）.1997，4.86~88

美是人的自由本质在生命活动中的感性升华/谭容培//湖南师范大学学报（长沙）.1997，4.28~35

论美是矛盾的解决/向杰//社会科学（上海）.1997，10.35~38

美是社会实践的产物：与刘大新先生商榷/杨立元//河北师范大学学报（石家庄）.1997，3.58~61

美学是人学/刘叔成//汕头大学学报.1997，2.40~46

论美感的产生过程/赵惠霞//陕西师范大学学报（西安）.1997，3.135~140

论美感的生命形态/徐岱//文艺理论研究（上海）.1997，4—5.11~19

体验自由：论美感的生命境界/徐岱//浙江大学学报（杭州）.1997，1.73~82

那喀索斯情结的审美意义：论美感享受的生命内涵/徐岱//浙江学刊（杭州）.1997，2.71~76，79

康德的美感特性论体系述评/杨方//湖南师范大学学报（长沙）.1997，4.43~49

伯克的美感根源论体系述评/杨方//湖南师范大学学报（长沙）.1997，3.26~30

“意义”的审美“综合”：论体验美学的审美感知方式和特点/蒋济永//社会科学家（桂林）.1997，6.35~41

美的形态与范畴

自然美、社会美、艺术美层次性初论/闫海燕//南京社会科学.1996，2.58~64

自然美：作为生态伦理学的善：对康德自然目的观的一种现代阐释/尤西林//陕西师范大学学报（西安）.1996，1.82~90

美的辩证法的终结/李国华//湖北大学学报（武汉）.1996，6.36~40

论悲剧的“命运幻象”/苗强//文艺研究（北京）.1996，3.58~69

悲剧意味着什么/刘新生//济宁师专学报.1996，12.69~72

格式塔与悲剧/麻文琦//济宁师专学报.1996，12.66~68

悲剧美学研究的新收获：佴荣本的《悲剧美学》评介/鲁扬//江海学刊（南京）.1996，4.191~192

抗争与超越：悲剧意义的形而上生成/周可//青海师范大学学报（西宁）.1996，1.47~52

论中西悲剧精神的根本区别/何辉斌//上饶师专学报.1996，5.41~46

试论悲剧的审美痛感与快感/黄志斌//福建论坛（福州）.1996，6.50~52

论悲剧美感的净化功能/蒋今武//福建论坛（福州）.1996，1.40~43

论幽默逻辑的二重错位律/孙绍振//文学评论（北

京）.1996，5.78～86

从新的美学原则到幽默逻辑学/孙绍振//当代作家评论（沈阳）.1996，4.71～74

美学崇高范畴新识：伊格尔顿的《美学意识形态》述略/毛崇杰//文艺报（北京）.1996，8.2③

历代“崇高”论的艺术形态学意义/方锡球//安庆师院社会科学学报，1996，1.66～71

壮美与崇高之比较/董志强//四川师范大学学报（成都）.1996，7.29～35

《崇高美的历史再现》/庄锡华//文艺研究（北京）.1996，3.150～151

艺术需要崇高/景志明//四川师范学院学报（南充）.1996，1.27～31

悲剧审美思维论/周国维//文艺理论与批评（北京）.1997，6.86～93

也论悲剧/周健勇//理论与创作（长沙）.1997，3.28～32

简论黑格尔的悲剧冲突理论/王国绪//河北师范大学学报（石家庄）.1997，2.87～93

休怜细雨湿黄花：浅谈悲剧人物的审美价值/高红梅//内蒙古民族师院学报（通辽）.1997，1.51～53，92

关于《诗学》悲剧定义的理解问题：兼评吕新雨对《诗学》悲剧定义的分析/杨振//外国文学研究（武汉）.1997，3.42～46

悲痛·悲剧性·悲剧美感/孙纪文//银川师专学报.1997，5.61～63

《诗学》悲剧“情节线”探绎/杨振//银川师专学报.1997，2.6～8

丑、滑稽、幽默与喜剧精神/李建东//河南师范大学学报（新乡）.1997，2.28～31

论“黑色幽默”的美学品格及其文化渊源/曾艳兵//河北学刊（石家庄）.1997，4.70～74

幽默美学品格的历史走向：从“古典幽默”到“黑色幽默”/曾艳兵//当代外国文学（南京）.1997，4.157～162

论优美/周安华//江海学刊（南京）.1997，4.155～159

论艺术中的崇高/张宏梁//扬州大学学报.1997，2.25～28

比较美学

关于中西美学交流与对话的思考/曾繁仁//文史哲（济南）.1996，1.40～43

象·数·形：比较美学札记/成立//学术月刊（上海）.1996，6.83～90

中西审美差异溯源/赵连元//求是学刊（哈尔滨）.1996，6.63～67

中西诗学会通的可能性及其意义/李咏吟//天津社会科学.1996，2.96～99

关于比较美学研究的几点思考/陈伟，王捷//上海师范大学学报.1997，4.70～76

审美与文化

审美的功利性和非功利性/何西来//飞天（兰州）.1996，8.103～112

诗化人生：从人类活动看审美的意义/史可扬//内蒙古大学学报（呼和浩特）.1996，5.52～57

论艺术的审美间离/马大康//文艺理论研究（上海）.1996，5.46～51

论艺术审美超越/周然毅//广西师范大学学报（桂林）.1996，1.25～30

审美的俗变与世俗的雅化/戴生岐//唐都学刊（西安）.1996，2.43～44

审美的民主化、多元性与相对剥夺/周宪//学习与探索（哈尔滨）.1996，6.96～102

审美观念的当代转型/潘知常//东方丛刊（桂林）.1996，1.17～38

电子文化与当代审美观念的重构/潘知常，林玮//南京社会科学.1996，10.60～67

评新时期文学理论中的“审美论”倾向/杜卫//学术月刊（上海）.1996，9.83～90

审美积淀说新解/马银琴//湖北大学学报（武汉）.1996，6.41～45

艺术审美两题/沈鸿鑫//名作欣赏（太原）.1996，4.79～83

美的“示差性”本质与审美价值分析/邓也穆，陈明兆//社会科学战线（长春）.1996，1.62～69

美：一种意象性审美结构/方真//求是学刊（哈尔滨）.1996，5.87～90

藏在审美幻象背后的秘密：评《审美幻象研究》/陈炎，张秀泽//东方丛刊（桂林）.1996，4.235～239

摹状词能否承诺本体论：对《摹状词与审美判断》一文的意见/白耶//学术月刊（上海）.1996，4.55～58

审美情感与审美移情新论：审美场研究系列论文之一/覃文//四川师范学院学报（南充）.1996，

7.88～94
移情论的形成及其分歧/张燕玲//辽宁大学学报（沈阳）.1996，4.78～82
移情论质疑/张燕玲//文艺理论研究（上海）.1996，5.52～58
中西移情说之比较/张峻菡//南京大学学报.1996，3.59～63，98
一部充满新的活力的美学专著：简评《审美要论》/李建国//理论与创作（长沙）.1996，1.63～65
当代审美文化的哲学基础/姚文放//北京社会科学.1996，3.84～92
当代审美文化中的代沟问题/夏放//中国文化报（北京）.1996，9.1③
当代大众审美文化的误区/潘知常//文艺报（北京）.1996，10.25③
当下审美文化的文化贫困/李万武//文艺理论与批评（北京）.1996，6.123～131
文化误读与审美/杨建平//文艺评论（哈尔滨）.1996，1.47～52
论中国审美文化价值系统之转型/袁济喜//文艺报（北京）.1996，4.12③
审美文化及其相关的若干问题/刘伟林//汕头大学学报.1996，3.24～27
和谐与崇高：中西审美文化的比较研究/徐良//青海师范大学学报（西宁）.1996，4.62～67
当代审美文化的四重背景/姚文放//求是学刊（哈尔滨）.1996，5.82～86
"真实感性"及其命运：当代审美文化理论的哲学问题之一/王德胜//求是学刊（哈尔滨）.1996，5.75～81
审美与认知的文化研究/李林//辽宁师范大学学报（大连）.1996，3.55～58
民间社会和文化问题/徐友渔//上海文学.1996，10.66～70
母性崇拜与父性崇拜：中西方异质文化范型溯源/仪平策//学术月刊（上海）.1996，10.88～94
在新的"名教"与"文字游戏"中穿行：文化争论的一份个人备忘录/郜元宝//钟山（南京）.1996，6.176～183
众家评说"文化殖民主义"/闻信//文艺报（北京）.1996，3.8③
漫谈文化研究中的现代性问题/李陀//钟山（南京）.1996，5.173～187
新保守主义：当下的文化反讽/王又平//华中师大学报（武昌）.1996，5.4～5
一种值得注意的思想文化倾向：新保守主义/周晓明//华中师大学报（武昌）.1996，5.1～2
新保守主义与新批判主义/周晓明…//钟山（南京）.1996，6.191～200
冲突与交汇："世纪之交的价值重构和文化选择"研讨综述/李显杰//华中师大学报（武昌）.1996，5.7～8
'96中国当代审美文化学术研讨会综述/樊美筠//文艺研究（北京）.1996，6.149～150
审美文化：当前美学研究的一大热点：'96中国当代审美文化学术研究研讨会综述/姚文放//中国文化报（北京）.1996，8.18③
略论审美活动的起源/刘雪霖//黑龙江社会科学（哈尔滨）.1997，6.56～58
向善、求真、审美：审美活动的本体论内涵及其阐释/潘知常//河南师范大学学报（新乡）.1997，2.21～27
论审美对象/谭容培//南京师大学报.1997，2.78～84
论自然对象的审美境界/朱志荣//安徽师范大学学报（芜湖）.1997，4.483～487
审美变态论/褚锐//广东社会科学（广州）.1997，2.93～96
论审美的社会功能/潘智彪//中山大学学报（广州）.1997，4.65～73
审美的冲突与适应/潘知彪//学习与探索（哈尔滨）.1997，3.54～60
生命之流与审美之变/刘成纪//郑州大学学报.1997，4.82～89
现代仿像对传统审美趣味的消解/周宪//文艺理论研究（上海）.1997，2.71～77
象征审美效应的二律背反/于冰//文艺研究（北京）.1997，4.65～69
时代的文化氛围与审美探求/孙中田//社会科学战线（长春）.1997，1.94～100
从"无明"到"明"：论审美评价/潘知常//人文杂志（西安）.1997，1.97～102
论"弱美"：兼谈审美形态学的建构和艺术发展周期/胡家祥//江西师范大学学报（南昌）.1997，1.3～9

审美与妇女解放/吴黛英//文艺评论（哈尔滨）.1996，4.55～59
超越之维：审美活动的历时描述/潘知常//社会科学（上海）.1997，5.28～32
论信仰在人类审美活动中的作用/荆学民/江海学刊（南京）.1997，1.151～157
美丑之间：关于审美活动的横向阐释/潘知常//郑州大学学报.1997，2.28～33
从“镜”到“灯”：关于审美活动形态的当代转型/潘知常/天津社会科学.1997，3.75～81
论审美崇拜/颜翔林/湖南师范大学学报（长沙）.1997，4.36～42
略论审美创造/昌名芳//福建学刊（福州）.1997，1.68～69
论文艺审美中的矛盾与统一/罗源//西南师范大学学报（重庆）.1997，3.77～80
试论民族审美心理的形成/王烟生，邱全民//徐州师范大学学报.1997，4.129～132
审美心理流变与文化转型/刘伟林，金华…//华南师范大学学报（广州）.1997，2.48～64
审美想象与审美创造新探：审美场研究系列论文之一/葛启进//四川师范学院学报（南充）.1997，6.21～27
电子文化与当代审美观念的调整/潘知常//文艺报（北京）.1997，3.4④
审美认识的理性迷惘与选择/杨俊亮//齐鲁学刊（曲阜）.1997，4.11～17
论神秘：审美反应的体验性阐述/徐岱//文学评论（北京）.1997，3.134～144
论美育活动中审美形象的生成/蔡正非//云南师范大学学报（昆明）.1997，1.43～48，53
论舍夫次伯利的审美理论/杨方//湖湘论坛（长沙）.1997，2.61～63
论奥尔德里奇审美知觉论的理论基础/铁省林//齐鲁学刊（曲阜）.1997，1.38～40
我们应当怎样进行学术商榷/潘知常//文艺理论与批评（北京）.1997，4.68～75
当代审美文化理论中的“现代性”话题/王德胜//北京社会科学.1997，2.31～35
何为美学史?：从审美文化研究反观美学史研究/姚文放//北京社会科学.1997，2.22～26
审美文化与美学史/聂振斌//北京社会科学.1997，2.14～21
审美文化中的艺术/宫惠玲，朱存明//徐州师范大学学报.1997，3.91～93
试论当代审美文化的大众传播特征/张振华//学术月刊（上海）.1997，4.34～36
当代审美文化与艺术形式/姚文放//学术月刊（上海）.1997，4.27～33
批评的诞生：当代审美文化理论的合法性问题/王德胜//浙江社会科学（杭州）.1997，1.101～106
也论大众审美文化的价值/郑惠生//汕头大学学报.1997，6.30～35
文化审美价值距离与“难能为美”/杨曾宪//齐鲁学刊（曲阜）.1997，4.4～10
审美文化的历史进程：兼论后现代主义对现代主义的通与变/姚文放//江苏社会科学（南京）.1997，6.65～69
论审美文化学兴起的逻辑背景/刘士林//河北师范大学学报（石家庄）.1997，4.68～74
“审美文化”概念的历史辨析（笔谈）/聂振斌，朱立元…//浙江学刊（杭州）.1997，5.43～58
探寻审美文化与美学史研究的新境界：“审美文化与美学史”学术研讨会综述/许金如//甘肃社会科学（兰州）.1997，6.14～15

美学家及专著

当代美学三家/彭峰//东方丛刊（桂林）.1996，4.69～80
蔡仪美学思想对当代文艺的意义/严昭柱//文艺报（北京）.1996，11.22③
“美是典型”理论的历史地位：纪念蔡仪诞辰90周年/汤龙发//文艺理论与批评（北京）.1996，5.110～116
科学美学的不倦追求：追思蔡仪先生/王水照//文艺报（北京）.1996，6.7③
有人信高洁：为蔡仪九十诞辰而作/毛崇杰//文艺报（北京）.1996，9.27③
坚持、运用、发展马克思主义美学：“蔡仪美学思想研讨会”在京召开/闻礼萍//文艺理论与批评（北京）.1996，5.140～143
弥漫宇宙的情思：朱光潜美学历程的回顾与思考/丁枫//社会科学战线（长春）.1996，5.17～23
朱光潜的“形象直觉说”及其与克罗齐的关系/钱念孙//安徽大学学报（合肥）.1996，3.58～64
《朱光潜美学思想及其理论体系》/王志敏//文艺研

究（北京）.1996，3.151～153

“没有道德目的而有道德影响”：评朱光潜早期文艺功利观/钱念孙//文学评论（北京）.1996，3.94～101

论朱光潜美学思想的西方色彩和中国底蕴/钱念孙//文艺理论研究（上海）.1996，4.46～52

转折与蜕变：朱光潜美学思想的转变/王德胜//北京社会科学.1996，3.76～83

什么是艺术活动?:读朱光潜《诗论》札记/崔稚颖//安徽师范大学学报(芜湖).1996,2.183～188

朱光潜的文学批评理论和实践/钱念孙//文艺理论与批评（北京）.1996，5.103～109

谨慎的开拓者:敏泽美学思想研究述论之一/蔡毅//文艺理论与批评（北京）.1996，1.89～95，84

主体实践与理性结构：李泽厚的美学思想/邹华//西北师大学报（兰州）.1996，4.23～29

蒋孔阳的美论及其人类学美学主题/郑元者//文艺研究（北京）.1996，6.69～76

论宗白华美学思想/汤龙发//文艺报（北京）.1996，7.26③

扬弃“积淀”的历程：高尔基及其所代表的中国现美学新潮/黄扬//延边大学学报（延吉）.1997，4.96～101

和谐美学的主旋律与变奏：评周来祥新著《再论美是和谐》/陆贵山//中国文化报（北京）.1996，10.30③

美学与文艺学研究的重要突破：评吴炫的“否定”理论/范钦林//南京师大学报.1996，4.139～143

美学研究的重要突破：读吴功正《中国文学美学》/徐宗文//苏州大学学报.1996，4.127～129

评黑格尔对审美本质的看法/赵伯飞//唐都学刊（西安）.1996，4.57～61

析黑格尔美学的典型性格理论/赵伯飞//西北大学学报（西安）.1996，2.42～44

黑格尔纯认识文艺观的得与失/王元骧//文艺理论与批评（北京）.1996，4.38～47

康德美学方法论/朱志荣//江淮论坛（合肥）.1996，3.81～86

康德与马克思美学革命的差异及其根源/李咏吟//社会科学战线（长春）.1996，3.114～121

柏拉图的知识论与西方理性诗学/余虹//文艺理论研究（上海）.1996，6.67～74

卢卡契对审美反映论的一个贡献：论卢卡契“外化及其向主观回复”美学范畴的思想价值/张伟//复旦学报（上海）.1996，2.45～52

卢卡契文艺美学思想笔谈/高敏…//西北大学学报（西安）.1996，1.10～13

评《信仰与超越：卢卡契文艺美学思想论稿》/天容//湖南师大学报（长沙）.1996，4.122～124

卢卡奇与形式美学/王雄//文学评论（北京）.1996，2.41～51

西方古典美学中的一个重要命题：论狄德罗的“美在关系”说及其历史地位/叶中强//上海大学学报.1996，1.87～90

波爱修美学思想述评/陆扬//文艺研究（北京）.1996，4.40～45

略论荣格的美学思想/袁义江，赵秀峰//西北师大学报（兰州）.1996，2.1～7

叔本华美学思想对现代派的影响/李胜利//复旦学报（上海）.1996，5.102～107

布洛克的分析美学思想/孙秉文//西北师大学报（兰州）.1996，6.14～19

别林斯基美学哲学基础的内在矛盾/华昉//延安大学学报.1996，4.87～90

朱光潜《诗论》的当代诠释/程光炜//东方丛刊（桂林）.1997，1～2.258～274

说理而深于取象：朱光潜文艺论著的具象特征/尉天骄//江苏社会科学（南京）.1997，6.117～122

朱光潜论审美对象：“意象”与“物乙”/汪裕雄//安徽师范大学学报（芜湖）.1997，1.37～43

从朱光潜“接着讲”：纪念朱光潜、宗白华诞辰一百周年/叶一朗//北京大学学报.1997,5.69～78

朱光潜实践观中的心体：重建中国实践哲学——美学的一个关节点/尤西林//学术月刊（上海）.1997，7.59～64

朱光潜：作为历史哲学的人道主义美学/尤西林//浙江社会科学（杭州）.1997，6.96～102

朱兴潜与尼采美学/岳介先，钱立火//安徽师范大学学报（芜湖）.1997，4.477～482

论朱光潜对克罗齐美学观念的接受/王攸欣//外国

文学研究（武汉）.1997，1.66～71
突围的合力：朱光潜、宗白华的互补/邹华//西北师大学报（兰州）.1997，2.10～17
宗白华的美学精神/肖鹰//汕头大学学报.1997，3.38～42
生命艺术化艺术生命化：宗白华的生命美学新体系/李衍柱//文学评论（北京）.1997，3.126～133
艺术美是宗白华的拱心石/张中秋//文艺理论研究（上海）.1997，4.72～78
略论周来祥的和谐美学/刘恒健//广西社会科学（柳州）.1997，1.114～120，21
和谐美学的理论特征：《再论美是和谐》自序/周来祥//文史哲（济南）.1997，1.79～80
整一的学术品格与和谐的理论体系：谈周来祥《再论美是和谐》/黄理彪，袁鼎生//社会科学家（桂林）.1997，3.94～96
当代美学研究的力作：《再论美是和谐》讨论会综述/杨维富，李启军//社会科学家（桂林）.1997，2.92～96
审美——魅力与缺憾：访美学家王朝闻/徐怀谦//人民日报（北京）.1997，4.28⑫
用自然科学方法研究美学的新收获：读王建疆的《自调节审美学》/阎国忠，方伟//甘肃社会科学（兰州）.1997，1.95～96
迈向新世纪的美学历程：读《走出古典·中国当代美学论争述评》/陈文忠//安徽师范大学学报（芜湖）.1997，4.488～489
论康德审美判断中自由的本质/赵春利//湖北大学学报（武汉）.1997，5.35～38
康德的自然美论/冯以宜//广西师院学报（南宁）.1997，3.23～30
论叔本华的审美认识论/金惠敏//文艺研究（北京）.1997，2.34～42
在道德与知识之间的救赎承诺：论康德审美主义/邹定宾//中国人民大学学报（北京）.1997，3.72～79
黑格尔美学的“情致”说/钱雯//安徽师范大学学报（芜湖）.1997，2.237～241
再论所谓黑格尔的“艺术解体”论/朱立元//文艺理论研究（上海）.1997，4.21～25
理性与信仰的交汇：浅析奥古斯丁的美学思想/朱朝辉//理论学刊（济南）.1997，2.77～81
梦与醉的深处：尼采美学的文化精神述评/钱立火//安徽大学学报（合肥）.1997，6.104～107
美学的批判与批判的美学：阿多诺美学思想述评/刘小新//江苏社会科学（南京）.1997，4.101～106
阿多诺艺术社会学思想评析/易存国//江苏社会科学（南京）.1997，4.155～159
西方现代心理学美学的评价问题/彭立勋//文艺报（北京）.1996，7.19③
走向雅典：德国启蒙运动美学的主导思潮/张海平//文艺研究（北京）.1996，4.32～39
走向对话的西方现代美学/滕守尧//社会科学家（桂林）.1996，6.49～56
现代美学：独立与启蒙的双重变/薛富兴//社会科学（上海）.1996，3.72～74
艺术的光环：现代西方美学对“韵”的思考/杨映川//广西师范大学学报（桂林）.1996，3.35～39
从爱琴海出发：对西方美学思想的一种梳理/徐岱//浙江社会科学（杭州）.1996，6.77～82
二十世纪西方美学管窥/滕守尧//社会科学战线（长春）.1996，1.1～7
20世纪西方美学中的艺术情感理论通观/黄南珊//求是学刊（哈尔滨）.1996，2.66～71
再论超越实践美学：答朱立元同志/杨春时//学术月刊（上海）.1996，2.71～75
实践论、后实践论与美学的重建/张立斌//学术月刊（上海）.1996，3.77～82，113
论英国经验论美学的起源学说/陈锋//福建论坛（福州）.1997，3.65～67
西方古典美学“理想”范畴的研究/王强东//学术研究（广州）.1997，10.73～78
形式美学：中国与西方/赵宪章//文史哲（济南）.1997，4.37～42
西方现代美学乌托邦：法兰克福学派美学透视/张凌//社会科学战线（长春）.1997，4.149～154
西方生命本体论美学评析/冷德诚，司有仑//文艺研究（北京）.1997，2.43～49
文艺复兴美学漫说/凌继尧//求索（长沙）.1997，3.100～105
关于审美活动：评实践美学与生命美学的论争/阎国忠//文艺研究（北京）.1997，1.18～27
实践论美学断想录/杨恩寰//学术月刊（上海）.

1997，6.65～68

“实践美学”与“实践本体”/陈炎//学术月刊（上海）.1997，6.61～64

实践论、后实践论美学的悖立与会同/张立斌//新疆大学学报（乌鲁木齐）.1997，4.87～91

美学与本体论问题再探讨：兼评实践论美学的本体论哲学基础/张弘//学术月刊（上海）.1997，1.71～87

古 代 文 学

古典文论研究

将古代文学理论研究推进到新阶段：中国古代文学理论学会第九次年会暨国际学术研讨会综述/陈良运，邹然//文艺理论研究（上海）.1996，2.82～87

胶柱鼓瑟与郢书燕说：关于中国古代文论研究方法的思考/张海明//文艺争鸣（长春）.1996，4.13～15

八十年代以来中国古典文论研究略评/蒋述卓//文学遗产（北京）.1996，3.122～127

我们需要“盛唐气象”、“少年精神”/林庚，林在勇//文艺理论研究（上海）.1996，1.2～8

中国古代文论范畴研究方法论管见/党圣元//文艺研究（北京）.1996，2.4～11

中国古代艺术接受主体重构论/唐德胜//广州师院学报.1996，3.7～15

在人格与诗境相通处：论中国古代诗学的文化心理基础/李春青//文学评论（北京）.1996，2.30～40

中国古代诗学整体评价之我见：对比较诗学中一种观点的质疑/张瑞德//郑州大学学报.1996，2.75～82

中国诗学思想的逻辑发展：《中国诗学思想史》导言/萧华荣//文艺理论研究（上海）.1996，2.13～20

语词与实在：中西传统诗学的言述空间与入思方式论纲/余虹//东方丛刊（桂林）.1996，4.46～68

略论中国古代诗学范畴的比喻性/叶作盛//福建论坛（福州）.1996，5.67～70

游戏精神与澄明之境：佛教与中国传统诗学的“存在深度模式”/荆成//东方丛刊（桂林）.1996，2.60～71

论道家诗学对《六经》经典文本的颠覆与解构/杨乃乔//天津社会科学.1996，2.87～95

论古代文学批评的整合思维/孙蓉蓉//南京大学学报.1996，3.44～49，58

知识理性与价值理性：中国古文本阅释的双轨与多维/王勋敏//湖北大学学报（武汉）.1996，2.62～67

驭文之首术　谋篇之大端：中国古代创作构思论三题/归青//上海大学学报.1996，5.25～30

论古代文学鉴赏的传统方式/徐应佩//名作欣赏（太原）.1996，2.5～11

论中国古代文学的审美批评标准/彭强民//文艺理论研究（上海）.1996，4.60～66

幻化之境与“意识流”：中国古代文艺心理美学谈片/殷国明//文艺理论研究（上海）.1996，5.85～91

中国诗学的话语言说方式/李思屈//求是学刊（哈尔滨）.1996，4.69～71

论儒、道、佛禅的言语观/王向峰//文艺研究（北京）.1996，5.39～47

言意之辨和意义追寻/朱玲/名作欣赏（太原）.1996，4.5～9

言意关系的阐释与命运/袁国圣//重庆师院学报.1996，1.45～50

审美意象的系统分析/姜开成//湖州师专学报.1996，1.33～38

试论中国古典审美意象论的历史嬗变/吴风//社会科学战线（长春）.1996，6.140～147

“意象”辨析/辛刚果//聊城师院学报.1996，2.80～83

古代文学鉴赏“味论”的产生与发展/徐应佩//南通师专学报.1996，4.1～6

中国古代艺术灵感论/吴建民//江海学刊（南京）.1996，4.150～154

神韵说三论/赵伯陶//阴山学刊（包头）.1996，3.1～7

“气韵”涵义与中国艺术审美的转折/李钧//复旦学报（上海）.1996，5.95～101

论气韵生动/邓乔彬//文艺理论研究（上海）.1996，5.78～84

中国美学“意境论”新探/王兴华//南开学报（天

津）.1996，5.40～48
论中国古典艺术的意境之美/谢建明∥江苏社会科学（南京）.1996，6.153～155，179
论意境的渊源及其特征/孔建英∥湖北大学学报（武汉）.1996，6.30～35，68
佛教“唯识无境”论对美学意境的影响/祁志祥∥广州师院学报.1996，3.43～47
文质辩说/张怀瑾∥南开学报（天津）.1996，6.40～48
文与质：古典艺术的定位/薛富兴∥山西师大学报（临汾）.1996，3.39～48
妙语论/吴建民∥中州学刊（郑州）.1996，5.103～106，14
中国古代文论的范畴和体系/党圣元∥文学评论（北京）.1997，1.15～25
学人的知识结构与中国古代文论研究/栾勋∥文学评论（北京）.1997，1.6～14
从范畴研究到体系研究/蒲震元∥文艺研究（北京）.1997，2.19～26
论当代文论与中国古代文论的融合/蒋述卓∥文学评论（北京）.1997，5.30～34
再论重建中国文论话语/曹顺庆，李思屈∥文学评论（北京）.1997，4.43～52
近百年中国古代文论之研究/罗宗强，邓国光∥文学评论（北京）.1997，2.10～23
关于古代文论研究学科性质的思考/张海明∥文学遗产（北京）.1997，5.10～19
走出古典的泥沼：关于汉语诗学阐释学的现代化转化诸问题/陈跃红∥中国比较文学（上海）.1997，1.14～25
中国诗学理论特色浅记/王纪明∥济宁师专学报.1997，1.48～50
后现代主义与中国诗学/曾艳兵∥文史哲（济南）.1997，2.13～19
中西传统诗学的人思方式及其历史性建构/余虹∥文艺研究（北京）.1997，6.37～50
古代文学研究与多民族的中国文学观/周惠泉∥文艺理论与批评（北京）.1997，3.64～70
接受美学与中国古代文论研究/樊宝英/学术研究（广州）.1997，5.67～70
方法与对象的适应：与党圣元商榷/王振复∥文艺研究（北京）.1997，2.27～33
略论中国古代文论的现代转换/顾祖钊∥人文杂志（西安）.1997，2.98～103
试论古代文论的“现代转换”/王元骧∥学术研究（广州）.1997，1.58～62
也谈中国文论的“失语”与“话语重建”/陈洪，沈立岩/文学评论（北京）.1997，3.41～48
“中国古代文论现代转换”的新信息/屈雅君∥人文杂志（西安）.1997，2.104～108
“旧学商量加邃密，新知培养转深沉”：论古代文论的现代转换/陈良运∥江西师范大学学报（南昌）.1997，4.66～73
古代文论现代转换中应注意的问题及可以选择的方向/梁道礼∥陕西师范大学学报（西安）.1997，2.74～77
谈“中西融合”与“古代文论的现代转换”/顾祖钊∥小说评论（西安）.1997，3.87～91
读古代的文论札记/王光明∥福建师范大学学报（福州）.1997，1.44～50
门外中外文论絮语/季羡林∥山西师大学报（临汾）.1997，4.1～9
海外和港台地区的中国古代文论研究/张海明∥东方丛刊（桂林）.1997，1～2.127～155
诗性思维理论与中国诗学精神特质/覃德清∥广西民族学院学报（南宁）.1997，4.55～59
论想象与神思：中西文论两个概念的比较思考/吕露，钱英∥安徽大学学报（合肥）.1997，5.33～37
批评的中心指涉结构与阐释的破坏性误读：论经学的玄学化与中国古典诗学走向自觉的阐释学景观/杨乃乔∥天津社会科学.1997，2.87～94
玄学价值论与诗学/张海明∥北京师范大学学报.1997，2.74～81
论“自然”范畴的三层内涵：对一种诗学阐释视角的尝试/李春青∥文学评论（北京）.1997，1.26～35
走历史发展必由之路：论以古代文论为母体建设当代文艺学/张少康∥文学评论（北京）.1997，2.41～53
古代文论与当代文艺学的建设/蔡钟翔∥文学评论（北京）.1997，5.35～41
再论中国古代文艺学的现代转换/彭会资∥文艺理论研究（上海）.1997，3.48～54
从道不可言到文言：中国诗学的精神奠基兼与儒家诗学的确立与西方语言学转向/方汉文∥陕西

师范大学学报（西安）.1997，2.82～87
言以设境：中国古典诗学语言本体论/丁云亮//晋阳学刊（太原）.1997，4.64～68
言有尽　意无穷：独具特色的中国文学语言学/王抒，贾永雄/宁波大学学报.1997，2.24～29
论文学批评品位/张利群//广西师范大学学报（桂林）.1997，3.63～68
中国文学批评史研究的回顾与展望/彭玉平，吴承学//中国社会科学（北京）.1997，5.156～169
敦厚儒雅与高淡简远：中国古代文艺批评的两种审美倾向/穆纪光//甘肃社会科学（兰州）.1997，6.10～13
“道”与中国艺术的本体阐释/邢建昌/河北师范大学学报（石家庄）.1997，1.79～86
佛教“三界唯心”论与“美是心影”说/祁志祥//苏州大学学报.1997，2.71～75，55
道家哲学对文学鉴赏论的沾溉与浸润/徐应佩//名作欣赏（太原）.1997，3.122～126
禅宗思维方式对古代文学鉴赏论的作用与影响/徐应佩//名作欣赏（太原）.1997，4.115～121，124
道与逻各斯：中西文化与文论分道扬镳的起点/曹顺庆//文艺研究（北京）.1997，6.51～60
儒家文艺思想的形成与变迁：以三篇《原道》为透视点/郝朴宁//云南师范大学学报（昆明）.1997，5.51～57
道教求“真”反“邪”文艺观点探析/潘显一//江西社会科学（南昌）.1997，6.51～55
“出入”说：中国古代的接受理论/刘月新//名作欣赏（太原）.1997，1.6～13
简论中国古代写作理论的特点及其成因/杨清富//韩山师范学院学报（潮州）.1997，1.101～107
中西创作个性理论思考/陈宪年//内蒙古社会科学（呼和浩特）.1997，3.80～85
文史哲：中西叙事理论的内在旨趣与知识眼界/余虹//外国文学评论（北京）.1997，4.26～34
“无法而法”：中国艺术方法论/刘德强//学术月刊（上海）.1997，10.85～91
中国古代“文法论”钩沉/万奇//内蒙古师大学报（呼和浩特）.1997，3.84～89
天涯何处有知音：我国古代关于艺术美欣赏的论述/段新桂//文艺理论与批评（北京）.1997，2.105～109
中西审美意象比较研究/阳晓儒//广西社会科学（柳州）.1997，2.115～119
古代文学鉴赏“韵论”的孕育与繁衍/徐应佩//名作欣赏（太原）.1997，6.80～85
有别于“摹仿论”、“取象说”/成立//文史哲（济南）.1997，2.20～25
现代意境研究述评/古风//社会科学战线（长春）.1997，2.35～41
“意境说”小议/李五湖//中山大学学报（广州）.1997，2.112～115
论“兴”与意境同源而分流//胡元坎//宁德师专学报.1997，1.29～34
虚实相生与意境的形成/张沐宁//淮阴师专学报.1997，3.6～9
中古意境研究述评/古风//延安大学学报.1997，4.73～78
意境探微/孙涌翔//佳木斯教育学院学报.1997，4.25～27
“虚静”：“物我两忘”的最高体验境界/姜耕玉//求索（长沙）.1997，4.82～85
论“意+境=意境”/施议对//文学遗产（北京）.1997，5.93～102
意境的“语象符号”阐释/古风//学术月刊（上海）.1997，7.65～71
山水审美的“天人合一”境界/高建新//内蒙古大学学报（呼和浩特）.1997，6.60～66
观“气”与意境的审美生成/黄念然//东方丛刊（桂林）.1997，1～2.113～126
文气论的当代价值/畅广元//陕西师范大学学报（西安）.1997，1.59～69
古代文论中的“文气说”辨识/陈学广//扬州大学学报.1997，2.21～24，41
“中介物象”与赋比兴/叶桂桐//齐鲁学刊（曲阜）.1997，1.8～12，40
试论“兴”的概念归属/阎诚//内蒙古大学学报（呼和浩特）.1997，6.67～70
兴：现代心理美学的古典表达/何旺生//江淮论坛（合肥）.1997，6.71～77
中国古代的艺术趣味论/朱志荣//文艺理论研究（上海）.1997，2.83～88
滋味论/张庆民//重庆师院学报.1997，2.32～36
滋味说探源/李壮鹰//北京师范大学学报.1997，2.67～73

性情论：文章必根乎性情/万奇//河南师范大学学报（新乡）.1997，2.67~71

文道关系之源、流、变/李贞祥//上饶师专学报.1997，4.79~83

论“以文为戏”/周明//江海学刊（南京）.1997，6.159~165

论乐本人心之感于物/谌兆麟//求索（长沙）.1997，1.107~112

论“心斋”说/周宏丽//淮阴师专学报.1997，1.73~76

各体裁文论研究

从山水诗的勃兴看“文贵形似”论的历史意义/张宏//广西社会科学（南宁）.1996，1.100~104，89

“诗言志”说的回顾与展望/洪树华//辽宁师范大学学报（沈阳）.1996，6.40~42

打通“古典”与“现代”的一个奇妙出入口：禅思诗学/陈仲义//文艺理论研究（上海）.1996，2.28~38

殊途同归，情感与形式：中西诗本体论的历史嬗变探微/王珂//西北师大学报（兰州）.1996，1.50~56

“比兴”与中国诗学意义的动态生成/王宇根//北京大学学报.1996，6.87~92

赋、比、兴的几组相关概念/刘怀荣//贵州文史丛刊（贵阳）.1996，1.81~85

中国诗论“入出”说的审美接受意蕴/樊宝英//文史哲（济南）.1996，5.64~67

中国古代诗学的“情景论”：中国古代诗学札记（七）/毛正天//中南民族学院学报（武汉）.1996，4.107~112

作者得于心　览者会以意：中国古典诗学中的“自得”说研究之一/樊宝英//江汉论坛（武汉）.1996，2.65~67

“言，我也”与中国古代诗学/徐麟//文艺理论研究（上海）.1996，1.18~25

“诗味”诠释/樊宝英，邓新华//聊城师院学报.1996，4.100~104

词学理论和词学批评的“现代化”进程/杨海明//文学评论（北京）.1996，6.110~120

东西方古典戏剧理论着重点的差异/潘翠菁，吴文辉//文艺研究（北京）.1996，1.72~87

论戏曲丑角的美学特征/邹元江//文艺研究（北京）.1996，6.84~95

中西戏剧叙事美学特征比较/陈龙//东方丛刊（桂林）.1996，3.117~131

中国古典喜剧理论初探/赵山林//文艺理论研究（上海）.1996，2.77~81

深入开掘中国诗学的蕴藏：兼评《中国诗歌史论丛书》/谢思炜//文学遗产（北京）.1997，2.44~50

《唐宋分门名贤诗话》：中国最早的诗话类编/蔡镇楚//文学遗产（北京）.1997，5.110~113

读点中国古代诗论/陈良运//诗刊（北京）.1997，12.74~76

中西比较诗学中的诗与史/张瑞德//暨南学报（广州）.1997，1.90~98

诗话范畴与诗话学/刘德重//上海大学学报.1997，3.32~37

理趣论/范军//华中师范大学学报（武昌）.1997，2.55~59

中国古代诗法叙论/陆凌霄//广西民族学院学报（南宁）.1997，2.108~112

谈“味”作为诗论历史审美范畴的美学内涵及本质、特征/胡建次//赣南师范学院学报（赣州）.1997，2.15~18

“得意忘言”新识/方锡球//安徽师范大学学报（芜湖）.1997，4.463~467

词话批评的基本方式和审美特征/邹树德，蒋禄丰//求索（长沙）.1997，2.88~93

中国古代小说理论在异国的再现：朝鲜李朝小说理论管窥/漆瑗，陈大康//文艺理论研究（上海）.1997，1.85~92

中国古代小说理论研究的百年回顾及展望/陈洪，陈宏//天津社会科学.1997，3.82~86

迈向中西比较戏剧学的起点/周宁//戏剧艺术（上海）.1997，1.30~37

中国古典悲剧论/张丹飞//贵州社会科学（贵阳）.1997，1.68~73

古代剧论中的人物形象论/赵山林//河北学刊（石家庄）.1997，1.55~59

古典美学研究

新时期中国古代美学范畴研究状况概评/叶作盛//福建师范大学学报（福州）.1996，2.61~67

尝试开掘中国古典美学的现代意义/韩林德//社会科学战线（长春）.1996，3.109～113
80年来的中国历代美学和文论研究述论/王尚寿//西北师大学报（兰州）.1996，5.6～9
先秦儒家文艺观中的中和之美/倪素平//阴山学刊（包头）.1996，1.32～36
“德”和与“道”和的中和审美观/殷杰//华中师大学报（武昌）.1996，5.55～59
中华美学思想的两个重要范畴：关于“韵”、“味”的发展史/文奇//郑州大学学报.1996，6.22～28
从与意、味、气的关系看中国艺术中的韵/刘承华//文艺研究（北京）.1996，6.56～61
中国古代审美观念中的时空意识/刘可钦//江海学刊（南京）.1996，5.157～161
中国古代生命美学初探/余福智//学术研究（广州）.1996，4.75～79
自然美的古代形态/邹华//文艺研究（北京）.1996，6.62～68
论玄学对中国美学的影响/李戍//齐鲁学刊（曲阜）.1996，1.23～29
试论禅境的美感特征/蒋力余//求索（长沙）.1996，4.87～91
“淡美”的高品位/叶太平//淮北煤师院学报.1996，2.111～115
“美的艺术”与意境形态/方锡球//江淮论坛（合肥）.1996，3.87～93
论中国美学范畴网络体系/程琦琳//江海学刊（南京）.1997，5.157～163
中国古典美学与“文”：从“天下之文”说起/王锡臣//中州学刊（郑州）.1997，6.106～108，116
文与质：中国美学史的逻辑起点/薛富兴//贵州师范大学学报（贵阳）.1997，1.51～54
气论与中国美学的生命精神/陈德礼//北京大学学报.1997，6.54～60
“辨于味”及其他：中国古典文学解释理论初探/成立//名作欣赏（太原）.1997，5.25～32
中印韵论比较研究/汤力文//深圳大学学报.1997，1.89～95
韵：风度与琴心/张皓//华中师范大学学报（武昌）.1997，2.60～64
中国艺术之“韵”的时间表现形态/刘承华//文艺研究（北京）.1997，6.19～27
中和与和谐的中西比较研究/王明居//文艺理论研究（上海）.1997，1.65～70
中西早期和谐论比较/曹顺庆，蒋晓丽//人文杂志（西安）.1997，3.113～117
中国古典美学的两次反和谐思潮/黄理彪//中国人民大学学报（北京）.1997，3.65～71
古代“中和”思想与现代艺术美/周波//理论学刊（济南）.1997，4.78～80，77
析中国古代审美意识的构成形态/倪进//湖北大学学报（武汉）.1997，3.64～69
审美感兴论/张晶//学术月刊（上海）.1997，10.79～84
参：禅宗美学方法论的重要范畴/皮朝纲，刘方//江西师范大学学报（南昌）.1997，2.52～56
从“即心即佛”到“非心非佛”：南禅美学思想嬗变轨迹/皮朝纲//西北师大学报（兰州）.1997，3.28～34
论道教的“尚文”美学观/潘显一//文艺研究（北京）.1997，3.33～40
禅宗的审美意义及其历史内涵/谢思炜//文艺研究（北京）.1997，5.37～45
禅与文学创作和审美中的空白意识/赵忠山，赵爱菊//齐齐哈尔师范学院学报.1997，5.47～49
古代美学中的艺术人格论/陈德礼//北京大学学报.1997，2.87～94
“崇高”与“雄浑”比较论/钱超英//深圳大学学报.1997，3.77～83
论“静”的美学意义/刘可钦，赵晖//徐州师范大学学报.1997，2.87～90
景：物色之美/张皓//江海学刊（南京）.1997，6.154～158

文学史

中国文学史著分期疏议/邢铁华//安徽教育学院学报（贵阳）.1996，1.60～64
关于中国文学史的思考/章培恒，骆玉明//复旦学报（上海）.1996，3.60～64
实证论对中国文学史研究的影响/雪临//青海师范大学学报（西宁）.1996，1.53～58
走向完整的中国文学史研究：《中华文学通史》导言/张炯//文学评论（北京）.1996，4.46～62
世纪之交的文学史展望：'95香港“中国文学史再

思”国际讨论会述评/蒋寅//中国社会科学（北京）.1996，2.174~178

文学史家与史学的文学研究/刘士林//河北师大学报（石家庄）.1996，1.44~47

“文学史研究转型”笔谈/王锺陵…//中国社会科学（北京）.1996，6.150~166

我校部分博士生座谈《中国文学史》/魏崇新，李钧…//复旦学报（上海）.1996，5.76~88

一部富有创获的中古文学史研究著作/陈庆元//文学遗产（北京）.1996，5.119~121

文学·文学史·中国文学史：论本世纪初“中国文学史”学的发轫/戴燕//文学遗产（北京）.1996，6.4~15

中国文学史学史编写刍议/陈伯海//社会科学战线（长春）.1997，5.56~64

论草创期的《中国文学史》/董乃斌//社会科学战线（长春）.1997，5.65~74

怎样写中国文学史：本世纪初文学史学的一个回顾/戴燕//文学遗产（北京）.1997，1.4~12

关于中国文学史中若干问题/聂石樵//北京师范大学学报.1997，4.5~12

从一个新的视角重述中国文学史：中国文学流派研究刍议/梅新林//学术月刊（上海）.1997，5.62~67

文学史的时间坐标与哲学性/张荣翼//浙江大学学报（杭州）.1997，1.95~104

中国文学史著作亟待重写/李家骧//湘潭大学学报.1997，2.3~8

中国古代文学史理论述论/佴荣本//扬州大学学报.1997，5.65~71

追寻遥远的理想：关于20世纪《中国文学史》的回顾与瞻望/孙明君//北京大学学报.1997，1.48~56

四代人的文学史研究图景/陈平原//北京大学学报.1997，4.16~18

文学史的思考/陈国球//文艺理论研究（上海）.1997，4.34~37

关于文学史几个理论问题的思考：新编《中国文学史》总绪论/袁行霈//北京大学学报.1997，5.57~68

中国文学史研究的新动向/〔日〕石川三佐男，赵凝/铁道师院学报（苏州）.1997，6.59~67

文学史研究的跨世纪构想/傅璇琮，董乃斌…//江海学刊（南京）.1997，3.135~144

章培恒、骆玉明主编《中国文学史》“导论”读后放言/黎乔桂//学术研究（广州）.1997，3.71~76

评章、骆主编的《中国文学史》：兼谈文学史编写中的理论方法诸问题/宁宗一//复旦学报（上海）.1997，1.38~44

中国文学史研究的新成果和局限：简评章、骆主编的《中国文学史》/周锡山//复旦学报（上海）.1997，5.57~62

论中国文学与文学的发展观：就《中国文学史·导论》与章培恒先生商榷/朱志荣//江淮论坛（合肥）.1997，1.95~103

各具特色的默杀：刘勰、钟嵘、萧统文学史观之一瞥//顾农，顾钧//扬州大学学报.1997，2.16~20

从比较看研究体系的演进/陈大康//复旦学报（上海）.1997，1.45~50，44

走向完整的中国文学史研究/张炯//文学报（上海）.1997，4.10④

“文学发展过程与人性发展过程同步”吗?：与复旦版《中国文学史·导论》作者商榷/陈辽//文艺报（北京）.1997，5.22②

《高僧传》与文学史研究/曹道衡//古典文学知识（南京）.1997，3.13~19

总　论

十九世纪末古典文学研究态势的历史回顾/赵敏俐//江海学刊（南京）.1996，1.171~175

世纪之交的中国古代文学研究/蒋寅，杨栋…//扬州师院学报.1996，2.22~31

加强古典文学研究的当代性/张炯//文学遗产（北京）.1996，5.5~9

此岸·彼岸·古代文学的业缘/王显春//社会科学研究（成都）.1996，3.112~119

传统文学的变异与回归/张澜//学习与探索（哈尔滨）.1996，3.113~120

异端：文学创造的活力素：关于中国古代文学发展的思考/陶新民//江淮论坛（合肥）.1996，4.80~84

东方国家形态与中国文学/王锺陵//社会科学战线（长春）.1996，2.192~203

叛逆与秩序：谈中国古典文学中的两种精神兼与西

方文学比较/涂石//西北师大学报（兰州）.1996，5.16～20
自传统至现代：近四百年中国文学思潮变迁论（上）、（下）/陈伯海//社会科学战线（长春）.1996，4.158～168；5.156～162
中国古代文学走向商品化的回顾与思考/许金榜//东岳论丛（济南）.1996，3.89～95
中国文学的再生现象及其文化阐释/张淑琴//绥化师专学报.1996，4.21～25
试论文学发展过程的历史序列/裴树海//武汉大学学报.1996，2.80～85
古典文学研究的学术取向与学科态势：兼论《文学遗产》的历史使命/董国炎//文学遗产（北京）.1996，2.100～108
试论中国文学原型系统/程金诚//文学评论（北京）.1996，3.76～85
中西方文学自我意识差异/王芳//内蒙古大学学报（呼和浩特）.1996，2.71～76
谈谈古代文体的分类/牟玉亭//文史杂志（成都）.1996，5.42～43
文学与绘画的不同"转型"之路//张法//求是学刊（哈尔滨）.1996，1.73～77
古典文学研究四代人/蒋寅//河北大学学报（保定）.1996，1.26～33
一部引人注目的博士论文：兼谈古典文学微观与宏观并重的研究法/莫砺锋//古典文学知识（南京）.1996，1.96～102
中国古代"浪漫主义"文学质疑/康金声//北京大学学报.1996，3.110～112
中国古代伤悼文学的三大模式：悼祭文学主题片论/王立//求是学刊（哈尔滨）.1996，4.72～76
"雅"、"俗"观念自先秦至汉末衍变及其文学意义/于迎春//文学评论（北京）.1996，3.119～128
论文学的独立和自觉非自魏晋始/张少康//北京大学学报.1996，2.75～81
《佛本生经》与故事文学母题/侯传文//东方丛刊（桂林）.1996，1.188～201
试论中国古代经典派文学传统及其历史意义/张弢//山西大学学报（太原）.1996，3.17～23
扭曲的映象：古典小说戏曲中的性意识/张苌//郑州大学学报.1996，2.89～95
隐逸人格精神与中国古代艺术美追求/徐清泉//学术月刊（上海）.1996，6.91～97
儒家思想与中国文艺的现实主义/朱恩彬//文艺研究（北京）.1996，3.27～38
幻灭与悲怨：中国古代诗人心态探幽/郝朴宁//云南师范大学学报（昆明）.1996，3.30～35
论中国古代诗人的读者意识/樊宝英//华中师大学报（武昌）.1996，4.102～107
作家参政初探/赵建国//河北学刊（石家庄）.1996，2.58～61
从边缘到中心：词、曲、小说的文体变迁与知识分子话语转型/张荣翼//中国社会科学（北京）.1996，2.148～161
论中国古代文学的悲怨情结/金声//山西大学学报（太原）.1996，1.24～28
家内遇仙：凡人遇仙的主干/周俐//淮阴师专学报.1996，2.13～16
中国古典文学中两种审美意象与人生追求比较/王立//重庆师院学报.1996，1.56～63
意象与言语世界：关于文学形象基础的中西比较思考/黄正平//上海大学学报.1996，3.75～81
"云雨"意象探源/杨兴华//求索（长沙）.1996，3.98～101
简论中国古代人物类型理论/荆溪，李松扬//辽宁师范大学学报（大连）.1996，5.44～46
忠奸斗争与古代复仇文学主题二论/王立//东北师大学报（长春）.1996，5.74～80
对古代文学中女性作为理想载体现象的思考/张稔穰、楚爱华//济宁师专学报.1996，12.44～48
谈古典文学女性形象的阴柔美/乐萃//广西社会科学（南宁）.1996，1.105～108
阅读女人三章：中国古典文学中的女性形象/邹平//上海大学学报.1996，3.69～74
古代通俗文学"义不容情"母题初论/王立//济宁师专学报.1996，12.49～53
原侠/李浩//西北大学学报（西安）.1996，1.21～24
山林是炼剑磨砺之所：仙隐文化与古代侠文学主题/王立//通俗文学评论（武汉）.1996，1.31～37
侠与酒气狂敌精神：中国古代侠文学主题片论/王立//通俗文学评论（武汉）.1996，3.102～113
游侠三大模式与武侠四大功能/韩云波//通俗文学评论（武汉）.1996，1.23～30

旅游　目游　神游：山水旅游文学试论/陶新民//河北大学学报（保定）.1996，3.39～43

游民、游民文化与游民文学（上）（下）/王学泰//文史知识（北京）.1996，11.10～15；12.10～18

"中国古代文学研究的回顾与前瞻研讨会"综述/陶慕宁//文学评论（北京）.1997，1.153～159

中国古代文学研究现状的衡估与思考/葛晓音//文学评论（北京）.1997，4.93～110

"世纪之交：中国古代文学研究的回顾与前瞻研讨会"综述/李时人//文学评论（北京）.1997，5.42～53

四海一家　华夷同风：古代文学一统观与民族观的交织/李炳海//社会科学战线（长春）.1997，1.101～111

当前古典文学研究中存在的问题/陈友康//宁夏大学学报（银川）.1997，1.79～85

中国古典文学研究现状之我见/王筱芸//文学遗产（北京）.1997，5.20～24

"古代文学研究方法论"五人谈/詹福瑞…//文艺研究（北京）.1997，3.103～112

中国文学发展的历史轨迹/余荩//杭州大学学报.1997，2.95～100

中国古代文学价值观的政治伦理特征/墨白//中国文学研究（长沙）.1997，4.15～20

论文学与文化：兼析对中国古代文学进行文化分析的必要性/王齐洲//湖北大学学报（武汉）.1997，6.22～27

从古代文学实际寻找接受方法的话语/朱堂锦//文艺理论研究（上海）.1997，5.81～87

文化遗产研究要端正思想和方法/郭豫适//文艺理论研究（上海）.1997，6.2～6

中国古代文学中的人道主义思想/许金榜//东岳论丛（济南）.1997，5.93～98

世纪之交的回顾与展望：四博士笔谈中国古代文学研究/郭明志//北方论丛（哈尔滨）.1997，1.1～7

人与自然的文学话题/张强//北方论丛（哈尔滨）.1997，6.35～39

中国文学：由古典走向现代/朱德发//文学评论（北京）.1997，5.10～22

从数量结构看传统文学的形式美/吴慧颖//求索（长沙）.1997，2.98～102

古典艺术与古典主义/邹华//求是学刊（哈尔滨）.1997，5.85～89

论古代雅、俗文学的互补与交融/董上德//中山大学学报（广州）.1997，2.106～111

中国古代文化的雅俗之争及其启示/樊美筠//学术月刊（上海）.1997，5.17～22

从"仁"与"兼爱"的差异看中国古代文学中儒显墨微的原因/施明智//学术月刊（上海）.1997，5.68～75

试论东西方文学中生存与死亡的二元对立/郑仁霞//社会科学家（桂林）.1997，1.67～73

论中国古代文学的审美特征/旸谷//内蒙古社会科学（呼和浩特）.1997，4.83～88

中国传统文化的审美倾向/聂振斌//文艺研究（北京）.1997，6.4～13

现代化过程中的学术演进：论二十世纪对中国传统文学的三次价值重估/赵敏俐//江海学刊（南京）.1997，2.142～150

昂扬奋进的主旋律：古代文学入世进取主题论略/张新科//唐都学刊（西安）.1997，4.49～52

科举制度下贬官文学的三种形态/王少军//宁夏大学学报（银川）.1997，2.63～67

论中国抒情作品中的"抒情者"与"抒情人物"/朱迪光//理论与创作（长沙）.1997，5.13～18

中外文学"复古运动"比较论/张应松//云南师范大学学报（昆明）.1997，2.54～59

中国古典文学中的丰都鬼城与但丁《神曲》的亡灵世界之比较/邓阿宁//重庆师院学报.1997，4.55～61

从中西文学现象的比较看"意识公式"的原型阐释功能/张杰//武汉大学学报.1997，1.88～93

谈中外"画中人"的形神关系/周均美//中国比较文学（上海）.1997，2.61～70

论中西方爱情悲剧结局的文化蕴涵和美学意义/陈爱敏//外国文学研究（武汉）.1997，3.64～66

从野史的角度看：文本解读的一种视角/敬文东//当代作家评论（沈阳）.1997，6.101～111

法国汉学之一瞥（上、下）/钱林森，齐红伟//古典文学知识（南京）.1997，4.117～123；5.116～123

中国文学传统中的焦虑主题/傅瑾//东方丛刊（桂林）.1997，1～2.93～112

城乡差异与心灵冲突：试析中国古代文学城乡冲突

主题/周晓琳//四川师范学院（南充）.1997，1.14~20

"状元策"论略："官人文学"研究之一/陈选公//郑州大学学报.1997，6.56~65

中西方文学女性形象意义探微/王芳//内蒙古大学学报（呼和浩特）.1997，3.67~72

从古代文学作品中四个女性的爱情追求看现代性爱的发展/岳淑珍//河南师范大学学报（新乡）.1997，4.65~69

中国古代小说作家的审美思想/曹萌//复旦学报（上海）.1997，5.74~78

中国古代文人群体人格的变异：从《世说新语》到《儒林外史》/宁稼雨//南开学报（天津）.1997，3.30~39

关注古代作家的心态研究/宁宗一//文学遗产（北京）.1997，5.4~9

从儒家思想论屈陶杜苏的相通境界/胡晓明//安徽师范大学学报（芜湖）.1997，1.60~68

论文士不遇/刘周堂//中国文学研究（长沙）.1997，1.7~12

受英语世界青睐的中国古代女诗人/黄鸣奋//文艺报（北京）.1997，1.2④

中国古代文学侠特征的异变及启示/阿忠荣//青海师范大学学报（西宁）.1997，3.66~71

诗　词

古典诗歌接受史研究刍议/陈文忠//文学评论（北京）.1996，5.128~137

诗词鉴赏的再创造与多元化/许山河//吉首大学学报.1996，1.33~38，69

中国古典诗歌的民族精神/李达五/吉首大学学报.1996，2.56~61

模糊化与古典诗歌/张海鸥//广东社会科学（广州）.1996，6.117~121

论中国古典诗歌体式的流变/魏洪丘//上饶师专学报.1996，1.50~56

四言诗与五言诗的句法结构与语言功能比较研究/赵敏俐/中州学刊（郑州）.1996，3.87~92

山意象与人生理性及古代诗艺综论/刘竹//云南师范大学学报（昆明）.1996，3.36~44

山水文化意象的生成及其演进/刘振中//东岳论丛（济南）.1996，2.101~105

论诗的通感美/许莉萍//湖州师专学报.1996，1.39~43

贫于一字：古典诗歌的一项创作经验/赵红娟//湖州师专学报.1996，2.37~42

古代诗歌"思乡"情结的人生意蕴/孙维城//江汉论坛（武汉）.1996，8.43~46

词的本质特征与词的起源：词学研究两个基本理论问题的阐释/刘尊明，王兆鹏//文学评论（北京）.1996，5.120~127

表现与再现的消长互补：中国诗歌发展史上的一种规律/钱志熙//文学遗产（北京）.1996，1.4~12

中国韵文的传播方式及其体制变迁/王小盾//中国社会科学（北京）.1996，1.141~160

论汉语的"韵律词"/冯胜利//中国社会科学（北京）.1996，1.161~176

月是故乡明：论中国古代乡情诗/马冀//内蒙古大学学报（呼和浩特）.1996，6.76~81

七言诗渊源辑考/跃进/河北大学学报（保定）.1996，3.44~48

传统文人抒情模式的困境与诗的复兴/李之舟//贵州社会科学（贵阳）.1996，6.68~72

从求"真"到求"美"的诗歌嬗变/张劲//贵州社会科学（贵阳）.1996，6.61~67

略论古典诗词中的象征性意象/华桂金//新疆大学学报（乌鲁木齐）.1996，4.77~80

咏史诗渊源的探讨暨咏史诗内涵之界定/雷恩海//贵州社会科学（贵阳）.1996，4.70~74

试论古代咏史诗/李士龙//学习与探索（哈尔滨）.1996，6.123~127

评中国古代亲情诗/林方直//阴山学刊（包头市）.1996，1.6~13

中国古典诗词中的伤春意识/陈坤，李纯明…//阴山学刊（包头）.1996，3.8~13，36

诗歌起源新探/刘为钦//华中师大学报（武昌）.1996，2.46~49

论玄理诗/张海明//东方丛刊（桂林）.1996，3.164~186

"吴歌"、"西曲"文人拟作考/翁其斌//上海师范大学学报（哲社版）.1996，3.23~27

论古诗制题别序史/吴承学//文学遗产（北京）.1996，5.10~20

诗与禅/丁捷//郑州大学学报.1996，1.33~37

论谣谶与诗谶/吴承学//文学评论（北京）.1996，

2.102～112

玄学·玄谈·玄言诗/李文初//学术研究（广州）.1996，3.62～65

情系何处：中国古代文人情诗的文化剖视/仪平策，廖群//求是学刊（哈尔滨）.1996，6.75～79

对仗：中和之美的范型/贺建成//文艺研究（北京）.1996，5.48～54

试论诗思与外物的关系/于俊德//西北师大学报（兰州）.1996，6.5～8

许学夷《诗源辨体》评议/汪泓//江海学刊（南京）.1996，2.158～162

《千家诗》七言绝句校议/刘永翔//华东师范大学学报（上海）.1996，6.22～30

汉语文学语言特征的独到发现：读《汉语现象论丛》的体会/童庆炳//文史知识（北京）.1996，8.100～107

天上人间：词的时空表现/〔日〕户仓英美著，曹旭译//古典文学知识（南京）.1996，1.119～127；5.117～122

中国古代无史诗公案求解/程相占//文史哲（济南）.1996，5.59～63

略论中国古代诗歌的民族性特征：中国分体文学史（诗歌卷）·绪论/李伯齐//聊城师院学报.1996，4.93～99

古典诗歌声律美及其现代价值的探索：兼评孟祥鲁著《中国诗歌声律学》/倪志云//东岳论丛（济南）.1996，2.106～109

山水诗兴起原因新探/木公//湖南师大学院（长沙）.1996，4.100～102

生死悲情与山水诗文/张文初//求索（长沙）.1996，3.94～97

古代山水诗与旅游的双向影响/章尚正//绥化师专学报.1996，4.30～34

自然美与人性美谐趣略论山水诗词的美学价值/戚露荷//山西师大学报（临汾）.1996，2.59～61

中国古代儿童诗浅探/高帆//东北师大学报（长春）.1996，3.66～71

古典诗歌的无理而妙/刘银光//名作欣赏（太原）.1996，1.19～22，18

作者得于心，览者会以意：谈中国古典诗的“自得”说/周若金，樊宝英//齐鲁学刊（曲阜）.1997，2.27～30

中国的歌词诗/王学仲//齐鲁学刊（曲阜）.1997，2.11～14

中国古典诗歌中的感知失真描写/刘卫英//重庆师院学报.1997，2.37～41

关于中国古典散文诗/郭风//福建文学（福州）.1997，6.8～12

中国古代诗歌的内在结构/孙绿江//兰州大学学报.1997，1.93～98

中国诗文化的裂变与认同：兼论传统诗词与现代新诗的辩证关系/陈良运//晋阳学刊（太原）.1997，1.64～70

中国古诗词“为美人以怨王孙”文学现象成因探析/施国良//浙江社会科学（杭州）.1997，6.119～122

夕阳芳草寻常物　解颐都作绝妙词：咏物诗漫议/刘银光//名作欣赏（太原）.1997，1.110～118

中国散文诗是古已有之，还是舶来品/黄思源//中国比较文学（上海）.1997，4.126～130

思维与想象：兼谈中国古典诗/张世英//北京大学学报.1997，5.113～120

诗与非诗：中国古代诗学关于诗的独立性与依存性关系初探/张瑞德//郑州大学学报.1997，1.85～91

论中国古代意象诗的价值取向/吴晟//人文杂志（西安）.1997，5.95～100

中国诗歌文化研究刍议/李善奎//济宁师专学报.1997，4.22～26，43

中国古代诗歌的道德价值/李善奎，柴会金/济宁师专学报.1997，1.42～47

咏史：个性抒情在时间上的扩张：中古咏史诗抒情分析/胡大雷//广西师范大学学报（桂林）.1997，1.31～37

论咏史诗的寄托/孙立//中山大学学报（广州）.1997，1.86～93

中国古典诗歌形式之语言底蕴/申小龙//学术交流（哈尔滨）.1997，4.98～101

论古典诗歌审美的纵向比较/陈宝玉//福建师范大学学报（福州）.1997，4.47～53

“窗”、“牖”：主客体审美关系调控的中介/邱建国，张丽萍//齐齐哈尔师范学院学报.1997，6.47～49

中国古典诗歌内在结构之变迁：兼论“诗中有画”问题/鲍鹏山//文史哲（济南）.1997，3.69～74

论中国诗画结合的美学特征/王子怡//美术学研究（武汉）.第一集（1997年8月），23～37
若即若离殊途同归：中国传统诗、书、画关系碎谈/叶坦//北京师范大学学报.1997，4.37～43
中国古代的题画诗与赏乐诗/卞良君//延边大学学报（延吉）.1997，4.114～118
“诗中画”与原始思维/徐炼//广东社会科学（广州）.1997，3.106～112
“诗中有画”的贫困：“右丞妙于诗，故画意有馀”/刘德谦//社会科学家（桂林）.1997，4.53～56
略论朦胧情感的象征：兼谈山水诗画的含义/严孚良//江西社会科学（南昌）.1997，8.41～44
“诗中有画”管识/孙子威//美术学研究（武汉）.第一集（1997年8月），14～18
论诗与禅的互渗/杨雍中//西北大学学报（西安）.1997，3.14～17
山水审美的“天人合一”境界/高建新//内蒙古大学学报（呼和浩特）.1997，6.60～66
论士大夫词之悲情/胡涛//齐鲁学刊（曲阜）.1997，6.88～93
儒家“思无邪”论与古代讽刺诗真美观/陈华//安徽大学学报（合肥）.1997，6.83～89
古代游览诗试论/周桂琴//中国人民大学学报（北京）.1997，2.101～104
论乐府古题《燕歌行》的发展演变/江艳华//云南师范大学学报（昆明）.1997，4.13～19
边塞诗探源/王开元//新疆大学学报（乌鲁木齐）.1997，4.83～86
试论古体诗词创作的新颖性/谭锦华//社会科学家（桂林）.1997，1.61～66
游仙诗死亡再生母题/李永平//陕西师范大学学报（西安）.1997，4.138～142
论开山创派的任氏散曲学/杨栋//扬州大学学报.1997，3.22～27
论《贺新郎》词/邓元煊//四川师范大学学报（成都）.1997，4.36～41
边塞文人的疆场情怀/李炳海//古典文学知识（南京）.1997，6.54～63
从死亡学层面看中国古代诗哲薄人事厚自然的审美襟怀/张文初//郑州大学学报.1997，3.78～86
一轮明月启情思/阮忠//华中师范大学学报（武昌）.1997，1.104～109
花香、酒醇、诗意浓：花文化二探/王瑛珞//唐都学刊（西安）.1997，1.68～71
桃花文化与中国女性、中国文人/廖开顺//怀化师专学报.1997，3.297～301
女性诗歌：一条渐宽的河流：中国女性诗歌概观/王珂//名作欣赏（太原）.1997，5.101～114
试论古代女子诗词作品中的苦闷情结/吴秀华//河北学刊（石家庄）.1997，5.83～86
诗歌建构意识的演进/仲文//内蒙古社会科学（呼和浩特）.1997，4.76～82
古代诗词中的数词艺术/邱昌员//赣南师范学院学报（赣州）.1997，1.58～62
诗歌对偶艺术综论/孙光萱//上海大学学报.1997，2.69～73
试论七律的定型与成熟/韩成武//河北大学学报（保定）.1997，1.41～48
格律诗的节奏刍议/胡安顺//陕西师范大学学报（西安）.1997，3.145～149
论打油诗的文体起源、特征及价值/王珂//通俗文学评论（武汉）.1997，3.109～115
“声与诗”之我见/陈少松//学术月刊（上海）.1997，12.20～27
中国古典诗歌研究在俄国/（俄）李福清//文学遗产（北京）.1997，6.103～114
英语世界中国先秦至南北朝诗歌之传播/黄鸣奋//贵州社会科学（贵阳）.1997，2.50～55
中英古典民歌比较研究/刘禹轩，宋学光等//齐鲁学刊（曲阜）.1997，3.87～90
从《论语》引出的对中西诗歌观念演进的几点感受/李炎//云南社会科学（昆明）.1997，5.88～94
论中国古典诗歌对日本俳句的影响/莫道才//广西社会科学（柳州）.1997，4.87～91
辞断意连得风流：英美意象派与中国古典诗歌意象组合之比较/朱祖林//安庆师院社会科学学报.1997，1.58～60
同质因素　异质血缘：意象在中外诗歌中的发展轨迹与生态考查/徐佳音//贵州民族学院学报.1997，1.55～57，83
诗歌意象的跨文化比较/张德明//中国比较文学（上海）.1997，2.36～60
中西爱情诗的比较研究/何功杰//安徽大学学报（合肥）.1997，3.39～44

"犹有一双知己目，绿于春水绿"：从日本文豪森鸥外的一首词谈起/陈生保//中国比较文学（上海）.1997，4.37~46

《文镜秘府论》对属论与日本汉诗学/卢盛江//江西师范大学学报（南昌）.1997，4.74~80

小　说

中国人思维模式对小说创作的束缚/夏真//宁波大学学报.1996，1.1~7

中国古典小说的谐俗倾向/廖可斌//浙江社会科学（杭州）.1996，1.86~89，31

试论中国古代小说物化载量的文化价值/王启忠//明清小说研究（南京）.1996，2.4~15

中国古代小说评点的文本价值/谭帆//学术月刊（上海）.1996，12.98~103

论我国古代长篇小说的创作：欣赏模式/傅惠生//华东师范大学学报（上海）.1996，1.53~59

论儒教是否为宗教及中国古代小说与宗教的关系/郭豫适//华东师范大学学报（上海）.1996，3.1~9，19

中国古代小说在朝鲜李朝/漆瑗，陈大康//华东师范大学学报（上海）.1996，4.74~80

中国古小说中的知识分子品格/陈辽//南通师专学报.1996，1.1~5

略论佛教哲学对中国古代通俗小说的影响（上）（下）./范军//通俗文学评论（武汉）.1997，1.16~22；2.12~18

中国古典小说人物创作的审美追求及成败得失/胡必健//安庆师院社会科学学报.1996，1.72~76

深沉的历史感：中国古典小说散论之一/叶桂桐//沈阳师范学院学报.1996，2.105~108

谈中国古小说中的范式/陈辽//社会科学研究（成都）.1996，1.98~102

中国叙事时间的还原研究（续）/杨义//河北师院学报(石家庄）.1996，3.13~25，53；4.56~67

中国古典小说的心理刻画艺术/周书文//南都学坛.1996，1.27~33

"诗"在中国古典长篇小说中的功能/李万钧//文史哲（济南）.1996，3.90~97

论中国古典小说中狐女形象的美学意蕴/王振星//济宁师专学报.1996，1.59~62，29

简论古典小说中的清官形象/黄立新//上海大学学报.1996，2.51~56

古代讽刺小说审美特征论/韩春萌//赣南师范学院学报.1996，1.53~57

话本的叙事对接受的关注与控制/涂秀虹//福建论坛（福州）.1996，2.1~4

总类　分类　子类　跨类：中国古代小说类型体系新说（注）/刘书成/甘肃社会科学（兰州）.1996，3.55~58

几部著名明清小说的妇女观/龚维英//社会科学家（桂林）.1996，3.43~48

论古代通俗小说中的"睡显真形"母题/王立//齐鲁学刊（曲阜）.1996，1.30~35

对"话本"理论的再审视：兼评增田涉《论"话本"的定义》/刘兴汉//社会科学战线（长春）.1996，4.186~192

传统中国的小说观念与宗教关怀/周策纵//文学遗产（北京）.1996，5.84~87

博物：前小说时代小说构成的文化选择/周建江//烟台大学学报.1996，3.20~24

在古代小说理论批评史上"以淫制淫"说的提出与实践/刘书成//西北师大学报（兰州）.1996，4.50~56

论儒学价值观对古代小说的影响/王平//学习与探索（哈尔滨）.1996，4.112~116

试论古代章回小说中的"重叠式"结构/张瑜//湖州师专学报.1996，1.44~49，72

梦中受孕与水中受孕：古代小说里的奇异受孕简说/周俐//明清小说研究（南京）.1996，4.39~47

陈平原的小说史研究/吴晓东//当代作家评论（沈阳）.1996，3.81~86

中国古代小说中的诗文融合传统/郭杰//学术研究（广州）.1997，7.69~74

论中国古小说中人物性格的演变/陈辽//东岳论丛（济南）.1997，3.65~69

中国古典小说叙事结构"以三为法"的文化意识/郑铁生//明清小说研究（南京）.1997，1.195~202

中国叙事结构的还原研究/杨义//社会科学战线（长春）.1997，6.92~98

中国古代小说叙事模式的文化内涵及功能/刘书成//西北师大学报（兰州）.1997，3.7~13

用历史眼光看中国古典小说/（英国）杜德桥//文

学遗产（北京）.1997，3.93～97

中国古代小说“三复情节”的流变及其美学意义/杜贵晨//齐鲁学刊（曲阜）.1997，5.8～13

中国古代小说文化内涵模糊性探源/刘书成//西北师大学报（兰州）.1997，6.1～7

《中国通俗小说总目提要》补遗/陈益源//明清小说研究（南京）.1997，2.238～243

传奇的世界：中国古代小说创作模式研究之一/陈惠琴//明清小说研究（南京）.1997，1.90～101

对我国小说史中两个问题的思考/刘兴汉//东北师大学报（长春）.1997，3.61～67

中国古代小说叙述者简析/于德山//江海学刊（南京）.1997，5.168～174

论章回小说的人格探索/宋克夫//湖北大学学报（武汉）.1997，2.37～42

古代小说中妇女命运的文化透视/谢真元//重庆师院学报.1997，1.16～24

“因果报应”观念与中国话本小说/刘兴汉//吉林大学社会科学学报（长春）.1997，5.28～33

释道“转世”、“谪世”观念与中国古代小说结构/孙逊//文学遗产（北京）.1997，4.69～77

二十世纪中国古典小说戏曲研究的回顾与前瞻/许建平//河北师范学院学报（石家庄）.1997，3.96～102

在韩国中国古典小说的传入与研究/闵宽东//明清小说研究（南京）.1997，4.60～74

古代数字“三”的观念与小说的“三复”情节/杜贵晨//文学遗产（北京）.1997，1.109～111

无独有偶，妙趣天成：《一千零一夜》与中国章回体小说之比较/葛铁鹰//国外文学（北京）.1997，1.100～104

掘藏：从民俗到小说/刘勇强//文学遗产（北京）.1997，6.76～85

从《酉阳杂俎》看神怪小说的真谛/欧阳健//明清小说研究（南京）.1997，4.97～106

中国古代小说续衍承传现象及其文化意蕴：中国古代小说续书文化景观概览/杨子怡//韩山师范学院学报（潮州）.1997，1.29～37，46

略论中国佛教的伦理化及其对小说“劝惩”论的影响/范军//通俗文学评论（武汉）.1997，3.122～128

论古代小说中的悭吝人形象/沈新林//南京师范大学学报.1997，1.97～101

小说意境管见/古原//宁德师专学报.1997，2.62～66

古典小说研究三十年概说/许建平//苏州大学学报.1997，2.79～81

一个兼备文体学与叙事学意义的学术建构/董上德//中国社会科学（北京）.1997，5.194～197

古典小说中妖女、神女形象的透视/赵冬梅//黑龙江教育学院学报（哈尔滨）.1997，1.63～65

史传文学与中国古代小说/郭丹//明清小说研究（南京）.1997，4.80～87

两种小说观念和对唐前小说作品的再思考/薛洪勣，王汝梅//明清小说研究（南京）.1997，4.7～18

散　文

中国散文与中国小说/陈平原//当代作家评论（沈阳）.1996，3.67～74

古代散文的借鉴意义/史继忠//贵州师范大学学报（贵阳）.1996，4.37～40

景存人去　感旧伤怀：传统悼祭文学中的感物伤情模式/王立//古典文学知识（南京）.1996，1.65～73

中国古代的文史关系：史传文学概论/李少雍//文学遗产（北京）.1996，2.4～17

从古史及“四史”看史传文学的发展/李少雍//文学评论（北京）.1996，4.17～27

一种摇曳多姿的文学样式：谈古代自传文/章尚正//文史知识（北京）.1996，3.10～15

《全上古三代秦汉三国六朝文》征误/王利器//文学评论（北京）.1996，2.98～102

中国古代寓言述论/干天全//四川大学学报（成都）.1996，4.54～59

声律与情境：中古辞赋诗化论/许结//江汉论坛（武汉）.1996，1.69～72

宫体赋初探/张丽//齐鲁学刊（曲阜）.1996，6.68～71

赋法思维的发生学研究/刘怀荣//东方丛刊（桂林）.1996，3.147～163

骈文的形成与鼎盛/于景祥//文学评论（北京）.1996，6.121～131

关于骈文研究的若干问题/谭家健//文学评论（北京）.1996，3.110～118

试说“荒诞散文”/郭风//解放日报.1996，10.15⑨

古代散文的审美观与文体观/章明寿//淮阴师专学报.1997，2.27~30

古代散文的研究范围与音乐标界的分野模式/杨庆存//文学遗产（北京）.1997，6.5~16

文学与非文学的交织：论中国古代散文的文体特征/刘振娅//广西教育学院学报.1997，3.13~17

尺牍文略论/邓绍基，李玫//山西师大学报（临汾）.1997，1.36~39

笔记文的本色及其流变/郑宪春//中国文学研究（长沙）.1997，1.13~18

刍论古代笔记中的训诂/陈焕良//学术研究（广州）.1997，12.72~76

以人为中心：中国古代史学与史传文学的共性特质/郭丹//福建师范大学学报（福州）.1997，2.69~74

史书论赞与史传文学/郭丹//中州学刊（郑州）.1997，3.89~93，101

理性的思索和情感的倾注：读朱东润先生史传文学随想/傅璇琮//文学遗产（北京）.1997，5.103~109

中国古代传记文学略论/韩兆琦//北京师范大学学报.1997，4.13~20

赋体艺术构成浅论/程德和//安徽大学学报（合肥）.1997，5.38~41

以诗为文：骈文文体诗化特征论/莫道才//广西师范大学学报（桂林）.1997，2.72~77

骈散三论/丁景祥//广西师范大学学报（桂林）.1997，2.66~71

解读、欣赏骈体文的关键和方法/尹恭弘//古典文学知识（南京）.1997，1.23~32

骈文杂论：兼与谭家健先生商榷/杨东甫//广西师院学报（南宁）.1997，3.44~51，76

骈文与诗、赋相互影响的两点思考/吴在庆//宁德师专学报.1997，1.24~28

戏　剧

中国戏剧美学与道家思想/姚文放//齐鲁学刊（曲阜）.1996，5.4~10

中国古典戏剧学的历史分期与理论框架/赵山林//华东师范大学学报（上海）.1996，5.70~75

中国戏曲创作多梦的心理透视/林荣芹//南京师大学报.1996，2.109~111

冲突　结构　语言：中国古代戏曲鉴赏丛谈/何绵山//宁德师专学报.1996，2.52~55

佛教影响中国古代戏剧内容论略/徐振贵，徐文凯//济宁师专学报.1996，3.63~66

温州杂剧与中国古典戏曲/周先慎//文史知识（北京）.1996，10.19~25

幻觉与意境：谈中西戏剧传统的剧场经验/周宁//文艺研究（北京）.1996，3.84~89

中国古典喜剧的鉴别标准/周国雄//学术月刊（上海）.1996，7.49~53

中西戏剧文化精神论纲/彭亚静//戏剧文学（长春）.1997，11.41~45，53

实身虚尾：论中国古典悲剧结构形态/祝红//戏剧文学（长春）.1997，12.64~68

中国古典悲剧二题/郑传寅//武汉大学学报.1997，6.88~95

中国戏曲晚熟的原因新探：兼评古典文学研究中的“经济决定论”/郑传寅//文艺研究（北京）.1997，1.64~73

中国古代鬼魂戏曲特征四题/许祥麟//戏剧（北京）.1997，1.100~107

中国古典戏剧中女性爱情观的现代嬗变/贾若骥//青海师范大学学报（西宁）.1997，3.72~76

论中国古典戏剧的“虚”与“实”/吴帼屏//中国文学研究（长沙）.1997，2.52~57

平民的慰藉：试论中国古典悲剧的风格形成/顾颖//安徽大学学报（合肥）.1997，2.84~87

探寻古老昆剧的生命活力/郭宇//戏剧艺术（上海）.1997，2.106~112

中国传奇喜剧英雄生成考辨：牛皋、程咬金、焦廷贵/罗书华//明清小说研究（南京）.1997，3.110~117

论中国戏曲的乐本体：兼评“剧诗”说/施旭升//戏剧艺术（上海）.1997，2.93~105

论我国古代俳优的讽谏艺术/李晓云//青海师范大学学报（西宁）.1997，1.80~84

明清戏曲演艺论/叶长海//扬州大学学报.1997，5.51~58

宋元小唱考：兼析扬州清曲起源说的一种错误/车锡伦//扬州大学学报.1997，2.38~41

金院本补考/赵山林//文学遗产（北京）.1997，5.117~119

波多野太郎及其中国戏曲研究/蒋星煜//河北学刊（石家庄）.1997，3.50~55

悲剧接受论纲/吴涤非//戏剧（北京）.1997，1.65~70

仪式、游戏和戏剧：对戏剧精神的原初考察/蹇河沿//戏剧（北京）.1997，1.58~64

试谈帝王与戏曲/靳大径//戏剧文学（长春）.1997，11.35~40

星轺日记对中国戏剧发展进程的影响/孙宜学//中国比较文学（上海）.1997，4.108~116

我们比王国维多走了多远：二十世纪中国古典戏曲研究随想/郭英德//文艺报（北京）.1997，10.23②

先 秦 文 学

总 论

先秦比兴鸟瞰/蒋力余//湘潭大学学报.1996，1.51~56

秦汉时期女作家的创作与中国文学史发轫的思考/王晓雯，沈立东//淮阴师专学报.1996，2.1~4

论“汉家威仪”的美学意蕴/钟仕伦//西北师大学报（兰州）.1996，3.32~35

先秦“比德”说与中国古代美学精神/张永昊//临沂师专学报.1996，5.34~37

由早熟到辉煌的文化史路：先秦文史哲互摄中的文学建构/赵明//社会科学战线（长春）.1996，5.147~155

略论先秦审美心理学思想的发展/翁银陶//中州学刊（郑州）.1997，1.105~111

楚文学略论/蔡靖泉//中华文化论坛（成都）.1997，2.52~56

中国文学与日本中古前期文学/夏传才//贵州文史丛刊（贵阳）.1997，2.9~14

先秦言意论述评/李英霞//佳木斯教育学院学报.1997，4.21~24

诗歌、散文、小说、寓言

中华千秋诗酒缘：先秦时期的诗与酒/刘扬忠//古典文学知识（南京）.1996，6.37~42

周初史诗与贵族传统/张树国//北方论丛（哈尔滨）.1996，5.50~54

先秦辞赋发微/王晓鹂//西北师大学报（兰州）.1997，2.18~22

论先秦两汉民歌的叙事特征/程相占//学术月刊（上海）.1997，7.72~76

试论先秦小说观念/陆林//安徽大学学报（合肥）.1996，6.10~16

先秦两汉小说和古代的神仙方术/柳岳梅//上海师范大学学报.1997，4.99~104

从言辞到文章从直书到叙事：秦汉散文论稿之一/陈平原//文学遗产（北京）.1996，4.4~15

勇于开拓，潜心研究的结晶/孙绿怡//文学遗产（北京）.1996，5.116~118

百家争鸣与诸子遗风：秦汉散文论稿之二/陈平原//文学遗产（北京）.1997，5.25~33

试析诸子散文中的寓言群落结构/高玉海//沈阳师范学院学报.1996，2.97~101

论先秦寓言的喜剧美特征/何宗美//广西师范大学学报（桂林）.1996，4.84~90

诸子散文中寓言群落成因初探/高玉海//沈阳师范学院学报.1997，1.1~4

《诗 经》

论《诗经》的忧患意识/曲家源//湖南师大学报（长沙）.1996，1.60~65

绵绵烽火边关情：《诗经》边塞诗简论/邓启华//思茅师专学报.1996，1.28~33

体备文武的周代贵族士人与《诗经》、《左传》的战争描写/李炳海//中州学刊（郑州）.1996，1.107~112

《诗经》歧义的分析/向熹//河北师院学报（石家庄）.1996，2.70~80

打开先民心灵之门的绿钥匙：试论在《诗经》中作为时空转换机关的植物包含的原始文化意蕴/冯欣//西北师大学报（兰州）.1996，2.22~25

《诗经》树喻母题的抽样考察：桑园和男女秘事/公炎冰，魏耕原//陕西师范大学学报（西安）.1996，2.42~47

“思无邪”与“郑声淫”：淫邪世界中的圣者话语/程世和//东方丛刊（桂林）.1996，2.139~152

《诗经》：中国第一部大史诗/刘蕻//福建论坛（福州）.1996，2.5~8

《诗经》“德音”考辨/刘运兴//聊城师院学报.1996，2.90~92

《诗经》的意象经营/王树芳//湖州师专学报.1996，

2.24～29

《诗经》为寺人所作吗/杨浩亮//文艺研究（北京）.1996，3.155～157

《诗》入乐与《汉书·艺文志》中的诗观念/汪祚民//安徽师大学报（芜湖）.1996，3.301～306

论《诗经》中情歌的内容美/段楚英//孝感师专学报.1996，3.37～43

周人的“敬德”思想与《诗经》/王洲明//河北师院学报.1996，3.34～38，77

《诗经》比兴意象的生成机制及其文化内蕴/王贵生//西北师大学报（兰州）.1996，3.1～5

试论《诗经》中的卜筮/邓裕华//广州师院学报.1996，3.16～22

《诗经》“薄”、“薄言”索隐钩沉/牛申那//郑州大学学报.1996，4.89～91

论《诗经》中的生命观和生命主题/钱志熙//浙江社会科学（杭州）.1996，5.83～88

诗经新释（一）（二）（三）/罗英风//韩山师范学院学报（潮洲）.1996，4.14～19；1997，1.23～28；4.27～34

《诗经》赋、比、兴的美学真谛/杨仲义//湘潭大学学报.1997，1.27～30

《诗经》中“水”意象之探源/苏昕//晋阳学刊（太原）.1997，1.71～76

论《诗经》的抒情特色/王延海//辽宁大学学报（沈阳）.1997，2.80～84

论《诗经》“风”的概念形成及其理念志向（上）（下）/〔日〕粟原圭介，李寅生译//贵州文史丛刊（贵阳）.1997，2.15～21；3.54～59

《诗经》与《万叶集》中采草采薪的巫俗底蕴/王巍//民间文学论坛（成都）.1997，2.73～78

从《诗经》看周人农业文化型的生命节奏特征/方勇//河北大学学报（保定）.1997，2.7～11

周公：《诗经》最初始的编纂者/刘阳仁//怀化师专学报.1997，2.155～161

从《诗经》看周代“人”的审美观念/边家珍//河南大学学报（开封）.1997，3.1～4

《诗经》抒情艺术的审美特征/李子广//内蒙古师大学报（呼和浩特）.1997，3.90～97

《诗经》美学论/毛宣国//中国文学研究（长沙）.1997，3.7～14

《诗经》试探三题/王立//阴山学刊（包头）.1997，3.11～16

试谈孔子以双重标准论郑诗/罗章//西南师范大学学报（重庆）.1997，3.69～72

《诗经》编者新说/许廷桂//重庆师院学报.1997，4.23～31，54

《诗经》风、雅、颂新论/庄严//求索（长沙）.1997，4.89～94

论以礼说《诗》与以诗说《诗》/陈成国//湖南师范大学学报（长沙）.1997，4.99～105

关于《诗经》的用历与《诗经》的断代问题/蒋南华//贵州社会科学（贵阳）.1997，4.63～67

《诗经》之伦理观/吴培德//云南师范大学学报（昆明）.1997，4.6～12

论《诗经》的文化品格/王洲明//文史哲（济南）.1997，4.48～54

试论周诗发展轨迹/甫之//辽宁大学学报（沈阳）.1997，4.11～16

试论“兴”的概念归属/阎诚//内蒙古大学学报（呼和浩特）.1997，6.67～70

《诗经》臆语二则/华锋//河南大学学报（开封）.1997，6.20～23

《诗经》所载上古婚嫁时令的文化内涵/郜林涛//晋阳学刊（太原）.1997，6.64～67

穿越《诗经》的画廊/王开林//百花洲（南昌）.1997，6.171～181

《诗经》之于亚洲汉文学/王晓平//天津师大学报.1997，6.56～64

关于《国风》是否民歌的讨论/鲁生//重庆师院学报.1996，2.34～38

锐意求新的《诗经·郑风》/邱永山//延安大学学报.1996，2.46～50

《魏风·伐檀》的文化释义：“彼君子兮，不素粲兮”说/周蒙//求是学刊（哈尔滨）.1996，6.71～74

为中国第一大诗人姬旦正名：从《豳风》看周公诗境/方正己//中州学刊（郑州）.1996，5.91～97

小雅怨诗探：《诗经》政治诗研究之四/周东晖//新疆师大学报.1996，3.36～41

人神斗争：文化英雄的悲剧：《大雅·生民》新解/王钟陵//求是学刊（哈尔滨）.1996，1.89～91

从西周礼制改革看《诗经·周颂》的演变/（美）夏含夷//河北师院学报（石家庄）.1996，3.26～33

文化合力作用的“国风”恋爱史/蒋文燕//名作欣赏（太原）.1997，5.116～119
《关雎》与古代婚礼重别论/黄维华//铁道师院学报（苏州）.1997，5.15～20
《诗经·关雎》结构臆说/焦正安//淮阴师专学报.1997，1.66～67
雎鸠与《关雎》兴语之意义探究/陈泓，章璐//青海师范大学学报（西宁）.1997，4.68～72
《邶风·新台》新论/刘士林//河南师范大学学报（新乡）.1997，6.68～72
《葛屦》是一首爱情诗/倪祥保//苏州大学学报.1997，2.75～77，89
《诗经·唐风》二则/张建军//贵州文史丛刊（贵阳）.1997，1.63～66，69
从《东山》、《生民》等谈《诗经》的浪漫主义/周生//甘肃社会科学（兰州）.1997，6.44～45
《诗经·豳风·九罭》新解/李运富//孝感师专学报.1997，4.6～8
《诗经·小雅·鱼丽》篇发微/韩高年//西北师大学报（兰州）.1997，6.8～10
《诗·小雅·都人士》名物新诠/扬之水//文学遗产（北京）.1997，2.51～58
论二雅的政治抒情诗/陈戌国//中国文学研究（长沙）.1997，2.24～34
周初《大武》乐章用诗三首考/李山，申少峰//河北师范学院学报（石家庄）.1997，1.88～92
《鲁颂》：颂僖公图复周公之业，争伯诸侯也/郭令原//甘肃社会科学（兰州）.1997，2.73～76
国之大事　在祀与戎：读《诗经·商颂》刘蕻//福建师范大学学报（福州）.1997，2.88～92

论《诗经》的编集与《雅》诗的分为“小”、“大”两部份/赵逵夫//河北师院学报（石家庄）.1996，1.74～84，90
第二届《诗经》国际学术研讨会述评/鲁洪生//河北师院学报（石家庄）.1996，1.85～90
竟陵派的诗经学：兼谈对钟惺的评价/〔日〕村山吉广著，傅丽英译//河北学刊（石家庄）.1996，1.54～59
对于“赋诗言志”现象的历史考察兼论《诗经》的编集和演变/水渭松//东方丛刊（桂林）.1996，2.153～166
姚际恒对朱子《诗集传》的批评/（台）林庆彰//河北师院学报（石家庄）.1996，2.81～85
经学：中国封建社会的主流意识形态/董运庭//重庆师院学报.1996，3.3～12
文学文本、历史文本及其他：“五四”以来《诗经》与诗学研究的几点质疑/陆学明//社会科学战线（长春）.1996，4.23～31
西方《诗经》学的形成与发展/王丽娜//河北师院学报（石家庄）.1996，4.47～52
成伯玙与《毛诗指说》之研究/侯美珍//河北学刊（石家庄）.1997，2.61～65
悉信亦非　不信亦非：《诗经》学几个关键的再考察/董运庭//重庆师院学报.1997，2.49～58
略论国外《诗经》研究的发展/夏传才//河北师范学院学报（石家庄）.1997，2.70～77
《列女传》引《诗》考/〔日〕田中和夫著，李寅生译//河北师范学院学报（石家庄）.1997，2.78～82
现代诗经学的发展与展望/夏传才//文学遗产（北京）.1997，3.98～107
两汉《诗》学史札记三则/董治安//河北师范学院学报（石家庄）.1997，4.43～48
《诗经》和《圣经》比较论纲/张立新//上饶师专学报.1997，4.6～12
从《凯风》蒙耻看《诗序》流弊/林方直//内蒙古大学学报（呼和浩特）.1997，4.78～83
民国初年的反《诗序》运动/林庆彰//贵州文史丛刊（贵阳）.1997，5.1～12

《周　易》

《周易》和中国诗歌的内在机制/潘世秀，王志明//兰州教育学院学报.1996，1.25～32
易传美学阴阳刚柔论/王明君//文艺理论研究（上海）.1996，2.21～27
从《周易》中可辑出中国最古的哲理诗集/洪迪//台州师专学报.1997，1.29～36
浅说《周易》卦爻辞爱情歌谣的特色/刘成梁//贵州师范大学学报（贵阳）.1997，1.55～57
《易》的解释学特性及其对文学阐释的方法论启示/张杰//中国文学研究（长沙）.1997，1.19～23
宗白华先生的周易美学研究/王明居//安徽师范大学学报（芜湖）.1997，1.44～50
《易经》卦爻辞的诗性阐释：中国古代诗歌之起源/陈良运//人文杂志（西安）.1997，3.106～112
从《周易》卦爻辞中的文学因素看《周易》在我国

文学史上的地位/朱德魁//贵州民族学院学报（贵阳）.1997，3.48～50

《左　传》

论《左传》梦描写的文学作用/龚宏//绥化师专学报.1996，1.39～42

试论《左传》歌谣的政治功能/陈鹏程，牟永福//兰州学刊.1996，4.57～60

论《左传》作者叙事写人的家族意识/白显鹏//齐鲁学刊（曲阜）.1996，4.100～103

《左传》与两汉经学/郭丹//福建师范大学学报（福州）.1997，1.58～64

论《左传》家族层面的叙事写人/白显鹏//内蒙古师大学报（呼和浩特）.1997，3.98～104

《左传》的实录美管窥/韩晖//广西师范大学学报（桂林）.1997，4.62～66

《左传》用《诗》初探/孔慧云//郑州大学学报.1997，4.98～102

论《左传》文本的史诗性整一/刘立文//北方论丛（哈尔滨）.1997，5.74～78

《晏子春秋》

《晏子春秋》的成书时间与思想特征/毛曦，李仙娥//人文杂志（西安）.1997，6.77～81

论晏子的言辩艺术/章沧授//中国文学研究（长沙）.1997，3.15～18

《战　国　策》

《战国策》对后世小说的影响/郑杰文//东岳论丛（济南）.1997，3.70～73

《战国策》的刚健文气/郑杰文//文史哲（济南）.1997，4.55～59

《山　海　经》

《山海经》与原始社会研究：神话乎？历史乎/张箭//社会科学研究（成都）.1996，2.108～113

物占神话：原始物占与神话的实用化：《山海经》研究之一/赵沛霖//社会科学战线（长春）.1996，3.72～79

中国神话的分类与“山海经”的文献价值/赵沛霖//文艺研究（北京）.1997，1.96～105

从《山海经》看神怪观念的起源/欧阳健//上海师范大学学报（哲社版）.1997，1.89～94

从祖先崇拜和楚俗看《山海经》作者的族别/杨兴华//赣南师范学院学报（赣州）.1997，1.41～44

论现阶段《山海经》研究/胡远鹏//淮阴师专学报.1997，2.13～18

《山海经》的神话思维结构/赵建军//淮阴师专学报.1997，2.19～23

孔　子

试论孔子神话思想的内在矛盾/赵沛霖//中州学刊（郑州）.1996，1.103～106，91

两位文化巨人　两种文学传统：孔子与柏拉图的文艺观/何文祯//河北大学学报（保定）.1996，1.41～50

论孔子文学鉴赏论的嬗变与功过/徐应佩//南通师专学报.1996，2.1～6

试论孔子的修辞美学思想/扬清//内蒙古大学学报（呼和浩特）.1996，2.34～41

漫议孔子的诗教/肖依新//广西社会科学（南宁）.1996，3.90～95

孔子删诗说考辨/王增文//河北师大学报（石家庄）.1996，4.70～74

孔子诗学的价值/蓝华增//云南社会科学（昆明）.1996，5.87～92

孔子审美实践的审视/熊良智//四川师范大学学报（成都）.1996，7.23～28

孔子与亚里士多德艺术：人格理论之比较/张博颖//西北师大学报（兰州）.1997，1.47～50

让心灵充满理性光辉：孔子诗学观念的文化学阐释/杨广敏//东方丛刊（桂林）.1997，1～2.45～58

孔子的功利诗学观及以情为教/钱钢//齐鲁学刊（曲阜）.1997，2.23～26

孔子与柏拉图美学思想比较研究/彭立勋//广东社会科学（广州）.1997，2.87～92

论孔子“思无邪”的本旨/踪凡//陕西师范大学学报（西安）.1997，2.94～99

孔子、柏拉图文艺思想比较研究三题/周平远//南昌大学学报.1997，3.67～72

孔子的入世精神与中国文人的忧患心态/严云受//安徽大学学报（合肥）.1997，4.1～7

论孔子的《诗》学观及其渊源/张启成//贵州文史丛刊（贵阳）.1997，6.17～21

《论　　语》

《论语》的文学语言/赵纯伟//文史知识（北京）.1996，7.64～68

名之必可言也，言之必可行也：《论语》语言逻辑魅力论析/张冠湘//佳木斯教育学院学报.

1997，1.27～45

《论语》的文学史意义/单承彬//齐鲁学刊（曲阜）.1997，5.4～7

老子

先驱的悲歌与史哲的覃思：试论从变雅到老子思想的贯通与演进/冷卫国//齐鲁学刊（曲阜）.1997，3.60～64，71

论老子"道法自然"说的美学内涵及意义/薪青万，赵国乾//郑州大学学报.1997，5.32～38

老子"大音希声"说新解/戈晓毅//江海学刊（南京）.1997，6.166～168

孟子

孟子"迹熄《诗》亡"说学术价值重诂/刘怀荣//齐鲁学刊（曲阜）.1996，1.63～65

试论孟子的阳刚美/刘竹//云南师范大学学报（昆阳）.1996，5.77～80

孟子的美学思想与散文特色/颜建华//贵州师范大学学报（贵阳）.1997，2.76～78

墨子

试论墨子的文艺美学思想/杨太//辽宁大学学报（沈阳）.1997，2.58～61

墨子与帝王天命神话/赵沛霖//文学遗产（北京）.1997，3.8～16

评墨子"非乐论"美学思想/曾繁仁//文史哲（济南），1997.6.45～48，63

庄子

试论庄子的寓言世界/郑世明//河南大学学报（开封）.1996，1.22～26

试论庄子与屈原的悲剧意识形成基础/任玲//河南大学学报（开封）.1996，1.27～31

《庄子》的卮言与先秦祝酒辞/李炳海//社会科学战线（长春）.1996，1.191～196

老庄美学的直觉主义倾向/郝明大//辽宁大学学报（沈阳）.1996，1.48～51

庄子技艺美学思想及其现代意义/范玉刚//陕西师范大学学报（西安）.1996，1.91～96

重神的艺术追求：从庄学到易学/梁道礼//陕西师范大学学报（西安）.1996，1.97～100

试论庄子"无待"的神话学意义及其局限性/赵沛霖//南开学报（天津）.1996，2.56～62

反对自封闭主张思想开放：庄子思想探析/李回，曹军//丹东师专学报.1996，2.46～51

庄子的"虚静"说与胡塞尔的"现象学还原"说的比较/陈震//中山大学研究生学刊（广州）.1996，2.22～25

诗意的沉思哲学的诗化：庄周屈原比较论/赵明//齐鲁学刊（曲阜）.1996，3.4～10，27

试论庄子寓言个性/张琦，张炳成//兰州大学学报.1996，4.93～96

从东海神木传说到庄子的鲲鹏扶摇意象/朱任飞//学习与探索（哈尔滨）.1996，5.117～121

本体论庄子和海德格尔的美学思想/徐良//西北师大学报（兰州）.1996，6.20～23

虚而遨游与驶向赫利孔山：论古今诗人对《庄子》不系之舟原型的运用与增殖/王次梅//东北师大学报（长春）.1996，6.75～98

论庄子的诗意与审美的死亡观/颜翔林//江海学刊（南京）.1996，6.144～149

庄子与德里达：浪迹虚无的大道行/胡继华//东方丛刊（桂林）.1996，4.1～24

庄子的美学思想与先秦历史文化语境/李建盛//东方丛刊（桂林）.1996，1.101～113

从"逍遥游"到"知北游"/夏当英//安徽大学学报（合肥）.1997，1.30～33

语言：筌蹄与家园：庄子言意之辨的现代观照/李贵，周裕锴//四川师范大学学报（成都）.1997，1.64～70

重估庄子在中国美学史上的地位：兼评李泽厚"儒道互补"说/方然//河南师范大学学报（新乡）.1997，1.56～60

大海、海神崇拜和《庄子·秋水》寓言/朱任飞/求是学刊（哈尔滨）.1997，1.76～79

庄蝶之梦与浑沌之死：《庄子》"物化"、"气变"论解析/陈洪//苏州大学学报.1997，1.66～71

解庄的金钥匙：《庄子》"三言"论/高树海//河北师范大学学报（石家庄）.1997，1.87～90，108

《庄》、《韩》文学异同论/刘松来//江西师范大学学报（南昌）.1997，2.34～38

《庄子》的审美意识刍议/蔡靖泉//上海大学学报.1997，2.49～55

"游"与庄子诗学的主体精神/刘可钦//南京大学学报.1997，2.95～100，125

庄子与中国启蒙文学源流/赵稀方//南京大学学报.1997，3.144～152

海德格尔与庄子艺术论之比较/汪洪章//徐州师范

大学学报.1997，3.97~103

《庄子》的审美意义:道与美的共生与统一/石晓宁//求是学刊（哈尔滨）.1997，3.68~71

论庄子的生存心态/成其圣//天津师大学报.1997，3.55~61

《逍遥游》臆解/李英霞//牡丹江师范学院学报.1997，3.51~54

《庄子口义》的注庄特色/杨黛//中国文学研究（长沙）.1997，4.21~26

从人生境界到审美境界:庄子天人之学的美学精神/陈德礼//青海师范大学学报(西宁).1997,4.62~67

论庄子的讽刺艺术/李明珠//安徽教育学院学报（合肥）.1997，4.51~54

历史 文化 审美：庄子哲学和美学理解的当代视域/李建盛//求索（长沙）.1997，4.75~81

汉代的《庄子》研究与《庄子》影响/葛亮//天津师大学报.1997，5.51~54，59

雷神崇拜和《庄子》寓言/朱任飞//北方论丛（哈尔滨）.1997，5.68~73

灵幻的梦想与苍凉的现实：上古神话与《庄子》寓言有关鸟意象的文化考察/朱任飞//东北师大学报（长春）.1997，6.57~64

相逢于道路：庄子与海德格尔诗学比较/何芳//北方论丛（哈尔滨）.1997，6.40~46

北方神话对《庄》、《骚》浪漫特色的影响/刘项，王延双//北方论丛（哈尔滨）.1997，6.47~50

从政治哲学到诗意美学："老庄"比较视域中的庄子美学思想/李建盛//东方丛刊（桂林）.1997，3.123~142

庄子寓言的哲学思辨与文化意蕴例释/刘戈//怀化师专学报.1997，3.292~296

《楚 辞》

《楚辞》成书之思考/王宏理//杭州大学学报.1996，1.42~51

"楚辞"的特征和对屈原精神的评价/潘啸龙//安徽师大学报（芜湖）.1996，2.172~175

楚辞研究的回顾与展望/江林昌//文史哲（济南）.1996，2.61~66

世纪末：楚辞学研究方法的当代反思：兼论林河、萧兵、毛庆等人的三种阐释倾向/梅琼林//贵州教育学院学报（贵阳）.1996，2.23~30

楚辞诗体三源论/黄宗浩//孝感师专学报.1996，3.43~47

司马迁所读之《招魂》是《大招》吗?:《招魂》研究再商榷之一/李春芳//山西师大学报（临汾）.1996，3.34~38，48

楚辞和魏晋文学/黄震云//贵州社会科学（贵阳）.1996，5.62~70

《渔父》三题/周小龙//江海学刊（南京）.1996，6.150~153

论楚辞的消亡/夏太生//东北师大学报（长春）.1997，1.67~70

古代楚辞文化阐释的二元性倾向/梅琼林//中南民族学院学报（武汉）.1997，1.94~97

《远游》考辩/力之//安徽教育学院学报（合肥）.1997，3.40~42，60

《楚辞》楚语楚声说质疑/杨捷//沈阳师范学院学报.1997，3.7~12

关于楚辞研究的对象审视与历史回顾：楚辞研究一百年/周建忠//贵州社会科学（贵阳）.1997，5.70~75

20世纪楚辞研究的第一个高潮：《楚辞研究一百年》之二/周健忠//中州学刊（郑州）.1997，5.97~101

《九思》三题/夏太生//北方论丛（哈尔滨）.1997，5.79~82

屈 原

屈原被放汉北云梦任掌梦之职考/赵逵夫//北京社会科学.1996，1.32~36

徘徊于神灵与心灵之间：谈《九歌》的创作心态和情感表现/王朝晖，张慧//文史知识（北京）.1996，1.92~96

《九歌·东君》与古代救日习俗/张树国//中州学刊（郑州）.1996，1.112~115

泣血为诗 千古绝唱:《耶利米哀歌》与《哀郢》比较/林文琛//宁波大学学报.1996，1.29~34

屈原《天问》四题/张怀荣//西北大学学报（西安）.1996，2.75~78

《离骚》系巫术过程之纪事/陈桐生//东方丛刊（桂林）.1996，2.228~239

简论屈原的艺术想象及变态心理/苏昕//山西大学学报（太原）.1996，2.53~57

从屈原与浮士德求索意向比较看中西文化精神异同/潘立勇//东方丛刊（桂林）.1996，2.72~90

屈原的一统思想和美政理想（上）（下）/赵逵夫//甘肃社会科学（兰州）.1996，2～3.65～68；59～62
《九歌》“司命”探原/国光红//贵州教育学院学报（贵阳）.1996，3.30～34，70
《离骚》在中国和世界文学史上的地位与对新诗发展的启迪/赵逵夫//西北师大学报（兰州）.1996，3.8～13
浅析《离骚》中的若干问题/关序华//中南民族学院学报（武汉）.1996，3.91～95，108
楚辞《九歌》、《九章》与“巴”地民歌之比较/周晓春//民间文学论坛（北京）.1996，4.49～53
屈原自杀的文化心理根源/吴龙辉//湖南师大学报（长沙）.1996，4.103～105
屈原卒年新考/赵逵夫//贵州社会科学（贵阳）.1996，4.25～28
屈原生年之“谜”/程嘉哲//北京社会科学.1996，4.79～86
《楚辞》九章桔颂篇的真正意义/〔日〕石川三佐男著，王欣译//河北学刊（石家庄）.1996，5.71～76
宋代“离骚”释义考察/陈建梁//江汉论坛（武汉）.1996，5.61～64
论屈原早期创作特色：屈骚的情思·艺术方式·风格发展轨迹之一、之二、之三/戴志钧//北方论丛（哈尔滨）.1996，5.55～60；1997，4.68～76；1997，6.105～109
屈原与中国文人的悲剧性/周宪//文学遗产（北京）.1996，5.32～41
《天问》宇宙神话的考古印证和文化阐释/江林昌//文学遗产（北京）.1996，5.21～31
“上下求索”：一个祭祀的模式/过常宝//文学遗产（北京）.1996，6.16～23
屈原音乐美学思想试探/王纪刚//南京社会科学.1996，12.49～56
《离骚》比兴形态早于《诗经》/陈桐生//文艺研究（北京）.1996，6.154～156
探《涉江》、《哀郢》之作用、作地与作因：兼论《怀沙》和《悲回风》/陆天鹤，陆天华//贵州社会科学（贵阳）.1996，6.78～83
从《楚辞·天问》与《圣经·约伯记》的比较中想到的/韩高年//贵州社会科学（贵阳）.1996，2.79～84
论《离骚》的生命价值追求系统（续一）、（续二）、（续三）.骆寒超/名作欣赏（太原）.1997，1.60～65；2.59～65；3.117～121
试论《离骚传》的文化走向及其历史成因/熊良智//四川师范大学学报（成都）.1997，2.64～74
屈原诗歌的悲剧美/林明华//中国文学研究（长沙）.1997，2.35～40
论《离骚》浪漫主义的巫文化特征/程继红//上饶师专学报.1997，2.43～48
屈原《九歌·山鬼》诗意新解/江中云//信阳师范学院学报.1997，3.72～75
屈原、李白诗歌抒情艺术异同论/周小龙//南京师大学报.1997，3.122～125
论“岁星纪年”及屈原生命之研究/潘啸龙//安徽师范大学学报（芜湖）.1997，3.317～325
论《离骚》的复线结构/徐耀明//中州学刊（郑州）.1997，3.102～107
枉了的三闾：元散曲中屈原评价的文化释读/孟祥荣//湖北三峡学院（宜昌）.1997，4.34～37
论屈原的遨游、流浪与庄子的逍遥游/董运庭//重庆师院学报.1997，4.32～41
忠奸之争与感士不遇：论屈原贾谊的意识倾向及其在贬谪文化史上的模式意义/尚永亮//社会科学战线（长春）.1997，4.90～97
庄跻暴郢及其与屈原作《哀郢》的关系/许富宏//安徽师范大学学报（芜湖）.1997，4.515～519
屈骚艺术特质发微：兼论屈原艺术思维的独创性/冷卫国//吉林大学社会科学学报（长春）.1997，4.80～84
《九歌》新论（三）、（四）、（五）、（六）、（七）、（八）/董震云//江海学刊（南京）.1997，1.68；2.169；3.111；4.26；5.163；6.37
竭忠诚以事君　伏清白以死直：屈原政治人格初探/黄颂，严亚明//天津师大学报.1997，5.32～36
赤诚爱国　情系人民：读屈原的《离骚》/陈琼光//广西社会科学（柳州）.1997，5.97～101
《离骚》的心灵史诗形态/杨义//文学遗产（北京）.1997，6.17～34
《招魂》：屈原魂归楚国论/周示//华中师范大学学报（武昌）.1997，6.102～105
试论历代屈原作品的读者/陶涛，黄建中//华中师

范大学学报（武昌）.1997，6.96～101

《天问》“舜服厥弟”节确诂/龚维英//中州学刊（郑州）.1997，1.112～113

宋 玉

论宋玉赋的纯文学化倾向/许洁//阴山学刊（包头）.1996，1.16～21，28

对宋玉及其作品的再评价/易小松//重庆师院学报.1996，2.39～47

丽词艳情有文绩 风流亦不失儒雅：也说宋玉文学贡献和历史地位/张廷银//中南民族学院学报（武汉）.1996，3.96～99

重评《九辩》/陈桐生//中州学刊（郑州）.1996，5.97～102

论宋玉《高唐》、《神戈》赋对柳永登临词及宋词的影响/孙维城//文学遗产（北京）.1996，5.62～69

荀 子

荀子《赋篇》的真伪问题及研究/张小平//江淮论坛（合肥）.1996，6.95～102

荀子“贵文”思想及其美学意义/陈泳超//江海学刊（南京）.1997，6.169～173

略论荀子的词义“说”、“辩”及其对后世训诂学的影响/李中生//中山大学学报（广州）.1997，5.131～138

《吕氏春秋》

《吕氏春秋》之论诗引诗与战国末期诗学的发展/董治安//文史哲（济南）.1996，2.39～45

两 汉 文 学

总 论

汉初文学思想的历史继承与转换/刘怀荣//东方论坛（青岛），1996，3.52～58

汉代道家思想的兴盛及其对文人的影响/于迎春//齐鲁学刊（曲阜）.1996，1.17～22

汉代小说观念的转变及其理论意义/张庆利//绥化师专学报.1996，4.26～29

汉代“小说家”考/李忠明//南京师大学报.1996，1.91～95

论神话在汉代传播的成因/张强//淮阴师专学报.1996，4.40～43

孤苦与逍遥：汉魏以来文士的一种心态/袁济喜，洪祖斌//社会科学家（桂林）.1997，6.42～49

汉初历史小说与戏曲创作的演化/朱恒夫//明清小说研究（南京）.1997，3.97～109

略论徐州汉代的宗教与文学/余明侠//江苏社会科学（南京）.1997，4.136～142

两汉散文艺术嬗变论/熊礼汇//武汉大学学报.1997，5.83～89

文化价值含量与汉代灶神话传说的演变/李立//孝感师专学报.1997，3.67～72

汉 赋

论汉代恋情赋/于浴贤//文史哲（济南）.1996，3.78～83

汉大赋重估：实用与审美的纠结/陈信凌//南昌大学学报.1996，9.101～106

汉赋山林描写的文化心理/刘昆庸//文学评论（北京）.1996，5.138～144

宣寄情志、联类己身：两汉骚体赋与文人不遇心态/马正学//甘肃社会科学（兰州）.1996，1.77～79

从说字诠音到赋学辨体/许结//古典文学知识（南京）.1997，3.115～122，105

汉大赋与儒学/刘周堂//江西社会科学（南昌）.1997，3.78～82

论汉大赋的空间世界/杨九诠//文学遗产（北京）.1997，1.17～24

论汉赋的结构/郜和意//福建论坛（福州）.1997，4.31～35

汉赋女性描写的思想倾向性/马亚平//青海师范大学学报（西宁）.1997，4.73～76

《神乌赋》初探/裘锡圭//文物（北京）.1997，1.52～58

尹湾汉简《神乌赋》研究/万光治//四川师范大学学报（成都）.1997，3.63～72

诗 歌

汉代诗歌初探/权五泽//中央民族大学学报（北京）.1996，3.62～65

汉武诗歌三题/汪祚民//安庆师院社会科学学报.1996，3.33～38

朝鲜古代汉诗总说/张伯伟//文学评论（北京）.1996，2.120～126

汉代诗歌与汉代人心态探究/李正春//福建论坛（福州）.1997，3.57～60

中古纪实性战争诗/胡大雷//古典文学知识（南京）.1997，5.59～66

《盘中诗》汉代说补证/跃进//河北师范学院学报（石家庄）.1997，3.94～95

汉乐府民歌

汉乐府诗文艺性质浅谈/钱志熙//古典文学知识（南京）.1996，1.53～57

汉乐府三题/于迎春//晋阳学刊（太原）.1996，5.77～79

析汉乐府民歌中的劳动妇女形象/石远忠//吉首大学学报.1996，1.70～71

汉乐府民歌《东门行》杂谈/张承鹄//贵州师范大学学报（贵阳）.1996，1.32～34

汉《郊祀歌》与谶纬之学/叶岗//文学评论（北京）.1996,4.39～45

汉代《郊祀歌十九章》的游仙长生主题/张宏//北京大学学报.1996，4.77～84

论汉乐府的文学思想及其理论价值/刘怀荣，苑秀丽//贵州文史丛刊（贵阳）.1997，3.67～70

汉乐府民歌叙事艺术探幽/张采芳//江西社会科学（南昌）.1997，10.59～64

汉乐府"采诗娱乐说"质疑：乐府采诗缘由浅探/洛保生//河北大学学报（保定）.1997，4.43～48

《孔雀东南飞》中家庭悲剧的心理析解/赵红娟//南京师大学报.1997，2.108～112

秦罗敷：汉代那最美的女子：我读《陌上桑》/杨志学//名作欣赏（太原）.1996，2.86～87

读《陌上桑》札记二则/金文伟//文史知识（北京）.1997，2.100～103

《古诗十九首》

历史的面影、诗苑的奇葩：浅谈《古诗十九首》/宋尔康//信阳师院学报.1996，3.70～74

意悲而远、惊心动魄：论《古诗十九首》的生命意识与生活态度/郭自虎//江汉论坛（武汉）.1996，4.18～20

论《古诗十九首》的抒情艺术/王建华//西北大学学报（西安）.1997，2.62～64，126

论《古诗十九首》的悲剧精神/吴大顺//怀化师专学报.1997，4.400～405

《古诗十九首》的孤独伤痛与汉末士人的生存焦虑/刘则鸣//内蒙古大学学报（呼和浩特）.1997，2.97～103

《古诗十九首》：涉江采芙蓉别解/李全祯、丁毅//牡丹江师范学院学报.1997，2.32～33

刘　邦

刘邦、朱元璋的两首诗/赵映林//古典文学知识（南京）.1996，4.64～67

贾　谊

兴怀抒愤的佳作：略说贾谊的《吊屈原赋》/颜建华//贵州教学学院学院（贵阳）.1996,4.57～59

司马相如、东方朔

漫谈卓文君与司马相如传奇故事的戏剧/魏朗//文史杂志（成都）.1996，5.36～37

刘　彻

人生、岁月、永恒价值：《秋风辞》与《雁丘词》对读/燕筠//名作欣赏（太原）.1996，2.98～100

美人迟暮怅秋风/张峰屹//古典文学知识（南京）.1997，3.25～28，19

司马迁与史记

论司马迁的政治理想国/党艺峰//渭南师专学报.1996，3.28～32

中西文化的异同与司马迁的人文观/王成军//陕西师范大学学报（西安）.1996，2.77～81

巫史子文化的承传与重构：司马迁历史哲学论纲/俞樟华//东方丛刊（桂林）.1996，1.76～100

论《史记》中的人文主义/张伟勋//渭南师专学报.1996，4.5～8，18

《史记》研究方法论管见/齐效赋//唐都学刊（西安）.1996，2.62～67

《史记》与我国古代小说/韩兆琦//渭南师专学报.1996，1.18～25

《史记》勘误七则/梁建邦//渭南师专学报.1996，2.14～18

悲剧英雄的心灵剖白：《报任安书》的美学价值简析/王连娣//齐齐哈尔师范学院学报.1996，5.36～37，51

试谈司马迁世界观的进步性/孙丽华//黑龙江教育学院学报（哈尔滨）.1997，4.68～69

司马迁：中华民族传统爱国主义精神的历史丰碑/曲哲，庄啸//渭南师专学报.1997，3.7～10

对司马迁的再认识/陈晓芬//华东师范大学学报（上海）.1997，5.82～87

司马迁"三不朽"的价值观/李彤//长沙电力学院社会科学学报.1997，2.98～101

关于司马迁"发愤说"的重新思考/党大恩等//渭

南师专学报 .1997，1.16～20

也谈司马迁的“成一家之言”/郑振邦，郑红娟//渭南师专学报 .1997，2.1～6

论司马迁悲剧思想/曹庆鸿//广西师范大学学报（桂林）.1997，4.67～72

司马迁的思维逻辑与《史记》的符号空间/齐效斌//陕西师范大学学报（西安）.1997，3.93～98

司马迁的学术倾向及其天人观略议/刘学智//陕西师范大学学报（西安）.1997，3.88～92

司马迁师承孔安国说考辨/陈桐生//学术研究（广州）.1997，5.52～56

20世纪的《史记》研究与文献价值（一）、（二）/张大可，郑之洪//渭南师专学报 .1997，3.1～6；4.9～17

从《史记》看司马迁的人生价值观/胡安莲，金荣权//信阳师范学院学报 .1997，3.76～79

《史记》的叙事话语：追求和创造整体艺术效果/纪丽真//烟台大学学报 .1997，4.51～56

《史记》人民性思想探微/王云林//淮阴师专学报 .1997，1.76～78

论《史记》取材于《诗》/陈桐生//韩山师范学院学报（潮州）.1997，4.35～40

从《史记》十二本记看司马迁的天人观/崔荣华//南通师专学报 .1997，2.38～41

《史记》人物性格论/肖振宇//齐齐哈尔师范学院学报 .1997，6.59～60

略论《史记》通变观与《易》道的关系/叶文举//安徽师范大学学报（芜湖）.1997，4.520～525

刘　向

委折入情、微婉善讽：读刘向《谏营昌陵疏》/武青山//名作欣赏（太原）.1996，4.61～64

刘向书与中国前小说的形态特征/戴红贤//四川师范大学学报（成都）.1997，1.119～125

扬　雄

扬雄文学思想新探/周悦//中国文学研究（长沙）.1997，3.19～24

扬雄箴文略论/张晓明//甘肃社会科学（兰州）.1997，5.56～57

班　固

班固生卒年新说/孙亭玉//长沙电力学院社会科学学报 .1997，2.102～104，110

试论经学对《汉书》文风的影响/辛福民//广州师院学报 .1997，1.17～21

论《幽通赋》与《答宾戏》/孙亭玉//长沙电力学院社会科学学报 .1997，4.83～85，100

张　衡

张衡赋的演变/李法惠//南都学坛 .1996，2.9～12

道德之旅：张衡的《思玄赋》（上）（下）/康达维//古典文学知识（南京）.1996，6.114～121；1997，1.123～128

赵　壹

汉代辞赋家赵壹/赵逵夫//古典文学知识（南京）.1997，5.80～84

蔡　琰

时代幽人　缥缈孤鸿：简论蔡琰/周昌梅//湖北大学学报（武汉）.1997，6.108～110

王　粲

魏晋之赋首　千古之至情：简析王粲《登楼赋》/李蔚会//名作欣赏（太原）.1996，5.109～112

王粲《登楼赋》文意发覆/易继贤//贵州教育学院学报（贵阳）.1996，3.24～29

魏晋南北朝文学

总　论

魏晋文学的人格生成/李建中//文学评论（北京）.1996，2.113～119

试论魏晋玄学言意论的美学特征/周增权//江淮论坛（合肥）.1996，2.98～103

魏晋玄学之祖/跃进//古典文学知识（南京）.1996，6.99～101

悲怆的美丽、死亡暗影里的魏晋风度：魏晋时代死亡意识论纲/陈太胜//东方丛刊（桂林）.1996，2.216～227

魏晋风度的人格内涵/周光庆//华中师大学报（武汉）.1996，4.96～101

从《诗赋略》到《文集录》：论两汉魏晋南北朝文学目录的发展/何新文//湖北大学学报（武汉）.1996，2.57～61

神奇幻想下美的象与境：论魏晋南北朝游仙诗歌的审美特质/马炳寿//广西师范大学学报（桂林）.1996，1.31～36

魏晋“杂诗”/钱志熙//文史知识（北京）.1996，2.9～15

论六朝咏物诗、宫体诗与山水诗之联系/王玫//齐

鲁学刊（曲阜）.1996，6.63～67
英雄与牧歌：魏晋四家论略/孟泽//湘潭大学学报.1996，4.60～64
简论反骈的历史嬗变/莫山洪//广西师范大学学报（桂林）.1996，1.37～41
宫体作家的骈文创作/阿忠荣//青海师范大学学报（西宁）.1996，2.79～84
六朝骈文的隶事用典/钟涛//文史知识（北京）.1996，8.95～99
汉魏六朝文体辨析观念的产生与发展/傅刚//文学遗产（北京）.1996，6.24～33
评吴功正著《六朝美学史》/霍松林//文学评论（北京）.1996，3.148～152
评《汉魏六朝道教与文学》/徐新平//湖南师大学报（长沙）.1996，4.125～126
永嘉东渡与中国文艺传流的蜕变/高小康//文学评论（北京）.1996，4.5～16
佛教言意观与南朝文论家的语言艺术论/马现诚//江汉论坛（武汉）.1996，8.47～49，7
佛教净土思想与南朝崇尚洁净文风/李炳海//江海学刊（南京）.1996，3.156～163
重评南朝宫体诗/马振霖//宁德师专学报.1996，4.34～41
尾声和前奏：太小谢、鲍照而外的南朝山水诗/朱新法//古典文学知识（南京）.1996，6.51～56
《西洲曲》：南朝乐府民歌的梦幻杰作：关于《西洲曲》的新审视和新结论/傅正谷//名作欣赏（太原）.1996，5.28～32
浅谈南北朝乐府民歌艺术风格的差异/胡春润//孝感师专学报.1996，2.50～53
永明文学研究断想/曹道衡//文学遗产（北京）.1996，6.117～119
刘宋年间士庶升降与诗人心态/魏娟莉//南昌大学学报.1996，9.118～121
梁代宫体诗人略考/詹福瑞//河北大学学报（保定）.1996，2.3～10
欲色异相与梁代宫体诗/许云和//文学评论(北京).1996,5.145～153
论齐梁文学新变的审美理想/〔新〕王力坚//齐鲁学刊（曲阜）.1996，3.11～17
齐梁文风的北传及余绪/周建江，田守勇//齐鲁学刊（曲阜）.1996，6.58～62
北朝民族融合与纪实型边塞诗/李炳海//民族文学研究（北京）.1996，1.37～42
北朝文人的临战心态及边塞诗的格调/李炳海//晋阳学刊（太原）.1996，1.65～70
魏晋南北朝文学国际学术研讨会综述/南中文//文学遗产（北京）.1996，2.125～126
魏晋人文精神流变形态与轨迹/高浦棠//陕西师范大学学报（西安）.1997，4.119～125
战乱中的兴盛与消沉：公元3—6世纪东西文化与文论比较/蒋晓丽，野草//求是学刊（哈尔滨）.1997，6.78～82
尚“清”与魏晋人物品鉴/高建新//内蒙古社会科学（呼和浩特）.1997，3.86～91
从人的觉醒到“文学的自觉”：论“文学的自觉”始于魏晋/李文初//文艺理论研究（上海）.1997，2.45～52
六朝新文学理论的先声：司马迁对魏晋南北朝文论影响三题/张新科//陕西师范大学学报（西安）.1997，2.88～94
魏晋时期的西王母传说以及产生背景/王青//南京师大学报.1997，3.117～121
魏晋小说中的儿童故事管窥/高玉海//辽宁大学学报（沈阳）.1997，2.72～74
论魏晋六朝赋的道家倾向/毕万忱//社会科学战线（长春）.1997，1.112～123
略论魏晋赋的创意/韩高年//甘肃社会科学(兰州）.1997，1.49～52
文学的摹拟与文学的自觉：魏晋六朝杂拟诗略论/俞灏敏//学术月刊（上海）.1997，2.80～84
玄学本体论与魏晋六朝诗学/张海明//文学评论（北京）.1997，2.141～151
中华千秋诗酒缘：汉魏六朝的诗与酒/刘扬志//古典文学知识（南京）.1997，1.52～57
走向裂变：透视魏晋南朝之“兴”/何旺生//安徽师范大学学报（芜湖）.1997，4.458～462
魏晋游宴诗文的演变与时代特征/胡中山//徐州师范大学学报.1997，4.103～107
晋宋寒人的崛起和文学的关系/徐国荣//上海师范大学学报.1997，3.50～55
论晋代骚体文学情感的世俗化/郭建勋//人文杂志（西安）.1997，5.101～105
晋代骚体文学的三大主题/郭建勋//中国文学研究（长沙）.1997，1.24～30
道家思想与两晋文学/李生龙//求索（长

沙）.1997，6.94～97

论西晋诗人的逆反式抒情/胡大雷//中州学刊（郑州）.1997，5.101～104

试论东晋文学的几个问题/曹道衡//社会科学战线（长春）.1997，2.135～142

东晋文学衍变的三个阶段/张可礼//古典文学知识（南京）.1997，6.3～20

东晋玄言入诗审美观照/李晓丹//广西师范大学学报（桂林）.1997，1.38～43

东晋玄言诗审美三题/钱钢//上海大学学报.1997，1.32～38

玄言诗的魅力及魅力的失落/胡大雷//文学遗产（北京）.1997，2.59～68

南北朝的交聘与文学/王琛//古典文学知识（南京）.1997，2.46～49

论中古文学生命主题的盛衰之变及其社会意识背景/钱志熙//文学遗产（北京）.1997，4.13～21

论南朝骚体文学艺术上的新变/郭建勋//湖南师范大学学报（长沙）.1997，3.81～86

再论我国"文学的自觉时代"："宋齐说"质疑/李文初//学术研究（广州）.1997，11.74～79

齐梁骈文的新变/周悦//中国文学研究（长沙）.1997，1.38～43

永明文学至宫体文学的嬗变与梁代前期文学状态/傅刚//社会科学战线（长春）.1997，3.118～126

历史、民族情结的回响：《木兰诗》、《敕勒歌》的文化本初/周建江//烟台大学学报.1997，4.46～50

论异型文化之合成品："竹林七贤"的意蕴与背景/范子烨//学习与探索（哈尔滨）.1997，2.114～119

试论"竟陵八友"文学集团的特点："竟陵八友"论之二/聂大受//甘肃社会科学（兰州）.1997，5.49～51

"竹林七贤"中其他玉贤对竹林精神的贡献/罗筠筠//甘肃社会科学（兰州）.1997，5.38～44

在道教与文学的契合点上：评张松辉《汉魏六朝道教与文学》/张德礼//中国文学研究（长沙）.1997，2.93～94

1994、1995年魏晋南北朝文学研究综述/张宏//广西社会科学（柳州）.1997，2.96～101

建安文学

颍川区域风习与建安文学/汪春泓//文艺理论研究（上海）.1996，6.81～86

论建安骚体文学的转换/郭建勋//北京师范大学学报.1996，3.60～66

论建安骚体文学转向个性化、抒情化的内因外缘/郭建勋//求索（长沙）.1996，2.95～100

建安诗歌形态论/吴怀东//安徽大学学报（合肥）.1996，2.79～82

闲话建安七子/李国文//文学自由谈（天津）.1996，2.39～48

三曹的文学变革之功/洛保生//文论报（石家庄），1996，12.15④

三曹诗歌中的生命主题/江艳华//云南师范大学学报（昆明）.1996，3.34～39

试论建安文人诗赋中女性的悲剧/秦俊香//河南师范大学学报（新乡）.1997，3.58～61

功业与精神的价值表现：漫谈建安风骨/赵荣栓//河南师范大学学报（新乡）.1997，5.62～64

曹　操

曹操生命价值得失浅探/李静//湖北大学学报（武汉）.1996，2.87～89

曹操文章的艺术特色/许善述//安庆师院社会科学学报.1996，1.77～80

佛心诗韵两相通：曹操诗风成因一解/左汉林//河北师大学报（石家庄）.1996，1.60～63

论曹操对原始儒学精神的诗化/孙明君//陕西师范大学学报（西安）.1996，2.48～54

天下意识的投射：曹操《观沧海》赏析/孙明君//文史知识（北京）.1996，2.30～32，38

曹操诗三题/涂光社//苏州大学学报.1997，2.67～70

曹　丕

曹丕文学批评中的对立统一思想/刘忠惠//牡丹江师范学院学报.1996，1.23～26

曹丕文学不朽的新意识及其"文章"、"文人"观念/于迎春//学术研究（广州）.1996，2.68～72

曹丕"文气"说溯源/张家钊//社会科学研究（成都）.1996，4.118～122

生命意义的追求：曹丕《大墙上蒿行》赏析/孙明君//古典文学知识（南京）.1996，2.29～33

对《典论、论文》的一大误解/张虎刚//天津师大

学报.1996，3.57～59

“子桓以下，纯乎魏响”：也谈曹丕诗风之变/许善述//安庆师院社会科学学报.1997，2.46～51

“建安风骨”不能涵盖曹丕诗风/平利斌//上饶师专学报.1997，1.62～66

曹 植

曹植与二朝文学/高飞卫，席军//延安大学学报.1996，4.71～74

曹植妇女题材诗歌评析/封如楼//苏州大学学报.1996，4.76～80

曹植的两首诗译析/王一心//名作欣赏（太原）.1996，2.61～64

《洛神赋》寓意管窥：兼谈曹植与甄后的暖昧关系/刘玉新//聊城师院学报.1996，1.87～93，86

《洛神赋》新探/顾农//贵州文史丛刊（贵阳）.1997，1.57～62

曹植游仙诗意蕴简析/徐明//河北学刊（石家庄）.1997，2.66～70

阮 籍

阮籍现象的文化意蕴/曹立波//求是学刊（哈尔滨）.1996，3.77～80

论阮籍、嵇康的骚体作品及其他/郭建勋//湖南师大学报（长沙）.1996，5.56～61

阮籍、嵇康游仙思想的审美透视/张振龙//信阳师院学报.1996，1.70～74

玄学 庄学化与阮嵇美学/汪裕雄//江海学刊（南京）.1996，2.152～157

阮籍政治思想新论/韩宁平//河南师范大学学报（新乡）.1997，3.39～43

悲喜怫郁、杂集于中：从《咏怀》看阮籍诗学意识/李耀南//安徽大学学报（合肥）.1997，2.88～91

从首阳山意象看阮籍对“首阳真美”的追求与迷失/李婕//宁夏教育学院、银川师专学报.1997，4.19～21

嵇 康

论嵇康的人格与人生审美境界/易先林/湖南师大学报（长沙）.//1996，2.106～110

嵇康其人其艺其学/罗筠筠//东方丛刊（桂林）.1996，1.202～222

嵇康之死/孟泽//古典文学知识（南京）.1996，2.71～78

含道独往舒翼太清：论嵇康游仙诗/张宏//文史杂志（成都）.1996，5.38～39

魏晋美学与魏晋文化：译《嵇康美学》和《狂与逸》及其他/游牧//杭州大学学报.1996，1.110～115

潘 岳

潘岳二题/苗健青//宁德师专学报.1996，4.28～33，46

潘岳：在超脱与沉沦之间/柏松//西南 师范大学学报（重庆）.1997，5.54～57

试论潘岳批评的视角转换/涧清//宁德师专学报.1997，2.38～41

论潘陆诗风/丁放，蒋梅梅//安徽教育学院学报（合肥）.1997，4.44～47

左 思

由自卑到超越的心灵历程：论左思的创作/张晓林//华中师大学报（武汉）.1996，1.124～128

左思《三都赋》及其辞赋观/冷卫国//西北师大学报（兰州）.1997，5.84～88

陆 机

陆机的思想及其诗歌/曹道衡//中国社会科学院研究生院学报（北京）.1996，1.60～66

论《文赋》体制方法创新及其历成因/钱志熙//求索（长沙）.1996，1.89～93

论陆机的修辞观/王伏生//淮阴师专学报.1997，1.91～95

试论陆机《文赋》之文化背景/毛庆//中州学刊（郑州）.1999，3.94～98

袭故而弥新：陆机《拟明月何皎皎》探析/王力坚//古典文学知识（南京）.1997，4.18～22

陆机与潘岳唱和诗中的论争/王建秋//古典文学知识（南京）.1997，1.103～106

葛洪

论葛洪的文艺美学思想/徐文明//文艺研究（北京）.1997，3.41～47

王羲之

再论王羲之对《兰亭集序》的著作权无可怀疑/钟来茵//江苏社会科学（南京）.1997，2.160～165

重新把握《兰亭集序》/陈友康//名作欣赏（太原）.1997，4.12～16

慧 远

庐山净土法门与晋宋之际的山水诗画/李炳海//江西社会科学（南昌）.1996，6.66～72

慧远同隐士的交游和他的山水诗文/何锡光//西南师范大学学报（重庆）.1997，6.81～84

陶渊明

论陶渊明的人生境界/赵治中//江西社会科学（南昌）.1996，5.55～59

简论陶渊明的"义利"观/胡日析//江西社会科学（南昌）.1996，3.37～39

隐遁和隐逸：陶渊明归隐的两个阶段/石选进//上饶师专学报.1996，5.47～49

建构人生的自然：从个性因素看陶渊明之归隐二题/裴登峰//青海师范大学学报（西宁）.1996，2.74～78

陶渊明之"隐"新说论谱/张驰//江西社会科学（南昌）.1996，5.60～64

陶渊明的爱好和抚无弦琴/王定璋//文史杂志（成都）.1996，6.40～41

陶渊明溪族论说/祝注先//中南民族学院学报（武汉）.1996，2.68～72

陶渊明和他的田园建构：兼论陶渊明的终极关怀及其现代属性/章海生//苏州大学学报.1996，3.57～60

陶渊明享年考辨/袁行霈//文学遗产（北京）.1996，1.22～25

崇陶现象与古代文人的自由观/周晓琳//四川师范学院学报（南充）.1996，1.1～6

试论陶渊明的"旷"与"真"/陈慧芳//上海师范大学学报.1996，2.92～95

玄学语境下的江州经学与陶渊明诗学的悲剧美学思想/杨乃乔//四川师范大学学报（成都）.1996，10.45～51

此中有真意、欲辨已忘言：论陶渊明田园诗对中国诗境的开拓/刘启云//江汉论坛（武汉）.1996，12.44～48

略谈陶渊明及其诗歌/曹庆鸿//牡丹江师范学院学报.1996，2.48～49

人品与诗风：读陶渊明诗札记之一/王成杰//贵州民族学院学报（贵阳）.1996，2.3～9

陶渊明《饮酒》二十首结构探微/孙绿江//贵州师范大学学报（贵阳）.1996，3.56～57，60

论陶渊明《饮酒》的美学风貌/韩文奇//甘肃社会科学（兰州）.1996，2.63～64

从阐释史看《饮酒·其五》的诗学意义：兼谈诗学研究的一种途径/陈文忠//东方丛刊（桂林）.1996，2.167～181

躬耕生活的真实记录：读陶渊明《乞食》/周建忠//古典文学知识（南京）.1996，4.32～33，31

群山连绵、后有奇峰：陶渊明谢灵运山水田园之作的前奏/朱新法//古典文学知识（南京）.1996，1.60～64

陶谢诗歌差异论/伍方南//杭州大学学报.1996，1.60～65

新探《桃花源记》原型/陈致远//求索（长沙）.1996，4.98～101

葛洪思想对《桃花源记》的影响/陈主旭//齐鲁学刊（曲阜）.1996，6.83～84

"桃花源"中何以有"桑"、"竹"、"酒"/姜淙伦//云南师范大学学报（昆明）.1996，5.81～84

《搜神后记》的作者是陶潜吗？/白广明//晋阳学刊（太原）.1996，2.59～61

陶潜赋论/郑明璋//临沂师专学报.1996，1.40～47

陶渊明的文艺思想/张可礼//文学遗产（北京）.1997，5.34～46

从"小国寡民"到"世外桃源"：浅论老庄思想对陶渊明的影响/郑广智//徐州师范大学学报.1997，3.64～67

老庄思想与陶渊明的生死观/姚蓉//长沙电力学院社会科学学报.1997，4.86～88，94

庄子思想与陶渊明的人生境界/张瑞君//西南师范大学学报（重庆）.1997，3.64～68

论陶渊明的生死观/洛保生//河北学刊（石家庄）.1997，1.60～64

试论陶诗的人格精神/李建中//华南师范大学学报（广州）.1997，6.76～82

陶渊明与东晋佛教/卫绍生//中州学刊（郑州）.1997，5.105～109

陶渊明五官三休的痛自忏悔/魏耕原//陕西师范大学学报（西安）.1997，4.126～132

知性与尽分：论陶渊明对自我的体认/戴建业//华中师范大学学报（武汉）.1997，1.98～103

"隐逸"新概念与亦隐非隐的陶渊明/高原//兰州大学学报.1997，2.97～103

陶渊明"不为五斗米折腰"辨/邹文生//中州学刊（郑州）.1997，3.99～101

陶渊明享年63岁说辨正/魏正申//江西社会科学（南昌）.1997，1.69～72

阅读陶渊明兼及诗人的排名问题/杨志学//名作欣赏（太原）.1997，3.37~42

陶渊明的创作动机与艺术情境/裴登峰//青海师范大学学报（西宁）.1997，1.74~79

论20世纪陶渊明诗文系年探讨的三次展拓/刘孟阳//江西社会科学（南昌）.1997，4.70~74

说不尽的陶渊明：试谈陶渊明及其诗文之魅力/曹庆鸿//牡丹江师范学院学报 .1997，2.27~29

真中求美，淡中见淳：对陶渊明诗的美学欣赏/黄宇鸿//齐齐哈尔师范学院学报 .1997，4.57~59

论陶渊明诗中的寄托/韦燕宁//广西民族学院学报（南宁）.1997，3.115~118

浅论陶渊明诗歌的感伤特征与审美价值/郝清菊//河南师范大学学报（新乡）.1997，5.65~67

陶渊明诗中的劳动美/丁三省//信阳师范学院学报 .1997，1.74~79

陶渊明《杂诗》诗歌意象结构管窥/祝菊贤//陕西师范大学学报（西安）.1997，4.133~137

生命自我与现实自我的纠葛与幻化：陶渊明《饮酒》诗七首意象结构探索/祝菊贤//西北大学学报（西安）.1997，2.45~48

"为渊明者，止于酒"：陶渊明《止酒诗》新解/张弢//文史知识（北京）.1997，2.119~122

窘迫之际、愈见其真：读陶渊明《乞食》/杨合林//古典文学知识（南京）.1997，5.29~31

陶渊明《岁暮和张常侍》赏析/蒋红梅//古典文学知识（南京）.1997，2.33~35

"闲情"自当属真情：论陶渊明《闲情赋》的人格意义/张廷银//学术交流（哈尔滨）.1997，1.101~105

春来偏是桃花水：试论《桃花源记》的幻灭意识/曹庆鸿，尹琳//牡丹江师范学院学报 .1997，4.27~28

《桃花源记并诗》疑义斠论/袁传璋//安徽师范大学学报（芜湖）.1997，2.201~208

陶渊明研究情况介绍/陈言//东方丛刊（桂林）.1997，1~2，279~297

近20年陶渊明研究综述/李华//江西社会科学（南昌）.1997，3.88~92

颜延之

论颜延之的文与赋/李宗长//贵州师范大学学报（贵阳）.1996，1.39~41

论颜诗"以用事为博"/谌东飚//求索（长沙）.1997，2.94~97

咏古人而已之怪情俱见/周溶泉//名作欣赏（太原）.1997，6.51~55

谢灵运

慧远的净土信仰与谢灵运的山水诗/李炳海//学术研究（广州）.1996，2.78~82

精雕细琢、穷形尽相：论谢灵运的山水诗/朱新法//江苏社会科学（南京）.1996，6.148~152

"选自然之神丽"：谢灵运山水诗之探讨/王力坚//广东社会科学（广州）.1996，1.100~105

新发现的谢灵运佚文及《建祖德诗》佚注/罗国成//辽宁大学学报（沈阳）.1996，3.84~87

病患意识与谢灵运的山水诗/陈桥生//文学遗产（北京）.1997，3.17~24

刘义庆

说说《世说新语》中的"人"、"人事"/蒋宗许//文史知识（北京）.1996，12.102~104

《世说新语》唐鸿学批注辑录/罗国威//四川大学学报（成都）.1996，1.72~76

《世说新语》与《浮生六记》/张蕊青//明清小说研究（南京）.1996，4.199~203

《世说新语》的文体特征及与清谈之关系/张海明//文学遗产（北京）.1997，1.25~36

玄学思想的全方位渗透/严艳//湖北三峡学院学报（宜昌）.1997，4.67~72

读《世说新语》札记二则/张海明//文史知识（北京）.1997，7.94~97

"艺兰玉树"及其家庭环境/王宏生//古典文学知识（南京）.1997，4.37~41，93

"拟盐"、"咏絮"漫议/吴承学//古典文学知识（南京）.1997，3.102~105

鲍 照

从鲍照乐府诗看复杂矛盾的心态/李宗长//江苏社会科学（南京）.1997，5.155~159

酌奇而不失其真、玩华而不坠其实：谈鲍照创作的奇丽特色/丁福林//古典文学知识（南京）.1997，1.58~65

谢 朓

论谢朓的山水诗/朱起予//苏州大学学报 .1996，2.35~40

优柔其人、深赡其情：说谢朓/朱新法//古典文学知识（南京）.1997，3.82~89

论家族传统对谢朓人生与诗歌创作之影响/李鹏飞//中国文学研究（长沙）.1997，1.31~37

刘 勰

刘勰的审美情感论/张晶//北方论丛（哈尔滨）.1996，1.59~61

刘勰以味论诗的理论构架/黄钢//新疆大学学报（乌鲁木齐）.1996，3.83~88

刘勰与琉善史学批评思想之比较/徐善伟//齐鲁学刊（曲阜）.1996，4.50~54

刘勰论文章的表达/赵兴明//河南师大学报（新乡）.1996，2.49~52

刘勰论晋赋二题/毕万忱//文学评论（北京）.1996，3.129~134

刘勰"心物交融说"寻源：兼论"比兴"/刘则鸣//内蒙古社会科学（呼和浩特）.1996，6.52~55

论刘勰的"语言枢机"论/王伏生//南通师专学报.1996，3.27~29

刘勰是个什么家/王更生//北京大学学报.1996，2.82~86

论《文心雕龙》的艺术成就/宣奉华//中国新闻学院学报（北京）.1996，1.37~39

关于《文心雕龙》的思想体系/顾农//天津师大学报.1996，2.57~62

《文心雕龙》思维方式论纲/罗立乾//临沂师专学报.1996，4.41~45

《文心》学断想/冯春田//临沂师专学报.1996，1.39

《文心雕龙·物色》意旨及次第新解/刘晟//临沂师专学报.1996，1.32~38

刘勰《文心雕龙》对意境理论形成发展的贡献/张少康//临沂师专学报.1996，5.29~33

《文心雕龙》隐秀篇与文学理论史上的地位/兴膳宏//北京大学学报.1996，9.92~97

《文心雕龙》"六观"说和文学作品的评析/黄维梁//北京大学学报.1996，3.70~75

论《文心雕龙》的哲学内蕴/宣奉华//中国新闻学院学报（北京）.1996，3.48~50

《文心雕龙》的圆美思想/黄金鹏//四川大学学报（成都）.1996，2.63~67

《文心雕龙》究竟是一部什么样的伟大巨著/周森甲//湘潭大学学报.1996，4.73~78

《文心雕龙》新解/吕永，吕斌//湘潭大学学报.1996，2.18~23

《文心雕龙》的诗学观/张启成//贵州社会科学（贵阳）.1996，6.73~77

《文心雕龙》与文笔之辨/王钦峰//东方丛刊（桂林）.1996，3.1~26

从汉赋的渊源及特征看《文心雕龙·诠赋》/辛保平//文史知识（北京）.1996，3.24~28

《文心雕龙·风骨》篇义析论/金床国//北京大学学报.1996，6.96~101

《文心雕龙·神思》中"博而能一"新释/张建利//西北大学学报（西安）.1996，4.1~3

从《神思》谈关于艺术想象的特点及运作条件/曹正文//广西社会科学（南宁）.1996，6.103~104

契合与相左：试说《文心雕龙》与玄学本体论/邵振国//光明日报（北京）.1996，2.29⑦

《文心雕龙》对《高僧传》之影响臆探/陈洪//南开学报（天津）.1996，1.67~70

刘勰的审美意象论/张晶//吉林大学社会科学学报（长春）.1997，1.19~25

互补与整合：论刘勰文学理论体系"内儒外道"人格类型的构成/杨乃乔//江海学刊（南京）.1997，1.138~144

文学创作中的自然与自然的文学创作：刘勰自然观论/苏文青//福建论坛（福州）.1997，6.18~28

刘勰悲剧及其文化意义/刘凌//临沂师专学报.1997，1.35~38

刘勰的形而上学批判与重建/杨飏//东方丛刊（桂林）.1997，3.79~92

刘勰修辞理论的现代价值/甘玉龙//南开学报（天津）.1997，5.37~44

刘勰晚年北归和浮来山定林寺的创建/苏兆庆//北京大学学报.1997，3.98~102

刘勰晚年是否北归东莞/张少康//北京大学学报.1997，3.93~97

刘勰的写作主体建构论/王雪菊//齐齐哈尔师范学院学报.1997，4.54~56

"中和"思想与刘勰的"折衷"说/戴旻棣//安徽师范大学学报（芜湖）.1997，2.247~250

刘勰的人格境界与《文心雕龙》的人格理论/李建中//学术月刊（上海）.1997，4.37~42

《文心雕龙》与刘勰的入仕观/项阳//内蒙古民族师

院学报（通辽）.1997，2.58～63

《文心雕龙》之道确诂：兼就有关方面与海德格尔哲学比较/杨飏//湖北三峡学院学报（宜昌）.1997，2.53～57

《文心雕龙》与六朝思想文化及文学艺术发展的关系/陶礼天//安徽师范大学学报（芜湖）.1997，4.449～457

再论《文心雕龙》和中国文化传统/张少康//求索（长沙）.1997，5.89～94

《文心雕龙》与佛教成实学/普慧//文史哲（济南）.1997，5.55～59

论《文心雕龙》的文体形式/刘昆庸//宁德师专学报.1997，2.32～37

还《文心雕龙》"写作学"专著之真面目：走出龙学研究的"文学理论"误区/潘新和//福建师范大学学报（福州）.1997，2.9～18

《荀子》对《文心雕龙》的影响/刘文忠//求索（长沙）.1997，1.101～106

《文心雕龙》与六朝审美心物观/陶礼天//文艺研究（北京）.1997，4.70～77

从审美关系的构成观照《文心雕龙·知音》/冯以宜//广西社会科学（柳州）.1997，5.111～114

《文心雕龙·夸饰》辨疑/张灯//河北大学学报（保定）.1997，3.52～56

《文心雕龙·诔碑》辨疑10则/张灯//临沂师专学报.1997，2.27～31

《文心雕龙·丽辞》辨疑/张灯//上海大学学报.1997，3.38～43

《文心雕龙·征圣》随笔/龙必锟//临沂师专学报.1997，4.24～25

《文心雕龙·原道》随笔/龙必锟//临沂师专学报.1997，5.24～26

刘勰的《文心雕龙·风骨篇》译析/王一心//名作欣赏（太原）.1997，6.65～69，85

营建一种自然的审美心境：试论刘勰《文心雕龙·养气》篇旨及其"气论"的美学史地位/邱运华//广东社会科学（广州）.1997，6.97～103

文心雕龙辨疑：《指瑕》七条/张灯//贵州文史丛刊（贵阳）.1997，4.41～45

"夸张声貌"例释辨/沈钢//台州师专学报.1997，4.21～22

"风骨"范畴的审美新质/王正//上海大学学报.1997，6.39～42

"物色"考辨/刘建国//苏州大学学报.1997,4.58～61

博见而贯一、剀切而厚重：译寇效信先生遗著《文心雕龙美学范畴研究》并兼及其他/郭德茂//陕西师范大学学报（西安）.1997，4.166～167

现代《文心雕龙》研究述评/涂光社//文学评论（北京）.1997，1.142～152

沈约

一代辞宗：齐梁之际文坛领袖沈约/陈庆元//辽宁大学学报.1996，3.92～96

沈约的事道及其仙道诗/陈庆元//古典文学知识（南京）.1996，5.52～58

沈约籍贯故里考/林家骊//杭州大学学报.1997，2.59～65

江淹

论江淹的拟古诗/陈德长//四川师范大学学报（成都）.1996，10.58～63

困惑与选择：从江淹诗赋作品看其宇宙人生观/颜健华//中国文学研究（长沙）.1997，4.27～31

《西洲曲》辨析/饶少平//文史知识（北京）.1997，2.83～87

何逊

何逊山水诗略论/王玫//厦门大学学报.1996，2.103～107

"东阁官梅动诗兴"：说何逊《咏早梅》诗/张忠纲//文史知识（北京）.1996，8.49～51

钟嵘

钟嵘的文学观念及诗学理想/曹旭//上海师范大学学报.1996，1.57～64

钟嵘与诗味/黄钢//新疆大学学报（乌鲁木齐）.1996，4.72～76

钟嵘《诗品》二题/谢文学//南都学坛.1996，1.46～49

从"文笔之辨"到重"文"轻"笔"：《诗品》扬谢抑颜原因新解/高华平//华中师大学报（武汉）.1996，1.117～123

钟嵘诗评观略论/刘晟//齐鲁学刊（曲阜）.1997，2.31～34

论钟嵘对四言诗的态度/陈应鸾//四川大学学报（成都）.1997，4.65～71

《诗品》所存疑难问题研究/曹旭//文学评论（北京）.1997，6.88～98

《诗品·齐鲍令晖齐韩兰英》笺证/〔香港〕黄嫣

梨//社会科学战线（长春）.1997，4.115~119
《诗品》溯源析流的美学原则与内涵/刘运好//安徽师范大学学报（芜湖）.1997，2.215~221

萧　统

试论《文选》所收陆机《挽歌》三首/傅刚//文学遗产（北京）.1996，1.36~41
关于《文选》中六篇作品的写作年代/曹道衡//文学遗产（北京）.1996，2.26~28
有关《文选》"苏李诗"若干问题的考察/跃进//文学遗产（北京）.1996，2.37~45
《文选》文体分类再议/穆克宏//江海学刊（南京）.1996，1.164~165
论《文选》的李善汪和五臣注/曹道衡//江海学刊（南京）.1996，2.144~151
伤逝：《文选》诗歌的时间模式/陶庆梅//江海学刊（南京）.1996，5.150~156
萧统与声律说：《文选》登录齐梁诗剖析/陈庆元//中州学刊（郑州）.1996，3.93~96
关于《文选》的篇目次第及文体分类/曹道衡//齐鲁学刊（曲阜）.1996，3.18~21
论《文选》"难"体/傅刚//浙江学刊（杭州）.1996，6.86~89
《文选》音乐赋创作程式与美学意蕴发微/刘志伟//西北师大学报（兰州）.1996，5.21~25
试论《文选》的编者问题/穆克宏//福建学刊（福州）.1996，1.74~77
《文选》对后世的影响/穆克宏//福建论坛（福州）.1996，3.76~80
浅议《文选》诗歌的语言特色/张和群//福建论坛（福州）.1996，4.64~65
论《文选》的"时义"观及唯美倾向/刘昆庸//福建论坛（福州）.1996，6.68~70
《文选》李善注引用《通俗文》评选/段书伟//郑州大学学报.1997，1.95~99
论《文选》的编辑宗旨、体例/傅刚//郑州大学学报.1997.66~69，86
或然与必然：关于《文选》研究的断想/王立群//河南大学学报（开封）.1997，6.17~19
梁代萧氏家族的文学观/秦元//齐鲁学刊（曲阜）.1997，1.13~16

萧　绎

一代烟尘帝王笔：萧绎诗歌创作与宫体诗之关系/林女超//福建论坛（福州）.1996，5.74~77

郦道元

《水经注》研究中的辞章学派/谭家健//聊城师院学报.1996，4.80~85
词约意丰状三峡：郦道元《水经注·三峡》首段赏析/杜道明//古典文学知识（南京）.1996，5.21~26

庾　信

庾信和镜/张喜贵//文史知识（北京）.1996，5.118~119
论庾信后期骈文的特色/樊运宽//广西师范大学学报（桂林)）.1996，1.47~52
从天堂到炼狱：庾信诗文及其心路历程/林怡//古典文学知识.1996，5.79~84
论庾信的"和诗"/林怡//福建论坛（福州）.1996，2.14~18
虚实相生、诗之至也/林怡//文史知识（北京）.1996，1.22~24
庾信"凌云健笔"成因新论/杨静//广西师范大学学报（桂林）.1997，1.44~49
庾信晚期文风之变/习毅//河北大学学报（保定）.1997，2.12~17
"穿过象征的森林"：置于一个特定视野下的庾信四赋/陈信凌//南昌大学学报.1997，3.73~78

隋唐五代文学

总　论

唐代文学的文化规定/陈选公//郑州大学学报.1996，1.1~12
唐代审美鉴赏论评析/史鸿义//郑州大学学报.1996，3.104~107
秾桃艳李：唐代审美心态的外在表征/邱建国//沈阳师范学院学报.1996，1.98~101
试论为唐代文学的繁荣付出了牺牲科学的代价/胡戟//陕西师范大学学报（西安）.1996，2.100~103
唐宋派与阳明心学/廖可斌//文学遗产（北京）.1996，3.78~88
贞观时期的文化特征和文学理论/曹丽芳//山西大学学报（太原）.1996，2.47~52
五代"风流"与文化的奢侈/陈向春//齐鲁学刊（曲阜）.1996，4.104~108
文化精品和学术窗口：评《唐代文学研究》/傅璇

琮//中国文化报.1996，10.30③
《隋书·经籍志》在文学目录学史上的成就和影响/何新文//湖北大学学报.1997，3.58~63
禅宗哲学与唐宋心境美学/周春宇//青海社会科学.1997，1.76~79
变文绝迹考/周飞//人文杂志.1997，4.114~118
郁金文化钩沉：兼释《撒马尔罕的金桃》留下的问题/何科根//文艺理论与批评.1997，5.110~115
五代闽国文学探论/何锦山//文史哲.1997，6.49~53
穷源竟委、严密精微/吴广平//古典文学知识.1997，2.94~102
平实中求深刻：读《隋唐五代文学批评史》/卢盛江//上海大学学报.1997，1.62~66
第二届唐宋诗词国际学术讨论会召开/蒋力余//文学遗产.1997，6.116~117
中国唐代文学学会第八届年会暨国际学术讨论会论文综述/李芳民//文史哲.1997，2.102~104
《唐代文学史》研讨会在京召开/闻一//文学遗产.1997，5.120~122

诗　词

隋代诗歌的文化渊源/康震//求是学刊(哈尔滨).1996，5.68~69
唐诗形式美/林继中//古典文学知识(南京).1996，6.57~65
"月锻季炼"与晚唐诗的奇僻/吴在庆//古典文学知识(南京).1996，6.66~73
唐代咏蝉诗概论/李小草//赣南师范学院学报.1996，1.64~68，79
唐诗艺术表现技巧例议/杨晓霭//青海师范大学学报(西宁).1996，2.85~88
唐诗学历史回顾和走向预测/黄炳辉//厦门大学学报.1996，1.1~7
中唐游仙诗的社会学阐释/李乃龙//东方丛刊(桂林).1996，1.223~233
"牛鬼蛇神"与中唐韩孟卢李诗的荒幻竟象/陈允吉//复旦学报(上海).1996，3.65~71，85
唐代宫怨诗新论/顾爱霞//南京师大学报.1996，3.115~117
论唐代宫怨诗/黄依林//广西社会科学(南宁).1996，2.99~104
唐诗中的白云/刘燕菡//韩山师范学院学报.1996，4.86~91
新发现的唐诗叙录/黄震云//信阳师院学报.1996，1.75~78
唐诗札记二则/张仲良//河北学刊(石家庄).1996，2.65~66
晚唐艳诗概述/文航生//四川师范学院学报(南充).1996，1.7~15
意境与禅玄：中唐诗歌意境论之诞生/孟二冬//北京大学学报.1996，4.61~67
话说盛唐的诗歌高度/刑海珍//文艺评论(哈尔滨).1996，1.83~84
孤寂与熙悦：唐代寒食题材诗歌二重意趣阐释/罗时甚//文学遗产(北京).1996，2.46~53
唐诗中的"留别"与"赠别"/吴承学//文学遗产(北京).1996，4.108~109
初唐诗歌的建设与期待/余恕诚//文学遗产(北京).1996，5.42~51
唐诗人物称谓述略/资庆元//云南师范大学学报(昆明).1996，4.65~71
关于唐诗的繁荣与分期诸问题刍议/杨世明//四川师范学院学报(南充).1996，2.46~50
茶与诗：文人生活时艺术的渗透/刘学忠//文学遗产(北京).1996，2.18~25
论盛唐边塞诗与唐人社会心态/霍然//江海学刊(南京).1996，6.156~160
论四杰诗歌的昂扬基调与壮大之美/许总//江淮论坛(合肥).1996，2.104~110
论四杰诗歌在唐前期诗风变革中的作用与意义/许总//华中师大学报(武汉).1996，2.97~102
初唐四杰与唐人诗歌审美观念的回归/霍然//东岳论丛(济南).1996，4.99~102
初盛唐五、七律登临诗论略/何平//安徽教育学院学报.1996，3.37~39
初唐诗：唐诗精神的跃动/邓小军//四川师范大学学报(成都).1996，1.56~61
中晚唐时期的诗律特点/徐青//湖州师专学报.1996，3.35~44
晚唐两大诗人群落及其风貌特征/余恕诚//安徽师大学报(芜湖).1996，2.161~171
论中唐文人词源于声诗/孙维城//安庆师院社会科学学报.1996，1.81~85
中晚唐的苦吟之风及其成因初探/吴在庆//中州学刊(郑州).1996，6.112~116

“新乐府运动”名称溯源：兼论“运动”在文学史研究中的运用/刘学忠//文史知识（北京）.1996，1.75~79
评蒋寅的《大历诗人研究》/吴光兴//文学评论（北京）.1996，6.152~157
衰世立足点上的盛世回味/许总//浙江学刊.1996，5.96~99
清编《全唐诗》与重编《全唐五代诗》/罗时进//古典文学知识.1996，4.111~116
隋唐“燕乐”与“词”的关系/周延良//文艺研究.1996，2.157~159
论五代中国的京白诗风/贺中复//中国社会科学（北京）.1996，5.140~152
五代十国诗坛概说/贺中复//北京社会科学.1996，4.87~94
论唐宋词的实用功能及其与歌妓的关系/李剑亮//杭州大学学报.1996，1.66~72
唐宋词的语言范式和表情艺术/张志强//福建论坛.1996，6.71~72
试论唐宋词的“以艳为美”及其香艳味/杨海明//齐鲁学刊.1996，5.10~16
论唐宋词的“闲愁”主题/张仲谋//文学遗产（北京）.1996，6.42~50
“真珠帘卷玉楼空”：唐宋词中的“楼”意象及其忧患色彩/赵梅//古典文学知识.1996，4.56~63
论唐五代及北宋词的意象/陈雪军//齐齐哈尔师范学院学报.1996，5.31~35
论唐五代宫廷词的发展/刘尊明//北方论丛.1996，1.72~79
奠基词坛、功不可没：略说唐五代四大名家在词史上的贡献/梅韵//河北大学学报.1996，2.57~62
花间词与晚唐五代社会风气及文人心态/欧明俊//福建师范大学学报.1996，3.40~45
试论词在文化转型时期的确立/栾睿//南京师大学报.1996，1.96~99
《全唐五代词》编纂与词学理论/刘尊明//湖北大学学报.1996，4.54~61
论隋代诗歌/曹道衡//齐鲁学刊.1997，2.4~10
历史的追溯：对隋代诗歌的文化阐释/康震//唐都学刊.1997，2.12~17
论唐末社会心理与诗风走向/许总//社会科学战线（长春）.1997，1.124~131
唐诗流派品汇导论/孙映逵//徐州师范大学学报.1997，2.68~82
“诗中有画”：唐诗的景物造型化：中国文艺发展史研究之二/郭外岑//西北师大学报（兰州）.1997，4.65~70
意象：跨世纪跨文化的发展变化：唐诗、意象派、朦胧诗比较/黄修齐//中国比较文学（上海）.1997，1.35~44
略论“咸通十哲”的诗歌意象/李小荣//贵州师范大学学报（贵阳）.1997，2.72~75
论唐末诗派的形成及其特征/臧清//文学评论（北京）.1997，5.78~88
唐代七言古诗论略/王志民//内蒙古师大学报（呼和浩特）.1997，1.42~51
论唐肃宋黜华用实主张对诗非变的影响/吴相洲//文学遗产.1997，1.60~68
士人文化传统与唐诗爱国主义精神的其本品格/赵松元//韩山师范学院学报（潮州）.1997，1.38~46
论唐代隐逸与山水田园诗的美学意蕴/震然//浙江社会科学（杭州）.1997，6.103~106，118
“和意不和韵”：试论中唐以前唱和诗的特点与体制/赵以武//甘肃社会科学（兰州）.1997，3.55~59
中唐诗歌活动例说/李一飞//古典文学知识（南京）.1997，1.66~71
试论中唐边塞诗风的审美嬗变/陈芒//赣南师范学院学报（赣州）.1997，4.25~28
晚唐诗境与词竟/赵山林//华东师范大学学报（上海）.1997，5.74~81
道教文化与唐代诗歌/王宝璋//文史哲（济南）.1997，3.75~80
“吏治与文学之争”对盛唐前期诗坛之影响/杜晓勤//文史哲.1997，4.60~64
初唐：宫廷诗的消化/林继中//河北大学学报（保定）.1997，2.1~6
贞观宫廷诗坛风会论/聂永华//河南大学学报（开封）.1997，2.60~64
唐诗形式美/林继中//古典文学知识（南京）.1997，3.52~58
唐诗形式美/林继中//古典文学知识（南京）.1997，4.42~50
论唐代艳情游仙诗/李乃龙//广西师范大学学报

（桂林）.1997，3.69～74

唐代别业诗的形成（上）/〔美〕斯蒂芬·欧文著，陈磊译//古典文学知识（南京）.1997，6.112～116

诗家天子：唐诗之旅/李元洛//百花洲（南昌）.1997，6.164～170

唐诗偶笔/顾农//名作欣赏（太原）.1997，3.10～13

《唐诗纪事》中计有功本人的说明与评论/杨明//复旦学报（上海）.1997，6.81～85

唐人七绝“压卷”之作探评/史创新//苏州大学学报.1997，1.72～75

初唐三诗人重出诗篇考辨/王启兴//武汉大学学报.1997，1.73～81

论元和五大贬谪诗人的生命沉沦和心理苦闷/尚永亮//吉首大学学报.1997，2.43～49

禅与唐宋诗人心态/张晶//文学评论（北京）.1997，3.117～125

论中唐时期浙东的诗僧/姜光斗//南通师专学报.1997，1.16～19

试论元白诗派的五言长篇排律/郭新和//河南师范大学学报（新乡）.1997，1.77～80

唐宋回族先民汉文诗歌创作的伊斯兰倾向/吴建伟//中南民族学院学报（武汉）.1997，4.87～90

试论初唐史家、政治家的诗学思想/高林广//内蒙古师大学报.1997，5.64～70

盛唐之音形成的审美契机/刘畅//南开学报.1997，1.66～74

论唐人小赋/霍松林//文学遗产.1997，1.37～45

唐代文人的“言谏”与“诗谏”/程遂营//河南大学学报.1997，3.81～84

中华千秋诗酒缘：唐代雄豪恣纵的“文字饮”/刘扬忠//古典文学知识.1997，3.59～65

日本人编撰的中国诗文论著作/卢盛江//古典文学知识（南京）.1997，6.103～111

试论文化学的批评方法/张仲谋//文学遗产（北京）.1997，4.94～102

有益于开拓唐诗研究的力作：陶敏《全唐诗人名考证》评介/李一飞//湘潭大学学报.1997，5.123～125

一部系统整理和研究诗格的著作/吴光兴//文学遗产（北京）.1997，6.97～99

评房日晰的《唐诗比较论》/李润生//西北大学学报.1997，1.128～128

同中求异、两较而彰：读《唐诗比较论》/凌左义//渭南师专学报.1997，3.19～21

唐宋诗词与乐伎/赵晓岚//中国文学研究（长沙）.1997，4.42～48

论唐宋诗词意境的“虚”与实/陈忻//重庆师院学报.1997，3.56～61

略论唐宋词的情感表达形式与符号/吴惠娟//上海大学学报.1997，1.39～44

唐宋词中的楼栏意象和词人的艺术感觉/古光亮//云南师范大学学报（昆明）.1997，4.23～27

论传播方式的改变对唐宋词的影响/刘光裕//齐鲁学刊（曲阜）.1997，1.17～20

从“享受人生”看唐宋词人个体价值的“升值”/杨海明//西南师范大学学报（重庆）.1997，3.58～63

论唐五代词与儒家文化的冲突/刘尊明//湖北大学学报（武汉）.1997，5.7～11

论唐五代词的发展与城市文化的关系/刘尊明//东方丛刊（桂林）.1997，3.49～65

唐五代词中女性的不同情态/金五德//长沙电力学院社会科学学报.1997，1.87～92

唐五代词与道教文化/刘尊明//社会科学战线（长春）.1997，3.127～135

从“画楼”到“高楼”：浅析唐五代词中的“楼”/许春初//古典文学知识（南京）.1997，2.50～55

五代西蜀词题材处理的地域文化论析/韩云波//西南师范大学学报（重庆）.1997，4.27～23

肇发传统：论花间词的审美理想与功能取向/乔力//江西社会科学（南昌）.1997，6.56～61

奇花初胎、生气远出/王晓骊//淮阴师专学报.1997，3.17～19

花间南唐词风臆说/杨新民//内蒙古社会科学（呼和浩特）.1997，3.92～94

花间词对“词为艳科”观念的影响及其意义/岳继东//河南师范大学学报（新乡）.1997，6.73～77

散　文

中唐之后古文一派发展述略/李慈健//郑州大学学报.1996，4.92～97

文以明道和中唐文的新变/吴相洲//文学评论（北

京）.1996，1.123～132

唐宋古文运动述略（上、下）/陈平原//浙江社会科学（杭州）.1996，1～2，80～85

唐宋山水游记中的地名探源/孙冬虎//文史知识（北京））.1996，7.97～101，119

唐宋八大家与《史记》/俞樟华//江苏社会科学.1996，4.134～137，123

论唐代赋学的历史形态/许结//南京大学学报.1996，1.43～52

先唐书牍文论略/钟涛//青海师范大学学报.1996，1.74～79

唐五代文章的总汇：《全唐文》/陈尚君//古典文学知识.1996，3.92～100

唐宋散文革时与传统人文精神/李建国//贵州社会科学.1996，4.75～80

论盛唐散文的新变/张玉璞//临沂师专学报.1997，4.49～51

传奇、小说

唐传奇新考证/车宝仁//西北大学学报（西安）.1996，4.10～12

唐人小说与大众文化/熊海音//湖北大学学报（武汉）.1996，3.98～102

论唐人小说中的商贾命运描写/赵维江//齐鲁学刊（曲阜）.1996，6.72～77

山外青山楼外楼：谈《虬髯客传》的艺术构思/周先慎//古典文学知识（南京）.1996，6.31～36

唐宋“说话”的演变/高思嘉//四川师范大学学报（成都）.1996，4.61～64

唐传奇：模仿的艺术/于兴汉//山西师大学报（临汾）.1997，2.46～49

道教与唐传奇/申载春//山西师大学报（临汾）.1997，1.54～58

浅论唐传奇中梦幻的艺术构思作用/党芳莉//西北大学学报（西安）.1997，1.111～113

唐豪侠传奇女性观刍议/李钊平//陕西师范大学学报（西安）.1997，2.100～105

《红线》、《聂隐娘》新探/卞孝萱//扬州大学学报.1997，2.29～37

唐代小说创作方法的整体观照/程国赋//暨南学报（广州）.1997，3.97～104

戏剧

《唐戏弄》在戏曲史研究上的地位/胡忌//扬州大学学报.1997，3.17～21

敦煌文学

敦煌词《风归云》欣赏/高国藩//古典文学知识（南京）.1996，6.25～27

《丑女缘起》变文及其佛经原型/杨青//西北师大学报（兰州）.1996，6.50～52

敦煌赋研究八十年/伏俊连//文学遗产（北京）.1997，1.120～123

略谈敦煌赋的社会价值及其文学贡献/张锡厚//古典文学知识（南京）.1997，2.11～19

敦煌的俗赋/伏俊连//古典文学知识（南京）.1997，5.12～18

敦煌文学之“变文”辨/徐志啸//中国文学研究（长沙）.1997，4.32～34

台湾香港地区的敦煌学研究/林基鸿//徐州师范大学学报.1997，4.108～111

王　绩

“题歌赋诗以会意为功”：试论王绩的佛学思想及其文学实践/张海沙//学术研究（广州）.1997，10.79～83

王绩咏酒诗初探/刘建春//赣南师范大学学报（赣州）.1997，4.29～31

无法回归的自然：谈王绩《野望》和颐和园的一幅画/钱志熙//古典文学知识（南京）.1997，3.66～70

王梵志

《王梵志诗校注》商补/朱炯远//华东师范大学学报（上海）.1997，3.93～96

李世民

论唐太宗李世民的诗歌/高青//山西大学学报（太原）.1996，4.82～85

论唐太宗唐高宗关于辽东的诗文/张思齐//吉首大学学报.1996，4.26～30

唐太宗诗的美学评判/葛洪//中山大学研究生学刊（广州）.1997，1.29～34

武功定天下、文德绥海内：试论唐太宗之赋/王许林//江淮论坛（合肥）.1997，2.101～108

寒　山

论寒山子的时代、生平和诗歌/姜光斗//南通师专学报.1996，2.9～12

浅谈寒山子诗的道家思想/张立道//台州师专学报.1997，4.47～49

杜审言

论杜审言诗歌艺术特征与美学格调/许总//宁夏大

学学报（银川）.1997，3.61~67

沈佺期

试论沈佺期、宋之问的两重人格及其审美境界/沙先一//徐州师院学报.1996，4.83~88

刘希夷

刘希夷诗初论/陈建华//江汉论坛（武汉）.1996，2.68~71

刘希夷和他的诗/王珏//河南大学学报（开封）.1997，1.75~78

陈子昂

"云海方荡潏、孤鳞安得宁"：论陈子昂的忧患意识/杜浣溪//绥化师专学报.1996，4.44~49

陈子昂论略/张锡厚//河北师范学院学报（石家庄）.1997，3.85~93

论陈子昂诗歌的使事用典/徐文茂//学术月刊（上海）.1997，12.34~39

张说

论张说对盛唐文学的倡导与建设/隋秀玲//河北学刊（石家庄）.1996，3.69~72

论张说与盛唐诗歌审美理想/许总//辽宁大学学报（沈阳）.1997，5.36~40

张九龄

张九龄诗歌系年考/李芳民//西北大学学报（西安）.1997，1.106~110，113

孟浩然

浅论孟浩然诗歌情与景的辨证关系/张伟//辽宁大学学报（沈阳）.1997，5.46~48

王昌龄

壮志相投、旨趣各异：试析王昌龄与李白的"剑斩楼兰"诗/项念东//名作欣赏（太原）.1997，6.13~15

倾注血泪写宫怨：王昌龄宫怨诗简论/毕士奎//内蒙古师大学报（呼和浩特）.1997，1.65~70

王维

试析王维诗歌与禅宗的联系/邱慧//河北师大学报（石家庄）.1996，3.45~49

论王维的边塞诗/苏华//新疆大学学报（乌鲁木齐）.1996，4.63~65

王维的自然观及其对生活与艺术的影响/南志刚//渭南师专学报.1996，3.37~43

仙道活动与王维山水诗歌创作/吴晓龙//南昌大学学报.1996，9.114~117

论王维的七言律诗/邱瑞祥//贵州大学学报（贵阳）.1996，4.61~67

两首"观猎"话优劣/董景尧//文史知识（北京）.1996，11.23~26

幽栖之士与狂狷之士：读王维《辋川闲居赠悲秀才迪》/王德保//古典文学知识（南京）.1996，5.33~37

"孤烟"、"落日"解/纪建生//淮北煤炭师院学报.1996，2.106~110

从斜阳意象看王维的悲剧情结/王志清//徐州师范大学学报.1997，2.83~86

论透视画理在王维写景诗句中的运用/徐伯鸿//信阳师范学院学报.1997，2.80~84

论王维山水诗的梵音世界/欧海龙//湖南师范大学学报（长沙）.1997，5.94~100

东土佛教与王维诗风/王树海//吉林大学社会科学（长春）.1997，6.1~7

王维诗歌意象初探/韦爱萍//渭南师专学报.1997，4.55~57

王维"诗中有画"的个性色彩/段安国//湖湘论坛（长沙）.1997，3.66~67

略谈王维"诗中有画、画中有诗"的美学意义/周益民//美术学研究（武汉）.1997，8.19~22

王维诗歌的审美特征/周晴//济宁师专学报.1997，4.27~30

王维与盛唐山水诗的明秀空静之美/张毅//南开学报（天津）.1997，5.31~36

哲理机趣与自然景象的契合：论王维山水田园诗中的禅意/师长泰//唐都学刊（西安）.1997，3.42~49

王维田园诗漫论/李晓湘//中国文学研究（长沙）.1997，2.41~46

王维《使至塞上》辨析/张而今//黑龙江教育学院学报（哈尔滨）.1997，3.78~79

李白

李白儒家文化、人格探索/康震//陕西师范大学学报（西安）.1996，3.48~53

论李白人格悲剧的文化意蕴/傅绍良//晋阳学刊（太原）.1996，3.71~75

李白宗亲的丝路情结/张书城//兰州大学学报.1996，2.63~69

论女性与李白的情感世界/孟修祥//湖北大学学报（武汉）.1996，4.46~53

"白纻青山魂魄在，一生低首谢宣城"：李白与谢朓

创作特色比较研究初探/许宝国//湘潭大学学报.1996，1.44~50
李白三人楚州征实/许嘉甫//淮阳师专学报.1996，2.54~56
生命的理想图式与幻灭：李白“功成身退”思想及其意义/阮堂明//河北大学学报（保定）.1996，1.34~40
试论李白的悲剧人生及其特点/陶新民//安徽大学学报（合肥）.1996，5.60~64
盛唐时代与李白的浪漫主义精神/李洲良//求是学刊（哈尔滨）.1996，3.81~83
试论李白的隐逸/孙波//内蒙古社会科学（呼和浩特）.1996，6.56~60
再谈李白出生于四川江油/蒋志//四川大学学报（成都）.1996，1.60~63
李白《北风行》再议/荆立民//临沂师专学报.1996，2.69~74
试论李白诗歌中明月的意象建构/贺超//赣南师范学院学报.1996，1.69~73
论李白诗中的月亮意象与哲人风范/傅绍良//陕西师范大学学报（西安）.1996，3.43~47
何处是归程、长亭更短亭：李白诗中的流浪意识/董志强//文史杂志（成都）.1996，6.16~18
李白《宣州谢朓楼饯别校书叔云》诗题争议的由来/李克和//古典文学知识（南京）.1996，3.52~58
功名梦幻灭、浩歌辞魏阙：《梦游天姥吟留别》指归揭秘/刘志璞//名作欣赏（太原）.1996，4.69~72
伟大诗人的最后闪光：读李、杜、苏、陆绝笔诗/周懋昌//名作欣赏（太原）.1996，6.25~31
《秋浦歌》第十四首新探/杨玉忠//湖北大学学报（武汉）.1996，3.93~97
李白的家世与生籍考辨/李家烈//四川师范学院学报（南充）.1997，4.26~32
李白诗歌的两种思想倾向和后人评价/王运熙//文学遗产（北京）.1997，1.48~59
李白诗歌的生命意识/詹福瑞//东方丛刊（桂林）.1997，3.184~202
李白诗辨伪/何林天//山西师大学报（临汾）.1997，1.47~53
酒与李白诗歌艺术/李福军//云南师范大学学报（昆明）.1997，5.62~66
李白诗中对自我的仙化倾向/阮堂明//天津师大学报.1997，3.62~67
论李白的边塞诗/苏华//新疆大学学报（乌鲁木齐）.1997，2.72~74
李诗别笺/安旗//文学遗产（北京）.1997，4.22~26
太白诗与庄子文/杨旭升//重庆师院学报.1997，4.42~46
再谈李白在鲁诗作中“沙丘”地名及寄家地/郑修平//济宁师专学报.1997，2.66~68
李白诗句“会稽愚妇轻买臣”辨/邹光椿//济宁师专学报.1997，2.63~65
《行路难》的“神仙观念”与海洋意识/吕美生//东方丛刊（桂林）.1997，3.1~18

杜 甫

论杜甫仁民爱物的思想：兼论社会主义文学如何对待古代遗产/何国瑞//武汉大学学报.1996，3.71~77
漫议杜诗的情感世界/赵升平//晋阳学刊（太原）.1996，6.61~65
杜甫诗歌的美学特征/李洲良//北方论丛（哈尔滨）.1996，2.71~75
杜甫题画诗管窥/张英//云南社会科学（昆明）.1996，6.83~86
诗“圣”、诗“经”、诗“史”：宋代杜诗研究的基本模式/周兴陆//东方丛刊（桂林）.1996，4.149~159
论杜甫的新题乐府/葛晓音//社会科学战线（长春）.1996，1.197~204
乐府诗的体式嬗变与创格：杜甫“新题乐府”论/马承五//华中师大学报（武汉）.1996，2.103~109
庾信、杜甫诗歌集大成之比较/杜晓勤//陕西师范大学学报（西安）.1996，3.37~42
一曲民族精神与个人抱负的颂歌：杜甫《望岳》诗赏析/黎烈南//文史知识（北京）.1996，9.50~52
杜甫《兵车行》赏论/李炎//渭南师专学报.1997，3.33~36
论杜甫与“干渴”/王许林//社会科学战线（长春）.1997，6.116~121
杜甫成为“诗圣”的主客观因素探析/邓继柱//中南民族学院学报（武汉）.1997，3.92~95

试论杜甫的“比兴体制”/蒋长栋//求索（长沙）.1997，1.96~100

试论杜甫诗中忧患意识的思想根源/李淑贤//云南师范大学学报（昆明）.1997，5.67~70

杜诗考索/丘良任//暨南学报（广州）.1997，3.105~109

杜甫的穷儒意识与诗歌创作/邓魁英//北京师范大学学报.1997，4.21~27

杜甫边塞诗之儒家思想评议/刘艺//新疆大学学报（乌鲁木齐）.1997，3.74~80

浅谈杜甫诗中的秋景描写/邹文生//河南大学学报（开封）.1997，4.68~69，77

论杜甫绝句的创新/蒲惠民//陕西师范大学学报（西安）.1997，2.106~109

杜甫秦州咏物诗的个性化特色/聂大受//西北师大学报（兰州）.1997，3.14~17

杜甫郑珍晚岁诗境契合浅探/赵庆增//贵州文史丛刊（贵阳）.1997，2.55~58

朝鲜古典诗话对杜甫之批评/王克平//延边大学学报.1997，3.145~149

《雕赋》与杜甫的为官心态/章起//安庆师院社会科学学报.1997，1.50~54

也谈“朱门酒肉臭”的“臭”/汪少华//古典文学知识（南京）.1997，5.106~109

说杜甫《又呈吴郎》/周先慎//古典文学知识（南京）.1997，4.23~28

杜甫《前出塞》新解/王崇，王晓秋//沈阳师范学院学报.1997，3.13~14

岑 参

试论岑参边塞诗的充盈美/荀莹//佳木斯教育学院学报.1997，3.26~27

岑参出游考/廖立//中州学刊（郑州）.1997，2.91~95

论岑参边塞诗独特风格形成的原因/戴伟华//文学遗产（北京）.1997，4.27~35

元 结

论元结及《箧中集》诗人的人生态度、文学思想与创作倾向/许总//徐州师院学报.1996，1.40~46

韦应物

论韦应物山水田园诗的写实倾向/童强//文学遗产（北京）.1996，1.42~48

韦应物乐府歌行论略/房日晰//西北大学学报（西安）.1996，3.49~51

别有情爱在黎庶：读韦应物《观田家》/王海峰//古典文学知识（南京）.1997，3.36~39

《韦应物系年考证》补遗/熊建国//重庆师院学报.1997，3.62~66

孟 郊

始惊儒教误、渐与佛乘亲：孟郊与佛教/张传峰//湖州师专学报.1996，2.30~36

崔 护

年年岁岁花相似、岁岁年年人不同：崔护《题都城南庄》与赵嘏《江楼感旧》比较/黄玲//古典文学知识（南京）.1997，4.29~31

桃花意象与阿妮玛原型/齐红伟//江苏社会科学（南京）.1997，3.138~143

梁 肃

梁肃年谱稿（上）（下）/胡大浚//甘肃社会科学（兰州）.1996，6.48~51；1997，1.45~48

常 建

从唐诗考常建籍贯/张学忠//陕西师范大学学报.1997，2.110~112

陆 贽

陆贽与唐宋古文大家/郑力戎//文史哲（济南）.1996，3.83~89

治乱之龟鉴，政论之典范：论陆贽的骈体奏议/郑力戎//浙江学刊（杭州）.1996，3.76~80，94

张 籍

张籍二题/季镇淮//文学遗产（北京）.1996，1.49~51

论张王乐府中的唱和现象/朱炯远//上海大学学报.1997，5.33~38

薛 涛

论薛涛诗/夏春豪//河南大学学报（开封）.1996，6.51~52

西川海棠甲天下：读薛涛《海棠溪》/周容良//文史知识（北京）.1996，3.29~30

韩 愈

论韩愈在中国思想史上的地位/黄永年//陕西师范大学学报.1996，1.33~41

韩愈古文理论中的“道”/寇养厚//文史哲（济南）.1996，1.56~65

论韩文的谄谀不实倾向/陈冠明//学术月刊（上海）.1996，6.98~101

韩愈为什么没有参加王叔文集团/任晖//中州学刊

（郑州）.1996，6.117～120
从语言角度看韩愈和古文运动/龙异腾//贵州师范大学学报（贵阳）.1996，1.35～38
韩愈二题/李光富//成都师专学报.1996，4.33～36
韩愈"不平则鸣"说辨析/景凯旋//南京大学学报.1996，1.61～68
寻找陌生：论韩愈的诗艺创新/曹连观//南京师大学报.1996，3.106～110
韩愈诗"以丑为美"说/蔡毅//文史知识（北京）.1996，6.38～42
韩愈散文的叙事艺术/王章焕//河南师大学报（新乡）.1996，4.78～79
简论韩愈政论文的语言艺术/李敏红//齐鲁学刊（曲阜）.1996，4.109～110
奇篇试赏析：也说韩愈《双鸟诗的寓意》/钱志熙//古典文学知识（南京）.1996，5.38～44
继承与创造：韩愈散文语言刍论/郑国民//沈阳师范学院学报.1996，2.102～104
韩、柳、刘、白与佛释/张一平//山西师大学报（临汾）.1996，4.44～48
"怀才不遇"情结与韩愈的人才利用思想/张玉璞//江西社会科学（南昌）.1997，8.34～38
宋代的韩愈研究/陈新璋//华南师范大学学报（广州）.1997，2.72～78
柳枝绛桃辨/曾楚楠//韩山师范学院学报（潮州）.1997，4.106～111
韩柳思想文风论略/陈琼光//广西社会科学（南宁）.1997，4.96～100
韩愈和白居易交游考/刘国盈//北京社会科学.1997，1.42～47
欧阳修与韩愈的"古文"关系/何沛雄//社会科学战线（长春）.1997，4.110～114
论韩孟诗派主体心性的强化与艺术表现的变异/许总//东岳论丛（济南）.1997，1.91～96
读陈寅恪《论韩愈》/孙昌武//古典文学知识（南京）.1997，5.101～105

李翱

李翱著作年代及版本考/李光富//四川大学学报（成都）.1996，1.52～59

刘禹锡

雄豪之概与清峻之美：刘禹锡诗论/许总//苏州大学学报.1996，2.41～45，66
刘禹锡仿民歌体诗创作探析/靖晓莉//贵州师范大学学报（贵阳）.1996，1.42～45
元和诗豪刘禹锡/沈文凡//绥化师专学报.1996，1.32～35
曲折微婉、寓刺于美：说刘禹锡《寄李六侍御》诗/陶敏//古典文学知识（南京）.1996，4.34～38
《陋室铭》作者辨析/段塔丽//文史知识（北京）.1996，6.80～83
声应气求、珠联璧合：读柳、刘衡阳赠酬七律/周懋昌//文史知识（北京）.1996，12.26～29
从《刘禹锡诗论》说起/肖瑞峰//古典文学知识（南京）.1996，6.3～10
刘禹锡交游辨正二题/尹楚彬//齐齐哈尔师范学院学报.1997，6.55～58
略谈刘禹锡笔下的土风民俗/吴在庆//东北师大学报（长春）.1997，3.68～72
论刘禹锡的民风民俗诗/刘欢//西北大学学报（西安）.1997，2.49～53
别开生面的民歌创作：论刘禹锡的新乐府诗/金振华//苏州大学学报.1997，3.45～49
永贞革新与刘禹锡、柳宗元的文学创作/任晖//宁夏大学学报（银川）.1997，3.80～83
名随诗行与借诗释名：从刘禹锡诗《乌衣巷》到刘斧小说《乌衣传》/胡阿祥//古典文学知识（南京）.1997，4.106～110

白居易

论白居易的思想创作分期/张安祖//求是学刊（哈尔滨）.1996，1.83～88
外容闲暇中心苦似是而非谁得知：析白居易晚年心态/张安祖//北方论丛（哈尔滨）.1996，3.83～87
白居易"补察时政"说的评价问题：兼为"政教中心论"一辨/贾文昭//江淮论坛（合肥）.1996，4.73～79，31
白居易论诗的审美特性/贾文昭//文艺理论研究（上海）.1996，2.70～76
白居易与李商隐/谢思炜//文学遗产（北京）.1996，3.29～38
白居易论诗的审美特性（二）/贾文昭//唐都学刊（西安）.1996，4.32～37
理性的挣扎：白居易讽谕诗说复议/黄果泉//河南师大学报（新乡）.1996，6.71～73
白居易《长恨歌》主题的再思及其他/荆立民//东

岳论丛 .1996，2.95～100

关于《长恨歌》评价的几个问题/丁毅//上海大学学报 .1996，1.71～76

历史铸就的悲剧：《长恨歌》主题新议/胡淑娟//东北师大学报（长春）.1996，2.65～67

《长恨歌》主题新探/田原//贵州教育学院学报（贵阳）.1996，2.31～36

女性经验与女性叙事：解读《长恨歌》、《游行》、《守望空心岁月》/王琳//当代文坛（成都）.1996，3.12～16

《新乐府》版本及序文考证/谢思炜//北京师范大学学报 .1996，3.67～101

白居易作品在日本/袁荻涌//唐都学刊（西安）.1996，3.38～41

白居易农业思想试探/张剑光//山西师大学报（临汾）.1997，1.62～66，71

论元白文学思想的现实功利性及其诗化形态/许总//上海师范大学学报 .1997，2.126～131

试论白居易在词发展史上的贡献/严安政//渭南师专学报 .1997，4.51～54

白居易咏物诗创作背景类型及寓意/刘维治//沈阳师范学院学报 .1997，1.11～14

白居易常乐里东亭故居地考证/孙民柱//西安交通大学学报 .1997，1.84～86

白居易宦海沉浮及其山水之吟/刘维治//辽宁大学学报（沈阳）.1997，4.3～5

以白居易、元稹为核心的中唐小说集团述论/苏兴//明清小说研究（南京）.1997，3.4～20

白居易的"物感"说/贾文昭//江淮论坛（合肥）.1997，6.78～84

白居易前后期诗风转变原因新探/马永强//晋阳学刊（太原）.1997，5.79～82

人道主义的激情与沉思：白居易讽谕诗与《策林》的对读/郑敏//中州学刊（郑州）.1997，6.109～111

白居易《燕子楼》诗考辨/黄意海//文学遗产（北京）.1997，4.103～106

从《琵琶行》的成就看文化积淀的重要意义/朱炯远//辽宁大学学报（沈阳）.1997，5.41～45

白居易《长恨歌》情感魅力的探讨/黄晓彬//台州师专学报 .1997，4.18～20

灵魂的审判：白居易《长恨歌》主题重探/李靖国//名作欣赏（太原）.1997，4.81～91

中国文学与《源氏物语》：以白氏及其《长恨歌》的影响为中心/叶渭渠//中国比较文学（上海）.1997，3.53～63

白居易初恋悲剧与《长恨歌》的创作/王用中//西北大学学报（西安）.1997，2.54～58

人之挽歌：《长恨歌》新解读/王军辉//延安大学学报 .1997，3.56～60

柳宗元

论柳宗元辞赋对屈赋的继承与发展/刘洪仁//四川师范大学学报（成都）.1996，1.62～68

柳宗元寓言的思想艺术成就/黄云姬//福建论坛（福州）.1996，6.73～75

柳宗元诗评解随笔/陈增杰//聊城师院学报 .1996，2.93～96

柳宗元的诗歌理论及其诗学精神/高林广//内蒙古师大学报（呼和浩特）.1996，2.74～80

归返自然的心灵律动：读柳宗元《溪居》/朱玉麟//古典文学知识（南京）.1996，2.34～36

韦应物柳宗元五言古诗之比较/房日晰//晋阳学刊（太原）.1996，62～67

几十年疑窦今如解/朱邦国//名作欣赏（太原）.1996，4.92～93

论柳宗元的作品与创作心态的关系/朱邦国//徐州师范大学学报 .1997，1.110～114

柳宗元山水散文的文体风度/蓝冰//内蒙古社会科学（呼和浩特）.1997，6.92～97

创"骚"与学"骚"：兼论屈原对柳宗元的影响/陈琼光//广西社会科学（南宁）.1997，2.110～114

洋洋之"乱"凛凛之"影"：《诗经·关雎》柳宗元《江雪》名句赏美/张永鑫//名作欣赏（太原）.1997，3.67～69

元　稹

莺莺人物心理浅探：兼论莺莺形象的文化意义/安小兰//安徽教育学院学报 .1996，4.48～50

元稹在通州/陈正平//唐都学刊（西安）.1996，3.34～37

论元白文学思想的现实功利性及其诗化形态/许总//上海师范大学学报 .1997，2.126～131

论元稹、白居易的文学观/许总//江苏社会科学（南京）.1997，3.131～137

张　祜

张祜的镇江风光诗/王海远//古典文学知识（南

京）.1997，6.29～34

“金陵渡”小考/吴宗海∥江海学刊（南京）.1997，2.123

贾岛

论贾岛、姚合诗歌的心理文化内涵及文学史意义/许总∥江西师范大学学报（南昌）.1997，1.28～35

贾岛诗的渊源和影响/黄鹏∥四川师范学院学报.1997，3.26～29

李贺

幻觉思维：李贺诗歌探秘/林继中∥中州学刊.1996，2.100～105

略论李贺诡奇诗歌的章法变幻形态/杨晓霭∥新疆师大学报（乌鲁木齐）.1996，1.28～34

五色眩曜光奇耳目：谈李贺诗中的色彩/宋光第∥文史知识（北京）.1996，3.99～103

李贺诗的玉石母题臆说/刘小平∥内蒙古社会科学（呼和浩特）.1996，8.80～83

李贺诗的悲剧心理特征初探/李宝泰∥牡丹江师范学院学报.1996，1.36～40

论李贺诗歌的艺术变形/李军∥牡丹江师范学院学报.1996，4.25～28

绝望诗人的自我拯救：李贺诗歌与创作心态/李鹏飞∥古典文学知识（南京）.1996，2.49～54

生命、痛苦、超越：李贺与佛道/阮堂明∥文史知识（北京）.1996，12.81～85

论李贺科举之尴尬/胡涛∥济宁师专学报.1997，4.31～35

李贺与宋诗/王锡九∥扬州大学学报.1997，4.12～17

长吉诗艺术渊源论/吴企明∥文学遗产（北京）.1997，6.35～45

论李贺诗歌独特之“理”/张国荣∥江淮论坛（合肥）.1997，4.105～112

论李贺诗歌的色彩表现艺术/陶文鹏∥文学评论（北京）.1997，6.99～106

李贺诗歌意象论/李军∥怀化师专学报.1997，1.76～80

论李贺诗歌的诗理特征/周尚义∥求索（长沙）.1997，3.106～109

论李贺诗作的悲剧意蕴/周尚义∥中国文学研究（长沙）.1997，3.25～30

许浑

论许浑诗在晚唐的典型意义/罗时进∥文学遗产（北京）.1997，5.62～71

杜牧

杜牧七言绝句艺术论/吴绍礼∥东北师大学报（长春）.1996，2.68～71

论杜牧诗文的渊源/胡可先∥徐州师范大学学报.1997，3.51～55

杜牧咏史诗的美学品鉴：兼论晚唐咏史诗兴盛的主要原因/黄雅玲∥台州师专学报.1997，5.42～43

李商隐

天若有情天亦哭：李商隐哭刘蕡诗赏析/李宁琪∥名作欣赏（太原）.1996，1.59～61

李商隐的墓址与籍贯/杜定国∥中州学刊（郑州）.1997，2.96～100

李商隐的挑战/王蒙∥文学遗产（北京）.1997，2.8～12

樊南文的诗情诗境/刘学锴∥文学遗产（北京）.1997，2.13～20

李商隐诗版本考/黄世中∥文学遗产（北京）.1997，2.28～37

李商隐无题诗研究综述/张明非∥文学遗产（北京）.1997，2.38～43

论李商隐诗化情境的生成方式/熊国华∥学术研究（广州）.1997，6.77～80

言情的艺术：论李商隐无题诗的情感及抒情方式/陈建任∥中山大学学报（广州）.1997，1.108～113

义山桂幕诗作的黄昏情结及其多层底蕴/梁佛根∥社会科学家（桂林）.1997，4.57～62

“无题”不该是情诗代名词/张增坤∥名作欣赏（北京）.1997，2.115～118

潜沉的扩张的隐喻：李商隐“无题”诗意象的主要表现形式/孙金荣∥齐鲁学刊（曲阜）.1997，2.15～18

《诗》《骚》传统对李商隐诗的影响/胡鉴稠∥台州师专学报.1997，4.16～17，33

李商隐诗集版本系统考略/刘学锴∥安徽师范大学学报（芜湖）.1997，4.443～448

李商隐《曲江》新解/闵泽平∥湖北三峡学院学报.1997，2.63～68

以白描写诗境抒至情：李商隐《祭小侄女寄寄文》

赏析/刘学锴//古典文学知识（南京）.1997，5.32~36

温庭筠

温庭筠文学的一侧面：时间流逝中的不稳室的存在（上、下）/山本敏雄著，许总译//古典文学知识（南京）.1996，3~4、122~128

温庭筠及其词的思想内容/杨文柱//辽宁大学学报（沈阳）.1996，4.24~28

简论温庭筠的爱情词/王于飞//杭州大学学报.1997，2.106~111

方　干

方干的隐居生活与诗歌/吴在庆//宁波大学学报.1996，1.21~28

论方干的浙江山水诗/周寅宾//文学遗产（北京）.1996，2.54~59

关于方干生平的几个问题/吴在庆//文学遗产（北京）.1997，4.36~40

司空图

司空图的意境形态论/古风//唐都学刊（西安）.1996，3.31~33

静穆、司空图推崇的一种审美心态/吴全兰//社会科学家（桂林）.1996，3.39~42

休姆与司空图的诗歌理论比较/陈登//求索（长沙）.1996，4.102~105

司空图《诗品》之美学构架/陈良运//文艺研究（北京）.1996，1.51~57

《诗家一指》与《二十四诗品》作者问题/祖保泉//安徽师大学报（芜湖）.1996，1.89~97

论《二十四诗品》与司空图诗论异趣/汪涌豪//复旦学报（上海）.1996，2.38~44

司空图《二十四诗品》真伪辨综述/汪泓//复旦学报（上海）.1996，2.32~37

道家道教与司空图/张松辉//中国文学研究（长沙）.1997，3.31~37

《二十四诗品》是明人怀悦所作吗？/祖保泉//安徽师范大学学报（芜湖）.1997，1.76~78

《二十四诗品》"非司空图作"驳议/刘倩//天津师大学报.1997，6.65~70

《司空图〈二十四诗品〉辨伪》献疑/李祚唐//学术月刊（上海）.1997，10.92~98

再论《二十四诗品》作者问题/祖保泉//江淮论坛（合肥）.1997，1.86~94

聂夷中

聂夷中诗歌浅论/宋尔康//河南大学学报（开封）.1996，4.52~54

鱼玄机

论鱼玄机诗/聂春豪//徐州师范大学学报.1997，3.56~59

鱼玄机考略/梁超然//西北大学学报（西安）.1997，3.18~21

女道士鱼玄机的准确卒年/曲文军//江海学刊（南京）.1997，5.61

郑　谷

末代风骚：论晚唐诗人郑谷的诗/钟祥//河南大学学报（开封）.1996，2.37~42

杜荀鹤

"杜荀鹤体"与杜荀鹤的人品/刘明浩//东岳论丛（济南）.1997，1.97~102

宋代杜荀鹤诗集版本考述/汪长林//安庆师院社会科学学报.1997，4.108~113

韦　庄

韦庄的精神世界探源/王煜//四川大学学报.1996，1.37~45

论韦庄与韦庄诗/齐涛//文史哲（济南）.1996，5.46~52

论韦庄诗中的"夕阳情绪"/任海天//北方论丛（哈尔滨）.1996，2.64~70

无情的历史有情的诗人：韦庄《台城》诗赏析/景凯旋//古典文学知识（南京）.1997，1.33~36

冯延己

从"斗鸭阑干独倚"想起的/金志仁//名作欣赏（太原）.1996，5.116~119

李　煜

试论李煜词的审美价值/卜务正//福建师范大学学报（福州）.1996，4.63~69

试论李煜词的意象组合艺术/程宗璋//宁夏教育学院、银川师专学报.1997，4.13~18

一江春水向东流：李煜词情感特征说略/郑福田//内蒙古师大学报（呼和浩特）.1997，6.29~34

花间词人李煜词风的文化阐释/路成文//湖北大学学报（武汉）.1997，5.17~22

孙光宪

孙光宪词论/庾光蓉//四川师范大学学报（成都）.1996，10.123~128

宋辽金文学

总　论

宋初三朝的崇文风气与文风的演进/程杰∥江海学刊（南京）1996，1.166～170

淡风清骨、两宋雅文艺主要审美趣尚时代因素探赜/易容∥学术月刊（上海）.1996，11.101～107，113

旷达与怨怒：论南北宋政治斗争对文人心态及创作的影响/陈忻∥重庆师院学报.1996，4.84～89

北宋京东文人群体及其诗文革新实践/程杰∥文学遗产（北京）.1996，3.45～56

宋代文学审美特征形成刍议/郑传寅∥武汉大学学报.1996，2.73～79

宋代审美鉴赏论阐解/史鸿文∥河南师大学报（新乡）.1996，4.72～74

两宋闽人笔记中的文学批评/陈庆元∥宁德师专学报.1996，2.28～30

论北宋人文题材绝句及其文化内涵/张智华∥文学遗产（北京）.1996，6.63～70

论宋代四六话的兴起/莫道才∥广西师范大学学报（桂林）.1996，1.42～46

浙东学派/楼毅生∥文史知识（北京）.1996，10.48～52

金代文学研究的历史审视：评周惠泉著《金代文学学发凡》/胡传志∥晋阳学刊（太原）.1996，1.110～112

宋元文艺思潮论/吴新雷∥山西师大学报（临汾）.1997，2.30～35

论宋明心学对审美、艺术思维的作用/黄小伟∥赣南师范学院学报（赣州）.1997，5.49～52

文化享乐、宋代审美文化的社会动因/徐清泉∥上海大学学报.1997，5.56～61

从宋代城市审美文化的产生看士大夫与市民艺术的不同/罗筠筠∥文史哲（济南）.1997，2.26～31

试论道教对宋代文学家的影响/蒋安全∥广西民族学院学报（南宁）.1997，3.119～121

南宋说话四家的再探讨/刘兴汉∥文学遗产（北京）.1997，6.71～77

从《岁寒堂诗话》看两宋之际理学文学观的演进/罗玉舟∥四川师范大学学报（成都）.1997，2.128～136

辽代文学研究平议/米治国∥社会科学战线（长春）.1997，6.138～144

金代文学研究百年回顾/胡传志∥社会科学战线（长春）.1997，2.26～34

诗

宋代诗话与江西诗派/刘德重∥上海大学学报.1996，6.15～22

论“元祐体”/张仲谋∥西北师大学报（兰州）.1996，1.57～61

北宋党争与杜诗陶诗之显晦/萧庆伟∥河北大学学报（保定）.1996，3.33～38，53

宋人咏山诗的哲理性思考/黎烈南∥文史知识（北京）.1996，3.109～112，98

宋代的诗僧与僧诗/张福勋∥陕西师范大学学报（西安）.1996，4.80～85

宋代诗歌研究的重要突破/罗时进∥文学遗产（北京）.1996，3.119～120

读《全宋诗》小札/张如安∥文学遗产（北京）.1996，2.113～116

《全宋诗》辨误（六则）/房日晰∥文学遗产（北京）.1996，2.109～112

《全宋诗》再考/胡可先∥中国文学研究（长沙）.1997，3.52～56

评《江湖诗派研究》/张瑞君∥文学评论（北京）.1996，1.155～158

关于宋诗/胡明∥文学评论（北京）.1997，1.128～141

宋代的怡老诗社/欧阳光∥文学遗产（北京）.1997，1.69～75

北宋理学诗派诗文创作述论/马茂军∥新疆师范大学学报（乌鲁木齐）.1997，3.39～46

宋代江西诗派与朝鲜海东江西诗派的诗风比较/〔韩〕崔琴玉，马志强∥中州学刊（郑州）.1997，6.112～116

十三世纪的诗坛劲军：谈南宋江湖诗派/张宏生∥文史知识（北京）.1997，7.12～18

词

宋词结构的发展/赵仁珪∥北京师范大学学报.1996，3.75～78

试论宋词对唐诗的化用及其文化解读/陈永宏//文学遗产（北京）.1996，4.30～41

终结共总结：论宋末元初词的创作实践与理论特色/乔力//江西社会科学（南昌）.1996，3.42～48

论北宋词雅俗审美之别/张廷杰//宁夏大学学报（银川）.1996，1.113～115

北宋豪放词派辩/李洁//中山大学研究生学刊（广州）.1996，1.30～34

宋代婉约词与六朝诗风之关系/王力坚//文学遗产（北京）.1996，2.67～74

词为艳科辨/谢桃坊//文学遗产（北京）.1996，2.60～66

简谈宋词繁荣昌盛的“量化”标志/王兆鹏，刘尊明//古典文学知识（南京）.1996，5.123～128

时代选择与艺术归指：论北南宋之交词//乔力//学术月刊（上海）.1996，5.18～20，24

宋词宋诗研究新动态：近年来高校学报古典文学宏观研究述略之三/蒋嘉欣//四川师范学院学报（南充）.1996，3.51～57

宋代绍兴词人用韵考/裴宰奭//南京大学学报.1996，1.69～72

宋词小序泛论/欧阳逸//湘潭大学学报.1996，5.48～52

宋词史上的矛盾运动/包新旺//杭州大学学报.1996，3.87～92

宋词的审美理想/陈望衡//东方丛刊（桂林）.1997，3.157～174

论宋词的分期/尹占华//西北师大学报（兰州）.1997，1.61～67

宋词流变史论纲/王兆鹏//湖北大学学报（武汉）.1997，5.1～6

论北宋前期词的过渡意义/邹志勇，韩晓东//晋阳学刊（太原）.1997，2.64～68

传统文化精神与唐末北宋词的价值取向/彭功智，祁光禄//河南师范大学学报（新乡）.1997，2.72～74

宋词鉴赏刍议/王毅//湖南师范大学学报（长沙）.1997，6.84～88

宋代俳谐词的审美形态及其嬗变/李扬//人文杂志（西安）.1997，6.113～116

逐弦管之音，为侧艳之词：试论冶游之风对晚唐五代北宋词的影响/王晓骊//文学遗产（北京）.1997，3.25～34

重帘复幕下的唐宋词：唐宋词中的“帘”意象及其道具功能/赵梅//文学遗产（北京）.1997，4.41～50

歌妓、宋词的传播媒介/蒋晓城//长沙电力学院社会科学学报.1997，2.83～86

扮作红颜为哪般：宋词中角色转换之作略论/黄巧乐//吉首大学学报.1997，3.87～90

唐宋词中“蝶”的意象及其梦幻色彩/赵梅//南京师大学报.1997，3.126～129

北宋末年俗词创作论略/诸葛忆兵/北方论丛（哈尔滨）.1997，2.74～78

论南宋词学审美之变异/张廷杰//文学遗产（北京）.1997，4.51～57

任中敏先生的《全宋词》批注//王小盾//扬州大学学报.1997，1.18～24

风云豪气　慷慨高歌：简说金词/王兆鹏，刘尊明//古典文学知识（南京）.1997，5.74～79，31

小说、戏剧

关于现存的所谓“宋话本”/章培恒//上海大学学报.1996，1.5～20

说书人与叙事者：话本小说研究/陈平原//上海文学.1996，7.70～79

“春浓花艳佳人胆”：论宋代话本小说的女性形象/纪德君//海南大学学报（海口）.1996，2.70～74

论宋元戏曲中文人仕婚观的差异/田同旭//山西大学学报（太原）.1996，1.29～34

论宋代神庙剧场/谭帆//华东师范大学学报（上海）.1996，6.31～38，45

论宋元南戏的雅俗之变/庄克华//文史哲（济南）.1996，5.53～58

论宋、元、明小说、戏曲发迹变泰题材的流变及其文化意蕴/潘承玉//复旦学报（上海）.1997，6.86～92

始有意治之：宋人在小说学的开展意义/康来新//明清小说研究（南京）.1997，4.19～40

宋元明清家训禁毁小说戏曲史料辑补/陆林//明清小说研究（南京）.1997，2.167～175

两宋时期新小说观念的觉醒/潘承玉//晋阳学刊（太原）.1997，5.83～87

南戏北剧之形成与发展/黄仕忠//文学遗产（北京）.1997，4.78~86

王禹偁

王禹偁杂文的思想意义/王延梯//临沂师专学报.1997，5.53~57

王禹偁的辞赋观和辞赋创作/王延梯，肖培//齐鲁学刊（曲阜）.1997，3.65~70

范仲淹

范仲淹身世考/李丛昕//北京社会科学.1996，3.93~101

范仲淹品格与早年毛泽东/陈立旭//贵州社会科学.1996，4.45~51

张 先

试论张先对词境的拓展/张连举，周玲//齐齐哈尔师范学院学报.1997，4.60~64

论张先"以小令作法写慢词"/孙维城//安庆师院社会科学学报.1997，2.52~57

柳 永

柳、晏情词论析/李淑珍//绥化师专学报.1996，4.35~39

柳永人格新论/任映红//上饶师专学报.1996，1.57~60

曲雅返俗、以俗代雅、由男观女以女定男：柳永词《定风波》赏析/王富仁//名作欣赏（太原）.1996，1.23~31

简论柳永在宋词革新中的作用/吴绍礼//学习与探索（哈尔滨）.1996，2.119~121

近代俗文化的先声：柳永词论/王洪//中国新闻学院学报（北京）.1997，1.55~60

论柳词的"俗"/蔡良俊//徐州师范大学学报.1997，4.112~114

从柳永的词看中国士林阶层的科弟情结/刘结//河北师范大学学报（石家庄）.1997，2.68~71

论柳永词的自我意识/龙建国//信阳师范学院学报.1997，1.80~85

浪子词人柳永与正统君臣审美意识的冲突/张海鸥//学术研究（广州）.1997，3.61~65

晏 殊

论晏殊词的意象/高国藩//江西社会科学（南昌）.1996，2.54~57

晏殊晏几道词思想内容浅说/张治国//渭南师专学报.1996，4.13~18

跨过时空的不解情结：二晏词"痴情"、"惆怅"意绪论/黄南//江西社会科学（南昌）.1996，12.67~71

闲愁最苦：《珠玉词》文本解读之一/李康化//江汉论坛（武汉）.1996，4.21~24

宋 祁

"西昆余绪"宋子京：浅谈宋祁的文学思想/单长江//咸宁师专学报.1996，2.44~49

欧阳修

试论欧阳修的文道观/王怀让//齐鲁学刊（济南）.1996，2.111~114

论欧阳修对唐诗的继承及其诗风的形式与得失/李芳民//延安大学学报.1996，4.82~86

论欧阳修诗歌的平易特色/刘宁//文学遗产（北京）.1996，1.52~56

欧阳修词蕴势刍议/张家鹏//沈阳师范学院学报（社科版）.1997，4.9~12

欧阳修对中国散文史的最突出贡献/李知文//贵州社会科学（贵阳）.1997，6.52~55

庆历党议与欧阳修的文学成就/马茂军//赣南师范学院学报（赣州）.1997，2.44~48

欧阳修对骈体和散体的科学态度/于景祥//辽宁大学学报.1997，6.61~64

从欧阳修对梅尧臣诗的品评看北宋诗学的发生/郭鹏//社会科学战线（长春）.1997，2.143~149

论欧阳修的人格与其文学业绩的关系/莫砺峰//中国文学研究（长沙）.1997，4.35~41

欧阳修文道并重的古文理论/寇养厚//文史哲（济南）.1997，3.87~96

欧阳修古文理论中的"道"/寇养厚//烟台大学学报.1997，2.13~17

欧阳修与佛老/严杰//学术月刊（上海）.1997，2.85~91

苏 洵

苏洵文章论/周楚汉//中国文学研究（长沙）.1997，3.38~42

曾 巩

谈谈曾巩的政治素质/揭永明//南昌大学学报.1996增刊.134~137

试论曾巩散文的中和之美：兼论其儒术、文词、文风的统一/毕庶春//社会科学战线（长春）.1997，5.81~84

王安石

试论王安石《解使事泊棠阴》二首的有关问题/高

文//文学遗产（北京）.1996，1.69～73

王安石的禅诗与钟山诗/陈磊//古典文学知识（南京）.1996，3.59～66

为王安石的《明妃曲》辨诬/邓广铭//文学遗产（北京）.1996，3.57～60

王安石晚期绝名的意象特色/赵建梅//辽宁大学学报（沈阳）.1996，1.66～69

王安石的人才观/黄永杰//吉林大学社会科学学报（长春）.1997，2.89～92

苏　轼

论苏轼以道为主的美学理想/杨存昌//齐鲁学刊（济南）.1996，4.89～93

苏轼的"虚"、"静"、"明"观：论庄子的"心斋"思想对苏轼后期思想的影响/周小华//学术月刊（上海）.1996，9.96～98

寄我无穷境：苏轼贬儋期间的生命体验/唐玲玲//文学遗产（北京）.1996，4.49～56

苏轼黄州时期的生活方式及社会意义/梅大圣//江汉论坛（武汉）.1996，7.33～37

佛之梦魇与禅之忧伤：岭南时期苏轼的禅佛情结/覃召文//文史知识（北京）.1996，6.69～73

苏轼人格的文化内涵与美学特征//邹志勇//山西大学学报（太原）.1996，1.36～41

略论黄州时期的苏轼人格/田龙过//唐都学刊（西安）.1996，3.65～68

苏轼贬居黄州期间词多诗少探因/王兆鹏，徐三桥//湖北大学学报（武汉）.1996，2.90～99

苏轼的诗歌理论/张连第//吉林大学社会科学学报（长春）.1996，1.82～86

苏轼论诗味/黄钢//新疆社科论坛（乌鲁木齐）.1996，3.63～67

试论苏轼关于诗歌鉴赏的理论与实践/王文龙//文学遗产（北京）.1996，5.52～61

苏轼"婉约"词风辨/杨新民//内蒙古大学学报（呼和浩特）.1996，2.53～59

苏词辨伪/邹同庆，王宗堂//中州学刊（郑州）.1996，2.96～99

试论东坡词与苏门弟子词之源流/王洪//中国新闻学院学报（北京）.1996，3.51～54

近年东坡词研究述略/崔海正//文学遗产（北京）.1996，1.120～125

苏词哲理三题/黎烈南//北京师范大学学报.1996，3.84～90

一部珍贵苏词注本的复活：读刘尚荣校证《傅幹注坡词》/邹同庆，王宗堂//河南大学学报（郑州）.1996，1.32～34

疑君前身"碧玉椽"：论东坡的修竹情缘/赵梅//苏州大学学报.1996，1.78～81，119

苏轼与文章之法/毕熙燕//海南师院学报（海口）.1996，1.26～30

苏轼散文中的禅/赵仁珪//北京师范大学学报.1997，4.28～36

论苏轼早期散文的创作思想/白清，王启和//西北大学学报（西安）.1997，4.99～102

东坡文谈/徐季子//宁波大学学报.1996，3.9～13

论苏轼是个改革派/刘敦纲//吉首大学学报.1997，3.71～81

论苏轼的文人品格与诗风/马茂军//学术研究（广州）.1997，9.83～98

苏东坡的最终流放/李国文//文学自由谈（天津）.1997，1.4～13

苏东坡阻遇王安石变法心理学考察/陈国生//吉首大学学报.1997，3.81～86

苏轼文学研究述略/侯怡敏//中国文学研究（长沙）.1997，3.43～49，56

苏轼诗歌感喟人生的哲理特征/〔韩〕张尹炫//文史哲（济南）.1997，3.97～102

苏轼诗歌的至境：自然/〔韩〕安熙珍//文学遗产（北京）.1997，3.35～43

苏轼诗歌创作的分期问题新探/方然//四川大学学报（成都）.1997，3.53～57

论苏轼的诗歌美学思想/文师华//南昌大学学报.1997，2.89～94

苏轼与韩国词文学的关系/〔韩〕柳基荣//复旦学报（上海）.1997，6.93～97，106

苏轼"豪放雅词"论/王洪//中国新闻学院学报（北京）.1997，3.52～57

清旷，东坡词之美学风度/李康化//社会科学战线（长春）.1997，2.150～158

千江有水千江月：论苏轼词中的"月"意象/陈迎辉//内蒙古社会科学（呼和浩特）.1997，4.89～92

论东坡词的"雅化"及其对词史的影响/王洪//中国人民大学学报（北京）.1997，1.69～75

从清旷到清空：苏轼，姜夔词学审美理想的历史考察/李康化//文学评论（北京）.1997，6.

107～114
苏轼判杭词创作的文化机制/沈松勤//浙江社会科学（杭州）.1997，2.47～51
论徽宗年间苏轼词的影响/诸葛忆兵//湖北大学学报（武汉）.1997，5.12～16
“强附贤达”的伪托之作：苏轼《叶氏宗谱序》真伪辨/曾枣庄//文学遗产（北京）.1997，6.89～93
对苏轼佚文《叶氏宗谱序》的考证/叶瑞汶//文学遗产（北京）.1997，3.109～112
苏轼佚文《叶氏宗谱序》质疑/岳珍//四川大学学报（成都）.1997，4.76～78

苏　辙

苏洵、苏辙散文创作比较论/洪本健//江海学刊（南京）.1996，4.162～166
浩然之气、一以贯之：苏辙散文特色略论/唐骥//求索（长沙）.1997，5.101～104

舒　亶

论新党舒亶及其文学创作/周建国//文学遗产（北京）.1997，2.69～77

黄庭坚

个性化，山谷诗的审美追求定位/刘友林//赣南师范学院学报（南昌）.1996，3.30～34
回归自性、正心诚意/试论黄庭坚伦理思想的历史地位/黄宝华//上海师范大学学报（哲社版）.1996，4.85～91
从奇峭中见拙朴、于瘦硬处出清新：试探黄庭坚诗风的另一侧面/曾子鲁//赣南师范学院学报.1996，4.26～30
论黄庭坚的道家思想及道家思想对其诗风的影响/白政民//西北大学学报（西安）.1996，4.4～7，24
黄庭坚《题竹石牧牛并序》读解/吴晟//古典文学知识（南京）.1996，1.36～40
黄庭坚与“岁寒三友”：兼论“岁寒三友”文化义的生成/吴晟//广州师院学报.1997，4.11～16
海内孤本《黄律卮言》的发现及其价值/高国藩，梅俊道//江西社会科学（南昌）.1997，5.37～43
黄庭坚“夺胎换骨”法议/陈定玉//文艺理论研究（上海）.1997，5.74～80
十年来黄庭坚研究综述/凌佐义//文学遗产（北京）.1997，4.117～125

秦　观

秦观黄庭坚词的异同与历史地位/房日晰//西北大学学报（西安）.1997，4.94～98
论秦观策论/吴蓓//浙江学刊（杭州）.1997，5.100～104
淮海居士未仕心态平议：兼与后山居士比较/张海鸥//文学遗产（北京）.1997，6.46～52

晁补之

晁补之的闲居词/刘银光//济宁师专学报.1996，3.60～62
晁补之与苏轼交游考/刘焕阳//江西师范大学学报（南昌）.1997，2.39～42

周邦彦

周邦彦家世发覆/刘永翔//华东师范大学学报（上海）.1996，3.10～14
周邦彦咏物词浅论/赵治中//绥化师专学报.1996，1.43～48
言情写景好篇章：读周邦彦《满庭芳、夏日漂水无想山作》/张开瑰//文史知识（北京）.1996，9.56～58
近年周邦彦词研究述略/崔海正，周立亮//聊城师院学报.1996，3.80～85
从画中的南北宗看词中的清真与白石/陈磊//文学遗产（北京）.1996，2.75～84
试论周邦彦雅词的产生和审美特质/王洪//中国新闻学院学报（北京）.1997，2.29～33，44
论清真词在宋代的文学效应/杨万里//上海师范大学学报（哲社版）.1997，1.95～100
周邦彦提举大晟府考/诸葛忆兵//文学遗产（北京）.1997，5.114～117

宗　泽

宗泽诗赋述评/黄碧华//杭州大学学报.1996，4.77～82

叶梦得

论叶梦得的诗学思想/张晶//江海学刊（南昌）.1997，1.158～162

吕本中

论吕本中的七言古诗/王锡九//扬州师院学报.1996，1.38～42，46

李清照

中国古代女性文学的超越与变异：论李清照文学成就特质/周桂峰//淮阴师专学报.1996，2.4～8
评李清照的词学理论/张驰//河南大学学报（郑

州）.1996，4.55～59

李清照词艺术特色概说/樊利军//云南民族学院学报（昆明）.1996，3.79～83

论李清照词的理性之光/江年攀//宁德师专学报.1996，1.50～54

易安杯酒词不凡/骆传民，王小燕//东北师大学报（长春）.1996，1.86～88，98

李清照词的艺术特色片谈/何怡涛//湘潭大学学报.1996，6.47～49

李清照词意象浅见/王跃飞//淮北煤师院学报.1996，2.102～105，110

词别是一家，评李清照《词论》/梁华//广西社会科学（柳州）.1997，3.104～107

易安体的内在结构和表达功能/李正春//江苏社会科学（南京）.1997，1.147～152

李清照《词论》写作动因及其对南宋词坛之影响/张廷杰//宁夏大学学报（银川）.1997，3.68～74

九十年代李清照研究述评/任映红//上饶师专学报.1997，1.67～72

陈与义

战乱年间的陈与义的几个问题/吴忠胜//赣南师范学院学报.1996，4.31～35

朱敦儒

隐逸观念的新变：从朱敦儒隐逸词谈中唐后的隐逸/田耕宇//河北师大学报（石家庄）.1996，3.50～55

朱敦儒词纵观/张而今//文学遗产（北京）.1997，3.44～52

洪迈

洪迈对志怪小说理论批评的历史性贡献/刘良明//武汉大学学报.1996，6.93～98

《分类夷坚志》研究/张祝平//华东师范大学学报（上海）.1997，3.80～86

笔记之冠冕，志怪之翘楚：洪迈的《容斋随笔》与《夷坚志》/凌文生//古典文学知识（南京）.1997，2.109～114

陆游

试论陆游双重婚恋心理机制/李宁琪//吉首大学学报.1996，3.39～42

评陆游的诗论系统/吴建民//赣南师范学院学报（南昌）.1996，4.22～25

陆游诗的自省意识/夏春豪//淮阴师专学报.1997，3.13～16

陆游散文简论/吴小英//杭州大学学报.1997，4.106～111

论陆游的道学观旁及其他/张乘健//文学遗产（北京）.1997，4.58～66

范成大

范成大《四时田园杂兴》四题/钟东//广州师院学报.1996，1.32～38

范成大出使金国所作诗艺术蠡测//景宏业//晋阳学刊（太原）.1997，6.47～50

杨万里

杨万里出入理学的文学思想/韩经太//社会科学战线（长春）.1996，2.217～223

朱熹

理学先生的酒豪形象：朱熹《醉下祝融峰》解读/周海平//名作欣赏（太原）.1996，4.42～46

论朱熹的人性学说/李文//重庆师院学报.1996，3.13～19

朱熹劝善惩恶《诗经》说在日本的际遇/王晓平//天津师大学报.1996，4.69～74

活水源头辨文心：评吴长庚先生的《朱熹文学思想论》/束景南，李军//上饶师专学报.1997，2.53～56

宋刊闽浙二本《朱熹文集》关系考论/郭齐，尹波//四川大学学报（成都）.1997，4.72～75

朱子理学美学的研究价值三论/潘立勇//浙江社会科学（杭州）.1997，2.38～42

张孝祥

试论张孝祥词风特色/裴善明//江淮论坛（合肥）.1997，5.98～103

辛弃疾

辛稼轩的咏花词/邓魁英//文学遗产（北京）.1996，3.61～70

近年稼轩词研究述略/崔海正//东岳论丛（济南）.1996，4.107～111

稼轩师承关系与词学渊源/胡传志//安徽师范大学学报（芜湖）.1997，1.69～75

论辛词豁达自适的艺术境界/李建国//贵州社会科学（贵阳）.1997，2.73～77，99

狂心豪气英雄词：论稼轩词的刚美/岳国钧//贵州社会科学（贵阳）.1997，2.68～72

《稼轩词》与《东山词》比较论/赵佳聪//云南师范大学学报（昆明）.1997，3.30～36

论辛词自我形象的塑造/范垂新//辽宁大学学报（沈阳）.1997，3.74～77

辛弃疾师事蔡松年说平质/王庆生//徐州师范大学学报.1997，3.60～63

炼狱的“醉”：辛弃疾词“醉”的境界新探/张琪亚//贵州民族学院学报.1997，1.49～53

稼轩词所体现的人生感喟及狷介品节/刘乃昌//东岳论丛（济南）.1997，2.89～92

英雄感怆　大声镗鞳：论稼轩词的崇高美/张玉璞，刘加夫//江西师范大学学报（南昌）.1997，3.37～42

刘　过

略论《龙洲词》的风格特质/刘银光//阴山学刊（包头）.1997，2.24～27

壮志未酬、落魄江湖：南宋爱国诗人刘过/俞兆鹏//南昌大学学报.1997，1.93～97

史达祖

论史达祖词中的沉郁/张帆//四川师范大学学报（成都）.1997，4.42～47

姜　夔

论姜白石对周邦彦苏轼词的继承/张姝、杨丽//新疆大学学报（乌鲁木齐）.1996，2.75～78

唯有绿荷红菡萏　卷舒开合任天真：姜夔诗论/张瑞君//河北大学学报（保定）.1996，4.33～39

清雅、白石词之美学风度/邓乔彬，李康化//学术月刊（上海）.1996，2.76～83

从《扬州慢》读姜夔词派的历史心境/钱玉趾//文史杂志（成都）.1996，1.62～63

清客雅词之先声：姜白石词论/王洪//江西社会科学（南昌）.1997，6.62～66

词序与姜白石的词序/张玉璞//学术月刊（上海）.1997，8.64～68

文化整合与姜词的艺术传达/祁光禄//吉首大学学报.1997，1.82～85，72

近十年姜夔词研究述略/崔海正//江西师范大学学报（南昌）.1997，1.36～39，57

严　羽

论严羽评点《李太白诗集》/陈定玉//文艺理论研究（上海）.1996，1.78～84

严羽诗歌理论述评/吴建民//徐州师院学报.1996，1.47～50，55

严羽与诗话风气/庄锡华//江苏社会科学（南京）.1997，5.148～154

《沧浪诗话》与明代诗论/朴英顺//上海大学学报.1997，1.54～58

《沧浪诗话》精义管窥/何懿//安徽教育学院学报（合肥）.1997，1.41～44

《沧浪诗话》与清代诗论/〔韩〕朴英顺//文史哲（济南）.1997，6.59～63

严羽诗论诸说/童庆炳//北京师范大学学报.1997，2.82～89

戴复古

关于弘治本《石屏诗集》及其点校本的几个问题/张继定//浙江学刊（杭州）.1997，2.83～87

刘克庄

后村词的基本特色及其在南宋词坛的地位/刘锋焘//陕西师范大学学报（西安）.1996，4.86～90

刘克庄与贾似道/明见//湖北三峡学院学报（宜昌）.1997，2.58～62

吴文英

梦窗词与梦幻的窗口/陶尔夫//文学遗产（北京）.1997，1.76～85

谢枋得

谢枋得的爱国思想和他的《注解选唐诗》/俞兆鹏，俞晖//南昌大学学报.1996，3.73～77

刘辰翁

刘辰翁诗歌评点的理论和实践/周兴陆//华中师大学报（武昌）.1996，2.110～113

《须溪词》论/田芳//吉首大学学报.1996，1.65～69

文天祥

文天祥和杜诗/张浩逊//齐齐哈尔师范学院学报.1997，5.52～56

纪念文天祥诞辰760周年学术座谈会综述/叶青//江西社会科学（南昌）.1996，7.107～108

刘　壎

刘壎《隐居通义》的赋论/邓国光//文学遗产（北京）.1997，5.72～80

林景熙

林景熙事迹作品辨疑/陈增杰//苏州大学学报.1996，1.74～77，88

汪元量

两种《湖州歌》辨/张传峰//文学遗产（北京）.1996，5.110～111

元好问

元好问文艺美学思想论断/张仁香∥求是学刊（哈尔滨）.1996，2.81~83

元遗山作品编年考五则/狄宝心∥山西师大学报（临汾）.1996，4.49~52

论遗山词/张晶∥文学遗产（北京）.1996，3.71~77

元好问诗学对苏黄的批评与继承/张进∥文史哲（济南）.1996，2.55~60

良辰美景动诗情：元好问《双调·骤雨打新荷》赏析/刘扬忠∥古典文学知识（南京）.1996，3.39~44

元遗山《论诗三十首》的美学系统/李正民∥民族文学研究（北京）.1997，1.18~23

元代文学

总论

诗社与书会：元代两类知识分子群体及其价值取向的分野/欧阳光∥中山大学学报（广州）.1996，3.49~57

元文人心态与文学实践/乔光辉∥东岳论丛（济南）.1996，3.96~99

月泉吟社考述/欧阳光∥学术研究（广州）.1996，6.73~76

论少数民族诗人在元代中后期诗风丕变中的作用/张晶∥民族文学研究（北京）.1997，1.9~12

元初遗民诗社汐社考略/欧阳光∥中山大学学报（广州）.1997，1.102~107

元代韵文创作中的"破体"研究/索宝祥∥杭州大学学报.1997，2.101~105

元代文人心态研究的新收获/钟宜∥文学遗产（北京）.1996，6.120~122

散曲

论散曲的"当行本色"/张晶∥吉林大学社会科学学报（长春）.1996，1.75~81

试论元散曲的叠字艺术/王毅∥湖南师大学报（长沙）.1996，3.88~94

元散曲的引用艺术/施轩∥聊城师院学报.1996，2.97~104

论元散曲的比喻艺术/施轩∥湘潭大学学报.1996，5.53~58

元人散曲导读/吴新雷∥古典文学知识（南京）.1996，4.12~17

元代北方民族散曲的民族文化特色/王菊艳∥北方论丛（哈尔滨）.1996，2.81~85

少数民族作家元曲创作繁荣的原因/杨泉良∥中南民族学院学报（武汉）.1996，2.92~94

元代戏曲理论述评/段庸生∥重庆师院学报.1996，2.48~57

谈元曲兼及"一代之文学"问题/徐子方∥江海学刊（南京）.1997，1.163~166

元人《九宫十三调词谱》考/周维培∥戏剧艺术（上海）.1997，2.122~128

元曲独特的审美情致：蛤蜊风味/黄卉∥中国文学研究（长沙）.1997，4.49~52

杂剧

元人杂剧的选集与全集/蒋星煜∥河北师院学报（石家庄）.1996，3.39~43，127

略论元杂剧中的科学考试/王颖∥辽宁大学学报（沈阳）.1996，1.82~85

试论元杂剧的诗歌本质/龙迎春∥中山大学研究生学刊（广州）.1996，4.30~33

净甬面面观/姚垚∥求索（长沙）.1996，5.97~100

元人杂剧的选集与全集/蒋星煜∥河北师院学报（石家庄）.1996，3.39~43，127

试谈元杂剧中包公的智慧风趣与幽默/于莉莉∥河北学刊（石家庄）.1996，2.67~69

唐传奇与元杂剧相关作品的比较研究/程国赋∥学术研究（广州）.1997，2.71~76

悲剧意识：元杂剧深层美学意蕴的核心/韩学君∥中国文学研究（长沙）.1997，1.44~49

元杂剧中三国戏艺术管窥/顾宇倩∥扬州大学学报.1997，6.41~45

浅论元杂剧繁荣的原因/莫小非∥广西社会科学（柳州）.1997，3.108~111，121

关于元剧套曲的三个问题/张正学∥河北师范学院学报（石家庄）.1997，1.93~96

元明之际北曲曲目论略/周维培∥南京大学学报.1997，3.115~124

北杂剧和南戏文之不同剧本体制成因新探/李鹏∥中山大学研究生学刊（广州）.1997，1.35~38

戏曲教化功能的失范：元杂剧衰微论之一/杜桂萍∥北方论丛（哈尔滨）.1997，1.18~22

文学性与舞台性的失衡:元杂剧衰微之二/杜桂萍//求是学刊(哈尔滨).1997, 2.70~74

元杂剧呼妻为“大嫂”与兄弟共妻古俗/康保成//扬州大学学报.1997, 6.23~30

对封建礼教和理学的背叛与超越:略论元杂剧中若干女性形象/奚海//青海师范大学学报(西宁).1997, 4.77~81

《李逵负荆》喜剧艺术二题/阙真//广西师范大学学报(桂林).1997, 1.50~55

略论元杂剧的校勘/朱光荣//贵州师范大学学报(贵阳).1997, 4.74~76

《三国志》戏文考/黄仕忠//中山大学学报(广州).1997, 5.124~130

包公戏与包公小说的关系(上下)/徐秀虹//福建师范大学学报(福州).1997, 2.75~81; 3.78~82

浅谈元杂剧“神仙道化剧”中“度脱剧”之梦幻/刘水云//南京师大学报.1997, 2.118~121

勾栏、行院、昇平署考释/陈桂声//苏州大学学报.1997, 1.79~83

诗、词

金元明词简论/钟东//广州师院学报.1996, 3.23~26

元代后期少数民族诗人在元诗史中的地位/张晶//内蒙古社会科学(呼和浩特).1997, 6.87~91

元代山水诗述略/王琳//内蒙古民族师院学报(通辽).1997, 2.40~46

元代诗学伪书考/张伯伟//文学遗产(北京).1997, 3.65~73

元佚诗研究/杨镰//文学遗产(北京).1997, 3.53~64

元明诗概说/王英志//苏州大学学报.1997, 4.51~57

关汉卿

关汉卿行迹推考/徐子方//晋阳学刊(太原).1996, 5.81~86

俗文学的一面旗帜/对关汉卿的再认识//杨有山//信阳师院学报.1996, 4.62~66

论关汉卿对中国悲剧艺术范式的构建/周国雄//齐鲁学刊(济南).1996, 4.121~124

关汉卿创作散论/翟满桂//求索(长沙).1996, 2.101~104

关汉卿喜剧初探/许灏//求是学刊(哈尔滨).1996, 6.80~84

论关汉卿在散曲发展史中的地位/蒲向明//甘肃社会科学(兰州).1996, 3.73~76, 94

冤海里酿育的反抗与复仇的意志,窦娥形象析论/卢瑞芬//齐齐哈尔师范学院学报.1996, 1.42~47

全面营造中国戏曲艺术范式:论关汉卿的杰出贡献/周国雄//文学评论(北京).1997, 4.121~129

关汉卿籍贯考述/徐子方//晋阳学刊(太原).1997, 4.73~77

关汉卿悲剧美学管窥/温斌//阴山学刊(包头).1997, 1.18~23

相映生辉的悲剧性格塑造:《哈姆莱特》与《窦娥冤》比较研究新探/从丛//国外文学(北京).1997, 3.109~118

关汉卿与关羽/蒋星煜//河北师范学院学报(石家庄).1997, 3.72~76

关汉卿身份考述:兼评“院户论”种种/徐子方//南京师大学报.1997, 2.113~117

宋梅洞

《娇红记》最简本的发现及其意义/宣啸东//明清小说研究(南京).1997, 2.145~147

耶律铸

耶律铸边塞诗论析/阎福玲//河北师范学院学报(石家庄).1997, 3.80~84

郝 经

郝经的学术与文艺/查洪德//文学遗产(北京).1997, 6.53~56

白 朴

论白朴拒荐原因及其对其杂剧创作的影响/杜桂萍,于建慧//牡丹江师范学院学报.1997, 1.79~81

白朴散曲的艺术风格与历史地位/〔韩〕俞玄穆//社会科学战线(长春).1997, 2.159~166

郑廷玉

论郑廷玉在元杂剧史中的地位/张本一//信阳师院学报.1996, 2.46~50

权与欲肆虐时代的苦涩求索:郑廷玉杂剧的文化意蕴/张大新//河南大学学报(开封).1997, 5.19~24

王实甫

近百年《西厢记》研究/张人和//社会科学战线

（长春）.1996，3.36～44

一个叙事模式的阐释学读解：重读《西厢记》/冯文楼//东方丛刊（桂林）.1996，3.132～146

谈《西厢记》的成书过程兼及文学史上的借鉴现象/刘银光//临沂师专学报.1997，1.57～60

《西厢记》的版本系统概况/张人和//社会科学战线（长春）.1997，3.216～223

康进之

康进之及其《李逵负荆》/门立功//济宁师专学报.1996，3.74～76

吴　澄

吴澄的诗论及其历史地位/王忠阁，叶爱欣//信阳师范学院学报.1997，3.65～71

王　约

王约及其散曲/宁恢//甘肃社会科学（兰州）.1996，3.69～72

马致远

试论马致远的"神仙道化"剧/刘方政//东岳论丛（济南）.1997，6.97～100

睢景臣

睢景臣论/宁宗一//南开学报（天津）.1996，3.10～18

睢景臣《高祖还乡》新解/张志江//文史知识（北京）.1996，5.28～31

贯云石

贯云石何慕陶渊明/张玉声//新疆师范大学学报（乌鲁木齐）.1997，4.14～19

杨维桢

杨维桢的文学观/黄仁生//复旦学报（上海）.1997，4.81～86

杨维桢别名谈/杨尔//台州师专学报.1997，1.41～43

萨都剌

平生梦想金陵道、此日偶然身自来：南京与元代诗人萨都剌的诗词创作/李延年//古典文学知识（南京）.1997，2.56～62，49

试谈萨都剌别开生面的妇女题材诗/李延年//河北师大学报（石家庄）.1996，4.79～83

从萨都剌诗歌看元朝政治的衰变/曾晓玲//内蒙古大学学报（呼和浩特）.1997，2.42～49

也论萨都剌的族别问题/龙德寿//北京师范大学学报.1997，4.44～47

迺　贤

乃贤和他的《金台集》/张丹飞//民族文学研究（北京）.1997，1.24～27

石君宝

夫妻同陌生，殊途又异归：《秋胡戏妻》与《秃头歌女》比较论略/胡健生，牟雷//齐鲁学刊（曲阜）.1997，5.36～40

高　明

道德与情欲的双重奏：试论高明创作《琵琶记》的双层意向/许建平//河北师大学报（石家庄）.1996，1.54～59

论高明《琵琶记》：古戏名著讲座之八之九/孔瑾//剧作家（哈尔滨）.1997，5.63～71；6.97～102

《琵琶记》在戏曲史上的影响与地位/黄仕忠//戏剧艺术（上海）.1997，2.113～121

丁鹤年

丁鹤年诗歌的主体思想倾向/导夫//民族文学研究（北京）.1997，3.59～64

回族诗人丁鹤年诗歌的情感结构/导夫//中央民族大学学报（北京）.1996，2.53～58

明代文学

总　论

论明代的文学流派研究/郭英德//求是学刊（哈尔滨）.1996，4.83～87

晚明文学与五四文学的时差与异质/刘中树//中国社会科学（北京）.1996，6.167～178

向后倒退的革新：论明末清初的求实文学观念/郭英德//湖北大学学报.1996，6.49～54

论明清时调小曲的艺术价值/谢桃枋//贵州社会科学（贵阳）.1996，5.70～76

晚明的清赏小品/吴承学//古典文学知识（南京）.1996，5.67～73

明代民歌批评的历史成就及其局限/崔晓西//厦门大学学报.1996，3.79～84

从矫枉过正到自我修正：明代文论中的一个特异现象/孙书磊//江西师范大学学报（南昌）.1997，1.40～44

论晚明清言/吴承学//文学评论（北京）.1997，4.130～138

明代诗经学的新气象/张启成//贵州社会科学（贵阳）.1997，5.64～69

明清作家关于英雄形象的论述/马成生//甘肃社会科学（兰州）.1997，4.50～54
晚明情感论：与佛学关系之研究/黄卓越//文艺研究（北京）.1997，5.46～55
论性灵派存在的时空性/王英志//社会科学战线（长春）.1997，3.136～142
《文致》：明人不传秘笈/蔡镇楚//湖南师范大学学报（长沙）.1997，1.100～106
明代隆庆、万历间文风的转变/饶龙隼//文学评论（北京）.1996，1.133～143
晚明心态与晚明习气/吴承学，李光摩//文学遗产（北京）.1997，6.65～75

诗、词

试论明代七子派的诗歌意象理论/史小军//陕西师范大学学报（西安）.1996，3.54～59
略论明清乡邦诗学中的"泛江西诗派"观/张寅彭//文学遗产（北京）.1996，4.78～88
明诗总集述要/陈正宏//古典文学知识（南京）.1997，1.107～116
论明词中衰/金一平//江海学刊（南京）.1997，4.160～164

小　说

理想、诗笔、启示：论才子佳人小说的创作方法/陈惠琴//明清小说研究（南京）.1996，3.74～86
雅俗文学的碰撞与交融：明代诗文小说漫评/林骅//明清小说研究（南京）.1996，3.65～73
公案小说与法制意识：对公案小说的文化思考/竺洪波//明清小说研究（南京）.1996，3.41～51
论历史演义小说/侯忠文//明清小说研究（南京）.1996，3.34～40
志怪、小说题材来源中的神话、历史及诗歌意象/王连儒//聊城师院学报.1996，4.86～92
论明代中叶到清代中叶通俗小说批评的美学特色/朱振武//明清小说研究（南京）.1996，2.22～30
明清小说化用佛经中情节举隅/赵杏根//明清小说研究（南京）.1996，2.16～21
小说评点的萌兴：明万历年间小说评点述略/谭帆//文艺理论研究（上海）.1996，6.87～94
论明清历史演义小说作家的创作思想/纪德君//海南大学学报（海口）.1996，4.54～60
才子佳人小说婚姻模式的特征和成因：兼评其进步意义和历史局限/纪德君//青海师范大学学报（西宁）.1996，1.80～85
论"拨乱小人"：才子佳人小说研究之二/刘坎龙//明清小说研究（南京）.1996，3.87～99
论明清小说人物的弃世行为/韩希明//明清小说研究（南京）.1996，1.22～29
从明清小说看中国人的诉讼观念/徐忠明//中山大学学报（广州）.1996，4.54～62
文学对日常生活的批判：明清世情小说的文化透视/金民卿//求是学刊（哈尔滨）.1996，3.11～14
小说"补史"论概观：明清小说功能论研究之一/范道济//明清小说研究（南京）.1996，4.79～91
中国小说中的文人叙事：明清章回小说研究（上、下）/陈平原//郑州大学学报.1996，5.9～17；6.1～8
妖艳的梦幻：试谈明清狐文学中的性心理/山民//明清小说研究（南京）.1996，3.52～64
《李生六一天缘》考/陈益源//南开学报（天津）.1996，1.63～66，75
巴山蜀水迎远客：明清小说话绵绵"96明清小说研讨会"综述/张蕊青//明清小说研究（南京）.1996，4.73～78
论洪武至正德初婚恋小说的阻滞式结构模式/曹萌//学习与探索（哈尔滨）.1997，4.125～130
明代历史演义小说生成论/纪德君//北京师范大学学报.1997，6.80～86
道教与"神魔小说"的主题/荀波//四川大学学报（成都）.1997，2.64～72
试论明清时期历史小说家的悲剧意识/纪德君//河北学刊（石家庄）.1997，6.65～69
徽商的生活情态与价值观念：从明清小说看徽商存在/章尚正//安徽大学学报（合肥）.1997，3.24～30
明末清初小说批评的特色与成就/王辉斌//新疆师范大学学报（乌鲁木齐）.1997，3.47～52
再论明末言情小说观及其发展段落/曹萌//南开学报（天津）.1997，2.41～51
对晚明白话短篇小说的再认识/柳依//中州学刊

（郑州）.1997，4.118～124

明清艳情小说结局模式的宗教分析/潘建国//中州学刊（郑州）.1997，4.125～129

道教房中文化与明清小说中的性描写/潘建国//明清小说研究（南京）.1997，3.57～70

论元明清小说戏曲中的雷同人物形象/郭英德//明清小说研究（南京）.1997，4.41～59

明清人物性格理论初探/叶纪彬，李松扬//文艺理论研究（上海）.1997，6.40～53

徽州经商习俗与明清小说/赵兴勤//徐州师范大学学报.1997，1.105～109

乱世悲歌与政治童话：试论明末清初时事小说的创作心态/莎日娜//明清小说研究（南京）.1997，3.86～96

古代小说人物艺术的起点：对小说史研究一个问题的回顾和回答/刘上生//明清小说研究（南京）.1997，4.88～96

晚明小说批评刍议/石麟//明清小说研究（南京）.1997，3.71～85

明清状元与明清小说/周腊生//明清小说研究（南京）.1997，1.203～210

明清之际小说评点考论/林岗//学术研究（广州）.1997，12.67～71

《醒世姻缘传》作者问题补考/严云受//明清小说研究（南京）.1997，3.34～44

《醒世姻缘传》作者再补证/张清吉//明清小说研究（南京）.1997，3.21～27

懦夫与悍妇：《醒世姻缘传》的独特的人物形象/魏文哲//明清小说研究（南京）.1996，2.197～209，212

《巧缘艳史》考论/张俊//明清小说研究（南京）.1997，1.126～136

《好逑传》非才子佳人小说论/曹亦冰//明清小说研究（南京）.1997，3.190～197

《列国志传》与《武王伐纣平话》/曾良//明清小说研究（南京）.1997，1.233～242

戏曲、戏剧

刺世伤时显微阐幽：论苏州派传奇的文化内涵/郭英德//北京师范大学学报.1996，3.98～107

试论明代传奇作家创作中的矛盾心态/郑裕敏//中山大学研究生学刊（广州）.1996，2.26～30，35

晚明的秦腔钩沉/焦文彬//陕西师范大学学报（西安）.1996，4.96～99

从演鬼到演人之间的艺术过渡：论明中叶三部影射杂剧/田同旭//晋阳学刊（太原）.1996，6.66～71

从《桃花人面》看晚明的才子佳人戏曲/刘勇刚//南通师专学报.1996，3.30～32

明清剧家史剧见解述评/张正学//重庆师院学报.1996，2.58～62

试论明清传奇中"才子佳人"模式/姚旭峰//上海大学学报.1996，2.39～44

论传奇历史剧创作的虚实相生/许建中//扬州大学学报.1997，4.18～22

传奇戏曲的兴起与文化权力的下移/郭英德//中国社会科学（北京）.1997，2.165～178

明代杂剧的衰微与流变（节选）/谢柏梁//戏剧（北京）.1997，2.62～67

论明清文人抒愤喜剧/郑尚宪//南京师大学报.1997，4.107～112

论明本潮州戏文《刘希必金钗记》/吴国钦//中山大学学报（广州）.1997，5.113～123

罗贯中

《隋唐志传》非罗贯中所作/沈伯俊//明清小说研究（南京）.1997，4.107～114

《三国演义》主题再探/潘承玉//唐都学刊（西安）.1996，3.69～73

试论《世说新语》对《三国志通俗演义》的影响/徐虎//明清小说研究（南京）.1996，1.77～84

明清文人心态与《三国演义》的修订/吴锦润//明清小说研究（南京）.1996，4.100～107

还"仁德"在《三国演义》中的地位：兼及跨世纪《三国演义》研究走向的思考/杨建文//明清小说研究（南京）.1996，4.92～99

论神秘色彩在《三国演义》中的艺术价值/刘志军//湖北大学学报（武汉）.1996，2.84～86，89

论《三国演义》中女性形象塑造/坚毅//江西社会科学（南昌）.1996，8.56～60

元杂剧艺术对《三国演义》的影响/罗斯宁//中山大学学报（广州）.1996，2.121～127

再评《三国演义》中的"英雄史观"/竺洪波//上海师范大学学报.1996，4.104～109

《三国演义》中文人形象扫描/张蕊青//江苏社会科

学.1996，1.124～132

诸葛亮悲剧形象的文化解读/谭邦和//明清小说研究（南京）.1996，1.65～76

《三国演义》与明清其他历史演义小说的比较/沈伯俊//中华文化论坛（成都）.1997，3.38～43

皇权欲：《三国演义》的主题/叶松林//明清小说研究（南京）.1997，1.211～222

再谈重新校理《三国演义》的几个问题/沈伯俊//明清小说研究（南京）.1997，2.4～21

三大战役之于《三国演义》的结构/宋培宪//明清小说研究（南京）.1997，2.31～39

施耐庵

世纪之争：施耐庵与中国长篇小说发源问题/黄俶成//扬州大学学报.1997，1.67～72

新时期的施耐庵研究/王同书//明清小说研究（南京）.1997，2.232～237

《水浒传》"结末不振"问题新议：为纪念施耐庵诞生七百周年而作/欧阳健//明清小说研究（南京）.1996，4.60～72

论《水浒传》的阶级倾向/王珏//明清小说研究（南京）.1996，4.54～59

误解《水浒传》：别样的风景/朱健//芙蓉（长沙）.1996，5.123～128

复仇：《水浒传》的原始意象/张强//唐都学刊（西安）.1996，3.74～78

明代《水浒传》批评的理论演进轨迹/齐鲁青//内蒙古大学学报（呼和浩特）.1996，2.60～69

李逵形象塑造的艺术经验/罗宪敏//明清小说研究（南京）.1996，3.117～129

试论金圣叹对宋江形象的评改/廉萍//明清小说研究（南京）.1996，3.130～138

论《水浒传》成书过程的史地背景/王珏//济宁师专学报.1997，4.16～21

《水浒传》主题的多元与主元/欧恢章//重庆师院学报.1997，4.47～54

人物形象是小说艺术的核心：全评《水浒传》人物观之一/张培英//河北大学学报（保定）.1997，2.18～23

误读《水浒传》梁山秀才的故事/朱健//芙蓉（长沙）.1997，1.123～128

《水浒传》：一个文化整合的悲剧/冯文楼//陕西师范大学学报（西安）.1997，3.99～105

《水浒传》人物绰号材源考论/朱奕，王尔龄//天津师大学报.1997，2.44～49

《水浒传》祖本及"郭武定本"问题新议/竺青//文学遗产（北京）.1997，5.81～92

偏激与嗜血：从侠的角度看《水浒传》/郑其兴//明清小说研究（南京）.1997，2.49～58

《水浒传》：一个反女性的文本/魏崇新//明清小说研究（南京）.1997，4.137～146

复仇：《水浒传》的原始意象/张强//明清小说研究（南京）.1996，3.106～116

宋 濂

朱元璋之为君和宋濂之为文/郭预衡//北京师范大学学报.1996，3.91～97

论宋濂的文化与散文创作/张仲谋//徐州师院学报.1996，2.64～68

论宋濂的诗学理论/张涤云//华中师范大学学报（武昌）.1997，5.59～65

高 启

高启生平思想研究/房锐//四川师范大学学报（成都）.1996，10.64～70，110

瞿 佑

《剪灯新话句解》"明嘉靖刻本"辨：兼论该书在朝鲜李朝的流传与影响/陈大康，漆源//文学遗产（北京）.1996，5.104～107

"剪灯二种"的价值评估/林骅//河北师大学报（石家庄）.1996，1.64～67

瞿佑续考/李剑国，陈国军//南开学报（天津）.1997，3.40～46

邱 濬

《钟情丽集》考/陈益源//复旦学报（上海）.1996，1.56～62

陈献章

诗与本体之心：陈白沙美学思想发凡/李旭//华中师范大学（武昌）.1997，5.53～58

陆 容

陆容与明代似话本小说/潘建国//上海师范大学学报.1997，3.44～49

李东阳

《怀麓堂稿》探考/钱振民//复旦学报（上海）.1996，1.63～68

王阳明

王阳明之江西事功、文学与学术/常耕//上饶师专学报.1997，1.22～27

王阳明文学略论/刘再华//求索（长沙）.1997，

6.98～101

李梦阳

李梦阳《空同集》人名笺征（之四）/王公望//甘肃社会科学（兰州）.1996，5.44～47

李梦阳与康海/王公望//甘肃社会科学（兰州）.1997，4.46～50

杨　慎

论杨升庵的散曲/刘益国//四川师范大学学报（成都）.1996，4.105～113

孟称舜

论孟称舜的戏曲创作论/俞为民//南京大学学报.1996，3.64～69

王　济

传奇剧《连环记》作者及创作年代斟疑/钟林斌//苏州大学学报.1997，3.40～43

谢　榛

从诗和禅联姻的流变解读谢榛的禅悟说/李庆立//苏州大学学报.1997，1.48～52

吴承恩

吴承恩与明代人学思潮及《西游记》的著作权问题/宋克夫//湖北大学学报（武汉）.1996，1.15～19，24

宗教光环下的尘俗治平求索：论世本《西游记》的文化特征/张锦池//文学评论（北京）.1996，6.132～141

论《西游记》诗词韵文的金丹学主旨/李安纲//晋阳学刊（太原）.1996，3.81～86

《西游记》内外读/王希杰//明清小说研究（南京）.1996，1.109～118

目连与小说《西游记》之孙悟空/刘祯//明清小说研究（南京）.1996，1.99～108

孙悟空的人格与明代中后期人文主义思潮/张晓//明清小说研究（南京）.1996，3.139～150

论孙悟空典型形象的寓意：试解《西游记》创作原旨之谜/郭子冉//聊城师院学报.1996，3.86～90

孙悟空形象的深层意蕴与民族精神/曹炳建//河南大学学报.1996，5.13～17

论沙和尚形象的演化/张锦池/文学遗产（北京）.1996，3.97～107

《还源篇》是唐僧八十一难原型/李安纲//山西大学学报（太原）.1996，2.9～16

再论《西游记》的祖本为《西游释厄传》：对吴圣昔《商榷》一文的质疑/王辉斌//宁夏大学学报（银川）.1996，1.106～112

评《再论〈西游记〉的祖本是〈西游释厄传〉》/吴圣昔//宁夏大学学报（银川）.1996，3.86～92

自由：《西游记》主题新说/竺洪波//上海大学学报.1996，2.45～50

从“乌鸣国”的增扦看《西游记》早期刊本的演变/侯会//文学遗产（北京）.1996，4.67～77

西游：厚德载物与自强不息的精神漫游：《西游记》寓意浅释/郭明志//北方论丛（哈尔滨）.1996，6.75～81

《西游记》作者确为吴承恩辨/蔡铁鹰//晋阳学刊（太原）.1997，2.69～77

《西游记》的风格与礼乐文化的转型/王齐洲//湖北大学学报（武汉）.1997，2.22～27

关于《西游记》祖本的再探讨：吴圣昔《评》文驳论/王辉斌//宁夏大学学报（银川）.1997，1.91～95，109

《西游释厄传》综考辨证录：兼谈王辉斌的“西游释厄传”论/吴圣昔//宁夏大学学报（银川）.1997，1.86～90

说朱本是晚于世本和杨本的三缀本：《西游记》版本源流考论之二/张锦池//北方论丛（哈尔滨）.1997，1.8～17

《西游记》的成书（上）（下）/中钵雅量，李倩译//通俗文学评论（武汉）.1997，3.78～86；4，81～88

招安：一个文化整合的悲剧/冯文楼//社会科学战线（长春）.1997，4.136～142

论《西游记》的“前世本”/吴圣昔//临沂师专学报.1997，5.61～65

《西游记》版本探索/程毅中，程有庆//文学遗产（北京）.1997，3.74～81

《西游证道书》撰者考辨/吴圣者//明清小说研究（南京）.1997，2.59～69

《西游记》人物形象塑造的心理学成因/孔刃非//明清小说研究（南京）.1997，3.118～131

苦难现实中的辉煌理想：别论《西游记》中的“女儿国”/刘丽珈//明清小说研究（南京）.1997，1.223～232

论“西游记”续书/郭明志//学习与探索（哈尔滨）.1997，2.120～125

《巴黎圣母院》与《西游记》浪漫主义特色之比较/

刘叔伦//中山大学学报（广州）.1997，6.113~120

李开先

简论李开先思想的变化与文艺观的创新/李献芳//齐鲁学刊（曲阜）.1997，5.14~16

茅 坤

茅坤《唐宋八大家文钞》述评/黄毅//古典文学知识（南京）.1997，4.111~116

《金瓶梅》

略论《金瓶梅》中的商官一体化现象/牛贵琥//晋阳学刊（太原）.1996，4.85~89

中西性文学两大叙事模式的典范：《金瓶梅》与《查太莱夫人的情人》比较/徐有宝//通俗文学评论（武汉）.1996，3.87~90

把《金瓶梅》的作者还给苍山兰陵（上、中、下）/王汝涛//临沂师专学报.1996，4.67~74；5.58~65；1997，1.77~84

从《金瓶梅》例说小说的史地问题/魏子云//明清小说研究（南京）.1996，1.4~21

兰陵笑笑生解/张炳森//河北师大学报（石家庄）.1996，4.84~91

《金瓶梅词话注解》质疑（续二）/姜志信//河北师院学报（石家庄）.1996，1.115~119

《金瓶梅》的构思：《金瓶梅》与《封神演义》、《三国志演义》的关系/大塚秀高著，胡德友译//明清小说研究（南京）.1996，4.108~118

对男权中心的文化批判：略论《金瓶梅》、《肉蒲团》性描写的象征意义/谢真元//社会科学研究（成都）.1996，6.124~128

梅香缕缕出金瓶：《金瓶梅》审丑：审美特色管窥/潘承玉//徐州师院学报.1996，3.89~93，104

新时期《金瓶梅》研究述评（续）/许建平//河北师院学报（石家庄）.1996，2.90~95；3.44~47

反常态而露新意：论《金瓶梅词话》的人生的主体意识观念/金善，润忠//河北师大学报（石家庄）.1996，1.68~71，76

佞幸帮闲的绝妙画像：论《金瓶梅》中的应伯爵/边家珍//河南大学学报（开封）.1996，3.84~87，37

隔海说"瓶"：魏注《〈金瓶梅词话〉注释》试补/悠悠//上海师范大学学报.1996，2.82~85

读冯子礼《金瓶梅与红楼梦人物比较》/李灵年//明清小说研究（南京）.1996，1.194~198

西门庆——明代官商的典型/陈诏//上海师范大学学报.1996，2.77~81

西门庆消费心态管窥/李明//徐州师院学报.1996，3.97~101

惠莲悲剧成因试析：兼论《金瓶梅》中惠莲悲剧的社会文化意义/唐小华//深圳大学学报.1996，2.37~42

试析《金瓶梅》中的世界图景/高小康//江海学刊（南京）.1997，3.157~163

《金瓶梅》求助鬼神观刍议/朱越利//江西社会科学（南昌）.1997，2.68~77

《金瓶梅》叙述语言的构成和特色/曹炜//齐齐哈尔师范学院学报.1997，6.69~73

《金瓶梅》和《查太莱夫人的情人》的性与文化的抉择和再生主题/梁佛根//广西教育学院学报（南宁）.1997，3.29~33

论毛泽东对《金瓶梅词话》的评价/孟进厚，陈昌恒//华中师范大学学报（武昌）.1997，6.106~111

关于《金瓶梅》张评本的新发现/王汝梅//吉林大学社会科学学报（通辽）.1997，3.29~31

《金瓶梅》作者应是胡忠/毛德彪//临沂师专学报.1997，4.44~48

《金瓶梅》：一部没有写完的书/薛洪//社会科学战线（长春）.1997，3.143~149

理性的皈依与感性的超越：论《金瓶梅》的二元文化指向/张进德//河南大学学报（开封）.1997，6.24~28

交叉视野中的《金瓶梅》与夏志清《金瓶梅新论》对话/高小康//明清小说研究（南京）.1997，2.86~97

试析《金瓶梅》情节中的偶然因素/吴道毅//通俗文学评论（武汉）.1997，3.87~91

《金瓶梅》词语拾诂/杨琳//烟台大学学报.1997，2.89~92

《金瓶梅》审"丑"谈/罗家坤//信阳师范学院学报.1997，2.71~74

西门庆：资本主义萌芽时期的新兴商人/王文彬//延边大学学报（延吉）.1997，2.132~136

地平线下的风景：《金瓶梅》女性弱者形象浅论/潘承玉//东岳论丛（济南）.1997，3.74~77

一个有双重性格的人：宋惠莲形象小论/吴学霆//

明清小说研究（南京）.1997，3.122～124

徐　渭

近年来徐渭研究述要/戚世隽//文史知识（北京）.1996，6.97～99，101

从《四声猿》看徐渭的民主思想/周薇//淮阴师专学报.1997，2.31～33

面向“大地众生”反映“人生本色”：徐渭戏曲“本色”说略论/樊文忠//江西师范大学学报（南昌）.1997，2.43～47

李　贽

李贽审美理想管窥/刘支宇//杭州大学学报.1996，1.73～80

走出文化发展的历史误区：读李贽《题孔子像于芝佛院》等文/朱永光//兰州学刊.1996，4.61～64

论回族思想家李贽的戏剧审美观/彭书麟//青海社会科学.1997，1.79～84

汤显祖

汤显祖：在政治与艺术之间/周明初//中州学刊（郑州）.1996，4.95～100

汤显祖的戏曲观与晚明心学思潮/陈永标//复旦学报（上海）.1996，5.89～94

忽闻歌古调、偏惊物候新：汤显祖戏剧创作理论与审美意识探因/龚国光//江西社会科学（南昌）.1997，10.65～69

《牡丹亭》与《红楼梦》：一次跨越体裁和时间界限的比较研究所取得的认识/姚莽//戏剧（北京）.1997，1.71～83

论汤显祖与曹雪芹写梦/杨健民//福建论坛（福州）.1997，5.26～31

中国正剧的本体风格和鉴别标准：兼论《牡丹亭》的艺术属性/周国雄//文艺研究（北京）.1997，1.74～80

论汤显祖的人生道路与《紫钗记》/曲家源，白照芹//社会科学战线（长春）.1997，4.128～135

论汤显祖的自由生命意识/刘彦君//文学遗产（北京）.1997，1.86～93

江盈科

论公安派副将江盈科的文学思想/黄仁生//湖南师范大学学报（长沙）.1997，3.87～92

江盈科生平、著述考/黄仁生//中国文学研究（长沙）.1997，2.58～63

宋懋澄

宋懋澄年谱/徐朔方//明清小说研究（南京）.1997，1.186～194；2.176～187

高　濂

单纯与醇厚之间：高濂《玉簪记》管见/张敏//中山大学学刊（广州）.1996，1.38～42

养生书中的隽永小品：谈谈高濂的散文艺术/尹恭弘//古典文学知识（南京）.1996，5.59～66

谢肇淛

《五杂俎》研究/蔡景康//厦门大学学报.1996，2.97～102

袁宏道

二袁性灵论的情感美学蕴涵/黄南珊//人文杂志（西安）.1997，6.102～107

试论袁宏道前期的诗文理论/王承丹//齐鲁学刊（曲阜）.1997，6.94～100

袁宏道性灵说研究：兼与李贽比较/〔韩〕金庭希//中国人民大学学报（北京）.1997，5.92～98

袁宏道：适意与避世/周明初//中国文学研究（长沙）.1997，1.50～56

邓志谟

论邓志谟的游戏小说/吴圣昔//明清小说研究（南京）.1996，2.184～196

钟　惺

论钟惺散文的艺术特色/陈少松//南京师大学报.1997，4.101～106

别辟蹊径、但趣新隽：钟惺散文艺术管窥/徐柏容//散文（天津）.1997，2.42～44；3.45～47

冯梦龙

冯梦龙家世探秘/高洪钧//明清小说研究（南京）.1996，1.137～141

对徐朔方先生《冯梦龙年谱》的几点质疑/赵荔红//上海师范大学学报.1996，1.150～153

冯梦龙中期通俗文学思想略论/卓连营//信阳师院学报.1996，3.60～65

略谈冯梦龙的诗歌创作/施润梓//宁德师专学报.1996，1.45～49

冯梦龙非《情史》编者考/张丹飞//新疆师大学报.1996，1.34～37

市俗化的读书人/优漫戈//明清小说研究（南京）.1996，2.112～123

关于《警世通言》的版本（补）/〔日〕大塚秀高

著，张大为译//明清小说研究（南京）.1996，2.107~111

论《三言》、《二拍》中的商贾之道/朱全福//明清小说研究（南京）.1996，4.119~128

“三言”中的冯梦龙作品/欧阳代发//湖北大学学报.1996，1.9~14

“三言”、“二拍”主要男性形象管窥/阎玮//明清小说研究（南京）.1997，3.145~156

从“三言”看冯梦龙的贡献/涂秀虹//明清小说研究（南京）.1997，1.102~113

融合与碰撞：释道思想对“三言”思想艺术的渗透/游友基//山西师大学报（临汾）.1996，2.41~46

《警世通言》中的一出“无声戏”：《玉堂春落难逢夫》的戏曲因素/石麟//明清小说研究（南京）.1996，4.129~134

冯梦龙的俗文学著作及其编年/高洪钧//天津师大学报.1997，1.53~58

《墨憨斋三笑》刍论/白岭//中州学刊（郑州）.1997，2.101~105

“三言”、“二拍”本事资料拾遗/张克哲//明清小说研究（南京）.1997，3.236~239

《智囊》评注与冯梦龙在寿宁的善政思想/田聿月//宁德师专学报.1997，1.49~54

关于《古今小说叙》的作者问题/傅永洲//明清小说研究（南京）.1996，1.132~136

凌濛初

市民文学中的士人趣味：凌濛初“二拍”的艺术精神阐释/高小康//文艺研究（北京）.1997，3.93~102

“二拍”思想艺术浅说/曦钟//明清小说研究（南京）.1997，1.114~125

凌濛初生命历程探析/徐定宝//华东师范大学学报（上海）.1997，3.87~92

吕天成

《绣榻野史》：中国最早的个人创作的长篇小说/徐朔方//文史知识（北京）.1996，10.26~29

吕天成的《曲品》及其戏曲理论/俞为民//山西师大学报（临汾）.1997，4.16~21

徐霞客

论徐霞客写于云南的诗/卢永康//云南师范大学学报.1996，1.40~43

论《徐霞客游记》的美学特质/张智军//陕西师范大学学报（西安）.1996，2.60~64

徐霞客思想渊源新论/王安庭//山西师大学报（临汾）.1997，2.42~45

试论徐霞客的叛逆精神/王圣宝//安徽师范大学学报（芜湖）.1997，2.265~269

刘侗

《帝京景物略》与竟陵文风/吴承学//学术研究（广州）.1996，1.73~76

夏完淳

挽歌当哭、淋漓寄意：夏完淳《细林野哭》析说/柳文耀//古典文学知识（南京）.1996，4.39~43

虚冢祭奠日　洒泪题诗时：夏完淳《吴江野哭》作年辨/柳文耀//文学遗产（北京）.1996，5.108~110

陆人龙

宿命的讽刺：试论《型世言》/宋若云//明清小说研究（南京）.1996，3.212~218

《型世言》与“三言”的比较研究/刘兴汉//社会科学战线（长春）.1997，4.120~127

张岱

声色俱呈　情态毕现：《西湖七月半》赏析/沈鸿鑫//名作欣赏（太原）.1996，6.96~98

一片冰雪铸诗魂：试论张岱诗歌的总体特征/鲍恒//文艺理论与批评（北京）.1997，2.115~121

陈子龙

飞雪龙山何处是：陈子龙《念奴娇·春雪咏兰》词作年、作地及主题考/柳文耀//学术月刊（上海）.1997，2.92~94

清代文学

总　论

清初文论中的佛学影响/陈洪//南开学报（天津）.1996，6.49~54

清初文论中“情”的范畴浅析/戴武军//社会科学研究（成都）.1996，1.103~108

清代江南文化圈中的常州学风/曹虹//南京大学学报.1996，1.53~60，72

论清代地方戏的崛起对中国戏曲的振兴作用/翁敏华//上海师范大学学报.1996，3.28~32

论清前期的正统派传奇/郭英德//文学遗产（北

京）.1997，1.94~103

清代满族作家文学中的“长白山情结”/关纪新//民族文学研究（北京）.1997，3.72~75

诗

论清中叶岭南二家山水诗/王英志//苏州大学学报.1996，4.58~64

论清代西域边塞诗之特色/黄刚//上海师范大学学报.1996，1.65~71

以累积求新创:我对清代诗词研究的认识/严迪昌//古典文学知识（南京）.1996，2.9~16

清代诗学专著类说（上、下）/张寅彭//古典文学知识（南京）.1996，4.105~110；5.106~110

读《清人诗集叙录》札记/朱则杰//浙江大学学报（杭州）.1997，4.136~140

真挚之情与闲适之趣：性灵派诗内容意旨二题/王英志//江苏社会科学（南京）.1997，4.149~154

性灵说的渊源与性灵派的背景/王英志//湖北大学学报（武汉）.1997，3.70~75

清代天山诗赏析/杨丽//新疆大学学报（乌鲁木齐）.1997，2.75~79

从清季宋诗运动探寻中国古典诗学特征/陈方//中山大学学报（广州）.1997，1.94~101

论清代海疆边塞诗/黄刚//汕头大学学报.1997，1.38~43，75

清初湖南四家遗民诗概论/张兵//求索（长沙）.1997，4.100~104

清代满族、蒙古族的妇女诗歌/祝注先//中南民族学院学报（武汉）.1997，4.82~86

词

论常州词派生成之文化动因/方智范//社会科学战线（长春）.1996，4.176~185

论清代边塞词/何尊沛//四川师范学院学报（南充）.1996，7.66~72

崇祯末至康熙初年的词学思潮/陈水天//湖北大学学报（武汉）.1996，2.94~98

《古今词话》批评/钟振振//文学遗产（北京）.1996，6.87~92

论清代孙尔准、周之琦两家论词绝句/陶然//文学遗产（北京）.1996，1.74~82

论清词中兴的原因/周绚隆//东岳论丛（济南）.1997，6.87~93

小说及无名氏小说

清初拟话本的新特色/欧阳代发/明清小说研究（南京）.1996，4.135~144

清代公案侠义小说的悬念设计与叙事策略/苗怀明//通俗文学评论（武汉）.1996，4.37~40

清代小说中反映的婚姻伦理/〔韩〕朴永钟//重庆师院学报.1996，4.90~98

略论清代小说艺术上的进展/胡益民//河北师院学报（石家庄）.1996，4.53~55

康乾时期文化政策的复杂性及其对小说的影响/张国风//中国人民大学学报（北京）.1997，2.94~100

“说唐”小说系列演变中所反映的游民意识/王学泰//文学评论（北京）.1997，6.115~123

清代两部闽人说闽事的小说：《台湾外记》与《闽都别记》/陈庆元，陈庆良//明清小说研究（南京）.1996，1.153~164

原始版的“肉蒲团”/路坦//明清小说研究（南京）.1996，2.172~176

《刘生觅莲记》考/陈益源//明清小说研究（南京）.1996，3.200~211

世说体小说的上乘之作：读《舌华录》和《明语林》/李灵华//明清小说研究（南京）.1996，2.177~183

《欢喜冤家》与《杜骗新书》/潘建国//明清小说研究（南京）.1996，2.158~171

我所见的《刘公案》三种简说/孟犁野//明清小说研究（南京）.1996，1.165~169

“善道”封建末世的“俗情”：试论潘纶恩《道听途说》/陆林//明清小说研究（南京）.1996，3.219~227

《姑妄言》的启示/何天杰//华南师范大学学报（广州）.1997，6.83~90

《醒梦骈言》二考/顾青//文学遗产（北京）.1997，6.93~96

浅说《林兰香》之“梦”/盛志梅//明清小说研究（南京）.1997，3.182~189

《碎琴楼》作者何諏考评/晏立豪//明清小说研究（南京）.1997，3.223~231

《略论清代小说艺术上的进展》吹求/李延年//河北

师范学院学报（石家庄）.1997，4.61～64
《三献身包龙图断冤》的写作艺术/徐君慧//明清小说研究（南京）.1996，3.234～240
“烟水散人”析议/郭浩帆//明清小说研究（南京）.1997，2.136～144
中国清代小说在英语世界之传播/黄鸣奋//广东社会科学（广州）.1997，1.123～127

散　文

阳湖派与桐城派关系辨析/曹虹//江海学刊（南京）.1996，6.161～166
论清代的赋学批评/许结//文学评论（北京）.1996，4.28～38
桐城文章流变/陈平原//文史知识（北京）.1996，1.9～14
关于桐城派及近百年来对它的评论/周中明//文学评论（北京）.1997，4.111～120
清嘉道以来不拘骈散论的文学史意义/曹虹//文学评论（北京）.1997，3.109～116

钱谦益

清初诗坛的钱、王交替/孙之梅，王琳//文史知识（北京）.1996，5.9～17
钱谦益的诗论及其诗歌创作/陈公望//牡丹江师范学院学报.1997，3.57～62
鬼趣、兵象：钱谦益论竟陵派/孙之梅//内蒙古师大学报（呼和浩特）.1997，1.58～64
论钱谦益对明代文学的评价和总结/刘守安，张玉璞//学习与探索（哈尔滨）.1997，3.105～112
痴迷官海文士梦：由文人的钱谦益看入仕的钱谦益/杨义//古典文学知识（南京）.1997，2.80～85
钱谦益山水诗初探/王英志//南京大学学报.1997，1.63～70

丁耀亢

丁耀亢及其著作考论/周洪才//齐鲁学刊（济南）.1996，5.17～19
《续金瓶梅》主旨考解/罗德荣//明清小说研究（南京）.1997，3.165～174
试论《续金瓶梅》的哲学机锋/邵末文//中国文学研究（长沙）.1997，2.64～66
别一种审美意趣的追求：《续金瓶梅》审美价值探究/罗德荣//南开学报（天津）.1997，6.36～42
丁耀亢研究的回顾与思考/张兵//中国文学研究（长沙）.1997，4.53～57

金圣叹

论金圣叹的“文事观”/陈慧娟//河北师院学报（石家庄）.1996，1.91～93
金圣叹的文学批评论/尹缉熙//求索（长沙）.1996，6.93～98
对金圣叹小说理论的理论探讨/吴华//文艺理论研究（上海）.1997，3.3～16
文学批评的读者立场：评金圣叹评点《水浒传》/陈慧娟//江淮论坛（合肥）.1997，6.90～94
金圣叹所批《水浒传》与《西厢记》比较/肖燕//郑州大学学报.1997，5.39～42，47
论金圣叹的唐诗观/王琳//上海师范大学学报.1997，3.56～60
论金圣叹对《水浒传》结局的修改/谭璟舜//广东社会科学（广州）.1997，6.109～112

傅　山

傅山的个性与其诗歌的主题取向/张兵//西北师大学报（兰州）.1997，1.68～74
我读傅山/赵园//文学遗产（北京）.1997，2.87～96

吴伟业

吴梅村山水诗略论/王英志//齐鲁学刊（济南）.1996，2.115～120
一代诗史梅村诗/刘守安//文学评论（北京）.1997，2.152～159
论吴梅村的早期诗歌/叶君远//中国人民大学学报（北京）.1997，1.76～82
论吴梅村叙事诗的艺术成就/郭建球//中国文学研究（长沙）.1997，1.57～63

黄宗羲

关于发表《台雁笔记》等三种黄宗羲遗著说明/吴光//浙江学刊（杭州）.1997，2.55～59

李　渔

稗官为倚奇蓝本：论李渔小说戏曲的叙事技巧/郭英德//文学遗产（北京）.1996，5.70～83
试论李渔“无声戏”小说创作思想之发生/钟明奇//明清小说研究（南京）.1996，2.149～157
从比较文学角度看李渔戏剧理论的价值/李万钧//文艺研究（北京）.1996，1.62～71
试论八股文“章法理论”对李渔曲论的浸染/姚梅//武汉大学学报.1996，6.99～103
李渔小说创作同戏剧创作的关系/刘红军//信阳师

院学报.1996，2.57~61，56

奇：李渔小说的艺术境界/杜松柏//明清小说研究（南京）.1996，4.145~153

美与媚：李渔论人体美/杜书瀛//东方丛刊（桂林）.1996，3.100~116

《回文传》作者辨疑/刘兴汉//东北师大学报（长春）.1996，2.55~59

李渔家室考/沈新林//明清小说研究（南京）.1996，2.140~148

李渔交游补考/黄强//明清小说研究（南京）.1996，2.132~139

李渔小说创作论/李时人//文学评论（北京）.1997，3.96~108

贵奇、创新、求美：李渔戏剧美学简论/柴国珍//晋阳学刊（太原）.1997，3.78~81

中国古典戏曲美学的高峰：李渔戏曲美学片论/陈望衡//长沙电力学院社会科学学报.1997，3.102~108

论李渔戏曲理论的美学与文化意义/高小康//文学遗产（北京）.1997，3.82~92

归　庄

论归庄的狂行怪性及文化品格/张兵//西北师大学报（兰州）.1996，4.44~49

论归庄诗的主题取向与审美情趣/张兵//苏州大学学报.1997，3.34~39，44

顾炎武

顾炎武山水诗简论/王英志//南京师大学报.1996，3.102~105

论顾炎武的咏史咏物诗/张兵//青海师范大学学报（西宁）.1996，4.80~85

顾炎武诗歌的创作理论与实践/吴景山//兰州大学学报.1997，1.83~92

吴嘉纪

论吴嘉纪诗的文化构成与创作特征/张兵//西北师大学报（兰州）.1997，5.76~83

柳如是

红豆长留世上春：巾帼英杰柳如是生平评说/吴正明//古典文学知识（南京）.1997，2.86~93

王夫之

王夫之对唐人"意境"理论的继承和发展/范和生//安徽大学学报.1996，3.65~70，57

王夫之和柯勒律治诗学比较研究/萧驰//文艺研究（北京）.1996，2.29~37

王夫之意境美学思想新解/古风，贺东平//延安大学学报.1996，4.78~81

王船山部分词作编年考/张兵//贵州文史丛刊（贵阳）.1997，6.22~26

王夫之与曹雪芹/端木蕻良//文艺理论与批评（北京）.1997，4.98~102

安身之所，立命之据：王夫之《船山记》、《龙舟会》发微/孟泽//古典文学知识（南京）.1997，4.64~69

叶　燮

叶燮论"识"：读《原诗》札记/徐永泉//河北师范大学学报（石家庄）.1997，1.91~94

论叶燮的《原诗》及其诗歌理论/〔德〕卜松山著，王文兵译//河北师范学院学报（石家庄）.1997，4.65~75

屈大均

屈大均杂体诗初探/林举英//深圳大学学报.1996，2.30~35

"未出海关人已香"：记爱国诗人、学者屈大均/袁钟仁//文史知识（北京）.1996，11.78~83

略论屈大均及其诗的源流风格/赵福坛//广州师院学报.1996，4.13~17

论屈大均的山水诗/王英志//文学遗产（北京）.1996，6.78~86

屈大均的儒学情结/何天杰//学术研究（广州）.1997，8.73~77

王士禛

论王士禛的神韵山水诗/王英志//陕西师范大学学报（西安）.1996，4.91~95

布洛的"心理距离"说与王士祯"清远"诗论之比较/张光兴//齐鲁学刊（济南）.1996，4.94~99，108

王渔洋与清词之发轫/蒋寅//文学遗产（北京）.1996，2.91~99

王士祯的家世和家学渊源考/王利民//南通师专学报.1997，2.10~13

颜光敏

清初诗人颜光敏/金涵//齐鲁学刊（济南）.1996，4.114~116

吴之振

论吴之振的诗学观及其创作/张仲谋//苏州大学学报.1997，2.56~60，55

蒲松龄

掷向官虎吏狼的匕首投枪：蒲松龄笔下的封建官场透视/孙永都//聊城师院学报.1996，1.94～98

论蒲松龄对《聊斋志异》的修改/王子宽//明清小说研究（南京）.1996，4.154～165

蒲松龄的诸城之行/张崇琛//明清小说研究（南京）.1996，3.162～167

孤愤心态与《聊斋志异》的创作/杨广敏//齐鲁学刊（济南）.1996，6.78～82

论《聊斋志异》的人情味/陈炳熙//南开学报（天津）.1996，3.19～25

《聊斋志异》的艺术美/周先慎//名作欣赏（太原）.1997，4.34～40

《聊斋志异》艺术性片论/胡益民//江淮论坛（合肥）.1996，3.94～98

《聊斋志异》的爱情描写与文化背景/张筱梅//明清小说研究（南京）.1997，2.98～105

《聊斋志异》情爱模式的深层意识/翁容//明清小说研究（南京）.1996，3.151～161

论《聊斋》中的"痴负型"故事/安国梁//中州学刊（郑州）.1996，6.108～111

以性行侠，济困扶危：论《聊斋志异》中的女侠形象/王茂福//明清小说研究（南京）.1997，4.159～168

婴宁：笑与哭的诗美观照：《聊斋志异》少女形象艺术新探之一/阮温凌//名作欣赏（太原）.1996，3.43～48

《聊斋志异》宗教现象读解/刘敬折//文学评论（北京）.1997，5.54～65

《聊斋志异》中的母亲原型/（美）杨瑞//文史哲（济南）.1997，1.87～92

论《聊斋志异》的幻想艺术/刘烈茂//明清小说研究（南京）.1997，4.115～126

天理、人欲、狐鬼神魅：《聊斋志异》的理学影响/谭开义//明清小说研究（南京）.1997，4.147～158，254

清代诸家批点《聊斋志异》述评/盛伟//南开学报（天津）.1997，1.75～80

洪　昇

《长生殿》、《桃花扇》异同论/贺信民//唐都学刊（西安）.1996，3.79～83

《长生殿》、《桃花扇》与清初遗民心态/苗怀明//晋阳学刊（太原）.1997，2.78～80

论《梧桐雨》和《长生殿》：两种悲剧形式/张哲俊//文学遗产（北京）.1997，2.78～86

高奣映

清代彝族作家高奣映及其在文学上的成就/芮增瑞//云南民族学院学报（昆明）.1996，2.63～69

孔尚任

入木三分的刻画：谈《桃花扇》中《却奁》一出的人物形象塑造/邓宁辛//甘肃社会科学（兰州）.1996，4.72～74

论孔尚任《桃花扇》的创作思想/吴新雷//南京大学学报.1997，3.107～114

查慎行

查慎行论/严迪昌//文学遗产（北京）.1996，5.88～100

纳兰性德

纳兰性德与"入宫女子"之谜释真/刘德鸿//晋阳学刊（太原）.1996，1.71～77

浅论纳兰性德创作的文化意蕴/雷建平//兰州大学学报.1996，2.73～78

"满蒙联姻"的颂歌：《五色蝴蝶赋》辨析/任嘉禾//内蒙古大学学报（呼和浩特）.1997，5.36～43

纳兰性德词个性寻源/王卓//社会科学战线（长春）.1997，6.145～152

曹　寅

曹寅"伴读"之说不可信/李广柏//红楼梦学刊（北京）.1997，4.184～190

曹寅撰《虎口余生》传奇考辨/王人恩//西北师大学报（兰州）.1997，1.75～78

方以智

方以智诗论初探/汪祚民//安庆师院社会科学学报.1997，2.9～14

赵执信

赵执信《谈龙录》一议/夏春豪//江海学刊（南京）.1997，5.164～167

赵执信论/严迪昌//文学评论（北京）.1997，5.66～77

张竹坡

张竹坡小说美学思想之我见/陈金泉//江西社会科学（南昌）.1996，2.58～63

曹去晶

《姑妄言》素材来源二考/陈益源//明清小说研究

（南京）.1997，4.127～136

沈德潜

沈德潜“温柔敦厚”说新解/吴兆路//文学遗产（北京）.1997，4.87～93

樊榭

略论樊榭词/高建中//华东师范大学学报（上海）.1997，2.58～63

史震林

《西青散记》初探（下）/康正果//明清小说研究（南京）.1996，1.142～152

郑板桥

郑板桥与性灵文学/李剑波//湘潭大学学报.1996，2.24～28

郑板桥的“绝”和“怪”/王同书//江苏社会科学（南京）.1996，3.123～127

郑板桥的题画诗/林同//新疆大学学报（乌鲁木齐）.1996，1.97～101

郑板桥家训美育思想论/陈水根//江西社会科学（南昌）.1997，10.70～73

论郑板桥的审美观/周欣//扬州大学学报.1997，5.47～50

论郑板桥诗文的美学追求/张瑞君//河北大学学报（保定）.1997，3.46～51

刘大櫆

论刘大櫆的散文风格/孙珏//江淮论坛（合肥）.1996，5.100～107

吴敬梓

《儒林》人物论二题/陈美林//明清小说研究（南京）.1996，2.62～76

《儒林外史》与中国土文化/胡益民，周月亮//名作欣赏（太原）.1996，5.83～87，105

论《儒林外史》原作非五十回：与章培恒先生商榷/佟瑞坤//明清小说研究（南京）.1996，1.43～52

《儒林外史》的讽刺意义与叙事特征/孟昭连//南开学报（天津）.1996，2.66～72，80

抨击日下世风，探索士子人格建构的书：也谈《儒林外史》的主题/萧相恺//明清小说研究（南京）.1996，4.166～176

’96国际《儒林外史》学术讨论会综述/李忠明//明清小说研究（南京）.1996，4.218～230

儒学现状及命运的省思：《儒林外史》主题平议/孟祥荣，吴伯森//明清小说研究（南京）.1996，4.177～188

论《儒林外史》的前期批评/孙丽华//中国社会科学院研究生院学报（北京）.1996，1.67～72

吴敬梓、袁枚异同论/杜贵晨//明清小说研究（南京）.1997，2.106～118

论吴敬梓的理想人格范型/冯保善//江海学刊（南京）.1997，4.165～169

论“四客”：《儒林》人物论/陈美林//明清小说研究（南京）.1997，3.157～164

从互文性看《儒林外史》的讽刺手法/安如峦//明清小说研究（南京）.1997，1.54～65

1990年以来《儒林外史》研究综述/胡金望//明清小说研究（南京）.1997，1.66～73

《儒林外史》是讽刺，还是批判现实主义？/赵宽熙//明清小说研究（南京）.1997，1.45～53

《儒林外史》：一部意在言志的诗化小说/许建平//明清小说研究（南京）.1997，1.36～44

《儒林外史》“异端思想”片论/胡发贵//明清小说研究（南京）.1997，1.27～35

论《儒林外史》所体现的近代理性主义精神/李灵年，韩石/明清小说研究（南京）.1997，1.17～26

从《世说新语》到《儒林外史》/宁稼雨//明清小说研究（南京）.1997，1.4～16

吴敬梓“不赴廷试”辨析/谢谦//四川大学学报（成都）.1997，2.76～80

夏敬渠

由《浣玉轩集》看夏敬渠生平、著作及创作《野叟曝言》言素材，动机（上）（下）/王琼玲//明清小说研究（南京）.1996，4.24～38；1997，1.140～165，89

文明时代新的英雄神话：《野叟曝言》神话意象及思维研究/黄燕梅//文学遗产（北京）.1997，2.97～105

杨潮观

杨潮观历史剧的创作特色/李秋新//青海师范大学学报（西宁）.1996，1.86～89

论杨潮观道德剧的表现意义及其价值/李秋新//甘肃社会科学（兰州）.1996，5.48～51

曹雪芹

祖籍论争与生平

曹雪芹祖籍新证/周汝昌//河北学刊（石家庄）.1996，3.65～68

曹雪芹祖籍丰润说质疑/杨慰民//红楼梦学刊（北京）.1996，3.11～27

曹雪芹祖籍“丰润说”驳论/冯其庸//红楼梦学刊（北京）.1996，3.28～47

“历史”的考证，考证的“历史”：曹雪芹祖籍论争述评/韩进廉//社会科学战线（长春）.1996，3.45～51

《五庆堂谱》不是“曹雪芹家谱”：曹雪芹祖籍问题考论之一/王畅//黑龙江社会科学（哈尔滨）.1996，4.43～46

曹雪芹祖籍刍议/严中//南京社会科学.1996，8.63～68

曹雪芹家世考佚/周汝昌//明清小说研究（南京）.1996，4.4～17

曹雪芹家世考实/周汝昌//北京大学学报.1996，6.80～86

再评“丰润说”/刘世德//红楼梦学刊（北京）.1996，1.38～62

“历史”的考证、考证的“历史”：曹雪芹祖籍论争、述评/韩进廉//河北师大学报（石家庄）.1996，2.63～70

曹雪芹祖籍丰润说质疑/杨慰民//红楼梦学刊（北京）.1996，3.11～27

曹雪芹祖籍“丰润说”驳论/冯其庸//红楼梦学刊（北京）.1996，3.28～47

红学研究的新波澜：关于“新丰润说”的论争/王屋山//作品与争鸣（北京）.1996，3.72～80

大争论大收获：《曹雪芹祖籍在辽阳》序/冯其庸//红楼梦学刊（北京）.1997，3.196～203

《诗经》与曹雪芹家世考辨/周文康//红楼梦学刊（北京）.1997，3.115～138

反批评之一：曹秉桢非曹秉政辨：《曹雪芹祖籍考论》读后/刘世德//红楼梦学刊（北京）.1997，4.147～159

《“丰润说”论证》平议（上）/张书才//红楼梦学刊（北京）.1997，4.161～183

曹鼎望墓志铭、曹铨墓碑释疑/刘世德//红楼梦学刊（北京）.1997，2.195～211

千古文章未尽才/冯其庸//红楼梦学刊（北京）.1997，2.1～36

曹雪芹画像争鸣亲历记/宋谋玚//黄河（太原）.1997，6.129～147

曹雪芹祖籍问题论争的历史与现状/辰戈//明清小说研究（南京）.1997，4.169～178

三论曹雪芹祖籍问题/刘世德//红楼梦学刊（北京）.1997，1.140～172

也谈曹雪芹祖籍之争/张庆善//红楼梦学刊（北京）.1997，1.185～192

我为什么赞成“辽阳说”反对“丰润说”：兼答王屋山先生的《红学研究的新波澜》/杨乃济//红楼梦学刊（北京）.1997，1.173～184

《曹雪芹家世新考》增订本自序/冯其庸//红楼梦学刊（北京）.1997，1.213～221

求真：科学研究的最终目的：对“辽阳说”与“丰润说”的文献检验/朱淡文//红楼梦学刊（北京）.1997，1.193～210

也谈曹雪芹祖籍的论争/沈治钧//红楼梦学刊（北京）.1997，2.212～220

曹家的败落与雍正的改革/于平//明清小说研究（南京）.1997，4.179～184

“曹学”新书序/周汝昌//东方论坛（青岛）.1996，3.66～69，76

《红楼梦》版本

历史是不能随意涂写修正的：《红楼梦》平议/张书才//红楼梦学刊（北京）.1996，3.302～318；4.167～196

彩霞与彩云齐飞（上）（下）：《红楼梦》版本探微之一/刘世德//红楼梦学刊（北京）.1996，2.139～161；3.250～270

重评“二美合一”说：兼论《红楼梦》脂本、程本之差异/白盾//中南民族学院学报（武汉）.1996，4.101～106

脂批本的祖本有正本并非脂本/侍问樵，张训//贵州大学学报（贵阳）.1996，1.72～76

《红楼梦》中差比句式的运用：兼论前80回和后40回的差异/黄晓惠//安徽师大学报（合肥）.1996，1.50～54

睿亲王淳疑题红诗与《红楼梦》钞本的早期流传：兼评关于《红楼梦》曾在清代遭禁的几种说法/胡小伟//红楼梦学刊（北京）.1996，4.307～325

评“程前脂后”论者的所谓铁证/宋谋玚//红楼梦学刊（北京）.1996，2.223～232

试谈扬继振和杨藏本《红楼梦》的题记/贾穗//红楼梦学刊（北京）.1996，1.249～260

从语言学看《红楼梦》英译本的文化过滤问题/

〔香港〕洪涛//红楼梦学刊（北京）.1996，2.286～309

脂砚斋辨/丁淦//红楼梦学刊（北京）.1996，3.271～298

甲戌本归刘铨福收藏时残存几册几回？/金品芳//红楼梦学刊（北京）.1997，4.207～219

如何看待程甲本《红楼梦》中的窜行脱文现象：“程前脂后”说再献疑/曦钟//红楼梦学刊（北京）.1997，4.202～206

于史无征难取信/刘德鸿//红楼梦学刊（北京）.1997，4.129～142

关于两书合成《红楼梦》的思考/薛瑞生//西北大学学报（西安）.1997，3.8～13

“正底本”和“断其之说之是非”：《红楼梦》真本辨考/欧阳健//福建师范大学学报（福州）.1997，1.51～57

“程前脂后”说献疑/施已墨//红楼梦学刊（北京）.1997，1.313～323

《红楼梦》抄本抄成年代考/刘广定//明清小说研究（南京）.1997，2.124～135

也谈立松轩本《石头记》：与郑庆山先生商榷/赵建斌//红楼梦学刊（北京）.1997，3.205～222

《红楼梦》甲戌本“楔子”探微/张振昌，胡淑莉//社会科学战线（长春）.1997，6.103～109

《红楼梦》思想内容

《红楼梦》的神话哲学与叙述程式/魏崇新//徐州师院学报.1996，2.69～74

也谈《红楼梦》的主题/萧相恺//明清小说研究（南京）.1996，3.168～180

红楼梦引论/蒋和森//红楼梦学刊（南京）.1996，4.1～36

情的探险：从汤显祖到曹雪芹/过常宝，郭英德//红楼梦学刊（北京）.1997，1.102～119

大观园内外：情与淫的两极世界，曹雪芹的性爱观AB谈/李之鼎//海南师院学报（海口）.1996，3.17～24

从脂砚斋对《红楼梦》的评论看曹雪芹的情爱观/杨庆春//云南师范大学学报（昆明）.1996，4.60～64

关于曹雪芹家庭教育思想的研究：二论红楼家政/沙明允//贵州教育学院学报（贵阳）.1996，4.10～15

佛教思想：隐藏于梦幻中的“红楼大厦”基座：兼论曹雪芹创作《红楼梦》的主观命意/白小易//红楼梦学刊（北京）.1997，1.86～101

略论曹雪芹的主观思想与《红楼梦》的客观意蕴/宋子俊//红楼梦学刊（北京）.1997，3.139～153

梦与醒：三论《红楼梦》的悲剧意识/唐富龄//红楼梦学刊（北京）.1997，4.39～58

现实的爱与性灵的爱：试论《红楼梦》中的两种爱情模式/周绚隆//红楼梦学刊（北京）.1996，1.187～197

从中国父权制看《红楼梦》中的大观园意义/（台）李艳梅//红楼梦学刊（北京）.1996，2.91～116

论《红楼梦》的真假结构所显示的意义/（台）江宝钗//红楼梦学刊（北京）.1996，2.118～130

梦在红楼之外：《再生缘》与《红楼梦》/吕启祥//红楼梦学刊（北京）.1996，2.239～269

《红楼梦》的悲剧构成/陈维昭//汕头大学学报.1996，6.42～48

诗何以怨：《红楼梦》和《围城》的忧患意识/张俊，沈治钧//北京师范大学学报.1996，5.98～104

释“诗礼簪缨之族”：红楼绎史之一/周汝昌//社会科学战线（长春）.1996，5.163～168

悲情千古的爱情神话：《红楼梦》与一个原型/刘涛//重庆师院学报.1996，1.72～76

中国古代传统文化转型时期的形象写照：试论《红楼梦》文化系统中异质新态的历史价值/王启忠//红楼梦学刊（北京）.1996，2.65～77

究竟是回归，还是叛逆：《红楼梦》与《儒林外史》社会观念的比较研究/张锦池//红楼梦学刊（北京）.1996，2.13～51

石头的言说：《红楼梦》象征世界的原型批评/傅道彬//红楼梦学刊（北京）.1996，1.152～176

承继与分离：《京华烟云》对《红楼梦》关系之研究/刘锋杰//红楼梦学刊（北京）.1996，3.220～249

从《喧哗与骚动》和《红楼梦》看中西挽歌式悲剧精神/王瑜琨//浙江大学学报（杭州）.1996，2.66～72

《红楼梦》的真甄假贾和曹雪芹的创作情结（上）（下）/刘上生//红楼梦学刊（北京）.1996，3.153～168；1997，2.142～163

常事不书：用“陌生化”原则看《红楼梦》的形式结构/夏荷∥甘肃社会科学（兰州）.1997，6.40～46

情：多形态爱欲模式的复归：《红楼梦》文化哲学思想探讨/梅向东∥红楼梦学刊（北京）.1997，2.80～94

无叶堂、断肠会、薄司命：关于“太虚幻境”的思考/雷勇∥明清小说研究（南京）.1996，4.189～198

《红楼梦》象征形态论/李庆信∥红楼梦学刊（北京）.1997，4.75～86

论林黛玉爱情至上观的悲剧必然性/王志尧，仝海天∥宁夏大学学报（银川）.1997，1.96～100

试论《红楼梦》中一僧一道的哲理蕴含/俞润生∥红楼梦学刊（北京）.1997，3.61～73

《红楼梦》与《史记》：实录精神与托愤精神的二重变奏/梅新林，俞樟华∥浙江社会科学（杭州）.1997，5.101～106

世纪之交的回顾：析《红楼梦》“诲淫”、“非淫之争”/张宗伟∥红楼梦学刊（北京）.1997，3.324～336

《红楼梦》玉意象与文化蕴涵/俞晓红∥东方丛刊（桂林）.1997，3.35～48

《红楼梦》与骈体文/于景祥∥红楼梦学刊（北京）.1997，1.120～139

《红楼梦》人物形象

亲疏好恶、凸显性格：《红楼梦》中人物关系表现技巧/陈家生∥红楼梦学刊（北京）.1996，4.101～107

关于《红楼梦》人物研究的思考/周五纯∥烟台大学学报.1996，3.14～19

《红楼梦》与东方艺术“梦”：关于《红楼梦》人物描写方式哲理艺理探幽/杜正堂∥红楼梦学刊（北京）.1997，2.66～79

贾宝玉新论/曹金钟∥红楼梦学刊（北京）.1996，4.56～73

石兄、甄宝玉、贾宝玉同一论/王洪军∥中南民族学院学报（武汉）.1996，5.100～104

人与自然之生命的共颤：论《红楼梦》中贾宝玉的创造/庄克华∥红楼梦学刊（北京）.1996，2.52～64

贾宝玉形象探源（上）（下）/朱淡文∥红楼梦学刊（北京）.1996，1.1～37；2.179～189

香菱和宝玉：《石头记》中的爱情悲剧/陈婴∥红楼梦学刊（北京）.1996，2.190～204

贾宝玉：狂人形象的精神先驱/王晓初∥明清小说研究（南京）.1996，2.91～100

贾宝玉生存价值的还原批评/刘敬圻∥红楼梦学刊（北京）.1997，1.28～51

宝玉原型考论/张晓琦∥学习与探索（哈尔滨）.1997，5.110～115；6.97～103

“熟悉的陌生人”与独特的“这一个”：金陵十二钗续论/李希凡∥红楼梦学刊（北京）.1996，3.77～111

林黛玉永恒价值再探讨/刘敬圻∥求是学刊（哈尔滨）.1996，5.61～67

《五美吟》：林黛玉的历史指向/季学原∥红楼梦学刊（北京）.1997，3.25～39

黛玉宝钗形象的原型意义/孙虹∥红楼梦学刊（北京）.1997，3.40～49

王熙凤性格结构论/张泽芳∥红楼梦学刊（北京）.1996，1.102～119

奸雄乱世之术：王熙凤管理术之批判/周启志∥明清小说研究（南京）.1996，3.193～199

“二令”及王熙凤悲剧之源/雷华∥四川师范学院学报（南充）.1997，1.21～27

东方古典文学宝库中的两颗明珠：论紫姬与薛宝钗/顾鸣塘∥红楼梦学刊（北京）.1997，3.176～195

黄金锁、冷香丸、红麝串：薛宝钗的三件“道具”/章必功∥深圳大学学报.1996，2.43～50

薛宝钗形象探源/朱淡文∥红楼梦学刊（北京）.1997，3.1～24

是真名士自风流：史湘云论/薛瑞生∥红楼梦学刊（北京）.1996，3.122～141

湘云散论/潘禾婴∥红楼梦学刊（北京）.1996，4.74～80

漫说李纨/胡元翎∥红楼梦学刊（北京）.1997，4.87～101

李纨的命运和地位/胡文炜∥红楼梦学刊（北京）.1997，3.50～59

秦氏：一个朦胧的意象/季学原∥红楼梦学刊（北京）.1996，1.70～85

妙玉性格与命运结局初探/任少东∥红楼梦学刊（北京）.1996，2.162～173

恼人最是戒珠圆：妙玉论/薛瑞生∥红楼梦学刊

（北京）.1997，1.52～71
晴雯形象探微/周五纯∥红楼梦学刊（北京）.1996，4.82～99
晴雯悲剧作为性格悲剧思考时的心理文化机制：晴雯悲剧成因组论之二/陈永宏∥红楼梦学刊（北京）.1997，2.166～180
“淫奔女”与“精神上的女神”：论程脂两本两个尤三姐/白盾∥湖北大学学报（武汉）.1997，2.32～36
秦可卿出身论/胡文炜∥明清小说研究（南京）.1997，4.204～209
秦可卿非允禟女儿考辨/邓庆佑∥明清小说研究（南京）.1997，4.185～203
细说平儿/杨金鑫∥红楼梦学刊（北京）.1997，2.303～317
司棋论/王基∥上海大学学报.1997，4.68～74
非玉非石的悲剧人生：论鸳鸯、平儿、金训儿、袭人/马珏玶∥红楼梦学刊（北京）.1997，2.287～301
从“言不尽意”看刘姥姥形象的塑造/姚红竹∥明清小说研究（北京）.1996，1.210～215
贾雨村补论/吴柏樵∥红楼梦学刊（北京）.1996，1.86～101
封建末世正统文人的艺术写照：贾政形象试论/吕立汉∥明清小说研究（南京）.1997，1.243～252
柳湘莲人生悲剧索解/吴四平，陈默∥东北师大学报（长春）.1996，6.70～74

《红楼梦》艺术特点

《红楼梦》的角色模式与叙事逻辑/王平∥红楼梦学刊（北京）.1997，4.61～73
石破梦惊：论《红楼梦》的结构原理/汪宏华∥深圳大学学报.1997，3.60～69
古雅：《红楼梦》诗词的文化气脉/姜志军∥红楼梦学刊（北京）.1996，1.177～186
浓郁：《红楼梦》诗词的佛道色彩/姜志军，陈世澄∥红楼梦学刊（北京）.1996，3.142～152
《红楼梦》中诗的特色和启示/王同书∥明清小说研究（南京）.1996，3.181～192
《红楼梦》太虚幻境诗画歌词释/乃彰∥贵州民族学院学报（贵阳）.1996，1.19～25
《红楼梦》诗话/章必功∥北京大学学报.1996，4.85～90
《红楼梦》诗学观初探/刘进∥四川师范学院学报（南充）.1996，9.78～85
《红楼梦》怎样写梦/林锦鸿∥红楼梦学刊（北京）.1996，4.108～119
《红楼梦》梦境描写艺术探析：兼析《红楼梦》作者的小说家气质/吕福田∥北方论丛（哈尔滨）.1997，3.30～37
《红楼梦》对水、石意象的拓展/曹立波∥红楼梦学刊（北京）.1996，3.169～180
悲剧一曲水国吟：《红楼梦》水意象探幽/俞晓红∥红楼梦学刊（北京）.1997，2.95～107
红楼交响多重奏：论曹雪芹的表现艺术/程景林∥红楼梦学刊（北京）.1997，2.108～121
《红楼梦》的诗意叙事追求及其美学阈值界定：兼对“诗意写实主义”作一种描述/李凤亮∥红楼梦学刊（北京）.1997，4.317～340
《红楼梦》诗词曲赋两种英译文的对比和赏析/朱晓茜∥红楼梦学刊（北京）.1997，3.303～323
《红楼梦》运用多种诗歌体式的杰出成就/于景祥∥红楼梦学刊（北京）.1997，2.122～141
明义《题红楼梦》绝句二十首真伪辩正：与欧阳健先生商榷/曲江∥红楼梦学刊（北京）.1997，3.223～241
红楼一梦逾百年/胡骁∥光明日报（北京）.1997，8.6⑤
论《红楼梦》的独白与内心独白/〔韩〕李治翰∥红楼梦学刊（北京）.1997，2.318～336
《红楼梦》的信息效用/罗宪敏∥红楼梦学刊（北京）.1997，2.242～254
反常合道独具妙效：《红楼梦》中反常手法运用技巧/陈家生∥红楼梦学刊（北京）.1997，3.105～113

红　学

想入非非猜笨谜（上）（下）：红学索隐派与《红楼解梦》/孙玉明∥红楼梦学刊（北京）.1996，4.211～230；1997，1.264～292
蔡元培、胡适红学研究的“观念”根因：周汝昌、杜景华所作解释的再探讨/孔凡丁，刘洪雷∥明清小说研究（南京）.1996，3.4～19，73
胡适的红学体系和红学悲剧：读《还“红学”以学》感言/欧阳健∥明清小说研究（南京）.1996，3.20～33
《红楼梦》、红学、经学：《红楼梦》研究史检讨之

二/陈维昭//明清小说研究（南京）.1996，1.30～42

《红楼梦》的研究方法：中国化的学问/王蒙//红楼梦学刊（北京）.1996，2.1～12

《红楼梦》研究方法论思考：兼谈古典小说的方法与络向/许建平//河北师大学报（石家庄）.1996，2.41～48

冰雪相逢话红楼：乙亥年海峡两岸红学研讨会综述/傅道彬//红楼梦学刊（北京）.1996，2.174～178

现代视境中的红学研究管窥/周慧华，宋宝珍//红楼梦学刊（北京）.1996，3.181～194

"红学"困惑的关联思考/杨乃济//红楼梦学刊（北京）.1996，3.53～64

对当前红学状况的看法和建议/邓绍基//红楼梦学刊（北京）.1996，3.48～52

论红学的边界性/陈维昭//汕头大学学报.1996，1.54～60，67

沙滩上的大厦：评《红楼解梦》/周思源//红楼梦学刊（北京）.1996，3.319～337

论红学辨伪的思路和实证：答郭树文先生/欧阳健//红楼梦学刊（北京）.1996，2.205～222

读周汝昌《还"红学"以学》：兼说《红楼梦》研究的学术品格/胥惠民//红楼梦学刊（北京）.1996，3.65～76

一篇贬人扬己的歪曲历史之作：驳议周汝昌先生《还"红学"以学——近百年红学史之回顾》/贾穗//红楼梦学刊（北京）.1996，4.120～166

论俞平伯红学观念的嬗变/吴国柱//贵州大学学报（贵阳）.1996，4.54～60

论红学中的价值学诠释维度/陈维昭//红楼梦学刊（北京）.1996，1.228～243

红楼美学论片/邢煦寰//红楼梦学刊（北京）.1996，1.198～227

咏红诗略谈（中）/傅天//红楼梦学刊（北京）.1996，3.195～219

胡适的新红学及其得失/〔美〕周策纵/红楼梦学刊（北京）.1997，4.242～267

新红学派/东武//红楼梦学刊（北京）.1997，3.264～269

说"龙门红学"：关于现代红学的断想/梅节//红楼梦学刊（北京）.1997，4.11～20

脂批的价值：近十几年报刊脂评研究文章述评/吕洪梅//唐都学刊（西安）.1997，1.47～52

90年代"红学"八大热点/周思源//文艺报（北京）.1997，4.5④；12④；19④；26④；5.3④

"废墟文化"与"神圣价值形态"：关于《红楼梦》意义的重新解读/胡邦炜//红楼梦学刊（北京）.1997，2.37～51

惊破《红楼梦》心里：红学小札七记/吴新雷//红楼梦学刊（北京）.1997，2.221～231

迈向未来和世界的红学：'97北京国际《红楼梦》学术研讨会综述/杨胜生//中国文化报（北京）.1997，8.16③

论红学中的社会学诠解维度/陈维昭//红楼梦学刊（北京）.1997，3.154～171

《红楼梦》与传统文化的复兴/沈治钧//红楼梦学刊（北京）.1997，4.21～38

贺双卿

旧中国劳动女性的自塑：论贺双卿词展示的女性生存状态和精神品格/姚玉光//山西师大学报（临汾）.1996，2.53～58

袁　枚

论袁枚思想及其性灵诗/刘世南//江西师范大学学报（南昌）.1996，1.29～35

山水的性灵化：论袁枚的山水诗/王英志//安徽师范大学学报（芜湖）.1997，2.209～214

李百川

《绿野仙踪》"印图本"价值浅论/郑其兴//福建论坛（福州）.1996，5.78～80

论《绿野仙踪》对《升仙传》的承继/胡胜//明清小说研究（南京）.1997，2.148～155

论《绿野仙踪》在文学史上的价值/林虹//福建论坛（福州）.1997，3.61～64

纪　昀

论纪昀的西域边塞诗/黄刚//兰州教育学院学报.1996，1.33～37

纪昀与尚质小说创作/段庸生//重庆师院学报.1997，3.67～73

赵　翼

性灵派副将赵翼论略/王英志//文学评论（北京）.1996，1.144～154

爱新觉罗氏·弘历

《乾隆御笔素尚斋诗轴》初探/黄柏权//广东社会科学（广州）.1997，4.121～125

亲藩众建堪同例，外域羁縻岂近情："乾隆巡游内

蒙古及其诗歌创作/席永杰//民族文学研究（北京）.1997，3.76～78

李绿园

《歧路灯》现实主义局限性原因初探/肖星明//广西师范大学学报（桂林）.1997，1.56～60

《歧路灯》的人生价值观/张丽萍//佳木斯教育学院学报.1997，4.30～32

洪亮吉

常州“二俊”山水诗论略：洪亮吉的无我之境与黄景仁的有我之境/王英志//齐鲁学刊（曲阜）.1997，6.101～107

孙原湘

袁枚大弟子孙原湘论：性灵派研究之一/王英志//安徽大学学报（合肥）.1997，4.8～12，21

焦　循

论《剧说》/王伟康//扬州大学学报.1997，6.46～50

李汝珍

《格列佛游记》与《镜花缘》在前文学遗产继承上的比较/周岩壁//南都学坛（南阳）.1996，1.52～56

从《镜花缘》看李汝珍的女子教育理想/孙玫璐//华东师范大学学报（上海）.1997，1.90～95

张问陶

张问陶性灵诗论略：性灵派研究之一/王英志//江苏社会科学.1996，4.129～133

舒　位

舒位诗学观初探/涂晓马//苏州大学学报.1996，1.65～73

郭　麐

郭麐诗歌的风格特色及其形成原因/刘世南//江西师范大学学报（南昌）.1997，4.81～86

陈寿祺

乾嘉间福建学人之诗：以陈寿祺为中心/陈庆元//福建师范大学学报（福州）.1996，2.50～56

梁信芳

一位被冷落了的爱国诗人：读梁信芳《螺涌竹窗稿》与《归吾庐吟草》/梁守中//中山大学学报（广州）.1997，4.89～97

王维新

论王维新《海棠桥词》/黄蝶红//广西教育学院学报（南宁）.1997，3.34～39

近代文学

总　论

论近代文人的抑郁心理/陆草//中州学刊（郑州）.1996，1.92～98

晚清白话文运动/夏晓红//文史知识（北京）.1996，9.18～25

中国近代文学爱国主义主题的嬗变/黄万机//贵州社会科学（贵阳）.1997，6.56～60

中国近代通俗文学大事记（三）/陆槐//通俗文学评论（武汉）.1996，1.115～123

“文学革命八事”系因南社而立言/沈永宝//复旦学报（上海）.1996，2.53～57

情的荒漠　欲的汪洋：晚近文学中关于爱情的话题/王海燕//文艺理论与批评（北京）.1997，3.20～24

试论民初文坛的中西文学比较/袁荻涌//中国比较文学（上海）.1997，4.47～56

论中国近代审美意识的改变/袁进//江淮论坛（合肥）.1996，4.66～72

二十世纪：中国近代批评的历史终结/宋剑华//文艺理论研究（上海）.1997，2.17～20

论中国近代文学理论批评的自觉性/王群//江淮论坛（合肥）.1996，5.93～99

中国近代文史资料考辨三题/左鹏军//中山大学研究生学刊（广州）.1997，2.27～30，42

小　说

论近代狭邪小说的思想倾向/张云，杜志军//河北学刊（石家庄）.1996，4.55～60

近代中国报业与通俗小说的繁荣/赵成孝//青海师范大学学报（西宁）.1996，3.83～87

从晚清到“五四”：文化转型与小说的雅化进程/吴秀亮//江海学刊（南京）.1996，4.171～176

论近代小说本体论/王旭川//上海师范大学学报.1996，4.135～139

“虚无党小说”：清末特殊的译介现象/陈建华//华东师范大学学报（上海）.1996，4.67～73

晚清白话短篇小说叙事体制的演变/袁健//明清小说研究（南京）.1996，2.213～219

民初小说的情感取向和文体特色/刘纳//海南师院学报（海口）.1996，3.25～31

晚清新小说的生成和价值内涵/欧阳健∥吉林大学社会科学学报（通辽）.1997，3.16～22

试论近代商品经济演化与近代小说的繁荣/罗嘉惠∥中山大学学报（广州）.1997，4.82～88

晚清“小说界革命”与小说市场/王学钧∥明清小说研究（南京）.1997，3.198～210

清末民初的短篇小说/于润琦∥明清小说研究（南京）.1997，3.211～222

中国近代反侵略战争小说综论/陈颖∥福建师范大学学报（福州）.1997，2.55～62

近代中日政治小说比较/袁荻涌∥青海社会科学.1997，4.67～71

世纪初的“小说”神话：论晚清“小说界革命”和言情小说/陈伟军∥中山大学研究生学刊（广州）.1997，2.31～35

近代中日小说的题材类型及其关联/王向远∥齐鲁学刊（曲阜）.1997，3.81～86

试论民初小说理论/袁进∥社会科学（上海）.1997，3.66～70

论晚清小说中的歌词/陈辽∥明清小说研究（南京）.1997，2.188～196

诗、词

试论中国近代的译诗/郭长海∥社会科学战线（长春）.1996，3.177～185

近代宋诗派的诗体论/吴淑钿∥华东师范大学学报（上海）.1996，2.89～95

台湾近代后期诗歌的情感特征/包恒新∥福建论坛（福州）.1997，1.51～57

近体诗声律结构体现的美学文化精神/张国庆∥社会科学战线（长春）.1997，6.110～115

《文学改良刍议》与南社/沈永宝∥文艺报（北京）.1997，3.25④

清代词学的“尊体”观/皮述平∥学术月刊（上海）.1997，11.105～113

林则徐

论林则徐流放诗的用典艺术/文舟∥新疆大学学报（乌鲁木齐）.1996，3.89～95

《林则徐诗集》郑氏校笺本指瑕/周轩∥新疆大学学报（乌鲁木齐）.1997，1.69～72

林则徐西戍组诗浅析/董玲∥西北师大学报（兰州）.1997，5.89～91

不朽的英雄和不朽的诗篇：《林则徐诗选注》代跋/周轩∥西域研究（乌鲁木齐）.1997，2.10～16

陈　森

试论《花月痕》对《品花宝鉴》的模仿和抄袭/迅崇起∥河北师范学院学报（石家庄）.1997，4.53～60，131

龚自珍

龚自珍的《己亥杂诗》/张永芳∥古典文学知识（南京）.1996，6.11～16

释龚自珍“秋心”/孙之梅∥阴山学刊（包头）.1997，3.28～32

叛逆与复归：龚自珍文化心理裂变的轨迹及其动因浅析/蔡世华∥江苏社会科学（南京）.1997，5.160～165

龚自珍的心态及其在诗文中的表现/吴世永∥台州师专学报.1997，4.11～15

龚自珍论学风/陈鹏鸣∥齐鲁学刊（曲阜）.1997，3.77～80

论龚自珍学风/路新生∥华东师范大学学报（上海）.1997，3.69～79

魏　源

魏源及其作品中的新世界/蒋英豪∥文学遗产（北京）.1996，4.97～107

梁廷楠

清代广东曲家梁廷楠的戏曲理论/罗斯宁∥学术研究（广州）.1996，12.86～89

俞万春

试论《荡寇志》意象意境层和思想意义层的不确定性及启示/赵启安∥临沂师专学报.1996，5.66～69

顾太清

八旗有才女　西林一枝花：记清代满族女文学家顾太清/张璋∥文学遗产（北京）.1996，3.108～115

读顾太清手稿：兼及顾太清与龚自珍的情恋/柯愈春∥社会科学战线（长春）.1996，5.169～174

中国第一位女小说家西林太清的《红楼梦影》/张菊玲∥民族文学研究（北京）.1997，2.3～7，8

张际亮

张际亮的诗学与创作/王济民∥华中师范大学学报（武昌）.1997，5.48～52

朱　琦

热爱祖国关心人民疾苦的诗人朱琦/高湛洋∥广西

社会科学（柳州）.1997，3.112～117

曾国藩

瑰玮奇丽气象峥嵘：曾国藩论文章风格/刘可//北京社会科学.1996，2.71～78

曾国藩、王夫之文论思想异同/钱竟//文学遗产（北京）.1996，1.83～90

曾国藩诗初探/文自成//辽宁师范大学学报.1996，4.59～62

刘熙载

刘熙载词论的哲学智慧/周圣伟//华东师范大学学报（上海）.1996，5.65～69

顾沅汇

《冯犹龙文钞》作者考/胡小伟//明清小说研究（南京）.1996，1.119～131

谢章铤

爱国词人谢章铤的词与词论/陈庆元//福建师范大学学报（福州）.1997，2.63～68

宣鼎

唐人小说之流亚，《聊斋志异》之嫡传：略评《夜雨秋灯续录》/张静秋//明清小说研究（南京）.1997，2.156～166

郭嵩焘

郭嵩焘集外诗辑要/雷磊//湘潭大学学报.1997，2.9～12，38

尹湛纳希

《泣红亭》的结局与汉民族文化/孙占奇//明清小说研究（南京）.1996，3.228～233

尹湛纳希与卓索图文化/呼春//民族文学研究（北京）.1997，3.65～71

刘古愚

略论刘古愚的诗/周培贞，邓天源//甘肃社会科学（兰州）.1996，4.74～77

黄遵宪

吟到中华以外天：谈黄遵宪及其《日本杂事诗》/张德鸿//云南师范大学学报（昆明）.1996，3.47～52

试论黄遵宪的诗歌风格/李廷锦//中山大学学报（广州）.1996，5.104～109

驰域外之观　写心上之语：论黄遵宪的南洋诗/〔新〕王力坚//广东社会科学（广州）.1997，4.115～120

从《香港感怀》看黄遵宪诗的"诗史"特征/孙之梅//古典文学知识（南京）.1997，6.41～46

林纾

林纾与桐城派、改良派及新文学的关系/蒋英豪//文史哲（济南）.1997，1.71～78

论林纾对中西小说的比较研究及其价值/纪德君，杨茜//明清小说研究（南京）.1997，1.174～185，232

严复

严复诗歌初论/张修龄，马卫中//苏州大学学报.1996，4.65～70

郑文焯

关于郑文焯批校本《清真集》/刘崇德//河北大学学报（保定）.1996，3.27～32

文廷式

文廷式《云起轩词》的艺术成就/刘梦芙//晋阳学刊（太原）.1997，5.88～92

刘鹗

试说巧姑/王子淳//明清小说研究（南京）.1996，1.170～183

论清代的太谷教：从《老残游记》谈起/贾二强，王雪//陕西师范大学学报（西安）.1997，1.130～136

试论《老残游记》的层次与结构/黄丽珍//明清小说研究（南京）.1997，1.166～173

况周颐

推尊词体：况周颐词论的主导思想/杨柏岭//晋阳学刊（太原）.1996，5.87～91

《蕙风词话》中的重拙大理论/魏春吉//河南大学学报（开封）.1997，1.79～83

许指严

许指严的历史小说创作/陈子平//通俗文学评论（武汉）.1996，2.37～43

李伯元

李伯元传记研究的新进展/王学钧//明清小说研究（南京）.1996，4.204～217

章太炎

章太炎文学复古主义辨析/吴中杰//晋阳学刊（太原）.1996，2.75～79

刘光弟

刘光弟年谱/曾宪辉//福建师范大学学报（福州）.1996，4.70～78，84

吴趼人

吴趼人"文明专制"思想探微/张强//郑州大学学报.1996，4.98～103

吴趼人小说创作论/田若虹//韩山师范学院学报（潮州）.1997，4.51～59

从《恨海》、《劫余灰》看吴趼人对小说表现手法的探索与尝试/宋一真//学术交流（哈尔滨）.1997，6.110～111

梁启超

梁启超对中国近代小说革新的贡献：梁启超与晚清“小说界革命”/钟贤培//广东社会科学（广州）.1996，2.115～119

梁启超的小说本体理论初探/李开军//聊城师院学报.1996，3.95～99

“专欲发表区区政见”：梁启超和晚清政治小说的翻译及创作/王宏志//文艺理论研究（上海）.1996，6.8～18

关于中西文明“结婚论”的产生：探讨梁启超在中西文艺理论交流中的选择/殷国明//华东师范大学学报（上海）.1997，6.67～72

梁启超与中国近代新旧文学的过渡/蒋英豪//南开学报（天津）.1997，5.22～30

曾　朴

伦理判断与政治判断的融合和倾斜：试论曾朴小说《孽海花》的审美方式/谢飘云，陈鹏飞//华东师范大学学报（上海）.1997，2.69～77

刘师培

论刘师培的美学思想/胡健//西北师大学报（兰州）.1996，2.8～12

王国维

论王国维的天才说/刘德强//学术月刊（上海）.1996，9.91～95

王国维论清真词/蒋哲伦//文学遗产（北京）.1996，1.91～100

论王国维与胡适的学谊/房鑫亮//华东师范大学学报（上海）.1996，4.21～26

中国近代喜剧美学之前驱：兼论王国维对西方近代喜剧美学的评介/庄浩然//福建师范大学学报（福州）.1996，2.68～74

生命哲学的艺术诠释：王国维美学思想综论/李慈健//中州学刊（郑州）.1996，3.74～79

晚清启蒙思潮与王国维非功利文学论/郭志今//浙江学刊（杭州）.1996，2.89～94

论王国维的艺术至境观/顾祖钊//浙江社会科学（杭州）.1996，5.88～93

天才、超人、赤子：从王国维的作家论看中西文化的融合/蔡钟翔，〔韩〕李哲理//社会科学战线（长春）.1996，5.182～190

中国文艺批评现代转型的起点：论王国维的《红楼梦》评论及其它/饶芃子//文艺研究（北京）.1996，1.58～61

领悟悲剧：王国维《红楼梦评论》研究/高小康//文艺理论研究（上海）.1996，5.28～36

《红楼梦》的最高评价：“宇宙之大著述”：评王国维《红楼梦评论》/白盾//汕头大学学报.1997，4.41～48

《艺概》对《人间词话》的直接启迪：王国维美学思想的传统文化精神/孙维域//文艺研究（北京）.1996，3.39～47

西方理论预设与中国诗学文本的重组：论《人间词话》与中西文论的交融/傅勇林//四川师范大学学报（成都）.1996，10.52～57

略论《人间词话》的成就与缺失/祁光禄//青海师范大学学报（西宁）.1997，2.97～103

王国维美学思想与晚清文学变革/钱竞//文学评论（北京）.1997，6.124～132

王国维创造“新学语”的历史经验/刘烜//文学评论（北京）.1997，1.36～45

康德“意象”说与王国维“意境”说之比较/周波//中国比较文学（上海）.1997，4.26～36

王国维死因新探/周一平//学术月刊（上海）.1997，6.85～90

王国维治学的思想和方法：纪念王国维诞生120周年逝世70周年/郭豫适//红楼梦学刊（北京）.1997，4.229～241

苏曼殊

论苏曼殊的思想/任广田//西北大学学报（西安）.1996，1.17～20

论苏曼殊/马以君//文艺理论与批评（北京）.1997，5.95～100

柳亚子

论柳亚子诗歌的“明月”原型/邵盈午//上海师范大学学报.1996，2.96～104

从初稿到改稿析柳亚子的“牢骚”：阐释《感事呈毛主席》/李海珉//人物（北京）.1997，4.148～152

现　代　文　学

20世纪文学总论

共名和无名：百年中国文学发展管窥/陈思和//上

海文学.1996，10.71～79
论20世纪中国文学的近代性/杨春时，宋剑华//学术月刊（上海）.1996，12.85～91
历史剧变与文学欠收：20世纪中国文学的历史反思/马伟业//文艺评论（哈尔滨）.1996，6.61～68
20世纪中国文学与民族文化精神/林焱//文艺评论（哈尔滨）.1996，1.4～12
回顾与前瞻："20世纪中国文学"两题/许志英//江海学刊（南京）.1996，5.169～177
民粹主义与20世纪中国文学/孟繁华//文艺争鸣（长春）.1996，4.19～29
从现代狂人到后现代白痴：20世纪中国文学精神论/兰爱国//文艺争鸣（长春）.1996，2.28～34
近百年东方文学反思/侯传文//东方论坛（青岛）.1996，3.59～65
艺术——回到源头：论20世纪艺术精神（下）/傅翔//文艺评论（哈尔滨）.1996，1.22～28
论20世纪的中国革命与中国文学/张炯//文艺报（北京）.1996，11.1③
跨世纪的洗礼/张志忠//文论报（石家庄）.1996，12.15①
概念嬗变在文学批评中的意义：20世纪乡土文学研究历史的学术考察/陈继会//中州学刊（郑州）.1996，2.90～95
论20世纪中国文学知识者形象的边缘化倾向及其角色选择/刘晓林//青海师范大学学报.1996，1.59～64
由从势者到求道者的位移：20世纪中国知识分子的精神历程/摩罗//文艺争鸣（长春）.1996，6.31～45
百年中国：作家的情感方式与精神地位/孟繁华//文学评论（北京）.1996，4.63～71
"世纪末果汁"：中西文学的精神遇合/萧同庆//文学评论（北京）.1996，6.45～56
论现代四川文学"洄水沱"景观的地域文化内涵：20世纪中国文学与巴蜀文化之一/李怡//赣南师范学院学报（南昌）.1996，2.6～10，39
中国现当代文学中的宗教意识/季红真//文学评论（北京）.1996，5.44～55
关于编写中国二十世纪文学史的几个问题/陈思和//天津社会科学.1996，1.51～57
20世纪中国文学主体问题三论/周晓明//华中师范大学学报（武昌）.1997，4.9～17
现代化视野中的中国20世纪文学/黄曼君//华中师范大学学报（武昌）.1997，4.1～8，17
关于"20世纪中国文学"的性质问题/陈辽//南京社会科学.1997，4.63～67
追求百年文学总结的经典性/阎真//湖南师范大学学报（长沙）.1997，6.72～77
日常生活：喧嚣与拯救：20世纪文学的"现代性"历程/兰爱国//文艺争鸣（长春）.1997，6.32～38
对20世纪中国文学的一种历史考察/孔范今//文艺争鸣（长春）.1997，2.37～51
现代史还是近代史：关于20世纪中国文学性质的对话/杨春时，宋剑华//南方文坛（南宁）.1997，1.4～8
近代性，还是现代性：20世纪中国文学性质漫议/龙泉明//南方文坛（南宁）.1997，2.6～9
人文精神与20世纪文学/张炯//社会科学家（桂林）.1997，5.15～18
20世纪中国文学的现代性论析/龙泉明//学术月刊（上海）.1997，9.31～37
何谓20世纪中国文学的现代性/刘锋杰//学术月刊（上海）.1997，9.38～43
传统·话语·世纪反省/屈雅君//小说评论（西安）.1997，3.82～86
20世纪中国文学之中心话题/谭桂林，钟友循等//理论与创作（长沙）.1997，5.4～12
20世纪中国文学思潮的时代语境/王文英//学术月刊（上海）.1997，9.51～55
20世纪中国文学瞰论/史承钧//上海师范大学学报.1997，4.105～108
试论20世纪中国文学的前现代性/杨春时//文艺理论研究（上海）.1997，4.56～62
20世纪中国文学与鲁迅传统：兼论中国21世纪文学发展的一个前提/庄汉新//理论与创作（长沙）.1997，2.17～21，39
从百年文论史得到的启示：关于文学价值取向与观念嬗变的审思/陈传才//文艺研究（北京）.1997，2.4～11
当代20世纪中国女性文学研究批判/王侃//社会科学战线（长春）.1997，3.156～163
万古书虫有叹声：20世纪中国知识分子悲凉心态

漫谈/刘克敌//江淮论坛（合肥）.1997,5.93～97

时代裂变中的辉煌崛起：20世纪中国文学现代知识分子话语的诞生/李新宇//齐鲁学刊（曲阜）.1997，6.109～115

20世纪中国文学批评的转型/赖大仁/中国人民大学学报（北京）.1997，6.72～77

科学的，抑或艺术的：对20世纪中国文学批评走向的思考/周海波//山东文学（济南）.1997，7.61～65

谈20世纪中国文学中的女权母题/贾植芳，王同坤//文艺理论研究（上海）.1997，1.41～44

中国人想象之中国：20世纪文学中的中国形象/王一川//东方丛刊（桂林）.1997，1～2.1～23

托尔斯泰·屠格涅夫·契诃夫：20世纪中国文学接受俄国文学的三种模式/赵明//外国文学评论（北京）.1997，1.114～121

20世纪中国历史主题与文学思潮的衍变/韩星//西北大学学报（西安）.1997，4.112～114

从20年代乡土文学到80年代寻根文学/索燕华//延边大学学报（延吉）.1997，4.109～113

东方文学魅力与诺贝尔文学奖：兼论诺贝尔文学奖的原则精神与评选规律/赵立//东北师大学报（长春）.1997，6.65～68

拒绝古典的代价/刘锋杰//文艺理论研究（上海）.1997，2.13～16

现代性，还是近代性?：关于20世纪文学性质的讨论/印晓红//文学报（上海）.1997，1.30②

现代文学总论

对现实人生与终极人生的双重关注：试论中国现代文学的一个重要特征/刘勇//北京师范大学学报.1996，5.88～97

对厘清台湾新文学运动一些问题的思考/何标//文艺理论与批评（北京）.1996，3.116～119

直面历史：抗战时期的中日文学纠葛/杉野要吉，张泉//北京社会科学.1996，2.64～70

斩不断的民族心声：八年抗战时期的台湾文学/徐学//文艺理论与批评（北京）.1996，4.126～130

政治式写作与三十年代中国文学/王爱松//江苏社会科学（南京）.1996，3.113～117

论三十年代中国讽谕文学/王爱松//江海学刊（南京）.1996，2.163～169

论三十年代反封建文学主题对五四文学的深化与超越/王爱松//中州学刊（郑州）.1996，6.99～102

“大众化”与“化大众”：三十年代一个文学话题的反思/王爱松//南京大学学报.1996，2.24～32

新文学开拓人才漫论/张国栋//内蒙古社会科学（呼和浩特）.1996，3.80～84

精神分析学说与30年代非左翼文学/萧笛//学术月刊（上海）.1996，1.79～84

从本体到方法：文化批评与中国现代文学研究/解志熙//中州学刊（郑州）.1996，5.82～90

中国现代文学研究现状与前途笔谈/严家炎…//河北师院学报（石家庄）.1996，3.1～12

中国新文学六十年/朱德发，邢富钧//烟台大学学报.1996，3.3～7

现代文学上的怪圈/吴中杰//东方丛刊（桂林）.1996，4.94～114

新文化运动的精神取向/沈卫威//青海师范大学学报（西宁）.1996，2.64～69

马克思恩格斯关于世界历史的理论与中国现代文学研究/吴建波//华中师大学报（武昌）.1996，4.85～89

战前日本对中国现代文学的评介/张福贵，刘三富//社会科学战线（长春）.1996，5.240～246

论中国新文学的主流/黎山尧//吉首大学学报.1996，1.48～53

新文学开拓者群体的功能/张国栋//内蒙古大学学报（呼和浩特）.1996，1.31～41

现代通俗文学研究之我见/朱志荣//通俗文学评论（武汉）.1996，4.4～9

“白话文运动”历史轨迹的重新考察/马以鑫//华东师范大学学报（上海）.1996，2.77～85

盆地文明·天府文明内陆腹地文明：论现代四川文学的文化背景/李怡//社会科学研究（成都）.1996，2.102～107

从移民到漂泊：现代四川文学与巴蜀文化之四/李怡//宁德师专学报.1996，1.55～59，71

新文学与知识者及知识者话语/孙中田等//文艺争鸣（长春）.1996，4.40～44

中国现代批评中的现实主义三类型：茅盾、周扬与胡风比较谈/刘锋杰//海南师院学报（海口）.1996，4.34～37

论“民族形式”论争的发端问题/金良守//南京大学学报.1996，2.47~53

略论东方女性形象/沈庆科//辽宁大学学报（沈阳）.1996，1.70~73

“革命+恋爱”主题的类型和逻辑/参元//延安大学学报.1996，4.66~70

20年代西方文艺理论在中国/杨福生//安徽大学学报（合肥）.1997，1.20~24

中国新文学的理性原则与人文精神/栾梅健//文学评论（北京）.1997，6.45~53

略论我国30年代的文学/郭志刚//文艺理论与批评（北京）.1997，5.52~63

论30年代文学中的“父亲形象/贺仲明//江苏社会科学（南京）.1997，4.143~148

现代中国文论建设过程中的高尔基典型论：30年代周扬、胡风之争与典型说论辩/邱运华//湘潭大学学报.1997，6.72~77

中国现代的纯艺术文论与其西方渊源/胡有清//文艺研究（北京）.1997，5.8~16

中日现代文学比较研究的宏观思考/王向远//北京师范大学学报.1997，1.51~58

道家文化与中国现代文学/杨义//中国社会科学（北京）.1997，2.147~164

20世纪初叶日本文学在中法文学交流中的桥梁作用/苏华//文艺理论与批评（北京）.1997，1.59~64，77

昨天的岁月/周明//新文学史料（北京）.1997，4.77~87

抗战前后文化思潮与“东方文化复兴”的历史主题及其发展/皇甫晓涛//吉林大学社会科学学报（长春）.1997，6.15~20

论战争意识与中国现代文学/潘先伟//江海学刊（南京）.1997，2.170~174

文学社群与文化家园：关于现代中国文学社群文化形态研究的构想/杨洪承//学习与探索（哈尔滨）.1997，6.88~96

美的诱惑与变异：中国新文学中的唯美主义/王光东//东岳论丛（济南）.1997，6.101~106

试论中国文学现代转型的路径/王又平//华中师范大学学报（武昌）.1997，4.18~23

新文学现代主义的浪漫情愫/赵凌河//文艺理论研究（上海）.1997，2.61~66

“影响研究”如何深入：王富仁对中国现代文学研究模式的置疑所引起的思考/查明建//中国比较文学（上海）.1997，1.121~125

论中国新文学的现代性品格/朱寿桐//学术月刊（上海）.1997，3.88~92

论中国现代文学的实用主义倾向/赵海彦//西北师大学报（兰州）.1997，4.71~74

桂林和重庆：大后方文坛的双璧/苏光文//社会科学家（桂林）.1997，1.44~50

中国现代文学研究跨世纪之思考/徐瑞岳//徐州师范大学学报.1997，3.68~73

试论现代文学的人文特征/徐文茂//社会科学（上海）.1997，11.68~72

新文学开拓者群体的现代意识/张国栋//内蒙古大学学报（呼和浩特）.1997，6.51~59

新文学开拓者群体的智能优势/张国栋//内蒙古大学学报（呼和浩特）.1997，3.56~66

“两个口号”论争中的重要理论问题评析/朱丕智//重庆师院学报.1997，2.13~22

关于现代文学研究的一封信/陈思和//文艺争鸣（长春）.1997，3.77~80

中国传统文化与现代社会（上）（下）/王富仁//文艺争鸣（长春）.1997，3.8~23；4.41~59

19世纪我国对西方文学的翻译和介绍/袁获涌//中国比较文学（上海）.1997，2.81~89

《文学青年》琐忆/周楞伽//新文学史料（北京）.1997，1.76~88

挣扎在畸形生存空间的女人/周芳芸//四川师范大学学报（成都）.1997，4.53~59

文化视域中的中外文学关系研究：从《中外文学比较史1898—1949》谈起/刘耘华//湘潭大学学报.1997，4.32~35

潮汕现代文学的发展过程及其特征/郑群辉，黄景忠//韩山师范学院学报（潮州）.1997，3.43~49

诺贝尔文学奖，中国无缘!？/高波//云南社会科学（昆明）.1997，3.83~88

回忆与思考：“大写十三年”的大争论及其背景（下）/黎之//新文学史料（北京）.1997，4.52~59，118

文学史

1981~1994：中国现代文学史研究鸟瞰（上）（下）/邢铁华//海南师院学报（海口）.1996，

1.17～22；2.32～38

“新文学”史断代上限前延的依据和意义：对“20世纪中国文学”的一种必要阐释/孔范今//东岳论丛（济南）.1996，6.89～96

文学史写作：怀疑、转向、可能/程光炜//文论报（石家庄）.1996，2.1①

20世纪上半期文学史上民族主义理论的语境还原和语义分析/耿传明//华东师范大学学报（上海）.1997，4.68～74

现代文学研究的灵魂是什么：中国现代文学史的人文内涵与现代中国的文艺复兴/皇甫晓涛//学术月刊（上海）.1997，3.82～87

还原历史：中国现代文学史研究断想/许道明//文学报（上海）.1997，9.18④

论文学史热中的现代文学史观/朱寿桐//南京社会科学.1997，8.64～69

论新文学史观的发展之路/朱寿桐//南京大学学报.1997，11.68～72

文学思潮、流派

品格·角度·整合：现代文学思潮研究中的几个问题/胡有清//文学评论（北京）.1996，2.149～153

语丝派与抗战文学/吴中杰//鲁迅研究月刊（北京）.1996，3.50～55

中国现代文学思潮研究十五年/胡有清//社会科学战线（长春）.1996，3.245～250

“反差不多运动”：30年代自由主义文学思潮的尾声/马俊山//辽宁师范大学学报（大连）.1996，6.47～49

象征主义在30年代中国文坛的传播/吴晓东//南京师大学报.1996，2.73～79

论我国新文学中的现代主义/朱寿桐//文学评论（北京）.1996，2.127～139

中国现代主义文学论（上）（下）/王富仁//天津社会科学.1996，4.5.66～75；95～102

中国现代文坛的现代主义命运/吴立昌//文学报（上海）.1996，3.14④

我国新文学初期表现主义之考察/唐鸿棣//上海师范大学学报.1996，1.72～78

并不浪漫的“后期浪漫派”/刘成友，蒋先武//湖北大学学报（武汉）.1996，5.45～49

“山药蛋派”研究的重大成果：读朱晓进《“山药蛋派”与三晋文化》/董大中//山西文学（太原）.1996，2.77～79

历史地评价鸳鸯蝴蝶派/刘国清//南昌大学学报.1996，3.78～83

鸳鸯蝴蝶派与消闲文艺/吴中杰//上海大学学报.1996，2.32～38

京派和海派的文化因缘及审美形态/杨义//海南师院学报（海口）.1996，1.7～16

京派、海派与文学上的中间路线/吴中杰//山西师大学报（临汾）.1996，4.32～39

论《七月》及“七月派”的创作/章绍嗣//吉首大学学报.1996，4.34～38

“新感觉派”的名与实/王向远//文艺报（北京）.1996，5.31

论中国现代自由主义文学思潮（上）（下）/支克坚//鲁迅研究月刊（北京）.1997，9.13～20；10.12～18

中国现代文学中的纯艺术思潮/胡有清//中国社会科学（北京）.1997，3.147～159

试探个性解放思潮在现代文学中退潮的原因/王涧//晋阳学刊（太原）.1997，1.80～86

再评鸳鸯蝴蝶派/黄炜//中国人民大学学报（北京）.1997，5.99～105

关于“京派”、“海派”的论争与鲁迅的批评/周葱秀//鲁迅研究月刊（北京）.1997，12.11～18

海派文学的现代性/许道明//复旦学报（上海）.1997，3.42～48

乡土亲情与智性审美：晋绥“五老”作家创作的深层情感分析/李有亮//黄河文学（银川）.1997，5.74～76

“五四”文学

五四新文化运动的评价问题/龚书铎//河北大学学报（保定）.1996，1.3～6

启蒙风雨中走出不同的忧患者：“五四”文学与法国启蒙文学忧患意识之异同/韩捷进//海南师院学报（海口）.1996，4.38～43

科学与五四文学的思想方法/刘为民//青海师范大学学报（西宁）.1996，3.77～82

浙江文化与五四新文学/卢敦基/浙江学刊（杭州）.1996，4.127～128

重说“五四”对话录/钱竞，邵燕祥…//文艺理论研究（上海）.1996，2.39～50

重新建构“五四”新文学传统/吴剑//华中师大学报（武汉）.1996，5.60～64

关于五四新文化的价值观/段培君//学术月刊（上海）.1996，7.25～32

科学思想影响与五四新文学观/刘为民//文史哲（济南）.1996，5.35～40

五四文学批评观念与方法的现代演进/周海波//齐鲁学刊（曲阜）.1996，3.28～34

启蒙的与浪漫的：五四文学主潮及其他/赵海彦//甘肃社会科学（兰州）.1996，1.73～76

论五四新文学与古代文学的关系/章培恒，谈蓓芳//复旦学报（上海）.1996，4.24～30

五四文学革命与中国的近代化/吴乃华//江西社会科学（南昌）.1996，6.80～84

五四新文化的历史建构/段培君//北京社会科学.1997，3.53～62，74

“五四”思潮史论纲/马以鑫//文艺理论研究（上海）.1997，2.35～38

科技传播与大众文艺：纪念五四“白话革命”80周年/刘为民//文艺报（北京）.1997，7.8②

有形与无形：论“五四”文学传统的内质与张力/赵明//宁夏教育学院·银川师专学报.1997，2.1～5

“赛先生”与五四新文学/刘为民//学术月刊（上海）.1997，6.69～79

论五四文学感伤色彩的文化定位问题/魏星//淮阴师专学报.1997，2.39～42

“五四”新文学观念及其相互关系试析/伍世昭//广西民族学院学报（南宁）.1997，3.110～114

人道主义在历史中的必然：对“五四”新文学与新时期文学人道主义的考察/陆卓宁//广西民族学院学报（南宁）.1997，3.106～109

从人道主义到社会主义：论“五四”劳工文学/张鸿声//郑州大学学报.1997，5.13～19

《回归“五四”》后序/舒芜//新文学史料（北京）.1997，2.126～185

抗战文学、沦陷区文学、解放区文学

永远值得记取：记抗战中在香港的“文艺通讯部”/郁风//新文学史料（北京）.1996，1.180～184

《七月》与抗战文学/李德友//徐州师院学报.1996，2.90～93

抗战文学的新丰收/殷白//文艺报（北京）.1996，3.1②

大众化：抗日民主根据地文学表现形式的显著特点/苏光文//西南师范大学学报（重庆）.1997，3.81～86

日本的侵华文学与中国的抗日文学：以日本士兵形象为中心/王向远//北京社会科学.1997，3.38～45

上海沦陷前后地下党的文艺工作/黄明//新文学史料（北京）.1996，1.169～179

抗战时期北京、上海的中国现代文学/〔美国〕Edward Gunn，康葵译//成都师专学报.1996，2.61～64

对《沦陷时期北京文学八年》一书的政治评价：与张泉同志商榷/王凤海//北京社会科学.1997，4.93～97

中国沦陷区文学研究的政治立场问题：对《对〈沦陷时期北京文学八年〉一书的政治评价》的回应/张泉//北京社会科学.1997，4.98～105

试论解放区文学的土地意识/王伟//江汉论坛（武汉）.1996，1.68～72

解放区文学新论/李玉明//东岳论丛（济南）.1996，6.97～101

解放区文学研究走向：情绪化批评的消解/刘增杰//文艺报（北京）.1996，8.2③

艺术属于人民：苏区文艺大众化漫议/汪木兰//江西师范大学学报（南昌）.1997，2.48～51

战争与新英雄传奇：对延安战争文学的再探讨/倪婷婷//江苏社会科学（南京）.1997，5.141～147

论解放区文学中的女性形象及其文化和审美价值/逄增玉，苗丽芬//东北师大学报（长春）.1997，5.75～83

陕北文学与陕北文化/垄耘//延安大学学报.1997，3.66～68，79

作家综论

略说中国现代知识分子的“结社”现象与个人行为：以研究《新青年》和胡适、鲁迅为例/吴俊//华东师范大学学报（上海）.1996，5.59～64

审美与非审美：历史夹缝中的“五四”小说家及其俄国文学的关系/赵明//宁夏大学学报（银

川）.1996，2.35～44

多重文化的冲撞和交融：论现代外省作家的入蜀现象/李怡//贵州社会科学（贵阳）.1996，2.60～66

“桃源”梦：现代作家的乡土之恋/胡书庆//郑州大学学报.1996，1.20～25

历史与我们自己：四十年代作家对时代的回应/潘南//南京大学学报.1996，4.101～111

论中国现代作家的忏悔情结/马佳//南京大学学报.1996，2.33～40

跛足者的跋涉：关于现代女作家倚重爱情主题的一种思考/乐铄//郑州大学学报.1996，3.87～91

“梦”与中国现代作家的艺术探索/吴晓东//文艺理论研究（上海）.1996，1.46～51

论婉约词对“新月”诗人的影响/陈国恩//武汉大学学报.1996，4.15～18

香港：众多大作家的人生驿站/贾敏//中华读书报（北京）.1997，7.2⑤

冰心、丁玲、张爱玲：“五四”女性神话的终结/姚玳玫//学术研究（广州）.1997，9.88～92

白马湖作家群的教育、教学理念/陈星//浙江社会科学（杭州）.1997，1.96～100

中国现代作家幽默特色论析/阎浩岗//南开学报（天津）.1997，6.43～49

黎明时分的三支响箭：论“五四”女作家的杂文、新诗和“问题小说”/钱红//学术研究（广州）.1997，3.66～71

让庐旧事（下）：记女作家袁昌英、苏雪林、凌叔华//新文学史料（北京）.1997，4.109～115

中国现代派诗人钩沉（五则）/凡尼//东方丛刊（桂林）.1997，3.203～225

社　团

创造社的价值：为“五四文学革命”的补课/魏建//鲁迅研究月刊（北京）.1996，8.8～12

创造社的异军苍头突起（上）（下）/黄淳浩//新文学史料（北京）.1996，3.153～160；4.152～161

学衡派文学批评与新人文主义/陈厚诚//社会科学研究（成都）.1996，5.102～109

论创造社的“方向转换”/蔡震//延安大学学报.1997，4.79～84

评近年来对学衡派的重估倾向/谭桂林//鲁迅研究月刊（北京）.1997，2.4～8

创造社第三期成员与《文化批判》/吴禹星//鲁迅研究月刊（北京）.1997，7.44～48

论创造社的“方向转换”/蔡震//延安大学学报.1997，4.79～84

文学研究会作家的儒文化心理和美学风格略论/朱曦//云南师范大学学报（昆明）.1997，3.41～46

忆新垦文艺社：30年代河南的一支文艺轻骑/穆欣//新文学史料（北京）.1997，2.100～110

南国社与南国周刊/温欣荣//河北学刊（石家庄）.1997，3.67

各体文学总论

诗　歌

论中国现代新诗的民间化运动/龙泉明//理论与创作（长沙）.1996，6.27～30

从新月派的节制情绪到新生代的冷抒情/许霆//江苏社会科学（南京）.1996，5.132～136，131

20年代象征主义诗歌论/龙泉明//文学评论（北京）.1996，1.88～100

论西方象征主义对中国现代主义诗歌的纯诗化影响/王泽龙//外国文学评论（北京）.1996，2.111～119

重提学习民歌与发展新诗的关系/苗得雨//文艺理论与批评（北京）.1996，3.113～115

象征诗美的追求与创造/李夜平//北京师范大学学报.1996，1.100～105

论中国40年代新诗的意象化运动/龙泉明//学习与探索（哈尔滨）.1996，5.105～111

现代诗歌解释学：可能与现实/周晓风//重庆师院学报.1996，1.34～44

论新诗戏剧化/王毅//武汉大学学报.1996，4.19～22

1948年：诗人的分化/钱理群//文艺理论研究（上海）.1996，4.36～45

论中国40年代新诗的朗诵化运动/龙泉明//通俗文学评论（武汉）.1996，4.67～71

中国20年代诗坛主体趋向略论/龙泉明//学术月刊（上海）.1996，7.33～37

中国现代主义诗潮的嬗变轨迹与特征/王泽龙//晋阳学刊.1996，2.80～87

九叶诗派历史渊源论/武湖//徐州师院学报.1996，2.94~97

“九叶”诗论/张岩泉//江淮论坛（合肥）.1996，5.87~92

中国式的现代派艺术：对九叶诗派及其创作的研究/刘强//当代作家评论（沈阳）.1996，6.86~93

九叶诗派：中国新诗历史综合的界标（下篇）/王德禄//贵州社会科学（贵阳）.1996，2.67~70

建国前中国新诗（1917—1949）研究综述/吕家乡//东岳论丛（济南）.1996，1.94~99

从李金发到戴望舒：中国现代象征诗的流变轨迹/凡尼//广西师范大学学报（桂林）.1996，4.44~51

马雅可夫斯基对中国新诗的影响/常文昌//兰州大学学报.1996，4.97~101

中国新诗的黄金时代：二三十年代世界文化氛围下新诗的多向发展/刘扬烈//海南大学学报（海口）.1996，3.60~65

论“七月”诗派特质/高蔚//新疆师大学报（乌鲁木齐）.1996，3.48~55

多色彩的抗战诗坛/曹铁娟//思茅师专学报.1996，1.37~43

生命沉思的心灵救赎：“中国新诗派”与里尔克/余峥//宁德师专学报.1996，1.62~71

爱国主义中国现代新诗的主旋律/高红卫//海南师院学报（海口）.1996，2.39~43

寻找：新诗体文本与母语的批评方式：20世纪中国诗歌反思/姜耕玉//文艺研究（北京）.1997，2.87~94

论中国新诗的现实主义/骆寒超//文学评论（北京）.1997，1.94~106

从诗歌革命到革命诗歌/张法//中国人民大学学报（北京）.1997，5.88~91

东方精神的失落与重建：中国新诗历程的反思/沈检江//学习与探索（哈尔滨）.1997，4.109~117

中国新诗现代化研究笔谈/龙泉明…//中州学刊（郑州）.1997，4.99~113

论20世纪中国新诗的诗美流变/吕汉东//淄博师专学报.1997，1.23~29

诗体的流变与新诗的历程/周晓风//重庆师院学报.1997，2.23~31

20世纪世界华文诗坛的弄潮儿：论留学生与20世纪的中国新诗/周棉//河北师范学院学报（石家庄）.1997，2.83~89，110

中国现代小诗与日本的和歌俳句/王向远//中国比较文学（上海）.1997，1.45~56

五四新诗的“现代性”问题/唐晓渡//文艺争鸣（长春）.1997，2.52~57

“十四行体在中国”钩沉/许霆，鲁德俊//新文学史料（北京）.1997，2.111~125，205

普罗诗派诗歌创作得失论/龙泉明//武汉大学学报.1997，4.73~80

早期白话诗与“胡适之体”/周晓风//重庆师院学报.1997，4.3~13

诗与哲理的遇合：20年代小诗艺术论/龙泉明//文艺研究（北京）.1997，2.105~112

契合：融汇与“和”：对20世纪中国文学象征诗派的一种传统化审视/张邦卫//怀化师专学报.1997，1.70~75

中国现代派诗的价值取向/吴晟//江西师范大学学报（南昌）.1997，1.45~50

中国现代派诗与现代西方哲学/吴晟//文艺理论研究（上海）.1997，1.45~53

中国30年代现代派诗歌流派的审美特征/祝晓耘//绥化师专学报.1997，3.10~16

现代诗派在中国的产生与流变/祝晓耘//延边大学学报（延吉）.1997，6.102~108

从初期象征诗派到“九叶”诗派：略谈中国现代派诗歌的发展/邹水旺//江西师范大学学报（南昌）.1997，3.43~48

论“九叶诗派”/杨云才//宁夏大学学报（银川）.1997，2.74~80

距离审美与深度模式：九叶诗派流派特征论/游友基//江海学刊（南京）.1997，6.177~183

火的呐喊与梦的呢喃：30年代的左翼诗潮与现代主义诗潮/张同道//文学评论（北京）.1997，1.107~117

论三、四十年代中国现代主义诗潮的嬗变/王泽龙//学习与探索（哈尔滨）.1997，3.99~104

都市风景与田园乡愁：论30年代现代主义诗歌的诗学主题/张同道//文艺研究（北京）.1997，2.95~104

隐喻：现代主义诗歌的诗性功能/张目//文艺争鸣（长春）.1997，2.58~68

新月派与沙龙艺术/吴中杰//阴山学刊（包头）.1997，1.1~8
新月诗派论/黄昌勇//文学评论（北京）.1997，3.75~86
浪漫主义向象征主义转换的中介：新月诗派的巴那斯主义倾向/罗振亚//北方论丛（哈尔滨）.1997，4.91~97
文学研究会诗学追求论/许霆//求是学刊（哈尔滨）.1997，1.80~83
抗战诗歌再品赏/苗得雨//文艺理论与批评（北京）.1997，4.94~97
论40年代诗歌的历史发展/龙泉明//文学评论（北京）.1997，2.103~113
袁可嘉：40年代中国诗歌批评的一次现代主义总结/臧棣//文艺理论研究（上海）.1997，4.85~92

小　说

“五四”乡土小说的悲剧意蕴/宋红芳//河北师大学报（石家庄）.1996，2.80~85
“五四”小说的理论催生/林荣松//宁德师专学报.1996，4.42~46
论“五四”小说的自叙性/陈利民//学术月刊（上海）.1996，7.44~48，43
创痛中呼唤抗战的东北流亡小说/李晓宁//青海师范大学学报（西宁）.1996，1.65~70
中国现代小说流派的序曲：问题小说派探析/周筱华//安庆师院社会科学学报.1996，2.29~33
精神的飘流：论20世纪40年代国统区的小说/肖礼荣//四川师范学院学报（南充）.1996，3.66~70
中国现代小说理论批评的历史回顾（续）/曾华鹏//扬州师院学报（社科版）.1996，1.1~20；2.38~47
论中国现代抒情小说中的理想/魏国楠//内蒙古大学学报（呼和浩特）.1996，1.42~51
抗战与通俗小说的勃兴/孔庆东//通俗文学评论（武汉）.1996，2.68~78
精神分析与中国现代小说/魏曦英//福建论坛（福州）.1996，6.62~63
中国现代小说研究的历史现状与思考/吴秀亮//南京大学学报.1996，2.41~46，80
新地域文化的深层透视：由吴福辉《都市漩流中的海派小说》引发的治学策略思考/杨义//博览群书（北京）.1996，5.6~7
“精神奴役的创伤”：论七月派小说的主题意蕴/刘开明//东岳论丛（济南）.1996，5.93~99
试论新感觉派对中国小说现代化的贡献/汪星明//广西师范大学学报（桂林）.1996，2.17~22
重评新感觉派小说的创作方法/王振亮//内蒙古社会科学（呼和浩特）.1996，2.78~81
象征与中国现代小说的深层意蕴/吴晓东//齐鲁学刊（曲阜）.1996，2.87~92
中国20年代小说理论研究（之一）郑家建//文艺理论研究（上海）.1996，2.51~58
象征与反讽：京派作家的城市小说/刘淑玲//河北师大学报（石家庄）.1996，2.76~79，95
问题小说派初探/周筱华//淮北煤师院学报.1996，2.79~85
现代“诗化小说”探索/吴晓东//文学评论（北京）.1997，1.118~127
平凡生活的复现及其叙事功能：四十年代小说艺术论之一/范智红//文学评论（北京）.1997，2.114~128
文体与风格的多种实验：四十年代小说研读/钱理群//文学评论（北京）.1997，3.49~60
雅俗互动的宁馨儿：四十年代小说的新面貌/孔庆东//文学评论（北京）.1997，4.151~158
20世纪中国地域文化小说简论/丁帆//学术月刊（上海）.1997，9.44~50
20世纪中国乡土小说的历史形态/陈继会//郑州大学学报.1997，1.71~79
20世纪秦地小说的文化主题/李继凯//陕西师范大学学报（西安）.1997，3.123~128
论中国现当代系列小说的结构/刘涛//河南师范大学学报（新乡）.1997，1.81~85
中国三十年代现代派小说发生论/方长安//人文杂志（西安）.1997，3.118~122
鸳鸯蝴蝶派小说与西方文学/袁荻浦//贵州社会科学（贵阳）.1997，1.63~67
鸳鸯蝴蝶派小说与四十年代解放区通俗小说比较论/李荣合/孝感师专学报.1997，4.15~20
论“沉沦小说派”/黄裔//福建师范大学学报（福州）.1997，2.40~47，62
中国现代小说的叙述精神/马云//北京师范大学学报.1997，5.101~105

化大众与大众化：逆向的孪生主题/贾植芳，王同坤//文艺理论研究（上海）.1997，5.2～10
“新的小说”的诞生/钱理群//文艺理论研究（上海）.1997，1.2～12
后浪漫派小说简论/李晓宁//青海师范大学学报（西宁）.1997，1.85～91
现代雅俗小说艺术的相互影响与交流/吴秀亮//文学评论（北京）.1997，4.139～150
二三十年代乡土小说美学的文化苦旅/陈晋肃//宁夏社会科学（银川）.1997，3.87～92
文化批判：20年代乡土小说的一个视点/钟俊昆//社会科学（上海）.1997，11.73～75，30
小说类型研究：理论与实践：中国现代小说类型研究引论（之一）/郑家健//福建师范大学学报（福州）.1997，2.48～54
五四小说的理论催生（续）/林荣松//宁德师专学报.1997，1.35～39
一朵艳丽而短命的奇葩：谈现代小说史上的“自我小说”流派/夏德勇//思茅师专学报.1997，1.52～56
论白话侦探小说的新文学性质/刘为民//南京大学学报.1997，2.74～79

散　　文

普通人日常生活的重新发现：40年代沦陷区散文概论/谢茂松，叶彤…//北京大学学报.1996，1.94～100
我国现代幽默小品和外国文学/徐志超//江西社会科学（南昌）.1996，1.44～49
民谣与杂文创作/张品曲//宁德师专学报.1996，1.84～86，148
论中国现代传记文学创作/叶志良//黑龙江社会科学（哈尔滨）.1997，6.51～55
美文的兴起与偏至：从纯文学化到唯美化/解志熙//文学评论（北京）.1997，5.125～137
论语丝派散文/王嘉良//文学评论（北京）.1997，3.61～74
论绅士视角与绅士散文/沈义贞//福建论坛（福州）.1997，2.18～23
论“五四”感伤散文/贾亦真/福建论坛（福州）.1997，4.25～30
论东北沦陷时期的爱国抗日散文/李春燕//社会科学战线（长春）.1997，2.180～187
杂文管窥二题/张达//理论学刊（济南）.1997，5.84～87
论抒情创新派散文/周筱华//安庆师院社会科学学报.1997，1.46～49
简论抗战文学中的报告文学/史莽//文艺理论与批评（北京）.1996，1.34～40，30
解放区报告文学创作特征及其文学创作特征及其文学史意义/丁晓原//南京社会科学.1997，2.71～78

戏剧文学、电影文学

论20世纪中国戏剧思潮/胡星亮//学术月刊（上海）.1996，10.95～101
1907—1996：中国新戏剧简论/周治杰//徐州师院学报.1996，3.111～116
中国现代话剧中的“阿尼玛”情结/颜鹂//杭州大学学报.1996，4.83～90
论20世纪中国戏曲的现代化探索/胡星亮//文艺研究（北京）.1997，1.48～63
陈独秀“论戏曲”与20世纪中国戏曲之命运/傅谨//文艺研究（北京）.1997，5.56～67
20世纪中国宗教祭祀戏剧的研究/刘祯//戏剧文学（长春）.1997，9.29～33，50
筚路蓝缕　以启山林：论现代喜剧美学体系之建构/庄浩然//福建师范大学学报（福州）.1997，2.24～31，62
论抗战戏剧的功能、形态及其历史影响：对新四军在盐城期间有关戏剧活动史实的回眸/徐柏森//文艺理论与批评（北京）.1997，4.135～143，122
中国悲剧在近现代的命运/熊元义，袁亮//戏剧文学（长春）.1997，1.24～32
政治思维定势与中国现代话剧的悲剧精神/陈咏芹//戏剧艺术（上海）.1997，3.71～84
论30年代的翻译话剧/秦林芳//南通师专学报.1997，4.28～32
中国话剧90年：一份不可忘却的备忘录/陈丁沙//文艺报（北京）.1997，10.2③
话剧三题：纪念中国话剧诞生90周年/胡可//文艺理论与批评（北京）.1997，5.46～51
战地歌声：1948年10月/钱理群//文艺争鸣（长春）.1997，3.41～49
解放区电影的精神遗产/钟大丰//电影创作（北

京）.1996，5.62～63
20年代中国电影社会理论/胡克//电影艺术（北京）.1996，1.14～19
30年代中国电影社会理论/胡克//电影艺术（北京）.1996，2.29～34
40年代中国电影社会理论/胡克//电影艺术（北京）.1996，3.69～74，95
对“进步电影”的反思/丁亚平//中国文化报（北京）.1996，1.31③
无声的存在/张石//当代电影（北京）.1997，6.13～22
中国无声电影剧作的发展演变/钟大丰//当代电影（北京）.1997，6.23～30
30年代初期的国民党电影检查制度/汪朝光//电影艺术（北京）.1997，3.60～66
30年代中国电影剧作形态分析（上）/高小健//电影艺术（北京）.1997，3.53～59
中国40年代后期电影与意大利新现实主义电影比较刍议/葛婉春//江苏社会科学（南京）.1997，6.123～127

当代文学

当代文学总论

论中国当代文学/谢冕//文学评论（北京）.1996，2.5～19
文学的蜕变/余开伟//文艺争鸣（长春）.1996，5.5～8
当代文学的窘迫与抉择/方伟//文学评论（北京）.1996，6.91～98
当代文学的估评和前景/陈辽//天津文学.1996，7.74～76
面对世俗化：试谈文学中两种倾向/邵振国//飞天（兰州）.1996，1.108～110
欲望的文学/朱必圣//福建文学（福州）.1996，3.51～56
城乡冲突：是文化冲突，还是一种权力秩序：对中国当代文学中城乡冲突主题的一种思考/杨扬//钟山（南京）.1996，1.129～134
当代文学随想/徐中玉//文艺理论研究（上海）.1996，3.2～7
中国当代文学爱国主义主题的嬗变/卫朝//西北师大学报（兰州）.1996，2.42～46
文学的“现代性诉求”与作家的“现代意识”：世纪末文学追寻对话录/宫瑞华，林晓东…//特区文学（深圳）.1996，1.151～159
当代中国文学的问题（一）、（二）、（三）/王蒙、李陀等//花城（广州）.1996，3.203～208，202
阶级神话与血缘叙事：中国当代文学之一解/方维传//东方丛刊（桂林）.1996，3.187～198
平民化与平俗化：当代文学发展的两种趋向/周晓燕//北京师范大学学报.1996，1.86～92
文学何以失血：对于一种文学现象的思考/廖全京//社会科学研究（成都）.1996，6.118～123
物化时代的文学/王世城//文论报.1996，8.1①
当代文学的语言探险/张小元//当代文坛（成都）.1996，1.14～17
论中国当前文学转型/代迅//文艺评论（哈尔滨）.1996，6.35～40
新生代文学的一些特点/李裴//文论报.1996，8.15①
沉重、痛苦而执著的爱：当代文学爱国主义精神/王培元//社会科学战线（长春）.1996，4.169～175
弱者的文学性格/朱必圣//当代作家评论（沈阳）.1996，5.81～87
“小女人散文”及其争议、小说与故事，谁主沉浮?”对某些文学主张和实践的商榷/毕胜//中华文学选刊（北京）.1996，5.185～188
文坛“二张”及“抵抗投降书系”引起争议·上海开展”文学艺术的“血性”问题讨论·愈演愈烈的“文集热”广受各方关注/文波//中华文学选刊（北京）.1996，2.185～187
文学与道德面面观/杜书瀛//人民日报（北京）.1996，6.13⑪
世纪之交的文学选择/王蒙//花城（广州）.1996，3.193～202
民粹、启蒙、世俗化：人文知识分子与中国革命及文学/毛崇杰//文艺争鸣（长春）.1996，5.43～54
试论文学形式的自足性/董馨//广东社会科学（广州）.1996，1.106～110
20世纪的导师们：四谈告别20世纪/樊星//文论报.1996，11.15①
文学：迎接新世纪的挑战/孙中田//文艺争鸣（长

春）.1996，1.20～24
关于50至70年代的中国文学/洪子诚//文学评论（北京）.1996，2.60～75
喧嚣与平静：80年代后期文学现象评析/郭力//文艺评论（哈尔滨）.1996，6.20～24，77
杂语与杂体：1985年以后文学话语和文体的变革及其评估/祁述裕//文艺争鸣（长春）.1996，1.25～32
90年代社会转型与现实主义衍变/张德祥//文艺评论（哈尔滨）.1996，6.25～34
间歇与重涉：关于90年代文学流向的几点认识/沈奇//文论报.1996，9.15①
90年代文坛的反思与回顾/刘心武，张颐武//大家（昆明）.1996，2.194～206
90年代文学散点透视/雷达，李洁非等//大家（昆明）.1996，6.200～207
关于“现实主义重构”、“新市民小说”、“后学、新保守主义与文化批判”/毕胜//中华文学选刊（北京）.1996，1.182～184
关于当前的文学/雍文华//理论与创作（长沙）.1996，4.25～31
世纪末文坛的自醒与重铸/韩捷进//海南师院学报（海口）.1996，3.44～47
谈文学中的“异延”现象说/王丽亚//杭州大学学报.1996，3.108～112
文学要坚守大地：关于目前文学的价值、走向的思考/严三九//晋阳学刊（太原）.1996，5.92～94
文学经典机制的失落与后文学经典机制的崛起/张荣翼//四川大学学报（成都）.1996，3.44～51
世纪末文学的回顾与展望/王学谦，卢翠莲//文艺评论（哈尔滨）.1996，5.65～68
批评的道德与道德的批评：关于王蒙、张承志现象论争的对话/许纪霖//上海文学.1996，5.75～79
告别1995：走向成熟的智慧/张颐武//文论报.1996，1.15①
走出19世纪 走进20世纪：人文背景的置换与当代文学研究/昌切//华中师大学报（武昌）.1996，3.21～27，36
文艺问题必须“综合治理”/曾奕禅，韩春晖…//赣南师范学院学报（南昌）.1996，2.1～5，24
田园终不芜 精神殊可归：当前文艺发展问题的若干断想/范咏戈//人民日报（北京）.1996，8.23⑪
略论文艺在精神文明中的地位与作用/方全林//文汇报.1996，10.9⑩
向生活注入真诚：论振兴文学的前提与基础/艾斐//文艺理论与批评（北京）.1996，5.117～120
文化转型中形而上的缺失及其代价/杨春时//文艺评论（哈尔滨）.1996，5.19～22
论文学的时代精神/阎延文//文艺报.1996，9.20③
商潮冲击与文学分流/胡德培//理论与创作（长沙）.1996，3.10～12
当前文学的形而上追求/雷达//文学报.1996，3.14④
当代文学之世纪末鸟瞰：从文学观念看文学的演变/董志强//东方丛刊（桂林）.1996，4.115～133
中国当前文学转型的若干特征/代迅//学习与探索（哈尔滨）.1996，6.110～115
从政治化的帮闲到商俗性的消闲：中国文艺的两大困境/魏家川//文艺评论（哈尔滨）.1996，5.87～89
论当前文学的分化：三论当前文学的审美倾向/熊元义//湖南文学（长沙）.1996，9.64～67
文学不能逃避责任/高松年//文艺理论与批评（北京）.1996，3.31～33
论当代文学发展中的障碍及其走向/陈其光//华南师范大学学报（广州）.1997，2.65～71
中国当代文学时代风格论略/赵俊贤//陕西师范大学学报（西安）.1997，3.117～122
走出“世纪末文学”的阴影/欧阳友权//理论与创作（长沙）.1997，2.7～9
俯望足下的裂隙：关于当前文坛精神分化的思考/张清华//文艺争鸣（长春）.1997，4.4～7
精神裂变与众神狂欢：今日中国的文化冲突/孟繁华//山东文学（济南）.1997，6.61～67
论中国当代文学中的“自传性”/王成军//徐州师范大学学报.1997，4.115～117
90年代：文学怎样对“现在”说话/陈晓明//北京文学.1997，4.46～57
世界文化格局中的当代中国文学/张器友//安徽大学学报（合肥）.1997，6.95～100
关于文学豫军的话题/孙荪//郑州大学学报.1997，

3.99～103
文艺的通俗与低俗/陈长生//文艺理论与批评（北京）.1997，5.105～106
爱国主义与中国多民族的社会主义文学/吉狄马加//文艺报（北京）.1997，6.19④
当代文学的道德追求/胡良桂//文艺报（北京）.1997，8.28②
主旋律应拨动千百万人的心弦/江冰//赣南师范学院学报（赣州）.1997，1.24～27
论中国当代文学的思想倾向与美学变绎/艾斐//山西师大学报（临汾）.1997，4.10～15
中国当代文学观局限分析（上）（下）/吴炫//天津社会科学.1997，1.97～105；1997，2.78～86
德勒滋与中国当代文学的精神分裂结构/王宁//钟山（南京）.1997，6.195～202
当代中国文学与外来文学影响/张韧//钟山（南京）.1997，3.191～204
艺术真实的困境与出路/盛兴军//文艺评论（哈尔滨）.1997，5.10～17
以个人的名义/刘思谦//莽原（郑州）.1997，6.122～126
面对逼近世纪末的中国文学/陈思和//文学自由谈（天津）.1997，3.69～71
媚俗：变革期文学的迷误/舒也//文艺理论与批评（北京）.1997，3.30～33
90年代：社会转型与现实主义衍变/张德祥//文艺评论（哈尔滨）.1997，1.15～23
文学的轻与重：对当代文坛精神生态的一种观察与期望/杨晓新//文艺评论（哈尔滨）.1997，1.8～14
回眸当代：文学与道德乌托邦/代迅，尤扬//文艺评论（哈尔滨）.1997，2.28～31
历史与传统的祭奠/曾令存//广东社会科学（广州）.1997，2.135～139
文学生长点：在世纪之交的寻找与定位/朱向前//文学评论（北京）.1997，3.87～95
让当代文学成为民族精神的火炬/黄国柱//文学评论（北京）.1997，2.78～85
沟通：面对世界的中国文学/史铁生//作家（长春）.1997，7.4～13
对当前文坛四个问题的省思/孔范今//山东文学（济南）.1997，1.64～71
文艺转型论辩疑/何国端//武汉大学学报.1997，3.74～81
90年代文学背景批评及时代确认/柏定国//理论与创作（长沙）.1997，5.27～31
精神家园共建：世纪之交的价值重构与文化选择/黄曼君//中国文学研究（长沙）.1997，2.3～6
后殖民语境中的中国文学言说/李夫生//理论与创作（长沙）.1997，5.19～22
世纪末中国文学的现代化/邓福田//广西社会科学（柳州）.1997，4.80～86
社会转型与文学媚俗/张岩泉//中国文学研究（长沙）.1997，2.11～14，19
先锋派之后：90年代的文学流向及其危机/陈晓明//当代作家评论（沈阳）.1997，3.35～53
90年代文学：描述的坐标分析/南帆//作家报（济南）.1997，5.22②
范畴和话语的断裂和自洽/孙绍振//文艺理论研究（上海）.1997，3.40～44
世纪末文学与文学“世纪末现象”/欧阳友权//中国文学研究（长沙）.1997，4.63～68
中国当代文学与20世纪世界/张韧//学习与探索（哈尔滨）.1997，1.106～117
神学的当代面貌/谢有顺//文艺评论（哈尔滨）.1997，4.28～32，47
略谈经济转型期的文学价值观/马建辉//人文杂志（西安）.1997，2.109～113
论中国“自由”派文学/陈国恩//贵州社会科学（贵阳）.1997，4.48～54
关于当前文坛精神分化的对话/张清华//山东文学（济南）.1997，4.66～71
崭新的文学景象　可贵的创作成就：党的十四大以来文学发展综述/闻艺//人民日报.1997，9.11⑪
东方风情与生活寓言：80年代的文学想象与文化批判/孟繁华//文艺争鸣（长春）.1997，4.60～69
子夜的文学/朱必圣//厦门文学.1997，2.59～64
从仓促应对到自觉回应：试论90年代文学的发展态势/於可训//光明日报.1997，8.19⑥
90年代的中国文坛/陈骏涛//作家报（济南）.1997，9.18②
90年代文学近观录/张志忠//山西文学（太原）.1997，9.58～62
共同的“回家”：90年代审美文化的一种透视/郝

宇民∥文论报（石家庄）.1997，2.1②
90年代中国文学风景线/杨匡汉∥南方文坛（南宁）.1997，6.9~11
市场文学论：兼谈90年代文学的位移与嬗变/李欣复，郭锐∥西北师大学报（兰州）.1997，2.23~29
世纪、年代与文学史：兼论90年代文学的历史和逻辑起点/於可训∥文艺报（北京）.17997，4.24②
精神困境与文学分析/傅翔∥文艺评论（哈尔滨）.1997，4.19~25
忧患意识与闲适情怀：转型期文学研究之一/陈建新∥浙江社会科学（杭州）.1997，2.110~115

有特色的社会主义文学

有中国特色社会主义文学的概念的时代内涵/木弓∥文艺报（北京）.1996，9.13③
建设有中国特色的社会主义文学/翟泰丰∥光明日报.1996，12.5⑦
浅谈"有中国特色社会主义文学"/吴元迈∥文艺报.1996，8.16③
为建设绚丽多彩的有中国特色社会主义文学而努力：寄语青年作家/翟泰丰∥光明日报.1997，12.23⑥
建设有中国特色社会主义文学体系：读《社会主义文学艺术论》体会/董之林∥当代作家评论（沈阳）.1997，3.86~89
理想精神与文学建设/高秀芹∥文学评论（北京）.1997，5.23~29

文学思潮

50年代以来中国文艺思潮论纲/王佑江∥延安大学学报.1996，2.51~56
90年代中国大陆文学思潮扫描/张学正∥南开学报（天津）.1996，3.1~7
后现代主义在中国/王岳川∥山花（贵阳）.1996，5.71~78
"新状态"文学的诘难：兼评后现代主义/王晓华∥学术研究（广州）.1996，9.78~80
"五四情结"与当代思想："当代思想史"片断/樊星∥文艺评论（哈尔滨）.1997，1.24~35
从文的政治化到人的现代性：论当代文学思潮演变的基本轨迹/吴秀明∥浙江社会科学（杭州）.1997，3.51~56
从伤痕到寻根：新时期文学思潮流变回顾之一/慎锡赞∥南方文坛（南宁）.1997，6.14~16
"初级阶段"理论与当代文艺/张器友∥江汉论坛（合肥）.1997，1.80~83
回归传统与文化民族主义的兴起/陈晓明∥天津社会科学.1997，4.64~71
后现代思潮对中国文艺的影响与作用/封蕴绮∥当代文坛（成都）.1997，5.6~11

人文精神讨论

试论当代"人文精神"之内涵：关于"人文精神"讨论之我见/朱立元∥学习与探索（哈尔滨）.1996，2.99~105
当代知识分子的宿命与选择：从人文精神说开去/张志忠∥北京文学.1996，8.73~76
寻求超越：关于文学强化精神价值的思考/雷达∥北京日报.1996，3.19⑦
科学主义与人文主义的悖立与互补/陈传才∥文艺研究（北京）.1996，1.24~30
人文理性的展望/许明∥文学评论（北京）.1996，1.18~30
批判与反省：《人文精神寻思录》编后记/王晓明∥文艺争鸣（长春）.1996，1.5~8
对"人文精神"寻思的寻思/靳大成，陶东风∥文艺争鸣（长春）.1996，1.14~19
文学转向与价值重建：近年文学与人文精神关系问题讨论述论/李杰∥通俗文学评论（武汉）.1996，3.40~42
学术向度上的人文精神：世纪末学术文化对话录之二/张弘，夏锦乾∥河北学刊（石家庄）.1996，6.69~73
名词的蛊惑/张柠∥文论报（石家庄）.1996，10.15①
"人文精神"插话/陈冲∥文论报（石家庄）.1996，4.15②
人文精神的建构与知识分子的责任/黄力之∥文艺报（北京）.1996，10.18③
知识分子何为：人为杂志之一/邵建∥文艺评论（哈尔滨）.1996，3.12~19
社会转型与人文精神追寻/张德祥∥湖南文学（长沙）.1996，2.64~73

人文精神与中国当代电视文化/李显杰//华中师大学报（武昌）.1996，3.28~36
语言转向与理想危机：近十年中国文化精神的价值迷失/王岳川//长江文艺（武汉）.1996，2.52~54
独语：在苍茫时刻：我们时代精神流亡的反零度描述/向荣//文艺评论（哈尔滨）.1996，4.4~11
泛论中国文艺精神与西方之不同/唐君毅//文艺报（北京）.1996，6.21⑧
岂止"胜读十年书"：读唐君毅先生论中西文艺精神之不同而有感/周汝昌//文艺报.1996，8.23⑧
人文精神与市场经济/张韧//鸭绿江（沈阳）.1996，12.74~77
人文精神与宗教情怀/刘心武，张颐武//鸭绿江（沈阳）.1996，7.72~76
"文人"精神的"危机"和"重建"/钟锐//文艺报（北京）.1996，9.6③
人文精神讨论余墨/张韧//光明日报（北京）.1996，4.25⑦
文艺中的人文精神和历史精神/陆贵山//文艺研究（北京）.1996，1.19~23
人文精神·新启蒙与文学/张韧//钟山（南京）.1996，2.175~184
"人文精神"讨论述要/穆霖霖//文艺报（北京）.1996，3.15③
人文精神驳难/刘大枫//天津文学.1996，1.70~77
文人精神　人文精神　失落与重建/王正鹏//朔方（银川）.1996，10.62~64
人文精神：当代美学建设之魂/朱立元//华中师大学报（武昌）.1996，1.26~33
当代中国美学应该高扬人文精神/张玉能//华中师大学报（武昌）.1996，1.34~41
从"后学"到"人文"：关于"知识分子文化立场"/邵建//上海文学.1996，9.75~79
可能的误区"人文"与"后学"：再谈文学逃亡与意义的先锋/金岱，温远辉…//作品（广州）.1996，6.72~75
人的发现与迷失：萨特与中国新时期人文思潮/吕周聚//东方丛刊（桂林）.1996，3.27~41
人文学说影响下的文学/李继凯//延河（西安）.1996，4.70~72
关于90年代中国知识分子的问题/金元浦，陶东风//文艺理论研究（上海）.1996，3.17~22
也谈人文精神与后现代主义/胡景中//宁夏教育学院银川师专学报.1997，4.9~12
极权·怀旧·自毁：人文精神话语张力的生成原因/周成建//理论与创作（长沙）.1997，6.13~17
现实与审美两种语境中的人文精神/赵为学//理论与创作（长沙）.1997，6.4~10
知识分子：批判的立场、对象和方法/吴炫//文艺争鸣（长春）.1997，6.55~62
意识形态：自由主义的终结/黄力之//文艺报（北京）.1997，1.21③
当代中国人文知识分子的责任与义务：兼论人文知识分子与新时期的精神文明建设/张斌峰//湖北大学学报（武汉）.1997，6.8~13
人文视野中的中国封建道德/赵红梅//湖北大学学报（武汉）.1997，6.1~7
关于"哲学终结"之后的人文精神：对人文精神倡导者思维前提的初步批判/魏敦友//湖北大学学报（武汉）.1997，6.14~17
"人文精神失落"新议/陈刚//江苏社会科学（南京）.1997，6.70~75
人文精神的历史演进及其当代主题/熊在高//湖北大学学报（武汉）.1997，6.18~21
文学走向与人文精神、时代精神的关系/韦平//中国文学研究（长沙）.1997，3.81~84
重建人文精神吗？/张荣翼//唐都学刊（西安）.1997，1.61~62
人文的理想与理想的人文：断想六则/铁舞//当代小说（济南）.1997，9.58~61
"人文精神"讨论的学术品位及现实意义/杨世真//杭州大学学报.1997，1.71~77，90
"人文精神"讨论的新进展/张骏严//人民日报（北京）.1997，10.11⑥

文 学 史

关于中国当代文学史论的若干问题/赵俊贤//渭南师专学报.1996，3.1~8
"再解读"与"解构"进入文学史写作：中国当代文学史研究现象之一/朴贞姬//天津社会科学.1997，6.90~92
文化·文学·文学史/南帆//当代作家评论（沈阳）.1997，1.66~68
从文学史到思想史/韩毓海//当代作家评论（沈

阳）.1997，2.4～18

文学批评

疏离、缺失、寻求：关于“新时期”20年文学批评的批判性回顾与反思/周政保//文艺争鸣（长春）.1996，5.61～67

当代中国文学批评的困境/李陀//作品（广州）.1996，4.76～77

批评的冒险与失态/燎原//文学自由谈（天津）.1996，2.90～95

昨日风　今朝雨：关于批评的价值、困境与出路/雷达//文学评论（北京）.1996，3.49～52

对话：文艺批评走出贫困的抉择/戚廷贵//文艺争鸣（长春）.1996，6.52～58

文学批评的流失与存在/孟繁华//社会科学战线（长春）.1996，5.204～206

对文艺批评现状的反思/王纪人//文艺理论研究（上海）.1996，6.19～23

开放社会的文学与批评为什么出现衰退？/杨扬//文艺理论研究（上海）.1996，3.23～28

对批评现状的忧虑/谢冕，洪子诚//北京文学.1997，5.70～76

看文坛后现代批评策略/李万武//文艺理论与批评（北京）.1997，2.37～41

文学批评委顿的一个重要原因/李敬敏//文艺报（北京）.1997，6.10②

先锋批评的跛足/张景超//文艺报（北京）.1997，6.24④

文学批评的学术转型：90年代文学批评的一种倾向/王光明//南方文坛（南宁）.1997，6.4～6，11

也谈“批评的缺席”/陈思和//南方文坛（南宁）.1997，6.7～8

解构主义与中国当代文学批评/张向东//中国比较文学（上海）.1997，2.127～141

90年代文学批评：大概念迷信/南帆//天津社会科学.1997，5.77～79

文学批评：从80年代到90年代/陈骏涛//南方文坛（南宁）.1997，5.10～11，13

从复兴到超越：新时期社会历史批评的演进/李凌泽//陕西师范大学学报（西安）.1997，3.110～116

90年代文学和批评的“冷风暴”/王岳川//文学自由谈（天津）.1997，3.49～59

当今文学批评缺席原因初探/陈荣贵//上饶师专学报.1997，2.49～52

关于批评流派的形成/汪政，晓华//文论报（石家庄）.1997，3.15①

批评的错位/余开伟//文论报（石家庄）.1997，3.15①

关于文学批评的几个问题：“批评家周末”座谈会纪要/周亚琴//文论报（石家庄）.1997，7.15①

遗忘了文学的批评/顾振涛//文论报（石家庄）.1997，9.1②

对当代中国文学批评的思考/吴剑林//云南社会科学.1997，2.88～93

消解五大问题达成七点共识：我对当前文学批评的一些想法/陈辽//青春（南京）.1997，6.81～83

论当代批评系统的结构失衡/咏枫//上海理论内刊.1997，2.33～38

作家眼中的文学批评/韩少功，王安忆//文学报（上海）.1997，3.6④

作为批评的“新写实”/李林荣//南方文坛（南宁）.1997，1.50～51，54

“解构”的幻觉：对新潮批评“语言论”转向的质疑/周易//文艺报（北京）.1997，5.27②

文学批评的位置与品格/陈晓明//作家（长春）.1997，4.70～75

对于文化批评的批评/白烨//作品与争鸣（北京）.1997，2.76～79

文学批评与文化批评/李振声//作家报（济南）.1997，12.4④

文学批评与文化批评：批评与话语生产/南帆//作家报（济南）.1997，11.13③

文学批评与文化批评/旷新年//作家报（济南）.1997，10.16⑤

文学批评与文化批评/孟繁华//作家报（济南）.1997，10.16⑤

文学批评与文化批评/张柠//文艺争鸣（长春）.1997，2.15～23

批评的蜕变/余开伟//文艺争鸣（长春）.1997，2.75～77

批评的“乌托邦”构想/丁帆，王彬彬//文艺争鸣（长春）.1997，4.35～40

历史的误置：关于中国后现代文化及其理论研究的再思考/陈晓明//文艺争鸣（长春）.1997，4.24～34

近年文学批评之评议/李振声//文艺争鸣（长春）.1997，5.62～69

文艺理论与批评的新收获/陈涌//文艺理论与批评（北京）.1997，6.18～22

评论是文艺事业重要的一翼：访中国社会科学院文学研究所所长张炯/孙燕//中国文化报（北京）.1997，4.24③

知识分子的新文化传统与当代立场/王晓晓，陈思和//文艺争鸣（长春）.1997，2.30～36

悲壮而苍凉的选择：陈骏涛的文学批评与批评家的宿命/孟繁华//当代作家评论（沈阳）.1997，4.89～93

批评的心踪：《文坛感录》自评/陈骏涛//当代作家评论（沈阳）.1997，4.97～100

文艺批评要面向大众：市场经济条件下的批评的一大选择/丁念保//飞天（兰州）.1997，2.106～108

关于文学批评现状的对话/王光东，施战军//作家报（济南）.1997，1.18⑤

相对主义—批评的可能立场：对批评现状的一个思考/葛红兵//作家报（济南）.1997，2.15⑤

批评的超越/王进//作家报（济南）.1997，2.15⑤

社会忠诚　文化语境　批评立场/陶东风//作家报（济南）.1997，9.18④

回到本体：我国近年文学批评的一个走向/李仕中//怀化师专学报.1997，2.147～154

对《文化批评的批评》的反批评/余开伟//作品与争鸣（北京）.1997，4.71～75，80

“厚障壁”的叩击者：我看王晓明的批评/范家进//文艺争鸣（长春）.1997，2.24～29

讲述问题的意义：王晓明的文学批评/王光明//文艺争鸣（长春）.1997，2.4～14

文学与文化

九五文化批评回顾/许纪霖//文汇报（上海）.1996，2.7⑩

中国90年代文化批评试谈/刘康等//文艺争鸣（长春）.1996，2.41～49

危机与拯救：当前文化文学论争感言/李星//延河（西安）.1996，1.71～74

为人文精神守望：当代中国大众文化批评导论/尹鸿//天津社会科学.1996，2.76～82，86

文化效应和民间空间/何西来//上海文学.1996，1.73～79

大众文化时代的批判意识/尹鸿//文艺理论研究（上海）.1996，3.76～79

文化大款：从文化资本的观点看/陶东风//文艺争鸣（长春）.1996，6.66～73

北方文化的复兴：当代文学的地缘文化研究/樊星//当代作家评论（沈阳）.1996，2.116～123

当代文学与地域文化/樊星//文学评论（北京）.1996，4.110～119

两种不同质地的文化：略论“通俗文化”与“大众文化”的差别/王彬彬//文艺争鸣（长春）.1996，5.68～73

如何面对当今中国文化现状：海内外大陆学者的一场辩论/赵毅衡//文艺争鸣（长春）.1996，5.55～60

创作问题

热闹的批评与沉寂的创作/黄书泉//文艺评论（哈尔滨）.1996，6.94～95

再说等高线图景/刘文波//文艺评论（哈尔滨）.1996，5.11～18

商品经济中的文艺创作个性问题/陈宪年//江海学刊（南京）.1996，2.176～180

女性情谊：空缺或叙事抑制/宋晓萍//文艺评论（哈尔滨）.1996，3.60～66

我看性爱描写/罗守让//文艺报（北京）.1996，5.17③

诱惑与追求：文学中性爱描写的转变及其误区/王宜文//文艺报（北京）.1996，3.29③

九十年代爱情描写的非道德化/杨文虎//社会科学（上海）.1996，4.68～71

建国以来农村题材文艺创作的简要回顾/逄增玉//东北师大学报（长春）.1996，3.54～60

眩目的文学风景线：近年文学旗号之我见/张恒学//理论与创作（长沙）.1996，2.33～37

当代文学的四种话语/张毓书//理论与创作（长沙）.1996，1.12～22

当代中原文学创作的特质、精神及走向/葛纪谦//莽原（郑州）.1996，5.4～15

少数人可能有的写作/孙绍振//小说评论（西安）.

1996，4.4～6

共同的“回家”/郝宇民∥文艺报（北京）.1996，10.25③

真实的生机和虚构的尴尬：关于当代公朴文学创作的美学思考/李继峰∥陕西师范大学学报（西安）.1996，1.101～107

个人化写作：可能与极限/丁帆∥钟山（南京）.1996，6.184～190

虚实体验/查舜∥天津文学.1996，5.77～80

商品社会的意识驱动与改革时代的审美选择：论大众文化及其影响下的艺术创作/艾斐∥文艺研究（北京）.1996，1.31～37

面具·虚伪的手：关于严肃写作与时代生存关系的一次讨论/刘泽球∥西藏文学（拉萨）.1996，6.112～119

关于艺术家与创作的断想/乔再芳∥天津文学.1996，10.77～80

感悟人生价值　提升艺术品位/胡经之∥特区文学（深圳）.1996，4.144～146

关于当前创作思潮的几点看法：文学评论家雷达答本报记者问/徐春萍∥文学报.1996，12.5④

作家们，请使用好你手中的武器：语言/绍俊∥文艺报.1996，7.19①

“回到文学本身”说献疑/余昌谷∥安庆师院社会科学学报.1997，1.41～45

写作个人化倾向评析/康桥∥作品与争鸣（北京）.1997，6.74～76

创作冲动与不朽意识/冯川∥四川文学（成都）.1997，1.75～79

实践性：文学无可回避/侯文宜∥文艺报（北京）.1997，5.8②

关于抄袭、剽窃、模仿、拟作、借鉴和创造/韩小蕙∥文学报.1997，4.24④

世纪末文学：创作主体性的沉沦/季水河∥理论与创作（长沙）.1997，2.10～13

深化理论研究　提高评论品格　促进创作繁荣/蓝蔚∥文艺研究（北京）.1997，5.4～7

叙述中空白策略的两种类型/徐亮∥飞天（兰州）.1997，5.104～108，18

私人化写作：意义与误区/陶东风∥花城（广州）.1997，1.195～201

社会主义文化建设与主旋律文学创作/吴秀明∥浙江社会科学（杭州）.1997，6.107～114

挺住就是一切/朱必圣∥文艺评论（哈尔滨）.1997，5.23～30

重塑文学的哲理品格/刘竹∥云南师范大学学报（昆明）.1997，3.37～40

评当前中国文学创作中的媚俗倾向/张岩泉∥社会科学（上海）.1997，1.72～75

平庸：理性思想的衰落/薄子涛∥山西文学（太原）.1997，10.77～80

对文艺创作摆脱平庸的思考/严昭柱∥文艺理论与批评（北京）.1997，5.18～24

浅谈当前文艺创作走向/马蓥伯∥文艺理论与批评（北京）.1997，5.15～17

创作与体验/王元骧∥文艺理论与批评（北京）.1997，6.75～85

邓小平论社会主义文艺的主旋律和多样化/潘翠菁∥文艺理论与批评（北京）.1997，6.69～74

九十年代创作走向分流的实质：一个有关文学理论的话题/施战军∥文艺争鸣（长春）.1997，4.11～13

分化的意义：个性特征的显现/王光东∥文艺争鸣（长春）.1997，4.8～10

历史题材创作对现实的疏离与反叛/严昭柱∥青年文艺家（北京）.1997，5.10～12

人物形象

论中国文学伟人出现的文化背景/刘福元∥河北师院学报.1996，4.41～46

近年来文艺创作中共产党员形象塑造漫议/杨志今∥人民日报（北京）.1996，7.4⑫

女人的命运：新时期小说女性形象类型论/兰爱国∥文艺评论（哈尔滨）.1996，1.39～46

试论知青形象的流动与演变/王源∥甘肃社会科学（兰州）.1997，4.60～64

从文学中的女性形象浅论妇女解放问题/陈蓓∥甘肃社会科学（兰州）.1997，5.89～91

人物形象的知名度问题/胡平∥文艺报（北京）.1997，3.27②

作家综论

女性写作：从身体到经验：兼论当代女作家的创作/胡彦∥当代文坛（成都）.1996，3.33～38

您为何写作：对当代作家创作动机的一次透视/黄书泉∥当代文坛（成都）.1996，3.3～7

众说纷纭女作家/王雪瑛//海上文坛（上海）.1996，12.4~7

从“自恋情结”中走出：新时期乡土作家的文化意识漫评/陈焕新//广西社会科学（南宁）.1996，2.95~98

论中国当代作家的“宗教热”/李俏梅//广东社会科学（广州）.1996，4.106~111

而今迈步从头越：当代中国作家的政治观研究/樊星//海南师院学报（海口）.1996，2.24~31

90年代作家的选择/杨彬//中南民族学院学报.1996，2.95~99

论当代中国作家的精神资源/摩罗//文艺争鸣（长春）.1996，5.25~35

一个新的文学层面：“六十年代出生的作家群”概说/李师东//小说月报（天津）.1996，3.107~109

丧失否定的代价：晚生代作家论之一/凤群，洪治纲//文艺评论（哈尔滨）.1996，2.21~26

乌托邦的背离与写实的困顿：晚生代作家论之二/凤群，洪治纲//文艺评论（哈尔滨）.1996，3.34~39，11

叙事的挣扎：晚生代作家论之四/洪治纲//文艺评论（哈尔滨）.1996，6.41~47

艰难的蜕变：新时期中年剧作家剖析/张鹰//河北学刊.1996，3.52~57

表现欲望、守护诗情：当前广东部分作家的一种创作选择/钟晓毅//文艺报（北京）.1996，2.2②

坚守家园与寻找突破：当代文学格局中的河南作家群/雷达//人民日报（北京）.1996，2.14⑪

中州厚土的苦难和智慧：河南作家群谈片/张志忠//文论报（北京）.1996，8.1②

“恋土”：一个纠缠着河南作家的情结/张喜田//河南师大学报.1996，2.56~60

黄土地上的文学精魂：从区域自然地理环境对文学的影响观陕西作家群/田中阳//湖南师大学报（长沙）.1996，1.72~79

远离与回归：简论湘西当代作家对本土语言的探求/张永中//吉首大学学报.1996，1.54~59，95

湘西民族散文作家群的崛起与湘西文化精神/祁光禄//吉首大学学报.1996，1.60~64

塞上孤烟甘寂寞：九十年代固原地区青年作家群的形成/王锋//朔方（银川）.1996，7.51~54

“五世同堂”的中国作家/陈骏涛//作家报（济南）.1997，9.25④

反思过去那样的“深入生活”/马俊山//文艺理论研究（上海）.1997，4.12~20

论新时期的作家自我意识及其演变/赵学勇，蔡玉虎//当代文坛（成都）.1997，2.28~31

作家的文化视野/刘建勋//唐都学刊（西安）.1997，1.53~56

认识晚生代/徐坤，邱华栋等/南方文坛（南宁）.1997，5.42~51

当代作家该如何面对时代的变革?：部分中年作家如是说/明江//文艺报（北京）.1997，8.9①

把握中国近现代史的灵魂：作家历史修养谈片/曾镇南//文艺报（北京）.1997，6.19②

理想与诗情：九十年代女作家创作反思/郭力//北京论丛（哈尔滨）.1997，5.91~95

女性书写与叙事文学（上）、（下）/易光//文艺评论（哈尔滨）.1997，2.54~61；3.19~22

对“成长”的倾注：近年来女性写作的一种描述/潘延//江苏社会科学（南京）.1997，5.135~140

多姿多彩的“思想表情”：关于中国当代女作家作品的一次鸟瞰/盛英//小说评论（西安）.1997，1.4~8

论新时期女作家女性意识的觉醒/曹华卿//辽宁大学学报（沈阳）.1997，1.78~80

世纪末中国诗人精神历程的美学透视/徐妍//延边大学学报（延吉）.1997，2.115~120

北京新生代作家/金汕，小营//北京社会科学.1997，3.154~156

香港的“客居”批评家/王光明//天津社会科学.1997，6.93~99

敲响世纪的钟：广西部分青年作家如是说/李冯，鬼子等//南方文坛（南宁）.1997，3.24~38

遥远征途：甘肃小说家的心路历程/刘俐俐//飞天（兰州）.1997，4.103~108

黄土魂魄与天马精神：甘肃小说家文化心理剖析/许文郁//文学评论（北京）.1997，1.77~82

固守与突围：山西青年小说家综论/段崇轩//文艺报（北京）.1997，1.7②

陕西第三代作家纵横谈/邢小利//文学报（上海）.1997，11.6④

现实叙事与拒绝理想的无定性：论晚生代作家群/

作品综论

现实主义文学

港台文学

谈台湾文学中的"后现代主义"问题/陈映真，黎湘萍//文艺理论研究（上海）.1996，4.81~86
近期台湾文学思潮的变动/马相武//学术研究（广州）.1996，4.80~82
论台湾女性文学的父亲主题/黄发有//晋阳学刊.1996，1.81~86
台湾文学中的环境意识：以马以工、韩韩、心岱和宗泽荣为中心/陈映真//文学评论（北京）.1996，3.137~147
台湾新女性主义文学现象研究/樊洛平//北京师范大学学报.1996，1.93~99
评台湾文学中的分离主义倾向/赵遐秋//文艺理论与批评（北京）.1996，1.139~142
不同的思路　共同的心愿：台湾文学研讨会纪要/李兆忠//文学评论（北京）.1996，3.153~158
台湾现代派诗歌独特的文化内涵/刘红林//江海学刊（南京）.1996，2.170~175
台湾新诗的当代出发/刘登翰//福建论坛（福州）.1996，3.54~61
"自我"关怀与香港文学批评的发展：70年代以来的香港文学批评/王光明//山花（贵阳）.1997，7.71~79
香港的文学批评：1950—1975（上、下）/王光明//小说评论（西安）.1997，4.19~26；5.23~27
香港的学院派文学批评/王光明//当代作家评论（沈阳）.1997，6.48~58
香港作家的文学批评/王光明//文学评论（北京）.1997，4.14~22
香港女性作家的女性关怀/王确//东北师大学报（长春）.1997，4.37~40，62
香港文学中的"九七"情结/陈辽//江海学刊（南京）.1997，1.33~36
香港当代文学评论的特点及其分期/古远清//文艺报（北京）.1997，7.3②
香港回归前的文学艺术/王一桃//广州师院学报.1997，3.1~5
论香港文学的发展和特征/潘涌//文艺报（北京）.1997，7.3②
香港作家、香港文学和香港文学史：关于香港文学史撰写的若干范畴的厘定/刘登翰//文艺报（北京）.1997，5.15②
香港文学五十年/古远清//文艺报（北京）.1997，5.13②
关于香港文学的源流/袁良骏//文学评论（北京）.1997，3.28~35
论香港文学的发展道路/刘登翰//文学评论（北京）.1997，3.5~19
百年变迁中的香港文学/王敏//理论学刊（济南）.1997，5.79~83
香港文学的起点和新文学的兴起/杨建民//文学评论（北京）.1997，4.23~34
东方之珠的文化神韵：论香港文学发展的三个特点/花建//社会科学（上海）.1997，5.60~63
"过渡期"的香港文学/施建伟，汪义生//社会科学（上海）.1997，6.67~70
两种文学形态的并存与互补：浅论香港文学/施修蓉//广西教育学院学报（南宁）.1997，3.8~12
香港的新生代小说家/颜纯钧//福建论坛（福州）.1997，3.68~72
香港小说发展的三重叠合格局/颜纯钧//小说评论（西安）.1997，2.4~9
转型中的香港小说/颜纯钧//小说评论（西安）.1997，2.9~13
香港小说的现代性命题/赵稀方//文学评论（北京）.1997，4.35~42
新旧文学的交替和香港新小说的萌芽/袁良骏//中国社会科学（北京）.1997，4.150~163
比较港、台武侠小说美学（上）（下）：以梁羽生《白发魔女传》与卧龙生《飞燕惊龙》为例/叶洪生//通俗文学评论（武汉）.1997，3.65~72；4.75~80
谈香港诗歌中的爱国主义精神/凌永康//扬州大学学报.1997，4.9~11
永恒的变奏：香港诗歌话语方式的转变/陈实//广东社会科学（广州）.1997，6.104~108
50年代以来的香港小说创作/何慧//学术研究（广州）.1997，6.24~27
香港现代散文的特征/葛乃福//上海大学学报.1997，6.35~38
阅读香港电影/远婴//当代电影（北京）.1997，3.30~36
香港喜剧电影研究/扬德建//当代电影（北京）.1997，3.69~74
香港武侠电影的发展与衍变/陈墨//当代电影（北

京）.1997，6.44～52

认同、族群与女性：台湾文学七十年/彭小妍//文艺理论研究（上海）.1997，2.39～44

永恒的乡恋：台湾诗人的乡愁之作/罗马//贵州文史丛刊（贵阳）.1997，4.51～55

试论台湾本土诗人创作中的中国情绪和中国意识/刘红林//扬州大学学报.1997，4.6～8，11

当代台湾女性文学的发轫及其主题/钱虹//华东师范大学学报（上海）.1997，4.75～81

80年代以来台湾诗坛的三大流脉及其艺术视角/朱双一//厦门大学学报.1997，2.1～6

台湾当代小说中的女性/何笑梅//小说评论（西安）.1997，6.19～24

九十年代台湾散文现象与理论走向/林幸谦//文艺理论研究（上海）.1997，5.63～73

台港散文和阅读市场/楼肇明，汪逸芳//南方文坛（南宁）.1997，4.57～59

两岸文学比较

关于两岸文学交流的一些想法/周良沛//文艺理论与批评（北京）.1996，5.79～82

论台湾和大陆散文中之软幽默和硬幽默/孙绍振//文艺理论研究（上海）.1996，6.56～66

论台港澳文学对大陆文学的互补价值/黄曼君，喻大翔//湖北大学学报（武汉）.1997，6.28～32

从文化视角观当代海峡两岸乡土小说之异同/田中阳//湖南师范大学学报（长沙）.1997，1.107～111

从文化视角观当代海峡两岸现代主义小说的异同/田中阳//湘潭大学学报.1997，2.18～22

海外华文文学

澳洲华文文学透视/张绰//广东社会科学.1996，2.108～114

论海外华文文学的命名意义/饶芃子，费勇//文学评论（北京）.1996，1.31～38

中美文化的撞击与融汇在华裔美国文学中的体现/张子清//外国文学评论（北京）.1996，3.126～134

小记加拿大的华人文学/陶洁//文学自由谈（天津）.1996，4.138～142

从“工夫在诗外”谈华文诗歌的出路/易竹贤//武汉大学学报.1996，4.10～14

试论当代华文诗歌的语言问题/陈良运//南昌大学学报.1996，4.87～93

再谈华文诗歌的我见/陆耀东//武汉大学学报.1996，4.3～9

试论当代华文诗歌的语言问题/陈良运//南昌大学学报.1996，12.87～93

抒情和幽默冲突：当代华人散文考察/孙绍振//当代作家评论（沈阳）.1996，1.52～59

海外华文文学的中国意识/饶芃子，费勇//暨南学报（广州）.1997，1.81～89

海外华文文学与文化认同/饶芃子，费勇//国外文学（北京）.1997，1.27～32

马来西亚华文女作家散论/雷达//文艺报（北京）.1997，9.18④

草色遥看：我所知道的美国华人新移民文学/蒋述卓//中国比较文学（上海）.1997，4.57～64

守成与流变：东南亚华文文学特征论/吴有生，郭郭//南昌大学学报.1997，4.102～106

世纪之交东南亚华文文学的现状及前景探视：简评《当代东南亚华文文学多面观》一书/杨怡//文艺理论与批评（北京）.1997，5.122～125

试论新加坡华文文学的文化语境/周宁//文艺理论与批评（北京）.1997，6.124～129

对新加坡华文文学历史轨迹的思考/胡凌芝//汕头大学学报.1997，3.82～88

新马泰华文微型小说的崛起与走向/杨振昆//云南社会科学（昆明）.1997，4.89～94

“1997：中国与世界华文文学新格局”学术研讨会综述/李凤亮//广东社会科学（广州）.1997，6.133～135

从激昂的批判到闲适的眺望：新加坡华文小说的四种走向/周宁//文艺报（北京）.1997，8.14②

东西方文化撞击交汇中的新加坡华文小说形态/黄万华//牡丹江师范学院学报.1997，3.71～74

流外丧志：关于海外大陆小说的几点观察/赵毅衡//当代作家评论（沈阳）.1997，1.115～121

海外华文女作家及其文本的理论透视/饶芃子，陈丽虹//文学评论（北京）.1997，6.76～87

十七年文学

崇高的歌颂：建国十七年文学风格概论/周艳芬//唐都学刊（西安）.1996，3.88～91

回忆与思考："文艺十条"—"文艺八条"（上、下）/黎之//新文学史料（北京）.1996，3.127～137；4.72～80

建国初期文艺运动中的一桩"公案"："批判资产阶级、小资产阶级创作倾向"的回顾与思考/丁茂远//杭州大学学报.1996，1.90～94

要准确评价"文革"前17年文学与政治的关系/张器友//文艺理论与批评（北京）.1997，4.64～67

反映论与崇高个性之间：再论十七年文学风格/周艳芬//人文杂志（西安）.1997，2.114～118

建国初期作家创作机制的调整与十七年文学模式的形成/石兴泽，孙洪钧//济宁师专学报.1997，2.58～62

论"17年"崇高文学风格的形成/周艳芬//西北大学学报（西安）.1997，1.93～96

论十七年的诗歌创作/苏景昭//文艺理论与批评（北京）.1997，3.58～63

文革文学

感性生命的呐喊/林修彬//福建论坛.1996，6.58～59

"文革"小说只选一篇够吗？/陈艰//文学自由谈（天津）.1997，2.46～49

关于"后文革"期文学观念的考察：对现代主义的"误读"和后现代/宇野木洋//南方文坛（南宁）.1997，5.14～16

"主题先行"辨/李天喜//孝感师专学报.1997，3.53～56

新时期文学

传统家庭秩序的崩溃与重构：新时期文学的伦理观念考察/李新宇//齐鲁学刊（济南）.1996，5.29～34

新时期文学存在主义循迹/毛崇杰//湖南文学（长沙）.1996，8.69～75

外国文学对中国新时期文学的三次冲击/梁鸿鹰//中国文化报（北京）.1996，4.3③

新时期文学的文化走向：对一个文学时期的回顾/徐采石//扬州师院学报.1996，1.21～25

新时期文学的写实趋势/周晓燕//文艺评论（哈尔滨）.1996，2.52～58

十年辛苦不寻常：新时期文学研究评略/汤学智//文艺评论（哈尔滨）.1996，3.47～53

新时期文学中的四类女性形象与男权意识/李永建//淮北煤炭师院学院.1996，2.74～78

新时期文坛的价值滑落/郭昭第//当代文坛（成都）.1996，4.17～19

从"后新时期"概念谈文学讨论的历史意义/徐贲//文学评论（北京）.1996，5.56～65

后新时期文学的沦陷与救亡/陆祺//文艺争鸣（长春）.1996，6.46～51

理性觉醒的最初演进：对新时期文学初年人道主义精神的一个描述与分析/金惠敏//人文杂志（西安）.1997，5.111～115

新时期文学中的"女性方式"雏形/萧成//福建论坛（福州）.1997，6.24～27

激情与叙事：新时期文学心态寻踪/曹文轩//文学评论（北京）.1997，1.68～76

影响未来的历史性变革：新时期文学深层透视/汤学智//文艺评论（哈尔滨）.1997，4.4～11

影响未来的历史性变革（续）：新时期文学深层透视/汤学智//文艺评论（哈尔滨）.1997，5.59～65，76

文学的内向性：我对"新时期文学'向内转'讨论"的反省/鲁枢元//中州学刊（郑州）.1997，5.86～96

走有中国特色的当代文学创新之路：新时期文学思潮嬗变的宏观思考/陈传才//中国人民大学学报（北京）.1997，2.82～88

新时期文学之初的一组书信/文艺理论与批评（北京）.1997，1.65～73

"后新时期"：一个非历史性的概念/梅向东//安庆师院社会科学学报.1997，4.78～83

新时期文学的时空话语/严锋//时代文学（济南）.1997，1.86～90

为新时期的文学历史作证：关于《跨世纪文丛》答《南方文坛》记者问/陈骏涛//南方文坛（南宁）.1997，6.24～26

中国新时期文学中日学者对话会在京举行/白烨//南方文坛（南宁）.1997，5.63

新时期文学与政治关系重建的三次变迁/陈占彪//飞天（兰州）.1997，8.109～112

20世纪视野中的新时期文学：朱德发教授访谈录/朱德发，贾振勇//山东文学（济南）.1997，4.72～73

纪实文学

关于纪实文学的思考/欧阳明//中南民族学院学报.1996，3.103~106

当代史纪实作品中的虚构造假观象指谬/徐焰//文艺报（北京）.1996，5.17⑦

“纪实”别疯/李万武//文艺报（北京）.1996，3.29③

知识分子的消隐：重读新写实文学/萧晓红//文艺评论（哈尔滨）.1997，6.78~80，85

对“纪实文学”的追问/李炳银//光明日报（北京）.1997，2.4⑥

女性文学

从情感到欲望：女性文学的流向/吕红//文艺评论（哈尔滨）.1996，4.60~64

论新时期女性文学创作中女性意识的演变/张兵娟//中州学刊（郑州）.1996，6.103~107，98

九十年代：女性文学对女性命运新的关注与探索：兼与八十年代女性文学比较/任一鸣//小说评论（西安）.1996，1.40~45

从龙船到飞鸟：世纪之交女性文学断想/金燕玉//小说评论（西安）.1996，5.59~62

女性文学：告别1995：中国第三阶级的女性主义文学/王光明//天津社会科学.1996，6.69~74

背负着传统的反抗：新时期妇女文学创作中的权利要求/李小江//浙江学刊（杭州）.1996，3.118~121

中国新时期女性主义文学概观/陈虹//延河（西安）.1996，5.70~74

中国女性文学书写的划时期流变/王绯//钟山（南京）.1996，1.153~159

女性文学与个人化写作/戴锦华，王干//大家（昆明）.1996，1.193~203

当代中国女性文学的审美特点/陈冰//当代文坛（成都）.1996，2.24~28

消失的男性：近期女性文学一个重要主题的演变/易光//当代文坛（成都）.1996，6.3~7

女性写作：断裂与接合/徐坤//作家（呼和浩特）.1996，7.70~75

女人为什么写作？/陈慧//文学自由谈（天津）.1996，1.99~103

我所见到的豹：从当代女性诗歌看妇女文学/刘冰，李明//丹东师专学报.1996，2.58~62

奇遇与突围：九十年代女性写作/戴锦华//文学评论（北京）.1996，5.95~102

“边缘”和“极端”的女性书写与殊途同归的悲剧主题/高音//北京社会科学.1997，4.88~92

女性的反抗声音/南帆//当代作家评论（沈阳）.1997，1.68~70

“她们”的小说/李洁非//当代作家评论（沈阳）.1997，5.68~83

女性文学中的女性意识/孙欣荣//宁夏教育学院银川师专学报.1997，5.67~69

特别的声音：对海外大陆女作家的文本透析/宋瑜//小说评论（西安）.1997，6.11~18

两性对话：中国女性文学十五年/王光明，荒林//文艺争鸣（长春）.1997，5.4~11

女权主义与中国女性意识/曾艳兵//台州师专学报.1997，1.16~24，36

寻找精神家园：论新时期女性文学中知识女性的形而上追寻/秦俭//社会科学家（桂林）.1997，6.50~56

半边风景：女性文学的散点扫描（上、下）/张志忠//文艺评论（哈尔滨）.1997，1.36~44；2.46~54

平民意识与新女性主义：九十年代女性写作中的两个支点/王凤莲//齐鲁学刊（曲阜）.1997，2.41~43

是女性文学还是“写性文学”/王建琳//文艺理论与批评（北京）.1997，5.107~109，104

怀疑与追问：中国的女性主义文学能否成为可能/赵勇//文艺争鸣（长春）.1997，5.18~24

关于“超性别意识”的思考/降红燕//文艺争鸣（长春）.1997，5.25~30

寻找的悲歌：新时期女作家的“精神怪圈”/张喜田//文艺争鸣（长春）.1997，5.31~36

世纪末：女性文学话语的复归与重建/周艳芳//小说评论（西安）.1997，2.14~20

中英女性文学及其女权主义文学之比较/徐颖果//北京大学学报.1997，2.95~100

通俗文学

论当今文学的俗化与商品化/周溶泉//南通师专学报.1997，2.16~21

世纪末文学的媚俗态势与特征/徐扬尚//通俗文学

评论（武汉）.1996，1.108～111

关于“语言与文学”的对话/方长安…//通俗文学评论（武汉）.1996，3.43～48

通俗文学的趋众性与模式化/刘安海//华中师大学报（武昌）.1996，4.78～84

论新时期通俗文学的崛起与发展/彭迎春//通俗文学评论（武汉）.1996，1.4～15

通俗文学的渊源与发展/贾振华//河北师大学报.1996，2.49～56

九十年代：通俗文学的机遇和挑战：'95当代通俗文学研讨会纪要/阿丹//通俗文学评论（武汉）.1996，1.104～107

80年代通俗文学杂志采英/李天喜//孝感师专学报.1996，2.45～49

通俗文学批评及其价值取向/李勇//福建论坛（福州）.1997，3.52～56

略论通俗文学的批评策略/朱国华//文艺研究（北京）.1997，6.84～89

新理性主义与当代通俗文艺的审美化生成/李凤亮//徐州师范大学学报.1997，3.79～82

通俗文艺的流变/邢建昌//理论与创作（长沙）.1997，3.11～15

与著名作家柳溪谈通俗文学/通俗小说月报（天津）.1997，6.4～6

与著名作家林溪谈通雅之俗//通俗小说报（天津）.1997，7.4～6

通俗文化与知识份子/楼肇明，王昶//理论与创作（长沙）.1997，3.4～10

先锋文学

作为当代形象的今日先锋/肖鹰//求是学刊（哈尔滨）.1996，4.63～68

先锋精神的还原与重铸：兼论九十年代先锋文学存在的必要性/洪治纲//小说评论（西安）.1996，2.14～19

从启蒙主义到存在主义：当代中国先锋文学思潮论/张清华//中国社会科学（北京）.1997，6.132～146

自为语言与文人自语：当代先锋文学对语言本身的追求（上、下）/王一川//南方文坛（南宁）.1997，1.14～16；2.14～17

想象力：图腾与承诺：对先锋派的一种可能读解/陈浩//文艺评论（哈尔滨）.1997，2.43～45

虚无的文学/朱必圣//文艺评论（哈尔滨）.1997，2.37～42

一种缅怀：先锋文学形式实验的再探索/徐芳//华东师范大学学报（上海）.1997，1.79～85，91

都市文学

都市与精神分裂症/汪民安//文艺评论（哈尔滨）.1996，3.20～26

意义的追寻与困顿：美学视点下的市民文学/张午//社会科学战线（长春）.1996，5.197～203

当代都市文学的形态/胡良桂//小说评论（西安）.1996，5.63～69

“现代性”问题的基本考察：兼论“新都市文学”的现代性选择/尹昌龙//特区文学（深圳）.1996，5.154～158

市民文学：旧梦不再繁华/孙绍振//小说评论（西安）.1996，5.4～7

作者·受众·传播条件与市民文学/白永达，白蕾//阴山学刊（包头）.1997，3.4～10

“新都市文学”：社会转型的艺术结晶/许扬//特区文学（深圳）.1997，5.155～158

九十年代城市文学人物形象/张百尧//特区文学（深圳）.1997，6.151～159

军事文学

转型期军旅文学的又一新的生长点：特区军旅文学漫谈/肖荣华//中山大学学报（广州）.1996，4.66～71

论现代军人意识与现时军事文学创作/吴然//昆仑（北京）.1996，5.161～167

关于军事文学历史与现状的思考/昆仑鹰//昆仑（北京）.1996，4.174～183

繁荣文艺　多出精品：近年来全军文艺创作综述/受德//中国文化报（北京）.1996，7.31③

关于当代英雄/何继青//解放军文艺（北京）.1997，9.96～99

人类困境与军事文学的审美选择/张鹰//解放军文艺（北京）.1997，6.109～112

两翼格局的失衡与契合/金石//解放军文艺（北京）.1997，4.107～110

军事文学会不会消亡？/黄国柱//解放军文艺（北京）.1997，3.101～104

不可淡忘战争/周政保//解放军文艺（北京）.1997，2.96～99

寻找军事文学新的生长点/张志忠//解放军文艺（北京）.1997，1.97～100

跨世纪，一个关于文学的诱人话题/汪守德//解放军文艺（北京）.1997，2.104～107

论世纪之交的军事文学/陈辽//昆仑（北京）.1997，1.162～165

哲理化的美学追求与军事文学的复兴：对中国当代军事文学的再思考/昆仑鹰//昆仑（北京）.1997，6.7～11

让文学的触角深入科学天地/侯力军//昆仑（北京）.1997，1.174～180

世纪之交军事文学的历史进路/昆仑鹰//昆仑（北京）.1997，1.166～173

军事文学的三种形态/王爱松//昆仑（北京）.1997，3.177～182

关于军事文学的几点思考/宋剑华//昆仑（北京）.1997，3.183～186

世纪目标：军事文学的智慧与精品战略/吴然//昆仑（北京）.1997，4.158～164

新时期军事文学关于人的思索/王春霞，唐旭//唐都学刊（西安）.1997，2.83～85

寻根文学

启蒙角色再定位：重读“寻根文学”/孟繁华//天津社会科学.1996，1.58～64

魔幻现实主义与寻根文学之比较/吴家荣//外国文学研究（武汉）.1997，3.61～63

乡土文学

谈谈乡土文学/阎延文//文艺理论与批评（北京）.1996，4.64～67

城市景观与乡村况味/雷达//光明日报（北京）.1996，3.14⑦

乡土文学创作中的民俗描写与民俗文化批评/魏福惠//民间文学论坛（北京）.1997，2.26～27

各体文学

诗歌总论

语言寻根与新诗的出路：母语诗学论纲/李震//文论报.1996，2.1③

母语，中国诗歌精神的源泉/梁小斌//文论报（石家庄）//.1996，2.1③

也谈现代诗的出路/陈圣生//文艺理论研究（上海）.1996，2.59～65

遭遇诗歌/南野，杨克//上海文学.1996，8.76～79

“辨/忘”模式与中国新诗文法追求的民族特色/李怡//东方丛刊（桂林）.1996，2.182～196

诗歌实验的骗局：拼贴/刘纳//山东文学（济南）.1996，12.58～63

诗韵革新之我见/叶日升//上饶师专学报.1996，1.62～67

时代风情与文化观照：谈近期诗歌的审美形态/张同吾//人民日报（北京）.1996，5.2⑪

诗歌，是否陷落？/王佳泉//文艺报（北京）.1996，2.21③

诗坛八病/黄承基//文艺报（北京）.1996，3.15②

诗：评价尺度的缺失/刘纳//文艺报（北京）.1996，2.9③

我国新诗诗组结构类型/许霆//当代文坛（成都）.1996，1.35～37

当代人本诗歌的语言特征/胡彦//作家（呼和浩特）.1996，5.75～80

终结与起点：关于第三代后的诗学断想/沈奇//西藏文学（拉萨）.1996，2.121～128

既成言路的中断：“第三代”诗的语言策略，兼论钟鸣/李振声//文艺争鸣（长春）.1996，1.33～41

不断破碎的心灵碎片：论“新生代”诗/王光明//文艺争鸣（长春）.1996，1.42～49

论现代诗的审美误区/鲁培康//河南大学学报（郑州）.1996，6.74～76

第三代诗歌反文化的两种表现形式/温宗军//学术研究（广州）.1996，8.79～83

世纪之交的中国新诗/吴开晋//天津文学.1996，3.71～77

自然声律之树常绿：兼论中国新诗形式及其民族化方向/陈元胜//中州学刊（郑州）.1996，1.85～91

中国现代主义诗歌及其研究的反思/陆耀东//中州学刊（郑州）.1996，2.78～89

新诗潮的崛起与退落/朱志伟//江汉论坛（武汉）.1996，10.69～71

新时期诗歌的聚变与再生/吴开晋//诗刊（北京）.

1996，2.57～60

新时期诗歌的意象变革/耿建华//诗刊（北京）. 1996，4.51～53

启蒙·失语·回归：新时期诗歌理论发展的一道轨迹/吴思敬//诗歌（北京）.1996，7.51～54

诗的人文精神与文化内蕴：一九九五年诗的审美形态/张同吾//文艺评论（哈尔滨）.1996，2.44～51

论新诗的大众文化生态/章亚昕//人文杂志（西安）.1997，1.113～117

新诗80年：时空转换与诗美流变/吕汉东//宁夏大学学报（银川）.1997，2.57～62

知识分子写作文化转型年代的思与诗：九十年代诗学理论话语研究之一/陈旭光，谭五昌//大家（昆明）.1997，4.99～203

现代汉诗的精神与语言取向/麦可//当代文坛（成都）.1997，1.34～36

论当代世俗诗歌中的语言主体/胡彦//当代文坛（成都）.1997，1.29～33

蓦然回首：简谈中国诗歌的曲折回归/刁永泉//诗神（石家庄）.1997，10.11 94～96

自在状态的诗歌与雅文化局限/邢海珍//诗神（石家庄）.1997，7.44～46

躲在胡子的深处/徐敬亚//诗神（石家庄）.1997，7.29～33

九十年代新诗的艺术转型/吴开晋//山东文学（济南）.1997，2.61～65

自我文化：关于文化在80年代中国诗歌中的地位/卜松山（德）//武汉大学学报.1997，1.82～87

九十年代诗歌：叙事策略及其地位/程光炜//大家（昆明）.1997，3.137～143

阐释之外：当代诗学的一种话语分析/王家新//文学评论（北京）.1997，2.62～69

物化意象与审美经验：浅析现代主义诗歌中的异化表现/杜宁//甘肃社会科学（兰州）.1997，1.59～61

喧哗与骚动之后：十年“探索诗潮”评估/何每文//唐都学刊（西安）.1997，2.86～89

反乌托邦写作及其后现代文化品性：论当前诗歌精神的一种向度/莫显英//浙江大学学报（杭州）.1997，2.119～125，130

新时期诗学的美学化倾向/章亚昕//理论学刊（济南）.1997，2.82～84

理解的耐心：诗歌与诗性/汪跃华//飞天（兰州）.1997，2.109～112

再现一个历史阶段的诗歌形态/谢冕//小说界（上海）.1997，6.163～176

不幸的诗歌/朱必圣//文艺评论（哈尔滨）.1997，6.50～55

位置的选择：对90年代诗歌的审视/徐志伟//文艺评论（哈尔滨）.1997，6.56～62

文化反思中的现代感兴：略论现代史诗对自我的重铸/孟金蓉//淄博师专学报.1997，1.30～35

世纪之交的中国诗歌/鲁西//广西民族学院学报（南宁）.1997，4.100～103

诗歌与感觉/浩明//文艺理论与批评（北京）.1997，2.88～91

走向21世纪的中国诗歌笔谈（之一），（之二）/曾卓，刘征…//文艺报（北京）.1997，11.25②；12.9②

诗歌问题引起普遍关注：《华夏诗报》展开专题讨论/延文//文艺报（北京）.1997，12.9②

现实主义诗歌不会消亡/卞国福//文艺报（北京）.1997，12.9②

关于新诗的懂与不懂？……问题之随想/周良沛//文艺报（北京）.1997，12.9②

第三代诗歌的分化/龙潜//晋阳学刊（太原）.1997，6.60～63

诗性回归何以可能？/胡志军//浙江大学学报（杭州）.1997，4.113～119

九十年代中国新诗走向摭谈/吴思敬//文学评论（北京）.1997，4.79～85

生命的厚果：关于当下诗歌的阅读断想/廖华歌，朱景涛//郑州大学学报.1997，1.80～84

文化转型与中国新诗/吕进//西南师范大学学报（重庆）.1997，3.73～76

破坏和发现：现代汉语诗歌语言意识的觉醒及其实验/张福贵，白玮//文艺争鸣（长春）.1997，2.69～74

不知所终的旅行：九十年代诗歌综论/程光炜//山花（贵阳）.1997，11.69～75

九十年代诗歌：另一意义的命名/程光炜/山花（贵阳）.1997，3.70～74

文化转型与中国新诗/吕进//诗刊（北京）.1997，3.64～67

色彩与情愫：当代诗学笔记/杨匡汉//文艺研究（北京）.1996，2.111～117

从“失乐园”到“复乐园”：新诗哲学定位谈/赵恺//光明日报.1997，9.30⑥

诗歌说话方式片言/邢海珍//文艺评论（哈尔滨）.1997，2.62～64，77

关于诗和哲学的断想/陈也奔//文艺评论（哈尔滨）.1997，1.86～88

现代诗的状况及趋势：“诗歌现状及创作问题研讨会”综述/李景冰//文艺评论（哈尔滨）.1997，1.63～65

中国军旅诗：1949—1994/朱向前//解放军文艺（北京）.1996，2.101～110

当代西部诗歌的人文品格/张永健//理论与创作（长沙）.1996，5.23～27

论新边塞诗的兴起及其艺术风格/郑兴富//新疆师范大学学报（乌鲁木齐）.1997，2.41～45

新时期大西北诗歌巡礼/王子和//南通师专学报.1997，3.37～39

先锋诗歌

九十年代：文化转型与先锋诗歌的“后抒情”/陈旭光//当代文坛（成都）.1996，4.3～6

先锋诗歌：五年来的空缺/秦巴子//文论报（石家庄）.1996，9.1③

先锋诗歌：“火车拐弯了”？/秦巴子//北京青年报.1997，1.7⑧

新诗的厄运与当代先锋诗：兼向谢冕先生求教/钱玉林//文论报（石家庄）.1997，12.4③

女性诗歌

新时期的女性主义诗歌/林树明//贵州大学学报（贵阳）.1996，1.57～64

从“人学”、“女权”中独立出来的特殊版本：女性诗学/阵仲义//山花（贵阳）.1996，3.69～75

女性诗歌：廿年路程/程光炜//中华读书报（北京）.1997，12.17⑥

女性诗歌：“重述”的陷阱与可疑的策略/莫显英//浙江学刊（杭州）.1997，1.82～86

朦胧诗

朦胧诗的争鸣与价值重估/罗振业，李宝泰//北方论丛（哈尔滨）.1996，2.86～89

文化的转型与主体的移置：“后朦胧诗”的文化诗学阐释/陈旭光//山花（贵阳）.1996，3.73～77

后朦胧诗：作为一种写作的诗歌/臧棣//文艺争鸣（长春）.1996，1.50～59

诗歌冰层解冻“后朦胧”再亮相/橡子//北京青年报.1997，3.18⑧

告别优雅：“后朦胧诗”的俗美追求/罗振业//文艺评论（哈尔滨）.1997，3.10～13，9

火山爆发后的沉思：谈谈朦胧诗的是是非非/王蔚桦//贵州社会科学.1997，3.65～69，52

试论朦胧诗的寻找主题/郑春//东岳论丛（济南）.1997，4.91～95

乡土诗

应该重视创作当代的乡村史诗/唐宜荣//理论与创作/1996，2.29～32

乡土诗应是乡土上绽开的花朵/秦中吟//朔方（银川）.1997，2.56～58

走出“梦中田园”：对当前乡土诗创作的探讨/秦中吟//文艺报（北京）.1997，2.13②

小说总论

学术小说：大有发展前途的文学新体/方春//赣南师范学院学报（南昌）.1996，1.58～63

世纪之交的中国小说艺术精神/刘俐俐//兰州大学学报.1996，1.106～112

雅俗的分立与融合/刘心武，张颐武//当代小说（济南）.1996，5.50～55

新文学现实主义小说美学研究论略/陈占彪//西北师大学报（兰州）.1996，6.9～13

九十年代小说思潮初论/丁柏铨，王树桃//江苏社会科学（南京）.1996，1.98～104

十年小说精神形态论/李运抟//天津文学.1996，4.72～80

十年小说形式论/李运抟//天津文学.1996，12.68～73

历史话语的崩溃和坠回地面的舞蹈：对当前小说现象的探源与思索/张清华//小说评论（西安）.1996，3.4～10

小说的精神及当代承诺/李建军//延河（西安）.1996，3.75～79

物化时代的欲望书写：90年代小说现象的一种思考/邵建//当代小说（济南）.1996，6.57～61

小说：回到存在/谢有顺//小说评论（西安）.1996，1.6～8

新时期英雄悲剧小说的美学追求/刘新生//江西师

范大学学报（南昌）.1996，1.36～39，43
重提小说文体的旧话/李国涛∥当代作家评论（沈阳）.1996，5.45～47
逼近世纪末小说：碎片中的世界/陈思和，郜元宝等∥大家（昆明）.1996，5.198～203
小说界的新旗号与“人文现实主义”/於可训∥文学评论（北京）.1996，2.76～83
丧失彼岸的迷津：1985年以来中国小说的道德问题/程式∥文艺争鸣（长春）.1996，3.34～39
自省小说的反省意识：传统与现实的冲突/黄薇∥文学月刊（呼和浩特）.1996，8.59～60
魔幻现实主义和寻根小说之艺术比较/邓时忠∥求是学刊（哈尔滨）.1996，4.77～82
大潮涌动中的艺术嬗变：对近二十年来小说的精神审视/董德兴∥社会科学（上海）.1996，1.68～72
论当今小说的精神走向/雷达∥中华文学选刊（北京）.1996，2.173～181
论当今小说的失落/夏真∥杭州大学学报.1996，2.88～92
论轶事小说之“小”/陈文新∥贵州社会科学.1996，4.86～90
当代“楚风小说”论：当代文学的地缘文化研究/樊星∥当代作家（武汉）.1996，6.153～158
通俗文学的三重奏：琼瑶、亦舒、梁凤仪言情小说系列论略/党鸿枢∥西北师大学报（兰州）.1996，1.62～67
满川风雨看潮生：读三部反映现实生活的长篇/吴秉杰∥文艺报（北京）.1996，7.12②
深入反映城乡之间的历史脉动：兼评刘醒龙、何申、关仁山的若干小说/张炯∥小说评论（西安）.1996，1.46～48
从不同角度反映现实：何申、谈歌、关仁山小说创作漫议/刘乐群∥小说评论（西安）.1996，6.7～11
汉语小说的失语与迷途及其可能性/闻树国∥小说家（天津）.1997，5.158～168
九十年代小说走向再认识/丁帆∥江苏社会科学（南京）.1997，2.146～152
关于九十年代小说/王蒙∥天津师大学报.1997，5.55～59
论小说与媚俗/刘俐俐∥兰州大学学报.1997，2.138～143
以人为根基建构小说的艺术空间：对巴赫金“复调小说”理论和中国当代小说的思考/陈平辉∥文艺理论研究（上海）.1997，3.32～39
当代小说叙事新探/毛克强∥当代文坛（成都）.1997，5.10～14
小说的思想/王安忆∥上海文学.1997，4.71～79
作为生存和存在寓言的历史：“新历史主义”小说特征论/张清华∥当代小说（济南）.1997，3.52～56
当代小说的虚无倾向/宋明炜∥当代小说（济南）.1997，11.57～59
小说的歧途/吴尔芬∥文艺评论（哈尔滨）.1997，6.39～49
人人都可以成为艺术家：一种新的游戏竞赛/姜静楠∥文艺评论（哈尔滨）.1997，5.17～22
伦理乌托邦的守望与漂泊：儒学意识与当代小说/邹定宾∥文艺争鸣（长春）.1997，3.50～56
个体性文学与身体型作家：90年代的小说转向/葛红兵∥山花（贵阳）.1997，3.75～78
精英化与平民化：从《新星》与《苍天在上》看十年小说审美追求的转变/曹巧兰∥南京师大学报.1997，2.99～102
九十年代的小说转向/葛红兵∥南方文坛（南宁）.1997，4.16～18，15

小说评论

商品经济冲击下小说的选择：1986年至1995年小说概述/杨彬∥理论与创作（长沙）.1996，1.28～32
不回避姿态与文化体验：近期小说述评/雷达∥中华文学选刊（北京）.1996，4.183～188
小说：回到真实（上）、（下）/谢有顺∥小说评论（西安）.1996，5；6.12～14
小说：回到勇气/谢有顺∥小说评论（西安）.1996，4.7～9
现实与关怀：《清明》1995年小说述评/潘小平∥清明（合肥）.1996，1.169～174，177
流变中的小说风景/胡宗健∥钟山（南京）.1996，4.192～200
八面来风的土地：1995年《长江文艺》小说述评/李运抟∥长江文艺（武汉）.1996，5.57～60
没有预设的三人谈/苏童，叶兆言等∥大家（昆明）.1996，3.200～206
过去的乌托邦与失落的现代性：对《白鹿原》、《废

都》、《丰乳肥臀》的一个特例性比较分析/王韬，葛红兵//吉首大学学报．1997，1.77～81

我们和小说：对小说的追问/刘俐俐//小说评论（西安）.1997，5.68～71

小说和中国的“现在”/〔日〕荻野修二，心庸译//小说评论（西安）.1997，5.48～53

形而上与“拼凑”法：现实主义冲击波式的小说片谈/张俟//小说评论（西安）.1997，4.77～79

“撕裂”了小说/孙绍振//小说评论（西安）.1997，1.17～20

现实与梦想：关于汉语小说的回答/何平，汪政等//文艺争鸣（长春）.1997，6.39～48

面对小说的逃亡/闻树国…//广西文学（南宁）．1997，2.68～76

在哈佛读中国小说/易丹//小说界（上海）.1997，3.165～173，182

小说的世界/王安忆/小说界（上海）．1997，1.175～181

被宣泄的“小说”情结/柯云路//文学自由谈（天津）.1997，3.99～104

90年代小说与阅读/陈冲//文论报（石家庄）．1997，6.15①，②

最近的小说/洪水//中华文学选刊（北京）.1997，3.177～179

小说的尾巴/冯骥才//文学自由谈（天津）.1997，4.134～141

小说人物

才子形象模式的文化心理阐释/章文泓//中山大学学报（广州）.1996，5.110～118

1996年前后的小说人物/李敬泽//文艺报（北京）．1997，4.10④

当代小说中土匪形象的修辞变化/蔡翔//当代作家评论（沈阳）.1997，2.90～96

史学新思潮与文学新形象：论90年代小说中的社会土匪形象/王达敏//安徽大学学报（合肥）．1997，6.77～82

小说创作

强化时代的精神体验/雷达//光明日报．1996，10.24⑦

论方言在当代小说中的叙述功能/田中阳//求索（长沙）.1996，1.100～103

碎片中的世界和历史：’95小说创作谈/陈思和//文学报（上海）.1996，8.8④

感受昨天/王蒙//文汇报（上海）.1996，11.18⑫

近年来小说创作中一些值得注意的问题/丁言//社会科学战线（长春）.1996，5.213～214

碎片中的世界：新生代作家小说创作散论/陈思和//花城（广州）.1996，6.201～205

稳健执着：新时期内蒙古小说创作鸟瞰/托业彩娜//内蒙古大学学报（呼和浩特）.1996，4.90～98

新时期河南小说创作的特色/张炯//人民日报（北京）.1996，1.17⑪

小说创作的另一种可能性/郎伟//朔方（宁夏）．1996，11.59～60

王蒙、张炜们的文体革命/王一川//文学自由谈（天津）.1996，3.57～63

当代女作家的创作关怀和自我想象：以“红罂粟丛书”中若干小说作品为例/艾晓明//广东社会科学（广州）.1997，2.128～134

写作与存在的尊严/谢有顺//小说评论（西安）．1997，6.4～7

执着于生活本身：九十年代人文风景/毛峰//文艺评论（哈尔滨）.1997，2.32～36

私人档案，三言两语：当前小说创作点评/傅翔//文艺评论（哈尔滨）.1997，1.45～57，7

近期小说笔谈//钟山（南京）.1997，1.193～202

史诗风范的追求与缺失/贺仲明//昆仑（南京）．1997，2.184～187

论“发迹变泰”小说/张映//天津社会科学．1997，1.106～110

论尴尬：以中国近期小说为例/张东焱//河北学刊（石家庄）.1997，1.70～74

关于小说的几点偏见/李大卫//延河（西安）．1997，7.23～24

小说创作新格局中的“知青作家”代/吕智敏//北京社会科学．1997，3.151～154

小说应该是野生的/谈歌//文艺报（北京）.1997，6.12④

漫议小说与生活的关系/陈炳熙//南开学报（天津）.1997，5.15～21

文坛过眼/黄毓璜//文艺评论（哈尔滨）.1997，1.70～73

小说改革运动的发展：答《文艺理论与批评》记者问/刘润为//文艺理论与批评（北京）.1997，5.7～14

理想的失落与重新追寻：对近年小说创作的一种认识/尹华丽//淄博师专学报.1997，1.36~41，44

中日战争小说：世纪末的思考/房福贤，胡若定//昆仑（北京）.1997，2.176~183

1996年小说创作一瞥/陈思和//钟山（南京）.1997，4.187~193

河北小说创作呈现新景观/何火文//文论报（石家庄）.1997，5.15①

上帝还会发笑吗?：对陕西九十年代小说创作的思考/韩鲁华//小说评论（西安）.1997，6.74~79

90年代山东小说创作的境遇及新因素/吴义勤…//当代小说（济南）.1997，6.54~60

各种题材小说

中国军旅小说：1949—1994/朱向前//当代作家评论（沈阳）.1996，4.108~122；5.97~107

工业题材小说创作大有作为/刘道生//文艺报（北京）.1996，5.17③

世纪末的对话：新状态小说与后现代主义/邓时忠//当代文坛（成都）.1996，1.18~22

流浪汉小说：由浪漫到深沉：立足于西部流浪汉小说的历史回顾/刘俐俐//小说评论（西安）.1996，2.40~44

情感的历史和历史的情感：关于中国当代婚恋小说的感想/张志忠//小说评论（西安）.1997，2.25~29

为"纪实小说"一辨/张春宁//文学报（上海）.1997，9.25④

新感觉派小说叙事艺术论/刘进才//河南师范大学学报（新乡）.1997，5.53~57

新生代小说（1994— ）/李洁非//当代作家评论（沈阳）.1997，1.71~81；2.97~103

城市浪子的自白书："晚生代"小说再认识/丁帆//文论报（石家庄）.1997，5.15②

关于荒诞小说的一孔之见/王达敏//文艺报（北京）.1997，2.18②

精神家园的自我放逐："寻根后"小说一瞥/孟金蓉//绥化师专学报.1996，3.46~52

新时期"知青小说"主题的嬗变/王源//兰州大学学报.1997，1.104~109

救赎与屠戮：评"新状态"小说攻势/李万武//文艺理论与批评（北京）.1997，6.94~100

新时期小说

过滤掉的和沉淀下的：重读部分十年小说札记/蔡兴水//新疆师大学报.1996，1.25~27，44

作者的在场与退场：新时期小说非全知叙事思潮的文化背景及其意识形态/孙先科//文艺理论与研究（上海）.1996，6.41~50

新时期小说与人文精神/张峻菡//南通师专学报.1996，2.32~35

论新时期小说中的"人"/张宁生//安庆师院社会科学学报.1996，2.22~28

由对话方式看新时期小说的艺术转型/刘克宽//文史哲（济南）.1996，6.44~50

新时期小说的变形艺术/李运抟//文学评论（北京）.1996，4.102~109

论象征及象征的品格：兼谈新时期小说的象征艺术/刘荣林//内蒙古社会科学（呼和浩特）.1996，3.74~79

新时期中国小说转型的宏观走向/乔美丽//信阳师院学报.1996，4.75~79

由驳杂纷呈到精华留存：对新时期现代派小说的回顾与审视/贾发瑛，李阳春//山西大学学报（太原）.1996，3.52~57

古典主义情怀与后新时期小说/叶岗//文艺评论（哈尔滨）.1996，5.41~47

新时期小说思潮流派的演变与特征/魏愚//作家报（济南）.1997，8.21②

新时期小说蜕变的性爱观/郭力//学习与探索（哈尔滨）.1997，2.104~106

法国"新小说"与中国新时期小说/范景兰//国外文学（北京）.1997，1.33~41

反审美：马克思人文理论视角下"后新时期"小说的一种态势/张峻文//牡丹江师范学院学报.1997，1.57~60

从几部作品看新时期小说婚爱观的变化/刘晓英//作家（长春）.1997，4.76~80

道德的或非道德的：对经济行为的价值判断：从一个角度看中国新时期小说/沈嘉达//当代文坛（成都）.1997，5.15~19

新时期小说的神话原型/王轻鸿//当代文坛（成都）.1997，2.9~11

"后新时期"小说的误区/张政文，赵延军//黑龙江教育学院学报（哈尔滨）.1997，1.61~62

新时期现代主义小说的历史流变/张学军//文史哲

（济南）.1997，2.3～12
新时期小说的精神变奏/张景超，温汉生//文艺评论（哈尔滨）.1997，6.71～77
新时期小说的非现实性描写/王达敏//文艺评论（哈尔滨）.1997，5.31～40
现代价值观与后新时期小说/郑升旭//西北大学学报（西安）.1997，3.1～7
新时期小说语言探析/陈昭明//赣南师范学院学报.1997，5.53～56
新时期小说女性形象浅议/梁振桂//广西民族学院学报（南宁）.1997，2.116～118
新时期小说三次“性高潮”后的反思/丁帆//文论报（石家庄）.1997，2.1②
新时期小说情节发展回形线/孙飞龙//河北师范学院学报（石家庄）.1997，1.110～112
新时期转型小说总体特征论/乔美丽//郑州大学学报.1997，6.81～86
新时期小说创作中的文化潮流与寻根意识的价值取向/丁家棣//重庆师院学报.1997，1.25～29
感觉的灵光：试论新时期小说的感觉建构/刘明银//小说评论（西安）.1997，5.4～11，15
新时期东北小说的地域特色及其走向/何青志//社会科学战线（长春）.1997，6.153～156
论新时期秦地小说中的民间原型/李继凯//湘潭大学学报.1997，5.27～32，125

通俗小说

超越与回归：论通俗小说的“民间模式”/孙正国//通俗文学评论（武汉）.1996，4.10～12
跨越世纪的门槛：新时期通俗小说发展刍论/孙晶//小说评论（西安）.1996，3.17～21
通俗小说的流变与界定/孔庆东//文学评论（北京）.1996，1.39～48
通俗小说的文化定位问题/周启志//通俗文学评论（武汉）.1997，3.101～108
通俗小说价值判断的历史变动/周荷初//理论与创作（长沙）.1997，3.16～19，27

女性小说

世纪之交的女性小说/王绯//小说评论（西安）.1996，5.53～58
灵魂私语与价值失重：由女性私人小说引发的若干思考/阎延文//文艺报（北京）.1996，11.15③
辉映世纪之交的女性写真：论当代女性小说的历史嬗变/董之林//社会科学战线（长春）.1997，3.164～171
九十年代女性小说四人谈/林白，荒林//南方文坛（南宁）.1997，2.33～35
“女权”写作中的文化悖论/丁帆，王彬彬//文艺争鸣（长春）.1997，5.12～17

新写实小说

新写实小说的平常悲剧意识/姚家芳//贵州教育学院学报.1996，2.37～39，50
新写实小说的文化背景和文学价值/魏星//南通师专学报.1996，3.14～18
20世纪末期风情民生的实录：“新写实”小说论/蔡兴水//新疆师大学报.1996，2.33～42
生命的写真与媚俗：试论新写实小说的价值取向/卢燕//山西师大学报（临汾）.1996，1.38～42
从中国文学传统看新写实小说/鲍云峰//内蒙古社会科学（呼和浩特）.1996，6.61～64
挣扎在泥沼中的头颅：新写实小说中当代理想主义者的命运/刘华//牡丹江师范学院学报.1996，3.35
徘徊于人文主义与历史主义之间：论“新写实主义”小说对历史的审视/马睿//四川大学学报（成都）.1996，2.47～51
直面世俗人生的新写实小说/姚家芳//贵州师范大学学报（贵阳）.1996，2.59～60，66
新写实小说再论/何凌枫//湖北大学学报（武汉）.1996，6.55～57
新写实小说刍议/余海乐//信阳师院学报.1996，2.73～76
浅论“新写实小说”产生的渊源/李香枫//甘肃社会科学（兰州）.1996，4.78～80
新写实小说管窥/蔡兴水//新疆社科论坛（乌鲁木齐）.1996，2.68～72
“新写实小说”中的市民与“新市民”形象及其意识形态/孙先科//天津文学.1996，8.74～80
艰难不是分享就可以度过的：“新现实主义小说”之我见/陶东风//作家报（济南）.1997，5.17⑦
90年代“写实”小说的价值问题/丁帆，王彬//雨花（南京）.1997，1.39～44
刻骨的真实与反讽：新写实小说的审美特征/许鹏远//青海社会科学.1997，4.72～76
重复模式与日常生活：几部“新写实”小说中的市民形象/王一川//求是学刊（哈尔滨）.1997，

5.65～70

略论新写实小说与现实主义小说的区别/李志远//边疆文学（昆明）.1997，11.59～61

先锋小说

先锋小说价值取向的批判/赵卫东//河南大学学报.1996，6.66～70

演绎化倾向："先锋派"小说的缺陷/董竞成//晋阳学刊.1996，6.77～80

文体解构：先锋文本的存在状态/张向东//东北师大学报（长春）.1996，4.39～45

逼视与守望：从张炜、格非、余华的三部长篇近作看先锋小说的审美动向/洪治纲//当代作家评论（沈阳）.1996，2.27～34

实验和先锋小说（1985—1988）/李洁非//当代作家评论（沈阳）.1996，5.108～123

中国后现代先锋小说的基本特征/曹元勇//文艺理论研究（上海）.1996，1.52～59

先锋小说：城市生活的馈赠与折光/刘复兴//当代小说（济南）.1996，2.57～60

形式的消解与意义的重建：论先锋小说的历史转型/张学军//小说评论（西安）.1996，3.11～16

在边缘活着：从《活着》、《边缘》考察先锋小说对生存境态的演述/舒文治//小说评论（西安）.1996，2.29～34

先锋的菜园/李更//山西文学（太原）.1997，11.75～77

先锋小说：终结与重建/胡彦//大家（昆明）.1997，5.192～198

历史小说

当代性　文学观　人物图：当代历史小说三题/张志忠//文艺研究（北京）.1996，4.101～109

三部"翻案重构"类历史小说研究/陈子平//通俗文学评论（武汉）.1996，3.66～77

新历史小说的哲学困境/刘成友，徐清//理论与创作（长沙）.1996，1.23～27，32

新历史小说：从突围到迷遁//舒也//文艺研究（北京）.1997，6.61～66

当代历史小说的现代性与创造性/胡良桂//中国文学研究（长沙）.1997，3.71～80

历史小说：今天与昨天的对话/章培恒，蔡葵//文学报（上海）.1997，1.2④

历史的喻象和喻象的历史：试论新历史小说的比喻结构与动机/林明//福建论坛（福州）.1997，1.58～63

新历史小说的创造性变异/胡良桂//求索（长沙）.1997，3.95～99

"新历史小说"的当代嬗变/王世城//晋阳学刊（太原）.1997，3.82～85

试论新历史小说的比喻结构与动机/林明//学术研究（广州）.1997，5.62～66

中国先锋历史小说的神话国度/徐肖楠//南方文坛（南宁）.1997，2.18～20，17

新潮小说

新潮小说的主题话语/吴义勤//文艺评论（哈尔滨）.1996，3.40～46；4.27～37；5.48～53

新潮小说：喜忧参半的语言实验/张瑞田//当代文坛（成都）.1997，5.6～9

新潮小说与二十一世纪中国文学的未来/吴义勤//时代文学（济南）.1997，1.81～85

都市小说

谈谈"新市民小说"/周介人//小说月报（天津）.1996，4.105～107

世纪末文化的独特馈赠：新都市小说论/吴义勤//当代小说（济南）.1996，1.24～28

面对欲望：当代城市小说的价值取向/毛克强//当代文坛（成都）.1996，3.8～11

天堂鸟在何方："新都市小说"管窥/韩元//当代小说（济南）.1996，12.54～56

"新都市小说"：寻找准确的自我定位/张清华//当代小说（济南）.1996，4.50～54

无尽的攀升：转型期都市小说的开放特征/漆咏德//中国文学研究（长沙）.1997，2.7～10

新时期市井小说的美学品格/张学军//齐鲁学刊（曲阜）.1997，1.27～33

新体验小说

"新体验小说"的审美特征/熊元义//社会科学家（桂林）.1996，2.93～96

新体验小说：作家重新卷入当代历史的一种方式/兴安//小说月报（天津）.1996，1.106～108

爱情小说

新的鸳鸯蝴蝶派：读某些"情爱"小说有感/彭荆风//文艺理论与批评（北京）.1997，3.34～35

新时期爱情小说的演变与自然主义/邓时忠//求是学刊（哈尔滨）.1997，6.89～93

武侠小说

中国大陆新武侠小说研究述评/丁进//江苏社会科学.1996，1.105~113

乱世天教重侠游:武侠小说中的民族文化心理基质/王东升//通俗文学评论（武汉）.1997，4.48~53

奇侠只应书中有:武侠小说中的人物性格/王东升//通俗文学评论（武汉）.1997，4.44~47

痴心难解侠克行:武侠小说的接受心理和解读原则/王东升//通俗文学评论（武汉）.1997，4.38~43

现实主义小说

关于“现实主义小说”的讨论/李子木//作品与争鸣（北京）.1997，10.75~79

’96现实主义小说的回思/张韧//文艺报（北京）.1997，3.25②

’96收获与’97展望：关于“现实主义小说回流”的对话/萧复兴，朱向前//小说选刊（北京）.1997，5.117~121

公安小说

公安题材小说之我见/阎新瑞//啄木鸟（北京）.1996，6.130~134

中国侦探小说的发展趋势/宋安娜，黄泽新//天津师大学报.1996，5.61~65

对我国侦探小说走向世界的几点思考/黄泽新，宋安娜//啄木鸟（北京）.1996，5.135~141

中国侦探小说发展的历史回顾/宋安娜，黄泽新//啄木鸟（北京）.1996，155~159

乡土小说

关于农村题材小说的备忘录/段崇轩//小说月报（天津）.1996，10.106~108

乡土小说：多元化之下的危机/丁帆//山西文学（太原）.1996，11.64~69

历史悲歌几时休：当代农村小说女性婚姻悲剧论/李运抟//学习与探索（哈尔滨）.1996，3.100~105

关于九十年代乡村小说的对话：山西青年评论家谈话录/段崇轩，杜学文//山西文学（太原）.1997，2.55~61

文化价值取向的三个面相：中国九十年代乡土小说一瞥/伍世昭//理论与创作（长沙）.1997，6.28~34

乡村小说：从山西到全国/段崇轩//文艺报（北京）.1997，6.14①

阵痛中的嬗变与固守：关于当今农村小说新走向的思考/孟绍勇//小说评论（西安）.1997，1.9~13

农村小说：概念与内涵的演进/段崇轩//晋阳学刊（太原）.1997，1.77~79

长篇小说

有感于长篇小说的结构问题/张志忠//北京文学.1996，7.57~58

关于长篇小说的历史意义/陈思和//当代作家评论（沈阳）.1996，4.4~11

侃谈长篇创作/邓刚//当代作家评论（沈阳）.1996，5.55~57

长篇小说的文体和结构/格非//当代作家评论（沈阳）.1996，3.8~9

长篇小说“热”的实与虚/潘凯雄//文学自由谈（天津）.1996，3.64~68

现时态的长篇小说：多元与失范/白烨，雷达//上海文学.1996，3.74~79

当前长篇小说的四大创作倾向/白烨//湖南文学（长沙）.1996，9.68~69

90年代长篇小说概观/陈墨//百花洲（南昌）.1996，2.181~198

家族话题·家族情结：当代长篇小说形态研究之五/胡良桂//湖南文学（长沙）.1996，12.67~73

家族母题与个人身世:当代长篇小说形态研究之六/胡良桂//理论与创作(长沙).1996,6.21~26

长篇历史小说热：转型期的尴尬与辉煌/刘起林//理论与创作（长沙）.1996，6.8~12，6

显示出成熟的自信与亮丽:一九九五年的长篇小说/林为进//当代作家评论（沈阳）.1996，1.33~38

豪语微吟各识帜:漫谈一九九五年的几部长篇小说/郜元宝//当代作家评论（沈阳）.1996，3.13~18

实力派作家竞献长篇创作新因子：读一九九五年的部分长篇小说/潘凯雄//当代作家评论（沈阳）.1996，1.22~33

长篇小说的写作/余华//当代作家评论（沈阳）.1996，3.4~7

九十年代：长篇军旅小说的潮动/朱向前//文学评论（北京）.1996，1.49~59

大庆长篇小说创作新收获/庞壮国//文艺评论（哈尔滨）.1996，1.57~60

九十年代陕西长篇小说评论之评论/陈孝英//小说评论（西安）.1996，5.78~82

长篇小说中的史诗性：兼论《战争和人》、《长城万里图》/胡良桂//文艺报（北京）.1996，3.22③

湖北十年长篇历史小说述评/韩莓//当代作家（武汉）.1996，5.150~153

走出幻觉：长篇小说阅读随想/韩瑞亭//光明日报（北京）.1997，2.18⑥

一九九六年长篇创作回顾/林为进//光明日报（北京）.1997，4.1⑥

论当前长篇小说题材的历史化倾向/刘起林//长沙电力学院社会科学学报.1997，2.69~73

新潮作家长篇小说创作的情感态度/汤亚竹//理论与创作（长沙）.1997，6.23~27

长篇小说的误会/唐近中//西藏文学（成都）.1997，2.121~127

铸民族魂魄　立时代碑碣：关于繁荣和发展长篇小说创作的理论思考/艾斐//理论与创作（长沙）.1997，6.18~22

近年来长篇小说创作问题述评/王力军//人民日报（北京）.1997，7.17⑪

全方位地展示中国当代工业景观：关于工业题材长篇小说创作的思考/杨品//小说评论（西安）.1997，2.21~24

中篇小说

从孤冷沉寂到屹然崛起：对当代中篇小说发展的文体思考/刘克宽//济宁师专学报.1996，2.45~48

说不尽的'95中篇/牛玉秋//当代作家评论（沈阳）.1996，1.39~46

惶惑与选择/王光东//小说家（天津）.1996，1.39~52

冲出低谷：1995年度浙江省短篇小说创作述评/陈建新//杭州大学学报.1996，3.93~99

从'95中短篇小说看当今社会/陈辽//理论与创作（长沙）.1996，3.4~9

论新时期中篇小说的创作/邝邦洪//广东社会科学（广州）.1997，3.113~118

论当代中篇小说创作的发展/邝邦洪//华南师范大学学报（广州）.1997，3.84~90

当代都市人生的新画卷：评近期几部中篇小说的人生视角/管宁//福建论坛（福州）.1997，5.42~46

"现实主义冲击波"冲击了什么/钟闻言//文艺报（北京）.1997，2.13②

短篇小说

短篇小说创作概述/徐坤//当代作家评论（沈阳）.1996，6.74~82

一九九五年短篇小说佳作概述/胡平//当代作家评论（沈阳）.1996，2.35~42

1979—1989年贵州短篇小说评述/徐达//贵州大学学报（贵阳）.1996，1.65~71；2.45~51

有关短篇小说技术的断想/晓华，汪政//上海文学.1996，4.64~69

近期短篇小说述评/雷达//中华文学选刊（北京）.1996，6.174~179

短篇小说的困境和出路：关于当前短篇小说创作的对话/萧复兴，朱向前//小说选刊（北京）.1997，11.117~122

短篇小说的困境和出路：关于当前短篇小说创作的对话/肖复兴，朱向前//文学报（上海）.1997，9.4④

为短篇小说加把力/林斤澜，陈世旭…//文学报（上海）.1997，10.16④

短篇小说：被重新确认的写作文体：1996年浙江短篇小说概述/卢敦基//浙江社会科学（杭州）.1997，6.123~126

散文、杂文

散文：从单调走向复调/楼肇明，老愚//北京文学.1996，6.59~63

谈散文立意的创新/吕向文，邹英//辽宁大学学报（沈阳）.1996，4.50~52

散文散议/张春宁//文艺评论（哈尔滨）.1996，6.69~73

回顾与展望：90年代与21世纪的艺术散文/张国俊//当代文坛（成都）.1996，1.3~6

关于新生代散文的对谈/楼肇明，止庵//文艺报（北京）.1996，12.20③

谈当代大陆散文的演变轨迹/陆明//绥化师专学报.1996，2.41~48

当代散文的读者召唤与审美期待/李晓虹//当代作家评论（沈阳）.1996，5.88~93

当代散文创作管见/杜福磊∥河南大学学报（郑州）.1996，6.71～73
崇高丰厚的精神境界：当代散文发展观/杜福磊∥中州学刊（郑州）.1996，3.80～82
九十年代散文主题的思考/贾焕亭∥河北学刊（石家庄）.1996，3.58～60
散文的塔底与塔尖/游焜炳∥广东社会科学（广州）.1996，4.112～114
艺术散文自身的局限性/张国俊，常效东∥陕西师范大学学报（西安）.1996，1.108～111
一个散文、流派在形成/陈胜乐∥天津文学.1996，3.78～80
一种特殊的散文：论书话/罗文华∥天津文学.1996，6.72～80
论新潮散文语言的反常规现象/谢朱景∥福建论坛（福州）.1996，5.50～52
当代散文创作个性精神的式微与复归/梁向阳∥延安大学学报.1996，3.78～82
魂牵梦索故园情：论新时期女性乡情散文/宗子寅∥江西师范大学学报（南昌）.1996，4.43～46
散文新状态：关于当前散文的六个问题/李林荣∥当代文坛（成都）.1997，1.8～12
新时期女性散文的“权力话语”/冯军胜∥内蒙古社会科学（呼和浩特）.1997，2.65～71
散文情感论/李正西∥安徽教育学院学报（合肥）.1997，3.36～39
散文热潮中的冷思考：九十年代散文文本的审视与评估/胡玉伟，张冬梅∥社会科学战线（长春）.1997，3.172～174
九十年代散文热的文化透视/谭桂林∥理论与创作（长沙）.1997，1.7～11，63
世纪之交：对“散文”发展的回顾与思考/刘锡庆∥文学评论（北京）.1997，2.24～40
散文的抒情性/王建国∥文学自由谈（天津）.1997，3.141～145
散文：告别与复归/代迅∥文艺评论（哈尔滨）.1997，4.82～84
“自我”的窗口“心灵”的声音：当代女性散文创作论/刘萌∥文艺评论（哈尔滨）.1997，5.66～72
瀚海冰川仿沧桑：关于老生代散文的对话/楼肇明，止庵∥南方文坛（南宁）.1997，2.29～32
新生代散文丛谈（四则）/止庵∥南方文坛（南宁）.1997，4.51～54
90年代散文的主体人格形象浅论/田应国∥四川师范大学学报（成都）.1997，1.71～76
去媚俗矫情还风骨大气：试论当前散文创作的倾向/刘晓伟∥杭州大学学报.1997，2.112～115
走出当前散文创作的误区/王兆胜∥山东文学（济南）.1997，11.57～60

在整合和分化中嬗变发展：现代杂文流派漫论/姜振昌∥文学评论（北京）.1996，5.31～43
1995：中国杂文创作现在时/王岩森∥宁夏大学学报（银川）.1996，3.72～78
变异与传承：建国十七年杂文理论管窥/袁勇麟∥福建论坛（福州）.1996，2.36～39
别一种姿态：96中国杂文创作印象/王岩森∥宁夏大学学报（银川）.1997，2.68～72
戴着镣铐跳舞：当代杂文理论探讨与建设/袁勇麟∥文艺评论（哈尔滨）.1997，6.63～70
新时期杂文概观/袁勇麟∥福建师范大学学报（福州）.1997，1.78～84
唯公理与正义是从：70年代末以来杂文创作的主题分析（上）/王岩森∥宁夏大学学报（银川）.1997，4.88～93
了悟人生　任心闲话：论近年来老作家创作的随笔小品/黄科安∥江淮论坛（合肥）.1997，2.83～88

报告文学、传记文学

关于报告文学创作的六封信/周政保∥昆仑（北京）.1996，6.154～158
论新时期报告文学的民族精神/章罗生∥湘潭大学学报.1996，6.37～40，58
报告文学的美感共鸣/冯亚光∥甘肃社会科学（兰州）.1996，3.66～68，72
展现神州大变革的历史性画卷：中国新时期报告文学发展巡礼/尹均生，徐新民∥华中师大学报（武昌）.1996，2.36～40，49
重论报告文学的理性精神：兼及其在世纪之交文学中的价值和意义/魏天真∥文艺评论（哈尔滨）.1997，3.4～9
报告文学在世纪之交的出路/王毅∥宁波大学学报.1997，3.22～26

近期报告文学、纪实文学作品扫描/丁临一//中华文学选刊（北京）.1997，5.181～184
由“聚焦”走向“广角”的报告文学/李阳春//北京师范大学学报.1997，5.36～42
1990—1996报告文学理论研究与批评态势/王晖//文艺评论（哈尔滨）.1997，4.33～42
内蒙古当代散文、报告文学创作素描/彩娜，托娅//内蒙古大学学报（呼和浩特）.1997，4.33～40
近年报告文学、纪实文学创作的思索/丁临一//中华文学选刊（北京）.1997，6.179～181
1996年报告文学、纪实文学漫评/丁临一//中华文学选刊（北京）.1997，1.173～176
论世纪之交的传记文学/刘远//文艺评论（哈尔滨）.1996，4.19～26
走下神坛与走下神坛以后：论近年来领袖传记文学创作的基本走向/吴秀明//文艺理论与批评（北京）.1996，4.48～54
论中国现代传记文学创作/叶志良//黑龙江社会科学（哈尔滨）.1997，6.51～55
论中国当代传记文学的创作/吴晓明//上海师范大学学报.1997，1.113～120
当代人物传记写作状况述评/邵东方//河北学刊（石家庄）.1997，1.75～79

戏剧文学

论新时期的“戏剧观”论争/胡星亮//文艺争鸣（长春）.1996，2.69～78
新时期“新现实主义”戏剧思潮论/胡星亮//江苏社会科学（南京）.1996，5.126～131
读剧札记/胡可//文艺理论与批评（北京）.1996，6.40～46，75
八十年代戏剧探索得失谈/倪宗武//福建论坛（福州）.1996，3.65～71
文化的多元与戏剧的选择/陆蔚青//剧作家（哈尔滨）.1996，5.89～92
对传统题材戏曲创作的思考/杨北星//剧作家（哈尔滨）.1996，3.70～73
戏剧的文化意识纵横谈/刘邦厚//剧作家（哈尔滨）.1996，5.83～88
“失法儿”戏剧的当代命运及其他/张兰阁//社会科学战线（长春）.1996，5.214～217
祭仪剧：中国民间戏剧的重要形式/王廷信//山西师大学报（临汾）.1996，4.53～58
试论戏曲的市民文化属性/王金钢//剧作家（哈尔滨）.1996，4.73～75
京剧的形式意味/蒋锡武//文艺理论研究（上海）1996，5.22～27
当代话剧透视/倪宗武//河北师大学报（石家庄）.1996，2.71～75
论中国话剧的民族化历程/胡星亮//文艺研究（北京）.1996，3.70～83
论当前话剧的主体自省与样式突围/厉震林//剧作家（哈尔滨）.1996，3.66～69
话剧《死水微澜》在东京/查丽芳//成都艺术.1996，10.59～64
黑土的旋律：黑土戏剧的时代特色/张葆成//文艺评论（哈尔滨）.1996，1.88～94
黑土的萌动：黑土戏剧的观念意识/张葆成//文艺评论（哈尔滨）.1996，2.80～89
东北地方戏的审美文化透视/傅丽，刘红//剧作家（哈尔滨）.1996，2.78～82
黑土的厚重：黑土戏剧的形态/张葆成//文艺评论（哈尔滨）.1996，3.73～77.96
黄吉安与川剧创作的现实主义传统/杜建华//成都艺术.1996，10.67～70
试论川剧《情探》的改编成就/杨桦//成都艺术.1996，10.71～75
戏曲现代化的新成果：江西采茶戏《榨油坊风情》座谈/谭志湘…//中国戏剧（北京）.1996，4.8～12
中国戏曲传统与龙江剧的渊源/闻玉智//北方论丛（哈尔滨）.1996，3.77～82
振兴赣剧　弘扬赣文化/黄文锡等//南昌大学学报.1996，增刊.48～52，26
从“接受性”看戏剧的未来/封宇一//中国戏剧（北京）.1997，2.20～23
论当代中国“先锋戏剧”的负面值/吴戈//剧作家（哈尔滨）.1997，3.81～84
论现代剧作如何获得审美距离/黄树杭//文艺研究（北京）.1997，6.90～97
语言颠覆：后现代戏剧的语言策略/叶志良//戏剧文学（长春）.1997，1.62～65
东西方文化的碰撞交融与中国戏剧/李颖//戏剧文学（长春）.1997，2.4～7
历史与现实：论中国现代历史剧创作的三种倾向/

陈军//戏剧文学（长春）.1997，8.34~39
论近年我国戏剧对人性的开掘/江山//戏剧文学（长春）.1997，10.44~49
论新潮戏剧审美的嬗变与开拓/田旭修//戏剧文学（长春）.1997，12.55~59
论戏剧小品的大众审美效应及哲理化倾向/韩鑫//江苏社会科学（南京）.1997，4.166~169
青年群体审美心理与新时期戏剧流变的关系/陈鸿莉//学术交流（哈尔滨）.1997，5.118~120
西域戏曲艺术探源/黄永明//西域研究（乌鲁木齐）.1997，1.61~66
论新时期探索性戏剧中的假定性特征/马彧//徐州师范大学学报.1997，3.88~90
谈戏剧中的现实主义问题/张庚//文艺研究（北京）.1997，2.50~52
“复古”面具下的当代意识：论新时期拟神话戏剧创作/陈龙//戏剧文学（长春）.1997，1.33~38
关于京剧理论建设的几点思考/刘金祥//剧作家（哈尔滨）.1997，2.70~73
我们已经走了多远：京剧百年的简略回顾/刘厚生//中国戏剧（北京）.1997，5.19~25
京剧的文化定位问题/龚和德//中国文化报（北京）.1997，4.24③
寻求古典艺术与当代审美意识的最佳结合点：京剧艺术家不可抗拒的历史使命/黎中城//中国戏剧（北京）.1997，5.14~17
从海派到新海派/周传家//戏剧（北京）.1997，2.68~74
童年经验与成人思想：论中国前卫话剧的精神原型/厉震林//戏剧文学（长春）.1997，4.27~30，41
中国当代话剧的四个面向/张健钟//文艺报（北京）.1997，12.25③
对“定向戏剧”的重新剖析：关于话剧《托起明天的太阳》的本质思考/杜景隆//剧作家（哈尔滨）.1997，2.73~76
话剧《古玩》得失辨析/康洪兴//戏剧文学（长春）.1997，12.49~54
试论喜剧笑的心理分析/赵艺梅//剧作家（哈尔滨）.1997，4.57~60
喜剧艺术的表现手法/曹娅丽，邸平伟//青海师范大学学报（西宁）.1997，3.80~84
木偶、皮影和宗教文化/丁言昭//戏剧艺术（上海）.1997，3.120~128
歌仔戏及其文化生态/陈世雄//戏剧艺术（上海）1997，3.107~119
川剧改革三题/彭涓//成都艺术.1997，2.62~65
川剧路在何方/雷家仲//四川师范学院学报（南充）.1997，5.8~12
豫剧艺术的当代走向/谭静波//中国戏剧（北京）.1997，12.42~45
西施形象重塑的启示：《西施断缆》观后/王宗法//文艺理论与批评（北京）.1997，3.44~46

电影文学

八日谈：第16届中国电影金鸡奖初评侧记/吴冠平//电影艺术（北京）.1996，5.6~12
跨越喧哗：一九九五年中国电影回顾/张同道//电影艺术（北京）.1996，3.23~27
国产电影：曙光和阴影：1995年中国电影市场一瞥/老梅//电影艺术（北京）.1996，2.43~48
中国电影业的危机与对策/叶良钧//海南师院学报（海口）.1996，2.48~51
为了中国影视文化的繁荣与辉煌：“世纪之交影视文化发展研讨会”讨论纪要/友平…整理//文艺理论研究（上海）.1996，2.88~91
略论中国当代电影的两难及出路/王宁//电影艺术（北京）.1996，6.4~7
九十年代中国电影的经济变更和艺术分野/林黎胜//电影艺术（北京）.1996，3.37~41，83
当代形态的电影及其美学观念/潘秀通//文艺研究（北京）.1996，6.96~102
文化经验、文化语境、电影文化：90年代中国电影文化批评/王德胜//天津社会科学.1996，6.75~81
前事不忘后事之师：前天、昨天、今天的中国电影文学管窥/卜金汉//沈阳师范学院学报.1996，1.113~118
文学与电影的百年匹配与折磨：文学影像化的跨世纪回溯/孙立峰//学习与探索（哈尔滨）.1996，3.106~112
影视文化处在大变革前夜/邓烛非//电影艺术（北京）.1996，1.83~87
重思跨文化研究：西方中国电影研究中的权威、权力及差异问题/张英进/电影艺术（北京）.

1996，2.19～23

电影的商品化及其“语境意义”/贾磊磊//电影艺术（北京）.1996，3.28～31

主旋律电影：回顾与反思/袁智忠//辽宁大学学报（沈阳）.1996，6.101～104

世界电影整合化趋势中的国产片走向/吴小丽//上海大学学报.1996，4.23～26

电影的悲哀/夏衍绪//电影艺术（北京）.1996，6.83～85

电影现象与现实批判/李松樟//青年文学（北京）.1996，3.66～69

世纪之末：社会的道德危机与第五代电影的寿终正寝（上、下）./李奕明//电影艺术（北京）.1996，1.9～13，60；2.24～28

“西风东渐”：关于“第五代”电影变化的评说/孙绍振，颜纯钧等//电影艺术（北京）.1996，1.20～26

多元建构的“东方神话”：论张艺谋电影及其文化/张应辉//福建论坛（福州）.1996，2.47～50

“第三世界文化”理论视域中的张艺谋电影/宋桂珍//齐齐哈尔师范学院学报.1996，5.43～46

类型影片纵横谈/贾磊//电影创作（北京）.1996，4.50～56

当代电影的世俗化倾向：关于中国的娱乐片/张莹//电影艺术（北京）.1996，1.27～30

关于“艺术片”与“娱乐片”的反思与批评/焦素娥//信阳师院学报.1996，3.79～82

“娱乐片”：新潮电影的另一副面孔/蔡师勇//文艺理论与批评（北京）.1996，4.55～63

有关电影剧作的断想/巴浪//电影创作（北京）.1996，4.32～35

影坛“大制作”及其“人的失落”/生民//电影艺术（北京）.1996，6.18～23

创作电影精品与银幕形象塑造/李平整理//文艺理论研究（上海）.1996，4.87～91

从文学思维走向影像思维：谈影视改编/严蓉仙//文史哲（济南）.1996，6.54～57

新时期电影对抗日战争的阐释/赵建国//延安大学学报.1996，2.66～69

历史意识的迷失与重构：试论建国以来抗战故事片的嬗变/姚馨丙//南通师专学报.1996，3.19～22

世纪最后的“战火”：探寻九十年代军事电影走向/张东//电影艺术（北京）.1996，6.32～36

论战争片的悲剧美/思忖//电影艺术（北京）.1996，6.24～31

古装片与观众的审美关系/张振华//电影艺术（北京）.1996，2.79～81

华人电影概说/于中莲//电影艺术（北京）.1996，3.84～90

寻求起飞的翅膀：“电影文学创作研讨会”综述/饶曙光//中国电影报（北京）.1997，10.16②

英雄言说与平民表述：'95—'96电影现象略述/邓光辉//当代电影（北京）.1997，5.91～95

揽历史风云　绘时代画卷：十四大以来我国电影事业蓬勃发展/广颖//人民日报.1997，9.6⑦

对二十七年中国电影的一个回顾/陈荒煤，罗艺军//小说界（上海）.1997，6.177～184

当代艺术：从圣殿出走/周安华//文艺争鸣（长春）.1997，6.28～31

电影艺术面临挑战：世纪之交电影理论思索之一/潘秀通//上海大学学报.1997，6.21～27

高科技时代的影视艺术走向/张凤铸，杨珺//当代电影（北京）.1997，2.63～71

好电影四点论/于敏//文艺理论与批评（北京）.1997，5.28～32

论新时期电影的游离情节及其哲学任务/厉震林//戏剧艺术（上海）.1997，3.20～29

试论影视艺术与当代教育的双向互动作用/汪天云//社会科学（上海）.1997，6.71～75

为中国电影的创作与研究呼唤接受美学观念/王志敏//电影创作（北京）.1997，6.57～59，69

中国人叙述传统对中国电影时间处理的影响/林黎胜//电影艺术（北京）.1997，5.14～20

类型化与商业影视创作框架/涤非//电影艺术（北京）.1997，1.64～66

历史与当下：当代中国电影中的“娱乐化历史”/王德胜//通俗文学评论（武汉）.1997，4.11～17

中国早期武侠电影再认识/陈墨//当代电影（北京）.1997，6.31～40

中国电影文化发展的历史轨迹/勇赴//当代电影（北京）.1997，2.72～77

我国“影戏”传统及其文化嬗变/张振华//北京社会科学.1997，2.40～43

中国电影的现代演进及其文化意蕴/黄式宪//戏剧

艺术（上海）.1997，3.4～19

论影视观众的文化选择/盘剑//社会科学战线（长春）.1997，6.126～134

十七年少数民族电影的文化视点与主题/李奕明//电影创作（北京）.1997，1.69～73

闪烁多民族生活光彩的新中国银幕：兼及少数民族电影创作的民族性问题/少舟//电影创作（北京）.1997，5.61～64

夏衍与文人电影/王迪//电影艺术（北京）.1997，1.4～11

纪录片美学观念的流变/张洪//辽宁大学学报（沈阳）.1997，4.104～107

第六代电影的文化走向/陈亦骏//当代文坛（成都）.1997，1.44～46

“第五代”及其电影文学观/张振华//社会科学（上海）.1997，3.71～73

张艺谋神话：终结及其意义/王一川//文艺研究（北京）.1997，5.68～79

电影也应是人学：谈近期影坛“大制作”及其中“人的失落”/生民//社会科学（上海）.1997，1.76～80

男性权威话语情境下的女性被述：论谢晋影片中的女性形象/郭培筠//内蒙古师大学报（呼和浩特）.1997，1.52～57

观念重于现实：评“十七年”银幕上的知识分子形象/马德波//电影艺术（北京）.1997，5.4～13

共同社群的认同：九十年代电影中的知识分子/张颐武//电影艺术（北京）.1997，2.16～20

新时期知识分子银幕浮沉录/罗艺军//电影艺术（北京）.1997，2.7～15

九十年代台湾电影的美学辩证/黄樱棻//电影艺术（北京）.1997，1.12～21

香港电影中的中华文化脉络/蔡洪声//当代电影（北京）.1997，3.4～9

香港动作片三种/胡克//当代电影（北京）.1997，6.53～58

《大转折》

王晓棠谈《大转折》、《大进军》/张东//文艺报（北京）.1996，2.9⑤

浓墨绘战云　工笔写英雄：评影片《大转折》/张东//文艺报（北京）.1997，5.8③

战争史上的辉煌一幕：革命战争故事片《大转折》艺术漫评/周政保//光明日报.1997，4.30⑥

《大转折》：走向中国战争史诗的新里程/西南//人民日报.1997，4.12⑦

拍《大转折》评《大转折》/韦廉…//文艺研究（北京）.1997，4.18～48

《秦　颂》

《秦颂》的历史包装/王得后//电影艺术（北京）.1996，5.63～66

电影《秦颂》得失谈/徐中玉，梅朵//文学报（上海）.1996，8.22③

在历史与戏说之间：影片《秦颂》观后/晋生//电影艺术（北京）.1996，5.60～62，94

谈对《秦颂》的评价问题/王志敏//电影创作（北京）.1997，5.65～67

《鸦片战争》

电影《鸦片战争》的几处失误/罗以民//文艺争鸣（长春）.1997，6.63～68

对历史影片《鸦片战争》的质疑/余开伟//文艺争鸣（长春）.1997，6.68～70

历史巨片《鸦片战争》笔谈/罗艺军，余倩…//文艺报（北京）.1997，6.26③

抚摩瘢痕的手：影片《鸦片战争》观后/蔡师勇//光明日报（北京）.1997，7.22⑥

为什么不深刻：略谈影片《鸦片战争》的缺憾/边国立//中国电影报（北京）.1997，7.31②

析影片《鸦片战争》的“新意”：提两个值得商榷的问题/陈建新//文艺争鸣（长春）.1997，6.71～72

怎样评价历史事件和历史人物：从《文艺报》所载《鸦片战争》笔谈说起/余开伟//文艺报（北京）.1997，9.13③

电影《鸦片战争》的不足/罗以民//文艺报（北京）.1997，9.13③

电视文学

一九九六年电视剧创作态势/朱国梁//电影艺术（北京）.1996，5.67～70

电视剧精品不精及其原因：谈一九九六年上半年出现的几部电视连续剧/钟艺兵//电影艺术（北京）.1996，5.71～74

关于繁荣我国电视剧创作的思考：兼评第15届“飞天奖”获奖作品/仲呈祥//求是（北京）.1996，6.22～25

电视节目市场及其趋势的探索//赵抗卫//文艺理论

研究（上海）.1996，1.90～97

面向挑战的文化批评：对几部电视剧文本的细读/戴锦华//北京文学.1996，7.22～30，24

中国短篇电视剧的足迹/彭耀春//南京社会科学.1996，10.68～74

从屏幕整合效应看纪实性电视剧/张群力//文艺报（北京）.1996，2.9⑤

电视媒介与文化生态意识/尹鸿//中国文化报.1996，3.24③

名著改编：从画地为牢中突围/孙小宁，何西来…//中国文化报.1996，3.15③

世纪转型：当代中国的大众文化时代/尹鸿//电影艺术（北京）.1997，1.22～26

亦喜亦忧看“金星”：1996年军队电视剧创作述评/马维干//文艺报（北京）.1997，3.27③

精神文明建设中的电视文艺/仲呈祥//人民日报.1997，4.3⑪

文艺百花园中鲜艳的奇葩：十四大以来电视剧创作成就斐然/轩嘉//人民日报.1997，9.13⑪

通向成熟的路标：“中国电视喜剧研讨会”综述/陈孝英//文艺报（北京）.1997，6.21②

走向繁茂：新时期电视剧回眸/彭耀春//江苏社会科学（南京）.1997，4.160～165

关于提高电视剧文学品位的断想/徐景熙//淮阴师专学报.1997，2.34～38

通俗：电视剧的“公分母”/张广崑//文艺评论（哈尔滨）.1997，3.90～96

精品，永远的追求/梁素清//贵州师范大学学报（贵阳）.1997，4.77～79

审美之维：对电视纪录片本性的反思/吴风//学习与探索（哈尔滨）.1997，4.118～124

导向性与观赏性：对主旋律电视剧的几点思考/许文郁//甘肃社会科学（兰州）.1997，5.45～48

读片笔记四则/仲呈祥//中国电视（北京）.1997，8.16～20

赏《大命运》：论尤小刚的艺术风格/汪芗塞//中国电视（北京）.1997，8.21～25

《宰相刘罗锅》

缘何争看“刘罗锅”：《宰相刘罗锅》四人谈/朱铁志，车冠光…//中国文化报（北京）.1996，3.13③

话说《宰相刘罗锅》/李尔玺//文艺理论与批评（北京）.1996，6.86～90

《浦江叙事》

主旋律作品情感化：评电视连续剧《浦江叙事》的艺术特色/赵葆华//中国电影报（北京）.1997，3.27②

说说《浦江叙事》的叙事/倪学礼//中国电视（北京）.1997，4.31～34

《和平年代》

《和平年代》中的遗憾/倪学礼//中国电影报（北京）.1997，10.9②

挑剔《和平年代》/倪学礼//文艺报（北京）.1997，9.25③

礼赞壮美的人生：电视连续剧《和平年代》观后/刘扬体//光明日报.1997，9.30⑥

大时代的碑影：电视剧《和平年代》观后/许福芦//中国电视（北京）.1997，10.4～5

作家作品研究

二　画

丁　玲

丁玲同志二三事/善德明//黄河（太原），1996，3.133～138

忆丁玲三章/徐小玉//新文学史料（北京）.1996，4.93～108

列宁格勒四日：回忆母亲丁玲/蒋祖林//新文学史料（北京）.1996，2.131～137

纪实，还是编造？关于《沈从文与丁玲的情缘》/李辉//文汇报.1996，10.9⑧

论丁玲性意识的嬗变/李仕中//求索（长沙）.1996，2.90～94

激情与矛盾：丁玲创作的思维特点/聂国心//江西师范大学学报（南昌）.1996，3.17～22

论丁玲创作内容的演化/聂国心//江西社会科学（南昌）.1996，12.72～75

丁玲晚期的文学思考/罗宗义//文艺报（北京）.1996，12.6③

试论丁玲小说创作的三种境界/李仕中//海南师院学报（海口）.1996，3.32～36

论丁玲小说的“女性”特色/蒋晓兰//贵州师范大学学报（贵阳）.1996，3.51～52，55

再谈莎菲：兼与箭鸣先生商榷/张永泉//河北师院

学报（石家庄）.1996，1.98～105，136
莎菲悲剧新论/蒋晓兰//贵州教育学院学报（贵阳）.1996，4.43～46，56
试论丁玲新时期散文创作的风格特征/周可//文艺理论与批评（北京）.1996，2.101～106
略论丁玲散文/陈玉莲，癸申//湘潭大学学报.1996，3.29～31
回忆母亲丁玲：一九五七年前后/蒋祖林//新文学史料（北京）.1997，4.45～51，82
我心目中的丁玲/王蒙//四海（北京）.1997，6.28～83
重读丁玲/周良沛//文艺理论与批评（北京）.1997，4.44～52
虽九死其犹未悔：复出后的丁玲/丁尔纲//文艺理论与批评（北京）.1997，1.78～83
女性解放之路的不倦探求者：丁玲与女性文学/邹午蓉//江海学刊（南京）.1997，1.167～172
关于丁玲其人的争鸣/秋伊//作品与争鸣（北京）.1997，12.74～80，69
真实的丁玲与谬托知己者笔下的丁玲/艾农//中流（北京）.1997，9.24～28
从梦珂到美琳：丁玲早期小说中的知识女性形象浅析/李国英//河南大学学报（开封）.1997，4.70～72
丁玲早期小说的深层意蕴/王烨//湖北大学学报（武汉）.1997，4.71～73
女性形象及人生追求：冰心，丁玲早期作品比较/陈苇//福建文学（福州）.1997，3.63～66
论丁玲延安时期小说创作中的潜女性话语/周可//汕头大学学报.1997，1.23～29
丁玲晚年的思想和创作/罗守让//韩山师范学院学报（潮州）.1997，1.47～57
事实与传说：读王蒙《我心目中的丁玲》/陈明//文论报（石家庄）.1997，9.1④
反叛与皈依：丁玲创作论/吴敏//中国文学研究（长沙）.1997，2.79～84
论丁玲的创作及其女权思想的独特品质/欧秀岚//内蒙古社会科学（呼和浩特）.1997，5.86～89
拒绝被爱：一种全新的女性意识：论莎菲形象的审美价值/温希良//求是学刊（哈尔滨）.1997，1.70～75
《太阳照在桑干河上》与《暴风骤雨》的比较/王原璞//河南师范大学学报(新乡).1997,5.68～69
独立女性的情感世界：简爱与莎菲比较论/宋致新//长沙电力学院社会科学学报.1997,1.93～98

三　画

三　毛

试析三毛的感情历程与创作轨迹/黄德志//南通师专学报.1996，2.26～31
三毛的散文与三个梦影/刘春水//文论报（石家庄）.1996，12.1③
三毛永远是三毛/韩锋//东海（杭州）.1997，10.92～93
三毛：情感促成创作/陈飞鲸//宁德师专学报.1997，1.46～48

马　加

漂泊生涯（一至七）：我的回忆录/马加//新文学史料（北京）.1996，1.21～42；3.79～89；4.22～33；1997，1.55～66；2.42～54；3.32～44；4.36～44
马加研究综述/白长青，林建法//当代作家评论（沈阳）.1997，1.43～52
一位真正的人民作家：在马加创作生涯研讨会上的讲话/王充闾//当代作家评论（沈阳）.1997，1.37～42

马　烽

军旅生涯/马烽//黄河（太阳）.1996，3.139～165
略论马烽《结婚现场会》的主题及其表现手法/周成霞//淮阴师专学报.1996，4.59～60

马识途

著名革命作家马识途的生平与创作/秦川//新文学史料（北京）.1996，2.124～130

四　画

丰子恺

丰子恺散文对比手法的运用/徐型//南通师专学报.1996，4.17～18
儒学和佛学对丰子恺世界观的影响/徐型//南通师专学报.1997，4.24～27，32

王　刚

王刚和他的《月亮背面》/舒立//文艺报（北京）.

1996，8.30⑧

王　岚

在时代的旋流中探照人生的真谛：王岚小说漫议/古耜∥海燕（大连）.1997，2.62～64，59

王　朔

王朔小说和市民文学/李劼∥上海文学.1996，4.72～74

“我是流氓我怕谁”的出处及其他/赵勇∥文学自由谈（天津）.1997，6.48～53

王朔的后现代解读/吴晔∥怀化师专学报.1997，1.61～64

“玩”的就是文字：兼评王朔小说语言的灵气、生气和痞气/叶穗∥上海大学学报，1997，2.74～79

王　彪

成长的仪式：王彪小说读解/胡志毅∥山花（贵阳）.1996，6.75～78

王彪的写作机缘/朱向前∥小说（北京）.1996，6.130～131

情欲的发现：读王彪小说/格非∥鸭绿江（沈阳）.1996，6.30～32

《欲望》：痛苦的写作/孙绍振∥小说评论（西安）.1996，1.4～6

隐喻的力量：王彪小说论/洪治纲∥南方文坛（南宁）.1997，3.21～23

伤痛感与病孩形象/蒋原伦∥南方文坛（南宁）.1997，3.19～20

王　蒙

用我们的优势建设文化大国：著名作家王蒙访谈录/吴红婧∥探索与争鸣（上海）.1996，8.33～35

我与王蒙/方蕤∥红豆（南宁）.1996，1.38～44，33

王蒙缺少什么？/栾保俊∥文艺理论与批评（北京）.1996，5.83～86

王蒙为何失态/罗伟方∥作品与争鸣（北京）.1996，2.75～76

王蒙为什么躲避崇高/一老者∥作品与争鸣（北京）.1996，2.74～76

杂色：王蒙论艺术的探索和创新/汪咏梅∥安徽教育学院学报（合肥）.1996，1.54～57

说说王蒙的小评论/贺兴安∥博览群书（北京）.1996，12.37～39

王蒙长篇小说研讨会综述/边琦∥中华文学选刊（北京）.1996，1.190～191

王蒙创作的五个阶段（下）/夏冠洲∥新疆师大学报（乌鲁木齐）.1996，1.18～24

从“恋爱”到“失态”：王蒙《恋爱的季节》、《失态的季节》研讨会纪要/王安∥小说评论（西安）.1996，4.58～63

历史的碎片与状态之流：评王蒙的长篇小说《失态的季节》/王干∥当代（北京）.1996，2.197～200

拨动这根痛苦的弦：散论《活动变形》/唐达成∥当代（北京）.1996，5.196～202

语言操作的快感：对王蒙的《暗杀》所作的语言分析/王毅∥当代文坛（成都）1996，5.18～21

品味人生：读王蒙《搬家》/洁泯∥山花（贵阳）.1996，6.60

多姿多彩的民族生活画卷：读《王蒙新疆小说散文选》/李瑜∥中国西部文学（乌鲁木齐）.1996，12.88～92

名家侧影：王蒙/童庆炳，张宇等∥时代文学（济南）.1997，6.102～112

文学的歧义/王蒙∥花城（广州）.1997，6.199～206

焦虑与游戏：王蒙创作心理阐释/李广仓∥钟山（南京）.1997，5.196～208

王蒙：从纯粹到杂色/孙郁∥当代作家评论（沈阳）.1997，6.11～18

政治：王蒙散文中的一个情结/孙德喜，赵跃鸣∥淮阴师专学报.1997，1.82～85

王　瑶

“挣扎”的意义：读《王瑶文集》/钱理群∥黄河（太原）.1997，3.150～157

王小波

纪念早逝的自由作家王小波/艾晓明∥黄河（太原）.1997，5.156～162

他思故他在：王小波的思想世界/许纪霖∥上海文学.1997，12.72～76

“伦敦天空的发明者”：我读王小波小说/阎晶明∥当代作家评论（沈阳）.1997，5.63～67，99

王西彦

论王西彦的小说艺术/孙升亮∥安徽教育学院学报（合肥）.1996，1.50～53

王充闾

面对历史的苍茫：散文家王充闾访谈录/侯军//鸭绿江（沈阳）.1996，9.55～63

王充闾及其散文中的道家生命意识/石杰//苏州大学学报.1996，3.70～73，136

诗意地居住/王充闾//当代作家评论（沈阳）.1996，3.32～37

历史在哲思与诗情中复活：王充闾和他的历史文化散文/古耜//特区文学（深圳）.1997，6.128～130，141

“吟啸潮头倡雅风”：谈王充闾诗词创作的时代特点/古耜//诗刊（北京）.1997，3.71～73

王安忆

人性的悲悯与文化的反省/张忆//作品与争鸣（北京）.1996，10.57～58，64

阿三：一种言述方式/周玉宁//作品与争鸣（北京）.1996，10.55～56

我爱比尔米妮呢?：王安忆近作的嬗变/董兆林//文学自由谈（天津）.1996，4.82～85

《归去来兮》、《流逝》人物塑造比较谈/贾永亮，石磊//南都学坛.1996，2.69～71

找寻消失的记忆：对王安忆《长恨歌》的一种疏解/罗岗//当代作家评论（沈阳）.1996，5.48～54

1997，访王安忆/赵为民//海上文坛（上海）.1997，3.24～26

小说戏剧性的消解与回归：王安忆近期小说评价/焦桐//当代作家评论（沈阳）.1997，6.86～90

惯看海上繁华梦　江山依旧枕寒流：王安忆的悲剧意识分析/李文波//小说评论（西安）.1997，2.36～41，53

重大的心灵情节：王安忆散文创作论/傅金艳//当代文坛（成都）.1997，2.3～5

王统照

论王统照三十年代的诗歌创造/潘颂德//绥化师专学报.1996，2.21～26

父亲和我最后的会面/王立诚//新文学史料（北京）.1997，1.51～54

生与死的搏斗/王统照//新文学史料（北京）.1997，1.43～45

黎浦的梦/王统照//新文学史料（北京）.1997，1.46～50

欧游日记/王统照//新文学史料（北京）.1997，1.4～42

井　石

井石的“井”及其它/彭城//青海湖（西宁）.1997，6.62～64

社火照亮河湟谷地：读长篇小说《麻尼台》/宋执群//青海湖（西宁）.1997，4.60～61

点石成金的故事：评井石的小说《麻尼台》/赖振寅//青海湖（西宁）.1997，6.59～61

信仰·理性·爱：我读《麻尼台》/左克厚//青海湖（西宁）.1997，6.56～58

风景这边独好：读井石的《麻尼台》/言公//小说评论（西安）.1997，6.85～87

长篇小说《麻尼台》研讨会发言摘要/青海湖（西宁）.1997，8.62～64

乡土高原的骊歌：评长篇小说《麻尼台》/葛建中//青海湖（西宁）.1997，6.52～55

韦君宜

我的恩师韦君宜/竹林//作品（广州）.1996，11.62～68

知识分子的悲剧：读韦君宜《露莎的路》记/阎纲//文学评论（北京）.1996，3.65～70

不可替代的/胡德培//湖南文学（长沙）.1997，3.53～55

尤凤伟

历史情态下的人情之谜：尤凤伟近年小说简论/周成建//小说评论（西安）.1997，2.42～47

回归本土：长篇小说《石门夜话》后记/尤凤伟//当代作家评论（沈阳）.1997，1.57～59

毛泽东

毛泽东的文化观与中华民族新文化的建构/贾明建//山西师大学报（临汾）.1996，1.77～81

毛泽东读中国文史古籍散论/沙健孙//文艺理论与批评（北京）.1996，5.25～33

试论毛泽东诗词的人格内涵/张晓明//唐都学刊（西安）.1996，1.34～38

形象·意境·韵味：毛泽东诗词与当代诗词的革新/刘征//文艺理论与批评（北京）.1996，6.23～26

毛泽东诗词：新中国的民族魂/贺敬立//文艺报（北京）.1996，9.6③

试论毛泽东诗词的创作方法/李风清//齐齐哈尔师范学院学报.1996，2.23～27

诗书合璧　双峰并秀：毛泽东诗词手书赏析/唐布

田//文艺理论与批评（北京）.1996，6.26～34
纵观横览·史论结合：评《毛泽东和中国文学》/余三定//理论与创作（长沙）.1997，1.45～49
毛泽东诗词与中国美学精神/丁毅//上海大学学报.1997，2.56～60

牛 汉

历史结出的果子：牛汉访谈录/晓渡//诗刊（北京）.1996，10.49～54

公 刘

情钟公刘/段星灿//飞天（兰州）.1997，5.55～58
公刘和他的诗/宫玺//文学自由谈（天津）.1997，5.122～124

卞之琳

论卞之琳的新智慧诗/王泽龙//文艺研究（北京）.1996，2.102～110
论卞之琳诗歌的抒情品格/汪东发//长沙电力学院社会科学学报.1997，4.101～104
生命的体验与沉思：论卞之琳30年代诗歌的思想发展/具洸范//天津师大学报.1997，4.56～60
中国戏剧独白体新诗的范例：解读闻一多《天安门》和卞之琳《酸梅汤》/许霆//文艺理论研究（上海）.1997，4.79～84
中西交融的理想与现实：论卞之琳诗歌的文化特征/李怡//江海学刊（南京）.1987，5.182～188

方 干

浅谈方干的诗歌/吴在庆//宁德师专学报.1996，3.46～52，82

方 方

灰色幽然：方方小说的个性与评价/作从巨//当代文坛（成都）.1997，5.20～24
“现实”为体“现代”为用：读《空中飞鸟》兼论“新都市文学”/周思明//特区文学（深圳）.1997，1.145～148
方方：超越与品位：重读方方兼谈超性别意识和女性隐含作者/王绯，华威//当代作家评论（沈阳）.1996，5.62～72
倾诉是心灵的舞蹈/方方//当代作家评论（沈阳）.1997，6.77～82
论方方的悲剧小说世界/连佩珍//上饶师专学报.1996，2.64～68
都市烦恼人生的写真：试比较方方、池莉的小说/王平//吉首大学学报.1996，4.39～43
寻找“自己的天空”：《暗示》读解/易光//文艺争鸣（长春）.1997，5.37～42

巴 金

神父的论战/杨益群//社会科学家（桂林）.1996，2.51～56
孤独的巴金/摩罗//当代作家评论（沈阳）.1996，6.20～23
巴金小说的民族文化因素初探/王金柱//天津师大学报.1996，3.75～78
苦路行：论巴金的小说创作/晓行//文学评论（北京）.1996，6.82～90
文学的目的就是要促人变得更好：巴金作品功利观的对话/吕汉东//海南大学学报（海口）.1996，2.60～64
巴金：悲哀的体验者与表现者/黄大勇//淮北煤师院学报.1996，2.86～91
对现代人格的追慕和呼唤：巴金小说中青年革命者形象的人格美/贾玉民//河南师大学报（新乡）.1996，2.76～80
梦醒之后路在哪里?：从“时代女性”系列看曾树生形象/夏群英//福建论坛（福州）.1996，2.27～28
试论巴金作品中的女性崇拜/沈庆利//辽宁大学学报（沈阳）.1996，5.5～7
谈鸣凤与虎妞之死：巴金、老舍创作风格比较/陈立军/贵州师范大学学报（贵阳）.1996，2.61～63
模仿还是独创：合读巴金的《爱情三部曲》与屠格涅夫的《罗亭》/金宏宇//贵州社会科学（贵阳）.1996，5.43～47
真挚的情感，强烈的爱憎：读《巴金全集》第十七卷（《序跋编》）/戴翊//文艺报（北京）.1996，4.19③
论巴金建国前的散文创作/姚春树//文学评论（北京）.1996，1.100～110
在灵魂的审判台前：巴金散文《小狗包弟》赏析/步永忠//名作欣赏（北京）.1996，2.93～95
巴金人格浅议/和富弥生//齐鲁学刊（曲阜）.1997，6.116～120
走向巴金/宋日家//山东文学（济南）.1997，7.50～51
艺术聚光：历史人物塑像中的反思：论巴金历史小说/王维燊//福建师范大学学报（福州）.

1997，2.32～39

忧郁美：巴金小说的主调/吕汉东//延边大学学报.1997，3.131～135

自卑与超越：曾树生人物形象分析/刘霞//吉首大学学报.1997，2.54～56

巴金与冰心/唐金海//上海大学学报.1997，1.45～49

对立与互补：从巴金到无名氏/汪应果，赵江滨//文论报（石家庄）.1997，10.9②

论法国文学对巴金创作的影响/孔祥霞//浙江大学学报（杭州）.1997，3.77～82，92

论巴金与雨果/孔祥霞//浙江大学学报（杭州）.1997，1.113～115，147

当代人类生存危机的总体意象：巴金的《小狗包弟》与食指的《疯狗》中的关键词比较分析/刘喜录//齐齐哈尔师范学院学报.1997，3.58～63

论觉慧/孟宪元//牡丹江师范学院学报.1997，2.40～42

《爱尔克的灯光》主题今探/李中阳//中国文学研究（长沙）.1997，1.79～84

人的尊严意识：《随想录》人文思想资源探索/郑波光//江淮论坛（合肥）.1997，5.88～92

巴金的花园/马云//河北师范学院学报（石家庄）.1997，1.100～105

巴　波

巴波创作道路回顾/戴洪龄//文艺评论（哈尔滨）.1997，3.55～64

巴　根

《成吉思汗》得失谈：在一次座谈上的发言/谢永旺//当代作家评论（沈阳）.1996，2.100～103

成吉思汗·战争·女人：巴根长篇小说《成吉思汗》分析/徐文海//民族文学研究（北京）.1996，2.60～62

巴　威

穿过遥远的路途：评长篇小说《俄罗斯姑娘在哈尔滨》/程黧眉//小说评论（西安）.1997，5.66～67

邓一光

一曲气贯长虹的英雄壮歌：《我是太阳》研讨会纪要/古月//中华文学选刊（北京）.1997，3.190～191

一部难得的佳作：读邓一光的长篇小说《我是太阳》/胡德培//当代（北京）.1997，3.198～202

关于长篇小说《我是太阳》的对话/韩小蕙//当代（北京）.1997，3.191～197

五　画

北　村

苦难的书写与意义的探询：对北村的书面访谈/林舟//花城（广州）.1996，6.145～150

北村的世界/钱旭初//江苏社会科学（南京）.1997，6.112～116

艾　芜

双星同曜　双璧同辉：艾芜、沙汀短篇小说艺术风格比较/蒋明玳//齐齐哈尔师范学院学报.1996，5.38～42

艾　青

聆听心声：再次会晤艾青/〔俄〕费德林著，邬立亮译//天津文学.1996，6.4～19

一颗不灭的诗星：痛悼尊师艾青/牛汉/收获（上海）.1996，4.102～109

哭艾青大师辞世/唐达成//诗刊（北京）.1996，6.53～56

艾青的诗美学—散文美：纪念艾青逝世一周年/吴奔星//文艺报（北京）.1996，5.27②

纪念大地的儿子：诗人艾青/杨牧，晓雪//文学报（上海）.1996，6.6③

永远的艾青/高洪波//中国文化报（北京）.1996，5.15④

人民的诗人艾青停止了歌唱//文艺报（北京）.1996，5.10①

悼艾青/吴奔星//文艺报（北京）.1996，7.12⑧

缅怀艾青/韩作荣//鸭绿江（沈阳）.1996，11.4～9

他回归土地，与土地永存：痛悼我敬爱的诗人艾青/晓雪//小说选刊（北京）.1996，6.29～32

《大堰河—我的保姆》绎论：仅以此文悼念诗人艾青/贺圣谟//名作欣赏（太原）.1996，6.34～38

忆诗人艾青/姚青苗//黄河（太原）.1996，5.138～143

艾青的几件事/张克//花溪（贵阳）.1997，5.28～30

想到艾青/刁永泉//鸭绿江（沈阳）.1997，1.62～63

艾青诗学美学简论/张永键//文艺理论与批评（北京）.1997，1.74～77

艾青的诗代表了一个时代：《世界文库·艾青选集》前言/牛汉//星星（成都）.1997，2.90～95

艾青咏物诗简论/匡启镛//扬州大学学报.1997，3.28～32

艾 煊

名家侧影：艾煊/范伯群，黄毓璜等//时代文学（济南）.1997，3.148～159

古 元

缅怀亲爱的父亲古元/古安村，古娟//文艺报（北京）.1996，9.20⑥

古 龙

我弹古龙/严伟英//通俗文学评论（武汉）.1996，1.96～103

石 英

争吵远未结束/理宏/作品与争鸣（北京）.1996，11.65

物以类聚　人以群分/老槐//作品与争鸣（北京）.1996，11.63～64

灵魂的价值取向：读石英《透视灵魂的世界》/向云驹//理论与创作（长沙）.1996，3.23～24

从《当代正气歌》看石英近年来的诗作/陈之//诗刊（北京）.1997，8.66～67

秉天地真纯　滤心灵精华：读石英诗集《当代正气歌》/晓原，晓思//当代文坛（成都）.1997，3.34～36

亮出灵魂的旗帜来：《石英杂文随笔选》读悟/古耜//理论与创作（长沙）.1997，3.44～45

石 果

论石果《沧桑三部曲》的现实主义精神/王鸿儒//贵州文史丛刊（贵阳）.1997，5.18～23

石太瑞

友情，一条深长的河：我和石太瑞/叶蔚林//芙蓉（长沙）.1997，2.43～45

石评梅

评石评梅散文的抒情特色/李兵//上海大学学报.1996，1.83～86

龙应台

道是无情却有情：龙应台访谈录/徐春萍//文学报（上海）.1996，5.30④

龙应台访谈录/袁茂林//延安文学.1997，6.72～75

龙应台在"长安"/邢小利//文学自由谈（天津）.1997，6.128～131

龙彼德

评龙彼德近作及其诗探索/顾祖钊//文艺理论与批评（北京）.1996，1.108～110

论龙彼德意象诗探索/顾祖钊//安徽大学学报（合肥）.1997，1.9～14

从迷途到通径：评龙彼德的诗歌艺术探索/李仕中/中国文学研究（长沙）.1997，1.89～93

田 汉

再谈田汉与"绍伯"问题（上、下）/刘平//北京晚报，1996，4.1⑪；2⑪

田汉在桂林时期的统战思想/刘平//社会科学家（桂林）.1996，3.33～38

简论田汉早期剧作的主题/韩素玲//齐鲁学刊（曲阜）.1996，3.40～42

田汉早期戏剧创作的美学追求/刘平//文学评论（北京）.1997，5.158～159

叩问殉道者出窍的灵魂：读董健《田汉传》手札/雨花（南京）.1997，11.72～73

田 间

为平凡而伟大的战斗者立诗碑：评田间抗战后期的三首长诗/杜胜韩//安徽师大学报（芜湖）.1996，4.389～393

田间—擂鼓的诗人：为田间作品研讨会而作，并纪念诗人逝世十周年/晏明//新文学史料（北京）.1997，1.154～163

田景丰

论田景丰创作的审美品格/孙代文//贵州民族学院学报（贵阳）.1996，2.14～19

叶文玲

叶文玲现象/李杭春//理论与创作（长沙）.1997，6.45～49

从梦的追寻到梦的质询：叶文玲创作论/吴秀明，田华志//浙江大学学报（杭州）.1997，1.120～129

美是文学的生命：叶文玲和她的创作/洪治纲//文艺报（北京）.1996，10.18②

精英立场与民间意识：叶文玲小说创作浅论/陈建新//浙江学刊（杭州）.1996，6.90～92

试论《无梦谷》的叙事策略/孙凯风//台州师专学报.1997，2.37～41

…小说语言初探/沈晓莉//杭州大学学报.1997，1.91~95

长绿心河涓涓流：叶文玲散文品格印象/沈文元/当代作家评论（沈阳）.1996，5.58~61

叶圣陶

为一代文化大师写真造像：评《叶圣陶传论》/万直纯//北京大学学报.1996，5.119~120

题材相同　风格各异：《祝福》、《一生》比较读/施军//淮阴师专学报.1997，2.43~45

叶兆言

写作：生命的摆渡：叶兆言访谈录/林舟//花城（广州）.1997，2.97~104

一种读法：《一九三七年的爱情》/余斌//当代作家评论（沈阳）.1997，2.45~49

叶君健

当年搞创作：一段回忆/叶君健//文汇报（上海）.1996，1.17⑧

我写小说/叶君健//光明日报.1997，12.3⑦

悖论的艺术：读叶君健《白霞》有感/崔志远//文艺报（北京）.1996，9.20②

我的外语生涯（上、下）/叶君健//光明日报.1997，4.16⑦；4.23⑦

叶绍钧

从生存环境管窥叶绍钧早期的小说创作/刘晓云//宁德师专学报.1997，2.56~58，61

叶知秋

炽烈、浓郁、精湛、铿锵：读叶知秋的诗/黄树红//特区文学（深圳）.1996，6.155~159

申跃中

生活的思考与艺术的结构：读长篇小说《蓝火头》/王力平//文论报（石家庄）.1997，7.1②

我读《蓝火头》/阿宁//文论报（石家庄）.1997，7.1②

致申跃中信二封：《蓝火头》乱弹/徐光耀//文论报（石家庄）.1997，7.1②

史铁生

爱的冥思与梦想：史铁生访谈录/林舟//花城（广州）.1997，1.166~173

史铁生访谈录/〔日〕栗山千香子//作家（长春）.1997，2.4~8

荒凉的祈盼：史铁生论/薛毅//上海文学.1997，3.66~75

史铁生命运观/胡山林//河南师范大学学报（新乡）.1997，3.62~65

生命意义的探寻：史铁生作品的中心意蕴/胡山林//河南大学学报（开封）.1997，4.73~77

没有救赎的人（类）/郭春林//当代作家评论（沈阳）.1997，3.26~31

史铁生的文字般若：论《务虚笔记》/张柠//当代作家评论（沈阳）.1997，3.18~26

《务虚笔记》读记/周政保//当代作家评论（沈阳）.1997，3.10~17

《务虚笔记》札记/陈雷//作家报（济南）.1997，10.30③

央　珍

雪山的阴霾与亮丽：评长篇小说《无性别的神》/韩石山//当代作家评论（沈阳）.1996，4.22~28

央珍，梅卓和她们的长篇小说/耿予方//民族文学研究（北京）.1996，3.66~70，41

白　烨

秦人白烨/陈忠实//中国作家（北京）.1996，4.156~159

冯　至

论作为诗人的冯至/董敏，凌敏//郑州大学学报.1996，2.102~106

迷茫中的探索：论北大毕业后留学德国前的冯至/周棉//北方论丛（哈尔滨）.1996，1.83~89

诗人的天职是咏叹人生：读冯至的《山村的墓碣》/刘克敌//名作欣赏（太原）.1997，6.34~36

冯至诗歌研究述评/稂诗曳//南京师大学报.1997，3.113~116

冯　牧

好人冯牧/李子云//收获（上海）.1996，1.107~113

冯亦代

我的文艺学徒生涯/冯亦代//新文学史料（北京）.1996，1.43~56

冯沅君

冯沅君《卷葹》论/张衍芸//宁夏大学学报（银川）.1996，3.60~65

冯雪峰

我和冯雪峰/吴江//黄河文学（银川）.1997，1.36~39

雪峰文艺思想论/庄锡华//求是学刊（哈尔滨）.

1997，4.78～83

六 画

老 舍

认识老舍（上、下）/樊骏//文学评论（北京）.1996，5.5～17；6.57～71

老舍回国/舒云//文汇报（上海）.1996，11.29⑧

老舍与鲁迅/袁良骏//北京日报.1996，10.15⑦

论老舍与康拉德/谢昭新//安庆师院社会科学学报.1996，4.87～92，98

老舍文学思想的生成发展与中国民间通信文学/石兴泽//河北学刊（石家庄）.1996，6.64～68

老舍文化心理与文学思想生成发展的二重奏演/石兴泽//齐齐哈尔师范学院学报.1996，4.31～35

老舍之死的信仰考问/郝长海，王树海//齐鲁学刊（曲阜）.1996，2.93～97，124

老舍生命观探索/孙絜//学术月刊（上海）.1996，7.38～43

刚柔相济的生命形态：老舍文化人格论之一/郭锡健//苏州大学学报.1996，4.84～86

回忆抗战初期老舍先生在西安的一次讲演/周启祥//齐鲁学刊（曲阜）.1996，6.96～99

老舍与侠文化/汤晨光//齐鲁学刊（曲阜）.1996，5.26～28

论老舍小说悲剧人物的类型特点/王晓红//渭南师专学报.1996，3.16～20

老舍小说与中国传统文化/刘秉山//辽宁大学学报（沈阳）.1996，2.91～94

真实的生命力：论老舍创作的真实性/〔韩〕严爱暻//民族文学研究（北京）.1996，4.89～92

老舍小说中西价值观的比较/翟瑞青//齐鲁学刊（曲阜）.1996，6.94～95

老舍：在批评的航线上前进与沉浸/石兴泽//齐鲁学刊（曲阜）.1996，6.88～93

四重意识：老舍五六十年代/石兴泽//学习与探索（哈尔滨）.1996，1.111～116

论老舍的抗战文学创作/甘海岚//北京社会科学.1997，3.46～52.67

试论老舍作品的文学语言魅力/严光文//四川师范大学学报（成都）.1996，1.69～74

欲望的叙述与叙述欲望：《骆驼祥子》的叙述阐释/王本朝//广东社会科学（广州）.199 119～124

老舍的“第一声啼哭”：读老舍早期的三部小说/刘文沛//名作欣赏（太原）.1996，5.113～115

《月牙儿》：女性叙事话语与中国文人心态的曲折表达/王春林，王晓俞//文学理论研究（上海）.1996，3.60～66

简论老舍的《微神》/谢锦//上海师范大学学报.1996，2.105～108

老舍的散文艺术/许正林//吉首大学学报.1996，3.29～33

老舍山东时期心理试析/孙洁//河北学刊（石家庄）.1997，5.69～72

老舍的创作与基督教/杨剑龙//江西师范大学学报（南昌）.1997，4.87～94

老舍小说的文化选择/于文秀//求是学刊（哈尔滨）.1997，5.76～79

论老舍小说对传统人格的表现/张鸿声//河南大学学报（开封）.1997，1.89～93

《骆驼祥子》和《运气好的日子》的比较/（韩）俞载星//北京师范大学学报.1997，5.106～109

讽刺杰作《猫城记》/袁良骏//齐鲁学刊（曲阜）.1997，5.23～32

读老舍的《正红旗下》/张维民//宁夏教育学院、银川师专学报.1997，1.53～55

老舍《正红旗下》的风俗文化蕴涵/何联华//民族文学研究（北京）.1997，1.82～85

避实出虚　言近旨半：从古代美学角度看《茶馆》/刘克宽//中国文学研究（长沙）.1997，1.74～78

老舍与新诗/张宇宏//民族文学研究（北京）.1997，1.77～81

成仿吾

成仿吾与解放区的文艺活动（上、下）/余飘，李洪程//新文学史料（北京）.1997，3.136～141，148；4.96～102

成仿吾早期论新文学的使命：纪念成仿吾诞辰100周年/余飘，李洪程//文学理论与批评（北京）.1997，4.111～116

毕淑敏

直面社会　直面人生：简论毕淑敏的小说创作/何镇邦//当代作家评论（沈阳）.1997，1.82～87

没有少作/毕淑敏//当代作家评论（沈阳）.1997，

.93～98

师　陀

跋涉与沉思：论师陀小说的文化品格/余党绪//上海大学学报.1997，2.80～87

朱文颖

恍兮惚兮：朱文颖小说解读/黄毓璜//小说评论（西安）.1997，4.49～54

朱东润

想当一名忠实的传记文学家：朱东润先生二三事/陈谦豫//文汇报（上海）.1996，12.11⑫

纪念朱东润先生诞辰一百周年/施岳群…//复旦学报（上海）.1997，2.12～19，63

祖父的最后一部传记/朱邦薇//收获（上海）.1996，2.99～111

朱自清

车过清华，北大……：回忆朱自清、罗念生片断/徐小玉//新文学史料（北京）.1996，3.149～152

朱自清的人生追求和散文境界/孙桂芬//求是学刊（哈尔滨）.1996，2.89～92

朱自清散文"以文作画"的艺术/陈孝全//华东师范大学学报（上海）.1996，3.15～19

论朱自清散文的意境创造/麦石安//中山大学学报（广州）.1996，5.97～103

朱自清散文挑剔：兼论《背影》的散乱/郝宇民//名作欣赏（太原）.1996，2.28～32

欣赏是在透彻的了解里：朱自清解诗理论与实践研究之一/许霆//名作欣赏（太原）.1996，6.5～10

朱自清/姜建//小说（北京）.1997，5.173～191

试论朱自清散文的艺术变形美/朱学忠，朱雪里//河南大学学报（开封）.1997，5.27～29

朱自清研究的新收获：评吴周文、姜建等《朱自清散文艺术论》与《朱自清年谱》/郭瑗瑗，马宏柏//徐州师范大学学报.1997，4.152～154

《背影》与《父亲的花园》比较谈/必翔//名作欣赏（太原）.1997，6.21～24

朱苏进

岁月的证明/朱苏进//当代作家评论（沈阳）.1996，2.78～79

孤独玄想创作道路的终结：重评朱苏进兼与朱向前商榷/柳建伟//当代作家评论（沈阳）.1997，4.101～108

写什么都是写自传/刘兆林//解放军文艺（北京）.1997，2.100～103

乔典运

魂萦青山绿水间：悼乔典运兄/韩石山//山西文学（太原）.1997，7.53～55

回望乔典运/南丁//莽原（郑州）.1997，5.140～144

禅释乔典运/宋云奇//鸭绿江（沈阳）.1997，2.72～75

刘心武

阐释的路径：兼评刘心武"直面俗世"与"求生理想"的文化选择/黄裳裳//文艺理论研究（上海）.1991，1.59～64

历史过客的求索：评刘心武长篇新作《栖凤楼》/朱家信，黄裳裳//小说评论（西安）.1997，2.66～70

刘白羽

浅谈刘白羽散文的不足/段登捷//山西师大学报（临汾）.1997，3.56～58

壮丽的人生画卷　深刻的历史反思：《刘白羽评传》评析/马龙潜//文艺理论与批评（北京）.1997，3.92～95

豪情尽诉心灵笔：记刘白羽80华诞/丁宁//文艺理论与批评（北京）.1997，2.34～36

刘兆林

军营的赞歌与社会的诗篇：粗读《刘兆林小说精品三卷集》/马加//当代作家评论（沈阳）.1997，2.61～62

赞美你的左手：散论刘兆林散文《父亲祭》/康启昌//文艺评论（哈尔滨）.1997，4.59～62

写实主义的艺术魅力：读《刘兆林小说精品选》杂记/李作祥//小说评论（西安）.1997，5.62～65

《刘兆林小说精品三卷集》自序/刘兆林//当代作家评论（沈阳）.1997，2.63～67

刘绍棠

古典作品和民间文学对刘绍棠作品的影响/栾保俊//通俗文学评论（武汉）.1996，2.62～67

刘绍棠小说的历史感/栾保俊//理论与创作（长沙）.1996，2.46～51

民族文化在刘绍棠作品中的积淀/栾保俊//文艺理论与批评（北京）.1996，2.107～115

我认识的刘绍棠先生/忽培元//延河（西安）.

1997，11.65～69

刘绍棠的童年经验和人格特征/崔志远//河北师范大学学报（石家庄）.1997，2.72～76

我认识的刘绍棠/忽培元//文艺理论与批评（北京）.1997，4.123～128

刘绍棠小说对美的追求/栾保俊//文艺理论与批评（北京）.1997，4.129～134

石韫玉而山辉：刘绍棠的成功之路/栾保俊//文艺理论与批评（北京）.1997，1.88～95

刘斯奋

士的挽歌：刘斯奋的长篇历史小说试评/张柠//当代作家评论（沈阳）.1996，4.80～84

历史，现实与文化：从《白门柳》开始的对话/刘斯奋//当代作家评论（沈阳）.1996，4.85～90

艺术复活思想：评《白门柳》第一、二部/蔡葵//当代作家评论（沈阳）.1996，4.75～79

刘震云

刘震云小说创作论/曹书文//河南师大学报（新乡）.1996，2.66～69

独特的农民文化历史观：论刘震云的"新历史小说/贺仲明//当代文坛（成都）.1996，2.3～7

刘震云：中国生活的批评家/摩罗//当代作家评论（沈阳）.1997，4.44～56

放逐与逃亡：论刘震云创作的意义及其精神困境/贺仲明//中州学刊（郑州）.1997，3.74～81

略论刘震云中篇小说的审美指向/卢焱//郑州大学学报.1997，3.114～118

刘醒龙

艰难之后是坦途/洛杭//作品与争鸣（北京）.1996，5.28～29，53

心如明镜台：刘醒龙作品联想/周毅//上海文学.1996，1.67～72

愚昧与野性的悲剧：《威风凛凛》漫论/於可训//小说评论（西安）.1996，1.61～65

仅有热爱是不够的/刘醒龙//当代作家评论（沈阳）.1997，5.100～102

充盈之美：刘醒龙印象点滴/李贯通，陶纯//当代作家评论（沈阳）.1997，5.90～92

平民立场的现实审察：论刘醒龙近期小说创作/贺仲明//当代作家评论（沈阳）.1997，5.93～96

现世空间的批判与重组：刘醒龙的两部长篇及相关话题/何言宏//当代作家评论（沈阳）.1997，5.84～90

生命的意义源泉及对劳动的审美：评《生命是
与仁慈》/李鲁平//小说评论（西安）.19
3.24～30

激情·体验·超越：刘醒龙《生命是劳动与仁慈》阅读随想/徐兆淮//小说评论（西安）.1997，3.21～23

论文化批判的使命：与刘醒龙的通信/丁帆//小说评论（西安）.1997，3.13～17

浪漫是希望的一种：答丁帆/刘醒龙//小说评论（西安）.1997，3.18～20

池　莉

池莉与文学批评之间的"互动"/朱青//当代文坛（成都）.1997，2.36～38

池莉的创作及其文化特色/於可训//小说评论（西安）.1996，4.36～40

论池莉小说的文化冲突与取向/夏德勇//小说评论（西安）.1997，4.33～37

向五四精神挑战：池莉的"人生"三部曲/金惠敏//小说评论（西安）.1997，4.27～32

淡而有味的池莉小说/朱青//小说评论（西安）.1997，4.38～42

许地山

世谈许地山早期创作的"为人生"/王喜绒//兰州大学学报.1996，2.86～92

音乐之律动：许地山创作艺术探幽/王静//兰州大学学报.1996，1.125～130

再论《春桃》/王盛//南京师大学报.1997，3.107～112

冰　心

论冰心新时期以来的创作/杨昌江//学习与探索（哈尔滨）.1997，5.101～105

冰心散文的审美价值/汪文顶//文学评论（北京）.1997，5.138～147

女人：真善美的统一体：评冰心笔下的女性形象/陈苇//福建师范大学学报（福州）.1997，3.74～77

孙　犁

晚年孙犁简论/丛正//徐州师范大学学报.1997，1.122～126

孙犁致康濯信//张学新//新文学史料（北京）.1997，2.4～27

简论孙犁小说的真实美/熊晓平//北方论丛（哈尔滨）.1997，3.48～50

（天津）.1997，5.40～46

意的凝眸：对余秋雨散文的几点理解/王妍//北方论丛（哈尔滨）.1997，3.51～53

论余秋雨散文中的“巨人意识”/王国彪//延边大学学报（延吉）.1997，1.151～154

摸还是弘扬：评余秋雨的《笔墨祭》/陈聚仁//华中师范大学学报（武汉）.1997，1.86～93

汪曾祺

典理想的现代重构：评汪曾祺散文创作/郑昭红//福建论坛（福州）.1996，5.53～55

汪曾祺散文的文化意蕴/文学武//当代文坛（成都）.1996，1.11～13

在的自觉：汪曾祺创作论（之三）/杨志勇//求索（长沙）.1996，1.104～107

世的温声：汪曾祺创作论/摩罗//当代作家评论（沈阳）.1996，5.33～45

曾祺与民间文学/陶阳//民间文学论坛（北京）.1997，4.68～69

你熟悉的生活：汪曾祺谈《受戒》/陆建华//青春（南京）.1996，1.87～88

然仁者之言：当代散文大师汪曾祺先生/周政保//当代作家评论（沈阳）.1997，4.16～19

终年/林斤澜//收获（上海）.1997，4.122～127

识汪曾祺/刘锡诚//南方文坛（南宁）.1997，5.57～59

是一个中国人：散步随想/汪曾祺//当代作家评论（沈阳）.1997，4.13～15

说汪曾祺/邓友梅//文学自由谈（天津）.1997，6.92～101

忆汪曾祺/邓友梅//文学自由谈（天津）.1997，5.99～106

心永驻/曾明了//时代文学（济南）.1997，1.48～51

也是个好老头/何志云//时代文学（济南）.1997，1.46～48

汪曾祺在大连/徐城北//芙蓉（长沙）.1997，5.156～158

汪曾祺的小说语言观/钟名诚，钟玖英//赣南师范学院学报.1997，4.42～44

汪曾祺小说语境分析/谢锡文//小说评论（西安）.1997，5.36～40

汪曾祺小说艺术散论/王海燕//安庆师院社会科学学报.1997，3.21～26，40

悲剧意识的压抑与觉醒：汪曾祺小说论/摩罗//当代作家评论（沈阳）.1997，5.4～14

文气论与汪曾祺的小说创作/杨学民，马金起//当代小说（济南）.1997，10.49～51

相映成趣的审美意蕴：云南民族风情小说与汪曾祺风俗画小说/张直心//中国比较文学（上海）.1997，3.64～67

审美意蕴三阐：云南民族风情小说与汪曾祺风俗小说/张直心//云南民族学院学报（昆明）.1997，1.83～88

沈从文

论沈从文家世对其创作道路的影响/黄献文//中南民族学院学报（武汉）.1996，1.87～92

文化怀乡：沈从文创作的意义/陈继会//郑州大学学报.1996，1.13～19

创作心理距离与沈从文的小说/程丽蓉//四川师范学院学报（南充）.1996，3.61～66

人性的长河：沈从文边地小说的文化源头探微/韩毒//华中师大学报（武昌）.1996，4.114～116

人性之美的张扬和民族品德的重造：论沈从文的“湘西小说”/章绍嗣//中南民族学院学报（武汉）.1996，6.93～97

浅析沈从文湘西小说的审美特色/陈红萍//上饶师专学报.1996，2.60～63

论沈从文小说的文体语言特征/哈迎飞//求索（长沙）.1996，4.92～97

沈从文小说中的苗汉族形象及其背景：比较文学形象学研究一例/刘洪涛//北京师范大学学报.1996，4.34～40，48

恋乡的歌者：沈从文和汪曾祺小说之比较/杨剑龙//小说评论（西安）.1996，2.53～57

“建筑在水上”的边城：沈从文《边城》内在意蕴新解/王轻鸿/名作欣赏（太原）.1996，5.88～91

论沈从文湘西题材创作的民俗心理机制及其美学价值/王泽飞//郑州大学学报.1997，4.90～93

现代背景下的农业文化表述：论沈从文湘西散文系列/沈义贞//南京师大学报.1997，2.93～98

沈从文与湘西民歌/叶德政//吉首大学学报.1997，3.34～39

试论沈从文散文的生命意识/皮传荣//唐都学刊（西安）.1997，3.53～57

一种无法消解的悒郁情绪：论《边城》/邱志高//

略论孙犁小说的优美特质/周水涛//孝感师专学报.1997，4.9～14

试论孙犁诗意小说对小说现代化的贡献/刘红明//广西师范大学学报（桂林）.1997，4.56～61

七　画

苏　青

略论苏青散文的女性意识/王向东//扬州师院学报.1996，2.53～55，78

女性气韵—素手绘凡俗：苏青散文品格初论/何莲芳//华中师大学报（武昌）.1996，5.65～70

论苏青/黄炜//通俗文学评论（武汉）.1996，2.44～50

独立市桥人不识：苏青《消夏录》赏析/王艳芳//名作欣赏（太原）.1996，3.59～61

苏　童

永远的寻找：苏童访谈录/林舟//花城（广州）.1996，1.105～111

重归还是拆解：论苏童小说的历史追忆/杨春//河北学刊（石家庄）.1997，4.64～69

论苏童小说中的生活故事及其人性挖掘/陆小惠//通俗文学评论（武汉）.1997，4.71～74

杜运燮

论中外诗歌对杜运燮的影响/游友基//福建论坛（福州）.1997，2.24～27

论九叶诗人杜运燮的诗歌艺术/游友基//福建师范大学学报（福州）.1997，3.60～67

杜鹏程

杜鹏程研究四十年述评/田心季//唐都学刊（西安）.1996，1.72～75

杜鹏程与《保卫延安》/张田//黄河文学（银川）.1997，3.78～80

杨　牧

论杨牧的《边魂》（二篇）/杨青//中国西部文学（乌鲁木齐）.1997，1.82～94

论杨牧组诗《边魂》的现代色彩/杨青//四川大学学报（成都）.1997，2.55～63

杨　沫

青春依然笑傲死神：忆母亲杨沫/徐然//文艺报（北京）.1996，3.15⑦

不朽的青春：怀念杨沫大姐/吴宗蕙//文论报（石家庄）.1997，4.15③

杨　绛

杨绛比喻特点分析/金慧萍//宁波大学学报.1996，4.25～32

学者机智　女性心情：谈《洗澡》对情节高潮的淡化/周文萍//名作欣赏（太原）.1996，1.72～75

智者的微笑：杨绛散文漫谈/刘传霞//济宁师专学报.1996，2.57～59

清幽独放的艺术奇葩：杨绛散文创作论/王澄霞//扬州大学学报.1997，6.31～35

“怀人忆旧”的意义：读杨绛、黄宗江、楼适夷的散文/周政保//文艺评论（哈尔滨）.1997，3.23～28，42

杨闻宇

论西北军旅作家杨闻宇的散文创作/王锋//宁夏大学学报（银川）.1996，3.93～97

李　弘

关于生存的诗性沉思：评李弘小说/杨家慧//厦门文学.1997，6.20～23

经济的时代与人的生存：李弘小说作品讨论会发言记录/杨与黄//厦门文学.1997，11.58～62

李　乔

文坛宿将　仁者风范：我所认识的李乔先生/吴崇信//边疆文学（昆明）.1996，5.37～39

行进在历史的山峦上：李乔作品印象/陈志鹏//云南社会科学（昆明）.1996，1.89～94

李　冯

李冯的戏仿小说/徐肖楠//作家（长春）.1997，9.76～80

绕开陷阱：关于李冯和他的小说/贺奕//山花（贵阳）.1997，1.73～76

“文本寄生者”李冯和他的长篇《孔子》/李振生//当代作家评论（沈阳）.1997，6.94～97

李　劼

从观念批评到形式批评：读1983—1987年的李劼/铁舞//当代作家评论（沈阳）.1997，3.54～59

李　瑛

我所认识的李瑛/韩作荣//中国作家（北京）.1996，3.171～177

李瑛诗歌的新形态/蒋登科//文艺理论与批评（北京）.1997，2.67～70

学诗五十年：诗集《生命是一片叶子》后记/李瑛//飞天（兰州）.1997，1.104～107

李　琦

论李琦诗歌的母性话语/郎学初，邢海珍∥文艺评论（哈尔滨）.1996，3.78～82

物化时代里返朴归真的诗：李琦创作论/张景超，温汉生∥文艺评论（哈尔滨）.1997，4.48～54

跟着那水走：李琦散文漫游/袁元/文艺评论（哈尔滨）.1997，4.43～47

李　锐

苍凉的生命诗篇：评李锐长篇小说《无风之树》/王春林∥小说评论（西安）.1996，1.54～60

生命的歌哭：谈李锐小说中的死亡描写/何明星∥湖北大学学报（武汉）.1997，4.67～70

口语倾诉的方式（或叙述就是一切）：关于李锐的长篇小说《万里无云》/周政保∥南方文坛（南宁）.1997，4.28～32

叙述的秘密：读李锐的长篇小说《万里无云》/南帆∥当代作家评论（沈阳）.1997，4.4～12

自尊的独语：读李锐的随笔集《拒绝合唱》/周政保∥当代作家评论（沈阳）.1997，5.45～51

李五泉

李五泉和他的《街上有狼》/于文秀∥文艺评论（哈尔滨）.1997，6.86～90

李尔重

"千古功臣"张学良：兼评李尔重同志的《新战争与和平》/苏平∥文艺理论与批评（北京）.1996，5.59～65

一曲伟大民族精神的壮歌：读《新战争与和平》笔记/郑熙亭∥文论报（石家庄）.1996，4.15③

宏伟的篇章，壮丽的史诗：《长城万里图》和《新战争与和平》比较研究/陈颖∥福建师范大学学报（福州）.1996，2.75～81

争夺殖民地的战争远未结束：记李尔重与《新战争与和平》/安德列·克鲁申斯基∥中流（北京）.1997，7.18～19

警钟长鸣　以史为鉴：《新战争与和平》第三次研讨会在京举行/闻礼萍∥文艺理论与批评（北京）.1997，2.140～143

李金发

象征派诗人李金发的审美特征/祝晓耘∥青海社会科学（西宁）.1997，6.62～66

"诗怪"的怪诗：论象征派诗人李金发诗的审美内涵/祝晓耘∥青海师范大学学报（西宁）.1997，4.82～86

李劼人

李劼人与外国文学/王绵厚∥四川大学学报（成都）.1996，3.52～60

李国文

李国文印象/顾文∥文学自由谈（天津）.1997，5.107～111

名家侧影：李国文/李国文，崔道怡等∥时代文学（济南）.1997，5.104～122

给李国文"相面"/韩小蕙∥人物（北京）.1997，6.100～110

文学人物长廊的必要补充：读李国文部分涅槃小说/子干∥小说评论（西安）.1997，5.54～57

李贯通

以心以神著文章：李贯通创作论/周海波，王光东∥当代作家评论（沈阳）.1997，3.116～121

大地歌吟：李贯通前期小说论/吴义勤∥当代作家评论（沈阳）.1997，3.111～116

吴　宓

吴宓的文学功用论/刘云昌/福建论坛（福州）.1996，5.64～66

吴宓与五四新文化运动/张华∥西北大学学报（西安）.1996，1.14～16

邱华栋

出走：无法抵达的返源之旅：邱华栋小说论/王世城/当代文坛（成都）.1996，4.7～12

欲望的辩证法：论邱华栋的写作姿态/倪文尖∥上海文学.1996，2.68～73

穿越都市：邱华栋访谈录/林舟∥花城（广州）.1997，5.86～92

论邱华栋小说的都市意识/平慧源∥天津师大学报.1997，5.60～65，78

荒诞意识与彻底现实主义：析近期邱华栋的几个中篇/韩雪临∥小说评论（西安）.1997，4.43～48

道义与理想的缺席/阎延文∥作品与争鸣（北京）.1997，2.67～69

游戏的哭泣/刘勇∥作品与争鸣（北京）.1997，2.64～66

何　顿

何顿的乖张："葵花"与然后：解读小说《我们像葵花》/刘文华∥理论与创作（长沙）.1996，6.43～45

解读何顿：从《就这么回事》说开去/葛红兵∥当代文坛（成都）.1996，1.26～28

寻找新的市民生存形态：论何顿的小说创作/洪治纲∥当代文坛（成都）.1996，5.10～14

何顿：在新的状态之中寻觅/张颐武∥文学评论（北京）.1996，5.111～114

世俗欲望的挣扎与迷失：再读何顿/洪治纲∥当代作家评论（沈阳）.1996，6.110～115

关于苦难时空的现时回访：评何顿长篇小说《我们像葵花》/张德明∥当代作家评论（沈阳）.1996，6.116～122

何玉茹

现代审美把握与民族精神的认同：何玉茹小说创作漫议/刘荣林∥小说评论（西安）.1996，4.54～58

心灵的探觅者：何玉茹小说论/范川凤∥小说评论（西安）.1997，6.46～52

何其芳

"锦瑟尘封三十年，几回追忆总凄然"：何其芳建国后文艺思想的心理学研究/庄锡华∥学术与探索（哈尔滨）.1996，1.117～125

精神蜕变的自我苦斗：何其芳的心灵冲突与话语方式/孟繁华∥社会科学战线（长春）.1996，3.159～167

也谈文学介入政治：兼及何其芳现象/郑升旭∥西北大学学报（西安）.1996，1.25～26

略论何其芳早年的书信和诗作/杨正苞∥文史杂志（成都）.1996，5.40～41

试论何其芳建国后的诗歌创作/卢风∥文艺理论与批评（北京）.1996，4.91～95

辛苦的种树人：怀念何其芳同志/刘世德∥文学评论（北京）.1997，6.24～31

论何其芳三十年代的诗/孙玉石∥文学评论（北京）.1997，6.11～23

余　华

叙事，掘进自我的存在：余华访谈录/林舟∥东海（杭州）.1996，8.64～68

余华论/王海燕∥江淮论坛（合肥）.1996，4.92～99

一种中国的现实：阅读余华/（丹麦）魏安娜∥文学评论（北京）.1996，6.99～109

重复的诗学：评《许三观卖血记》/余弦∥当代作家评论（沈阳）.1996，4.12～15

论余华的叙事循环/何鲤∥湖北大学学报（武汉）.1996，5.35～41

论余华的《一九八六年》/摩罗，
（上海）.1997，5.55～62

余华：重复叙述的音乐表现/张
（成都）.1997，2.39～42

余华的哲学美学观/卢永裕∥小说
1997，5.108～112

《许三观卖血记》的叙事问题/张闳
（沈阳）.1997，2.19～24

长篇小说叙事中的声音问题：兼
记》的叙事风格/张柠∥当代
阳）.1997，2.24～29，38

余光中

余光中香港时期的文学评论/古远
（广州）.1996，11.49～52

在传统与现代之间：余光中先生访
当代作家评论（沈阳）.1997，

乡愁下的诗情：余光中的文学与生
（北京）.1997，6.111～122

中西双重融合的典范：评余光中的
大学学报（成都）.1997，1.50

有情有韵　动人心目：余光中幽默
赏析/古远清∥名作欣赏（太
66～70

余秋雨

且慢祭奠：评余秋雨的《文化苦旅
中国文化研究中的一种倾向/
赏（太原）.1996，3.12～25，1

重返大家气象：秋雨散文的超越/
大学学报（武昌）.1996，1.112～

文化的悲哀：余秋雨的学问及文章
由谈（天津）.1996，1.39～46

论余秋雨散文的文体创建/唐韧∥
（沈阳）.1996，4.45～49

散文的热与冷：兼及余秋雨散文的
当代作家评论（沈阳）.1996，1

余秋雨散文的艺术创新/董伟建∥中
报（武汉）.1996，6.102～106

读《文化苦旅》偶记/胡晓明∥文艺
海）.1996，1.72～77

秋雨散文的写作艺术/沈汉达∥上
1997，6.28～34

余秋雨"深圳赞歌"质疑/朱健国

广西师院学报（南宁）.1997，3.58～63

清水芙蓉天自成：从《边城》看沈从文的早期乡土文学创作/李明明，张勇//辽宁大学学报（沈阳）.1997，2.85～87

论《边城》叙述者性格及其功能/旅安//吉首大学学报.1997，3.52～56

性格与情愫的真实记录：读《从文家书—从文兆和书信选》/王继志//南京大学学报.1997，3.125～135

沙　汀

论沙汀讽刺小说的艺术特色/阮航//四川师范大学学报（成都）.1996，4.114～119

沙汀、契诃夫小说比较：兼论沙汀在中国现代文学史上的地位/阮航//社会科学研究（成都）.1996，3.106～111

契诃夫、沙汀小说中的戏剧因素/杨凡周//中国比较文学（上海）.1997，4.117～125

迟子建

迟子建小说创作的三元构架/张洪德//当代文坛（成都）.1996，3.17～21

冰洁：透明的流动和凝化：评迟子建的散文集《伤怀之美》/王干//当代作家评论（沈阳）.

邵荃麟

荃麟：共产主义圣徒/彭燕郊//新文学史料（北京）.1997，2.83～95

邵振国

通向墓地/邵振国//文学评论（北京）.1996，5.103～106

走向形式的西部人文情感：邵振国小说创作论/刘俐俐//文学评论（北京）.1996，4.120～124

邵燕祥

从杂感的诗到诗的杂感：邵燕祥与他的时代/当代作家评论（沈阳）.1996，4.29～38

陆文夫

文以载人/陆文夫//当代作家评论（沈阳）.1996，2.61～62

安得广厦千万间/范小青//当代作家评论（沈阳）.1996，2.63～64

为普通人、小人物"立传"：评陆文夫长篇小说《人之窝》/张德林//当代作家评论（沈阳）.1996，2.53～60

独特的视角，独特的人物：评陆文夫的长篇新作《人之窝》/郑祥安//社会科学（上海）.1996，7.64～67

陈　染

女性个体经验的书写与超越：陈染访谈录/林舟，齐红//花城（广州）.1996，2.92～97

生存之痛的体验与书写：陈染小说论/吴义勤//小说评论（西安）.1996，3.66～70

无限的女性心理学：陈染论略/陈晓明//小说评论（西安）.1996，3.71～75

另一扇开启的门/陈染，萧钢//花城（广州）.1996，2.81～91

陈染小说的一种解读/陈巧云//福建论坛（福州）.1996，1.36～39

陈染：个人和女性的书写/戴锦华//当代作家评论（沈阳）.1996，3.47～56

忧郁的荒原：女性漂泊的心路秘史：陈染小说的一种解读/孟繁华//当代作家评论（沈阳）.1996，3.57～61

陈忠实

文化的反思和坚守：《白鹿原》主题解读/沈庆利//济宁师专学报.1996，52～56

传统文化的雕像：论白嘉轩与隋抱朴/宋元，姚明霞//济宁师专学报.1996，2.49～53

传统的魅力：《白鹿原》中白嘉轩形象探析/周仁政//淮阴师专学报.1996，1.5～9

略论《白鹿原》中的女性形象/汪丽景//徽州师专学报（黄山）.1996，1.74～76

《白鹿原》女性形象与妇女解放问题/胡光璐//宁夏大学学报（银川）.1996，1.121～125

《白鹿原》语言学探微/苏景斌//唐都学刊（西安）.1996，1.76～78

景物描写《白鹿原》与《静静的顿河》之比较/李建军//小说评论（西安）.1996，4.30～35

《白鹿原》的史诗构造：与托尔斯泰长篇艺术比较谈/郑万鹏//东北师大学报（长春）.1996，4.46～48

凡辉煌的都属于历史：访第四届茅盾文学奖获得者陈忠实/远村//文艺报（北京）.1997，12.27②

陈忠实答《延安文学》记者问/远村//延安文学.1997，6.4～9

东西文化冲突中的《白鹿原》/郑万鹏//牡丹江师范学院学报.1997，1.69～74

白鹿原上看风景：关于当前长篇小说创作和《白鹿原》/陈忠实，张英//作家（长春）.1997，

3.37～42

鳌子、白鹿、砖塔：《白鹿原》思想意蕴新论/文斌，余向军//长沙电力学院社会科学学报.1997，2.74～78

对当代民间风水热的思辨：从《白鹿原》的"风水大战"说起/刘卓//民间文学论坛（北京）.1997，2.17～20

文化记忆的历史：《白鹿原》/颜敏//江西师范大学学报（南昌）.1997，3.49～54

《白鹿原》与《百年孤独》之比较/李建军//小说评论（西安）.1997，5.41～47

呈现在"家族"祭坛上的花朵：《白鹿原》、《家族》之比较/束学山//当代小说（济南）.1997，8.57～60

陈映真

陈映真创作系年表/李家福//新文学史料（北京）.1996，4.200～206

陈荒煤

送别荒煤/李子云//文汇报（上海）.1996，11.1⑧

近访荒煤老/朱兵//文艺报（北京）.1996，8.9⑦

荒煤，我心中的丰碑/林非/小说选刊（北京）.1996.12.115～117

论荒煤的文学道路/方忠//徐州师院学报.1996，1.69～72

荒野之煤：怀念陈荒煤先生/张昌华//人物（北京）.1997，3.92～97

风雨归路：记荒煤老最后的日子/严平//收获（上海）.1997，2.137～145

陈寅恪

略论陈寅恪对新文化运动的态度与意见/刘克敌//文艺理论研究（上海）.1997，6.75～82

谒陈寅恪书/夏中义//文艺争鸣（长春）.1997，6.20～27

"遗民"陈寅恪/孙郁//当代作家评论（沈阳）.1997，4.70～79

略论陈寅恪的"白头"诗/刘克敌//华东师范大学学报（上海）.1997，1.92～95

关于《柳如是别传》的撰述主旨与思想寓意/胡晓明//文艺理论研究（上海）.1997，3.25～31

陈思和

寻求知识分子的精神岗位：谈陈思和的出版实践及其意义/周立民//文艺争鸣（长春）.1997，3.69～74

陈思和学术思想的意义/王光东//文艺争鸣（长春）.1997，3.57～65

从文学史到人文精神：关于陈思和学术道路的随想/郑文晖//文艺争鸣（长春）.1997，3.66～68

阿 成

宽广与博大：阿成近期小说的北方文化精神/张景超//当代作家评论（沈阳）.1997，5.112～116

以自我和经验创造完美：阿成近年小说创作风貌/张景超//文艺评论（哈尔滨）.1997，2.65～70

阿 英

论阿英的民间艺术研究/吴家荣//文艺研究（北京）.1997，3.143～149

论阿英早期文艺思想/吴家荣//江淮论坛（合肥）.1997，2.89～97

论阿英历史剧的艺术风格/谢昭新//文艺理论与批评（北京）.1997，4.117～122

张 平

现实·人物·激情：论张平的四部长篇作品/刘定恒//山西师大学报（临汾）.1996，1.33～37

一曲反腐败斗争的嘹亮战歌/严昭柱//中流（北京）.1997，12.15～17

揭示社会关系的深层存在：长篇小说《抉择》的意义/张德祥//啄木鸟（北京）.1997，5.120～122

永生永世为老百姓而写作：致《抉择》读者/张平//啄木鸟（北京）.1997，5.113～116

共产党人必答卷：读张平的长篇小说《抉择》/孙武臣//啄木鸟（北京）.1996，6.123～128

张 欣

重复的梦魇：张欣小说的文本内外/罗岗//上海文学.1996，2.74～79

为都市爱情寻找精神家园：试评张欣近两年创作/肖荣华//中山大学研究生学刊（广州）.1996，3.33～37

都市与女性的文学二重奏：张欣小说浅析/陈岚//当代文坛（成都）.1996，2.47～51

女性——拒绝物化：论张欣的"新都市"小说/冬杉//特区文学（深圳）.1996，4.152～157

欲海里的诗情守望：我读张欣的都市故事/程文超//文学评论（北京）.1996，3.71～75

都市梦境和中产阶级写作：张欣小说谈片/韩子勇//当代作家评论（沈阳）.1996，3.121～123

关于“这一代”的女性之言：张欣与毕淑敏中篇小说创作精神/万莲子∥湘潭大学学报.1996，1.62~66

城市语境中的女性情感世界：张欣小说论/周海波∥小说评论（西安）.1997，6.41~45

张　炜

阅读张炜的基础：我所认识的张炜/刘烨园∥理论与创作（长沙）.1996，4.53~56

纯粹的人与艺术/张炜∥长江文艺（武汉）.1996，4.18~21

亲近田野，亲近朴实的劳动，远离名利，远离庸俗的操作：张炜访谈录/逢金一∥文论报（石家庄）.1996，1.15①

守望的精神礼仪：张炜创作论/周海波∥当代作家评论（沈阳）.1996，3.102~111

秋天，黑夜，流浪回望童年　返归大地：张炜小说的时间经验/方李珍∥小说评论（西安）.1996，5.25~29

张炜小说的价值取向/吴炫∥文学评论（北京）.1996，1.60~69

历史的坚冷岩壁和它燃烧着激情的回声：读张炜的《家族》/张清华∥理论与创作（长沙）.1996，4.57~61

浓泼重洒　凄婉悲怆：读《家族》/王敏∥理论学刊（济南）.1996，4.95~96

呼唤信仰的壮丽篇章：谈张炜《家族》的思想底蕴/刘明馨∥河北师大学报（石家庄）.1996，2.86~90

危机写作：《家族》作为长篇小说写作失败的病例/殷实∥小说评论（西安）.1996，4.12~15

写作《柏慧》、《家族》随感：长篇小说创作札记/张炜∥当代作家评论（沈阳）.1996，3.10~12

拷问灵魂之作：评张炜的长篇新作《柏慧》/吴义勤∥小说评论（西安）.1996，1.49~53

形而上悲怆与文化操守：从张炜小说看小说一种精神形式的价值/贾振勇，魏建∥理论与创作（长沙）.1997，4.13~19

生命与道德的抗衡：张炜长篇小说批评/冯尚∥汕头大学学报.1997，2.47~53

黑夜大地的行吟诗人：张炜创作追思/李云霞∥延边大学学报（延吉）.1997，4.127~129

从《古船》到《家族》：张炜的现实主义探索及其意义/刘明∥沈阳师范学院学报.1997，4.24~27

《九月寓言》的世界/王安忆∥小说界（上海）.1997，4.175~184

灵魂搏斗的抛物线：张炜小说的编年史研究/摩罗∥当代作家评论（沈阳）.1997，5.14~25

张　洁

我这个没有指望的人/张洁∥当代小说（济南）.1996，3.54~58

苦难的超越：张洁笔下中年知识女性心理剖析/吴慧华∥上饶师专学报.1996，5.50~53

走出自我心灵的牢笼：对《爱是不能忘记的》、《祖母绿》、《方舟》中女性形象的解读/杜芳∥齐齐哈尔师范学院学报.1996，4.36~39

和美国回来的张洁聊天/张洁∥海上文坛（上海）.1997，6.56~59

论张洁的爱心/沈美莉∥信阳师范学院学报.1997，2.85~88

张　涛

致友人书/张涛∥当代作家评论（沈阳）.1997，3.81~83

窑地：一种文化的历史与性格/沈寅∥当代作家评论（沈阳）.1997，3.71~77

三气读完的《窑地》：代复张涛《致友人书》/刘兆林∥当代作家评论（沈阳）.1997，3.82~85

生存困境的文化探脉：长篇小说《窑地》解析/姜桂华∥当代作家评论（沈阳）.1997，3.78~80

张　烨

女性的境遇与表达：论张烨的诗歌/荒林∥广东社会科学（广州）.1996，6.128~131，133

诗人张烨论/刘纳∥文学评论（北京）.1997，4.86~92

张　策

为塑造人民警察的典型形象而努力：论张策的公安题材/曾镇南∥啄木鸟（北京）.1996，5.127~134

张抗抗

“残忍”解剖灵魂的一种选择：评张抗抗中篇小说《残忍》/夏元佐∥文艺评论（哈尔滨）.1996，4.70~73

“文学世俗化”的争鸣、长篇小说《情爱画廊》的讨论、关于杂志的“十日谈”/毕胜∥南方文坛（南宁）.1997，1.58~61

寻觅宽容：读张抗抗的《情爱画廊》/范培松∥当

代文坛（成都）.1997，5.28～29

“文学世俗化”的争鸣、关于杂志的“十日谈”长篇小说《情爱画廊》的讨论/毕胜∥中华文学选刊（北京）.1997，1.177～181

平衡生命压抑的审美游戏：张抗抗《情爱画廊》之我见/叶廷芳∥当代作家评论（沈阳）.1997，5.107～111

现实与梦想：关于《情爱画廊》的对话/张抗抗，李潘∥长江文艺（武汉）.1997，1.40～43

传奇《情爱画廊》析/张遇∥小说评论（西安）.1997，1.70～74

何处是方舟：关于《情爱画廊》的对话/云爱，云逮∥文艺评论（哈尔滨）.1997，3.43～47

匮乏之劫与欲望之劫：《情爱画廊》与《廊桥遗梦》比较阅读/严辉∥通俗文学评论（武汉）.1997，4.95～98

张宏森

劳动，一个永恒的命题：访青年作家张宏森/李天旭，王东宏∥作家报（济南）.1997，6.12⑥

真诚地为普通劳动者张目：评长篇小说《车间主任》/云德∥文艺报（北京）.1997，5.29②

热爱劳动、热爱劳动者：记青年作家张宏森的创作心路/李天旭∥文艺报（北京）.1997，5.10①

全靠我们自己：《车间主任》在今天的精神价值/雷达∥文学评论（北京）.1997，5.97～100

当代工业题材的长篇力作：评长篇小说《车间主任》/钱海骅∥人民日报.1997，4.17⑪

张贤亮

访英问答/张贤亮∥文学自由谈（天津）.1996，1.78～81

儒商张贤亮/高嵩∥朔方（宁夏）.1996，3.4～13

张贤亮笔下的劳动妇女形象/田美琳∥宁夏大学学报（银川）.1996，3.79～85

自然空间和心灵空间的矛盾：关于《绿化树》和《烦恼就是智慧》的比较/刘岳华∥朔方（银川）.1996，12.49～52

《我的菩提树》读法几种/谢冕等∥小说评论（西安）.1996，3.32～38

欲望的幻灭：张贤亮论/陈娟∥文艺理论研究（上海）.1997，5.46～54

张贤亮小说语言的诗意美/田美琳∥宁夏大学学报（银川）.1997，4.74～78

张贤亮的直觉艺术/郑万鹏∥宁夏大学学报（银川）.1997，4.66～73

对知识分子理性的剖析和批判：读《我的菩提树》札记/白草∥朔方（银川）.1997，4.57～58

张恨水

论张恨水的诗词创作/宣奉华∥中国新闻学院学报（北京）.1996，2.52～54

文学消费与张恨水小说热/燕世超∥通俗文学评论（武汉）.1996，3.78～81

梦，叙述者、叙事结构：对张恨水《八十一梦》的形式分析/方长安∥通俗文学评论（武汉）.1996，1.63～69

张恨水的诗：张恨水先生逝世三十周年纪念/曾敏之/文艺报（北京）.1999，9.16②

漫论张恨水的小说创作/王敬文∥湖北大学学报（武昌）.1997，3.52～57

试论张恨水的名士才情与市民趣味/张涛甫∥苏州大学学报.1997，3.60～67

论《红楼梦》对《金粉世家》的影响/吴家荣∥红楼梦学刊（北京）.1997，2.181～194

张承志

师生共话张承志：一次学术研讨会纪要/陈淞整理∥湘潭大学学报.1996，1.57～61

张承志：浪漫主义的极致和终结/陈慧∥云南师范大学学报（昆明）.1996，3.45～51

关于张承志的话题/钟闻言∥文艺报（北京）.1996，10.4③

张承志，一个旧理想主义者/张远山∥当代作家评论（沈阳）.1996，1.113～118

文体创造与张承志的小说体诗/李咏吟∥当代作家评论（沈阳）.1996，1.105～112

民间宗教：心灵的寻找与皈依/何清∥文艺争鸣（长春）.1996，3.26～33

从红卫兵到知青的民间转化：张承志创作的民间化趋向研究/何清∥当代作家评论（沈阳）.1996，1.96～104

朝圣的故事或在路上：张承志创作精神描述（上、下）/何向阳∥文艺评论（哈尔滨）.1996，4.38～48；5.56～64

重复与递变：从《金牧场》到《金草地》/高秀芹∥小说评论（西安）.1996，5.41～44

理想主义者的精神探索：评新时期的张承志研究/赵学勇，李秀萍∥兰州大学学报.1997，4.133～139

生命体验与张承志的语言激流/李咏吟//河北师范大学学报（石家庄）.1997，1.71～78，86

张承志：新时期浪漫主义文学的中坚/陈淞//理论与创作（长沙）.1997，4.6～12

意象，为我们掀起文本的面纱：张承志小说艺术一瞥/马丽蓉//中国文学研究（长沙）.1997，4.69～75

张承志新诗艺术形式探析/周小兵//理论与创作（长沙）.1997，6.35～40

张爱玲

乱世才女张爱玲/王珂//文学与人生.1996，3.61～65

诗意飘零：解读张爱玲/赵敬立//当代文坛（成都）.1996，4.44～47

滚滚红尘里的糊涂爱情：张爱玲和胡兰成的乱世之恋/刘勇//名人传记（郑州）.1996，4.52～58

张爱玲婚恋观探析/胡辛//江西社会科学（南昌）.1996，4.55～59

张爱玲家族题材小说简论/谭桂林//聊城师院学报.1996，1.110～114

张爱玲主体心态对其作品的影响/郑孝萍，荀广慧//求是学刊（哈尔滨）.1996，2.93～95

试论张爱玲小说的绘画效果/艾红红，宫永波//广西师范大学学报（桂林）.1996，2.29～33

谈谈张爱玲作品中的女性形象及其女性内审意识/严三九//社会科学家（桂林）.1996，6.57～62

张爱玲与女性写作/毛尖//作品（广州）.1996，2.75～79

失落了家园的人：张爱玲解读/吴青青//福建论坛（福州）.1996，5.58～63

论张爱玲的色彩词语/张家平//上海师范大学学报（哲社报）.1996，3.41～43

张爱玲散文的悲剧意味及其消解/周愉//南通师专学报.1996，1.9～14

一枝独秀　卓然大家：张爱玲《传奇》题材·方法·人物三题/曹建玲，白遂君//华中师大学报（武汉）.1996，4.108～113

探寻人性和"正常的人物的弱点"：《色戒》：张爱玲唯一特工题材小说/刘川鄂//通俗文学评论（武汉）.1996，2.51～56

混杂之美：读张爱玲的香港传奇/艾晓明//中山大学学报（广州）.1996，3.43～48

都市洋场与张爱玲的《传奇》/张鸿声，杨晓平//郑州大学学报.1996，4.104～108

反传奇：重读张爱玲《倾城之恋》/艾晓明//学术研究（广州）.1996，9.81～83

论张爱玲小说《传奇》的悲剧意识/颜小留//汕头大学学报.1996，6.49～54

张爱玲研究五十年述评/王卫平，马琳//学术月刊（上海）.1997，11.88～96

张爱玲论/张均//通俗文学评论（武汉）.1997，2.31～38

审己度人：读张爱玲/舒婷//当代作家评论（沈阳）.1997，3.94～98

世俗爱情　复杂人性　悲剧人生：论张爱玲爱情小说的深刻意蕴/杨梅//湖北大学学报（武汉）.1997，6.98～102

继承与超越：张爱玲对中国现代小说的贡献/林虹//郑州大学学报.1997，6.76～80

苍凉人生：张爱玲的小说世界/石潇纯//中国人民大学学报（北京）.1997，6.78～82

缺失性体验与张爱玲小说创作/余逊涛//扬州大学学报.1997，6.36～40

异态的亲情关系：张爱玲家庭系列小说的一种分析/视亚峰//苏州大学学报.1997，2.86～86

不是传奇的传奇：浅析张爱玲的小说/胡芳//青海社会科学（西宁）.1997，2.75～80

张爱玲的创作和香港文学/颜纯钧//小说评论（西安）.1997，5.19～22

女人的谈天艺术：读张爱玲的《流言》/包晓玲//吉首大学学报.1997，4.81～84

直面人生的悲哀：《倾城之恋》与《香港的情与爱》比较/施萍//南通师专学报.1997，3.34～36

八　画

茅　盾

鲁迅的挚友　不倦的战士/荒煤//人民日报.1996，1.28④

重读《子夜》/郭志刚//文艺报.1996，6.7③

热诚的关怀和鼓励：忆和茅盾交往的二三事//张光年//中国文化报（北京）.1996，6.12④

茅盾文学理论的贡献/庄钟庆//文艺报.1996，6.28③

了解茅盾　认识茅盾/吴福辉//文艺报.1996，6.28③

评说茅盾/桑逢康//中国文化报（北京）.1996，7.3③
纪念茅盾同志　繁荣社会主义文学事业：在上海纪念茅盾诞辰100周年座谈会上的讲话/陈至立//文学报（上海）.1996，7.4②
山高水长：纪念茅盾先生诞辰一百年/阮章竞//中国文化报（北京）.1996，7.5①
茅盾与苏联作家来往散记/高莽//文艺报（北京）.1996，7.5⑥
茅盾启示录：纪念伟大的革命文学家茅盾诞辰一百周年/桑逢康//文艺报（北京）.1996，7.5③
茅公不朽：记茅盾诞辰百周年纪念展/舒乙//人民日报.1996，7.10⑫
倾吐不尽的感情：回忆茅公对我创作的关注和支持/竹林//文学报（上海）.1996，7.11⑧
中外学者共议“茅盾与中国现代文化”：茅盾诞辰百周年国际学术讨论会侧记/马佳//文艺报（北京）.1996，7.12①
茅盾：二十世纪末的解读/孙小宁，杨义…//中国文化报（北京）.1996，7.12③
怀念我师/碧野//光明日报.1996，7.13⑦
怀念茅盾/草明//光明日报.1996，7.18⑦
难以忘却的记忆：忆茅公三章/周明//文学报（上海）.1996，7.18③
茅盾和我/端木蕻良//文艺报（北京）.1996，7.19⑧
茅盾的女性文学批评/金燕玉//文学报（上海）.1996，7.25④
茅盾八部重要作品的评价问题/邵伯周//文艺报（北京）.1996，7.26⑥
《霜叶红似二月花》的续稿和同名电视剧/吴福辉//文学报（上海）.1996，7.25④
茅盾和中国儿童文学/葛翠琳//文学报（上海）.1996，8.1②
抗战时茅盾鸿迹琐忆/丁之翔//文学报（上海）.1996，8.8②
茅盾先生的“批注”/舒乙//文学报（上海）.1996，10.10④
茅盾的晚年生活（5）（6）（7）（8）/韦韬，陈小曼//新文学史料（北京）.1996，1.65~77；2.93~107；3.106~116；4.60~71
论茅盾的政治观：茅盾的文化观之一/李广德//湖州师专学报.1996，3.1~12
生命如歌：读《茅盾　孔德沚》/李向辉//甘肃社会科学（兰州）.1996，1.83~85
革命文艺与小资产阶级：茅盾与创造社、太阳社论争的焦点/贺雪飞//宁波大学学报.1996，1.8~12
茅盾及其文学与现代文化心理例说/李广德//湖州师专学报.1996，2.43~51
难以忘却的记忆/孙中田//新文学史料（北京）.1996，2.26~29
茅盾答问实录/庄钟庆//新文学史料（北京）.1996，2.15~25
回忆茅盾先生二三事/范泉//新文学史料（北京）.1996，2.9~14
步循先驱　聆听教诲/万树玉//新文学史料（北京）.1996，2.37~42，107
新发现的茅盾给任何的两封信/陈辽//新文学史料（北京）.1996，2.43~45
我与茅公在文革中的通信/宋谋玚//黄河（太原）.1996，2.181~187
表现时代　解释时代　推动时代：茅盾散文略论/王建中//绥化师专学报.1996，2.12~18
林家铺子：旧中国乡镇商业经济的基本模式/魏洪丘//上饶师专学报.1996，2.50~54
继承茅盾的文学遗产：纪念沈老师诞辰一百周年/赵明//新文学史料（北京）.1996，2.30~36
《红楼梦》对茅盾小说创作的影响/刘锋杰//安徽教育学院学报（合肥）.1996，2.44~47
论茅盾文学活动的理性精神/周成平//徐州师院学报.1996，2.86~89
茅盾艺术技巧的外来影响/刘焕林//社会科学家（桂林）.1996，3.27~32
概念淹没的白杨：重评茅盾的《白杨礼赞》/郝宇民//名作欣赏（太原）.1996，3.106~109
茅盾建国后文学批评评说/罗守让//求索（长沙）.1996，3.105~107
论茅盾的教育观：茅盾的文化观之二/钱威//湖州师专学报.1996，3.23~30
大师茅公与秦地文学：纪念茅盾诞辰100周年/李继凯//陕西师范大学学报（西安）.1996，3.74~80
为纪念茅盾先生诞辰一百周年而作/姚雪垠//文艺理论与批评（北京）.1996，3.38~50
论茅盾的文艺观：茅盾的文化观之二/徐越化//湖

州师专学报.1996，3.13～22
茅盾与新文学的进程/李岫//文学评论（北京）.1996，3.24～33
茅盾与鲁迅/陈锐锋//贵州师范大学学报（贵阳）.1996，3.47～50
新发现茅盾（沈雁冰）致胡适四封信：茅盾从新浪漫主义向写实主义转变的契机/沈卫威//河南大学学报（开封）.1996，3.88～90，22
茅盾与现代文学批评/温儒敏//文学评论（北京）.1996，3.11～23
论茅盾早期的自然主义抉择/刘承记//信阳师院学报.1996，4.71～74
论茅盾艺术思维理论的现代品格与独创性价值/王嘉良//浙江学刊（杭州）.1996，4.5～10
论茅盾的道德观：茅盾的文化观之四/李广德//湖州师专学报.1996，4.44～53
论茅盾的哲学观：茅盾的文化观之五/徐越化//湖州师专学报.1996，4.54～60
茅盾与鲁迅传统文化渊源与文化性格之异同/吴国群//浙江学刊（杭州）.1996，4.16～20
茅盾对新中国文学的伟大贡献/祁大慧//新疆社科论坛（乌鲁木齐）.1996，4.60～64
茅盾三十年代艺术特征的历史与美学深度/周可//浙江学刊（杭州）.1996，4.11～15
误读现象与茅盾研究/孙中田//江海学刊（南京）.1996，4.167～170
从《子夜》看茅盾的左拉影响与独创性/方正//社会科学家（桂林）.1996，5.51～61
论茅盾的小说创作并非主题先行/黄泽佩//文艺理论与批评（北京）.1996，5.50～56
被文化暴力"客观女性化的吴荪甫"：对20世纪中国文学或第三世界文学的一种文本描述/曾煜//文艺争鸣（长春）.1996，5.74～78
《霜叶红似二月花》与40年代小说/孙中田//东北师大学报（长春）.1996，5.61～66
吴荪甫典型性辨析：纪念茅盾诞辰100周年/陈开鸣//贵州文史丛刊（贵阳）.1996，5.1～5
从兵学文化视点对赵伯韬形象的阐释：纪念茅盾先生诞辰一百周年/欧秀岚//内蒙古社会科学（呼和浩特）.1996，6.47～51
《子夜》新论/程丽蓉//四川师范学院学报（南充）.1997，1.31～35
茅盾的晚年生活（九）/韦韬，陈小曼//新文学史料（北京）.1997，1.121～137
转折期的精神浮沉与演进：茅盾写作《从牯岭到东京》前后思想透视/丁柏铨//江苏社会科学（南京）.1997，1.132～139
茅盾与云南少数民族作家/陈思清//云南民族学院学报（昆明）.1997，1.89～93
中国文学的现代化与茅盾"为人生"的文学主张：论茅盾在东西古今文化撞击中的心态与选择/赵开泉//西北师大学报（兰州）.1997，1.79～85
通俗化、大众化、中国化与现实主义：论茅盾在抗战文学中的贡献/刘国清//南昌大学学报.1997，1.98～103
《农村三部曲》乡土文学品格初探/余海鹰//韩山师范学院学报（潮州）.1997，1.58～63
茅盾对象征主义的评介/尹康庄//吉林大学社会科学学报.1997，2.40～45
"尴尬年龄"时期小说主题学：再评《蚀》与《野蔷薇》/孙飞龙//名作欣赏（太原）.1997，2.31～34
一个人与世纪文学：评钟桂松的《茅盾传》/李咏吟//当代作家评论（沈阳）.1997，2.54～56
现实主义：值得深长思索的历史命题：读史瑶的《论茅盾的小说艺术》/王嘉良//浙江学刊（杭州）.1997，2.80～82
茅盾小说：社会人生的艺术再现/杜显志//郑州大学学报.1997，3.109～113
欧洲神话在茅盾小说中的投影/刘焕林//广西师范大学学报（桂林）.1997，4.44～49
茅盾现实主义理论流变概况/李标晶//赣南师范学院学报（赣州）.1997，4.18～20
茅盾研究二题/黄彩文//河北师范学院学报（石家庄）.1997，4.34～42
茅盾早期的新女性观/翟耀//齐鲁学刊（曲阜）.1997，4.27～33
试论《春蚕》的经济认识价值/魏洪丘//上饶师专学报.1997，5.83～87
一部抗战文学知识妇女主题的独特作品：论茅盾的《腐蚀》/陈开鸣//贵州社会科学（贵阳）.1997，6.61～65

林　白

心灵的守望与诗性的飞翔：林白访谈录/林舟，齐红//花城（广州）.1996，5.126～132

从一位女作家的遭遇谈起/艾春//文学自由谈（天津）.1997，5.54~58
林白：在感觉叙事中飞翔/张洪德/南方文坛（南宁）.1997，3.15~17
女性的故事：林白的女性小说写作/孟繁华//作家（长春）.1997，3.78~80
在禁忌的门槛上：私人经验和公共话语：林白小说略论/王宏图//南方文坛（南宁）.1997，3.12~14
林白小说：女性欲望的叙事/荒林//小说评论（西安）.1997，4.11~15
花开花落水自流：论林白小说的女性特征/董丽敏//社会科学（上海）.1997，10.56~60

林语堂

近几年林语堂研究述评/王兆胜//社会科学战线（长春）.1996，1.253~260
幽默：中西文化合流与社会进步：为纪念林语堂诞辰100周年而作/张培华，李德明//山西大学学报（太原）.1996，1.8~14
读林语堂的《辜鸿铭》/高健//名作欣赏（太原）.1996，2.68~70，67
林语堂的"性灵说"/江震龙//福建师范大学学报（福州）.1996，3.33~39
反智主义与林语堂文化理想的人文偏至/周可//河北学刊（石家庄）.1996，4.65~69
论林语堂对中西文化交流的贡献/廖小云//青海师范大学学报（西宁）.1996，4.68~73
"到底是前进的"：评林语堂倡导小品文/刘炎生//广东社会科学（广州）.1996，6.122~127
从多重"回归"现象看林语堂/万平进//福建学刊（福州）.1997，1.59~64
紧紧贴近人生本相：林语堂的人生哲学/王兆胜//中国文学研究（长沙）.1997，3.57~66
林语堂的中西文化观/戴从容//福建师范大学学报（福州）.1997，3.52~59
走出现代化的"迷思"：析林语堂文化观念中的一个核心命题/周可//广东社会科学（广州）.1997，4.131~136
家长与丈夫：《林语堂三部曲》人物论之一/朱东宁//北方论丛（哈尔滨）.1997，5.86~90，101
科学与人文：林语堂的两个文化世界/陈旋波//江海学刊（南京）.1997，5.175~181
边缘的文化叙事：林语堂散文的解构性/李勇//江淮论坛（合肥）.1997，6.85~89
林语堂"对外讲中"思想方法初论/林继中//福建论坛（福州）.1997，6.8~12
向西方宣传中国文化的一部重要著作"评林语堂的《吾国与吾民》/刘炎生//华南师范大学学报（广州）.1997，6.95~101
林语堂和鲁迅"国民性探讨"比较论/朱双一//学术研究（广州）.1997，8.87~90

郁达夫

论郁达夫小说创作个性的形成及渐变之原因/王保义//徐州师院学报.1996，1.65~68
沉沦与救赎：试论郁达夫小说中的情欲描写/陈望衡//浙江大学学报（杭州）.1996，1.83~89
郁达夫与佐藤春夫/郁嘉玲//黄河（太原）.1996，1.162~168
母与子：哀怨交并　亲情两伤：郁达夫个性心理研究之一/袁庆丰//上饶师专学报.1996，1.45~49
郁达夫与我婚变的经过/王映霞//红豆（南宁）.1996，2.35~43
同一起点的不同道路：郁达夫、张资平之比较/宋聚轩//齐鲁学刊（曲阜）.1996，3.35~39
郁达夫与王尔德/沈绍镛//文艺理论与批评（北京）.1996，4.96~102
郁达夫与"伊人的母亲"/袁庆丰//江海学刊（南京）.1996，5.162~168
论郁达夫小说中的"零余者"：兼与鲁迅小说中的"孤独者"比较/张鸿声//中州学刊（郑州）.1996，6.93~98
略谈海外的郁达夫研究/张均//文艺报（北京）.1996，9.13③
郁达夫情断南洋/葛伟//东海（杭州）.1996，12.72~82
半个多世纪郁达夫研究述评/黄爱华//学术月刊（上海）.1996，12.92~97，109
从"小我"走向"大我"：郁达夫先生百年祭/邓牛顿//文学报（上海）.1996，12.26④
走向"理想主义"的沉沦：郁达夫小说剖析/郝明工//重庆师院学报.1997，1.30~38
孤傲独立的零余者：郁达夫与劳伦斯比较之三：小说中的人物塑造/毛信德//上海师范大学学报.1997，1.85~88

从种族革命的悲壮到民族歧视的哀愤：论郁达夫早期的爱国主义思想/蒋成德//宁德师专学报.1997，1.40~45

郁达夫早年生活经历及其个性心理研究引论/袁庆丰//华东师范大学学报(上海).1997,1.86~91

试论郁达夫小说的“忧郁美”/博玫//江西社会科学（南昌）.1997，2.82~85

《郁达夫诗词集》中“春江钓徒”诗作者献疑/沈慧君//安徽师范大学学报（芜湖）.1997，2.199~200

“返归自然”在郁达夫文学创作中的进步意义/黄川//新疆师范大学学报（乌鲁木齐）.1997，2.37~40

生命的涌动与“沉沦”：郁达夫小说性爱主题的人文意义/郝亦民//河北学刊（石家庄）.1997，2.58~60

《郁达夫日记》残片中的鲁迅/丁言昭//鲁迅研究月刊（北京）.1997，2.66~69

读出作者的灵魂和价值：试论郁达夫的散文/葛乃福//吉首大学学报.1997，3.91~93

论日本文学对郁达夫创作的影响/蔡伟清//汕头大学学报.1997，3.43~50

简论郁达夫小说创作对新文学的贡献：纪念郁达夫诞辰一百周年/李标晶//江淮论坛（合肥）.1997，3.101~106

试论郁达夫小说中的日本形象/申洁玲//广东社会科学（广州）.1997，3.119~124

性爱描写的尺度/桑逢康//理论与创作（长沙）.1997，3.20~27

从“自我表现”到反“异化”：郁达夫文学及小说主题阐释/赵海彦//甘肃社会科学（兰州）.1997，3.65~68

简评郁达夫诗歌中的爱国主义精神/杨时芬//贵州民族学院学报.1997，3.51~55

永恒的感情：郁达夫尊崇鲁迅事迹评述/刘炎生//鲁迅研究月刊（北京）.1997，5.52~61

郁达夫：私小说和“他——叙事”/李杭春//理论与创作（长沙）.1997，5.32~35

关于郁达夫的后期小说创作/李玉明//齐鲁学刊（曲阜）.1997，5.17~22

郁达夫小说的四重楼台/马云//郑州大学学报.1997，6.70~75，80

“观察自己的伤痛”：重读郁达夫/朴明淑//雨花（南京）.1997，8.78~80

欧阳山

一部完整的史诗式作品/梵杨//文艺理论与批评（北京）.1996，2.59~63

略论《一代风流》的大众化美学特征/郭正元//文艺理论与批评（北京）.1996，2.31~36

气质　风度　美及其他：论欧阳山《一代风流》的周炳/李天平//文艺理论与批评（北京）.1996，2.37~43

塑造典型人物是衡量小说得失的重要标尺：欧阳山《一代风流》典型性格座谈会纪要/陈衡//中山大学学报（广州）.1996，2.111~113

风云世纪风流人：《一代风流》读后/涂途//临沂师专学报.1996，4.53~59

罗高林

宏篇谱曲颂伟人：读长诗《邓小平》/张厚明//光明日报.1997，3.1⑥

大气豪情颂伟人：读长诗《邓小平》/杨华//文艺理论与批评（北京）.1997，6.57~60

一部感受世纪伟人形象熠熠生辉的长篇政治抒情诗：在“迎回归：长诗《邓小平》研讨会”上的讲话/翟泰丰//文艺报(北京).1997,7.8①

长韵深情颂伟人：再读长诗《邓小平》/祁向东//长江文艺（武汉）.1997，11~12

周　扬

论新时期周扬的文艺思想/庄锡华//北京社会科学.1996，1.19~25

谈周扬：张光年、李辉对话录/张光年，李辉//新文学史料（北京）.1996，2.46~56

“建立中国自己的马克思主义理论和批评”：周扬文艺思想述评/岳凯华//中国文学研究（长沙）.1997，2.67~73

周扬与中国式的文艺批评/缪俊杰//理论与创作（长沙）.1997，3.33~40

从亭子间到土窑洞：三、四十年代周扬的文艺思想/王培元//文艺理论研究（上海）.1997，5.40~45

周　涛

周涛：半个胡儿/王绯//解放军文艺（北京）.1996，3.97~101

微醺的诗意：《中华散文珍藏本·周涛卷》印象/北

野//中国西部文学.1996，11.91～94

寻找栖息的家园：周涛散文论/蔡兴水//新疆师范学院学报（乌鲁木齐）.1997，4.46～50

我读周涛/谷闰//西北军事文学（兰州）.1997，5.113～116

他放牧着五千汉字/谷闰//中国西部文学（乌鲁木齐）.1997，8.34～37

周大新

论周大新小说的人物形象内涵/程玥//理论学刊（济南）.1996，5.89～91

周大新：在新的台阶上/张志忠//文艺报.1996，5.3②

关于长篇小说《格子网》的通信/周政保，周大新//文艺报.1996，11.1⑧

周大新的仇恨故事/张达//小说评论（西安）.1997，2.54～57

论周大新小说创作的审美底蕴/曹书文//河南师范大学学报（新乡）.1997，3.70～73

周立波

周立波短篇小说美学意蕴初探/李仕中//理论与创作（长沙）.1996，1.37～40，43

周立波对报告文学名著的翻译与研究/丁晓原//理论与创作（长沙）.1997，1.34～37

周立波：民间文化主流意识形态/刘洪涛//文艺理论研究（上海）.1997，3.79～85

周作人

周作人的佛禅意识与小品散文创作/胡绍华//华中师大学报（武昌）.1996，1.106～111

寻找童年的小摇车：周作人与儿童文学/罗兴萍//天津社会科学.1996，1.69～72

关于周作人研究的几点批评/王福湘//学术研究（广州）.1996，2.72～77

周作人为什么会当汉奸/袁良骏//光明日报.1996，3.28⑦

文化批评的历史性原则：从近期的周作人研究谈起/解志熙//中州学刊（郑州）.1996，4.76～87

论周作人散文风格的形成/杜春海//赣南师范学院学报（南昌）.1996，4.19～21，25

文体、材料、趣味、个体：以周作人为代表的中国现代小品文与日本写生文比较观/王向远//鲁迅研究月刊（北京）.1996，4.55～60

周作人与永井荷风：周作人与日本文学/高恒文//鲁迅研究月刊（北京）.1996，6.62～67

《周作人晚年书信》编者前言/鲍耀明//鲁迅研究月刊（北京）.1996，9.64～65

周作人散文理论爬梳/霍秀全//北京社会科学.1997，2.149～155

庄严与无耻，伟大与卑鄙：为纪念鲁迅而谈周作人/何满子//作品与争鸣（北京）.1997，2.73～75

二三十年代周作人文学思想论析/胡有清//南京大学学报.1997，2.86～94

周作人散文“平淡”风格的文体学分析/李旭//广东社会科学（广州）.1997，4.108～114

起怀旧之思　传人情之微：周作人散文《娱园》赏析/郭剑卿//名作欣赏（太原）.1997，5.47～49

“闲话事件”的前前后后/曹震//黄河（太原）.1997，5.169～180

论周作人与基督教文化/杨剑龙//鲁迅研究月刊（北京）.1997，6.40～49

金　庸

论金庸的十部武侠小说：兼及台港武侠小说的求新求变（上、下）/王汝清//临沂师专学报.1996，1～2.72～78

论金庸小说的现代精神/严家炎//文学评论（北京）.1996，3.56～64

对《笑傲江湖》的两种拆解：电影的与小说的/刘文江//东方丛刊（桂林）.1996，3.219～231

金庸小说与中华民族文化心理批判/安凌//新疆大学学报（乌鲁木齐）.1996，4.93～97

金庸小说随笔/黄立华//通俗文学评论（武汉）.1997，1.76～77

论金庸小说与新神话创作/鞠继元//通俗文学评论（武汉）.1997，1.62～68

论金庸小说的情节艺术/严家炎//通俗文学评论（武汉）.1997，1.69～75

金庸小说的文化品位/孔庆东//通俗文学评论（武汉）.1997，1.56～61

金庸小说创作的思想历程/严伟英//通俗文学评论（武汉）.1997，1.39～55

金庸小说十谈（选二）/杨兴安//通俗文学评论（武汉）.1997，1.83～93

金庸的产生及其意义/陈墨//通俗文学评论（武汉）.1997，1.8～18

一场静悄悄的文学革命：在查良镛获北京大学名誉教授仪式上的贺辞/严家炎//通俗文学评论（武汉）.1997，1.5～7

由“笑傲金庸”谈起：驳武侠文化及暴力流氓文化论/孙勇进//通俗文学评论（武汉）.1997，1.19～24

三会金庸/沈西城//通俗文学评论（武汉）.1997，1.25～32

金庸的两个世界/黄书泉//通俗文学评论（武汉）.1997，1.33～38

“金学”的四个相关学科/丁进//通俗文学评论（武汉）.1997，1.95～98

香港的“金学”研究/古远清//通俗文学评论（武汉）.1997，1.99～104

从文化视角看金庸：金庸小说笔谈一组/萧映…//通俗文学评论（武汉）.1997，1.111～128

后风格错觉与语言致幻剂：金庸武侠小说三重解读/周泉//通俗文学评论（武汉）.1997，2.107～114

“民族—国家”主题的多重寓意：解读金庸小说的一个侧面/宋伟杰//通俗文学评论（武汉）.1997，2.115～122

关于金庸研究的一点思考/朱国华//文艺评论（哈尔滨）.1997，3.48～54

河海不择细流，故能就其深：金庸“射雕三部曲”和唐传奇剑侠小说的承继关系/朱明秋//广西教育学院学报（南宁）.1997，3.18～23

金庸小说叙事与民间文化理想/李咏吟//杭州大学学报.1997，4.94～99

金庸：从大众读者走进学术讲坛：杭州大学金庸学术研讨会综述/鉴春//杭州大学学报.1997，4.78～85

文学现代性进程与金庸小说的精神构建：兼谈武侠小说的“后金庸”问题/吴秀明，陈择纲//杭州大学学报.1997，4.86～93

《鹿鼎记》：成年人童话的消解：兼论金庸的现实主义倾向/陈建新//杭州大学学报.1997，4.100～105

论《书剑恩仇录》/冯其庸//北京师范大学学报.1997，5.66～73

论金庸武侠小说创作过程中的重要转变/卢敦基//杭州大学学报.1997，6.92～95

季 仲

为当代“大禹”立传：评季仲长篇小说《沿江卜普赛人》/林焱//福建文学（福州）.1996，4.62～64

倾心的赞美与深沉的忧思：漫析《沿江吉普赛人》/戈戎//福建文学（福州）.1996，4.59～61

进行曲中的变奏：读季仲长篇小说《沿江吉普赛人》/许怀中//福建文学（福州）.1997，2.62～64

时代风貌与文化品格：读《沿江吉普赛人》/何镇邦//当代作家评论（沈阳）.1997，2.121～123

两种现实之间/南帆//当代作家评论（沈阳）.1997，2.118～120

崇高形象和生命哲学：评季仲的长篇小说《沿江吉普赛人》/孙绍振//当代作家评论（沈阳）.1997，2.111～117

废 名

交响东西方传统，走向世界文学：废名综论/饶嵎//福建论坛（福州）.1996，1.32～35

树荫下与驴背上：论废名创作的两个时期/张可喜//河北学刊（石家庄）.1996，2.53～57

废名小说论/李关元，葛红兵//海南师院学报（海口）.1996，3.37～40

“画梦”和“写实”的艰难选择：废名小说创作的困惑/李文平//重庆师院学报.1997，1.39～45

废名的小说艺术/冯健男//文艺理论研究（上海）.1997，3.71～78

对中国传统诗现代性的呼唤：废名关于新诗本质及其与传统关系的思考/孙玉石//烟台大学学报.1997，2.3～12，32

九 画

胡 风

没有忘却的记忆：回忆我的父亲胡风/晓谷//新文学史料（北京）.1996，1.126～137，205

论胡风的报告文学观/丁晓原//文艺研究（北京）.1996，4.110～117

“胡风”第一枝：读《胡风文艺思想新论》/吉彦波//甘肃社会科学（兰州）.1996，5.55～56

风雨中的雕像：关于胡风的随感/李辉//收获（上海）.1996，6.98～110

胡风与冯雪峰/支克坚//甘肃社会科学（兰州）.1996，6.42～47

忆胡风/叶君健//文学报（上海）.1996，8.8④

论胡风对“五四”新文艺的认识与评价/庄锡华//中州学刊（郑州）.1997，2.75～81

胡风的回答：1948年9月/钱理群//文艺争鸣（长春）.1997，5.53～61

从“宗派主义”到“反革命集团”：我所记得的有关胡风冤案“第一批材料”及其他/叶遥//文艺报（北京）.1997，6.29④

胡　适

五四留给胡适的历史记忆/沈卫威//徽州社会科学（黄山）.1996，1.48～53

胡适《尝试集》对新诗的贡献/谢昭新//安徽师大学报（芜湖）.1996，1.81～87

胡适的治学方法论及其他/郭豫适//学术月刊（上海）.1996，1.90～93

新文化运动中胡适与钱穆文学观之比较/印永清//华东师范大学学报（上海）.1996，1.67～71

胡适思想与易卜生主义/吴二持//广东鲁迅研究（广州）.1996，2.14～20

胡适与五四道德革命/施炎平//华东师范大学学报（上海）.1996，3.26～32，42

胡适“诗体解放”论的文学史意义/许霆//文艺理论研究（上海）.1996，3.67～72

论胡适的戏剧观与戏剧创作/祖芳宏，谢昭新//安徽教育学院学报（合肥）.1996，3.40～43

胡适与“文学革命”：就胡适研究与沈永宝商榷/钟扬//文艺报（北京）.1996，4.5③

胡适的白话文学观与中国俗文学传统/郑战兵，马宏柏//北京社会科学1996，4.70～78

论胡适诗派/步大唐//四川大学学报（成都）.1996，4.44～49

略论胡适的文学思想及其相关性/伍世昭//湘潭大学学报.1996，4.65～68

“顺着自然的趋势，再加上人力的督促”：在世纪之末看“五四”中的胡适/王文英//社会科学（上海）.1996，5.57～61

答钟扬的《胡适与“文学革命”》/沈永宝//文艺报（北京）.1996，6.21③

论胡适与初期白话诗/祝小平，罗振业//绥化师专学报.1997，3.6～9

也谈胡适与新文学运动/徐改平//甘肃社会科学（兰州）.1997，3.69～72

胡适小说研究中的“美意识”/刘锋杰//江淮论坛（合肥）.1997，3.86～94

胡适的中国传统文化观/李效增//齐鲁学刊（曲阜）.1997，4.18～22

胡适早期的文学美学思想（上）（续）/洪树林//徽州社会科学（黄山）.1997，2.46～56；.1997，4.48～56

收敛和放纵：论胡适与“意象诗派”之关系/童炜钢//上海师范大学学报.1997，4.109～113

胡小胡

太阳雪下的悲歌：读胡小胡的长篇新作《太阳雪》兼及其他/潘凯雄//当代作家评论（沈阳）.1997，4.80～85

《太阳雪》：颇具新意的女性形象/牛玉秋//当代作家评论（沈阳）.1997，4.87～88

胡小胡先生的《太阳雪》/胡平//当代作家评论（沈阳）.1997，4.86～87

《太阳雪》——浪漫气质与悲剧精神：评胡小胡长篇小说《太阳雪》兼及当下小说的现实主义精神/傅汝新//文艺报（北京）.1997，5.20②

柯　岩

她有一颗赤子心：贺《柯岩文集》出版/李希凡//文艺理论与批评（北京）.1996，6.73～75

醒着的作家：一名军人心目中的柯岩/程积//文艺报（北京）.1996，8.2②

诗人，你并未白白苦吟：论柯岩精神和她的艺术/贾漫//文艺报（北京）.1996，9.27②

在柯岩作品研讨会上的讲话/翟泰丰//文艺报（北京）.1996，9.27①

永握忠于生活的笔：记著名女作家、诗人柯岩/李相//北京日报.1996，11.1⑦

柯岩创作的艺术世界/陈昌本//人民日报.1996，10.4⑪

燃烧的火把：读《柯岩文集·第四卷·诗》/杨子敏//诗刊（北京）.1996，12.52～54

众里寻她千百度：从青年的视角读解柯岩/阎延文//文艺理论与批评（北京）.1997，1.84～87

柯岩的小说：献给世界的爱/郭志刚//社会科学战线（长春）.1997，6.122～125

赵　熙

黄土地文化的超越/杨云峰//文艺报（北京）.1996，1.26②

狼坝世界：王朝末期的社会缩影：长篇小说《狼坝》小论/李星//小说评论（西安）.1996，3.39~42，92
乱世风流与道家情怀：读赵熙长篇小说《狼坝》/张丕让//小说评论（西安）.1996，3.43~46
《狼坝》：民间历史观的反映/王仲生//文论报.1996，10.15②
太白山里有真金：听赵熙谈深入生活/贺绍俊//文艺报（北京）.1996，5.10①
民间视野的风景：评赵熙的长篇小说《狼坝》/王仲生//小说评论（西安）.1997，2.58~61

赵树理

清醒而真实地看取人生：论赵树理创作的现实主义品格/彭瑞琪//贵州教育学院学报（贵阳）.1996，1.29~32
反映农村合作化运动文学作品评价的再认识：兼评赵树理的《三里湾》/韩旺辰//山西大学学报（太原）.1996，2.58~63
赵树理小说的语言艺术/王殿洪//天津师大学报.1996，2.69~74
对话与潜对话："山西省高校纪念赵树理诞辰90周年暨学术研讨会"述评/肖力//通俗文学评论（武汉）.1996，3.124~127
从三仙姑、小飞蛾人物塑造看赵树理伦理道德观的发展/陈兴//山西师大学报（临汾）.1996，3.57~60
赵树理、周克芹创作比较论/袁曙霞//贵州教育学院学报（贵阳）.1996，3.6~13
赵树理、浩然之比较/李辉//文学自由谈（天津）.1996，4.89~92
莫把绰号等闲看：重读赵树理小说有感/郜忠武//通俗文学评论（武汉）.1996，4.116~120
论晋东南地域文化与赵树理文学观念之联系：赵树理与中国传统文化研究之一/李仁和//通俗文学评论（武汉）.1996，4.121~128
可说性本文的成败得失：对赵树理小说叙事模式、传播方式和接受图式的再思考/赵勇//通俗文学评论（武汉）.1996，4.107~115
赵树理的文化选择/赵秋生//黄河（太原）.1996，6.91~96
谈赵树理创作的农村"情结"/李士德//社会科学战线（长春）.1996，6.179~183
赵树理笔管里流着鲁迅的血/董大中//北岳风（太原）.1997，1—2.49~59

赵德发

长篇小说《缱绻与决绝》研讨会纪要/蓝强//中华文学选刊（北京）.1997，5.188~190
一部描写土地并像土地一样浑厚凝重的力作：长篇小说《缱绻与决绝》研讨会纪要/何启治//小说评论（西安）.1997，5.83~87
人类法理精神的文学颂歌：评赵德发的长篇新作《缱绻与决绝》/翁寒松//当代（北京）.1997，6.202~207
读《缱绻与决绝》所想到的/牛玉秋//作家报（济南）.1997，8.28③

闻一多

闻一多文化观的发展/黎风//唐都学刊（西安）.1996，1.66~71
论闻一多的爱情与传统文化/刘席珍//吉首大学学报.1996，3.34~38
闻一多诗美文化管窥/王木青//安徽大学学报（合肥）.1996，5.83~87
现代诗学的丰碑：论闻一多的诗学理论/张德厚//求是学刊（哈尔滨）.1996，5.70~74
《渔阳曲》悬解：从一首诗窥测一位诗人的文化心态/江锡铨//贵州社会科学（贵阳）.1997，1.48~55
执着于美的追求：论闻一多的《红烛》与济慈的诗/贺雪飞//宁波大学学报.1997，2.8~15
闻一多的文学史模式/林继中//文艺理论研究（上海）.1997，2.27~34
闻一多幻象说初探/张静琴//贵州师范大学学报（贵阳）.1997，2.66~68，106
一道深潜的美学思维轨迹：从《律诗底研究》到《诗的格律》/俞兆平//厦门大学学报.1997，3.71~74
闻一多新诗渊源初探/沈红，华鄂//上海师范大学学报.1997，3.66~71
闻一多不断发展的新诗理论/南治国//中国比较文学（上海）.1997，3.106~114
中国戏剧独白体新诗的范例：解读闻一多《天安门》和卞之琳《酸梅汤》/许霆//文艺理论研究（上海）.1997，4.79~84
闻一多诗作新论/荣光启，廖述毅//广西师范大学学报（桂林）.1997，4.50~55

施蛰存

期待中国文学与世界文学交融:访著名学者施蛰存/张英//山花(贵阳).1996,1.71~73

施蛰存研究述评/黄德志//徐州师院学报.1996,4.94~98

施蛰存历史题材小说创作论/黄德志//上海师范大学学报.1997,3.61~65

精神家园的寻求与失落:施蛰存乡村题材小说论/黄德志,沈玲//徐州师范大学学报.1997,4.126~128

十 画

莫 言

百年屈辱,百年荒唐:《丰乳肥臀》的文学史价值质疑/唐韧//文艺争鸣(长春).1996,3.70~74

上官鲁氏的悲剧:《丰乳肥臀》人物浅析/中颉,付宁//当代文坛(成都).1996,4.57,59

文学的失落:兼评莫言的长篇小说《丰乳肥臀》/陈一水//名作欣赏(太原).1996,4.35~41,23

视觉的瘫痪:评《丰乳肥臀》/彭荆风//文艺理论与批评(北京).1996,5.89~92

对《丰乳肥臀》提出尖锐批评/滇人//文学报(上海).1996,5.30①

母神崇拜与"肥臀情结":读莫言的《〈丰乳肥殿〉解》刘蓓蓓,李以洪//文艺批评(哈尔滨).1996,6.48~53

《万延元年的足球队》与《红高粱家族》比较/沈小明//福建论坛(福州).1996,6.55~57

影响和汇合:《丰乳肥臀》的解构主义解读/金衡山//国外文学(北京).1997,1.89~94

作家要重视作品的社会效果:评《丰乳肥臀》/林爱民//广西社会科学(柳州).1997,2.106~109

心灵的游历与归途:莫言访谈录/林舟//花城(广州).1997,3.177~184

夏 衍

长相思/程季华//电影艺术(北京).1996,1.4~8

夏衍同志二三事/魏绍昌//新文学史料(北京).1996,1.122~125,154

夏公,是一本大书/露菲//新文学史料(北京).1996,1.116~121

钱塘之子:《夏衍传》第一章/陈坚,陈抗//江南(杭州).1996,2.145~161

夏衍剧作艺术片论/李江//青海师范大学学报(西宁).1997,1.92~95

夏衍在上海/汪天云//小说界(上海).1997,4.113~132

一路高歌向太阳:夏衍简论三题/卢风//广西社会科学(柳州).1997,5.102~106

顾 城

论顾城悲剧的文学意义/黄春芳//广西社会科学(南宁).1996,2.108~110,94

关于顾城的死/梅文英//牡丹江师范学院学报.1996,4.35~36

顾城诗审美心理结构三模式/吴晟//江西社会科学(南昌).1996,9.52~56

童话诗人:别无选择的定位:论顾城的创作心理/张捷鸿//齐鲁学刊(曲阜).1997,4.34~40

顾城后期诗歌艺术形式分析/伍方斐//学术研究(广州).1997,7.74~78

格 非

智慧的警觉:格非访谈录/林舟//花城(广州).1996,1.20~24

格非与当代长篇小说/张柠//当代作家评论(沈阳).1996,2.4~10

最后一个浪漫时代:我读《欲望的旗帜》/谢有顺//当代作家评论(沈阳).1996,2.11~20

《欲望的旗帜》:反讽与对话/沈嘉福//当代作家评论(沈阳).1996,2.21~26

"布"的分析:《欲望的旗帜》的一种解读/倪伟//当代作家评论(沈阳).1996,4.16~21,28

欲望的旗帜与诗学难题/张柠//上海文学.1996,11.70~74

超越与澄明:格非长篇小说《边缘》解读/吴义勤//小说评论(西安).1996,6.19~23

锦瑟无端五十弦:试论格非小说中的时间与记忆/何涛//山花(贵阳).1996,7.64~68

文人的放纵与人文的失落/吕同聚//小说评论(西安).1997,4.74~76

时间炼金术:格非小说的几个主题/张闳//当代作家评论(沈阳).1997,5.55~62

秦 牧

忆秦牧/王伟轩//文艺报(北京).1996,3.1⑦

秦牧儿童文学创作中的悲剧因素/陆环//文艺报.1997，8.5③

从“战士”到“教师”的秦牧/单小海//文学自由谈（天津）.1997，4.49~54

土地、船、花：秦牧的散文世界/黄景忠//文艺理论与批评（北京）.1997，3.78~82

论秦牧散文的哲理意蕴/金红//沈阳师范学院学报.1997，4.20~23

秦文君

时代渴望更多的儿童文学精品：北京上海分别举办秦文君作品研讨会//文艺报（北京）.1996，6.7①

秦文君《男孩首领》漫议/周晓//文艺报（北京）.1996，6.28⑥

《男生贾里》、《女生贾梅》的启示意义/汤锐//文艺报（北京）.1996，6.28⑥

走进十四岁的心灵：读《男生贾里》、《女生贾梅》随想/孙武臣//文艺报（北京）.1996，6.28⑥

新时期少年儿童的心灵之歌：读秦文君的《男生贾里》《女生贾梅》/樊发稼//文艺报（北京）.1996，6.28⑥

贾平凹

贾平凹答问录/贾平凹，陈泽顺//文学自由谈（天津）.1996，1.82~89

答陈泽顺先生问/贾平凹//小说评论（西安）.1996，1.11~15

贾平凹神秘心理图式探源/崔志远//河北师院学报（保定）.1996，4.68~74

贾平凹作品超常重叠词探析/钟玖英//赣南师范学院学报（南昌）.1996，3.44~48，81

独标高格的创造与背反的律动：重评贾平凹的创作/张景超//文艺评论（哈尔滨）.1996，4.49~54

神秘与现实之间：论贾平凹的小说创作/刘荣林，张明//新疆社科论坛（乌鲁木齐）.1996，1.66~69，3

烦恼即菩提：有意选择而无力解脱：读贾平凹长篇小说《白夜》/石杰//唐都学刊（西安）.1996，1.79~82

从《废都》到《白夜》/旷新年//小说评论（西安）.1996，1.16~19，15

说不尽的《废都》：贾平凹文化心态谈片/党圣元//小说评论（西安）.1996，1.23~27

《废都》与《金瓶梅》比较论/陈留生//通俗文学评论（武汉）.1996，3.91~97

创作与批评的观念：兼谈《废都》及其评论/赖大仁//小说评论（西安）.1996，4.16~20

浅论贾平凹的“大散文”观念/何皓//飞天（兰州）.1996，2.104~109

五味生活　七色阳光：读贾平凹的《五味巷》/崔宝国//名作欣赏（太原）.1996，5.51~53

《五味巷》：“平凹体”美文力作/冯望岳//名作欣赏（太原）.1996，5.54~59，59

贾平凹：读者创造的作家/张文军//上饶师专学报.1997，1.83~87

贾平凹创作的文化涵蕴/薛正昌//青海师范大学学报（西宁）.1997，2.92~96

人文废墟上的生命蝉蜕：论贾平凹40岁美学意识转型的原因/李继峰//延安大学学报.1997，2.76~81

禅说贾平凹短篇小说两则/李满//名作欣赏（太原）.1997，2.26~30

贾平凹小说中的民间色彩/宗元//小说评论（西安）.1997，3.48~53

贾平凹性爱小说的心理分析/皇甫风平//中州学刊（郑州）.1997，3.82~88

面对今日中国的关怀与忧患：评贾平凹的长篇小说《土门》/孟繁华//当代作家评论（沈阳）.1997，1.14~17

《土门》与《土门》之外：关于贾平凹《土门》的对话/邢小利…//小说评论（西安）.1997，3.31~39，53

世纪之交：蜕变的痛苦挣扎：《土门》的隐喻意识/钟本康//小说评论（西安）.1997，6.53~58

走出“孤独”告别“废都”：《百年孤独》与《废都》的比较/杜芳，奚佩秋//齐齐哈尔师范学院学报.1997，5.39~41

论贾平凹散文的文化意蕴/孙宜君//江苏社会科学（南京）.1997，3.149~154

徐　迟

徐迟：20世纪一部情感的老书/徐鲁//名人传记（郑州）.1996，3.35~47

徐迟：现代中国新诗历史的见证人之一/徐鲁//诗神（石家庄）.1996，3.40~41

绚烂多彩著锦图　激情妙笔书心魄：徐迟散文语言分析/池昌海//杭州大学学报.1996，1.95~

100

徐迟之死，是不是那“哥德巴赫猜想”？/晓艾//作家报（济南）.1997，1.25⑤

送徐迟远游/曾卓//人民日报.1997，1.21⑫

遥望苍茫夜空：忆徐迟/方方//天涯（海口）.1997，2.43~47

痛悼诗人徐迟/晓雪…//长江文艺（武汉）.1997，2.41~45

忆徐迟先生/李文俊//文学自由谈（天津）.1997，2.83~85

忆徐迟/纪申//小说界（上海）.1997，3.183~185

哭徐迟/冯亦代//收获（上海）.1997，2.128~136

徐迟与云南/晓雪//今日名流（武汉）.1997，3.30~32

雪夜祭徐迟/袁鹰//中国作家（北京）.1997，3.194~197

徐迟：一个纯粹的诗人/邵燕祥//诗刊（北京）.1997，6.75~76

徐迟梦断《哥德巴赫猜想》/周明//中国文化报（北京）.1997，3.14③

徐迟的悲剧/野曼//作品（广州）.1997，8.56~60

想念徐迟/向前//江南（杭州）.1997，4.141~148

报告文学拒绝虚构：从徐迟先生的《祁连山下》谈起/时代文学（济南）.1997，6.159~163

徐　坤

“假作真时真亦假”/辰戈//作品与争鸣（北京）.1996，2.68~70

没有“遭遇”到“爱情”/王畅//作品与争鸣（北京）.1996，2.66~67，70

走进徐坤/徐小斌//当代作家评论（沈阳）.1996，6.70~73

从强烈的生命体验出发…/徐坤//文学报（上海）.1996，3.21③

当下的写作：徐坤小说的意义/张颐武//文学报（上海）.1996，4.25④

旷野上的碎片：关于知识分子的报告：读徐坤的知识分子题材小说/陶东风//当代作家评论（沈阳）.1996，4.39~46

告别八十年代的光荣与梦想：徐坤小说论/王干//文学评论（北京）.1996，5.107~110

知识分子写作：徐坤小说的读解之难/邵建//作家（长春）.1996，6.72~80

徐坤：性别与僭越/黎慧//当代作家评论（沈阳）.1997，1.106~114

无法超越的颓败：评徐坤的《含情脉脉水悠悠》/陈晓明//漓江（桂林）.1997，5.35~37

徐小斌

在智慧的迷宫里徜徉：《敦煌遗梦》的结构艺术/张志忠//当代作家评论（沈阳）.1996，6.35~39

逃离意识与我的创作/徐小斌//当代作家评论（沈阳）.1996，6.45~48

末世的喧哗/刘康//当代作家评论（沈阳）.1996，6.40~44

逃离意识与女性宿命：徐小斌九十年代的小说创作/孟繁华//当代作家评论（沈阳）.1996，6.31~35

徐小斌：遇难航程中的自我赎救/黎慧//小说评论（西安）.1997，1.63~69

徐志摩

徐志摩论/王伟//安徽教育学院学报（合肥）.1996，2.40~43

徐志摩对西方浪漫主义的认证/孙丽涛//东岳论丛（济南）.1996，3.100~104

闻一多徐志摩“三美”艺术追求比较/袁北伦，杨伟//贵州教育学院学报（贵阳）.1996，4.35~39

徐志摩诗艺的四种美学境界/毛迅//东方丛刊（桂林）.1996，2.197~215

用“内韵说”浅议徐志摩抒情诗的主题构成/王天舒//理论与创作（长沙）.1996，3.31~34

康桥世界：性灵和生命的美丽显影：徐志摩《再别康桥》新析/姜耕玉//名作欣赏（太原）.1996，2.21~27

论徐志摩思想形成的社会背景/具洸範//华东师范大学学报（上海）.1997，6.85~88，91

徐志摩诗新识/具洸范//求是学刊（哈尔滨）.1997，3.78~79

飞溅的生命之水：试论徐志摩诗歌的流动美/甘萍//南昌大学学报.1997，3.82~86

徐志摩散文与康桥文化/黄宇//华中师范大学学报（武昌）.1997，1.94~97

不羁的文化游子与深沉的文化乡愁：浅谈徐志摩与余光中散文的文化性格/奚学瑶//甘肃社会科学（兰州）.1997，1.53~55

初恋失败的咏叹调：读徐志摩《再别康桥》/高占伟，丁毅//湘潭大学学报.1997，3.21~22

无法潇洒的“再别”:《再别康桥》之我见/吴仁援//上海大学学报.1997，3.51~54

飘逸哀婉独具匠心：徐志摩《再别康桥》试析/黄佳岩，李雅平//牡丹江师范学院学报.1997，4.24~26

徐志摩的剧论与剧作/洪宏//戏剧艺术（上海）.1997，2.50~58

铁 凝

流畅叙事：对女性命运的关爱/欧阳明//作品与争鸣（北京）.1996，11.57~58

何咪儿究竟怎么了？/张培英//作品与争鸣（北京）.1996，11.59~60

《无雨之城》：好读与耐读/王力平//文论报（石家庄）.1996，2.15②

地上的人，天上的云：读铁凝《风筝仙女》/谭湘//文艺报（北京）.1996，2.16②

名家侧影：铁凝/汪曾祺，陈超…//时代文学（济南）.1997，4.90~98

铁凝印象/汪曾祺//文论报（石家庄）.1997，7.1④

铁凝文艺观念初理/连保//河北师范大学学报（石家庄）.1997，2.77~81

寻找理想和现实的和谐：铁凝小说创作心路历程探析/范川凤//河北师范学院学报（石家庄）.1997，1.106~109

令人落泪的短篇小说：我读铁凝的秀色/崔道怡//文艺报（北京）.1997，2.20②

论新时期主旋律新人形象塑造：兼评铁凝《秀色》/赵纯兴//理论与创作（长沙）.1997，4.34~36

秀色可敬：读铁凝的《秀色》/刘卫东//文论报（石家庄）.1997，4.15③

《秀色》能“永远”吗？/丁夫//作品与争鸣（北京）.1997，12.66~68

钱钟书

钱钟书书简/钱钟书//小说（北京）.1996，1.153~154

五本钱钟书评传/伍立杨//博览群书（北京）.1996，6.4~5

由“文集”热想到钱钟书/白烨//湖南文学（长沙）.1996，9.70

谈钱氏“引诗断章”法/易严//文史知识（北京）.1996，5.100~104

《管锥编》校读札记/汪少华//南昌大学学报.1996，6.91~98

诅咒狐狸：几则同名寓言的比较思考，为钱钟书先生《读伊索寓言》一文作注/谷祥云//名作欣赏（太原）.1996，1.65~69

比较艺术的典范：钱钟书《窗》赏析/匡启镛//名作欣赏（太原）.1996，1.62~63

《围城》与中国现代讽刺小说/王卫平//江海学刊（南京）.1996，1.176~179

“鹅笼境地”的叙事情节及意义：《围城》的爱情关系设计/刘绍信//北方论丛（哈尔滨）.1996，3.90~93

《围城》中的知识分子与知识分子的“围城”/翟学伟//南京大学学报.1996，2.139~144

作为哲理小说的《围城》/张先飞//江汉论坛（武汉）.1996，9.72~75

走在人生边上的钱钟书先生/朱寨//钟山（南京）.1997，5.157~161

论“打通”/缪军荣//华东师范大学学报（上海）.1997，6.79~84

钱钟书识略/孙郁//当代作家评论（沈阳）.1997，6.4~10

论钱钟书的文学创作/舒建华//文学评论（北京）.1997，6.32~44

等待了5年的判决：《〈围城〉汇校本》纠纷案始末/庄建//中华读书报（北京）.1997，1.15⑤

《围城》中语言比喻的审美特色/况在泉//贵州师范大学学报（贵阳）.1997，1.58~59，61

替沉闷的人生透一口气：试析钱钟书笔下的“方鸿渐”形象/尤杨//牡丹江师范学院学报.1997，1.66~68

试谈《围城》的幽默/陈孟//黑龙江教育学院学报（哈尔滨）.1997，1.66~67

试论《围城》的讽刺艺术/曾耀农//牡丹江师范学院学报.1997，2.33~35

“围城”与“金锁”里的世界：论钱钟书《围城》与张爱玲《传奇》的文学价值与异同/林莹，郑晓//宁波大学学报.1997，4.19~24

小说家大散文：关于《围城》/李洪岩//小说家（天津）.1997，6.158~166

窗子：通向灵魂的幽径：钱钟书《窗》解读/朱鸿召//名作欣赏（太原）.1997，6.8~10

智慧的魅力：读《钱钟书散文》断想/舒展//雨花（南京）.1997，11.68~71

谈 歌

这是我们身边的生活/石生君//作品与争鸣（北京）.1996，1.24～26

莫用浮光观世情/文翊//作品与争鸣（北京）.1996，6.46～47

《大厂》的意义/李敬泽//文艺报（北京）.1996，3.15②

小说与什么接轨：关于《大厂》以外的话题/谈歌//文论报（石家庄）.1996，6.1③

从“活得没滋味”到追求人格灿烂/牛玉秋//文论报（石家庄）.1996，10.15④

燕赵壮歌：谈歌印象记/关仁山//中国作家（北京）.1997，4.168～174

生活之树常青/谈歌//文论报（石家庄）.1997，10.23③

塑一座崇高的精神之碑：论谈歌小说的创作追求/崔志远//河北学刊（石家庄）.1997，1.65～69

来自地平线的声音：谈歌小说论评/张东焱//文艺报（北京）.1997，3.11②

分裂的话语：小说《大厂》的读解/廖增湖//百花洲（南昌）.1997，4.196～200

高 阳

高阳历史小说论/吴秀明，陈择纲//文学评论（北京）.1996，4.92～101

高阳的慈禧观和《慈禧全传》中的慈禧/陈辽//福建论坛（福州）.1996，4.66～70

《胡雪岩》的意义/赵天才/通俗文学评论（武汉）.1996，2.113～114

首届“全国高阳学术研讨会”综述/晓帆//华中师范大学学报（武昌）.1997，1.66～68

高阳历史小说的悲剧意识/江少川//华中师范大学学报（武昌）.1997，1.59～65

现代新儒家演绎的历史：再说高阳历史小说的语境/孙文宪//华中师范大学学报（武昌）.1997，1.46～50

另一种历史：高阳《胡雪岩全传》读后/马敏//华中师范大学学报（武昌）.1997，1.51～58

再论高阳的历史小说创作/党鸿枢//西北师大学报（兰州）.1997，3.18～23

高晓声

论高晓声小说的幽默风格/范准//江苏社会科学（南京）.1996，6.156～160

文坛“农夫”：高晓声印象/李盛昌//理论与创作（长沙）.1997，53

来自泥土社会的最后风景：关于陈奂生现实生相的一种文化解析/夏子//理论与创作（长沙）.1997，1.54～58

《寻觅清白》书后/黄毓璜//当代作家评论（沈阳）.1997，1.99～100

郭小川

怀念郭小川/宋垒//诗刊（北京）.1996，11.57～58

想起郭小川/阎纲//文论报（石家庄）.1996，12.15②

回忆郭小川/刘岚山//新文学史料（北京）.1997，4.91～93

心香一炷祭诗魂/叶橹//新文学史料（北京）.1997，4.94～95，138

那个时代的散文：《生命的颂歌》漫笔/李启仁…//东京文学（开封）.1997，2.61～63

郭沫若

一部富有创见的学术专著：评卜庆华的《郭沫若研究新论》/李树槐//湖南师大学报（长沙）.1996，2.123～126

喧嚣与寂寞：重识郭沫若/阎延文//文艺报（北京）.1996，1.12③

郭沫若与杜甫/张浩逊//徐州师院学报.1996，4.89～92

论郭沫若的国学观/周德丰//天津社会科学.1996，4.44～50

郭老永远和我们同在/陆璀//文艺理论与批评（北京）.1996，3.58～62

郭沫若与陈布雷的一段交往/李萱华//文史精华（石家庄）.1996，6.28～31

郭沫若与周恩来/魏奕雄//名人传记（郑州）.1996，2.14～24

郭沫若吟诗赞大理/周百里//人民日报.1996，11.25⑫

《凤凰涅槃》辨/齐子义//郑州大学学报.1996，3.92～97

郭老亲诵《雷电颂》/薛家柱//名人传记（郑州）.1996，6.52～56

从红箫与红娘的比较看郭沫若的史剧观/张启莲//绥化师专学报.1996，3.35～37

论郭沫若史剧的立足（上、中）/周若金，吴启立//聊城师范学院学报.1996，2—4.75～79，68；105～109

郭沫若与香港之缘/黄侯兴//传记文学（北京）．1997，2.40～46

变革时代的文化选择：鲁迅、郭沫若弃医从文比较论/张万仪//重庆师院学报．1997，3.74～80

郭沫若与精神分析学说/周成平//江苏社会科学（南京）．1997，2.166～171

理想与现实的分裂和对抗：论郭沫若、茅盾的美学思想/封孝伦//贵州社会科学（贵阳）．1997，5.58～63

从《伟大的精神生活看王阳明》看郭沫若思想的转换/张顺发//贵州社会科学（贵阳）．1997，4.42～47

《新潮》内幕再披隐情/王戎笙，雷仲平//北京青年报．1997，1.21⑦

现代文化创造者忧思和豪兴的二重奏：鲁迅《补天》和郭沫若《女神之再生》的情感内涵比较/何希凡//四川师院学报（南充）．1997，3.30～36

以女神的标名的郭沫若精神内涵之探/林丹娅//福建论坛（福州）．1997，5.38～41

男性的粗暴与女性温婉：《女神》审美风格新解/沈光明//湖北大学学报（武汉）．1997，6.33～38

《女神》与郭沫若的太阳崇拜/沈光明//文艺研究（北京）．1997，2.157～159

论郭沫若“文革”期间诗词创作：兼议对其晚年的评价/丁茂远//理论与创作（长沙）．1997，2.22～26，36

《炉中煤》的韵律及喻义的限定性/姜耕玉//名作欣赏（太原）．1997，4.60～62

论郭沫若历史悲剧的主体创作精神：郭沫若历史剧研究之一/郑闽江//唐都学刊（西安）．1997，4.33～35

论席勒对郭沫若历史剧的影响/范劲//吉首大学学报．1997，3.66～70

论郭沫若战国史剧中的女性形象塑造/王小文//吉首大学学报．1997，3.60～66

郭保林

情绪、心灵、诗语：读《高原雪魂》/韩立群//聊城师院学报．1996，1.99～103

追求崇高　以诗为文：论郭保林散文的审美取向/黄科安//福建师范大学学报（福州）．1997，4.61～65

郭保林散文艺术论/蒋心焕，吴秀亮//徐州师范大学学报．1997，4.122～125

唐浩明

精神经典的裸示与溃灭：评长篇历史小说《曾国藩》/周保欣，吴秀明//通俗文学评论（武汉）．1996，1.40～48

让艺术之鸟翩然起飞：从长篇历史小说《曾国藩》谈起/廖肇羽//解放军文艺（北京）．1996，6.105～110

书生抱负本无垠：评长篇历史小说《旷代逸才》/刘颋//文艺报（北京）．1997，11.18②

海　男

从形上之思到诗性之思：海男小说创作论/胡彦//山花（贵阳）．1996，8.70～73

有关方向与时间的手记/海男//莽原（郑州）．1997，1.109～115

海男作品中的诗学问题/李森//南方文坛（南宁）．1997，4.24～27

孤独的漫游者：论海男的诗歌写作/程光炜//作家（长春）．1997，6.76～80

毫无节制的写作：海男小说批判/叶向东//滇池（昆明）．1997，3.61～64

对淫乱的追求和扩散：评海男的《我的情人们》/彭荆风//文艺理论与批评（北京）．1997，6.66～68

十一画

萧　红

庐隐、萧红艺术风格比较论/赵学芳//临沂师专学报．1996，1.66～71

浅论萧红的爱情婚姻悲剧/卢安奎//黑龙江社会科学（哈尔滨）．1996，4.51～52

何人绘得萧红影　望断西天一缕霞：萧红研究述评/王艳芳//徐州师院学报．1996，4.103～107

《萧红传》、我的笔名及其他/肖凤//文论报．1996，5.15②

论萧红作品韵味与文体的独特性/游友基//齐齐哈尔师范学院学报．1996，5.47～51

论萧红后期小说的乡情民俗描写/章云，桂芝//绥化师专学报．1996，3.38～43

萧红短篇小说论析/刘锡庆//北京师范大学学报．1996，4.22～28

萧红小说叙述模式论/柳易江//江西社会科学（南

昌）.1996，9.47～51

呼兰河畔孤独的女儿：读萧红的《呼兰河传》/陈琳//安徽师大学报（芜湖）.1996，4.394～398

萧红散文艺术摭谈/王义祥//求是学刊（哈尔滨）.1996，3.87～88

感受沉痛　寄慨遥深：萧红散文《饿》赏析/邬乾湖//名作欣赏（太原）.1996，5.40～42

发自黑土地的呐喊：浅谈萧红作品的特色/刘春生//学术交流（哈尔滨）.1997，1.119～120

论萧红的生命体验/马伟业//学术交流（哈尔滨）.1997，3.114～117

萧红小说的“花瓣式”结构/罗琼，沈醒东//江海学刊（南京）.1997，4.170～174

生命的悲剧意识：萧红《生死场》、《呼兰河传》的深层意蕴/焦玉莲//齐齐哈尔师范学院学报.1997，6.50～52

揭示人生底蕴　改造民族灵魂：重新解读萧红的《后花园》/孟建煌//上饶师专学报.1997，4.36～40

对人类生存意义的文化观照：评萧红的《生死场》/陈琳//安徽师范大学学报（芜湖）.1997，4.468～472

萧　军

萧军和我的友谊/刘流//新文学史料（北京）.1996，1.149～154

听萧军谈文学艺术/秋石//文汇报（上海）.1996，12.31⑧

我与萧军/齐蜀夫//文艺报（北京）.1996，11.22⑧

尊重历史事实与魂魄/严昭柱//文艺报（北京）.1997，6.5②

彭真与萧军/贺金祥//文艺报（北京）.1997，9.11②

《毁灭》与《八月的乡村》之比较/王玉芳//佳木斯教育学院学报.1997，1.31～38

萧　乾

唉，我这意识流/萧乾//收获（上海）.1996，1.100～106

萧乾：现代宗教性小说的反殖民话语/王本朝//延安大学学报.1996，3.83～88

哀婉人生曲：读《梦之谷》及其“续篇/许华斌//博览群书（北京）.1996，3.28～29

试论萧乾小说的艺术风貌/陈冰莹//宁德师专学报.1996，4.47～52

萧乾先生这个人/张建术//海上文坛（上海）.1997，2.45～47

黄传会

黄传会和他的反贫困题材报告文学/刘玉琢//北京晚报.1996，12.17⑮

黄传会情系苦孩子/小可//文艺报（北京）.1997，7.26①

忧患与希望：评黄传会的反贫困题材系列作品/丁临一//当代（北京）.1997，1.200～202

人民，永恒的牵挂：评黄传会的报告文学《忧患八千万》/缪俊杰//文学评论（北京）.1997，6.54～57

黄国彬

黄国彬旅游散文的崇高感：评《华山夏水》和《三峡蜀道峨眉》/郑振伟//北京大学学报.1996，2.108～114

鹰之歌：黄国彬散文艺术漫笔/袁良骏//学术研究（广州）.1997，8.91～94

曹　禺

从历史与艺术的双重视角认识曹禺：评钱理群新著《大小舞台之间》/宋剑华//海南师院学报（海口）.1996，2.108～111

从基督教精神研究曹禺的新开拓：读宋剑华的《困惑与求索》/刘锋杰//社会科学战线（长春）.1996，6.184～186

揭示创作心理的新成果：读《曹禺评传》/韩日新//江淮论坛（合肥）.1996，4.108～109，107

曹禺的创作思想/周而复//文艺报（北京）.1996，12.6⑧

文坛巨匠曹禺安然辞世/文艺报（北京）.1996，12.15①

纪念曹禺同志/英若诚//文艺报（北京）.1996，12.27④

叙评俱佳的《曹禺评传》/纪双鼎//文艺报（北京）.1996，11.1⑤

为20世纪中国话剧而骄傲：《曹禺全集》出版/田本相，侯样祥//中国文化报（北京）.1996，9.1④

抗日烽火中的曹禺/曹树钧//名人传记（郑州）.1996，11.43～53

论曹禺的情感生活与其作品的对映关系/宋剑华//河北学刊（石家庄）.1996，3.47～51

曹禺剧作潜台词的艺术魅力/杨有业//辽宁师范大学学报（大连）.1996，5.47～48

第九个是“雷雨”：浅议《雷雨》中的象征形象/高红卫//淮北煤师院学报.1996，2.92～94，98

道是有情却无情：周朴园情感世界剖析/高红卫//安徽教育学院学报（合肥）.1996，1.58～59，64

中国的“俄狄浦斯情结”：周萍新论/刘艳//广西师范大学学报（桂林）.1996，2.23～28

试论仇虎的复仇意识/孙德喜//绥化师专学报.1996，3.44～45

影响与革新：《雷雨》和《娜拉》比较探析/陈立军//贵州大学学报（贵阳）.1996，3.46～50

论《雷雨》的悲剧场/贺建成//湘潭大学学报.1996，3.25～28

由《〈雷雨〉序》论曹禺跟外国戏剧之因缘/张明慧//南通师专学报.1996，4.11～16

浅析《雷雨》中的“空白话”/康健//四川师范学院学报（南充）.1996，9.75～77

曹禺的诗剧《王昭君》/徐迟//解放日报（上海）.1996，11.19⑨

曹禺书信十封：致李致/光明日报.1997，1.21⑥

我所理解的曹禺/宋剑华//安徽教育学院学报（合肥）.1997，1.35～37

纪念我们的老师长，老师曹禺同志/徐晓钟//戏剧（北京）.1997，6.6～8

回忆我的爸爸曹禺/万黛，万昭//北京青年报.1997，2.14①

我的爸爸曹禺//万方//文学报（上海）.1997，1.9④

灵魂的石头/万方//收获（上海）.1997，3.8～19

忽略讽刺的讽刺：对曹禺讽刺艺术的认识批评/刘家思//社会科学家（桂林）.1997，2.57～62

论曹禺对宗教的矛盾心态/贡献，陈留生//南京师大学报.1997，2.85～92

曹禺早期剧作中“蛮性的遗留”解析/陈留生，贡献//江苏社会科学（南京）.1997，1.140～146

谈曹禺剧作的语言艺术/孔繁娟//绥化师专学报.1997，1.12～17

曹禺与契诃夫剧作之比较/高友萍//南通师专学报.1997，1.26～27

曹禺前期戏剧的背景艺术/夏小芸//南京师大学报.1997，3.102～106

可怕、可叹、可怜的焦母形象：曹禺戏剧系列人物论之七/陈留生，贡献//南京社会科学.1997，4.68～76

论曹禺早期剧作的悲剧爱情三部曲/贡献，陈留生//江海学刊（南京）.1997，3.170～174

在命运的探幽与把握之间：试论曹禺剧作：对宇宙间神秘事件不可言喻的憧憬/刘勇//北京师范大学学报.1997，5.54～60

从人物出走曹禺剧作的思想蕴涵/李光荣//云南师范大学学报（昆明）.1997，5.45～50

中国现代戏剧史的纪念碑：曹禺及其剧作漫评/朱晏//戏剧文学（长春）.1997，6.44～49

曹禺前期戏剧的结构特征及其文化内涵/陈占彪//西北师大学报（兰州）.1997，6.16～20

“狭之笼”里的鸟儿：周朴园悲剧意蕴的新开掘/贡献，陈留生//徐州师范大学学报.1997，1.115～121

心比天高，身为下贱，化作彩凤号昊天：曹禺剧本中的“二凤”评析/罗方敏//四川师范学院学报（南充）.1997，1.36～40

一对自焚的凤凰：七巧和繁漪异同论/周红，王伟//安徽教育学院学报（合肥）.1997，2.38～41

原型视角中的繁漪及其置换：《雷雨》的痴情女子负心汉/寇鹏程//延边大学学报（延吉）.1997，2.121～125

陈白露：由生活原型到艺术典型/陈留生，贡献//南通师专学报.1997，1.22～25

试论中俄文学中两个妇女悲剧形象：繁漪和安娜之比较/王卜璜//中国文学研究（长沙）.1997，3.67～70

谈《雷雨》锁闭式结构与形象塑造/朱黎辉//黑龙江教育学院学报（哈尔滨）.1997，4.70～71

从《悲悼》和《雷雨》看奥尼尔对曹禺的影响/龙兆修//外国文学研究（武汉）.1997，3.57～60

《日出》结构艺术新探/高杰//延安大学学报.1997，4.85～89

更上层楼话《日出》/张耀杰//剧作家（哈尔滨）.1997，6.105～107，78

《原野》的象征意义/邹红//北京师范大学学报.1997，5.61～65

犁青

为诗国编织彩虹的人：香港诗人犁青印象记/冯亦

同//文艺报（北京）.1996，11.1②

感情与智性兼容的诗人：评犁青诗集《思尽西天》/亚历山大·彼得洛夫著，容红丝译//诗刊（北京）.1997，6.68~70

关于长诗《石头》的通信/犁青，吴泰昌//文艺报（北京）.1997，12.2②

梁 斌

中国农民的忠实的儿子：悼梁斌同志/李希凡//文艺报（北京）.1996，7.19④

秋天的思念：缅怀梁斌同志/刘怀章//文艺报（北京）.1996，9.6⑥

燕赵丰碑：忆梁斌师/尧山壁//文艺报（北京）.1996，9.6⑥

《红旗谱》小说、话剧、电影/何庚//文史精华（石家庄）.1996，3.26~30

与戏剧结缘的梁斌/何庚//人物（北京）.1997，4.69~74

和梁斌在一起的年月/傅铎//传记文学（北京）.1997，5.85~88

灵光永照人间：写在恩师梁斌逝世周年/宋乃谦//文艺理论与批评（北京）.1997，5.101~104

梁斌：毛泽东文艺思想的积极实践者/林默涵//文艺报（北京）.1997，9.25②

古老民族精神在血与火中的现代升华：梁斌《红旗谱》（三部曲）新论/郝雨//文艺理论与批评（北京）.1997，3.71~77

梁 衡

对自然美的诗心透视与哲理感思：梁衡散文谈片/张恒//光明日报.1996，8.1⑦

瞩望山的那一边：梁衡散文新著《名山大川感思录》探美/江北//新闻出版报（北京）.1996，6.15③

“苦吟”出华章：读梁衡散文集《只求新去处》/李万武//文艺理论与批评（北京）.1997，3.96~98

为了自己，同时也为了他人：梁衡散文集《人杰鬼雄》/何西来//文艺报（北京）.1997，12.30②

梁凤仪

难逃俗套：评梁凤仪系列小说/郭天和//通俗文学评论（武汉）.1996，3.116~117

女性觉醒的心路历程：评梁凤仪笔下的几个女性形象/王凌云//山西师大学报（临汾）.1997，2.50~52

商界王国中的世态人情：论梁凤仪的财经小说系列/郭福平//福建论坛（福州）.1997，2.30~34

商潮与文学二题：梁凤仪小说谈片/郭正元//社会科学战线（长春）.1997，3.32~35

从梁凤仪的《花帜》透视当今香港女性小说/张锦贻//内蒙古师大学报（呼和浩特）.1997，3.77~83

梁实秋

关于梁实秋的小说《公理》/闻黎明//鲁迅研究月刊（北京）.1996，6.57~61

梁实秋散文幽默品赏/何祖健//当代文坛（成都）.1996，1.51~52

梁实秋的散文/邵江天//名作欣赏（太原）.1996，6.78~79，81

鲁迅、梁实秋论争新议：关于那段历史的读书札记/李怡//赣南师范学院学报（赣州）.1997，1.28~31

梁实秋散文的滑笔艺术/杨小玲//中南民族学院学报（武汉）.1997，1.98~101

梁实秋的幽默散文与西方的超现实幽默//张积玉，张智辉//文史哲（济南）.1997，6.64~68

梁晓声

“我拒绝了一部分生活”：梁晓声访谈录/石一宁//文艺报（北京）.1996，3.1⑧

我如何面对困境？/梁晓声//光明日报.1996，7.10⑦

性情中人：梁晓声印象/姚伊飞//女子文学（石家庄）.1996，12.8~10

哀乐为什么太响了？/鲁丁//作品与争鸣（北京）.1996，8.9~21

有感于梁晓声的批评/邓宾善//当代文坛（成都）.1996，2.52

“搬家”神话的终结/熊元义//作品与争鸣（北京）.1996，3.22~23，55

拷问灵魂：读梁晓声三部长篇近作/黄书泉//当代文坛（成都）.1996，2.8~10

我的朋友梁晓声/汪兆骞//青年文艺家（北京）.1997，4.16~18

解读梁晓声/韩小蕙//人物（北京）.1997，5.31~43

小说是平凡的/梁晓声//文学评论（北京）.1997，1.61~67

当生活恐惧压倒死亡恐惧之时…：由梁晓声的两个中篇说起/水天戈∥小说评论（西安）.1997，2.82～83

走向“人”的太阳：梁晓声小说创作论/何青志∥牡丹江师范学院学报.1997，3.67～70

理想主义，文本写作，生存谋划：重读《这是一片神奇的土地》/姚新勇∥牡丹江师范学院学报.1997，3.75～80

知识分子的双重尴尬：从《学者之死》说开去/于欣欣∥山西文学（太原）.1997，5.83～84

阎连科

四十岁前的漫想：复张西南同志的信/阎连科∥解放军文艺（北京）.1997，5.103～106

仅仅仰仗土地文化是不够的：致阎连科同志的信/西南∥解放军文艺（北京）.1997，5.97～102

乡土的歌哭与守望：读阎连科的乡土小说/林舟∥当代文坛（成都）.1997，5.25～27

十二画

韩　东

虚无和怀疑：鲁羊、韩东通信二则/鲁羊，韩东∥青年文学（北京）.1996，3.63～65

韩东其人其事其诗其文/李劼∥鸭绿江（沈阳）.1996，5.72～76

与虚无相遇：谈韩东的小说及其观念/谢有顺∥山花（贵阳）.1996，2.70～73

韩东小说论/葛红兵∥小说评论（西安）.1996，4.66～69

论韩东小说的叙事策略/林舟∥小说评论（西安）.1996，4.70～74

与诗同行：韩东小说论/吴义勤∥当代作家评论（沈阳）.1996，5.23～80

人生在世：《关于大雁塔》的经典性/宋冬生∥安徽教育学院学报（合肥）.1996，3.33～36

避让与控制：再读韩东/汪政∥作家（长春）.1997，1.75～80

诗的下落/姚振函∥文学自由谈（天津）.1997，1.33～36

韩　起

新的读解　新的视界：评长篇历史小说《人月》/韩梅林∥小说评论（西安）.1997，1.83～86

工业题材的新探索：韩起长篇小说《水獒》研讨会纪要/于夏∥小说评论（西安）.1997，4.80～82

人生宇宙的解析：读《水獒》/郜尚贤∥小说评论（西安）.1997，4.83～86

韩少功

《马桥词典》：敞开和囚禁/南帆∥当代作家评论（沈阳）.1996，5.4～10

《马桥词典》随笔/张新颖∥当代作家评论（沈阳）.1996，5.20～21

《马桥词典》的语言世界/墨哲兰…∥当代作家评论（沈阳）.1996，5.11～19

“怀疑论”者的收获：读《马桥词典》/朱珩青∥小说评论（西安）.1996，5.20～24

“马桥词典”的语言世界对语言学旨趣的反讽/墨哲兰∥花城（广州）.1997，1.148～152

关于《马桥词典》的若干词条/柳建伟∥小说评论（西安）.1997，1.32～37

《马桥词典》的意义/周政保∥当代作家评论（沈阳）.1997，1.4～13

超越修辞学：我看《马桥词典》/郜元宝∥小说评论（西安）.1997，1.38～39

独特的《马桥词典》/朱珩青∥文学自由谈（天津）.1997，1.99～103

“马桥事件”与学风问题∥阎晶明∥文学自由谈（天津）.1997，1.51～53

岁末年初的“马桥事件”/张颐武，李少君…∥中华读书报（北京）.1997，1.8⑤

《马桥词典》引发激烈论争/奉桥∥作家报（济南）.1997，1.18④

我坚持认为《马桥词典》模仿《哈扎尔词典》/张颐武∥文艺报（北京）.1997，1.30②

韩少功说：张颐武“此言不实”∥文艺报（北京）.1997，2.13②

有感于张颐武批评《马桥词典》/木弓∥文艺报（北京）.1997，2.13②

再谈“马桥事件”：兼答张颐武先生/李少君∥文论报（石家庄）.1997，2.15②

从《马桥词典》之争谈创新与模仿/何满子∥文学自由谈（天津）.1997，2.20～24

现实主义文学持续研讨“新市民文学”引起关注：《马桥词典》评说不一/文波∥中华文学选刊（北京）.1997，2.186～188

《马桥词典》：中国当代文学的世界性因素之一例/

陈思和//当代作家评论（沈阳）.1997，2.30~38

方言及方言的流变：韩少功启示录/敬文东//当代作家评论（沈阳）.1997，2.39~44

《马》、《哈》文本与寻根文学及昆德拉：兼同张颐武先生商榷/宋丹//文艺报（北京）.1997，3.18②

《马桥词典》和小说艺术形式问题/魏家骏//淮阴师专学报.1997，3.1~2

特定语境中的的文化阐释：《马桥词典》阅读随想/宋剑华//文艺评论（哈尔滨）.1997，3.40~42

记忆：重建世界的一种方法：《马桥词典》解读/陈剑晖//文艺评论（哈尔滨）.1997，3.29~34，39

语言的命运与人的命运：《马桥词典》释读/杨春时//文艺评论（哈尔滨）.1997，3.35~39

马桥小天地　天地大马桥：释放《马桥词典》的语言文化底蕴/冒切//大家（昆明）.1997，3.129~136

文学：也需要异中求“同”/单正平//文论报（石家庄）.1997，4.1①

起诉：从“马桥”到海口/伊士//文艺报（北京）.1997，4.17①

我看“马桥之役”/韩石山//文学自由谈（天津）.1997，4.34~39

“马桥”非上法庭不可吗？/沉石//青年文艺家（北京）.1997，4.10~12

《马桥词典》风波/寒梅//作品与争鸣（北京）.1997，4.76~78

用批评和反批评的办法解决文坛论争：部分文学评论家就“马桥官司”发表看法/张春生，李星…//作家报（济南）.1997，5.22①

提倡“雅量”：致韩少功先生的公开信/吴跃农//文艺报（北京）.1997，6.7②

韩少功答《文艺报》记者问：我随时愿意撤诉//文艺报（北京）.1997，6.7①

时代精神的悲哀/吴翚//文论报（石家庄）.1997，7.15③

民间社会与《马桥词典》/朱珩青//小说评论（西安）.1997，6.30~34

查时间先后说形式模仿/李少君//文学自由谈（天津）.1997，6.136~140

“无价之人”的“文”：韩少功散文读记/周政保//文论报（石家庄）.1997，9.15③

韩石山

话说韩石山/孙涛//当代作家评论（沈阳）.1996，6.66~67

世事洞明与人情练达之后……：韩石山散文读感/周政保//当代作家评论（沈阳）.1996，6.60~65

散文的器与用/韩石山//当代作家评论（沈阳）.1996，6.68~70

蹇先艾致韩石山信函五通/蹇先艾//新文学史料（北京）.1997，1.30~33

蒋　韵

生命与历史：诗意的消解：蒋韵长篇新作《栎树的囚徒》讨论会/李国涛，韩石山//当代作家评论（沈阳）.1997，1.18~22

无处安置诗意的史诗/成一//当代作家评论（沈阳）.1997，1.23~25

女性生命的咏叹：评蒋韵长篇小说《栎树的囚徒》/王春林//小说评论（西安）.1997，2.48~53

蒋韵长篇小说《栎树的囚徒》谈片/刘恒，戴锦华//当代作家评论（沈阳）.1997，3.65~70

贺莲东：你为谁命名：读蒋韵的《栎树的囚徒》/李海霞//中山大学研究生学刊（广州）.1997，3.36~37

斯　妤

斯妤论/李正西//安徽教育学院学报（合肥）.1996，2.36~39

遥望废墟中的家园：斯妤小说论/吴义勤//当代文坛（成都）.1996，6.12~15

幻象里的真实：从斯妤近作看一种新的小说空间/杨鹏//作家（呼和浩特）.1996，11.76~78

梦中的醒者：斯妤小说的都市生存/李虹//作家（呼和浩特）.1996，11.79~80

寻梦旅人：斯妤散文读解/李东芳//当代文坛（成都）.1996，3.40~42

深入平凡人的心灵：读斯妤《斑驳人生》/叶作盛//厦门文学.1997，3.61~63

一种女性写作：在荒诞中反荒诞：斯妤散文“荒诞系列”及其它/荒林//厦门文学.1997，3.58~61

斯妤散文：独特而绮丽的风景/刘倩//作家报（济南）.1997，12.18②

鲁迅

纪念鲁迅

纪念鲁迅 重铸国魂/林非…//徐州师院学报.1996，3.17～23

纪念鲁迅逝世六十周年笔谈/王兰垣，王得后…//天津师大学报.1996，4.55～68

纪念鲁迅逝世60周年学术研讨会综述/艾光辉//新疆师大学报（乌鲁木齐）.1996，4.50～51

告别庸俗：纪念鲁迅逝世60周年/刘玉凯//河北大学学报（保定）.1996，4.40～47，54

当代文学与鲁迅传统：作于鲁迅逝世60周年/孙郁//当代作家评论（沈阳）.1996，5.24～32

为了不再忘却的纪念/李锐//当代作家评论（沈阳）.1996，6.4～6

学习发扬鲁迅精神，加强社会主义精神文明建设：在鲁迅先生逝世60周年纪念大会上的讲话/翟泰丰//文学报（上海）.1996，10.24②

仰望鲁迅/安黎//文学自由谈（天津）.1997，1.30～32

鲁迅与通俗小说作家白羽：写在鲁迅60周年和白羽30周年忌辰/宫捷//通俗文学评论（武汉）.1997，2.100～106

重读鲁迅/周涛//当代作家评论（沈阳）.1997，2.50～53

“鲁迅与21世纪”学术讨论会开幕词/陈漱渝//广东鲁迅研究（广州）.1997，3—4.2～4

“鲁迅与21世纪”学术讨论会闭幕词/林非//广东鲁迅研究（广州）.1997，3—4.5～7

祭鲁迅先生文/阎思虎//散文天地（福州）.1997，6.40～43

生平史料

鲁迅与上海暨南大学/夏泉//广东鲁迅研究（广州）.1996，1.51～54

石在书屋杂钞（六）/姜力//广东鲁迅研究（广州）.1996，1.55～56

鲁迅的婚姻 爱情和时代/连杨柳//渭南师专学报.1996，1.54～58

鲁迅悼念杨吉佛的挽联/张学义//广东鲁迅研究（广州）.1996，1.49～50

读鲁迅日记/黄俊杰//广东鲁迅研究（广州）.1996，1.44～45

鲁迅对佛教的探求及遗存的佛曲/姚锡佩//鲁迅研究月刊（广州）.1996，1.49～57

一九三六年的鲁迅：读鲁迅书信/曹铁娟//思茅师专学报.1996，2.1～6

鲁迅书法的艺术风格/刘正强//广东鲁迅研究（广州）.1996，2.32～34

创造者的收获：鲁迅藏书与中国现代文学/李文儒//新文学史料（北京）.1996，2.151～163，188

一九二二年鲁迅交往日人考/马蹄疾//新文学史料（北京）.1996，2.164～176

重释鲁迅致叶圣陶的一封信：兼谈叶老给我的三封信/愚斋//广东鲁迅研究（广州）.1996，2.35～42

论美术活动对鲁迅的影响/阎庆生//陕西师大学报（西安）.1996，3.67～73

“民族魂”的精神光辉永照：鲁迅与北京大学/孙玉石//徐州师院学报.1996，3.24～30

鲁迅与塾师寿镜吾/徐明华//渭南师专学报.1996，3.21～23

鲁迅对基督教的反思及遗存的圣经诸书/姚锡佩//鲁迅研究月刊（北京）.1996，3.61～65

关于“共产党是火车头”一段话的由来及补充/愚斋//广东鲁迅研究（广州）.1996，3—4.43～52

鲁迅赠徐讦墨宝的辗转和归宿/葛原//鲁迅研究月刊（北京）.1996，5.47～50

跨越时空的鲁迅：我在日本与鲁迅有关的经历/吴俊//当代作家评论（沈阳）.1996，6.6～12

鲁迅茅盾致红军贺信重见天日/阎愈新//鲁迅研究月刊（北京）.1996，7.6～10

鲁迅在东京故居考辨/李森//江西社会科学（南昌）.1996，12.93～95

鲁迅手稿书法艺术雏议/赵英//鲁迅研究月刊（北京）.1996，10.58～64

也谈鲁迅与胡适/吴二持//广东鲁迅研究（广州）.1997，1.48～51

读《两地书》有感/李敏//广东鲁迅研究（广州）.1997，1.52～54，60

走在时代的深处：鲁迅与时代关系的再认识/白建西//鲁迅研究月刊（北京）.1997，1.14～21

论鲁迅笔名的修辞艺术/谭桂声//河北师范学院学报（石家庄）.1997，2.116～121

鲁迅：现代书籍装帧艺术贡献/杨永德/鲁迅研究月刊（北京）.1997，2.46～56

变革时代的变化选择：鲁迅、郭沫若弃医从文比较论/张万仪//重庆师院学报.1997，3.74~80
鲁迅与彭德怀的命运/王保林//广东鲁迅研究（广州）.1997，3—4.63~66
欧阳山与鲁迅/胡子明//广东鲁迅研究（广州）.1997，3—4.38~52，33
斯诺与鲁迅/武际良//人物（北京）.1997，4.43~50
鲁迅茅盾致党中央信是谁起草的？/陈福康//中华读书报（北京）.1997，4.9⑤
实现与想象：鲁迅生平陈列散论/李文儒//鲁迅研究月刊（北京）.1997，5.68~74
《北平笺谱》与《十竹斋笺谱》（翻刻）：鲁迅与郑振铎深厚友谊的见证/郑茂达//人物（北京）.1997，5.84~89
真实、有力、生动：学习鲁迅关于版画艺术的论述札记/李兵//上海大学学报.1997，6.43~46
也说章衣萍与鲁迅/散木//鲁迅研究月刊（北京）.1997，6.67~68
论鲁迅与地矿学研究/刘为民//南京社会科学.1997，8.58~63
“东方的美”：鲁迅书书籍装帧简析/杨永德//鲁迅研究月刊（北京）.1997，9.52~59
一部在逆境中诞生的文献：关于《鲁迅》照片集的是非功过/周海婴，裘沙//中华读书报（北京）.1997，9.4⑤
鲁迅的编辑生涯/贾永生//文艺报（北京）.1997，10.9②
鲁迅与穆旦（上、下）/钱理群//中华读书报（北京）.1997，10.15③；10.22③
鲁迅与魏碑/夏晓静//鲁迅研究月刊（北京）.1997，10.59~62
三十年代与鲁迅有关的四个文艺社团/潘颂德//鲁迅研究月刊（北京）.1997，10.62~65

思想与文艺思想

鲁迅思想发展的现代航程/黄键//广东鲁迅研究（广州）.1996，1.10~13
鲁迅的商品价值观/关振强//广东鲁迅研究（广州）.1996，1.33~35
20世纪文化转型与鲁迅的忧患意识/黄键//社会科学战线（长春）.1996，1.205~212
鲁迅的翻译理论及其实践/袁荻涌//青海师范大学学报（西宁）.1996，2.99~103
鲁迅教育改革思想论略/范安平//上饶师专学报.1996，2.24~30
鲁迅早期思想中的宗教观/周义//鲁迅研究月刊（北京）.1996，2.10~15
站在时代巅峰的精神巨子：怪杰、疯人、狂人：叔本华、尼采、鲁迅精神风貌比较谈/冒键//鲁迅研究月刊（北京）.1996，2.16~21
理想的诗人与现世的散文家：弥尔顿与鲁迅的人格形象对照分析/谢泰峰//兰州大学学报.1996，3.83~87
鲁迅国民性思想论纲/李存煜//徐州师院学报.1996，3.31~35，40
“血的代价”鲁迅生死观的社会时代内涵/吴小美，肖同庆//兰州大学学报.1996，3.68~76
醒世与拯救：试析鲁迅与毛泽东早期思想的精神变革论/沈玲，张晓琴//徐州师院学报.1996，3.36~40
鲁迅文化批判的历史意义：与陶东风先生商榷/张永泉//鲁迅研究月刊（北京）.1996，3.4~14
嵇康的愤世，尼采的超人，配合着进化论：鲁迅留日时期思想之整体观/汪毅夫//鲁迅研究月刊（北京）.1996，3.15~19
怎样理解鲁迅自述“天生的不是革命家”/竹潜民//宁波大学学报.1996，3.14~22
理性的光辉与浪漫的风采：鲁迅、郭沫若女性观比较/孟悦朴//宁夏大学学报（银川）.1996，4.69~73
关于鲁迅所言儒教已亡/邓国伟//广东鲁迅研究（广州）.1996，3—4.17~20
试论鲁迅后期关于国民性的探讨/李振珅//新疆师大学报（乌鲁木齐）.1996，4.38~41
论“五四”文学传统的内质与张力：兼论鲁迅传统的断裂/赵明//宁夏大学学报（银川）.1996，4.12~18
鲁迅与郭沫若的儒学观平议/贾锡信，邱文治//天津社会科学.1996，4.51~54
鲁迅教育思想的三个层面/谢保国//宁夏大学学报（银川）.1996，4.63~68，80
对鲁迅“改造国民性”思想的重新认识/郎伟//宁夏大学学报（银川）.1996，4.43~48
鲁迅论面子文化/郑欣淼//鲁迅研究月刊（北京）.1996，4.19~26

一主两翼：鲁迅启蒙主义思想体系的内在结构/周葱秀//鲁迅研究月刊（北京）.1996，5.8~13
论鲁迅的女性伦理思想/高雅珍//晋阳学刊.1996，6.48~52
鲁迅对“现代化”诸问题的历史回应/钱理群//文艺研究（北京）.1996，6.27~35
试论鲁迅的人道主义/吴作桥//鲁迅研究月刊（北京）.1996，7.28~33
论鲁迅的“排满”意识/吴俊//鲁迅研究月刊（北京）.1996，7.16~27
精英意识与平民意识：鲁迅早期人文精神当代性的两种意义/张福贵//鲁迅研究月刊（北京）.1996，8.13~18
鲁迅与儒学的现代转化/张永泉//鲁迅研究月刊（北京）.1996，10.4~14
论鲁迅永恒的人格魅力/杜一白//鲁迅研究月刊（北京）.1996，11.11~15
时代反顾的精神家园：鲁迅故乡情结探窥/皇甫积庆//江汉论坛.1996，12.49~52，48
情结文本与鲁迅意识特征/皇甫积庆//鲁迅研究月刊（北京）.1996，12.18~26
谈鲁迅的浪漫主义/王义祥//牡丹江师范学院学报.1996，1.31~33
鲁迅的文艺思想及其现实意义/张竞//广东鲁迅研究（广州）.1996，1.28~32
论鲁迅对毛泽东文艺思想形成的重大影响/郝胜道//信阳师院学报.1996，1.79~85
“愿意有共鸣的心弦：鲁迅的文学接受观/朱晓进//南京师大学报.1996，1.73~81
鲁迅和启蒙文学传统/陈伟军//广东鲁迅研究（广州）.1996，2.25~28
论鲁迅的文化批判精神/陈国威//宁夏大学学报（银川）.1996，4.19~25
论鲁迅对“左”倾文艺思想的批判/吴家荣//内蒙古社会科学（呼和浩特）.1996，4.68~73
鲁迅的价值情怀及其文化定位：兼与刘小枫先生商榷/朱贻渊//宁夏大学学报（银川）.1996，4.5~11
鲁迅：悲剧感与幽默感/王毅//鲁迅研究月刊（北京）.1996，5.38~45
中外文化碰撞中的鲁迅与胡适/哈九增//上海大学学报.1996，5.18~24
论鲁迅与林语堂的幽默观/曾镇南//文艺理论与批评（北京）.1996，5.44~49，58
鲁迅的文体意识及其文体选择/朱晓进//文艺研究（北京）.1996，6.36~40
鲁迅美学思想中的审假：重读鲁迅札记/孙荪//人民日报.1996，11.1⑫
鲁迅对朱光潜“静穆”说批评的意义及其反响/高恒文//鲁迅研究月刊（北京）.1996，11.40~46
政治家同文艺家的相遇与相离：毛泽东文艺思想与鲁迅文艺思想之比较/李春林，臧思钰//鲁迅研究月刊（北京）.1996，12.4~11
鲁迅与墨侠精神/汤晨光//鲁迅研究月刊（北京）.1997，1.22~28
论鲁迅“人国”思想的现代化意义/朱德发//广东鲁迅研究（广州）.1997，1.7~14
鲁迅广州时期的思想政治态度/应向东//广东鲁迅研究（广州）.1997，2.29~33
论鲁迅早期的“立人”思想/黄新康//广东鲁迅研究（广州）.1997，2.2~13
鲁迅与西方人道主义/程致中//安徽师大学报（芜湖）.1997，2.178~185
略论早期鲁迅关于“精神界战士”的思考/雷世文//河北学刊（石家庄）.1997，2.52~57
论鲁迅的改革思想及对中国现代化的启示/黄健//社会科学战线（长春）.1997，2.173~179
前期鲁迅的“寂寞”与尼采的“孤独”/李克//鲁迅研究月刊（北京）.1997，2.9~15
自然观、方法论、文艺谈：鲁迅早期思想与科技史研究之一/刘为民//鲁迅研究月刊（北京）.1997，2.16~24
新时期鲁迅的阐释与阐释的制约/皇甫积庆//鲁迅研究月刊（北京）.1997，2.38~45
鲁迅、毛泽东英雄性格异同论/甘竞存//南京师大学报.1997，3.94~101
地矿论、文明史、国民性：鲁迅早期思想与科技史研究之二/刘为民//鲁迅研究月刊（北京）.1997，3.4~12
多少话，欲说还休：关于鲁迅的“顾忌”/王彬彬//鲁迅研究月刊（北京）.1997，3.21~31
20世纪文化转型与鲁迅对人文精神的重构/黄健//广东鲁迅研究（广州）.1997，3—4.12~15
关于鲁迅早期的个性解放思想问题/陈安湖//文艺理论与批评（北京）.1997，4.52~63

鲁迅的复仇性格与复仇观/金艳萍∥广东鲁迅研究（广州）.1997，3—4.30～33

略论鲁迅的人格理想/陈小兵∥理论学刊（济南）.1997，4.33～35

鲁迅与传统文化的羁绊/郑春∥文史哲（济南）.1997，4.32～36

奴隶文化与奴隶道德是国民奴隶性的根源：谈鲁迅对国民奴隶性的剖析与批判/崔银河∥鲁迅研究月刊（北京）.1997，4.12～18

论鲁迅的现代主义文化特征/赵江滨∥鲁迅研究月刊（北京）.1997，5.4～15

早期鲁迅的尼采考：兼论鲁迅没有读过勃兰兑斯的《尼采导论》/张钊贻∥鲁迅研究月刊（北京）.1997，6.4～18

鲁迅世界的哲学读解（一）/王乾坤∥鲁迅研究月刊（北京）.1997，7.4～9

鲁迅与现代中国的道德革命/林川∥鲁迅研究月刊（北京）.1997，7.10～23

读书与“立人”：鲁迅“启蒙主义”文化思想考辨/林川∥鲁迅研究月刊（北京）.1997，1.6～13

鲁迅论读者及其艺术接受/胡广海，谢玉坤∥上饶师专学报.1997，1.73～78

鲁迅是怎样成为无产阶级的作家、思想家和革命家/陈涌∥文艺理论与批评（北京）.1997，1.4～11

鲁迅学术思想浅论/吴武林∥广东鲁迅研究（广州）.1997，2.41～46

鲁迅与“同路人”文学/王福湘∥广东鲁迅研究（广州）.1997，2.14～24

现代讽刺文学与鲁迅传统/王卫平/鲁迅研究月刊（北京）.1997，2.25～30

鲁迅的文学接受理论/阳海洲∥贵州社会科学（贵阳）.1997，3.55～59

鲁迅文学传统中的“人”学、文化底蕴和艺术独创/刘福勤，严军∥广东鲁迅研究（广州）.1997，3—4.22～25

论鲁迅的美学思想：“力之美”/张云龙∥东岳论丛（济南）.1997，4.88～90

结构、解构、建构：论鲁迅文体思想及文体文类构架/皇甫积庆∥鲁迅研究月刊（北京）.1997，4.4～10

“二马之喻”和“冰之喻”：略谈鲁迅与中国现代学术、文学的分途/郜元宝∥天津社会科学.1997，5.67～76

论鲁迅艺术趣味与文艺思想的多元性：在表现主义写实主义的二难抉择中/徐行言∥文艺理论研究（上海）.1997，6.57～68

鲁迅早期文化选择的基本命题：思想启蒙与道德救赎/张福贵，王学谦∥吉林大学学报（长春）.1997，6.8～14

鲁迅与中国传统文化研究的思考/陈方竞∥鲁迅研究月刊（北京）.1997，10.19～24

鲁迅文学传统与中国少数民族文学/丁子人∥鲁迅研究月刊（北京）.1997，12.35～42

创作与作品研究

试论鲁迅笔下的“逆转型”孤独者：兼谈创作主体的深层意识/杨东霞∥延安大学学报.1996，1.24～28

鲁迅作品的现代主义因素/王义祥∥北方论丛（哈尔滨）.1996，2.92～94

鲁迅与契诃夫创作比较论/王丹∥鲁迅研究月刊（北京）.1996，3.46～49

“闲笔”不闲：从“闲笔”谈鲁迅精湛的修辞艺术/宋玉华，吴希华∥河北师大学报（石家庄）.1996，3.58～59，62

鲁迅运用比喻的语言艺术/刘经建∥宁夏大学学报（银川）.1996，4.86～92

空白溢美：谈鲁迅作品的蕴蓄美/张楚∥吉首大学学报.1996，4.31～33

鲁迅对唐宋传奇的研究/唐骥∥宁夏大学学报（银川）.1996，4.49～55

鲁迅修辞观初探/刘鑫民∥宁夏大学学报（银川）.1996，4.81～85

“超人”与“立人”：论鲁迅思想与作品中的个性主义/崔宝国∥宁夏大学学报（银川）.1996，4.26～34

鲁迅语文世界在当代的“原型化”/皇甫积庆∥鲁迅研究月刊（北京）.1996，4.27～31

“万不要忘记它是艺术”：鲁迅创作思想探秘之一/艾斐∥鲁迅研究月刊（北京）.1997，11.25～30

鲁迅语言中的非语言符号艺术/张向群∥陕西师大学报（西安）.1997，1.74～78

鲁迅著作中的外来词研究/倪立民∥杭州大学学报.1997，1.84～90

从女人到女鬼：鲁迅笔下的女性形象剖析/吴长华//鲁迅研究月刊（北京）.1997，1.36～41

读“鲁迅笔下的农民起义军”/邵伯周//广东鲁迅研究（广州）.1997，2.53～57

鲁迅文学创作悲剧意蕴论/何玉嘉//广西师院学报（南宁）.1997，3.52～57

论鲁迅死亡形象的创作动机及艺术特征/吴永江//吉首大学学报.1997，4.75～77

夜与鲁迅的意象/皇甫晓涛//鲁迅研究月刊（北京）.1997，9.21～27

维吾尔族与鲁迅作品/伊明·阿布拉//鲁迅研究月刊（北京）.1997，7.60～63

鲁迅作品中的几个同义合成词/刘玉凯//鲁迅研究月刊（北京）.1997，7.33～36

诗歌研究

鲁迅诗歌的审美特征/李桂英//北京大学学报.1996，1.89～93

鲁迅诗歌与乡恋情结/曹克，王平生//辽宁师范大学学报（大连）.1996，3.46～50

鲁迅文学中的象征诗学/夏明钊//绥化师专学报.1996，3.26～34

伟大的爱国主义战士：读鲁迅的《自题小像》/鞠文雁，黄川//新疆社科论坛（乌鲁木齐）.1996，3.60～62

论郭沫若、鲁迅散文诗的艺术共性/陈鉴昌//成都师专学报.1996，4.42～46

鲁迅《无题》（“洞庭木落楚天高”）诗新解/熊融//鲁迅研究月刊（北京）.1996，11.25～30

《野草》的无意识本文及其焦虑/张闳//文艺理论研究（上海）.1996，1.38～45

《野草》无意识管窥/刘彦荣//江西师范大学学报（南昌）.1996，2.80～84

论《野草》中的时空描写/成健//辽宁师范大学学报（大连）.1996，4.63～66

现实的与哲学的（1—12）：鲁迅《野草》重释/孙玉石//鲁迅研究月刊（北京）.1996，1.30～43；2.22～31；3.32～38；4.39～49；5.14～24；6.17～29；7.34～43；8.19～31；9.41～51；10.28～39；11.31～39；12.27～36

写照、画卷、号角：鲁迅旧体诗浅论/孙新//吉林大学学报（通辽）.1997，1.32～36

“接近诗美”的追寻：孙玉石先生的鲁迅与新诗研究/吴晓东//徐州师大学报.1997，3.74～78

论鲁迅的旧体诗/陈志昂//文艺理论与批评（北京）.1997，5.81～88

鲁迅《无题》诗新解/熊融//学术月刊（上海）.1997，8.69～72

多维视野下的《野草》与现代思潮更替/王晓华//广东鲁迅研究（广州）.1997，1.33～39

鲁迅的《野草》和夏目漱石的《十夜梦》：散文诗的文体学的比较/王向远//鲁迅研究月刊（北京）.1997，1.42～47

“刑天”式的美学新精神：从《野草》所见的鲁迅美学/黎乔桂//广东鲁迅研究（广州）.1997，2.25～28

论《野草》的艺术形式（一）/岩宏//宁夏大学学报（银川）.1997，4.82～87

《野草》研究札记/易水寒//鲁迅研究月刊（北京）.1997，9.32～37

《鲁迅旧诗注析》前言/张恩和//鲁迅研究月刊（北京）.1997，10.45～48

简谈对《自题小像》的“新的见解”/吴奔星//文学报（上海）.1997，10.23③

“秋门”辨正/黄士材//鲁迅研究月刊（北京）.1997，12.56～59

小说研究

鲁迅婚恋小说的女性三部曲/万燕//鲁迅研究月刊（北京）.1996，1.44～48

鲁迅小说中的自卑与忏悔/张国珍//广东鲁迅研究（广州）.1996，1.14～16

鲁迅小说的悲剧成因及其叙事模式/许铭//湖州师专学报.1996，1.50～55

谈鲁迅小说之历史地位/宋云奇//南都学坛.1996，1.56～58

论鲁迅、老舍的讽刺小说创作/刘贺娟//辽宁大学学报（沈阳）.1996，1.74～77

略论鲁迅小说中的家庭景观/林木//宁德师专学报.1996，2.38～42

鲁迅拟写未写的小说和杂文/王尔龄//河南大学学报（开封）.1996，2.34～36，47

论鲁迅乡土小说的民俗色彩/杨剑龙//安徽大学学报（合肥）.1996，3.52～57

在冷冽的笑影中：浅释鲁迅小说对世态的一种反抗方式/冯欣//兰州大学学报.1996，3.88～92

历史的丰碑　理想的思考：论鲁迅小说的文化品格/江胜清∥孝感师专学报.1996，3.48～53

论鲁迅小说中的景物描写/刘海斌∥广东鲁迅研究（广州）.1996，3—4.56～60

鲁迅与中国小说的现代化/高杰，郭志文/延安大学学报.1996，4.60～65

鲁迅小说的悲剧特色/田美琳∥宁夏大学学报（银川）.1996，4.56～62

鲁迅小说文本的母亲意象解说/钱加清/河南师大学报（郑州）.1996，5.62～66

阴暗记忆的合力与鲁迅小说的审美特征/吴小美，马辉军∥甘肃社会科学（兰州）.1996，5.40～43

语言革命漩涡中的鲁迅小说创作/叶世祥∥鲁迅研究月刊（北京）.1996，6.44～50

鲁迅小说中"散文化"倾向形成的文化历史背景/（韩）金贤贞∥鲁迅研究月刊（北京）.1996，9.52～59

追踪绘画　超越绘画：《呐喊》、《彷徨》艺术管窥/黄新康∥广东鲁迅研究（广州）.1996，2.4～13

试论《呐喊》、《彷徨》的精神悲剧/李医平，周保福∥广西师范大学学报（桂林）.1996，4.39～43

不能忘却的寂寞：重读《呐喊》/秦弓∥鲁迅研究月刊（北京）.1996，5.34～37

一部个人话语的悲剧历史：从《呐喊》到《彷徨》/绿麟∥文学评论（北京）.1996，6.72～81

唯恐其争：阿Q形象再认识/陈仲庚∥湘潭大学学报.1996，2.35～37

"假洋鬼子"论：未庄的一个阴险的滑稽人物/闵抗生∥广东鲁迅研究（广州）.1996，2.21～24

布卢姆与阿Q/于洪英∥天津师大学报.1996，5.50～55

文化断带上的游魂：《阿Q正传》与中国传统文化内部人格形象关系初探/李林荣∥鲁迅研究月刊（北京）.1996，8.32～43

命名的修辞学分析：阿Q及其可能的镜像/风子，夏可君∥鲁迅研究月刊（北京）.1996，9.32～40

《阿Q正传》与中国传统文化：意识的前现代性批判/〔韩〕奉仁英∥鲁迅研究月刊（北京）.1996，10.39～47

20世纪中国文学的第一声"呐喊"：《狂人日记》与表现主义风格在新文学中的发轫/徐行言∥文艺理论研究（上海）.1996，3.50～59

《狂人日记》新证/高恒文∥天津师大学报.1996，6.48～55

《伤逝》：无意识性别叙事化语/李之鼎∥鲁迅研究月刊（北京）.1996，5.29～33

在真实与虚空变异中的人生困惑与求索：《伤逝》意蕴新探/王晓初∥天津师大学报.1996，5.56～60

情无尽，长歌音不绝：《伤逝》语言的音乐/张忆∥鲁迅研究月刊（北京）.1996，5.25～28

"浪漫主义出路"的终结：从《伤逝》中引出的几个问题/张宁∥郑州大学学报.1996，6.9～14

两难选择，两难都选择：《伤逝》心理内涵诠释/王文彬∥鲁迅研究月刊（北京）.1996，7.44～50

唱歌一般的哭声，给旧我送葬：《伤逝》新解/赵敬立∥鲁迅研究月刊（北京）.1996，11.16～24

向旧我告别：《孤独者》新说/李允经∥鲁迅研究月刊（北京）.1996，6.30～36

《祝福》：对"黄金世界"的双重毁弃：鲁迅小说重读之五/秦林芳∥南通师专学报.1996，3.10～13

描写"小人物"悲剧的"双璧"：契诃夫《苦恼》与鲁迅《祝福》的比较赏析/李靖国∥名作欣赏（太原）.1996，6.11～17

试论《故事新编》人物的喜剧性/汪跃华∥兰州大学学报.1996，1.119～124

《奔月》的调侃架构与情爱主题：《故事新编》解读之二/邓国伟∥广东鲁迅研究（广州）.1996，1.6～9

《故事新编》与《将军底头》：鲁迅历史小说与施蛰存历史小说之比较/毛晓平∥鲁迅研究月刊（北京）.1996，3.39～45

鲁迅《故事新编》新论/汪星明∥社会科学家（桂林）.1996，5.46～50

从个体剖析到社会整体批判：对于《起死》的一种解读/梁启谈∥鲁迅研究月刊（北京）.1996，12.37～42

鲁迅小说起源理论的文化批判意义/吴维中∥兰州大学学报.1997，1.99～103

鲁迅的乡土小说与茅盾的《农村三部曲》/林木∥

宁德师专学报.1997，2.50~55

论鲁迅的“辫子三部曲”/王建平//广西社会科学（柳州）.1997，2.102~105

试论鲁迅小说中的“疯子”意象及其当代文化象征/王世城//文艺理论研究（上海）.1997，3.64~70

鲁迅小说文体中的解构意味及策略/陈丽贞//广东鲁迅研究（广州）.1997，3—4.34~37

背对故乡：鲁迅的思乡心理与其小说创作/张全之//齐鲁学刊（曲阜）.1997，4.23~26

论鲁迅小说中的“意识流”问题/黄承基//广东社会科学（广州）.1997，5.116~121

鲁迅与郁达夫：小说创作之比较/张恩和//鲁迅研究月刊（北京）.1997，6.29~36

存在与超越：论鲁迅小说中人的存在和自由/王学谦，张福贵//鲁迅研究月刊（北京）.1997，10.33~38

鲁迅小说的空间形式/叶世祥//鲁迅研究月刊（北京）.1997，11.57~62

谈鲁迅小说、杂文的思想性和艺术性/力群//鲁迅研究月刊（北京）.1997，12.24~28

别求新声于异邦：鲁迅小说创作与弗洛伊德学说/崔银河//鲁迅研究月刊（北京）.1997，12.29~34

《呐喊》与西方文学小说文体特性比较/公炎冰//延安大学学报.1997，1.87~91

“油滑”新解：《故事新编》新论（之一）/郑家健//鲁迅研究月刊（北京）.1997，1.29~35

“铸剑”的复仇之神及其灵魂之舞：《故事新编》解读之三/邓国伟//广东鲁迅研究（广州）.1997，1.2~6

神话·《庄子》和想象力传统：《故事新编》新论之二/郑家健//鲁迅研究月刊（北京）.1997，7.24~32

史传的叙事智慧与小说家的诗学情怀：《故事新编》新论之三/郑家健//鲁迅研究月刊（北京）.1997，11.40~48

《补天》新论/余志平，吕浩//湖北大学学报（武汉）.1997，3.105~108

现代文化创造者忧思和豪兴的二重奏：鲁迅《补天》和郭沫若《女神之再生》的情感内涵比较/何希凡//四川师范学院学报（南充）.1997，3.30~36

《采薇》：在解构与经验之间/于爱成//广东鲁迅研究（广州）.1997，3—4.16~21

《孔乙己》：在过去与未来之间/秦林芳//名作欣赏（太原）.1997，5.20~24

《故乡》、《社戏》：返回童年：鲁迅原始主义文学创作的特例/李明//中国文学研究（长沙）.1997，2.74~78

掠过树梢的轻风：鲁迅《风波》细读/范家进//华东师范大学学报（上海）.1997，6.73~78

《肥皂》是怎样作成的？/〔日〕谷行博著；靳丛林译//鲁迅研究月刊（北京）.1997，2.31~37

试论《狂人日记》与《荒原狼》/张薇//南通师专学报.1997，2.14~17

《狂人日记》的社会、病理解析/胡振环//贵州文史丛刊（贵阳）.1997，3.76~79，80

鲁迅“多疑”的个性阐释：对于《狂人日记》的个案分析/梁启谈//鲁迅研究月刊（北京）.1997，4.28~34

《狂人日记》的“缺点”、地位及其他：夏志清对鲁迅的偏见/房向东//鲁迅研究月刊（北京）.1997，12.19~23

现代性爱的荒原：《伤逝》二题/姚玳玫//广东鲁迅研究（广州）.1997，2.38~41

精巧的设计“圆”的实现：浅谈《阿Q正传》大团圆结尾/沈小仙//上饶师专学报.1997，1.79~82

《阿Q正传》新论/夏明钊//绥化师专学报.1997，3.17~25

从《阿Q正传》看鲁迅的国民性思想/李滨英//学术交流（哈尔滨）.1997，4.81~91

阿Q典型与《阿Q正传》艺术结构问题/葛中义//鲁迅研究月刊（北京）.1997，5.34~39

杂文研究

鲁迅杂文与新时期杂文创作/王祚庆//广东鲁迅研究（广州）.1996，1.20~23

谈鲁迅杂文派/张桂年//江西师范大学学报（南昌）.1996，2.74~79

论鲁迅杂文中比喻的审美追求/吴成年//广西师范大学学报（桂林）.1996，4.34~38

《朝花夕拾》的文献价值/王吉鹏，秦岭//鲁迅研究月刊（北京）.1996，4.50~54

试论鲁迅的杂文理论/吕若涵//福建师范大学学报

（福州）.1996，4.57～52

浅论鲁迅的散文/史莽//文艺理论与批评（北京）.1996，6.80～85

试论鲁迅杂文的基本特征/李玉明//鲁迅研究月刊（北京）.1996，9.12～23

鲁迅杂文与英国随笔的比较研究：兼论鲁迅杂文在世界散文史上的地位/张梦阳//社会科学战线（长春）.1997，2.167～172

论鲁迅对《二心集》型批评文体的反拨/张直心//鲁迅研究月刊（北京）.1997，3.32～38

形象反映方式与艺术思维特质：鲁迅杂文的诗学意义阐释/王嘉良//鲁迅研究月刊（北京）.1997，4.19～27

从比喻论鲁迅杂文的“文学”性质/刘玉凯//河北学刊（石家庄）.1997，5.64～68

鲁迅研究述评

重大的贡献，宝贵的经验启示：略论桂林文化城的鲁迅研究论著/刘泰隆//鲁迅研究月刊（北京）.1996，1.23～29

聚焦于先驱者的生命状态：论胡风的鲁迅阐释/王毅//鲁迅研究月刊（北京）.1996，1.17～22

80—90年代对鲁迅的解读与研究：扩展、深化、提高与问题/彭定安//鲁迅研究月刊（北京）.1996，1.4～16

试谈鲁迅研究的“盲点”与“误区”/郑心伶//广东鲁迅研究（广州）.1996，3—4.21～27

新时期鲁迅研究的几个特点/杜一白//辽宁师范大学学报.1996，3.51～54

读钱解鲁/刘玉凯//鲁迅研究月刊（北京）.1996，6.51～56

鲁迅学：中国现代文化文本的理论构造/彭定安//鲁迅研究月刊（北京）.1996，11.4～10

关于鲁迅研究的通信/王乾坤//鲁迅研究月刊（北京）.1996，12.59～62

说韧：读鲁迅著作札记/舒展//百花洲（南昌）.1997，1.132～136，156

《20世纪中国文学的鲁迅传统》/导论之一/刘福勤//鲁迅研究月刊（北京）.1997，1.53～58

走进鲁迅世界：深入鲁迅与跳出鲁迅/郑心伶//广东鲁迅研究（广州）.1997，2.46～53

马蹄疾笔下的鲁迅/余锦廉//丹东师专学报.1997，2.44～49

山辉川媚：鲁迅、沈从文对举论略/安刚强//安庆师院社会科学学报.1997，3.15～20

张学良的《鲁迅先生研究纲领》/王锡荣//广东鲁迅研究（广州）.1997，3—4.74～78

《20世纪中国文学的鲁迅传统》导论之二/刘福勤//鲁迅研究月刊（北京）.1997，5.62～67

鲁迅与“同路人”文学/王福湘//鲁迅研究月刊（北京）.1997，5.16～24

骂人的鲁迅和被骂的鲁迅/王景山//鲁迅研究月刊（北京）.1997，9.41～51

鲁迅与胡适：不同的文化性格与不同性格的文化：一个鸟瞰式的比较研究的思路/彭定安//鲁迅研究月刊（北京）.1997，11.14～24

鲁迅研究中的儒学阴影：对于《中国鲁迅研究的历史与现状》的一种解读/赵学勇，刘铁群//鲁迅研究月刊（北京）.1997，12.4～10

十三画以上

路翎

论路翎的《谷》：兼及鲁迅与陀思妥耶夫斯基在《谷》中的印痕/李春林，臧恩钰//河北学刊（石家庄）.1996，1.63～68

仿构与自觉：从《平原》对《草原》的接受估价路翎/刘佳林//南京大学学报.1996，2.64～69

《路翎晚年作品集》编辑说明/张业松//新文学史料（北京）.1997，4.16～21

一双明亮的充满智慧的大眼睛：为《路翎文论集》而序/贾植芳//新文学史料（北京）.1997，4.4～6，15

“一生两世”与强制遗忘：关于“路翎叙述”的叙述/张业松//当代作家评论（沈阳）.1997，4.62～69

心灵解放的春天：父亲的晚年/徐朗//新文学史料（北京）.1997，4.11～15

批评家笔下的路翎：路翎研究综述/张耀杰//新文学史料（北京）.1997，4.176～197

路翎遗稿选/张业松//新文学史料（北京）.1997，4.26～32

路翎晚年创作年表/张业松//新文学史料（北京）.1997，4.22～25

略论路翎的工业题材创作/纪桂平//郑州大学学报.1997，5.26～31

文学峰峦上的跋涉：路翎与胡风的早期交往/朱珩青//文艺报（北京）.1997，10.25③

路 遥

路遥的乡土情结/赵学勇//兰州大学学报.1996，2.79~85

从爱情描写看路遥小说的现实主义精神/王海//海南师院学报（海口）.1996，2.44~47

路遥小说中的时代意义与政治意识/王西平//小说评论（西安）.1996，3.57~61

路遥小说创作论/王加仁//绥化师专学报.1997，1.18~22

三足鼎立的艺术奇观：路遥与贾平凹、陈忠实的平行比较/宗元//济宁师专学报.1997，2.51~57

臧克家

臧克家：从农民诗人到人民诗人/吴奔星//江海学刊（南京）.1996，1.180~151

臧克家抒情散文的艺术特色/蔡清富//北京师范大学学报.1996，4.29~33

论臧克家的散文创作/刘锡庆//文史哲（济南）.1997，5.30~36

从“思潮”、“社团”角度论臧克家的流派属性/骆兰//西南师范大学学报（重庆）.1997，2.87~89

端木蕻良

关东大地的一部史诗：论端木蕻良《科尔沁旗草原》的思想意蕴/马伟业//绥化师专学报.1996，2.30~36

几回掩卷哭曹侯：追悼端木蕻良先生/胡文彬//红楼梦学刊（北京）.1997，1.5~13

忆与端木蕻良的交往：致钟耀群同志的信/刘承恩//新文学史料（北京）.1997，4.73~76

剪不断的思/陈初//鸭绿江（沈阳）.1997，12.50~52

九曲红楼梦魂中：哀悼端木蕻良/单变//人民日报.1997，12.13⑫

霍 达

慷慨悲歌《补天裂》/吴光华//文学自由谈（天津）.1997，4.142~146

以心血去铸造国魂：记霍达和她的新作《补天裂》/红孩//中国文化报（北京）.1997，6.26④

《补天裂》：一曲抵御外侮、宁死不屈的慷慨悲歌/吴光华//文艺报（北京）.1997，7.15②

读霍达《未穿的红嫁衣》/余宗其//文艺报（北京）.1997，9.18②

穆 旦

穆旦：由来和位置/余世存//海南师院学报（海口）.1996，4.28~33

试析穆旦诗中的“自己”/李方//江西社会科学（南昌）.1996，6.61~65

一颗星亮在天边：纪念穆旦/谢冕//山花（贵阳）.1996，6.69~74

略谈穆旦的诗艺探索历程/游友基//宁德师专学报.1997，2.42~49

烽火弦歌忆旧游：怀念穆旦，并忆西南联大/赵瑞蕻//钟山（南京）.1997，3.182~190

深沉凝重：穆旦诗歌的艺术品格/钟友循//长沙电力学院社会科学报.1997，4.95~100

论穆旦与中国新诗的现代特征/李怡//文学评论（北京）.1997，5.148~157

我所了解的诗人穆旦/孙志鸣//黄河（太原）.1997，5.150~155

戴厚英

西天多了一尊佛：悼念戴厚英/徐瑛//大时代文学（呼和浩特）.1996，6.39~44

戴厚英论/邓牛顿/小说评论（西安）.1996，4.41~44

谈《心中的坟》的出版：兼论文艺批评的客观性/吴中杰//文汇报（上海）.1996，12.31⑫

岁月沧桑忆厚英/邓牛顿//江南（杭州）.1997，3.156~159

何处觅断魂/叶文玲//作品（广州）.1997，3.69~74

戴望舒

戴望舒诗作的语言策略/刘小平//江淮论坛（合肥）.1996，1.93~98

中国象征主义诗歌的两极：由戴望舒、梁宗岱想到的/李景冰//文艺评论（哈尔滨）.1996，3.93~96

中国新诗第二次整合的界碑：戴望舒诗歌创作综论/龙泉明//中国社会科学（北京）.1996，5.126~139

浅谈戴望舒诗歌的音乐美/呼安泰//南京社会科学.1996，12.37~42

略论戴望舒的生活个性和艺术个性/王文彬//东方丛刊（桂林）.1997，1—2.245~257

流浪与救赎：戴望舒前期诗歌的精神内涵/鲍昌宝//贵州师大学报（贵阳）.1997，2.69～71
浅析戴望舒诗歌的语言艺术特点/何俊杰//内蒙古民族师院学报（通辽）.1997，2.47～51
从忧郁到悲愤：戴望舒诗歌创作的情绪历程/龙迪勇//江西社会科学（南昌）.1997，4.75～81

瞿秋白

瞿秋白的鲁迅观/杜一白//广东鲁迅研究（广州）.1996，1.17～19
霜魂悠悠：试论瞿秋白的精神历程和心灵悲剧/倪伟//文艺争鸣（长春）.1996，1.60～67
试论瞿秋白的世界观、人生观与价值观/王关兴//上海师大学报.1996，4.5～13
新时期瞿秋白文学活动研究的特点/冒昕//上海师大学报.1997，1.106～112
瞿秋白《多余的话》之我见/徐启基//江西社会科学（南昌）.1997，4.65～69

民间文学与少数民族文学

民间文学总论

中国民间文学的生命亮点/木霁弘，王可//民族文学研究（北京）.1996，1.20～25
谈谈民间文学在大学中文系课程中的位置/钟敬文//北京师范大学学报.1996，6.61～64
民间口承文化中的社群源流史/王亚南//民族文学研究（北京）.1996，2.35～41
1949—1966：中国民间文艺学（一、二）/刘守华//通俗文学评论（武汉）.1996，3～4.49～59；13～23
口头文学研究中的程式概念/尹虎彬//民间文学论坛（北京）.1996，3.57～64，29
多尔逊对现代中国民俗学史的论述/安德明//北京师范大学学报.1996，6.66～71
伊斯兰教的传播与维吾尔民间文学的伊斯兰化/凯赛尔·库尔班//民间文学论坛（北京）.1996，2.62～67
白族民间文学中悲剧形象的美学意义/赵怀仁//民族文学研究（北京）.1997，2.55～59
中日民间信仰研究的历史回顾/陶思炎，铃木岩弓〔日〕//民间文学论坛（北京）.1997，4.61～67
对待外来民俗学学说理论的态度问题/钟敬文//民间文学论坛（北京）.1997，3.3～8
“女性写作”与传统习俗/王春容//民间文学论坛（北京）.1997，2.21～25
吴地鼠婚俗信与艺术/马昌仪//民间文学论坛（北京）.1997，4.8～15
口承文化蜕变论/王亚南//民族文学（北京）.1997，3.9～16
酒歌及其相关口碑文学的文化解读/仲高//民族文学研究（北京）.1997，3.17～21
现代视野中的民间文化/陈勤建，徐华龙…//文学报（上海）.1997，7.10④

各体民间文学研究

神　话

风神话溯源/敖依昌//重庆师院学报.1996，1.24～30
鸿雁意象探源/刘振中//齐鲁学刊（曲阜）.1996，1.36～39
华夏神话传说源于山东考/景以恩//民间文学论坛（北京）.1996，1.2～9
华夏日月神话文化意蕴之考察/刘毓庆//民间文学论坛（北京）.1996，2.3～18
始母神：女娲神格的基点和中心/杨利慧//民间文学论坛（北京）.1996，2.19～25，18
楚地帛书敦煌残卷与佛教伪经中的伏羲女娲故事/吕威//文学遗产（北京）.1996，4.16～29
太阳意象：六龙和金鸟/谭学纯//民间文学论坛（北京）.1996，2.26～30
中国洪水神话的类型与分布：对433篇异文的初步宏观分析/陈建宪//民间文学论坛（北京）.1996，3.2～10
东巴神话之神山象征及其比较/白庚胜//民族文学研究（北京）.1996，3.31～36
禹：成功的中介者/李靖//民间文学论坛（北京）.1996，3.11～17
盘瓠：王爷、盘古：老爷/吴晓东//民族文学研究（北京）.1996，4.34～38，33
原始初民生命意识的折光：中国上古神话的变形情节破译/万建中//南昌大学学报.1996，6.103～107
鼓之舞之以尽神：论神和神话的起源/刘宗迪//民间文学论坛（北京）.1996，4.2～8，18

宇宙建构的奇妙幻想：裕固族创世神话漫议/武文//民族文学研究（北京）.1996，1.15～19

“白马”、“白鸡”、现瑞与“金马碧鸡”之谜：韩半岛新罗神话与中国白族神话现瑞母题的比较研究/苑利//民族文学研究（北京）.1996，4.39～42

叙事文学发展轨迹：神话、传说、故事比较研究/王继英//贵州民族学院学报（贵阳）.1996，1.31～34

从创世神话看天人相副观的形成/詹鄞鑫//文艺理论研究（上海）.1996，4.67～72

“神女”与“女神”：从上古神话看中、西女性意识的差异/雷华//四川师范学院学报（南充）.1996，1.16～21

神话时代的文化特征/赵林//云南社会科学（昆明）.1996，5.81～86

侗族远古神话传说的美学基因/廖开顺，石佳能//中央民族大学学报（北京）.1996，1.56～61

伦理意识与中国神话传说的演变/赵林//社会科学战线（长春）.1996，3.64～71

“双性同体”的神话思维及其现代意义/周乐诗//文艺研究（北京）.1996，5.85～91

从神话的演变看先秦两汉的社会心态/金荣权//信阳师院学报.1996，2.62～67

中国、希腊神话历史之比较/金烨//宁德师专学报（哲社版）.1996，4.19～27

垂死化身与人祭巫术：盘古神话再探/陈建宪//华中师大学报（武昌）.1996，1.92～98

中国文学中水之神话意象的考察/刘毓庆//文艺研究（北京）.1996，1.88～102

壮族远古创世神话的外显形式与内隐意蕴/杨树喆//东方丛刊（桂林）.1996，4.208～223

原始图腾与民族审美意识/李西建//文艺研究（北京）.1997，1.43～47

台湾原住民与大陆南方民族的洪水神话比较/忆鹿//民间文学论坛（北京）.1997，1.32～41

论中国神话的历史命运/赵沛霖//天津师大学报.1997，1.46～52，80

论锡伯族和蒙古族神话传说及英雄故事的共性问题/佟中明//民族文学研究（北京）.1997，2.60～64

神话原型对中、西方浪漫主义文学的影响/赵凌河//民间文学论坛（北京）.1997，2.62～65

中国神话轶失何方/宁湘伟//民间文学论坛（北京）.1997，2.59～61

关于通古斯：满语族神话特色的思考/黄任远//民间文学研究（北京）.1997，3.22～26

中西神话同异论/周天//中国比较文学（上海）.1997，2.90～99

水生型创世神话在现代民族习俗中的沉积/向柏松//中南民族学院学报（武汉）.1997，2.34～38

“射日”、“逐日”的文化阐释/何根海//东方丛刊（桂林）.1997，1～2.24～44

射日神话及其寓意再探/高福进//思想战线（昆明）.1997，5.39～44

嫦娥奔月神话本末论/李忠华//思想战线（昆明）.1997，3.19～26

嫦娥奔月神话新探/胡万川//民间文学论坛（北京）.1997，3.18～26

伏羲女娲与兄妹婚神话的粘连与复合/杨利慧//北京师范大学学报.1997，6.20～26

女娲补天神话的本相及其宇宙论意义/李道和//文艺研究（北京）.1997，5.101～109

论洪水神话与文化分型/刘劲予//中山大学学报（广州）.1997，3.91～96

哈尼族神话传说中记载的人类第一次脑体劳动大分工/史军超//云南民族学院学报（昆明）.1997，3.39～44

中外神话差异性概论/梁工//中州学刊（郑州）.1997，2.108～112

老子哲学与母神原型/叶舒宪//民间文学论坛（北京）.1997，1.20～28

释“巫”/李道和//民间文学论坛（北京）.1997，3.9～17

论女仙形象及其文化意义/申载春//淮阴师专学报.1997，3.9～12

神话与政体：论中国汉族神话不发达的社会形态原因/温希良//民间文学论坛（北京）.1997，2.53～58

遥远的“女儿国”神话：中国彝族“女儿国”神话与日本“女儿国”神话的比较/徐晓光//中国比较文学（上海）.1997，4.77～87

黄帝与梵天/郁龙余//外国文学研究（武汉）.1997，2.30～35

关于中国神话思想史研究的几个问题/赵沛霖//天

津社会科学.1997，4.80~86

百年神话研究略论/潜明兹//铁道师院学报（苏州）.1997，6.53~58

关于神话的功利价值取向/赵沛霖/齐鲁学刊（曲阜）.1997，1.4~7

汉藏语猴祖神话的谱系/王小盾//中国社会科学（北京）.1997，6.147~168

神山文化与人类的生存信仰/农学冠//广西民族学院学报（南宁）.1997，1.43~46

水原型的生成及其文化阐释/刘雨亭//求索（长沙）.1997，2.103~109

西王母原型探/沈天水//延边大学学报（延吉）.1997，2.126~131

论中国古代战神形象的嬗变/刘庆//广西民族学院学报（南宁）.1997，4.50~54

水：一个原型的分析：兼论水与女性相关意义/陶维彬//辽宁大学学报（沈阳）.1997，5.101~104

楚帛书的四季神像及其创世神话/杨宽//文学遗产（北京）.1997，4.4~12

史　诗

《召树屯》源流辨析/傅光宇//民族文学研究（北京）.1996，3.23~30

蒙古英雄史诗抢马母题的产生与发展/斯钦巴图//民族文学研究（北京）.1996，3.12~16

史诗的诗学：口头程式理论研究/尹虎彬//民族文学研究（北京）.1996，3.86~93

神奇瑰丽的南方英雄史诗/雅琥//民族文学研究（北京）.1996，3.37~41

“江格尔”研究的一部佳作：简论仁钦道尔吉教授《“江格尔”论》一书/呼日勒沙，甘珠尔扎布//民族文学研究（北京）.1996，4.79~81

论蒙古族英雄史诗《江格尔》的文化内涵（续）/葛根高娃，乌云巴图//内蒙古社会科学（呼和浩特）.1996，1.67~76

关于《江格尔》的形成与发展/仁钦道尔吉//民族文学研究（北京）.1996，3.3~11

《江格尔》中的女性与“光”文化浅析/萨仁格日勒//民族文学研究（北京）.1996，3.17~22

代言神巫与《格萨尔史诗》：论格萨尔及流传于西藏与拉达克代言神巫中间的格萨尔史诗/I瑞典博·阿内·伯格利；张岩译//民族文学研究（北京）.1996，1.86~94

老藏王“本主”—格萨尔王考/章虹宇//民族文学研究（北京）.1996，2.17~23

蒙文北京版《格斯尔传》中的佛教文学题材/（蒙族）呼斯勒//民族文学研究（北京）.1996，1.3~7

书面《格斯尔》的故事情节与结构类型/却日勒扎布//民族文学研究（北京）.1996，1.8~14

《格斯尔》与蒙古族文学/巴雅尔图//民族文学研究（北京）.1996，4.74~78

东巴经殉情长诗《鲁般鲁饶》刍论/杨福泉//民族文学研究（北京）.1996，2.10~16

彝族祝咒经诗《紫孜妮楂》的巫化叙事风格/（彝）巴莫曲布嫫//民间文学论坛（北京）.1996，3.18~22

史诗《七个可汗》的传说及其历史背景/贾合甫·米尔扎汗著，夏里甫军译//西域研究（乌鲁木齐）.1997，1.55~60

中国史诗的特质/史克//内蒙古大学学报（呼和浩特）.1997，1.36~43

史诗中的神树母题/木塔里甫，吾云//民族文学研究（北京）.1997，2.35~38

彝族英雄史诗《铜鼓王》初探/巴莫曲布嫫//广西民族学院学报（南宁）.1997，3.64~69

马克思主义史诗学/赵秉理//内蒙古社会科学（呼和浩特）.1997，5.82~85

论蒙古族变异史诗的特征/金海//内蒙古社会科学（呼和浩特）.1997，5.75~81

黑色：史诗《江格尔》中力量的象征/扎格尔//民族文学研究（北京）.1997，1.53~55

《江格尔》所描绘的蒙古人早期国家形式/贺希格，陶克陶//民族文学研究（北京）.1997，2.25~30

谈史诗《江格尔》的叙述动力：兼与荷马史诗《伊里亚特》比较/王纯菲//民间文学论坛（北京）.1997，2.48~52

《江格尔》中几组常见数字及其相关母题的象征意义/呼斯勒//内蒙古大学学报（呼和浩特）.1997，3.50~55

科学的彼岸：成功：略评《史诗〈江格尔〉探渊》/王仲明//中国西部文学（乌鲁木齐）.1997，5.87~90

民族文化瑰宝：史诗《玛纳斯》/郎樱//民族文学

（北京）.1997，1.89～91
金戈铁马气势夺人：漫谈《玛纳斯》（第一部）的战争描写/丁子人∥新疆师范大学学报（乌鲁木齐）.1997，1.29～35，80
天神之子　走向人间：玛纳斯形象剖析/张越∥民族文学研究（北京）.1997，2.46～49
从官职的一种序列看《玛纳斯》形成的年代/白多明，张永海∥河北学刊（石家庄）.1997，4.58～63
道可道，道常道：从《格萨尔王传》的结构探讨艺人“神授”现象/（澳）钟勇∥民族文学研究（北京）.1997，1.91～93
贵德分章本《格萨尔王传》与突厥史诗之比较/郎樱∥民族文学研究（北京）.1997，2.19～24
史诗与民间文化传统：果洛藏区《格萨尔王传》的实地考察/杨恩洪∥民族文学研究（北京）.1997，2.31～34
《格萨尔》映出古代藏族部落战争的四个特点/赵秉理∥青海社会科学（西宁）.1997，6.67～71
古代歌颂藏汉友谊的不朽诗篇：读《格萨尔王传·加岭传奇》/李缵绪∥云南社会科学（昆明）.1997，3.89～94
蒙文《格斯尔》中的婚姻家庭略考/乌力吉∥民族文学研究（北京）.1997，1.37～40
关于《格斯尔》中出现的“蒙古”一词/却日勒扎布∥内蒙古大学学报（呼和浩特）.1997，2.50～52
蒙古文《格斯尔传》的产生地点、时间及记录出版者探/玛·乌尼乌兰∥民族文学研究（北京）.1997，1.41～43，47
绚丽多彩的贵州彝族民间叙事诗/何积全∥贵州社会科学（贵阳）.1997，2.56～62

民歌、民间故事、传说

当代民谣剖析/张呈富∥民间文学论坛（北京）.1996，1.68～72
回族传播“花儿”的历史过程及其特点/屈文焜∥民族文学研究（北京）.1996，2.3～9
论“花儿”的性爱主题及其文化渊源/屈文焜∥民间文学论坛（北京）.1996，4.54～60，14
满族萨满神歌的结构/孟慧英∥民族文学研究.1996，2.24～30
“问活佛”故事的原型解读/吴效群∥民间文学论坛（北京）.1996，1.52～55
论妈祖民间传说、民间信仰之形成/汪梅田∥民间文学论坛（北京）.1996，1.10～19
满族传说《尼山萨满》汉文版本比较/宋和平∥民族文学研究（北京）.1996，1.32～36
长牙、成精、水里摸：民间荤故事的三种类型及其性教育功能/陈益源∥民间文学论坛（北京）.1996，1.56～61
双重身份的听众：从《背石头》笑话谈起/彭牧∥民间文学论坛（北京）.1996，1.62～65，72
“开弓射箭”母题的研究/罗明成∥民族文学研究（北京）.1996，2.31～34
灶神形象演化的历史轨迹及文化内涵/林继富∥华中师大学报（武昌）.1996，1.99～105
中国冥婚故事的两种类型/〔日〕繁原央，白庚胜译∥民间文学论坛（北京）.1996，2.68～72，58
民间传说中的观音/贺嘉∥民间文学论坛（北京）.1996，3.30～34
试论机智人物故事的喜剧美学特征/蒙书翰∥民族文学研究（北京）.1996，3.42～46
秦汉典籍中人物传说的比较研究/顾希佳∥民间文学论坛（北京）.1996，4.42～48
孤儿角色与成年仪式/陈玉平∥民族文学研究（北京）.1996，4.48～51
英雄与考验故事的人类学阐释/刘晓春∥民族文学研究.1996，4.43～47
土地神崇拜以及戏曲舞台上的土地形象/翁敏华∥山西师大学报（临汾）.1996，2.47～52
蒙古族民间故事与印、藏民间故事的关系/赵永铣，巴图∥内蒙古社会科学（呼和浩特）.1996，5.74～78
侗族娘梅故事与文化生态研究方法/过伟∥民间文学论坛（北京）.1996，4.15～18
中国佛话中的非佛教因素/何学威∥民间文学论坛（北京）.1996，3.23～29
锡伯族的《萨满神歌》/佟中明∥民族文学研究（北京）.1997，1.33～36
民歌衬词意蕴/杨士菊∥民间文学论坛（北京）.1996，1.58～60
民歌杂咀/郭雨桥∥民间文学论坛（北京）.1997，4.70～74
论民谣的舆论特征/文言∥民间文学论坛（成都）.

1997，2.70～72
迟到的阵痛与呼告：关于民间诗歌的一份非正式提纲/唐荣尧//飞天（兰州）.1997，11.100～106
文化流程中的“中山狼”/林继富//华中师范大学学报（武昌）.1997，3.115～120
中国茶酒传说初探/〔俄〕李福清//民间文学论坛（北京）.1997，1.42～49
树形象及其象征/陈丁昆//民族文学研究（北京）.1997，1.44～47
中国东北地区赫哲·鄂伦春族与蒙古族民间英雄讲唱的比较研究/郭崇林//民族文学研究（北京）.1997，2.65～69
东亚民间故事比较研究之课题/斧原孝守，白庚胜译//民族文学研究（北京）.1997，2.91～94
一部民间传说的历史演变：谈陈三五娘故事从史实到传说、戏曲、小说的发展足迹/蔡铁民//民间文学论坛（北京）.1997，2.35～40
中国古代文学中的海岛巨人母题：兼与西方中亚传说比较/王立//学术交流（哈尔滨）.1997，2.97～101
论白娘子形象及其流变/〔日〕中田妙叶//辽宁大学学报（沈阳）.1997，6.80～84
西绪福斯推石与吴刚伐桂/钟华//四川师范大学学报（成都）.1997，2.48～56
《巴什》古歌与基诺族的社会生活/刘怡//民间文学论坛（北京）.1997，4.33～36
破坏与维护：从“呆女婿”故事看中国男子的心态及笑话的功能/李霞//民间文学论坛（北京）.1997，4.16～22
轻·吐米尔英雄故事的母题研究/〔日〕西胁隆夫//民间文学论坛（北京）.1997，4.23～27
乘槎传说的文化史意义考察/赵丙祥//新疆师范大学学报（乌鲁木齐）.1997，1.47～52
陆沉传说再探/刘锡诚//民间文学论坛（北京）.1997，1.50～57
新故事切入艺术谈/魏敏//民间文学论坛（北京）.1997，4.28～32
《元史·地理志·西北地附录》吉里吉思传说考述/那木吉拉//民族文学研究（北京）.1997，3.3～8，16
中国古代民间故事中的科学幻想：鲁班造木鸟故事的古今演变/刘守华//华中师范大学学报（武昌）.1997，3.109～114
从新出土的《神乌赋》看民间故事赋的产生、特征及在文学史上的意义//伏俊连//西北师大学报（兰州）.1997，6.11～15
民间故事与禁忌民俗的传播/万建中//北京师范大学学报.1997，6.13～19
论阿凡提的艺术形象/阿扎提·苏里坦//新疆大学学报（乌鲁木齐）.1997，1.79～84
非稻作民的民俗与传承：瑶族的天鹅处女故事及其游耕文化//〔日〕君岛之子，陈岗龙，乌日古木勒译//民间文学论坛（北京）.1997，3.34～38

少数民族文学总论

1994年少数民族文学研究/关纪新//民族文学研究（北京）.1996，3.73～78，94
1995年少数民族文学研究/汤晓青//民族文学研究（北京）.1996，3.79～85
寻觅深邃广阔的世界/梁庭望//民族文学研究（北京）.1996，4.52～55
解释学美学与少数民族文学遗产研究/欧阳可惺//中南民族学院学报（武汉）.1996，5.95～99
集体无意识与民族审美活动/程国安，海力波//中南民族学院学报（武汉）.1996，6.98～101
论多民族共同语文学/邓敏文//民族文学研究（北京）.1996，4.56～59
寻找民族原始的思维方式/季红真//作家（呼和浩特）.1996，7.76～80
两个世纪交接时的文学思考：对西南少数民族文学的回顾与展望/李丛中//民族文学研究（北京）.1996，4.3～8
云南少数民族女性文学论略/张直心//民族文学研究（北京）.1996，3.47～53
回族文学创作中的民族情感与民族精神/杨继国//宁夏社会科学（银川）.1996，3.75～79
苗族当代文学刍议/张雍德//中央民族大学学报（北京）.1996，3.70～73
后草原小说概观/黄薇//民族文学研究（北京）.1996，1.53～58
佛教诗作《绿度母传》浅析/双福//内蒙古社会科学（呼和浩特）.1996，3.85～89
论蒙古族文学中的外来文学影响/巴·苏和//民族文学研究（北京）.1996，3.61～65，36
从《苦难的年代》到《泪洒豆满江》：兼论再现朝

鲜族移民史的视点变化/张春植//民族文学研究（北京）.1996，3.54～58
它并非一片荒漠：维吾尔族诗学简论/王佑夫//民族文学研究（北京）.1996，2.75～80
《福乐智慧》的艺术特色究竟是什么/续枫林//新疆社科论坛（乌鲁木齐）.1996，4.56～59，67
彝族古代经籍诗学体系中的诗体论说/（彝族）巴莫曲布嫫//民族文学研究（北京）.1996，2.69～74
浅论彝族的三段诗/刘淑欣//中央民族大学学报（北京）.1996，3.66～69
彝汉古代诗论比较研究二题/刘淑欣//民族文学研究（北京）.1996，4.60～64，42
彝剧：从“娱神”向现实主义的转化/马旷源//云南民族学院学报（昆明）.1996，3.84～89
藏民族诗论中的“圆满”观/李晓玲//民族文学研究（北京）.1996，2.81～84
审美文化的民族性、区域性特征及其超越/张海明//民族文学研究（北京）.1997，2.70～73，82
多维文化渗透与民族文学史观的变革/覃德清//民族文学研究（北京）.1997，2.74～77
民族化：民族审美实践的过程/杨立元//河北师范学院学报（石家庄）.1997，3.103～106
论民族文学向世界文学转型的动态过程/王列生//北京师范大学学报.1997，2.90～97
论中国少数民族古代文论学科的形成与发展/王佑夫，艾光辉//新疆师范大学学报（乌鲁木齐）.1997，4.1～13
论贵州少数民族古歌中的朴素唯物主义宇宙观/王路平//贵州文史丛刊（贵阳）.1997，1.70～75
论回族文学作品的形式/杨继国//宁夏大学学报（银川）.1997，1.66～70
国外苗族的母语书面文学/熊玉有//民族文学研究（北京）.1997，3.90～94
蒙古族文学五十年/策·杰尔嘎拉//民族文学（北京）.1997，5.84～90
维吾尔文坛新秀论评/阿扎提·苏里坦，马德元译//民族文学研究（北京）.1997，1.56～60，67
简论维吾尔古典文学的若干特征/海热提江·乌斯曼著，巴合提亚尔译//西域研究（乌鲁木齐）.1997，2.97～101
维吾尔古典文学中的辩论体裁初探/海热提江·乌斯曼，巴合提亚译//民族文学研究（北京）.1997，2.11～14
彝族古代经籍诗学体系中的诗体论说/巴莫曲布嫫//贵州社会科学（贵阳）.1997，1.74～82
密教双修与藏族文学/夏敏//民族文学研究（北京）.1997，1.48～52
藏族文学管窥/高宁//青海湖（西宁）.1997，10.60～64
探索　追求　创新：近年壮族小说创作概述/严毓衡/广西民族学院学报（南宁）.1997，4.67～70
现代与传统双重观照下的侗族文学发展趋势/石佳能，田均权//怀化师专学报.1997，1.44～47
达斡尔、鄂温克、鄂伦春族文学的崛起/孟和博彦//民族文学（北京）.1997，5.91～94
印象与思考：当代黎族文学发展浅议/王海//民族文学研究（北京）.1997，2.15～18
傈僳族文学状况简介/叶笛//民族文学（北京）.1997，1.92～94
刻木记事民族的后代走上文坛：我国哈尼族作家和他们的作品/井力//民族文学（北京）.1997，2.89～91

儿童文学

儿童文学研究

二十世纪中国儿童文学理论走向：中西方儿童文学关系史视角/朱自强//社会科学战线（长春）.1996，1.11～18
20世纪中国儿童文学研究略论/张锦贻//内蒙古社会科学（呼和浩特）.1996，2.73～77
开拓的业绩：论五四时期新文化先驱者们的儿童文学理论构建/单元//威宁师专学报.1996，1.41～45
中国当代儿童文学发展轨迹/张锦贻//内蒙古大学学报（呼和浩特）.1996，1.52～59
儿童小说中精灵原型初探/罗世平//贵州师范大学学报（贵阳）.1996，1.56～58
儿童文学层次的划分及其研究/孙建江//当代文坛（成都）.1996，3.52～54
儿童文学的人性观/朱自强//东北师大学报（长春）.1996，1.60～66

走近儿童文学这片净土：论近年来甘肃儿童文学创作/刘俐俐//飞天（兰州）.1996，4.106~111

经济大潮冲击下的九十年代少年小说的新观点/周晓波//理论与创作（长沙）.1996，3.66~70

儿童文学创作论片/石太瑞//理论与创作（长沙）.1996，6.17~20

湖南儿童文学创作浅论/石太瑞//湖南文学（长沙）.1996，8.65~68

走向21世纪的香港儿童文学/蒋风//学术研究（广州）.1996，8.77~82

儿童文学不足之一瞥/肖复兴//文艺报（北京）.1996，11.8②

温和迷人的新景观：近年来少儿小说述评/李玲//文艺报（北京）.1996，4.5②

繁荣少儿文学　培育祖国花朵/束沛德，秦文君…//人民日报（北京）.1996，6.25⑫

关于儿童电影的几点想法/张之路//文艺报（北京）.1996，11.1⑤

从海峡两岸儿童文学整体格局的消长演变看中国儿童文学的未来/孙建江//文艺报（北京）.1996，10.11②

三十年代中国儿童文学现象的历史透视/王泉根//西南师范大学学报（重庆）.1997，2.81~86

故事雅俗辨/魏敏//文艺理论与批评（北京）.1997，4.91~94

幻想性：儿童艺术创作思维的核心/张锦贻//内蒙古社会科学（呼和浩特）.1997，2.75~80

"儿童本体论"的历史考察与反思/冯乐堂//冯乐堂//四川大学学报（成都）.1997，2.73~75

"向下"与"向上"的文学互补：海峡两岸儿童文学异同论/彭斯远//当代文坛（成都）.1997，3.41~43

少儿参与：儿童文学创作的一种新现象：兼评一种错误的"儿童文学"观念/王泉根//当代文坛（成都）.1997，3.39~45

温柔情缘缤纷梦：试论女性与中国儿童文学/平静//文艺评论（哈尔滨）.1997，3.14~18

论中国文学童话的产生/陈晖//广州师院学报.1997，1.10~16

云南儿童文学作家群研究/施荣华//云南师范大学学报（昆明）.1997，6.44~50

走向审美的童话创作/金莉莉//湖北三峡学院学报（宜昌）.1997，2.68~72

作家要为孩子奉献爱心/程士荣//飞天（兰州）.1997，6.6~9

开拓新的接受空间：关于近期儿童剧创作的思考/陈鸿莉//剧作家（哈尔滨）.1997，5.75~77

创造良好的少年儿童文化环境/王玉辉//辽宁大学学报（沈阳）.1997，2.66~68

儿童影片《男生贾里》笔谈/孙云晓，彭加谨…//文艺报（北京）.1997，5.1③

如何让今天的孩子感动/张之路，曹文轩…//文学报（上海）.1997，6.12④

走进传统，走向现代：少数民族儿童文学创作的新景观/金燕玉//文艺报（北京）.1997，2.4③

增强使命感大力繁荣儿童电视剧创作/于广华//人民日报（北京）.1997，6.5⑪

（中国社会科学院文学研究所资料室辑）